NICETAE CHONIATAE HISTORIA

CORPUS FONTIUM HISTORIAE BYZANTINAE

CONSILIO SOCIETATIS INTERNATIONALIS STUDIIS BYZANTINIS PROVEHENDIS DESTINATAE EDITUM

VOLUMEN XI/1

SERIES BEROLINENSIS

EDIDERUNT
H.-G. BECK · A. KAMBYLIS · R. KEYDELL

APUD WALTER DE GRUYTER ET SOCIOS
BEROLINI ET NOVI EBORACI MCMLXXV

NICETAE CHONIATAE HISTORIA

RECENSUIT
IOANNES ALOYSIUS VAN DIETEN

PARS PRIOR
PRAEFATIONEM ET TEXTUM CONTINENS

APUD WALTER DE GRUYTER ET SOCIOS
BEROLINI ET NOVI EBORACI MCMLXXV

Gedruckt mit Unterstützung der Deutschen Forschungsgemeinschaft

CIP-Kurztitelaufnahme der Deutschen Bibliothek

Nicetas ⟨Choniates⟩
[Historia]

Nicetae Choniatae historia / rec. Ioannes Aloysius van Dieten.
ISBN 3-11-004-528-1

P. 1. Praefationem et textum continens.
(Corpus fontium historiae Byzantinae; Vol. 11, 1: Ser. Berolinensis)

Printed in Germany

Satz und Druck: Walter de Gruyter & Co., Berlin 30
Buchbinder: Lüderitz & Bauer, Berlin

VORWORT

Als ich vor Jahren, angeregt von Herrn Professor Dr. Ferdinand Joseph de Waele, Nijmegen, diese Arbeit in Angriff nahm*, ahnte ich nicht, wie oft und für wie lange ich sie manchmal unterbrechen würde. Daß ich sie schließlich doch habe zu Ende führen können, verdanke ich vor allem Herrn Professor Dr. Berthold Rubin, Köln. Die „Nederlandse Organisatie voor Zuiver Wetenschappelijk Onderzoek" ermöglichte es mir, das handschriftliche Material an Ort und Stelle zu untersuchen und mehrere Mikrcfilme anzuschaffen. Die Hilfsbereitschaft, die mir dabei in den Bibliotheken, die ich besuchte, entgegengebracht wurde, darf hier nicht unerwähnt bleiben. Die Deutsche Forschungsgemeinschaft förderte meine Arbeit mit großzügiger Forschungshilfe. Zu besonderem Dank verpflichtet bin ich Herrn Professor Dr. Athanasios Kambylis, Hamburg, der mir, wie bei der Ausgabe der Reden und Briefe des Choniaten**, jede Unterstützung zukommen ließ und insbesondere für die Gestaltung der Prolegomena und die Gliederung der Apparate wertvolle Ratschläge gab. Auch Herrn Dr. Peter Wirth, Bayerische Akademie der Wissenschaften, Corpus der Griechischen Urkunden, München, der u. a. einen Teil der Korrekturen mitlas, verdanke ich einiges. Professor Dr. Alexander Každan, Moskau, war so freundlich, die Fahnen der Indices mitzulesen, und seiner Vertrautheit mit der Prosopographie des 12. Jahrhunderts verdanke ich mehrere wichtige Korrekturen und Ergänzungen. Einige seiner Hinweise konnte ich leider nicht mehr beachten. Der Verlag Walter de Gruyter hat mich durch Geduld und Kulanz verpflichtet. Für alle Unzulänglichkeiten trage ich allein die Verantwortung.

Bei allen, die diese Ausgabe nicht ohne Grund früher erwartet hatten, möchte ich mich für die Verzögerung entschuldigen. Wenn ich nun endlich eine Ausgabe vorlege, die ich selbst nicht als endgültig betrachte, so

---

* S. das Vorwort zu meiner Arbeit: Niketas Choniates. Erläuterungen zu den Reden und Briefen. Nebst einer Biographie (Supplementa Byzantina, 2), Berlin · New York 1971, S. V—VI.

** Nicetae Choniatae Orationes et Epistulae (CFHB III, Ser. Berol.), Berolini et Novi Eboraci MCMLXXII, S. V.

tue ich das in der Überzeugung, daß diese Edition erst die notwendigen Detailstudien ermöglichen wird, die zu einer besseren Textgestaltung führen können.

Der historiographischen, literarischen und sprachlichen Bedeutung des Werkes habe ich versucht, durch ausführliche Indices gerecht zu werden. Dadurch wurde die Teilung des Bandes notwendig: der erste Teilband umfaßt Einleitung und griechischen Text, der zweite sämtliche Indices.

Ich will dieses Geleitwort nicht ohne ein Wort des Lobes für den Autor abschließen. Ich habe sein Werk — übersetzend, kollationierend und Indices anfertigend, Fahnen und Bogen korrigierend — bis zu zwanzig Malen vollständig Wort für Wort gelesen. Dabei hat er mich immer wieder gefesselt. Ich würde mich freuen, wenn diese Aussage andere zu weiteren Niketasforschungen anregen und ermutigen sollte.

Köln den 14. Juli 1975 Jan-Louis van Dieten

Imago auctoris
Cod. Vindob. hist. gr. 53 fol. 1ᵛ

EINLEITUNG

Das Geschichtswerk des Niketas Choniates

Leben und Werke des Niketas habe ich im Supplementband zur Ausgabe seiner Reden und Briefe (Supplementa Byzantina, Band 2, Berlin-New York 1971) behandelt. Über das Geschichtswerk konnte dort (S. 43ff.) nur flüchtig gesprochen werden. Seine Entstehung und Überlieferung ist hier also noch eingehend zu behandeln. Vorab sei bemerkt, daß mir aus byzantinischer Zeit nur ein einziges Zeugnis über die historiographische Arbeit unseres Autors bekannt ist; der Verfasser einer anonymen Verschronik über die Periode 1204—1261 aus dem Jahre 1391, der auch Niketas als Quelle benutzte, widmete ihm die folgenden Verse:

ὁποῖα γοῦν εἰργάσαντο τότε κακὰ τῇ πόλει
οἱ θηριώδεις δυτικοὶ Λατῖνοι παρανόμως,
ἰδὲ τὴν βίβλον ἀκριβῶς Νικήτα Χωνιάτου,
καὶ βλέψεις θρήνων ἅπαντα καὶ θρήνου τι τὰ πλείω.
ἔτυχε πρὸς τὴν ἅλωσιν οὗτος ὁ Χωνιάτης
ἰδὼν οἰκείοις ὀφθαλμοῖς κακὰ τὰ γεγονότα,
καὶ πάντα συνεγράψατο καλῶς ὡς φιλαλήθης.[1]

Für unser Problem hat dieses Zeugnis ebensowenig Bedeutung wie die meist lobenden Bemerkungen, die Kopisten oder Leser in die Abschriften des Werkes zu verschiedenen Stellen eingetragen haben[2].

---

[1] S. J. Müller, Byzantinische Analekten aus Handschriften der S. Markus-Bibliothek zu Venedig und der K. K. Hofbibliothek zu Wien, Sitzungsberichte der philos.-hist. Classe der Kais. Akad. der Wiss. Wien 9, 1952, 336ff., V. 279—285. Vers 282 scheint verdorben.

[2] Die meisten Randbemerkungen dieser Art findet man in Codex V; ich notiere hier die wichtigsten: auf fol. 158^{v} zu S. 300,92ff.: ὅρα τί φησι ὁ θαυμάσιος οὗτος ἀνὴρ περὶ τῆς ἰδιότητος τῶν Λατίνων· ὡς ἀληθῆ τε καὶ ἀναντίρρητα; 201^{v} zu 535,3/11: προκατάστασις τῆς διηγήσεως τῆς ἁλώσεως Κωνσταντινουπόλεως· πάνυ δὲ θαυμασίως εἰσβάλλει εἰς τὴν περὶ αὐτῆς διήγησιν ὁ μακάριος· ὁ γὰρ θεόθεν ἐκελεύσθη τὰ τότε συμβάντα τοῖς μετέπειτα διηγήσασθαι; 205 zu 558,31/5: οἷα λέγει περὶ μοναχῶν ψευδομένων τὸ σχῆμα καὶ τὸ ἐπάγγελμα; 208/8^{v} zu 576,1ff.: μονῳδία τοῦ θαυμαστοῦ συγγραφέως ἐπὶ τῇ Κωνσταντινουπόλει οὕτως ἐνδιάθετός τε καὶ ἔμψυχος, ὥστε καὶ ἐξ ἀναισθήτων δάκρυα προκαλέσασθαι; 210 zu 590,73:

Niketas' Chronike Diegesis umfaßt die Periode vom Tode des Alexios I. Komnenos, 15/16. 8. 1118, bis einschließlich der Ereignisse, die unmittelbar der Eroberung Konstantinopels durch die Kreuzfahrer (12. 4. 1204) folgten. Es reicht in einer der überlieferten Fassungen bis Ende März 1205 (Fassung b), in einer anderen, längeren bis zum November 1206 (a), und in einer dritten, die erst mit den Vorbereitungen zum vierten Kreuzzug einsetzt, bis zum Herbst 1207 (Codd. L O). Zur Orientierung über den Inhalt diene folgende Übersicht:

1,5—4,81 Vorrede.

4,82—8,92 Während Alexios I. stirbt, sichert sich sein Sohn Johannes gegen die Intrigen seiner Mutter und seiner Schwester die Nachfolge (1118).

8,93—10,36 Die ersten Verwaltungsmaßnahmen des neuen Kaisers.

10,37—12,93 Eine Verschwörung unter Führung der Schwester des Kaisers schlägt fehl; die Beteiligten werden nur leicht bestraft (1119).

12,94—13,38 Wiedereroberung von Laodikeia, Sozopolis und anderen Städten im Mäandergebiet (1119—1120).

13,39—16,14 Einfall der Petschenegen; sie werden vernichtend geschlagen (1122 oder 1123).

16,15—24 Unterwerfung der unbotmäßigen Serben (1123 oder 1129/30?).

16,25—17,38 Die vier Söhne des Kaisers.

17,39—19,2 Sieg über die Ungarn (1128—1129), Wiedereroberung von Kastamon (1130), Triumphzug (1133).

19,3—21,53 Das von den Türken erneut besetzte Kastamon wird abermals zurückerobert; ebenfalls Gangra, das aber bald wieder verlorengeht (1134).

21,54—27,1 Unterwerfung Kleinarmeniens (1136—1137).

27,2—32,30 Einzug des byzantinischen Kaisers in Antiochien. Eroberung einiger syrophönikischen Städte (1137—1139).

32,31—33,60 Einzug in Konstantinopel zusammen mit seinem Bruder Isaak, der aus seinem selbstgewählten Exil zurückkehrt (1139).

33,61—36,71 Kampf gegen die Türken im Sangariosgebiet. Mißerfolge in Kappadokien (1139).

37,72—38,19 Kriegsvorbereitungen im Lager am Rhyndakos (1140 bis 1141). Unterwerfung der Inseln im Pusguse-See. Tod der zwei ältesten Söhne des Kaisers (1142).

εὖγε τῆς εὐγνωμοσύνης, ἅγιε ἄνθρωπε· τὸν γὰρ τῆς ἀγάπης ὅρον πεπλήρωκας; 213v zu 610,16: ἔμψυχος ὁ λόγος. Aus anderen Hss. notiere ich: A fol. 169v u. P fol. 93 zu S. 208,31: ση(μείωσαι) ταῦτα ὡς ἀληθείας ἐχόμενα; F fol. 27v zu S. 55,9/10: ὡς εὖ λέγεις; C fol. 211 zu S. 312,1/4: τοῦ συγγραφέως ὕβρις εἰς τὸν 'Ανδρόνικον.

38,20—40,60 Fortsetzung des Feldzuges mit dem Ziel, Antiochien zu unterwerfen und Palästina zu erobern. Ein erster Angriff auf Antiochien schlägt fehl. Abzug nach Kilikien.
40,61—46,56 Auf der Jagd verwundet Johannes sich mit einem vergifteten Pfeil. Bevor er stirbt, setzt er seinen jüngsten Sohn Manuel als Nachfolger ein (1143).
46,57—47,85 Johannes II. stirbt (am 8. IV. 1143). Charakteristik des verstorbenen Kaisers und seiner Regierung.
48,1—50,68 Der Großdomestikos Johannes Axuch sichert die Anerkennung Manuels in Konstantinopel.
50,69—51,92 Einzug des neuen Kaisers in die Hauptstadt.
51,93—52,17 Ernennung eines neuen Patriarchen und Kaisersalbung Manuels.
52,18—53,57 Kurze Feldzüge gegen Ikonion und gegen Raymund von Antiochien (1144 und 1146).
53,58—54,74 Manuels Ehe mit einer deutschen Prinzessin (1146).
54,75—60,44 Verwaltungsmaßnahmen. Einiges über die wichtigsten Beamten: Johannes von Putzes, Johannes Hagiotheodorites und Theodoros Styppeiotes. Die goldenen Zeiten der ersten Regierungsjahre Manuels verkehren sich, steuerpolitisch gesehen, in ihr Gegenteil.
60,45—67,40 Durchzug der Kreuzfahrer des Zweiten Kreuzzuges (1147).
67,41—72,85 Die Erfolge der Kreuzfahrer nach ihrem Abzug aus dem byzantinischen Gebiet.
72,85—76,95 Die Plünderungen Rogers II. von Sizilien während des Durchzugs der Kreuzfahrer.
76,1—88,48 Manuels Gegenexpedition. Wiedereroberung von Korfu (1148—1149). In diesem Passus Exkurs über die Absetzung des Patriarchen Kosmas Attikos (79,88—81,31) und der Kampf mit den venezianischen Hilfstruppen vor Korfu (85,40—87,95).
88,49—89,72 Fehlschlag beim Versuch, Sizilien anzugreifen (1149).
89,73—91,8 Unterwerfung der abtrünnigen Serben. Triumphzug (1149—1150).
91,9—28 Aussendung des Michael Palaiologos nach Italien zur weiteren Bekämpfung Siziliens (1155!).
92,29—93,71 Feldzug gegen Serben und Ungarn. Triumphzug (1150 bis 1151).
93,72—94,92 Ein Kumaneneinfall. Charakteristik dieses Volkes.
94,93—100,45 Fortsetzung des Krieges in Italien (1155—1158). Friedensschluß. Demonstration einer sizilischen Flotte vor Konstantinopel.
100,46—102,87 Krieg gegen Ungarn, das Manuels Vetter Andronikos bei einem Staatsstreich unterstützen wollte (1154—1155).

102,88—103,6 Feldzug Manuels nach Kleinarmenien; Vertrag mit Thoros (1158—1159).

103,7—108,40 Flucht des Andronikos aus dem Gefängnis. Näheres über einige seiner Abenteuer (1158).

108,41—110,19 Einzug Manuels in Antiochien. Turnier. Auf dem Rückweg nach Konstantinopel gibt es durch türkische Überfälle schwere Verluste (1159).

110,20—115,46 Theodoros Styppeiotes, der Günstling des Kaisers, wird vom Logothet tu dromu zu Fall gebracht. Exkurs über den Logothet.

115,47—116,66 Tod der ersten Gattin Manuels (1160); er heiratet in zweiter Ehe eine Tochter Raymonds von Antiochien (1161).

116,67—125,45 Die Beziehungen zu den Seldschuken nach dem Tod Masuds I. († 1152). Besuch Kilidj Arslans II. in Konstantinopel (1162). Seine Eroberungen (bis 1171). Die Einfälle der Seldschuken in byzantinisches Gebiet und Manuels Abwehrmaßnahmen (bis ca. 1175).

126,46—128,27 Manuel mischt sich in die Thronfolgestreitigkeiten in Ungarn ein und versucht mit Waffengewalt, seinen Kandidaten durchzusetzen (1161ff.).

129,28—132,30 Exkurs über eine erneute Flucht des Andronikos, der nach Galizien entkommt. Er wird zurückgerufen und schwört Manuel Treue (1165—1166).

132,31—136,46 Zwei byzantinische Feldherren werden von den Ungarn vernichtend geschlagen. Gegenfeldzug Manuels. Eroberung Zeugminons (1165).

136,47—65 Stephan Nemanja von Serbien wird erneut gezwungen, die Oberhoheit des byzantinischen Kaisers anzuerkennen (1165).

137,66—88 Manuel bestimmt seine Tochter Maria mit ihrem Bräutigam Bela/Alexios zu seinen Thronerben. Alle schwören ihnen den Treueid außer Andronikos (1166).

137,89—142,41 Andronikos wird zum Gouverneur von Kleinarmenien bestellt. Er kämpft unglücklich gegen Thoros, gibt den Krieg auf und wirbt in Antiochien um die Schwester der zweiten Gattin Manuels. Von diesem bedroht flüchtet er nach Jerusalem und verführt die Witwe Balduins II., eine Nichte Manuels. Mit ihr flüchtet er (1166 bis 1167).

143,42—147,80 Durch Verleumdungen eines gewissen Isaak Aron u. a. veranlaßt zwingt Manuel den Protostrator Alexios Axuch, Mönch zu werden. Die Verleumder ereilt eine gerechte Strafe (1167).

147,81—150,34 Blendung der Zauberer Skleros Seth und Michael Sikidites.

150,35—56 Neubefestigung der Städte Chliara, Pergamon und

Atramyttion, die unter dem Namen Neokastra zusammengefaßt werden (zw. 1162 und 1173).

151,57—158,81 Vertragsbruch der Ungarn und der daraus resultierende Krieg. Sieg und Triumphzug (1167).

158,82—159,17 Stephan Nemanja wird wieder einmal in seine Schranken gewiesen (1168).

159,18—168,78 Erfolgloser Ägyptenfeldzug (1169).

168,79—171,40 Geburt Alexios' II. (1169). Auf ihn werden die Nachfolgerechte übertragen (1171). Bela/Alexios besteigt den ungarischen Thron (1173). Manuels Tochter Maria heiratet Rainier von Montferrat (1180).

171,41—174,22 Verhaftung aller Venezianer im byzantinischen Reich (1171). Krieg mit Venedig (1171ff.) Beim Friedensschluß verpflichtet sich der Kaiser zur Entschädigung.

175,23—192,44 Abwehrmaßnahmen gegen türkische Einfälle. Großer Feldzug gegen die Seldschuken. Niederlage bei Myriokephalon (1176).

192,45—198,40 Die weitere Kriegführung gegen die Türken. Entsatz von Klaudiupolis (1179).

199,41—204,78 Die Beziehungen zum Abendland unter Manuel.

204,79—205,39 Kritik an Manuels Steuerpolitik und an seiner Vorliebe für Lateiner im Verwaltungsdienst.

205,40—206,70 Seine Bautätigkeit. In diesem Passus eine allgemeine Charakteristik des Kaisers (206,57—66).

206,71—208,15 Maßnahmen gegen den Zuwachs des Großgrundbesitzes der Klöster.

208,16—209,58 Die Sorge des Kaisers für das Militär.

209,59—220,9 Drei theologische Streitfragen.

220,10—222,86 Manuels letzte Krankheit und Tod (am 24. September 1180).

223,1—225,55 Die Kaiserin-Witwe überläßt die Staatsgeschäfte ihrem Günstling dem Protosebastos Alexios Komnenos. Intrigen am Hof.

225,56—231,10 Andronikos, seit seiner Aussöhnung mit Manuel in Oinaion lebend, droht einzugreifen und begibt sich auf den Weg nach Konstantinopel (1181).

231,11—241,87 Fehlschlag eines Staatsstreichs der Tochter Manuels. Sie verschanzt sich in der Hagia Sophia. Nach einem unentschiedenen Kampf kommt es zu einem Vergleich.

241,88—243,31 Absetzung und Wiedereinsetzung des Patriarchen Theodosios.

243,32—250,20 Andronikos' Marsch nach Konstantinopel. Abwehrmaßnahmen des Protosebastos. Sein Flottenkommandant läuft über.

Der Protosebastos wird gestürzt und Andronikos ausgeliefert (1182).
250,21—251,44 Lateinerpogrom in Konstantinopel.
251,45—252,69 Zwei Vorzeichen der kommenden Ereignisse.
252,70—254,20 Auch der Patriarch begrüßt Andronikos, legt aber sein Mißtrauen ihm gegenüber nicht ab.
254,21—260,50 Andronikos' Einzug in die Stadt. Er nimmt die Staatsgeschäfte in die Hand und wütet gegen den Adel. U. a. sterben Manuels Tochter Maria und ihr Gatte, Kaisar Johannes (Rainier von Montferrat).
260,51—262,6 Andronikos verheiratet seine uneheliche Tochter Irene mit Manuels unehelichem Sohn Alexios. Der Patriarch tritt wegen dieser unerlaubten Ehe zurück. Sein Nachfolger Basileios Kamateros verspricht, Andronikos in allem willfährig zu sein.
262,7—264,72 Einfall der Seldschuken. Aufstände in Kleinasien, u. a. des Johannes Komnenos Batatzes in Philadelphia. Nach dessen Tod müssen seine Söhne flüchten, sie werden aber gefangengenommen und geblendet.
264,73—269,1 Krönung Alexios' II. (am 16. V. 1182), Ausschaltung der Kaiserin-Mutter, weitere Verfolgung des Adels, Aufdeckung eines Komplotts, Ermordung der Kaiserin-Mutter.
269,2—274,29 Andronikos läßt sich zum Mitkaiser proklamieren; er entmachtet Alexios II. (1183).
275,1—277,42 Andronikos heiratet die Verlobte seines Vorgängers, Agnes von Frankreich. Er läßt sich vom Treueid an Manuel und seinen Sohn entbinden.
277,43—280,39 Andronikos Lapardas bereitet einen Aufstand vor, fällt aber dem Kaiser in die Hände. Dieser verläßt für kurze Zeit die Hauptstadt, um sich zu erholen.
280,40—290,11 Unterwerfung der rebellierenden Städte Nikaia und Prusa (1184).
290,12—296,69 Isaak Komnenos bemächtigt sich Zyperns und erweist sich als Tyrann. Andronikos läßt aus Rache dessen Bürgen Konstantinos Makrodukas und Andronikos Dukas steinigen.
296,70—297,4 Alexios Komnenos, ein Großneffe Manuels, liefert Wilhelm II. von Sizilien einen Vorwand für einen Einfall in das byzantinische Reich.
297,5—308,17 Eroberung von Thessalonike durch die Sizilier. Das Schicksal der Stadt (1185).
308,18—316,1 Andronikos' unmenschliches Benehmen gegenüber seinem Schwiegersohn, seiner Tochter u. a.
317,4—321,19 Weiterer Vormarsch des sizilischen Heeres. Andronikos trifft unzureichende Gegenmaßnahmen.

321,20—324,95 Einzelheiten über Andronikos' Lebensführung und seine Tyrannei.
324,1—331,11 Seine guten Qualitäten. Er sorgt für Steuergerechtigkeit, macht der Unsitte, Schiffbrüchige auszuplündern, ein Ende, baut eine Wasserleitung, bekämpft die Korruption in der Provinzverwaltung und in der Rechtsprechung, verhindert theologische Diskussionen.
332,12—334,72 Seine weitere Bautätigkeit.
334,73—338,92 Äußerste Verschärfung der Verfolgung des Adels.
338,93—341,64 Die Konsultation eines Wahrsagers im Hinblick auf die Bedrohung durch die Sizilier lenkt Verdacht auf Isaak Angelos.
341,65—346,9 Isaak Angelos, mit Festnahme bedroht, tötet Andronikos' Günstling Stephanos Hagiochristophorites, sucht Asyl in der Hagia Sophia und wird zum Kaiser ausgerufen (am 11/12. IX. 1185).
346,10—353,23 Andronikos' Festnahme und grausame Hinrichtung; ein Vorzeichen war seinem Ende vorausgegangen.
353,24—354,47 Niketas' Urteil über ihn.
355,3—356,23 Isaak Angelos macht das von Andronikos begangene Unrecht wieder gut.
356,24—363,17 Vertreibung der Sizilier.
363,18—366,3 Schlechte Behandlung der Kriegsgefangenen. Prozeß gegen die Anführer.
366,4—367,25 Isaak verspricht, keine Strafen durch Verstümmelung mehr zu verhängen. Er hält sich nur kurz daran.
367,26—368,46 Einfall der Seldschuken. Isaak verpflichtet sich zu Tributzahlungen. Ehe mit der Tochter Belas von Ungarn (1185/6).
368,47—369,73 Revolte der Vlachen und Bulgaren (1186).
369,74—370,12 Der Versuch, die byzantinische Macht auf Zypern wiederherzustellen, schlägt fehl.
371,13—373,78 Fortsetzung des Berichtes über die Revolte auf dem Balkan. Erster Feldzug Isaaks gegen die Aufständischen.
374,79—376,36 Die Rebellen holen Hilfe bei den Kumanen. Feldzüge anderer Heerführer (1186—1187).
376,37—390,26 Umsturzversuch des Alexios Branas (1187).
391,27—393,15 Straßenkampf der Konstantinopolitaner gegen die Lateiner.
393,16—398,42 Zweiter Feldzug Isaaks gegen Vlachen und Bulgaren mit Exkurs über den Abzug Konrads von Montferrat nach Palästina (395,37—396,67).
399,43—53 Dritter Feldzug des Kaisers gegen die Rebellen (1188).
399,54—401,18 Erhebung des Theodoros Mankaphas (1188—1189).
401,19—417,64 Durchzug Friedrichs I. Barbarossa und seines Kreuz-

fahrerheeres (1189—1190). Exkurs über die Umbesetzung des Patriarchenthrones (404,14—408,90). Friedrichs Tod und das Ende des deutschen Kreuzzuges (1190—1192).

417,65—418,88 Der Kreuzzug der Könige von Frankreich und England.

419,91—10 Isaaks Kinder. Die Regelung der Nachfolge.

420,11—428,62 Das Auftreten von Pseudo-Alexioi. Andere Umsturzversuche und die Bestrafung der zu Unrecht umstürzlerischen Treibens Verdächtigen (1189ff.).

428,63—431,45 Vierter Balkanfeldzug Isaaks. Niederlage bei Berrhoe (1190 oder 1191?).

431,46—433,9 Isaaks unrealistische Ansichten über eine mögliche Weltherrschaft und über die Dauer seiner Regierungszeit.

434,10—437,15 Der weitere Verlauf der Revolte auf dem Balkan und die Rebellion des Heerführers Konstantinos Angelos (1191 oder 1192?).

437,16—441,5 Isaak überläßt die Verwaltung seinen Günstlingen, Theodoros Kastamonites u. a.

441,6—446,62 Isaaks Lebensführung, seine Bautätigkeit, der Mißbrauch von geweihten Gegenständen, Münzverschlechterung und Provinzverwaltung, die Frömmigkeit des Kaisers, seine Wohltätigkeit, sein Charakter.

446,63—450,57 Aufbruch zu einem entscheidenden Balkanfeldzug. Besuch bei dem Wahrsager Basilakios (1195).

450,58—452,19 Staatsstreich des Bruders des Kaisers, Alexios. Isaak wird geblendet und gefangengesetzt (am 8. IV. 1195).

453,3—455,55 Alexios entlohnt auf Kosten der Staatskasse seine Helfer und zieht langsam nach Konstantinopel.

455,56—457,1 Die Vorbereitung seines Einzugs. Mißglückter Staatsstreich eines Kontostephanos. Die Rolle der neuen Kaiserin.

457,2—459,53 Einzug und Krönung des neuen Kaisers.

459,54—461,13 Alexios nimmt den Krieg auf dem Balkan nicht wieder auf und vergeudet die Staatskasse. Die Kaiserin drängt sich in den Vordergrund.

461,14—465,17 Das Auftreten eines Pseudo-Alexios und die Intrigen des Extyrannen von Zypern, Isaak Komnenos (1195—1197).

465,18—468,23 Ergebnislose Verhandlungen mit Petur und Asen. Feldzug des Sebastokrators Isaak Komnenos, der gefangengenommen wird (1195).

468,24—471,89 Vorhersage von Asens Tod durch einen Priester. Seine Ermordung durch Ivanko. Kampf zwischen Petur und Ivanko. Ivankos Flucht zum Kaiser (1196—1197).

471,90—473,68 Erfolgloser Versuch, Trnovo einzunehmen und Petur

zu stürzen, der aber später ermordet wird. Dessen Plünderungszüge. Ivanko im Dienst der Rhomäer (1197—1200).
474,69—475,25 Das Vordringen der Seldschuken. Niederlage bei Dadibra. Friedensschluß auf Kosten der Rhomäer (1196).
475,26—479,43 Schadenersatzforderungen des deutschen Kaisers Heinrich VI. Einführung der Alemannensteuer. Verschmelzung von Schätzen aus den Kaisergräbern (1195—1197).
479,44—481,94 Tod des deutschen Kaisers (am 28. IX. 1197). Näheres über seinen Charakter und seine Herrschaft über Sizilien.
481,95—483,34 Der Krieg mit dem Seeräuber Gafforio (1197—1198?).
483,35—489,46 Kritik an der Staatsführung des Kaisers. Die Kaiserin versucht mit Hilfe ihres Günstlings Konstantinos Mesopotamites, der Korruption entgegenzuwirken. Sie wird durch eine Intrige zu Fall gebracht, gewinnt aber nach sechsmonatiger Verbannung vom Hof ihre Machtsposition wieder (1197—1198).
489,47—493,66 Aufstieg und Fall des Konstantinos Mesopotamites. Seine Nachfolger.
493,67—496,65 Krieg mit den Seldschuken. Feldzug des Sultans. Unzulängliche Abwehrmaßnahmen des Kaisers (1198—1199).
496,66—499,53 Truppenkonzentration in Kypsella. Durch einen medizinischen Eingriff am eigenen Körper bringt sich Alexios in Lebensgefahr. Die Diskussionen über die Nachfolge. Klage des Schriftstellers (1199).
499,54—501,7 Der Kaiser begibt sich nach Kypsella. Ein Kumaneneinfall bei Kuperion.
502,10—508,66 Feldzug gegen Chrysos. Belagerung von Prosakos. Vertrag mit dem Rebellen, der eine Verwandte des Kaisers zur Frau erhält.
508,67—74 Plünderungszug der Kumanen.
508,75—509,17 Die verwitweten Töchter des Kaisers heiraten rhomäische Adelige, Alexios Palaiologos und Theodoros Laskaris (1200).
509,18—514,37 Abfall Ivankos. Erfolglose Unternehmungen gegen ihn. Der Protostrator Manuel Kamytzes gerät in Kriegsgefangenschaft.
514,38—517,4 Der theologische Streit über die Eucharistielehre des Michael Glykas.
518,5—519,35 Feldzug des Kaisers gegen Ivanko. Durch Eidbruch überlistet er den Rebellen.
519,36—520,66 Unterdrückung eines Umsturzversuches in der Hauptstadt durch die Kaiserin. Kritik an ihrer Haltung.
520,67—522,24 Kai Khosrau kommt nach Konstantinopel. Näheres über die vorausgegangenen Entwicklungen bei den Seldschuken. Der Sultan erhält die erhoffte Hilfe nicht.

522,25—523,49 Russische Hilfe setzt den Kumaneneinfällen in byzantinisches Gebiet ein Ende. Krieg zwischen Romanos von Galizien und Rurik von Kiev.
523,50—524,81 Der Kalomodiosaufruhr.
524,82—526,33 Der Lagosaufruhr.
526,34—528,80 Der mißglückte Staatsstreich des Johannes Komnenos des Dicken (am 31. VII. 1200 oder 1201?).
528,81—529,31 Seeräuberei im Schwarzen Meer im Auftrag des Kaisers. Krieg mit Ikonion. Abfall des Michael Angelos Komnenos (1200).
529,32—531,71 Kuraufenthalt des Kaisers nach einem Feldzug gegen den Abtrünnigen. Seesturm während einer Vergnügungsfahrt des Hofes. Ein Erdbeben erschüttert den kaiserlichen Palast (1200—1201).
531,72—532,20 Stephan I. von Serbien verstößt die Tochter des Kaisers Eudokia. Bürgerkrieg bei Serben und Ungarn.
532,21—533,41 Kalojan von Bulgarien erobert Konstanteia und Varna (1201).
533,42—534,62 Manuel Kamytzes wird von Chrysos freigekauft. Sie erobern Thessalien und dringen bis zur Peloponnes vor.
534,63—72 Abfall des Spyridonakes.
534,73—535,2 Erfolgreiche Feldzüge gegen die Rebellen. Vertrag mit Kalojan (1201—1202).
535,3—11 „Zwischenvorwort" zum Bericht über die nachfolgenden Ereignisse.
536,12—542,63 Flucht des Sohnes Isaaks II. Alexios nach Sizilien (1201). Die antivenezianische Politik der Angeloi. Die Wendung des Vierten Kreuzzuges gegen Konstantinopel (1202—1203).
542,64—548,11 Der Kampf um die Stadt. Alexios III. flüchtet (am 17./18. VII. 1203). Urteil über ihn.
549,4—551,49 Restitution Isaaks II. auf den Thron. Vertrag mit den Kreuzfahrern. Alexios IV. wird Mitkaiser.
551,50—556,77 Unerfüllbare finanzielle Forderungen der Kreuzfahrer. Übergriffe der Stadtbevölkerung gegen die Lateiner. Überfall der Lateiner auf die Sarazenen in Konstantinopel; sie legen den ersten großen Stadtbrand. Gleichgültigkeit der beiden Kaiser. Es wird weiterhin Geld für die Lateiner eingetrieben.
556,78—92 Alexios IV. verfolgt mit lateinischer Hilfe Alexios III.
556,93—558,46 Rivalität zwischen Isaak II. und seinem Sohn. Ungebührliches Verhalten des letzteren. Phantastische Zukunftsvisionen Isaaks. Kritik an den Mönchen, die ihn dazu verführen.
558,47—559,73 Vernichtung der Athenestatue auf dem Forum Constantini durch das abergläubische Volk. Ekphrasis der Statue.

559,74—561,32 Weitere Versuche der Kaiser, die Geldgier der Lateiner zu befriedigen. Plünderung von Klöstern und Palästen durch die Kreuzfahrer. Wiederholte Zusammenstöße. Dabei zeichnet sich Alexios Dukas Murtzuphlos aus (1203—1204).
561,33—564,19 Volksaufruhr. Nikolaos Kanabos wird zum Kaiser ausgerufen. Staatsstreich des Alexios Dukas Murtzuphlos (Jan.—Febr. 1204).
565,4—567,50 Erste Maßnahmen des neuen Kaisers. Er bereitet sich auf den Kampf gegen die Lateiner vor. Bei einem Überfall auf Balduin von Flandern entkommt er mit knapper Not der Gefangennahme.
567,51—568,76 Letzte Verhandlungen mit Enrico Dandolo schlagen fehl.
568,77—571,46 Belagerung und Einnahme der Stadt durch die Lateiner (8.—13. IV. 1204).
571,47—572,78 Flucht des Murtzuphlos. Konstantinos Laskaris zum Kaiser ausgerufen. Auch er muß flüchten (am 13. IV. 1204).
572,79—575,58 Plünderung der Stadt durch die Eroberer.
575,59—576,95 Urteil des Autors über die Lateiner.
576,1—579,81 Klage über die Stadt.
579,82—582,46 Niketas verzichtet auf Fortsetzung seiner historiographischen Arbeit.
583,4—585,57 Vorrede zur Fortsetzung des Werkes mit dem Teil „Die Ereignisse nach der Eroberung der Stadt".
585,58—587,95 Rekapitulation der Eroberung. Das Fehlen von Vorzeichen vor der Katastrophe. Rekapitulation der Plünderung. Die Einwohner erhalten Erlaubnis zur Evakuation.
587,1—594,78 Niketas' eigenes Schicksal. Er läßt sich in Selymbria nieder.
594,79—595,9 Kritik am Verhalten des Stadtvolkes.
595,10—32 Die Eroberer teilen das byzantinische Reich unter sich auf und melden überallhin die Einnahme der Stadt.
595,33—597,71 Balduin von Flandern zum Kaiser gekrönt (am 16. V. 1204). Urteil über ihn.
597,72—601,83 Feldzug Balduins in Thrakien. Streit mit Bonifatius von Montferrat. Einigung. Bonifatius' Feldzug in Griechenland.
601,84—604,48 Die Kreuzfahrer beginnen mit der Eroberung des kleinasiatischen Reichsteils (1204—1205).
604,49—611,35 Fortsetzung des Berichtes über den Eroberungszug des Markgrafen von Montferrat (1204—1205). Mit Exkurs über Leon Sguros (605,65—608,60) und über die Gefangennahme und Hinrichtung des Alexios V. Dukas (608,61—609,72).
612,36—613,76 Alexios III. fällt Bonifatius von Montferrat in die

Hände. Sein Anhang verbündet sich mit Kalojan von Bulgarien. Aufstand der thrakischen Städte gegen die Lateiner (Anfang 1205).

613,77—617,92 Niederlage der Kreuzfahrer gegen Kalojan bei Adrianopel (am 14. IV. 1205).

618,93—619,51 Eroberungszug Kalojans (April—Mai 1205).

620,52—83 Bonifatius von Montferrat unterdrückt einen Aufstand in Thessalonike. Sein Versuch, Serrhai gegen Kalojan zu Hilfe zu kommen, scheitert.

620,84—625,27 Gegenfeldzug Heinrichs von Flandern (Mai—Okt. 1205).

625,28—626,75 Polyarchie im kleinasiatischen Reichsteil (1204—1205).

627,76—6 Kalojan erobert Philippopolis, wo sich Alexios Aspietes zum Kaiser hat ausrufen lassen (im Sommer 1205).

628,7—631,16 Neuer Einfall Kalojans bis vor die Tore Konstantinopels.

632,17—633,59 Kalojan belagert Adrianopel und Didymoteichos. In letzterer Stadt stirbt Patriarch Johannes Kamateros (erste Hälfte 1206).

633,60—637,24 Expedition der Lateiner zum Entsatz beider Städte (im Juni 1206). Klage über die Verwüstung Thrakiens.

637,25—638,61 Die Lage in Griechenland.

638,62—641,63 Die Lage in Kleinasien.

642,64—643,10 Befreiung der lateinischen Besatzung von Stenimachos. Krönung Heinrichs von Flandern (am 20. VIII. 1206). Näheres über den Tod Balduins.

643,11—645,83 Die Lateiner vernichten die Schutzstatuen Konstantinopels und die Bellerophonstatue auf dem Forum Tauri, die ein böses Omen für sie bedeuten. Klage über die Feigheit der Rhomäer und über die eigene Umsiedlung nach Nikaia (Ende 1206 / Anfang 1207).

645,84—646,11 Auszug des lateinischen Kaisers gegen die Kumanen und Vlachen und seine Rückkehr nach Konstantinopel (Aug.—Nov. 1206).

647,1—18 Der lateinische Patriarch Thomas.

647,19—655,65 Plünderung der Kaisergräber und Einschmelzung der Erzstatuen der Stadt zur Deckung des Geldbedarfs der Lateiner. Ekphrasis der vernichteten Statuen.

635,1—16 LO Rückkehr des Autors nach Konstantinopel (Juni/Juli 1206), Übersiedlung nach Nikaia (s. oben).

635,16—636,65 LO Neuer Einfall Kalojans, Belagerung von Adrianopel (Frühjahr 1207). Kampf bei Mosynopolis, Tod des Bonifatius (4. IX. 1207).

611,30/5 LO (s. auch 631,16 LO) Tod des Leon Sguros, Die Lateiner erobern Akrokorinth. Die Lage in Griechenland (2. Hälfte 1207).

DIE HANDSCHRIFTEN

Bei der nachfolgenden Beschreibung der Hss. setze ich eine Einteilung des Werkes in 19 Bücher voraus. Um den unterschiedlichen Fassungen Rechnung zu tragen, sind einige Bücher in zwei Abteilungen unterteilt worden.

P = Parisinus graecus 1778 (früher Colbertinus 4509), 13. Jh., Pergament, II + 256 + II Bl., 235 × 175 mm.

Fol. 2 — 256: Niketas Choniates' Geschichtswerk.

Fol. 1r: der Anfang des gleichen Werkes bis S. 2,19 βοᾷ. Anfangsseiten der Bücher: Prooimion: 2, I: 3, II: 23v, III: 34, IV: 46v, V: 57v, VI: 68, VII: 78v, VIII: 89v, IX: 99v, X: 119, XI: 135, XII: 149, XIII: 162, XIV: 170v, XV A: 181v, XV B: 192, XVI A: 201v, XVI B: 214v, XVII: 219v, XVIII: 225v, XVIII B (ohne Überschrift, aber mit Absatz und Initialbuchstabe): 227v, XIX: 232, XIX A (ohne Überschrift): 237v, XIX B (mit Überschrift): 256.

Zählung der Hefte auf dem unteren Rand der letzten Seite jedes Heftes; eine jüngere Zählung auf der ersten Seite rechts oben. Zusammensetzung: II + 1 + 5 × 8 (41) + 8 (42—49, 43—48, x—47, 44—x, x—46, 45—x) + 8 (50—57, 51—56, 52—x, x—55, 53—54) + 8 (x—65, 58—x, 59—64, 60—63, 61—62) + 8 (66—73, 67—72, 68—71, x—70, 69—x) + 2 × 8 (89) + 9 (die Blätter sind falsch geordnet; man lese: 90, 91, 97, 92—94, 96, 95, 98. Zusammenhang: 90—98, 91+97—x, 92—96, x—95, 93—94) + 8 (106) + 8 (107—114, 108—113, 109—112, 110—x, x—111) + 2×8 (130) + 9 (131—139, 132—138, 133—x, 134—135, 136—137) + 8 (140—147, 141—146, 142—145, 143—x, x—144) + 8 (148—x, x—155, 149—154, 150—153, 151—152) + 2×8 (171) + 8 (172—179, x—178, 173—174, 175—x, 176—177; dieses Heft enthält mehr Text als üblich) + 9 (180—x, 181—188, 182—187, x—186, 183—x, 184—185) + 3×8 (212) + 5 (x—217, 213—216, 214—215) + 8 (218—225, 219—x, x—224, 220—223, 221—222) + 2×8 (241) + 8 (242—249, 243—x, x—248, 244—247, 245—246) + 7 (250—x, 251—256, 252—255, 253—254). Es sind offenbar mehrere Blätter herausgeschnitten und durch neue ersetzt worden. Die neuen Blätter sind: 45 = S. 95, 30—98,6; 47 = 101,69—105,54; 52 = 114,5—116,77; 65 = 142, 26—145,13; 69 = 152,3—155,73; 91/97 = 202,25—206,65; 110+111 = 250,14—255,36; 136+137 = 319,58—324,82; 143 = 337,49—340, 32; 155 = 372,50—379,88; 173+174 = 426,12—433,2; 176+177 = 436,74—442,51; 181—216 = 450,59 δυσχεραίνειν —540,28; 219 = 546,63—550,31; 243 = 612,54 ἀπολικμῶν —615,26 διὰ τοῦδε.

Das Ende von fol. 231v fällt mit dem Ende des ersten Teiles des Werkes (S. 582,46) zusammen; ob das Zufall ist, muß dahingestellt bleiben.

Außer der Erneuerung vieler Blätter bezeugen unzählige Änderungen im übrigen Text, daß die Hs. überarbeitet wurde. Viele Wörter oder Sätze sind sorgfältig ausradiert und ein neuer Text ist mit gleicher Sorgfalt an ihrer Stelle gesetzt. Da es sich oft um Erweiterungen handelte, wurde der neue Text zum Teil auf den Rand geschrieben. Wo Blätter ausgewechselt worden sind, wurde einige Male schon auf dem vorangehenden Blatt mit dem neuen Text begonnen. Es war ein und derselbe Kopist, der die Hs. abschrieb und überarbeitete.

Auch die Marginalien stammen größtenteils von ihm. (Die meisten liest man auch in W, einen nicht geringen Teil ebenfalls in A.) Wichtige Notizen findet man fol. 142 zu S. 335,20/1, 192 zu 479,41, 193v zu 483,51 und 205 zu 511,54. Einige Worterklärungen, z. B. fol. 41 zu S. 87,9 αἰγάγρων: αἰγάγγρινα εἶδος νοσήματος κατὰ τρόπον μεταφορικόν und 75 zu 166,11 ἀσπίδες: αἱ λεγόμεναι δόρκαι rühren von einer späteren Hand. Die Notizen auf fol. 31v zu S. 66,15ff. σημείωσαι ἀπανθρωπίαν γραϊκῶν καὶ ὠμότητα und 165v zu 403,76ff. ψευδῆ λέγεις entstammen vermutlich der Feder eines (pro)lateinischen Lesers; eine dritte Notiz dieser Hand auf fol. 216v zu S. 540,20/3 ist ausradiert worden, aber noch halbwegs lesbar: ση(μείωσαι) τὸ καινότροπον τῶν γραϊκῶν· ὁμολογοῦσι γὰρ ⟨νῦν ὅτι ὁ⟩ πάπας ἀεί ποτε τ⟨ὴν⟩ πρ⟨ωτοκαθεδρίαν⟩ εἶχε.

Fol. 1v ist leer; dieses Blatt ist sehr schmutzig. Gekritzel, das man kaum entziffern kann, verunziert außer dem leeren Teil von 1r auch den unteren Rand von 2r, 3r, 5r, 11r und 22r. Auf fol. 1v und 256v liest man in der gleichen „Schrift" fromme Zitate oder Ansätze davon, z. B. κς φοτῖσμὸς μοῦ· καὶ σηρ· μοῦ τὴν ναφωβυθη (vgl. Ps. 26,1) oder ω πανημνητε μερ ἡ τεκουσα τόν πᾶντον αγιον ἁγιοτατον λόγον δεξαμενη τῆν νήν προσφοραν (vgl. Akathistos Hymnos, Oikos 24, Beginn). Verantwortlich für diese Kritzeleien ist ein Mönch, dessen Namen man am unteren Rand von fol. 256r findet. Uspenskij (s. F. Uspenskij, Über die Niketashss. der Pariser Nationalbibliothek [russ.], Žurnal Ministerstva narodnago prosveščenija 194 [1877] 64—79, S. 66) glaubte zwei Namen zu entdecken: Laurentios Monachos und Neilos; der Name Neilos ist aber sicher nicht da. Ich lese: ε τόν τῶν τωκοδάλην έν έν μου τού τάπεινού / λαβρετίου μώνάχού καί τάπείνού.

Die Hs. wurde etwa zwischen 1673 und 1682 von Jean-Baptiste Colbert (1619 bis 1683), vermutlich durch Kauf im Orient, erworben (s. L. Delisle, Le Cabinet des Manuscrits de la Bibliothèque Impériale, Bd. I, Paris 1868, S. 446—8). Die „Papiers relatifs à la formation de la bibliothèque de Colbert", gesammelt und aufbewahrt im Cod. Par. lat. 9363, erwähnen den Codex nicht. Im Cod. Mélanges de Colbert 77, Deuxième et dernier Volume contenant la suite de l'inventaire fait après le déces de Monseigneur Colbert usw., fol. 680vff. wird unsere Hs. mit sieben anderen (Nr. 1506—1513) zusammen taxiert: „sept volumes en velin et en papier prisez ensembles six livres d'or." Colberts Bibliothek wurde 1732 der königlichen einverleibt (s. Delisle, o. c., S. 439ff.).

Uspenskij, o. c., S. 65—66 (der die Blätter noch ohne Paginierung vorfand); E. Miller, Recueil des Historiens des Croisades. Historiens Grecs, Bd. II, Paris 1881,

S. 131f. (dazu BZ 57 [1964] 305 Anm. 5); H. Omont, Inventaire sommaire des manuscrits grecs de la Bibliothèque Nationale etc., Bd. II, Paris 1888, S. 141; H. Leicht, Studien zur Textgeschichte des Niketas Akominatos, Diss. München 1922, handgeschr. Der Verweis auf diese Hs. in Travaux et Mémoires IV (1970) 336 Anm. 41 und daraus in Scriptorium 26 (1972) 431 Nr. 999 muß ein Irrtum sein.

R = Vaticanus graecus 169 (früher 145), 13. Jh., Papier, II + 240 Bl., 238 × 161 mm.

Inhalt: Niketas Choniates' Geschichtswerk.

Anfangsseiten der Bücher: Prooimion: 1, I: 2v, II: 27v, III: 38v, IV: 51v, V: 63, VI: 75v, VII: 87v, VIII: 99v, IX: 108, X: 128, XI: 145, XII: 161, XIII: 178, XIV: 190, XV: 203, XVI A: 211, XVI B: 219, XVII: 224v, XVIII: 232, XVIII A ohne Überschrift; am Rand: φυγὴ τοῦ βασιλέως ἐκ τῆς πόλεως: 225,7. Ende S. 582,46.

Die Lagenzählung, auf dem unteren Rand der letzten Seite jedes Heftes, fehlt fol. 8v und vom 16. Heft an. Zusammensetzung: 30 × 8.

Von einem Kopisten geschrieben. Der Codex hat eigene Lemmata, für welche im Text Zeilen oder Teile von Zeilen ausgespart wurden; an manchen Stellen, bes. von fol. 131 an, ist der reservierte Platz leer geblieben.

Unter den Marginalien findet man Gemütsäußerungen zum Text, wie z. B. fol. 127v zu S. 274: ὢ τῆς ἀνοχῆς σου Χριστὲ βασιλεῦ und ein paar Erläuterungen, z. B. 2v zu 4,83ff.: Ἰω(άννην), Ἰσαάκιον καὶ Ἀνδρόνικον· ἡ δὲ θυγάτηρ τούτ(ου) Ἄννα εἶχε τὸν Νικηφόρον κῦρ Βρυέννιον, Μαρίαν κῦρ Νικηφόρος, τὴν δὲ Εὐδοκίαν τὸν Ἰασίτην κῦρ Μιχαήλ, καὶ Θεοδ(ώ)ρ(α) κῦρ Κω(νσταντίνω) τῷ Κουρτυκίω, 20 zu 35,29: ἐτῶν δέκα καὶ ὀκτὼ εὑρίσκετο, ὅτε ἐπολέμησεν ὁ βασιλεὺς κῦρ Μανουήλ. Erwähnung verdient auch die Notiz auf fol. 21 zu 37,85/6: αὕτη ἡ λίμνη γέμουσα βατράχους· γωναῖς ἐβάρυναν τὸν βασιλέα. σιγητικὸν πρόσταγμα ἔστειλεν εἰς αὐτοὺς καὶ ἐπαύσατο τοῦ λέγειν. Der Kopist schickte seiner Arbeit ein Gebet voraus (auf dem oberen Rand von fol. 1): Χ(ριστ)ὲ προηγοῦ τῶν ἐμῶν πονημάτων und beschloß sie (fol. 240v): παμμεδέοντι π(ατ)ρὶ σὺν υἱεὶ πν(εύματ)ι δόξα.

Der Codex befindet sich seit Papst Sixtus IV. (1471—1484) in der Vaticana (s. C. Haase, Ein altes Verzeichnis der griechischen Handschriften in der Vaticana, Serapeum 12 [1852] 129—279, Nr. 413 [S. 242]). Die Überschriften der Bücher, die zu dem hier verzeichneten Niketascodex einzeln aufgeführt werden, stimmen zwar nicht bis ins Detail, aber doch am besten mit denen im Vat. gr. 169 überein, der außerdem als einzige der vatikanischen Niketashss., wie Nr. 413 des Verzeichnisses, mit der Regierung des Alexios V. endet. Hinzu kommt, daß für Nr. 413 noch eine zweite Schrift verzeichnet wird: Γεωργίου πόνημα τοῦ καὶ Πισσίδους — περὶ θέρους — περὶ θαλάσσης usw. Auf dem letzten Blatt von R (240v) sieht man noch Spuren, die durch den Abdruck eines verzierten roten Initialbuchstabens O verursacht worden sind. Dies setzt eine verlorengegangene Fortsetzung der Hs. voraus, die man im Codex Vaticanus graecus 1898, fol. 166—201 wiedergefunden hat,

s. P. Canart, Bibl. Ap. Vat. Codd. manu scripti recensiti. Codices Vaticani graeci. Codd. 1745—1962, I, In Bibl. Vat. 1970, S. 565f. In R oder in einer Vorlage, auf welche R zurückgeht, könnte einst ein anderes Werk des Niketas (Panoplia dogmatike, Reden und Briefe) vorausgegangen sein; nur in dieser Hs. fängt die Überschrift mit Τοῦ αὐτοῦ an.

Io. Mercati — P. Franchi de' Cavalieri, Bybliothecae Apostolicae Vaticanae codices manu scripti recensiti . . . Codices Vaticani graeci. Bd. I, Romae 1923, S. 193f.; P. Canart — V. Peri, Sussidi bibliografici per i manoscritti greci della Biblioteca Vaticana, Città del Vaticano 1970, S. 383f.

V = Vaticanus graecus 163 (früher 715), 13. Jh., Papier, VII + 303 Bl., 334 × 233 mm.

Fol. 1—61: eine anonyme Chronik (s. dazu G. Moravcsik, Byzantinoturcica, Bd. I, ²Berlin 1958, S. 515—8).

61ᵛ leer.

62—102ᵛ: Konstantinos Manasses' Verschronik (ed. Bonn. S. 3—286).

103ʳ leer, 103ᵛ ebenfalls, bis auf eine Notiz zur Überschrift des nächsten Werkes (s. S. 1, 1/3 app.).

104—220ᵛ: Niketas Choniates' Geschichtswerk.

221—268ᵛ: Johannes Kinnamos' Geschichtswerk (ed. Bonn. S. 3—300; dazu F. Wilken, Rerum ab Alexio I . . . gestarum, Heidelbergae 1811, S. XVIII—XXII mit Anm. 17; F. Babos, Adalékok Kinnamos szövegtörténetékez [Symbolae ad historiam textus Cinnami], Budapest 1944; P. Wirth, Zur Frage nach dem authentischen Titel von Johannes Kinnamos' Geschichtswerk, Byzantion 41 [1971] 375 bis 377).

269—302: Georgios Akropolites' Geschichtswerk (ed. Heisenberg, I, 3—189).

Zu Niketas:

Anfangsseiten der Bücher: Prooimion: 104, I: 104ᵛ, II: 113, III: 117ᵛ, IV: 122ᵛ, V: 127, VI: 131ᵛ, VII: 136, VIII: 140ᵛ, IX (als τόμος ὄγδοος bezeichnet; auch die weiteren Bücher werden entsprechend durchgezählt; der Kopist hat versehentlich das 7. Buch Manuels mit dem 7. des ganzen Werkes gleichgesetzt): 145, X: 153ᵛ, XI: 161ᵛ, XII: 168ᵛ, XIII: 175ᵛ, XIV: 180, XV (= A + B; fol. 191ᵛ vor B der Untertitel θάνατος τοῦ ῥηγὸς Ἀλαμανίας): 186, XVI (B schließt fol. 201, letzte Zeile ohne jede Trennung an A an): 195ᵛ, XVII: 203ᵛ, XVIII: 206, XVIII A (überschrieben: τοῦ αὐτοῦ Χωνειάτου· τόμος ὀκτωκαιδέκατος): 207, XIX (nicht mehr durchgezählt): 209 (XIX A, ohne Untertitel: 211ᵛ), XIX B (περὶ τοῦ ἐκ Φλάντρας Ἐρρῆ): 220. Es folgt, auf fol. 220ᵛ, der Schlußabschnitt der Fassung LO, der aber unvollständig geblieben ist; s. dazu unten Vᵃ.

Die Blätter 1, 2, 112, 302, 303 sind im 15. und 16. Jh. zur Ergänzung verlorengegangener Textteile neu eingefügt worden. Fol. 112 gehört zum Niketastext und enthält S. 42,27—47,66. Fol. 105 ist teilweise erneuert, s. S. 6,42 app.

Die Hefte sind auf dem unteren Rand der letzten Seite numeriert, allerdings nur bis fol. 221. Zusammensetzung: I + V + 2 (1 u. 2 ersetzen ein einziges verlorengegangenes Bl., s. fol. 3 mg. sup.) + 7 + 6×8 + 4 + 5×8 + 2 + 14×8 + 5 + 10×8 + 1 + 2.

Drei Kopisten: a: 1—220, b: 221—268, c: 269—301.

Die Marginalien zum Niketastext sind auf drei Hände zu verteilen. Der Kopist selbst trug viele Lemmata ein, die in anderen Hss. oft ihre Parallele haben. Von einer zweiten Hand rühren Eintragungen auf fol. 115 (Nr. 2), 124ᵛ, 126, 158ᵛ (zwei), ein Scholion auf 167ᵛ?, 169ᵛ, 170, 173, 174, 175, 176ᵛ, 177 und alle weiteren mit Ausnahme derer auf 195, 206ᵛ Nr. 2 u. 3 und 208 Nr. 1. Es sind Notizen zum Inhalt, u. a. chronologische Angaben, Gemütsäußerungen und Ähnliches mehr. Erwähnung verdienen die folgenden: fol. 115 zu S. 60,45: ἐκστρατεία πρώτη τῶν ᾽Αλαμανῶν κατά τε Τούρκων καὶ Σαρακηνῶν τῶν ἐν ᾽Ασίᾳ· γενομένη ἐν ἔτει ἀπὸ κτίσεως κόσμου ͵ϛχξ^{ω}, ὡς ἀπὸ τῆς ἀναγραφῆς τῶν βασιλικῶν συνάγεται; 175 zu 391,32: ποῦ νῦν τὸ ὑγρὸν τοῦτο πῦρ καὶ θαῦμα μέγα; πῶς ἡ τούτου κατασκευὴ τὴν τῶν Βενετίκων μάλιστα γνῶσιν διέφευγε; 176 zu 401,19: ἐκστρατεία τῶν ᾽Αλαμανῶν δευτέρα κατὰ τῶν Σαρακηνῶν ἐπὶ τῆς βασιλείας ᾽Ισαακίου τοῦ ᾽Αγγέλου· γενομένη κατὰ τὸ ἀπὸ κτίσεως κόσμου ͵ϛψ᾽ ἔτος, ὡς ἀπὸ τῆς χρονικῆς ἀναγραφῆς τῶν βασιλέων συνάγεται; 177 zu 404,10: οἷα ἦσαν ποτὲ τὰ παλάτια τῶν Βλαχερνῶν· καὶ οἷα νῦν γεγόνασι· φεῦ τῆς συμφορᾶς; 218 zu 639,70: ση(μείωσαι) πόθεν ἔχει τὴν ῥίζαν ἡ τῶν Τραπεζουντίων βασιλεία; s. auch oben S. 1 Anm. 2 und für drei weitere über Kalojan von Bulgarien: J.-L. van Dieten, Niketas Choniates. Erläuterungen usw., S. 132. Von dieser zweiten Hand sind auch einige Korrekturen, die als Konjekturen betrachtet werden können. Dem Besitzer Johannes Chortasmenos[3] sind drei Notizen zum Niketastext zuzuschreiben, zwei auf fol. 206ᵛ zu S. 569,7 und eine auf 208 zu 576,1. Die erste Eintragung ist eine Zeile aus einem Gedicht des Patriarchen Germanos II.: ῥεῖτε δακρύων ὀφθαλμοὶ κρουνοὺς ἡματωμένους (vgl. K. Horna, Einige unedierte Stücke des Manasses und Italikos, Wien 1902, S. 13,11), die zweite: ση(μείωσαι) ὅτι ἐν ἔτει ἀπὸ κτίσεως κόσμου

[3] Johannes Chortasmenos war Notar des Patriarchen von Konstantinopel, Schreiber, Buchbinder und Besitzer von Hss. in einer Person. Zu ihm s. H. Hunger, Johannes Chortasmenos (ca. 1370—1436/7). Briefe, Gedichte und kleine Schriften. Einleitung, Regesten, Prosopographie, Text (Wiener byzantinistische Studien, 7), Wien 1969.

,ς^{ω}ψ^{ω}ιβ^{ω}, μηνὸς ἀπριλλίου ιβ', ἡμέρα δευτέρα, τεσσαρακοστῇ μεγίστη ἕκτη ἑβδομάδι τῶν νηστειῶν ἑάλω ὑπὸ Λατίνων ἡ Κωνσταντινούπολις. Die dritte auf dem oberen Rand von fol. 208^{v} wiederholt einen Teil einer Notiz der zweiten Hand auf demselben Blatt: μονωδία τοῦ θαυμαστοῦ συγγραφέως οὕτως εὐδιάθετός usw. (s. S. VII Anm. 2), nämlich: μονωδία τοῦ θαυμαστοῦ συγγραφέως ἐπὶ τῇ Κωνσταντινουπόλει.

Der älteste uns bekannte Besitzer der Hs. war der genannte Chortasmenos, der sie, wie man fol. 301^{v} liest, im Dezember 1391 erwarb: τὸ βιβλίον τοῦτο κτῆμα ἐστὶν ἐμοῦ 'Ιωάννου νοταρίου τοῦ Χορτασμένου· ὠνησάμην δὲ αὐτὸ μηνὶ δεκεμβρίω θ' ἰνδ. ζ^{ης} ἔτους ς^{ου} ϡ^{ου}. Sie befand sich noch in Konstantinopel, als die Türken 1453 die Stadt belagerten, s. fol. 233 (zu Kinnamos S. 75,3ff.): περὶ τοῦ κάστρου τῆς Κωνσταντινουπόλεως οἷον ἦν τότε καὶ οἷον ἐστὶ νῦν. ὢ τῆς ἀνεκδιηγήτου καὶ ἀνεννοήτου τῆς ἀφράστου συμφορᾶς. ἡνίκα γὰρ ἐγὼ τὰ ἐλεεινὰ ταῦτα ῥήματα ἔγραφον, Τοῦρκοι τὴν Κωνσταντίνου πολιορκοῦσι etc.[4] Der Codex muß noch 1453 oder bald darauf nach dem Westen gekommen sein; er befindet sich seit Papst Nikolas V. (1447—1455) in der vatikanischen Bibliothek (s. E. Müntz — P. Fabre, La bibliothèque du Vatican au 15e siècle, Paris 1887, S. 340). Er ist einer der Codices ,,quos concessit (Callistus III) ad usum vite Rev^{mi} dni Cardinalis Rutheni X Maii anno pontificatus sui primo" (= 1455) (s. Invent. Cosm. de Montferrat Nr. 373 (20) in: R. Devreese, Le Fonds grec de la Bibliothèque Vaticane des origines à Paul V, Città del Vaticano 1965, S. 38). Im J. 1797 wurde er zusammen mit anderen von Napoleon I. nach Paris transportiert und blieb dort bis 1811; das Siegel der Pariser Bibliothek auf fol. IV, 3 und 303 zeugt noch von diesem Aufenthalt (vgl. J. Vorstius, Handbuch der Bibliothekswissenschaft, Bd. III, Leipzig 1942, S. 1015). In dieser Zeit wurde er von Wilken studiert (s. F. Wilken, o. c., S. XVIII—XXII).

F. Wilken, l. c.; C. Neumann, Griechische Geschichtsschreiber und Geschichtsquellen im zwölften Jahrhundert, Leipzig 1888, S. 83; A. Heisenberg, Studien zur Textgeschichte des Georgios Acropolites, Landau 1894, S. 6—8 (H. kannte die Hs. damals nur durch eine ihm von Th. Preger zugesandte Notiz); ders., Georgii Acropolitae Opera, Bd. I, Lipsiae 1903, S. IV—VI (die Angaben sind nicht fehlerfrei; die Datierung, 14./15. Jh. ist sicher falsch); Leicht, o. c., S. 23—5; Mercati-Cavalieri, o. c., S. 185—7; Canart-Peri, o. c., S. 382—3. Der Codex wurde, was Niketas betrifft, bisher nur benutzt für das sogenannte Fragment ,,De Statuis" (s. unten) und für zwei Fragmente, die in den früheren Niketasausgaben fehlten, s. BZ 49 (1956) 311—7.

O = Oxoniensis Bodleianus Roe 22 (früher Cl. II No. 268), a. 1286, Pergament, IV + 560 + I Bl., 308 × 228 mm.

Fol. 1—423: Niketas Choniates' Panoplia dogmatike (vgl. J. L. van Dieten, Zur Überlieferung und Veröffentlichung der Panoplia dogmatike des Niketas Choniates, Amsterdam 1970, S. 8—13).

---

[4] Diese Notiz ist nicht vom Kopisten der Hs.; s. F. Wilken, Rerum ab Alexio I . . . gestarum, Heidelbergae 1811, S. XXI, dessen Berichtigung zu Fabricius, Bibl. Gr., ed. Harles, Bd. VII, S. 734 von Sp. Lampros, Neos Hellenomnemon 5, S. 260, übersehen wurde.

423,28—450,24: Niketas Choniates' Geschichtswerk ab S. 535,3 dieser Ausgabe.

450,25ff.: varia theologica (s. dazu Coxe, o. c. infra).

Der uns hier interessierende Teil schließt ohne Überschrift an die Panoplia an. Der Übergang ist nur durch einen roten Initialbuchstaben gekennzeichnet. Das Ganze ist eingeteilt in zwei Bücher; das erste umfaßt außer XVI B auch XVII (Anfang fol. 426v,26), XVIII (Anf. 431v,9) und XVIII A (Anf. 433,20); Ende 436v,23 = S. 582,46. Das zweite Buch ist überschrieben τόμος δεύτερος (dazu auf dem Rand β'); der Anfang = S. 585,58, d. h. der Prolog, S. 583—585,57 fehlt. In diesem Buch gibt es eine große Lücke: fol. 440,17 Mitte springt der Text von S. 596,38 σκύφων auf 613,79 κατὰ über; es fehlt S. 596, 38—603,23 und 612,36—613,79. Die Anordnung des Textes ist 585, 58—603,23; 612,36—627,84; 631,17—636,65; 628,15—631,16; 605, 65—608,50; 604,53—59; 608,50—611,30/5; 647ff. Den Abschluß, ab fol. 447,14 = S. 611,35/647,1, bildet das sogenannte „Fragmentum de Statuis Constantinopolitanis", das die Beschreibung des lateinischen Patriarchen von Konstantinopel, den Bericht über die Plünderung der Kaisergräber und des Tabernakels der Großen Kirche, sowie die Ekphrasis der von den Kreuzrittern eingeschmolzenen Erzbilder der Kaiserstadt zum Inhalt hat.

Der erhaltenen Quaternionenzählung entspricht die Zusammensetzung der Hs. = 70 × 8. Der Codex wurde, mit Ausnahme der später vorgefügten Inhaltsangabe zur Panoplia, fol. IIv—III, und einigen Eintragungen, z. B. auf fol. IV, von einem Kopisten geschrieben, der seine Arbeit, fol. 560, mit einem Vers abschloß, in welchem er sich als ein Mönch namens Jonas zu erkennen gibt. Eine Notiz auf fol. 560v erwähnt den Auftraggeber des Kopisten, Konstantinos Maurozomes, und nennt als Datum, an dem Jonas seine Arbeit vollendete, Donnerstag den 15. Mai 6704 der 14. Indiktion = 15. 5. 1286. Eine weitere Notiz, ebd., bezeugt, daß die Hs. einst im Besitz des Dreifaltigkeitsklosters von Chalki war.

Der Codex kam in den Westen durch Thomas Roe, in den Jahren 1621—1628 Botschafter Englands an der Pforte. Roe schenkte sie mit 27 anderen der Universitätsbibliothek von Oxford (vermerkt auf fol. III) (vgl. W. Dunn Macray, Annals of the Bodleian Library Oxford, Oxford 1890, S. 72).

J. Langbaine, Adversaria 9, S. 25—29 (verfaßt vor 1647; nicht veröffentlicht); Codex Parisinus Suppl. gr. 865, fol. 1—3 = Kopie von Langbaines Arbeit durch J. E. Grabe für J. Boivin, a. 1700; Magnus Crusius, Dissertatio epistolica ad Em.ss. atque Rev.ss. Dn. Christianum Wormium etc., Lipsiae 1728, S. 17; F. Wilken, Geschichte der Kreuzzüge, Tl. 5, Leipzig 1829, Beilage II; H. O. Coxe, Catalogi Codicum Mss. Bibliothecae Bodleianae pars prima, recensionem codd. gr. continens, Oxonii 1853 (Repr. with corrections from the edition of 1853, Oxford 1969), S.

480—2; van Dieten, l. c.; ders., Nicetae Choniatae Orationes et Epistulae (CFHB Ser. Berol., 3), Berolini 1972, S. XVI.

L = Laurentianus IX 24, ausg. 13. Jh., Papier, 385 Bl., 342 × 255 mm.

Fol. 3—362: Niketas Choniates' Panoplia dogmatike (s. van Dieten, o. c., S. 13—15), mit Inhaltsangabe fol. 1—2v.

362v—384v: Niketas Choniates' Geschichtswerk ab S. 535,3; Anordnung wie in Cod. O, aber ohne die Lücke jener Hs.

Der historische Teil ist hier durch einen „Zwischentitel" ἐνταῦθα ἡ ἅλωσις τῆς πόλεως καὶ τινὰ τῶν μετὰ ταῦτα συμβάντων vom Text der Panoplia getrennt. Fol. 365 ist nach Zeile 9 vor dem Anfang von Buch XVII eine Zeile freigelassen; ebenso 368v nach Zeile 14 vor dem Anfang von Buch XVIII, während ein neuer Absatz, 370,10 den Beginn von XVIII A hervorhebt. Der Anfang des zweiten Buches ist fol. 373v, 15 nur auf dem Rand mit τόμος δεύτερος angedeutet. Der Schlußabschnitt (s. zu Cod. O) beginnt fol. 382,16 (ohne jede Trennung); auf dem Rand liest man dazu: „Fabricius inde ab finem edidit hoc fragmentum T. VI. p. 408."

Die Quaternionenzählung fehlt für die beiden letzten Hefte. Die Bl. 30 und 31 ersetzen ein verlorengegangenes Blatt, dessen Text sie enthalten. Zusammensetzung: 2 + 3×8 + 9 (7 + fol. 30 u. 31) + 41×8 + 10 (8 + ein hinzugefügtes? Doppelblatt 369—370) + 10 (378—381 und 379—380 später hinzugefügt?).

Marginalien von Bedeutung gibt es zu unserem Text nicht.

Ein Leser hat, nach Abschluß seiner Lektüre, auf fol. 385 Verse eingetragen, die, soweit noch lesbar, von Bandini in seinem Katalog veröffentlicht worden sind. Vor der Überschrift dieser Verse liest man τοῦ Θεσσαλονίκης Μεσοποταμίτου. Diese Eintragung ist nicht, wie Bandini vermutete, mit den Versen zusammenzubringen; sie ist von einer anderen Hand, und deutet wohl einen ehemaligen Besitzer der Hs. an, über dessen Identität ich keine Vermutungen anstellen will. Ein weiterer Besitzer, dessen Namen man jetzt auf einem Zettel liest, der auf der Innenseite des Hinterdeckels aufgeklebt ist, war der Priester und Beichtvater Markianos. Die Hs. wurde vielleicht von Janos Laskaris für Lorenzo il Magnifico im Orient angekauft; jedenfalls gehört sie spätestens seit 1495 zur Mediceischen Bibliothek.

A. Bandini, Graecae ecclesiae vetera monumenta ex bibliotheca Medicea, Bd. III, Florentiae 1763, S. 2—4; ders., Catalogus Codicum Mss. Bibliothecae Mediceae Laurentianae etc., Bd. I, Florentiae 1764, S. 430—2; Leicht, o. c., S. 34f.; A. Michel, Humbert und Kerullarios, Bd. II, Paderborn 1930, S. 66f.; van Dieten, l. c. und Nicetae Choniatae Orationes etc., S. XVI.

A = Vaticanus graecus 1623 (früher 1588), ausg. 13. Jh., Papier, I + 222 Bl., 334 × 260 mm.

Fol. 1—135: Zonaras' Annalen Lib. VI—XVIII (ed. Dindorf II, 1 — IV, 260).

136—222v: Niketas Choniates' Geschichtswerk.

Anfangsseiten der Bücher: Prooimion und I: 136, II: 143v, III: 147, IV: 152, V: 156, VI: 160, VII: 163v, VIII: 168, IX: 172, X: 180, XI: 186v, XII: 192, XIII: 197v, XIV: 201, XV A: 206, XV B: 210, XVI: 213v, (XVI B: 218), XVII: 219v, XVIII: 222. Der Text bricht 222v mit den Worten τὸν εἰκῆ περιφοιτῶντα λαόν. οἱ δ' (S. 570, 41) ab.

Der Codex hat durch Feuchtigkeit gelitten, der Text ist aber gut lesbar geblieben. Der ursprüngliche Zusammenhang der Blätter ist nicht mehr festzustellen, da die Hs. neu geheftet worden ist. Der Kopist hat seine Schreibfehler sorgfältig korrigiert und am Rand viele Lesarten einer zweiten (und einer dritten?) Vorlage verzeichnet. Er begann seine Niketaskopie mit dem Gebet: Χ(ριστ)ὲ προηγ⟨οῦ⟩ τῶν ἐμῶν πονημ(ά)τ(ων).

Marginalien gibt es von zwei Händen. Ein Leser trug etwa im 15. Jh. zum Teil griechisch, zum Teil lateinisch Namen von Personen und Völkern ein, über welche Niketas an der betreffenden Stelle spricht. Dem Kopisten selbst sind außer Lemmata, welche meistens auch die Hss. V und/oder P haben, mehrere interessante Notizen zu verdanken: fol. 143v zur Überschrift des ersten Buches über Manuel I. Komnenos: δεῖ εἰδέναι ὡς ὁ συγγραφεὺς οὗτος πλατέως τὰ κατὰ τὸν βασιλέα Μανουὴλ διήγηται, ἐπεὶ καὶ πρόφασις αὐτῆς τῆς συγγραφῆς τὰ τοῦ βασιλέως τούτου γεγένηται; 189v, 210 und 210v zu 335,20/1, 479,41 und 483,51 die gleichen, die Cod. P zu diesen Stellen hat; 210v zu 485,6: οἱ ἐξ αἵματος τῆς δεσποίνης ἦσαν ὅ τε ἀδελφὸς αὐτῆς Βασίλειος ὁ Καματηρός, ὁ καὶ λογοθέτης χρηματίσας τοῦ δρόμου, καὶ ἕτεροι. ἐξαιρέτως γὰρ οὗτος αὐτὴν τῆς ἀρχῆς ἐκσφαιρισθῆναι ἐσπούδασεν ἔγκλημα μοιχείας κατ' αὐτῆς ἐνστησάμενος; 214v zu 511,54 wieder die gleiche Notiz, wie P zur Stelle. Vereinzelt findet man Worterklärungen oder sonstige Erläuterungen, wie z. B. fol. 206 zu S. 452,3: τοῦτό ἐστι ὃ λέγει, ὅτι οὐκ ἠλέησεν 'Ανδρόνικον ὁ 'Ισαάκιος, ἀλλ' ἐξέδωκεν αὐτὸν εἰς θάνατον καὶ διὰ τοῦτο ἐτυφλώθη καὶ αὐτὸς κατὰ τὴν πατρῴαν τῷ 'Ανδρονίκῳ μονήν; s. auch S. 359, 2 app.

In den alten Bibliotheksinventaren der Vaticana sucht man vergebens Angaben, die eindeutig auf diesen Codex zu beziehen wären. Der Katalog, den der Bibliothekar Augustinus Steuchus im J. 1554 für den französischen Kardinal Hippolytus anfertigen ließ und der im Cod. Parisinus gr. 3062 bewahrt geblieben ist, erwähnt ihn vielleicht unter Nr. 65: 'Ιωάννου μοναχοῦ τοῦ Ζωναρᾶ ἐπιτομὴ παλαιῶν ἱστοριῶν ἀπὸ γενέσεως κόσμου· τοῦ αὐτοῦ περὶ τὰς τῶν αὐτοκρατόρων ἱστορίας. Aus dem 16. Jh. ist auch die Notiz, die eine gallische Hand zur Überschrift des Niketastextes eingetragen hat: Nicetae Choniatae De Comneno Imperat. et aliquibus Imperat. orientalib(us).

C. Gianelli, Bybl. Ap. Vat. etc. Codices Vaticani Graeci, Bd. V, In Bibliotheca Vaticana 1950, S. 291—3; Canart-Peri, o. c., S. 619.

D = Vaticanus graecus 168 (früher 1041), 13./14. Jh., Papier, II + 289 Bl., 260 × 191 mm.

Inhalt: Niketas Choniates' Geschichtswerk.

Anfangsseiten der Bücher: Prooimion: 1, I: 2ᵛ, II: 23ᵛ, III: 38, IV: 49ᵛ, V: 58ᵛ, VI: 73ᵛ, VII: 87ᵛ, VIII: 103, IX: 115, X: 137, XI: 160ᵛ, XII: 181ᵛ, XIII: 198ᵛ, XIV: 213, XV: 231, XVI A: 239ᵛ, (fol. 245 zu S. 518,5: τόμος γ'), XVI B (mit eigener Überschrift, s. den app. zur Stelle): 248ᵛ, XVII (id.): 254, XVIII (id.): 262ᵛ, XVIII A (mit Überschrift): 265ᵛ, XIX: 271ᵛ, XIX A: 279. Ende: 614,7/10b.

Einige Blätter sind an falscher Stelle eingeheftet: 29 ersetzt zwei verlorengegangene Blätter und gibt eine Zusammenfassung des Textes S. 21,59 ἐφίσταται —24,25 γήλοφον; es ist zu lesen nach fol. 12, und zwar zuerst die Versoseite; 145 ist zu lesen nach 162, auch hier zuerst die Versoseite; 287 bringt eine Ergänzung zum Text von 28ᵛ, nämlich das Fragment, das ich BZ 49 (1956) 314—5 (= S. 57,53—58, 82 dieser Ausgabe) veröffentlicht habe. Zwischen Bl. 188 und 189 sind mehrere Blätter mit Verlust des Textes S. 369,81—377,56 ausgefallen. Bl. 216ᵛ hat ohne ersichtlichen Grund nur drei Zeilen (ganz unten) mit dem Text S. 426,88—91 (ἀλ)λ' — ἔχομεν. Die Numerierung der Hefte ist nur zum Teil erhalten (32ᵛ: δ', 63ᵛ: ζ' usw.). Zusammensetzung: II + 12 + 8 (20) + 11 (10+1, fol. 29, von einem Bearbeiter eingefügt) (31) + 8 (39) + 6 (45) + 2 (47) + 2×8 (63) + 5×10 (113) + 1 (114, vom Kopisten eingefügt) + 3×10 (144) + 1 (145, vom Bearbeiter eingefügt) + 10 (155) + 8 (163) + 4 (167) + 8 (175) + 9 (184) + 4 (188) + 7 (vor 189 sind Blätter ausgefallen) (195) + 2×10 (215) + 1 (216, vom Kopisten eingefügt) + 8 (224) + 2 (225—226, vom Bearbeiter eingefügt) + 4 (230) + 10 (240) + 3×8 (264) + 10 (274) + 4 (278) + 6 (284) + 2 (286) + 1 (287).

So unregelmäßig wie das Lagenverhältnis ist die Schrift. „Codex non una exaratus manu (certe ff. 13—20 alter librarius perscripsit)" (Mercati-Cavalieri).

Die Hs. ist vom genannten Bearbeiter „verbessert" und ergänzt worden. Es handelt sich im Vergleich mit Codex P um eine beschränkte Überarbeitung. Größere Ergänzungen findet man fol. 287 = S. 57, 53—58,82; 69 mg. = 143,51—64; 84 mg. = 168,79—169,87; 105 mg. = 206,50—52; 145ᵛ⁻ʳ = 320,77—322,48 σύνοικον zu lesen nach 162ᵛ,3; 216 mg. = 425,57—68; 217ᵛ mg. = 427,25—41; 217ᵛ—218 mg. = 428, 51—62; 225—226ᵛ = 443,59—444,10, einzufügen nach fol. 224,7; 253ᵛ mg. = 546,72—547,84. Andere „Lücken", wie S. 203,75—206,47 436,89—437,15 und 440,85ff. sind fol. 105ᵛ, 222ᵛ und 223ᵛ durch λείπει angedeutet, aber nicht ergänzt worden.

Die meisten Marginalien sind von einer späteren Hand, die mit fast schwarzer Tinte auch kleinere Änderungen im Text angebracht hat. An erster Stelle sind die aus Wolfs Ausgabe bekannten Stichoi zu erwähnen (42 zur Geschichte des Johannes II. Komnenos, 2 zu Manuel, nämlich zu S. 182,58ff. und 183,70, und 1 zu Andronikos S. 323,60), von denen aber zwei fehlen (zu S. 38,20 und 323,60). Von den wenigen dieser Hs. eigenen Randnotizen verdienen die folgenden Erwähnung: fol. 213 zu S. 419,94/5: τὴν μονὴν τῆς παντανάσσης λέγει; 223v zu 439,70: διὰ τὸν Θεσσαλονίκης Μεσοποταμίτην ταῦτα φησί; 247 zu 532, 28: ὅρα μηχάνημα Ἰωάννου τοῦ Βλάχου τοῦ διὰ τὴν προσοῦσαν αὐτῷ ἀπήνειαν Σκυλοϊωάννου ἐπονομαζομένου; 248 zu 535,3: τὸ ῥητὸν θεολογικόν, eine Notiz, die auf die Verbindung dieses Teiles des Werkes mit der Panoplia dogmatike hinzuweisen scheint; 253 zu 545,50 Δεύτερον: εἰς τὸ ἔξω κιόνιον ἔνθα ναὸς ἦν τῆς ἁγίας Ἄννης, οὕτω καλούμενος διὰ τὸ ἐκεῖσε ἀναδήσασθαι ἐκ δευτέρου τὴν Ῥωμαίων ἀρχὴν τὸν ῥινότμητον Ἰουστινιανόν.

Der Codex befand sich im J. 1390 vermutlich noch in Konstantinopel; man liest nämlich fol. 289v diese Notiz: μηνὶ ἀπρ(ιλλίω) ιδʹ ἡμέρ(α) εʹ τυχοῦσα ἑβδομὰς τοῦ ἁγ(ίου) ἀπ(ο)στ(ό)λ(ου) Θωμᾶ ἐν ἔτει ,ϛωζηʹ, ἰνδ. γʹ, εἰσήχθη ὁ βασιλεὺς κῦρ Ἰωάννης ὁ νέος Παλαιολ(ό)γ(ος) εἰς τὴν Κωνσταντινούπ(ο)λ(ιν) ἀπὸ τ(ῆς) χαρσείας πύλης (nicht πόλε[ως], wie bei Mercati-Cavalieri steht). Spätestens 1475 kam er in die vatikanische Bibliothek; das in diesem Jahr angefertigte Inventar erwähnt ihn unter Nr. 102, vgl. Devreese, Fonds Grec, S. 49.

Mercati-Cavalieri, o. c., S. 192f.; Canart-Peri, o. c., S. 383.

Q = Parisinus Supplementi graeci 607, 10./16. Jh., Pergament, III + 129 + II Bl., 271 × 206 mm.

Fol. 1—6: Niketas Choniates, Fragment des Geschichtswerkes, S. 566,39—582,46.

8—15v: Johannes Chrysostomos, Fragment einer Predigt über das Priesteramt (ed. Dübner, S. 294,12—302,21).

16—103v: Fragmente über die Belagerungstechnik, hg. v. C. Wescher, Poliorcétique des Grecs, Paris 1867, S. 283ff.; s. auch C. Hude, ed. Thucydides, Historiae, I, Leipzig 1898, S. VI mit Anm. 5; J. Moore, The Manuscript Tradition of Polybius, Cambridge 1965, S. 134/6; A. Dain, Les Stratégistes byzantins. Texte mis au net et complété par J. A. de Foucault, Travaux et Mémoirs, II, Paris 1967, S. 348/9 (Lit.).

104—129: Lysias, Or. I, 1 — XXII, 8 (geht direkt oder indirekt auf Palatinus gr. 88 zurück).

Pergament sechs verschiedener Sorten: a. fol. 1—7; b. 8—15; c. 16, 17, 88—103; d. 18—20, 82; e. 81, 83—87; f. 104—129. Blätter und Hefte sind durcheinander geraten und es fehlen mehrere Blätter. Zusammensetzung: 7 + 8 + 2 + 7 + 8 + 6 + 2×8 + 7 + 3 + 2×8

+ 2 + 5 + 2×8 + 10 + 16 (genauere Angaben bei Schöne, Über den Mynascodex).

Die sechs Teile der Hs. sind von sechs Kopisten geschrieben. Ein paar Eintragungen auf fol. 83v sind einer siebenten Hand zuzuschreiben. Das Niketasfragment, im vorgezeichneten Blattspiegel, s. Kirsopp-Lake I. 2. a, ist aus dem 13./14. Jh., das Chrysostomosfragment aus dem 10./11. Jh., die Poliorcetica aus dem 11./12. Jh., die Lysiasreden aus dem 16. Jh. Die Marginalien zum Niketastext sind zum Teil dem Messer des Buchbinders zum Opfer gefallen. Beachtung verdient die Notiz zu S. 577,19/23; s. den app. zur Stelle.

In seiner heutigen Zusammenstellung wurde der Codex vom Kronstädter Buchbinder Lukas („Coronensis") gebunden; auf der Innenseite des Hinterdeckels ist ein Zettel aufgeklebt mit der Notiz: „On lisait sur le dernier plat de ce volume, avant une réparation de la reliure faite vers 1900, le nom du relieur en écriture du XVe et XVIe siècle: λυκας κωρονενσης ιλλιγατορ ληβρορυμ βυδενσις. ανν. . . 5.", und mit einem Verweis auf Wescher und Schöne. Vielleicht gehörte die Hs. zu jener Zeit der Bibliotheca Corviniana an. In dem Fall ist es kein Problem, wie sie in den Orient zurückkehrte. Von dort brachte Minoides Mynas den Codex 1843 wieder nach dem Westen und behauptete, er habe sie im Athoskloster Vatopedi gefunden. Sicher hat Mynas dort, aber auch in anderen orientalischen Bibliotheken nicht wenige Hss. entwendet, s. E. Miller, Poliorcétique des Grecs, Journal des Savants 1868, S. 182; ders., Le Mont Athos, Vatopédi, l'Ile de Thasos usw., Paris 1889, S. 101; A. Dain, Les enquêtes de Minoides Mynas dans les bibliothèques grecques d'Asie Mineure (1845), Actes du Xe Congrès International d'Études byzantines 1955, Istanbul 1957, S. 264. Nach Mynas' Tod beanspruchte der französische Staat, der seine Orientreisen bezahlt hatte, die mitgebrachten Hss.

C. Wescher, o. c., S. XV; E. Miller, o. c., S. 186f.; H. Omont, Inventaire sommaire III, sub num.; H. Schöne, Über den Mynascodex der griechischen Kriegsschriftsteller in der Pariser Nationalbibliothek, Rheinisches Museum für Philologie, N. F. 53 (1898) 432—447; W. Weinberger, Beiträge zur Handschriftenkunde, I. Die Bibliotheca Corvina, Sitzungsberichte der Kaiserlichen Akademie der Wissenschaften in Wien. Philos.-hist. Kl. 159 (1908) 6. Abh., S. 45f.; A. de Hevesy, La bibliothèque du roi Mattias Corvin, Paris 1923, S. 23 Anm. 7; A. Dain, Les manuscrits, Paris 1964, S. 80; in: Bibliotheca Corviniana. Die Bibliothek des Königs Mathias von Ungarn, eingel. u. erkl. v. Csaba Csapodi u. Klára Csapodi-Gardonyi, München-Berlin 1969, S. 58f. wird diese Hs. nicht unter den erhaltenen Corvinushss. der Bibliothèque Nationale genannt.

F = Vindobonensis Historicus graecus 53 (früher Kollar-Suppl. 114, Tengnagel 40, [Blotius] X. 5385, Arm. II. C. 7), beg. 14. Jh., Papier, I + 323 + I Bl., 287 × 220 mm.

Inhalt: Niketas Choniates' Geschichtswerk.

Anfangsseiten der Bücher: Prooimion: 1v, I: 3, II: 24v, III: 35, IV: 48v, V: 62, VI: 77, VII: 91v, VIII: 107, IX: 120, X: 150, XI: 174, XII: 197, XIII: 220v, XIV: 236v, XV: 253, XVI A: 263, XVI B: 273, XVII: 280v, XVIII: 292, XVIII A (mit Überschrift): 295, XIX: 303, XIX A (mit Überschrift): 312. Ende = S. 614,7/10b.

Es sind mehrere Blätter ohne und eines, vor fol. 249, mit Textverlust (S. 445,19—446,59) ausgefallen (s. dazu meinen Aufsatz: Wurden aus dem Codex Vindobonensis Historicus gr. 53 fünf Miniaturen entfernt?, BZ 55 [1962] 224—234; dazu M. Restle, Die Miniaturen des Cod. Vindob. Hist. gr. 53. Beiträge zur Kunst des christlichen Ostens 3, Recklinghausen 1965, S. 97—108; meine Notiz BZ 50 [1965] 498). Fol. 85 sind die ersten neun Zeilen = S. 163,14—22 (μη)χανήματα — τὰ ο(ἰκεῖα) erneuert worden, da ein Benutzer der Hs. versehentlich Tinte darüber ausgegossen hatte; der Schuldige schrieb dazu am Rand: σύμβαμα ἐκ τοῦ χυθῆναι τὸ μελάνιον ἐξ ἀγνοίας, ᾧ σύγγνωτε οἱ ἀναγινώσκοντες, ὅτι οὐδεὶς ἀλάθητος.

Die Numerierung der Hefte, auf dem unteren Rand der ersten und letzten Seite, ist teilweise erhalten. Zusammensetzung: 1 (=2—1) + 11×8 + 7 (=8—1 vor fol. 89) + 3×8 + 7 (=8—1 vor 120) + 8 + 10 + 6×8 + 7 (= 8—1 vor 197) + 6×8 + 6 (= 8—2 vor 249 und 253) + 4×8 + 9 (= 10—1, ausgeschnitten vor 289) + 3×8 + 4 + 1. Der Codex ist mit zwei ganzseitigen Miniaturen und 23 größeren Ornamenten ausgeschmückt (s. dazu BZ 55 [1962] 228—230 und M. Restle, l. c.).

Die Marginalien sind mit wenigen Ausnahmen vom Kopisten, der die Hs. anfertigte. Dazu gehören die schon zu Codex D erwähnten Stichoi (Wolfs Quelle, Codex Φ, war eine Kopie dieser Hs.). Von einer späteren Hand rührt die bekannte Bemerkung zum Prooimion auf dem oberen Rand von fol. 2v: οὐκ οἶδα τί φῇς ἐνθάδε, Χωνειάτα, / σοφὸν τὸ σαφὲς συγγράφων εἶναι λέγεις, / εἶτα γρυφώδη καὶ βαραθρώδη γράφεις. Den wenigen übrigen Randnotizen, die dieser Hs. eigen sind, kommt keine Bedeutung zu. Zwei oder drei Benutzer haben kleinere Korrekturen vorgenommen.

Die Hs. muß einst im Besitz des Bischofs von Ainos gewesen sein; Verse auf einem Pergamentstreifen (früher auf fol. 323 aufgeklebt, jetzt getrennt eingeheftet) bezeugen, daß er sie neu einbinden ließ (s. BZ 55 [1962] 224). Im J. 1571 kaufte „Hannibal, Imperatoris Maximiliani a secretis“ den Codex in Konstantinopel; dies geht aus drei Zeugnissen hervor, die auf fol. 323 eingetragen sind und dem Käufer bestätigen, daß es sich um das von Niketas selbst geschriebene Urexemplar handele, eine Bestätigung, die keinen Glauben verdient (s. ebd. S. 225—8). Obwohl eine Blotius-Signatur eingetragen ist, sucht man den Codex im Katalog von 1576 vergebens (s. H. Menhardt, Das älteste Handschriftenverzeichnis der Wiener Hofbibliothek von Hugo Blotius 1576. Kritische Ausgabe der Hs. Series nova 4451 vom Jahre 1597 mit vier Anhängen, Wien 1957).

D. de Nessel, Catalogus sive recensio specialis omnium codicum manu scriptorum graecorum ... Aug. Bibl. Caes. Vindob. usw., Vindobonae et Norimbergae 1690, T. II, pars 5, S. 99; J. Reimann, Lambecius (Petrus) et Nesselius (Daniel), Bibliotheca acroamatica usw., Hannoverae 1712, S. 688; N. Forlosia, Auctarium sive additamenta ad Lambecii Catalogum, in: Codex Vindob. Ser. Nov. 2235, fol. 28ff.;

A. Kollar, Ad Petri Lambecii commentariorum ... libros VIII supplementorum liber I, Vindobonae 1790, Sp. 669—681, Nr. CXV; Leicht, o. c., S. 2—5; H. Hunger, Katalog der griechischen Handschriften der Österreichischen Nationalbibliothek I, Wien 1960, S. 58f.; van Dieten, l. c.; M. Restle, l. c.

B = Monacensis graecus 450 (früher Augustanus, Katal. Wolf Nr. 65, Katal. Hoeschel [1595] LXXXIII, Katal. Henisch [1600], Katal. Ehinger [1633] und Reiser [1675] 27), 14. Jh., Papier, III + 242 Bl., 275 × 210 mm.

Inhalt: die sogenannte vulgärgriechische Paraphrase des Geschichtswerkes des Niketas Choniates. Anfang und Ende des Werkes fehlen. Der Text beginnt fol. 1: Ἀρμένιοι δὲ κατὰ τοῦ ῾Ρωμαϊκοῦ στρατοῦ τὰ π. . . . . . καὶ τὰς πέτρας ῥίπτοντες τὸν ἐκ πλίνθου τεῖχον ἔβλαπτον = S. 26,79/82. Durch den Verlust mehrerer Blätter sind im Text größere Lücken zu verzeichnen; andere Blätter sind an falscher Stelle eingeheftet. Der Text verläuft so: fol. 1, 4—5, 2—3, anschließend fehlt der Text S. 39,45—49,22 und mithin der Anfang von Buch II; 8, 6—7, es fehlt S. 56,28—61,67; 9—37, es fehlt 135,18—137,87; 38—48, 51—114, von 114 fehlt ein großes Stück mit Teilen des Textes S. 346,15—31 und 347,47—348,63; 115—165, es fehlt 461,31—464,10; 166—183, es fehlt 503,53—506,16; 184—205, es fehlt 546,67—550,38 mit dem Anfang von Buch XVII; 206—232, es fehlt 605,78—608,60; 233—236, es fehlt 617,80—619,27; 237—242, es fehlt 628,21—632,32; 49—50. Anfangsseiten der Bücher: II: fehlt (s. oben), III: 13, IV: 23^{v}, V: 34, VI: 42^{v}, VII: 54, VIII: 64, IX: 72, X: 89^{v}, XI: 102^{v}, XII: 117^{v}, XIII: 134, XIV: 145^{v}, XV: 161^{v}, XVI A: 183, XVI B: 199^{v}, XVII: fehlt (s. oben), XVIII: 213^{v}, XVIII A: 216^{v}, eigene Überschrift zu S. 576,1: τοῦ αὐτοῦ Χωνειάτου θρῆνος τῆς πόλεως: 219, XIX (erst ab S. 585,49): 222^{v}, XIX A: 229. Der Text bricht fol. 50^{v} mit den Worten ὀχυρώματα γὰρ καὶ κάστρα ἐνδυνάμως ἔχοντες μὴ ὑπέκυπτον ἀνθρώποις τρυφὴν καὶ πότον ab, vgl. S. 637,37.

Wasserzeichen: fol. 2ff. Amboß, vgl. Briquet 5951 — Torcello 1326; zu 184—230, einer Kanne, habe ich nichts Entsprechendes gefunden; 231ff. Bockskopf, vgl. Briquet 15466 — Pisa 1331—1347 u. a. Die Lagenzählung rührt von einer späteren Hand und stimmt nicht. Zusammensetzung: 8 + 9 (1+8) + 8 + 7 (8—1, nach 37 ein Blatt verlorengegangen) + 8 + 10 (2 = 49/50 + 8) + 13×8 + 7 (8—1, nach 165) + 8 + 7 (8—1 nach 183) + 2×8 + 6 (8—2 nach 205) + 3×8 + 6 (8—1 nach 232 und —1 nach 236) + 6 (am Ende 2 Bl. und weitere Hefte verloren).

Von einem Kopisten geschrieben, dessen Schrift zum Teil sorgfältig und regelmäßig, zum Teil häßlich und grob ist; dabei gibt es allmähliche und plötzliche Übergänge von der einen Schriftart in die andere. Auf dem unteren Rand der Blätter hat der Kopist ausführliche Lemmata ὅτι usw. eingetragen, die, als sie stark verwischt waren, von einer späteren Hand mit Tinte nachgezogen wurden. Von dieser Hand rühren auch einige Glossen und Gemütsäußerungen zum Text.

Der Codex wurde 1544 mit mehreren anderen vom Augsburger Senat bei Antonios Eparchos für 800 Goldgulden angekauft (s. P. von Stetten, Geschichte der heil. Röm. Reichs freyen Stadt Augsburg aus bewährten Jahr Büchern und tüchtigen Urkunden gezogen und an das Licht gegeben, 2 Bde, Franckfurt und Leipzig 1743—1758, Bd. I, S. 374; M. Reiser, Index Mss. Bibl. Augustanae, Augustae Vindelicorum 1675, Praefatio; R. Förster, Zur Handschriftenkunde und Geschichte der Philologie, Rh. Mus. 37 (1882) 491—5; W. Weinberger, Die griechischen Handschriften des Antonios Eparchos, Festschrift Theodor Gomperts, Wien 1902, S. 303. 311. Der Katalog, in welchem Eparchos die Hs. zum Verkauf anbot, ist erhalten im Codex Vindobonensis gr. 9734 und von Ch. Graux, Essai sur les origines du Fonds Grec de l'Escurial, Paris 1880, S. 413—7 veröffentlicht; s. dazu ebd. S. 110—7; P. Battifol, La Vaticane usw., S. 117—23; L. Dorez, Antoine Eparque. Recherche sur le commerce des mss. grecs en Italie au XVIe siècle, Mélanges d'Archéologie et d'Histoire 13 (1893) 281—364. Der Codex wurde von Hieronymus Wolf für die Editio princeps dieses Werkes benutzt. 1580 wurde er von Martin Crusius in Tübingen gelesen, s. fol. 121: Διανέγνων ἐγὼ Μαρτῖνος ὁ Κρούσιος (εἰς Τύβιγγάν μοι ὑπὸ κυ ιω βαπτ αἰντζελίου ἐξ αὐγούστης πεμφθέν) ͵αφπ' μησὶν ἰουνίω καὶ ἰουλίω; vgl. dazu M. Crusius, Turcograecia, Basileae 1584, S. 44f.: „Sed et Nicetae Acuminati Choniatae historia Barbaro Graecé manuscripta in inclytae Augustae Vindelicorum Bibliotheca est, qua nos ante paucos menses (favore nobilis, pii et prudentissimi viri D. Joan. Baptistae Henzelii, septemviri Augustani et opera reverendi Ecclesiastae D. M. Christophori Neubergii) hic Tubingae habentes, perlegimus. Ex qua praecipua Barbaro Graeca ὁ μακαρίτης Hieronymus Wolfius, bene de me meritus, in suas in Choniatam annotationes transtulerat". S. auch Fabricius, Bibl. Gr. VI, 677 (ed. Harles VII, 88). Auch Ducange und Fabrot scheinen den Codex benutzt zu haben; wie und wo, habe ich nicht feststellen können. Als die Augsburger Bibliothek 1806 in die Münchener Hofbibliothek überging, bekam die Hs. die Nr. 450.

H. Wolf, Praefatio und Annotationes der Editio princeps des Niketas; I. Bekker, ed. Bonn., S. Vf.; I. Hardt, Catalogus Codicum manuscriptorum graecorum Bibliothecae Regiae Bavaricae, IV, Monachii 1810, sub num.; Leicht, o. c., S. 27—9; BZ 57 (1964) 323.

M = Marcianus graecus 403 (collocazione 857; früher 153), 14. Jh., Papier, 340 Bl., 288 × 217 mm.

Fol. 1—269v: Niketas Choniates' Geschichtswerk, S. 5,1—633,43.

270r-v: kurze theologische Fragmente und Gebete; ursprünglich vermutlich leer.

271—340v: Georgios Akropolites' Geschichtswerk, unvollständig (ed. Heisenberg I, 193—388,10).

Zu Niketas: der Text beginnt: τὸν Βρυέννιον S. 5,1. Anfangsseiten der Bücher: II: 22, III: 33v, IV: 46v, V: 58v, VI: 70v, VII: 82, VIII: 95, IX: 106, X: 130, XI: 150v, XII: 168, XIII: 185v, XIV: 197v, XV: 210v, XVI A: 217v, XVI B: 225v, XVII: 231, XVIII: 238v, XVIII A (kein neues Buch in dieser Hs.): 241, XIX: 246, XIX A(kein neues Buch): 252v. Der Text bricht fol. 269v,22 mit den Worten καὶ ἐτέχναζον (S. 633,43) ab.

Wasserzeichen: fol. 1, 15 u. a. Rindskopf, vgl. Briquet 14100 — Treviso 1329; 8, 11 u. a. ein Zeichen, das ich nicht bestimmen konnte; 23ff., 199—233, 236ff. der Buchstabe A, vgl. Briquet 7925 — Bologna usw. 1310—1331, Venedig 1322; 63ff., 92—188, 234ff. (abwechselnd mit dem vorigen Zeichen) Einhorn, vgl. Briquet 9948—9971, welche Gruppe zwar dieses Specimen nicht enthält, aber es doch als italienisches Zeichen aus der Mitte des 14. Jh.s erkennen läßt; 272ff., 337 Hufeisen, vgl. Briquet 6166, vermutlich italienisch, erste Hälfte des 14. Jh.s; 311ff. Zange, vgl. Briquet 14076 — Bologna, Lucca, Genua 1329—1333; 319ff., 339ff. Hammer, vgl. Briquet 11628 — Troyes 1389 (nur ähnlich). Am Ende der letzten zehn Zeilen der ersten 22 Blätter sind einige Buchstaben durch Feuchtigkeit unlesbar geworden. Die Numerierung der Hefte, auf dem unteren Rand der ersten und letzten Seite, ist nur noch zum Teil vorhanden. Zusammensetzung: 6 (8—2, am Anfang zwei Bl. verlorengegangen) $+ 41 \times 8 + 6$ (8—2, am Ende zwei Bl. und weitere Hefte verloren). Fol. 9v—10 bieten den Text S. 21,49—25,39 in stark verkürzter Form; anscheinend war in der Vorlage der Text von zwei verlorengegangenen Blättern auf einem Blatt zusammengefaßt worden.

Zwei Kopisten: a. fol. 1—242v, 271—340; b. 243—269. Fol. 243 beginnt mit den Worten πάντα δ' ἐκρίνετο (S. 574,40). Die Blätter 239—246 bildeten von vornherein eine Einheit und wurden nicht erst nachträglich zu einem Heft zusammengeklebt. Demnach ist anzunehmen, daß der erste Kopist getrennte Kopien von Niketas und Akropolites anfertigte und beide nicht vollendete. Der zweite ergänzte die Niketaskopie, ohne seine Arbeit abschließen zu können. Als die beiden Kopien zusammengebunden wurden, erhielt Niketas als der ältere Autor den ersten Platz. Bis fol. 260,5 bietet M die Fassung b, aber ohne den Schlußsatz S. 614,7/10; im folgenden dann die Fassung a.

Die Marginalien rühren zum größten Teil vom ersten Kopisten; die meisten findet man auch in den Hss. R oder P. Eigene Randbemerkungen von Bedeutung hat M nicht. Eine theologische Notiz von $5^1/_2$ Zeilen auf dem unteren Rand von fol. 268v hat nichts mit dem Niketastext zu tun; ebenso ohne Bedeutung sind die von einer späteren Hand auf dem unteren Rand von fol. 340v eingetragenen Verse.

Die Herkunft der Hs. ist unbekannt. Ein ehemaliger Besitzer war vermutlich Ἰω(άνν)ης ⟨ὁ Κ⟩ωνσταντῆς, der auf dem oberen Rand von fol. 340v seinen Namen eingetragen hat. Kardinal Bessarion verewigte sich als Besitzer auf dem oberen Rand von fol. 1: βησσαρίωνος καρδηνάλ(εως) τοῦ τῶν τούσκλων / b(essarionis) Car(dinalis) Tusculani. Historiae Choniati. / Ἱστορία νικήτα τοῦ χωνειάτου. In alten Ausleihregistern der Marciana begegnen wir unserem Codex zweimal, s. H. Omont, Deux registres de prêts de mss. de la Marciana à Vénise (1545—1559), Bibliothèque de l'École des Chartes 48 (1887) 679f.

A. M. Zanetti — A. Bongiovanni, Graeca D. Marci Bibliotheca codicum manuscriptorum per titulos digesta usw., Venetiis 1740, Nr. 403; Heisenberg, Studien, S. 11; ders., Acropolitae Op. I, S. IX; Leicht, o. c., S. 10—12 (nach einer Notiz von Carlo Frati).

K = Parisinus graecus 3041 (seit 1740; früher: Fontainebleau CLXXXV, Inv. Rigault DCCXXXIV, Inv. Dupuy 791, Inv. Clément 2415), 14. und 15. Jh., Papier, 283 Bl., 294 × 215 mm.

Fol. 1—136ᵛ: Manuel II. Palaiologos: Briefe und andere rhetorische Schriften (s. E. Legrand, Lettres de l'Empereur Manuel Paléologue, Paris 1893 [Réimpr. anast. Amsterdam 1962], S. VII, X—XII; G. T. Dennis, Four unknown Letters of Manuel II Palaeologus, Byzantion 36 [1966] 35—40).

137—246 (ausgenommen 152—187 und 191—193): Epitome des Geschichtswerkes des Niketas Choniates.

152—187 und 191—193: ein Fragment des Geschichtswerkes des Georgios Akropolites (ed. Heisenberg I, 3—182,10).

247—283ᵛ: ein Fragment der „barbarogriechischen" Paraphrase des Geschichtswerkes des Niketas Choniates (s. unten Cod. Y).

Vom Kompendium des Niketas fehlen Überschrift und Anfang; der Text beginnt auf fol. 219 mit den Worten πλεῖστον τῆς μεθ' ἑαυτοῦ συγγενείας (S. 8, 91). Die Blätter der Niketasepitome und des Akropolitesfragmentes sind durcheinander geraten; man lese Niketas: 219—224, 218, 244, 216, 240—243, 217, 245—246, 137—151, dann fehlen mehrere Blätter mit dem Text S. 219,80 καὶ alt. — 226,76 τούτου (es fehlt der Anfang von Buch IX), 225—230, 207, 231—238, 215, 194—199, 239, 200—206 (fol. 202ᵛ,24 gibt es eine Lücke im Text = S. 403,69 καὶ κατέχων — 428,62 προέθετο, so daß der Anfang von Buch XIV fehlt; nach fol. 206 sind Blätter verloren mit dem Text S. 476,49 καὶ κατατρόπωσιν — 511,61 διαπραξάμενος; mithin fehlt der Anfang von Buch XVI A), 208—213, ein Blatt verloren mit dem Text S. 564,12 πρὸς — 570,32 ἐπιφοβώτατος, 214, 188—190. Anfangsseiten der Bücher: (die keine Überschriften haben; der Beginn ist meistens auf dem Rand angedeutet): II: 218, III: 240, IV: 217, V: 138, VI: 141ᵛ, VII: 145, VIII: 150, IX: fehlt, X: 207ᵛ (Anfang nicht angegeben), XI: 236ᵛ, XII: 197, XIII: 201ᵛ, XIV: fehlt, XV: 205, XVI A: fehlt, XVI B: 209ᵛ, XVII: 211ᵛ (Anfang nicht angegeben), XVIII: 214, XIX: 214ᵛ, XIX A: 188. Ende 190ᵛ = S. 614,7/10b.

Drei Sorten Papier: a. 1—136; b. 137—246; c. 247—283. Wasserzeichen: fol. 3, 106 u. a. Einhorn, vgl. Briquet 9966 — Prag 1383 (italienische Type aus dem 14. Jh.); 22, 128 u. a. Bogen mit Pfeil, vgl. Briquet 799 — Paris 1406 und ähnliche Typen, nicht älter als 1386; 137 u. a. Rute, vgl. Briquet 6176 — Pistoia 1335; 153 u. a. zwei Kreise, vgl. Briquet 3204 — Bologna 1327; 157, 158, 175 zwei Zeichen, die ich nicht bestimmen konnte; 191 u. a. Armbrust, vgl. Briquet 701 — Norditalien und Frankreich 1320—1346 oder 706 — Siena 1323; 241 Hammer, der Griff ähnlich Briquet 11619, der Kopf ähnlich 11622. Für fol. 247ff. s. unten Cod. Y.

Die drei Teile der Handschrift sind von drei verschiedenen Kopisten angefertigt und in der Reihenfolge II, III, I etwa zwischen 1350 und 1425 entstanden.

Zum Niketaskompendium sind auf dem Rand kleinere Korrekturen und Ergänzungen eingetragen; z. B. ist auf fol. 244ᵛ der Text S. 64, 48—50 nachgetragen; auch sind öfters Worte ausradiert und durch neue ersetzt worden. Der Korrektor verfügte offenbar über einen zweiten Text. Von den Lemmata, die man in den meisten anderen Hss. antrifft, hat dieser Codex nur wenige; ihm eigen ist eine ausführliche Notiz über Ikaros zu S. 120,78. Eine Reihe von Gemütsäußerungen hat ein Leser zum Text S. 342,1—353,37 eingetragen; mehrere Glossen zu S. 387,7—388,62.

Manuel II. Palaiologos hat in seinen von einem Kopisten geschriebenen Briefen eigenhändig zwischen den Zeilen Korrekturen und Glossen nachgetragen. (s. Dennis, o. c.). Die Hs. gehörte schon zur Hofbibliothek von Fontainebleau und wurde unter Heinrich II. (1547—1559) gebunden.

Anicet Melot, Catalogus Codicum Mss. Bibliothecae Regiae, Parisiis 1740, Nr. MMMXLI; Uspenskij, o. c., S. 69f.; Omont, Inv. sommaire, III, Paris 1888, sub num.; ders., Catalogues des Manuscrits grecs de Fontainebleau sous Francois Iᵉʳ et Henri II, Paris 1889, Nr. 185; Legrand, l. c.; Heisenberg, Studien, S. 11f.; ders., Georgii Acropolitae Op., I. S. IX; Leicht, o. c., S. 12—4; Dennis, l. c.

N = Vaticanus graecus 981 (früher 1040), 14. Jh., Papier, I + 248 Bl., 255 × 173 mm.

Fol. 1—4ᵛ: Fragmente aus Palladios über die Völker Indiens und die Brachmanen (vgl. Fabricius, Bibl. Gr. ed. Harles X, 108f.; W. Berghoff, Palladius De Gentibus Indiae et Bragmanibus [Beiträge zur klassischen Philologie, 24], Meisenheim am Glan 1967, erwähnt die Hs. nicht; auch Bissaeus London 1660, ²London 1668] und Müller in: F. Dübner, Arriani Anabasis, s. S. 3 und Ps. Callisthenes, S. 102a 1ff., haben sie nicht benutzt). Die Blätter bilden einen Fremdkörper in dieser Hs.

5—145: Johannes Zonaras' Annalen Lib. X — XVIII (ed. Dindorf II, 340 — IV, 260).

145—184: Epitome des Geschichtswerkes des Niketas Choniates.

184—196ᵛ: Epitome des Geschichtswerkes des Georgios Akropolites (s. ed. Heisenberg I, 193 — 274 und S. XX, wo für κρατουμένη im desinit irrtümlich κρατηθεῖσα angegeben wird).

197—249: Epitome der Anna Komnene (s. ed. Leib I, 3 app. — III, 173).

Das Niketaskompendium ist überschrieben: Ἐκ τῶν Κομνηνῶν μέχρις Ἀγγέλων Χωνειάτου. Das Prooimion fehlt; der Text beginnt S. 4,83 dieser Ausgabe. Anfangsseiten der weiteren Bücher: II: 149ᵛ, III: 151, IV: 152ᵛ, V: 153ᵛ, VI: 155, VII: 156, VIII: 158ᵛ, IX: 159ᵛ, X: 163, XI: 164ᵛ, XII: 168, XIII: 171, XIV: 172, XV: 174ᵛ, XVI A: 176ᵛ, XVI B: 178, XVII: 179, XVIII: 180ᵛ, XVIII A: 181, XIX: 182, XIX A: 182. Ende fol. 184 = S. 614,7/10b.

Das Papier der ersten vier Blätter ist von einer anderen Sorte als der übrige Codex. Unklar ist das Wasserzeichen im ersten Blatt (ein Herz? ähnlich Briquet 4179 — Grenoble 1330). Von fol. 170 an sind alle Blätter mit durchsichtigem Papier überklebt worden; der Text ist dadurch schwer lesbar geworden. Von der Numerierung der Hefte sind nur noch Reste vorhanden; alle Blätter sind neu geheftet (4 + 1 + 22×8 + 5 + 6×8 + 3). Außer den ersten vier Blättern ist der Codex von einer Hand. Randnotizen sind selten und ohne Bedeutung. Zum Niketastext ist für jeden Kaiser auf dem Rand die Dauer seiner Regierung verzeichnet.

Der Codex wurde 1551 von Kardinal Sirleto für die vatikanische Bibliothek angekauft; der Verkäufer war Antonios Eparchos, s. P. Battifol, La Vaticane, S. 119 Nr. 170: „Zonare historiarum secunda pars et Choniate a comninatibus usque ad angelos, et Georgii Acropolitae tractatus seminperfectus, et Annae filiae Alexii historiae.“ Leo Allatius, De Nicetarum Scriptis, ed. A. Mai: Leonis Allatii diatribae tres, Romae 1853, S. 33f., schrieb über diese Hs.: „Scias praeterea, lector, quemadmodum historiae Annae Comnenae, et Georgii Acropolitae, ut minus laboriosis hominibus morem gereret, quicumque ille fuit, decurtavit . . . ita etiam historiam Choniatae pertractasse . . . Ab uno enim genio trium horum historicorum compendium perfectum est, et eadem ascia dedolatum.“

Th. Büttner-Wobst, Studien zur Textgeschichte des Zonaras, BZ 1 (1892) 236 (nach Angaben von Prof. Mau, der den Übergang von Akropolites auf Anna Komnene übersehen hat); Heisenberg, Studien, S. 35; ders., Acropolitae Op. I, S. XIXf.; Leicht, o. c., S. 15 (nach Angaben von P. Pirngruber); B. Leib, Contribution à l'étude des manuscrits et du texte de l'Alexiade d'Anne Comnène, Mélanges Ch. Diehl I, Paris 1930, S. 191—9; S. Peppink, Annae Comnenae epitome e codice Vaticano 981 emendata atque suppleta, Mnemosyne Ser. 3, 1 (1933/4) 141/4; Leib, ed. Alexiade (Collection Budé) I, Paris 1937, S. CLXXII—V; Devreesse, Fonds Grec, S. 420, 452; Canart-Peri, o. c., S. 519.

Γ = Marcianus graecus VII 13, Vol I (Collocazione 1301), 14. Jh., Papier, 400 Bl., 302 × 231 mm.

Fol. 2—171v: Zonaras' Annalen Lib. XIII — XVIII (ed. Dindorf III, 172,1 — IV, 260).

172—400: Niketas Choniates' Geschichtswerk (S. 1—646 dieser Ausgabe). Da der Codex zu den eliminandi zählt, verzichte ich auf Angabe der Anfangsseiten der Bücher.

Wasserzeichen: fol. 1, 172, 215 u. a. Bock, vgl. Briquet 2844 — Grenoble 1343—4; 220, 223 Lilie, vgl. Briquet 14076 — Bologna, Lucca, Genua 1329—33; 275ff. Zange (nicht Amphora, wie Mioni angibt), vgl. Briquet 14074 — Venedig 1322, Bologna 1323 usw. Der Codex hat durch Feuchtigkeit sehr gelitten, besonders der obere Teil bis fol. 230. An mehreren Stellen ist der unlesbar gewordene Text sehr fehlerhaft wiederhergestellt worden, namentlich etwa 20 Zeilen von fol. 184 und 185, 9 Zeilen von 186, 8 von 189, 20 von 194; zum Teil unlesbar und nicht erneuert sind die ersten vier Zeilen von 239v und 240r. Die Hefte sind auf der ersten Seite rechts oben und auf der letzten unten in der Mitte numeriert. Zusammensetzung: I (=1) + 20×8 (2—161) + 10 (162—171) für den Zonarasteil und 28×8 (172—395) + 5 (396—400) für den Niketasteil. Der gesamte Text wurde von einem Kopisten geschrieben. Die Marginalien stimmen mit denen überein, die im Cod. P vom Kopisten selbst eingetragen wurden; es fehlen jedoch 12 davon und zwei erscheinen in verkürzter Form. Eigene Randnotizen hat diese Hs. nicht. Das Stoßgebet, mit dem der Kopist seine Arbeit begann (auf dem oberen Rand von fol. 2) ist durch Beschädigung des Blattes halbiert worden: ὦ χ(ριστ)ὲ βοή⟨θησον . . . . .⟩.

Der Codex war einst im Besitz des Kardinals Bessarion, der dies auf fol. 1v eingetragen hat: Ζωναρᾶς καὶ Χωνειάτης οἱ ἱστορικοί· βιβλ(ίον) ἐμοῦ βησσαρίωνος καρδηνάλεως τοῦ τῶν τούσκλων. Zonara & Choniates historici: liber meus b(essariionis) Car(dinalis) Tusculani." Wann und wo der Kardinal diese Hs. erwarb, ist nicht bekannt. Seit der Schenkung vom 31. 5. 1468 befindet sie sich in der Marciana. Sie wird erwähnt in zwei Ausleihregistern des 16. Jh., s. H. Omont, Deux registres S. 682 und 680.

H. Omont, Inventaire des Mss. Grecs et Latins donnés à St. Marc de Venise par le Cardinal Bessarion en 1468, Paris 1894, S. 34; C. Castellani, Catalogus Codicum Graecorum, qui in Bibliothecam D. Marci Venetiarum inde ab anno MDCCXL ad haec usque tempora inlati sunt, Venetiis 1895, S. II; Büttner-Wobst, o. c., S. 242; Ph. Boissevin, Zur handschriftlichen Überlieferung des Zonaras, BZ 4 (1895) 255; Leicht, o. c., S. 20f.; E. Mioni, Codices Graeci manuscripti Bibliothecae Divi Marci Venetiarum, II, Roma 1960, S. 28f.

X = Vindobonensis Supplementi graeci 166 (früher Nikolsburg I. 40), 14/15. Jh., Papier, I + 345 Bl., 177 × 129 mm.

Fol. 1—245v und 330—345v: die sogenannte vulgärgriechische Paraphrase des Geschichtswerkes des Niketas.

246—329^{v}: ein Fragment des Geschichtswerkes des Nikephoros Gregoras (ed. Bonn. I,3 — 120,5).

Anfang und Ende der Niketasparaphrase fehlen, mehrere Blätter sind verloren und die ersten 16 Blätter des Niketastextes sind vertauscht und durcheinander geraten. Der Text beginnt fol. 345^{v}: ὅθεν καὶ τὴν ζωὴν αὐτῆς (S. 145,11) und verläuft weiter so: 345^{r}, 338, 339, 343, 342, 340, 341, 344^{v-r}, 337, 331—336, 330, 1—137^{v} (fol. 31 ist neu und enthält den Text S. 210,87—212,34), es fehlt nun S. 372, 53—374,90; 138—141, es fehlt S. 381,37—382,74; 142—200, es fehlt S. 468,18/9—470,59; 201—202; 203 ist leer, es fehlt S. 473,45—474,89; 204—232 (232 ist neu und enthält S. 520,59—522,19, es sind aber ein paar Zeilen leer gelassen und es fehlt S. 521,78—83), 233—235 (235 ist neu; die Rectoseite enthält S. 527,60—528,83; die Versoseite ist leer, es fehlt S. 528,83—529,7), 236—240; 241 und 242 sind leer, es fehlt S. 536,26—543,90; 243—245. Anfangsseiten der Bücher: VI: 343^{v}, VII: 4, VIII: 22, IX: 38^{v}, X: 71^{v}, XI: 95^{v}, XII: 124, XIII: 150^{v}, XIV: 169^{v}, XV: 191, XVI A: 221^{v}, XVI B: 240. Ende: ἐὰν δὲ καὶ πρὸς βασιλέα μέγα ἐστὶ καὶ πολὺ τὸ μὲν τοὺς, S. 548,3.

Drei Sorten Papier: a. fol. 1—30, 32—166, 330—345; b. 31, 167—245 außer 232 und 235, die später ergänzt worden sind; c. 246—329. Wasserzeichen: fol. 154, 155 Buchstabe B mit Kreuz, vgl. Briquet 7971 und 7972, die aber weniger elegant sind — ital. Type des 14. Jh's; 334, 335 Schlüssel, vgl. Briquet 3777 — Bologna 1312; 170, 171 Turm, vgl. Briquet 15864—6 — ital. Type ca. 1415—1430; 191—198 Schere, vgl. Briquet 3658 — Aix en Provence 1426; 232—235 Glocke, vgl. Briquet 3981 — ital. um 1425. Im ersten Teil der Hs. wurden viele Blätter derart vom Buchbinder beschnitten, daß die letzte Zeile ganz oder zum Teil fehlt, z. B. fol. 6^{v}, 9, 14 usw. Von 129, 190, 339—345 fehlen größere Stücke mit Textverlust. Die Numerierung der Hefte ist ebenfalls dem Messer des Buchbinders zum Opfer gefallen. Zusammensetzung: $3 \times 8 + 8$ (fol. 31 neu) $+ 13 \times 8 + 6$ (ein Bl. verloren vor 138 und eins nach 141) $+ 7$ (150 hat kein Gegenblatt, vor 144 fehlt aber nichts vom Text) $+ 2 \times 8$ (166 endet vorläufig der ältere Teil des Niketastextes und beginnt der jüngere Teil + Gregoras fol. 167—329) $+ 4 \times 8 + 7$ (199—205, 200—204, x—203, neu aber leer, 201—202) $+ 3 \times 8 + 8$ (232 und 235 neu) $+ 8$ (241 und 242 neu, aber leer; 246 beginnt Gregoras) $+ 9 \times 8 + 7$ (329^{v} endet der Gregorastext und der jüngere Teil der Hs.) $+ 2 \times 8$ (345—344, 338—341, 339—340, 343—342 und 337—330, 331—336, 332—335, 333—334).

Die Schrift ist auf vier Hände zu verteilen: a. fol. 1—30, 32—166, 330—345; b. 31, 167—231, 233—234, 236—245; c. 232 und 235;

d. 246—329. Der erste Kopist schrieb im 14., die anderen im 15. Jh. Keine Marginalien.

Die Herkunft der Hs. läßt sich nicht weiter zurückverfolgen als bis zu ihrer Zugehörigkeit zur Bibliothek von Alexander Fürst Dietrichstein von Nikolsburg, s. K. Christ, Die Schloßbibliothek von Nikolsburg und die Überlieferung der Kapitulariensammlung des Ansegis, Deutsches Archiv 1 (1937) Heft 2, S. 2—10. Diese Bibliothek wurde Nov. 1933 und Juni 1934 versteigert. Im Auctionskatalog von Gilhofer und Ranschburg, Wien-Luzern: Bibl. Alexander Fürst Dietrichstein, Schloß Nikolsburg Tl. 2. Versteigerung am 25. u. 26. Juni 1934 Luzern, wird unser Codex, Nr. 416, auf 500 Schw. Fr. geschätzt. Über den Antiquar Fritz Brecher, Brünn, gelangte die Hs. März 1935 in die Österreichische Nationalbibliothek.

E. Gollob, Die griechischen Handschriften in Österreich außerhalb Wiens, Wien 1903, S. 59; Leicht, o. c., S. 31; H. Hunger, Katalog der griechischen Handschriften der Österreichischen Nationalbibliothek. Supplementum Graecum (Biblos-Schriften, 15), Wien 1957, S. 103.

Y = Parisinus graecus 3041, fol. 247—283v; eine Beschreibung dieser Hs. wurde schon oben, S. XXXVI f. gegeben.

Inhalt: ein Fragment der „vulgärgriechischen" Paraphrase des Geschichtswerkes des Niketas Choniates. Der Text beginnt mit den Worten: αὐτὸν οὐ μόνον νέον ὄντα κατὰ τὴν ἡλικίαν (S. 539,15/6). Anfangsseiten der Bücher: XVII: 250v, XVIII: 258v, XVIII A (mit Überschrift: τοῦ αὐτοῦ Χωνειάτου τόμος ὀκτωκαιδέκατος· φιλονεικία τοῦ Δούκα καὶ τοῦ Λάσκαρι περὶ τῆς βασιλείας): 261, Überschrift zu S. 576,1: Θρῆνος τῆς πόλεως· τοῦ αὐτοῦ Χωνειάτου: 263, XIX: 266. Der Text bricht mit den Worten οὐχ οὗτοι δὲ μόνον ὑπό (S. 624,85) ab.

Wasserzeichen: fol. 247 u. a. zwei Kreise, die durch einen Strich, der einer Hantel ähnelt, voneinander getrennt sind, vgl. Briquet 3054 — Verona 1367; 276 u. a. ein Kreis mit Strich und Querstrich, vgl. Briquet 3054 — Type aus Mitteleuropa um die Mitte des 14. Jh's.

Eigene Marginalien.

S. außer der Lit., die zu Codex K verzeichnet ist, BZ 57 (1964) 323.

W = Vindobonensis Historicus graecus 105 (früher Kollar Suppl. CXV, Tengnagel 45, Kasten II. D. 27), 14. und 15. Jh., Papier, IV (= Vorsatzblatt + III, gezählt I—IV) + 276 (72—75 bis) + I (Deckblatt, gezählt 273) Bl., 215 × 142 mm.

Inhalt: Niketas Choniates' Geschichtswerk. Der Anfang ist verloren; der Text beginnt καὶ ἠγαπήθη (S. 3,47). Anfangsseiten der Bücher: I (mit Überschrift): 1v, II: 24v, III: 39, IV: 53v, V: 67, VI: 76v, VII: 89, VIII: 103, IX: 115v, X: 140v, XI: 161v, XII: der Anfang fehlt, da nach fol. 180 etwa drei Blätter verlorengegangen sind, s. u.; XIII: 200v, XIV: 215, XV A: 233, XV B: 250, XVI: 264v. Der Text bricht fol. 272v mit dem Wort ἀΐσσοντας (S. 517,93) ab. Durch Blattausfall gibt es vier größere Lücken im Text: zwischen fol. 6 und 7 fehlt S. 14,50 εἰ — 16,1 αὐτῶν, zwischen 134 und 135 S. 261,77—263,31, zwischen 180 und 181 S. 351,69—356,29 und zwischen 223 und 226 S. 435,46—439,73 (fol. 224—225 sind später eingefügt und enthalten einen anderen Text, s. u.).

Papier, Schrift und Lagenverhältnis zeigen, daß der Codex aus zwei Teilen zusammengesetzt ist und daß im älteren Teil drei Blätter einer ersten Ergänzung zu verdanken sind. Der ältere Teil umfaßt fol. 36—39, 42—105, 107—162, 165—184, 186—189, 192—223, 226—228; die drei Ergänzungsblätter sind 106 und 224—225; dem jüngeren Teil gehören die übrigen Blätter an: 1—35, 40—41, 163—164, 185, 190—191, 229—272. Das letzte Blatt ist nicht ganz beschrieben, der Text bricht in der Mitte der vierten Zeile von unten ab; es ist also möglich, daß der Kopist hier aufhörte, da die von ihm ergänzte Hs. den Rest des Textes damals noch enthielt.

Das ältere Papier hat als Wasserzeichen schwer bestimmbare Buchstabenkombinationen: fol. 80, 91, 188 E T R, 85 G F O, 178 I C C oder I G G? In fol. 106 und 224—225 habe ich keine, im jüngeren Teil der Hs. folgende Zeichen feststellen können: fol. 26—27, 246—247 Blume, vgl. Briquet 6687 — Perpignan 1391, Venedig 1398, Fano 1402; 254, 265 Schere, vgl. Briquet 3663 — Prag 1445; 258, 261 Buchstabe R, vgl. Briquet 8936 — Venedig 1443—1449; 31—32, 191—192 Berg, vgl. Briquet 11689 — Florenz 1421—1441. Reste der Heftezählung des älteren Teiles sieht man z. B. fol. 49^v: ϛ' und 57^v: ζ'; der Kopist, der den Codex ergänzte, signierte die Quaternionen unten in der Mitte der ersten und letzten Seite. Drei Blätter sind an falscher Stelle eingeheftet: von 204 und 211 ist zuerst die Versoseite zu lesen; 214 hat seinen eigentlichen Platz nach 184. Zusammensetzung: 7 (=10—3, 2 Bl. vor 1 und 1 vor 7 ausgefallen) + 2×10 + 8 (35) + 4 (36—39) + 2 (40—41) + 7×8 + 6 (94 und 99 haben kein Gegenblatt, es fehlt aber nichts im Text) + 9 (= 8 + 1, nämlich 106) + 3×8 + 6 (7—1 vor 135) + 3×8 + 2 (163—164) + 5 (8—4+1, zwei Bl. ausgefallen vor 181, eins vom Platz geraten nach 184, nämlich 214, neu 185) + 10 (8+2, nämlich 191—192) + 2×8 + 9 (8+1, fol. 214) + 8 (8—2 nach 223, + 2, die neuen Blätter 224—225) + 2×12 + 14 + 6.

Der ältere Teil bietet, wenn man die eingefügten Blätter 106 und 224—225 (nicht aber 40—41 und 185) außer acht läßt, einen (von den Lücken abgesehen) durchgehenden Text, der meistens inhaltlich der kürzeren Fassung entspricht und von S. 66,20 bis S. 445,46 geht. Eine zweite Hand ergänzte aus der längeren Fassung auf fol. 106 den Text S. 203,75—206,47, einzufügen nach fol. 105^v,10, und auf fol.

224—225 S. 440,81—442,47, um den kürzeren Text von fol. 226, 10—227,12 zu ersetzen. Eine dritte Hand hat erstens den verlorenen Teil bis S. 66,20, fol. 40—41 = S. 73,26—77,30 und 185 = 365,70—367,22 (aus Codex D) ergänzt, zweitens viele kleinere Ergänzungen am Rand eingetragen und größere auf fol. 163—164 = S. 319,61—324, 89/90 und fol. 191—192 = S. 374,2—378,73 nachgetragen, drittens den letzten Teil, fol. 229—272 = S. 445,46—517,93 ergänzt oder erneuert (dabei anscheinend eine doppelte oder eine „gemischte" Vorlage benutzend).

Die Marginalien, die vom ersten Kopisten rühren, findet man meistens auch in Codex A, die der dritten Hand in P. Andere hat unsere Hs. mit D gemeinsam, darunter die bereits erwähnten Stichoi (S. XXX); es fehlen, außer jenen zu S. 8,2, 14,63 und 15,88 (die beiden letzten durch Blattausfall), die gleichen, die D nicht hat, nämlich die zu S. 38,20 und 323,60. Der dritte Kopist hat auch einige Notizen und Glossen eingetragen, u. a. die gleiche, die Codex A zu S. 485,6 hat. Die Namen, welche A und P zu S. 479,41 am Rand geben, stehen hier im Text. Eine der Glossen, die nur diese Hs. hat, nämlich zu S. 205, 41/2: τὴν λεγομένην Ἄρκλα λέγει findet man in der „vulgärgriechischen" Paraphrase im Text wieder, aus welcher Bekker sie übernommen hat. Von fol. 28v an erscheinen längere Lemmata mit ὅτι, z. B. fol. 53 zu S. 99,15ff.: ὅτι ὁ ῥὴξ Σικελίας ἀπέστειλεν εἰς τὴν Κωνσταντίνου κάτεργα τεσσαράκοντα καὶ ἐλθόντα περὶ τὸ μέρος τῶν Βλαχερνῶν καὶ εὐφημήσαντες τὸν ῥῆγα αὐτῶν ὡς βασιλέα ἔσυραν εἰς τὸ παλάτιον σαγίτας μετὰ ἀργυρῶν περιχρυσουμένων ξιφαρίων καλῶς. Diese Lemmata scheinen aus einem anderen Codex abgeschrieben zu sein; dafür spricht, daß der Schreiber auf fol. 55 anscheinend einige Worte übersprang, dann die bereits niedergeschriebenen nachfolgenden Worte wieder strich und die übersehenen nachholte. Auch sind ein paar dieser Lemmata an falscher Stelle eingetragen; so wird auf dem Rand von fol. 70v (= S. 132,19ff.) der Inhalt von 117,18ff. (= S. 226,86ff.) zusammengefaßt, weshalb am Ende hinzugefügt wurde: τοῦτο εἰς τὸν α' τόμον τῆς βασιλείας Ἀλεξίου τοῦ Κομνηνοῦ. Und was fol. 75v zum Text S. 149,6ff. steht, gehört auf 76v zu S. 151; auch das ist am Ende angedeutet: εἰς τὸ ἔμπροσθεν καταβαλεῖν.

Der Codex wurde nach Kollar, o. c., Sp. 681 vermutlich im 16. Jh. in Konstantinopel gekauft: „Olim Constantinopoli, nisi fallor, a Busbeckio comparatus". Dazu J. Bick, Wanderungen griechischer Handschriften, Wiener Studien 34 (1912) 149: „Diese Zurückhaltung in der Angabe bezieht sich m. E. darauf, daß Kollar zu seiner Vermutung nur durch den Inhalt des Codex . . . und den langjährigen Aufenthalt desselben in der Hofbibliothek veranlaßt wurde."

D. de Nessel, o. c., S. 155; Reimann, o. c., S. 696, Nr. 45; N. Forlosia, o. c., fol. 58v—59; Kollar, o. c., Sp. 681—3, Nr. CXV; Leicht, o. c., S. 25f.; van Dieten,

BZ 49 (1956) 312—4 (nicht frei von Fehlern); H. Hunger, Katalog usw., Bd. I, S. 111f.

C = Coislinianus graecus 137 (früher 320), 1399/1422/ zw. 1422 u. 1450, Papier, 345 Bl., 406 × 287 mm.

Fol. 3—14 und 16—148: Zonaras' Annalen Lib. X—XVIII (ed. Dindorf II, 340 — IV, 260) mit Index, fol. 1—2ᵛ.

151—255ᵛ und 15: Niketas Choniates' Geschichtswerk (S. 1—646 dieser Ausgabe) mit Index, fol. 148ᵛ—150ᵛ.

260—345: Gregoras' Geschichtswerk Lib. I—XI (ed. Bonn. I, 3—568 mit Lücken) mit Index, fol. 257—259.

Zu Niketas: da dieser Codex zu den eliminandi zählt, wird auf Angabe der Anfangsseiten der Bücher verzichtet.

Wasserzeichen: vier verschiedene Typen des Einhornkopfes, s. fol. 1—40, 42—148, 149—256, 257—345, denen Briquet 15797, 15803, 15820 und 15822 am nähesten kommen; jedenfalls italienische Typen von ca. 1375—1425. Fol. 15, jetzt vor 14, gehört zwischen 222 und 223; 321—328 haben ihren richtigen Platz nach 336. Nach 344 sind (im Gregorastext) zwei Blätter mit Textverlust (ed. Bonn. S. 553,16 -φήμησαν — 568,2 γάρ) ausgefallen. Die Numerierung der Hefte, rechts unten auf der letzten Seite, ist von fol. 42—155 falsch, die richtigen Zahlen stehen hier links; ab 257 rührt sie von einer späteren Hand. Zusammensetzung der drei Teile: I: 6 + 8 + 1 (15) + 2×8 + 10; II: 10×8 + 7 + 6 + 2×8; I Fortsetzung: 9×8 + 7 (8—1 = 15) + 3×8 + 3; III: 11×8 + 1. Der Kopist des Gregorastextes (der auf Vat. gr. 165 zurückgeht und selbst direkt oder indirekt Vorlage für Par. gr. 1723 war) beschloß seine Arbeit mit einer chronologischen Notiz, die sich auf ein Datum zwischen dem 4. und 10. Dezember 1399 bezieht. Der Kopist, der fol. 42—148 (= Zonaras XII, 31ff.) schrieb, vollendete seine Aufgabe im September 1422. Der dritte Schreiber kopierte den ersten Teil des Niketastextes, fol. 151—198ᵛ (= S. 1—231, 13 Κομνηνός) und der vierte das Übrige, d. h. den Index zum ganzen Codex, den ersten Teil des Zonaras (X, 1ff.), den Index zu Niketas und den Rest des Textes.

Die meisten Marginalien aus Codex F findet man hier wieder, u. a. die bekannten Stichoi, von denen aber nicht wenige fehlen. Außerdem gibt es mehrere Korrekturen und sehr viele eigene kürzere und längere Lemmata, denen keine besondere Bedeutung zukommt. Bis S. 614,7 bietet C die kürzere Fassung des Textes, ab hier die längere, zu der nur noch ein Lemma vorhanden ist auf fol. 250 zu S. 615,11; ein zweites, das man zu S. 615,23 liest, ist gestrichen und fol. 249ᵛ zu S. 613,80, wohin es gehört.

Die Herkunft der Hs. ist nicht bekannt. Die Notiz am Ende des Gregorastextes weist auf Konstantinopel hin. Hier wurde vielleicht um 1450 der Niketasteil kopiert und mit den älteren Abschriften aus Gregoras und Zonaras verbunden. C selbst war, wie wir sehen werden, Vorlage eines Fragmentes, das in Codex Matritensis 72 erhalten ist. Es verdient deswegen Erwähnung, daß auf fol. 254^{v} eine Zeile, welche mit (Θεό)δωρος ὁ Λάσκαρις (S. 640,13/4) anfängt, durch stärker angesetzte Schrift auffällt. Vielleicht war der vierte Schreiber ein Laskaris und kam der Codex durch Konstantinos Laskaris nach dem Westen. Der Weg in die Bibliothèque Nationale wäre dann vermutlich folgender: Konstantinos Laskaris kam 1453 nach Mailand, wo er Hippolyte Sforza unterrichtete und häufig Kopien anfertigte. 1465 folgte er ihr, als sie den Kronprinzen Alfonso von Neapel heiratete, dorthin. Den größten Teil der Bibliothek von Neapel eignete sich im J. 1495 Karl VIII. von Frankreich an, aber die besten Bücher blieben zurück und wurden 1501 oder wenig später an den Kardinal-Erzbischof von Rouan, Georges I. d'Ambroise, verkauft, der allerdings in seinem Inventar, ed. Delisle, Cabinet, I, 233—238 keinen Niketascodex verzeichnet. Ein Teil der Hss. des Erzbischofs, den der Kanzler Séguier erwarb, kam über dessen Tochter, die Pierre César de Coislin heiratete, an diese Familie, und so über die Abtei von St. Germain des Prés an die Bibliothèque Nationale (s. M. Vogel und V. Gardthausen, Die griechischen Schreiber des Mittelalters und der Renaissance, Leipzig 1909 [Hildesheim 1966], S. 242—6; A. de Rosalia, La vita di Costantino Lascaris, Archivo storico Siciliano III, 1957/8, Nr. 9, S. 21—70; Delisle, Cabinet I, 217—45; A. Franklin, Les anciennes bibliothèques de Paris I, Paris 1867, S. 117—20; R. Devreesse, Bibliothèque nationale. Département des mss. Catalogues des Manuscrits grecs, II. Fonds Coislin, Paris 1945, Einleitung). Der Codex scheint in den Jahren 1832—1843 verschollen gewesen zu sein, s. Büttner-Wobst, o. c., S. 240f.

B. de Montfaucon, Bibliotheca Coisliniana, Parisiis 1715, S. 208f.; Leicht, o. c., S. 8—10; Devreesse, o. c., S. 128f.

T = Taurinensis C. III. 2 (früher Gr. XXIV), 15. Jh., Papier, 132 Bl., 290 × 220 mm.

Fol. 1—69^{v}: eine verkürzende Paraphrase des Geschichtswerkes des Niketas Choniates. Der Anfang ist verloren; der Text beginnt mit den Worten καὶ τὰ κοινὰ ταμεῖα (S. 59,24). Zum Ende s. unten S. LX.

70—125^{v}: eine ähnliche Paraphrase des Geschichtswerkes des Nikephoros Gregoras, ed. Bonn. I, 13,9—568,17, und auf fol. 126 noch drei Zeilen von Lib. XII, 1 = ed. Bonn. II, S. 576,20ff.

126—132: später eingetragene Verse und ein Kalender der jüdischen und christlichen Festtage.

Wasserzeichen: Schere, vgl. Briquet 3685—3688 — Florenz 1459, Venedig 1469 u. 1496. Der Brand, der am 26. Januar 1904 die Bibliothek von Turin zerstörte, hat den Codex schwer beschädigt (s. G. de Sanctis, Inventario dei codici superstiti greci e latini antichi della Biblioteca Nazionale di Torino, Rivista di filologia e d'istruzione classica 32 [1904] 399), er ist aber noch vollständig zu lesen. Von der alten Numerierung der Hefte sind nur noch wenige Reste zu sehen.

Die Hs. ist, wenn man die Eintragungen auf fol. 126^{v}ff. außer acht läßt, von einer Hand sauber und klar geschrieben.

J. Pasinus, Codices Manuscripti Bibliothecae Regii Taurinensis Athenaei..., I. 1, Taurini 1749, Num. XXIV. b. V. 4; de Sanctis, l. c.; Leicht o. c., S. 14f.; F. Cosentini in: G. Mazzatinti, A. Sorbelli, L. Ferrari, Inventari dei mss. delle biblioteche d'Italia, T. 28 (1922), S. 37, Nr. 314; BZ 57 (1964) 314f.

U = Vaticanus Urbinas graecus 95, 13./15. Jh., Papier, I + 333 Bl., 220 × 155 mm.

Inhalt: außer Fragmenten aus vielen Autoren (Xenophon, Diogenes Cynicus, Diogenes Laertios, Aelian, Theognis, Zonaras, Lukian, Menander u. a.) ein Fragment einer Epitome des Geschichtswerkes des Choniaten, fol. 184—215v. Überschrift: Ἐπιτομὴ ἐκ τοῦ χρονικοῦ τοῦ Χωνειάτου. Der Text beginnt (nach dem Prolog) S. 4,83. Anfangsseiten der Bücher: II: 188v, III: 189v, IV: 190v, V: 191, VI: 192v, VII: 194v, VIII: 197, IX: 198, X: 203v, XI: 206v, XII: 211, XIII: 214v. Der Text bricht mit den Worten ἐπὶ κουλεῶν τὰς λόγχας φέροντες (S. 412,59) ab.

Der Codex ist eine Sammlung von sehr unterschiedlichen Fragmenten, die in verschiedenen Zeiten geschrieben wurden. Das Niketasfragment umfaßt vier neugeheftete Quaternionen und stammt aus dem 15. Jh. Am Rand sind einige Korrekturen und Ergänzungen eingetragen, die aber zum Teil vom Buchbinder weggeschnitten worden sind.

Wie die Hs. in die Bibliothek des Herzogs von Urbino kam, ist nicht bekannt s. C. Guarti, Inventario della libreria Urbinate completo nel secolo XV da Federigo Veterano (1422—1482), Giornale storico degli archivi toscani 6 (1862) 134—47; 7 (1863) 46—55 u. 130—54.

Büttner-Wobst, o. c., S. 239; C. Stornajolo, Codices Urbinates graeci Bibliothecae Vaticanae descripti, Romae 1895, S. 139—47; Leicht. o. c., S. 33f.

S = Scorialensis Ψ—IV—17 (früher V. B. 3, IV. H. 20), 15./16. Jh., Papier, 230 Bl., 187 × 140 mm.

Inhalt: die „vulgärgriechische" Paraphrase des Geschichtswerkes des Niketas, von Kaiser Manuel I. Komnenos bis Isaak II. Angelos, am Ende unvollständig. Anfangsseiten der Bücher, die meistens keine Überschrift haben und nur durch einen Strich voneinander getrennt sind: II (Überschrift: Τόμος α'. βασιλεία Μανουὴλ τοῦ Κομνηνοῦ ἔτη λη'. Νικήτα τοῦ Χωνιάτου ἱστορία): 1, III: 13v, IV: 29, V: 47v, VI: 64v, VII: 79v, VIII: 95v, IX (überschrieben Τόμος ἕβδοος): 108v, X: 137v, XI: 162v, XII: 180, XIII: 206v (der Kopist hat aber den Trennungsstrich auf fol. 193v vor S. 372,37 gemalt), XIV: 225v. Der Text bricht mit den Worten ὅμως οὐκ ἐστέναξε βαρέως (S. 426,9) ab.

Wasserzeichen: fol. 3—4, 11—12 u. a. Waage, vgl. Briquet 2584 — Solo 1501 und 2587 — Hochstätt 1514, zwischen welchen beiden dieses Specimen etwa die Mitte hält; 60,68 u. a. Waage, vgl. Briquet 2564 —

Mantua 1482; 210 u. a. Rindskopf, vgl. Briquet 14871—5 — Norditalien und Süddeutschland 1424—1450; 217 u. a. Rindskopf, vgl. Briquet 14708—14886 — etwa das gleiche Verbreitungsgebiet; 225—8 u. a. Hund, vgl. Briquet 3643—6 — ital. 15. Jh. Von fol. 45 fehlt ein Stück mit geringem Textverlust. Die Numerierung der Quaternionen ist größtenteils noch vorhanden, aber der Codex ist neu geheftet: 7 + 8×8 + 7 + 19×8. Die Schrift ist ungleichmäßig, aber anscheinend doch von einer Hand.

Die wenigen Lemmata rühren vom Kopisten. Kleinere Ergänzungen findet man fol. 33, 43, 96, 101 und 172. Von einer späteren Hand stammt die Eintragung ακομινοτι χονιατ auf dem oberen Rand von fol. 175; s. dazu van Dieten, Niketas Choniates. Erläuterungen usw., S. 7.

Der Codex war einst im Besitz des Diego Hurtado de Mendoza; auf dem unteren Rand von fol. 1 liest man: „hic liber est Jacobi Hurtadi Mendosae Granatensis / D.Di de Mª." Nach E. Miller, Catalogue des Manuscrits Grecs de la Bibliothèque de l'Escurial, Paris 1848, S. 277. 340. 449 hätte Mendosa ihn mit anderen vom Sultan Soliman II. geschenkt bekommen. Diese Ansicht wurde von Ch. Graux, Essai sur les origines du Fonds Grec de l'Escurial, Paris 1880, S. 229f. widerlegt. Mendoza hat die Hs. vielleicht bei Antonios Eparchos gekauft. Mit den Eparchoshss., die über Guzmàn de Silva in die Bibliothek vom Escorial kamen, hat dieser Codex aber nichts zu tun, s. G. Andrès, La Coleccion Escurialense de Mss. Griegos de Antonio Eparco, Scriptorium 15 (1961) 107—112. Als Besitz Mendozas wird er vielleicht schon von Conrad Gesner, Bibliotheca Universalis, Tiguri 1545, Num. 321 erwähnt: Nicetae Choniatae . . . Historia a regno Jo. Comneni ad Constantinopolim captam . . . Exstat apud Diegum Hurtadum Caesaris oratorem Venetiis." Es ist jedenfalls zweifelhaft, ob man aus dieser Angabe schließen soll, daß Mendoza eine vollständigere Hs. besessen haben muß. Gesner wußte möglicherweise nur, daß Mendoza eine Niketashs. besaß, und machte die Inhaltsangabe aufgrund anderweitiger Bekanntschaft mit dem Werk. Carl Christoph Plüer, Reisen durch Spanien, Leipzig 1777, S. 184 gibt eine genaue Inhaltsangabe der Hs., die er im Escorial sah, wofür sie bald nach 1576 angeworben war: „Nicetas Choniates, Historia ab imperio Emanuelis usque ad Isaacii Angeli. caret fine." (Vgl. Fabricius, Bibl. Gr., ed. Harles, S. 740 Anm. qq). E, Miller, l. c.

H = Vindobonensis Historicus graecus 13, 16. Jh., Papier, 12 Bl., 350 × 242 mm.

Inhalt: ein Fragment des Geschichtswerkes des Niketas Choniates (S. 1—29,48 [πορρώτερα] dieser Ausgabe).

Die Überschrift fehlt, es sind aber dafür drei Zeilen frei gelassen. Dies, wie auch das Fehlen des Initialbuchstabens und der Worte Ἀρχὴ δέ μοι (S. 4,66), welche der Kopist vermutlich in Rot nachtragen wollte, könnten ein Beweis dafür sein, daß er seine Arbeit nie vollendete; vielleicht aber auch war das Rot seiner Vorlage so verblaßt, daß er sie nicht mehr entziffern konnte (für den Initialbuchstaben ist das allerdings ohne Bedeutung). Immerhin hat der Kopist eine rote Majuskel gesetzt, nämlich im Wort Τὴν (S. 11,62), und auch die sechs

Lemmata zum Text sind rot geschrieben. Im Text fehlen öfters Worte, da der Kopist anscheinend seine Vorlage nicht mehr entziffern konnte. Auf dem unteren Rand des letzten Heftes sind noch die ersten Worte für das nächste Heft geschrieben: καὶ τῆς πρὸς τῆς Σέζερ πορείας. Eine ältere Blattzählung zeigt, daß das Fragment früher einen Teil einer umfassenderen Hs. ausgemacht hat, vielleicht eines Sammelbandes.

Wasserzeichen: fol. 7, 8, 9 Armbrust, vgl. Briquet 761 — Udine 1533. Das ganze bildet ein Heft und war früher mit Codex 12 (Nomocanon des Photios) zusammengebunden.

Die Hs. hat eigene Lemmata. Am Rand wie auch zwischen den Zeilen sind zu einzelnen Worten Glossen eingetragen.

Auf dem oberen Rand von fol. 12v liest man: „Augerius de Busbeck comparavit Constantinopoli." Diese Notiz ist nicht, wie De Nessel, Lambecius, Forlosia und Kollar glaubten, von Busbeck selbst, sondern von seinem Sekretär oder einem Schreiber der Bibliothek, s. J. Bick, Wanderungen griechischer Handschriften, Wiener Studien 34 (1912) 147; P. Buberl — H. Gerstinger, Beschreibendes Verzeichnis der illuminierten Handschriften in Österreich VIII. 4. 2, Leipzig 1938, S. 4. 255. Taf. LII. 1. Der Codex wurde also zwischen 1555 und 1562 gekauft. Für die weitere Geschichte der Hss. Busbecks s. Bick, o. c., S. 143—146.

De Nessel, o. c., Nr. 13; Forlosia, o. c., II, 6; Kollar, o. c., Nr. 116; Leicht, o. c., S. 32; H. Hunger, Katalog, Bd. I, S. 17.

Δ = Berolinensis graecus 236 (früher Pellicerius 129, Claromontanus 235, Meermannianus 395, Phillippicus 1639), 6. Mai 1541, Papier, 340 Bl., 350 × 237 mm.

Inhalt: Niketas Choniates' Geschichtswerk (S. 1—646 dieser Ausgabe).

Der Codex gehört zu den eliminandi. Er wurde angefertigt im Auftrag von Guillaume Pellicier (s. S. LXI). Der Kopist war Bartholomaeus Brixianus: ἐγράφη ἐνετίησι παρὰ βαρθολομαίου βριξιανοῦ. ἔτει ‚αφμα' μαίω ϛη, vgl. Vogel-Gardthausen, Gr. Schreiber, S. 49 mit Anm. 5.

Nach Pelliciers Tod (1568) erwarb sich etwa 1573 oder auch früher Claudius Naulot du Val Avallonois dessen Bibliothek, vgl. H. Omont, Catalogue des mss. grecs de Guillaume Pellicier, Bibliothèque de l'École des Chartes 46 (1885) 51. Es fehlt aber die übliche Eintragung Naulots, daß er die Hs. gelesen habe, vgl. Vogel-Gardthausen, o. c., S. 369 Anm. 1. Anfang des 17. Jh.'s kam Naulots Bibliothek in den Besitz des Collegium Claromontanum der Jesuiten zu Paris, s. fol. III: „Coll. Paris. Societat. Jesu. Nicetae Choniati Cronica expositio." Die Bücher des Kollegiums wurden 1763 konfisziert, s. fol. 1: „Paraphe au désir de l'arrest du 5 Juillet 1763 / Mesnil", und 1764 versteigert. Der Großteil, darunter diese Hs., wurde von Gerard Meermann erworben und kam nach 's Gravenhage. Meermanns Bibliothek wurde 1824 von Thomas Phillipps angekauft, der sie nach Cheltenham brachte. Einen Teil dieser Bibliothek kaufte 1889 die Königliche Bibliothek zu

Berlin. Auf der Innenseite der vorderen Decke ist mit Bleistift notiert: „Olim liber .... qui nupsit .... filiam .... de medicis." Die Bedeutung dieser Eintragung ist mir nicht klar.

G. Studemund — L. Cohn, Verzeichnis der griechischen Handschriften der Königlichen Bibliothek zu Berlin I (= Die Hss. Verzeichnisse der K. Bibl. zu Berlin Bd. 11. 1), Berlin 1890, S. 101 (vgl. auch S. Iff.); Leicht, o. c., S. 18—20.

Θ = Phillippicus graecus 6767 (früher Pellicerius 135, Claromontanus 236, Meermannianus 396), abgeschlossen am 3. Oktober 1541, Papier, 311 Bl., 331 × 244 mm.

Inhalt: Niketas Choniates' Geschichtswerk (S. 1—646 dieser Ausgabe).

Der Codex gehört zu den eliminandi. Er wurde, wie der vorhergehende, im Auftrag von Guillaume Pellicier angefertigt. Der Kopist unterschrieb seine Arbeit: ἐγράφη ἐνετίησι παρὰ νικολάου κοκόλ(ου) ἔτει ‚αφμα' ὀκτωβρίω γ' (vgl. Vogel-Gardthausen, Gr. Schreiber, S. 349; W. Weinberger, Beiträge zur Handschriftenkunde I, Sitzungsberichte der Akademie der Wissenschaften Wien, Philos.-Philol. u. Hist. Kl. 159 [1908] Abh. 6, S. 25).

Die weitere Geschichte der Hs. ist die gleiche wie bei der vorigen bis 1824; sie wurde aber nicht für die Königliche Bibliothek von Berlin angekauft (s. Studemund-Cohn, o. c., S. X Anm. 6). Die Hss.-Sammlung von Thomas Phillips wurde von seinen Erben verkauft und vom Londoner Antiquariat William H. Robinson Ltd., Pall Mall, London SW 1, erworben, wo man mir die Hs. freundlichst für eine kurze Untersuchung überließ. Der Preis war damals (August 1956) £ 750; M. Richard, Répertoire des bibliothèques et des catalogues de manuscrits grecs, ²Paris 1958, S. 73f., nennt den Codex nicht unter jenen 26, die sich im November 1957 noch im Besitz von W. H. Robinson waren. Wo er geblieben sein kann, ist mir nicht bekannt.

Leicht, o. c., S. 32.

Λ = Parisinus graecus 1707 (seit 1740; früher: Fontainebleau CIϽCCC, Inv. Rigault 1622, Inv. Dupuy 1645, Inv. Clément 2076), ca. 1541, Papier, I + 425 (353 bis) + IIIBl., 356 × 244 mm.

Fol. 1—4: Inhaltsangabe.

5—94: Georgios Monachos' Annalen (ed. de Boor, S. 6—293,6), darin fol. 15—20ᵛ (nach ed. S. 43,10) ein Fragment: Τοῦ σοφοτάτου καὶ λογιωτάτου κῦρ Συμεὼν βέστου τοῦ Σήθ. Σύνοψις καὶ ἀπάνθισμα φυσικῶν τῶν φιλοσόφων διδαγμάτων. λόγος α^{ος}. Ὁ μὲν σοφὸς Πλούταρχος. ὦ μέγιστε καὶ θειότατε βασιλεῦ . . . Ende: οἱ ἀστέρες σφαιροειδεῖς εἰσίν; 94: ein Scholion, das in zwei Stücke zu zerlegen ist: a. über die Übersetzer der Septuaginta, und b. über das Pferd des Julius Caesar; 94ᵛ—96 leer.

97—428ᵛ: Niketas Choniates' Geschichtswerk.

Die Quaternionen der beiden Teile sind separat numeriert: 12×8 und 41×8 + 4. Der Kopist des ersten Teiles hat sich Mühe gegeben, schön zu schreiben, und am Rand einige Verzierungen angebracht (fol. 1, 5, 21, 56ᵛ, 85), darunter ein Bild des Georgios Monachos (21). Der zweite Teil ist von einer anderen Hand und weniger elegant geschrieben. Der Codex gehört zu den eliminandi und wurde sicher in Venedig im Auftrag von Guillaume Pellicier für die Hofbibliothek des französischen Königs angefertigt.

Anicet Melot, o. c., II, S. 390; Uspenskij, o. c., S. 68f.; Omont, Inv. sommaire, II, sub num.; ders., Catalogues des Mss. Grecs de Fontainebleau, Nr. 530; C. de Boor, ed. Georgii Monachi Chronicon, Lipsiae 1904, S. LVIII; Leicht, o. c., S. 21f.

Ξ = Monacensis graecus 93, 16. Jh. (nach 1540), Papier, I + 546 Bl., 342 × 240 mm.

Fol. 1—239ᵛ: Zonaras' Annalen Lib. XIII—XVIII (ed. Dindorf III, 172,1 — IV, 260).

240—545ᵛ: Niketas Choniates' Geschichtswerk (S. 1—646 dieser Ausgabe).

Der Codex gehört zu den eliminandi. Der Kopist unterschrieb seine Arbeit: τέλος καὶ τῷ Θεῷ δόξα. 'Αμήν. καὶ ταύτην τὴν βίβλον ἐμμανουῆλος ὀμβαιβενὶς ὁ ἐκ μονεμβασίας ἐξέγραψε μετὰ τὴν παράδοσιν τῆς ἑαυτοῦ πατρίδος. (Vgl. Vogel-Gardthausen, Gr. Schreiber, S. 117 mit Anm. 1).

Außer den Lemmata und den Korrekturen, die der Kopist bei der Revision seiner Arbeit am Rand eintrug, gibt es Verbesserungen einer zweiten Hand, z. B. fol. 472,2 πρῶτοι: πραταὶ (S. 484,63), 472,3 καὶ Σύροι add. post Σκύθαι (S. 484,64), 472,15 ἀνεσχετὸν: ἀνασχετὸν (S. 484,76), 472,18 καὶ ἀπεριάπτους: γενέσθαι ἀπράτως (S. 484,79). Büttner-Wobst, o. c., S. 215f. hat nachgewiesen, daß diese Korrekturen von Hieronymus Wolf rühren, der diese Hs. für seine Ausgaben von Zonaras und Niketas benutzte; er stellte auch fest, daß Wolf dabei aus Codex Monacensis gr. 450 schöpfte. Die beiden ersten oben angeführten Korrekturen konnte Wolf tatsächlich direkt aus dem genannten Codex, fol. 174ᵛ, 23. 24, übernehmen; für die beiden anderen konnte ihm nur der Sinn der Paraphrase helfen. Wolf verfügte aber auch über den noch zu besprechenden Fuggercodex.

Emmanuel Embebenis kopierte diese Hs. nach der Übergabe seiner Vaterstadt Monemvasia; bekanntlich verlor Venedig diese Stadt im J. 1540 an die Türken. Wie der Codex in den Besitz des Johann Jakob Fugger kam, ist nicht bekannt, s. O. Hartig, Die Gründung der Münchener Hofbibliothek durch Albrecht V. und Johann Jakob Fugger, München 1917, S. 222 mit Anm. 2. In Fuggers Bibliothek hatte die Hs. die Signatur „Stat. 7 no. 12", s. Catalogus bibliothecae Fuggeranae quem exaravit a. 1565 Carolus Stephani = Cod. Bav. Cat. 48 und Hartig, o. c.,

S. 250 mit Tab. VI. Im J. 1571 kam die Hs. in die Bibliothek des Herzogs von Bayern und erhielt die Signatur 2.37 (35), s. Hartig, o. c., S. 31ff. und 367 n. 866.

H. Wolf, Zonarae Annales, Basileae 1557, S. 9; I. Hardt, Catalogus Codicum Manuscriptorum Bibliothecae Regiae Bavaricae I, München 1806, sub num.; M. Pinder, Zonarae annales, I, Bonnae 1841, S. VI; I. Bekker, Nicetae Choniatae Historia, Bonnae 1835, S. III; L. Dindorf, Ioannis Zonarae epitome historiarum, I, Lipsiae 1868, S. IV; Büttner-Wobst, l. c.; Leicht, o. c., S. 17f.; F. Husner, Die Editio Princeps des Corpus Historiae Byzantinae usw., Festschrift Karl Schwarber, Basel 1949, S. 152.

Σ = Parisinus graecus 1722 (früher Mediceus Regius 2560, Inv. Dupuy 38), 16. Jh., Papier, 308 + V + 4 (309—312) + III Bl., 305 × 211 mm.

Fol. 1—308: Niketas Choniates' Geschichtswerk.

309—312: eine anonyme Darlegung des orthodoxen Glaubens von der Dreifaltigkeit und der hl. Schrift.

Wasserzeichen: fol. 1—8, 224—231 Rindskopf mit Gegenmarke Kleeblatt zwischen den Buchstaben N und C, vgl. Briquet 14474—84 „qui trahissent leur origine vénitienne" aus den Jahren 1527—1567; 65, 200 u. a. Rindskopf mit Kreuz, vgl. Briquet 14524 — Bergamo 1528; 79, 254 u. a. Anker, vgl. Briquet 485 — Padua 1547. Die Numerierung der Hefte ist nur noch selten zu sehen, z. B. fol. 33 und 81. Nach fol. 180 ist ein Blatt ausgeschnitten ohne Textverlust. Zusammensetzung: 22×8 + 7 (8—1, nach 180) + 7×8 + 6 (241—246) + 6×8 + 6 (295—300) + 8 + 4 + 8 (das erste Blatt ist mit dem letzten des vorigen Heftes zusammengeklebt; die letzten drei sind nicht paginiert). Der Niketastext ist über vier Hände zu verteilen: a. 1—72^{v} und 153—176, b. 73—152, c. 177—215, d. 216—308. Das letzte, nicht zugehörige Heft ist von einer fünften Hand.

Die Marginalien sind die gleichen wie im Codex F; einige der Stichoi fehlen, andere stehen nicht am richtigen Platz, nämlich die auf fol. 15 zu S. 33,56 und 32,48.

Der Codex gehörte einst zur Bibliothek der Catharina de Medici, deren Wappen in einer farbigen Zeichnung auf fol. II^{v} abgebildet ist (s. Delisle, Cabinet, S. 211 Anm. 3). Diese Bibliothek ging auf die Sammlung des Kardinals Nikolas Ridolfi zurück, der viele seiner Hss. über Janos Laskaris bezog. In den veröffentlichten Verzeichnissen der Hss. Ridolfis wird kein Niketascodex erwähnt, s. H. Omont, Un premier catalogue des mss. grecs du Cardinal Ridolfi, Bibliothèque de l'École des Chartes 49 (1888) 313—324; G. Mercati, Indici di Manoscritti greci del Cardinale N. Ridolfi, Mélanges d'Archéologie et d'Histoire 30 (1910) 51—55. Im Codex Parisinus gr. 3074, Index librorum Dni Nicolai Cardinalis Rudolfi, fol. 21^{v} wird Nr. 37 ἐξήγησις λέξεων τῆς παλαιᾶς καὶ νέας γραφῆς καὶ τῆς ἐξωτερικῆς am Rand mit No. 2560 gleichgesetzt. Ridolfis Bibliothek wurde nach dessen Tod (1550) vom Maréchal Strozzi gekauft und später bei der Belagerung von Thionville (1558) von Catharina de Medici beschlagnahmt. 1597 wurde die Bibliothek der 1588 verstorbenen Königin in die königliche Bibliothek einverleibt, s. Le Roux de Lumey, Notice sur la bibliothèque de Cathérine de Médicis avec des extraits de l'inventaire de cette bibliothèque, Bulletin du bibliophile et du bibliothécaire, 13e série, mai 1858, S. 915—941; Delisle, Cabinet I, 207—212. Die alten Verzeichnisse der Bibliothek der Königin, Parisinus lat. 17917, fol. 1—52 und 14359, fol. 457ff., Par. Fonds Français 5685 (Inv. Pithou 1597) nennen keinen Niketascodex.

Anicet Melot, o. c., S. 393,1; Uspenskij, o. c., S. 66—68; Omont, Inv. sommaire II, sub num.; Leicht, o. c., S. 30.

Scholion: Aus dieser Hs. sind in Codex Parisinus Suppl. gr. 249 die schon wiederholt genannten Stichoi kopiert worden, fol. 224vff.: Ἰάμβοι ἀδέσποτοι εἰς τὰ τοῦ Νικήτα τοῦ Χωνιάτου ἱστορικά· περὶ βασιλείας κυροῦ Ἰωάννου τοῦ Κομνηνοῦ. Es fehlen nämlich die Verse zu S. 8,2; 13,29; 183,71; 323,60; der Vers zu 16,25 hat eine abweichende Lesart; die Verse zu 32,48 und 33,56 sind vertauscht; vom Vers zu 182,58 wird bemerkt, daß es mit schwarzer Tinte geschrieben ist. Das alles trifft nur für Codex Paris. gr. 1722 zu. Cod. Par. Suppl. gr. 249, auf fol. 1 als „Collectio ex diversis autoribus et de variis argumentis, farrago nullius pretii" bezeichnet, wurde 1568 bis 1569 angefertigt und war, bevor er in die Bibliothèque Nationale kam, im Besitz der Jesuiten.

Omont, Inv. sommaire III, sub num.

Φ = Fuggeranus V. 159 Vol. A, 1555, Papier, 193 Bl., 333 × 235 mm.

Inhalt: Niketas Choniates' Geschichtswerk (S. 1—614,7/10b dieser Ausgabe).

Wasserzeichen: fol. 229—230 u. a. Leiter, vgl. Briquet 5922 — Augsburg 1506—1510; 338—339 u. a. Leiter, vgl. Briquet 6098 — Prag 1543—1559, var. Siena 1550—1555 usw. Die Quaternionen sind auf der ersten und letzten Seite numeriert und außerdem mit Kustoden versehen. Zusammensetzung: 24×8 + 1. Der Kopist unterschrieb seine Arbeit: ἐτελειώθη ἡ παροῦσα χρονικὴ βίβλος κυροῦ Νικήτα τοῦ Χωνειάτου παρ' ἐμοῦ ἐλαχίστου ἐν ἱεροδιακόνοις Ἀλεξάνδρου τοῦ μεγάλου χαρτοφύλακος τῆς τοῦ Χριστοῦ μεγάλης ἐκκλησίας ἐν ἔτει τῶ ζτῶ ξτῶ γτῶ μηνὶ μαρτίω ἱσταμένω, ἡμέρα δ'. Er ist vielleicht mit dem Schreiber des Kedrenoscodex von Nürnberg vom J. 1556 gleichzusetzen, s. Vogel-Gardthausen, Gr. Schreiber, S. 12; G. Stadtmüller, Michael Choniates, Metropolit von Athen, Roma 1934, S. 275 Anm. 3.

Der Chartophylax kopierte Niketas vielleicht im Auftrag von Johann Dernschwam; in Vol. B der Hs. (Matthaios Blastaris' Canones) liest man auf fol. 156: „Completio defectus sequitur charta 157 usque ad charta(m) 195 de libro Patriarche Constantinopolitani An(n)o 1554 transcript(a) 10 die mensis Junii, feci ego Joannes Dernschwam eas (?) transscribere et complere Constantinopoli." Noch im J. 1555 kehrte der Fuggeradministrator nach Augsburg zurück und veranlaßte mit anderen die Editio Princeps des Niketas, s. Husner, o. c., S. 148f. 152; vgl. Hartig, o. c., S. 40 Anm. 1. Heute befindet sich die Hs. im Fürstlichen und Gräflichen Fuggerschen Familien- und Stiftungsarchiv, Fuggerei 56, Augsburg, wo ich sie untersuchen durfte.

H. Wolf, Nicetae Acominati . . . historia . . . , Basileae 1557, S. α 4 und Anm. zum Prooimion (vgl. ed. Bonn., S. IV und 872); Leicht, o. c., S. 6—8; Husner, a. a. O.

Handschriften, die Exzerpte enthalten

Ψ = Atheniensis 449 (früher 150), 16./17. Jh., Papier, III + 226 Bl., 220 × 160 mm.

Inhalt: varia, darunter p. 391—411: Ἐκ τοῦ δεκάτου τόμου τῆς ἱστορίας Νικήτα τοῦ Χωνιάτου καὶ λογοθέτου τῶν σεκρέτων. Ἅλωσις τῆς Θεσσαλονίκης παρὰ Σικελῶν usw. Anfang: Ὧδε ἐκ Κομνηνῶν s. S. 296,71; Ende: ταῦτα ἐκβέβηκεν S. 308,18. Die Marginalien sind die gleichen wie im Codex C.

Über die Herkunft der Hs. liest man fol. I: Ἐκ τῶν κατὰ τὴν Μήλου διαλυθέντων μονηδρίων διευθυνθέντων διὰ τῆς ἀπὸ 26 Ἰουλίου 1834 ὑπ᾿ ἀριθμ. $\frac{4523}{520}$ διαταγῆς τῆς ἐπὶ τῶν Ἐκκλησ. κτλ. Γραμματ. τ. Ἐπικρατείας.

Γ. Κ. Κρέμου, Κατάλογος τῶν Χειρογράφων τῆς Ἐθνικῆς καὶ τῆς τοῦ Πανεπιστημίου Βιβλιοθήκης κτλ., Ι, Θεολογία, ἐν Ἀθήναις 1876, S. 177f.; Ι. καὶ Α. Σακκελίωνος, Κατάλογος τῶν Χειρογράφων τῆς Ἐθνικῆς Βιβλιοθήκης τῆς Ἑλλάδος, ἐν Ἀθήναις 1892, Nr. 449.

Ω = Matritensis graecus 4621 (früher [Iriarte] 72), 15. Jh., Papier, II + 186 Bl., 215 × 160 mm.

Inhalt: varia, darunter fol. 132v,6—133,4: Ἐκ τοῦ Νικήτα (ἐκ Νικήτου p. c.) τοῦ Χωνιάτου ὅσα ἐτολμήθη παρὰ Λατίνων ἐν τῇ Κωνσταντινουπόλει. Anfang: Τί δ᾿ ἂν πρῶτον S. 573,93; Ende: οἷον ἐκπλῆξαι ἄμβωνα περιήμπισχον S. 573,22. Wasserzeichen: fol. 132 Vogel, vgl. Briquet 12149 — Rom 1484. Der Kopist war Konstantinos Laskaris, der zweimal seinen Namen eingetragen hat, auf dem oberen Rand von fol. 2: Κωνσταντίνου τοῦ Λασκάρεως, und auf dem unteren Rand von fol. 100v: ἐγχειρίδιον Κωνσταντίνου τοῦ Λασκάρεως.

Konstantinos Laskaris schenkte seine Bibliothek bei seinem Tode, 1501, der Stadt Messina; von dort kam sie nach Palermo, und 62 Hss. gelangten in die 1722 gegründete Hofbibliothek Spaniens, s. H. Rabe, Konstantinos Laskaris, Zentralblatt für Bibliothekswesen 45 (1928) 1—7.

J. Iriarte, Regiae Bibliothecae Matritensis codices graeci manuscripti, I, Matriti 1769, S. 256 Sp. 2 — 266 Sp. 2.

Z = Marcianus graecus XI 22 (collocazione 1235; früher Nanianus 281), 13. und 14. Jh., Papier, 189 Bl., 240 × 165 mm.

Inhalt: eine Sammlung von byzantinischen Schriften; einige sind unvollständig, von anderen befindet sich manches Stück nicht mehr am ursprünglichen Platz. Uns interessiert hier das sogenannte Fragment „De Statuis", d. h. der Schlußabschnitt der Fassung LO des Geschichtswerkes, die S. 535,3 dieser Ausgabe einsetzt. Die beiden Blätter, die das Bruchstück enthalten, sind an verschiedenen Stellen der Hs. eingeheftet; der erste Teil, S. 647,3—652,73/4 παραστῆσαι liest man auf fol. 182, den Rest auf fol. 149. Das Fragment ist überschrieben: Τοῦ Χωνειάτου.

Über diese Hs., die auch die Reden und Briefe des Niketas enthält, s. meine Ausgabe dieser Schriften, S. IX—XIV.

V[a] = Vaticanus graecus 163, fol. 220[v]. Zur Hs. s. oben S. XXIII ff. Dieses Blatt enthält, wie dort schon angedeutet wurde, ein Fragment des Schlußabschnittes der Fassung LO. Überschrift: Τοῦ αὐτοῦ μακαρίτου κῦρ Νικήτα τοῦ Χωνειάτου ἀπὸ τῆς αὐτοῦ ἱστορίας τῆς περὶ Κωνσταντινουπόλεως. Anfang: Τῆς γὰρ S. 647,1; der Text bricht mit den Worten τὴν τρίχα οὖλος S. 650,1 ab.

Auf V[a] gehen zurück:

G[1] = Barberinianus graecus 132, fol. 10—21, abgeschrieben von Franciscus Arcudius (ca. 1590—1641), der einige Zeit Bibliothekar des Kardinals Francesco Barberini war. Dem griechischen Text auf den Rectoseiten 11—16 ist auf den Versoseiten eine lateinische Übersetzung beigegeben. Eine Notiz auf fol. 11 nennt V[a] als Vorlage und am Schluß, fol. 16, liest man: „Huc usque Codex Vaticanus". Ein kurzes Gedicht des Kopisten beschließt das Ganze:

χάλκεα χωνευθέντα, Βυζαντίδος ἄσπετα 'Ρώμης
θαύματα, χρυσομανῶν χειρὶ φιλοκτεάνῳ,
ἄφθιτα Χωνιάτης χώνευσεν αὖ ἵστορι μύθῳ
καὶ γραφῇ. αἰσχύνου χεὶρ φιλοχρημοσύνας.
Φραγκίσκος ὁ 'Αρκούδιος

V. Capocci, Codices Barberiniani graeci, I, In Bibliotheca Vaticana 1958, S. 226 f.

G[2] = Barberinianus graecus 237, fol. 109—110. Aus Barberinianus gr. 132 kopiert, wie ein Bindefehler in der Überschrift beider Hss. sofort klar macht. Der Verweis auf V[a] ist kürzer formuliert; es fehlt die lateinische Übersetzung; Arcudius' Gedicht ist überschrieben: „In hanc enearum statuarum memoriam à Niceta Choniata posteris traditam tetrastichon Francisci Arcudij." Die Kopie des Gedichtes weist vier Abschreibefehler auf, deren drei korrigiert sind. (Scholion: Arcudius' Gedicht steht auch noch, von ihm selbst geschrieben, im Codex Barb. gr. 279).

Seymour de Ricci, Liste sommaire des mss. grecs de la Bibliotheca Barberina, Revue des Bibliothèques 17 (1907) 98.

G[3] = Vallicellianus graecus 218 (früher Carte Allacci CXLIII), 6 Bl. in einem Sammelband, aus Barberinianus 132 von Leo Allatius kopiert, wie aus der Übereinstimmung der Überschriften und der Bemerkung am Ende: „Huc usque Codex Vaticanus" hervorgeht. Fol. 1[v] liest man: „Hic incipit fragmentum editum a D. Fabricio To. 6 B. G. p. 405 ἐκ πρώτης (cf. ibid. in cod. lin 4). Codex ergo Vaticanus est copiosior. Adv. Ang. Mai." und fol. 3[v]: „In eodem Fabricio accedunt alia incipienta τὰς πυγὰς ed. To. 6 B.G. p. 409, ut jam adnotaverat Lambecius. Adv. Ang. Mai."

E. Martini, Catalogo di Mss. Greci esistenti nelle biblioteche italiane, II, Milano 1902, S. 231.

G[4] = Leidensis graecus 23 (früher Gronovianus 109), fol. 5[v]—7[v], kopiert von Leo Allatius. Bl. 1 enthält eine Inhaltsangabe von Gronovius' Hand: 1. „Fragmentum Nicetae Choniatae διατάξεως τῆς ἁγίας τῆς τοῦ Θεοῦ Ἐκκλησίας, excerptum manu Leonis Allatii." 2. „Seq. In Codice Vaticano" usw. die Notiz über die Herkunft des Fragmentes, die Allatius von Arcudius übernahm. Gronovius gibt hier auch Überschrift, Anfang und Ende an. Dieses Ende ist καὶ πάντα ἄδο, s. S. 649,67.

J. Geel, Catalogus Librorum Manuscriptorum qui inde ab anno 1741 Bibliothecae Lugduno-Batavae accesserunt, Lugduni Batavorum 1852, S. 21, Nr. 62.

G^5 = Gottingensis philologicus graecus 92, 18./19. Jh., 3 Bl., kopiert aus Vallicellianus 218. Zu S. 2 ἐκ πρώτης notierte Friedrich Wilken: „ab his verbis primum incipit Codex Ms. Bodlejanus" und am Ende „Reliqua invenies in Codice Ms. Bodlejano." Dieser Kopie ist ein Brief von Wilken an den Bibliotheksvorsteher Dr. Reuß (vom 9. Sept. 1829) beigefügt, in welchem Wilken sich bedankt, daß ihm das Apographum zur Benutzung überlassen wurde, und die Vermutung äußert: „Vielleicht ist es von Cattagni abgeschrieben; wenigstens ist dessen Hand, soweit ich mich erinnere, der Schrift des Apographes sehr ähnlich."

Verzeichnis der Handschriften im Preußischen Staate, I. 1.1, Berlin 1893, S. 22.

Auch aus Codex O wurde der Schlußabschnitt „De Statuis" öfter kopiert:

E^1 = Oxoniensis Ms. Langbaine 9, S. 29—45. Langbaine beendet seine Ausführungen über die Fassung des letzten Teiles des Geschichtswerkes des Niketas in O mit folgenden Worten: „Liber primus parcius ab impressis variat. Quaedam autem, quae huc traduximus ex fine 2di libri, in annalibus impressis (quod scio) non omnino occurrunt. Est autem locus illustris de statuis urbis Constantinopolitanae quas Latini victores premente pecuniae inopia fundi et in monetam cudi curarunt." Es folgt die Kopie ab ἐκ πρώτης.

E^2 = Parisinus Supplementi graeci 865, fol. 3—12, Kopie aus E^1, von Johann Ernest Grabe für Jean Boivin im J. 1700 angefertigt. Das Dankschreiben Boivins an Grabe, datiert „Nonis Jul. An. Dom. MDCC", ist im Codex Bodl. Grabe 23, Fragm. 38, fol. 55—56ᵛ erhalten geblieben. Vgl. auch Boivin, Anm. zu Nikephoros Gregoras in ed. Bonn. II, S. 1220 zu I, S. 276,6.

Es muß noch eine weitere Kopie von E^1 gegeben haben, die von Fabricius für seine Ausgabe benutzt wurde; s. Bibl. Gr. VI, S. 405: „Inter alia, quae Codex ille (Bodl. Roe 22) suppeditat in impressis desiderata . . . occurrit locus quem una cum versione mea speciminis caussa, ut ex adversariis C. V. Jo. Langbaenii est a Jo. Christophoro Wolfio, collega et amico meo conjunctissimo excerptus, adscribam . . ."

Exzerpte, die ich (außer Vaticanus gr. 578) nur aus Katalogen kenne:

Codex Meleai 53, 18. Jh. Papier, 56 Bl., enthält nach A. Papadopoulos-Kerameus, Κατάλογος τῶν Ἑλληνικῶν Κωδίκων τῆς ἐν Μηλέαις Βιβλιοθήκης, Sonderdruck aus Ἐπετηρὶς τοῦ Φιλολογικοῦ Συλλόγου Παρνασσοῦ, ἐν Ἀθήναις 1901, S. 24, auf fol. 1—6: das Prooimion des Geschichtswerkes des Niketas. Als Ende wird angegeben: ἡ ἔξαψις ἢ τῆς ἄνω φερομένης ἀναθυμιάσεως καὶ οἷον, offenbar eine Fehlangabe; fol. 10—21: Ἀποσημειώσεις τινὲς ἐκ τῶν τοῦ Νικήτα Χωνιάτου ἱστοριῶν, ἔνθα περὶ τῆς Ἀνδρονίκου βασιλείας, τόμῳ Α^ῳ, ὅτε οἱ Σικελοὶ τῆς Θεσσαλονίκης ἐκράτησαν usw.; 28ᵛ—40: Ἱστορικαὶ ἀποσημειώσεις ἐκ τῶν τοῦ Νικήτα Χωνιάτου.

Codex Athous Laurae 1120, a. 1767, Papier, 176 Bl., enthält nach Spyridon Monachos Lauriotes und Sophronios Eustratiades, Κατάλογος τῶν κωδίκων τῆς Μεγίστης Λαύρας τῆς ἐν Ἁγίῳ Ὄρει, Paris 1925, S. 180, auf fol. 152ff.: Σημειώματά τινα θαυμάσια τὴν φράσιν ἐκ τῆς βίβλου Νικήτα Χωνειάτου. — Παροιμίαι καὶ γνῶμαι τοῦ αὐτοῦ (155ᵛ). Φυσικά τινα ἰδιώματα τῶν Λατίνων (156—156ᵛ).

Codex Vaticanus graecus 578, 14. Jh., Papier, 236 Bl., enthält fol. 100—116ᵛ einen historischen Traktat über die Patriarchen, die den Kanones zuwider inthronisiert wurden, nachdem ihre Vorgänger unrechtmäßig vom Thron vertrieben worden waren. Fünf der Patriarchen gehören der von Niketas behandelten Geschichtsperiode an. Fol. 111v, 2—112,7 über Kosmas II. Attikos basiert auf Niketas S. 80, 12ff.; die Behandlung von Basileios Kamateros, Niketas „Sakellarios", Leontios Theotokites und Dositheos, fol. 112,7—112v,10 ist so kurz, daß man darin die betreffenden Stellen aus Niketas kaum wiedererkennen kann.

R. Devreesse, Catalogus codicum vat. gr., II, In Bibliotheca Vaticana 1937, S. 486—90; Canart-Peri, o. c., S. 450.

Codex Baroccianus 25, 14. Jh., Papier, 296 Bl., enthält nach Coxe, o. c., Sp. 32—6, Nr. 10 fol. 233—243: „Anonymi cujusdam chronicon de rebus ad ecclesiam Constantinopolitanam pertinentibus, in quo agitur de Patriarcharum successione et expulsione, e Zonarae, Choniatae, Methodii, aliorumque Chronicis confectum." Es handelt sich vermutlich um die gleiche Schrift, die im Vaticanus gr. 578 überliefert ist.

Die Handschriftenfamilien oder die Fassungen des Werkes

Aus praktischen Gründen habe ich schon oben (S. VIII) darauf hingewiesen, daß Niketas' Werk in drei Fassungen überliefert ist. Entsprechend gibt es drei Handschriftenfamilien, aber außerdem Hss., die eine Zwischenposition einnehmen, und die auf einem anderen Sprachniveau stehende Paraphrase.

I. Als erste Familie bezeichne ich die Hss. R M D F C Σ Φ T Ψ Ω und, obgleich sie nur eine Epitome enthalten, K N U, da dieses Kompendium aus einer Hs. dieser Familie angefertigt wurde. Die charakteristischen Merkmale dieser Gruppe sind: 1. Das Fehlen vieler in den anderen Hss. überlieferten Stellen, in welchen an Kaisern und hohen Funktionären scharfe Kritik geübt wird, bzw. deren Inhalt eine solche Kritik herausfordert. Die wichtigsten dieser Stellen, auf die hier nicht näher eingegangen werden kann, findet man S. 53,58ff.; 67,38; 95,29—96,53; 103,19—104,36; 111,34—115,42; 143,42—144,83; 154,43—55; 168,79—169,87; 203,75—206,56; 224,34/5 u. 225,45; 229,67/9; 230,1/2; 242,16/8; 244,48—59; 259,37—260,50; 262,1/6; 272,63—274,29; 292,80/8; 320,77—322,52; 338,89—339,9; 341,56/7; 399,48/9; 404,94—408,90; 422,67—73; 436,89—444,10; 447,91/2; 448,8/9; 450,59—451,75. 2. Die im Vergleich zu dem in anderen Hss. überlieferten Text weit kürzere und weniger kritische Behandlung der Regierungsperiode des Alexios III. Angelos, S. 453ff. (ausführlicher dazu S. XCIVf.). 3. Das abrupte Ende, S. 614,7/10, das allerdings nur in den Hss. D F Σ Φ T K N erhalten ist. Codex R scheidet bereits S. 582,46 aus, und die Schreiber von M und C haben den Schlußsatz der bis dahin von ihnen kopierten Fassung weggelassen und fahren mit dem Text der längeren Redaktion fort. Codex U bricht S. 412,29 ab. Die Textfassung dieser Hss.-familie wird von mir als b(revior) bezeichnet.

II. Die zweite Familie bilden die Hss. V A P-nach-der-Überarbeitung Γ Δ Θ Λ Ξ, M und C ab S. 614,7 und Teile von W. Der Unterschied zur ersten Gruppe geht aus dem dort gesagten hervor[5]. Diese Fassung behandelt etwa anderthalb Jahre (April 1205—November 1206) mehr als der b-Text (S. 614,7—646); sie ist nicht abgeschlossen (s. S. XCV). Sie wird von mir a(uctior) genannt. Sie ist nur in V und P (mit Kopien) vollständig überliefert; A bricht S. 570,14, W S. 517,93 ab.

III. Eine Zwischenposition zwischen b und a nehmen P-vor-der-Überarbeitung und (der größte Teil von) W ein. Beide Hss. haben einiges von dem, was a mehr bietet als b, ohne an diesen Stellen überarbeitet zu sein. Näheres darüber unten, S. LXXI. Von einer Familie P W kann man aber aufgrund der Kontamination von W nur mit starker Einschränkung reden. Zu dieser „Familie" dürfte auch das Fragment H gehören, das eine besondere Verwandtschaft mit P aufweist, die Stellen, welche die Zwischenposition von P bezeugen, aber nicht mehr enthält (H reicht nur bis S. 29,48).

IV. Eine vierte Familie stellen die Hss. L und O dar, zu der teilweise auch P (mit Kopien) gehört. Die wichtigsten Merkmale sind: 1. Der Umfang. Der Text beginnt erst S. 535,3 und geht, was den Inhalt betrifft, zeitlich über den a-Text hinaus. Die letzten datierbaren Ereignisse, die erwähnt werden, fallen in den Herbst 1207. 2. Die Überlieferung: zusammen mit der Panoplia dogmatike des Autors und ohne Überschrift daran anschließend. 3. Die vom a-Text abweichende Anordnung der S. 603ff. behandelten Ereignisse (s. die Beschreibung von Codex O). 4. Der kunstvolle Abschluß mit der Beschreibung der von den Kreuzfahrern im eroberten Konstantinopel eingeschmolzenen Erzstatuen, der auch in Z und teilweise in V^a mit Kopien überliefert ist.

V. Eine weitere Familie bilden vier Hss., die, alle mehr oder weniger unvollständig, Niketas' Werk in einer auf niederer sprachlichen Stufe stehenden Paraphrase überliefern. Diese schließt sich überwiegend, aber nicht ausschließlich dem a-Text an.

[5] Weitere Merkmale, durch welche a sich von b unterscheidet, sind eine schärfere Verurteilung von Astrologie und Zauberei, ein größeres Interesse für mehr oder weniger banale Anekdoten und derbere Ausdrücke.

DAS VERHÄLTNIS DER HANDSCHRIFTEN ZUEINANDER

Zu eliminierende Handschriften

Codex W, fol. 1—35 = S. 3,47—66,20, 40—41 = S. 73,26—77,30 und 185 = S. 365,70—367,23 sind aus D abgeschrieben: 1. In D ist der Text S. 21,59—24,25, der ursprünglich zwei Blätter gefüllt haben muß, auf einem Blatt, fol. 29, in verkürzter Form wiedergegeben. In W hat dieser Abschnitt ohne ersichtlichen Anlaß den gleichen Wortlaut und alle Lücken, welche D hier aufweist. 2. Es gibt über hundert Bindefehler, z. B. S. 10,44 Ἄννῃ om.; 11,60/1 τῆς Καισαρίσσης om.; 16,8 οὐχὶ πάνυ: τῶν πάντων; 29,57 περικλώμενον: περικυκλούμενον; 35,28 καὶ: μεταξὺ καὶ; 75,57 ἐπονομάζεται: κατονομάζεται; 366,89 μικροῦ om.; 367,10 ἐπερρόθησαν: ἐπερρώσθησαν. 3. W hat viele Sonderfehler, z. B.: 7,67 νοήμασι: ὀνόμασι; 26,78 λῆροι: κληροῖ; 35,34 εἰ συναραμένων: εἰσαναραμένων; 76,5 Μιλτιάδου: μιλτάτου; 365,73 ἔτι om. Trotzdem hat W in diesen Teilen vier Lesarten mit anderen Hss. als D gemeinsam: 7,53 εἰρημένα a: λελεγμένα b: λεγόμενα PHW; 8,78 ἐπικλιθεισῶν: ἐπικλισθεισῶν W, cf. ἐπικλεισθεισῶν P^{pc} R; 24,16/7 παρασχόμενος VARDF: παρεχόμενος PHWN; 76,83/4 τῆς ταλασιουργοῦ γυναικωνίτιδος: τοῦ κερκίδα χειρίζεσθαι W = A, welche Hs. κερκίδος liest und die andere Lesart am Rand hat. In den ersten drei Fällen kann es sich noch um Zufälle handeln, im letzten Fall aber nur um Kontamination.

Die Codices Σ, Φ und C gehen auf F, die Auszüge Ψ und Ω auf C zurück.

Σ wurde aus F abgeschrieben. Den Beweis dafür liefert das Fehlen der Stelle S. 445,19—446,59. Die jüngere Hs. Σ hat dies mit F gemein; in F ist es aber eindeutig auf den Verlust eines Blattes zurückzuführen (s. S. XXXII).

Φ geht ebenfalls auf F zurück; der Beweis ist der gleiche wie bei Codex Σ.

In C fehlt der Text S. 445,19—446,59 nicht. C und F haben aber viele Bindefehler, z. B.: S. 11,69: ᾔτησεν: ἤκουσεν; 43,65 ἄνθρωπον: ἄρχοντα; 80,94 ἐνιαχοῦ: ἐνιαυτοῦ; 99,33 Σικελίας: βασιλέως; 141,90 θυγατρὶ: ἀδελφῇ; 288,51. 58, 289,68. 79. 82/3, 291,28, 292,59b und 310,67 bekommt Kaiser Andronikos den Titel βασιλεύς (vgl. BZ 55 [1962] 233f.); 403,76/7 καὶ alt. — Ἀλαμανοῖς om.; 566,34 αὐτενέργητος: αὐτερεύνητος. C hat Sonderfehler, z. B. S. 33,68/9 καὶ — συνήγετο om.; 60,38 φιλοδωρίας: ἐλευθερίας; 255,26/7 τοὺς — ὀλισθήματος: καὶ τὰ ἑξῆς; 553,92 τοῦ — ἔτους om. Die wenigen Stellen, wo C eine bessere Lesart hat als F, sind durch eine einfache Korrektur oder eine Konjektur berichtigt worden, z. B.: 2,12/3 τῆς πολυεράστου χρήματα ἀρετῆς F: τοῦ πολυεράστου χρήματος ἀρετῆς C cum rel.; 303,84 δόμων: δεσμῶν F: οἴκων C; 371,13 νοσησάντων: μισησάντων F: μελετησάντων F^{mg} C. Für einige Korrekturen, wie auch für den Teil, den F nicht hat (s. S. LXIVf.), muß eine zweite Vorlage angenommen werden, z. B. 143,55 εὐλογοῦσι: κακολογοῦσι PWC; 234,76 προθυμίας VDF: προμηθείας APWRMC; 251,55 οἴμησεν VAP^{ac} WMDF: ὥρμησεν P^{pc}RKC; 445,25 εἴσατο: ἐδομήσατο P^{ir}C; 599,33 παριδὸν: παραγκωνισάμενον PC; 601,84 τῆς πόλεως ante ἔξεισιν add. PD^{pc}C; 601,85 Πράτζης: Πλάτζης PC. (Nota: C heißt hier C^{pc}). Es ist klar, daß die Korrekturen in C, sofern es sich nicht um Konjekturen des Kopisten handelt, aus P rühren. Es ist demnach anzunehmen, daß C aus F kopiert wurde, bevor aus dieser Hs. das Blatt mit dem Text S. 445, 4—446,59 verschwand. Die textkritische Bedeutung von C (bis S. 614, 7) beschränkt sich auf diese Stelle.

Ψ geht auf C zurück:

Bindefehler: S. 297,15 ἐπεβάλετο: διεπράξατο; 302,43 αὐτοῦ: αὐγούστου; 303,84 δόμων: οἴκων; 306,55 ᾄδοντες: ψάλλοντες; 307,81 θρέμματα: πρόβατα und 28 weitere. Sonderfehler in Ψ: 299,45 οἰκία: οἰκίαν; 301,17 κακὸν om. (τί δ᾽ἂν κακὸν ἂν εἴη C); 304,6 ἀμπελώνων: ἀμπέλων. Die Fehler von S. 299,45 und 304,6 sind durch die Schreibweise in C veranlaßt worden. Ψ hat nirgends eine bessere Lesart als C.

Ω geht ebenfalls auf C zurück:

Bindefehler: S. 573,93 ὑστάτιον: ὕστατον; 573,8 πανασεβῶν: πανασελγῶν; 573,12 ῥύακας αἵματος εἰς γῆν: αἵματος εἰς γῆν ῥύακας usw. Sonderfehler in Ω: S. 573,2 κατ᾽ ἐναγῶν und τόπων om.; 573,10 τότε: τοῦτο; 573,14 τιμίων ὑλῶν: ὑλῶν τιμίων usw. Auch Ω hat nirgends eine bessere Lesart als C.

Codex T

Der Text von T kann als eine paraphrasierende Epitome charakterisiert werden. T hat viele Sonderlesarten mit C gemeinsam, z. B.: 72,90 Ῥογέριος: Ὀγέριος; 74,29 ληϊσάμενος: θέμενος; 89,51 ἄρας — στρατιᾶς om.; 178,32 σχολαίαν: σχολαίῳ ποδὶ χρώμενος C: σχολαίῳ ποδὶ T; 340,51 μειδιάσας: γελάσας; 448,19 προβλέπειν: προλέγειν; 472,23—27b τότε — ἐβράβευσεν om. Auch Lesarten, die C aus P hat, findet man in T, z. B. die oben angeführten Stellen 143,55 und 251,55. Doch hat T einige Fehler von C nicht, darunter solche, die kein Kopist durch Konjektur hätte verbessern können, z. B.: 178,27 φρούριον —

ἀοίκητον hab. T, om. C; 330,84 ὑπηρεσία T cum rel.: θεραπεία C; 337,52 καὶ ἀνοσίας παντάπασιν ἥγημαι om. C: καὶ ἀνοσίας παντάπασιν ἔχω T; 607,20 παρεβλέπετο T cum rel.: παρεκρούετο C. T hat auch nicht alle Fehler, die C als Kopie aus F hat, z. B. nicht S. 141,90 ἀδελφῇ für θυγατρί; 151,59 συγχεάντων τοὺς ὅρκους für τοὺς ὅρκους συγχ.; 555,52 μέρος ἅπαν für ἅπαν μέρος. Dieser Sachverhalt erklärt sich am einfachsten, wenn man annimmt, daß C freilich die Hauptvorlage von T ist, daß aber der Kopist einiges (allerdings nicht viel) aus einer anderen Hs. korrigierte. Eindeutig ist das am Ende der Fall, wo T zwar etwas über den Text der Fassung b, die S. 614,7/10 endet, hinausgeht, aber dann doch mit dem Schlußsatz von b, den C nicht hat, abschließt. Bevor ich das Ende von T hier anführe, will ich noch auf drei andere Stellen hinweisen, die dem Paraphrast-Epitomator kein schlechtes Zeugnis ausstellen. Die Lücke im b-Text S. 320,77—324,95 scheint ihn befremdet zu haben, da S. 323,60/1 voraussetzt, daß zuvor über Andronikos' Aufenthalt außerhalb der Hauptstadt gesprochen wurde, was nur in der Fassung a, S. 321,20ff. der Fall ist. Er hat diese Unregelmäßigkeit auf folgende Weise beseitigt: ... πρὸς ἔκπλοιαν. συχνῶς δὲ τῆς πόλεως ἀπαίρων Ἀνδρόνικος κατὰ τὴν Προποντίδα ἐν τοῖς τρυφηλοῖς χωρίοις γινόμενος κυνηγεσίοις προσανεῖχεν. ὁπηνίκα δὲ κτλ. S. 323,60ff. Die Stelle S. 571,57/8 hat der Paraphrast durch den Zusatz Κωνσταντῖνοι δ' ἐκαλοῦντο ἀμφότεροι richtig interpretiert (vielleicht aus Skutariotes?). Um eine durchgehende Erzählung zu erreichen, sind das Ende des ersten Teiles und das Prooimion zum zweiten (S. 579,82—585,57) ausgelassen. Das Ende der Fassung b kommt unerwartet und an einer Stelle, an der die Ereignisse die Fortsetzung geradezu fordern. In T ist nun der Abschluß folgendermaßen gestaltet (S. 614,7ff.): καὶ ταῦτα μὲν ἡ προεξελθοῦσα πεποίηκε στρατιά. ἡ δὲ λοιπή, ἐν ᾗ καὶ ὁ βασιλεὺς ἦν Βαλδουῖνος, εἰς τὴν Ἀδριανούπολιν κατὰ πόδας ἰοῦσα ἐκεῖσέ πῃ βάλλει στρατήγιον. ὁ δὲ Ἰωάννης τὰς Θρᾳκικὰς διελθὼν πόλεις καὶ ληϊσάμενος, ἔνθα ὁ Λατινικὸς στρατὸς κατὰ τὴν Ἀδριανούπολιν προσβάλλει καὶ πρὸς μάχην ἐκεῖ περιφανῆ τὰ στρατεύματα συνερράγη εὐρώστως ἀγωνιζομένων ἁπάντων ἐφ' ἱκανόν. εἶτα ἐκκλίναντες οἱ Βούλγαροι πρὸς φυγὴν ἐσχηματίζοντο παρεξάγειν ἐθέλοντες τοὺς Λατίνους περὶ τὰ ἔνεδρα καὶ τοὺς λόχους, οὓς προητοίμασαν. ἤδη δὲ τῆς διώξεως ὡς πορρωτάτω γενομένης — ἐπεδίωκον γὰρ οἱ Λατῖνοι φεύγοντας νομίζοντες τοὺς Βουλγάρους — ἀνίστανται τῶν λόχων οἱ Σκύθαι, ἐπαναστρέφουσι δὲ καὶ οἱ Βούλγαροι καὶ usw. aus Gregoras, ed. Bonn. I, S. 15,19—16,11/2 φρουρίοις. Und dann: Ἀλλ' ἐπειδὴ ἀπήρηκα τὰς τῶν οἰκείων συμφορὰς συγγραφόμενος, ἤδη δὲ καὶ τῆς εἰς ἕω διαβάσεως ἅπας γίνομαι, ἐνταῦθα τὸ λέγειν παύσας καὶ τοῦ τῶν κακῶν ἰλίγκου μικρὸν ἀναπαυσάμενος αὖθις τῶν κατὰ τὴν

'Ασίαν ἀπάρξομαι. τέλος τῆς τοῦ Χωνειάτου ἱστορίας. Eine Fortsetzung dieser paraphrasierenden Epitome aus Niketas ist mir nicht bekannt. Lesarten von textkritischer Bedeutung habe ich T nicht entnehmen können, so daß auch diese Hs. nicht im kritischen Apparat erscheint.

Die Hss. Θ und Λ wurden aus Δ (+Γ), Δ und Ξ aus Γ kopiert, Γ aber geht auf P zurück.

Θ wurde aus Δ abgeschrieben und an einigen Stellen aus Γ ergänzt.

Die Hss. Θ und Δ stammen aus der Bibliothek des Bischofs von Montpellier, Guillaume Pellicier, und wurden 1541 in Venedig angefertigt. Pellicier, der von 1539—1542 Botschafter Frankreichs in Venedig war, ließ nicht nur im Auftrag von Duchastel für die Bibliothek von Fontainebleau viel kopieren (s. Delisle, Cabinet, I, S. 157 Anm. 1; Omont, Catal. des mss. gr. de Guillaume Pellicier, Bibl. Éc. des Chartes 46 [1885] 45f. Anm. 3), sondern auch für sich selbst (s. J. Zeller, La Diplomatie française vers le milieu du XVIe siècle d'après la correspondance de Guillaume Pellicier, Évêque de Montpellier, Ambassadeur de François Ier à Venise [1539—1542], Paris 1881, S. 114f.).

Nun haben Θ und Δ folgende auffallende Bindefehler: 1. das Fehlen der Überschriften der Bücher II und V; 2. zusätzliche Überschriften im Text vor S. 171,41; 290,12; 399,54 und 401,19; 3. drei größere Lücken, die in Θ allerdings nachträglich ergänzt wurden; nämlich S. 74,46—75,56; 81,40—82,54; 85,47—86,66 (daß es sich in Θ um nachträgliche Ergänzung handelt, geht daraus hervor, daß der Kopist [der gleiche, der die Hs. schrieb] gegen Ende der Lücken die Wörter und Buchstaben weit auseinander schreiben mußte, um den Anschluß an den nachfolgenden Text herzustellen); 4. weitere kleinere Lücken, die in Θ ebenfalls ergänzt wurden, z. B. S. 80,5/6 ὅπερ . . . . καὶ τῶν φατρία, in Θ ausgefüllt mit den Worten οὗτος οἷα πρῶτον ἔνευον; 5. mehrere sinnlose oder sinnwidrige Fehler, z. B. S. 4,79 τὸ κυώμαρ für συνωμάρτουν, S. 8,78 ὅτι für οἵ τε, S. 9,18 ἀπρεπής für ἀριπρεπής, S. 11,80 ὁμοῦ für ἐμοῦ. Da Δ fünf Monate älter ist als Θ, kann nur Θ aus Δ abgeschrieben sein, oder beide aus einer gemeinsamen Vorlage, die auch alle genannten Fehler aufweist. Freilich gibt es eine Hs., die mit Δ und Θ etwa gleichaltrig ist und die gleichen Fehler hat, nämlich Λ; kleine Unterschiede schließen aber Λ als Vorlage von Θ aus: die Lücken S. 81,40—82,54 und 85,47—86,66 in Θ entsprechen nicht genau denen in Λ, wohl denen in Δ; an der ersten Stelle hat Λ noch den Text S. 81,40/3 und an der zweiten noch das Wort ῥήμασιν (85,47). Die Marginalien in Θ sind teils rot, teils mit normaler Tinte geschrieben; rot sind die, welche Θ mit Δ gemeinsam hat. In Δ und

Θ fehlt S. 80,9 das Wort προόπτους, nicht aber in Codex Λ, der hier (wie wir sehen werden, mit Γ) das Unsinnige ἐκολόπτους bietet. Θ hat mit Δ eine Reihe Marginalien gemeinsam, die Λ nicht hat.

Wie gesagt, wurde Θ in Venedig geschrieben. Es liegt also nahe, die Vorlage für die Ergänzungen unter den damaligen Marcianahss zu suchen. Tatsächlich bringt ein Vergleich mit Γ sofort die Erklärung für die besprochenen Mängel in Δ und Θ. Die Stellen, die der Kopist von Δ und folglich ursprünglich auch der Schreiber von Θ offen ließ, waren in Γ offenbar durch Feuchtigkeit fast unlesbar geworden; eine spätere Hand hat versucht, den schwer zu entziffernden Text nachzuziehen, das aber so wenig geschickt, daß ein verdorbener Text das Ergebnis war. So liest man in Γ fol. 199,1—10 für S. 74,46—75,56: ἀποκοῖνας οὔτα παναύλαι καὶ βαθύζωνοι καὶ τοῖς γείμοσι πολυήγης κτησάμεναι. δι᾿ ἧς λουσάμεναι καὶ τὰς κώμας διευθογησάμενοι οὕτως usw. Für den Rest dieser Stelle sind noch folgende 11. vv. zu verzeichnen: 74,52 ἀφυεὶς διακειμένην für ἀφνειὸν καὶ κειμένην, 74,53 ὄλβιν ζοσμένην für ὀλβιζομένην und στοῦ λεχεῖ für ναυλοχεῖ, 74,54 ῥᾳδίας für ῥᾳδίους. Die Ergänzung dieser Stelle in Θ fol. 38ᵛ,27—39,9 entspricht mit nur unbedeutenden Abweichungen diesem Text. Das gleiche ist an den beiden anderen genannten Stellen, wie auch bei den Ergänzungen kleinerer Lücken, zu beobachten. So liest man z. B. an der angeführten Stelle S. 80,5/6 in Γ fol. 201,3/4: ὅπερ οὔτ᾿ ὁ βία προτῶν ἔνευον καὶ τῶν φατρία. Abschließend ist noch festzustellen, daß die mit einfacher Tinte geschriebenen Marginalien in Θ, die in Δ fehlen, offenbar aus Γ rühren.

Λ wurde aus Δ abgeschrieben; der Kopist benutzte aber bei seiner Arbeit Γ als zweite Vorlage.

Wie gesagt, hat Λ mit nur geringen Abweichungen die gleichen Fehler, die oben als Bindefehler von Δ und Θ aufgezählt wurden. Erwähnung verdient noch als Bindefehler von Λ und Δ S. 3,35 καταστάσεως für διηγήσεως, dazu am Rand διηγήσεως. (In Γ ist διηγήschlecht lesbar; Θ hat hier κατὰ διηγήσεως στάσεως). Da Λ nicht genau datierbar ist und für die Bibliothek von Fontainebleau bestimmt war (s. oben S. L), könnte man vermuten, daß er zuerst angefertigt wurde. Dagegen spricht aber folgendes: 1. Λ hat drei Untertitel im Text (zu S. 326,50, 416,26, 514,38), die in Δ wie in Γ als Marginalien erscheinen. 2. Λ hat weniger Marginalien aus Γ als Δ. Andererseits steht fest, daß Δ nicht die einzige Vorlage des Kopisten von Λ gewesen sein kann. Das beweisen die zum Teil bereits erwähnten Stellen, wo Λ etwas mehr hat als Δ, nämlich S. 81,40/3 mit den gleichen Fehlern, die Γ hier aufweist; S. 85,47 das Wort ῥήμασιν; S. 80,9 das unsinnige Wort ἐκολόπτους; S. 77,32 die Worte λήσασι τὰ χαλκήρια für λύσασι τὰ καρχήσια, die Λ mit Γ gemein hat und die in Δ ausgelassen worden sind; einige Marginalien aus Γ, die in Δ fehlen, nämlich zu S. 356,37; 363,18; 426,1; 544,19b; 570,33; 572,86. Da nichts darauf hinweist, daß es sich in diesen Fällen um nachträgliche Ergänzungen in Λ handelt, nehme ich an, daß der Kopist die leichter lesbare Hs. Δ als direkte Vorlage benutzte, Γ aber zugleich zur Hand hatte.

Δ wurde aus Γ abgeschrieben.

Für die Mängel in Δ, die oben als Bindefehler von Θ, Λ und Δ besprochen wurden, liefert die Annahme, daß Δ aus Γ kopiert wurde, eine eindeutige Erklärung. Die Überschriften der Bücher II und V sind in Γ durch Feuchtigkeit unlesbar geworden. Die Lücken in Δ sind offenbar darauf zurückzuführen, daß diese Stellen in Γ entweder noch nicht „erneuert" waren, als der Kopist von Δ die Hs. benutzte, oder daß er den verdorbenen Text nicht kopieren wollte.

Ξ wurde aus Γ abgeschrieben.

Ξ wurde laut Unterschrift nach 1540 in Venedig geschrieben. Da Ξ die längere Fassung des Werkes bietet, liegt es nahe, an Γ als Vorlage zu denken. Ein Vergleich der beiden Hss. bestätigt sofort, daß diese Vermutung zutrifft. Ξ hat mit Γ den Titel des ganzen Werkes, wie auch die Überschriften der einzelnen Bücher gemein, die sonst nur noch die besprochenen von Γ abhängigen Hss. und Codex P haben. Ξ hat als Überschrift von Buch II nur τόμος und von der Überschrift des V. Buches nur die letzten drei Worte, eben das, was der Kopist vom durch Feuchtigkeit verwischten Titel in Γ noch entziffern konnte. Die durch späteres Nachziehen entstellten Textstellen (S. 74,46—75, 56; 81,40—82,54; 85,47—86,66) sind in Γ gleich beim Abschreiben des Werkes mitkopiert worden und weichen nur geringfügig vom Text in Γ ab. S. 80,5/6 ὅπερ οὑτοσὶ ἀπηγόρευεν. ἡ γοῦν φατρία: ὅπερ οὔτ' ὁ βία προτῶν ἔνευον καὶ τῶν φατρία Γ: ὅπερ οὔτ' .... καὶ τῶν φατρία Ξ: ὅπερ .... καὶ τῶν φατρία ΔΛ: ὅπερ οὗτος οἷα πρῶτον ἔνευον καὶ τῶν φατρία Θ.

Γ (14. Jh.) geht auf P (13. Jh.) zurück.

Wie bereits zu Codex Ξ gesagt wurde, findet man sämtliche Überschriften, so wie sie Γ und die davon abhängige Hss. haben, nur noch in P. Die Textgestaltung in P ist durch die bei der Beschreibung dieser Hs. besprochene Art der Überarbeitung einmalig. Γ bietet aber genau den Text, der das Ergebnis dieser Umarbeitung ist. Die Bindefehler sind denn auch zahlreich; einige Beispiele: S. 56,39 εὐγενῶν: ἔγνω;

56,42 πειρώμενον: -ος; 71,73 Κίμβρους: κίμβρον; 133,45 Γαβρᾶν: Βρανᾶν; 215, 88 ληρούμενος: κληρούμενος. Die Kollation größerer Teile von Γ hat nirgends eine bessere Lesart als die von P gebotene erbracht. Auch die früheren Herausgeber, Wolf und Bekker, die Ξ benutzten, und Fabrot, der Λ heranzog, haben in ihren auf Γ zurückgehenden Kopien offenbar keine zu erwähnenden Lesarten gefunden, die nicht aus P rühren. Demnach ist auch nicht anzunehmen, daß der Schreiber von Γ über eine zweite Vorlage verfügt hätte.

M und C ab S. 614,7

Der Textteil S. 614,7ff. in den Hss. M und C geht anscheinend über die gleiche Vorlage auf P zurück; M hat allerdings einige Lesarten, die nicht aus P rühren.

Bindefehler in M und C: 615,27 εἰς: ἐς; 616,43 καὶ pr. om.; 618,8 τῷ: τὸ; 618,13 ὁθενοῦν: ὁποθενοῦν; 818,15 ἰθὺ: εὐθὺ; 819,11 τοῖς: τοὺς; 626,66 ξυναγείρας: σ-; 628,24 παρεμβάλλουσι V: παρεσβ- P: παρεισβ-; 833,24 βυθῶν: βυθὸν. Ich glaube allerdings nicht, daß diese Gemeinsamkeiten durchschlagende Beweiskraft haben. Einige der vielen Sonderfehler (bzw. Sonderlesarten) von M: 615,11 μῆνα om.; 615,14/5 μὴ εἶναι βέλους ἐντός: εἶναι βέλους ἐκτός; 617,63 ῾Ρωμαίους om.; 617,68 ταῖς σκηναῖς: αὐταῖς; 818,17 ἔφθη om.; 819,8 δὲ Σέρραις: Σέρραις δ'; 820,15/7 τῷ — διεπράξαντο om. Auch C hat viele Sonderfehler, z. B.: 615,22 τὰ τῇ πόλει om.; 615,34/5 εἰλήφεσαν: εἰλήφασιν; 616,52 γὰρ: γοῦν; 616,53 ἦν om.; 617,78/9 τὸν κατὰ σφῶν: τῶν κατ' αὐτῶν; 617,82 τὴν ἰνδ. om.; 619,22 τὴν πόλιν om.; 619,23 ἐπιστήσας: ἀντιστήσας; 619,45 ἔτι: οὗτος; 623,51/3 οὔπω — συντριβεῖσα om. Der Kopist von C scheint seine Vorlage an einigen Stellen nicht haben lesen können; so erkläre ich mir jedenfalls, daß öfter für einige fehlende Worte eine entsprechende Lücke offengelassen ist, z. B. für 616,43 καὶ — ἔναγχος; 625,26 καὶ ἐπίλησις; 644,34/5 ὡς — αὐτοὺς; 646,92/3 αὐτὴν δὲ τὴν und εἰ ταύτης. Erwähnung verdient auch 616,51 ἐκτονωθέντες: ἐκ θέντες C^{ac}: ἐκλυθέντες C^{pc}. Ansonsten gehen M und C immer mit P (gegen V) zusammen — mit folgenden Ausnahmen: 618,94 ἅμα, 625,23 ἔτι und 628,19 μὲν suppl. P, om. M; 625,26 γὰρ in ras. P: τὸ M; 628,19 post δὲ ras. 3 lit. P: καὶ M; 631,6 ἐ(νειλοῦντο) in ras. P: ἀνειλοῦντο MC. Mit V geht M an folgenden Stellen zusammen (gegen PC) 616,62 δεσμὰ: δεσμοὺς; 620,63 ληΐνου: ληΐου; 624,90 ὅσων: ὅσων δὲ; 631,11 ὀλιγίστους: ὀλίγους; 632,33 ἔχῃ: ἔχῃ καὶ; 632,36 μόνον: μόνως; 632,38 καταρρηγνύς: καταγνύς V: κατηγνύς M; 633,42 ἐναισίμοις: αἰνεσίμοις. Die Stellen 616,62 und 620,63 kann der Kopist von sich aus korrigiert haben; 624,86 bietet ein Beispiel zufälliger Übereinstimmung ξυμμῖξαι καὶ συνελθεῖν V: συμμῖξαι καὶ ξυνελθεῖν P:

συμμῖξαι καὶ συνελθεῖν M. Die übrigen Fälle sind aber kaum alle ohne Kontamination zu erklären. Da auch aus anderen Gründen (Bindefehler in M und C, Lesarten von P^{ac} in M, Stellen, die der Kopist von C anscheinend nicht lesen konnte) P selbst nicht als direkte Vorlage in Frage zu kommen scheint, ist an eine Kopie aus P-vor-der-Überarbeitung zu denken, die am Rand einige wenige zusätzliche Lesarten bot (fast ausschließlich zum Text S. 631—633). Da die textkritische Bedeutung von M für den Text S. 614,7ff. sich auf die hier verzeichneten Lesarten fraglicher Herkunft erschöpft, erscheint der Codex hier nicht im kritischen Apparat, den er mit seinen vielen Sonderfehlern nur belastet hätte.

Auch C hat einige bessere Lesarten als P, bzw. stellt sich ein paar Mal gegen P auf die Seite von V: S. 623,71 οἵ γε VC: οἵδε PM; 627,87 οὐκ om. VC; 629,36 τὴν πόλεων πασῶν PM: τὴν τῶν πόλεων πασῶν VC^{pc}; 632,36 ἠφίετο V^{ac} PM: ὑ- V^{s} ὑφίετο C; 645,64 πάλαι VC^{ir}: πάλιν P; nicht zu reden von S. 637,26 ἀνερράγη C, wo P ἀνερράγει hat, u. ä. Fälle. Es handelt sich hier um „Korrekturen", für die ein Kopist keine neue Vorlage brauchte; 627,87 haben die Schreiber von V und C den Text aufgrund eines Mißverständnisses verschlechtert; 629,36 und 632,36 haben sie die gewöhnlichere Lesart bevorzugt; um den Text von P S. 623,71 und 645,64 zu korrigieren, war kein besonderer Scharfsinn vonnöten. So bringt auch C für den Text S. 614,7ff. nichts ein.

V^{a} (im app. = V) geht höchstwahrscheinlich auf Z zurück.

Der Anfang des der Fassung LO entnommenen Fragmentes ist in beiden Hss. gleich, S. 647,4 Τῆς. Bindefehler: S. 647,12 ἑκάστης: ἑκάστω; 648,52 ἀλλήλοις om.; 649,62/3 τῆς ... πορείας ἐχόμενον: τὴν πορείαν; 649,72 καὶ om.; 649,75 παραπεμφθέντος (auch Z^{mg}): παραδοθέντος; τῇ ὁπλῇ: ἐν τῇ ὁπλῇ; 650,93 τοῖς ἄθλοις: τοὺς ἄθλους. Sonderlesarten in V: 647,4 τοὺς om.; 647,7 Κύριος: θεός; 647,9 τοῦ προσώπου: τῶν προσώπων; 648,34 χρυσῷ: χρυσοῦ; 649,58 χοανευταῖς: χωνευταῖς; 858,1 ἐπιτάσσοντα: ἐπιτάττοντα. Z hat nur zwei Fehler, die V nicht hat, nämlich S. 647,4 διαπετευθείσης für διαπεττ- und 649,86 διαθροούσαις für διαθροούσης. Diese Fehler korrigierte der Schreiber von V vermutlich automatisch. Bemerkenswert ist aber die Überschrift in V, die Z nicht kennt. Es ist jedoch möglich, daß die Blätter in Z, die das Fragment enthalten, ursprünglich größer waren, und daß die jetzige Überschrift Τοῦ Χωνειάτου erst angebracht wurde, nachdem der obere Rand von Blatt 182 abgeschnitten war. Sonst muß die Frage, woher V die Überschrift hat, offen bleiben. Da die Herkunft von V^{a} nicht völlig geklärt ist, habe ich dem Codex seinen „angestammten" Platz im Apparat zum „Fragment" gelassen.

Die Handschriften, die textkritische Bedeutung haben

R und M

Ein erstes Paar, das eine gemeinsame Vorlage voraussetzt, bilden die Codices R und M.

Bindefehler: z. B. S. 88,32 ἐτράποντο: ἐπράττοντο; 140,65 ὅπως: ὅμως; 412,8 ἀλλήλοις: ἄλλοις; 435,50/4 ἀλλ' — Κωνσταντῖνον om.; 524,68 Ταντάλειον: ταλάντειον; 572,82 ἀπὸ — ὠφέλειαν om.; 580,2 'Εφέσῳ: μέσω. Besondere Erwähnung verdient das Fehlen von S. 433, 5/9 (auch in P^{ac}) und 445,25/7. Sonderfehler in R (eine Kopie mit vielen orthographischen und anderen Fehlern): u. a. S. 2,32 ἔγνων δεῖν: ἔγνω δή; 45,24/6 κατὰ — βασιλέα om.; 58,83/6 τὰ — 'Ιωάννῃ om.; 289,69/70 μείρακα: μύρμηκα; 315,79/81 διασύρων — 'Ιωάννην om.; 393,14 Μένανδρος: Μαίανδρος; 398,31 — 399,43 καὶ — Μυσούς om.; 428,44 Βλάχων: Βλαχέρνων; 436,84—437,16 παλίμβολον — βασιλεύς om. Sonderfehler in M (auch keine erstrangige Kopie): z. B. S. 35,41 ἀδελφιδοῦ: ἀδελφοῦ; 55,9/13 οὗτος — ταμεῖον om.; 58,92 καὶ — ἀνακτόρων om.; 132,31/2 καὶ τῷ Βρανᾷ Μιχαήλ om.; 137,90 Κιλικίαν: τὴν Λικίαν; 281,61/2 καὶ — 'Ανδρόνικον om.; 428,59 νεοδμήτοις: θεοδμήτοις; 503,27 εὐπερίληπτος: ἀπερίμετρος. Es ist also für R und M eine gemeinsame Vorlage anzunehmen, die ich ρ nenne.

D und F

Die wichtigsten Bindefehler von D und F findet man: S. 67,45 τὴν Φρυγίαν: τῇ Φρυγίᾳ; 267,32 αὐλιζομένου om.; 400,74 ὁ Βατάτζης Βασίλειος: ὁ Βατάτζης καὶ Βασίλειος (D^{ac}); 537,35 'Αθύραν: 'Αθήραν; 552,90 καὶ τὰ: κατὰ; 557,17 αὐταῖς: αὐτοῖς; 593,53 ἀλλοιώσεως: ἀγαλλιάσεως. Sonderfehler in D (eine gute Kopie): z. B.: S. 108,56 προθεσμία: πρεσβεία; 147,72 φθεγγόμενον: κινούμενον; 187,6 φωνὴν: κεφαλὴν; 303,80 ἢ — ψυχὴν om.; 437,19 ὁρμῆς: ἀρετῆς; 562,60/1 μόλις — νεανίσκον om. Für die Sonderfehler von F kann auf die Bindefehler C—F verwiesen werden (s. S. LVIII). Zwei interessante Zusätze haben D und F S. 449,46 und 589,63. Die gemeinsame Vorlage, die für D und F anzunehmen ist, bezeichne ich als η.

ρ und η

Bindefehler: 75,64 ὕδατος om.; 81,22 ὁμόδοξος: ἀντίδοξος; 148,9 προέμενον: προθέμενον; 374,1—376,27 app. ὁ — ἡγεμονίαν om. Als Sonderfehler in ρ sind die Bindefehler von RM zu betrachten, für η sind es die von DF. Es ergibt sich somit für ρ und η eine gemeinsame Vorlage: β.

Aus den bisherigen Erörterungen resultiert folgendes Stemma:

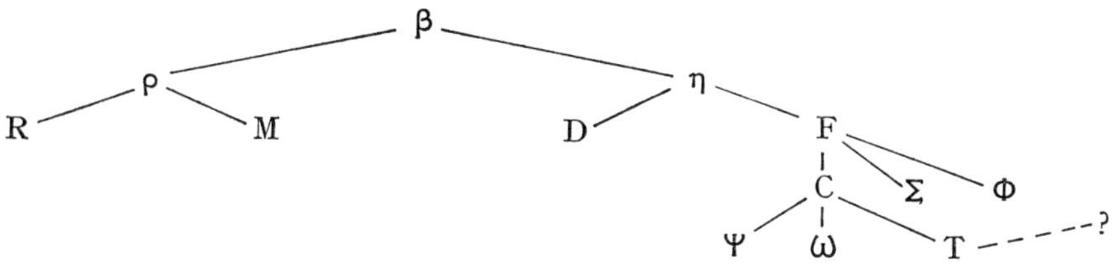

Die Epitome in den Hss. KNU

Da K ausführlicher ist als N, N wiederum ausführlicher als U, kommt nur Abhängigkeit von U gegenüber K oder N und Abhängigkeit von N gegenüber K in Frage.

N und K

K und N bieten offenbar nicht zwei selbständige Kompendien, die jedes für sich angefertigt wurden, sondern gehen auf die Arbeit eines und desselben Epitomators zurück. Das beweist nicht nur die Tatsache, daß in beiden Hss. sehr oft genau das gleiche ausgelassen worden ist (zwei Bearbeiter hätten nicht immer die gleichen Abschnitte für weniger wichtig gehalten), sondern auch die gelegentlich wörtlich gleiche Wiederaufnahme der Erzählung nach einer Auslassung oder die gleiche Zusammenfassung eines Abschnittes. Außerdem gibt es Bindefehler, z. B.: S. 18,80 ἤγαλλον: ἤγαγον; 27,18 ὑπῆν: αἰγινόν K: αἰγεινόν N; 118,20 Ἰαγουπασάνῃ: γαγουπασάνῃ; 542,75 ἐσέχοντα: ἔσχατον; 557,25—558,27 (πάλιν) ἀλλοκότοις — πάλαι μὲν om. Besonders auffällig ist das Fehlen eines größeren Abschnittes, S. 403,68 Ῥωμαίους N, 403,69 καὶ K — 428,62. Der Kopist von K hat nach ἔμπροσθεν das Wort τὴν durchgestrichen und den Rest der Zeile leer gelassen, woraus hervorgeht, daß schon seine Vorlage den Fehler enthielt. Eine so starke Verkürzung entspricht auch nicht dem üblichen Verfahren des Epitomators und durfte auf den Verlust eines Blattes in einer Hs. aus dem Stammbaum von K und N zurückzuführen sein. N hat aber weder alle Fehler, noch alle Verkürzungen von K; z. B. fehlt in K S. 16,22/3 καὶ — ἀποδασάμενος; 248,66/75 καὶ — δράσοντα; 325,17/9 κατὰ — ἐκφορία; 355,5/18 ἐκ — θεῷ, während N diese Stellen ganz oder zum Teil hat. Doch läßt sich direkte Abhängigkeit von N gegenüber K nicht mit letzter Sicherheit ausschließen. N ist vielfach kontaminiert und hat besonders mit AP, AW oder W Sonderlesarten gemeinsam; s. den kr. App. zu S. 29,49; 221,36; 231,16; 362,3; 366, 87. 95/1; 374,84/95; 382,72; 431,55; 570,28; 571,49/50. Einige Lesarten von N verdienen besondere Beachtung, s. S. 374,2/26; 550,26; 569,16 (= Q). Für N ist also außer einer Epitomehs jedenfalls eine zweite „Quelle" anzunehmen. Hieraus könnte der Schreiber von N bei Benutzung von K als Vorlage alles geschöpft haben, was K nicht hat. Von einer systematischen Vermischung zweier Vorlagen oder auch von systematischer Benutzung einer zweiten Hs. kann aber bei N nicht die Rede sein. Deshalb vermute ich für N als Vorlage einen Epitomecodex, in welchen ein Benutzer am Rand einiges aus einer anderen Hs. eingetragen hatte.

Das Verhältnis von U zu K und N

Infolge der zu K und N genannten Gründe kann auch U nicht als für sich konzipiertes Kompendium betrachtet werden. „Bindefehler" in U, N und K gibt es z. B. S. 4,84 ἦν δὲ: καὶ ἦν; 10,55 διασχοῦσαν: διαλαχοῦσαν; 11,79 δόμα: δῶρον; 16,15 Τριβαλλῶν: Σέρβων; 100, 40/5 Τοιοῦτον — ἀλλόφυλον om.; 100,46 ἀλλ' οὗτος: βασιλεὺς δ'. Zusätzlich weist U mit K Bindefehler auf, z. B. 142,27 τῇ Κολωνείᾳ: τῆς Κολωνείας; 209,41 Περσαῖον: χερσαῖον, nicht aber mit N, wenn man von Gemeinsamkeiten, die m. E. zufällig sind, absieht (z. B. S. 25,41 συλληφθεὶς ὁ Κωνσταντῖνος: ὁ Κωνσταντῖνος συλληφθεὶς und 193,64 ἔτι δὲ: καὶ). Freilich geht U bei stärkerer Verkürzung des Textes als die, welche von K bezeugt wird, öfter mit N zusammen; da aber vieles der Annahme direkter Abhängigkeit von U gegenüber N im Wege steht, scheint dies eher davon herzurühren, daß beide Kopisten, wenn sie den schon knappen Text weiter verkürzen wollten, auf das Streichen der gleichen Abschnitte angewiesen waren. U hat auch nicht alle Fehler und Verkürzungen von K und N, z. B. fehlt in K und N S. 267,37/8 τὸν alt. — παίδων; 303,60/2 ἀφηρπάζετο — κατηναγκάζετο; 305,16/21 εἰ — ἀνέτρεπον; 393,91/15 συναγαγόντες — ἐφέρετο, während U diese Stellen zum Teil oder vollständig hat. S. 393,88/91 fehlt in N, ist verkürzt wiedergegeben in K, unverkürzt in U; von S. 400,91—401,23 hat K nur ganz wenig, N etwas mehr, U das meiste und wörtlich. S. 371,28 haben K und N παράφρονες, U mit den übrigen Hss. παράφοροι; 371,30 lesen K N ἐνθουσιαστικόν, U mit den übrigen b-Hss. ἐνθεαστικόν. Auch vom Text S. 403,68/9 bis 428,62, der in K und N fehlt, hat U einen Teil (in verkürzter Form), nämlich S. 412,6/29, wo die Hs. leider abbricht. In einigen wenigen Fällen hat U die gleiche Lesart wie N und die übrigen Hss., während

K eine Sonderlesart bietet, z. B. 41,89 ἐπὶ δὲ τούτῳ: ἔπειτα K; 42,43 παραδέδωκεν: δέδωκεν K. Auch gibt es Stellen, die U und N zum Teil haben, während sie in K völlig fehlen, z. B. 391,42/9 καὶ — ἐπεδείξαντο; 391,51/2 εὔραντο — περιαλγέστερον; 392,59/72 καὶ — χρημάτων. Aufgrund dieser nicht eindeutigen Zusammenhänge sind für die Epitomehss mehrere Stemmata denkbar, etwa:

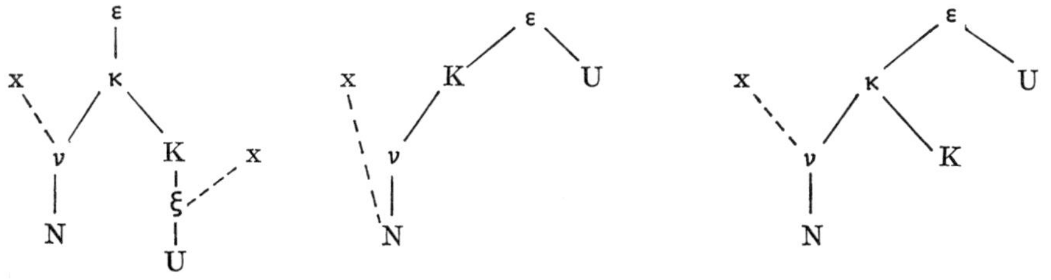

Für die Beschaffenheit des Urexemplars der Epitome ist aber alles, was sich zwischen K N U und ε einschiebt, unerheblich.

ε im Verhältnis zu ρ und η

Das Urexemplar der Epitome ε bot, wie ein Vergleich mit dem Text von RMDF sofort klar macht, die Fassung b. K und N schließen mit dem gleichen Satz wie D und F (S. 614,7/10b). Auch hat K (während N und U fehlen) die Fehler von β S. 75,64 und 81,22; und S. 598,81 haben K und N mit β die falsche Zuschreibung des dort angeführten Zitates an Eukleides. Ein Vergleich mit den wichtigsten Bindefehlern von RM lehrt, daß ε S. 88,32; 137,74; 140,65; 158,89 (ξίφει nicht ξίφος); 370,9 (πρὸς βουλῆς nicht προσβολῆς R oder πρὸς βολῆς M) im Gegensatz zu ρ die richtige Lesart hatte; es fehlte aber anscheinend in ε auch S. 433,5/9 (was N an dieser Stelle hat, ist eindeutig aus der Fassung a), 435,50/4 (schon ab 435,49) und 445,25/7. Es gibt keine Anzeichen für eine engere Verwandtschaft von ε mit R allein oder mit M allein. Der Vergleich mit den Fehlern von η zeigt, daß ε S. 267,32; 400,74; 537,35; 552,90 und 557,17 die richtige Lesart hatte; die übrigen Stellen fehlen in den Hss. der Epitome. S. 449,46 und 589,63 haben K und N die Zusätze von D und F nicht. Obwohl es einige rätselhafte Verbindungen gibt (z. B. 33,70 οὔποτε VN: οὐδέποτε K rel., U fehlt; ἔδειξε PMN: ἔδοξε K rel., U fehlt; 84,33 ἐκφυγεῖν PKN [U fehlt]: διαφυγεῖν D: διεκφ- rel.; 100,59 πόλιν om. DFN; 153,25 ἐπιστατήσαντες PU: στήσαντες N: ἐπιστήσαντες rel.; 172,76 δοκεῖν: μὲν WK, NU fehlen) die eine gewisse Kontamination voraussetzen, ist es doch klar, daß für ε und ρ eine gemeinsame Vorlage angenommen werden muß, die ich μ nenne. Unser Stemma erweitert sich nun folgendermaßen:

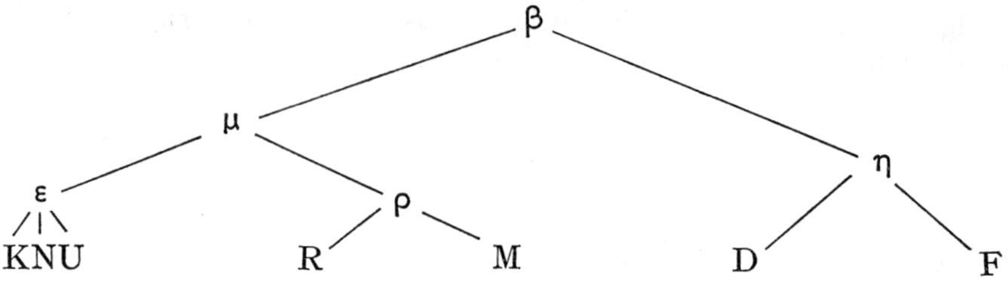

β und P

Aus einem Vergleich der Beschreibung von P mit den Angaben über die Textgestaltung in der Fassung b ist klar, daß P-vor-der-Überarbeitung im Wesentlichen diese kürzere Fassung enthalten hat. Wie verhält sich nun P zu β? Es gibt gemeinsame Fehler, z. B.: S. 14,45 ἄγον: ἄγων; 24,27 προσέθετο (P^pc): προέθετο; 107,8 ποιοῦσιν (suppl. P) om.; 348,69/70 καὶ — διίστατο (suppl. i. r. P) om., und andere verdächtige Lesarten: 3,60 ἁβρῶς (i. r. P): ἀκριβῶς; 210,86 προσφέρεσθαι (φ et ρ i. r. P): προσδέχεσθαι; 410,70 συφορβοὶ: συβοὶ; 417,48/9 καὶ — συντείναντες (suppl. i. r. P) om. Beide haben eigene Fehler; für β s. S. LXVIf.; für P z. B.: S. 56,39 εὐγενῶν: ἔγνω; 56,42 πειρώμενον: πειρώμενος; 71,73 Κίμβρους: Κίμβρον; 101,60 χειμερινὰς: ἡμερινὰς; 133,45 Γαβρᾶν: Βρανᾶν; 215,88 ληρούμενος: κληρούμενος. Die Korrektur solcher Fehler dürfte einem guten Kopisten vielleicht nicht schwerfallen; dies trifft aber sicher nicht zu für S. 105,70/1 τὸ ἐκ τοῦ διαδρᾶναι τὸ θήραμα τραῦμα εἰς θαῦμα μετενεγκεῖν: τὸ διαδρᾶναι τὸ θήραμα θαῦμα καὶ θέαμα ἡγεῖσθαι καινόν oder für Zusätze in P, wie z. B. S. 256,44 Ἀνδρονίκῳ χαριζόμενοι nach κατακαίουσιν. Diese Feststellung müßte normalerweise zur Annahme einer gemeinsamen Vorlage für β und P führen; vieles steht aber dieser einfachen Lösung im Wege. Ein erstes Problem ist, daß RM an einigen Stellen näher als DF mit P verwandt zu sein scheinen: S. 97,63 εὐσύμβολον V: εὐξυμβολον W: εὐξύμβουλον APRM: ξύμβολον DF; 194,20 ἐκβάλλων VAW: ἐμβάλλων PRM: ἐσβάλλων DF; 433,5/9 ἐπεὶ — ἄμεινον suppl. P^mg: om. RM; 434,31 ὕδασι — διαπειρόμενοι suppl. i. mg. et ras. P: om. RM. Ein zweites schwerwiegenderes liegt darin, daß es in P Stellen gibt, die in β fehlen und die, obgleich sie nicht der Überarbeitung zu verdanken sind, den Charakter der sonstigen Zusätze der

Fassung a haben; s. S. 9,16/7. 19/22 (P fol. 5), 113,88. 93/5 (fol. 51), 259,37ff. (fol. 113), 272,67/9 (fol. 118), 272,78/9; 273,93/4; 274,13/4 (fol. 119), 293,83/8 (teilweise; fol. 126), 443,59—444,3 (fol. 178). Außerdem geht P im Text, den die Fassungen a und b gemeinsam haben, im Wortlaut oft nicht mit den Hss. RMDF, sondern mit V(AW) zusammen. P nimmt demnach eine Zwischenposition zwischen β und der längeren Fassung ein. Ein Vergleich von P-vor-der-Überarbeitung mit W-vor-der-Ergänzung präzisiert diese Zwischenposition. Der ältere Teil von W bietet, wie gesagt, wenn auch manchmal in abweichendem Wortlaut, den Text der kürzeren Fassung. Es fehlen die meisten, jedoch nicht alle größeren „Zusätze" des a-Textes, nämlich mit Ausnahme von S. 113,88. 93/5, nicht die, welche soeben für P verzeichnet wurden. W hat außerdem die Stellen S. 103,9/18; 154, 43/54 zum Teil und bis auf wenige Zeilen 440,96—442,47. Die Blätter, auf welchen man diese Stücke in P liest, sind freilich erneuert, es gibt aber Argumente dafür, daß P sie auch zuvor hatte. Eine enge Verwandtschaft zwischen P und W steht nämlich außer Zweifel. Es gibt Bindefehler, z. B.: S. 144,73 ἐπιφωσκούσης: ἐπιφαυσάσης; 183,78 φάραγγα: φάλαγγα; 290,2 εἰ μὴ τὸ: τὸ μέντοι; 341,61 Ἀποτυρᾶ: εἰπόντος; gemeinsame interpretierende Änderungen und Ergänzungen, z. B. 102,84 Παίονες: Οὖννοι; 157,34 οἰκείας: ἱππείας; 311,94 ἀλλὰ: ἀλλ' ὡς ἦν ἐκ τῶν δρωμένων πιστοῦσθαι, und andere Sonderlesarten, s. z. B. S. 275ff.; 311,90ff. Die zwei Blätter, die in P durch die jetzigen folia 176—177 ersetzt wurden, haben sicher, wie die übrigen des ursprünglichen Textes von P, je ca. 60 Zeilen dieser Ausgabe enthalten, also zusammen etwa 120 Zeilen. Der b-Text hat hier aber entschieden weniger, nämlich ca. 90 Zeilen, W aber fast genau 120 (W 226 = S. 439,73—442,37; die zwei vor 226 verlorenen Blätter enthielten S. 435,46—439,73). Für den Zusatz S. 103,9/18 geht eine ähnliche Rechnung nicht auf; das alte Blatt 47 von P hätte sonst ca. 73 Druckzeilen Text enthalten müssen. Diese Ergänzung könnte aber schon auf dem ursprünglichen Blatt auf dem Rand gestanden haben; so hat W z. B. auch die Ergänzung in P fol. 171^v S. 422,67/70 im Text. An diesen Stellen gehen P und W erwartungsgemäß öfter gegen VA zusammen, z. B. S. 440,98 ἐν τοῖς παρεμπίπτουσι (ἐμπίπτουσι W) πράγμασι post ὃν add. PW; 441,12 ἑστίασιν: τράπεζαν; 442,42 ἕως ἄρτι: ἐσδεῦρο.

W und P, W und β

Die angedeutete Verwandtschaft zwischen P und W stellt uns vor die Frage, ob der jüngere Codex W von P abhängig ist, oder ob eine gemeinsame Vorlage für beide Hss. angenommen werden muß. Vorab sei bemerkt, daß W nicht direkt aus P-vor-der-Überarbeitung abgeschrieben sein kann, da die Überarbeitung von P älter ist als W. P hat aber Sonderlesarten, s. oben S. LXX, und von den Bindefehlern von P und β (s. S. LXX) hat W nur die von S. 107,8 und 410,70. Doch bleibt es möglich, daß W zum Teil auf P-vor-der-Überarbeitung zurückgeht. Obgleich W — was Umfang und Gehalt des mitgeteilten betrifft — mit P zusammengeht, entspricht der Wortlaut des Textes in W an „neutralen" Stellen (Stellen, die beide Fassungen haben) oft dem in VA. Es ist demnach unmöglich, W aus nur einer Vorlage abzuleiten. Über die zweite Quelle von W ist aber weiter unten zu sprechen. Bezüglich des Verhältnisses von W zu P und zu β ist noch zu verzeichnen, daß W öfter mit β den Codices VAP gegenübersteht, z. B.: S. 195,54 ὑπεκφέροντα VAP: om. W β; 299,53 πάσης: ἁπάσης; 399,18 κρατεῖν V: ὑπερῆν A: ὑπερτερεῖν P: om. W β; aber auch mit V β den Hss. AP, z. B.: S. 287,22 εἰ: εἴπερ; 308,95 μακρόθεν: πόρρωθεν; 343,36 συνεπενεγκεῖν: εἰσενεγκεῖν. Außerdem fehlen in W mitunter kleine Zusätze, die A und P haben, s. S. LXXVI. Eine engere Beziehung zu β ist also auch vorhanden. W schließt sich sogar um die 20mal gegen die übrigen Hss. an V an. Die wichtigsten Stellen sind: S. 91,22 διαδούς: διαδιδούς; 136,55/6 βασιλεῖ: τῷ βασιλεῖ; 173,89 γὰρ om.; 192,35 γε om.; 198,38 προσκεκμήκοσι: προ-; 210,86 τότε: τε; 248,79/80 αὐτὸς δὲ κατὰ τὰ ἀνάκτορα συλληφθεὶς b: αὐτὸς δὲ ὁ πρωτοσεβαστὸς ... συλληφθεὶς V: αὐτὸς δὲ κατὰ τὰ ἀνάκτορα συλληφθεὶς ὁ πρωτοσεβαστὸς AP: αὐτὸς δὲ ὁ πρωτοσεβαστὸς συλληφθεὶς εἰς τὰ ἀνάκτορα W; 251,24 σφισιν om.; 259,27 Ἀνδρονίκῳ: -ου; 285,58/9 ταῖς φρεσὶν om.; 288,66 εἶτα om.; 308,10 μετοικεσίαν: -ίας; 314,63 πλειστάκις: πολλάκις (auch M); 373,61 μὲν om.; 381,41 ἐκ om.; 386,78 βασιλεῖ: τῷ βασ.; 401,12 ἐκείνῳ om.; 424,42 παραπέμπεται: παραδίδοται. Es handelt sich um wenig bedeutsame Lesarten, die man entweder als „zufällig" oder auch als das Ergebnis einer weiteren Kontamination betrachten kann. Dem Verhältnis von W zu den übrigen Hss. wird man wohl am ehesten gerecht, wenn man für W eine Vorlage annimmt, die mit P einer gemeinsamen Vorlage entstammte, in welche aber „Korrekturen" aus anderen Hss. eingetragen waren. Diese von mir postulierte Hs. nenne ich χ.

P und H

Viele Stellen bezeugen einen engen Zusammenhang zwischen diesen beiden Hss., u. a.: S. 6,37 τόδε πεποιηκέναι: τὴν τῆς (τῆς: τοῦ H) χειρὸς ὑφελέσθαι σφενδόνην; 8,93 οὐ om.; 13,23 λόγιος: ἐλλόγιμος; 12,10 θύραυλον: ὕπαιθρον. An manchen Stellen hatte P offensichtlich ursprünglich die gleiche Lesart wie H, wurde aber korrigiert, z. B.: S. 4,70 (συναφ)ῆ πως τοῖς P^{ir}: συναφθῆ τοις H; 10,36 ἀπειργάζετο: ἀπ- suppl. P: εἰργάζετο H; vgl. 13,22. 28; 15,91; 21,40; 28,26. H kann aber keine Kopie aus P-vor-der-Korrektur sein; P war längst überarbeitet, als H geschrieben wurde; H geht mitunter gegen P mit den übrigen Hss. zusammen, z. B.: S. 2,12 φαυλοτέρας τῆς: φαυλοτάτης P; 3,42 σήμερον: τήμερον P; 3,47 ἕως om. P; 5,12 τε om. P usw. Die Vorlage von H dürfte im 16. Jh., als H geschrieben wurde, schon nicht mehr überall gut lesbar gewesen sein; H hat öfter kleine Lücken, die anscheinend darauf zurückzuführen sind, daß der Kopist die betreffenden Stellen nicht mehr entziffern konnte. Ein Vergleich von H mit W ist leider nicht möglich, da sie kein Stück des Textes gemeinsam haben; ich halte es zwar für möglich, daß die für W postulierte Quelle χ auch als Vorlage von H in Frage kommt, beschränke mich aber auf die Annahme einer gemeinsamen Vorlage für P^{ac} und H: ζ.

V A P W

Diese Hss. weisen keine eindeutigen Verwandtschaftsverhältnisse auf. Da bei den vielfachen Gegenüberstellungen wiederholt die Sonderlesarten der einzelnen Hss. eine Rolle spielen, halte ich es für angebracht, darüber hier zuerst zu handeln.

V

Zwei größere und einige kleinere Zusätze zum b-Text sind außer in der „vulgärgriechischen" Paraphrase und in späteren Ergänzungen in den Codices W und D nur in dieser Hs. erhalten, s. S. 57,53—58,82; 374,2—376,26; 54,70/4; 56,35/8. An einigen Stellen wird in V (und der Paraphrase) konkreter kritisiert als in den übrigen Hss., z. B. 399, 48/9 τοὺς ἐς ἡμᾶς αὐτοκράτορας ... ῥιψάσπιδας γινομένους: τὸν Ἰσαάκιον ... ῥιψάσπιδα γινόμενον; vgl. 432,78/82; 450,59/61. Die Ergänzungen und die konkretere Kritik entsprechen dem allgemeinen Charakter der Fassung a und sind demnach wohl Niketas selbst zuzuschreiben. Aber auch sonst steht V (mit oder ohne der Paraphrase) sehr oft allein. Zuweilen handelt es sich um eindeutige Fehler, z. B.: S. 71,69 Μασαλιητῶν: Ἰσμαηλιτῶν; 142,26 Σαλτούχῳ: σουλτάνω; 194,17 οὐ δεξομένων: ἐξουδενωμένων; 272,83 ἐμβραδύνων: μὴ βραδύνων; 362,80 ἔλεον: ὄλεθρον; 434,29/32 ἐνέκλιναν — ποταμόν om.; 494,87 δέον: οὐδὲν; 556,94 κότον: τόκον. Einige Male scheint V allein die richtige Lesart zu haben, z. B. S. 70,27 ἑαυτοῖς V: ἑαυτοὺς rel.; 203,61 βάλλοντι V: βάλλοντα rel.; 387,20 μαχόμενον V Paraphr.: -ος rel. Meistens betrifft der Alleingang von V nur „stilistische" Unterschiede (Wortwahl, Satzbau usw.). Dabei ist eine Neigung zur Verkürzung oder Vereinfachung zu beobachten. An mehreren Stellen hat dies zu gewissen Stilwidrigkeiten geführt, z. B.: S. 54,64/5 καὶ — δυσμετάθετον om.; die Halbierung des Satzes paßt nicht zu Niketas' Stil. 65,72/3 ἐξ — ὑπερπλημμύρας om.; id. 105,11 διακενῆς om.; das Wort ist unnötig, aber nicht überflüssig. 132,21/2 ὡς καὶ συνθηρεύειν καὶ συνθακεύειν ἐκείνῳ ὁμέστιός τε εἶναι καὶ σύσσιτος: ὡς καὶ συμπορεύειν καὶ ὁμέστιος εἶναι καὶ σύσσιτος V; 145,21 τελουμένης om. V, wodurch die Parallele τελετῆς ἀγομένης — μνήμης .... τελουμένης zerstört wird. 186,67 καὶ ἁρπαζόμενον om. V (hab. Paraphr.); darf im Zusammenhang nicht fehlen. 229,53/4 ἦν — ἔμπειρος om. V (hab. Paraphr.), ist als Parallele zu καὶ — ἐπιστόλια zu betrachten. 288,55 ἀρχικὸς om. V, darf aber nicht fehlen; Andronikos soll mit einem durstigen Löwen verglichen werden. Dieser Neigung zur Kürzung ist vermutlich auch das Fehlen von S. 155,83/90, 573,18/23, 577,32/42 und 579,70/81 zu verdanken. Von entscheidender Bedeutung für die Beurteilung von V scheint mir die Frage, ob man diese „stilistische" Änderungen dem Autor zuschreiben soll. Ich habe diese Frage mit nein beantwortet. Diese Antwort basiert natürlich nicht nur auf den angeführten Beispielen, sondern auf über zweihundert ähnlichen Fällen, aus denen folgende Stellenliste eine kleine Auswahl präsentiert: S. 12,12; 26,87; 31,21; 33,58/9. 82; 37,95/1; 47,74. 78/9; 80,7; 81,36; 82,58; 84,12; 102,94; 147,81; 303,78/9; 317,16; 335,7. 16/7; 336,23/4. 25/7; 340,43; 344,60; 367,11/3; 377,52/3; 379,81. 83/5.

A

Diese Hs. hat weder ihr allein eigene Ergänzungen oder Lücken, noch sonstige auffällige Lesarten. Sonderfehler sind ziemlich selten, z. B.: S. 35,37 διὰ λύγου: διὰ λόγου; 134,91 βλῆμα: βούλημα; 173,93 παρὰ κώπην: παρασκευάζειν; 228,48 ἐντεῦθεν: ὄφιν; 345,94 ὁ δ': οὐδ'; 397,84 ληϊσμῶν: λογισμῶν; 477,88 συμβαῖεν: συμβόλων; 526,34 Κομνηνῶν: κρημνηνῶν; 552,83 ἤθεσιν: ἔθνεσιν. Das wichtigste Merkmal dieser Hs. ist, daß sie abwechselnd mit V, P, PW oder W zusammengeht, dazu manchmal am Rand eine zweite Lesart verzeichnet mit dem Vermerk γράφεται, oder auch im Text zwei Lesarten kombiniert, z. B. P + W S. 101,75/6; V + PW 229,68; W mit den übrigen 247, 53/4; PW + Vb 304,95; P mit den übrigen 306,48; 358,79; V + Pb 367,17. A geht sogar einige Male gegen VPW mit RMDF zusammen; S. 223,3 fügen RMDF der Überschrift des Buches über Alexios II. hinzu: συγγραφεῖσα παρὰ τοῦ αὐτοῦ Νικήτα τοῦ Χωνιάτου und A:

παρὰ N. τ. X. συγγραφεῖσα; 289,80 τὸν ἐπίσκοπον VPW: τῶν ἐπισκόπων ARMD^{ac} FK^{ac}NU; 307,89 λυπηρὰ VPW: λυποῦντα ARM DF.

P

Hauptmerkmal von P ist die bei der Beschreibung besprochene Überarbeitung. Sonderfehler in P-vor-der-Überarbeitung wurden schon oben verzeichnet (s. S. LXX). Auch in den Ergänzungen und Korrekturen finden sich solche, z. B.: S. 254,18 πάλαι post τούτου add.; 320,87 ἤδη ante δεδήλωκε add.; 338,78 σχεδὸν: μικροῦ; 427,18 χρωμάτων: ἱματίων; 438,33 γερούσιον: περιούσιον.

W

W (der ältere Teil) weist viele Sonderfehler auf, z. B.: S. 82,63 τὸν Ἄθων: τῶν ἄνθων; 116,63 Ἥραν: ἦλαν; 131,84 Γαλίτζης: γαλήνης; 188,37 λαφύξοντες: φυλάξοντες; 260,44 ἐγχεθῆναι: ἐλεγχθῆναι; 343,41 σαρκίων: ἰσαακίων. Auch hat der Schreiber von W oder einer Hs., auf die W zurückgeht, sich einige eigenwillige Eingriffe in den Text erlaubt, s. S. 111,25; 230,93; 312,14/22; 404,94/1; 440,81/4.

A P W

(Ich lasse hier die Ergänzungen in W außer Betracht, s. dazu S. LXXIX ff.). Für die Zusammengehörigkeit dieser Gruppe sind kaum Bindefehler anzuführen (etwa S. 301,24 πράττωνται für πλάττωνται AW: (π)λ(άττωνται) P^{ir}); kennzeichnend ist aber eine gewisse Bearbeitung des Textes, die eine Verdeutlichung zum Ziel hatte. Am häufigsten besteht diese Verdeutlichung darin, daß eine Person oder Sache, von der die Rede ist, ein zweites Mal erwähnt oder angedeutet wird, obwohl auch so klar ist, daß dieselbe noch immer als Subjekt, Objekt oder sonstwie Gegenstand einer Aussage ist, z. B.: S. 83,87 τούτοις vor ἐπηκολούθησαν; ὁ βασιλεὺς vor ἀγάμενος; 159,13 ὁ Νεεμὰν nach τοῦτον; 195,36 ἐκεῖνος nach χαλεπῆνας; 266,15 τοὺς ἄνδρας nach περιέφερον; 378,61 αὐτοκράτωρ nach στρατεύματος; 428,42 Ἰσαάκιος nach διέθετο. P hat solche „Verdeutlichungen" manchmal erst durch Korrektur, z. B. S. 88,27 οἱ πολέμιοι nach διαπρεσβεύονται; 224,26 τοῦ βασιλέως nach γεγενημένου; 316,95 γνωμάτευμα nach δοκεῖν. Im Übrigen handelt es sich um kleine Erweiterungen, deren Inhalt meistens auch eine unnötige Explikation ist, z. B.: S. 112,55; 235,10; 357,60, mitunter aber nicht ohne Bedeutung, z. B. S. 254,9 und 19, (auch solche gelegentlich durch Korrektur oder am Rand, z. B. S. 195,36; 209,61), oder sogar den Text leicht zu verbessern scheint, s. S. 240,37; 250,20; 324,91. Einige dieser Zusätze können unmöglich dem Autor zugeschrieben werden, z. B. S. 4,64; 53,53; 61,70. Beachtung verdient auch die Einteilung der Regierungsperiode Alexios' III. in dieser Gruppe (s. S. XIX); sie scheint einen Übergang oder einen Kompromiß zwischen der Einteilung in V und der in b darzustellen. Da es naheliegt, sämtliche explikative Bemühungen einem Bearbeiter zuzuschreiben, und da nicht alles von Niketas selbst rühren kann, da außerdem die Kombination V b eine Garantie für die Authentizität einer Lesart zu bieten scheint, eine Garantie, die noch verstärkt wird durch den Umstand, daß V und b keine eindeutigen Bindefehler aufweisen, wäre die Konfrontation V gegen APW zugunsten der ersten Kombination entschieden, wenn nicht ein anderes Werk des Autors, seine Panoplia dogmatike, einige Lesarten von APW bestätigen würde; doch darüber weiter unten (S. XCIff.).

Für das Verhältnis von A, P und W untereinander ist von Bedeutung, daß nicht alle drei Hss. die explikative Bearbeitung in gleichem Maße aufweisen. Man findet ihre Lesarten zum Teil nur in A+P, in P+W oder in P allein; dabei hat P sie zum Teil vom Anfang an enthalten, zum Teil aber auch sind sie in P hineinkorrigiert worden. Für A+P s. z. B. S. 234,77; 269,90; 278,64 (P^{pc}); 286,91 (P^{pc}); 295,59; 325,13 (P^{pc}); 348,65; 357,55; für P+W z. B. S. 311,94; 312,1; für P allein z. B. S. 343,41; 406,49; 430,9. Da A und W jünger sind als P, stellt sich die Frage, ob P die Urquelle der aufgezeigten Bearbeitung des Textes ist. Dafür spricht auch der Umstand, daß in AW einige Male Lesarten von V oder Vb mit den Varianten von P kombiniert worden sind, z. B. S. 80,19 καὶ b: διὸ καὶ V: διὰ γοῦν τοῦτο P: διὰ γοῦν τοῦτο καὶ AW; 151,71 εὐθὺς V b: ἐκεῖθεν P: εὐθὺς ἐκεῖθεν AW; 207,95 κατὰ τοῦτο Vb: κατά τι P: κατά τι τοῦτο AW; 358,84/5 καὶ κατὰ τῶν περὶ τὴν Ἀμφίπολιν ἐφρονηματίσθησαν Vb: τοῖς κατὰ τῶν (κατὰ τῶν i. mg.) περὶ τ. Ἀμφ. εἶτα ἐπέθεντο P: τοῖς κατὰ τῶν π. τ. Ἀμφ. ἐφρονηματίσθησαν AW; 391,22 τῶν δυστήνων Προποντίων Vb: τῶν ἐν τῷ πορθμῷ τὰς καταλύσεις ἐχόντων P: τῶν δυστήνων οἰκητόρων τῆς Προποντίδος AW. Es gibt allerdings eine Stelle, wo eine „Korrektur" in P nur zum Teil, in AW voll durchgeführt ist, s. S. 359,25/6 ὅς . . . ἑαυτὸν ἐξωμοίου τῷ Ἀλεξάνδρῳ . . . , μόνον οὐκ . . . τρίχας (τρίχα V) δεικνὺς ῥάμφους καὶ πτερῶν εἰκασίαν ὑπεμφαινούσας, καὶ μείζω . . . ὑπερηφανεύετο διαπράξασθαι Vb: ὅς . . . ἑαυτὸν ἐξωμοίου τῷ Ἀλεξάνδρῳ . . . , καὶ (i. mg.) μόνον οὐκ . . . δεικνὺς τρίχας . . . ὑπεμφαινούσας, ἀλλὰ (i. mg.) καὶ μείζω . . . ὑπερηφανεύετο διαπρ. P: ὅς . . . ἑαυτὸν ἐξωμοίου τῷ Ἀλεξάνδρῳ . . . , καὶ μόνον οὐκ . . . τρίχας ἐδείκνυε . . . ὑπεμφαινούσας, ἀλλὰ καὶ . . . ὑπερηφανεύετο διαπρ. AW. Daß die Korrektur in P nur halb durchgeführt wurde, scheint eher verständlich, wenn man annimmt, daß der Bearbeiter nach einer Vorlage arbeitete; die Berichtigung der fehlerhaften Korrektur war aber für einen halbwegs intelligenten Kopisten kein Problem. Bevor wir uns aber in dieser Frage entscheiden, scheint eine Untersuchung des Verhältnisses von A zu W und von AW zu V angebracht. Beginnen wir mit letzterem Problem.

A W und V

Bindefehler: S. 113,1 τοὺς . . . χόας: τὰς . . . χόας; 200,76 καθά τις ἄνοπλος om.; 210,78 εἰ: εἰ μὴ; 341,73 ἐκεῖνος: ἐκείνῳ; weniger wahrscheinliche Lesarten z. B.: S. 90,78 ἐπλούτουν: εἶχον; 207,91 ἐζώωσεν: ἀνέρρωσεν; 250,28 σθένοντες: ἔχοντες; 328,4 τε καὶ: καὶ.

Die „Gruppe“ V A W ist aber kein festes Gefüge; nicht nur geht A häufig mit V gegen W+Pb zusammen, auch AW stehen regelmäßig VPb gegenüber.

A und V

Bindefehler: 12,12 καυστηρᾶς A[mg]: om. V; 21,59 πύλαις: πόλεσι; 272,73 ποτήριον: πρότερον V und A[ac] wie es scheint; 382,63 Φεράντης om.; und viele andere gemeinsame Lesarten, z. B. S. 18,84 ἅ — ἐνυφαντά om.; 47,79 τε καὶ ἀσφαλοῦς om.; 273,92 βουληθεὶς: θέλων; 308,8 ἀγχινεφεῖς: ἰσονεφεῖς. Jede der beiden Hss. hat auch ihre Sonderfehler, s. S. LXXIII f.). Trotzdem kann Abhängigkeit von A gegenüber V nicht ausgeschlossen werden, da A unmöglich auf eine Vorlage zurückgeführt werden kann. Nicht nur findet man in A die oben besprochenen Gemeinsamkeiten mit PW und P, sondern auch mit W ausschließlich.

A und W

Bindefehler und gemeinsame Sonderlesarten: z. B. S. 78,49 περιστεψάμεναι: περιελθοῦσαι; 83,76 αὐτῆς: αὐτοὺς; 217,45/6 καὶ — ἀλήθειαν om.; 228,37 λύμην: λύπην; 235,17 πεσεῖν: θανεῖν; 264,74 δολοφροσύναις: μεθοδεύσεσι; 293,9 διεσκευάζοντο: διεσκευάζοντο πρὸς τὸ εὔσημον; 297,13 βαλεῖν: καλεῖν; 348,65 θῆρα: ἄνδρα; 370,2 ʽΡενταкηνόν: ʽΡυνδακηνόν; 409,37 die Parenthese: παρῆν γὰρ καὶ αὐτὸς τὴν ἀρχὴν τῆς Φιλίππου χειρίζων. Für die Sonderfehler jeder der beiden Hss. s. oben S. LXXIV f. Da aber sowohl A als W einen kontaminierten Text bieten, wird die Abhängigkeitsfrage (direkte Abhängigkeit der jüngeren Hs. W gegenüber A oder gemeinsame Vorlage) durch die Sonderfehler nicht entschieden. Für Abhängigkeit von W gegenüber A gibt es folgende Argumente: 1. Nur über A scheint W mit V in Verbindung zu stehen, denn es gibt wohl die Kombination VAW und VA, nicht aber, wenn man von den oben (S. LXXII) besprochenen unbedeutenden Gemeinsamkeiten absieht, VW. 2. Das gleiche gilt für P-nach-der-Überarbeitung; es gibt die Kombination AP^{pc}W, nicht P^{pc}W. 3. An mehreren Stellen bietet W einen unmöglichen Text, der sich einwandfrei durch die Art, auf welche A an diesen Stellen „korrigiert" wurde, erklären ließe: S. 97,68 προχωροῦν ὁρῴη τὸ τῆς ξυμβάσεως V: προχωροῦσαν (προσχ. P) ὁρῴη τὴν ξύμβασιν P:

οὖσαν ἣν σ ιν οὖν ἣν

προχωροῦν ὁρῴη τὸ τῆς ξυμβάσεως A: προχωροῦσαν ὁρῴη τὸ τῆς ξυμβιβάσεως W; 109,66 λαμπροφορεῖν V; λαμπρειμονεῖν P: λαμ-

ειμονεῖν

προφορεῖν A: λαμπροειμονεῖν W; 109,79/80 τὸ δέ τοῦ ἀέρος ῥόθιον (ὄρθιον V) . . . τεμνόμενον VA: ὁ δέ γε ἀὴρ . . . τεμνόμενος (γρ. ὁ — ἀὴρ A^{mg}, -ος A^{s}) A^{pc} P: τὸ δὲ τοῦ ἀέρος ῥόθιον . . . τεμνόμενος W; 146,54 μὴ δυσαχθοῦντας VA b: εὐενδότους A^{mg}P: μὴ εὐενδότους W; 169,93/6 προρρήματι (προρρήσει A^{s}) . . . ἐξενεχθέντι A b: προρρήσει . . . ἐξενεχθείσῃ P: προρρήσει . . . ἐξενεχθέντι W; 230,1/2 τῷ τὴν πατρῴαν κοίτην ὑπὸ τοῦ πρωτοσεβαστοῦ ἐρευνᾶσθαι V: τῷ τὴν πατρ. βασιλείαν . . . συλᾶσθαι A^{mg}P b: τῇ περὶ τῆς μητρυιᾶς δυσκλεεῖ φήμῃ καὶ κατὰ τοῦ πρ. μῖσος ἄσπονδον τρέφουσα A: τῇ περὶ . . . φήμῃ καὶ τὴν πατρ. βασ. ὑπὸ τοῦ πρ. συλᾶσθαι, ἔτρεφε γὰρ κατ᾽ αὐτοῦ ἄσπονδον μῖσος W; 231,25 τοῦ οἰκείου ἐκκρούεται σκέμματος VP b: τοῦ ἑαυτῇ πολυεράστου ἐκκρ. σκ. und am Rand τοῦ οἰκείου A: τοῦ οἰκείου καὶ πολυεράστου ἐκκρ. σκ. W; 250,19 ἀντικρούσαντος VP: ἐπιστάντος aber über ἐπι-: ἀντι- und am Rand κρούσαντος A: ἀντιστάντος W. Wenn A und W von den anderen Hss. und auch untereinander verschieden sind, hat A meistens die bessere Lesart, z. B.: S. 147,75 ἀντίδοξον VA^{mg}Pb: ἀντίθετον A: ἀντίμαχον W; 208,26 εἰ δεῖ τι τῷ ἀνδρὶ νεμεσήσασθαι AP^{mg}: εἰ δεῖ . . . ἐμέσασθαι W; 249,93/4 τῆς μεταβολῆς VA^{mg}P b: τῶν ἐνεστώτων καιρῶν A: τῶν ἐνεστώτων κακῶν W; in mehreren solchen Fällen ließen sich die Lesarten von W gut als Versuche verstehen, den A-Text zu verbessern, z. B.: S. 198,21 περιηγήσασθαι V: καὶ διηγήσασθαι A^{mg} P: περιβαλεῖν A: περικαλεῖν W; 226,85 κατανεύσαντος VP b: κατευνάσαντος A: κατανεύοντος W; 268,75 εὐπαρρησιαστότατα post εἰπόντες add. P: ἀπαρρησιαστοτάτως A: εὐπαρρησιαστικώτερον W; 400,93 ἀνόσιος V: ἄνομος P b: ἄνογγος A: ἀνόητος W. Die Annahme einer direkten Abhängigkeit von W gegenüber A erklärt aber nicht alle Übereinstimmungen zwischen beiden Hss. Darum glaube ich, daß nicht nur W von A abhängig ist, sondern auch A von einer Vorlage, aus der andere Gemeinsamkeiten beider Hss. geflossen sind. Es liegt nahe, diese Vorlage mit der bereits für W postulierten Quelle χ gleichzusetzen. Dieses Postulat soll folgendes erklären: 1. Viele Sonderlesarten in AW können nicht als Kopierfehler betrachtet werden, sondern verraten einen den Text bewußt ändernden Schreiber. Der Schreiber von A aber erweckt den Eindruck, nichts zu bieten, was er nicht in seinen Vorlagen gefunden hat; für sich allein hat A keine originellen Züge, wohl aber W, s. S. LXXV. χ könnte die gemeinsame Quelle solcher Lesarten sein, die der Schreiber von A nur zum Teil übernahm. 2. W hat zu β deutlichere Beziehungen als A, s. S. LXXI f. An der Kombination AWRMDF dürfte A also durch χ teilhaben. Freilich hat auch A ein paar Lesarten mit RMDF gemeinsam, die W nicht hat, s. S. LXXIV f.; diese könnten aber in χ am Rand notiert gewesen sein und wurden aus diesem oder einem anderen Grund nicht in W übernommen. 3. A kombiniert zuweilen Lesarten von W mit denen anderer Hss., z. B. S. 101,75/6 λεηλατῶν τε καὶ ἄγων ὡς ᾕρητο V b: λεηλατῶν τε καὶ ἄγων ὡς ἤθελε P: καὶ λεηλατῶν τοῖς στρατεύμασι W: λεηλατῶν τε καὶ ἄγων ὡς ἤθελε τοῖς στρατεύμασι A; 247,53/4 ἢν (εἰ V) Ἀνδρόνικον βούλοιτο παλίνορσον ἀναζεῦξαι ὅθεν ἐλήλυθεν VP b: ἢν Ἀνδρ. βούλοιτο γενέσθαι παλίνορσον W: ἢν Ἀνδρ. βούλοιτο γενέσθαι παλίνορσον ἀναζεῦξαι ὅθεν ἐλήλυθεν A.

So kann A restlos aus V P und χ, W aus χ und A abgeleitet werden.

Freilich muß man sich bei der Annahme von direkter Abhängigkeit von A gegenüber V wundern, daß die größeren Zusätze, die V hat, in A fehlen. Doch scheint es bei der Zwischenposition von A zwischen V und P zwecklos, außer P (oder einer Schwesterhs. von P) eine mit V verwandte zweite Vorlage zu suchen, in welcher, wie in P, auch die genannten Zusätze fehlten. Ich halte es jedenfalls für wahrscheinlicher, daß der Schreiber von A, der offenbar eine Mischung aus mehreren Vorlagen zusammenflickte, die in zwei seiner Vorlagen fehlenden Stellen beiseite gelassen hat, als daß sie erst in V hinzugekommen wären und nicht von Niketas rühren sollten. Im Übrigen kann ich nur an das Wort von Maas erinnern: Gegen Kontamination ist kein Kraut gewachsen.

Die Ergänzungen in W

W wurde, wie ich bei der Beschreibung der Hs. hervorgehoben habe, von zwei Händen (lückenhaft) ergänzt, zuerst um den a-Text von S. 203,75—206,47 und 440,81—442,47, dann um den a-Text von S. 319,61—324,89/90 und 374,1—378,73, sowie um den Text ab S. 445,46 (bis 517,93).

In den Ergänzungen der ersten Hand schließt sich W enger an V an, s. S. 204,89 ξυνέλεγε VW: συνέλεγε AP; 205,43 ἔγγιστα: ἄγχιστα; 206,45 ἄβατα: ἄβατον; 440,92 ἐπωπτάνετο: ἐπαπταίνετο; 440,93 καὶ δι': οὐδ'; 441,20 κέρκωψι: κέρκωψί τε; 441,25 ἐκ παλλακῶν: ἔκ τινων προσπόλων (-λέων A); 441,26 γνωσώμεθα: γνωσόμεθα. Doch kann W diese Stellen nicht aus V, bzw. nicht aus V allein haben, denn W schließt sich auch öfter gegen V an AP an, s. S. 204,81 ποθεῖν APW: ποιεῖν V; 204,82 ἀνέβλαστεν: ἔβλαστεν; 204,10 μεταδιώκουσιν: διώκουσιν; 205,43 ἀνεγείροντι P: ἀναγείραντι AW: ἐγείραντι V; 440,95 ἀποδόμενον: ἀποδιδόμενον; 440,97 παντὸς: πάντων; 441,23 εἴρηκέ ποτε ἐπὶ δείπνου: εἴρηκεν ἐπὶ δείπνου ποτέ; 441,26 πρώτας ταύτας: ταύτας πρότερον. Auch steht W einmal mit P den Hss. VA gegenüber: S. 204,82 αὐτὸς VA: αὐτῷ PW. An der ersten dieser beiden Stellen ist die Ergänzung sehr lückenhaft, s. S. 204,80/3; 204,89/2; 204,12/39; Sonderfehler gibt es an beiden Stellen, s. S. 203,75 εὐφρόνως: ἐμφρόνως; 204,77 μικροῦ om.; 204,86 τῶν om.; 440,2 ἐκείνου post ἐμπορικὸν add. W; 441,9 ἐνετρύφα: ἐτρύφα; 441,19 ἐπεζύγου: ἀπεζύγου; 441,22 χρηστῆς: χρηστοῦς. Dreimal geht die Ergänzung mit dem Text, den sie ersetzen soll, zusammen, s. S. 441,12; 441,19; 442,32.

Der zweite Bearbeiter von W benutzte für die Ergänzung bis S. 66, 20, für S. 73,26—77,30 und 365,70—367,23 D als Vorlage, s. oben S. LVIII, nicht aber, oder nicht D allein ab S. 445,46. In diesem letzten Teil weist W auch die verschiedensten Verbindungen auf. Notieren wir erst einige Sonderfehler: S. 588,23 ῥάβδον πατάσσειν om.; 456,78 πεπόνθασι om.; 513,24/5 κατὰ — διαδόσιμον om. Bindefehler mit A: z. B. S. 490,84 ἅπερ für ἄτερ; 495,48 πληθῦναι für πληθυνθῆναι; 513,23 Πάγκαρον für Πάγγαιον; 513,29 ὠμοτάτως für ὠμότητος. Zweimal kombiniert W zusammen mit A Lesarten von V mit P: 446,60 προμηθευσάμενος V: τὸ θεῖον προμηθευσάμενον P: προμηθευσάμενος τὸ θεῖον AW; 451,80 αὐλαίαν Vb: σκηνὴν P: αὐλαίαν σκηνὴν AW. W geht aber auch oft gegen VA mit P zusammen; einige Male handelt es sich dabei um klare Fehler, s. z. B. S. 470,66 χεῖρας: χώρας; 477,91 φῶς: σφῶν; 485,21 ὅ ἐστι: ἐστι; Zusätze: 469,39 σημαίνει δὲ ἡ λέξις τὸν Ἰωάννην nach Ἰβαγκὸς ὄνομα τῷδε; 482,17 κατὰ τὸν Σιγὸν ποταμὸν nach μεσημβρίαν. Auch gibt es W mit AP gegen Vb oder gegen V allein, wo b fehlt, z. B.: S. 448,6 τὰ δρώμενα: τὰ μὴ καλῶς δρώμενα P: τὰ δρώμενα κακῶς (κακῶς A^{mg}) AW; 454,30 αὐτῷ: ἑαυτῷ; 467,80 ἀτονώτερον: ἀπονώτερον; 477,89 ἑστάναι: ἔσται; 478,26 τόδε: τότε; 484,89 ἠμαύρωτο: εὐμάρωτο; 493,80 κατέχοντα: κατάγχοντα; 498,22 παισὶ: ποσὶ; 500,76 πόλισμα: πόλισμά τι. S. 479,41 bringt W eine Randnotiz aus AP im Text. In den wenigen Fällen, daß W nicht mit AP, A oder P zusammengeht, handelt es sich um unbedeutende Lesarten, s. S. 450,60/1 τότε τὰ ... τοῦ στήθους ἀναμηρύων V: τότε τὰ ... τοῦ στήθους τότε ἀναμηρύων AP: τὰ ... τοῦ στήθους τότε ἀναμηρύων W; 451,71 ὁ 'Ραοὺλ Κωνσταντῖνος V: 'Ραοὺλ Κωνστ. AP: 'Ραοὺλ ὁ Κωνστ. W; 480,54 τὰ τῇδε καὶ τὰ τῇδε APb: τὰ τῇδε καὶ τῇδε VW; 501,6 καθ' ἑαυτῶν ἐπέστρεψαν RM: ... -στρεψε DF: ἐπέστρεψαν καθ' ἑαυτῶν VW: ἐπέστρεψε καθ' ἑαυτὸν A: ... ἑαυτὸ P; 506,21 καθαίρεσιν AP: τὴν καθαίρεσιν VWb. Diese Stellen lassen sich leicht erklären, auch ohne daß man eine Verbindung von W mit V zu konstruieren versucht. Für S. 501,6 und 506,21 kann man Korrektur des Textes von AP aus b annehmen, da die Benutzung einer b-Hs. für diesen Teil von W ohnehin klar zutage tritt, z. B.: S. 463,79 πάλιν ἀνέβλαστε VAP: αὖθις δ' ἐκφυὲν Wb; 470,74 συλλαβέσθαι: συλλαβέσθαι τῆς ἐγχειρήσεως; 501,5 κώμας: χώρας; 502,10 ἀπάρας: ἀπάρας αὖθις; 502,12 ἰδιωσάμενος: ἰδιωσάμενος, Βλάχος ὢν τὸ γένος. Es werden auch Lesarten aus a und b kombiniert, z. B.: S. 448,8/9 (οὗτος ὁ βασιλεὺς ... ἐνωτιζόμενος ἐπιβουλεύειν τῇ αὐτοῦ ἀρχῇ ... 'Αλέξιον)

εἰ καὶ παραπετάσματι φιλίας συγκαλύπτων λέληθε (συγκαλύπτειν πολλαχῇ P) τὸν μισάδελφον VAP	καὶ ὡς πλείονές εἰσι φιλαλέξιοι μᾶλλον ἤπερ φιλισαάκιοι b

καὶ ὡς ... φιλισαάκιοι καὶ παραπετάσματι ... μισάδελφον W. Der Kopist hat auch öfter eine der beiden Lesarten der zwei Fassungen am Rand mit γρ(άφεται) nachgetragen; diese ist aber meistens nicht mehr lesbar, so z. B. zu S. 494,13 und 14; 505,8; oder auch die eine über die andere geschrieben, wie S. 469,46. Das in W ergänzte Stück S. 374,2—378,73 tradiert sonst nur noch Codex V, der der bessere Textzeuge ist, aber anscheinend dem Bearbeiter von W nicht als Vorlage gedient hat. Dieser Bearbeiter ist der gleiche, der W aus D ergänzte. Nun bringt D auf dem Zusatzblatt 287 das Supplement S. 73,26—77,30, das W aus D hat und das sonst ebenfalls nur V überliefert. Ich vermute, daß D auch S. 374,2—378,73 auf einem eingelegten Blatt enthalten hat, das dem Bearbeiter von W als Vorlage diente. In D ist aber der Text von S. 369,81—377,56 durch Blattausfall verlorengegangen. Fazit: der Schreiber dieser Ergänzung verfügte offenbar über drei Vorlagen, die mit A P und D identisch oder eng verwandt sind.

Die Ergänzungen in D

Die Stellen, um die es hier geht, sind bei der Beschreibung der Hs. aufgezählt. S. 57,53—58,82 überliefert sonst nur noch Codex V, der den besseren Text bietet. Zweimal jedoch scheint D eine bessere

Lesart zu haben. Ob es sich dabei um Korrekturen durch den Kopisten handelt, will ich nicht entscheiden. In den übrigen, kleineren Ergänzungen schließt D sich meistens gegen AP an V, S. 320,77—322,48 aber an W. an. An der letztgenannten Stelle haben D und W eindeutige Bindefehler, u. a.: S. 321,5 πληγὴν: βολὴν; 321,17—322,46 καὶ — ὁμηγύρεων om.; 322,47/8 λέουσιν ἀντιπλέκεσθαι καὶ ἄνδρα ἔφιππον ὁπλίτην κατενεγκεῖν ἔραζε: λ. ἀντιπλακῆναι καὶ ἄνδρα ἔφιππον καταπαλαίσασθαι. In D fehlt aber S. 418,9—17. Nur einen Fehler von W enthält D nicht: S. 320,84 ἀρκούντων für ἀρκούντως; dies kann uns aber nicht daran hindern, diese Ergänzung als Kopie aus W zu betrachten. Für das Zusammengehen von D mit V in den übrigen Ergänzungen s. z. B.: 143,54 ὑπόθεσις VD: ἀπόθεσις AP; 143,58 ἀγαθὸν VD: ἀγαθὰ AP; 425,59 τῷ σκοτίῳ υἱῷ VD: τῷ υἱῷ AP; 427,27 ὁ πρωτοστράτωρ πρώην Ἀλέξιος V: ὁ πρ. Ἀλ. πρώην D: ὁ πρωτοστράτωρ APW; 427,29 οὐδόλως VD: οὐδαμῶς APW; 427,35 πάλιν VD: om. APW; 443,67 χρώζουσαν om. VD; 444,90 δῆθεν om. VD. D hat aber nicht alle Sonderlesarten von V, z. B. nicht: S. 143,54 ἀφαίρεσις V: ὑφαίρεσις APWD; 425,67 αἰτήσαντος: ἀπαιτήσαντος; 427,30 ἐνεβρίθει: ἐβεβρίθει; 428,52 διαπληρῶσαι: ἀναπλ.; 444, 89 ἀσύμμικτον VA: ἀσύμβατον PWD; 444,92 κράτορα ὁμοῦ καὶ πρώτιστον VA: πρώτιστον καὶ κράτιστον P: πρώτιστον W: κράτιστον ὁμοῦ καὶ πρώτιστον D; 444,94 ἀνερείσαντα VW: ἐνερείσαντα APD; 444,95 τρόπον V: σκοπόν D cum rel. Drei Lesarten stehen der Annahme, diese Ergänzungen gehen auf V und einige Korrekturen darin auf W zurück, im Wege: S. 143,54, da diese Stelle in W fehlt, S. 444,92 und 444,94. Während die beiden letzten als Korrekturen betrachtet werden können, ist dies für S. 143,54 wenig wahrscheinlich. Eine Schwesterhs. von V ist als Vorlage für diese Ergänzungen nicht auszuschließen. Keine Probleme sehe ich in folgenden Stellen: S. 427,26; εἴπῃ VPW: εἴποι AD; 427,26 τὸν Παπύκιον VAP: τὸ Παπύκιον WD; 428,58 προεισιόντων VAW: προσιόντων PD; 444,93 πεπαττάλευτο V: προσήλωτο PW: προσπεπαττάλευτο AD. Zur letzten Stelle möchte ich bemerken, daß hier die Schreiber von A und D m. E. unabhängig voneinander V aus PW korrigieren wollten.

V und P

Auch diese beiden Hss. stellen uns vor Probleme. V scheint im Wortlaut nicht immer zuverlässig (s. S. LXXIV): Ein Kopist, der sich erlaubt, den Text, den er abschreibt, zu verkürzen und zu vereinfachen, könnte auch zu anderen Änderungen fähig sein. P stellt uns vor die Frage, wie vollständig der Kopist die Überarbeitung des ursprünglichen Textes durchgeführt hat, aber auch vor die Frage, was man als explikative Bearbeitung des Textes betrachten soll, eine Frage, die noch durch den Umstand kompliziert wird, daß dieselbe zum Teil dem ursprünglichen Text angehört und zum Teil hineinkorrigiert wurde. Wenn V und P einander gegenüberstehen, bietet der kontaminierte Text von A und W wenig Entscheidungshilfe, so daß man auf innere Kriterien angewiesen ist. Stellt sich noch die Frage, ob das Zusammengehen von V und P gegen die übrigen Hss. für die Authentizität einer Lesart bürgt. Etwa 80 mal stößt man auf diese Konstellation. Es handelt sich zum Teil um Kleinigkeiten, die durch Zufall erklärt werden könnten, wie z. B.: S. 2,31 ἐπιβραχὺ V: ἐπὶ βραχὺ P: ἔτι βραχὺ rel.; 32,29 γλῶσσαν VP: γλῶτταν rel.; viele dieser Lesarten setzen aber eine gemeinsame Quelle voraus, z. B.: 26,85 κατάγελων VPH: γέλωτα Ab; 39,38 πείθοιντο VP: πείθοιντο γοῦν Ab; 73,2 στέγοντες VP: φέροντες AW b; 189,68 αἰτεῖται: αἱρεῖται; 194,92 γενναίας: γενναιοτάτης; 199,60 περὶ: παρὰ; 330,72 μετέλαβον: μετεσχήκασιν; 333,53 θυμικὴν: μυθικὴν; 'Αλδουῖνος (auch NB): Βαλδουῖνος; 379,93 τῆς φρουρᾶς: φρουρᾶς. In einigen Fällen (S. 189,68; 333,53; 366,87) scheint die Lesart von VP die einzig richtige, in anderen die bessere. Nun sind aber in P mehrere dieser Lesarten, in welchen die Hs. anscheinend ursprünglich mit V übereinstimmte, korrigiert worden, so daß P sich durch die Korrektur den anderen Hss. anschließt, z. B.: S. 31,21 ἐχόμενος VP^{ac}: ἐχομένως AP^{pc}b; 52,11 δόξαν: τὴν δόξαν; 63,24 'Αλαμανῶν: 'Αλαμανῶν καὶ 'Ρωμαίων; 68,67 ἀναστὰς VP^{ac}: διαναστὰς AW P^{pc}b; 86,83 μὴ: ὡς μὴ; 126,62 ἔγημεν: ἔγημεν ἄν; 128,23 μὴ: μὴ καὶ; 138,94 καὶ ἐν: καὶ ὡς ἐν; 186,68 καὶ: τε καὶ; 219,79 ἀρχιερέως: ἀρχιερέως τούτου; 327,87 περιεστηκὸς: περιεστηκὸς δὲ; 336,24 καὶ: τότε καὶ; 353,15 ὁ: καὶ ὁ. Die Korrektur scheint fast immer begründet, wenn auch die ursprüngliche Lesart nicht als Fehler bezeichnet werden kann. Dies und was anschließend noch zu erörtern ist, läßt das Zusammengehen von V und P nicht unbedingt als Authentizitätsgarantie für eine Lesart erscheinen.

Nochmals V A P W

Wir sahen schon, daß es Bindefehler gibt für VA, AP, AW, PW und APW, es gibt aber auch solche bei allen vier Zeugen der längeren Fassung, bzw. allen drei oder zwei, da W und A nicht vollständig erhalten sind. Verzeichnen wir zuerst die Stellen, an welchen die b-Hss. eine bessere Lesart haben, dann die, welche der b-Text nicht hat: S. 421,57 ἐκείνοις b: ἐκείνῳ VAPW; 499,58 ἐπῄεσαν om.; 521,77 'Ρουκνατῖνος b: 'Ρουκρατῖνος VAP; 523,57 τρέφειν b: τρέφων VAP; 594,84 ταῖς ἀσέμνοις μάλιστα b: ταῖς μάλιστα VP; wohl auch: 155,69 ὠκύποσιν ἵπποις b: ἵπποις VAPW; 286,12/3 ἐκεῖνον ... αὐτὸς b: αὐτὸν ... ἐκεῖνος VAPW; 462,58 ἀμφιγνοεῖς V[pc]: ἀμφαγνοεῖς V[ac] APW; 484,79 ⟨εἶναι⟩ ἀπριάτους: ἀπριάτους V: ἀπεριάπτους APW; 489,29 ὀνειδισμοὶ B: ὀνειδοὶ VAPW; 494,87 οὔτ' αὐτὸς εἶχεν, οὔτ' (οὔτε B) ἐναπελείφθη ἐκείνοις, ἀλλὰ ... διεσκέδαστο B: οὔτ' αὐτὸς εἶχεν, ἀλλὰ ... διεσκέδαστο VAPW; 495,26 ἀλλὰ: ἄλλο VAPW; 513,11 s. dort; 625,26 εὐφόρητα: ἀφόρητα VP. Es wäre also zwischen V A P W und dem Original eine gemeinsame Vorlage einzuschieben, wenn nicht die Tatsache, daß sogar die a- und b-Codices gemeinsame Fehler haben, eine andere Erklärung wahrscheinlicher machen würde.

RMDF und VAPW

Wider Erwarten gibt es, wie gesagt, Bindefehler in den Hss. beider bisher besprochenen Fassungen: S. 46,58 βασιλεύσας (durch Korrektur oder am Rand in PDFKN): ζήσας; 202,23 οὐ μόνον οὐ: οὐ μόνον; 286,7 μὴ μόνον ... οὐ: μὴ μόνον; 428,42 οὐ ... μόνον ..., ἀλλὰ καὶ: οὐ ..., ἀλλὰ καὶ; 587,2/4 οἴκημα ... οὖσαν für οἴκημα ... ὂν (in D korrigiert); vielleicht auch das unverständliche ἄρβυλα, S. 281,68. Aus dieser Tatsache möchte ich folgern, daß Niketas für die a-Fassung kein neues Manuskript herstellte. Denn, wenn auch solche Fehler als Verschreibungen in der Urschrift des Autors leicht verständlich sind, daß sie von ihm beim Kopieren übersehen worden wären, halte ich für wenig wahrscheinlich. Für die oben besprochenen Bindefehler der Hss. VAPW, die nicht von den b-Hss. geteilt werden, kann dann ebenfalls angenommen werden, daß sie aus der Urschrift stammen, aber bei der „Ausgabe" des b-Textes korrigiert wurden. Wenn wir davon ausgehen, daß Niketas, als er sein Werk überarbeitete, kein neues Exemplar anfertigte, sondern daß er in die Urschrift Zusätze, Änderungen, vielleicht auch „Änderungsvorschläge" und vorläufige Notizen eintrug, scheinen die bereits besprochenen und die noch zu behandelnden verwickelten Überlieferungsverhältnisse leichter zu erklären.

Die „Familie" LO

Die Sonderfassung des letzten Teiles des Werkes, S. 535,3ff., ist in nur zwei Hss., L und O, vollständig überliefert. In P rührt der Text der Seiten 535,3—582,46 mit Ausnahme von S. 535,3—540,28 (auf fol. 214—216) und 546,63—550,31 (auf fol. 219) aus dieser Fassung, aber einige Lesarten auf diesen neuen Blättern sind offensichtlich von den ursprünglichen Blättern übernommen worden. Von S. 583

an sind in P keine Spuren dieser Fassung mehr festzustellen. Der Abschluß dieser Fassung, bekannt geworden als Fragmentum „De Statuis", ist außerdem in Z und in einigen späten Kopien aus O, der Anfang dieses „Fragmentes" in V und Kopien davon erhalten.

L und O

Bindefehler: 593,58 ἐντελὴς: εὐτελὴς; 610,9 Πύλον: πύλην; 611,29 ἐπ' ἀνάντους ὄρους: ἐπ' ἀνάντους. Sonderfehler in O: 544,19 γαμβρὸς: Μανουὴλ; 559,62/3 τοὺς — ῥεόμενον om.; insbesondere fehlt ein großes Stück nach S. 596,38 (s. die Beschreibung der Hs.), und auch sonst ist O die schlechtere Kopie von beiden. Der Schreiber von L hat sorgfältiger gearbeitet und mehrere Fehler nachträglich verbessert; allerdings hat er auch öfter ein Wort zur Verdeutlichung des Textes hinzugefügt, z. B. S. 536,21 οὗτος vor κοινωνὸς L^{s}; 536,27 ὁ βασιλεὺς καὶ τούτου θεῖος 'Αλέξιος nach ἀνεικῶς L^{s}; 542,69 τῷ τότε καιρῷ nach ἐγεγόνει L^{s} usw. Sonderfehler: S. 555,47 λεγόμενοι om.; 568,88 τῆς — ἰνδ. om.; 569,94/5 τῶν τείχων om.; 571,61 ἀμφήριστοι om.; 576,82 ἠθετήκασι: ἠνομήκασι; 630,93 διαφλέγει: διαφθείρει. Es ist also für L und O eine gemeinsame Vorlage λ anzunehmen.

L O und P

Als Bindefehler kommen in Frage: S. 559,59 ἑκάστου: ἐκείνου; 570,41 οἱ alt. om. P^{ac} L^{ac} O; 573,1 καὶ L^{pc}: ἢ; 578,46 τῶν om. Sonderfehler und -lesarten in P, z. B.: S. 555,59 ἐπιπαφλάσαντος: ἐπιφλάσαντος; 555,64 ῥυηφενοῦς: ῥυηφανοῦς; 559,68 καὶ om.; 545,42 καὶ κατὰ κορυφὴν: καὶ οὐ μόνον ἀπὸ ὕψους, ἀλλὰ καὶ κατὰ κορυφὴν; 554,28 τῷ τοι καὶ LO: καὶ P cum rel.; 581,24 τοῖς τὸν νοῦν ἐφεστῶσι LO: τοῖς ἐπιστήσασι P cum rel. Es ist fraglich, ob diese Daten ausreichen, um für λ und P eine gemeinsame Vorlage zu postulieren.

L O und Z

Z mit L gegen O z. B.: S. 651,28 προφαίνουσαν LZ: προφέρουσαν O; 652,66 ἐπανέκειτο: περιέκειτο; 653,12 θώρακι: σώματι; 654,62 καὶ ὑπ' ἀλλήλων om.; Z mit O gegen L z. B.: 649,69 τῶν OZ: om. L; 651,42 πρὸς δῆγμα ἐγχρίπτων: ἐγχρ. πρ. δῆγμα; 652,70 δοκεῖν ἀφιέναι φωνήν: φωνὴν ἀφιέναι δοκεῖν; 654,56 δὲ: δὲ καὶ; 654,51 διεκπεσεῖν: διεκπαῖσαι. Z kann also weder aus L, noch aus O kopiert worden sein. Nur zweimal scheint Z eine bessere Lesart zu haben, S. 648,54 πυραμίδα Z: πυραμίδας LO und 653,20 παρεγγυώμενοι Z: -αι LO, oft schlechter, s. die S. LXV angeführten Bindefehler VZ und außerdem S. 651,30 συχνοὺς LO: συχνὰ Z; 651,38 ψυχαῖς: ψυχῇ; 653,9 ὑπόντος: εἰπόντος; 653,36 συνερίθοις: συνέριθος. Die besseren Lesarten in Z können Korrekturen des Schreibers sein. Zwei Fehler hat Z mit λ gemeinsam: S. 652,83 das Fehlen des mir unerläßlich scheinenden σε und 654,42 τέλματος für πέλματος. Es ist nicht auszuschließen, daß diese aus der Urschrift rühren (vgl. S. LXXXIV). Z könnte demnach aus λ abgeschrieben worden sein oder mit λ auf eine gemeinsame Vorlage π zurückgehen.

Q

Dieses Fragment (S. 566,39—582,46) schließt sich nicht eindeutig einer bestimmten Fassung oder einem Überlieferungszweig an und hat außerdem interessante eigene Varianten. Letztere findet man S. 566, 43; 567,59; 567,64; 568,72/3; 569,16 (=N); 570,38; 571,56. Sonderfehler und -lesarten gibt es viele, wie ein Blick in den Apparat lehrt. Ansonsten geht Q bald mit dieser, bald mit jener Hs. oder Hss.-Gruppe zusammen, z. B.: 567,58 δοὺξ: ῥὴξ QD[ac]; 567,54 παρὰ Λατίνων post δωρεαὶ add. Q[mg]bPLO; 567,56 τὰ δὲ ᾠδίνετο om. QbPLO; 567,57/8 μᾶλλον — συνέχεον VAQ: suppl. P[mg]: om. bLO; 567,60 προσίσχει VAQ: προσέχει bPLO; 570,28 καὶ πανώλειαν om. VAQN; 571,49/50 τὴν — γυναῖκα om. VQN; 572,70 ἀπολωλέναι VQN: διολωλέναι bPLO; 574,30 καθῖσαν V: ἱζῆσαν QbPLO; 576,95 μηδὲν — ἔχοντες om. V: hab. Q cum rel.; 577,32—42 καὶ — σέ om. VQ; 579, 70/81 ἵνα — ῥήμασιν om. V: hab. Q cum rel.; 581,22 ἀνοικτίρμοσιν Vb: ἀνελεήμοσιν QPLO. Diese Auswahl zeigt zur Genüge, daß Q einen kontaminierten Text bietet, der nicht aus einer der uns erhaltenen Hss. rühren kann. Außer der bereits genannten Stelle S. 569,16 deutet auch S. 572,71: μεταρρέψουσι QN: μεταρρεύσουσι V: ἀνακυμβαλισθήσεται b: -ονται PLO auf nähere Verwandtschaft mit N hin. Da die Kontamination von N in Richtung W A wies und wir für diese beiden Hss. eine kontaminierte Hs. postulieren mußten, liegt es nahe, auch für Q an diese Hs. als Vorlage zu denken.

Die „volkssprachliche" Paraphrase (B S X Y)

Die zuerst von Wolf im Prooimion zu seiner Ausgabe und vorübergehend u. a. auch von Franz Dölger vertretene, aber widerrufene Ansicht, diese wäre von Niketas selbst verfaßt (s. BZ 32 [1932] 411; 37 [1937] 502), kann hier als überholt außer acht bleiben. Der Paraphrast muß entweder zwei Vorlagen, eine a- und eine b-Hs. benutzt haben, oder eine Hs., die bereits einen kontaminierten Text bot. Einerseits ist die Paraphrase eng mit V verwandt. Sie hat die zwei größeren Zusätze S. 57,53—58,82; 374,2—376,26, und steht auch sonst sehr oft mit V allen anderen Hss. gegenüber, z. B.: S. 54,70/4; 142,39; 225,44; 295,48; 387,20; 399,48/9; 400,88; 498,20. Klare Bindefehler gibt es z. B. S. 194,11 Ἀλανῶν: Ἀλαμανῶν; 257,79 ὅλον: ὀλίγον; 539,90 Δολόϊκος: Δολόϊκρος. Die Paraphrase teilt aber keineswegs alle Fehler von V, z. B. nicht: S. 155,83/90 χρεὼν — ἐστι om. V: hab. B cum rel.; 434,29/32 ἐνέκλιναν — ποταμὸν (homotel.) idem. Es wäre also eine gemeinsame Vorlage für V und die Paraphrase anzunehmen, wenn die Stellen, an welchen die Paraphrase einen besseren Text als V bietet, nicht auf die Benutzung einer zweiten Vorlage (durch den Paraphrast oder seinen „reinsprachlichen" Vorgänger) zurückgeführt werden könnten. Eine Kontamination des Textes von V mit b (bzw. umgekehrt) ist aber offensichtlich: S. 444, 94/5 τὸν δὲ σκοπὸν APW b: τὸν δὲ τρόπον V: τὸν ἐκείνου δὲ σκοπὸν καὶ τὸν τρόπον B; 502,12 heißt es in WbB über Chrysos: Βλάχος ὢν τὸ γένος; im a-Text ist dies schon S. 487,61 mitgeteilt, in einem Passus, den b nicht hat, wohl aber W und B; 515,59ff. und 517,89ff. hat die Paraphrase mit b weitere theologische Ausführungen, die Niketas im a-Text ausgelassen hat; s. auch noch S. 339,6/9; 453,3/5; 557,11/2, welche Stellen ich hier nicht vollständig anführen will. Außer zu V hat die Paraphrase auch zu W eine besondere Beziehung, und offensichtlich nur durch W mit A und/oder P dort, wo W nicht mehr vorhanden ist, z. B.: S. 120,69 ψυχὰς: ὄψεις W: ὀφθαλμοὺς B; 121,28 συνθηκῶν: θησαυρῶν WB; 127,71 μεταβαίη: διαβαίη W: διαβαίνει B; 230,84 Ἀρχιλόχου: Ἀρχιλόγου; 387,27 πτοηθεὶς: φοβηθεὶς; 112,55 ἦν: ἦν ἀθέατος APW: ἦν ἀθεώρητος B; 237,66 ἀψῖσιν: ἀψῖσιν (ἀψίδι) τοῦ Μιλίου APWB; 241,70 τὸν καίσαρα A^s: τὴν καισάρισσαν AWB; 279,11 τοῦδε PRMKN: τούτου DFU: τοῦ ἀνδρὸς τούτου V: τοῦ Λαπαρδᾶ AWB; 312,1 B=PW s. dort; 528,77/8 B=P, W fehlt, s. dort; 455,68 ἀρχῇ VAP: βασιλείᾳ Wb: βασιλείαν B. Aber nicht alle Stellen, an denen die Paraphrase eine bessere Lesart hat als V oder eine Lesart, die von anderen Hss. als V vertreten wird, können auf W zurückgehen; also ist für W und die Paraphrase eine gemeinsame Quelle für ihre Sonderlesarten vorauszusetzen, wofür wieder χ in Frage kommt. Die gewisse Freiheit, welche die „Übersetzung" des Textes in eine einfachere Sprache mit sich bringen mußte, und der Verlust von χ gestatten uns nicht mehr festzustellen, ob der Paraphrast (bzw. sein reinsprachlicher Vorgänger) außer χ Codex V oder die Vorlage, aus der V abgeschrieben wurde, benutzt hat. Es gibt freilich vier Stellen, an welchen die Paraphrase allein die richtige

Lesart bewahrt zu haben scheint (s. S. 489,29; 494,87; 513,11; 529,12); da aber diese Stellen in W fehlen und der Schreiber von A χ nicht konsequent benutzt hat, ist nicht auszuschließen, daß die Paraphrase hier auf χ fußt. Es gibt noch andere Stellen, an welchen die Paraphrase ein paar Worte mehr als die sonstige Überlieferung hat, die durchaus von Niketas selbst herrühren könnten, s. S. 443,66; 484,64; 499,51; 511,59; 522,31; der ältere Teil von W hat nur noch die erste dieser Stellen; hier fehlt aber der Zusatz der Paraphrase.

Die sekundären Textzeugen

Theodoros Skutariotes (Sc)

Der wichtigste, oder besser der einzig wichtige sekundäre Textzeuge ist Theodoros Skutariotes mit seiner von K. Sathas, Μεσ. Βιβλ. VII, S. 1—556 herausgegebenen Chronik (Synopsis Sathas). Den Anfang hat Sc stark verkürzt (er bringt nur S. 5,88/90; 6,35/7; 5,87/8; 5,90—6,28; 7,48/68; 6,38/43; 7,70—8,92). Von S. 8,93 an folgt er regelmäßig Niketas bis S. 575,50, wo er auf Akropolites übergeht.

Wenn man sich zunächst dem Abschnitt über Alexios III. zuwendet, wird sofort klar, daß Sc sich des b-Textes bedient hat (S. 453, 3ff. = b; 464,14/7 om. = b; 465,18/32 = b, verkürzt wiedergegeben; 465,32—467,90 om. = b; 467,90—468,12 = b, verkürzt; 468,13/23 om. = b usw. Auch S. 483,35—493,66 fehlt bei Sc. Im vorangegangenen Teil aber hat Sc die Stellen, die uns veranlaßten, P-vor-der-Überarbeitung und W (urspr. Text) eine Zwischenposition zwischen den Fassungen b und a zuzuweisen. (s. S. LXXf.), nämlich S. 103,9/18; 274,13/4; 427,25/40; 428,51/62; 442,38/47; 443,59—444,10. Eine besondere Beziehung von Sc zu W bezeugen Stellen wie S. 111,25 (s. dort); 172,65 κτημάτων: προσόντων χρημάτων W: προσόντων αὐτοῖς χρημάτων Sc; 255,24 ἐν — διαχύσεως und 26/7 ὅτι — ὀλισθήματος om. W Sc. Hinzu kommt, daß Sc auch oft mit APW, AW oder PW zusammengeht, z. B.: S. 72,1 ὁ . . . Γυμνὸς: οἱ . . . Γυμνοὶ APW Sc; 233,50 τελέεσθαι: πέρας λαβεῖν APW Sc; 224,38 τοῖς γινομένοις A[mg]: τῇ τοῦ ἀνδρὸς παραδυναστείᾳ AW Sc; 286,92 καιρὸν: μικρὸν AW Sc; 143,55 τὴν φύσιν εὐλογοῦσι b: κακῶς λέγων εὐλογεῖ τὴν φύσιν VA: τὴν φύσιν κακολογοῦσι PW Sc: τὴν φύσιν μέμφονται B; eine Reihe weiterer Beispiele findet man z. B. S. 253ff. Das Zusammengehen von Sc mit VA, AP, A oder PH an Stellen, die in W nicht erhalten sind (s. z. B. S. 13,23; 16,30; 22,66; 30,2; 32,31; 36,46; 37,83; 38,7; 39,55; 40,65; 41,8; 47,79) passen zu diesem Bild, denn man kann davon ausgehen, daß der verlorene Teil von W hier die gleiche Lesart wie A oder P gehabt hat. Da W selbst, allein schon des Alters wegen, als Vorlage für Sc nicht in Frage kommt, und umgekehrt Sc einen kürzeren Text bietet als W, kann nur eine gemeinsame Vorlage für beide die Gemeinsamkeiten erklären. Sc schließt sich aber auch öfter gegen W an andere Hss. an, und zwar in nicht eindeutigen Kombinationen, z. B.: S. 230,88 ἐνῆγον: ἐνῆγον αὐτὸν V Sc; 243,26 ἐς: περὶ V Sc; 417,52 δεξάμενος: διαδεξάμενος V Sc; 176,68 μεθιστάμενος (auch A^mg): διιστάμενος A Sc; 299,43 'Ιλιάς: κακῶν 'Ιλιάς P: 'Ιλιὰς κακῶν A Sc; 382,69 τὸν ἐπίσκοπον Μαγέντζης: τὸν Μαγ. ἐπίσκοπον A Sc; 289,81 τὸν ἐπίσκοπον ἕνα στερήσας τῶν ὀφθαλμῶν (auch A^ac): τὸν ἐπίσκοπον ἀδρανοῦς στερήσας τ. ὀφθ. A, ubi ἀδρανοῦς sscr., P: τὸν 'Αδρανοῦς ἐπίσκοπον στ. τ. ὀφθ. Sc.; 265,77 ἀνάσταθμον: ἄμβωνα P Sc; 293,5 ὁ Δούκας τε καὶ ὁ Μακροδούκας: ὁ Μ. τε καὶ ὁ Δ. P Sc; 330,82 ἐξ ἀγροικίας: ἀγροῖκοι P Sc; 245,83 μετὰ τὸν 'Ανδρόνικον APW: μετ' 'Ανδρ. Sc. cum rel.; 245,2 τοὺς γοῦν APW: καὶ τοὺς Sc cum rel.; 348,69/70 ὀρθόν τε τὸ κῦμα ἵστατο καὶ εἰς χάσμα διίστατο καὶ καταπιεῖν αὐτὸν διίστατο VAP^pcW: ὀρθόν ... ἵστατο καὶ καταπιεῖν ... διίστατο P^ac RMDF Sc; 120,84 σφᾶς AW: αὐτοὺς Sc cum rel.; 226,66 Σαλτούχῳ τινι AW: τῷ Σαλτούχῳ Sc cum rel.; 251,45 ἐν ἐκείναις δὲ ταῖς ἡμέραις A^s PW: κατ' ἐκείνας δὲ τὰς ἡμέρας Sc cum rel. Da Skutariotes den Text nicht wortwörtlich kopieren wollte, sondern ihn verkürzend bearbeitete, können manche Kombinationen, die ich oben nur mit Beispielen illustriert habe, zufällig sein. Ob Sc alles der bereits als eine der Vorlagen von W postulierten Hs. χ entnommen haben kann, muß dahingestellt bleiben. Auch die Frage, ob der Andronikosbrief, den Sc und die „volkssprachliche" Paraphrase an verschiedener Stelle des Werkes überliefern (s. S. 331,91 app. und 354,47 app.) aus dieser Quelle rührt, wage ich nicht zu beantworten. Die Bedeutung des Sc für den Text des Niketas liegt hauptsächlich darin, daß er den Überlieferungszweig APW näher belichtet. Umgekehrt bringen die bis jetzt nicht herangezogenen Hss. A und W ans Licht, daß noch weniger als man bisher hätte annehmen können aus Skutariotes' eigener Feder stammt, nicht mehr nämlich als einige Glossen und Anekdoten (z. B. zu S. 296,69; 401,20; und andere, die ich nicht aufgenommen habe, zu S. 271,35/6; 368,51; 372,43; 419,93; 430,24), es sei denn, man nimmt an, Skutariotes habe eine Niketashs. bearbeitet, bevor er den Text für seine Chronik benutzte.

Ephraim

Auch Ephraim benutzte für seine Verschronik den b-Text. Es fehlen darin nicht nur sämtliche Zusätze des a-Textes, was kaum durch die starke Verkürzung erklärt werden kann, sondern es gibt auch mehrere Stellen, wo der Autor eindeutig Lesarten des b-Textes vor Augen gehabt hat, z. B. für V. 5050 ἐπεισπεσόντων τῷδε τινῶν ἀδίκως: S. 274,12/4 ἐπεισπεσ. αὐτῷ τοῦ Ἁγιοχρ. κτλ. a: ἐπεισπεσόντων αὐτῷ τινῶν b; V. 5662/4 τράπεζαν ἀεὶ Σολομώντειον φέρων / καὶ καινοφανεῖς στολὰς καθ' ἡμέραν / μεταδοτικὸς βρωμάτων διακόνοις: S. 441,9/10. 15/6 ἐτρύφα καθ' ἡμέραν λαμπρῶς παρατιθέμενος τράπεζαν Συβαρίτιδα . . . καὶ μὴ δὶς τὸν αὐτὸν χιτῶνα ἐνδιδυσκόμενος a: ἦν . . . διαδοτικὸς βρωμάτων τοῖς παρεστῶσιν. εἶχεν . . . τὴν τράπεζαν Σολομώντειον καὶ τὰς ἐσθῆτας ὡς ἐκεῖνος καινοφανεῖς περιέκειτο b (daß Ephraim, wie a, den Ausdruck μεθ' ἡμέραν verwendet, halte ich für zufällig, da hier sonst nichts auf Benutzung eines a-Textes deutet. Man vgl. noch zu V. 6273/6 οὐκ εὐθὺς εἰσέδραμε πρὸς Βυζαντίδα, / ἀλλὰ κακῶς πάσχουσι τοῖς κατὰ δύσιν / παρὰ Μυσαρχῶν κασιγνήτων δυστρόπων, / Ἀσάν τε Πέτρου κτλ.: S. 454,16b οὐκ εὐθὺς τὴν μεγαλόπολιν εἴσεισιν, ἀλλ' αὐτὸς μὲν τοῖς κατὰ δύσιν προσανέχει πράγμασι, πάσχουσι κακῶς παρὰ τοῦ Πέτρου καὶ τοῦ Ἀσάν b: διαφίησιν ἔπειτα τὰ στρατεύματα εἰς ἤθη τὰ οἰκεῖα ἐπανελθεῖν μηδένα θέμενος λόγον, εἰ τὰ ἐν ποσὶν οἱ Βλάχοι ληΐζονται . . . καὶ αὐτὸς μὲν οὐκ εὐθὺς . . . τὴν εἰς τὴν πόλιν ἥψατο a (S. 455,50/3). Diese Beispiele ließen sich natürlich vermehren. Nur die Charakteristik des Alexios III. hat einige Zeilen, die eine im b-Text nicht enthaltene Kritik bieten, V. 6346/9 πλὴν νωχελὴς ἦν καὶ μαλακὸς τὴν φύσιν / οὐδ' εὖ πεφυκὼς πρὸς διοίκησιν ὅλων / ἐκ τῆς φυσικῆς νωθρότητος συντρόφου / καὶ τῆς τρυχούσης τοὺς πόδας καχεξίας. Sie sind aber offenbar auch nicht direkt dem a-Text S. 547,85ff. entsprungen. Ich halte es für weniger wahrscheinlich, daß Ephraim diese Kritik selbst aus verschiedenen Stellen des a-Textes (s. etwa S. 483,39ff., 493,65/6, 534,73/4 und 547,86/8) zusammengestellt hat; er dürfte sie vielmehr einer anderen Quelle entnommen haben. Die Verse 7404/7 über den Tod Kaiser Balduins entsprechen dem Bericht des Niketas, den nur der a-Text hat (S. 642, 86ff.), und nicht dem des Akropolites (S. 22,9/14 ed. Heisenberg), obwohl Ephraim V. 7387 von Niketas S. 614,7/10 zu Akropolites als Quelle für seine Chronik übergegangen ist. (Die Verse 7389/91 [Ὀρεστιάδα καταλαβοῦσα πόλιν / ἐκεῖθί που χάρακα βαλοῦσα μένει / ταύτην ἑλεῖν σπεύδουσα παντὶ τῷ τρόπῳ] gehen noch auf Niketas, S. 614, 7/10b zurück, während V. 7392/9 deutlich Akropolites S. 21,20—22,1 wiedergeben). Ephraim scheint demnach den letzten Teil des a-Textes gekannt zu haben; man kann vermuten, daß seine Vorlage eine Hs. gewesen ist, die, wie z. B. M und C, von S. 614,7 an aus einem a-Codex ergänzt worden war. Von den uns bekannten Hss. des b-Textes scheint er nicht abhängig zu sein, von R und M wegen V. 6150/1 nicht, die S. 433,5/9 wiedergeben, eine Stelle, die in diesen Hss. fehlt; von F wegen V. 4799 nicht, wo Ephr. das in diesem Codex fehlende Wort ὁλόσφυρος hat; von D wegen V. 7016 nicht, das Nikolaos Kanabos einen jungen Mann nennt, denn in D fehlt die entsprechende Mitteilung, S. 562,61. Trotzdem hat die Kollation nichts von textkritischer Bedeutung ergeben. Neumann konnte noch aus Ephr. V. 3922 Bekkers Ausgabe S. 38,17 (= S. 29,49 dieser Ed.) korrigieren (Νίστριον für Ἴστριον); diese Lesart bieten aber auch mehrere der von uns benutzten Niketashss., so daß wir auf Ephraims Verschronik verzichten können.

Joel u. a.

Die übrigen Chronisten, die Niketas benutzt haben, nämlich Joel, der Autor der von J. Müller, Byzantinische Analekten, Sitzungsberichte Wien 9 (1852) S. 336—419 veröffentlichten Verschronik und der von H. Grégoire, Mélanges Schlumberger, I, Paris 1924, S. 272 bis 281 edierte Fortsetzer des Manasses enthalten zu wenig, als daß man aufgrund von Textvarianten bestimmen könnte, auf welchen Überlieferungszweig sie zurückzuführen seien. Für die vorliegende Ausgabe war diesen Chroniken nichts zu entnehmen. Dies trifft auch für einige Stellen in einer antilateinischen Schrift des Konstantinos Stilbès zu: Τὰ αἰτιάματα τῆς λατινικῆς ἐκκλησίας etc., veröffentlicht von J. Darrouzès, Le Mémoire de Constantin Stilbès contre les Latins, Revue des Études byzantines 21 (1963) 50—100, S. 61ff. Stilbès widmet den Verbrechen der Lateiner, bei der Einnahme Konstantinopels begangen, einen speziellen Paragraphen (ed. Darrouzès Z. 340ff.), in welchem man mehrere der von Niketas erhobenen Vorwürfe wiederfindet (vgl. Darrouzès' Kommentar S. 98f. Nr. 76—98, 97); sie sind aber von Stilbès neu formuliert, so daß der Text für uns nichts hergibt.

Geschichtswerk und Panoplia dogmatike

Sein theologisches Werk verfaßte Niketas laut Prooimion wenigstens zum Teil in der Zeit zwischen der Eroberung Konstantinopels im April 1204 und seiner Niederlassung in Nikaia gegen Ende 1206; er schickte es kurz nachher, vermutlich zusammen mit der Fortsetzung des (abgebrochenen) Geschichtswerkes (S. 535,3ff.), die in der Überlieferung mit der Panoplia verbunden ist, von Nikaia aus einem Freund zu. Aus dem „Prolog" zu dieser Fortsetzung, S. 535,3—11, darf man wohl folgern, daß die vorausgegangene historiographische Arbeit des Niketas dem anonymen Freund bekannt war.

Im 24. und 25. Buch der Panoplia behandelt Niketas ausführlich theologische Streitigkeiten über zwei Schriftstellen, die er auch im Geschichtswerk, S. 210,72ff., kurz berührt. Zu S. 210,86 bestätigt die Panoplia, daß hier die Lesart von P^{ac}RMDF nicht in den a-Text übernommen wurde, vielleicht sogar als Fehler zu betrachten ist. Ansonsten ist diesen beiden Büchern der Panoplia nichts von textkritischer Bedeutung für das Geschichtswerk zu entnehmen. Für das 26. Buch aber hat Niketas offensichtlich sein Geschichtswerk S. 213, 51—219,70 als Vorlage benutzt. Der Text der Panoplia geht hier ein paar Mal gegen VRMDF mit APW zusammen und bringt u. a. zwei kleine Erweiterungen, S. 215,8 und 216,20, welche P beide Male durch Korrektur hat. Die Stellen, an welchen die Panoplia sich gegen APW den anderen Hss. anschließt (s. S. 216,20; 218,62; 218,64) scheinen ohne Bedeutung. P allein, ohne AW, wird nicht von der Panoplia gestützt. Einmal steht die Panoplia dem b-Text deutlich näher, nämlich S. 217,35 ἐκπλαγεὶς a: στὰς ἐπὶ βραχὺ ἐνεὸς καὶ τὰ χείλη μύσας b: στὰς ἐνεὸς καὶ τὴν χεῖρα ἐπιθεὶς τοῖς χείλεσι Panoplia. In der historischen Einleitung zum 27. Buch der Panoplia werden die Anekdoten über Sikidites erzählt, welche das Geschichtswerk S. 148, 4ff. bringt. Der Anschluß der Panoplia an P S. 149,29 (τῶν om.) scheint bedeutungslos. Dieser Abschnitt zeigt aber, wie frei Niketas sich selbst „ausschreibt“ und wie er bei der Überarbeitung des Geschichtswerkes hier nicht auf die Neufassung in der Panoplia zurückgegriffen, sondern die Stellen unverändert gelassen hat. Die Behandlung der theologischen Frage, ob die göttlichen Mysterien verweslich oder unverweslich seien, ist selbstverständlich in der Panoplia (Lib. 27) ausführlicher als im Geschichtswerk S. 514,38ff. Für uns ist die Feststellung wichtig, daß der Text der Panoplia viel mehr mit dem b-Text als mit dem a-Text gemein hat, und daß uns noch einmal bestätigt wird, wie frei Niketas mit einer von ihm selbst verfaßten Vorlage umgeht. Die bei der Konfrontation des Geschichtswerkes mit der Panoplia gemachten Beobachtungen stellen uns nun vor die Frage, ob Lesarten von APW, die hier eine „Bestätigung“ erfuhren, jenen, die von V und RMDF vertreten werden, vorgezogen werden müssen. Ich glaube nicht. Für eine Reihe von Bindefehlern in zwei klar voneinander abzugrenzenden Fassungen, wie sie von V einerseits und RMDF andererseits repräsentiert werden, gibt es kaum eine plausible Erklärung, daß aber Lesarten aus der Panoplia in einen Überlieferungszweig des Geschichtswerkes eingedrungen sein können, läßt sich nicht bezweifeln und paßt zum Bild eines kontaminierten Textes, das wir uns von der in APW überlieferten Textform bereits gemacht haben. Ob allerdings die Namensform Γουδέλιος Τζικανδήλης, den APW S. 125,26 statt Basileios Tzikandeles=VRMDF haben, aus der Panoplia stammt, die den Namen in anderem Zusammenhang bringt, möchte ich dahingestellt sein lassen.

Die Abfassung des Werkes und das Verhältnis der verschiedenen Textfassungen zueinander

Bevor der Versuch unternommen werden kann, ein Gesamtstemma der Überlieferung zu entwerfen, ist noch zu untersuchen, welche Schlüsse aus inneren Kriterien in bezug auf die Abfassungszeit der drei Fassungen (a, b, LO) und auf ihr gegenseitiges Verhältnis zu ziehen sind.

Niketas begann seine historiographische Arbeit kaum vor dem Sturz Andronikos' I. (12. 9. 1185), dessen Regierung schon S. 50,57/8 als Tyrannei bezeichnet wird. (So auch S. 101,68; 107,29/30 u. ö.). Der größte Teil wurde nicht vor dem Regierungsantritt Alexios' III. (8. 4. 1195), der S. 245,82/3 zum ersten Mal erwähnt wird, geschrieben. S. 158,86 scheint schon die Abdankung des Stephan Nemanja von Serbien (25. 3. 1196) vorauszusetzen, und S. 149,32ff. ist die Rede von Sikidites' häretischer Lehrmeinung über die Eucharistie, welche die theologischen Auseinandersetzungen der Jahre 1197—1200 auslöste. Viele Stellen sind aber offenbar vor 1204 abgefaßt: S. 55,18/21 die Klage über die Seeräuberei infolge der schlechten Flottenpolitik Johannes' I. (das Buch über Johannes Komnenos wurde übrigens m. E. nicht als erstes abgefaßt, wie z. B. die ausführliche Benennung des Großdomestikos Johannes Axuch im ersten Buch Manuels S. 48,5/6 zeigt); 77,21/4 die Bemerkung, daß d a m a l s unter Manuel das Rhomäerreich noch über ein kräftiges Heer verfügte; 114,17/20 die Bemerkung, daß eine Porphyrschale, die einst vor dem Palast des Nikephoros Phokas stand, sich jetzt in einem von Manuel gebauten Saal befinde; 116,79—117,4 die Klage über die Plünderungen der Türken; 124,13/4 die Notiz, daß Laodikeia damals (um 1173) nicht befestigt gewesen sei, wie jetzt; 150,54/6 die Nachricht, daß Neokastra einen eigenen Gouverneur aus Konstantinopel erhalte und jährlich Beiträge an die kaiserliche Schatzkammer abführe; 206,54 wo es heißt, daß die Kaiser in den Palästen an der Propontis den Sommer zubringen; 329,55/60 die Mitteilung, daß bestimmte Teile der Stadt jetzt von einer durch Andronikos I. gebauten Wasserleitung versorgt werden, die von „dessen Nachfolgern bis in unsere Zeit" nicht vollendet wurde; 352,1/2 die Bemerkung, daß die Reste des noch nicht ganz zerfallenen Leichnams Andronikos' I. in einer Grube beim Ephoroskloster noch immer zu sehen seien. Ab S. 535,3 kann das Werk erst nach 1204 geschrieben worden sein, wie aus der dortigen Vorbemerkung zum nachfolgenden Text klar hervorgeht. Aber auch schon zuvor gibt es Stellen, die kaum vor diesem Jahr datiert werden können; dabei handelt es sich gerade um solche Stellen, die nur die längere Fassung hat. Es ist nicht möglich, in diesen Prolegomena von allen in Frage kommenden Stellen den Ergänzungscharakter nachzuweisen. Drei Beispiele mögen genügen: S. 203,75ff.: Im ersten Satz dieser Stelle preist Niketas es als richtig und vernünftig, daß Kaiser Manuel der Bedrohung des Reiches durch die Lateiner entgegenarbeitete, denn die späteren Ereignisse haben gezeigt, wie das Staatsschiff nach dem Tod des klugen Steuermanns beinahe unterging. Dieser Satz setzt m. E. nicht nur die Katastrophe von 1204, sondern auch die Wiederaufrichtung des Staates in Nikaia voraus. Im übrigen enthält diese Stelle hauptsächlich Kritik an der Regierung Manuels und widerspricht zum Teil dem unmittelbar zuvor dem Kaiser gespendeten Lob, s. S. 203,58ff. Das wäre kaum verständlich, wenn beide Stellen zugleich verfaßt sein sollten; diese Schwierigkeit verschwindet, wenn man in S. 203,75ff. eine durch verbesserte Einsicht in die Folgen der Politik Manuels veranlaßte Ergänzung sieht. S. 104,29/36 erweist sich dadurch als Ergänzung, daß die Fortsetzung τὸ γὰρ τοιοῦτον (Zeile 37) besser an Zeile 27—29 als an 29—36 anschließt. S. 500,72/3 sind im Satz τειχομαχεῖν τὰ ἐν κώμαις ἐκτρεπομένοις ἐς δεῦρο καὶ πόλεσιν ὀχυρώματα die Worte ἐς δεῦρο mit großer Wahrscheinlichkeit auf die Kumanenstreifzüge aus den Jahren 1206/1207 zu beziehen.

Wichtiger als eine Analyse der einzelnen Ergänzungen ist die Beobachtung der allgemeinen Tendenz, durch welche die kürzere Fassung sich von der längeren unterscheidet. In b fehlt freilich nicht jeder Tadel, aber doch nur in a wird schonungslos an den Kaisern und den hohen Funktionären Kritik geübt, und zwar auch an solchen, die uns aus der Korrespondenz des Niketas als seine Freunde auch noch in den ersten Jahren nach 1204 bekannt sind. Eine Reihe solcher kritischer Stellen habe ich bereits oben S. LVI aufgeführt. Nun ist aber eine Verkürzung des längeren Textes mit der Tendenz, Männer, die inzwischen durch Sturz oder Tod ungefährlich geworden sind, zu schonen, weniger wahrscheinlich als eine Überarbeitung eines Textes, in welchem der Autor solche Männer, die ihn außerdem persönlich enttäuscht hatten, nachträglich kritisiert.

Der Unterschied zwischen a und b wird am deutlichsten in der Behandlung der Regierung Alexios' III., S. 453ff. Der a-Text ist hier nicht nur weit kritischer als b (s. z. B. S. 453,3—461,13; 465,32—467, 86; 471,90—3; 477,68—478,1; 478,14—479,43; 483,35—493,66; 502,

10—507,60; 513,31—514,36; 519,44—520,66), sondern auch ausführlicher. Mehrere Episoden stehen nur in a, z. B.: S. 473,64—475,25; 508,67—74; 508,75—509,17; 523,43—49; 524,84—526,33; 528,76 bis 532,20. In den Abschnitten, die a und b gemeinsam haben, bietet a, auch wenn man die hinzukommende Kritik außer acht läßt, manchmal wesentlich mehr, man s. z. B. S. 532,21—535,2. Zu beachten sind auch die genaueren Zeitangaben in a, s. S. 461,14; 462,65/6; 493,63/4; 499,59/60; 514,36 (+ 518,5). Dieser außerordentliche Unterschied zwischen a und b gerade in der Behandlung der Regierung Alexios' III., der nicht nur größer ist als in den vorangehenden Büchern, sondern auch als in den folgenden, wird verständlich, wenn man annimmt, daß dieser Teil, so wie es in b vorliegt, fast gleichzeitig mit den Ereignissen aufgezeichnet, und wie es in a überliefert ist, erst mehrere Jahre später aus einem besseren historischen Überblick und unter Einfluß von gründlich geänderten Einsichten und Lebensumständen neu geschrieben wurde.

Der letzte Teil der Regierung Alexios' III. ist in den obigen Ausführungen außer acht gelassen, da es von S. 535,3 an drei Textfassungen gibt, a, b und LO. Von diesen drei muß LO die älteste sein. Schon die Tatsache, daß a unvollendet geblieben ist, macht es unannehmbar, daß LO nach a verfaßt wurde. Daß a von Niketas nicht abgeschlossen wurde, ergibt sich aus einem Vergleich mit den kunstvollen Abschlüssen vom ersten Hauptteil des Werkes, S. 579,82—582, 46 und von LO, S. 653,26—655,65. Die Fortsetzung „Post urbem captam", S. 583ff., hat freilich in b auch keinen richtigen Abschluß und bricht S. 614,7/10b völlig unerwartet ab (die im Vorwort, S. 585,49—57, angekündigte Niederlage der Barbaren, die Niketas veranlaßte, zur Historiographie zurückzukehren, wird nicht mehr erzählt; s. auch S. 613,77), aber im Schlußsatz wird davon Rechenschaft abgelegt. In a, wo noch S. 645,86/8 eine neue Runde in der Rennbahn angekündigt wird, ist das nicht der Fall.

Den Hauptbeweis, daß LO die älteste Fassung des Teiles „Post urbem captam" ist, liefert der Umstand, daß b eine Zwischenposition zwischen LO und a einnimmt. Da b älter ist als a, ist demnach die einzig mögliche Entstehungsreihenfolge LO—b—a. Um die Zwischenposition von b zu beweisen, bietet fast jede willkürlich gewählte Seite ausreichende Argumente. Hier sei bloß das Wichtigste hervorgehoben: Die Seiten 535,3—582,46 bilden in LO ein Buch; in b und a sind sie, wie das übrige Werk, nach Kaiserregierungen eingeteilt. Zur Geschichte „Nach der Eroberung der Stadt" haben a und b ein Vorwort, LO nicht. S. 603,24ff. ist die Anordnung der Ereignisse in b die gleiche wie in a, nicht wie in LO. Dagegen hat b mit LO weniger Kritik als a, s. S. 536,22/3; 538,67/9; 545,54; 546,57/9; 546, 65/8; 546,72ff.; 555,65/9; 556,80/1; 556,84/5; 557,11/2; 562,58/9. Besonders aufschlußreich ist m. E., daß das Lob, welches in LO und b Theodoros Laskaris gespendet wird (S. 544,19 u. 546,65), in a fehlt. Auch in der Ausdrucksweise geht b oft gegen a mit LO zusammen, z. B.: S. 537,34 τῇ καθ' Ἑλλήσποντον Αὐλωνίᾳ a: ταῖς Ἑλλησποντίαις Πηγαῖς τρεφούσαις τὸ ἐνοικοῦν ἐκ Λατίνων bLO; 541,46 Ἀλέξιος: βασιλεὺς; 545,35 ὁπλισάμενοι: ὁπλισάμενοι Λατῖνοι; 546,68 ἐπανῆλθεν: εἰσῆλθεν; 551,58 τὸ γαζοφυλάκιον τὸ βασιλικὸν: τὸ βασιλέως γαζοφυλάκιον usw. Zu dieser Zwischenposition von b ist noch zu bemerken, daß b bis S. 582,46 LO näher steht als a, von S. 583 an aber größere Übereinstimmung mit a aufweist. In LO fehlt hier einiges, was b mit a hat, und in der Anordnung der erzählten Ereignisse ist die Chronologie von LO schlechter als die von b und a. Das läßt sich einfach dadurch erklären, daß Niketas bei der Abfassung von LO über weniger Nachrichten verfügte und noch keinen Überblick über die Ereignisse gewinnen konnte, sondern diese, je nachdem er darüber unterrichtet wurde, verarbeitete. Daß LO zeitlich über b und zum Teil auch über a hinausgeht, bildet kein Problem. Niketas brach b gerade vor dem Bericht über die Schlacht bei Adrianopel, die ihn zur Wiederaufnahme der Geschichtsschreibung veranlaßt hatte, ab (s. S. XCV); der Plan für b hat also mehr umfaßt als der Autor verwirklichte. Daß a unvollendet blieb, wurde schon oben nachgewiesen. Aber gerade auch die bessere chronologische Anordnung der Ereignisse in a erklärt, warum in dieser Fassung etwa der Tod des Bonifatius von Montferrat (4. 9. 1207) und des Leon Sguros (Herbst 1207) nicht mehr, wie in LO (636,55 und 611,30/5 LO), erwähnt werden.

Von S. 615 an gibt es nur noch die Fassungen a und LO. Wenn man die einzelnen Abschnitte dieses Teiles, welche a und LO gemeinsam haben, miteinander vergleicht, könnte man LO für eine Epitome aus a halten[6]. Überblickt man aber das Ganze, weist die Fassung LO bestimmte Mängel auf, die in einem aus a entstandenen Text unverständlich wären, während a einige Unregelmäßigkeiten zeigt, die gerade durch eine etwas übereilte Bearbeitung von LO verständlich werden. Über den asiatischen Teil des Reiches enthält LO nur die

[6] Diese Ansicht vertrat Friedrich Wilken in der Einleitung zu seiner Ausgabe des sogenannten Fragmentum „De Signis" (s. S. CVII): „Das Werk, so wie es in der Bodlejanischen Handschrift sich findet, ist offenbar eine spätere Bearbeitung des schon in dem größeren Werke des Nicetas behandelten Gegenstandes, in welcher der Verfasser seine frühere Erzählung meistens abkürzte und nur einigen Stellen durch Zusätze erweiterte."

Mitteilung, daß dort Theodoros Laskaris als Kaiser anerkannt wird. Er gilt neben Michael Angelos in Epeiros und Leon Sguros in Griechenland als dritter byzantinischer Führer (S. 631,16ff. LO). Manuel Maurozomes und die Komnenen von Pontos werden nicht erwähnt; kein einziges der in a S. 626,57—75 und 638,62ff. behandelten Ereignisse wird in LO auch nur angedeutet. Über Konstantinopel weiß a einiges mehr zu berichten als LO, s. S. 617,77—86; 621,84—5; 642, 74—80. In LO zeigt sich der Autor erst gegen Ende über Konstantinopel informiert; wir hören von der Plünderung Thrakiens bis vor die Tore der Hauptstadt, S. 631,5/16 und ganz am Ende von der Einsetzung eines lateinischen Patriarchen, von der Plünderung der Kaisergräber und von der Zerstörung der Erzbilder der Stadt durch die Lateiner, S. 647,4ff. Die Plünderung Thrakiens fand um Ostern 1206 statt, d. h. unmittelbar vor Niketas' Rückkehr in die Hauptstadt, und war vermutlich der Anlaß dazu, s. S. 635,1ff. LO. Der lateinische Patriarch kam schon im August 1205 nach Konstantinopel und auch die Erzbilder wurden schon eingeschmolzen, als Niketas noch in Selymbria verweilte. Was sich nach der Eroberung Konstantinopels bis ca. Februar 1205 in Griechenland abspielte, wird in LO berichtet, nachdem schon Ereignisse aus den Jahren 1206 und 1207 in Kleinasien und Thrakien behandelt sind (s. S. 605,65ff.). Freilich wird der Bericht über Griechenland bis etwa Ende 1207 fortgesetzt, aber das Aufbewahren des drei Jahre umfassenden Berichtes über Bonifatius von Montferrat und Griechenland entspricht nicht der üblichen Arbeitsmethode unseres Historikers, der sonst solche Berichte aus logischen und chronologischen Gründen in Stücke zerlegt. Die Belagerung von Didymoteichos und der Tod des Patriarchen Johannes Kamateros, Mai/Juni 1206 bzw. 26. Juni 1206, wie auch die Belagerung Adrianopels im J. 1207 stehen in LO vor der Schlacht bei Rhusion und der Eroberung von Apros, Februar/März 1206 (s. S. 632,22ff.; 636,22ff.; 628,15ff.). Der Bericht über das „Abkommen" zwischen Alexios III. und Bonifatius von Montferrat, Herbst 1204, wird unmittelbar mit der Mitteilung verbunden, daß dieser später mit seiner Gattin nach der Lombardei geschickt wurde, etwa Juni 1205 (s. S. 612,41/5 LO). Der Tod Balduins, Sommer 1205, wird in LO im Anschluß an den Bericht über den Kampf bei Mosynopolis, August 1207, erwähnt (S. 636,52ff. und 628,7—14 LO), und zwar so, daß der Verfasser ihn auch um diese Zeit anzusetzen scheint. In a ist diese Mitteilung freilich auch nicht chronologisch eingeordnet (s. S. 642,86ff.), aber doch logisch mit dem Bericht über die Krönung Heinrichs (20. 8. 1206) verbunden. Alle diese Mängel sind unerklärlich, wenn man LO als eine Verkürzung und zugleich

Ergänzung des a-Textes betrachten will. Sie werden aber verständlich, wenn man davon ausgeht, daß Niketas bei der Abfassung von LO anfangs nur einseitig informiert war und daß er sich während seines Aufenthaltes in Selymbria hauptsächlich auf die Ereignisse in Thrakien und Makedonien beschränken mußte. Die Rückkehr nach Konstantinopel ca. Juni 1206 und die Übersiedlung nach Nikaia, Ende 1206, wo er sicher Nachrichten aus Griechenland erhielt (wohl von seinem Bruder Michael), machten es ihm möglich, am Ende der Fassung LO noch einiges nachzutragen, was ihm in Selymbria unbekannt geblieben war. Daß er nicht auch einen ausführlichen Bericht über den Osten des Reiches hinzufügte, worüber er in Nikaia alles erfahren konnte, möchte ich daraus erklären, daß die Fülle neuer Informationen mit dazu beitrug, daß Niketas bald nach seiner Umsiedlung in Nikaia den Plan faßte, sein Werk zu überarbeiten, ein Unternehmen, das er dann allerdings, als er bis S. 614,7/10 b gekommen war, einstellte.

Auf die Unregelmäßigkeiten, welche a besonders gegen Ende als eine etwas eilig verfaßte Überarbeitung von LO erkennen lassen, hat schon F. Grabler hingewiesen[7]. Es sind vor allem folgende: Der erste lateinische Patriarch von Konstantinopel, Thomas Morosini, wird in a S. 623,73 eingeführt, ohne daß zuvor seine Einsetzung mitgeteilt worden ist. Die Beschreibung des Mannes, die hinzugefügt wird, S. 623,74/9, stört an dieser Stelle deutlich den Zusammenhang. In LO, S. 647,7/18, ist die gleiche Beschreibung des Patriarchen offensichtlich das, was Niketas hier bringen will, und die Erwähnung der Einsetzung Mittel zum Zweck. Er muß diese Stelle verfaßt haben, als er nach seiner Rückkehr in die Hauptstadt direkt mit diesem Stein des Anstoßes, dem bartlosen Äußeren des bischöflichen Usurpators und seines Klerus, konfrontiert wurde. Die Verheerung Thrakiens durch Vlachen und Kumanen, welche Niketas in a S. 634,67ff. beklagt, fand um Ostern 1206 (d. h. um den 2. April) statt (s. S. 637, 8/11), also vor der Belagerung von Didymoteichos, Mai/Juni 1206, vor der Hilfsexpedition der Lateiner, 10.—28. Juni 1206, und vor dem Tod des Patriarchen Johannes Kamateros am 26. Juni 1206, Ereignisse, die bereits S. 632,22—633,53, 633,60/6 und 633,67/9 behandelt worden sind. In a gibt es für diese Umstellung keinen ersichtlichen Grund. In LO ist die Chronologie freilich nicht besser, aber die Klage steht hier „logisch" am Platz, da die Plünderzüge der Vlachen und Kumanen die anschließend mitgeteilte Rückkehr des Autors nach

[7] S. F. Grabler, in: Die Kreuzfahrer erobern Konstantinopel ... aus dem Geschichtswerk des Niketas Choniates ... übersetzt, eingeleitet und erklärt ... (Byz. Geschichtsschreiber, IX), Graz-Wien-Köln 1958, S. 9—13.

Konstantinopel begründen, die erst nach der Hilfsexpedition der Kreuzfahrer im Juni 1206 erfolgen konnte. Die Einschmelzung der großen Reiterstatue des Forum Tauri wird in a S. 643,16ff. mit der Zerstörung der Schutzbilder Konstantinopels, S. 643,11/5, in Verbindung gebracht und als eine Vorsichtsmaßnahme der Lateiner dargestellt, die alles taten, damit sie ja nicht aus der eroberten Stadt vertrieben würden; sie ließen darum auch das Gerede, es sei unter dem Huf des Pferdes die Statuette eines Lateiners verborgen, nicht unbeachtet. Die Beschreibung des ganzen Bildes und die Erörterung der Frage, ob es Bellerophon oder Josue darstellte, ist hier fehl am Platz. In LO gehört die Ekphrasis der Bellerophonstatue zum Abschnitt, in welchem Niketas versucht, seinen Lesern etwas von der Schönheit der Bilder zu vermitteln, welche die Lateiner aus Geldnot und Geldgier in den Schmelzofen warfen. Über die Bedeutung der Statuette, die man im Huf des Pferdes fand, machten sich die Lateiner keine Gedanken, heißt es hier. Es ist klar, daß diese drei Stellen in LO ihren ursprünglichen Platz haben. Sie müssen also in a aus LO übernommen worden sein. Der Umstand, daß sie nicht sehr geschickt eingearbeitet worden sind, beweist, daß der Autor sich die Übernahme nicht mehr sorgfältig überlegt hat.

Entstehung und Überlieferung

Die Gegenüberstellung von Hss. und Hss.-Familien hat nicht zu einem eindeutigen Ergebnis geführt; nicht nur einzelne kontaminierte Hss. (A, W, Q) haben sich einer sicheren Einordnung entzogen, sondern auch die Zwischenposition zwischen b- und a-Text, welche schon der ursprüngliche Text von P und W einnahm, das Zusammengehen von V einerseits mit den b-Hss., andererseits mit P^{ac} gegen die b-Hss., das Vorhandensein gemeinsamer Fehler nicht nur in allen a-Hss., sondern auch in a- und b-Hss., das alles läßt sich nicht durch das Einschleichen normaler Überlieferungsfehler erklären, sondern setzt m. E. eine Entstehungsgeschichte des Werkes voraus, die es ermöglicht, die aufgezeigten „Kreuz- und Querverbindungen“ aus der Urschrift selbst zu erklären. Ich glaube nicht, die Entstehungsgeschichte mit Sicherheit rekonstruieren zu können, bin aber gezwungen, dieser Ausgabe eine Entstehungstheorie zugrundezulegen, die es mir ermöglicht, unter Berücksichtigung der aufgezeigten Widersprüchlichkeiten den benutzten Hss. ihren Platz in der Überlieferung des Werkes zuzuweisen.

Die erste Niederschrift des Textes S. 1—535,2 entstand vor 1204 in Konstantinopel (vgl. S. XCIII). Dieser Text wurde schon damals, etwa von einem intimen Freund, kopiert[8] und auf diese Kopie dürfte der ursprüngliche Text von P und W zurückgehen. In Selymbria (April 1204—Juni 1206), Konstantinopel (Juli 1206—Dezember 1206) und Nikaia (1207/8) verfaßte Niketas eine Fortsetzung seines Werkes, S. 535,3—636 + 647—655, die er zusammen mit seiner um die gleiche Zeit entstandenen Panoplia dogmatike „veröffentlichte", d. h. er sandte eine Kopie beider Werke einem Freund zu, der um die Abschrift gebeten hatte (vgl. S. XCI). Diese Fassung ist in LO überliefert; P wurde um den historischen Teil dieser „Ausgabe" erweitert, und vermutlich an einigen Stellen, die in der Panoplia eine Parallele hatten, entsprechend „korrigiert". In Nikaia wurden dem Autor aber bald die Unzulänglichkeiten der unter ungünstigen Bedingungen entstandenen Fortsetzung seiner historiographischen Arbeit klar, und er ging daran, diese, besonders ab S. 583, zu überarbeiten. Dabei verband er die Fortsetzung mit dem vor 1204 fertiggestellten Text, in welchem er, gewisse Rücksichten nehmend, einiges ausließ und änderte[9]. Als sich ihm nun unerwartet Aussichten auf eine neue politische Tätigkeit eröffneten, brach er diese Arbeit mit einer kaum anders zu interpretierenden Begründung ab (s. S. 614,7/10b) und gab den neuen Text zum kopieren frei. So entstand die Fassung b. Niketas wurde aber in seinen Zukunftserwartungen getäuscht. Nikaia brachte ihm nicht das, was er sich erhofft hatte (s. S. 645,71/83). Auch war es ihm immer klarer geworden, daß er in seinem Geschichtswerk ein beschönigendes Bild der von ihm behandelten Periode geboten hatte. So bearbeitete er nochmals das Ganze aufgrund seiner neuen aus bitteren Erfahrungen gewonnenen Ansichten und redigierte besonders den letzten Teil neu, da er über die dort behandelten Ereignisse jetzt einen besseren Überblick hatte. Vielleicht war er schon krank und rechnete mit dem Tod, als er sich dieser Arbeit widmete; jedenfalls hat er sie nicht mehr mit aller schriftstellerischen Sorgfalt durchgeführt (vgl. S. XCIX). Für die Erweiterung des Werkes ab S. 615 überarbeitete er den über die b-Ausgabe hinausgehenden Teil der in Selymbria-Konstantinopel-Nikaia verfaßten Fortsetzung LO. Er fertigte, glaube ich, kein neues Exemplar seines Werkes an, sondern überarbeitete die Urschrift, indem er zwischen den Zeilen, am Rand und auf neuen Blättern Änderungen und Ergänzungen eintrug. Diese Arbeit blieb bei seinem

[8] Vgl. H. Grégoire, Un continuateur du Constantin Manassès et sa source, Mélanges Schlumberger, I, Paris 1924, S. 272—281. Grégoires Argumente scheinen mir allerdings nicht zwingend zu sein.

[9] Eine solche Rücksichtnahme sehe ich z. B. darin, daß die Kritik, die in LO an dem Flottenkommandant des Theodoros Laskaris, Michael Stryphnos, geliefert wird, in b fehlt (s. S. 541,41), während sie in a an anderer Stelle zurückkehrt.

Tod unvollendet zurück. Auf diese nicht vollendete Redaktion geht die Vorlage von V, der „vulgären“ Paraphrase, der Ergänzungen in D fol. 287 und in W fol. 189 mg. inf. + 190r—191v, sowie die Überarbeitung von P zurück.

Bevor ich versuche, die Überlieferung der Chronike Diegesis des Choniaten in ein (zum Teil hypothetisches) Stemma zusammenzufassen, hier noch eine schematische Darstellung, wie ich mir das Endstadium der Urschrift denke:

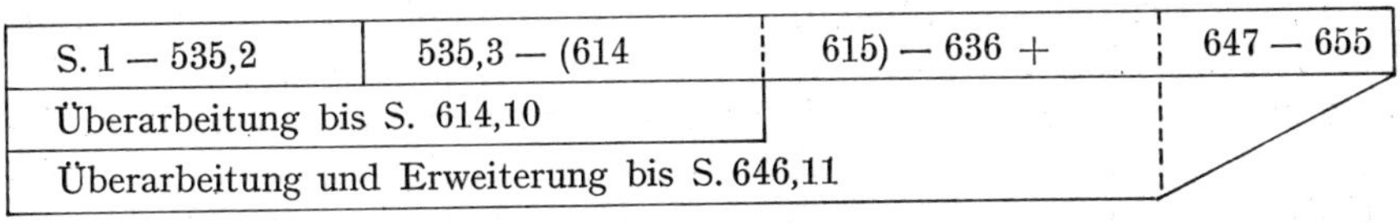

Stemma*

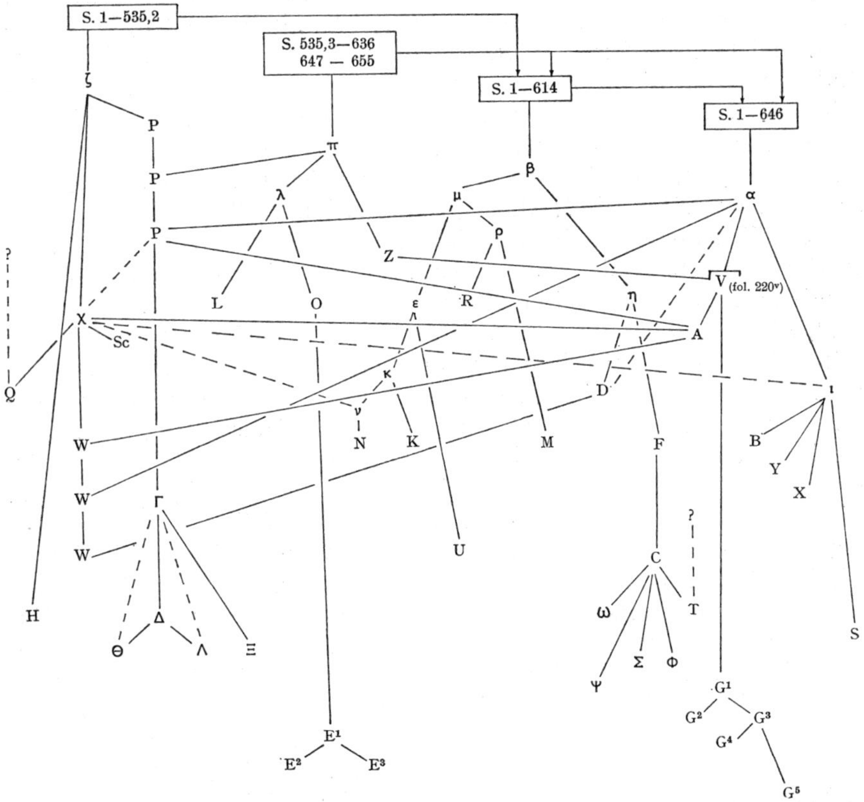

*Um eine gewisse Übersichtlichkeit zu erhalten, habe ich nicht alles eingezeichnet, so nicht die mutmaßliche Abstammung der Fortsetzung ab S. 615 in M und C, sowie die fraglichen Beziehungen einiger Ergänzungen in W.

ZUR VORLIEGENDEN AUSGABE

Als Haupttext wird die längere, d. h. die letzte Fassung (=a) des Werkes gegeben. Der kritische Apparat umfaßt zwei, bzw. drei Teile: im ersten Teil werden (nach Verzeichnis der Textzeugen) die variae lectiones der einzelnen Hss. oder Hss.-Kombinationen vorgelegt, also der kritische Apparat im eigentlichen Sinne; der zweite Teil bringt die abweichenden Lesarten der kürzeren (älteren) Fassung (=b), der dritte (ab S. 535,3) die der ursprünglichen Fassung (LO) dieses Abschnittes. In diesen beiden letzten Teilen des Apparates werden also die Fassungen b und LO mitherausgegeben, d. h. irrelevante Fehler werden stillschweigend korrigiert, das iota-subscriptum wird verwendet, obgleich die Hss. es durchwegs nicht haben.

„Direkte“ Zeugen des a-Textes sind V, A, P insofern überarbeitet, Ergänzungen und Korrekturen in W und D, „indirekte“ P, W, die b-Hss. und LO, insofern der ursprüngliche Text vom Autor nicht verändert wurde. Wenn V und der überarbeitete Text von P übereinstimmen, halte ich den a-Text mit Ausnahme von wenigen fehlerhaften Stellen für gesichert. Das gleiche gilt, wenn V mit den b-Hss. zusammengeht, da beide auf völlig verschiedenen Wegen von der Urschrift herzuleiten sind; diese Kombination stellt zugleich selbstverständlich auch den b-Text sicher. Wenn P von den b-Hss. „bestätigt“ wird, liegt die Sache anders: es k a n n sich dann um Lesarten handeln, die der Bearbeiter von P nicht „korrigiert“ hat. In diesem Fall, wie auch, wenn die b-Hss. sich weder an V noch an P anschließen, hilft kein äußeres Kriterium, um zwischen V und P entscheiden zu können. Die Bestätigung einer Lesart von V oder P durch A und/oder W bedeutet nur, daß die Schreiber dieser kontaminierten Hss., bzw. ihrer Vorlage, diese oder jene Lesart bevorzugten. Auch die „vulgärgriechische“ Paraphrase hilft nicht weiter, da die Eigenart von V, die zu Bedenken Anlaß gibt (vgl. S. LXXIV), auf die gemeinsame Vorlage zurückgehen kann. Die Wahl zwischen V und P liegt infolgedessen oft im Ermessen des Benutzers dieses Textes, und dem kritischen Apparat kommt eine entsprechende hohe Bedeutung zu. Beim Zusammengehen von V mit dem ursprünglichen Text von P gegen AW und die b-Hss. kommt der Lesart ersterer Kombination die größere Wahrscheinlichkeit zu; da diese aber nicht in allen Fällen die bessere zu sein scheint und da P sich außerdem manchmal durch Korrektur den anderen Hss. anschließt, vermute ich, daß wir es hier mit Lesarten zu tun haben, die Niketas im Original auf eine Weise korrigierte, daß die Korrekturen von einem Kopisten leicht übersehen werden konnten.

Direkte Zeugen des b-Textes sind an erster Stelle die Hss. RMDF, für Teile des Textes auch die Epitome-Hss. KNU, weiter, unter Berücksichtigung ihrer „Zwischenposition“ (s. S. LXX) P und W, sowie H, indirekte Zeugen V und A dort, wo der ursprüngliche Text nicht verändert wurde, und ab S. 535,3 LO, sowie ein Teil von P, insofern der Autor den Text dieser Fassung in b beibehielt. Es hätte eine Überbelastung des Apparates bedeutet, sämtliche Auslassungen und Verkürzungen der Epitome-Hss. zu verzeichnen. Ich habe sie zwar vollständig kollationiert, aber nur die Lesarten in den kritischen Apparat aufgenommen, die man in diesem Überlieferungszweig bzw. in einem von dessen Repräsentanten nicht erwarten würde. Wenn P mit den b-Hss. zusammengeht, halte ich den b-Text für gesichert. Andernfalls, wenn P, ohne korrigiert zu sein, sich an V(AW) anschließt, kann es sich um einen Fehler in der b-Überlieferung handeln, aber auch um eine Lesart, die von Niketas „vorübergehend“ für die b-Ausgabe abgeändert wurde (s. S. C). Dies begegnet häufig, so daß ich ersteres als Ausnahme betrachte. Nur solche Lesarten aus RMDF (Epit.), die ich für Abschreibefehler halte, habe ich in den eigentlichen kritischen Apparat verwiesen. S. 535,3—614,10 nimmt b eine Zwischenposition zwischen a und der Fassung LO ein, die S. 540,28—582,46, mit Ausnahme von 546,63—550,31, auch von P vertreten wird. Der dritte Teil des kritischen Apparates (im weiteren Sinne) bringt hier den Text von (P)LO, insofern dieser von b abweicht. Problematisch scheinen hier nur die Lesarten der b-Hss., denen eine gemeinsame Lesart von a und (P)LO gegenübersteht. Der Fall ist nicht sehr häufig; doch betrachte ich solche Lesarten, wenn kein klarer Abschreibefehler vorliegt, als authentisch in b und sehe im Zusammengehen von a mit LO einen Rückgriff des Autors auf den LO-Text unter Vernachlässigung von Änderungen, die er bei der ersten Überarbeitung dieses Textes vorgenommen hatte.

Der kritische Apparat ist negativ, d. h. die auf jeder Seite mit ihren Siglen verzeichneten Hss. bieten, abgesehen von unbedeutenden orthographischen Einzelheiten und sinnlosen Abschreibefehlern einzelner Hss., die stillschweigend übergangen werden, dem gemäß obenstehenden Richtlinien für ihre Fassung gegebenen Text, wenn für sie keine varia lectio notiert wird. Nur in Ausnahmefällen wurde der Deutlichkeit halber der positive Apparat vorgezogen.

Die „volkssprachliche“ Paraphrase ist nur insofern berücksichtigt worden, als sie abweichende Lesarten anderer Hss., besonders von V, „bestätigt“ oder ihnen widerspricht, und außerdem einige Male, wenn sie einen kleinen Zusatz bietet, der vielleicht authentisch sein könnte (vgl. S. LXXXVIII). Die Lesarten der Paraphrase sind fast immer der Haupths. dieser Fassung, Codex B, entnommen; die anderen Hss., S X Y, werden nur dann herangezogen, wenn in B ein Teil des Textes verlorengegangen ist oder wenn sie ausnahmsweise eine Lesart von B nicht bestätigen. Es bleibt zu hoffen, daß eine gesonderte Ausgabe dieses sprachlich interessanten Textes einmal die vorliegende Edition vervollständigen wird.

Mit der Synopsis des Theodoros Skutariotes bin ich ähnlich verfahren. Diese stellt eine weitere Verkürzung des ursprünglichen Textes von P und W dar. Wenn Sc Sonderlesarten dieses Überlieferungszweiges bestätigt oder ihnen widerspricht, oder sonstwie für diese oder jene Lesart aufschlußreich erscheint, ist das im kritischen Apparat verzeichnet worden. Selbstverständlich wird eine kritische Ausgabe seiner Chronik, die noch aussteht, auch für diese Edition ihre Bedeutung haben[10].

Von den früheren Ausgaben, denen Codices eliminandi zugrunde gelegen haben, ist nur die von Immanuel Bekker (im Bonner Corpus) berücksichtigt worden (=Bekk). Dies schien mir nötig, nicht aus textkritischen Gründen, sondern damit der Benutzer dieser Ausgabe sofort den Unterschied mit dem bisher „traditionellen“ Text feststellen kann.

Nota: Wenn im Apparat ein Teil eines Wortes in Klammern erscheint, dient der eingeklammerte Teil dazu, den Textbezug deutlicher zu gestalten, z. B. S. 4,70 (συναφ)ῆ πως τοῖς P^{ir} heißt: ῆ πως τοῖς steht in P in einer Rasur.

Der historische und der philologische Apparat (über dem kr. App.) sollen nur einer schnellen Orientierung des Lesers dienen. Dem Historiker werden Zeitangaben zu allen wichtigen von Niketas angesprochenen Ereignissen und Berichtigungen falscher Angaben geboten. Im sogenannten Testimonienapparat sind außer den anderen Werken unseres Autors (Panoplia dogmatike, Reden und Briefe) drei Schriften besonders berücksichtigt, die Niketas sicher benutzt hat: das Werk des Johannes Kinnamos, Eustathios' De Thessalonica capta und die Lobrede des Bruders unseres Historikers, des Bischofs Michael von Athen, auf Isaak II.[11] Im übrigen entsprechen Testimonienapparat

---

[10] Daß auch Skutariotes den Text des Niketas nicht immer richtig interpretiert, sei hier nur am Rande bemerkt und mit einem Beispiel erläutert; für S. 48,19. 16/8 hat Sc: Καταταχήσας οὖν ὁ Ἰωάννης τὴν πόλιν εἴσεισι . . . τά τε ἀνάκτορα εἰσιὼν, ἔνθα . . . περιβλήματα, τὰ ἐν αὐτοῖς, ὡς ὡρίσθη, διέθετο.

[11] Auf die genannten Autoren wird verwiesen durch Angabe von Seite und Zeile(n) folgender Ausgaben: für die Reden und Briefe des Niketas auf meine Edition: Nicetae Choniatae Orationes et Epistulae (CFHB, 3) Berolini et Novi Eboraci 1972; für Johannes Kinnamos auf die Ausgabe im Bonner Corpus; für Eustathios

und Indices den in meiner Ausgabe der Reden und Briefe des gleichen Schriftstellers befolgten Regeln.

AUSGABEN

Editio princeps: Nicetae Acominati Choniatae, Magni Logothetae Secretorum, Inspectoris & Iudicis Veli, Praefecti sacri cubiculi: LXXXVI annorum historia, videlicet ab anno restitutae Salutis circiter MCXVII, in quo Zonaras desinit, usque ad annum MCCIII, Libris XIX descripta, quorum hic ordo est . . . Opus lectu iucundum & utile, nunc primum liberalitate Magnifici et Generosi viri D. Antonii Fuggeri, &c. Caesareae Maiestati à consiliis &c. Graecè Latinéque editum, cum Indice copioso Latino rerum, & Graeco verborum & phrasium aliquot: unà cum varijs lectionibus, ex trium codicum laboriosa inter sese collatione. Hieronymo Wolfio Oetingensi interprete. Cum Caes. Maiest. gratia & privilegio ad decennium, & Christianiss. Gallorum regis Henrici ad annos sex. Basileae, apud Ioannem Oporinum, Idibus Augusti, Anno 1557.

Wolf benutzte die Hss. Ƶ, Φ und B. Der kr. App. ist so unklar, daß man meistens nicht weiß, was er welchem Codex entnommen hat. Die ,,laboriosa collatio" von drei Hss., welche er sich offensichtlich zum Verdienst anrechnete, hat seiner Ausgabe mehr geschadet als genützt. Die Ausgabe erfolgte in Folio mit eigener lateinischer Übersetzung[12].

Die Vignon-Ausgabe: Titelblatt wie oben (mit geringfügigen Änderungen: Imperii Graeci historia . . . Iterata editio graecolatina . . .); hinzugekommen sind:

,,Breviaria singulis libris praefixa. Perpetuae ad marginem Notae morales ac politicae. Gnomologia & Chronologia historica. Axiomatum & Rerum Insignium Indices." Erschienen: Genevae Apud haeredes Eustathij Vignon. M. D. XVIII.

---

auf Stilpon Kyriakides, Eustazio de Tessalonica, La Espugnazione di Tessalonica, in: Testi e Monumenti del Istituto Siciliano di Studi Bizantini e Neoellenici, 5, Palermo 1961 (mit Einleitung und Anmerkungen desselben und einer italienischen Übersetzung von Vincenzo Rotolo); für Michael Choniates auf die bekannte Ausgabe von Sp. Lampros.

[12] Zu Wolfs Ausgabe s. H. Wolf, Commentariolus de vita sua, in: J. J. Reiske, Rhetores Graeci, Lipsiae 1773, S. 847ff.; F. Husner, Die Editio Princeps des ,,Corpus Historiae Byzantinae". Johannes Oporin, Hieronymus Wolf und die Fugger, Festschrift Karl Schwarber, Beiträge zur Schweizerischen Bibliotheks-, Buch- und Gelehrtengeschichte zum 60. Geburtstag am 22. November 1949 dargebracht, Basel 1949, S. 143—162.

Aufgrund des Widmungsschreibens: „Adriano Iunio Tyongio, Dordraceno, viro nobili, S. G. S. salutem . . . Calend. Mart. anno mirandae Dei patientiae 1593", identifizierten Hankius und Fabricius den Herausgeber: Simon Goulartius Silvanectensis.[13] Ihm sind nicht nur die Breviaria der Bücher und die Chronologie, welche üblicherweise irrtümlich Fabrot zugeschrieben werden, zu verdanken, sondern er hat auch die Einteilung der Bücher in Paragraphen eingeführt.

Die Dosis Gelehrsamkeit, welche er Wolfs Ausgabe hinzufügte, ist nicht ohne Verdienst, aber jetzt zum größten Teile veraltet. In Quarto.

Die Ausgabe im Pariser Corpus: Νικήτου Ἀκωμινάτου Χωνιάτου Ἱστορία. Nicetae usw. wie oben, etwas kürzer gefaßt. Hinzugefügt ist: „Editio Glossario Graeco-barbaro auctior, & ope Mss. Reg. emendatior, Cura & studio Caroli Annibalis Fabroti IC. Parisiis, e typographia regia M.DC.XLVII".

Die Ausgabe ist Kardinal Mazarin gewidmet. Was Goulart der Edition Wolfs hinzugefügt hatte, hat Fabrot übernommen. Anscheinend benutzte er Goularts Ausgabe als unmittelbare Vorlage. Die Angabe „ope Mss. Reg. emendatior" ist kaum gerechtfertigt. Dem nicht verbesserten Text ist eine Seite „variae lectiones ex codice regio" vorausgeschickt. Gemeint ist Cod. Λ. Das einzig Neue, das Fabrot brachte, war sein Glossarium graeco-barbarum, für welches er nicht nur die Anmerkungen Wolfs und Cod. Y, sondern auch persönlich Codex B benutzt haben muß. In Folio.

Die Ausgabe im Corpus Venetum: „ex typographia Bartholomaei Javarina" . . . „Finis. Corrigente D. Georgio Patusia Atheniensi Flanginiani Seminarii Magistro et Rectore" 1729.

Abdruck der Pariser Ausgabe, in Folio, mit billigerem Aussehen und einer größeren Zahl Druckfehler. In Folio.

Die Ausgabe im Bonner Corpus: Nicetae Choniatae Historia, ex recensione Immanuelis Bekkeri, Bonnae MDCCCXXXV.

Bekker benutzte außer Wolfs und Fabrots Ausgaben zwei Hss., Ξ und B. In vielen Fällen, in welchen seine Vorgänger Cod. Φ gefolgt waren, bevorzugt er Ξ. Die Auswahl von Varianten, welche er aus der Paraphrase zusammengetragen hat, bedeutet meistens, wie schon Krumbacher bemerkt hat, nur eine nutzlose Belastung des kr. Apparates. Auch hat er aus B mehrere Lesarten in den Text aufgenommen. Der Apparat gibt nicht immer sicheren Aufschluß über Textgestaltung und Herkunft der Varianten. In Quarto.

Die Migne-Ausgabe: Nachdruck der Ausgabe Bekkers in: Patrologiae cursus completus, Series Graeco-latina, Bd. 139, Parisiis 1865, 287/8—1037/8.

---

[13] M. Hankius, De Byzantinorum Rerum Scriptoribus Graecis liber, Lipsiae 1677, S. 536; J. A. Fabricius, Bibl. Gr. VI, Hamburgi 1774, S. 404. Simon Goulart der Ältere wurde 1543 zu Senlis (Silvanectum) geboren. Er lebte ab 1571 als Pastor zu Genf und wurde 1605 Nachfolger Theodor Bezas; er starb 1628. Adrianus Iunius aus Dordrecht lebte um 1582 einige Zeit in Genf.

Mit App. und Anm. Wolfs, ohne den kr. App. Bekkers. Viele Druckfehler. Mechanische Nachdrucke 1894 u. 1939.

Größere Fragmente wurden herausgegeben von E. Miller in: Recueil des Historiens des Croisades, Historiens Grecs I, Paris 1875, S. 207—514, abwechselnd mit Bruchstücken aus Johannes Kinnamos. Dazu in Bd. II, S. 126—676 Anmerkungen, S. 775—814 ein Index Graecitatis und S. 815—874 ein Index Generalis.

Miller benutzte außer Wolfs, Fabrots und Bekkers Ausgaben besonders für den kr. Apparat die Hss. Λ, Σ, C, K, Q, B und Y; P schob er als völlig wertlos beiseite! Von S. 710 an veröffentlichte er den vollständigen Text von L und auch die volkssprachliche Paraphrase aus B und Y. Bekkers Text hat Miller nur selten geändert. Der krit. Apparat ist Seite für Seite ungenau und unzuverlässig. Auf kaum verständliche Weise werden manchmal die Siglen verwechselt und Hss. als Zeugen angeführt, die den betreffenden Text überhaupt nicht haben!

Kleinere Fragmente:

„DE STATUIS"

Editio princeps: Banduri, Anselm: Narratio Nicetae Choniatae de Statuis Constantinopolitanis, quas Latini capta urbe confractas in monetam conflaverunt, in: Imperium Orientale sive Antiquitates Constantinopolitanae I, Parisiis 1711, S. 107—114.

Aus E^2 mit lateinischer Übersetzung. Anfang = S. 647,19. In Folio.

Fabricius, Johannes Albertus: ... locus ... de Urbis direptione et de statuis ac monumentis post captam per Latinos CPolin eversis et conflatis, inserendus sub extrema capitis 3. lib. de Balduino Flandro, in: Bibliotheca Graeca, T. VI, Hamburgi 1714, S. 405—418.

Aus einer verlorenen, von Joh. Chr. Wolf angefertigten Kopie aus E^1 mit eigener lateinischer Übersetzung. In Unkenntnis der Ausgabe Banduris, vgl. Fabricius, o. c., S. 574. Anfang wie bei Banduri. In Quarto.

Im Nachdruck von Banduris Imperium Orientale im Corpus Venetum, T. XXII, Venetiis 1789, steht die Narratio de statuis S. 93—98. In Folio.

Wilken, Friedrich, Zerstörung der Kunstwerke zu Constantinopel (nach Nicetas), in: Geschichte der Kreuzzüge, Tl. 5, Leipzig 1829, Beilage II, S. 12—42. Anfang = S. 647,1.

Wilken benutzte außer Banduris und Fabricius' Ausgaben Cod. O und das aus V rührende Fragment G^5.

Sonderdruck derselben Ausgabe mit Übersetzung und Anmerkungen in lateinischer Sprache: Nicetae Acominati Choniatae Narratio de statuis antiquis quas Franci post captam anno 1204 Constantinopolim destruxerunt. Ex codice Bodlejano emendatius edita, Lipsiae 1830.

„Interpretatio Latina, quam addidi, est Banduriana ad nostrum textum passim accomodata; nisi quod narrationem de Thoma Patriarcha Constantinopolitano, quam Heynius . . . primus ex apographo Göttingensi Graece edidit ipse in Latinum sermonem converti." In Octavo.

Nachdruck der Ausgabe Wilkens in Bekkers Niketas-Ausgabe, Bonnae 1835, S. 854—868.

Bekker hat, ohne darauf hinzuweisen, im Text und im Apparat einiges geändert und den Apparat gekürzt. Auch die Übersetzung weist kleine Unterschiede auf.

Nachdruck der lateinischen Ausgabe Wilkens in der Migne-Ausgabe des Niketas, T. 140, Parisiis 1865, 1037—1040.

Die Einleitung, der vollständige Apparat und die Anmerkungen Wilkens sind beibehalten.

E. Miller, in: Recueil des Historiens des Croisades, Historiens Grecs I, Parisiis 1875.

Im großen ganzen Nachdruck der Ausgabe Bekkers mit erweitertem Apparat. Miller benutzte auch die Hss. L und Z und kannte G^5 aus eigener Anschauung.

Niceta Choniate, De Signis Constantinopolitanis, a cura di O. Morisani, F. Gagliuolo, A. de Franciscis, Napoli 1960.

Abdruck der Ausgabe Bekkers mit Einleitung und Anmerkungen. Die neuere Lit. ist in den Anm. nicht berücksichtigt, vgl. F. Dölger, BZ 54 (1961) 221.

Bruchstücke von De Statuis und andere Fragmente

S. 649,58—78 und 649,84—650,1 in: Lambecius, Petrus, Κωνσταντινου του Μανασση Συνοψις ἱστορικη. Georgii Codini et alterius cuiusdam anonymi excerpta de antiquitatibus Constantinopolitanis, Parisiis 1655.

Aus V in den Anm. zum 2. Teil des Werkes. Mir nicht zugänglich. Der Nachdruck im Corpus von Venedig hat noch diese Fragmente; in die Ausgaben im Bonner Corpus und bei Migne wurden sie nicht mehr übernommen.

S. 647,1—18: Erstausgabe „Narratio de Thoma Patriarcha e Codice Msto Vaticano" in: C. G. Heyne, De Interitu operum cum antiquae tum serioris artis quae Cpli fuisse memorantur eiusque caussis ac temporibus. Commentatio altera recitata D. XVIII. Augusti A. CICICCCXCII, Commentationes Societatis Regiae Scientiarum Göttingensae XI, Cl. hist. et philol., 1793 (S. 292—308), S. 307.

Aus G^5.

S. 519,48—51 und 649,79—650,9 in: J. A. Overbeck, Die antiken Schriftquellen zur Geschichte der bildenden Künste bei den Griechen, Leipzig 1868, Nr. 1471, 1472.

Aus Bekker.

S. 514,38—517,4 in: S. Eustratiades, Μιχαὴλ τοῦ Γλυκᾶ εἰς τὰς ἀπορίας τῆς θείας Γραφῆς κεφάλαια ἐπιδιδόμενα, I, ἐν 'Αθήναις 1906, ια', 13 — ιγ', 9.
Aus Bekker.

Die Stellen über die Aseniden in: G. Murnu, Din Nichita Acominatos Honiatul traducere a părtilor privitoare le istoria Asanizilor usw., Analele Acad. Rom., Ser. II. 28,4, Bucaresti 1906, S. 377—462 (= Extras din Analele usw., S. 21—106).
Aus Bekker; mit rumänischer Übersetzung.

S. 572,79—573,9 + 575,59—576,85 in: G. Soyter, Byzantinische Geschichtsschreiber und Chronisten, Heidelberg 1929, S. 20—2.
Aus Bekker; mit Anmerkungen.

Fragmente zur deutschen Geschichte in: G. Soyter, Byzantinische Quellen zur deutschen Geschichte, Paderborn 1951, Nr. 21b. 23—30.
Aus Bekker; mit Erläuterungen.

S. 57,53—58,82 Erstausgabe in: J. van Dieten, Two unpublished Fragments of Nicetas Choniates' Historical Work, BZ 49 (1956) 311—317, S. 314—5.
Aus V W D.

S. 374,1—377,52 Erstausgabe, ebd. S. 316—7.
Aus V W unter Berücksichtigung von B u. X.

S. 585,58—597,78 in: D. A. Zakythenos, Βυζαντινὰ κείμενα, Athen 1957, S. 243ff.
Aus Bekker.

S. 453,1—463,77 Erstausgabe der kürzeren Fassung in: J. van Dieten, Noch einmal über Niketas Choniates, BZ 57 (1964) 302—328, S. 313—4.
Kr. Ausgabe.

S. 540,24—542,71 + 545,51—548,11, ebd. S. 316—323.
Vorläufige Probe einer kr. Ausgabe der drei Fassungen.

S. 540,24—548,11 Text der „volkssprachlichen" Paraphrase, ebd., S. 323—328.
Probe einer kr. Ausgabe.

ÜBERSETZUNGEN

Lateinisch

Wolf, Hieronymus: in seiner Textausgabe, s. oben S. CV.

Kritische Bemerkungen zu Wolfs Übersetzung machten: Andrea Londano, Difesa dello Excell. mo Sig. Andrea Londano, Iureconsulto, Cavalier de S. Stefano: in favore di Niceta Historico Coniato. Contra Girolamo Volfio Etingense. In Venetia, Appresso Domenico, Gio. Battista Guerra, fratelli. MDLXXXII, zu Wolfs Anmerkung zu S. 72,79 οἱ τῶν 'Ιταλῶν παῖδες: οἱ 'Αλαμανοί; A. Possevin, Apparatus sacer etc. II, Venetiis 1606, S. 142; L. Allatius, De Nicetis, hg. in A. Mai, Leonis Allatii diatribae tres ineditae, Romae 1853, S. 33; ders., Excerpta varia Graecorum Sophistarum ac Rhetorum, Romae 1641, zu S. 210,85—211,14; A. Mai, Not. ad Ephraemii Caesares in: Scriptorum veterum nova collectio III, Romae 1828, S. 171, n. 1 u. S. 116, n. 2; G. L. F. Tafel, Komnenen und Normannen, Ulm 1852, S. XVIII u. S. 238, Anm. 14; L. Oeconomos, La vie religieuse dans l'empire byzantin au temps des Comnènes et des Anges, Paris 1918, S. 31, Anm. 1; ders., Remarques sur trois passages des trois historiens grecs du moyen âge, Byzantion 20 (1950) 177—183, S. 179—180 zu S. 520,62; H. G. Beck, Der byzantinische Ministerpräsident, BZ 48 (1955) 322 zu S. 9,29—10,32; F. Grabler, Die Krone der Komnenen, Byz. Geschichtsschr. VII, Graz-Wien-Köln 1958, S. 21—23.

Abdrücke der Übersetzung Wolfs nicht nur in den Textausgaben von Goulart, Fabrot, Corpus Venetum, Bekker u. Migne, sondern auch in:

Corpus Universae Historiae praesertim Bizantinae. Joannis Zonarae Annales, aucti additionibus Georgii Cedreni. Nicetae Acominati Choniatae lib. XIX. Nicephori Gregorae lib. XI. Laonici Chalcondylae lib. X. historiae Turcicae. In fine etiam additus est locupletissimus rerum Index. Lutetiae, apud Gulielmum Chaudière, via Jacobea, sub insigni Temporis. 1567. 2 Bde. in Folio, Niketas im zweiten Band bis fol. 72.

Neuausgaben dieses Werkes: „Corpus Historiae Byzantinae ... Francofurti ad Moenum, Anno M.D.LXVIII. In folio." und „Historia rerum in Oriente gestarum ab exordio mundi ... Francof. ad Moenum impens. Sigis. Feyerabendij. MDLXXXVII".

Italienisch

Horologgi, Ioseppe: Historia degli Imperatori Greci, descritta da Niceta Acominato da Chone ... Aggiunti gli Annali de gli Imperatori di Constantinopoli. Con l'Historia delle parti dell' Oriente scritta da Haithone ... tradotti in lingua Italiana ... In Venetia, appresso Vincenzo Valgrisi. M.D.LXII.

Niketas S. 1—190.

(Fausto da Longiano): La Historia de gli imperatori Greci, di Niceta Acominato da Chone ... Et d'altri Scrittori. ... In Venetia, appresso Francesco Sansovino. M.D.LXII.

Die Exemplare dieses Werkes sind nicht alle gleich; auf den Unterschied kann hier aber nicht eingegangen werden. Den Namen Übersetzung verdient das Werk nicht; es bietet vielmehr nur ein italienisches Kompendium des Niketas. Die Verkürzung des Textes hat sonderbare Fehler nach sich gezogen, so z. B. daß ein Teil der Regierung des Alexios III. noch Isaak II. zugeschrieben wird.

Dolce, Lodovico — Ferentilli, Agostino: Historia de gl' Imperatori Greci, descritta da Niceta Coniate ... Alla quale s' è aggiunta l'Historia di Niceforo Gregora ... Amendue tradotte da M. Lodovico Dolce, Et riscontrate co' testi Greci, & migliorate da M. Agostino Ferentilli. ... In Vinetia, appresso Gabriel Giolitto di Ferrari. MDLXVIIII.

2 Bde.; Bd. I enthält die Geschichte der Kaiser Johannes und Manuel Komnenos, Bd. II das Übrige. Ein zweiter Druck dieses Werkes erschien „In Vinegia presso i Giolitti, 1571" und ein dritter: Niceta Acominato Coniate. Istoria degli imperatori greci, volgarizzata da Lod. Dolce, riscontrata e corretta da Gius. Rossi, 2 Vol., Milano 1852—1854 (8°).

Französisch

Cousin, L.: Histoire de Constantinople, depuis le règne de l'ancien Justin jusqu'a la fin de l'empire. Traduite sur les Originaux Grecs par Mr. Cousin, Président en la Cour des Monnoyes, T. V, Paris 1673.

Stilistisch gekürzt. Ein Neudruck erschien Paris 1865.

Russisch

Nikity Choniata Istorija, perewod pod redakzijei Prof. SPb. Duch. Akad., V. I. Dolockogo i N. V. Čeljcova (Die Geschichte des Niketas Choniates, übersetzt unter Redaktion der Professoren der geistl. Universität, zu S. Pb. V. I. Dolockij u. I. V. Čeljcov. Byzantinische Geschichtsschreiber I u. II), Sankt Petersburg 1860—1862.

Ich habe mich in den Bibliotheken Westeuropas vergebens bemüht, diese Übersetzung zu Gesicht zu bekommen.

Deutsch

Grabler, F.: Die Krone der Komnenen / Abenteurer auf dem Kaiserthron / Die Kreuzfahrer erobern Konstantinopel. Byzantinische Geschichtsschreiber hg. v. Prof. Dr. Endre v. Ivánka, Bd. VII—IX, Graz-Wien-Köln 1958.

Mit wertvoller Einleitung und wichtigen Anmerkungen. Vgl. u. a. H. Hunger, Mitt. Inst. Österr. Gesch.forsch. 67 (1959) 415—418; G. Moravcsik, Dt. Litztg. 81 (1960) 510—514; P. Wirth, BZ 53 (1960) 387—390.

Größere Fragmente

S. 275—354 deutsch:

Wilken, F., Andronicus Komnenus. (Raumers) Historisches Taschenbuch, Jg. 2, Beitrag IV, 1831, S. 511—545.

Sehr freie und stark verkürzte Wiedergabe des Textes; vielmehr ist Niketas nur „Quelle der Erzählung".

S. 535,3—646,11 französisch:

Extraict des Annales de Nicete Coniates, Historien Grec, et Chancelier des Empereurs de Constantinople: ou bien, Le Troisième Livre de l'empire d'Alexius Angelus Comnenus . . . in: L'Histoire ou Chronique du Seigneur Geoffroy de Ville-Hardouin . . . A Lyon, Par les Héritiers de Guillaume Rouille. 1601.

Eine echte Übersetzung. In nur wenigen Bibliotheken vorhanden.

S. 647—655 = De Statuis
Lateinisch:
Banduri, Anselm, in seiner Ausgabe des Fragmentes (vgl. oben S. CVII).

Mit wenigen Änderungen übernommen von Wilken in seiner Sonderausgabe von 1830 (s. oben S. CVIII), ebenso von Bekker und aus Wilken in Migne.

Fabricius, Jo.Alb., a. a. O. (s. S. CVII)

Französisch:
Discours de Nicétas Choniates sur les monuments détruits ou mutilés par les Croisés en 1204, traduit par A.J.V. de Hauterive, in: J. A. Buchon, Collection des chroniques nationales françaises ... T. III, Chronique ... par Geoffroy de Villehardouin, Paris 1828, S. 326—338.

Deutsch:
Wilken, F., in seiner Ausgabe von 1829 (s. oben S. CVII).

Italienisch:
Menin, Lodovico, Il Frammento di Niceta Choniate sui monumenti distrutti a Costantinopoli dall' esercito crociato l'anno MCCIII. Pubblicato con osservazioni in occasione delle Fauste Nozze Maldura-Rusconi, Padova coi tipi della Minerva, 1838.

Keine vollständige Übersetzung, aber ohne große Lücken. Mit vier unbedeutenden Abbildungen.

Russisch:
Dolockij-Čeljcov (s. oben S. CXI)

Die Herausgeber datierten, wie ich Uspenskijs Monographie über Niketas entnehme, das Werkchen nach 1453.

Deutsch:
Grabler, F., o. c., Bd. IX, S. 231—242.

Kleine Fragmente

Zur Archäologie und Kunstgeschichte, deutsch in:

Unger, F. W., Quellen zur byzantinischen Kunstgeschichte I, Wien 1878, passim (S. 347,52/6, übersetzt in Nr. 79, S. 37—38, ist mißverstanden).

Richter, J. P., Quellen der Byzantinischen Kunstgeschichte, Wien 1897 (nachgelassenes Material Ungers, von Richter bearbeitet), passim (S. 163,17/20, übersetzt in Nr. 349, irrtümlich auf die Mutter Gottes in den Blachernen bezogen!).

Zur deutschen Geschichte, deutsch, in:

Soyter, G., Quellen zur Geschichte des Mittelalters. Germanen und Deutsche im Urteil byzantinischer Historiker, Paderborn, 1953, Nr. 21b, 23—30.

Zur Länder- und Völkerkunde, deutsch, in:

Dieterich, K., Byzantinische Quellen zur Länder- und Völkerkunde, 2 Bde., Leipzig 1912.

Zur sozial-ökonomischen Geschichte, russisch, in:

Sbornik dokumentov po sozialjno-ekonomitčeskoj istorii Vizantii, Moskva 1951.

Die Übersetzung ist übernommen aus Dolockij-Čeljcov (s. oben S. CXI).

Zur Seldschukengeschichte, deutsch, in:

Lehmann, B., Die Nachrichten des Niketas Choniates, Georgios Akropolites und Pachymeres über die Selčuqen in der Zeit von 1180 bis 1280 n. Chr., Diss. Leipzig, Gräfenheinichen 1939, S. 22—45.

Zu den byzantinisch-normannischen Beziehungen, deutsch, in:

Tafel, G. L. F., Komnenen und Normannen, Ulm 1852 (^{2}Stuttgart 1870), Beilage II, S. 235—244; 249; 252; 253—262.

Zur Balkangeschichte im Zeitalter der Aseniden, rumänisch, in:

Murnu, G., o. c. (s. S. CIX).

Zur Geschichte des Mittelalters, russisch, in:

Gracianskij, N. P. — Skazkin, S. D., Chrestomatija po istorii srednich vekov I—II, Moskva 1949—1950 (^{3}Moskva 1953), I, 360ff.

Dieses Werk wurde ins Ungarische übertragen, Középkori történeti chrestomathia I—III, Budapest 1952—1953.

Zur Eroberung Konstantinopels durch die Kreuzfahrer, deutsch, in:

Hunger, H., Byzantinische Geisteswelt, Baden-Baden 1958, S. 198—201.

Zu Niketas' Ansichten über die Barbaren aus dem Westen, niederländisch, in:

Busken Huet, C., Het Land van Rembrand, Dl. I, Haarlem 1882, S. 47—49. Verkürzend und mit Hilfe von Wolfs Übersetzung!

Zu Leon Sguros u. Michael Choniates, deutsch, in:

Ellissen, A., Michael Akominatos von Chonä usw., Göttingen 1846, S. 19—28.

Zu den Kreuzzügen, französisch, in:

Michaud, J., Bibliothèque des Croisades III, Paris 1829.

Über die ganze Erzählung verstreut findet man Abschnitte aus Niketas oder besser aus „Wolf" übersetzt, manchmal verkürzt und sehr frei wiedergegeben. (Auf ähnliche Weise hat z. B. auch Baronius Niketas oft benutzt.)

LITERATUR ZUR ENTSTEHUNG UND ÜBERLIEFERUNG DES WERKES[14])

Wolf, H., Prolog u. Anm. zu seiner Ausgabe (verzeichnet oben S. CV), Basileae 1557.

[14] Es werden nur solche Autoren angeführt, die sich zum Problem der verschiedenen Fassungen und/oder zur hsl. Überlieferung geäußert haben, nicht solche, die sich z. B. nur mit dem Zeitpunkt, an dem das Werk verfaßt sein soll, oder mit den vom Verfasser benutzten Quellen usw. befaßt haben.

Salmasius, Cl. (Saumaise, Cl.), Funus linguae hellenisticae, Lugduni Batavorum 1643, S. 208.

Allatius, L., De Nicetis, verfaßt vor 1647, hg. v. A. Mai, Leonis Allatii diatribae tres ineditae, Romae 1853, S. 33—34.

Langbaine, J., Adversaria Nr. 9, verfaßt vor 1647, S. 25—45 (nicht veröffentlicht; kopiert von Johann Ernest Grabe für Jean Boivin a. 1700 = Cod. Par. Suppl. Gr. 865, f. 1—12).

Suarez, J.-M., Josephi Mariae Suaresii episcopi diatribae duae, quarum prima universalis historiae syntaxin ex auctoribus graecis nondum editis . . . exhibet, Parisiis 1650, S. 13—38.

Cousin, L., Avertissement zu seiner Übersetzung (s. oben S. CXI), Paris 1673.

Du Cange, Ch. du Fresne, Glossarium ad scriptores mediae et infimae graecitatis, Lugduni 1688, S. XVIII.

Fabricius, J. A., Bibliotheca Graeca, T. VI, Hamburgi 1714, S. 404—405; ed. Harles, T. VII (1801), S. 739—741.

Crusius, M., Dissertatio epistolica ad Em.ss atque Rev.ss. Dn. Christianum Wormium usw., Lipsiae 1728, S. 17.

Bandini, A., Catalogus Codicum Mss. Bibl. Laurentianae Mediceae, I. Codices Graeci, Florentiae 1764, S. 430—435.

Forlosia, N., Auctarium sive Additamenta ad Lambecii Catalogum, P. II = Cod. Vindob. Ser. Nov. 2235, S. 28 (nicht veröffentlicht, aber benutzt von Kollar).

Kollar, A., Ad Petri Lambecii commentariorum de bibl. caes. vindob. libros, liber I posthumus, Vindobonae 1790, S. 669—681 (Erweiterung der Untersuchung Forlosias).

Wilken, F., Einleitung zu seiner Ausgabe von 1829 (s. oben S. CVII).

Dolockij, V. I, i Čeljcov, N. V., in ihrer russischen Niketasübersetzung (vgl. oben S. CXI), II, S. 426.

Uspenskij, F., Vizantijskij pisatel Nikity Akominat iz Chon, Sanktpeterburg 1874, S. 112—119.

Ders., O rukopisjach istorii Nikity Akominata v Parižskoj nazionalnoj Biblioteke, Žurnal Ministerstva Narodnogo Prosveščenija 194 (1877) 64—79.

Miller, E., Anm. zu seiner Ausgabe, Rec. Hist. Crois., Hist. Gr. II, S. 131—132.

Krumbacher, K., Geschichte der byzantinischen Literatur, München 1891, S. 88; ²München 1897, S. 285.

Gurlitt, W., Die große eherne Athena des Pheidias, Analecta Graeciensia, Graz 1893, S. 99—121, S. 111 Anm. 15.

Leicht, H., Studien zur Textgeschichte des Niketas Akominatos, Diss. München 1922 (handgeschrieben; nicht veröffentlicht; vgl. BZ 24 [1924] 288; F. Dölger, Beiträge zur byzantinischen Finanzverwaltung, bes. des 10. und 11. Jh. [Byz. Archiv 9], Leipzig-Berlin 1927, S. 30 Anm. 2; ein Auszug muß 1936 in Berlin erschienen sein).

Dölger, F., Notizen in BZ 32 (1932) 411; 37 (1937) 502.

Böhm, F., Das Bild Friedrich Barbarossas und seines Kaisertums in den ausländischen Quellen seiner Zeit, Berlin 1936, S. 116 mit Anm. 140; 123—124 (kennt Leichts Arbeit und versucht, ohne Kenntnis der hsl. Überlieferung bestimmte Stellen der ersten oder der zweiten Fassung zuzuweisen).

Moravcsik, Gy., Byzantinoturcica, I, Budapest 1942; ²Berlin 1958, S. 444—450.

Danstrup, J., Recherches critiques sur Andronicos Ier, Vetenskaps-Societen i Lund, Årsbok 1944, Lund 1945, S. 69—101 (geht ähnlich vor wie Böhm).

Grécu, V., Autour du De Signis de Nicétas Choniate, Revue des Études byzantines 6 (1948) 58—66 (vernünftige Überlegungen, aber ohne Kenntnis der hsl. Überlieferung).

Soyter, G., Einleitung zu seiner Fragmentausgabe (s. oben S. CXI), Paderborn 1953, S. 8 (schließt sich Böhm an, ohne ihn zu nennen).

Colonna, Maria-Elisabetta, Gli Storici bizantini dal IV al XV secolo, I, Storici profani, Napoli 1956, sub nom.

Grabler, F., o. c. (S. CXI), Bd. VII, S. 22f.; Bd. VIII, S. 7f.; Bd. IX, S. 8—13 (1958).

Každan, A. P., Ešče raz o Kinname i Nikite Choniate, Byzantinoslavica 24 (1963) 4—31.

van Dieten, J. A. J., Noch einmal über Niketas Choniates, BZ 57 (1964) 302—328.

Cutler, A., The De Signis of Nicetas Choniates. A Reappraisal, American Journal of Archaeology 72 (1968) 113—138.

Autoren, die Korrekturvorschläge zu einzelnen Stellen der Ausgabe Bekkers machten, werden im kritischen Apparat dieser Ausgabe angeführt, s. zu S. 29,49; 30,70; 204,93; 232,34; 267,32; 289,81; 296,83; 320,70; 331,91; 355,9; 396,69; 421,47; 504,61; 523,54; 534,81; 565,7; 576,8; 638,62; 639,81; 646,7; 648,33.

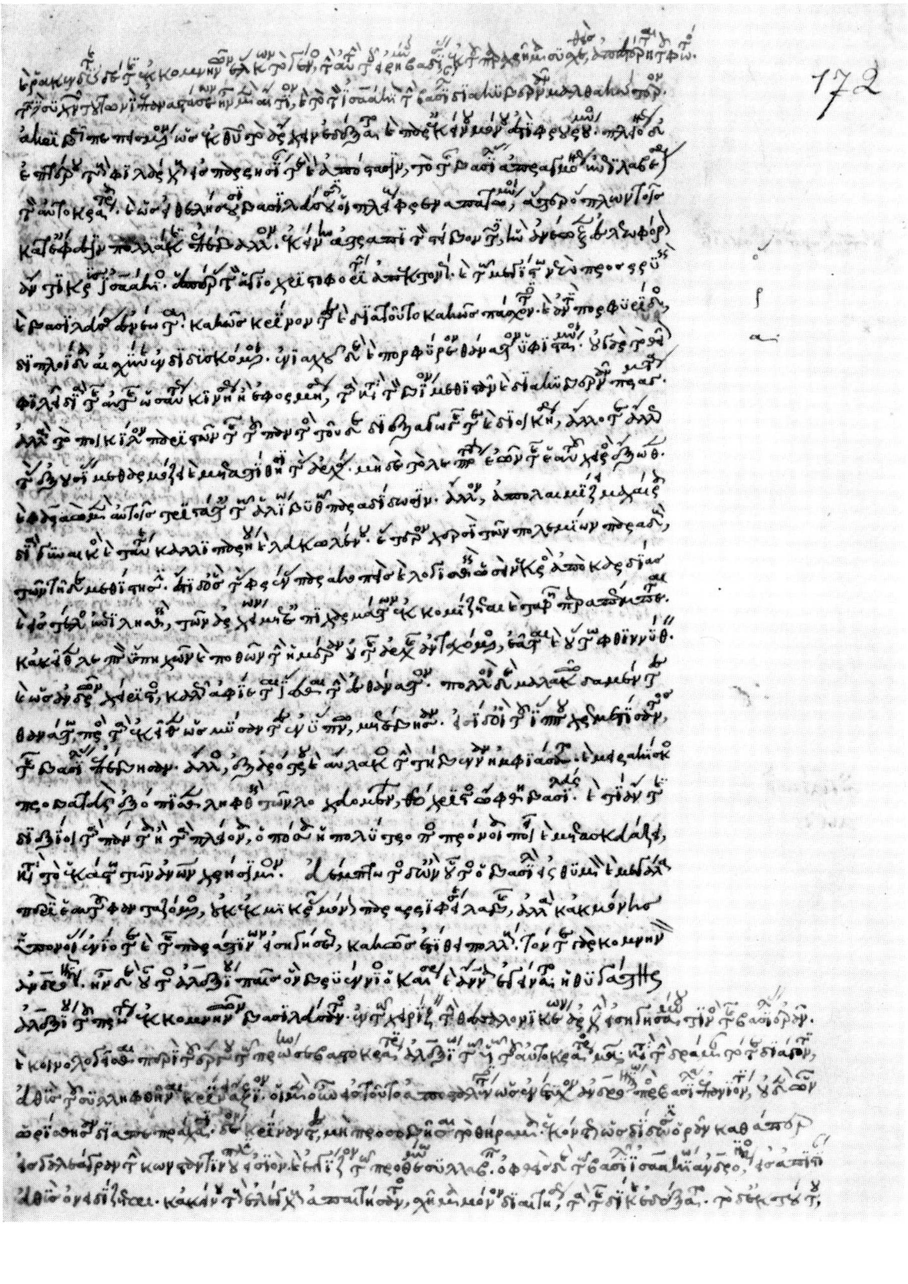

Cod. Paris. gr. 1778 fol. 172 = p. 423,18—425,68

Cod. Vatic. gr. 163 fol. 220v = p. 647,1/2,4—650,1

ΝΙΚΗΤΑ ΤΟΥ ΧΩΝΙΑΤΟΥ
ΧΡΟΝΙΚΗ ΔΙΗΓΗΣΙΣ

TABULA NOTARUM IN APPARATU CRITICO ADHIBITARUM

CODICES

A = Vatic. gr. 1623, s. XIII ex.
B = Monac. gr. 450, s. XIV
C = Coisl. 137, s. XV
D = Vatic. gr. 168, s. XIII/XIV
F = Vind. hist. gr. 53, s. XIV
H = Vind. hist. gr. 13, s. XVI
K = Paris. gr. 3041, fol. 137sqq., s. XIV
L = Laur. IX 24, s. XIII ex.
M = Marc. gr. 403, s. XIV
N = Vatic. gr. 981, s. XIV
O = Bodl. Roe 22, a. 1286
P = Paris. gr. 1778, s. XIII
Q = Par. Suppl. gr. 607, s. XIII/XIV
R = Vatic. gr. 169, s. XIII
S = Scor. ψ-IV-17, s. XV/XVI
U = Urbin. gr. 95, s. XV
V = Vatic. gr. 163, s. XIII
W = Vind. hist. gr. 105, s. XIV et XV
X = Vind. Suppl. gr. 166, s. XIV/XV
Y = Paris. gr. 3041, fol. 247sqq., s. XIV
Z = Marc. gr. XI 22, s. XIII

TESTIS

Sc = Theodorus Scutariota

EDITOR

Bekk = Bekker

CETERA

ac = a.c. = ante correctionem
abr. = abrumpitur
add. = addidit, -erunt
al. = aliter, alias
alt. = alter, -a, -um
ca. = circa
cancell. = cancellavit
cf. = confer
cod(d.) = codex, codices
coni. = coniecit
corr. = correxit
des. = desinit
descr. = descriptus, -a, -um
e corr. = ex correctione
e. g. = exempli gratia
em. = emendavit
eras. = erasit, erasus, -a, -um
exc. = excepto, -is
exp. = expunxit
fol. = folium
fort. = fortasse
hab. = habet, habent
i. e. = id est
i. l. = in locum
i. mg. = in margine
ir = i.r. = in rasura
ibid. = ibidem
id. = idem
inc. = incipit
l. c. = loco citato
lib. = liber
lin. = linea
litt. = littera, -ae
m. = manus
mg. = in margine
o. c. = in opere citato
pc = p.c. = post correctionem
pr. = primus, -a, -um
praef. = praefixit, -erunt
praem. = praemittit, -unt
r., ras. = rasura
rel. = reliqui
sc. = scilicet
sol. = solus
suppl. = supplevit, -erunt
tert. = tertius, -a, -um
tit. = titulus
transp. = transposuit, -erunt
v. = versus
Vol. = Volumen
γρ. = addita voce γράφεται

ΧΡΟΝΙΚΗ ΔΙΗΓΗΣΙΣ ΤΟΥ ΧΩΝΙΑΤΟΥ ΚΥΡ ΝΙΚΗΤΑ ΑΡΧΟΜΕΝΗ ΑΠΟ ΤΗΣ ΒΑΣΙΛΕΙΑΣ ΙΩΑΝΝΟΥ ΤΟΥ ΚΟΜΝΗΝΟΥ ΚΑΙ ΛΗΓΟΥΣΑ ΜΕΧΡΙ ΤΗΣ ΑΛΩΣΕΩΣ ΤΗΣ ΚΩΝΣΤΑΝΤΙΝΟΥΠΟΛΕΩΣ

ΠΡΟΟΙΜΙΟΝ

Αἱ ἱστορίαι δὲ ἄρα κοινωφελές τι χρῆμα τῷ βίῳ ἐφεύρηνται, εἴπερ ἐκ τούτων οὐκ ὀλίγα ἔστι ξυλλέγειν τὰ βελτίω τοῖς ᾑρημένοις. εἰδυῖαι γὰρ τὰ ἀρχαῖα καὶ ἔθη αὗται δια|τρανοῦσιν ἀνθρώπεια καὶ πολυπειρίαν ὑποτιθέασιν ὁπόσοι τῶν ἀνθρώπων μεγαλογνώμονες καὶ τοῦ καλοῦ αὐτόφυτον τρέφοντες ἔρωτα· καὶ κακία δὲ παρ' αὐταῖς κωμῳδουμένη καὶ ἀγαθοπραξία ἐξαιρομένη μετρίους ὡς τὰ πολλὰ καὶ ἐπιδιδόντας τοὺς παρ' ἑκάτερα τιθέασι ῥέποντας, ὅσοι τέως οὐχ ὑπ' αἰσχίστης συνηθείας καὶ

VA = a, P P-fol. 1 H, RDF = b

1—3 Χρονικὴ — Κωνσταντινουπόλεως, sed Χωνειάτου pro Χωνιάτου V: εὗρον ἐν ἑτέρῳ παλαιῷ βιβλίῳ οὑτωσὶ κείμενον· τοῦ λογοθέτου τῶν σεκρέτων καὶ ἐπὶ τῶν κρίσεων, γεγονότος δὲ καὶ ἐφόρου καὶ κριτοῦ τοῦ βήλου καὶ προκαθημένου τοῦ βασιλικοῦ κοιτῶνος (deinde pro scriptura deleta eadem manus in mg. supplevit Ἰσαακίου βασιλέως τοῦ Ἀγγέλου) Νικήτα τοῦ ἀπὸ Χωνῶν, πόλεως τῆς Φρυγίας sic adscripsit in V fol. 103ᵛ Ioannes Chortasmenus, olim codicis possessor: Ἱστορία ἀρχομένη ἀπὸ τῆς βασιλείας τοῦ Κομνηνοῦ κῦρ Ἰωάννου συγγραφεῖσα παρὰ τοῦ σεβαστοῦ καὶ ἐπὶ τῶν κρίσεων, ἐσύστερον δὲ γεγονότος καὶ λογοθέτου τῶν σεκρέτων, Νικήτα τοῦ Χωνιάτου, καὶ καταλήξασα μέχρι τῆς βασιλείας τοῦ ἐκ Φράγγων Ἐρρῆ τοῦ Φλάντρας A: Τοῦ μεγάλου λογοθέτου καὶ ἐπὶ τῶν κρίσεων, γενικοῦ καὶ ἐφόρου κῦρ Νικήτα τοῦ Χωνιάτου χρονικὴ διήγησις, ἀρχομένη ἀπὸ τῆς βασιλείας τοῦ Κομνηνοῦ κῦρ (κῦρ: κυροῦ Bekk) Ἰωάννου P-fol. 1 P Bekk: spatium H **4** Προοίμιον addidi **5** Αἱ: .ἱ omissa litt. initiali P-fol. 1 H **7** πολυπειρίας DF **9** αὐτῶν V: αὐτοῖς P-fol. 1 **10** ἐξαιρουμένη P-fol. 1 PR **10—11** (μετ)ρίους — τέως i. r. 40 litt. et mg. P ἐπιδιδόντας τιθέασι τοὺς οὐχ ὑπ' αἰσχίστης P-fol. 1 H **11** τίθησι AP οὐχ om. R

1—3 Τοῦ (αὐτοῦ post τοῦ add. R) λογοθέτου τῶν σεκρέτων καὶ ἐπὶ τῶν κρίσεων, γεγονότος δὲ καὶ ἐφόρου καὶ κριτοῦ τοῦ βήλου, γενικοῦ (γενικοῦ om. DF) καὶ προκαθημένου τοῦ κοιτῶνος Νικήτα τοῦ Χωνιάτου (Χωνειάτου R) ἱστορία ἀρχομένη ἀπὸ τῆς βασιλείας (τῆς βασιλείας om. R) τοῦ βασιλέως (τοῦ βασιλέως om. D) κῦρ (κυροῦ R) Ἰωάννου τοῦ Κομνηνοῦ (Κομνηνοῦ: Δούκα D: γρ. Κομνηνοῦ sscr. alt. m. D), τοῦ υἱοῦ τοῦ βασιλέως (τοῦ βασιλέως om. F) κῦρ (κυροῦ D) Ἀλεξίου τοῦ Κομνηνοῦ (τοῦ υἱοῦ — Κομνηνοῦ om. R τοῦ Κομνηνοῦ om. F) **b**

φαυλοτέρας τῆς ἕξεως ἀνεπιστρόφως ἔχουσι τοῦ πολυεράστου χρήματος ἀρετῆς, ἐπεὶ καὶ ἀθανάτοις ἐοίκασι δήπουθεν θνητοὶ καὶ ἐπίκηροι γεγονότες καὶ πάλαι τὸ ζῆν ἐκτοξεύσαντες ὅσους παρειλήφει τὸ ἱστορεῖν· ὀρθῶς γὰρ ἢ τοὐναντίον φαύλως βεβιωκότες εὖ τε καὶ ὡς αἰσχρῶς ἀκούουσι. καὶ τοῦ μὲν ἐς ᾅδου βέβηκεν ἡ ψυχή, πρὸς δὲ τὰ ἐξ ὧν ἡρμόσθη τὸ σῶμα ἐπαλινδρόμησε· τὰ δὲ παρ' αὐ|τοῦ βεβιωμένα, κἂν ὅσια εἴη, κἂν δίκαια, κἂν ἀθέμιτα, κἂν ἐφύβριστα, κἂν ἐβίω εὐδαιμόνως, κἂν κακοπραγῶν ἀνεχρέμψατο τὴν ψυχήν, ἡ ἱστορία διαπρυσίως βοᾷ. ὥστε καθ' ἕτερόν τινα τρόπον καὶ λόγον καὶ βίβλος ζώντων ἡ ἱστορία κληθήσεται καὶ σάλπιγξ περίτρανος τὰ γραφόμενα, τοὺς πάλαι τεθνεῶτας οἷον τῶν σημάτων ἐξανιστῶσα καὶ ὑπ' ὄψιν τιθεῖσα τοῖς βουλομένοις.

Ἀλλὰ τοιάδε μὲν ἡ ἱστορία, ὡς ἐπιτρέχοντά με εἰπεῖν, αὐτοῖς δὲ τοῖς ἐπιοῦσιν οὔμενουν οὐδαμῶς χαρίεσσα; μὴ οὕτω μανείη τις ὡς ἥδιον ἡγεῖσθαί τι ἕτερον ἱστορίας· ἃ γὰρ οἱ πολυετεῖς τῶν ἀνθρώπων καὶ Τιθωνοῦ παλαίτεροι καὶ τρικόρωνοι, εἰ τῷ βίῳ ἔτι περιῆσαν, ᾔδεσαν ἂν καὶ ἐξηγοῦντο τοῖς φιλακροάμοσι, τὰ τῆς μνήμης ἐμπυρεύοντες καὶ τὰς τῶν πράξεων ῥυσσὰς ἀνασκάλλοντες, ταῦτα δήπου προθείη καὶ ὁ φιλίστωρ, κἂν οὐδέπω παρηλλάχει τὸν μείρακα.

Διὰ ταῦτ' οὖν καὶ αὐτὸς τὰ τοῖς κατ' ἐμὲ χρόνοις γεγενημένα καὶ ἀνόπιν ἔτι βραχύ, μνήμης καὶ διηγήσεως ἄξια ὄντα καὶ τοσαῦτα τὸ πλῆθος καὶ τοιαῦτα τὸ μέγεθος, οὐκ ἔγνων δεῖν σιγῇ παρελθεῖν. οὐκοῦν καὶ διὰ τῆσδέ μου τῆς ξυγγραφῆς δῆλα ταῦτα τοῖς ἔπειτα καθιστῶ.

---

14 τὸ ζῆν ἐκτοξεύσαντες: cf. Nic. Or. 53, 8 **16—17** πρὸς — ἐπαλινδρόμησε: cf. Gen. 3, 19; Nic. Or. 156, 4 **20** βίβλος ζώντων: Ps. 68, 29 **21—22** σάλπιγξ — ἐξανιστῶσα: cf. 1 Co. 15, 52 **25** Τιθωνοῦ παλαίτεροι: cf. Zenob. 6, 18; Karathanasis 19 **26** τρικόρωνοι: cf. Anth. P. 5, 289, 1 (Agath.); 11, 69 (Lucill.) **27—28** τὰς — ἀνασκάλλοντες: cf. Nic. Or. 117, 19—20 **30—32** διὰ — παρελθεῖν: cf. Cinnam. 4, 8—9

VA = a, P P-fol. 1 (usque ad 19 βοᾷ) H, RDF = b

12 φαυλοτέρας τῆς: φαυλοτάτης P-fol. 1 P Bekk **12** ἔχοντας P-fol. 1 H (cf. lin. 10—11 App.) **12—13** τῆς πολυεράστου χρήματα ἀρετῆς F **13** δήπου P-fol. 1 P **14** εἰστοξεύσαντες H **15** ad ὡς cf. Aristid. I, 166 εὖ τε καὶ ὡς ἑτέρως **16** εἰς H **18** κἂν ἐβίω: γρ. κἂν βεβιώκει A[mg]: κἂν ἐν βίω R κακοπραγῶς V **20** λόγον καὶ τρόπον F τῶν ζώντων D **20** κληθήσεται: λεχθήσεται P Bekk **21—22** τῶν σημάτων οἷον (-των sscr. et οἷον i. r.) P **22** σωμάτων H ὑπ' ὄψιν: πάλιν H **24** οὐμενοῦν . . . χαρίεσσα. Bekk **26** περιῆσαν ἔτι V **28** ῥυσσὰς: δεξιὰς H ἐνασκάλλοντες PH προσθείη VR **30** γεγενημένα: μεμνημένα cum rasura unius litt. intra μ alt. et ν pr. H **31** ἔτι βραχὺ: ἐπιβραχὺ V: ἐπὶ βραχὺ P διηγήσεων PHRD **32** ἔγνων δεῖν: ἔγνω δὴ R **33** μου suppl. P[mg] om. HRD συγγραφῆς P δῆλα: δῆτα H

15 ὡς om. P-fol. 1 PH b Bekk

Ἐπεὶ δέ, ὡς καὶ ἄλλοι τε ξυμβαλεῖν ἔχουσι καὶ αὐτὸς δὲ συνορῶν οὐχ ἥκιστά εἰμι, τὰ τοῦ ἱστορεῖν τὸ τῆς διηγήσεως ἀσαφὲς καὶ περιβολαῖς καὶ περιόδοις ἐπεστραμμένον ὡς μὴ συνᾷδον αὐτοῖς οὐ προσίενται, φιλοῦσι δὲ τὸ σαφὲς ὡς οὐ | μόνον κατὰ τὸν εἰπόντα σοφόν, ἀλλὰ καὶ συμβαῖνόν σφισι μάλιστα, οὐδὲ τούτου ἔξωθεν τοῦ καλοῦ πίπτοντ᾿ ἂν εὑρήσει τις τὰ γραφόμενα, οἷα καὶ ἡμῶν μὴ τὸ κομπηρὸν καὶ δυσφραδὲς καὶ κρημνώδεσιν ἀποδιειλημμένον λέξεσιν ὡς ἐπίπαν ἀσπασαμένων, εἰ καὶ χαίνοντές εἰσιν εἰς τοῦτο πολλοὶ εἴτ᾿ οὖν, ἀληθέστερον εἰπεῖν, ἐκλείποντες τῶν πάλαι καὶ σήμερον καὶ ὅσα τι καὶ ἐπιτήδευμα προυργιαίτατον ἐξησκηκότες διὰ μακροῦ, ἐκ τοῦ πλείονος δὲ κἂν τούτῳ δρᾶν τῇ ἱστορίᾳ προθεμένων τὰ πρόσφορα, μηδ᾿ ὑπερβάθμιον πόδα τείνειν ἠγαπηκότων ἢ ὅλως τοὺς ἄξονας αὐτῆς ὑπεράλλεσθαι.

Ὑπὲρ γὰρ ἅπαν ἕτερον τὸ μὴ τὴν φράσιν ἁπλοῦν, ὡς ἔχω εἰπών, καὶ πρόχειρον εἰς κατάληψιν αὐτῇ διαβέβληται καὶ ἠγαπήθη ἕως σφόδρα τὸ ἄκομψον καὶ ὡς ἔχον φύσεως διηγούμενον καὶ δαιμονίως τὸ εὔληπτον περιπτύσσεται. τέλος γὰρ σκοπιμώτατον τὴν ἀλήθειαν ἔχουσα καὶ τῆς τε ῥητορικῆς δεινότητος καὶ τῆς ποιητικῆς λογοποιΐας ἀφεστῶσα κατὰ διάμετρον καὶ τὰ τούτων ἔτι διωθεῖται χαρακτηριστικά. καὶ ἄλλως δὲ κἂν οὐ βραχὺ τὸ σεμνὸν ἡ ἱστορία καὶ τὸ αἰδέσιμον ἐπισύρηται, ἐρῶσα δ᾿ ὅμως προκεῖσθαι σκαπανεῦσί τε καὶ σιδηρεῦσι καὶ πολλῆς γέμουσι τῆς ἀσβόλης καὶ συνήθης εἶναι τοῖς πρὸς ὅπλα καὶ Ἄρεα βλέπουσι, μηδὲ γυναιξὶ χερνήτισι δυσκολαίνουσα μεταλλευούσαις τὰ καθ᾿ αὐτήν, ταῖς χαριεστέραις χαίρει τῶν φράσεων καὶ τὸ φάρος τῶν ὀνομάτων εἰλικρινὲς καὶ ἀπέριττον περικεῖσθαι φιλεῖ, μήτε μὴν κεκομψευμένον καὶ ἔξαλλον.

Καὶ ἡ μὲν ἱστορία, ὡς ἔνι μάλιστα, μετὰ τοῦ | σαφοῦς καὶ εἰς ἐπίτομον ἐπιτροχασθήσεται· ὁ δὲ λόγος εὐγνωμονῶν συγγνώμην αἰτεῖται παρ᾿ οἷς εἰς χεῖρας πεσεῖται, εἰ μὴ φιλοτίμως δι᾿ ἃ εἴρηται καὶ ἁβρῶς ἐκπεπόνη-

---

37 τὸ σαφές . . . σοφόν: cf. Eur. Or. 397 **44** ὑπερβάθμιον πόδα τείνειν: Greg. Cypr. 3, 89; Apost. 17, 62 **59** ὁ — αἰτεῖται et

---

VA = a, PH, RDF = b

34 ἐπειδὴ pro ἐπεὶ A[pc] P[pc] Bekk ὡς et τε om. H δὲ alt. om. RF ξυνορῶν VA: om. D **35** ἀσαφὲς: σαφὲς R **37** καὶ om. H **38** σφισι: αὐτοῖς VA: ἢ σφίσι A[mg] πάμπαν ante ἔξωθεν add. Bekk (πίπ)τοντ᾿ ἂν εὑρήσει τις παντάπασι i. r. 14 litt. et mg. P εὕρῃ RF Bekk πανταπασι post τις add. (cf. P) A[mg] **40** χαίροντες H **41** τὰ ante τῶν add. Bekk **42** τήμερον P **43** τὰ πρόσφορα προθεμένων D προσθεμένων V **44** τείνειν πόδα VAD **47** ἕως om. P Bekk **50** καὶ post ἀφεστῶσα add. H **51** ἔτι om. VA Bekk **52** τὸ alt. om. VA **55** χερνίτισι P δυσκολεύουσα F μεταλλευούσαις: διαξαινούσαις A[mgγρ] PH Bekk κατ᾿ αὐτὴν Bekk **56** ὀνομάτων: λέξεων PH Bekk εἰλικρινὲς P[ir]: λευκὸν H **57** περικεῖσθαι P[ir] μήτε: οὐ PH Bekk **60** ἁβρῶς P[ir]

38 ἐπίπαν post ἂν add. bet **40** ὡς ἐπίπαν om. b **55** χερνήτισι om. H b **57** περικεῖσθαι: ἀμπίσχεσθαι H: ἀμπέχεσθαι b μήτε: οὔτε b **60** ἀκριβῶς H b ται, ἐπεὶ καὶ ἄλλως νῦν πρώτως ἡμεῖς τῆς ὑποθέσεως ἐπιβαίνομεν τῆσδε, οἷά τινα ἐρήμην καὶ ἀστιβῆ διιέναι ἐγχειροῦντες ὁδόν, ὃ καὶ δύσεργόν ἐστι καὶ πολλῷ ὑπερκείμενον τοῦ ἴχνεσιν ἑτέρων προωδευκότων ἐφομαρτεῖν ἢ γοῦν ὡς διὰ λείας καὶ βασιλικῆς βαδίζειν ὁδοῦ εὐθυπόρως τε καὶ ἀπλανῶς.

Ἀρχὴ δέ μοι τῆς ἱστορίας ὅσα μετὰ τὸ πέρας εὐθὺς τῆς ζωῆς ἅμα καὶ τῆς ἀρχῆς τοῦ ἐκ Κομνηνῶν ἄρξαντος πρώτως Ἀλεξίου συμβέβηκεν, ἐπεὶ καὶ ἐς τόνδε τὸν ἄνακτα τὸ λέγειν συνεπεράναντο ὁπόσοι τῶν πρὸ ἡμῶν τῇ συγγραφῇ προδήλως ἐπέβαλον, ἵν' εἶεν τὰ ῥηθησόμενα παρ' ἡμῶν συναφῆ πως τοῖς ὑπ' ἐκείνων λεχθεῖσι καὶ ὁ λόγος οὕτω διαπλεκόμενος τρόπον τινὰ ὁλκῷ εἰκάζοιτο ῥεύματος ἐκ πηγῆς μιᾶς ἐκδιδόντι, ἢ γοῦν τὸ τῶν κρίκων ἀλληλένδετον ὑποκρίνοιτο τῇ τῶν ἀεὶ προσεχῶν ἐφάψει προϊόντων ἐς ἄπειρον. ἐν κεφαλαιώδεσι δ' ἐπιτομαῖς τὰ κατὰ τὸν αὐτοκράτορα Ἰωάννην τὸ ἱστορεῖν διηγήσεται, ὃς Ἀλεξίῳ διάδοχος γεγένηται τῆς ἀρχῆς, οὐδ' ἐμβραδυνεῖ ταῖς κατ' αὐτὸν ἀφηγήσεσιν, ὥσπερ ἐν τοῖς ἐφεξῆς ἐργάσεται λόγοις, οἷα καὶ ἡμῶν μὴ τὰ τοῖς ὀφθαλμοῖς ἐπὶ τῷδε παρειλημμένα συγγραφομένων κἀντεῦθεν μηδ' ἐπιτάδην ἐχόντων ταῦτα διεξιέναι, ἀλλ' ἅπερ εἰς ἀκοὴν ὠτίου εἰλήφειμεν ἐκ τῶν ὅσοι τῶν καθ' ἡμᾶς τὸν βασιλέα τουτονὶ ἐθεάσαντο καὶ συνωμάρτουν ἐκείνῳ πρὸς ἐναντίους χωροῦντι καὶ τὰς μάχας συνετολύπευον. ἄμεινον δ' ἐντεῦθεν ἄρξασθαι. |

ΒΑΣΙΛΕΙΑ ΚΥΡ ΙΩΑΝΝΟΥ ΤΟΥ ΚΟΜΝΗΝΟΥ

Τῷ ἄνακτι Ἀλεξίῳ τῷ Κομνηνῷ υἱεῖς τρεῖς καὶ θυγατέρες τέτταρες ἐγεγένηντο. ἦν δὲ τῶν μὲν ἀνδρῶν ὁ Ἰωάννης κατὰ γένεσιν προφερέστερος, πρωτογενὴς δ' ἁπάντων τῶν ἐξ ὀσφύος τῷ Ἀλεξίῳ ἡ θυγάτηρ

---

62 οἷα — ὁδόν: cf. Euseb. Hist. eccl. 1, 1 PG 20, 49 A **73** ἐν κεφαλαιώδεσι κτλ.: cf. Cinnam. 5, 4—6 **85** ἐξ ὀσφύος: Gen. 35, 11; cf. Nic. Or. 44, 6

VA = a, PH, RDF = b

63 (ἴχν)εσιν ἑτέρων P^{ir} ἑτέρων om. H **64** ὡς om. D λέγω δὴ τῆς ἑτέρων ἱστορίας post ὁδοῦ add. A^{mg} P H Bekk τε om. VA **66** ἀρχὴ δέ μοι: spatium H τῆς ἱστορίας: τοῦ λέγειν PH Bekk **67** ἄρξαντος πρώτως om. VA συμβέβηκεν om. F εἰς R **69** συγγραφῇ: γραφῇ H **70** (συναφ)ῆ πῶς τοῖς P^{ir}: συναφθῆ τοῖς H **71** ὁλκῆ V μιᾶς πηγῆς Bekk **75** κατ' αὐτοῦ H **76** μὴ om. D **78** εἰλήφαμεν VA Bekk: -ομεν H **82** Βασιλεία — Κομνηνοῦ addidi ex b: Ἀρχή V: nihil APH Bekk **83** Ἀλεξίῳ om. H υἱοὶ DF Bekk τέσσαρες APH Bekk **83—84** ἐγεγένηντο τέτταρες (τέσσ- A) VA **84** ὁ om. R προγενέστερος PH **85** τῷ Ἀλεξίῳ om. D

77 ἀποτάδην b Bekk **82** Βασιλεία κυροῦ — Κομνηνοῦ F: id., sed κῦρ, et Ἀλεξίου pro Ἰωάννου R: τέλος τῆς βασιλείας τοῦ βασιλέως κῦρ Ἀλεξίου καὶ ἀρχὴ τῆς βασιλείας κῦρ Ἰωάννου τοῦ Κομνηνοῦ τοῦ υἱοῦ αὐτοῦ D

Ἄννα καθεωρᾶτο, ἥτις εἰς λέχος τῷ Βρυεννίῳ Νικηφόρῳ συνέζευκτο, τιμηθεῖσα καισάρισσα. ὁ βασιλεὺς καὶ τοκεὺς τοίνυν Ἀλέξιος μάλιστα τῶν ἄλλων παίδων τῷ Ἰωάννῃ προσέκειτο. ἀμέλει τοι καὶ τοῦτον ἐπικρίνας τῆς βασιλείας καταλείψειν διάδοχον ἐρυθροῦ τέ οἱ πεδίλου μεταδεδώκει καὶ βασιλέα ἐνδεδώκει ἀναγορεύεσθαι. ἡ δὲ μήτηρ καὶ βασιλὶς Εἰρήνη τῇ θυγατρὶ Ἄννῃ τὴν πᾶσαν ἐκ τοῦ ἐναντίου χαριζομένη ῥοπὴν οὐκ ἀνίει παρὰ τῷ συλλέκτρῳ Ἀλεξίῳ τὸν υἱὸν Ἰωάννην ἐνδιαβάλλουσα, προπετῆ τοῦτον ἀποκαλοῦσα καὶ ὑγρὸν τὸν βίον παλίνστροφόν τε τὸ ἦθος καὶ μηδαμῇ μηδὲν ὑγιές, καὶ τιθεμένη διὰ παντὸς ἀσχολίας πάσης ἀνώτερον σπούδασμα, ὅπως μετάθοιτο τὴν γνώμην ὁ βασιλεύς, ἣν εἶχεν ἐπ' αὐτῷ κυρωσάμενος. ἐνιαχοῦ δὲ καὶ λόγου πρόφασιν τὸν Βρυέννιον παρεισφέρουσα παντοίοις αὐτὸν ἐπαίνοις κατέστεφεν ἅτε εἰπεῖν ἱκανώτατον καὶ οὐκ ἐλάττονα διαπράξασθαι καὶ μαθημάτων ἐλευθερίων μεταλαχόντα ῥυθμίζειν τὸ ἦθος εἰδότων καὶ πρὸς βασιλείαν ἀδιαλώβητον οὐ βραχέα συναιρομένων τοῖς ἄρχειν μέλλουσιν. ὁ δ' Ἀλέξιος ταῦτα ἐνωτιζόμενος καὶ τὸ μητρῷον φίλτρον ἐπιστάμενος πῇ μὲν ἄλλοις ἐκ τοῦ σχεδὸν κατεπείγουσι πράγμασι χαρίζεσθαι τὸν νοῦν πλαττόμενος οὐδὲ προσέχειν ὅλως τοῖς λεγομένοις προσεποιεῖτο, πῇ δ' ἐς σκέψιν ἀπολύων τὰ | εἰσηγούμενα μὴ ἂν τὴν αἴτησιν αὐτῆς παραβλέψασθαι ἰσχυρίζετο. ἐνίοτε δὲ καὶ τοιοῦτόν τι παθηνάμενος εἴρηκεν „ὦ γύναι, κοινωνέ μοι λέχους καὶ βασιλείας, οὐ τὰ πρὸς χάριν παύσῃ τῆς σῆς ὑποτιθεμένη μοι θυγατρός, ἁρμονίαν τε καὶ τάξιν ἐπιχειροῦσα λύειν ἐπαινετήν, ὡς εἴπερ θεοβλαβείας μετέσχηκας; βάλ' ἐς τύχην ἀγαθήν· ἢ μᾶλλον δεῦρο κοινῇ συνδιασκεψώμεθα καὶ γνωσόμεθα, τίς ἐξ ἁπάντων τῶν πρώην τὰ Ῥωμαίων σκῆπτρα παρειληφότων, υἱὸν ἔχων ἁρμόδιον εἰς ἀρχήν, τοῦτον μὲν παρεβλέψατο, γαμβρὸν δὲ ἀνθείλετο. εἰ δέ ποτε καὶ τοιόνδε τι ξυμβέβηκεν, οὐ νόμον, ὦ γύναι, τὸ σπάνιον ἡγησόμεθα.

---

93 ὑγρὸν τὸν βίον: cf. Nic. Or. 125, 23 **94—95** ἀσχολίας πάσης ἀνώτερον: Pind. Isthm. 1, 2 **13** βάλ' — ἀγαθήν: cf. Karathanasis 29

VA = a, PH, RM (ab 1 τὸν) DF = b

87 τοίνυν καὶ τοκεὺς Bekk **88** τοι suppl. P^{mg} **89** καταλείψειν τῆς βασιλείας διάδοχον DF: τῆς βασ. διάδοχον καταλείψειν Bekk μετεδεδώκει PF Bekk **90** ἐνδεδώκει: ἐδεδώκει RF^{ac} Bekk ἀναγορεύσασθαι R **92—93** προπετῆ — βίον: ὑγρὸν τὸν βίον ἀποκαλοῦσα VA: προπετῆ τοῦτον ἀποκαλοῦσα καὶ ante ὑγρὸν suppl. A^{mg} **93** καὶ — βίον: καὶ ὑγρὸν τὸν βίον ἐπιτωθάζουσα i. mg. et r. 10 litt. P **94** ἔχοντα post ὑγιὲς add. Bekk **2** παρεισαίρουσα M **3** ἔλαττον M **3—4** μετασχόντα M τε post ῥυθμίζειν add. M^{s} εἰδότα M^{pc} βασιλέα R **5** συναιρουμένων M δὲ D **7** χαρίζεσθαι om. D **8—10** πῇ — ἰσχυρίζετο om. D **8** δ' ες: δὲ RM **12** τε om. P **12** λύειν ἐπιχειροῦσα D **13** βαλλ' AHM Bekk **14** κοινῇ δεῦρο A **15** πρώην om. F πρώην τὰ: πρῶτα M τὰ τῶν Ῥωμαίων H **16** τοῦτο V μὲν om. H ἀνθείλκετο H **17** συμβέβηκεν A^{ac}D

92 υἱὸν om. PH b Bekk **93** βίοτον b

ἐπ᾽ ἐμοὶ δὲ καὶ μάλα καπυρὸν γελάσειε τὸ Πανρώμαιον, καὶ τῶν φρενῶν κριθείην ἀποπεσών, εἰ τὴν βασιλείαν οὐκ ἐπαινετῶς εἰληφώς, ἀλλ᾽ αἵμασιν ὁμογενῶν καὶ μεθόδοις Χριστιανῶν ἀφισταμέναις θεσμῶν, δεῆσαν ταύτης ἀφεικέναι διάδοχον, τὸν μὲν ἐξ ὀσφύος ἀποπεμψαίμην, τὸν δὲ Μακεδόνα εἰσοικισαίμην," τὸν Βρυέννιον οὕτω λέγων, ἐπεὶ καὶ ἐξ ᾿Ορεστιάδος ὥρμητο· μία δ᾽ αὕτη τῶν εὐδαιμόνων καὶ κρατίστων παρὰ Μακεδόσι πόλεων. τοιαῦτα πρὸς τὴν βασίλισσαν Εἰρήνην ἐμβριθῶς ὁ ᾿Αλέξιος φάμενος, ὅμως καὶ πάλιν τὸν μηδαμῶς ἀποειπόντα ὑποκρινόμενος, διῆγε τὴν γυναῖκα σκηπτόμενος ἀεὶ τὸν σκεπτόμενον· ἦν γάρ, εἰ καί τις ἄλλος, κρυψίνους ὁ ἀνὴρ οὗτος καὶ σοφὸν ἡγούμενος ἀεὶ τὸ περίεργον, μηδὲ τὰ πολλὰ ἐξαγγελτικὸς τοῦ ποιητέου δεικνύμενος.

᾿Εγγίζοντος δέ οἱ τοῦ τέρματος τῆς ζωῆς, ὁ μὲν ἔκειτο πνέων τὰ λοίσθια ἐν τοῖς κατὰ τὴν | μονὴν τῶν Μαγγάνων λαμπροτάτοις οἰκοδομήμασιν, ὁ δὲ παῖς ᾿Ιωάννης τὸν πατέρα ὁρῶν τῇ τελευτῇ πλησιάζοντα καὶ τὴν μητέρα εἰδὼς ἀποστέργουσαν καὶ τῇ ἀδελφῇ τὴν βασιλείαν μνωμένην κοινοῦται τὸ ποιητέον τοῖς ἐκ τῆς συγγενείας ἐκείνῳ φίλα φρονοῦσιν, ὧν τὰ κράτιστα ἦν ὁ ἀδελφὸς ᾿Ισαάκιος. καὶ δὴ λαθὼν τὴν μητέρα εἴσεισι τὸν κοιτῶνα τὸν πατρικὸν καὶ προσπεσὼν ὡς δῆθεν θρηνήσων ὑφαιρεῖται λάθρᾳ τῆς ἐκείνου χειρὸς τὸν σφραγιστῆρα δακτύλιον. εἰσὶ δ᾽ οἵ κατὰ γνώμην τοῦ πατρὸς αὐτόν φασι τόδε πεποιηκέναι, ὡς δίδωσιν ἐννοεῖν τὰ μετὰ βραχὺ ῥηθησόμενα. αὐτίκα τοίνυν ὁ ᾿Ιωάννης τοὺς συμφράδμονας ἠθροικὼς καὶ τὸ πραχθὲν ἠγγελκὼς ἐπὶ κέλλητος μεθ᾽ ὅπλων πρὸς τὸ μέγιστον ἀρχεῖον ἐξώρμησε, κατ᾽ αὐτὴν τὴν τῶν Μαγγάνων μονὴν καὶ τὰς ἀγυιὰς ὁμοίως τῆς πόλεως ὑπὸ πλήθους τοῦ σύμφρονος καὶ τῶν κατὰ φήμην τῶν δρωμένων συναλιζομένων ἀστῶν βασιλεὺς αὐτοκράτωρ ἀνευφημούμενος.

῾Η βασιλὶς δὲ Εἰρήνη καὶ μήτηρ τοῦ ᾿Ιωάννου, πρὸς τῶν οὕτω γινομένων ἐκθαμβηθεῖσα, στείλασα μετεπέμπετο τὸν υἱὸν καὶ παρῄνει τῶν ἐν χερσὶν ἀποσχέσθαι. ὡς δ᾽ ἦν ὅλος τῶν δρωμένων ὁ ᾿Ιωάννης καὶ κατ᾽

21 ἐξ ὀσφύος: cf. supra p. 4, 85 **29** sqq.: cf. Zon. 18, 28 sq.; Ann. Comn. 15, 11, 17

VA = a, PH, RMDF = b

18 καὶ om. V παρρώμαιον VA **19** εἰ: εἰς HRM^{ac} **20** καὶ: ἐν M τῶν ante Χρ. add. M **22** ᾿Ορεστιάδος: ᾿Αδριανουπόλεως P^{mg} **25** μηδαμῶς τὸν PH ἀπειπόντα PH Bekk **26** σκεπτόμενον: σκηπτόμενον PHD^{ac} **29** ἀνέκειτο H **30** τῶν Μαγγάνων μονὴν M **31** τῇ om. R **33** τοῖς om. R **37** αὐτοῦ RM τόδε πεποιηκέναι: τὴν τῆς (τῆς: τοῦ H) χειρὸς ὑφελέσθαι σφενδόνην PH **38** συμφράδμονας: συνίστορας PH Bekk **39** κέλητος Bekk πρὸς: ἐπὶ D **40** Μαγκάνων R **41** ἀγυιὰς: αὐλὰς R τοῦ ante πλήθους add. D **42** συναλιζομένων PHM Bekk: συναυλιζομένων in charta rest. m. alt. descr. VRDF: συνηλισμένων A D$^{mg γρ}$ ἀστῶν A^{mg} M: αὐτῶ in charta rest. m. alt. descr. V: om. A^{ac}: ἀστυπόλων PH Bekk: αὐτῶν RF, id. sed exp. D **44** γενομένων R

20 Χριστιανικῶν P^{pc} HRMF Bekk: Χριστιανῶν cum VAP^{ac} scr. D **24** ὁ ante ᾿Αλέξιος om. H b οὐδένα τρόπον τῆς μητρὸς ἐπεστρέφετο, τὸν Βρυέννιον ἐπρρώννυσινι ἐπιθέσθαι τῇ βασιλείᾳ συναρηγούσης αὐτῆς. ὡς δ' οὐδ' οὕτω τὰ κατὰ σκέψιν ἑώρα προβαίνοντα, πρόσεισι τῷ ἀνδρὶ ἐπὶ κλίνης ἐρριμμένῳ καὶ βραχείαις ἀναπνοαῖς τὸν ζῶντα ὑποσημαίνοντι καὶ βαλοῦσα ἑαυτὴν τῷ | σώματι καταβοᾶται λαμπρῶς τοῦ υἱέως, ὡς κρήνη μελάνυδρος τὰ δάκρυα χέουσα, ὅπως αὐτοῦ τοῖς ζῶσιν ἔτι συνταττομένου τὴν βασιλείαν οὗτος λωποδυτεῖ εἰς ἔργα βλέψας νεώτερα. ὁ δὲ οὐδέν τι πρὸς τὰ εἰρημένα παρ' αὐτῆς ἀπεκρίνατο, ἄλλοις καιριωτέροις, οἷα εἰκός, τὸ τῆς ζωῆς βραβεύων λειπόμενον τῆς τε μετ' οὐ πολὺ ἐκδημίας φροντίζων καὶ τοῖς ψυχαγωγοῖς ἀγγέλοις ῥέπων τὰ ὄμματα. ἐγκειμένης δὲ λιπαρεστέρως τῆς βασιλίδος καὶ μὴ ἐνεγκεῖν ὅλως ἐχούσης τὰ παρὰ τοῦ παιδὸς γινόμενα, βραχύ τι παρεμφήνας καὶ βεβιασμένον μειδίαμα ὁ 'Αλέξιος τὰς χεῖρας ἀνέσχεν εἰς οὐρανόν, ἴσως μὲν ἐπὶ τοῖς ἀφηγηθεῖσι διαχυθεὶς καὶ θύων ὑπὲρ τούτων θεῷ χαριστήρια, εἰπεῖν δὲ καὶ κέρτομον τῇ γυναικὶ καὶ σεσηρὸς ἐνιδὼν ὡς λόγους ἀνακινούσῃ περὶ ἀρχῆς, ὅτε ψυχῆς ἐφέστηκε διάστασις ἐκ τοῦ σώματος, ἢ καὶ τὸ θεῖον ἐξιλεούμενος ἐφ' οἷς που καὶ παρεσφάλη τοῦ δέοντος. ἡ γυνὴ δ' οὖν ἐκ τοῦ ἀναμφιλέκτου χαίρειν οἰηθεῖσα τὸν ἄνδρα δι' ὅσα παρ' αὐτῆς ἠνώτιστο, ὡς ἤδη τῶν προτέρων ἐλπίδων διεψευσμένη παντάπασι καὶ διασφαλεῖσα τῶν ὑποσχέσεων, βύθιον στενάξασα εἴρηκεν· „ὦ ἄνερ, καὶ ζῶν ψευδοσύναις παντοίαις ἐκέκασο ἀντίφθογγον τὴν γλῶτταν πλουτῶν τοῖς νοήμασι, καὶ νῦν δὲ ὡσαύτως τοῦ βίου ἀπαλλαττόμενος ἀμεταπτώτως ἔχεις οἷς καὶ πρώην προσέκεισο." καὶ ταῦτα μὲν ἐφέρετο τῇδε.

'Ο δέ γε 'Ιωάννης κατὰ τὸ ἀρχεῖον γενόμενος οὐχ εὕρισκε ῥᾳδίαν τὴν εἴσοδον, οἷα τῶν φυλάκων μὴ πρὸς μόνην ὑπενδιδόντων τὴν τοῦ δακτυλίου ὑπόδειξιν, ἀλλὰ προσεπιζητούντων καὶ ἄλλο τι τεκμήριον τοῦ κατὰ κέλευσιν πατρικὴν ἐκεῖσε | παραγενέσθαι. αἱ πύλαι τοίνυν τοῦ παλατίου χαλκείαις ῥάβδοις πλατείαις θάτερα τῶν ἄκρων βραχύ τι μετεωρισθεῖσαι κατὰ γῆς βάλλονται κἀντεῦθεν αὐτός τε μετὰ ῥᾳστώνης εἰσεληλύθει καὶ συνεισῄει τὸ ὁπλοφόρον καὶ συγγενές· οὐ βραχεῖς δὲ καὶ τῶν ἐκ τοῦ

51—52 ὡς — χέουσα: cf. Hom. I 14; Π 3

VA = a, PH, RMDF = b

51 υἱέος Bekk **52** ἔτι συνταττομένου: ἐπισυνταττομένου V: ἐπιταττομένου R **53** λωποδυτεῖ: κλωπεύει PH Bekk **55** τῆς τε P[ir] **57** καὶ μὴ ἐνεγκεῖν om. H **58** μειδίασμα A[ac] RM[ac]F **60** καὶ σεσηρὸς τῇ γυναικὶ Bekk **61** λόγον P περὶ ἀρχῆς ἀνακινούσῃ D ἐφειστήκει P Bekk: ἐφεστήκει H **62** καὶ alt. om. VA **63** δ' οὖν: δὲ D οἰηθεῖσα χαίρειν D **65** ὑποθέσεων RMF **66** καὶ — ἐκέκασο: γρ. καὶ πρώην βαθυγνωμοσύναις παντοίαις ἐκέχρησο A[mg] ψευδοσύναις παντοίαις: μεθοδείαις (παντοίαις) D[syp] F[mg]: παντοίαις μεθοδείαις (μεθόδοις H) PH Bekk **67** ὡσαύτως om. M **70** γε om. H τὸ μέγα ἀρχεῖον PH Bekk **72** τι om. R **74** μετεωρισθεῖσαι βραχύ τι Bekk

53—54 εἰρημένα παρ' αὐτῆς: λεγόμενα PH Bekk: λελεγμένα b **55** τῆς τε: καὶ τῆς (καὶ om. R) H b ξύγκλυδος ὄχλου συνομαρτούντων ἔνδον εἰσήρρησαν, οἳ καὶ διαρπάζειν τὸ προστυχὸν ἐπεβάλοντο. τῶν δὲ πυλῶν αὖθις ἐπικλιθεισῶν, οἵ τε ἐκτὸς τοῦ ἐπεισρέειν ἐπαύσαντο καὶ τὸ εἰσεφρηκὸς ἐξιέναι μὴ συγχωρούμενον ἐφ᾽ ἡμέρας συχνὰς ἐκεῖσε τῷ βασιλεῖ συνδιέτριβεν. ἦγε μὲν οὖν τότε πέμπτην καὶ δεκάτην ὁ Αὔγουστος μήν.

Νυκτὸς δ᾽ ἐπιούσης ὁ βασιλεὺς ᾿Αλέξιος τοῦ ζῆν ἀπενήνεκται, ἄρξας ἐνιαυτοὺς ἑπτὰ καὶ τριάκοντα καὶ ἥμισυ μηνὸς σὺν τοῖς τέσσαρσι. κατὰ δὲ τὴν ἕω εὐθὺς μεταστέλλεται ἡ μήτηρ τὸν ᾿Ιωάννην εἰς τὴν τοῦ πατρικοῦ σκήνους ἐξιέναι πομπαίαν πρόοδον, αὐτίκα μάλα ἀρθησομένου τε καὶ ἀχθησομένου εἰς ἣν ἐκεῖνος ἐδείματο Χριστῷ τῷ Φιλανθρώπῳ μονήν. οὐκ εἶχε δ᾽ αὐτῇ καὶ πειθόμενον, ἀλλ᾽ ἦν πρὸς τὴν μετάκλησιν ἀνανεύων, οὐ θέσμια μητρὸς παρορῶν ἢ τὴν πατρικὴν τιμὴν ἀπωθούμενος, ἀλλ᾽ ὅτι τὸ νεοπαγὲς ὑπεβλέπετο τῆς ἀρχῆς καὶ τοὺς ἀντιζήλους ἐδεδίει θερμὸν ἔτι ἐγκυμονοῦντας τῆς βασιλείας ἔρωτα. ὅθεν αὐτὸς μὲν ὡς οἱ πολύποδες τῶν πετρῶν ἐξείχετο τῶν ἀρχείων, τὸ δὲ πλεῖστον τῆς μεθ᾽ ἑαυτοῦ συγγενείας διαφῆκεν εἰς τὴν πρόοδον τοῦ πατρός.

῾Ημερῶν δὲ οὐ συχνῶν διαγενομένων τὴν εἰς τὰ ἀρχεῖα | πάροδόν τε καὶ ἔξοδον ἀνῆκε τῷ βουλομένῳ παντὶ τῶν τε κοινῶν πραγμάτων ἐφήπτετο, καθάπερ ᾑρεῖτο, ὡς ἤδη ἐν τῷ ἀσφαλεῖ καθεστώς. ἀλλὰ καὶ τοῖς ἐκ γένους καὶ οἰκειώσεως αὐτῷ προσεγγίζουσι κατὰ τὸ ἀνάλογον προσφερόμενος ἁρμοδίους ἑκάστῳ ἀπένεμε τὰς τιμάς. τῷ γε μὴν ᾿Ισαακίῳ τῷ κασιγνήτῳ προστετηκὼς συμφυὴς καὶ ὁμόπνους ἐδείκνυτο, καὶ ὡς φιλοῦντι μὲν ὑπὲρ ἅπαντας, μάλιστα δ᾽ ὡς τὰ πάντα ἢ τὰ πλείω εἰσενεγκόντι πρὸς τὴν κατάσχεσιν τῆς ἀρχῆς· τοῦτον γὰρ καθισταμένης ἔτι τῆς βασιλείας καθέδρας τε καὶ τραπέζης ἐξ ἴσου κοινωνὸν παρελάμβανε καὶ μετεδίδου τῆς

---

82 Alexius I Comnenus mortuus die 15 mens. Aug. a. 1118; cf. Ann. Comn. 15, 13

90—91 ὡς — πετρῶν: cf. Hom. ε 432—4; Ion. Chium TrGF 36 (Snell); Macar. 4, 26; 7, 21

VA = a, PH, RMDF = b

77 εἰσέρρευσαν VD: εἰσέβησαν M^pc **78** ἐπικλεισθεισῶν P^pc R Bekk τ᾽ Bekk: τοῦ V **79** εἰσπεφρηκὸς M **85** μάλα: spatium H **87** αὐτῇ Bekk **88** μητρὸς: πατρὸς RMDF τὴν om. D **89** ὑπεβλέπετο: ὑπεβουλεύετο H^mg **90** τὸν ἔρωτα P^pc Bekk μὲν αὐτὸς R **92** τὴν πρόοδον: γρ. τὴν ἐπιτάφιον A^mg **93** οὐ om. PH Bekk ἀρχαῖα VRM^ac **1** αὐτοῖς post ἀνάλογον add. Bekk προσφερόμενοι RM **2** (ἀπέ)νε(με) P^ir **2—3** κασιγνήτῳ: Κομνηνῷ R **3** καὶ post προστετηκὼς add. VA **4** δὲ M τὰ πάντα ἢ τὰ πλείω P, ubi τὰ pr. et ἢ i. r., H Bekk: τὰ πλείω ἢ τὰ πάντα V: πάντα ἢ τὰ πλείω cum b scr. A **5** κατάσχεσιν: ἐπίβασιν PH Bekk: κατάστασιν M τοῦτο δὴ κ. H ἔτι: ἐπὶ RK **6** τε post ἴσου add. H

2 ἀπένειμε (προσένειμε M) H b Bekk τὰς om. b Bekk hab. Sc **4** τὰ pr. om. b εἰσενέγκαντι H b Bekk ἀναρρήσεως, ὁποία ἐπιπρεπὴς τῷ τοῦ σεβαστοκράτορος ἀξιώματι, ᾧ πρὸς τοῦ πατρὸς Ἀλεξίου τετίμητο Ἰσαάκιος. καὶ φροντιστὰς δὲ τῶν δημοσίων πραγμάτων προυβάλετο ἐκ τῶν καθ' αἷμά οἱ προσεγγιζόντων τὸν Κομνηνὸν Ἰωάννην, ὃν καὶ τῷ τοῦ παρακοιμωμένου τετίμηκεν ἀξιώματι, καὶ τὸν Ταρωνίτην Γρηγόριον, γεγονότα πρωτοβεστιάριον. ἀλλ' ὁ μέν, ὅτι μὴ τῷ δακτύλῳ τὸ πᾶν διεπέττευε, σοβαρὰν προφαίνων ὀφρὺν καὶ φρονηματιώδης ὡς οὔ τις ἄλλος δεικνύμενος τὸν φροντιστὴν ἀπεφορτίσατο τάχιον· ὁ δέ γε Γρηγόριος τῆς προκειμένης ἐχόμενος μηδὲ μακρὰ βιβὰς ἢ γοῦν ἐπεκτείνων πόδας ὑπερβαθμίους μονιμωτέρας ἰσχύος μετείληχε. παρεζεύχθη δ' ἐς ὕστερον τουτωῒ καί τις Γρηγόριος ἕτερος, ᾧ Καματηρὸς ἡ ἐπίκλησις. ὁ δ' ἀνὴρ οὗτος λόγιος μέν, τὸ δὲ γένος οὐκ ἀριπρεπὴς οὐδ' ἐπίπαν εὐπάρυφος, τῷ βασιλεῖ δ' Ἀλεξίῳ προσληφθεὶς καὶ τοῖς ὑπογραμματευομένοις κατα|λεγεὶς τὰς ἐπαρχίας ἀμφεποτᾶτο κἀκ τοῦ τάσσειν φόρους ταύταις πλοῦτον τιθαιβώσσων βαθὺν ἠράσθη κατὰ κῆδος βασιλεῖ συναφθῆναι. οὐκοῦν καὶ προσπλακεὶς μιᾷ τῶν αὐτοῦ συγγενῶν λογοθέτης τῶν σεκρέτων προβάλλεται.

Ἴσχυε δ' ὑπὲρ πάντας παρὰ τῷδε τῷ βασιλεῖ καὶ τὰς πρώτας ἐκαρποῦτο τιμὰς ὁ Ἀξοὺχ Ἰωάννης. ἦν δ' οὗτος Πέρσης τὸ γένος, τῆς δὲ Βιθυνῶν προκαθημένης πόλεως Νικαίας ὑπὸ τῶν ἑσπερίων ἁλούσης ταγμάτων, ἡνίκα τῆς ἐς Παλαιστίνην πορείας εἴχοντο, συνέχεται καὶ αὐτὸς καὶ τῷ βασιλεῖ Ἀλεξίῳ δῶρον παρέχεται. ἧλιξ δ' ὢν Ἰωάννῃ τῷ βασιλεῖ συμπαίστωρ αὐτῷ προσείληπτο καὶ τῶν οἰκιδίων καὶ προκοίτων ὁ προσφιλέστερος κρίνεται. ἐπεὶ δ' ἐπέβη τῆς βασιλείας, πᾶσαν ὑπερανέβη πρεσβυτέραν παραδυνάστευσιν, μέγας τιμηθεὶς δομέστικος, ὡς καὶ πολ-

---

25 Nicaea capta die 19 mens. Iun. a. 1097

---

15 μακρὰ βιβάς: Hom. H 213 ἐπεκτείνων — ὑπερβαθμίους: cf. supra p. 3, 44

VA = a, PH, RMDF = b

10 τε post τόν add. H **13** φρονηματώδης Bekk τῶν κοινῶν post φροντιστὴν add. A[mg] PH Bekk **14** καὶ μηδὲ D **15** ὑπερβάθμια F **17** ἐλλόγιμος P H M[pc] Bekk μὲν om. P[ac] H τὸ δὲ γένος om. V **18** εὐπρεπὴς Bekk **21** αὐτοῦ: ἐκείνου (cf. b) Bekk **22** τοῦ σεκρέτου D **23—24** τιμὰς ἐκαρποῦτο R **24** Ἀξοῦχος PH Bekk **25—26** ὑπὸ — εἴχοντο: τῆς τῶν Περσῶν δυναστείας (ἐπικρατείας H) ἀπαλλαγείσης, ὅτε Βαιμοῦνδος τῆς ἐς Παλαιστίνην πορείας εἴχετο PH Bekk **29** προφιλέστερος A ὑπερανέπτη A

11 γεγονότα: ὄντα PH b Bekk **14** γε om. P[ac] H b Bekk **15** ἐκτείνων PH b Bekk **16—17** ᾧ — ἐπίκλησις om. H b **17** λόγιμος b **17—18** μὲν — εὐπάρυφος om. H b **18** τῷ βασιλεῖ δὲ προσληφθεὶς Ἀλεξίῳ (τῷ ante Ἀλεξίῳ add. H) PH b Bekk **19—22** τὰς — συγγενῶν: καὶ κατὰ κῆδος αὐτῷ συναφθεὶς ὡς μιᾷ τῶν ἐκείνου (ἐκείνου: τῆς μητρὸς ἐκείνω H) συγγενῶν προσπλακεὶς H b **22** προυβέβλητο PH b Bekk **29** προσφιλέστατος PH b Sc Bekk

λοὺς τῶν ἐριτίμων κατὰ γένος βασίλειον ἀποβαίνειν τοῦ ἵππου καὶ τούτῳ ἀπονέμειν προσκύνησιν κατὰ συγκυρίαν ὑπαντιάζοντας. ἦσαν δὲ τῷ ἀνδρὶ τῷδε οὐ μόνον χεῖρες δεδιδαγμέναι πρὸς πόλεμον, ἀλλὰ καὶ πρὸς εὐποιΐαν τῶν δεομένων ὀξεῖαί τινες καὶ εὐκίνητοι. ἀτὰρ τὸ εὐγενὲς τῆς γνώμης καὶ ἐλευθέριον τὸ μὴ ἔχον οὕτω τοῦ γένους τὰ πολλὰ συνεσκίαζε καὶ ποθεινὸν παρὰ πᾶσι τὸν Ἀξοὺχ ἀπειργάζετο.

Ἀλλ' οὔπω ἐνιαυτὸς ἀκριβῶς τῷ βασιλεῖ διεγένετο, καὶ καττύεται τούτῳ παρὰ τῶν ἐκ γένους ἐπιβουλή, καθ' ὃν οὐκ | ἔχει τις τρόπον εἰπεῖν, κατ' αὐτοῦ βαρυμηνιώντων καὶ ὄμμα οἱ ἐπιρριπτούντων βάσκανον. ἀμέλει τοι καὶ σύστρεμμα τεκτήναντες πονηρὸν καὶ πίστεις δόντες ἀλλήλοις τῷ Βρυεννίῳ πάντες προστίθενται καὶ παραχωροῦσι τούτῳ τῆς βασιλείας ὡς λογικῷν ἐν μεθέξει ὄντι παιδεύσεων καὶ εἶδος τυραννικὸν προφαίνοντι καὶ κατὰ κῆδος προφερεστέρῳ βασιλικόν· ὡς γὰρ φθάσαντες εἴπομεν, τῇ τοῦ βασιλέως ἀδελφῇ τῇ καισαρίσσῃ Ἄννῃ συνέζευκτο, ἥτις δὴ τῆς τῶν ἐπιστημῶν πασῶν ἐπόχου φιλοσοφίας ἐδείκνυτο μέλημα καὶ πρὸς πᾶσαν ἐρρύθμιστο μάθησιν. τάχα δ' ἂν καὶ νυκτὸς ἐπέθεντο μεθ' ὅπλων τῶν φονουργῶν αὐλιζομένῳ τῷ βασιλεῖ κατὰ τὸ μικρὸν ἄποθεν τῶν χερσαίων πυλῶν ἱππήλατον Φιλοπάτιον, δώροις προδιαφθείραντες ἁδροῖς τὸν ἐπὶ τῶν εἰσόδων τῆς πόλεως, εἰ μὴ τὸ εἰωθὸς ὑπόνωθρον καὶ χαλαρὸν πρὸς βασιλείας ἐπίθεσιν τῆς ἐγχειρήσεως ἔπαυσε τὸν Βρυέννιον, αὐτόν τε μένειν κατὰ χώραν παραβιάσαν τῶν ξυνθηκῶν λαθόμενον, καὶ κατασβέσαν τὸ θερμὸν τῶν συνελθόντων φρόνημα· ὅτε καὶ λέγεται τὴν καισάρισσαν Ἄνναν πρὸς τὸ χαῦνον τοῦ ταύτης ἀνδρὸς δυσχεραίνουσαν ὡς πάσχουσαν δεινὰ διαπρίεσθαι καὶ τῇ φύσει τὰ πολλὰ ἐπιμέμφεσθαι, ὑπ' αἰτίαν τιθεῖσαν οὐχὶ μικρὰν ὡς αὐτῇ μὲν διασχοῦσαν τὸ ἄρθρον καὶ ἐγκοιλάνασαν, τῷ δὲ Βρυεννίῳ τὸ μόριον ἀποτείνασαν καὶ σφαιρώσασαν.

---

37 οὔπω: i. e. ante diem 15 mens. Aug. a. 1119

---

33 χεῖρες — πόλεμον: cf. Ps. 17, 35 **40** σύστρεμμα — πονηρόν: cf. Num. 32, 14; Sir. 11, 33; Nic. Or. 104, 16—17 **45** τῆς — φιλοσοφίας: cf. Nic. Or. 150, 32—33

VA = a, PH, RMDF = b

32 ὑπαντιάζοντος R: — ες D **35** οὕτως V **36** Ἀξοῦχον PH Bekk εἰργάζετο P^{ac} H **38** ἐκ τοῦ γένους ARDF Sc **42** καὶ post βασιλείας add. VA ἐν μεθέξει ὄντι: μετόχῳ PH Bekk **44** τοῦ om. VA^{ac} Ἄννῃ om. D **46—47** μεθ' ὅπλων om. H: καθ' ὅπλων H^{s} **47** τὸ om. R **48** πυλῶν om. M **51** παραβιάσαν om. V **54** τὴν φύσιν PH Bekk **54—55** τὰ — μικρὰν i. r. 20 litt. et mg. P **54** μέμφεσθαι H **55** ὑπ' — μικρὰν om. H ἐνδιασχοῦσαν Bekk **55—56** καὶ — σφαιρώσασαν i. r. 30 litt. et mg. P

33 τῷδε: τούτῳ PH b Bekk **39** ἐπιρριπτόντων b **55—56** καὶ ἐγκοιλάνασαν et καὶ σφαιρώσασαν om. H b, suppl. m. alt. D^{s}

Φωραθέντων δ' ἡμέρας τῶν ὁμοτῶν οὐδένες μὲν αὐτῶν ἐς τὸ σῶμα διελωβήθησαν ἢ καθυπεβλήθησαν μάστιξι, τῶν δὲ οὐσιῶν ἐστέρηνται ἁπαξά|παντες. μετὰ δέ τινα καιρὸν καὶ αὗται τοῖς πλείοσιν αὐτῶν ἀπεδόθησαν, ἐξ αὐτῆς τῆς πρωτεργάτιδος τῆς ἐπιβουλῆς Ἄννης τῆς καισαρίσσης τοῦ βασιλέως ἀρξαμένου φιλανθρωπεύεσθαι.

Ἀρχὴν δ' ἔσχε τοιάνδε τὸ οὑτωσὶ γεγονέναι. τὴν ἐν χρυσῷ καὶ ἀργύρῳ καὶ πλούτῳ παντοδαπῷ καὶ ποικίλοις ἐσθήμασιν οὐσίαν τῆς καισαρίσσης καθ' ἕνα δόμον συνειλεγμένην ὁ βασιλεὺς Ἰωάννης ἐπιστὰς ἐθεᾶτο, ναὶ μὴν καὶ εἰπὼν ὡς „ἡ τάξις ἐπ' ἐμοί πως ἀντέστραπται· τὸ μὲν γὰρ συγγενὲς πολέμιον εὕρηται, τὸ δ' ἀλλότριον φίλιον· καὶ διὰ τοῦτο χρεὼν καὶ τὰ τοῦ πλούτου πρὸς τοὺς φιλοῦντας μεταρρυῆναι", πάντα εἰληφέναι τὸν μέγαν προσετετάχει δομέστικον. ὁ δ' εὐχαριστήσας ἐπὶ τούτοις τῷ βασιλεῖ φιλοδωρίαν μεγίστην μεταδιώκοντι ᾔτησεν ἐνδοθῆναί οἱ τὰ εἰκότα διαλεχθῆναι. ὡς οὖν ἔλαβε τὸ ἐνδόσιμον, „εἰ καὶ βιαίων" εἶπε „πραγμάτων καὶ πολλῆς ἀδικίας γεμόντων ἦρξεν, ὦ βασιλεῦ, ἡ σὴ ἀδελφὴ καὶ ἔργοις αὐτοῖς τὸ συγγενὲς ἀπωμόσατο, ἀλλ' οὐχὶ καὶ τὴν ἐκ τῆς φύσεως κλῆσιν καθάπερ καὶ τὴν σχέσιν ἀπεβάλετο. ἀγαθοῦ τοίνυν βασιλέως καὶ εἰσέτι κασίγνητος μένουσα ἐκ μετανοίας τὸ φίλτρον αὖθις ἀνακαλέσεται, ὅπερ ἐκ παρανοίας ἄρτι ἀπώλεσε, τῇ φύσει χρησαμένη συλλήπτορι. φεῖσαι οὖν, ὦ δέσποτα, τῆς τῷ σῷ κράτει προσκεκρουκυίας ὁμογενοῦς καὶ κόλασον τῷ φιλανθρώπῳ λαμπρῶς ἤδη τῆς σῆς ἀρετῆς ἡττᾶσθαι ὁμολογοῦσαν· δὸς δὲ αὐτῇ καὶ τὰ κατ' ὄψιν προκείμενα, οὐχ ὡς ὀφείλημα δίκαιον, ἀλλ' ὡς δόμα | ἑκούσιον, ἐπεὶ καὶ δικαιότερον ταῦτα ἐμοῦ κτήσαιτο, κλῆρον ὄντα πατρῷον κἀπὶ τὸ γένος αὖθις διαβησόμενα." τούτοις ὁ βασιλεὺς πεισθείς, ἢ ἀληθέστερον εἰπεῖν αἰδεσθείς, σὺν προθυμίᾳ περατοῖ τὴν παραίφασιν, φάμενος ὡς „εἴην τοῦ ἄρχειν ἀνάξιος, εἰ σὺ περὶ τὸ γένος τοὐμὸν κριθείης φιλανθρωπότερος καὶ κέρδους περιττοῦ καὶ προχείρου ἀνώτερος." ἀμέλει τοι καὶ δίδωσι πάντα τῇ καισαρίσσῃ καὶ σπένδεται.

VA = a, PH, RMDF = b

57 οὐδέν γε μὲν F οὐδὲν ἐς μὲν ἐς τὸ σῶμα αὐτῶν R **59** αὐτῶν om. V **60** ἐπεδόθησαν H **60—61** τῆς Καισαρίσσης om. D **62** γεγονός PH Bekk **65** ἐντέτραπται V: ἀντέτραπται R **68** δὲ P Bekk **68—69** ἐπὶ τούτοις om. H **69** ᾔτησεν: ἤκουσεν F **70** ἔφη Bekk **71** ὦ βασιλεῦ, ἦρξεν V **72** εἰ ante καὶ add. M[s] τὸ — ἀπωμόσατο: γρ. τὴν καθ' αἷμα οἰκείωσιν ἀπωμόσατο A[mg] **73** καθάπερ — ἀπεβάλετο: μετήμειψεν VA **74** ἔτι R **76** ὦ P[s] **78** αὐτῇ om. VA **80** αὖθις: αὐτῇ PH **82** ἀνάξιος τοῦ ἄρχειν Bekk

74 καὶ om. H b Bekk **75** ὃ νῦν ἐκ παρανοίας ἀπώλεσε PH b Bekk **76** ὦ om. H b **79** ὄφλημα b Bekk (ὀφείλημα hab. Sc)

Εἰρήνη δὲ ἡ μήτηρ καὶ βασιλὶς κατ᾽ οὐδένα τρόπον ἐλήλεγκται τῆς ἐπιβουλῆς μετέχουσα τοῦ υἱοῦ· μᾶλλον μὲν οὖν καὶ σοφόν τι λόγιον ἐσέπειτα γνωματεῦσαι λέγεται, μαθοῦσα τὰ μελετώμενα, ὡς δεῖ βασιλέα μὲν οὐχ ὑπόντα ζητεῖν, παρόντα δὲ μὴ μετακινεῖν, καὶ ὡς „οἵας μοι τὰς ὠδῖνας οἱ σφαγεῖς ἐχάλκευον τοῦ υἱοῦ, δριμυτέρας δήπουθεν ὧν ἐν τῷ τίκτειν πεπείραμαι, ὅτι καὶ πρὸς φῶς αἱ μὲν κατήπειγον τὸ κυοφορούμενον, αἱ δ᾽ ἐξ ᾅδου κευθμώνων διὰ μέσων μου τῶν σπλάγχνων χωροῦσαι λυπεῖν ἀθάνατα ἤμελλον."

Ὁ δὲ βασιλεὺς τοὺς Πέρσας ὁρῶν παρ᾽ οὐδὲν θεμένους τὰς πρὸς τὸν ἑαυτοῦ πατέρα ξυνθήκας καὶ παμπληθεὶ τῶν πόλεων καταθέοντας, ὁπόσαι περὶ Φρυγίαν καὶ ποταμὸν τὸν Μαίανδρον ἵδρυνται, ἔαρος ἐπιστάντος ἔξεισι κατ᾽ αὐτῶν καὶ συμβαλὼν μάχαις πολλάκις ἐκράτησε τήν τε Λαοδίκειαν χειρωσάμενος τείχεσι περιέβαλε καὶ τὸν ᾿Αλπιχαρὰν μετανάστην ἔθετο, ὃς τὴν ταύτης φρουρὰν ἐπεπίστευτο, καὶ τὰ λοιπὰ πρὸς τὸ δέον καταστησάμενος νόστου ἐμνήσατο.

Καὶ | μικρόν τι τῷ Βυζαντίῳ ἐνδιατρίψας σκηνίτης γίνεται πάλιν, τῶν ἀρχείων ἀπαναστάς. ἦν γὰρ τὰς τῶν βαρβάρων ἐπιδρομὰς φυλαττόμενος καὶ ὡς ἔχον λυμαίνεσθαι τὸ ἀνέτοιμον ὑφορώμενος. ὅθεν χρονίζειν ᾑρεῖτο μᾶλλον τοῖς ἔξωθεν, δύο τὰ κάλλιστα κατορθοῦν ἐντεῦθεν οἰόμενος, τήν τε φυλακὴν τῶν οἰκείων χωρῶν, ἣν ὡς τὰ πολλὰ βραβεύει τὸ θύραυλον, καὶ τὴν εἰς τὰ πολέμια ἔργα τριβήν τε καὶ ἄσκησιν τῶν ταγμάτων ἀφισταμένων τοῦ οἰκουρεῖν καὶ ὡς βαφῇ σίδηρος τοῖς ἐκ τῆς καυστηρᾶς μάχης ἱδρῶσι παγιουμένων.

Χειρωσόμενος τοίνυν ἀπῄει τὴν κατὰ Παμφυλίαν Σωζόπολιν. ὡς δὲ δυσάλωτος ἐδόκει τις εἶναι διά τε τὸ ἐγκαθήμενον ἔνδον ὁπλιτικὸν καὶ τὸ

---

1 ver est a. 1119 **7** ἀπαναστάς: vere a. 1120

---

94 sqq.: cf. Cinnam. 5, 15 sqq. **5** νόστου ἐμνήσατο: cf. Hom. Κ 509; γ 142 **12—14** καυστηρᾶς μάχης: cf. Hom. Δ 342; Μ 316 **14** sqq.: cf. Cinnam. 6,5 sqq.

VA = a, PH, RMDF = b

87 κατὰ ante τοῦ υἱοῦ add. Bekk **87—88** ἐσέπειτα καὶ σοφόν τι λόγιον Bekk **90** ὀδύνας D Bekk ὧν: τῶν HD ὅτε D **93** ἔμελλον VA **1** ἵδρυνται: ἵδωνται A **2** καὶ — μάχαις i. r. 12 litt. P μάχαις om. H **3** ᾿Αλπιχαρὰν VHSc Bekk: ᾿Αλπιχαρᾶν APD^ac: ᾿Αλπιχρὰν R: ᾿Αλπιχρᾶν MD^sγρ F **5** καταστησάμενοι RM^ac: μεταστησάμενος H **6** σκηνήτης VDSc: σκηνήτις APHRM **9** μᾶλλον ᾑρεῖτο HR τοῖς ἔξωθεν: τῇ θυραυλίᾳ H Bekk: τῇ θυραυλίᾳ τοῖς ἔξωθεν i. mg. et r. 10 litt. P: τῇ θυραυλείᾳ ante τοῖς ἔξωθεν suppl. A^mg ἐνταῦθα P: ἐνταῦτα H **10** θύραυλον: ὕπαιθρον PH Bekk **11** ἐς Bekk **12** καυστηρᾶς om. V suppl. A^mg **13** μάχης: δρόσου Bekk παγιουμένοις RMDF: παγουμένων HD^s

91 ὠδίνων post τίκτειν add. PH Bekk: εἰληθυιῶν post τίκτειν add. b, sed exp. D δυσέμβολον τῆς θέσεως καὶ περίκρημνον, τοιόνδε τι μηχάνημα κατὰ θεῖον μέτεισι. δύναμιν ἱππικὴν Πακτιαρίῳ τινὶ παραδοὺς ἐντέλλεταί οἱ συνεχῶς τῇ Σωζοπόλει ἐνιππάζεσθαι κἀπὶ τοῖς τείχεσιν ἀφιέναι βέλεμνα, εἰ δ' ἐπεξέλθοιεν οἱ πολέμιοι, φεύγειν ἀμεταστρεπτί, μηδ' ἐφεστάναι πρὸς πόλεμον, παριέναι δ' οὕτω καὶ τὰς μικρὸν ἄποθεν τῆς πόλεως συνεπτυγμένας καὶ λοχμώδεις ἀτραπούς. ὁ μὲν οὖν κατὰ τὴν βασιλικὴν παραίφασιν ἔπραττεν· ὡς δὲ ἡ ἐπιδίωξις ἐπὶ πολὺ καὶ πολλάκις πρὸς τῶν Περσῶν ἐγίνετο ἐκχεομένων τῆς Σωζοπόλεως, κατασοφίζεται τὸ ἀντίπαλον ὁ Πακτιάριος ὑποκαθίσας λόχον ἐν τοῖς στενοῖς. ἐν μιᾷ οὖν τῶν καταδρομῶν οἱ μὲν Τοῦρκοι μὴ προσκεψάμενοι τὸ | ἐνέδρευμα συντονώτερον ὁμοῦ καὶ πορρώτερον ὀπίσω τῶν Ῥωμαίων ἐδίωκον, ὡς καὶ τὰς δυσχωρίας ἀπερισκέπτως παραδραμεῖν· οἱ δ' ἐλλοχῶντες Ῥωμαῖοι ἐπεὶ εἶδον ἀπεριμερίμνως τοὺς Πέρσας ὀπίσω τῶν ἐκ τῆς συμμορίας αὐτῶν ἐπιόντας ἀνέτῳ παντὶ ῥυτῆρι καὶ πρὸς οὐδὲν ἕτερον ἀφορῶντας ἢ τὸ καταλήψεσθαι τοὺς ἐκδιδράσκοντας, αὐτίκα δὴ μάλα ἀναστάντες εὐθὺ τῆς Σωζοπόλεως ἵενται. μετὰ βραχὺ δὲ καὶ τῶν φευγόντων ἐπιστραφέντων, ἐν μέσῳ συλληφθέντες οἱ Τοῦρκοι καὶ μήτε τῇ πόλει προσεπεγγίσαι δυνάμενοι, μήτε διαδρᾶναι τοὺς ὄπισθεν ἐπιφανέντας ἰσχύοντες, οἱ μὲν σαγηνεύονται, οἱ δὲ καὶ ξίφους γίνονται πάρεργον, οὐ πολλοὶ δὲ καὶ τῇ τῶν ἵππων ἀρετῇ διασῴζονται. καὶ οὕτως ἥλω πρὸς Ῥωμαίων Σωζόπολις ἑνὶ βουλεύματι τοῦ βασιλέως σοφῷ. ἐκ δὲ τοῦδε τὸ φρούριον παρεστήσατο, ὃ Ἱερακοκορυφήτις ὠνόμασται, καὶ πλεῖστα ἕτερα πολίχνια καὶ ἐρύματα ὑπηγάγετο, πάλαι μὲν Ῥωμαίοις ὑπόφορα, τοῖς δὲ Πέρσαις τότε σπενδόμενα.

Περὶ δὲ τὸ πέμπτον ἔτος τῆς αὐτοῦ βασιλείας Σκυθῶν διαβάντων τὸν Ἴστρον καὶ τὰ Θρᾳκῷα μέρη ληϊζομένων καὶ τὰ ἐν ποσὶν ἀφανιζόντων τοῦ τῶν ἀκρίδων ἀκριβέστερον ἔθνους, ἔξεισι κατ' αὐτῶν τὰς Ῥωμαϊκὰς

---

39 τὸ πέμπτον ἔτος: 15. 8. 1122—14. 8. 1123 an 1. 9. 1121—31. 8. 1122?

---

16 κατὰ θεῖον: cf. Karathanasis 8 29 ἀνέτῳ παντὶ ῥυτῆρι: cf. Apost. 12, 63 (ὅλῳ ῥυτῆρι); Nic. Or. 10, 11 39 sqq.: cf. Cinnam. 7, 15 sqq.

VA = a, PH, RMDF = b

16 σκοπὸν post θεῖον add. Bekk 17 παραδιδοὺς δι sscr. A 20 κατὰ ante μικρὸν add. H 21 τὴν om. R 22 καὶ — τῶν i. r. 8 litt. et mg. P καὶ πολλάκις om. H 23 Σωζοπόλεως A^mg: πόλεως VASc 25 ἐνέδρευμα: τοῦ Πακτιαρίου στρατήγημα A^mg γρ PH 26 ὁμοῦ καὶ πορρώτερον om. M 27 παριέναι PH: περιδραμεῖν R 28 ὀπίσω: κατὰ νώτου A^mg PH τῶν — αὐτῶν i. mg. et r. 5 litt. P τῶν — συμμορίας om. H 31 μετὰ δὲ βραχὺ PH 32 τῆς πόλεως H post δυνάμενοι add. διὰ τοὺς ἐκ τῶν λόχων προδραμόντας Ῥωμαίους πρὸς τὴν τῶν εἰσόδων κατάληψιν A^mg P^mg Bekk 36 Ἱερακοκορυφήτις VFSc: -φήτης AH: -φίτης A^s RD: -φίτις P: ⟨ἱερα⟩κοκορυφή τις M: ἱερακοκορυφὴ τίς U: ἱερὰ κορυφὴ τίς KN: Ἱερακορυφίτου Ephr: Ἱερακοκορυφῖτις Bekk: Ἱερακορυφίτης Cinnam. 7, 12 39 ἑαυτοῦ D 41 κατ' αὐτῶν: κατὰ τοὺς Σκύθας ὁ αὐτὸς βασιλεὺς R

24 γοῦν P^ac? b Bekk 28 αὐτῶν: σφῶν H b Bekk 30 αὐτοὶ ante ἀναστάντες add. PH b Bekk

ἀθροίσας δυνάμεις καὶ ὡς ἐνῆν ὁπλισάμενος γενναιότατα, οὐ διὰ τὸ πλῆθος μόνον τῶν πολεμίων μηδ' ὑποπῖπτον σχεδὸν ἀριθμῷ, ἀλλὰ καὶ διὰ | τὸ χρᾶσθαι μεγαλαυχίᾳ καὶ σὺν κόμπῳ τραχύτερον ἐπιέναι τὸ βάρβαρον, εἰς μνήμην ἄγον, ὡς ἔοικε, τὰ πονηθέντα οἱ πρότερον, ἡνίκα τὰ τῶν Ῥωμαίων σκῆπτρα διεῖπεν ὁ Κομνηνὸς Ἀλέξιος, ὅτε εἴχετο Θρᾴκη καὶ τὰ πλεῖστα τῆς Μακεδονίας ἠρήμωτο.

Τὰ μὲν οὖν πρῶτα στρατηγικῇ μεθόδῳ χρώμενος ὁ βασιλεὺς δι' ἀποστολῆς ὁμογλώττων τοῦ τῶν Σκυθῶν ἀποπειρᾶται στρατεύματος, εἴ πως ἐς ὁμολογίας ξυμβαῖεν καὶ τοῦ διὰ μάχης χωρεῖν ἀποσταῖεν πάντες ἢ γοῦν ἔνιοι, πρὸς πλείους διῃρημένοι φυλὰς καὶ διακριδὸν στρατήγια βάλλοντες. ἐφελκυσάμενος οὖν τόνδε τὸν τρόπον τινὰς τῶν παρ' αὐτοῖς τὰ πρῶτα φερόντων πᾶσαν φιλοφροσύνην ἐπ' αὐτοῖς ἐπιδείκνυται, οὐ περιττὰς μόνον ἑστιάσεις αὐτοῖς παραθέμενος, ἀλλὰ καὶ σηρικοῖς καταγοητεύσας ἱματισμοῖς καὶ κυπέλλοις καὶ λέβησιν ἀργυρέοις ὑπαγαγόμενος. καὶ τοῖς δελέασι τούτοις τὰ τῶν Σκυθῶν ὑποχαυνώσας φρονήματα ἔγνω μὴ καιρὸν εἶναι μελλήσεως, ἀλλ' ἐπάγειν αὐτοῖς τὰς δυνάμεις κἀκ τοῦ αὐτίκα συντάξασθαι, ἕως ἔτι τὰς γνώμας ἔχοντές εἰσιν ἀμφιβόλους καὶ ῥέπουσι πρὸς ἀμφότερα, καὶ Ῥωμαίοις μὲν διανοούμενοι σπείσασθαι διὰ τὰ σφίσιν ἐπαγγελλόμενα, θαρροῦντες δὲ καὶ τὸν πόλεμον ὡς τοῦ νικᾶν ἐθάδες πάλαι γενόμενοι.

Ἄρας τοίνυν ἐκ τῶν τῆς Βερόης μερῶν (ἐκεῖσε γὰρ ἐστρατοπεδεύετο) κνεφαῖος τοῖς Σκύθαις συρρήγνυται. γίνεται τοίνυν φρικαλέα τις συμβολὴ καὶ καταπληκτικωτέρα τῶν πώποτε μάχη συνίσταται· οἵ τε γὰρ Σκύθαι γενναίως ἐδέξαντο τὸ ἡμέτερον στράτευμα τῇ τῶν ἵππων ἐπελάσει καὶ τῇ | τῶν τοξευμάτων ἐπαφέσει καὶ ταῖς βοαῖς ἐν ταῖς ἐμβολαῖς δυσαντίβλεπτοι δεικνύμενοι, καὶ Ῥωμαῖοι καθάπαξ ἐν τῷ ἀγῶνι γενόμενοι ὡς ἡττήσοντες ἢ θανούμενοι προύθεντο μάχεσθαι. καὶ αὐτὸς δὲ βασιλεύς,

---

45—47 τὰ (pr.) — ἠρήμωτο: a. 1087—1091; cf. Ann. Comn. 7, 9 sqq.

---

62 ἐστρατοπεδεύετο: cf. Cinnam. 7, 17—18

VA = a, PH, RMDF = b

42 συναθροίσας V   οὐχὶ V   **43** μηδ': μὴ VAD   **45** οἱ om. H   τῶν om. PHDF Bekk   **46** οἴ(χετο) P[ir]: ᾤχετο D   **48** χρησάμενος R   **49** ἀπεπειρᾶτο VA: ἀποπειρασάμενος Sc   **51** πρὸς: εἰς Bekk   (στρατήγι)α P[pc]: -ον H   **52** ἑλκυσάμενος V   **54** μόνον περιττὰς Bekk: περιττὰς (ἑστιάσεις cancell.) αὐτοῖς μόνον ἑστιάσεις D   **55** ὑπαγόμενος P[ac] HMF   **61** γενόμενοι πάλαι H   **62** Βερρόης DK   **63** συρρήγνυσι VA   **66** ταῖς — ἐν om. M   **68** προέθεντο VA: προύκειντο H   Ὁ ante βασιλεὺς add. (init. lin.) M

42 γενναιότερον PH b Sc Bekk   **45** ἄγων PH[ac] b Sc Bekk   **50** εἰς Hb, sed ἐς F

τοὺς ἑταίρους ἔχων μεθ' ἑαυτοῦ καὶ ὅσον περὶ τὴν τοῦ σώματος φυλακὴν ἀποτέτακτο, ἀεί πως ἐπεβοήθει τοῖς κάμνουσι μέρεσιν.

Αὐτὸ μέντοι τὸ Σκυθικὸν κατὰ τόνδε τὸν πόλεμον καὶ τοιοῦτόν τι ἐκακοτέχνησεν ἐκ προσκέψεως, πορίζούσης αὐτῷ τῆς ἀνάγκης τὰ δέοντα. συναγαγὸν δὴ πᾶσαν ἅμαξαν εἰς σχῆμα περιφερὲς αὐτὰς διατίθησι· καὶ τούτων ἄνωθεν στήσαντες μοῖραν οὐκ ὀλίγην ἐκ τοῦ σφῶν στρατεύματος ὅσα καὶ χάρακι ἐχρῶντο τῷ μηχανήματι καὶ πολλὰς δι' αὐτῶν ἐγκαρσίους παρόδους ῥυμοτομήσαντες, βιαζόμενοι μὲν ὑπὸ Ῥωμαίων καὶ τὰ νῶτα πρὸς τὴν τάξιν τῶν προσώπων μετατιθέμενοι, ὥσπερ τεῖχος ἐχυρὸν τὰς ἁμάξας εἰσέτρεχον καὶ διετίθουν οὕτω τὴν φυγὴν πρὸς τὸ εὖ, εἶτ' αὖθις ἐκεῖθεν μετ' ἀνοχὴν ὡσεὶ διὰ πυλῶν ἀνακλινομένων ἐκπίπτοντες ἔργα χειρὸς ἀνδρείας ἐδείκνυον. καὶ ἦν τὸ γινόμενον τοῦτο τειχομαχία τις ἀκριβὴς ἐν μέσῃ πεδιάδι σχεδιασθεῖσα παρὰ Σκυθῶν, ὡς συμβαίνειν ἐκ τοῦδε τὰ τῶν Ῥωμαίων ἐπ' ἀτελέστοις μογεῖν.

Ἦν οὖν τηνικαῦτα τὸν Ἰωάννην ὁρᾶν σοφόν τι χρῆμα τοῖς ὑπ' αὐτὸν καθιστάμενον· οὐ γὰρ ἀγαθὸς μόνον καὶ ποικίλος τὸ ἦθος ἐδείκνυτο σύμβουλος, ἀλλὰ καὶ πρῶτος παρεῖχε πέρατι ὁπόσα στρατηγοῖς καὶ τάγμασιν ὑπετίθετο. τὸ δὲ δὴ καινὸν καὶ πολλὴν | ἐκείνῳ μαρτυροῦν τὴν εὐσέβειαν, ὁπότε τῶν Ῥωμαίων αἱ φάλαγγες ἔκαμνον ἐπιβριθόντων τῶν πολεμίων καὶ συμπιπτόντων παραβολώτερον, τὴν τῆς θεομήτορος εἰκόνα παρεστῶσαν ἔχων, μετ' οἰμωγῆς ἐμβλέπων, ἐλεεινοῖς τοῖς σχήμασι θερμότερα τῶν ἐναγωνίων ἱδρώτων κατέλειβε δάκρυα. καὶ ἦν οὔκουν εἰς κενὸν διαπραττόμενος οὑτωσί, ἀλλ' ἐκ τοῦ μάλα αὐτίκα τὴν ἐξ ὕψους θωρακιζόμενος δύναμιν τὰς Σκυθικὰς ἐτροποῦτο παρεμβολάς, ὡς Μωϋσῆς πρότερον τῇ τῶν χειρῶν ἐκτάσει τὰς Ἀμαληκίτιδας ἴλας ἐνέκλινεν.

Ἀναλαβὼν δὲ καὶ τοὺς ὑπασπιστάς, οἳ περιμήκεσιν ἀσπίσι καὶ πέλυξιν ἑτεροστόμοις φράγνυνται, ὡσεὶ τεῖχος ἄρρηκτον τοῖς Σκύθαις ἀντιπρο-

---

72 πορίζούσης — δέοντα: videtur variatio prov. „facere ex necessitate virtutem"; cf. p. 285, 67; 459, 49; 493, 78; Nic. Or. 32, 9 **91—92** τὴν — δύναμιν: cf. Luc. 24, 49 **92—93** ὡς — ἐνέκλινεν: cf. Exod. 17, 11 sqq.

VA = a, PH, RMDF = b

69 ὅσον: ὃς V φυλακὴν: γρ. φρουρὰν A^mg **70** ἀπετέτακτο D -σι sscr. et μέρεσιν i. r. P **71** καὶ om. P^ac H Bekk **73** αὐτοῖς τίθησι D **78** ἐχυρὸν VADF Bekk: ὀχυρὸν P, ubi ὀ i. r., RSc: ἰσχυρὸν M: ὀχειρὸν H **82** τῶν hab. P^pc **84** τὸ ἦθος καὶ ποικίλος D ποικίλον H **85** πέρατι: γέροντι R: om. M **86** κοινὸν DF **91** οὐτωσίν V ἀλλ' — μάλα i. r. 8 litt. P μάλα om. H θωρακιζόμενος τὴν ἐξ ὕψους H **92** Μωσῆς PH **93** ἀνέκλινεν H **94** οἵ: οἳ καὶ H **95** ἀντιπροσβάλλεται P

70 μέρεσιν om. H b Sc **75** χαρακώματι (χαρακω . . . . H) ἀπεχρῶντο PH b Sc Bekk **77** μετατιθέντες PH b Sc Bekk **82** τῶν om. H b Bekk βάλλεται. ἀμέλει καὶ ὑπ' αὐτῶν διαλυθέντος τοῦ ἐκ τῶν ἁμαξῶν ἕρματος καὶ εἰς χεῖρας οὕτω τοῦ πολέμου συνερχομένου, γίνεται τῶν ἐναντίων τροπὴ καὶ φυγὴ ἀκλεὴς καὶ Ῥωμαίων εὐθαρσὴς ἐπιδίωξις. κατὰ χιλιοστύας τοίνυν πίπτει τὸ ἁμαξόβιον καὶ διαρπάζονται χάρακες· τὸ δὲ συλληφθὲν δορυάλωτον καὶ ἀριθμοῦ κρεῖττον ὁρᾶται, ὥσπερ καὶ τὸ προσρυὲν αὐτόμολον τῷ πόθῳ τῶν ζωγρηθέντων ὁμογενῶν, ὡς ἐκ τούτου καὶ κώμας συνοικισθῆναι καθ' ἑσπέριόν τινα λῆξιν Ῥωμαϊκήν, ὧν καὶ εἰσέτι σμικρὰ οὐχὶ πάνυ ἐμπυρεύματα σώζονται, οὐκ ὀλίγους δὲ καὶ εἰς σπείρας καταλεγῆναι συμμαχικάς, ἀποδοθῆναι δὲ καὶ μοίρας πλείονας συνειλημμένας τῇ στρατιᾷ.

Τοιαύτην νίκην περιφανῆ κατὰ Σκυθῶν ὁ Ἰωάννης | ἀράμενος καὶ μέγιστον στήσας τρόπαιον τὰς εὐχὰς θεῷ ἀποδίδωσι, τὴν τῶν Πετζινάκων λεγομένην ἐς ἡμᾶς τελετὴν εἰς ἀναμνηστήρια τῶν πεπραγμένων ἀποτάξας καὶ χαριστήρια.

Μικρῷ δὲ ὕστερον καὶ κατὰ τοῦ τῶν Τριβαλλῶν ἔθνους (εἴποι δ' ἄν τις ἕτερος Σέρβων), κακουργοῦντος καὶ τὰς σπονδὰς συγχέοντος, στρατείαν ἐκήρυξε, καὶ συμβολῆς γενομένης, κατὰ κράτος ἡττήσας καὶ τοῦτο τὸ βάρβαρον πρὸς σπονδὰς ὑπηγάγετο, μηδ' ἄλλως δεικνύμενον ἀξιόμαχον, οἷα καθυποκύπτον ἀεὶ ταῖς ἐκ γειτόνων ἀρχαῖς. καὶ λείαν ἐκεῖθεν ἐλάσας οὐ σταθμητὴν καὶ πλείστων ὠφελειῶν ἐμπλήσας τὸ στράτευμα ἐς τὴν ἕω διαβιβάζει τὸ τοῦ πλήθους αἰχμάλωτον. καὶ κατὰ τὴν Νικομήδους ἐπαρχίαν ἀποτάξας αὐτῷ τὴν κατοίκησιν καὶ γῆν διαρκεστάτην ἀποδασάμενος, τὸ μὲν τοῦ δορυκτήτου λεὼ τοῖς στρατεύμασιν ἐγκατέμιξε, τὸ δὲ παρῆκεν εἰς δασμοφόρησιν.

Καὶ πατὴρ δὲ ἀρρένων παίδων ὁ βασιλεὺς οὗτος φανεὶς τῷ μὲν προήκοντι κατὰ γένεσιν (Ἀλέξιος τῷδε τὸ ὄνομα) πορφυρίδος μετέδωκε καὶ πεδίλοις ἐρυθροῖς ὑποδεῖσθαι διαφῆκε τὰ βάθρα τοῦ σώματος καὶ συνευφημεῖσθαί οἱ παρεῖχεν, ὁπηνίκα Ῥωμαίων αὐτοκράτωρ ἐκεῖνος ὑπὸ τῶν συνειλεγμένων ὄχλων ἀνηγορεύετο· τὸν δὲ μετ' αὐτὸν Ἀνδρόνικον Ἰσαάκιόν τε τὸν ἐπὶ τῷδε καὶ τὸν ἐφεξῆς καὶ τέταρτον Μανουὴλ σεβαστοκρατορικαῖς ὑπεξαίρει τιμαῖς.

---

15 μικρῷ δὲ ὕστερον: a. 1123

VA = a, PH, RMDF = b **1** ἐρύματος P, ubi ἐρύ p. c., Sc Bekk: ἅρματος MD **7** καὶ om. VA (cf. **11**, 74) **8** σμικρὰ — πάνυ: μικρά τινα Bekk οὐχὶ πάνυ: τῶν πάντων D καὶ εἰς σπείρας: γρ. καὶ εἰς ἴλας A[mg] σπείρας: ἴλας PH: πεῖρας RM[ac] D **9** συμμαχίας D **11** καὶ τοιαύτην VA περιφανῶς A **12** τῶ θεῶ M Bekk Πατζινάκων PHDSc Bekk **13** εἰς AH **13—14** ἀποτάξας τῶν πεπραγμένων Bekk **15** μικρὸν Sc Bekk καὶ om. A τοῦ om. R εἴπη R[ac] DF **16** συγχέαντος D στρατιὰν D **17** καὶ τοῦτο om. V: suppl. A[mg] **21** εἰς PR Bekk ἀμέλει ante καὶ add. A[mg]: ἀμέλει καὶ κατὰ i. r. 7 litt. P **22** τὴν om. PH Bekk **25** δ' DF Bekk **26** τῷδε: τούτω PH **27** βάθρα: βάθη A: ἄρθρα Bekk **28** ἐκεῖνος om. H **30** καὶ alt. om. PHRMDF Bekk hab. Sc **31** ὑπεξῆρε VA

10 ὑπὸ τῆς στρατιᾶς PH b Bekk

Φασὶ δὲ ὡς κατ' ὄναρ ὁ βασιλεὺς Ἰωάννης θεάσαιτο τὸν νεοστεφῆ υἱὸν τὸν Ἀλέξιον θηρίῳ | ἔποχον λέοντι καὶ τοῦτον ἐκ τῶν ὤτων ἡνιοχεῖν, μηδενὸς ἑτέρου ὑπόντος ἐπιτηδείου πρὸς διεξαγωγὴν τοῦ θηρός. ἦν δὲ ἡ σύγκρισις τοῦ ἰνδάλματος, ὡς μέχρι καὶ προσρήματος ψιλοῦ καὶ γυμνῆς πραγμάτων ἀνακηρύξεως ἐπιτευξεῖται τῆς βασιλείας ὁ παῖς, τῆς δὲ μείζονος ἀποπεσεῖται κυριαρχήσεως, ὃ καὶ μικρῷ συμβέβηκεν ὕστερον· θανάτῳ γὰρ τὴν ἐξ ἀνθρώπων ἐστείλατο.

Περὶ δὲ θέρειον ὥραν τὸν Ἴστρον διαβάντες οἱ Οὖννοι τήν τε Βρανίτζοβαν ἐξεπόρθησαν, κατερείψαντες τὰ τείχη καὶ τοὺς λίθους μετενεγκάμενοι εἰς τὸ Ζεύγμινον, καὶ τὴν Σαρδικὴν ἐληΐσαντο, τὰς ἐπὶ φιλίᾳ τῇ πρότερον ὁμολογίας ἀποσεισάμενοί τε καὶ διαξάναντες. ἦν δὲ ἡ μὲν ἐνδόμυχος αἰτία ταυτησὶ τῆς διαφορᾶς τὸ τὸν Ἀλμούζην παρὰ βασιλέα ἐλθεῖν καὶ προσδεχθῆναι παρ' αὐτοῦ ἀσμενέστατα, κασίγνητον ὄντα Στεφάνου τοῦ τῶν Οὔννων κατάρχοντος, ἡ δ' εὐπρόσωπός τε ἅμα καὶ πρόδηλος ἀφορμὴ τὸ τοὺς οἰκήτορας Βρανιτζόβης ληστρικῶς ἐπιτίθεσθαι τοῖς παραβάλλουσιν ἐκεῖθι Οὔννοις κατ' ἐμπορίαν καὶ δρᾶν ἐπ' αὐτοῖς τὰ χείριστα.

Ἅτε δ' ἀπροόπτως τοῦ κακοῦ τοῦδε ξυνενεχθέντος, τότε μὲν τῇ κατὰ Φιλιππούπολιν ἐνδημίᾳ τὰ τῆς προμηθείας ὁ βασιλεὺς ἐπεμέτρησεν, Οὔννους ἐκεῖθεν μετανάστας θέμενος· τῷ δ' ἐπιόντι καιρῷ πρὸς παρασκευὴν τῶν οἰκείων καὶ ἄμυναν τῶν πολεμίων χρησάμενος τὰς δυνάμεις συνήθροισε καὶ νῆας ταχυναυτούσας ἡτοίμασε καὶ ταύτας εἰς τὸν Ἴστρον διὰ τοῦ Πόντου κατακολπίσας ὑδραῖος ὁμοῦ καὶ χερσαῖος τοῖς | ἀντιπάλοις ἐφίσταται. διελθὼν δὲ τὸν ποταμὸν μετὰ τῆς στρατηγίδος τριήρους καὶ τὸν στρατὸν καταστησάμενος ἐς τὸ πέραν ἱππομαχίᾳ καὶ δοράτων ἀγκοινήσει τὸ συνελθὸν Οὐννικὸν διεσκέδασε.

---

37 μικρῷ . . . ὕστερον: die 2 mens. Aug. a. 1142; cf. infra p. 38,13 sqq. **39** sqq. aestas est a. 1127 (cf. Cinnam.) **44** κασίγνητον: errat auctor; Almos non frater, sed avunculus regis Stephani II erat **50** τῷ — καιρῷ: vere a. 1128

---

39 sqq.: cf. Cinnam. 9, **1** sqq.

VA = a, PH, RMDF = b

32 Ἰωάννης om. DF Bekk ἐθεάσατο M **33** ἐποχούμενον M **34** διαγωγὴν D **35** ἰνδάλματος: γρ. ὀνείρατος A^{mg} γυμνῶν A **37** ὃ: ἃ V συμβέβηκεν om. M **39** θέρεως H οἱ om. V **40** κατέρειψάν τε τὰ P μετήνεγκαν PH: μετενεγκόντες Sc **41** τὰς δ' ἐπὶ φίλια M φιλίας τῆς H **42** καὶ post δὲ add. D **43** διαφορᾶς: γρ. πράξεως A^{mg} **44** Στεφάνω R τοῦ om. M: τῶ R^{pc} **46** ὑποτίθεσθαι H: περιτίθεσθαι R: ἐπιθέσθαι KN περιβάλλουσιν R **47** ἐκεῖθι: ἐς αὐτοὺς VA: ἐκεῖσε D **48** τοῦ om. M **48—49** τῇ — ἐνδημίᾳ: τοῖς κατὰ Φιλ. D κατὰ τὴν Φιλ. Bekk **49** ἐξεμέτρησεν M **52** ἡτοιμάσας H ἐς PMF Bekk **55** εἰς PHM ἱππομαχίαις H

49 ὁ om. b Bekk

Χρονίσας δὲ τῇ πολεμίᾳ καὶ καρτερικώτατος φανεὶς ἑαυτοῦ τοῦ τε Φραγγοχωρίου ἐκράτησεν, ὅπερ ἐστὶ τῆς τῶν Οὔννων γῆς τὸ πιότατον, ἐς πεδία ὑπτιάζον ἱππήλατα, μεταξὺ τῶν ποταμῶν Σαούβου καὶ Ἴστρου ἀναπεπταμένον, καὶ τὸ Ζεύγμινον παρεστήσατο καὶ κατ' αὐτὸν ἐλάσας τὸν Χράμον λείαν πλείστην περιεβάλετο. ἔπειτα καὶ τῷδε τῷ γένει μεθ' ἑτέρας συμπλοκὰς σπεισάμενος τά τε πρὸς εἰρήνην διαθέμενος καὶ τὸ λοιπὸν βαρβαρικόν, ὁπόσον καθ' ἑσπέραν Ῥωμαίοις ἄγχουρον, ἐς φιλίαν ἄκον ὑπαγαγόμενος, ἐν οἷς πολλάκις εὐρόησε κατὰ πόλεμον, δεῖν ᾠήθη καὶ τὰ ὑπερόρια φῦλα, καθ' ὃν ἂν καὶ δύναιτο τρόπον, ὑποποιήσασθαι, καὶ τούτων ὁπόσα μάλιστα τῇ ἐμπορίᾳ καὶ ἀγυρτείᾳ προσκείμενα μετὰ πλοίων ἐς τὴν Κωνσταντίνου καταίρουσιν. οὐκοῦν καὶ εἶχεν οἰκειωσάμενος τὴν παράλιον Ἰταλίαν ὅλα λαίφη διαπετῶσαν ἐς τὴν βασιλίδα τῶν πόλεων.

Ἠρεμησάντων δ' οὕτω τῶν καθ' ἑσπέραν γενῶν, ἐς τὴν ἕω διαβιβάσας τὸ στράτευμα τοῖς τὴν Κασταμόνα κατέχουσι Περσαρμενίοις ἐπιθέσθαι ἔγνωκεν. ὅθεν διὰ τῆς τῶν Βιθυνῶν καὶ Παφλαγόνων ἐπαρχίας ἐλάσας ἐκεῖσέ τε παραγίνεται καὶ κλίμαξιν ὅτι πλείσταις χρησάμενος καὶ κύκλῳ περιστήσας τὰς ἑλεπόλεις αὐτῆς τε τῆς Κασταμόνος κρατεῖ καὶ τὸν ταύτης σατραπεύοντα Περσαρμένιον ἀπειπόντα περὶ τῶν ὅλων φυγάδα δεί|κνυσιν. οὐκ ὀλίγον δὲ πλῆθος Περσῶν ἐκεῖθεν ἀπαγαγὼν αἰχμάλωτον πρὸς τὸ Βυζάντιον ἐπανέζευξε.

Τοίνυν καὶ κηρύξας ἐπὶ τῷ τροπαίῳ τουτωῒ θρίαμβον ἅρμα διειλημμένον ἀργύρῳ παγῆναι προσετετάχει· καὶ ἦν τὸ ἅρμα θαυμάσιον οἷον γενόμενον καὶ λίθοι τῶν μὴ πάνυ τιμαλφῶν ἐνιαχοῦ αὐτὸ ἤγαλλον. ἐνστάσης δὲ τῆς ἡμέρας, καθ' ἣν ἡ πρόοδος ὥριστο, ἅπας πέπλος τὰς ἀγυιὰς κατηγλάϊζε χρυσοϋφής τε καὶ περιπόρφυρος. οὐδὲ τὰ τοῦ Χριστοῦ καὶ τῶν ἁγίων ἀπῆν ἐκεῖθεν εἰκάσματα, ὁπόσα ἱστουργικὴ χεὶρ ἐπίπλοις ἐνετυπώσατο, ἃ καὶ εἴρηκεν ἄν τις ἔμψυχα, οὐκ ἐνυφαντά. ἦν δὲ τοῦ ἄγασθαι

---

62 σπεισάμενος: hieme a. 1128/1129 **70** sqq.: a.1132 (an 1130?) **78** sqq.: a. 1133

---

62 μεθ' ἑτέρας συμπλοκάς: cf. Cinnam. 12, 13—13, 9 τὰ πρὸς εἰρήνην: Luc. 14, 32; 19, 42 **70** sqq.: cf. Cinnam. 13, 9—15 **78** sqq.: cf. Cinnam. 13,15—14, 2; Theod. Prodr. ed. Hörandner No. VI

VA = a, PH, RMDF = b

57 δὲ: δ' ἐν Bekk **58** εἰς H **59** τῶν om. H Σάου V **60** καὶ pr. om. D **61** περιελάβετο V τῷδε: τούτῳ Bekk **62** εὖ ante διαθέμενος add. Bekk **63** ὁπόσον P^pc **64** εἰς Bekk ὑπαγόμενος P κατὰ τὸν πόλεμον F Bekk **66** μάλιστα ὁπόσα Bekk **67** Κωνσταντινούπολιν H **68** ἐς: πρὸς D **70** δ' om. R εἰς H **73** τε om. VA **76** αἰχμαλώτων D **78** καὶ κηρύξας: ἐπικηρύξας H τουτονὶ R **79** γενόμενον: γρ. καὶ ὀφθέν A^mg **80** μὴ πάνυ om. V suppl. A^mg **82** καὶ τὰ τῶν RM **83** ἐπίπλοις: ἐπὶ πλείστοις H **84** ἃ — ἐνυφαντά om. VA ἄγεσθαι R

63 ὁπόσον: ὅσον H b **70** οὕτως P^ac H b

ἄξια καὶ τὰ περὶ τὴν πάροδον ἑκατέρωθεν πρὸς ὑποδοχὴν τῶν θεωμένων διὰ ξύλων πήγματα καὶ ἴκρια. χῶρος δὲ τῆς πόλεως ἦν, ὃς οὑτωσὶ διεσκεύαστο, ὁ διήκων ἐκ τῶν ἑῴων πυλῶν τῆς πόλεως ἐς αὐτὸ τὸ μέγα παλάτιον. καὶ δὴ τὸ μὲν τέτρωρον εὐτρεπὲς καὶ εἷλκον τοῦτο πίσυρες ἵπποι καλλίτριχες χιόνος λευκότεροι. ὁ δὲ βασιλεὺς τὴν τοῦ ἅρματος ἐπίβασιν παρεικὼς τὴν τῆς θεομήτορος εἰκόνα τούτῳ ἐπανεβίβασεν, ἐφ᾿ ᾗπερ ἦν γεγηθὼς καὶ τὴν ψυχὴν ἐκλείπων αὐτήν· καὶ τὰς νίκας ὡς συστρατηγέτιδι ἀμάχῳ ἐπιγραφόμενος καὶ δοὺς ἄγειν τὰ χαλινὰ τοὺς παρ᾿ ἐκείνῳ δυναμένους τὰ μέγιστα καὶ τοῖς ἐκ γένους ἐγγίζουσιν ἀμφιπονεῖσθαι τὸ ἅρμα ἐνδοὺς προῆγεν αὐτὸς σταυρικὸν σημεῖον χειριζόμενος καὶ ποσὶ τὴν πορείαν ποιούμενος· καὶ τὸν ἐκ τῆς τοῦ θεοῦ Σοφίας παρωνυμούμενον νεὼν εἰσιὼν καὶ τὴν ἐπὶ τοῖς κατωρθωμένοις ἀνθομολόγησιν Κυρίῳ τῷ θεῷ ἀπονείμας τοῦ λεὼ παντὸς ἐνώπιον τῷ ἀρχείῳ οὕτως παρέβαλεν. |

Οὐ πολλοῦ δὲ διαλιπόντος καιροῦ, ἀλλ᾿ ὥστε καὶ αὐτὸν ἐποφθῆναι τοῖς ὑπηκόοις καὶ θεάτροις διαχυθῆναι, προσειπεῖν δὲ καὶ τὸν στρατιώτην τὰ οἴκοι χρόνιον καὶ διαναπαῦσαι τὸν ἵππον καὶ τὴν λόγχην ἀκέσασθαι, αὖθις κατὰ Κασταμόνος ἐστράτευσεν. ὁ γὰρ τὸν καιρὸν ἐκεῖνον τῆς Καππαδοκῶν χώρας κρατῶν Περσαρμένιος Τανισμάνιος μετ᾿ ἰσχύος μείζονος ἐπιὼν τειχομαχίᾳ τὴν πόλιν εἷλε καὶ τῷ ξίφει κατὰ τῶν φυλάκων Ῥωμαίων ἐχρήσατο. βασιλεὺς τοίνυν ἐκεῖσε παραγενόμενος τὸν μὲν Τανισμάνιον ἐξ ἀνθρώπων εὗρε γεγενημένον, Μουχούμετ δέ τινα τὴν Κασταμόνα διέποντα, διάφορον τῷ τῆς Ἰκονίου πόλεως ἀρχηγῷ Μασούτ. συμφόρῳ γοῦν τῷ καιρῷ πρὸς σύναρσιν τῶν καθ᾿ αὐτὸν πραγμάτων ὁ βασιλεὺς χρώμενος σπένδεται τῷ Μασοὺτ καὶ συμμαχίαν εἰληφὼς ἐκεῖθεν ἔπεισι τῷ Μουχούμετ. ὁ δὲ πρὸς ἀμφίστομον στράτευμα οὔκουν ἑαυτὸν

---

3 οὐ — καιροῦ: revera fere annum et dimidium **6** ἐστράτευσεν: ca. mens. Sept. a. 1134 **9** Τανισμάνιον: ipse Danischmend regnabat a. 1095—1104; Nicetas hic eodem nomine filium eius, Ghazi III, designat, mortuum mense Sept. aut Oct. a. 1134 **13** σπένδεται: exeunte a. 1134

---

91 συστρατηγέτιδι ἀμάχῳ: cf. Ac. Hymn. 1 **6—9** ὁ — ἐχρήσατο: cf. Cinnam. 14, 3—9 **9—14** βασιλεὺς — Μουχούμετ: cf. Cinnam. 14, 10—19 **14—22** ὁ — γεγόνασιν: cf. Cinnam. 14, 20—15, 1

VA = a, PH, RMDF = b

86 ἦν om. V **88** εὔπρεπὲς A P^{ac}? HR Bekk **92** διδοὺς M **94** ἐνδοὺς: γρ. προστεταχὼς A^{mg} ἐγχειριζόμενος V **1** ναὸν V Bekk **2** παρέλαβεν HRF **3** διαλείποντος F **5** ἀκέσασθαι: θήξασθαι D: γρ. ἀκέσασθαι D^{s} **6** τῶν ante Καππαδοκῶν add. AP^{pc} **7** Περσαμένιος AR^{pc} Ταϊσμάνιος constanter PH Bekk μετ᾿: ἐπ᾿ R **8** Ῥωμαίων φυλάκων D **9** ἐχρήσατο: ἐχώρησεν Bekk ὁ ante βασιλεὺς add. P^{pc} HRMNU Sc Bekk **10** Μαχούμετ V (Cinnam.) **13** λαβὼν H **14** Μαχούμετ VHRMDF (Cinnam.)

90 ᾗπερ: ᾗ καὶ PH b Sc Bekk

εἰδὼς ἀξιόμαχον ὕπεισι τὸν ὁμόφυλον Μασοὺτ καὶ καταλύσας τὴν ἔχθραν ἄλλοις τε οἷς ἐκείνῳ διὰ γραμμάτων ἐσήμανεν, ἀλλὰ δὴ καὶ τῷ εἰπεῖν ὡς προσρυεὶς τῷ βασιλεῖ ῾Ρωμαίων, εἰ μὴ καταλλαγεῖεν αὐτοί, κακῶς διάθοιτο τὰ Περσῶν, πείθει τὸν ᾿Ικονιέα Μασοὺτ ἀποσχέσθαι μὲν βασιλέως, ἐκείνῳ δὲ προσρέψαι καὶ λῦσαι τὴν συμμαχίαν. οὗ μετὰ βραχὺ συμβάντος καὶ νυκτὸς οἰχομένων τῶν τῷ βασιλεῖ παρὰ τοῦ σουλτὰν ἐκπεμφθέντων ἐπικούρων Περσῶν, οὐκ εὔοδα τὸ ἐκ τοῦδε ῾Ρωμαίοις τὰ τῆς προκειμένης ἐκστρατείας γεγόνασιν. ὅθεν ἀναχασάμενος ἐκεῖθεν | καὶ κατὰ τὸ πόλισμα ἐναυλισάμενος, ὃ περὶ τὸν ῾Ρυνδακὸν ποταμὸν αὐτὸς ἐδείματο, αὖ πάλιν τῆς κατὰ τοῦ Μουχούμετ ἀκμαιότερον ἥψατο καὶ ῾Ρωμαίοις ἐπανασωσάμενος Κασταμόνα οὐδὲ τῆς Γάγγρας ἀπέσχετο. μία δέ ἐστιν αὕτη τῶν περιφανῶν καὶ μεγίστων Ποντικῶν πόλεων, οὕπω πρώην Πέρσαις καθυποκύψασα.

Ταύτῃ τοι καὶ νόμῳ πολέμου τὰ περὶ τὴν πόλιν ταύτην ὑπαγαγόμενος πρότερον, ἔπειτα καὶ χάρακα ἔβαλεν ἐπ᾿ αὐτήν. τοῦ δ᾿ ἐντὸς Περσικοῦ μηδὲν μέτριον φρονοῦντος ἢ καθ᾿ ὁμολογίαν τε καὶ σπονδὰς βασιλεῖ συγχωροῦντος τὴν εἴσοδον, τὸ τεῖχος ὁ στρατὸς περιβάλλει, εἶτα τειχομαχίαις χρησάμενος, ᾗπερ ἦν ἐπίμαχος ὁ περίβολος, συνεχῶς ἔτυπτε τοῦτον. μὴ προχωροῦντος δὲ τοῦ ἔργου διὰ τὴν τῶν ἐπάλξεων ὀχυρότητα καὶ τὸ ἐπὶ πολὺ ἐκθύμως ὑπέχειν τοὺς ἐναντίους, βάλλειν τὰ τείχη παρεὶς κατὰ τῶν οἰκιῶν ἐγνώκει διασφενδονᾶν τοὺς λίθους, προφαινομένων ἐκ τῶν ἔξωθεν κολωνῶν, ἐφ᾿ ὧν ῾Ρωμαῖοι κατεστρατοπεδεύοντο. οἱ γοῦν ἐπὶ τῶν μηχανῶν λίθους στρογγύλους καὶ κούφους διὰ τὸ εὐσύνοπτον ἐς ὅτι πορρωτάτω διαφιέντες, ὡς δοκεῖν ἵπτασθαι τούτους, οὐκ ἀπὸ μηχανημάτων προϊέσθαι, τοὺς δόμους κατέσειον· οἱ δ᾿ ἐπὶ γόνυ κλινόμενοι καὶ

---

23 ἐναυλισάμενος: hieme a. 1134/1135 αὖ πάλιν etc.: a. 1135

22—23 ὅθεν — ἐδείματο: cf. Cinnam. 15, 1—10 24—48 καὶ — εἴσεισι: cf. Cinnam. 15, 10—23

VA = a, PH, RMDF = b

15 ἔπεισι H δι(αλύσας) P[ir] 16 πολλοῖς post τε add. A[mg] PH Bekk τῷ εἰπεῖν om. V: τὸ εἰπεῖν suppl. A[mg] 17 τῷ om. V suppl. A[s] 19 γεγονότος VA 20 τῶν om. M σουλτὰν: Μασοὺτ H 21 τὸ om. VA[ac] P[ac] H 22 ἐκ(στρατείας) P[pc] γεγόνασιν: ἐφάνησαν VA 22 τὸ om. V 23 ἐναυλισάμενος: γρ. στρατοπεδευσάμενος A[mg] αὖ: αὖθις M 24 Μαχούμετ VM (Cinnam.) 25 Γάγγρης constanter V ἐστιν om. D 26 μεγίστων καὶ περιφανῶν R 28 ὑπαγόμενος VHF 30 τῶ βασιλεῖ PHSc Bekk 34 ὑπέχειν V: ἀντέχειν A: μάχεσθαι PH Bekk: ἔχειν RMDF ἐναντίους: ἐνόντας PH Bekk 35 οἴκων D διὰ σφενδονῶν H: διασφενδονῶν RK 36 γοῦν: μὲν sscr. m. alt. F: μὲν οὖν Bekk 38 πόρρω V (ἵπτα)σθαι sscr. et τούτους i. r. P 39 προ(ίεσθαι) suppl. P[mg]

22 στρατείας H b Sc Bekk 23 στρατοπεδευσάμενος PH b Bekk 29 ἔπειτα ἐπ᾿ (μετ᾿ F) αὐτὴν χάρακα ἔβαλε PH b Bekk 38 τούτους om. H b οὐκ: οὐ μὴν PH b Bekk 39 ἵεσθαι H b Bekk

τοὺς ὀρόφους διαλυόμενοι τὸ ἐνοικοῦν πλῆθος ἀπώλλυον, ὡς ἐντεῦθεν εἶναι καὶ τὴν ἐν ταῖς ἀμφόδοις ἐπισφαλῆ πάροδον καὶ τὸ ἔνδον ἡσυχῇ καθῆσθαι πάντῃ ἀσύμφορον.

Διὰ ταῦτα τοίνυν καὶ τὴν τοῦ βασιλέως δὲ προσεδρείαν οὐχ ἧττον, ἐπὶ δὲ μάλιστα τὴν ὀλίγῳ πρότερον μαλακῷ θανάτῳ ἐξ ἀνθρώπων ἀφάνισιν τοῦ τῆς Γάγγρας | ἐπιστατοῦντος Τανισμανίου ἑαυτοὺς καὶ τὴν πόλιν τῷ αὐτοκράτορι ἐνεχείρισαν. ὁ δὲ αὐτὴν εἰσιὼν καὶ τὸ πολὺ τῶν Περσῶν ἐκεῖθεν ἀπαγαγὼν καὶ δισχιλίους ὁπλίτας Ῥωμαίους φρουροὺς τῇ Γάγγρᾳ ἐγκαταστήσας τὴν βασιλεύουσαν εἴσεισι.

Πλὴν οὐδὲ ταυτηνὶ τὴν πόλιν ἐφ' ἡλίοις ἡ Κωνσταντίνου μακροῖς ἔβλεψεν ὑπ' αὐτὴν κληρουμένην καὶ ταῖς λοιπαῖς ἐνταττομένην ὑπηκόοις πόλεσιν· ἀλλ' ἐπιβρῖσαν τὸ Περσικὸν μεῖζον τοῦ προτέρου καὶ λίαν ἐπικρατέστερον καὶ βαλὸν χάρακα λιμῷ παρεστήσατο, ἄλλοις καιρίοις ἐπισπωμένου τοῦ βασιλέως καὶ τούτοις τὸν νοῦν προσέχοντος.

Τὸ δ' ἀπὸ τοῦδε στρατείαν κατὰ τῆς Κιλίκων ἐκήρυξε, τὸν Λεβούνην, ὃς Ἀρμενίας ἦρχε, μετιέναι ποθῶν, ὡς ἄλλα τε κατήκοα Ῥωμαίοις πολίσματα χειρωσάμενον, ἀλλὰ δὴ καὶ Σελευκείας ἐπιβῆναι πειρώμενον. ἀγηοχὼς τοίνυν τὰς οὔσας δυνάμεις καὶ νεοσυλλέκτους ἄλλας αὐταῖς προσθέμενος καὶ τὰ ἐφόδια ἱκανὰ πρὸς χρονίαν ἐκδημίαν ἐνθέμενος ταῖς Κιλικίαις πύλαις ἐφίσταται· καὶ ταύτας ἀμαχεὶ παρελθὼν Ἀδάνης ἐπέβη καὶ κρατεῖ τῆς Ταρσοῦ. οὐ μέχρι δὲ τούτου περιγράψας τὸ πρόθυμον περὶ τῆς ὅλης Ἀρμενίας διαγωνίζεται, ὅθεν πῇ μὲν ὁμολογίᾳ χειρούμενος

---

52 παρεστήσατο: a. 1136? **54** τὸ δ' ἀπὸ τοῦδε: a. 1136/1137 **58—59** ταῖς — παρελθών: certe errat auctor; fauces enim illos Turci tenebant. Attamen non cum V A πόλεσιν scribendum esse voces ταύτας ἀμαχεὶ παρελθών demonstrant

---

54 sqq.: cf. Cinnam. 16, 1 sqq.

VA = a, PH, RMDF = b

40 διαλυόμενοι P^{ir}: καθαιροῦντες H ἀπώλλυον: ἔκτεινον PH Bekk **41** καὶ pr. om. VA **43—44** διὰ ταῦτα τοίνυν καὶ τὴν τοῦ βασιλέως προσεδρίαν, οὐχ ἥκιστα δὲ τὴν ὀλίγῳ πρότερον (ὀλ. πρ.: ἐπὶ Bekk) μαλακῷ θανάτω ἐξ ἀνθρώπων ἀφάνισιν PH Bekk **43** δὲ om. RM οὐχ ἧττον: γρ. οὐχ ἥκιστα A^{mg} **44** μαλθακῷ D **45** ἐπιστάντος R **49—53** πλὴν — προσέχοντος om. M **52** καὶ om. V suppl. A^{mg} **52—53** ἐπισπωμένου καιρίοις PH **53** τῆς τῶν Κιλίκων R **54** κατὰ τ. K. στρατείαν F Bekk **55—56** ὡς — πειρώμενον om. M **56** καὶ Σελευκείας: spatium 5 litt. H **57—59** ἀγηοχὼς τοίνυν τὸ στράτευμα ⟨ταῖς⟩ Κιλικίαις etc. M **57** νεοσυλλέκτους: καὶ νεαλεῖς A^{mg} (νεαλ)εῖς ἄλλας P^{ir} **58** ἐνδημίαν RDF ἐκθέμενος H **59** πύλαις: πόλεσιν VA **59—24, 25** ἐφίσταται — γήλοφον in f. 29^{v-r} abbrev. D **59** καὶ — ἐπέβη om. D ταύταις M ἀπέβη H **60** τῆς om. P^{ac} H οὐ — πρόθυμον: καὶ D τούτων VA **61—62** ὅθεν — ὑπαγόμενος om. D

43 ἧττον: ἥκιστα b (cf. PH Bekk) **57** νεοσυλλέκτους: νεαλεῖς PH b Bekk ἄλλας om. H b τὰ τῶν φρουρίων ἐπικαιρότατα, πῇ δὲ διὰ μάχης αὐτὰ ὑπαγόμενος, ἐγκρατὴς ἁπάσης τῆς χώρας γίνεται.

Ἐπιστὰς δὲ σὺν ἄλλοις καὶ ἀποτόμῳ τινὶ ἐρύματι, ὅπερ Βακὰ ὀνομάζεται, ἐπεὶ μὴ χεῖρας προύτεινον αὐτῷ οἱ ἐντός, οὔτε μὴν προυχώρουν εἰς εἰρη|ναίας ξυμβάσεις, διαλαμβάνει τοῦτο παντὶ τῷ στρατεύματι βαλὼν χάρακα, μὴ ἂν ἐκεῖθεν ἀπᾶραι τὸ παράπαν ἰσχυριζόμενος, εἰ μὴ τοῦ πολίσματος ἐγκρατὴς ὀφθήσεται, κἂν εἰ πολιωθῆναί οἱ ξυμβαίη τῇ προσεδρείᾳ τὴν κεφαλὴν καὶ ταῖς χιόνων παλυνθῆναι πολλάκις καταφοραῖς, εἰς νοῦν ἄγων ἅμα τοῖς πολιορκουμένοις ὅσα μὲν πάθοιεν εὖ παρ' αὐτοῦ ὑπενδόντες καὶ ὑπεκστάντες αὐτῷ τοῦ ἐρύματος, οἵοις δ' αὖ χειρίστοις ὑποβληθεῖεν πολέμου νόμῳ ἑαλωκότες καὶ τὴν στρατιὰν ἰδόντες εἰσρυεῖσαν ἔνδοθεν. ἦν δ' ἀσπίσι ταῦτα ἐπᾴδων ἑκοντὶ κωφευούσαις πρὸς τὰ ὑποψαλλόμενα παρὰ σοφοῦ φαρμακοῦ καὶ σμήχων ἄντικρυς διηλέγχετο τὸν Αἰθίοπα.

Οἱ γὰρ τοῦ φρουρίου Βακὰ τὴν ἐπιστασίαν πεπιστευμένοι καὶ πάντες μὲν ἀκαταπλήκτως εἶχον πρὸς τὸν ἀγῶνα, Κωνσταντῖνος δέ τις μάλιστα, τοῦ τῶν Ἀρμενίων γένους τὰ πρῶτα κληρούμενος καὶ τῶν πολλῶν ὑπερφέρων χειρὸς γενναιότητι· οὐ μόνον τὸ ἐνοικοῦν πλῆθος ἐπισυνίστη καὶ διανίστη πρὸς τὸν κατὰ Ῥωμαίων πόλεμον, ἀλλὰ καὶ αὐτὸς τοῦ φρουρίου πολλάκις προοπτανόμενος κἀπὶ τοῦ γηλόφου μεθ' ὅπλων ἱστάμενος, ἐφ' οὗπερ ἡ μὲν φύσις τὴν πέτραν ἀνέδωκεν, ἡ δὲ τέχνη τείχεσιν

---

64 sqq.: post Anazarbam captam (cf. p. 25,50) et Antiochiam ab imperatore visitatam (cf. p. 31,16 sqq.), i. e. a. 1138 aestate

---

73—74 ἦν — φαρμακοῦ: cf. Ps. 57, 5 sq. **74—75** σμήχων τὸν Αἰθίοπα: cf. Lucian. Adv. Indoct. 28; Zenob. 1, 46

VA = a, PH, RMDF = b

62 ἐπικαιρότατα: spatium 6 litt. H **64** σὺν: πρὸς τοῖς M καὶ om. PH hab. Sc ἀποτόμῳ: γρ. κρημνώδει A[mg] ἀποτόμῳ τινὶ: τινι κρημνώδει M τινὶ ἐρύματι: spatium 7 litt. H Βακᾶ HKN **65—66** ἐπεὶ — ξυμβάσεις: καὶ M **66—67** διαλαβὼν τοῦτο παντὶ τῶ στρατῶ διισχυρίζετο μὴ . . . ἀπᾶραι, εἰ κτλ. M (τοῦ)το — χάρακα i. r. 20 litt. P **66** πάντι τῷ: παρὰ τὸ H στρατεύματι A[mg]: στρατῶ VAMSc **67** διισχυριζόμενος D **68** ἐγκρατὴς ὀφθήσεται: γενήσεται ἐγκρατής VA, ubi ὀφθήσεται i. mg.: ὠφθήσεται ἐγκρατής M: γένοιτο ἐγκρατής Sc **68—75** κἂν — Αἰθίοπα om. D **69—73** καὶ — ἔνδοθεν om. M **70** ἅμα om. V suppl. A[mg] εὖ πάθοιεν A Bekk **71** ἐκστάντες Bekk **72** νόμω πολέμου PH ἁλόντες A[mg] PH Bekk ἰδόντες τὴν στρατιὰν V **73** εἰσρυεῖσαν: spatium 5 litt. H ἔνδοθι A δὲ VA **74** ἠλέγχετο VA **76** γὰρ: δὲ D **76—81** οἱ . . . πεπιστευμένοι — πολλάκις: ὁ . . . κληρούμενος Κωνσταντίνος Ἁρμένιος πολλάκις τοῦ φρουρίου M **79** γὰρ (γὰρ καὶ H) post. οὐ add. AP[s] HSc Bekk πλῆθος om. F **79—80** ἐπισυνίστησι καὶ διανίστησι Bekk

67 βαλὼν χάρακα om. H b Sc

αὐτὴν περιέβαλε καὶ ἐκράτυνεν, ὕβρεσι τὸν βασιλέα Ἑλληνίδι ἔπλυνε γλώττῃ, ἔς τε τὴν ἄκοιτιν καὶ τὰς θυγατέρας ὁ στόμαλγος ἐρεσχελῶν καὶ λόγους ἀπρεπεῖς ἀφιείς. βασιλεὺς μὲν οὖν συλλαβεῖν τὸν αἰσχρορρήμονα βάρβαρον καὶ δίκας λαβεῖν ἐξ ἐκείνου ἐγλίχετο· ὁ δὲ τῇ σφετέρᾳ πεποιθὼς ῥώμῃ καὶ μέγα τῷ δραστηρίῳ | κομπάζων τῆς φύσεως ἔτι καὶ τὴν βασιλέως κατεμωκᾶτο παράταξιν καὶ προυκαλεῖτο ἀνέδην τὸν ἐπιλέγδην ἐκείνῳ συμπλακησόμενον.

Ἀμέλει καὶ βασιλεὺς ἐπιτάττει τοῖς ταξιάρχαις ἐκ τοῦ αὐτίκα τῶν ἀλκίμων τινὰ στρατιωτῶν ἀντιτάξαι τῷ Ἀρμενίῳ ἀντίμαχον ἀξιόμαχον. ὡς οὖν Εὐστράτιός τις ἐκ τοῦ τῶν Μακεδόνων ἐπεκρίθη τάγματος, ἀσπὶς αὐτῷ ἐς ἀνδρόμηκες κατιοῦσα δίδοται καὶ σπάθη νεόσμηκτος ἐγχειρίζεται. οὕτω δ' ὁπλισθεὶς Εὐστράτιος ἀφίσταται μὲν τῶν Ῥωμαϊκῶν ἰλῶν, περὶ δὲ τοῦ γηλόφου τὰ κράσπεδα ἐπιστὰς ὑποκαταβῆναι βραχὺ τὸν Ἀρμένιον προυκαλεῖτο, ὅπως ἐν ἰσοπέδῳ διαγωνίσωνται, εἴπερ ἀληθῶς τὴν μοναθλίαν αἱρεῖται καὶ μὴ ἐπὶ πλεῖστον ἐμπληξίας ἰὼν εἰκῇ πρὸς τοῖς ἄλλοις καὶ τοῦτο σοβαρεύεται. εἰς ὕβριν τοίνυν οἰκείαν ὁ Κωνσταντῖνος τὰ τοῦ Μακεδόνος λογισάμενος ῥήματα ὡς καταιβάτης πρηστὴρ ἢ δορκὰς ὀρεσίτροφος θάμνων διαλλομένη τῷ Εὐστρατίῳ προσρήγνυται οὕτω μὲν τηλίκος τὸ τοῦ σώματος μέγεθος ὤν, οὕτω δὲ θαρσαλέος πολεμιστής, ἀσπίδα προβεβλημένος ἴσην πάντοθεν καὶ λευκήν, χάραγμα σταυρικὸν περὶ τὸ μέσον ἔχουσαν. οὐκοῦν καὶ τὴν δεξιὰν ξιφηφοροῦσαν τονώσας ἐπ' εὐθείας τε καὶ ἐγκαρσίως ἐς τὴν ἀσπίδα πλήττων καὶ καταπλήττων οὐκ ἀνίει τὸν Μακεδόνα, οἰστρώδει προπετείᾳ χρώμενος, καὶ ἦν ἀεὶ προσδόκιμος μέγα τι

VA = a, PH, RMDF = b

83 ἔπλυνε: ἔπληττε HRKN **84** ὁ στόμαλγος om. V στόμαργος P, ubi ρ i. r., Bekk **85** ὁ ante βασιλεὺς add. P^pc Bekk **85—87** βασιλεὺς — τὴν: καὶ τῇ σφετέρα ῥώμη κομπάζων τὴν τοῦ M **85** τὸν αἰσχρορρήμονα συλλαβεῖν H **86** ἐξ ἐκείνου λαβεῖν V ἐξ: δι' H **88** ἀναίδην VHD: ἂν ἔδει R **90** καὶ: τοι V **90—92** τοῖς — ἀσπὶς: Εὐστράτιόν τινα Μακέδονα τῶ Ἁρμενίω ἀντίμαχον ἀξιόμαχον. ἀσπὶς οὖν M **91** τῶν ante στρατιωτῶν add. H **92** ἀπεκρίθη H **93** δίδοται — νεόσμηκτος: καὶ νεόσμηκτος et supra add. σπάθη αὐτῶ M **94** ὁ ante Εὐστρ. add. M **94—95** ἀφίσταται — βραχὺ om. M **95** ἐπιστὰς om. F βραχὺ suppl. P^mg **1—3** ὅπως — σοβαρεύεται om. M **2—3** καὶ pr. — σοβαρεύεται om. D **2** ἐπιπληξίας F καὶ post πρὸς add. H **3** σοβαρεύεται: μεγαλοπρεπεύεται A: κατασοβαρεύεται PH εἰς om. P Bekk οἰκείαν — τὰ: αὐτοῦ M **4** ἡγησάμενος Bekk λογισάμενος — ῥήματα: τόλμαν ὁ Ἁρμένιος ἡγησάμενος M **4—5** ὡς — διαλλομένη om. M ἢ — διαλλομένη om. D **5—6** οὕτω — πολεμιστής om. M **5** πηλίκος H τὸ om. H **7** ἴσην πάντοθεν: στρογγύλην τε M **8** καὶ om. V καὶ ⟨τὴν⟩ δεξιὰν στεφηφοροῦσαν M **8—9** ἐπ' — ἐγκαρσίως om. MD καὶ ἐγκαρσίως: νώσας σίως R **9** ἐς — καταπλήττων sol. V: id quod P b scr. A **10** οἰστρώδει — χρώμενος om. D **10—16** οἰστρώδει — ὑπεφώνουν om. M **10** προπετεία A^mg: θράσει A

87 κατακομπάζων b Bekk: κομπάζων cum VA scr. M **9** κατὰ τῆς ἀσπίδος πλήττων οὐκ ἀνίει (οὐκ ἀνείη κ. τ. ἀ. πλ. M: κ. τ. ἀ. οὐκ ἀνίει πλ. D) PH b Bekk κακὸν τὸν ἄνδρα ἐργάσασθαι. καὶ βασιλεὺς παντάπασιν ἀπεγνώκει, μὴ μόνον τῶν χρηστοτέρων ἐλπίδων ἀποβουκολούμενος, ἀλλὰ καὶ τὸ μὴ τεθνάναι τὸν Μακεδόνα λαμπρῶς ἀπειπάμενος.

Καὶ τοιῷδε μὲν οὖν ὁρμή|ματι ῥοθίῳ τοῦ Κωνσταντίνου ἐπικειμένου, ὅμως τὸν Εὐστράτιον φωναῖς ὑπήλειφον οἱ Ῥωμαῖοι καὶ ἀντιπλήττειν αὐτὸν ὑπεφώνουν. ὁ δὲ πολλάκις ἀνατείνας τὴν χεῖρα καὶ δόκησιν παρασχόμενος, ὡς πλήξειε τὸν ἀντίπαλον, ὑπεστέλλετο παρὰ δόξαν, οἷά τινος Τελχῖνος τὴν δεξιὰν ἐκείνῳ τοῦ πλήττειν ἀπάγοντος καὶ πρὸς τὸ δρᾶν ἐκτεινομένην ἐπέχοντος. ὀψὲ δέ ποτε μετὰ πολλὴν τοῦ ξίφους ταλάντευσιν τὴν χεῖρα κατενεγκὼν ὁ Μακεδὼν διχῇ τὸν Κωσταντίνου θυρεὸν διαιρεῖ, χρῆμά τι πέλωρον ὄντα καὶ ἀτεχνῶς Ἑκτόρειον· πρὸς ὅπερ Ῥωμαῖοι μὲν ἐπηλάλαξαν μετὰ πλείστης δὴ τῆς ἐκπλήξεως, ὁ δ᾽ Ἀρμένιος τὸ φυλακτήριον ὅπλον οὕτως ἀέλπτως ἀποβαλόμενος, μηκέτι μένειν ἐπὶ τοῦ μεταιχμίου δυνάμενος, ποσὶ τὴν σωτηρίαν ἐπρίατο, ἐπαναδραμὼν εἰς τὸ γήλοφον ὡς τὸν περὶ ψυχῆς τρέχων σὺν ὀξυτέρῳ ὁρμήματι. τοῦ δὲ λοιποῦ κατὰ χώραν μένων οὔτε Ῥωμαίων κατεφρυάττετο, οὔτε μὴν ἐς τὸν ἄνακτα καὶ τὸ γένος θρασυστομῶν σαπρολογίας ἱέναι προσέθετο βέλεμνα ἐν τῷ τὰ χείλη τείνειν κατὰ νευρὰν καὶ τοὺς ὀδόντας ὡσεὶ τόξον διατιθέναι κέρασιν ἁρμοζόμενον.

Ἐρωτηθεὶς δὲ πρὸς τοῦ βασιλέως ὁ Μακεδών, ὅ τι δρῶν καὶ διανοούμενος τὴν μὲν χεῖρα πολλάκις ἀνέτεινεν ὡς πλήξων τὸν ἀνθιστάμενον, τὸ δὲ ξίφος ἅπαξ κατήνεγκε, σκοπὸν εἶναί οἱ διὰ μιᾶς ἔφατο τοῦ ξίφους καταφορᾶς τὴν ἀσπίδα καὶ τὸν αὐτὴν ἀνέχοντα διελεῖν Ἀρμένιον· ὡς δ᾽ ἐπιτελὲς οὐκ εἶχε τὸ ἐννοούμενον διὰ τὸ μὴ ἐν χρῷ τὸν διάφο|ρον τὸν θυρεὸν ἀνέχειν, ἀλλὰ προβεβλῆσθαι κατὰ πολὺ τοῦ σώματος ἀφεστῶτα, ἔγνω

---

21 Ἑκτόρειον: cf. Hom. Z 117 sq. **25** τὸν — τρέχων: cf. Her. 9, 37, 2; Zenob. 4, 85 annot.

VA = a, PH, RMDF = b

11—13 μὴ — ἀπειπάμενος om. D **12** μόνων V καὶ τὸ μή: μηδὲ V **14** ἀλλὰ ante καὶ add. AP^mg μὲν οὖν: γοῦν: APH **14** ἐπικειμένου: ἐπιραχθέντος A: ἢ κειμένου A^mg **15** ὅμως om. P^ac hab. post Εὐστράτιον AP^pc **15—16** καὶ — ὑπεφώνουν om. D **16** αὐτόν: τὸν Ἀρμένιον A **16—17** καὶ — παρασχόμενος om. M παρεχόμενος PHN **17—19** οἷα — ἐπέχοντος om. M **18** ἐκείνω A^mg: αὐτοῦ V: οἱ A ἀντάγοντος DF **19** πολλήν: τὴν πολῦν M **20** ὁ Μακεδὼν A^mg: Εὐστράτιος A: om. M Κωνσταντίνου: τοῦ Ἀρμενίου M **21—22** πρὸς — ἐκπλήξεως om. M **21** μετὰ — ἐκπλήξεως om. D **23** οὕτως om. D ἀέλπτως: ἀνελπίστως R: om. D **23—24** μηκέτι — δυνάμενος om. MD **24** ἀπὸ τοῦ μεταιχμίου hab. post ἐπρίατο D **24—25** ἐπαναδραμὼν — ὁρμήματι om. M γήλοφον des. f. 29^r D (cf. p. 21, 59) **26** εἰς M **27** καὶ τὸ γένος om. M θρασυστομῶν om. V ἀφιέναι V **27—29** ἱέναι — ἁρμοζόμενον: ἀπέπεμπε ῥήματα M **27** προέθετο P^ac HRDF Bekk **30** πρός: παρὰ M **31** ἐνέτεινεν H ὡς — ἀνθιστάμενον om. M **32** μετήνεγκε H **33** καὶ τόν: spatium 3 litt. H **34** τὸν διάφορον om. M **34—35** ἀνέχειν τὸν θυρεὸν M **35** προβεβλῆσθαι om. M τοῦτον post προβεβλῆσθαι add. VD^s μὴ ἐλινύειν διακενῆς, τοῦ δ' οὖν ὅπλου καὶ μάλα καθικέσθαι καιρίως, εἶθ' οὕτως μετελθεῖν τὸν πολέμιον ἄτερ ἀσπίδος γενόμενον. θαυμάσας τοίνυν ἐπὶ τοῖς εἰρημένοις τούτοις ὁ βασιλεὺς δωρεαῖς μεγίσταις ἠμείψατο τὸν Εὐστράτιον.

Οὐ πολλαὶ δ' ἡμέραι παρίππευσαν, καὶ ὑποκύπτει τῷ βασιλεῖ καὶ βίᾳ ἐνδίδωσι καὶ τοῦτο τὸ φρούριον καὶ συλληφθεὶς ὁ Κωνσταντῖνος ἀπάγεται δορυάλωτος, σιδήρῳ τοὺς πόδας ἀσφαλισθείς. ἔπειτα δὲ καὶ ναῦς τριήρης τοῦτον εἰσδέχεται καταχθέντα εἰς θάλασσαν· ἥτις μετὰ μικρὸν τὰ ἀπόγεια λύσασα ἤμελλε διακομίσαι τὸν δεσμώτην ἐς τὸ Βυζάντιον. τολμητίας δ' ὢν καὶ θερμουργὸς ὁ Ἀρμένιος τοῖς φύλαξι νυκτὸς ἐπιθέμενος πλείστους ὅσους διαχειρίζεται καὶ τῶν δεσμῶν ἀνεθεὶς ὑπὸ τῶν συνόντων ἐκείνῳ θεραπευτήρων φυγὰς οἴχεται. ἀλλ' οὔπω νεωτέροις ἐπεφύη πράγμασι, καὶ συσχεθεὶς αὖθις καταπροδίδοται βασιλεῖ.

Οὐ μόνον δὲ κατὰ τὴν ἅλωσιν τοῦ Βακὰ μετ' ἐργωδίας ὁ βασιλεὺς ἐκονίσατο, ἀλλὰ καὶ κατὰ τὴν Ἀνάζαρβαν πρότερον τὰ πλεῖστα ἐμόγησεν. ἡ γὰρ πόλις αὕτη, κουροτρόφος οὖσα καὶ πολυάνθρωπος, ἐρυμνοῖς διείληπται τείχεσι καὶ πετρῶν ἀποτόμων ὕπερθεν ἵδρυται, τότε δὲ μᾶλλον ἀσφαλεστέρα γεγένηται παρὰ τῶν εἰς αὐτὴν ὡς εἰς κρησφύγετον συνελθόντων, ἁπάντων ὄντων φρακτῶν καὶ κρατίστων, ἐπιτειχίσματα προσειληφυῖα καὶ μηχαναῖς παντοίαις διαληφθεῖσα. βασιλεὺς μὲν οὖν μέρος τῆς αὐτοῦ στρατιᾶς προπέπομ|φεν εἰς αὐτήν, καὶ τοῦτο Περσικοῖς κατειλεγμένον τέλεσιν, ὧν ηὐμοίρησε πρότερον τὴν Γάγγραν παραστησάμενος, πεῖραν λαβεῖν ἐντεῦθεν τῆς τῶν Ἀρμενίων γνώμης βουλόμενος καὶ ἀκριβῶς γνῶναι πρὸς οἷς εἰσιν. οἱ δὲ πρὸς τὴν θέαν τούτων θυμῷ ὑπερζέσαντες, ὡς ἀπολουμένων αὐτίκα καὶ μηδὲ τὴν πρώτην αὐτῶν ὑποστησομένων ὁρμὴν τὰς πύλας ἀνακλίναντες κατ' αὐτῶν ἐξερρύησαν, καὶ συμβολῆς γενομένης ἡττῶσί τε τούτους τὰ νῶτα στρέψαντας καὶ ἐπὶ πλεῖ-

49 sqq.: per dies septendecim oppugnata Anazarba tradita est mense Iul. a. 1137

49 sqq.: cf. Cinnam. 16, 20; 17, 16—18, 2

VA = a, PH, RMDF = b

37—38 τοίνυν ὁ βασιλεὺς ἐπὶ τοῖς εἰρημένοις M **41** ἐνδί.... H καὶ pr. om. V τοῦτο: τόδε V ἀπά.... H **42** ἔπειτα δέ: εἶτα V **44** ἔμελλε V διακομίζειν R εἰς H **46** ἐκείνῳ om. V: αὐτῷ Bekk **47** θεραπευτηρίων R φυγὰς suppl. A^{mg} οἴχετο H **49** Βακᾶ PH **50** Ἀνάζαρβαν sol. V: Ἀνούζαρβαν H: Ἀνάζαρβον Sc Cinnam.: Ἀνάβαρζαν rel. Bekk πρότερον suppl. A^{mg} τὰ om. PH Bekk **51** τε post ἐρυμνοῖς add. P Bekk **52** διειλημμένη .... ἱδρυμένη A^{s} PH Bekk δὲ om. APH Bekk **52—53** μᾶλλον ἀσφαλεστέρα: μάλα R **53** εἰς αὐτὴν ὡς om. F ὡς εἰς om. M εἰσελθόντων PH **54** καταφράκτων Bekk **56** ἐκπέπομφεν A ἐς V Γάγγραν hic etiam V **58** βουλόμενος: λαβόμενος R **59** καὶ post δὲ add. PH Bekk μόνην post πρὸς add. APH Bekk τούτων τὴν θέαν A: τὴν τούτων θέαν PH περιζέσαντες V **60** καὶ om. H **62** τοὺς Πέρσας post τούτους add. A

43 κατενεχθέντα PH b Bekk

στον καταδιώκουσι. συστάντων δὲ μετὰ βραχὺ τῶν φευγόντων ἐν τῷ τὴν ὄψιν μεταβαλεῖν οἷα καὶ Ῥωμαϊκῶν αὐτοῖς ἐπαρηξάντων ταγμάτων, ἡ μάχη παλίνστροφος γίνεται καὶ ἄκοντες εἰς τὸ τεῖχος ἐγκλείονται οἱ Ἀρμένιοι.

Μικρῷ δὲ ὕστερον καὶ τοῖς τείχεσιν αἱ μηχαναὶ προσάγονται. καὶ οἱ λίθοι ἐκσφενδονῶνται σφαιροειδεῖς καὶ τὰς βάρεις βάλλουσιν. ἀλλ' οὐδὲ τὸ βάρβαρον ἐπὶ τούτοις ἤρεμον ἦν, τῶν δ' ἐπάλξεων ἄνωθεν ἐξ ἀντιπάλου στῆσαν καὶ αὐτὸ μηχανήματα βάρη τε λίθων ἠκόντιζεν ἐς τὸ στράτευμα καὶ σιδήρια σπινθηρακίζοντα ἐξετίνασσε καὶ ἦν κατὰ τοῦτο Ῥωμαίων ὡς ἐπίπαν ἐπικρατέστερον. ὅθεν τὰ μὲν πρῶτα πλεῖστοι τῶν Ῥωμαίων ἐσίνοντο· εἶτα καὶ εἰς παράλογον ὡς εἰπεῖν καὶ συώδη ὁρμὴν ὑποθήξαντες ἑαυτοὺς οἱ Ἀρμένιοι ἐξιόντες καταπιμπρῶσι τὰς ἑλεπόλεις, εὐφυᾶ πρὸς ἁφὴν εὑράμενοι τοῦ πυρὸς τὰ ἐκ δονάκων ἐπισυνθέματά τε καὶ πήγματα, ἃ πρὸς ἔρυμα τῶν μηχανῶν προετέτατο. τὰ δ' ἐπὶ τούτοις καγχα-| σμοὶ τῶν ἀντιπάλων καὶ βρασμοὶ σώματος πρὸς διάχυσιν καὶ Ῥωμαίων παλίγλωσσοι χλευασμοὶ καὶ στομφασμοὶ κατὰ βασιλέως καὶ λῆροι μακροί.

Ἀνοχῆς δὲ γενομένης καὶ τῆς μάχης ληξάσης ἐπὶ βραχύ, τά τε πετροβόλα ἐπισκευάζονται ὄργανα καὶ τὰ τούτων προταθέντα παραπετάσματά τε καὶ ἱμαντώματα ἐκ πηλίνων πλίνθων συντίθενται καὶ οὕτω τῇ ἑξῆς τὰ τείχη πάλιν ἐτύπτετο. ἀμέλει καὶ ὡς τὰ ἐκτινασσόμενα φλογερὰ σιδήρια κατὰ μηδὲν τὰς μηχανὰς ἐλυμαίνοντο, εἰς κενὸν συνέβαινε σχάζειν τὰ τῶν Ἀρμενίων διανοήματα καὶ εἰς κοπετὸν μεταπίπτειν τὸν πρὶν κατάγελων. ὁ γὰρ σφενδονούμενος ἐκ τῶν ἔσωθεν μύδρος εἰ καὶ ἦν ἀντήρης καὶ πρὸς τὰς πληγὰς ἀνένδοτος, ἀλλ' οὖν ἐπεγχρίπτων τῷ μανῷ καὶ πλαδῶντι διακένῳ τε καὶ γηΐνῳ καὶ σομφώδει προβλήματι ἄπρακτος ἠκοντίζετο· εἶχε μὲν γὰρ ὑποχαλᾶν τὸ βαλλόμενον, σβεννύμενος δ' οὖν ὅμως ἕδρα οὐδὲν ὧν ἕνεκα διηφίετο. ὅθεν κατὰ πολλὰ μέρη διαρραγέντος τοῦ περιβόλου τῆς πόλεως εὐέφοδα τὰ ἔνδον γίνεται καὶ

VA = a, PH, RMDF = b

64 ταγμάτων: πραγμάτων M **67** οἱ om. V **70** ἠκόντιζον VR εἰς APHD Bekk **71** σπινθυρίζοντα V **72** ἐπίπαν om. M **73** εἶτα καὶ: ἔπειτα VA **74** καταπιπρῶσι M **75—76** τὰ ἐκ δρυφάκτων . . . . ἅπερ ἔρυμα . . . . προεβέβλητο V **77** διάλυσιν A καὶ Ῥωμαίων om. R **78** παλίγλωσσοι om. V **79** ἐπιληξάσης H **80** πρὸς Ῥωμαίων post ἐπισκευάζονται add. AP, ubi πρὸς — ὄργανα i. r. 6 litt. et mg., Bekk προτεθέντα HMDF **82** ἀμέλει καὶ: οὐκοῦν V παρὰ τῶν Ἀρμενίων ex b hab. A διατινασσόμενα V **83** ἐλυμαίνετο R ἐς D ἐπισυνέβαινε A: ἐπι- P[s] **84** τῶν Ἀρμενίων: τούτων APH Bekk **84—85** τὸν πρὶν κατάγελων: τοῖς πρώην τωθασμὸν καὶ τὸν γέλωτα A: τὸν πρώην τωθασμὸν καὶ κατάγελων P, ubi τὸν — καὶ i. r. 10 litt., Bekk: τὸν πρώην κατάγελων H **86** ἐπεγχρίμπτων D **86—87** πλαδῶντι καὶ διακένω γηίνω προβλήματι V: γηίνῳ (ἢ πλαδῶντι i. mg.) καὶ διακένω τε καὶ γηίνῳ σομφώδει προβλήματι A **87** σ(ομφώδει) P[ir]: γομφώδει RM **89** ὧν om. M διηφίετο: καὶ ἠφίετο V **90** εὐέφοδα: γρ. εὐόοδα A[mg]: εὐέοδα H

63 Περσῶν (πλ . . . . R) post φευγόντων add. b Bekk **82** παρὰ τῶν Ἀρμενίων post τὰ alt. add. PH b Bekk **84-85** τὸν πρὶν κατάγελων: τὸν πρώην γέλωτα b τῷ τρόπῳ τούτῳ ὑποκλίνεται βασιλεῖ τὸ πρὶν ἀναιδὲς καὶ βρέμον τῷ κόμπῳ πολέμιον καὶ τὴν πόλιν Ἀνάζαρβαν ἀνάγκῃ μᾶλλον ἢ γνώμῃ αὐτῷ παραδίδωσιν, οὐκ ἐκ τοῦ παραχρῆμα δέ, ἀλλὰ μετὰ πεῖραν δευτέραν καὶ τὴν πολλάκις ἀντίταξιν καὶ τὴν ἐς τὸ προσεχὲς ἕτερον τεῖχος ἀναχώρησιν καὶ τὴν αὖθις ἐκ τοῦδε καθάπερ ἀπὸ τοῦ πρώτου μεθ' αἵματος ἔκκρουσίν τε καὶ ἀποσάλευσιν. |

Ὁμοίως δὲ καὶ τὰ παρακείμενα ταύτῃ τῇ πόλει φρούρια μετελθὼν ἐς τὴν Κοίλην Συρίαν ἄπεισι καὶ τὴν καλλίπολιν Ἀντιόχειαν εἰσιών, ἣν δίεισιν Ὀρόντης καὶ περιβομβεῖ Ζέφυρος ἄνεμος, ὑπτίαις χερσὶ παρά τε τοῦ πρίγκιπος Ῥαϊμούνδου καὶ τοῦ πλήθους παντὸς τῶν ἀστῶν προσδέχεται. ἐφ' ἱκαναῖς δ' ἡμέραις τῇ πόλει ἐνδιατρίψας καὶ λίζιον ἑαυτῷ τὸν πρίγκιπα δείξας, σὺν αὐτῷ δὲ καὶ τὸν Τριπόλεως κόμητα, ἔγνω προσβαλεῖν ταῖς περὶ τὴν Ἀντιόχου ἱδρυμέναις καὶ παρ' Ἀγαρηνῶν κατεχομέναις Συροφοινίσσαις πόλεσι.

Τοίνυν καὶ τῷ ποταμῷ προσεγγίσας Εὐφράτῃ ἀφικνεῖται εἴς τι πολίχνιον ἐγχωρίως Πιζὰ καλούμενον, ἔνθα καὶ πολλὴν ἐνδειξαμένων τῶν πολεμίων περὶ τὴν συμβολὴν γενναιότητα ὑπονοστεῖ τὸ Ῥωμαϊκὸν καὶ μέχρι τινὸς καταδίωξις γίνεται μέρους τοῦ προελάσαντος μὴ ἀντισχεῖν ἔχοντος πρὸς πάθος μανικὸν καὶ φορὰν παράλογον τῶν βαρβάρων. μετ' οὐ πολὺ δ' ἐγγυτέρω τοῦ βασιλέως φανέντος, ἐκ τῆς περὶ αὐτὸν φάλαγγος συχνοὶ τοῖς ἀντιπάλοις συμμίγνυνται· οἱ δὲ μὴ ἐνεγκόντες τὴν κατ' αὐτῶν ἐπέλευσιν τῶν Ῥωμαίων συγκλείονται εἴσω τοῦ τειχισμοῦ καὶ οὐκέτι ἐπεκτρέχειν προέθεντο. τεῖχος μὲν οὖν καὶ περίτειχος ὑπῆν τῷ πολίσματι καὶ βαθεῖα τάφρος ἐν μέρει τοῦτο περιεζώννυε καὶ λίθος αὐτοφυὴς ἐνιαχοῦ κατεφράγνυε· πολλὰ δὲ τῶν πυργωμάτων ὑπενδόντα ταῖς

---

6 προσδέχεται: die 29 mens. Aug. a. 1137 ἐνδιατρίψας: per dies 29. 8.—10. 9. 1137 **10** sqq.: Piza expugnata ca. 13/18. mens. Apr. a. 1138

4—6 ὑπτίαις — προσδέχεται: cf. Cinnam. 18, 13—19, 8 **8** sqq.: cf. Cinnam. 19, 8—21, 2 Ἀγαρηνῶν: cf. Nic. Or. 104, 18

VA = a, PH, RMDF = b

91—92 βρέμον τῶ κόμπω V: βρέμον τοῖς ὅπλοις μέγα AP, ubi τοῖς ὅπλοις i. r. 6 litt., Bekk: βρέμον μέγα H: ἀγέρωχον Sc **92** Ἀνάζαρβαν VH: Ἀνάβαρζαν rel. Bekk: Ἀνάζαρβον Sc **2** ὁμοίως δὲ om. M **4** Ὀρρόντης codd. καὶ: τε καὶ P **5** ἀστυνόμων PH Bekk **6** προσδιατρίψας V: προσκαρτερήσας B **7** παρὰ V **8** Ἀντιόχειαν V **11** Πιζᾶ etiam infra lin. 27 RM καὶ om. V **11—12** τῶν πολεμίων om. M **14** μανικὸν τῶν βαρβάρων καὶ φορὰν παράλογον V τῶν βαρβάρων om. APH **15** δὲ Bekk **16** συρρήγνυται Bekk **17** ἐπέλασιν A[ir] PH Bekk **18** προεκτρέχειν A προσέθεντο V **19** τάφος M τοῦτο: ταύτην PH

91—92 τῷ κόμπῳ: ὅπλοις b **2** τὰ πέριξ ταυτησὶ τῆς πόλεως φρούρια b Bekk **14** τῶν βαρβάρων: τῶν ἐναντίων b Bekk τῶν λίθων νιφάσι καὶ πρὸς γῆν καταρρεύσαντα τῶν ἐκ τῆς Ἄγαρ καθεῖλε τὸ φρόνημα. ἐντεῦθεν | οἱ τολμητίαι καὶ φυσῶντες τὰ ἄμετρα, εἰς δειλίαν τεθειμένων αὐτοῖς τῶν ὀχυρωμάτων, ὑπέρ τε τῆς οἰκείας ἀντιβολοῦσι ζωῆς καὶ τῶν ἐνόντων πάντων αὐτὴν ἀλλάσσονται, βασιλεῖ τὰς χεῖρας προτείναντες.

Ἐκ δὲ τούτου μοῖραν διαφεὶς στρατεύματος κατὰ τῶν ἐπέκεινα τοῦ Εὐφράτου πόλεων καὶ φρουρίων πλῆθος λαφύρων συνέλεξε καὶ τὸ Πιζὰ τῷ τῆς Ἐδέσσης δωρησάμενος κόμητι, τὸ Βέμπετζ παραλλάξας ὡς εὐκαταγώνιστον κριθὲν κἀπὶ πεδίου κείμενον ὑπτιάζοντος, κατὰ τοῦ Χάλεπ καὶ τοῦ Φέρεπ ἐξώρμησε, τοῦτο αἰτησαμένου τοῦ τῆς Ἀντιοχείας πρίγκιπος, ἐπεὶ καὶ οὗτος τῷ βασιλεῖ συνεστράτευεν. ἐπιστὰς δὲ τῷ Χάλεπ (τὸ δέ ἐστιν ἡ πάλαι λεγομένη Βέρροια) ὁρᾷ πολυάνθρωπον πόλιν καὶ στέγουσαν ἔνδον πλεῖστον ὅσον ὁπλιτικόν· οἳ καὶ ἐξιόντες τοῦ τείχους ἅμα θέᾳ Ῥωμαίων συμπλέκονται μετὰ ῥύμης τοῖς περὶ τὸν βασιλέα στρατεύμασι. τὸ δὲ ἧττον ἀπενεγκάμενοι τὸν περίβολον | ὑπεισῄεσαν. οὐχ ἅπαξ δέ, ἀλλὰ κατὰ τὸ πάλιν καὶ πάλιν ἐπεκδρομὰς θέμενοι κατ' οὐδεμίαν τὸ κράτος ἤραντο· ἐνίοτε δὲ καὶ αὐτῷ τῷ βασιλεῖ περιιόντι τὴν πόλιν καὶ κατασκοποῦντι τὸ τεῖχος δι' ἑκηβόλων λάθρα ἐπιβουλεύσαντες καὶ τῆς προθέσεως ταύτης ἐξέπεσον. οὐδὲν δέ τι δράσειν ἐξ ὑπογυίου δυνάμενος καὶ διὰ τὴν ὀχυρότητα μὲν ταυτησὶ τῆς πόλεως καὶ τὴν ἔνδον εὔιππον καὶ εὔοπλον στρατιάν, οὐχ ἧττον δὲ καὶ τὸ ἐπιλιπεῖν τὰ ἐφόδια καὶ τὴν πυρὸς ὁμοῦ καὶ ὕδατος ὑποσπάνισιν, ἐκεῖθεν μεθίσταται. καὶ τὸ Φέρεπ ἐξ ἐφόδου παραστησάμενος καὶ τοῦτο κόμητί τινι τῆς Ἀντιοχέων ἀποχαρισάμενος πόλεως πρὸς ἑτέραν πόλιν μεταχωρεῖ κατὰ φράσιν ἐγχώριον Καφαρδὰ λεγομένην. μεγίστης δὲ χώρας αὕτη προκαθέζεται καὶ περὶ αὐ-

---

31 ἐπιστάς: die 19 mens. Apr. a. 1138 **34** συμπλέκονται: die 20 mens. Apr. a. 1138 **42** μεθίσταται: die 21 mens. Apr. a. 1138 **43** παραστησάμενος: die 22 mens. Apr. a. 1138

---

21 ἐκ τῆς Ἄγαρ: cf. Nic. Or. 171, 8 **31** ἐπιστάς etc.: cf. Cinnam. 19, 15—21,2

VA = a, PH, RMDF = b

21 νιφάσι: βολίσι N **21—22** τὸ τῶν ἐκ τῆς Ἄγαρ καθεῖλον φρόνημα V **22** φρόνιμον F **22** τὰ om. PH Bekk **23** τιθεμένων F Bekk **24** ἀνταλλάσσονται V **25** προστείναντες H: προτείνοντες DFSc **26** δια(φεὶς) P[ir]: ἀφεὶς H τοῦ στρατεύματος VSc **28** δωρησάμενος: κομισάμενος R Βέμπεζ VB: Βίμπετζ A **30** Φάρεπ V **31** δὲ: καὶ V **32** δ' ἐστὶν Bekk **33** ἔνδοθεν V ὅσον om. VA **35** ἐπενεγκάμενοι F **35** ὑπεισίασιν V **36** ἐπιδρομὰς A **37** αὐτῷ om. PH τῷ om. RMDF Bekk **38** ἑκηβόλου D **39** ἐπιθέσεως V δὲ om. D **40** καὶ om. P[ac] H **40—41** εὔοπλον ὁμοῦ καὶ εὔιππον V: εὔοπλον καὶ εὔιππον F Bekk **42** ἐπισπάνισιν D **43** τῆς: τῶν H ἀποχαρισόμενος R **45** Καφαρδὰν H: Καφαρδιᾶ M: Καφαρδᾶ FKN καλουμένην F, sed λεγομένην F[s] αὕτη: καὶ αὐτὴ V: καὶ αὕτη ἡ πόλις B τὴν αὐχεῖ καθυπείκοντα οὐκ ἐλάχιστα φρούρια, στερρότητι τειχέων κομπάζουσα. ἀλλὰ καὶ ταύτην διὰ βραχέος χειρωσάμενος μεταβαίνει πρὸς τὰ πορρώτερα. καὶ τῆς πρὸς τὸ Σέζερ πορείας ἁπτόμενος στρατοπεδεύει περὶ τὸ Νίστριον (πόλις δὲ καὶ τοῦτο τῆς Μέσης τῶν ποταμῶν) ἄποθεν μικρῷ τοῦ Σέζερ κείμενον καὶ τοῖς πᾶσι κατεσκευασμένον ἄριστα. ὁδοῦ δὲ πάρεργον καὶ τούτου διαφθαρέντος καὶ πρὸς ἁρπαγὴν διαφεθέντος τοῖς στρατιώταις, καὶ τούτων μάλιστα τοῖς ἐκ καταλόγων τῶν Σκυθικῶν, ὑφ' ὧν ἑάλωκεν, ἐκεῖθεν ἀπαναστὰς τῷ Σέζερ πρόσεισιν.

Οἱ δ' ἐκ τοῦ ἄστεος τούτου, καὶ τῶν πέριξ | σατραπῶν συνελθόντων, πλείστους ὅσους τοὺς ὁπλιτεύοντας συνειλόχασιν· ὅθεν καὶ πρὸς ἕνα συνασπισμὸν συνιόντες καὶ ὁμαιχμίαν κρατυνάμενοι μίαν προσυπήντων τὸν ἐκεῖσε περικλώμενον ποταμὸν διαβάντες, ἀλλὰ καὶ δοράτια ἐκ καλάμων κραδαίνοντες ταῖς τοῦ βασιλέως συμπλέκονται φάλαγξιν ἵπποις ὠκύποσιν ἐποχούμενοι. καὶ συρρήξεως γενομένης πολλάκις τὴν νίκην ὁ βασιλεὺς ἀποφέρεται καὶ οἱ μὲν τῶν πολεμίων κατὰ τοῦ ὕδατος ἀκοντίζονται, οἱ δ' ἐμπείρονται δόρασιν, οὐδαμῶς ἐπαρκεσάντων σφίσι τῶν ἐνσειομένων δονάκων, ἀλλ' ἀσθενῆ καὶ λεπτὴν ἐπικουρίαν καὶ τὸ ὅλον εἰπεῖν καλαμίνην παρεχομένων αὐτοῖς. ἐντεῦθεν εἰς τὸ τεῖχος ἀναχωρήσαντες οὐκέτι ἐπεξόδους εἰργάζοντο, ἐκ δὲ τῶν γηΐνων ὀρόφων προφαινόμενοι καὶ πολλὴν ἐντεῦθεν τὴν σύναρσιν ἔχοντες Ῥωμαίοις ἀντεφέροντο, τὴν ἑαυτῶν χώραν ἀνέντες εἰς τὸ ἀδεῶς ἐκπορθεῖσθαι καὶ ληΐζεσθαι καὶ χειροῦσθαι τὰ φρούρια.

Οὕτω δὲ τούτων πραττόντων, ὁ βασιλεὺς τὰς φάλαγγας διηυκρινηκὼς καὶ κατὰ γένος καὶ φατρίας διῃρηκώς, ὡς φῦλα φύλοις ἀρήγωσιν, εἰς

---

47 χειρωσάμενος: exeunte mense Apr. a. 1138

---

50 ὁδοῦ πάρεργον: Eur. El. 509 **62—63** ἐπικουρίαν . . . καλαμίνην: cf. Nic. Or. 214, 13; alias ἐπικουρία συκίνη, cf. Macar. 7, 83; Nic. Or. 50, 36

VA = a, PH (abr. 48 πορρωτέρ. .), RMDF = b

47 καὶ om. ARMDF hab. Sc διὰ om. H **48** πορρώτερον VA **49** τὸ Νίστριον APDNB (proposuit iam ex Ephr. 3922 C. Neumann, Griechische Geschichtsschreiber und Geschichtsquellen im 12. Jh., Lpz. 1888, p. 135 n. 2; cf. E. Honigmann, Die Ostgrenze des byzantinischen Reiches, Brüssel 1935, p. 132 n. 1): τὸ Ἴστριον V Bekk: τὸν Ἴστρον R: τὸν Οἴστριον M: τὸν Ἴστριον FKU **50** μικρὸν R παρεσκευασμένον A **51—52** καὶ πρὸς ἁρπαγὴν τοῖς στρατιώταις διαφεθέντος suppl. A[mg] **51** διατεθέντος V **52** τῶν om. P[ac] **54** ἐν τῷ ἄστει τῷδε P **55** συνειλέχασιν V: συνειλήχασιν A καὶ om. V **57** περικυκλούμενον D (ποτα)μὸν διαβάντες i. r. 6 litt. P **58** προσπλέκονται R **59** πλειστάκις VA **61** σφίσι: αὐτοῖς et **63** αὐτοῖς om. V: bis αὐτοῖς A **68** διευκρινηκὼς V **69** φήτρας V

54 τούτου: τοῦδε b Sc Bekk πέριξ (hab. Sc): ἀγχούρων (ἐγχώρ- R: ἀγχήρ- M) b Bekk **57** ἀλλὰ om. b μίαν μοῖραν τὸν Μακεδόνα καθίστησιν, ἑτέραν τὸ ἐκ Κελτῶν, ἄλλην τὸ Σκυθικόν, ἐπὶ δὲ τὸ ἐκ Περσίδος ὁρμώμενον καὶ προσχωρῆσαν Ῥωμαίοις κατὰ πολέμους τοὺς πρότερον. καὶ τῷ ἀμιγεῖ καὶ πολυ|μερεῖ τῷδε τῶν στρατευμάτων, διαφόρους προφαινόντων τὰς ὁπλίσεις, φόβῳ πλείονι ληφθὲν τὸ πολέμιον τῆς ἄγαν ἐνστάσεως καθυφίησι καὶ τὸν ἐκτὸς προέμενον τειχισμὸν πρὸς περίβολον τὸν ἔνδον μεθίσταται.

Ἐπὶ πολλαῖς οὖν ἡμέραις ἀγχέμαχοι συνέβαινον συμπλοκαὶ καὶ πεῖραι καὶ διαμάχαι καὶ μονομαχίαι τῶν ἀρίστων καὶ περιφυγαὶ καὶ ὑποχωρήσεις καὶ καταδιώξεις ἐξ ἑκατέρων. ἀλλ᾽ ἀεὶ τὰ μὲν Ῥωμαίων ἐπικρατέστερα κατεφαίνετο, τὸ δ᾽ ἐναντίον κἂν ἔπιπτεν ἀπὸ ξίφους πλειόνως κἂν ἐκ τόξων εἰς θάνατον ὕπνωττε κἂν τοῖς ἐκ μηχανῶν λίθοις εἰς μέρη διῄρητο καὶ πρὸς γῆν τὰ τείχη καὶ τὰ τούτων καθῃρεῖτο θωράκια, ὅμως ἔμενεν ἔτι ἀκράδαντον ἐς μυριοπληθὲς ἀριθμούμενον, ἄλλως τε καὶ ὑπὲρ αὐτῶν τῶν ψυχῶν καὶ τέκνων καὶ γυναικῶν καὶ πλούτου πολλοῦ, καὶ τούτου παντοδαποῦ, διαγωνιζόμενον.

Καὶ τάχ᾽ ἂν ἥλω καὶ ἡ πόλις ἥδε καὶ βασιλεῖ καθυπέκυψε καὶ παντὸς τοῦ πλούτου κεκένωτο καὶ Ῥωμαῖοι τῇ ταύτης χειρώσει κλέος ἤραντο τῶν πρώην ἐπικυδέστερον, εἰ μὴ ἀγγελίαι τινὲς ἀπαίσιοι καὶ ἄκοντα ἐκεῖθεν τὸν βασιλέα μεθείλκυσαν, αἳ τὴν Ἔδεσσαν ᾖδον κυκλωθῆναι παρὰ Περσῶν καὶ κινδυνεύειν παθεῖν τὰ χείριστα, μὴ βασιλέως αὐτῇ τὴν ταχίστην ἀρήξαντος. οὐκοῦν ἐκ τῶν πολιορκουμένων δῶρα μεγαλοπρεπῆ κομισάμενος, καὶ ταῦτα ἐξ ὕλης τιμαλφεστέρας τῶν ἁπασῶν, καὶ ἵππους ἐριαύχενας εὐγενεῖς καὶ νήματα σηρικὰ διαπλεχθέντα χρυσῷ καὶ τράπεζαν ἀξιοθέατον, πρὸ δὲ τούτων σταυρὸν εἰς χεῖρας | δεξάμενος πάγκαλόν τι χρῆμα καὶ ξενίζον τῇ θέᾳ, λυχνίτῃ λίθῳ κεκολαμμένον, ἐν ᾧπερ αὐτοφυῶς ἡ τέχνη διύφανε γράμματα εἰς κάλλος φιλόνεικον τοῦ θείου εἰκάσματος καὶ ὀφθαλμῶν ἀτεχνῶς τρυφήν, λύει τὴν πολιορκίαν, τῆς πρὸς Ἀντιόχειαν ἁψάμενος. ἔφασκον δὲ οἱ κατὰ τὸ Σέζερ Σαρακηνοὶ πάλαι ποτὲ τοὺς προγόνους αὐτῶν ἐκ τῶν προσενεχθέντων δώρων τῷ βα-

1 λύει: die 22 mens. Maii a. 1138

VA = a, P, RMDF = b

70 μοῖραν μὲν μίαν V: μοῖραν μίαν A τὸ Μακεδόνων M[pc] D[pc] τὸ om. R ἐκ Κελτῶν: τῶν ἐκλεκτῶν B Bekk (corr. E. Miller, Recueil des Historiens des Croisades, Historiens Grecs I, p. 219; cf. F. Chalandon, Les Comnènes II, p. 141 n. 2) **70—71** τῶν Σκυθικῶν R **71** ἐπὶ: ἔτι Bekk ὁρώμενον R **74** προϊέμενον M **78** ἐξ om. V τὰ τῶν Ῥωμαίων μὲν D **79** κατεφαίνοντο DK πλειόνως om. V **81** τὰ τείχη om. R θώρακα D **82** τῶν om. RMDF **83** καὶ tert.: πρὸς δὲ καὶ Bekk **86—87** ἐπικυδέστερον τῶν πρώην ἤραντο V **87** ἐπικερδέστερον D: ἐπικηδέστερον F ἀπάρσιοι M **88** τὸν βασιλέα ἐκεῖθεν V ᾖδον: ἦγον A **89** παρὰ ante βασιλέως add. F **92** συρικὰ F **94** ξένον V κεκολαμμένον: ἐγγεγλυμμένον A[mg γρ] P: κεκολαμμένω DF: κεκολλημένον Sc **95** φιλόνικον Bekk **1** τὴν ante Ἀντιόχειαν add. P **2** φερούσης post Ἀντιόχειαν add. V ἐφαψάμενος AP Sc κατὰ τό: ἐν τῷ V Σαρρακηνοὶ constanter codd.

σιλεῖ δορύκτητα σχεῖν τόν τε ἐκ λίθου ἀκτινώδους σταυρὸν καὶ τὴν πολυτελῆ καὶ οἵαν ἐκπλῆξαι τράπεζαν, ἡνίκα ῾Ρωμανὸν εἷλον τὸν Διογένην τὴν αὐτοκράτορα ῾Ρωμαίων ἀρχὴν χειρίζοντα τήν τε βασίλειον ἐκείνῳ σκηνὴν ἐσκύλευσαν καὶ τοῦ χάρακος κεκρατηκότες τὰ ἐνόντα διείλοντο.

᾿Εν δὲ τῇ ἐκ τοῦ Σέζερ ἀπάρσει τοῦ βασιλέως ῾Ρωμαίοις κατ᾿ οὐρὰν ἐπιτίθενται τὰ τοῦ Ζακῆ καί τινων ἀρχηγῶν ἄλλων διασήμων Περσικὰ στρατεύματα, θρυπτικώτατα τοῖς μικροῦ ποδηνέμοις ὀχήμασι προδεικνύμενα καὶ ῾Ρωμαίων ὀλιγωρότατα τύφῳ ἐμπλήκτῳ βαρβαρικῷ. τῶν γε μὴν ἐλπίδων διαμαρτόντα οὐχ ὅπως οὐδέν τι γενναῖον ἔπραξαν, ἀλλὰ καὶ τοῦ κόμπου καὶ τῆς μεγαληγορίας δίκην ἀμοιβὸν ὑπὸ τῆς θείας τίσαντες δίκης καὶ δύο τῶν ἡγεμόνων ζωγρίας προσαπεβάλοντο· ἦσαν δ᾿ οὗτοι ὁ υἱὸς τοῦ ᾿Ατάπακα καὶ ὁ τοῦ Σαμοὺχ ᾿Αμηρᾶ κασίγνητος.

Εἰσιὼν δ᾿ ὁ βασιλεὺς τὴν ᾿Αντιόχου εὐδαίμονα πόλιν τὸ ἀστικὸν πλῆθος | ὅλον ἑαυτοῦ ἀνηρτήσατο, ὡς καὶ μεθ᾿ ἱερῶν ἐκτύπων καὶ πλείστης ὅτι φιλοκαλίας τῶν ἀγυιῶν λαμπρὸν ἐκείνῳ σχεδιάσαι τὸν εἰσιτήριον. ἐκ δὲ ταύτης μετὰ φωνῶν εὐσήμων καὶ προπέμψεων αἰνεσίμων εἰς τὰ τῆς Κιλικίας ὅρια παραβαλὼν κἀκεῖθεν ἐξορμήσας τῆς πρὸς τὸ Βυζάντιον φερούσης ἅπτεται. καὶ γοῦν κατὰ τάξιν προϊὼν καὶ τῆς αὐτοῦ στρατηγίας ἐχόμενος στέλλει κατὰ τῶν ᾿Ικονιέων Περσῶν ἀπόμοιράν τινα τοῦ στρατεύματος· οὗτοι γάρ, ὁπότε τῆς Συρίας ἐπέβαινε βασιλεύς, τῷ καιρῷ χρησάμενοι πρὸς ἐπίθεσιν ἐκδρομῶν κατὰ ῾Ρωμαίων ἐδράξαντο. τοῦτό τοι καὶ τοῦ δυσμενοῦς στίφους περιγενόμενος ἔκειρε τὴν πολεμίαν, ἅλωσιν ἀνθρώπων καὶ ζώων ἔλασιν παντοίων, ὁπόσα ὑπὸ ζυγὸν καὶ ὄχησιν, ἐργασάμενος.

5—7 ἡνίκα — διείλοντο: apud Mantzikert die 19 mens. Aug. a. 1071

5—7 ἡνίκα — διείλοντο: cf. Mich. Attal. p. 151, 8 sqq. Bonn.; Nic. Bryenn. p. 40, 15 sqq. Bonn.

VA = a, P, RMDF = b

4 δορύκτητον V τε hab. sol. V ἀκτινώδους: τιμαλφοῦς V τε post πολυτελῆ add. Bekk 6 ἐκείνου Bekk 7 σκυλεύσαντες V τὰ: τὸν A 9 ἐπιτίθεται V ἄλλων ἀρχηγῶν V 12 ἁμαρτῶντα M 14 καὶ om. A 15 ᾿Αταπακὰ Bekk ἀμηρὰ R Bekk 16 δὲ M ᾿Αντιόχειαν V ἀστυκὸν F Bekk 19 εὐφήμων Bekk 20 προβαλὼν D 20—21 ἐξορμήσας καὶ . . . ἁπτόμενος A: id., sed καὶ ex corr. P 21 ἅπτεται — στρατηγίας om. V γοῦν om. AP αὐτοῦ APK ἐχομένως AP[pc] RMDF 23 ὁ βασ. M 24 ἐκδρομαῖς κ. ῾Ρ. ἐχρήσαντο Bekk ἐδράξαντο: ἥψαντο A[mgγρ] P: εἰργάσαντο Sc: κούρσα . . . ἐποίησαν B τοῦτο: τῷ P Bekk 26 παντοίαν V ὅσα P καὶ ὄχησιν om. V

4 τε om. P b Bekk 16 εὐδαίμονα: μεγαλώνυμον b Bekk

Καὶ τοιοῦτοι μὲν οἱ πρὸς ἀνίσχοντα ἥλιον ἀγῶνες τοῦ ᾿Ιωάννου δι᾿ ἐκστρατείας μιᾶς πᾶσαν μὲν γλῶσσαν, πᾶσαν δὲ γνώμην ἐς αὐτοὺς ἐφελκύσαντες, ἐν ᾗ καὶ τριετὴς χρόνος ἐξίκετο.

Τότε δὲ προσερρύη τῷ βασιλεῖ τῷδε καὶ ὁ σεβαστοκρατορῶν κασίγνητος ᾿Ισαάκιος, ὃν φθάσαν εἴρηκε τὸ λέγειν συνάρασθαί οἱ τὰ περιττὰ εἰς τὴν τῆς βασιλείας κατάσχεσιν. κατὰ γὰρ μικρολυπίαν τοῦ ὁμογνίου διαζευχθεὶς καὶ φυγὰς ἀπάρας ἐκ τῆς ῾Ρωμαίων, συνέκδημον καὶ συμπλανήτην ἔχων τὸν ᾿Ιωάννην τὸν τῶν παίδων πρωτότοκον (ἀνὴρ δ᾿ οὗτος ὁπλιτοπάλας καὶ πολεμόκλονος, φυήν τ᾿ ἀρίστην καὶ | εἶδος προφαίνων ἀξιοθέατον), πλείστοις μὲν καὶ ἄλλοις προσέμιξεν ἔθνεσι, σὺν αὐτοῖς δὲ καὶ τῷ τῆς ᾿Ικονιέων σατραπεύοντι μητροπόλεως. καὶ ἦν μὲν ὁ ᾿Ισαάκιος οὗτος ὁρμαίνων ἀεὶ χώραις ἐπιθέσθαι ῾Ρωμαϊκαῖς καὶ Σατὰν γενέσθαι τῷ ᾿Ιωάννῃ, χρημάτων δὲ ἀπορῶν καὶ τὸν βασιλέα ᾿Ιωάννην ὁρῶν ταῖς κατὰ πόλεμον πράξεσι διὰ παντὸς περικλεΐστον οὐδένα εὕρισκε τοῖς κατὰ σκοπὸν ἐκείνῳ συμβαίνοντα. μᾶλλον μὲν οὖν καὶ πάντας εἶχεν ἀποπηδῶντας καὶ πρὸς τὴν πρώτην τῆς ἀντιστασίας ἐνήχησιν δυσχεραίνοντας καὶ τὴν ἐπιχείρησιν ἀπαγορεύοντας ὡς ἀσύμφορον κἀκείνῳ καὶ μηδ᾿ αὐτοῖς ἐφικτὴν ὁπωσοῦν. ὅθεν τοὺς τοπάρχας περιιὼν καὶ παρ᾿ οἷς κατέλυε δι᾿ αἰδοῦς ἀγόμενος ὡς τὸ εἶδος τυραννικώτατος καὶ τὸ γένος ἐπισημότατος, ὀψὲ συνεὶς ὡς διακενῆς τῆς συγγενείας ἀποδιίσταται βίον ἀντλῶν πόνηρον, πρὸς τὸν ὁμόσπορον ἐπανέλυσε. καὶ βασιλεὺς ἀσμένως τε αὐτὸν καὶ τὸν υἱέα προσβλέπει καὶ ὄψιν καὶ λόγους ἀμφοῖν δίδωσι καὶ χαριέντως προσπλέκεται. ἰσχυρὸν γάρ τι χρῆμα πόθος συγγενείᾳ διυφαινόμενος, κἂν ἀπορραγείη μικρόν τι τῆς συμφυΐας, ταχέως φιλυπόστροφος γίνεται. ἀμέλει καὶ τὸ πρώην φίλτρον διατηρήσας ἀλώβητον οὐδέν τι παλίγκοτον ὑπέτυφεν ἐν ψυχῇ, ὁποῖα οἱ ἐν ἀρχαῖς φιλοῦσι τεχνάζεσθαι, τὸν χόλον ἐνθάπτοντες καὶ ἐναύοντες εἰς τὴν κατὰ καιρὸν φρυκτώρησιν καὶ κατάπρησιν· τὴν δὲ Κωνσταντίνου σὺν αὐτῷ εἰσιὼν οὐ πλεῖον |

---

30 τριετὴς χρόνος: a vere a. 1137 usque ad ver a. 1139

---

39 Σατὰν γενέσθαι: cf. Nic. Or. 110, 23—24 47—48 βίον ἀντλῶν πόνηρον: cf. Nic. Or. 19, 25 52—55 οὐδὲν — κατάπρησιν: cf. Hom. A 80—83

VA = a, P, RMDF = b

28 τοῦ ᾿Ιωάννου: τοῦδε τοῦ αὐτοκράτορος Bekk **29—30** πᾶσαν — ἐφελκύσαντες post ἐξίκετο VB **29** γλῶτταν ARMDF Bekk δὲ: μὲν M αὐτοὺς: ἑαυτοὺς F Sc Bekk **30** ὁ χρόνος V **31** προσερρύη A[mgγρ]: κατήλλακται A Sc τῷδε om. V **35** τὸν pr.: καὶ V post παίδων add. αὐτῷ A: ἐκείνω A[mgγρ] P: ἐκείνου Bekk **36** καὶ alt. om. M **38** πόλεως P **40** δ᾿ A **43** ἀντιστάσεως V: ἀποστασίας Bekk **44** καὶ alt. om. P **45** ὁπωσοῦν suppl. A[mg] τοπαρχοῦντας DF **47** συνιεὶς V **48** ἀνατλῶν V ἀσμενέστατα A[ac] **49** τε om. AP αὐτόν τε Bekk **51** φιλυπόστροφος ταχέως Bekk **54** ἐναύνοντες A: ἐνάγοντες R **55** σὺν: ἐν R

32 εἰς: πρὸς b **34** βασιλέως post διαζευχθεὶς add. b

τῷ τῆς νίκης περιόντι ἢ τῇ τοῦ κασιγνήτου ἐπανόδῳ ἠγαλλιᾶτο. καὶ τὸ ὑπήκοον δὲ κατεκίρνα πως τὰ ἐγκώμια τῷ τοῦ βασιλέως τουτωῒ προμηθεύματι, οὐ μόνον τοῖς αὐτοῦ τροπαίοις καλλωπιζόμενον καὶ θῦον θεῷ χαριστήρια τῷ καὶ πορεύσαντι τοῦτον καὶ νικητὴν ἀνασώσαντι, ἀλλὰ καὶ τῇ τοῦ ἀδελφοῦ ἀφίξει ἐπευφραινόμενον.

Μὴ πολυωρήσας δὲ τῷ Βυζαντίῳ, τῶν Περσῶν ἐσβαλόντων τοῖς κατὰ τὸν ποταμὸν τὸν Σαγγάριον ἐπιδρόμοις τόποις, ὑπεριδὼν καχεξίας σώματος ὡς εἶχεν ἐξώρμησεν· ὅθεν τοὺς πολεμίους διαθροήσας τῇ παρουσίᾳ καὶ θρεμμάτων ἀγέλας ἐλάσας παντοδαπῶν ἐπανῆλθεν εἰς τὸ Λοπάδιον. μετ' οὐ πολὺ δὲ καὶ τῆς γυναικωνίτιδος ἐξιούσης τὴν πόλιν τὰς 'Οχυρὰς ἐδείματο, τὴν ἐκ τῶν πολεμίων ἐκεχειρίαν εἰς τὸ μὴ πάντῃ ἀξύμφορον 'Ρωμαίοις διατιθείς. ἐμβραδῦναι δὲ τοῖς τόποις τούτοις διασκοπούμενος τὴν στρατιὰν ἀθροισθῆναι διετετάχει. καὶ ἡ μὲν ἐκ θεσπισμάτων βασιλείων συνήγετο, αὐτὸς δὲ κατὰ τοῦτο τὸ ἔργον ὡς οὐδέποτε τοῖς στρατευομένοις ἀσυγγνώμων ἔδοξε καὶ βαρὺς καὶ τὸ πλέον μηδὲ μέτρα ἐκστρατείας εἰδώς, ὡς εἴπερ ἐλάθετο ἢ οὐκ ἐνόησεν ὡς τρισσὸν ἔτος ἐν τοῖς ἑῴοις πολέμοις 'Ρωμαῖοι διήνεγκαν. τὸ δὲ πρὸς ἄρρητον ἔχθος ἔτι μᾶλλον ἐκμῆναν, ὅτι πολλοὶ τῶν εἰς Συρίαν συναναβάντων ἐκείνῳ μήπω τὰ οἴκοι βλέψαντες, ἀλλὰ νόσῳ σώματος καὶ σπάνει τῶν | ἀναγκαίων καὶ φθορᾷ τῶν ὀχημάτων ἐν τῇ ὁδοιπορίᾳ χρονίσαντες, ἠναγκάζοντο μὴ τῶν πατρίδων βαίνειν εὐθύ, ἀλλ' ἔνθα κατασκηνοῖ βασιλεὺς μεταβαίνειν ὑπὸ τῶν ἐπιμελῶς τὰς ὁδοὺς τηρούντων καὶ τὰς θαλαττίους περαιώσεις ἐπισκοπούντων. ὁ δὲ μὴ ἀγνοεῖν ἔχων τὸ τοῦ γογγυσμοῦ αἴτιον, τὸν οὐκ εἰδότα πλαττόμενος, ἵνα μὴ λέγοιμι τὸν μηδαμῶς ἐμπαζόμενον ὑποκρινόμενος, ἐκείνους μὲν εἴα κενοφωνεῖν, αὐτὸς δὲ τῆς προθέσεως εἴχετο, βούλεσθαι λέγων ἔχειν τοὺς στρατιώτας συσπουδαστὰς καὶ μηδαμῶς ταῖς συνεχέσιν ἐκδημίαις ἀπαυδοῦντας καὶ ἀποκναίοντας.

---

63 ἐξώρμησεν: a. 1139 vere

---

63 ἐξώρμησεν: huc pertinet Theod. Prodr. ed. Hörandner No. XVI **71** ἐλάθετο — ἐνόησεν: cf. Hom. I 537

VA = a, P, RMDF = b

56 τῇ om. D ἠγάλλετο V **57** τούτῳ Bekk **58—59** καὶ — ἀνασώσαντι om. V **61** εἰσβαλόντων V Bekk **62** κατὰ Σάγγαριν V: κατὰ Σαγγάριον ποταμὸν A: κατὰ π. τὸν Σ. P Bekk: κατὰ τὸν Σάγγαριν B καχεξίαν V **64** ἐς VPD **65** Λουπάδιον M **66** πολέμων V ἐς V **68** διανοούμενος Bekk διαθροισθῆναι V προσετετάχει V: διατετάχει P **70** οὔποτε VN ἔδειξε RMN **71** μέτρον R ἐνενόησεν P Bekk τρίτον AB Sc **72** ἄρρηκτον RF Bekk **73** ἐκμαίνων R ἦν post ἐκμῆναν add. Bekk **75** ἐν om. VAP **82** ἀπαυδοῦντας καὶ om. V

73 ἐκείνου (ἐκείνω R) ante ἔχθος add. b Bekk **74** στρατιωτῶν post ἐκείνῳ add. b Bekk, non vero N

Προθέμενος δὲ μετελθεῖν τοὺς κατὰ τὸ θέμα τῶν Ἀρμενιακῶν παρεισφθαρέντας βαρβάρους, ἅμα δὲ καὶ Κωνσταντῖνον τὸν Γαβρᾶν κατασχεῖν χρόνον ἤδη συχνὸν τὴν Τραπεζοῦντα ὑποποιησάμενον καὶ ἤθεσι τυραννικοῖς αὐτὴν διεξάγοντα, διὰ τῆς τῶν Παφλαγόνων συναγκείας τὴν πορείαν τίθησιν ἀεὶ τῶν τοῦ Πόντου παράλων βαδίζων ἐχόμενα, δυοῖν ἕνεκα, τοῦ τ' ἐκ τῆς οἰκείας χώρας τὴν στρατιάν οἱ πορίζεσθαι τὰ βιώσιμα, καὶ εἰ δεήσει συρρῆξαι πόλεμον, κατὰ μίαν μοῖραν ἔχειν αὐτὸν ἐπικείμενον, ἀλλ' οὐκ ἐξ ἑκατέρων μερῶν προσφυόμενον κἀντεῦθεν πρὸς περικύκλωσιν ἐπιτήδειον. ἦν γὰρ ὁ τῆς Καισαρείας τότε κρατῶν Μουχούμετ, περὶ οὗ εἰπεῖν ἔφθημεν, πλείστην ὅτι περιβεβλημένος ἰσχύν, μέρος τε τῆς Ἰβηρίας ὑπαγαγόμενος καὶ ἔνια τῆς τῶν ποταμῶν Μέσης παραστησά|μενος, τὸ μὲν ἄνωθεν γένος ἐς τοὺς Ἀρσακίδας συναλειφόμενος, τὸ δὲ προσεχὲς ἐκ Τανισμανίων καταγόμενος· ἦσαν δ' οὗτοι τολμητίαι καὶ ἀνδρισταὶ καὶ τῶν χειρωσαμένων τὰς ἑῴας πόλεις Ῥωμαίων οἱ μάλιστα κράτιστοί τε καὶ ἀναιδέστατοι.

Ἔαρος μὲν οὖν ὑπολήγειν ἀρξαμένου τοῦ Λοπαδίου βασιλεὺς ἀπανίσταται, τὴν δὲ θέρειον πᾶσαν ὥραν καὶ τοῦ μετοπώρου τὸ εὐκραὲς ἐν τῇ ὁδοιπορίᾳ τῇδε κατατριψάμενος περὶ τροπὰς ἐνηυλίσατο χειμερίους πόλει Ποντικῇ τῇ Κιντῇ. τῇ πολεμίᾳ δ' ἔκτοτε προσβαλὼν ἐν πολλοῖς ἐδυσπράγησεν. ἔστι μὲν γὰρ καὶ ἄλλως ἡ Καππαδοκῶν χώρα κρυμώδης πᾶσα καὶ τὸ κλίμα τοῦτο ψυχεινὸν καὶ δριμύτατον, τότε δὲ καὶ χειμῶνος ἐπιγενομένου ἀήθους πολυτρόποις κακοῖς προσεπάλαισε. τά τε γὰρ πρὸς δίαιταν ἐπιτήδεια σχεδὸν εἰς τέλος ἐξέλιπον καὶ τῶν ζώων ὁπόσα σκευοφόρα τε καὶ πολεμιστήρια διεφθάρη παντάπασι. κἀκ τοῦδε τὸ ἀλλόθρουν πλειόνως ἀναθαρρῆσαν, ἐπεὶ καὶ ἄφθεγκτόν ἐστι τῇ φήμῃ μηδὲν ἀνεξερεύνητόν τε καὶ ἀνεξέλεγκτον, ἐφόδοις ἀκηρύκτοις ἐχρῆτο συχναῖς, καὶ ληστρικοῖς ἐπιτιθέμενον κλέμμασιν, ἐνιαχοῦ δὲ καὶ προδήλως διαμιλλώ-

---

86 χρόνον ἤδη συχνόν: inde ab anno 1126 **4** ἔαρος — ἀρξαμένου: exeunte mense Maio a. 1139 **6** περὶ — χειμερίους: ca. diem 21 mens. Dec. a. 1139

---

84 sqq.: cf. Cinnam. 21, 4 sqq. **93** εἰπεῖν ἔφθημεν: p. 19, 10 sqq. **9** τὸ κλίμα: cf. Theod. Scut. Synops. chron. 205, 20—206, 4

VA = a, P, RMDF = b

84 τὸ om. V **86** ὡς (χρόν)οις (ἤδη συχν)οῖς D^{pc} **87** συναγγείας codd. **88** παράλλων RM: παραλίων A Sc Bekk τόπων post παράλων add. AP Bekk βαδίζειν AR^{ac} F Bekk **89** οἱ om. VA **90** εἰ δεήσει: ἡδέως R **91** ἀλλ' οὐκ A^{mg}: καὶ μὴ VA προσφυόμενον F^{ir}: περικείμενον Bekk **91—92** ὡς ἐς κύκλωσιν V **92** Μαχούμετ RM **94** ὑπαγόμενος R: ἐπαγόμενος M **4** Λουπαδίου AM **4—5** ἀπανίσταται βασιλεύς VA **6** χειμερίας M **7** Κιντοῖ KN ἐκ τοῦδε Bekk **9** πᾶσα om. V **13** πλειόνως $A^{mg γρ}$: ἐς πλειόνων A **15** ἐπι(τιθέμενον) P^{ir}

5 εὐκραέστερον b, sed εὐκραὲς hab. N

μενον κατὰ μάχην ἐνώπιον, ἀεὶ τὰς τῶν Ῥωμαίων ἐλυμαίνετο φάλαγγας· κατὰ γὰρ νέφος συνεχὲς τὴν σύστασιν ἐφιστάμενον ἐκ τοῦ αὐτίκα, τῇ ποδωκείᾳ πεποιθὸς τῶν ἵππων, τῆς ὁμαιχμίας ἀφίστατο, ὡς εἴπερ ἀνέμων πνοαῖς ἐξῄρετο. βασιλεὺς δὲ τὸ τῶν ἵππων μεθοδεύων ἀτύχημα, περιιὼν τὸ στράτευμα τὰ εὐγενῆ τῶν ὀχημά|των συνέλεγε καὶ ταῦτα διδοὺς καὶ Ῥωμαίοις μέν, ὁπόσοι κοντοφορεῖν ᾔδεσαν, τοῖς δ' ἐκ τῶν Λατίνων μάλιστα δεξιοστροφεῖν ἐπισταμένοις δοράτια, ἀνθίστα τούτους τοῖς πολεμίοις καὶ παρεῖχε γενναίως ἀντιμαχεῖν. οἱ δὲ τὰς μετὰ ξυστῶν ἐπελάσεις τούτων ἐνεγκεῖν οὐκ ἔχοντες πρὸς φυγὴν μεθηρμόζοντο. ἱκανῶς μὲν οὖν διὰ τῶν τοιῶνδε μεθόδων καὶ τοῦ πλείστους ὅτι μάλιστα τῶν πεζῶν σημαίας ἀνέχειν εἰς ἔμφασιν πλείονος ἱππικοῦ τὰς Περσικὰς ἀναστείλας φορὰς ἐπὶ Νεοκαισαρείαν ἵετο.

Πολλαὶ δὲ καὶ περὶ αὐτὴν μεταξὺ Περσῶν καὶ Ῥωμαίων ἐτολυπεύθησαν συμπλοκαί. καὶ τῶν τοῦ βασιλέως υἱῶν ὁ νεώτερος (Μανουὴλ ὄνομα τούτῳ) δόρυ διαβαστάσας καὶ ἱκανῶς προελθών, τοῦ πατρὸς εἰδότος μηδέν, τοῖς πολεμίοις ἐνέβαλε· καὶ τὸ ἔργον τοῦτο τοῦ μείρακος παρωρμήκει σχεδὸν ἅπαν τὸ στράτευμα καὶ ὑπὲρ ἰσχὺν ἀγωνίσασθαι, τινῶν μὲν ἐς τὸν ὅμοιον ζῆλον διαναστάντων, τῶν δ' ἄλλων ἁπάντων δεισάντων περὶ τῷ παιδὶ καὶ βασιλεῖ χαριεῖσθαι τὰ μέγιστα οἰηθέντων, εἰ συναραμένων αὐτῶν οὐδαμῶς τι πρὸς τῶν πολεμίων ἐσεῖται πεπονθὼς ἀηδές. ἀλλὰ τότε μὲν ὁ πατὴρ ἐπαίνοις τὸν παῖδα προδήλως ἠμείψατο· ὕστερον δὲ τὴν σκηνὴν εἰσιὼν πρηνῆ ταθέντα διὰ λύγου ἔτυψεν ὡς θρασύτερον μᾶλλον ἢ εὐτολμότερον, μηδ' ἐπιτρέψαντος αὐτοῦ συμπλακέντα τοῖς ἐναντίοις.

Ἴσως δ' ἂν καὶ τῆς Νεοκαισαρέων ἐκράτησε βασι|λεύς, εἰ μὴ κατὰ συγκυρίαν ἀπρόοπτον αὐτῷ προσέστη τῦφος ἄλογος αὐτοθελὴς καὶ θυμὸς παντάπασιν ἀκυβέρνητος τοῦ ἀδελφιδοῦ Ἰωάννου, ὃν ὁ σεβαστοκράτωρ ἐγείνατο Ἰσαάκιος. μάχης γὰρ ἐνισταμένης μετὰ Περσῶν, ἱππότην ἐπίσημον ἐξ Ἰταλίας ὁρμώμενον ἄνιππον θεασάμενος ἐκέλευσε παρεστῶτι τῷ ἀνεψιῷ ἀποβῆναι τοῦ Ἀραβίου ἵππου, ᾧ ἦν ἔποχος, καὶ δοῦναι τοῦτον τῷ Ἰταλῷ, μὴ χατίζοντα ἵππων τὸν ἀνεψιὸν ἐπιστάμε-

---

27—38: cf. Cinnam. 21, 12—22, 3

VA = a, P, RMDF = b

19 ἐξῄρητο P **21** διαδιδοὺς P Bekk: διδοὺς om. R τοῖς τῶν Λατίνων δὲ VA δ' om. M **22** μᾶλλον A δόρατα V Sc τούτοις R **23** ξυστῶν: δορατίων V **24** οὐκ om. M: μὴ M^{s} **25** τοιούτων Bekk τοὺς πλείους V μάλλα R: μᾶλλον MDF **26** ἱππικοῦ πλείονος PD Bekk **27** ἀναστέλλων V Νεοκαισαρείας APRM Sc Bekk **28** δὲ om. V μεταξὺ ante καὶ pr. add. D **29** υἱὸς D **32** ἅπαν σχεδὸν R **35** ἐσεῖται A^{mg}: εἴη A **37** διὰ λόγου A: διὰ λύγον RM: μετὰ ῥάβδου B: διὰ λίγου Sc: δι' ὀλίγου Bekk ὡς: καὶ RM **41** ἀδελφοῦ M ὁ om. M **43** ὁ βασιλεὺς ante θεασάμενος add. A P^{pc} Bekk **44** Ἰωάννη post ἀνεψιῷ add. A P^{pc} Bekk Ἀρραβίου constanter codd.

21 τῶν om. b **27** φορὰς: ἴλας b Bekk

νος. ὁ δὲ φρονηματίας ὢν καὶ γαῦρος πλέον τοῦ δέοντος τῷ τοῦ βασιλέως ἀντέστη κελεύσματι, ἐμβριθεστέραν, ἵνα μὴ λέγοιμι ἀναιδεστέραν, τὴν ἀντίρρησιν ποιησάμενος· καὶ τὸν Λατῖνον ἐξουθενῶν προυκαλεῖτο εἰς ἀντιμάχησιν ὡς τὸν ἵππον, εἰ περιγένοιτο, δικαίως ἀποληψόμενον. μὴ ἐπὶ πολὺ δ᾽ ἔχων ἀνθίστασθαι τῷ θείῳ καὶ βασιλεῖ (ἑώρα γὰρ πρὸς ὀργὴν ἐπιφρίσσοντα) τὸν ἵππον δίδωσιν ἄκων. μετακελλητίσας δ᾽ εἰς ἕτερον ἀθυμίας πλήρης τὸ δόρυ ἀγκοινησάμενος κατὰ τῆς τῶν πολεμίων παρατάξεως φέρεται. μικρὸν δέ τι προβὰς τὸν λογχήρη κοντὸν εἰς τοὐπίσω ἀντέστρεψε καὶ τῷ νώτῳ ἐπαναθέμενος πρὸς Πέρσας αὐτόμολος γίνεται, τὸ κράνος τῆς κεφαλῆς ἀφελόμενος.

᾿Αμέλει καὶ ᾿Ιωάννης μὲν ἡδέως τοῖς βαρβάροις ὁρᾶται καὶ ἀσμένως προσδέχεται καὶ ὡς πάλαι μὲν συνήθης αὐτοῖς καθιστάμενος, ἡνίκα τῷ πατρὶ συνεπλάζετο, καὶ ὡς τότε δὲ τῇ παρουσίᾳ τὰ κατ᾽ αὐτοὺς ἀναρρώσων πράγματα. ὁ δ᾽ αὐτὸς μικρῷ | ὕστερον καὶ τὰ Χριστιανῶν ἐξομοσάμενος ὄργια τὴν τοῦ ᾿Ικονιέως Πέρσου θυγατέρα ἐγήματο. ὁ δὲ βασιλεὺς ἐπὶ τοῖς συμβεβηκόσι τούτοις ἔκθαμβος γεγονὼς οὐκ ἀγαθαῖς ἐλπίσι διεστροβεῖτο, οἰόμενος ὡς οὐδὲν ἄφθεγκτον ἐσεῖται παραλελοιπὼς ὁ ἀνεψιὸς τῶν τὴν ῾Ρωμαϊκὴν περικλονούντων στρατιάν, ἀλλ᾽ ἀχαλινώτῳ καὶ εὐδρόμῳ γλώττῃ ἀναγγελεῖ τῶν ἵππων τὸν σπανισμόν, τὴν τῶν βιωσίμων στέρησιν, καὶ πᾶν ἕτερον καχέκτημα τῆς παρεμβολῆς. ὑποκλέπτων τοίνυν τὴν ἐπανάλυσιν κατὰ βραχύ πως ἐκεῖθεν μεθίστατο. πλὴν οὐδ᾽ οὕτω δρῶν εἶχε λεληθέναι ὁλοσχερῶς τὸ πολέμιον· τοῖς γὰρ τελευταίοις ἐπικείμενον τοῦ στρατεύματος μέχρι πλείστου παρηκολούθει καὶ διενοχλοῦν τὴν οὐραγίαν ἐνέλιπεν οὐδαμῶς. διὰ ταῦτα τοίνυν τῆς παραλίας λαβόμενος ἐν τῷ ἀσφαλεῖ καθειστήκει καὶ τὸ βάρβαρον μηκέτι ἐπιέναι ἔχον παλίσσυτον γίνεται.

---

66 μεθίστατο: a. 1140 aestate

57—58 ἡνίκα — συνεπλάζετο: cf. p. 32, 32 sqq. **60** ἐγήματο: cf. p. 53, 47—50; Ps.-Phrantz. 73, 12 sqq. Papadopoulos **64** εὐδρόμῳ γλώττῃ: cf. Nic. Or. 18, 25

VA = a, P, RMDF = b

46 γαῦρος A$^{mg\gamma\rho}$: ἀγέρωχος A Sc **49** μηδ᾽ D **51** μετακελ. Bekk ὄχημα post ἕτερον add. et **52** καὶ βράττων ἄντικρυς θυμῷ post ἀθυμίας πλήρης (: πλήρης ἀθυμίας A) add. A Bekk: id., ὄχημα — θυμῶ i. r. 15 litt. et mg. P **52** ἀγκοινισ. V πολεμίων: πόλεων F **53** λογχήρη om. V **54** συνέστρεψε V: ἀπέστρεψε A Sc: ἀνέτρεψε D, ubi ἀντέστρεψε i. mg., F **56** μὲν om. D **58** τότε: τε D δὲ: δὴ DF Bekk ἑαυτοῦ post τῇ add. AP καθ᾽ αὐτοὺς A **60** ᾿Ικονιάρχου V **61** γενόμενος AMSc **62** διεστροβοῦτο Bekk οἰόμενος: ᾔδει γὰρ A$^{mg\gamma\rho}$ P Bekk **64** γλώσσῃ Bekk

Εἶδοὶ μὲν οὖν Ἰαννουάριοι τὸν βασιλέα ἔβλεψαν Ἰωάννην ἐκ τῶν Περσικῶν καμάτων τὴν πόλιν ἐπεισιόντα, αἵ δὲ τοῦ ἦρος τροπαὶ τὸ ξίφος εἶχον αὖθις περιζωσάμενον καὶ πρὸς τὸ περὶ τὸν Ῥυνδακὸν ποταμὸν ἀφιγμένον πόλισμα. ἐπεὶ δὲ ἡ μὲν θέρειος ὥρα παρεληλύθει, ὁ δὲ χειμὼν ἤδη παρεισιὼν τοῖς αἰθριάζουσιν ἐδυσκόλαινεν, ἀνέμων βόμβοις παραφοβῶν καὶ ἀμβλύτερα πρὸς ἀντιπάλαισιν ψύχους τιθεὶς τὰ σώματα, ἐπάνεισιν εἰς Βυζάντιον, τῷ ψυχεινῷ τοῦ καιροῦ ὑπενδοὺς ὡσεὶ καὶ χερμάδια τὰς νιφάδας καὶ δοράτια τὰς πηγυλίδας προβαλλομένῳ. ὑπομειδιᾶν δ᾽ ἀρχομένου τοῦ ἔαρος τῶν ἀνακτόρων ἀπανίσταται. τῷ τοι καὶ τὰς ἐξ ὀσφύ|ος αὐτοῦ προσειπών, ὅσα καὶ Ἡλιάδας ἐπ᾽ αὐτῷ ἀφιείσας ἠλεκτρῶδες δάκρυον, τὴν Φρυγίαν παρελθών, τὴν δ᾽ Ἀττάλου λαμπροτάτην πόλιν καταλαβὼν χρονοτριβεῖν ἐκεῖσε προέθετο, ὅπως τὰς πέριξ ταύτης χώρας μᾶλλόν τι πρὸς τὸ εὖ διάθοιτο.

Ἤδη γὰρ καὶ τούτων ἔνιαι τοῖς Τούρκοις ὑπέκυψαν, ἐν αἷς ἦν καὶ ἡ τοῦ Πουσγούση καλουμένη λίμνη. αὕτη γὰρ εἰς ἀχανῆ καὶ μικροῦ θαλασσίαν χύσιν ἐκτεινομένη ἐν πολλοῖς νησῖδας ἀνίσχει προβεβλημένας τείχεσιν ἐρυμνοῖς. ᾤκουν μὲν οὖν ταύτας τηνικάδε καιροῦ Χριστιανῶν ἐσμοί, οἳ καὶ διὰ λέμβων καὶ ἀκατίων τοῖς Ἰκονιεῦσι Τούρκοις ἐπιμιγνύμενοι οὐ μόνον τὴν πρὸς ἀλλήλους φιλίαν ἐντεῦθεν ἐκράτυναν, ἀλλὰ καὶ τοῖς ἐπιτηδεύμασιν αὐτῶν ἐν πλείοσι προσεσχήκασιν. ἀμέλει καὶ ὡς ὁμοροῦσιν αὐτοῖς προστιθέμενοι Ῥωμαίους ὡς ἐχθροὺς ὑπεβλέποντο· οὕτω χρόνῳ κρατυνθὲν ἔθος γένους καὶ θρησκείας ἐστὶν ἰσχυρότερον. ὅθεν οἱ μὲν ὡς ἀντίπαλον τὸν βασιλέα κακῶς ἔφασκον, μηδ᾽ ὑποκύψαι ὅλως τοῖς αὐτοῦ θεσμοῖς ἀπηυθαδιάζοντο τῷ ὑγρῷ φυσῶντες ζωστῆρι τῆς λίμνης καὶ ἃ οὐκ ἂν ᾠήθησαν φρονοῦντες, ταῦθ᾽ ὡς παραφρονοῦντες διεννοούμενοι. ὁ δὲ

72—80 a die 15 mens. Ian. a. 1141 usque ad ver a. 1142

---

80 ἐξ ὀσφύος: cf. p. 4, 85 **81** ὅσα — δάκρυον: cf. Macar. 4, 45; App. prov. 3, 8; Nic. Or. 19, 21—23 **85—12** ἐν — κύμασιν: cf. Cinnam. 22, 8—22

VA = a, P, RMDF = b

72 εἰδοῖ codd. (exc. M) ἤδη μὲν οὖν (οὖν sscr.) ἰανουάρ(ιος) τὸν βασιλέα ἔβλεψεν M οὖν om. $RM^{ac}DF$ **73** ὑπεισιόντα A περιτροπαὶ Bekk **76** βόμβοις: φόβοις R **78** ἐς V τὸ Βυζάντιον VRSc Bekk καὶ ante τῷ add. V ψυχρῷ M^{pc} **80** καὶ om. V **81** καὶ om. M **82** Ἀτταγίου R **83** χώρας: πόλεις καὶ χώρας ASc Bekk: id., πέριξ — καὶ i. r. 10 litt. P **84** ἔτι μᾶλλον V μετάθοιτο Bekk **86** post λίμνη add. ἣ Γαζουρὸς πρότερον ἐκαλεῖτο Sc θαλαττίαν V **87** νησίδοις D περιβεβλημένας APSc Bekk: προβεβλημένοις RMD **88** ἐρυμνοῖς: ἰσχυροῖς Bekk **89** καὶ A^{s}: δὲ A **91** ὁμόροις ASc **93** ἔθος om. M **94** καὶ μὴ V **95** τῷ τῆς λίμνης φυσῶντες ὑγρῷ περιζώματι V **95—1** καὶ — διεννοούμενοι om. V **1** διεννοούμενοι: διαπραττόμεθα A: διαπραττόμενοι P Bekk

93 ὅθεν: ὅθεν καὶ b Bekk

μεθίστασθαι παρῄνει τῆς λίμνης ὡς παλαιοῦ Ῥωμαίων κτήματος καὶ καθαρῶς προσχωρεῖν τοῖς Πέρσαις, εἰ τοῦτο βούλοιντο· εἰ δὲ μὴ οὕτω δρῷεν, οὐκ ἂν ἀνασχέσθαι ὅλως διισχυρίζετο αὐτούς τε καὶ τὴν λίμνην ἀπεξενῶσθαι Ῥωμαί|ων ἐπὶ μακρόν. μὴ προχωρούντων δὲ τῶν ῥημάτων, ἔργων πολεμίων ἥπτετο· ὅθεν ἁλιάδας καὶ ἀκάτια σχεδιάσας καὶ ζεῦγμα διὰ τούτων ἐργασάμενος τὰς ἑλεπόλεις ἐπέστησεν ἄνωθεν καὶ προσεπῆγεν οὕτω τοῖς ἐπὶ τῆς λίμνης ἐρύμασιν. αὐτὰ μὲν οὖν ἐξελέσθαι ἴσχυσε, πλὴν οὐχὶ καὶ Ῥωμαῖοι κακῶν ἀπείρατοι διεξέπλευσαν τὸν τότε πόλεμον, ἀλλ' ἐνίοτε τὴν λίμνην ἀνέμου διακυκήσαντος καὶ εἰς φλοῖσβον αὐτὴν ἀνοιδήσαντος τῶν ὁλκαδίων πολλὰ παρηνέχθησαν καὶ τὸν φόρτον ἐπανατραπέντα διαφῆκαν τῷ βυθῷ καὶ τοῖς κύμασιν.

Ἐν δὲ τοῖς καιροῖς τοῖσδε τὸν βίον μετήλλαξεν ὁ πρωτότοκος υἱὸς τοῦ βασιλέως Ἀλέξιος, ᾧ καὶ μετέδωκεν οὗτος ἐρυθροῦ πεδίλου καὶ φοινικίδος βασιλικῆς. τῶν δ' ὀξέων ἦν καὶ μὴ χρονίων τὸ νόσημα, τὸ δὲ εἶδος πυρετὸς ἐπαιγίζων καὶ ὡς ἀκροπόλει τῇ κεφαλῇ ἐπιθέμενος. ἀλλὰ καὶ ὁ μετ' αὐτὸν Ἀνδρόνικος, βραχύ τι ἐπιβιοὺς καὶ ὅσον ἐπικωκῦσαι τῷ κασιγνήτῳ ἐξ ἀνθρώπων ἀπάραντι, τὸ λαχὸν καὶ αὐτὸς μέρος τῆς ζωῆς ἐξετόξευσε.

Καίπερ δὲ συμφοραῖς τηλίκαις καὶ καλλίστων παίδων ἀφιλοσοφήτοις ἀποβολαῖς κατακαμφθεὶς ὁ βασιλεὺς τὴν ψυχήν, ἵνα μὴ λέγοιμι καὶ οἰωνοὺς ἀπαισίους τῆς ὑπερέκεινα πορείας τοὺς θανάτους τῶν φιλτάτων ἔχων πρὸ ὀφθαλμῶν, ὅμως οὐδέν τι καὶ πέπονθε μαλακὸν ἢ καθυφῆκέ τι βραχὺ τῆς προθέσεως ἢ παλίμπους ἐπανῆκεν εἰς τὸ Βυζάντιον, ἔτους ἤδη τελείου ἐπὶ τοῖς ἠθλημένοις τούτοις παριπ|πευκότος, ἀλλ' ἐς Ἰσαυρίαν ἀφιγμένος καὶ τὰ ἐκεῖθι πρὸς τὸ δέον καταστησάμενος τῆς ἀνόπιν καὶ πρὸς

13—14 Alexius Comnenus, Ioannis II filius primogenitus, mortuus die 2 mens. Aug. a. 1142

13—19 ἐν — ἐξετόξευσε: cf. Cinnam. 24, 4—7 **14—15** ᾧ — βασιλικῆς: cf. p. 16, 25—29 **16—19**: cf. Mich. Ital.: μονῳδία εἰς τὸν σεβαστοκράτορα κῦρ Ἀνδρόνικον . . . θανόντα, ὅτε ἐκόμιζεν ἐξ Ἀτταλείας νεκρὸν τὸν ἀδελφόν (ed. Gautier: Lettres et discours, Paris 1972, p. 130) **18—19** τὸ — ἐξετόξευσε: cf. p. 2, 14

VA = a, P, RMDF = b

3 εἰ pr.: εἴπερ V οὕτω: τοῦτο M **5** δὲ: οὖν V **6** ἔργα . . . ἥπτοντο M[pc] πολεμικῶν V **7** προσῆγεν VASc **11** ὁλκάδων πολλαὶ Sc Bekk στρατιώτην ante φόρτον add. V ἐπανατραφέντα R **13** υἱὸς om. M **14** ἀλλὰ δὴ καὶ Ἀνδρόνικος ὁ αὐτάδελφος αὐτοῦ (cf. lin. 16—17) post Ἀλέξιος add. R καὶ om. V **15** εἶδος F[s γρ]: νόσημα DF **17** ἐπικωκύσων V **18** καὶ αὐτὸς: κακεῖνος A Bekk: id., (λαχ)ὸν — μέρος i. r. 7 litt. P **20** δὲ om. D: δὴ F **20—21** ἀφιλοσοφητὰς ἀποβαλαῖς κατακαμφθεὶς τὴν ψυχὴν ὁ βασιλεύς R **23** τι alt. om. V **24** ἐς F **26** ἐκεῖσε V

18 καὶ αὐτὸς om. b

Συρίαν ὁδοῦ εἴχετο, ἐφεπόμενον ἔχων αὐτῷ τὸν ὑστερότοκον παῖδα τὸν Μανουήλ.

Ἦν δὲ ἡ μὲν πρόδηλος τῆς στρατείας ταυτησὶ πρόφασις ἡ τῆς Ἀρμενίας ἐπὶ τὸ κρεῖττον μεθάρμοσις καὶ πρὸς βεβαίαν κατάστασιν συνοχὴ τῶν πόλεων καὶ φρουρίων, ὧν ἐγκρατὴς γεγένητο κατὰ τὴν προτέραν αὐτοῦ ἀνάβασιν· ἡ δ᾽ ἀνέκφορος πρὸς τὸ στράτευμα λαθραία τε καὶ ἐνδόμυχος καὶ ἐκ περισκέψεως κίνησις αὕτη ἦν· ἀεὶ δι᾽ ἔρωτος εἶχε συνάψαι τὴν Ἀντιόχου τῇ Κωνσταντίνου κἀκ τοῦδε τοῖς θεοστιβέσι τόποις ἐπιφοιτῆσαι καὶ δώροις μὲν φιλοτίμοις καταστέψαι τὸν τοῦ Κυρίου τάφον τὸν ζωοπάροχον, τὸ δὲ κύκλῳ βαρβαρικὸν ἀνακαθᾶραι. ὅθεν καὶ πᾶσαν ἦν μετιὼν μηχανήν, εἴ πως ὑπεκσταῖεν ἑκόντες αὐτῷ οἱ Λατῖνοι τῆς κυριαρχίας τῆς λογίμης Ἀντιοχείας, ἢ εἰ μὴ οὗτοι πείθοιντο (ἠπίστατο γὰρ τὴν Λατινικὴν κόρυζαν καὶ τὸ τοῦ φρονήματος αὐτῶν ἀταπείνωτον), οἱ δέ γε Κίλικες καὶ Σύροι προσρέψαιεν ἐκείνῳ.

Γράφων τοίνυν κατὰ τήνδε τὴν ἄνοδον καὶ τὴν αὐτοῦ προσημαίνων τοῖς Ἀντιοχεῦσιν ἄφιξιν οὐδαμῶς ἀνίει, ὥστε καὶ μήπω τῶν ὁρίων ἐπιβὰς τῆς Συρίας πρεσβείαν ἐφειλκύσατο ἐκεῖθεν μάλα ἀγαθὰς αὐτῷ τὰς ἐλπίδας ἐπὶ τοῖς μέλλουσιν ὑποβάλλουσαν. ἐπεὶ δὲ τῇ Ἀντιόχου προσήγγισεν, ἀλλοίους εὕρατο τὰς γνώμας τοὺς Ἰταλούς, τῆς φήμης προαγγειλάσης ὁπόσα ἐνδόμυχα καὶ τῶν χειλέων τοῦ βασιλέως ἀπρόϊτα. μὴ | γοῦν ῥᾳδίαν εὑρίσκων καὶ τῇ γνώμῃ συμβαίνουσαν τὴν εἰς τὴν Ἀντιόχου πάροδον, ἀλλ᾽ ἔνορκον ὁρῶν συγχωρουμένην αὐτῷ τὴν εἰσέλευσιν καὶ τὸ ὅλον ἀπᾴδουσαν οἷς ὥρμαινε κατὰ ψυχήν, καὶ ὡς εἴπερ εἰσελεύσεται, πρὸς ἡμέρας ἐνσκηνησάμενος καὶ προσκυνηθεὶς καὶ τιμηθεὶς τὰ εἰκότα πάλιν ἐξελεύσεται μηδέν τι νεοχμώσας ἐπὶ τοῖς κατ᾽ αὐτὴν πράγμασιν ἤ τι μετακινήσας τῶν καθεστώτων ἐθῶν, ἀχθεσθεὶς ἐφ᾽ οἷς ἐξηπάτητο, τὴν μὲν εἴσοδον οὐ δέον κέκρικεν εἰσβιάζεσθαι, τὸν μετὰ Χριστιανῶν πόλεμον παντάπασιν ἐκτρεπόμενος, ἐναυλισάμενος δὲ τοῖς προαστείοις τῆς πόλεως κείρειν ἐνδίδωσι ταῦτα τῇ στρατιᾷ καὶ ἀπάγειν ἅπαν τὸ ταῖς χερσὶν

---

29 sqq.: cf. Cinnam. 23, 1—3

VA = a, P, RMDF = b

29 στρατιᾶς V πρόθεσις Bekk **30** ἐπὶ: πρὸς P Bekk μεθάρμοσις: μετάθεσις RK πρὸς: εἰς P Bekk **31** πόλεων: παραπόλεων V **33** καὶ om. P **34** Ἀντιόχειαν V **35** φιλοτίμοις om. Bekk τὸν τοῦ Κυρίου καταστέψαι A **37—38** τῆς τῶν ἐν Συρίᾳ πόλεων κρατιστευούσης et in mg. γρ. τῆς κυριαρχίας τῆς λογίμης Ἀντιοχείας A λογίμης: μεγάλης πόλεως V **38** γοῦν post πείθοιντο add. A (cf. b infra), non vero Sc **41** προσημαίνων: προσμένων D **44** Ἀντιοχεία VASc **46** ὅσα V **47** τὴν pr. om. RMDF Ἀντιόχειαν VSc **49** ὡς om. D **50** ἡμέραν V ἐνσκηνωσάμενος Bekk **53** ἔκρινεν V **54** ἐναυλίσας R **55** τὸ ἐν χερσὶν ASc

38 γοῦν post πείθοιντο add. b **47** ἐς b Bekk

εὔληπτον. καὶ ἦν ἐκ τοῦδε τοῦ παραγγέλματος, πρόφασιν τὴν τῶν ἀναγκαίων ὑποσπάνισιν ἔχοντος, μηδὲ τὰ καρποφόρα τῶν δένδρων ἀσινῆ παρεώμενα, ἀλλὰ καὶ ταῦτα τῷ πυρὶ τῆς διαίτης παραδιδόμενα. κἀπὶ τούτοις ἐκμετρήσας λεληθότως τὴν ἄμυναν πρὸς τὰ τῶν Κιλίκων παρενέκλινεν ὅρια.

Ἐν δ᾽ εὐρυτάτῃ στρατοπεδευσάμενος φάραγγι, καθ᾽ ἣν ὄρη δικόρυμβα ἐπὶ πολὺ τοῦ ἀέρος ἀνέβαινον, ἅπερ λόγος αἱρεῖ Κοράκων φωλεοὺς κικλήσκεσθαι, εἰς κυνηγέσιον ἔξεισι. καὶ συῒ προσυπαντήσας μοναδικῷ τὴν μὲν αἰχμὴν τῷ στέρνῳ τοῦ θηρίου ἐνήρεισε· πλείονι δὲ ὠθισμῷ τοῦ συὸς χρησαμένου καὶ ὅλον τὸν σίδηρον εἰσδεξαμένου τοῖς σπλάγχνοις, ἡ κατέχουσα χεὶρ τὸ ἀκόντιον ὑποναρκᾷ τε καὶ ὑπενδίδωσι πρὸς τὸ ἄγαν τῆς τοῦ θηρὸς ἀντωθήσεως κἀντεῦθεν τοῦ εὐθέος παρενεχθεῖσα ἐγχρίπτει τῷ γωρυτῷ, ὃς παρὰ πλευ|ρὸν τοῦ βασιλέως ἐξήρτητο πλάγιος, στέγων ἔσωθεν ἰοβόλα βέλεμνα. ὅθεν τῆς φαρέτρας ἀνατραπείσης, εἷς τῶν διεκχυθέντων ἀτράκτων πλήττει τὸν βασιλέα κατὰ τὸ μεσεῦον δέρμα τῶν ὑστάτων δακτύλων τῆς χειρός. ἀεὶ τοίνυν τοῦ φαρμάκου νεμομένου τὰ πρόσω καὶ διατρέχοντος καὶ περὶ αὐτὰ τὰ καίρια παρενσκήπτοντος καὶ κατὰ μικρὸν ἀπονεκροῦντος ταῦτα καὶ ἀποψύχοντος, μετὰ καιρὸν τοῦ βίου μεθίσταται. τότε δ᾽ οὖν ὁ βασιλεὺς παρ᾽ οὐδὲν θέμενος τὸ ξέσμα τοῦ δέρματος ὑμένος ἠκέσατο ἐπιθέματι, ἥν φασιν ἐκδοράν, ἐκ τοῦ τῶν ποδῶν ἀποσυρέντος καττύματος, σφαλερῶς ἐντεῦθεν πειρώμενος τὸν προϊόντα ἐπισχεῖν ὕφαιμον ἰχῶρα τοῦ τραύματος.

Ἐπανελθὼν οὖν πρὸς ἑσπέραν καὶ ἀριστήσας τὴν μὲν νύκτα μετὰ ῥᾳστώνης διήνεγκε· τὴν δὲ μετὰ ταύτην ἡμέραν οἰδαίνειν καὶ σφύζειν ἀρξαμένου τοῦ τραύματος, περιωδυνίαις ἐβάλλετο καὶ τίθησιν ἔκπυστον τοῖς ἰατροῖς τὸ συμβάν. οἱ δὲ τὸν τῆς χειρὸς ὄγκον ἰδόντες καὶ τὸ πρὸς ἄκεσιν τεθὲν περιεργασάμενοι αὐτὸ μὲν ὡς μὴ κατὰ θεσμοὺς νοσοκομίας παραληφθὲν ἀπήνεγκαν τῆς χειρός, φαρμάκοις δ᾽ ἄλλοις ἐχρήσαντο κα-

---

60 παρενέκλινεν: post diem 25 mens. Sept. a. 1142 **63** ἔξεισι: Kal. Apr. a. 1143 **74** μεθίσταται: cf. p. 46, 57—58

---

63 sqq.: cf. Cinnam. 24, 9 sqq.

VA = a, P, RMDF = b

56 εὔληπτον: εὐμετάφορον A[mgγρ] P Bekk τούτου Bekk **60** παρέκλινεν M **62** ἀνέβαινεν R φωλεοὺς: νοσσιὰς P Bekk **63** ἔξεισι om. R **65** τοῖς σπλάγχνοις: ἐντός VASc **66** τε om. D **67** ἐπεγχρίπτει A: ἐγχρίμπτει D **68** περὶ APSc πλευρὰν V στέγων: γέγωνεν M **71** νεμομένου τοῦ φαρμάκου A **72** παρενσκήψαντος Sc **73** καιρὸν: μικρὸν VDF **74** ξέσμα PDF[s] Bekk: γράμμα VRM[ac]F: τραῦμα AM[pc] (Cinnam.): ξύσμα A[mgγρ]: τὴν πληγὴν Sc **75** ἣν: ὃν V **79** μετὰ ταύτην: μετ᾽ αὐτὴν V **80** τραύματος: πλήγματος V

72 ἐπενσκήπτοντος P b Bekk

ταλεαίνειν δυναμένοις τὰ τῶν τραυμάτων φλεγμαίνοντα. ἐπεὶ δ᾽ εἰς οὐδὲν ἀνύσιμον ἀπετελεύτα τὰ φαρμακεύματα, πρὸς χειρουργίαν οἱ ᾽Ασκληπιάδαι βλέπουσι. τμηθέντος οὖν τοῦ οἰδήματος, οὐδ᾽ οὕτω καταστολή τις καὶ ὑποχάλασις τοῦ πάσχοντος μέρους ἐγίνετο, ἀλλ᾽ ὅ τε ὄγκος ἀεὶ ἐπὶ μεῖζον ἤρετο, ἐπὶ δακτύλῳ τε δάκτυλον καὶ καρπὸν ἐπὶ παλάμῃ, εἶτα πῆχυν, ἐπὶ δὲ τούτῳ βραχίονα ἐπενέμετο | τὸ δεινόν, καὶ βασιλεὺς τῶν χρηστοτέρων ἐλπίδων ἀπήγετο. ἀμέλει καὶ τοῖς μὲν ἰατροῖς ἠπορημένοις παντάπασιν ἐδόκει τὴν χεῖρα τοῦ βασιλέως ἀποτεμεῖν, ἐς μηρὸν ἀνδρεῖον ἁδρυνθεῖσαν τῇ φλεγμονῇ, κατ᾽ ἀμφήριστον μέντοι καὶ τότε τοῦ πάσχοντος μέλους ἴασιν· βασιλεὺς δὲ καὶ τὴν προτέραν τομὴν αἰτίαν τοῦ ξύμπαντος κακοῦ ξυνορώμενος οὐδ᾽ ὅλως τοῖς λεγομένοις ἐπένευεν, ἀλλ᾽ ἔκειτο κάμνων, τὸ τῆς θεραπείας παριδὼν ἀμφίλογον.

᾽Επιστάσης δὲ τῆς πανευσήμου ἡμέρας τῆς Χριστοῦ ἀναστάσεως τῶν θείων μυστηρίων ἐν μεθέξει γίνεται καὶ πρὸς τὸ δεῖπνον ἀναπεσὼν ἀνῆκε τὴν αὐλαίαν πᾶσι τοῖς εἰσιέναι καὶ δεηθῆναι θέλουσι. καὶ τὴν ἐφεξῆς δὲ ἡμέραν τόν αὐτὸν διαπραξάμενος τρόπον ὑποθήκῃ τοῦ μεγάλου δομεστίκου ᾽Ιωάννου καὶ τὰ παρατεθέντα βρώματα τοῖς παρεστῶσι διανειμάμενος καθ᾽ ἑαυτὸν ἔκτοτε ἰδιάσας περὶ τοῦ διαδόχου τῆς βασιλείας ἐγνώκει σκέπτεσθαι. ὑετοῦ δὲ κατενεχθέντος ῥαγδαίου καὶ τῆς κοιλάδος καταρρύτου γενομένης, ἐφ᾽ ἧς ἐστρατοπεδεύετο, ἥ τε βασίλειος κλίνη μετεφέρετο πρὸς τὸ καθαρεῦον ὕδατος μέρος καὶ αὐτὸς ἦν ἐπὶ στόματος ἔχων τὸ φάσκον οὑτωσὶ χρησμῴδημα ,,τόποις δ᾽ ἐν ὑγροῖς καὶ παρ᾽ ἐλπίδα πέσῃς.“ οἱ δὲ τὰς τῶν βασιλέων διαδοχὰς καὶ μεταθέσεις φιλοκριναῦντες καὶ τοῦτο πέρας εἰληφέναι ἔλεγον ,,ὦ πῶς γενήσῃ βρῶμα δεινῶν κοράκων,“ πῇ μὲν ἐς τὰ μέλανα καὶ σίζοντα σιδήρια τὸ παλαίφατον λόγιον ἀφορᾶν ἰσχυριζόμενοι, δι᾽ ὧν ὁ καυτὴρ τῇ χειρὶ τοῦ βασιλέως ἐπενήνεκται, πῇ δ᾽ ἐς τὸ τῶν βουνῶν προσώνυμον, ἐφ᾽ ὧν ἐκεῖνος κατεσκηνώκει, τὸ προφοίβασμα ἀπολύοντες. |

᾽Εκκλησιάσας δ᾽ ἔπειτα τὸ συγγενὲς καὶ φίλιον καὶ ὁπόσον ἐν ὑπεροχαῖς τε καὶ ἀξιώμασιν ἦν καὶ παραστησάμενος τὸν ὑστερογενῆ παῖδα τὸν Μανουὴλ τοιάδε ἔλεξεν·

1 ἐπιστάσης — ἀναστάσεως: die 4 mens. Apr. a. 1143

10—11 τόποις — πέσῃς: Leon. Sap. PG 107, 1132 B 2 **12—13** ὦ — κοράκων: ibid. 1129 B 14 **17** — 46, **40**: cf. Cinnam. 26, 2—28, 16

VA = a, P, RMDF = b

84 ἐς VA **86** οὕτως AKNSc **90** καὶ om. V **91** μηρὸν: μικρὸν A **92** ἀνδρῶολ V εἰς μηροῦ πάχος ἀνδρῴου Sc ἁδρυνθεῖσαν: γρ. καὶ διαρθρεῖσαν A^mg **93** αἰτίαν om. M **94** ἐπένευσεν Bekk **95** τῆς θεραπείας παριδὼν τὸ ἀμφίλογον P **1** τοῦ Χριστοῦ VSc **3** καὶ δεηθῆναι exp. D καὶ τῇ ἑξῆς ἡμέρᾳ Bekk **4** τρόπον διαπραξάμενος D **7** δὲ: δ᾽ ἐν τῶδε τῶ καιρῶ V **8** γενομένης: φανείσης APSc Bekk βασιλέως F Bekk **9** τῆς σκηνῆς post μέρος add. V **9—10** ἐπὶ στόματος εἶχε PSc Bekk **10** οὑτωσί πως V: οὕτω DF **12** βρῶμα: πτῶμα V **13** μέλαινα R σιδήρια om. D^ac τοῦτο post παλαίφατον add. AP^pc Bekk **14** προσεπενήνεκται V **17** ὅσον VNUSc

„Οὐκ ἐπ' ἐλπίσι μὲν ταῖς ὁρωμέναις, ἄνδρες Ῥωμαῖοι, Συρίαν κατέλαβον, ἀλλ' ᾤμην τῶν προτέρων εὐκλεέστερα ἔργα ἐνδείξασθαι καὶ λούσασθαι μὲν ἀδεέστερον ἐν Εὐφράτῃ καὶ τῶν τούτου ναμάτων πλησμίως ἀρύσασθαι, ἰδέσθαι δὲ καὶ Τίγριδα ποταμὸν καὶ διαθροῆσαι τοῖς ὅπλοις τὸ ἀνθιστάμενον, ὅσον τε προσρέπει τοῖς Κίλιξι καὶ ὅσον τοῖς ἐκ τῆς Ἄγαρ προσνένευκε, διαπτέσθαι δὲ καὶ ὡς οἱ βασιλεῖς τῶν ὀρνίθων, εἰ καὶ μέγα τοῦτο εἰπεῖν ἐστι, πρὸς Παλαιστίνην αὐτήν, ὅπου τὸ τῆς ἡμετέρας φύσεως πτῶμα πεσὼν ἀνήγειρεν ὁ Χριστός, ἐπὶ σταυροῦ τὰς χεῖρας διεὶς καὶ μικραῖς ῥανίσι κόσμον ὅλον εἰς ἕνωσιν ἀγαγών, ἀναβῆναι δὲ καὶ εἰς τὸ ὄρος Κυρίου, κατὰ τὸν ψάλλοντα, καὶ στῆναι ἐν τόπῳ ἁγίῳ αὐτοῦ, μετελθεῖν δὲ πολέμου νόμῳ καὶ τὸ κύκλῳ πολέμιον, ὅπερ ὡς τὴν πάλαι κιβωτὸν οἱ ἀλλόφυλοι τὴν τοῦ Κυρίου σορὸν πολλάκις εἷλε δορύκτητον.

Ἐπεὶ δὲ οἷς τρόποις τὸ θεῖον ἐπίσταται οὔκουν δέδεκται πέρας τὰ προσδοκώμενα, ἀντιστῆναι μὲν ὅλως οὐκ ἔστιν, οὐδ' ἐπὶ τοῖς ὁρωμένοις χρεὼν ἀντειπεῖν. τίς γὰρ θεοῦ σοφώτερος; ἢ τίς μεταλλεύσει νοῦν Κυρίου καὶ μεταμείψει τὰ τούτου κρίματα, ὑφελέσθαι ἢ προσθεῖναι τούτοις δεδυνημένος; σφαλεραὶ μὲν γὰρ αἱ τῶν ἀνθρώπων ἐπίνοιαι, ἡ δὲ τοῦ Κυρίου βουλὴ ἀνεπιποίητός τε καὶ | ἀμετάπτωτος. ἐν πολλοῖς δ' ὅσοις εὐχάριστος ἔχων δείκνυσθαι τῷ τὰ κατ' ἐμὲ συμφερόντως οἰκονομήσαντι, ἃ καὶ ἀριθμὸν ὑπερπέπαικε σύμπαντα, τῷ τέως ἀνθομολογούμενος ἐφ' οἷς ἐμεγάλυνε τοῦ ποιῆσαι μεθ' ἡμῶν ἔλεος ἐπ' ἀκροαταῖς ὑμῖν καὶ τῶν λεγομένων εἰδήμοσι τάδε φημί.

Ἐκ πατρὸς βασιλέως ἔφυν, ἀρχῆς γεγένημαι τῆς ἐκείνου διάδοχος, οὐδὲν ἀπεβαλόμην ὧν εἰς χεῖράς μοι παραδέδωκεν. εἰ δὲ κατ' εὐγνώμονα καὶ πιστὸν ὑπηρέτην ἐπεξειργασάμην τὸ παρασχεθέν μοι θεόθεν τῆς βασιλείας τάλαντον, ἄλλοις σκοπεῖν καὶ λέγειν ἀφίημι· καὶ αὐτὸς δὲ ἀνεπαχθῶς διηγησαίμην ἄν, οὐκ ἐναβρυνόμενος, ἀλλὰ τὰ περὶ ἐμὲ θαυμάσια τοῦ θεοῦ διηγούμενος. ἕως με καὶ δυσμὴ μαχόμενον ἔβλεψε, τὰ πρὸς ἄμφω

20—59: nihil horum habet Cinnam. **21** ᾤμην etc.: cf. Nic. Or. 94, 11 sqq. **24** τοῖς ἐκ τῆς Ἄγαρ: cf. p. 28, 21 **28** κόσμον — ἀγαγών: cf. Eph. 2, 11 sqq. **28—29** ἀναβῆναι — αὐτοῦ: cf. Ps. 23, 3 **30—31** ὡς — ἀλλόφυλοι: vide 1 Regn. 4, 11 sqq. **34—35** τίς — δεδυνημένος: quoad sensum cf. Rom. 11, 33—34 **36—37** σφαλεραὶ — ἀμετάπτωτος: quoad sensum cf. Prov. 19, 21; vide infra p. 89, 58 **40** ἐμεγάλυνε — ἡμῶν: cf. Ps. 125, 3 **43** οὐδὲν — παραδέδωκεν: alludit ad Joh. 6, 39 et 17, 12 **43—45** εἰ — τάλαντον: cf. Mat. 25, 14 sqq. **46—47** τὰ — διηγούμενος: cf. Ps. 9, 2; al.

V (27 καὶ — 47,66 εὐσχημο- = fol. 112 m. alt. descr.) A = a, P, RMDF = b

22 μὲν om. A ἀδεέστερα R **23** Τίγριδα : Τίγρητα VPN : Τίγριν Sc **24** προσρέη R **25** διαπτάσθαι PKU Bekk ὡς οἱ: ὡσεὶ R **26** ἐστιν εἰπεῖν P Παλαιστίνα R **27** πεσὸν Ppc ? Dpc **29** τοῦ Κυρίου V f. 112 **30** νόμῳ om. M **31** Κυρίου: Χριστοῦ D **32** δέδεκται: δέδοται F **34** μετελεύσει Bekk **37** ἀμεταποίητος D **37—38** ἔχων εὐχάριστος V f. 112 **39** αὐτῷ post τέως add. ADpc **40** ὑμῶν P **44** ἐξεπειργασάμην R τὰς ἠπείρους ἔθνη μετῆλθον. ὀλίγα τοῖς ἀνακτόροις προσέμεινα· ὁ βίος σχεδόν μοι ἅπας ἐπὶ σκηνῆς καὶ τὸ αἰθριάζειν ἀεί μοι περιεσπούδαστο. ἡ γῆ αὕτη, ἐφ' ἧς νῦν στρατοπεδευόμεθα, δίς με ἤδη προσέβλεψε καὶ ἦν μακρὸς ἐξ οὗ χρόνος ὀφθαλμοῖς οὐκ εἶδον στρατιὰν Ῥωμαίων Πέρσαι καὶ Ἄραβες, ταύτην ἔτρεσαν ἄρτι ἐφ' ἡγεμόνι θεῷ καὶ ὑποστρατήγῳ ἐμοί· καὶ πολλῶν πόλεων ἡμῖν ὑπεξέστησαν, ὧν ἐς δεῦρο κύριοι καθεστήκαμεν, αἳ καὶ ζῶσι κατὰ τὰ ἡμῶν προστάγματα. καὶ δοίη Κύριος ὁ θεὸς ἐμοὶ μὲν ὑπερηγεμονεύσαντι τοῦ τῶν Χριστιανῶν πληρώματος κλῆρον ἐκεῖ καὶ μερίδα ἀΐδιον, ἣν οἱ πραεῖς καὶ εὐάρεστοι αὐτῷ ἀπολήψονται, | ὑμῶν δ' ἔτι κραταιῶσαι τὰς χεῖρας καὶ ἐνισχῦσαι κατὰ τῶν τοὺς πολέμους ἐθελόντων ἐθνῶν καὶ παρ' οἷς οὐδαμῶς ἐπικέκληται τὸ ἅγιον καὶ ὑπὲρ πᾶν ὄνομα τοῦ θεοῦ ἡμῶν ὄνομα. ἐσεῖται δὲ ταῦτα, εἰ καὶ ὑμεῖς τῆς δεξιᾶς τοῦ ὑψίστου καὶ τοῦ ὑψηλοῦ βραχίονος ἐξαρτᾶτε τὸ κατορθούμενον καὶ ἡγεμὼν ὑμῖν θεόθεν δοθήσεται μὴ δημοβόρος καὶ τὴν κλῆσιν ψευδόμενος ἢ τὸ ἦθος ἀνώμαλος καὶ περὶ τράπεζαν κεκυφὼς καὶ ὀχῶν ἀεὶ τοῖς δακτύλοις τὸν κύαθον καὶ τῶν ἀνακτόρων μηδαμῶς ἀποσπώμενος, ὅσα καὶ οἱ ἐν τοῖς τοίχοις διὰ ψηφίδων καὶ χρωμάτων εἰκονιζόμενοι, ὅτι καὶ φιλεῖ πως τῇ κατὰ τὸν ἄνθρωπον διαθέσει συνδιατίθεσθαι τὰ πάντα καὶ ἕπεσθαι· ἅτε γὰρ δι' αὐτὸν ἀρχῆθεν γενόμενα, κακυνομένου μὲν τοῦδε, καὶ αὐτὰ μεταβάλλεται, ἀγαθυνομένου δέ, πάλιν πρὸς τὴν ἐναντίαν φορὰν ἐπανίασιν, ὡς τοῦ θεοῦ κατὰ τὸν Δαυὶδ τοῖς ἀγαθοῖς καὶ εὐθέσιν ἀγαθύνοντος, τοὺς δὲ ἐκκλίνοντας εἰς τὰς στραγγαλιὰς μετὰ τῶν ἐργαζομένων τὴν πονηρίαν ἀπάγοντος.

Ἐπεὶ δὲ καὶ περὶ τοῦ διαδεξομένου τὴν ἀρχὴν μετὰ τὴν ἐμὴν ἐκβίωσιν, ἥτις δὴ καὶ ἐφέστηκεν ἤδη ἀνυπεξάλυκτος, εἰπεῖν τι προάγομαι, χρεὼν τοῖς εἰρημένοις προσσχεῖν. ὅτι μὲν γὰρ ὡς πατρῷος κλῆρος εἰς ἐμὲ τὸ βασιλεύειν ἐπικαταβέβηκεν, οὐ δέομαι λέγειν, ὡς οὐδέ τις ἕτερος λαμπτῆρα τῆς ἡμέρας ἀποφαίνειν τὸν ἥλιον. ὁρῶν δὲ τὴν ἐπ' ἐμοὶ τηρηθεῖσαν πρὸς

---

56 οἱ πραεῖς: alludit ad Mat. 5, 5 **57** κραταιῶσαι τὰς χεῖρας: 1 Regn. 23, 16; al. **57—58** τῶν — ἐθνῶν: Ps. 67, 31 **58—59** παρ' — ὄνομα: cf. Ps. 78, 6 et Phl. 2, 9 **59—70** ἐσεῖται — ἀπάγοντος: cf. Cinnam. 26, 14—23 **59** τῆς — βραχίονος: cf. Ps. 76, 11 et 135, 12 **61** δημοβόρος: alludit ad Hom. A 231 **68—70** τοῖς — ἀπάγοντος: Ps. 124, 4—5 **73—75** ὅτι — ἥλιον: cf. Cinnam. 26, 5—10 **75—80** ὁρῶν — εἴωθε: cf. Cinnam. 26, 10—13

V-fol. 112 A = a, P, RMDF = b

51 ἐξ οὗ om. M **52** ἐφ': ὑφ V f. 112 **54** αἳ:οἳ Vf. 112 P^ac RMDF τὸ . . . πρόσταγμα R **55** ὑπερμογήσαντι A Bekk id. i. r. 12 litt. P **55—56** κλῆρον ἴδιον ἐκεῖ καὶ μερίδας M **56** ἀΐδιον: ἴδιον RM **58—59** τὸ ἅγιον ὄνομα καὶ ὑπὲρ πᾶν τοῦ θεοῦ ὄνομα R ὄνομα alt. cancell. P om. Bekk **61** μὲν post ἡγεμὼν add. R ἡμῖν RM τις post δημοβόρος add. P Bekk **62** περὶ τὴν τράπεζαν R **63** κύαθον: κύπελον M^pc **64** τὰ ἐν τοίχοις . . . . . εἰκονιζόμενα ASc **65** κατ' ἄνθρωπον P ἄνθρωπον: ἄρχοντα F^pc Bekk **68** καὶ: τε καὶ A **70** ἐπάγοντος R **71** μοι post διαδεξομένου add. P Bekk **75** ἐμοὶ: ἐμὲ R πατρὸς τάξιν κἀπὶ τοὺς ἐξ ὀσφύος μου προελθόντας διαβῆναι προθυμουμένους ὑμᾶς καὶ ὑφ᾽ ἑνὸς | τῶν ἔτι τῷ βίῳ περιόντων μοι παίδων (᾽Ισαάκιος οὗτοι καὶ Μανουήλ) ἄρχεσθαι γλιχομένους καὶ μηδ᾽ αὐτὴν τὴν ἐπιλογὴν ἑαυτοῖς, τῇ δὲ ἐμῇ ψήφῳ ἀνατιθέντας, φημὶ δὴ ὡς ἡ μὲν φύσις τοῖς πρωτοτόκοις παισὶ τῇ τάξει ἐμμένουσα τὰ πρωτεῖα βραβεύειν εἴωθε, παρὰ δὲ θεῷ οὐχ οὕτως ἐν ταῖς τῶν προβλήσεων μεγίσταις ἀεί πως φιλεῖ γίνεσθαι. ἀναλογίσασθε τὸν ᾽Ισαὰκ τοῦ ᾽Ισμαὴλ κατὰ γέννησιν δευτερεύοντα, τὸν ᾽Ιακὼβ μετὰ τὸν ᾽Ησαῦ νηδύος ἐκθορόντα τῆς μητρικῆς, τὸν Μωσῆν τοῦ ᾽Ααρὼν ὕστερον, τὸν Δαυὶδ αὐτὸν μικρὸν ἐν τοῖς ἀδελφοῖς ὄντα κἀν τῷ πατρικῷ οἴκῳ νεώτερον, καὶ ἑτέρους δὲ ὡς πλείστους. οὐ γὰρ τὸ θεῖον ἐς πρόσωπον κατ᾽ ἄνθρωπον ἀφορᾷ καὶ βραβεύει χρόνῳ τὰ τίμια, πολιαῖς καὶ ἡλικίαις προσκείμενον, ἀλλ᾽ εὐγενείᾳ χαῖρον ψυχῆς ἐπὶ τὸν πρᾶον βλέπει καὶ ἥμερον καὶ τὸν αὐτοῦ φυλάττοντα τὰ ἐντάλματα. κατὰ ταῦτα τοιγαροῦν καὶ αὐτὸς οὐ τῇ δικαστρίᾳ φύσει τὰ πολλὰ χαριζόμενος, ἀλλὰ τοὺς θεσμοὺς αὐτῆς ὅσα καὶ γυναικὸς σμικρογνώμονος διαβούλια ἐν τοῖς καιρίοις παρακρουόμενος πράγμασι, μιμεῖσθαι μᾶλλον προάγομαι τὸν προσωποληψίας πάσης ἀνώτερον.

Εἰ μὲν οὖν κατὰ τὸ ἀναμφίλογον ἐς τὸν καθ᾽ ἡλικίαν προήκοντα παῖδά μοι τὸν ᾽Ισαάκιον μετέβαινεν ἡ ἀρχή, κατ᾽ οὐδὲν ἄν μοι λόγων ἐδέησεν εἰς παράστασιν τῆς ἀμφοῖν μοι τοῖν παίδοιν φύσεως· ἐπεὶ δὲ πρὸς τὸν ὑστερότοκον Μανουὴλ ἡ βασιλεία μᾶλλον προσνένευκεν, ἐκκλίνων τὸ καχύποπτον τῶν πολλῶν καὶ τὸ δόξαι παρά τισιν ὡς φίλτρῳ μᾶλλον, οὐκ ἀρετῇ προστι|θέμενος τοῦ προτέρου παιδὸς τὸν ὑστερότοκον προτετίμηκα, ἀναγκαίως τὰ εἰκότα ῥηθήσεται.

Οὐ μία τίς ἐστι τῷ γένει τῶν ἐπιθυμιῶν ὁδός, ἀλλ᾽ εἰς ἀτραποὺς παμπόλλας διέσχισται, ὥσπερ καὶ τὰ τῶν σωμάτων μορφώματα, εἰ καὶ τὴν αὐτὴν ἄνθρωποι φύσιν ἐκληρωσάμεθα. ἄλλαις γὰρ ὀρέξεσιν ἄλλοι προσπάσχομεν, οὐδὲ χαίρομεν ἅπαντες ὁμοθυμαδὸν ταῖς αὐταῖς. εἰ γὰρ

---

76 ἐξ ὀσφύος: cf. p. 4, 85 **80—92** παρὰ — ἀνώτερον: nihil horum habet Cinnam. **82** τὸν — δευτερεύοντα: vide Gen. cap. 21 **82—83** τὸν (alt.) — μητρικῆς: vide Gen. 25, 25—26 **83—84** τὸν (alt.) — ὕστερον: vide Exod. 4, 14—16 **84—85** τὸν — νεώτερον: Ps. 151, 1; cf. 1 Regn. 16, 1—13 **85—86** οὐ — ἀφορᾷ: 1 Regn. 16, 7 **87—88** τὸν — ἥμερον: cf. Ps. 146, 6 **93—4** εἰ — ῥηθήσεται: cf. Cinnam. 26, 23—27, 20

V-fol. 112 A = a, P, RMDF = b

76 μου: μοι D διαβῆναι προελθόντας R **77** παριόντων μοι τῷ βίῳ Bekk **79** δ᾽ RD Bekk **83** ἐκθοροῦντα D Μωϋσῆν Bekk **84** κἀν: καὶ P **86** ἄνθρωπον: ἀνθρώπινον R τῷ χρόνῳ Bekk **87** προκείμενον R **89** δικαστρία M^pc^: δεκαστρία rel. Bekk **90** μικρογνώμονος A **91** τὸν: τὸ Vf. 112 DF **92** θεόν post ἀνώτερον add. P Bekk **93—94** εἰ — ἀρχὴ om. M **2** καὶ post μᾶλλον add. Bekk **6** παμπόλλους (-λ-R) PRD **7** ἀπεκληρωσάμεθα P τοῦτο ἦν, εἴχομεν ἂν καὶ πρὸς θεοῦ καὶ πρὸς ἀλλήλων τὸ ἀνεπέγκλητον ὡς ταῖς αὐταῖς ἡδοναῖς τε καὶ γνώμαις ἀναγκαστῶς ἐπιχαίνοντες.

Καὶ τῶν υἱέων μοι γοῦν ἡ δυάς, εἰ καὶ πατρὸς ἑνὸς προελήλυθεν, εἰς γνώμας διαφόρους ἀπομερίζεται. καλοὶ μὲν γὰρ καὶ ἀμφότεροι καὶ ῥώμῃ σώματος καὶ εἴδους σεμνότητι καὶ φρενῶν βαθύτητι διαπρέποντες· καλλίων δέ μοι ὡς μάλιστα διαδείκνυται περὶ τὴν τῆς ἀρχῆς κυβέρνησιν ὁ ὑστερογενὴς Μανουήλ. ὁ μὲν γὰρ Ἰσαάκιος ἀκρόχολος πολλάκις παρέστη μοι καὶ ἀφ' ἧς ἔτυχε προφάσεως παροξυνόμενος ἐν τῷ νοσεῖν ἀμετρίαν θυμοῦ, ὃς ἀπόλλυσι καὶ σοφοὺς καὶ δι' ὃν μετ' ἀβουλίας οἱ πλεῖστοι πράσσουσιν· ὁ δὲ σὺν τῷ λοιπῷ τῶν ἀρετῶν ὁρμαθῷ, ὧν οὐδ' Ἰσαάκιος ἀπεξένωται, οὐδὲ τοῦ καλοῦ χρήματος ἀπῴκισται τῆς πραότητος, εὐμαρῶς ἐνδιδοὺς πρὸς τὸ χρήσιμον καὶ πειθήνιος λόγῳ δεικνύμενος. ἐπειδὴ τοίνυν ἀκακίᾳ μᾶλλον καρδίας, ᾗ καὶ Δαυὶδ ὁ βασιλεὺς καὶ προφήτης ἐκέκαστο, ἢ χειρὶ ψηλαφώσῃ τὸ ξίφος καὶ γνώμῃ λεπτουργούσῃ τὰ τῶν ἀρχομένων πλημμελήματα φιλοῦμεν ὑπά|γεσθαι ἄνθρωποι, τὸν Μανουὴλ ἐς βασιλέα κατὰ τόδε προκέκρικα.

Δέξασθε τοίνυν τὸν μείρακα καὶ ὡς θεόχριστον ἄνακτα καὶ ὡς δι' ἐπιψηφίσεως ἐμῆς βασιλεύοντα. ὅτι δὲ καὶ θεὸς αὐτὸν εἰς βασιλέα προώρισε καὶ προκέκρικε, τεκμήριον αἱ πολλαὶ προρρήσεις καὶ τὰ τῶν θεοφιλῶν ἀνδρῶν προθεσπίσματα, ἃ πάντα βασιλέα Ῥωμαίων τὸν Μανουὴλ προκατήγγελλον. τὸ δὲ καὶ τοὺς παρ' ἐμοῦ προκριθέντας πρότερον εἰς τὸ ἄρχειν υἱέας μοι τεθνηκέναι, ἀπεῖναι δὲ καὶ τὸν κατὰ γένεσιν μετ' ἐκείνους εἰς τὴν βασιλείαν καλούμενον Ἰσαάκιον, ποῦ θήσει τις; ἢ πάντως καὶ ταῦτα σύμβολα εἴποιμεν ἂν ἐναργέστατα τοῦ τὸν θεὸν οὐχ ἕτερον βούλεσθαι, τὸν δὲ Μανουὴλ τὰ σκῆπτρα τῶν Ῥωμαίων χειρίζεσθαι. εἰ δέ τις ἐθέλει σκοπεῖν, οὐδ' ἐμὲ τὸν πατέρα ἐπόψεται δῶρον παντάπασι τῷ παιδὶ τὴν βασιλείαν βραβεύοντα καὶ τῇ διαδοχῇ τοῦ γένους τὸ ὅλον προσρέποντα, ἀλλὰ καὶ ἆθλον ἀρετῆς τὴν προχείρισιν αὐτῷ παρεχόμενον. ἴστε γάρ, ἴστε ὅσα καὶ παρ' ἡλικίαν ἐν Νεοκαισαρείᾳ ἠρίστευσε καὶ τὴν

15—17 ὁ — πράσσουσιν: cf. Cinnam. 29, 10—11 **21** ἀκακίᾳ ... καρδίας: cf. Ps. 77, 72 **27—29** αἱ — προκατήγγελλον: cf. Cinnam. 28, 10—14; 23, 5—23 **29—33** τὸ — χειρίζεσθαι: cf. Cinnam. 28, 5—10 **33—40** εἰ — πράγματα: cf. p. 35, 29—38; Cinnam. 27, 17—22 **36** ἆθλον ἀρετῆς: cf. Nic. Or. 57, 31; 130, 27

V-fol. 112 A = a, P, RMDF = b

9 τοῦτ' Vf. 112 DF **10** αὐτῶν A ἐπιχαίροντες Vf. 112 **11** ἐκ ante πατρὸς add. Bekk **12** ἀπομερίζεται διαφόρους Bekk καὶ om. A: οἱ F **14** τὴν om. M[ac] τῆς om. Vf. 112 P[ac] RDF ἀρχῆς: ἀρχῆθεν R **15** πολλάκις ἀκρόχολος Vf. 112 **17** πράττουσιν Vf. 112 **21** βασιλεὺς καὶ et **22** τὸ ξίφος om. Vf. 112 **24—26** κατὰ — βασιλέα om. R **26—27** προκέκρικε καὶ προώρισε Bekk **32** ἐνεργέστατα D[ac] F **33** τῶν om. AP Bekk χειρίζειν A **34** ἐθέλοι Vf. 112 **34** δῶρον παντάπασι: βραβεύοντα πᾶσι R κατὰ Περσῶν γενναίαν ἐκείνην ἐμβολήν δι' ἣν ὁ μὲν πατὴρ ἔγωγε ἠγωνίων περὶ τῷ φιλτάτῳ παιδὶ τὰ μέγιστα δεδιώς, τὰ δὲ 'Ρωμαίων ἀνερρώσθη πράγματα."

Ταῦτα ὁ μὲν βασιλεὺς 'Ιωάννης ἐφθέγξατο. ἡ δ' ἐκκλησία ἐπικωκύσασα τοῖς εἰρημένοις τὸν Μανουὴλ ὡσεὶ κληρωτὸν εἴτε καὶ χειροτονητὸν ἀσμένως εἰς βασιλέα ἐδέξατο. ἔπειτα δὲ τὸν λόγον πρὸς τὸν παῖδα μετενεγκὼν ὁ πατὴρ καὶ τούτῳ παραινέσας τὰ σύμφορα ταινίᾳ διαδεῖ τῇ βασιλικῇ καὶ τὴν χλαμύδα ἐπενδύει τὴν περιπόρφυρον. | ἐπὶ δὲ τούτοις συναθροισθέντα κατὰ πρόσκλησιν τὰ στρατεύματα βασιλέα 'Ρωμαίων ἀνεῖπον τὸν Μανουήλ, ἑκάστου τῶν μεγιστάνων μετὰ τῆς οἰκείας τάξεως διακριδὸν ἐφισταμένου καὶ διατρανοῦντος τὴν εὐφημίαν τῷ νέῳ ἄνακτι. ἐφεξῆς δὲ καὶ τῶν θείων προτεθέντων λογίων, ἐπ' αὐτῶν ἐμπεδοῦνται τῷ Μανουὴλ τὰ τῆς εὐνοίας καὶ πίστεως πρὸς παντός. ἦν δὲ ὁ τῶν δρωμένων τούτων εἰσηγητής τε ἅμα καὶ τελετάρχης ὁ μέγας δομέστικος, ἐκλῦσαι διανοούμενος ἐντεῦθεν καὶ διαχαλάσαι τοῦ μετεωρισμοῦ καὶ τῆς τάσεως τὰς τῶν φιλάρχων ἐφέσεις καὶ τὰς τῶν πλείστων ἀμβλῦναι συνδρομὰς πρὸς ἐνίους τῶν πρὸς γένους τῷ βασιλεῖ, οἳ τὴν πρεσβυγένειαν ὡς μέγα τι καὶ αἰδέσιμον προβαλλόμενοι καὶ τὸ κῆδος μεγεθύνοντες τὸ βασίλειον ἑαυτοῖς τὸ ἄρχειν ὡς ἀξιωτέροις ἀπένεμον.

Τούτων δ' οὑτωσὶ τελεσθέντων ὁ βασιλεὺς 'Ιωάννης μεθ' ἡμέρας τὸν βίον ἐκλέλοιπε, βασιλεύσας ἔτη τέσσαρα πρὸς τοῖς εἴκοσι καὶ μῆνας ὀκτώ, ἀνὴρ καὶ τὴν ἀρχὴν ἄριστα διῳκηκὼς καὶ θεῷ εὐαρέστως βεβιωκὼς καὶ τὰ πρὸς ἦθος οὐκ ἔκλυτος οὐδ' ἀκόλαστος κἀπὶ ταῖς δωρεαῖς τε καὶ δαπάναις μεταδιώξας μεγαλοπρέπειαν· καὶ δηλοῦσιν αἵ τε διὰ χρυσίνων πρὸς τοὺς τῆς πόλεως οἰκήτορας συχναὶ διαδόσεις καὶ τῶν ναῶν ὁπόσους καλλίστους καὶ μεγίστους ἐκ βάθρων ἐδείματο. ἀλλὰ καὶ δόξης ἐραστὴς ὑπὲρ ἄλλον ἅπαντα γεγο|νὼς τοῦ καταλιπεῖν ἐν τοῖς ἔπειτα μέγιστον ἑαυτοῦ ὄνομα τὰ πάντα τιμώμενος ἦν. τοσοῦτον δὲ καὶ τῆς τῶν οἰκείων

57—58: Ioannes II Comnenus mortuus die 8 mens. Apr. a. 1143,

41—43 ταῦτα — ἐδέξατο: cf. Cinnam. 28, 16—17 **44—45** ταινίᾳ — περιπόρφυρον: cf. Cinnam. 28, 20—21 **45—50** ἐπὶ — παντός: cf. Cinnam. 28, 21 **50—56** ἦν — ἀπένεμον: cf. Cinnam. 29, 5—12

V-fol. 112 A = a, P, RMDF = b

38 ἐκείνην γενναίαν M Bekk ἐκβολήν M **43** ἀσμένως om. D ἐς M βασιλέα: βασιλείαν Vf. 112 F Bekk δὲ om. P Bekk **49** λογίων: εὐαγγελίων Sc **51** ἅμα om. Vf. 112 **53** στάσεως Vf. 112 M^{pc} Bekk ἀμβλῦναι om. Vf. 112 F **54** γένους: κῆδους A **56** ἄρχος A: ἄρχον R: ἄρξαι D **58** βασιλεύσας P^{pc} m. alt. D^{mg} K^{pc}N^{pc} Bekk: ζήσας rel.: οἶμαι βασιλεύσας δεῖ γραφῆναι m. alt. F^{mg}: ἐν τῇ βασιλείας ἀρχῇ ζήσας Sc **61** χρυσίαις M **65** τῆς om. R: τὰ M^{ac}: τῇ M^{pc}

εὐσχημοσύνης καὶ τοῦ αἰδήμονος τρόπου ἐξείχετο, ὡς καὶ κουρὰν περιεργάζεσθαι τριχὸς καὶ τὸ τοῦ ποδὸς σκύτος περιαθρεῖν, εἰ κατὰ λόγον καὶ πρὸς τὸ τοῦ ὑποδουμένου σχῆμα ὑπέρραπται. ἀργολογίαν δὲ καὶ σαπρολογίαν τὴν ἐπὶ κοινῆς ἀκροάσεως καὶ τὸ ἐν ἱματισμοῖς καὶ διαίταις ἄσωτον ὅσα καὶ λύμην τινὰ βιοφθόρον τῶν ἀνακτόρων ἀπεσάρωσε καὶ τὸν ἐμβριθῆ χαρακτηρίζων σωφρονιστὴν καὶ μιμητὰς ἑαυτοῦ τοὺς ὑπὸ χεῖρα εἶναι γλιχόμενος πᾶσαν ἀρετῆς ἰδέαν μετιὼν οὐκ ἀνίει. οὐ μὴν ταῦτά γε πράττων χαρίτων ἀπείχετο καὶ δυσξύμβλητος ἦν καὶ δυσπρόσιτος καὶ στυγνὸς τὴν ὄψιν καὶ συννεφὴς τὴν ὀφρὺν καὶ ἀεί πως ὑποσκυζόμενος· ἑαυτὸν δ' ἐν τῷ προδήλῳ πάσης πράξεως ἀρίστης πίνακα προτιθείς, ἄγων σχολὴν τῶν ἐκτὸς καὶ τὸ περιορᾶσθαι ὑπὸ πλείστων ὅσα καὶ κώδωνα φλύαρον καὶ λάλον ἀποτρεπόμενος, καὶ κομψείαν σεμνὴν εἰσῳκίζετο καὶ τὸν εὐτράπελον οὐ παρέτρεχεν, οὐδ' ἐπεῖχεν ἐπίπαν καὶ ἦγχε τὸν γέλωτα. ὀλίγα οὖν τοῦ ἐς ἄκρον ἀποσφαλεὶς ἐγκρατοῦς τε καὶ ἀσφαλοῦς καὶ τῶν πρὸς ἐντελῆ ἀκρίβειαν βραχέα διεκπεσὼν καὶ μηδένα διὰ ξυμπάσης αὐτῷ τῆς ἀρχῆς ἢ ψυχῆς στερήσας ἢ ἐς τὸ σῶμα ὁσονοῦν λυμηνάμενος ἐπαινετὸς ἐς δεῦρο παρὰ πᾶσι λελόγισται καὶ κορωνὶς ὡς εἰπεῖν τῶν ὅσοι Ῥωμαίων ἐκ τοῦ τῶν Κομνηνῶν | γένους ὑπερεκάθισαν, ἵνα μὴ λέγοιμι ὡς καὶ πολλοῖς τῶν ἀνόπιν ἀρίστων τοῖς μὲν ἡμιλλήσατο, τοὺς δὲ καὶ παρήνεγκεν.

V (66 εὐσχημο- des. fol. 112) A = a, P, RMDF = b

68 ὑπέρραπτο Bekk **69** διαίτη V **73** γε om. P ἀξύμβλ. M **74** καὶ alt. — ὀφρὺν om. V **78—79** οὐδ' — γέλωτα om. V **79** ἐς ἄκρον: ἄγαν VASc: ἄκρου P τε om. P τε καὶ ἀσφαλοῦς om. VASc **81** ἢ: καὶ M τὸ om. VASc **82—83** καὶ — ὑπερεκάθισαν om. M **84** τοῖς: τὸ A

ΒΑΣΙΛΕΙΑ
ΜΑΝΟΥΗΛ ΤΟΥ ΚΟΜΝΗΝΟΥ

ΕΝ ΤΟΜΟΙΣ ΕΠΤΑ ΘΕΩΡΟΥΜΕΝΗ
ΤΟΜΟΣ ΠΡΩΤΟΣ

Ἀναρρηθεὶς οὖν ὁ Μανουὴλ αὐτοκράτωρ εὐθέως τὸν μέγαν δομέστικον, ᾧ κλῆσις ἦν Ἰωάννης, Ἀξοῦχος δὲ ἡ ἐπίκλησις, ἐς τὴν βασιλίδα πόλιν ἐξέπεμψε, σὺν αὐτῷ δὲ καὶ τὸν χαρτουλάριον Βασίλειον τὸν Τζιντζιλούκην, εὖ μὲν καὶ τὰ κατὰ τὴν νέαν διαθήσοντας βασιλείαν καὶ προομαλίσοντας τὴν εἰσέλευσιν καὶ κατασκευασομένους ἔμπροσθεν αὐτῷ τὰ εἰσόδια, μετελευσομένους δὲ καὶ τὸν σεβαστοκράτορα Ἰσαάκιον τὸν ἐκείνου ταυτόαιμον. τὸν γὰρ αὐτοκράτορα δέος ὑπέθραττε, μήπως οὗτος τὸν τοῦ πατρὸς καὶ βασιλέως ἐνωτισάμενος θάνατον καὶ τὴν εἰς τὸν ἀδελφὸν τὸν νεώτερον τῶν σκήπτρων ἀκηκοὼς μετάθεσιν εἰς ἐναντίαν μοῖραν ἀποκριθῇ καὶ περὶ τοῦ τῶν ὅλων αὐτὸς εἶναι κύριος διαμιλληθῇ, ἅτε ἀπὸ γενέσεως | εἰς τὴν διαδοχὴν τῆς βασιλείας καλούμενος καὶ κατὰ τὴν βασιλίδα πόλιν τότε παρὼν καὶ τῶν ἀνακτόρων ἐντὸς αὐλιζόμενος, ἔνθα τῶν χρημάτων αἱ σωρεῖαί εἰσιν ἀποκείμεναι καὶ τὰ τῶν κρατούντων γνωριστικὰ περιβλήματα.

Ὁ Ἰωάννης τοίνυν καταταχήσας τὴν πόλιν εἴσεισι καὶ τὸν Ἰσαάκιον ἀγνῶτα ἔτι ὄντα τῶν γενομένων αἱρεῖ καὶ τῇ μονῇ τοῦ Παντοκράτορος εἴργνυσιν, ἣ τὸν βασιλέα Ἰωάννην ἔσχε δομήτορα. καὶ ὁ μὲν μετὰ

---

5 ἀναρρηθείς: die 5 mens. Apr. a. 1143 (cf. p. 41, 17—19; 46,41 sqq.)

VA = a, P, RMDF = b

1—2 Βασιλεία — Κομνηνοῦ V Bekk: Ἀρχὴ — Κομνηνοῦ alt. cum b scr. A: Βασιλεία τοῦ Κομνηνοῦ κῦρ Μανουὴλ P **2** post Κομνηνοῦ add. ἔτη λη' V **3** ἐν — θεωρουμένη AP Bekk (cf. b) om. V **4** τόμος πρῶτος V om. rel. Bekk **7** Τζιντζιλάκην V: Τζιντζιλούκον RM[pc]: Τζιτζιλούκην F **8** καὶ τὰ om. R: καὶ om. M[pc] et τὰ om. M[ac] **9** κατασκευασαμένους ADF αὐτῷ: τῷ βασιλεῖ A: αὐτοῦ Bekk **11** (ταυτό)μαι(μον) M[pc] **12** καὶ βασιλέως om. A (cf. b) **13** τὸν alt. om. A ἀκηκοὼς τῶν σκήπτρων Bekk εἰς: πρὸς P **14—15** διαμιλληθῇ — βασιλείας om. M **15** τῆς ante γενέσεως add. P[s] Bekk **16** τότε πόλιν V **17** σοραὶ R **19** καταταχύνας P, ubi ύν i. r., Bekk: -ήνας ex — ήσας M: κατασχήσας R: καταταχύσας KN **20** ὄντα om. M

1—4 Ἀρχὴ τῆς βασιλείας κῦρ (κῦρ: κυροῦ R: om. AMD[ac] F[ac]) Μανουὴλ τοῦ Κομνηνοῦ τοῦ υἱοῦ τοῦ βασιλέως κῦρ (κυροῦ RMF) Ἰωάννου τοῦ Κομνηνοῦ ἐν τόμοις ἑπτὰ θεωρουμένη b **12** καὶ βασιλέως om. P b Bekk τὴν κατάσχεσιν τὴν τοῦ πατρὸς ἀναμαθὼν τελευτὴν καὶ τὴν τοῦ ἀδελφοῦ ἀνάρρησιν ἐνηχηθεὶς οὐκ εἶχεν ὅ τι καὶ διαπράξαιτο, δεινὰ πάσχειν λέγων καὶ πέρα δεινοῦ ξύμπαντος, καὶ ὡς ἐπαινετέα ἡ τάξις, ὑφ' ἧς διακρατεῖται τὸ πᾶν. „ἀπῆλθέ" φησιν „Ἀλέξιος θανάτῳ πεσών, ὁ τῶν ἀδελφῶν πρωτότοκος καὶ τῆς πατρῴας ἀρχῆς κληροῦχος· ἐπηκολούθησε τούτῳ Ἀνδρόνικος τῷ προτέρῳ ὁ δεύτερος καὶ τὸν νεκρὸν εἰσάγων τοῦ ἀδελφοῦ διαπόντιον μετὰ βραχὺ καὶ οὗτος τὸν βίον μετήλλαξεν." εἰς ἑαυτὸν τοίνυν τὰ τῶν Ῥωμαίων σκῆπτρα ὁρᾷ καὶ τῷ δικαίῳ αὐτός ἐστιν ἐγκρατὴς τῆς ἀρχῆς.

Ἀλλ' ὁ μὲν τοιαῦτα μάτην ἐξετραγῴδει καὶ εἰκαίως ἦν πτερυγίζων κατὰ σαγηνευθὲν πτηνάριον· ὁ δὲ δὴ μέγας δομέστικος τῆς τῶν βασιλείων φυλακῆς ἐπιμεληθεὶς καὶ τῆς τοῦ βασιλέως Μανουὴλ παρὰ τοῖς ἀστοῖς ἀναγορεύσεως γράμμα ἐρυθροσήμαντον σφραγῖδί τε χρυσείᾳ καὶ σηρικῷ νήματι ἔμπεδον, κόγχης ἀναδεδευμένῳ αἵματι, τῷ | κλήρῳ τοῦ Μεγάλου Νεὼ ἐπιδίδωσι, τυποῦν αὐτοῖς ἀργύρεα ἐτήσια κέρματα εἰς μνᾶς δὶς ἑκατὸν κορυφούμενα. ἐλέγετο δὲ καὶ ἑτέραν ἠρυθροδανωμένην βασίλειον γραφὴν ἐπιφέρεσθαι τὸν Ἀξοῦχον, διὰ χρυσίνων ταῦτα βραβεύουσαν· ἐπειδὴ γὰρ ὑπόνοιά τις τὸν κρατοῦντα ὑπέτρεχεν οὐκ ἀνεύλογος, μήπως ἢ αὐτὸς Ἰσαάκιος τῷ δῆθεν δικαιότερος εἶναι πρὸς τὴν ἀρχὴν ἐκ γενέσεως τὰ κατὰ τὴν πόλιν διαστασιάσειε πράγματα πατρῷον θάνατον καὶ ξυναίμου ὑστερογενοῦς ἐνωτισάμενος ἀναγόρευσιν, εἴτ' οὖν ἡ ταῖς τῶν βασιλέων προβλήσεσί τε καὶ μεταθέσεσιν ἀεί πως ἐπεισερχομένη φιλοτάραχος καὶ νεωτεροποιὸς τῶν πλείστων ἔφεσις οὐκ εὔοδά οἱ τῷ νέῳ ἄνακτι καὶ ἀκίνδυνα τὰ κατὰ τὴν βασιλείαν διάθοιντο, διὰ τοῦτο πρὸς ἀμφιρρεπῆ κατάστασιν τοῦ καιροῦ διπλᾶ τῷ Ἰωάννῃ φιλότιμα θεσπίσματα ἐγχειρίζεται. τὸ δὲ κατὰ ῥοῦν προβῆναι τὰ τῆς ἀποστολῆς καὶ ὡς οὐκ ἦν τῷ πεπομφότι καὶ ἀφιγμένῳ διανοήσασθαι κάλλιον ἢ ἐπεύξασθαι συνέσχε μὲν τὸ βραβεῦον τὰ χρύσεα, ἐξέφερε δὲ τὸ χορηγοῦν τὰ ἀργύρεα.

Καὶ οἱ μὲν οὕτω τὴν βασιλικὴν προπαρεσκεύασαν εἴσοδον. ὁ δὲ βα-

---

32 ὁ δέ etc.: cf. Cinnam. 33, 12—14 **47** κατὰ ῥοῦν: cf. Diogen. 5, 82

VA = a, P, RMDF = b

22 Μανουὴλ post ἀδελφοῦ add. VA **24** πέραν Bekk δεινῶν τοῦ ξύμπαντος M τάξις: πρᾶξις AP^pc F **27** εἰσαγαγὼν Bekk **29** τοίνυν τὰ τῶν i. r. 5 litt. P **34** τε om. P^ac χρυσέα P Bekk **35** ἀναδεδεμένω V **38** Ἀξοῦχ A (χρυσ)ίνων P^ir Sc **41** θανατὸν πατρικὸν V **42** ἐνωτισάμενος: ἐνηχηθεὶς P μετὰ θάνατον ἐκείνου post ἐνωτισάμενος add. Bekk **43** προβλήσεσι: παρακλήσεσι R **45** διάθοιντο ex — οιτο P **47** τὸ: τῷ Bekk **49** βραβεῦον: παρέχον VA ἐξήνεγκε cum b scr. Bekk **50** προπαρεσκευάσαντο V: παρεσκεύασαν ASc

29 τοίνυν om. b **34** τε om. b **38** χρυσέων b **45** διάθοιτο b Bekk **49** ἐξήνεγκε δὲ τὸ τυποῦν τὰ ἀργ. b σιλεὺς τὰ ὅσια τῷ πατρὶ ἐκτελέσας καὶ ταῖς ναυσὶ τὸ σῶμα ἐνθέμενος, αἳ τῷ Πυράμῳ ποταμῷ ἐνωρμίζοντο, ὃς Μοψουεστίαν λιπαίνων θαλάσσῃ προσπλέκεται, τά τε κατ' Ἀντιόχειαν, ὡς ὁ καιρὸς ἐνεδίδου, καταστησάμενος, | ἀπάρας τῆς τῶν Κιλίκων διὰ τῆς ἄνω καλουμένης Φρυγίας ἐπεπορεύετο· ὅτε καὶ ὑπὸ Περσῶν ἑάλωσαν καὶ πρὸς τὸν Ἰκονίου τηνικαῦτα κρατοῦντα Μασοὺτ ἀπηνέχθησαν ὅ τε πρὸς πατρὸς τῷ Μανουὴλ ἐξάδελφος, ὁ Κομνηνὸς δηλονότι Ἀδρόνικος (οὗτος δὲ καὶ ὕστερον Ῥωμαίων κατετυράννευσε), καὶ ὁ Δασιώτης Θεόδωρος, ᾧ εἰς γαμετὴν Μαρία ἥρμοστο, ἣν ὁ τοῦ Μανουὴλ κασίγνητος ὁ σεβαστοκράτωρ Ἀνδρόνικος ἔτεκε. κατὰ γὰρ θήραν ἀγρίων τῆς ὁδοῦ ἐκτραπόμενοι, ἧς τὸ στράτευμα εἴχετο, ἔλαθον ἐμπεσόντες πολεμίων χερσί, καὶ θηρᾶν ἐπιβαλόμενοι κνώδαλα θηρευταῖς ἀνθρώπων περιπεπτώκασι. τότε μὲν οὖν ὁ βασιλεὺς μὴ πράξεσιν ἑτέραις τὸν νοῦν ἐφιστᾶν δυνάμενος, ἀλλὰ τῆς προκειμένης ἅπας γινόμενος καὶ ταύτης καὶ βραχύ τι γοῦν ἀποσχέσθαι κρίνων ἀσύμφορον, οὐδὲ τῶν κατὰ τοὺς ἄνδρας τούτους ὡς ἔδει πεφρόντικεν ἢ βασιλικῶς αὐτοῖς ἐπήμυνε· μετέπειτα μέντοι ζωαγρίων ἄνευ ἐλύσατο καὶ τὸ πόλισμα τὴν Πρακάναν, ὃ δὴ τῆς Σελευκείας ἐχόμενα ἵδρυται, Ῥωμαίοις ἐπανεσώσατο παρὰ Περσῶν πορθηθέν.

Ὡς δὲ τὴν βασιλίδα πόλιν ἐπεφθάκει ὁ Μανουήλ, ἀσμένως παρὰ τῶν ταύτης οἰκητόρων προσδέχεται, τοῦτο μὲν ὡς τὴν πατρῴαν βασιλείαν παρειληφώς, τοῦτο δ' ὅτι καὶ παρὰ πᾶσιν ἀσπάσιος ἦν, ἐπεὶ κἀν τῷ οὔπω ἀκριβῶς μείρακι τὴν σύνεσιν ἔσωζε τῶν καταγηρασάντων ἐν τοῖς πράγμασι πλείονα, πολεμικός τις καὶ φιλοκίνδυνος κἀν τοῖς δεινοῖς ἀκατάπληκτος καὶ μεγαλόφρων δεικνύμενος καὶ πρὸς | μάχας τελῶν ὀξύρρο-

---

54 ἀπάρας: ca. diem 8 mens. Maii a. 1143, cf. Cinnam. 29, 12—13: ἐφ' ὅλαις δὲ τριάκοντα μετὰ τὴν τοῦ πατρὸς τελευτὴν τῷ χώρῳ ἐνδιατρίψας ἡμέραις **69** ἐπεφθάκει: ca. mens. Iul. a. 1143

51—53 τὰ — προσπλέκεται: cf. Cinnam. 29, 14—15; 30, 21—31, 2 **53** τὰ — καταστησάμενος: cf. Cinnam. 29, 17—30, 21 **67—68** Ῥωμαίοις — πορθηθέν: cf. Cinnam. 38, 11—13; 39, 20—21; 66, 10—67, 2

VA = a, P, RMDF = b

52 Μοψουεστίαν DFSc Bekk: Μοψοεστίαν VAP^{ac}RM: Μομψοεστίαν P^{pc}: Μοψουεσθίαν B **54—55** ἐπορεύετο M^{pc}: ἐπεπόρευτο F **56** κρατοῦντα τηνικαῦτα P Bekk: κρατοῦντα τότε Sc τῷ: τοῦ V δηλονότι suppl. A^{mg} **57** οὗτος Ἀνδρόνικος, ὃς καὶ A **58** κατετυράννησε V γυναῖκα post γαμετὴν add. V **62** ἐπιπεπτώκασι D μὴ suppl. A^{mg} **63** τὸν — ἐφιστᾶν: ἐφιστάνειν V: ἐφιστᾶν τὸν νοῦν A **64** καὶ alt. om. VD **66** τὸ om. R **67** Πρακάνων R: Πρακὰν DFN: -ᾶν Bekk: Περκαν⟨ὰν⟩ B: Πράκαναν Sc: Πρακανάν Cinnam. 39, 20; 66, 20 **70** καὶ post μὲν add. AP^{pc} **72** οὔπω om. Bekk **73** τις: τε Bekk

53 ἐδίδου P b Sc Bekk **54** τῆς pr. om. P b Bekk hab. Sc **61** ἐμπεσόντες: συλληφθέντες b Bekk **71** καὶ om. P b πος. ἐπέπρεπε δὲ καὶ χάρις ἐπὶ τοῦ προσώπου τῷ νεανίᾳ καὶ τῷ τῆς ὄψεως ὑπομειδιῶντι τὸ ἐπαγωγὸν ἐπεσύρετο, εὐμήκης ὢν τὴν ἡλικίαν, κἂν ἐπένευέ τι τοῦ ἰθυτενοῦς μέτριον. τὴν δὲ χροιὰν οὔτε κατὰ τοὺς σκιατραφουμένους λευκὸς ἦν καὶ χιονώδης, οὔτε μὴν ἄγαν καπνηρός, ὡς οἱ πολὺν τὸν ἥλιον ἐπὶ τοῦ προσώπου δεξάμενοι καὶ οὓς παρέβλεψαν ἀκτῖνες θερμότεραι, ἀλλὰ τῆς λευκῆς θέας ἀναχωρῶν, τῷ δὲ μέλανι προσεγγίζων χρώματι εὐπρεπείας καὶ οὕτως εἴχετο.

Διὰ ταῦτα τοίνυν ὑπτίαις ἀγκάλαις περιχυθέντων τῶν πολιτῶν, εἴσεισιν ἀσμένως τὰ βασίλεια πλατέσι καὶ ἀνεωγόσι περικροτούμενος στόμασιν. ἐν δὲ τῷ παριέναι μεθ' ἵππου Ἄραβος ἐριαύχενος τὰ ἀνάκτορα καὶ μέλλειν εἰσιέναι διὰ τῆς πύλης, μεθ' ἣν ἡ ἐκ τῆς ἕδρας ἀπόβασις ἐφεῖται μόνοις τοῖς αὐτοκράτορσιν, ὁ ἵππος, ὃς ἦν τὸν βασιλέα ὀχῶν, ἐς ἀκουστὸν χρεμετίσας καὶ συχνὰ κόψας ἄκραις ὁπλαῖς τὸ δάπεδον εὐήνιά τε προποδίσας καὶ περιδινηθεὶς ἀγέρωχα ὑπερέβη ὀψέ ποτε τὸν οὐδόν. ἀγαθὸν οὖν ἔδοξε τοῦτο τοῖς συνιοῦσι κομψοῖς ἐπεισόδιον, καὶ τούτων μάλιστα οἳ περικεχήνασιν οὐρανόν, τὰ δ' ἐν ποσὶ μόλις ἔχουσι διορᾶν, καὶ διὰ τῶν ἱππείων σχηματισμῶν καὶ συχνῶν περιελιγμάτων μακραίωνα περιτελλομένην ζωὴν τῷ αὐτοκράτορι ἀπεφοίβαζον. |

Θύσας οὖν τὰ ἀναγορευτήρια θεῷ καὶ ἐπιβατήρια σκέπτεται περὶ τοῦ τὸν πατριαρχικὸν κληρωσομένου θρόνον καὶ τοὺς τῆς ἐκκλησίας χειρισομένου οἴακας καὶ ταινιώσοντος αὐτὸν ἐπὶ νεῷ Κυρίου τῷ αὐτοκρατορικῷ στεφανώματι· ὁ γὰρ Στυπῆς Λέων θανάτῳ ἐξ ἀνθρώπων ἐγένετο. κοινοῦται οὖν τὰ τῆς γνώμης τοῖς ἐκ τοῦ καθ' αἷμά οἱ σεμνώματος καὶ τοῖς ἐκ τῆς συγκλήτου βουλῆς καὶ ὅσοι τοῦ βήματος ἔντροφοι· καὶ πολλῶν εἰς τὴν μεγίστην ἀρχιερατείαν ἐγκρινομένων, ἡ νικῶσα ψῆφος καὶ τῶν ἁπάντων σχεδὸν πρὸς τὸν ἀπὸ τῆς μονῆς τῆς Ὀξείας ῥέπει μοναχὸν Μιχαήλ· οὗτος γὰρ καὶ ἀρετῇ περιώνυμος ἦν καὶ τῆς ἡμετέρας ἐν μεθέξει παιδεύσεως.

---

1 Leo Stypes mortuus mense Ian. a. 1134

---

90 οἳ — διορᾶν: cf. Plat. Theaet. 174 a **95** ταινιώσοντος: cf. Cinnam. 33, 9—10
5—7 τὸν — παιδεύσεως: cf. Cinnam. 33, 3—9

VA = a, P, RMDF = b

76 ἐπιμειδιῶντι V ὑπεσύρετο R **77** γε post δέ add. AP^{pc} Bekk κατὰ: μετὰ M τοὺς om. V **78** ἐσκιαγραφημένους P σκιαγραφημένους RF: σκιατραφημένους MD^{ac}: ἐσκιατραφημένους D^{pc} Bekk **79** τοῦ om. V τῷ νεανίᾳ post προσώπου add. R παρέβλαψαν P **80** λευκῆς: μέσης V **83** ἄσμενος VA **85** μεθ' ἧς RKN **86** ἔχων V **88** προπηδήσας V **89** συνοῦσι M **90** μόλις — διορᾶν A^{mg} γρ: ὁρᾶν οὐκ ἔχουσι A **91** σχημάτων P **92** περιγελλομένην R: περιγενομένην M τῷ αὐτοκράτορι ζωὴν V **94** κληρωσαμένου ARF^{ac} στεφανώματι om. R **1** Στυπῆς VF^{ac}N: Στυπὴς AP^{ac} RM^{pc} D BSc: Στυππῆς F^{pc} Bekk: Στυππὴς P^{pc} M^{ac} **2** σεμνώτατος R: -τάτοις M^{pc} προύχουσι post σεμνώματος add. P^{pc} Bekk **4** μεγάλην V

Προβληθεὶς οὖν ὁ Μιχαὴλ πατριάρχης ἐξ αὐτῆς τὸν χρίσαντα χρίει τὰ ἱερὰ ἐσαφικόμενον μέλαθρα. συμβαίνει δὲ τῷ βασιλεῖ καὶ ὁ ἀδελφὸς Ἰσαάκιος καὶ ὑπὲρ δόξαν τὴν τῶν πολλῶν ἀντεδίδοσαν ἀλλήλοις τὼ ἀδελφὼ τὴν εὔνοιαν. ἦν δὲ ὁ Ἰσαάκιος διὰ τὸ εἰς χόλον εὐέμπτωτον καὶ τὸ ἐκ μικρᾶς πολλάκις αἰτίας ἐς κολάσεις ὑπερόγκους διαρριπίζεσθαι δυσξύμβλητος τοῖς πολλοῖς. ἔτρεφε δὲ καὶ τὸ ψοφοδεὲς ἀγεννές, καὶ ταῦτα τηλίκος ὤν, καὶ ἀνδράσιν ἀνόμοιον. ἦν οὖν ὁ βασιλεύτατος Ἰωάννης ὁ τούτου πατὴρ καὶ κατὰ τοῦτο παρὰ πᾶσι μακαριστὸς καὶ τῆς ἀοιδίμου λήξεως καὶ δι᾽ εὐφήμου κείμενος μνήμης, ὅτι τὸν Μανουὴλ εἰς τὸ κρατεῖν καὶ βασιλεύειν ὑπὲρ αὐτὸν ἐδικαίωσεν. |

Τοῦ δὲ Μασοὺτ τὰ πρὸς ἕω ληϊζομένου καὶ κατατρέχοντος, ἔξεισιν ὁ Μανουὴλ κατ᾽ αὐτοῦ. καὶ δὴ γεγονὼς κατὰ τὰ Μελάγγεια τοὺς ἐκεῖσε Πέρσας μετῆλθε· πρὸς δὲ τῆς τῶν Μελαγγείων φυλακῆς τε καὶ ἀνακτίσεως ἐπιμεληθεὶς εἰς τὴν βασιλεύουσαν ἐπάνεισι πόλιν, νόσῳ προσπαλαίσας πλευρίτιδι.

Ἀλλὰ καὶ τὸν τῆς Ἀντιοχείας πρίγκιπα Ῥαϊμοῦνδον μετιέναι δεῖν οἰηθείς, ταῖς Κιλικίαις ἐπιφυόμενον πόλεσιν, αἳ Ῥωμαίοις ἦσαν κατήκοοι, στρατιὰν ἔπεμψεν, ἡγεμόνας αὐτῇ ἐπιστήσας τοὺς ἀδελφόπαιδας Κοντοστεφάνους, τόν τε Ἰωάννην καὶ τὸν Ἀνδρόνικον, καί τινα Προσοὺχ οὐκ ἄϊδριν τὰ πολέμια· καὶ νῆας δὲ προσεπεπόμφει μακράς, ὧν ἡγεῖτο Δημήτριος ὁ Βρανᾶς.

Ἀμέλει καὶ τῶν κακῶς ἐκεῖσε πασχόντων πόλεων καὶ φρουρίων δεούσης ἐπικουρίας τετυχηκότων, κατὰ Περσῶν ἐκστρατεύειν αὖθις προέθετο· ἤδη γὰρ οὗτοι τὰ περὶ τὸν Πιθηκᾶν ἐρύματα ὑπαγαγέσθαι σπεύδοντες καὶ τῷ θέματι τῶν Θρᾳκησίων ἐμβάλλοντες τὰ ἐν ποσὶν ἐληΐζοντο. ὑπερβὰς τοίνυν Λυδίαν καὶ ταῖς κατὰ Φρυγίαν καὶ Μαίανδρον ποταμὸν ἐπιστὰς πόλεσιν αὐτάς τε τῶν ἐπηρτημένων κινδύνων

---

8 προβληθείς: mense Iul. a. 1143 χρίει: probabilius mense Aug. (a. 1143) **18** ἔξεισιν: a. 1144 an 1145? **21** ἐπάνεισι: eodem anno **25** ἔπεμψεν: miserat (cf. Cinnam.) **30—57**: a. 1146

---

8 χρίει: cf. Cinnam. 33, 9—10 **9—11** συμβαίνει — εὔνοιαν: cf. Cinnam. 32, 1—20 **18** ἔξεισιν etc.: cf. Cinnam. 36, 13 sqq. **23—28**: cf. Cinnam. 33, 16—35, 23 **30—57**: cf. Cinnam. 38, 7—59, 12

VA = a, P, RMDF = b

9 βασιλεῖ: Μανουὴλ R **10** ἀλλήλοιν Bekk om. D **11** τὴν om VP^ac **12** εἰς V **14** βασιλευκώτατος R **19** Μελάγεινα B **20** μετῆλθε: διασοβεῖ V **23** τὸν Ῥ. V: -ντον D **24** ἐπιφαινόμενον R **25** ἐξέπεμψεν AP^pc Bekk **26** Προυσοὺχ B **27** δὲ om. V **29** καὶ om. V πόλεων καὶ om. V φρουρίων καὶ πόλεων Bekk ἐπικουρίας: ἐπιμελείας V αὖθις om. Bekk **31** Πιθηκὰν F **34** ποταμὸν om. VB

11 ὁ om. b hab. Sc

ἀπήλλαξε καὶ τοὺς Πέρσας φοβήσας ἐδίωξε. γενόμενος δὲ κατὰ τὸ Φιλομίλιον κἀκεῖσε τοῖς Τούρκοις προσέμιξεν· ἔνθα καὶ τὸν τοῦ ποδὸς ἐτοξεύθη ταρσὸν παρὰ Πέρσου τινὸς καταβληθέντος μὲν ὑπὸ βασιλέως τῷ δόρατι, ἐν δὲ τῷ ἀνατραπῆναι τὸ βέλος ἐπαφέντος κατὰ τοῦ πέλματος. δόξας δὲ παρ' αὐτοῖς φοβερὸς εἶναι τὰς πράξεις καὶ εὔτολμος καὶ τοῦ | πατρὸς 'Ιωάννου φιλοκινδυνότερος οὐχ ᾑρεῖτο γενέσθαι παλίνστροφος, οὐδ' ἐπείθετό οἱ τοῖς συμβουλεύουσι μνησθῆναι καὶ νόστου ποτέ, μήπως ἐπισυστάντες οἱ Πέρσαι ὡς ἤδη περὶ τῶν ὅλων ἀπογινώσκοντες κακῶς τὸ καθ' αὐτὸν διάθωνται στράτευμα.

'Αμέλει καὶ τὸ πρόθυμον ἐπιτείνας ἐς αὐτὸ τὸ 'Ικόνιον ἤλασεν. αὐτὸς μὲν οὖν ὁ Μασοὺτ μεταναστεύσας ἐκεῖθεν παρενέβαλεν εἰς τὰ Τάξαρα, ἅ ἐστιν ἡ πάλαι λεγομένη Κολώνεια· τῶν δὲ θυγατέρων αὐτοῦ μία τῶν τειχῶν ἄνω ἐκκύπτουσα, ἥτις καὶ συνῳκηκέναι ἐλέγετο τῷ ἐξαδέλφῳ τοῦ βασιλέως 'Ιωάννῃ τῷ Κομνηνῷ, ὃν ὁ σεβαστοκράτωρ ἐγείνατο 'Ισαάκιος, κατὰ δὲ μικρολυπίαν τοῦ θείου καὶ βασιλέως 'Ιωάννου τοῦ Κομνηνοῦ ἀποδρὰς τῷ Μασοὺτ προσερρύη, ὑπὲρ τοῦ πατρὸς καὶ σουλτάνου πιθανὸν ἐτίθετο τὸν ἀπόλογον. βασιλεὺς δὲ ἀγχοῦ τῶν περιβόλων τοῦ 'Ικονίου γενόμενος καὶ τὰ τείχη τῷ στρατῷ διαζώσας τόξα τε τείνειν ἐπὶ τὰς ἐπάλξεις τῇ νεολαίᾳ ἐνδοὺς καὶ τοῖς νεκροδόχοις σήμασιν ἐνυβρίζειν οὕτως ἐκεῖθεν ἐξώρμησε καὶ παλίμπους ἐφέρετο. ἐν δὲ τῇ ἀπάρσει λόχους ὑποκαθισάντων τῶν πολεμίων καὶ τὰ ἀμφιλαφῆ χωρία προειληφότων μείζους τῶν προτέρων ἀνερράγησαν πόλεμοι. ἐναγωνίως δὲ καὶ τούτων διῳκημένων ἐς τὴν βασιλεύουσαν πόλιν ἀνέζευξεν.

'Ηγάγετο δὲ γυναῖκα ὁ βασιλεὺς οὗτος ἐξ 'Αλαμανῶν, | γένους τῶν ἐπὶ δόξης καὶ πάνυ λαμπρῶν. αὕτη μέντοι οὐ τοσοῦτον τοῦ σωματικοῦ κάλλους ἐφρόντιζεν, ὅσον τοῦ ἔνδον καὶ περὶ ψυχὴν ἐπεμέλετο. οὐκοῦν ἐξομνυμένη τὰ ἐκ τῶν κόνεων ἐπιτρίμματα καὶ τοὺς τῶν ὀφθαλμῶν ὑπο-

---

58 nuptiae celebratae sunt per dies 6—12 mens. Ian. a. 1146

36—38 ἔνθα — πέλματος: cf. Cinnam. 61, 23—62, 5 **41** μνησθῆναι νοστοῦ: cf. supra p. 12, 5 **52—53** καὶ — ἐνυβρίζειν: cf. Cinnam. 45, 21—46, 4 **58—59**: cf. Cinnam. 36, 1—13

VA = a, P, RMDF = b

35 σοβήσας V: φοβήσας hab. BSc Φιλομήλιον A **37** μὲν om. R **39** τὰς πράξεις suppl. A^mg **43** κατ' αὐτὸν V Bekk **45** οὖν om. RM **47** ἄνωθεν διεκκύπτουσα AP Bekk: ἀπὸ τῶν τείχων διεκκύπτουσα Sc καὶ om. V συνωκηκυῖα ἦν P **50** καὶ P^s σουλτὰν P **51** τοῦ om. A **53** καὶ — ἐνυβρίζειν: καὶ τοὺς τάφους τῶν νεκρῶν σωμάτων ἐξανασκάψαντες B μὴ ξυγχωρῶν (συγχ. Bekk) post ἐνυβρίζειν add. AP Bekk **54** οὕτως: μόλις A^mgγρP μόλις ante ἐξώρμησε add. Bekk **55** προσειληφότων F **57** διωκομένων AM εἰς ASc **59** ἐπιδόξων V λαμπροῦ V **61** ἐξομομουμένη R

59 πάνυ λαμπρῶν: θρόνων τῶν ἀρχικῶν b Bekk

γραμμοὺς καὶ τὸν πλάστην τὸν κάτωθεν καὶ τὸ τεχνικὸν ἀλλ' οὐ φυσικὸν ἔρευθος καὶ ταῖς ἄφροσι τῶν γυναικῶν αὐτὰ ἐπιρρίπτουσα ταῖς ἀρεταῖς προσανεῖχε καὶ ὡραΐζετο. εἶχε δὲ τὸ μὴ ἐπικλινὲς ἐθνικὸν καὶ τὸ τῆς γνώμης ἐκέκτητο δυσμετάθετον. ὅθεν οὐδ' ὁ βασιλεὺς προσεῖχεν αὐτῇ τὰ πολλά, ἀλλὰ τιμῆς μὲν καὶ δορυφορίας καὶ τῆς λοιπῆς λαμπροφορίας βασιλικωτάτης μετεῖχε, τὰ δ' ἐς τὴν κοίτην ἠδίκητο. νέος γὰρ ὢν ὁ Μανουὴλ καὶ ἐρωτικὸς τῷ τε ἀνειμένῳ βίῳ καὶ ταῖς τρυφαῖς προσανέκειτο καὶ συσσιτίων καὶ κώμων ἐξείχετο καὶ ὅσα τὸ νεοτήσιον ἄνθος ὑπέβαλλε καὶ ἐμύουν οἱ πάνδημοι ἔρωτες διεπράττετο. καὶ πρὸς τὰς μίξεις ἀκάθεκτος ὢν καὶ πολλαῖς θηλυτέραις ἐπιθορνύμενος ἔλαθε καὶ δι' ὁμογνίου τρυμαλιᾶς ἀθεμίτως ἐμπερονῶν. καὶ ἦν ἐκείνῳ μόλυσμα τὸ πραχθέν, διαλωβοῦν καὶ καταχέον ἀπρέπειαν, ὅσα καὶ ὄψεως χαριέσσης ἐκφυεῖσά που τοῦ προσώπου ἀκροχόρδων ἢ ἀλφῶν ἐξανθήματα.

Ἐμέλησε δὲ καὶ τῶν κοινῶν τῷ βασιλεῖ τῷδε πράξεων. καὶ τῶν μὲν δημοσίων εἰσφορῶν φροντιστὴν καὶ λογιστὴν μέγιστον τὸν ἐκ Πούτζης Ἰωάννην προβάλλεται καὶ αὐτός, ὥσπερ ὁ πατὴρ ἐκείνῳ καὶ βασιλεὺς πρότερον, ὄντα | καὶ τοῦ δρόμου πρωτονοτάριον, μελεδωνὸν δὲ μεσεύοντα καὶ τῶν οἰκείων ὑποδρηστῆρα διαταγμάτων τὸν Ἁγιοθεοδωρίτην τίθησιν Ἰωάννην. καὶ ἦν ὁ μὲν τῷ προσώπῳ τοῦ βασιλέως ἀεὶ ὀπτανόμενος καὶ τὰ τούτου ἐντάλματα ὅσα καὶ ἐμφάσεις ἐκ κρείττονος μοίρας δεχόμενος, ὑπουργοῖς δὲ οὐκ ὀλίγοις τῶν γραφομένων καὶ λεγομένων ἐκέχρητο λογίοις ἀνδράσιν, ὅσοις ἡ αὐλὴ ἐνέβριθεν ἡ βασίλειος, πρὸ πάντων δὲ τῷ Στυππειώτῃ Θεοδώρῳ, περὶ οὗ δηλώσομεν ἐν τοῖς ἐφεξῆς.

Ἦν δὲ ὁ ἐκ Πούτζης Ἰωάννης δεινότατος τὰ δημόσια, φορολογίας παιπάλημα καὶ ἐπίτριμμα, καὶ τῶν μὲν ὄντων δασμοφορημάτων συζητητὴς ἀκριβέστατος, τῶν δὲ οὐκ ὄντων εὑρετὴς ἀπαράμιλλος. ἐξήσκητο δὲ καὶ τὸ ἦθος ὑπὲρ πάντας ἀδυσώπητον καὶ ἀμείλικτον. εὐκοπώτερον

---

84 δηλώσομεν: p. 58, 83 sqq.

VA = a, P, RMDF = b

62 τὸν alt.: τοῦ R τεχνητὸν V **64—65** καὶ alt. — δυσμετάθετον om. V **66** καὶ θρόνων πάνυ λαμπρῶν post μὲν add. Bekk λαμπρειμονίας P βασιλικώτατα V τὴν om. P Bekk **70** ἐμήνυον V **70—74** καὶ alt. — ἐξανθήματα cum Pb om. A: καὶ πρὸς τὰς μίξεις τῶν γυναικῶν ἀδιάφορος καὶ πολλαῖς γυναιξὶ μιγνύμενος ἐμίγη καὶ τῇ ἑαυτοῦ ἀνεψιᾷ. καὶ ἦν τοῦτο μολυσμὸς καὶ μέμψις μεγάλη αὐτῷ καθάπερ καὶ λώβη εἰς ὡραιότατον πρόσωπον B **75** ἐμέλησε δὲ τῷ βασιλεῖ τῷδε καὶ τῶν κοινῶν πράξεων V **76** μέγιστον om. V **77** ὁ βασιλεὺς καὶ πατὴρ ἐκείνῳ R βασιλεῦς πρότερον, ὄντα codd.: βασιλεύς, πρότερον ὄντα Bekk **80** Ἰωάννην τίθησι V: Ἰωάννην ποιεῖ B τῆς βασιλείας F **82** λεγομένων καὶ γραφομένων V **83** ἐνέβριθεν: ἐνέτρεφεν M[pc] **84** Στυπειώτῃ AP[ac]RMF[ac] καθεξῆς V **85** ἐκ τῆς Πούτζης VB φορολογίας: τῆς λογιστείας P **85—86** παιπ. κ. ἐπίτρ. φορολογίας V **88** δὲ ὑπὲρ πάντας καὶ τὸ ἦθος V

70—74 καὶ alt. — ἐξανθήματα om. P b Bekk

γὰρ ἄν τις ἀμειδῆ καὶ ἀγέλαστον πέτραν ἐμάλθαξεν, ἢ ἐκεῖνον ἐν τοῖς ἀβουλήτοις ὑπέκλινεν. ὃ δὲ τούτου θαυμασιώτερον, οὐ μόνον οὐκ ἦν δακρύοις ἄτεγκτος, σχήμασι δεητηρίοις ἀπροσκλινής, ἀργυρίου ἀτίνακτος ἑλεπόλεσι καὶ χρυσίου ἀγοήτευτος φαρμακεύμασιν, ἀλλ' εἶχε καὶ τὸ δυσέντευκτον ὡς ἀπάνθρωπον. τὸ δὲ τοῖς τότε θυμαλγὲς καὶ δυσύποιστον, οὐδ' ἀπόλογος ἦν παρ' αὐτῷ καθαρῶς ἐφ' οἷς ὁ προσιὼν προετίθετο, ἀλλὰ χαίρων τὰ πλεῖστα τῇ ἀφασίᾳ, ἐνιαχοῦ καὶ ἀπροσήγορον παρῄει τὸν παραβάλλοντα. τοσαύτην δ' ἐκ βασιλέως ἰσχύν τε καὶ ἐξουσίαν περιεζώννυτο, ὡς ἃ μὲν ἠβούλετο τῶν βασιλικῶν θεσπισμάτων ἀποπέμπεσθαι | καὶ διαρρηγνύειν, ἔνια δὲ καὶ τοῖς δημοσίοις ἐγγράφειν κώδιξιν.

Ὑποθήκῃ δὲ τοῦ ἀνδρὸς τούτου χρῆμά τι κοινωφελὲς καὶ ταῖς νήσοις πάσαις σωτήριον καὶ τοῖς πρώην βασιλεῦσι συντηρηθὲν ἀπαράβατον ὁ βασιλεὺς Ἰωάννης ἀξυμφόρως κατήργησε. τὰ γὰρ ἐκ τῶν πλευστικῶν ἐρανιζόμενα στρατειῶν, διαδιδόμενα πάλαι τῷ ναυτικῷ, εἰς τὸ ταμιεῖον οὗτος παρειπάμενος μετωχέτευσε καὶ τὰς ἀπὸ τῶν νήσων ἐκ τύπου παρεχομένας τριήρεις αὐτάνδρους μικροῦ κατεπόντωσε παραφάμενος. ὑποθέμενος γὰρ ὡς τὸ μὲν τῶν τριηρέων χρῆμα οὐκ ἀεὶ τῇ πολιτείᾳ καὶ τῷ κοινῷ ἐπιτήδειον, τὰ δ' ὑπὲρ τούτων ἀναλώματα οὐκ εὐάγκαλα καὶ ἐπέτεια, καὶ δεῖν αὐτὰ μὲν τὸ ταμιεῖον ἐγκολπίζεσθαι, χρείας δ' ἐνισταμένης ἐκ τῶν βασιλικῶν θησαυρισμάτων τὸν ὀψωνιασμὸν παρέχεσθαι τῷ ναυτικῷ, ἔδοξεν εἶναι ἀνδρῶν ὁ βέλτιστος καὶ τὴν φύσιν τῶν πραγμάτων ἠκριβωκὼς ὁ καταποντιστοῦ σκέμμα εἰσενεγκάμενος. τοῖς γὰρ ἁδροῖς τὸν βασιλέα ἐν τῷ ταῦτα εἰσηγεῖσθαι παρακέκρουκε δαπανήμασι καὶ αὖθις τῷ μετρίῳ τῆς καταβολῆς διακέχυκε. καὶ νῦν ἐκ τῆς κακοβουλίας ταύτης εἴτ' οὖν σμικροπρεπείας θαλασσοκρατοῦσιν οἱ πειραταὶ καὶ κακῶς πεπρά|γασι ταῖς λῃστρίσιν αἱ παραθαλαττίδιοι Ῥωμαίων χῶραι καὶ ὡς ἂν κατεύξαιντο οἱ διάφοροι. εἰ δὲ καὶ τὸν στάχυν ἴσμεν τοῦ σπείραντος, ἀλλὰ καὶ τὸν ἀμήσαντα προσεπαιτιώμεθα, καὶ εἰ ὁ ἐμπρη-

---

89 ἀγέλαστον πέτραν: cf. Zenob. 1, 7; Diogen. 1, 8; Karathanasis 20

VA = a, P, RMDF = b

91 ἐπικλινής V **93** θυμηλγὲς A **94** καθαρὸς παρ' αὐτῶ V καθαρὸς P **95** ἀφασίᾳ: σιωπῇ V ἐνιαχοῦ: ποτε F[s] καὶ om. VP hab. Sc **1** τε om. A **3** διαρρηγνύειν A[mgγρ]: διαρρήσειν A καὶ alt. om. VA **7** κατήργησεν ἀξυμφόρως V **8** ταμεῖον M[ac]DF **9—13** οὗτος — ταμιεῖον om. M **10** κατεπόντισε Bekk **11** τῶν om. DF **12** δ' om. V **13** τὸ μὲν A τῶ ταμιείω ἐναποτίθεσθαι V **14** θησαυρισμάτων A[mgγρ]: θησαυρῶν A **14—15** τῷ ναυτικῷ παρέχεσθαι Bekk **17** τοῦ βασιλέως M **19** θαλαττοκρατοῦσιν V Sc **20** παραθαλάττιοι VK: παραθαλαττίδιαι RM **21** κατεξαίνοντο V: (κατ)εύξοιν(το) F[ir] **22** σπείροντος RMDF ἠμηκότα A[mgγρ]P προσαιτιώμεθα P μὴ post εἰ add. AP

13 ἐφισταμένης b **17** εἰσηγήσασθαι b Bekk

σμὸς τοῦ ἀνάψαντος, ἀλλὰ καὶ τοῦ κατασβέσαι δυναμένου, δρᾶσαι δέ τι τοιοῦτον ὅλως μὴ βουληθέντος.

Ἀλλ' ἕως τότε φιλοδημόσιος λογιστὴς καὶ δεινὸς καὶ φειδωλὸς οἰκονόμος καὶ ὀβολοστατῶν ἀτεχνῶς δασμολόγος ὁ Ἰωάννης ἐδείκνυτο, ἕως ἀκαθαίρετον εἶχε τὴν δυναστείαν καὶ τὸ ποιεῖν ὅσα καὶ πρὸς βουλῆς ἀνεξέλεγκτον καὶ ὅσα βουλητὰ τούτῳ καὶ δυνατά. ἐπειδὴ δὲ μεθαρμοζόμενόν οἱ ἑώρα τὸ δύνασθαι καὶ τὸ εὐπαρρησίαστον παραιρούμενον καὶ ὑπορρέουσαν κατὰ βραχὺ τὴν ἰσχύν, οἷα καὶ ἑτέρων κρατυνομένων παρὰ βασιλεῖ κἀκ τοῦ ἄγαν ἐκκρουόντων καὶ περιτρεπόντων αὐτόν, μετῆρεν ἅπερ ἦν θέμενος ὅρια, καὶ δραπέτης τῷ καιρῷ καὶ τοῖς πράγμασι προσφυεὶς ἀμφοτέραις τούτων ἔχεταί τε καὶ περιέχεται. οὐκοῦν καὶ πρός τινα τῶν συνήθων εἰπὼν „ἄγε πλουτήσωμεν" ἑτεροίας γνώμης παντάπασιν γίνεται· καὶ τὴν ἐναντίαν ἐκ τοῦ παραυτίκα τραπόμενος λημματισμοῖς προσανεῖχεν ὡς ἄλλος τῶν τότε οὐδείς. καὶ ἐμβλέψας ἱλαρὸν τοῖς ὡς αὐτὸν ἀπαντῶσι καὶ εὐπροσηγόρως αὐτοὺς προσφθεγξάμενος, εἰ φέρουσι χρυσίον ἐγκόλπιον, περιεργότερον κατεσκέπτετο. καὶ γυναῖκα τῶν ἀπερριμμένων καὶ ἀπηνθηκυιῶν εὐγενῶν ἁρμοσάμενος καὶ παίδων ἀκούσας πατὴρ διένειμε τούτοις πλοῦτον βαθὺν καὶ ἀρκετὸν εἰς ἡδονάς. κίμβιξ δὲ ὢν εἰς ἄκρον καὶ γνίφων καὶ δυσγρίπιστος οὐδ' ἄνω ἆραι τὰ βλέφαρα, πειρώμενον ἀναβλέψαι καὶ εἰς πτωχοὺς ἀτενίσαι, παρῆ|κε τὸν πλοῦτον, ἀλλὰ πεδήτην εἶχε διὰ παντὸς δεσμοῖς ἀρρήκτοις ἀλύτοις τε καὶ ἀπροΐτον δήπου, ὅσα καὶ Δανάην ὁ πάλαι Ἀκρίσιος. καὶ σμικρολογίαν νοσῶν καὶ γλισχρότητα καὶ τὰ πεμπόμενα πολλάκις τῶν ἐδωδίμων ἀνέπεμπεν εἰς τὸ πωλητήριον· καὶ δεῖγμα, ὡς ἰχθύας σύακα καὶ λάβρακα, ὡς μὲν μεγίστους ὡς δὲ πίονας, παρά τινων αὐτῷ πεμφθέντας, τρισσάκις ἀπέδοτο καὶ τοσαυτάκις ἐναλλὰξ ἐωνημένους κατὰ χρείαν παρ' ἑτέρων εἰσηνέγκατο. καὶ ἦσαν ἄντικρυς ἁλιεῖς οἱ ἰχθύες, ὃ πεπόνθασι δρῶντες, ὡς μὲν ἄγκιστρον χαλῶντες τὸ μέγεθος, περιτιθέντες δὲ τὴν πιμελὴν ὡς

44 ὅσα — Ἀκρίσιος: cf. Nic. Or. 191, 2

VA = a, P, RMDF = b

26 ὀβολοστατῶν — δασμολόγος: ὀβολιστὴς τῶν ἀτεχνῶς V **27** ὅσα καί: τὰ A **28** μεθαρμοζόμενος M **29** οἱ P[s] om. MK παραιρώμενον A **30** ἑτέρων: ἄλλων A **31** τῷ ante βασιλεῖ add. AP[ir] Bekk αὐτόν A[mgγρ]: ἐκεῖνον A τῆς προθέσεως post αὐτὸν add. A[mgγρ] P **33—35** οὐκοῦν — ἐγεγένητο suppl. P[mg] **35** γίνεται: ἐγεγένητο AP Bekk **35—38** καὶ — κατεσκέπτετο cum Pb om. A **38—39** γυναῖκα μίαν τῶν ἀπεσβεσμένων εὐγενῶν A **39** εὐγενῶν: ἔγνω P ἀκούσας παίδων V **41** καὶ δυσγρίπιστος om. V **42** πειρώμενος P Bekk, unde οὐ post ἀτενίσαι add. Bekk **43** καὶ post εἶχε add. V **47** ἐκπεμφθέντας V: σταλέντας AP **48** τοσαυτάκις om. M καὶ ante ἐναλλὰξ add. R ὠνημένους AP **50** δὲ τὴν om. M

33—38 οὐκοῦν — κατεσκέπτετο om. P b Bekk

δελήτιον, καὶ οὕτω κατασπῶντες τοὺς παριόντας εἰς τὴν ἐκείνων εἰσοίκησιν.

Ἄλλοτε δὲ διημερεύσας ἐς τὰ ἐν Βλαχέρναις ἀνάκτορα κἀκεῖθεν πρὸς ὀψίαν ἐπαναλύων, ἐπεὶ θεάσαιτο παρὰ ταῖς καπηλίσι προβεβλημένην ἐνόδιον ἐδωδήν, ἣν ἡ κοινὴ διάλεκτος ἁλμαίαν ὠνόμασεν, ἠράσθη ζωμοῦ ἐμφορηθῆναι καὶ τῆς τοῦ λαχάνου σχίδακος ἀποτραγεῖν. εἰπόντος δέ τινος τῶν ὑπηρετουμένων, ὃς Ἀνζᾶς ὠνομάζετο, ὡς νῦν μὲν χρεὼν ἀνασχέσθαι καὶ κολάσαι τὴν ἔφεσιν, εὑρήσει δὲ καὶ κατ' οἶκον γενόμενος ὃ ζητεῖ ὄψον παρατεθειμένον αὐτῷ εὐτρεπές, δριμὺ καὶ τιτανῶδες ἐμβλέψας πολὺς ἐνέκειτο σχέδην ἀποπλῆσαι τὸν ἔρωτα. ἀμέλει καὶ τὸ τρύβλιον ἁρπαλέως περιχυθεὶς ταῖς χερσὶ τῆς πωλητρίας ὀχούμενον, ὅπερ ἔστεγεν ἔνδον τὸ ἐκείνῳ ἐράσμιον ἔδεσμα, ἐγκύψας ἀμυστὶ καὶ χανδὸν ἐνεφορεῖτο τοῦ ζωμιδίου καὶ τῷ λαχάνῳ πολλάκις ἐνέχανε. καὶ οὕτως στατῆρα χάλκεον τοῦ κόλπου ἐξενεγκὼν τινι τῶν ὑπὸ χεῖρα παρέσχετο, ἐπισκήψας ἀναλῦσαι τοῦτον ἐς τέτταρας ὀβολούς, καὶ δύο μὲν καταθέσθαι τῇ ὀψοπώλιδι, τοὺς δὲ λοιποὺς ταχέως εἰσκομίσαι αὐτῷ.

Ἔστι δ' ὅτε λαμπρὸς λαμπρῶς τὴν ἀγορὰν διϊὼν καὶ ὡς εἴθιστο γεραρώτερον καὶ πολυοχλίαν ἐπισυρόμενος ἱππείας ὁπλῆς ὠξυδέρκησε σιδήριον, ὃ δὴ ἐπὶ τριόδου παρέρριπτο. ἐπιστὰς τοίνυν ὡς εἶχε τῆς φαντασίας καὶ τοῦ τῶν πολλῶν κρότου ὁ ἶσα καὶ θεῷ κυδαινόμενος ἐπιτρέπει τινὶ τὴν τοῦ σιδήρου ἀνάληψιν. ἦν δὲ τοῦτο οὐκ ἐκκρουσθὲν ἱππείας

---

59 τιτανῶδες ἐμβλέψας: cf. Lucian. Tim. 54; Nic. Or. 189, 5

VA = a, P, RMDF = b

51 δελήτιον: δέλεαρ AP Bekk εἰς: πρὸς AP εἰσενοίκισιν P **53—82** ἄλλοτε — χρώμασιν cum P b om. A **53** ἐς: κατὰ D **58** καὶ alt. om. D **59** εὐπρεπές V **60** καὶ om. D **61** πωλητηρίας V **62** ἐράσμιον ἐκείνω D ἐνεφορήθη D **63** οὕτω D **65** τοῦτο D εἰς D τέσσαρας D οὓς φασι τεταρτηρά post ὀβολοὺς add. D **66** αὐτῶ παρεισκομίσαι D **68** ἐπισυρόμενας D ὀξυδερκεῖ D **71** οὐκ om. V οὐδ' — πως: καὶ εἰκῇ D

53—82 ἄλλοτε — χρώμασιν om. P b Bekk, sed suppl. D fol. 287

53—71 Ἐν ἄλλῳ δὲ καιρῷ διημερεύσας, εἰς τὰ ἐν Βλαχέρναις παλάτια (παλάτιαν cod.) ἐρχόμενος πρὸς ἑσπέραν, ἐπεὶ κατὰ τὴν ἀγορὰν εἶδε (εἶχε cod.) κειμένην ἁλμαίαν, ὡς †οὔχθη† (fort. ἠβουλήθη) ταύτην φαγεῖν, εἰπόντος δὲ τοῦ ὑπηρετοῦντος (ἠπ- cod.) ἀνθρώπου αὐτῷ (αὐτῶν cod.), Ἀνζᾶ λεγομένου, ὡς „οὐ πρέπον ἐστὶ βλεπούσης τῆς ἀγορᾶς τοσούτου πλήθους ἀκολουθοῦντός σοι μέσον αὐτῶν ἀδιαντρόπως (-ων cod.) ἐσθίειν· ἔστι καὶ ἐν τῷ οἴκῳ ἑτοιμασμένη (ἐτιμ- cod.) καλῶς", ὁ δὲ ἄγριον βλέψας αὐτῷ ὅλως ἦν ἀκράτητος πληρῶσαι τὴν ἐπιθυμίαν αὐτοῦ. ὅθεν καὶ τὸ ἀγγεῖον, ὅπερ εἶχεν ἐντὸς τὴν ἁλμαίαν, ἁρπάσας ἔπινεν ὡς βοῦς τὸν ζωμὸν καὶ τρώγων τὸ λάχανον ἐτραγάνιζε. χορτάσας οὖν καὶ ἐμπλησθεὶς ἐκ τοῦ κόλπου αὐτοῦ ἐξέβαλε τουρνέσιον ἓν καὶ δέδωκεν ἑτέρῳ δούλῳ αὐτοῦ εἰπὼν οὕτως· „δὸς αὐτοῖς καὶ ἔπαρον τέσσαρα στάμενα καὶ τὰ μὲν δύο δοῦ τῇ πωλητρίᾳ, τὰ δὲ ἕτερα δύο φέρε μοι ταῦτα συντόμως."
Ἄλλοτε πάλιν τὴν ἀγορὰν διερχόμενος μετὰ ὄχλου πολλοῦ καὶ φαντασίας ἔβλεψε πέταλον ἐπὶ γῆς κείμενον καὶ ἐπιτρέπει τινὶ τοῦ πεζεῦσαι καὶ λαβεῖν αὐτό. τοῦτο δὲ ἦν

ὁπλῆς, οὐδ' εἰκῇ πως παρερριμμένον, ἀλλ' ὑπὸ παιδίων ἀθυρόντων κατ' ἀγορὰν καὶ τοὺς παριόντας διακινούντων ἐς γέλωτα πυρὶ κατανθρακωθὲν καὶ τῷ δαπέδῳ ἐνερεισθέν. ἀποβὰς οὖν ὁ ὑπηρέτης ἐξ ἐπιτάγματος τοῦδε τοῦ ἀνδρὸς καὶ τοῦ σιδήρου λαβόμενος διωλύγιόν τι ἀνεβόησε, κακῶς ἐς τὰς χεῖρας παθών. τὰ δ' ἐπὶ τούτοις οἱ μὲν παῖδες ἦσαν ἐν καγχασμοῖς συμβρασσόμενοι τῷ παντὶ σώματι, οἱ δὲ συνοδοιπόροι ἐν μωκείᾳ καὶ θαύματι, εἰ οὕτω κἀπὶ τοῖς λεπτεπιλέπτοις γλισχρεύεται ὁ δυσγρίπιστος.

Οὐ καινὸν οὖν, εἰ θανὼν ὁ ἐς τοσοῦτον ἐρασιχρήματος οὐ μόνον οὐχ εὑρέθη χρημάτων ἀποθήκαις ἐνευθηνούμενος, ἀλλὰ καὶ γραμματέων καλαμῖδας ταμιουλκῶν στικτὰς χρώμασιν.

Εὐρόει δὲ καὶ τῷ Ἁγιοθεοδωρίτῃ Ἰωάννῃ τὰ διαβούλια, πλὴν τούτῳ ἡ ταχύπους τῶν πραγμάτων φορὰ καὶ ἀγχίστροφος ὑποσκελιστὴν ἐνδέξιον τὸν Στυππειώτην ἐφιστᾷ Θεόδωρον, ὃς συντρέχων ἢ ἀντιτρέχων τῷ Ἰωάννῃ καὶ μετὰ τοῦτον ἔχων τὰ δεύτερα οὐκ ἠνείχετο οὐδ' ἠγάπα τοῖς παροῦσιν ἐφ⟨ικτ⟩οῖς , ἀλλὰ τῆς κορυφαίας γλιχόμενος καὶ περὶ τὴν ἀκρώρειαν λιχνευόμενος ὅλον πρὸς τὸ ἀνώτατον τὸν δρόμον ἐπέτεινε. καὶ δὴ καιροῦ λαβόμενος, καθ' ὃν οὐκ ὀλίγα ξυνέπεσε τὰ διάφορα μεταξὺ ἀνδρὸς εὐγενοῦς, τοῦ Παλαιολόγου φημὶ Μιχαήλ, καὶ τοῦ Βαλσαμὼν Ἰωσήφ, ὃς γαμβρὸς ἦν τοῦ Ἁγιοθεοδωρίτου ἐπ' | ἀδελφῇ, ἐπέθετο κραταιότερον καὶ συντείνας ἐξοστρακίζει τοῦτον τῶν ἀνακτόρων ὡς ἀπὸ σκοπιᾶς οὐρανίου καὶ ὡς εἰς χῶρον ἐκσφενδονᾷ μυχαίτατον τὴν πραιτωρίαν ἀρχὴν τῆς Ἑλλάδος καὶ τῆς τοῦ Πέλοπος, εὖ τὰ ἐκεῖ διαθήσοντα καὶ

VA = a, P, RMDF = b

73 εἰς D τοῦ μεγίστου τοῦδε D **75** σιδηρίου D τι: τε VD **76** ἦσαν om. D **77** συμβρασσομένοις D **78** δυσγρίπιστος: ὀξυωπὴς D **81** γραμματείων D **83—86** τὰ — Ἰωάννῃ om. R **84** ὑποσκελιστὴν: διάδοχον A: συνοδευτὴν A^mg γρ P **85** Στυπειώτην AP^ac MF **86** μετὰ — δεύτερα: μετὰ τοῦτον ἔχων τῇ μὲν τάξει τὰ δεύτερα, τῷ δὲ λόγῳ τὰ πρώτιστα A: τῶ μὲν λόγω τὰ πρῶτα, τῇ δὲ τάξει φέρων τὰ δεύτερα P Bekk ἠνείχετο οὐδ' om. AP **87** τοῖς παροῦσιν ἐφικτοῖς V: τῇ παρούσῃ καταστάσει A: τοῖς παροῦσιν P: ἐν τῇ τοιαύτῃ (μένειν) τάξει S εὐσυνέτως ante γλιχ. add. A^mg P **88** λιχνευόμενος A^mg γρ: ἀναρριχώμενος A συνέτεινε A^ac **89** ξυνέπεσον V: συνέπεσε M **91** Ἁγιοθεωρίτου R **92** καὶ — ἀνακτόρων om. M ἀπὸ: ἐκ V **93** ὡς alt. om. P

84 ὑποσκελιστὴν: συμφοιτητὴν b Bekk **87** τοῖς — ἐφικτοῖς: ταῖς παρούσαις ἀναβάσεσιν et γλιχόμενος: ἅπας γινόμενος b Bekk **94** διαθησόμενον (-ομένου M) b

72—82 παίγνιον ὑπὸ παίδων πυρωθὲν καὶ ῥιφθὲν παιζόντων ἐν τῇ ἀγορᾷ. ἀποβὰς οὖν ὁ ὑπηρέτης αὐτοῦ ἐκ τοῦ ἵππου ἐκ προστάξεως αὐτοῦ καὶ τὸ πέταλον μετὰ χεῖρας λαβὼν ἐβόησε μεγάλως τὴν χεῖρα καύσας αὐτοῦ. καὶ οἱ μὲν παῖδες ἐγέλων καὶ ἔχαιρον σκιρτῶντες καὶ κράζοντες, οἱ δὲ μετ' ἐκείνῳ ὄντες ἐθαύμαζον καὶ ἐμέμφοντο τὴν αὐτοῦ σκνιφότητα καὶ γλισχρότητα.
Ὁ τοιοῦτος οὖν τζέρδελος καὶ ἀμετάδοτος ἄνθρωπος, τί θαυμαστὸν ἦν, εἰ μετὰ θάνατον ἐφάνη ἔχων ἀποθήκας χρημάτων πολλάς S

τὰς τῶν εἰρημένων ἀνδρῶν διαλυσόμενον ἔριδας. οὐκοῦν ὁ μὲν ἐσκευαγώγει τὰ πρὸς τὴν ἔξοδον. ἡ δὲ τύχη μηδὲ καθαρῶς τὴν τούτου μετάβασιν ἀναμείνασα πρὸς τὸν Στυππειώτην μετεσκευάσατο καὶ προσπλακεῖσα, πῶς ἂν εἴποι τις, ἀσμένως καὶ χαριέστατα ταῖς καθ' ὥραν ἐκλεΐζεν ἀναβάσεσι καὶ τὴν ἐκ δόξης εἰς δόξαν παρεῖχεν ὕψωσιν. καὶ τέλος τὸν μὲν εἰς τὴν τοῦ ἐπὶ τοῦ κανικλείου προβιβάζει μεγαλοπρεπῆ τιμὴν καὶ τὴν παρὰ τῷ βασιλεῖ μεγίστην οἰκείωσιν καὶ μείζοσιν ἑτέραις κατακυδροῖ προκοπαῖς, τὸν δ' ἀγνωμονοῦσα καὶ βλωμοῦ ἄρτου τίθησι προσδεᾶ. καὶ οὐκέτι τὰ δεδογμένα μετήμειψεν ἢ ὅλως ἐσέπειτα μετηλλοίωσεν, ἀλλ' ἔμεινεν ἡ ἀκροσφαλὴς ἐπὶ ταὐτοῦ τὸ καινότατον. τὸ δ' ἀπὸ τοῦδε ἦγε τὰ πράγματα ὁ ἀνὴρ ὅδε ὡς ἠβούλετο, βαθυγνώμων ὢν καὶ πεπνυμένος καὶ ἐπίχαρις τὸ ἦθος καὶ πτηνὸς τὴν φρόνησιν. ᾑρεῖτο δὲ ὅσα ἐπέταττε βασιλεύς, ἐπέταττε δ' οὗτος ὅσα ἐκεῖνος ἠβούλετο.

Ἦν δὲ τῷ τότε καὶ βασιλεὺς λημμάτων αἰσχρῶν ἐλεύθερος, θάλασσα φιλοδωρίας, ἐλέους ἄβυσσος, τῷ προσηνεῖ τοῦ ἤθους εὐέντευκτος καὶ τὴν βασίλειον ἀρετὴν ἀπαράμιλλος, ψυχὴν εἰσέτι ἄτεχνον ἔχων καὶ γνώμην ἀπερίεργον. ὡς γὰρ ἀπήγγελλον ἡμῖν οἱ τὴν ἡλικίαν | προήκοντες, ἐπὶ τὰς πλαγίῳ λόγῳ ᾀδομένας χρυσᾶς ἔννας οἱ τότε ἦσαν παλινδρομήσαντες ἄνθρωποι καὶ σμήνει ἐῴκεσαν μελισσῶν ἐκ πέτρης γλαφυρῆς βομβηδὸν ἱπταμένων ἢ οὐδὲν τῶν ἐπ' ἀγορᾶς εἱλουμένων διενηνόχασιν ὅσοι τοὺς βασιλικοὺς χρυσῶνας εἰσῄεσαν, ὁποίου δή τινος φιλοτιμήματος ἀπολαύσοντες, ὡς τοὺς περὶ ταῖς πύλαις συνθλίβεσθαι καὶ πράγματα παρέχειν καὶ λαμβάνειν ἀμοιβαδόν, τοὺς μὲν ἐπειγομένους εἰσιέναι, τοὺς δὲ τὴν ἔξοδον ἐπισπέρχοντας. ἡμεῖς δὲ κλέος οἶον ἀκούομεν.

Ἦν δὲ καὶ ἄλλως τὰ κοινὰ ταμιεῖα τὸ κατ' ἐκεῖνο καιροῦ ἐκ τούτου εἰς τοῦτο ἐξερευγόμενα καὶ κατὰ τὰς συναγωγὰς τῶν ὑδάτων πλημμύροντα καὶ παραπτύειν τι τῶν ἔνδον πρὸς τοὺς ἐκτὸς καὶ πενομένους ἐθέλοντα, ὅσα καὶ γαστὴρ ἐγγίζουσα τοῦ τεκεῖν καὶ βαρουμένη τῷ ὑπερτελείῳ τοῦ ἀχθοφορήματος· ἡ γὰρ μερίδα τῷ θεῷ καὶ τῷ δικαίῳ διδοῦσα φορολογία

---

8 οὐκέτι: vide tamen p. 110, 20 sqq.

---

17 τὰς — ἔννας: cf. Nic. Or. 39, 27—28; infra p. 248, 70 **18—19** σμήνει — ἱπταμένων: cf. Hom. B 87 **23** ἡμεῖς — ἀκούομεν: cf. Hom. B 486

VA = a, P, RMDF = b

95 διαλύσοντα V Ἰωάννης post μὲν add. AP Bekk **1** μηδέ: μὴ V **2** Στυπειώτην PRMDF[ac] **3** πᾶσαν post ὥραν add P: πάσαις ibid. Bekk **5** εἰς τὴν om. F[ac] τοῦ pr. om. RMDF κανικλείου: καλλιέλου R: κανιελίου M μεγαλοπρεπῆ προβιβάζει Bekk **7** ἀγνωμονοῦντα R ἐνδεᾶ DF Bekk **8** ἔπειτα R **9** ἡ: οἱ V **11** τὸ ἦθος ἐπίχαρις Bekk **12—13** ἐπέταττε — βασιλεὺς om. R **12** ἐβούλετο Bekk: ἠσμένιζε(ν) A[mg γρ] P **13** καὶ τότε ὁ V ἐν τῷ τότε Bekk **15** ἔτι R **18** ἐώκεισαν F πέτρας PDF Bekk **19** διειλουμένων V **20** εἰσίασιν V **21** πρᾶγμα R **26** τι om. V **27** τοῦ: τῷ Bekk

2 ἐνεσκευάσατο b

τοῦ βασιλέως καὶ πατρὸς τῷ βασιλεῖ Μανουὴλ καὶ τὸ μὴ τῶν δαπανημάτων ἄσωτον καὶ ἀκόλαστον εἰς σωρείας τὰ χρήματα ἐπεστοίβασε καὶ ὡς κάχληκας αὐτὰ συναγήοχεν. ἦν δ᾽, ὡς ἔοικε, καὶ τὸ θεῖον ἐπευλογοῦν καὶ πληθῦνον αὐτὰ κατὰ τὸ τοῦ ἐπαγγέλματος ἀδιάπτωτον, ὃ καὶ λῆψιν οὐρανίου εἰσηγεῖται μισθοῦ καὶ τὴν εἰς τὸ πολλαπλάσιον ἀνταπόδοσιν.

᾿Αλλ᾽ οὐ μόνιμα τῷ βασιλεῖ Μανουὴλ τὰ τῆς ἀρίστης ταύτης προθέσεως, ἀλλὰ βραχύχρονα καὶ ἐπίκηρα· ἐς γὰρ ἄνδρας ἐλάσας ἀρχικώτερόν τε ἥψατο τῶν πραγμάτων, τοῖς ὑπὸ χεῖρα οὐχ ὡς ἐλευθέροις, ἀλλ᾽ ὡς κληρωτοῖς θεράπουσι προσφερόμενος, καὶ τὴν τῆς | φιλοδωρίας συνέστειλεν ἔκροιαν, ἵνα μὴ λέγοιμι ὡς εἰς τὸ παλίρρουν αὐτὴν ἐβιάσατο καὶ τὸν ἀναδασμὸν ἔστιν ὅτε καὶ ἐφ᾽ οἷς ἐδικαίωσεν, οὐκ ἐκ τοῦ γνωμικοῦ δ᾽ οἶμαι τοσοῦτον αἰτίου (χρὴ γὰρ ἐν τοῖς ἀδήλοις ῥέπειν πρὸς τὸ φιλάνθρωπον), ὅσον ἐκ τοῦ μὴ κοτύλης δεῖσθαι ψηγμάτων, ἀλλ᾽ ἄντικρυς πελάγους Τυρσηνικοῦ ἃς εἶχε διευρύνας ἐξόδους τῶν δαπανῶν, ὡς προϊὸν δηλώσει τὸ λέγειν μοι.

᾿Αλλ᾽ οὕτω διακυβερνωμένῳ τὴν βασιλείαν τῷ αὐτοκράτορι νέφος πολεμίων ἐκ τῶν ἑσπερίων κλιμάτων ἐπισυστάν, τετριγός δεινὸν καὶ ὀλέθριον, ἐς τὰ ῾Ρωμαίων ἐνέσκηψεν ὅρια, ἡ τῶν ᾿Αλαμανῶν φημι κίνησις καὶ ἡ τούτοις συνεξάρασα μοῖρα ὁμογενῶν ἑτέρων ἐθνῶν · οἷς καὶ θήλειαι κατελέγοντο ὡς ἄρρενες ἐφιππάζουσαι καὶ ταῖς ἐφεστρίσιν οὐ συμβάδην τὼ πόδε διαχαλῶσαι, ἀλλὰ περιβάδην ἀναίδην ἐποχούμεναι καὶ κοντοφόροι καὶ ὁπλοφόροι κατ᾽ ἄνδρας ὁρώμεναι καὶ ἀνδρείαν στολὴν περικείμεναι, αἳ καὶ ὅλως ἀρεϊκὸν ἔβλεπον καὶ ὑπὲρ τὰς ᾿Αμαζόνας ἠρρένωντο. μία δὲ καὶ ὑπεξῄρετο παρ᾽ ἐκείναις καθάπερ ἄλλη τις Πενθεσίλεια, ἥτις ἐκ τοῦ στίζοντος χρυσοῦ καὶ περιτρέχοντος τὰς ὤας καὶ τὰ λώματα τοῦ ἐσθήματος Χρυσόπους παρωνομάζετο.

32—34 ὃ — ἀνταπόδοσιν: cf. Luc. 18, 30 **42** πελάγους Τυρσηνικοῦ: videtur prov.; cf. infra p. 551, 64 **43** δηλώσει: p. 96, 56 sqq.; 203, 62 sqq. **45** sqq.: cf. Cinnam. 67, 3 sqq. **45—46** νέφος πολεμίων: cf. Nic. Or. 170, 8

VA = a, P, RMDF = b

32 τὸ om. M **34** εἰσηγητικοῦ R **36** εἰς D **37—38** ὡς — προσφερό(μενος) i. r. 22 litt. P **38** θεράποσι V **39—40** ἵνα — ἐδικαίωσεν suppl. P[mg] **45** τῆς βασιλείας M **46** πολέμιον V: πολεμικὸν S ἐπισυστὰν κλιμάτων Bekk **47** εἰς V ᾿Αλανῶν R[ac] **49** ἄρρενες: ἄρνες RM **50** ἀναίδην VRF[ac]K: ἀνέδην rel. sed om. ASc **52** ἀρεϊκῶς M **53** παρ᾽ ἐκείναις om. VA: παρ᾽ ἐκείνοις RMDF ἦν δ᾽ ἐν αὐταῖς καὶ μία etc. S **55** λώματα: ζώματα V ἐσθήματος: ἐνδύματος A[mg γρ] P Χρυσώπους PR κατωνομάζετο VSc: κατανομάζετο S

37—38 ἀλλ᾽ — θεράπουσι om. b hab. Sc **39—40** ἵνα — ἐδικαίωσεν om. b **43** εἶχεν εὐρύνας διεξόδους b **48** ἐκείνοις (τούτοις Sc) post ὁμογενῶν add. b Sc Bekk

Αὐτὸ δὲ τὸ τῆς κινήσεως αἴτιον πρόφασιν τὸ κυριακὸν παρεῖχε κενήριον καὶ ἡ πρὸς τὰ εὐθέα τῶν σκολιῶν καὶ ἐπιβούλων παρόδων ἑτοιμασία τοῖς ἐκ τοῦ γένους ἐκείνοις εὐθὺ τῶν Ἱεροσολύμων ἐθέλουσιν ἴεσθαι. ἔφασκον δὲ καὶ κατὰ τὴν ἔξοδον ἐκείνην μηδέν τι περιττὸν ἐπισύρεσθαι, ἀλλ' ἢ τὰ | πρὸς ἐξομάλισιν τῶν τρίβων ἀναγκαιότατα καὶ μόνα ἐπάγεσθαι. διὰ τούτων δὲ παρυπέφαινον οὐ πτύα καὶ τύκια καὶ σκαπάνας, θυρεοὺς δὲ καὶ θώρακας καὶ φάσγανα καὶ εἴ τι ἄλλο πρὸς πόλεμον ἐπιτήδειον. καὶ τοῦτο μὲν τὸ παρορμῆσαν ἐκεῖνοι προυβάλλοντο καὶ διώμνυντο. καὶ ἦν, ὡς ἐκ τῶν ὕστερον ἔδειξαν, οὐ κατεψευσμένα τὰ ὑπ' ἐκείνων λεγόμενα.

Πέμψαντες δὲ πρεσβευτὰς ὡς διὰ φιλίας ᾐτοῦντο τὸν βασιλέα τὴν τῶν Ῥωμαίων παρελθεῖν καὶ ἀγορὰς αὐτοῖς παροδίους προτίθεσθαι, ἐξ ὧν ὠνήσονται καὶ ὅσοις ἄνθρωποι τρέφονται καὶ ἵπποις ξυμβέβληνται. ὁ δὲ βασιλεύς, ὡς εἰκός, ἐκ τοῦ παραχρῆμα διαταραχθεὶς τὴν ψυχὴν τῷ ἀέλπτῳ τοῦ πράγματος οὐκ ἀνῆκεν ὅμως τῶν συνοισόντων ἐπιμελόμενος· τοῖς τε πρέσβεσι διειλέχθη μετὰ προσηνείας τὰ πρόσφορα καὶ ἐπαινεῖν ὑπερβαλλόντως τὸ δρώμενον ὑπεκρίνετο καὶ ἄγασθαι αὐτοὺς τῆς εὐσεβοῦς προσεποιεῖτο προθέσεως. κἀκ τοῦ αὐτίκα δὴ μάλα ἑτοιμάσασθαι τὰ πρὸς διέλευσιν ἐπηγγέλλετο ἄφθονά τε εὐτρεπίσειν καὶ ἕτοιμα οὕτως λαβεῖν τὰ ὤνια ἰσχυρίζετο, ὡς εἴπερ οὐ δι' ἀλλοτρίας, ἀλλὰ διὰ τῆς οἰκείας παρώδευον, ἂν δώσουσι μόνον ὅρκια πιστά, ὡς θεοφιλὴς αὐτοῖς ἡ δίοδος ἀληθῶς καὶ ὡς ἀμαχητὶ τὰ Ῥωμαίων ὅρια ὑπερβήσονται.

Ταῦτ' οὖν, ὡς εἰκὸς ἦν, καταστησάμενος, ἁπανταχῇ διεκπέμπει βασίλεια διατάγματα προεκκεῖσθαι τὰ ζωαρ|κῆ τῶν ὁδῶν, καθ' ἃς οἱ ἐξ ἑσπέρας στρατοὶ διελεύσονται· καὶ τῷ λόγῳ τὸ ἔργον ἐπηκολούθει. ὑποβλεπόμενος δὲ καὶ διεννοῶν, μή πως ἐν δέρματι προβάτων λυκιδεῖς ἔρχωνται ἢ ὄνῳ ὑποκρύπτωνται λέοντες ἀπεναντίας τῷ μυθικῷ διηγήματι ἢ τὴν λεοντῆν ξυνέχωσι τῇ ἀλωπεκῇ, τὰς Ῥωμαϊκὰς ἀθροίζει

---

66 πέμψαντες: ante mens. Sept. a. 1146 **78** διεκπέμπει: a. 1147 aestate

---

81 ἐν — λυκιδεῖς: cf. Mat. 7, 15 **82—83** ὄνῳ — διηγήματι: cf. Aesop. Fab. 199 Hausrath **83** τὴν — ἀλωπεκῇ: cf. Zenob. 1, 93

VA = a, P, RMDF = b

59 καὶ om. P **66** φιλίαν M τὴν: τὸν Bekk **68** ὅσα post καὶ alt. add. Bekk **70** καὶ μηδέπω εἰς (ἐς A) τὸ κατ' ἐκεῖνο καιροῦ γενομένῳ post πράγματος add. AP^{mg} Bekk ὅμως: ὄντως V **71** γὰρ post τε add. P Bekk **72** τὰ δρώμενα P Bekk **72—73** τοὺς εὐσεβεῖς A **74** ἐπηγγείλετο M ἄφθονά τε om. M **75** καὶ post ἀλλὰ add. M διὰ om. VA **76** οἰκείας VASc: σφῶν ἐκείνων A$^{mg γρ}$ P: τῆς ἐκείνων B: σφῶν Bekk δῶσι F^{pc} ὅρκια μόνον VA **78** ἦν om. R Bekk διεκπέμπεται V **81** ὑπονοῶν Bekk **81—82** ἔρχονται . . . ὑποκρύπτονται A Bekk **83** ξυνέχουσι V: συνέχωσι M

64 οὐκ ἐψευσμένα P b Bekk **76** οἰκείας: σφῶν αὐτῶν b χώρας post παρώδευον add. P b Bekk, non vero Sc δυνάμεις, συνδιασκέπτεται κοινῇ περὶ τῶν κοινῶν, τὸ πλῆθος τῶν παρελευσομένων στρατῶν διέξεισι, τῆς ἵππου τὸ πολὺ καταλέγει, τὸ ὁπλιτικὸν ὅσον διασαφεῖ, τῆς πεζεταίρας μοίρας παρίστησι τὸ μυρίανδρον, τὸ πάγχαλκον περιλαλεῖ καὶ τὸ φόνιον, τὸ πῦρ τῶν ὀμμάτων ἅπαντας βλέπειν καὶ τοῖς αἵμασιν ἐπαγάλλεσθαι ὡς οὐδὲ ῥαντισμοῖς ὑδάτων ἕτεροι. οὐ ταῦτα δὲ μόνον τῇ γερουσίᾳ καταγγέλλει καὶ τοῖς τέλεσι καὶ στρατεύμασιν, ἀλλὰ καὶ ὅσα ὁ ἐκ Σικελίας τύραννος, ὥσπερ θὴρ ἐνάλιος, κατὰ τῶν παραθαλαττίων χωρῶν διαπράττεται, τὴν ἅλμην τύπτων τοῖς ἐρετμοῖς καὶ ταῖς Ῥωμαϊκαῖς ἐνορμιζόμενος κωμοπόλεσι καὶ κείρων τὰ ἐν ποσὶ κατὰ πολλὴν τοῦ ἐπαμύνοντος ἐρημίαν. καὶ δὴ τὰς μὲν πυργοβάρεις ἐπισκευάζει τῆς πόλεως καὶ τίθησιν εὐερκέα τὴν ὅλην τοῦ περιβόλου περίμετρον, τῇ δὲ στρατιᾷ χιτῶνας φολιδωτοὺς χορηγεῖ κοντοῖς τε καθοπλίζει χαλκήρεσι καὶ ἵπποις δρομικοῖς διεγείρει τὸ φρόνημα καὶ χρημάτων ἐπιρρώννυσι διαδόσεσιν, ἃ νεῦρα τῶν πραγμάτων ἀρίστως τῶν πάλαι τις κατωνόμασε.

Καὶ οὕτω σὺν θεῷ συλλήπτορι καὶ τῇ πολιού|χῳ μητροπαρθένῳ ὡς ἐνῆν δυσμαχώτατα θέμενος τὰ στρατεύματα, τὰ μὲν εἰς ἔρυμα συνέχει τῆς καλλιπόλεως καὶ τοῖς τείχεσιν ἐφιστᾷ, τοῖς δ᾽ ἐπισκήπτει τῇ στρατιᾷ παρέπεσθαι τῶν Ἀλαμανῶν, μὴ ἀφισταμένοις ἐπὶ πολύ, κἀκ τοῦδε εἴργειν τοὺς ἐκ τῶν Ἀλαμανῶν ἐς ἁρπαγὰς παρεξιόντας καὶ προνομάς, εἰρηνικῶς μέντοι καὶ μὴ πολεμικῶς.

Κατὰ μὲν οὖν τὴν ἀπωτέρω πορείαν οὐδέν τι ξυνηνέχθη ἀξιαφήγητον ἀμφοῖν τοῖς στρατεύμασιν. ὡς δ᾽ εἰς Φιλιππούπολιν οἱ Ἀλαμανοὶ παρενέβαλον, οὐδὲ κατὰ τὸν ἐκεῖσε μὲν σταθμὸν ἐς διαφορὰν ἀπεῖδον τὰ τάγματα· ὁ γὰρ τῆς χώρας ἀρχιερεὺς (ἦν δ᾽ οὗτος ὁ Ἰταλικὸς Μιχαήλ, ὁ καὶ λόγῳ πολὺς καὶ σοφίας ὁποίας εἴποι τις μέλημα κἀν ταῖς ὁμιλίαις τὸ ἦθος ἐπαγωγότατος καὶ λίθος ἄντικρυς Μάγνησσα) οὕτως ὑπηγάγετο τὸν

91—92 τὴν — ἐρετμοῖς: cf. Hom. δ 580 **93—95** καὶ — περίμετρον: cf. Cinnam. 72, 19—21 **3** τῶν πάλαι τις: Diog. Laert. Vit. Soph. 4, 48 **6—9** τοῖς alt. — πολεμικῶς: cf. Cinnam. 71, 5—6 **10—11** κατὰ — στρατεύμασιν: cf. Cinnam. 70, 17—20 **11—35** ὡς — ἐξαττόμενον: nihil horum habet Cinnam. **15** λίθος Μάγνησσα: antea λίθος Ἡρακλεία: cf. Plat. Ion 533d; Zenob. 4, 22; Suda μ 23

VA = a, P, RMDF = b

84 καὶ post δυνάμεις add. VA M[pc] B **85** στρατῶν om. VASc **86** πεζαιτέρης V: πεζαιτέρας APRDF: παιζετέρας M **88** οὐδ᾽ ὑδάτων ῥαντίσμασιν ἕτεροι V: οὐχ ὑδάτων περιρραντίσμασιν ἕτεροι A ῥαβδισμοῖς F **89** τέλεσι: τελεσιουργοῖς R **90** ἀλλ᾽ ὅσα καὶ Bekk ἐκ om. V ὥσπερ: οἷα P **1** καθοπλίζει A[mgγρ]: ὑπερείδει VA **3** κατωνόμακε V **5** εἰς: εἰ RM **8** ἐκ om. V διεξιόντας V **11** ἀμφοῖν suppl. P[ir] οἱ om. DF **12** μὲν cum Pb om. A τάγματα: πράγματα V **14** εἴπη DF **15** Μάγνισσα P οὗτος V

11 ἀμφοῖν om. b **12** μὲν om. P b Bekk

ῥῆγα ταῖς τῶν λόγων ἐκθηλύνας ἴυγξι καὶ τῷ μέλιτι τῆς γλώττης κατεγοήτευσεν, ἀντιστρόφως μὲν οἷς ἐφθέγγετο, τοῖς δὲ Ῥωμαίοις ἐπωφελῶς τὴν γνώμην μεταμείβων καὶ κατὰ τὸν Φάριον Πρωτέα δραστηρίως μεταβαλλόμενος, ὡς ἐκ τῶν ὤτων ἀναρτῆσαι κατὰ τοὺς τῶν ἀμφορέων διακένους τὸν ὑψηλόφρονα καὶ σύσσιτον παραλαμβάνειν καὶ μεταδιδόναι προπόσεων· ὃς καὶ μετῄει ὠμοτάτως, αὐτῷ χαριζόμενος, τοὺς ἄνευ καταθέσεως ἀργυρίου τὰ σῖτα ὁθενοῦν παρεισάγοντας.

Ἐν δὲ τῷ μεθίστασθαι ἐκεῖθεν καὶ προβῆναι τὸν ῥῆγα τοῖς ἔμπροσθεν ἐκ τῶν κατ᾽ οὐρὰν Ἀλαμανῶν καὶ Ῥωμαίων | δίκη μὲν τὰ πρῶτα παρρησιάζεται ὡς δῆθεν κακῶς πασχόντων τινῶν. εἶτα ἐξωθεῖ ταύτην ἡ φιλοτάραχος τῶν πολλῶν ἔνστασις καὶ τραχύνεται ταῖς βοαῖς. ταύταις ἐφομαρτεῖ τὸ παρρησιαστικὸν καὶ φιλόνεικον. ὁπλίζει τοῦτο τὰς χεῖρας εἰς πόλεμον. ἡ Ἐνυὼ ἐφέπεται καὶ τῆς Φυλόπιδος ξυλλαβομένης ἡ μάχη λαμπρῶς ἐκορθύετο. φιλαυξὴς δὲ οὖσα αὕτη καὶ ἀεὶ τῶν ἄνω ἐφιεμένη μικροῦ δεῖν ἐστήριξεν ἂν τὸ κάρη ἐς οὐρανόν, χαμαιβάμων οὖσα τὰ πρῶτα καὶ χθόνιος, εἰ μὴ ὁ ῥηθεὶς προφθάσας ἀρχιερεὺς τὸν ῥῆγα γινόμενον ἤδη παλίνστροφον καὶ πόλεμον πνέοντα τοῖς οἰκείοις θελκτηρίοις ἐμάλθαξε καὶ ἠρεμεῖν ἀνέπεισε παρὰ δόξαν ὅσα καὶ θῆρα βασιλικόν, ᾧ οὐχ ἕωλον τὸ ἑστίαμα, τῇ ἀλκαίᾳ ὑπονυσσόμενον καὶ πρὸς ἅλματα ἐξᾳττόμενον.

Ἐπεὶ δὲ καὶ κατὰ τὸ εὐερκὲς Ἀδριανοῦ πόλισμα τὰ στρατεύματα ξυνελέγησαν, ὁ μὲν ῥὴξ διὰ τῆς πόλεως ἐλάσας τῆς προκειμένης εἴχετο, νοσηλείᾳ δέ τις σώματος τῶν ἐξ αἵματος ἐκείνῳ περιπεσὼν κατὰ τὴν Ἀδριανοῦ ἐνηυλίζετο. Ῥωμαίων δέ τινες ἀνάρσιοι καὶ τὰς χεῖρας οὐκ εἰς ὁπλισμόν, λημματισμὸν δὲ μᾶλλον δεδιδαγμένοι, νυκτὸς ἐπιθέμενοι τῇ καταγωγῇ πῦρ τε ὑφάπτουσι καὶ τὸν ἄνδρα τοῖς ἐνοῦσι συγκαταφλέγουσι. τοῦτο μαθὼν ὁ Κορράδος (οὕτω γὰρ ὁ ῥὴξ ὠνομάζετο) ἐπιτρέπει τὰ τῆς ἀμύνης τῷ ἀδελφιδῷ Φρεδερίχῳ. | ὁ δὲ καὶ ἄλλως ὢν φρονηματίας, τότε δὲ καὶ τῷ πάθει νενικημένος, ἐπαναστραφεὶς τό τε ἱερὸν σεμνεῖον τίθησι

---

18 κατὰ — Πρωτέα: cf. Hom. δ 365 sqq.; Lucian. Sacrif. 5; Eust. Op. 115, 52; Karathanasis 9 **21—22** τοὺς — παρεισάγοντας: cf. Cinnam. 70, 20—71,5 **29—31** φιλαυξὴς — χθόνιος: cf. Hom. Δ 442 sq. **36—53** ἐπεὶ — μετακινεῖ: cf. Cinnam. 71, 6 — 72, 4 **39—40** τὰς — δεδιδαγμένοι: cf. Ps. 17, 35

VA = a, P, RMDF = b

18 καὶ om. D **19** τοὺς: τὰς V τῶν om. DF Bekk **20** ῥῆγα post ὑψηλόφρονα add. AP Bekk συσσίτιον R **21** προδόσεων M **23** προβαίνειν P **24** καὶ Ῥωμαίων om. V: (οὐ)ρὰν Ἀλ. κ. Ῥ. hab. i. r. 13 litt. P τινὲς τῶν ὄπισθεν Ἀλανῶν εὑρόντες τινὰς τῶν Ῥωμαίων ἔτυπτον κτλ. B **24** τὰ suppl. P^{mg} **25** παθόντων V ἐξωθεῖται V πολυτάραχος F **29** ἐκορύθετο V ἄνω: αἴων M **33** καὶ post βασιλικὸν add. V **35** ἐξαπτόμενον AP **36** καὶ om. VMD **39** ηὐλίζετο V **43** ἀδελφῷ VM: ἀδελφὸν B δὲ: δὴ R **44** καὶ F^{s}

35 ἐξᾳττόμενον: διερεθιζόμενον (διερκαιζόμενον M) b Bekk πυρὸς παρανάλωμα, ἐν ᾧ κατέλυεν ὁ Ἀλαμανός, καὶ τοὺς συλλαμβανομένους ὑπεδίκαζε θανάτῳ, ἐξέτασιν περὶ τῶν ἀπολωλότων χρημάτων ποιούμενος. καὶ τοῦτο μάχης παραίτιον γίνεται. ἀλλ' ἐπεγέλασε καὶ πάλιν κουροτρόφος εἰρήνη τις, καὶ ἄλλων μὲν ἐκ τῶν ἐν τέλει Ῥωμαίων κατασβεσάντων τὸν πόλεμον, μάλιστα δὲ τοῦ Προσοὺχ ἐξηνυκότος τὸ πᾶν. οὗτος γὰρ τοῖς ποταμοῖς τὸν ἵππον ἀφείς, ᾧ ἔποχος ἦν, οἳ σύντρεις διὰ τῆς ἐκεῖσε λιθίνης γεφύρας διαυλωνίζονται, ὡς τὸν Φρεδερίχον παραγενόμενος ὀργίλως τε τοῦτον ἔχοντα κατεπράϋνε καὶ τῆς γνώμης μετακινεῖ.

Πάλιν οὖν σταθμοί τε ἦσαν εἰρηναῖοι καὶ παρασάγγαι φιλήσυχοι καὶ ἡ ἐς τὰ πρόσω δίοδος εὐδιάλλακτος.

Εἶχε τοίνυν μεθ' ἡμέρας αὐτοὺς ἡ τῶν Χοιροβάκχων πᾶσα ἱππήλατος πηγνύντας στρατόπεδον, οὐ μὴν καὶ βάλλοντας χάρακα· τοῦτο γὰρ δι' ὅλων ἦν αὐτοῖς τῶν σταθμῶν, πισύνοις οὖσι τοῖς παρὰ Ῥωμαίων ὅρκοις καὶ ταῖς ξυμβάσεσι. παραρρεῖ δὲ ταῖς ἐκεῖσε πεδιάσι ποταμὸς οὐ πλατὺς τὸ ῥεῖθρον, οὐ βαθὺς τὴν περαίωσιν, Μέλας τοὔνομα. ἀλλ' οὗτος θέρους μὲν λειψυδρῶν ἐς χαράδραν συνάγεται τεναγώδη, ὅτι μηδὲ διὰ ψαμμώδους πρόεισι γῆς, ἀλλ' ἐριβώλακος ἁπάσης καὶ μέλανος καὶ εἰς βαθεῖαν σχιζομένης ἀρόταις βουσὶν αὔλακα· χειμῶνος δ' ἐφεστῶτος ἢ | ῥαγδαίων ὑετῶν κατενεχθέντων ἐκ μικροῦ μέγιστος γίνεται καὶ προβὰς ἐς βαθυδίνην ἐκ πονηροῦ καὶ λακκαίου ἀνοιδαίνεται ὕδατος καὶ θαλάσσαις θέλων συνεξετάζεσθαι καὶ ποταμὸς οὐκέτ' ἀνεχόμενος εἶναι εἰς φλοῖσβον τραχύνεται καὶ πλωτὸς ἐκ βατοῦ γίνεται καὶ διεκχεῖται εἰς πλάτος. ἀμέλει καὶ διαρριπιζόμενος πνεύμασιν εἰς κῦμα μετεωρίζεται κἀντεῦθεν ἄχνην ἀποπτύων καὶ τῇ γείτονι χέρσῳ ὑβριστὴς προσαράσσων πόνους παρασύρει γεωργῶν, ὁδοιπόρους ἐπέχει τῆς ὁδοῦ, καὶ ὡς ἐπίπαν εἰς χρῆμα ἐπάρατον σχεδιάζεται.

56—89 εἶχε — ἀπώλειαν: nocte 7/8 mens. Sept. a. 1147

---

48 κουροτρόφος εἰρήνη: cf. Hes. Op. 228 **54—55** πάλιν — εὐδιάλλακτος: cf. Cinnam. 72, 15—73, 18 **56—89** εἶχε — ἀπώλειαν: cf. Cinnam. 73, 18—74, 10 **60** Μέλας: τὸ κοινῶς μαυροπόταμον W[mg]

VA = a, P, RMDF = b

45 συλλαβομένους PR Bekk: συλλαμβομένους M τοῦ ἔργου post συλλαβομένους add. P Bekk **46** κατεδίκαζε V **48** ἐκ om. A **49** Προυσοὺχ B Bekk **51** παραγενόμενον F **52** τε: τὰ F **55** ἡ om. P[ac] εὐδιάβατος P Bekk **56** μεθημέραν V **58** πισύνοις οὖσι: πεποιθόσι APSc Ῥωμαίοις MK **60** ὁ λεγόμενος Μαυροπόταμος Sc ἀλλ' οὗτος: οὗτος τοίνυν Bekk **61** μὲν θέρους V λειψυδρομῶν R ξυνάγεται V **62** καὶ μέλανος cum Pb om. A **63** ἀροτῆρσι V **66** εἶναι οὐκέτι πως (πως om. A) ἀνεχόμενος VA **67—68** καὶ alt. — μετεωρίζεται suppl. P[mg]

52 τοῦτον om. b **56** πᾶσα om. b **62** καὶ μέλανος om. P b Bekk

Τότε τοίνυν οὗτος ὁ χειμάρρους ἐξ ὑετοῦ πολὺς καὶ κατακλύζων φανεὶς καὶ νυκτὸς ἐκ τοῦ αἰφνηδὸν ὑπερπλημμύρας, ὡς εἴπερ αὐτῷ οἱ καταρράκται ἀνεῴγεσαν οὐρανοῦ, ἀπάγει τῆς παρεμβολῆς τῶν Ἀλαμανῶν οὐ μόνον ὅπλα καὶ ἵππεια φάλαρα καὶ ἐσθήματα καὶ εἴ τι ἕτερον αὐτοῖς ἐσκευαγώγει τὰ ὑποζύγια, ἀλλὰ καὶ ἵππους καὶ ὀρέας καὶ ἄνδρας ἱπποκορυστάς. καὶ ἦν τὸ θέαμα ἐλεεινὸν καὶ θέλον ἀτεχνῶς δάκρυα, ἄνευ πολέμου πίπτοντες, ἄνευ διώκοντος ἀναιρούμενοι. οὐδὲ τὸ τῆς ἡλικίας σταδιαῖον μικροῦ καὶ πελώριον, οὐδ' ἡ μάχης ἀκόρητος δεξιὰ εἰς ἀποφυγὴν ἐπήρκεσεν αὐτοῖς τοῦ κακοῦ, ἀλλ' ἔπιπτον ὡσεὶ χόρτος καὶ ὡσεὶ φορυτὸς εἰληθερὴς καὶ πόκος ἐρίου κοῦφος παρεσύροντο, καὶ ψαλμικῶς εἰπεῖν, τὰς τούτων ἀπῆρεν ὁ ποταμὸς οὗτος φωνὰς βαρβαρικῶς ἀλαλαζόντων καὶ μέλος ἐνδιδόντων ταῖς σκοπιαῖς καὶ τοῖς γηλόφοις, δι' ὧν παρεσύροντο, ἄγριον ὁμοῦ καὶ ἀνήμερον καὶ οὐχ οἷον τὰ μελιχρὰ τῶν ποιμένων αὐλήματα, ὡς συλλογίζεσθαι τοὺς | ὁρῶντας τὸ τηνικαῦτα συμβὰν μῆνιν ἀπὸ θεοῦ ἄντικρυς εἰς τὸ τῶν Ἀλαμανῶν στρατόπεδον ἐπενσκήψασαν, εἰ οὕτως ἀθρόον ὕδατι κατεπόθησαν, ὡς μηδὲ τὰ ἑαυτῶν ἐκσώσασθαι δυνηθῆναι σώματα. ὕπνωσαν τοίνυν κατ' ἐκείνην τὴν νύκτα οἱ μὲν εἰς θάνατον, οἱ δὲ ὧν εἶχον ἀφανισμὸν καὶ ἀπώλειαν. ὁ δέ γε ῥὴξ κατώδυνος ἐπὶ τῷ συμβάντι τούτῳ γενόμενος, καθυφεὶς δέ τι καὶ τοῦ κόμπου καὶ θαυμάσας, εἰ καὶ τὰ στοιχεῖα Ῥωμαίοις ὑπείκουσι καὶ θελήσασι μόνον ὑπενδιδόασι καὶ αἱ ὧραι παρὰ τούτοις ὅσα καὶ ὑπηρέτιδες δεῆσαν τὰ ἀλλήλων ἀντιπαρέχουσιν, ἄρας ἐκεῖθεν διεπορεύετο.

Ὡς δὲ καὶ εἰς τὴν πόλιν ἠγγίκει τὴν βασιλεύουσαν, εὐθὺς τὴν στρατιὰν εἰς τὸ ἀντιπέραν διαπορθμεύειν ἠναγκάζετο, κἂν ὑπερεφρόνει τὰ πρῶτα καὶ βλακευόμενος ἀπηναίνετο τὴν περαίωσιν, παρὰ τῇ ἑαυτοῦ κεῖσθαι γνώμῃ λέγων τὸ οὕτω δρᾶσαι καὶ μή, τῇ Περαίᾳ ἐναυλιζόμενος, ἥτις τοῦ Πικριδίου κατονομάζεται. ὅθεν ἅπας μὲν ἐρέτης, ἅπαν δὲ πορθμεῖον καὶ ἁλιὰς ξύμπασα καὶ ναῦς ἱππαγωγὸς τὴν τῶν Ἀλαμανῶν ἀμφεπονεῖτο διάβασιν. ὁ δὲ βασιλεὺς καὶ τοῦ πλήθους τῆς στρατιᾶς

---

94 ἠγγίκει: ca. diem 10 mens. Sept. a. 1147

---

73 οἱ — οὐρανοῦ: cf. Gen. 7, 11 **78** ἄνευ — ἀναιρούμενοι: cf. Lev. 26, 36 **82** τὰς — φωνάς: cf. Ps. 92, 3 **88—89** ὕπνωσαν . . . εἰς θάνατον: cf. Ps. 12, 4 **89—91** ὁ — κόμπου: cf. Cinnam. 74, 11—18 **93** ἄρας — διεπορεύετο: cf. Cinnam. 74, 19 **94—3** εὐθὺς — κατονομάζεται: cf. Cinnam. 74, 19—80, 9 **5—9** ὁ — ἐπανέλυσαν: cf. Cinnam. 69, 15—20

VA = a, P, RMDF = b

72 τοίνυν: τοιγαροῦν Bekk **72—73** ἐξ — ὑπερπλημμύρας om. V **73** ἐκπλημμύρας D **74** ἀνεῴγεισαν V **80** ἀπήρκεσεν M **82** ἐπῆρεν V alt. m. D^{s}: ἀπῆρε hab. B **83** καὶ alt. om. M **84** δι' ὧν παρεσύροντο: ἐν οἷς ἀπεπτύοντο A$^{mg\gamma\rho}$P ᾄδουσι post οἷον add. AP Bekk **85** συνορῶντας Bekk **87** ἐπισκήψασαν P ὕδασι V αὐτῶν AP **89** ὧν: ὃν F **90** ξυμβάντι V **91** βραχύ post κόμπου add. P Bekk **95** κἂν: καὶ R **3** τοῦ: τῶν V ἀπογραφέας ἐφίστησιν, ἀνὰ πᾶσαν ἀποτάξας ἀναγωγὴν τοὺς ἐκείνῳ σημανοῦντας τὴν κατ' ἄνδρα περαίωσιν. ἀλλ' ἦν τὸ πλῆθος ὑπερπεπαικὸς τὴν ἀπογραφήν, καὶ διὰ τοῦτο οἱ τῇ ὑπουργίᾳ ταύτῃ ἐφεστηκότες, ἀπειπόντες πρὸς τὸ πλῆθος, ἄπρακτοι ἐπανέλυσαν.

Οὕτως τοίνυν ἀγαπητῶς τοῖς Ῥωμαίοις ὡσεί τινος οὐρανίου δείματος ἀπαισίου τοῦ ῥηγὸς εἰς | τὴν ἑῴαν λῆξιν διαβάντος, ἐφομαρτησάντων δὲ τούτῳ μετὰ βραχὺ καὶ ὅσοι τῶν ἐκ τοῦ γένους τῶν Φράγγων αὐτῷ συνανέβησαν, ὁ βασιλεὺς καὶ πάλιν τῆς αὐτῆς εἴχετο τῶν οἰκείων χωρῶν προμηθείας, ἧς καὶ πρώην ἐξήρτητο. οὐκ ἠμέλει δὲ καὶ οἷς οὗτοι τραφήσονται, ἀλλ' ἐφ' ὁδοῦ τὰ ὤνια καὶ αὖθις προυβέβληντο. ἐν μέντοι τοῖς τῶν χωρίων ἐπικαίροις καὶ ταῖς τῶν παρόδων στεναῖς λόχοι παρὰ Ῥωμαίων ἐφίζανον, δόξαν οὕτω τῷ Μανουήλ, καὶ οὐκ ὀλίγους ἐκ τῶν στρατοπέδων τούτων κατέκαινον. ἀλλὰ καὶ τὰς πύλας τῶν πόλεων ἐπιζυγοῦντες οἱ ἀστοὶ οὐκ ἀγορῶν τοῖς Ἀλαμανοῖς μετεδίδοσαν, σχοίνους δὲ τοῦ τείχους ἀποκρεμῶντες ἀνεῖλκον πρότερον τὸ ὑπὲρ τοῦ ἀποδιδομένου κατατιθέμενον τίμημα, ἔπειτα διαχαλῶντες ὅσον ἠβούλοντο, εἴτε ἄρτος ἦν τὸ πωλούμενον, εἴτε τι βιώσιμον ἕτερον, εἴων ἄθεσμα δρῶντες κατ' αὐτῶν ἐπαρωμένους τὸν παντέφορον ὀφθαλμὸν ὡς μὴ χρωμένων σταθμοῖς δικαίοις μηδ' οἰκτειρόντων αὐτοὺς ὡς ἐπήλυδας, μήτε τι κατατιθεμένων ὡς ὁμοπίστοις οἴκοθεν, μᾶλλον μὲν οὖν καὶ προσαφαρπαζόντων ἐκ τοῦ σφῶν φάρυγγος ὅσα πρὸς σύστασιν σώματος. οἱ δὲ χείριστοι τῶν οἰκητόρων καὶ ὅσοις τὸ ἀπάνθρωπον περιεσπούδαστο οὐδὲ τὸ βραχύτατον γοῦν διεχάλων, ἀλλὰ τὸ χρυσίον ἀναρειψάμενοι ἢ τὸ ἀργύριον ἀνιμησάμενοι καὶ τῷ κόλπῳ ἐνθέμενοι ἀφανεῖς ἦσαν, οὐκέτι ἐν τοῖς μεσοπυργίοις ἐποπτανόμενοι. εἰσὶ δ' οἳ καὶ τοῖς ἀλφίτοις ἐμφύροντες τίτανον ἐποίουν τὰ σῖτα ὀλέθρια.

Τοῦτο δὲ εἰ μὲν | ἀληθῶς ὁ βασιλεὺς ἐπέταττεν, ὡς ἐλέγετο, ἀκριβῶς οὐκ ἴσημι· παρηνομεῖτο δ' οὖν ὅμως καὶ ἀνοσίως ἐπράττετο. ὃ δὲ τοῦ

---

11 διαβάντος: ca. diem 15 mens. Sept. a. 1147

11—13 ἐφομαρτησάντων — συνανέβησαν: cf. Cinnam. 82, 5—83, 13 **23** τὸν παντέφορον ὀφθαλμόν: cf. Nic. Or. 199, 16

VA = a, PW (ab 20 ἀνεῖλκον), RMDF = b

6—7 ἐκείνω σημανοῦντας A[mg]: ἀπογράφοντας VA **8** ὑφεστηκότες V: ἐφεστῶτες P **10** οὔτω Bekk καὶ post ὡσεὶ add. AP δείγματος P[ac]MF Bekk **11** ἐς V ἑῶον F **12** τούτων R **18** τούτων om. R κατέβαλων M **21** ἐβούλοντο Bekk **22** τι om. V **23** (ἐπαρωμ)ένων P[ir] Bekk **23—24** δικαίοις σταθμίοις V **25** οὖν om. M **25—26** ἐκ τοῦ σφῶν: αὐτῶν τοῦ V **27** βραχὺ V **28** ἀναρειψάμενοι om. V: (ἀναρ)υό(μενοι) P[ir]: an est in ἀνερειψάμενοι corrigendum? ἀργύρεον VAW **29** μεσοπυργίοις: τῶν πύργων θωρακίοις V **30** ἐμφύραντες W Sc

19 ἀστικοὶ b: ἀστυκοὶ Bekk

βασιλέως βούλευμα ἦν οὐκ ἀμφίλογον οὐδὲ ψεύδους παραπετάσματι σκιαζόμενον, ἀργύριον ἀδόκιμον εἰς νόμισμα κόπτεται καὶ τοῦτο προβάλλεται τοῖς ἐκ τοῦ τῶν Ἰταλῶν στρατεύματος ἀποδόσθαι τι θέλουσι. καὶ συντόμως εἰπεῖν, οὐδὲν ἀπῆν τῶν δεινῶν, ὃ οὐκ ἦν αὐτὸς ἐπιτεχνώμενος βασιλεὺς καὶ τοῖς ἄλλοις δρᾶν διακελευόμενος, ὡς ἂν εἴη ταῦτα καὶ τοῖς ἐξ αὐτῶν ὀψιγόνοις μνημεῖα δήπουθεν ἀνεξάλειπτα καὶ δέους σπέρματα τὴν κατὰ Ῥωμαίων ἐκτρέποντα κίνησιν.

Παρόμοια δὲ καὶ τοῖς Τούρκοις ἐπῆλθε ποιεῖν κατὰ τῶν Ἀλαμανῶν, τοῦ Μανουὴλ αὐτοὺς ἐπαλείφοντος γράμμασι καὶ διανιστῶντος εἰς πόλεμον. τοίνυν περὶ τὸν Βαθὺν ὑπερτερήσαντες, Μαμπλάνου τινὸς ἡγουμένου τοῦ σφῶν στρατεύματος, πολλοὺς διέφθειραν. ἐπεὶ δὲ καὶ τῇ μοίρᾳ ἐπέθεντο, ἣ τὴν Φρυγίαν παρώδευεν, εἰς κενὸν αὐτοῖς τὸ βούλευμα ἔσχασε καὶ τὸν ὄλεθρον ἑκουσίως κατὰ τῶν κεφαλῶν αὐτῶν, καὶ πόρρωθεν ὄντα, μετάπεμπτον ἀτεχνῶς ἐποιήσαντο καὶ εἰς βόθυνον κατώλισθον, ὃν ταῖς οἰκείαις χερσὶν ἐβάθυναν. τῷ τοι καὶ δέον ὂν μηδὲν παρενοχλοῦντας οὐχὶ λυπεῖν μηδ' ἀναγκάζειν τὸ τοῦ θυμοῦ θηρίον ἀφυπνίζειν τῷ τέως κοιμώμενον ἢ πρὸς ἀνδροκτασίας διαρρενοῦν, οἱ δὲ εἰς φάλαγγας πυκνωθέντες καὶ ταῖς ὄχθαις ἐφεστῶτες τοῦ ποταμοῦ | (Μαίανδρος οὗτος ἦν) οὐκ εἴων ὅλως τὰ Λατινικὰ στρατεύματα διελθεῖν. ἔστι δ' οὗτος καὶ τὸν ἕτερον μὲν ἅπαντα χρόνον οὐ ῥᾴδιος ἁπανταχῇ τὴν περαίωσιν, τότε δὲ καὶ τέλεον ἦν ἄπορος, εἰς δίνας ἑλιττόμενος καὶ μεταχωρῶν εἰς στροφάλιγγας. ὅτε κἀκ τῶν πραγμάτων αὐτῶν αἱ δυσμικαὶ δυνάμεις ὑπέδειξαν ὡς αὐτῶν ἀνεχομένων αἱ φάλαγγες Ῥωμαίων εἰς προνομὴν οὐκ ἐξέκειντο καὶ αἱ τούτων πόλεις ἀδήωτοι παριππεύοντο οὐδὲ βοσκημάτων δίκην οἱ τούτων οἰκήτορες ἀναιρούμενοι ἐσφακέλιζον· ὡς γὰρ τῇ ὄχθῃ τοῦ ποταμοῦ

43—44 τοίνυν — διέφθειραν: die 26 mens. Oct. a. 1147 **58** ὡς γάρ etc.: id factum est per dies 31. 12. 1147—1. 1. 1148. Crucigeri, de quibus hic (inde a lin. 44 ἐπεί) agitur, non sunt alemanni cum rege Conrado, ut Nicetas credere videtur, sed franci cum rege Ludovico VII

43—44 τοίνυν — διέφθειραν: cf. Cinnam. 81, 10—82, 4 **47—48** εἰς — ἐβάθυναν: cf. Ps. 7, 16; Prov. 26, 27 **49—50** μηδ' — κοιμώμενον: cf. prov. μὴ κινεῖν κακὸν εὖ κείμενον Diogen. 6, 54

VA = a, PW, RMDF = b

35 νομίσματα V παραβάλλεται R **36** ἀποδίδοσθαι VK **37** αὐτὸς: αὐτοῖς A^s P ἐπιτεχνώμενος αὐτοῖς Bekk: ἐπιτεχνώμενος ἦν τούτοις Sc ὁ βασ. Bekk **38** βασιλεὺς — τοῖς alt. i. r. 22 litt. et mg. P **41** ποιεῖν ἐπῆλθε W **42** τοῦ: τοῖς F ἀπαλείφοντος W **43** καὶ τοίνυν APW Bekk περὶ: ὑπὲρ M Παμπλάνου K Bekk **44** τὴν μοῖραν R **45** ἥτις APW Bekk τῇ Φρυγίᾳ DF βούλημα V **47** ἀτεχνῶς om. V **48** ὃν: ἦν R: ὂν M om. Bekk **49** τῷ: τὸ Bekk **50** ἀρρενοῦν V **51** ἐφεστῶτες: προσρυέν(τες) in chart. rest. tert. m. descr. W: πυκνωθέντες D **52** ὁ ποταμὸς post οὗτος add. V ἕτερον: ἄλλον V: om. B Bekk **53** ἁπανταχοῦ D Bekk **54** ἐς pr. vice V **55** αὐτῶν: εἰς αὐτὸν et **56** εἰς προνομὴν om. M

35 κέκοφε b Bekk **37** αὐτὸς om. b **38** καὶ — διακελευόμενος om. b προσάγοντος τοῦ ῥηγὸς οὔτε νῆες παρῆσαν ποτάμιαι, οὔτε γέφυρα πρὸς διάβασιν ἔζευκτο καὶ οἱ Τοῦρκοι ἀναμὶξ πεζοὶ καὶ ἱππεῖς ἐς τὸ ἀντιπέραν φαινόμενοι δῆλοι ἦσαν ἀκροβολίζοντες καὶ τὰ τοξεύματα διικνεῖτο τῶν παριόντων τὸν ποταμὸν καὶ ἐνέπιπτον εἰς τὸ τῆς φάλαγγος μέτωπον, τότε μὲν ὀλίγον ἐπαναγαγὼν ἀπὸ τῆς ὄχθης τοῦ ποταμοῦ στρατοπεδεύεται, ὅσον μὴ εἶναι βέλους ἐντός, καὶ ἐπιτάττει πάντας δειπνοποιήσαντας ἱπποκορυστὰς γενέσθαι καὶ τῶν ἁρμάτων αὐτῶν ἐπιμεληθῆναι ὡς ἐς νέωτα τοῖς Τούρκοις πολεμησείοντας πρωϊαίτερον.

Σκοταῖος τοίνυν διαναστὰς καὶ τοῦ ἡλίου μήπω τὸ ἅρμα ζεύξαντος αὐτός τε ὡς πρὸς πόλεμον ἔσταλτο καὶ ἡ λοιπὴ τὰ ὅπλα ἐνεδέδυτο στρατιά. καὶ οἱ βάρβαροι ὁμοίως διαπραττόμενοι καὶ αὐτοὶ παρετάττοντο τούς τε τοξότας τῇ ὄχθῃ παρέτεινον καὶ τὸ ἱππικὸν ὡς αὐτοῖς ἐδόκει παρε|σκευάζετο καὶ τοῦ ἀκροβολίζειν εἴχοντο, εἴ ποτε προυχώρουν οἱ Ἰταλοὶ κατὰ τὸν ποταμόν· ὅτε καὶ τὰς τάξεις ἐπιπαριὼν ὁ ῥὴξ καὶ παρακλήσεις τοῖς σφετέροις ποιούμενος τοιάδε ἔφασκεν·

„Ὅτι μέν, ὦ συστρατιῶται, ἡ ἡμετέρα αὕτη κίνησις διὰ Χριστὸν καὶ ὡς εἱλόμεθα τὴν προκειμένην μὴ τὴν ἐξ ἀνθρώπων ἀλλ᾿ ἐκ θεοῦ δόξαν θηρώμενοι, ἴστε δήπουθεν καὶ ὑμεῖς ἅπας σαφῶς, πῶς γὰρ οὔ; οἱ τούτου ἕνεκα τοῖς μὲν ἐπ᾿ οἴκου ἐνευπαθεῖν ἀπειπάμεθα καὶ τῶν οἰκείων ἑκουσίως ἀπεξενώμεθα καὶ διὰ τῆς οὐκ ἐνδαπῆς παροδεύοντες θλίψεσι προσομιλοῦμεν, κινδύνοις παραβαλλόμεθα, λιμῷ τηκόμεθα, κρύει πηγνύμεθα, θαλπωρῇ ἐκλυόμεθα, κλιντῆρα ἔχομεν τὴν γῆν, στέγην τὸν οὐρανόν, οἱ εὐγενεῖς, οἱ εὐπάρυφοι, οἱ ἐπὶ δόξης καὶ πλούτου καὶ πολλῶν ἐθνῶν κυριεύοντες, τὰς δὲ πολεμικὰς σκευὰς ἐς ἀεὶ περικείμεθα ὥσπερ ἀκούσια δεσμὰ καὶ κάμνομεν αὐτὰς ἀνέχοντες ὡς ὁ τῶν ὀπαδῶν Χριστοῦ μέγιστος Πέτρος τὸ παλαιὸν ἁλύσεσι διτταῖς κακουχούμενος καὶ τέσσαρσι στρατιωτῶν τετραδίοις φρουρούμενος. ὅτι δὲ καὶ οἱ ὡς ἐν μεταιχμίῳ τῷ πορθμῷ τούτῳ ἀποδιιστάμενοι ἡμῶν βάρβαροι ἐχθροί εἰσι τοῦ σταυροῦ τοῦ Χριστοῦ, οἷς πάλαι νόμῳ πολέμου συμβαλεῖν ἐγλιχόμεθα καὶ ὧν τοῖς αἵμασι Δαυιτικῶς ἐπηγγελλόμεθα νίψασθαι, οὐδὲ τοῦτο | φιλοκρινεῖν

---

75 μὴ — θηρώμενοι: cf. 1 Th. 2, 6 **83—85** ὡς — φρουρούμενος: cf. Act. 12, 4
86 ἐχθροὶ — σταυροῦ: cf. Phl. 3, 18 **87—88** ὧν — νίψασθαι: cf. Ps. 57, 11

VA = a, PW, RMDF = b

59 παρῆσαν: ἦσαν VB **60** εἰς WD **61** φαινόμενοι: φερόμενοι R **62** ἐς F **64** δειπνοποιήσαντες om. M **65** αὐτοῖς P ἐς om. P **66** πολεμήσοντας Bekk **67** σκοταῖος: κνεφαῖος V ἀναστὰς V: (τοίν)υν διαν(αστὰς) i. r. 4 litt. P **68** ἀνεδύετο V **69** δ᾿ ὁμοίως AW **71** ἀκροβολισμοῦ Bekk **74** αὕτη: αὐτὸ suppl. R^s αὐτοκίνησις M **75** ἀλλὰ τὴν V ἐκ: ἐξ αὐτοῦ τοῦ W **76** ἴσησι Bekk ὑμῶν A^sPW Bekk **77** ἀνευπαθεῖν W **78** οὐχ ἡμεδαπῆς Bekk τέτρασι W **85** φορούμενος R δὲ om. P^{ac}DF ὡς om. V **86** τούτῳ om. V **88** δαυιδικῶς constanter Bekk ἐπαγγελλόμεθα DF^{ir}

77 ἑκόντως b Bekk **80** ἔχοντες b Bekk **84** τὸ παλαιόν: πάλαι b Bekk **87** πάλαι om. b ἐθελήσει τις, εἰ μὴ προδήλως παρακοπεὶς τὸ φρονεῖν ὁρῶν ἄντικρυς οὐχ ὁρᾷ καὶ ἀκούων οὐδαμῶς ἐνωτίζεται.

Εἴπερ οὖν τῆς εὐθὺ τῶν ἀθανάτων μονῶν πορείας μέλον ὑμῖν (οὐδὲ γὰρ ἄδικος ὁ θεός, ὡς μὴ τὸ τῆς ὁδοῦ ταύτης ὁρᾶν αἰτιώμενον, μηδ' ἀκηράτων μεταδιδόναι λειμώνων καὶ σκιερῶν ἐν τῇ Ἐδὲμ καταπαύσεων οἳ τὰ οἴκοι καταλιπόντες ἀνθειλόμεθα τοῦ ζῆν τὸ ὑπὲρ αὐτοῦ θανεῖν) καὶ εἰ μνήμη δέ τις ὑμᾶς ὑπεισέρχεται ἃ καθ' ὥραν οἱ ἀπερίτμητοι οὗτοι τὴν καρδίαν εἰς τοὺς ἐκ τοῦ γένους παροινοῦσιν ἡμῶν καὶ οὓς αὐτοῖς ἐπιτρίβουσι κονδύλους ταῖς φρεσὶν ἀναφέρετε καὶ τοῦ ἐκκεχυμένου ἀνευθύνως αἵματος μαλάσσει τις ἔλεος, στῆτε γενναίως ἄρτι καὶ ἐρρωμένως διαγωνίσασθε. μηδέ τι δέος ἐκπλῆσσον ἐκκρουέτω τοῦ καθηκόντως ἀμύνεσθαι. γνώτωσαν ἀληθῶς οἱ ἀλλόφυλοι ὡς, ὅσον Χριστὸς ὁ καθηγητὴς ἡμῶν καὶ διδάσκαλος ὑπέρκειται προφήτου λαοπλάνου καὶ μυοῦντός σφας τὰ ἀπόβλητα, τοσοῦτον καὶ ἡμεῖς αὐτῶν κατὰ πάνθ' ὑπερφέρομεν.

Ἐπεὶ οὖν παρεμβολὴ ἁγία ἡμεῖς καὶ στρατὸς θεόλεκτος, μὴ δὴ φιλοψυχήσωμεν ἀγεννῶς πρὸς φιλόχριστον καὶ ἀείμνηστον τελευτήν. εἰ Χριστὸς ὑπὲρ ἡμῶν ἀπέθανε, πόσῳ ἡμεῖς τεθνάναι δι' αὐτόν ἐσμεν δικαιότεροι; ἀγαθῆς ταυτησὶ πορείας ἀγαθὸν ἔστω καὶ τέλος ἐφομαρτοῦν. μαχεσώμεθα μετὰ τῆς ἐν Χριστῷ πεποιθήσεως καὶ τοῦ εὖ εἰδέναι ὡς τοὺς ἐχθροὺς τροπωσόμεθα, ὅτι μηδὲ δυσχερὴς ἡ νίκη γένοιτο οἷα μηδένων ὑποστησομένων τὴν | προσβολήν, ἀλλὰ πάντων ἐνδωσόντων καὶ πρὸς τὴν πρώτην ὁρμήν. εἰ δ', ὅπερ ἀπείη, πεσούμεθα, καλὸν ἐντάφιον τὸ ὑπὲρ Χριστοῦ τελευτᾶν. βαλέτω με τοξότης Πέρσης ὑπὲρ Χριστοῦ· ἀφυπνωτέον μετ' ἐλπίδων χρηστοτέρων εἰς θάνατον καὶ ὅσα ὀχήματι τῷ βέλει χρηστέον πρὸς τὴν ἐκεῖ κατάπαυσιν, ἀλλὰ μὴ θανὴ προαρπασάτω ἴσως ἀκλεὴς καὶ ἐφάμαρτος.

89—90 ὁρῶν — ἐνωτίζεται: cf. Is. 6, 9; Mat. 13, 13 sq. **91** τῶν — μονῶν: cf. Joh. 14, 2 **95—1** οἱ — καρδίαν: cf. Act. 7, 51 **10** Χριστὸς — ἀπέθανε: Rom. 5, 8 **15—16** καλὸν — τελευτᾶν: cf. Isocr. 6, 45; Procop. Bell. Pers. I, 24, 37

VA = a, PW, RMDF = b

89 ἐθελήσειε V **91** μονῶν om. D[ac] μέλλον VAWRD[pc]?KN οὐδὲ: οὐ PNSc **94** ἀποθανεῖν V **2** ἀνευθύνου V **4** μηδέ: καὶ μηδέ A: μηδέν P: μή W καθήκοντος R ἀμύνεσθε RM: ἀμύνασθαι DFK Bekk ὅσον: ὁ M **6** σφᾶς om. VB **7** ἀπόβλητα: ἄτοπα VB: ἀποβλήματα F καὶ om. P **8** δὴ om. V Bekk **9** ἀγεννῶς om. VB τελευτήν: ταφήν M **11** καὶ τέλος ἔστω W **12** μαχεσόμεθα AWR[ac]MDF: ἀγωνισώμεθα B πεποιθήσεως: πίστεως R **13—14** μηδενὸς ὑποστησομένου V **14** ὡς πεποίθαμεν post προσβολὴν add. AW Bekk: id., sed (προσ)βολὴν — πάντων i. r. 20 litt. P **15** τὸ om. P **18** θανή: θάνατος Bekk

89 θελήσει (D[ac]: ἐθελήσει D[pc]) b Bekk **5** ἀλλὰ ante γνώτωσαν add. b Bekk

Ἤδη ποτὲ τισώμεθα τούτους, ὧν οἱ καθ' αἷμά τε καὶ ὁμόπιστοι ποσὶ κεχραμένοις ὡς εἰς κοινὸν εἰσεληλύθασι τόπον τὸν ἱερόν, ἐν ᾧ νεκροῖς ὁμόσκηνος γέγονεν ὁ σύγχρονος πατρὶ καὶ ὁμόθρονος. ἡμεῖς ἐσμεν οἱ δυνατοὶ καὶ διεσπασμένοι πάντες ῥομφαίαν καὶ ὡς κλίνην περιέποντες Σολομώντειον τὸν ζωοδόχον τάφον καὶ θεοδέγμονα. τοὺς ἐκ τῆς Ἄγαρ τοίνυν τῆς δουλίδος ἐκποδὼν οἱ ἐλεύθεροι ποιησώμεθα καὶ ὡς λίθους προσκόμματος τῆς ὁδοῦ ἐξάρωμεν τοῦ Χριστοῦ, οὓς οὐκ οἶδ' ὅπως Ῥωμαῖοι ὡς ἐπισφάγια ἑαυτοῖς ἐκτρέφουσι λυκιδεῖς καὶ τοῖς οἰκείοις ἀγεννῶς πιαίνουσιν αἵμασι, δέον ἀλκὴν ἀναλαβόντας καὶ λογισμὸν ἔμφρονος ἀνδρός, ὡς θῆρας ἐκ ποιμνίων, τῶν οἰκείων ἀπελάσαι χώρων καὶ πόλεων.

Ἐπειδὴ δὲ καὶ ὁ ποταμὸς οὗτος, ὡς ἔστιν ὁρᾶν, οὐκ ἄλλως περάσιμος, εἰ μὴ καινοτέραν ἀνοίξει τις πάροδον, αὐτὸς ἐγὼ καὶ τὸ κατὰ τοῦτον εἰσηγήσομαι γενησόμενον καὶ τοῦ εἰσηγηθέντος πρῶτος κατάρξομαι. ἐς ὁμαιχμίαν μίαν φραξάμενοι καὶ ταῖς χερσὶ δόντες τὰ δό|ρατα διεξιππασώμεθα σὺν ῥύμῃ τοῦ ποταμίου τοῦδε ῥεύματος καὶ ἐς αὐτὸ ἐμβάλωμεν μεθ' ὁρμῆς· καὶ στήσεται, οἶδα σαφῶς, τὸ ὕδωρ ἀναχασθὲν καὶ τοῦ κατ' εὐθυωρίαν ἀνακοπήσεται προρρέειν ὥσπερ ἐπαναστραφέν, καθὰ καὶ πάλαι ῥοῦς Ἰορδάνειος τῷ Ἰσραὴλ πεζευόμενος. καὶ εἴη ἂν τὸ ἔργον τοῦτο καὶ διανόημα τοῖς ὀψιγόνοις ἀοίδιμον, χρόνῳ μὴ διακοπτόμενον, οὐ λήθης ἐξίτηλον ῥεύματι, καὶ κατάγελως πλατὺς τῶν Περσῶν, ὧν τὰ κῶλα περὶ τουτονὶ πεσοῦνται τὸν ποταμὸν ἐς κολωνὸν αἰρόμενα καὶ ὡς τρόπαιον προφαινόμενα εἰς κλέος ἡμῶν αὐτῶν ἀθάνατον."

Τοιαῦτα παρακελευσάμενος καὶ τὰ σημεῖα τῆς μάχης ἀναδείξας αὐτός τε τὸν ἵππον ἐφῆκε, συχνὰ μυωπίζων τε καὶ ἐγκελευόμενος ὡς τὸν ποταμὸν μετὰ ῥύμης διαβησόμενος, καὶ οἱ λοιποὶ δὲ παιανίσαντες καὶ τὸ σύνηθες ἀλαλάξαντες ἐχώρουν ὁμόσε, πυργηδὸν ταξάμενοι καὶ πυκνώσαντες ἑαυτοὺς καὶ ἀθρόοι ἐξιππαζόμενοι, ὡς τοῦ ποταμίου χεύματος τὸ μὲν ἐς

22—24 οἱ — Σολομώντειον: cf. Cant. 3, 7 sq. **24—25** τοὺς — ποιησώμεθα: alludit ad Gal. 4, 21 sqq. **25** λίθους προσκόμματος: cf. Is. 8, 14; Rom. 9, 32 **26—27** οὓς — λυκιδεῖς: cf. Theocr. 5, 38 **37—38** καθὰ — πεζευόμενος: cf. Ios. 3, 7 sqq.

VA = a, PW, RMDF = b

21 εἰς om. V καινὸν M ᾧ: οἷς D νεκρὸς R **22** τῷ πατρὶ W **25** λίθον P^ac Bekk **27** ἐπὶ σφάγια Bekk ἑαυτοῖς V: ἑαυτοὺς rel. Bekk οὓς οὐκ οἶδα, πῶς οἱ Ῥωμαῖοι βασιλεῖς ὡς λύκους τούτους ἐκτρέφουσιν B ἐκτρέπουσι R: ἐντρέφουσι M **28** ἀγεννῶς: ἀκλεῶς APW **29** χωρῶν V Bekk **33** πρώτως M Bekk **34** φραξάμενοι μίαν P Bekk διϊπασώμεθα V **35** τούτου M **36** ὕδωρ: ῥεῖθρον V, non vero B ἀνασχασθὲν W **37** εὐθυστορίαν R^ac ? M **38** ὁ Ἰορδάνειος Bekk **39** μὴ διακοπτόμενον suppl. A^mg **40** καὶ γοῦν V **42** αὐτῶν om. R **43** τὰ om. V **44** μυωπάζων V

28 ἀγεννῶς: δυσκλεῶς b Bekk

τὴν χέρσον ἐκτιναχθῆναι ταῖς τῶν ἵππων χηλαῖς, τὸ δὲ διακοπῆναι καὶ τῆς πρόσω στῆναι φορᾶς, ὡς εἴπερ εἰς ἀνάρρουν παρὰ φύσιν ἀνέλυεν ἢ καὶ εἰς τοὐπίσω ἀνεστοιβάζετο, αὐτοὺς δὲ ὡς διὰ ξηρᾶς ὑγροποροῦντας παρὰ δόξαν τοῖς Πέρσαις ἐπεισπεσεῖν. ὅτε καὶ μὴ ἔχον τὸ βάρβαρον φυγῇ τὴν σωτηρίαν ὑποκλέψαι γοῦν (διωκόμενοι γὰρ κατελαμβάνοντο, μηδὲ | τῶν ἵππων αὐτοῖς ἐπαμυνόντων, κἂν ἦσαν ὠκύποδες καὶ ἐπ' ἄκρων ἀνθερίκων μικροῦ θέοντες) ἢ ὁμόσε χωρεῖν τοῖς 'Αλαμανοῖς κατὰ μάχην ἀγχέμαχον, ἐκρεανομοῦντο ποικίλως καὶ ἐπ' ἄλλῳ ἄλλος ἔπιπτον ὡς ἀστάχυες, εἴτ' οὖν ὡς ῥᾶγες αἷμα τὸ ζωτικὸν ἀπεθλίβοντο τοῖς λογχηφόροις ληνοβατούμενοι. οἱ μὲν γὰρ δόρασι διηλαύνοντο, οἱ δὲ τοῖς τῶν ξιφῶν ἐπιμήκεσιν ἀπεχώρουν διχῇ διαιρούμενοι, καὶ μάλιστα τὸ ψιλὸν αὐτῶν καὶ γυμνὸν τοῦ στρατοῦ, οἱ δὲ τοῖς ξιφιδίοις παρασταδὸν οὐταζόμενοι ἀνετρέποντο, τὰς χολάδας τοῦ χαλκοῦ διεκχέοντος, ὡς τοὺς πεσόντας Πέρσας τὰ ἐκεῖσε καλύψειν πεδία τοῖς πτώμασιν ἀκριβῶς καὶ ὑπεράντλους τὰς φάραγγας θεῖναι τοῖς αἵμασι, τῶν δὲ 'Ιταλῶν βληθῆναι μὲν ἀπὸ τόξων πολλούς, καταβληθῆναι δὲ καὶ ἀφυπνῶσαι βραχεῖς εἰς θάνατον.

Καὶ μαρτυροῦσι τὸ τῶν πεσόντων ἐς δεῦρο πολύποσον οἱ τῶν ὀστέων σωροὶ οὕτω συχνοὶ καὶ μετέωροι ὄντες καὶ κατὰ τὰ ἀνεστηκότα γήλοφα ἐπαιρόμενοι, ὡς θαῦμα κεῖσθαι καὶ ἄλλοις μὲν ὁπόσοι τῆς ἐκεῖσε φερούσης ἥψαντο, κἀμοὶ δὲ τῷ ταῦτα συγγράφοντι. ὁποῖαι μὲν οὖν ἦσαν τῶν θριγγῶν αἱ περίμετροι, οἳ τῶν Κίμβρων τοῖς ὀστέοις τὰς τῶν Μασαλιητῶν ἀμπέλους περιεφράγμωσαν Μαρίου τοῦ 'Ρωμαίου τοὺς βαρβάρους καταστρεψαμένου, εἰδεῖεν ἂν σαφέστατα ὅσοι τὸ καινὸν ἐκεῖνο ἔργον ὀφθαλμοῖς διειλήφεσαν καὶ τοῖς λοιποῖς εἰς ἀκοὴν ὠτίου παρέπεμψαν· τὸ δὲ νῦν τοῦτο καὶ ὑπὲρ ἐκεῖνο δήπουθεν, εἴγε μὴ μεγαλοφωνία ἦν τὰ κατὰ Κίμβρους | ἱστορικὴ τὴν φύσιν ὑπερφωνοῦσα καὶ εἰς μῦθον ἐκπίπτουσα.

Τὸ δ' ἐκ τούτου ἀπόλεμος αὐτοῖς ἦν ἡ πορεία, οὐδένα τῶν βαρβάρων εἰς προὖπτον ἀντίπαλον φαίνουσα.

53—54 ἐπ' — θέοντες: cf. Hom. Υ 227 **67—70** ὁποῖαι — καταστρεψαμένου: cf. Plut. Mar. 21

VA = a, PW, RMDF = b

49 στῆσαι R καί: γοῦν V **51** παραδόξως D ὅτε: ὥστε W φυγῇ om. V **53** καί: ἢ μὴν A^mg^P, ubi καὶ suppl. i. mg. **54** ἤ: μηδ' AP^ac^W: ἢ μηδ' P^pc^ **55** στάχυες VK **56** λογχοφόροις APWRM **60** διεκχέοντες R καλύψαι Bekk **11** ἀκριβῶς: ἀτεχνῶς V φάλαγγας W **64** είς R **65** τὰ om. V **66** γεώλοφα A^ac^ WRDF Bekk: γεώλοφοι M **68** οἳ: αἳ D **69** Μασαλιητῶν D Bekk: 'Ισμαηλιτῶν V: Μασσαλιητῶν APWR: Μασσαλιτῶν M: Μασαληιτῶν F τῶν 'Ρωμαίων R **71** ἔργον om. D παρειλήφεσαν V **73** Κίμβρον P: Κύμβρους F **75** τὸ ἀπὸ τοῦδε V: τὸ δὲ ἀπὸ τότε B **76** φαίνουσα: φέρουσα D

ΤΟΜΟΣ ΔΕΥΤΕΡΟΣ ΤΗΣ ΒΑΣΙΛΕΙΑΣ ΜΑΝΟΥΗΛ ΤΟΥ ΚΟΜΝΗΝΟΥ

Καὶ τοιούτοις μὲν οἱ τῶν Ἰταλῶν παῖδες ἀγῶσιν ἐγγυμνασάμενοι τὴν Κοίλην Συρίαν κατέλαβον. ἐν ᾧ δὲ τὴν ἐπὶ τῶν Ἱεροσολύμων οὗτοι ἐβάδιζον, παρημειφότες μὲν τὰ Ῥωμαίων ὅρια, τῆς δ᾿ ἄνω Φρυγίας ἁπτόμενοι Λυκαονίας τε καὶ Πισιδίας, αἳ πάλαι μὲν Ῥωμαίοις ὑπέκειντο, νυνὶ δὲ ἀνεῖνται βαρβάροις καὶ δορύκτητοι παρ᾿ αὐτῶν καρπίζονται μαλακίᾳ πάντως καὶ οἰκουρίᾳ τῶν τὰ Ῥωμαίων διεπόντων πράγματα, μὴ περὶ πλείστου τιθεμένων μογεῖν καὶ προκινδυνεύειν ὧν ὑπερκάθηνται, ὁ αὐτοκράτωρ Μανουὴλ διεσκοπεῖτο, πῶς ἂν τοὺς Σικελοὺς μετελεύσεται, δίκην πραξάμενος ὧν ἀπανθρώπως εἰς Ῥωμαίους ἔπραξαν, τήν τε Κερκυραίων ἄκραν, ἣ νῦν ἐπικέκληται Κορυφώ, τῆς ἐκ τούτων | ἀπαλλάξῃ φρουρᾶς.

Ὁ γὰρ δὴ τῆς Σικελίας τότε κρατῶν Ῥογέριος, εἴτε καθ᾿ ὁμολογίαν μετὰ τοῦ τῶν Ἀλαμανῶν προβᾶσαν ῥηγός, ὡς ἐλέγετο, εἴτε αὐθαιρέτως ὁρμώμενος, σύνδρομον ποιεῖται διὰ ταχυναυτουσῶν νηῶν τῇ τῶν Ἀλαμανῶν κινήσει τὴν τῶν παρακτίων Ῥωμαϊκῶν χώρων καταδρομήν. ἀπάρας τοίνυν ἐκ Βρεντησίου στόλος τῇ τῶν Κερκυραίων προσέχει καὶ ἀμαχεὶ καὶ ἐξ ἐφόδου ταύτην αἱρεῖ. τὸ δ᾿ αἴτιον οἱ τῆς χώρας οἰκήτορες, καὶ τούτων μάλιστα ὁ τὴν σύνεσιν ὑπέρου ψιλότερος, Γυμνὸς τὴν ἐπίκλησιν.

---

90 sqq.: initium cepit expeditio haec ca. mens. Apr. a. 1147

90—92 ὁ — ὁρμώμενος: cf. Cinnam. 89, 11—92, 10 **92** — 76, **95** σύνδρομον — ῥεύματι: cf. Cinnam. 92, 10—17 **1** ὑπέρου ψιλότερος: cf. Apostol. 17, 65; Karathanasis 129

VA = a, PW, RMDF = b

77—78 Τόμος — Κομνηνοῦ VB Bekk: id., sed τοῦ βασιλέως ante Μανουήλ cum b add. A: id., sed τοῦ Κομνηνοῦ κῦρ Μανουήλ pro Μανουὴλ τοῦ Κομνηνοῦ P: Δεύτερος τόμος τῆς βασ. τοῦ βασιλέως M. τ. Κομν. W **81** παρηλειφότες A: παρημείφοντες W **82** ἐπέκειντο W **83** τοῖς βαρβάροις V δορύκτητοι VRMD F[ac] Bekk **84** πρὸ πολλοῦ post Ῥωμαίων cum PW b add. A τῶν — πράγματα: τῶν πρώην βασιλέων B διεπόντων: διελθόντων R **85** πλείστου: πολλοῦ V ὑπερκάθηνται: ὑπερήδρευον AW **87** πραξόμενος Bekk **88** Κορυφῶ M τῆς om. A ἀπαλλάξει F Bekk **91** τοῦ om. R καὶ post εἴτε add. AP[s] W Sc Bekk **92** ὁρμώμενος: ὡρμημένος AWSc: ὡρμωμένος A[s] **93** χωρῶν Sc Bekk καταδραμεῖν M **94** Βρεντεσίου P: Βροντησίου R τὴν MK προσίσχει P[ac] ? RNSc **1** οἱ . . . ψιλότεροι, Γυμνοὶ APW Bekk: οἱ Γυμνοὶ hab. Sc: ὁ τούτους κεφαλατικεύων Γυμνὸς τὸ ὄνομα, γυμνότερος δὲ καὶ ὑπὲρ ξύλου τὴν γνῶσιν B

78 τοῦ βασιλέως κῦρ (κῦρ om. M F) ante Μανουὴλ add. b **84** πρὸ πολλοῦ post Ῥωμαίων add. PW b Bekk **85** ὑπερεκάθηντο b Bekk οὗτοι γὰρ βαρύν, ὡς ἔφασκον, καὶ δυσύποιστον φορολόγον οὐ στέγοντες, μηδὲ τὰς ἐκ τούτου παροινίας ἐπὶ πλεῖον ἐνεγκεῖν ἔχοντες, βουλὴν βουλεύονται πονηρὰν εἰς ἀποστασίαν ἀπιδόντες λαμπράν. καθ᾽ ἑαυτοὺς δὲ οὐχ οἷοί τε ὄντες αὐτὴν κρατύνασθαι ὡς ἕρμαιον ἁρπάζουσι τὸν καιρὸν καὶ προσιόντες τῷ τοῦ στόλου ἡγεμόνι καὶ τῇ τούτου αἱμύλῳ γλώσσῃ προσεσχηκότες καὶ ἴχνεσι προβάντες ἀλώπεκος ἐπὶ ῥηταῖς ὁμολογίαις εἴσω δέχονται Σικελιῶτιν φρουράν, εἰς χιλίους ἀριθμουμένην φρακτούς. καὶ οἱ μὲν καπνὸν φορολογίας ἀποδιδράσκοντες ἔλαθον ὑπὸ χαυνότητος νοῦ τῷ τῆς δουλείας ἐμπεσόντες πυρὶ καὶ Ῥωμαίοις εἰσενεγκόντες πόλεμον οἱ χαλίφρονες χρόνιον ὁμοῦ καὶ βαρύτατον· ὁ δὲ τὸ φρούριον κρατυνάμενος καὶ ὡς εἶχεν αὐτὸ ποιήσας δυσαλωτότερον καὶ οἷον ἀπροσμαχώτερον ἐκεῖθεν ἀναχθεὶς τῇ Μονεμβασίᾳ προσίσχει, ἐλπίσι θαλπόμενος ὡς λήψεται καὶ ταυτηνὶ | τὴν ἄκραν ἀναιμωτὶ ὥσπερ πρὸ τρίτης τὴν Κέρκυραν. ἀλλ᾽ ἀνδράσιν ἐντυχὼν νῷ διοικουμένοις καὶ τὴν τῆς ἐλευθερίας οὐκ ἠγνοηκόσι Παφίαν ἀπεκρούσθη, ὡς εἰ καὶ προβόλῳ προσέβαλεν ἀτινάκτῳ, καὶ πρύμναν κρουσάμενος ἐκεῖθεν ἀνάγεται ἄπρακτος.

Ὑπερβὰς δὲ τὸν ἐπὶ Μαλέαν πλοῦν ἀντιπνοίας γέμοντα πάσης, περὶ οὗ καὶ ταῦτα παροιμιάζεται „Μαλέαν δ᾽ ἐπικάμψας ἐπιλάθου τῶν οἴκαδε,“ τὸν ἐσέχοντα πορθμὸν ἀναλέγεται καὶ τὰ τούτου ἑκατέρωθεν ἐπιὼν οὐ τὰ εὐχείρωτα μόνον κατέδραμε λείαν τιθέμενος, ἀλλὰ καὶ τὰ ἄλλως ἐπικαιρότατα καὶ δυσάλωτα, τὰ μὲν ὁμολογίᾳ χειρούμενος, τὰ δὲ πολέμῳ δουλούμενος· Ἀκαρνᾶνάς τε καὶ Αἰτωλοὺς καὶ ὅσα πάραλα ἀμαυρῶν τὸν Κορινθιακὸν κόλπον ἐσέπλευσε. καὶ τῷ Κρισσαίῳ λιμένι καθορμισθεὶς τοῖς ἐν μεσογείῳ θαρρεῖ προσβαλεῖν, οὐδένα ἔχων ἀντίπαλον ἰσοστάσιον.

Ἀμέλει καὶ ὁ τοῦ στόλου ἀρχηγὸς τὸ ὁπλιτεῦον καὶ ψιλὸν τοῦ στρατοῦ

---

4 εἰς — λαμπράν: cf. Nic. Or. 93, 3; infra p. 368, 57   7 ἴχνεσι — ἀλώπεκος: cf. Sol. 8, 5 Diehl (ex Plut. Sol. 30)   9—10 καπνὸν — πυρί: cf. Diogen. 8, 45; Karathanasis 195   15—16 ἐλευθερίας Παφίαν: videtur prov.; cf. p. 585, 44   19 Μαλέαν — οἴκαδε: cf. Eust. ad Hom. β 287 p. 1468; Strab. 8, 6, 20 p. 378

VA = a, PW (usque ad 26 ὁπλιτεῦον), RMDF = b

2 βαρύν om. M   ὡς ἔφασκον βαρὺν V   οὐ: μὴ Bekk   φέροντες cum b scr. AW   **3** μηδὲ: οὐδὲ V Bekk   **4** εἰς — λαμπράν cum PWb om. A   **6** αἱμίλα P: αἱμύλια A^pc   γλώττῃ F Bekk   **7** προσχόντες P   προσβάντες VPWDF   **10** εἰσενέγκαντες V   **14** ταυτησὶ V   ὡς κρατήσηται καὶ ταύτης τῆς ἄκρας B   ὡς P   τὴν alt. om. V   **16—17** ἀπεκρούσθη — κρουσάμενος om. R   **16** περιβόλῳ D   **18** Μαλέαν: μᾶλλον R   **19** δὲ M   **20** ἐσίσχοντα R   ἀναλέγεται: παραλέγεται Sc: ἀνάγεται Bekk   τὰ: διὰ M   τούτων R   **23** Ἀκαρνᾶνας: τὴν Ἄρταν V^s: Ἀκαρνάνας APWRMD^ac F   τοὺς νῦν λεγομένους Ἀρτίνους post Αἰτωλοὺς add. B Bekk   **24** εἰσέπλευσε DSc Bekk: ἐπέπλευσε MN   Κρισαίῳ M   προσορμισθεὶς Bekk   **25** μεσογαίῳ M   **26** καὶ pr. om. V

2 στέγοντες: φέροντες b Bekk   **4** εἰς — λαμπράν om. PW b Bekk εἰς τάξεις διειληφὼς καὶ χερσαῖος φανεὶς ὁ τέως θαλάττιος κατὰ τῶν κητῶν τὰ ἀμφιβοσκόμενα τῇ Καδμείᾳ γῇ παρενέβαλε καὶ τὰς ἐν μέσῳ κωμοπόλεις ὁδοῦ πάρεργον ληϊσάμενος ταῖς ἑπταπύλοις Θήβαις προσέβαλεν, ὧν καὶ γενόμενος ἐγκρατὴς ἀπανθρώπως τοῖς ἐκεῖ προσηνέχθη. κατὰ γὰρ παλαιὰν φήμην τῆς πόλεως ὡς πλουσίους τρεφούσης οἰκήτορας, εἰς χρη|μάτων ἀπληστίαν ὑπονυττόμενος καὶ μηδένα κόρον φιλοπλουτίας εἰδώς, ἀλλ' ὅρον τιθεὶς τῆς ἐφέσεως τὸ καὶ εἰς τρίτον ζωστῆρα τῇ ὁλκῇ τῶν χρημάτων τὰς πάσας ἢ τὰς πλείους νῆας βαπτίζεσθαι, τούς τε χειρώνακτας ἐξεπίεσε καὶ περὶ τοῦ ῥύπου τῶν ὀβολῶν πολυπράγμων γινόμενος τοὺς δυνατοὺς καὶ λαμπροὺς τὸ γένος καὶ σεμνοὺς τὴν ἡλικίαν καὶ περιφανεῖς κατ' ἀξίωσιν διαφόροις κακώσεσι καθυπέβαλε, μηδενὸς λαμβάνων αἰδὼ καὶ φειδώ, μὴ δυσωπούμενος τὴν δυσώπησιν, μὴ τὴν Ἀδράστειαν εὐλαβούμενος αὐτοῦ που λαβοῦσαν ἀρχὴν ἢ τὴν Καδμείαν λεγομένην νίκην ὑποβλεπόμενος. τέλος δὲ τὰ ἱερὰ προθεὶς γράμματα ἠνάγκαζεν ἕκαστον, τὴν ὀσφὺν ὑπεζωσμένον εἰσιόντα, τὴν οἰκείαν οὐσίαν οἷς ἐνθεωρεῖται μεθ' ὅρκου διασαφεῖν καὶ ταύτην ἐξομνύμενον ἀπιέναι. καὶ οὕτω πάντα χρυσόν, ἄργυρον πάντα διεκφορήσας καὶ τὰς χρυσοϋφεῖς ὀθόνας ταῖς ναυσὶν ἐνθέμενος οὐδὲ τῶν σωμάτων αὐτῶν τῶν ὑπ' αὐτοῦ καλαμωθέντων ἀπέσχετο, ἀλλὰ καὶ τούτων ἀριστίνδην τὸ προὖχον συλλαβὼν τῶν τε γυναικῶν ἀποκρίνας ὅσαι τὸ εἶδος καλαὶ καὶ βαθύζωνοι καὶ τοῖς νάμασι πολλάκις τῆς καλλικρούνου Δίρκης λουσάμεναι καὶ τὰς κόμας διευθετισάμεναι καὶ τὴν ἱστουργικὴν κομψότητα καλῶς ἐπιστάμεναι οὕτως ἐκεῖθεν ἀνάγεται.

Κατὰ ῥοῦν δὲ τῶν πραγμάτων αὐτῷ προχωρούντων καὶ μηδένα τοῦ καιροῦ ἀντίμαχον ἄγοντος, οὐ κατὰ χέρσον, οὐ κατὰ θάλατταν, τοῦ πρὸς Κόρινθον ἔχεται πλοῦ, πόλιν ἀφνειὸν καὶ κειμένην πρὸς τῷ Ἰσθμῷ καὶ | ὀλβιζομένην ὑπὸ λιμένων δυοῖν, ὧν ὁ μὲν τοὺς ἐξ Ἀσίας ναυλοχεῖ καταίροντας, ὁ δὲ τοὺς ἐξ Ἰταλῶν εἰσπλέοντας, καὶ ῥᾳδίους τὰς ἑκατέρωθεν

---

29 ὁδοῦ πάρεργον: Eur. El. 509 **38** τὴν Ἀδράστειαν: cf. Zenob. 1, 30 **39** τὴν — νίκην: cf. Zenob. 4, 45 **50** κατὰ ῥοῦν: cf. Diogen. 5, 82; Nic. Or. 202, 20

VA = a, P, RMDF = b

27 τάξιν V διελὼν P κητῶν: νικητῶν M **30** καὶ: δὴ AP προσενήνεκται P **32** ὑπονυχθεὶς A[mg]γρP **33** θέμενος A[mg]γρP **35** ἐξεπίεζε Bekk καὶ om. AP Bekk **36** γενόμενος PM καὶ post γινόμενος add. AP Bekk **37** κακώσεσι: κολάσεσι V: τιμωρίαις B καθυπέβαλλε M Bekk **38** καὶ φειδώ om. V **39** που om. D[ac]F **41** ὑποζωσάμενον P εἰσιόντα om. AP **46** καλαὶ: λίαν καλαὶ V, non vero B **47** καλλικρήνου V: καλλικρούρου A[ac]: -ρροίου A[s]: -ρόου M[pc] **48** διευθετίσασαι V **49** ἀνήγετο V **51** ἄγοντος: ἔχοντας M: ἔχοντος Bekk θάλασσαν Bekk **53** ὀλβιζομένων VR ἔχουσαν λιμένας δύο B δυεῖν VAPDF[ac] τοὺς ἐξ Ἀσίας: τῆς ἐξουσίας R **54** ῥαδίως VD ἑκατέρωθεν τὰς Bekk

33 τιθέμενος b Bekk

εἰσαγωγάς τε καὶ ἐξαγωγὰς τῶν φορτίων ἔχουσαν καὶ τὰς πρὸς ἀλλήλους ποιουμένην ἀμοιβάς. καὶ δὴ τὸ ἐμπόριον εὑρὼν ἔρημον, ὅπερ ἡ κάτω πόλις ἐπονομάζεται, ὡς ἁπάντων ἀνασκευασαμένων εἰς τὸν Ἀκροκόρινθον καὶ συνηθροικότων εἰς αὐτὸν ὄψον πᾶν, ὄλβον ἅπαντα, ὅσος τε ἰδιώταις ᾠκείωτο καὶ ὅσος θεῷ ἀφιέρωτο, ἔγνω δεῖν καὶ αὐτοῦ τοῦ Ἀκροκορίνθου πειραθῆναι καὶ τοῦτον, εἰ οἷόν τε, ἐξελεῖν.

Ἔστι δὲ ὁ Ἀκροκόρινθος τῆς μὲν πάλαι πόλεως Κορίνθου ἀκρόπολις, νυνὶ δὲ φρούριον ὀχυρόν, αὐτὸ δὲ ὄρος ὑψηλόν, εἰς ὀξεῖαν τελευτῶν κορυφήν, αὕτη δὲ εἰς τραπεζῶδες χωρίον ἀποτελευτῶσα ἐπίπεδον, τετειχισμένον ἀσφαλῶς. ἔνδοθεν δέ εἰσι ποτίμου καὶ διαυγοῦς ὕδατος οὐκ ὀλίγα φρεάτια καὶ ἡ Πειρήνη κρήνη, ἧς ἐν ῥαψῳδίᾳ Ὅμηρος μέμνηται. ἀσφαλῆ δ' οὕτω καὶ ἀνεπιχείρητον ὄντα τὸν Ἀκροκόρινθον (καὶ φύσις γὰρ καὶ θέσις τοῦ τόπου καὶ περίβολος ἀρραγὴς συνδραμόντα δυσάλωτον ἢ ἀνάλωτον ἀπειργάσαντο) οἱ Σικελοὶ ἀπονητὶ τὸ πλέον εἰσῄεσαν, βραχὺν ἀναλωκότες καιρὸν εἰς τὴν παράστασιν τοῦ ἐρύματος. καὶ καινὸν οὐδὲν τὸ συμβάν, οὐδὲ θαυμάζεσθαι ἄξιον· οὐ γὰρ ἐπήρκεσεν ἂν αὐτὸ ἑαυτῷ τὸ φρούριον, κἂν ἦν ἀπροσμάχητον καθ' αὑτό, οὐδὲ τοὺς ἐπιόντας ἐχθροὺς ἀπετρέψατο μὴ ἔνδον ἔχον φρουροὺς καὶ τὸ φυλακικὸν ἀξιόμαχον. ἀλλ' εἶχε μὲν ἀριθμῷ καὶ τούτους πολλούς, εἰς ἄνδρα δ' οὐδένα συναλει|φομένους ἀγαθὸν προφύλακα πόλεως· οἵ τε γὰρ ἐκ βασιλέως ἀφιγμένοι ἔνδον προσέμενον μετὰ τοῦ σφῶν ἀρχηγοῦ (ἦν δ' οὗτος ὁ Χαλούφης Νικηφόρος) καὶ τῶν Κορινθίων οἱ προύχοντες κἀκ τῶν πέριξ κωμοπόλεων οὐ βραχεῖαι μοῖραι ὡς εἰς καιριωτάτην τοῦ πολέμου ἀλεωρὴν εἰσεληλύθασι τὸν Ἀκροκόρινθον. ὁ τοίνυν τριηράρχης ἔνδον τοῦ φρουρίου γενόμενος καὶ τὴν φύσιν τούτου κατασκεψάμενος, ἁπανταχόθεν οὖσαν ἀνεπιχείρητον, σὺν θεῷ πολεμῆσαι ἔφη καὶ θεὸν εἶναι τὸν τοιοῦτον αὐτῷ χῶρον κατασχεῖν παρασχόμενον, κακῶς φάσκων τοὺς ἔνδον καὶ πλύνων ὀνείδεσιν ὡς ἀγεννεῖς τὰ πολέμια, μάλιστα δὲ τὸν Χαλούφην, ὃν

---

65 ἧς — μέμνηται: errat auctor; vide Paus. 2, 3, 2—3

VA = a, P, RMDF = b

57 κατονομάζεται D ἀνασκευασμένων R ἐς V τὸν: τὴν R **58** ἐς V ἅπαν ὄψον V **59** ἀφιέρωτο A[s]: καθιέρωτο VA **60** ἐξελθεῖν R **61** δ' V ὁ: ἡ A **62** νῦν V ἀποτελευτᾶ P: τελευτῶσα R **64** ὕδατος καὶ διαυγοῦς AP Bekk ὕδατος om. RMDFK **56—69** ὅπερ — ἐρύματος: καὶ βρίθον ὕδασι καὶ τῇ Πειρήνῃ κρήνῃ κατέσχε ἔτι γε μὴν καὶ τὴν ἀκρόπολιν N **67** τοῦ om. ARMDF **68** αὐτὸν post ἀνάλωτον add. Bekk πλεῖον Bekk **69** καιρὸν: χρόνον V, non vero B τὴν om. APK **70** οὐ: οὐδὲ VB **71** αὐτὸ om. V ἀπρόσμαχον V **72** καὶ ante ἔνδον add. V **73** ἐς V **74** πρὸς φύλακα VM Bekk **75** ἀφιγμένοι: (παρὰ τοῦ βασ.) σταλέντες B δὲ V **78** τὸν: τὴν R **79** κατασκηψάμενος R **81** παρεχόμενον M

75 ἀφιγμένοι om. P b Bekk

καὶ γυναικὸς ὠνόμαζε μαλακώτερον μηδὲν ἐπισταμένης πλέον τῆς ταλασιουργοῦ γυναικωνίτιδος.

Ὡς δὲ καὶ τὸν ἐκεῖσε πλοῦτον ἐνέθετο ταῖς τριήρεσι καὶ τοὺς γένει λαμπροτάτους τῶν Κορινθίων ἐδουλαγώγησεν, ἐξηχμαλώτισε δὲ καὶ τῶν γυναικῶν ὅσαι κάλλισται καὶ βαθύκολποι, μηδ᾽ αὐτῆς τῆς εἰκόνος τοῦ ἐν μάρτυσι μεγίστου καὶ διαβοήτου ἐν θαύμασι Θεοδώρου τοῦ Στρατηλάτου ἀποσχόμενος, ἀλλὰ καὶ ταύτην τῷ αὐτοῦ τεμένει ἀνακειμένην ἀνελόμενος, οὐρίῳ καὶ φορῷ χρησάμενος ἀνήγετο πνεύματι, ὡς εἶχε, καὶ τὴν Κερκυραίων ἄκραν ἐν τῷ διάπλῳ ἐς τὸ ἀσφαλέστερον καταστησάμενος· ὅτε καὶ τὰς Σικελιώτιδας τριήρεις ἰδών τις εἶπεν ἂν σκοπιμώτατα μὴ νῆας εἶναι πειρατικάς, ἀλλὰ μυριοφόρους φορταγωγούς, πολλῶν καὶ κα|λῶν χρημάτων οὔσας ὑπερβριθεῖς καὶ τῆς ἄνω εἰρεσίας ἐγγύς που βαπτομένας τῷ ῥεύματι.

Ταῦτά τε οὖν ἐν ὠσὶν ἔνηχα ὄντα ἐλύπει τὸν αὐτοκράτορα Μανουὴλ καὶ Δία ἐποίει τὸν Ὁμηρικὸν ἀτεχνῶς συχνὰ τὸ ποιητέον ταῖς φρεσὶ μερμερίζοντα ἢ τὸν Νεοκλέους Θεμιστοκλῆν ἀεὶ ἐπὶ συννοίας ὁρώμενον καὶ ἀΰπνους νύκτας ἰαύοντα καὶ πρὸς τοὺς πυνθανομένους ἀποκρινόμενον ὡς καθεύδειν οὐκ ἐῴη Μιλτιάδου τὸ τρόπαιον. ξυνεκάλει τοίνυν εἰς τὴν τοῦ γενησομένου βουλὴν πάντα τῶν τακτικῶν ἐπιστήμονα καὶ δημηγόρον εἰδότα λέγειν τῶν νιφάδων πυκνότερον. μία οὖν ἐκ πολλῶν ὡς ἀρίστη δέδοκτο βουλὴ καὶ τῷ αὐτοκράτορι ἐπεψήφιστο, μετελεύσεσθαι πολέμῳ τοὺς Σικελοὺς κατά τε ξηρὰν συγκροτηθέντι κατά τε θάλατταν, ὅτι καὶ ὁ ἀγὼν οὐ τὰς ἐλπίδας ἀγαθὰς ὑπετείνετο, οὐδ᾽ ὑπέβαλλε βραχέα τὰ προσιστάμενα, μέγιστος ἀναφαινόμενος καὶ τοῖς πάλαι ἀπειρημένος Ῥωμαίων ἄναξι.

---

90 ἀνήγετο: exeunte a. 1147 vel a. 1148 ineunte **1** ἔνηχα ὄντα: ante mens. Oct. a. 1147

1—12 ταῦτα — ἄναξι: cf. Cinnam. 92, 17—20 **2** Δία — Ὁμηρικόν: cf. B 2—4 **3—5** τὸν — τρόπαιον: cf. Plut. Themist. 3 in fine ἀΰπνους — ἰαύοντα: cf. Hom. I 325 **6—7** δημηγόρον — πυκνότερον: cf. Hom. Γ 221 sq. **7—8** μία — βουλή: alludit ad Hom. B 5

VA = a, P, RMDF = b

83—84 τῆς — γυναικωνίτιδος A^{mg}: τοῦ κερκίδος χειρίζεσθαι A ταλασιεργοῦ P **87** κάλλιστοι DF τε post κάλλισται add. Bekk **91** τὴν τῶν Κερκ. AP, ubi τὴν τῶν i. r. 3 litt., Bekk ἀσφαλέστερον: ἰσχυρότερον VB **94** κτημάτων VA οἷα ante καὶ add. AP^{mg} ἄνω: πρώτης V **95** ἐγγύς που: ἔγγιστα A **1** τε om. D **2** καὶ κατὰ Δία Bekk συχνά: διαπαντὸς A$^{mg\gamma\rho}$P ταῖς φρεσὶ suppl. P^{mg} **3** μερμερίζοντα: μερμηρίζοντα Bekk: ἐπισκεπτόμενον A$^{mg\gamma\rho}$: σκεπτόμενον P **5** ὡς οὐ καθεύδειν οὐκ VD **6** τῶν: τὸν Bekk **7** οὖν: γοῦν VB πολλῶν: πάντων P ὡς om. Bekk **7—8** ὡς ἀρίστη ἐκ πολλῶν V **9** θάλασσαν Bekk

91 ἐς: πρὸς b Bekk **10** οὐ: οὐδαμῶς b Bekk

Συλλέγεται οὖν τὰ ἑῷα καὶ ἑσπέρια τάγματα. αἱ μὲν ἐπισκευάζονται τῶν τριηρέων, αἱ δὲ νεωστὶ πήγνυνται καὶ πρὸς τὸν πλοῦν ἀρτίωσιν δέχονται. αἱ πυρφόροι τὸ ὑγρὸν εἰσδέχονται πῦρ τῷ τέως ἠρεμοῦν ἀδιέκχυτον. ἀθροίζονται πεντηκόντοροι, ἀγείρονται μυοπάρωνες. αἱ ἱππαγωγοὶ ἀσφαλτοῦνται, αἱ φορταγωγοὶ πληροῦνται τῶν ἐδωδίμων, οἱ ἐπακτροκέλητες εὐτρεπίζονται. πάντα δὲ τὰ σκάφη τοῖς ἱστίοις πτερωθέντα ἐκ τῆς ἠόνος ἀνάγονται, ἐφ' ἧς ἦσαν σαλεύοντα. συγκεκρότητο γοῦν ὁ στόλος ἀγχοῦ που τῶν χιλίων πλοίων, αἱ δὲ πεζικαὶ δυνάμεις ἐς μυριάδας ἠθροίσθησαν. ἔφριξαν ἂν καὶ Γίγαν|τες, εἰ παρῆσαν, τοιαύτην παρεμβολήν, ἐπεὶ καὶ εὐανδροῦσα ἦν ἡ Ῥωμαίων πᾶσα τῷ τότε καιροῦ καὶ τρέφουσα ἄνδρας ἡρωϊκὴν ἐνδεικνυμένους ἀλκὴν καὶ τὸ ὁπλιτικὸν οὐκ ἦν ἀγεννές, ἀλλὰ τὴν ὁρμὴν λεοντῶδες καὶ ἀνυπόστατον. ὁ γὰρ βασιλεύτατος τῷ ὄντι καὶ στρατηγικώτατος Ἰωάννης, ὁ τοῦ Μανουὴλ τοκεύς, οὐδὲ τἆλλα μὲν ἐσχεδίαζεν, ὅσα κοινὴν εἰσέφερε λυσιτέλειαν, τῶν δὲ στρατιωτικῶν καταλόγων διαφερόντως ἐφρόντιζε μάλιστα συχνοῖς τε πιαίνων φιλοδωρήμασι καὶ ταῖς καθ' ὥραν γυμνασίαις ὑπαλείφων πρὸς ἔργα πολέμια.

Οὕτω τοίνυν καί, ὡς ᾤετο, καλῶς τὰ κατὰ τὸν Σικελικὸν πόλεμον παρασκευασάμενος ἀνάγεσθαι μὲν κελεύει τὸν στόλον τοῖς ἐρέταις καὶ κελευσταῖς λύσασι τὰ καρχήσια, μέγαν δούκαν προβαλόμενος τὸν ἐπ' ἀδελφῇ γαμβρὸν τὸν Κοντοστέφανον Στέφανον, ἀπαίρειν δὲ καὶ τὴν πεζὴν στρατιὰν ὑπ' ἀρχηγοῖς ἑτέροις, ἀλλὰ δὴ καὶ Ἰωάννῃ τῷ μεγάλῳ δομεστίκῳ, περὶ οὗ φθάσαντες ἐν πλείστοις παρεδηλώσαμεν.

Εἶχε τοίνυν τὰς τριήρεις ἡ τῶν Φαιάκων πάραλος, ἣν καὶ διαμερίζονται πρὸς ἐνόρμισιν αἵ τε τῶν Οὐεντανῶν συμμαχίδες νῆες καὶ αἱ Ῥωμαϊκαὶ αὐταί, ἵν' εἶεν οὕτως οἱ ναύσταθμοι τοῖς γένεσιν ἀμφοτέροις ἅμι-

---

31 ἀνάγεσθαι: a. 1148 vere, cf. Cinnam. 96,14 **36** εἶχε etc.: a. 1148 autumno

---

13—21 αἱ — ἠθροίσθησαν: cf. Cinnam. 92, 20—21 **35** παρεδηλώσαμεν: p. 9, 23—36 **36** εἶχε etc.: cf. Cinnam. 96, 14—15; 96, 22—97, 4

VA = a, PW (ab 30 τὰ), RMDF = b

13 τὰ ante ἑσπέρια add. AP^{mg} Sc **14** νεωστὶ om. V **17** ἀσφαλοῦνται M **18** ἐπακτροκέλλητες VF **20** οὖν V εἰς P **22** τῷ om. R: τὸ Bekk **23** ἄνδρας $A^{mg\gamma\rho}$: νεολαίας A: -αν Sc καὶ τὸ: τὸ δ' A ὁπλιτεῦον A **26** εἰσέφερον V A^{ac} **27** τε eras. A om. P **30** τὰ om. M **31** κελεύει suppl. A^{mg} **32** χαλκήσια P: καλχήσια W δοῦκα AWMD προβαλλόμενος APRMDFKN **33** Στέφανον om. W^{ac} MKN δὲ: δὴ A **34** ὑπ' ἀρχηγοῖς ἑτέροις: ὑπ' ἀρχοῖς ἑτέροις καὶ στρατηγοῖς V ἑτέροις ἀρχηγοῖς παραδοὺς B τῷ Ἀξούχῳ post Ἰωάννῃ add. B Bekk **36** παράλιος R **37** Οὐεντανῶν V: Οὐετανῶν cum PW b scr. A: Βενετίκων Sc B Bekk αἱ Ῥωμαϊκαὶ αὐταί: Ῥωμαϊκαὶ αὗται R **38** αὐταί: ὁμοίως A^{mg} P

37 Οὐετανῶν PW b

κτοι καὶ τῶν ἐκ τῆς ἀναμὶξ ἀναστροφῆς ἄγευστοι διαφορῶν. μετὰ βραχὺ δὲ καὶ βασιλεὺς αὐτὸς ἔξεισι μετὰ τῆς στρατιᾶς. ἐξ ἐφόδου δὲ τοὺς Σκύθας διαθροήσας, οἳ τὸν Ἴστρον διαβάντες τὰ περὶ | τὸν Αἷμον ἐσίνοντο, ἄρας ἐκ τῆς Φιλίππου τὴν εὐθὺ Κεφαλήνων ἐβάδιζεν.

Ἔστι δὲ ἡ Κερκυραίων ἄκρα αἰγίλιψ πᾶσα καὶ ἀγχινεφής, ἑλικοειδὴς τὴν θέσιν καὶ ὑψικόρυμβος, προσνενευκυῖα ἐς τὸ βάθιστον τῆς θαλάσσης. πέτραι δὲ περιερρώγεσαν αὐτὴν ἀμφίκρημνοι καὶ ἀπότομοι, τὸ δ' ὕψος ὑπὲρ τὴν ᾀδομένην Ἄορνιν. τείχη δὲ ἀρραγῆ τὴν πόλιν περιείληφε πᾶσαν καὶ πύργων περιεστᾶσιν ὑψώματα, ἃ καὶ ποιοῦσι τὴν ταύτης παραλογωτέραν ἅλωσιν.

Αἱ μὲν δὴ ναυτικαὶ δυνάμεις τὴν ἄκραν περιστεψάμεναι παγχάλκοις περιείλουν ὅπλοις· πρὸ δὲ τοῦ πολέμῳ ἐπιβαλεῖν ἔγνω δεῖν ὁ βασιλεὺς δι' ὁμογλώττων καὶ ὁμοφώνων πειραθῆναι τῶν ἔνδον, εἴ πως ὑπεκσταῖεν αὐτῷ τοῦ φρουρίου ἀμαχητί. ὡς δὲ τῶν λεγομένων ἀκουοὶ γεγονότες οὐδ' ὅλως ὑπενεδίδοσαν, ἀλλὰ τέλεον ἀπηναίνοντο καὶ τὰς πύλας δὲ ἐπικλεισάμενοι καὶ ὀχεῦσιν αὐτὰς ἀσφαλισάμενοι φραξάμενοί τε ὡς εἶχον τὰ τείχη τοξόταις καὶ παντοίοις μηχανήμασι περιστέψαντες δῆλοι ἦσαν ἀκροβολιζόμενοι, τότε καὶ βασιλεὺς ἐφῆκε τοῖς τάγμασι τὰ ὅμοια δρᾶν καὶ παντοίως ἀμύνεσθαι τὸ ἀντίπαλον.

Ἐντεῦθεν Ῥωμαῖοι μὲν ὅσα καὶ εἰς οὐρανὸν ἠκόντιζον βέλεμνα, οἱ δ' ὡς νιφετὸν κατέχεον τὰ τοξεύματα. οἱ μὲν τοὺς ἐξ ἀφετηρίων ἱεμένους λίθους ἀνώθουν, ἢ ἀνήρειπτον εἰπεῖν οἰκειότερον, οἱ δὲ χαλαζηδὸν αὐτοὺς ἐπηφίεσαν, ὡς συμβαίνειν τοὺς μὲν ἐξ ὑπερδεξίων καὶ ἀφ' ὕψους βάλλοντας ἀπονητὶ καὶ ἐνεργὰ ἐπαφιέναι τὰ βέλεμνα, τοὺς δὲ | ὡς ἀπὸ γῆς μαχομένους πρὸς τοὺς ἐν τῇ τῆς ἄκρας ὑπερβολῇ βραχέα ἢ οὐδὲν τὸ ἀντιπῖπτον λυπεῖν. ὡς δὲ πάλιν καὶ πάλιν τὰ αὐτὰ καὶ ἐπὶ πολὺ δρώμενα Ῥωμαίοις μὲν οὐκ ἦν ἐς ἐντελὲς ἀνύσιμα, εἰς δὲ θάνατον μάλιστα βλέποντα,

---

39—42 μετὰ βραχὺ — ἐβάδιζεν: cf. Cinnam. 93, 1—95, 21; 96, 16—22; 97, 4—98, 12 **43—48** ἔστι — ἅλωσιν: cf. Cinnam. 99, 9—11 **46** ὑπὲρ — Ἄορνιν: cf. Lucian. Hermot. 4; Rhet. pr. 7 **58** ὅσα — βέλεμνα: alludit ad prov. τοξεύεις εἰς οὐρανόν Zenob. 3, 46; Ps.-Plut. Prov. 6

VA = a, PW, RMDF = b

42 τῶν ante Κεφαλήνων add. APW Κεφαλήνων: Κερκύρας (ex B: περὶ τὴν Κέρκυραν ἐπορεύετο) Bekk **43** ἀμφινεφής M[pc] **44** βαθύτατον M **45** περιερρώγασιν A **46** ἄορνον AWRMF Bekk **47** περιεστῶσιν M **49** περιστεψάμενοι: περιελθοῦσαι AW: περισκεψάμεναι M[pc] **50** τοῦ: τῷ W πολέμου R **51** ὁμογλώσσων V: ὁμόγλωσσοι B **52** τοῦ φρ.: φρουρίῳ M ἀκοοὶ V **54—55** τὰ τείχη ὡς εἶχον D **55** καὶ ζαγκράτορσι post τοξόταις ex B add. Bekk **56** ἀφῆκε R τοῖς τάγμασι om. V **57** ἀμύνασθαι RMD τὸ: τὸν W **58** μὲν Ῥωμαῖοι W μὲν om. F **59** νιφετῷ (οἱ — κατέχεον i. r.) F καὶ οἱ μὲν Bekk **59—60** λίθους ἱεμένους Bekk ἀφι(εμένους) M[pc] **61** ἐπαφίεσαν PM ὡς ante ἐξ add. P Bekk **62** βλήματα V **63** τῇ om. V **65** ἐς om. M εἰς: ἐς V

τοῖς δ' ἐντὸς ὡς ἀπαθέσιν οὖσιν ἀσπάσια, καινότερον ἀεί τι παρὰ τῶν κακῶς πασχόντων προσεφευρίσκετο, φιλοτιμουμένων ἐπ' ὄψεσι βασιλέως καὶ ἔργα χειρὸς ἀκμαίας ἐνδεικνυμένων καὶ καρτερίαν ἐν τοῖς δεινοῖς, ἔτι δὲ μεθόδους ἐν τοῖς ἀπόροις πολλὴν βαθυγνωμοσύνην ἐκείνων κατηγορούσας καὶ ἐμπειρίαν τῶν τακτικῶν. ἀλλ' ἠλέγχοντο τῶν ἀνεφίκτων ἐρῶντες καὶ τοῖς ἀνηνύτοις ἐγχειροῦντες παντάπασι διακενῆς καὶ τὰ πρὸς χάριν καὶ εὐκταία δρῶντες μᾶλλον τοῖς πολεμίοις, οἷς ἄντικρυς πρὸς οὐρανὸν αὐτὸν διεφέροντο, ἢ γοῦν ἀεροβάμοσι διημιλλῶντο πτηνοῖς τὰς καλιὰς πηξαμένοις ἐπί τινος σκοπιᾶς καὶ ἐπετόξευον νέφεσι. τέλος δὲ καὶ αὐτὸς ὁ μέγας προσαπόλλυται δοὺξ λιθιδίῳ κατὰ τοῦ κενεῶνος πέτρας ἀπορραγέντι βληθείς, ἥνπερ ἐπαφῆκεν ὑψόθεν ἀφετήριον πολέμιον ὄργανον.

Καὶ ὁ μὲν ἔκειτο ὀλιγοδρανέων κάρη βάλλων θ' ἑτέρωσε, μετὰ μικρὸν δὲ καὶ ἐξ ἀνθρώπων ἐντεῦθεν ἐγένετο. πέρας δὲ ἡ ἐπ' αὐτῷ πρόρρησις εἴληφε τοῦ πατριάρχου Κοσμᾶ τοῦ Ἀττικοῦ, ὃς μετὰ τὸν Ὀξείτην Μιχαὴλ τοὺς τῆς ἐκκλησίας ἐγχειρίζεται οἴακας ὑπεκστάντα τῆς ὑπερτάτης τῷ βουλομένῳ καθέδρας καὶ πρὸς τὴν νῆσον τὴν Ὀξεῖαν ἀποφοιτήσαντα, καθ' ἣν τὸν ἄσκευον βίον καὶ ἀπέριττον ἐκ παιδὸς | ἐπανῄρητο· ἔνθα καὶ τὸν οἰκεῖον ἀποδοχμώσας αὐχένα πρὸς τῇ εἰσόδῳ τοῦ προνάου πατεῖν παρεῖχε τῷ εἰσιόντι παντὶ μοναχῷ, λέγων ἀξυμφόρως ἑαυτῷ τὴν ἡλικιῶτιδα καὶ φίλην ἡσυχίαν παρώσασθαι καὶ ἐπ' οὐδενὶ ξυνοίσοντι τὸν θρόνον ἀναβῆναι τὸν ὑπερύψηλον.

Ὁ δὲ Κοσμᾶς ἦν μὲν τοῖς διακόνοις ἐνάριθμος, εἶχε δὲ πατρίδα τὴν Αἴγιναν, σοφίας δ' ἁπάσης μεταλαχὼν ἐκ τοῦ τῶν ἀρετῶν ὁρμαθοῦ πλέον ηὔχει τοὐπίσημον. μάλιστα δὲ τῷ πολλῷ τῆς ἐλεημοσύνης ἐκέκαστο, ἥτις ὡς ἐν περιδερραίῳ κόσμῳ πολυτελεῖ προσπεπηγυῖα τῇ ποικιλίᾳ τῶν ἀρετῶν δίκην ἀκτινώδους λίθου ἐπάμφαινεν· οὕτω γὰρ

---

81 ὑπεκστάντα: mense Martio a. 1146

---

74 ἐπετόξευον νέφεσι: cf. supra lin. 58; infra p. 281, 69; Nic. Or. 78, 28 **74—79** τέλος — ἐγένετο: cf. Cinnam. 97, 4—98, 4 **79 — 82, 52** πέρας — στέρησιν: cf. Cinnam. 63, 21—66, 9

VA = a, PW, RMDF = b

66 δὲ V **67** Ῥωμαίων post πασχόντων add. APW Bekk **69** πολὺν V **71** ὁρῶντες WF ἀνονύτοις R: ἀνονήτοις M διακενῆς om. V **72** εὐκτέα Bekk μᾶλλον δρῶντες V ὡς ante πρὸς add. Bekk **74** ἐπί τινος σκοπιᾶς: ἐν ὑψηλοτάτῃ A^{mgγρ}: ἐν ὑψηλοτάτῃ σκοπιᾷ P **75** λιθιδίῳ: τμήματι A^{mgγρ} P **76** πολέμιον cum PW b om. A **79** ἐντεῦθεν ἐγένετο i. r. 7 litt. P **82** τὴν alt. om. V μεταφοιτήσαντα V: ἐπιφοιτήσαντα R **87** ὑπερβῆναι F **88** ἐναρίθμιος APW Bekk **88—90** εἶχε .... ηὔχει: ηὐτύχει .... εἶχε V **91** προσπεπηγυῖα πολυτελεῖ V

76 πολέμιον om. PW b Bekk

τὸν εἰς ἀνθρώπους ἔλεον ἔρρωτο, ὡς καὶ τὸν ἐπενδύτην αὐτὸν καὶ τὸν χιτῶνα ἐνιαχοῦ τοῦ σώματος καὶ τὴν ὀθονοσκεπῆ καλύπτραν τῆς κεφαλῆς διαδιδόναι πένησι καὶ πράγματα παρέχειν τοῖς ἀφ' ἑστίας μὴ διφῶσι μόνον αὐτά, ἀλλὰ καὶ πρὸς εὐπορίαν ἄλλων τυρβαζομένοις.

Διὰ ταῦτα καὶ παρὰ πᾶσι μὲν ἦν αἰδέσιμος ὁ ἀνήρ, ὁ δὲ σεβαστοκράτωρ Ἰσαάκιος, ὁ τοῦ βασιλέως Μανουὴλ αὐθόμαιμος, μόνον οὐκ ἐπέθυεν ὡς θεῷ, ἐκεῖνο θεοφιλὲς καὶ πρακτέον οἰόμενος, ὅπερ ἦν ὁ πατριάρχης ὑποτιθέμενος, κἀκεῖνο αὖθις θεομισὲς καὶ ἀπώμοτον, ὅπερ οὑτοσὶ ἀπηγόρευεν. ἡ γοῦν φατρία τῶν τότε ἀντιδόξων τῆς ἀρετῆς ἀρχιερέων καὶ τοῦ ἐργάτου ταύτης ἀντίθετος μοῖρα ἐνδιαβάλλουσι τὸν ἄνδρα τῷ βασιλεῖ ὡς τῷ ἀδελφῷ Ἰσαακίῳ τὴν βασιλείαν μνώμενον, λαθραίας τὰς προόπτους εἰς τὸ ἱερὸν ἀρχεῖον ἀνόδους τοῦ σεβαστοκρά|τορος ὀνομάζοντες καὶ κρυφιώδεις συσκευὰς τὰ οὐκ ἐν μυχῷ γῆς καὶ παραβύστῳ ἀλλ' ἐφ' ἡλίῳ συλλαλούμενα μάρτυρι.

Ὁ τοίνυν Μανουὴλ νέος ὢν ἔτι καὶ αὐτάρεσκος καὶ ἄλλως ὑποβλέπεσθαι τὸν ἀδελφὸν ὑπὸ τῶν τοῦ πατριάρχου κατηγόρων ὡς βασιλειῶντα ἐναγόμενος ἀνατρέψαι τοῦτον τοῦ θρόνου ἐζήτει. κἀπειδὴ ἅπτεται Μῶμος καὶ τῶν ἀψαύστων, ὡς οἴδαμεν, καὶ ἅπας, ὡς καὶ τοῦτο ἴσμεν, εἰς τὸ κακόν τι δρᾶν προσκλινέστερος, καθαιρέσει καθυποβάλλεται ὡς τῷ μοναχῷ δήπουθεν Νίφωνι συμφρονῶν. ἦν δὲ ὁ Νίφων συνήθης μὲν τῷ πατρὶ καὶ πολλάκις ἐκ τῆς αὐτῆς τραπέζης ἑστιαθεὶς καὶ στέγης ὁμοίως μετειληχώς, διεβέβλητο δὲ ὡς οὐκ ὀρθὸς εἴη τὰ ἐς πίστιν, διὸ καὶ τὴν σχοινοτενῆ γένυν ἐκέκαρτο καὶ δεσμωτηρίῳ ἐνείρχθη παρὰ τοῦ

---

95 ἀφ' ἑστίας: cf. Zenob. 1, 40; Karathanasis 1 prov., cf. Lucian. Iup. Trag. 23 (al.) **15** ἅπτεται — ἀψαύστων: fort.

VA = a, PW, RMDF = b

94 ἐνιαχοῦ: ἐνιαυτοῦ F: ἑαυτοῦ Bekk **95** τοῖς πένησι AWN Sc **1** ἄλλως WD **3** αὐθόμαιμος: ἀδελφὸς V: αὐτάδελφος B: αὐταδέλφω Sc: αὐτόαιμος Bekk οὐ μόνον οὐκ R **4** ἐκείνω V **5** ὑποτιθεὶς V οὑτοσὶν V **7—8** ἡ — ἄνδρα: ἡ γοῦν πληθὺς τῶν κακίστων ἀρχιερέων τῶν μὴ τὴν αὐτὴν ἀρετὴν ἀποδεχομένων διαβάλλουσι τοῦτον B **7** τοῦ ἐργάτου ταύτης: τοῦ ἱερωτάτου τούτου Bekk ταύτης — ἄνδρα: ταύτης ἀνδρός, ἐνδιαβάλλουσι τοῦτον V **9** ἐς V **10** τὰ: τὰς V **10—11** (παρα)βύστω — ἡλίω i. r. 8 litt. P **14** καὶ ἐπειδὴ V **15** ὡς alt. om. M **17** ὡς — συμφρονῶν V: ὡς ὁμόφρων ὢν τῶ μοναχῶ Νίφωνι B: ὡς — Νίφωνι uti infra cum PW b scr. A Νήφων W **18** πατρὶ: πατριάρχη V Sc Bekk **19** μετειληφώς P εἴη om. V ἐς τὴν πίστιν AW διὸ καὶ: διὰ γοῦν τοῦτο καὶ AW: διὰ γοῦν τοῦτο P

17 ὡς συναιρετίζων (-ετικίζων AW) τῷ μοναχῷ (μοναχῶ τινι P Bekk) Νίφωνι (Νήφωνι AW Bekk: Νίφωνι cum ι pr. i. r. P: Νήφονι R) PW b Bekk **18** αὐτῆς: αὐτοῦ Wb Bekk **19** διὸ om. b Bekk πατριάρχου Μιχαήλ. ἦν οὖν ὁ Κοσμᾶς δι' αὐτὸν ὑπ' αἰτίαν ὡς ὁμόφρων τε καὶ ὁμόδοξος καὶ οἱ ἀντίδοξοι τῷ Κοσμᾷ εὐπροσώπου ταύτης ἀφορμῆς λαβόμενοι κατέτρεχον ἤδη καὶ λαμπρῶς ἐπέκειντο, κατὰ κράτος αἱρήσειν καὶ ὅλαις καθελεῖν ψήφοις αὐτὸν ἐπειγόμενοι. κρινόμενος οὖν, ἢ μᾶλλον κατακρινόμενος καὶ ἃ οὐκ ἐγίνωσκεν ἐρωτώμενος καὶ διὰ ταῦτα ἐξοστρακιζόμενος ζήλου πίμπλαται καὶ τὸ συνέδριον ἐκεῖνο περισκεψάμενος τῇ μὲν μήτρᾳ τῆς βασιλίδος ἐπιτιμᾷ μὴ παῖδα τεκεῖν ἄρρενα, ἀφορίζει δὲ καὶ τῶν περὶ τὸν βασιλέα τινὰς καὶ τὴν τότε συνελθοῦσαν εἰς αὐτοῦ καθαίρεσιν σύνοδον ὡς βα|σιλείους θύρας ἐκτρίβουσαν καὶ πρόσωπα λαμβάνουσαν κἀκ τούτου μὴ κανονικῶς ἀλλ' ἀθέσμως καὶ θρόνου καὶ ποίμνης αὐτὸν ἀπελαύνουσαν.

Τότε τοίνυν ὁ Κοντοστέφανος, εἷς ὢν τῶν κυκλούντων θρόνον τὸν ἀνακτορικὸν τῶν ἐγγιζόντων τε βασιλεῖ καὶ προσδιαλεγομένων θαρραλεώτερον, δεινὰ πάσχοντι ἐῴκει διὰ τὴν τῆς δεσποινικῆς νηδύος ἐπιτίμησιν καὶ τὸν ζηλωτὴν ἐπὶ τούτοις ὑπὲρ τοὺς παρεστῶτας πάντας παρακαιρίως ὑποκρινάμενος ἐφίσταται τῷ πατριάρχῃ βράττων θυμῷ καὶ πὺξ πατάξαι τοῦτον διανοούμενος, κἂν ἐπέσχεν ἑαυτὸν τῆς ὁρμῆς. τοῦτο δὲ οὔτε τῷ βασιλεῖ ἐχέφρονος ἔργον ἔδοξε καὶ ἔδειξεν, οἷς ἠγανάκτησε, βαρέως ἐνεγκὼν τὸ γενόμενον· καὶ οἱ καθ' αἷμα δὲ τῷ βασιλεῖ συναπτόμενοι καὶ τὸ ξυμπαρεστὼς γερούσιον ὡς ἀνόσια δρῶντι τῷ Κοντοστεφάνῳ ἐπέπληττον, μήτε μὴν πεφρικότι τὴν εὐρὺ μάλα τοῖς τὰ τοιαῦτα παρανομοῦσιν ἐπιχαίνουσαν γῆν. αὐτὸς δὲ ὁ πατριάρχης πραείᾳ οὑτωσί πως ἔφησε τῇ φωνῇ „ἄφετε αὐτόν, ὅσον οὔπω τὴν οἰκείαν πετραίαν ληψόμενον", τὸν ἐκείνου μόρον ὅτῳ ξυμβαίη τρόπῳ γριφολογῶν ὧδε καὶ αἰνιττόμενος.

Εἰ δὲ καὶ ἡ βασιλὶς διὰ ταυτηνὶ τὴν ἐπιτίμησιν τοῦ πατρὸς οὐκ ἤκουσε μήτηρ παιδὸς ἄρρενος, τοῦ θεοῦ τιμῶντος τὸν αὐτοῦ θεράποντα καὶ θηλυτεκοῦσαν ἐκτελοῦντος καθ' ὅλον τὸν ταύτης βίοτον, αὐτὸς μὲν

---

25 ἐξοστρακιζόμενος: die 26 mens. Febr. a. 1147

---

25 ἃ — ἐρωτώμενος: cf. Ps. 34, 11 **41—42** τὴν — γῆν: alludit ad Num. cap. 16

VA = a, PW, RMDF = b

21 ὁ πατριάρχης Κοσμᾶς VB **22** ὁμόδοξος: ἀντίδοξος RMDF **24** ψήφοις καθελεῖν V **25** τοῦ θρόνου ante ἐξοστρακιζόμενος add. APW Bekk **28** τὸν om. R **30** κἀκ τούτου: καὶ VB ποίμνης καὶ θρόνου D **33** τε: τῶ RN: τε τῶ M θαρσαλεώτερον R **35** ζηλωτὸν A **36** παρακαιρίως om. V ὑποκρινόμενος R βράττων: βαρυτάτω R **37** διενοήθη V Sc αὐτὸν RMDF **38** τῷ om. P καὶ ἔδειξεν: κἂν ἔδοξεν V **39** γινόμενον M **40** συμπαρεστῶς V: ξυμπαρεστὸς Bekk **41** μήγε W **41—42** μήτε — γῆν: εἰπόντες· οὐ φοβεῖ σε μήποτε καὶ ἡ γῆ σχισθῇ καὶ διαβιβάσει σε ὡς παράνομα πράξαντα B τοῖς — γῆν: ἐπιχαίνουσαν γῆν τοῖς τοιαῦτα παρανομοῦσιν V **44** ἀποληψόμενον V: λαβόντα B ὅτῳ: οὕτω WRM **45** γλιφολογῶν P **47** παιδὸς μήτηρ P Bekk αὐτοῦ Bekk **48** θηλυτεκνοῦσαν V

37 καὶ om. b

σαφῶς οὐκ ἴσημι· ὅ γε μὴν βασιλεὺς εὐγνωμονῶν, ὡς ἔδειξε, καὶ τῷ ἔνδον καὶ οἰκείῳ κριτηρίῳ πληττόμενος, οἷς ἄνδρα δίκαιον | θεοσεβῆ τε καὶ ἄμεμπτον καὶ μηδέν τι καθαιρέσεως διαπραξάμενον ἄξιον παρέλυσε τῆς ἀρχῆς, αἰτίαν ταύτην οὐχ ἑτέραν τῆς υἱοτοκίας διετείνετο στέρησιν.

Πεσόντος δ' ὡς ἔφημεν τοῦ Κοντοστεφάνου, ὁ μέγας δομέστικος Ἰωάννης τῆς τριηραρχίας ἐπιλαμβάνεται, οὐχ ὥστε καὶ μέγας δοὺξ ὀνομάζεσθαι, ἀλλ' ὅσον τοῦ στόλου ἐξηγεῖσθαι καὶ τοῖς γινομένοις ἐπιστατεῖν ὡς στρατηγίᾳ διαπρέπων ἀνὴρ καὶ κατὰ χεῖρα γενναῖος καὶ νοῦν ἡγεμονίας ἐπιστάτην πλουτῶν ἀξιώτατον. ὁ δὲ βασιλεὺς κατατρίβειν ἐπιεικῶς τὸν καιρὸν εἰκῇ ἐν δεινῷ τιθέμενος καὶ τὰς ἡμέρας εἰς οὐδὲν ἀγαθὸν ἀναλίσκειν οὔκουν βουλόμενος, ὡς ὁ Κεφαλήνων βασιλεὺς Ὀδυσσεὺς τὰς ἡλίου πρότερον βοῦς, εἰς νῆα ἐνέβη τὴν στρατηγίδα καὶ κύκλῳ τὴν Κερκυραίων πᾶσαν κατωπτευκώς, οἷ προσβάλοι, ἐπιμελῶς κατεσκέπτετο (ἐς γὰρ μῆνας τρεῖς ἡ πολιορκία παρεξετείνετο), ὅτι μηδ' εἶχε τὴν Ὄσσαν ἀνασπᾶν ἢ τὸν Ἄθων ἐπικυλίνδειν καὶ ἀνατιθέναι τὰ ὄρη ἐπάλληλα καὶ τὴν ἄκραν οὕτως ποιεῖν ἁλώσιμον. ταῦτα γὰρ μεγαλουργία μυθικὴ καὶ ἀπίθανος.

Ὡς δὲ πάντοθεν ἦν ἀπορούμενος, ἔδοξε κατά τινα φάραγγα, εὐέφοδα καὶ προσιτὰ τιθεῖσαν τὰ ἔνδοθεν, βαλέσθαι ξυλίνην κλίμακα, ἐς σχῆμα πύργων τεκτονηθεῖσαν κύκλωθεν. ἡρμόττοντο οὖν ναυπηγήσιμα ξύλα καὶ ἱστοὶ μεγάλων νηῶν συνεπήγνυντο καὶ οἱ μὴ ἐξικνούμενοι τοῦ ὕψους βλῆτρα ἐδέχοντο. ὡς δὲ ἔδει ποτὲ ἀρθῆναι | καὶ παρὰ τὴν ἄκραν τεθῆναι τὴν πυργοειδῆ ταύτην κλίμακα, ἡ μὲν κορυφὴ αὐτῆς ῥαχίᾳ πέτρας καὶ πάγῳ προσήγγιζεν ὀκριόεντι, ὅθεν ὁ τῆς πόλεως τειχισμὸς ἀρχόμενος βάσιν ἐνεδίδου τοῖς ἀποβαίνειν ἐκ τῆς κλίμακος μέλλουσι καὶ

---

62 μῆνας τρεῖς: a mense Febr. usque ad mens. Apr. (?) a. 1149

59—60 ὡς — βοῦς: cf. Schol. ad μ 128—130 p. 542 Dindorf; Eust. p. 1717; Lucian. Astrol. 22 **63—64** τὴν — ἐπάλληλα: cf. Hom. λ 305 sqq.; Nic. etiam infra p. 455, 48 et Or. 93, 4 pro Ossa aut Olympo Athoum scribit **66—85, 39** ὡς — γενναιότητος: cf. Cinnam. 98, 22—99, 5

VA = a, PW, RMDF = b

49 ἔδειξε: ἔοικε V **50** καὶ οἰκείῳ om. R τε om. F **51** ἄξιον διαπραξάμενον Bekk **52** τὴν ante τῆς add. DF Bekk **53** δὲ Bekk **54** Ἰωάννης om. R **55** ὅσον: ὡς VB **56** χεῖρας M **57** ἐπιστάτην om. P Bekk πλουτῶν ἐπιστάτην V **58** ἐπιεικῶς om. V τιθέμενος ἐν δεινῷ V εἰς: ὡς W **59** ἀγαθὸν om. Bekk **60** τὰς ἡλίου: τῆς ἰλίου V **61** οἷ: εἰ R: οἷς F: ᾗ Bekk προβάλλει DF **63** τὸν Ἄθων: τῶν ἄνθων W Ἄθω ἐπικυλίειν καὶ ἀνατίθεσθαι V **64** οὕτω Bekk **67** ἔνδον P **68** πύργου A[pc] PW Bekk ναυπηγήμασι V **69** μεγάλοι DF **69—70** τὸ ὕψος R **71** κλίμακα ταύτην V **72** πέτρα V RDF καὶ post ὅθεν add. W **73** ἀπαρχόμενος W ἐδίδου F πρὸς τοὺς ἐπὶ τοῦ τείχους ἀντιφέρεσθαι, ἡ δ' ὑποβάθρα πλοίοις ἐπανέκειτο εὖ ἀραρυῖα καὶ πεπηγυῖα πρὸς τὸ ἔμπεδον καὶ ἀκράδαντον.

Ἐπιλέγδην οὖν οἱ ἐπ' αὐτῆς ἀναβησόμενοι ἐπεκρίνοντο καὶ οἱ ἁπάντων ἔξοχοι ἄλλων καὶ ἄλκιμοι κατὰ πόλεμον, ὅτι καὶ ,,ὁ τον βασιλέα φιλῶν καὶ φιλότιμος ἐν δεινοῖς ἀναβαινέτω" βασιλεὺς αὐτὸς προεκήρυττεν. οὐδένα μὲν οὖν συνηγηόχει τὸ τοιοῦτον διακηρύκευμα, ἀλλὰ πάντες ἀνένευον πρὸς τὴν ἄνοδον τὸ τοῦ κινδύνου μέγεθος εὐλαβούμενοι, ἕως Πετραλίφαι τινὲς αὐτάδελφοι τέσσαρες, ἐκ τοῦ τῶν Φράγγων γένους ὁρμώμενοι καὶ κατὰ τὸ Διδυμότειχον τὴν οἴκησιν ἔχοντες, ἐπέβησαν πρῶτοι τῆς κλίμακος τῷ βασιλεῖ πειθαρχήσαντες. τούτων γὰρ ἀποτεθαρρηκότων πρώτως τὴν ἄνοδον, μάλιστα δὲ πρὸ αὐτῶν τοῦ Πουπάκη, ὃς δορυφορῶν τὸν μέγαν δομέστικον ὅλως ἦν ἐνθεάζων πρὸς τὸ ἔργον τότε καὶ προαλλόμενος, καὶ ἕτεροι οὐκ ὀλίγοι κατὰ ζῆλον ἐπηκολούθησαν. πάντας μὲν οὖν ἀγάμενος ἦν τῆς προθυμίας καὶ τοῦ ταχέος ὁρμήματος ὁ κρατῶν, ἀφορίσας δὲ οὓς ᾔδει παρ' ἀσπίδα πολλάκις ἐνιδρωκότας καὶ ἄντικρυς Ἄρεα πνέοντας καὶ ἐς τετρακοσίους ἠριθμηκὼς ἀναβαίνειν διαφῆκε, πολλὰ | πρότερον ἐς ἀνδρείαν παρακαλοῦντα τούτοις διαλεχθεὶς καὶ αὐτοῖς καὶ τέκνοις αὐτῶν ἁδρὰ γέρα καὶ ἀμοιβαίαν ἐπαγγειλάμενος εὔνοιαν.

,,Εἴτε γάρ" φησι ,,τοῖς ζῶσι σύνεστε, τὸν ἐφεστῶτα κίνδυνον διαδράντες καὶ ἀρίστως ἀγῶνα τὸν προκείμενον ἀεθλεύσαντες, εὑρήσετέ με καὶ ὑπὲρ δόκησιν ἀντὶ δεσπότου καὶ βασιλέως πατέρα κηδόμενον· εἴτε τὸ ζῆν καταλύσετε, πατρίδι τιμὴν καὶ κλέος αὐτοῖς ἀρνύμενοι, οὐδ' οὕτως τῶν εἰς δόξαν καὶ κειμένων ὑμῶν ἀφεξοίμην, ἀλλ' οὕτως εὖ διαθήσομαι τὰ κατ' οἶκον καὶ τέκνα καὶ ὁμολέκτρους ὡς ζηλωτέα τοῖς ἔτι περιοῦσι καὶ μακαριστέα δοκεῖν, καὶ αὐτοῖς δὲ ὑμῖν ὑπαπιοῦσι καθ' ᾄδην ἀσπάσια, εἴ τις τέως καὶ ἐν νεκροῖς αἴσθησις, μηδὲ τὸ τῆς λήθης ποτὸν ἐγχεόμενον οὐ μόνον τὴν τῶν προλαβόντων ἀπαλείφει μνήμην, ἀλλὰ καὶ τὰ κατὰ τὸν βίον ἐπιγινόμενα οὔκουν ἐς ᾅδου ἐπεισρέειν ἀφίησιν, ὅπως τοῖς θανοῦσιν εἴησαν γνώριμα."

---

95 κλέος — ἀρνύμενοι: cf. Hom. Ε 3; Ζ 446   4 λήθης ποτόν: cf. Lucian. Dial. Mort. 13, 6; al.

VA = a, PW, RMDF = b

76 αὐτοὺς AW   ἀπεκρίνοντο AW   **79** συναγηόχει V   τοιοῦτο PWMD   **80** πρὸς — εὐλαβούμενοι i. mg. et. r. 10 litt. P   τὸ τοῦ: τούτου W   **81** ποτε post ἕως add. R   Πετραλείφαι RB: Πετραλεῖφαι D^{ac} F Bekk: Πετραλοίφαι K   **82** Διδυμότοιχον VAPDF Bekk: Διδυμότειχον $WRMF^{s}$ **83** τῆς: τε V   **84** πρώτων R: πρότερον M   **85** Κ(ουπάκη) D^{s}: Παπούκη Sc   ὅλος VDF Bekk   **86** προαλλόμενοι A: προβαλλόμενοι W   **87** τούτοις ante ἐπηκολούθησαν add. APW   ὁ βασιλεὺς ante ἀγάμενος add APW   **87—88** τοῦ — ὁρμήματος: τοῦ γενναίου παραστήματος τῆς ψυχῆς $A^{mg γρ}$ PW^{mg} **88** ὁ κρατῶν om. P   **89** τριακοσίους P   **91** ἀμοιβὸν A   **93** ὑφεστῶτα R   **95** πατέρα κηδόμενον: πατέρα καὶ κηδεμόνα AP^{pc} W   **1** πατρίδος F^{pc} ἑαυτοῖς P   **2** ἀφέξομαι $A^{s}PW^{s}$ Bekk   **4** ἐπαπιοῦσι V   **7** τὰ om. R   ἅδην VAW   **8** γνώρισμα WR

Πρῶτος οὖν ὁ Πουπάκης, ὡς ἔφην, τὸ σημεῖον τοῦ σταυροῦ διατυπώσας ἐν ἑαυτῷ τῆς ἀναβάσεως ἄρχεται καὶ μετ᾿ αὐτὸν οἱ Πετραλίφαι κασίγνητοι καὶ καθεξῆς ἕτεροι, ἕως πάντας ἡ κλῖμαξ ἐδέξατο. οὐδεὶς οὖν τῶν θεωμένων ἦν, ὃς ἐπὶ τῷ πραττομένῳ τούτῳ ἔργῳ οὐκ ἀνωλόλυξεν ὡς ἐπὶ καινῷ καρδιαλγήσας θεάματι, οὐδὲ δακρύων ὑποπλησθεὶς καὶ πατάξας τὸ στῆθος ἐθεοκλύτησε. καὶ ἦν γὰρ ἀληθῶς τὸ ὁρώμενον καταπλῆττον τὸν θεατὴν ὀφθαλμόν. οἱ μὲν γὰρ τοὺς θυρεοὺς ὑπὲρ κεφαλῆς ἐς τὸ ἀσφαλὲς ἀνατείναντες καὶ τὰ ξίφη σπασάμενοι | τοῖς ἐκ τοῦ φρουρίου προσηγγικότες ἐκθύμως διημιλλῶντο, οἱ δὲ πάσαις κατ᾿ αὐτῶν ἐχρῶντο βολαῖς καὶ λίθους ἀπερρίπτουν χειροπληθεῖς. ἀλλ᾿ οὐδὲν ἤνυον· οὗτοι γάρ, ὅσα καὶ ἄκμονες ῥαϊστῆρσι, παντοίοις τυπτόμενοι βλήμασιν ἀκάμαντες ἦσαν καὶ ἀπερίτρεπτοι καὶ τὴν ἰσχὺν ἀνένδοτοι κἀπὶ τοῖς παροῦσι δεινοῖς ἀκατάπληκτοι. κἂν κάλλιστον εἰλήφει τέλος τὰ τοῦ ἀγῶνος τοῦδε καὶ Ῥωμαίοις ἐγεγόνει πάνυ κυδαντικά, νῦν δὲ ἀλλ᾿ ἡ ταῖς τῶν πράξεων μεγίσταις ἐπεισερχομένη ἀγεννὴς περίπτωσις καὶ τὸ ἄγαν ἀεί πως παρακολούουσα, ἀρχὴν ἀρίστην ὑποθεῖσα τῷ ἔργῳ καὶ τῇ προθέσει κατὰ βραχὺ ὑποθάλπουσα, περὶ τὸ πέρας ἠγνωμόνησε τὸ ἐπέραστον. ἤδη γὰρ τοῦ Πουπάκη τῆς κλίμακος ἀποβάντος καὶ τὼ πόδε ταῖς πέτραις ἐνερείσαντος, ὅθεν καὶ τοῖς ἐκ τῶν τειχῶν διεφέρετο, ἡ κλῖμαξ ἀποκαυλίζεται. καὶ οἱ μὲν ἄλλοι πάντες κύμβαχοι ἐπὶ βρεχμόν τε καὶ ὤμους ἐλεεινὸν ἐπανετρέποντο θέαμα καὶ ἄπιστος ὄψις οἰκτίρμοσιν ὀφθαλμοῖς, καὶ κακῶς παραπώλλυντο τοῖς τῶν κυμάτων διαύλοις φερόμενοι καὶ πέτραις καὶ νηῶν προσαρασσόμενοι καταστρώμασι κἀκ τῶν ὑψόθεν λίθοις καταχωννύμενοι, ὡς βραχεῖς ἀπ᾿ ἐκείνων δὴ τῶν πολλῶν τὸν κίνδυνον διεκφυγεῖν· ὁ δέ γε Πουπάκης τοὺς ἐν τοῖς τείχεσι διασοβήσας καὶ πυλίδα ἀναπεπταμένην εὑρὼν δι᾿ αὐτῆς ἐξέθορεν εἰς τὸ στράτευμα. καὶ ἦν τοῦτο οὐ Ῥωμαίοις μόνον καὶ βασιλεῖ δι᾿ ἐκπλήξεως, ἀλλὰ καὶ τοῖς ὑπεναντίοις αὐτοῖς διὰ θαύματος, οἳ καὶ τὸ ἀπάνθρω-

28—29 ἐπὶ — ὤμους: cf. Hom. Ε 586

VA = a, PW, RMDF = b

9 Κ(ουπάκης) D^s τὸ σημεῖον VPKScB Bekk: τῷ σημείῳ AWRMDF **10** καὶ post ἑαυτῷ add. R Πετραλείφαι R: -εῖφαι F Bekk: -οίφαι K **11** ἕως: καὶ PW: ἕως καὶ A **12** ἦν om. V (θεω)-μένων — πραττομένω i. r. 13 litt. P τούτῳ ἔργῳ om. V, non vero B: ἔργω τούτω P οὐκ om. R ἀνωλόλυζεν V: ὠλόλυξεν R **14** καὶ alt. om. V **18** ἀνερρίπτουν V: ἀπέρριπτον R ἤνυτον cum b scr. A^{ac} W **19** τοῖς παντοίοις APW **22** πάνυ: πάντη cum b scr. AW δ᾿ Bekk **23** μεγίσταις om. RMDF **24** παρακωλύουσα V τὸ ἔργον R **25** πως post βραχύ add. P Bekk **26** Πουπάκου Bekk **27** καὶ om. V τειχέων R **29** ἀνετράποντο D **30** παραπόλλυνται V: παραπώλλυνται M **31** φορούμενοι P προσαραττόμενοι Bekk **33** ἐκφυγεῖν P Epit.: διαφυγεῖν D Κουπάκης, sed Π sscr. D **36—37** οἳ — ἐπεγκληθέντες om. M

18 ἤνυτον (ἤνυον M^{pc}) b Bekk **22** πάνυ: πάντῃ (πάντα R) b Bekk πον ὀνειδισθέντες καὶ τὸ τῆς γνώμης ἀνήμερον ἐπεγκληθέντες, οἷς καταλιθοῦντες ἦσαν τοὺς ἀνατραπέντας | ἐκ τῆς κλίμακος, ἀπέσχοντο τοῦ δρᾶν οὑτωσί, τοὺς ἄνδρας αἰδεσθέντες τῆς γενναιότητος.

Ἀλλ' οὔπω ἀκριβῶς τὸ ἀτύχημα τοῦτο Ῥωμαίοις διεθρηνήθη καὶ τὴν ἐπ' αὐτῷ τοῦ βασιλέως λύπην ὁ πάντα μαραίνων χρόνος διαφορήσας ἐλέανε, καὶ ἄλλη τις ἐπισυμπλέκεται συμφορὰ χείρων τῆς πρώτης καὶ κακὸν ἐπεισκωμάζει ἀξιοπένθητον ἕτερον. διαστασιάζονται Ῥωμαῖοι καὶ Οὐεντανοὶ κατὰ μέσην τὴν ἀγορὰν καὶ ἡ στάσις οὐκ ἐρεσχελίαι παρ' ἑκατέρων πίπτουσαι τῶν γενῶν, οὐδ' ἔπος αἰσχρόν, ὁποῖον ἐρρέθη, τοιοῦτον ἐπακουόμενον, οὐδ' ἐβωμολοχεύοντο πρὸς ἀλλήλους ἢ κερτόμοις οἱ στασιασταὶ ῥήμασιν ἐκομψεύοντο, οὐδ' ἔβαλλον ὕβρεσι καὶ ἐπλύνοντο σκώμμασιν, ἀλλ' αἱ χεῖρες εἶχον τὰ ὅπλα καὶ ἡ μάχη ἀγχώμαλος ἐκορθύετο. συχνοὶ οὖν οἱ κατὰ φήμην τοῦ κακοῦ μεθ' ὅπλων ἑκατέρωθεν ἐπεισρέοντες καὶ τοῖς ὁμογενέσιν ἀρήγοντες, πολλοὶ δὲ καὶ οἳ ἐκεῖσε μὴ ὁπλενδυτοῦντες παρενέβαλον, γένει βασιλείῳ διαπρεπεῖς καὶ λαμπροὶ κατ' ἀξίωσιν. καὶ τῶν Βενετίκων δὲ ἀφίκοντο οἱ γεραίτατοι ὡς σβέσοντες τὸ κακὸν καὶ διαλλακτῆρες ἐσόμενοι· ἀλλ' οὐκ ἦν τῶν λεγομένων ἐπιστροφή, οὐδέ τις εἰσῄει τούτους αἰδὼς τῶν συνειλεγμένων μεγίστων ἀνδρῶν. ὁ γὰρ Ἄρης ἐκπάγλως ἐμαίνετο καὶ προχύσεως αἱμάτων ἐρῶν ἐπισυνίστη μάλιστα τοὺς ὁπλίτας, καὶ τούτους ἐκ τοῦ τῶν Βενετίκων πλέον στρατολογήματος, καὶ κατεῖχεν οὐδέν, οὐδ' ἐπέστρεφεν. ὅσον γὰρ ὁ μέγας δομέστικος τοὺς Ῥωμαίους ἀνέκοπτε τῆς ὁρμῆς καὶ τὰς τούτων ἐπισυνδρομὰς ἐπε|τείχιζε, τοσοῦτον ἐβαρυμηνίων Οὐεντανοὶ τῷ θυμῷ σφαδάζοντες κἀκ τῶν τριηρέων ἐξεχέοντο. ἰδὼν τοίνυν ὁ ἀνὴρ ὡς οὐδὲν ὠφελεῖ διαλλαγὰς μετιὼν καὶ ὡς ἄγει ἀναγκαία τὰ γένη μάχῃ διακριθῆναι, τοὺς ἰδίους μεταπέμπεται δορυφόρους, οὓς ἐπὶ καιρῶν

40—87, 92 ἀλλ' — ἐπείγοντος: cf. Cinnam. 98, 8—15 **45—46** ὁποῖον — ἐπακουόμενον: cf. Hom. Υ 250 **60—61** ἰδὼν — ὠφελεῖ: cf. Mat. 27, 24

VA = a, PW, RMDF = b

37—39 οἷς ἐδείκνυντο καταλιθοῦντες τοὺς κατενεχθέντας ἀπὸ τῆς κλίμακος, αἰδεσθέντες τοὺς ἄνδρας τῆς ἀρετῆς, τοῦ δρᾶν οὕτως ἀπέσχοντο V **37** ἄνωθεν post καταλιθοῦντες add. P Bekk **38—39** τοὺς — γενναιότητος: τὸ τοῦ ἔργου αἰδεσθέντες ἀπάνθρωπον A^{mgγρ} P **41** αὐτοῦ R μακραίνων πάντα V **42** ἐλέανε: ἐμάλαξε V συμπλέκεται V καὶ alt. om. R **43** ἕτερον: ἔργον R στασιάζονται D **44** Οὐεντανοὶ VW: Οὐετανοὶ cum P b scr. A: Βενέτικοι Sc Bekk **45** πίπτουσι W **46** τοῖον D καὶ ἀκουόμενον V: ἐπακρουόμενον W οὐδὲ βωμολοχεύονται V κερτόμοις: κερτομένοις R: -μίοις M: ὀνειδείοις V **49** ἐκορύθετο V γοῦν V οἱ om. R τὴν ante φήμην add. R **54** τούτους τις εἰσῄει A τούτοις W αἰδὼς: ὁδὸς A **55** διεκχύσεως V **56** ἐπισυνίστησι F **57** καὶ — ἐπέστρεφεν om. V **58** τοὺς — ὁρμῆς: ἀνέκοπτε τῆς ὁρμῆς τῶν Ῥωμαίων R Οὐεντανοὶ VAW: Βενέτικοι Bekk **60** ὅδε post ἀνὴρ add. APW **62** καιρὸν PR Bekk

44 Οὐετανοὶ P b **59** Οὐετανοὶ P b

μάχης εἶχε χρησίμους ἑαυτῷ καὶ ὁπλίταις ἀγαθοῖς ἐκέχρητο, καὶ διαφίησι τοῖς Βενετίκοις. ἐξάγει δὲ καὶ μέρος τῆς στρατιᾶς. ἐπ' ὀλίγον οὖν οὗτοι ἀντισχόντες τὰ νῶτα μεταβαλόντες προτροπάδην φεύγουσι καὶ ταῖς ναυσὶν ἄκοντες συνωθοῦνται, βαλλόμενοί τε καὶ ἀναιρούμενοι.

Πλὴν οὐδ' οὕτω τῆς βαρβάρου γνώμης ἠρέμησαν ἢ τὰ ὅπλα μετὰ ἧτταν κατέθεντο, ἀλλὰ κατὰ τὰ δυσθάνατα τῶν θηρίων ἐφαλλόμενοί τε καὶ προσαλλόμενοι ἐν δεινῷ τίθενται ὅτι μὴ Ῥωμαίων αὐτῶν ὑπερίσχυσαν. ἀμέλει καὶ κατὰ χέρσον οὐκέτι δυνάμενοι μάχεσθαι ἀποσαλεύουσι τὰς νῆας καὶ ἐξόρμους τιθέασι· καὶ κατά τινα νῆσον ἀναχθέντες ἀμφίρρυτον (ἡ Ἀστερὶς αὕτη οἶμαί ἐστιν, ἥν φασιν οἱ πάλαι κεῖσθαι μέσον Ἰθάκης καὶ τῆς τῶν Κεφαλήνων τετραπόλεως) ἐπιτίθενται ὡς πολέμιοι τοῖς ἐκεῖσε παρορμῶσιν ἐξ Εὐβοίας πλοίοις Ῥωμαϊκοῖς καὶ τὸ ναυτικὸν κακῶς διαθέμενοι, ὃ συνεπλήρουν οἱ Εὐβοεῖς μάλιστα, τέλος καὶ αὐτὰ τὰ σκάφη πῦρ ἐμβαλόντες ἠθάλωσαν.

Τῷ κακῷ δὲ τούτῳ καὶ ἕτερον ἀτοπώτερον ἐπιφέροντες τὴν βασιλίδα νῆα κλοποφοροῦσι καὶ παρ' ἑαυτοῖς θέμενοι πρῶτα μὲν τὰς ἐν αὐτῇ βασιλικὰς διαιτήσεις κοσμοῦσι πέπλοις χρυσοϋφέσι καὶ ἁλουργοῖς τάπησιν, | ἔπειτα δ' αὐτῇ ἐμβιβάσαντες ἀνδράριον ἐπίτριπτον, κελεχρῶτά τινα Αἰθίοπα, εὐφήμουν ὡς βασιλέα Ῥωμαίων περιάγοντες μετὰ λαμπρᾶς στεφανηφορίας καὶ προπομπῆς, τὰ τῆς βασιλείας σεμνὰ διαπαίζοντες καὶ καταμωκώμενοι τὸν ἄνακτα Μανουὴλ ὡς μὴ ξανθίζοντα τὴν κόμην ὡς θέρος, ἀλλ' ὑπομελαινόμενον τὴν μορφὴν κατὰ τὴν τοῦ ᾄσματος νύμφην τὴν λέγουσαν ,,μέλαινά εἰμι καὶ καλή, ὅτι παρέβλεψέ με ὁ ἥλιος''.

Ἀλλ' εἶχε μὲν ἀξίαν ἐπιθεῖναι δίκην τοῖς βαρβάροις ἐκ τοῦ παραυτίκα ὁ βασιλεύς, δείσας δέ, μὴ ἐμφυλίου κινηθέντος πολέμου εἰς πλεῖον προχωρήσῃ τὰ ἄτοπα, πέμψας τῶν ἐξ οἰκείου γένους τινὰς ἀμνηστίαν δίδωσι τοῖς Βενετίκοις ὧν τε εἰς αὐτὸν ἠνομήκασι καὶ ὧν εἰς Ῥωμαίους

---

72 οἱ πάλαι: cf. Hom. δ 845 sq.; Strab. 10, 2, 16 p. 456 **85—86** μέλαινα — ἥλιος: Cant. 1, 5 sq.

VA = a, PW, RMDF = b

63 ὡς ante ὁπλίταις add. V **65** (π)ροτ(ροπάδον) P^ir: περιτροπάδον M **67** τὴν ante ἧτταν add. M^pc Bekk **69** παραλλόμενοι R: προαλλόμενοι MDF Bekk **70** μηκέτι Bekk **72** οἶμαι αὕτη PD καὶ ante τοῖς add. W **74** ἐξ Εὐβοίας παρορμῶσι Bekk **77** καὶ hab. VB cum PW b om. A **78** πρῶτον W **80** κελεχρῶτα P^ac: κελενεχρῶτα P^pc: κελενοχρῶτα W: κελαινοχρῶτα DN Bekk: μελανόδερμον Sc κελ. — Αἰθίοπα: σαρακηνὸν σκλάβον B **82** καὶ ante τὰ add. APW σεμνὰ: λαμπρὰ W **83** τοῦ ἄνακτος .... ξανθίζοντος alt. m. sscr. F Bekk Μανουὴλ: Μιχαὴλ D^ac ὡς pr. om. V P^ac **84** θέρος: ἔθος M ὑπομελαινομένου Bekk **85** νύμφην: φωνὴν R **87** τοῖς βαρβάροις δίκην F **88** προχωρήσει PDF Bekk: προχωρῆσαι R: χωρήση N

77 καὶ om. PW b Bekk

ὡς δυσμενεῖς ἐκακούργησαν, ἐπεὶ τὰ τῆς ἀμύνης ἑώρα πως οὐκ ἀκίνδυνα, πρὸς ἄλλα τοῦ καιροῦ ῥέπειν ἐπείγοντος. πλὴν εἰ καὶ τὸν χόλον αὐτῆμαρ κατέπεψεν, ἀλλ' ὡς ἐν σποδιᾷ ἔναυσμα τὸν κότον ἐνέθαλπε τῇ ψυχῇ, ἕως τῶν πραγμάτων ἐνδιδόντων αὐτὸν ἐξεπύρσευσεν, ὡς κατὰ καιρὸν τὸν οἰκεῖον ῥηθήσεται.

Τότε γοῦν φιλιωθέντων αὖθις ἀμφοτέρων τῶν στρατευμάτων, εἰς πολιορκίαν ἐξάγει τὰς φάλαγγας, καὶ κατὰ θάλασσαν, ἐν οἷς παρείκοι, τὸ πόλισμα κυκλωσάμενος παντοῖος ἐγίνετο, ὥσπερ πρὸς ἑαυτὸν ἁμιλλώμενος ἐνεργότερος δείκνυσθαι, εἴ πως παραστήσασθαι δυνηθείη τοῦτο καὶ ἐξελεῖν. ἔκ | τε οὖν τῶν πετροβόλων ὀργάνων τὰ βάρη τῶν λίθων ἠφίετο συνεχέστερα καὶ οἱ τοξόται παρὰ μαζὸν ἀεὶ πελάζοντες τὰς νευρὰς καὶ ἕως τῶν γλυφίδων ἕλκοντες νιφάδεσσιν ἐοικότα χειμερίῃσι κατὰ τῶν ἐπὶ τοῦ τείχους τὰ βέλη ἔπεμπον. ἦσαν δὲ κατὰ πολλὰ μέρη τοῦ ἐρύματος καὶ οἳ διὰ τῶν φαράγγων δίκην αἰγάγρων ἐκρημνοβάτουν· ἐπεραίνετο δὲ οὐδὲν ἀλλ' ἢ ὅσον μὴ ἀεργὸν ὁρᾶσθαι τὴν στρατιάν. οἱ γὰρ ἔνδον καὶ αὐτοὶ γενναίως ἀπεμάχοντο, ὑποκατιέναι μὲν καὶ συστάδην ἀντιπλέκεσθαι Ῥωμαίοις οὐμενοῦν οὐδαμῶς δοκιμάζοντες, ἀπὸ δὲ τῶν τειχῶν παντοδαπῶς ἀμυνόμενοι καὶ βέλεσι καὶ λίθων ἀφέσεσι κακοῦντες τὸ ἀνθιστάμενον.

Ὡς ἔγνω τοίνυν ἀδυνάτοις ἐπιχειρῶν, μεταναστεῦσαι μὲν ἐκεῖθεν καὶ τὴν πολιορκίαν ἀφεικέναι ἀτέλεστον οὐκ ἔκρινε δεῖν καὶ ἀδοξίας ἑαυτῷ παραίτιον ὑπετόπαζεν, εἰ πολλὰ καμὼν καὶ οὐκ ὀλίγας ἴλας ἀπολωλεκὼς στρατιώτιδας οὐχ ἕξοι φρούριον ἓν ἐξελεῖν, καὶ τοῦτο πρότριτα Ῥωμαίοις ὑπόφορον, βόσκοι δὲ καὶ ἐπὶ τῆς οἰκείας χιλίους λῃστὰς ὁρμητήριον παρεὶς καὶ νεώσοικον ταῖς Σικελιώτισι τριήρεσι κατὰ Ῥωμαίων τὰ Κέρκυρα. ἐπεβάλετο τοίνυν χρονοτριβεῖν· ἄλλη γὰρ οὐδεμία τις ἐλπὶς ὑπελείπετο τοῖς χρηστοτέροις αὐτὸν ὑποσαίνουσα, διὰ δὲ τῆς πολυημέρου προσεδρείας συμπείσειν ἄκοντας ᾤετο τοὺς ἐπὶ τῆς φρουρᾶς καταπροδοῦναί οἱ τὸ φρούριον καὶ σφᾶς προσαναθήσειν αὐτῷ.

92—93 πλὴν — κατέπεψεν: cf. Hom. Α 81 **95** ῥηθήσεται: p. 171, 41 sqq. **6—7** παρὰ — ἕλκοντες: cf. Hom. Δ 122 sq. **7** νιφάδεσσιν — χειμερίῃσιν: cf. Hom. Γ 222

VA = a, PW, RMDF = b

93 κατέπεμψεν VWRM: κατέπεμφεν D[ac] **94—95** τὸν καιρὸν τὸν DF **1** γοῦν V Epit.: δ' οὖν rel. Bekk αὖθις om. D **2** ἐξῆγε V καὶ om. R **4—5** τοῦτο δυνηθείη V **5** ἔκ τε: ἔκτοτε M **6** ἐφίετο R **7** νιφάσιν V: νιφάδεσιν PWRMF **9** διὰ τῶν i. r. 3 litt. P αἰγάγγρων AP[pc] F Bekk **10** ἢ om. V, non vero B ἀεργὴν M **11** ὑπεμάχοντο R **12** οὔμενουν codd. **13** παντοδαμῶς W παντοίοις post ἀφέσεσι add. Bekk **15** ὁ βασιλεὺς post τοίνυν add. A Bekk: ibid. ὁ Μανουὴλ P ὁ βασιλεὺς post ἐπιχειρῶν add. W **16** ἀτελέστατον P ἄλλως ante ἑαυτῷ add. P Bekk αὐτῷ P **17** εἰ: καὶ M: εἰς F οὐκ: μὴ P ὀλίγας: βραχείας P **18** ἕξει A[ac] RMF Bekk **19** βόσκει A: βόσκον R κἀπὶ V **21** ἐπέβαλε V **23** τοὺς om. M ὅθεν οὐδὲ τοῦ καλοῦ τῆς προσδοκίας ταύτης ἐκπέπτωκεν, οὔτε μὴν διήμαρτε | τοῦ σκοποῦ.

Ἡμέρας γὰρ διαλιπόντες τινὰς διαπρεσβεύονται καὶ δέονται καιρὸν αὐτοῖς ὑποχωρήσεως ἐνδοθῆναι, ὡς ὅπλων καὶ τῶν ἄλλων ἦσαν ἔχοντες. ὡς γὰρ ἑώρων βασιλέα μὲν οὐκ ἂν αὐτοὺς ἐπὶ χώρας μένειν ἀνήσοντα, τὰς δ' ἐλπίδας σχαζούσας εἰς κενόν, αἷς ἐβουκολοῦντο καθ' ὥραν τὴν ἀπὸ τοῦ ῥηγὸς ἐπικουρίαν προσδεχόμενοι, ἅμα δὲ καὶ τὸν λιμὸν αὐτοὺς ἠρέμα ἐπιβοσκόμενον, τὴν εἰρημένην ἐτράποντο. ἐνῆγε δὲ πρὸς τὸ τοιοῦτον μάλιστα ἔργον ὁ καστελάνος Θεόδωρος, ὃς τῆς φρουραρχίας προΐστατο, οὐκ ὢν αἱμάτων ἀνήρ, ἀλλὰ τῆς ἀγέλης πλέον Χριστοῦ καὶ προτιθεὶς εἰρήνην τῆς διαστάσεως καὶ φιλορώμαιος, ὡς ἔδειξεν ὕστερον.

Βασιλεὺς τοίνυν ὠσὶν ἐστῶσιν ἀκούσας τὴν ἀγγελίαν ἐζήτει θεάσασθαι καὶ πέρας αὐτίκα τὸ ἐφετόν. πρὸ δὲ τοῦ τὰς ἀποκρίσεις ἱλαρὰς ἀποδοῦναι ἑαυτὸν εἰδωλοποίει τραχὺν καὶ ὑπερορίοις ἀπειλαῖς ἐκέχρητο, εἰ μὴ δρῷεν ὅσα ἡ πρεσβεία κατεπαγγέλλεται. ὡς οὖν ὀψὲ προσερρύησαν, οὐδὲ τότε ὁμοῦ πάντες, ἀλλὰ κατὰ βραχεῖς, καὶ πεῖραν τοῖς ἐπιμένουσιν οἱ ἐξιόντες διδόντες, ὡς οὐχ ὑπερόπτης ὁ βασιλεύς, οὐδέ τι τῶν ἀέλπτων ἐπιτελῶν, ἀλλ' εὐμενῶς αὐτοὺς προσιέμενος μετὰ φιλοφροσύνην καὶ δεξίωσιν ἱκανὴν αὐτοὺς ἑλέσθαι τὸ ποιητέον καὶ τὸ δοκοῦν ὠφέλιμον ἐγκελεύεται· ἑαυτῷ γὰρ μὴ εἶναι πρὸς τρόπου, μηδ' ἄλλως κρίνειν βασιλικόν τε καὶ ἐλευθέριον ἢ μένειν ἐθέλοντας ἀπελαύνειν ἢ ἀπιέναι βουλόμενοις προσίστασθαι. πολλοὶ μὲν οὖν συμπαρέ|μειναν βασιλεῖ καὶ πρὸ πάντων ὁ καστελάνος Θεόδωρος, οἱ δὲ λοιποὶ πρὸς τὴν πατρίδα Σικελίαν ἀνήχθησαν.

Βασιλεὺς δὲ παριὼν εἴσω τῆς πόλεως καὶ τὴν ἄκραν καταπλαγεὶς ὡς ὅπλοις οὐδ' ὅλως ἁλώσιμον καὶ φρουρὰν ἐπιστήσας ἀκριβεστάτην

---

49 παριών: post diem 29 mens. Iul. a. 1149

---

31 λιμόν: cf. Cinnam. 101, 14—15 **33** Θεόδωρος: cf. Cinnam. 100, 21—101, 5 **34** αἱμάτων ἀνήρ: Ps. 5, 7; al. **36** ὠσὶν ἐστῶσιν: cf. Diogen. 8, 74

VA = a, PW, RMDF = b

25 οὐδὲ Bekk **27** οἱ πολέμιοι post διαπρεσβεύονται add. AP, ubi οἱ — καὶ i. r. et mg., W Sc Bekk **28** ἀναχωρήσεως V ἦσαν A^mg: εἰσὶν AW Sc **31** ἀπό: ἐπὶ M **32** ἐτράποντο: ἐπράττοντο RM **33** καστελάνος V: καστελλᾶνος B Bekk: κατελάνος RM^pc: καπελάνος APWM^ac DFSc **39** ὅσον M **40** τότε: τοῦτο A **41** ἔτι μένουσιν APWRMK διδόντες: παρέχοντες V οὐχὶ W ὁ om. R **42** προσιέμενος: προσδεχόμενος V: προσδεξάμενον Sc μετά: ἀλλὰ W **46** βουλομένοις: ᾑρημένοις V συμπαρέβαλαν R: προσέμειναν M **47** καστελάνος VR: καστελλᾶνος B Bekk: κατελάνος M^pc: καπελάνος APWM^ac DFK **49** πόλεως: ἀκροπόλεως V **50** (καταπλα-)γεὶς — ὅπλοις i. r. P ἀκριβεστάτην: ἀσφαλεστάτην Bekk

50 ὡς ὅπλοις om. b

ἐκ Γερμανῶν ἄρας ἐκεῖθεν μεθ' ἁπάσης ὡς εἶχε τῆς στρατιᾶς εἰς τὸν Αὐλῶνα μετασκηνοῖ· ἔνθα ἱκανὰς ἡμέρας ἐναυλισάμενος τὴν εἰς Σικελίαν κυροῖ περαίωσιν, γνωματεύων ἤρεμον εἶναι τὸν μαχόμενον καὶ εἰρήνης τὸν πόλεμον πρύτανιν κἀκείνας εὐδαιμονεῖν τῶν πόλεων, ὅσαι μὴ τοῖς τείχεσι, τοῖς δ' ἔγχεσι φράγνυνται, ὡς τούς γε δι' εἰρήνην τὸν πόλεμον ἀλυσκάζοντας λεληθέναι ἄντικρυς ἔφασκεν ἑαυτοὺς ὅτι πλείονες ἐντεῦθεν ὡς ἐκ πολύχοος γηδίου φύονται οἱ διάφοροι, ἣν ἔχουσιν ἀρχὴν περικόπτοντες καὶ σταθερᾶς εἰρήνης οὐδαμῶς ἀπολαύοντες. ἀλλὰ ,,δειλοί" φησιν ὁ Δαυὶδ ,,οἱ τῶν ἀνθρώπων εἰσὶ διαλογισμοὶ καὶ ἐπισφαλεῖς αἱ τούτων ἐπίνοιαι, ἡ δὲ βουλὴ τοῦ Κυρίου βεβαία καὶ ἀμετάπτωτος, οὐδ' ἔστιν ὅστις τῶν ἁπάντων αὐτὴν παρακρούσεται".

Τότε τοίνυν τὸν Μανουὴλ στηρίξαντα τὴν εἰς Σικελίαν κέλευθον καὶ πρὸς τὴν νῆσον κατάραντα, ἥτις 'Αειρρονήσιον ἐπικέκληται, τοῦ ἐγχειρήματος ἐπέσχον διακυκήσασαι τὸ πέλαγος λαίλαπες καὶ καταποντιστικὰ τοῦτο διαταράξαντα πνεύματα βροντῶν τε μυκήματα ἐξαισίων καὶ ἀστραπῶν ἐκπυρηνίσματα τερατώδη καὶ ἀνάμματα φοβερώτατα. καὶ αὖθις δ' ἐπιβαλλομένῳ καὶ τὴν περαίωσιν ἐπι|σπεύδοντι οὐχ ὑπέθηκεν ἑαυτὴν ἡ θάλασσα ταῖς ναυσίν, ἀλλ' ἀνεπήδα καὶ ἀνεβράσσετο κάτωθεν. ὡς οὖν ἀντέστησαν αἱ ἀντίπνοιαι διαλύσασαι τὰ σκάφη γνόφῳ βαθεῖ, μόλις μὲν τῇ χέρσῳ τινὰ τούτων προσώκειλαν, καὶ αὐτὸς δὲ βασιλεὺς διεξέπλευσε βραδέως τὸν κίνδυνον, τὰ δὲ λοιπὰ διεσπάρη ἄλλα ἄλλοθι καὶ πάρεργον ἐγεγόνει κλύδωνος.

Τῷ τοι τὴν δι' ἑαυτοῦ πρὸς Σικελίαν περαίωσιν ὡς ἀσύμφορον παρωσάμενος ἀπαίρει μὲν ἐκ τοῦ Αὐλῶνος ὡς ἔχων ἦν τῶν δυνάμεων, εἰς δὲ Πελαγονίαν ἀφιγμένος καὶ καταστήσας ὡς ξυνοῖσόν οἱ ἐδόκει τὰ

---

62 τότε: adhuc aestate a. 1149

53—54 εἰρήνης — πρύτανιν: cf. Nic. Or. 193, 31 **58—60** δειλοὶ — ἐπίνοιαι: (ὁ Σολομῶν τοῦτο λέγει Χωνειάτα μου m. alt. F^mg) cf. Sap. 9, 14 **60—61** ἡ — παρακρούσεται: quoad sensum cf. Ps. 32, 11; Is. 55, 8 sqq. **74** ἀπαίρει etc.: cf. Cinnam. 102, 1—18

VA = a, PW, RMDF = b

51 μετὰ πάσης Bekk ὡς om. V **52** ἡμέρας ἱκανὰς D εἰς τὴν W **53** κυροῖ: πληροῖ R **55** τοῖς δ' ἔγχεσι om. V τοὺς — δι': τούτους δὲ R γε: τε MDF **57—58** περικόπτοντας . . . ἀπολαύοντας AWRM **58** σταθηρᾶς V οὐδαμῶν V καὶ post ἀλλὰ add. R **59** καὶ αἱ τούτων ἐπίνοιαι ἐπισφαλεῖς V: κ. ἐπισφ. αἱ τ. ἐπίνοιαι B **60** ἀδιάπτωτος M^pc **63** 'Αειρονήσιον M Bekk: 'Αειρρονήσιος D **65** ταράξαντα Bekk **67** ἐπιλαβομένω V: ἐπιβαλομένω APWDFU **71** δὲ VPB: δὴ AWRMDF Bekk δι(ἐξέπλευσε) P^mg **75** τὴν Πελαγονίαν DFSc

71 ἐξέπλευσε b **75** καταστησάμενος b Bekk ἐκείνῳ ξυνοῖσον b πράγματα κατὰ Σέρβων ἔγνω μεταθέσθαι τὸ πρόθυμον. οὗτοι γάρ, ἕως μὲν τὰ τῆς ἀρχῆς ἠρέμει τῷ αὐτοκράτορι, εὔνουν ἐπλάττοντο πρόσωπον καὶ τὴν γλῶτταν ἐπλούτουν πρὸς τὰ ἐν μυχῷ τῆς καρδίας ἀντίφθογγον· ἐπειδὴ δὲ κατά τε γῆν κατά τε θάλατταν ἐπεισήρρηκεν ὅσα ἐπετέμετο ἡ ἀφήγησις, ἀνεθάρσησάν τε παρὰ τὸ δέον, καταχρησάμενοι τῷ καιρῷ, καὶ κατὰ Ῥωμαίων ὅπλα ἤραντο καὶ κακῶς διέθεντο τὰς ὑπὸ Ῥωμαίους ὁμόρους αὐτοῖς χώρας. καὶ δὴ τὸ εὔοπλον ἀπολαβὼν τοῦ στρατεύματος καὶ ἀποτάξας αὐτὸ πρὸς τὸ εὔζωνον τὴν Σερβίαν εἴσεισι, τὸν δὲ ταύτης σατράπην οὐ διέδραμεν ἡ κατ᾽ αὐτοῦ βασίλειος ἐπέλευσις, κἂν ἠπείγετο λήσειν ὁ βασιλεύς· οὐκ ἔχων δ᾽ ὅ τι καὶ διαπράξαιτο, μηδὲ συνορῶν ἑαυτὸν ἀγωνιστὴν πρὸς τὰς Ῥωμαϊκὰς δυνάμεις ἀνανταγώνιστον, ἀφίσταται μὲν τῶν πεδινῶν, εἰς δὲ τὰ ὄρη αἴρει τοὺς ὀφθαλμούς, ὅθεν | προσεδόκα ἥξειν αὐτῷ τὴν βοήθειαν. τὰς δὲ τῶν οἰκείων πληθῦς, ὅσα καὶ θρεμμάτων ἀγέλας τὰ χλωρὰ δρεπομένων τῆς ὕλης, ἀφῆκε τοῖς ἐπιοῦσιν εἰς διασκόρπισιν καὶ ἀναίρεσιν ἐπιτρέψας ἑκάστῳ τὴν διὰ φυγῆς εὕρασθαι σωτηρίαν καὶ πρίασθαι ποσὶ τὴν ζωὴν ὡς παράδειγμα αὐτὸν ἀποβλέπουσι. καὶ ὁ μὲν Σερβάρχης οὕτω διενοήθη καὶ διεπράξατο καὶ ταῦτα ἦν τοῖς ὑπ᾽ αὐτὸν ὑποθέμενος· βασιλεὺς δὲ ὡς λέων ἀλκῇ πίσυνος βουκόλια βοῶν ἢ αἰγῶν αἰπόλια τὰ τῶν βαρβάρων κείρας συστήματα καὶ πολλὰς μὲν συγκτήσεις πυρὶ παραδούς, οὐκ ὀλίγων δὲ σωμάτων ἐγκρατὴς γεγονὼς ἐκεῖθεν ἐπάνεισι.

Καὶ γράμμα εὐθὺς εὐάγγελον ἐχαράττετο τοῖς τῆς πόλεως σημαῖνον οἰκήτορσι τὰ ἐξ ὑπογυίου ταυτὶ κατορθώματα· καὶ ὁ τοῦτο ἀποκομίζων διαγγελεὺς ὁ μέγας ἦν δομέστικος. μετὰ βραχὺ δὲ καὶ ὁ τῶν ἀνδραγαθημάτων ἐπιφθάνει πατήρ, καὶ καταγαγὼν ἐπὶ τοῖς τελεσθεῖσι τούτοις περιφανῆ θρίαμβον καὶ παρὰ τοῦ δήμου καὶ τῆς συγκλήτου πάσης

1 ἐπάνεισι: hieme a. 1149/1150

81—1 κατὰ — ἐπάνεισι: cf. Cinnam. 101, 18—102, 1; 102, 18—103, 19 **87—88** εἰς — βοήθειαν: cf. Ps. 120, 1 **94** ὡς — αἰπόλια: cf. Hom. ζ 130—134 **4—8** μετὰ — θέατρα: cf. Cinnam. 103, 20—23

VA = a, PW, RMDF = b

76 μεταθέσθαι διανοεῖται V **77** ἐπλάζοντο A **78** ἐπλούτουν: εἶχον VAW **79** ἐπεὶ P ἡ ante κατὰ add. V τε pr. om. M ἐπεισέφρησεν V **80** ἀνεθάρρησαν AWRMDF Bekk **83** τὸ om. V **84** διέδρα μὲν PWN: διέδραμε μὲν DF Bekk **85** δ᾽ om. M **86** ἑαυτῷ R ἀνταγωνιστὴν D^{ac} F Bekk **87** ἀξιαγώνιστον $A^{mg\gamma\rho}$P Bekk **91** ἑκαστοῦ R τὴν — σωτηρίαν: φυγῇ διαθέσθαι τὴν σωτηρίαν P εὕρασθαι: γρ. διαθέσθαι A^{mg} **92** εἰς ante παράδιγμα add. Bekk **93** ὁ βασιλεὺς W **94** πίσυνος $A^{mg\gamma\rho}$: εὐθαρσὴς A **2** μὲν post γράμμα add. Bekk **3—4** ἀποκομίζων διαγγελεὺς V: διακομίζων διαγγελεὺς AW: κομίσας ἀγγελεὺς B: κομίζων ἀγγελεὺς Bekk **4** ἦν om. M **5** ἐπιφθάνει: ἐπεφάνη V: φθάνει WBSc τούτοις om.V

3—4 διακομίζων ἀγγελεὺς P b

εὐφημηθεὶς καὶ τῇ τῶν κρότων ὑψηγορίᾳ διαχυθεὶς εἰς ἁμίλλας ἵππων ἀπεῖδε καὶ θέατρα.

Ἄρτι δὲ τοῦ ἔαρος ὑποφαίνοντος τὴν Πελαγονίαν αὖθις κατέλαβε. καὶ ἐπείπερ ἡ πρὸς Σικελίαν ἄφιξις αὐτῷ ἀπηγόρευτο, χρήμασιν ἐφοδιάσας πολλοῖς ἄνδρα δραστήριον, τῶν ἐπισήμων ἕνα καὶ εὐγενῶν, τὸν Παλαιολόγον φημὶ Μιχαήλ, καὶ στρατιὰν αὐτῷ παραδοὺς ἱκανὴν καὶ χεῖρα συχνὴν ἐγχειρίσας ἐκεῖσε ἐξέπεμψεν. ὁ δὲ κατὰ τὸ βασιλεῖ δοκοῦν εἰς Βε|νετίαν ἀφίκετο πρότερον καὶ μισθοφορικὸν ἐκεῖθεν ἀγηοχὼς κἀκ τῶν Ἰταλιωτίδων χωρῶν στρατολογήσας ἁδρὸν κοντοφορικὸν καὶ γενόμενος ἤδη μεγαλοδύναμος πρὸς τὴν Λογγιβαρδίαν κατέπλευσε καὶ συμμίξας ταῖς ἐκεῖσε δυνάμεσι τοῦ ῥηγὸς τροπαιοφορεῖ κατ' αὐτῶν καὶ νίκαις ἀναδεῖται λαμπραῖς, ἔχων ἐπὶ πᾶσι συγκροτοῦντά οἱ καὶ συναντιλαμβανόμενον καί τινα κόμητα Ἀλέξανδρον, ἐκ ταὐτοῦ μὲν ἀπορρύεντα αἵματος τῷ ῥηγί, προσκεχωρηκότα δὲ προσφάτως Ῥωμαίοις δι' ἃς ὑπέστη παρ' αὐτοῦ συμφοράς. καὶ ὁ μὲν Παλαιολόγος ἀεί πως ἐνεπλατύνετο καὶ σπείρων φιλοτίμως οὐ διαδιδοὺς τὰ χρήματα ἐλύπει καιρίως τὸν ῥῆγα καὶ ἐσέτι δράσων ἐκεῖνον ἐπίδοξος ἦν τὰ ἀνήκεστα, πλείστας τῶν ἐκεῖθι πόλεων τὰς μὲν ὁμολογίᾳ χειρούμενος, τὰς δὲ καὶ καταστρέφων.

Ἀλλὰ καὶ λίθων μετενεχθέντων ἐκεῖθεν καί τινων ἀναπεμφθέντων αἰχμαλώτων τῷ βασιλεῖ, πόλις κατὰ τὴν τῶν Αἰγαιοπελαγιτῶν χώραν τειχίζεται, Βάρη καὶ Αὐλωνία παρωνύμως ἐσέτι ὠνομασμένη.

---

9 ver est a. 1150 **13** ἐξέπεμψεν: quoad tempus errat auctor; revera Michael Palaeologus a. 1155 in Italiam missus est **17—18** συμμίξας — λαμπραῖς: a. 1155 mensibus Aug. et Sept. **21—25** καὶ — καταστρέφων: usque ad mensem Apr. a. 1156

---

11 ἄνδρα δραστήριον: cf. Cinnam. 151, 20—21 **17—18**: cf. Cinnam. 138, 5—146, 17 **21—25**: cf. Cinnam. 147, 3—150, 17

VA = a, P, RMDF = b

7 εὐφημισθεὶς WRBSc: -ησθεὶς F ἐς V **10** κἀπειδήπερ VAW αὐτῶ VB Bekk: αὐτοῦ rel. ἀπηγορεύετο RMDF **11** εὐγενῆ P **12** Μιχαήλ: Μανουήλ R αὐτῶ στρατιὰν W **13** συχνὴν χεῖρα A ἐκεῖθεν PK τὸ τῶ βασιλεῖ V **14** ἐς Bekk μισθοφορικὴν D **15** εἶτα post Ἰταλιωτίδων add. AW **16** Λογγιβαρδίαν VPM^{pc}B Bekk: Λαγγιβαρδίαν A: Λαγοβαρδίαν RK: Λαγγοβαρδίαν M^{ac}DF: Λαγγουβαρδίαν Sc **18** συνεπιλαμβανόμενον V **21** ἐπλατύνετο VN **22** σπείρων—χρήματα: παρέχων φιλοτίμως τὰ χρήματα καὶ μεγαλοδώρως εὐεργετῶν B οὐ om. W: ὁ F: καὶ Bekk διαδιδοὺς VWK^{ac}: διαδοὺς rel. Bekk **23** εἰσέτι MF Bekk ἦν: ὧν R **24** καὶ cum PW b om. A **26** ἐκεῖθεν A$^{mg\gamma\rho}$: ἐκ Βάρης AWSc **27** τὴν P^{s} om. R **28** Ἁλωνία A εἰσέτι V

24 καὶ om. PW b Bekk

Βασιλεὺς δὲ αὐτὸς αὖθις μαθὼν κακουργεῖν τὸν Σερβίας δυναστεύοντα οὔρεσιν καὶ χείρονα δρᾶν τῶν προτέρων, ὡς καὶ σπείσασθαι κατὰ Ῥωμαίων τοῖς γείτοσι Παίοσι, δισσεύει κατ᾽ αὐτῶν ὡς μὴ ἀξιομάχων ἀφροντιστῶν. οἱ δὲ καὶ ὑπὲρ δόξαν χεῖρας ἀντῆραν καὶ τὸν κατ᾽ ὀφθαλμὸν ἐθάρρησαν πόλεμον πλεῖστον συμμαχικὸν Οὐννικὸν ἐπαγόμενοι. ὅτε καὶ ὁ Καντακουζηνὸς Ἰωάννης συμπλακεὶς τοῖς βαρβά|ροις καὶ μέχρι τοῦ δοῦναι καὶ λαβεῖν ἐγκαρτερήσας πληγὰς δακτύλους τῶν χειρῶν ἀπεβάλετο, πολλῶν ἐπιβρισάντων αὐτῷ Σέρβων. καὶ βασιλεὺς δὲ αὐτὸς κατὰ μονομαχίαν τῷ ἀρχιζουπάνῳ Βακχίνῳ προσέμιξεν, ἡρωϊκὸν προφαίνοντι σῶμα καὶ αὐτουργοὺς χεῖρας ἐξ ὤμων φύοντι· καὶ ὁ μὲν κατὰ τῶν προσώπων πλήττει τὸν βασιλέα καὶ διαθλᾷ τὸ ἐκ τοῦ κράνους κατακεχυμένον τῶν ὄψεων ἐκείνου σιδήρεον παραπέτασμα, ὁ δὲ τὴν χεῖρα τούτου τῷ ξίφει διήλασε καὶ ἀπόλεμον ἔδειξε καὶ ζωγρίαν ἐκ τοῦδε συνείληφεν.

Ὡς δὲ καὶ οὕτω τοῖς Ῥωμαίοις αἰθρία νίκης ἐπέλαμψε, τῶν βαρβάρων διαλυθέντων δίκην νεφῶν, κἀκ τῶν ἐπαριστέρων ἀρχῶν εἰς τέλος ἀπήντησεν ὁ πόλεμος δεξιώτατον, κατὰ τῶν Οὔγγρων ὁρμᾷ, μήπω τὴν τῆς μάχης κόνιν ἐκ τῶν προσώπων ἀπομορξάμενος, ἀλλ᾽ ἔτι θερμοῖς ἱδρῶσι σταζόμενος, ἐπίκλημα φέρων τὴν τῶν Σέρβων ἐπικουρίαν καὶ τὴν ἀπουσίαν ἁρπάζων τοῦ ἐπαρήξοντος· ὁ γὰρ τῶν Οὔγγρων ῥὴξ οὐκ ἦν κατὰ χώραν τοῖς γειτνιῶσι Ῥὼς συμπλεκόμενος.

Καὶ δὴ τὸν Σάουβον διαβὰς ποταμὸν καὶ τῷ Φραγγοχωρίῳ ἐμβαλὼν (ἔστι δὲ τόδε τμῆμα τῆς Οὐγγρίας οὐ τὸ ἐλάχιστον ἀλλ᾽ ἱκανῶς πολυάνθρωπον, μεταξὺ Ἴστρου καὶ Σαούβου τῶν ποταμῶν ἀναπεπταμένον, καθ᾽ ὃ καὶ φρούριον ἐρυμνότατον ἔκτισται, ὃ Ζεύγμινον ἐπικέκληται) χειρίστως τὰ ἐκεῖ διέθετο. τότε καί τις | Παίων, μεγέθει μέγιστος καὶ

29—45 βασιλεὺς — δεξιώτατον: a. 1150 autumno **45** ὁρμᾷ: a. 1151 autumno, cf. Cinnam. 113, 17

29—45: cf. Cinnam. 103, 10—113, 6 **45—47** μήπω — σταζόμενος: cf. Nic. Or. 4,11 **54** μεγέθει μέγιστος: cf. infra p. 178, 21

VA = a, PW, RMDF = b

29 αὖθις om. P δυνάστην V **30** ὡς καὶ σπείσασθαι: σπεισάμενον AWSc **33** δὲ post ὅτε add. M **35** τοὺς δακτύλους B Bekk δὲ om. P **37** Βακχίω R **38** φύοντι: φέροντι V **39** τοῦ προσώπου V M[pc] διαθρᾷ A[pc]PW[pc] **40** ἐκείνου om. V σιδήριον PN προπέτασμα V **41** ἐκ τούτου D **43** τοῖς om. P Bekk τῶν: καὶ W **45** κατὰ: κἀκ R Οὔγκρων F ἐκ τούτου ante ὁρμᾷ add. APW Bekk **47** ἐπέγκλημα V: ἐπίβλημα (ex ἐπίγλημα) M[pc] τὴν alt. om. M **48** ἐπαρήξαντος RMFK **49** Ῥωσὶ D **50** Σάον V B **51** τόδε om. V Οὐγκρίας M **52** τοῦ Ἴστρου τοῦ καὶ Σάου V ἀναπεπταμένου M **53** ὅπερ P ὅπερ νῦν λέγεται Σίρμιον post ἐπικέκληται add. B[mg] Bekk **54** Παίων: τῶν Παιόνων AWSc

36 αὐτῷ: ἐκείνῳ b Bekk

ἀνδρεῖον προφαίνων ψυχῆς παράστημα, τῶν ἄλλων ἀποδιαστὰς ἐς αὐτὸν βασιλέα θυμῷ φέρεται, ὁ δὲ τοῦτον ὑποστὰς ἐς τὸν ὀφθαλμὸν τὸ ξίφος διελᾷ καὶ ἀφίστησι τῆς ζωῆς. πολλοὺς τοίνυν ζωγρίας λαβὼν καὶ πραγμάτων οὐκ ὀλίγων γενόμενος ἐγκρατὴς πρὸς τὴν βασιλίδα πόλιν ἐπάνεισιν.

Ἐς δ' ὅσον πλεῖστον ἀπομηκύνας τὸν θρίαμβον λαμπρότατα ὡς ἐνῆν διὰ τῶν τῆς πόλεως ἀμφόδων ἐπόμπευσεν. ὑπεξῆραν δὲ τὴν τηνικαῦτα κομψότητα τῆς πομπῆς τῶν Οὔγγρων οἱ νεαλεῖς καὶ τῶν Σέρβων οἱ δορυάλωτοι στολὰς ἐνησθημένοι λαμπρὰς καὶ ὑπὲρ τύχην ὁρωμένας αἰχμάλωτον, βασιλέως αὐτὰς παρασχομένου, ὡς ἂν εἴη καὶ ἐντεῦθεν ἡ νίκη περίδοξος καὶ τοῖς πολίταις αὐτοῖς διὰ θαύματος καὶ ὅσοι μὴ ἐνδαποί, ὡς ἀνδρῶν κεχειρωμένων κατὰ τὸν πόλεμον τῶν ἐκ γένους ἐπισήμου καὶ ἀξίων τοῦ περιβλέπεσθαι. θαυμαστὴν δ' ἐποίει τὴν τότε πομπαίαν πανήγυριν καὶ τὸ μὴ παριέναι ἀθρόους τοὺς αἰχμαλώτους, ἀλλὰ κατὰ συμμορίας καὶ ἐκ διαλειμμάτων ἀφεστῶτας ἀλλήλων, ὡς κλέπτεσθαι τὴν ὄψιν ἐντεῦθεν τῶν θεωμένων καὶ ὑπὲρ τοὺς ὄντας τοὺς παριόντας φαντάζεσθαι.

Ἐν τούτῳ δὲ καὶ Σκυθῶν τὸν Ἴστρον διαπεραιωσαμένων καὶ τὰ περὶ τὸν ποταμὸν τοῦτον ληϊζομένων Ῥωμαϊκὰ φρούρια, στέλλεται κατ' αὐτῶν Καλαμάνος τις. ἀλλ' οὗτος μὴ δεξιῶς διαστρατηγήσας τὸν κατὰ Σκυθῶν πόλεμον ἡττήθη τε | ὑπ' αὐτῶν κατὰ κράτος, ὡς αἱ τάξεις ἐρρώγεσαν, καὶ ἄνδρας ἀγαθοὺς ἀπεβάλετο καὶ αὐτὸς δὲ καιρίας ἐς τὸ σῶμα δεξάμενος τὸ ζῆν μετήλλαξεν. οἱ δὲ Σκύθαι κατὰ τὸν αὐτοῖς εἰωθότα τρόπον λείαν τὰ ἐν ποσὶ θέμενοι καὶ ἀναθέμενοι τοῖς ἵπποις τὰ λάφυρα νόστου ἐμνήσαντο.

---

59 ἐπάνεισιν: vere a. 1152, cf. Cinnam. 118, 17—18 **72** ἐν τούτῳ: veritati non congruit; sequentia ca. a. 1155 facta sunt

---

60—71 ἐς — φαντάζεσθαι: cf. Cinnam. 118, 18—19 **79** νόστου ἐμνήσαντο: cf. p. 12, 5

VA = a, PW, RMDF = b

56 τὸν post αὐτὸν add. F Bekk **56—57** ὁ δὲ ἀντέπεισι τούτω καὶ κατ' ὀφθαλμὸν τὸ ξίφος ἐλᾷ A^{mg}γρP: ὁ ... καὶ τὸ ξίφος εἰς τὸν ὀφθαλμὸν διελᾷ Sc **56** ἐς τὸν ὀφθαλμὸν: μέσον τῶν ὀφθαλμῶν B: ἐς τὸ μέσον τῶν οφθαλμῶν Bekk **61** ὑπερεξῆραν Bekk **62** καὶ ante τῶν add. V **62—63** τῶν pr. — ἐνησθημένοι: καθήμενοι M **64** αὐτὰς: αὐτοῖς VB **64—65** κἀντεῦθεν V: ἐντεῦθεν καὶ W: καὶ ἐντεῦθεν καὶ M **66** τὸν om. P τῶν om. V: ὡς W **67** ἐπισήμων R **68** παρεῖναι V **69** συμμορίαν R **70** ὄψιν ἐντεῦθεν: θέ/σιν M **71** φαντάζεσθαι: λογίζεσθαι V **72** τῶν Σκυθῶν W **74** Καλαμάνος τις: ὁ Καλαμάνος AWSc **75** τῶν Σκυθῶν R **75** εἰσερρώγεσαν D **76** εἰς R **78** τὰ alt. om. W

55 διαστὰς b

Ῥᾴων δὲ αὐτοῖς ἡ τοῦ Ἴστρου περαίωσις, εὐχερεστέρα δὲ καὶ ἡ κατὰ προνομὴν ἐπέλευσις, οὐ κοπηρά τε καὶ ἐργώδης ἡ ἀναχώρησις. ὁπλισμὸς γὰρ αὐτοῖς γωρυτὸς ἐπὶ τῆς ἰξύος ἐξηρτημένος πλάγιος καὶ καμπύλα τόξα καὶ ἄτρακτοι. εἰσὶ δ' οἳ καὶ δοράτια κραδαίνουσι περιελίσσουσί τε κατὰ τὸν πόλεμον. ὁ δ' αὐτὸς ἵππος καὶ τὸν Σκύθην ὀχεῖ, διὰ μαχησμοῦ φέρων τοῦ πολυάϊκος, καὶ τροφὴν χορηγεῖ σχαζομένης φλεβός, ὡς δέ φασι, καὶ ὀχευόμενος τὴν ἄλογον ἀφροδίτην τοῦ βαρβάρου ἀποκενοῖ. σχεδιάζει δὲ τοῖς Σκύθαις τοῦ ποταμοῦ τὴν διάβασιν κάρφης πλήρης διφθέρα, λίαν ἐς τὸ ἀκριβὲς σύσπαστος, ὡς μηδὲ βραχὺ λιβάδιον ἐπεισρέειν ἔνδοθι. οὐκοῦν ταύτην περιβὰς ὁ Σκύθης, ἱππείας ἐξημμένην οὐρᾶς, καὶ τὴν ἀστράβην ἐπαναθεὶς καὶ ὅσα τοῦ πολέμου ὄργανα διαπλωΐζεται, οἷα σκάφος λαίφει τῷ ἵππῳ χρώμενος, καὶ τὸ τοῦ Ἴστρου διανήχεται πέλαγος.

Καὶ ὧδε μὲν εἶχε ταυτί. ὁ δέ γε Παλαιολόγος τὸν φιλοπράγμονα αἰτίαν ἀπειληφὼς καὶ τὸν δαπανηρὸν Ῥωμαίοις ἀξυν|τελῶς, ἐξ ὅτου Καλαβρίας ἐπέβη, τῆς στρατηγίας παραλύεται, στέλλεται δ' ἀντ' αὐτοῦ ὁ Κομνηνὸς Ἀλέξιος, ὁ τοῦ Βρυεννίου καίσαρος υἱός, ἐξάδελφος ὢν τῷ βασιλεῖ πρὸς μητρὸς καὶ τὴν τοῦ μεγάλου δουκὸς τιμὴν ἄρτι πρώτως περιζωσάμενος. συνεκπέμπεται δέ οἱ καὶ ὁ Δούκας Ἰωάννης, ἀνὴρ ἑρμαϊκὸς ὁμοῦ καὶ ἀρεϊκός, οἷα παιδευμάτων ἐλευθερίων οὐκ ἄκρῳ λιχανῷ γεγευμένος καὶ γένους εὖ ἔχων καὶ μεθόδων ἴδρις στρατηγικῶν.

Οὗτοι οὖν ἐς Σικελίαν τὸν πλοῦν θέμενοι συνέμιξαν ταῖς δυνάμεσι τοῦ ῥηγὸς καὶ μεγάλαις ναυμαχίαις πολλάκις αὐτὸν κατεπάλαισαν, ὡς τάς

93—5 ὁ — στρατηγικῶν: corrigendum ex Cinnamo 164, 22—165, 4 et 135, 14 sqq. Michael Palaeologus mortuus est a. 1155 exeunte vel a. 1156 ineunte; exinde Ioannes Ducas solus copiis praefuit, qui ab initio expeditioni intererat; cui Alexius Comnenus cum novis copiis a. 1156 mense Apr. auxilio missus est **6—8** οὗτοι — διαρρυῆναι: id iam a. 1152 factum esse videtur (cf. Cinnam.)

---

81 sqq. ὁπλισμός etc.: cf. Nic. Or. 8, 18 sqq. **4** ἑρμαϊκὸς — ἀρεϊκός: cf. Nic. Or. 37, 20 ἄκρῳ λιχανῷ γεγευμένος: cf. Zenob. 1, 61 **6—8**: cf. Cinnam. 119, 9—16; 120, 11—121, 10

VA = a, PW, RMDF = b

80 διαπεραίωσις V εὐκόλως δὲ οὗτοι διαπερῶσι B **82** ἠρτημένος P πλαγίως P **84** μαχησμοῦ: πολέμου $\mathrm{A}^{\mathrm{mg}\gamma\rho}$ P Bekk **85** σχιζομένης ι ex corr. D: σχεζομένης F τῆς φλεβός P Bekk **86** εἰ ἔστιν ὁ ἵππος θηλυκός post ὀχευόμενος add. B Bekk **88** ἀπεισρέειν W **89** ἔνδοθεν VR: ἔσωθεν Bekk **93** γε om. M τόν: τὴν RM **94** ὑπειληφὼς DF ἀξυμφόρως P **95** στρατολογίας W δὲ APWRM Epit. **2** τοῦ om. M **3** οἱ om. V **4** ὁμοῦ ἑρμαϊκός D **6** γοῦν V: οὖν hab. B ἐν Σικελίᾳ M **7** αὐτὰς πολλάκις V

90 ῥᾷον post ὄργανα add. b Bekk **91** διανηχόμενος b Bekk τε νῆας τούτου διαρρυῆναι, ἐγγὺς δὲ πολιορκίας καὶ αὐτὸ γεγονέναι τὸ Βρεντήσιον. ἀλλ' οὔπω ἡ τύχη τοῖς λαμπροῖς τοῖσδε καθαρῶς ἐπεμειδίασεν ἀγωνίσμασιν, οὔτε μὴν ὁ βασιλεὺς ὡς ἔδει ταῖς καλλίσταις ἐνεώρτασεν ἀγγελίαις, καὶ ὁ ῥὴξ δύναμιν ἀθροίσας μείζονα καὶ ξενικὸν ἐπαμησάμενος οὐ βραχὺ τὴν ἧτταν ἐπῆλθεν ἀναμαχούμενος καὶ συμβαλὼν περιγίνεται τῶν ἀνδρῶν καὶ συλλαβὼν δεσμώτας εἵργνυσιν ἀμφοτέρους, ἐν ἀκαρεῖ καιροῦ ἀνατρέψας ὅσα πόνῳ καὶ δαπάναις μεγίσταις ὑπὸ Ῥωμαίων εὐημερήθησαν.

Τοιούτοις οὖν ὁ Μανουὴλ ἀκούσμασι καὶ ἀγγέλμασι τὴν πρότριτα θυμηδίαν ἀποκλυσάμενος ὅσα τε ἀψινθιώδεσι κεράσμασιν ἐμπικρανθεὶς τὴν ψυχήν, ὡς εἰκὸς μέν, οὐκ ἤνεγκε τὸ γεγονὸς φορητῶς, ἀλλ' ἱκανῶς ἐπαθήνατο. οὐκ ὢν δὲ ψοφοδεής, μηδ' ἀναπίπτων ἐν τοῖς δεινοῖς συναντήμασιν, οὔτε μὴν τῷ οὔρῳ τῶν πραγμάτων παρ' ὃ δεῖ κου|φιζόμενος, οὐδ' αὖ πάλιν ἀγεννῶς ταῖς τούτων καταιγίσιν ὑποκλινόμενος, ὡς πρὸς τὴν τότε τύχην ἀγνωμονοῦσαν ἀντιπράττων διημιλλᾶτο. ἔνθεν τοι καὶ ἑτέραν ἐξαρτύσας ναυτικὴν δύναμιν ἐφίστησιν ἡγεμόνα ταύτης Κωνσταντῖνον τὸν Ἄγγελον, ὃς ἐκ μὲν Φιλαδελφείας ὥρμητο καὶ γένους ἦν οὐκ εὐπαρύφου πάνυ καὶ εὐγενοῦς, εὖ δ' ἔχων τῆς σωματικῆς φυῆς κἀπὶ τοῦ προσώπου λειμῶνα κάλλους κηπεύων τὴν Θεοδώραν πρὸς γάμον ἠγάγετο, ἣν Ἀλέξιος ὁ βασιλεὺς ὁ προπάτωρ τῷ Μανουὴλ ἐγείνατο, τὸ κάλλος εὐτυχήσας προμνήστριαν.

Δοξάζων δ' ὁ Μανουὴλ οὐκ ἐπαινετῶς ὡς πρὸς τὰς τύχας συναίρονται καὶ τὰ κατὰ τὸν ἀνθρώπινον βίον συναντήματα οἱ τῶν ἀστέρων

8—9 Brundisium oppugnatum est ca. dies 15 mens. Apr. — 28 mens. Maii a. 1156 **23—55** ἔνθεν — ἔμφρουρον: post mensem Febr. a. 1154

8—9 ἐγγὺς — Βρεντήσιον: cf. Cinnam. 159, 9—160, 17 **9—15** ἀλλ' — εὐημερήθησαν: cf. Cinnam. 162, 3—169, 19 **16—22** τοιούτοις — διημιλλᾶτο: cf. Cinnam. 169, 20—170, 5 **23—55**: cf. Cinnam. 120, 11—121, 10 **26** λειμῶνα κάλλους: cf. Greg. Antioch. Ad Const. Ang. 371, 12 Bachmann-Dölger

---

VAP (ab 30 καὶ) = a, P (usque ad 30) W, RMDF = b

8 τούτου om. V **9** Βρεντέσιον APN **10** ὑπεμειδίασεν V: ἀπεμειδίασεν W **11** μείζονα ἀθροίσας δύναμιν W Bekk **12** ἀναμαχόμενος DF: ἀνακαλούμενος NSc συλλαβὼν M **14** καὶ post ὅσα add. AW μεγίσταις δαπάναις P **21** καταιγίσι κατακλινόμενος V **24** μὲν om. APW hab. Sc **27** πρὸς: εἰς W ἤγετο V ὁ τοῦ Μανουὴλ πατροπάτωρ V: ὁ πάππος τοῦ βασιλέως B τῷ om. R: τοῦ M **29** δοξάζων — ἐπαινετῶς V: ἐπεὶ δέ φασι πολλοὶ AW: ἐπεὶ δέ τισι δοκεῖ τῶν (δοκεῖται A) πάλαι καὶ σήμερον A[mg]PW[mg]: ἐπεὶ δ' ἅπασι σχεδὸν δοκεῖ τοῖς πάλαι καὶ σήμερον μέγα δυναμένοις Bekk βίοτον cum Wb scr. A ἀστέρων om. M

29 δοξάζων — ἐπαινετῶς: ἐπεὶ δὲ (δὲ om. M) σχεδὸν ἅπασι δοκεῖ (δοκεῖ om. M) τοῖς μέγα δυναμένοις πάλαι καὶ σήμερον b **30** βίοτον Wb Bekk ἀναποδισμοὶ καὶ προποδισμοὶ καὶ αἱ θέσεις αὗται καὶ τὰ τοιάδε τῶν πλανήτων σχήματα, οἱ πλησιασμοί τε καὶ ἀποστάσεις, καὶ τὰ λοιπὰ ὅσα οἱ ἀστρολέσχαι φασὶν τῆς θείας προνοίας καταψευδόμενοι καὶ λεληθότως τὸ „εἵμαρτο" καὶ „τὰ δεδογμένα τῇ ἀνάγκῃ ἀναλλοίωτά τε καὶ ἀνεπίκλωστα" παρεισάγοντες, ὡραίαν τῷ Ἀγγέλῳ τὴν ἔξοδον ἀπακριβοῖ.

Καὶ εἶχε μὲν τῷ Κωνσταντίνῳ τὰ ἐξιτήρια συνταξάμενος. ἀλλὰ τί; οὔπω εἰς ὀψίαν ἐνειστήκει ὁ ἥλιος, καὶ παλίμπους ἐπιτάσσοντος βασιλέως ὁ Κωνσταντῖνος γίνεται. τὸ δ' αἴτιον ἡ τῆς ἐξόδου | ἀκαιρία καὶ τὸ τῆς ὁδοῦ τὸν Ἄγγελον ἅψασθαι οὐχ ὡς οἱ ἀγαθοὶ σχηματισμοὶ τῶν ἀστέρων ἐκέλευον ἢ γοῦν ἡ ἀκρίβεια παρεῖχε τῶν τῆς ἀστρονομουμένης σφαίρας κανόνων, ἀλλ' ὡς οἱ φλήναφοι, ἐνεδίδοσαν, κακῶς φάσκοντες καὶ παχέως τοῖς λεπτοῖς ἐπιβάλλοντες κἀντεῦθεν περὶ τὴν τῆς ὡραίας ὥρας σφαλλόμενοι εὕρεσιν. πάλιν τοίνυν θεμάτιον διετίθετο καὶ οἱ κανόνες ἀπηκριβοῦντο. καὶ οὕτω μετὰ πολλὴν τῶν ἄστρων ἔρευναν καὶ σκέψιν καὶ περισκόπησιν ὁ Ἄγγελος ἔξεισι, ταῖς τῶν ἀγαθοποιῶν ἀστέρων συνεξωρμηκὼς κινήσεσιν.

Ἐς τοσοῦτον δὲ ἄρα τὰ τῶν Ῥωμαίων ὤνησε πράγματα ἡ τῆς ὥρας ἀσφάλεια ἢ τὰ τῶν πρώην ἀρχηγῶν ἀνώρθωσε πταίσματα καὶ εἴ τι ἀντίξουν συμβέβηκε μετεσκεύασεν, ὡς ἐκ τοῦ παραυτίκα χερσὶν ἁλῶναι τῶν πολεμίων τὸν Κωνσταντῖνον. ἀπερισκέπτως γὰρ ἐς Σικελίαν τὸν πλοῦν ποιούμενος συνελήφθη ταῖς θαλασσοφυλακούσαις Σικελικαῖς τριήρεσι καὶ ἤχθη παρὰ τὸν ῥῆγα αἰχμάλωτος. ὁ δὲ τῆς ἄγρας ἐπαινέσας τοὺς συλλαβόντας καὶ ὡς καλῶν κάλλιστον εἰπὼν τὸ θήραμα εἶχε καὶ τοῦτον δεσμώτην ἔμφρουρον.

Βασιλεὺς δὲ καὶ μετὰ δευτέραν ταύτην πληγὴν διηρευνᾶτο τὰ τῆς ἀμύνης ἀνάλογα. ὁρῶν δὲ τὸν διὰ πολέμων αὖθις τρόπον δύσεργον καὶ ἀξύμφορον καὶ τὸ τῶν ἀναλωμάτων ἁδρὸν καὶ ἐπάλληλον ὑπειδόμενος οἷά τινα νόσον γάγγραιναν τὰ τῶν θησαυρῶν κατὰ βραχὺ ταμιεῖα νεμόμε-

---

VAP = a, W, RMDF = b

31 καὶ προποδισμοὶ om. R **32** πλανημάτων R **34** εἱμαρτὸν VA **37** Κωνσταντίνῳ: Ἀγγέλῳ Bekk **39** γίγνεται Bekk **40** οἱ om. Bekk **41** τῶν om. A **43** παχέως: ταχέως V **44** οἱ om. P Bekk **49** πρώην: προτέρων W: πρότερα B **51** ἀπερισκέπτως γὰρ: ἀλλ' ἀπερισκέπτως W εἰς VA Bekk **52** θαλασσοφυλακτούσαις Σικελιώτισι W **53** παρὰ: πρὸς A^{s}PW **54** οὐκ ante εἶχε add. R ⟨M ?⟩ **57** ἀμύνης: ἁμίλλης Bekk τὸν . . . . . τρόπον: τὴν . . . . . μέθοδον A$^{s+mg\gamma\rho}$ PW^{s} τε πάντη post δύσεργον add. APW: ibid. τε Bekk **59** ταμεῖα cum W b scr. A

33—49 τῆς — ἀσφάλεια: ἀπακριβοῦται τῷ Ἀγγέλῳ (τῶν Ἀγγέλων R) ἡ ἔξοδος, ὡς οἱ τῶν ἀστέρων ἀγαθοὶ σχηματισμοὶ ἐνεδίδοσαν. οὐδ' ὅλως δὲ ἡ ἀσφάλεια τῶν τῆς ἀστρονομουμένης σφαίρας κανόνων τὰ Ῥωμαίων ὤνησε πράγματα W b Bekk **50—51** ὡς — Κωνσταντῖνον om. W b **52** ὁ Κωνσταντῖνος post πλοῦν add. W b **59** ταμεῖα (ταμιεῖα M^{pc}) W b νον (ἐγγὺς γάρ που τριακοσίων κεντηναρίων χρυσίον ἀνάλωκε) δέον|εἶναι διενοήθη σπείσασθαι τῷ ῥηγί. τοίνυν δεξάμενος οὐκ ἀηδῶς τὴν τοῦτο ἐπισκήπτουσαν πρεσβείαν τοῦ τῆς πρεσβυτέρας Ῥώμης προέδρου καὶ ὡς ἄγγελον εὐξύμβολον ἀσπασάμενος στέλλει κατὰ τὸν Ἀγκῶνα τὸν πρωτοστράτορα Ἀλέξιον, ὃς ἦν πρεσβύτερος τῶν υἱέων τοῦ μεγάλου δομεστίκου, πρὸς ἀμφότερα μερίσας τὸ σκέμμα τε καὶ τὸ βούλευμα, δηλαδὴ καὶ πρὸς ἑτοιμασίαν ὅπλων καὶ ξενικοῦ στρατεύματος ξυλλογὴν ἀπὸ τῶν Ἰταλιωτίδων χωρῶν, εἰ τούτου δεήσειε, καὶ πρὸς τὴν τοῦ ῥηγὸς φιλίαν, εἰ προχωροῦν ὁρῴη τὸ τῆς ξυμβάσεως.

Ἔνθεν τοι καὶ ὁ Ἀλέξιος ἐκεῖσε γενόμενος, δραστήριος ὢν καὶ πᾶσαν ἐξησκηκὼς αὐτουργίαν πολεμικήν, νοΐ τε τὴν γλῶτταν ἔχων ἀνθάμιλλον καὶ χεῖρας ἀντεριζούσας ταῖς ἀρχικαῖς μεθοδεύσεσι καὶ τὸ εἶδος αὐχῶν σεμνόν, στρατολογεῖν εὐθὺς ἐπεβάλετο, κατασεῖσαι τὴν γνώμην τῇ ἀκοῇ βουλόμενος τοῦ ῥηγός, καὶ συχνὴν ξυνέλεγεν ἵππον ὡς ἐς Καλαβρίαν μέλλων παρεμβαλεῖν. ἐν δὲ τῷ μέρει καὶ τοῦ τῶν σπονδῶν ἐπεμελεῖτο καθήκοντος καὶ ὡς ἀλλήλοις λήξωσι πολεμοῦντες ὅ τε βασιλεὺς καὶ ὁ ῥὴξ γραμμάτιά τε πέμπων ἐς Μάϊον καὶ δεχόμενος, ὃς ἐναυάρχει τότε τοῦ στόλου τῶν Σικελῶν.

Πρεσβείαν οὖν ἐκ Σικελίας ἐπισπασάμενος ἀναπέμπει ταύτην τῷ βασιλεῖ καὶ δεῖται προσσχεῖν οἷς λέγειν οἱ πρέσβεις ἔχουσιν (αἰτοῦνται δέ, ὡς πυνθάνεται, οὐχ ὑπερόρια οὐδ' ὑπέρογκα) καὶ αὐτῷ παραστή- |

---

63 στέλλει: a. 1157 aestate

69—77 ἔνθεν — Σικελῶν: cf. Cinnam. 170, 16—172, 6

VAP = a, W, RMDF = b

60 ἐγγὺς — ἀνάλωκε: ἐγγὺς γὰρ τῶν τριακοσίων κεντηναρίων χρυσίων ἐξοδίασε B κεντηναρίων τριακοσίων Bekk χρυσίον ἀνάλωκε sic V: ἀνάλωκε χρήματα cum Wb scr. AP: χρυσίου ἀνάλωκε χρήματα Bekk **61** καὶ post τοίνυν add. AW **62** ἐπισκήπτουσαν om. D[ac] **63** εὐξύμβολον W Bekk: εὐσύμβολον V: εὐξύμβουλον APRM: ξύμβολον DF **64** πρεσβύτερος ἦν VAWSc **66** συλλογὴν Sc Bekk **67** ἑσπερίων cum b scr. A[mgγρ]P χωρῶν: μερῶν Bekk τοῦτο V **68** προχωροῦσαν (προσ- P) . . . τὴν ξύμβασιν (σ- A) cum b scr. A[s]P: προχωροῦσαν . . . τὸ τῆς ξυμβιβάσεως W et -οῦν . . . τὴν ξυμβίβασιν W[s] **69** καὶ pr. om. V καὶ ante δραστήριος add. VAW ἄνθρωπος post δραστήριος add. P Bekk **70** πολεμικὴν: τῶν πολεμικῶν V, non vero B **71** μεθοδείαις A[s]W[s]: -ίαις P εἶδος: ἦθος M[pc] **72** σεμνότατον P **75** λήξουσι PDF Bekk **76** γράμματα A[s]PWSc Bekk τε om. R Μαΐον R ἐναυμάχει W **78** πρεσβείας M **80** καὶ αὐτῷ: καὶ αὐτὸ W: καὶ αὐτὰ R: κἀκείνῳ V

60 χρυσίον ἀνάλωκε: ἀνάλωκε χρήματα W b **61** οὐκ ἀηδῶς τοίνυν, ἀλλ' ἀσμένως δεξάμενος b Bekk **67** Ἰταλιωτίδων: ἑσπερίων b Bekk **68** προχωροῦσαν ὁρῴη τὴν ξύμβασιν b Bekk σειν, εἰ προβαίνουσι καὶ περατοῦνται τὰ τῆς καταλλαγῆς πρὸ τοῦ εἰς ὦτα διαβῆναι πολλῶν, ἵνα μὴ ἀηδές αὐτῷ τι λάθοι διαπραξάμενος, ὄντι παρ' ἀνδράσιν, οὓς αὐτὸς ἐκ τῶν φίλων χωρῶν τῷ ῥηγὶ τῶν Ἀλαμανῶν χρησταῖς ἐλπίσιν ἠνδραποδίσατο καὶ ὧν τὴν γνώμην κατὰ Ῥωμαίων πλεῖστα φλεγμαίνουσαν κατὰ τοῦ Σικελίας ῥηγός, ὡς εἶχε, μετέθετο. ὡς οὖν ἐπέστη τις ἐκ βασιλέως τὴν ἀγγελίαν Ἀλεξίῳ τῶν σπονδῶν διαφέρων, λάθρᾳ τῶν ἐκεῖ τὰ χρήματα μετατίθησι καὶ συνεκπέμπει ταῦτα τοῖς πιστοτάτοις ἑαυτῷ ἀνδράσι· τὰ δὲ κιβώτια καταλείπει τούτων κενὰ σφραγῖδάς τε τούτοις ἐπιβαλὼν τοῖς κατὰ χώραν μέγα δυναμένοις παρέθετο, ἐπισκήψας ἀσυλίαν ἐπὶ τούτοις ἅπασαν εἶναι καὶ μηδένα μεταλλᾶν τὰ ἔνδον, μήτε μὴν ἄλλως διαλῦσαι τὰ σημεῖα, εἰ μὴ αὐτὸς ἐς βασιλέα ἀφιγμένος ἐκεῖθεν ἐπανελεύσεται.

Καὶ Ἀλέξιος μὲν οὕτως ἐκ τοῦ Ἀγκῶνος ἀπενόστησε, βασιλέως δὲ καὶ ῥηγὸς εἰρηνικὰ φρονησάντων καὶ βλεψάντων πρὸς τὰς σπονδάς, ἢ τἀληθὲς εἰπεῖν, οὐ καθαρῶς ὁμονοησάντων, λυκοφιλίαν δὲ σχηματισαμένων, ὤναντο τῆς τούτων ὁποιασοῦν ἑνώσεως οἱ αἰχμάλωτοι λυθέντες ἀνάποινοι, οὐ μόνον οἱ λαμπροὶ τὸ γένος καὶ βασιλείῳ τιμήεντες αἵματι, ἀλλὰ καὶ οἱ τοῖς στρατιωτικοῖς καταλόγοις ταττόμενοι, πλὴν τῶν ἐκ Κορίνθου καὶ Θήβηθεν ὁρμωμένων, καὶ τούτων ὅσοι τὴν τύχην ἀφανεῖς καὶ οἳ τὰς εὐητρίους ὀθόνας ὑφαίνειν ἔλαχον καὶ | τῶν γυναικῶν αἱ καλαὶ καὶ βαθύζωνοι καὶ τὴν αὐτὴν ἀνδράσι τέχνην ἐκμελετήσασαι. καὶ νῦν ἔξεστιν ἰδεῖν τοὺς ἐς Σικελίαν καταίροντας Θηβαίων παῖδας καὶ Κορινθίων ἱστῷ προσανέχοντας τῶν ἑξαμίτων καὶ χρυσοπάστων στολῶν ὡς Ἐρετριεῖς πάλαι παρὰ Πέρσαις δουλεύοντας, ὅτι πολέμων ἦρξαν Δαρείῳ στρατείαν καθ' Ἑλλάδος ἐλάσαντι.

Ἀλλ' οὔπω μακρὸς διαλελοίπει καιρός, καὶ αὖθις ἑκάτεροι ὡς ἀχανεῖς ἀμπώτιδες καὶ σύρτεις, αἳ κῦμα ὀρθὸν ἐπαιγίζουσιν, εἰς τὰς μάχας ἐπ-

---

87 σπονδῶν: a. 1158 vere

87: cf. Cinnam. 172, 17—175, 19 **95** λυκοφιλίαν: cf. Macar. 5, 70; Nic. Or. 198, 1 **8—10** ὡς — ἐλάσαντι: cf. Her. 6, 119

VAP (usque ad 6 νῦν) = a, P (ab 7) W, RMDF = b

82 λάθη VA **83** φιλίων V τοῦ τῆς Σικ. W **87** διακομίζων V ἐκεῖσε V **88** ταῦτα om. DF αὐτῶ RN **89** τούτων om. V **90** ἅπασιν R **93** οὕτως om. V **94** δῆθεν post εἰρηνικὰ add. V βλεψάντων: νευσάντων V **2** τιμηθέντες WR καταλόγοις: λόχοις V **4** Θήβοθεν M τὴν τύχην: τὸ γένος Bekk **5** εὐητηρίους P: εὐκτηρίους M **7** εἰς cum b scr. AW ἐν Σικελίᾳ Bekk παῖδας om. V hab. B **10** στρατίας M **11** οὔπω: οὕτω R **12** τὰς om. VWB

83—84 τῶν Ἀλαμανῶν om. Wb **85** πάλαι ante φλεγμαίνουσαν add. b (exc. R) Bekk **91** μήγε b Bekk **92** ἀφιγμένος: ἱκόμενος b Bekk **3** οἳ . . . . . ἐνετάττοντο b Bekk **7** εἰς b **12** ἐς Pb Bekk ωγκοῦντο καὶ ὠροθύνοντο. καὶ βασιλεὺς μὲν ἀνέσειε τῷ ῥηγὶ τοὺς μέγα δυναμένους ἀστυγείτονας δυνάστας χρημάτων ἐπαίρων αὐτοὺς ὑποσχέσεσιν, ὁ ῥὴξ δὲ τῷ κόμητι τοῦ στόλου Μαΐῳ διακελεύεται νῆας τετταράκοντα ταχυναυτούσας πάσας καθελκύσαι τῶν νεωρίων καὶ φραξάμενον κραταιότερον τὴν Κωνσταντίνου καταλαβεῖν καὶ αὐτὸν μὲν ἐπ' ἀκροάσει τῶν ἀστυπόλων ἀναγορεῦσαι Σικελίας καὶ Ἀκυλίας Καπύης τε καὶ Καλαβρίας καὶ τῶν μεταξὺ τούτων χωρῶν καὶ νήσων ὅλων κύριόν τε καὶ βασιλέα, βασιλέα δ' ἐκφαυλίσαι Ῥωμαίων καὶ κακῶς εἰπόντα ἐπανελθεῖν.

Ἀμέλει τοι καὶ τὰ ἐντεταλμένα πληρῶν Μαΐος, Μαλέαν ἐπικάμψας καὶ τὸν Αἰγαῖον κόλπον παραλλάξας καὶ παρημειφὼς Ἑλλήσποντον, τῇ βασιλίδι πόλει προσώκειλε. καὶ πρῶτα μὲν τὸν ἐσέχοντα πορθμὸν διαπλεύσας καὶ τοῖς ἐν Βλαχέρναις βασιλείοις κατακολπίσας βέλη κατ' αὐτῶν ἀφῆκεν ἀργυρέους ἔχοντα τοὺς ἀτράκτους ἀληλιμμένους ἐς βά- | θος χρυσῷ· ἐν δὲ τῷ ἐκεῖθεν τὸν αὐτὸν ἐπαναμετρεῖν πλοῦν ἀπέναντι τοῦ μεγάλου παλατίου τὰς κώπας σχάσας τὸν οἰκεῖον ῥῆγα ταῖς εὐφημίαις διατρανοῖ, συνεπηχοῦντος τοῦ ναυτικοῦ πληρώματος καὶ θορυβώδη τελοῦντος τὴν ἀνακήρυξιν. καὶ ὁ μὲν οὕτω τὸν πλοῦν ἐπιταχύνας τῆς πάλαι ᾀδομένης Ἀργοῦς πτηνότερον Σηστοῦ καὶ Ἀβύδου ὡς ἄλλων Συμπληγάδων ἐξέθορε, πολὺς δὲ ἀνὰ τὴν πόλιν ἐπεκύμαινε τάραχος, βασιλέως μὴ παρόντος ἐντός. καὶ ἦν καὶ τοῦτο καύχημα τῷ Σικελίας ῥηγὶ καὶ εἰς μέγιστον ἀνεγράφετο τροπαιούχημα. ὁ δὲ Μανουὴλ εἰς παίγνιον τὸ γεγονὸς ἀναφέρων τὸν τοιαύτας ἑαυτῷ τιμὰς μνηστευόμενον ῥῆγα, ἢ τό γε ἀληθέστερον εἰπεῖν ληστεύοντα, διακενῆς ἀφῆκε βρενθύεσθαι καὶ φυσᾶν ἐπ' οὐδενὶ χρηστῷ κατορθώματι.

---

31 Ἀργοῦς πτηνότερον: fort. prov.

VA = a, PW, RMDF = b

14 ἐκείνω post ἀστυγ. add. APWSc Bekk **16** τεσσ. VBSc Bekk πάσας om. V **17** Κωνσταντινούπολιν PSc **19** Καμπύης RMDF Epit.: Καμβύης B Καλαυρίας DF **23** παρειληφὼς A: παρηλειφὼς P **26** ἀργυρίους R ἀληλειμένους VD^{pc}: ἀληλιμμένους AD^{ac}F: ἀληλιμένους W: ἀλληλιμμένους R: ἀλληλιμμαίους M: ἀλιλημμένους K: ἀλειμένα B βάθους F **27** ἐπαναμετρεῖν τὸν αὐτὸν P **32** ἐπεκυμαίνετο V **33** καὶ alt. om. M: δὲ Bekk τῶ τῆς Σικελίας V Σικελίας: βασιλέως F **34** ἐνεγράφετο V: ἀνετράφετο M: ἐνέγραφε B καὶ γέλωτα post γεγονὸς add. Bekk

17 κραταιότερον: καινότερον P b Bekk

ΤΟΜΟΣ ΤΡΙΤΟΣ ΤΗΣ ΒΑΣΙΛΕΙΑΣ ΜΑΝΟΥΗΛ ΤΟΥ ΚΟΜΝΗΝΟΥ

Τοιοῦτον μὲν εἰλήφει πέρας τὰ κατὰ Σικελίαν τε καὶ Καλαβρίαν τοῦ βασιλέως Μανουὴλ ἀγωνίσματα, λαμ|πρὰ μὲν καὶ πλεῖστα τῶν χρημάτων ἐκεῖσε μετηγγικότα, εἰς οὐδὲν δὲ τέλος εὔχρηστον Ῥωμαίοις κατηντηκότα ἢ εὐσπούδαστον τοῖς ὕστερον αὐτοκράτορσιν. ἀλλὰ τί πρὸς τὸν ἠγωνισμένον εἴπῃ τις ἂν καὶ οὕτω προθύμως ἡμιλλημένον, ὡς εἴη παραστησάμενος τὸ ἀλλόφυλον;

Ἀλλ' οὗτος αὖθις κατὰ Παιόνων, οὓς καὶ Οὔννους φασί, στρατείαν ἐκήρυξε καὶ τοῖς κατὰ δυσμὴν ἔχουσι τὰς οἰκήσεις ὁπλίταις ἁμάξας ἐπέταξεν ἄγειν εἰς τὸ στρατόπεδον, δι' ὧν καὶ οὗτοι ἐφοδιάσονται τὰ βιώσιμα καὶ τῷ λοιπῷ δὲ οὕτω συναροῦνται στρατεύματι, ὅσοι τοιούτων σκευαγωγημάτων σπανίζειν ἤμελλον. ὡς οὖν εἰς ἓν συνήθροιστο τὰ στρατεύματα, εἶχε καὶ αὐτὸν παρόντα τὸν βασιλέα πόλις ἡ Σαρδική, ἣ νῦν Τριάδιτζα ὀνομάζεται. καιρὸν δ' οὐχὶ πολὺν προσμείνας, ἐπεὶ ἵκετο πρεσβεία ἐκ τῶν Παιόνων καὶ λόγοι συμβατικοί, ἑτέραν τραπόμενος πρὸς τὸν τῶν Σέρβων μεταβαίνει σατράπην· καὶ διαθροήσας τοῦτον ὁδοῦ πάρεργον καὶ πείσας αὐτὸν μόνον εἰδέναι βασιλέα καὶ δεδιέναι, τῶν δὲ μετὰ τῶν Οὔννων ἀφεστάναι σπονδῶν, πρὸς μὲν τὰ οἰκεῖα ἤθη τὸ πολὺ τῆς στρατιᾶς διαφῆκεν, αὐτὸς δὲ τὴν τῶν Θεσσαλῶν καταλαβὼν ἐπαρχίαν κακεῖσε διατρίψας, ἐφ' ὅσον αὐτῷ ἐδόκει καίριον, τὴν βασιλίδα εἴσεισι πόλιν. |

46—59 ἀλλ' — πόλιν: a. 1153

46—59: cf. Cinnam. 121, 16—123, 13 **55** ὁδοῦ πάρεργον: Eur. El. 509

VA = a, PW, RMDF = b

38—39 Τόμος — Κομνηνοῦ VB Bekk: Τρίτος τόμος κτλ. ut infra P b scr. A: βασιλείας τρίτος τόμος τοῦ βασιλέως Μανουὴλ W **40** τοιοῦτο WDFSc οὖν post μὲν add. APWDSc Bekk κατὰ τὴν Σικελίαν DF τε om. DF Καλαυρίαν DF **41** κυροῦ post βασιλέως add. R **42** δὲ om. R **43—45** ἀλλὰ τί ἔχοι (ἔχει B) τις εἰπεῖν πρὸς ἄνθρωπον οὕτω προθύμως ἀγωνισάμενον πρὸς τὸ τῆς βασιλείας εἰς τὸ κρεῖττον ἀποκαταστῆσαι πράγματα καὶ τὸ ἀλλόφυλον ὑποτάξαι, μὴ δυνηθέντα δέ; B Bekk **44** εἴποι APWR: εἴπει M καὶ om. M **46** Οὔγγρους post οὓς add. (ex B: κατὰ τῶν Οὔγγρων τῶν καὶ Οὔννων) Bekk **47** κεκήρυκε V: ἐκήρυξε hab. B **50** ἔμελλον VM **51** στρατόπεδα APWDF **52** οὐ V ἐπιμείνας V **53** ξυμβατικοί A: συμβαντικοί R **56** ἀφεστάναι: ἀποσχέσθαι V **57** τὴν Θετταλῶν Bekk **59** πόλιν om. DFN

38—39 Τόμος τρίτος (τρίτος τόμος RMF) τῆς (τῆς om. M) βασιλείας τοῦ βασιλέως κῦρ (κῦρ om. MF) Μανουὴλ τοῦ Κομνηνοῦ (τοῦ Κομνηνοῦ om. MF) P b Bekk **52** ἐκεῖσε ante προσμείνας add. b Bekk **58** κἀκεῖ προσδιατρίψας b Bekk

Ἡλίου δ' ἄρτι τὰς χειμερινὰς τροπὰς παρελαύνοντος εἰς Πελαγονίαν ἔξεισιν αὖθις, ὁρμητήριον αὐτὴν κρίνων ἱκανὸν ὑποδέξασθαι στρατόπεδον, εἰς πεδία ἱππήλατα ὑπτιάζουσαν, καὶ πρὸς τὰς πεύσεις εὖ ἔχειν καὶ τὴν τῶν δρωμένων κατάληψιν ὑπὸ τῶν ἐθνῶν, μεθ' ὧν ἀντεπαλαμᾶτο καὶ διεφέρετο. ἔτι γὰρ τὰ κατὰ Σικελίαν μεθεῖλκον αὐτὸν καὶ ὑπέθραττον, μήπω κατασιγασθέντα τέλεον, καὶ ὁ τῶν Οὔννων κατάρχων πρὸς ξιφουλκίαν ἔβλεπεν, ὡς ἔδειξεν ἐξ ὧν ἔδρασεν. ἐπειδὴ γὰρ παρελύθη τῆς δουκικῆς ἀρχῆς Βρανιτζόβης καὶ Βελεγράδων ὁ Κομνηνὸς Ἀνδρόνικος, ὁ καὶ ὕστερον τυραννήσας Ῥωμαίων, κρύβδην κατὰ Ῥωμαίων τοῖς Παίοσι συντιθέμενος καὶ περὶ τοῦ παραλυθῆναι μὲν τὸν Μανουὴλ τῆς ἀρχῆς, αὐτὸν δ' ἐπιβήτορα ταύτης τῷ βασιλεῖ ἐπαναστάντα γενέσθαι τῷ τούτων κοινολογούμενος ἄρχοντι, καὶ μετάπεμπτον εἶχε τοῦτον εὐθὺς ἡ Πελαγονία κἀκεῖθεν ἡ πόλις ἀναπεμπόμενον δέσμιον καὶ ἐν μιᾷ τῶν τοῦ μεγάλου παλατίου φρουρῶν καθειργνύμενον, τὸν κατὰ Ῥωμαίων εὐθὺς ὁ Οὐννάρχης ἐξέφερε πόλεμον. καὶ ἦν πολιορκῶν Βρανίτζοβαν καὶ κατατρέχων τὰ ἐκεῖ πάντα λεηλατῶν τε καὶ ἄγων, ὡς ᾔρητο.

Στέλλεται γοῦν παρὰ βασιλέως στρατηγὸς κατ' αὐτοῦ ὁ χαρτουλάριος Βασίλειος ὁ Τζιντζιλούκης. καὶ ὃς τὰς συνειλεγμένας δυνάμεις

---

60 ἡλίου — παρελαύνοντος: hieme a. 1154/1155 **64** ἔτι: cf. p. 91,9

66—76 ἐπειδὴ — ᾔρητο: cf. Cinnam. 121, 16—17; 126, 10—131, 2 **70** ἐπιβήτορα: cf. Nic. Or. 137, 3 **77—83** στέλλεται — καταστρατευθέν: cf. Cinnam. 132, 1—133, 2

VAP (ab 69 τοῖς) = a, P (usque ad 69) W, RMDF = b

60 χειμερινὰς: ἡμερινὰς P **61** ἱκανὴν R **62** εὖ om. M **63** δρόμων V **64** ἀνθεῖλκον V **65** τέλειον M κατάρχων: τὴν ἀρχὴν ἐζωσμένος Bekk **66** πρὸς: περὶ DF ξιφαλκίαν V: ξιφουρκίαν R **67** Δρανιζόβης R: Βρανοβίτζης K **68** τυραννήσας VPSc: τυραννεύσας AWRMDF Bekk **68—69** οἷα et ὡς ἤδετο cum PW b scr. A **69** ὁπόσα μὴ εὐθῆ ἐκεῖνον ἐς τὸν ἐξάδελφον καὶ βασιλέα διήλεγχον post συντιθέμενος add. W (cf. AP ad lin. 15) **69—70** καὶ — ἄρχοντι om. W **70** δὲ A τῷ βασιλεῖ ἐπαναστάντα om. P Bekk **72** τοῦτον εἶχεν V Bekk ὁπόσα μὴ εὐθῆ (μὴ εὐθὺν P Bekk: δύσνουν Sc) ἐκεῖνον (αὐτὸν Sc) ἐς τὸν ἐξάδελφον καὶ βασιλέα διήλεγχον (ἤλεγχον περὶ τὸν ἐξάδελφον καὶ βασιλέα Sc) post Πελαγονία add. APSc Bekk εὐθὺς post κἀκεῖθεν add. W τῶν ἐν τῷ μεγάλῳ παλατίῳ cum W b scr. A **74** εὐθὺς: αὐτίκα μάλα P **75—76** λεηλατῶν — ᾔρητο: καὶ λεηλατῶν τοῖς στρατεύμασι W ᾔρητο: ἤθελε τοῖς στρατεύμασι A: ἤθελε P **77** κατ' αὐτῶν P: παρ' αὐτοῦ F **78** Τζιντζιλάκης V συνειλημμένας A

68—69 οἷα κρύβδην κατὰ Ῥωμαίων, ὡς ᾔδετο, τοῖς Παίοσι συντιθέμενος PW b Bekk
73 καὶ μιᾷ τῶν ἐν τῷ μεγάλῳ παλατίῳ φρουρῶν W b

παραλαβὼν καὶ εἰς τάξεις καταστήσας καὶ φάλαγ|γας καὶ δόξας ἀξιόνικον ἔχειν στρατόπεδον τοῖς Οὔννοις συμπλέκεται· καταγωνισθεὶς δὲ πρὸς τῶν Παιόνων τὸ τῆς στρατιᾶς διέφθειρεν ὑπερήμισυ, νῶτα στρέψαν τοῖς ἀντιπάλοις καὶ καταδιωχθὲν μέχρι πολλοῦ καὶ καταστρατευθέν. βασιλεὺς τοίνυν ἐνωτισάμενος ταῦτα τὴν ἐκεῖσε πορείαν ἐπέτεινεν, εἴ πως οἱ Παίονες πρὸς τὴν αὐτοῦ διαταραχθέντες ἄφιξιν τῶν ἐκεῖθι χώρων ἀπανασταῖεν· ὃ καὶ ἦσαν διαπραξάμενοι. αὐτὸς δὲ ὡς εἶχε τὰ κατὰ Βρανίτζοβαν καὶ Βελέγραδα καταστησάμενος πράγματα, εἰς τὴν βασιλίδα πόλιν μετασκηνοῖ.

Οὐκοῦν καὶ τῶν δυσμικῶν ἐχθρῶν ἠρεμησάντων ἐπὶ βραχὺ δι' ὁμολογίας καὶ φιλιώσεως, καὶ οὐδένα ἔχων τῷ τέως ἀνθέλκοντα ἐξ ἑσπέρας ἀντίμαχον ἀξιόμαχον κυροῖ τὴν εἰς Ἀρμενίαν ἀνάβασιν. ἀπάρας οὖν ἐς Ταρσὸν καὶ ἀφιγμένος εἰς Ἄδαναν καὶ ὅσα τῇ κάτω Ἀρμενίᾳ πρόσχωρα, καὶ ταῦτα κακοδαιμονοῦντα ὑπὸ τοῦ Τορούση, διαθάλψας καὶ ἀσφαλείας τῆς δεούσης ἠξιωκὼς καὶ καταπλήξας τῇ παρουσίᾳ τὸν οὐχ ἁπλοῦν τὴν γνώμην ἀλλὰ κρυψίνουν καὶ ὕφαλον Ἀρμένιον σχάζει τὸ πρόθυμον, οὐδὲ περὶ τῆς ὅλης Ἀρμενίας διαγωνίζεται τὸν οἰκεῖον

---

90 ἀπάρας: ca. mensem Sept. a. 1158

83—87 βασιλεὺς — μετασκηνοῖ: cf. Cinnam. 133, 2—134, 10 **90—5** κυροῖ — ἀπαλυνθείς: cf. Cinnam. 178, 4—181, 5; 186, 12—17 **93—94** τὸν —'Αρμένιον: cf. Nic. Or. 193, 23

VAP = a, W, RMDF = b

79—83 καὶ δόξας — καταστρατευθέν sic solus V: καὶ δόξας ἀξιόνικον ἔχειν στρατόπεδον (καὶ — στρατόπεδον om. W) τοῖς Οὔννοις συμπλέκεται καὶ κατὰ τούτων ἵστησι τρόπαιον, νῶτα δόντων Ῥωμαίοις καὶ καταδιωχθέντων μέχρι πολλοῦ· ἐπαναστραφέντες δ' ἔπειτα κακῶς τὸ περὶ ἐκεῖνον ἔθεντο στράτευμα AW (cf. πρῶτα μὲν κατὰ τούτων . . . . δόντων καὶ . . . . πολλοῦ. ἔπειτα δ' ἐπαναστραφέντες . . . στράτευμα Sc): πρὸς βραχὺ . . . ἔδρασε, omisso ὡς et addito in fine γενναιότερον, cum b scr. A^{mg}P: καὶ δόξας ἄξιον νίκης ἔχειν στρατόν, τοῖς Οὔγγροις συμπλέκεται καὶ πρὸς ὀλίγον καρτερήσας ὑπέστρεψε καὶ διωχθεὶς μέχρι πολλοῦ ὡς καὶ τὸ ἥμισυ τῆς στρατιᾶς ἀπωλέσας ἐξέφυγεν B: καὶ δόξας — συμπλέκεται (cum B) καὶ πρὸς βραχὺ — γενναιότερον addito ὡς ante ἀσυντάκτως (cum A^{mg} P) scr. Bekk **83** καὶ βασιλεὺς τοίνυν AW ταῦτα ἐνωτισάμενος V: ταῦτα ἀκούσας B ἐκεῖ P **84** ἐνέτεινεν D ὅπως M Παίονες: Οὖννοι A^{mg}PW **85** ἐκεῖθεν M χωρῶν P Bekk ἐπανασταῖεν WDF^{ac} post διαπραξάμενοι verba συμβιβασθέντες μετὰ τοῦ βασιλέως, ὡς ὁ καιρὸς τότε ἔδωκεν add. B Bekk **86** τὴν Βρανίτζοβαν DF Βέλγραδα Bekk **87** ἐπανασκηνοῖ W **88** ἐχθρῶν: ἐθνῶν PN **89** καὶ alt. om. V μηδένα cum b scr. P ἀνθέλκοντα: ἀνθιστάμενον R **90** ἀξιόμαχον om. RMDF τὴν εἰς 'Α.: εἰς τὴν 'Α. W τὴν τῆς Ἀρμενίας D: τὴν εἰς Ἀρμενίας F διάβασιν P **91** εἰς: ἐς DFN Ἄδωναν R **93** καὶ pr. om. M **94** ἀλλὰ — ὕφαλον om. V

79—83 καὶ δόξας — καταστρατευθέν: πρὸς βραχὺ μὲν κατηγωνίσατο τὸ πολέμιον, ἐπαναστραφὲν δὲ ὡς ἀσυντάκτως ὑπὸ Ῥωμαίων καταδιωκόμενον, ὃ πέπονθεν ἔδρασε b **89** μηδένα b Bekk πατέρα ἐζηλωκώς, ἢ γοῦν, ὅσα ἐκεῖνος ὑπηγάγετο φρούρια πολεμῶν, ταῦτα ὡς ἐκ φάρυγγος λύκου ποιμὴν λοβὸν ἥπατος προσαπαιτῶν καὶ λαμβάνων ἐκ τοῦ τῶν Ἀρμενίων κατάρχοντος, ἀλλὰ τῇ διπλόῃ τῶν λόγων τοῦ Τορούσῃ φενακισθεὶς καὶ τῇ αἱμυλίᾳ τῶν συνθηκῶν ἀπαλυν|θεὶς τὰ χαλινὰ μεταστρέψας εἰς Ἀντιόχειαν παραγίνεται, τὴν τῆς ἁπάσης Συρίας προκαθημένην καλλίπολιν.

Ὄντι δὲ κατὰ Ταρσὸν τῷ βασιλεῖ Μανουὴλ ἡ τοῦ ἐξαδέλφου τούτῳ Ἀνδρονίκου ἐκ τῆς εἱρκτῆς φυγὴ καταγγέλλεται, ἧς τὸ αἴτιον ἦν καὶ ὅσα μὲν ἐρρέθη ἄνωθεν, οὐδὲν δὲ ἧττον τὸ ἐλευθεροστομεῖν ἀεὶ καὶ τὸ τῇ ῥώμῃ τῶν πολλῶν διαφέρειν καὶ ἡ εὖ ἔχουσα πλάσις τοῦ σώματος ἀξία οὖσα τοῦ τυραννεῖν καὶ τὸ τοῦ φρονήματος ἀταπείνωτον, ἃ δὴ πάντα πεφύκασιν οἱ κρατοῦντες ὑποβλέπεσθαι καὶ κνίζοντα ἔχειν καὶ ἕως καρδίας αὐτῆς βάλλοντα διὰ τὸ κατὰ τὴν βασιλείαν περιδεές. διὰ ταῦτα τοίνυν, ἀλλὰ δὴ καὶ τὸ ἐν ταῖς μάχαις ἐνδέξιον καὶ τὸ τοῦ γένους ἐπίσημον (ἐκ γὰρ τοῦ αὐτοῦ πατρὸς Ἀλεξίου τοῦ τῷ Μανουὴλ προπάτορος ὅ τε τούτου πατὴρ ὁ βασιλεὺς Ἰωάννης καὶ ὁ τοῦ Ἀνδρονίκου γενέτης ὁ σεβαστοκράτωρ προήλθοσαν Ἰσαάκιος) ὀφθαλμοβολούμενος ἦν καὶ ὕποπτος μάλιστα.

Συνέβη δέ τι καὶ ἕτερον, δι᾽ ὃ τοῦτον ἐν φρουρᾷ συνεῖχεν ὁ Μανουήλ. τῷ βασιλεῖ τούτῳ τρεῖς ἦσαν ὁμαίμονες, Ἀλέξιος, Ἀνδρόνικος καὶ ὁ πολλάκις ῥηθεὶς Ἰσαάκιος. τούτων οἱ μὲν δύο τὸ ζῆν μετήλλαξαν ἔτι τοῖς ζῶσι κατειλεγμένου τοῦ πατρὸς αὐτοῖς καὶ βασιλέως Ἰωάννου τοῦ Κομνηνοῦ, ἐσάλευε δὲ τὰς τοῦ γένους διαδοχὰς ὁ μὲν Ἀλέξιος ἐπὶ μιᾷ θυγατρί, ἣν καὶ εἰς γαμετὴν γυναῖκα ἡρμόσατο ὁ τοῦ μεγάλου δομεστίκου Ἰωάννου υἱὸς Ἀλέξιος, ὧν πέρι καὶ εἰπόντες ἔφθημεν, τῷ δ᾽ Ἀνδρο- |

---

8 καταγγέλλεται: a. 1158 autumno

---

2 ὡς — προσαπαιτῶν: cf. Nic. Or. 121, 8 **5—6** τὰ — καλλίπολιν: cf. Cinnam. 181, 8 sqq. **9** ἐρρέθη: p. 101, 66—73 **10—11** καὶ — τυραννεῖν: cf. Cinnam. 127, 12—15 **21** πολλάκις ῥηθείς: vide Indicem s. n. **23—24** ἐσάλευε — θυγατρί: cf. Apost. 8, 20 **25** ὧν — ἔφθημεν: revera nihil de his scripsit noster

---

VAP = a, W, RMDF = b

3 ἄρχοντος A τῇ διπλόῃ: τῇ διπλῇ ἀπάτῃ B: τῇ διπλόῃ καὶ ἀπάτῃ Bekk **5** τὴν διάνοιαν post ἀπαλυνθεὶς add. P Bekk τὴν om. V τῆς om. AW **7** κῦρ post βασιλεῖ add. R τούτῳ: ἐκείνῳ AW: om. P Bekk: τοῦδε RMDF **8** εἱρκτῆς: φυλακῆς Bekk ἦν cum b om. P **9—10** τὸ τῆς ῥώμης . . . . . διαφέρον V **10** τοῦ σώματος πλάσις V τοῦ om. Bekk **11** καὶ — ἀταπείνωτον om. V: καὶ τὸ ἀκατάδεκτον αὐτοῦ B **11—13** ἃ — περιδεές om. WSc **11—14** ἃ — τοίνυν om. B **12** ὑποβλέπειν Bekk κνίζον AP Bekk **13** κατὰ: περὶ Bekk **14** ταῖς om. W Bekk (ἐν πολέμοις B) τὸ alt. om. W **16** ὁ βασιλεὺς om. W **18** μάλιστα ὕποπτος V **19** τι om. MK τοῦτον om. P τῇ φρουρᾷ VAW **21** τὸ: τοῦ M **22** αὐτῶν M καὶ: τοῦ D τοῦ om. V **24** γυναῖκα ἡρμόσατο γαμετὴν AW **25** Ἰωάννου om. VN: Ἀξοὺχ Ἰωάννου B ὧν: οὗ B

8 ἦν om. b Bekk **9—18** οὐδὲν — μάλιστα om. b

νίκῳ θυγατέρες ἐγεγόνεισαν τρεῖς, Μαρία, Θεοδώρα καὶ Εὐδοκία, καὶ υἱεῖς δύο, Ἰωάννης τε καὶ Ἀλέξιος. τῶν θηλειῶν τοίνυν ἡ Εὐδοκία τὸν ἐκ παρθενίας ὁμευνέτην ἀποβαλοῦσα θανάτῳ ἀνοσίως Ἀνδρονίκῳ συνήρχετο, οὐ κρύβδην, ἀλλ' ἀνέδην. καὶ τοῖς ἐπιτιμῶσιν Ἀνδρονίκῳ διὰ τὸ τῆς συνουσίας ἀθέμιτον ἡ ἀφ' ἑστίας μίμησις πρόχειρος εἰς ἀπόλογον ἦν, καὶ χαριεντιζόμενος ἀνθυπέφερεν ὡς φιλεῖ τὸ ἀρχόμενον ἐξομοιοῦσθαι τῷ ἄρχοντι καὶ τὰ τῆς αὐτῆς ὁμοστοιχεῖ καὶ συνᾴδει πως κεραμείας, εἰς τὸν ἐξάδελφον ἀποσκώπτων ταῦτα καὶ βασιλέα τὸν Μανουὴλ ὡς ὁμοιοπαθέσιν ὑποκύπτοντα πάθεσιν ἢ γοῦν καὶ χείροσιν ἁλισκόμενον, εἴπερ ὁ μὲν ἀδελφοῦ θυγατρὶ συνουσίαζεν, ὁ δ' Ἀνδρόνικος ἐξαδέλφου παιδὶ συγκατέκειτο.

Τὸ γοῦν τοιοῦτον οὔτε τῷ Μανουὴλ ἥνδανε καὶ τοὺς ἐκ γένους τῆς γυναικὸς μαίνεσθαι ἐποίει κατ' Ἀνδρονίκου καὶ διαπρίεσθαι ἀτεχνῶς, ἐκ τοῦ πλείονος δὲ τὸν τῆς Εὐδοκίας ὁμαίμονα Ἰωάννην, ὃς τῇ τοῦ πρωτοσεβαστοῦ καὶ πρωτοβεστιαρίου ἐκυδροῦτο τιμῇ, καὶ τὸν ἐπ' ἀδελφῇ τῇ Μαρίᾳ ὡσαύτως γαμβρὸν τὸν Καντακουζηνὸν Ἰωάννην. πολλαὶ μὲν οὖν, ὡς εἰκός, ἐπιβουλαὶ κατὰ τοῦ Ἀνδρονίκου αἱ μὲν ἐνδόμυχοι ἦσαν καὶ σκότιοι τυρευόμεναι, αἱ δὲ καὶ προδήλως τολυπευόμεναι· ἀλλὰ διέλυε ταύτας ὡς ἱστὸν ἀράχνης Ἀνδρόνικος καὶ ὡς παιδίων ἐπὶ ψάμμου ἀθύρματα διεσκέδαζεν, ἀνδρείᾳ τε τῇ σφετέρᾳ πίσυνος ὢν καὶ κατὰ σύνεσιν | τῶν ἐναντίων ὑπερφέρων ἐπὶ πολὺ καὶ ὅσον αἱ ἄλογοι φύσεις τῶν λογικῶν ἥττηνται, ὥστε καὶ συμβὰν οὕτω πολλάκις προσπλακεὶς ἐτρέψατο τούτους, τὰ φίλτρα τῆς Εὐδοκίας γέρας ἀρνύμενος.

Ἦν δ' ὅτε καὶ αὐτὸς μὲν ἐπὶ σκηνῆς τῇ γυναικὶ κατὰ Πελαγονίαν συνεπλέκετο, οἱ δὲ καθ' αἷμα τῇ Εὐδοκίᾳ προσήκοντες περιστάντες, ὡς τοῦτο ἔγνωσαν, μετὰ συχνῶν ὁπλοφόρων ἐτήρουν τὴν ἔξοδον

---

49 ἦν δ' ὅτε: hieme a. 1154/1155 (cf. Cinnam. 129, 1—130, 21)

---

30 ἀφ' ἑστίας: Zenob. 1, 40 **31—32** φιλεῖ — ἄρχοντι: mihi graece aliunde non notum; cf. Otto, s. v. rex 6 **32** τῆς αὐτῆς . . . κεραμείας: cf. Macar. 8, 15 **44** ὡς — ἀράχνης: cf. Is. 59, 5 ὡς — ἀθύρματα: cf. Hom. O 362—4

VAP = a, W, RMDF = b

26 ἐγένοντο VAWSc **27** υἱοὶ VF Bekk: υἱέες D **28** ἀποβαλομένη V **29** ἀναίδην VRN **30** τῆς om. V **35** ἀδελφῆς VAB θυγάτριον V **37** τὸ γοῦν τοιοῦτον: τοιοῦτο γοῦν $A^{mgγρ}$: τοῦτο οὖν P ἥνδανε: ἤρεσκε APW ἀπήρεσκε (omisso οὔτε) Sc **39—41** τὸν — Ἰωάννην: τοὺς Εὐδοκίας ὁμαίμονας Ἰωάννην τε καὶ Ἀλέξιον N **39** τῇ: τὴν AW: τὸ M **41** τῇ Μαρίᾳ ὡσαύτως: ὡσαύτως τῆς Εὐδοκίας AW **42** οὖν om. R **43** αἱ — τολυπευόμεναι om. R τολυπευόμεναι A^{mg}: καττυόμεναι AW **45** ψαμμάθου P **46** ἐπὶ om. P Bekk **47** ἥττηντο P καὶ om. P **48** τούτους τὰ: αὐτοὺς καὶ W τῶ φίλτρω R γέρας ἀρνύμενος $A^{mgγρ}$: εἰς γέρας δεχόμενος AW **50** συνεπλάκη M: συγκατεκλίνετο $A^{mgργ}$P τὴν σκηνὴν post περιστάντες add. APW Bekk

29—36 καὶ — συγκατέκειτο om. W b Sc **42** κατ' Ἀνδρονίκου b ὡς αὐτίκα μάλα τοῦτον διαχειρισόμενοι. οὐκ ἔλαθε ταῦτα τὴν Εὐδοκίαν, καίπερ ἐφ' ἑτέροις τὸν νοῦν ἔχουσαν, εἴτε διαγγελθέντα παρά του τῶν ἐκ τοῦ γένους, εἴθ' ἑτέρως τὸν κατὰ τοῦ φθορέως αὐτῆς λόχον γνωρισάσης· ἦν δὲ κἀκείνη δραστήριον τὸ φρονεῖν, οὐμενοῦν κατὰ γυναῖκας πλουτούσῃ τὴν σύνεσιν. διασαφεῖ τοίνυν τὴν ἐπιβουλὴν ξυγκατακειμένῳ τῷ 'Ανδρονίκῳ. ὁ δὲ διαθροηθεὶς ἐπὶ τῷδε τῷ ῥήματι ἐξανέθορέ τε αὐτίκα τῆς κλίνης καὶ τὴν ἐπιμήκη διαζωσάμενος μάχαιραν διεσκοπεῖτο τὸ ποιητέον. ἡ μὲν οὖν ὑπετίθει τῷ ἐρωμένῳ γυναικείαν ὑποδῦναι στολὴν κἂν τῷ ἐπιτάξαι αὐτήν τινι τῶν προκοίτων καὶ κατευναστριῶν γυναικῶν λαμπτῆρα εἰσενεγκεῖν τῇ σκηνῇ πρὸς ὄνομα καλέσασαν καὶ οὕτως εἰς ἐξάκουστον, ὡς καὶ τοῖς ἐλλοχῶσι τὴν ταύτης ἐνηχηθῆναι φωνήν, εὐθέως ἐξελθεῖν καὶ λαθεῖν. τῷ δὲ οὐκ ἤρεσκεν ἡ παραίφασις, ἐκτρεπομένῳ μὲν καὶ τὸ ἁλῶναι κἀπὶ τὸν βασιλέα ἐπισπώμενον τῆς κόμης ἄγεσθαι ἀγεννῶς, καὶ θάνατον δὲ οὐχ ἧττον | ὑφορωμένῳ τὸν γυναικώδη καὶ ἀκλεᾶ. οὐκοῦν τὸ ξίφος γυμνώσας καὶ δοὺς τοῦτο τῇ δεξιᾷ ἐφάλλεται τὴν σκηνὴν ἐγκαρσίως διατεμὼν καὶ ἐν ἑνὶ πηδήματι Θετταλῷ ἄντικρυς ὑπερβαίνει τόν τε ξυγκείμενον τῇ σκηνῇ τυχὸν οὕτω θριγγὸν καὶ ὅσον ἐπεῖχον οἱ πάσσαλοι καὶ οἱ σχοῖνοι χῶρον, ὡς ἀχανεῖς γενέσθαι τοὺς ἐνεδρεύοντας καὶ τὸ ἐκ τοῦ διαδρᾶναι σφᾶς τὸ θήραμα τραῦμα εἰς θαῦμα μετενεγκεῖν.

Ταῦτά τε οὖν ἀκουόμενα τὸν αὐτοκράτορα ὑπέθραττε Μανουὴλ καὶ αἱ διαβολαὶ δὲ ὅσα καὶ ῥανίδες ἐνδελεχεῖς ἐκοίλαινον ἐς ὑποδοχὴν τῶν κατὰ τοῦ ἐνδιαβαλλομένου ἐπιχεομένων τὴν τοῦ ἐνηχουμένου ψυχὴν καὶ ἀπῆγον κατὰ βραχὺ οὗ εἶχεν οὗτος εἰς τὸν ἄνδρα ζωπύρου φιλίας καὶ ὡς ἀληθῆ ἐνῆγον τὰ λεγόμενα παραδέχεσθαι· μηδὲ γὰρ πάμπαν τὴν

---

68 πηδήματι Θετταλῷ: cf. Eust. In Dion. Perieg. 427 p. 179 Bernhardy **72—76** ταῦτα — παραδέχεσθαι: cf. Cinnam. 126, 19—21; 127, 5—8 **73** ὅσα — ἐκοίλαινον: cf. Choiril. Sam. fr. 10 EGF p. 271 **76—77** μηδὲ — ἀπόλλυσθαι: cf. Hes. Op. 763

VAP (usque ad 54 ἑτέρως) = a, P (ab 54) W, RMDF = b

52 οὐκ: ἀλλ' οὐκ P Bekk **54** ἐκ τοῦ: ἐκείνου W τοῦ om. M ἐκείνη post γένους APW Bekk φονέως M **55** γνωρισάσης: διεγνωκυίας AW: γνωρίσασαν A mg γρ P: γνωρίσασα Bekk δὲ: γὰρ P Bekk οὔμενουν codd. **56** τὴν ἐπιβουλὴν (hab. B): ταῦτα V **56—57** ξυγκ. (συγκ. Bekk) τ. 'Ανδρ. τ. ἐπιβ. P, ubi τ. ἐπιβ. suppl. i. mg., Bekk συγκ. V suppl. A mg om. W **59** Εὐδοκία post οὖν add. AWB ὑπετέθη W **60** καὶ ἐν τῶ ταύτην ἐπιτάξαι τινὶ AW **61** λαμπρῶς V **62** εἰς om. APW: ὡς M ὡς om. P καὶ om. Bekk **63** ἤρκεσεν R **64** ἁλωθῆναι W ἐπισπασάμενον R **65** ἄγεσθαι A mg γρ: ἀπενεχθῆναι AWSc ὑφορωμένον R **67** ἐφάλλεται VA mg γρ P pc WSc: διάλλεται A ἐν om. V **68** τε: τότε R κείμενον W **69** εἶχον M **70—71** καὶ τὸ διαδρᾶναι σφᾶς τὸ θήραμα θαῦμα καὶ θέαμα ἡγεῖσθαι καινόν P Bekk θαῦμα — καινόν hab. A mg γρ **72** τε om. F: μὲν Bekk τὸν: καὶ τὸν V **73—74** ἐς — τοῦ i. r. et **74—75** ἐνδιαβαλλομένου — ἀπῆγον i. mg. P **75** ἐς DF **76** λεγόμενα: γενόμενα R

62 καὶ alt. om. b Bekk **67** ἀφάλλεται b Bekk

φήμην ἀπόλλυσθαι, μηδὲ εἰκῇ λύουσαν τὸ πτίλον ἀμφιπεριτροχάζειν τοιάδε τὰ κατ’ Ἀνδρόνικον. ὡς ἄρα οὐδέν τι διαβόλου γλώττης χείριστον ἐνέφυ τοῖς ἀνθρώποις ἕτερον κακόν, εἰκότως οὖν καὶ Δαυὶδ ὁ φιλῳδὸς καὶ φιλόψαλμος ἐν πλείστοις τῶν αὐτοῦ θεοπλόκων καὶ ἡδυφραδῶν εἰδυλλίων διασύρει ταύτην καὶ κωμῳδεῖ, στηλογραφῶν ἀτεχνῶς τὴν ἐξ ἐρήμης ταύτης ἰσχὺν καὶ ῥυσθῆναι τῶν ἑλίκων αὐτῆς ἐπευχόμενος. τῷ τοι καὶ ὁ Μανουὴλ ὡς ἄρκυσι ληφθεὶς οἷς ἦσαν τοῦ Ἀνδρονίκου πολλάκις οἱ πρὸς γένους αὐτῷ κατεπᾴδοντες ἑκὼν ἀέκοντί γε θυμῷ τίθησιν αὐτὸν ἐν φρουρᾷ καὶ ποδοκάκαις σιδηραῖς ἀσφαλίζεται ἀρρήκτοις ὡς ἐνῆν καὶ ἀλύτοις.

Ἔμενεν οὖν ἐφ’ | ἱκανὸν χρόνον τῇ φυλακῇ κακουχούμενος. θερμουργὸς δὲ ὢν καὶ ἀνθρώπων πολυτροπώτατος κἀν τοῖς ἀπόροις ποριστικὸς καὶ εὐμέθοδος παλαίτατον κατανοήσας ὑπόνομον καθ’ ὃν εἴργνυτο οἰκίσκον (πύργος δὲ οὗτος ἦν ἐκ πλίνθου ἅπας ὀπτῆς) ὕπεισι τοῦτον, ταῖς χερσὶ πρότερον ὡς ἀμάλαις ἢ σκαλίσι διαμησάμενος τὰ πρὸς τὴν εἴσοδον καὶ τὴν ἔξοδον, ὡς εἶεν ἀνύποπτα. ἐνστάσης τοίνυν ὥρας ἀρίστου, αἱ θύραι τοῦ δεσμωτηρίου παρὰ τῶν φρουρῶν ἀνεῴγεσαν καὶ τὸ δεῖπνον εὐτρεπὲς παρεισήγετο, οὐδαμοῦ δὲ φαινόμενος ἦν ὁ δαιτυμών. περιεβλέπετο γοῦν τοῖς φύλαξιν ἡ φρουρά, μή πού τι ταύτης ἀποθραύσας ἢ διατορήσας ὁ πολύμητις Ἀνδρόνικος ᾤχετο. ὡς δ’ οὐδ’ ὅλως ἦν οὐδὲν λυμανθέν, οὐ θαιρός, οὐ φλιά, οὔτε μὴν οὐδὸς τῶν πυλῶν, οὐκ ὄροφος, οὐκ ὀπισθόδομος, οὐδ’ ἡ σιδηρόδετος ἀνα-

---

87 ἔμενεν — κακουχούμενος: ab initio a. 1155 usque ad autumnum a. 1158

---

82 ῥυσθῆναι — ἐπευχόμενος: cf. Ps. 119, 2 **84** ἑκὼν — θυμῷ: cf. Hom. Δ 43

VA = a, PW, RMDF = b

77 λυοῦσαν εἰκῇ V **77—78** ἀμφιπεριτρ. ἐπίβουλον τὸν Ἀνδρόνικον AW: ἀμφιπεριτρ. αὐθάδη καὶ βασιλειῶντα τὸν Ἀνδρόνικον A$^{mg\gamma\rho}$ P Bekk διὰ ταῦτα ὁ Μανουὴλ ὑπέβλεπε τὸν Ἀνδρ. ὡς βασιλειῶντα καὶ ἐπίβουλον, καθὼς πολλοὶ τοῦτον διέβαλλον Sc **78** τὰ om. M τι: τῆς P **80** πλείοσι A^{ac} **81** διασύρειν R **82** ἐρήμου P Bekk ὑπευχόμενος R **83** τοῦ om. V (ἦσ)αν sscr. et τοῦ i. r. P **84** πρὸς: ἐκ V γε om. R **85** σιδηραῖς: ἰσχυραῖς V **86** ἀλύκτοις V **88** δ’ P **89** εὐμήχανος VB παλαιὸν NB ὑπόνομον A$^{mg\gamma\rho}$: στενωπὸν A **91—92** ταῖς — ἀνύποπτα: παραπετάσματι τὴν ᾤαν καλύψας ὡς εἴη ἀφώρατος A$^{mg\gamma\rho}$P: ταῖς χερσὶ διασαλεύσας τὰ πρὸς τὴν εἴσοδον καὶ τὴν ἔξοδον Sc τὴν εἴσοδον καὶ τὴν ἔξοδον: τὴν κάθοδον καὶ τὴν ἄνοδον V τὰ — ἀνύποπτα: τὰ πρὸς τὴν κάθοδον οἰκονομήσας καὶ ἄνοδον ὅπως ἔνι ἀνύποπτον B **93** ἀρίστης A **94** εὐπρεπὲς RM **95** τις DF **1** (δια)τορ(ήσας) P^{ir}: διατηρήσας AMD οἴχοιτο Bekk **2** οὐδὲν ὅλως ἦν οὐδαμῶς Bekk οὐδὸς: ὁδὸς R: εἶδος M: οὖδε K

92 καί τι (καίτοι R) προεκπετάσας (προσεκπετάσας RKN) ἔπιπλον (ἐπὶ πλέον R) post ἀνύποπτα add. b Epit. Bekk φωτίς, οὐκ ἄλλο τῶν πάντων οὐθέν, ἀνῴμωζον διωλύγιον, τὴν ὄψιν ὄνυξιν ἔδρυπτον, ὡς ὃν ἐφρούρουν οὐκ ἔχοντες, μηδὲ τὸν τρόπον ἢ τὸν τόπον κατανοοῦντες, καθ' ὅν ἐστιν ἀποδράς.

Δῆλα ταῦτα τῇ βασιλίσσῃ καὶ τοῖς ἐν τέλει καὶ ὅσοι τὴν βασιλικὴν ἀμφεπονοῦντο ποιοῦσιν αὐλήν. οὐκοῦν ὁ μὲν ὡς φυλάξων τὰς αἰγιαλίτιδας πύλας ἐστέλλετο, τῷ δὲ ἡ τῶν χερσαίων ἐπετέτραπτο φυλακή, ἄλλος τοὺς λιμένας διηρευνᾶτο, ἕτερος ἄλλο τι μέρος τῆς πόλεως ἀπολαβὼν ἀνε|ζήτει τὸν δραπέτην Ἀνδρόνικον. οὐδὲ αἱ ἄμφοδοι ἦσαν ἀδιασκόπητοι, οὐδ' ἀφύλακτοι αἱ τρίοδοι. συχνὰ δὲ καὶ κατὰ πᾶσαν χώραν τὰ βασίλεια διίπτατο γράμματα ἄφαντον ἀπαγγέλλοντα τὸν Ἀνδρόνικον καὶ σχολὴν ἐπίμονον ἐπιτάττοντα, ὅπως ἁλοὺς ἐπαναπεμφθῇ.

Ἐπὶ δὴ τούτοις καὶ ἡ τούτου συλληφθεῖσα γυνὴ ὡς τῆς φυγῆς συνίστωρ τῷ δεσμωτηρίῳ παραρριπτεῖται, ἐν ᾧπερ καθεῖρκτο Ἀνδρόνικος, ὡς ἐκεῖσε τίνῃ δίκας τῆς φιλανδρίας, ἔνθα ὁ ταύτης συνείληπτο σύζυγος, ᾧ ὑπέθετο τὴν δραπέτευσιν. ἐλάνθανον δὲ ἄρα καὶ Ἀνδρόνικον πεδήτην ὡς πρότερον ἔχοντες καὶ μάτην εἰς γυναῖκα ταλαίπωρον τὸν χόλον ἐκχέοντες καὶ τὰ πρὸς χάριν Ἀνδρονίκῳ ποιοῦντες· ἐξαναδὺς γὰρ οὗτος τῆς γῆς καὶ τὸν ὑπόνομον ἀπολελοιπὼς τῇ γυναικὶ ἐντυγχάνει, δόξας ὅσα καὶ δαίμων τὰ πρῶτα ὑποταρτάριος ἢ νεκύων ἀμενηνὸν ἴνδαλμα καὶ διαταράξας τῷ ἀέλπτῳ τῆς θέας τὴν ἄνθρωπον. καὶ προσπλακεὶς ἐδάκρυσε μέν, πλὴν οὐχ ὅσον ἤθελον αἱ συμφοραὶ καὶ τὰ τότε δυσαχθῆ συναντήματα φειδοῖ τοῦ μὴ τὸν θρῆνον ἀναβῆναι εἰς ὦτα τοῖς δεσμοφύλαξι. καὶ δὴ ἐφ' ἱκανὸν συγγεγονὼς τῇ εὐνέτιδι κατὰ τὴν φρουρὰν καὶ ἐγκύμονα ταύτην ἐκ τῆς τότε συνουσίας ἀπεργασάμενος, ἐξ ἧς καὶ παιδὸς ἄρρενος ἀκούσοι πατήρ, τὸν Ἰωάννην λέγω, ᾧ καὶ βασιλείας Ἀνδρόνικος μετέδωκεν ἔπειτα, ὡς ὁ λόγος εἴπῃ κατὰ καιρόν, ἐκεῖθεν ἀναχωρεῖ, οἷα τῶν φυλάκων μηκέτι κἀπὶ τῇ γυναικὶ οἵαν καὶ ἐπ' αὐτῷ τῆς φρουρᾶς παρεχομένων ἀκρίβειαν.

---

13 διίπτατο γράμματα: a. 1158 autumno

---

30 εἴπῃ: cf. p. 315, 77 sqq.; 318, 23

VA = a, PW, RMDF = b

4 τι post ἄλλο add. P Bekk ἁπάντων VFK Bekk οὐδὲν R **7** καὶ δῆλα V **7—8** ταῦτα ποιοῦσι τῇ βασ. . . . ἀμφεπ. αὐλὴν Bekk **8** ποιοῦσιν om. P^ac WRMDF **9** ἐπέτραπτο R **10** τῆς πόλεως μέρος Bekk **12** οὐδ' — τρίοδοι om. VB καὶ om. M: hab. post χώραν V **13** διίπταντο V **14** χολὴν R **16** συλληφθεῖσα τούτου D ὡς om. MDF **18** τίσει V: τίννη APWM: τίννει DF **20** ἐς V **21** χέοντες V: ἐκχέαντες M **27** συγγενόμενος P **28** ἀπεργάσατο W **30** βασιλείαν M **32** καὶ om. V

20 πεδήτην om. b **22** τῆς γῆς: τοῦ θόλου b Bekk **22** ἐκλελοιπὼς b Bekk **26** δυστυχῆ P b Bekk

Γενόμενος δὲ κατὰ τὰ Μελάγγεια συλλαμβά|νεται παρά του στρατιώτου, ὅτῳ ἦν Νικαίας ἐπίκλησις· καὶ εἶχε πάλιν αὐτὸν κουστωδία μείζων καὶ χείρων τῆς προτέρας φρουρὰ καὶ ποδοπέδαι σιδηραῖ διπλαῖ.

Ταῦτα οὖν ὡς ἠγγέλη τῷ Μανουὴλ κατ' Ἀρμενίαν ἔτι στρατοπεδεύοντι, στέλλεται ὁ λογοθέτης τοῦ δρόμου Ἰωάννης ὁ Καματηρός, καὶ τὴν τοῦ ἄνακτος μὲν ὅσον οὐδέπω παρουσίαν εὐαγγελισόμενος καὶ τὰ συμβάντα δὲ κρειττόνως διασκεψόμενος καὶ παραδηλώσων βασιλεῖ σαφέστερον.

Οἱ δ' Ἀντιοχεῖς τὴν ἄφιξιν τοῦ βασιλέως τὰ πρῶτα μὲν ἀγαπητῶς οὐκ ἐδέχοντο, ἀλλὰ καὶ λίαν βαρέως ἔφερον καὶ ὅπως ἐσκέπτοντο ἀποπέμψαιντο· ὡς δὲ κωλύειν οὐκ ἦν, οὐδ' ἀναλύειν ὅλως τὰ δεδογμένα ἐκείνῳ, οὐ μόνον τῶν πυλῶν διεκχυθέντες μετὰ δουλικοῦ σχήματος καὶ φρονήματος ὑπηντίαζον, ἀλλὰ καὶ τὴν εἴσοδον αὐτῷ ἐς τὸ πομπικώτερον διεσκεύασαν, τάς τε ἀγυιὰς καὶ ἀμφόδους ἐπίπλοις καὶ τάπησι διεκόσμουν καὶ δένδρων νεοδρέπτοις κλωσὶ κατηγλάϊζον, τὰς τῶν λειμώνων καὶ ἀνθέων χάριτας ἐς τὸ ἄστυ μέσον μετακηπεύοντες καὶ φιλότιμον αὐτῷ τὴν πρόοδον σχεδιάζοντες, οὐχ ὁ μέν, ὁ δ' οὔ, ἀλλ' οἰκήτωρ ἅπας ἁπαξαπλῶς, ὡς παρεῖναι καὶ Σύρον ὀψοφάγον καὶ λῃστὴν Ἴσαυρον καὶ πειρατὴν Κίλικα καὶ ἱππότην κοντοφόρον Ἰταλιώτην, ὁμοῦ καὶ ἵππον ὑψαύχενα καὶ ὑπέραυχον φρόνημα παρωσάμενον καὶ βάδην παριόντα τὸν θρίαμβον.

Ὁρῶν δὲ τὸ ἐκ τῶν Λα|τίνων ἐκεῖσε στρατιωτικὸν μέγα τῷ δόρατι ἐγκαυχώμενον καὶ τῷ τούτου ἐνδεξίῳ φυσῶν ἀγκωνίσματι παιδιᾶς ἡμέραν συνθηματίζεται δι' ἀσιδήρων δορατισμῶν.

Ὡς οὖν ἡ προθεσμία ἐνειστήκει, ἀριστίνδην τῶν Ῥωμαϊκῶν ἐξάγει καταλόγων τοὺς περὶ τὸ κραδαίνειν δόρατα εὐφυεῖς καὶ ὅσοι πρὸς αὐτὸν τὸ γένος ἀνέφερον. ἔξεισι δὲ καὶ αὐτός, ὑποσεσηρὼς βραχὺ καὶ πρὸς τὸ σύνηθες μειδίαμα ὑγραινόμενος, ἐς πεδίον ὑπτιάζον καὶ ἱκανὸν ἀντιτάξαι δισχιδεῖς ἱππότιδας φάλαγγας, τὸ δόρυ μετεωρίζων, χλαμύδα

---

37 στέλλεται: a. 1159 ineunte **45** Manuel Antiochiam ingressus est die Paschatis (12. 4.) a. 1159

VA = a, PW, RMDF = b

33 Μαλάγγεια P: Μελάγεινα B **34** ἡ ἐπίκλησις W **36** γοῦν W ἠγγέλλη AWMD: ἠγγέλθη F Bekk Ἀρμενίας W ἔτι om. VB **38** εὐαγγελισόμενος παρουσίαν DF **41** τὰ μὲν πρῶτα R **41—42** οὐκ ἀγαπητῶς V **42** ἐσκέπτοντες R **43—44** ἐκείνω τὰ δεδογμένα V: τὰ δεδογμένα αὐτῶ B **46** διεκόσμουν: διεσκόπουν R **48** διακηπεύοντες V Bekk: κατακηπεύοντες W **50** Ἰσαυρὸν Bekk **53** καὶ post δὲ add. AWRMDF Bekk, non vero Epit. B τῶν om. WNB **54** ἀγωνίσματι V Bekk **56** προσθεσμία WR: πρεσβεία D: προσθεμία B **57** κερδαίνειν R εὐφυεῖς: δεξιοὺς A mg γρ P **58** ἔξεστι W καὶ αὐτὸς ὁ βασιλεὺς AWSc: καὶ βασιλεὺς αὐτὸς P **59** μειδίασμα R **60** δισχιδεῖς: καὶ σχιδὴς M ἠσθημένος ἀστειοτέραν περὶ τὸν δεξιὸν ὦμον περονουμένην καὶ ἀφιεῖσαν ἐλευθέραν τὴν χεῖρα κατὰ τὸ πόρπημα. ὤχει δὲ αὐτὸν ἵππος πολεμιστήριος καλλίθριξ καὶ χρυσοφάλαρος, ὃς ἠρέμα ὑπογυρῶν τὸν αὐχένα καὶ ὑποσκαίρων τὼ πόδε, ὡς δρόμων ἐρωτιῶν, οἷον ἀνθημιλλᾶτο τῇ τοῦ ἱππότου λαμπρότητι. καὶ ἑκάστῳ δὲ τῶν συγγενῶν καὶ ὅσοι διαγωνίζεσθαι ἄλλοι τοῖς Ἰταλοῖς ἐπεκρίθησαν λαμπροφορεῖν ἐπέταξεν ὡς ἐνῆν.

Ἐξῆλθε δὲ καὶ ὁ πρίγκιψ Γεράλδος λευκοτέρῳ χιόνος ἔποχος ἵππῳ, ἀμπισχόμενος χιτῶνα διάσχιστον ποδηνεκῆ καὶ πῖλον ἀνέχων ἐπὶ κεφαλῆς κατὰ τιάραν ἐπικλινῆ χρυσῷ κατάπαστον. συνεξίασι δὲ καὶ | οἱ ἀμφ᾽ αὐτὸν ἱππόται, πάντες ἀρεϊκοὶ τὴν ἰσχύν, εὐμήκεις τὰ σώματα.

Ὡς δ᾽ ἔφριξεν ἐγχείησιν ἡ μάχη αἵματος ἄγευστος, συνεπλέκοντο ἐκθύμως ἐξ ἀμφοῖν ἱκανοὶ ἀλλήλους διαδορατίζοντες καὶ τοὺς κατ᾽ αὐτῶν ἀκοντισμοὺς ὑπεκκλίνοντες. ὅτε καὶ ἦν ἰδεῖν κατὰ τὸν ἄχαλκον ἐκεῖνον Ἄρεα πῇ μὲν κύμβαχον ἐπὶ βρεχμόν τε καὶ ὤμους ἀνατρεπόμενον, ἄλλοσε ἱππείας ἀστράβης ἐκσφαιριζόμενον, ἄλλον πρηνῆ, ἐξυπτιάζοντα ἕτερον, ἄλλον μεταβαλόντα τὰ νῶτα καὶ προτροπάδην φεύγοντα. ὁ μὲν ἐχλώριζεν ὑπὸ δέους τὸν ἀκοντίζοντα δεδιὼς καὶ τῷ σάκει πᾶς ἐνεθάπτετο, ὁ δὲ ἀνθηρὸς ἦν τὸν ἀνταγωνιστὴν κατεπτηχότα ὁρῶν. τὸ δὲ τοῦ ἀέρος ῥόθιον τῇ ὁρμῇ τῶν ἵππων τεμνόμενον ἠνέμου τὰς σημαίας καὶ λιγυρὸν ὑπεσύριττεν. εἶπεν ἄν τις οὐκ ἀκόμψως, πρὸς τὴν τηνικαῦτα διάχυσιν ἀπιδών, Ἀφροδίτην Ἄρεϊ συνελθεῖν, τῇ δ᾽ Ἐνυοῖ προσπλέκεσθαι Χάριτας· οὕτω τὰ τότε παίγνια μῖγμα ποικίλου καλοῦ ἐτύγχανεν ὄντα. ἐποίει δ᾽ ἁμιλλᾶσθαι καὶ παραλογώτερον Ῥωμαίους μὲν τὸ ὑπερφέρειν βούλεσθαι τῶν Λατίνων καὶ κατὰ τὴν τῶν δοράτων ἀγκοίνησιν καὶ βασιλέως αὐτοῦ ὀφθαλμοὶ ἀγωνοθέται τῶν δρωμένων γινόμενοι, Ἰταλοὺς δὲ ὁ ἀεὶ ὀρθὸς αὐχὴν καὶ τὸ ὑβρίζον φρόνημα, ἔτι γε μὴν τὸ μηδ᾽ ὅλως ἀνέχεσθαι Ῥωμαίους κρατεῖν τὸν διὰ κοντῶν πόλεμον.

---

72 ἔφριξεν — μάχη: cf. Hom. N 339 **75** ἐπὶ — ὤμους: cf. Hom. E 586

VA = a, PW, RMDF = b

62 πόρτημα R: πύρπημα M **64** δρόμον V **65** ἱππότου: ἵππου RM: ἀναβάτου (ex B: ἀναβάτην) Bekk **65—66** ὅσοι ἄλλοι τοῖς Ἰταλοῖς ἀνταγωνίζεσθαι ἐπεκρίθησαν A mgγρ P **66** ἄλλοι om. D λαμπρειμονεῖν PSc: -ειμονεῖν A s: λαμπροειμονεῖν W **68** Γελάρδος VA ac ?KN: Γηράλδος A pc P: Γεράρδος DF Sc Bekk: Γιράρδος B **69** ἀμπεχόμενος PWR ποδηνεμῆ R: ποδηνικῆ M ἔχων P Bekk **70** κατὰ: καὶ V **72** ἐγχείρησιν M ἡ μάχη ἐγχείησιν R ἄγευστος αἵματος W Bekk **75** ἄλλον V: ἄλλοτε PMD ac: ἄλλωσε F **77** ἄλλον om. V καὶ ὁ μὲν V **79—80** τὸ — ῥόθιον . . . τεμνόμενον: ὁ δέ γε ἀὴρ . . . . τεμνόμενος P: ὁ — ἀὴρ i. mg. τεμνόμενος ex — ον A: τὸ — ῥόθιον . . . τεμνόμενος W **80** ῥόθιον: ὄρθιον V **81** ἐπεσύριττεν R οὐκ ἀκόμψως: ἀνακόμψως M **82** συμπλέκεσθαι Bekk **84** ἐτύγχανον P Sc **85** τὴν om. MD **88** καὶ post μὴν add. V

78 ἐνέθαπτο b

Βασιλεὺς δὲ αὐτὸς σύνδυο ἱππότας προσούδισε, καθ' | ἑνὸς μὲν ἐπελάσας τὸν ἵππον καὶ τὸ δόρυ κραδάνας, ἐκείνου δὲ συγκαταβαλόντος τὸν σύνεγγυς τῇ ῥύμῃ τοῦ διακοντίζοντος.

Πλήσας οὖν ἐπ' ἀνδρείᾳ τοὺς Ἀντιοχεῖς θαύματος, ὄψεσι παρειληφότας ἅπερ ἀκοαῖς ἐνηχοῦντο πρότερον, ἔγνω παλινῳδίαν ᾆσαι πρὸς τὴν Κωνσταντίνου τραπόμενος. ἔνθεν τοι καὶ ὡς διὰ φιλίας μέλλων ἰέναι διαφίησι τὸ στρατόπεδον, ὅπῃ φίλον ἑκάστῳ μεθίστασθαι. τοῦτο δὲ μὴ καθ' ἡγεμόνα, ὁποῖος ἦν, αὐτὸς βουλευσάμενος ἔλαθε παραπολέσας τὸ πολὺ τοῦ στρατοῦ καὶ κακῶς τὸ κατ' οὐρὰν διαθέμενος· ἡ γὰρ πρὸς πορείαν ὀξεῖα τούτου ῥοπὴ καὶ ἡ πρὸς τὰ οἰκεῖα ἤθη τῶν στρατιωτῶν ἀχαλίνωτος ἄπαρσις καὶ ἀλόγιστος οὐκ ὀλίγα τῶν ταγμάτων διαλυθέντα παρελυμήνατο, τῶν Τούρκων ἐπεισπεσόντων ἀθρόως αὐτοῖς, ὡς πείρᾳ γνῶναι τῷ τότε πολλούς, οἷον ἀγαθὸν ἡ προμήθεια, τὴν δ' ὑστεροβουλίαν πρᾶγμα ἀνόνητον καὶ ἀξύμφορον, καὶ ὡς κρεῖσσον τὸ μεθ' ἡμέραν, εἰ σώζει καὶ δίδωσιν εὔκλειαν, τοῦ κατασπῶντος αὐτίκα εἰς θάνατον, κἂν ὑποσαίνῃ χρηστότητι. τάχα δ' ἂν καὶ εἰς χείριστον προέβη τὰ οἴκτιστα, εἰ μὴ βασιλεὺς ἐπαναστραφεὶς τῶν Τούρκων ἀνέστειλε τὴν φορὰν καὶ προύπεμψε τὰ στρατόπεδα μεθ' οἵας ἔδει συντάξεως πρότερον· ὅτε καὶ λέγεται τοῖς τῶν πεσόντων ἐπιστάντα πτώμασι καὶ τὸ πλῆθος τῶν διαφθαρέντων ὅσον κατανοήσαντα πλῆξαί τε τῇ χειρὶ τὸν μηρὸν ἀχθόμενον καὶ περιψοφῆσαι τὰ χείλη πυκνὰ καὶ ἀνοι|μῶξαι βύθιον καὶ δακρῦσαι (ταῦτα δὴ τὰ τῶν παθαινομένων σημαντικὰ ἐπὶ τοῖς ὁρωμένοις ἢ καὶ ἐνωτιζομένοις ἀλγεινοῖς θεάμασι καὶ ἀκούσμασι) καὶ ὁρμῆσαι μὲν τὸ ἐν ὀφθαλμοῖς ἀναμαχέσασθαι ὄνειδος, γενναῖον δέ τι ἐξ ὑπογυίου δρᾶσαι μὴ ἔχοντα ὁδοῦ τῆς προκειμένης αὖθις ἔχεσθαι.

Ὁ δὲ μὴ τοῖς ὑψηλοῖς μόνον καὶ ἐθνῶν καὶ πόλεων δυνάσταις λοξὸν ἀεὶ ἐνορῶν φθόνος καὶ τοὺς ἐπιβούλους τρέφων ἀεὶ ἐγγύς, ἀλλὰ καὶ τοῖς

---

93 ἔγνω: post dies octo, i. e. die 20 mens. Apr. a. 1159

92—93 ὄψεσι — πρότερον: cf. p. 253, 88 **94—19** ἔνθεν — ἔχεσθαι: cf. Cinnam. 188, 21—191, 5

VA = a, PW, RMDF = b

90 ἀπελάσας W: ἐλάσας Sc Bekk τὸν: τὴν M δὲ om. A^{ac} **94** Κωνσταντινούπολιν V **95** ὅπως V: ὅποι Bekk ὅπῃ φίλον: ὃ πεφίλου R ἑκάστη M **1** μὴ: οὐ W **2** τὸ: τὰ P Bekk: τε R **5** ἀθρόον V τῷ: τὸ Bekk **6—7** ἡ δ' ὑστεροβουλία V **7** πρᾶγμ' M **7—8** κρεῖσσον τὸ μεθ' ἡμέραν $A^{mg γρ}$: κρείσσων ἡ ἐς αὔριον ἀναβολὴ AW **7** τὸ om. P **8—9** αὐτίκα ἐς θάνατον A^{mg}: εἰς θάνατον σήμερον A εἰς om. R **9** ὑποσαίνει PM **10** προύβη P Bekk **11** ἔδει: ἔδειξε R **14** τε P^{s} **15** τὰ om. P^{ac} RMDF παθηναμένων P: σθαινομένων M **17** καὶ ὁρμῆσαι: ἐνορμῆσαι W **21** ἀεὶ alt. om. VB Epit.

μετριωτέροις ἐπιφυόμενος, οὗτος οὐδὲ τὸν Στυππειώτην Θεόδωρον τῆς παρὰ βασιλεῖ παρρησίας εἴασεν ἀμετάθετον, ἀλλὰ πνεύσας καταιγιδῶδες καὶ ἄγριον ὁ δυσπάλαιστος πολλάκις μὲν τοῦ στασίμου στυφελίξας μετήνεγκε, τέλος δὲ καὶ ἀνέτρεψε καὶ εἰς πτῶμα κατήνεγκεν οἴκτιστον.

Παρενείρω δὲ καὶ τὰ τοιάδε τῇ ἱστορίᾳ δεικνὺς τοῖς ἀναγινώσκουσιν, ὡς κἂν ἀσυλλόγιστόν τι πρᾶγμα καὶ δυσφύλακτον ἡ πονηρία, χρῆναι γοῦν ὡς ἐξὸν ὑποβλέπεσθαι τῶν ἀντιτέχνων ὁπόσοι τὸν μὲν τρόπον οὐκ ἐλεύθεροι, τὸ δὲ ἦθος ὑποκαθήμενοι καὶ τὴν γλῶτταν τῇ καρδίᾳ πλουτοῦντες ἀντίφθογγον, πρὸ πάντων δὲ τιθέναι τῷ στόματι φυλακὴν καὶ μὴ ἐᾶν τὴν γλῶτταν προπετῶς ἐκπηδᾶν τοῦ ἕρκους τῶν ὀδόντων καὶ τοῦ τῶν χειλέων ἐπιτειχίσματος, ἅπερ οἷα διπλοῦν περίβολον ἡ φύσις ταύτῃ περιεγύρωσεν.

Ὁ γάρ τοι τότε λογοθέτης τοῦ δρόμου ὁ Καματηρὸς Ἰωάννης οὐχ οἷός τε ὢν στέγειν τὴν ἐς τὸν Στυππειώτην τῆς τύχης εὐμένειαν καὶ τὴν ἀκροτάτην τοῦ βασιλέως ῥοπὴν καὶ τὸ τῷ μὲν ἅπαντα τὸν χρόνον | τῆς ἐς τὸν κρατοῦντα παρρησίας τε καὶ παρουσίας εἶναι καιρὸν καὶ ἐξεῖναι δακτύλῳ μεταφέρειν πάντα καὶ νεύματι, αὐτῷ δὲ κατὰ τακτὰς ὥρας τὴν ἐς αὐτὸν ἀνεῳγέναι πυλαίαν καὶ τἆλλα, ὅσα τῷ μὲν Στυππειώτῃ καὶ μόνον βουληθέντι ἀνύσιμα, τῷ δὲ οὐδ' ὄναρ διὰ τοῦ φανταστικοῦ ἐφιπτάμενα καὶ διὰ τοῦτο τοῦ φθόνου γινόμενα ὑπεκκαύματα καὶ ἕως τοῦ ταμείου πλήττοντα τῆς καρδίας, σκαιωρεῖ κατὰ τοῦ ἀνδρὸς τὰ οἰκτρότατα. καὶ δεινὸς ὢν καττῦσαι δόλους καὶ δικρόαν

---

27 ἀσυλλόγιστον — πονηρία: cf. Menand. fr. 482 Koerte; Sent. 35, 36 Jaekel **30** τιθέναι — φυλακήν: cf. Ps. 140, 3 **31** τοῦ — ὀδόντων: Hom. Δ 350; al.

VA = a, PW, RMDF = b

22 μετριωτέροις: μετεώροις W Στυπειώτην constanter APWRMDB **23** παρρησίας: δυναστείας (τῆς — δυναστείας i. r. 12 litt.) P **25** πτῶμα: πόμα V post οἴκτιστον (post τέλος δὲ καὶ εἰς πτῶμα κατήνεγκε Sc) verba καὶ τοῦ φάους τῶν ὀμμάτων ἐστέρησεν, ἐνδιαβαλόντος αὐτὸν ἐς βασιλέα τῶν ὁμοτέχνων τινός. ἦν δε οὗτος ὁ τοῦ δρόμου λογοθέτης Ἰωάννης ὁ Καματηρὸς (ἦν — Καμ.: ὁ τοῦ δρ. λογ. ἦν οὗτος ὁ Καμ. Ἰω. Sc) μὴ στέγειν ἔχων τὴν ἐπὶ τῶ Στυπειώτη τῆς τύχης εὐμένειαν καὶ (τὴν — καὶ om Sc) τὸ δύνασθαι τὸν (: αὐτὸν W) ἄνδρα παρὰ τῶ βασιλεῖ τὰ μέγιστα καὶ τὸ (τὸ om. Sc) τῆς τούτου παρουσίας ἄνευ μηδὲν (μηδέν τι Sc) τῶν γενομένων περαίνεσθαι. εἶχε μὲν οὖν οὕτω καὶ ταῦτα (εἶχε — ταῦτα: πέπρακται δὲ τῷ Καματηρῷ ἡ κατὰ τοῦ Στυπειώτου ἐπιβουλὴ οὕτως Sc) add. WSc **26** καὶ τὰ τοιάδε: καὶ τάδε AP: ταῦτα καὶ W **27** πρᾶγμα: χρῆμα F Bekk χρῆται D **28** μὲν om. V **29** ἐλευθέριοι AP Bekk ὑποκαθειμένοι Bekk **31** ὀδόντων ἕρκους AW **34** τότε: γε M ὁ Κ. Ἰω. cum PW b om. A **36** τὸ om. V **37** τῆς: τὸν V om. RMDF **38** πάντα μεταφέρειν V Bekk: μεταφέρειν τὰ πάντα B κατὰ om. R **39** ἀνεωγῆναι W τὰ ἄλλα APW μέν: μὴν V **40** βουληθέντα R ἦν post ἀνύσιμα add. APW Bekk **41** ἐφιστάμενα V τούτου M **43** τὰ om. A

34 ὁ Καματηρὸς Ἰωάννης om. PW b Bekk **42** ταμιείου b Bekk εὐτυχῶν γλῶτταν, ὁποίαν ὄφις ὁ ψίθυρος καὶ ἀρχέκακος, φιλίᾳ ὑποκλέπτει τὸν ἄνδρα καλῷ πράγματι συσκιάζων ἄτοπα διαβούλια καὶ δηλητηρίου σκύφον περιχειλῆ ἀγάπης μέλιτι περιχρίων. ἀμέλει τοι καὶ ἄλλα λέγων καὶ διανοούμενος ἕτερα καὶ χείλεσι μὲν τιμῶν τῇ δὲ καρδίᾳ πόρρω πλαζόμενος ἐλελήθει τὸν κατὰ τοῦτο μόνον ἀρχαῖον καὶ ἁπλοϊκὸν Στυππειώτην.

Ἐνδιαβάλλει τοίνυν ὡς μαγγανευτὴν τοῦτον καὶ δολιόφρονα καὶ γράφεται προδοσίας, τὰ κατὰ Σικελίαν λέγων ἀναταράττειν πράγματα. ἀπαιτηθεὶς οὖν ὑπὸ τοῦ βασιλέως πίστεις τῶν λεγομένων, τῇ Κιλικίᾳ ἔτι ἐνδιατρίβοντος, αὐτὸν μὲν ἐφίστησι παραπετάσματι, τὸν δὲ Στυππειώτην ἀπολαβὼν ὡς ἔχων τι μόνος μόνῳ προσδιαλέξασθαι ἄγει ὅπου ἦν ὁ βασιλεὺς ἑστηκὼς καὶ λόγους ἀνακινήσας ἑτέρους εἶτα καὶ τοῖς κατὰ Σικελίαν δολίως ἐνέβαλε καὶ διδοὺς αὐτὸς ἀφορμὰς τοῦ μεμψιμοιρεῖν, μήτε μὴν | ἀσπάζεσθαι τὸν Στυππειώτην ὅσα ὁ βασιλεὺς εἶχεν ἐπὶ τοῖς κατὰ Σικελίαν διαπραξάμενος πράγμασιν, οὕτω διαλύει τὴν ἐντυχίαν. καὶ τοιοῦτον ἐνθάψας σπινθῆρα τῇ τοῦ βασιλέως ψυχῇ καὶ κατὰ τοῦ Στυππειώτου ἀφεὶς ὑποτύφεσθαι ἐσκέπτετο καὶ φορυτοῦ εὐπορήσειν ἑτέρων συκοφαντήσεων, δι' ὧν προχειροτάτη τοῦ σπινθῆρος ἐσεῖται ἡ κίνησις.

Οὐκοῦν κατὰ καρδίας ἑτέραν ἀνταίαν πληγὴν εἰληφὼς ὁ Καματηρὸς ἐκ τοῦ τῷ Στυππειώτῃ ἐγχειρισθῆναι δοχεῖον ἐρυθροδάνου διάλιθον χρύσεον καὶ τοῖς ὅρκοις τοῦτον ἐπιστατῆσαι κατὰ τὸν ἐν Βλαχέρναις μέγαν νεών, οἳ τὴν τοῦ κράτους διαδοχὴν ἐνεπέδουν Ἀλεξίῳ τε τῷ ἐξ Οὐγγρίας καὶ τῇ θυγατρὶ τοῦ βασιλέως Μαρίᾳ, ἃ τῷ λογοθετικῷ δήπουθεν ὀφφικίῳ ἦσαν ἁρμόδια, συνθέσθαι λέγεται χάρτην λήρων ἔμπλεων, παρὰ

---

53 ἐνδιατρίβοντος: a mense Sept. a. 1158 usque ad mensem Apr. a. 1159 **63** οὐκοῦν etc.: a. 1165; vide p. 137, 66 sqq.

---

44 ὄφις ὁ ψίθυρος: cf. Eccl. 10, 11; Nic. Or. 69, 20 **46** δηλητηρίου — περιχρίων: cf. Nic. Or. 75, 21 **47** ἄλλα — ἕτερα: cf. infra lin. 85 **47—48** χείλεσι — πλαζόμενος: cf. Is. 29, 13; Mat. 15, 8

VA = a, PW, RMDF = b

44 δυστυχῶν APW **48** τοῦτον R ἀρχεῖον P **50** ὡς μαγγανευτὴν: ἐπιμαγγανευτὴν W **51** κατὰ τὴν Σικελίαν P **52** οὖν om. M ὑπό: παρὰ APW **54** λαβὼν RMDF προσδιαλέγεσθαι Bekk **55** ἀθέατος post ἦν add. APWBekk: ἀθεώρητος B καὶ alt. om. APW **60** καὶ pr. om. VB φορητῶν R **61** προχειρότατα R **61—62** ἐσεῖται τοῦ σπινθῆρος Bekk **63** καρδίαν ARM πληγὴν ἀνταίαν Bekk ὁ Καματηρὸς VB: ὁ δηλωθεὶς λογοθέτης cum. PW b scr. A **64** χειρισθῆναι APW: δοθῆναι Bekk **65** ἐπιστῆναι V μέγαν om. V hab. B **66** τε om. APW **67—68** ὅπερ ἦν τοῦ ὀφφικίου τοῦ Καματηροῦ ἁρμόδιον B

63 ὁ Καματηρός: ὁ δηλωθεὶς λογοθέτης PW b Bekk

τοῦ Στυππειώτου δῆθεν τῷ τῆς Σικελίας ῥηγὶ σταλησόμενον, καὶ τοῦτον ἀναφύρας τοῖς τοῦ Στυππειώτου τόμοις καὶ γράμμασι πεῖσαι τὸν βασιλέα στεῖλαι τοὺς κατὰ ζήτησιν τοῦ πρὸς τὸν ῥῆγα γράμματος τὴν τοῦ Στυππειώτου σκηνὴν ἐρευνήσοντας· οὗ καὶ γενομένου ὁ αὐτοκράτωρ οἷα πυρσὸν αἰθέριον τὴν κατὰ τοῦ ἀνδρὸς ὀργὴν ἀνέκαυσε. καὶ τὸ ἐντεῦθεν ἐκκοπεὶς τὰς κόρας ἀδίκως τυφλὸς ἦν, μὴ βλέπων τὸν ἥλιον.

Ὦ πάντ' ἐφορῶν ὀφθαλμὲ τῆς δίκης ἀλάθητε, πῶς ἐπιμύεις πολλάκις ἐπὶ τηλίκοις παρανομήμασιν ἢ καὶ μείζοσιν ἑτέροις ἀνθρώπων κακοπραγήμασιν, οὐδ' ἐπάγεις εὐθὺς τοὺς πρηστῆρας καὶ τὸ κεραύνιον ἄναμμα, ἀλλ' ὑπερτιθέμενος ἐπέχεις τὴν | κόλασιν. ἀνεξιχνίαστόν σου τὸ κρίμα, καὶ ἀνθρώπων λογισμοῖς ἀνεπίβατον. πλὴν εἶ σοφός, ναί, καὶ γνώμων ἀκριβὴς τοῦ συνοίσοντος, κἂν ἡμᾶς τοὺς σμικρογνώμονας λέληθας.

Ἤδη μὲν οὖν τις θηρητὴρ ὄφιν δαφοινὸν ἢ λέοντα λασιαύχενα εἰσορῶν καὶ ἀΐων ἐν ὄρεσιν εὐθέως ἐξέκλινεν· ἀλλὰ καὶ κακοεργός, ὅστις δὴ παραιτητός ἐστι, δάκρυσι καὶ λιταῖς παρυπάγεται. ἄνδρα δὲ κακὰ τῷ πλησίον βυσσοδομεύοντα καὶ ἄλλα μὲν ἐν φρεσὶ κεύθοντα ἕτερα δὲ βάζοντα σοφίας δεῖ πολλῆς ἐκφυγεῖν καὶ χρεία τῆς ἀπὸ τοῦ Κρείττονος ἐφάψεως.

Ἦν δὲ ὁ Καματηρὸς οὗτος, ἵνα καὶ ἔτι μικρὸν παρακινήσω τῆς ἱστορίας μοι τὸν εἱρμόν, μαθημάτων μὲν ὑψηλοτέρων ἄκρῳ λιχανῷ γεγευμένος καὶ τῆς ὑπερσέμνου φιλοσοφίας οὐκ ἀκριβὴς ἐραστής, οὐδ' εὐμαθὴς ὀπαδός, κράτιστος δὲ τῇ φυᾷ καὶ τῷ ἀμελετήτῳ χαίρων τῆς φράσεως, ῥέων τε τῷ λόγῳ κατὰ πηγάδα καλλίρειθρον διεκδιδοῦσαν τῶν πρανῶν, ἐκ τοῦδε κλέος ἀπηνέγκατο μέγιστον. ἀνθρώπων δὲ ὀψοφαγώτατος ὢν καὶ οἰνοφλύγων ὁ κράτιστος πρὸς λύριον ἔψαλλε καὶ πρὸς κιθάραν μετερρυθμίζετο καὶ κόρδακα ὠρχεῖτο καὶ τὼ πόδε πολλάκις παρενεσάλευε. χανδὸν δὲ τῶν οἴνων ἐμφορούμενος καὶ κατὰ τοὺς θαλαττίους χόας καὶ τὰς σπογγιὰς συχνάκις τὸ ποτὸν ἀνιμώμενος οὐ κατεπόντου τὸν νοῦν τῇ ἀρδείᾳ, μήτε παρασφαλλόμενος ὡς οἱ ἔξοινοι, μήτε τὸ | κάρη βάλλων

---

75 πάντ' — ὀφθαλμέ: cf. p. 66,23 **78—79** ἀνεξιχνίαστον — κρίμα: cf. Rom. 11, 33 **84—85** κακὰ . . . βυσσοδομεύοντα: cf. Hom. ι 316 **85—86** ἄλλα — βάζοντα: cf. Hom. Ι 313 **89** ἄκρῳ — γεγευμένος: cf. Zenob. 1, 61

VA = a, PW, RMDF = b

70 πείσειν VA **71** τοῦ: τοὺς V **71—72** τοῦ — σκηνὴν suppl. P^{mg} **72** καὶ om. V **75** πάντα M ἐπιμένεις A **78** ἔναμμα AW **80** κἂν (etiam B): καὶ V **83** οὔρεσιν W καὶ alt. om. AW **6** κακουργὸς P ὅτις V **84** ἀ(παραίτητος) M^s **93—95** ἀνθρώπων — παρενεσάλευε cum W b om. BSc **1** τοὺς: τὰς VAW **2** κατεπόντουν WF

71—72 τοῦ — σκηνὴν om. W b Sc **88** Καματηρὸς: λογοθέτης W b Bekk **93—95** ἀνθρώπων — παρενεσάλευε om. W b ἑτέρωσε ὡς ὑπὸ μέθης ἐπικλυζόμενος, ἀλλ' ἔλεγέ τι σοφόν, ἀναφλέγων τε καὶ ἄρδων ἐν τῷ πίνειν τὸ λογιζόμενον, καὶ πρὸς βλάστην λόγων μᾶλλον ἐπερρωννύετο. διώκων δὲ τὰ συμπόσια οὐ βασιλεῖ μόνον πλεῖστα κεχάριστο, ἀλλὰ καὶ δυνάσταις μάλα πεφίλητο τῶν ἐθνῶν, ὁπόσοι τοὺς κώμους περιεσπούδαζον. κατὰ γὰρ πρεσβείαν αὐτοῖς παραβάλλων τοὺς μὲν ὑπερέβαλεν ἐν τοῖς πότοις καὶ πρὸς τὴν ὀψὲ κατήνεγκε τῆς μέθης ἀνάνηψιν καὶ τοῦ κάρου ἀνάνευσιν, τοῖς δὲ καὶ ἰσοφάρισεν· οὗτοι δὲ ἦσαν, οἳ πιθάκνας ὅλας ἐς τὴν γαστέρα μετήγγιζον καὶ ἀμφορέας ᾤχουν τοῖς δακτύλοις ὡς κύλικας καὶ τὸν σκύφον εἶχον ἀεὶ ἐπιδείπνιον τὸν Ἡράκλειον.

Ἐπεὶ δὲ εἰς τοὺς περὶ τοῦ ἀνδρὸς τούτου λόγους καθάπαξ ἐνεπεπτώκειν, δεδόσθω κἀκεῖνα τῇ ἱστορίᾳ μνήμης ὄντα καὶ διηγήσεως ἄξια. συνέθετό ποτε τῷ βασιλεῖ Μανουὴλ ὕδατος πλησθεῖσαν διεκροφῆσαι τὴν πορφύρεον λεκανίδα, ἣν εἶχε μὲν πρότερον ἡ αἰθριώδης τοῦ κοιτῶνος αὔλειος τοῦ βασιλέως Νικηφόρου τοῦ Φωκᾶ, ἡ καὶ ἄνωθεν τοῦ Βουκολέοντος ὑπτιάζουσα, νυνὶ δὲ ὁ παρὰ τοῦ εἰς ἱστορίαν προκειμένου βασιλέως οἰκοδομηθεὶς χρυσόπαστος μέγιστος ἀνδρών. βασιλεὺς δ' ἐν θαύματι θέμενος τὸ λεχθὲν καὶ πρὸς αὐτὸν „ὑπέρευγε, λογοθέτα" φάμενος, ὀθόνας εὐανθεῖς καὶ χρυσίου μνᾶς ἱκανὰς ξυνέθετό οἱ καταβαλέσθαι δρῶντι ὡς | ἔφησεν, ἢ μὴν ταὐτὰ τοῦτον καταθέσθαι μὴ περατοῦντα τὰ ξυγκείμενα. ὡς δὲ τὸν λόγον ἀσμένως ὁ Καματηρὸς ἠνωτίσατο, ἡ μὲν λεκανὶς ἦν ὑπερχειλὴς ὕδατος, κεχαδυῖα περὶ χόας δύο, ὁ δὲ κύψας ὡς βοῦς τὸ ἄγγος ἐκένωσεν, ἅπαξ ἀνακόψας τὸ συνεχὲς τῆς πόσεως καὶ τότε ὡς τὸ πνεῦμα πλεῖον συλλέξειε, καὶ εἶχεν εὐθὺς τὰ ἐκ συμφώνου πρὸς βασιλέως ἀποδιδόμενα.

Ἥττων δὲ ὢν τῆς τῶν χλωρῶν κυάμων ἑστιάσεως οὐκ ἀπὸ ῥινός, ὅ φασιν, ἀλλ' ἐξ ὀδόντων τῷ θαλῷ τούτων εἵλκετο. ὅλας οὖν ἀρούρας

12—13 σκύφον . . . Ἡράκλειον: cf. Athen. 500 a **29** ἀπὸ ῥινός: cf. Lucian. Hermot. 68; Apost. 16, 44 d; Karathanasis 238

VAP (ab 5 καὶ πρὸς) = a, P (usque ad 5) W, RMDF = b

4 ἑτέρωθι V **5** τε om. APW **6** μόνω V **7** μάλιστα V: μᾶλλον W: μᾶλλα M: πλεῖστα Sc **9** πότοις: τόποις A τῆς: ἐκ τῆς Bekk **11** πιθνάκες καὶ ὅλας M ὅλας om. V εἰς R **12** αἰεὶ V **14** εἰς: καὶ W τούτου: τοῦδε Bekk ἐμπεπτώκειν AW **15** διδόσθω P καὶ om. M **16** διεκφορῆσαι codd. **17** πρότερον μὲν APW Bekk ἡ: ὁ F **18** καὶ om. Bekk **19** νῦν V παρὰ — προκειμένου i. r. 15 litt. P **20** μέγιστος om. W ἀνδρῶν R: ἁ δρῶν M **22** ἱκανὰς om. W καταθέσθαι APW **23** ἔφημεν R τὰ αὐτὰ AP: καὶ αὐτὰ W καταβαλέσθαι APW **25—26** τὸ ἄγγος ἐκένωσεν ὡς (ὅσα A^s PBekk) βοῦς (ὡς βοῦς cum b om. W) APW Bekk **27** πλέον D **29—40** ἥττων — καθείλκετο cum W b om. B Sc **30** θαλλῶ codd.

23 τουτονὶ b Bekk **24** ὁ Καματηρός: ὁ ἀνὴρ (ante ἀσμένως R) b Bekk **25** ὡς βοῦς om. b **29—40** ἥττων — καθείλκετο om. W b κατεδαπάνα καὶ θωὸς ἀκριβέστερον ἐπεξήρχετο. καὶ τότε παρὰ τὸν ποταμὸν ἐνσκηνησάμενος, ἐπειδήπερ εἰς τὴν περαίαν κυάμων θεάσαιτο γήδιον, ἐξ αὐτῆς καὶ τὸν ἔσχατον χιτῶνα ἀποδυσάμενος διενήξατο καὶ τὸ πλεῖον ἀποτραγὼν οὐδ᾽ οὕτως ἀπέσχετο, ἀλλ᾽ ἐς δεσμὰς τὸ μὴ κατεδηδομένον ξυνενεγκὼν ἐπὶ νώτου τε ἀράμενος διέβη τε τὸν ποταμὸν αὐτίκα δὴ μάλα καὶ ἐπὶ δαπέδου τῆς σκηνῆς καθιζήσας ἀνελέγετο τοὺς κυάμους ἡδέως, ὡς εἰ νῆστις ἦν ἐπὶ μακρὸν καὶ ἀπόσιτος.

Ἡρωϊκοῦ δὲ σώματος μετέχων καὶ εἰς ἀρίστην ἡλικίας ἀνατείνων ἀναδρομὴν οὐκ ἀπόμαχος ἦν, ἀλλ᾽ ἔβλεπε γενναῖον καὶ τοῦ αἵματος ἄξιον, ἐξ οὗ τὸ πρὸς μητρὸς ἐκείνῳ γένος καθείλκετο.

Τελευτῶν δὲ τὸν βίον καὶ πλῆττον ἔχων αὐτὸν τὸ οἰκεῖον κριτήριον ἐφ᾽ οἷς εἰς τὸν Στυππειώτην ἐξήμαρτε μετάπεμπτον ποιεῖται τὸν ἄνδρα καὶ συγγνώμην μετὰ δακρύων αἰτεῖται. ὁ δὲ βραβεύων ἀμνησικάκως ἄφεσιν καὶ σωτηρίαν ψυχῆς προσεπηύ|ξατο. καὶ ταῦτα μὲν οὕτω καὶ οὐ κατὰ διήγησιν, οἶμαι, ἀλυσιτελῆ τοῖς πολλοῖς οὐδ᾽ ἀκαλλῆ τε καὶ ἀχαρίτωτον.

Ὁ δὲ Μανουὴλ ἀποβαλόμενος θανάτῳ τὴν ἐξ Ἀλαμανῶν ξύνευνον ἐκόψατο μέν, τὸν ἐκείνης μόρον διασπασμὸν οἰηθεὶς σώματος, καὶ ὡς λέων θρηνῶδες ἠρεύξατο, ταφῆς δὲ ἠξιωκὼς μεγαλοπρεποῦς καὶ τῷ σκήνει ἐπιτελέσας τὰ ὅσια ἐν τῇ τοῦ Παντοκράτορος πατρῴᾳ μονῇ καὶ καιρὸν ὃν ἐδοκίμασε παριππεύσας ἡμιθανὴς καὶ ἡμίτομος πρὸς μνῆστρα δεύτερα ἔβλεψε, πατὴρ ἀκοῦσαι παιδὸς γλιχόμενος ἄρρενος.

Πολλαχόθεν μὲν οὖν ἐπεφοίτων αὐτῷ καὶ γράμματα καὶ προμνώμενοι ἐκ βασιλέων, ἀπὸ ῥηγῶν καὶ δυναστῶν ἁπάσης τῆς γῆς· ὁ δὲ προέκρινεν ἁπασῶν μίαν τῶν θυγατέρων τοῦ τῆς Ἀντιοχείας σατραπεύοντος Πετεβίνου, ταύτην λέγω τὴν τῆς Κοίλης Συρίας προκαθημένην, ἣν Ὀρόντης ποτίζει καὶ καταπνέει ζέφυρος ἄνεμος. ἦν δὲ ὁ Πετεβῖνος

---

31 τότε: cf. p. 103, 7 et 108, 36—40 **41** τελευτῶν: tempore ignoto **47** ἀποβαλόμενος: a. 1159 exeunte vel a. 1160 ineunte

---

47—66 ὁ — παραδεδώκασιν: cf. Cinnam. 208, 17—211, 13 **48—49** ὡς — ἠρεύξατο: cf. Os. 11, 10 **51** ἡμίτομος: cf. Nic. Or. 21, 8

VAP = a, W, RMDF = b

31 τὸν om. V
38 ἀνατείνας AP Bekk **41** ἀποθνήσκων δὲ ὁ Καματηρὸς B αὐτὸν om. APW **43** ἀμνησικακῶν R: -κάκων M **45** οὐ om. F **47** δὲ: δέ γε APW Bekk θανάτω ἀποβαλλόμενος D σύνευνον R Sc Bekk **48** τοῦ σώματος V **50** κατατίθησι post μονῇ add. R καί: τὸν W **51** ἡμιθνὴς APWRD **53** μὲν om. PRK **54** τῆς om. P **57** Ὀρρόντης codd.: Ὀρόντης B Bekk (cf. p. 27, 4)

42 εἰς — ἐξήμαρτε: κατὰ τοῦ Στυππειώτου ἐλογοποίησε b Bekk **57—58** οὗτος ὁ Πετεβῖνος b οὗτος Ἰταλιώτης μὲν τὸ γένος, ἱππότης δ᾽ ἀκράδαντος καὶ ὑπὲρ τὸν Πρίαμον ἐκεῖνον εὐμέλιος. στείλας οὖν ἐκ τῶν τῆς γερουσίας καὶ τὸ γένος ἐπισήμους ἄνδρας εἰσοικίζεται τὴν κόρην καὶ θύσας εἶχε τὰ γαμοδαίσια. ἦν δὲ καλὴ τὸ εἶδος ἡ γυνή, καὶ καλή λίαν, καὶ ἕως σφόδρα καλὴ καὶ τὸ κάλλος ἀξύμβλητος, ὡς μῦθον εἶναι ἀτεχνῶς πρὸς αὐτὴν Ἀφροδίτην τὴν φιλομειδῆ καὶ χρυσῆν, Ἥραν τὴν λευκώλενον καὶ βοῶπιν, καὶ τὴν δολιχόδειρον καὶ καλλίσφυρον Λάκαιναν, ἃς οἱ πάλαι διὰ τὸ κάλλος ἐθέωσαν, καὶ τὰς λοιπὰς δὲ ἁπάσας, ὅσας βίβλοι καὶ ἱστορίαι διαπρεπεῖς τὴν θέαν παραδεδώκασιν. |

Ὁ δὲ λόγος τὰ κατὰ τοὺς Τούρκους μέλλων αὖθις διεξιέναι ἅτε εἰς ἀρχὴν καθιστάμενος καί τινα τῶν ἄνωθεν σαφηνείας ἕνεκα δοίη ἂν εἰς ἀφήγησιν. τῷ κατάρχοντι τῶν Τούρκων Μασοὺτ πολλοὶ μὲν υἱεῖς καὶ θυγατέρες ἐγεγόνεισαν· ἐν δὲ τῷ μέλλειν ἐξ ἀνθρώπων γίνεσθαι καὶ ταῖς ἐκεῖθεν κολάσεσιν ὡς ἀσεβὴς παραπέμπεσθαι διανέμει τοῖς ἐκείνου παισὶ τὰς ποτὲ μὲν Ῥωμαίων ὅροις κληρουχουμένας, τότε δὲ ὑπ᾽ ἐκείνῳ ταττομένας πόλεις καὶ χώρας, καὶ ἄλλοις μὲν εἰς κλῆρον πατρῷον κατέλιπεν ἕτερα, τὴν δὲ Ἰκονιέων μητρόπολιν καὶ ὅσα τετάχαται ὑπ᾽ αὐτὴν τῷ Κλιτζασθλὰν ἀπομερίζει υἱῷ. τῶν δὲ γαμβρῶν Ἰαγουπασὰν μὲν Ἀμάσειαν καὶ Ἄγκυραν ἐκληροῦτο καὶ τὴν Καππαδοκῶν εὐδαίμονα χώραν καὶ ὅσα ταῖς πόλεσι ταύταις προσόμορα, Δαδούνῃ δὲ ἀπονενέμηνται πόλεις εὐδαίμονές τε καὶ μέγισται Καισάρεια καὶ Σεβάστεια.

Ἀλλ᾽ ἕως τίνος τὸν οἰκεῖον παρόψει κλῆρον, Κύριε, εἰς ἀπαγωγὴν ἐκκείμενον καὶ προνομὴν μακραίωνα καὶ κίνησιν κεφαλῆς λαῷ μωρῷ καὶ οὐχὶ σοφῷ καὶ πόρρωθεν ἀπεσχοινισμένῳ τῆς εὐσεβοῦς περὶ σὲ δόξης

---

59 στείλας: a. 1161 aestate **60** θύσας — γαμοδαίσια: in festo nativitatis Christi a. 1161

58—59 ὑπὲρ — εὐμέλιος: cf. Hom. Z 449 **62—64** ὡς — Λάκαιναν: cf. Nic. Or. 40, 26—27 **80—81** κίνησιν — σοφῷ: cf. Ps. 43, 15 et Deut. 32, 6

VAP (usque ad 77 χώραν) = a, P (ab 77) W, RMDF = b

58 δ᾽: καὶ M **59** ἐκ τῶν τῆς: τῶν (τὸν W) ἐκ τῆς VAW καὶ om. P **61** λίαν καλὴ B Bekk **63** Ἥραν τὴν: ἥλαν τε W **66** παραδεδώκασιν A^s: -κεσαν V: παραδιδόασιν A **66—67** τὴν — αὖθις om. M **67** ἐξιέναι W **69** ἦσαν post μὲν add. P Bekk **70** οὐκ ἐλάττους post θυγατέρες add. APW Sc Bekk **71** ἀσεβῆ V ἐκείνου: ἐξ ἐκείνου V: ἐκεῖσε M **72** μὲν om. M τῶν ante Ῥωμαίων add. A: τοῖς ibid. add. PW Bekk κληρουμένας P Bekk ἐκείνων F: ἐκεῖνον N **74** ἕτερον R **75** Κλιτζασθὰν PF: Κλιτασθὰν D: Κλιτζασθλᾶν KB Bekk: Κλυτζασθλᾶν N **75—76** ὁ μὲν Ἰαγ. P: τῷ μὲν Ἰαγ. Bekk **75** τὸν δὲ γαμβρὸν RM^pc D Ἰαγουπ Ἀσὰν M: (Ἰαγουπασά)νην D^pc: Ἰαγουπασᾶν B **76** μὲν om. D^pc ἀνεκληροῦτο M **77** ὅμορα AW: πρόσορα A^mgγρ P Δαδούνην RM **78** εὐδαίμονες τε καὶ om. VB τε om. P **79** παρόψει Κύριε τὸν οἰκεῖον κλῆρον W κλῆρον παρόψει V **80** καὶ pr. om. M **81** περί σε εὐσεβοῦς W καὶ πίστεως; μέχρι τίνος ἀφ' ἡμῶν ἀποστρέφεις τὸ οἰκεῖον πρόσωπον, ὁ φιλάνθρωπος, καὶ τῆς πτωχείας ἡμῶν ἐπιλανθάνῃ, οὐδ' ἐνωτίζῃ τοὺς στεναγμούς, ὁ ταχὺς τῶν θλιβομένων ἐπακουός, οὐδὲ δίκην ἐπιτίθης, ὁ τῶν ἐκδικήσεων Κύριος; ἕως πότε παραλλὰξ ἕρποντα ἐσεῖται τὰ ἄτοπα καὶ οἱ μὲν τῆς δουλίδος Ἄγαρ ἀπόγονοι κατακυριεύσουσι τῶν ἐλευθέρων ἡμῶν ἀπολοῦσί τε καὶ ἀποκτενοῦσι τὸ σὸν ἅγιον | ἔθνος, ὃ τὸ ὑπὲρ πᾶν ὄνομα τὸ σὸν ἅγιον ἐπικέκληται ὄνομα, τοῦτο δὲ χρονίαν ὑπηρεσίαν ὑπομενεῖ καὶ τοὺς ὀνειδισμοὺς ὑποίσει καὶ τοὺς κονδυλισμοὺς τῶν ἐπιτρίπτων τούτων ἀλλογενῶν; εἰσελθέτω ἐνώπιόν σου ὀψέ ποτε, φιλάγαθε δέσποτα, τῶν ἐν πέδαις ἡ συνοχή. βοησάτω πρὸς σὲ καὶ νῦν τὸν φίλοικτον τὸ ἐκχεόμενον αἷμα τῶν σῶν οἰκετῶν, ὡς τὸ τοῦ Ἄβελ πρότερον. ἐπιλαβοῦ ὅπλου καὶ θυρεοῦ, καὶ ἀνάστηθι εἰς τὴν βοήθειαν ἡμῶν, καὶ κραταιώσας ὃν αὐτὸς αἱρετίσῃ ἄνδρα καὶ ἐφ' ὃν εὐδοκήσειας. ἀπόδος τοῖς πονηροῖς γείτοσιν ἡμῶν εἰς τὸ ἑπταπλάσιον ὅσα ἐπονηρεύσαντο κατὰ τῆς κληρονομίας σου· καὶ πόλεις καὶ χώρας ἐπανασώσας ἡμῖν ἐν ἀνδρείᾳ, ἃς ἀφείλοντο οἱ ἀλλόφυλοι, ὅρια στήσαις τοῖς ἐκ τοῦ σοῦ καλουμένοις ὀνόματος ἀνίσχοντος ἡλίου καὶ δυομένου πρώτας καὶ ὑστάτας αὐγάς.

Ἀλλὰ ταῦτα μὲν ἴσως οὐκ ἀκαίρως οὐδὲ μάτην ἐξετοξεύσαμεν, θεῷ τι μικρὸν προσλαλήσαντες καὶ κενώσαντες τῆς λύπης βραχὺ ἐξ ὑπεράντλου ταύτῃ ψυχῆς. οἱ δ' οὖν τοῦ Μασοὺτ τριχῇ δασάμενοι τὰ κεφαλαιώδη τῆς ἀρχῆς ὁρίσματα, ἢ τὸ νητρεκὲς εἰπεῖν τὰ τῶν Ῥωμαίων σχοινίσματα, παῖδες παρὰ πατρὸς ἐς αὐτοὺς καταβάντα διαδεξάμενοι, ὀλίγα μὲν εἰρήνῃ καὶ τοῖς τῆς συγγενείας θεσμοῖς ἐπέθυσαν, τὰ δὲ πλεῖστα εἰς διαφορὰς οἰκείας ἀπεῖδον καὶ προσέσχον ταῖς διαστάσεσιν.

Αὐτίκα γὰρ ὁ τοῦ Ἰκονίου σουλτὰν τῷ τῆς Καππαδοκίας τοπάρχῃ σκαιόν τι καὶ ἄγριον ἐπωφθάλμισε, καὶ οὗτος αὖ ἐκείνῳ βλέμμα ὀλέθριον ἔρριψε. καὶ ἦν τὰ | κατ' ἀλλήλων πονηρὰ διαβούλια οὐχ ὑπὸ σκότον καὶ κρύφα τελούμενα, ἀλλ' ἔκπυστα καὶ βασιλεῖ καὶ ἔκφορα ὑπ' αὐτῶν. ὁ δὲ ἐπαρώμενος ἀμφοῖν πανώλειαν ἠγάπα μὴ μόνον μέχρι τοῦ ἐριθεύειν

---

82 μέχρι — πρόσωπον: cf. Ps. 12, 2 **84—85** ὁ (alt.) — κύριος: cf. Ps. 93, 1 **86—87** οἱ — ἡμῶν: cf. Gal. 4, 29 **87—88** ὃ — ὄνομα (alt.): cf. Am. 9, 12 et Phl. 2, 9 **91** βοησάτω — Ἄβελ: cf. Gen. 4, 10 **93** ἐπιλαβοῦ — ἡμῶν: cf. Ps. 34, 2 **94** ὃν (pr.) — εὐδοκήσειας: cf. Mat. 12, 18 **95—1** ἀπόδος — σου: cf. Ps. 78, 12 **2—4** ὅρια — αὐγάς: cf. Mal. 1, 11

VA = a, PW, RMDF = b

84 καὶ τὰ δάκρυα post στεναγμοὺς add. B Bekk ἐπακούειν R: ἐπακούων M **85** ποτε om. M **86** κατακυριεύουσι P **88** ἐπικέκληται ἅγιον Bekk **92** τὸ om. M **94** ἠρέτισο M **1—2** ἐπανασώσας — ἐκ om. M **2** ὑφείλοντο Bekk **3** καλουμένου M **5** καὶ ante θεῷ add. V **6** ἐκκενώσαντες RB **7** ταύτην W: ταύτης R **9** ἐς αὐτοὺς: ἑαυτοὺς A **11** ἐς P διαφορὰς: δυσφορὰς V: μάχας B **13** καὶ pr. om. DF αὖ: αὖθις R **15** καὶ tert. om. V ἀπονεύειν ἀλλήλων καὶ ἀποσχίζεσθαι, ἀλλὰ καὶ ὅπλα ἄραντας εἰς μοῖραν διαστῆναι ἀντίθετον, ἵν' ἄγων ἠρεμίαν αὐτὸς τοῖς ἐκείνων ἐπιχαίρῃ κακοῖς ὡς ἀλλοφύλων καὶ ἀσεβῶν. καὶ πέμπων λάθρᾳ ἀγγέλους θάτερον θατέρῳ ἐνῆγεν εἰς πόλεμον. ἐκ δὲ τοῦ προδήλου τῷ Ἰαγουπασάνῃ προσέκειτο καί οἱ τοῦ Ἄρεος συνεθίγγανεν οἷς ἐδωρεῖτο, μυσαττόμενος τὸν σουλτὰν ὡς ὑποκαθημένην ἀεὶ τὴν γνώμην ἔχοντα καὶ ὕπουλον τὸ φρονεῖν καὶ περίστροφον καὶ μὴ μόνον δολοπλοκοῦντα τοῖς ἐκ γένους ἐκείνῳ καὶ αἵματος τὰ ἀνήκεστα, ἀλλὰ καὶ Ῥωμαίων ἀεὶ κατὰ λῃστείαν τὸ γειτονοῦν ἐκτρίβοντα.

Πεποιθὼς τοίνυν Ἰαγουπασάνης τῷ αὐτοκράτορι ἐκφέρει κατὰ τοῦ σουλτὰν πόλεμον καὶ οὗτος αὖθις ἀντέξεισι κατ' αὐτοῦ καὶ συρραγέντες πολλάκις ἐμάχοντο. ὀψὲ δὲ καὶ μεθ' αἵματα ἐξ ἑκατέρων ῥεύσαντα τῶν στρατῶν πρὸς Ἰαγουπασάνην ἔβλεψε τὸ νικᾶν. καὶ πρὸς καιρὸν τὰ ὅπλα καταθέμενοι, ὁ μὲν ἐπέμενε κατὰ χώραν, ὁ δὲ σουλτὰν τῷ βασιλεῖ πρόσεισιν ἄρτι πρὸς πόλιν τὴν βασιλεύουσαν ἐκ τῶν δυσμικῶν ἐπανιόντι μερῶν. καὶ φιλοφρόνως προσδεχθεὶς καὶ ἐντίμως οὐχ ἧττον ἐπ' αὐτῷ βασιλέα διαχυθῆναι πεποίηκεν, ἤπερ αὐτὸς ἐπὶ τῷ τῆς ξενίας ἐνευφράνθη ἀπροσδεεῖ. οὐκ ἐλπίσι γὰρ μόνον χρηστοτέραις ὑπεσαίνετο Μανουήλ, ὡς εὖ τὰ κατὰ τὴν ἕω διάθοιτο διὰ τῆς | τοῦ σουλτὰν παρουσίας καὶ τοῦ κεχαρισμένου τῆς ξενίας δυναμένου γοητεῦσαι φιλοχρήματον βάρβαρον, ἀλλὰ καὶ δόξαν αὐτῷ τῆς βασιλείας τὸ συμβὰν ᾤετο.

Εἰσιὼν τοίνυν ἅμα τῷ σουλτὰν τὴν Κωνσταντίνου κηρύττει θρίαμβον. καὶ ἦν εὐπρεπὴς ὁ θρίαμβος, καλλίστοις καὶ τιμήεσι πέπλοις παμφαίνων καὶ τῷ τοῦ κόσμου πολυειδεῖ δαίδαλος· καὶ ἤμελλε βασιλεὺς διὰ τοῦ θριάμβου προϊέναι πρὸς αὐτῶν τῶν ἀστῶν κροτούμενος καὶ μέρος εἶναι

---

28 πολλάκις ἐμάχοντο: per annos 1155—1160 **29—30** indutiae factae sunt a. 1161 **31** πρόσεισιν: a. 1162 vere

---

30—121, 22 ὁ — πιστώσαιτο: cf. Cinnam. 204, 22—208, 16

VA = a, PW, RMDF = b

17 ἄραντες RM^ac^
19 ὁμοῦ τε ante ἀλλοφύλων add. Bekk **20** Ἰαγουπάση P **21** Ἄρεως V **22** τὸν: τῶ WK ὑποκαθειμένην P Bekk **23** ἐκ τοῦ γένους cum W b scr. A **26** ὁ Ἰαγ. VM τοῦ om. P^ac^W **27** σουλτάνου pro σουλτὰν plerumque P^ac^ (cf. infra lin. 35) **29** ἔβλεψε etiam B: ἔβλεπε V **30** καταθέμενος M **31** τὴν ante πόλιν add. P Bekk δυσμαϊκῶν V **33** τὸν βασιλέα P Bekk **34** οὐ γὰρ ἐλπίσι V μόναις DF **35** σουλτὰν saepius V constanter P^pc^: σουλτάνου rel. Bekk, nisi aliter indicatur **37** τὸ συμβὰν τῆς βασιλείας F **38** τῷ om. V Κωνσταντινούπολιν APSc: -ίνου πόλιν W **39** εὐπρεπὴς etiam Sc: εὐτρεπὴς AP: εὐτρεπεὶς W **40** ἔμελλε V

23 ἐκ τοῦ γένους W b

τῆς τότε δορυφορίας τε καὶ λαμπρότητος καὶ τῶν κυδρούντων τὸν αὐτοκράτορα καὶ σουλτὰν αὐτός ἐπιπαριών. θεὸς δ' ἠκύρωσε τὰ τῆς ἡμέρας ἐκείνης λαμπρά· ἥ τε γὰρ γῆ κλονηθεῖσα πολλὰς ἐπικαταβεβλήκει λαμπροτάτας οἰκήσεις καί ὁ ἀὴρ ταραχώδης ἦν ἐπιεικῶς καὶ ἀνώμαλος καὶ ἕτερ' ἄττα ἐπισυμβάντα δείματα ἐκείνοις οὐ θριάμβοις ἠναγκάκει προσέχειν τὸν νοῦν καὶ τὸ τῆς ψυχῆς ἐκύμαινε λογιζόμενον. ἔφασκον δὲ οἱ τοῦ θείου νεὼ καὶ τοῦ βήματος (καὶ αὐτὸς βασιλεὺς οὐκ ἀγαθὰς κληδόνας ἐδέχετο τὰ λεγόμενα) μηνίειν τὸ θεῖον καὶ μηδ' ὅλως ἀνέχεσθαι προκύψειν ὅλως εἰς θρίαμβον μὴ θεοσεβείας ἄνδρα μετεσχηκότα, ὃν κοσμοῦσιν ἔπιπλα παναγῆ καὶ ἁγίων ἔκτυπα διειλήφασι καὶ χαρακτὴρ καθαγιάζει Χριστοῦ. καὶ οὕτω μὲν εἰκαίως ὁ θρίαμβος ἐσχεδίαστο, μηδαμῶς αὐτῷ προσεσχηκότος τοῦ αὐτοκράτορος οὐδ' ἐς ὅσον τὸ ἔθος ἀφοσιώσασθαι.

'Ες ἱκανὸν δὲ ὁ σουλτὰν τῷ βασιλεῖ συνδιέτριψε χρόνον καὶ ἵππων | σταδιοδρόμων ἁμίλλαις τὸν ὀφθαλμὸν καθειστίακεν, ὅτε καί τις ἀνὴρ τῆς Ἄγαρ ἀπόγονος, ὡς ἐδόκει τὰ μὲν πρῶτα, θαυματοποιός, ὡς δ' ὕστερον ἔδειξε, ταλάντατος ἀνθρώπων καὶ αὐτοέντης ἄντικρυς, ἐπὶ τὸν κατὰ τὸ θέατρον πύργον ἀναλάμενος, οὗ κάτωθεν μὲν αἱ τῶν ἐπὶ σταδίου θεόντων ἀφετηρίαι εἰς ἁψῖδας παραλλήλους κεχήνασιν, ἄνωθεν δ' ἵπποι χαλκήλατοι πεπήγασι πίσυρες χρυσῷ ἠληλιμμένοι, τοὺς αὐχένας ὑπόγυροι, ἀντιβλέποντες ἀλλήλοις καὶ δρόμον καμπτῆρος πνέοντες, διαπτῆναι τὸ στάδιον ἐπηγγέλλετο. εἱστήκει οὖν ὡς ἐφ' ὕσπληγγος τοῦ πύργου ἠμφιεσμένος ποδηρέστατον εὐρέα χιτῶνα. λευκὸς δὲ ἦν ὁ χιτών, λύγοι δὲ εἰς κύκλον περιαχθέντες ἐποίουν κολπῶδες τὸ ἄμφιον. ἦν δὲ σκοπὸς τῷ Ἀγαρηνῷ ὥσπερ ἱστίῳ πτερωθῆναι τῷ πέπλῳ, ταῖς τούτου κοιλότησι τοῦ πνεύματος ἐμφωλεύοντος. πᾶς οὖν ἐπέστραπτο ἐπ' αὐτὸν ὀφθαλμὸς καὶ ἐμειδία τὸ θέατρον· καὶ πυκνὰ ἐκραύγαζον οἱ

---

55 ἱκανὸν . . . χρόνον: dies octoginta

---

57 τῆς — ἀπόγονος: cf. p. 28, 21 **66** Ἀγαρηνῷ: cf. lin. 57

VA = a, PW, RMDF = b

44 κατεβεβλήκει Bekk **45** οἰκοδομίας A[mg]γρ P **46** ἕτερά τα V: ἑτεράττα APWDF: ἕτερα ἄττα R: ἑτεράτα M δείγματα RM **48** δὲ: δὲ καὶ AP[pc]WRMDF Bekk ἔντροφοι post βήματος add. APW Bekk ὡς ante οὐκ add. V **49** ἐδέχετο: δεχόμενος Bekk ἐδέχετο τὰ λεγόμενα: ᾤετο τὰ ὁρώμενα P: γρ. ᾤετο τὰ λεγόμενα A[mg] **50** προκύπτειν AWSc ὅλως om. Bekk **51** ἐκτύπωμα M **53—54** ἐς ὅσον . . . ἀφοσιώσασθαι: ὡς δέον . . . . . ἀφοσιωσαμένου V **55** εἰς Bekk σουλτὰν hic etiam M **56** διαδρόμων P ἁμίλλαις: ἀμέλει M εἰστίακεν P **57** ὡς μὲν ἐδόκει τὰ πρ. P Bekk θαυμαστοποιός W **59** τὸ om. A ἀναλάμενος: ἐναλάμενος D: ἀνιὼν A[mg]γρ PWSc μὲν ἐπὶ τῶν στ. W **61** ἠλειμμένοι Bekk **62** ὑπόκιρροι D **65** ἐς V κλοπῶδες V ἄμφιον: ὕφασμα Bekk **66** ναῦς post ἱστίῳ add. APW Bekk **68** ἐπ': πρὸς A[mg]P Bekk αὐτοῦ V θεώμενοι ,,πέτασον“ καὶ ,,ἕως τίνος Σαρακηνὲ τὰς ψυχὰς ἡμῶν αἴρεις ταλαντεύων ἐκ τοῦ πύργου τὸν ἄνεμον;“ βασιλεὺς δὲ πέμψας διεκώλυεν αὐτὸν τοῦ ὁρμήματος. θεατὴς δ' ὢν τῶν δρωμένων καὶ σουλτὰν αὐτὸς ἐπ' ἀμφιβόλῳ τῷ ἀποτελέσματι ἀνεκήκιέ τε καὶ ἐσεσήρει μετέωρος ὢν τὴν γνώμην καὶ δεδιὼς περὶ τῷ ὁμογενεῖ. ὁ δὲ περιχάσκων τὸν ἀέρα συχνὰ καὶ τὸ πνεῦμα διακριβούμενος τὰς τῶν θεατῶν ἐλπίδας ὑπέκλεπτε. καὶ πολλάκις διάρας τὰς χεῖρας καὶ σχηματίσας ταύτας ὡς πτέ|ρυγας εἰς κίνησιν πτήσεως ὑπεστείλατο τὸ πνεῦμα μεταπεμπόμενος. ἐπεὶ δέ ποτε φορὸν παρεῖναι καὶ οὔριον δέδοκτο, διατινάσσεται πτηνοῦ δίκην, ἀεροβατεῖν οἰηθείς. ἀλλ' ἦν οὐρανοδρόμος 'Ικάρου ἐλεεινότερος. καὶ ὡς σῶμα κεντροβαρὲς χαμαιρριφής, οὐχ ὡς κοῦφος ἱπτάμενος, τέλος δὲ καταπεσὼν διέρρηξε τὴν ψυχήν, γαστροκνημῖδας καὶ χεῖρας καὶ ὅσα τοῦ σώματος ὀστώδη διαθρυβείς.

Ἦν τοίνυν ὁ ἐκπετασμὸς οὗτος εἰς μωκίαν καὶ γέλωτα τῶν μετὰ τοῦ σουλτὰν Τούρκων τοῖς ἀστυπολίταις διαθρυλλούμενος, οὐδ' ἦν ἐπ' ἀγορᾶς ἀκαταγελάστους αὐτοὺς παριέναι, τῶν ἀργυροκόπων ἀγοραίων τὰ τῶν τραπεζῶν διαψοφούντων σιδήρια. ὡς δ' ἠνωτίζετο ταῦτα ὁ βασιλεύς, διεχεῖτο μὲν ὡς εἰκός, τὸ στωμύλον καὶ φιλοπαῖγμον τῶν ἐπὶ τῶν τριόδων εἰδώς, σουλτὰν δὲ χαριζόμενος (κατὰ βραχὺ γὰρ τὴν τοῦ βαρβάρου ψυχὴν ὑπεισερχόμενα ἔδακνε τὰ βωμολοχεύματα) ἐπλάττετο τὸν τὸ ἐκείνων ἐλευθερόστομον ἀναστέλλοντα.

Μετὰ δὲ τὴν ἀξιάγαστον φιλοφροσύνην δῶρα πολλὰ καὶ λαμπρὰ ἐκ τῶν βασιλικῶν χρυσώνων ὁ σουλτὰν ἀπαρυσάμενος, ἐφ' οἷς καὶ ἔκθαμβος ἐγεγένητο καὶ διαπορούμενος ἦν, εἰ καὶ ἑτέρων τοσούτων τὸ πλῆθος καὶ τηλίκων τὸ μέγεθος εὐπορεῖ βασιλεύς, χαίρων ἐπανέζευξεν ἔμφορτος. ὁ γὰρ αὐτοκράτωρ εἰδὼς μὲν καὶ ὅτι βάρβαρος ἅπας λημμάτων ἥττηται, λαμπρυνόμενος δὲ μάλιστα καὶ ἐκπλῆξαι θέλων τὸν | Κλιτζασθλάνην ἐπὶ τοῖς πολυταλάντοις τῶν θησαυρῶν, οἷς ἡ βασιλεία Ῥωμαίων περιερρέετο, ἐν ἑνὶ τῶν κατὰ τὸ ἀρχεῖον λαμπροτάτων ἀνδρώνων ἑξῆς διατέθεικεν ὅσα τούτῳ παρασχέσθαι δῶρα προέθετο. ἦν δὲ ταῦτα χρυσός τε καὶ ἄργυρος κεκομμένος εἰς νόμισμα καὶ τρυφῶσα ἐσθὴς

VA = a, PW, RMDF = b

69 πέτασον, πέτασον B Bekk αἴρεις Σ. τὰς ψυχὰς ἡμῶν Bekk ψυχὰς: ὄψεις W: ὀφθαλμοὺς B **74** συχνά: πυκνά R τὸ πν. διακρ. A^mg: ταλαντεύων τὸν ἄνεμον V: διακριβῶν τὸν ἄνεμον AW **75** ὡς A^s: εἰς AW **76** εἰς A^s: πρὸς AW **79** χαμαιριφής AW Bekk καὶ ante τέλος add. AP^pc W **82** ὁ om. V **83** διαθρυλούμενος Bekk **84** καταγελάστους V αὐτοὺς etiam Sc: σφᾶς AW **85** ἠνώτιζε R **87** σουλτάνω hic etiam P γὰρ βραχὺ R **89** τὸν om. W **93** τηλικούτων cum W b scr. A **94** καὶ ὅτι: ὅτι καὶ VB: ὅτι Bekk **95** ἐκπλῆξαι etiam Sc: διεκπλῆξαι AWB **1** Κλιτζασθάνην P **4** κεκομμένα AWSc

93 τηλικούτων W b Bekk

ἀργύρεά τε ἐκπώματα καὶ Θηρίκλεια χρύσεα καὶ ὀθόναι τῶν ἐξ ὑπερηφάνου ὑφῆς ἄλλοι τε κόσμοι ἐξαίρετοι, Ῥωμαίοις μὲν καὶ πάνυ εὐπόριστοι, σπάνιοι δὲ παρὰ βαρβάροις αὐτοῖς καὶ τὰ πολλὰ μηδὲ θεατοί. εἰσιὼν δὲ ὁ βασιλεὺς τὸν ἀνδρῶνα καὶ τὸν σουλτὰν ἐκεῖσε μεταπεμψάμενος ἤρετο, εἰ δωρηθῆναί οἱ τοῦ παρόντος βούλοιτο θησαυροῦ. τοῦ δὲ εἰπόντος ὡς αἱρεῖται ὅσοις αὐτὸν δωρήσεται βασιλεύς, αὖθις ἐπήγαγεν, εἴ τις τῶν ἀντιπάλων Ῥωμαίοις, αὐτοῦ ταῦτα κενωσαμένου εἰς ξενικὸν καὶ ἐνδαπὸν στράτευμα, ὑπενέγκοι ἂν ὅλως τὴν κατ' ἐκείνου τῶν Ῥωμαίων ὁρμήν. τοῦ δὲ ἀγαμένου καὶ εἰπόντος, ὡς εἰ δεσπόζων ἦν τοσούτων χρημάτων, εἶχεν ἂν πάλαι τὸ κύκλῳ πολέμιον εἰς ὑπήκοον αὐτῷ μεταθέμενος, ,,φιλοτιμοῦμαί σε τούτοις πᾶσί" φησι βασιλεύς, ,,ἵνα καὶ τοὐμὸν εἰδείης φιλόδωρόν τε ἅμα καὶ μεγαλόδωρον καὶ ὅσων ἐστὶ κύριος χρημάτων ὁ τόσοις ἕνα δωρούμενος." ὁ δὲ ἥσθη τε καὶ ἐξέστη τῇ ἀπομαγδαλίᾳ τῶν χρημάτων, τυφλώττων πρὸς κέρδος, καὶ βασιλεῖ τὴν Σεβάστειαν καὶ τὴν ταύτης χώραν παρασχέσθαι κατεπαγγέλλεται. ὁ Μανουὴλ δὲ τὴν ὑπόσχεσιν ταύτην ἀσμένως δεξάμενος | καὶ ἕτερα δώσειν ξυνέθετο χρήματα, εἰ τοὺς λόγους τοῖς ἔργοις πιστώσαιτο.

Καὶ αὐτὸς μὲν τὴν τοῦ βαρβάρου προφθάνων ῥοπὴν καί, ἕως ἔτι ὁ σίδηρος ἐν ἀκμῇ, ἐνεργῷ χρήσασθαι τούτῳ βουλόμενος διεπεπράχει, ὡς εἰρήκει, μετὰ καιρόν· στείλας γὰρ τὸν Γαβρᾶν Κωνσταντῖνον ἐξέπεμψεν αὐτῷ φιλοτιμήματα ἄλλα ἄττα συχνὰ καὶ παντοδαποὺς ὁπλισμούς· ὁ δὲ ἀπατεὼν ὢν καὶ μηδὲ τί ἐστιν ὅλως ἀλήθεια ἐγνωκώς ποτε τῶν τε συνθηκῶν ἐπελάθετο ἀπελθὼν ἐς Ἰκόνιον καὶ τὴν Σεβά-

---

25 στείλας: a. 1162

---

5 Θηρίκλεια: cf. Athen. 470 f **23—24** ἕως — ἀκμῇ: graece mihi ignotum; cf. Sen. Apocol. 9

VA = a, PW, RMDF = b

5 ἐκτυπώματα R θηρίκλειστα M **6** καὶ om. V ἀπόριστοι M **7** μὴ R **8** δὲ: οὖν APW Bekk παραπεμψάμενος W **10** αὐτὸν om. R δωρήσηται P Bekk **13** τῶν om. V ἀγασαμένου P Bekk **15** τούτοις: τοῖς Bekk πᾶσι τούτοις V **16** εἰδοίης V[ac]PR: εἶδεἰ καὶ M καὶ tert.: ἀλλὰ καὶ AP[pc]W Bekk **17** ὁ ταῦτά σοι δωρούμενος B τόσοις P: τούτοις V Sc: τοσούτοις AW τε om. F **18** τυφλώττων: φυλάττων W **19** κατεπηγγείλατο P Bekk: καὶ ἐπαγγέλλεται M **20** δὲ om. W **21** πιστώσηται Bekk **23** ἔτι: ὅτι A: ὅτε M **26** ἄττα: τὰ V **27—28** τὸ τί ἐστιν ἀλήθεια ὅλως μὴ γινώσκων τῶν τε θησαυρῶν ὧν ἔλαβεν ἐπελάθετο καὶ αὐτῆς τῆς ὑποσχέσεως B **27** μὴ (μηδ' Bekk) ὅλως ἀλήθειαν ἐγνωκώς P Bekk ἀλήθειαν RMDF **28** συνθηκῶν: θησαυρῶν W εἰς VW Bekk

17 τόσοις: τοιούτοις καὶ τοσούτοις b Bekk

στειαν ἐκπορθήσας καὶ τὰ ὑπ' αὐτὴν χειρωσάμενος γέγονε τῶν ὅλων αὐτὸς ἐγκρατής.

'Επειδὴ δὲ καὶ τὸν Δαδούνην τῆς οἰκείας ἀρχῆς παρέλυσεν, ἐκεῖνον μὲν δραπέτην καὶ πλανήτην εἰργάσατο, τῆς δὲ Καισαρείας αὐτὸς λαβόμενος καὶ τὸν λοιπὸν μετήρχετο ξύμφυλον, τὸν 'Ιαγουπασάνην φημί, νοσήσας κἀπὶ τῇ τούτου ἔρωτα χώρᾳ καὶ τὸν ἄνδρα διψῶν ἀνελεῖν. ὁ δὲ καὶ αὐτὸς τὸ οἰκεῖον συγκροτῶν ἐν τῷ μέρει στρατόπεδον καὶ ὡς πρὸς ἀνταγωνιστὴν ἤδη μείζονα περιβαλλόμενον δύναμιν παραταττόμενος φθάνει θανάτῳ τὴν προθυμίαν διακοπείς. Δαδούνης δὲ ὡς εἰς ἐρήμην δυνάστου τὴν τῶν 'Αμασέων σατραπείαν παρεισιὼν ἐκεῖθέν τε ἀποκρούεται καὶ τῇ μεταπεμψαμένῃ τοῦτον τοῦ 'Ιαγουπασάνη συνεύνῳ θανάτου αἴτιος γίνεται· οἱ γὰρ 'Αμασεῖς ἐπαναστάντες αὐτήν τε ὡς λάθρᾳ τῷ Δαδούνῃ μνηστεύουσαν τὴν ἀρχὴν ἠμύναντο τελευτῇ καὶ Δαδούνην ἀδοξήσαντες ἄρχοντα μακρὰν ἀπεώσαντο.

'Αλλ' οὐχὶ καὶ τοῦ Κλιτζασθλὰν γεγόνασιν ἰσχυρότεροι· ἀλλ' οὗτος αὐτῶν φανεὶς δυνατώτερος, ὡς εἶχε πρώην Καππαδοκίαν, οὕτως καὶ 'Αμάσειαν εἴληφεν ὕστερον, | ὀξείᾳ καὶ ἐπιτυχεῖ τύχῃ πρὸς τὰ πράγματα χρώμενος, ἄνθρωπος οὐκ εὐφυὴς τὴν διαρτίαν τοῦ σώματος, ἀλλ' ἠκρωτηριασμένος ἐν οὐκ ὀλίγοις τῶν καιρίων μερῶν. αὐτίκα γὰρ αἱ χεῖρες τούτῳ ἐξήρθρωντο καὶ τὼ πόδε ὑποσκάζοντε ἦσαν καὶ τὰ πολλὰ ἐφ' ἁρμαμάξης τὴν πορείαν πεποίητο. ὅθεν καὶ τὰς ἀρχὰς τῶν κατ' αὐτοῦ σκωμμάτων ἐξ αὐτοῦ δὴ 'Ανδρόνικος ἐσέπειτα ποριζόμενος Κουτζασθλάνην τοῦτον ὠνόμαζε, φιλολοίδορος ὢν εἴπερ τις ἄλλος καὶ καθάψασθαι ἀνθρώπων δεινότατος καὶ λόγοις Κερκώπων ἁπαλοῖς τοῖς οὐ καλῶς πεπραγμένοις τῶν ἔργων ἢ τοῖς ἀηδῶς τοῦ σώματος ἔχουσι μῶμον προστρίψασθαι ἱκανώτατος.

'Ο μὲν οὖν, ὁποῖος ἂν καὶ ἦν τὴν πλάσιν τοῦ σώματος (εἶχε δὲ ὡς αὐτόν, οἶμαι, ἡ πλάστρια φύσις ἐπαλαμήσατο), μεγάλην ἀρχὴν εἰληχὼς καὶ τοσαύτας δυνάμεις περιβαλόμενος οὐχ εἵλετο ἐντεῦθεν βίοτον ἤρεμον, ἀλλὰ φύσει ταραχώδης ὢν καὶ ἀκαταστόρεστος ὥσπερ

31—125, 45 ἐπειδὴ — ἔχουσαι: intra annos 1162—1177

VA = a, PW, RMDF = b

29 καὶ: δὲ καὶ V **32** μὲν om. W καὶ om. P **33** φησί W **34** ἐπὶ V **35** ἐν τῶ μέρει συγκροτῶν AW **36** ἀγωνιστὴν P **37** ὡς εἰς: καὶ R **39** τῇ post τοῦτον add. Bekk τοῦ: τῶ A 'Ιαγουπασὰν W Sc **43** Κλιτζασθὰν FK: Κλιτζασθλᾶν D Sc Bekk: Κλυτζασθλὰν N **44** οὕτω P Bekk **47** μελῶν Bekk **49** ἁμαμάξης P^ac: ἁμάξης RKN: ἁρμάξης M: ἁρμ' ἁμάξης WD^ac F ποιούμενος V **50** δή: δὲ R: om. M πειραζόμενος R **51** καὶ om. F **52** καθάψαι M κεκρόπων V **55** ὁ: οἱ A **55—56** δ' ὡς οἶμαι ὡς αὐτὸν V **56** αὐτὸς R οἶμαι om. AW **57** εἰληφώς AW **58** ἀκατακόρεστος VR: ἀκαταστόρετος W: ἀχόρτατος (ὡς ἀχανὲς πέλαγος) B τις κόλπος θαλάττιος Ῥωμαίοις ἐν οἷς εἶχε λυπεῖν ἀκηρυκτὶ διεφέρετο καὶ ἀνέγκλητον πολλάκις ἐπῆγε τὸν πόλεμον, σὺν οὐδενὶ λόγῳ θεσμὰ παρατρέχων καὶ συγχέων σπονδάς, τῇ οἰκείᾳ δ᾿ ἐφέσει ταλαντεύων τὸ πραχθησόμενον. οὐδ᾿ αὐτῆς ἀπέσχετο τῆς Μελιτηνῆς, ἀλλὰ καὶ τὸν ταύτης ἔχων καθελεῖν ἀμηρᾶν, μήτε τὸ τῆς θρησκείας ταὐτὸν ὑπειδόμενος ἢ τὸ μηδὲν ἔχειν ἐπεγκαλεῖν ἀλγεινόν, αὐτὸς ἀνεπικαλύπτως αἰτίαν πλασά|μενος καὶ γραψάμενος ἐκεῖθεν αὐτὸν ἐξήλασεν. ἔπειτα δὲ καὶ τὸν οἰκεῖον ὑφέρπων κασίγνητον μετανάστην κἀκεῖνον ἔθετο. οἱ δὲ φυγάδες πρὸς τὸν αὐτοκράτορα ἵκοντο.

Καὶ ταῦτα μὲν συμβέβηκεν ὕστερον. τότε δὲ πολυδύναμος γεγονὼς τὸ πρὸς τὸν βασιλέα αἰδῆμον ἀπεξύσατο καὶ ἣν αὐτὸς θεραπείαν προσῆγε ταῖς τῶν πραγμάτων δυσκολίαις ἀγχόμενος, ταύτην ἐξῃτεῖτό οἱ παρέχειν τὸν αὐτοκράτορα, βαρβαρικῶς μεταλλοιούμενος τῷ καιρῷ καὶ δεῆσαν ὑπὲρ τὸ δέον ὑποστελλόμενος, καὶ πτεροῦ αὖθις ἐλαφριζόμενος εὐπετέστερον, ἂν τῇ ἑτέρᾳ πλάστιγγι ῥοπὴν ἡ τύχη παρείχετο τοῖς παλινστρόφοις βραβεύουσα πράγμασι. παττάλῳ δ᾿ ὑπεκκρουόμενος πάτταλος ἐξομαλίζων ἦν τὸν βασιλέα καὶ θεραπεύων ἐνιαχοῦ, οὐ μὴν ὑπ᾿ ἐκείνου θηροκομούμενος διεδείκνυτο καὶ δόξαν ἀπονέμων πατρὸς υἱοθεσίας τιμὴν ἐλάμβανε· καὶ ἦν τὰ παρ᾿ ἀλλήλων χαραττόμενα γράμματα πατέρα βασιλέα καὶ σουλτὰν υἱὸν καταγγέλλοντα.

Πλὴν οὐδ᾿ οὕτως ἐς φιλίαν ἀκραιφνῆ συνηρμόζοντο ἢ γοῦν τὰς σπονδὰς οὐ ξυνέχεον. ὅθεν ὁ μὲν κατὰ χειμάρρουν πληθύνοντα ἢ κατὰ πολλὰ ἐδηδοκότα φάρμακα δράκοντα κατέκλυζέ τε καὶ παρέσυρε τὸ προστυχὸν καὶ συχνὰ τῶν ἡμετέρων πολιχνίων κατέχασκε τὸν τῆς κακίας ἀποπτύων ἰόν· ὁ δὲ περιεφράγμου τούτῳ τὰς διεξόδους καὶ εἰς ἀνάρρουν τὸ ῥεῦμα ὑπανεστοίβαζε θριγγίῳ ἀρραγεῖ στρατοπέδων, ἢ ὁλκῇ χρυσίου ἐφολκοῦ κατεκοίμιζε πρὸς εἰρήνην τὸ τούτου βλέφαρον καὶ ἣν τέως εἰς λῃ|στείαν ἐπηγρίαινε λοφιὰν καὶ τὸν ὁλκόν, ὃν ὑπεσύρετο τοῦ στρατεύματος, κατασιγάζων ἐπράϋνεν.

66—67 οἱ — ἵκοντο: cf. Cinnam. 295, 17 **74—75** παττάλῳ — πάτταλος: cf. Diogen. 5, 16 **80—81** κατὰ — δράκοντα: cf. Hom. X 93 sq.; Nic. Or. 118, 27—28

VA = a, PW, RMDF = b

59 ἄλλος post τις add. P^pc Ῥωμαίους V μὲν post Ῥωμ. add. Bekk ἐν om. V **61** μὲν post συγχέων add. PBekk δ᾿ om. R **62** οὖν post αὐτῆς add. P Bekk ἐπέσχετο F Μελιτινῆς RFKN ἀλλὰ: ἀμέλει P **63** μήποτε F: μηδὲ Bekk τῆς: ἐκ A **64** ἐπικαλεῖν V τῷ ἀνθρώπῳ post ἀλγεινὸν add. AP^pcW Bekk **66** δὲ om. Bekk ἐφέρπων M **68** ξυμβέβηκεν V **69** ἀπεσείσατο V **70** ἐζητεῖτο A **73** ἂν: ὃν D^ac F: ὅτε Bekk **77** ἀντελάμβανε P **78** κατεπαγγέλλοντα V **80** πληθύοντα AWRMFK Bekk **83** βασιλεὺς post δὲ add. APW Bekk: ante δὲ B τούτου Bekk **84** στρατοπέδου Bekk **86** τέως om. V ὃν om. V ἐπεσύρετο Bekk

Ἐνίοτε δὲ τοὺς ὡς πώεα πλατέα διεκκεχυμένους τοῖς Ῥωμαϊκοῖς σχοινίσμασι Τούρκους ἀναστέλλων τοῖς περὶ τὴν Πεντάπολιν ἐπιτίθεται καὶ σωμάτων ἀνθρωπίνων καὶ ζώων πολλῶν γενόμενος ἐγκρατής, μηδ' εἰς χεῖρας δεξαμένων αὐτὸν τῶν Περσῶν, τροπαιοφόρος ἀνέζευξεν. ὁπηνίκα καὶ Σολυμᾶς, ὁ τῶν παρὰ τῷ σουλτὰν τὰ μέγιστα δυναμένων κορυφαιότατος, τῷ βασιλεῖ ἐποφθεὶς πολλὰ μὲν ὑπερηγόρει τοῦ σουλτὰν ἀποτρέπων τῆς ἐκείνου γνώμης τὰ παρὰ τῶν Τούρκων πραττόμενα καὶ σοφιστικῶς οἷς διεξῄει καταχαριζόμενος, ἀσύμφωνα δ' ὅμως τοῖς πράγμασι φθεγγόμενος ἡλίσκετο ψευδολογίας ἐγκλήματι· πλὴν οὐδ' οὕτω τι πρὸς βασιλέως πέπονθεν ἄχαρι Σολυμᾶς. θεραπεύων δὲ καὶ ὑπὲρ τὸ ἀληθές, ὡς ἔθος τοῖς βαρβάροις, τὸν ἄνακτα καὶ τὰ ἐς ἀπάτην τεχναζόμενος ἵπποις αὐτὸν ὠκύποσιν ἐκολάκευσεν, οὓς τὸ ἐκείνου ἐσίτευεν ἱπποστάσιον· ὁ δὲ βασιλεὺς τοὺς ἵππους δεξάμενος καὶ Σολυμᾶν τῆς εὐγνωμοσύνης ἀποδεξάμενος, εἰ καὶ μὴ τῆς ἐκείνου γνώμης ἴδιον ἦν, τοῦ δὲ καιροῦ ὑπῆρχε δῶρον τὸ φιλοφρόνημα, πρὸς τὸν σουλτὰν ἀπέστειλεν ἐξηγησόμενον ἐκείνῳ ἃ οὐκ ἦν ἀγνοῶν καὶ ἐς αὐτὸ τοῦ τρόπου ἀποσκώψοντα τὸ παλίμβολον τὸ ἄπιστόν τε καὶ τὸ κακόηθες, κἂν οὐκ ἦν αὐτὸν ἠρεμήσειν ἐπὶ τούτοις ἢ γοῦν καθυπερθέσθαι Ῥωμαίοις τὴν ἀντιπάθειαν.

Ἐκλώπευε γοῦν ταῖς συνήθεσι | ληστείαις χρώμενος. στείλας δὲ καὶ φάλαγγας ἐπιλέκτους τὴν κατὰ Φρυγίαν ἐκπορθεῖ Λαοδίκειαν, οὐκέτι οὖσαν συνοικουμένην ὡς νῦν ἑώραται, οὐδ' εὐερκέσι φραγνυμένην τείχεσι, κατὰ δὲ κώμας ἐκκεχυμένην περὶ τὰς ὑπωρείας τῶν ἐκεῖσε βουνῶν. ἤλασε δ' ἐκεῖθεν βαρεῖαν λείαν ἀνθρώπων καὶ ζώων πλῆθος οὐ σταθμητόν· οὐ μετρίους δὲ καὶ κατέκτανεν, ἐν οἷς καὶ τὸν ἀρχιερέα Σολομῶντα, ἐκτομίαν μὲν ἄνθρωπον, χαρίεντα δ' ἄλλως τὸ ἦθος καὶ θεῷ δι' ἀρετῆς προσεγγίζοντα. εἰρωνευόμενος δ' ἔφασκε πρὸς τοὺς οἰκείους, ὡς ὅσῳ ἂν μείζω δράσειε Ῥωμαίους δεινά, τοσούτῳ μείζω ὑπὸ βασιλέως ἀγαθὰ πείσεται· „ᾧ γὰρ πάρεστί" φησι „τὸ κρατεῖν, τούτῳ καὶ αἱ δωρεαὶ φιλοῦσιν ἐπιξενίζεσθαι, ἵνα μὴ πλεῖον ᾖ τὸ νικᾶν, ἐπειδὴ

VA = a, PW, RMDF = b

88 ὡς: ἐς D πλατέα om. W ἐκκεχυμένοις V **91** ἐπανέζευξεν Bekk **92** τῷ om. W τὰ om. V **95** καὶ om. P[ac] **2** ἄχαρι πέπονθε VAW **3** τἀληθὲς W **6** καὶ ὑποταγῆς post εὐγνωμοσύνης add. B Bekk **7** σουλτάνου hic etiam V **8** ἐκεῖνον WK: ἐκεῖνο M τὸ post αὐτὸ add. D[ac]F **9** ἀποσκώψαντα AP: ἀποκόψαντα R: ἀποσκέψοντα M **10** ἐπὶ τούτω V ἢ γοῦν om. V καὶ πρὸς βραχὺ post καθυπερθέσθαι add. APW Bekk **12** ἐκλόπευε D Bekk **13** οὐκέτι A[s]: οὐδέπω AW: οὔπω Sc **14** οἰκουμένην RMDF **15** περὶ: ὑπὸ V **17** μετρίως F ἀπέκτανεν V: κατέκανεν MK[ac] **20** μείζω pr. om. V: περισσότερα B δεινά: κακά VB ὑπὸ: παρὰ Bekk

95 καὶ om. b **20** τοὺς Ῥωμαίους b

καὶ τὰ φλεγμαίνοντα τῶν νοσημάτων τὰς νοσοκομίας ἐπισπῶνται πλείονας, ἵνα ἀντισπῶνται καὶ σταῖεν τὰ πρόσω νεμόμενα."

Οὐδ' ὁ Μανουὴλ μέντοι ἐπὶ τούτοις ἡσυχίαν ἠσπάσατο, ἀλλὰ πρῶτα μὲν διὰ τοῦ Τζικανδήλη Βασιλείου, εἶτα καὶ διὰ τοῦ Ἀγγέλου Μιχαὴλ τοῖς Τούρκοις ἐπέθετο, ὅσοι πολυθρέμμονες ὄντες ἀναδιφῶσι πόας τὰς λειμωνίτιδας καὶ τούτων ἕνεκα τῶν οἰκείων ἠθῶν ἀπανιστάμενοι παγγενῆ τὰ Ῥωμαίων ἐπεισίασιν ὅρια. οὗτοι γὰρ ἐς λόχους τὸ τῶν στρατοπέδων συντάξαντες εὔζωνον καὶ μεθ' ἑαυτῶν παραλαβόντες ἐξῄεσαν. ἄμεινω δὲ τὴν νύκτα κρίναντες εἰς τὴν τῶν ἐναντίων ἐπίθεσιν, σύνθημα δεδώκασι | τῷ στρατῷ ἐν τῷ κατὰ σκότον συμπλέκεσθαι τοῖς Τούρκοις ἀναφωνεῖν ,,σίδηρος", ὡς εἴη αὐτοῖς οὕτως ἀντιπαρέρχεσθαι μὲν τὸ ὁμόφυλον ὡς ὁμόφωνον, τὸ δὲ σιγῇ ἐπιὸν καίνοιεν ὡς ἀλλόγλωττον. καὶ τοῦτο δι' ὅλης τῆς τότε συμπλοκῆς ἐπιφωνούμενον διέστελλε τὰ γένη καί, τὸ τοῦ Δαυίδ, ὡς σίδηρος τὰς τῶν Περσῶν ψυχὰς διήρχετο. μετὰ δὲ πολὺν ὀψέ ποτε φόνον οἱ Τοῦρκοι συνέντες, ὃ βούλεται τὸ ἀνὰ στόμα Ῥωμαίοις κείμενον, ξυνῳδὰ καὶ αὐτοὶ ἐφθέγγοντο, ἕως τῆς νυκτὸς διαγενομένης ἀπ' ἀλλήλων διέστησαν τὰ στρατεύματα.

Πολλαὶ μὲν οὖν ἐκδρομαὶ τὸ τηνικαῦτα καιροῦ τῷ βασιλεῖ τούτῳ κατὰ τῶν Τούρκων ἐγένοντο καὶ παρὰ τούτων αὖθις Ῥωμαίοις ἐπιξυνέστησαν· παρῆκα δὲ τούτων ὅσαι σὺν τῷ μὴ ἀξιαφήγητόν τι κεκτῆσθαι καὶ κόρον τοῖς φιληκόοις ἐμποιήσειν ἤμελλον, οἷα τὰ πολλὰ εἰς ταὐτὰ τὴν ἱστορίαν ἐπαναστρέφουσαι καὶ μηδέν τι παρεξηλλαχὸς εἰς τὴν διήγησιν ἔχουσαι.

36—37 ὡς — διήρχετο: cf. Ps. 104, 18

VA = a, PW, RMDF = b

23 νοσημάτων: σωμάτων P[ac] Bekk **24** ἵν' P **25** μενοῦν γε οὐδ' ὁ Μαν. ἐπὶ P μέντοι: μὲν V ἠσπάζετο P **26** πρῶτον W Τζικανδύ[λ] V: Τζικανδίλη A Sc: Τζικανδύλη PW: Τζυκανδύλη RB: Τζυκανδήλη MD Bekk: Τζικαν[δλ] F: Τζικάνδου K: Τζυκαν[δλ] N Βασιλείου VRMDF: Γουδελίου APWB Sc Panopl. Dogm. Γουδελίου Τζ.: P Bekk καὶ: δὲ V: om. P: δὲ καὶ B **28** ἀπανιστάμενοι: ἀπαίροντες V **29** παγγενεὶ V Bekk **34** μὲν om. M **34—35** ἀλλόγλωσσον DF Bekk: ἀλλόφυλον V **36** ὡς: ὁ Bekk **37** δὲ om. W συνιέντες PDF Bekk: συνθέντες W: συνόντες M: διαγνόντες B **38** σφίσι post ξυνῳδὰ add. P Bekk φθέγγονται W **43** ἔμελλον VA[ac]

31 κρίνοντες P b Bekk

ΤΟΜΟΣ ΤΕΤΑΡΤΟΣ ΤΗΣ ΒΑΣΙΛΕΙΑΣ ΜΑΝΟΥΗΛ ΤΟΥ ΚΟΜΝΗΝΟΥ

Ἐπάνειμι δ' αὖθις ἐπὶ τὰ Παιονικά, σαφηνείας δ' | ἕνεκα τοῦ ἱστορεῖν προαναβαλοῦμαι ταυτί. τῷ τότε ἄρχοντι τῶν Οὔννων Ἰατζᾷ δύο ἦσαν ὁμαίμονες, Στέφανός τε καὶ Βλαδίσθλαβος, καὶ παῖδες Στέφανος καὶ Βελᾶς. τῶν ἀδελφῶν τοίνυν ὁ Στέφανος τὰς ὁμογνίους ἐκφυγὼν χεῖρας κατ' αὐτοῦ φονώσας τὴν Κωνσταντίνου κατέλαβε, καὶ προσδεχθεὶς ἀσπασίως τῷ αὐτοκράτορι Μανουὴλ ἄλλης τε φιλοφροσύνης ὡς πλείστης ηὐμοίρησεν, ἀλλὰ δὴ καὶ Μαρίαν ἔγημε τὴν τούτου ἀνεψιάν, ἣν ὁ σεβαστοκράτωρ ἐφύτευσεν Ἰσαάκιος. μετὰ δὲ βραχὺ καὶ ὁ τῶν ἀδελφῶν τρίτος Βλαδίσθλαβος κατ' ἴχνια βαίνων τῷ Στεφάνῳ τῷ Μανουὴλ προσεχώρησεν, οὐ τοσοῦτον Ἰατζᾶ καταγνοὺς ὡς μὴ φιλοῦντος ὅσον εἰκὸς ἢ ἐξ ἐκείνου ἐπιβουλὴν πτοηθείς, ὅσον τῇ τοῦ ἀδελφοῦ Στεφάνου φήμῃ γοητευθεὶς καὶ πρὸς αὐτὸν τὴν πορείαν τεινάμενος. τῷ τοι οὐδ' αὐτὸς ἐξέπεσε τῶν ἐλπίδων ἢ ἀναξίως τοῦ γένους τῷ βασιλεῖ προσείληπται, ἀλλὰ πάντα οἱ ἀπηντήκει κατὰ σκοπόν. καὶ γυναῖκα δὲ ἣν ἠβούλετο ἀγαγέσθαι, καὶ ταύτην ἐκ βασιλείου ἔγημεν ἂν αἵματος, ἀλλὰ γάμου μὲν ἀπέσχετο, ἵνα μὴ τῆς ἐς πατρίδα λαθόμενος ἐπανόδου τὰ οἴκοι διαφθερεῖ, τῷ λωτῷ τῆς γυναικὸς προσηλούμενος.

Ἀλλ' οἷα τὰ ἐπὶ τούτοις; τελευτᾷ ὁ τῶν Οὔννων ῥὴξ Ἰατζᾶς, καὶ ὁ θάνατος ἥμερος, τῆς φύσεως ὃ ἐνέτεινε βάρβιτον ὑποχαλασάσης τῆς ἁρμονίας καὶ λυσάσης πρὸς ἃ καὶ ἐξ ὧν συντέθειται. ἡ δ' ἀρχὴ ἐπὶ τὸν

---

52 κατέλαβε: a. 1154 **55** μετὰ . . . βραχύ: a. 1158 **65** Geiza II (regnabat inde ab a. 1141) mortuus die 31 mens. Maii a. 1162

49—64 τῷ — προσηλούμενος: cf. Cinnam. 203, 3—10 **65—74** τελευτᾷ — κατάσχεσιν: cf. Cinnam. 202, 18; 203, 10—21 **66—67** τῆς — συντέθειται: cf. Plat. Phaed. 85 e sqq.

VA = a, PW, RMDF = b

47 Μανουήλ: κῦρ Μανουὴλ ARD Μαν. τ. Κομνηνοῦ: τοῦ Κομνηνοῦ κῦρ Μανουήλ P **48** τῆς ἱστορίας P **50** Βραδύσθλαβος constanter N Βελλᾶς constanter N **53** ὑπὸ τοῦ αὐτοκράτορος V **54** ἀλλὰ δὴ om. V **55** μεταβραχὺ δὲ VR: μετὰ βραχὺ δὲ Bekk: μετ' ὀλίγον δὲ B δὲ om. W **57** ἢ: ἢ καὶ W **61** δὲ: δι' R ἣν: εἰ VB: ἣν AWRM? D^{ac}? F Bekk **62** ἂν ἔγημεν Bekk ἂν om. VP^{ac} hab. B τὴν ante πατρίδα add. V διαφθερῇ D^{ac}: διαφθαρῇ D^{pc}: διαφθεροῖ F Bekk **66** ἀνέτεινε V **67** καὶ alt. om. W

46 τοῦ βασιλέως post τῆς βασιλείας add. RD, non vero MF **50** τε om. b **67** διαλυσάσης b Bekk ἐκείνου διαβαίνει παῖδα τὸν Στέφανον. ὁ δὲ βασιλεὺς ὡς ἐκ ῥίζης ἀνομοίου φυέν τι κάλλιστον τὸ γεγονὸς ἡγησάμενος, καὶ κατὰ | νοῦν ἀναπολήσας, ὡς εἰ πρὸς τὸν ἐπ᾿ ἀνεψιᾷ γαμβρὸν Στέφανον, ὡς δῆθεν εἰς ἀρχὴν δικαιούμενον, ἡ τῶν Οὔννων μεταβαίη σατράπευσις, σχοίη ἂν τὰ πρῶτα κλέος αὐτός, ἔπειτα ἡ βασιλεία Ῥωμαίων μέρος ἴσως ἐκεῖθεν δασμοῦ, ἐκ τοῦ ἀναντιρρήτου δ᾿ οὖν ἀσφαλῆ τὴν τοῦ Φραγγοχωρίου καὶ τοῦ Ζευγμίνου κατάσχεσιν, συντείνει τὸ πρόθυμον πρὸς τὴν τῶν σκοπουμένων ἐκπλήρωσιν.

Καὶ εἶχεν εὐθὺς τοὺς μὲν πρέσβεις ἡ τῶν Οὔγγρων χώρα, οἵτινες αὐτοῖς καταστάντες ἤμελλον ξυνδιαθέσθαι Στεφάνῳ τὸν τῆς ἀρχῆς στέφανον, μετὰ βραχὺ δὲ αὐτὸν ἡ Σαρδική. Οὖννοι μὲν οὖν καὶ πρὸς τὴν πρώτην ἀκοὴν ἀπεπήδησαν τοῦ Στεφάνου καὶ τοῖς ὠσὶ βαρέως ἤκουσαν τὴν τούτου προσηγορίαν, καὶ δι᾿ ἄλλα μὲν ἀποπέμπεσθαι, τοῦτον φάσκοντες, μάλιστα δὲ διὰ τὸ γῆμαι παρὰ Ῥωμαίοις· αὐτοῖς δὲ ἀσύμφορον ὅλως εἶναι προσέσθαι ἄνδρα κατὰ κῆδος τῷ βασιλεῖ Ῥωμαίων συναπτόμενον· ὑποβλέπεσθαι γὰρ μή πως Οὖννοι μὲν ὑπ᾿ αὐτοῦ βασιλεύωνται, αὐτὸς δὲ ὑπὸ τοῦ τῶν Ῥωμαίων ἄρχηται βασιλεύοντος. διὰ ταῦτα τοίνυν οὔτε τῷ Στεφάνῳ ἐκεῖσέ πῃ ἀφικομένῳ προσέκειντο καὶ τοὺς κατάγοντας αὐτὸν ἐκ βασιλέως ἀπράκτους ἠφίεσαν.

Ἔνθεν τοι καὶ διὰ μείζονος ἰσχύος ἐπιβοηθῆσαι τῷ Στεφάνῳ δεῖν ὁ βασιλεὺς κεκρικὼς αὐτός τε τῆς Σαρδικῆς ἀπάρας ἀφικνεῖται πρὸς τὰ Παρίστρια, λέγω δὴ τὰ κατὰ Βρανίτζοβαν καὶ Βελέγραδα, καὶ τὸν ἀδελφιδοῦν Ἀλέξιον τὸν Κοντοστέφανον συνεκπέμπει τῷ Στεφάνῳ | μετὰ ἰσχύος· οἳ καί, ὡς τὸν Χράμον κατέλαβον, ὡς ἐνῆν τὰ πρὸς ἀρχὴν διεπράττοντο, ὑποποιούμενοί τε δώροις τοὺς μέγα παρὰ Παίοσι δυναμένους καὶ κολακείᾳ ὑποφθείροντες καὶ ὑποσχέσεσι μεγίσταις ἐπαίροντες· ἐπέραινον δὲ οὐδὲν ἢ ὅσον τὸν Βλαδίσθλαβον Οὔννους εἰς ἄρχοντα δέξασθαι. ἀλλὰ καὶ τούτου βραχύν τινα χρόνον ἐπιβιώσαντος τῇ ἀρχῇ ἐς τὸν τοῦ Ἰατζᾶ υἱὸν

---

95 βραχύν τινα χρόνον: a die 31 mens. Maii a. 1162 usque ad diem 14 mens. Ian. a. 1163

VA = a, PW, RMDF = b

71 διαβαίη W: διαβαίνει B: μεταβῇ Sc **73—74** τ. Ζευγμ. κ. τ. Φρ. Bekk **76** Οὔγγρων: Οὔννων P Bekk **77** ἔμελλον V **78—79** πρὸς τ. πρ. ἀπεπήδησαν ἀκοὴν τ. Στ. V: πρὸς τ. πρ. ἀκοὴν τ. Στ. ἀπεπήδησαν B **79** ἀνεπήδησαν APWR^{ac} **80** τοῦτον ἀποπέμπεσθαι φάσκοντες W: φάσκοντες ἀποπέμπεσθαι τοῦτον Bekk **81** τοῖς Οὔννοις post δὲ add. P **82** προσίεσθαι V: προσέσται F **84** καὶ ὁρίζηται post ἄρχηται add. B Bekk **85** ποι Bekk καταγαγόντας V **88** κεκρικὼς: οἰηθεὶς Bekk τῆς: ἐκ Bekk τὰ om. A **89** τὴν Βρανίτζοβαν V **91** τὴν Χράμον R **94** τὸν om. DF Bekk Βραδίσθλαβον KN τὸν τοῦ Στεφάνου κασίγνητον (αὐτάδελφον Sc) post Βλαδ. add. AP^{mg}W Sc Bekk Οὔννους om. V

Στέφανον οἱ Οὖννοι πάλιν προσέρρεψαν. ἀλλ᾽ οὔτε βασιλεὺς πράως ἤνεγκε τὸ γεγονός, καὶ ὁ τοῦ ᾽Ιατζᾶ κασίγνητος Στέφανος βασιλέως συναιρομένου πάντα ἦν μηχανώμενος, εἴ πως τῆς ἀρχῆς ἐπιτεύξεται.

Πολλῶν οὖν ἕνεκα τούτων συμβεβηκότων πολέμων καὶ τοῦ βασιλέως τὸν τοῦ ᾽Ιατζᾶ υἱὸν τὸν Βελᾶν εἰς γαμβρὸν ἀνελομένου ἐπὶ τῇ θυγατρὶ ἐκείνου Μαρίᾳ, οἱ τῶν Οὔννων ἀντικαθιστάμενοι τῷ Στεφάνῳ τὰς πρώτας τῶν ἐλπίδων ἐκριζοῦντες βλάστας καὶ ἀποτέμνοντες τὸ ἐκ περιόδων τε ἐκείνῳ καὶ κύκλων μακρῶν ἀντιπράττειν ἀπολιπόντες καὶ ἑαυτοὺς πραγμάτων ἀλλοτριοῦντες ἔγνων ἐκποδὼν ποιήσασθαι δόλῳ τὸν ἀπεχθῆ Στέφανον. διὰ ταῦτα τὴν φαρμακοποσίαν ἐπῃνεκότες ὡς πρόχειρον ζωῆς κατευνάστριαν περιεσκόπουν τὸν τὴν θανατηφόρον κύλικα τῷ Στεφάνῳ τοῖς δακτύλοις ὀχήσοντα. ὡς δ᾽ εὗρον ὑποδρηστῆρά τινα τοῦ Στεφάνου, Θωμᾶν λεγόμενον, ἔστησαν τὸν μισθόν. οὕτω δ᾽ ἦν ἐκεῖνος ὀξύτατος καὶ δεινότατος ἀνθρώπου καταλῦσαι ζωὴν καὶ σώματος ἀποστῆσαι ψυχήν, πονηρῷ κέρδει χεῖρα ὑποσχών, ὡς καὶ οἴκο|θεν προσεφευρεῖν ἑτέραν μέθοδον, δι᾽ ἧς εἰς ᾅδου τάχιον καταχθήσεται Στέφανος. ἀμέλει καὶ ἐν τῷ ἐξαιματοῦσθαι τὴν φλέβα τῷ Στεφάνῳ ἐγχρίεται φαρμάκῳ τὸ ἐπίθεμα τῆς τομῆς· τὸ δὲ ὅλῳ περιχυθὲν τῷ σώματι καὶ διαδραμὸν καὶ τοῖς καιριωτέροις ἐνσκῆψαν μέρεσιν ἀπάγει τοῦ ζῆν τὸν ἄνθρωπον, πράγμασιν αὐτοῖς σαφῶς πιστωσάμενον τὰς τῶν ἀνθρώπων ἐπινοίας ἀκροσφαλεῖς καὶ δειλὰς καὶ ὡς εἰκῇ καὶ μάτην τοῖς ἀκιχήτοις ἐγχειροῦσί τινες ἐφετοῖς καὶ διαπονοῦνται τοῖς οἰκείοις ἐπιτηδεύμασι, μὴ καὶ θεϊκῆς συνεφαπτομένης χειρὸς ἄνωθεν καὶ τοῖς πραττομένοις ἐπευδοκούσης καὶ κατευθυνούσης τὰ τούτων διαβούλιά τε καὶ διαβήματα. καὶ ὁ μὲν ἔκειτο οὕτως καὶ ἦν ὁ νεκρὸς αὐτοῦ ὑβριζόμενος καὶ ὁσίας ἄμοιρος καὶ τὸ Ζεύγμινον ὑπὸ Οὔννων ὁμολογίᾳ ἑάλωκε. ταῦτα ὡς ἠνώτιστο βασιλεύς, κατὰ τῶν Οὔννων κηρύσσει πόλεμον.

1—3 ἀλλ᾽ — ἐπιτεύξεται: a. 1163 **5** ἀνελομένου: a. 1163 autumno **6** οἱ etc.: Stephanus IV necatus die 13 mens. Apr. a. 1165

1—3: cf. Cinnam. 211, 14—212, 14; 214, 19—21; 216, 16—218, 10; 221,1—227, 14; 231, 6—232, 12 **6—25** οἱ — ἄμοιρος: cf. Cinnam. 239, 14—240, 3 **20—21** τὰς — δειλάς: cf. Sap. 9, 14

VA = a, PW, RMDF = b

4 τούτου V Sc Bekk πολέμων συμβεβηκότων V: συμβάντων πολέμων B **6** ὃν καὶ διάδοχον τῆς βασιλείας ἐμελέτα ποιῆσαι post Μαρίᾳ add. B Bekk ἀντικαθιστάμενοι VB Sc: -καθήμενοι cum PW b scr. A **7** ἐκριζοῦνται W **9** ἔγνωσαν APWB Sc Bekk **10** Στέφανον om. V: αὐτὸν B **11—12** θανατηφόρον τῷ Στ. τοῖς δακτ. ὀχήσοντα κύλικα V **13** λεγόμενον Θωμᾶν W **13—14** ὀξύτατος ἐκεῖνος Bekk **14** διαστῆσαι σώματος M **15** ὑπέχων P **16** ταχέως V **18** ἐπιτίθεμα W ὅλον R **19** καὶ: ἐν W ἐνσκῆψαι F **20** (πράγμα)σιν — σαφῶς i. r. 9 litt. P **23** καὶ pr. om. VP^{ac} **25** αὐτῷ P **26** ὡς: καὶ W ἠνώτισται M

6 ἀντικαθήμενοι PW b Bekk **14** διαστῆσαι b Bekk **20** σαφῶς om. b

Ὅτε καὶ Ἀνδρόνικος πάλιν ἀποδρὰς καὶ παραγενόμενος εἰς Γάλιτζαν ἐκεῖθεν ἐπανέζευξεν. ἔστι δὲ ἡ Γάλιτζα μία τῶν παρὰ τοῖς Ῥὼς τοπαρχιῶν, οὓς καὶ Σκύθας Ὑπερβορέους φασίν. ὁ δὲ τρόπος τῆς φυγῆς ἦν οὗτος. πλάττεται τὸν νοσοῦντα καὶ προκοίτου παιδὸς εἰς τὰς σωματικὰς ὑπηρεσίας ηὐμοιρηκὼς ἀλλοεθνοῦς, καὶ τούτου καὶ τὰ πολλὰ τῆς ἡμετέρας διαλέκτου παραγραμματίζοντος, ἐπισκήπτει τούτῳ, ἐπεὶ καὶ μόνῳ ἀπὸ πάντων ἡ πρὸς τὴν φρουρὰν ἀνεῖτο εἴσοδος, ὑφελέσθαι λάθρᾳ τὰς κλεῖς τῶν τοῦ πύργου πυλῶν, ὁπότε πρὸς ἡμερινὸν ὕπνον οἱ φύλακες τράποιν|το δαψιλεστέρῳ χρησάμενοι τῷ ποτῷ, καὶ κηρῷ ἐκμάξασθαι ταύτας εἰς τὸ εὐτύπωτον, ὡς τῷ ἀρχετύπῳ εἶναι τὸ ἐκμαγεῖον κατὰ πᾶν ἐμφερὲς καὶ εἰκασμένον πρὸς ἴνδαλμα ἀπαράλλακτον. δρᾷ τὸ ἀνδράποδον τὰ προσταχθέντα, εἰσάγει Ἀνδρονίκῳ τὰ τῶν κλείθρων ἴχνη. ὁ δὲ τῷ παιδαρίσκῳ ὑποτίθησιν ἐμφανίσαι ταῦτα τῷ οἰκείῳ υἱῷ τῷ Μανουὴλ καὶ εἰπεῖν ὡς δεῖ τὴν ταχίστην τοιαῦτα χαλκεύσασθαι, οὐ ταῦτα δὲ μόνον, ἀλλὰ κἀν τοῖς ἀμφορεῦσι τῶν οἴνων, οἵπερ αὐτῷ τὸ τοῦ ἀρίστου στέγουσι πόμα, παραβύειν ἐκ λίνου νενησμένα καλώδια καὶ ἀγαθῖδας καὶ κρόκας καὶ μηρίνθους λεπτάς. ὡς δ' εἶχε πέρας τὰ βουλευθέντα, ἀναπτύσσονται τὰ κλεῖθρα νυκτός, τὸ δεσμωτήριον ἀπραγμόνως ἀναπετάννυται· ὁ παῖς ὑπουργεῖ τῷ ἔργῳ παρ' Ἀνδρονίκου λαβὼν τὸ ἐνδόσιμον· ὁ Ἀνδρόνικος ἔξεισι τὰ λίνα φέρων ἐν ταῖν χεροῖν. γίνεται οὖν αὐτῷ τὸ κατάντημα τῆς τότε νυκτὸς χόρτος ἀμφιλαφὴς περί που τὰ ἄβατα μέρη τῶν ἀνακτόρων φυεὶς καὶ εἰς ὕψος ἀναδραμών. καὶ περὶ δευτέραν δὲ καὶ τρίτην ἡμέραν ταῖς πόαις ἐνειλημένος τοὺς διώκτας ἐλάνθανεν. ὡς δ' ἅλις εἶχον οἱ διφῶντες τῆς κατὰ τὰ ἀρχεῖα ἐρεύνης, διατίθησιν Ἀνδρόνικος τὰς στάλικας εἰς κλίμακας, καὶ διὰ μεσοπυργίου χαλασθεὶς ἀκάτιον εἴσεισιν ἐκ συνθήματος περὶ τὰς ἀκτὰς σαλεῦον καὶ τοὺς προβλῆτας, οἳ τὸ πάραλον τεῖχος τῆς πόλεως διειλήφασι, τὰς τῶν κυμάτων ἀποθραύοντες ἐμβολάς. ἦν δὲ τοὐπίκλην Χρυσοχοόπωλος ὁ τῇ ἁλιάδι Ἀνδρόνικον εἰσδεξάμενος.

---

28 ἀποδράς: a. 1164 **29** ἐπανέζευξεν: a. 1165 vere

---

28 ὅτε etc.: cf. Cinnam. 232, 8—234, 24

VA = a, PW, RMDF = b

28 πάλιν Ἀνδρόνικος VB **29** παρὰ τῶν τῆς R ἐπαρχιῶν V **32** τὰ om. W **37** ἐς AW **39** προσταχθέντα: πραχθέντα A καὶ ante εἰσάγει add. W τῶ Ἀνδρονίκω VB **40** παιδισκαρίω V τῷ ante Μανουὴλ om. V Sc hab. B **42** τὸ om. R **44** καὶ μηρίνθους λεπτάς ([καλώ]δια — ὡς i. r. 23 litt.) P^{pc} βουλευθέντα VA$^{mg\gamma\rho}$R M Sc : βουλευόμενα APW: βουληθέντα DF Bekk **46** τὸ ἔργον R Bekk **47** τὸ om. P **51—52** εἰς κλίμακας τὰς στάλικας V **52** εἴσεισιν: εἴσιν W **53** παράλιον R **55** Χρυσοχοόπουλος VK Bekk: Χρυσοόπωλος R: Χρυσοοπώλου B

40 τῷ οἰκείῳ υἱῷ: τῶ ἐκείνου υἱῶ PM: τῶ υἱῶ ἐκείνου RDF Bekk: τῷ οἰκείῳ υἱῷ cum VAW scr. Sc **44** καὶ μηρίνθους λεπτάς om. b ἀλλ᾽ οὔπω ἀκριβῶς ἀνάγεσθαι ἤρξαντο, καὶ συνέχονται παρὰ τῶν κατὰ τὸν Βουκολέοντα προφυλάκων, οἳ πᾶ|σαν νύκτα σκοπεύουσι καὶ τῶν ἀνακτόρων οὐκ ἐῶσιν ἐχόμενα ἐνίας νῆας διαπλωΐζεσθαι. ἐξ ἐκείνου δὲ τὰ τῆς σκοπιᾶς ταύτης ἤρξατο, ἐξ ὅτουπερ ὁ Τζιμισχῆς Ἰωάννης τῷ Φωκᾷ Νικηφόρῳ νυκτὸς ἐπέθετο διὰ σαργάνης ἀνιμηθείς. παρὰ βραχὺ γοῦν ἦν ἂν καὶ πάλιν Ἀνδρόνικος χείροσι δεσμοῖς ἐνισχημένος καὶ φυλακαῖς ἢ καὶ ξίφος τοῦ ζῆν αὐτὸν ὑπεξήγαγε τὰς πολλὰς ἐσέπειτα πλάνας ὑποτεμόμενον, νῦν δὲ ἡ οἰκεία εὐτραπελία ἐρρύσατο καὶ τότε τὸν βαθυγνώμονα, ἐκ τῶν ἑαυτῆς ῥιζοτομήσασα κήπων τὰ τῷ καιρῷ προσφυῆ φάρμακα, ὥσπερ καὶ Δαυὶδ ἐξέσωσε πρότερον ἡ ἐν Γὲθ τοῦ προσώπου ἀλλοίωσις ἐπιψόφησίς τε τοῦ τυμπάνου καὶ ἡ μανικὴ τῶν ποδῶν παρενσάλευσις. οἰκέτου γὰρ οἰκότριβος ὑποδὺς προσωπεῖον χρόνια δεσμὰ ἐκδιδράσκοντος ἐδεῖτο τῶν συλλαβόντων μὴ παριδεῖν αὐτὸν οὐκ ὀλίγα πρὸς τοῦ δεσπότου πεπονθότα πάλαι δεινὰ καὶ τότε δὲ δίκας εἰσπραττόμενον τῆς φυγῆς. ἐκάλει δ᾽ οὕτω τὸν Χρυσοχοόπωλον, μεταρρυθμίζων ἅμα πρὸς τὴν βάρβαρον φωνὴν τὴν Ἑλληνίδα διάλεκτον, καὶ μηδ᾽ ἐπαΐειν τὰ πλεῖστα ταυτησὶ πλαττόμενος. καὶ αὐτὸς δὲ ὁ Χρυσοχοόπωλος δώροις παρακρουσάμενος τοὺς σκοποὺς ἴσχυσεν Ἀνδρόνικον ἐξελεῖν, ὡς δραπέτην ἑαυτοῦ δοῦλον αἰτησάμενος καὶ λαβών. ἀμέλει καὶ παρὰ δόξαν Ἀνδρόνικος εἰς τὸν οἰκεῖον οἶκον παρελθών, ὃς τοῦ Βλάγγα ἐπικέκληται, ὁμοῦ τε προσεῖπε τοὺς φιλτάτους τὰ εἰσιτήρια ἐποφθεὶς καὶ προσεφθέγξατο τὰ ἀπόδημα, τοὺς πόδας τῶν σιδήρων ἀπολυθείς. καὶ τὸ Μελίβοτον καταλαβὼν καὶ τῶν ἐκεῖσε ἵππων ἐπιβάς, οἳ πρὸς ἀπόδρασιν αὐτῷ ἡτοιμά|σθησαν, τὴν εὐθὺ τῆς Ἀγχιάλου ἵεται. ἔνθα δὴ γεγονὼς καὶ τῷ Πουπάκῃ ἑαυτὸν ἐμφανίσας, ὃς πρῶτος, ὡς ἤδη ἐρρέθη μοι, τὴν κατὰ Κορυφὼ ἐσανέβη κλίμακα, καὶ παρ᾽ ἐκείνου λαβὼν τὰ ἐφόδια καὶ ἡγεμόνων ὁδοῦ εὐπορήσας τὴν ἐς Γάλιτζαν ἐπορεύετο.

65—67 ὥσπερ — παρενσάλευσις: cf. 1 Regn. 21, 14 **80** ἐρρέθη: p. 84, 9 sqq.

VA = a, PW, RMDF = b

57 κατὰ ante πᾶσαν add. V **58** ἐχομένως V ἐνίους V νῆας ἐνίας D **59** ἤρξαντο P Bekk ἐξόπερ W Τζιμισχὴς APW: Τζυμισχῆς MN: Τζυμισκῆς B: Τζιμισκὴς Bekk **61** ἦν om. R καὶ om. W καὶ φυλακαῖς ἐνισχημένος DF Bekk **62** ἐσέπειτα: εἰσέπειτα D Bekk: εἰσέτι V ὑποτεμνόμενον R **63** ἡ om. R **64** ἑαυτῆς: αὐτῆς R **68** περιιδεῖν VPAW δὲ om. V: (τό)τε δὲ i. r. P **70** Χρυσοχοόπουλον VK Bekk: Χρυσοόπωλον RD[ac]F: Χρυσοοπώλου B **71** μὴ V **72** ἐπαΐειν τὰ: ἐπαΐοντα R Χρυσοόπουλος VK Bekk: Χρυσοόπωλος D[ac] **75** εἰς τὸν οἰκεῖον οἶκον Ἀνδρόνικος V **76** τοῖς φιλτάτοις P **78** Μελίβωτον DFB οἳ: οἵπερ AP Bekk **78—79** ἐκείνω πρὸς ἀπόδρασιν AP Bekk αὐτῷ sive ἐκείνῳ om. W **79** ἵετο P **80** Παπούκῃ Sc πρώτως RMDF (πρῶ)τος ὡς i. r. 3 litt. P ὡς om. W

69 τότε: νῦν b Bekk

Ἀλλ' ὅτε τοῦ δειμαίνειν ἀπεῖχεν Ἀνδρόνικος ὡς ἤδη τὰς χεῖρας τῶν διωκόντων λαθὼν καὶ τῶν τῆς Γαλίτζης ὁρίων λαβόμενος, πρὸς ἣν ὡς εἰς σῶζον κρησφύγετον ὥρμητο, τότε θηρευτῶν ἐμπίπτει ταῖς ἄρκυσι· συλληφθεὶς γὰρ παρὰ Βλάχων, οἷς ἡ φήμη τὴν αὐτοῦ φθάσασα φυγὴν ὑφηγήσατο, ἐς τοὐπίσω πρὸς βασιλέα πάλιν ἀπήγετο.

Μὴ ἔχων οὖν τὸν σώζοντα καὶ λυτρούμενον, οὐ φίλον παρόντα παρήγορον, οὐχ ὑπασπιστήν, οὐ θεράποντα, ἀρωγῷ τῇ οἰκείᾳ αὖθις δολοφροσύνῃ κέχρηται ὁ πολύφρων. τῷ τοι καὶ πρὸς ἀπάτην τῶν ἀγόντων ῥύσιν γαστρὸς πλασάμενος συχνάκις τοῦ ἵππου ἀποκατέβαινε καὶ ἐξέκλινεν εἰς ἀπόπατον παρασκευαζόμενος καὶ καθ' ἑαυτὸν ἀφιστάμενος καὶ ἰδιάζων, ὡς δῆθεν ἐνοχλούσης ἀποκενώσεως. τοῦτο οὖν πολλάκις τοῦ νυχθημέρου τελῶν λανθάνει κατασοφισάμενος τοὺς ἐφομαρτοῦντας. τὸν γὰρ σκίπωνα, ᾧ ἦν βακτηρευόμενος ὡς καχεξίᾳ δῆθεν παλαίων, σκοταῖος ἀναστὰς τῇ γῇ προσήρεισε καὶ τῇ μὲν χλαμύδι τοῦ σώματος περιείλησε τὸν λύγον, τὸν δ' ἐπὶ κρατὸς πῖλον ἐπέθηκεν ἄνωθεν καὶ ἀνθρωπόμορφόν τι τὸ γόνυ κάμπτον καὶ ἀφοδεῦον τεκτηνάμενος τοὺς μὲν φυλάσσοντας | τὸ ὑποκρινόμενον αὐτὸν ἀνδρείκελον ἐκλείπει περιαθρεῖν, αὐτὸς δὲ τὸν ἐκεῖσε λοχμώδη χῶρον καθυποδὺς ὥσπερ δορκὰς ἐκ βρόχων καὶ ὄρνις ἐκ παγίδος ῥυσθεὶς ἐφέρετο. ὡς δ' ὀψέ ποτε τὸν δόλον ἐκεῖνοι ἔγνωσαν, οἱ μὲν συνέτεινον τὸν δρόμον ἐπὶ τὰ ἔμπροσθεν οἰόμενοι καὶ πάλιν Ἀνδρόνικον ἐκείνης ἧς καὶ πρότερον ἔχεσθαι, ὁ δὲ παλίμπους γενόμενος δι' ἄλλης εἰς Γάλιτζαν ᾤχετο.

Τὸν δὲ Πουπάκην ὁ βασιλεὺς συλλαβὼν ἔξανε πολλαῖς διὰ λώρων δημοσίᾳ κατά τε τοῦ νώτου καὶ τῶν ὤμων. μετὰ δὲ προάγων αὐτὸν ὁ κῆρυξ ἐκ τοῦ τραχήλου σχοινόδετον ἐπεβόα οὑτωσὶ τρανότερον ,,ὅστις τὸν ἐχθρὸν τοῦ βασιλέως προσιόντα οἱ εἰσοικίζεται καὶ διδοὺς ἐφόδια ἐκπέμπει, οὕτω καὶ μαστίζεται καὶ πομπεύεται.'' ὁ δὲ πρὸς τοὺς συνιόντας ἀτενὲς ὁρῶν διακεχυμένῳ προσώπῳ ,,αὕτη μοι αἰσχύνη πρὸς τοῦ βουλομένου ἤτω παντός'', ἐπεφθέγγετο ,,μὴ ἐπιστάντα τὸν εὐεργέτην κα-

---

88 μὴ — λυτρούμενον: cf. Ps. 7, 3 **5—6** ὥσπερ — ῥυσθείς: cf. Prov. 6, 5

VA = a, PW, RMDF = b

83 ὅτε: οὔτε M **84** Γάλιτζας V: γαλήνης W ὡς om. F εἰς om. V **85** τότε om. R **90** ἀπαγόντων Bekk **93** οὐδιάζων VW^{pc}: διάζων M **94** ἐφομαρτοῦντας: ἀφομαρτοῦντας DF: τηροῦντας P **95** ὡς ἐν τῇ δεξιᾷ δῆθεν παλαίων καχεξία W **1** προσέρεισε A **2** περιείληφε AM: περιείληχε? W: περιεῖχε R τὸν alt.: τὸ VN **3** ἀμφοδεῦον D^{ac}F **4** ἀνδροείκελον V **6** παγίδου V: παγίδων RD^{ac}F Bekk δ': δ' εἰς V **7** ἐκεῖνος M: ἐκεῖνον D **18** Παπούκην Sc πολλὰς W: πολλάκις D^{pc} **11** τε om. R τοῦ om. et (νώ) του καὶ τῶν i. r. 6 lit. P **12** οὑτοσὶ D^{ac}F **14** καὶ pr. om. P

89 ἀρωγῷ om. et **90** δολοφροσύνῃ: μεθοδείᾳ συνερίθῳ PW b Bekk **4** φύλακας Pb Bekk **16** ἐφθέγγετο b Bekk ταπροδόντι ἢ ἐμβριθῶς ἀποπεμψαμένῳ, ἀλλ' ὡς ἐξῆν τεθεραπευκότι καὶ προεκπέμψαντι χαίροντα.“

Τότε δ' οὖν ὑπτίαις ἀγκάλαις πρὸς τοῦ τῆς Γαλίτζης ἐπιτροπεύοντος Ἀνδρόνικος προσδεχθεὶς ἔμεινε παρ' ἐκείνῳ χρόνον συχνόν. οὕτω δὲ πρὸς τὸν ἑαυτοῦ πόθον ὅλον ἐκεῖνον Ἀνδρόνικος ἀνηρτήσατο, ὡς καὶ συνθηρεύειν καὶ συνθακεύειν ἐκείνῳ ὁμέστιός τε εἶναι καὶ σύσσιτος.

Ἀλλὰ τὴν τοῦ ἐξαδέλφου φυγὴν καὶ τὴν ἐκ τῆς ἐνεγκα|μένης ἀπαλλοτρίωσιν οἰκεῖον ὄνειδος κρίνων ὁ βασιλεὺς Μανουήλ, καὶ ἄλλως δὲ ὑφορώμενος τὸ τούτου ἐπὶ πλεῖστον ἀπόδημον, ἐπεὶ καὶ ᾔδετο παλεύειν μυρίαν Σκυθίδα ἵππον, ὡς ἐς τὰ Ῥωμαίων ὅρια ἐσβαλεῖ, ἔργον, ὅ φασι, τίθησιν ἀσχολίας ἀνώτερον ἐπανελθεῖν Ἀνδρόνικον. οὐκοῦν μετάπεμπτον ἐκεῖθεν ποιεῖται, πίστεις δοὺς καὶ λαβών, καὶ τοῦ πλάνου τοῦτον ἐναγκαλίζεται, καθ' ὅν, ὡς ἔφην, καιρὸν οἱ Παίονες τὰς σπονδὰς ἀθετήσαντες τὴν Παρίστριον Ῥωμαίων κατέτρεχον ἐπικράτειαν.

Συμβαλόντες δὲ καὶ τοῖς στρατηγοῖς τῷ τε Γαβρᾷ Μιχαὴλ καὶ τῷ Βρανᾷ Μιχαὴλ κατὰ κράτος τούτους ἐτρέψαντο καὶ λείαν ὅτι πλείστην ἤλασαν. ἦν δὲ ὁ Γαβρᾶς οὗτος νεωστὶ θύσας τὰ γαμοδαίσια μετὰ τῆς Κομνηνῆς Εὐδοκίας, ᾗ Ἀνδρόνικος ἐπλησίαζεν, ὡς ἤδη φθάσαντες ἐδηλώσαμεν. οὐκοῦν καὶ τῶν προσγενῶν Εὐδοκίας συνιστᾶν αὐτὸν θελόντων τῷ αὐτοκράτορι, πολὺς ἦν ἐπὶ βασιλέως ὁ τούτου κρότος καὶ ἔπαινος καὶ ἐρρωμένως αὐτὸν ἐν τῇ κατὰ τῶν Οὔννων μάχῃ διαγωνίσασθαι ἰσχυρίζοντο καὶ παρῆγον τῶν λεγομένων μάρτυρα τὸν συστράτηγον αὐτῷ Μιχαὴλ τὸν Βρανᾶν. ὁ δὲ πρὸς τοῦ βασιλέως ἐπιταχθείς, ὅρκον τὴν οἰκείαν κεφαλὴν ἐπαγαγόντος, ἀληθῶς εἰπεῖν ὃ περὶ τοῦ Γαβρᾶ γενναῖον σύνοιδεν ἔργον, τῷ τέως μὲν ὑπερέθετο τὸν ἀπόλογον, πρὸς δὲ τὸν Γαβρᾶν στραφεὶς ἤρετο τοῦτον, εἰ καὶ αὐτὸς ἀνδρειόν τι καὶ ἀξιέπαινον ἐνεδείξατο, εἴτε μὴν ὡς στρατηγὸς τὰ λῷονα διεπράξατο, ὅτε συμπεσόν-

---

20 χρόνον συχνόν: per annum integrum a. 1165/1166 **29—51** καθ' — ἐκβοήσεως: a. 1166, i. e. post ea quae p. 133, 52—135, 36 narrantur

---

26—27 ἔργον . . . ἀσχολίας ἀνώτερον: Pind. Isthm. 1, 2 **29—51**: cf. Cinnam. 257, 17—259, 23 **29** ἔφην: p. 128, 26 **34** ἐδηλώσαμεν: p. 104, 27 sqq.

VA = a, PW, RMDF = b

17 τεθεραπευτηκότι R **18** ἀποπέμψαντι Bekk **19** ἐπιτροπεύοντος: ἔρχοντος ὁ V **21** ἐκεῖνον ὅλον V **21—22** ὡς καὶ συμπορεύειν καὶ ὁμέστιος εἶναι καὶ σύσσιτος V: ὡς καὶ ὁμοτράπεζον αὐτὸν ἔχειν καὶ μετ' αὐτοῦ ἀεὶ συμπορεύεσθαι B **22** συνθωκεύειν Bekk **23** ἐκ om. M ἐπαλλοτρίωσιν W **25** παλεύειν WM Bekk: παλλεύειν rel. **26** ἐσβάλῃ Bekk **31—32** καὶ alt. — Μιχαὴλ om. M **35** ἐθελόντων APW Sc **39** τῶ Βρανᾶ W ἐπιταχθείς om. RMDF **40—41** σύνοιδε γενναῖον P **41** ἔργον σύνοιδε D μὲν om. P Βρανᾶς post ὑπερέθετο add. P **42** ἄξιον ἐπαίνου Bekk **43** διεπράξατο: ἐνεδείξατο V τες μετὰ τῶν Οὔγγρων, Διονυσίου στρατηγοῦντος, ἐμάχοντο. καὶ ταῦτα | καθομολογοῦντα σχὼν τὸν Γαβρᾶν καὶ ὡς οὐκ ἄλλον ὄντως τῷ τότε αὐτὸν ἀνδρίσασθαι μαρτυροῦντα ἐπήγαγεν ὡς οὐκ ἔχων βασιλέως ἐνώπιον παρανοσφίζεσθαι τὴν ἀλήθειαν, εἰς τὴν οἰκείαν κεφαλὴν αὐτὸν ἐξορκίζοντος, φησὶ μηδαμῶς ὑποστῆναι τὴν τῶν ἐναντίων ἐμβολὴν τὸν Γαβρᾶν, ἀλλ' ἐκ πρώτης προσβολῆς ἀποδειλιάσαντα οἴχεσθαι φεύγοντα, αὐτοῦ καὶ ταῦτα πολλάκις ἀνακαλεσαμένου τοῦτον καὶ „στῆθι ὦ φίλος" εἰπόντος μετ' ἐκβοήσεως.

'Ατὰρ καὶ σπεύδων ὁ βασιλεὺς αὐτό τε τὸ Ζεύγμινον Ῥωμαίοις ἐπανασώσασθαι καὶ δίκας τοὺς Οὔννους εἰσπράξασθαι ὧν εἰς Στέφανον πεπαρῳνήκεσαν τοῖς ἐκεῖσε παρενέβαλε μέρεσιν. οἱ δὲ βάρβαροι παρὰ τὰς ὄχθας Ἴστρου τοῦ ποταμοῦ ὡς εἰς πόλεμον διαταξάμενοι διεκώλυον τῆς στρατιᾶς τὴν περαίωσιν παντοῖα βέλη ἐπαφιέντες καὶ τὰς ἐκβολὰς προκαταλαμβάνοντες, κἂν ἦσαν οὐδὲν περαίνοντες· οἱ γὰρ ἐκηβόλοι Ῥωμαῖοι καὶ τὸ ἄλλο ἅπαν ὁπλιτικὸν ὠσάμενοι τούτους ἐξέκρουσαν τῶν παρακτίων μερῶν. βασιλεὺς δὲ σὺν παντὶ τῷ στρατεύματι κατὰ τὸ Ζεύγμινον ἀφικόμενος ἐκεῖ που στρατήγιον βάλλεται.

Ἔστι δὲ τοῦτο κατὰ μεσημβρίαν ἀπρόσβατον γηλόφῳ περιήκοντι καὶ ποταμίῳ τειχιζόμενον ῥεύματι. ᾤετο μὲν οὖν αὐτοβοεὶ αἱρήσειν τὸ πόλισμα οἷα τῶν ἔνδον καὶ πρὸς τὴν πρώτην αὐτοῦ θέαν καταπλαγέντων καὶ τὰς πύλας ἀνακλινάντων καὶ δεξαμένων αὐτὸν ἔνδοθι· ὡς δ' οὗτοι τὰς εἰσόδους παντάπασιν αὐτῷ ἐπεζύγωσαν τά τε τείχη παντοίοις ὅπλοις καὶ ἀφετηρίοις ὀργά|νοις ἐκράτυναν, ἀλλὰ καὶ φαινόμενοι ἄνωθεν τὰς γλώσσας ἔθηγον ὡσεὶ ὄφεως, οὐκ ἀπὸ χειρῶν μόνον ἀφιέντες βέλη θανάσιμα, ἀλλὰ κἀκ τοῦ τῶν ὀδόντων ἕρκους αἰσχρορρημοσύνας τοξεύοντες ἰῷ ἀσπίδων τῷ ὑπὸ τὰ χείλη χριστάς, οὐδ' οἱ Ῥωμαῖοι τὸ ἀπὸ τοῦδε χερσὶ κεναῖς αὐτοῖς προσεφέροντο, ἀλλὰ τοῦ κακορρημονεῖν

52—135, 36 ἀτὰρ — μεθίστησιν: a. 1165 aestate, cf. supra p. 132, 29

---

52 — 136, 46: cf. Cinnam. 240, 4—246, 18 **67** τὰς — ὄφεως: cf. Ps. 139, 4 **68** τοῦ — ἕρκους: Hom. Δ 350; al. **69** ἰῷ — χριστάς: cf. Ps. 139, 4

VA = a, PW, RMDF = b

44 μετὰ τῶν Οὔγγρων: τοῖς Οὔγγροις P   καὶ ταῦτα: τῶ τοι καὶ AP^{pc}W Bekk **45** Γαβρᾶν: Βρανᾶν P   ὄντως om. P: οὕτως R **45—46** τῷ τότε: πώποτε V **46** ἐκεῖνος post ἐπήγαγεν add. APW **48** δὴ post φησὶ add. AW **50** καὶ ταῦτα αὐτοῦ Bekk **52** αὐτὰρ V **55** τοῦ Ἴστρου ποταμοῦ P Bekk **55—56** τοῦ στρατοῦ V **56** ἐμβολὰς PF Bekk **57** κἂν: καὶ P   μηδὲν M **58** τὸ om. W ἄλλον P **59** δὲ: γὰρ V   τῷ om. WN **60** ἐπιβάλλεται V **61** παρήκοντι Bekk **65** αὐτῶν R **67** ἀφέντες DF **68** καὶ ante αἰσχρορρημοσύνας add. V **69** χρισθείσας P Bekk **70** ἀλλὰ: ἀλλὰ καὶ V

50 ἀνακαλουμένου P b Bekk **53** πράξασθαι b   πεπαρῳνήκασι P b Bekk ὡς ἀγεννοῦς ὅπλου καὶ γυναικείου ἀφιστάμενοι σιδήρῳ μάλιστα κακῶς διετίθεσαν.

Πρῶτος τοίνυν ὁ βασιλεὺς τῷ τῆς μιμήσεως ὁμοίῳ διερεθίζων τοὺς ὑπ᾽ ἐκεῖνον κατὰ τῶν τῆς πόλεως πυλῶν τὸν ἵππον ἐφίησι καὶ μέσον αὐτῶν τὸ δόρυ ἤλασεν. ἐπὶ δὲ τούτοις τὴν τάφρον ἐμπλήσας ἀφυσγετοῦ διὰ τὴν τῶν λίθων στέρησιν τάς τε πετροβόλους μηχανὰς περιστήσας (τέσσαρες δ᾽ ἦσαν αὗται) τὰ τείχη κατασείειν ἐπέταττεν. ἐνεργεῖς μὲν οὖν ἅπασαι ἦσαν καὶ οἱ πέτροι ταλαντιαῖοι ἀφιέμενοι τὰς τῶν τειχῶν παρέλυον ἁρμογάς· μία δ᾽ ἐξ αὐτῶν μάλιστα, ἧς ἀρχιτέκτων ἦν Ἀνδρόνικος, αὐτὸς τὴν σφενδόνην τόν τε στρόφαλον καὶ τὸν λύγον διατιθέμενος, πλειόνως διεσάλευε τὸν περίβολον, ὡς καὶ τὸ μεσοπύργιον, καθ᾽ ὃ τὰ βάρη τῶν πετρῶν ἠκοντίζοντο, ὑποχαλᾶν ἤδη καὶ μεθίστασθαι τοῦ κεῖσθαι ὀρθόν, ἄλλως τε καὶ ὀρυκτῆρσιν ὑπομοχλευόμενον. τότε τοίνυν κατά τινα τῶν νυκτῶν τινες τῶν μεγιστάνων Παιόνων μίαν εἰσιόντες τῶν ἐκκρεμῶν τοῦ τείχους καὶ προνευουσῶν ἔξωθεν μηχανῶν (ἄρκλας οἶδε ταύτας ἡ κοινὴ καὶ πάνδημος φράσις καλεῖν) τῶν κουλεῶν τὰς σπάθας εἵλκυσαν καὶ γυμνὰς αὐτὰς ἀνατείνοντες διηπειλοῦντο Ῥωμαίοις ὑπέραυχα καὶ τῷ τέως βάπτειν μὴ ἔχοντες τὰ ξίφη αἵμασι σχήμασι τὸν ἀέρα ἔπληττον καὶ φωνῶν ἐγέμιζον κεκραγότες ὅσον ἐχώρουν αἱ κεφαλαί. ἀλλὰ | κατὰ πόδας ἡ δίκη μέτεισι τούτους· τιτήνας γὰρ κατὰ τῆς ἀνεχούσης αὐτοὺς μηχανῆς τὸ βλῆμα Ἀνδρόνικος οὕτω διαφῆκεν ἐπιτυχὲς ὡς διαλυθῆναι μὲν αὐτίκα τοῦ τείχους τὸ προεκκρεμάμενον ἐκεῖνο ξύλινον σύνθεμα, ἐπικαταβληθῆναι δὲ καὶ τούτους ἐκτὸς ἐς ᾅδου στόμιον κατωκάρα πίπτοντας καὶ κυβιστῆρας ὁρωμένους ἐλεεινούς, διανηχομένους ἀθλίως Ἀχέροντα.

Μετὰ βραχὺ δὲ καὶ αὐτὸ τὸ τεῖχος ὑπέκυπτε, καὶ διὰ κλιμάκων εἶχε Ῥωμαίους ἀνιόντας καὶ τὴν πόλιν εἰσιόντας. πολλοὶ μὲν οὖν βληθέντες εἰς θάνατον κατεβλήθησαν, οὐκ ὀλίγοι δὲ καὶ προσκεχωρηκότες τοῖς ἤδη κρατοῦσιν ἐσώθησαν· εἰσὶ δ᾽ οἳ καὶ ἀποδράντες σωτηρίαν ἐντεῦθεν εὕραντο. εἷς δὲ τῶν οἰκητόρων ἐκείνης τῆς πόλεως, καὶ οὗτος οὐ τῶν συγκλύδων καὶ τῶν συρφάκων ἀλλὰ τῶν πλούτῳ λαμπρῶν καὶ γένει ἐπισήμῳ διαπρεπῶν, ἀστεῖον τὸ εἶδος ηὖχει γύναιον καὶ σφόδρα καλὸν τὴν μορφήν. ὁρῶν δὲ παρά του τῶν Ῥωμαίων εἰς ὕβριν ἑλκόμενον καὶ μὴ

VA = a, PW, RMDF = b

74 ἐπαφίησι Bekk **76** τὰς πετροβόλους τε V **77** κατασείειν: κατασύρειν A **79** ἦν ἀρχιτέκτων VB **80** τῇ σφενδόνῃ V **81** παρεσάλευε V **85—86** οἶδε — σπάθας om. M **86—87** τὰς — αὐτὰς om. R **87** ἀνατείναντες AWF Sc Bekk **88** τὰ ξίφη μὴ ἔχοντες V αἵματι Bekk **91** βλῆμα: βούλημα A ἐπιτυχὴς R **92** αὐτίκα om. D[ac] προκρεμάμενον V σύνθημα RM **93** δὲ om. RM κἀκείνους V **94** πεσόντας V κυβιστῆρας — ἐλεεινούς: κυμβάχους ὁρωμένους ἐπὶ βρεχμὸν καὶ P **1** Ῥωμαίους om. W **2** ἐπεισιόντας V **3** καὶ om. V **5** ξυγκλύδων V **6** τῶν pr. om. P Bekk ἐπισήμων WRDF[ac] καὶ post ἐπισήμων add. W **7—8** τῇ μορφῇ R ἔχων ἐπαμῦναι τυραννουμένῳ ἢ βίᾳ τὴν βίαν ὠθῆσαι καὶ στῆσαι τὸν ἄδικον ἐκεῖνον ἔρωτα βουλεύεται βουλὴν οὐχ ἥκιστα γενναίαν ἢ τολμηρὰν καὶ ἀθέμιτον καὶ τῷ τῆς τύχης ἐνεστῶτι κατάλληλον· διελαύνει τῶν σπλάγχνων τῆς φιλτάτης ὃν ἔφερεν ἀκινάκην. οὐκοῦν ὁ μὲν τῇ γυναικὶ ἐπιμαινόμενος ἄθεσμος ἐκεῖνος ἐραστὴς τὴν ἄλογον ἐμάρανεν ἔφεσιν οὐκέτι ὄντος τοῦ ὑπεκκαύματος, τὴν δὲ σχετλίαν τῷ ὄντι ἐρωμένην τὸ ἦμαρ ἔλιπε τὸ εὐφρόσυνον.

Φεῦ πραγμάτων ἀναγκαίας ἐπιπλοκῆς καὶ φθονεροῦ Τελχῖνος καὶ ἐπιβούλου, τοιαύτας τραγῳδίας σκηνοποιοῦντος ἐπὶ θεάτρου πολυπληθοῦς. ὢ δύο ἀντιφερομένων ἐρώτων ἐπ' ἄθλῳ ἑνί, ἐπιλήπτου καὶ σώφρονος, καὶ τοῦ μὲν ἐπ' | ἀθεμίτοις λέκτροις σώζειν ἐθέλοντος, τοῦ δὲ φθάνοντος τὸ αἶσχος καὶ νεκροῦντος καινότερον καὶ πάθει πάθος ἐκκρούοντος.

Συνήραντο δὲ τοῖς Ῥωμαίοις εἰς τὴν τοῦ Ζευγμίνου ἐκπόρθησιν καὶ οὐκ ὀλίγοι τῶν ἔνδοθι, τὰ Ῥωμαίων φρονοῦντες καὶ τὰ τούτων ὡς εἶχον διανιστῶντες φρονήματα· οὗτοι γὰρ ἀτράκτοις ἀσιδήροις βιβλία προσδέοντες καὶ ταῦτα πρὸς τὸ Ῥωμαϊκὸν στράτευμα νυκτὸς ἐκτοξεύοντες παρίστων δι' αὐτῶν ὅσα τε οἱ βάρβαροι ἐβουλεύοντο καὶ ὅση τούτων ἰσχὺς ἀκμάζουσα ἦν.

Ἤγετο δὲ τῶν Παιόνων τις τηνικαῦτα αἰχμάλωτος ἔτι τὸν ἐγχώριον πῖλον ἐπὶ κεφαλῆς ἔχων καὶ τὴν λοιπὴν ἠμφιεσμένος πάτριον στολήν. ἀλλὰ τοῦτον Ῥωμαῖός τις ἐπιπαριὼν σιδήρῳ πλήττει καὶ θανατοῖ, καὶ τὸ τῆς κεφαλῆς ἐκείνου ἑαυτῷ περιτίθησι κάλυμμα, καὶ ἦν ἀνύων οὑτωσὶ τὴν ὁδόν. τῆς δὲ δίκης ἐφεπομένης ἀψόφῳ ἐμβάδι, καὶ ὃ ἄλλῳ τέτευχε κακὸν οὑτοσὶ καθ' ἑαυτοῦ ἀγχωμάλως ἀναστρεφούσης, ἐφίσταταί οἱ τομώτερος ἕτερος ξιφήρης ἐκ τῶν ὄπισθεν Ῥωμαίων καὶ παίει καιρίαν κατὰ τοῦ τένοντος ὡς ζωγρίαν Παίονα καὶ τοῦ ζῆν ἐκ τοῦ σχεδὸν μεθίστησιν.

Ἀλλ' οὕτω μὲν ἑάλω τὸ Ζεύγμινον, ὡς ἐπιτρέχοντά με εἰπεῖν, οὐκ ἐμβραδύνοντα ταῖς διηγήσεσι. καὶ βασιλεὺς ἐκεῖθεν ἀπονοστήσας πρὸς τὰ Ῥωμαίων ὅρια μεταβέβηκε, τὸν δὲ αὐτοῦ θεῖον, τὸν ἀπὸ Φιλαδελφείας λέγω Κωνσταντῖνον τὸν Ἄγγελον, ἐπιτειχιστὴν εἴασε τοῦ Ζευ-

---

39 μεταβέβηκε: a. 1166 exeunte, cf. Cinnam. 261, 13; 263, 10

---

32 τῆς — ἐμβάδι: cf. Eur. Troad. 887 sq.

VA = a, PW, RMDF = b

9 ἀπαμῦναι R **10** βούλεται W **11** καὶ alt.: οὐ M τὸ τῆς τύχης ἐνεστώσης κατάλληλον W **13** ἐπιμενόμενος P: ἐπιβαινόμενος R **23** ἔνδοθεν V **28** καὶ post δὲ add. V **29** ἐπὶ τῆς κεφαλῆς VK **31** ἐκείνω V **33** οὑτωσὶ AR: τουτωῒ Bekk **34** ὀπισθίων V **37** οὐκ: μὴ Bekk **39** δ' ἑαυτοῦ F: δὲ ἑαυτοῦ Bekk θεῖον αὐτοῦ M **40** τοῦ om. W γμίνου, σὺν αὐτῷ δὲ καὶ τὸν Τρίψυχον Βασίλειον. καὶ οὗτοι τὰ ἐντεταλμένα περα|τοῦντες τό τε Ζεύγμινον ἠρτίωσαν ὅσαι κατηρείποντο τύρσεις ἐπισκευάσαντες καὶ τῆς ἄλλης ὁμοίως φρουρᾶς πεφροντίκασι, καὶ τὰ ἐν Βελεγράδοις δὲ πολίχνια πλείστης ὅσης ἐπιμελείας ἠξίωσαν αὐτόν τε τὸν Νίσον τείχεσι περιέβαλον καὶ τὴν Βρανίτζοβαν συνῴκισαν. καὶ τὰ λοιπὰ πρὸς τὸ εὖ διαθέμενοι ἔνθα διάγων ἦν ἀφίκοντο βασιλεύς.

Οὗτος δὲ τὸν Δεσὲ μετελευσόμενος, ἑαυτοῦ γενόμενον κακουργότερον, τὴν ἐς Σερβίαν ὥρμα τραπέσθαι. ἀλλ᾽ ὁ Δεσὲ καὶ πόρρωθεν ἐπιτηρῶν τὰ πραττόμενα, μάλιστα δ᾽ ὅπερ ἦν δεδιώς, μή τι ἀηδὲς πάθοι καὶ ἀπευκταῖον βασιλέως εἰς τὴν ἑαυτοῦ χώραν παρεμβαλόντος, πέμψας εἰς βασιλέα ἐνδοθῆναί οἱ καθικετεύει τὴν ἐς αὐτὸν ἀπαθῆ ἄφιξιν. ὡς οὖν εἶχεν ὃ ᾔτησεν, ἀφίκετο δορυφορίας μετέχων σατραπικῆς καὶ εἰς θέαν τῷ βασιλεῖ καταστὰς τὸ δολιόφρον τῆς γνώμης κατονειδίζεται καὶ οὕτως ὡς ἄσπονδος ἀποπέμπεται. καὶ ἐγγὺς ἐλθὼν τοῦ συλληφθῆναι διαφίεται πάλιν οἴκαδε ἀπελθεῖν, τὴν τοῦ τρόπου μεταβολὴν καὶ τὸ μηκέτι τὰ μὴ δοκοῦντα τῷ βασιλεῖ διαπράττεσθαι φρικώδεσιν ὅρκοις ἐμπεδωσάμενος, κἂν οὐκ ἦν τὸν χαμαιλέοντα πρὸς τὴν τῆς ἀληθείας μεταβαλέσθαι λευκότητα ἐφ᾽ ἑτέραν πᾶσαν χροιὰν ῥᾳδίως μετατιθέμενον. ἐξιὼν γὰρ ἀπὸ προσώπου τοῦ βασιλέως πολλοῖς ἅμα τὴν ψυχὴν ἐμερίζετο πάθεσιν. ᾐσχύνετο ἐφ᾽ οἷς τῷ βασιλεῖ προσελήλυθεν, ὠργίζετο ὧν ἕνεκα πέπονθεν, ἐπαθαίνετο οἷς τὰς τῆς γνώμης παρεκτροπὰς θριγγίοις ὅρκων ἑαυτῷ ἀπετείχισε. τέλος δὲ ὅσα τε ὀμώμοκε τῷ βασιλεῖ | καὶ ξυνέθετο κατανωτισάμενος τὴν συνήθη παρδαλέην ἑαυτῷ περιέθετο, τὸ τοῦ τραγῳδοῦ ὁ βάρβαρος ἐκεῖνος ἐπαινέσας ἄντικρυς καὶ εἰπὼν „ἡ μὲν γλῶσσ᾽ ὀμώμοκεν, ἡ δὲ φρὴν ἀνώμοτος.“

---

48 ὥρμα: adhuc aestate a. 1165

56—58 οὐκ — μετατιθέμενον: cf. Theophr. fr. 172 Wimmer; Nic. Or. 89, 25—26 **63** παρδαλέην: cf. Eust. ad Hom. Γ 17 p. 374; Annot. ad Macar. 8, 17 **64—65** ἡ (pr.) — ἀνώμοτος: cf. Eur. Hippol. 612

VA = a, PW, RMDF = b

42 περατοῦντες: πληροῦντες P κατηρίπωντο VA[ac]: κατηρείπωντο A[pc]W[pc]: κατηρείπτοντο R: κατερείποντο DF **43—44** πεφροντίκασι — ἐπι(μελείας) om. M **44** δὲ om. R Bekk ὅσης om. W τε: δὲ AW **46** τὸ: τὰ F βασιλεύς, ἀφίκοντο Bekk **47** Δέσιον M **48** ὥρμητο R **49** ἀληθὲς post ἦν add. P Bekk πάθη V **50** εἰς pr.: ἐς V **55** τῷ cum Pb om. A **59** διεμερίζετο V **62** τε om. VR Sc Bekk ὀμωμόκει P Bekk τὴν οἰκείαν ἀποκρύπτων γνώμην post βασιλεῖ add. Bekk συνέθετο Bekk κατενωτισάμενος AWRM **63** ἑαυτοῦ R περιτίθησι Bekk ἐκεῖνο RMD[pc] **64** μὲν om. Bekk ὀμώμοχ᾽ Bekk

44 αὐτόν τε: καὶ αὐτὸν δὲ P b Bekk **55** τῷ om. P b Bekk **61** ἐπετείχισε PW b Bekk

Καὶ εἶχε μὲν οὕτω ταῦτα. μήπω δὲ γεννήσας ὁ Μανουὴλ υἱόν, ἀλλ' ἐπὶ τῇ θυγατρὶ Μαρίᾳ, ἣν αὐτῷ ἡ ἐξ 'Αλαμανῶν ἀπέτεκεν ἄλοχος, τὰς τοῦ γένους σαλεύων διαδοχάς, ὅρκοις πάντας κατενεπέδωσε μετὰ τὸν αὐτοῦ μόρον αὐτήν τε τὴν Μαρίαν καὶ τὸν μνήστορα ταύτης 'Αλέξιον, ὅς, ὡς εἰρήκειμεν, ἐξ Οὐγγρίας ὥρμητο, κληρονόμους τῆς οἰκείας ἔχειν ἀρχῆς καὶ ὡς 'Ρωμαίων ἄναξί σφισι καθυπείκειν καὶ προσκυνεῖν. ἔνθα οἱ μὲν ἄλλοι πάντες τοῖς ἐπιτετραμμένοις ὑπέκυπτον καὶ τοὺς ὅρκους, ὡς ὁ κρατῶν ἐκέλευεν, ἀπεδίδοσαν· μόνος δ' ἦν ἀποδυσπετῶν 'Ανδρόνικος φάσκων ὡς ,,ὁ βασιλεὺς εἰς δευτέρους ἀποκλίνας γάμους ἀρρενοτοκήσει δήπουθεν καὶ πιστουμένους ἡμᾶς τῷ ὑστέρῳ τόκῳ τοῦ βασιλέως τὰ τῆς ἀρχῆς δι' ὅρκων ἐσέπειτα ἀνάγκη τῇ θυγατρὶ ἀρτίως ὅρκια διδόντας μὴ εὐορκεῖν.'' καὶ ἄλλως δὲ ,,τίς ἡ τῷ βασιλεῖ θεοβλάβεια, ὡς πάντα μὲν 'Ρωμαῖον τοῦ θυγατρίου κρίνειν ἀπόλεκτρον, τὸν δ' ἀλλογενῆ καὶ παρέγγραπτον τουτονὶ εἰς ὄνειδος 'Ρωμαίοις 'Ρωμαίων βασιλεύειν προκεκρίσθαι καὶ ὑπερκαθῆσθαι ὅλων ὡς κύριον;'' ἀλλ' οὐκ εἶχε λέξας τὰ χρηστὰ ταῦτα τὸν βασιλέα πειθόμενον, ἀθερίζοντα τὰ λεγόμενα ὡς ἀνδρὸς ἀντιδοξοῦντος καὶ ἰσχυρογνώμονος τερετίσματα. εἰσὶ δ' οἵ μετὰ τοὺς ὅρκους 'Ανδρονίκῳ γεγόνασι σύμψηφοι· καὶ οἱ μὲν αὐτόθεν τὸ δοκοῦν ἀπεφήναντο, οἱ δὲ | καὶ τῷ λέγειν ἐφέντες ἀγωνιστικῶς κατεσκεύασαν μήθ' ὅλως τῇ θυγατρὶ τοῦ βασιλέως, μήτε μὴν τῷ τῶν 'Ρωμαίων ξυνοῖσον εἶναι πληρώματι τὸν ἐκ φυταλιᾶς ἑτεροφύλου ῥάδαμνον εἰς καλλιέλαιον μετεγκεντρίζειν πιότατον καὶ πρὸς τὸ ἀναζώσασθαι τὸ κράτος τῶν ἄλλων προτίθεσθαι.

'Ο δὲ λόγος προσθήσει τῇ ἱστορίᾳ καί τι ἕτερον τοῦ λαθεῖν ὑπέρτερον ὄν. τῷ βασιλεῖ τούτῳ πολλή τις ἦν ἡ μελεδὼν τῶν κατὰ Κιλικίαν πόλεων καὶ φρουρίων, ὧν ἡ λαμπρὰ καὶ περιφανὴς Ταρσὸς ὡς μητρόπολις προκαθέζεται. ὅθεν πολλῶν τῶν ἐπὶ δόξης καὶ τοῦ ἐπισήμου αἵματος ἡγε-

---

66 μήπω etc.: a. 1165 exeunte vel a. 1166 ineunte

67—68 ἐπὶ — διαδοχάς: cf. Apost. 8, 20 **70** εἰρήκειμεν: p. 112, 66; 128, 5 **86—87** τὸν — πιότατον: metaphora ex Rom. 11, 23—24 **92—93** πολλῶν — ἀφικομένων: cf. Cinnam. 286, 6—12

VA = a, PW, RMDF = b

68 κατεμπεδοῖ V **69** τε om. V μνηστῆρα R **71** σφισι om. V **72** ἐπέκυπτον R **74** ἀρρενδρομήσει R: ἀρρενδοκήσει M **78—79** 'Ρωμαῖον — 'Ρωμαίοις om. R **79** βασιλέα P **80** ὑπερκαθίσαι R ὡς: εἰς V **83** τῶ 'Ανδρονίκω V **84** τὸ λέγειν ἐφέντες A: τὸ λέγειν ἀφέντες PR Bekk: τῶ λέγειν ἀφέντες D^{ac}F μετεσκεύασαν Bekk **86** μεγκεντρίζειν V: μετεγκεντρίζεσθαι P: μετεκεντρίζειν W **87** πιότητα V: πίονα P ἄλλων: ὅλων P Bekk **89** προθήσει P **90** ἦν om. M τὴν Λικίαν M **92** πολλῶν om. RMDF μόνων ἐκεῖσε ἀφικομένων, ἐφεξῆς ἡ ψῆφος περιελήλυθεν ἐς τὸν Κομνηνὸν Ἀνδρόνικον καὶ ὡς γένει μέγαν καὶ ὡς ἐν ἀνδράσιν ἀξιοθέατον. τῷ τοι ἀφιγμένος ἐκεῖσε καὶ τὴν τῆς Κύπρου δασμολογίαν προσειληφώς, ὡς ἔχοι τὰς δαπάνας ἐκεῖθεν ἀντλεῖν, πολλάκις μὲν τῷ Τορούσῃ πρὸς μάχην ἀντικατέστη καὶ ἀνεκήρυξε πόλεμον ἐχθρά οἱ νοῶν καὶ ὑπ' ἐκείνου πάλιν ἀποστυγούμενος, οὐδὲν δέ τι γενναῖον κατώρθωσε πώποτε, οὐδ' ἧς ἔτρεφε πολυτρόπου πείρας περὶ πολέμους καὶ πανουργίας εἰργάσατο ἄξιον. τελευταῖον δὲ ἡττηκότος αὐτὸν αἰσχρῶς τοῦ Τορούσῃ καὶ τρόπαιον στήσαντος, βουλεύεταί τι παραβολώτατον, ὁποῖον ὁ λόγος λέξων ἔρχεται.

Ὡς γὰρ τὰς οἰκείας δυνάμεις ἑκάτερος κατ' ἀλλήλων ἐξήνεγκαν, Ἀνδρόνικος μὲν ὅσα καὶ ζῷον τὴν στρατιὰν εἰς κεφαλὴν καὶ μέρος τὸ κατόπιν καὶ μέλη ἀνάλογα τῷ παντὶ συνδιαθέμενος εἶχεν, ὁ δὲ Τορούσης εἰς πολλὰ καταδιεῖλε τμήματα καὶ διασπείρας ἦν εἰς σπείρας καὶ λόχους τὸ οἰκεῖον στρατόπεδον. ἐπεὶ δὲ συμβαλόντες ἐμάχοντο, ἡ νίκη καὶ πάλιν ἐπεφοίτα | τῷ Τορούσῃ λαμπρά· τοῖς γὰρ ἀεὶ ἐπιβοηθοῦσιν ἀκμῆσι καὶ τοῖς ἐκ τῶν λόχων λαθρηδὸν ἐκπηδῶσιν Ἀρμενίοις αἱ τοῦ Ἀνδρονίκου ἐνέδωκαν φάλαγγες καὶ εἰς τροπὴν ἐνέκλιναν ἄκοσμον. διὰ ταῦτα τῇ λύπῃ καταποθεὶς Ἀνδρόνικος καὶ μὴ ἔχων, ὅπως τὴν ἧτταν ἀναμαχέσαιτο ἢ γοῦν ἐξ ὑπογυίου δράσειέ τι γενναῖον κατὰ τῶν θυόντων ἤδη πολεμίων τὰ νικητήρια, τοῖς ἐγγὺς ἀνεφίκτων ἐπιχειρεῖ. κατοπτεύσας γὰρ τὸν Τορούσην μετὰ τῶν δορυφορούντων αὐτὸν ἔτι που ἱστάμενον ἔφιππον, τὴν τῶν ταγμάτων συλλογὴν ἀναμένοντα ἐξ ἧς εἴχοντο ἐπιδιώξεως, ὅλῳ ῥυτῆρι τὸν ἵππον ἀνεὶς ἐνσείει κατ' ἐκείνου τὸ δόρυ, καὶ δὴ κατὰ τοῦ θυρεοῦ βαλὼν ἀνατρέπει τοῦτον τοῦ ἵππου, καὶ διεκπαίσας τὸ περὶ ἐκεῖνον ἐπίλεκτον ὡς πτηνὸς ἱππότης ἢ ὀλισθηρά τις ἐγχέλυς τὰς τῶν ἁπάντων χεῖρας ἐξήλυξεν. ἀλλ' ἕως τούτου σεμνὸν τὸ τοῦ Ἀνδρονίκου κατόρθωμα· τὸ δὲ παθεῖν τὸν Τορούσην κακῶς ἀπεκώλυσαν οἵ τε σιδήρεοι χιτῶνες, οὓς ἐνεδέδυτο, καὶ θυρεὸς ἐπιμήκης παρὰ πλευρὸν καταβαίνων τοῦ ἵππου πλάγιος.

Οὐ πολλαὶ δ' ἡμέραι παρήλθοσαν ὕστερον, καὶ λογίζονται τῷ Ἀνδρονίκῳ δευτέρου λόγου καὶ πάρεργα ἀνδροκτασίαι καὶ μάχαι καὶ πόλε-

---

93 ἐφεξῆς: a. 1166

93—1 ἐφεξῆς — ἀντλεῖν: cf. Cinnam. 250, 1—5 **18** τοῖς — ἐπιχειρεῖ: cf. p. 128, 21 **20** ὅλῳ ῥυτῆρι: cf. p. 13, 29 **28** — 139, **57** οὐ — κατηκολούθησεν: cf. Cinnam. 250, 5—8

VA = a, PW, RMDF = b

93 ἡ ψῆφος om. M **94** ὡς alt. om. V P^ac B καὶ post τοι add. V **1** ἔχειν M Τουρούσῃ R **3** ἀποστεργόμενος M **5** τελευτῶν V **10** συνδιατιθέμενος ἦν P δὲ om. V Τουρούσης R **12** στράτευμα P **13** Τουρούσῃ R **14** Ἀρμενίων M ἢ post ὅπως add. AP^s W^ar Sc Bekk **17** δράσοι V **18** γὰρ om. M **21** ἀφεὶς F **23** ἔγχελυς V Bekk **24** τοῦ om. P **26—27** τοῦ ἵππου καταβαίνων R **28** δὲ M: om. D μοι καὶ σάλπιγξ ἠχοῦσα τὸ ἐνυάλιον Δεῖμός τε Φόβος τε καὶ Ἄρης βροτολοιγός, καὶ ἔργα πολέμια παρωσάμενος τὰ τῆς Ἀφροδίτης μέτεισιν ὄργια. ἡ δὲ Ἑλένην μὲν οὐχ ὑποβάλλει οὐδ' οἷον ὑπ' ὄψιν παρίστησι καθ' Ἑλλάδα καὶ μέσον Ἄργος τὴν οἴκησιν ἔχουσαν καὶ διαχεῖ τῷ κάλλει καὶ ἐκμαίνει πρὸς ἔρωτα καὶ πηγνύει σκάφη καὶ ναύαρχον ἐφίστησι Φέρεκλον, ἐκ γειτόνων δὲ ὃν τὸ τῆς Φιλίππας εἶδος καθυπογρά|φει καὶ μαστροπεύει τῷ δυσέρωτι Ἀνδρονίκῳ· ἦν γὰρ ἐξ ἀκοῆς ἐρωτόληπτος. ῥίψας οὖν τὴν ἀσπίδα καὶ τὸ κράνος ἀποβαλόμενος καὶ τὸν ὅλον στρατιώτην ἀποσεισάμενος πρὸς τὴν ἐρωμένην αὐτομολεῖ, οὖσαν κατὰ πόλιν τὴν Ἀντιόχειαν. ἔνθα καὶ δὴ γεγονὼς καὶ τὴν Ἐρώτων ἀγλαΐαν τῆς Ἄρεος σκευῆς ἀνθελόμενος μόνον οὐκ ἔξαινεν ἔρια οὐδ' ἱστῷ προσανεῖχε καὶ συνεῖρεν ἠλάκατα, ὡς Ὀμφάλῃ πρὶν Ἡρακλῆς τῇ Φιλίππᾳ δουλεύων. ἡ δ' ἄρα ἦν τῆς συναφθείσης τῷ τούτου ἐξαδέλφῳ τῷ βασιλεῖ Μανουὴλ πρώην, οὔπω πάνυ πρώην, θυγατρὸς τοῦ Πετεβίνου ἀδελφή.

Καὶ ὁ μὲν τὴν Ἀντιόχου καταλαβὼν τρυφαῖς ἐκεχήνει καὶ καλλωπισμοῖς ἐπελύττα καὶ δορυφόροις ἐπ' ἀγυιῶν ἀργυροτόξοις ἐπόμπευε, τὴν ἡλικίαν εὐμήκεσιν, ἰούλῳ τε πρώτῳ λαχνουμένοις καὶ κόμαις πυρσαινομένοις ξανθαῖς, καὶ ἦν ἐντεῦθεν θηρῶν τὴν θηράσασαν, ἣν καὶ εἶχε ταῖς οἰκείαις ἐρωτοδέσμαις καταγοητεύσας Ἀνδρόνικος· καὶ ὅπερ ἐπεπόνθει, τοῦτο δράσας φιλοτιμότερον, πλουτῶν μὲν καὶ ἄλλως εἶδος ἀξιάγαστον καὶ ὡς ἔρνος ἀναβαίνων ἐλάτινον, ἐπτοημένος δὲ καὶ περὶ τὰς ἐξάλλους στολάς, καὶ τούτων ὅσαι περὶ γλουτὸν καὶ μηροὺς καταβαίνουσαι διασχίζονται καὶ οἷον εἰσί πως συνυφασμέναι τῷ σώματι, καὶ τοῖς ἄλλοις τῶν τοιούτων ἡγεμὼν καθιστάμενος. οὐκοῦν τὸ μὲν βλοσυρὸν ἐκεχάλαστο καὶ τὸ ἐπὶ συννοίας εἶναι ἀεὶ καὶ τὸ τοῦ ἤθους ἐμβριθὲς καὶ φροντιστικὸν ἐνδεδώκει καὶ τὸ ἐπισκύνιον ὁ θὴρ ἀπεβάλετο· ἡ δὲ ὡς ἑάλω κατάκρας, ὑπέκυψεν εἰς εὐνήν, οἴκου καὶ πατριᾶς ἐπελάθετο, καὶ τοῦ ἐραστοῦ αὐτῆς ὀπίσω κατηκολούθησεν.

---

30 Δεῖμός τε Φόβος τε: cf. Hom. Λ 37 Ἄρης βροτολοιγός: cf. Hom. E 31; al. **33** καθ' — Ἄργος: cf. Hom. δ 726 **35** Φέρεκλον: cf. Hom. E 59 sqq. **41** ὡς — Ἡρακλῆς: cf. Lucian. Dial. Deor. 13 **50** ὡς — ἀναβαίνων: cf. Hom. ζ 163; ξ 175 **55** ἑάλω κατάκρας: cf. Hom. N 772 sq. **56** οἴκου — ἐπελάθετο: cf. Ps. 44, 11

VA = a, PW, RMDF = b

33 Ἄργους PM^{pc}F Bekk **34** σκάφην Bekk **39** καὶ pr. om. Bekk τὴν: τῶν M **40** τοῦ Ἄρεως V **41** συνῆρεν AWRMK Bekk **43** πρώην alt. om. P Bekk Πεντεβίνου RKUB **44** Ἀντιόχειαν Bekk **45** ἐνελύττα P **48** ἐρωτοδέσμοις RM **49** δράσας τοῦτο V **50** δὲ om. V **53** βλοσσυρὸν codd. **54** φροντιστικὸν etiam B: τὸ φρ. V **56** τε post οἴκου add. Bekk

45 ὑπελύττα b Bekk

Ὁ Μανουὴλ δὲ ὡς τοῖς περὶ τούτου κατεβροντήθη ἀκούσμασι, μικροῦ καὶ ἐννεὸς ἦν καὶ πρὸς ἄμφω μεμέριστο· καὶ ὡς ἐρῶντα γὰρ ἔρον ἀξύμφυλον καὶ ὡς ἀθεμιτογαμοῦντα ἤχθαιρε τὸν Ἀνδρόνικον καὶ | ὡς αὐτὸν τῶν κατ' Ἀρμενίαν ἐλπίδων ψευσάμενον συλλαβεῖν ἐζήτει καὶ δίκας ἐξ ἐκείνου λαβεῖν. στέλλει τοίνυν τόν σεβαστὸν Κωνσταντῖνον τὸν Καλαμάνον, ἄνδρα καὶ τόλμης λελογισμένης μεστὸν καὶ τὸ γενναῖον εὐτυχοῦντα στάσιμον, καὶ τοῖς κατ' Ἀρμενίαν μὲν ἐπιστατήσοντα πράγμασι καὶ τῇ Φιλίππᾳ δ' ὅπως συναφθείη, πειραθησόμενον. ὁ δὲ τὰ μὲν πρῶτα εἰς νυμφίον ἑαυτὸν διευθετίσας καὶ λαμπρυνάμενος, ὡς εἰκὸς καὶ καθ' ὅσον ᾔδει τὴν ἐρωμένην ὑπαγαγέσθαι, τὴν Ἀντιόχειαν εἴσεισι. τοσοῦτον δὲ προσέσχεν αὐτῷ Φιλίππα καὶ οὕτως αὐτὴν τοῦ προτέρου μετέθηκεν ἔρωτος, ὡς μηδὲ βλέμματος γοῦν μεταδοῦναι ἢ προσρήματος ἀξιῶσαι τὸν Καλαμάνον, μᾶλλον μὲν οὖν καὶ προσονειδίσαι τἀνδρὶ τὸ τῆς ἡλικίας βραχὺ καὶ ἐς αὐτὸν ἀποσκῶψαι τὸν αὐτοκράτορα Μανουήλ, εἰ οὕτως ἀμαθῶς καὶ εὐήθως ᾠήθη, ὡς ἀποστατήσει μὲν Ἀνδρονίκου αὕτη τοῦ ἥρωος, οὗ τὸ κλέος εὐρὺ καὶ οὗ τὸ γένος πολύ, προσκολληθήσεται δὲ ἀνδρί, ὃς τὸ γένος ἀπεσβεσμένος καὶ χθὲς καὶ πρώην, εἰ ἔστιν ὅλως, ἐγνώρισται.

Ἐπεὶ γοῦν ὁ Κωνσταντῖνος ἀδοξοῦντας αὐτὸν ἑώρα τοὺς τῆς Φιλίππας ἔρωτας καὶ πρὸς ἄλλον λύοντας τὸ πτερὸν μηλοβολοῦντάς τε καὶ δᾳδουχοῦντας Ἀνδρόνικον, ἐκεῖθεν μεθίσταται καὶ τὴν Ταρσὸν καταλαβὼν μετὰ τῶν ἀντιπάλων Ῥωμαίοις Ἀρμενίων συνερρήγνυ πόλεμον. ὡς δέ ποτε τούτῳ ἐπέβρισαν οἱ διάφοροι, ἑάλω τε καὶ ἦν ἐν δεσμοῖς. ὁ δὲ βασιλεὺς ἐλύσατο τοῦτον ἱκανὰ ζωάγρια καταθέμενος.

Ἀνδρόνικος δὲ τὰς ἀπειλὰς τοῦ Μανουὴλ δεδιὼς καὶ πτοηθείς, μή-| πως συλληφθεὶς τῶν φιλοτήτων Φιλίππας τὴν πρότερον εἱρκτὴν ἀνταλλάξαιτο καὶ ὑποσταίη χρόνιον κάκωσιν, ἄρας ἐκεῖθεν τῆς ἐπὶ τῶν Ἱερο-

---

62 στέλλει: a. 1166 **78** μεθίσταται: a. 1166 exeunte vel a. 1167 ineunte **84** ἄρας: initio a. 1167

---

74 χθὲς καὶ πρώην: cf. Nic. Or. 3, 17 **77** μηλοβολοῦντας: cf. Diogen. 6, 63; Nic. Or. 154, 10 **82—93** Ἀνδρόνικος — Ἰταλῶν: cf. Cinnam. 250, 8—18

VA = a, PW, RMDF = b

58 ὁ om. V Μανουήλ: βασιλεὺς Bekk δὲ om. P[ac]W[ac] τούτων V **59** ἐνεὸς codd. **60** ὡς om. P Bekk ἤχθραινε P F[ac]? Bekk **61** αὐτῶν V Ἀρμενίων RMDF Bekk **63** Καλαμᾶνον constanter R Bekk **64** τὸ στάσιμον A **65** ὅμως RM **66** διευθετήσας Bekk **67** Ἀντιόχου Bekk **69** γοῦν — προσρρήματος i. r. 17 litt. P **71** Μανουὴλ om. VB **72** ἀήθως V αὐτὴν ἔχειν post εὐήθως add. Bekk **76** ἀδοξοῦντας ὁ Κωνστ. A **77** τε om. F **79** συρρήγνυσι V: συνερρήγνυτο M **82** δὲ om. M τοῦ om. V: hab. B **83** τῆς Φιλίππας VB προτέραν VP Bekk

69 μεταδοῦναι om b

σολύμων εἴχετο, γαλῆ τὸ τοῦ λόγου πρὸς στέαρ ἐλεγχθείς, κἀπὶ τὰς πρώην ἐπαναδραμὼν δραπετεύσεις καὶ πρὸς τὰς παλαιτέρας αὑτοῦ μηχανὰς ἀπιδών.

Ἀδιαφόρως δ' ἔχων τοῦ βίου καὶ ὡς ἵππος θηλυμανὴς ταῖς παραλόγοις ἐπιθορνύμενος μίξεσιν ἐγχρίπτει σαρκικῶς καὶ ἐνασελγαίνει ἀκολάστως τῇ τοῦ πρώτου ἐξαδέλφου θυγατρὶ Θεοδώρᾳ (Ἰσαάκιον φημὶ τὸν σεβαστοκράτορα, τὸν τοῦ βασιλέως Μανουὴλ ὁμαίμονα) θανάτῳ ἄρτι ἀποβαλούσῃ τὸν παρθένιον σύνευνον, ὃς ἦρχε πρὸ βραχέος τῆς Παλαιστίνης· Βαλδουῖνος ἦν οὗτος, τὸ γένος ἕλκων ἐξ Ἰταλῶν. ἑτέραν ἐπὶ τούτοις πληγὴν ὁ βασιλεὺς δέχεται Μανουὴλ καὶ πράττων ἦν πάντα καὶ διατεχνώμενος, εἴ πως εἴη συνειληφὼς Ἀνδρόνικον τῶν οἰκείων ἀμφιβλήστρων ἐντός· ὅθεν ἐρυθροδάνῳ ἐνσημανθὲν ἀφῆκε γραμμάτιον, ἐνάγον τοὺς κατὰ Κοίλην Συρίαν ἰσχύοντας Ἀνδρόνικον συσχεῖν ὡς ἀντίφρονα καὶ περὶ τὸ γένος ἀκολασταίνοντα καὶ τοῦ φάους στερῆσαι τῶν ὀφθαλμῶν.

Καὶ τάχ' ἂν τοὺς ὀφθαλμοὺς ἐξ αἵματος Ἀνδρόνικος ἠρευθοῦτο ὦχρός τέ μιν εἷλε παρειὰς συνεχόμενον καὶ δεσμούμενον ἢ καὶ εἰς πορφύρεον ἐβάπτετο θάνατον, εἰ χεῖρες εἶχον ἑτέρων τὸ τῆς βασιλικῆς βαφῆς ἐκεῖνο δελτάριον· νῦν δὲ τοῦ θεοῦ τηροῦντος αὐτόν, ὡς ἔοικεν, εἰς ἡμέραν ὀργῆς καὶ τοῖς μετόπισθεν κακοῖς ταμιεύοντος, ἅ τε παρὰ τὸ δέον εἰς τὸ ὑπήκοον ἐνεδείξατο Ῥωμαίων ἄρξας ἐκ τυραννίδος καὶ οἷς αὐτὸς ἀσυμπαθῶς ἐσέπειτα περιπέπτωκε, χερσὶ τῆς Θεοδώρας τὸ ἐπιστόλιον δί|δοται. ἡ δὲ ἀναγνοῦσα τοῦτο καὶ γνοῦσα τὰ κατ' Ἀνδρονίκου τυρευόμενα ἐξαυτῆς τὸν χάρτην αὐτῷ ἐγχειρίζει.

Συνεὶς οὖν Ἀνδρόνικος ὡς χωρεῖν ἐκεῖθεν δέον καὶ ἐγκονεῖν, μηδ' ἕδρας εἶναι τὸ ἀπὸ τοῦδε ἀκμήν, φρίκη τε ὑφέρπεται καὶ πρὸς ἀπόδρασιν

---

85 γαλῆ . . . πρὸς στέαρ: cf. Diogen. 3, 83 6 ὦχρος — παρειάς: cf. Hom. Γ 35 6—7 πορφύρεον . . . θάνατον: cf. Hom. Ε 83 8—9 εἰς ἡμέραν ὀργῆς: Rom. 2, 5; Apoc. 6, 17 14—31 συνεὶς — ἐπήγετο: cf. Cinnam. 250, 18 — 251, 6

VA = a, PW, RMDF = b

85 τὸ στέαρ P **85—86** τὴν . . . . . δραπέτευσιν VAW **86** πρώτην V ἀναδραμὼν D αὐτοῦ om. V **88** δ' om. V **89** ἐπεγχρίπτει AP^{pc}W **90** θυγατρί: ἀδελφῇ F^{ir} **90—91** Ἰσαακίου φημὶ τοῦ σεβαστοκράτορος τοῦ βασ. Μαν. ὁμαίμονος Bekk **93** ἕλκων: ἔχων DF **94** ὁ Μαν. δέχεται πληγὴν V: πληγὴν δέχεται ὁ βασ. Μαν. P **95** καὶ om. W εἴ πως: ὅπως VAWD **1—2** βιβλίον ἀφίησιν V **2** ἐνάγων **F** Bekk **3** ἀποστερῆσαι P **5** ἐξ αἵματος Ἀνδρόνικος VF: Ἀνδρ. ἐξ αἵματος rel. **6—8** συνεχόμενον, εἰ μὴ αἱ χεῖρες εἶχον τῆς Θεοδώρας τὸ ἐπιστόλιον. φυγὰς οὖν ἐκεῖθεν μετὰ τῆς γυναικὸς γίνεται. νῦν δὲ κτλ. W **7—8** ἐκεῖνο βαφῆς Bekk **8** γραμμάτιον V: ἢ — A^{mg} **10—11** ἐσέπειτα περιπέπτωκε ἀσυμπαθῶς D **11** τὸ ἐπιστόλιον τῆς Θεοδώρας Bekk **13** (ἐξαυ)τῆς — αὐτῷ i. r. 6 litt. P τὸν χάρτην om. W **14** καὶ ἐγκ.: ἐνεγκόντι W **15** τὸ ἀπὸ τοῦδε om. V ἀκμήν: καιρόν APW ἐνσκευάζεται. σοφιστὴς δὲ ὢν καὶ ἀπατεὼν καὶ αὐτὴν ἀποπλανᾷ Θεοδώραν, καὶ ὥσπερ Εὐρώπην πάλαι ὁ Ζεὺς τοῦ χοροῦ τῶν παρθένων ἀποβουκολήσας ἧκε φέρων ἐπὶ νώτων εἰς βοῦν ἑαυτὸν μεταμορφώσας καλλίκερων, οὕτω καὶ οὗτος ἀποστήσας τῶν οἴκοι τὴν γυναῖκα καὶ συμφοιτῆσαί οἱ σαββάτου ὁδὸν αἰτησάμενος ὡς προπέμψουσαν ἐκεῖθεν καὶ συνταξομένην ἐκείνῳ τὰ ἐξιτήρια συνέκδημον καὶ συμπλανῆτιν ἑκοῦσαν ἐπεσπάσατο ἄκουσαν.

Χώραν δ' ἐκ χώρας ἀμείβων καὶ ἡγεμόσι καὶ δυνάσταις πολυπλανὴς ἐπιξενιζόμενος καὶ παρ' οἷς κατέλυε τιμήεις ὢν καὶ αἰδέσιμος καὶ φιλοφροσύνης ὅτι πλείστης καταξιούμενος καὶ δωρεῶν ἁδρῶν ἐν μεθέξει γινόμενος ὀψέ ποτε καὶ μόλις παρὰ τῷ Σαλτούχῳ τῆς πλάνης ἵσταται. ἦν δ' οὗτος τὰ τῇ Κολωνείᾳ τότε κληρούμενος ὅμορα καὶ ὅσα τῆς Χαλδίας πρόσοικά τε καὶ ἔγγιστα καρπιζόμενος. κἀκεῖσε ἦν ἀλύων καὶ συνὼν Θεοδώρᾳ μεθ' ὧν ἀπέτεκεν αὕτη τούτῳ παίδων δυοῖν Ἀλεξίου τε καὶ Εἰρήνης, ἐπὶ δὲ καὶ Ἰωάννου, ὃν ἐκ τῶν γνησίων καὶ προτέρων οἱ σπερμάτων συνέκδημον ἐκ Βυζαντίου ἐπήγετο, ἕως τῆς ἐς αὐτὸν αὖθις τὸν αὐτοκράτορα Μανουὴλ ἐπαναλύσεως, ἣν κατὰ τὸν οἰκεῖον χρόνον καὶ πρόσφορον ὁ λόγος τῇ ἱστορίᾳ παρέξεται, ὡς εἴη συνημμένα δήπου καὶ συναφῆ τὰ ἐφε|ξῆς ὑπ' αὐτοῦ πεπραγμένα καὶ τὰ παρ' ἡμῶν αὖθις ἐπ' αὐτῷ ῥηθησόμενα.

Ἐν πολλοῖς μέντοι καὶ πολλάκις ὁ Μανουὴλ τὴν Ἀνδρονίκου δεσμεύων ψυχὴν καὶ ζητῶν ταύτην λαβεῖν τοῖς ἀνηνύτοις ἐγχειρῶν διηλέγχετο· ὁ γὰρ πολύπλαγκτος οὗτος καὶ ταλασίφρων Ἀνδρόνικος τὰς καθ' αὑτοῦ προσβολὰς ὅσα καὶ νηπίων βολὰς εὐμαρῶς ἀπεκρούετο καὶ τῶν θηράτρων κούφως ὑπεραλλόμενος, ἅπερ αὐτῷ πολλάκις ὑφηπλοῦτο καὶ ἐξετείνετο, ἀπαγίδευτος ἦν καὶ ἀθήρευτος.

17—18 ὥσπερ — καλλίκερων: cf. Mosch. 2, 77 sqq.; Apollod. Bibl. 3, 2 **21** ἑκοῦσαν . . . ἄκουσαν: cf. p. 106, 84 **33** παρέξεται: p. 226, 64 sqq.

VAP (ab 26 ὀψέ) = a, P (usque ad 25) W, RMDF = b

16 ἀποπλανῶν A: ἀποπλανήσας N **17** ὡς V **18** ἐπὶ τῶν νώτων APW **19** καὶ alt. om. WN **20** προπέμπουσαν R: προπέμψασαν M ἐνθένδε V συνταξαμένην A **21** ξυμπλανῆτιν F **22** ἀπεσπάσατο W **23—24** ἐπιξενιζόμενος πολυπλανής Bekk **26** Σαλτούχῳ: σουλτάνω V: σουλτὰν B ἵστατο M **27** τότε om. V: ποτε W Χαλδείας P^ac^: Χαλδαίας Bekk **29** δυοῖν RD Bekk: δυεῖν rel. ἐπὶ: ἔτι Bekk **30** προτέρων καὶ γνησίων Bekk οἱ om. APW **32** δὴ post ἦν add. V **33** ξυναφῆ V **34** αὖθις om. V **39** προβολὰς D^ac^F ὅσα — βολὰς V: ὡς νηπίων ἡγεῖτο πληγάς B: cum PW b om. A **40** κοῦφος V καθαλλόμενος APW πολλαχῶς ἐφηπλοῦτο V

39 ὅσα — βολὰς om. PW b Bekk

Ἀλλὰ τίνα τὰ παρὰ πόδας; χρεὼν γὰρ μηδὲ τούτων ἀφέξεσθαι. περιδεὴς ἅπας κρατῶν καὶ καχύποπτος καὶ χαίρει διαπραττόμενος ὅσα Θάνατος καὶ Χάος καὶ Ἔρεβος ἐν τῷ τοὺς εὐπατρίδας ἀκροτομεῖν καὶ ἐκποδὼν τιθέναι πάντα ὑψηλὸν καὶ μετέωρον καὶ ἀποσκυβαλίζειν σύμβουλον ἀγαθὸν καὶ θερίζειν γενναῖον στρατηγὸν καὶ εὐπάλαμον. καὶ ἐοίκασιν ἀτεχνῶς οἱ τῆς γῆς δυναστεύοντες ὑψιτενέσι καὶ ἀκροκόμοις πίτυσιν· ὡς γὰρ αὗται καὶ βραχείαις ἀνέμων πνοαῖς τὰς τῶν κλάδων βελόνας διατινασσόμεναι ψιθυρίζουσιν, οὕτω δὴ καὶ οὗτοι καὶ τὸν πλούτῳ κομῶντα ὑποβλέπονται καὶ τὸν ἐπ' ἀνδρείᾳ τῶν πολλῶν διαφέροντα κατεπτήχασι. κἂν εἴη τις τὸ κάλλος ἀγαλματίας καὶ τὴν γλῶτταν ὡς ὄρνις μουσηγέτης ἐστόμωται, κἂν τὸ ἦθος ὁρῷτο εὐτράπελος, οὐκ ἐᾷ καθεύδειν τὸν ἐπὶ τοῦ στέφους οὐδ' ἠρεμεῖν, ἀλλὰ γίνεται τούτῳ τῶν ὕπνων ἐγκοπή, τῆς τρυφῆς ἀνατροπή, ἡδονῆς ὑφαίρεσις, φροντίδων ὑπόθεσις· καὶ κακῶς λέγων εὐλογεῖ τὴν φύσιν τὴν πλάστριαν, ὅτι καὶ ἑτέρους εἰς τὸ ἄρχειν ἐπιδόξους ἐπαλαμήσατο καὶ μὴ πρῶτον αὐτὸν καὶ ὕστατον κάλλιστον ἀνθρώπων ἐφύτευσεν. οὐκοῦν καὶ ἀντιστρατεύονται τὰ πολλὰ τῇ προνοίᾳ καὶ τῷ θείῳ ὑπέροπλοι γίνονται, πάντα ἀγαθὸν ἐκ τοῦ πλείονος ἐκχορδεύοντες | καὶ ὡς θύματα σφαγιάζοντες, ὡς ἔχοιεν ἐφ' ἡσυχίας δήπουθεν οὗτοι σπαθᾶν καὶ ὡς πατρῷον κλῆρον καθηδυπαθεῖν μονώτατοι τὰ δημόσια καὶ ὡς ἀνδραπόδοις χρᾶσθαι τοῖς ἐλευθέροις καὶ ὡς ὠνητοῖς τοῖς ἀξιωτέροις ἐνίοτε ἄρχειν προσφέρεσθαι, κακῶς εἰδότες καὶ τὸ φρονεῖν ὑπὸ τῆς ἐξουσίας ἀφῃρημένοι καὶ κακοβούλως τῶν πρότριτα λανθανόμενοι.

Καὶ ὁ Μανουὴλ τοίνυν οὐδὲν ἄχαρι ἔχων ἐπεγκαλεῖν Ἀλεξίῳ τῷ πρωτοστράτορι ἢ ὅ τι ὅλως παραλελύπηκεν ἢ παρηνώχλησεν ἢ τῆς

---

65 — 146, 29 καὶ — ποιητικόν: a. 1167 vere

---

65 — 146, 29: cf. Cinnam. 265, 14 — 269, 23

VAP = a, W, RMDF = b

43—47 περιδεὴς — δυναστεύοντες V: περιδεεῖς — ἀτεχνῶς cum PW b scr. A: οἱ πολλοὶ τῶν βασιλέων περίφοβοί εἰσι καὶ κακῶς ὑποπτεύουσι τοὺς ἐκ γένους ὄντας αὐτῶν ὑψηλοὺς καὶ ἀνδρείους καὶ χαίρουσι μᾶλλον καὶ εὐφραίνονται, ὅτε ἐκ μέσου ποιήσωσι καὶ ἀφανίσωσι πάντα ὑψηλὸν καὶ μετέωρον καὶ ὥσπερ B **47** ἀκροτόμοις W **49** δὴ om. V **51** καὶ: κἂν D **52** μουσηγέτις V: μουσιγέτις A: μουσικὸς D ἐστόμωτο Bekk **54** ἐκκοπὴ Bekk ἀφαίρεσις V ἀπόθεσις AP Bekk **55** κακῶς — φύσιν: τὴν φύσιν κακολογοῦσι PW Sc: τὴν φύσιν μέμφονται B Bekk **58** ἀγαθὰ AP Bekk ἄνθρωπον ἀγαθὸν B **61** μονώτατος A χρῆσθαι Bekk **62** ἀλωνήτοις D **66** παρηνώχληκεν V

43—47 περιδεὴς — δυναστεύοντες: περιδεεῖς οἱ πολλοὶ τῶν κρατούντων (εἰσὶ post κρατούντων add. APW Bekk) καὶ καχύποπτοι, καὶ χαίρουσι διαπραττόμενοι ὅσα . . . μετέωρον, καὶ ἐοίκασιν ἀτεχνῶς PW b Sc Bekk **51—54** κἂν — ὑπόθεσις om. W b Sc, sed suppl. D^{mg} **55** κακῶς — φύσιν: τὴν φύσιν εὐλογοῦσι (εὐλογοῦσι: ἀντὶ τοῦ καταρῶνται D^{mg}) b **56** πρώτους αὐτοὺς καὶ ὑστάτους καλλίστους PW b Sc Bekk **57—64** οὐκοῦν — λανθανόμενοι om. W b Sc, sed suppl. D^{mg}

ὀφειλομένης εὐνοίας καὶ πίστεως καθυφῆκε βραχύ τι γοῦν ἀντίρροπα δράσας ὧν ὑπ᾽ αὐτοῦ πέπονθεν εὖ καὶ ὡς ἐπὶ ζυγοῦ τὴν ἑτέραν παρήνεγκε πλάστιγγα, ἐξ ὑπονοίας δὲ μόνης ὁρμώμενος καὶ κακοσχόλων τινῶν ὑφηγήσεσιν ἐκ τοῦ τὸν ἄνδρα ὁρᾶν καὶ στρατηγοῖς καὶ στρατιώταις ἐρώμενον καὶ φιλοτίμῳ γνώμῃ καὶ χειρὶ φιλοδώρῳ πρὸς ἅπαντας χρώμενον, ἴσως δὲ καὶ τοῦ προσόντος αὐτῷ πλούτου ὑποτύφων ἔφεσιν, συλλαμβάνει τοῦτον διάγων ἐν Σαρδικῇ, μήπω ἐπιφωσκούσης ἡμέρας, τῇ οἰκείᾳ ἔτι συγκατακείμενον ὁμευνέτιδι, καὶ οὐ μόνον τῶν ὄντων ἁπάντων ἀπογυμνοῖ, ἀλλὰ καὶ εἰς μοναχὸν ἀποκείρας ἐν ἑνὶ τῶν κατὰ τὸ Παπύκιον τὸ ὄρος φροντιστηρίων παραρριπτεῖ.

῞Ινα δὲ μὴ εἴη τὸ πραχθὲν ἀπροφάσιστον καὶ προὖπτον διὰ τοῦτο τὸ βασιλικὸν ἀδίκημά τε καὶ ἀσχημόνημα, οἱ συκοφάνται παρῆσαν ἐγγύς, ὑφειμένοι παρ᾽ ὧν ὑπεβλήθησαν, καὶ γοητεῖαι κατὰ βασιλέως τὰ αἰτιάματα οὕτω πάνυ τοι πιθαναὶ | καὶ δραστήριοι, ὡς ποιεῖν τὸν κεχρημένον πετόμενον καὶ μηδ᾽ ὅλως θεώμενον καθ᾽ ὧν ἂν ἐπιπτέσθαι ξιφηφόρος βούλοιτο, καὶ ἕτερ᾽ ἄττα βωμολόχα καὶ ἀκοαῖς ὑγιαινούσαις οὐκ εὐπαράδεκτα, ὁποῖα πάλαι τοῦ Περσέως λογοποιοῦντες κατηγόρευον ῞Ελληνες.

Ἦν δὲ ὁ τῶν συκοφαντῶν τοῦ ἀνδρός, ὡς ᾔδετο, προχειρότατος καὶ πλάστης πρώτιστος τῶν ληρημάτων καὶ εὑρετὴς τουτωνὶ ὁ Ἀαρὼν Ἰσαάκιος, Κορινθόθεν μὲν ὁρμώμενος, τὴν δὲ Λατινίδα γλῶτταν ἄκρως ἐξησκηκὼς ἡνίκα συναπήχθη τοῖς πατριώταις εἰς Σικελίαν αἰχμάλωτος καὶ τοῖς ἐκ τῆς διαλέκτου ταύτης τῷ βασιλεῖ ἐντυγχάνουσιν ὑποβολεὺς τηνικαῦτα γινόμενος.

Ἡ δὲ τοῦ Ἀλεξίου γυνή, θυγάτηρ οὖσα τοῦ πορφυρογεννήτου Ἀλεξίου, ὃς ἐπρωτοτόκει τῶν τοῦ Μανουὴλ ἀδελφῶν, ἐφιλοτιμεῖτο μὲν ἑαυτὴν ἀνελεῖν, φιλανδρίαν καὶ σωφροσύνην ἐν ταῖς μάλιστα τῶν γυναικῶν ἀγαπήσασα καὶ τιμήσασα καὶ τῶν ἐκ τοῦ γένους θηλυτέρων καλ-

---

83 ὁποῖα — ῞Ελληνες: cf. Nic. Or. 38, 15—18; 66, 24—27

VAP = a, W, RMDF = b

68 καὶ: ἢ καὶ V **69** καὶ κακοσχόλων: κακοσχόλων δὲ A: κακοσχόλων P ὑπαχθεὶς ὡς ἄνθρωπος post τινῶν cum PW b add. A **73** ἐπιφαυσάσης PW: ἐπιφασκούσης F: ἐπιφαυσκούσης Bekk **74** συγκατακλινόμενον APW προσόντων V **75** καὶ om. W τὸν V **76** τὸ om. APW Bekk **77** ἢ P Bekk **80** τοι: τι Bekk **81** ἐπιπέσθαι A: ἐπεισπέσθαι P Bekk: ἐπεισπεσεῖν proposuit Bekk **84** ἦν — τουτωνὶ V: ἦν — προχειρότατος cum PW b scr. A **85—86** Ἀαρών τις Ἰσαάκιος APW Bekk **86** μὲν om. APW **89** γενόμενος RM Bekk **90** ἡ: ἦν AW[ac] **91** ἐπιπρωτοτόκει M

68—69 καὶ — κακοσχόλων: κακοσχόλων δὲ W b **69** ὑπαχθεὶς ὡς ἄνθρωπος (ὡς ἄνθρωπος ὑπαχθεὶς Bekk) post τινῶν add. PW b Sc Bekk **72** ἴσως — ἔφεσιν om. W b **74** ἁπάντων om. W b **77—83** ἵνα — ῞Ελληνες om. W b Sc **84—85** ἦν — τουτωνὶ: ἦν δέ, ὡς ᾔδετο, τῶν συκοφαντῶν τοῦ ἀνδρὸς ὁ προχειρότατος (προχειλότατος RMD[ac] F[ac]) PW b Bekk λιστεῖον οὖσα καὶ λαμπρὸν ἐπικόσμημα καὶ περιλάλημα τοῖς πᾶσιν ἐράσμιον· τοῦ τοιούτου δ' ἐγχειρήματος ἐκκρουσθεῖσα πεσοῦσα προσεκυνζᾶτο τοῖς τοῦ θείου καὶ βασιλέως ποσὶ καὶ ἐδεῖτο κοπτομένη θερμότερον, φήνης ἐλεεινότερον, δρακόντων ὀδυνηρότερον, ἀλκυόνος πολυπενθέστερον, χαρίσασθαι τὸν ἄνδρα αὐτῇ, μαρτυρομένη θεὸν καὶ εἴ τι που φρικῶδες τοῖς εὐσεβοῦσι πρᾶγμα καὶ ὄνομα ἀπαραλόγιστον εἶναι τῆς ἐκείνου βασιλείας θεράποντα καὶ ἀκαταιτίατον πάντῃ τὸν ἄκοιτιν αὐτῆς. ἀλλ' οὐκ ἴσχυσε μεταθέσθαι τὴν γνώμην τοῦ αὐτοκράτορος, οὐδ' ἀναλῦσαι ὅλως ἅπερ ἐκείνῳ ἤδη κεκύρωτό πως καὶ δέδοκτο, καὶ ταῦτα ἕως δακρύων αὐτὸν καὶ θέᾳ ἐλεεινῇ καὶ σχήμασιν ἱλασίμοις καὶ ῥήμασιν οἰκτροῖς ἐκθηλύνασα. ἀμέλει καὶ τὸν βίον φιλόδακρυν ἕλκουσα κατὰ τὰς φιλοσώ | φρονας τρυγόνας τὰ οἰκόπεδα περιέτρεχε καὶ περιέτρυζεν ὀλολύζουσα καὶ τὴν μόνωσιν ἀπωδύρετο· ὅθεν καὶ τῇ περισσοτέρᾳ λύπῃ καταποθεῖσα τὸ φρονεῖν παρακέκοπται, ἐπὶ παισὶν ἄρρεσι δυσὶ τὸ βιοῦν καταξαίνουσα καὶ ἑαυτὴν εἰς τέλος καταμαραίνουσα.

Καὶ Ἀλέξιος μὲν τὸ μέλαν ἀσπασάμενος ἄμφιον τοῖς θείοις ἐκουφίζετο ἔρωσι τοῦ ἀκροτάτου τῶν ἀρετῶν ἐφιέμενος καὶ ὡς ὑψιπέτης ἀετὸς τῶν κάτω ὑπεριπτάμενος. κρεωδαισίας δ' ἄκρος ὢν ἐραστὴς καὶ καρυκείαις χαίρων βρωμάτων καὶ πανθοινίαις προσκείμενος, ὁπηνίκα πλούτῳ πολλῷ περιερρεῖτο καὶ τοῖς κατὰ κόσμον ἐνευπάθει τερπνοῖς, ὡς καὶ τὰς νηστίμους τῶν ἡμερῶν (τετράδα φημὶ καὶ παρασκευὴν) κρεωβόρον αὐτῷ παρατίθεσθαι τράπεζαν, ἢ δεσποτικῆς κατὰ ταύτας τελετῆς ἀγομένης ἢ μνήμης ἐνδόξου μάρτυρος τελουμένης ἤ τινος τῶν ὀπαδῶν τοῦ Χριστοῦ, τότε ποηφαγῶν καὶ ταῖς ὀπώραις ἐνεστιώμενος καὶ ταῖς ἀκάπνοις θύων τῶν τραπεζῶν καὶ τὸ πεινῆν πεινῶν ἀτεχνῶς, ὀψὲ δὲ καὶ ἰχθύων ἐνεορτάζων ταῖς παραθέσεσιν ἔχαιρεν ὅτι μάλιστα καὶ μνήμην τῶν προτέρων λαμβάνων ὀψαρτυμάτων καὶ τῆς περιέργου τῶν κρεῶν δαιτρεύσεως ἀκκισμὸν ἐκάλει κοιλίας καὶ ὀρέξεως μέθοδον ὅσα οἱ ἀδδηφάγοι καὶ κρεωφάγοι προτίθενται μὴ δύνασθαι λέγοντες τοῦ ἄγαν ὑποχαλᾶν· πᾶν γὰρ

---

2 ἀλκυόνος πολυπενθέστερον: cf. Hom. I 563; Nic. Or. 149, 23 **3—5** φρικῶδες ... πρᾶγμα καὶ ὄνομα: cf. Nic. Or. 14, 13 **22—23** ταῖς — τραπεζῶν: cf. Athen. 8 e

---

VAP (usque ad 13 καταμαραίνουσα) = a, P (ab 14) W, RMDF = b

94 λαμπρὸν: μικρὸν F **95** τοῦ om. P **2** καὶ post φήνης add. Bekk **3** μαρτυρουμένη RK **5** ἄκοιτιν: εὐνέτην APW Bekk **6** ἴσχυε F **8** αὐτὴν RMD: αὐτῇ F **9** ἕλκουσα: ἔχουσα R Bekk **10** περιέτρεχε καὶ V: cum PW **b** om. A **12** παρακόπτεται V: παρακέκοπτο APW δυσὶ om. R **14—15** ἐκουφαίνετο ἔρωσι καὶ W **15** ἀρετῶν: ἐφετῶν APW Bekk **17** πανθοινία V **21** τελουμένης om. VB τοῦ: τῶν Bekk **22** δὲ post τότε add. AWSc **24—25** λαμβάνων τῶν προτέρων V

10 περιέτρεχε καὶ om. PW b Bekk

τὸ παρατιθέμενον εἰδέναι τὸ σωμάτιον συνιστᾶν καὶ εὐεξίας εἶναι ποιητικόν.

Τί δὲ ἡ φίλη δίκη; ἆρα πολύπους καὶ πολύχειρ οὖσα, | ὀξυδερκής τε καὶ πανδερκής, καὶ μικροῦ ποδῆρες τὸ οὖς ἔχουσα, λήθεται ἢ οὐκ ἐννοεῖ ἢ τέλεον παρίησιν ἀνεκδίκητα ὅσα ἐπὶ τοῖς μὴ ἀλιτήμοσιν οἱ τῶν ἐπαινετέων κατήγοροι συρράπτουσιν ἔκδικα; οὐμενοῦν, ἀλλὰ παρυπέφηνε καὶ τότε ὡς τὰ ἐν μυχῷ γῆς διορᾷ καὶ τὰ ὑπὸ γλῶτταν ἐνωτίζεται τονθορυζόμενα.

Εἰ μὲν οὖν καὶ βασιλεῖ ἐνεμέσησε τῆς μὴ ἐνδίκου ταυτησὶ πράξεως, οὐ τοῦ παρόντος καταλέγειν καιροῦ· ἔδει δὲ σοφὸν ὄντα τὸν Μανουήλ, μηδ' ἀμαθῆ τε καὶ ἀναλφάβητον, οὐχ ὡς διαδεξόμενον ἐκεῖνον καὶ τῆς ἀρχῆς παραλῦσον τὸ ἄλφα περιεργάζεσθαι, ἀλλ' ἐκείνῳ τὰ τοῦ ἄρχειν ἀνάπτειν πείσματα, ὅς εἶναί φησι τὸ Α καὶ τὸ Ω, ὡς Ἰωάννης ἐν τῇ Ἀποκαλύψει διδάσκει με.

Τοὺς συκοφάντας μέντοι μετῆλθε καὶ ἄλλῳ μὲν ἄλλην δίκην ἐπέθηκε, τῷ δ' Ἀαρὼν ἐπέβρισε χαλεπώτερον ταῖς οἰκείαις ἁρπεδόσι περισχοινίσασα. μετ' οὐ πολὺν γάρ τινα χρόνον ἁλίσκεται μαγείαις προσανέχων καὶ προὔκειτο χελώνης ἔκφορον μίμημα, ἔνδον στέγον τῆς χέλυος ἀνθρωπόμορφον εἴκασμα, πεπεδημένον ἄμφω τὼ πόδε καὶ τὸ στέρνον ἐληλαμένον ἥλῳ διαμπερές. ἑάλω δὲ καὶ βίβλον Σολομώντειον ἀνελίττων, ἥτις ἀναπτυσσομένη τε καὶ διερχομένη κατὰ λεγεῶνας συλλέ|γει καὶ παρίστησι τὰ δαιμόνια συχνάκις ἀναπυνθανόμενα, ἐφ' ὅτῳ προσκέκληνται, καὶ τὸ ἐπιταττόμενον ἐπισπέρχοντα περατοῦν καὶ προθύμως δρῶντα τὸ κελευόμενον.

Οὐκ ἐπὶ τούτοις δὲ μόνον Ἀαρὼν συνείληπτο, ἀλλὰ καὶ βασιλέως ἐνώπιον ὑποβάλλων ἃς ἐκ τῶν δυσμόθεν ἐθνῶν ἀφικόμενοι πρέσβεις ἐκόμιζον ἀγγελίας καὶ μὴ δυσαχθοῦντας ὁρῶν πρὸς τὰ τοῦ βασιλέως θελή-

---

30 πολύπους — οὖσα: cf. Soph. El. 479 **31** πανδερκής: cf. Eur. El. 771; Anth. P. 9, 362, 24 ποδῆρες — ἔχουσα: nescio, unde haec habeat; λήθεται ἢ οὐκ ἐννοεῖ: cf. Hom. I 537 **40** ὅς — Ω: cf. Apoc. 1, 8; 21, 6; 22, 13 **43—66** τῷ — ἀποστερήσας: cf. Cinnam. 284, 6—13; 288, 3—4

VA = a, PW, RMDF = b

32 παρίστησιν R ἀνεκδιήγητα V ἐπὶ — ἀλιτήμοσιν: εἰκαίως κατά τινων AW: ἐπί τισιν ἀναιδῶς A^mg γρ P Bekk ἐπαινουμένων V: ἐπαινέτων A **33** οὔμενουν codd. **36** καὶ om. W ταυτησὶ πράξεως A^mg: τοῦ ἀνδρὸς κατασχέσεως AW **37** λέγειν VP **39** παραλύσοντα F Bekk ἄλφα: α AF: A Bekk περιεργάζεσθαι: περισκοπεῖν VB **40** ἄλφα PRMDK **40—41** Ω, τουτέστιν ἡ ἀρχὴ καὶ τὸ τέλος, ὡς Ἰωάννης ὁ εὐαγγελιστὴς καὶ θεόλογος ἐν τῇ ἀποκαλύψει διδάσκει με· οὐ γὰρ λείπει τῷ θεῷ Α(λφα) B Bekk **42** ἐπῆλθε V **47** διαπερές VRM **49** προσκέκληται A **52** συνείληπτο: ᾐτιᾶτο P ὅτι post καὶ add. P Bekk **54** μὴ δυσαχθοῦντας: εὐενδότους A^mg γρP: μὴ εὐενδότους W

50 ἐπισπεύδοντα b Bekk

ματα ἐπιπλήττει τούτοις ἐν μιᾷ τῶν αἰτήσεων ὡς πρὸς τὰς καταθέσεις ἑτοιμορρόποις τε καὶ εὐκόλοις καὶ ὑποτίθησιν ἀντιτεῖναι πρὸς τὸ τῶν ζητημάτων τηνικαῦτα προκείμενον καὶ μὴ ῥᾳδίως οὕτω καὶ ἐκ πρώτης καθυπενδοῦναι, ὡς ἐντεῦθεν κερδανοῦντας καὶ φιλίαν μείζω ἐκ βασιλέως κἀκ τῶν ὁμογλώττων πλείω τιμήν. καὶ τότε μὲν ἡ διάλεξις διαλέλυτο, ἀφώρατα τῷ βασιλεῖ θεμένη τὰ τοιαδὶ τοῦ Ἀαρὼν εἰσηγήματα καὶ τῷ τῆς διαλέκτου διαφόρῳ τὰ ἔκθεσμα συσκιάσασα· κατὰ μόνας δὲ τὰ προβληθέντα τῶν ζητημάτων ἡ βασιλὶς ἀναπεμπάζει φρενί, Λατινὶς οὖσα τὸ γένος καὶ τῶν λεγομένων ἀκριβῶς συνιεῖσα, καὶ ἀνακαλύπτει πάντα τῷ ἄνακτι. ὁ δ' ἐπὶ τοῖς ἠκουτισμένοις ἀγανακτήσας κακῶς τὸν Ἀαρὼν τίθησι τῶν τε ὀφθαλμῶν τὸ φῶς ἀμαυρώσας καὶ τῆς οὐσίας πάσης ἀποστερήσας.

Κακοεργὸς δ' ὢν Ἀαρὼν καὶ λιχνείαν φύσεως περὶ τὰ χείριστα δυστυχῶν ἐς ὕστερον ἐνῆγεν Ἀνδρόνικον τυραννήσαντα μὴ μέχρι τοῦ ἐκκόπτειν τοὺς ὀφθαλμοὺς τὴν τῶν ἀντιφρόνων ἐκείνῳ τιμωρίαν περιιστᾶν, ἀλλ' ἢ θάνατον ἁπάντων καταψηφίζεσθαι ἢ βαρυτέραις ἐκμοχλεύειν κολάσεσιν, ἑαυ|τὸν τιθεὶς εἰς παράδειγμα κἀντεῦθεν πιστούμενος τὰ λεγόμενα, ζῶντά τε καὶ κινούμενον καὶ πνέοντα καὶ φθεγγόμενον καὶ συμφράδμονα εἶναι δυνάμενον καὶ μὴ μόνον διὰ χειρῶν ἀντιλαβῆς, ἀλλὰ καὶ διὰ γλώττης αὐτῆς ὡσεὶ καὶ μαχαίρας ὀξείας ἀποδειροτομεῖν ἰσχύοντα τὸν ἀντίδοξον, καὶ ἕτερ' ἄττα φλύαρα καὶ ἀπάνθρωπα ὑφηγούμενος, δι' ὧν τὸ ἀκροχολώτατον ἐκεῖνο καὶ ὑποδύσκολον τὸν τρόπον γερόντιον χαιρησιφονεῖν ἐπὶ μᾶλλον ἐπώτρυνεν. ὧν δὴ πονηρῶν διαβουλίων καὶ παραιφάσεων μικρὰν ἀποτιννὺς ἀμοιβὴν τῷ γεννήτορι Ἀαρὼν ὁ τὸν Ἀνδρόνικον ὕστερον τῆς ἀρχῆς καθελὼν Ἰσαάκιος ὁ Ἄγγελος ἐκτέμνει τὴν αὐτοῦ γλῶτταν συναφελεῖν τε καὶ ἀφανιεῖν τὸν ἐπὶ ταύτης σπεύδων ἰόν.

Ὁ δὲ βασιλεὺς Μανουὴλ ἐπέβλεψέ ποτε θυμῷ πλαγίῳ καὶ κινήσει ἐνδίκῳ κατὰ τοῦ Σκληροῦ Σὴθ καὶ τοῦ Σικιδίτου Μιχαήλ· ὅθεν καὶ

74 διά — ὀξείας: cf. Ps. 56, 5

VA = a, PW, RMDF = b

56 ἑτοιμορρεπέσι APW ἀντεῖναι R **57** ζητουμένων M τηνικαῦτα: αὐτίκα V οὕτως D **59** διελέλυτο F Bekk **61** δυσφώρω V ἔκθεσμα: σκέμματα P: ἔκθεσμα σκέμματα Bekk **63** γένος: γεγονὸς V **64** ὁ om. R **67** κακοεργὸς A^{mg}: κακοῦργος VB: κακογνώμων AW δὲ V Ἀαρὼν: ὁ ἀνὴρ et i. mg. ὁ Ἀαρὼν δηλονότι A **68** τοῦ om. W **70** βαρυτέραις etiam A^{mg} Sc: βαρυτάταις AW **72** φθεγγόμενον: κινούμενον D **72—73** καὶ tert. — δυνάμενον om. R **73** συμφράδμονα A^{mg}: σύμβουλον AW **74** καὶ pr. om. M καὶ alt. om. V δειροτομεῖν R **75** τὸν: τὸ V ἀντίδοξον A^{mg}: ἀντίθετον A: ἀντίμαχον W **77** χαιρεσιφονεῖν V δή: δὲ R **78** παρεμφάσεων M μικρὰν: μακρὰν W: πικρὰν Bekk τῷ τούτων γεννήτορι AW Sc **79** καθελὼν τῆς ἀρχῆς DF **80** τε om. V **81** ὁ δὲ: ἐπὶ πᾶσι τούτοις ὁ AW: ἐπὶ τούτοις Sc ποτε om. AW θυμῷ: ὀφθαλμῷ V

64 ἠκουσμένοις b Bekk **67** ὁ ante Ἀαρὼν add. b Bekk

προστάξει τούτου ταῖς οἰκείαις ὄψεσιν ἄμφω τὸν σίδηρον ἐδέξαντο σίζοντα, λόγῳ μὲν ἀστρονομίας ἐχόμενοι, ἔργῳ δὲ μαγγανείαις προσκείμενοι δαιμονώδεσιν.

Ὁ μὲν γὰρ Σκληρὸς ἐπιγάμου παρθένου ἤρα καὶ ἐπείρα λαμπρῶς, παρορώμενος δὲ ὑπὸ τῆς κόρης καὶ ἀδοξούμενος στέλλει ταύτῃ διὰ προαγωγοῦ τινος γυναίου μῆλον Περσικόν. ἡ δὲ παρθένος καταθεμένη τοῦτο τῷ κόλπῳ ἐκμαίνεται μάλα δὴ πρὸς ἔρωτα καὶ ἀφροδισίου ὑποπίμπλαται οἴστρου καὶ τέλος διακορεῖται παρ᾿ αὐτοῦ. οἱ δὲ τῆς παιδὸς προσγενεῖς βαρέως ἐνεγκόντες τὴν ταύτης ταπείνωσιν καταβοῶνται γενναίως μάλα τοῦ ταῖς νεάνισιν ἐφοπλίζοντος | δαίμονας καὶ δίκην ὄφεως ἀρχεκάκου δι᾿ ὀπώρας τὰς παρθένους συλαγωγοῦντος καὶ τῆς σώφρονος βιοτῆς ὡς ἐξ Ἐδὲμ ἀπελαύνοντος. καὶ πικρόγαμος ἐντεῦθεν γενόμενος ἣν κακῶς ἔβλεψεν οὐδ᾿ ὅλως ἔτι ἑώρακεν.

Ὁ δὲ Σικιδίτης διά τινων ἀρρητουργιῶν καὶ δεδορκότα τῶν θεωμένων ἐσκότου τὰ βλέφαρα καὶ ἀπεπλάνα τοῦ τὰ θεατὰ ὡς ὄντα ὁρᾶν καὶ τῶν ὁρώντων τὰς ὄψεις παρέφερε κατὰ φάλαγγας ἐπισυνιστῶν τοὺς δαίμονας, οὓς ἂν ἐκπλῆξαι βούλοιτο. ἔτυχε γοῦν ποτε ἀπὸ μετεώρου τῶν βασιλείων βλέπων ἐς θάλασσαν, κατήγετο δὲ ἁλιὰς τρύβλια καὶ λοπάδας ἔχουσα τὰ ἀγώγιμα. φησὶ τοίνυν πρὸς τοὺς συνεστῶτας ὡς τίνα ἂν αὐτῷ κατάθωνται τὸν μισθόν, εἰ τὸν νηΐτην τῶν ὀρθῶν φρενῶν διεκπλεύσαντα μὴ ἂν ὀκνῆσαι παρασκευάσειεν ἀναστῆναί τε τῶν σελμάτων τὴν δικωπίαν προέμενον καὶ συντρῖψαι εἰς λεπτὰ τὰ κεράμια. τῶν δὲ εὐγνωμονεῖν εἰπόντων πρὸς ἅπαν τὸ παρ᾿ αὐτοῦ αἰτηθέν, ὁ πρωρεὺς μετὰ βραχὺ τῆς ἕδρας ἀνίσταται καὶ τὴν κώπην ἀνὰ χεῖρας λαβὼν κατέφερέ τε τῶν σκευαρίων συχνὰ καὶ οὐκ ἀνῆκεν οὕτω διαπραττόμενος, ἕως αὐτὰ εἰς κόνιν ἐλέπτυνεν. ἐκ δὲ τούτου οἱ μὲν ἄνωθεν θεώμενοι τῷ γέλωτι διερρήγνυντο

1—2 δεδορκότα — βλέφαρα: cf. Soph. Ai. 85 **4** sqq. ἔτυχε etc.: cf. Nic. Panopl. dogm. lib XXVII Ἐπὶ τῆς βασιλείας τοῦ ἐκ Κομνηνῶν Μανουὴλ γέγονέ τις ἀνὴρ τὴν κλῆσιν Μιχαήλ, τὴν ἐπίκλησιν Σικιδίτης, τοῖς βασιλικοῖς ὑπογραφεῦσι κατειλεγμένος. Οὗτος . . . ἀρρητουργίαις προσέκειτο. . . . Ἀπὸ γὰρ μετεώρου τῶν μεγίστων ἀρχείων ἑστώς ποτε καὶ θεώμενος σὺν ἄλλοις εἰς τὴν νότιον θάλασσαν, ὅτε κατὰ συγκυρίαν λεμβάς τις διεπλωΐζετο τρυβλία τὰ ἀγώγιμα ἔχουσα, φησὶ πρὸς τοὺς παρόντας, ὡς τίνα ἂν αὐτῷ κατάθοιντο τὸν μισθόν, εἰ τὸν νηΐτην τῶν φρενῶν παραπλάγξας αὐτίκα μάλα τὴν δικωπίαν προέσθαι παρασκευάσειε κἀκ τῶν σελμάτων ἀναστῆναι καὶ συντρῖψαι τὰ κεράμια. τῶν δὲ εἰπόντων εὐγνωμονεῖν πρὸς ἅπαν τὸ συνδόξαν ἀλλήλοις τελέσαι καὶ ὑποψήλας ὅσα παρὰ δαιμόνων μεμύητο ἀνίστησι τὸν δείλαιον πρῳρέα μετὰ βραχὺ καὶ τὴν κώπην ἀρρενοῖ καταφέροντα θραῦσαι ὡς εἰς κόνιν τὰ κεράμια. ἐκ δὲ

VA = a, PW, RMDF = b

83 ἀμφότεροι APWB **84** μαγείαις W **84—85** προσκείμενοι καὶ δαιμονώδεσιν ἑτέροις φενακισμοῖς Bekk **85** δαιμονιώδεσιν V: δαιμονικὰ B **86** μὲν: μὴν V γὰρ om. R **92** δαίμονος F[pc] **93** συλλαγωγοῦντας R ὡς om. M **1** Σικιδιώτης V: Σικιδίδης U **2** ἐπλάνα P: ἀπεπλάνου RM D[ac]F τοῦ om. VMK **4** γοῦν om. M τὸ γεγονὸς τιθέμενοι διὰ θαύματος· ὁ δὲ πλωτὴρ ἀμφοτέραις μετ' οὐ πολὺ τῶν γενείων δραξάμενος γοερὸν ἐπωδύρετο καὶ ὡς θεοβλαβείᾳ τὰς φρένας παρακοπέντα πολλῷ ἔτι μᾶλλον ἀνανήψας τοῦ ζόφου ἑαυτὸν ὠλοφύρετο. | ἐρωτώμενος δέ, ὅ τι πεπονθὼς τὸν φόρτον οὑτωσὶ διέθετο, διεξῄει περιπαθῶς ὡς ταῖς κώπαις προσανέχων αἴφνης ὄφιν ὁρᾷ δαφοινόν, πυρσώδη τὸν λόφον, ἄνω τῶν τρυβλίων ἐκτεταμένον, ἐς αὐτὸν ἀτενὲς ὁρῶντα κατὰ τοὺς τῶν δρακόντων ἀκλινεῖς τὸ ὄμμα καὶ καταπιεῖν ὀριγνώμενον, ὃς καὶ οὐκ ἔληξε τῶν ἑλίξεων πρὶν ἢ κατηλόητο τὰ κεράμια· τὸ δ' ἐκ τούτου ἠφάντωται, ὥσπερ ἐκ μέσων οἱ τῶν ὀφθαλμῶν ἀποπτάς.

Καὶ τοῦτο μὲν τοιοῦτον. ἕτερον δὲ κἀκεῖνο· ἐν βαλανείῳ λουόμενος ἦν, ἐς διαφορὰν δὲ καταστὰς μετὰ τῶν τοῖς αὐτοῖς νίτροις ἁγνιζομένων εἰς τὰ ἀπόδυτρα ἔξεισι. μετὰ μικρὸν δὲ καὶ οἱ ἐν τῷ λουτρῷ φεύγοντες καὶ συμπατοῦντες ἀλλήλους ἐξῄεσαν ἐκεῖθεν περιδεεῖς, οἳ καὶ τοῖς συνειλεγμένοις πυκνὰ τὸ πνεῦμα συλλέγοντες ἔφασκον ὡς ἐκ τῆς θερμμορρόας ἐκπηδήσαντές τινες ἄνδρες πίσσης μελάντεροι ἐξῶσαν αὐτοὺς τοῦ λουτροῦ παίοντες κατὰ τῶν γλουτῶν τῷ πλατεῖ τοῦ ποδός.

Διὰ ταῦτα τοίνυν ἀμφότεροι καὶ πράξεις δὲ ἀσελγεστέρας ἑτέρας τῶν ὄψεων ἐστερήθησαν· οἱ δ' αὐτοὶ ἐπιβιώσαντες, ὁ μὲν Σὴθ καὶ πάλιν τοῖς προτέροις ἐνησχόλητο, ἅτερος δὲ εἰς μοναχὸν ἀποθριξάμενος χρόνῳ ὕστε-

---

τούτου οἱ μὲν θεώμενοι ἄνωθεν τῷ γέλωτι συνεβράσσοντο εἰς τὸν ἀρρητουργὸν ἐκεῖνον συχνάκις στρεφόμενοι καὶ τιθέμενοι τὸ γεγονὸς δι' ἐκπλήξεως· ὁ δὲ πλωτὴρ αὐτίκα μάλα μετὰ τὴν τῶν τρυβλίων ἀλόησιν ἀμφοτέραις τοῦ πώγωνος δραξάμενος διωλύγιόν τι καὶ περιπαθὲς ἀνεκώκυεν. ἐρωτώμενος δ' ὅ τι παθὼν τὸν φόρτον κακῶς διέθετο, ἔλεγεν ὑπὸ περιπαθείας τὴν φωνὴν συγχεόμενος καὶ πυκνὰ τὸ φθέγμα ἀναλεγόμενος, ὄφιν θεάσασθαι πυρσώδη τὴν λοφιὰν τῶν χυτρίδων ὑπερανακύψαντα καὶ κατ' αὐτοῦ μεθ' ὁρμῆς λορδούμενον καὶ τὸ τοῦ στόματος χάσμα εἰς μέγα διαίροντα καὶ καταπιεῖν αὐτὸν ὀριγνώμενον, καὶ οὕτως ἀρρενωθῆναι πρὸς ἄμυναν, μικρῷ δὲ ὕστερον ἀφαντωθῆναι τὸν φλογωπὸν ἐκεῖνον τὴν θέαν καὶ τὸ ὄμμ' ἀκτινώδη δράκοντα. Ὁ δ' αὐτὸς εἰς βαλανεῖον ἀφιγμένος καὶ θέλων τοὺς συλλουομένους διαθροῆσαι ταῖς μεθοδείαις τῆς ἐκείνῳ πεφιλημένης τέχνης εἰς τὰ ἀπόδυτρα ἔξεισι. μετ' οὐ πολὺ δὲ συνεξίασιν ἐκείνῳ καὶ οἱ τοῖς αὐτοῖς ἁγνιζόμενοι νίτροις ταρταρίζοντες τῷ δέει καὶ τοὺς ὀδόντας βαμβαίνοντες καὶ μετὰ θάμβους τοῖς ἐρομένοις διεσπασμένῳ φθέγματι διηγούμενοι ὡς ἐκ τῆς θερμορρόης ἐκθορόντες κελαινοχρῶτές τινες, ψεδνοὶ τὰς κόμας, τὴν ἀναδρομὴν τοῦ σώματος βράχιστοι καὶ τὰς ὄψεις μεστοὶ ἀγριότητος, ἐξῶσαν αὐτοὺς τοῦ λουτροῦ παίοντες κατὰ γλουτῶν τῷ πλατεῖ τοῦ ποδός. **31—32** ὁ — ἐνησχόλητο: cf. p. 339, 23 sqq. **32—34** ἅτερος — ἀνάξιος: cf. p. 514, 38 sqq.

VA = a, PW, RMDF = b

5 εἰς F Bekk δὲ om. M **9** προθέμενον RMDF **12** διαπραττόμενον W **15** ἀπωδύρετο R **17** διετίθετο DF **20** ὀριγνώμενον: ὁρμώμενον P **21** καὶ om. M κατηλοήθη Bekk **23** τοιοῦτο P[ir]DK **24** ἀγωνιζομένων R **26** ἐξῆλθον P **27** θερμορρόης MDF Bekk **29** τῶν om. P Panopl. Dogm. ἐνησχολεῖτο RM **30** ἑκάτεροι A[mgγρ] P **32** προτέροις etiam B: πρότερον VW

ρον σύγγραμμά τι περὶ τῶν θείων μυστηρίων ξυνθέμενος ἀφῆκε δι᾿ αὐτοῦ κυνῶν ὠρυγάς, ὁ τῶν θείων δωρεῶν ἀνάξιος.

Ἔργον κἀκεῖνο τοῦ βασιλέως τούτου περιφανές. αἱ Ἀσιαναὶ πόλεις, τὰ Χλιαρά, τὸ Πέργαμόν τε καὶ Ἀτραμύτιον, κακῶς ἔπασχον ὑπὸ τῶν Περσῶν· αἱ γὰρ περιοικίδες χῶραι | ἀσυνοίκιστοί τε ἦσαν πρώην κἀκ τοῦ κωμηδὸν οἰκεῖσθαι εἰς προνομὴν τοῖς πολεμίοις ἐξέκειντο. καὶ αὐτὰς τοίνυν ἐκρατύνατο τείχεσι καὶ τὰ πλησίον δὲ ἱππήλατα πεδία φρουρίοις διέλαβεν ἐρυμνοῖς. οὕτω δὲ πλήθουσιν οἰκητόρων ταῦτα δὴ τὰ πολίχνια καὶ τοῖς κατὰ τὸν ἥμερον βίοτον ἐνευθηνοῦνται χρηστοῖς, ὡς ὑπερανῳκίσθαι πόλεων πολλῶν εὐδαιμόνων· ἀγροί τε γὰρ εἰς εὐφορίαν καρπῶν ἡμερωθέντες ἐπέδωκαν καὶ φυτηκόμος χεὶρ ἐρριζούχησεν ἐκεῖσε ξύλον ἅπαν καρποδοτοῦν, ὡς μεταθέσθαι, φάναι τὸ τοῦ Δαυίδ, τὴν ἔρημον εἰς λίμνας ὑδάτων καὶ εἰς οἰκήσιμον τὴν πρώην ἀοίκητον. εἴ τι οὖν κατόρθωμα μέγιστον, εἴ τι λυσιτελέστατον Αὔσοσιν ὁ Μανουὴλ διανενόηκέ τε καὶ διεπράξατο καθ᾿ ὅσους ἦρξε Ῥωμαίων ἐνιαυτούς, τοῦτο εἴη ἂν τὸ κράτιστον ὁμοῦ καὶ κοινωφελέστατον. τίς γὰρ παράγων ἐκεῖ καὶ εἰδώς, οἵαν μὲν ὁ χῶρος ἔτρεφεν ἀγριότητα, οἵους δ᾿ ἔστεγεν ἄνδρας, ἀναιδεῖς μὲν ὑπὲρ τὸν κορυνήτην Περιφήτην, ἀγριωτέρους δὲ τοῦ πιτυοκάμπου Σίνιδος καὶ τοῦ Σκίρωνος, οὓς ἀνεῖλε πάλαι Θησεύς, οὐκ ἂν τὰς χεῖρας ἀνατείνας τῷ βασιλεῖ ἐπεύξαιτο τῷδε κλῆρον ἐν Ἐδὲμ ἀΐδιον καὶ τόπον χλοερὸν καὶ ἀνώλεθρον; οὐκοῦν καὶ ἴδιον ἐπώνυμον ταυτὶ τὰ φρούρια κληρωσάμενα (Νεόκαστρα γὰρ ὀνομάζονται) οἰκεῖόν τε ἁρμοστὴν ἐκ Βυζαντίου στελλόμενον ἔχουσι καὶ εἰς τὸ βασίλειον ταμιεῖον ἐτήσια ξυμφέρουσι κέρματα. |

---

35 ἔργον etc.: intra annos 1162 et 1173

44—45 ὡς — ὑδάτων: cf. Ps. 106, 35 **50—51** ὑπὲρ — Θησεύς: cf. Plut. Thes. 8 et 10

VA = a, PW, RMDF = b

33 περὶ om. V συνθέμενος V **34** ἐρυγὰς Bekk δώρων P **36** Ἀτραμύττιον VW **39** πλησία M δὲ om. VK **40** διείληφεν V: διέβαλεν A **41** βίον V ἐνευθηνοῦται V: ἐνευθυνοῦνται RM ὑπεράνω κεῖσθαι PRM Bekk **42** ἐς R **43** ἐρριζούχισεν Bekk ἐκεῖ P **44** ὡς: καὶ M **48** ὁμοῦ om. V **51** Σκλίρωνος V: Σκίρρ- AP: Σκόρ- M **54** γὰρ om. P τε om. P **55** ταμεῖον Bekk

ΤΟΜΟΣ ΠΕΜΠΤΟΣ ΤΗΣ ΒΑΣΙΛΕΙΑΣ ΜΑΝΟΥΗΛ ΤΟΥ ΚΟΜΝΗΝΟΥ

Αὖθις δὲ τῶν Παιόνων τοὺς ὅρκους συγχεάντων ὁ κατ' αὐτῶν ἐκφύεται πόλεμος καὶ πρὸς καιρὸν ἀπορρυεὶς καὶ δόξας τέλος καταλελύσθαι, ὁ δὲ κατὰ πολύχουν ἀνεθήλησε λήϊον μάκαρος ἀνδρὸς ἀκμαιοτέρους ἀμητῆρας ἐθέλον. ὡς οὖν ὑπέφαινεν ὥρα ὡραία τῇ ἐξόδῳ, ᾔει τὴν ἐπὶ Σαρδικῆς, ὅπου καὶ ταῖς δυνάμεσιν, ἃς ἄγειν ἤμελλεν ἐπὶ Παίονας, τεταγμένον ἦν αὐτῷ συμβαλεῖν.

Ἐν ᾧ δὲ τὰ στρατεύματα ξυνελέγετο, ἐνωτίζεταί οἱ ὡς ἄνωθεν τῆς ἁψῖδος, ἥτις ἔκτισται κατὰ τὸ πρὸς δυσμὰς μέρος τῆς Κωνσταντινείου ἀγορᾶς, εἰκόνες ἐκ χαλκοῦ δύο ἵδρυντο πάλαι γυναικόμορφοι, ἡ μὲν καλουμένη Ῥωμαία, θατέρα δὲ Οὔγγρισσα, νῦν δὲ ὑπὸ τοῦ τὰ πάντα μετασκευάζοντος χρόνου ἡ μὲν ἀπὸ Ῥωμαίων τὴν κλῆσιν εἰληχυῖα τῆς ὀρθίας κατήρειπται στάσεως, ἡ δὲ λοιπὴ ἐπὶ τῆς προτέρας ἥδρασται βάσεως. θαυμάσας οὖν ἐκεῖνος τὸ εἰρημένον, πέμψας εὐθὺς τὴν μὲν ἀνέστησε, τὴν δ' ἀνέτρεψε καὶ κατήνεγκε, ταῖς τῶν εἰκόνων μετασκευαῖς μεταβαλεῖν καὶ μεθαρμόσειν οἰόμενος καὶ τὰ πράγματα, καὶ τὰ μὲν τῶν Ῥωμαίων οἷον μετεωρίσειν, τὰ δὲ τῶν | Παιόνων καθαιρήσειν.

Συνηγμένων δὲ τῶν στρατοπέδων σκέψιν προύθηκεν, εἰ δεῖ καὶ αὐτὸν συνεκστρατεύσειν κατὰ Παιόνων, εἴτε μὴν στρατηγῷ τὰς δυνάμεις ἐπιτρέψαντα μετελθεῖν οὑτωσὶ τὸ ἀντίπαλον. ὡς οὖν πᾶσι δέδοκτο βασιλέα

---

62 ᾔει: post festum Paschatis (9. 4.) a. 1167

---

61 μάκαρος — ἀμητῆρας: cf. Hom. Λ 67 sq. **62** cf. Cinnam. 265, 4. 12—13

VA = a, PW, RMDF = b

57—58 τόμος — Κομνηνοῦ om. R: τόμος ε^{ος} suppl. man. alt. R **57** πέμπτος: ε' P **58** κῦρ Μαν. PD Μαν. τ. Κομν.: τοῦ Κομν. Μαν. A τοῦ Κομνηνοῦ om. M ἐν ᾧ καὶ (καὶ om. BX) ὁ (ὁ om. S) κατὰ τῶν Οὔγγρων πόλεμος καὶ ἡ νίκη τῶν Ῥωμαίων (ἡ τῶν Ῥωμαίων νίκη BXS) post Κομνηνοῦ add. APWBXS **59** συγχεάντων τοὺς ὅρκους F ἐκφύεται om. R **61** ἀνέθηλε A^s PW Bekk **62** θέλον V ἴα M: ἴει aut ἴει rel. ἐπὶ τῆς Σαρδικῆς M βασιλεὺς post Σαρδικῆς add. APW Bekk **63** ἔμελλεν VP Sc **65** τὸ στράτευμα R **66** Κωνσταντίνου AR Sc **67** ἵδρυνται Bekk **71** εὐθύς: ἐκεῖθεν P: εὐθὺς ἐκεῖθεν AW **73** μεθαρμόσασθαι V: μεθαρμόσαι W καὶ τὰ πράγματα: τὰ ἐν χερσὶν ἔργα A^{mgγρ} PW τῶν om. D **76** συνεκστρατεύειν RDF Bekk: συνεκστρατεῦσαι B **77** τὸν ἀντίπαλον V

57 τοῦ βασιλέως post βασιλείας add. PD, non vero RMF

μὲν ἐπὶ Σαρδικῆς καθῆσθαι, τῶν δ᾽ ἡγεμόνων τοὺς γενικοὺς ἀναρρηθῆναι στρατηγοὺς τοῦ πολέμου, ὅπως αἱ τῶν πραγμάτων ἄδηλοι ἐκβάσεις εἶεν οὕτω καὶ τὸ ἐκ τῆς ἥττης αἶσχος μετριάζουσαι καὶ τὸ κατορθωθὲν μεγαλύνουσαι μᾶλλον καὶ εἰς κλέος ἐξαίρουσαι μέγιστον ὡς κἀκείνου τε καὶ τούτου ξυμβεβηκότος κατ᾽ ἀπουσίαν τοῦ αὐτοκράτορος, ἀναδείκνυται τῆς ὅλης ἀρχηγὸς στρατιᾶς ὁ τοῦ στόλου δοὺξ Ἀνδρόνικος ὁ Κοντοστέφανος.

Ἐν δὲ τῷ μέλλειν ἀπαίρειν τῆς Σαρδικῆς τὰ στρατόπεδα ἐν ἐπηκόῳ στὰς βασιλεὺς γίνεται γενναίων καὶ καλῶν λόγων καὶ πολὺ τὸ πιθανὸν ἐχόντων ἀγορητής. αὐτόν τε γὰρ τὸν Κοντοστέφανον παρεθάρρυνεν εἰς τὴν προκειμένην στρατήγησιν, οὐ μόνον μεθόδους ὑποτιθεὶς τακτικάς, ἀλλὰ καὶ καιρὸν αὐτῷ τῆς προσβολῆς ἐπισημαινόμενος εἶδός τε ὁπλίσεων καὶ σχήματα παρατάξεων· τούς τε ὑποστρατήγους καὶ τοὺς ἰλάρχας καὶ καθεξῆς ἅπαντας τοὺς ἐν ὅπλοις διανίστη πρὸς μαχησμόν, ἐνάγων εἰς μνήμην τῶν προηγωνισμένων καὶ πείθων τοῖς ὑποδείγμασι σπεῦσαι καὶ τὰ προκείμενα θαρρῆσαι δεινὰ καὶ ἀγαθὸν καὶ τούτοις σὺν θεῷ ἐπιθεῖναι τέλος καὶ μετὰ λαμπρῶν τροπαίων ἐπανελθεῖν· οὕτω γὰρ ὑπ᾽ αὐτῶν δοξασθεὶς κἂν τῷ ἀπεῖναι τοὺς βαρ|βάρους νικήσας ἀντικαταθήσει καὶ αὐτὸς τούτοις οὐκ εὐαγκάλους τὰς ἀμοιβάς.

Οἱ δὲ καί, ὅτε μὲν ᾔδετο ταῦτα πρὸς τοῦ κρατοῦντος, τὸ ἡδέως ἀκούειν καὶ παραδέχεσθαι προθύμως ὑπέφαινον ἐξ ὧν τὰς ἀκοὰς ὑπέκλινον καὶ σιγὴν ἐπὶ τοῖς λεγομένοις ἠσπάζοντο· ἐπεὶ δ᾽ ἐπαύσατο τοῦ λέγειν, ἔτι μᾶλλον τὴν ἔνδον διάθεσιν ὑπεσήμαινον καὶ ὃν εἶχον γάργαλον ἐν ψυχῇ τῷ μέλιτι τοῦ λόγου κατακηλούμενοι, ὑφ᾽ οὗ καὶ ἐῴκεσαν ἀτεχνῶς ἀποκλύσασθαι, εἴ τι που τούτοις εἰσήρρηκεν ἀηδὲς ἀπὸ τῆς μνήμης τῶν προτέρων πολέμων· βασιλέα τε γὰρ εὐφήμοις ἐκρότουν φωναῖς καὶ τὸ πρόθυμον καὶ ὑπὲρ ἰσχὺν ἐνδείξασθαι ἰσχυρίζοντο. ἀμέλει μηδὲ μέλλειν ἐβόων τὸν στρατηγόν, ἀλλὰ τὴν ἐπὶ τοὺς πολεμίους ἄγειν αὐτούς.

Οὕτως ἐξῃρμένων τῶν στρατευμάτων αἴφνης αἴρεται θροῦς ἐν τῷ στρατοπέδῳ συμμιγής· ἐκ γὰρ τοῦ τῶν Παιόνων τις ἔθνους τὸν ἵππον κατὰ κράτος ἐλαύνων καὶ προβαίνων εἰς ὅσον καὶ ὅσον ἐπὶ στόμα συγκα-

---

82 — 157, **47** ἀναδείκνυται — Ἀνδρόνικος: cf. Cinnam. 270, 4—274, 22

VAP (ab 3 καὶ alt.) = a, P (usque ad 3) W, RMDF = b

78 ἡγουμένων V γενικοὺς A^mg: γενναίους A **80** ἐκ om. W **81** αἴρουσαι P **83** ἀρχηγὸς τῆς ὅλης στρατιᾶς B στρατιᾶς ἀρχηγὸς V μέγας δοὺξ WB **85** στρατεύματα Bekk **86** ὁ βασιλεὺς VB Sc Bekk καλῶν καὶ γενναίων Bekk **87** ἀγορητήρ V τὸν om. Bekk **91** διανίστησι WD πρὸς μαχησμὸν διανίστησιν V **94** λαμπρῶν: πολλῶν R **95** ἐκεῖνος post δοξασθεὶς add. APW Bekk **4** ἐπὶ om. V **6** κατηλούμενοι P ἐώκεισαν V **7** εἰσερρύηκεν V Bekk **8** εὐφήμοις ἐκρότουν: εὐφήμουν D **10** στρατηγέτην A^mgγρ P Bekk ἤδη ante ἄγειν add. V **13** προσβαίνων Bekk συγκατενήνεκται V: συγκατήνεγκται R: συγκατήνεκται rel. Sc Bekk τενήνεκται τῷ ὀχήματι. βασιλεὺς τοίνυν ὡς τοῦτο εἶχε πυθόμενος, αὐτός τε διεκέχυτο καὶ θαρρεῖν παρεκελεύετο πᾶσιν, τὸ μέλλον ἐντεῦθεν οἰωνιζόμενος, καὶ χαίρειν ἐνῆγεν ὡς ἐπὶ δεξιᾷ ἤδη τοῦ πολέμου τῇ τελευτῇ.

Καὶ ὁ μὲν ἐν τούτοις ἦν θεὸν σωτῆρα προηγὸν ἐπικαλούμενος τοῖς στρατεύμασιν· ὁ δ' Ἀνδρόνικος τὸν στρατηγέτην ὑποζωσάμενος ἀπῆρεν ἐκεῖθεν μετὰ πασῶν τῶν δυνάμεων καὶ εἶχεν αὐτὸν ἡμερῶν τινων διαλειπουσῶν ὁ Σάουβος καὶ Δάννουβις διαπεραιούμενον καὶ τὸ Ζεύγμινον εἰσεδέχετο.

Οὐδ' οἱ Παίονες ἐπὶ τούτοις ἀναπεπτώκεσαν, ἀλλὰ τὰς οἰκείας ἴλας | ἀγειράμενοι καὶ συμμαχικὸν ξενολογήσαντες οὐκ ὀλίγον ἐκ τῶν ὁμορούντων σφίσιν ἐθνῶν καὶ ἐξ αὐτῶν δὲ Ἀλαμανῶν, ὡς ἐλέγετο, καὶ Διονύσιον τούτοις ἐπιστήσαντες στρατηγὸν αὐτοκράτορα, γενναῖον ἄνδρα καὶ πολλάκις τὰς ἐναντίας συγκόψαντα φάλαγγας, καὶ φρονηματισθέντες οὕτω μετὰ κόμπου ἐπῄεσαν. οὗτος δὲ ὁ Διονύσιος, ὅτε πρώτως ἠκηκόει τὸν Ἴστρον διαβῆναι Ῥωμαϊκὴν στρατιάν, γεγαυρωμένος ὢν ἐπὶ ταῖς προτέραις νίκαις, ἃς ἤρατο κατὰ Ῥωμαίων, μεγαλορρημονῶν ἔλεγεν ὡς εἰς κολωνὸν αὖθις ἐσεῖται ἀγηοχὼς τὰ τῶν εἰς πόλεμον πεσόντων Ῥωμαίων ὀστᾶ, καὶ οἷα τροπαίῳ τούτοις ὡς καὶ ἄλλοτέ ποτε χρήσαιτο, ἐπεὶ καὶ ἦν τι τοιοῦτον βαρβαρικῶς δεδρακώς, ὁπηνίκα τὸν Βρανᾶν καὶ τὸν Γαβρᾶν, ὡς ἤδη μοι ἐρρέθη, κατηγωνίσατο.

Ἐνστάσης δὲ τῆς ἑορτίου μνήμης Προκοπίου τοῦ μάρτυρος, ἐκτάσσει τὰς δυνάμεις εἰς πόλεμον ὁ Κοντοστέφανος, καὶ αὐτὸς ἐνέδυ τὸν θώρακα καὶ τὴν ἄλλην πανοπλίαν ἠμφίεστο, καὶ τοῖς λοιποῖς ὡσαύτως ἐπέταττε δρᾶν, καὶ τὴν ἑαυτοῦ ἕκαστος τάξιν ἐπεπορεύετο καὶ καθίστα πρὸς τὸ εὔτακτον. καὶ τὸ μὲν τῆς φάλαγγος μέτωπον ἀπένειμεν ἑαυτῷ, τὸ δὲ κέρας τὸ δεξιὸν Ἀνδρόνικος ἐπεῖχεν ὁ Λαπαρδᾶς, τὸ δὲ λαιὸν ἄλλοι

---

34 ἐνστάσης — μάρτυρος: die 8 mens. Iul. a. 1167

28—31 γεγαυρωμένος — ὀστᾶ: cf. Cinnam. 259, 19—23 **33** ἐρρέθη: p. 132, 31—133, 51

VAP = a, W, RMDF = b

14 ὡς om. M ἐν δεξίῳ A^mg γρ P τῇ τοῦ πολέμου τελευτῇ Bekk **18** στρατηλάτην P Bekk **19** κἀκεῖθεν W **20** ὁ om. VA: hab. B Σάονος V: Σάουνος M: Σάουβις F Bekk: Σάος B Δάνουβης M: Δάνουβις B Bekk **21** ὑπεδέχετο V **22** οὐδ' οἱ: οἱ δὲ R **23** ἀγειράμενοι om. P ξυμμαχικὸν V **25** ἐπιστατήσαντες PU **27** ἐξήεσαν A^s PW οὗτος: αὐτὸς V **29** πρότερον AWMDF Bekk: προτέροις R (τῇ προτέρᾳ νίκῃ Sc) **31** καὶ alt. om. V χρήσασθαι M **32** βαρβαρικὸν D **32—33** τὸν Γαβρᾶν καὶ τὸν Βρανᾶν DF Bekk **35** καὶ om. P τε post αὐτός add. APW Bekk **37** αὐτοῦ VAW ἕκαστος: ἄνακτος V **38** μὲν: μὴν V ὁ στρατηγὸς post ἀπένειμεν add. APW Bekk

15—16 οὐκ ἄχαρι τὸ μέλλον ἐντεῦθεν οἰονιζόμενος καὶ χαίρειν ἐνάγων b Sc Bekk ταξίαρχοι, οὓς ὁ στρατηγὸς συνεπήγετο. ἐξετετάχει δὲ καὶ ἄλλας φάλαγγας, μικρὸν ἄποθεν αὐτὰς διαστήσας ἑκατέρου κέρατος, ὅπως ἐπιπαριοῦσαι κατὰ καιρὸν εἴησαν ἐπαρήγουσαι τοῖς κάμνουσι τάγμασιν.

Οὕτω δ' ἐκτάσσοντι τὰς δυνάμεις καὶ καθιστῶντι τῷ Ἀνδρονίκῳ ἐφίσταταί τις | ἐκ βασιλέως κομίζων γράμματα ἐκείνην τὴν ἡμέραν καθυπερθέσθαι τὴν συμπλοκὴν ἐπιτάττοντα καὶ καθ' ἑτέραν ἀναθέσθαι, ἣν καὶ αὐτὴν τό ἐπιστόλιον ἀνεδίδασκε. δεξάμενος οὖν ὁ στρατηγὸς τὸ βιβλίον εἰς τὸν οἰκεῖον καθῆκε κόλπον, μήτε τοῖς γραφομένοις προσσχών, μήτε τοῖς συνοῦσι μεγιστᾶσι δῆλα τὰ προσταττόμενα θέμενος, ἐπαινετῶς δὲ παρακρουσάμενος ἑτέρων ὑποθέσεων διηγήσεσιν. ἀπετρέπετο δὲ ὡς ἀποφρὰς ἡ τότε ἡμέρα καὶ ὅλως ἀξύμφορος πρὸς τὴν κατ' Ἄρεα συμβολήν, ἐπεὶ καὶ ἦν τὰς πλείστας καὶ μεγίστας τῶν πράξεων καὶ παρὰ θεοῦ τὸ πέρας κατ' εὐδοκίαν εἴτε καὶ μὴ δεχομένας ταῖς τῶν ἄστρων οὐκ οἶδ' ὅπως περιπλοκαῖς καὶ ταῖς τοιαῖσδε θέσεσι καὶ κινήσεσιν ἐπανατιθεὶς καὶ τοῖς παρὰ τῶν ἀστρολεσχούντων λεγομένοις καθυπαγόμενος ἴσα ταῖς ἐκ θρανίδος θεοῦ ἀποφάσεσιν.

Εἰδὼς δὲ Ἀνδρόνικος ὡς μέγα τι πολλάκις ὤνησε τὸν ἀθλοῦντα καὶ βραχεῖά τις ὑποφώνησις τοῦ ἀλείφοντος πρὸς τὸν ἐν χερσὶν ἀγῶνα διανίστησι λόγοις τὸ στράτευμα „μνήσασθε", ὑποφθεγγόμενος „ἄνδρες Ῥωμαῖοι, πολεμίου ἀλκῆς, μνήσασθε, καὶ μηδέν τι φρονήσητε τῆς δόξης καὶ τῆς τύχης τῆς ἐνούσης ἀνάξιον, εὖ εἰδότες ὡς καὶ θῆρες ὀρεινόμοι τοῖς κατ' αὐτῶν εὐθαρσῶς ἐπιοῦσι δεδίασί τε προσεγχειρῆσαι καὶ διασοβηθέντες ἀπίασιν, ὅσοι δὲ αὐτοῖς ἀντιμέτωποι στῆναι πεφρίκασιν ἐς ἑτοίμην θοίνην ὠμοβορούμενοι πρόκεινται. ἀνδριστέον οὖν κατὰ τουτωνὶ τῶν θηριογνωμόνων βαρβάρων, μήπως ὑπ' αὐτοῖς γενώμεθα φιλοψυχίαν ἀγεννῶς νοσήσαντες μὴ σώζουσαν ἀλλ' ἀπόλλουσαν, τοῦτο | δὴ ὅπερ αἱ ταῖς ἀρεταῖς ἀντίθετοι κακίαι εἰώθασι δρᾶν, εἰ καὶ παραπεπήγασιν

VAP = a, W, RMDF = b

40 ταξιάρχαι AW οὓς ἐς τὸν πόλεμον (add. ὁ στρατηγὸς A) συνεπήγετο (συνεπήγοντο W) APW ἐξετετεύχει V **42** αἱ ante ἐπαρήγουσαι add. W **43—54** τότε ἐφίσταταί τις ἐκ βασιλέως τῷ στρατηγῷ παραδραμεῖν ἐκείνην τὴν ἡμέραν τὴν συμπλοκήν, βασιλικὰ διακομίζων γράμματα. ὁ δὲ μὴ προσσχὼν ὅλως αὐτοῖς προσεφώνησε τῷ στρατῷ Sc (cf. infra APW ad lin. 56) **44** καὶ post κομίζων add. W ὑπερθέσθαι V **45** ἐπιτάσσοντα P Bekk ὡς ἀξύμφορον (ἀσύμφορον Bekk) ἐς ἔργα πολέμια post ἐπιτάττοντα add. APW Bekk **45—55** καὶ pr. — ἀποφάσεσιν om. W **48** προστασσόμενα V **50** προσβολήν V **52** καὶ om. P Bekk ταῖς om. V **54** διαθέσεσιν V **56** εἰδὼς δὲ Ἀνδρόνικος: ὁ δὲ μὴ τοῖς γραφομένοις ὅλως προ(σ)σχών, ἀλλ' εἰδὼς APW Bekk: ὅθεν καὶ τὸν προκείμενον βλέπων ἀγῶνα καὶ ταῦτα ἀφεὶς B ὡς — ὤνησε V: ὡς μέγα ὤνησε πολλάκις cum PW b scr. A **59** φρονήσατε P **60** καὶ τῆς τύχης om. V **61** προεγχειρῆσαι Bekk **62** ἀντιμεταστῆναι V εἰς DF Bekk **64** θηριογνώμων D^{ac}F **65** μή: οὐ V^{s} ἀπολλύουσαν Bekk δή: δὲ R

43—55 οὕτω — ἀποφάσεσιν om. b **56** ὡς μέγα ὤνησε πολλάκις PW b Bekk αὐταῖς καὶ εἰσί πως ἀγχίθυροι. καὶ ἄλλως δὲ οὐχ ἡμεῖς μέν ἐσμεν καὶ βλητοὶ καὶ θνητοί, ἐκ δὲ χαλκοῦ τεχνητοὶ οἱ πολέμιοι· οὐδ᾽ οὗτοι μὲν χιτῶνας περίκεινται σιδηρέους καὶ ὠκύποσιν ἵπποις ἀνέχονται, ἡμεῖς δὲ τοὐναντίον ἅπαν καὶ σώματα γυμνὰ προβαλλόμενοι· οὐδ᾽ εὐπάλαμνον μὲν τὸ ἀντίπαλον, ἀπόμαχον δὲ τὸ ἡμέτερον· τοῖς πᾶσιν ἡ αὐτὴ διάρτισις καὶ μέλησις πολέμων καὶ ὅπλισις. ἐῶ γὰρ λέγειν ὡς ὅσῳ λόγῳ καὶ παιδείᾳ τῶν βαρβάρων διενηνόχαμεν, ὡς καὶ εἰπεῖν ἔμπειροι καὶ ξυνιδεῖν οὐκ ἄποροι, τοσοῦτον καὶ τέχναις στρατηγικαῖς καὶ στρατιωτικαῖς μεθόδοις ὑπερφέρομεν. ἤδη δὲ καὶ ἄλλοτέ ποτε συμβαλόντες διημιλλήθημεν Παίοσι, τὴν γῆν αὐτῶν ἐπιόντες καὶ κείροντες. οὕτω τοίνυν καὶ νῦν αὐτοῖς συμπλεκοίμεθα, ὡς εἰς ἕξιν τοῦ νικᾶν προελθόντες. ναὶ ἄνδρες, ναὶ συστρατιῶται, οὕτως τέκνα καὶ συλλέκτρους ἴδοιτε. ἀράτω τὰς φωνὰς τῶν βαρβάρων ὁ βαθυδίνης οὑτοσὶ Ἴστρος ἐπιτριβομένων καὶ ταῖς δίναις ἐναποψυχόντων· ἀλλὰ καὶ αἱματώδης προρρέων δι᾽ ὧν χώρων ὁλκῷ σύρεται, διατρανούτω Παίονας ἡττημένους καὶ Ῥωμαίους ἀνακηρυττέτω νικῶντας, ἐξιστῶν τοὺς θεωμένους τῷ ἀήθει τῆς προχοῆς.

Χρεὼν δὲ πρὸς τούτοις σκοπεῖν ὡς ὁ ἐκπέμψας ἡμᾶς ἐς τόνδε τὸν πόλεμον ἅπας ἡμῶν ἐξήρτηται καὶ χρησταῖς ἐλπίσιν ὑποθαλπόμενος ἐφ᾽ οἷς αὐτῷ καὶ ὑπὲρ ἰσχὺν ἀνδρίσασθαι συνεθέμεθα, μικροῦ τοὺς ζωγρίας ἀναπολεῖ καὶ τὸ τῆς νίκης φαντάζεται μέγεθος. μὴ τοίνυν | κἀκεῖνον αἰσχύνωμεν καὶ ἡμᾶς αὐτοὺς κακῶς διαθώμεθα πρὸς τὸν ἐν ὄψει μαλακισθέντες κίνδυνον, οὐδὲν ὅτι μὴ θάνατον τὸ πέρας ἔχοντα. αἱ γὰρ ἀκμαὶ τῶν κακῶν οὐ φιλοῦσιν ἀνάδυσιν καὶ τὸ βραχέως ἐν τούτοις καθυπενδοῦναι καταπροδοῦναι τὸ πᾶν ἐστι."

Τοιαῦτ᾽ εἰπὼν ἐπὶ πεδίου ἀναπεπταμένου προῆγεν. ἀντεξάγει δέ οἱ καὶ Διονύσιος τὰ οἰκεῖα στρατόπεδα, χαροπὸς τῷ προσώπῳ, κροτῶν ἅμα καὶ χαίρων ὡς ἐπὶ παιδιὰν ἐξιών. ὁπόθεν καὶ τὸ τί δεῖ ποιεῖν ἐπὶ καιροῦ μὴ εἰδώς, οὔτε εἰς κέρας δεξιὸν καὶ εὐώνυμον τὴν ὑπ᾽ αὐτὸν ἐμέρισε στρατιάν, οὔτε εἰς ἴλας ἀποδιεῖλε καὶ φάλαγγας, ἀλλ᾽ εἰς ὁμαιχμίαν μίαν συνεσπειρακὼς τοσοῦτον στράτευμα καὶ πυκνώσας οἷον αὐτὸ καὶ πυρ-

---

78—82 ἀράτω — προχοῆς: cf. p. 65, 82—85 **80—82** ἀλλὰ — νικῶντας: cf. Nic. Or. 4, 3—4

VAP (usque ad 73 ἔμπειροι) = a, P (ab 73) W, RMDF = b

67 ἐκείναις post αὐταῖς add. A: ἐκεῖναι P Bekk ἐσμεν om. F **69** ὠκύποσιν om. VAPW Sc **70** εὐπάλαμον P **74** στρατιωτικαῖς καὶ στρατηγικαῖς V καὶ στρατιωτικαῖς om. WB **75** ξυμβαλόντες W **76** αὐτοῖς καὶ νῦν R **77** συμπλεκώμεθα V: – όμεθα M ἤδη post ἕξιν add. V **78** οὕτω Bekk ἴδητε F Bekk **79** τῶν ἐναποψυχόντων ταῖς δίναις V **80** ῥέων V: προχέων P: πορρέων R: πρὸσρρέων M χωρῶν DF Bekk **82** ἀήθει: ἐξάλλω V **83—90** χρεὼν — ἐστι om. V: hab. B **85** ἀνδρίζεσθαι W **91** ταῦτ᾽ P ἐπὶ: ἀντὶ R **92** ὁ Διονύσιος RN **94** καὶ post οὔτε add. W **95** ἐς Bekk **95—1** συνεσπειρακὼς μίαν DF Bekk **1** ξυνεσπειρακὼς V γώσας κατὰ νέφος μέλαν ἐπῆγεν, οὐδὲν ἐκλείπων ὑπεροψίας ὠμῆς. ἦν δὲ καὶ ἡ σημαία μετέωρος ἐπί τινος ἠνεμωμένη παχέος καὶ ὑψιτενοῦς ἱστοῦ τέτρασιν ὑποτρόχοις ἑλκομένου βοῶν ζεύγμασιν. αὐτὴ δὲ ἡ ἀντίμαχος ὁμαιχμία φρικαλέον ὄντως καὶ δυσαντίβλεπτον ὅραμα ἦν, πᾶσα οὖσα ἱππότης καὶ λογχηφόρος. οὐ μόνον δὲ οἱ ἄνδρες μετεῖχον τοῦ ἀκριβοῦς ὁπλισμοῦ καὶ ποδηνεκοῦς, ἀλλ' ἦν ὁρᾶν καὶ τῶν ἵππων αὐτῶν διαδήματα μασχαλιστῆρας προφαινόντων καὶ περικειμένων προμετωπίδια καὶ προστερνίδια τῶν βλημάτων ἐρύματα. ὁ δὲ τῶν ἵππων φριμαγμός, ἡ δὲ πρὸς ἥλιον ἀνταυγοῦσα τῶν ὅπλων στιλβηδών, ὡς ἐγγὺς ἦν τὰ στρατεύματα, καινοτέραν ἐποίει τὴν θέαν καὶ | διὰ φόβου καὶ θαύματος τοῖς ἐκ τῶν στρατοπέδων ἀμφοῖν.

Ἐπεὶ δὲ προῆλθον ὡς εἰς μεταίχμιον καὶ περὶ μεσημβρίαν ἦν ἡ ἡμέρα καὶ καιρὸς ἐδόκει συρρήγνυσθαι, ὁ μὲν Κοντοστέφανος τοῖς ἐκ δεξιοῦ καὶ λαιοῦ κέρως ἄγχιστα παρακολουθοῦσι τὰ τελευταῖα τῶν βαρβάρων κόπτειν ἐφῆκε, μάλιστα δὲ τοῖς ἱπποτοξόταις θαμὰ βάλλειν παρεκελεύετο. σκοπὸς δὲ ἦν ἐντεῦθεν τῷ στρατηγῷ κατασείσειν εἴτε μὴν ἐκκρούσειν τῆς συνεχείας τὰς Παιονικὰς φάλαγγας· κατὰ γὰρ τὴν Ὁμηρικὴν καὶ τότε παράταξιν „ἀσπὶς ἀσπίδ' ἔρειδε, κόρυς κόρυν, ἀνέρα δ' ἀνήρ," καὶ ἴσας εἶχον οἱ ἵπποι τὰς κεφαλάς, ἔφριξε δ' ἡ μάχη ἐγχείῃσι φθισίμβροτος καὶ κατὰ κινούμενον δράκοντα καὶ φρίσσοντα τὰς φολίδας ἐκύμαινον οἱ στρατοί. ὁ δὲ Διονύσιος ὡς τεῖχος ἀτίνακτος προύβαινεν ἐς αὐτόν τε τὸν Κοντοστέφανον καὶ τὸ ἀμφ' αὐτὸν τεταγμένον τιταίνων τὸ ἔγχος. ὡς οὖν ἐδέξαντο τοῦτον Ῥωμαῖοι, διαδορατισμοὶ παρ' ἀλλήλων ἦσαν καὶ ὠθισμοὶ καὶ ἀντωθισμοὶ μέχρι τινός· ἐπεὶ δὲ τὰ δόρατα κατεάγη καὶ ἦν τὸ μεταίχμιον ἀποσχεδιασθὲν εἰς φραγμὸν τοῖς τῶν κοντῶν στοιβασμοῖς, τὰς ἐπιμήκεις ἐσέπειτα μαχαίρας ἐσπάσαντο καὶ αὖθις συμπεσόντες ἐμάχοντο. ὡς δ' ἤδη καὶ αὗται τὰ στόματα ἠμβλύνθησαν διὰ τὸ τῶν στρατευμάτων πάγχαλκον καὶ πανσίδηρον, οἱ μὲν Παίονες ἠμηχάνουν τὸ ἀπὸ τοῦδε μηδαμῶς κατὰ νοῦν θέμενοι ὡς ἐπιόντας αὐτοὺς Ῥωμαῖοι δέξονται, Ῥωμαῖοι δὲ μετὰ χεῖρας τὰς ἐκ σιδήρου κο|ρύνας χειρισάμενοι (ἔθος δὲ αὐτοῖς καὶ

---

19 ἀσπὶς — ἀνήρ: cf. Hom. N 131; Π 215 **20** ἔφριξε — φθισίμβροτος: cf. Hom. N 339

VA = a, PW, RMDF = b

2 ἐλλείπων Sc Bekk **3** ἐκείνου post σημαία add. APW Sc Bekk **6** ἱππότις VAPWD λογχοφόρος V **8** μετωπίδια W **9** δὲ alt.: τε Bekk **10** ἀνταυγάζουσα P Bekk στιλβαδὸν R: στιλβάδων M **11** τοῖν D **13** ἡ om. A **14** καιροὺς A **15** λαιοῦ: spatium R **16** ἱπποτόξαις P **17** κατασείειν A **19** δὲ post κόρυς add. V **20** οἱ om. V τὰ τούτων ἄλογα B φθισόβροτος V: φθισίβροτος rel. **21** βολίδας VR **22** ἀτίνακτον Bekk **23** γοῦν D **24** (ἀλλή)λων — ἀντωθισμοὶ i. r. 15 litt. P **25** κατεάγει Bekk **26** τῶν om. R **27** ἔπειτα PR **29** ἐμηχάνουν R **30** μετὰ χεῖρας om. V: εἰς χεῖρας λαβόντες B τοιόνδε φέρειν ὁπλισμόν, ἡνίκα ἂν εἰς πόλεμον ἴοιεν) ἔπαιον τοὺς Παίονας δι' αὐτῶν· καὶ ἦν καίριον μάλα τὸ πλῆγμα κατὰ κεφαλῆς καὶ προσώπων γινόμενον. πολλοὶ τοίνυν σκοτοδινιῶντες τῆς οἰκείας ἀνετρέποντο ἕδρας· εἰσὶ δ' οἳ καὶ ἐλειφαίμουν τοῖς τραύμασι. καὶ οὕτω τοῦ ἀρραγοῦς ἐκείνου διασπασθέντος συντάγματος, οὐκ ἦν ὃς οὐκ ἦν τῶν Ῥωμαίων μὴ βάλλων καὶ καταβάλλων Παίονα ἢ μὴ σκυλεύων τὸν πεπτωκότα ἢ μὴ πανοπλίαν ἀλλοτρίαν ἐπενδυόμενος ἢ ἵππου μὴ ἐπιβαίνων, οὗ τὸν ἀναβάτην κατέκανεν.

Ἐπειδὴ δὲ περὶ ὀψίαν ἦν ἡ ἡμέρα, τὸ μὲν ἀνακλητικὸν διατόρως ἡ σάλπιγξ συνεθημάτιζε καὶ τὸ διαέριον ἐκεῖνο καθῃρεῖτο τῆς τοῦ Διονυσίου σημαίας δίαρμα, ὁ δ' Ἴστρος εἶχε τὰ πορθμεῖα καθειλκυσμένα καὶ ὁ στρατὸς εἰς τὴν περαίαν ἀνήγετο. φήμη γὰρ ἀνὰ τὰ Ῥωμαϊκὰ στρατόπεδα διεφοίτα καὶ κατακρότους ἐτίθει τὰς τοῦ στρατηγοῦ μήνιγγας ὡς οἱ Παίονες οὐκ ἀγεννῆ ξενολογίαν κατὰ τὴν μετ' ἐκείνην εἰσὶν ἐκδεχόμενοι. διὰ ταύτην οὖν τὴν ἀκοήν, μὴ πεφυκυῖαν ἐπίπαν ἀπόλλυσθαι, αὐτίκα μετὰ τέλος αἴσιον τοῦ πολέμου ἀπῆρεν ἐκεῖθεν Ἀνδρόνικος.

Ἀλλ' οὕτω μὲν κατεστρατήγηντο Παίονες, βασιλεὺς δὲ τὴν καλλίστην ταυτηνὶ νίκην ἐνωτισάμενος θύει θεῷ χαριστήρια καὶ αὐτὸς ἦν ἐν κρότοις καὶ χαρμοναῖς. κοινούμενος δὲ | τοῖς τῆς βασιλίδος οἰκήτορσι πόλεως ταῦτα δὴ τὰ εὐφρόσυνα κατορθώματα γράμματα εὐάγγελα στέλλει τὴν τροπαιουχίαν περισαλπίζοντα.

Μεθ' ἡμέρας δέ τινας καὶ αὐτὸς τὴν μεγαλόπολιν εἰσιὼν κατάγει θρίαμβον ἀπὸ τῆς ἑῴας πύλης, ἥτις ἀνέῳγε κατὰ τὴν ἀκρόπολιν. οἷα δ' ἐπὶ μεγίστῳ τροπαίῳ καὶ ἀκραιφνεῖ θριαμβεύσειν μεγαλοπρεπῶς προθέμενος καὶ τὰ τῆς πομπείας διασκευασθῆναι πρὸς τὸ ὑπέρογκον διατέταχεν. ἅπας οὖν περιπόρφυρος πέπλος καὶ χρυσίῳ κατάστικτος ἀπῃώρητο καὶ οἱ ἀστυνόμοι ἄλλος ἄλλοθεν ἐπὶ τὴν πρόοδον ἐκείνην μεταρρυέντες ὡς ῥεῦμα κατὰ πρανοῦς ὀχετηγούμενον ἐξεκένωσαν ἀγορὰς οἴκους νεὼς ἐργαστήρια καὶ ἄλλο μέρος ἅπαν τῆς πολυχανδοῦς πόλεως. οὐδὲ τῆς τῶν

46 μὴ — ἀπόλλυσθαι: alludit ad Hes. Op. 763 **58—59** ὡς — πρανοῦς: videtur variatio proverbii σφαῖρα κατὰ πρανοῦς, cf. Ps.-Plut. Prov. Ecl. 35; Nic. Or. 16, 5

VA = a, PW, RMDF = b

33 μάλα: μᾶλλον R **34** οἰκείας: ἱππείας $A^{mg\gamma\rho}$ PW Bekk ἐτρέποντο V: ἀνετράποντο DF **36** ἐκείνου om. W **37** μὴ om. Sc Bekk **38** ἀλλοτρίαν VA: ἑτέραν $A^{mg\gamma\rho}$: ἑτέραν καὶ ἀλλοτρίαν W **39** ἐπιβάτην V κατέκτανεν P **40** ἐπεὶ RN **40—41** ἡ σάλπιγξ διατόρως Bekk **41** συνεθεμάτιζε VDF **42** καθειλκόμενα M: διειλκυσμένα N **43** στρατεύματα R **46** πεφθακυῖαν V **49** ταύτην VNB Sc **51** κατορθώματα om. VB: ἔργα APW **52** σαλπίζοντα A **55** κατορθώματι post ἀκραιφνεῖ add. APW Bekk θριαμβεύειν Bekk **56** ὑπέροχον W

38 ἀλλοτρίαν: ἑτέραν P b Bekk **44** ἐπεφοίτα P b Bekk **51** εὐθὺς ante εὐάγγελα add. b Bekk αἰχμαλώτων συμμορίας ὁ θρίαμβος ἀπεστέρητο, ἀλλὰ καὶ τούτων πολλοὶ διῆγον τοὺς παρόντας καὶ ἐσέμνυνον τὴν πομπὴν παριόντες. αὐτὰ μέντοι τὰ καθ' ἑκάτερα μέρη τῆς διόδου, καθ' ἣν ἔμελλε τελεῖσθαι ὁ θρίαμβος, παρυφιστάμενα δρύφακτα εἰς διώροφά τε καὶ τριώροφα παρυψούμενα πᾶσιν ἐνεποίουν θαυμασμὸν καὶ τὰ τέγη δ' οὐχ ἥκιστα μάλιστα πολλοὺς τοὺς θεωμένους καὶ πάντας ἀνέχοντα ἐκκρεμεῖς. ἐπεὶ δὲ καὶ τοῦ τὸν αὐτοκράτορα παρελθεῖν ἐνειστήκει καιρός, προηγεῖτο μὲν ἀργύρεον ἐπίχρυσον τέτρωρον ἵπποις λευκοῖς ὡς αἱ χιόνων ἀποσπάδες ἑλκόμενον, ἵδρυτο δ' ἐπ' αὐτοῦ ἡ εἰκὼν τῆς ἀπροσμάχου συμμάχου καὶ ἀκαταγωνίστου συστρατήγου τῷ βασιλεῖ θεομήτορος· οὐ μέγα δ' ἔβραχεν ἄξων, ὅτι μηδὲ θεὰν ἦγε δεινὴν τὴν ψευδοπάρθενον Ἀθη|νᾶν, ἀλλὰ τὴν ὡς ἀληθῶς παρθένον καὶ ὑπὲρ λόγον διὰ λόγου τὸν Λόγον λοχεύσασαν. μετὰ δὲ τοῦτο οἱ καθ' αἷμα τῷ βασιλεῖ περιώνυμοι καὶ ὅσοι γερουσιάζοντες τὰς πολιτικὰς διεῖπον ἀρχὰς καὶ οἱ λαμπροὶ τοῖς ἀξιώμασι καὶ τῇ τοῦ βασιλέως εὐνοίᾳ περίκλυτοι. ἔπειτα δ' ὁ κρατῶν προῄει αὐτός, ἵππῳ ὑψαύχενι ἔποχος, κύδιστος, μέγιστος, καὶ κόσμους τοὺς βασιλικοὺς περικείμενος. παρείπετο δέ οἱ καὶ ὁ τοῦ θριάμβου αἴτιος Κοντοστέφανος, ὑμνούμενος τῆς νίκης, τοῦ δεξιοῦ μακαριζόμενος στρατηγήματος. εἰς δὲ τὸν Μέγαν Νεὼν εἰσιὼν καὶ τοῦ παντὸς ἐνώπιον λεὼ τὴν τοῦ Κυρίου λαλήσας αἴνεσιν πρόεισιν ἐκεῖθεν εἰς τὰ βασίλεια. ὥσπερ δὲ τόξον ἀνιεὶς ἑαυτὸν τῆς ἄγαν τάσεως διεχεῖτο ἵππων ἁμίλλαις.

Καὶ τὸ ἐπιὸν δὲ ἔαρ εἰς ἄνεσιν ταμιευσάμενος σώματος, ἐπειδὴ παρίππευσε Καρκίνον καὶ παρῆλθε Λέοντα ἥλιος ὅ τε Σείριος ὑπέληγε τῶν φλογώσεων, αἱ δὲ χειμέριοι τροπαὶ ἤδη παρεσκυθρώπαζον, ἔξεισι πρὸς τὰ ἑσπέρια καὶ κατὰ τὴν Φιλίππου ἐναυλίζεται. ἠκηκόει γὰρ ὡς ὁ τῶν Σέρβων σατράπης (ἦν δὲ τότε ὁ Νεεμὰν Στέφανος) ὑπὲρ ὃ δεῖ θρασύτερος γέγονε καὶ κακόσχολος ὤν τις ἥγηται σοφὸν τὸ περίεργον καὶ τὴν ἐπιθυμίαν τρέφων ἀκόρεστον καὶ πρὸς τὰ ἐκεῖ πάντα διαπλωθῆναι φιλονεικῶν τοῖς ἐκ τοῦ αὐτοῦ φύλου βαρὺς ἐμπίπτει καὶ ξίφει τὸ γένος μέτεισι,

---

82 ver est a. 1168 **82—84** ἐπειδὴ — παρεσκυθρώπαζον: a. 1168 autumno

---

70 μέγα — ἄξων: cf. Hom. E 838 **76** κύδιστος, μέγιστος: cf. Hom. B 412

VA = a, PW, RMDF = b

62 παρόντας: παριόντας W **65** ἐποίουν P μάλα V **66** τοῦ: τοῦτον V **67** ἐνειστήκει: ἐπῆγε Bekk **70** ἔβρυχεν M **71** ὡς om. W **72—73** τοῦτο δὲ M **76** περιφανῶς post βασιλικοὺς add. Bekk **78** μακαρίζοντος M στρατηγήματος: ἀγωνίσματος Bekk **79** λαοῦ VAW **80** ἑαυτὸν ἀνιεὶς V αὐτὸν A **81—82** διεχεῖτο — σώματος suppl. Pmg **83** ὑπέληγε: ὑπέλειπε A **86** Νεεμᾶν constanter Bekk **87** καὶ ante τὸ add. M **88** φέρων W καὶ om. V ἐκεῖ: οἰκεῖα A **89** ξίφος RM

63 διόδου: ἀγυιᾶς b Bekk **64** τε om. b

μήτε μὴν τὰ οἰκεῖα εἰδὼς μέτρα Χορβατίαν ὑποποιεῖται καὶ πρὸς ἑαυτὸν ἐπισπᾶται τῶν Δεκατάρων τὴν κυριότητα.

Διὰ ταῦτα τοίνυν πεῖραν εἰληφέναι θέλων τοῦ ἐπὶ τούτοις τῷ Νεεμὰν βουλή | ματος στέλλει μετὰ δυνάμεως τὸν Παδυάτην Θεόδωρον. τῷ δὲ τοπάρχῃ Νεεμὰν οὕτως ἀναρσίου μετῆν φρονήματος, ὡς εὐθὺς ἐξενεγκεῖν ἀκήρυκτον πόλεμον καὶ ῾Ρωμαίοις ἐπεισπεσεῖν. βασιλέως δὲ αὐτὸν μετελθεῖν κρίναντος, ὀλίγον τῇ μάχῃ παραφανεὶς ἀπεκρύψατο τὰς τῶν ὀρῶν καὶ πάλιν ὑποδὺς καταδύσεις καὶ τὰς πέτρας θέμενος εἰς ἀποκρυβήν. ἀεὶ δέ τι περικόπτων τῆς προλαβούσης ὀφρύος καὶ ὑφαιρῶν τέλος τοῖς ἐκείνου ποσὶ τὴν οἰκείαν ὑποτέθεικε κεφαλήν, μέγας μεγαλωστὶ τεταμένος καὶ περὶ τοῦ μὴ παθεῖν κακῶς δεόμενος· ἠγωνία γάρ, μήπως αὐτὸς μὲν τῆς τῶν Σέρβων παραλυθῇ δυναστείας, τὸ δὲ κράτος μετενεχθῇ πρὸς τοὺς ἐκείνου ἄρχειν δικαιοτέρους καὶ οὓς αὐτὸς κατασπάσας εἶχε πρὸς τὴν ἀρχὴν ἀναχθείς.

Οὕτω δ' εὐμαρῶς μετῄει τοῦτον καὶ πρὸς τὴν ἐκείνου πίστιν μετέστρεφεν, εἴ ποτε ἀποπλανώμενον ἑώρα τοῦ εὐθέως καὶ ἐλεύθερον βλέποντα ἢ τῷ τῶν 'Αλαμανῶν ῥηγὶ προστιθέμενον ἢ τοῖς Οὔννοις προσνεύοντα καὶ κοινὸν ἐκείνοις βαλάντιον καὶ πήραν προσκτώμενον, ὡς οὐδὲ ποιμὴν ποίμνιον εὐπερίγραπτον. οὕτω δ' ἐδεδοίκει τοῦτον ὡς οὐδὲ τὸν βασιλικώτατον θῆρα τὰ κνώδαλα· ὅς γε καὶ τὰ ἱππάσιμα μόνα πολλάκις ἐπιφερόμενος καὶ τοῖς δορυφοροῦσιν εἰπὼν „ἕπεσθε" τὰ ῾Ρωμαίων παρήλλαττεν ὅρια καὶ κατ' αὐτοῦ ἐξορμῶν πρὸς τὸ οἰκεῖον ἐφετὸν τὰ ἐκεῖθι μετήμειβε πράγματα. |

'Αλλὰ τίνα τὰ ἐπὶ τούτοις; ἐρᾷ καὶ στρατείας ὑπερορίου καὶ τὸ τῆς Αἰγύπτου ἐνωτιζόμενος πάμφορον καὶ ὅσα γεωργεῖ Νεῖλος ὁ καρποδότης καὶ εὔσταχυς, τοῖς πήχεσι μετρῶν τὸ εὔδαιμον, ἔγνω ἐν θαλάσσῃ θέσθαι χεῖρα αὐτοῦ καὶ ἐν ποταμοῖς δεξιὰν αὐτοῦ, εἴ πως τὰ δι' ἀκοῆς ἐρώμενα Αἰγύπτια ἀγαθὰ καὶ ὀφθαλμοῖς ἐντράνοις θεάσαιτο καὶ θείῃ ληπτὰ ταῖς

---

4 μέγας — τεταμένος: cf. Hom. Σ 26 **12** κοινὸν — προσκτώμενον: cf. Prov. 1, 14 **18** ἐρᾷ etc.: cf. Cinnam. 278, 6 sqq. **19—20** ὅσα — εὔδαιμον: cf. Nic. Or. 31, 24 sqq. **20—21** ἐν — αὐτοῦ: cf. Ps. 88, 26

VA = a, PW, RMDF = b

90 Χροβατίαν AW: Χορβάτας Sc **91** τῶν δεκατ . . . ρων V: τῶν δεκαττάρων MF: τῶν δὲ κατάρων A: τῶν δὲ καττάρων R: τῶν Δεκατόρων Sc: τῶν Καττάρων Bekk κυριότητα: οἰκειότητα V **92** τῷ: τοῦ V **93** Παδιάτην MKB Sc Bekk: Παθιάτην N **94** οὕτως om. W **95** δ' P Bekk **2** ἀποδὺς W **4** ὑποτέθει VA[ac]: ὑποτέθηκε W: ὑπέθηκε N: τέθεικε Sc τεταγμένος VDF[ac] **5** δεδεημένος A[mgγρ] PW: δεόμενος Sc **6** παραλυθῇ: ἀπαχθῇ V **7** δικαιότερον R **8** ἀχθείς R[pc] **7** οὕτως F **10** εὐθέος P Bekk αὖ post καὶ add. V **13** ἐδοίκει RM ὁ Νεεμὰν post τοῦτον add. APW Bekk **14** ἱππάσια AW μόνον V **15** παρέλυττεν M **17** ἐκεῖθεν Bekk μετέβηκε R **18** στρατηγίας W **20** θεῖναι V: om. F **21** τὰ post ἀκοῆς transp. W **22** ταῖν W χερσίν. ἐποίει δ' ἐκεῖνον ταῦτα φαντάζεσθαι τὰ ἐν ποσὶν ὑπεραλλόμενον, καὶ ταῦτα ἔτι ὠδίνοντα, καὶ τεμνόμενα μὲν καὶ κατακαιόμενα, οὐκ ἀφαντούμενα δὲ καὶ ἀμαυρούμενα, ἀλλὰ παλιμφυῆ κατὰ τὴν Ὕδραν γινόμενα, φιλοδοξία τις ἄκαιρος καὶ τὸ πρὸς βασιλεῖς ἀνθαμιλλᾶσθαι, οἷς τὸ κλέος πολὺ καὶ τὰ σχοινίσματα οὐκ ἀπὸ θαλάσσης μόνον ἕως θαλάσσης ὑφαπλούμενα πρὶν παρετέτατο, ἀλλ' ἐκ τῶν ἑῴων ὁρισμάτων μέχρι τῶν ἑσπερίων διικνεῖτο στηλῶν.

Οὐκοῦν καὶ τὸ σκέμμα τῷ τῶν Ἱεροσολύμων ῥηγὶ Ἀμερρίγῳ κοινωσάμενος κἀκεῖνον εὑρὼν οὐκ ἀποπεμπόμενον τὸ ἐννόημα, μᾶλλον μὲν οὖν καὶ συλλαβέσθαι οἱ τοῦ ἐγχειρήματος ὑπισχνούμενον, στόλον καταρτύει βαρὺν κατὰ τοῦ Ταμιάθι εἰς νῆας μακρὰς διακοσίας καὶ ἔτι πρὸς ἀριθμούμενον, ἐν αἷς κατελέγοντο δέκα μὲν αἱ ἀπὸ τῆς Ἐπιδάμνου ἀναχθεῖσαι, ἓξ δὲ ταχυναυτοῦσαι πᾶσαι, ἃς ἐπλήρουν οἱ Εὐβοεῖς· ἀναδείκνυσι δὲ ναύαρχον τὸν μέγαν δοῦκα τὸν Κοντοστέφανον Ἀνδρόνικον. ἀπὸ δὲ τουτωνὶ τῶν τριηρέων ἑξήκοντα τῷ Μαυροζώμῃ παραδοὺς Θεοδώρῳ πρὸς τὸν ῥῆγα ἐξέπεμψε, προκαταγγελοῦντα μὲν καὶ τὴν ὅσον οὐδέπω τοῦ λοιποῦ στόλου ἀναγωγὴν καὶ | τὴν ἐκεῖσε τοῦ Κοντοστεφάνου ἄφιξιν, διαναστήσοντα δὲ κἀκεῖνον ὡς εἴη ἑτοιμασάμενος τὰ πρὸς ἔξοδον, ἅμα δ' ἀποκομίσοντα καὶ τὰ τῶν Ἱεροσολυμιτῶν ἱππέων ὀψώνια, ὅσοι συνεκστρατεύειν ἤμελλον τῷ ῥηγὶ συνεφαπτομένῳ τοῦ πολέμου καὶ κατ' Αἰγυπτίων τιθεμένῳ τὴν κίνησιν, καθ' ὧν ὁ στόλος ὁ Ῥωμαϊκὸς συγκεκρότητο.

Μετ' οὐ πολὺ δὲ καὶ αὐτὸς ὁ Κοντοστέφανος ἔξεισιν (ἦγε δὲ τότε ὀγδόην μὴν ὁ Ἰούλιος) καὶ δὴ πρὸς τὸ Μελίβοτον καταχθεὶς καὶ παρὰ τοῦ βασιλέως ἐκεῖσε ἀφιγμένου θεατοῦ τοῦ στόλου τὰ πρὸς τὸ ἔργον ὑφηγηθεὶς μετὰ δύο ἡμέρας ἀνάγεται καὶ κατάγεται εἰς τὰ Κοῖλα, ταῦτα

---

31 κοινωσάμενος: a. 1168 aestate **45** ἦγε etc.: die 8 mens. Iul. a. 1169

---

25 κατὰ τὴν Ὕδραν: cf. Apollod. Bibl. 2, 5, 2—6 **27—28** ἀπὸ — θαλάσσης: cf Ps. 71, 8 **28—29** ἐκ — στηλῶν: cf. p. 318, 30

VA = a, PW, RMDF = b

28 παρετάττετο R **29** στηλῶν διικνεῖτο DF **30** τῷ ante Ἀμ. add. V Ἀμερίγγω A: Ἀμερίγω B Sc Bekk **33** Ταμίαθι VA: Ταμιαθίου P: Ταμιάθου RD Bekk: Ταμίαθου M: Ταμιάθ F: Ταμιεύθου K **34** δέκα: δέους R **35** δὲ om. RM **36** μέγα MF δοῦκαν PRMFB Bekk **37** Μαυροζούμῃ Bekk παραδοὺς τῷ Μαυροζώμη V **39** οὔπω V **40** ἐκεῖνον V **41** τὴν ἔξοδον APW Bekk οἱ post ἀποκομίσοντά add. APW Bekk **42** ὀψώνια ἱππέων A ἔμελλον VDF Bekk **43** τιθεμένων VR τὴν om. VAW **43—45** καθ' — ἔξεισιν suppl. P^mg ὧν: ἦν V **45—46** ἤγετο δὲ τότε ὀγδόη μηνὸς Ἰούλιος M **46** ὁ om. V Ἀνδρόνικος post καταχθεὶς add. APW **47** τοῦ om. W τὸ om. R

35 ἅπασαι b Bekk

δὴ τὰ περὶ Σηστόν τε καὶ Ἄβυδον, καὶ ἐντίθησι ταῖς τριήρεσι τὸ ἐκ Ῥωμαϊκῶν καὶ ἐθνικῶν ἰλῶν ἀποκριθὲν καὶ παραδοθέν οἱ στράτευμα. τὸ δ' ἐντεῦθεν, ὡς ἦν τὸ πνεῦμα φορὸν καὶ οὔριον, τὰ πρυμνήσια λύσας καὶ τὰ ἱστία διαπετάσας τὴν ἐς Κύπρον παρανελέγετο κέλευθον. κατὰ δὲ τὸν πλοῦν τοῦτον ἓξ ἐγκύρσας ναυσίν, ἃς ὁ τῆς Αἰγύπτου ἀμηρᾶς ἐπεπόμφει πρὸς κατασκόπησιν, τὰς μὲν δύο συλλαβὼν εἶχεν, αἱ δ' ἄλλαι, αἳ καὶ μὴ ἀγχώμαλα τὸν πλοῦν ἐπεποίηντο, καταταχήσασαι διαδιδράσκουσιν.

Προσοκείλας δὲ τῇ Κύπρῳ τὴν ἄφιξιν αὐτοῦ παρίστησι τῷ ῥηγὶ καὶ πυνθάνεται, πρὸς ὅτῳ ἔχει τὸν νοῦν, εἰ προσμενεῖ αὐτὸν εἰς Κύπρον ἢ τὴν ἐπὶ Ἱεροσολύμων βαδιεῖται οὗτος. ὁ δὲ ῥὴξ κατὰ τὸν Ἐπιμηθέα, ᾧ τὸ μὲν μέλειν οὐκ εἶναί φασι τὸ δὲ μεταμέλειν καὶ μάλα, | τὴν καρδίαν μέσην ἐπλήττετο, ὅτι συναρήξειν ὅλως βασιλεῖ κατένευσεν ἢ γοῦν ἐπώτρυνε τὴν κατ' Αἰγυπτίων μελετῶντα κίνησιν. τῷ τοι καὶ ἀναβαλλομένῳ ἐῴκει καὶ σκεπτομένῳ πολλάκις τὸ ποιητέον. ὀψὲ δ' οὖν σημαίνει τῷ Ἀνδρονίκῳ τὴν ἐπὶ Ἱεροσολύμων ἵεσθαι, ὡς ἐκεῖσε συνελθόντες συνδιασκέψωνται κοινῶς ὃ διαπράξονται.

Εἶχε τοίνυν ἡ μὲν Παλαιστίνη τὸν Κοντοστέφανον, τὸν δ' Ἀμερρίγον αὖθις ἡ μέλλησις καὶ ὁ μετάμελος πολὺς ἐγκείμενος ὑπέτυφε τὴν ψυχήν. πολλὰ δὲ καὶ ἄλλα Πάτροκλον πρόφασιν προτιθεὶς οὐδὲν ἧττον ἐπὶ πᾶσι καὶ τὴν τῶν οἰκείων στρατευμάτων προυβάλλετο συλλογήν. Ἀνδρόνικος δ' ἐπὶ τούτοις ἤχθετο μὲν τοῦ καιροῦ τηνάλλως ἐκμετρουμένου, οὔπερ οὐκ ἦν εἰσαῦθις ἐπιλαβέσθαι ὡς μηδὲ κομῶντος ἐξόπισθεν, ὑπέθραττε δ' αὐτὸν πλειόνως ὁ τοῦ ναυτικοῦ πληρώματος ὀψωνιασμὸς διακενῆς ἀναλούμενος. ὁ γὰρ βασιλεὺς τριῶν μηνῶν τῷ στόλῳ σιτηρέσιον ἐπεμέτρησεν ἐκ τοῦ Αὐγούστου μηνὸς ἀρξάμενος, ἦν δὲ τότε λήγων Σεπτέμβριος.

---

60 ᾧ — μεταμέλειν: cf. Synes. Ep. 4 p. 159 d **68** Πάτροκλον πρόφασιν: prov. ex Hom. T 301; cf. Diogen. 7, 47

VA = a, PW, RMDF = b

52 διαπετάσας om. V παρανελέγετο V Bekk: παρενελέγετο rel. **53** ἀμιρᾶς Bekk **55** καὶ μή: οὐδ' P **57** προσωκείλας Bekk **58** εἰ: καὶ εἰ cum PW b scr. A **59** ἐπὶ τῶν Ἱερ. W οὗτος post ῥὴξ add. M **60** μέλλειν VP[ac]RD **61** ξυναρήξειν W τῷ βασιλεῖ V **61—63** ἢ — ἐώκει suppl. P[mg] **65** διασκέψωνται AWB: σκέψονται Sc **66** μὲν: μὴν V Ἀμερίγον M F[ac]: Ἀμέριγον Bekk **67** μέλλησις P Bekk: μέλησις rel. ἐγκείμενος: ἐνέκειτο καὶ V **70** δὲ DFNU τηνάλως codd. **71** ἐπιλαβέσθαι: ἀναβαλέσθαι V μὴ V **74** μηνὸς om. V **75** ὁ Σεπτέμβριος Bekk: Σεπτεύβριος A: Σεπτέβριος RM: abbrev. rel.

55 ἐπεποίηντο: ἐτίθεντο (ἐπέθοντο R) b Bekk **58** ἐκεῖνος post νοῦν add. b Bekk εἰ: καὶ εἰ PW b Bekk **65** συνδιασκέψωνται ἀμφότεροι ὃ κοινῶς διαπράξονται b Bekk

Ἐπεὶ δ᾽ ἐδόκει ἀπαίρειν, τὴν διὰ ξηρᾶς πορείαν ὁ ῥὴξ τοῦ θαλαττίου προτίθησι πλοῦ καὶ Ἀνδρονίκῳ οὑτωσὶ ποιεῖν ὑποτίθησι φάσκων εὐμαρεστέραν εἰδέναι ταύτην πολλῷ καὶ ἀπαθεστέραν τῷ ἑλομένῳ καὶ ὡς ἐσεῖται ἅμα οὕτως αὐτοῖς ἐξ ἐφόδου καὶ πάρεργον ὁδοῦ παραστήσασθαι τὸ Τούνιόν τε καὶ τὸ Τενέσιον. τὰ δέ ἐστι κωμύδρια τῷ τῆς Αἰγύπτου ἀμηρᾷ καθυπείκοντα, οὐ δυσπρόσοδα, οὐδὲ δυσέμβολα, ἀλλ᾽ ἐφ᾽ ὑπτίου κείμενα πε|δίου καὶ τοὺς πλείστους τῶν κατοίκων ἔχοντα γνωριζομένους ἐξ ὀνόματος τοῦ Χριστοῦ. ὡς ἀγαθῇ γοῦν τῇ παραιφάσει τοῦ ῥηγὸς πεισθεὶς Ἀνδρόνικος ἣν ᾑρεῖτο οὗτος ἐτράπετο. τὴν δ᾽ ἐν τῷ μεταξὺ πορείαν ἀλύπως ἀνύσαντες οἷς εἴπομεν φρουρίοις προσέβαλον καὶ ὁμολόγως αὐτὰ χειρωσάμενοι, ὅτι μηδ᾽ εἶχον ἔνδοθεν ἀξιόμαχον δύναμιν καὶ χεῖρα ἱκανὴν εἰς ἀντίπαλον μοῖραν χωρεῖν, τοῦ πρόσω εἴχοντο.

Καὶ δὴ τῷ στόλῳ συμμίξαντες ἤδη τὰς κώπας ἐπὶ τοῦ Ταμιάθι σχάσαντι καὶ ἐφορμῶντι συρρήγνυνται τοῖς πρὸ τῆς πόλεως εὐθὺς ἐκχυθεῖσι καὶ μεθ᾽ ὅπλων ἀπαντῶσι Σαρακηνοῖς. οὕτω δ᾽ ἐξέπληξαν αὐτοὺς Ῥωμαῖοι καὶ διετάραξαν τῷ ἀπτοήτῳ τῆς ἐμβολῆς, ὡς σὺν βοῇ τε καὶ ταράχῳ συνωθηθῆναι εἴσω πυλῶν, μηδὲ καθαρῶς ἀντιβλέψαι σφίσιν ὑπενεγκόντας. καὶ τοῦτο μὲν οὕτω τῆς ἡμέρας ἐκείνης πέπρακται, καθ᾽ ἣν αἱ μὲν τριήρεις τῷ Νείλῳ προσώκειλαν, ὁ δὲ ῥὴξ πεζῇ παρεγένετο. τῇ δ᾽ ὑστεραίᾳ πάλιν οἱ Σαρακηνοὶ συμπλακησόμενοι Ῥωμαίοις συνεληλύθεσαν κατὰ τὸ πρὸ τῆς πόλεως κολπῶδες καὶ ἐπικαμπὲς ἠρέμα περίτειχος. πλὴν οὐδὲ τότε Ῥωμαίους ὑπέστησαν. τῶν γὰρ πυλῶν ὅσον ἀποσχόντες βραχὺ καὶ μηδαμῇ τοῦ προτειχίσματος ἀφιστάμενοι οὕτω διετίθουν τὸν πόλεμον. ὡς δ᾽ ἐπ᾽ αὐτοὺς ὥρμηντο

89—91 καὶ — Σαρακηνοῖς: a die 30 mens. Oct. usque ad diem 2 mens. Nov. a. 1169

---

79 πάρεργον ὁδοῦ: Eur. El. 509

VA = a, PW, RMDF = b

76—77 πλοῦ τοῦ θαλ. προτίθησι V **77** εἰδέναι: εἶναι $A^{mg\,γρ}$ P **79** οὕτω P αὐτοῖς: σφίσιν $A^{mg\,γρ}$ P Bekk **80** τοῦ Τόνιόν τε καὶ τὸ Γενέσιον M Τινέσιον V: Ταγέσιον Sc εἰσι M **81** ἀμιρᾷ Bekk **83** τῇ om. M **85** Διανύσαντες M **89** ξυμμίξαντες AP Ταμίαθι VA Ταμιαθίου PU: Ταμιάθου RMDKN Bekk: $Ταμιά^{θ}$ F: Ταμιάθιον B **91** ἀπαντῶσι A^{mg}: ἀπηντηκόσι AW **92** Ῥωμαῖοι om. P ἐμβολῆς A^{mg}: προσβολῆς AW **93** συνωθηθῆναι PWMDF^{pc}N Bekk: συνωθῆναι ARF^{ac}: συνωθίσαι K: -θῆσαι U: συγκλεισθῆναι V: ἀποκλεισθῆναι B **94** σφίσιν: γοῦν Ῥωμαίοις APW **2** συνεληλύθασι V πεδίον post κολπῶδες add. APW Bekk περίτειχος: περὶ τὸ τεῖχος APW Bekk

90—91 ἐφορμοῦντι (: ἐφορμῶντι P Bekk: ἐφομαρτοῦντι R), τοῖς πρὸ τῆς πόλεως εὐθὺς (εὐθὺς: αὐτῶ M) ἐκχυθεῖσι καὶ μεθ᾽ ὅπλων ἐποφθεῖσι ἀπαντῶσι P: ἐφορμηθεῖσι K) Σαρακηνοῖς συμμίγνυνται (συμπλέκονται P: συρρήγνυται N) P b Bekk **92** ἐμβολῆς: ἀντιτάξεως b Bekk

Ῥωμαῖοι μόνον, τὸ παθεῖν κακῶς φυλαττόμενοι ἐνέκλινον εἰς φυγὴν καὶ διὰ τῶν πυλῶν εἰσεχέοντο, μὴ εὐθύωρον ἄγειν εἰς τοὺς πολεμίους τὴν ἑαυτῶν ἀποθαρροῦντες φάλαγγα. καὶ τοῦτο ἐπὶ πολλὰς ἡμέρας ἐγίνετο. ἦν δὲ ἡ στρατηγία αὕτη μηδὲν ἄλλο δυναμένη, ὡς δέδεικται, ἢ Ῥωμαίους κατασοφίζεσθαι, | ὅπως εἰκῇ χρονοτριβῶσιν, ἐλπίσι μὴ περαινομέναις ὑποσυλώμενοι.

Ἀμέλει τὰς ἑλεπόλεις ἐς νέωτα προσαγαγὼν Ἀνδρόνικος οὐκ ἀμογητὶ καὶ ἀκινδύνως τὸ τεῖχος ἔτυπτεν· οἱ γὰρ βάρβαροι τοὺς διαπειρωμένους τῶν μηχανημάτων ἔβαλλον ὑψόθεν καὶ τοῦ ἔργου ἀπεκώλυον βέλη τε νιφάδων ἀφιέντες πυκνότερα καὶ ἀντεπινοοῦντες τὰ τῷ τείχει σωτήρια. ἴσχυσε δὲ καὶ οὕτως κόρσην κατερεῖψαι τείχους ἑνός, ἐφ᾽ οὗ κηῶδες ἵδρυτο τέμενος τῇ θεομήτορι ἀνακείμενον. ᾔδετο δὲ τοῖς ἀστοῖς ἐκεῖ που παύσασθαι τοῦ πλάνου τὴν μητροπάρθενον σύναμα Ἰωσὴφ τῷ μνήστορι, ὁπότε εἰς Αἴγυπτον ὥρμηντο τὸν παιδοφόνον Ἡρώδην ἐκκλίνοντες. οἱ τοίνυν Σαρακηνοὶ ἀπέσκωπτον εἰς Ῥωμαίους καὶ ὕβρεσιν Ἀνδρόνικον ἔπλυνον μὴ φειδόμενον νεώ, καθ᾽ οὗπερ ἐκκλησιάζοντες τὸ χριστώνυμον τὰ οἰκεῖα τελοῦνται μυστήρια, πῇ μὲν προσευκτήρια, πῇ δὲ καὶ χαριστήρια ᾄδοντες.

Ὡς δὲ οὐδ᾽ οὕτω τὰ κατὰ νοῦν Ἀνδρόνικος ἐξεπέραινε, διὰ προσβολῆς ἰσχυροτέρας ἔγνω πειράσασθαι τῶν ἐντός. καὶ δὴ τῷ ῥηγὶ πρὸς λόγους ἐλθὼν ἐνῆγε κἀκεῖνον, πολὺς ἐγκείμενος, ἐξαγαγεῖν τὴν στρατιὰν καὶ τὸ τεῖχος ἅπαν διαλαβεῖν, κἂν εἰ προχωροίη τὰ τοῦ ἔργου, καὶ κλίμαξι χρήσασθαι καὶ τοὺς ἀναρριχωμένους διαφεῖναι. ὁ δὲ ἐπῄνει μὲν τὰ λεγόμενα καὶ τῶν εὐμεθόδων βουλευμάτων ἀπεθείαζε τὸν Ἀνδρόνικον, οὐκ ἄλλως δὲ τῷ πράγματι ἐγχειρήσειν διεβεβαιοῦτο καὶ διετείνετο, τὸν τοῦ Χριστοῦ τάφον εἰς ὅρκον παραλαμβάνων, εἰ μὴ πρότερον πύργοι τεκτονηθή|σονται ξύλινοι καὶ τούτους ἐπιστήσει τοῖς τείχεσι. καὶ ταῦτα λέγων ἐπέταττε τοὺς παραπεφυκότας φοίνικας καθαιρεῖν καὶ εἰς πύργων ἀποξέειν ὑψώματα.

---

9 ἦν — δυναμένη: cf. Xen. Anab. 2, 2, 13 **19—20** ὁπότε — ἐκκλίνοντες: cf. Mat. 2, 14

VA = a, PW, RMDF = b

6 κακῶς παθεῖν V ἀπέκλινον VAW: ἐνέκλιναν DF **12** ἀμέλει: ἀμέλει τοι P Bekk προσάγων V ὁ Ἀνδρόνικος P Bekk **14** μηχανῶν A^s PW **15** πυκνότερον VR ἀντεπονοῦντες M **16** καὶ om. V οὕτω Bekk ἑνός V: cum PW b om. A **17** ἀντικείμενον W **18** τὴν θεομήτορα παρθένον V **19** ὁπόταν VB ὥρμητο W **20** ἐς Bekk **21** οἷα post ἔπλυνον add. APW Bekk: ὡς Sc **23** καὶ om. V **24** ἐξεπέρανε R: -αννε M **25** τῶν: τοῦ M **30** τὸ πρᾶγμα W **32** τεκτονηθέντες V

16 ἑνός om. PW b Bekk **33** τῇ πόλει ante παραπεφυκότας add. b Bekk

Οἱ μὲν οὖν εὐυψεῖς καὶ ἀκρόκομοι φοίνικες ἀπετέμνοντο καὶ τὰ ἄλση τῶν δένδρων ἀπεκενοῦτο καὶ ἐψιλοῦτο ἅπας παράδεισος, τὰ δὲ τῶν πύργων δοκανώματα καὶ ἡ τούτων ἁρμογὴ καὶ ἀπάρτισις ἐξεπεραίνετο οὐδαμοῦ· ὁ γὰρ ῥὴξ ἐς ἡλίους μακροὺς ἀπετίθει τὸ γενησόμενον ἐς αὔριον ἀεί πως ἀναβαλλόμενος μηδὲ τὰ δεδογμένα πληρῶν. ταῦτα δ' ὁρῶν 'Ανδρόνικος ἤχθετο μέν, ὃ λειπόμενον ἦν, καὶ κατῴκτειρε τὴν στρατιὰν σιτίων ἤδη σπανίζουσαν καὶ θανεῖν λιμῷ κινδυνεύουσαν καὶ τοὺς μὲν μηδ' ὀβολοῦ εὐποροῦντας, ὡς ἔχοιεν τὰ πρὸς τὸ ζῆν ἐξωνούμενοι, τοὺς δὲ δυσχεραίνοντας, οἷς οἰκείαν μὴ ἔχοντες ἀγορὰν πλεῖστα τοῖς ἐπὶ τῆς σιτηγίας κατατιθέμενοι τοῦ ῥηγὸς ὀλίγων ηὐπόρουν τῶν πρὸς ἑστίασιν. καὶ ὁ συντεθειμένος δὲ χρόνος τῇ στρατείᾳ πάλαι ἐκμετρηθεὶς σχετλιάζειν ἐποίει καὶ δυσφορεῖν, πρὸ δὲ πάντων ἡ κενὴ καὶ ἀνόνητος προσεδρεία, ἡμέρας ὑπερβᾶσα πεντήκοντα.

Εἰς ἑτέραν δὲ μὴ ἔχων ἀπιδεῖν ἐργασίαν, ὅτι μηδὲ εἴων αὐτὸν τὰ τοῦ βασιλέως γράμματα ὅλως ἐγχειρεῖν ἃ μὴ εἴη ἀσπάσια τῷ ῥηγί, καθῆστο καραδοκῶν τὸ ἀπὸ τοῦ ῥηγὸς ἐνδόσιμον. ἐπεὶ δ' οὐδέν τι χρηστὸν οὐδὲ μέτριον ἐκ τῶν πραττομένων κατελάμβανε τὸν ἄνδρα διανοούμενον, μήτε προσλαμβάνοντα καὶ συμμογοῦντα, καὶ εἰς δεινὰ δὲ καὶ ἀμήχανα πολλὰ ἐμπεπτωκέναι τὴν στρατιὰν κινδυνεύουσαν, οἷα τοῦ λιμοῦ ἐπιβρίθοντος καὶ δεινῶς ἐπιβοσκομένου, | ὡς ἅπτεσθαι τῶν ἀπηγορευμένων σιτίων τινάς, πάντας δ' ὁμῶς ῥιζοφαγεῖν καὶ τὰς τῶν φοινίκων δρέπεσθαι κόμας καὶ δεῖπνον ἕψοντας παρατίθεσθαι, οὐκ ἀγαθαὶ δὲ καὶ φῆμαι προσέβαλλον ὅσον οὔπω ξενολογίαν τοῖς πολιορκουμένοις ἀφίξεσθαι ἔκ τε τοῦ σουλτὰν τῆς Αἰγύπτου καὶ τῶν πρὸς ἥλιον 'Αράβων καὶ 'Ασσυρίαν δὲ ἵππον ἐωνημένην πολλῶν ἄγχιστα εἶναι, ἀφεὶς πρὸς οὓς νεκρῷ διαλέγεσθαι καὶ τὴν Λατινικὴν ἐξουδενώσας κόρυζαν ἐπαποδύσασθαι καὶ μόνος τὴν τοῦ πολέμου κέκρικεν ἅμιλλαν.

'Εκκλησιάσας τοίνυν τὴν στρατιὰν „καὶ τὸ ἐνθάδε" φησὶν „ἐπὶ πολὺ μένειν ἀνιαρὸν καὶ τὸ μηδέν τι δεδρακότας κακὸν καθ' ὧν ἐπήλθομεν χερσὶν ἐπανεικέναι κεναῖς αἴσχιστον· χεῖρον δ' ἀμφοῖν τούτων καὶ μὴ

---

60 πρὸς — διαλέγεσθαι: cf. Diogen. 6, 82; Diogen. Ven. 3, 34; Apost. 11, 100
64 χερσὶν — αἴσχιστον: cf. Hom. B 298

VA = a, PW, RMDF = b

36 δενδρέων AWD: δρεκδρέων M ἀπεκενοῦντο P καὶ ἐψιλοῦτο ἅμα παράδεισος ἅπας V **38** οὐδαμῶς V γὰρ: δὲ M **41** λιμῷ θανεῖν P Bekk **42—43** οὓς . . . . οὓς A^mg^P **43** οἷς: εἰς F: ὡς Bekk μὴ om. D ἔχοντας V **44** σιτίας M **44—45** ὀλίγα τὰ πρὸς ἑστίασιν ἀπεφέροντο A^s^ P **45** συντιθέμενος R **49** γράμματα A^mg^: ἐντάλματα AW: προστάγματα B **50** δὲ V **52** μὴν post μήτε add. AP^pc^W Bekk **53** ὁρῶν post στρατιὰν add. AP^pc^W Bekk **58—59** πρὸς ἀνίσχοντα ἥλιον Bekk **59** 'Ασυρίαν VD^ac^FK πολλὴν Bekk **63** ἀπήλθομεν W **64** ἐπανηκέναι Bekk καὶ μηδὲ APW νῷ διοικουμένων ἄντικρυς ἔργον τὸ πείθεσθαι ἀνδρὶ οὐχ ὅπως κατ' οὐδὲν ξυγκειμένῳ τὴν γνώμην Ῥωμαίοις, ἀλλὰ καὶ τῶν ἐχθρῶν οὔκουν διακειμένῳ ἄμεινον. οὐ συνίετε ὅπως ὁ ῥὴξ τὸν οἰκεῖον χάρακα τοῦ ἡμετέρου βαλὼν ἄποθεν πρόεισιν οὐδ' ὅλως ἐκεῖθεν, ὁ συναγωνιστής, ὁ σύμμαχος, καθάπερ εἰς ἑόρτιον ἄνεσιν παρ' ἡμῶν καὶ θεατὴς προσληφθείς, οὐκ ἐργάτης Ἄρεος ἔργων; οὐχ οὕτω καὶ οὗτοι δρῶσιν οἱ ἀντίπαλοι, ὅταν τὴν μάχην ὑπέρθωνται, οὐδὲ μαχούμενοι ἐξίασι τῶν πυλῶν; ὥστε τὸ ἀπὸ τοῦδε οὐ τοῦτό μοι ἔπεισι δεδιέναι, μὴ οὐδὲν χρηστὸν κατωρθωκότες ἀπίωμεν, ἀλλ' εἰ μή πως οὐχ ἱκανοὶ ἐσοίμεθα τὰς ἡμετέρας ἐκσῶσαι ψυχάς. ἀλλ' οὐδ' ἐκεῖνό μοι διὰ μελέτης καὶ σκέψεως, ὅπως | σὺν ἡμῖν μαχεῖται ὁ ῥήξ, ἀλλ' εἴ πως τὰς αὐτοῦ δολοφροσύνας διαδράντες, οὐκ ἐγκρυφιάζοντος ἤδη μήτε μὴν παραπετάσματι συσκιάζοντος τὰ ἐνδόμυχα, ἀπείρατοι κακῶν ἐνθένδε ἀπάρωμεν τὸν ἐν ὀφθαλμοῖς διακρουσάμενοι κίνδυνον.

Τάχα καὶ νῦν Αἰγυπτίοις προσεξεύρηνται φάρμακα τῶν πάλαι παρ' αὐτοῖς ἰσχυρότερα, ἃ μὴ κοιμίζειν μόνον λύπας ἔχουσι καὶ τὸ δεδηγμένον τῆς ψυχῆς ἀπροσδοκήτοις διαιτᾶν διαχύσεσιν, ὡς ἐκεῖνο πρώην τὸ φάρμακον, ὃ δεδώκει τῇ Λακαίνῃ Θώνου παράκοιτις νηπενθές, κακῶν ἁπάντων ἐπίληθες, ἀλλὰ καὶ πολεμικοὺς ἄνδρας ἐκθηλύνειν καὶ ποιεῖν ἀλκῆς ἐπιλήσμονας. καὶ τούτων, οἶμαι, τῶν φαρμάκων Ἀμερρίγῳ προύτειναν σκύφον Αἰγύπτιοι, καὶ γοητευθείς, ὡς ἔοικε, τῷ ποτῷ καὶ μετασχὼν ἐς μέθην τῆς κύλικος πρὸς κάρον ἀποδεδόχμωται χρόνιον. τῷ τοι παρὰ πάσσαλον μὲν αὐτῷ ἡ ἀσπίς, τὸ δὲ ξίφος καθυπνώττει τῷ κουλεῷ, ἐπὶ δὲ σαυρωτῆρος τὸ δόρυ πέπηγεν. ἢ τοῦτο μὲν οὐδαμῶς, ἀργύρῳ δὲ φαρμαχθεὶς τὰς φρένας ἠλλοίωται καὶ χρυσίῳ τὰ ὦτα βέβυσται καὶ τούτῳ κνώμενος πρὸς τὸ δυσήκοον μετεσκεύασται.

Καὶ νῦν φροῦδαι μὲν αἱ ξυνθῆκαι, ἃς ὑπὲρ τοῦ συμμαχήσειν Ῥωμαίοις βασιλεῖ δέδωκε, χείλεσι μόνοις ἐκεῖνον τιμῶν, τῇ δὲ καρδίᾳ πόρρω φερόμενος· ἡμεῖς δὲ τηλίκοις δεινοῖς περιστοιχιζόμεθα, εἴγε πόλεμος

81—83 ὡς — ἐπίληθες: cf. Hom. δ 220 sqq. **86** πρὸς — χρόνιον: cf. Hom. ι 372 **87—88** παρὰ — πέπηγεν: cf. Nic. Or. p. 118, 18—20; 133, 21 **92** χείλεσι — φερόμενος: cf. Is. 29, 13; Mat. 15, 8 **93** πόλεμος — δαπανᾷ: alludit ad Hom. A 61

VA = a, PW, RMDF = b

65—66 ἄντικρυς — ξυγκειμένῳ om. M **68** ὁ σύμπνους post συναγωνιστής add. AW **70** Ἄρεως V **71** μαχόμενοι R **73** μὴ om. PW Bekk ἐσόμεθα VM **74** οὐδὲ W μοι om. W **75** εἴ πως: ὅπως PW Bekk **76** διαδράσαντες A[s]PW μηδὲ V **79** Αἰγυπτίας W **80** ἰσχυροτέρων V **81** διεκχύσεσιν P ὡς om. W **82** δέδωκε P **86** εἰς P ἀποδεδόχμωτο RMDF **87** ἀφυπνώττει A[s] PW **88** θησαυρωτῆρος W **89** καὶ post φαρμαχθεὶς add. M **90** τὸ om. VA **93** τηλικούτοις WN: πηλίκοις K

80 καὶ post ἃ add. P b Bekk

ὁμοῦ καὶ λιμὸς ἡμᾶς δαπανᾷ, καὶ τὰ ῾Ρωμαίων ἐφ᾽ ἡμῖν αὐχήματα οἴχεται, τὰ δὲ λαμπρὰ τῶν κατορθωμάτων ἠφάντωται. κρεῖσσον ἦν μὴ ὅρμοις τοῖς ἐνταῦθα προσσχεῖν διαμεμετρηκότας πελάγη | ἀχανῆ καὶ ἀόριστα, ἢ ἀπράκτους ἀπιέναι κατάραντας· ὡς νῦν γε οὐχ ἱστίοις λευκοῖς τὰς ναῦς πτερῶσαι ἡμῖν γενήσεται, ὁποίοις ἐκ Βυζαντίδος ἀνήχθημεν, ἀλλὰ φαιοῖς ἀτεχνῶς διὰ τὸ τῆς αἰσχύνης μελάνωμα.

᾿Αλλ᾽ ἄνδρες ὁμογενεῖς καὶ συστρατιῶται καὶ ὅσον ἐνταυθοῖ ξενικόν, ἀποκριθέντες τῶν Παλαιστίνηθεν ἱπποτῶν τῶν γαύρων τούτων καὶ ὑψαυχένων καὶ ῾Ρωμαίοις ἀπίστων, ὡς ἔδειξαν, προσβάλωμεν τοῖς βαρβάροις, τειχομαχίαν στησώμεθα, ἀγωνισώμεθα, ὡς τὸ πόλισμα τοῦτο ληψόμεθα, καὶ ὡς ἤδη ἔχοντες ἐν χερσὶ τὸν ἔνδον πλοῦτον ἁμιλληθῶμεν. εἰ τεῖχος τοῖς βαρβάροις τὸ πρόβλημα καὶ ἀφ᾽ ὕψους τῶν ἀμυντηρίων ἡ ἄφεσις, ἀλλ᾽ εἰσὶ καὶ παρ᾽ ἡμῖν ἀσπίδες, αἳ οὐκ ἀνδράσι ῥᾳδίως ἀνέχονται (ὑπὲρ γὰρ τὸ σάκος εἰσὶ τὸ Αἰάντειον ἐκεῖνο τὸ ἑπταβόειον), ἀλλ᾽ ὡς πύργοι ἀντιπροβέβληνται, οὐ μόνον ἀτίνακτοι βέλεσι καὶ τοῖς ἀπὸ χειρῶν οὐτήμασιν ἀδιάρρηκτοι, ἀλλὰ καὶ τῶν ἀπὸ μηχανῶν ἀφιεμένων δήπουθεν στεγανώτεραι. ταύτας ἀντιστήσαντες ὡς πυργοβάρεις ὀλίγα τοῦ τείχους καὶ τῶν ἐπ᾽ αὐτοῦ μαχομένων φροντίσομεν.

Εἰ δὴ δίκαια ποιεῖν αἱρεῖσθε, ὥρα μοι πείθεσθαι, ἐπεὶ καὶ αὐτὸς ὅ τι ἂν δέῃ σὺν ὑμῖν ἀσμένως πείσομαι· μηδὲ γὰρ εἴη τινὰ ἐρεῖν ὡς ᾿Ανδρόνικος ὑπαγαγέσθαι μὲν λόγοις καὶ παραθῆξαι πρὸς ῎Αρεα ἱκανώτατος, ἀρχηγὸς δ᾽ ἀχρεῖος, μηδ᾽ ἀποκρούσασθαι εἰδὼς τὸ πολέμιον. ἀλλὰ τὸ τῆς ἐμῆς κόρυθος μέτωπον ὄψονται πρὸ ὑμῶν οἱ ἀντίμαχοι. καὶ πρόμαχος ὤν, δέον οὕτω ποιεῖν, καὶ οὐραγὸς ἐσοίμην ὑμέτερος, εἰ καὶ τοῦτο δίδωσιν | ὁ καιρός. θεὸς δὲ περαίνοι τὰ βεβουλευμένα, καὶ τράποιτο πᾶν ἀπαίσιον κατὰ κεφαλῆς ὧν τὴν χώραν κείρομεν."

Ταῦτ᾽ εἰπὼν αὐτός τε ὡπλίσατο καὶ οἱ λοιποὶ διαλυθέντες τοῦ συλλόγου τὰς πανοπλίας ἐνεδύσαντο. ἐπεὶ δὲ τό τε ἦμαρ ηὐξάνετο ὡς ἐς τρίτην ὥραν προβεβηκέναι καὶ τὰ τάγματα ἐξῄεσαν, ἄρας ἐκεῖθεν προῄει σὺν κόσμῳ τοῦ παντὸς προαφεστὼς στρατεύματος. οἱ δὲ Σαρακηνοὶ

2—4 οὐχ — μελάνωμα: cf. Plut. Thes. 17 et 22 **12** ὑπὲρ — ἑπταβόειον: cf. Hom. Η 219 sq. **20** ἀλλὰ — ἀντίμαχοι: cf. Hom. Π 70 **23** τράποιτο — κεφαλῆς: cf. Ps. 7, 17

VA = a, PW, RMDF = b

94 ὑμῖν F **2** οὐδ᾽ V **3** ὡς οἶμαι post ἡμῖν add. APW Bekk **6** τῶν ἐκ Παλαιστίνης ἱπποτῶν V **7** ὡς ἔδειξαν ἀπίστων Bekk **9** ληψώμεθα VRMD **10** εἰ: εἰς RMDF **12** τὸ alt. om. V **15** πάντων post ἀφιεμένων add. Bekk δήπουθεν om. V **16** φροντίσωμεν RM Bekk **17** δὴ: μὴ V ποιεῖν: εἰπεῖν R **19** ὑπάγεσθαι P παραθήκαις M **21** πρὸς RM πρόσμαχος R: πρόμαχοι M **23** περαίνει RM βουλευόμενα PWRN **26** ξυλλόγου W

16 ἐπ: ἀπ᾽ b Bekk **25** λυθέντες b

τὰς πύλας διαλαβόντες κλεισὶ καὶ ὀχεῦσι καί τινα προπετάσαντες μηχανήματα τούτων ἐρύματα ἔμενον ἐπὶ τῶν τειχῶν, παντοίοις ὅπλοις τοὺς ἐπιόντας ἀποκρουόμενοι καὶ τὸν βέλους ἐντὸς ἅπαντα χῶρον ἀδιόδευτον ποιοῦντες οἷς τε ἀπεσφενδόνων ἐκ τῶν ἐπάλξεων καὶ οἷς ἐκ τόξων ἠφίεσαν. ἀλλὰ καίπερ οὕτω τῶν ἔνδον ἀμυνομένων, αὐτός τε τὸν ἵππον ἐπελάσας κατὰ τῆς πύλης Ἀνδρόνικος διηκόντισε καὶ οἱ τοξόται καὶ ἅπας ἕτερος ἐν ἔργοις ἐδείκνυντο αἵ τε σάλπιγγες πυκνὰ ἐνεπνέοντο τὸ παρακλητικὸν ἐς μάχην παρακελευόμεναι καὶ ἐβαρυήχει τὰ κύμβαλα, ὡς τοὺς εἰς τὰ τείχη καὶ τὰς βάρεις μὴ ἐνεγκεῖν τῶν στρατευμάτων τὴν ἀθρόαν ἀλαλαγὴν καὶ ἐπέλευσιν καὶ τὰ ἐκ παντοίων ὀργάνων ἀφέματα.

Ἤδη δὲ τῶν κλιμάκων προσαγομένων καὶ κατὰ πολλὰ μέρη τοῦ τείχους ἐρειδομένων, ἡ τῶν γινομένων ἀγγελία παίει τὸν ῥῆγα διανταίαν πληγήν. ὁ δὲ ὡς αὐτός τι μέγα κακὸν καὶ ἀπαράκλητον πε- | πονθὼς ἢ τὸ λογιζόμενον πρηστῆρι διαφθαρεὶς ἐνεὸς ἦν ἐφ' ἱκανόν. μόλις δ' ἀνενεγκὼν τοῦ ἰλίγγου αἰτήσας ἵππον καὶ ἀναπηδήσας ἐφίσταται τῷ Ῥωμαϊκῷ στρατεύματι μετὰ τῶν ὑπ' αὐτὸν ἐπιλέκτων καὶ τὰς ἁπάντων ἀνακόψας ὁρμὰς ὑποτίθησιν ἀποσχέσθαι τοῦ ἀνθρώποις μάχεσθαι πάλαι διαμεμηνυκόσιν αὐτῷ ὡς ἑαυτοὺς ἀναιμωτὶ καὶ τὴν πόλιν βασιλεῖ παραδώσουσι.

Καὶ ὁ μὲν λόγος οὗτος οἷά τις νάρκη τὰς τῶν Ῥωμαίων χεῖρας ἐξέλυσε καὶ ἐγγὺς ἤδη τοῦ πορθεῖν τὴν πόλιν γεγενημένους ἔπαυσεν· αὐτὸς δὲ ὁ ῥὴξ ἐς συμβάσεις τραπόμενος ἀσπασίους μᾶλλον τοῖς ἐκ τῆς Ἄγαρ ἢ Ῥωμαίους κυδαινούσας τὰς ξυνθήκας εἰργάσατο. οἱ δ' οὖν στρατιῶται μηδ' ὅλως ὁποῖα τὰ τῆς εἰρήνης κατεξετάσαντες, ἀλλὰ καὶ πρὸς μόνην τὴν ταύτης ἀκοὴν νόστου μνησάμενοι, τὴν ναυτικὴν ἀπαι-

---

51 τοῖς — Ἄγαρ: cf. p. 28, 21 **54** νόστου μνησάμενοι: cf. p. 12, 5 **54—55** τὴν — πυρός: cf. Eur. Hec. 607 sq.

VA = a, PW, RMDF = b

31 ἀποκρινόμενοι καὶ τοὺς βέλους ἅπαντα ἐντὸς M **32** ἀδιόδευτον δρῶντες V: τιθέντες ἀδιεξόδευτον P Bekk ἀπεσφενδόνουν Bekk **32—33** ἀπὸ τῶν τόξων P **34** ἀπελάσας W **35** ἐν ἔργοις: ἐνεργεῖς Bekk **36** καὶ τὰ παρακλητικὰ τῆς μάχης ὁ χαλκόστομος κώδων παρεκελεύετο (παρεγκελ. W) AW τὸ — παρακελευόμεναι om. VB εἰς R ἐγκελευόμεναι P **37** ἐς V **40** μέρη om. A **41** γενομένων P **46—47** ὑποτίθησιν ἀποσχέσθαι τοῦ ἀνθρώποις μάχεσθαι V: ἔλεγε μὴ μάχεσθαι ἀνθρώποις, οἵτινες ἐμήνυσαν παραδοῦναι κτλ. B: lectionem codicum PW b hab. A **47** αὐτοὺς V **48** τῷ βασιλεῖ VN **49** τῶν om. P Bekk **52** ἢ om. M συνθήκας W **53** καὶ om. V **54** ἀκοὴν etiam B: ἐνήχησιν V

34 διηκόντισε: τὸ δόρυ ἴθυνε b Bekk **37—38** μὴ — ἀλαλαγήν: ἐκπλαγῆναι τὴν τῶν Ῥωμαίων ἀθρόαν ἐμβολὴν καὶ ἐπέλευσιν b Bekk **43** διαφθαρείς: παρακοπείς b Bekk **46—47** ὑποτίθησιν μὴ διαμάχεσθαι ἀνθρώποις PW b Bekk **50** ἐξέλυσε: ἐπέδησε b Bekk δευσίαν πράγμασιν αὐτοῖς καθυπέδειξαν ὡς εἴη τις δραστικωτέρα πυρός, καὶ ἀταξίας εὐθὺς ἐνέπλησαν τὰ στρατόπεδα. αἵ τε γὰρ ἑλεπόλεις ὑπ' αὐτῶν ἐπυρώθησαν γνώμης ἄτερ τοῦ στρατηγοῦντος καὶ τὰς πλείστας ἀποφορτισάμενοι τῶν ὁπλίσεων πρὸς ταῖς κώπαις ἐγένοντο καὶ ἐπὶ πόντον ἔβλεψαν τὸν ἀτρύγετον, μανικώτερον εἰς τὰς ναῦς ἐφορμῶντες, μηδὲ τὸ τοῦ καιροῦ δυσχείμερον καὶ τὸ τοῦ πλοὸς ἔξωρον (τετάρτην γὰρ ἦγεν ὁ Δεκέμβριος μήν) κατὰ νοῦν θέμενοι.

Ἦν οὖν ἰδεῖν τὸν πολύνεων ἐκεῖνον στόλον καὶ τὴν ἐπὶ λιμένων μίαν καταγωγὴν καὶ τὴν ἐκ τούτων αὖθις ἀναγωγὴν εἰς μυρία σκεδασθεῖσαν τμήματα, ἄλλων ἀγαπησάντων ἕτερον πλοῦν καὶ πάντων πρὸς τὰς πατρίδας οἰακοστροφούντων τὰς ναῦς, ὡς μόλις ἓξ ἔτι | ναυλοχεῖσθαι τριήρεις, αἳ ἤμελλον ἀνακομίσειν Ἀνδρόνικον. ὁ δὲ τὴν ἐπὶ τῶν Ἱεροσολύμων ἅμα τῷ ῥηγὶ πορευθεὶς κἀκεῖθεν ἁρμοζόντως παραπεμφθεὶς τὸ Ἰκόνιον παραλλάξας ἐς Βυζάντιον παρεγένετο. τῶν δὲ πολλῶν ἐκείνων νηῶν αἱ μὲν ἀνέμων ἀντιπνοίαις περιπεσοῦσαι κατέδυσαν αὔτανδροι, αἱ δὲ κλύδωνι θαλαττίῳ διασπαρεῖσαι ὀψὲ καὶ ἔαρος ἐπιφαίνοντος τοῖς νεωσοίκοις τῆς πόλεως ἀπεδόθησαν. οὐκ ὀλίγαι δὲ καὶ τῶν ἐπιβατῶν κενωθεῖσαι καθάπαξ ἐπιλαβομένων τῆς γῆς ὡς Χαρώνεια πορθμεῖα τοῖς τῶν κυμάτων διαύλοις ἀνερμάτιστοι ἀφείθησαν φέρεσθαι, ὡς βραχείας περιλειφθῆναι βρασμὸν θαλάσσης καὶ ναυτῶν διαδράσας ἀμέλειαν.

Οἱ δὲ Σαρακηνοὶ τὴν ἐς αὐτοὺς ὁδὸν τῶν Ῥωμαίων, ὡς ἔδειξαν, ἀποδειλιάσαντες καὶ τὸν ἐσέπειτα πλοῦν ἀνατρέποντες πρέσβεις ἐς βασιλέα ἔστειλαν καὶ δῶρα τὰ παρ' αὐτοῖς τιμώμενα ἔπεμψαν καὶ τὴν εἰρήνην ἐκράτυναν.

Ἤδη δὲ ὠδινούσης τῆς βασιλίδος καὶ τεκεῖν ἐγγιζούσης σεσάρωτο μὲν ἡ πορφύρα τὸ οἴκημα καὶ διηυτρέπιστο ἀκριβῶς τὰ | πρὸς τὴν κύησιν τοῦ παιδὸς καὶ ὑποδοχὴν τῆς μητρός. ὡς δὲ κατήπειγον αἱ

---

60 τετάρτην etc.: potius die 13 mens. Dec. a. 1169 **70** ver est a. 1170

VA = a, PW, RMDF = b

59 ἐς V ἐφορμῶντες: ἐναλλόμενοι V **60—61** ἐννοοῦντες post δυσχείμερον add. AW ὅλως ante θέμενοι (τιθέμενοι A) add. AW **61** εἶχεν P δεκέβριος ARMDNU: abbrev. PF μὴν om. W **63** μυρίαν VR **65** νῆας P ὡς μόνας μόλις ἓξ ναυλοχεῖσθαι V **66** ἔμελλον VB τῶν om. Bekk **71** καὶ om. V **73** ἀνερμάτιστοι V: cum PW b om. A **74** διαδράσας: διεκφυγούσας A mg γρ P **75** εἰς W **76** ἀποτρέποντες Bekk **77** τὰ om. W **79—87** ἤδη — διάδοχον hab. i. r. 45 litt. et mg. P **80** ἡ πορφύρα om. Bekk **81** τὴν ὑποδοχὴν Bekk

55 ὡς — δραστικωτέρα: δραστικωτέραν b Bekk κατὰ — θέμενοι: ἐννοοῦντες ante τετάρτην P b Bekk **67** πορευθείς: τραπόμενος b Bekk **73** ἀνερμάτιστοι om. PW b Bekk: suppl. post φέρεσθαι D mg **79—87** ἤδη — διάδοχον: ἐκ δὲ γάμων τῶν δευτέρων τοῦ βασιλέως τοῦδε παῖδα γειναμένου ἄρρενα b: τοῦ δὲ βασιλέως ἐκ τῶν δευτέρων ἀρρενοτοκήσαντος γάμων W: τοῦ δὲ βασιλέως υἱὸν σχόντος ἐκ τῶν δευτέρων γάμων Sc: ἤδη — διάδοχον suppl. D mg

Εἰλείθυιαι, ὁ πορφύρεος δόμος εἶχεν ἐντὸς τὴν ἐπίτοκον. ἠγωνία μὲν οὖν ἐπὶ τῇ γαμετῇ παρὼν βασιλεὺς καὶ τὰς ὠδίνας ἐκούφιζεν ὀπτανόμενος, τὸ πλέον δὲ τοῦ βλέμματος ἐχαρίζετο τῷ σκεπτομένῳ τοὺς ἀστέρας καὶ τοῖς κατ' οὐρανὸν διαχαίνοντι. ἐπεὶ δὲ τὸ τεχθὲν ἐξώλισθε τῆς νηδύος καὶ ἦν ἄρσεν καὶ ἡ τέχνη ἐδίδασκεν ὄλβιον καὶ μοιρηγενὲς καὶ τῆς πατρῴας ἀρχῆς διάδοχον, θεῷ τε φωναὶ ἀπεδίδοντο χαριστήριοι καὶ ἅπας ἦν ἐν κρότοις καὶ χαρμοναῖς.

Ὑπεξαίρων δὲ τὴν γενέθλιον καὶ ὀνομαστήριον τοῦ παιδὸς ἡμέραν, ὡς εἴθισται παρὰ τοῖς βασιλεῦσι Ῥωμαίων θαλίαις τοὺς ἀστυπολίτας εὐώχει, καὶ Ἀλέξιον τὸν παῖδα ὠνόμασεν, οὐχ ἁπλῶς τὴν κλῆσιν ταύτην ἀπολεξάμενος, οὐδὲ τὸν παῖδα τιμῶν τῷ τοῦ τεκόντος τὸν γεγεννηκότα ἐκεῖνον ὀνόματι, ἀλλὰ προσέχων τὸν νοῦν ᾧ χρηστηριώδης ἀνεῖπε φωνὴ πρὸς τὴν ὑποβληθεῖσαν ἐρώτησιν — ἦν δ' αὕτη „ἐς ὅσον ἡ τοῦ Κομνηνοῦ Ἀλεξίου βασιλεύοντος διαρκέσει σειρά"; τὸ δὲ χρησμῴδημα „αἶμα" — ὃ τῆς συλλαβῆς διιστάμενον καὶ κατὰ στοιχεῖον ἀναλεγόμενον διὰ μὲν τοῦ ἄλφα σαφῶς ὑπέγραφε τὸν Ἀλέξιον, διὰ δὲ τοῦ ἰῶτα τὸν Ἰωάννην, διὰ δὲ τῶν ἐφεξῆς δύο γραμμάτων τὸν Μανουὴλ καὶ τὸν ἐξ ἐκείνου πάλιν παραληψόμενον τὴν ἀρχήν.

Ὡς οὖν ὁ παῖς τὴν ἡλικίαν προέκοπτε καὶ κατὰ εὐθαλὲς καὶ πῖον νεόφυτον εἰς αὔξην ἀνέτρεχεν, ἕτερος σκοπὸς ἀνῆκε τὸν βασιλέα. καὶ δὴ μετατίθησι τοὺς ὅρκους εἰς τὸν υἱόν, οὓς ἐπὶ τῇ θυγατρὶ Μαρίᾳ καὶ τῷ μνήστορι ταύτης Ἀλεξίῳ | τῷ Παίονι πρώην εἶχε τετελεκώς. ὅθεν αὐτόν τε τὸν βασιλέα καὶ ἐφ' ὃν οἱ ὅρκοι καὶ τοὺς ἀποδώσοντας τούτους τὸ ἐν Βλαχέρναις εἰσεδέχετο μέγα καὶ περίπυστον τῆς θεομήτορος τέμενος.

---

85 ἐξώλισθε: tempus non constat; fort. die 14 mens. Sept. a. 1169 (cf. P. Wirth in BZ 49 [1956] 65—67) an potius a. 1168? (cf. p. 223, 5 et 275, 5) **7** μετατίθησι: die 24 mens. Mart. a. 1171

---

5 ὁ — προέκοπτε: cf. Luc. 2, 52 κατὰ — ἀνέτρεχεν: forte alludit ad Hom. Σ 56; cf. etiam ζ 163

VA = a, PW, RMDF = b

83 ὀδύνας D Bekk **89** καὶ post δὲ add. P^s **90** παρὰ τοῖς om. V **90—91** θαλίαις — εὐώχει: τοὺς ἐντιμοτέρους τῶν πολιτῶν μετὰ κλάδων εἰς τρυφὴν ἐκάλει Bekk **92** ταύτην V: τοῦ ὀνόματος B: cum PW b om. A **93** αὐτὸν V προσσχὼν V **93—95** ᾧ — χρησμῴδημα V: ἀλλὰ διὰ τὴν ἣν ἤκουσι παρὰ χρησμοῦ φωνήν, ἐς ὅσον ἡ τοῦ βασιλέως Ἀλεξίου διαρκέσει γενεά, καὶ ἦν τὸ χρησμῴδημα αἷμα B: lect. codd. PW b hab. A **2** ἄλφα: α VKN Ἀλέξιον om. R δὲ om. AN **3** ἰῶτα: ι VR **5** προύκοπτε V **7** εἰς: πρὸς Bekk **10** τῆς θεομήτορος μέγα καὶ περίπυστον τέμενος Bekk

92 ταύτην om. PW b Bekk **93—1** ἀλλὰ προσέχων τὸν νοῦν προρρήματι (προρρήσει A^sPW) πρὸς τὴν ὑποβληθεῖσαν ἐρώτησιν ἐξενεχθέντι (ἐξενεχθείσῃ P), ἥτις ἦν, ἐς ὅσον ἡ τοῦ βασ. Ἀλ. τ. Κομν. παραταθείη (διαρκέσει AW Sc) σειρά, τὸ δὲ προαγόρευμα αἷμα PW b Sc Bekk καὶ διὰ τῆς τελεσιουργίας τῶν ὅρκων εἰς τὸν ἐξ ὀσφύος αὐτοῦ τὴν σκηπτουχίαν, ὡς ᾤετο, μεταθέμενος μετὰ βραχὺ τοῦ μνήστορος Ἀλεξίου τὸ θυγάτριον ἀποζεύγνυσι καὶ αὐτῷ μὲν εἰς γυναῖκα ἐγγυᾶται τὴν τῆς γυναικός οἱ ὁμόσπορον, ἄρτι σὺν τῷ ἀδελφῷ Βαλδουίνῳ τῆς Ἀντιοχείας ἀπάρασαν.

Ἐπεὶ δὲ καὶ πέρας τοῦ βίου κατειλήφει τὸν τὴν Οὐνναρχίαν τότε περιζωννύμενον, ἀπρόοπτον εὐτύχημα τὸν τούτου θάνατον ὁ Μανουὴλ ἡγησάμενος πέμπει τὸν Ἀλέξιον εὐθὺς μετὰ λαμπρᾶς δορυφορίας καὶ βασιλείου πλείστης παρασκευῆς τὴν Παιονικὴν παραληψόμενον δυναστείαν καὶ βασιλεύσοντα τῶν ὁμοεθνῶν. καὶ εἶχε τοῦτον ἀταλαιπώρως ἡ Παιονία ταινίᾳ ῥηγικῇ διαδούμενον καὶ τοῦ γένους ὅλου ἀνενδοιάστως δεσπόζοντα.

Ὁ δὲ βασιλεὺς αὖθις ἀνηρεύνα ἐπιμελῶς τὸν τῇ ἐκείνου θυγατρὶ συζευξόμενον. καὶ Ῥωμαίων ἀθερίζων ὅσοι πρὸς γάμον ἐπίδοξοι ἐφιλοκρίνει τοὺς δυνάστας ἐθνῶν, ὁπόσοι μὴ ζυγῖται, καὶ τοὺς ὅσοι παίδων γονεῖς τὴν πατρῴαν διαδεξομένων μετὰ πότμον τῶν γειναμένων τούτους ἀρχήν. καὶ ἐπειδήπερ ἔπιπτε τὸ πρωτεῖον πρὸς τὸν κρατοῦντα Σικελίας Γιλίελμον, ἄλλος ἐπ' ἄλλῳ πρέσβυς εἰς ἐκεῖνον ἐστέλλετο καὶ παρ' ἐκείνου αὖθις τὸ κῆδος πρεσβεύοντος ἐπάλληλα ἦν τὰ κηρύκεια | καὶ ἦν ἐφ' ἱκανὸν τὰ τῶν γάμων λογολεσχούμενα προεισόδια. ἀμφιτάλαντον δὲ τὴν ἐπὶ τούτοις καὶ τὰ πρῶτα ἔχων ῥοπὴν καὶ οἷον κυμαίνουσαν καὶ πολλὰς μεταβολὰς λαμβάνουσαν καὶ τροπὰς ὀψέ ποτε μεθίσταται τοῦ σκοποῦ Ῥωμαίοις κρίνας ἀσύμφορα τὰ μετὰ τοῦ ῥηγὸς Σικελίας μνηστεύματα.

Ἦν οὖν ἡ κόρη πολυμνήστη βασίλεια καὶ κατὰ τὴν Ἀγαμεμνόνειον Ἠλέκτραν ἄλεκτρος ἐπὶ πολὺ τοῖς ἀνακτόροις ἀλύουσα καὶ κατ' ἀχε-

---

19—21 εἶχε — δεσπόζοντα: die 18 mens. Ian. a. 1173 (usque ad a. 1196)

---

11 ἐξ ὀσφύος: cf. p. 4,85 **34** κατὰ — ἄλεκτρος: cf. Aelian. Var. Hist. 4, 26

VA = a, PW, RMDF = b

11—12 καὶ — μεταθέμενος om. MN **11** ἐς V **12—13** μετ' ὀλίγον δὲ καὶ τὴν θυγατέρα αὐτοῦ τῶ ἀνδρὶ αὐτῆς ἀποζεύγνυσι B **12** μετὰ — Ἀλεξίου om. V μνηστῆρος AP Sc τὸ θυγάτριον A^mg: τὴν θυγατέρα Μαρίαν AW: τὴν θυγατέρα Sc: τῇ θυγατρὶ R **13** κατεγγυᾶται AP^pc W Sc οἱ om. R **14** Ἀντιοχείας om. W: Ἀντιοχέων M **15—16** ἐπεὶ — ἀπρόοπτον: ὡς δὲ κατὰ τὸν καιρὸν ἐκεῖνον ὁ τῆς Οὐγγρίας ἀπέθανε ῥήξ B Bekk **15** Οὐνναρχίαν: ἀρχίαν R **17** μετὰ λαμπρᾶς εὐθέως V **19** ἐθνῶν V **20** διαδούμενον: δυναμούμενον V **23** γάμον: γένους Bekk **24** τοὺς τῶν ἐθνῶν ῥηγάδας B τῶν ἐθνῶν VA Sc συζυγῖται AP τούς: τῶν P **26** πρῶτον D **27** Γελίελμον V: Γιλιεὰμ M πρέσβις (πρέσβεις R) codd. ἐστέλλοντο APMDF Bekk **30** δὲ: γὰρ V δὲ καὶ τὴν . . . ῥοπὴν i. r. 21 litt. P ὁ βασιλεὺς post πρῶτα add. AP^pc W: ὁ βασιλεὺς post ἔχων add. Bekk **32** μετὰ om. M τῆς Σικελίας W **35** ἀχερωνίδα V ρωΐδα ὑδρηλὴν ὑψηλὴ καὶ κοίτης ἀνδρώας ἱμείρουσα. συνευνάζεται δ' οὖν ὅμως μετὰ πολλὴν τοῦ βασιλέως προμήθειαν ὕστερον ἑνὶ τῶν τοῦ μαρκεσίου Μόντης Φεράντης υἱῶν, χαρίεντι τὴν ὄψιν καὶ ἰδεῖν ἡδίστῳ καὶ τὴν κόμην ἡλιῶντι καὶ εὐπρεπεῖ καὶ μήπω φύοντι γένειον, αὐτὴ τὸ τριακοστὸν ὑπεραναβᾶσα ἔτος καὶ ἀνδρικὴ τυγχάνουσα τὴν ἰσχύν.

'Αλλ' ἐνταῦθα τῆς ἱστορίας γενόμενος καὶ ταῦτα τοῖς εἰρημένοις προσθήσω. ἔστι τις θαλάσσιος κόλπος ἑσπέριος, 'Αδρίας λεγόμενος, ἀναχωρῶν μὲν τοῦ Σικελικοῦ πελάγους καὶ οἷά τι ἐξέραμα τοῦ 'Ιονίου ῥοῦ, καθ' ἑαυτὸν ἰδιάζων καὶ πρὸς βορρᾶν ἄνεμον ἐπὶ πολὺ συρόμενος. τούτου δὴ τὰ μυχαίτατα 'Ενετοὶ νέμονται, οὓς καὶ Βενετίκους εἴποι τις ἂν κατὰ γλώττης ἰδιότητα, ἄνδρες θαλάττης τρόφιμοι, κατὰ Φοίνικας ἀγύρται, πανοῦργοι τὸ φρόνημα. ἀλλ' οὗτοι 'Ρωμαίοις ἐσποιηθέντες κατὰ χρείαν ἣν ὅτε ναυμαχικὴν κα|τὰ σμήνη καὶ φατρίας τὴν Κωνσταντίνου τῆς οἰκείας ἠλλάξαντο, ὅθεν ἁπανταχῇ τῆς τῶν 'Ρωμαίων ἐπικρατείας διασπαρέντες καὶ μόνον τὸ ἀπὸ γένους ὄνομα παραμεμενηκὸς αὐτοῖς ἔχοντες, τὰ δ' ἄλλα σύμφυλοι ὄντες καὶ πάνυ 'Ρωμαῖοι ηὐξάνοντό τε καὶ ἐχυδάϊζον. οὐκοῦν καὶ περιβαλόμενοι πλοῦτον πολὺν αὐθάδειάν τε καὶ ἀναίδειαν μετεδίωκον, ὡς μὴ μόνον ἀναρσίως ἔχειν 'Ρωμαίοις, ἀλλὰ καὶ τῶν βασιλικῶν ἀνεπιστρόφως ἀπειλῶν τε καὶ ἐντολῶν.

Μεταλλοιοῖ τοίνυν τὰς ἐπ' αὐτοῖς ῥοπὰς βασιλεύς, καὶ νῦν μὲν τοῦ κατὰ Κέρκυραν μεμνημένος ἐμπαροινήματος, νῦν δ' ἄλλου πεῖραν λαμβάνων κακοῦ, αὖθις δ' ἑτέρου καὶ χείρονος πανουργεύματος τὴν ἐκείνου διαρριπίζοντος ψυχήν, εἰς θυμὸν ἐρρόχθησεν, ὥσπερ ὑπὸ καικίου ἢ ἀπαρκτίου ἅλμη καταιγιδῶδες καὶ ἄγριον πνέοντος. καὶ ἐπειδὴ τὰ τούτων ἀτοπήματα ὑπέραντλά οἱ ἐδέδοκτο, γράμματα ἐφοίτων κατὰ πᾶσαν ἐπαρχίαν 'Ρωμαϊκὴν τὴν τῶν Βενετίκων κατάσχεσιν ἐπιτείνοντα

---

37 ὕστερον: a. 1180 mense Febr.

60—61 καὶ — ἐδέδοκτο: cf. Cinnam. 282, 2—3 **61—64** γράμματα — χρήματα: cf. Cinnam. 282, 18—20

VA = a, PW, RMDF = b

36 συνευνάζεται V: συνέζευκτο cum PW b scr. A **38** Φαράντης WU **42** θαλάττιος Bekk καὶ post λεγόμενος add. W **45** εἴπη VK **46** γλῶτταν M **47** εἰσποιηθέντες V Bekk **49** ἁπανταχοῦ F(?) Bekk **51** ἑαυτοῖς P καὶ φίλοι πάνυ 'Ρωμαίοις Bekk πάνυ: πάντη V 'Ρωμαίοις P **52** περιβαλλόμενοι MF Bekk **56** αὐτοὺς P ὁ βασιλεὺς V **59** ψυχὴν διαρριπίζοντος VAW **61** τούτων: τοιούτον M **62** συντείνοντα V: ξυνεπιτείνοντα A[mg]γρP: ἐγκελευόμενα AW

36 συνευνάζεται: συνέζευκτο PW b Bekk **40** ὑπερβᾶσα b **42** προσεπαγάγω b Bekk **53** τε om. b καὶ τὴν ἡμέραν διασημαίνοντα, καθ' ἣν ἔδει τοῦτο γενέσθαι καὶ τὰ ἐκείνων ἐσεῖσθαι δημόσια χρήματα.

'Ενστάσης οὖν τῆς προθεσμίας ἅπας συνείληπτο καὶ τῶν κτημάτων ἐκείνοις τὰ μὲν εἶχε τὸ βασιλικὸν θησαυροφυλάκιον ξυνενεχθέντα ὁπόθεν, τὰ πλείω δὲ οἱ τοπαρχοῦντες ἐξιδιώσαντο. οἱ δ' ἐν τῇ πόλει τὰς οἰκήσεις ἔχοντες Βενέτικοι καὶ τούτων μάλιστα οἱ μὴ γάμοις ὡμιληκότες δρασμὸν βουλεύονται, καὶ ἐπειδὴ τοῖς νεωρίοις ἐνώρμει τῆς πόλεως ναῦς τῶν τριαρμενίων, ἧς δὴ πολυχαν | δεστέραν ἢ τὸ μέγεθος προφερεστέραν οὔ ποτε καιροῦ ναυλοχήσειν ἐλέγετο, ταύτης νυκτὸς ἐπιβάντες τάς τε ἀγκύρας ἀνίμησαν καὶ τὰ λαίφη τοῖς ἀνέμοις διαπετάσαντες ἀπενόστησαν. κατεδίωξαν μὲν οὖν ὀπίσω τούτων νῆες πυρφόροι καὶ τριήρεις βασιλικαὶ πλήρεις ἀνδρῶν οἳ τοὺς ἑτεροστόμους πελέκεις ἐπὶ τῶν ὤμων ἀνέχουσι. καὶ προσήγγισαν μὲν τῷ πλοίῳ, οὐκ εἶχον δ' ὅ τι καὶ δράσαιεν, καὶ τοῦ πνεύματος μὲν τὴν νῆα ἐπείγοντος, ὡς ἵπτασθαι δοκεῖν οὐ ναυτίλλεσθαι, ἀπειπόντες δὲ μάλιστα πρὸς τὸ τῆς νηὸς ὕψος ἀτεχνῶς ἀναβαῖνον ἀέριον καὶ τὸ ἀπονενοημένον τῶν ἐμπλεόντων.

Καὶ τότε μὲν ἡ πατρὶς Βενετία εἶχε τούτους εὐθυπλοήσαντας· κατὰ δὲ τὸν ἐπιόντα ἐνιαυτὸν στόλον κρατύναντες τὰς νήσους ἐπήρχοντο, ἐς δὲ τὴν Εὔβοιαν εἰσπλεύσαντες ἐπολιόρκουν τὸν Εὔριπον καὶ μέρος τι τούτου κατασχεῖν δεδυνημένοι πῦρ τοῖς οἰκοπέδοις ὑφῆψαν. ἔαρος δ' ὑποφαίνοντος ἐκεῖθεν ἀνήχθησαν καὶ πρὸς τὴν νῆσον τὴν Χίον κατήχθησαν.

'Επεὶ δὲ πύθοιτο ταῦτα ὁ Μανουήλ, στέλλει τὸν μέγαν δοῦκα τὸν Κοντοστέφανον 'Ανδρόνικον περί που τὰς ἑκατὸν καὶ πεντήκοντα τριήρεις ἔχοντα, ὅτι μηδὲ τῶν Βενετίκων ὁ στόλος ἦν ἐνδεέστερος ἢ

---

63 τὴν ἡμέραν: die 12 mens. Mart. a. 1171 **80** ἐπήρχοντο: mense Sept. a. 1171 **82** in chronologia auctoris ver est a. 1172; revera Venetiani a. 1171 ante hiemem Chium advecti sunt

---

65—84 ἐνστάσης — κατήχθησαν: cf. Cinnam. 282, 20—283, 24 **85—91** ἐπεὶ — ἐκείνοις: cf. Cinnam. 284, 4—6

VA = a, PW, RMDF = b

63 σημαίνοντα P[ac] ἔδει om. W **65** κτημάτων: προσόντων χρημάτων W: τῶν προσόντων αὐτοῖς χρημάτων Sc **66** ἐκείνοις om. R τὸ om. W **70** ἢ: ἢ μᾶλλον Bekk **74** ἔχουσι A **75** οὐδὲν δέ τι δρᾶσαι γενναῖον ἴσχυον A[mgγρ] P, ubi (δρᾶ) σαι — ἴσχυον i. r. 10 litt.: πράξαι δέ τι ἀνδρεῖον οὐκ εἶχον B εἶχον: ἴσχυσαν cum b scr. Bekk **76** δοκεῖν: μὲν WK **78** ἐμπλεόντων: πλωτήρων V **79** Βενετία om. M **80** εἰς P **81** ἐσπλεύσαντες AW **82** τοῦτο R ἐφῆψαν P Epit. **83** τὴν νῆσον Χῖον VP κατήχθησαν V: κατῆραν cum PW b scr. A **85** ὁ βασιλεὺς Μανουὴλ P Bekk μέγα MF δοῦκαν P[pc]RD[ac]

75 οὐκ ἴσχυσαν δέ τι καὶ (καὶ om. R) δράσαιεν (δράσαι M) b **83** κατήχθησαν: κατῆραν PW b Bekk ἄλλως τὸ κατεσπουδασμένον ἔχων καὶ μὴ κατηκριβωμένον ἐν ἅπασι· πρὸς γὰρ ἀγῶνα μέγαν καὶ ἀνταγωνιστὰς Ῥωμαίους ἑτοιμασάμενοι εὖ ἁπανταχόθεν ἡρμόσθησαν καὶ συμμαχίδας οὐκ ὀλίγας νῆας ἐπήγοντο ἀπὸ τῆς τῶν Σθλαβηνῶν ἐκπορισθείσας χώρας ἐκείνοις. πρὸς δὲ τὴν | πρώτην ἀποκναίσαντες ἀκοὴν τῆς τῶν Ῥωμαϊκῶν νηῶν ἀποπλοίας παρὰ κώπην ἵζανον πάντες καὶ κατεδάρθανον. τοίνυν λύσαντες ἐκ Χίου πρὸς ἑτέρας νήσους μετέβαινον κἀκείνων ἀπανιστάμενοι καὶ ἀεὶ φεύγοντες ἄλλαις προσέπλεον, ὡς πράγματα ἔχειν κἀκείνους τὰς νήσους ἀμείβοντας καὶ Ῥωμαίους ἐν δεινῷ τίθεσθαι ὅτι μὴ εὐρόησέ σφισιν ὁ 1 πλοῦς ἢ γοῦν ἀντίπρωροι τοῖς Βενετίκοις ἐγένοντο. ὡς δὲ μέχρι καὶ αὐτοῦ Μαλέου πεφθακὼς Ἀνδρόνικος ἦν διώκων ἄντικρυς τὰ ἀκίχητα ἢ τῆς Ἀργοῦς ὀπίσω ποντοπορεύων, πρύμναν κρουσάμενος τῷ ναυστάθμῳ προσέσχε τῆς πόλεως.

Οἱ δὲ Βενέτικοι τὸ διὰ πολέμων αὐτοῖς ἐπαμύνειν οὔκουν προβαῖνον ὁρῶντες μετὰ τοῦ ῥηγὸς ἐσπείσαντο Σικελίας, ἵν' ἐντεῦθεν εὐθυωροῖτο τούτοις τὰ τῆς ἀμύνης καὶ ἔχοιεν τὸν ἐπικουρήσοντα, ἣν Ῥωμαῖοι κατ' αὐτῶν ἐπίοιεν. ὁ δὲ βασιλεὺς οὐκ ἀφροντιστήσας τούτων τῶν ἀκουσμάτων (ᾔδει γὰρ ὡς καὶ φαύλη τις αἰτία πολλάκις παρεμπεσοῦσα πολλῶν πραγμάτων ὠδινήκει μεταβολὰς καὶ συμφορὰς ἀπέτεκεν ὑπερόγκους) πρὸς τὰς προτέρας μετὰ τῶν Βενετίκων ξυνθήκας ἀπέβλεψεν, ὡς ἐνῆν μὲν ἠγωνισμένος ἀκυρῶσαι τὰς μετὰ τοῦ ῥηγὸς Σικελίας τούτων σπονδάς· τούτων δὲ μὴ ἀθετουμένων καὶ οὕτως αὐτοὺς ἐπεσπάσατο, καὶ ἀνεξικακίαν αἰτουμένοις καὶ φιλίαν προσένειμεν. ὅσα τοίνυν ἔθιμα ἦν αὐτοῖς ἰσοπολίταις οὖσι Ῥωμαίοις ἀνανεωσάμενος οὐδὲ τοῦ ἀποδοῦναι γοῦν ἀπέσχετο ἅπερ τῆς οὐσίας σφῶν ἡ βασίλειος γάζα ἔστεγεν. οἱ δὲ τὴν κερδαλεωτέραν, ὡς αὐτοῖς ἐδόκει, καὶ οὔμενουν ἀργαλεωτέραν

---

5 προσέσχε: a. 1172 vere **7** ἐσπείσαντο: a. 1175 mense Sept. **12** ἀπέβλεψεν: a. 1179

91—5 πρὸς — πόλεως: cf. Cinnam. 284, 13—285, 5 **3** διώκων . . .ἀκίχητα: prov. ex Hom. P 75; cf. Ps.-Plut. Prov. Ecl. 13 **4** τῆς — ποντοπορεύων: fort. prov.; cf. p. 99, 31

VA = a, PW, RMDF = b

89 γὰρ om. VW μέγα RM **91** Σθλαβίνων P Bekk: Σθλαβινῶν M **93** παρὰ κώπην: παρασκευάζειν A ἐκ τῆς Χίου V: ἀπὸ τῆς Χίου B **94** νήσους: νῆας R **1** σφισιν: αὐτοῖς V **4** ὀπισωποντοπορεύων V ναυστάθμῳ: λιμένι Bekk **6** ἑαυτοῖς APW Bekk ἐς (εἰς P Bekk) ἀγαθὸν post οὔκουν add. APW Bekk **8** καὶ: ὡς W ἣν: ἢ V: εἰ Bekk **10** καὶ om. V τις om. Bekk **13** τούτων om. V: ἐκείνων P **14** ἐπισπασάμενος A^{s} P Bekk **15** προσεπινείμας P Bekk ἦν om. P **16** αὐτοῖς: τοῖς Βενετίκοις P **17** σφῖσιν V **18** κερδαλέαν AP Bekk ὡς — ἀργαλεωτέραν V: καὶ ὡς αὐτοῖς ἐδόκει μηδ' ἀργαλεωτέραν AW: ὡς ἔμποροι μηδ' αὐτοῖς καὶ βασιλεῖ ἀργαλέαν A^{mgyp} P Bekk

18 ὡς — οὔμενοῦν: καὶ αὐτοῖς, ὡς ἐδόκει, οὐκ b

τραπόμενοι τὸν μὲν ἀναδασμὸν τῶν οἰκείων | χρημάτων χαίρειν εἴασαν ἐμπορικόν τι καὶ δραστήριον ἐννοήσαντες, ἐκ δὲ συμφώνου συνήλθοσαν δέκα πρὸς τοῖς πέντε χρυσίου λήψεσθαι κεντηνάρια ἀνθ' ὧν ἀπώλεσαν, καὶ εἶχον ταῦτα οὐχ ἅμα, πολλάκις δὲ χορηγούμενα.

VA = a, PW, RMDF = b

19 ἀνάδασμον codd. εἴασαν χαίρειν V **20** ἐμπορικόν: σοφιστικόν A[mg]γρ P Bekk **21** ε' M ἂν post ὧν add. F χρημάτων παντοδαπῶν post ἀπώλεσαν add. AP[pc]W Bekk **22** αὐτὰ W

ΤΟΜΟΣ ΕΚΤΟΣ ΤΗΣ ΒΑΣΙΛΕΙΑΣ ΜΑΝΟΥΗΛ ΤΟΥ ΚΟΜΝΗΝΟΥ

Ἀλλ' οὕτω μὲν καὶ ταῦτα διήνυστο τῷ βασιλεῖ Μανουήλ. ὁ δὲ λόγος προβαινέτω τοῖς ἐφεξῆς καὶ διδότω τῇ ἱστορίᾳ, ὡς ἕκαστον ἔχει καὶ χρόνου καὶ τάξεως. ἐπεὶ γὰρ οὐκ ἦν ἡσυχίαν τὸν σουλτὰν ἀσπάσασθαι ἅπαξ ἐπιτήδειον ἑαυτῷ πρὸς χρηματισμὸν καὶ τοῖς Τούρκοις δὲ ὅλως ἀνυσιμώτατον γνόντα τὸ ἀεὶ ἐπὶ τὰ Ῥωμαίων ὅρια ἐκκεχύσθαι, ἔξεισι καὶ πάλιν κατ' αὐτοῦ βασιλεύς. τὰ πλεῖστα μέντοι οὐδ' αὐτὸς εἴα τὸν Περσάρχην καθεύδειν, ἀλλ' ὅσα | καὶ θῆρα ὠμηστὴν ἐφυπνώττοντα ἐξηγρίαινεν ὑπονύσσων καὶ τοῦ κοίτου ἀνίστη καὶ πρὸς μάχην ἠρέθιζεν. ἀτὰρ οὐδ' ἀνακωχαὶ πολέμων, οὐδ' ἐκεχειρίαι τῶν ἀντιτάξεων σπονδαί τε καὶ ξυνθῆκαι καὶ διακηρυκεύματα πρέσβεων ἀπεῖργον τὰς κατ' ἀλλήλων ἐπελεύσεις καὶ ἀπετείχιζον, ἀλλ' ἄμφω πρὸς θερμουργίαν ὄντες ἐπιρρεπεῖς καὶ πρὸς πόλεμον εὐπετεῖς καὶ μικρᾶς ἐνίοτε παρεισφρησάσης αἰτίας ἀλλήλοις ἀντεπεξῄεσαν· καὶ ἦν ἔργον αὐτοῖς τὰ μάλιστα περισπούδαστον ἡ πανοπλίας περίδυσις καὶ ἡ τῶν ταγμάτων συναγωγὴ καὶ τὸ ταῦτα συμπεσόντα διαπληκτίζεσθαι. κατὰ τοῦτο δὲ ἀλλήλων διήλλαττον, ὅτι ὁ μὲν σουλτὰν προμηθευτικὸς ἀεὶ καὶ βουλευτικὸς ἐδόκει τις εἶναι καὶ τὰ ἔργα ποιῶν μετὰ σκέμματος καὶ ἐτολύπευε τὰς μάχας πεφυλαγμένως διὰ τῶν ὑπ' αὐτὸν στρατηγῶν (οὐ γάρ πω τις αὐτὸν ἐθεάσατο ἐπὶ μετώπου ἱστάμενον φάλαγγος ἢ τὸν κάματον τοῖς στρατιώταις συνδιαφέροντα), ὁ δὲ βασιλεὺς γενναίαν ἔχων τὴν φύσιν ὀξύρροπος ἐν τοῖς πολέμοις ἐδείκνυτο καὶ τὰς διὰ χειρὸς πράξεις δραστήριος ἦν καὶ φήμης διαδοθείσης πολλάκις ἐσβαλεῖν που τοὺς πολε-

---

25 — 176, **48** ἐπεὶ — ἔξοδον: cf. Cinnam. 291, 8—294, 5 **31—33** ὅσα — ἠρέθιζεν: cf. supra p. 67, 49—50

VA = a, PW, RMDF = b

24 τοῦ βασιλέως ante Μανουὴλ cum WF add. A **27** τάξεως: πράγματος Bekk ἐπειδὴ A[mg γρ] PW γὰρ A[mg]: τοίνυν A τὸν σουλτάνον ἡσυχίαν W ἀσπάζεσθαι P **28** αὐτῶ V δὲ om. V **29** ὅλως: ἄλλως AW ἀνυσιμώτατον ὅλως V **31** ἀφυπνώττοντα A **32** (τ)ῆς (κοίτ)ης P[ir] **34** καὶ alt. om. M **35** Ἀπελεύσεις M **36** καὶ alt. om. W **37** τὰ: τὸ R: καὶ V: om. W **38** πραγμάτων W **39** ξυναγ. et ξυμπ. V τὸ ταῦτα: τοσαῦτα R **42** πεφυλαγμένως post στρατηγῶν transp. DF Bekk πεφυλαγμένοι A: -μένα W πώ: πού F Bekk **43** ἐπὶ: ὑπὸ F

24 τοῦ βασιλέως ante Μανουὴλ add. WF: τοῦ βασιλέως κῦρ PR: κῦρ D **40** ἀεὶ προμηθευτικὸς P b Bekk μίους καὶ κακῶς τιθέναι τὴν ὑπ᾽ ἐκεῖνον ἀρχὴν πρῶτος ἐκεῖνος τὸν ἵππον ἀνέβαινε καὶ ἀπεθάρρει τὴν ἔξοδον.

Θελήσας οὖν τὸ Δορύλεον ἀνακτίσαι προσεξῆψέ τε καὶ ἐπέθηξε τὸν βάρβαρον ἐντεῦθεν πρὸς πόλεμον· ὅτε καὶ τὴν βασιλέως ἐς τὸ Δορύλεον ἄφιξιν ἀγνοεῖν πλαττόμενος διαπρεσβευσάμενος τὴν αἰτίαν ἐπυνθάνετο καὶ παρῃτεῖτο αὐτὸν ἐκεῖθεν ἀπαναστεῦσαι. ὁ δὲ κέρτομόν τι καὶ σεσηρὸς ἐνορῶν οἷς τὰ τοῦ | σουλτὰν γράμματα διεξῄει ἐν μέρει δὴ οὐ τοῦ τυχόντος ἐτίθετο θαύματος, ὅπως τὸν μέχρι καὶ Δορυλέου δρόμον ἐκείνου ἠγνόησε καὶ τὴν αἰτίαν πλάττεται μὴ εἰδέναι. ἐπεὶ δὲ καὶ τὴν πόλιν ἀνοικοδομεῖν ἐπεβάλετο, νωτοφορεῖν τοὺς λίθους ἀρξάμενος οὕτω καὶ τοὺς ἄλλους ἠρρένωσεν, ὡς ἀπτέρῳ τάχει τὸ τεῖχος ἀνεγερθῆναι καὶ προσεπιβληθῆναί οἱ χαράκωμα ἔξωθεν καὶ ἀνορυχθῆναι φρεάτια ἔσωθεν εἰς πλείονας ὑδάτων ἀντλήσεις.

Ἐν δεινῷ δὲ οἱ Πέρσαι τιθέμενοι, εἴπερ τῶν Δορυλέου πεδίων ἀπαναστaῖεν, ἐν οἷς ἐθέριζε τὰ τούτων αἰπόλια καὶ βουκόλια πόαις ἐνσκιρτῶντα ταῖς λειμωνίτισι, καὶ δομηθήσεται πόλις καὶ φρουρὸς ἐγκαθεσθείη φάλαγξ Ῥωμαϊκή, ὅλαις ἡνίαις κατὰ Ῥωμαίων ἐφέροντο καὶ τὰς ἐπὶ σιτισμὸν ἐξόδους τηροῦντες τὴν ξύλευσιν ἀνεῖργον καὶ ἀνῄρουν τοὺς ἐν χερσίν. ὁ βασιλεὺς δὲ τὸ δεινὸν τοῦτο ῥᾳόνως ἰάσατο· τακτὸν γὰρ ὁρίσας καιρὸν τοῖς ἐπὶ συλλογὴν ἐξιοῦσι τῶν ἀναγκαίων αὐτὸς προσημαίνων τῇ σάλπιγγι πρῶτος τοῦ χάρακος ἀπανίστατο καὶ ἡγεῖτο τῆς ὁδοῦ. οὐκοῦν οὐδὲ πρὸς βραχὺ τῶν τὰ ἐπιτήδεια διφώντων μεθιστάμενος ἐνίοτε περὶ βουλυτὸν ἢ καὶ βαθεῖαν ἑσπέραν ἐπανέλυεν εἰς τὸ στρατόπεδον. Πέρσαις δ᾽ ἔμελε μὲν καὶ πολέμων πρὸς ταῦτα καὶ συνεχῶς ἐκονίζοντο, παρεδίδοσαν δὲ καὶ πυρὶ τοὺς καρποὺς καὶ τὰς σκηνὰς ἐνεπίμπρων, ὅπως μὴ εὐποροῖεν Ῥωμαῖοι δι᾽ ὧν τραφήσονται.

---

49 — 177, 87 θελήσας — ἀπανίσταται: cf. Cinnam. 294, 6—296, 2; 297, 17—20
57 ἀπτέρῳ τάχει: cf. Nic. Or. 10, 10

VA = a, PW, RMDF = b

49 Δορύλαιον constanter Bekk **49—50** ἀνακτίσαι — Δορύλεον suppl. A^{mg} **49** ἐπέθηξε VW: ἐπέθηκε A: ἐπέθηρε P: παρέθηξε Bekk **49—50** τὸ βάρβαρον Bekk **50** εἰς πόλεμον ἐντεῦθεν Bekk τὴν βασ.: τὸν βασιλέα M **51** πλαττόμενος A^{s}: ἐκεῖνος σχηματιζόμενος AW Sc διαπρεσβευσάμενος om. W **52** αὐτὸν: τὸν βασιλέα AW **53** δὴ om. P οὐ: καὶ W **54** καὶ P καὶ μέχρι τὸν W **56** λίθους: πλίνθους A^{pc}P οὕτως V **59** τῶν ὑδάτων P **60** ἐν om. R **64** ἐκείνων post ἐξόδους add. APW Bekk: αὐτῶν Sc **65** ὁ om. AW ῥᾶον P **66** ἐπὶ: πρὸς P ἀπιοῦσι P τῶν ἀναγκαίων ἐξιοῦσιν V αὐτὸς: ὡς αὐτὸς R **67** ἀπανίσταται V **68** οὐκοῦν om. R μεθιστάμενος $A^{mg γρ}$: δι - A Sc **69** ἢ om. V καὶ om. P **70** ἔμελλε VARMDF Sc **72** ἐνεπίπρων AWD

47 ἐκεῖνον: ἐκείνω (-ων R) b Bekk ἐκεῖνος om. b Bekk **49** ὑπέτηξε (-ηκε R) b
68 ὁδοῦ: ἐξόδου b Bekk

Ὁτὲ δέ, πρὸς ἑστίασιν τρα|πομένου τοῦ βασιλέως μῆλόν τε περσικὸν μαχαιρίῳ ἀπολεπίζοντος, ἐπιδρομή τις ἀγγέλλεται Περσικὴ κατὰ τῶν τὰ βιώσιμα συλλεγόντων, καὶ ῥίψας τὴν ὀπώραν αὐτίκα καὶ τὸν ἀκινάκην περιζωσάμενος καὶ περιδὺς τὸν θώρακα καὶ τὸν ἵππον ἀναβὰς ἐξώρμησε. καὶ οἱ βάρβαροι κατὰ φάλαγγας ἵστασθαι σχηματιζόμενοι μετ' οὐ πολὺ τούτου ἐποφθέντος τὴν τάξιν ἔλυον· ὅθεν ἀποδιδράσκειν πλαττόμενοι τοὺς ἐπιόντας ἔπληττον ὑποστρεφόμενοι καὶ τὸν τῆς τροπῆς καιρὸν εἰς τὸ βάλλειν διατιθέμενοι καὶ καταβάλλειν τὸ ἐπικείμενον. ἵππος μὲν γὰρ συχνὰ κεντρίζεται παρὰ Πέρσαις, ὁ δὲ κόπτων θαμὰ τὸ δάπεδον ῥαγδαίως φέρεται καὶ ὁ Πέρσης τὸ βέλος ἔχων ἐν ταῖν χεροῖν ὀπίσω τοῦτο ἀφίησι καὶ τὸν ὁρμῶντα φθάνειν φθάσας αὐτὸς ἀνῄρηκε καὶ τὸν ἤδη καταληψόμενον κατέβαλεν αἴφνης μεταμειφθεὶς ὁ διωκόμενος εἰς διώκοντα.

Ἐπεὶ δὲ ἀνεπόλισε τὸ Δορύλεον καὶ τὰ εἰς φυλακὴν τούτου παντοίως ἀπηκριβώσατο, ἐκ τῶν ἐκεῖσε μερῶν ἀπανίσταται, εἰς δὲ τὸ Σούβλεον ὡς εἶχε παραγενόμενος ἀνήγειρέ τε κἀκεῖνο καὶ φρουρᾶς μετέδωκε. καὶ τὰ λοιπά, ὡς ᾤετο, ἀρίστως διαπραξάμενος εἰς τὴν βασιλίδα πόλιν ὑπέστρεψεν.

Ἀλλ' οὔπω χρόνος συχνός, καὶ αὖθις κατ' ἀλλήλων τὰς γνώμας ἐφλέγμαινον. τῷ τοι καὶ ἀλλήλοις ἀντενεκάλουν τε καὶ προσῆπτον, βασιλεὺς μὲν τὸ πρὸς τὸν εὐεργέτην ἀχάριστον καὶ τὸ ἀμνῆμον τῶν προηγησαμένων εὐποιϊῶν καὶ τῆς εἰς τὸ ἄρχειν τῶν ὁμοφύλων παντοίας συνάρσεως, ὁ | δὲ σουλτὰν τὸ πρόχειρον εἰς παρασπόνδησιν καὶ τὸ φιλίας εὐκόλως ἀποπηδᾶν καὶ συγχέειν ἐκ τοῦ παραυτίκα τοὺς ὑπὲρ εἰρήνης τεθέντας θεσμοὺς καὶ τὸ πλείσταις μὲν ἐκεῖνον ἐπαίρειν φιλοδωριῶν ὑποσχέσεσι καὶ βασιλικαῖς ὑποσημαίνειν ταύτας γραφαῖς καὶ βαφαῖς, ὀλίγα δὲ χορηγεῖν.

---

90 ὑπέστρεψεν: ante festum Epiphaniae a. 1176, cf. Cinnam. 298, 18—20

87—88 εἰς — μετέδωκε: cf. Cinnam. 298, 4—9

VA = a, PW, RMDF = b

73 μῆλόν τε: καὶ μῆλον VN τε: τι DF Sc **76** καὶ alt. om. V **78** ὅθεν: εἶτ' P Bekk **79** πάλιν ante ὑποστρεφόμενοι add. APW Bekk ὑποστρέφοντες V **80—81** τὸ ἐπικείμενον καὶ καταβάλλειν διατιθέμενοι Bekk τὸν ἐπικείμενον APW **82** δάπεδον: στρατόπεδον W[ac] **83** ἀφίστησι W κτείνειν φθάσας V: κτεῖναι (κτεῖναι: φθάνει A[mgγρ]) φθάσας AW αὐτὸν R **84** κατέλαβεν Bekk ὁ om. W **86** παντοίως: τελείως P Bekk **87** Σούβλαιον VD[pc]B **94** ἐκείνω post ὁμοφύλων add. APW Bekk **1** τὸ τῆς φιλίας D **2** τεθέντας om. V **2—3** ἐπαίρειν ἐκεῖνον φιλοδωρεῶν V **3** ταύτας: ταῦτα P

74 ἀπήγγελτο b Bekk **79** καὶ om. b **81** μὲν om. b Bekk **84** ἤδη om. b

Διὰ ταῦτα τοίνυν τάς τε οὔσας συνεκρότει δυνάμεις ὁ βασιλεὺς καὶ νεωστὶ ἐπὶ ταύταις ἄλλας συνέταττεν· ἐστρατολόγει δὲ καὶ ξενικὸν οὐκ ὀλίγον, καὶ τοῦτο ἐκ τοῦ γένους μάλιστα τῶν Λατίνων καὶ ἀπ' αὐτῶν δὴ τῶν Παριστρίων Σκυθῶν. καὶ δὴ ἐς μυριάδας τὸ οἰκεῖον ἀριθμήσας στράτευμα ὡς ἀφανίσων ἐπῄει τὸ Περσικὸν καὶ αὐτοῖς ἀναρπάσων τείχεσι τὸ Ἰκόνιον καὶ τὸν σουλτὰν ληψόμενος ὑποχείριον καὶ κατὰ τοῦ τραχήλου τοῦτον πατήσων ἐν τῷ ὑποθεῖναι δίκην θρανίδος ταῖς βάσεσιν.

Ἀμέλει τοι τὰ πρὸς τὴν ἔξοδον ἑτοιμασάμενος εἴσεισι τὸν Μέγαν Νεών, ὃς ἀπὸ τῆς θείας καὶ ἀρρήτου Σοφίας ὠνόμασται, καὶ τὸ θεῖον ἐπικαλεῖται συνέριθον καὶ τὴν νίκην αἰτεῖται μὲν ἐκεῖθεν, οὐ δέχεται δέ, ὡς τὸ τοῦ πολέμου πέρας ὑπέφηνε, μετατεθεῖσαν πρὸς τὸν ἀντίπαλον ἀνεφίκτοις ἡμῖν θεϊκοῖς κρίμασιν.

Ἀπάρας οὖν τῆς βασιλίδος τῶν πόλεων Φρυγίαν τε καὶ Λαοδίκειαν διελθὼν ἀφικνεῖται ἐς Χώνας, πόλιν εὐδαίμονα καὶ μεγάλην, πάλαι τὰς Κολοσσάς, τὴν ἐμοῦ τοῦ συγγραφέως πατρίδα. καὶ τὸν ἀρχαγγελικὸν ναὸν εἰσιών, μεγέθει μέγιστον καὶ κάλλει κάλλιστον ὄντα καὶ θαυμασίας χειρὸς ἅπαντα ἔργον, ἐκεῖθεν ἐξελάσας εἰς Λάμπην | ἵκετο καὶ πόλιν Κελαινάς, ἔνθα τοῦ Μαιάνδρου εἰσὶν αἱ ἐκδόσεις καὶ ὁ Μαρσύας ῥεῖ ποταμὸς ἐμβάλλων εἰς Μαίανδρον καὶ ὁ Ἀπόλλων ἐκδεῖραι Μαρσύαν ἐκεῖ που λέγεται καθάπερ μύωπι οἰστρηθέντα βιαίῳ καὶ περὶ τῆς ἀοιδῆς ἐρίζειν ἀρξάμενον πρὸς Ἀπόλλωνα. κἀκεῖθεν εἰς τὸ Χῶμα ἐλθὼν τῷ Μυριοκεφάλῳ ἐφίσταται· φρούριον δὲ τοῦτο παλαιὸν καὶ ἀοίκητον, προκληθέν, οἶμαι, ὃ ἐγένετο ἢ γεγονὸς ὃ προεκλήθη· περὶ γὰρ αὐτὸ πολλάκις μυρίαις κεφαλαῖς Ῥωμαίων ἐβλήθη θάνατος, ὡς λέξων ἔρχομαι.

Ἀεὶ δὲ σὺν κόσμῳ καὶ τάξει τοὺς σταθμοὺς ὁ βασιλεὺς ἐτίθετο βάλλων χάρακας καὶ τὰς ἀπάρσεις σὺν λόγῳ ποιούμενος καὶ μεθόδοις στρατηγικαῖς χρώμενος, εἰ καὶ τὴν πορείαν εἶχε σχολαίαν διὰ τὰ τὰς μηχανὰς

---

18 ἀπάρας: a. 1176 aestate

5—24 διὰ — Μαίανδρον: cf. Cinnam. 299, 13—300, 1 (cuius historiae reliqua perierunt) **11** ἐν — βάσεσιν: cf. Ps. 109, 1 **19** πόλιν — μεγάλην: cf. Xen. Anab. 1, 2, 6 **21** μεγέθει — κάλλιστον: cf. Lucian. De Domo 1; Nic. Or. 74, 8 **23—26** ἔνθα — Ἀπόλλωνα: cf. Xen. Anab. 1, 2, 8

VA = a, PW, RMDF = b

8 ἀριθμήσας τὸ οἰκεῖον V **12** ἑαυτοῦ post βάσεσιν add. APW Bekk **13** τοι: καὶ V Sc ἄπεισι F **14** ἀπορρήτου P **15** οὐ δέχεται: ἐνδέχεται F **16** τὸ ἀντίπαλον P Bekk **19** ἐλθὼν V ἐς: εἰς PMKN Sc: πρὸς VB **20** Κολοσσάς: Παλασσάς F **21** ναόν: νεὼν post κάλλιστον transp. W **22** Λάμπιν F Bekk **28** ἐγένετο: ἐλέγετο V: (ἐ)γ(έ)ν(ετο) A^pc **30** τάξει καὶ κόσμω V **31** σύν: ἐν VR

16 Πέρσην post ἀντίπαλον add. b

ἀνέχοντα ὑποζύγια καὶ τοὺς ἐπὶ τούτοις τεταγμένους, πολλοὺς ὄντας καὶ ἀπομάχους πάντας. ἀλλὰ καὶ οἱ Πέρσαι παραφαινόμενοι δι' ἀκροβολισμῶν ἐπέκειντο καὶ προϊππεύοντες τὴν πόαν ἔκειρον τὴν ἐνόδιον, ὡς μὴ εἶεν τοῖς Ῥωμαίων ἵπποις χιλοί, καὶ τὰ ὕδατα ἠχρείουν, ὡς μὴ καθαροῦ σπῷεν Ῥωμαῖοι ὕδατος. αὐτοὶ μέντοι Ῥωμαῖοι κοιλιακῷ συνισχημένοι νοσήματι κακῶς ἔπασχον καὶ ἦν ἡ νοσηλεία αὕτη ἐπιβοσκομένη μάλα τὸ στράτευμα.

Ἐπὶ δὲ τούτοις ἐμέλησε μὲν τῷ σουλτὰν καὶ τοῦ πολέμου καὶ | ξυμμαχικὸν συνεπορίσατο ἱκανὸν ἀπό τε τῆς Μέσης τῶν ποταμῶν καὶ τῶν ἄνω συμφύλων βαρβάρων, διαπρεσβευσάμενος δὲ καὶ ἐς βασιλέα τὰ πρὸς εἰρήνην συνθήκας ᾐτεῖτο καὶ τῶν ἐκείνῳ βουλητέων, ὁποῖα ἂν καὶ ὦσιν, ἐπένευε τὴν περάτωσιν. ἅπαντες τοίνυν, ὅσοι πολέμων οὐκ ἀμελέτητοι καὶ μάλιστα δὴ τῶν Περσικῶν καὶ χρόνῳ προήκοντες, ἐξελιπάρουν τὸν Μανουὴλ ἁρπάσαι τὴν τοῦ Πέρσου πρεσβείαν καὶ μὴ τῷ κύβῳ τοῦ πολέμου τὰς ἐλπίδας ὅλας ἀποχαρίζεσθαι, ἀφορῶντα μὲν καὶ πρὸς τὸ τοῦ ἀγῶνος μέγιστον καὶ τὰ μὴ βάσιμα ῥᾳδίως τῶν τόπων, ἃ οἱ ἀντίπαλοι προλοχίσουσιν, ὑποβλεπόμενον δὲ οὐχ ἧττον καὶ τὴν τῶν Τούρκων ἀκμαιοτάτην πᾶσαν καὶ εὔιππον δύναμιν, μὴ παρατρέχοντα δὲ καὶ τὴν νόσον, ἣ πιέζει τὸ στράτευμα. ὁ δὲ τοῖς παρὰ τῶν πρεσβυτέρων λεγομένοις μηδ' ὅλως προσσχών, τὴν δ' ἀκοὴν ὅλην ἀναπετάσας τοῖς ἐξ αἵματος αὐτῷ προσήκουσι καὶ τούτων μάλιστα ὁπόσοι σάλπιγγος ἐνυαλίου ἦσαν ἀπεριήχητοι καὶ τὴν κόμην ἀγλαοὶ καὶ φαιδροὶ τὰ πρόσωπα καὶ κλοιοῖς χρυσέοις καὶ περιδερραίοις διαφανέσιν ἐκ λίθων τηλαυγῶν καὶ μαργαρίδων τιμαλφῶν τοὺς τραχήλους περιδεόμενοι, τοὺς πρέσβεις ἀπράκτους ἀπέπεμψεν.

Ὁ δὲ σουλτὰν οὐκ ἀνῆκεν αὖθις τὰ πρὸς εἰρήνην διαλεγόμενος. ἐπεὶ δὲ ἑώρα μὴ προχωρούσας τὰς συμβάσεις, ἀλλὰ καὶ βασιλέα αὐτὸν κατὰ τὸ Ἰκόνιον ἀποκρινεῖσθαί οἱ μεγαλαυχοῦντα, προκαταλαμβάνει τὰς δυσχωρίας, αἳ κλεισώρειαι τοῦ Τζιβρίτζη κατονομάζονται, ἃς καὶ ἤμελλον Ῥωμαῖοι μετὰ τὴν ἀπὸ τοῦ Μυριοκεφάλου παριέναι ἄπαρσιν, κἀκεῖσε τὰς οἰκείας παραβύει φάλαγγας, | ὡς ἀντιτάξαιντο Ῥωμαίοις

---

42 τὰ πρὸς εἰρήνην: Luc. 14, 32; 19, 42 **47** τῷ κύβῳ: cf. Nic. Or. 19, 20 **58** τὰ πρὸς εἰρήνην: cf. lin. 42

VA = a, PW, RMDF = b

34 ἀκροβολισμοῦ V **35** τὴν pr. om. V ἐφόδιον D **36** ἵπποις om. V **38** συνεχόμενοι A^{ac} Sc: συνισχόμενοι DF Bekk ἡ om. Bekk **41** ξυνεπορίσατο V **42** εἰς Bekk τά: τὰς A^{pc}PRMDF Bekk **43** ἐκείνων βουλευτέων R **49** προσλοχήσουσιν V: προλοχήσουσιν AWRMDF **51** δὲ pr. om. W **58** αὖθις: αὐτοῖς V **60** τὸν Ἰκόνιον F ἀποκρίνεσθαι P **61** κλεισώρειαι VA: κλεισοῦραι P Bekk: κλεισοῦρα WRMDF: κλεισούρας B Τζυβρίτζη B Bekk **62** ἔμελλον V Sc τὴν M^{s} ἀπό: ἐκ V: om. M τοῦ om. RDF Bekk αὐτίκα δὴ παριοῦσιν. ἔστι δὲ ὁ τόπος οὗτος ἐπιμήκης αὐλὼν ἔχων ὀρῶν ὑπερβολάς, κατὰ μὲν τὸ βόρειον κλίμα ὑποκαταβαίνων τοῦ ἀνάντους ἠρέμα εἰς γήλοφα καὶ πρὸς εὐρείας κοιλαινόμενος φάραγγας, κατὰ δὲ θάτερον μέρος εἰς προτομὰς προνεύων πετρῶν καὶ εἰς κρημνώδεις σύμπας ἀναστάσεις παρερρωγώς.

Ἐπὶ τοιαύτης οὖν ἐλαύνειν μέλλων ὁδοῦ οὐδέν τι τῷ στρατῷ συνοῖσον προμηθευσάμενος φαίνεται· οὔτε γὰρ τὸ πολὺ τῶν σκευοφόρων ἀπεσκευάσατο ἢ γοῦν τὰς ἁμάξας ἐκποδὼν ἔθετο, αἳ τὰς τειχομάχους ἔφερον μηχανάς, οὔτε μὴν ἀπεπειράσατο σὺν εὐζώνῳ τάγματι ἀπώσασθαι Πέρσας πρότερον ἐκ τῶν ἀμφιλαφῶν ἐκείνων καὶ ὀρειαίων παρόδων καὶ λειᾶναι οὕτω τῷ στρατῷ τὴν δίοδον, ἀλλ' ὡς εἶχεν ἐπὶ πεδινῶν ποιούμενος τὴν πορείαν, οὕτω κἀπὶ τῆς τρυμαλιᾶς ἐκείνης συνθλίβεσθαι εἵλετο, καίπερ ἀκοῇ προειληφώς, μετὰ βραχὺ δὲ καὶ τοὺς ὀφθαλμοὺς ἔχων αὐτοπείρως πιστουμένους τὰ ἀκουόμενα, ὡς οἱ βάρβαροι κατειληφότες τὰς ἀκρωρείας ἐπίθωνται καὶ ὡς πᾶσαν μὲν φαρέτραν ἐκπωματίσουσι, πᾶν δὲ βέλος ἀφήσουσιν, ὅπως Ῥωμαίους τροπωσάμενοι τοῦ πρόσω βαίνειν ἐπίσχωσιν.

Ἐπῆγεν οὖν οὕτω τὰς φάλαγγας βασιλεύς. ἦν δὲ τότε μὴν ὁ Σεπτέμβριος. προηγοῦντο δὲ τοῦ στρατοῦ μετὰ τῶν οἰκείων τάξεων οἱ δύο υἱοὶ τοῦ Ἀγγέλου Κωνσταντίνου, ὅ τε Ἰωάννης καὶ ὁ Ἀνδρόνικος, ὁ Μακροδούκας Κωνσταντῖνος καὶ ὁ Λαπαρδᾶς Ἀνδρόνικος. μετὰ δὲ τού|τους τὸ μὲν δεξιὸν ἐπεῖχε κέρας ὁ τοῦ βασιλέως γυναικάδελφος Βαλδουῖνος, τὸ δ' ἀριστερὸν ὁ Μαυροζώμης Θεόδωρος. ἐπὶ τούτοις εἵποντο τὰ σκευοφόρα καὶ τὸ οἰκετικὸν αἵ τε φέρουσαι τὰς ἑλεπόλεις ἅμαξαι, μετὰ δὲ βασιλεὺς αὐτὸς καὶ ὅσον ἐπίλεκτον, μεθ' οὓς ὀπισθοφύλαξ ὢν Ἀνδρόνικος ὁ Κοντοστέφανος.

Ἐπεὶ δὲ ἥψαντο τῶν δυσβάτων πορειῶν, τὰ μὲν περὶ τοὺς υἱοὺς τοῦ Ἀγγέλου καὶ τὸν Μακροδούκαν καὶ τὸν Λαπαρδᾶν τάγματα διεληλύθεσαν ἀπείρατα κακῶν· αἱ γὰρ πεζικαὶ δυνάμεις προβεβλημέναι διεσόβουν τοὺς βαρβάρους ἐκ τῶν γηλόφων ἀνασειράζουσαι, ἐφ' ὧν ἀπὸ

---

81 ἦν etc.: sc. die 17 mens. Sept. a. 1176 (cf. BZ 27 [1927] 288—290)

VA = a, PW, RMDF = b

64 αὐλός V **66** ἠρέμα om. R **67** προτομὰς: προνομὰς W **68** σύμπας om. R ἀπερρωγώς V: περιερρωγώς P Bekk **69** μέλλων ἐλαύνειν P Bekk **72** ἀπεπείρατο F **73** τοὺς Πέρσας P Bekk ὀρείων Bekk **76** παρειληφώς V δὲ om. W **76—77** ἔχων καὶ τοὺς ὀφθαλμοὺς Bekk **77** ἔχων om. R αὐτοπείρως A^{mg}: αὐτῇ πείρα A πιστουμένους αὐτοπείρως V **78** προειληφότες A^{ac}W: κατειληφότες P^{ac}: προκατειληφότες A^{s} P^{pc} Bekk **80** βαίνειν: προβαίνειν PW Bekk ἐπίσχουσιν W **81** ὁ om. P^{ac}W Σεπτέβριος RMD: abbrev. APWF **82** προηγοῦνται V **83** Κωνστ. τ. Ἀγγέλου W **84** ἐπ' αὐτοῖς post Μακροδούκας add. P Bekk **87** τοῦ στρατεύματος post οἰκετικὸν add. APW Bekk **90** τοῦ om. AW: hab. Sc **91** διεληλύθεισαν Bekk τοῦ ὄρους καθηκόντων ἐπιστάντες ἐμάχοντο, κἀπὶ τὸ ἄναντες παλίμποδας ἀνεστοίβαζον. τάχα δ' ἂν καὶ τὰ ἐφεπόμενα τούτοις στρατεύματα παρήλθοσαν ἀπαθῶς τὰς τῶν Περσῶν ἐπισυστάσεις, εἴπερ ἔργον ἔθεντο Ῥωμαῖοι συμφράξασθαι καὶ τοῖς προηγουμένοις ἐφέπεσθαι τάγμασι καὶ διὰ τῶν τοξοτῶν ἀνέκοπτον τῶν ἐπικειμένων Περσῶν τὰ ὁρμήματα, νῦν δὲ αὐτοί τε τῆς συνεχείας κατημελήκασι καὶ οἱ Πέρσαι πλείονες ἐπιβρίσαντες ἀπό τε τῶν ὑψηλῶν ἐπὶ τὰ ταπεινὰ καὶ πρὸς τὸ πρανὲς ἐκ τῶν γηλόφων ὑποκαταβάντες διαζευγνύουσι τὰς τάξεις συρραγέντες παραβολώτερον· καὶ τρέπονται τοὺς περὶ τὸν Βαλδουῖνον καὶ πολλοὺς μὲν τιτρώσκουσιν, οὐκ ὀλίγους δὲ ἀναιροῦσιν. ἔνθα δὴ ὁ Βαλδουῖνος πονηρὰ τὰ καθ' αὐτὸν ὁρῶν τάγματα καὶ ἀτονώτερα, ὥστε διελεῖν τοὺς πολεμίους καὶ παρελθεῖν, καὶ πάντοθεν πιεζόμενος ἀναλαβὼν ἱππέας τινὰς εἰς τὰς φάλαγγας διελᾷ | τῶν Περσῶν, κυκλωθεὶς δὲ ὑπὸ τῶν πολεμίων αὐτός τε κατακαίνεται καὶ οἱ σὺν αὐτῷ πίπτουσιν ἅπαντες ἀλκῆς ἔργα καὶ χειρὸς γενναίας παράστημα ἐνδειξάμενοι.

Ἐκ δὲ τούτου πλεῖον ἐπαρθὲν τὸ βάρβαρον ἀπόρους πάντῃ Ῥωμαίοις ἐποίουν τὰς τροχιὰς καὶ βύζην νενησμένοι ἀπεῖργον τὴν πάροδον. οἱ δὲ Ῥωμαῖοι οἷα ἐν στενῷ χωρίῳ εἱλούμενοι καὶ ἀλλήλοις περιπίπτοντες οὐ μόνον δρᾶσαί τι κακὸν οὐκ εἶχον τοὺς πολεμίους, ἀλλὰ καὶ τοῖς ἐπιπορευομένοις προσιστάμενοι ἀχρείους κἀκείνους ἐποίουν εἰς τὸ ἀμύνασθαι. ὅθεν καὶ ῥᾷον ὑπὸ τῶν ἐπικειμένων αὐτοῖς ἔθνησκον· καὶ ἦν οὐδὲ μία τις ἐπιβοήθησις ἀπὸ τῶν οὐραγούντων ταγμάτων ἢ ἐκ βασιλέως αὐτοῦ ἢ ὑποχώρησις καὶ παρέγκλισις ἐπὶ θάτερα· αἱ γὰρ ἅμαξαι κατὰ μέσον ἑλκόμεναι ὑπονοστῆσαι μὲν οὐδαμῶς εἴων τὰς προηγουμένας τάξεις καὶ μετατάξασθαι πρὸς τὸ χρήσιμον, τοῖς δὲ μετὰ τοῦ αὐτοκράτορος στρατεύμασιν ὥσπερ ἀντίφραγμα γινόμεναι τὴν ἐς τὰ πρόσω πορείαν ἀπετείχιζον.

Ἔπιπτε τοίνυν βοῦς ἐκ τοξεύματος Περσικοῦ καὶ παρ' αὐτῷ βοώτης ἀπέψυχεν. ἵππος καὶ ἀναβάτης ὁμοῦ κατεβέβληντο. αἱ σήραγγες μεσταὶ σωμάτων προυφαίνοντο. τὰ ἄλση τῶν πεσόντων πεπλήρωτο.

---

27 ἵππος — κατεβέβληντο: cf. Exod. 15, 1. 21; Agg. 2, 22

VA = a, PW, RMDF = b

2 συναπτῶς post προηγουμένοις add. APW Bekk **4** τε om. F **6** ἀποκαταβάντες V διαζευγνύουσι A^{mg}: διαλύουσι AP **7** τὸν om. AWRMDF Sc **8** δὲ: δ' W δὴ: δὴ καὶ V **9** κατ' αὐτὸν VN τάγματα: πράγματα A^{pc}: δηλαδὴ τὰ στρατεύματα A^{mg}: πράγματα καὶ τὰ στρατεύματα et om. καὶ PW Bekk **10** πάντοτε W **14** βάρβαρον: πολέμιον R **15** ἀπεῖργον τὴν πάροδον: ἐπεζύγουν πᾶσαν πάροδον P **18** εἰς: πρὸς V **19** ἀμύνασθαι VR: ἀμύνεσθαι rel. Bekk ἐπικειμένων: ἐπιφυομένων $A^{mg\gamma\rho}$ P **21** παράκλισις ? P^{ac}: παρέκκλισις Bekk **22** ἑλκόμεναι: ἑλισσόμεναι A^{mg}PW Bekk **24** ὡς P **28** τὰ: καὶ W

9 τάγματα: στρατεύματα b **13** παράστημα: παράδειγμα b Bekk αἱμάτων ῥύακες προύβαινον κελαρύζοντες. αἷμα συνεφύρετο αἵματι, τῷ τῶν ὑποζυγίων τὸ βρότειον. οὕτως ἦν δεινὰ τὰ ἐκεῖ καὶ πᾶσαν ὑπερβαίνοντα συγγραφήν. ὡς οὖν οὔτε προχωρεῖν ἐξῆν καὶ τὸ ἀναζεῦξαι δὲ ἄλλως ἀδύνατον (οἱ γὰρ Πέρσαι καὶ κατὰ νώτου ἐγέ|νοντο καὶ τὰ πρόσω ἐποίουν ἄβατα), ὅσα καὶ θρεμμάτων ἀγέλαι Ῥωμαῖοι περὶ σταθμοὺς τὰς δυσχωρίας ἐκείνας ἐφθείροντο.

Ἀλλὰ καὶ εἴ τι που γενναίου φρονήματος ἐπῆν εἰσέτι αὐτοῖς ἢ θυμοῦ κατὰ τῶν ἀντιπάλων ὑπολέλειπτο ζώπυρον, καὶ τοῦτο σβεσθὲν ἀφῄρητο καὶ ἀπέλιπεν αὐτοὺς τὸ πρόθυμον τέλεον· ἐκ τοῦ τοὺς πολεμίους ὑπ' ὄψιν ἄγειν αὐτοῖς ἕτερον συμφορᾶς ἐπεισόδιον, αἰχμῇ περιπαρεῖσαν τὴν Ἀνδρονίκου τοῦ Βατάτζη κεφαλήν. ἦν δὲ οὗτος ἀδελφιδοὺς μὲν τῷ βασιλεῖ Μανουήλ, ἀπέσταλτο δὲ μετὰ στρατιᾶς, ὅσηπερ ἐκ Παφλαγόνων καὶ τῆς ἐν Πόντῳ Ἡρακλείας ἐστρατολόγητο, τοῖς Ἀμασεῦσι Τούρκοις ἀντιταξόμενος.

Φήμαις τοίνυν τοιαύταις ὁ βασιλεὺς καὶ ἀπευκταίοις τοιοῖσδε θεάμασι τὸ λογιζόμενον συγχυθεὶς καὶ τὴν τοῦ ἀνεψιοῦ προτεινομένην ὁρῶν κεφαλὴν καὶ τὸ τοῦ κινδύνου, ἐν ᾧ συνείληπτο, προορώμενος μέγεθος ἀθυμίᾳ συνείχετο καὶ ἀφασίᾳ πέσσων τὸ ἄλγος καὶ κωφοῖς, ὃ λέγεται, δάκρυσι τὸ πένθος ἀφοσιούμενος τὸ μέλλον ἐκαραδόκει καὶ τὴν γνώμην ἀμφιρρεπὴς ἐδείκνυτο.

Τὰ δέ γε προπορευθέντα Ῥωμαίων τάγματα τὰς ἐπισφαλεῖς ἐκείνας ὁδοὺς ἀπαθῶς διελθόντα ἐνηυλίσαντό που καὶ χάρακα ἔβαλον γηλόφου λαβόμενα ἀσφάλειαν ἐκ μέρους βραβεύοντος.

Οἱ δὲ Πέρσαι τὸ πᾶν εἰσέφερον τῆς σπουδῆς τὰ περὶ τὸν βασιλέα καταπαλαῖσαι στρατεύματα, ὡς εἰ τὸ πλεῖ|στον κατατροπωθείη καὶ κράτιστον, κἀκεῖνα ῥᾳδίως παραλύσειν οἰόμενοι· καθὰ καὶ ἐπὶ δράκοντος ὁρῶμεν γινόμενον, τῆς γὰρ κεφαλῆς συντριβείσης καὶ ὁ λοιπὸς συννεκροῦται ὁλκὸς τοῦ σώματος, ἢ καὶ ἐπ' ἀκροπόλεως, ταύτης γὰρ ἐξαιρεθείσης καὶ ἡ λοιπὴ πόλις ὡς κατάκρας ἁλοῦσα τὰ οἴκτιστα πέπονθε. καὶ βασιλεὺς μὲν πολλάκις ἀπεπειράσατο τοὺς βαρβάρους μεταστῆσαι τῶν

46—47 κωφοῖς . . . δάκρυσι: epigraphice notum, cf. LSJ s. v. κωφός **57** κατάκρας ἁλοῦσα: cf. Hom. N 772 sq.

VA = a, PW, RMDF = b

32 δὲ om. P ἄλλως: ὅλως R ἦν post ἀδύνατον add. AW **33** πρόσω: κατὰ πρόσωπον V **33—34** περὶ σταθμοὺς Ῥωμαῖοι V **34** τὰς: καὶ W **35** αὐτοῖς: σφίσιν A^mgγρ P ἢ: ἢ καὶ P **36** ὑπολέλειπται A **37** τέλεον om. VB **38** αὐτοῖς A^mgγρ: ἐκείνοις AW περιπαρεῖσαν αἰχμῇ W **39** τοῦ ante Ἀνδρ. add. FN Bekk **39** Βατάτζου AWRMDFKN Sc **42** ἀντιταξάμενος R **43** ἀπευκτέοις Bekk τοιοῖσδε A^s: τηλίκοις AW **45** κεφαλὴν ὁρῶν R **49** προωδευκότα A^s P **50** ὁδοὺς: ἀτραποὺς A^mgγρ P Bekk ἀπαθῶς om. VB **52** περὶ: κατὰ W **53** εἰ om. WM **54—55** καὶ — γὰρ om. V: καθὼς καὶ ἐπὶ τοῦ ὄφεως γίνεται hab. B **58** ὁ δὲ βασ. VB **58—59** ἀπεπειράσατο τῶν . . . ὁδῶν τοὺς βαρβάρους μεταστῆσαι Bekk ἐκεῖσε δυσπαρόδων ὁδῶν καὶ πολὺς ἦν ἐγκείμενος τοῖς ὑπ' αὐτὸν ἐξομαλίσειν τὴν δίοδον· οὐχ ὁρῶν δὲ τὰ κατὰ σκοπὸν προβαίνοντα καὶ ὡς ἀπολεῖται οὐδὲν μεῖον καὶ μένων κατὰ χώραν, οἷα τῶν Περσῶν ἐπικρατεστέρων ἀεὶ γινομένων ὡς ἐξ ὑπερδεξίων μαχομένων, ἐσβάλλει πρὸς τοὺς ἐνώπιον αὐτῷ πολεμίους μετ' ὀλίγων τῶν ἀμφ' ἐκεῖνον, καὶ τοῖς λοιποῖς δὲ ὑποτίθησι σώζειν σφᾶς, ὡς ἕκαστος δύναται· μηδὲν γὰρ χρηστὸν ἐκ τῶν ἐν ὄψει κατανοεῖν.

Καὶ βασιλεὺς μὲν ὡς ἐκ γαλεάγρας τῆς τότε αὐτὸν διειληφυίας ἐξώλισθε φάλαγγος μετὰ τραύματα πολλὰ καὶ μώλωπας συνεχεῖς, οὓς ἀπὸ ξιφῶν ἐπλήγη καὶ κορυνῶν ὑπὸ τῶν περιστάντων αὐτὸν Περσῶν, ἐπεὶ καὶ οὕτω δι' ὅλου τοῦ σώματος τετραυμάτιστο, ὡς τὸν μὲν θυρεὸν περί που τοὺς τριάκοντα ἔχειν ἐμπεπηγότας διψητικοὺς αἵματος ὀϊστούς, αὐτὸν δὲ μηδ' ἀνορθῶσαι ὅλως δύνασθαι περιτραπεῖσαν τὴν κόρυθα. πλὴν καὶ οὕτω παρὰ δόξαν τὰς τῶν βαρβάρων διέδρα λαβάς, ὑπὸ θεοῦ φρουρηθεὶς τοῦ καὶ ἐπὶ κεφαλὴν πάλαι Δαυὶδ ἐν ἡμέρᾳ πολέμου ἐπισκιάζοντος, ὡς | αὐτός φησιν ὁ φιλόψαλμος. τὰ δ' ἄλλα τάγματα χειρόνως ἔπασχον ἀεὶ δόρασι περισταδὸν λελογχωμένοις νυσσόμενα καὶ βέλεσιν ἐκ τοῦ σχεδὸν διαμπερὲς ἐλαυνόμενα καὶ ὑπ' ἀλλήλων ἐν τῷ συμπίπτειν διαφθειρόμενα. εἰσὶ δ' οἳ καὶ ταύτην μὲν ἀπαθεῖς παρῆλθον τὴν φάραγγα καὶ τοὺς ἐπ' αὐτῆς ἱσταμένους Πέρσας ἐσόβησαν, προελθόντες δὲ καὶ τῆς μετ' ἐκείνην ἁψάμενοι σήραγγος ὑπὸ τῶν ἐκεῖσε πολεμίων ἀπώλοντο. εἰς γὰρ κοιλάδας ἑπτὰ ταφρώδεις πάσας καὶ ἀγχιτέρμονας ἡ πάροδος ἐκείνη διέσχιστο, εὐρυνομένη βραχὺ καὶ συμπτυσσομένη πάλιν πρὸς τὸ στενόπορον· καὶ ἦσαν αὗται παρὰ τῶν Τούρκων ἀκριβῶς ἐφεστώτων τηρούμεναι. ἀλλ' οὐδ' ὁ λοιπὸς χῶρος τῶν πολεμίων ἐσπάνιζε καθαρῶς, ἀλλ' ἅπας τούτων πεπλήρωτο.

Τότε δὲ καὶ ἀνέμου πνεύσαντος καὶ θῖνα βαθεῖαν ἐκ τῆς ἐκεῖσε ψαμμώδους μετεωρίσαντος γῆς σύρδην ἐμπίπτουσαν ἀμφότερα συμπεσεῖν ἐγένετο τὰ στρατεύματα καὶ ὡς ἐν νυκτομαχίᾳ καὶ σκότει ψηλαφητῷ ἀλλήλοις προσφερόμενα τοῖς ἐχθροῖς τοὺς φίλους ἐπικατέσφαττον καὶ

---

73 τοῦ — ἐπισκιάζοντος: cf. Ps. 139, 8   **87** σκότει ψηλαφητῷ: cf. Exod. 10, 21

VA = a, PW, RMDF = b

60 τὴν om. W δὲ: δὲ καὶ W **61** καὶ om. Bekk **66** βαρβαρικῆς post διειληφυίας add. APW Bekk **67** καὶ μετὰ μώλωπας APW **68** συνεπλήγη W κορυνῶν: σιδηρέων κορυνῶν APW Bekk: κορ. σιδ. Sc αὐτῶ WR: αὐτῶν M τυπτόμενος post Περσῶν add. APW Bekk **69** ὡς μὲν τὸν θυρεὸν W **72** διέδρα etiam Sc: διέδρασε APW **73** καὶ om. VB **74** Ῥωμαϊκὰ post ἄλλα add. APW Bekk **75** ἀεὶ: ἐν R **77** φθειρόμενα D ἀπαθῶς P **78** φάλαγγα PW ἐπ': ὑπ' W **80** ἑπτὰ κοιλάδας Bekk **82** στενότερον P **86** ξυμπεσεῖν V **87** ἐγένοντο W **88** προσφερόμενοι P κατέσφαττον AB **88—89** καὶ οὐκ etiam B: οὐδ' V οὐκ ἦν ἐξ ὁμοφύλου διακρίνειν ἀλλόφυλον, ἀλλὰ Πέρσαι καὶ Ῥωμαῖοι συμβεβλημένοι καὶ καθ' ὁμογενῶν ἐσπῶντο τὰ ξίφη καὶ τὸν προσιόντα κατέκαινον ὡς πολέμιον, ὡς τὰς τάφρους τάφον ἕνα γενέσθαι καὶ πάμμικτον πολυάνδριον καὶ σκήνωμα κοινὸν Ῥωμαίων τε καὶ βαρβάρων καὶ ἵππων καὶ βοῶν καὶ ὄνων ἀχθοφορούντων.

Ἔπεσον οὖν ἀριθμῷ πλείους Ῥωμαῖοι καὶ πλεῖστοι μάλιστα τῶν ἐκ τοῦ γένους τῷ βα|σιλεῖ καὶ τούτων οἷς πολὺ τὸ ἐπίσημον. ὡς δὲ ἡ κόνις ἐλώφησεν ἥ τε ἀχλὺς ἐκείνη καὶ ἡ ἀορασία διεσκέδαστο, ὠπτάνοντό τινες (φεῦ τοῦ ἀπευκταίου πράγματος καὶ ὁράματος) ἕως ἰξύος καὶ τραχήλου συνισχημένοι τοῖς πτώμασιν, οἳ καὶ χεῖρας μὲν ἱκέτιδας ὤρεγον καὶ σχήμασιν ἐλεεινοῖς καὶ φωναῖς γοερὸν ὑπηχούσαις προυκαλοῦντο τοὺς παριόντας εἰς ἀρωγήν, οὐδένα δὲ τὸν ἀμύνειν δυνάμενον εἶχον οὐδὲ τὸν σώζοντα· πάντες γὰρ οἷς ἔπασχον ἐκεῖνοι τὴν οἰκείαν προτυπούμενοι συμφορὰν τὸν περὶ ψυχῆς τρέχοντες ἀκούσιοί τινες ἦσαν ἀνοικτίρμονες καὶ ὡς τάχους εἶχον σώζειν ἑαυτοὺς ἔσπευδον.

Ὁ δὲ Μανουὴλ σκιὰν ὑπελθὼν ἀχλαδηφοροῦντος δένδρου ἀνελάμβανεν ἑαυτὸν καὶ καμοῦσαν συνέλεγε τὴν ἰσχύν, μὴ ἔχων ὑπασπιστὴν συνιστάμενον, μὴ δορυφόρον ἐπισπόμενον, μὴ σωματοφύλακα ἐφεπόμενον. ἰδὼν δέ τις αὐτὸν καὶ οἰκτείρας ἐκ τοῦ τῶν ἱππέων τάγματος, καὶ οὗτος τῶν ἀφανῶν καὶ πολλῶν Ῥωμαίων, ἐφίσταταί οἱ προθύμως κατὰ προαίρεσιν καὶ διακονεῖν αἱρεῖται τὰ δυνατά, ὅθεν καὶ τὴν κυνέην ἑτέρωσε βαλλομένην τῇ ἐκείνου ἐφήρμοσε κεφαλῇ.

Ἐν ᾧ δὲ καθ' ὃ εἰρήκειμεν δένδρον ὁ βασιλεὺς ἀνεκώχευεν, ἐπιδραμών τις Πέρσης ἐφεῖλκε τοῦτον τοῦ χαλινοῦ κατὰ πολλὴν τοῦ κωλύσοντος ἐρημίαν· ὁ δὲ πλήξας αὐτὸν κατὰ κεφαλῆς τῷ τοῦ δόρατος τμήματι, ὃ εἶχεν ἔτι ἐν ταῖν χεροῖν, εἰς γῆν ἔβαλε. μετ' οὐ πολὺ δ' ἕτεροι Πέρσαι ζωγρίαν ἑλεῖν ὀριγνώμενοι ἐπ' αὐτὸν ἵενται, ῥαδίως δὲ καὶ τούτους | ἐώσατο· βασιλεὺς μὲν γὰρ τὸ τοῦ συνεστῶτος ἱππότου δόρυ ἀγκοινησάμενος διαπείρει ἕνα τῶν ἐπιόντων ἕως καὶ εἰς αὐτὸν θάνατον, αὐτὸς δὲ ὁ ἱππότης τὸ ξίφος σπασάμενος ἀποκαρατομεῖ ἕτερον.

Συναλισθέντων δὲ περὶ τὸν βασιλέα ἑτέρων ὁπλοφόρων δέκα Ῥω-

---

7 τὸν — τρέχοντες: cf. p. 24, 25

VA = a, PW, RMDF = b

89 ὁμόφυλον R ἀλλὰ: ἀλλὰ καὶ R Ῥωμαῖοι καὶ Πέρσαι M **91** ἕνα τάφον A Sc **92** κοινὸν om. R **93** ἀχθηφορούντων Bekk **94** πλεῖστοι om. V Bekk **95** τοῦ om. V: hab. B **1** ἡ alt. om. DF Bekk **2** ἀπευκτέου Bekk **7** καὶ post ἦσαν add. W **9** ὁ δὲ βασιλεὺς Μανουὴλ Bekk ἀχλαδηφόρου P **10** ἔλεγε W **11** μὴ alt. V: μηδὲ cum PW b scr. A -φυλακοῦντα P **12** κατοικτ. V **13** καὶ — Ῥωμαίων om. P **14** καὶ alt. om. V **16** εἰρήκαμεν VR **19** ἔβαλλε Bekk **23** δ' ὁ P Bekk **24** δὲ: δὲ καὶ Bekk

11 μὴ alt.: μηδὲ PW b Bekk

μαίων, ἐκεῖθεν μετέβαινε, συμμῖξαι γλιχόμενος τοῖς προηγησαμένοις τάγμασιν. ἀλλ' αὖθις μικρόν τι προβὰς ὑπό τε Τούρκων τῆς πρόσω πορείας εἴργεται καὶ τοῖς τῶν πεσόντων οὐχ ἧττον νεκροῖς ἀπερύκεται, οἳ περὶ τὰς ὁδοὺς αἰθριάζοντες ἀπέφραττον αὐτὰς σωρηδὸν κείμενοι. μόλις δὲ τὰ ἐκεῖ δυσπόρευτα χωρία καὶ τὸν ἐγγύς που παραρρέοντα χείμαρρον διελθών, ἐνιαχοῦ τῶν θνησιμαίων ἐπιβαίνων καὶ τούτων ὕπερθεν ἱππαζόμενος, ἀθροίζει καὶ ἄλλο τι στῖφος Ῥωμαϊκὸν κατὰ θέαν αὐτοῦ συνδραμόν· ὅτε καὶ ἀναβλέψας ὁρᾷ τοῖς ὀφθαλμοῖς τὸν ἐπ' ἀνεψιᾷ γαμβρόν, τὸν Καντακουζηνὸν Ἰωάννην, ἕνα πρὸς πλείονας ἁμιλλώμενον καὶ ἀνδρείως αὐτοῖς προσφερόμενον καὶ περιβλεπόμενον μέν, εἴ τις ἐπαρήξων ἐκείνῳ ἐλεύσεται, ἐκ δὲ τοῦ μηδένα τὸν ἀμύνοντα παρεστάναι μετὰ βραχὺ πίπτοντά τε καὶ σκυλευόμενον.

Οἱ δὲ τοῦτον ἀπεκτονότες Πέρσαι, ὡς εἶδον παριόντα τὸν αὐτοκράτορα (οὐδὲ γὰρ ἦν λαθεῖν), συγκροτηθέντες εἰς σπεῖραν ὡς εἰς θήραμα μέγα τὸν βασιλέα ἐπῄεσαν· ᾤοντο γὰρ αὐτίκα δὴ μάλα τοῦτον αἱρήσειν ἢ ἀναιρήσειν. ἦσαν δ' οὗτοι πάντες Ἀραβίοις ἔποχοι ἵπποις καὶ κατὰ θέαν τῶν πολλῶν ὑπερφέροντες· ὁπλισμοῖς τε γὰρ ἐκπρεπέσιν ἐκάζοντο | καὶ τοὺς ἵππους εἶχον ἠσκημένους ἄλλοις τε κόσμοις λαμπροτάτοις, ἀλλὰ δὴ καὶ ἐπαυχενίοις ἀγλαΐσμασιν ἐκ τριχῶν συγκειμένοις ἱππείων ἐς ἱκανὸν καθιεμένων καὶ περιηρτημένους ἐχουσῶν ἠχητικοὺς κώδωνας. βασιλεὺς δ' ἀναστήσας τῶν περὶ αὐτὸν τὰ φρονήματα τὴν τῶν πολεμίων ἐπέλευσιν εὐπετῶς ἀποκρούεται, ἀεὶ δὲ κατὰ βραχὺ προβαίνων τοῖς ἔμπροσθεν καὶ νῦν μὲν πολέμου νόμῳ, ἐνιαχοῦ δὲ καὶ ἀναιμωτὶ παριππεύων τοὺς Πέρσας, ἄλλους ἐπ' ἄλλοις συνιόντας καὶ πάντας συλλαβεῖν αὐτὸν σπεύδοντας, τρισάσμενος ἐφίσταται καὶ ἀσπάσιος τοῖς προωδευκόσι τάγμασιν οὐ μᾶλλον περὶ αὐτοῖς δυσχεραίνουσιν ἢ ἐπ' αὐτῷ μὴ φαινομένῳ ἀγωνιῶσιν.

Οὔπω δὲ συμμίξας τούτοις, ἀλλ' ἐκεῖσε ἔτι ὤν, ἔνθα ποταμὸν παραρρέειν ὁ λόγος εἴρηκε, δίψει συνέχεται· καὶ δὴ αἰτεῖται τῶν παρεστώτων τινὰ λαβόντα ὑδρεῖον ὕδωρ ἀρύσασθαι καὶ αὐτῷ ἀποκομίσαι πιεῖν. σπάσας τοίνυν τοῦ ὕδατος ὅσον ἂν τὴν ἐκείνου ἐδίανεν ὑπερῴην

---

55 ἐδίανεν ὑπερῴην: cf. Hom. X 495

VA = a, PW, RMDF = b

26 τῶν Τούρκων APW Sc 27 πορείας: χορείας V 29 ἐκεῖσε RDF Bekk 30 χείμαρρον: ποταμὸν B Bekk 33 πλείονας V: πλείους cum PW b scr. A 35 ἐλευσεῖται P 38—39 τοῦ βασιλέως R 39 ᾤετο F 41 εὐ(πρεπέσιν) P[ir]M[ir] 44 καθιεμένων: καταβαινόντων V παρηρτημένους VA[ac] Sc ἐχόντων V 45 τῶν om. RK 47 νόμω πολέμου DF καὶ alt. om. V 49 σπεύδοντας A[mg γρ]: πειρωμένους AW Sc 54 αὐτῷ: οἱ APW Bekk 55 τοῦ om. W

28 προκείμενοι b Bekk 33 πλείους PW b Bekk 34 διαμιλλώμενον b Bekk 42 ἠσκημένους εἶχον P b Bekk 45 τὰ τῶν περὶ αὐτὸν φρονήματα b Bekk

τὸ λοιπὸν ἐξέχεεν, οἷα μὴ τοῦ ποθέντος ἡδέως διὰ τοῦ οἰσοφάγου κατολισθαίνοντος. πολυπραγμονήσας δὲ τὸ ποτὸν καὶ λυθρῶδες τοῦτο κατανοήσας ᾤμωξε καὶ εἶπε μὴ εὐτυχῶς ἀπογεύσασθαι τοῦ τῶν Χριστιανῶν αἵματος. παρεστὼς δέ τις ἀνὴρ ἰταμὸς καὶ θρασύς, ὡς ἔδειξε, καὶ τοῦ τότε καιροῦ δυσκολώτερος ἀνερυθριάστως ἔφησεν „ἄπαγε, βασιλεῦ, οὔκουν ταῦτα, οὐχί· οὐ γὰρ νῦν πρώτως, ἀλλὰ πάλαι καὶ πολλάκις καὶ εἰς κραιπάλην καὶ ἄγαν ἀκραιφνὴς Χριστιανικῶν αἱμάτων κρατὴρ ἐκεράσθη σοι, κα|λαμωμένῳ τε καὶ ἐπιφυλλίζοντι τὸ ὑπήκοον.“ οὕτω δ᾿ ἱλαρῶς τὸν κακήγορον ἐκεῖνον καὶ λοίδορον ὑπήνεγκεν ἄνθρωπον, ὡς εἰ μὴ ἦν ἀκούων μηδ᾿ ἔχων ἐλεγμοὺς ἐν τῷ στόματι.

῾Ορῶν δὲ καὶ τοὺς θησαυροφύλακας θυλάκους διασπωμένους ὑπὸ Περσῶν καὶ κατὰ γῆς χεόμενον καὶ ἁρπαζόμενον τὸν εἰς νόμισμα κεκομμένον χρυσόν τε καὶ ἄργυρον ἐνῆγε τοὺς συνόντας ῾Ρωμαίους ἐπεισπεσεῖν τοῖς βαρβάροις καὶ κτήσασθαι τὰ χρήματα Περσῶν δικαιότερον. συστὰς δὲ αὖθις ἐκεῖνος ἀνὴρ διελοιδορεῖτο ἀναιδῶς βασιλεῖ τοιαῦτα κελεύοντι „ἐχρῆν“ λέγων „ἑκουσίως καὶ πρότερον διδόναι ῾Ρωμαίοις ταυτί, οὐχὶ δὲ πάντως νυνί, ὅτε ἡ κτῆσις δυσχερὴς καὶ μεθ᾿ αἵματος. εἰ δ᾿ αὐτός ἐστιν ἰσχύος ἀνήρ, ὁποῖος εὔχεται εἶναι, ἢ γοῦν ἀναξυρίδα περίκειται, τοῖς χρυσοσύλαις συρραγεὶς Πέρσαις καὶ συγκόψας τούτους θαρραλεώτερον ἐπανασωσάτω ῾Ρωμαίοις τὰ ἁρπαζόμενα“. ἐσιώπα δὲ κἀπὶ τούτοις τοῖς ῥήμασι μὴ ὑπ᾿ ὀδόντα γρύζων μὴ τονθορύζων, ἀλλὰ φέρων τὴν τοῦ κερτόμου προπέτειαν ὡς Δαυὶδ πάλαι Σεμεεὶ τὴν αὐθάδειαν.

᾿Οψὲ δὲ καὶ ὁ Κοντοστέφανος ᾿Ανδρόνικος ἀβλαβὴς παρῆν, ὃς ὠπισθοφυλάκει, καὶ ἕτεροι τῶν δυναμένων μέγα παρὰ τῷ Μανουὴλ ἀπλῆγες συνδεδραμήκασιν.

᾿Επεὶ δὲ νὺξ ἐπῆλθε καὶ σκότος ἡμέρας διάδοχον τὸν πόλεμον ἔπαυσεν, ἀδημονῶν ἅπας καθῆστο ὑπτίῳ τῷ τῆς χειρὸς κοίλῳ ῥίψας τὴν

---

65 μὴ — στόματι: cf. Ps. 37, 15 **73—74** ἀναξυρίδα περίκειται: prov. mihi graece aliunde non notum **77** ὡς — αὐθάδειαν: cf. 2 Regn. 16, 10

VA = a, PW, RMDF = b

56 τοῦ μὴ R **57** δὲ om. W λυθρώην P **59** αἵματος: τάγματος A ἔδειξε: ἔοικε W^{ac} **62** ἄγαν ἀκραιφνὴς V: ἀκραιφνῶς cum PW b scr. A **63** τε: μὲν W **64** ἱλαρῶς: ἱκανῶς F λοίδορον: λῆρον V **65** εἰ om. R **66** καὶ om. V **67** καὶ ἁρπαζόμενον om. V: ἁρπ. hab. B **68** χρυσίον D τε om. VP^{ac} ἀνῆγε R ἐκεῖνος: ὁ λῆρος ἐκεῖνος $AP^{pc}W$ Bekk **72** ὁπότε Bekk **73** εἶναι εὔχεται V **74** χρυσοσύλοις V **75** θαρσαλεώτερον R ῾Ρωμαίοις: σφῖσι V **76** μὴ alt.: μηδὲ Bekk

62 ἄγαν ἀκραιφνὴς: ἀκραιφνῶς PW b Bekk **64** κατήγορον W b Bekk **73** ἐστιν ἰσχύος post ἀνὴρ transp. b Bekk **80** ὠπισθοφυλάκει: ἡγεῖτο τῶν τελευταίων τάξεων b Bekk κεφαλὴν καὶ τὸν ἐνεστῶτα κίνδυνον | φανταζόμενος οὐ τοῖς ζῶσι συνέταττεν ἑαυτόν, καὶ μάλισθ' ὅτι τὸν χάρακα περιτρέχοντες διαπρυσίοις ἀνεκάλουν φωναῖς οἱ βάρβαροι τοὺς ὁμοεθνεῖς αὐτοῖς, οἳ κατὰ χρείαν ἢ μετάθεσιν πίστεως πρὸς Ῥωμαίους πάλαι προυχώρησαν, καὶ παρῄνουν ἐξελθεῖν αὐτονυχὶ τοῦ στρατηγίου ὡς ἀπολουμένων ἄρδην ἔωθεν αὐτίκα τῶν ἐν αὐτῷ. διενυκτέρευον οὖν Ῥωμαῖοι κατὰ φήτρας καὶ λογάδας φίλας συναγειρόμενοι, βαπτόμενοι πρὸς ὦχρον ὑπὸ δέους, εἰς οἷον τὰ πέταλα τῶν δένδρων κατὰ καιρὸν τὸν φυλλοχόον μεταμορφάζεται.

Αὐτὸς δὲ ὁ κρατῶν ἀγενεστάτας βουλὰς ὤδινεν. ὡς δὲ ταύτας ἀποτεκὼν εἰς ἀκοὴν τῶν σὺν ἐκείνῳ ἐξέφερε καὶ ἦν τὸ ὑφηγούμενον λαθραία φυγὴ καὶ τῶν τοσούτων ψυχῶν εἰς αἰχμαλωσίαν καὶ θάνατον ἔκδοσις, ἐκπλήττει τοὺς ἀκροωμένους καὶ πλέον τὸν Κοντοστέφανον, ἀνδρὸς ἀλλοφρονοῦντος καὶ περιστρεφομένου σκοτοδίνῃ ἀτεχνῶς φθεγγόμενος ῥήματα. οὐ μόνον δὲ οἱ πρὸς σκέψιν τοῦ ποιητέου συνελθόντες βαρέως ἤνεγκαν τὰ ἠνωτισμένα, ἀλλὰ καί τις ἔξωθεν ἑστὼς τῆς σκηνῆς ἐκ τῶν ἀγνώστων στρατιωτῶν, ὡς τὸ βασιλικὸν ἐς οὖς ἐδέξατο σκέμμα, ὑψώσας τὴν φωνὴν καὶ διωλύγιον ἀνοιμώξας „φεῦ", εἶπεν „ὁποῖα καὶ δὴ ὁ βασιλεὺς Ῥωμαίων εἰς νοῦν ἐβάλετο". καὶ πρὸς ἐκεῖνον τὴν τοῦ λόγου στρέψας ὁρμὴν „οὐχὶ σύ" φησιν „ὁ διὰ τῆς ἐρήμης ταύτης καὶ στενῆς ὁδοῦ ἐκθλίψας ἡμᾶς καὶ εἰς ἀπώλειαν διηθήσας, ἢ μᾶλλον οἱονεί τινι ὅλμῳ ἐκπιέσας τοῖς | συμπίπτουσι τούτοις σκοπέλοις καὶ τοῖς πεσοῦσιν ἀτεχνῶς ἐφ' ἡμᾶς ὄρεσι; τί ἡμῖν καὶ τῇ κοιλάδι ταύτῃ τοῦ κλαυθμῶνος καὶ τῷ στομίῳ τοῦ ᾄδου ἄντικρυς καὶ τῷ παρελθεῖν τὰς ἀνωμάλους ταύτας καὶ τραχείας τροχιάς; ἢ τί ἴδιον ἐπάγειν τοῖς βαρβάροις ἐπίκλημα εἴχομεν, οἳ τοὺς χώρους τούτους τοὺς στενούς τε καὶ βιαίους καὶ σκολιοὺς περικαθίσαντες ἡμᾶς ἐσαγήνευσαν; καὶ νῦν ὅπως καταπροδίδως ὡς πρόβατα σφαγῆς τοῖς ἐχθροῖς;" τούτοις μαλαχθεὶς τὴν ψυχὴν εἴτ' οὖν ἕως καρδίας δηχθεὶς εἰς ἑτέραν ἐτράπετο καὶ τὴν κατὰ τὸν καιρὸν ἐκεῖνον ἐλᾶν εἵλετο.

---

11 τοῖς — ὄρεσι: cf. Luc. 23, 30 **11—12** κοιλάδι κλαυθμῶνος: Ps. 83, 7 **16** πρόβατα σφαγῆς: Ps. 43, 23

VA = a, PW, RMDF = b

86 ὁμογενεῖς V **87** Ῥωμαίους: πολεμίους R προυχώρησαν πάλαι Bekk **88** ἐλθεῖν W **89** οἱ Ῥωμαῖοι V φρήτρας D^pc Bekk **90** φίλας: φιλάδας M: τοῖς φύλοις φίλα A^mg: τοῖς φίλοις φίλα P^pc Bekk εἰς om. R **91** πέτηλα V **95** τῶν om. Bekk **1** πλέον: μᾶλλον Bekk **2** ὡς ante ἀνδρὸς add. Bekk ἀλλοφωνοῦντος A **3** φθεγγομένου DF **5** καὶ τῶν πλείστων post ἀγνώστων add. A^mgP Bekk **6** φωνήν: κεφαλὴν D ἀνακράξας V **7** καὶ pr. suppl. D^s δὴ καὶ F Bekk **8** τρέψας V **9** καὶ στενῆς ταύτης DF διηθήσας: ἐλάσας V: συντρίψας B **10** τούτοις om. F **11** ἐφ' ἡμᾶς ἀτεχνῶς V **14** ἐπέγκλημα V: ἔγκλημα B **17** ἑτέρας V

Ἀλλ' ὁ σπέρμα ἐγκαταλείπων πάλαι τῷ Ἰσραήλ, ἵνα μὴ εἰς τέλος ἀφαντωθείη τὸ οἰκεῖον κληρούχημα ὡς Σόδομα γεγονὸς καὶ ὁμοιωθὲν ὡς Γόμορρα, ὁ παιδεύων καὶ πάλιν ἰώμενος, ὁ πατάσσων καὶ ζῆν ποιῶν, ὁ μὴ τὴν ῥάβδον τῶν ἁμαρτωλῶν ἐπὶ τὸν κλῆρον τῶν δικαίων ἐῶν, οὗτος καὶ τότε τὸ ἅγιον ἔθνος κατοικτειρήσας καὶ μὴ ἀπώσασθαι θελήσας εἰς τέλος κάμπτει τὴν τοῦ σουλτὰν ψυχὴν εἰς ἀξύμφυλον ἔλεον, τὸ καινότατον, καὶ ὃς τὴν τοῦ βασιλέως ἀρετὴν αἰδούμενος πρότερον, τότε καὶ ταῖς ἐκείνου συμφοραῖς ἐπικλᾶται· ἢ γοῦν ὁ διὰ Χουσὶ τὴν Ἀχιτόφελ ἀκυρώσας βουλὴν καὶ τὰς φρένας ἀλλοιώσας Ἀβεσαλώμ, ὡς τοῖς καθ' ἑαυτοῦ καὶ χείροσιν ἐπαγάλλεσθαι, αὐτὸς καὶ τότε τὸν Περσάρχην ἐξέκρουσε τοῦ καθήκοντος. παρασυρεὶς γὰρ οὗτος | ταῖς τῶν μεγιστάνων αὐτοῦ ὑποθημοσύναις, οἵπερ ἀπήντλουν ἀμφοτέραις ἐκ βασιλέως κατὰ τὸν τῆς εἰρήνης καιρὸν τὰ χρήματα, πέμψας πρεσβείαν εἰρηνικὰ διαλέγεται καὶ τὴν συνομολογίαν ὡς πρώην αὖθις ἐπιζητεῖ, προφθάνων οἷον προαιρετῶς, τοῦ Κρείττονος ἐποτρύνοντος, τὸν ἀναγκαστῶς εἰς τὰς συμβάσεις βλέψαντα ἄνακτα.

Οἱ δὲ δὴ Πέρσαι μήπω τῶν κατὰ σκοπὸν τῷ σουλτὰν ἀπεκφανθέντων ἅμα ἕῳ προσήλαυνον ὡς κυκλωσόμενοι Ῥωμαίους καὶ ὥσπερ ὄψον εὔτρεπὲς καὶ καθ' ὁρμὴν μίαν, οἷα θῆρες, λαφύξοντες, ἢ ὡς ἐγκαταλελειμμένα ᾠὰ καὶ νοσσιὰν ἐρήμην ἀπάξοντες. περιστείχοντες τοίνυν τὸν χάρακα τοὺς ἐντὸς κατετόξευον, κύκλῳ περιελαύνοντες καὶ βαρβαρικῶς ἀλαλάζοντες. βασιλεὺς οὖν ἐγκελεύεται Ἰωάννῃ τῷ τοῦ Ἀγγέ-

---

36 ἅμα ἕῳ: die 18 mens. Sept. a. 1176

---

19 ὁ — Ἰσραήλ: cf. Is. 1, 9 εἰς τέλος ἀφαντωθείη: cf. Ez. 22, 30; al. **20—21** ὡς — Γόμορρα: cf. Is. 1, 9 **21** ὁ (pr.) — ποιῶν: cf. Deut. 32, 39 **22** ὁ — ἐῶν: cf. Ps. 124, 3 **23—24** μὴ — τέλος: cf. Ps. 43, 24 **26—28** ὁ — ἐπαγάλλεσθαι: cf. 2 Regn. 17, 1 sqq. **30** ἀπήντλουν ἀμφοτέραις: cf. Zenob. 1, 98; Diogen. 2, 77 b; Karathanasis 94 **37—38** ὡς — ἀπάξοντες: cf. Is. 10, 14

VA = a, PW, RMDF = b

19 ἐς P **20** οἰκεῖον: ἐκείνου Bekk **22** μὴ om. W ἐῶν ante τῶν ἁμαρτωλῶν transp. V: ante τῶν δικαίων AW **23** θέλων PW **24** τοῦ om. P **25** ὃς: γοῦν ὅ γε P **26** ἢ γοῦν: εἴτ' οὖν P Ἀχιτόβελ F Bekk **27** Ἀβ.: ὡς Βεσαλὼμ F: τοῦ Ἀβεσαλὼμ Bekk ὡς: ἐν M **28** ἐπαγγέλλεσθαι AP^ac^WDF Bekk **29** ὑποσυρεὶς P **30** ἀμφοτέραις om. DF **31** τὰ om. W εἰρηνικὴν M **32** συνομολογίαν καὶ αὖθις ὡς πρώην V **33** προαιρετικῶς P ἐς Bekk **34** συμβάσεις: συμβουλὰς R: συμβιβάσεις F **35** ἀ(π)εκ(φ)αν(θέντων) D^pc^: ἐκπεμφθέντων? D^ac^: ἐκπεφανθέντων F: ἀποφανθέντων N: ἐκφανθέντων Bekk **37** εὐπρεπὲς WRMFK λαφύξωντες V: λαφύζοντες A: φυλάξοντες W **38** περιστάντες V **40** οὖν VPF Sc: γοῦν AWRM: μὲν οὖν D: τοίνυν N ἐντέλλεται V

22 εἰς τέλος ante ἐῶν add. et **24** εἰς τέλος: ἐπίπαν b Bekk **36** ὥσπερ: ὡς b λου Κωνσταντίνου υἱῷ μετὰ τοῦ συνόντος αὐτῷ τάγματος τοῖς Πέρσαις προσβαλεῖν· ὁ δὲ κατὰ τὴν βασιλικὴν ἐπιταγὴν ἀναστελεῖν τοὺς Τούρκους πειρᾶται, οὐδὲν δέ τι δράσας γενναῖον παλίνστροφος γίνεται. ἐκ δὲ τούτου ὁ Μακροδούκας Κωνσταντῖνος τὴν ὑπ' αὐτὸν ἐξάγει στρατιὰν ἐκ τῶν ἑῴων στρατολογουμένην ταγμάτων· ἀλλὰ καὶ οὗτος μικρόν τι φανεὶς ὑπενόστησεν.

Ὁ δέ γε σουλτὰν πέμπει πρὸς βασιλέα Γαβρᾶν τὰ πρῶτα τῶν παρ' αὐτῷ τετιμημένων καὶ ᾠκειωμένων μάλιστα. τὸ δ' ἀπὸ τοῦδε οἵ τε Τοῦρκοι ἐκ παραγγελίας τοῦ προσβάλλειν περιστάδην ἀπέ|στησαν καὶ Ῥωμαῖοι τοῦ ἐπεξέρχεσθαι λήγουσιν. ὀφθῆναι δὲ τῷ βασιλεῖ μέλλων Γαβρᾶς βαθεῖαν καὶ βαρβαρικὴν ἀπονέμει προσκύνησιν καὶ ἅμα ἵππον προσάγει δῶρον ἐκ τοῦ σουλτὰν Νισαῖον ἀργυροχάλινον ἐκ τῶν φατνιζομένων εἰς πομπὰς καὶ περιμήκη ἀμφήκη μάχαιραν καὶ λόγον κινεῖ περὶ σπονδῶν, διομαλίσας πρότερον λόγοις ἁπαλοῖς τὴν ἐπὶ τοῖς συμβᾶσιν ὑπεμφαινομένην ἀχθηδόνα τοῦ βασιλέως καὶ καταστείλας τὸ τοῦ πάθους φλεγμαῖνον, οἷά τισιν ἐπᾴσμασιν, οἷς πρὸς τὸ οὖς ἐκείνῳ ὑπεψιθύρισε ῥήμασι. θεασάμενος δὲ Γαβρᾶς ἣν εἶχε στολάδα ἐπὶ τοῦ θώρακος βασιλεύς, τὴν χροιὰν χολοβάφινον, „οὐκ εὐσύμβολον τὸ χρῶμα τοῦτό" φησιν, „ὦ βασιλεῦ, ἀλλὰ καὶ λίαν κατὰ τὴν ὥραν τοῦ πολέμου ταῖς ἀγαθαῖς τύχαις ἀντιπρᾶττον." αὐτὸς δ' ἐπὶ τοῖς εἰρημένοις βραχὺ καὶ βεβιασμένον μειδιάσας τὴν ἐπιθωράκιον στολὴν ἀποδὺς ἐκείνῳ δίδωσι πορφύρᾳ καὶ χρυσῷ διηνθισμένην. τὸν δ' ἵππον καὶ τὸ ξίφος δεξάμενος ἐγγράφους τίθεται τὰς σπονδὰς καὶ τὴν χεῖρα τούτοις βραβεύει. ἐνῆν δὲ τῷ γραμματίῳ καὶ ἄλλα μὲν ὅσα ὁ καιρὸς ἐπέταττε κατὰ μηδὲν ἀκριβολογούμενος, ἀλλὰ δὴ καὶ τὸ καταστραφῆναι τὰ φρούρια τό τε Δορύλεον καὶ τὸ Σούβλεον. |

Οὕτως οὖν εὑρηκὼς τὸν βάρβαρον τὰ πρὸς εἰρήνην ἀληθῶς λαλήσαντα καὶ μὴ ἐπ' ὀργὴν δόλους διαλογιζόμενον αἰτεῖται δι' ἄλλης

---

67 τὰ πρὸς εἰρήνην: Luc.14, 32; 19, 42

VA = a, PW, RMDF = b

41 ἐκείνω V A^{mg}γρ P Bekk **43** πειρᾶται: ἐπείγεται A μηδέν V **47** σουλτὰν hic etiam W πρός: παρὰ V τὸν post Γαβρᾶν add. APW **48** καὶ ᾠκειωμένων suppl. post αὐτῷ P^{mg} καὶ post Τοῦρκοι add. F **50** ὑπεξέρχεσθαι Bekk **51** προσκύνησιν: τιμὴν καὶ προσκύνησιν Bekk **54** λόγοις πρότερον V **55** ὑποφαινομένην V **57** ἐπιθωράκιον A^{mg}γρ P **59** τὴν ὥραν: καιρὸν A^{mg}γρP **60** τούτοις post εἰρημένοις add. APW Bekk τι post βραχύ add. APW Bekk **61** βεβιασμένον: ἐνσύσσημον ἢ ἐπιπολέμιον A^{mg} τὴν ἐπιθωράκιον: τὴν ἐνσύσσημον ταυτηνὶ et i. mg. γρ. τὴν ἐπιπολέμιον P **64** γράμματιP **65** ἀκριβολογούμενα V **66** Σούβλαιον VB: Σούβλον R **68** αἰτεῖται VP: αἱρεῖται AWRMDF Sc Bekk: ζητεῖ B

43 καὶ post τι add. b Bekk **47—48** τὰ πρῶτα τῶν παρ' αὐτῷ τετιμημένων τὰ μάλιστα (μάλιστα: μέγιστα Bekk) b Bekk **52** ἐκ τοῦ σουλτάνου om. P b Bekk ὁδοῦ πορευθῆναι καὶ μὴ τὴν αὐτὴν ἀναμετρήσειν αὖθις, ἣν ἐβάδισε πρότερον, ἐκκλῖναι τοὺς πεσόντας βουλόμενος· οἱ δὲ τῆς ὁδοῦ ἡγεμόνες κατ' αὐτὸ τοῦτο μᾶλλον ἐπὶ τὴν ἐκεῖσε προῆγον, ἵν' ὀφθαλμοῖς οἰκείοις ἐπόψοιτο τὰ οἰκτρότατα ἐκεῖνα θεάματα. καὶ ἦν γὰρ ἀληθῶς δακρύων ἄξια τὰ ὁρώμενα, ἢ ἀληθέστερον εἰπεῖν, μείζω τοῦ ἀνακλαυσθῆναι διὰ τὸ τοῦ κακοῦ μέγεθος. αἵ τε γὰρ φάραγγες ἐς ἰσόπεδον ἀνέβαινον καὶ αἱ κοιλάδες εἰς κολωνοὺς ἀνηγείροντο, καὶ τὰ ἄλση τοῖς θνησιμαίοις ἐκεκάλυπτο. ἅπας δὲ κείμενος ἀποσυρεὶς ἦν τὸ δέρμα τῆς κορυφῆς, πολλοὶ δὲ καὶ τοὺς ἰθυφάλλους ἀπεκαυλίσθησαν. ἐλέγετο δὲ τοὺς Πέρσας τοῦτο τεχνάσασθαι, ἵνα μὴ τοῦ ἀκροβύστου ὁ ἐμπερίτομος διαστέλλοιτο καὶ ἡ νίκη οὕτως εἴη ἀμφιπαλὴς καὶ ἀμφήριστος, ὡς ἐξ ἑκατέρων τῶν στρατοπέδων καταβληθέντων πολλῶν. οὐδεὶς τοίνυν ἀντιπαρῆλθεν, ἀλλὰ μέγα πάντες ἀνέκλαυσαν καὶ ὀνομαστὶ τοὺς ἀπολωλότας ἑταίρους καὶ συνήθεις ἐκάλεσαν.

Ἀλλ' ἐνταῦθα τοῦ λόγου γενόμενος ἐκεῖνο ἔχω εἰπεῖν, ὡς δυσφύλακτον τὸ μέλλον τοῖς ἀνθρώποις ἡμῖν καὶ οὐκ ἄν τις ῥᾳδίως ἐξαναλύσῃ τὸ ἐπιόν, εἰ μή τῳ τὸ θεῖον ἐκ λιπα|ρίας ἱλεωθὲν ἀπώσαιτο τὰ δεινὰ ἢ ἐκ τούτου εἰς τοῦτο μετακλινεῖ καταμιγνύον τὸ τῆς κινήσεως ἀκραιφνὲς καὶ τῷ φιλανθρώπῳ καπηλεῦον τὸ ἄκρατον. βασιλεὺς μὲν γὰρ ἡνίκα ἦν κατὰ Περσῶν ἐκστρατεύειν προθέμενος, ἐδόκει καθ' ὕπνους ὁρᾶν ὡς εἰς στρατηγίδα νῆα ἐμβὰς αὐτός τε καὶ συχνοὶ τῶν ἐπιτηδείων τὴν Προποντίδα ἀνελέγετο, αἴφνης δὲ συμπεσεῖν τὰ ἐξ Εὐρώπης καὶ Ἀσίας ὄρη, ὡς ἀφανισθῆναι μὲν τῆς νηὸς θραυσθείσης τὸ ἐμπλέον ἅπαν, αὐτὸν δὲ μόλις ἐκδοθῆναι τῇ χέρσῳ ταῖς χερσὶ νηχόμενον. καθ' ἣν δὲ ἡμέραν τῶν ἐπισφαλῶν ἐκείνων ἐπέβαινε τρίβων ἀνήρ τις προσελθὼν αὐτῷ δίγλωττος, τὸ γένος Ῥωμαῖος, τοὐπίκλην Μαυρόπουλος, δόξαι οἱ ἔφατο κατ' ὄναρ τὸν ἐκ τοῦ Κύρου παρώνυμον ναὸν εἰσελθεῖν, ἐν δὲ τῷ ἱλεοῦσθαί οἱ τὴν εἰκόνα τῆς θεομήτορος φωνὴν ἐξικνουμένην ἐκεῖθεν ἐνωτισθῆναι λέγουσαν ὡς „ἀρτίως ἐν μεγίστοις μάλιστα κινδύνοις ὁ

81—82 ὀνομαστὶ — ἐκάλεσαν: forte alludit ad Hom. ι 65 **86—87** τὸ — ἀκραιφνές: cf. Ps. 74, 9; Ier. 25, 15; al.

VA = a, PW, RMDF = b

70 πρότερον: πρότριτα V **72** ἐπόψει M γὰρ ἦν Bekk **74** ἐς om. W **75** ἐς V ἀνεγείροντο F **76** κορυφῆς: κεφαλῆς VRU Sc Bekk **77** ἰθυφάλλους P Bekk: ἰθυφάλους rel. **78** διαστέλληται V **79** οὕτως om. V **80** χωρὶς δακρύων καὶ στεναγμῶν post τοίνυν add. B Bekk παρῆλθεν R **81** ὀνομαστῶς V **83** γινόμενος R **84** ἐξαναλύσει RM: -ξῃ Bekk **85** ἐπιόν: ἐτειόν R μή τῳ: μήπω RKN **86** κινήσεως: φύσεως R **87** φιλανθρώπῳ: ἀνθρώπω R ἀκρότατον M μὲν V: cum PW b om. A **90** τε καὶ V **92** μόγις V **93** ἔβαινε V **94** ἐκείνω V Μαυρόπωλος APWRM: abbrev. DN **3** μάλα PR

72 βασιλεὺς (-λεῖ R: κατὰ M) post ἐπόψοιτο add. b Bekk **74** εἰς b Bekk **87** μὲν om. PW b Bekk βασιλεύς," καὶ ,,τίς ἀπελεύσεταί μοι τούτῳ συνέριθος;" εἰρηκότος δέ τινος ἀοράτως ,,ἀπελθέτω ὁ Γεώργιος" ,,νωθὴς οὗτος" εἰπεῖν, κἀκείνου δὲ πάλιν ἐπενεγκόντος ,,ἀπίτω ὁ Θεόδωρος" καὶ πρὸς τοῦτον ἀπανήνασθαι καὶ τέλος μετὰ περιαλγείας φθέγξασθαι ὡς οὐδεὶς προφθάσει τὸ φυόμενον κακόν. καὶ ταῦτα μὲν οὕτω.

Μετὰ δὲ τὸ ὑποκαταβῆναι τὰς δυσχωρίας ἐνέκειντο καὶ πάλιν οἱ Πέρσαι Ῥωμαίοις ἐκ τῶν ὄπισθεν ἐπιφαινόμε|νοι· μεταμέλῳ γὰρ ἐλέγετο πληγῆναι τὸν Πέρσην, ὅτι τὸ ἐν χερσὶ παρῆκε θήραμα, κἀντεῦθεν ἐνδοῦναι τοῖς οἰκείοις ἐκεῖνα ἐπιοῦσιν ἐνδείκνυσθαι, ὅσα καὶ πρὸ τῶν σπονδῶν ἐξῆν διαπράττεσθαι. οὐ πανσυδὶ δὲ καὶ ὡς ἡνίκα τὰ δυσέμβολα χωρία Ῥωμαῖοι διήρχοντο, οἱ Τοῦρκοι παρείποντο, ἀλλὰ κατὰ διαλειπούσας συμμορίας ἐπηκολούθουν· οἱ γὰρ κράτιστοι καὶ πλεῖστοι ταῖς τῶν σκύλων ὠφελείαις ἔμφορτοι γενόμενοι τῆς οἴκαδε φερούσης ἥψαντο. πλὴν καὶ οἱ παρεπόμενοι ἐκεῖνοι πολλοὺς διέφθειρον, καὶ τούτους μάλιστα, ὁπόσοι τραυματίαι τε καὶ ἀπόμαχοι, καίπερ τοῦ βασιλέως τοὺς πολεμικοὺς τῶν ἡγεμόνων καὶ δραστηρίους οὐραγεῖν ἐπιτάξαντος.

Ὡς δὲ κατὰ τὰς Χώνας παρεγένοντο, ἄσμενοι ἐκεῖσε τὸ γόνυ ἔκαμψαν, ὡς οὐκέτι τοὺς πολεμίους ὀψόμενοι. βασιλεῖ δὲ καὶ τούτου ἐμέλησεν, ἑκάστῳ καχεκτοῦντι στατῆρα διαδοῦναι ἀργύρεον νοσοκομίας ἐφόδιον πρόσκαιρον. καταβὰς δὲ εἰς Φιλαδέλφειαν ἡμέρας τινὰς ἐκεῖσε διέτριψε τὴν τοῦ σώματος διάθεσιν ἀνακτώμενος καθῃρημένην οἷς ἐπεπόνθει κατὰ τὸν πόλεμον.

Προεκπέμψας δ' ἀγγέλους τὰ συμβεβηκότα ταῦτα τοῖς Κωνσταντινουπολίταις παρίστα, νῦν μὲν ταὐτοπαθῆ πως ἑαυτὸν Ῥωμανῷ τῷ Διογένει κατονομάζων, ἐπεὶ καὶ οὗτος ὁ βασιλεὺς κατὰ τῶν Τούρκων ἐξενεγκὼν ποτε πόλεμον τό τε πολὺ τῆς στρατιᾶς ἀπεβάλετο καὶ αὐτὸς συλληφθεὶς ἀπήχθη αἰχμάλωτος, νῦν δὲ τὰς μετὰ τοῦ σουλτὰν σπονδὰς ὑπεξ|αίρων καὶ κάτωθεν τῆς ἑαυτοῦ σημαίας μεγαλορρημονῶν αὐτὰς περατῶσαι, ἀνέμῳ ἀναπεπταμένης καὶ πρὸς τὸ τῶν ἀντιπάλων ἀφορώσης μέτωπον ὡς φόβον ἐμπίπτειν καὶ τρόμον αὐτοῖς.

28—30 ἐπεὶ — αἰχμάλωτος: cf. ad p. 31, 5—7 **33** φόβον — αὐτοῖς: cf. Exod. 15, 16; al.

VA = a, PW, RMDF = b

5 ὁ om. VPMKNB Bekk **6** δὲ om. VAWB ἐπενεγκότος WD[ac]F: ἀπενεγκόντος R ὁ om. PB Bekk **11** θήραμα: θέαμα A **13** ἐξῆν om. W δὲ om. D **14** χωρία om. W **14—15** κατὰ διαλειπούσας: καταπαραλειπούσας W **17** διέφθειραν AM **19** ἐπιτάγματος W **28** τῶν om. V: hab. B **29** πόλεμόν ποτε DF **30** τοῦ om. M **32** περατῶσαι P Bekk: περατώσειν rel. **33** μέτωπον: πρόσωπον V ἐπιπίπτειν RMD: ἀντιπίπτειν F Bekk

7 καὶ τέλος: τέλος δὲ b Bekk **8** ἐκείνῳ post φυόμενον add. b Bekk

Οὐ μὴν ἀλλὰ τὸ μὲν Σούβλεον ἐπιπαριὼν κατὰ τὸ σουλτὰν δοκοῦν αὐτὸς καθαιρεῖ, τὸ δέ γε Δορύλεον οὐδαμοῦ. ὅθεν στείλας ὁ σουλτὰν πρεσβείαν τῶν τε συνθηκῶν αὐτὸν ἀνεμίμνησκε καὶ θαυμάζειν ἔλεγεν, ὅπως μὴ ἐς δεῦρο καθῄρηται τὸ Δορύλεον. ὁ δὲ ὀλίγα τοῖς κατ᾿ ἀνάγκην γενομένοις τὸν νοῦν προσέχειν εἰπὼν κατεδαφίσαι δὴ τὸ Δορύλεον οὐδ᾿ ἄκροις ὠσὶ παρεδέχετο, ἐκεῖνο ἀτεχνῶς τῶν τῆς Πυθίας πρὸς τὸν Ἐπικυδίδην ἐπῶν ἀποτεμόμενος καὶ αἰνέσας „ὄμνυ, ἐπεὶ θάνατός γε καὶ εὔορκον ἄνδρα μένει,“ τὰ δὲ ἐφεξῆς, ἅ φασιν οὕτω, παρεπισχών, „ἀλλ᾿ ὅρκου πάϊς ἐστὶν ἀνώνυμος· οὐδ᾿ ἔπι χεῖρες οὐδὲ πόδες, κραιπνὸς δὲ μετέρχεται, εἰσόκε πᾶσαν συμμάρψας ὀλέσῃ γενεὴν καὶ οἶκον ἅπαντα. ἀνδρὸς δ᾿ εὐόρκου γενεὴ μετόπισθεν ἀμείνων.“

Ὁ δέ γε Πέρσης μοῖραν ἀπόλεκτον τῆς ὅλης αὐτοῦ στρατιᾶς ἀποδιελών, εἰς χιλιάδας εἴκοσι πρὸς ταῖς τέσσαρσι μετρουμένην, καὶ στρατηγὸν αὐτῇ τὸν ἀτάπακαν ἐπιστήσας πέμπει τὰς ἄχρι θαλάττης πόλεις καὶ χώρας πορθήσοντα, φείσασθαι μηδαμῇ μηδεμιᾶς ἐπισκήψας ἀποκομίσαι τε αὐτῷ ὕδωρ θαλάττιον καὶ κώπην καὶ ψάμαθον. ὁ δὲ τὰ ἐπιτεταγμένα διδοὺς | πέρατι τὰς Μαιανδρικὰς ἐπιὼν πόλεις ἐδῄου οἰκτρῶς, ἐσβολὰς ἀκηρύκτους καὶ ἐφόδους ἀπροόπτους τιθέμενος. παρεστήσατο δὲ καὶ τὰς Τράλλεις τὴν πόλιν καὶ τὴν κατὰ Φρυγίαν Ἀντιόχειαν τὰ Λοῦμά τε καὶ τὸν Πεντάχειρα καὶ ἕτερ᾿ ἄττα ἐρύματα κατάκρας ἑλὼν ἐσκύλευσεν. ὁδῷ δὲ προϊὼν καὶ τὰς παραθαλαττιδίους ἐλυμήνατο χώρας.

Βασιλεὺς δὲ ταῦτα ἐνωτισάμενος ἄλλαις τε πλείσταις μεθόδοις ἐχρήσατο καὶ δὴ καὶ τῷ μὴ ἐπὶ βυκάναις καὶ σάλπιγγι τῆς σκηνῆς παριέναι „οὐ χρεία“ λέγων „τοιούτων ἄρτι τινῶν, ἀλλὰ τόξων καὶ δοράτων, ἵνα τοὺς μισοῦντας ἡμᾶς, οἳ (κατὰ Δαυὶδ εἰπεῖν) ἤχησαν καὶ ἦραν κεφαλάς, τῶν Ῥωμαϊκῶν ἀποπεμψώμεθα χώρων.“ καὶ αὐτὸς μὲν τὴν εἰς τοὺς πολεμίους ἀπᾶραι οὐδαμῶς ἐδικαίωσε, στέλλει δὲ τὸν ἀνεψιὸν

---

35 — 197, **6** ὅθεν — ἀπαίροντας: haec facta sunt a. 1177—1179

---

39 ἄκροις ὠσί: fort. prov. **39—44** ἐκεῖνο — ἀμείνων: cf. Her. 6, 86 γ 2 **59** οἳ — κεφαλάς: cf. Ps. 82, 3

VA = a, PW, RMDF = b

35 γε om. VW **36** πρέσβεις V **38** γινομένης V: γινομένοις R **39** Ἐπικυκίδην V **40** γε: τε D **41** μένει ἄνδρα Bekk δ᾿ V **44** δ᾿ om. W **46** πρός: σὺν W τέτρασι V **47** ἀτάπακαν: γρ. τὸν Χαρὴν (Χαρῆν P) A^mg P^mg: ἀτάπακον Sc Bekk **47—48** πέμπει — ἐπισκήψας om. R **48** καὶ χώρας om. V: hab. B μηδαμῶς μηδεμιᾶς MK: μηδεμιᾶς μηδαμῇ V **50** ἐπιτετραμμένα V **51** εἰσβολὰς V ἀπροόπτους om. V **52** Τράλεις codd. **53** τὰ Λούματα καὶ R ἑτερά τε DF: ἑτεράττα rel. **54** παραθαλαττίους V Sc **57** βυκάνοις APWDFSc Bekk: βυκάνης R: βυκίνοις M: βουκίνων B προϊέναι Bekk **58** ἄρτι τοιούτων WB **59** κατὰ τὸν Δαυὶδ V **60** χωρῶν Bekk τὴν om. PW

40 αἰνέσας: εἰπὼν b

Ἰωάννην τὸν Βατάτζην, τῷ δραστηρίῳ ἐν δέοντι χρώμενον, τὸν Δούκαν Κωνσταντῖνον, νεανίαν ἄρτι ὑπηνήτην καὶ κατὰ τῶν φυτῶν τὰ εὐγενῆ καρπογονεῖν πρὸ ὥρας ἐπαγγελλόμενον, ἔτι δὲ τὸν Ἀσπιέτην Μιχαήλ, πολλὰ παραινέσας αὐτοῖς σὺν εὐβουλίᾳ καὶ τάξει τὸ πραχθησόμενον ἅπαν ποιεῖν, πρὸ δὲ τούτων μὴ προσπελάσαι παντάπασι τοῖς βαρβάροις, εἰ μὴ πείρᾳ γνοῖεν ἀκριβεῖ πρότερον, ὁπόσοι εἶεν τὸ πλῆθος καὶ ὡς νικῷεν αὐτοὺς μαχεσάμενοι.

Καὶ Πέρσαι μὲν πέρας τῆς ἐφόδου τὴν θάλατταν θέμενοι μετὰ πλείστης ὅτι λείας ἀνέλυον κἀκεῖνα κείροντες, οἷς κατὰ τὴν κάθοδον οὐ προσέβαλον· οἱ δ᾽ ἀμφὶ τὸν Βατάτζην τὰς δυνάμεις ἀναλαβόντες, ὅσαις τε | αὐτοὺς ὁ βασιλεὺς ἐφωδίασε καὶ ὅσαι κατὰ πάροδον ξυνελέγησαν, ἤλαυνον εὐθὺ τοῦ Ὑελίου καὶ τοῦ Λειμμόχειρος τῶν πολιχνίων, καθ᾽ ἃ περὶ ποταμῷ τῷ Μαιάνδρῳ πάλαι ποτὲ γέφυρα περιήγετο. ἐπεὶ δὲ οἱ σκοποί, οὓς ἄρα ὁ Βατάτζης κατέστησε κατὰ πάσας τὰς ὁποιοῦν φερούσας ὁδούς, ἀπήγγελλον τὴν τῶν Τούρκων ἀνάζευξιν καὶ ὡς οὐ πρόσω ἤδη εἰσὶν ἐφορμῶντες, εἰς δύο ἀποτμηματίσας τὴν στρατιὰν τὸ μὲν πλέον ταύτης εἰς λόχους καθίστησι κατὰ τὰς ὁδούς, ἃς τέμνειν ἤμελλε τὸ πολέμιον, τὸ δὲ λοιπὸν ἐς τὰς μετὰ τὴν παλαιὰν γέφυραν ἐκβάσεις τοῦ ποταμοῦ διασπείρας προσμένειν ἐκέλευε μερίδος τινὸς ἀπὸ τῶν Τούρκων περαίωσιν, καὶ τηνικαῦτα μηδ᾽ ὅλως κατορρωδεῖν, ἀλλὰ θαρραλέως προσυπαντᾶν.

Καὶ ὁ μέν, ὡς ἄμεινόν οἱ ἐδέδοκτο, οὕτω δὴ τὸ οἰκεῖον διεσκεύασε στράτευμα· οἱ δὲ Τοῦρκοι ὡς εἴχοντο τοῦ διαβαίνειν, ἐξ ὑπερδεξίων βαλλόμενοι τῷ ποταμῷ ἐπωθοῦντο καὶ ἀπεπνίγοντο. ὁ δέ γε ἀτάπακας μετὰ τῶν ἀμφ᾽ αὐτὸν εὐοπλοτάτων εἰς λόχον συσπειραθεὶς καὶ συστραφεὶς ἀγχωμάλως Ῥωμαίοις συμπλέκεται, καὶ τὸ ἀντίμαχον ἐντεῦθεν κακῶσαι βουλόμενος καὶ τοῖς ὁμογενέσιν ἐκεχειρίαν διδόναι τῆς τοῦ ποταμοῦ περαιώσεως, ὡς μὴ φθάνειν ἑκάστου προθυμουμένου βραδεῖα μὲν ἡ διάβασις γίνοιτο, δεινὴ δὲ ἡ τῶν σφαλλομένων ἀπώλεια. ἐφ᾽ ἱκανὸν μὲν οὖν ἀντισχὼν ἐκθύμως ἐμάχετο ἀνδρείου φρονήματος καὶ

VA = a, PW, RMDF = b

62 καὶ ante τὸν Δούκαν add. P Bekk   τὸν Δούκαν om. VB   δούκαν Bekk   **64** Μιχαὴλ om. VB   **65** αὐτοῖς: σφῖσι V   **68** νικῶμεν F   μαχόμενοι V   **70** οὐ om. DF   **72** ὁ om. VP: hab. B Sc   **73** Ὑελλίου V   Λειμάχειρος P: Λειμόχειρος M: Λιμόχειρος N Sc   **74** παρὰ ποταμῶ V: περὶ τὸν ποταμὸν B   τῷ om. P^ac   **75** ὁπηοῦν AWMDF   **76** διάζευξιν W   ὡς om. W   **77** ἤδη om. V   **78** ταύτης: αὖθις F   ἤμελλε τέμνειν Bekk   ἔμελλε V   **80** μετὰ τῆς αἰχμαλωσίας post Τούρκων add. B Bekk   **81** θαρσαλέως V   **83** δέδοκτο DF Bekk   δή: δὴ καὶ AWM   διατέταχε V: ἐσκεύασε A: διεσκέδασε PM   **84** εἶχον RM   **85** τῶ ποταμῶ ἐπωθοῦντο A^s: εἰς τὸν ποταμὸν συνωθοῦντο cum W b scr. A   ἀτάπακας: γρ. Χαρῆς A^mg   **86** εἰς λόχον om. V   **88** δοῦναι V   **89** προμηθουμένου DF   **90** γένοιτο W   δὲ: δὲ καὶ AW

74 ποτε om. b   **85** εἰς τὸν ποταμὸν συνωθοῦντο W b Bekk χειρὸς γενναίας ἔργα δεικνύς. ὡς δὲ μάθοι καὶ κατὰ τὴν περαίαν τοῦ ποταμοῦ Ῥωμαίους ἐφεστάναι καὶ ἀναιρεῖν τὸ δια|βαῖνον τοῦ Περσικοῦ στρατεύματος, κατακλᾶται τὸ πρόθυμον καὶ τοῦ ἀκμαίου ἐκείνου μεθαρμοσθεὶς λήματος τὴν σωτηρίαν ἑαυτῷ διατίθησι. καὶ δὴ τὴν προκειμένην παραλλάξας πορείαν ἀνωτέρω μεταχωρεῖ, ἀναδιφῶν ἑτέραν περαίωσιν. ὡς δὲ ἄπορος ἦν ὁ ποταμὸς παντόθεν, τοὺς διώκοντας δεδιὼς τὴν ἀσπίδα ὑποθεὶς τῷ ὕδατι ὡς κελητίῳ ταύτῃ ἐχρῆτο, ἀρίστως ἀντικαταστὰς τῷ τῆς ἀνάγκης ὀξεῖ. καὶ τοίνυν τῇ μὲν λαιᾷ τὸν ἵππον κατέχων περινηχόμενον, τῇ δεξιᾷ δὲ τὴν σπάθην γυμνὴν δεδωκὼς καὶ προσποιῶν ἐν τῷ παραυτίκα ταύτην εἰς οἴακα, ἐσάλευεν οὕτω κατὰ βραχὺ τοῦ ποταμοῦ διαπλέων τὸ πέλαγος. οὐ μὴν ἐς τέλος ἐξέπλευσε τὸ θανεῖν· εἰς γὰρ τὸ ἀντιπέραν ἤδη γενόμενος ἐπί τι γήλοφον ἄνεισιν, ἑαυτὸν ὅστις ἐστὶν εὐφημῶν καὶ μεγάλης γλώττης κόμπῳ χρώμενος, οὐδενὸς δ' ἐκ τῶν ἐπισήμων καὶ αὐτὸν εἰδότων Ῥωμαίων προσπελάσαντος, ἀλλά τινος τῶν ἐπικούρων Ἀλανῶν ἐπιδραμόντος ὅπου τὴν καινὴν ἐκείνην εἰρεσίαν σχάσειν ἔμελλεν, ἀναιρεῖται ἀμφιστόμῳ κνώδοντι. ἐκ δὲ τούτου ἀκόσμως τε Πέρσης ἕκαστος ἀπεδίδρασκε καὶ Μαίανδρος τοὺς πλείονας εἰσεδέχετο, ὡς βραχεῖς ἐκ τῶν τοσούτων χιλιάδων διασωθῆναι.

Καὶ τοῦτο τὸ ἔργον, εἴπερ τι ἄλλο, ἀνέρρωσε μὲν τὰ Ῥωμαίων πράγματα, καθεῖλε δὲ τὰ Περσῶν φρυάγματα· ὡς γὰρ οὐ δεξομένων σφᾶς τῶν Ῥωμαίων γεγηθότες ἐπῄεσαν καὶ ὡς πᾶσαν ἀφανίσοντες μικροῦ τὴν Φρυγίαν καὶ φθεροῦντες ὁπόσην ἔπεισι Μαίανδρος ἀγκυλορρόας ἐκβάλλων εἰς θάλασσαν.

Πίπτει δὲ κατὰ τοῦτον τὸν πόλεμον Ἀσπιέτης ἐξ αἰτίας τοι|ᾶσδε· Πέρσης ἀντικαταστὰς Ἀσπιέτῃ πλήττειν οὐκ ἔχων κατὰ τοῦ σώματος (τὰ γὰρ ὅπλα ἦν ἰσχυρὰ καὶ ἡ ἀσπὶς ἐς πόδας καθήκουσα) ἐπὶ τὸν ἵππον, ᾧ ἦν Ἀσπιέτης ἔποχος, θυμῷ φέρεται· καὶ δὴ ὡς ἐπλήγη

VA = a, PW, RMDF = b

92 γενναίας VP Sc: γενναιοτάτης AWMDF Bekk: γενναιότατα R   περαίωσιν A^{mg}PW   **95** λήμματος codd.   ἑαυτῶν W   πη post ἀνωτέρω add. V   **2** παντόθεν $VA^{s}P$: πανταχόθεν cum W b scr. AB   καὶ post πανταχόθεν add. AW   ἐπιδιώκοντας P Bekk   κελλητίω VAW   **5** νηχόμενον W: παρανηχόμενον Bekk   **7** μὴν: μόνον V   ἀλλ' οὐκ εἰς τέλος m. alt. V^{s}: οὐ μὴν δὲ εἰς τέλος B   εἰς R   **8** ἐς AW Sc   ἐπὶ A^{s}: εἰς VA   γεώλοφον V   **9** εἴη ἀνευφημῶν V   ὅπως συναχθῶσι καὶ ἕτεροι Τοῦρκοι μετ' αὐτοῦ post χρώμενος add. B Bekk   **10** δ' ἐκ: δὲ Bekk   προσελάσαντος V   **11** Ἀλανῶν: Ἀλαμανῶν VB: Σκυθῶν A^{mg}γρ P   **12** ἐκείνην om. Bekk   σκάζειν V: σχάζειν DF Bekk   ἤμελλεν P   ἀφαιρεῖται V   **17** τὰ: τῶν F   **17—18** οὐδὲ γὰρ ἀπέβλεπον ποτὲ οἱ Τοῦρκοι ἀντιπαρατάξασθαι τοὺς Ῥωμαίους αὐτοὺς B   **17** οὐ δεξομένων: ἐξουδενωμένων V   **18** σφᾶς: σφῖσι V^{mg} ἐπέλευσαν R   **19** μικροῦ cum Wb om. P^{ac} B   ὁπόσα R   **20** ἐμβάλλων PRM: ἐσβάλλων DF Bekk   ἐς APWMD   **24—25** θυμῷ — ἵππος om. M

2 πανταχόθεν W b Sc Bekk   **19** μικροῦ om W b

καιρίαν κατὰ τῶν προσώπων ὁ ἵππος, εἰς τοὐπίσω τε ἀναχάζεται καὶ τοὺς πρόσθεν πόδας μετεωρίσας ἐπικαταβάλλει τὸν ἀναβάτην εἰς τὸν ποταμόν.

Ἐπὶ δὲ τῷδε τῷ ἔργῳ καὶ ἕτερον ὁ Μανουὴλ ἀνύσαι προθέμενος ἔξεισιν ἀνὰ μέρος κατὰ τῶν ἐν Λακερίῳ καὶ Πανασίῳ κατασκηνούντων Περσῶν. καὶ δὴ ἀναστήσας τοὺς κατὰ τὸ Πανάσιον, τοὺς ἐν Λακερίῳ μέτεισιν ἔπειτα. πρὸ δὲ τοῦ τῶν χώρων ἐντὸς γενέσθαι, καθ᾽ οὓς ηὐλίζοντο οἱ πολέμιοι, στέλλει τὸν Λαοδικέα Κατίδην ἐν οἷς ἐστι τὰ τῶν Τούρκων κατασκεψόμενον καὶ τάχος ἐκείνῳ ἀπαγγελοῦντα τὸ ὁραθέν. ὁ δὲ διασοβεῖ τοὺς Πέρσας, ἐς οὓς ἐξώρμα ὁ βασιλεὺς ὡς εἰς λείαν ἑτοίμην καὶ ὅτι ἐγγύτατον θήραμα, καὶ τὴν αὐτοῦ παρουσίαν δήλην ἐκείνοις τίθησι. καὶ τῷ μὲν χαλεπήνας καὶ πρὸς ὀργὴν ἐξενεχθεὶς δίκην ἐπέθηκε τὴν ἐκτομὴν τῆς ῥινός· αὐτὸς δὲ μηδὲ βραχύ τι γοῦν ἀναδύς, ἀλλ᾽ ἐπιταχύνας ὡς εἶχεν οὐ κατόπιν ἥκει καὶ οὕτως τῶν πολεμίων.

Ἀλλὰ καὶ ἄλλοτέ ποτε δι᾽ Ἀνδρονίκου τοῦ Ἀγγέλου τοῖς Τούρκοις ἐπέθετο, κἂν οὐχ ὡς ἄριστα καὶ τότε τὰ κατὰ πόλεμον αὐτῷ ὑπηντίασε. τῷ γὰρ ἀνδρὶ τούτῳ τῶν ἑῴων τα|γμάτων ὅτιπερ κράτιστον παραδοὺς καὶ συνεκπέμψας αὐτῷ τὸν Καντακουζηνὸν Μανουήλ, ἄνδρα περὶ τὰς πράξεις ἀγαθὸν καὶ γενναῖον, καὶ ἑτέρους τῶν ἐπὶ δόξης Ῥωμαίων κατὰ τῶν ἐν τῷ Χάρακι Τούρκων ἀφίησι· κεῖται δὲ ὁ Χάραξ οὗτος μεταξὺ τῆς Λάμπης καὶ τοῦ τῆς Γραὸς Γάλακτος. τὰς δυνάμεις τοίνυν ἀναλαβὼν Ἀνδρόνικος πρῶτα μὲν εἰς τὸ τῆς Γραὸς παρεμβάλλει Γάλα, ἔπειτα δ᾽ ἐκεῖσε τὰ ὑποζύγια καὶ τὴν ἄλλην ἀποσκευὴν καταθέμενος ἄνεισιν ἐς νέωτα πρὸς τὸν Χάρακα κούφως ὡπλισμένην ἔχων τὴν στρατιάν. οὐ γενναῖον δέ τι δράσας οὐδ᾽ ἄξιον τοῦ τοσούτου στρατεύματος, ὃ τηνικαῦτα ἐπήγετο, ἀλλὰ συμμετρήσας τὸ ἔργον βοσκημάτων ἁρπαγαῖς καὶ ποιμνίταις ὀλίγοις Τούρκοις περιδεὴς ἐκεῖθεν ἀπονοστεῖ. ἐπιφανέντων γὰρ ἐκ τῶν ὄπισθεν νυκτὸς βαρβάρων τινῶν καὶ βοησάντων, μὴ ἀναμείνας ἢ τὸ πλῆθος τῶν ἐπιόντων κατεξετάσαι ἢ τοὺς ὑπ᾽ αὐτὸν εἰς μάχην καταστησάμενος ἀνεὶς τὸν ὑπεκφέροντα ἵππον καὶ χερσὶ καὶ

VA = a, PW, RMDF = b

25 τῶν om. DF τε om. A **26** ἐς VW τὸν om. VP^{ac} **28** Μανουήλ: βασιλεὺς B Bekk **29** κατὰ μέρος F Bekk **29** et **30** Λακαρίῳ VAB **30** ἐν om. P Λακαρίῳ hic etiam W **32** Κατίδιν P: κατιδεῖν KN εἰσὶ V **33** κἀκεῖνα τάχος ἀγγελοῦντα V **34** ἐς om. P **35** αὐτοῦ: ἐκείνου W **36** διαθροῆσαι θέλων τοὺς Πέρσας τῷ (τῷ om. Bekk) τοῦ βασιλέως ὀνόματι post τίθησι add. $AP^{mg}W$ Bekk ἐκεῖνος post χαλεπήνας add. APW Bekk **38** οὕτω Bekk **39** Ἀγγέλου: Δούκα APW Sc **40** τὰ om. V τὸν πόλεμον M Bekk **44** τῷ om. R **45** τῆς pr. om. D^{ac} F Bekk τοῦ τῆς: τῆς τοῦ $RMD^{ac}F$ τοῦ Γάλατος τῆς Γραίας B **46** πρῶτον W **47** παρασκευὴν F^{pc}? **50** ἐπάγεται D **53—54** ἢ τῷ πλήθει τῶν ἐπικατεξετάσαι ἢ τοὺς ὑπὸ τῶν εἰς μάχην W **54—55** ἀνεὶς — φέρεσθαι om. M **54** καὶ pr. om. VP

54 ὑπεκφέροντα om. W b

ποσὶ καὶ φωνῇ πρὸς τὸ φέρεσθαι ὀξέως διήγειρεν, οὐ τὴν εἰς τὸ στρατήγιον φέρουσαν ὁδεύων, ἀλλ' εὐθὺ τῆς τῶν Χωνῶν ὁρμώμενος πόλεως. ἰδὼν δὲ τὸν ἵππον καὶ πορρωτέρω χωρεῖν ἔχοντα οὐδ' ἐκεῖσε τὸν δρόμον ἵστησιν, ἀλλ' ἐς τὴν ἐν Φρυγίᾳ Λαοδίκειαν ὅλον συντείνει τὸ πρόθυμον. τὸ δὲ στράτευμα πρὸς τὴν ἀθρόαν τοῦ ἡγεμόνος ἀφάντωσιν ἐκταραχθὲν διαλύεται τῆς συντάξεως καὶ σὺν οὐδενὶ κόσμῳ τρέπεται πρὸς φυγὴν τῶν θρεμμάτων καὶ τῶν αἰχμαλώτων ἀφέμενον.

Τάχα δ' ἂν καὶ ἑαυτοῖς συμπεσόντες ἐμαχέσαντο Ῥωμαῖοι νυ|κτὸς ἔτι οὔσης, εἰ μὴ ὁ Καντακουζηνὸς Μανουὴλ ὡς ἐξ ἀντιπάλου συστὰς καὶ σπασάμενος μάχαιραν ἔπαιε τῷ ταύτης πλατεῖ τοὺς δραπέτας „στῆτε," λέγων „οὐδένων ἐπικειμένων ποῖ φέρεσθε;" καὶ οὕτως ἔληξάν ποτε πρὸς μικρὸν τῆς ἀλόγου ἐκείνης ἀπάρσεως καὶ τοῦ ὅλῳ ῥυτῆρι κατά τε πρανῶν κατά τε φαράγγων καὶ γηλόφων ἵεσθαι.

Πρὸς ἣν ἀκλεᾶ τοῦ Ἀνδρονίκου φυγὴν βαρυαλγήσας ὁ βασιλεὺς ἐγγὺς ἦλθε τοῦ διὰ τῶν ἀμφόδων τῆς πόλεως ἐκφαυλίσαι Ἀνδρόνικον γυναικείαν στολὴν περικείμενον. φιλοικεῖος δ' ὢν καὶ ἀεὶ ἐνδιδοὺς πρὸς τὸ αἷμα καθεῖλε τὸν χόλον, καὶ ἄλλως μαθὼν ὡς βράχιστοι Ῥωμαίων ἐν τῷ πολέμῳ τούτῳ πεπτώκασιν.

Ἠρίστευσαν δὲ οὐδένες κατὰ ταύτην τὴν ἔφοδον, οἷα τῆς ἐς τοὺς βαρβάρους ἀνόδου γενομένης ὀξείας καὶ τῆς ἐς τοὐπίσω αὖθις ὀξυτέρας μεταχωρήσεως. Πέρσης δέ τις ἀνάντους τόπου λαβόμενος κἀνταῦθα ὑφιζήσας πολλοὺς τῶν παριόντων Ῥωμαίων ἀνῄρει θανάσιμα πάντα καὶ κατάγοντα ἐς ᾅδου βέλεμνα πέμπων· διὰ γὰρ ἀσπίδος διῄει καὶ θώρακος καὶ ἦσαν ἀμαιμάκετον κακόν. ἐπὶ τοῦτον πολλοὶ μέν, ὅσοι ἀρετῆς μετεποιοῦντο, ἐπισυνέστησαν καὶ ἀγχοτάτω παραγενόμενοι ἔβαλλον βέλεσι καὶ ἔπαιον δόρασι θυμῷ πολλῷ χρώμενοι. ὁ δὲ πυρριχίζων ἄντικρυς ἐξωρχεῖτο πάντα τὰ ἐς αὐτὸν φερόμενα βλήματα καὶ στροφάδην τοὺς ὑπαντιάζοντας ἔκτεινεν, ἕως ὁ Ξηρὸς Μανουὴλ ἀπὸ τοῦ ἵππου

---

66 ὅλῳ ῥυτῆρι: cf. p. 13, 29

VA = a, PW, RMDF = b

55 ἐς Bekk   τὸ om. DF Bekk   **56** ὡρμηκὼς P Bekk   **57** τὸν ἵππον . . . . . . θέλοντα A : τοὺς περὶ αὐτὸν A^mg . . . . . . ἐχ(οντ)ας A^s : τοὺς περὶ αὐτὸν . . . θέλοντας W   **58** ἐν Φρυγίᾳ: Φρυγίαν WRK : Φρυγία M   **63** ἔτι οὔσης : ἐπιούσης V   μή : μή γε V   ὡς om. W   **65** πῆ V   **66** μικρὸν : καιρὸν W   **71** τὸ αἷμα: γρ. τοὺς συγγενεῖς et λέ[γει τ]οὺς τὸ γένος A^mg : αἷμα τὸ συγγενὲς λέγει P^mg   βραχεῖς ἐκ τῶν Ῥωμαίων P   **72** πεπτώκασιν : πεποιήκασιν M   **73** οὐδένες δ' ἠρίστευσαν W   δὲ : μὲν οὖν V   οὐδὲν ἐς R : οὐδὲν M   **74** ὁδοῦ M   **75** τις om. D   τηνικαῦτα post τις add. AP^pc W Bekk   τόπου ἀνάντους P Bekk   κἀνταῦθα : κἀκεῖσε A^mg γρ P   **79** ἀντεποιοῦντο Bekk   ἀγχίτατοι V : ἀγχώτατοι R   παραγινόμενοι V : γενόμενοι P : om. AW   **80** ἔπαιον : ἔπειρον P Bekk   **81** γοῦν post πάντα add. V   εἰς DK   **82** ὑπαντιάζοντας : ἐπιόντας A^mg γρ PW κατεπήδησε καὶ τὴν ἀσπίδα προβεβλημένος ξιφήρης τὴν χεῖρα τῷ Πέρσῃ ἐπῆλθε, τὰ βέλη πάντα τῷ σάκει δεχόμενος, καὶ κατὰ κεφα|λῆς καιρίαν ἔπληξε καὶ ἀνῄρηκεν. οὕτω δὲ τὸν Ξηρὸν ἀπέχοντα εὗρεν ὁ Πέρσης τοῦ ἐκεῖνον ἀπεκτονέναι καὶ πρὸς τὴν αὐτοῦ περὶ τοῦ μὴ θανεῖν δέησιν ἀκαμπῆ καὶ σκληρὸν ἀληθῶς καὶ ἀνένδοτον, ὡς καὶ δευτέραν πληγὴν ἐπὶ τῇ προτέρᾳ λαβεῖν οἷς παρακαίρια ἔβαζε, φιλανθρώπων τυχεῖν δεόμενος ὧν αὐτὸς κακὸν ὀλέθριον ἦν.

Τότε καὶ ἐμὸς συγγενής, τῷ κλήρῳ μὲν τῆς πόλεως κατειλεγμένος Χωνῶν, λευίτης τὴν τάξιν, λήματος δ' ἀνδρείου πλήρης, συνανελθὼν τῷ λοιπῷ στρατεύματι ἐς τὸν Χάρακα μετὰ σκευῆς πολεμικῆς καὶ σκυλεύσας, εἴ τι που ἐφεῦρεν ἡ χεὶρ ἐν τοῖς τῶν Τούρκων σκηνώμασιν, οὐκ ἀπεφορτίσατο κατ' αὐτὸ τὸ δεινὸν τὰ λάφυρα, ἀλλὰ ταῦτα φέρων, ἃ καὶ ἦσαν στολαὶ Περσικαὶ πήρας ἐντὸς καὶ ὄϊς πηγεσίμαλλος, βάδην ἐπορεύετο, ἐπιστρέφων τὰς ἁπάντων ὄψεις εἰς ἑαυτὸν καὶ ὑπὸ μὲν τῶν ὡς ἀδεὴς ἐν τοῖς περιστατικοῖς καιροῖς εὐφημούμενος καὶ κορυφαία κρινόμενος ἄντικρυς τῶν κατ' ἐκεῖνο στρατευσάντων καιροῦ, ὑπὸ δὲ τῶν τωθαζόμενος ὡς προβατίου ἀρνύμενος θάνατον. αὐτὸς μέντοι καὶ οὕτω τὴν ὁδὸν ἤνυεν ὅπῃ παρείκοι τοὺς δραπέτας βάλλων ὀνείδεσιν ὡς μηδενὸς διώκοντος ἀγεννῶς ἀπαίροντας.

Οὐ πολλῷ δὲ ὕστερον χρόνῳ τὴν ἐκ Κλαυδίου Καίσαρος παρώνυμον πόλιν οἱ Τοῦρκοι περικαθίσαντες πρῶτα μὲν οὐδὲ προελθεῖν ὅλως εἴων τοὺς ἀποτεταγμένους εἰς τὴν ταύτης | φρουράν, ἔπειτα δὲ καὶ πολιορκεῖν ἐπεβάλοντο. ὅθεν οἱ ἔσωθεν, εἰ μή τις αὐτοῖς ἐπαρήξειεν ἔξωθεν, σφᾶς τε αὐτοὺς καὶ τὴν πόλιν καταπροδώσειν ἠπείλουν ὡς μὴ χρόνια λιμώττειν στέγοντες, ἔτι καὶ τοὺς πολεμίους ἀποτρέψασθαι ὅλως οὐκ ἔχοντες.

Μὴ ἀναμείνας οὖν τὴν τελείαν τοῦ κακοῦ ἀγγελίαν ὁ Μανουὴλ ἀναστὰς τὴν ὑστεραίαν ᾗ τάχους εἶχεν ἐπὶ τὴν Κλαυδίου διὰ τῆς Νικομήδους ἤλαυνε πόλιν, μὴ αὐλαίαν ἀνακτορικήν, μὴ κλίνην, μὴ στιβάδα, μήτε τινὰ ἄλλην σκευὴν τρυφῶσαν ἀρχικὴν ἐπαγόμενος, μόνα δὲ τὰ ἱππάσιμα φέρων καὶ στολὰς φολίσι σιδηραῖς ὑφαντάς. ἐπέτεινεν οὖν

7 ὕστερον: a. 1179 exeunte

VA = a, PW, RMDF = b

83 προβαλόμενος $AP^{pc}W$: προβαλὼν P^{ac}? **87** (ἀκαμ)πῆ — ἀληθῶς i. r. 6 litt. P καὶ — ἀληθῶς om. W **88** οἷς: οἷς καὶ Bekk **91** λήμματος codd. πλήρης δ' ἀνδρείου λήμματος V δὲ AWMDF: om. R συνελθὼν P **93** εὗρεν D ἡ χεὶρ om. V τῶν om. M **94** τὸ om. W **95** πηγεσίμαλος AWRMD βάδην $A^{mgγρ}$: κατὰ σχολὴν A **1** ὡς om. P **2** κορυφαῖα R: -αῖος P^{pc} Bekk **5** ὅποι P παρήκοι V **7—8** πόλιν παρώνυμον V παρακαθίσαντες VKB **9** Ῥωμαίους post φρουρὰν add. APW Bekk δὲ om. AWMB καὶ om. VRDFB **10** ἀπεβάλοντο W ἔξωθεν: ἔσωθεν V **11** παραδώσειν W **12** ἀποτρέψασθαι- ἔχοντες: ἐκεῖθεν ἐκδιώξειν οὐκ ἔχ. $A^{mgγρ}$ P: ἀποτρέψαντες ὅλως οὐκ ἔχοντες W **14** τελείαν om. V **15** τὴν: εἰς τὴν V τάχος DFU Νικομήδους etiam B: Νικαίας V **16** πόλιν om. APW Bekk **18** ἱππάσια D ὑφαντάς: διαπλόκους $A^{mgγρ}$ P τοὺς σταθμούς. τοσοῦτον δ' ἦν ἐκείνῳ τὸ πρόθυμον φθάσαι τοὺς πολιορκοῦντας ποθοῦντι πρὸ τοῦ παθεῖν τι τοὺς ἔνδον δεινόν, ὁποῖον οὐκ ἔστι λόγῳ περιηγήσασθαι. οὐκοῦν τὰς νύκτας ἴαυεν ἀΰπνους καὶ πρὸς τὴν πορείαν ἐχρᾶτο φωτὶ ποιητῷ βαδίζων διὰ τῆς Βιθυνῶν· ἡ δὲ ὡς ἐπίπαν ταῖς ξυναγκείαις πεπύκνωται καὶ ἄπορός ἐστι πολλαχῇ τῷ τῆς ὕλης συνηρεφεῖ. εἰ δέ που καὶ χρείας ἱκανούσης ἐδεῖτο διαναπαύεσθαι, γήϊνον εἶχε τὴν καθέδραν καὶ κάρφη ὑποβεβλημένη καὶ φορυτὸς ὑποκείμενος ἐκείνῳ τὴν στρωμνὴν ἐσχεδίαζεν· ὁτὲ δὲ ὑετοῦ κατενεχθέντος καὶ τοῦ σταθμοῦ γενομένου κατὰ φάραγγα τεναγώδη ἄνωθέν τε ταῖς σταγόσιν ἐτέγγετο καὶ τὸν ὕπνον διεσπᾶτο τῷ τὴν στιβάδα ὑποτρέχοντι νάματι. κἀπὶ τοῖς τοιούτοις ἠγαπᾶτο μᾶλλον καὶ ἠγᾶτο ἢ ὅτε διαδήματι ἐταινιοῦτο καὶ περιέκειτο τὴν ἁλουργίδα καὶ | τὸν ἵππον ἀνέβαινε τὸν χρυσοφάλαρον.

Ὡς δὲ ἤγγισεν οὗ ἐπορεύετο καὶ ὤπτο τοῖς περὶ τὴν Κλαυδιούπολιν ἐσκηνωκόσι βαρβάροις, οἱ μὲν ἐς φυγὴν αὐτίκα ἐκεῖθεν ὥρμησαν ἐγνωκότες τὴν αὐτοῦ ἔλευσιν ἔκ τε τῶν σημείων τῶν ταγμάτων καὶ τῆς τῶν ὅπλων λαμπρότητος, αὐτὸς δ' ἐπέκειτο διώκων ἐς ὅσον ἦν ἐφικτὸν ὡς προσωτάτω τῆς μάχης. οὕτω δ' ἀσπάσιος ἐπέστη τοῖς ἐν ἐκείνῃ τῇ πόλει Ῥωμαίοις ἀπειρηκόσιν ἤδη πρὸς τὰ τῶν Τούρκων φρονήματα, ὡς οὐδὲ ναύταις οὖρος προσκεκμηκόσι ταῖς κώπαις καὶ πλεῖστον αὐταῖς ἐνιδρώσασι καὶ ἔαρ ἥδιστον μετὰ χειμῶνος κατήφειαν ἢ ἕτερόν τι τῶν ὅσα ἐκ λυπηρῶν ἀρχῶν εἰς χρηστοτέραν μεταβαίνει κατάστασιν.

---

24 χρείας ἱκανούσης: cf. Hom. K 118; al. **38—39** ὡς — ἐνιδρώσασι: cf. Nic. Or. 89, 1—2 **39** ἔαρ — κατήφειαν: cf. Nic. Or. 101, 16

VA = a, PW, RMDF = b

19 δὲ V ἐκεῖνο W **20** πορθοῦντι W **21** περιηγήσασθαι: καὶ διηγήσασθαι A^mg P: περιβαλεῖν A: περικαλεῖν W **22** ἐχρῆτο W **23** ξυναγγείαις VP: ξυνακείαις RMDF **24** πω W **25** ὑποβεβλημένα P **26** ἐσχεδίαζον VA^ac **28** ἐτέγκετο codd. **32** τὴν om. V **33** ἐσκηνηκόσι WRMD ἐκεῖθεν (ἐκεῖθεν om. P^ac) αὐτίκα APW Bekk **35** καὶ πολλοὺς ἀνεῖλεν καὶ ἄλλους εἶλεν (omisso ἐς — μάχης) post διώκων add. N **38** προκεκμηκόσι VW

33 ἐκειθεν om. b

ΤΟΜΟΣ ΕΒΔΟΜΟΣ ΤΗΣ ΒΑΣΙΛΕΙΑΣ ΜΑΝΟΥΗΛ ΤΟΥ ΚΟΜΝΗΝΟΥ

Δοτέον τῷ λόγῳ κἀκεῖνα. ὁ βασιλεὺς οὗτος μὴ ἔχων νόμῳ πολέμου κατὰ τῶν ἐθνῶν ἐπελθεῖν, ὅσα κόλπον ἀμφινέμεται τὸν Ἰόνιον, ἢ μᾶλλον, τὴν κατὰ Ῥωμαίων ἔφοδον τούτων πρὸ ὀφθαλμῶν ἔχων ἀεὶ καὶ κρίνων φοβερὰν καὶ δυσ|άντητον, οἷα εἰδὼς τὰς τῶν Ῥωμαίων δυνάμεις ἀπροσφυεῖς ἐξ ἀντιπάλου στῆναι ταῖς ἑσπερίαις καὶ ἄντικρυς χύτρας πρὸς λέβητας, ὡς ἐξὸν καὶ τὸ θέσθαι διαθήκην κατὰ Ῥωμαίων καὶ συμφρονήσειν ὅλως τοὺς δυσμόθεν καὶ πρὸς μίαν τραπέσθαι σύμπνοιαν ὑπεβλέπετο καὶ παντοίως ἀσφαλιζόμενος πόρρωθεν τοὺς μὲν κατὰ τὴν ἕω βαρβάρους ἐξεῖναί οἱ ἔφασκε χρήμασι πρὸς φιλίαν ὑπάγεσθαι καὶ διὰ μάχης συμπείθειν τῶν οἰκείων ὅρων μὴ ἐκκεχύσθαι, τὴν δέ γε μὴν ἑσπερίαν ὑφορᾶσθαι πολλαχῶς ἐθνικὴν πολυσπέρειαν· ὑψαυχεῖν τε γὰρ τοὺς ἄνδρας καὶ τὸ φρονεῖν εἶναι ἀκαταπλήκτους τε καὶ ἀταπεινώτους, τό τε φιλαίματον διὰ μελέτης ἔχειν ἀεί, καὶ μὴ μόνον πλοῦτον περιβεβλῆσθαι πολὺν καὶ σιδηροφορεῖν πάντας εἰς πόλεμον, ἀλλὰ καὶ τὸ δύσνουν τρέφειν κατὰ Ῥωμαίων ἀκοίμητον καὶ φιλεχθρεῖν ἀεὶ κατὰ τούτων καὶ λοξὸν ὁρᾶν καὶ λυττᾶν.

Ἀμέλει Βενετίαν καὶ Γένουαν, Πίσσαν τε καὶ τὸν Ἀγκῶνα καὶ ὅσα περὶ θάλατταν ἔθνη ἕτερα διεκκέχυται φίλια Ῥωμαίοις ἐτίθει, κατεμπεδῶν ὅρκοις καὶ παντοδαπαῖς φιλοφροσύναις ὑποποιούμενος καὶ καταγωγαῖς αὐτὰ δεξιούμενος ἐν τῇ ἀρχούσῃ τῶν πόλεων. ὑφορώμενος δὲ μή πως τῶν παρ' αὐτοῖς λεγομένων ῥηγῶν ἰσχύν τις περιδὺς μείζονα εἶτα κατὰ Ῥω-

---

47—48 χύτρας πρὸς λέβητας: cf. Sir. 13, 2

VA = a, PW, RMDF = b

42 Μανουὴλ VM Bekk: τοῦ βασιλέως Μανουὴλ A: τοῦ Κομνηνοῦ om. R **43** δοτέον: ῥητέον W[mg]γρD **44** μετελθεῖν V ὁπόσα Bekk **45** σφῶν V **46** (εἰδ)ὼς τὰς (τ)ῶν i. r. P τῶν om. V **47** ταῖς om. P **49** ἐπεβλέπετο W **51** ὑπαγαγέσθαι A[pc]PW[pc]: ὑπάγεσθαι A[ac]W[ac]Sc πείθειν APW Sc **52** τήν δὲ γε: τοίνυν δέ γε M δέ om. PRDF: hab. Sc **53** ἐθνικὴν om. P γὰρ suppl. P[mg]: om. R **54** ἐπιεικῶς post φρονεῖν add. APW ἀκαταπλήκτους τε καὶ V: cum PW b om. A **59** Γέννουαν D[pc] Πίσαν Bekk **60** παρὰ A WRMDF Bekk διακέχυται AWRMDF Bekk **63** ῥηγῶν A[mg]: μοῖραν A

42 Μανουὴλ: τοῦ βασιλέως κῦρ (κῦρ om. F) Μανουὴλ PWRDF **52** ὑφορᾶσθαι: δεδιέναι b Bekk **53** ὑψαυχενεῖν b Bekk **54** ἀκαταπλήκτους τε καὶ om. PW b Bekk **58** λυττᾶν: σφοδρύνεσθαι b Bekk μαίων ἐπίῃ, χρημάτων ἀνελάμβανε δόσεσιν, ἐσωμάσκει τε καὶ ἐπέθηγε πρὸς ἀνθόπλισιν τὸ ὑποπίπτειν κινδυνεῦον γένος ἄρχοντι ὑπερέχοντι.

Ἰταλιώτας οὖν πλειστάκις κατὰ τοῦ ῥηγὸς Ἀλαμανίας τοῦ Φρεδερίχου | ἀνθώπλισεν. ὁ μὲν γὰρ ὑποκλιθῆναί οἱ καὶ τὰ καθ' αὑτοὺς ἐπιτρέψειν ἐκείνῳ διὰ πλείστου ἐτίθετο· ὁ δὲ πέμπων ἐνίσχυε καὶ κραταιοῦσθαι ὑπετίθει καὶ τὰς τοῦ ῥηγὸς δολοφροσύνας ἐνῆγε φυλάττεσθαι.

Ἀλλὰ καὶ τὴν πρεσβυτέραν Ῥώμην εἰσιέναι καὶ στεφθῆναι τὸν αὐτὸν ῥῆγα πολλάκις ἐπιβαλόμενον ἀπεῖρξε τοῦ ἐγχειρήματος „μὴ δώσεις ἑτέρῳ τὴν δόξαν σου" γράφων τῷ πάπᾳ, „μηδὲ πατέρων ὅρια μέταιρε, μή πως τὸ ἀπρομήθευτον ὕστερον ἔργοις αὐτοῖς ὁποῖόν ἐστιν ἐπιγνοὺς τηνικαῦτα πλήττῃ τὴν ψυχὴν μεταμέλῳ διὰ τὴν τοῦ εἰκότος ὀλιγωρίαν, ὁπότε τὸ κακὸν παντάπασιν ἀθεράπευτον." καὶ ἦν ἐκ τούτου τῆς μεγαλοδόξου Ῥώμης ἀποκλειόμενος καθά τις ἄνοπλος ὁ μυριάσι γαυριῶν στρατευμάτων.

Ἔστι δ' ὅτε τὰ μὲν τείχη Μεδιολάνων ὑπ' Ἀλαμανῶν κατεστράφησαν, οἱ δὲ τῆς πόλεως ταύτης οἰκήτορες κατασοφισάμενοι τοὺς ἔνορκον ἀνάγκην σφίσιν ἐπενεγκόντας μὴ ἂν τὸ τεῖχος ἀναδομήσειν ποτέ, τὰ μὲν πρῶτα ἐπὶ τάφρῳ ᾤκουν βαθείᾳ καὶ ὀρυκτῇ μὴ ἐπιορκεῖν ἐκ τοῦδε λέγοντες, ἔπειτα δὲ ὡς πρότερον βασιλέως γενομένου συλλήπτορος.

Ἐπὶ τούτοις γε μὴν τὸν Μόντης Φεράντης μαρκέσιον, εὐγενείᾳ καὶ εὐτεκνίᾳ κομῶντα καὶ μέγα δυνάμενον, εἰς φίλον Ῥωμαίοις ἐγγράψας τοῦτο μὲν δωρήμασιν ἁδροῖς, τοῦτο δὲ τῷ τὸν υἱὸν αὐτοῦ τὸν νεώτερον συνευνάσαι τῇ οἰκείᾳ θυγατρὶ τῇ Μαρίᾳ, ὡς ὀλίγῳ πρότερον εἴπομεν, ἔτι μᾶλλον ἠκύρου τὰ διαβούλια τοῦ ἀρχηγοῦντος Ἀλαμανῶν. ὥστε ὁ μὲν τὸν οἰκεῖον, | ὡς ἡ Λατίνων βούλεται φωνή, καγκελάριον, ὡς δ' Ἑλλη-

---

72 γράφων: a. 1167 et a. 1168 **75—77** καὶ — στρατευμάτων: veritati non congruit **78** ἔστι — κατεστράφησαν: a. 1162, cf. Cinnam. 228, 7—8 **83** ἐπὶ τούτοις etc.: ca. a. 1177

70—77 ἀλλὰ — στρατευμάτων: cf. Cinnam. 228, 22—229, 15; 262, 1—8 **71—72** μὴ — σου: cf. Bar. 4, 3; Is. 42, 8 **72** μηδὲ — μέταιρε: cf. Prov. 22, 28 **86** εἴπομεν: p. 170, 34—40

VA = a, PW, RMDF = b

64 ἐσωματάσκει AW ὑπέθηγε VN **65** γένος: ἔθνος R ὑπερέχοντι: ὑπάρχοντι W **66** πολλάκις WF Bekk **67** τούτους post οἱ add. APW Bekk **68** ὁ δὲ: ὁ δὲ Μανουὴλ APW Bekk ἐκεῖνον post ἐνίσχυεν add. A: ἐκείνους PW Bekk κρατεῖσθαι R **72** πάππα constanter V **75** ὅτε V **76** καθά -ἄνοπλος om. VAW ἄοπλος P Bekk **78** τὰ om. F **82** τὰ τείχη ἀνεκαίνισαν post πρότερον add. Bekk βασιλέως (etiam Sc): τοῦ βασιλέως τοῦδε APW Bekk **83** Φεράντης μόντης A Φαράντης WD: Φοράντης B **83—84** καὶ εὐτεκνίᾳ om. W **86** οἰκείᾳ: ἐκείνου VAW **88** καγκεράριον P: καγγελάριον KN νες εἴποιεν, λογοθέτην (ἦν δὲ οὗτος, ὁ Μαγέντζης ἐπίσκοπος) πέμψας μετὰ πλείστης δυνάμεως τὰς Ἰταλικὰς ὑπεποιεῖτο πόλεις ἀποσπῶν αὐτὰς ἐκ τοῦ πάπα καὶ κατὰ παρρησίαν ἀνεύθυνον ὑπονοσφιζόμενος· βασιλεὺς δὲ τὸν μαρκέσιον χρημάτων ὑποσχέσεσιν ἐλαφρίσας πείθει τῷ Μαγέντζῃ ἐς ἀντίπαλον διαφεῖναι τὸν οἰκεῖον υἱὸν Κορράδον, καλὸν ὄντα ἰδεῖν καὶ τὴν ὥραν εὐπρεπῆ, ἀνδρείας τε καὶ συνέσεως ἐς ὅτι κράτιστον καὶ ἀκρότατον ἥκοντα καὶ ἀκμάζοντα ῥώμῃ σώματος. καὶ συμπλοκῆς γενομένης Ἀλαμανοὺς ἀπεκρούσατο ἱππομαχίᾳ τρεψάμενος, ἐνίων δὲ καὶ κρατήσας, ἐν οἷς ἠριθμεῖτο καὶ ὁ Μαγέντζης ἐπίσκοπος. τάχα δ' ἂν ἦν οὗτος καὶ ἐς Βυζάντιον ἀναπεμπόμενος, εἰ μὴ βασιλεὺς ἐξ ἀνθρώπων ἐγένετο.

Ἀλλ' οὐδέ τις ἦν τῶν Ἰταλιωτίδων ἢ τῶν ἔτι πορρωτέρω πόλεων, καθ' ἣν ὁ βασιλεὺς οὗτος οὐκ εἶχεν ὁμότην οἰκεῖον καὶ φρονοῦντά οἱ πιστά. ἀμέλει καὶ ὅσα εἰς τὰ ταμιεῖα τῶν ταμιείων εἰσιόντες ἐν κρυπτῷ ἐτύρευον καὶ ἐτύρβαζον ὁπόσοι τῶν ἐκεῖ Ῥωμαίοις ἀντίφρονες ἀκουστὰ ἦν ἐκείνῳ καὶ ἔκπυστα.

Ἄλλοτε δέ ποτε κατὰ τὸν Ἀγκῶνα ἧκον ἐκ βασιλέως τινές, δεῆσαν οὕτω, κατὰ χρείαν πραγμάτων. οἱ μὲν οὖν τὰ κατὰ σκοπὸν ἐξεπέραινον καὶ τὰ διατεταγμένα σφίσιν ἐδίδοσαν πέρατι, εἴτε τὸ εἰς φιλίαν ἐκείνου ἑλκύσαι τινὰς ἦν, οὓς λιζίους φασίν, εἴτε τι ἕτερον Ῥωμαίοις ὠφέλιμον· ὁ δέ γε ῥὴξ τῶν Ἀλαμανῶν θυμοῦ ὑποπίμπλαται καὶ πέμπει τοὺς τὸν Ἀγκῶνα πορθήσοντας καὶ τισομένους τοὺς ἐκεῖ καὶ κολάσοντας, οἷς | σπένδονται Ῥωμαίοις καὶ κατὰ τὴν ἑαυτῶν εἰσδέχονται πρέσβεις οὐδὲν ἕτερον ὅτι μὴ τὰ κατ' αὐτοῦ δηλαδὴ μετιόντας καὶ πόλεις τὰς ἐκεῖ μεθιστῶντας τῆς ἐς αὐτὸν εὐνοίας καὶ πίστεως. καὶ τὸ μὲν πεμφθὲν στράτευμα ὡς πολεμίους τοὺς Ἀγκωνίτας μετήρχοντο καὶ περιζώσαντες τὴν πόλιν ἀπῄτουν ἐκδοῦναι σφίσι Ῥωμαίους· οἱ δ' Ἀγκωνῖται οὕτως ἦσαν εὐ-

---

89 πέμψας: a. 1179 **95—1** συμπλοκῆς γενομένης: „circa festum Sancti Michaelis" (29. 9.) a. 1179 **10** ἄλλοτε: a. 1173 ante Kal. Apr. **14 — 202, 44** Ancona obsessa a die 1 mens. Apr. usque ad diem 15 mens. Oct. a. 1173

---

14 — 202, 45 ὁ — πράγματα: cf. Cinnam. 288, 12—289, 13

VA = a, PW, RMDF = b

89 Μαγνέντζης P **93** Μαγέντζης AW Sc Bekk: Μαγν. P ἐς om. Bekk υἱὸν om. R τὸν Κορράδον DF **94** εὔτρεπῆ W **1** τοὺς Ἀλαμανοὺς P Bekk **2** Μαγέντης V: Μαγενέντζης P **3** οὗτος καὶ ἐς Βυζ. ἦν ἀναπεμφθείς P Bekk **4** γενόμενος W **5** πορρωτέρων M **7** τὰ εἰς τὰ W ταμεῖα DF **10** καὶ κατ' Ἀγκῶνα V Ἀγκῶνα : ἀγῶνα R **11** ἐξεπύρρινον M **12** τὰ om. R **13** ἐλιζίους R **16** χώραν post ἑαυτῶν add. APW **17** τὰ om. P **18** ἐς αὐτὸν : ἑαυτῶν RM πεμφθὲν om. M ἐκ ῥηγὸς post πεμφθὲν add. APW Bekk **19** τοὺς om. V: hab. B μετήρχετο WF **20** Ῥωμαίους: τοὺς πρέσβεις Ῥωμαίων APW Bekk: τοὺς πρέσβεις Sc Ἀγκωνῖται F Bekk: Ἀγκωνίται rel.

γνώμονες ἀκροαταὶ τῶν ἠπειλημένων ἢ τῷ βληθέντι παρὰ τῶν πολεμίων ἐξέστησαν χάρακι ἢ τῷ ἀρεϊκῷ ἐκείνῳ ἠχθέσθησαν περιζώματι, ὥστε οὐ μόνον ⟨οὐ⟩ προύδωκαν οὓς Ἀλαμανοὶ ἐπέκειντο ἐξαιτούμενοι, ἀλλὰ καὶ μακρὰ χαίρειν εἴασαν γενναίως τὸν παρόντα διαφέροντες κίνδυνον. ἐπιτεινομένης δὲ τῆς πολιορκίας καὶ χρονιζόντων τῶν πολεμίων, ἥψαντο τῶν ἀήθων καὶ πρὸς ἃ μὴ θέμις τρεχεδειπνεῖν σιτοφαγεῖν αἱρούμενον ἄνθρωπον.

Οἱ τοῦ βασιλέως τοίνυν τὸ πλῆθος ἐκκλησιάσαντες, εἰ ἔξεστιν αὐτοῖς ἐπικουρίαν εἰσενεγκεῖν, ἐπυνθάνοντο. τῶν δὲ εἰπόντων ἐξεῖναι μέν, χρημάτων δ᾽ αὐτόθεν μὴ εὐπορεῖν αὐτοὶ διετείνοντο καὶ θεὸν τοῦ λόγου πεποίηντο μάρτυρα καὶ μὴ μέλλειν ἐνῆγον, ὡς βασιλεὺς ἅπαν καταθήσει δαπάνημα· ἢ μὴν ἀπεκδέχεσθαί σφας τὰ ἀνύποιστα προύλεγον ὑπὸ τῶν τὴν πόλιν διειληφότων, παίδων μὲν καὶ γυναικῶν ἀπαγομένων, χρημάτων δὲ καὶ πραγμάτων ἁρπαζομένων. ἔνθεν τοι καὶ μετάπεμπτόν τινα τιθέασι κόμητα Γιλίελμον τοὔνομα καὶ γυναῖκα τῶν εὐγενῶν οὐ πρὸ πολλοῦ μὲν θανάτῳ σπανιζομένην τοῦ ὁμευνέτου, γενικὴν δὲ τὴν ἰσχὺν καὶ | τὴν ἐκείνου κληρουμένην ἀρχήν, καὶ τούτοις ἁδρὰ τὰ δόματα στήσαντες κἀντεῦθεν σὺν οὐδενὶ πόνῳ τὸ πολέμιον ἀποτρεψάμενοι, ὡς ἐκ βάθους θαλάσσης τῆς αὐτῶν ἀνανηξαμένης πόλεως ἔχαιρον τὴν ἐλευθερίαν ἀνασωσάμενοι. βασιλεὺς δ᾽ ἐπὶ τούτοις ὅσα εἰκὸς εὐφρανθεὶς τούς τε Ἀγκωνίτας ἐπαίνοις τῶν γεγονότων ἀμείβεται καὶ τοῖς ἰσοπολίταις τῷ γένει Ῥωμαίων ἐγκρίνας ἅπαντα ὑπισχνεῖται παρέξειν, ὅσα οἱ ἀμεμφῆ τε καὶ δυνατὰ κἀκείνους δέον αἰτεῖν. ἀλλὰ καὶ τὸ χρυσίον πολλαπλάσιον πέπομφε.

Καὶ εἰς τόδε μὲν τὰ τῶν Ἀγκωνιτῶν ἐτελεύτα πράγματα, φύσει τὸ πιστὸν ἔχειν δοξάντων καὶ μὴ πρὸς τὸ συμπῖπτον τῆς τύχης τὰς γνώμας μετακυβεύεσθαι. εἴπῃ γὰρ ἄν τις, ὅπως τοῦ μὲν ἐκ γειτόνων αὐτοῖς δυνάστου καὶ κατάρχειν ἀξιωτέρου παρηγκωνίσαντο τὸ ἐπίταγμα, ὅς ἐστιν ὁ τῶν Ἀλαμανῶν ῥήξ, τὸν δὲ μετὰ πολλὴν ὀπτανόμενον γῆν καὶ ὄρη σκιόεντα Ῥωμαίων ἄνακτα ἠγαπήκεσαν, εἰ μή τις αὐτοῖς ἐμπεφυκυῖα ἦν αὐτόφυτος συνείδησις τἀγαθοῦ κἂν τοῖς δεινοῖς ἀπτόητος ὅρμησις καὶ

49—50 μετὰ — σκιόεντα: alludit ad Hom. A 156 sq.

VAP (ab 25 χρονιζόντων) = a, P(usque ad 25) W, RMDF = b

22 ἀερικῷ P **23** οὐ om. codd. οἱ Ἀλαμανοὶ APW Sc Bekk **24** μακρὰν DF Bekk **31** ὁ βασ. APW Sc ἅπαν: ἅπαν τι V δαπάνημα: τοῦ (τὸ τοῦ Bekk) πολέμου δαπάνημα APWB Bekk **32** ἐπεκδέχεσθαι W **35** Γελίελμον M: Γιλέελμον F πολλοῦ: πολέμου A **36** μὲν: δὲ R **37** ἐκείνου: οἰκείαν V **38** τὸ: τὸν W ἀποτριψάμενοι VAW **40** δὲ R ἐνευφρανθεὶς APW **41** τῶν Ῥωμαίων R **43** ἐκείνους V **45** τῶν Ἀγκ. ἐτελ. τὰ πρ. Bekk **47** εἴποι R **48** τὴν ἐπιταγὴν et add. Ἀγκωνῖται P ἐπίταγμα: πρᾶγμα W **49** γῆν: θάλατταν V **50** αὐτοῖς om. P πεφυκυῖα V **51** αὐτοφύτευτος V κἂν: καὶ ADF

22 ἠχθέσθησαν: πρὸς δέος συνεπιλήθησαν b Bekk **26** αἱρούμενον: εἰωθότα b Bekk πρὸς τὸ τῶν πραγμάτων οὐχ ὅμοιον βεβηκυῖα καὶ μὴ εὐτίνακτος. εἴη δ' ἂν ἕτερον τούτοις οὐκ ἀρεσκόμενον ἀνθυπενεγκεῖν, ὡς ἥττονες ὄντες κέρδους οἱ 'Αγκωνῖται καὶ ἀγυρτεύοντες καὶ πρὸς τὸ λαβεῖν χεῖρα προτείνοντες ἀπέστησαν μὲν τοῦ χθές τε καὶ πρώην ἐς ἡγεμόνα σφῶν ἀποτεταγμένου, ὀπίσω δ' ἐπορεύθησαν ἄλλου, ὃς ἤνεγκεν αὐτοῖς τὴν ἐπιθυμίαν καὶ τὸ κερδαλέον καὶ κάπηλον ἐθεράπευσε τοῦ φρονήματος. |

Τῷ δὲ βασιλεῖ ταῦτα οὕτω διοικουμένῳ χλευασμοὶ παρὰ 'Ρωμαίων ἐπετρίβοντο ὡς ὑπερορίους δῆθεν ἐπιθυμίας διὰ τὸ φίλαυτον τρέφοντι καὶ ὀφθαλμοὺς ἐπ' ἄκρα γῆς ἐκτείνοντι καί, ὅσα θερμὰ καὶ τολμηρά, ταῦτα διαπραττομένῳ καὶ τῶν ἀξόνων βάλλοντι πόρρωθεν, οὓς οἱ πρώην ἔτεμνον βασιλεῖς, καὶ πρὸς χρήσιμον οὐδὲν ἀπαντλοῦντι τὰ χρήματα, ἃ συλλέγει τὸ ὑπ' ἀρχὴν καλαμώμενος ἀπογραφαῖς τε καὶ φόροις ἐκδαπανῶν ἀσυνήθεσιν. οὐ καλῶς δὲ παντάπασιν ἐκείνῳ τὰ τοιάδε προσέρριπτον, ὅτι μηδ' ἦν καινοτομία τις ἄλογος ἐς τὸ παντελὲς τὰ πραττόμενα, ἀλλὰ τὰ τῶν Λατίνων ὁρῶν ἄμαχον ἰσχὺν περικείμενα ἐδεδίει τὸ σύμπνουν, ὡς ἔφην, μὴ κατακλύσειε τὰ ἡμέτερα, ὥσπερ καὶ χειμάρρους ἐξ ὀλίγου μέγας φανεὶς παρασύρει γήδια γεωργῶν. διά τοι τοῦτο καὶ τὸ μικρὸν ὑφορώμενος ἔναυσμα ὡς πυρσοῦ παραίτιον, ἐνιαχοῦ δὲ καὶ εἰς μεγίστην προβαῖνον πυρκαϊὰν καὶ εἰς ἐμπρησμὸν ἔκτοτε, ἥν εὐπρήστου ὕλης τύχῃ λαβόμενον, καὶ πρὸς μόνην ὑποψίαν φυομένην τὴν τῶν λυπούντων ἀρχὴν ἀπεμάχετο, τοὺς ἀρίστους τῶν γηπόνων μιμούμενος, οἳ τὰς τὴν πρασιὰν λυμαινομένας ἀκάνθας νεαρὰς ἔτι ἐκσπῶσι καὶ καταστρέφουσιν ἀρτιθαλῆ τῶν δένδρων τὰ μὴ κηπεύσιμα.

Ὅτι μέντοι καλῶς τε καὶ εὐφρόνως διενοεῖτο οὕτω καὶ διεπράττετο, σαφῶς ὑπέδειξε τὰ μετέπειτα, ἡνίκα τὴν μὲν ἐνταῦθα ζωὴν αὐτὸς μετηλ-

---

55 χθές τε καὶ πρώην: cf. Nic. Or. 3, 17 **56** ὀπίσω — ἄλλου: cf. Deut. 6, 14; al. **60** ὀφθαλμοὺς — ἐκτείνοντι: cf. Prov. 17, 24 **67** ἔφην: p. 199, 45

VAPW^{a} (ab 75 ὅτι) = a, W, RMDF = b

52 πρὸς om. V ἀεὶ post ὅμοιον add. APW Bekk **53** τούτοις ἕτερον V ἀπενεγκεῖν RM κέρδους ὄντες F οἱ om. DF **55** σφῶν: αὐτῶν AW **56** ὀπίσω — ἐπιθυμίαν om. M **57** ἐθεράπευσε : ἠκέσατο V **59** ὑπερόρια F **61** βάλλοντι V Bekk: βάλλοντα rel. (βάλλον)τα πόρρωθεν i. r. 14 litt. P πόρρω V **62** ἔτεμον Bekk τὸ χρήσιμον W ἀπαντλοῦντα P **63** τὸ: τὸν R **66** γένη post Λατίνων add. APW Bekk **67** καταλύσειε V χείμαρος R: χείμαρρος MDF Bekk **70** εὔπρ.: ἐμπρ. VA **71** τὴν: καὶ τὴν VA **73** τὴν πρασίαν λυμαινομένας τὰς ἀκάνθας P: τὰς ἀκ. τὰς τὴν πρ. λυμ. Bekk ἐκσπῶσι: ἐξαναστῶσι V **75** ὅτι — διεπράττετο: καὶ τοῦτο Bekk **75** — 206, **47** ὅτι — βασίλεια suppl. partim W^{a} **75** ἐμφρόνως W^{a}

64 — 206, **47** οὐ — βασίλεια om. Sc **70—71** ἡν — λαβόμενον om. W b **71** πρὸς μονὴν ὑποφυομένην τὴν (τὴν om. RMDF) τῶν λυπούντων ἀρχὴν W b **72** τοὺς — μιμούμενος: κατὰ τοὺς ἀρίστους τῶν γηπόνων (κ. τ. γ. τ. ἀρ. W) PW b Bekk **72** τὴν — λυμαινομένας om. W b **75**— 206, **47** ὅτι — βασίλεια om. W b λάχει, τὰ δέ γε πράγματα κυβερνήτην ἀποβαλόντα σοφὸν μικροῦ τὸ τῆς βασιλείας σκάφος ἐβάπτισαν.

Τὸ δ' οὖν τῶν δασμῶν ἐπιτεταμένον οὐδ' αὐτὸς ὡς μετεδίωκεν ἀποκρύψομαι. ἀλλ' οὐδ' ὅτι αἱ ἀρχαὶ δημοσιώναις προυβέ|βληντο, παραδράμοιμι, ὥσπερ καὶ τὸ ποθεῖν νεώματα ἐν ἀρούραις καὶ τῷ ἑαυτοῦ ἀρότρῳ διασχίζειν αὔλακας, ἐξ ὧν αὐτῷ ἁδρομεγέθης ἀνέβλαστεν ἄσταχυς. ἣν δὲ τὰ συλλεγόμενα χρήματα οὐ τοσοῦτον ἀποθήκαις ἀποτιθέμενα ἢ μυχῷ γῆς ἐγκατορυττόμενα, ὅσον ἀμφοτέραις ἀποκενούμενα καὶ ἀφειδῶς παρεχόμενα καὶ μοναῖς μὲν καὶ τεμένεσι καὶ Ῥωμαίοις ἐλασσουμένοις, τὰ δὲ πλεῖστα ταῖς τῶν ἐθνῶν μεταγγιζόμενα πανσπερμίαις καὶ μάλιστα ταῖς Λατινικαῖς ἐκρέοντα ὁμηγύρεσι. φιλοδωρίας γὰρ μεταδιώκων ἐπίδειξιν ἀσώτως ἐσκόρπιζε καὶ ἀνήλισκεν ἅπερ ἀμφοτέραις ξυνέλεγε τοὺς ἄκρως κερματιστὰς φροντιστὰς τῶν κοινῶν ἐφιστῶν.

Μέρος δὲ τὰ τῆς δαπάνης καίριον ἦσαν καὶ ὅσοι καθ' αἷμα ἐκείνῳ συνήπτοντο καὶ ἄλλως ᾠκείωντο. αὐτίκα τοίνυν ἡ ἀνεψιὰ Θεοδώρα, ᾗ και, ὡς ἔφημεν, ἐπλησίαζε, βασιλικωτάτης μετεῖχε δορυφορίας καὶ μόνον οὐ διαδουμένη καὶ τῶν ἀρχείων σαρουμένων παριέναι ἤθελε, καὶ κατὰ φυσικὴν μὲν ἰδιότητα σοβαρὰν ἕλκουσα τὴν ὀφρὺν καὶ ἄνω τὸ ὄμμα τείνουσα, τὸ δὲ πλέον ἀγέρωχον βλέπουσα. καὶ ὁ ἐκ ταύτης δὲ τῷ βασιλεῖ
1 γενόμενος παῖς καὶ ἐφεξῆς ἕτεροι ὅλας θαλάσσας χρημάτων εἰς ἑαυτοὺς μετωχέτευον.

Εὔκολος δὲ ὢν καὶ εὐχείρωτος τοῖς κατευναστῆρσι καὶ θαλαμηπόλοις ἐκτομίαις, ἀλλὰ δὴ καὶ τοῖς ἀπὸ γενῶν ἑτερογλώττων ὑποβαρβαρίζουσιν ὑπηρέταις, ὧν ὁ σίελος τοῦ λόγου προηκοντίζετο, τοῖς ῥυηφενέσι καὶ τούτους ἐνέταττεν εὐπετῶς, τὰ πολλὰ τὸ οὖς αὐτοῖς ὑποκλίνων καὶ ἅπερ ᾐτοῦν|το ῥᾳόνως ἐκπερατῶν. τισὶ τοίνυν ἐκ τούτων οὕτως εὐρόει τὰ κατὰ βίοτον, ὡς σωρείαις χρημάτων ἐνευθηνεῖσθαι καὶ τοῖς κατὰ κόσμον πᾶσι περιρρεῖσθαι λαμπροῖς ἴσα καὶ μεγιστᾶσι μεγίστων ἐθνῶν, καὶ ταῦτα παιδείας ἁπάσης ἐστερημένοις καὶ φωνῆς Ἑλληνίδος τὰ ἴχνη μεταδιώκουσιν ὡς αἱ σκοπιαί τε καὶ αἱ πέτραι πρὸς τὰ τῶν ποιμένων αὐλήματα τὸ τῆς ἠχοῦς ὑστερόφωνον. κἀπὶ τούτοις ὡς πιστοτάτοις αὐτῷ καὶ

---

84 μυχῷ — ἐγκατορυττόμενα: alludit ad Mat. 25, 18 **84** ἀμφοτέραις ἀποκενούμενα: cf. p. 188, 30

VAPW^a = a

77 μικροῦ om. W^a **78** ἐβάπτισε AP Bekk **80—83** ἀλλ' — ἄσταχυς om. W^a **81** ποθεῖν: ποιεῖν V **82** αὐτῷ : αὐτὸς VA ἔβλαστεν V **86** τῶν om. W^a **88** καὶ ἀνήλισκεν om. W^a **89** συνέλεγε AP Bekk **89—2** τοὺς — μετωχέτευον om. W^a **89** κοινῶν: οἰκείων P Bekk ἐφιστάς V **90** ἐκείνῳ om. Bekk **92** μόνον: μὴν AP Bekk **93** σαρουμένων: βαρουμένων B Bekk (praetulit Grabler) **95—1** γενόμενος τῷ βασιλεῖ Bekk **5** ὧν ὡς σύελος P **7** εὐρρόει codd. **10** διώκουσιν V **12—39** κἀπὶ — συνάρχοντι om. W^a **12** αὐτ A: αὐτοῦ P Bekk θερμοῖς θεράπουσι μάλιστα πεποιθὼς οὐ μόνον αὐτοῖς τὰς μεγίστας ἀρχὰς ἐγχειρίζει, ἀλλὰ καὶ κρίσεσιν ἐφίστα δικαστικαῖς, ὧν ὀψὲ καὶ νομοτριβεῖς ἄνδρες ἐφίκοιντο ἄν.

Δεῆσαν δὲ καὶ τῶν ἐπαρχιῶν τινὰς ἀπογράφεσθαι (τοῦτο δὲ συχνάκις ἐγίνετο), ὁ τοιόσδε χορὸς τοῦ λογίμου προυτίθετο. εἰ δέ που καὶ παρεζεύγνυτό τις αὐτοῖς εὐγενὴς ʽΡωμαῖος ἀνήρ, βάπτων ὅλως εἰς νοῦν καὶ γέμων φρονήσεως, κατὰ τοῦτο ξυνεπέμπετο, ὅπως ὁ μὲν ἀπογράφων ἔσται καὶ τολυπεύων τὰς ὑποθέσεις, ἐξ ὧν ἤμελλον οἱ φόροι συνάγεσθαι, ὁ δὲ ὡς κερδοσυλλέκτης προεδρεύῃ καὶ τὰ φασκώλια σφραγῖσι διασημήνηται, ἃ ἤμελλον εἰσφέρεσθαι βασιλεῖ. τὰ πλεῖστα μέντοι πρὸς τοὐναντίον αὐτῷ περιίστατο καὶ ἠσυνθετεῖτό οἱ ἐντεῦθεν τὰ σκέμματα· ʽΡωμαίους γὰρ ὡς κλεμματιστὰς ἐκτρεπόμενος εἴτε ὑποβλεπόμενος ἐλάνθανεν ἑαυτὸν ἐρασιχρηματους ὀλβίζων βαρβάρους καὶ εὖ ποιῶν ἀνδράρια κακοδαίμονα καὶ τοῦ κατὰ φύσιν καὶ παιδείαν χρηστοῦ καὶ πιστοῦ πρὸς τὴν ἀντικειμένην γνώμην τοὺς ἐνδαποὺς καθιστῶν, ἐπεὶ καὶ τὸ εἰς αὐτοὺς καχύποπτον | τοῦ βασιλέως ἐκεῖνοι γνωρίζοντες καὶ ὡς ὑπηρέται πλέον καὶ προαγωγοὶ λημμάτων ἤπερ ἀσφαλεῖς τὰ ἐς πίστιν κρινόμενοι τοῖς ἐθνικοῖς συντάττονται κατὰ σύνδυο ἐκπεμπόμενοι ἢ γοῦν ὡς παρήοροι καὶ παράσειροι τοῦ τῆς ἀρχῆς λογίζονται ἅρματος, τὸ διατεταγμένον μόνον ἐποίουν θερίζοντες καὶ δεσμεύοντες ὡς δράγματα τὰ κέρματα καὶ ὡς εἰς ἅλωνα συμφοροῦντες τὸν ἐπὶ πολλῶν καθιστάμενον ἐκεῖνον καὶ πλείστων ἄλλων ἀντάξιον ʽΡωμαίων κρινόμενον βάρβαρον, τὰ δ' ἄλλα παρέβλεπον, ἵνα μὴ λέγοιμι ὡς βασιλεῖ μὲν ἐνίοτε βραχέα καὶ οἷον ἀφαιρέματα τῶν ὅλων εἰσήγετο, τὰ δὲ πλείω ἐκεῖνοι παρενοσφίζοντο, τοῦ ἀγαθοῦ καὶ πιστοῦ παρὰ βασιλεῖ δούλου ἐν πρώτοις ἑαυτῷ φύροντος ἐγκρυφίας ἐκ τῶν ἀλοωμένων πυρῶν εἴτ' οὖν χρυσίνων καὶ μετέπειτα μεταδιδόντος καὶ τῷ συνάρχοντι.

Ἔργον τοῦ βασιλέως τούτου καὶ ὁ μὴ πολὺ τῆς θαλάσσης ἔνδον ἱστάμενος πύργος τῆς προσκλυζούσης τὴν χέρσον, ἥτις ὀνομάζεται Δάμαλις, ἀλλὰ δὴ καὶ ὁ ἀντίπορθμος τούτῳ ἕτερος πύργος τῆς τῶν Μαγγάνων ἔγγιστα δεδομημένος μονῆς. ἦν δὲ σκοπὸς τῷ τούτους ἀνεγείροντι ἄνακτι, κατὰ καιρὸν ἐπαγωγῆς πλοίων βαρβαρικῶν σιδηρᾶν ἐξ

36—37 τοῦ — δούλου: alludit ad Mat. 25, 21

VAPW^{a} = a

13 θεράποσι AP^{ac} **17** προυτίθεντο Bekk **18** ἐγγενὴς V ὅλον AP: ὅλος Bekk **21** προεδρεύει P Bekk σφραγίδι P: σφραγῖδι Bekk διασημαίνεται Bekk **23** ἠθετεῖτο P: ἠθέτητο Bekk **26** καὶ pr.: κἀκ A **29** εἰς P Bekk **30** παήοροι AP^{ac}: πάκοροι Bekk **34** ʽΡωμαίων ἀντάξιον P Bekk **35** ἐνίοτε om. Bekk οἷοι Bekk **36** ὅλων: ἄλλων AP Bekk **41** ὠνομάζετο B Bekk **42** τὰ νῦν δὲ Ἄρκλα καλεῖται post Δάμαλις add. B Bekk τούτῳ ἕτερος: οὗτος Bekk **43** ἄγχιστα AP Bekk ἀνεγείροντι P: ἐγείραντι V: ἀνεγείραντι AW Bekk ἑκατέρων ἄλυσιν διατείνεσθαι καὶ ἄβατα ἐντεῦθεν γίνεσθαι ὁπόσα περὶ τὴν ἀκρόπολιν μέρη τῆς πόλεως καὶ τὸν συρόμενον ἔσωθεν ὁλκὸν ἕως καὶ ἐς αὐτὰ τὰ ἐν | Βλαχέρναις βασίλεια.

Φιλοκαλίαν δὲ κατηγοροῦσι τοῦδε τοῦ βασιλέως καὶ οἱ κατ' ἄμφω τὰ ἀνάκτορα ἐπιμήκιστοι καὶ περίστυλοι ἀνδρῶνες, οὓς αὐτὸς ἀνήγειρεν, οἳ ψηφίδων χρυσῶν ἐπιθέσεσι διαυγάζοντες τυποῦσιν ἄνθεσι βαφῆς πολυχρόου καὶ τέχνῃ χειρουργῷ θαυμασίᾳ ὅσα οὗτος κατὰ βαρβάρων ἠνδρίσατο ἢ ἄλλως ἐπὶ τὸ βέλτιον Ῥωμαίοις διεσκευάκει. ἀλλὰ καὶ τὰς πλείους τῶν κατὰ τὸν πορθμὸν τῆς Προποντίδος λαμπρῶν οἰκοδομιῶν, ἐν αἷς οἱ βασιλεῖς Ῥωμαίων θερίζουσι τὰς εὐωρίας μεταδιώκοντες ὡς οἱ πάλαι κρατοῦντες Περσῶν τὰ Σοῦσά τε καὶ Ἐκβάτανα, οὗτος ἀνήγειρε καὶ πρὸς κόσμον ὑπεξῆρε πλείονα.

Καὶ πρὸς τοὺς πόνους γὰρ ἀντεῖχε μάλα, καιροῦ καλοῦντος μοχθεῖν, καὶ ψῦχος ἔστεγε καὶ πνῖγος ἔφερε καὶ πρὸς ὕπνον ἀπεμάχετο, καὶ ταῖς τρυφαῖς δὲ προσανεῖχε πολέμων ἄγων σχολὴν καὶ ἐνησμένιζε ταῖς ἀνέσεσιν. εἰ τοίνυν περιεργότερον τοῦτον ἠθρήκει τις, ὅπως ἔχαιρε καρυκείαις βρωμάτων καὶ τοῖς πρὸς λύριον καὶ κιθάραν καὶ συμφωνίαν ᾠδῶν ἔχουσιν οὐκ ἀπηχθάνετο, εἶπεν ἂν ὡς μόνοις ἐννεάσας ἔχει τοῖς τοιούτοις καὶ ἡδονὴν τὸ πέρας ἥγηται τῆς ζωῆς· εἰ δὲ τοὐναντίον αὐτῷ προσέβλεψε πρὸς πᾶσαν ἀταπεινώτῳ γλυκυθυμίαν τυγχάνοντι καὶ τιθεμένῳ παρὰ φαῦλον ἡδυπάθειαν δυσκόλων ἐπιστάντων καιρῶν, ἐθαύμασεν ἄν, ὅπως ἐξήλλακτο πρὸς ἀμφότερα.

Ἐπιβαλόμενος δὲ τὸν πρὸς θάλασσαν τῆς ἁγίας Εἰρήνης ἀναδομήσειν νεών, ὃν μεγέθει μέγιστον καὶ κάλλει κάλλιστον πάλαι Μαρ|κιανὸς ὁ πάνυ ἤγειρε, πῦρ δὲ ἠθάλωσε, μέρη τινὰ τοῦ τοιούτου τεμένους ἐκ βάθρων οἰκοδομήσας τοῦ λοιποῦ ἐπαύσατο.

Ἱδρύσατο δὲ φροντιστήριον ἱερὸν περί που τὸ τοῦ Πόντου στόμα, εἰς τόπον τινὰ Κατασκέπην λεγόμενον, εἰς ὄνομα τοῦ ἀρχιστρατήγου Μιχαήλ, καθ' ὃ τῶν τότε μοναστῶν ἠθροικὼς τοὺς ὀνομαστοτάτους τε

68 μεγέθει — κάλλιστον: cf. p. 178, 21

VAP (usque ad 65 ἡδυπάθειαν) W^a (usque ad 47 βασίλεια) = a, P (ab 65) W (ab 48), RMDF = b (ab 48)

45 ἄβατον AP Bekk **49** καὶ om. P Bekk οὓς — ἀνήγειρεν om. VA: hab. Sc: οὓς περὶ τῶν δύο παλατίων ἐποίησεν B **51** χειρουργῷ: χειρῶν P Bekk **52** τὸ om. Bekk ἀλλὰ om. R **53** πλείστας P Bekk **57** πόνους γὰρ om. M γὰρ om. W μάλιστα W^{ac} **61** ᾠδῶν : ὁδὸν V **63** τῆς om. P **67** οἰκοδομήσειν F Bekk: ἀνοικοδομῆσαι Sc **68** ναόν VKB **69** πάνυ: πάλαι R ἀνήγειρε Bekk **71** τὸ om. R **72** ἐπ' ὀνόματι τοῦ ἀρχαγγέλου APW Sc **73** τε om. M

49 ἐπιμήκιστοι καὶ om. W b, sed suppl. D^s **50—52** οἳ — διεσκευάκει om. W b, sed suppl. D^{mg} Sc **52—56** ἀλλὰ — πλείονα: ἀλλὰ καὶ τὰς κατὰ τὴν Προποντίδα λαμπροτάτας οἰκοδομὰς ἀναστήσας (ἀναστήσας: οὗτος ἀναστήσας W) ἐν αὐταῖς ἐθέριζε W b **70** οἰκοδομήσας: δειμάμενος b Bekk τῆς ναοδομίας post τοῦ λοιποῦ add. b Bekk καὶ ἀκρέμονας πάντῃ μοναδικὸν καὶ ἀπράγμονα μετιέναι βίον προεμηθεύσατο. εἰδὼς γὰρ τὸ κτηματικοὺς εἶναι καὶ τυρβάζεσθαι πάλιν περὶ πολλὰ τοὺς τὸν ἐρημικὸν βίον ἀνελομένους τῆς ἡσυχίας αὐτοὺς μεθιστῶν καὶ τοῦ κατὰ θεὸν ζῆν ἀπάγον, τοῦτο δὴ τὸ οἰκεῖον αὐτοῖς ἐπάγγελμα, οὐδὲν κτησείδιον ἀπετάμετο, οὔτε μὴν ἀγροὺς καὶ ἀμπελῶνας τῷ φροντιστηρίῳ ἐπέταξε, πᾶσαν δὲ τοῖς μονασταῖς δίαιταν ἐκ τῶν βασιλικῶν χρυσώνων ἐπιμετρήσας ἐκεῖθεν αὐτὴν ἐβράβευεν, ἀνακόπτων ἐντεῦθεν, οἶμαι, τὸν πολὺν ἔρωτα τῶν πλείστων περὶ τοῦ μονὰς συνιστᾶν καὶ παράδειγμα διδοὺς τοῖς μετόπισθεν, ὅπως χρεὼν νεὼς ἀνιστᾶν καὶ οἵαν δέον ἑτοιμάζειν τράπεζαν τοῖς ἐρημικοῖς καὶ ἀβίοις καὶ τῆς ὕλης ἑαυτοὺς ἐκλύσασι.

Τοσοῦτον δ' ἀπεῖχε τὴν νῦν κατάστασιν ἐπαινεῖν, οἳ μονάζειν μὲν ἐπαγγέλλονται, πολυκτήμονες δὲ καὶ πολυφρόντιδές εἰσιν ὑπὲρ τοὺς τῇ ἐνταῦθα φιληδοῦντας ζωῇ, ὥστε καὶ τὴν νεαρὰν νομοθεσίαν, ἣν ὁ βασιλεύτατος τῷ ὄντι Νικηφόρος ὁ Φωκᾶς, ὁ τὴν | ἰσχὺν ἡρωϊκὸς καὶ πολὺς τὴν σύνεσιν, ἔθετο παύουσαν τὰς μονὰς ἐμπλατύνεσθαι κτήσεσι, τεθνηκυῖαν πάλαι τῷ χρόνῳ καὶ τὸ κῦρος ἀποθεμένην, τῷ ἐρυθρῷ τῆς βαφῆς ὡς αἵματι ἀναθάλψας ἐζώωσεν.

Οὐ μὴν δὲ ἀλλὰ καὶ τῷ πατρὶ καὶ τῷ πάππῳ καὶ τοῖς καθ' αἷμα προσήκουσι λοιποῖς ἅπασιν, ὁπόσοι μονὰς δειμάμενοι ὅλα πλέθρα γῆς καρποφόρα καὶ λειμῶνας χλοεροὺς αὐταῖς προσεκλήρωσαν, ἐπεγκαλῶν οὐκ ἐπαύετο, οὐ κατὰ τοῦτο μεμψιμοιρῶν ἢ μυκτῆρα καταχέων πλατὺν τῶν ἀνθρώπων, ὅτι τῆς οὐσίας θεῷ τι ἀπένειμαν, ἀλλ' ὅτι μὴ καλῶς τὸ καλὸν εἰργάσαντο. δέον γὰρ ἐν τόποις δυσερευνήτοις καὶ χωρίοις πανερήμοις καὶ σπηλαίων ὀπαῖς καὶ ὀρῶν περιωπαῖς τοῖς μονάζουσιν ἀποτάξαι τὸ σκήνωμα καὶ παριδεῖν ταυτηνὶ τὴν ἐφ' Ἑλλησπόντῳ κειμένην καλλίπολιν ὡς τὸν λωτὸν Ὀδυσσεὺς καὶ Σειρήνεια μέλη τὰ δυσαπόσπαστα, οἱ δὲ τὸν ἐξ ἀνθρώπων θηρώμενοι ἔπαινον καὶ τοὺς κεκονιαμένους ἑαυτῶν τάφους

---

5 ὡς — δυσαπόσπαστα: cf. Hom. ι 84 sqq.; μ 158 sqq.; Lucian. Nigrin. 3; Salt. 4; Apost. 11, 2; 15, 38 6 κεκονιαμένους . . . τάφους: Mat. 23, 27

VA = a, PW, RMDF = b

75 γὰρ om. AW κτηματικὸν εἶναι καὶ τὸ τυρβάζεσθαι πάνυ περὶ V **76** αὐτοὺς om. V **78** κτησίδιον et add. αὐτοῖς Bekk **79** ἀπέταξε Bekk δὲ om. F **80—81** οἶμαι ἐντεῦθεν V Bekk **85** τοῦ post ἀπεῖχε add. Bekk **87** φιληδονοῦντας P **90** βαφῆς : γραφῆς V: β(αφῆς) A^{pc} **91** ἐζώωσεν: ἀνέρρωσεν VAW: ἐβεβαίωσε καὶ καταλυθεῖσαν ἀνεκαίνισεν B **92** δὲ om. R **93** ὁπόσοι — γῆς om. R **94** αὐτοὺς RM **95** κατά τι τοῦτο AW: κατά τι P **5** δυσαπόδραστα $VA^{mg γρ}$ **6** κεκονισμένους V

76 αὐτοὺς: σφᾶς b Bekk **90** τῆς βαφῆς: τῆς βασιλείου βαφῆς (ταφῆς R) b Bekk **6** καὶ ψηφῖσι πολυχρώσμοις (πολυχρώμοις D) διηνθισμένους post τάφους add. b, sed om. M, Bekk εἰς θέαν τοῖς εἰσιοῦσι τοὺς νεὼς προτιθέντες καὶ νεκροὶ ἐρῶντες στεφανούμενοι δείκνυσθαι καὶ στιλπνοὶ καὶ φαιδροὶ τὰ πρόσωπα ἐπ' ἀγορᾶς τε καὶ τριόδων τὰ θεῖα ᾠκοδόμησαν φροντιστήρια, ἐνλακκεύσαντες ἐν τούτοις καὶ ἐνσηκάσαντες οὐκ ἐπιλέγδην τὸ ἀρεταῖνον, τὸ δὲ μέχρι τριχῶν ἀποβολῆς καὶ τῆς τῶν ἐσθημάτων μεταβολῆς καὶ τοῦ ἀφειμένου πώγωνος χαρακτηρίζον τὸν μοναστήν. διὰ ταῦτα τοίνυν εἴτε τὴν μοναδικὴν ὑπερείδων σεμνότητα ἤδη ἀφαντουμένην καὶ πρηνῆ ἐπὶ στόμα πίπτουσαν, εἴτε μὴν δε|διὼς μὴ ἐσεῖται μέσος ληφθεὶς οἷς διεβέβλητο, ἑτέραν ἐτράπετο ἧς οἱ ἐξ αἵματος ἐκείνῳ ἐβάδισαν.

Θεσμοῦ δὲ παρὰ Ῥωμαίοις κειμένου, οἶμαι δὲ καὶ παρὰ βαρβάροις αὐτοῖς κρατοῦντος, ὀψώνια τοῖς στρατευομένοις παρέχεσθαι καὶ τούτων πολλάκις ἔκταξιν γίνεσθαι, εἰ εὐοπλοῦσιν, εἰ τῶν ἵππων ἐπιμεμέληνται, ἀλλὰ καὶ τοὺς νεωστὶ στρατευομένους πρότερον ἐξετάζεσθαι, εἰ εὐρώστως ἔχουσι τῶν σωμάτων, εἰ τόξων εἰσὶν εἰδήμονες, εἰ κραδαίνειν δόρυ ἐπήσκησαν, εἶθ' οὕτω τοῖς καταλόγοις ἐγγράφεσθαι, ὁ βασιλεὺς οὗτος τὰ τοῖς στρατιώταις διδόμενα σιτηρέσια ὡς εἰς δεξαμενὴν ὕδωρ τὰ ταμιεῖα συσχὼν ἰᾶτο τὸ δίψος τῶν στρατευμάτων ταῖς λεγομέναις τῶν παροίκων δωρεαῖς, ἔργῳ καταχρησάμενος παρὰ τῶν πρώην ἐφευρημένῳ βασιλέων καὶ σπανίως ἐπί τισι γινομένῳ τοὺς πολεμίους πολλάκις συγκόψασιν.

Ἔλαθεν οὖν ἐντεῦθεν καὶ τὸ στρατιωτικὸν ἀτονώτερον ἐργασάμενος καὶ χρημάτων ἀβύσσους εἰς ἀργὰς γαστέρας ὀχετηγήσας καὶ τὰς Ῥωμαϊκὰς ἐπαρχίας ἄγαν κακῶς θέμενος· οἵ τε γὰρ ἀγαθοὶ στρατιῶται τὸ ἐν τοῖς δεινοῖς φιλότιμον καταλελύκασιν, οὐκέτι τοῦ ὑπονύσσοντος πρὸς ἐπίδειξιν ἀρετῆς ἰδίου αὐτοῖς ὡς πρότερον μένοντος, ἀλλ' εὐπορίστου προκειμένου τοῖς ἅπασι, καὶ οἱ τὸν δημόσιον πάλαι δεσπότην λαχόντες τῶν ἐπαρχιῶν οἰκήτορες ὑπὸ τῆς στρατιωτικῆς ἀπληστίας πεπόνθασι τὰ οἰκτρότατα, οὐκ ἀρ|γύριον καὶ ὀβολὸν ἀφαιρούμενοι, ἀλλὰ καὶ τοῦ τελευταίου χιτῶνος ψιλούμενοι, ἐνίοτε δὲ καὶ τῶν φιλτάτων αὐτῶν ἀποσπώμενοι.

---

27 ἀργὰς γαστέρας: Tit. 1, 12

VA = a, PW, RMDF = b

8 τε om. V **9** περιόδων R **10** ἐνσκευάσαντες R: ἐνσηκεύσαντες F **14** εἴτε: οὔτε R ἑτέραν om. M **15** ἦν V **18** πλειστάκις P εἰ pr. om. W εἰ alt. om. M **21** οὕτως WM τὰ om. M **22** ταμεῖα DKN **25** (πολ)εμίους πολλάκις i. r. 5 litt. P πολλάκις om. VA **26** ἐνταῦθα R εἰ δεῖ τι τῷ ἀνδρὶ νεμεσήσασθαι (ἐμέσασθαι W) post ἐντεῦθεν add. AP^mg^W καὶ om. AWN **28** ἄγαν om. Bekk διαθέμενος APW Bekk **29—30** πρὸς ἐπίδειξιν ἀρεϊκῆς ἀρετῆς AP^pc^W: πρ. ἀρεϊκῆς ἀρετῆς ἐπίδειξιν Bekk **31** κειμένου W τοῖς om. V **33** μόνον post ἀργύριον add. P Bekk

12 μοναδικὴν: μοναχικὴν P b **14** ὡς χαίρων post ληφθεὶς add. b Bekk **29** ἐνθένδε post φιλότιμον add. b Bekk **29—30** πρὸς ἀρετῆς ἐπίδειξιν b **30** σφίσιν ὡς πρώην b Bekk

Ἦν τοίνυν διὰ ταῦτα τὸ στρατολογεῖσθαι τοῦ βουλομένου παντός, καὶ πολλοὶ ταῖς ῥαφίσι χαίρειν εἰπόντες ὡς ἐπεισκομιζούσαις αὐτοῖς τὰ χρειώδη στενῶς καὶ δυσεκβιάστως, ἄλλοι τὸ ἱπποκομεῖν ἐκλακτίσαντες καὶ τὸν ἐκ πλινθείας βόρβορον ἀπονιψάμενοι ἕτεροι, εἰσὶ δ' οἳ καὶ τὴν τῶν χαλκείων ἀσβόλην ἀπομορξάμενοι τοῖς στρατολογοῦσι παρέστησαν καὶ παρενεγκόντες ἵππον Περσαῖον ἢ χρυσίνους ἀριθμῷ βραχεῖς καταθέμενοι ταῖς στρατιώτισι κατελέγησαν ἴλαις ἀβασανίστως κἀκ τοῦ παραυτίκα βασιλικοῖς ἐφωδιάσθησαν γράμμασι πλέθρα γῆς δροσερὰ καὶ ἀρούρας σιτοφόρους καὶ Ῥωμαίους ὑποφόρους βραβεύουσιν, ὡς ὑπηρετεῖν ἐν σχήματι δούλων, ἐνίοτε καὶ κατατιθέναι φόρους ἀνδραρίῳ μιξοβαρβάρῳ, μηδὲ εἰ ἔστιν ὅλως ἐγνωκότι παράταξις, Ῥωμαῖον ἄνδρα, γεραρὸν τὸ εἶδος καὶ οὕτως εὖ εἰδότα πολέμων καὶ τοσοῦτον τοῦ φορολογοῦντος αὐτὸν ὑπερφέροντα, ὡς Ἀχιλλέα πρὸς ἐκεῖνον δοκεῖν ἢ διτταῖς χερσὶν ὁπλιζόμενον κρίνεσθαι πρὸς τὸν μηδετέραν ἀπὸ πάθους ὀρέγοντα.

Ἐπαξίως οὖν τῆς ἀκομιστίας ταύτης τῶν στρατευμάτων αἱ Ῥωμαϊκαὶ πεπράγασιν ἐπαρχίαι, αἱ μὲν πρὸ τῶν ὀφθαλμῶν ἡμῶν ὑπὸ τῶν ἀλλοφύλων σκυλευόμεναι καὶ εἰς ἀρχὴν αὐτοῖς ἰδιούμεναι, αἱ δὲ ὡς ἀλλότρι|αι τοῖς ἡμετέροις ἀφαντούμεναι καὶ δῃούμεναι.

Ἀλλ' ἕως πότε, Κύριε, τῆς σῆς ἐπιλήσῃ κληρονομίας καὶ τὸ σὸν ἀποστρέφων ἀφ' ἡμῶν πρόσωπον ὁδοποιήσεις τρίβον τῇ ὀργῇ σου; πότε ἐπόψει ἐξ ἁγίου ἐπιβλέψας κατοικητηρίου σου καὶ ἰδὼν ἴδῃς τὴν ἡμετέραν συνοχήν τε καὶ κάκωσιν καὶ ῥύσῃ τῶν ἐφεστώτων κακῶν, ἀπαλλαγὴν δὲ παρέξεις καὶ τῶν πολὺ τούτων ἐλπιζομένων χαλεπωτέρων;

Πρὸς δὲ τοῖς εἰρημένοις κἀκεῖνα δοτέον τῇ ἱστορίᾳ. τοῖς πλείοσι βασιλεῦσι Ῥωμαίων οὐκ ἀνεκτόν ἐστιν ὅλως ἄρχειν μόνον καὶ χρυσοφορεῖν καὶ χρᾶσθαι τοῖς κοινοῖς ὡς ἰδίοις, οὐδὲ μὴν ὡς δούλοις τοῖς ἐλευθέροις προσφέρεσθαι, ἀλλ' εἰ μὴ καὶ σοφοὶ δοκοῖεν καὶ θεοείκελοι τὴν μορφὴν καὶ ἥρωες τὴν ἰσχὺν καὶ ὡς Σολομῶν θεόσοφοι καὶ δογματισταὶ θειότατοι καὶ κανόνες τῶν κανόνων εὐθέστεροι καὶ ἁπλῶς θείων καὶ ἀνθρωπίνων πραγμάτων ἀπροσφαλεῖς γνώμονες, δεινὰ οἴονται πάσχειν. ἔνθεν τοι καὶ

---

54 ἀλλ' — πρόσωπον: cf. Ps. 12, 2 **55** ὁδοποιήσεις — σου: cf. Ps. 77, 50 **55—56** πότε — σου: cf. Ps. 32, 14 **56—57** ἰδὼν — κάκωσιν: cf. Exod. 3, 7

VA = a, PW, RMDF = b

36 παντὸς τοῦ βουλομένου F Bekk **37** ἐπικομιζούσαις V **41** παρενεγκόντες A^s: προσ–VAW **45** δὲ post ἐνίοτε add. APW Bekk **50** ἀκοσμίας Bekk **51—52** τῶν ἀλλοφύλων: ἀλλήλων V: ἑτέρων B **55** ἰδιοποιήσεις V **58** τούτων: μείζω R **59** περὶ τῶν δογμάτων τῶν κινηθέντων ἐπὶ τοῦ βασιλέως κῦρ Μανουὴλ ante πρὸς praem. P δὲ om. M **61** χρῆσθαι Bekk καὶ διαδιδόναι ταῦτα καθὼς ἄρα καὶ οἷς βούλονται post ἰδίοις add. AP^mg W Bekk μὴν: μὴ AW **64** εὐθέστατοι DF

38 ἐκλακτίσαντες D^mg: λάξαντες b Bekk **39** τὸν . . . βόρβορον: τὴν . . . ἰλὺν b Bekk δέον τοῖς ἀπαιδευτέροις καὶ θρασυτέροις ἐπιτιμᾶν ἐπεισάγουσιν ἀσυνήθη καὶ νέα τῇ ἐκκλησίᾳ δόγματα ἢ γοῦν ἀνατιθέναι ταῦτα οἷς ἐπάγγελμα τὰ περὶ θεοῦ εἰδέναι καὶ λέγειν, οἱ δὲ οὐδὲ κατὰ τοῦτο τὸ μέρος δευτερεύειν οὑτινοσοῦν ἀνεχόμενοι οἱ αὐτοὶ δογμάτων εἰσηγηταὶ καὶ δικασταὶ τούτων καὶ ὁρισταί, πολλαχοῦ δὲ καὶ κολασταὶ τῶν μὴ συμφωνούντων αὐτοῖς γίνονται.

Καὶ ὁ βασιλεὺς τοιγαροῦν οὗτος εὐγλωττίαν εὐτυχηκὼς καὶ λόγου ἔμφυτον χάριν πεπλουτηκὼς οὐ λαμυρῶς ἐπέστελλε μόνον, | ἀλλὰ καὶ κατηχητηρίους ὤδινε λόγους, οὕς φασι σελέντια, καὶ εἰς κοινὴν ἀνέπτυσσεν ἀκοήν. ὁδῷ δὲ προϊὼν καὶ δογμάτων ἥπτετο θείων καὶ περὶ θεοῦ διελέγετο. ἀμέλει καὶ κατασχηματιζόμενος πολλάκις τὸν ἀποροῦντα γραφικὰς εἰσῆγε ζητήσεις καὶ περὶ τῶν λύσεων τουτωνὶ διεπυνθάνετο ξυναγείρων ὅσον ἔχαιρε λογιότητι. ἀλλ' ἦν ἂν ἐπαινετέος κἂν τούτοις, εἰ μέχρι τούτων τὴν λιχνείαν ἐκτείνων τοῖς δυσεφίκτοις οὐ προσέβαινε δόγμασιν ἢ καὶ τούτοις ἐφιστάνων τὸν νοῦν οὐκ ἦν ἰσχυρογνωμῶν, οὐδὲ τὸν νοῦν τῶν γραφομένων πρὸς τὴν οἰκείαν μεθεῖλκεν ἐν πολλοῖς πρόθεσιν, ὁρίζων καὶ προσεπάγων ἐξηγήσεις ἐν οἷς πρὸς ὀρθὴν ἔννοιαν οἱ πατέρες ἐφθέγξαντο, ὡς εἴπερ ὅλον αὐτὸν συνείληφε τὸν Χριστὸν καὶ ὑπ' αὐτοῦ μεμύηται τὰ περὶ αὐτοῦ τρανότερον καὶ θειότερον.

Ζητήσεως οὖν γενομένης περὶ τοῦ γραφικοῦ ῥητοῦ, ὅ φησι τὸν σεσαρκωμένον θεὸν προσφέρειν τε ὁμοῦ καὶ προσφέρεσθαι, καὶ τῶν τότε λογίων ἀνδρῶν εἰς ἐναντίας μοίρας ἀποκριθέντων, ἐφ' ἱκανὸν τὰ τῆς ἐξετάσεως παρετάθησαν, ῥήσεις τε καὶ ἀντιρρήσεις ἐξ ἑκατέρων ἐχέθησαν τῶν μερῶν. ὀρθοτομηθέντος δὲ τοῦ ζητουμένου καὶ τῇ δόξῃ προστεθέντος τοῦ βασι-

---

85 sqq.: haeretica doctrina, de qua hic agitur, duabus synodis damnata est, sc. die 26 mens. Ian. a. 1156 (contra Mich. Thessal., Eust. Dyrrh. et Niceph. Basil.) et diebus 12—13 mens. Maii a. 1157 (contra Soter. Panteug.)

72—75 καὶ — ἀκοήν: cf. Cinnam. 290, 14—21 **76—78** ἀμέλει — λογιότητι: cf. Cinnam. 291, 3—6 **85** — 211, **14** ζητήσεως — ἠλάθησαν: cf. Nic. Panopl. dogm. lib. XXIV, PG 140, 137—202 **85** γραφικοῦ ῥητοῦ: non sunt verba S. Script. sed liturgiae S. Io. Chrysostomi **89** ὀρθοτομηθέντος: alludit ad 2 Ti. 2, 15

VA = a, PW, RMDF = b

66 ἀπαιδευτοτέροις W Bekk **66—67** νέα καὶ ἀσυνήθη Bekk **67** ταῦτα: καὶ ταῦτα V τὰ om. W **73** εὔφυτον W **74** ἀνέπτυσσεν V Bekk: ἀνέπτυσεν rel. **75** καὶ pr. om. W **76** τὸν om. W **77** τούτων V **78** εἰ: εἰ μὴ VAW (cf. εἰ μέχρι τούτου ἵστατο καὶ μὴ εἰς τὰ ἄπορα τῶν δογμάτων εἰσήρχετο B) **80** ἰσχυρογνώμων P **82** προσυνεπάγων V οἷς: οἷς καὶ V οἱ om. P **84** αὐτοῦ: ἑαυτοῦ PWDF **86** (προσ)φ(έ)ρ(εσθαι) P[ir] (cf. σὺ εἶ ὁ προσφέρων καὶ προσφερόμενος Panopl. Dogm. Lib. XXIV Tit. et passim) τότε: τε VW **87** ὑποκριθέντων R **88** ἐχύθησαν DF Bekk

79 οὐ: οὐδόλως (οὐδ' ὅλως Bekk) b Bekk **86** προσφέρεσθαι: προσδέχεσθαι b λέως τῇ θεοφιλεῖ τε καὶ κρείττονι, καθαίρεσιν ὑπέστησαν ὡς ἀντίφρονες ὁ ὑποψήφιος τῆς Θεουπόλεως μεγάλης Ἀντιοχείας Σωτήριχος ὁ Παντεύγενος, ὁ Δυρραχίου Εὐστάθιος, ὁ τοῦ Θεσσαλονίκης Μιχαὴλ τὸν ῥητορικὸν | θρόνον κοσμῶν καὶ τὸν εὐαγγελικὸν ἀναβαίνων ὀκρίβαντα, ὁ Βασιλάκης Νικηφόρος τὰς τοῦ Παύλου ἀναπτύσσων ἐπ' ἐκκλησίας ἐπιστολὰς καὶ διαλευκαίνων τῷ τῆς καλλιρρημοσύνης φωτὶ ὅσαι τῶν ἀποστολικῶν ῥήσεων τῇ ἀσαφείᾳ ὑπομελαίνονται καὶ τῷ βάθει τοῦ Πνεύματος ἐπιφρίσσουσι.

Λέγεται δὲ ὡς τοῦ δόγματος τούτου ὑποκινουμένου καὶ εἰς κοινὴν ἐπικρινομένου προτεθῆναι βάσανον, ἐξώρως ἐκραγῆναι βροντὴν ἐξαισίαν, ὑφ' ἧς καὶ περικτυπηθῆναι τὰς ἀκοὰς τὸ συνὸν ἅπαν τῷ βασιλεῖ, κατὰ Πελαγονίαν διατρίβοντι τότε, καί τινα τῶν λόγῳ τροφίμων, Ἠλίαν τοὔνομα, τὴν τύχην ὑπὲρ τοὺς πολλούς, τοῦ στρατοῦ φύλακα, βίβλον ἀναπτύξαντα περὶ βροντῶν καὶ σεισμῶν διεξιοῦσαν καὶ τὰ περὶ τὸν καιρὸν ἐκεῖνον, καθ' ὃν ἐβρόντησεν, ἐπελθόντα φάσκοντα εὑρεῖν οὑτωσὶ „πτῶσις σοφῶν.“

Οὐ μόνον τοίνυν οἱ ῥηθέντες, τῶν τηνικαῦτα ὄντες σοφῶν οἱ κράτιστοι, τῆς ἐκκλησίας ἀπεσφενδονήθησαν καὶ πάσης ἱερᾶς ὑπηρεσίας ἐξωστρακίσθησαν, ἀλλὰ σὺν αὐτοῖς καὶ ἕτεροι τῶν θείων περιβόλων ἀποσηκασθέντες ἠλάθησαν.

Μετὰ χρόνους δέ τινας τὴν „ὁ πατήρ μου μείζων μού ἐστι“ τοῦ θεανθρώπου φωνὴν προθεὶς εἰς ἐξέτασιν ὀλίγα ταῖς τῶν πατέρων προσσχὼν ἐξηγήσεσι, καὶ ταῦτα διαφόροις οὔσαις καὶ ἱκαναῖς πρὸς τὴν τοῦ ζητουμένου παράστασιν καὶ σαφήνειαν, ἐφερμηνεύσεις οἰκείας εἰσήνεγκε, φιλο-

---

90 καθαίρεσιν ὑπέστησαν: veritati non congruere videtur; solus Soterichus Panteugenus sine dubio damnatus et munere suo privatus est **91** ὑποψήφιος: episcopus designatus **6** διατρίβοντι: cf. supra p. 101, 60 sqq. **11—14** οὐ — ἠλάθησαν: vide ad lin. 90

---

15 — 213, **50** μετὰ — παρεβλέψαντο: cf. Cinnam. 251, 7 — 257, 16; Nic. Panopl. dogm. lib. XXV, PG 140, 201—281 **15** ὁ — ἐστι: cf. Joh. 14, 28

VA = a, PW, RMDF = b

(**90—94** cf. Panopl. Dogm. Lib. XXIV init.: ἦσαν δὲ οὗτοι Σωτήριχος ὁ Παντεύγενος, ὑποψήφιος ὢν τῆς κατὰ Συρίαν Ἀντιοχείας, ἣν Ὀρρόντης ποτίζει καὶ ζέφυρος καταπνεῖ ἄνεμος, ὁ Δυρραχίου Εὐστάθιος, ὁ Βασιλάκης Νικηφόρος καὶ ὁ τοῦ Θεσσαλονίκης Μιχαήλ, οἳ καὶ καθῄρηνται πάντες) **91** Ὑποψήφιος Bekk **92** τοῦ: τῆς Ps Bekk: om. W **93** κοσμῶν θρόνον P Bekk κοσμούμενος R **2** ὑποφρίσσουσι V **3** ὑποκινηθέντος M **6** ὡς ἀπὸ τοῦ κτύπου πολλοὺς εἰς γῆν πεσεῖν (καταπίπτειν Bekk) post τότε add. B Bekk λόγου Bekk **7** τύχην : ψυχὴν W **9** ἐφευρεῖν V **11** σοφῶν ὄντες Bekk **13** θείων: ἱερῶν καὶ θείων Bekk **15** δὲ χρόνους A **17** οὔσαις καὶ ταῦτα διαφόροις W

11 ἄνδρες post ῥηθέντες add. b Bekk

νείκως τῶν ἅπαξ δοξάντων περιεχόμενος καὶ πρὸς τὸ οἰκεῖον ἀνθέλκων | βούλημα καὶ ὃ κυρώσειν προέθετο τὰς μηδὲν τῇ ἀληθείᾳ λυμαινομένας ἀλλὰ θεοσόφως λεχθείσας ῥήσεις τῶν μακαρίων διδασκάλων τῆς οἰκουμένης. τῶν μὲν γὰρ λεγόντων τῷ αἰτίῳ εἰρῆσθαι μείζονα, τῶν δὲ κατὰ τὸ ἀνθρώπινον ἐξειληφότων καὶ τῷ προσλήμματι, οὐ τῷ Λόγῳ τὴν φωνὴν ταύτην ἀπονειμαμένων, ὥσπερ καὶ τὸ πρὸς τὸν πατέρα πορεύεσθαι καὶ τὸ ἔρχεσθαι τοῦ κόσμου τὸν ἄρχοντα καὶ ἐρευνῶντα μηδὲν ὅλως εὑρίσκειν ἐν αὐτῷ, τινῶν δὲ περὶ τοῦ Λόγου τὸ μεῖζον ἐκλαβομένων, οὐχ ἁπλῶς δὲ καὶ κατ᾽ οὐσίαν, ἀλλὰ διὰ τὴν ἐν τῷ ἐνανθρωπῆσαι ἄκραν κένωσιν καὶ ταπείνωσιν, καὶ ἄλλων ἄλλως εὐσεβῶς μέντοι ἐκδεξαμένων, ταύτας οὐκ οἶδ᾽ ὅπως ἀποστέρξας ὡς οὐχ ἱκανῶς περὶ τοῦ προκειμένου εἰπούσας καὶ ἑτέρως αὐτὸ διηρμήνευεν.

᾽Αμέλει καὶ σύνοδον συγκροτήσας καὶ ἅπαν ὅσον τοῖς θείοις ἔχαιρε δόγμασι συναθροίσας ἐνῆγεν ἕκαστον ἐν τόμῳ δογματικῷ ὑπογράφειν ὁρίζοντας οὑτωσὶ ,,ἀποδέχομαι μὲν καὶ τὰς περὶ τοῦ ὁ πατήρ μου μείζων μού ἐστι τῶν θεοφόρων πατέρων φωνάς, λέγω δὲ εἰρῆσθαι τοῦτο καὶ κατὰ τὴν ἐν αὐτῷ κτιστὴν καὶ παθητὴν σάρκα.''

Τοῦτο δὲ οὐκ οἶδ᾽ ὅπως τὸ ἔλαττον πρὸς τὸν πατέρα τῷ υἱῷ σαρκοφορήσαντι περιτίθησιν, ὡς εἴπερ ἀπωλίσθησε τῆς ἰσότητος διὰ τὴν τῆς ἀνθρωπίνης φύσεως πρόσληψιν καὶ τὴν πρὸς ἡμᾶς ἐπιδημίαν, μὴ τὴν ἰδίαν καὶ οὕτως ἀνασώζων δόξαν, τοῖς δὲ τῆς κενώσεως μέτροις ἐναπομείνας, ἢ μὴ θεώσας καὶ ὑψώσας τὸ τα|πεινὸν καὶ τῶν οἰκείων αὐχημάτων μέτοχον ἀποδείξας ἐξ αὐτῆς ἑνώσεως, ἀλλ᾽ ὑπ᾽ αὐτοῦ τοὐναντίον ταπεινωθείς, ὅπερ ἄτοπον.

᾽Αμέλει καὶ γραφαῖς ἐρυθραῖς ὡς φλογίνῃ ῥομφαίᾳ τὸ δόγμα τοῦτο διειληφώς, ἀπειλούσαις θάνατον καὶ ἀποκήρυξιν πίστεως τῷ προσεμβλέψαι ὅλως ἔνδον τολμήσαντι καὶ κατὰ πρώτην τοῦ νοῦ κίνησιν, πολλοῦ δέω εἰπεῖν ἐπιλαβομένῳ καὶ ὑποτονθορύσαντι, ἔπειτα καὶ λιθίναις πλαξὶν ἐγχαράξας ὑποθήκαις τινῶν ἐπὶ Νεὼ τοῦ Μεγίστου ἀνέθετο. ὑφωρῶντο γὰρ τὴν τῶν κυρωθέντων ἀνάλυσιν ὡς εἰς αὐτὸν τὸν Λόγον

---

24 τὸ — πορεύεσθαι: cf. Joh. 14, 28 **25—26** τὸ — αὐτῷ: cf. Joh. 14, 30 **27—28** τὴν — ταπείνωσιν: cf. Phl. 2, 7 **43** φλογίνῃ ῥομφαίᾳ: Gen. 3, 24 **46—47** λιθίναις πλαξίν: Exod. 31, 18; al.

VA = a, PW, RMDF = b

19 δεδογμένων P περιχεόμενος W **20** προύθετο P **22** τῷ om. W **25** ἐξέρχεσθαι R **32** ἐνῆγεν: οὖν ἦγεν A **33** ὁρίζων W οὑτωσὶ: οὑτωσὶν ὡς V **37** περιτιθέασιν A τὴν om. R **39** τῆς δὲ R ἐναπομείνας om. A **41** ἀναδείξας VF[pc] Bekk αὐτῆς : αὐτῆς τῆς Bekk **45** πολλῷ DF Bekk **46** ὑποτονθορύσοντι A[s] PW **47** τῶν ἐπακολουθούντων καὶ κολακευόντων αὐτῷ (αὐτῷ καὶ κολ. Bekk) post τινῶν add. B Bekk διὰ μέσης τῆς σαρκὸς ἀποφερόντων τὸ ἔλαττον, καὶ μάλισθ' ὅτι τὴν κένωσιν καὶ τὸ κατὰ τὸ ἀνθρώπινον νοούμενον παρεβλέψαντο.

Οἷον δὲ καὶ τόδ' ἔρεξεν ἀνὴρ οὑτοσὶ περὶ τὸ πέρας τῆς αὐτοῦ βιοτῆς. ἔγκειται τῷ κατηχητικῷ πυκτίῳ μεθ' ἑτέρων ἀφορισμῶν καὶ τὸ ἀνάθεμα τῷ θεῷ τοῦ Μωάμετ, περὶ οὗ λέγει „οὔτε ἐγέννησεν οὔτε ἐγεννήθη" καὶ ὅτι ὁλόσφυρός ἐστι. τὸν τοιοῦτον τοίνυν ἀναθεματισμὸν ἀπαλεῖψαι τῶν ὅλων κατηχητηρίων βίβλων προέθετο, ἀπ' αὐτῆς τῆς ἐν τῇ Μεγάλῃ Ἐκκλησίᾳ πυκτίδος ἀρξάμενος. καὶ ἡ πρόφασις ὡς μάλα εὐπρόσωπος· ἔφασκε γὰρ ὡς εἰς σκάνδαλον πρόκειται τῶν μετατιθεμένων Ἀγαρηνῶν εἰς τὴν καθ' ἡμᾶς θεοσεβῆ πίστιν τὸ | βλασφημεῖσθαι ὅλως θεόν.

Οὐκοῦν μετάκλητον τίθησι τὸν μέγιστον Θεοδόσιον, ὃς διεῖπε καὶ ἐκόσμει τηνικαῦτα θρόνον τὸν πρώτιστον, καὶ τῶν κατὰ τὴν πόλιν ἐνδημούντων ἀρχιερέων τοὺς λόγῳ καὶ ἀρετῇ διαπρέποντας καὶ κοινοῦται τούτοις τὸ σκέμμα μετ' ὀγκηρῶν προεισοδίων τῆς ὑποθέσεως. ἀνανεύοντας δὲ πάντας εὑρὼν καὶ μηδ' ἄκροις παραδεχομένους ὠσὶ τὰ εἰσ-

---

51 sqq. haec acta sunt a. 1180 a mense Mart. usque ad mens. Maium

---

51 οἷον — ἀνήρ: cf. Hom. δ 242 **63** ἄκροις ... ὠσί: cf. p. 192, 39

VA = a, PW, RMDF = b, I (= Cod. Vat. gr. 680) J (= Par. gr. 1234) LO (= Panopl. Dogm.) (Nicetas ea quae sequuntur inde ab lin. 52 in Panopliae Dogmaticae libro XXVI Περὶ τοῦ δόγματος τοῦ θεοῦ τοῦ Μωάμεδ, cuius libri pars tantum edita est, maximam partem iisdem verbis tractavit. Unde omnia, quibus liber ille differt ab iis, quae hic in historia sua scripsit noster, infra indicare opportunum duxi.

50 τὸ alt. om. D νοούμενον : οὔμενουν R παρεβλάψαντο V **51** ἔρρεξεν VAW **52** κατηχητηρίῳ P: κατηχετικῶ W ἀφορκισμῶν V ἐν οἷς διέξεισι περὶ τῆς τῶν Σαρακηνῶν θρησκείας post ἀφορισμῶν add. Panopl. Dogm. **53** τοῦ: τῶ W Μωάβετ R: Μωάμτ M: Μωάμεθ B: Μωάμεδ LO **54** post ἐστιν add. Ἀμὴρ Χασάνης (Ἀμηρχασάνης O) οὖν τις τῷ Γαβρᾷ (Γαυρᾶ O: γαμβρῶ J) υἱωθείς, ὃς τὰ μέγιστα παρὰ τῷ ἐν τοῖς καθ' ἡμᾶς χρόνοις σουλτάνῳ τῶν Τούρκων τῷ Κλιτζασθλὰν (Κλὶτζ Ἀσθλὰν J) ἐδεδύνητο, τῇ ἀμωμήτῳ ἡμῶν προσέδραμε πίστει, ἐν δὲ τῷ κατηχεῖσθαι τὰ τοῦ ἀφορισμοῦ τούτου ἐνωτισάμενος ῥήματα ἐδυσχέρανεν οὐ μικρῶς ὡς (ὡς om. I) οἷα τοῦ ποιητοῦ τῶν ὅλων θεοῦ περιυβριζομένου παρὰ Ῥωμαίοις καὶ καθυποβαλλομένου τῷ ἀναθέματι. ἀμέλει τοι καὶ τῷ βασιλεῖ προσιὼν -ἦν δὲ οὗτος (οὗτος: spat. I) ὁ (ὁ O[s]) ἐκ Κομνηνῶν Μανουήλ- καὶ τὰ ἐφ' οἷς ἐδίστανεν (ἐδίστασεν JLO) ἐν τῷ κατηχεῖσθαι παραθεὶς εἰς διήγησιν ἔδοξε μὴ ἀπᾴδοντα τοῖς καθήκουσι λέγειν Panopl. Dogm. **54—57** τὸν — πρόκειται: ὅθεν τὸν τοιοῦτον ἀναθεματισμὸν ἀπαλεῖψαι πασῶν τῶν βίβλων (βιβλίων J) ἀπεριμερίμνως ὁ βασιλεὺς οὗτος (οὗτος om. JLO) προθέμενος ἀπ' αὐτῆς τῆς ἐν τῇ (τῇ om. O) μεγάλῃ ἐκκλησίᾳ (μεγ. ἐκκλ.: μεγαλοπόλει ἐκκλησίας JLO) κατηχητηρίου πυκτίδος οὕτω δρᾶν ἐπεβάλετο λέγων σκανδάλου αἴτιον (παραίτιον JLO) εἶναι Panopl. Dogm. **55** βιβλίων P **57** τοῖς μετατιθεμένοις Ἀγαρηνοῖς JLO **58** θεοσεβῆ: ὀρθόδοξον Panopl. Dogm. **59** μέγιστον: πάμμεγαν Panopl. Dogm. **59—60** τηνικαῦτα καὶ ἐκόσμει P Bekk **60** τὸν θρόνον τὸν πρώτιστον R **62** προεισόδων M **63** ὠσὶ παραδεχομένους A Panopl. Dogm.

ηγούμενα ὡς ἀπόφημα καὶ τῆς εἰς θεὸν ἀληθεστάτης δόξης ἀπάγοντα, ἐξηγουμένους δὲ θεοφιλῶς τὸ εἰς σκάνδαλον δῆθεν καὶ πρόσκομμα κείμενον καὶ διασαφοῦντας μὴ ὅλως θεὸν οὐρανοῦ καὶ γῆς ποιητὴν καθυποβάλλεσθαι ἀναθέματι, ἀλλὰ τὸν παρὰ τῷ λήρῳ καὶ δαιμονώδει Μωάμετ ἀναπλαττόμενον ὁλόσφυρον θεὸν καὶ μήτε γεννηθέντα μήτε γεννήσαντα· παρὰ Χριστιανοῖς μὲν γὰρ δοξάζεσθαι πατέρα θεόν, αὐτὰ δὲ τὰ ἀπόβλητα τοῦ Μωάμετ ληρήματα τοῦτο ἀπαγορεύειν ὅλως· καὶ ἄλλως δὲ μὴ συνιέναι, ὁποῖον τί ἐστι τὸ ὁλόσφυρον, αὐτοὺς μὲν φθινύθειν εἴασεν ἐν στήθεσιν ἔχων νόον ἀκήλητον, καθ' ἑαυτὸν δ' ἐκτίθησι τόμον, ὑπουργοῖς ἐς τοῦτο χρησάμενος οὓς ᾔδει τῶν ἐκ τῆς βασιλείου αὐλῆς τὸν καιρὸν κολακεύοντας καὶ λόγου μετέχοντας, ὑπερηγοροῦντα μὲν τῆς τοῦ Μωάμετ μωρολογίας (οὐ γὰρ ἂν εἴποιμι θεολογίας), καθαπτόμενον δὲ λαμπρῶς τῶν πρότερον βασιλέων καὶ τῶν ἐκ τοῦ καταλόγου τοῦ ἱεροῦ ὡς ἀμαθῶς καὶ ἀπερισκέπτως ἀνεχομένων ὑπὸ ἀνάθεμα τίθεσθαι θεὸν τὸν ἀληθινόν. καὶ τοῦτον εἰς κοινὴν ἀκρόασιν ἐπὶ τῶν ἱερῶν ἀρχείων ἐκδίδωσι | συνεκπεπομφὼς οἷον τοῦ τόμου προοδευτὰς καὶ νεολαῖαν κροτοῦσαν τὰ γεγραμμένα ὅσοι τῆς συγκλήτου βουλῆς καὶ τῆς γερουσίας ἦσαν κεφάλαιον καὶ τοὺς ἐκ τοῦ γένους λογιότητι χαίροντας. τοσοῦτον δὲ τὸ πιθανὸν ὁ λόγος ἐπλούτει, οὐκ ἐν διδακτοῖς Πνεύματος βρίθων ῥήμασιν, ἀλλ' ἐν πειθοῖ σοφίας ἀνθρωπίνης κομῶν, ὡς μικροῦ δεῖν ἀπαιωρῆσαι τῶν ὤτων μὴ μόνον ὅσον ἀφεώρα πρὸς τὴν ποικίλην τούτου περιβολὴν καὶ τὸ ἐπίχαρι τοῦ πτερώματος, ἀλλὰ καὶ αὐτὸ τὸ μεταλλεῦον τῶν γεγραμμένων τὸν νοῦν.

---

66 θεὸν — ποιητήν: cf. Ps. 145, 6 **71—72** φθινύθειν — στήθεσιν: cf. Hom. B 346 **82—83** οὐκ — κομῶν: cf. 1 Co. 2, 13 et 2, 4

VA = a, PW, RMDF = b, IJLO = Panopl. Dogm.

64 ἀληθέστατα V **65** δὲ: δὲ καὶ J παρά τισι post πρόσκομμα add. Panopl. Dogm. **67** ἀναθέματι om. W δαιμονιώδη M: δαιμονιώδει O Bekk Μωάβετ R: Μωάμεδ L: Μωάμδ O **68** ὁλόσφυρον om. F **69** παρὰ μὲν γὰρ τοῖς Χρ. ἡμῖν Panopl. Dogm. γὰρ om. WR **70** Μωάμεδ constanter LO ληρήματα: ῥήματα R μηδὲ VAP^{pc}W: τοῖς μηδὲ I: δὲ μὴ cum b scr. L: μὴ O: ? J **71** ἀκριβῶς post συνιέναι add. AP, ubi (μ)ηδὲ — ἀκριβῶς i. r. 10 litt., W Bekk ἔχειν post συνιέναι add. Panopl. Dogm. ὅπη M τι om. P ὡς post εἴασεν add. J **72** ἀκήλητον: ἄθελκτον ἀπηνές P^{mg} ὑπουργὰς O **73** ἐς: εἰς RD Bekk: πρὸς V τῶν: τοὺς J **74** τοῦ λόγου LO ὑπερηγοροῦντας O **75** ἂν om. V δὲ: δὲ καὶ M **76** προτέρων Panopl. Dogm. καὶ τῶν πατριάρχων αὐτῶν post ἱεροῦ add. Panopl. Dogm. **78** εἰς: τὴν W ἀκρόασιν: ἀνάγνωσιν καὶ ἀκρόασιν Panopl. Dogm. ἀναδίδωσι Panopl. Dogm. **79** τόμου etiam J: λόγου ILO κρατοῦσαν V **81** ἐκ τοῦ γένους V: ἐκ τοῦ γένους ἐκείνῳ AP^{pc}W Panopl. Dogm. τῇ λογιότητι DF **82** τοῦ πνεύματος J ῥήμασιν: spat. I **84** ὤτων: ὄντων O τὴν om. O τούτου: τοῦ λόγου Panopl. Dogm. **85** ἀλλὰ: ἀλλά γε Panopl. Dogm. μεταλλεῦον: ἀνασκάλλον Panopl. Dogm.

70 μηδὲ: δὲ μὴ b Bekk **81** ἐκ γένους ἐκείνῳ b Bekk

Καὶ τάχ' ἂν ἦν ὡς ἀληθὴς θεὸς δοξαζόμενος ὁ τῷ Μωάμετ ὁστισοῦν ληρούμενος ὁλόσφυρος θεός, εἰ μὴ ὁλοσχερῶς ὁ πατριάρχης ἀντέβη· οὔτε γὰρ οὗτος τοῖς γραφομένοις τὸν νοῦν προσέσχηκεν ὡς ἐπισφαλῆ καὶ νέα ἐπεισάγουσι δόγματα καὶ τοὺς λοιποὺς δὲ ὡς δηλητηριώδη ταῦτα ὑφορᾶσθαι παρέπειθεν. ὁ δὲ ὥσπερ τι δεινὸν πεπονθὼς ὀνείδεσιν ἔπλυνε τοὺς ἀρχιερεῖς καὶ μωρὰ τοῦ κόσμου τούτους ὠνόμαζεν, ἄλλως τε καὶ νόσῳ προσπαλαίων τότε δεινῇ, ὑφ' ἧς τὸν βίον ἀπέλιπε, καὶ ἐπίχολος ἐντεῦθεν γινόμενος.

Οὐκοῦν ὅσα τῷ προτέρῳ τόμῳ ἐμπλατυνόμενος εἴρηκεν ἀπηρτημένῃ κατασκευῇ καὶ μεθόδοις ῥητορικαῖς χρησάμενος, ταῦτα ἐπιτεμὼν καὶ τὸ τοῦ δόγματος αὖθις περιθεὶς δέλεαρ ἕτερον τόμον ἐξέθετο. καὶ ἐπεὶ ἔτυχε τότε τοῖς κατὰ Δάμαλιν ἀρχείοις ἐναυλιζόμενος, ἃ Σκουτάριον ὀνομάζονται, τὴν τοῦ ἀέρος εὐκρασίαν μεταδιώκων | καὶ τῆς πολυοχλίας ἀπανιστάμενος καὶ ἅπας τῆς νοσοκομίας γινόμενος, διαπλωΐζονται ἐκεῖσε βασιλικῷ ἐπιτάγματι ὅ τε τῶν ἀρχιερέων σύλλογος καὶ ὅσοι τὸ πρεσβεῖον ἐκ τῶν λόγων ἐκτήσαντο. ἀλλ' οὔπω καθαρῶς τῶν λεμβαδίων ἀπέβησαν, καί τις τῶν παρὰ τῷ βασιλεῖ παρρησίαν ἐχόντων ὑπογραμματέων ἐφίσταται (ὁ Ματζούκης ἦν οὗτος Θεόδωρος) καὶ πρός γε τὸν πατριάρχην καὶ τὴν τῶν ἀρχιερέων ὁμήγυριν τὸν λόγον ἀποτεινάμενος τὴν μὲν ἐς τὸν βασιλέα πάροδον μὴ εἶναι ἔφησε νυνὶ ἐφικτὴν διά τι παρεισφρῆσαν ἐκ τῆς νόσου ἐπμόδιον, τῇ δὲ τούτων ἀναγνώσει προσέχειν χρεών, τοὺς χάρτας δείξας τοὺς ἐν χεροῖν.

---

92 μωρὰ τοῦ κόσμου: 1 Co. 1, 27

VA = a, PW, RMDF = b, I (usque ad 11 ἐφικτὴν) JLO = Panopl. Dogm.

87 ὁ παρὰ τῷ Μωάμετ AP^{pc}W Bekk Panopl. Dogm. **88** ληρούμενος : κληρούμενος P Bekk: ἀναπλαττόμενος Panopl. Dogm. ὁλόσφυρος om. F ὁλοσχερῶς om. JLO **89** γραφεῖσι Panopl. Dogm. **90** δὲ om. Panopl. Dogm. **91** παρέπεισεν R Panopl. Dogm. ὁ δὲ βασιλεὺς Panopl. Dogm. **92** ἄλλως τε καί: τυχόντων I τε: γε D **93** νόσῳ: καχεξίᾳ I τότε προσπαλαίων Bekk Panopl. Dogm. καὶ post ἧς add. P Bekk **94** γινόμενος etiam J: γενόμενος A: δεικνύμενος ILO **95** ἐμπλατυνόμενος VDFO: -άμενος APWRMIJL ἀπηρτισμένῃ P Bekk **1** καὶ pr. om. V ῥητορικαῖς μεθόδοις Panopl. Dogm. χρώμενος A **3** τότε: spat. I **4** ὀνομάζονται: κικλήσκονται Panopl. Dogm. ἔαρος AWRDF: γρ. τὴν τοῦ ἀέρος A^{mg} **4** καὶ τῆς: τῆς τε Panopl. Dogm. **5** τῆς νοσοκομίας ἅπας Panopl. Dogm. γενόμενος VM **6** ἐκεῖθεν WO ἐπιτάγματι: κελεύσματι Panopl. Dogm. συνάμα τῷ ἀρχιποίμενι post σύλλογος add. Panopl. Dogm. **8** τις — ἐχόντων: τις τῶν παρὰ τῷ βασιλεῖ τὰ μέγιστα δυναμένων Sc καὶ τὰ μέγιστα δυναμένων post ἐχόντων add. AP, ubi τις — δυναμένων i. r. 30 litt., W Bekk Panopl. Dogm. τῷ om. V **9** γραμματέων Sc Panopl. Dogm. **10** γε cum VAW scr. Panopl. Dogm. ἀποτεινόμενος IJ **11** εἰς O **12** νόσου ἐμπόδιον: καχεξίας συγκύρημα Panopl. Dogm. **12—13** χρῆναι προσσχεῖν Panopl. Dogm. **13** χάρτας: τόμους Panopl. Dogm. τοὺς alt.: αὐτοὺς τοὺς P

10 γε: τε P b Bekk

Ἦν δὲ ὁ μὲν περὶ τοῦ προκειμένου δόγματος διαλαμβάνων, ὅν, ὡς εἰρήκειμεν, καὶ ὑπογράψαι τοὺς συνελθόντας ἀρχιερεῖς διὰ σπουδῆς ὁ αὐτοκράτωρ ἐτίθετο, ὁ δ' ἕτερος τὸν βασιλέα ἔχων διαλεγόμενον τῷ ἀρχιποίμενί τε Θεοδοσίῳ καὶ τῇ συνόδῳ οὐδὲν μέτριον οὐδὲ χάριεν διεξῄει, ἀλλὰ τῇ ἐνστάσει τοῦ πατριάρχου καὶ τῶν σὺν αὐτῷ ἀρχιερέων ὡς μὴ κατὰ λόγον γινομένῃ ἐπιμεμφόμενος διηπειλεῖτο μείζονος συνόδου συγκρότησιν καὶ τὴν μετ' αὐτοῦ τοῦ πάπα τῶν προκειμένων διάσκεψιν. ,,ἀγνώμων γὰρ ἂν εἴην" ἔλεγε ,,καὶ ἀλόγιστος, εἰ μὴ πολλοστὸν ἀντιδοίην μέρος τῷ ἐμῷ βασιλευτῇ καὶ βασιλεῖ τῶν ὅλων θεῷ, ὧν ἐκεῖθεν κρειττόνως ἔσχηκα, πᾶσαν σπουδὴν εἰσενεγκών, ὥστε μὴ τοῦτον ἀναθέματι καθυποβάλλεσθαι ἀληθινὸν ὄντα θεόν."

Τοσοῦτον δὲ τοῦ διαθροηθῆναι τοῖς τοιούτοις ἀπεῖ|χον οἱ ἀκροώμενοι ἀπειλήμασιν, ὥστε καὶ ὁ τῆς Θεσσαλονίκης πρόεδρος, ὁ πολὺς καὶ μέγας ἐν λόγοις Εὐστάθιος, ζήλου ἐπὶ τοῖς ἀνεγνωσμένοις πλησθεὶς καὶ μὴ ἐνεγκὼν θεὸν ἀληθινὸν ὀνομάζεσθαι ὁλόσφυρόν τι διανοίας ἀνάπλασμα κακοδαίμονος ,,ἐσοίμην ἂν" ἔφη ,,καταπεπατημένον ταῖς πτέρναις φορῶν τὸν ἐγκέφαλον καὶ τοῦ σχήματος τούτου παράπαν ἀνάξιος," τὸν ἐπὶ τῶν ὤμων δείξας μανδύαν, ,,εἰ θεὸν ἡγοίμην ἀληθινὸν τὸν παιδεραστὴν καὶ

29—30 ταῖς — ἐγκέφαλον: cf. Heges. (Ps.-Demosth.) De Halonneso 7, 45

VA = a, PW, RMDF = b, JLO = Panopl. Dogm.

14 διαλαμβάνων: διεξιὼν Panopl. Dogm. VP^{s} ὡς om. W **14—15** ὡς εἰρήκειμεν om. Panopl. Dogm. **15** εἰρήκαμεν Bekk καὶ cum VAP^{s} hab. Panopl. Dogm. ὑπογράψειν V συνδραμόντας Panopl. Dogm. διὰ σπουδῆς: ἐπιμελῶς Panopl. Dogm. **16** ἐτίθετο: ἐνέκειτο Panopl. Dogm. **17** τε om. AW Panopl. Dogm. οὐδέν τι μέτριον LO **18** διεξεῖσθαι O ἀλλὰ: ἀλλὰ καὶ Bekk σὺν αὐτῷ: συνεληλυθότων JL: συνελθόντων O **19** ὡς μὴ: ἐν τῇ O γενομένῃ DF Bekk ἐπιμεμφόμενος: ἐπιφερόμενος P **20** τῆς πρεσβυτέρας (τοῦ πρεσβυτέρου W) Ῥώμης post πάπα add. AP^{pc}W Bekk Panopl. Dogm. εἰς σκέψιν post προκειμένων add. Panopl. Dogm. διάσκεψιν: ἐξέτασίν τε καὶ διατύπωσιν Panopl. Dogm. ἐπώμνυτο post διάσκεψιν add. AP^{pc}W: ante διάσκεψιν Bekk **21** ἀντιδοίην post θεῷ suppl. J^{s}L^{s} **22** μέρος om. Panopl. Dogm. **23** εἰσενεγκάμενος cum W b scr. A^{s} Panopl. Dogm. **23—24** ὥστε — καθυποβάλλεσθαι: μὴ ἂν αὐτὸν καθυποβάλλεσθαι ἀναθέματι Panopl. Dogm. **24** ὄντα: ὄντως ὄντα J **25—26** τοῖς — ἀπειλήμασιν: ταῖς βασιλικαῖς ταύταις κομπορρημοσύναις ἀπεῖχον οἱ ἀκροώμενοι Panopl. Dogm. **26** Θεσσαλονικέων Panopl. Dogm. πρόεδρος: χειρίζων τοὺς οἴακας ὁ πολὺς ἐν λόγῳ καὶ μέγας ἐπ' ἀρετῇ (cf. p. 307, 74) Panopl. Dogm. **27** ἀναγινωσκομένοις VR: ἀνεγινωσμένοις M καὶ μή: μηδ' Panopl. Dogm. **29** καὶ τοῦ Μωάμεδ ἐφεύρημα post κακοδαίμονος add. O ἔφη: ἔφη αὖθις A καταπεπατημένος V **30** τούτου : τοῦδε Panopl. Dogm. πάμπαν O **31** μανδυίαν V

15 καὶ om. W b Bekk **23** εἰσενεγκάμενος W b ὥστε om. b **26** ἀπειλήμασιν: κομπάσμασιν b Bekk **28** ὀνομάζεσθαι: δοξάζεσθαι b Bekk καμηλώδη καὶ πάσης πράξεως μυσαρᾶς ὑφηγητὴν καὶ διδάσκαλον." ἐπεπήγεσαν οὖν ἐπὶ τοῖς εἰρημένοις τούτοις οἱ ἀκηκοότες μικροῦ· ἦν γὰρ καὶ διατόρως ταῦτα φθεγγόμενος καὶ προδήλως χαρακτηρίζων τὸν ζήλῳ εὐσεβείας πυρούμενον. ὁ δὲ τοῦ γράμματος ὑπαγορευτὴς ἐκπλαγεὶς παλίμπους εἰς τὸν αὐτοκράτορα εἴσεισι. καὶ ὃς τὰ λαληθέντα ἐνωτισάμενος καὶ οἷον περιψοφηθεὶς ποικίλος ἦν τὸν ἀπόλογον, τὸ μακρόθυμον ἐπηνεκῶς ὡς οὐδέποτε. καὶ ἑαυτὸν γὰρ τοῖς ἄγαν ὀρθοδοξοῦσι Χριστιανοῖς ἐνέταττε καὶ πατέρων ὡμολόγει πανευσεβῶν προελθεῖν, τοὺς φιλαιτίους ἐκκλίνων καὶ φιλοσκώμμονας. καὶ τὴν μετὰ τοῦ Θεσσαλονίκης κρίσιν πολὺς ἐνέκειτο ἐξαιτούμενος· ἢ γάρ, φησί, δικαιωθεὶς ὡς μὴ θεῷ πιστεύων παιδεραστῇ μηδὲ εἰσάγων παραχάραγμα πί|στεως δικαίαν ἐπιθήσει δίκην τῷ κατὰ χριστοῦ Κυρίου ἐρυγγάνοντι βλάσφημα, ἢ κατακριθεὶς ὡς ἕτερον δοξάζων θεὸν παρ' ὃν οἱ ἐκ Χριστοῦ καλούμενοι σέβονται μεταμαθήσεται τὴν ἀλήθειαν καὶ χάριν εἴσεται οὐ μικρὰν τῷ τῆς χείρονος αὐτὸν μεταστήσαντι δόξης καὶ μυήσαντι τὴν ἀλήθειαν.

Μετὰ βραχὺ δὲ τοῦ πατριάρχου εἰς θέαν ἐκείνου ἐληλυθότος καὶ κατεπᾴσαντος τὰ εἰκότα, τοῦ τε θυμοῦ ἔληξε καὶ τῷ Εὐσταθίῳ συγγνώμην

---

32 καμηλώδη: cf. Nic. Or. 174, 5 **43** χριστοῦ Κυρίου: 1 Regn. 24, 7; al.

VA = a, PW, RMDF = b, JLO = Panopl. Dogm.

32 post διδάσκαλον verba ἐπειδήπερ ὁ ἀλογότατος Μωάμεδ μετὰ τῶν ἄλλων αὐτοῦ ληρημάτων ἐν τῇ τῶν Σαρακηνῶν βίβλῳ, ἥτις Κορὲ ὀνομάζεται, ἐνδίδωσι τοῖς πειθομένοις ἐκείνῳ ἄφροσι καὶ κύπριν ἀνδρῴαν ἀσπάζεσθαι καὶ τὰς γαμετὰς ἀροῦν δι' ἀμφοῖν τῶν ὑπὸ γαστέρα τρήσεων add. Panopl. Dogm. **33** παρ' Εὐσταθίου post τούτοις add. Panopl. Dogm. ἀκροώμενοι Panopl. Dogm. μικροῦ om. Panopl. Dogm. **34** ταῦτα om. Panopl. Dogm. χαρακτηρίζων: ὑποσημαίνων Panopl. Dogm. **35** πολούμενον V: ἀπανθρακούμενον Panopl. Dogm. δὲ: δέ γε JO ἐκπλαγεὶς: ἐπὶ βραχὺ (τι post βραχύ add. J[s]) στὰς (στὰς om. O) ἐνεὸς καὶ τὴν χεῖρα ἐπιθεὶς τοῖς χείλεσι (cf. b) Panopl. Dogm. **36** εἶτα post παλίμπους cum b add. Panopl. Dogm. ἐς D Panopl. Dogm. ἐνωτισθεὶς Panopl. Dogm. **37** καὶ V Panopl. Dogm.: cum PW b om. A περιψοφηθεὶς: τοῖς ἠκουτισμένοις διεκπλαγεὶς Panopl. Dogm. ἦν: γίνεται post ἀπόλογον Panopl. Dogm. τὸ: καὶ W **38** καὶ γὰρ ἑαυτὸν Panopl. Dogm. **38—39** τοῖς ὀρθοδ. μάλα Χρ. Panopl. Dogm. **39** ἀνέταττε W **42** παιδεραστῇ πιστεύων A **43** βλάσφημον R **45—46** καὶ — ἀλήθειαν om. AW **47** ἐκείνω MDF Bekk J ἐληλυθότος: ἀπαντήσαντος Panopl. Dogm. **48—51** καὶ — παρακαίρια: καὶ τῷ Εὐσταθίῳ ἐκ τοῦ αὐτίκα μάλα συνέγνω μηδὲν ἐμπύρευμα ἔχθρας ἐς τὸ μετόπισθεν φρυκτωρούμενον ἐγκαταλελοιπὼς καὶ ἐνθάψας τῇ ἐκείνου ὅλως ψυχῇ· μᾶλλον μὲν οὖν καὶ ἐνδέδωκε τῷ Εὐσταθίῳ (τῷ Εὐστ. om. J suppl. L[s]) ὁπόσα ᾑρεῖτο ἑαυτοῦ ὑπερφθέγξασθαι, τέλος καὶ αὐτὸς ἐπειπὼν πραείᾳ καὶ συνήθει φωνῇ ὡς „χρὴ σοφὸν ὄντα σε, κύριε Εὐστάθιε, καὶ ἀρχιερέα θεοῦ ἐπ' ἀρετῇ διαβόητον μὴ ἀπρεπῆ καὶ ἀσχήμονα προϊέναι τοῦ στόματος ῥήματα, μηδὲ θρασυστομεῖν βασιλέως ἐνώπιον παρακαίρια, παρρησιάζεσθαι δὲ ὡς χρὴ καὶ ὅτε δεῖ (ὡς — δεῖ om. J suppl. L[s]) τὴν ἀλήθειαν· τοῦτο γὰρ καὶ Δαυὶδ ἐποίει καὶ ὑποτίθησι δρᾶν ὑποστολῆς μέτρα καὶ παρρησίας καιρὸν ἐπιστάμενος" Panopl. Dogm.

35 ἐκπλαγεὶς: στὰς ἐπὶ βραχὺ ἐνεὸς καὶ τὰ χείλη μύσας b Bekk **36** εἶτα post παλίμπους add. b Bekk **37** καὶ om. PW b Bekk παρέσχετο ἐφ᾽ οἷς παρεφθέγξατο ἐνδεδωκὼς αὐτῷ ὅσα ᾐρεῖτο ἀπολογήσασθαι, τελευταῖον δὲ καὶ αὐτὸς ἐπειπὼν ὡς „δεῖ σε σοφὸν ὄντα μὴ αἰσχρορρήμονα δείκνυσθαι, μηδὲ θρασυστομεῖν παρακαίρια."

Ἐπὶ δὲ τούτοις εἰς κοινὴν δοθέντος ἀκρόασιν τοῦ περὶ τοῦ δόγματος τόμου καὶ πάντων ἐπαινεσάντων τὰ γεγραμμένα ὡς εὐσεβῶς ὀρθοτομηθέντα καὶ περιχαρῶς ἐν αὐτῷ ὑπογράψαι καταθεμένων, ὁ σύλλογος διελέλυτο. καὶ οἱ μὲν ἀπῄεσαν ἀγαλλόμενοι ὡς τῇ οἰκείᾳ ἐνστάσει τὸν βασιλέα νενικηκότες, ὁ δὲ ἔχαιρεν ὡς τῇ ἑαυτοῦ καθυποκλίνας τούτους βουλῇ καὶ σχὼν διὰ βραχυλογίας οὗπερ διὰ τοῦ πολυστίχου προτέρου τόμου οὐδαμῶς ἐφίκετο.

Κατὰ δὲ τὴν μετ᾽ ἐκείνην ἡμέραν εἰς τὴν πατριαρχικὴν ἑστίαν ἡ σύνοδος ἀθροισθεῖσα, ὅπως κατὰ τὰ συμφωνηθέντα δράσωσιν (ἅμα γὰρ ἕῳ παρῆσαν οἱ ἐκ βασιλέως αὐτοὺς εἰς ἕνα ἀθροισμὸν ξυναγείροντες), οἱ δ᾽ οὐκέτ᾽ ἦσαν αὐτοί, ἀλλ᾽ ἀνένευον πάντες πάλιν καὶ ἀπεπήδων ὡς τῇ ὑπηγορευμένῃ γραφῇ καὶ ἔτι ἐγκειμένων ἐπιληψίμων ῥημάτων τινῶν καὶ | ἤθελον καὶ ταῦτα ὀβελισθῆναι καὶ ἕτερα ἐντεθῆναι τῷ ὀρθῷ κατὰ μηδέν τι προσιστάμενα δόγματι. ἦν οὖν αὖθις παροξυνόμενος ὁ κρατῶν καὶ ὡς ἀνοηταίνουσι καθαρῶς ἐπεγκαλῶν τὸ τῆς γνώμης ἄστατον καὶ ἀγχίστροφον. ὀψὲ δὲ καὶ μόλις συνήλθοσαν, ἵνα τὸ μὲν ἀνάθεμα τῷ θεῷ τοῦ Μωάμετ τῶν κατηχητικῶν βιβλίων ἀπαλιφῇ, ἐγγραφῇ δὲ ἀνάθεμα τῷ Μωά-

---

53 ὀρθοτομηθέντα: cf. p. 210, 89

VA = a, PW, RMDF = b, JLO = Panopl. Dogm.

49 παρεφθέγξαντο AW αὐτῷ om. V **53** ἐπηνεκότων J γεγραμμένα: ἐμφερόμενα Panopl. Dogm. **54—55** καὶ — καὶ om. Panopl. Dogm. **54** διαλέλυτο V **55** οἰκείᾳ: σφετέρᾳ Panopl. Dogm. **56** νικήσαντες APW δ᾽ Panopl. Dogm. **57** σχὼν: εὑράμενος post βραχυλογίας Panopl. Dogm. τόμου: γράμματος Panopl. Dogm. **58** μηδαμῶς V: οὐδόλως Panopl. Dogm. ἀφίκετο A **59—60** κατὰ — δράσωσιν: ἐς δὲ τὴν πατριαρχικὴν ἑστίαν ἐς νέωτα συναθροισθέντων τῶν ἀρχιερέων, ὅπως τὰ συνδόξαντα πέρας δέξωνται Panopl. Dogm. **59** κατὰ: ἂν AW **60** ποιήσωσιν V ἅμα γὰρ ἕῳ: κνεφαῖοι γὰρ Panopl. Dogm. **61** εἰς ἕνα ἀθροισμὸν om. Panopl. Dogm. συναγείροντες F Bekk Panopl. Dogm. **62** αὐτοὶ: οἱ αὐτοὶ Bekk πάντες — ἀπεπήδων i. r. 15 lit. P πάλιν πάντες W Bekk πάλιν om. VM **62—65** ὡς — δόγματι: οὐδ᾽ ἄκροις ὠσὶ παραδεχόμενοι τὸ κυρῶσαι τὰ (τὰ : τὰς O) ἐν τῷ τόμῳ καθάπερ τῆτες (τῆτες om. J ? suppl. L[s]) ξυνέθεντο, ὡς ἐπιληψίμων καὶ ἔτι ῥημάτων τουτωῒ ἐγκειμένων, καὶ ἐνέκειντο ἐκβληθῆναι ταῦτα καὶ ἕτερ᾽ ἄττα ἐντεθῆναι ῥήματα τῷ ὀρθῷ μὴ ἀπᾴδοντα δόγματι Panopl. Dogm. **62** ὑπαγορευθείσῃ APW: ὑπαγορευομένη RM **63** προσκειμένων W τινῶν om. P **64** ἐντεθῆναι ἕτερα V ἐνθεῖναι R **65** τι om. V προϊσταμενα AP[ac]W **65—66** ἦν — καταρῶς: ἦν οὖν καὶ πάλιν ἐπὶ τούτοις ὁ βασιλεὺς παθαινόμενος καὶ ὡς δήπου ἀνοηταίνωσιν Panopl. Dogm. **67** δὲ om. M τοῦ om. W τῶν: ἐκ τῶν Panopl. Dogm. **68** τῶν — Μωάμετ om. D[ac] κατηχητηρίων AP Panopl. Dogm.: κατηχητερίων W βίβλων APW Panopl. Dogm. ἀπαλειφθῇ Bekk τῷ: σὺν τῷ A

57 πρότερον P b Bekk **63** καὶ pr. om. b Bekk

μετ καὶ πάσῃ τῇ αὐτοῦ διδαχῇ. καὶ τοῦτο δογματίσαντες καὶ κυρώσαντες τῶν πολλῶν ἐκείνων συνόδων καὶ συλλόγων ἔληξαν.

Ἀλλὰ γὰρ οὐχ ὑπερβήσομαί τι καὶ ἄλλο τῶν ἀξίων εἰρῆσθαι, τοῦ ἱστορεῖν ἐνταῦθα γενόμενος. ἦν τις εὐνοῦχος ἀρχιερατικῶς προεδρεύων τῆς τῶν Χωνῶν πόλεως, Νικήτας τοὔνομα, πάσης ἀρετῆς καταγώγιον, οὕτω δὴ προφητικὸς καὶ προβλέπων τὰ ἔμπροσθεν, ὡς τοῖς μεγίστοις τῶν ὁρώντων ἐγκρίνεσθαι καὶ εἰς θαῦμα κεῖσθαι παρ' οἷς ὁ ἀνὴρ ἐγνώριστο, εἴπερ ἡ καθ' ἡμᾶς γενεὰ πονηρὰ οὖσα καὶ μοιχαλὶς τοιοῦτον ηὐτύχησεν ἀγαθόν. ἀμέλει καὶ τοῦ βασιλέως τούτου ἐξ Ἀρμενίας παριόντος τὰς Χώνας ἀρτιστεφοῦς καὶ τῆς πατρῴας διαδόχου ἀρχῆς καὶ τὸν ἀρχαγγελικὸν ναὸν εἰσελθόντος καὶ χειρὶ τοῦ ἀρχιερέως τούτου εὐλογηθέντος, ἐπειδὴ καὶ περιώνυμος ἦν ἐκ τῆς ἀρετῆς καὶ τοῖς ἅπασι διὰ στόματος, ἦσαν οἳ τῶν ἐντρόφων τοῦ βήματος καὶ τούτων οἱ ἐς | νοῦν βάπτοντες ἐν ἀπόρῳ ἐτίθεντο, εἰ νέος ὢν ὁ Μανουὴλ καὶ ἄρτι πρώτως χνοάζων τὸν ἴουλον διακυβερνήσειν ὅλως τὴν βασιλείαν δυνήσεται, ἥτις τὸ πολὺ δεῖται ἀνδρὸς πολιοῦ μὲν τὸ φρονεῖν, λαχνήεντος δὲ τὸν πώγωνα, ἔτι γε μὴν εἰ τὸν κασίγνητον καταπαλαίσειεν Ἰσαάκιον, δικαιότερον ὄντα πρὸς τὴν ἀρχὴν καὶ τῆς βασιλίδος τῶν πόλεων ἔνδον ἱζάνοντα. ὁ δὲ μέγας ἐκεῖνος ἀνὴρ καὶ ὄντως ἄνθρωπος τοῦ θεοῦ λύων τὸ ἄπορον καὶ διασαφῶν τὸ παρ' ἐκείνοις ἀμφιγνοούμενον „ναί" φησι, „καὶ τὴν βασιλείαν ὁ μεῖραξ οὗτος διιθυνεῖ, καὶ αὐτῷ ὑποπεσεῖται ὁ ἀδελφός· οὕτω γὰρ θεῷ δέδοκται καὶ προώρισται. ἵνα δὲ εἰδῆτε καὶ περὶ ὧν οὐδ' ὅλως με ἤρεσθε, τὸν οἰκεῖον πάππον, λέγων δ' ἦν τὸν αὐτοκράτορα Ῥωμαίων καὶ προπάτορα ἐκείνῳ Ἀλέξιον, ὑπερβήσεται οὗτος βραχύ τι κατὰ τοὺς τῆς ζωῆς χρόνους, τῆς δὲ τελευτῆς αὐτῷ ἐγγιζούσης μανήσεται."

Ἦν οὖν ἡ πρόρρησις αὕτη καὶ ἐμοὶ τῷ συγγραφεῖ Νικήτᾳ σὺν ἄλλοις πλείστοις γνώριμος, ὅτι καὶ ἐμὸς ὁ προφάντωρ ἀνάδοχος ἐκ τοῦ θείου βαπτίσματος. τίς δὲ ἔσται ἡ μανία καὶ οἷος ὁ τρόπος αὐτῆς, οὐδεὶς

---

76 ἡ — μοιχαλίς: cf. Mat. 16, 4 **87** ἄνθρωπος τοῦ θεοῦ: Ios. 14, 6; Iud. 13, 8; al. **89** αὐτῷ — ἀδελφός: alludit ad Gen. 27, 29. 40

VA = a, PW, RMDF = b, JLO = Panopl. Dogm. (usque ad 70 ἔληξαν)

69 τῇ αὐτοῦ διδαχῇ VAP Panopl. Dogm.: τῇ αὐτοῦ διαδοχῇ WRM: τῇ αὐτοῦ διδαχῇ καὶ διαδοχῇ DF Bekk **70** ἐπαύσαντο Panopl. Dogm. **71** ἄλλο: ἕτερον APW **72** ἦν γάρ τις V **74** δή: δὴ καὶ M **75** ἐγνωρίζετο AW **77** ἔτι ante παριόντος add. AW: ἄρτι P **78** νεοστεφοῦς APW τῆς om. W **79** τούτου om. VP[ac]B **81** ἦσαν: ἦσαν δ' W **82** ἄρτι: νῦν APW **84** τοῦ ἀνδρὸς M **85** εἰ: εἰς R: om. M **86** τῆς βασιλίδος πόλεως V **88** ἀμφινοούμενον R: ἀμφαγνοούμενον V[ac] M[s] D[pc]F **90** δὲ om. F **91** με om. D[ac] λέγω δὴ Bekk τὸν om. W **92** βραχύ τι suppl. P[mg] **93** τῆς pr. om. M αὐτοῦ R **94** ἦν — ἡ: ἡ οὖν V: καὶ ἦν οὖν ἡ A Νικήτα om. V (καὶ ἄλλοι πολλοὶ ἠκούσαμεν ὅτι καὶ ἐξ ἐκείνου τὸ θεῖον βάπτισμα ἔλαβον B) **1** δ' ἄρα APW: δὲ ἄρα Bekk

79 νεῶν b Bekk **92** βραχύ τι om. W b Sc

εἶχεν ἀκριβῶς συμβαλέσθαι τῶν εἰδότων τὸ προαγόρευμα· οἱ μὲν γὰρ ἐς τὸ χρυσομανὲς ἀνέφερον τὸ προφοίβασμα, οἱ δ᾽ ἐς ἄλλο τι σαρκικὸν ἐλάττωμα ᾐχμαλώτιζον. τοῦ δὲ προσεχῶς εἰρημένου δόγματος κινηθέντος καὶ παραβόλως ἐνισταμένου τὰ πρῶτα τοῦ βασιλέως ἀληθῆ δοξάζειν θεὸν | τὸν παρὰ Μωάμετ ὁλόσφυρον καὶ μὴ γεγεννημένον ἢ γεννήσαντα θεόν, πέρας εἰληφέναι πάντες τὴν προθέσπισιν ἔφασκον, ἐπεὶ καὶ μανίαν ἀτεχνῶς ὀρθήν τε καὶ χειρίστην τὴν δόξαν εἶναι ταυτηνὶ ὡς τῆς ἀληθείας ἐπίπαν ἀντίθετον.

Κατήρξατο μὲν οὖν τῷ βασιλεῖ τὰ τῆς νόσου πρὸ τοῦ Μαρτίου μηνὸς τῆς ἐνισταμένης τότε τρισκαιδεκάτης ἰνδικτιῶνος, ὅτε καὶ τὰ περὶ τοῦ δόγματος ἐπεκύμαινε. καὶ αὐτὰ μὲν ἀφύβρισαν περί που μῆνα τὸν Μάϊον, ὁ δ᾽ αὐτοκράτωρ ἐπιστάντος τοῦ Σεπτεμβρίου τὸ ζῆν ἐξεμέτρησεν. οὐδὲν δέ τι κάλλιστον περὶ τῆς βασιλείας διῴκησεν, ἀλλὰ νωθέστερον ἦν διακείμενος πρὸς τὴν τῶν μετὰ τὴν μετάστασιν αὐτοῦ γενησομένων διαταγήν τε καὶ ὑποτύπωσιν. τὸ δ᾽ αἴτιον, οὐ παρεδέχετο ὁπωσοῦν ὡς ἤγγικεν ἐκείνῳ τὸ τελευτᾶν, ἀλλ᾽ εὖ εἰδέναι διετείνετο ὡς ἐνιαυτοὶ ζωῆς ἕτεροι δεκατέσσαρες αὐτῷ ἐπιδαψιλεύονται. καὶ τοῦτο πρὸς αὐτὸν εἴρηκε τὸν σοφὸν καὶ τρισμάκαρα πατριάρχην τὸν Θεοδόσιον ὑποτιθέμενον πατρικῶς φροντίδα τῶν τῆς βασιλείας θέσθαι πραγμάτων, ἕως ἔτι καιρὸς κἀκείνῳ ἔρρωται τὸ φρονεῖν, καὶ διφῆσαι τὸν ἀνθεξόμενον ἀκραιφνῶς τοῦ τῆς ἀρχῆς κληρονόμου παιδὸς οὔπω παραγγείλαντος εἰς ἥβην καὶ πιστῶς προστησόμενον τῆς βασιλίδος καὶ οἷον μητροκομήσοντα. οἱ δὲ παντοδήλητοι ἀστροφάντορες καὶ περὶ ἐρωτικά, κατ᾽ αὐτοὺς εἰπεῖν, τὸν βασιλέα σχολάσειν ἀπετόλμων λέγειν ἀνασφήλαντα τῆς νόσου μετὰ βραχὺ καὶ πόλεων ἀλλοφύλων εἰς χῶμα τεθη|σομένων καθαιρέσεις ἀπηναιδεύοντο. τὸ δὲ δὴ παραλογώτερον, πρόχειροι τὴν γλῶτταν ὄντες καὶ τῷ ψεύδει ἐνειθισμένοι καὶ συγκίνησιν προύλεγον τοῦ παντὸς συνδρομάς τε καὶ συνόδους τῶν μεγίστων ἀστέρων καὶ ἀνέμων ἐξαισίων ἐκρήξεις

---

11 τῆς . . . τρισκαιδεκάτης ἰνδ.: 1. 9. 1179—31. 8. 1180

VA = a, PW, RMDF = b

5 τὰ πρῶτα om. V δοξάζεσθαι APW **5—6** τῷ θεῷ τῷ παρὰ τῷ Μωάμετ ὁλοσφύρῳ καὶ μὴ γεγεννημένῳ ἢ γεννήσαντι θεῷ W **6** παρὰ τῷ Μωάμετ AP[pc] Bekk **7** τὴν προθέσπισιν πάντες V **8** ταύτην V **10** κατήρξαντο VN **11** ιγ΄ APWMDF Bekk ἰνδ. per symb. APWMDF ὅτε : τότε W τὰ om. D[ac]F **13** Σεπτεβρίου RMDNU: abbrev. APWF **14** δ᾽ ἔτι Bekk **15** τῶν γενησομένων μετὰ τὴν μετάστασιν αὐτοῦ APW **16** διατύπωσιν V **17** τελευτῶν VM **18** ἕτεροι : καὶ ἕτεροι APW Bekk : ἔτι V ιδ΄ AN αὐτὸν : ὧτον R **21** ἀκραιφνῶς : ἀκριβῶς AW Bekk **21—22** τοῦ τῆς βασιλείας κληρονόμου υἱέως APW **23** πανδήλητοι M **26** πόλεων : πολλῶν A μετατεθησομένων V **29** συνόδους : κινήσεις W

24 ἀστροφένακες (ἀστροφάντορες D[s]) b Bekk

καὶ σχεδὸν τοῦ παντὸς μεταστοιχείωσιν προεφοίβαζον, ἐγγαστρίμυθοι πλέον ἢ ἀστεροσκόποι δεικνύμενοι. οὐ χρόνους δὲ μόνον καὶ μῆνας ἠρίθμουν καὶ ἑβδομάδας κατέλεγον, ἐφ᾽ ὧν ταῦτα γενήσεται, καὶ βασιλεῖ διεσήμαινον, ἀλλὰ καὶ ἡμέρας ἠκριβολόγουν καὶ τὸ τῆς ὥρας ἀκαριαῖον ἐβωμολόχουν, ὡς εἴπερ σαφῶς ᾔδεσαν ἅπερ ἐν τῇ ἰδίᾳ ἐξουσίᾳ ἔθετο ὁ πατὴρ καὶ περὶ ὧν ἐπετίμα πυνθανομένοις τοῖς μαθηταῖς ὁ σωτήρ. ἀμέλει τοι οὐ μόνον αὐτὸς βασιλεὺς σπήλαια καὶ καταδύσεις ἀλεξηνέμους διηρευνᾶτο καὶ προητοίμαζεν εἰς ἐνοίκησιν καὶ οἱ τῶν βασιλικῶν οἰκοπέδων καθῃροῦντο ὕελοι, ὡς εἶεν ἀπαθεῖς ταῖς τῶν ἀνέμων ἐκθησαυριζομέναις πνοαῖς, ἀλλὰ καὶ ὁπόσοι τῇ θεραπείᾳ τούτου καὶ συγγενείᾳ ἐνεγράφοντο καὶ οἳ κολακικῶς αὐτὸν ὑπεισήρχοντο τοῖς αὐτοῖς ἐπιμελῶς ἐνέκειντο, ὡς τοὺς μὲν γεωρυχεῖν κατὰ μύρμηκας, τοὺς δὲ σκηνοποιεῖν καὶ σχοινία περιδέειν ἔντριτα καὶ πασσάλους ἀποξύνειν πηχυαίους εἰς ἀκράδαντον ἔρεισμα τῶν σκηνῶν.

Ἀλλ᾽ ὅπερ ἔλεγον, ἐπειδὴ τὰ τῆς νόσου ἐπέτεινε, παραβόλως βαλανείῳ ἐχρήσατο καὶ γνοὺς ἔτι πλέον ἐντεῦθεν τὰς τοῦ ζῆν ἀπαλειφομένας ἐλπίδας καὶ οἷον | καθ᾽ ὑγρῶν τυπουμένας καὶ τὴν προθεσμίαν ἤδη ἀνυπεξάλυκτον, ὀλίγα περὶ τοῦ παιδὸς Ἀλεξίου τοῖς περιεστῶσι διείλεκται κεράσας οἰμωγαῖς τὰ ῥήματα ἐκ τοῦ προορᾶν οἷον τὰ μετὰ τὴν ἐκείνου συμβησόμενα ἔξοδον.

Ἀλλὰ καὶ περὶ τῆς ἀστρονομίας ὑποθήκῃ τοῦ πατριάρχου βραχύν τινα χάρτην ὑπεσημήνατο πρὸς τὴν ἐναντίαν δόξαν μεθαρμοσθείς.

Τέλος δὲ καὶ αὐτὸς τῇ ἀρτηρίᾳ προσάγων τὴν χεῖρα καὶ τὰς κινήσεις τοῦ σφυγμοῦ γνωματεύων βύθιόν τι στενάξας καὶ πλήξας τῇ χειρὶ τὸν μηρὸν τὸ μοναδικὸν σχῆμα ᾔτησε. θορύβου δέ, ὡς εἰκός, ἐπὶ τῷ ῥήματι τούτῳ ἀρθέντος καὶ τῆς πνευματικωτέρας ἀμφιάσεως ἐχούσης τὸ ἀπαράσκευον, τριβωνίου μέλανος οἱ περὶ τὸν βασιλέα ὁθενοῦν εὐπορήσαντες περιδύουσι μὲν αὐτὸν τὰ μαλακὰ καὶ ἀρχικὰ ἄμφια, ἐπενδύουσι δὲ τὸ

---

30 ἐγγαστρίμυθοι: cf. Ps.-Plut. Prov. 2, 22; Nic. Or. 68, 25 **34—35** ἅπερ — Σωτήρ: cf. Act. 1, 7 **41—42** σχοινία . . . ἔντριτα: cf. Eccl. 4, 12 **46** καθ᾽ ὑγρῶν τυπουμένας: cf. Diogen. 5, 83; Nic. Or. 61, 4

VA = a, PW, RMDF = b

30 ἐγγαστρίθυμοι AR: ἐγκαστρίθυμοι W **33** ἠκριβολόγουν etiam B: ἠκρίβουν V **36** ἀλεξηνόμους RMD^ac^F: ἀλεξανέμους N **38** ἐνθησαυριζομέναις R **39** πνοίαις V **40** ἀνέκειντο W **41** σκηνοπηγεῖν AP: σχοινοπηγεῖν W **42** παττάλους APW παροξύνειν W **44** τῷ βασιλεῖ post νόσου add. AP^pc^W Bekk ἐπετείνετο AP^pc^W **45** ἔτι: δέ τι R: δ᾽ ἔτι M ἐντεῦθεν om. V: ἀπὸ τούτου B **46** καὶ — τυπούμενος om. VB καθυγροῦ W προθυμίαν AW ἤδη: οἷον P **52** αὐτῇ V τὴν χεῖρα προσάγων V **53** τι om. P **57** αὐτὰ R καὶ post ἀρχικὰ add. DF^ac^

36 αὐτὸς : αὐτὸς ὁ b Bekk **41** σκηνορραφεῖν (σκηνοποιεῖν D^s^) b Bekk **46—47** ἤδη ἀνυπεξάλυκτον: ἀνυπεξάλυκτον ἐφεστῶσαν b Bekk τραχὺ τῆς κατὰ θεὸν πολιτείας ἔνδυμα, εἰς ὁπλίτην μετημειφότες πνευματικὸν κράνει τε θειοτέρῳ καὶ θώρακι σεμνοτέρῳ, τῷ οὐρανίῳ στρατολογήσαντες ἡγεμόνι. τὸ δὲ ῥάκος μὴ ποδῆρες ὂν μήτε μὴν δι' ὅλου τοῦ ἡρωϊκοῦ ἐκείνου καταβαῖνον σώματος εἴα τὰς κνήμας ἀκαλυφεῖς, ὡς μηδένα τῶν ὁρώντων εἶναι ἀδάκρυτον, ἐν νῷ βαλλόμενον τὴν ἀνθρωπίνην ἀσθένειαν καὶ τὴν ἐν τῷ τελευτᾶν τὸν βίον τοῦ σώματος ἀχρειότητα, ὅπερ ἡμῖν ὡς ὄστρεον περιπλάττεται καὶ συμφύεται τῇ ψυχῇ.

Τοῦ βίου γοῦν οὕτω καὶ τῆς βασιλείας μεθίσταται, τριάκοντα καὶ ὀκτὼ χρόνους | γεγονὼς ἐν τῇ βασιλείᾳ λειπόντων μηνῶν τριῶν. πρὸς ἣν οἶμαι παράτασιν τῆς ἀρχῆς καὶ τὸ παλαίτατον ἐκεῖνο λόγιον ἀφορᾶν, ὃ διέξεισιν οὑτωσί „ἀλλ' ὑστάτη σε κερδανεῖ λαβὴ λόγου·" ἡ γὰρ τελευταία τοῦ ὀνόματος συλλαβὴ τὸν ὀκτὼ καὶ τριάκοντα διασημαίνεται ἀριθμόν.

Τέθαπται οὖν παρὰ πλάγιον πλευρὰν τῷ τὸν νεὼν εἰσιόντι τῆς τοῦ Παντοκράτορος μονῆς, οὐκ ἐν αὐτῷ τῷ τεμένει, ἀλλ' ἐν τῷ περὶ τοῦτον ἡρώῳ. τοῦ δὲ τοίχου τοῦ νεὼ εἰς ἁψῖδα περιαχθέντος ἡ περὶ τὴν σορὸν εὐρεῖα διαστέλλεται εἴσοδος. συνέχει δὲ τοῦτον λίθος τὴν μελανίαν ὑποκρινόμενος καὶ διὰ τοῦτο στυγνάζοντι ἐοικώς, ὃς καὶ εἰς ἑπτὰ διέσχισται λοφιάς. παράκειται δέ οἱ ἐπὶ κρηπῖδος καὶ προσκύνησιν δέχεται λίθος ἐρυθρὸς ἀνδρομήκης, ὃν εἶχε πρότερον μὲν ὁ κατ' Ἔφεσον ναὸς ἐκεῖνον εἶναι διαθρυλλούμενον, ἐφ' οὗ Χριστὸς μετὰ τὴν ἀπὸ σταυροῦ καθαίρεσιν νεκροταφίοις εἰληθεὶς ἐσμυρνίσθη, ὁ δὲ βασιλεὺς οὗτος ἐκεῖθεν μετακομίσας καί οἱ τὸν νῶτον ὑποστρώσας ὡς ὁμόθεον σῶμα καὶ γεγονὸς ὅπερ τὸ χρῖσαν βαστάσαντι ἐκ τοῦ κατὰ τὸν Βουκολέοντα λιμένος εἰς τὸν ἐν τῷ φάρῳ τοῦ παλατίου νεὼν ἀνήγαγε. μετ' οὐ πολλὴν μέντοι ἐν ὑστέρῳ χρόνου περίοδον τοῦ βασιλέως τὸν βίον ἀπολιπόντος, καὶ ὁ λίθος οὗτος ἐξήρθη τῶν | ἀνακτόρων καὶ μετενήνεκται ἔνθα δὴ ἀρτίως ἐμνήσθην, κεκράξων, οἶμαι, καὶ διατρανωσόμενος ὁπόσα ὁ τῇ σορῷ σιωπῶν εἰργάσατό πως καὶ ἠγωνίσατο. |

---

65 μεθίσταται: die 24 mens. Sept. a. 1180; cf. Panopl. dogm. lib. XXVII: ἀλλ' οὕτω καὶ τούτου κυρωθέντος τοῦ δόγματος ὁ μὲν βασιλεὺς Μανουὴλ μετὰ μῆνας τρεῖς, εἰκοστὴν τετάρτην ἄγοντος τοῦ Σεπτεμβρίου μηνός, τὸν βίον ἀπέλιπε τὸν ἀνθρώπινον

---

58 πνευματικὸν — σεμνοτέρῳ: cf. Eph. 6, 14. 17; 1 Thess. 5, 8 **68** ἀλλ' — λόγου: Orac. Leonis Sap. PG 107, 1132 B 1

VA = a, PW, RMDF = b

58 μετειληφότες WN **59** σεμνοτέρῳ: ἀνοτέρω R **60** ἡγεμόνι: βασιλεῖ VB **65—66** λ' καὶ η' A **66** τριῶν μηνῶν V **68** οὑτωσὶν V λαβὴ om. R **69** η' καὶ λ' A **71** γοῦν cum W b scr. A **76** διαδέχεται M **81** κατὰ om. F **82** τοῦ μεγάλου παλατίου APW Bekk τοῦτον ante ἀνήγαγε add. AP^pc W Bekk **83** ἐν om. RMDF χρόνων V **84** μετήνεκται AWMDF Sc: μετήνεγκται R **85** ὁ om. M

71 γοῦν W b Sc **77** τὴν πόλιν post Ἔφεσον add. b Bekk **79** μετακομίσας (δια- Bekk) ἐκεῖθεν P b Bekk

ΒΑΣΙΛΕΙΑ
ΑΛΕΞΙΟΥ ΤΟΥ ΠΟΡΦΥΡΟΓΕΝΝΗΤΟΥ
ΤΟΥ ΥΙΟΥ ΤΟΥ ΒΑΣΙΛΕΩΣ ΜΑΝΟΥΗΛ ΤΟΥ ΚΟΜΝΗΝΟΥ

Καὶ οὕτω μὲν ὁ Κομνηνὸς Μανουὴλ καταλύει τὸν βίον, βασιλεύει δὲ μετ' αὐτὸν ὁ ἐκείνου παῖς 'Αλέξιος, οὔπω καθαρῶς τῆς ἥβης ἁψάμενος, ἀλλ' ἔτι παιδοκόμων καὶ τιτθευτρίας δεόμενος. πλημμελῶς τοίνυν καὶ ἀχρείως τὰ 'Ρωμαίων ἐφέρετο πράγματα καὶ χειρόνως ἢ ὅτε ὁ Φαέθων τὴν ἐν ἄστροις οὐρανοῦ τέμνειν ὁδὸν ἐπεβάλετο τοῦ πατρικοῦ καὶ χρυσοκολλήτου ἐπιβὰς ἅρματος. αὐτὸς μὲν γὰρ ὁ κρατῶν διὰ τὸ τῆς ἡλικίας ἀτελὲς καὶ τὸ τοῦ τὰ συνοί|σοντα φρονεῖν ἐνδεὲς οὐδενὸς ἦν τῶν καθηκόντων ἐπιστρεφόμενος, κούφοις δὲ τρεφόμενος πνεύμασι καὶ τὸ χαίρειν καὶ τὸ λυπεῖσθαι μήπω μεμαθηκὼς ἀκριβῶς κυνηγεσίοις προσανεῖχε καὶ ἱππηλασίοις προσέκειτο, παιδαρίοις συμπαίγμοσι συγγινόμενος καὶ τὸ ἦθος ἐν τοῖς χειρίστοις τυπούμενος. οἱ δέ γε πατρῷοι τούτῳ ἑταῖροι καὶ οἱ καθ' αἷμα δήπου προσήκοντες ἑτέροις τὸν νοῦν προσέχοντες τῆς

4—14 καὶ — τυπούμενος: cf. Eust. 18, 13—18 **4—25** καὶ — ἅπαντα: cf. Nic. Panopl. dogm. lib. XXVII (contin. verba ad p. 222, 65 allata) 'Αλεξίου δὲ τοῦ ἐξ ὀσφύος ἐκείνῳ τὴν 'Ρωμαϊκὴν ἀρχὴν διαδεξαμένου, μειρακίσκου παναπάλου καὶ λειοπώγωνος καὶ μήπω τὸ τρισκαιδέκατον ἔτος ἐξηνυκότος, ὡς ναῦς ἀνερμάτιστος χειμῶνι φορουμένη καὶ κύμασι τὰ κοινὰ κατεβαπτίζετο πράγματα, ἔσωθεν μὲν τοῖς βασιλειῶσι προσγενέσι τοῦ παιδὸς καὶ βασιλέως εἰς ἀκρωρείας ἐκβρασσόμενα τυραννίδων (proseq. ad p. 225, 56) **7—9** χειρόνως — ἅρματος: cf. Eust. 48, 22—23; Hygin. Fab. 152. 154 **11** κούφοις — πνεύμασι: cf. Soph. Ai. 558 **11—12** τὸ — μεμαθηκώς: cf. Nic. Or. 50, 4

VA = a, PW, RMDF = b

1—3 Βασιλεία — Κομνηνοῦ (τοῦ Κομν. om. Bekk) PW Bekk: id., praemisso Τόμος ὄγδοος V: id., addito in fine παρὰ τοῦ αὐτοῦ Νικήτα τοῦ Χωνειάτου συγγραφεῖσα A **4** ὁ Κομν. Μαν.: ὁ βασιλεὺς Μαν. VB: ὁ βασ. Μαν. ὁ Κομν. DF Bekk **6** τιθ. VDF **7** ἐφέροντο VB ὁ om. VAW ὁ τοῦ ἡλίου παῖς Φαέθων B **8** ἐπεβάλλετο M Bekk **9** γὰρ om. V: hab. B **10** τὸ V: cum PW b om. A τὸ νηπιῶδες φρόνημα B ἐνδεὴς W **11** δὲ om. P **13** ἱππηλασίαις PR Sc: ἱππολυσίοις M **14** γε: τε F πατρῶοι: πρῶ/Οἱ M: πρῶτοι D **15—16** καὶ — τούτου om. R

1—3 Βασιλεία 'Αλεξίου τοῦ ποϛφυρογεννήτου τοῦ (τοῦ om. R) υἱοῦ τοῦ βασιλέως Μανουὴλ (Μανουὴλ: κῦρ Μανουὴλ R) τοῦ Κομνηνοῦ (τοῦ Κομνηνοῦ om. F) συγγραφεῖσα παρὰ τοῦ αὐτοῦ Νικήτα τοῦ (N. τοῦ om. F) Χωνιάτου RMF: Βασιλεία τοῦ βασιλέως κῦρ 'Αλεξίου τοῦ Κομνηνοῦ (πορφυρογεννήτου super Κομνηνοῦ scr.) τοῦ υἱοῦ τοῦ βασ. κῦρ M. τ. Κομν. D **10** τὸ om. PW b Bekk **11** δὲ: δὲ μόνον b Bekk τούτου καλλίστης κατημέλουν ἀγωγῆς καὶ τροφῆς καὶ τὰ κοινὰ φθειρόμενα παρεβλέποντο. οἱ μὲν γὰρ τῆς βασιλίδος ἤρων καὶ ἐπείρων, ἐπαφροδίτως βοστρυχιζόμενοι, καὶ τὸν ταύτης ἀντέρωτα θηρώμενοι ἐμυροῦντο νηπιωδῶς καὶ ἐμιτροῦντο γυναικωδῶς περιδερραίοις λιθοκόλλοις καὶ ὅλοις ἐς ἐκείνην ὀφθαλμοῖς ἐνητένιζον· οἱ δέ, χρηματιστικοὶ ὄντες καὶ δημοβόροι, παρενοσφίζοντο τὰ δημόσια ταῖς τε ἐφευρημέναις δαπάναις ἀφειδέστερον χρώμενοι καὶ νέας προσεφευρίσκοντες, ἵν' ἔχοιεν οὕτω τὸ χθὲς κενὸν καὶ σύσπαστον βαλάντιον πλῆρες καὶ διῳδηκὸς σήμερον· οἱ δέ, τοῦ βασιλεύσειν ἔχοντες ἔφεσιν, πρὸς τοῦτο τὸν οἰκεῖον σκοπὸν συνέτεινον ἅπαντα. ὡς γάρ τινος παιδαγωγοῦ γενναίου καὶ ἐμβριθοῦς ἐκποδὼν γεγενημένου, ἀταξίας τὸ πᾶν ἐπεπλήρωτο, ἑκάστου τὸ οἰκεῖον μεταδιώκοντος ἐφετὸν καὶ ἀλλήλοις ἁπάντων ἀντιπραττόντων, ἢ κίονος ὑποσπασθέντος ἑδραίου καὶ ἀστραβοῦς πρὸς ἐναντίαν φορὰν ἀπονενεύκεισαν ἅπαντα. τῆς δὲ ἰσοτιμίας ἀτιμασθείσης παρὰ τοῖς τότε τὰ μέγιστα δυναμένοις καὶ κατὰ γένος συναπτομέ|νοις τῷ βασιλεῖ, αἵ τε ὑπὲρ τῶν κοινῶν φροντίδες ἐξέλιπον καὶ αἱ συνδρομαὶ καὶ σύνοδοι ἠφαντώθησαν.

Καὶ τοῦ πρωτοσεβαστοῦ καὶ πρωτοβεστιαρίου Ἀλεξίου τοῦ Κομνηνοῦ, ὃς ἀνεψιὸς ἦν πρὸς πατρὸς τῷ βασιλεῖ Μανουήλ, τῇ τοῦ παιδὸς καὶ βασιλέως μητρὶ πλησιάζοντος, ὡς ἐλέγετο, καὶ θαμὰ αὐτῇ ὁμιλοῦντος καὶ ὑπὲρ πάντα ἰσχύοντος ἕτερον, οἱ τοῦ αὐτοῦ μεταλαχόντες αἵματος καὶ ἰσοκρατεῖς εἶναι παρὰ τοῦ βασιλέως Μανουὴλ ἐαθέντες καὶ ἀξιώμασι μεγίστοις ἐμπρέποντες ἔστιν ᾗ ἀπεπνίγοντο τοῖς γινομένοις, ἔστι δ' ᾗ καὶ τυραννίδα φυομένην ὁρῶντες τὸν πρωτοσεβαστὸν ὑπεβλέποντο, οὐ τοσοῦτον μὴ ὁ βασιλεύων ἀηδές τι πάθῃ περὶ πλείστου ἔχοντες, ὅσον

17—20 οἱ — ἐνητένιζον: cf. Eust. 18, 25—28 **21** δημοβόροι: vide ad p. 43, 61 **23** σύσπαστον βαλάντιον: cf. Plat. Conv. 190 e **33—46** καὶ — σκέπτεται: cf. Eust. 18, 28—19, 6 **28** κίονος . . . ἀστραβοῦς: cf. Pind. Ol. 2, 81 sq.

VA = a, PW, RMDF = b

17 μάλα λαμπρῶς post ἐπείρων add. AP, ubi (βασιλί)δος — λαμπρῶς i. r. 18 litt., W Bekk **20** ἐς: εἰς DF: om. M ὀφθαλμοῖς εἰς αὐτὴν Bekk ἠτένιζον W χρηματικοὶ V **21** τε: μὲν AW: om. P προσεφευρημέναις P **22** ἀφειδῶς M δὲ post νέας (νέοις A) add. AW **23** κοινὸν καὶ ἀσύσπ. V καὶ alt. om. M **24** βασιλεύειν V $A^{ac}P^{ac}$ Bekk **25** ἅπαντες VM **26** ἐκ ποδῶν APWR γενομένου Bekk τοῦ βασιλέως post γεγενημένου add. $AP^{pc}W$ **27** διαπραττόντων M **29** ἅπαντες VRB δὲ: τοίνυν $AP^{ir}W$ **30—34** αἵ — βασιλεῖ om. R **31** τῶν: τινῶν τῶν W αἱ σύνοδοι W **33** καὶ alt.: δὲ καὶ $AP^{pc}WD$ Bekk **34—36** ὃς ἀνεψιὸς ἦν τοῦ βασιλέως Μανουήλ, ὡς ἐλέγετο, ἐπλησίαζε τῇ μητρὶ τοῦ βασιλέως καὶ παιδὸς καὶ συχνὰ ἐν αὐτῇ εἰσερχόμενος καὶ συντυχαίνων ὑπὲρ πάντα ἄρχοντα ἴσχυε καὶ ἐξουσίαζε B **34—35** τῇ — ἐλέγετο V: lect. codd. PW b hab. A **38** τοῖς γινομένοις $A^{mg γρ}$: τῇ τοῦ ἀνδρὸς παραδυναστείᾳ AW Sc **40—41** ὁ — μὴ om. M **40** Ἀλέξιος post βασιλεύων add. $AP^{pc}W$ Bekk πάθοι R Bekk ἔχοντες $A^{mg γρ}$: τιθέμενοι AW

34—35 τῇ — ἐλέγετο: τὴν τοῦ παιδὸς καὶ βασιλέως μητέρα ὑποποιησαμένου (ὑποπ. μητ. AW Sc) APW b Sc Bekk μὴ αὐτοὶ συλληφθεῖεν ὑφορώμενοι. καὶ διὰ ταῦτα καραδοκοῦντες τὸ μέλλον, τὸ καθ' αὐτοὺς ἀσφαλὲς τοῦ πέλας προυτίθεσαν. ἤδη γὰρ ἡ φήμη λάλος ἦν καὶ διαρρήδην κραυγάζουσα ὡς Ἀλέξιος τῇ μητρὶ τοῦ βασιλέως συγγίνεται καὶ καθελεῖν μὲν τοῦτον τῆς δυναστείας ἐν νῷ τίθεται, ἑαυτὸν δ' ἐπιβήτορα ταύτης, ὥσπερ δὴ καὶ τῆς τεκούσης, γενήσεσθαι σκέπτεται.

Καὶ οὕτω μὲν τὰ κατὰ τὴν βασιλείαν αὐτὴν πάσης ὄντα συγχύσεως καὶ παντοίου χειμῶνος ἔμπλεα, καὶ τὸ τοῦ μυθικοῦ δράκοντος πράγμασιν αὐτοῖς ὁρώμενον ἦν, ὃς κακῶς διετίθετο κωφῷ καὶ τυφλῷ μέρει τῷ οὐραίῳ διεξαγόμενος. ἢ τὸ τέρας πέρας ἐλάμβανεν, ὃ τὸν βίον τελευτῶντος ἐπεφάνη τοῦ | αὐτοκράτορος Μανουήλ· γυνὴ γάρ τις κατὰ τὴν Προποντίδα λαχοῦσα τὴν οἴκησιν παιδίον ἀπέτεκεν ἄρρεν, τὸν μὲν λοιπὸν ἄνθρωπον ἐξηρθρωμένον καὶ λίαν βραχυμερέστατον, τὴν δέ γε κεφαλὴν χρῆμά τι ἐπὶ τῶν ὤμων ἀνέχον μέγα τε καὶ ἐξαίσιον, ὃ καὶ συλλελόγιστο πολυαρχίας εἶναι σημαντικόν, ἥτις μήτηρ ἀναρχίας ἐστίν.

Ὁ δὲ Κομνηνὸς Ἀνδρόνικος ὁ τοῦ βασιλέως ἐξάδελφος Μανουήλ, περὶ οὗ τὸ λέγειν ἐν τῇ κατὰ τὸν βασιλέα τοῦτον ἱστορίᾳ ἔρρευσεν ἱκανώτατα, διατρίβων τηνικαῦτα κατὰ τὸ Οἴναιον, ἐπεὶ πύθοιτο τὸν τοῦ Μανουὴλ θάνατον καὶ διαστασιάζειν ἔγνωκε τὰ βασίλεια, τὸν παλαιὸν τῆς τυραννίδος ἀνασκάλλει ἔρωτα. ἀλλὰ μήπω περὶ τούτων, καθ' εἱρμὸν δὲ προϊὸν

---

45 ἐπιβήτορα: cf. p. 101, 70 56—65 ὁ — εἵλετο: cf. Nic. Panopl. Dogm. lib. XXVII (continuantur verba supra ad p. 223, 4 allata): ἔξωθεν δὲ τοῖς ἐκ γειτόνων βαρβάροις εἰσεκώμασεν ὁ ἐκ Κομνηνῶν Ἀνδρόνικος, ἀνὴρ τὴν μὲν τρίχα ὑπαργυρίζων τῷ χρόνῳ, ἐνεδρευτικὸς δὲ τὸ ἦθος καὶ ὕπουλος καὶ πολυμορφότερος χαμαιλέοντος. οὗτος γὰρ τοῦ βασιλέως Μανουὴλ ἐξάδελφος ὤν, ὑπώπτευέ τε τὴν ἐξ ἐκείνου χείρωσιν καὶ κάκωσιν, ἣν καὶ πέπονθε πολλάκις διὰ χρονίων καθείρξεων καὶ οὐχ ἧττον ὑπεβλέπετο παρ' ἐκείνου διὰ τὸ φίλαρχον τοῦ τρόπου καὶ τὸ τοῦ φρονήματος ἀκαθαίρετον. οὐκοῦν φυγὰς ἀεὶ καὶ πλανήτης τὴν ὑπ' οὐρανὸν περιήρχετο, ἄρχειν μὲν ἐρῶν, ἄρχεσθαι δὲ ἀδοξῶν.

VA = a, PW, RMDF = b

42 ἑαυτοὺς V 43 ὡς om. W 43—44 τῇ-συγγίνεται (sive γενόμενος) om. W 44 συγγίνεται καὶ VB: lect. codd. P b hab. A μέτεισι τοὺς πολλοὺς (πολλοὺς: φίλους W) φιλίᾳ καὶ χρήμασι ante καὶ καθελεῖν add. AP^{pc}W Bekk τοῦτον: τὸν βασιλέα AW: αὐτὸν cum P b scr. A^{mg} 45—46 ὥσπερ — σκέπτεται i. r. 15 litt. et mg. P 45 ὥσπερ — τεκούσης: μετὰ τῆς ἑταιρίας W: καθὼς καὶ ἐπὶ τὴν κοίτην τῆς δεσποίνης ἀνέβη B γενήσεσθαι: γενέσθαι A$^{mg\gamma\rho}$ W 47 τὰ om. R τὴν βασιλείαν αὐτὴν: τὰ τῆς βασιλείας πράγματα B 49 διέθετο R 53 -μένον sscr. et καὶ λίαν i. r. 5 litt. P τε λίαν καὶ W 54 ἀνέχον om. V 57 ἔρρευσεν ἱστορίᾳ P κατέρρευσεν Bekk 58 ἐπειδὴ P τοῦ om. W

44 συγγίνεται καὶ: ξύμφυτος (σύμφ. Bekk) μικροῦ (μικροῦ om. AP) καὶ σύμπνους γενόμενος (γινόμενος D) AP b Bekk τοῦτον: αὐτὸν P b Bekk δυναστείας: βασιλείας b Bekk 45 ὥσπερ — τεκούσης om. b γενήσεσθαι: θέσθαι b 47 βασίλειον αὐλὴν b Bekk

τὸ λέγειν ἐκεῖθεν τῆς ἱστορίας τῶν κατὰ τὸν ἄνδρα τοῦτον ἐχέσθω, ὁπόθεν ἔχεσθαι ἄμεινον συναφείας ἕνεκα καὶ τοῦ μὴ παραλιπεῖν τι τῶν ῥηθῆναι ἀξίων.

Ὁ Ἀνδρόνικος τοίνυν οὗτος τὰς λαβὰς ἐκφεύγων τοῦ Μανουὴλ ἀειφυγίαν εἵλετο καὶ πόλεις ἀμείψας συχνὰς καὶ πλεῖστα ἐθνῶν ἄστεα κατιδὼν τέλος, ὡς εἰπόντες ἔχομεν, καταλύει παρὰ τῷ Σαλτούχῳ· τοπάρχης δ' ἦν οὗτος εἰς ἀρχὴν ἔχων ἐξαιρεθεῖσαν τὴν τῇ Χαλδίᾳ προσεγγίζουσαν χώραν, Ῥωμαίοις μὲν πάλαι ὑπόφορον, τότε δὲ τοῖς Τούρκοις καὶ τοῖς τούτων ὑπείκουσαν ἔθεσι. καὶ παρειληφώς τι φρούριον αὐτοῦ ἑκόντος καὶ τῇ φυσικῇ τούτου ἐρυμνότητι τὴν ἀπὸ τῆς | τέχνης προσθεὶς ἐκεῖσε προσέμενε συμπλανῆτιν ἔχων ἑαυτῷ καὶ συνέκδημον τὴν Κομνηνὴν Θεοδώραν, ἥτις ἀθεμίτως αὐτῷ συνηυνάζετο θυγάτηρ Ἰσαακίου οὖσα τοῦ σεβαστοκράτορος· ἐξ ἀδελφῶν δ' ἔφυσαν ἄμφω, Ἰσαάκιος καὶ Ἀνδρόνικος.

Ὁ τοίνυν αὐτοκράτωρ Μανουὴλ συνειληφέναι οὐκ ἔχων Ἀνδρόνικον, ἀλλ' ὅσα καὶ Ἰξίων Ἥρας τούτου ἀποπλαζόμενος, ὡς γοῦν νεφέλην τὴν ἀνεψιὰν Θεοδώραν περισχεῖν διὰ φροντίδος ἐτίθετο καὶ τοῦ κατὰ σκοπὸν ἐπιτυχὴς γεγονὼς διὰ τοῦ τότε τὴν ἀρχὴν τῆς Τραπεζοῦντος ἀνεζωσμένου Νικηφόρου τοῦ Παλαιολόγου μετὰ βραχὺ καὶ αὐτὸν ἐπισπᾶται Ἀνδρόνικον, ὅσα καὶ δελητίῳ τῇ Θεοδώρᾳ κατασπώμενον καὶ τῷ ταύτης ἀγκιστρευόμενον ἔρωτι, οὐ μικρῶς δὲ καὶ τῷ τῶν παίδων πυρὶ δαπανώμενον, οὓς ἀπέτεκεν αὐτῷ Θεοδώρα. στείλας τοίνυν πρέσβεις ἐς βασιλέα αἰτεῖται ὧν πεπαρῴνηκεν ἀμνηστίαν, πρὸς δὲ καὶ ἀσφάλειαν ὡς οὐδέν τι πείσεται θυμαλγὲς ἀφικόμενος. καὶ τοῦ βασιλέως πρὸς ἄμφω οὐκ ἀπατηλῶς κατανεύσαντος μετά τινα καιρὸν προσχωρεῖ.

Πολυμήχανος δ' ὢν Ἀνδρόνικος καὶ παντοίοις δόλοις καζόμενος ἁλύσει σιδηρέᾳ βαρυταλάντῳ διαλαμβάνει τὸν τράχηλον καὶ ταύτην ἔνδον συσχὼν καὶ περιθάλψας τῷ ἱματίῳ ἐς τὰ τῶν ποδῶν ἔσχατα καταβαίνουσαν, ὡς εἴη βασιλεῖ τε ἀφώρατος καὶ τοῖς τὸ βῆμα τούτου πληροῦσιν ἀθέατος, λαβὼν τοῦ ὀφθῆναι τῷ αὐτοκράτορι καὶ θεάσασθαι τὸ ἐνδόσι-

---

65 πόλεις — κατιδών: cf. Hom. α 3 **66** εἰπόντες ἔχομεν: p. 142, 23—28 **76** ὅσα — Ἥρας: cf. Pind. Pyth. 2, 23—48 cum schol.

VA = a, PW, RMDF = b

61 καὶ πάλιν post τοῦτον add. APW πόθεν A **64** οὗτος τοίνυν R **66** ἔσχομεν F τῷ Σαλτ. etiam Sc: Σαλτ. τινί AW **67** τῇ Χαλδαίᾳ Bekk: τὴν Χαλδαίων γῆν B **69** ἔθνεσι W **71** πλανήτην W αὐτῶ V **72** συνευνάζετο W οὖσα Ἰσαακίου R **73** δ' om. W **75** οὐκ: μὴ P **76** τῆς Ἥρας V **78** γεγονώς: φανεὶς A[mg γρ] P **80** δηλητηρίῳ V **81** δὲ om. DF Bekk τῷ om. V[ac] D **82** εἰς Bekk **84** τι om. V **85** κατευνάσαντος A: κατανεύοντος W **87** πολυταλάντῳ Bekk περὶ τὸν τράχηλον M **89** τοῦτο F

62 ἔχεσθαι: ἄρχεσθαι b Bekk

μον, ἐπεὶ ἅ|παξ ἐκείνῳ εἰς θέαν κατέστη, μέγας μεγαλωστὶ κατὰ τοῦ δαπέδου ἐκτείνεται προτείνας τὴν ἅλυσιν καὶ δακρύοις τέγγων τοὺς ὀφθαλμοὺς ἐδεῖτο θερμότερον καὶ περιπαθῶς καθικέτευε συγγνώμην εὑρεῖν ἐφ' οἷς δῆθεν παραλελύπηκεν. ὁ δὲ βασιλεὺς ἐπὶ τοῖς δρωμένοις ἔκθαμβος γεγονὼς αὐτός τε προήχθη πρὸς δάκρυα καὶ τοὺς ἐξεγεροῦντας ἐπέταξεν. ὁ δὲ οὐκ ἀναστῆναι τῶν κάτω διισχυρίζετο, εἰ μὴ βασιλέως ἐπιτεταχότος αὐτόν τις τῶν παρεστηκότων διὰ τῆς ῥυμοτομίας ἐφελκύσει τοῦ βήματος λαβόμενος τῆς ἁλύσεως καὶ προσουδίσει τῷ θρόνῳ τῷ βασιλικῷ. ἀμέλει καὶ γέγονεν, ὡς ἐδεῖτο Ἀνδρόνικος. ὑπουργήκει δὲ πρὸς τοὖργον τοῦτο ὁ Ἄγγελος Ἰσαάκιος ὁ καθελὼν τῆς τυραννίδος Ἀνδρόνικον ὕστερον· καὶ θαυμάσας ἄν τις τὸ τελεσθὲν τηνικάδε καιροῦ οὐκ εἰς ἄλογον συγκυρίαν ἢ αὐτόματον ἀπολύσει τοῦτο περίπτωσιν.

Τῷ δ' οὖν τότε λαμπρότατα προσδεχθεὶς ὁ ἀνὴρ καὶ φιλοφροσύνης μεγαλοπρεποῦς ἀξιωθείς, ὡς ἔδει τηλίκον ἄνδρα χρόνιον ἐπανήκοντα, πρὸς τὸ Οἴναιον ἀποστέλλεται, ἐκεῖσε τὰς διατριβὰς τελέσων καὶ τὴν μακρὰν ἀνακωχεύσων περιοδείαν καὶ τὸν πολυετῆ καταπαύσων πλάνον. ᾔδεσαν γὰρ ἀμφότεροι τὰ τῆς ἐν ταὐτῷ συνουσίας εἰς τὰς προτέρας ἐπαναλύσοντα συμφοράς· μηδὲ γὰρ ἠρεμήσειν ὅλως τὸν φθόνον καὶ οἷς ἔργον τῷ φιλαιτίῳ τὴν παρὰ τοῖς κρατοῦσιν οἰκείωσιν ἀρνυσθαι καὶ ταῖς τῶν ἄλλων διαβολαῖς ἑαυτοὺς κρατύνειν καὶ εἰς μείζους προσεπαίρειν τιμάς.

Ἦν οὖν Ἀνδρόνικος Διός τε πόρρω καὶ κεραυνοῦ, | παρὰ τοσοῦτον οὐ τὸν πρώην ἕλκων πόνηρον βίοτον, παρ' ὅσον οὐ τῆς τῶν Ῥωμαίων ἐπλάζετο ὑπερόριος καὶ δωρεῶν ἐνεφορεῖτο βασιλικῶν.

Ἐκεῖσε τοίνυν ὢν τὸν τοῦ Μανουὴλ ἠνωτίσατο θάνατον καὶ τὰς ἐν τοῖς βασιλείοις νόσους ἠκρίβωκε καὶ ὡς ὁ βασιλεὺς Ἀλέξιος ἱππασμοῖς διαχεῖται καὶ προστέτηκε παιδιαῖς, ὁπόσαις φιληδοῦσιν οἱ παιδαριώδεις τὴν φρόνησιν, τῶν δὲ παιδοκομούντων αὐτὸν εὐπατριδῶν οἱ μὲν κατὰ τὰς μελίσσας συχνὰ πρὸς τὰς ἐπαρχίας λύουσι τὸ πτερὸν καὶ ὡς μέλι τὰ χρήματα τιθαιβώσσουσιν, οἱ δὲ κατὰ τὰς αἶγας τοῦ τῆς βασιλείας

8 τότε: a. 1180 mense Iul.

91—92 μέγας μεγαλωστὶ . . . ἐκτείνεται: cf. Hom. Σ 26 **10** πρὸς — ἀποστέλλεται: cf. Eust. 28, 7—10 **17** Διὸς — κεραυνοῦ: cf. Diogen. 7, 77 b; Apost. 16, 51; Karathanasis 4 **18** ἕλκων — βίοτον: cf. p. 32, 47

VA = a, PW, RMDF = b

91 καθάπαξ APW Bekk **92** τέγκων codd. **95** πρὸς δάκρυα προήχθη Bekk προσέταξεν R **2** (ῥυμοτο)μίας ἐφ(ελκύσει) i. r. P **3** καί: οὐ W **5** Ἰσαάκιος ὁ Ἄγγελος Bekk **8** (πρ)οσδεχθεὶς ὁ ἀνὴρ i. r. 10 litt. P **9** τηλικοῦτον Bekk χρόνιον ἄνδρα M **11** πλάνον: πόνον D **13** γάρ: γὰρ ἂν APW Bekk **15** ἐπικρατύνειν AP^{pc}W Bekk οὐ τῆς: οὔτε M **18—20** οὐ — τὸν om. R

94 δήπου P b Bekk οὕτως post δρωμένοις add. b **2** ἑλκύσει b Bekk **3** βασιλείῳ b Bekk **7** τοῦτο om. b **8** ὁ ἀνὴρ om. b **18** τῶν om. b Bekk ἐρῶσι θαλλοῦ καὶ συνεχῶς ἐρωτιῶσι τουτονὶ δρέπεσθαι, ἔνιοι δὲ τὰς ὗς μιμούμενοι ἐκ τῶν ῥυπαρωτέρων προσόδων λιπαίνονται, πρὸς μὲν τὸ ἐπαινετὸν καὶ τῆς κοινῆς πατρίδος ὠφέλιμον οὐδ᾽ ἀναθρεῖν ὅλως οὐδ᾽ ἀνακύπτειν αἱρούμενοι, ταῖς δὲ μυσαραῖς ἐγκυλινδούμενοι πράξεσι καὶ συωδῶς πρὸς ἅπαν ἐγκυπτάζοντες χείριστον.

Αἰτίαν οὖν ἐφιλοκρίνει καὶ ἀνηρεύνα περιεργότερον, δι᾽ ἧς εὐα|φόρμως τῇ βασιλείᾳ ἐπίθοιτο. καὶ πολλοὺς λογισμοὺς ἀνελίξας καὶ πᾶσαν μηχανὴν μετελθὼν τέλος τὸ τοῦ ὅρκου βιβλίον ἔπεισιν, ὃν τῷ Μανουὴλ καὶ τῷ υἱῷ ἐκείνου Ἀλεξίῳ εἶχεν ὀμωμοκώς, καὶ μεθ᾽ ἑτέρων εὑρὼν καὶ ταῦτα ἐγκείμενα-χρεὼν δὲ μὴ ὑπονοθεύειν ἑτέρᾳ φράσει τὰ ῥήματα, ἀλλ᾽ ὡς ἐπὶ λέξεων εἶχον, οὑτωσὶ καὶ δηλοῦν, διεξῄεσαν δὲ ὧδε- ,,καὶ εἴ τι δὲ ἴδω ἢ νοήσω ἢ ἀκοῇ παραλήψομαι εἰς ἀτιμίαν ὑμῶν καὶ λύμην τοῦ ὑμετέρου φερόμενον στέμματος, | καὶ ὑμῖν τὴν περὶ τούτου διδοὺς ἐσοίμην εἴδησιν καὶ αὐτὸς δέ, ὡς ἐξόν μοι, τοῦτο κωλύσω."

Καὶ τοῖς ῥήμασι τούτοις ἐπικαθίσας ὡς αἱ μυῖαι τοῖς μώλωψι, πάνυ χρησίμοις οὖσι πρὸς ἣν πάλαι ὤδινε τυραννίδα ἐμβριθέστερον ἔχων τὸ ἦθος καὶ τὸ φρόνημα ἀρχικώτερον, ἐπάλληλα τὰ γράμματα ἔστελλε πρός τε τὸν ἀνεψιὸν καὶ βασιλέα Ἀλέξιον καὶ τὸν τῆς μεγίστης ἱερωσύνης κοσμήτορα Θεοδόσιον καὶ τοὺς λοιπούς, οἷς ζώπυρον φιλίας ὑπῆν πρὸς τὸν κατοιχόμενον βασιλέα τὸν Μανουήλ, ἐν δεινῷ τιθέμενος τὰ τῆς ἀσχήμονος φήμης περιλαλήματα καὶ τὸν ἀγανακτοῦντα ὑποκρινόμενος, εἰ μὴ ὁ πρωτοσεβαστὸς τῆς δυναστείας παραλυθείη καὶ τὴν μετριωτέραν τύχην εἴη μετειληφὼς καὶ διὰ τὸν προσέρποντα μὲν ἐντεῦθεν καὶ ἤδη καθιστάμενον προδηλότατον τοῦ βασιλέως Ἀλεξίου ὄλεθρον, ἀλλὰ δὴ καὶ τὴν ἀπρεπῆ οὐχ ἥκιστα φήμην καὶ ὠσὶν ἡμέροις οὐκ εὐπαράδεκτον, ἥτις ἐπ᾽ ἄκρων τειχέων κηρύσσεται καὶ πύλαις δυναστῶν ἐφεδρεύει καὶ πρόεισι παγκόσμιον περιήχημα. καὶ ταῦτα λέγων καὶ

33—34 τὸ — ὀμωμοκώς: cf. Eust. 28, 6—10 **40** ὡς — μώλωψι: cf. Nic. Or. 180, 1; Panopl. Dogm. lib. XXVII, p. κδ' ed. Eustratiades **42** — **52** ἐπάλληλα — περιήχημα: cf. Eust. 30, 10—13, qui tamen tantum de epistulis post Andronici filiae fugam scriptis loquitur

---

VA = a, PW, RMDF = b

26 θαλοῦ RM^ac^FK Bekk ὀρεκτιῶσι V: ἐρωτιοῦσι FK **31** περιεργοτέραν V (εὐα)φ(όρ)μ(ως) i. r. P: εὐαρμόστως W **33** μέτεισιν V ὃ W **34** τῶ ἐκείνου υἱῶ V Sc: τῶ υἱῶ αὐτοῦ B εὑρηκὼς APW et add. ῥημάτων APW Bekk **37** λύμην: λύπην AW Sc **38** φέρον V διδοὺς om. W **39** καὶ om. W κωλύσω W **41—42** ἔχων ἦθος καὶ φρόνημα APW **42** ἦθος τε καὶ D **43** ἀρχιερωσύνης V **45** κατηχούμενον R **48** ἐντεῦθεν: ὄφιν A **50** ἀλλὰ — ἀπρεπῆ: καὶ τὴν ἀπρεπῆ δὲ V δὴ : δὲ Bekk τὸν ἀπρεπῆ . . . λόγον . . . ὅστις APW ἡμέροις: ἡμετέρας B: -οις Bekk **51** πύλας V **52** πρόσεισι W περιήχημα om. AW **53** εἴποι RK Bekk ἂν om. D καὶ om. M γράφων μεθ' οἵας οὐκ εἴπῃ τις ἂν πειθανάγκης καὶ λαμυρότητος (ἦν γάρ, εἰ καί τις ἄλλος, γραμμάτων ἔμπειρος καὶ ἀνὰ στόμα φέρων τοῦ πνευματορρήτορος Παύλου τὰ ἐπιστόλια) εἶχε πάντας τῇ αὐτοῦ γνώμῃ προστιθεμένους καὶ πρὸς ἐκεῖνον νενευκότας μονώτατον ὡς φιλορώμαιον ἄνδρα καὶ χρόνῳ μακρῷ καὶ πείρᾳ πολιωτέρᾳ τὰ κάλλιστα συλλεξάμενον.

Καὶ αὐτὸς δὲ τοῦ Οἰναίου ἀπάρας πρὸς τὴν τῶν πόλεων βασιλίδα μετέβαινε | τὸν οἰκεῖον καθ' οὓς ἐπισταίη ὅρκον ἀναπτύσσων καὶ τοῖς πυνθανομένοις διεξιὼν τὸ τῆς κινήσεως αἴτιον. καὶ περὶ ἐκεῖνον ὅσα καὶ πρὸς ἀετὸν ὑψινεφῆ καὶ γαμψώνυχα κολοιοὶ ἐγάρυον ἄκραντα οἱ πραγμάτων νεωτέρων τρέφοντες ἔφεσιν καὶ οἷς ἡ πάλαι φήμη περιεσπούδαστο, ἣ δήπου βασιλεύσειν Ἀνδρόνικον προηγόρευε. καὶ εἶχεν αὐτὸν οὕτω μεταβάντα ἡ τῶν Παφλαγόνων μερὶς καὶ ὅσα καὶ σωτῆρα καὶ κατὰ θεῖον ἥκοντα προσδεχόμενον ἐριτίμως.

Ὁ δὲ πρωτοσεβαστὸς Ἀλέξιος ἐκπάγλως ἐμαίνετο, τῷ ἰδίῳ πίσυνος κράτει καὶ τῇ παραδυναστείᾳ τῆς δεσποίνης καταχρώμενος, ὥσπερ καὶ ὁ πολλὰ πολλάκις ἐδηδοκὼς φάρμακα δράκων καὶ γενόμενος δυσαντίβλεπτος. οὐκοῦν οὐκ ἦν τι τῶν ἁπάντων, ὃ μὴ δι' αὐτοῦ ἐπεραίνετο. εἰ δέ τι καὶ διεπεπράχει λαθὼν ἕτερος, ἢ τῆς βασιλίσσης δεηθεὶς ἢ τὸν βασιλέα καρυατιζόμενον εὑρὼν ἢ ῥιμμῷ λιθιδίων καταλαβὼν προσανέχοντα καὶ τῷ καιρῷ πρὸς περάτωσιν τοῦ αἰτουμένου χρησάμενος, οὐδὲ τοῦτο τῶν ἐκείνου ἐκπεριίστατο ὀφθαλμῶν· σκεψάμενος γὰρ τρόπον, δι' οὗ τὰ παρ' ἄλλων διηνυσμένα πρὸς ἐκεῖνον ἐπαναλύσουσιν ὡς εἰς στροφάλιγγα περιδινούμενα ῥεύματα, δόγμα ἐκ βασιλέως ἐξήνεγκε

---

59 ἀπάρας: secundum Eustathium non nisi paulo post „bellum sacrum", de quo infra p. 232, 32 sqq.

---

57 πείρᾳ πολιωτέρᾳ: cf. Plat. Tim. 22 b **61—62** ὅσα — ἄκραντα: cf. Pind. Ol. 2, 87/8 **66** κατὰ θεῖον: cf. p. 13, 16 **68—69** ὥσπερ — δράκων: cf. p. 123, 80—81

VA = a, PW, RMDF = b

53—54 ἦν — ἔμπειρος om. V: ἦν γὰρ καὶ λόγου ῥητορικῆς μέτοχος B: ἦν γὰρ καὶ γραμμάτων ἔμπειρος X **54** ἀεὶ post φέρων add. APW Bekk **55** γνώμῃ: γλώττῃ W **57** τὰ om. R **60** οὓς: ὅσον R **62** πρὸς om. APW Bekk **65** καὶ pr. cancell. V καὶ alt. om. APWR **67** ἐκπάγλως ἐμαίνετο: τὴν τῶν ὅλων διοίκησιν εἰς ἑαυτὸν ἐπεσπᾶτο (cf. b lin. 68—69) PW Bekk **67** πίσυνος: πεποιθὼς PW **68** τὴν — ἐπεσπᾶτο cum PW post κρατεῖ add. A καταχρώμενος om. V: ἀκρατῶς ἔχων APW **70** οὐκ ἦν οὖν οὐδὲν ἁπάντων V **72** καρυαντιζόμενον A: (καρυ)αν(τιζόμενοι) i. r. P λιθιδίω WD **73** πέρας APW **74** οὐδὲ: ὁ δὲ R περιίστατο W **75** διηνύ μενα ex διηνυσμένα F ἐπαναλύουσιν W **76** δόγματα V

67 ἐκπάγλως ἐμαίνετο om. b πίσυνος: φυσιούμενος b Bekk **68—69** ὥσπερ — δυσαντίβλεπτος: διαστασιάζοντας εἶχε τῶν ἐξ αἵματος ἐκείνῳ (ἐκείνου DF) πλείστους καὶ μάλισθ' ὅτι τὴν τῶν ὅλων διοίκησιν ἐς (ἐς om. R) ἑαυτὸν (αὐτὸν M) ἐβιάζετο b μὴ ἄλλως εὐπαράδεκτα οἴεσθαι ὅσα ἡ βασιλικὴ χεὶρ ὑποσημαίνεται, γράμματα, εἰ μὴ πρότερον ὀφθεῖ|εν τῷ ᾿Αλεξίῳ καὶ οὗτος τὴν δεξιὰν τῷ βατραχείῳ ἐπιδοὺς βάμματι τὴν τοῦ „ἐτηρήθησαν" ἐπισημασίαν βραβεύσειεν. ἦγεν οὖν, ὡς ᾑρεῖτο, πάντα καὶ μετεπέττευε, καὶ ἅπερ οἱ ἐκ Κομνηνῶν πρότερον βασιλεῖς ἱδρῶσι πολλοῖς, εἴπω δὲ καὶ τοὺς πένητας καλαμώμενοι, συλλογιμαίως ἀπεθησαύρισαν χρήματα, ταῦτα τῷ πρωτοσεβαστῷ καὶ τῇ βασιλίσσῃ πρὸς ἀποχέτευσιν προύκειντο· καὶ τὸ τοῦ ᾿Αρχιλόχου ἄντικρυς ἐπεραίνετο, ὅ φησιν, εἰς ἔντερον πόρνης πολλάκις μεταρρυΐσκεσθαι τὰ χρόνῳ καὶ πόνῳ συλλεγέντα μακρῷ.

᾿Εντεῦθεν ἡ πᾶσα πόλις πρὸς ᾿Ανδρόνικον ἔβλεπε καὶ ἡ ἐκείνου ἄφιξις ὡς ἐν σκοτομήνῃ λαμπτὴρ καὶ ἀστὴρ ἀρίζηλος ἐδοξάζετο. τῷ τοι καὶ ἐνῆγον διὰ γραμμάτων κρύβδην πεμπομένων οἱ μέγα τότε δυνάμενοι καταταχῆσαι τὴν εἴσοδον, ὡς ἀντιταξομένων οὐδένων, οὔτε μὴν πρὸς τὸ ἀντωπὸν τῆς ἐκείνου στησομένων σκιᾶς, ἀλλ' ὑπτίαις ὅλων προσδεξομένων χερσὶ καὶ ἀναπετασόντων ἀσμένως τὰς τῆς καρδίας περιπτυχάς.

Διαφερόντως δὲ αὐτὸν παρεκρότει καὶ θαρραλέως προσιέναι διένυττεν ἡ πορφυρογέννητος Μαρία ἡ τοῦ βασιλέως ᾿Αλεξίου ἑτεροθαλὴς ἀδελφὴ καὶ ὁ παριαύων ταύτῃ καῖσαρ ἐξ ᾿Ιταλῶν ὁρμώμενος. αὕτη γὰρ ἀποπνιγομένη μικροῦ τῷ τὴν πατρῴαν κοίτην ἀνοσίως ὑπὸ τοῦ πρωτοσεβαστοῦ ἐρευνᾶσθαι, καὶ ἄλλως δὲ θερμουργίαν ἀσπαζομένη καὶ ἀνδρικὴ τὸ φρόνημα οὖσα, προσκτωμένη δὲ καὶ τὸ φύσει πρὸς τὴν μητρυιὰν βαρύζηλον, οὐχὶ στέγουσα δὲ καὶ τὸ παρευδοκιμεῖσθαι καὶ ὡς ἀντι-

---

84—85 τὸ — μακρῷ: cf. Aelian. Var. Hist. 4, 14 **86—87** ἐντεῦθεν — ἐδοξάζετο: cf. Eust. 26, 23 sqq. **87** ἀστὴρ ἀρίζηλος: cf. Pind. Ol. 2, 55

VA = a, PW, RMDF = b

77 οἴεσθαι: κρίνεσθαι APW Sc **78** τῷ om. W **79** βατραχείῳ: ἢ πρασίνω D[s]: πρασίνου B: πρασινὸν Sc βάμματι V: χρώματι cum PW b scr. A τοῦ: τοῦτο R: τούτου M σημασίαν R **80** βραβεύσειεν: πρεσβεύσειεν V μετεπέπτευεν Bekk **81** βασιλεῖ W **82** συλλογίμως A **83** προύκειτο Bekk **84** ᾿Αρχιλόγου WB ἔντερον: ἕτερον R **84—85** (πόρ)νης — μεταρ(ρυΐσκεσθαι) i. r. 12 litt. P ῥυΐσκεται W **86** πρὸς etiam B: ἐς V **87** καὶ ὡς ἀστὴρ V **88** αὐτὸν post ἐνῆγον add. V Sc ἐκπεμπομένων V **89** οὔτε: εἴτε V **92** πτυχάς V **93** πολλοὶ μὲν γὰρ καὶ ἄλλοι τῶν ἐπισήμων πρὸς τὸ ἔργον τοῦτο ᾿Ανδρόνικον διὰ γραφῶν λαθραίων ἐπερρώννυον ante διαφερόντως add. W προσκράτει R θαρραλέως A[mg]: ἀνυποστόλως AW **95** γὰρ om. W **1** μικροῦ ante ἀποπνιγομένη suppl. W[s] **1—2** τῷ — ἐρευνᾶσθαι V: βλέποντες τὰ παρὰ τοῦ πρ. πρὸς τὴν δέσποιναν ἄπρεπα ἐργαζόμενα B: τῇ περὶ τῆς μητρυιᾶς δυσκλεεῖ φήμῃ καὶ κατὰ τοῦ πρωτοσεβαστοῦ μῖσος ἄσπονδον τρέφουσα A: lect. codd. P b hab. A[mg]: τῇ . . . φήμῃ (= A) καὶ τὴν πατρ. βασ. ὑπὸ τοῦ πρ. συλᾶσθαι· ἔτρεφε γὰρ κατ' αὐτοῦ ἄσπονδον μῖσος W **3** προσεπικτωμένη AW **4** οὐ AW

79 βάμματι: χρώματι PW b Bekk **85** ῥυΐσκεσθαι b **1—2** τῷ τὴν πατρῴαν βασιλείαν ὑπὸ τοῦ πρωτοσεβαστοῦ συλᾶσθαι P b Bekk **2** δὲ om. b καθι|σταμένη τις ὑποβλέπεσθαι τὸν Ἀνδρόνικον τοῖς γράμμασιν ἐμυώπιζεν ὡς ἵππον ἐφ' ὕσπληγγος ἑστῶτα καὶ δρόμον πνέοντα, ἐὸν κακὸν ἀμφαγαπῶσα καὶ τὸν οἰκεῖον ὄλεθρον ἐπισπέρχουσα. τὴν δὲ πρὸς τὸν πρωτοσεβαστὸν οὐχ οἵα τε οὖσα περιστέλλειν ἀπέχθειαν ἐς τοὐμφανὲς αὐτῷ ἀντεφέρετο καὶ οὐδ' ὁπωσοῦν διελελοίπει ὅσα οἱ πρὸς λύμην βυσσοδομεύουσα.

Ἀμέλει καὶ ὑποποιησαμένη τῶν πρὸς γένους ἐκείνῃ τινάς, ὁπόσους δηλαδὴ τῷ Ἀνδρονίκῳ ᾔδει προστιθεμένους, φιλεχθροῦντας δὲ τῷ πρωτοσεβαστῷ (ἦσαν δ' οὗτοι ὁ Κομνηνὸς Ἀλέξιος, ὃς ἀπετέχθη τῷ βασιλεῖ Μανουὴλ ἐκ τῆς ἀνεψιᾶς Θεοδώρας, ὁ Λαπαρδᾶς Ἀνδρόνικος, οἱ δύο τοῦ Ἀνδρονίκου υἱοὶ ὅ τε Ἰωάννης καὶ ὁ Μανουήλ, ὁ τῆς πόλεως ἔπαρχος Ἰωάννης ὁ Καματηρὸς καὶ συχνοὶ ἕτεροι), καὶ διὰ συνωμοσίας τὴν μὲν ἐς τὸν ἀδελφὸν καὶ βασιλέα πίστιν κρατυναμένη, τὸν δὲ τοῦ πρωτοσεβαστοῦ κυρώσασα θάνατον, ἐκαιροφυλάκει τὴν τούτου κατάλυσιν.

Εὔκαιρον δὲ πρὸς τὴν μελετωμένην πρᾶξιν εὑρηκέναι οἰηθεῖσα καιρὸν τὴν εἰς τὸν Βαθὺν Ῥύακα μετὰ τοῦ βασιλέως ἐξέλευσιν τοῦ πρωτοσεβαστοῦ ἐπὶ τῷ τελεσθῆναι τὰ ὅσια Θεοδώρῳ τῷ χριστομάρτυρι κατὰ τὴν ἑβδόμην τῆς πρώτης τῶν νηστειῶν τὴν μὲν ἐγχείρησιν ἡτοιμάσατο καὶ τοὺς σφαγέας τοῦ ἀντιπάλου ἐπήγετο τὸ φονουργὸν παραγυμνοῦντας σιδήριον, ἐκ δέ τινος περιπετείας τοῦ οἰκείου ἐκκρούεται σκέμματος. καὶ τῆς βουλῆς ὁμοῦ καὶ τῆς ἐπιβουλῆς μικρῷ

22—23 ἐπὶ — νηστειῶν: in festo τῶν κολλύβων quod in honorem S. Theodori Tironis primo Quadragesimae sabbato celebratur, i. e. die 7 mens. Febr. a. 1181 **26—27** μικρῷ ὕστερον: „Kalendis Martiis", Guil. Tyr. lib. XXII, 5, Rec. Hist. Crois. Hist. Occ. I, 1070

11—19 ἀμέλει — κατάλυσιν: cf. Eust. 20, 4—19

VA = a, PW, RMDF = b

6 ἐμυώπαζεν V καμπτῆρος post δρόμον add. APW Bekk **7** ἐπισπεύδουσα AW Sc **8** εἰς V Bekk **13** δ': δὲ P **13—14** ὃς — Θεοδώρας V: ὁ ἐκ τῆς ἀνεψιᾶς γεννηθεὶς Θεοδώρας B: ὃν ἔτεκεν ἡ Κομνηνὴ Θεοδώρα AW Sc: lect. codd. P b hab. A^{mg} **14** ὁ Λαπαρδᾶς Ἀνδρόνικος om. VB: μετὰ τοῦ Λαπαρδᾶ Ἀνδρονίκου W **15** β' R υἱοὶ τοῦ Ἀνδρονίκου W ὅ τε Μανουὴλ καὶ ὁ Ἰωάννης V καὶ post Μανουὴλ add. P **16** Καματηρὸς A$^{mg γρ}$: Δούκας AWN Ἰω. Δ. ὁ Κ. Sc **17** εἰς MN τὸν pr. om. V **18** κυριώσασα P **20** εὔκαιρον A$^{mg γρ}$: εὐφυᾶ A **22** μάρτυρι VB **25** οἰκείου A$^{mg γρ}$: ἑαυτῇ πολυεράστου A: οἰκείου καὶ πολυεράστου W **26** μικρὸν V

13—14 ὃς — Θεοδώρας: ὃς ἐκ νοθείας ἀπετέχθη τῷ βασιλεῖ Μανουὴλ P b Bekk **18** κατάλυσιν: καθαίρεσιν b Bekk **20—21** καιρὸν οἰηθεῖσα b Bekk ὕστερον φωραθείσης, τοὺς μὲν λοιποὺς | εἶχε βῆμα βασιλικὸν καὶ σκέψις τοῦ ἀτοπήματος προύκειτο σχήμασι μόνοις ἀλλ' οὐχὶ πράγμασιν· ἐφωμάρτει γὰρ ἡ καταδίκη εὐθὺς καὶ ὡς ἄφωνοι ἰχθύες οἱ συσχεθέντες ἀπήγοντο μηδ' ὅλως δεξάμενοι τὸ ἐνδόσιμον εἰς τὸ τὰ δοκοῦντά σφισιν ἀπολογήσασθαι.

Αὐτὴ δὲ ἡ πορφυρογέννητος σὺν τῷ ἀνδρὶ τῷ καίσαρι τῷ Μεγίστῳ Ναῷ προσρύεται, βαρυμηνιῶσαν κατ' αὐτῆς ἐκδιδράσκειν φάσκουσα μητρυιὰν καὶ τὸν ταύτης κάρταμον ἐραστήν. οἶκτον οὖν οὐ τῷ πατριάρχῃ μόνον ἐμπεποιήκει καὶ τοῖς ὅσοι τῆς ἱερᾶς κιγκλίδος ἐντός, ἀλλὰ καὶ τοὺς πλείστους τῶν ἐκ τοῦ ξύγκλυδος δήμου καὶ σύρφακος οὕτω κατέκαμψε καὶ μετέφερεν, ὡς μικροῦ δακρυρροεῖν ἐπ' αὐτῇ. ἔνθεν τοι καὶ ταῖς τῶν πολλῶν ἀναθερμανθεῖσα περιπαθείαις, ἐν τῷ μέρει δὲ καὶ αὐτὴ διαδόσεσι στατήρων χαλκέων πρὸς ἀποστασίαν τὸ πτωχεῦον πλῆθος ἐξαγριαίνουσα, τὰ τοῖς πρόσφυξιν ἠδόξει βραβευόμενα ἔθιμα, καὶ προτεινομένης ἀμνηστίας ὧν ἑάλω δρῶσα κακῶς, οὐδ' ἐπαΐειν ὅλως ἠνείχετο, ἀλλ' ἀπῄτει παλινδικίαν τῶν ταύτης συνωμοτῶν καὶ ἄνεσιν τῶν καθείρξεων. τόν τε πρωτοσεβαστὸν τῆς τῶν κοινῶν ἔχεσθαι διοικήσεως οὐδαμῶς φέρουσα ἦν, ἀλλ' ἀποφλαυρίζουσα τουτονὶ πόδα ὑπερβάθμιον τείνειν ἔφασκε τοῖς οὐκ ἐφικτοῖς καὶ κατολισθαίνειν εἰς πρᾶξιν ἀθέμιτον καὶ τὸ γένος οἱ ἐντεῦθεν ἐπιθολοῦν. ὁδῷ δὲ | προϊοῦσα καὶ τῶν βασιλείων ἀποσκορακισθῆναι τοῦτον ἐνέκειτο καὶ οἷά τι παρ-

---

32—33 αὐτὴ — προσρύεται: ante festum Paschatis (5. 4. 1181), cf. Eust.

---

27 φωραθείσης: cf. Eust. 20, 19—22 **27—31** τοὺς — ἀπολογήσασθαι: cf. Eust. 20, 22—22, 2; 22, 10—13 **32—33** cf. Eust. 22, 13—25 et 24, 15 **34—35** οἶκτον — ἐμπεποιήκει: cf. Eust. 22, 25—28 **41** προτεινομένης ἀμνηστίας: cf. Eust. 22, 28—24, 7 **44** πόδα ὑπερβάθμιον τείνειν: cf. p. 3, 44 **47—49** οἷα — αὐτοκράτορα: cf. Mat. 13, 7. 24 sqq.; Luc. 8, 7

VA = a, PW, RMDF = b

27 τοῦ συστρέμματος post λοιποὺς add. AP[pc]W **29** ἐπηκολούθει AW εὐθύς om. V **30** τὸ alt. om. V **32** αὕτη V **33** φάσκουσα: φεύγουσα V **34** ἐραστήν: προασπιστήν APW **35** μόνῳ A ἐπεποιήκει καὶ τοῖς οἳ V ἐντός: ἔγγιστα V: ἔνδοθι AW **36** τοὺς πλείστους VP: τοῖς πλείστοις N: πλείστους cum W b scr. A **37** μικροῦ: μικροῦ δεῖν V **44** οὐδαμῶς: οὐ V τοῦτον VP **45** ἔφασκε τείνειν V οὐκ ἐφικτοῖς: οὐκ ἐπαινετέοις AW: οὐ θεμιτοῖς A[mg]γρP **45—46** εἰς πρᾶξιν ἀθέμιτον V: εἰς τὰ ἀθέμιτα A suppl. P[mg]W: γρ. πράξειν ἀνόσιον A[mg] **46** καὶ — ἐπιθολοῦν i. mg. et r. 15 litt. P **47** τουτονὶ APW ἐξαιτοῦσα post ἐνέκειτο add. APW Bekk παραφυὲν V

36 τοὺς πλ.: πλείστους W b Bekk **37** καὶ post μικροῦ add. b Bekk **44** ἀλλ': καὶ b **45—46** εἰς πράξεις (εἰς πράξεις om. D[ac]F: εἰς πρᾶξιν M) μηδαμῇ (μηδαμῶς R: μὴδαμᾶ M) θεμιτάς b Bekk **46** καὶ — ἐπιθολοῦν om. W b, sed suppl. D[mg]

εκφυὲν ζιζάνιον τῆς εὐγενοῦς ἀποσπασθῆναι φυταλιᾶς καὶ ζημιωθῆναι ὀλέθρῳ συναναβαῖνον καὶ συμπνῖγον ὡς σῖτον τὸν αὐτοκράτορα.

Ἦν δὲ ἄντικρυς ὀριγνωμένη ἃ μὴ τελέεσθαι ἔμελλεν. ὁ γὰρ ἀνὴρ οὗτος τοῖς ἀνακτορικοῖς θαλάμοις ὡς πολύπους ταῖς πέτραις καθάπαξ ἐμφὺς καὶ τὰς κοτυληδόνας κύκλῳ διαφεὶς οὐδ' ὅλως μεταβαίνειν ἐκεῖθεν ἠβούλετο. καὶ δήποτε τοῦ βασιλέως καὶ ἀδελφοῦ διηπειληκότος τῇ κασιγνήτῳ καισαρίσσῃ τὴν ἐκ τοῦ νεὼ ἀφαίρεσιν καὶ κατάσπασιν, εἰ μὴ ἐκσταίη ἑκοῦσα τοῦ ἱεροῦ (βασιλέα δὲ λέγων τὰ τοῦ πρωτοσεβαστοῦ φημι ἐπιτάγματα καὶ τῆς τοῦ βασιλέως μητρός), τὸ ἑκοῦσα εἶναι μηδαμῶς προελθεῖν ἀντηπείλησεν.

Ἔνθεν τοι καὶ δεδοικυῖα μὴ συλληφθείη, ταῖς τε πύλαις τοῦ νεὼ ἐφίστησι φύλακας καὶ πάσας τὰς εἰσόδους διαλαμβάνει φρουραῖς, τὸν τῆς προσευχῆς οἶκον διασκευάζουσα πρὸς ληστήριον ἢ φρούριον ἐχυρὸν καὶ ἀπότομον, δυσάλωτον τοῖς προσβάλλουσιν. ἀεὶ δ' ἐπεκτεινομένη τοῖς χείροσι καὶ προβαίνουσα τοῖς οὐκ ἐπαινετέοις καὶ συμμαχικὸν τάγμα ξενολογεῖ καὶ τίθησι στρατόπεδον τὸν θεῖον περίβολον. καὶ Ἰταλιώτας γὰρ συναγήοχεν ὁπλομάχους καὶ μεγαθύμους ἑῴους ἐστρατολόγησεν Ἴβηρας, κατ' ἐμπορίαν τῇ πόλει παραβαλόντας, καὶ Ῥωμαίων ὁπλιτεύουσαν ἐπεσπάσατο φάλαγγα, ἐμπαζομένη μηδενὸς τὰ πρὸς εἰ|ρήνην αὐτῇ κατεπᾴδοντος, μήτ' αὐτὸν τὸν πατριάρχην ὑποστελλομένη ἐμβριθῶς ἐγκείμενον καὶ μάλα κοτέοντα, καὶ πολλάκις πρὸς ὀργὴν ἐπιπλήττοντα.

Καὶ ξύμπαν μὲν οὖν ἑτέρας πόλεως ἀλογίᾳ χαίρει τὸ πλῆθος καὶ τὴν ἐπί τι ῥοπὴν δυσμαχώτατόν ἐστι· τὸ δὲ τῆς Κωνσταντίνου φιλοταρα-

---

50 ἃ — ἔμελλεν: cf. Hom. B 36 **51** ὡς — διαφείς: cf. p. 8, 90 **59—60** τὸν — ληστήριον: cf. Mat. 21, 13 **67** τὰ πρὸς εἰρήνην: Luc. 14, 32; 19, 42

VA = a, PW, RMDF = b

48 ἀποσπασθῆναι A^{s}: ἀπεκσπασθῆναι V: ἀποβληθῆναι AW **49** ὡς om. R **50** τελέεσθαι: πέρας λαβεῖν APW Sc ἤμελλεν AW Sc: ἤμελλον P **53** ἠβούλετο: ᾑρέτιστο A^{mg}γρP **55—56** βασιλέως δ' ἔλεγον τ. τ. πρ. ἁπαξάπαντες ἐπιτάγματα AP, ubi ἁπαξάπαντες i. r., W **57** προελθεῖν om. W **60** διασκευάζουσα: διαλαμβάνουσα V **61** ὀχυρὸν R προβάλλουσιν WF ἐκτεινομένη P **62** ἐπαινετέοις A^{mg}γρ: -τοῖς V (οὐχ) ὁσίοις AW ξυμμαχικὸν Bekk **63** στράτευμα M **64** γὰρ om. VN **65** κατ' — παραβαλόντος om. V παραλαβόντας W: παρεμβαλόντας R **66** ἐμπαζομένη A^{mg}: ἐπιστρεφομένη AW δὲ post ἐμπαζομένη add. V **68** μάλα om. AW κοτέοντα: πατρικῶς (πρακτικῶς Bekk) ὑποτιθέμενον τὸ πρακτέον AP^{pc}WSc Bekk: γρ. μάλα πατρικῶς ἐπιπλήττοντα A^{mg} καὶ πολλάκις: πολλάκις δὲ καὶ APW Bekk **69** ἐπιπλήττοντα: ἀποπέμποντα A^{mg}γρ P **70** ξυμπάσης AW: -αν A^{s} ἑτέρας: τῆς W τὸ λαῶδες πλῆθος cum b scr. A τὸ λαῶδες πλῆθος ἀλογίᾳ χαίρει Bekk **71** ἀγοραῖον post Κωνσταντίνου add. APW Bekk

55—56 βασιλέα δέ τις λέγων . . . . φησὶν (φημὶ DF) b **70** τὸ πλ.: τὸ λαῶδες πλῆθος b Bekk χώτατον μάλιστα, προπετείᾳ χαῖρον καὶ σκολιάζον ταῖς ὁδοῖς, ὅσῳ καὶ ἐκ διαφόρων πολιτεύεται τῶν γενῶν καὶ τῇ τῶν τεχνῶν ποικιλίᾳ συμμεταποιοῦται, ὡς εἴποι τις, τὸ φρονεῖν. ἐπειδὴ δὲ ἀεὶ τὰ χείρω νικᾶν εἴωθε καὶ ἐν πολλοῖς ὄμφαξι μίαν ῥᾶγα πεπανθεῖσαν μόλις εὑρήσει τις, διὰ τοῦτο οὔτε λόγῳ ἐφ᾿ ὁτιοῦν χωρεῖ, οὔτε μετὰ προμηθείας ἐφίσταται οἷς ἐφορμήσειεν, ἀλλ᾿ ὅπῃ μὲν πρὸς στάσιν καὶ φήμῃ μόνῃ μεθαρμοζόμενον πυρός ἐστι δραστικώτερον, χορεῦον οἷον κατὰ ξιφῶν καὶ προβλῆσι καὶ κύμασι κωφοῖς ἀνθιστάμενον, ὅπῃ δὲ κατεπτηχὸς ὡς ψοφοδεὲς καὶ τὸν αὐχένα παντὶ τῷ βουλομένῳ παρέχει πατεῖν. εἰκότως οὖν ὡς ἀστασίαν ἤθους νοσοῦν καὶ παλιμβολώτατον διαβέβληται. οὔτε οὖν ἑαυτοῖς ποτε τὰ κάλλιστα πεφώρανται πράξαντες οἱ τῆς Κωνσταντίνου οἰκήτορες, οὔθ᾿ ἑτέροις εἰσηγουμένοις τὰ κοινωφελῆ ἐπειθάρχησαν, ἀεὶ δὲ τἀναντία ταῖς εὐδαιμονούσαις παρακαθιστάντες πόλεσιν, ὅσα γῆ καὶ θάλασσα τούτοις δορυφορεῖ, ἐπ᾿ ἀνηνύτοις εἰς ἑτέρας | πόλεις ἀλλοεθνῶν διαφοροῦσι καὶ μεταγγίζουσι. τὸ δὲ πρὸς τοὺς κρατοῦντας ἀδιάφορον ὡς ἔμφυτον αὐτοῖς κακὸν συντετήρηται· ὃν γὰρ ὡς ἐννόμως σήμερον ἐξαίρουσιν ἄρχοντα, τοῦτον ὡς κακοεργὸν ἐς νέωτα διασύρουσι, τοῦτό τε κἀκεῖνο παριστῶντες μὴ σὺν λόγῳ ποιεῖν ἀνεπιστημοσύνῃ τοῦ κρείττονος καὶ τῷ εὐριπίστῳ τοῦ φρονήματος.

Ἦν οὖν τηνικαῦτα ὁρᾶν κατὰ συλλόγους ἀθροιζομένους καὶ ἀγειρομένους κατὰ συστήματα, οἳ καὶ πρῶτα μὲν ἠλευθεροστόμουν τὴν μὲν πορφυρογέννητον Μαρίαν δῆθεν οἰκτείροντες ὡς παρ᾿ ἀξίαν πάσχουσαν, τοῦ δὲ πρωτοσεβαστοῦ καταβοώμενοι ὡς μὴ σὺν λόγῳ εὐπραγοῦντος μηδ᾿ ὡς χρὴ τῇ τύχῃ χρωμένου καὶ κατὰ τῆς τοῦ βασιλέως ἠγανάκτουν μητρός. κατὰ μικρὸν δὲ προϊόντες καὶ εἰς στασιασμὸν ἀνερρώγεσαν καί τις τῶν ἱερέων ἔκτυπον τοῦ Χριστοῦ ἐπ᾿ ἀγορᾶς παρενεγκὼν καὶ ἄλλος

---

72 σκολιάζον ταῖς ὁδοῖς: Prov. 14, 2 **74—75** τὰ — εἴωθε: fort. prov. **78** πυρὸς — δραστικώτερον: cf. p. 167, 54 **79** κύμασι κωφοῖς: cf. Hom. Ξ 16 **91—12** ἦν — ἀνέφλεγε: cf. Eust. 26, 19—21

VA = a, PW, RMDF = b

72 αὐτοῦ post ὁδοῖς add. V **73** τῶν pr. om. P Bekk **74** εἴπῃ DF Bekk ἐπεὶ VMD ἀεὶ om. D **76** προθυμίας VDF Bekk μεθίσταται VRM **77** οἷς: οἷς ἂν AW οὐ προσηκόντως post ἐφορμήσειεν add. AP Bekk καὶ φήμῃ μόνῃ πρὸς στάσιν V **79** καὶ πεπτηχὸς V **80** καὶ om. A **82—83** οἱ ... οἰκήτορες V: οἱ ... ξύγκλυδες (σύγκλ. Bekk) ὄχλοι A[mg]P Bekk: τὸ ... ἀγοραῖον σύστημα AW **83** καὶ σωτηρία post κοινωφελῆ add. APW Bekk **84** τὰ ἐναντία R παρακαθίσαντες P **85** δωροφορεῖ Bekk εἰς om. M **86** διαφεροῦσι Bekk **87** ἔννομον A[s] PW **91** καὶ post ὁρᾶν add. Bekk **92** συστήματα A[mg]: συστοιχίας AW **95** ἠγανάκτου V: ἠγανακτοῦντος M **2** τοῦ om. AW

76 οὔτε λόγῳ: οὔτε σὺν λόγῳ τὸ τοῦ πολιτεύματος ἀγοραῖον (ἀγοραῖον om. M) b Bekk **83** οἰκήτορες: δημόται b **2** ἐνεγκὼν b Bekk ἄρας σταυρὸν ἐπωμάδιον καὶ ἕτερος σημαίαν ἱερὰν ἀνεμώσας ὡς γλάγος μυίας τοὺς στασιαστὰς ἐπεσπάσαντο. καὶ ὥσπερ ὑφ' ἑνὶ συνθήματι κινηθέντες τὸν μὲν βασιλέα εὐφήμοις ἐδεξιοῦντο φωναῖς (τοῦτο δὴ τὸ τῶν ἐς νεώτερα χωρούντων ἔργα τεκμήριον ἐκ καλλίστης καταρχομένων ἀρχῆς τὰ μέντοι τελευταῖα βλεπόντων εἰς ἐπανάστασιν), τὸν δὲ πρωτοσεβαστὸν καὶ τὴν δέσποιναν καθυπέβαλλον ἀναθέματι. οὐκ ἐς αὐτὸ δὲ μόνον ἕδρων ταῦτα τὸ Μίλιον, ἀλλὰ καὶ κατ' αὐτὴν τὴν τῆς λαμπρᾶς ἱπποδρομίας σφενδόνην | παραγενόμενοι καὶ ἀφορῶντες εἰς τὰ ἀνάκτορα. καὶ τοῦτο ἐφ' ἡμέρας συχνὰς γινόμενον ἐξεκύμαινε τὸν δῆμον καὶ εἰς στάσιν ἀνέφλεγε. καὶ εἰς αὐθάδειαν οἱ πολλοὶ τραχυνόμενοι οἴκους λαμπροτάτους κατέσπασαν καὶ τὰ ἐντὸς τούτων διήρπασαν οἷς διαφερόντως ἔβλεπον ἥμερον ὅ τε πρωτοσεβαστὸς καὶ ἡ δέσποινα· σὺν οἷς καὶ τὸ τοῦ Παντεχνῆ Θεοδώρου περικαλλὲς οἴκημα, ἐπάρχου ὄντος τῆς πόλεως καὶ τὸ τῶν οἰκειακῶν διέποντος σέκρετον τῷ δικαιοδοτικῷ τε θρόνῳ ἐμπρέποντος. καὶ αὐτὸς μὲν ἐξήλυξε δρασμῷ τὸ πεσεῖν· τὰ δ' ἐνόντα διαρπασάμενοι οὐδ' αὐτῶν τῶν δημοσίων τόμων ἀπέσχοντο, οἷα τὸ μὲν χρήσιμον ἐχόντων κοινῇ διαβαῖνον πρὸς ἅπαντας ἢ τοὺς πλείονας, ἀφαυρὸν δὲ τὸ ἐκ τοῦ ἰδιώσασθαι κέρδος καὶ μηδ' ὅσον τὸν ἐκείνων ἐδίανεν ἂν οἰνοποτάζοντα φάρυγγα.

Οἱ περὶ τὸν πρωτοσεβαστὸν τοίνυν ὁρῶντες ἀεὶ τὰ χείρω προβαίνοντα σκέπτονται βουλὴν καθιζήσαντες, ὅπως τὴν λύμην στήσωσι ταυτηνί. καὶ ἐπεὶ κατ' οὐδένα τρόπον ἑώρων τὴν καισάρισσαν Μαρίαν τῶν οἰκείων βουλευμάτων μεθισταμένην ἢ βραχύ τι γοῦν ὑπενδιδοῦσαν τῶν ὑπερόγκων ζητημάτων, ἃ προυτείνετο, ἔγνων διὰ πολέμου ἐπ' ἐκείνην χωρεῖν καὶ ὡς ἀπό τινος ἐρύματος τοῦ θείου ἐξελάσαι νεώ.

3—4 ὡς — μυίας: cf. Hom. Π 641—3 **15—17** τοῦ — ἐμπρέποντος: cf. Eust. 20, 25—29

VA = a, PW, RMDF = b

3 ἄρας om. M γλάγος VAN Bekk: γλάγγος A[mg] rel. **4** ἐφ' V **5** δή: δὲ Bekk **6** ἀρχομένων P **8** οὐ κατ' αὐτὸ V **9** ἀθροιζόμενοι post ἕδρων add. P Bekk: post ταῦτα AW ταῦτα om. P τὴν om. M λαμπρᾶς om. R **10** παραγινόμενοι AWMD ἐς APWRMD τὰ οὕτως ἀπρεπῆ (εὐπρεπῆ P) διεπράττοντο post ἀνάκτορα add. APW Bekk **11** γινόμενον : τελούμενον A[mg γρ] P: γενόμενον M **12** τραχυνόμενοι οἱ πολλοὶ V τραχυνόμενοι: ἐκτρεπόμενοι A[mg γρ] P **15** τὸ περικαλλὲς τοῦ Π. Θ. οἴκημα P Παντεχνοὺς M **17** διεμπρέποντος D πεσεῖν A[mg]: θανεῖν AW **17—18** τὰ δὲ ὄντα V: τὰ δὲ χρήματα B **18** τόμων : τόπων A οἱ τὰ δίκαια τῆς πολιτείας παρὰ τῶν πρώην βασιλέων ἔχουσιν ὑπογεγραμμένοι post ἀπέσχοντο add. et **19** ἐχόντων om. B Bekk **19** οἷα: καὶ Bekk τό: τὸ ἐκείνου R **21** ἐκείνου V οἰνοποτίζοντα D **23** ὅπως: ὡς ἂν V **26** ἅπερ P προετείνετο V ἔγνω V: ἔγνωσαν AW ἐπ': ὑπ' WD **27** ἐξιλεώσαι M ταύτην post ἐξελάσαι add. APW Bekk

Συλλεγέντος τοίνυν οὐκ ὀλίγου στρατεύματος ἐκ τῶν ἑῴων τε καὶ ἑσπερίων | ταγμάτων καὶ πάντων ὡς εἰς ἓν συναθροισθέντων στρατόπεδον τὸ μέγα παλάτιον, ὁ ἐπιτήδειος χῶρος ἀνεδιφᾶτο, καθ' ὃν ἂν τοῖς ἐπὶ τοῦ ναοῦ ἐπίθωνται· ἤδη γὰρ καὶ ἡ καισάρισσα πρὸς τὴν ἀντίταξιν ἡτοιμάσατο διακριθῆναι πολέμῳ τὰ καθ' αὑτὴν ἐθέλουσα. οὐκοῦν ὅσαι τῷ ἱερῷ οἰκίαι κατὰ τὸν Αὐγουστεῶνα συνήπτοντο, παρὰ τῶν ὑπ' αὐτὴν ἀπερράγησαν καὶ τῆς μεγίστης ἁψῖδος ἄνωθεν, ἥτις κατὰ τὸ Μίλιον ἵσταται, οἱ ἀπ' αὐτῆς ἀνήλθοσαν τοῖς βασιλικοῖς ἀντιπλακησόμενοι. καὶ τὸν νεὼν δέ, ὃς τοῦ 'Αλεξίου κατονομάζεται, τῇ δὲ τοῦ Αὐγουστεῶνος αὐλαίᾳ προσήνωται, στρατιῶται εἰσιόντες ἐφύλαττον.

Αὐτοὶ μέντοι οἱ βασιλικοὶ καθ' ἡμέραν ἑβδόμην, δευτέραν τοῦ Μαΐου μηνὸς τῆς πεντεκαιδεκάτης ἰνδικτιῶνος, ἐκ τοῦ μεγάλου παλατίου κατὰ τὸ περίορθρον ἐκθορόντες εἰσίασι τὰ πρῶτα τὸν τοῦ θεολόγου 'Ιωάννου ναόν, ᾧ τὸ ἐπίκλην Διίππειον, στρατίαρχον ἔχοντές τινα Σαββάτιον 'Αρμένιον. ἔπειτα τοῦ τεμένους ἄνωθεν γενόμενοι ἀσήμους λαλαγὰς ἠφίεσαν. ὡς δ' ἐνειστήκει καιρὸς τοῦ μάχεσθαι, περὶ τρίτην ὥραν οὔσης τῆς ἡμέρας καὶ πληθούσης μάλιστα τῆς ἀγορᾶς, οὐ μετρίως τοὺς ἐκ τῆς ἁψῖδος τοῦ Μιλίου καὶ τοὺς ἀπὸ τοῦ νεὼ τοῦ 'Αλεξίου μαχομένους ὁπλίτας τῆς καισαρίσσης ἐσίνοντο οὗτοι, ἐξ ὑπερδεξίων μαχόμενοι καὶ ὡς ἀφ' ὕψους σκηπτοὺς ἐπαφιέντες κάτω τὰ βέλεμνα. ἀλλὰ καὶ ἑτέρων καταλόγων εὐοπλοτάτων τοῦ παλατίου ἐξιόντων καὶ τὰς ῥυμίδας πληρω- | σάντων καὶ τοὺς στενωποὺς διαλαβόντων, ὁπόσοι πρὸς τὸ μέγα τέμενος φέρουσιν, ὅ τε δῆμος τοῦ ἐπιβοηθεῖν τῇ καισαρίσσῃ ἐπαύσατο διὰ τὸ πᾶσαν πάροδον τοῖς ὅπλοις ἀποταφρεύεσθαι καὶ οἱ ἐκ τοῦ ἱεροῦ ἐπεξιόντες

---

40 revera (die 2 mens. Maii) indictionis decimae quartae (1. 9. 1180—31. 8. 1181), uti ex Guil. Tyr., l. c., constat; unde reicienda videtur interpretatio: sabbato altero mensis Maii decimae quintae indictionis (i. e. 8. 5. 1182)

---

39 — 240, **46** αὐτοὶ — μαχόμενοι: cf. Eust. 26, 12—17

VA = a, PW, RMDF = b

29 ὡς om. VAR ὡς εἰς ἓν: εἰς ὧ M **31** τοῦ om. M **32** ἡτοιμάζετο P κατ' αὐτὴν V Sc: καθ' ἑαυτὴν P θέλουσα V **33** ὅσα . . . οἰκία κατὸν Αὐγ. V τῶ μεγίστω ἱερῶ APW Bekk **35** ἀπ' αὐτῆς: ταύτης V **36** στρατεύμασι post ἀντιπλακησόμενοι add. AP^{pc}W Bekk **39** ἡμέραν ζ', τοῦ Μαίου μηνὸς δευτέραν A **40** ιε' APMDF ἰνδ. per symb. APWMDF **41** τοῦ et 'Ιωάννου om. M **42** τοὐπίκλην W Διίππιον VAW: Δίιππον P: Δίππιον R **43** ἀσήμας λαλὰς M ἀλαλαγὰς R **44** ὥραν om. D **45** μάλιστα om. V **48** (σκη)πτοὺς ἐπαφιέντες κάτω i. r. 10 litt. P κάτω om. V **50** ὁπόσα DF **52** πᾶσαν: πᾶσιν Bekk πάροδον VA^{mg} γρ P: τρίοδον AW

31 νεὼ P b Bekk Μαρία post καισάρισσα add. b **48** κάτω τὰ βέλεμνα: τὰ βέλεμνα κάτωθεν b **49** ῥυμίδας: διόδους b Bekk **50** διειληφότων b Bekk **52** ἄμφοδον (ἐφ- F Bekk) b καὶ τὴν αὐλαίαν τοῦ Αὐγουστεῶνος ὑπερβαίνοντες καὶ τοῖς βασιλικοῖς κατὰ τὰς ἀγυιὰς συμπλεκόμενοι, ὀλίγοι πρὸς πλείους διαμιλλώμενοι, δῆλοι ἦσαν κάμνοντες ἤδη καὶ κατὰ βραχὺ τοῦ θαρραλέου ὑπεκλυόμενοι λήματος.

Καὶ οὕτω δ' οὖν τὰ τῆς συμπλοκῆς ἐνειστήκει λαμπρῶς καὶ μάχη συνέρρωγε κρατερά, ἡ μὲν ἀπὸ τόξων βολῆς, ἡ δὲ καὶ ἐν χερσὶν ἀγχώμαλος, καὶ στόνος μὲν τῶν πληττομένων ἐπικελευσμὸς δὲ τῶν ἀναιρούντων ἑκατέρωθεν ἐξηκούετο. ἕως μὲν οὖν σταθερᾶς μεσημβρίας ἦν ἡ μάχη ἀμφιπαλὴς καὶ ἡ νίκη ἀμφήριστος, ἐπ' ἴσης τὰς τῶν ἀμφοτέρων στρατευμάτων ταλαντεύουσα πλάστιγγας κλίνουσά τε ἀνὰ μέρος καὶ αὖθις ἀνάγουσα τὸ τότε μαχόμενον· τῆς δ' ἡμέρας ἤδη ὑποληγούσης περιφανὴς ἡ νίκη τοῖς ἐκ βασιλέως προσέρρεψεν. ὠσάμενοι γὰρ τοὺς ἐκ τοῦ νεὼ εἴσω τοῦ Αὐγουστεῶνος κατέκλεισαν ἐκ τῶν ἀμφόδων ἀποκρουσάμενοι· τούτων δὲ συνειληθέντων ἐντός, καὶ οἱ ταῖς ἀψῖσιν ἐφεστῶτες καὶ οἱ ἐκ τοῦ νεὼ τοῦ 'Αλεξίου διαμαχόμενοι πρὸς τροπὴν ἔβλεψαν. καὶ ὡς ἐπελάβοντο τῶν χώρων τούτων, ὁ τοῦ βασιλέως στρατὸς τὰς μὲν σημαίας τῶν ἀψίδων ἄνωθεν ἔστησαν, αἳ τοὺς βασιλεῖς ἀπεικάζουσιν, αἱ δὲ πύλαι τοῦ Αὐγουστεῶνος ἐν πελέκει καὶ λαξευ|τηρίῳ κατερράγησαν· καὶ τὸ τῆς καισαρίσσης ὁπλιτικὸν οὐκέτι ἀντιπίπτειν ἔχον ὡς τοῖς ἐκ τῶν ἀψίδων κατὰ κορυφὴν οὖσι βαλλόμενον κἀκ τῶν εἰσχεθέντων εἰς τὴν αὐλαίαν στρατιωτῶν ταῖς κατὰ χεῖρα συμπλοκαῖς πάσχον τὰ χείριστα κατὰ μικρὸν ὑπέκλεπτε τὴν φυγήν, βραχείας ἀρωγῆς εὐμοιροῦν διά τε λίθων βολῆς καὶ βελῶν ἀφέσεως ἐκ τῶν ὕπερθεν ἐπαμυνόντων κατά τε τὸν ἐν τοῖς Κατηχουμενείοις ἀνδρῶνα τὸν λεγόμενον Μάκρωνα ἐς τὸν Αὐγουστεῶνα προνεύοντα καὶ τὸν Θωμαΐτην αὐτόν. τέλος δὲ τοῖς πάντοθεν βάλλουσιν οἱ ἐκ τοῦ νεὼ πιεζόμενοι ἀφίστανται τῆς τοῦ Αὐγουστεῶνος αὐλαίας καὶ

60—64 ἕως — προσέρρεψεν: cf. Hom. Π 777 sqq. **70** ἐν — κατερράγησαν: cf. Ps. 73, 6

VA = a, PW, RMDF = b

53 στρατοῖς post βασιλικοῖς add. $AP^{pc}W$ Bekk **56** λήματος M Bekk: λήμματος rel. **58** καρτερά D Bekk καὶ om. M **59** μέντοι M **60** σταθηρᾶς VPD **61** στρατῶν V **64** προσέρρευσεν DF **66** ἐν τῇ ἀψίδι P: τῇ ἀψίδι A^{s} τοῦ Μιλίου post ἀψῖσιν (ἀψίδι) add. APWB Sc Bekk **67** μαχόμενοι P Bekk **69** εἰκονίζουσιν cum P b scr. A^{mg} **71** ἀντιπίπτειν: ἀντιπλήττειν Bekk **72** κἀκ: καὶ RM τὴν αὐλαίαν: τὸν Αὐγουστεῶνα $A^{mg\gamma\rho}$ P **74** τε om. V **75** ἀμυνομένων V τε om. V **78** οἱ om. Bekk τῆς ἐκ τοῦ Αὐγ. V

61—62 τὰς τῶν . . . πλάστιγγας: τῶν . . . τὰς πλάστιγγας b Bekk **65** κατέκλεισαν —ἀποκρουσάμενοι: ἐκ τῶν πλατειῶν ἀπεκρούσαντο b **69** εἰκονίζουσιν P b Bekk **71—72** ὡς τοῖς ἀνιοῦσι τὰς ἀψῖδας κατὰ κορυφὴν βαλλόμενον b Bekk **72** αὔλειον b Bekk **74** εὐμοιροῦν: ἀπολαῦον P b Bekk **75—77** ἐπαμυνόντων σφίσι 'Ρωμαίων ἀπό τε τοῦ ἀνδρῶνος τοῦ λεγομένου (καλουμένου Bekk) Μάκρωνος ἐς τὸν Αὐγουστεῶνα προνεύοντος καὶ τοῦ συνημμένου τούτῳ Θωμαΐτου δόμου b Bekk εἰσίασι τὸ πρόναον, καθ' ὃ δὴ ὁ πρώτιστος καὶ μέγιστος τῶν παραστατούντων ἀρχαγγέλων θεῷ ἐσπασμένος ῥομφαίαν ἐστήλωται ψηφίδων λεπταῖς ἐπιθέσεσι, φύλαξ προβεβλημένος τοῦ ἱεροῦ. ἐκ δὲ τούτου οὔτε οἱ τοῦ βασιλέως προσωτέρω βαίνειν ἠδύναντο ὑποπτεύοντες τοὺς τοῦ ναοῦ στενωπούς, οὔτε οἱ τῆς καισαρίσσης ὑπερπονοῦντες ἐκεῖθεν ἐξῄεσαν ὡς μαχούμενοι.

῾Ο δὲ καῖσαρ καὶ ὁ πατριάρχης αὐτός, ὁ μὲν δείσας περὶ ἑαυτῷ τε καὶ τῇ ἀλόχῳ, μὴ συλληφθεῖεν ἀγεννῶς ὑπὸ τῶν διαφόρων, ὁ δέ, μή πως ἔνδον τοῦ ἱεροῦ παρεισίωσιν οἱ πολέμιοι καὶ ποσὶ μὲν οὐχ ὁσίοις τὸ ἅγιον πατήσωσι δάπεδον, χερσὶ δὲ ἀνάγνοις καὶ θερμὸν ἔτι σταζούσαις τὸ αἷμα τὰ παναγῆ ληστεύσωσιν ἀναθήματα, ὁ μὲν τὴν ἀρ|χιερατικὴν στολὴν ἐπενδὺς καὶ τὰ θεῖα μετὰ χεῖρας δεξάμενος λόγια κάτεισιν εἰς τὸ προσκήνιον τοῦ νεώ, ἐν ᾧ οἱ τῆς καισαρίσσης ὑπερμαχοῦντες ηὐλίσθησαν φεύγοντες, ὃ καὶ Πρωτεκδικεῖόν φασι, ὁ δὲ καῖσαρ τοὺς τὰς εἰσόδους τῆς ἐκκλησίας τηροῦντας ὁπλομάχους ἀγηοχὼς καὶ ὅσον περὶ αὐτὸν ἀκραιφνὲς ἔτι Λατινικὸν δορυφορικὸν καὶ τὸ περὶ τὴν ὁμόλεκτρον αὐτοῦ θεραπευτικὸν καὶ οἰκίδιον καὶ περὶ τοὺς ἑκατὸν τοὺς πάντας ἠριθμηκὼς ἐπί τινος μετεώρου σκιμποδίου κατὰ τὸν Μάκρωνα παρευρεθέντος στὰς αὐτὸς καὶ περιστήσας τοὺς παρεσκευασμένους εἰς πόλεμον ἔφησε τοιάδε·

„᾿Εχρῆν μὲν μὴ καθ' ὁμοφύλων καὶ ὁμοπίστων, ἀλλὰ κατὰ τῶν ἐχθρῶν τοῦ σταυροῦ τὰς πολεμικὰς ταύτας περιβεβλῆσθαι στολὰς καὶ τὰς χεῖρας τοῖς φασγάνοις καθωπλίσθαι· ἐπεὶ δὲ οἱ τὰ τῆς βασιλείας ῾Ρωμαίων μοχθηρῶς διέποντες τοῦτο μὲν ἀφείλοντο, ἀναγκαστῶς δὲ καὶ οὔκουν προαιρετῶς τὰς ἡμετέρας λόγχας καθ' ἑαυτῶν ἀκονήσαντες ἔχουσι, μὴ δὴ ἀγεννῶς ἐπιστῶμεν τοῖς ἐπιοῦσι, μηδ' ὅτι ταυτόπιστοι καὶ

3—4 τῶν ἐχθρῶν τοῦ σταυροῦ: Phl. 3, 18

VA = a, PW, RMDF = b

79 τὸν πρόναον V   καὶ μέγιστος om. V   **80** Μιχαὴλ post θεῷ add. APW Bekk: τοῦ ἀρχιστρατήγου Μιχαὴλ B   **81** δὲ: δὴ M   **83** ἐπεξήεσαν APW   **84** μαχόμενοι RD   **85** μὲν: μὲν καὶ V   αὐτῶ M   **87** ἅγιον etiam B: ἱερὸν V   **88** δ' DF Bekk   τὸ om. AW   **89** ληστεύουσιν R: συλήσωσιν P   ἀναθέματα Bekk   **90** προσκήνιον τοῦ νεώ ARMDF Bekk: πρόναον τοῦ ναοῦ V: πρόναον A^mg γρ PW Sc   **91** ἡλίσθησαν AP Bekk: εἰλίσθησαν R: ἠλίσθησαν M^ac   **92** ὁ δὲ καῖσαρ: ὁ (om. V: suppl. A^s) καῖσαρ δὲ VAW   **93—94** ἀκραιφνὲς ἔτι om. VB   **95** ρν' A: ἑκατὸν πεντήκοντα PW Bekk: ἑκατὸν καὶ πεντήκοντα Sc   τοὺς alt. hab. e corr. P   **1** σκίμποδος AW   εὑρεθέντος W   **2** τοιαδί APW   **3** καὶ: μηδ' P   **5** ὁπλίζεσθαι APW   **6** ἀφείλαντο V   ἀναγκαστικῶς M   **7** προαιρετικῶς P   αὐτῶν D   **7—8** ἀκονήσαντες — ὅτι: ἀ M   **8** ἀντιστῶμεν V

82 ὑφορώμενοι b Bekk   **88** τὸ αἷμα: τὸ λύθρον (τῶ λύθρω F Bekk) b   **92** ὃ (ὃ καὶ Bekk) πρωτεκδικεῖον κικλήσκεται b Bekk   **95** τοὺς alt. om. b Bekk   **1** σκιμποδίσκου b Bekk ὁμογενεῖς ἀναλογισώμεθα, ἀλλ᾽ ὡς πολεμίους θεοῦ πρότερον, οὗ τὸ ἱερὸν τόδε εἰσίασιν ἀναιδῶς, ἔπειτα δὲ καὶ ἡμῶν αὐτῶν ἀντιπάλους ἀμυνώμεθα. πάντως δέ εἰσι τὰ τῆς ἀμύνης ἀνεύθυνα· οἷς γάρ τι οὐ προσέστημεν ὅλως καὶ καθ᾽ ὧν ὅπλα οὐδ᾽ ὅλως ἠράμεθα, οὗτοι ἀνερυθριάστως ἡμῖν προσίασιν ὡς ἐπιθανατίοις καὶ ἐσχάτοις καὶ κειμένων | ἀδαημοσύνῃ κατεπεμβαίνουσι τοῦ καλοῦ καὶ προσρυομένους θεῷ ἐκ τοῦ νεὼ τούτου ἀποσπᾶν ἐθέλουσι, χρεὼν μὴ οὕτω ποιεῖν, ὅτι τε οὐδὲν ἄχαρι ἐπεγκαλεῖν ἡμῖν ἔχουσι καὶ ὅτι τῆς ἐσχάτης ἐστὶν ἀπονοίας ἐπιτιμᾶν ὅλως ἢ ὡς δεινὰ δρῶσιν οὐκ ἐνδιδόναι τοῖς εἰς θεὸν καταφεύγουσι καὶ μεσίτην τοῦτον προβαλλομένοις καὶ διαλλακτῆρα τῶν ἐν διχονοίαις ἡμῶν.

Οὔτε οὖν ὑφορᾶσθαι δέον ὡς ἀνόσιον τὸ ὑπερμάχεσθαί τινα ἑαυτοῦ καὶ σπεύδειν κατὰ τοῦ πλήττοντος αὐτὸν ἐπιστρέφειν τὸν ἐκεῖθεν ἐπαγόμενον θάνατον, οὔτε τὸν μετὰ ξίφους ἐπιόντα καὶ ἀναιροῦντα ὁμογενῆ ἀπλῆγα δεῖ παριέναι, ἀλλ᾽ ἅπας κακῶς διατιθεὶς κρινέσθω πολέμιος καὶ ὁ ἀναιρήσων πιπτέτω. ἡμῖν δὲ καὶ τὸ θεῖον εἴσεται δήπουθεν χάριν, εἰ ἐκ τοῦ ἱεροῦ τοῦδε τοὺς μιαιφόνους ἀποσοβήσομεν, εἴτε μὴν κεχηνόσιν, ὡς ὁρᾶτε, κατὰ τῶν ἁγίων καὶ διαρπάσαι ταῦτα προθυμουμένοις ἀντιβαίημεν. εἰ γὰρ μὴ τοῦτ᾽ ἦν καὶ διέστελλον ἀνὰ μέσον βεβήλου καὶ ἱεροῦ, πάλαι ἂν τὴν ἐνδοτέρω τῶν προνάων παρῆκαν ὁρμὴν ὡς ἤδη τὸ νικᾶν ἔχοντες. οἱ δὲ οὕτω τοί εἰσιν ἀναιδέστατοι, ὡς οὐ μόνον σκυλεῦσαι φαντάζεσθαι τὰ ἡμέτερα, ἀλλὰ καὶ τὰ τοῦ θεοῦ ἰδιώσασθαι οἱ ἀβέλτεροι. ἀλλ᾽ οὐ μὰ τὸν παγέντα σταυρῷ καὶ τὴν λόγχην ταύτην, οὔκουν αὐτοῖς ἐσεῖται πέρας ἐπιθεῖναι τοῖς ἐγχειρήμασιν, ἐπεὶ καὶ θεῷ τὰ οἰκεῖα χερσὶ κεχραμέναις ἄψαυστα διαφυλαχθήσονται καὶ ἡμεῖς ἐσοίμεθα ἂν ἀπρονόμευτοι."

Τούτοις καὶ | τοιούτοις χρησάμενος ῥήμασιν αὐτός τε κάτεισιν εἰς τὸν πρόναον, ἔνθα ὁ λόγος εἴρηκε ῥομφαίαν ἐσπασμένον ἵστασθαι τὸν τῶν

---

35 εἴρηκε: p. 238, 79—81

VA = a, PW, RMDF = b

9 θεῶ F Bekk **11** τὰ om. W προσέστηκεν V μηδόλως W **13** προσίασιν: προσθέουσιν P **15** μηδ᾽ D τε: δὲ W **18** λυτῆρα cum. P b scr. A[s] τῶν — ἡμῶν V: τῶν διενέξεων cum. PW b scr. A **22** διατεθεὶς D **23** εἰ om. M **25** ταῦτα om. V **26** εἰ γὰρ μὴ τοῦτ᾽ ἦν καὶ V: εἰ μὴ γὰρ τοῦτ᾽ ἦν καὶ A **27** παρῆκαν ante τὴν trp. P ἐνδότερον V τοῦ προνάου VW: τοῦ προτεμενίσματος A ὁρμήν: εἰσβιάζετὴν σθαι πάροδον A[mg] γρ P **34—35** τὸν πρόναον V Bekk: τὸ πρόναον APWDFB: τὸ πρόσναον RM **35** ἵστασθαι: ἀνεστηλῶσθαι P τὸν om. W

9 ὁμογενεῖς: τὴν αὐτὴν οἰκοῦντες b Bekk **10** ἀντιπάλους: ἀπεχθεῖς b Bekk **12—13** ἀνερυθριάστως οὗτοι προσίασιν ἡμῖν ὡς ἐπιθανατίοις τισὶ καὶ ἐσχάτοις b Bekk **15** δρᾶν b Bekk **17** οὐκ ἐνδιδόναι: ἀρειμανίους σφᾶς ἐπιέναι b Bekk **18** διαλλακτῆρα: λυτῆρα P b Bekk τῶν — ἡμῶν: τῶν διενέξεων PW b Bekk **19** ὡς: ὡς ὅλως b **26** εἰ μὴ γὰρ τοῦτ᾽ ἦν ἀλλὰ PW b Bekk **27** ὁρμήν: λίχνευσιν (λόγχευσιν R) b Bekk ἄνω καὶ θείων ταγμάτων κατάρχοντα Μιχαήλ, καὶ οἱ λοιποὶ δὲ ὡς ἡγεμόνι τούτῳ παρείποντο ἀσπιδηφόροι πάντες καὶ ἀτεχνῶς ἀνδριάντες χάλκεοι. κἀκεῖσε εἰς τάξιν τὸ περὶ αὐτὸν καταστήσας καὶ τῷ σταυρικῷ σημείῳ φραξάμενος τῶν ἄλλων προεκπηδᾷ. οἱ δ᾽ ἐπὶ τῆς τοῦ Αὐγουστεῶνος αὐλαίας καὶ πρὸς τὴν πρώτην ὁρμὴν διαταραχθέντες τοῦ καίσαρος διὰ τῶν εἰσόδων θλιβόμενοι ἐξεχέοντο, ὅτε καὶ τραυματίαι μὲν ἐκ τῶν τοῦ βασιλικοῦ τάγματος πολλοὶ γεγόνασιν, εἷς δέ τις καὶ ἐτεθνήκει τῷ ξίφει διελαθείς.

Τὸ δ᾽ ἀπὸ τοῦδε ὁ μὲν καῖσαρ ἐπάνεισιν αὖθις ὅθεν ἐξώρμησεν, οἱ δ᾽ ἐκ τῶν τοῦ βασιλέως τάξεων οὐκέτι παρελθεῖν ἐθάρρησαν εἰς τὴν αὔλειον, ἀλλὰ δι᾽ ἀκροβολισμῶν ἠγάπων μαχόμενοι. ἤδη δὲ τῆς ἡμέρας ὑποκλινούσης αὐτοί τε οἱ μαχόμενοι καμόντες ἐνέδωκαν, καὶ τοῦ πατριάρχου στείλαντος εἰς τὴν δέσποιναν τὸν ἑαυτοῦ ὑπηρέτην, ὃς ἐκ τοῦ παραβάλλειν εἰς τὰ ἀρχεῖα καὶ διαπορθμεύειν τοῖς βασιλεῦσι τὰ βουλητέα καὶ τὰς ἀποκρίσεις ἐκεῖθεν αὖθις μεταφέρειν παλατῖνος ὠνόμασται, καὶ πρῶτα μὲν τὴν θείαν ἐπεμβριμησαμένου ταύτῃ ὀργὴν οὕτως ὀξυδερκοῦσαν καὶ καθορῶσαν ἀκαρῆ τὰ ὁπουδήποτε δρώμενα ἄθεσμα, ἔπειτα δὲ τὰς περὶ σπονδῶν τῆς καισαρίσσης διαμεμηνυκότος φωνάς, ἀφικνεῖται λυτὴρ τῶν διαφορῶν | ὁ μέγας δοὺξ Ἀνδρόνικος ὁ Κοντοστέφανος, ὁ μέγας ἑταιρειάρχης Ἰωάννης ὁ Δούκας καὶ συχνοὶ ἕτεροι, τὸ γένος ἀριπρεπεῖς καὶ μεγίστοις περίβλεπτοι ἀξιώμασι.

Καὶ τότε μὲν νυκτὶ μᾶλλον πεισθέντες ἢ ταῖς καταλλαγαῖς τεθαρρηκότες τὸν ἀγῶνα διέλυσαν, τῇ δ᾽ ὑστεραίᾳ καὶ αὖθις πρὸς πόλεμον διηρρένωντο. τῶν δ᾽ αὐτῶν καὶ πάλιν παραγενομένων ἀνδρῶν καὶ πίστεις δόντων τῇ καισαρίσσῃ καὶ τῷ ταύτης ἀνδρὶ καὶ ὅρκοις κρατυναμένων αὐτὰς καὶ πληροφορίαν παρασχομένων ὡς οὐκ ἂν τι πάθοιεν

---

58 τῇ δ᾽ ὑστεραίᾳ: die 3 mens. Maii 1181

---

57 νυκτὶ . . . πεισθέντες: cf. Hom. H 282; al.

VA = a, PW, RMDF = b

37 καὶ μαχαίρας ἀμφήκεις χειριζόμενοι (ἐγχ. Bekk) post πάντες add. APW Bekk ἀδριάντες AW **38** ὁ καῖσαρ post καταστήσας add. APW Bekk **40** πρώτην om. V: hab. B: προτέραν R **41** τραυμάται P **41—42** ἀπὸ τῶν βασιλικῶν B **41** τῶν om. V **42** βασιλέως R ἐγεγόνεισαν V **42—43** εἷ . . . διαλαθείς W **44** μὲν om. V: hab. B **45** τοῦ om. V ἐθάρρουν APW εἰς om. APW **49** εἰς τὰ ἀρχεῖα: ἀρχείοις P τοῖς om. P οἱ post τά add. V **50** αὖθις ἐκεῖθεν Bekk ὠνόμαστο R **51** ἐπεμβρ. τὴν θείαν R ἐμβριμησαμένου V: ἐπεμβρισαμένου A ταύτην R **52** ἐν ἀκαρεῖ P Bekk **53** διαμεμενηκότος W: διαμεμενηκότες R **54** διαφορῶν: ἐν ἀμφιδόξων AW: μηνυμάτων (μηνιμάτων Bekk) ἀμφοτέροις τοῖς μέρεσιν A[mg γρ] P Bekk: ἀμφιβόλων Sc **54** ὁ Κοντοστέφανος Ἀνδρόνικος V **56—57** ἀξιώμασι — τεθαρρηκότες om. M **60** κρατυνομένων AW: βεβαιωσάντων Sc

40 διαταραχθέντες: ἐκθαμβηθέντες b Bekk **53—54** τῶν διαφορῶν: τῶν ἐν ἀμφινοίαις b ἀηδές, οὔτε μὴν ἀφαιρεθεῖεν τὴν οἰκείαν ἐπιτιμίαν πρὸς τοῦ ἀδελφοῦ καὶ βασιλέως ἢ τῆς μητρυιᾶς δεσποίνης ἢ τοῦ πρωτοσεβαστοῦ Ἀλεξίου, ἀλλὰ δὴ καὶ ἀμνηστίας κακοῦ δωρηθείσης οἵπερ αὐτοῖς προσεχώρησαν καὶ εἰς συμμάχους ἐνεγράφησαν, οὕτω δὴ τῆς δευτέρας ἀπέσχοντο συμπλοκῆς. καὶ οἱ μὲν ἀπῄεσαν εὐθὺς μετὰ τὴν τῶν ὅρκων καὶ τῶν σπονδῶν ἐκπεράτωσιν, νυκτὸς δ᾽ ἐπιστάσης ὁ καῖσαρ καὶ ἡ τούτου ξύνευνος ἐξίασι τοῦ νεὼ καὶ ἀφικνοῦνται πρὸς τὸ μέγα παλάτιον, καθ᾽ ὃ τότε οἱ κρατοῦντες διέτριβον.

Τοιοῦτο μὲν οὖν τὰ κατὰ τὸν καίσαρα πέρας εἰλήφασι καὶ δι᾽ αἰτίας ταύτας ὁ δυσκλεὴς ἐκεῖνος ξυνέστη πόλεμος καὶ τὴν θείαν ἐπισπάσας καθ᾽ ἡμῶν κίνησιν δι᾽ ὅσα κατὰ τὸ ἱερὸν ἐπισυνέβησαν ἄθεσμα. οὔτε γὰρ τὴν προσρυεῖσαν καισάρισσαν ἀφίημι τοῦ ἐγκλήματος εἰς ἀτάσθαλα ἔργα ῥέψασαν καὶ διακυκήσασαν τὸ πολίτευμα, καί | γε τοὺς μὴ καθυφέντας βραχὺ πρὸς τὰ τῆς δεομένης ταυτησὶ ῥήματα, τὴν δ᾽ οὐκ ἀγαθὴν ἔριν ἀνελομένους καὶ τὸν τῆς προσευχῆς οἶκον ἐντεῦθεν φονίου πλήσαντας αἵματος εἴπῃ ἄν τις ἐνόχους παρανομήματος. εἰ γὰρ ὁ τῶν Ῥωμαίων στρατηγὸς Τῖτος, ὁ πάλαι τῇ Ἱερουσαλὴμ βαλὼν χάρακα, τοσοῦτον ἐφείδετο τοῦ Σολομωντείου νεὼ καὶ οὕτω τοῦ ἐκεῖνον ἐξείχετο σώζεσθαι, ὡς ἑλέσθαι βάλλεσθαι μᾶλλον ὑπὸ τοῦ ἐκεῖθεν ἐκπηδῶντος Ἰουδαϊκοῦ τάγματος καὶ κακῶς πάσχειν τὸ οἰκεῖον στράτευμα ἢ γοῦν τι θεομισὲς ἐπὶ τῷ πολυτελεῖ ἐκείνῳ καὶ θαυμασίῳ ἔργῳ βουλεύσασθαι, ἀνὴρ καὶ ταῦτα μὴ εἰδὼς θεόν, οὗ τὸ τέμενος ὑπεστέλλετο, ἀλλὰ θεοῖς ἀπονέμων σέβας κακῶς, οἳ τὸν οὐρανὸν οὐκ ἐποίησαν, ποίαν οὐκ ἂν ἔδει τιμὴν θεοσεβοῦντας ἀπονεῖμαι Χριστιανοὺς τῷ καλλίστῳ τῷδε καὶ θείῳ ναῷ, ὅνπερ ἀτεχνῶς θεοῦ χεῖρες ἠρχιτεκτόνησαν καὶ ὕστατον καὶ πρῶτον ἐκαλλιτέχνησαν ἔργον ἀμίμητον καὶ ἄντικρυς ἐπὶ γῆς οὐράνιον σφαίρωμα.

Κατὰ δὲ τοῦ πατριάρχου Θεοδοσίου βαρύμηνις ὢν ὁ πρωτοσεβαστὸς ὡς τοῖς αὐτοῦ βουλήμασιν ἀνθισταμένου λαμπρῶς καὶ τὰς οἰκείας ἐφέσεις ἐγκόπτοντος καὶ πρότερον μὲν κατ᾽ αὐτοῦ πολλοὺς τῶν ἀρχιερέων ἐπισυνέστησε χρυσίῳ καὶ συμποσίῳ διαφθείρας καὶ καθαιρέσει τοῦτον καὶ ἀπόντα ὑπέβαλεν ὡς δῆθεν τῇ καισαρίσσῃ κατὰ τοῦ βασιλέως ἐπαναστά-

---

75 τὴν — ἔριν: cf. Hes. Op. 11 sqq. 24 **77—82** εἰ — βουλεύσασθαι: cf. Flav. Ios. Bell. Iud. 6, 24 sqq. **83—84** οἳ — ἐποίησαν: cf. Ps. 145, 6

VA = a, PW, RMDF = b

63 ἢ alt.: καὶ A **64** πασιν post καὶ add. V πάντες εὔρωσι ἀμν. B **65** δὴ om. V **66** τῶν alt. om. R **70** τοιοῦτον VRDB τὸν καίσαρα A[s]: τὴν καισάρισσαν AWB **71** τοιαύτας V: ταύτης R συνέστη V Bekk **73** ἀφίησι W **76** πλήσαντες VRD[ac] ? **77** εἴποι R Bekk οὐκ ante ἐνόχους add. V στρατηγὸς: βασιλεὺς F **78** Τίτος PWRMDF ὁ πρὶν ἐπὶ τὴν Ἱερ. P **80** ἐκπηδῶντος om. R συντάγματος AW καὶ om. R **84** τιμὴν: τιμωρίαν R **86** ἀρχιτεκτόνησαν V **89** βουλεύμασιν P οἰκείας: ἐκείνου R

64 δοθείσης b Bekk **71** ἐπισπάσας: ἐπενέγκας b Bekk

ση προσθέμενον καὶ ὡς ἀφ᾿ ὁρμητηρίου τοῦ ἱεροῦ | στασιοκοπεῖν αὐτῇ μεθ᾿ ὅπλων ἐνδόντα καὶ νεωτεροποιεῖν ἀφρόνως καὶ ἀλογίστως· τάχα δ᾿ ἂν καὶ τοῦ πατριαρχικοῦ θρόνου ἀτίμως τηνικαῦτα κατέσπασεν, εἴπερ ἡ καισάρισσα μὴ ἀμφοτέραις προσίστατο, τῷ μὲν πρωτοσεβαστῷ μὴ χώραν διδοῦσα τὸν πατριάρχην καταγαγεῖν καὶ ἀντεισαγαγεῖν ἕτερον, αὐτὸν δὲ τὸν ἱερώτατον ἄνδρα ἐπιμελῶς φρουροῦσα, μήπως ὑποχωρήσας ἑαυτὸν μὲν ἀπαλλάξῃ πραγμάτων ἐν τῷ καθ᾿ ἡσυχίαν ζῆν εἰς ἣν ἐδομήσατο μονὴν κατὰ τὴν νῆσον τὴν Τερέβινθον, ἑαυτῇ δὲ ἀπωλείας φανεῖται πρόξενος εὐθὺς ἐκ τοῦ ναοῦ ἁρπαγησομένῃ καὶ πεισομένῃ τὰ χείριστα. τότε δὲ καιρὸν εὑρὼν τῷ θυμῷ χαρίσασθαι τῶν ἱερῶν ἀρχείων ἀπελαύνει τὸν ὅσιον καὶ τῇ τοῦ Παντεπόπτου περιορίζει μονῇ. πλείστας γε μὴν ὁδοὺς τεμὼν καὶ πολλαῖς ἀντιπαλαίσας ἐννοίαις καὶ τοῖς τότε πονηροτάτοις τῶν ἐκ τῆς συγκλήτου βουλῆς συγγενόμενος καὶ ὁπόσοι τῶν ἐντρόφων τοῦ βήματος μήτε θεοῦ ὄπιν μήτ᾿ ἀνθρώπων ὑφορῶντο νέμεσιν συμβούλοις χρησάμενος, ὅπως εὐσχημόνως ὁ ἱερὸς οὗτος καὶ εὐπροσώπως ἀποβληθείη ἀνήρ, οὐκ ἔσχεν ἐπιτελῆ τὰ κατὰ σκοπὸν καὶ διὰ τὸ καθαιρέσει μὲν εὐλόγως οὐδ᾿ ὁτιοῦν ὑπάγον ἐν αὐτῷ εὑρίσκεσθαι, ἀλλὰ δὴ καὶ τὸ τὴν δέσποιναν καὶ τοὺς πλείους σχεδὸν ἢ τοὺς ἅπαντας τῶν ἐκ τοῦ βασιλείου αἵματος ὑπερβαλλόντως τὸν ἄνδρα τιμᾶν. ἄκων οὖν ὁ σκολιὸς ὄφις τῶν ἑλίξεων ἀποστὰς καὶ τὸν ἰὸν αὖθις κατεσπακώς, ὃν ἐμημεκέναι κατὰ τοῦ ἁγίου προητοι|μάκει, ἐπευδοκεῖ καὶ αὐτὸς τῇ ἐς τὸν πρότερον θρόνον αὖθις τούτου ἐπανελεύσει.

---

7 τότε: opponitur voci πρότερον p. 241, 90 **13** οὐκ ἔσχεν ἐπιτελῆ: Eustathio teste Theodosius patriarcha feria sexta post dominicam paschatis, i. e. ante „bellum sacrum", de quo supra iam scripsit noster, revera depositus est **18** ἐπευδοκεῖ: post aliquot menses, cf. Eust. 28, 23—25

9—10 καὶ (alt.) — συγγενόμενος: cf. Eust. 24, 30 **10—12** ὁπόσοι — χρησάμενος: cf. Eust. 24, 27—29; 26, 1 **12—14** ὅπως — εὑρίσκεσθαι: cf. Eust. 24, 11—31 **17** σκολιὸς ὄφις: cf. Sap. 16, 5; Nic. Or. 69, 9

VA = a, PW, RMDF — b

93 στασιοσκοπεῖν VP^{pc}DF **95** τηνικαῦτα: τοῦτον Bekk **1** ἀμφοτέραις: χερσὶν ἀμφ. APW ὃ δὴ λέγεται χερσὶ post ἀμφοτέραις add. Sc. **2** καταγαγεῖν: κατενεγκεῖν P **5** κατὰ νῆσον Τερέβινθον V: κατὰ τὴν νῆσον ᾿Ερέβινθον W Τερένβιθον M φανεῖται: γενήσεται APW: γένηται Sc **8** μονῇ περιορίζει M **9** ἐννοίαις: δυνάμεσιν M **10** συγγινόμενος D ὅσοι APW **12—13** ὅπως εὐσχημόνως ἅμα καὶ εὐπροσώπως ὁ ἱερὸς οὗτος ἀποβληθείη ἀνήρ APW **13** ὑποβληθείη V καὶ καθαιρέσει ὑποβληθῇ B **14** ἐν αὐτῷ: ἑαυτῷ D αὐτῷ: τούτῳ APW Sc **15** τὸ om. M τοὺς om. M πλείω V τῶν om. AW **26** τὸν ἄνδρα om. D **16—18** ἄκων — προητοιμάκει i. mg. et r. 6 litt. P **18** ⟨αὖθις⟩ post ἁγίου add. Bekk **19** τούτου: τοῦ πατριάρχου APW Bekk

5 φανεῖται: ὀφθήσεται b Bekk **16—18** ἄκων — προητοιμάκει: οὐκοῦν W b Sc

Ἐπεὶ δὲ ἡ κυρία τῆς ἀνόδου ἐνειστήκει, ὁπόσοι τῶν ἐν τέλει καὶ ὅσοι τοῦ βήματος τοῦ καλοῦ ἔτρεφον ἔρωτα καὶ ὁ τῆς πόλεως ἅπας δῆμος εἰς τὸ ἱερὸν φροντιστήριον συνδραμόντες λαμπροτάτην ἐκείνῳ συντελοῦσι τὴν πρόοδον μύροις τὰς ἀγυιὰς τέγγοντες καὶ τοῖς Ἰνδικοῖς ξύλοις καὶ καρυκευτοῖς ἀρώμασι τὸν ἀέρα εὐωδιάζοντες. οὕτω δὲ ἡ προπομπὴ μυριάνθρωπος ἦν, ὡς μόλις περὶ βαθεῖαν ἑσπέραν ἐπαναζεῦξαι τὸν προπεμπόμενον ἐς τὸν μέγαν τῆς ἁγίας θεοῦ Σοφίας νεών, ὑποφαινομένης ἡμέρας ἐκ τῆς τοῦ Παντεπόπτου μονῆς ἀπάραντα. τοσαύτη δ᾿ αἰσχύνη τὰ τῶν θεμένων αὐτὸν ὑπόδικον ἀρχιερέων ἐκάλυψε πρόσωπα, ὡς μὴ μόνον τὰς δημοσίους παρόδους ἐκτρέπεσθαι διὰ τὸ ἐς τὸν ἀρχιθύτην ἀμπλάκημα καὶ τὸ ἐκείνων ἐντεῦθεν παγκαταγέλαστον, ἀλλὰ καὶ τὸ θανεῖν ὑποβλέπεσθαι. καὶ ταῦτα μὲν εἶχεν οὕτως.

Ὁ δ᾿ Ἀνδρόνικος τῇ ἐφέσει τῆς ἀρχῆς κουφιζόμενος καὶ τοῖς ἐπιστολίοις πτερούμενος, ἅπερ αὐτῷ συχνάκις ἐπεποτῶντο τηλεβολούμενα ἐξ οἴκων λαμπρῶν, ὡς ἤδη ἐρρέθη μοι, τέλος καὶ αὐτὴν τὴν θυγατέρα Μαρίαν δραπέτιδα πρὸς αὐτὸν ἀφιγμένην, ἐπεὶ καὶ τοίου πατρὸς εὔχετο εἶναι, διδάσκαλον ἀπαράγραπτον τῶν κατὰ τὰ ἀρχεῖα τελου|μένων κατὰ θεῖον ηὐτύχησε καὶ μυωπισθεὶς ὡς ἵππος σταδιευτὴς οἷς παρ᾿ αὐτῆς ἠκηκόει θυμήρεσι ῥήμασι τὰ μὲν τῶν Παφλαγόνων μεθίησιν ὅρια, εἰς δὲ τὴν κατὰ Πόντον Ἡράκλειαν παραγίνεται κἀκεῖθεν προσωτέρω μεταχωρεῖ, τῇ πολυτρόπῳ μεθοδείᾳ καὶ τῷ τοῦ ἤθους ὑποκαθημένῳ καὶ δολιόφρονι ἐξοκείλας τοὺς ἐν ποσὶ πάντας καὶ οἰκειούμενος, ἐπεὶ καὶ τίς ἐκ πέτρας ἀγελάστου οὕτως ἦν προϊὼν ἢ καρδίαν σιδηρέῳ χαλκευθεὶς ἄκμονι, ὡς ἄτεγκτος εἶναι τοῖς Ἀνδρονίκου δακρυρροήμασι καὶ τῇ αἱμυ-

---

22 φροντιστήριον: monasterium Christi τοῦ παντεπόπτου **34—36** τέλος — ηὐτύχησε: a. 1181 mense Maio **38—47** τὰ — ὑποκρινόμενος: a. 1182 ineunte

---

34 ἐρρέθη: p. 230, 87—7 **34—36**: cf. Eust. 28, 30—30, 8 **35** τοίου — εἶναι: cf. Hom. Ξ 113 **37** κατὰ θεῖον: cf. p. 13, 16 **38—47**: cf. Eust. 30, 19—21 **41—42** τίς — προϊών: cf. Hom. τ 163 πέτρας ἀγελάστου: cf. p. 55, 89

VA = a, PW, RMDF = b

23 τέγκοντες codd. **24** καρυκευτικοῖς P δ᾿ V **25** ἦν: ὧν R **26** ἐς: περὶ V Sc: πρὸς B τῆς ἁγίας θεοῦ σοφίας νεών V: τῆς σοφίας νεών APW: ναὸν τῆς τοῦ θεοῦ ἁγίας σοφίας B **27** τοῦ om. RMD **29** ἐκτρέφεσθαι A ἐκτρέπεσθαι — τὸ om. M εἰς APW **30** ἀλλά: ἀλλὰ δὴ APW Bekk **31** εἶχον P **35** τοιούτου Bekk **37** κατὰ θεῖον: κ. τὸ θεῖον F: om. Bekk εὐτύχησε V ὡς ἵππος σταδιευτὴς μυωπισθεὶς V: μυωπισθεὶς οἷς . . . ῥήμασιν ὡς ἵππος σταδιευτὴς Bekk παρ᾿: ὑπ᾿ V **38** ῥήμασι om. V **40** χωρεῖ Bekk **40—41** διὰ τῆς πολυτρόπου μεθοδείας καὶ ὑποκριτικῆς δολιότητος τοὺς πάντας μετεχειρίζετο καὶ ἰδιοποιεῖτο B ὑποκαθειμένῳ Bekk **41** δολιόφρονι ἐξοκείλας V: lect. codd. PW b hab. A καὶ om. P **43** ὥστε AW διανοήμασι καὶ post Ἀνδρονίκου add. V

26 τῆς σοφίας θεοῦ νεών (ναόν F Bekk) b Bekk **41** δολιόφρονι ἐξοκείλας: τῷ σεσοφισμένῳ φρονήματι ἐξομιλῶν (ἐξομαλῶν cum α i. r. P) PW b Bekk λίᾳ τῶν ῥημάτων ὁπωσοῦν ἀγοήτευτος, ἅπερ κατὰ κρήνην μελάνυδρον ἔχεε καὶ οἷς ἀπατηλῶς τε ἅμα καὶ ἐφολκῶς ἐστωμύλλετο τὸν ὑπὲρ τοῦ καλοῦ ζῆλον προφέρων καὶ τὴν τοῦ κρατοῦντος ἐλευθερίαν ὑποκρινόμενος.

Ἀλλ' οὐδ' ὁ πρωτοσεβαστὸς ἐπὶ τούτοις ἠμέλει παντάπασιν, καίτοι γύνανδρος ὢν καὶ μὴ μόνον τὴν ἕω ἐς τὸ νήγρετον ὑπνώττειν καταναλίσκων, ἀλλὰ καὶ πολὺ τῆς ἡμέρας πρὸς τοῦτο ἐκδαπανῶν, καὶ ἵνα μὴ τὸ ἀσπασιώτατον τοῖς ἄλλοις ἀνθρώποις ἡλίου βλέφαρον τὰς ἐκείνου κόρας ὑπανοίγῃ διαφωτίζον, παραπετάσμασι στεγανωτέροις ἐκζοφῶν τὸ δωμάτιον, ἐν ᾧ ἐκάθευδε, καὶ καθ' ἕτερόν τι σημαινόμενον ἀποκρυβὴν ἑαυτοῦ τὸ σκότος τιθέμενος. εἰ δὲ δεῖ ἀληθέστερον εἰπεῖν, τὰ μὲν νυκτὸς ἔργα τρυφῶν φωτὶ ποιητῷ τὸ νύκτερον διέλυε ζόφωμα, ἡλίου δὲ τὸν ἑῷον ὁρίζοντα ἀναβαίνοντος κατὰ τὰ θηρία τὸν κοῖτον μεταδιώκων τάπησι καὶ πέπλοις ἁλουργέσι τὸ φῶς ἀντέφραττε. τοίνυν καὶ σμήχων τοὺς σαπριῶντας τῶν ὀδόντων | καὶ καταπιττώμασιν ἀναπληρῶν τοὺς ὑπὸ χρόνου ἐκκρουσθέντας θηλυδρίας τε ὢν καὶ ὑπόνωθρος τοὺς πλείστους τῶν τηνικαῦτα εὐγενῶν ἀνδρῶν ἑαυτοῦ καινοπρεπῶς ἐξηρτήσατο, χρώμενος μὲν τὰ πολλὰ προτειχίσματι ἤ, ἀληθῶς εἰπεῖν, μειλίγματι ἀμάχῳ τῇ τοῦ βασιλέως μητρὶ (αὕτη γὰρ τῷ τῆς θέας λαμπρῷ καὶ τῷ τῆς ὄψεως μαργαρώδει καὶ τῷ τοῦ ἤθους ὁμαλῷ καὶ τῷ τοῦ φρονήματος ἀσυμπλόκῳ καὶ τῷ ἐπαγωγῷ τοῦ φθέγματος ὡς ἀπὸ μηρίνθου πάντας ἐφείλκετο), τὰ δὲ πλεῖστα τοῖς χρήμασιν ὑπαγόμενος καὶ τῇ φιλοδωρίᾳ κατακοιμίζων τοὺς ἐν δεινῷ τιθεμένους ἐκείνου φέρειν τὰ δεύτερα. ὅθεν οὐδεὶς τῶν ἐπιταχθέντων ἀντιτάξασθαι Ἀνδρονίκῳ πρὸς Ἀνδρόνικον μετετάξατο τὸν ἤδη λαμπρῶς τῆς τυραννίδος ἁπτόμενον ἀποπτύσας πρωτοσεβαστὸν καὶ τῷ προσωπείῳ τοῦ μισοτυράννου Ἀνδρονίκου δελεασθείς.

Ἥ τε οὖν προκαθημένη τῶν Βιθυνῶν μεγίστη πόλις ἡ Νίκαια οὐδ' ὅλως Ἀνδρονίκῳ προσέθετο καὶ ὁ τὴν ταύτης ἐμπιστευθεὶς φυλακὴν

---

44 κρήνην μελάνυδρον: Hom. Ι 14; Π 3 **53—54** ἀποκρυβὴν — τιθέμενος: cf. Ps. 17, 12

VA = a, PW, RMDF = b

46 κρατοῦντος: καλοῦντος V ἐλευθέραν D[ac]F **48** οὐδὲ D **48—59** καίτοι — ὑπόνωθρος suppl. P[mg] νήγερτον Bekk **51** ἀνθρώποις om. P Bekk **57** ἁλουργέσι om. Bekk ἀντέπραττε V **59—60** τοὺς — τηνικαῦτα i. r. 15 litt. P **60** καινοπρεπῶς: κενῶς VA **60—61** (ἐξηρτήσα)το — πολλὰ i. r. 17 litt. P **61** τὰ πολλὰ om. W ἢ — μειλίγματι om. V ἔχων τὴν δέσποιναν συνεργὸν ἄμαχον B **62** τὸ τ. θ. λαμπρὸν R **63** τῷ alt. post φρονήματος transp. W **64—65** τὰ δὲ πλεῖστα: τὰ πλεῖστα μέντοι APW Bekk **65** χρήμασι κατεμάλθασσε καὶ τῇ φιλοδωρίᾳ κατεκοίμιζε APW **66** φέρων V **68** τὸν πρωτοσεβαστὸν Bekk **71** προσετάξατο W ὁ om. A ταύτης τὴν φυλακὴν πιστευθεὶς V

48—59 καίτοι — ὑπόνωθρος: ἀλλὰ W b Sc **59** τοὺς πλείους W b τηνικαῦτα om. W b **61** τὰ πολλά: καὶ b Bekk

Ἰωάννης ὁ Δούκας τοῖς Ἀνδρονίκου γράμμασι μεμένηκεν ἀστυφέλικτος, καίπερ τὰς γνώμας πλήττουσιν ἑλεπόλεων ἀκριβέστερον καὶ τειχομαχίου ξύμπαντος ἰσχυρότερον. ἀλλὰ καὶ ὁ μέγας δομέστικος Ἰωάννης ὁ Κομνηνὸς τὴν ἐπαρχίαν διέπων τῶν Θρᾳκησίων οὐ μόνον ἔβυε τὰ ὦτα πρὸς τὰ τοῦ Ἀνδρονίκου ἐπᾴσματα, ἀλλὰ καὶ ὡς τύραννον διετώθαζεν, οἷα κατόπτρῳ τοῖς γραφομένοις προκύπτων λείῳ καὶ ἀποστίλβοντι | καὶ διαφαινόμενον ἐν τούτοις ὁρῶν τὸν πολύμορφον Πρωτέα καὶ τυραννικὸν τὸν τρόπον Ἀνδρόνικον.

Ἐπεὶ δὲ τῇ Ταρσίᾳ ἤγγιζε καὶ τῶν περὶ τὴν Νικομήδους πόλιν οἱ πλείονες αὐτῷ προσεχώρουν, στέλλεται κατ᾽ αὐτοῦ μετὰ δυνάμεως ἱκανῆς Ἀνδρόνικος ὁ Ἄγγελος, οὗπερ οἱ υἱεῖς εἰς ὕστερον Ἰσαάκιός τε καὶ Ἀλέξιος μετ᾽ Ἀνδρόνικον ἐπέβησαν τῆς ἀρχῆς. ὁ δὲ περὶ τὸν Χάρακα τὸ χωρίον πόλεμον συγκροτήσας ἡττᾶται λαμπρῶς, καίπερ οὐκ ἰσοπαλεῖ προσπλακεὶς στρατιᾷ ἢ τὸν ἀνταγωνιστὴν εὑρὼν ἀξιόμαχον, ἀλλ᾽ ἐκτομίᾳ τινὶ συμμίξας ἀχρείους στρατολογήσαντι γεωργοὺς καὶ μοῖραν συνεπαγομένῳ Παφλαγόνων στρατιωτῶν. εἰς τὴν πόλιν τοίνυν εὐθὺς μετὰ τὴν ἧτταν εἰσιὼν ἀκλεῶς ἀπῃτεῖτο καταθέσθαι τὰ χρήματα, ὅσα οἱ πρὸς τὰς κατὰ πόλεμον δαπάνας βεβράβευται. ὁ δὲ βασανιζομένην ὁρῶν τὴν αὐτοῦ κατάσχεσιν, ὅτι φίλα φρονῶν Ἀνδρονίκῳ τὰ πράγματα χειρόνως διέθετο, ἅπερ εὐμαρίσειν ἀπέσταλτο, ἐναγόμενος παρὰ τῶν υἱέων ἓξ ὄντων καὶ πάντων ὁπλοτέρων τὰς φρένας καὶ κατὰ χεῖρα γενναίων, ἐπεβάλετο μὲν τὸν οἰκεῖον οἶκον διακρατύνειν καὶ κατασκευάζειν ἐπιτειχίσματα κατὰ τὸ ἔξω Κιόνιον διακείμενον καὶ τῶν ἐκ τοῦ δήμου τινὰς ἐπεσπᾶτο πρὸς ἑαυτόν· ὁρῶν δὲ ὡς οὐκ ἀκμαῖός ἐστι πρὸς βασίλειον πλεονεκτοῦσαν ἀνθόπλισιν καὶ ὡς οὐκ ἂν σχοίη περιγενέσθαι τῶν διαφόρων, πρὸς φυγὴν μεθαρμόζεται· καὶ τοὺς ἓξ υἱοὺς παραλαβών, | τὴν δ᾽

75—76 ἔβυε — ἐπᾴσματα: cf. Ps. 57, 5—6 **78** τὸν πολύμορφον Πρωτέα: cf. p. 63, 18

VA = a, PW, RMDF = b

72 διαμεμένηκεν V ἀστυμφέλικτος W **73** τειχομαχείου Bekk **75** διέπων: διώκων R **77** γραφομένοις: λεγομένοις F Bekk προσκύπτων Bekk **79** τὸν Ἀνδρόνικον V **81** πλείους V **82** εἰς om. VB **82—83** ὁ Ἰσ. καὶ ὁ Ἀλ. V: Ἰσ. καὶ Ἀλ. B **83** ὁ Ἀλ. RMF μετ᾽ Ἀνδρόνικον etiam Sc: μετὰ τὸν Ἀνδρόνικον APWB **83—84** τὸν χῶρον W **88** (εἰσι)ὼν ἀκλεῶς ἀπητεῖτο i. r. 10 litt. P **89** βεβράβευτο Bekk **90** ἑαυτοῦ V κατάσχεσιν: διάθεσιν W φίλια φρονῶν τῷ Ἀνδρ. Bekk **93** ἀπεβάλετο W οἶκον om. W κρατύνειν V **95** ἀπεσπᾶτο R: ἐπεσπάσατο Bekk ἑαυτόν: σύναρσιν APW **95—1** ὁρῶν δὲ τὰ καθ᾽ ἑαυτὸν ὑποβαίνοντα (ὑπερβαίνοντα W) πρὸς βασίλειον πλεονεκτοῦσαν (- οῦντα A) ἀνθόπλισιν APW πλεονεκτοῦσαν βασίλειον V **1** ὡς om. V ἔχοι V **2** καὶ τοὺς etiam Sc: τοὺς γοῦν APW

80 Ἀνδρόνικος post Ταρσίᾳ add. b: ὁ Ἀνδρόνικος add. Bekk **85** συμπλακεὶς b Bekk **87—88** μ. τ. ἧτταν εὐθὺς b ἀκλεῶς om. W b ὁμόλεκτρον τοῦ δόμου ἀπαγαγών, νηὸς ἐπιβὰς τῆς ἐς Ἀνδρόνικον ἅπτεται. ὁ δὲ ἰδὼν προσιόντα τὸν Ἄγγελον λέγεται εἰπεῖν „ἰδού, ἀποστελῶ τὸν ἄγγελόν μου πρὸ προσώπου σου, ὃς κατασκευάσει τὴν ὁδόν σου ἔμπροσθέν σου."

Θάρσος οὖν ἐπὶ τῇ τοῦ ἐξαδέλφου παρουσίᾳ λαβὼν καὶ τὰ κατ' ἔφεσιν ὁρῶν προβαίνοντα τῶν ἐνοδίων ἐκτροπῶν ἀφέμενος καὶ χαίρειν ἐάσας τὰς πόλεις Νίκαιάν τε καὶ Νικομήδειαν καὶ τὸ τῇδε ἢ ἐκεῖσε μεταστρέφεσθαι πρὸς τὴν Κωνσταντίνου τὸν δρόμον ἀκλινεῖ συνέτεινε νεύματι, ὡς ὁδοῦ Φιλιστιεὶμ τῆς ἐς αὐτὴν φερούσης ἐχόμενος. καὶ δὴ κατὰ τὰ Πευκία ἐναυλισάμενος (τόπος δέ ἐστι ταῦτα ἐν τοῖς ἄνω τῆς Χαλκηδόνος διακείμενος μέρεσι καὶ οὕτως ὀνομαζόμενος) καὶ πυρὰ πολλὰ καύσας κατὰ τὴν νύκτα ὅλην ἐκείνην, μὴ κατὰ λόγον τῆς συνούσης αὐτῷ στρατιᾶς, ἀλλ' ἐς δόκησιν στρατεύματος πλείονος, ἐκκρεμεῖς αὐτοῦ τοὺς Βυζαντίους ἔθετο, ὡς τὰ ἀνὰ χεῖρας προεμένους ἔργα εἰς τὴν περαίαν τείνειν τὸ ὄμμα ἀκταῖς τε καὶ γηλόφοις προσιόντας τῆς πόλεως καὶ πόρρωθεν ὄντα Ἀνδρόνικον ἐπισπᾶσθαι οἷον τοῖς νεύμασιν. ὧδε μὲν οὖν ἐχώρει τὰ κατὰ τὸν ἀναφαλαντίαν καὶ πολιοκόρσην Ἀνδρόνικον.

Ἀλέξιος δὲ ὁ πρωτοσεβαστὸς μὴ ἔχων διὰ πεζῆς φάλαγγος ἀποσοβῆσαι τὸν ἐπιόντα οἱ πολέμιον (ἤδη γὰρ οἱ μὲν μετέβαινον ταῖς γνώμαις κρυφιωδῶς πρὸς Ἀνδρόνικον, ὁπόσοις οὐκ ἦν ὅλως ἀκίνδυνος ἡ πρὸς ἐκεῖνον τοπικὴ μετάβα|σις, τοῖς δὲ ἀρκετὸν ἐς τὴν πρὸς τὸν κρατοῦντα πίστιν λελόγιστο τὸ ἐπ' οἴκου μόνον καθῆσθαι καὶ μηδενὶ προστίθεσθαι τῶν μερῶν· οὕτω γὰρ φρονεῖν τε καὶ λέγειν τοὺς πολλοὺς ἐξεπαίδευσε τὸ τῆς γνώμης κερδαλεόφρον καὶ τὸ διὰ φόνων ἀεὶ καὶ προχύσεως αἵματος τοὺς πλείους τῶν βασιλέων τῆς Ῥωμαϊκῆς ἐπιβαίνειν ἀρχῆς) διὰ ναυμαχίας ἐπειρᾶτο τὸν προσέρποντα κίνδυνον ἀποκρούσασθαι.

Τριήρεις τοίνυν τὴν Προποντίδα ἐκάλυπτον, αἱ μὲν Ῥωμαίους ἔχουσαι τοὺς ἐρέσσοντας καὶ τοὺς ἐκ τῶν καταστρωμάτων διαμάχεσθαι

4—6 ἰδοὺ — σου: cf. Mal. 3, 1; Mat. 11, 10 **11** ὁδοῦ Φιλιστιείμ: cf. Exod. 13, 17 **13—15** καὶ πλείονος: cf. Eust. 30, 28—32, 1

VA = a, PW, RMDF = b

3 ἥπτετο V **7** Ἀνδρόνικος post λαβὼν add. APW Sc Bekk τὰ om. ARD **9** μεταστρέφεται A **11** ἐς: ὡς V αὐτὴν: αὐτὸν AR κατὰ τὰ Πευκία: τοῖς Πευκίοις APW Sc **13** μέρεσι — ὀνομαζόμενος om. A κατὰ: καὶ R: om. Bekk **15** αὐτῷ post δόκησιν add. DF τοὺς Βυζαντίους ἑαυτοῦ R **16** ἐς V **17** προσιέναι AW τὸν Ἀνδρόνικον V **18** οἷον om. V ὧδε: καὶ ὧδε AW οὖν om. DF **19** ἀναλανφαντίαν καὶ πολυόρκησιν M ἀναφαλαντίαν καὶ om. V καὶ om. W **20** φάλαγγος om. F **21** οἱ τὸν ἐπιόντα V **22** πρὸς: εἰς V **24** μόνον om. APW Bekk: μόνου F **25** γὰρ: γάρ τε RM ἐξεπαίδευσε τοὺς πολλοὺς V **27** διὰ ναυμαχίας: ναυμαχίαις A **29** Ποντίδα R **30** ἔχοντες M **30—31** καταστρωμάτων — Λατίνων om. R **30** διαμαχέσασθαι Bekk

12 τῆς om. b Bekk **15** αὐτοῦ: ἑαυτοῦ b Bekk **26** αἱμάτων b: αἵματος M[pc]

μέλλοντας, αἱ δὲ τῶν κατὰ πόλιν διαφορογενῶν Λατίνων ὅτιπερ κράτιστον μέρος καὶ μαχιμώτατον, οἷς καὶ τὰ χρήματα ποταμηδὸν ἐπεχέοντο, ἐπεὶ καὶ τούτοις ἐπεποίθει μᾶλλον ὁ χρώμενος πρωτοσεβαστὸς ἤπερ τοῖς ῾Ρωμαίοις αὐτοῖς ὡς ἀρήξουσιν. ὥρμησε μὲν οὖν τοὺς πιστοτάτους αὐτῷ ἐπιστῆσαι τριηράρχας καὶ παραδοῦναι τὸν στόλον τοῖς ἐκείνῳ κατὰ γένος ἐγγίζουσι, τοῦ δὲ μεγάλου δουκὸς τοῦ Κοντοστεφάνου ἀντιπνεύσαντος καὶ τῆς στολαρχίας παντὶ τρόπῳ ἐξεχομένου ὡς αὐτῷ καὶ οὐχ ἑτέρῳ δή τινι προσηκούσης, ἀναγκαστῶς τὴν βούλησιν μετατίθησι. καὶ δὴ ὁ μὲν Κοντοστέφανος ᾿Ανδρόνικος κύριος καθειστήκει τοῦ στόλου παντὸς καὶ κατάπλους ἅπας τοῖς ἀπὸ τῆς ἕω περαιουμένοις ἀποτετείχιστο· συνῆν δὲ τῷ Κοντοστεφάνῳ καί τι τοῦ πρωτοσεβαστοῦ συγγενικὸν καὶ οἰκίδιον.

Μετὰ βραχὺ δὲ καὶ πρέσβις ἀπὸ τοῦ βασιλέως ἐς ᾿Ανδρόνικον στέλλεταί τις τῶν ἐντρόφων τοῦ βήματος. ὁ Ξιφιλῖνος ἦν οὗτος Γεώργιος, ὃς καὶ εἰς ὄψιν τῷ τυράννῳ ἐληλυθὼς τά τε γράμματα ἐνεχείρισε καὶ τὰ δια-| μηνυθέντα ἀπήγγειλεν. ἦσαν δὲ ταῦτα δωρεῶν ἐπαγγελίαι μειζόνων καὶ ἀξιωμάτων ἀνάβαθμοι καὶ χάρις ἀπὸ τοῦ πρυτανεύοντος εἰρήνην θεοῦ ἀποστάντι μὲν τοῦ προκειμένου σκέμματος, ἐξ οὗπερ ἐμφύλιοι συμβήσονται πόλεμοι, πρὸς δὲ ἤθη τὰ πρότερον ἐπανήκοντι. ὁ δέ, τοῦ πρεσβευτοῦ, ὥς φασι, Ξιφιλίνου τὴν πρεσβείαν ὑπονοθεύσαντος καὶ μὴ ἐνδοῦναι ὅλως ἢ βραχύ τι γοῦν καθυφεῖναι παρακελευσαμένου, τήν τε αἴτησιν ἀποπέμπεται καὶ τὴν προσλαλιὰν ποιεῖται τοῖς διαπρεσβευσαμένοις ὑπέρογκον φάσκων πρὸς ὀργὴν ὡς ἢν ᾿Ανδρόνικον βούλοιντο παλίνορσον ἀναζεῦξαι ὅθεν ἐλήλυθεν, ἀποσκορακισθήτω μὲν ἐκ τοῦ μέσου ὁ πρωτοσεβαστὸς καὶ δότω λόγους ὧν πεπαρῴνηκεν, ἡ δὲ τοῦ βασιλέως

55—56 ἡ — κοσμικήν: ut marito morienti promiserat, cf. Eust. 18, 19—21

VA = a, PW, RMDF = b

31 ὅπερ V **31—32** κράτιστον καὶ μάχιμον μέρος V **35** ἑαυτῷ Bekk **37** ὡς: ὡς οὖν R **39** δὴ om. M **40** ἀπετείχιστο F **41** δὲ: δὲ καὶ D **44** οὗτος om. W **45** ὃς — ἐληλυθώς: ὃς καὶ τὸν ᾿Ανδρόνικον ἰδὼν B τυράννῳ: ᾿Ανδρονίκῳ V **46** ἦσαν: ἦν DF Bekk δώρων R **46—47** μειζόνων — πρυτανεύοντος om. M **50** πρεσβείαν etiam B: ὑπερεσίαν V **51** παρακελευσαμένου : παρασκευασαμένου V: ὑποθεμένου A^mgγρ P τῷ ᾿Ανδρονίκῳ post παρακελ. (ὑποθεμ.) add. APW Bekk τε om. R **52** αἴτησιν: πρεσβείαν V ᾿Ανδρόνικος post αἴτησιν add. APW Bekk **53** ὑπέρογκον: ὑπέροπλον VA^s: ὑπέροπτον P: μεγαλοφώνως B φάσκων πρ. ὀργὴν: πρὸς ὀργὴν ἀνταπαγγείλας P ἀνταπαγγείλας A^mgγρ πρὸς ὀργὴν om. V ἢν: εἰ V Sc Bekk: ἐὰν B ᾿Ανδρόνικον om. V: hab. B **53—54** παλίνορσον ἀναζεῦξαι: γενέσθαι παλίνορσον W: γενέσθαι παλίνορσον ἀναζεῦξαι A ὅθεν ἐλήλυθεν om. W **54** ἐκ τοῦ μέσου om. W ἐκ — καὶ i. r. 12 litt. et mg. P **55** πεπαρῴνηκεν A^mgγρ: πλημμελῶς διήνυσεν AW: κακῶς διῴκησεν Sc

38 δή τινι: δήπουθεν b Bekk **46** οἱ post μηνυθέντα add. b Bekk **54** ἐκ μέσου b Bekk μήτηρ καθ᾽ ἑαυτὴν βιοτευέτω τὴν τρίχα κειραμένη καθάπαξ τὴν κοσμικήν, ὁ δὲ βασιλεὺς κατὰ τὴν πατρῴαν διαθήκην ἀρχέτω μὴ ὡς στάχυς αἴραις τοῖς παραδυναστεύουσι συμπνιγόμενος.

Ἀλλ᾽ οὔπω ἡμέραι συχναὶ παρήλθοσαν, καὶ μεταχωρεῖ ἐς Ἀνδρόνικον καὶ ὁ μέγας δοὺξ Ἀνδρόνικος τὰς μακρὰς νῆας παρειληφώς, ὁπόσας ὁ Ῥωμαίων ἐπλήρου κατάλογος. καὶ τοῦτο τὸ ἔργον ἐπῆρε μὲν ὑπὲρ ἅπαν ἄλλο τὸν ἀποστάτην, τὸν δὲ πρωτοσεβαστὸν ἠφάντωσε τέλεον, πάσας τὰς ἐλπίδας ἀπεγνωκότα καὶ κατακλασθέντα τὸ πρόθυμον. οὐκέτι γὰρ λαθραῖαι σύνοδοι τῶν Ἀνδρονίκῳ | προσκειμένων ἐγίνοντο, ἀλλ᾽ ἀνέδην τὸν πρωτοσεβαστὸν ἐρεσχελοῦντες οἱ ταῖς τῶν πραγμάτων μεταβολαῖς χαίροντες ἐς Χαλκηδόνα διεπλωΐζοντο· καὶ τῷ Ἀνδρονίκῳ κατὰ φατρίας συγγινόμενοι φυὴν ἐκείνου καὶ εἶδος ἀγητὸν καὶ γῆρας σεμνὸν ἀπεθαύμαζον καὶ τὸ τῆς ἐκείνου γλώττης τρυγῶντες μελίκηρον καί, ὡς ἄγρωστις ὄμβρον ἢ δρόσον Ἀερμωνίτην τὰ ὄρη Σιών, ἃ ἦν ὑψηγορῶν προσιέμενοι μετὰ πλείστης ἐπανέστρεφον χαρμονῆς, ὡς εἴπερ τὰς ᾀδομένας χρυσᾶς ἔννας καὶ τὴν ἀληλεσμένην τοῦ μύθου δίαιταν ἢ τὴν ἡλίου λεγομένην τράπεζαν παρακειμένην εὕραντο καὶ κατακορεῖς αὐτῆς ἐγεγόνεισαν. ἦσαν δ᾽ οἳ κἀκ πρώτης ὄψεως εὐθὺς τὸν ἐν δέρματι προβάτου κεκρυμμένον λύκον ἐγνώρισαν καὶ τὸν ὅσον οὔπω μετὰ θάλψιν ἐπιθησόμενον ὄφιν καὶ κακῶς τοὺς ὑπὸ κόλπον φέροντας δράσοντα.

Ἐπὶ τούτοις ἀνίενται μὲν τῆς εἱρκτῆς αὐτοῦ τε τοῦ Ἀνδρονίκου οἱ παῖδες ὁ Ἰωάννης καὶ ὁ Μανουὴλ καὶ οἱ λοιποί, οὓς καθεῖρξεν ὁ πρωτοσεβαστός, ἐγκλείονται δ᾽ ἕτεροι, οἷς οὗτος προσέβλεπεν ἥμερον καὶ ὅσοι τῆς αὐτοῦ μερίδος καὶ συγγενείας. καὶ αὐτὸς δὲ ὁ πρωτοσεβαστὸς κατὰ τὰ ἀνάκτορα συλληφθεὶς καὶ φρουρᾷ διαληφθεὶς Γερμανῶν, οἳ κατωμαδὸν

57—58 ὡς — συμπνιγόμενος: cf. p. 232, 47—49 **63—72** οὐκέτι — ἐγεγόνεισαν: cf. Eust. 32, 5—22 **68—69** ὡς — Σιών: cf. Ps. 132, 3 **70—71** τὰς — ἔννας: cf. p. 59, 17 **71** τὴν — δίαιταν: cf. Zenob. 1, 21; Suda α 3820 **71—72** τὴν — τράπεζαν: cf. Her. 3, 18 **73—74** τὸν — λύκον: cf. Mat. 7, 15 **74—75** τὸν — δράσοντα: cf. Aesop. Fab. 62 Hausrath

---

VA = a, PW, RMDF = b

60 καὶ om. V intrascr. P Ἀνδρόνικος om. VNB **61** ὁ τῶν Ῥωμαίων W **62** Ἀνδρόνικον post ἀποστάτην add. APWB Bekk: τὸν τύραννον Ἀνδρ. Sc **64** τῶν: τῷ AWM ἀναίδην VRDF^{ac}: φανερῶς B **67** φυήν τε ἐκείνου καὶ γῆρας σεμνὸν καὶ εἶδος ἀγητὸν V: τὴν ἡλικίαν αὐτοῦ καὶ τὸ γῆρας B ἀγητὸν: κάλλιστον A$^{mg\,γρ}$ P **68** μελίκηρον τρυγῶντες V **69** ἢ δρόσον om. W Ἀερμὼν VB: Ἑρμωνίτιν W: Ἀερμωνίτην APRM: Ἑρμωνῖτιν Bekk τὰ ὄρη Σιών om. VB ἦν om. R **71** μύθου: μήλου Bekk λεγομένην ἡλίου P Bekk **73** προβάτου om. V **75** δράσοντα: δράκοντα W **76** ἀνίενται: ἀκίνητα A **76—77** αὐτοῦ — παῖδες: οἱ τοῦ Ἀνδρονίκου παῖδες P **78** δ᾽: δὲ καὶ M ὅσον Bekk **79** ἦσαν post μερίδος add. AW καὶ alt. om. W **79—80** ὁ πρωτοσεβαστὸς post συλληφθεὶς transp. AP **79—80** συλλ. εἰς τὰ ἀνάκτορα W

60 καὶ om. b **79** ὁ πρωτοσεβαστὸς om. b

τοὺς ἑτεροστόμους πελέκεις ἀνέχουσιν, ἀπρόϊτος ἔμενεν. αὖθις δὲ τῶν μὲν βασιλείων λαθραίως καὶ περὶ μέσας νύκτας ἐξάγεται, τοῖς δὲ κατὰ τὸ ἱερὸν ἀνάκτορον οἰκήμασι | δίδοται, ὧν δομήτωρ ὁ πατριάρχης γέγονε Μιχαήλ, μετὰ τῆς αὐτῆς καὶ πάλιν καὶ πλειόνως ἀσφαλεστέρας φρουρᾶς.

Ὢ πραγμάτων παλινστρόφου φορᾶς καὶ θᾶττον ἢ λόγος μετακλινομένης ἐνίοτε. ὁ κατὰ τῆς ἐκκλησίας χθὲς εἰσενεγκὼν ἀκήρυκτον πόλεμον καὶ θρασὺς καὶ αὐθάδης καὶ λίαν ὑπέραυχος καὶ τοὺς φυγάδας ἐκεῖθεν ἀποσπῶν, ὡς οὐκ ἔδει, καὶ μυριάσιν ὄχλων περιβομβούμενος σήμερον δέσμιος καὶ ἀνέστιος μηδένα ἔχων ὀπαδὸν καὶ συλλήπτορα ἢ τὸν σώζοντα καὶ λυτρούμενον. ὁ δὲ ἐδυσχέραινε μὲν κἀπὶ τούτοις, ἐπαθαίνετο δὲ πλέον ὅτι μὴ ἐῷτο ὑπνώττειν ὑπὸ τῶν φυλάκων ἀεὶ ἐπιπιπτόντων αὐτῷ, πρὸς ὕπνον τρεπομένῳ καὶ βιαζόντων ἱστᾶν τοὺς ὀφθαλμοὺς ὥσπερ κέρας ἢ σίδηρον. ὁ δὲ πατριάρχης μὴ μνησικακῶν, ἀλλ' οἰκτείρων τῆς μεταβολῆς τὸν ἄνθρωπον θεραπείας τε ἱκανῆς μετεδίδου καὶ συγγινόμενος τὸ ἄχθος ἐκούφιζε καὶ μετρίως ἐκείνῳ προσφέρεσθαι παρῄνει τοῖς φύλαξι, μηδὲ γίνεσθαι βαρυτέρους τύχης τῆς ἐνεστώσης.

Οὐ μὴν ἀλλ' ἡμερῶν τινῶν διαλειπουσῶν, ἕῳος ἀπάγεται τοῦ νεὼ ἵππῳ βραχυτάτῳ ἐπικαθήμενος καὶ προοδεύουσαν ἔχων σημαίαν ἐπὶ καλάμῳ ἠνεμωμένην καὶ παροινούμενος οὕτω κατῄει πρὸς θάλασσαν. κἀκεῖθεν παραρριφεὶς ἁλιάδι ἐς τὸ πέραν ἀνάγεται πρὸς Ἀνδρόνικον, ἔπειτα καὶ τοὺς ὀφθαλμοὺς ἐξορύττεται, κοινῶς ἁπάντων τῶν ἐν ὑπεροχῇ συνελθόντων καὶ μετ' Ἀνδρονίκου τὴν τοιαύτην πρᾶξιν κυρωσα|μένων.

89—90 μηδένα — λυτρούμενον: cf. Ps. 7, 3 **92—93** ἱστᾶν — σίδηρον: cf. Hom. τ 211

VA = a, PW, RMDF = b

81 ἀπρόσιτος Bekk **82** καὶ om. A^{ac}W **84** μετὰ πλείονος καὶ πάλιν καὶ ἀσφαλεστέρας AW καὶ alt. om. D πλειόνως: πλείονος M Bekk: om. VB **85** ὢ: φεῦ ὢ AW **87** καὶ pr. — λίαν ὑπέραυχος V: lect. codd. PW b hab. A ὑπέραυχος A$^{mg\gamma\rho}$: ὄλβιος καὶ περίβλεπτος AW **88** ἀποσπῶν: ἀποσπᾶν πειρώμενος AP^{pc}W **90** κἀπὶ: ἐπὶ APW **91** πλέον: μειζόνως A$^{mg\gamma\rho}$ P Bekk **92** ὥσπερ: ὡς AW **93—94** τῆς μεταβολῆς A$^{mg\gamma\rho}$: τῶν ἐνεστώτων καιρῶν A: τῶν ἐνεστώτων κακῶν W **94** ἐδίδου RM **95** ἄχθος: ἄχος MDF Bekk μετρίως ἐκείνω A$^{mg\gamma\rho}$: καταλλήλως τῷ ἐκείνου γένει καὶ μὴ ἐπαχθῶς (ἐπεχθῶς W) AW **1** τῆς ante τύχης add. V τῆς τύχης ἐνεστώσης M **2** διαγενομένων APW Sc: διελθουσῶν B: διαλιπουσῶν Bekk ἀπάγεται AW Sc **3** καὶ om. W **6** καὶ — ἐξορύττεται: κακεῖθεν παραρριφεὶς ἁλιάδι A **7** κυρωσαμένου F

87 καὶ pr. — ὑπέραυχος: ὡς (ὡς καὶ AW: καὶ P) πολὺς τὸ γένος καὶ τὴν τύχην ὑπέραυχος (ὄλβιος W) PW b Bekk

Καὶ τοιοῦτο μὲν τὰ τῆς αὐτοῦ παραδυναστείας ἢ μᾶλλον οὔπω παγείσης ἀκριβῶς τυραννίδος πέρας εἰλήφεσαν. εἶχε δ' ἄν, εἰ τὰς χεῖρας πρὸς παράταξιν ὥπλιστο καὶ τοὺς δακτύλους πρὸς πόλεμον ἐδεδίδακτο καὶ μὴ ἦν μαλθακὸς αἰχμητὴς καὶ βάτταλος καὶ τῆς ἡμέρας ῥέγκων τὸ ὑπερήμισυ, τῷ τε Ἀνδρονίκῳ τὴν εἰς τὴν πόλιν πάροδον ἀποκλείσας καὶ ἑαυτὸν ἀπείρατον διαφυλάξας τοῦ τότε κακοῦ· ποιεῖν γὰρ ἐπὶ τοῖς βασιλείοις ἠδύνατο θησαυροῖς ὁπόσα ἠβούλετο καὶ ταῖς τριήρεσιν ἐνῆν χρήσασθαι πρὸς τὴν τοῦ ἀνθισταμένου καταπολέμησιν, αἳ τὸ ἐκ Λατίνων εἶχον ὁπλιτικόν, οὕτω μὲν ἐπικρατέστερον ὂν τοῦ Ῥωμαϊκοῦ ναυτικοῦ, οὕτω δὲ πάγχαλκον καὶ ὅλον αἱμοχαρές. ἀλλὰ τοῦ μορσίμου, ὡς ἔοικεν, ἀντικρούσαντος, ὁ μὲν τὸ πρόθυμον ὑπεχάλασεν, Ἀνδρόνικος δ' ἐπιτείνας ὑπεσκέλισε τουτονὶ ἀντιτρέχοντα καὶ τὴν νίκην λαμπρὰν ἀπηνέγκατο.

Ὃς καὶ κατὰ τὴν περαίαν ἔτι διατρίβων στείλας τριήρεις, ὅσαι ὀπίσω τοῦ μεγάλου δουκὸς ἠκολούθησαν, καὶ τῶν συνακολουθησάντων αὐτῷ ἐκ τῶν κατὰ πάροδον χωρῶν στρατιωτικῶν καταλόγων ἅπαν ἐπίλεκτον πόλεμον συγκροτεῖ κατὰ τῶν ἐν τῇ πόλει Λατίνων. καὶ δὴ καὶ τοῦ δήμου τῆς πόλεως ἀναθαρρήσαντος κατ' αὐτῶν καὶ ἀλλήλους ἐς συνασπισμὸν παραθήξαντος, ἐπιθαλάττιος ὁμοῦ καὶ ἐπίγειος ἔρις φύεται. καὶ πρὸς ἄμφω τὰ πλήθη κυκλωσά|μενά τε καὶ περιζώσαντα μὴ ἀντιπαλαίειν σθένοντες οἱ Λατῖνοι ὡς εἶχον ἕκαστος σώζειν ἑαυτοὺς ἐπεβάλοντο, τὰς

10—11 τὰς — ἐδεδίδακτο: cf. Ps. 143, 1 **21** — 251, **44** ὃς — Ῥωμαίους: cf. Eust. 32, 33—34, 34

VAP (ab 14 διαφυλάξας) = a, P (usque ad 14) W, RMDF = b

9 τοιοῦτον R αὐτοῦ: τοῦ πρωτοσεβαστοῦ APW Bekk δυναστείας VAP **9—10** ἀκριβῶς παγείσης V **10** καὶ τῆς τῶν κοινῶν πραγμάτων διοικήσεως post τυραννίδος add. AP[pc]W Bekk **11** πρὸς pr.: εἰς D πρὸς — ὥπλιστο: ἠκρίβωτο εἰς παράταξιν PW **12** (μαλθα)κὸς αἰχμητὴς καὶ βάτταλος i. r. 10 litt. P καὶ βάτταλος om. W **12—13** καὶ τῆς ἡμέρας ῥέγκων τὸ ὑπερήμισυ V: καὶ πρὸς ἦθος τυπούμενος ἥμερον APW et ὀξύρροπος ἦν μαχητὴς καὶ θαρσαλέος τὰ πρὸς τὸν (τὸν om. W) πόλεμον, μηδὲ τὰ πολλὰ ὑπόνωθρος ὡς καὶ πρὸς τὸ χρηστότερον ἦθος τυπούμενος post ἥμερον add. AW **17** παντάπασι post Ῥωμαϊκοῦ add. AP[pc]W Bekk **18** δὲ καὶ πάγχαλκον ὅλον M **19** ἀντικρούσαντος: ἐπιστάντος A: ἀντι- A[s]: -κρούσαντος A[mg]: ἀντιστάντος W Ἀνδρόνικος δὲ: ὁ δ' Ἀνδρόνικος AW δ': δὲ V **20** καὶ ὑπερέδραμεν post τουτονὶ add. AW: καὶ ὑπέδραμεν add. P[pc] Bekk **21** ὅσαι om. M **22** καὶ: κἀκ APW Bekk συνακολουθησάντων: συνεπομένων V **23** ἐκ τῶν κατὰ πάροδον χωρῶν V: ἀπὸ πασῶν τῶν χωρῶν B: κατὰ πάροδον cum W b scr. AP ὡς post ἅπαν add. M **24** κατὰ τῶν τὴν πόλιν οἰκούντων Λατίνων V: μετὰ τῶν εὑρισκομένων καὶ ἐντὸς κατοικούντων τῆς πόλεως Φράγγων B **26** θαλάττιος PB Sc Bekk φύεται: φέρεται W **27—28** ἀντιπαλαίειν οὐκ ἔχοντες V: μὴ ἀντιβαίνειν ἔχοντες AW **28** εἶχεν VR

10—14 εἶχε μὲν οὖν τὰς χεῖρας εἰς παράταξιν ἱκανὰς καὶ τοὺς δακτύλους πρὸς (πρὸς: εἰς D) πόλεμον ἐδεδίδακτο· ἴσως δ' ἂν καὶ πλείονι πολέμου παρασκευῇ καὶ ὁρμῇ ὀξυτέρᾳ χρησάμενος τῷ τε Ἀνδρονίκῳ τὴν ... πάροδον ἀπετείχισε καὶ ἑαυτὸν ... διεφύλαξε τοῦ ἐφεστῶτος κακοῦ b Bekk **23** ἐκ — χωρῶν: κατὰ πάροδον W b Bekk **25** τῆς πόλεως om. b οἰκίας ἀνέντες πλήρεις πλούτου παντὸς καὶ πολυειδῶν ἀγαθῶν, ὁπόσα μεταδιώκουσιν ἄνθρωποι, τοῖς βουλομένοις προνόμευμα· οὐδὲ γὰρ μένειν κατὰ χώραν ἐτόλμησαν ἢ κατὰ Ῥωμαίων αὐτοὶ ἐπελθεῖν ἢ ὅλως ἐπιόντας ὑποστῆναι καὶ δέξασθαι. ἐντεῦθεν οἱ μὲν κατὰ πόλιν διασπαρέντες, ὡς ἔτυχεν, ἄλλοι προσρυέντες οἴκοις ὑπερηφάνοις, οἱ δὲ καὶ τῶν μακρῶν ἐπιβάντες νηῶν, ἃς ἐπλήρουν οἱ ὁμόφυλοί σφισιν, ἐξέφυγον τὸ μαχαίρᾳ πεσεῖν. ὅσοι δὲ συνελήφθησαν θανάτῳ ὑπεδικάσθησαν. πάντες μέντοι τὰς οὐσίας ἀπεβάλοντο. αἱ δὲ πλήρεις τῶν δραπετευσάντων τριήρεις τῶν τῆς πόλεως ἀναχθεῖσαι λιμένων καὶ βλέψασαι πρὸς Ἑλλήσποντον τὸ μὲν λεῖπον τῆς ἡμέρας ἐκείνης προσωρμηκυῖαι ταῖς νήσοις ἐξεπέραναν, ὁπόσαι μικρὸν ἄποθεν τῆς βασιλίδος ἀμφιρρέονται πόλεως μὴ πάνυ πελάγιαι, φημὶ τὴν Πρίγκιπον καὶ τὴν Πρώτην καὶ ὅσαι περὶ αὐτὰς ἀνίσχουσι τοῦ βυθοῦ· τὴν δ᾿ ἐπιοῦσάν τινα τῶν ἐν αὐταῖς ἱερῶν φροντιστηρίων πυρπολήσασαι ἐξῆραν ἐκεῖθεν κώπαις ἁπάσαις καὶ διαπετασθεῖσι λαίφεσι. μηδενὸς δ᾿ ἐπιδιώκοντος, ἔνθα ἦν πρὸς βουλῆς καταίρουσαι ἔδρων ὅ τι καὶ εἶχον κακὸν τοὺς ἐκεῖσε Ῥωμαίους.

Κατ᾿ ἐκείνας δὲ τὰς ἡμέρας καὶ κομήτης ἐφάνη | κατ᾿ οὐρανὸν ὑποσημαίνων τὰ ἐσόμενα χείριστα καὶ αὐτὸν ἀτεχνῶς διαχαράττων Ἀνδρόνικον· ὄφεως γὰρ σχῆμα καὶ ἕλιγμα ἡ τοῦ φανέντος ἀνάμματος ὄψις διατυποῦσα νῦν μὲν διετέτατο, νῦν δ᾿ ἀμφιπεριειλίσσετο εἰς ὁλκούς, ἄλλοτε εἰς χάσμα ἀνοιγομένη στόματος φόβον ἐνεποίει τοῖς θεωμένοις οἱονεὶ καταχάσκουσα ἐξ ὕψους τῶν κάτωθεν καὶ ἀνδρομέου γλιχομένη αἵματος. ἡμέρας οὖν ἐκείνης τὸ μήπω ἐκμετρηθὲν καὶ τὴν ἐπιοῦσαν νύκτα διαρκέσας ἠφάντωται.

Ἀλλὰ καὶ ἱέραξ τοῦ θηρεύειν ἐθάς, λευκὸς τὴν πτίλωσιν, τοὺς πόδας λωροπεδούμενος, κἀπὶ καλιᾶς πτερορρυήσας πολλάκις καὶ αὖ πάλιν ἀνηβηκώς, οἴμησεν ἐκ τῆς ἔξω πρὸς τὸ τοῦ Λόγου μέγιστον τέμενος καὶ τὸν Θωμαΐτην εἰσιὼν δόμον πολλοὺς κατὰ φήμην θεατὰς ἐφειλκύσατο. ἦσαν

VAP = a, W, RMDF = b

29 ἀνέντες om. M παντοδαποῦ πλούτου AW Sc ὁπόσοι M **31** ἀπεθάρρησαν post ἐπελθεῖν add. AW **32** κατὰ τὴν πόλιν VB **33** ἄλλοις F **34** νεῶν D σφισιν om. VW μόλις post ἐξέφυγον add. P Bekk **35** περιπεσεῖν Bekk ὁπόσοι Bekk **36—37** πλήρεις τριήρεις τῶν δραπετευσάντων Λατίνων ἐκ τῶν τῆς πόλεως AW **38** ταῖς νήσοις προσωρμηκυῖαι Bekk **39** ὁπόσοι F ἄνωθεν R **40** δὴ post φημὶ add. P Bekk **42** ἐξῆραν: ἐξέδραν V: ἐξήλθοσαν καὶ ἀπήλθοσαν B **43** δὲ διώκοντος V αὐταῖς post βουλῆς add. V **45** κατ᾿— ἡμέρας etiam Sc: ἐν ἐκείναις δὲ ταῖς ἡμέραις A^{s}PW **46** διαταράττων R **47** ἐνάμματος V **48** νυνὶ pr. vice APW διετάττετο D^{ac}FKN δὲ περιειλίσσετο DN ἐς A **51** διαρκέσας νύκτα V **54** λωροποδούμενος V: μετὰ ποδόλουρα B (ἀνηβή)σας A^{s}: (ἀνηβη)κὼς P^{ir} **55** οἴμησεν: ὥρμησεν P^{pc}RK Bekk τὸ om. V Λόγου: λογοθέτου N

31—32 ἐτόλμησαν ἢ κατὰ Ῥ. αὐτοὶ ἐπήλθοσαν (ἐπ. αὐτοὶ DF Bekk) ἢ ὅλως ἐπιόντας ὑπέστησαν b Bekk **34** οὕτω post ἐξέφυγον add. b **48** νῦν: μετὰ βραχὺ b Bekk δ᾽ οἳ καὶ διετεχνῶντο συλλαβεῖν αὐτόν· ὁ δ᾽ ἐκεῖθεν ἀρθεὶς κατέπτη πρὸς τὸ μέγα βασίλειον καὶ ἄνω τοῦ οἰκήματος καταπαύσας, ἐν ᾧ τοὺς ὑπογυίως τῆς ἀρχῆς ἐπειλημμένους εἴθισται πρὸς παντὸς τοῦ δήμου ἀνευφημεῖσθαι στεφανηφόρους, μετὰ βραχὺ ἐπάνεισι πάλιν πρὸς τὸν νεών. καὶ τὴν τοιαύτην περιοδείαν τρισσῶς σταδιεύσας ὕστερον παρά του θηρεύεται καὶ εἰσάγεται βασιλεῖ. τοῖς μὲν οὖν πλείστοις μέλλειν αὐτίκα Ἀνδρόνικον συλληφθῆναι οἰωνίζετο ἐνθένδε καὶ δίκας γενναίας ὑφέξειν, ἐπεὶ καὶ ἐς αὐτὸν ἔφασκον ἀτεχνῶς τὸ οἰώνισμα ἀφορᾶν πλειστάκις ἐνειρχθέντα δεσμωτηρίῳ καὶ τὸ τῆς κεφαλῆς | τρίχωμα χιονούμενον· οἱ δέ γε σοφώτερόν τι προβλέποντες καὶ τὸ φρονεῖν ὑψιβάμονες τριετὲς ἕλιγμα χρονικὸν τὴν τριττὴν εἰς τὸ αὐτὸ κατάντημα πτῆσιν ἰσχυρίζοντο προσημαίνειν καὶ τελευταῖον αὖθις Ἀνδρόνικον φρουρὰν καὶ ποδοκάκας καθυποδέχεσθαι Ῥωμαίων κατάρξαντα.

Πάντων δ᾽ ἐς Ἀνδρόνικον διαπορθμευομένων λοῖσθος ἐς αὐτὸν περαιοῦται ὁ πατριάρχης Θεοδόσιος μετὰ τῶν λογίμων τοῦ βήματος. ὁ μὲν οὖν εἰς τὴν ἑαυτοῦ ἐγγίζειν σκηνὴν τὸν μέγαν ἀρχιερέα ἐνωτισάμενος ἔξεισιν εὐθὺς πρὸς ὑπάντησιν στολὴν ἠμφιεσμένος σχιστὴν ἰοβάφινον ὑφῆς τῆς Ἰβηρικῆς ἐς γόνατα καὶ γλουτοὺς καταβαίνουσαν καὶ πυκάζουσαν τὰ ἕως βραχίονος καὶ πυραμιδουμένην καλύπτραν τῇ κεφαλῇ περικείμενος καπνηρὰν τὴν χροιάν. καὶ πρὸ τῶν ἱππείων χηλῶν βαλὼν ἑαυτὸν ἔκειτο τετανυσμένος μέγας μεγαλωστί. μετὰ μικρὸν δ᾽ ἀνίσταται καὶ τῶν ἐκείνου ποδῶν περιλιχμᾶται τὰ πέλματα, σωτῆρα τοῦ βασιλέως ἀποκαλῶν, ζηλωτὴν τοῦ καλοῦ καὶ τῆς ἀληθείας ὑπέρμαχον, τῷ χρυσῷ τὴν γλῶτταν Ἰωάννῃ ἀνθάμιλλον, καὶ πᾶσαν αὐτῷ προσηγορίαν περιτιθεὶς ἀγαθήν. ὁ δὲ τότε πρώτως Ἀνδρόνικον θεασάμενος, ἐπεὶ κατηθρήκει περιεργότερον βλέμμα γοργόν, ὑποκαθήμενον φρόνημα, σοφιστικὸν καὶ περίεργον ἦθος, ἡλικίας ἀναδρομὴν ἐς πόδα δέκατον μικροῦ ἀνατείνουσαν, ἀγέρωχον βάδισμα, ὀφρὺν ἐπιλλώπτουσαν ὑπεροψίαν, φρον-

---

77 ἔκειτο — μεγαλωστί: cf. Hom. Σ 26 sq.

VAP = a, W, RMDF = b

57 αὐτὸν συλλαβεῖν DF πρὸς: ἐς AW **59** τοῦ om. AW **60** στεφηφοροῦντας A^mg^γρ P **62** τῷ βασιλεῖ Bekk **62—63** Ἀνδρ. συλληφθῆναι αὐτίκα D **62** τὸν Ἀνδρόνικον V: ὁ Ἀνδρ. B **63** ἐντεῦθεν V γενναίας: δικαίας F **64** εἰς ἑαυτὸν R **66** βλέποντες VB: προσβλέποντες W **67** εἰς etiam B: ἐς W: ἐπὶ V **68** τελευτῶν P **70** διαπεραιοῦται V **71** τῶν om. W **74** εἰς Bekk γούνατα R Sc **76** καπνηρὰν: καπηρὰν P (cf. p. 271, 54): ὑποκαπνίζουσαν AW: μέλαιναν Sc πρὸς Bekk **77** τεταμένος P Sc μέγας om. V **78** ἐκείνου: τοῦ πατριάρχου PB Bekk **79** καὶ om. P Bekk καὶ post ὑπέμραχον add. APW Sc **81** πρῶτα V: πρῶτον B **82** ὑποκαθειμένον Bekk **84** ἐπιλώπτουσαν VAPWRM D^pc: ἐπιλήπτουσαν D^ac: ἐπιλάπτουσαν F φροντιστικόν: σοφιστικόν W

59 τοῦ ἄρχειν b Bekk τοῦ δήμου παντὸς b Bekk **60** μετ᾽ οὐ πολὺ b Bekk τιστικόν τε | καὶ ἐπὶ συννοίας ἀεὶ ἄνθρωπον, ταλανίσας τοὺς ἀφρόνως ἄνδρα τοιοῦτον εἰσοικισαμένους ἐπ᾽ ἀνηκέστοις ἑαυτῶν συμφοραῖς „ἀκοῇ μέν" φησιν „ἤκουόν σου τὸ πρότερον, νῦν δὲ καὶ ἑωράκειν καὶ ἐγνώκειν σαφῶς." καὶ αὖ πάλιν τὸ τοῦ Δαυὶδ ἀποκνίσας εἶπε „καθάπερ ἠκούσαμεν, οὕτως καὶ εἴδομεν" αἱμύλως καθαπτόμενος ᾿Ανδρονίκου, οἷς τὰ τῆς ἀπαντῆς τῷ σκηνικῷ ὑπεξῆρε τῆς γνώμης ἑαυτὸν ἐδαφίζων καὶ κυνηδὸν προσκυνζώμενος, ἀναφέρων ἅμα τὰ ὀφθέντα πρὸς ἅπερ αὐτῷ ἀπήγγελλεν ὁ βασιλεὺς Μανουὴλ διαζωγραφῶν τῷ λόγῳ ᾿Ανδρόνικον καὶ οἷον ἀγνοοῦντι τιθεὶς ὑπόψιον. ἀλλ᾽ οὐκ ἔλαθε τὸ τῶν ῥημάτων ἀμφοτερίζον τὸν πολύμητιν ᾿Ανδρόνικον· ὅθεν καὶ τῇ τῶν λεχθέντων διπλόῃ ὡς οἷα διπάλτῳ ξίφει τρωθεὶς τὴν ψυχὴν καὶ τὴν σκυζομένην οἷον καὶ συνηρεφῆ τῶν ὀφρύων τοῦ πατριάρχου γραμμὴν τῶν ἔνδον καὶ περὶ ψυχὴν κινημάτων εὑρὼν προμνήστριαν „ἴδε" φησὶ „βαθὺς ᾿Αρμένιος", ἐπεὶ καὶ τὸ πατρῷον γένος ἐξ ᾿Αρμενίων ἕλκειν ἐλέγετο.

Τοῦτο δὲ καὶ ἄλλοτέ ποτε ἐπέσκωψεν ἐς αὐτὸν ᾿Ανδρόνικος, ὅτε ὁ μὲν πρὸς τὸν πατριάρχην τὸν λόγον ποιούμενος ἀχθομένῳ ἐῴκει καὶ μόνος ὑπολελεῖφθαι τοῦ βασιλέως ᾿Αλεξίου κηδεμὼν ἔλεγε, μηδένα ἔχων τὸν συμπονοῦντά τε καὶ συγκάμνοντα, μηδ᾽ αὐτὴν τὴν ἐκείνου ἁγιότητα, καίπερ τοῦ βασιλέως καὶ πατρὸς τῷ βασιλεῖ ᾿Αλεξίῳ ἐς αὐτὸν ἀναθεμένου

87—88 ἀκοῇ — σαφῶς: cf. Iob 42, 5 **88—89** καθάπερ — εἴδομεν: cf. Ps. 47, 9 **2** ἴδε — ᾿Αρμένιος: cf. Eust. 38, 33 **3** — 254, **20** τοῦτο — μονώτατος: cf. Eust. 38, 18—31 **8—9** καίπερ — κυβέρνησιν: cf. Eust. 18, 22—25

VAP = a, W, RMDF = b

85 ἀφρόνους V: ἀπὸ ἀγνωσίας B **87** σου: σε R **88** ἔγνων V πάλιν om. W ἀποκναίσας Bekk **89** καὶ om. D^{ac}F ᾿Ανδρονίκῳ A: abbrev. W **90** ὑπαντῆς P ἐκείνω post ἀπαντῆς (ὑπαντῆς) add. AP Bekk τῶ τῆς γνώμης σκηνικῶ ὑπεξῆρεν W ὑπῆρξε A **91** κυνηδὸν προσκυνζώμενος: τοῖς ἐκείνου ποσὶ προσκν. ἀτεχνῶς A: ἀτεχνῶς προσκν. P: τοῖς ἐκείνου ποσὶ προσκν. W προσκυνζόμενος RMD^{pc}F Bekk: προσκυρριζόμενος D^{ac} ἅμα: ἅμα καὶ W ὁραθέντα AW **92** ἣν ἀπαγγέλλων V: ἀπήγγελεν R: ἀπήγγειλεν MDF^{ac} Bekk **93** ἠγνοηκότι V τῶ πατριάρχη post ἀγνοοῦντι add. APW **94** ᾿Ανδρόνικον τὸν πολύμητιν AW ῥηθέντων AW **95** ὡς om. VAW οἷον V ξίφει διπάλτω AW **1** κατιδὼν καὶ οἷον (καὶ οἷον om. P) τοῖς ὀφθαλμοῖς ἐπινεύουσαν (ἐπιδινεύουσαν W) post γραμμὴν add. APW τῶν-καὶ: καὶ τῶν P **1—2** τῶν — προμνήστριαν: καὶ τῶν τῆς ψυχῆς βαθέων κινημάτων ἐσχηκὼς προμνήστριαν AW **4** εἰς VD **4—7** ὅτε ὁ μὲν ἐς (εἰς Sc) αὐτὸν ἀφικομένω τῶ πατριάρχη ἄχθεσθαι ἔλεγεν ὡς καὶ (καὶ om. Sc) μόνος ἀπὸ πάντων ὑποληφθεὶς κηδεμὼν (κηδεμὼν ἀποληφθεὶς Sc) τοῦ βασιλέως ᾿Αλεξίου καὶ φροντιστής (᾿Αλεξίου καὶ φρ. om. Sc) (ἔλεγε rep. A) μηδενὸς (-α A^{s}) (ἔχων τοῦ [τὸν sscr.] add. A) ἄλλου συμμογοῦντος (-α A^{s}: συμμολογοῦντος W: ἄλλου συμμογ. om. Sc) αὐτῶ καὶ (καὶ om. Sc) συγκάμνοντος (-α A^{s}) μηδ᾽ αὐτῆς (-ὴν A^{s}) τῆς (-ὴν A^{s}) αὐτοῦ (μηδὲ τῆς αὐτῆς Sc) ἁγιότητος (-α A^{s}) AW Sc **6** ᾿Αλεξίου βασιλέως V **7** τε om. P **8** Μανουὴλ post βασιλέως add. APW Bekk ἀναθεμένων RM: ἀναθεμένω D^{ac}F τὸν πατριάρχην post ἀναθεμένου add. APW Bekk

90 ἀπαντῆς: ὑπαντήσεως b Bekk

τὴν τοῦ υἱοῦ | τημελούχησιν καὶ τὴν τοῦ κράτους αὐτῷ κυβέρνησιν, ὁ δ' ἔφησεν ἀποφροντίσαι πάλαι τὸν βασιλέα, εἴτ' οὖν τοῖς τεθνεῶσιν ἔχειν ἐναρίθμιον, ἐξ ὅτου περ αὐτὸς Ἀνδρόνικος τὴν βασιλίδα πόλιν εἰσεληλύθει καὶ τὰ κοινὰ διαχειρίζει πράγματα. πρὸς ἣν ἀπόκρισιν τοῦ πατριάρχου ἐρυθριάσας Ἀνδρόνικος ἤρετο, τί ἐστι τὸ ἀποφροντίσαι καὶ πρὸς ὃ σημαινόμενον ἐκτετόξευται, τὸν μὴ συνιέντα πλαττόμενος. ὁ δὲ τὸν θῆρα μὴ ἐκμαίνειν ἐθέλων καὶ ἄλλως κατ' αὐτοῦ ὠρυόμενον ἢ τὴν κάμηλον ἀναστομοῦν εἰς ἐξέραμα, πρὸς ὅπερ εἴθιστο, οὐ κατὰ τὴν ἀληθῆ καὶ πρὸς ἣν ἐρρέθη προβάλλων ἐξήγησιν ἑτεροίως τὸν τοῦ ῥήματος νοῦν ἡρμήνευσε, μηκέτι φάσκων φροντίζειν τοῦ βασιλέως ἀλλὰ τὸ τούτου παριδεῖν τημελές· αὐτὸς γὰρ Ἀνδρόνικος αὐτάρκης παιδοκομεῖν αὐτὸν καὶ μονώτατος.

Τῶν δὲ κατὰ τὰ ἀρχεῖα πραγμάτων, ὡς Ἀνδρονίκῳ ἐδόκει καὶ ἀρίστως εἶχε, διῳκημένων παρά τε τῶν υἱέων ἐκείνου καὶ ὅσοιπερ αὐτῷ προσέθεντο, | ὀψὲ καὶ αὐτὸς μεταχωρεῖ τῆς Δαμάλεως ὑποψήλας τὸ τοῦ

---

23 ὀψέ: a. 1182 mense Apr.

---

15 τὴν — εἴθιστο: cf. Nic. Or. 84, 25

VAP = a, W, RMDF = b

9 αὐτοῦ R   ὑπὲρ τοὺς ὅσοι (ὅσοι om. Bekk) τούτω κατὰ γένος προσήκοντας post κυβέρνησιν add. APW Bekk   10 πρὸς Ἀνδρόνικον post ἔφησε add. APW   10—11 εἴτ' οὖν — ἐναρίθμιον om. WN   11 Ἀνδρόνικος om. V   12—13 πρὸς ἅπερ Ἀνδρόνικος ἐρυθριάσας ἤρετο τὸν πατριάρχην, ὅ τι περ ἔστι APW   13 τοῦτο post ἐστι add. V   14 ἐκτοξεύεται V: εἴρηται AW   μὴ τὸν συνιέντα τὴν λέξιν πλαττόμενος AW   καίτοι ἐγνωκὼς ἀληθῶς ὡς τὸν τοῦ παιδὸς καὶ βασιλέως θάνατον ἠνίξατο (ἠνίξατο θάνατον W), δι' ὧν ὁ θεῖος οὗτος ἀνὴρ ἐφθέγξατο post πλαττόμενος add. APW Bekk   15 μὴ ἐκμαίνειν ἐθέλων τὸν θῆρα AW: μὴ θέλων ἐκμαίνειν τὸν θῆρα Sc   16 πρὸς om. D   ἅπερ M   17 προβάλλων et ἑτεροίως om. APW Sc Bekk   18 μεθηρμήνευσεν V   μηκέτι — ἀλλὰ: ἀλλὰ μηκέτι ἔφησε φροντίζειν τοῦ βασιλέως καὶ APW Bekk   τὸ om. V   18—19 τὸ — τημελὲς: τὴν τούτου κομιδὴν παραβλέψασθαι AW   18 πάλαι post τούτου add. P Bekk   19 καὶ (καὶ om. Sc) διὰ τὸ τοὺς κανόνας μὲν καὶ τὸ γῆρας μὴ (μὴ: μὲν A) ἐγχωρεῖν αὐτῶ τοῖς κατὰ κόσμον συμπλέκεσθαι πράγμασι, τὸ δὲ πλέον post τημελές (κομιδήν) add. APW Sc Bekk   19—20 αὐτὸς — μονώτατος: αὐτὸν τὸν Ἀνδρόνικον αὐτάρκη καὶ μονώτατον (καὶ μον. om. Sc) εἶναι (πρὸς τὸ add. Sc) τὸν βασιλέα παιδοκομεῖν APW Sc Bekk   21 δὲ: μέντοι APW Sc Bekk   ἀρχεῖα: βασίλεια AW Sc   21—23 ὡς — προσέθεντο: οὑτωσὶ (οὕτω Sc) διωκημένων (διωκομένων A), ὡς Ἀνδρόνικος ὑπέθετο τοῖς υἱεῦσιν (υἱοῖς Sc) αὐτοῦ (ἑαυτοῦ AW) καὶ τοῖς φίλοις καὶ οἳ τῶν καθ' αἷμα ὠκειωμένων τῶ βασιλεῖ, ἀνεύθυνον ἐκ βασιλέως καὶ τὸ ὅλον (ἀνεύθυνον — ὅλον om. Sc) ἀνέγκλητον εἶχον (ἐκ βασιλέως hic add. Sc) τὸ προσιέναι Ἀνδρονίκω καὶ τοῖς ἐκείνου προσανέχειν (πρ.: ὑπείκειν) βουλεύμασιν (βουλήμασιν W Sc) APW Sc Bekk   21 Ἀνδρονίκῳ: αὐτῶ V   22 υἱῶν M   23 προσετίθεντο V   ὀψὲ: ὀψέ ποτε Bekk: ὀψὲ δὴ Sc   αὐτὸς μεταχωρεῖ V: αὐτὸς Ἀνδρόνικος ὑποχωρεῖ (ἀποχωρεῖ W: om. Sc) APW Sc Bekk   ἐκ τῆς Δαμ. Sc   εἰσιὼν τριήρη (τριήρει PW) καὶ post Δαμ. add. APW Sc Bekk

11 ἐνάριθμον b Bekk: ἐναρίθμιον K   23 αὐτὸς: οὗτος b

Δαυὶδ ἐν τῷ τὸν πορθμὸν διαβαίνειν καὶ ὑποφθεγξάμενος μετὰ διαχύσεως „ἐπίστρεψον, ψυχή μου, εἰς τὴν ἀνάπαυσίν σου, ὅτι Κύριος εὐηργέτησέ σε, ὅτι ἐξείλετο τὴν ψυχήν μου ἐκ θανάτου, τοὺς ὀφθαλμούς μου ἀπὸ δακρύων καὶ τοὺς πόδας μου ἀπὸ ὀλισθήματος." τοῦ δ' Ἀλεξίου καὶ τῆς ἐκείνου μητρὸς Ξένης ἐξιόντων μὲν τῶν βασιλείων κατὰ τὴν Ἀνδρονίκου βούλησιν, εἰς δὲ τὰς ἐν τῷ Φιλοπατίῳ βασιλικὰς μετασκηνησαμένων οἰκοδομάς, αἳ τοῦ Μαγγάνη ἐλέγοντο, πρόσεισιν ἐκεῖσε Ἀνδρόνικος καὶ τῷ μὲν βασιλεῖ βαθεῖαν ἀπονέμει προσκύνησιν καὶ τοὺς ἐκείνου πόδας προσπτύσσεται, ὡς εἰώθει κοψάμενος καὶ δάκρυ χεάμενος, τῇ δὲ τούτου μητρὶ Ξένῃ ὅσα καὶ ἀπούσῃ τὴν τιμὴν ἀφοσιωσάμενος καὶ τῆς ἐκεῖσε παρουσίας πάρεργον ἀπονείμας τὴν προσαγόρευσιν, βραχύ τι προσδιατρίψας μεταχωρεῖ. καὶ κατὰ τὴν προηυτρεπισμένην αὐτῷ ἐκεῖ που σκηνὴν ἀφικόμενος εἶχε περὶ αὐτὸν τὰς αὐλαίας πηξαμένους, ὃν τρόπον αἱ ὄρνεις ὑπὸ τὰς ἑαυτῶν ἐπισυνάγουσι πτέρυγας τὰ νεόττια, πάντα εὐγενῆ καὶ περίδοξον.

Ὅτε καί τις ἀνήρ, Ἶρος ἄλλος, μολοβρὸς καὶ ἀνέστιος, ἀλύων ἀλοὺς | ἀωρὶ τῶν νυκτῶν περὶ τὴν Ἀνδρονίκου σκηνήν, ἐξωμίας καὶ παραβλώψ, τὰ μὲν πρῶτα ὑπὸ τῆς θεραπείας Ἀνδρονίκου ὡς γοητείαις

25—27 ἐπίστρεψον — ὀλισθήματος: Ps. 114, 7—8   36—37 ὃν — νεόττια: cf. Mat. 23, 37   39 Ἶρος: cf. Hom. σ 1 sqq.; ἀλύων ex σ 333

VAP (usque ad 36 πηξαμένους) = a, P (ab 36) W, RMDF = b

24 ἐν — διαχύσεως om. W Sc   τῆς βασιλίδος τῶν πόλεων post διαβαίνειν add. AP Bekk   25—27 ἐπίστρεψον — σε post ὅτι — ὀλισθήματος transp. A   25 κατάπαυσιν W   26—27 ὅτι — ὀλισθήματος om. W Sc   27—30 τοῦ — Ἀνδρόνικος: καὶ συμμίγνυσι τῷ βασιλεῖ Ἀλεξίῳ καὶ τῇ τούτου μητρὶ Ξένῃ, ἐξιοῦσι τῶν ἐν τῇ πόλει ἀρχείων κατὰ βούλησιν Ἀνδρονίκου καὶ μετασκηνησαμένοις εἰς τὰς ἐν τῷ Φιλοπατίῳ βασιλείους οἰκοδομάς, αἳ τοῦ Μαγγάνη (Μαγκάνη W) ὠνομάζοντο AW: τῷ βασ. κ. τῇ τούτου μητρὶ Ξ. συμμίγνυσιν, ἐξιοῦσιν τῶν . . . . βασιλείων . . . εἰς τοὺς . . . βασιλικοὺς οἴκους, οἳ . . . κατονομάζονται Sc   27 τοῦ δὲ βασιλέως Ἀλεξίου P Bekk   28 τῶν: ἐκ τῶν P Bekk   29 μετασκηνωσαμένων VD   31—32 τοὺς . . . πόδας προσπτύσσεται: τῶν . . . προκυλινδεῖται (περικιλινδεῖται W) ποδῶν AW   32 δάκρυα WRMD Bekk   33—34 ὅσα — προσαγόρευσιν: τραχεῖαν (βραχεῖαν W) ἀπονείμας προσαγορίαν (-είαν W) APW   33 τὴν om. VN   34 καὶ ταύτην ὑποψίας (ὑπεροψίας W) μεστὴν καὶ τοῦ μίσους ἐνδεικτικήν, ὅπερ κατ' αὐτῆς ἐκ μακροῦ τῇ ψυχῇ ἐναπέθετο post προσαγ. add. APW Bekk   34—36 βραχύ —εἶχε: καὶ μετὰ βραχὺ ἐκεῖθεν μεθίσταται καὶ πρὸς τὴν ηὐτρεπισμένην αὐτῷ ἐκεῖ που σκηνὴν ἀφικνεῖται ἔχων AW   35 προσδιατρίψας: γοῦν διατρίψας P   37 πτέρυγας συνάγουσι A: πτέρυγας ἐπισυναγ. W   38 ἄνδρα post πάντα add. AP Bekk   39 Ἶρον R: Ἶρος D: ἥρως F   Ὁμηρικὸς post ἄλλος add. AP^pc W Bekk   μοροβλὸς M   ἀλύων ἀλούς: τὰς τῶν πλουσίων θύρας ἐκτρίβων καὶ θεραπεύων τὴν γαστέρα τοῖς (ταῖς P) τῶν ἄρτων τεμμάχεσιν (τεμάχεσιν W) ἑάλω τὰ βιώσιμα αἰτῶν AP^pc W Bekk: τὰς . . . ἐκτρίβων καὶ οὕτω ποριζόμενος τὴν τροφὴν Sc   40 εἰλούμενος post σκηνὴν add. AP^pc W Bekk   40—41 ἐξωμίας ἄνθρωπος καὶ παραβλώψ suppl. A^mg: om. W   ἄνθρωπος post ἐξωμίας add. P Bekk   41 τά: καὶ τὰ APW Bekk

24 φθεγξάμενος b   31 ἐπὶ γόνυ πεσὼν post προσκύνησιν add. b Bekk

εὐθύνεται χρώμενος, ἔπειτα καὶ τῷ δήμῳ τῆς πόλεως ἐκδίδοται· οἱ δὲ ἀνεξελέγκτως αὐτὸν εἰς τὸ θέατρον κραῦρα ξύλα καὶ φακιόλους φορυτῶν ξυναγείραντες κατακαίουσιν.

Συχνὰς δ' ἐκμετρήσας ἡμέρας Ἀνδρόνικος σὺν τῷ βασιλεῖ κατὰ τὸ Φιλοπάτιον ἔσχεν ἔρον εἰς τὴν μεγαλόπολιν εἰσελθεῖν καὶ τὸν τοῦ βασιλέως καὶ ἐξαδέλφου Μανουὴλ τάφον ἰδεῖν. ὅθεν κατὰ τὴν τοῦ Παντοκράτορος μονὴν γεγονὼς καί, ποῦ τέθαπται ὁ νεκρός, ἐρωτήσας καὶ ἐπιστὰς τῷ σωματοφυλακοῦντι μνήματι πικρῶς ἐπεδάκρυσε καὶ περιπαθῶς ὠλοφύρατο, ὡς καὶ πολλοὺς τῶν παρεστώτων μὴ τὸν κρυψίνουν ὅλως διορᾶν Ἀνδρόνικον ἔχοντας θαυμάσαι λίαν καὶ εἰπεῖν „ὢ τοῦ θαύματος, πῶς ἐφίλει τὸν προσγενῆ ἄνακτα, καίπερ διώκτην ὄντα θερμὸν καὶ φιλανθρώπως αὐτῷ μὴ χρησάμενον." τινῶν δὲ τῶν ἐκ τοῦ γένους ἀποσπώντων αὐτὸν τῆς σοροῦ καὶ ἀρκούντως ὑποφωνούντων τεθρηνηκέναι, οὐδ' ὅλως καθυπεῖξε ταῖς παραιφάσεσιν, ἀλλ' αἰτήσας καὶ ἔτι μικρὸν ἐνδοθῆναί οἱ προσκαρτερῆσαι τῷ τάφῳ, ἔχειν γάρ τι τῷ κει|μένῳ κατὰ μόνας διαλεχθῆναι, τὰς χεῖρας ὡς πρὸς ἱκεσίαν διασκευάσας καὶ διαπετάσας τὰς παλάμας καὶ διάρας τοὺς ὀφθαλμοὺς πρὸς λίθον τὸν νεκροδέγμονα τὰ χείλη μὲν κινῶν, φωνὴν δ' οὐδαμῶς ἐξικνουμένην εἰς ὦτα τῶν συνεστώτων οὐμενοῦν ἀφιεὶς διάλεξίν τινα λαθραίαν ἐπεποίητο. τοῖς μὲν οὖν πλείστοις ἐπῳδή τις βαρβαρικὴ λελόγιστο τὰ ὑποψαλλόμενα· ἦσαν δ' οἵ, καὶ τούτων μάλιστα οἱ τὴν εὐτραπελίαν μεταδιώκοντες, ἐπικερτομεῖν Ἀνδρόνικον ἔφασκον τῷ βασιλεῖ Μανουὴλ καὶ ἀτεχνῶς κειμένῳ ἐπεμβαίνοντα λέγειν „ἔχω σε τὸν διώκτην καὶ πολλὰς ἐμοὶ πλάνας προυξενηκότα καὶ ὑφ' οὗ παγκόσμιον μικροῦ γεγένημαι περιλάλημα,

---

48 ποῦ τέθαπται et **52** πῶς ἐφίλει: cf. Joh. 11, 34 et 36 **65** παγκόσμιον — περιλάλημα: cf. Tob. 3, 4 S

VA = a, PW, RMDF = b

42 κεχρημένος εὐθύνεται, εἶτα AW παραλόγως post ἐκδίδοται add. APW Bekk ὅσα καὶ θείας ὄψεως τῆς Ἀνδρονίκου θέας ἐχόμενοι (τὴν . . . θέαν A) post οἱ δὲ add. AP^mg^W Bekk **43** ἀνελέγκτως P **43—44** ἀνεξελ. — κατακαίουσιν: κραῦρα . . . φορυτῶν αὐτίκα ἐς τὸ θέατρον συναγείραντες (ξυναγ. W) ἀνεξελέγκτως τὸν ἄνθρωπον κατακαίουσιν AW **43** αὐτὸν om. M ἐς P σφακιόλους A: (φακ)ε(όλους) P^pc^: ἐμφακιόλους W φακιολίων φορυτὸν V **44** συναγείραντες M Ἀνδρονίκω χαριζόμενοι post κατακαίουσιν add. P Bekk **45** Ἀνδρόνικος ἡμέρας VD **45—46** Ἀνδρ. post Φιλοπάτιον transp. A **45** σὺν τῷ βασιλεῖ om. AW: ἅμα βασιλεῖ P **46** ἔρον: ἔργον F μεγαλούπολιν W **46—47** τῶ . . . . . ἐπιστῆναι τάφω AW ἐξαδέλφου καὶ βασιλέως D **47** καὶ om. Bekk **47—48** κατὰ τὴν μονὴν τ. Π. ἀφικόμενος AW **49** σωματοφυλακοῦντι om. APWN ἐδάκρυσε PK καὶ λίαν περιπαθῶς AP^pc^W τληπαθῶς V **50** ὠλοφύρετο F Bekk **51** ὅλον διαδρᾶν AW διορᾶν ὅλως V **53** τοῦ om. RD **54** τῆς: ἐκ τῆς V **56** ἔχει R **58** παλάμας: πλάκας R **59** τὰ: καὶ τὰ APW Bekk μὲν om. VR Sc: hab. B εἰς: πρὸς V **59—60** ἐς ὦτα τῶν συνεστ. ἐξικν. APW **60** πεποίητο AW **61** ὑποφθεγγόμενα V **64** τῶ κειμένω V πλάνας: βλάβας V

43 ἀπαγαγόντες καὶ post θέατρον add. b Bekk **46** εἰσιέναι b Bekk **60** παρεστώτων b Bekk

πᾶσαν δυστυχῶς ἐπιὼν ὁπόσην ἔπεισιν ἥλιος ἅρματι. καὶ σὲ μὲν ὁ ἑπτακόρυμβος οὑτοσὶ συνέξει λίθος ὅσα καὶ ἄφυκτον δεσμωτήριον νήγρετον καθεύδοντα ὕπνον καὶ τῆς τελευταίας σάλπιγγος ἐπιδεᾶ· ἐγὼ δὲ τὸ σὸν μετελεύσομαι γένος οἷα καὶ λέων μεγάλῳ ἐπεγκύρσας θηράματι καὶ δίκας ὧν ὑπὸ σοῦ κακῶς ἐπεπόνθειν γενναίας εἰσπράξομαι, τὴν ἑπτάλοφον ταυτηνὶ καὶ λαμπρὰν εἰσιὼν μεγαλόπολιν."

Ἐκ δὲ τούτου πάντα οἶκον ἐπιὼν περιφανῆ καὶ λαμπρὸν καὶ σταθμοὺς ἐν αὐτοῖς τιθέμενος, ὥσπερ οἱ παροδεύοντες, ἐχρῆτο τοῖς κοινοῖς, ὡς ᾑρεῖτο, πράγμασι, τῷ μὲν βασιλεῖ Ἀλεξίῳ κυνηγεσίοις ἐφιεὶς προσανέχειν καὶ κούφοις τῷ τέως τρέφεσθαι πνεύμασι μετὰ τῶν φυλάκων, οὓς αὐτῷ | ἐπέστησεν οὐ μόνον τὴν εἴσοδον αὐτοῦ καὶ τὴν ἔξοδον ἐφορῶντας τοῦ μυθικοῦ πολυομμάτου Ἄργου περιεργότερον, ἀλλὰ καὶ μηδένα τῶν ἁπάντων παρεῶντας μόνῳ ἐντυγχάνειν αὐτῷ ὑπέρ τε οὑτινοσοῦν διομιλεῖσθαι πράγματος, ἑαυτὸν δὲ ὅλον ἐπιδοὺς ταῖς μερίμναις, οὐχ ὅπως εὖ πράττοιεν τὰ Ῥωμαίων, ἀλλ' ὅπως ἀφελεῖ ἐκ τῶν βασιλείων καὶ σύμβουλον ἀγαθὸν καὶ κατὰ χεῖρα γενναῖον ἄνδρα καὶ ἀρειμάνιον καὶ οἱονδήτι ἕτερον κατόρθωμα κτώμενον.

Ἀμειβόμενος δὲ τῆς πρὸς αὐτὸν εὐνοίας τοὺς Παφλαγόνας καὶ πάντα ἄλλον συνεφαψάμενον αὐτῷ τῆς ἀποστασίας ἀξιώμασι τούτους ἐτίμησε καὶ δωρεαῖς φιλοτίμοις ἐδεξιώσατο. καὶ τὰ λαμπρὰ δὲ τῶν ἀξιωμάτων καὶ τὰ τῶν ὀφφικίων μεγαλοπρεπῆ, ὥσπερ οἱ ἐδόκει, μετατιθεὶς ἐπὶ τινῶν μὲν τοὺς ἑαυτοῦ παῖδας προυβάλετο, ἄλλοις δ' ὑπεξῆρεν ἑτέρους, ἐκείνους δήπουθεν, οἳ ὀπίσω αὐτοῦ ἐπορεύθησαν ὡς τοῦ Βάαλ πρό-

---

68 τῆς — σάλπιγγος: cf. 1 Co. 15, 52 **69** οἷα — θηράματι: cf. Hom. Γ 23 **75** κούφοις — πνεύμασι: cf. p. 223, 11 **76** τὴν (pr.) — ἔξοδον: cf. Ps. 120, 8 **77** τοῦ — Ἄργου: cf. Lucian. Hist. 10; Dial. Deor. 3, 1; Karathanasis 21 **88—89** οἳ — θεοῦ: Ier. 2, 23; al.

VA = a, PW, RMDF = b

66 ἐπιὼν δυστυχῶς V ἥλιος ἔπεισιν F Bekk ἥλιος ἅρματι ἔπεισι D **67** νήγερτον F Bekk **69** ἐπελεύσομαι F **70** κακῶν V **71** ταύτην V καὶ λαμπρὰν om. V **72** περιιὼν APW **73** προοδεύοντες V **74** ἀφιεὶς V **77—78** τοῦ — παρεῶντας om. R **77** καὶ om. W **79** ὅλον: ὀλίγον VB: ὅλως Sc **80** οὐχ (οὐχ: καὶ AP) ὅπως (ὅπως: ὃ ἂν W) (μὲν add. AP) εὐτυχῶς πράττοιεν (πράττοιε A πράττοι W) τὰ (τὰ: τοὺς A) Ῥωμαίων, (ἀλλὰ πῶς αὐτῶ κατὰ νοῦν χωρεῖσθαι τὰ πάντα post Ῥωμ. add. W) ἀφελεῖ δὲ κἀκ τῶν ἀρχείων APW: οὐχ ὅπως ἂν εὐτυχῶς πράττοι τὰ Ῥωμαίων, ἀλλὰ πῶς αὐτῷ κατὰ νοῦν χωρήσει τὰ πάντα, ἀφελεῖ δὲ τῶν βασιλείων Sc **81** καὶ pr. om. W **81—82** καὶ ἀρειμάνιον — κτώμενον: (καὶ ἀρειμάνιον καὶ praem. Bekk) ὕποπτον ἐκείνω καὶ πρὸς ἀρχὴν ἐπιτήδειον APW Sc Bekk **82** κτώμενον om. V **84** συναψάμενον V τῆς: καὶ W **85** δωρέαις: δεξιαῖς AP **87** ἐπί τισι APW Sc ἑαυτῶν F ἐπεξῆρεν R **88** δήπουθεν: δὴ πάντως APW ὄπισθεν APW Sc

78 μηδέ τινα τῶν ἁπάντων b **86** ὡς ἐκείνῳ b Bekk

τερον οἱ ἀποστάντες ζῶντος θεοῦ καὶ οἳ τὴν παρ᾽ ἐκείνῳ δόξαν προέθεντο τῆς ἐπαινετῆς καὶ προτέρας τιμῆς καὶ τῷ δικαίῳ μερίδα παρεχομένης.

Οἱ μὲν τοίνυν τῶν ἀνθρώπων ἀπηλαύνοντο οἴκου καὶ πατρίδος καὶ τῶν φιλτάτων ἀποδιίσταντο, οἱ δὲ εἱρκταῖς καὶ χειροπέδαις σιδηραῖς παρεδίδοντο, ἄλλοι τοὺς ὀφθαλμοὺς ἐξεκόπτοντο, αἰτίαν οὐδεμίαν πρόδηλον ἐπαγομένην ἑαυτοῖς εὑρίσκοντες, τὸ δὲ εἶναι τῶν εὐπατριδῶν σιωπηλῶς ἐγκαλούμενοι καὶ κατὰ πόλεμον πολλάκις εὐδοκιμῆ|σαι ἢ φυῆς σώματος γενναιοτάτης ἢ ὥρας ἱκανωτάτης μεταλαχεῖν ἤ τι ἕτερον φέρειν ἐπαινετὸν ὑποκνίζον Ἀνδρόνικον, οὐδ᾽ ἀγαθὰς ἐκείνῳ τὰς ἐλπίδας ὑποβάλλον, εἴτε μὴν παλαιᾶς μικρολυπίας ὑποτῦφον ἐμπύρευμα καὶ φρυκτεῦον κατὰ βραχὺ τὸ πρώην λεληθὸς καὶ σποδιούμενον τοῦ θυμοῦ.

Ἦν τοίνυν ἀνύποιστος ἡ τοῦ τότε καιροῦ φορὰ καὶ ἡ πρὸς ἀλλήλους καὶ τῶν πάνυ γνησιωτάτων οὐκ εὐπιστία κακὸν ἀφόρητον ἦν. οὐ γὰρ μόνον ἀδελφὸς παρεώρα κασίγνητον καὶ πατὴρ υἱέα παρέτρεχεν, ἂν οὕτως ἤρεσκεν Ἀνδρονίκῳ, ἀλλὰ καὶ τοῖς καταπροδιδοῦσι τούτους συνέπραττον τὰ ἀνήκεστα καὶ τὴν τοῦ γένους συνδιετίθουν ἀπώλειαν. εἰσὶ δ᾽ οἳ καὶ κατεμήνυον αὐτότατοι τοὺς οἰκείους ὡς ἢ τὰ παρ᾽ Ἀνδρονίκου χλευάζοντας δρώμενα ἢ γοῦν τῷ τὴν πατρῴαν ἄρχοντι ἀρχὴν Ἀλεξίῳ προσκειμένους, Ἀνδρονίκου δὲ ἀπαυχενίζοντας ἑαυτούς. πολλοὶ δὲ κἂν τῷ ἄρτι κατηγορεῖν κατηγόρηντο καὶ διελέγχοντες ἑτέρους ἐπ᾽ Ἀνδρονίκῳ τέκτονας κακῶν ὑπ᾽ αὐτῶν τῶν κατηγορουμένων ἢ καὶ ἄλλων παρεστώτων προσηγγέλλοντο καὶ εἶχε τούτους κἀκείνους συναπαγομένους μία φρουρά.

Καὶ πιστοῦταί μοι τὸν λόγον ὁ Καντακουζηνὸς Ἰωάννης παλαμναιοτάταις πυγμαῖς παίων ἐκτομίαν τινὰ Τζίταν καλούμενον καὶ τοὺς ὀδόντας ἐκριζῶν καὶ τὰ χείλη ἀφαιματῶν, ὅτι πεφώραται ὅλως Ἀλεξίῳ τῷ βασιλεῖ περὶ τῶν κοινῶν διαλεχθεὶς συμφορῶν, παραχρῆμα | δὲ συλλαμβανόμενος καὶ αὐτὸς ἐξομματούμενός τε καὶ εἱρκτῇ ζοφώδει παραρριπτού-

---

90 τῷ — παρεχομένης: cf. Eccl. 11, 2 **91—93** οἱ — ἐξεκόπτοντο: cf. Eust. 40, 23—27 **7** ἀδελφὸς — παρέτρεχεν: cf. Mar. 13, 12

VA = a, PW, RMDF = b

89 προύθεντο APW **90** παρεχομένης μερίδα AW: παρεχομένης μερίδος P **91** ἀνθρώπων: ἐπισήμων ἀνδρῶν APW Bekk τοῦ οἴκου A πατριᾶς APW **93** ἐξεκεντοῦντο APW μηδεμίαν V **94** σφίσιν APW Bekk **94—95** εὐπατριδῶν ἢ τὸ κατὰ V **4** τῷ θυμῷ R **5** ἦν — φορά: ἦν τοίνυν ἀνιαρὰ λίαν ἡ τῶν τότε κακῶν ἐπεισκώμασις APW: ἦν οὖν τότε πολλὰ τὰ ἀνιαρὰ Sc **6** κακὸν: δεινὸν APW Sc **6—7** οὐδὲ γὰρ ἀδελφὸς V **8** Ἀνδρόνικον V τούτοις R **10** παρ᾽: ὑπ᾽ V **14** αὐτῶν: αὐτῶν ἐκείνων APW Bekk **15** συναπτομένους R **17** παλαμναιότατα V: παλαιοτάταις AW **18** τύπτων πυγμαῖς V Τζίτζαν M **20—21** δὲ καὶ αὐτὸς συλλαμβανόμενος APW Sc **21** τε om. V παραρριπτόμενος AW

94 δ᾽ b Bekk

μενος, οἷς προσαγορείαν διὰ τοῦ δεσμοφύλακος πέπομφεν ἑνὶ τῶν γυναιχομαίμων Ἀγγέλων δεσμώτῃ ὄντι τῷ Κωνσταντίνῳ.

Οὐκοῦν διὰ ταῦτα ἦν εἰς πόνον ἅπασα κεφαλὴ καὶ παρρησίαν ἦγον, ὡς οὔποτε τοῖς ἔργοις αὐτοῖς πιστούμενα, ὅσα τὸ Ἐμπεδόκλειον νεῖκος τερθρεύεται τέρατα. οὐ γὰρ ἐκλεκτὸς ἅπας καὶ ὑψηλὸς τῆς ἐναντίας Ἀνδρονίκῳ μερίδος ἔπασχε τὰ οἰκτρότατα, ἀλλὰ καὶ περὶ τοὺς οἰκείους θεραπευτῆρας ἀπιστότατος ὤν, οὓς χθὲς ἐψώμιζε στέαρ πυροῦ καὶ οἷς τὸν μόσχον παρετίθει τὸν σιτευτὸν καὶ τὸν ἀνθοσμίαν ἐκίρνη ζωρότερον καὶ τῷ κύκλῳ τῶν περὶ ἐκεῖνον ἐνέγραφε, τούτους διετίθει χειρίστως σήμερον. ἦν δὲ καὶ τὸν αὐτὸν ἐπὶ τῆς αὐτῆς ἡμέρας πολλάκις ὁρᾶν στεφανούμενον ἅμα κατὰ τὸν τοῦ Ξέρξου ναύαρχον καὶ δειροτομούμενον, ὑμνούμενόν τε καὶ βλασφημούμενον. ὥστε καὶ πολλοὶ τῶν τῆς ἐκείνῳ μερίδος, οἱ ὅλως ἐς νοῦν βάπτοντες, τὸν ἐξ Ἀνδρονίκου ἔπαινον καταβολὴν ἐνόμιζον ὕβρεως καὶ τὴν ἀγαθοῦ τινος ἀνθρωπικοῦ παροχὴν ἔμεσιν τῶν προσόντων καὶ καταστροφὴν τὴν ἐπιστροφήν.

Ὁ δ' αὐτὸς φαρμακὸς ὢν ὁλοώτατος ἐλελήθει πρότερον, ἡνίκα τυραννεῖν ἐπεβάλετο· ἡμερῶν δέ τινων διαλειπουσῶν ᾔδετο παρὰ πᾶσι καὶ θανασίμους κεραννύειν ἐπίστασθαι κύλικας καὶ τῆς ὀλεθρίας ταύτης ἐς ᾄδου καταγωγῆς πρώτην πειραθῆναι | τὴν καισάρισσαν Μαρίαν τὴν θυγατέρα τοῦ βασιλέως Μανουήλ, τὴν ὑπὲρ πάντας τὴν αὐτοῦ κάθοδον

---

24 εἰς — κεφαλή: cf. Is. 1, 5 **25** τὸ — νεῖκος: cf. prov. Ἐμπεδοκλέους ἔχθρα (alio sensu) Diogen. 4, 77 **28** ἐψώμιζε — πυροῦ: cf. Ps. 80, 17 **29** τὸν — σιτευτόν: cf. Luc. 15, 23 ἐκίρνη ζωρότερον: cf. Hom. I 203 **32** κατὰ — ναύαρχον: cf. Her. 8, 118

VA = a, PW, RMDF = b

22 οἷς: ὅτι APW προσαγορίαν VR τοῦ: τινος APW Sc ἔνι om. R **23** Ἀγγέλω F^{ac} Bekk **25** ἀπιστούμενα RMDF ὅσα τὸν εἰκὸς Ἐμπ. V νεῖκος om. R **26** τέρατα om. D καὶ om. DF καὶ ante τῆς add. V ὢν post ἐναντίας add. APW Bekk **27** Ἀνδρονίκου VW: τοῦ Ἀνδρονίκου B μερίδος: μοίρας DF οἰκτρὰ W **28** ἀπιστότατος: πικρότατος APWSc οἷς: ὡς A **29** ἐκίρνει AWF: ἐκίρνα P^{pc}D Bekk **30** τῶν om. AW ἀνέγραφε A: ἔγραφε R **32** ἅμα om. V: τε ἅμα APW Bekk τὸν om. W τοῦ om. D **33** ὑμνούμενον — βλασφημούμενον om. V ὑμνούμενον: εὐλογούμενον APW τῆς — μερίδος: τῶν ἐπιγραφομένων Ἀνδρονίκω (-όνικον AW Bekk) APW Bekk **34** ἐς νοῦν ὅλως βάπτοντες APW Ἀνδρονίκου: ἐκείνου APW Bekk **36** ᾤοντο εἶναι post προσόντων add. APW Bekk **37** φαρμακεὺς V **37—38** φαρμακὸς — ἐπεβάλετο suppl. P^{mg}: om. W **38** δὲ om. P^{ac}W εἰ δὲ καὶ ἀληθῶς, οὐκ ἔχω λέγειν post πᾶσιν add. APW Bekk **39** ἐπίστασθαι: εἰδὼς V **40** εἰς APW τῶν ἄλλων post πρώτην add. APW Bekk **41** τὴν — αὐτοῦ: τὴν καὶ (καὶ τὴν W) πρώτως καὶ παρὰ πάντας μάλιστα τὴν Ἀνδρονίκου APW Bekk

26 μόνον post ἐκλεκτὸς add. b Bekk καὶ post ὑψηλὸς add. b **37—38** ὁ — ἐπεβάλετο om. b **38—44** ἡμερῶν δέ τινων διαλειπουσῶν (-λιπουσῶν MDN) ἐξ ἀνθρώπων γίνεται ἡ τοῦ βασιλέως Μανουὴλ θυγάτηρ (θυγάτηρ Μανουὴλ DF) Μαρία ἡ καισάρισσα φαρμάκῳ διαφθαρεῖσα, ὡς ᾔδετο, εἶναι κτλ. b ἐς τὴν πατρίδα γλιχομένην ἰδεῖν· ὑποφθαρῆναι γὰρ χρησταῖς ὑποσχέσεσιν ἐκτομίαν τινὰ πατρῷον ὑπηρέτην τῇ γυναικί, ᾧ τὸ ἐπίκλην Πτερυγεωνίτης, καὶ λυγρὸν ἐγχέαι διὰ τούτου τῇ ἀνθρώπῳ τὸ φάρμακον, εἶναι δὲ οὐ τῶν αὐτίκα θανατούντων τὸ ποθὲν δηλητήριον ἀλλὰ τῶν κατὰ βραχὺ παρατιθεμένων θανάτῳ καὶ ὑπεξαγόντων τοῦ ζῆν σχολαιότερον. Οὐ πολὺς ὁ ἐν μέσῳ καιρός, καὶ τῷ τῆς γυναικὸς μόρῳ καὶ ὁ ταύτῃ σύζυγος καῖσαρ ἐπηκολούθησε. πλὴν οὐδ᾽ οὗτος φυσικῶς ἐλέγετο τελευτᾶν, ἀλλὰ κἀπὶ τούτῳ ἀνδροφόνος ἐθρυλλεῖτο παρὰ πάντων ᾿Ανδρόνικος καὶ κύλιξ ἐτεκμαίρετο μία δύο ἀμαυρῶσαι τέκνα πιότητος.

Βουληθεὶς δὲ τὸ ἐκ τῆς ἀνεψιᾶς Θεοδώρας ἀποτεχθὲν αὐτῷ θυγάτριον τὴν Εἰρήνην εἰς γάμον ἁρμόσαι τῷ ᾿Αλεξίῳ, ὃν ἡ ἀδελφόπαις τῷ βασιλεῖ Μανουὴλ Θεοδώρα συνερχομένη τούτῳ ἐγείνατο, βιβλίον λακωνίζον ξυντίθησι πρὸς τὴν ἱερὰν σύνοδον καὶ τοῦτο ὑποσημηνάμενος κάτωθεν διὰ μέλανος τῷ οἰκείῳ ὀνόματι ἐπὶ κοινῆς ἀκροάσεώς τε καὶ σκέψεως ἀναδίδωσιν. ἦν δὲ τῶν γραφομένων ὁ νοῦς, εἰ συγχωρηθήσεται προβῆναι συνάλλαγμα γαμικὸν βραχὺ μὲν ἢ οὐδὲν παρυπεμφαῖνον τὸ ἄσεμνον, γενησόμενον δ᾽ ὅμως εἰς ἁρμογὴν τῆς ἑῴας καὶ | ἑσπερίου λήξεως καὶ ἀνάρρυσιν αἰχμαλώτων καὶ χορηγὸν πλείστων ὅσων ἑτέρων συνοισόντων κοινῇ. καὶ τὸ βραχυσύλλαβον τοῦτο γραμμάτιον καθά τις εὐρυχανδὴς ζωμήρυσις ἢ Ποσειδώνειος τρίαινα ἢ τὸ εὐφυὲς τῆς Ἔριδος μῆλον τήν τε σύνοδον διεκύκησε καὶ τῆς συγκλήτου μέρος, ὁπόσον περὶ τὸ κρίνειν διέστησεν, ἢ ἀληθέστερον εἰπεῖν, κατ᾽ ἀλλήλων ἐφώπλισε καὶ εἰς μοίρας ἐναντίας ἀπέκρινε. χρήμασι γὰρ οἱ πλεῖστοι τούτων καθυπ-

---

50 τέκνα πιότητος: cf. Zach. 4, 14 **61** ἢ — τρίαινα: cf. Hom. ε 291 sq. **61—62** τὸ — μῆλον: cf. Nic. Or. 42, 4

VA = a, PW, RMDF = b

42 εἰς V **43** ᾧ — Πτ.: τοὐπίκλην Πτερυγιωνίτην (-ιονίτην PW Bekk) APW Bekk **44** ἐγχεθῆναι AP Bekk: ἐλεγχθῆναι W τῇ ἀνθρώπω διὰ τούτου APW Bekk τὸ om. APW Bekk **45** οὐ: μὴ APW Bekk θανούντων W τὸ post ποθὲν rep. W κατὰ om. A[ac]W **46** παρακατατιθεμένων APW Bekk ὑπεξαγαγόντων P σχολαίτερον PMF Bekk **47** ταύτης A[s]PW **48** συζῶν V: συζυγεὶς MDF Epit. Bekk ἐφέπεται V **49** ἀλλ᾽ ὕποπτος ἦν κἀν τούτω ᾿Ανδρόνικος (καὶ κτλ.) PW Bekk **50** μία om. R πιότατος V **52** ὃν om. A **52—53** ὃν ἡ Κομνηνὴ Θεοδώρα τῷ βασιλεῖ ἐγείνατο Μανουὴλ PW Bekk: ὃν παρανόμως καὶ οὗτος ἐκ τῆς ἀνεψιᾶς Θεοδώρας ἐγέννησε B **54** συντίθησι VA **57** ἢ οὐδὲν om. APW N Sc παρυποφαῖνον V **58** ἁρμογὴν: ἕνωσιν APW Sc ἕω W ἑσπερίας D **60** τούτου APW καθά τις: καθάπερ V **61** Ποσειδῶνος AW: Ποσειδώνιος RM[ac]DN Bekk ἢ: ἢ γοῦν APW Bekk **62** διεκίνησε R τὸ τῆς σ. μέρος APW

44—45 εἶναι δὲ τὸ δηλητήριον οὐ τῶν αὐτίκα θανατούντων (θανούντων F) b **47** οὐ — μόρῳ: τῷ δ᾽ αὐτῆς μόρῳ b **49—50** κἀπὶ — καὶ om. b **50** ζωῆς κατευνάστρια post μία add. b Bekk **51** τὴν ἑαυτοῦ θυγατέρα τὴν Εἰρήνην b **52—53** ὃν ἡ Κ. Θ. ἐγείνατο b **55** τῷ — ὀνόματι om. b αχθέντες καὶ τιμῶν ἀναβάσεσι μαλαχθέντες ἐπευδόκουν, ὡς οὐκ ὤφελον, οἷα μὴ κεκωλυμένῳ τῷ γάμῳ· οἱ δὲ θρασύτεροι τῶν δικαστῶν καὶ ψηφοφαγεῖν εἰωθότες καὶ κατὰ τοὺς περιφανεῖς ἀγυρτεύοντες οἴκους καὶ οἱ φιλόχρυσοι τῶν ἐκ τῆς συνόδου καὶ θεοκάπηλοι μηδὲ συγγένειαν ἐπισύρεσθαι διετείνοντο τὰ συναφθησόμενα πρόσωπα διὰ τὸ ἐξ ἀθεμίτων ἑνώσεων ἀμφότερα γεγενῆσθαι καὶ τοῖς νόμοις τὰ τοιάδε κυήματα ἀνεπικοινώνητα συγγενείας καὶ ἐκ διαμέτρου ἀφεστῶτα λογίζεσθαι καὶ ἀμαθὲς ἔλεγον εἶναι καὶ τὸ οἴεσθαι ὅλως δεῖν ὑπ' ἐξέτασιν πίπτειν ἐκδηλοτέραν ἡλίου ὑπόθεσιν. οἱ δὲ οὐδ' ἄκροις ὠσὶ παραδεχόμενοι τὰ φθεγγόμενα καὶ ὡς ἀγχεμάχοις ὅπλοις τοῖς νόμοις τὰς προσβολὰς αὐτῶν ἀπρακτοῦντες μηδὲ συγχωροῦντες τῇ πράξει ὡς ἀθεμιτογαμίας μεστῇ ἀντέπιπτον γενναιότερον.

Ἦσαν δὲ οἱ τὴν καλλίστην ταύτην εἰσηγούμενοι γνώμην καὶ τῆς πάλης τῆς κρείττονος βραχεῖς ἐκ τῶν ἀρχιερέων καὶ τῶν ἐντρόφων τοῦ βήματος καί τινες εὐσύνοπτοι τῶν τῆς συγκλή|του βουλῆς. καὶ αὐτοὺς δὲ ὁ τοῦ πατριάρχου ζῆλος ἐπισυνίστη τε καὶ ἐπήλειφεν οὐκ ἐῶν ἑτεροζυγεῖν καὶ οἴκοθεν ἄλλως σπεύδοντας. οὔτε γὰρ Ἀνδρονικικὸς αὐτὸν ἐξέλυσε στομφασμός, οὔθ' ἡ τῶν αὐτοῦ λόγων ἐστυφέλιξε δύναμις, οὔθ' αἱ ἀπειλαὶ διετάραξαν, ἀλλ' ἦν ἀτίνακτος ὡς ἐκεῖνος ὁ πρόβολος, περὶ ὃν ἀεὶ κῦμα ὀρθὸν ἵσταται καὶ ἅλμη περιμορμύρουσα, ὁ δὲ εἰς ἀφρὸν διαλύων καὶ μακρὰ κλάειν ἐῶν τὴν ἠχήεσσαν θάλασσαν ἐπὶ τῆς αὐτῆς ἐστήρικται βάσεως.

Ἀμέλει τοι καὶ ἰδὼν ὡς οὐδὲν ὠφελεῖ, ἀλλ' ἀνακαλύπτως ἔπεισι τὰ δεινὰ καὶ νικᾷ τὰ χείρονα, τῶν ἱερῶν ἀρχείων ἀπανίσταται καὶ πρὸς

---

88 ἀπανίσταται: a. 1183 mense Sept.

72—73 ἐκδηλοτέραν ἡλίου: cf. prov. lat.: luce (vel sole) clarior **73** ἄκροις ὠσί: cf. p. 192, 39 **87** ἰδὼν — ὠφελεῖ: cf. Mat. 27, 24 **88** νικᾷ τὰ χείρονα: videtur prov., cf. p. 234, 74 τῶν — ἀπανίσταται: cf. Eust. 40, 1—7

VA = a, PW (usque ad 77 εἰση-), RMDF = b

65 ὡς οὐκ ὤφελον om. VB **66** οἷα μή: ὡς οὐ V καὶ ἔλεγον ὡς οὐδὲν κώλυμα ἐστὶν B **67** καί: καὶ μὴ R **68** οἱ om. V: hab. B φιλόχριστοι M ἐκ om. APW **69** τά: καὶ τὰ W πρόσωπα om. M **72** δὲ post ἀμαθὲς add. Bekk ἐκδηλοτέραν: καὶ δηλοτέραν W **73** οἱ δὲ οὐδ': ἕτεροι δὲ μηδ' APW δ' Bekk τὰ παρὰ τούτων φθεγγόμενα APW **74** καί: ἀλλ' APW ὥσπερ AW ἀγχεμάλοις PR: ἀγχωμάλοις Bekk **75** ἀπρακτοῦντες: ἀποκρουόμενοι P **75—76** μηδὲ συγχωροῦντες προβῆναι τὸν γάμον, τὴν πρᾶξιν (τὴν πρᾶξιν om. P) ὡς ἀθεμιτογαμίας μεστὴν (μεστήν: μετέχοντα P: μεστὴν μετέχοντα A) ἀντέπιπτον γενναιότερον APW **77** δ' P Bekk **78** ἐκ om. V τῶν om. A εὐτρόφων R **79—80** καὶ αὐτοὺς δέ: πλὴν καὶ τούτους P **79** αὐτούς: αὐτὸς R **81** σπεῦδον RM ὁ ante Ἀνδρονικικὸς add. A Ἀνδρονικὸς V: Ἀνδρονικ ι κὸς A: Ἀνδρονικικοὺς R: Ἀνδρονικηκὸς M **81—82** ἡ Ἀνδρονίκου τοῦτον ἐξέλυσε μεγαλειότης P Bekk **86** ἐστήρικτο V **87** ἀκαλύπτως V: γρ. ἀλλ' ἀκα- Dmg: ἀπερικαλύπτως AP

80 ὑπήλειφεν (-είληφεν DFN) b **88** ἀπανίσταται ἀρχείων b Bekk τὴν νῆσον ἀφικνεῖται Τερέβινθον, καθ' ἣν αὐτῷ τὴν καταγωγὴν καὶ τὴν τοῦ σκήνους ηὐτρεπίκει κατάθεσιν. ὁ δ' Ἀνδρόνικος τὴν τοῦ Θεοδοσίου ὑποχώρησιν δεξίωμα τύχης κάλλιστον ἡγησάμενος, ὡς παρὰ δόξαν ἅμα καὶ κατὰ γνώμην ἐκείνῳ γεγενημένην, τό τε συνάλλαγμα ἐξεπέρανε τῶν γάμων, εὐλογητὴν ἀναδείξας τὸν ἀρχιποίμενα τῶν Βουλγάρων παρόντα τηνικαῦτα τῇ πόλει, καὶ περὶ τοῦ τὸν πατριαρχικὸν θρόνον διαδεξομένου καὶ αὐτῷ πληρώσοντος τὰ κατ' ἔφεσιν διασκέπτεται. καὶ ἐπικρίνεται Ἀνδρονίκῳ εἰς τὴν οἰκουμενικὴν προεδρίαν ὁ Καματηρὸς Βασίλειος, ἢ τὸ ἔμπαλιν, ὡς ἐλέγετο, αὐτὸς Ἀνδρόνικον ἐφειλκύσατο πρὸς τὴν τοιαύτην ἐπιλογήν, οἷς μονώτατος ἐξ ἁπάντων Ἀνδρονίκῳ ἐγγράφως συνέθετο ἐκεῖνα ἐν τῷ ἀρχιερατεύειν διαπράττεσθαι, ὅσα φιλητὰ Ἀνδρονίκῳ, κἂν εἴησαν παναθέμιτα, κἀκεῖνα πάλιν ἀποστυγεῖν, ὁπόσα οὐχ ἡδύνει Ἀνδρόνικον. |

Οὐ μόνον δὲ τὰ κατὰ πόλιν οὕτως ἐνόσουν, ἀλλὰ καὶ τὰ ἔξω χειρόνως ἔπασχον, ἀντιπεριάγοντος τοῦ δαιμονίου τὴν ὑπὸ Ῥωμαίους ἐς πᾶν ἀξύμφορον. ὁ γὰρ τοῦ Ἰκονίου σουλτάν, ὃν ἐδείμαινε πέτρον ἀεὶ κατὰ Τάνταλον ὑπὲρ κεφαλῆς ἀνατέλλοντα, φημὶ δὴ τὸν ἄνακτα Μανουήλ, ἐς ᾅδου μετακεχωρηκότα μαθὼν τήν τε Σωζόπολιν πολέμου νόμῳ κατέσχε καὶ τὰς πέριξ κωμοπόλεις ληϊσάμενος ὑφ' ἑαυτὸν ἐποιήσατο, καὶ τὴν Ἀττάλου δὲ λαμπροτάτην πόλιν πολιορκίᾳ χρονίᾳ ἐκάκωσε καὶ τὸ Κοτυάειον ἐξεπόρθησε καὶ ἑτέρας συχνὰς πόλεις παρεστήσατο.

Καὶ ὁ μέγας δὲ δομέστικος Ἰωάννης ὁ ἐκ Κομνηνῶν, ᾧ τὸ ἐπώνυμον Βατάτζης, ἀνὴρ οὐ φαῦλος τὰ τακτικά, πολλὰς δὲ νίκας πολλάκις ἐπανῃρημένος κατὰ Περσῶν, τῇ Φιλαδελφείᾳ ἐνδιατρίβων ἀντεκάθητο γενναίως τῷ Ἀνδρονίκῳ καὶ ὀλιγώρως τῶν τούτου εἶχεν ἐπιταγῶν καὶ ἀπειλοῦντι δεινὰ ἀντενεβριμᾶτο δεινότερα καὶ κακῶς ἀκούων ὡς τυραν-

---

95—6 καὶ — Ἀνδρόνικον: cf. Eust. 48, 6—11 **9—10** πέτρον — ἀνατέλλοντα: cf. Greg. Cypr. Mosq. 4, 78; Karathanasis 31

VA = a, P, RMDF = b

89 αὐτῷ Bekk **90** δὲ Bekk **91** δεξίαμα AP τύχης om. V **92** ξυνάλαγμα R **95** σκέπτεται VB Sc **3** ἐγγράφως om. P^ac **4** ἐν τῷ ἀρχιερατεύειν: ἀρχιερατεύων ASc **5** κἂν — παναθέμιτα suppl. P^s **7** ἔξω: θύραθεν P **8** οἶμαι post ἀντιπεριάγοντος add. P Bekk τὴν om. V εἰς Bekk **9** τῆς Ἰκονίου R πέτρον: πρότερον R κατὰ: καὶ V **11** εἰς P Bekk **13** δὲ: δὴ D **14** πόλεις VB: χώρας cum Pb scr. A **15** δὲ om. P^acRKN **16** ἐπανηρημένος πολλάκις P **17** ἀντεκάθητο: ἀντέπιπτε P **18** τῷ om. V: hab. B εἶχε τῶν τούτου D **19** ἀντεμβριμᾶτο D: ἀντηπείλει A ὡς: ἐπὶ DF

90—91 ὁ δ' Ἀνδρόνικος τὴν ὑποχώρησιν Θεοδοσίου κάλλιστον δεξίωμα (δεξίαμα R^ac MD) (τῆς add. D) τύχης ἡγησάμενος b **1—6** ἢ — Ἀνδρόνικον om. b **7** κατὰ τὴν πόλιν b Bekk **11** μετακεχωρηκέναι b Bekk **14** πόλεις: χώρας P b Bekk νίδι ἐπιχειρῶν τῷ ἤδη τετυραννηκότι λαμπρῶς ἐπετίμα τε καὶ ἐπέπληττεν ὡς ἐνστάτῃ δαίμονι τὸ βασίλειον γένος ἐκτρίβοντι.

Ὅθεν ἐμφυλίων στάσεων καὶ πολέμων αἱ Ἀσιάτιδες ἔγεμον πόλεις. καὶ ἦν τὰ ἐντεῦθεν δρώμενα δυσαχθέστερα τῶν ἐκ τῶν γειτόνων συμβαινόντων ἐχθρῶν, ἢ καὶ οὕτως εἰπεῖν, ᾧ χεὶρ οὐκ ἐπεξῆλθεν ἀλλόγλωττος, τοῦτο ἡ ἐγχώριος ἐθέριζε δεξιά, καὶ κατ᾽ ἀλλήλων ἐκπεπολέμωτο τὸ ὁμόφυλον βαρβαρωθὲν | καὶ τοὺς τῆς συγγενείας νόμους ἠγνοηκός.

Καὶ Ἀνδρόνικος μὲν ὁπλίζειν ἔγνω κατὰ τοῦ Βατάτζη τὸν Λαπαρδᾶν Ἀνδρόνικον, ἄνδρα βραχὺν μὲν τὸ δέμας, δραστήριον δὲ τὰ πολέμια, οὐκ ὀλίγον αὐτῷ στρατολογήσας ὁπλιτικόν· ὁ δὲ Κομνηνὸς Ἰωάννης νόσῳ τότε συνισχημένος καὶ περί που τὴν Φιλαδελφέων πόλιν ἐσκηνημένος ἀντεξάγει τῷ Λαπαρδᾷ τοὺς υἱεῖς, τόν τε Μανουὴλ καὶ τὸν Ἀλέξιον. τοῦ δὲ πολέμου συχνὰς μεταλαβόντος τροπάς, ὁποίας αὐτὸς ἴσησι, καὶ πολλῶν ἐξ ἑκατέρων ἀναιρουμένων ταῖς ἐμφυλίοις συμπλοκαῖς, βαρυπενθὴς ἦν ὁ Βατάτζης τῇ ἐνσκηψάσῃ καχεξίᾳ ἐπιστυγνάζων ὡς ἀμφοτέραις αὐτὸν συσχούσῃ καὶ καταβαλούσῃ δυστυχῶς ἐπὶ κλίνης, ὅτε δημοσιεύειν ἔδει καὶ παριστᾶν ὃ τρέφει περὶ τὰ πολεμικὰ γενναῖον καὶ τὰς ἐπὶ νίκῃ νενομισμένας φωνὰς πρὸς τῶν ἑῴων πόλεων δέχεσθαι, ἔτι δὲ πιστοῦσθαι τοῖς ἔργοις πρὸς οἷον ἀντιφέρεται ἀρχηγὸν ὁ βαθυγέρων Ἀνδρόνικος. πράγμασι δὲ καθυποδεικνὺς ὡς προθυμία καὶ νεκροὺς ἀνίστησι καὶ ὡς οὐδὲν καρδίας αἰσθητικῆς ἰσχυρότερον, αἴρειν αὐτὸν ἐπὶ κλινιδίου αὐτοσκεύου προτρέπεται καὶ στῆσαι φέροντας ἐν γηλόφῳ, ὅθεν ὁρατά οἱ τὰ κατὰ πόλεμον ἔσοιτο. οὗ δὴ γεγονότος καὶ τοὺς υἱεῖς αὐτοῦ τὴν στρατιὰν κατὰ τὸν δοκοῦντά οἱ τρόπον ἐκτάξαι κελεύσαντος, ἡ νίκη περιφανῶς πρὸς τὸ ἐκείνου μετέβη στράτευμα, τὸ δὲ τοῦ Λαπαρδᾶ τὰ νῶτα μεταβαλὸν ἐπὶ πλεῖστον ἦν χρόνον διωκό|μενον καὶ κτεινόμενον.

Μετὰ βραχείας δ᾽ ἡμέρας τὸν βίον καταστρέψαντος τοῦ Βατάτζη, οἱ Φιλαδελφεῖς πικρῶς ἐπ αὐτῷ καὶ βύθιον ὀλολύξαντες προσχωρεῖν ἐγνώ-

---

21 ἐνστάτῃ δαίμονι: cf. Soph. Ai. 104 **39** προθυμία καὶ νεκροὺς ἀνίστησι: fort. prov. **40** οὐδὲν — ἰσχυρότερον: id.; καρδία αἰσθητική ex LXX, cf. Prov. 14, 10. 30

VA = a, PW (ab 31 ἀντεξάγει), RMDF = b

21 ἐνστάντι R **23** πολλῶ ante δυσαχθ. add. AP Bekk **23—24** τῶν ἐκ γειτόνων συμβαινόντων ἐθνῶν A **26** ἅπαν post βαρβαρωθὲν add. AP Bekk τῆς om. V **27** Βατάτζου ADF^{ac}K^{ac}N: Βατατζίου P **29** στρατεύσας D **30** ἐσκηνωμένος V: ἐσκηνούμενος R **31** υἱοὺς V **33** ἐξεκατέρωθεν Bekk **35** καταλαβούσῃ VAW in rep. linn. 31—39, quae tamen sunt cancellatae **36** ἣν τρέφει . . . γενναιότητα AW Sc τοὺς πολέμους P **37** νίκην AR πρὸς: παρὰ V: πρὸ A^{ac} **38** ἀρχηγὸν ἀντιφέρεται V: πρός τινα ἀρχηγὸν μάχεται B βαρυγέρων P Bekk **39** πράγματι V **42** ἔσοιτο: εἴησαν AW τοῖς υἱοῖς P **43** κατὰ τὸ δοκοῦν ἐκείνῳ ἐκτάξαι P **44** μετέβαινε VB: μετέπιπτε AW Sc: ἔβλεψε P **47** τὸν βίον om. A τοῦ om. D Βατάτζου APWRMDF^{ac}

23 ἐξ ὁμόρων συμβ. ἐθνῶν P b Bekk

κεισαν Ἀνδρονίκῳ, ὡς μὴ εἶναι ὅστις οὐ τῶν ἁπάντων. οἱ δὲ καὶ ἐς αὐτὴν τὴν βασιλεύουσαν πόλιν τὸ τῆς προθυμίας πτερὸν ἔλυον καὶ Ἀνδρόνικον θεραπεύοντες κατὰ τοῦ ἀετιδοῦς ὄρνιθος τοῦ Βατάτζη καὶ τῶν ἐκείνου νεοττῶν ἔκρωζον ὡς κορῶναι λακέρυζαι ἢ γοῦν ὡς κηφῆνες περιεβόμβουν ἀγυιὰς καὶ ἀνάκτορα, ὁποῖον δὴ τῶν κακοσχόλων τὸ ἐπιτήδευμα καὶ τῶν δικρόαν τρεφόντων γλῶτταν ἐπὶ τοῦ στόματος. οἱ δὲ τοῦ μεγάλου δομεστίκου υἱοὶ δείσαντες, μὴ συσχεθεῖεν καὶ καταπροδοθεῖεν Ἀνδρονίκῳ, μεθίστανται ἐκεῖθεν καὶ τῷ Ἰκονιεῖ σουλτὰν προσρύονται· οἳ καὶ ὕστερον ἐξ ὧν ἔπαθον προδήλως ὑπέδειξαν μὴ ἐξεῖναι τὰς πάγας ὑπεραλέσθαι τινὰ ἢ τὸ ἀμφίβληστρον διεκδῦναι, ὃ ἡ ἄνωθεν ἐξέτεινε πρόνοια. δυσχεράναντες γὰρ ἐπὶ τῇ μετὰ τοῦ σουλτάνου χρονίᾳ διατριβῇ ὡς οὐκ ἀμύνειν τοὺς ἐχθροὺς ἐκείνοις ἐθέλοντος εἰς Σικελίαν ἀπαίρειν κεκρίκασι. καὶ δὴ νηὸς ἐπιβάντες καὶ οὐρίῳ τὰ πρῶτα πνεύματι χρώμενοι τὸ Κρητικὸν διαπλωΐζονται πέλαγος· κατὰ δὲ τοῦτο τοῦ πνεύματος ἀντιστάντος ἀναγκαστῶς τῇ Κρήτῃ προσίσχουσι καὶ γνωσθέντες παρά τινος ἐκεῖσε φυλάσσοντος (γένους οὗτος τοῦ πελεκυφόρου καὶ Κελτικοῦ) συλλαμβάνονται καὶ τῷ τῆς Κρήτης δασμολόγῳ καταμηνύονται. ὁ δὲ ᾑρεῖτο μὲν τοὺς ἄνδρας ἐκσῶσαι καὶ τῆς | νήσου ἀρτεμέας ἐκπέμψαι, ἄλφιτα αὐτοῖς ὑδρευσάμενος καὶ οἶνον ἐπισιτισάμενος καὶ τἆλλα τὰ πρὸς τὸν πλοῦν ἐπιτήδεια χορηγήσας, οὐκ ἔχων δ' ὅπως περανεῖ τὰ κατὰ σκοπὸν (καταφανεῖς γὰρ ἤδη τοῖς ἅπασιν ἐγεγόνεισαν) δῆλα τίθησιν Ἀνδρονίκῳ τὰ κατὰ τοὺς τάλανας Κομνηνούς. καὶ οὗτος μισοφαὴς ὢν καὶ ταῖς τῶν ἀνδρῶν κόραις ἀκορέστως ἀντικαθήμενος τοῦ φωτὸς τούτους ἀποστερεῖ.

Τότε δ' οὖν Ἀνδρόνικος θείαν ἐπισκοπὴν τὸν τοῦ Βατάτζη θάνατον ἡγησάμενος καὶ προστιθεὶς ταῖς λοιπαῖς αὐτοῦ δολοφροσύναις καὶ ἕτερον

---

73 τότε: in festo Pentecostes (16. 5.) a. 1182, cf. Guil. Tyr. XXII, 13, Rec. Hist. Crois. Hist. Occ. I, 1086

51—52 κατὰ — ἔκρωζον: cf. p. 229, 61 **52** κορῶναι λακέρυζαι: Hes. Op. 747

VA = a, PW, RMDF = b

49 οὐ: οὐχὶ P Bekk: ὁ F **51** Βατάτζου AWRMDF^ac: Βατατζίου P **52** κηφῆναι V: κηφόνες R: κυμφῆνες M **53** ἀνάκτορον M **53—54** τὸ τῶν κακοσχ. ἐπιτήδευμα DF **54** τῶν : τὴν F^pc **56** μεθίστανται: μεταβαίνουσιν VAW ἐκεῖθεν om. W **57** καὶ: δ' M **57—58** ἐξεῖναί τινι τὰς πάγας ὑπεραλέσθαι ἢ P Bekk **58** ἐξέτεινε: διεκτείνει P **59** μετὰ om. M πρὸς τὸν σουλτὰν P **61** πνεύματι om. F χρησάμενοι πνεύματι V Sc: χρώμενοι πν. A **62** διαπλωΐζονται: παραναλέγονται P **66** ἀτρεμέας V: ἀρτεμίας RM: ἀβλαβεῖς AW Sc **66—67** ἄλφ. αὐτοῖς ἐπισιτισάμενος καὶ οἶνον ὑδρευσάμενος Bekk **69** πᾶσιν VB **70** τοὺς: τούτους τοὺς AP^pcW Bekk μισοφανὴς AWR **71** τοῦ om. R **73** Βατάτζου APWRMDF^ac **74** αὐτοῦ suppl. P^mg: om. W: ἑαυτοῦ Bekk δολοφροσύναις αὐτοῦ V δολοφροσύναις: μεθοδεύσεσι AW

74 αὐτοῦ: οἱ b

τοῦ τρόπου προκάλυμμα στεφθῆναι αὐτοκράτορα εἰσηγεῖται τὸν βασιλέα Ἀλέξιον. καὶ δὴ ἐπὶ τῶν ὤμων ἄρας αὐτὸν καὶ μετὰ δακρύων θερμῶν εἰς τὸν τῆς Μεγάλης Ἐκκλησίας ἀνακομίσας ἀνάσταθμον ἐπὶ μάρτυσι μυριάσι πολλαῖς πλήθους ἀστικοῦ καὶ ἀλλοίου καὶ πάλιν ὁμοίως ἐκεῖθεν κατενεγκὼν ἔδοξε φιλοστοργότερος εἶναι πατρὸς καὶ δεξιὰ χεὶρ ἐπιστῆναι τῷ νεαρῷ τῆς βασιλείας ὄρπηκι. ὁ δὲ τὸ τοῦ Δαυὶδ ἄντικρυς διδοὺς πέρατι, ὅ φησιν „ἐπάρας κατέρραξάς με" διενοεῖτο ταῦτα καὶ ἐπετέλει.

Τῷ τοι καὶ πάντας ἐκποδὼν θέσθαι προθυμηθεὶς διεξῆγεν, ὡς ᾕρεῖτο, τὰ κατὰ τὴν βασιλείαν πράγματα τῶν ὅλων κύριος καθεστώς. καὶ πρῶτα μὲν τὴν τοῦ βασιλέως μητέρα τοῦ παιδὸς καὶ βασιλέως ἀποστῆσαι βουλόμενος οὐκ ἔληγεν αὐτῆς καταβοώμενος καὶ τὸν ἀπονοστοῦντα πλαττόμενος φάσκων ἀντικαθίστασθαί οἱ ταυτηνὶ προδηλότατα καὶ πρὸς πᾶσαν πρᾶξιν | καὶ μηχανὴν τῷ κοινῷ τῆς πολιτείας καὶ τῷ βασιλεῖ συνοίσουσαν ἀντιπολιτεύεσθαι καὶ τὸν δῆμον εἰς τὰς κατ᾽ αὐτῆς ἐξεκύμαινεν ὕβρεις, ὡς πολλάκις εἰς τὸ ἱερὸν ἀρχεῖον ἐκδημαγωγηθέντα συναθροισθῆναι καὶ πρὸς τὴν κατὰ τῆς δεσποίνης σκέψιν τε καὶ προβούλευσιν ἀφαρπάσαι καὶ μὴ ἑκόντα τὸν πατριάρχην τὸν πάνυ τὸν Θεοδόσιον καὶ παραβιάσασθαι τοῦτον εὐδοκῆσαι δι᾽ ὑπομνήματος τὴν ἐκ τοῦ μέσου ταύτης μετάστασιν καὶ τὴν ἐκ τῶν βασιλείων ἄπαρσιν. τάχα δ᾽ ἂν καὶ τῶν γενείων αὐτοῦ ἐπελάβοντο τῶν ἀγοραίων οἱ κυνογνώμονες παρ᾽ οὐδὲν τὴν ἐμπρέπουσαν ἐκείνῳ θέμενοι ὁσιότητα, εἰ μὴ κατένευσε πρὸς τὰ παρ᾽ Ἀνδρονίκου αἰτούμενα ἐπὶ τὸ εὖ διατιθεὶς τὴν τοῦ κινδύνου σφοδρότητα.

Μικροῦ δὲ ἐδέησε κινδυνεῦσαι περὶ τὸ ζῆν κἀκ τῶν τοῦ βήλου κριτῶν τὸν Τορνίκην Δημήτριον, τὸν Μοναστηριώτην Λέοντα καὶ Κωνσταντῖνον

---

95 κατένευσε: a. 1183 mense Aug.

---

76 καὶ — αὐτόν: cf. Eust. 36, 19—20 **81** ἐπάρας — με: Ps. 101, 11; cf. Mich. Chon. Or. in Is. Ang. I 219, 5 **83—85** καὶ — βουλόμενος: cf. Eust. 36, 7—9 **85** τὸν — πλαττόμενος: cf. Eust. 36, 30 sqq. **90—2** καὶ — σφοδρότητα: cf. Eust. 40, 1—7

VA = a, PW, RMDF = b

75 τοῦ τρόπου: τρόπον R κάλυμμα V **75—76** τὸν βασιλέα εἰσηγεῖται Ἀλέξιον V **76** θερμῶν δακρύων P **77** ἀνάσταθμον: ἄμβωνα P Sc **78** ἀστυκοῦ Bekk καὶ alt. om. V **79** μετενεγκὼν W χεὶρ δεξιὰ Bekk **81** κατέρραξαν R: κατέρραξε MDF Bekk ἀπετέλει P **82** τῷ — προθυμηθεὶς i. mg. et r. 8 litt. P πάντα R **83** βασίλισσαν W καθεστηκώς R **84—85** μὲν — αὐτῆς om. M **84** παιδὸς: υἱοῦ P Bekk καὶ βασιλέως om. W **86** ταύτην αὐτῷ V **89** ὡς: ὡς καὶ P **90** πρὸς: εἰς V **91** ἐξαρπάσαι Bekk **92** τοῦτον: κἀκεῖνον P Bekk τοῦ om. Bekk **93** ἄπαρσιν: ὑποχώρησιν AW Sc **93—94** ταχ᾽ ἂν D **94** κακογνώμονες P **95** τιθέμενοι V **1** παρ᾽: παρὰ τοῦ P παρ᾽ Ἀνδρονίκῳ A: παρὰ τῷ Ἀνδρονίκῳ W κινδύνου: κοινοῦ M **3** τοῦ om. D **3—4** κριτῶν τὸν Μοναστηριώτην Λέοντα i. mg. et r. 9 litt. (= τὸν Μον. Λέοντα om. a. c.?), τὸν Τορνίκην Δημήτριον καὶ Κωνστ. κτλ. P τὸν Πατρηνόν, οὔπω τῷ κύκλῳ ἐγγραφέντας τῶν ᾿Ανδρονίκῳ προσθεμένων, μηδὲ πρὸς πᾶν ἐράσμιον ἐκείνῳ δουλογραφηθέντας τρανότερον καὶ τὸ γόνυ βαθέως κάμψαντας. οἱ μὲν γὰρ ἀπαιτούμενοι τὸ παριστάμενον εἰπεῖν πρὸς τὰ κατὰ τῆς δεσποίνης εἰσαγόμενα ἐθέλειν πρώτως ἔφασαν μαθεῖν, εἰ ὁ σύλλογος ἐκεῖνος καὶ ἡ συνέλευσις καὶ ἡ περὶ τῶν προκειμένων ἐξέτασις κατὰ γνώμην γίνεται τοῦ κρατοῦντος καὶ ὁρισμόν. ὁ δ᾽ ᾿Ανδρόνικος ὡς βουκέντρῳ τῷ λόγῳ τούτῳ τρωθεὶς „οὗτοί εἰσιν" ἔφησεν „οἱ τὸν πρωτοσεβαστὸν ἐνάγοντες εἰς τὸ τὰ ἄτοπα δρᾶν· συλλάβετε αὐτούς." καὶ τὸ ἀπὸ τοῦδε οἱ μὲν δορυφόροι τὰ ἐπὶ τῶν ὤμων | ἑτερόθηκτα ξίφη ὡς καθιξόμενοι κατήνεγκαν, ὁ δὲ δῆμος τῇδε κἀκεῖσε τῶν χλαμύδων λαβόμενοι περιέφερον μεθ᾽ ὕβρεως, ὡς μόλις ἐκφυγεῖν τὸ θανεῖν.

Τοῦτο δ᾽ ἀνύσας ᾿Ανδρόνικος τοῖς μεγιστᾶσι μετέπειτα ἐπεφύετο. οἱ δὲ ὡς οὐκ ἀνεκτὰ τὰ τοιαῦτα ἔργα ὑφορώμενοι καὶ τὴν Κυκλώπειον ἄντικρυς πρὸ ὀφθαλμῶν ἔχοντες καταθοίνησιν ἀλλήλοις πίστεις δόντες τε καὶ λαβόντες καὶ τὴν ὁμόνοιαν κρατυνάμενοι καὶ ὅρκοις τὸ ὁμόπνουν φρικώδεσιν ἐμπεδώσαντες συνέθεντο μὴ δοῦναι ὕπνον τοῖς ὀφθαλμοῖς, μηδὲ τοῖς κροτάφοις, εἰ δυνατόν, παρασχέσθαι ἀνάπαυσιν, ἕως οὗ θανεῖται ᾿Ανδρόνικος καὶ τὸ τούτου αἷμα πρὸ τοῦ τῆς κόγχης χρώσειεν αὐτόν, ἐξ ἧς βάψαι τὴν οἰκείαν στολὴν ἱμειρόμενος πᾶσαν τὴν βασίλειον φυταλιὰν ἀναιρεῖ καὶ ὡς μονιὸς διαλυμαίνεται ἄγριος. ἦσαν δὲ οἱ οὕτω συνομοσάμενοι ᾿Ανδρόνικος ὁ υἱὸς τοῦ ᾿Αγγέλου Κωνσταντίνου, ὁ μέγας δοὺξ ᾿Ανδρόνικος ὁ Κοντοστέφανος καὶ οἱ τούτων υἱεῖς ἑκκαίδεκα ὄντες, πάντες ἀκμαῖοι καὶ ῥομφαίαν ἐσπασμένοι πρὸς πόλεμον, ὁ τοῦ δρόμου λογοθέτης ὁ Καματηρὸς Βασίλειος καὶ συχνοὶ ἕτεροι, κατὰ γένος αὐτοῖς συναπτόμενοι καὶ ἄλλως τὸ ἐπίσημον ἔχοντες.

᾿Αλλ᾽ οὐκ ἔλαθε τὸ σύστρεμμα τὸν ᾿Ανδρόνικον οὐκ εἰς τέλος ἄφθεγκτον καὶ κρύφιον διαμεῖναν. διὸ καὶ αὐτίκα ὅ γε κατὰ τοῦ υἱοῦ τοῦ ᾿Αγγέλου

16—45 τοῦτο — διαφθείρας: cf. Eust. 40, 17—27 **17—18** Κυκλώπειον . . . καταθοίνησιν: cf. Hom. ι 288 sqq. **20—21** μὴ — ἀνάπαυσιν: cf. Ps. 131, 4 **24** ὡς — ἄγριος: cf. Ps. 79, 14

VA = a, PW, RMDF = b

5 τῶν: τῶ RM **6** τρανῶς V: ἀριδηλότατα APW **8** πρῶτον VN: πρότερον P ἔφασκον P **9** ἡ pr. om. V: hab. B περὶ om. MN **10** γίνονται D **11** τούτῳ om. MN εἰσιν: ἦσαν A **12** καὶ post δρᾶν add. P **13** τὸ om. R **14** καθιζόμενοι V τῇδέ τε καὶ ἐκεῖσε P: τῇδε τε κἀκεῖσε Bekk **15** λαμβανόμενοι AWRMK τοὺς ἄνδρας post περιέφερον add. APW Bekk ὕβρεων W **16** μὲν ἔπειτα F **17** ὡς om. P ἔργα om. V ὑφορώμενοι: οἰόμενοι P **18—19** ἔδοσάν τε καὶ ἔλαβον P: ἔδοσαν καὶ λαβόντες W καὶ alt. om. W **19** ἐκρατύναντο PW **20** συνέθεντο om. A **21** παρέχεσθαι R **24** ὡσεὶ V μονιὸς: θὴρ P οἱ om. Bekk **25** Κωνστ. τ. ᾿Αγγέλου W **26** καὶ post ὄντες add. V **28** αὐτοῖς: αὐτῷ V συνταττόμενοι P **31** διὸ om. R

24 ἀναιρεῖ: ἐκριζοῖ b Bekk

ὁρμήσας, μικρὸν ἄποθεν τῶν χερσαίων αὐλιζομένου πυλῶν τῆς πόλεως τηνικαῦτα, | ἐκεῖνον μὲν φυγάδα μετὰ τῶν υἱέων τίθησιν, ἀσπασίως διεκδράντα τὴν σαγήνην, ἣν οἱ ὁπλοφόροι Ἀνδρονίκου αὐτῷ διεπέτασαν, ἐκ τοῦ μόλις ἀκατίῳ περιτυχεῖν ἀμφορέων πλήρει κενῶν καὶ αὐτὰ μὲν ἐκτινάξαι εἰς θάλασσαν ὅσα καὶ ἀμφιβλήστρου σκύβαλα, αὐτὸν δ᾽ ἐν τούτῳ διεκπλεῦσαι μετὰ τῶν παίδων τὸν κίνδυνον· τὸν δέ γε Κοντοστέφανον συνειληφὼς καὶ τέσσαρας τῶν παίδων καὶ τὸν Καματηρὸν Βασίλειον πάντας ἐξομματοῖ, πρὸς δὲ καὶ ἄλλους, ὁπόσους οὐ μετ᾽ ἔλεγχον προφανῆ, ἀλλὰ κατὰ φήμην ψιλήν, καὶ ταύτην ἀμφίλογον, ἠκηκόει κοινωνῆσαι τοῖς εἰρημένοις τοῦ σκέμματος.

Οὕτω τοίνυν θύσας καὶ ἀπολέσας Ἀνδρόνικος οὓς πάλαι μὲν συλλαβεῖν ὤδινεν, εἰς καιρὸν δ᾽ ἀνεβάλλετο τὴν ἐπίθεσιν, τινὰς δὲ καὶ δεσμωτηρίοις παραδούς, καὶ ὑπερορίᾳ δὲ καταδικάσας ἑτέρους καὶ ἄλλους ἄλλως διαφθείρας, ὁρῶν δὲ καὶ εἴ τινες κατελείφθησαν εὐαρίθμητοί τε καὶ εὔγνωστοι, εἰς τοὔμπαλιν ἰέναι πρώην τοῖς πλείοσιν ἐπιχειροῦντες, κατὰ τοὺς πλανωμένους τῶν ἀστέρων κἀκείνους μεταθεμένους τὰς γνώμας καὶ τὸν αὐχένα παρεχομένους Ἀνδρονίκῳ πατεῖν καὶ τῷ ἐκείνου ἅμα συμφερομένους ἄξονι, τὸν τῆς δεσποίνης ἐπέσπευδεν ὄλεθρον καὶ διαφόρους αἰτίας ξυνθεὶς τέλος καὶ προδοσίας κρίνει τὴν ἄνθρωπον, συναγαγὼν τὸ ἐκείνῳ φίλον συνέδριον καὶ τῶν δικαστῶν οἷ κατακρινεῖν, οὐ κρινεῖν | τὴν ταλαίπωρον ἤμελλον. καὶ ἡ μὲν ὡς τὸν ἐπ᾽ ἀδελφῇ γαμβρὸν τὸν ῥῆγα Οὐγγρίας τὸν Βελᾶν ἀνασείουσα καὶ πορθεῖν τὰ κατὰ Βρανίτζοβαν καὶ Βελέγραδα γραφαῖς ἐνάγουσα καὶ ἁδραῖς ἐπαίρουσα ὑποσχέσεσιν εἰς τὴν

46—47 κατὰ — ἀστέρων: cf. Nic. Or. 138, 21 **48—49** τῷ — ἄξονι: cf. Nic. Or. 111,8 **54—56** εἰς — ἀπάγεται: cf. Eust. 40, 11—12

VA = a, PW, RMDF = b

32 fort. Χαρσίων Grabler i. l. αὐλιζομένου τῶν χερσαίων P Bekk αὐλιζομένου om. DF **34** διαδράντα DF τῇ σαγήνῃ F **35** μὲν om. W **36** ὅσαπερ καὶ A: ὅσαπερ P ἀμφίβληστρα V **36—37** ἐν τούτῳ: ἐμβάντα τοῦτο (τούτω W) $AP^{pc}W$ **37** διαπλεῦσαι τὸν κίνδυνον μετὰ τῶν παίδων V μόλις post παίδων add. P Bekk **38** παίδων: υἱέων P **39** ὅσους P **40** κοινῶσαι DF **42** θύσας καὶ ἀπολέσας: παγιδεύσας P **44** καὶ: τῇ F Bekk δὲ om. VAPW ἄλλους ἄλλοις κακῶς διαφθείρας A: ἄλλους ἄλλοις κακοῖς περιβαλὼν P **45** εἴ τινες: οἵτινες F: ὅσοι περ Bekk εὔγνωστοι τε καὶ εὐαρίθμητοι Bekk εὐάριθμοι AWM τε om. PR **46** ἰέναι — ἐπιχειροῦντες: ἰόντες τοῖς πλείοσιν P πρώην et ἐπιχειροῦντες om. A πρώην — ἐπιχειροῦντες om. W **48** Ἀνδρονίκῳ: αὐτῷ V **48—49** τῷ ἐκείνου ποθοῦντας (ποθ. om. W) ἅμα (ἅμα P^{s}) συμφέρεσθαι (συμφερομένους A) ἄξονι APW **49** ἐπέσπερχεν V: εἶτα ἐδίψα P **50** ξυντιθεὶς AW τὴν: τὸν $RM^{ac}K^{ac}$ ἐκείνου VP **51** τὴν ταλαίπωρον: τὴν τάλαιναν ἐν γυναιξὶν A: τὴν ἐν γυναιξὶ ταλαίπωρον P Bekk **52** ἔμελλον V **53** Βιλᾶν V τὴν Βρανίτζοβαν P **54** αὐτὸν post ἐπαίρουσα add. $AP^{pc}W$

50 ξυνθέμενος b Bekk

τοῦ ἁγίου Διομήδους μονὴν περί τινα ἐκεῖ που στενοτάτην οὖσαν εἱρκτὴν ἀκλεῶς ἀπάγεται, ἔνθα καὶ ἐφ᾽ ἱκανὸν παρὰ τῶν φυλάκων ἐρεσχελούντων παροινουμένη καὶ λιμῷ καὶ δίψει τετρυχωμένη τὸν σφαγέα διηνεκῶς ἐφαντάζετο ἐκ δεξιῶν ἑστῶτα τομώτατον. ὁ δὲ οὐδὲ βραχὺ γοῦν τοῦ ἀγριαίνειν ὑποκεχάλαστο, ἀλλὰ τὸ τοῦ Δαυίδ, πόνον καὶ θυμὸν κατανοῶν καὶ παραδοῦναι σπεύδων αὐτὴν εἰς θάνατον, καιρὸς οὔπω πολύς, καὶ τοῖς ζῶσιν ὅτι σύνεστι δυσχεραίνων ἀθροίζει πάλιν τοὺς τῇ ἀδικίᾳ βραβεύοντας δικαστὰς καὶ ὧν ἡ δεξιὰ δεξιὰ ἀδικίας καὶ ἐρώτησιν προτεινάμενος, ὁποία τις ἐκ τῶν νόμων ἐπήρτηται ποινὴ τοῖς προδόταις πόλεων καὶ χωρῶν, καὶ ἀπόφασιν ἔγγραφον θανάτῳ ὑποδικάζουσαν τοὺς οὕτω δρῶντας ἀνὰ χεῖρας δεξάμενος, ἣν τὸ ἐκ τούτου κατὰ τῆς ἀνάσσης ἄσχετος τὴν ὁρμήν. τοίνυν καὶ τὴν φωνὴν ὑψωσάντων καὶ βοησάντων τῶν παρανόμων ψηφηφόρων ἐκείνων δεῖν ἐκ τοῦ βίου γενέσθαι τὴν δύσποτμον ἐκείνην ἐν γυναιξί, χάρτης εὐθὺς παρὰ τοῦ παιδὸς καὶ βασιλέως ὑποσημαίνεται, ἀτεχνῶς ψεκάδι τοῦ μητρικοῦ διεντυπούμενος αἵματος, ταύτην μετατιθεὶς τῆς ζωῆς.

Ἐκλέγονται τοίνυν εἰς τὸ | καθυπουργῆσαι τῇ μυσαρᾷ ταύτῃ καὶ ἀνοσίῳ πράξει ὁ τοῦ Ἀνδρονίκου πρωτότοκος υἱὸς Μανουὴλ καὶ ὁ σεβαστὸς Γεώργιος ὁ τῆς Ἀνδρονίκου γυναικὸς ἀδελφός. ἄμφω δὲ καὶ πρὸς μόνην ἀπεπήδησαν τὴν ἐπιλογὴν δυσχεράναντες καὶ τὸ τοῦ βασιλέως ἐξεφαύλισαν δόγμα εἰπόντες μήτε πρότερον τῇ ἀναιρέσει τῆς βασιλίδος συνευδοκῆσαι ὅλως καὶ τὰς χεῖρας φέρειν ἁγνὰς τοῦ μιάσματος, καὶ νῦν δὲ πολλῷ πλέον μὴ ἀνέξεσθαι αὐτῶν θεωμένων σῶμα διεσπᾶσθαι δίκαιον, κἂν Ἀνδρόνικος ὡς σκηπτῷ τοῖς λεγομένοις πληγείς, παρὰ δόξαν πᾶσαν ἀπηντηκόσι, τάς τε τοῦ γενείου τρίχας πυκνὰ περιείλισσε τοῖς δακτύλοις, πῦρ τῶν ὀμμάτων βλέπων καὶ τὸ κάρη κλίνων τε καὶ ἀνάγων

---

59 πόνον — κατανοῶν: cf. Ps. 9, 35 **62** ἡ — ἀδικίας: cf. Ps. 143, 8

VA = a, PW, RMDF = b

55 μονὴν om. V **56** ἔνθα: ἔνθα δὴ P Bekk καὶ om. V ἐφ᾽ ἱκανὸν om. P **58** ὁ δέ: ὁ δὲ Ἀνδρόνικος AW: ὁ δ᾽ Ἀνδρόνικος P Bekk οὐ V: μὴ B γοῦν om. P **60** σπεύδων: θέλων PB αὐτὴν σπεύδων R **61** ἀθρόους PR **63** τις om. F ἐπήρτηται: ἐπαναιρεῖται P **67** βοησάντων: διατόρως βοησάντων APW Bekk ἐκείνων ψηφηφόρων P Bekk ἐκείνων om. V **68** δυσποτμοῦσαν V γυναιξί: βασιλίσσαις P Bekk **68** παρὰ: ὑπὸ V **69** παιδὸς καὶ om. M βασιλέως καὶ παιδὸς D **70** διεκτυπούμενος Bekk **71—72** ἐκλέγονται τοίνυν τῆς μυσαρᾶς ταύτης καὶ ἀνοσιωτάτης διάκονοι πράξεως P **73** τοῦ Ἀνδρονίκου Bekk **74** ταύτην post ἐπιλογὴν add. APW Bekk **75** ἐφαύλισαν V ἐκφαυλίσαντες δόγμα καὶ εἰπόντες P ἀπαρρησιαστοτάτως post εἰπόντες add. A: εὐπαρρησιαστότατα P: εὐπαρρησιαστικώτερον W μήτε: μήπω M πρώην APW **76** καί: ἀλλὰ APW Bekk ἁγνὰς: αὐτὰς F **77** ἀνεξέχεσθαι A: ἀνασχέσθαι PW διεκσπᾶσθαι Bekk **78** τούτοις post λεγομένοις add. P Bekk **79** περιείλησε APWM Sc: περιείλυσε R ἑαυτὸν ἐταλάνισε καὶ μέγ᾽ ᾤχθησε πολλάκις, οἷς οὐκ εἶχε τὸ φίλιον αἱμοχαρὲς καὶ πρὸς μιαιφονίαν μόνῳ ἐκπυρούμενον νεύματι.

Τότε μὲν οὖν τῆς ὁρμῆς ἀνασειρασθείς, ὡσεὶ καὶ ἵππος θερμὸς καὶ δυσκάθεκτος ἢ ὅσα καὶ καπνὸς φλόγα περὶ αὐτὴν εἰληθείς, τὸν οἰκεῖον ἀποσβέσας μὴ ὑπεξιόντα θυμὸν ὑπερέθετο τὴν ἀναίρεσιν· μετὰ δὲ βραχείας ἡμέρας τῷ διὰ πνιγμονῆς ἐλεεινῷ μόρῳ ὑποδικάζει τὴν κακοδαίμονα, ἐπιστατησάντων τῷ ὑπουργήματι τοῦ Τριψύχου Κωνσταντίνου, ὃς τὴν τῆς ἑταιρειαρχείας ζώνην εἶχε, καὶ τοῦ ἐκτομίου Πτερυγεωνίτου, ὃν εἰπεῖν ἔφθημεν καὶ τὸν τῆς πορφυρογεννήτου Μαρίας διὰ φαρμάκου κακουργῆσαι θάνατον. καὶ | τὴν μέν, τὸ γλυκερὸν φάος καὶ καλὸν ὅραμα ἀνθρώποις, εἶχεν ἡ ἐκεῖ που ἀκτὴ τῇ ψάμμῳ καταχωσθεῖσαν (ἥλιε τοῦ μιάσματος, καὶ Λόγε θεοῦ προάναρχε, τῆς ὑπὲρ κατάληψιν σῆς ἀνοχῆς), ὁ δ᾽ Ἀνδρόνικος ἐπὶ τούτοις ἐσκίρτα — πῶς ἂν εἴποι τις; — καὶ διεχεῖτο τὴν αἱμοβόρον ψυχήν, τοῦ γένους ἐκτριβομένου τοῦ Μανουὴλ καὶ δενδροτομουμένου κήπου τοῦ βασιλείου, ὡς μόνος οἰκήσων τὴν ὑπὸ Ῥωμαίους καὶ τῶν ταύτης σκήπτρων ἐπιληψόμενος ἀδεῶς.

Ἐνστάντος δὲ τοῦ Σεπτεμβρίου μηνὸς τῆς δευτέρας ἰνδικτιῶνος τοῦ ἑξακισχιλιοστοῦ ἑξακοσιοστοῦ ἐννενηκοστοῦ τρίτου ἔτους, τῇ ἀναρρήσει ἐπιβάλλει. οὐκοῦν οἱ ἐκ τῆς φαύλης συμμορίας τοῦ Ἀνδρονίκου, κατὰ γνώμην δήπουθεν Ἀνδρονίκου, κἂν ἐπέκρυπτε τὴν ἑαυτοῦ βούλησιν, λόγον εἰσήνεγκαν τῷ συνεδρίῳ περὶ τῆς νεοχμωθείσης τοῖς Βιθυνοῖς ἐπαναστάσεως καὶ τῆς ἐντὸς τῆς πόλεως Νικαίας παραδοχῆς Ἰσαακίου τοῦ

---

85 μετά etc.: probabilius a. 1182 exeunte **2** ἐνστάντος etc.: a. 1182

---

81 μέγ᾽ ᾤχθησε: cf. Hom. Α 517; al. **85—87**: cf. Eust. 40, 13—14 **90** γλυκερὸν φάος: Hom. π 23; ρ 41 **4—20** οὐκοῦν — πειθώ: cf. Eust. 42, 28—44, 17 **4** φαύλης συμμορίας: cf. Nic. Or. 39, 10

VA = a, PW, RMDF = b

81 ἱκανῶς post ἑαυτὸν add. APW Bekk **82** αἱμοχαρέστερον ἑαυτοῦ καὶ V ἀνοσιουργίαν P **83** καὶ pr. om. W **84** καὶ om. P^ac **87** κακουργήματι V: φονουργήματι P Τριψίχου F **87—88** ὃς τῆς ἑταιρ. εἶχε τὴν ζώνην P **88** Πτερυγιονίτης A: Πτερυογινίτου R: Πτερυγιωνίτην B: Πτερυγιονίτου rel. **89** κακουργῆσαι: καττῦσαι V **90** καὶ αὐτοκαλλόνην ἄντικρυς post φάος add. AP τῇ om. V **92** τῆς σῆς ὑπὲρ κατάληψιν ἀνοχῆς P **92—94** (Ἀνδρό)νικος — ψυχὴν i. r. 34 litt. P **93** ἐπεσκίρτα APW εἴπη PDF **94** αἱμοβόρον om. APW **1** ἀδεέστατα A^sP **2** Σεπτεβρίου ARM: abbrev. PWDF β´ας et ἰνδ. per symb. APWDF **2—3** τοῦ — ἔτους X: τρίτου om. VBS: τοῦ ,ςχφ´ ἔτους rel.: τοῦ ἑξακισχιλιοστοῦ ἑξακοσιοστοῦ ἔτους Bekk **4** φαύλης om. AW τοῦ om. AW τοῦ Ἀνδρονίκου om. P Bekk **5** κἂν — βούλησιν: κἂν ἠπείγετο λεληθέναι AW περιέκρυπτε P Bekk **6** λόγον — συνεδρίῳ: εἰς σκέψιν προύθηκαν τὰ P **7** Νικαίας om. W **7—8** Ἰσ. τοῦ Ἀγγέλου V: τοῦ Ἀγγέλου Ἰσ. B

82 μιαιφονίαν: φονουργίαν b Bekk **88** ὃν — ἔφθημεν: ὃς διεθρυλλεῖτο παρὰ πᾶσι b Bekk **93—94** τὴν — ψυχήν: τὸ τῆς ψυχῆς ἡδόμενον b **5** ἔκρυπτε b ἐξ Ἀγγέλων καὶ Θεοδώρου τοῦ Καντακουζηνοῦ, ἀλλὰ δὴ καὶ ὅσα κακουργοῦσιν οἱ Προυσαεῖς εἰσοικισάμενοι Θεόδωρον τὸν Ἄγγελον καὶ ταὐτὰ τοῖς Νικαεῦσι φρονήσαντες. καὶ φάμενοι μὴ οὐκ ἂν ἄλλως ἠρεμήσειν τοὺς στασιώδεις, εἰ μὴ Ἀνδρόνικος βασιλεύσειεν, ὁ διὰ τὴν ὑπαργυρίζουσαν τῷ χρόνῳ τρίχα τῶν νέων ἔχων λέξαι σοφώτερα, καὶ ἐπὶ θρόνου καθίσας τοῦ διαλίθου καὶ τῇ βασιλείῳ ταινίᾳ διαδηθεὶς συναυτοκρατοροίη τῷ | παναφήλικι βασιλεῖ καὶ διορθῴη τὸ γενησόμενον καὶ περατοῖ τὸ πραχθησόμενον μετ' ἰσχύος μείζονος καὶ ἐξουσίας ἀρχικωτέρας, εἶχον εὐθὺς τοὺς περιεστῶτας καὶ ὅσοι περ ἐκείνῳ συνήδρευον διὰ γένους σεμνότητα καὶ ἀξιωμάτων λαμπρότητα ὁμοφώνως ἀνακραγόντας πάλαι αὐτοῖς εἶναι τὸ προβληθὲν δι' ἐφέσεως καὶ μηκέτι καιρὸν εἶναι τοῦ ἀναδύεσθαι· ἢ γὰρ ἂν καὶ βίαν συμμίξωσι, προχωροῦσαν οὐκ ἔχοντες τὴν πειθώ. ἀμέλει καὶ τῆς εὐφημίας κατάρχονται καὶ οὑτωσί πως διατιθέασι τὴν ἀνάρρησιν „Ἀλεξίου καὶ Ἀνδρονίκου μεγάλων βασιλέων καὶ αὐτοκρατόρων Ῥωμαίων τῶν Κομνηνῶν πολλὰ τὰ ἔτη" πλατέσι καὶ ἀνεωγόσιν ᾄδοντες στόμασι καὶ μικροῦ διαρρηγνύμενοι ταῖς φωναῖς.

Διαδοθέντος δὲ τοῦ καλοῦ τοῦδε πράγματος τοῖς ἐν τῇ πόλει καὶ ἀβελτέροις (οὕτω γὰρ χρεὼν τὸν Κωνσταντινουπολίτην δῆμον καλεῖν) ὡς μελισσῶν σμήνη σίμβλων ἀπαναστάντα τὰ πλήθη συνείλεκτο, ἐκ παντὸς γένους καὶ τέχνης ἁπάσης καὶ ἡλικίας τῆς συνόδου γεγενημένης· ὅτε καί τις τῶν τοῦ βήλου κριτῶν (τὸ δὲ ὄνομα ἑκὼν ὑπερβήσομαι) εἰς τὸ τοῦ ἐπὶ τῶν δεήσεων ὀφφίκιον ἀναβὰς ὡς θεράπων Ἀνδρονίκου θερμότατος καὶ ἄλλος δέ τις πρωτονοτάριος τιμηθεὶς γλωττογάστωρ καὶ μηδενὸς ἀγεννέστερος τῆς τυραννίδος ὑποδρηστήρ, τῆς κατὰ τὴν ἀνάρρησιν Ἀνδρονίκου φήμης ἁπανταχῇ διατρεχούσης καὶ αὐτῶν δὲ τῶν φαυλοκολάκων τὰ ὦτα περικτυπησάσης, ὥσπερ ἐν ἑνὶ | πνεύματι τὸ τυραννεῖον καταλαβόντες, καθ' ὃ ἐτελεταρχεῖτο ταῦτα τὰ ἄθεσμα (τοῦτο δὲ ἦν ὁ τοῦ

---

27 ὅτε etc.: viri, quorum nomina tacentur, erant Constantinus Patrenus et Michael Haplucherus; cf. App. ad p. 335, 20—21

25—26 ὡς — συνείλεκτο: cf. Hom. B 87; Nic. Or. 8, 18 **27** sqq.: cf. Eust. 44, 18—20

VA = a, PW, RMDF = b

10 ταῦτα AW **11** βασιλεύσει VB **16** ἐκείνῳ: Ἀνδρονίκω P **17** γένους λαμπρότητα καὶ ἀξ. σεμνότητα Bekk ἀνακραγότας P **18** καὶ post πάλαι add. W **19** βία W **20** οὕτω V **21** Ἀνδρονίκου καὶ Ἀλεξίου A **24** πράγματος τοῦδε R τῇ om. VA[ac] καὶ om. APW Bekk **26** τῶν σίμβλων Bekk **27** καὶ πάσης ἡλικίας Bekk **28** ἐς VA **29** θερμότατος: πιστότατος P **30** γλωττογάστωρ πρωτονοτάριος τιμηθεὶς οὐδενὸς VA **31** τοῦ Ἀνδρονίκου Bekk πανταχῇ V **34** ταῦτα τὰ ἄθεσμα: τὰ εἰρημένα P

20 πῶς om. b **27** τέχνης πάσης (πάσης τέχνης D) b **34** τάδε W b Bekk

Μιχαηλίτζη λεγόμενος οἶκος), τὰ συγκλητικῶς ἐξυφασμένα τῶν κεφαλῶν ἐξενεγκόντες καλύμματα καὶ τῶν κατὰ νώτου κεχυμένων λευκολίνων λαβόμενοι διείλουν αὐτὰ ὡς σφαίρας, χοροστατοῦντες τοῖς ἐκ τριόδων καὶ τῆς τότε τελετῆς προεξάρχοντες· καὶ πρὸς μέλος κεκλασμένον μεταρρυθμίζοντες τὴν φωνὴν καὶ πανικῶς ἐξαλλόμενοι καὶ τὰς χεῖρας ὡς ἐς κρότον ξυμβάλλοντες τὼ πόδε ὑπεσάλευον καὶ κατὰ μέσον ἐδίνευον μολπῇ τ' ἰυγμῷ τε τὴν γῆν ἐκρότουν ὑπορχούμενοι. ὢ τῆς ἀναιδείας καὶ τῆς μικρογνώμονος φρενὸς καὶ κουφότητος.

Τοῦ δ' Ἀνδρονίκου καταβάντος ἀπὸ τοῦ τυραννείου ἐς τὸ ἐν Βλαχέρναις βασίλειον καὶ γενομένου κατὰ τὸν ἐντὸς τούτου ὑψηρεφῆ δόμον, ὃς Πολύτιμος λέγεται, ἐφίσταται καὶ ὁ βασιλεὺς Ἀλέξιος ὁμοῦ παιάνων τε καὶ στεναγμάτων (οὐ γὰρ πάντες τῷ καιρῷ παρεσύρησαν) εὑρὼν μεστὰ τὰ ἀνάκτορα καὶ αὐτὸν Ἀνδρόνικον ὡς βασιλέα παρὰ πάντων καταλαβὼν εὐφημούμενον. ἑκὼν τοίνυν ἀέκοντί γε θυμῷ τοῖς τελουμένοις ἐπευδοκήσας ἐκολάκευε κἀκεῖνος σὺν τοῖς λοιποῖς τὸ γερόντιον εἰς τὸ συμβασιλεύειν ἐπεγείρων καὶ προθυμοποιῶν εἰς τὸ ἐνεστὼς ἔργον τὸν ἀκρατῶς ἐπὶ τοῦτο πάλαι φερόμε|νον. τὸ δὲ τῆς Ἀνδρονίκου φατρίας θερμότερον καὶ ἀκκιζόμενον Ἀνδρόνικον καὶ τὴν συνεδρίαν εἰρωνευόμενον ἀμφοτέραις συσχόντες εἰς τὴν χρυσόπαστον κλίνην ἐφῆκαν, ἐφ' ἧς ὁ βασιλεὺς ἵζανεν. ἄλλοι δὲ τὴν καπνηρὰν καὶ πυραμιδοειδῆ ἐρέαν τῆς κεφαλῆς ἀφελόμενοι πυρσὴν αὐτῷ περιέθεντο καὶ στολὴν βασιλικὴν ἐνέδυσαν ἕτεροι.

Τῇ δ' ὑστεραίᾳ ἐπὶ τῆς Μεγάλης Ἐκκλησίας ἀρξαμένης τῆς τῶν βασιλέων ἀναρρήσεως γίνεσθαι Ἀνδρόνικος ἀνηγορεύετο πρότερον, ὁ δ' Ἀλέξιος ὑπεβίβαστο, μεταπεσούσης τῆς τάξεως. καὶ ἡ αἰτία ὡς καλ-

---

40 κατὰ — ἐδίνευον: cf. Hom. δ 19 **48** ἑκὼν — θυμῷ: cf. Hom. Δ 43 **49** τὸ γερόντιον: cf. Nic. Or. 89, 4 **51—56** τὸ — ἕτεροι: cf. Eust. 50, 24—29

VA = a, PW, RMDF = b

35 Μιχαλίτζη VWMB Sc: Μιχαηλίτου RK **36** λευκολίνων κεχυμένων D[ac]F λίνων R **38** κεκολασμένον V **39** καὶ pr.— ἐς om. V ἐξήλλοντο P ὡς ἐκ κρότου R **40** συμβάλλ. VA **41** ἐπορχούμενοι VA **43** εἰς VAWD[ac]KN **45** ἐκ τῶν ἔξωθεν post Ἀλέξιος add. A[mg]PW Bekk μὲν post ὁμοῦ add. VA **47—48** παρὰ — καταλαβὼν i. r. 15 litt. P ὡς βασ. σχεδὸν παρὰ πάντων καταλαβὼν εὐφημούμενον Bekk **48** ἀνευφημούμενον W **49** ἐπευδοκήσας suppl. A[mg]: -κῶν PW σὺν: ἐν Bekk λοιποῖς: ἄλλοις P τὸ γερόντιον: Ἀνδρόνικον P: τὸ γερόντιον Ἀνδρόνικον Bekk **50** ἐνεστὸς RF[pc] Bekk **51** ἐπὶ τοῦτο ἀκρατῶς D ἐπὶ: εἰς Bekk **52** τὸν Ἀνδρ. VA[ac] εἰρωνευόμενον: (ε)ἰρονευ(όμενον) i. r. A: ἐκτρεπόμενον V **54** καπηρὰν ex καπνηρὰν P (cf. p. 252, 76) πυραμοειδῆ P[ac]DF Bekk **57** δὲ Bekk **58** ἀνηγόρευτο P πρότερος APWR[pc]MKU δὲ Bekk **59** ὑπεβέβαστο Bekk

38 καὶ — μεταρρυθμίζοντες: πρὸς μέλος τε κεκλ. μετερρύθμιζον (μεταρρυθμίζοντες W) PW b Bekk **47—48** ὡς βασιλέα παρὰ πάντων σχεδὸν εὐφημούμενον b

λίστη καὶ εὐπρεπής· οὗ φασι δεῖν τὸν ἴνφαντα καὶ ἐς μέτρον οὔπω ἡλικίας ἱκόμενον λειογένειον προαναγορεύεσθαι τοῦ πολιότριχος Ἀνδρονίκου καὶ γεραροῦ τὸ φρονεῖν καὶ ἅμα πρόσω καὶ ὀπίσω ὁρᾶν ἔχοντος τῷ ἐσθλῷ τῆς φύσεως. ἐπεὶ δὲ καὶ αὐτὸς Ἀνδρόνικος τὰ ἱερὰ ἐσαφίκετο μέλαθρα στεφθησόμενος, τότε πρώτως ὤφθη τοῖς ἀνθρώποις διαχυθεὶς καὶ τὸ τοῦ βλέμματος ὁ θὴρ μεταθέμενος βλοσυρὸν καὶ τὴν ἐπὶ τὸ κρεῖττον τῶν πραγμάτων ἀλλοίωσιν πολλοῖς τῶν δεομένων καθυποσχόμενος. ἦν δὲ ταῦτα φενάκη πρόδηλος καὶ ψευδὴς ἐπαγγελία τοῦ ἀπατεῶνος καὶ τὸ τοῦ προσώπου ἱλαρὸν φιλανθρωπίας παρυφιστάνον ἰσχνότητα ἴνδαλμα πρόσκαιρον συσκιάζον τὴν ἔνδοθεν ἀγριότητα.

Εἰσελθὼν δὲ τὸ ἱερὸν καὶ τελεσθεὶς ὁπόσα τοῖς στεφομένοις εἴθισται ἄναξι πρόσεισι, δεῆσαν τῶν ἀχράντων ἁγιασμῶν μετασχεῖν, καὶ τὸν οὐράνιον ἄρτον | δεξάμενος ἐν τῷ προσεγγίζειν τῷ ἐκπώματι, ἵν' ἐκπίῃ τοῦ ἐν αὐτῷ τιμίου καὶ ζωοποιοῦ αἵματος, τὰς χεῖρας ὡς πρὸς τὸ ποτήριον διάρας καὶ ἑαυτὸν εἰς παθαινόμενον σχηματίσας κατὰ τῶν φρικωδῶν ἐπόμνυσι μυστηρίων, ἁπάντων ἐφεστώτων σχεδὸν καὶ ἀκροωμένων, ὁπόσους τὸ ἱερὸν συνεῖχεν ἄδυτον, μὴ δι' ἕτερόν τι βασιλεύσειν αἱρετίσασθαι ἢ τὸ βουληθῆναι βοηθῆσαι τούτῳ καὶ τῷ τούτου κράτει, δείξας τὸν συνεστῶτα βασιλέα καὶ ἀνεψιὸν Ἀλέξιον, ὃν μεθ' ἡμέρας ἀπηγχόνησε καὶ τῷ τῆς θαλάσσης βυθῷ παρέπεμψεν.

Ἐξιὼν δὲ τοῦ ἱεροῦ μετὰ δορυφορίας ὡς ἐνῆν μάλιστα λαμπροτέρας καὶ πλείστων ὑπασπιστῶν (τὸ γὰρ δειμαίνειν ἄκρως τοιαῦτα ὑφηγεῖτο ἐκείνῳ) καὶ διελθὼν τὸν ἐν τῇ Χαλκῇ νεὼν τοῦ σωτῆρος Χριστοῦ τὴν πορείαν ἐπέτεινεν, οὐ βάδην προβαίνων καὶ ἔστιν οὗ ἐμβραδύνων, ὡς ἔθος τοῖς θριαμβεύουσιν αὐτοκράτορσιν, ἀλλ' ἀνεὶς τὸν ἵππον ἐλευθέρῳ

---

62 ἅμα — ὁρᾶν: cf. Hom. Γ 109 sq.; ω 452 **71—78** πρόσεισι — Ἀλέξιον: cf. Eust. 36, 12—17

VA = a, PW, RMDF = b

60 δεῖν om. R μέτρω RM **62** τὸ ὁρᾶν F Bekk **63** δὲ om. A **64** τοῖς ἀνθρώποις ὤφθη D **65** τοῦ — θὴρ i. r. 12 litt. P βλοσσυρὸν VAPDF **67** τοῦ ἀπατεῶνος suppl. P^{mg} om. W **68** παρυφιστάμενον A: παρυφιστῶν PW Bekk ἰσχνότατον P Bekk: abbrev. W **72** ἄρτον om. W δεξόμενος P δὲ post ἐν add. P^{s} **73** πρὸς om. W (π)οτήριον A^{ir}: πρότερον V **74** αὐτὸν VA σχηματίσας: χρηματίσας A **75** ἠκροωμένων A **76** μηδ' ἕτερόν A βασιλεύσειν: βασιλεύειν R: τὴν βασιλείαν P **76—77** αἱρετίσασθαι — βουληθῆναι: ἀλλ' ἢ ὡς βουλόμενος W **78** ἀπηγχόνισε W **81—82** τὸ — ἐκείνω suppl. P^{mg} **83** ἐμβραδύνων: μὴ βραδύνων V **84** νῦν post θριαμβεύουσι add. AP^{pc}

63 καὶ αὐτὸς om. b **65** ὁ θὴρ om. b **67—69** ἦν — ἀγριότητα om. b **72—76** ἐν τῷ ἐγγίζειν τῷ ἐκπώματι (ἐκπτώματι RMK^{ac}) τὰς χεῖρας ἀνέσχε καὶ σχηματίσας ἑαυτὸν εἰς παθαινόμενον κατὰ τῶν φρικωδῶν ἐπόμνυσι μυστηρίων ἀκροωμένων σχεδὸν ἁπάντων, ὅσους b Bekk **77** θελῆσαι b **78—79** ὃν — παρέπεμψεν om. b **81—82** τὸ — ἐκείνῳ om. W b ποδὶ προχωρεῖν. ἦν οὖν τὸ γεγονὸς τοῦτο εἰς ἀμφίλογον· οἱ μὲν γὰρ δειλίαν τὸ ποιητικὸν αἴτιον τοῦ ὁρωμένου ἀπεφοίβαζον, οἱ δὲ κεχοδέναι τὴν βράκα τὸ γερόντιον διετείνοντο τῷ πανημερίῳ μόγῳ καὶ τῇ ἀχθοφορίᾳ τῶν βασιλικῶν παρασήμων ἀποκαμὸν καὶ μὴ στέγειν ἔχον ἐπὶ πολὺ τὰ λύματα τῆς γαστρός. γενόμενος δὲ κατὰ τὸ μέγα παλάτιον καὶ θύσας ἐφ' ἱκαναῖς ἡμέραις τὰ ἀναγορευτήρια ἐφ' ἕτερα τρέπει τὸν νοῦν παρανομίας γέμοντα ἔργα.

Ἐκποδὼν γὰρ θέσθαι τὸν βασιλέα βουληθεὶς Ἀλέξιον τὴν φίλιον καὶ πάλιν ἀθροίζει πνύκα καὶ τὴν ἑταιρεί | αν συναγείρει τὴν ἐκείνῳ συνοργιάζουσαν τὰ μὴ ὅσια. καὶ τοίνυν τὸ Ὁμήρειον ἔπος φωνήσαντες ἅπαντες, ὅ διέξεισιν „οὐκ ἀγαθὸν πολυκοιρανίη· εἷς κοίρανος ἔστω, εἷς βασιλεύς," καὶ ὡς „ἀετοῦ γῆρας, κορύδου νεότης," ψηφίζονται ἰδιωτεῦσαι τὸν βασιλέα Ἀλέξιον οὐκέτι λόγων οἰκονομίας ἀδήλου τοῖς πολλοῖς μεμνημένοι παιδοκομίας τε καὶ διαμονῆς τοῦ κράτους καλλίονος, ταῦτα δὴ τὰ χθές τε καὶ πρώην λαρυγγιζόμενα καὶ τοῖς ἐρωτῶσι τὴν αἰτίαν τῶν γινομένων εἰς ἀπολογίαν προκείμενα, εἴ τις τέως παροικῶν ἀτεχνῶς ἐν τῇ λαμπροτάτῃ πόλει τοῦ Κωνσταντίνου οὐκ ἦν εἰδὼς τὰ γινόμενα καὶ τὸν λόγον ὅλως ἠγνοηκώς, δι' ὃν ἐπεραίνοντο.

Ἀλλ' οὔπω ἀκριβῶς τὸ βράβευμα τοῦτο τῇ πολιτείᾳ ἐγνώριστο, καὶ κρίμα θανάτου κατὰ τοῦ βασιλέως ἐξάγεται παρὰ τῆς φατρίας ἐκείνης τῆς πονηρᾶς, τὸ τοῦ Σολομῶντος ἄντικρυς ἐπαινεσάντων ἐκεῖνο καὶ φθεγξαμένων τῶν μιαιφόνων „δήσωμεν τὸν δίκαιον, ὅτι δύσχρηστος

---

95 οὐκ — βασιλεύς: cf. Hom. B 204 sq. **1** ἀετοῦ — νεότης: cf. Zenob. 2, 38; Karathanasis 240 **3—4** χθές τε καὶ πρώην: cf. Nic. Or. 3, 17 **5—6** εἰ — γινόμενα: cf. Luc. 24, 18 **11—12** δήσωμεν — βλεπόμενος: Sap. 2, 12 et 14

VA = a, PW, RMDF = b

85 προχωρεῖν: φέρεσθαι P **85—89** ἦν — γαστρὸς suppl. P^{mg} **86—89** κεχοδέναι — γαστρὸς: ἄλλο τι ὑπενόουν Bekk: ἄλλοι δὲ ἔλεγον ὅτι ὑπὸ τοῦ κόπου καὶ τοῦ βάρους τῶν βασιλικῶν παρασήμων μὴ δυνάμενος κρατεῖν τὰ ἐν τῇ κοιλίᾳ τῆς γαστρὸς αὐτοῦ βρώματα τὴν βράκα αὐτοῦ τὸ γερόντιον ἔχεσε B **87** ἀχθηφορία AP **88** στέγειν: μεγίστην A **90** θύσας — ἀναγορευτήρια i. r. 20 litt. P **91** παρανομίας γέμοντα: ἐναγῆ PW Bekk **92** θέλων VA καὶ om. DF **93** ἀγείρει P Bekk ἐκείνου Bekk **95** οὑτωσί post διέξεισιν add. $A^{mg}W$ **3** τε: που VAW **4—7** καὶ alt. — ἐπεραίνοντο suppl. P^{mg} **7** δι' ὧν AP **7** ἐπεραίνετο V **8** τοῦτο om. M ἔγνωστο P **9—10** (βασι)λέως — ἄντικρυς i. r. 35 litt. et mg. P **10** καὶ om. M

85 προχωρεῖν: πορεύεσθαι b Bekk **85—89** ἦν — γαστρὸς om. W b **90—91** θύσας — ἔργα: ᾄσας τὰ ἀναγορευτήρια ἐφ' ἕτερα τρέπει τὸν νοῦν b Bekk **93—94** καὶ — ὅσια om. b **94** ἅπαντες φωνήσαντες b Bekk **2** ἀδήλων b Bekk **4** λαρυγγιζόμενα: ἐπὶ πολυανθρώπων συνελεύσεων προβαλλόμενα P b Bekk **4—7** καὶ alt. — ἐπεραίνοντο om. W b **9—10** παρὰ — πονηρᾶς om. b **10—11** ἐπαινεσάντων — μιαιφόνων: ἐπαινεσάντων τῶν συνειλεγμένων τότε καὶ φθεγξαμένων (φθεγγομένων W) ἀναιδῶς (ἀναιδῶς om. P: ἐκεῖνο τῶν μιαιφόνων W) PW b Bekk ἡμῖν ἐστι καὶ ὡς βαρύς ἐστι καὶ μόνον βλεπόμενος." καὶ νυκτὸς ἐπεισπεσόντων αὐτῷ τοῦ Ἁγιοχριστοφορίτου Στεφάνου, τοῦ Τριψύχου Κωνσταντίνου καί τινος Δαδιβρηνοῦ Θεοδώρου, προεστῶτος τῶν ῥαβδοφόρων, τὴν διὰ τόξου νευρᾶς καθυποδέχεται πνιγμονήν. ἀρθεὶς δὲ ὁ νεκρὸς καὶ ἀχθεὶς ἐς Ἀνδρόνικον κατὰ τοῦ κενεῶνος τῷ ἐκείνου τύπτεται ποδὶ καὶ τῶν τοκέων τῷ κειμένῳ ὁ μὲν ὡς ἐπίορκος διατωθάζεται, ἡ δὲ ὡς περιλεσχήνευτον ἑταιρικὸν | περιυβρίζεται γύναιον· ἔπειτα τιτρᾶται ὀβελίσκῳ τὸ οὖς καὶ κρόκης ἐξαφθείσης κηρὸς περιπλασθεὶς τῷ Ἀνδρονίκου σφραγιστηρίῳ ἐνσημαίνεται δακτυλίῳ.

Καὶ τὸ μὲν λοιπὸν σῶμα καταδικάζεται ῥιφῆναι βυθῷ, ἡ δὲ κεφαλὴ ἀποτμηθῆναι καὶ αὖθις Ἀνδρονίκῳ προσενεχθῆναι. καὶ πέρας εἰληφότος τοῦ ἐπιτάγματος, ἡ μὲν ἐν παραβύστῳ κατὰ τὴν λεγομένην Καταβατὴν διαφίεται, τὸ δὲ σκῆνος κεράμῳ μολιβδίνῳ ἐνειληθὲν τοῖς θαλαττίοις κόλποις ἐκδίδοται, τῆς ἁλιάδος, ἥτις τὸν οἰκτρότατον τοῦτον φόρτον ἀνεῖχε, δυσὶν ἀναγομένης ἐνδόξοις ἀνδράσι μετὰ μολπῶν καὶ ᾠδῶν, δηλαδὴ τῷ ἐπὶ τοῦ κανικλείου Ἰωάννῃ τῷ Καματηρῷ, ὃν καὶ ὕστερον ἀρχιποίμενα ἡ τῶν Βουλγάρων προεδρεύουσα ἔλαχε, καὶ Θεοδώρῳ τῷ Χούμνῳ, ὃς τετίμητο χαρτουλάριος. |

---

15 Alexius II Comnenus strangulatus paulo ante diem 24 mens. Sept. a. 1183

12—15: cf. Eust. 52, 15—18; Nic. Panopl. dogm. lib. XXVII: ἐπεὶ δὲ τῆς ζωῆς ἅμα καὶ τῆς ἀρχῆς παναθεμίτως τοῦτον Ἀνδρόνικος ὑπεξήγαγεν — ᾧ γὰρ πρὸ τρίτης τοὺς περὶ πίστεως ὅρκους ἀπεδεδώκει, τοῦτον σήμερον τῇ διὰ τόξου νευρᾶς πνιγμονῇ τὴν ψυχὴν ἀπορρῆξαι κακῶς παρεσκεύασεν . . . **24—25** τοῖς — ἐκδίδοται: cf. Eust. 52, 15—18

VA = a, PW, RMDF = b

16 εἰς MD^{ac} Bekk **16—17** ποδὶ τύπτεται P Bekk **17** ὡς ἐπίορκος: ὁ ἐπερεαστὴς ἐκείνω καὶ ἐπίορκος W ἐκείνω καὶ ἐπηρεαστὴς post ἐπίορκος add. AP^{pc} Bekk **18** ὡσ(περ)εὶ (λεσχήνευτον) P^{pc} ἑταιρίδα R τιτρῶται P **18—19** ὀβελίσκω τιτρᾶται V **19** ἐπιπλασθεὶς P τῶ τοῦ Ἀνδρονίκου V Ἀνδρονίκω RM **22** προσενεχθῆναι καὶ πέρας εἰληφέναι R **24** μολιβδίνη V **25—29** δηλαδὴ — χαρτουλλάριος i. r. ca. 30 litt. et mg. P: τὰ δὲ ὀνόματα προφέρειν οὐ δέομαι W

12 ὡς om. b Bekk **13—14** τοῦ pr. — ῥαβδοφόρων: τινῶν b **16—17** τῷ — ποδὶ: τύπτεται b **18** περιυβρίζεται: καταμωκᾶται b Bekk: γρ. περιυβρίζεται D^{mg} **25—29** τῆς — χαρτουλάριος om. b

ΒΑΣΙΛΕΙΑ
ΑΝΔΡΟΝΙΚΟΥ ΤΟΥ ΚΟΜΝΗΝΟΥ

ΕΝ ΤΟΜΟΙΣ ΔΥΣΙ

Καὶ οὕτω μὲν ἐξ ἀνθρώπων ὁ βασιλεὺς Ἀλέξιος ἐγεγένητο, ζήσας τὸν μὲν ἅπαντα χρόνον ἔτη μὴ ἀκραιφνῶς πεντεκαίδεκα, τρία δ' ἐκ τούτων ἄρξας, οὐ καθ' ἑαυτόν τε καὶ ἀμιγῶς, ἀλλὰ τὰ μὲν πρῶτα ὑπὸ μητρὶ τὴν ἀρχὴν διεξαγούσῃ παιδοκομούμενος, ἔπειτα ὑπὸ δυοῖν τυράννων τῶν πραγμάτων τῆς βασιλείας ἐπειλημμένων ὅσα καὶ ἥλιος ὑπὸ νέφους συσκιαζόμενος, ὥστε καὶ βασιλευομένῳ ἐῴκει μᾶλλον ἢ βασιλεύοντι, ἐκεῖνα ἐπιτάσσων καὶ δρῶν, ὅσα εἰσηγοῦντό οἱ οἱ ἀποστάται, μέχρι καὶ τοῦ δι' ἀγχόνης τὸ πέρας δέξασθαι τῆς | ζωῆς.

Τῆς δὲ μυσαρᾶς πράξεως ταύτης οὕτω τετελεσμένης, οἰκτρῶς ἁρμόζεται Ἀνδρονίκῳ πρὸς συμβίωσιν Ἄννα ἡ τοῦ βασιλέως Ἀλεξίου μνηστή, θυγάτηρ οὖσα τοῦ τὴν ἀρχὴν τῶν Φράγγων διέποντος. καὶ οὐκ ᾐσχύνετο Κρονίων ἀπόζων ἀνεψιοῦ γυναικὶ μιλτοπαρήῳ καὶ τρυφερᾷ καὶ μήπω τὸ ἑνδέκατον ἔτος ἐξηνυκυίᾳ μέλλων ἀθεμίτως συγκατακλίνεσθαι καὶ παραγκαλίζεσθαι ὁ πέπων τὴν ὀμφακίζουσαν, ὁ ὑπέρωρος

---

15 Κρονίων ἀπόζων: cf. Aristoph. Nub. 398 cum schol. Io. Tzetz. IV 2 p. 477 Koster; Nic. Or. 90, 12

VA = a, PW, RMDF = b

3 ἐν — δυσί: θεωρουμένη ἐν τόμοις δυσίν A: om. PW Bekk **5** ιε' A δὲ Bekk **6** τε: δὲ Bekk **7** τυράννοιν V **9** σκιαζόμενος D (συσκιαζό)μενος — καὶ i. r. 6 litt. P ὥστε καὶ om. W **10** οἱ pr. om. PW Bekk οἱ alt. om. V ἐπιστάται Bekk **13** Ἀλεξίου om. R **14** διέποντος τῶν Φράγγων W **14—15** καὶ — μιλτο(παρήῳ) i. r. 25 litt. et mg. P **14—18** καὶ ἦν ἀνεψιοῦ μνηστῇ μιλτοπαρήῳ καὶ τρυφερᾷ καὶ μήπω τὸ ἑνδέκατον ἔτος ἐξηνυκυία συγκατακλινόμενος ἀθεμίτως καὶ παραγκαλιζόμενος ὁ πέπων τὴν ὀμφακίζουσαν, ὁ ὑπέρωρος τὴν ἡλικίαν τὴν ὀρθότιτθον νεάνιδα κτλ. W **16** ια' A **16—17** μέλλων — παραγκαλίζεσθαι: συγκατακλινόμενος (: συγκατακείμενος Bekk) ἀθεμίτως καὶ παραγκαλιζόμενος P Bekk

1—3 βασιλεία (τοῦ βασιλέως add. F) τοῦ (τοῦ om. RF) Κομνηνοῦ κῦρ (κῦρ om. M: intrascr. D: eras. F) Ἀνδρονίκου (τοῦ κακῶς τυραννίσαντος post Ἀνδρ. add. D[pc]) b **10** καὶ alt. om. PW b Bekk **12** μυσαρᾶς om. PW b Bekk οἰκτρῶς om. b **14—19** καὶ ἦν μιλτοπαρήῳ κόρῃ καὶ τρυφερᾷ καὶ . . . ἐξηνυκυίᾳ συγκατακείμενος καὶ παραγκαλιζόμενος ὁ πέπων τὴν ὀμφακίζουσαν καὶ ὀρθοτίτθιον νεάνιδα, εἰπεῖν δὲ καὶ ῥοδοδάκτυλον καὶ δρόσον ἔρωτος στάζουσαν b, sed ἀνεψιοῦ γυναικὶ post ἦν, ἀθεμίτως post συγκατακείμενος et καὶ ὁ ῥικνὸς τῷ χρόνῳ καὶ χαλαρὸς post εἰπεῖν δὲ καὶ add D[mg] τὴν ἡλικίαν τὴν ὀρθοτίτθιον νεάνιδα, ὁ ῥικνὸς καὶ χαλαρὸς τὴν ῥοδοδάκτυλον καὶ δρόσον ἔρωτος στάζουσαν.

Ἐπὶ δὲ τούτοις δευτέραν αἰτεῖται χάριν Ἀνδρόνικος τὸν τῶν αὐτοῦ θελήσεων πληρωτὴν πατριάρχην, τὸν Καματηρὸν λέγω Βασίλειον, καὶ τὴν τότε σύνοδον· ἡ δὲ ἦν τὸ λυθῆναι τοῦ ὅρκου Ἀνδρόνικον, ὃν εἶχεν ὀμωμοκὼς τῷ βασιλεῖ Μανουὴλ καὶ τῷ ἐκείνου ταλαιπώρῳ παιδί, καὶ τοὺς ἄλλους, ὅσοι παραβάται ὤφθησαν τῶν ὀμωμοσμένων. καὶ οἱ μέν, ὡς εἰ δεσμεῖν ἀδιαφόρως καὶ λύειν τὰ πάντα εἰλήφασι πρὸς θεοῦ, τόμους ἐξέθεντο παραυτίκα, δι' ὧν ἀμνηστίαν τῶν ἠνομημένων | ἐδίδοσαν ἁπαξάπασιν. ὁ δὲ ὡς θαυμαστήν τινα παρέχει τὴν ἀμοιβὴν τοῖς τῶν ἐπιταγμάτων αὐτοῦ πληρωταῖς· ἡ δὲ ἦν καὶ τῶν τότε μὲν αἰτηθέντων ῥᾳδία τερμάτωσις, ἃ μικρὰ δήπουθεν ἦσαν καὶ περὶ μικρῶν ὑφηγούμενα, τὸ δὲ μέγιστον τὸ συνεδρεύειν ἐκείνους αὐτῷ, σκιμποδίσκων παρατιθεμένων καὶ παρεισφερομένων τῷ βασιλείῳ θρόνῳ κλισμῶν, ὃ καὶ οὐχ ἧττον εἰς γέλωτα τῶν ἑλομένων καὶ καταδεξαμένων ἀρχιερέων οὐκ ἐπὶ συχναῖς ἡμέραις συμβὰν ἤπερ φαντασίαν τιμῆς καὶ δόξης ἴνδαλμα ἐπὶ τὴν προτέραν ἐπανῆλθε συνήθειαν, καθὰ καὶ ξύλον ἐπικλινὲς βίᾳ πρὸς τὴν ἑτέραν ἕξιν μετενεχθέν. μᾶλλον μὲν οὖν καὶ ταύτης πολὺ παρεσπάσατο· ἵνα γὰρ μὴ δοκῇ Ἀνδρόνικος παλιμβολώτατος ἀνθρώπων καὶ ἀστασίαν ἤθους κἀπὶ τοῖς μικροτάτοις νοσῶν, τὸ εἰς ὄψιν ἐκείνῳ ἐλθεῖν οἱ ἀρχιερεῖς

---

20 αἰτεῖται: ca. mens. Oct. a. 1183

---

19 δρόσον — στάζουσαν: cf. Nic. Or. 51, 3 **25** δεσμεῖν — θεοῦ: cf. Mat. 16, 19

VA = a, PW, RMDF = b

18 ὀρθότιτθον PR^{ac} καὶ post νεάνιδα add. A^{s}PW Bekk τῷ χρόνῳ post ῥικνὸς add. PW Bekk κορίσκην post ῥοδοδάκτυλον add. A^{mg}PW Bekk **20** β' A **20—21** τῶν — λέγω: πατριάρχην PW **24** ὁμωσμένων M D^{ac}F **25** τὰ πάντα: ἁπαξάπαντα PW πρὸς: παρὰ PW **26—27** ἐδίδοσαν ἁπαξάπασιν: τοῖς μὴ εὐόρκοις ἐδίδοσαν (ἁπαξάπασιν add. Bekk) PW Bekk **27** ὁ δὲ om. R: ὁ δ' Ἀνδρόνικος PW **27—28** τοῖς — πληρωταῖς: τοῖς τῶν ὅρκων λύταις ἀρχιερεῦσιν PW **28** ἐπιτεταγμένων M ἡ δὲ ἦν: ἦν δὲ αὕτη PW **29** περὶ μικρῶν ὑφηγούμενα: περὶ εὐλύτων τινῶν προτεινόμενα PW μικροῦ AD **30** τὸ alt.: τοῦ A: om. PW τούτους ἐκείνω PW σκιμπόδων W Sc **30—31** παρενηνεγμένων καὶ παρεντιθεμένων PW **31** παρεισφερομένων: γρ. παρενηνεγμένων A^{mg} θρόνῳ: βήματι A^{mg} γρPW κλισμῶν om. PW Bekk **33** συμβὰν: κρατῆσαν A^{mg} γρPW ἐπὶ: πρὸς PW **34—35** καθὰ καὶ λύγος ἐπικλινὴς βίᾳ πρὸς τὴν οἰκείαν ἀνεθεὶς ἕξιν ἐπάνεισι A^{mg} γρPW **36** δοκοίη VAP^{ir}: ἔσται W παλιμβ. ἀνθρώπων: παλίμβολος τὴν γνώμην PW **37** ἐπὶ τοῖς δεδογμένοις PW ἐς αὐτὸν R ἑαυτῶν ex ἐς αὐτὸν ? M ἐλθεῖν ἐκείνω V

20—24 βασιλεύσας δ' Ἀνδρόνικος αἰτεῖται τὸν πατριάρχην Βασίλειον καὶ τὴν τότε σύνοδον λυθῆναι τοῦ ὅρκου, ὃν εἶχεν αὐτὸς . . . παιδί, καὶ οἱ ἄλλοι σὺν τούτῳ πάντες, ὅσοι (σὺν — ὅσοι: ὅσοι τούτω R) b Bekk **26** αὐτίκα b Bekk **30** ἡ δὲ μεγίστη b Bekk **34—35** πρὸς τὴν προτέραν ἕξιν ἐπάνεισιν ἀνεθὲν b Bekk **37** κἀπὶ — μικροτάτοις: ἐπὶ ταῖς ἑαυτοῦ πράξεσι b Bekk οὗτοι οὐχ εὕρισκον εὐχερὲς ἐπὶ βήματος καθημένῳ λαμπροῦ. καὶ οἱ πρὸ μικροῦ τῇ συνεδρίᾳ τῇ βασιλικῇ σεμνυνόμενοι καὶ γέρας εἰληφέναι τοῦτο Δαυιτικῶς ὡς πιστοὶ τῆς γῆς βρενθυόμενοι τότε ὑπενόστουν ἐγκαλυπτόμενοι καὶ ταλανίζοντες ἑαυτούς, οἷς θεοῦ ἀπέστησαν τὰ ἄλυτα λύοντες καὶ τὸν ἐμπαίκτην διακενῆς Ἀνδρόνικον θεραπεύοντες. |

Ὡς δὲ τὰ κατὰ τὴν ἀνάρρησιν Ἀνδρονίκου καὶ τὴν ἀναίρεσιν Ἀλεξίου τοῦ βασιλέως δῆλα ἦσαν Ἀλεξίῳ τε τῷ Βρανᾷ καὶ Ἀνδρονίκῳ τῷ Λαπαρδᾷ, τοῖς τῶν ταγμάτων στρατηγοῖς, ἅπερ ἀντεφέροντο κατὰ τὸν Νίσον καὶ τὴν Βρανίτζοβαν τῷ τῆς Οὐγγρίας ῥηγὶ τῷ Βελᾷ πορθοῦντι τὰ ἐκεῖ πάντα καὶ ποιοῦντι κακῶς τοῖς ξίφεσιν, ἅτερος μὲν τῶν ἀρχηγῶν ὁ Λαπαρδᾶς ἀπειρητέαν κέκρικε τὴν ζωὴν καὶ τὴν εὐρυχανδῆ γένυν Ἀνδρονίκου διὰ παντὸς ὑπεβλέπετο καταχάσκειν ἔκτοτε μέλλουσαν καὶ αὐτοῦ, ὁ δέ γε Βρανᾶς ἀσμένως τὴν μετάθεσιν τῆς βασιλείας ὑπέφερεν ἤδη τῷ χορῷ ἐγγραφεὶς οἷς Ἀνδρόνικος ἐπέβλεπεν ἥμερον.

Πολλὰς οὖν ὁ Λαπαρδᾶς Ἀνδρόνικος ὁδοὺς τραπόμενος ἐνθυμήσεων καὶ κατὰ κύνα Λάκαιναν ἣν θευσεῖται ἰχνηλατήσας μίαν εὕρισκε σώζουσαν ἀτραπὸν τὸ τῆς ὄψεως καὶ ἐξουσίας ἀποπλάζεσθαι Ἀνδρονίκου. καὶ εἶχεν ἂν ἀπαθῆ κακῶν ἑαυτὸν διατηρήσας, εἰ τῇ βουλῇ ταύτῃ ἐπέμενε καὶ μὴ πρὸς πρᾶξιν ἑτέραν μετακεκύβευτο. ἐρασθεὶς δὲ κακῶς δράσειν Ἀνδρόνικον καὶ τῆς εἰς τὸν κύριον καὶ βασιλέα παρανομίας ἀμύνασθαι, θαρρεῖ τὴν ἀπόστασιν· καὶ τὴν δυσμὴν ὁρῶν οὐ χωρήσουσαν αὐτόν, μήτε μὴν παραδεξομένην τὴν κατ' Ἀνδρονίκου ὁρμὴν διὰ τὸν παρόντα καὶ συστρατηγοῦντα Βρανᾶν, τὴν ἕω φαντάζεται καὶ πρὸς ἐκείνην ἐκτείνει τοὺς ὀφθαλμοὺς καὶ ὡς συνηθεστέραν μὲν ἑαυτῷ ἄρξαντι πολλάκις κατ' αὐτὴν τὰς μεγίστας ἀρχὰς καὶ ὡς θερμὰ δὲ πρὸς ἀντι | στασίαν οὐχ ἧττον τρέφουσαν σώματα.

---

40 πιστοὶ τῆς γῆς: Ps. 100, 6 **48—95** ὁ Λαπαρδᾶς — χείρονι: cf. Eust. 22, 5—9 **53** κατὰ — Λάκαιναν: cf. Soph. Ai. 8

VA = a, PW, RMDF = b

38 εὐχερὲς om. A προκαθημένω VA μετέπειτα post καθημένῳ add. PW Bekk **38** λαμπρῶς V **39** τῇ βασ. συνεδρία PW Sc Bekk **39—40** καὶ — βρενθυόμενοι om. V τοῦτο: ταύτην PW **40** τῆς om. W **42** τὸν ἐμπαίκτην i. r. 5 litt. et mg. P: om. W **43** τοῦ Ἀνδρονίκου Bekk **45** οἵπερ P[pc] ἀντεφέρετο MDF Epit. Bekk **45—46** τὴν Νίσον M[ac]: τὴν Νήσσον M[pc]: τὴν Νίσαν Sc **47** ποιοῦντι: τιθέντι APW **49** τοῦ Ἀνδρονίκου VAW διὰ παντὸς: ἀκριβῶς V **49—50** καταχάσκειν — αὐτοῦ: ὡς καταχαίνειν ἔκτοτε κἀκείνου μέλλουσαν APW **51** ἐπέβλεπεν V: προσέβλεπεν APW Sc Bekk: ἔβλεπεν RMDF **52** Ἀνδρόνικος ὁ Λαπαρδᾶς W **53** ἣν: ἢ et i. mg. τουτέστι ὅπου P **54** ἀποπλάττεσθαι A **55** ἑαυτὸν ἀπαθῆ κακῶν Bekk ἐπέμενε: ἐνέμεινε APW Sc **56** πρᾶξιν: τάξιν VA[ac?] D δὲ: γὰρ APW **59** προσδεξομένην AP: προσδεχομένην W ὁρμὴν: κίνησιν APW **61—62** καί, μὲν et δὲ om. APW Sc κατ' αὐτὴν: ἐκεῖσε APW Sc **62** ἀντιστασίαν: ἀπόστασιν APW Sc

42 τὸν ἐμπαίκτην: αὐτὸν b **61—62** κατ' αὐτὴν πολλάκις b Bekk

Ἀμέλει καὶ τῷ συνηγεμόνι κοινολογησάμενος καὶ πείσας Βρανᾶν μὲν κατὰ χώραν μένειν, αὐτὸς δὲ πρὸς τὸν πρεσβύτην ἅμα καὶ πρόσφατον αὐτοκράτορα παραγενέσθαι ὡς εἶχεν εὐθὺς ἐξώρμησε τὴν φήμην προφθάνων, ἢ καὶ τὰ ὑπὸ γὴν κρυπτόμενα διορᾷ καὶ τὰ γενησόμενα πολλάκις ὡς ἤδη γεγενημένα διατρανοῖ. καὶ γεγονὼς κατὰ τὴν Ὀρεστιάδα, εἴπῃ δ᾽ ἄν τις ἄλλος Ἀδριανούπολιν, ἀφ᾽ ἧς ὥρμητο, καὶ βραχύ τι ἐγκαρτερήσας καὶ ὅσον ταῖς ἐκεῖ κατοικούσαις ἀδελφαῖς ὁραθῆναι καὶ συντάξασθαι τὰ ἀπόδημα ἔγνω μὴ περαιτέρω ἐλινύειν, ἀλλ᾽ ὡς ἐνὸν ἐπισπέρχειν τὴν ἐς ἕω περαίωσιν· ἤδη γὰρ ἡ φήμη ἀθυρόγλωττος ἦν καὶ ἐπὶ τριόδων καὶ πλατειῶν ἄκρων τε τειχέων καὶ δόμων εὐστόμει τὴν ἀπόδρασιν τοῦ ἀνδρὸς καὶ πολλαχῇ ἐτίθει διατοξεύσιμον. μιᾷ τοίνυν νυκτὶ πρὸς θάλασσαν κάτεισι καὶ ναυσὶν ἐμβὰς αὐτός τε καὶ οἱ σὺν αὐτῷ, αἳ κατὰ τὸ Ὑελοκαστέλλιον τούτου ἕνεκα ἡτοιμάσθησαν, ἐς τὴν περαίαν γίνεται. κἀντεῦθεν ἀναπνεύσας βραχὺ ἐκφυγεῖν τὸ διολέσθαι ᾤετο καὶ τὸ προβεβλῆσθαι θοίνη τις ἑτοίμη ἢ ἐπιτράγημα πρόχειρον ταῖς γνάθοις τοῦ Ἀνδρονίκου. ἦν δ᾽, ὡς ἔοικε, καὶ οὗτος τῇ προνοίᾳ ἐκ τῆς τῶν ζώντων βίβλου ἀπηλειμμένος καὶ βορὰ τῷ θηρὶ προδαιταλευθείς.

Ἔνθεν τοι καὶ τοῦ | θείου ἀντιπνεύσαντος ἐκείνων ταῖς χερσὶ θηρᾶται καὶ ἀναπέμπεται πρὸς Ἀνδρόνικον, ὑφ᾽ ὧν ἐλπίσιν ἐθάλπετο συντηρηθῆναι ἀδιαλώβητος, εὖ τε καὶ ὡς ἀρίστως πράξειν, καὶ χειρὶ καὶ ψυχῇ παντοίαν σύναρσιν καὶ ἄρηξιν εὕρασθαι πρὸς τὸ καταπαλαῖσαι Ἀνδρόνικον. ἦσαν δὲ ταῦτα διανοίας οὐκ εὐτυχοῦς ἀναπλάσματα καὶ ὀνειρώδη, ὡς δέδεικται, φαντάσματα. γενόμενος γὰρ κατὰ τὸ Ἀτραμύττιον συλλαμβάνεται παρά τινος Κεφαλᾶ, ἀνδρὸς μέγα δυναμένου τότε παρὰ

79—80 ἐκ — ἀπηλειμμένος: cf. Ps. 68, 29; Ap. 3, 5

VA = a, PW, RMDF = b

64 κέκρικε τὴν ζωήν. ἦν γὰρ εἰδὼς Ἀνδρόνικον συμμάρψοντα καὶ αὐτὸν καὶ προσφιλὲς ἑστίαμα ποιησόμενον. ὅθεν post ἀμέλει add. AP[ir et mg] Βρανᾶ post συνηγεμόνι add. APW Bekk Βρανᾶν μὲν om. Bekk μὲν om. P **65—66** αὐτὸς — παραγενέσθαι: ἕως αὐτὸς ἐς (πρὸς Bekk) τὸν (πρεσβύτην ἅμα καὶ post τὸν add. Bekk) πρόσφατον αὐτοκράτορα παραγένοιτο P Bekk **66** παραγένοιτο W ὡς εἶχεν om. R εὐθὺς: αὐτίκα P **68** ὡς: ἴσως R εἴποι Bekk **69** τις om. AW ἄλλως A **70** ταῖς ἐνούσαις αὐτῇ κασιγνήτοις P κατοικούσαις: ἐνούσαις AW ὁραθῆναί τε καὶ P Bekk **71** ἐπισπεύδειν PW **72** τὴν ἐς: τῆς F ἐς: πρὸς V ἀθυρόγλωττος ἦν ἡ φήμη P Bekk **73** δόμων: δρόμων V: οἰκοπέδων APW εὐστομεῖ V: εὐστοχεῖ R **74** καὶ — διατοξεύσιμον om. V ἐτίθη W τὴν θάλασσαν R θάλατταν DFN **75** τε αὐτὸς D Ὑελλοκαστέλιον M: Ὑελλοκαστέλλιον DF Bekk **76** εἰς V γίνονται D **79** σωζόντων V **80** καὶ βορὰ — προδαιταλευθείς V: καὶ οὗτος βρῶμα γενέσθαι ἔμελλε τοῦ τοιούτου Ἀνδρονίκου B: καὶ τὴν νεύουσαν ἐς ἅδου κληρούμενος πλάστιγγα AW: καὶ — πλάστιγγα post δαιταλευθεὶς add. P[mg] Bekk **81** θεοῦ Bekk **84** καὶ ἄρηξιν om. P **86** φάσματα P **87** Κεφαλῆς V

80 καὶ (om. P)εἰς θοίνην (θοίνην: βορὰν P) Ἀνδρονίκῳ (-κου F) δαιταλευθείς P b Bekk τῇ χώρᾳ καὶ πρωτιστεύοντος πιστοῦ τε τῷ τυραννοῦντι, ὡς ἔδειξε, καὶ παρακατατίθεται χερσὶν Ἀνδρονίκου σφάγιον εὔτρεπὲς καὶ ἱερεῖον ἀνακογχυλιαζόμενον πρὸς ἀναίρεσιν καὶ τὰς κόρας ἐκκόπτεται καὶ παραρριπτεῖται τῇ τοῦ Παντεπόπτου μονῇ τὴν τῶν κατ' αὐτὸν πραγμάτων φορὰν ὡς ἀγνώμονα ὀδυρόμενος· τὸν μὲν γὰρ ὑπὲρ καλλίστης αἰτίας τὸν τῆς ἀποστασίας ἀναρρῖψαι κύβον, τὴν δὲ οὐδὲ τὸ βραχύτατον γοῦν προσσχοῦσαν οἷς μετ' εὐβουλίας ἐπέβαλε προσδέσθαι μερίδι τῇ χείρονι.

Οὕτω κρύψας ἔχει θεὸς οὐ μόνον τὸν ἄμοχθον καὶ ἀνόδυρτον βίοτον, ἀλλὰ καὶ τὸ προαισθέσθαι τὸ μέλλον κακὸν καὶ τὸ προελέσθαι τὸ ἀκίνδυνον ἐπιτήδευμα. καὶ οὗτος γὰρ ὁ ἀνὴρ ἐν πολλοῖς ὀφθεὶς στρατηγικώτατος αἰσχρὸν δουλεύειν οἰηθεὶς Ἀνδρονίκῳ μετὰ τὸν τοῦ βασιλέως Ἀλεξίου μόρον καὶ τὸν ἐκ τοῦ τυράννου προφθάνων θάνατον καὶ πρὸς φόνον ἑτοιμοτάτης ἀποξενῶν ἑαυτὸν φύσεως ἔλαθεν ὑπ' ἐκείνου καταλαμβανόμενος, ὃν ἔφευγεν, ἢ χερσὶν | ἐμπίπτων, ἃς ἀπεδίδρασκεν, ἢ τὸν ἐξόπισθεν καταλήψεσθαι προσδοκώμενον ὡς ἐπιδιώκοντα κατὰ στόμα προσυπαντῶντα εὑρίσκων καὶ ἐνώπιον συμπλεκόμενον καὶ συνέχοντα.

Καὶ ὁ μὲν μετ' οὐ πολύν τινα χρόνον τοῦ βίου θανάτῳ ἀπάγεται· ὁ δ' Ἀνδρόνικος οὕτω τῇ ἀποστασίᾳ τοῦ ἀνδρὸς τούτου κατεπτοήθη, ὡς παρ' ὅλην τὴν ἐκείνου φυγὴν τὴν οἰκείαν ὡς ἤδη ἐφεστῶσαν φαντάζεσθαι καταστροφήν· ἐδεδίει γὰρ ὡς περὶ τὰς μάχας ὀξύρροπον καὶ λήματος ἀνδρείου μέτοχον. ἀμέλει καὶ μὴ προχωροῦσαν ὁρῶν τὴν δι' ἐπιδιώξεως ἢ μεθ' ὅπλων τούτου καταπολέμησιν πρὸς τὴν διὰ γραμμάτων μεθαρμόζεται πανουργίαν καὶ τὸν τρόπον καινὸν ὁ σοφιστὴς ἀνεπλάσατο. βασιλικὰ γὰρ ξυνθέμενος γράμματα ἐκπέμπει ταῦτα πρὸς τοὺς τῶν ἑῴων ἐπαρχιῶν πρωτεύοντας· ἐλάλουν δὲ πονηρίαν ἀληθῶς τὰ γραφόμενα, καὶ διετείνοντο, ὁμιλοῦντα ἔχοντα τὸν Ἀνδρόνικον, παρ' αὐτοῦ σταλῆναι κατὰ τὴν Ἀσίαν τὸν Λαπαρδᾶν καὶ πᾶν, ὅπερ ἂν διαπράξηται κατ' οἰκονομίας ἄγνωστον τοῖς πολλοῖς τρόπον, ὑπὲρ τῆς αὐτοῦ βασι-

---

93 τὸν ... κύβον: cf. p. 179, 47 **18** ἐλάλουν ... πονηρίαν: cf. Ps. 72, 8

VA = a, PW, RMDF = b

88 τε: δὲ W **91** πραγμάτων: γραμμάτων W **93** ἀναρρίψασθαι VAW οὐδὲ: μηδὲ P **94** γοῦν om. V προθέσθαι WDˢ γρ **94—2** μερίδι — προαισθέσθαι om. V **1** βίον DF Bekk **7** ἔφυγεν R **8** ἐπιδιωκόμενον V **9** συνεχόμενον D **11** τοῦ ἀνδρὸς τούτου V: τοῦ Λαπαρδᾶ AWB κατεπτόητο AW: ἐπτόητο Sc **14** τὸν Λαπαρδᾶν post μέτοχον add. APW Bekk ἐπὶ τῆς διώξεως D **16** τὸν om. P (ὡς A) καινότατον AW: σοφιστικώτατον P ὁ σοφιστὴς om. APW **17** πέμπει V **19** καὶ διετείνοντο: διετείνοντο γὰρ P **20** τὴν om. W καὶ post ἂν add. V: οὑτοσὶ add. AP Bekk διαπράξαιτο M **21** ἑαυτοῦ AW Sc

94 αὐτὸς post εὐβουλίας add. b Bekk, sed del. D **11** τοῦ ἀνδρὸς τούτου: τοῦδε PRMKN: τούτου DFU λείας μέλλειν τοῦτο πραχθήσεσθαι, καὶ ἐνῆγε πάντας εἰς τὴν τούτου ἀνενδοίαστον παραδοχήν. ἦν δὲ ὁ σκοπὸς Ἀνδρονίκῳ, ἐντεῦθεν ἐγκόψαι τὴν ὁρμὴν τῶν πολλῶν ὑφορωμένων, ἐφ' ὅτῳ δὴ αὐτὸς μὲν ὁ Λαπαρδᾶς κατ' Ἀνδρονίκου ἐξῆρκε τὸ φρόνημα καὶ ὡς ἀντίφρων τὰς τῶν ἀνδρῶν στίχας ἐπιπορεύεται, ὁ δ' Ἀνδρόνικος τῷ ἀποστάτῃ τὴν πίστιν ἐπιμαρτύρεται καὶ ὡς παρ' αὐτοῦ πεμφθέντα τὸν πεφευγότα δέξασθαι διορίζεται. καὶ τί μὲν ἂν τὰ καινοφανῆ ταῦτα | ἔδρασάν τε καὶ ἴσχυσαν γράμματα, ἡ ὀξεῖα τοῦ ἀνδρὸς κατάσχεσις οὐ παρῆκε διαγνωσθῆναι.

Τότε δὲ καὶ τὴν πτοίαν ταύτην παρὰ δόξαν Ἀνδρόνικος ἀποκρουσάμενος ἰάνθη τὸ ψυχίδιον ὡσεί τε περὶ σταχύεσσιν ἐέρση· καὶ τῆς πόλεως ἔξεισι καὶ ὁμαλαῖς κινήσεσι καὶ σταθμοῖς βραχέσι καταλαμβάνει τὰ Κύψελλα καὶ τοῖς ἐκεῖσε κυνηγεσίοις ἐνευφρανθεὶς κατὰ τὴν πατρῴαν ἀφικνεῖται μονὴν τὴν ἐν τῇ Βήρᾳ διακειμένην καὶ τῷ τοῦ φύσαντος ἐφίσταται μνήματι μετὰ δορυφορίας καὶ δόξης βασιλικῆς, ἧς κἀκεῖνος πάλαι ποτὲ ἐρῶν οὐκ ἐφίκετο, ἐπεὶ καὶ τὸ βασιλειᾶν πατρόθεν Ἀνδρόνικος ὡς κλῆρον καταβὰν διεδέξατο. καὶ κατ' ἐκείνας τὰς ἡμέρας σχάσας τὸ κολάζειν ἐπὶ βραχύ, ὡς Ἁλκυονίδας πρὸς πολλῶν ὀνομάζεσθαι, μετὰ μικρὸν ἐπάνεισιν εἰς τὰ βασίλεια, τῶν γενεθλίων ἐπιστάντων Χριστοῦ.

Καὶ ἁμίλλαις ἵππων καὶ θεωρείοις προσσχών, ἔαρος ὑποφαίνοντος τὸ στρατιωτικὸν ἅπαν συνήθροισεν, ὅσον τε ἑσπέριον καὶ τοῦ ἑῴου ὁπόσον οὐκ ἀφηνίασε· καὶ αὐτὸς μὲν τὴν εὐθὺ τῆς πόλεως Νικαίας ἵεται, τὸν δὲ Βρανᾶν Ἀλέξιον ἐκ τῶν κατὰ Βρανίτζοβαν ἐπανεληλυθότα μερῶν ἐκπέμπει μετὰ στρατιᾶς ἱκανῆς τοῖς περὶ τὸ Λοπάδιον ἀντιταξόμενον· ἤδη γὰρ καὶ οὗτοι τοῖς ὁμόροις Νικαεῦσί τε καὶ Προυσαεῦσιν ἐς τὸ αὐτὸ ἥκοντες ἀπέστησαν φρόνημα. καὶ ὡς εὐρόησεν αὐ|τῷ ἡ στρατήγησις

---

30 τότε: paulo ante festum nativitatis Christi a. 1183, cf. infra lin. 39 **40** ver est a. 1184

25—26 ὡς — ἐπιπορεύεται: cf. Hom. Ο 279 **31** ἰάνθη — ἐέρση: cf. Hom. Ψ 597 sq. **37—38** ἡμέρας . . . Ἁλκυονίδας: cf. Apost. 2, 20

VA = a, PW, RMDF = b

22 πάντας: τούτους APW Sc **24** μὲν om. P[ac]R **26** ἐπιπορεύεται: ὑποποιεῖται P ἐς αὐτὸν post τὴν add. AP[pc]W Bekk **28** ταῦτα τὰ καινοφανῆ V Bekk καινοφωνῆ R **31** τὴν ψυχὴν PW ἀέρση V **34** ἀφῖκται VAW Sc ἐκεῖνον post φύσαντος add. APW **36** πατρόθεν: παλαί ποτε V **38** Ἀλκυονείους PD[mg] γρ **40** θεωρείαις RD[ac?]: θεωρίαν M: θεωρίαις KN Bekk **41** ὅσον V **43** τὴν Βρανίτζοβαν DF ἐπανελθόντα P: ἐληλυθότα R **44** Λουπάδιον M **45** τε καὶ Προυσαεῦσιν om. V ἐς om. W

22 διαπραχθήσεσθαι b Bekk τούτου: ἐκείνου b Bekk **38** κολάζειν ἐπὶ βραχύ: κακῶς τιθέναι τινάς (τινὰς τιθέναι Bekk τινάς: αὐτὰς D) P b Bekk **39** αὖθις post ἐπάνεισιν add. b Bekk καὶ τέλος τῷ πολέμῳ ἐπέθηκε δεξιώτατον, ἄρας ἐκεῖθεν πρὸς τὴν Νίκαιαν παραγίνεται καὶ συμμίγνυσιν Ἀνδρονίκῳ, καὶ περὶ ἓν στρατόπεδον ἀμφοτέρων συνδραμόντων τῶν στρατευμάτων, ἔγνω προσβαλεῖν τῇ πόλει Ἀνδρόνικος. οἱ γὰρ ἔνδον οὐκ ἀπόντος μόνον Ἀνδρονίκου ἐφρονηματίζοντο, ἀλλὰ καὶ παρόντα ἐξουθένουν καὶ ὅπλοις ἠμύνοντο τῶν τειχῶν προεκφαινόμενοι καὶ λόγοις ἀσχήμοσιν ἔπληττον μηδενὸς φειδόμενοι καὶ βλήματος καὶ ῥήματος. καὶ ἦσαν αἱ μὲν πύλαι τῆς πόλεως μεμυκυῖαι καὶ ὀχεῦσιν ἀραρότως ἐνηρμοσμέναι, αἱ δὲ γλῶσσαι, ὅσα καὶ πυλῶν τῶν χειλέων διαιρομένων καὶ ὡς ἐκ θωρακίων τῶν ὀδόντων ἐκπίπτουσαι, βολίδας αἰσχρορρημοσύνης ἠκόντιζον ἐς Ἀνδρόνικον. ὁ δὲ τοιούτῳ βλήματι καιρίως πληττόμενος πῦρ ἀπέπνει θυμοῦ ἐκπυρηνίζων ἆσθμα Τυφώνειον, οἷα μηδὲ στέγειν ἔχων τὸν ἔνδον τάραχον, ἐπεὶ καὶ πόλις ἡ Νίκαια αὐχεῖ μὲν καὶ τὸ ἐκ κραταιῶν τειχῶν ἀνάλωτον ἢ δυσάλωτον γοῦν ἐκ πλίνθου ᾠκοδομημένη πᾶσα ὀπτῆς· τότε δὲ καὶ στρατιωτῶν εἰς αὐτὴν εἰσρυέντων, ὁπόσοι ἀπεστύγουν Ἀνδρόνικον, καὶ τοῦ Ἀγγέλου δὲ Ἰσαακίου, ὃς μετ' Ἀνδρόνικον Ῥωμαίων ἐκράτησε τῆς τυραννίδος παραλύσας Ἀνδρόνικον, καὶ τοῦ Καντακουζηνοῦ Θεοδώρου καὶ Περσῶν ἐκ προσκλήσεως εἰσδεδεγμένων ἔνδοθεν, οὐκ ἀγαθὰ τοῖς πορθοῦσι τὰ τοῦ πολιορκεῖν ἐφαντάζετο.

Πλείστας οὖν ἡμέρας παριππεύσας Ἀνδρόνικος οὐδὲν ἤνυεν, ἀλλ' ἄντικρυς ἐῴκει ὄρεσιν ἀποτόμοις προσφερόμενος ἢ πετρῶν ῥαχίαις συμπλεκόμενος παραβόλως καὶ πρὸς | †ἄρβυλα† καὶ τείχη διαμιλλώμενος Σεμιράμεια ἢ βέλεμνα πέμπων πρὸς οὐρανόν. οἱ γὰρ ἔνδον ἐκθύμως ἐμάχοντο καὶ ὅπλοις μὲν τὰς δι' ὅπλων ἀπεκρούοντο προσβολάς, μηχανῶν δὲ κατασκευαῖς ἀπηχρείουν τέλεον τὰ τῶν πετρῶν ἀφετήρια, ἅπερ ὁ βαθύνους Ἀνδρόνικος ἐτεκταίνετο τειχομάχια ἱστῶν βελοστάσιά τε καὶ

57—58 πῦρ — Τυφώνειον: cf. Nic. Or. 39, 18—21; πῦρ θυμοῦ ex LXX, cf. Deut. 32, 22; al. **68—69** τείχη . . . Σεμιράμεια: cf. Apost. 16, 43 **69** βέλεμνα — οὐρανόν: cf. p. 78, 58

VA = a, PW, RMDF = b

47—48 παραγίνεται πρὸς τ. Ν. VAW **48** στράτευμα M **49** συνδεδραμηκότων AW **51** παντοίοις post ἠμύνοντο add. APW Bekk **53** ῥήματος καὶ βλήματος PK **55** ἐκκύπτουσαι P **56—57** ὁ — πληττόμενος: ὁ δὲ τοῖς βλήμασι τούτοις καιρίως τιτρώμενος P **57** ἐκπυρ(ρ)ηνίζον WD^{ac}F Bekk **57—58** ἐκπυρρηνίζων — Τυφώνειον suppl. P^{mg} **57** ἆσμα AW RMF: αὖσμα D **58** κακὰ τοῖς Νικαεῦσι προβλέπων post Τυφώνειον add. AP οἷα: οἷς R μηδὲ: δὲ μὴ A **60** γοῦν om. P ᾠκοδομουμένη WMK στρατιῶν R **61** ἐς PKU **61—62** καὶ — Ἀνδρόνικον om. M **62** δὲ om. F Ἀνδρόνικον: αὐτὸν V **64** προκλήσεως W πορθοῦσι: πολιορκοῦσι V **65** τὰ τοῦ: τὸ W ἐφαντάζοντο AMDF **67** ἐῴκει: ἦν V: ἐφαίνετο B **68** παραλόγως P Bekk Ἄρβηλα Bekk **69** Σεμειράμια M ἔνδοθεν M **70** ὅπλοι R ὀρυκτῆρας ἐπιτεχνώμενος καὶ εἴ τι ἕτερον διαλύειν ἔχει περίβολον πόλεως ἐργαζόμενος καὶ φιλοτιμούμενος πρὸς τοὺς παρόντας ὡς πολὺ τὸ κατὰ τὰς πόλεων ἁλώσεις ἐνδέξιον ηὔχησεν. ὁ μὲν γὰρ ἐπήγνυε τὰς ἑλεπόλεις καὶ τὴν σφενδόνην περιειργάζετο τὸν λύγον τε καὶ τὸν στρόφαλον καὶ τὸν τειχεσιπλήτην κριὸν σιδήρῳ ἐφράγνυεν, οἱ δὲ τοτὲ μὲν ἀπὸ πυλίδων ἀδήλων ἐκθρώσκοντες τῆς πόλεως πυρὶ παρεδίδοσαν καὶ χερσὶ κατέσπων τὰ μηχανήματα, τοτὲ δὲ προσαγόμενα τείχεσι δι᾽ ἑτέρων ὁμοίων ὀργάνων ὡσεὶ καὶ ἀράχνης διέλυον νήματα, ὥστε καὶ ᾿Ανδρόνικος εἰς κενὸν σχάζοντα ὁρῶν τὰ ἑαυτοῦ διαβούλια ἐννοεῖ τι ἀπάνθρωπον καὶ ὀλίγοις τῶν πρότερον καταπραχθὲν πολιορκοῦσί τε καὶ πολιορκουμένοις ἔξωθεν.

Τὴν γὰρ ᾿Ισαακίου τοῦ ᾿Αγγέλου μητέρα τὴν Εὐφροσύνην ἐκ Βυζαντίου ἀνακομίσας νῦν μὲν ὡς πρόβλημα προυτίθει τῶν ἑλεπόλεων, νῦν δὲ τῷ κριῷ ἐπαναβάλλων ὡς ἐν ὀχήματι προσῆγεν οὕτω τῷ τείχει τὰ μηχανήματα. τῷ τοι καὶ ἦν δακρύειν ἐν ταὐτῷ καὶ θαυμάζειν, δακρύειν μὲν διὰ τὸ τοῦ ὁράματος καινότροπον καὶ τὸ τοῦ θυμοῦ πάντα ῥᾷον ποιεῖν καὶ μηδεμίαν τῶν ξενακού|στων καὶ τῆς ἀνθρωπίνης φύσεως ἀλλοτρίων ὑποστελλόμενον πρᾶξιν, ἐκπλήττεσθαι δέ, ὅπως οὐκ ἐτεθνήκει τῷ δέει τὸ γύναιον ἄνω τῶν μηχανημάτων καθήμενον καὶ τοῖς τείχεσι τῆς πόλεως προσαγόμενον· ὅτε καὶ πρώτως τεθέανται ἄνθρωποι σαρκίον ἁπαλὸν καὶ τοῦτο γυναικεῖον ἔρυμα σιδήρου προβεβλημένον καὶ τὴν τάξιν ἐνηλλαγμένην καὶ μεταπηδῶσαν ἐς τὸ ἀνόμοιον, ὡς δέμας μὲν εὐπαθὲς ἀνθρώπινον τῶν ἀντιτύπων προεκκεῖσθαι μηχανημάτων εἰς ἀποσόβησιν τοῦ χαλκῷ ἐγχρίπτειν χαλκόν, σίδηρον δὲ περιστελλόμενον ἀνθρώπου σώματι. τοῖς δ᾽ ἐκ τῶν τειχῶν οὕτως ἀτεχνῶς τὰ βέλη ἐφρένωτο, ὡς ἀφίεσθαι μὲν καθὰ καὶ πρότερον καὶ πλήττειν τοὺς ἐπιόντας καὶ καταπλήττειν, αὐτὴν δὲ τὴν εὐγενῆ γυναῖκα κακῶν ἀπαθεστάτην διατηρεῖν, ὡς εἴπερ χερσὶ καὶ νεύμασιν ἐξ ἑαυτῆς μετῆγε τὰ βέλεμνα, εἰς δὲ τὰς τῶν ἀντιθέτων καρδίας αὐτὰ κατέπησσεν. οὐ μόνον τοίνυν ἐς

---

80 ὡσεὶ — νήματα: cf. Is. 59, 5

VA = a, PW, RMDF = b

73 εἴ τι: ἔτι W **74** κατὰ: πρὸς P **75** τὰς τῶν πόλεων Bekk ηὔχησεν: εὐτυχεῖ P: ηὐτύχησεν W ὁ: ὡς M **77** τειχεσιπλήκτην DF οἱ δὲ: οἱ δὲ Νικαεῖς APW Bekk **79** δι᾽: καὶ M **80** ἀράχνου V: ἀράχνων M **81** τι: τε M **82** πραχθέν P ἔξωθεν om. P[ac] **85—86** τὰ μηχανήματα τῷ τείχει A **88** ἀλλοτρίαν V **89** οὐ τεθνήκει V **90** τὸ γύναιον τω δέει D **90—94** καθήμενον — μηχανημάτων om. M **92** καὶ τοῦτο om. DF σιδήρου: πολέμου P **93** τὴν om. P ἐνηλλαμένην W **94** ἀπαθὲς A καὶ post εὐπαθὲς add. Bekk μηχανημάτων: τειχομαχίων AW ἐς W **94—1** εἰς — σώματι: ἵν᾽ ἀπαθεῖς εἶεν οἱ ἀπ᾽ αὐτῶν μαχόμενοι P **95** περιστέλλεσθαι AW **4** διατηρεῖν: ἐᾶν P: τηρεῖν Bekk καὶ post εἴπερ add. Bekk ἐς VAW **5** κατέπτησσεν R: κατέπτυσεν M

82 τῶν πρότερον: πάλαι P b Bekk **85—86** τὸ μηχάνημα b Bekk **89** δ᾽ b Bekk **92** εἰς ἔρυμα b Bekk **95** χαλκὸν ἐγχρίπτειν χαλκῷ P b Bekk οὐδὲν χρήσιμον τὴν ἀπάνθρωπον ταύτην ἐπίνοιαν καταλήξασαν εἶδεν 'Ανδρόνικος, ἀλλὰ καὶ νυκτὸς ἐξιόντες οἱ Νικαεῖς τάς τε μηχανὰς πυρὶ παρέδοσαν καὶ τὴν γυναῖκα διὰ μηρίνθου ἀνιμήσαντο ἢ ὡς Ἅρπυιαι ἀνηρείψαντο, 'Ανδρόνικον δὲ ὡς Φινέα ἄλλον παρῆκαν κόπτεσθαι μὴ ἔχοντα ὃ πεινῶντι τῷ τοῦ θυμοῦ θηρὶ παραθήσεται. καὶ κλέος ἐντεῦθεν ἐπ' ἀνδρείᾳ παρὰ τοῖς ἐναντίοις μέγα κτησάμενοι Νικαεῖς ἔτι μᾶλλον ἠρρενώθησαν τὰ φρονήματα καὶ τῆς μάχης ἥπτοντο εὐθαρσέστερον.

Οὐκ ἀπὸ τῶν τειχῶν δὲ μόνον φαινόμενοι ἔργα γεν | ναῖα ἐπεδείκνυντο καὶ 'Ανδρόνικον σκώμμασιν ἔπλυνον, μακελλάριον αὐτὸν ἀποκαλοῦντες καὶ κύνα φιλαίματον καὶ σαπρόγηρων καὶ κακὸν ἀθάνατον καὶ ἀνθρώπων 'Εριννὺν καὶ φιλογύνην καὶ Πρίηπον Τιθωνοῦ τε καὶ Κρόνου πολυετέστερον καὶ εἴ τι αἴσχιστον ἄλλο πρᾶγμα καὶ ὄνομα, ἀλλὰ κἀκ τῶν ἐπάλξεων, ὡς εἴρηκε τὸ λέγειν, καταπηδῶντες διεξεχέοντο τῶν πυλῶν. 'Ανδρόνικος δὲ τῷ ὑπωχριῶντι τοῦ προσώπου καὶ τῷ μὴ κατὰ φύσιν τοῦ βλέμματος καὶ τῷ πολλάκις ὡς ἐν ἱστῷ ὑφαινούσης τῷ δακτύλῳ περιελίττειν τὸ καταкεχυμένον καὶ βοστρυχῶδες τῆς γενειάδος θυμομαχῶν προδήλως ἐδείκνυτο καὶ κατὰ τῶν Νικαέων δόλους ὑφαίνων.

Λιμώττων δὲ ὡς κύων, Δαυιτικῶς εἰπεῖν, ἐκ τοῦ μὴ ἔχειν τὸν καταθοινηθησόμενον περιεκύκλου τὴν πόλιν καὶ ὡς ἠπορημένη ἄρκτος ἐπιπορευόμενος κατεστέναζε τῶν ταγμάτων καὶ τοῖς ταξιάρχαις ἐπέπληττεν ὡς δήπου βλακευομένοις περὶ τὸν πόλεμον καὶ τὴν παράταξιν ὑπεκκλίνουσι.

8—10 ὡς — παραθήσεται: cf. Apoll. Rhod. 2, 176 sqq.; Apost. 18, 68 **16** Τιθωνοῦ — πολυετέστερον: cf. p. 2, 25 et p. 275, 15 **17** αἴσχιστον — ὄνομα: cf. Nic. Or. 14, 13 **23—24** λιμώττων — πόλιν: cf. Ps. 58, 15; Mich. Chon. Or. in Is. Ang. I 221, 7—10 **24** ὡς — ἄρκτος: cf. Os. 13, 8

VA = a, PW, RMDF = b

8 παρεδίδοσαν VA[ac]KN αἱ Ἅρπυιαι V: Ἅρπυιαν F **9** ὡς — ἄλλον: Φινέως δίκην P μὴ ἔχον τὶ ὃ M **10** τῷ θηρίω τοῦ θυμοῦ P **11** μέγα ἐπ'. . . ἐναντίοις κτησάμενοι Bekk μέγα om. P ἐναντίοις: ἐγκυκλωσαμένοις τὴν πόλιν P οἱ Νικαεῖς Bekk **13** ἀπὸ: ἐκ P προφαινόμενοι P Bekk **14** αὐτὸν om. P[ac] **15** σαπρόγηρον MKUB Sc Bekk **15—16** καὶ ult. — πολυετέστερον suppl. P[mg] **16** καὶ Πρίηπον om. W. **17** ἀλλὰ om. W **18** ἐξεχέοντο D **19** δὲ om. R βλέμματος: βήματος R **20** περιειλεῖν P τὸ: καὶ A **22** δόλους ὑφαίνων κατὰ τῶν Νικαέων Bekk ἦν ὑφαίνων V: ὕφαινε P[pc] **23** λιμώττων — καταθ. om. W λιμώττων — ἐπιπορευόμενος i. r. 40 litt. et mg. P ἀμέλει — αὔθαδες ex b cum λιμώττων — κατα θ. ex a coniunxit Bekk καταθοινησόμενον V τὸν: τὸ Bekk **24** τῆς ἡμέρας πολλάκις post πόλιν add. P Bekk σταριτικῶς. ἀμέλει post πόλιν add. W ἄρκτος: τις ἄρκτος W **24—25** ἐπιπορευόμενος: ἀμφιπεριιὼν W **26** καὶ — ὑπεκκλ. om. M ὑπεκκλίνουσι καὶ τὴν παράταξιν V ἀντίταξιν P

9 κόπτεσθαι: ἄχθεσθαι b Bekk **10** τῷ — θηρί: τῷ θυμῷ b Bekk **11** μέγα παρὰ τοῖς ἐναντίοις b **14** αὐτὸν om. b **22** ὕφαινεν b **23** λιμώττων — καταθοινηθησόμενον: ἀμέλει μηδὲ φέρειν ἔχων (φέρων ἔχειν M) τὸ τῶν ἔνδον αὔθαδες b **24—25** ἐπιπορευόμενος: τῇδε κἀκεῖσε μεταχωρῶν b Bekk

Τολμητίας δ' ὢν ὁ Καντακουζηνὸς Θεόδωρος καὶ τῇ ἀκμῇ τῆς ἡλικίας ὅσα καὶ οἶνος ζέων νεωστὶ ληνοβατηθεὶς ἰδών ποτε τὸν βασιλέα Ἀνδρόνικον τὴν πόλιν περιιόντα μετὰ ἴλης συχνῆς καὶ εὐίππων ταγμάτων, ἐνθουσιώδους πλησθεὶς ὁρμήματος καὶ διὰ τῶν ἑῴων πυλῶν ἀνακλιθεισῶν ὡς εἶχεν εὐθὺς ἐκθορῶν, ἐφεπομένων αὐτῷ καί τινων εὐαρίθμων, κατ' Ἀν| δρονίκου τιταίνει τὸ δόρυ διὰ τῶν προμάχων χωρῶν. σφοδροτέραν δὲ ποιούμενος τὴν ἐπέλασιν καὶ συνεχῶς κεντρίζων τὸν ἵππον καὶ βιάζων ἄντικρυς ἵπτασθαι, οὐχὶ φέρεσθαι, ὡς ἡ φύσις τοὺς πόδας ἐπτέρωσεν, ἔλαθεν ἑαυτὸν ἀπολωλεκώς· τοῦ γὰρ ἵππου κενεμβατήσαντος κἀντεῦθεν ἐπὶ γόνυ κλιθέντος, τῆς ἕδρας ἀποβάλλεται ἐπὶ βρεχμὸν κατώκαρα πεσὼν καὶ τῶν μυῶν τῶν νωτιαίων παθόντων κακῶς ἔκειτο ὀλιγοδρανέων σκοτοδίνης ὑποπλησθείς. κἀντεῦθεν ἐπιδραμόντες ξιφήρεις τῶν ἐξ Ἀνδρονίκου συχνοὶ ἀποδειροτομοῦσι τὸν Θεόδωρον, εἰσὶ δ' οἳ καὶ τὸν λοιπὸν ἐκρεανόμουν Θεόδωρον Ἀνδρονίκῳ δρῶντες τὰ καταθύμια. μετὰ μικρὸν δὲ καὶ τοῖς οἰκήτορσι τῆς Κωνσταντίνου ἡ τοῦ Καντακουζηνοῦ προσάγεται κεφαλὴ κοντῷ μετέωρος ταῖς ἀγυιαῖς τῆς πόλεως ἐμπομπεύουσα.

Οἱ Νικαεῖς τοίνυν τὸν θαρσαλέον πολεμιστὴν καὶ ἄμαχον πρόμαχον ἀποβαλόντες οὐ μικρῶς, ὡς εἰκός, ἐπωδύραντο τοῦτον πεσόντα καὶ ἀθυμότερον διετέθησαν. βλέψαντες δὲ πρὸς τὸν Ἰσαάκιον Ἄγγελον ἤθελον ὑπείκειν τούτῳ καὶ ὡς σφῶν αὐτῶν προσφέρεσθαι ἀρχηγῷ. οὗτος δὲ τὴν γνώμην ὑπόνωθρος ὢν καὶ κατ' Αἰνείαν τοῦ μάχεσθαι ἀφιστάμενος, ὡς ἔοικε, τὸ μέλλον εἰδὼς καὶ τὴν ἀποκειμένην αὐτῷ βασιλείαν ὡς ἐκεῖνος τὴν τοῦ γένους εὔκλειαν φανταζόμενος οὐ περὶ πολλοῦ τὸν ἡγεμόνα ἐτίθετο.

Ἀμέλει τοι τὸ στρατιωτικὸν ὑπεκλυόμενον κατὰ βραχὺ τοῦ προθύμου ἐς ξυμβάσεις ἤθελε χωρεῖν καὶ τὸ γενναῖον ἐκεῖνο | λῆμα καὶ ἐνθεάζον ἀπέσβεστο τέλεον. σύνοδοι γοῦν κατὰ φατρίας γινόμεναι εἶχον ἐκτραγῳδούμενα καὶ οἷον πρὸ ὀφθαλμῶν παριστάμενα ὅσα οἱ πολιορκηθέντες

37—38 ἐπὶ (alt.) — πεσών: cf. Nic. Or. 61, 24—25 **49** κατ' — ἀφιστάμενος: cf. Hom. Υ 300 sqq.

VA = a, PW, RMDF = b

29 νεωστὶ om. D **31** ἐνθουσιωδῶς Bekk ἀνακλιθεὶς W **32** ἐκθορὼν AP Bekk συνεφεπομένων V **33** διὰ: καὶ διὰ W **34** ἐπέλευσιν APR **36** αὐτὸν V καὶ κακῶς ὑπὸ βέλους παθόντος post κενεμβατήσαντος add. APW Bekk **37** βρεχμόν τε κατώκαρα P **38** παθόντων: θλιβέντων P **41** Ἀνδρονίκου V **43** ἐκπ. V: ἐμποπεύουσα PRM: ἐμποπέμβουσα D^ac^F **46** ἀποβαλόμενοι P: -βαλλόμενοι W ἀπωδύραντο V: ὠδύραντο P **47** τὸν om. P Ἄγγελον MDFKU Bekk: om. VAPWRN **48** ἐπέκειν M αὐτῶν: αὐτῶ V: om. Bekk ἀρχηγῷ προσφέρεσθαι Bekk **50** μέλλειν R **53** ὑποκλειόμενον R προθυμουμένου A **54** εἰς R λῆμμα codd. **55** φατρίαν W γενόμεναι PR **56** πρὸ — παριστάμενα: τοῖς ὀφθαλμοῖς προκείμενα P δεινότατα πάσχουσι. καὶ τὴν Ἀνδρονίκου δὲ κατὰ νοῦν ἀπήνειαν φέροντες καὶ τὰς διὰ παντοδαπῶν βασάνων ἀναπεμπάζοντες κακώσεις ταῖς φρεσίν, ὅσας πείσονται πολέμου νόμῳ ἁλούσης τῆς πόλεως, κατέπτησσον ὡς λαγώδια, ἀπεναντίας τῷ Καινεῖ πεπονθότες· ὁ μὲν γὰρ ἐκ γυναικὸς εἰς ἄνδρα, ὡς ὁ μῦθος βούλεται, ἥρμοστο, οἱ δὲ ἐξ ἀνδρῶν εἰς μαλακότητα γυναικείαν ἐξενευρίσθησαν, μηδενὸς ὄντος τοῦ διὰ τῆς οἰκείας θερμῆς ὁρμῆς εἰς ἔργα ἀρετῆς ἀναθάλποντος, ἀλλὰ πάντων μετὰ τὸν τοῦ Καντακουζηνοῦ μόρον συννεκρωθέντων οἷον τὸ θάρσος καὶ τὸ περὶ τὰς μάχας ἀποθεμένων πρόθυμον.

Ἃ πάντα κατανοήσας ὁ τότε τῆς Νικαίας ἀρχιερεὺς Νικόλαος τὴν ἀνάγκην ἐς τὸ φιλότιμον διατίθησι. καὶ δὴ τὸν λαὸν ἐκκλησιάσας ὑποτίθησιν ἐνδοῦναι τῷ καιρῷ καὶ τοῖς πράγμασι καί, ἕως ἡ πόλις τοῖς κύμασι τῆς μάχης ἀβάπτιστος, ἐγχειρίσαι φέροντας Ἀνδρονίκῳ· ὁρᾶν γὰρ Ἀνδρόνικον μὴ ἄν ποτε κεναῖς, ὅ φασιν, ἐπαναζεύξοντα χερσίν, ὅτι μηδ' ἑπόμενά εἰσιν αὐτῷ τὰ ἀνθέλκοντα καὶ ἀντιπερισπῶντα ἑτέρωθι, καὶ αὐτοὺς δὲ κατὰ μικρὸν καὶ τῆς φυλακῆς ἀφισταμένους τῆς πόλεως καὶ πρὸς τὸ τῆς εἰρήνης οἰκουρὸν ἀπονεύοντας. καὶ ὡς εὗρε πάντας ἀγαθὴν τὴν παραίφασιν οἰομένους καὶ ἀμφοτέραις τοῦ | ἐκ ταύτης καλοῦ περιδραττομένους, τὴν ἱερὰν ἐρέαν ἐνδὺς καὶ ἀνὰ χεῖρας τὰ θεῖα δεξάμενος λόγια ἕπεσθαί οἱ τοὺς ζακόρους κελεύει καὶ τὸ λοιπὸν τῆς πόλεως πλήρωμα, ὡς μηδὲ γυναῖκας ἢ νηπιάχους ἀπολειφθῆναι τῆς ἐξελεύσεως, πάντας γυμνιτεύοντας ὅπλου παντός, κλάδους ἱκετηρίους σείοντας, ἀκαλυφεῖς τὴν κάραν, ἀκρηπιδώτους τοὺς πόδας, τὰς χεῖρας λελυμένους τῶν ἱματίων, κατὰ μηδὲν τὸν ὡς ἀληθῶς ἱκέσιον ψευδομένους, ἀλλὰ καὶ σχήμασιν ἐλεεινοῖς καὶ ὑφειμένοις φθέγμασιν ἐπισπωμένους τὸν οἰκτιζόμενον.

Καὶ οἱ μὲν οὕτω τῆς πόλεως ἐξεχύθησαν, ὁ βασιλεὺς δ' Ἀνδρόνικος τῷ τῆς θέας ἀέλπτῳ καταπλαγεὶς πολλάκις τοὺς ὀφθαλμοὺς εἰς ἀκριβῆ τῶν θεωμένων διεσάλευεν ὅρασιν· ἀτεχνῶς γὰρ ὄναρ ἐδόκει βλέπειν τὰ τότε τελούμενα. ἐπεὶ δὲ ἀληθῆ τὴν ὄψιν καὶ πρὸς μηδὲν πλανῶσαν εἶχε

---

60 Καινεῖ: cf. Apollod. Epit. 1, 22 **66—67** τὴν — διατίθησι: cf. p. 459, 49 **70** κεναῖς — χερσίν: cf. p. 164, 64

VA = a, PW, RMDF = b

57 δεινὰ P ἀπήνειαν: ἐμβρίθειαν A: (ἀ)πήν(ειαν) P[ir] **58—59** ταῖς φρεσὶν om. VWB **59** ἡλωκυίας P **62** ἔτι post μηδενὸς add. AP Bekk ὄντος om. V **63** μετὰ — μόρον A[mg]: μετὰ τὸν Καντακουζηνὸν Ἀνδρόνικον A **64** θράσος VW τὸ alt. om. A **65** ἐπιθεμένων M **70** φησιν R **71** ἑαυτῷ R **72** ἑαυτοὺς Bekk καὶ pr. om. V αὐτῆς post φυλακῆς add. APW **74—75** περιεχομένους καλοῦ VAW **77** ἀπολυθῆναι W γυμνητεύοντας RM Bekk **78** ἀκαλυφθεὶς M **80** καὶ om. V **83—84** τοὺς — βλέπειν om. M **84** διεσάλευσεν VP **85** πρὸς μηδὲν: μὴ V

57 ἀπήνειαν: ἀπέχθειαν b **58** τὰς — κακώσεις: τὰς παντοδαπὰς κακώσεις (κακώσεις: βασάνους P) ἀναπεμπάζοντες P b Bekk καταμαθών, τὸ τοῖς βασιλεῦσι προσῆκον ἐλευθέριον φρόνημα καὶ τὸ τῆς γνώμης ἀκαπήλευτον παρωσάμενος ὑπονοθεύει τὸν ἔλεον ὁ ἀσύντακτος καὶ τὴν λεοντῆν οὐκ ἔχων τῷ τέως ἀνακαλύπτειν τὴν ἀλωπεκῆν ὑποδύεται. καὶ τοίνυν οὐ μόνον τὸν ἀσμένως προσδεχόμενον πλάττεται, ἀλλὰ καὶ μικροῦ κατήχθη πρὸς δάκρυα, τοῦτο δὴ τὸ ἀρχαῖον Ἀνδρονίκῳ τῆς ἀληθείας συσκίασμα.

Πλὴν οὐκ ἐπὶ πολὺ τὸ δρᾶμα ὑποκρινάμενος, ἀλλὰ μετὰ καιρὸν ἀποδὺς ὡς ῥάκια τὰ ἁπαλὰ καὶ ὑπὲρ | ἔλαιον λεῖα ῥήματα, ἐμφανῶς τοῖς Νικαεῦσιν ὑπέδειξε καὶ μάλιστα τοῖς κατ' ἀξίωσιν καὶ γένους σεμνότητα ὑπερέχουσιν, οἵαν ὁ γέρων ἐπιγουνίδα τρέφει ὀργῆς καὶ ὅσον τὸν μετόπισθεν ὑποτύφων κότον καὶ τὸ ἐχθραντικὸν καὶ μνησίκακον εἰς καιρὸν ἐταμιούλκει τὴν ἀνταπόδοσιν. πολλοὺς τοίνυν τῆς πατρίδος μετανάστας εἰργάσατο, τινὲς δ' ἀπὸ τῶν τειχῶν κύμβαχοι καταρριφέντες οἰκτρότατον ὑπέμειναν θάνατον.

Τότε δὲ τοὺς Πέρσας ἀνασκολοπίσας κύκλῳ τῆς πόλεως καὶ τὸν Ἄγγελον Ἰσαάκιον ἐπαινέσας οἷς ἔδρασε καὶ οἷς εἴρηκε, μὴ μόνον τοὺς ὀδόντας εἰς ὅπλα καὶ βέλη ⟨οὐ⟩ μεταποιήσας ἐπ' ἴσης τῷ Καντακουζηνῷ Θεοδώρῳ, ἀλλὰ κἀκείνῳ ἐπιπλήξας πολλάκις κατὰ χριστοῦ Κυρίου θρασυστομοῦντι καὶ ὡς ἐκ κουλεοῦ τοῦ στόματος μάχαιραν ὀξεῖαν τὴν γλῶτταν ἕλκοντι, καὶ χρηστῶν ἐμπλήσας προσδοκιῶν, τὸ δ' ἀληθέστερον εἰπεῖν, τὸν ἑαυτοῦ φονέα καὶ τῆς ἀρχῆς παραλύσοντα τρέφων κατὰ θεῖον καὶ περιθάλπων εἰς τὸν τῇ προνοίᾳ δοκοῦντα καιρόν, ἐκεῖνον μὲν ὀπίσω ἀποπέμπει πρὸς τὸ Βυζάντιον, αὐτὸς δὲ πρὸς τὸ τῶν Προυσαέων μεταβαίνει πόλισμα μετὰ τῶν ἐφεπομένων αὐτῷ στρατιωτικῶν τάξεων.

---

92 μετὰ καιρόν: post Prusae expugnationem (p. 287, 15 sqq.) **5** τότε: opponitur μετὰ καιρόν (supra lin. 92), i. e. subito post urbem traditam

---

88 τὴν — ὑποδύεται: cf. Zenob. 1, 93 **95** οἵαν — τρέφει: cf. Hom. σ 74 **95—1** ὅσον — ἀνταπόδοσιν: cf. p. 87, 92—94 **5** τότε — πόλεως: cf. Eust. 54, 33—56, 3 **7** ὀδόντας — βέλη: cf. Ps. 56, 5 **8—9** κατὰ — θρασυστομοῦντι: cf. Ps. 2, 2 **9—10** μάχαιραν — γλῶτταν: cf. Ps. 56, 5 **11—12** τὸν — περιθάλπων: cf. p. 248, 74 κατὰ θεῖον: cf. p. 13, 16

VA = a, PW, RMDF = b

87 ὁ om. A **88** καλύπτειν W ὑπενδύεται D^ac^N **89—90** ἀλλὰ μικροῦ καὶ P Bekk καὶ om. V Ἀνδρονίκου V τὸ post Ἀνδρ. rep. A τῷ τῆς ἀληθείας συσκίασμα suppl. P^s **91** τῶν τῆς ψυχῆς κινημάτων προσκίασμα post συσκίασμα add. A^mg P Bekk **92** ὑποκρινόμενος R καιρὸν: μικρὸν AW Sc **94** μάλιστα: μᾶλλον P **1** καὶ pr. — μνησίκακον om. V: ἀλλ' ἔδειξεν εἰς αὐτούς, οἵαν ὁ γέρων τρέφων ὀργὴν ἀπεταμιεύετο ἀποδοῦναι τοῖς εἰς αὐτὸν ἐξυβρίσασι B **2** ἐταμιούχει Bekk μετέπειτα post τοινυν add. APW Bekk **3** εἰργάσατο μετανάστας A δ': δὲ καὶ V **7** οὐ om. codd. hab. C^pc Bekk **9** κολεοῦ APW: βολεοῦ M **10** ἐμπλήσας: ἐλπίσας R **12—13** αὐτὸν . . . ἀποπέμπει (πέμπει W) . . . ἐκεῖνος . . . μεταβαίνει VAPW **13** τὸ om. R

87 ὁ ἀσύντακτος om. PW^ac b Bekk **6** οἷς . . . οἷς: ὧν . . . ὧν b Bekk

Καὶ δὴ κατὰ τὸ πρὸς μεσημβρίαν μέρος τῆς πόλεως βαλὼν χάρακα, καθ' ὃ δὴ καὶ προσιτὸν ἐδόκει τὸ τεῖχος διὰ τὸ τοῦ χώρου ἰσόπεδον, μὴ ὡς ἡ λοιπὴ πόλις εἰς πετρῆεν καὶ περιφερὲς αἰρόμενον γήλοφον καὶ ἀπότομον προφαινόμενον, τῇ ἑξῆς ἔχεται τοῦ πολιορκεῖν. καὶ αἱ μὲν μηχαναὶ καὶ οἱ ἄνδρες οὐκ ἀεργῶς εἶχον, ἀλλ' ἔδρων τὸ πρόσφορον· αὐ|τὸς δὲ Ἀνδρόνικος ῥέων τῷ λέγειν ἀτράκτους βελῶν πετησίμους τιθεὶς λόγοις πτερόεσσιν ἐπηφίει κατὰ τῆς πόλεως. ἦσαν δὲ ἃ ἐδήλου τὰ φερόμενα ἐκεῖνα διαέρια γράμματα μεταβολῆς παραίφασις καὶ ἀμνηστία κακῶν, εἰ αὐτὸν μὲν εἴσω προσδέξονται τὰς πύλας ἀναπετάσαντες, Θεόδωρον δὲ τὸν Ἄγγελον καὶ τὸν ἀγοραῖον Λαχανᾶν καὶ τὸν ἀσύνετον Συνέσιον, ἵνα ταῖς αὐτοῦ ἐκείνου χρησαίμην λέξεσι, καὶ οἳ τούτοις ὁμόφρονες συσχόντες καταπροδώσουσι. καὶ τοῦτο ἐφ' ἱκαναῖς ἐποίει ἡμέραις. οὐδὲ γὰρ ὁ κατὰ Προῦσαν συγκροτούμενος πόλεμος τοῦ κατὰ Νίκαιαν συστάντος τὸ ἔλαττον ἀπεφέρετο κατά τε ἀλκὴν ἀνδρῶν συμπλεκομένων τοῖς βασιλείοις τάγμασι καὶ μῖσος τὸ ἐς Ἀνδρόνικον, ὃ καὶ τοῦ πολέμου αἴτιον ἦν. καὶ αὐτὴ δὲ ἡ πόλις ἡ Προῦσα καλλίπυργος ἅπασα καὶ ἐχυρὸν περιβεβλημένη περίβολον καὶ τοῦτον ἀμφίδυμον κατὰ τὸ κλίμα τὸ νότιον. ἐν ᾧ καὶ ἐκδρομαὶ πολλάκις τῆς ἡμέρας γινόμεναι συνῆπτον πρὸς ἄλληλα τὰ στρατεύματα καὶ ἔπιπτον ἐξ ἀμφοτέρων συχνοί.

Ἐπεὶ δὲ ἔδει καὶ τὴν πόλιν ταύτην ὑποκύψαι τῷ Ἀνδρονίκῳ καὶ τοὺς πλείστους τῶν ἐν αὐτῇ χειρωθέντας παθεῖν τὰ ἀνήκεστα, τοῦ τείχους τι ἀπελεπίσθη συνεχῶς τῇ ἑλεπόλει δρυπτόμενον. πρὸς δὲ τούτῳ καὶ τὸ κατ' ἐκεῖνο τὸ μέρος προσεπίκτισμα καὶ ἱμάντωμα τοῦ παλαιοῦ περιβόλου καταβληθὲν φαντασίαν | τοῖς ἔνδον παρέσχετο τοῦ τὸ τεῖχος ἅπαν, ὁπόσον ἡ ἑλέπολις ἔτυπτεν, ἐπὶ γόνυ κλιθῆναι κατασεισθέν. θροῦς οὖν ἐπὶ τῷ γενομένῳ ἄσημος αἴρεται καὶ δέος τὰς ἁπάντων ἐκταράττει ψυχάς. ὅθεν μὴ περιεργασθέντος τοῦ κακοῦ, ἀλλ' ὅλων καὶ πρὸς μόνον τῶν ἐκτιναχθέντων λίθων τὸν δοῦπον ἐναποψυξάντων τῷ δέει μικροῦ, ἔρημα μὲν

VA = a, PW, RMDF = b

15 τὸ om. R **19** εἶχον οὐκ ἀεργῶς P **19** δ' P Bekk **20** τῷ: τὸ R Bekk πετασίμους P Bekk **21** ἐδήλουν R **22** εἴπερ AP Sc **25** χρήσωμαι P τοὺς .... ὁμόφρονας P θανάτῳ post ὁμόφρονες add. Bekk **25—26** καταπροδώσουσι συσχόντες Bekk **26** ἡμέραις ἐποίει F ὁ om. M **27—28** τὸ — ἀπεφέρετο: μειονεκτῶν ἦν P **29** τοῦ om. V **30** ἡ πόλις om. F ἡ alt. om. M πᾶσα καλλίπυργος P: πᾶσα καλλίπυργός ἐστι Bekk ὀχυρὸν R Sc: ἰσχυρὸν F Bekk **30—31** περιβεβλημένη περίβολον: περίβολον ἔχουσα P **31** τὸ pr. om. P **34—35** τοὺς πλείστους: πολλοὺς P **35** τι om. P^{ac}W: τουτὶ R **36** μέρος post ἀπελεπίσθη add. APW θραύεταί τι μέρος Sc τῇ ἑλεπόλει συνεχῶς Bekk τούτῳ om. P **37** τὸ om. VAW τὸ μέρος om. P **38** τοῦ: τοῦτο RD$^{ac?}$ **40** τούτω post γενομένῳ add. APW Bekk ψυχάς: καρδίας Bekk **41** μὴ: καὶ W **42—44** τῷ δέει ἐναποψυξάντων μικροῦ, ἔρημοι μὲν οἱ περίβολοι τῶν προφυλάκων εἰάθησαν, αἱ δ' ἀγυιαὶ εἶχον τῇδε κἀκεῖσε φερομένους ὡς ἐπ' ἀμηχάνοις τοὺς ὑποκαταβαίνοντας P **42** ἔρημοι A

30 ἅπασα: ἐστι b

τὰ τείχη τῶν προφυλακούντων εἰάθησαν, αἱ δ᾽ ἀγυιαὶ εἶχον ἁλιζομένους ὡς ἐπ᾽ ἀμηχάνοις τοὺς ὑποκαταβάντας ἐκ τῶν τειχῶν. καὶ τὸ ἐντεῦθεν ἄνετος μὲν τοῖς πολεμίοις ἡ διὰ πυλῶν καὶ τείχους κλιμάκων ἐπενηνεγμένων εἰς τὴν πόλιν εἴσοδος, αὐτοῖς δὲ τοῖς Προυσαεῦσι καταλαμβανομένοις ἀνηλεὴς ἀναίρεσις καὶ τῶν προσόντων διαρπαγὴ καὶ τῶν βοσκημάτων κατακοπή, ἃ κατὰ πώεα καὶ ὅλα βουκόλια εἰσηλάθησαν, ὡς ἔχοιεν ᾧ τραφήσονται οἱ ἐντός, ἐπιτεινομένης τῆς πολιορκίας. καὶ τότε μὲν ἐν τοιούτοις ἦσαν δεινοῖς τὰ τελούμενα.

Ἐπεὶ δὲ καὶ Ἀνδρόνικος εἰσεληλύθει τὸ πόλισμα καὶ ἐνηυλίσατο ἔνδοθεν, οὔθ᾽ ὡς βασιλεὺς πραῢς καὶ σῴζων ὑπηκόοις οὖσι πάλαι καὶ αὖθις ἐσομένοις, κἂν πρὸς καιρὸν ἀπέστησαν, τοῖς Προυσαεῦσιν ἐχρήσατο, οὔθ᾽ ὡς ἁπλῶς ἄνθρωπος ὁμοφυέσιν ἀνδράσιν ἡμέρως προσενήνεκται, ἀλλ᾽ ὡς ἀρχικὸς θὴρ ἀπόσιτος ἱκανῶς ἀσηκάστοις ἐμπεσὼν καὶ ἀποιμάντοις θρέμμασι τοῦ μὲν αὐχένα κατέαξεν, ἄλλου δ᾽ ἐλάφυξεν ἔγκατα καὶ ἄλλως ἔθετο χειρίστως ἕτερον, τὰ δὲ λοιπὰ κρημνοῖς καὶ ὄρεσι καὶ βαράθροις διασπαρέντα παρέπεμψεν, οὕτω καὶ τότε Ἀνδρόνικος, μὴ προηγησαμένης | ὁμολογίας τε καὶ σπονδῆς μετὰ τοῦ τῶν Προυσαέων πληρώματος ἢ ἑκουσίας προβάσης παραδοχῆς, ἀλλὰ πολέμῳ ἡλωκυίας τῆς πόλεως, πλείστους ὅτι μάλιστα διέφθειρε καὶ ἠφάνισεν εἰς πολυειδεῖς καὶ πολυτρόπους κολάσεις τὸ τοῦ θυμοῦ καταμερίσας ἀλλόκοτον.

Τὸν μὲν γὰρ Θεόδωρον τὸν Ἄγγελον, ἠΐθεον ὄντα καὶ τὸν ἴουλον πρώτως χνοάζοντα, τίθησιν ἐξ ὀμμάτων καὶ ὄνῳ ἀναβληθέντα καὶ τῶν Ῥωμαϊκῶν ὅρων ὑπερέκεινα ἀπαχθέντα εἶτα κελεύει διαφιέναι, ἵν᾽ ὅπῃ τὸ ὑποζύγιον ὁρμῴη μονάζων πλάζοιτο. καὶ τάχ᾽ ἂν θηρίοις ἐγεγόνει

---

52 ὡς βασιλεὺς πραῢς: alludit ad Mat. 21, 5 **55—58** ὡς — παρέπεμψεν: cf. Hom. Λ 173—6 **67—68** θηρίοις — κατάβρωμα: cf. Deut. 28, 26

VA = a, PW, RMDF = b

43 αὐλιζομένους AW **46** ἦν post εἴσοδος add. AP Bekk **47** τῶν alt.: τοῦ Bekk **48** ἃ: ἃ δὴ APW Bekk **49** ᾧ: ὧν AP^pc ἐπεκτεινομένης V **50** τούτοις D **51** ὁ βασιλεὺς Ἀνδρόνικος F Bekk **53** κἂν: καὶ D^ac F **54** ἁπλῶς — ὁμοφυέσιν i. r. 8 litt. et mg. P **55** ἀρχικὸς om. V καὶ post ἀρχικὸς add. RDF θὴρ ἀρχικὸς ἀπόσιτος APW Bekk **56—57** ἀλλ᾽ οὐδ᾽ ἐφύλαξεν R **57** ἐλάφυσσεν D^ac F ἄλλως: ἄλις R **58** προέπεμψεν D βασιλεὺς Ἀνδρόνικος F **59** τοῦ om. M **60** ἑκουσίως V: ἑκουσίου P **61** ἑαλωκυίας AW διέφθειρε: κακῶς διέθετο P καὶ ἠφάνισεν suppl. P^mg **62** τὸ — ἀλλόκοτον: τὸ τῆς γνώμης καταμερίσας αὐτόνομον καὶ αὐθαίρετον P θυμοῦ: ἢ γνώμης A^mg ἀλλόκοτον: γρ. αὐτόνομον καὶ αὐθαίρετον A^mg **64** τὸν — Θεόδ.: Θεόδ. μὲν γὰρ P Bekk **65** ἐξόμματον Bekk **66** ὁρίων APW Bekk εἶτα om. VW διαφεθῆναι P Bekk: ἀφιέναι W ἵνα Bekk **67** αὐτότατον μονάζων (-ον P) AP

43 προφυλακούντων: ἐπ᾽ αὐτῶν ἀμυνομένων b Bekk **54** ἁπλῶς ἄνθρωπος om. W b **55** προσπεσὼν b **66** διαφεῖναι b **67** μονάζων: αὐτόματον φερόμενος b Bekk κατάβρωμα, ὃ καὶ ὁ τὴν τιμωρίαν ταύτην ἐκείνῳ ἐπιθεὶς Ἀνδρόνικος προεσκέψατο, εἰ μὴ Τοῦρκοι ἐγκύρσαντες ᾤκτείρησάν τε καὶ κατὰ τὰς σκηνὰς αὐτῶν ἀπαγαγόντες θεραπείας ἠξίωσαν. τὸν δὲ Συνέσιον Λέοντα καὶ τὸν Λαχανᾶν Μανουὴλ καὶ συχνοὺς ἄλλους τοῖς τῶν παραπεφυκότων τῇ Προύσῃ δένδρων ἀκρέμοσιν ἀπεκρέμασε, τὸν δέκατον τετραπλῶς ἀποσώζοντας ἀριθμόν. πολλαπλασίοσι δ' ἑτέρους καθυποβεβλήκει ποιναῖς· ὧν μὲν γὰρ χεῖρας ἀπέτεμεν, ὧν δὲ δακτύλους ὡς ἀμπέλων περιέκειρε κλάδους, τινῶν δὲ πόδας ἀφῄρηκε. πολλοὶ δὲ χειρῶν καὶ ὀφθαλμῶν ὑπέστησαν στέρησιν· ἦσαν δ' οἳ καὶ ὀφθαλμὸν δεξιὸν καὶ πόδα εὐώνυμον ἐζημίωντο καὶ αὖ τοὐναντίον ἐπεπόνθεισαν ἕτεροι.

Καὶ οὕτως ἀπανθρώπως τὸ ἐν ῥώμῃ σώματος καλλιστεῦον καὶ στρατιωτικῇ ἐξαίρετον ἐμπειρίᾳ τὴν οἰκείαν ζημιώσας βασιλείαν Ἀνδρόνικος μεταίρει πρὸς τὸ Λοπάδιον. κἀκεῖ τὰ ὅμοια δράσας καὶ τὸν ἐπίσκο|πον ἕνα στερήσας τῶν ὀφθαλμῶν ὡς μὴ κατὰ τῶν ἐκ τῆς ποίμνης ἐκείνου ἀγανακτοῦντα στασιωτῶν, ἀλλὰ πράως οὕτω καὶ ὁμαλῶς τὴν κατ' Ἀνδρονίκου φορὰν ἐκείνων προσιέμενον καὶ ἀνεπεγκλήτως θεώμενον, ἐπάνεισιν εἰς τὰ βασίλεια τοιούτοις γεγανωμένος τροπαιουχήμασι, τὰς τῶν Προυσαέων ἡμερίδας καταλιπών, αἳ περιπλέγδην τὰ δένδρα ἀνέτρεχον, βαρυνομένας τοῖς τῶν κρεμασθέντων σώμασιν ὡς ἄλλοις βότρυσι καὶ μηδένα τῶν ἀνασκολοπισθέντων ἀφεὶς ὡς ληνοῖς δοθῆναι τοῖς σήμασιν, οὓς καὶ τερσῆνας ἥλιος ἀνέμοις περιφέρεσθαι ἀνῆκε κατὰ τὰ ἐν σικυηλάτοις ὑπὸ τῶν ὀπωροφυλάκων αἰωρούμενα φάσματα.

Εἰς δὲ τὴν πόλιν ἐπανιὼν καὶ παρὰ τοῦ δήμου φωναῖς εὐφήμοις δεξιωθεὶς καὶ ταῖς τῶν κολάκων προσλαλιαῖς, οὓς ἀεὶ παρατρέφουσι τὰ ἀνάκτορα, τὸ μεγαλόφρον πλεῖον κτησάμενος εἰς θεωρεῖα καὶ ἁμίλλας ἵππων, θερείας οὔσης τῆς ὥρας, ἐτράπετο, ὅτε καί τινων ἐκ τῶν κατὰ τὸ

93 aestas est a. 1184; solebant autem hieme ludis circensibus vacare imperatores, cf. p. 91, 7—8; 119, 55—56; 158, 80—81; 280, 40; 398, 42; 530, 50—51

VA = a, PW, RMDF = b

68 ἐπιτιθεὶς W ὁ βασιλεὺς post Ἀνδρόνικος add. F **69** διεσκέψατο D ἐντυχόντες P ᾤκτειραν cum b scr. P τε om. P **70** ἐπαγαγόντες W **73** πολλαπλασίους V πολλαπλασίονας (-πλασίους AW) δ' ἑτέραις καθυποβεβλήκει (ὑποβ. P Bekk) ποιναῖς APW Bekk **79** Ἀνδρ.: βασιλεὺς Ἀνδρ. F **80** τῶν ἐπισκόπων ARM D^{ac} FK^{ac} NU Bekk **81** ἕνα: ἀδρανοῦς $A^{s}P$ τὸν Ἀδρανοῦς ἐπίσκοπον στερήσας τῶν ὀφθαλμῶν Sc: καὶ τὸν ἐπίσκοπον Λοπαδίου ἕνα τῶν ὀφθαλμῶν αὐτοῦ στερήσας B τὸν ἐπίσκοπον Ἀδριανὸν ἀποστερήσας τῶν ὀφθαλμῶν proposuit Sp. Lampros, Νέος Ἑλληνομνήμων 1 (1904) 99 ἀποστερήσας $A^{s}P$ ἐκ om. V ἐκείνω P **82** στασιαστῶν V: στρατιωτῶν P **82—83** κατὰ τοῦ (τούτου F) βασιλέως Ἀνδρονίκου F Bekk **83** φορὰν om. M **84** ἐς P **85** μερίδας W **88** μνήμασιν $A^{s}P$: σώμασιν RM ὡς post ἀνῆκεν add. AP^{pc} **89** συκιηλάτοις $D^{ac?}$ Bekk: συκυηλάτοις F **90** τὴν Κωνσταντινούπολιν P Bekk **91** δεξιωθεὶς: ἀξιωθεὶς W **92** θεωρίας R

69—70 ᾤκτειράν τε τὸν (τόν τε M) μείρακα (μύρμηκα R) εἰς τὰς σκηνὰς αὐτῶν (αὐτῶν σκηνὰς DF Bekk) ἀπαγαγόντες (ὑπαγαγόντα R) καὶ (εἰς — καὶ: καὶ εἰς . . . ἀπαγαγόντες Bekk) θεραπείας ἠξίωσαν b Bekk βασιλικὸν ἑδρίασμα δρυφάκτων καταβληθέντων καὶ περὶ τοὺς ἓξ ἄνδρας ἀνῃρηκότων καὶ τοῦ θεατρομανοῦς ὄχλου ἐπὶ τῷ συμβάντι διαθροηθέντος, ὥρμησε τοῦ θώκου ἐξαναστῆναι καὶ μεταχωρῆσαι πρὸς τὰ βασίλεια τῷ δέει ἀλλοιωθεὶς καὶ τοὺς δορυφόρους συνηθροικώς, εἰ μὴ τὸ περὶ ἐκεῖνον εὔνουν ἱκέτευσαν ἀποστῆναι ὡς ἀτόπου τοῦ τοιούτου βουλεύματος καὶ ἐμπέδως ἱζάνειν παρέπεισαν ὡς αὐτίκα, εἰ | ἐξαναστaίη, ἀπολούμενον, τοῦ δήμου συσπειραθέντος εἰς ἓν καὶ κατ᾽ ἐκείνου καὶ τῶν ὅσοι περὶ αὐτὸν ἐφορμήσαντος. μικρόν τι γοῦν ἐπιμείνας τὸν ἱππικὸν μόνον καὶ γυμνικὸν τετέλεκεν ἄεθλον, τῶν δ᾽ ἐπεισοδίων θεαμάτων ἀπέσχετο τέλεον, ἐν οἷς διαχέουσι τὸ θεώμενον οἱ διὰ μηρίνθων εἰς ὕψος ἀναρριχώμενοι καὶ ὑπὸ μικρῷ καὶ λεπτῷ τῷ συνέχοντι καλωδίῳ ἐπορχούμενοι διαέριοι, ἔτι δὲ οἱ πτηνόποδες λαγίναι καὶ κύνες αἱ θηρευτικαί, φιλοτοιούτους ἀποδεικνύντα τοὺς ἀήθεις θεατροβάμονας. καὶ ταῦτα μὲν ὧδέ πῃ ἐφέρετο.

Ἦν δέ τις ἀνήρ, τοὔνομα Ἰσαάκιος, γένους ἄριστα ἥκων, ἕτερος παρὰ τὸν Ἄγγελον Ἰσαάκιον, θυγατρὸς παῖς Ἰσαακίου τοῦ σεβαστοκράτορος, ὃν ὁ λόγος τῆς ἱστορίας ἁπτόμενος κασίγνητον τοῦ βασιλέως εἴρηκε Μανουήλ. οὗτος δὴ ὁ Ἰσαάκιος παρὰ τοῦ πρὸς πάππου θείου καὶ βασιλέως τοῦ Κομνηνοῦ Μανουὴλ τὰ κατ᾽ Ἀρμενίαν διέπειν λαχὼν καὶ ἄρχειν Ταρσοῦ καὶ στρατηγεῖν ὁπόσα τοῖς ἐκεῖ προσκεκλήρωται συρρήγνυσι μετὰ τῶν διαφόρων Ἀρμενίων πόλεμον καὶ ἁλοὺς ἐν φρουρᾷ καθείργνυται (φθάνει δὲ θανὼν καὶ ὁ βασιλεὺς Μανουήλ), καὶ τοῦτο ἐς ἡλίους πολλούς. ὀψὲ δὲ πρὸς τῶν Ἱεροσολυμιτῶν λυθείς, οὓς Φρερίους φασίν, ἔσχεν εὔθετον τὴν πρὸς πατρίδα ἐπάνοδον, Ἀνδρονίκου συναραμένου πρὸς τὰ λύτρα, ὑποθημοσύνῃ Θεοδώρας, | ἧπερ ὁ μέν, ὡς πολλάκις εἴπομεν, ἐπλησίαζεν, ὁ δ᾽ Ἰσαάκιος οὗτος ἀδελφιδοῦς ἦν. ἐνῆγον δὲ Ἀνδρόνικον εἰς τὸ προσδέξασθαι τὸν Ἰσαάκιον καὶ τῆς χρονίου κατοικτεῖραι ἀποδημίας ὁ Μακροδούκας Κωνσταντῖνος τῇ πρὸς μητρὸς Ἰσαακίου θείᾳ συνευναζόμενος καὶ Ἀνδρόνικος ὁ Δούκας συνήθης ὢν ἐκ παίδων Ἰσαακίῳ καὶ κατὰ γένος αὐτῷ προσεγγίζων.

VA = a, PW, RMDF = b

95 τούτω post συμβάντι add. APW Bekk **2** εἰ μὴ τὸ: τὸ μέντοι PW αὐτὸν VAW **3** βουλήματος RMDK: προβλήματος F **4** ἱζάνειν ἐμπέδως P μᾶλλον post ἱζάνειν (ἐμπέδως) add. APW ὡς — ἀπολούμενον: εἰπόντες ὡς ἐξαναστὰς ἀπολεῖται αὐτίκα P εἰ om. W **5** καὶ pr.: καὶ τῶν R **6** τι om. M μόνον om. P^{ac} **7** θαυμάτων R **8** τὸν V **9** κλωδίω AWF^{ac} δὲ: δὲ καὶ V **10** φιλοτοιοῦτοι A: -τον PW **11** εὐήθεις V: ἀήθους RM τοὺς — θεατροβάμονας: τὸ μὴ τῆς πόλεως ἐξιὸν ἀστικόν P πῇ ἐφέρετο: ἐπεφέρετο M **12** τὸ ὄνομα V **15** δὴ om. R πάππου: πατρὸς F^{pc} Bekk **17** ὁπόσα (ὅσα W) τῶν (τοῖς AW) ἐκεῖ Ῥωμαίοις (Ῥωμαίων AW) ὑπήκοα προσκεκλήρωται (προκεκλ. W om. P) APW **19** καὶ pr. om. P^{ac}R **21** τὴν ante πατρίδα add. DF Bekk τοῦ Ἀνδρ. VAW **22** ὁ μὲν : ὁ μὲν Ἀνδρόνικος APW Bekk ὡς om. W **24** τὸν om. W κατοικτῆρας M **25** Ἰσαακίω AW συνευναζόμενος θεία W

15 ἀλλ᾽ οὗτος P b Bekk

Οὗτος τοίνυν ὁ Ἰσαάκιος Ἀνδρονίκῳ οὐχ ὑπείκειν ἐθέλων καὶ τὴν πατρίδα ὡς ἐν ἄστρασι φανταζόμενος καὶ συγγενείας ἢ ἐρατεινῆς ὁμηλικίας οὐδένα λόγον τιθέμενος, τυραννίδος δ' ἐρῶν καὶ ἀρχῆς ἔφεσιν τρέφων, οὐ μὴν ὑποκύπτειν ἀνεχόμενος ἄρχουσιν, ἐφοδίοις χρῆται καὶ συνερίθοις τοῖς πεμφθεῖσιν αὐτῷ ἐκ Βυζαντίου χρήμασιν εἰς τὸ κακοβούλως ἀρχὴν ἑαυτῷ μνηστεύσασθαι. τοίνυν μετὰ χειρὸς συχνῆς καταπλεύσας ἐς Κύπρον τὰ μὲν πρῶτα τὸν ἔννομον καὶ πρὸς βασιλέως ἀπεσταλμένον δυνάστην ὑπεζωγράφει βασιλικὰ ὑποδεικνύων τοῖς Κυπρίοις γράμματα, ἅπερ αὐτὸς συνέθετο, καὶ διαταγὰς ἀναγινώσκων αὐτοκρατορικὰς ἐπιπλάστους τὸ ποιητέον δῆθεν ὑποτιθεμένας ἐκείνῳ καὶ τἆλλα διαπραττόμενος, ὅσα οἱ ἀφ' ἑτέρων ἄρχειν ταχθέντες πρὸς ἀνάγκης ποιεῖν ἔχουσι· μετ' οὐ πολὺ δὲ τὸν τυραννοῦντα παραγυμνώσας καὶ ἣν ἔτρεφεν ἀπήνειαν ἐκκαλύψας ἀπανθρώπως τοῖς ἐκεῖ προσφέρεται.

Καὶ τοσοῦτον ἐς τὸ τοῦ ἤθους ἀκαμπὲς καὶ ἀμείλικτον Ἀνδρόνικον ὑπερέβαλεν, ὅσον οὗτος τοὺς πώποτε διαβοήτους ἀνεπιεικεῖς | κατὰ διάμετρον ὑπερήλασεν. οὐ γὰρ διέλιπεν, ἐξ ὅτου περ ἀσφαλῶς ἤδη ἄρχειν ᾤετο, μυρία ἄττα ἀνόσια ἐπὶ τοῖς οἰκήτορσι τῆς νήσου ἐργαζόμενος. φόνοις τε γὰρ καθ' ὥραν ἀναιτίοις ἐχραίνετο καὶ δηλήμων σωμάτων ἀνθρωπίνων ἐγίνετο ποινὰς ἐπάγων καὶ τιμωρίας οἷά τι συμφορῶν ὄργανον, ὁπόσαι κατῆγον εἰς θάνατον. καὶ κοίταις δὲ ἀθεμίτοις καὶ φθοραῖς παρθένων ὁ παναισχὴς καὶ ἐξάγιστος ἠκολάσταινεν οὐσίας τε ἁπάσης τοὺς εὐδαίμονας πρώην οἴκους ἀνυπευθύνως ἐστέρησε καὶ τοὺς χθές τε καὶ πρότριτα περιβλεπομένους αὐτόχθονας καὶ κατὰ τὸ πολυκτῆμον τῷ Ἰὼβ ἀντερίζοντας διαφῆκεν ἀγυρτεύειν λιμώττοντας καὶ γυμνιτεύοντας, καθ' ὅσων τέως οὐκ ἐχρήσατο τῷ ξίφει ὁ ἀκρόχολος.

Φεῦ, φεῦ, ὅτι ὁδὸς ἀσεβῶν εὐοδοῦται. εὐθήνησαν πάντες οἱ ἀθετοῦντες ἀθετήματα. ἐφύτευσας αὐτοὺς καὶ ἐρρίζωσαν· ἐτεκνοποίησαν καὶ ἐποίησαν καρπόν. ταῦτα δή, ἃ καὶ προφήτης ἀπολογεῖται πρὸς Κύριον λαλῶν

---

33 καταπλεύσας: ca. a. 1183

---

49 χθές τε καὶ πρότριτα: cf. Nic. Or. 3, 17 **53—55** φεῦ — καρπόν et πρὸς — κρίματα: cf. Ier. 12, 1—2

VA = a, PW, RMDF = b

28 Ἀνδρονίκω τῶ βασιλεῖ F Bekk
31 χρῆται om. W **33** εἰς V **36—37** ἐπι πλείστους R **37** δῆθεν om. V **38** ὁπόσα V ἀφ': ὑφ' Bekk **42** τε post ἀνεπιεικεῖς add. R κατὰ διάμετρον: τὸ προσκεκρουκὸς σινόμενος (συνόμενος W) APW: εἰς τὸ προσκεκρουκὸς Bekk **43** οὐδὲ V ἤδη om P^ac^W **44** ἄττα: δεινὰ καὶ APW ἐργαζόμενος: τελῶν APW **46** ἐγένετο VW **47** δ' R **48** παναισχὴς καὶ ἐξάγιστος: ἐπίτριπτος V ἠκολάστανεν D πάσης APW **49** πρώην om. M τε om. APW **50** περιβλέπτους APW **51** τε καὶ V γυμνητεύοντας Bekk **53** φεῦ alt. om. V **54** τὰ ἀθετήματα A ἐρρίζωσας R Bekk **55** καὶ om. V ὁ ante προφήτης add. AP^pc^W Bekk

28 θέλων b **44** νήσου: Κύπρου b Bekk

κρίματα. οἷα γὰρ ἡ τότε γενεὰ ἐξέφυσε κώνεια πρὸς οὐδὲν ἕτερον ἁδρυνθέντα ἢ θάνατον τοῖς προσφερομένοις καὶ τῶν πλείστων ἀπώλειαν πόλεων, ὧν τῆς ἀρχῆς παναθέσμως ἐπέβησαν.

Ταῦτα ὡς εἰς ἀκοὴν ἐλήλυθεν Ἀνδρονίκῳ, οὐκ ἦν ὁπωσοῦν καθεκτός, ἀλλ' ὁρῶν αὐτῷ ἐπερχόμενον ὃν πάλαι φόβον πεφόβητο (ἦν | γὰρ ὑφορώμενος τὸ ἰῶτα ὡς τὴν αὐτοῦ παραλῦσον ἀρχήν), ἐξήτει τρόπον, δι' οὗ ἂν συλληφθῇ Ἰσαάκιος καὶ γενηθῇ ἐξ ἀνθρώπων ὁ ἐκείνῳ προσδόκιμος ὄλεθρος· ἐδεδίει γὰρ μήπως Κυπρόθεν καταπλεύσας καθελεῖ τοῦτον τῆς τυραννίδος, εἰδὼς ὡς ἀσμένως προσδεχθήσεται παρὰ πάντων, ἐπεὶ καὶ τὸ πόρρω κακὸν τοῦ ἐν χερσὶν ἀλυπότερον καὶ τοῦ θλίβοντος ἄρτι κουφότερόν ἐστι τὸ ἐλπιζόμενον χείριστον· ἀγαπητῶς γὰρ παρακερδαίνειν ἐοίκαμεν ἄνθρωποι καὶ τὴν βραχεῖαν τοῦ ἀλγοῦντος ἄνεσιν.

Μὴ ἔχων δ' ὅπως τὸν ἀπόντα ἐχθρὸν χειρώσηται, ἐπὶ τοὺς ἐγγὺς τρέπει τὸν θυμόν, ταὐτόν τι δρῶν, ὃ καὶ κύνες πολλάκις ποιεῖν εἰώθασι· τοῦ γὰρ βάλλοντος ἀφιστάμενοι τοῦτον μὲν ἀμύνουσιν ὑλακαῖς, τῷ δ' ἀφεθέντι λίθῳ τοὺς ὀδόντας ἐγχρίπτουσιν. ἀμέλει καὶ ὑπὸ κρίσιν ἤγαγε τόν τε θεῖον ἐκείνου τὸν Μακροδούκαν Κωνσταντῖνον καὶ τὸν Δούκαν Ἀνδρόνικον, οἳ ξυνέθεντο οὐκ ἀχρεῖον Ἀνδρονίκῳ τὰ ἐς πίστιν ὀφθῆναι τὸν Ἰσαάκιον λυθέντα καὶ πρὸς τὴν πατρίδα ἐπαναζεύξαντα. μετ' οὐ πολλὰς δ' ἡμέρας καὶ καθοσιώσεσιν οὗτοι ὑπάγονται, καίπερ τῶν τῆς μερίδος ὄντες Ἀνδρονίκου οἱ μέγ' ἔξοχοι πάντων καὶ τῆς ἑταιρείας οἱ κράτιστοι, εἴγε ὁ μὲν Μακροδούκας ἐκτὸς τῶν ἄλλων φιλοφροσυνῶν, αἷς ἐπιμελῶς Ἀνδρόνικον ἐθεράπευε, καὶ ἀδελφῇ τῆς Θεοδώρας κατὰ συνάφειαν συνήρχετο γαμικήν, ἣν ὁ λό | γος πλειστάκις ἱστόρηκε γινώσκειν ἀθεμίτως Ἀνδρόνικον, ὁ δὲ Δούκας Ἀνδρόνικος, καταπύγων ὢν καὶ γλοιὸς καὶ τὴν ἀναίδειαν ἐπὶ τοῦ προσώπου προβεβλημένος, καὶ αὐτοῦ δὴ

---

76 μέγ' — πάντων: cf. Hom. B 480

VA = a, PW, RMDF = b

57 ἀπώλειαν τῶν πλείστων Bekk **58** παναθέσμως: παρανόμως V: διὰ τῆς παρανόμου βασιλείας B **60** ἐπερχόμενον: προσελαύνοντα APW πεφόβητο φόβον Bekk **61** ἀεὶ post ὑφορώμενος add. APW Bekk ὡς τῆς ἀρχῆς αὐτὸν παραλύσον APW: ὡς καταλῦσον αὐτὸν τῆς ἀρχῆς Sc **62** προσδοκώμενος M Sc **63** τοῦτον: ἐκεῖνον V: om. R **66** χείριστον: καὶ χείριστον ὄν AP **68** ἐπὶ: ὑπὸ W ἔγγιστα APW Sc **69—71** ταὐτόν — ἐγχρίπτουσιν suppl. in 2 lin. adiectis et r. P **70** ἀμύνονται Bekk **73** Ἀνδρονίκω μὴ ἀχρεῖον PW εἰς R **75** οὗτοι: οἵδε A τῶν om. VA Sc **76** καὶ om. W **80—81** καταπύγων — καὶ pr. om. W καταπύγων — ἀναίδειαν i. r. 7 litt. et mg. P **81** δὴ: δὲ DF Bekk

58 ὧν — ἐπέβησαν om. b **59** Ἀνδρονίκου (Ἀνδρ.: βασιλέως Ἀνδρ. F Bekk) b Bekk **62** γενήσεται b: γένηται Epit. **64** τυραννίδος: ἀρχῆς b Bekk **66** ἐστι om. b Bekk **69—71** ταὐτόν — ἐγχρίπτουσιν om. W b **72** ἐκείνου: Ἰσαακίου b Bekk **73** οὐκ: μὴ b Bekk **74** ἐπανεικότα b **75** οὗτοι: οἱ ἄνδρες b Bekk **80** ἀθεμίτως om. b **80—81** καταπύγων — προβεβλημένος om. b

Ἀνδρονίκου ἐν τοῖς ὑπὲρ Ἀνδρονίκου προμηθέστερος εἶναι ἐπλάττετο, ὅτι καὶ ὁ μέν τινος ἐκπερονᾶν ὀφθαλμοὺς ἀπεφαίνετο, ὁ δὲ Δούκας οὗτος Ἀνδρόνικος, ὡς εἰ διδακτὸς ἦν τοῦ ἀρχῆθεν ἀνθρωποκτόνου καὶ ταῖς τῶν μερόπων χαίροντος συμφοραῖς, καὶ χειρῶν προσεψηφίζετο στέρησιν ἢ ἀνασκολόπισιν ἐγνωμάτευε, βλασφημῶν ἐν πολλοῖς Ἀνδρόνικον καὶ λίαν ἀναιδῶς καθαπτόμενος ἐκείνου ὡς μὴ καταλλήλους τοῖς πταίσμασι τὰς κολάσεις ἐπάγοντος.

Ἐπιστάσης τοίνυν τῆς λαμπροτάτης καὶ εὐσήμου ἡμέρας, καθ' ἣν ἡ μετὰ τοῦ προσλήμματος εἰς οὐρανοὺς ἄνοδος τοῦ Κυρίου καὶ θεοῦ καὶ σωτῆρος ἡμῶν ἑορτάζεται, ἀθροισμὸς ἐκ προσκλήσεως γίνεται τῶν περὶ τὴν βασίλειον ἁπάντων αὐλήν· καὶ ἦν διὰ τοῦτο τοῖς ἐκ παντὸς ἔθνους καὶ γένους συνδρομὴ καὶ ὁρμὴ ἔνθα ὁ βασιλεὺς ἐνηυλίζετο· ἦν δὲ τότε σκηνούμενος κατὰ τὸ ἔξω λεγόμενον Φιλοπάτιον. ὥσπερ δὲ παλινῳδίαν οἱ συνερχόμενοι ᾄδοντες ἢ ἐν τῷ ἄλλην τρέχειν ἑτέραν βαδίζοντες εἶχον τὸ κατάντημα τῆς ὁδοῦ περὶ τὰ λεγόμενα τοῦ Μαγγάνη παλάτια, ἃ καὶ αὐτὰ κατὰ τὸ ἐντὸς Φιλοπάτιον ᾠκοδόμηντο, ἐσύστερον δ' Ἀνδρόνικος κατηδάφισε. καὶ ἐπεὶ πολυάνθρωπος ἦν ἡ συνέλευσις, πάνυ μέντοι πολυάνθρωπος, καὶ ἀπῆν | οὐδείς, ὃν παρεῖναι ἐχρῆν, ἐξάγονται παρὰ δόξαν τῶν συνειλεγμένων ὁ Δούκας τε καὶ ὁ Μακροδούκας ἐκ τῶν ἐκεῖ που ἐπιπέδων οἰκημάτων καὶ πρὸς τὴν αὔλειον ὡς κατάκριτοι θριαμβεύονται.

Καὶ οἱ μὲν ὡς ὑπὸ δίκην ἀχθησόμενοι ἢ τὸν βασιλέα ὀψόμενοι τῶν ὑπερῴων ἐκκύψοντα διεσκευάζοντο ἄνω τὰ ὄμματα αἴροντες καὶ τὼ χεῖρε πρὸς τὸ τοῦ σχήματος σεμνὸν περιβάλλοντες· ὁ δὲ Ἁγιοχριστοφορίτης Στέφανος, ὃν καὶ Ἀντιχριστοφορίτην οἱ τότε ὠνόμαζον ἄνθρωποι

---

89 ἐπιστάσης κτλ.: die 21 mens. Maii a. 1184

---

84 τοῦ — ἀνθρωποκτόνου: cf. Joh. 8, 44 **10—13** ὁ — ἀνάμεστος: cf. Eust. 44, 21 sqq.

VA = a, PW, RMDF = b

82 Ἀνδρονίκου alt.: αὐτοῦ VA προμηθεστέροις A **83** καὶ om. Bekk ὑπεφαίνετο A **84—85** ὡς — συμφοραῖς suppl. P^{mg}: om. W **86** λίαν om. AW **87** ἀναιδῶς: ἀπανθρώπως APW Bekk αὐτοῦ καθαπτόμενος APW Bekk **89** ἡ om. R **90** καὶ θεοῦ om. DF Bekk **91** Ἰησοῦ Χριστοῦ post ἡμῶν add. AW **93** γένους καὶ ἔθνους DF Bekk Ἀνδρόνικος post βασιλεὺς add. APW Bekk **95** ἢ — βαδίζοντες om. V **2** ἃ: ἃ δὴ W Sc δ' om. MK **4** ὃν: ὧν V οὐ post ὃν add. RM^s **5** ὁ Μακροδούκας τε καὶ ὁ Δούκας P Sc **6** οἰκήσεων AW: διαιτήσεων P **8** ὀψόμενοι: θεασόμενοι V **9** ἐκκύψαντα R: ἐκκύπτοντα F Bekk διεσκευάζοντο: διηυθέτιζον ἑαυτοὺς P πρὸς τὸ εὔσημον post διεσκευάζοντο add. AW Sc τὸ om. V **11** καὶ om. P οἱ τότε Ἀντιχρ. οἱ τότε V

83—88 ὅτι — ἐπάγοντος om. b **92** σχεδὸν ἁπάντων b Bekk **94—2** ὥσπερ — ἐπεὶ: καὶ ἐπεὶ περὶ τὰ λεγόμενα τοῦ Μαγγάνη παλάτια, ἃ . . . κατηδάφισε, πολυάνθρωπος ἦν κτλ. b ἐς τὸ κατάλληλον τῶν ἔργων τὴν κλῆσιν μετάγοντες (ἦν γὰρ ὁ τῷ ὄντι ἀναιδέστατος τῶν Ἀνδρονίκου ὑπηρετῶν καὶ πάσης ἀνοσιουργίας ἀνάμεστος), λίθον ἄρας χειροπληθῆ καὶ τοῦ Μακροδούκα στοχασάμενος, τοῦ καὶ προφερεστάτου κατὰ κῆδος βασιλικὸν καὶ τὸ γεραρὸν τῆς ἡλικίας καὶ τὴν τοῦ πλούτου βαθύτητα, παρῄνει πᾶσιν ὡς ἐς παράδειγμα αὐτὸν ἀφορᾶν περιβλεπόμενος ἅπασαν τὴν ὁμήγυριν καὶ τὸν μὴ λαϊβολοῦντα ἐρεσχελῶν καὶ ὡς ἄπιστον ἐς βασιλέα κακολογῶν καὶ τὴν αὐτὴν καταδίκην μετὰ μικρὸν ὑποστῆναι μέλλοντα.

Ἦραν οὖν διὰ τὴν ἀπειλὴν ταύτην ὁ ἀθροισμὸς ξύμπας χερμάδια καὶ κατέβαλον τῶν ἀνθρώπων, ἐλεεινὸν καὶ ἄπιστον μετὰ τὸ πάθος θέαμα, ὡς ἀρθῆναι τοὺς λίθους ἐς κολωνόν. ἔτι δ' ἐμπνέοντας τοὺς ἄνδρας ἀράμενοί τινες, οἷς τὰ τῆς ὑπηρεσίας ταύτης ἐπετέτραπτο, καὶ τάπησιν ἐνειλήσαντες, | ὑφ' ὧν αἱ τοῖς ἡμιόνοις ἀνατιθέμεναι στρωματοθῆκαι σκέπονται, τὸν μὲν ἐς τὴν περαίαν, ἣ τοῖς Ἰουδαίοις εἰς ταφὴν ἀποτέτμηται, ἄγουσι, τὸν δὲ Μακροδούκαν κατὰ τὴν ἀντίπορθμον τῇ μονῇ τῶν Μαγγάνων ἀποκομίζουσι λοφώδη ἀκτὴν καὶ ἀνασκολοπίζονται ἀμφότεροι.

Καὶ τότε πρώτως οἱ τῆς Κωνσταντίνου πολῖται τεθέανται τὰ καὶ ἀκοαῖς αὐταῖς δυσπαράδεκτα· καὶ ὧν ἀφηγουμένων πρότερον ἔβυον τοὺς ἀκουστικοὺς πόρους, τηνικάδε τοῖς ὀφθαλμοῖς προκειμένων ἀπωλοφύροντο. καὶ τὸ πραχθὲν ἀναλογιζόμενοι ἀμηχανίᾳ συνείχοντο καὶ διπλῆν ἐπὶ τοῖς γινομένοις δίκην ὑφίσταντο· καὶ τῶν ξυμφυλετῶν γὰρ ἐδάμαζον αὐτοὺς τὰ παθήματα καὶ εἰς αὐτοὺς ὅσον οὔπω προσπελάζειν τὸν κίνδυνον φανταζόμενοι χρονιωτέραν εἶχον τὴν βάσανον τῶν ἐν μέσοις ἤδη ἐνσχεθέντων τοῖς ἀχθεινοῖς, καθ' ὅσον οἱ μὲν τῆς πονηρᾶς ἐλπίδος ὑπέληγον, ἤδη τοῦ κακοῦ ἐπιστάντος, ὃ πάλαι κατὰ νοῦν ἔστρεφον, τοῖς δὲ τὸ προορᾶν ἀεὶ τὸ δεινὸν καὶ τὸ οἴεσθαι τὸ μέλλον ὡς ἐφεστὼς καὶ νυκτὸς ἀφῄρει τὸν ὕπνον καὶ ἡμέρας πλέον βασάνου πάσης ἐπέπληττε τὴν συνείδησιν. τὸ δὲ καινότατον, οὐ μόνον ταῦτ' ἔπασχον ὁπόσοι τὸ

34—36 εἰς — ἀχθεινοῖς: cf. Mich. Chon. Or. in Is. Ang. I 232, 12

VA = a, PW, RMDF = b

12 μετάγοντες: μεταγραμματίζοντες P **14** καὶ κατὰ τοῦ Μακρ. V **15** προσφερεστέρου V **18** καὶ alt.: ναὶ μὴν καὶ ὡς (ἕως W) AW **19** διαμικρὸν W καθυποστῆναι V **22** καὶ post θέαμα add. W ὡς — ἄνδρας om. M **23** τάπησιν: πᾶσιν V **24** ὑφ': ἐφ' RMDF Bekk ταῖς P στρωτοθῆκαι V **25** σκέπονται: καλύπτονται AW ἐς: εἰς VA **25—26** ἐς τὴν περαίαν ἄγουσι, ἣ τοῖς Ἰουδαίοις εἰς ταφὴν ἀφώρισται P **26** ἀπάγουσι AW **29** οἱ Κωνσταντινουπολῖται MN Sc **31** τηνικαῦτα P ὠλοφύροντο P **33** γενομένοις M **39** βασάνου: μάστιγος P Bekk ἔπληττε AW: ἐμυώπιζε P Bekk **40** τὸ δὲ: καὶ τὸ Bekk

18—19 καὶ alt. — μέλλοντα om. b **34** καὶ τὸν εἰς αὐτοὺς ὅσον οὔπω προσπελάζοντα κίνδυνον b **35** ἐν μέσοις om. b **37** τοῦ κακοῦ ἤδη ἐπιστάντος b **39** ἐπέπληττε: ἐπίεζε b ἔνδον εἶχον κριτήριον ὑποθρᾶττον ὡς οὐκ ἀγαθὰ τῷ Ἀνδρονίκῳ εὔχονται καὶ βουλεύονται, ἀλλὰ καὶ οἷς ἐκεῖνος προσέκειτο καὶ ἀεί τινος μετεδίδου χρηστοῦ· τὸ γὰρ ἐς ἅπαντας ἄπιστον ἦθος καὶ τὸ τῆς γνώμης παλίμβολον ὑφορώμενοι, ἔτι δὲ τὸ πρὸς κόλασιν | ἑτοιμότατον δεδιττόμενοι, οὐδ' οὗτοι τὸ τοῦ κινδύνου ὀξὺ σφῶν αὐτῶν ἀπετρέποντο.

Ἀλλὰ γὰρ μηδὲ τοῦτο παραδραμέτω ὁ λόγος. αἰτοῦνταί τινες Ἀνδρόνικον, οἷς μετῆν παρρησίας, τὰ τῶν κρεμασθέντων καθαιρεθῆναι σώματα. ὁ δὲ ὡς ὁ Πιλᾶτος ἐπὶ τοῦ θεανθρώπου Χριστοῦ ἠρώτησεν, εἰ πάλαι ἀπέθανον· καὶ γνοὺς ἐκ τῶν ἀναρτησάντων κακοὺς κακῶς καταστρέψαι τὸν βίον, συμπαθείας εἶπε τοὺς ἄνδρας καταξιοῦν καὶ ἐπεδάκρυσε τούτῳ τῷ ῥήματι, ἰσχυροτέραν φάμενος εἶναι τῆς οἰκείας ὁρμῆς καὶ προθέσεως τὴν τῶν νόμων αὐστηρίαν καὶ αὐθεντίαν καὶ τὴν τῶν δικαστῶν ἀπόφασιν ὑπερκεῖσθαι τῆς αὐτοῦ προαιρέσεως.

Ὦ δάκρυον τοῖς πάλαι μὲν καὶ ἡμῖν ἐν συνοχῇ ψυχῆς ὡς ἐκ νέφους ὄμβρος τῆς καρδίας ἐπιψεκαζόμενον. ὢ λύπης σφοδροτέρας σύμβολον καὶ τῶν ἔνδον πιεζόντων τεκμήριον ἀναμφήριστον, ἐνίοτε δὲ καὶ ὑπὸ χαρᾶς συλλειβόμενον καὶ ἀποσταζόμενον ὡς ἐξ ἀμάρας τῶν ὀφθαλμῶν, παρ' Ἀνδρονίκῳ δὲ μὴ ταὐτὸ σθένον, ἀλλ' ἑτέραν φύσιν λαχὸν καὶ τεκμαίρεσθαι παρέχον ὄλεθρον ἐν τῷ ἀμαρεύεσθαι. ὢ πόσων ἔσβεσας κόρας θερμότερον προχεθέν. ὢ πόσους εἰς ᾅδου παρέσυρας πέταυρον λάβρον ἐπιρρυέν. ὢ πόσους κατέκλυσας. ὢ οἵους ἄνδρας εἰς τύμ|βον παρέπεμψας εἰς τὰ ὕστατα νίπτρα παραληφθὲν ἢ ὡς χοὴ ἐπιτάφιος καὶ λοιβή τις λοίσθη ἐκκενωθέν.

Καὶ ὧδε μὲν ἐξ ἀνθρώπων ἔθετο τὸν Μακροδούκαν Κωνσταντῖνον καὶ τὸν Δούκαν Ἀνδρόνικον κἀπὶ τοιούτοις οὗτοι Ἀνδρόνικον εἴδοσαν ἀντι-

---

48 ὡς ὁ Πιλάτος: cf. Mar. 15, 44 **49—50** κακοὺς — βίον: cf. Aristoph. Plut. 65; Mat. 21, 41

VA = a, PW, RMDF = b

41 κριτήριον εἶχον Bekk **43** ἐς — ἄπιστον: ἐμβριθὲς P ἅπαν Bekk ἄπιστον: ἀπόκροτον AW παλίμβολον: παλίμβουλον W: δυσμείλικτον P **44** ἑτοιμορρεπὲς AW: ἕτοιμον P ἑτοιμότατα διττόμενοι M: δεδιττόμενοι ἑτοιμότατον V **46** ὁ λόγος παραδραμέτω V **48** ὡς — Χριστοῦ VB: τῇ τῶν χειλέων περιψοφήσει τὸν παθηνάμενον ὑποκρινάμενος (ὑποκρ.: ὑποφήνας P) APW: ὡς — Χριστοῦ ex a cum μὴ — δεξάμενος ex b coniunxit Bekk **50** ἀξιοῦν PW **51** ὁ ἰσχυρότερος A **54** μὲν om. W **55** ἀποψεκαζόμενον V **56** ἀμφήριστον F **58** ταὐτὸν APW **59** παρέχειν M τῷ om. M εἰπεῖν δὲ καὶ τὴν ὁδὸν ὑπανοῖγον (ἐπανοῖγον Bekk) τῆς ἐς Ἀχέροντα διαπλωΐσεως, ὅπου τὸ Στυγὸς ὕδωρ τὸ (τὸ: καὶ A) κρυερὸν ὡσεὶ (ὡς σὺ AP) καὶ φρικῶδες κἀκ μόνης ἀκοῆς ἀποτρόπαιον post ἀμαρεύεσθαι add. AP Bekk **65** Ἀνδρόνικον εἴδοσαν οὗτοι P

48 ὡς — Χριστοῦ: μὴ ἀηδῶς (ἀναιδῶς R) τὸν λόγον δεξάμενος b **57** καὶ ἀποσταζόμενον: τε καὶ σταλαττόμενον b Bekk μετροῦντα σφίσι τῆς εὐνοίας τὰ ὀφειλήματα. μετ᾽ οὐ πολὺ δὲ καὶ τοὺς Σεβαστειανοὺς ὁμαίμονας, δυάζοντας τὸν ἀριθμόν, ἐς τὴν ἀντιπέραν ἀναρτᾷ τοῦ πορθμοῦ, ὃς κικλήσκεται Πέραμα, διὰ τὸ δῆθεν ἐπιβουλεύειν αὐτοῦ τῇ ζωῇ.

᾿Αλλ᾽ ἐν τούτοις μὲν καὶ παραπλησίοις ἄλλοις οὐκ ὀλίγοις καὶ χείροσιν ἀεὶ ἐνηυκαίρει ᾿Ανδρόνικος. ὁ δ᾽ ἐκ Κομνηνῶν ᾿Αλέξιος, ὃς ἐπὶ τοῦ κεράσματος ἐτέτακτο τῷ βασιλεῖ Μανουὴλ ἐκ τῆς αὐτοῦ φύτλης γεγενημένος (ἐκ γὰρ ἀδελφόπαιδος προελήλυθεν), ὑπερορίαν ἐς τοὺς Σκύθας ᾿Ανδρονίκῳ κατακριθεὶς κἀκεῖθεν φυγὰς γενόμενος, εἴποι ἄν τις ὄφις πετόμενος, εἰς Σικελίαν κατέλυσε καὶ τῷ ταύτης τυραννεύοντι Γιλιέλμῳ εἰς ὄψιν ἐλθὼν καὶ ἑαυτὸν ὅστις εἴη καταφανῆ θέμενος, σὺν αὐτῷ δὲ καὶ ὁ ἐκ τῆς Φιλίππου ἐπαρχίας ὁρμώμενος Μαλεῖνος, ἀνὴρ οὐ τὸ γένος ἐπίσημος, οὐ τὴν τύχην λαμπρός, οὐ γνώριμος τὸ ἐπιτήδευμα, ὃν συνέ|λαβον ἄμφω χόλον καὶ ὤδινον ἐπὶ πλεῖστον κατ᾽ ᾿Ανδρονίκου, ὁ μὲν καὶ δικαίως ἴσως ἐπεγκαλῶν, ὁ δὲ Μαλεῖνος τῷ Κομνηνῷ χαριζόμενος καὶ δοκεῖν τις εἶναι τῶν αἰδοῦς ἀξίων παρὰ τοῖς οὐκ εἰδόσι πραγματευόμενος, τοῦτον κατὰ τῆς πατρίδος ἀπέτεκον, ἐκεῖνα μὴ πρὸς οὓς τοῦ ῥηγός, ἀλλ᾽ ἐπὶ πολλῶν εὐπαρακλήτως λαλήσαντες ἐν τῷ μικροῦ τῶν ἐκείνου ποδῶν θωπευτικῶς τὰ πέλματα καταψᾶν καὶ κυνηδὸν ταῖς ἑαυτῶν γλώτταις περιλιχμάζειν, οὐχ ὅσοις κακῶς παθεῖν ᾿Ανδρόνικος ἤμελλεν, ἀλλ᾽ οἷς ὡς ἐπὶ θήραμα πρόχειρον τὴν ἅλωσιν τῶν ῾Ρωμαϊκῶν χωρῶν διερεθίσειν εἶχον τὸν τῶν Σικελῶν τύραννον.

῾Ο δὲ τοῖς τούτων λόγοις ἀναρριπισθείς, καὶ ἄλλως ἔχων ἀναφέρειν τὰ ἐπᾳδόμενα ἐς τὸ σύμφωνόν τε καὶ ταὐτοδύναμον οἷς καὶ παρὰ ταὐτο-

---

66 μετ᾽ οὐ πολύ: a. 1184 aestate

71—87 ὁ — τύραννον: cf. Eust. 58, 3—60, 7 **74** ὄφις πετόμενος: cf. Is. 14, 29; Nic. Or. 69, 20 **77** Μαλεῖνος: cf. Eust. 56, 15 **88—1** ὁ — καταριθμεῖ: cf. Eust. 62, 29—64, 5

VA = a, PW, RMDF = b

67 Σεβαστιανοὺς AU δυάζοντες τὸν ἄριθμον suppl. P[mg] εἰς RU **69** ὁμαίμονες δ᾽ οὗτοι τοῦ πρὸς μητρὸς ἐμοὶ πάππου, ὃς καὶ τὴν βρεφικὴν ἡλικίαν ἀνύων τὰ αὐτὰ παθεῖν ἐξέφυγε, τῷ κλήρῳ δὲ τῆς ἐκκλησίας ἐγκατελέγη ἀποκαρεὶς κληρικός post ζωῇ add. Sc **70** τούτοις: τοιούτοις DF Bekk οὐκ ὀλίγοις ἄλλοις A καὶ χείροσιν οὐκ ὀλίγοις Bekk **72** ἐκ τοῦ αὐτοῦ ἐκείνω κατηγμένος αἵματος P **74** εἴποι VW Bekk: εἴπη rel. **75** τυραννοῦντι V: τυράννῳ R **78** οὐ alt.: οὐδὲ AW **79** καὶ alt. om. V **80** ᾿Ανδρονίκω post ἴσως add. APW **82** τοῦτον: τοσοῦτον V πρὸς: τὸ V **83** ἀπαρεγκλήτως A: εὐπαρακλήτων coni. Grabler i. l. μικρῷ AW **84** θωπευτικῶς om. Bekk γλώσσαις V **85** παθεῖν κακῶς P ἔμελλεν DFBekk **86** ἅλωσιν: ἀλλοίωσιν R **87** τῶν Σικελῶν: Σικελίας PW **88** ἔχων om. V **89** αὐτοδύναμον VM: παντοδύναμον R παρ᾽ ὁμογενῶν PW: παραυτογενῶν R γενῶν ἐκείνῳ Λατίνων πολλάκις ἀκήκοε, πάλαι μὲν ἐπὶ μισθῷ συνόντων Ῥωμαίοις καὶ τὴν αὐτοκρατορικὴν ἐκτριβόντων αὔλειον, τότε δὲ διασπαρέντων ἄλλων ἄλλοσε διὰ τὸν παρά σφισιν ἀτεράμονα καὶ ἄτεγκτον Ἀνδρόνικον καὶ τὸ ἐξ αὐτοῦ ἀκηδές, τάς τε οὔσας πολεμικὰς δυνάμεις ἐς τὸ ἐπικρατὲς διατίθησι καὶ τὸ ξενολογικὸν ἐκ πολλῶν ὁπλιτῶν ἀποκρίνας καὶ ἁδροῖς ἐπάρας μισθώμασι καὶ μείζοσι φυσήσας τοῖς ἐπαγγέλμασιν ἐς χιλιάδας τὴν ἵππον καταριθμεῖ. καὶ τὴν μὲν πεζὴν στρατιὰν ἐς Ἐπίδαμνον διαβιβάσας καὶ ταύτην αὐτοβοεὶ κατασχών, τὴν δὲ ναυτικὴν δύναμιν εὐθυπλοήσασαν σχὼν ἐς τὰ τῆς Θεσσαλονίκης ἐπί | νεια, τὰς ἐν τῷ μεταξὺ χώρας ὁμολογίᾳ αἱρεῖ.

Ὁμοῦ δὲ τῶν στρατευμάτων κατά τε γῆν κατά τε θάλατταν τὴν λαμπρὰν ἐν πόλεσι Θεσσαλονίκην διαλαβόντων καὶ διαζωσάντων μίτρᾳ Ἄρεος, ἑάλω αὕτη πολιορκίᾳ καὶ εἴσω μεθ' ἡμέρας δέχεται τὸ πολέμιον, οὔκουν διὰ τὸ τῶν ἔνδον ἀμυνομένων ἀπάλαμνόν τε καὶ ἀπειρόμαχον, τὴν δὲ προδοσίαν μᾶλλον τοῦ στρατηγοῦντος Δαυὶδ τοῦ ἐκ Κομνηνῶν. οὗτος γὰρ ἐς οὐδὲν χρήσιμος τοῖς Θεσσαλονικεῦσιν ὀφθείς, δεξιώτατος δὲ μόνον γενόμενος ἀεὶ δεδιέναι Ἀνδρόνικον καὶ τρόπον ἐπιζητεῖν, δι' οὗπερ τὰς ἀάπτους ἐκείνου χεῖρας διαφευξεῖται, δέον κῦμα θαλάσσης ὑπελθεῖν ἢ κατὰ πετρῶν ἠλιβάτων βαλεῖν ἑαυτὸν ἢ ὄρεσι καὶ σπηλαίοις εὑρέσθαι ἀποκρυβὴν ἢ κατὰ προφήτην φυγάδα κήτει θαλαττίῳ καταποθῆναι, ὁ δὲ τοιοῦτον μὲν οὐδέν τι ποιεῖν ἐπεβάλετο, ἐπὶ κακῇ δὲ μοίρᾳ τὴν

---

2 κατασχών: „in festo Ioannis Baptistae" (24. 6.) a. 1185 **5** κατά τε γῆν: die 6 mens. Aug., κατά τε θάλατταν . . . διαλαβόντων: die 15 mens. Aug. a. 1185, cf. Eust. 66, 19—23 et 94, 7—8 **7** μεθ' ἡμέρας: die 24 mens. Aug. a. 1185, cf. Eust. 104, 1—2

90—93 πάλαι — ἀκηδές: cf. Eust. 56, 11—58, 2 **1—2** καὶ — κατασχών: cf. Eust. 64, 15—16 **2—4** τὴν — αἱρεῖ: cf. Eust. 66, 1—11 **8—9** οὔκουν — Κομνηνῶν: cf. Eust. 8, 29 sqq.; 68, 18 sqq. et passim **10—12** δεξιώτατος — διαφευξεῖται: cf. Eust. 70, 13—18 **12** ἀάπτους . . . χεῖρας: cf. Hom. Α 567; al. **14** κατὰ — καταποθῆναι: cf. Ion. 2, 1

VA = a, PW, RMDF = b

91 ἐκτρίβων W δὲ: δὲ καὶ W: om. M **92—93** διὰ — ἀκηδές: διὰ τὸ δέος τοῦ Ἀνδρονίκου καὶ τὸ ἐξ αὐτοῦ ἀκηδὲς (ἀκηδεὲς AP) AP, ubi διὰ — Ἀνδρονίκου i. r. et καὶ — ἀκηδεὲς i. mg, W **92** παρά σφισιν om. V ἄτευκτον M: ἄτεκτον F **95** παραγγέλμασιν P **2** κατασχών: ἑλὼν P **5** θάλασσαν D **6** Θεσσαλονίκην om. M **6—7** μίτρᾳ Ἄρεος καὶ διαζωσάντων Bekk **7** Ἄρεως V αὐτῇ R **9** τὴν δὲ προδοσίαν: τὸ δὲ ἀστρατήγητον AW: ἀλλὰ τὸ ἀστρατήγητον Sc: τὴν δ' ἀνανδρίαν P ἀπὸ τῆς προδοσίας B στρατηγοῦντος om. AW τοῦ ἐκ Κομνηνῶν Δαυὶδ AW Sc: Δαυὶδ τοῦ Κομνηνοῦ P **10** οὗτος γὰρ om. R χρήσιμον R ὀφθεῖσιν R **11** γινόμενος V ἐπιζητῶν APW **12** διαφυγεῖν R **13** βαλεῖν: καλεῖν AW **15** τοιοῦτο MDF Bekk τι om. V **15—16** τῇ τῶν Θεσσ. χειρίζων τὴν ταύτης ἀρχὴν V

9 προδοσίαν: μαλακίαν b Bekk **11—12** δι' οὗπερ: δι' οὗ δὴ RDF Bekk: διὰ M τῶν Θεσσαλονικέων χειρίζων ἀρχὴν καὶ τὴν ἀρχηγίαν ὁ καὶ γυναικῶν θηλύτερος καὶ τῶν ἐλάφων δειλότερος οὐκ εὐκλεῶς κληρωσάμενος ἔλαθε τοὺς συλληψομένους αὐτόν τε καὶ τὴν πόλιν Θεσσαλονίκην καὶ πόρρωθεν ὄντας μεταπεμπόμενος ἄντικρυς καὶ ἑαυτὸν ἐκείνοις ἐγχείριον ἑκούσιον ζώγρημα θέσθαι διὰ παντὸς μελετῶν.

Οὐκοῦν καὶ τοῦ τῆς μάχης ἐνστάντος καιροῦ καὶ παντοίων ὅπλων καὶ μηχανῶν κινουμένων κατὰ τῆς πόλεως, θεατὴς τῶν πολεμίων μάλιστα ἦν αὐτός, οὐκ ἀντίπαλος· οὔτε γὰρ δι' ὅλης τῆς πολιορκίας ὤφθη ἐπεκδραμών, | καίπερ διανιστώντων αὐτὸν οὐ μετρίων πρὸς τοῦτο οἳ τῆς πόλεως προησπίζοντο, οὔτε δράσειν οὕτως αὐτοῖς ἐνέδωκεν, ἀλλ' ἦγχε τὸ τῶν πολιτῶν πρόθυμον οἷα καὶ σκυλάκων γενναῖον ὅρμημα θηρατὴς ἀχρειότατος. τοίνυν οὐδενὶ τῶν ἁπάντων ὤπτο πανοπλίαν ἀμφιασάμενος, ἀλλ' ἀπεῖχε κράνους καὶ θώρακος καὶ κνημίδων καὶ θυρεοῦ κατὰ τὰς ἐσκιατραφημένας τῶν γυναικῶν καὶ μηδὲν εἰδυίας πλέον γυναικωνίτιδος καὶ περιῄει τὴν πόλιν ἡμιόνῳ ἔποχος μετ' ἀναξυρίδος συνεπτυγμένης ὀπισθίῳ δεσμεύματι καὶ πεδίλων κομψῶν ἐστιγμένων χρυσῷ ἐς αὐτὸν ἀποληγόντων ἀστράγαλον. τῶν δὲ μηχανημάτων τὰ τείχη τυπτόντων καὶ βαλλόντων τοὺς λίθους ἔραζε, αὐτὸς εἰς γέλωτα εἶχε τὰ τῶν ἀφιεμένων πετρῶν ῥοιζήματα καὶ τὰ τοῦ περιβόλου ἐν τῷ πλήττεσθαι μυκήματα· κἀν τῷ ἐρείπεσθαι ῥήγματα „ἐνωτίζεσθε γοῦν" ἔφασκε τοῖς ἐκείνῳ συνοῦσι φαύλοις ἀνδραρίοις, ὑπὸ ἁψῖδα ἰσχυρὰν τοῦ τείχους παραβυόμενος „τὰ τῆς γραίας μυκήματα" ὁ τιθηνοῦ εἰσέτι δεόμενος· ἐκάλει δ' οὕτω τὴν μεγίστην τῶν ἑλεπόλεων, ὑφ' ἧς ἠχρειοῦτο τὸ τεῖχος τῆς πόλεως, τῶν λίθων ἐκπηδώντων τῆς ἁρμογῆς.

Τοιοῦτον τοίνυν προδότην ἡ Θεσσαλονικέων τῷ τότε δυστυχῶς κληρωσαμένη φύλακα καὶ κυβερνήτην λαχοῦσα τὸν καταποντιστὴν καὶ ἰατῆρα τὸν φαρμακέα ἐπ' ὀλίγον ἀντισχοῦσα τοῖς ἐχθροῖς ὑπέκυψε. |

---

17 ἐλάφων δειλότερος: cf. Greg. Cypr. L. 2, 11 **23—27** οὔτε — ἀχρειότατος: cf. Eust. 66, 15—16; 84, 8—86, 12 **27—32** τοίνυν — ἀστράγαλον: cf. Eust. 82, 6—12 **32—39** τῶν — ἁρμογῆς: cf. Eust. 98, 17—27 **37** γραίας: σεισμοῦ θυγάτηρ appellata apud Eust. 74, 1 **40** προδότην: cf. Eust. 74, 21 sqq.

VA = a, PW, RMDF = b

16 ἐγχειρίζων F ἀρχηγίαν: στρατηγίαν W ταύτης post ἀρχηγίαν add. APW **17** κληρωσάμενος: χειρωσάμενος A **18** καὶ alt. om. V **19** ἐγχείριον: ἐγχειρίζων V **21** καὶ pr. om. P ἐνστάτου R **22** μάλιστα suppl. P[mg] **23** αὐτὸς om. P **24** μετρίως F Bekk **25** οὗτος P: om. V ἦγχε: εἶχε R **26** θηρευτὴς A[pc]PW **27** πάντων AW **29** ἐσκιαγραφημένας P: σκιαγραφουμένας R **31** δέσματι M **32** εἰς R **33** τυπτόντων: πιπτόντων R τοὺς om. V **34** τῶν περιβόλων P μηκύματα W[ac]K **36** ἐκείνων A: ἐκείνου R **37** μύγματα V: βοήματα APW **40—41** δυστ. post φύλ. transp. Bekk **42** φαρμακίαν R

40 τῷ τότε: τότε P b Bekk

Τὰ δ' ἐπὶ τούτοις γεγενημένα ἄλλη τίς ἐστιν 'Ιλιὰς καὶ τραγικὰς ὑπερβαίνουσι συμφοράς· ἅπας γὰρ οἶκος τῶν ἐνόντων ἠρήμωτο, οὐδ' ἦν οἰκία τις σώζουσα, οὐ στενωπὸς τῶν ἀναιρούντων λυτρούμενος, οὐ κατάδυσις ἐπὶ πολὺ ἀποκρύπτουσα. ἀλλ' οὐδὲ σχῆμα ἠλεεῖτο ἐλεεινόν, οὐδ' ἐδυσωπεῖτο δυσώπησις, ἀλλὰ διὰ πάντων ἐχώρει τὸ ξίφος καὶ θυμοῦ λῆξις ἦν ἡ ἀπάγουσα τοῦ βίου πληγή. κενὴ δὲ καὶ ἡ κατὰ τοὺς ἱεροὺς νεὼς συνδρομὴ τῶν πολλῶν ἐδείκνυτο καὶ ματαία ἡ ἐπὶ ταῖς θείαις εἰκασίαις πεποίθησις. οἱ γὰρ βάρβαροι καὶ θεῖα καὶ ἀνθρώπινα συγχέοντες πράγματα τιμᾶν οὐκ ᾔδεσαν τὰ θεοῦ, οὔτε ἀσυλίαν παρεῖχον τοῖς ἐς τὰ τεμένη προστρέχουσιν· ἀλλ' ὃ ἦν ἐπὶ τοῖς κοινοῖς δόμοις κατάντημα, τὸ μαχαίρᾳ δηλονότι παραυτίκα πεσεῖν ἢ γοῦν τῆς οὐσίας πάσης ψιλωθέντα τινὰ διαφίεσθαι, ὃ παρὰ τοῖς πορθηταῖς ἐς μεγίστην εὐποιΐαν συνελογίζετο, τοῦτο καὶ οἱ ἐν τοῖς νεῴς καταφεύγοντες πέρας εὕρισκον, ἵνα μὴ προσθείην καί τι βαρυσυμφορώτερον ἕτερον, τὸ ἐκθλίβειν ἐκεῖσε κακῶς τὴν ψυχὴν τῇ τῶν μυριάδων συνδρομῇ τε καὶ συμπιλήσει, αἳ τοὺς θείους δόμους εἰσέδυσαν· κἂν τοῖς ἱεροῖς γὰρ μεθ' ὅπλων ἐπεισπηδῶντες οἱ ἐναντίοι τὸν ἐν ποσὶν ἀνῄρουν ἀεὶ καὶ ὡς θύματα τοὺς καταλαμβανομένους ἀνηλεῶς ἐκεραΐζον.

Πῶς δὲ ἀνθρώπων ἤμελλον φείδεσθαι οἱ τοῖς θείοις ἐμπαροινοῦντες καὶ μηδ' ὅλως θεοῦ ἐμπαζόμενοι; ἀλλ' οὐ τοσοῦ|τον καινόν, εἰ τὰ τῷ θεῷ ἀνατεθειμένα ἱεροσύλουν καὶ χερσὶ βεβήλοις καὶ ὀφθαλμοῖς κυνέοις ἥπτοντο τῶν ἀψαύστων καὶ τοῖς μὴ θεατοῖς ἐνητένιζον, ὅσον δὴ ἀνόσιον, εἰ τὰς παναγεῖς Χριστοῦ εἰκόνας καὶ τῶν αὐτοῦ θεραπόντων ἠδάφιζον, καὶ τούτων κατεπεμβαίνοντες, εἴ τις μὲν κόσμος ἐξ ὕλης προσῆν τιμαλφοῦς, τοῦτον ἀφῄρουν ἐκσπῶντες ὡς ἔτυχεν, αὐτὰς δ' εἰς τὰς τριόδους ἐξέφερον τοῖς παροδεύουσιν ἐσομένας εἰς καταπάτημα, ἢ τῷ τῆς διαίτης πυρὶ παρεδίδοσαν. ἀνοσιώτατον δὲ μάλιστα καὶ ὠσὶ δυσήκουστον τῶν πιστῶν, εἴ τινες ἦσαν, οἱ τῆς θυωροῦ καὶ ἀγγέλοις αὐτοῖς δυσθεάτου ἄνωθεν

---

43 τά etc.: cf. Eust. 112, 25 sqq. ἄλλη . . . 'Ιλιάς: cf. prov. κακῶν 'Ιλιάς Diogen. 5, 26 **50** οἱ γάρ etc.: cf. Eust. 120, 26 sqq. **56—58** τὸ — εἰσέδυσαν: cf. Eust. 8, 8—10; 106, 16—20; 116, 33—118, 1 **61** πῶς etc.: cf. Eust. 114, 12 sqq.

VA = a, PW, RMDF = b

43 'Ιλιὰς: 'Ιλιὰς κακῶν A Sc: κακῶν 'Ιλιὰς P Bekk ὑπερβέβηκε AW: ὑπερβαίνουσα P Bekk **44** ἠρήμωτο: ἐστέρητο AW Sc **45** αἱρούντων V **46** ἠλεεῖτο: ἐλέγετο R **48** ἡ pr. om. DF καὶ om. R **49** ναοὺς V πολλῶν: πολιτῶν R ταῖς εἰκασίαις ταῖς θείαις Bekk εἰκασίαις: εἰκόσι PW **51** τὰ pr.: τοῦ MF[pc]: τὰ τοῦ V οὔτ' P Bekk εἰς Bekk **54** διαφεθῆναι P Bekk εἰς W ἐς — εὐποιΐαν: μεγίστη εὐποιΐα P λελόγιστο P: συλλελόγιστο W **55** ἐν τοῖς ἱεροῖς καταφεύγοντες οἴκοις P τοῖς νεὼ RMKU: τῶ νεῶ DF Bekk προσθείη AR **58** ἱεροῖς: σηκοῖς P ἐπιπηδῶντες R **61** ἔμελλον V **63** ἀνατιθέμενα R **64** θεαταῖς R **65** εἰ: εἰς WF[ac] καὶ om. F **66** προσῆν om. M **68** τῆς om. D **70** εἰ: εἰ καὶ APW **70—71** εἰ καί τινες ἄνωθεν τῆς θυωροῦ καὶ ἀγγέλοις αὐτοῖς αἰδεσίμου ἀνιόντες P **70** δυσθεάτου: δυσθέατον RM: αἰδεσίμου APW Bekk ἄνωθεν om. AW

53 ἁπάσης W b Bekk

ἀνιόντες τραπέζης ἐπ᾽ αὐτῆς ὠρχοῦντο μεταφερόμενοι ἀσχημόνως καί τινα βαρβαρικὰ ἀπηχῆ ᾀσμάτια πάτρια ἔψαλλον, εἶτα τὴν αἰδῶ ἀνακαλύψαντες καὶ τὸν ποδεῶνα τοῦ τῆς κοιλίας ἀσκοῦ ῥέειν ἀνέντες ἐνούρουν κύκλῳ κατὰ τὸ ἅγιον ἔδαφος, περιρραντήρια ταῦτα τελοῦντες δαίμοσι καὶ λουτρὰ θερμὰ τοῖς ἀλάστορσι σχεδιάζοντες, οἷς οὗτοι μετὰ κάματον διανήχονται, ὃν διήνεγκαν ἀνθρώποις συμφορὰς μηχανώμενοι καὶ δεινὰ διαθλοῦντες ἀνήκεστα.

᾽Επεὶ δέ ποτε τὰ δεινὰ δόξαν τοῦ λῆξαι εἴληφε καὶ εἰς ἀνοχὴν ἀπεῖδεν ὁ πόλεμος, μέσον ὀφθέντων οἵπερ εἰς ἀρχηγοὺς τῶν Σικελῶν ὑπερανεστήκεσαν καὶ τὴν τῶν πολλῶν ἐπισχόντων ὁρμὴν εἰς ἀναίρεσιν, ὧν ἅτερος ἔφιππος σιδήρῳ κατάφρακτος τὸν τοῦ μυ| ροβλύτου μάρτυρος εἰσέδυ νεὼν καὶ τοὺς μὲν τῷ πλατεῖ παίων τοῦ ξίφους, τοὺς δὲ καὶ εἰς ἀληθὲς τραῦμα πλήττων ἴσχυσε μόλις τὴν τοῦ κακοῦ στῆσαι φοράν, οὐδ᾽ οὕτω τὰ ἑξῆς ὡς ἐν κακοῖς μέτρια τοῖς Θεσσαλονικεῦσιν ἐφάνησαν, ἀλλὰ τὸ μὲν ἐς ᾅδου κατάγεσθαι τοὺς πολιορκηθέντας ἡ μετὰ τὴν ἅλωσιν εὐθὺς ἡμέρα κατέπαυσε, τὰ δ᾽ ἐπισυμβαίνοντα ἄλλως ὀδυνηρὰ πρὸς τὸ αὐτὸ τῆς ζωῆς τέρμα μυριαχῶς τοὺς τλήμονας κατήπειγον καὶ βέλτιον τὸ θανεῖν ἐποίουν ὑπὲρ τὸ ζῆν, ὥστε, τὸ τοῦ τλησιπόνου ᾽Ιώβ, πολλοὶ δεόμενοι τελευτῆς οὐκ ἐτύγχανον.

Καὶ πᾶς μὲν γὰρ ἕτερος πολέμῳ τὸ ἀντίπαλον χειρωσάμενος κακῶς αὐτῷ κέχρηται καὶ ἀνελεημόνως προσφέρεται καὶ ὅσα ἡ ἐκ τῆς νίκης ὑπεροψία ὑποτίθησι διαπράττεται, Λατῖνος δὲ πορθήσας τὸ ἀντιπῖπτον καὶ ὑποχείριον ἐργασάμενος ἀνύποιστόν ἐστι μάλιστα κακὸν καὶ λόγῳ ἀπεριήγητον· εἰ δὲ καὶ ῾Ρωμαῖος εἴη ὁ συλληφθεὶς καὶ οὗτος καθαρεύων γλώττης ᾽Ιταλιώτιδος καὶ τοσοῦτον τοῦ ἑτεροφύλου ἔθνους ἀποξενούμενος, ὡς μηδὲ κατὰ τὴν σωματικὴν περιβολὴν βραχύ τι γοῦν Λατίνοις ἐπικοινωνεῖν, εἴη ἂν οὗτος ἐστυγημένος θεῷ καὶ τῆς ὀργῆς Κυρίου ἀμιγῆ κατακριθεὶς πιεῖν τὴν κύλικα καὶ τὸ ποτήριον ἀκέραστον προσενέγκα-

---

79—83 μέσον — φοράν: cf. Eust. 116, 16—33 **88—89** πολλοὶ — ἐτύγχανον: cf. Iob 3, 21 **2—3** τῆς — προσενέγκασθαι: metaphora bibl., cf. Is. 51, 17; Ps. 74, 9

VA = a, PW, RMDF = b

71 ἀνιόντες om. W: ἰόντες M ὀρχούμενοι R μεταφερόμενοι om. R **72** εἶτα: εἶτα καὶ VAW **73** τὰ ποδιῶνα R **76** μηχανώμενοι: ἐπιφέροντες P **78** ἐπεῖδεν W **79—80** μέσον — ἐπισχόντων: μέσον γὰρ ὀφθέντες οἱ τῶν Σικελῶν στρατηγοὶ τὴν τῶν πολλῶν ἐπέσχον P **79** ὀφθέντες AK ὑπανεστήκεσαν V **82** ναὸν V **84** ἐφεξῆς VAW τοῖς om. Bekk **85** καταγαγέσθαι V **86** ἔτι συμβαίνοντα A **87** τέρμα om. W **88** εἰπεῖν post ᾽Ιὼβ add. APW Bekk **92** διατίθησι R **94** οὗτος om. V **95** τοῦ om. M **3** τὴν: τὸν V: om. PW παρεισενέγκασθαι V: εἰσενέγκασθαι AW

72 βάρβαρα ἀπηχέστατα (ἀπειλέστατα R: ἀπηλέστατα M) b Bekk **87** κατηνάγκαζον b Bekk σθαι. ποία γὰρ θανατηφόρος ἔχιδνα ἢ πτερνοφύλαξ ὄφις ὀλέθριος ἢ ταυροφόντης λέων τὰ τῶν βρωμάτων ἕωλα παρορῶν, θερμῆς δ' ἔτι τῆς θήρας ἐμφορούμενος, οὕτως ἂν ἐλυμήνατο ὡς ἀπανθρωπία Λατίνη ζωγρήσασα; οὐκ ἐπικλᾶ- | ται λιταῖς, οὐ θηλύνεται δάκρυσιν, οὐχ αἱμύλοις ἱλαρύνεται φθέγμασι. κἂν ᾄσῃ τις χάριεν, κλαγγὴ τοῦτο ἰκτίνων ἢ κρωγμὸς κορώνης λογίζεται. εἰ δ' οὕτως εἴη θελκτήριον ὡς καὶ πέτρας αἱρεῖν, ὁποῖα τὰ 'Ορφαϊκὰ κρούματα, εἰς κενὸν μὲν καὶ οὕτως ὁ φορμίζων ἐψάλαξε καὶ μάτην ἀείδειν ἀνεβάλετο λιγυρόν· εἰ δέ που καὶ ἁλοίη τῇ ἀοιδῇ ὁ βάρβαρος, ἀλλ' εἰς κύκνειον ᾆσμα τελευταῖόν τε καὶ φιλότιμον ἡ ἀμείλικτος τοῦτο ψυχὴ μεθιστᾷ αὖ πάλιν κατεργαζομένη θάνατον καὶ μένουσα πάλιν ὡς πρότερον ἄθελκτος ἢ ὥσπερ ἄκμων ἀνήλατος πρὸς πᾶσαν ἱκετείαν ἀνένδοτος. μόνῳ οἱ τοῦ γένους τούτου τῷ θυμῷ χαρίζεσθαι ἴσασι, καὶ οἷς οὗτος ἐπιτάσσει ὀργίλως ὑπενδιδόναι πεφύκασι.

Τί δ' ἂν κακὸν εἴη παρεικὼς ἀτέλεστον ἀνὴρ μισορρώμαιος καὶ τοσαύτην ἀποθησαυρίσας ἐν ἑαυτῷ καθ' Ἕλληνος ἀνδρὸς τὴν ἀπέχθειαν, ὁποίαν οὐδ' ὄφις αὐτὸς ὁ ἀρχαῖος τοῦ ἀνθρωπίνου γένους ἐπίβουλος συνειληφὼς πάλαι ἀπέτεκεν, ἐπεὶ καὶ παραδείσῳ μὲν ἄντικρυς παρὰ τοῖς καταρατοτάτοις Λατίνοις εἰκάζεται ἣν ἡμεῖς ἐλάχομεν οἰκεῖν καὶ ἀποκαρπεύεσθαι, καὶ δυσέρωτες ὄντες τῶν παρ' ἡμῖν ἀγαθῶν κακογνωμονοῦσιν ἀεὶ περὶ τὸ ἡμέτερον γένος καὶ κακῶν εἰσι τέκτονες διὰ παντός. κἂν φιλεῖν πλάττωνται, τὸν καιρὸν ὑποδυόμενοι, μισοῦσιν ὡς ἔχθιστοι· κἂν ὁ λόγος αὐτοῖς εὐπροσήγορος καὶ ὑπὲρ ἔλαιον ῥέων ἀψοφητὶ ἁπαλύνηται, ἀλλὰ βολίδες εἰσὶ καὶ οὕτως αὐτοὶ καὶ μαχαίρας ἀμφιστόμου τομώτεροι. οὕτω μέσον ἡμῶν καὶ αὐτῶν χάσμα διαφορᾶς ἐστήρικται μέγιστον καὶ ταῖς γνώμαις ἀσυν | αφεῖς ἐσμεν καὶ κατὰ διάμετρον ἀφεστήκαμεν, εἰ καὶ σώμασι συναπτόμεθα καὶ τὴν αὐτὴν πολλάκις κληρούμεθα οἴκησιν. ὅθεν καὶ αὐτοὶ μὲν ὑψαυχενοῦντες ὡς τὰ πολλὰ καὶ τὸ τοῦ σχήματος ἐξ ὑπερηφανίας ὑποκρινόμενοι ὄρθιον ὡς πτέρναν φιλοῦσι τηρεῖν καὶ πε-

---

9—10 πέτρας — κρούματα: cf. Eur. Iph. A. 1211 sqq. **12** κύκνειον — τελευταῖον: cf. Aesch. Ag. 1444 sq.; Diogen. 5, 37 **19** ὄφις . . . ὁ ἀρχαῖος: Apoc. 12, 9 **26** βολίδες εἰσί: Ps. 54, 22; al. μαχαίρας — τομώτεροι: cf. Hb. 4, 12 **27** χάσμα — μέγιστον: cf. Luc. 16, 26

VA = a, PW, RMDF = b

6 ἐλυμήναντο V ἀπανθρωπίνη M **8** τούτω F^{pc} Bekk **9** καὶ om. W **11** ἐψάλλαξε VAWF: ἠψάλαξε M **12** τε om. V **15** ἱκεσίαν P τούτω M **17** παρεικὼς εἴη V παρεικὼς: ἀρεϊκῶς R **18** ὑποθησαυρίσας R **19** ἀνθρωπείου Bekk **21** καταράτοις R **22** ὄντες om. V **24** πράττωνται $AP^{ac}W$ ἔχθιστοι: αἴσχιστοι W **28** ἐφεστήκαμεν R **29** σώμασι: δώμασι W **30** καὶ pr. om. P

13 μεθιστᾷ: συλλογίζεται (-ίσεται F) P b Bekk **18** τὴν om. b Bekk **29** κληρούμεθα: εἰλήχειμεν b Bekk **30** ὡς om. b Bekk **30—31** ἐξ ὑπερηφανίας: ὑπερηφάνως b Bekk ριεργάζεσθαι τὸ λεῖον τοῦ ἤθους ἡμῶν καὶ ὑποκαταβαῖνον χαμαὶ διὰ τὸ τοῦ φρονήματος μέτριον, ἡμεῖς δὲ τὸ ἐκείνων ὑπέροφρυ καὶ τὸ κομπηρὸν καὶ σεμνὸν καὶ τὴν κόρυζαν οἱά τινα κεφαλὴν ἄνω ὑποβλεπόμενοι τείνουσαν ἐπ᾽ αὐτῆς τὴν πορείαν τιθέμεθα φλῶντες ἐς δεῦρο τῇ δυνάμει Χριστοῦ τοῦ πατεῖν ἐπάνω ὄφεων καὶ σκορπίων ἐξουσίαν βραβεύοντος καὶ τὸ μηδὲν ἐντεῦθεν παθεῖν ἢ καὶ ἠδικῆσθαι παρέχοντος.

Καὶ οὕτω μέν, ἵνα καθ᾽ εἱρμὸν αὖθις προΐῃ τὸ λέγειν, ὁ Σικελικὸς στρατὸς τῆς πόλεως Θεσσαλονίκης ἔνδον γενόμενος ὅσα καὶ οἷα μὴ θεῷ φίλα τετέλεκε κατὰ τὴν ἕκτην ἡμέραν τοῦ Αὐγούστου μηνὸς τῆς τρίτης ἐπινεμήσεως τοῦ ἑξαχιλιοστοῦ ἑξακοσιοστοῦ ἐνενηκοστοῦ τρίτου ἔτους τῆς τειχομαχίας ἀρξάμενος καὶ συμπεράνας ταύτην ἀβλαβῶς ἑαυτῷ πάντῃ κατὰ τὴν πέμπτην καὶ δεκάτην τοῦ αὐτοῦ μηνός.

Οὐ μόνον τοίνυν, ὡς ἐλέγομεν, τοῦ πολέμου ἐνισταμένου τὰ τῶν ὅλων πεπόνθασιν οἱ Θεσσαλονικεῖς χείριστα, ἀλλὰ καὶ τούτου λήξαντος οὐκ ἔρρεψεν ἡ τύχη πρὸς τὸ φιλάνθρωπον, οὐδ᾽ ἐνεῖδον αὐτοῖς οἱ αἰχμαλωτεύσαντες ἥμερον. | οὐ γὰρ οἰκιῶν μόνον τοὺς δεσπότας ἐξήλασαν καὶ τῶν κειμηλιουμένων ἐντὸς ἀπεστέρησαν αὐτοὶ ταῦτα ἰδιωσάμενοι, ἀλλὰ καὶ τὰ ἱμάτια προσαφείλοντο μηδὲ τῶν ἐσχάτων ὑποδυτῶν ἀποσχόμενοι τῶν κρυπτόντων, ἃ ἡ φύσις ὡς ἀσχήμονα καλύπτειν ἐπέταξε, μήτε μὴν τρύφους τοῖς δεσπόταις μεταδιδόντες, ὧν αὐτοί περ εἰς τοὺς κόπους εἰσεληλύθεσαν, ἀλλ᾽ οἴκοι μὲν οἱ ἀλλότριοι καθήμενοι κατεσπάθων τὰ ἐνόντα καὶ ὁσημέραι ἐκώμαζον, τοὺς δὲ συγκεκομικότας εἰς τὰς σηπίας εἴων ἐπὶ τῶν τριόδων πλάζεσθαι νήστιδας, χαμαιεύνας, γυμνόποδας καὶ ἀχίτωνας, ὡς κλίνην μὲν ἔχειν τοὺς πρότερον εὐπαρύφους τὸ δάπεδον, στέγην τὸν οὐρανόν, τὴν δὲ κοπρίαν θαλπωρὸν δέμνιον. ὃ δὲ χεῖρον τῶν ἀφηγουμένων καὶ ἕως αὐτῆς δάκνον ψυχῆς, οὐκ ἐξῆν τοῖς πρώην δεσπόταις παρεισιέναι τὸν οἶκον αὐτοῖς, ἀλλ᾽ εἴ τις τοῦτο εἰργάσατό ποτε ἢ μόνον πρού-

---

38—43 corrigendum ex Eust., vide ad p. 297, 5 et 7 **58—82** ἀλλ᾽ — αἴθριοι: cf. Eust. 132, 19—134, 6

35—37 τῇ — παρέχοντος: cf. Luc. 10, 19 **51** ὧν — εἰσεληλύθεσαν: cf. Joh. 4, 38 **53** ὁσημέραι ἐκώμαζον: alludit ad Luc. 16, 19

VA = a, PW, RMDF = b

35 τοῦ Χριστοῦ M **37** καὶ: τὸ V: γοῦν καὶ A: γοῦν P **38** μοι post. αὖθις add. P ὁ λόγος μοι post λέγειν add. A **39** Θεσσαλονίκης om. V φίλον V **40** γ'ης W **41—42** τοῦ — ἔτους V: τοῦ . . . καὶ τρίτου ἔτους Bekk: τοῦ ,ϛχϟγ' (γ': τρίτου R) rel. **43** ε' καὶ ι' A **44** λέγομεν P **48** κειμηλίων R **50** ἃ ἡ φύσις: ἡ ἄφεσις R **51** τρυφαῖς M κόλπους DFK[ac] **53** εἰς: ἐκ R σικείας M: σιπύας Bekk **54** τῶν om. P καὶ om. W **56** δέμνιον: ποίμνιον A **57** τοῖς πρώην om. W **58** αὐτῶν F[pc] Bekk κυψεν ἔνδοθι, αὐτίκα ὡς ὑπὸ Σκύλλης ἀρχαίου κακοῦ τῶν ἐντὸς αὐτῆς ἀφηρπάζετο καὶ καθιστάμενος εἰς λόγους καὶ πολλάκις τὸ αἴτιον διερωτώμενος τοῦ ἐκεῖσε παραβαλεῖν ἢ ὄμμα τοῖς ἔσω βαλεῖν ἢ τὸν οὐδὸν τῆς αὐλείου πατῆσαι πολλὰς ἐδαίρετο καὶ χρήματα παρέχειν κατηναγκάζετο, ἃ ἐκεῖσέ που ὑπωπτεύετο κατακρύψαι καὶ οἷς τὴν καρδίαν δῆθεν ἐκχέων καὶ οἷον συμβεβυσμένην αὐχῶν περιπαπταίνειν προήχθη τὸ οἴκημα δεδιώς, μὴ σεσύληνται, καὶ σπεύδων μαθεῖν, εἰ οὐκ ἔλαθε τὸ μέρος τῆς οἰκίας τοὺς πολεμίους καθ' | ὃ ταῦτα ἐγκέκρυπται, ἐπιμελέστερον περὶ τὴν αὐτῶν διατεθέντας ἀνεύρεσιν ἢ αὐτὸς ἀσφαλέστερον, ὡς εἴησαν ἀφανῆ. καὶ διδοὺς οὖν τις πολλάκις ὅπερ συνέστειλε τὴν ἐκ τοῦ δώματος αὐτοῦ προορώμενος ἄπαρσιν οὐδ' οὕτως ἠλλοτριοῦτο τῶν μαστιγώσεων, ἀλλὰ πλείους αὐτῷ ἐνετείνοντο αἱ πληγαὶ καὶ πολυειδέστεροι αἱ βάσανοι ἐπήγοντο, ἵνα καὶ πλείω τὰ ἀποθησαυρισθέντα ἐκφήνειε. καὶ μὴ παρέχων δέ τις ἕτερος, ἀλλὰ πένεσθαι καὶ νῦν ὡς πρώην διατεινόμενος καὶ φάσκων ὡς πόθος πατρῴου οἰκήματος ἢ πολλαῖς ὑπ' αὐτοῦ δαπάναις ἀνεγερθέντος παρενεγκὼν τῆς προκειμένης ὁδοῦ καὶ ἄκοντα ἐπεσπάσατο, θεατὴν ἅμα καὶ θρηνητὴν τοῦ οἰκείου ποτὲ κτήματος ἀναδείξας, οὐδ' οὕτως εἶχε τὸν ἐλεοῦντά τε καὶ λυτρούμενον, ἀλλὰ στρεβλούμενοί τε καὶ αἰκιζόμενοι, κἀκ τοῦ ποδὸς ἀπαιωρούμενοι καὶ ἀχυρμιᾷ κάτωθεν ὑποβεβλημένῃ καὶ ἀναπτομένῳ πυρὶ καπνιζόμενοι, τό τε στόμα μινθούμενοι καὶ τὰς πλευρὰς κεντούμενοι βέλεσι καὶ μυρίας ἄλλας κολάσεις ὑφιστάμενοι ἢ ἐν τῷ ταῦτα πάσχειν ἐξέρρησσον τὴν ψυχήν, ἢ ἡμιθνῆτες ἑλκόμενοι τοῦ ποδὸς ὥσπερ τι τῆς οἰκίας ἐξεφέροντο ἀποσάρωμα κἀν ταῖς πλατείαις προὔκειντο αἴθριοι.

Τί δέ; ἀλλὰ τοιούτοις μὲν φιλοφρονήμασιν ἐδεξιοῦντο τοὺς πάλαι τῶν δόμων κυρίους οἱ Σικελοὶ καὶ ἐθεράπευον, τοὺς δὲ λοιπούς, ὅσοι τὰς αὐ-

59—60 ὡς — ἀφηρπάζετο: cf. Hom. μ 99 sq. 245 sqq. **75—76** οὐδ' — λυτρούμενον: cf. Ps. **7, 3**

VA = a, PW, RMDF = b

59 αὐτῇ M

64 προήχθη: ἔχων R **65** σπεύδων: θέλων VAW **66** πολεμίους: ἀλλοτρίους VAW **67** διατεθέντες WM: διατιθέντας R αὐτὸς: αὐτοὶ AWMDF: αὐτοῖς R **68** δωματίου V **69** ἀλλὰ: ἀλλὰ καὶ V **70** πολυειδέστερον V: -ραι Bekk **71** ἵνα καὶ τὰ πλείω τὰ V: ἵνα πλείω καὶ τὰ P ἐκφήνη R: ἐκφήνει M **75** ἅμα τοῦ οἰκείου ποτὲ κτήματος καὶ θρηνητὴν ἀναδείξας V τοῦ: καὶ R ἀναδείξας: γενησόμενον P **76** τε pr: γε A: σε M λυτρούμενον: οἰκτρούμενον W **76—82** στρεβλούμενος — προὔκειτο αἴθριος num. sing. APW **78** ὑποβεβλημένοι F Bekk ὑποβ. — πυρὶ: ὑποβληθέντος πυρὸς P μηρινθούμενος W **78—79** καὶ alt. — ὑφιστάμενοι om. V **79** βέλεσι: ὀβελοῖς P **80** ἢ — ψυχὴν om. D **81** ποδὸς: παιδὸς A ἐξεφέρετο R κἀπὶ AW **83** ἀλλὰ: ἀλλὰ καὶ W τοιαύταις μὲν φιλοφροσύναις P ἐδεξιοῦτο F **84** δόμων: δεσμῶν F κυρίους: μυρίους M ἑαυτῶν V

60 ἀνηρπάζετο (-οντο R) b Bekk

τῶν οἰκίας παρέτρεχον ὅσα καὶ | ᾅδου στόμια ἢ λαβύρινθον Κρητικὸν ἢ Καιάδα Λακωνικόν, ἡμέρως προσίεντο καὶ μετόχους ἐποίουν φιλανθρωπίας ἡστινοσοῦν; οὐμενοῦν οὐδαμῶς. ποῦ γὰρ τοιοῦτόν τι παρ᾽ ἐκείνοις, ἀγριωτέροις οὖσι θηρῶν καὶ ὅλως ἠγνοηκόσι, τί ἐστιν ἔλεος, καὶ ταῖς ἀνθρωπίναις συμφοραῖς ἐπιχαίρουσι; καὶ κύνες μὲν ἔστιν ὅπῃ τῶν ἐπικαταλαμβανομένων ἀπέσχοντο, οὐδ᾽ ὀδοῦσιν αὐτοὺς παρελύπησαν, ἀλλ᾽ οἷς τὸ γόνυ ὤκλασαν οἱ καταδιωκόμενοι παρῆκαν τὸ ὑλακτεῖν καὶ εἰς μάτην αὐτοῖς ἑκοῦσιν ὥσπερ ἀπετελεύτησε τὸ χανεῖν· οἱ δὲ τοσοῦτον ἀπεῖχον τοῦ οἰκτείρειν οὓς τῶν ὄντων ἐστέρησαν καὶ ὧν τὰς οὐσίας κατεδαπάνων μετὰ πορνῶν, ἃς καὶ περὶ πλείστου ἐτίθεσαν εἰς τὰς αὐτῶν τροχιὰς ἐκκλίνοντες καὶ ὑφ᾽ ὧν μικροῦ καὶ κονδυλιζόμενοι ἔφερον οἱ πᾶσαν τὴν Ῥωμαίων κομπάζοντες καταλήψεσθαι ὡς ἔρημον νοσσιὰν καὶ συλλαβεῖν ὡς ἐγκαταλελειμένα ᾠά, ὥστε καὶ εἰς γέλων τὴν γυμνιτείαν ἐτίθεσαν τῶν πολλῶν καὶ ἀτάκτῳ καγχασμῷ συνεβράσσοντο, ἡνίκα ἂν τις παρήει ἐκτεταριχευμένος ἀπαστίᾳ, ᾠδηκὼς τὴν γαστέρα, τὴν ὄψιν ὕπωχρος καὶ νεκρώδης ἐκ τοῦ λαχάνοις ἐνευωχεῖσθαι καὶ μόνοις ἐνεορτάζειν βότρυσιν ἐκ τῶν ἐκεῖ που ἀμπελώνων σὺν δέει συλλεγομένοις. οὕτω δ᾽ ᾤκτειρον τοὺς διερρωγόσι περιβλήμασι κεχρημένους καὶ περιστέλλοντας ψιάθῳ | ἃ κρύπτειν χρεὼν μέρη τοῦ σώματος καὶ ταῖς τῶν σχοίνων ἐκφύσεσιν εἰς πλέγμα συνεστραμμέναις τὴν κεφαλὴν συσκιάζοντας, ὡς μετὰ μειδιάματος καὶ σεσηρότος σχήματος ἐν τῷ κατὰ τὴν πορείαν συναντᾶν ἀλλήλοις ἀμφοτέραις λάζεσθαι τῶν γενείων καὶ τοῦ τῆς κεφαλῆς τριχώματος ἅπτεσθαι καὶ ταῦτα μὲν λέγειν εἶναι κακά, ἐς τὸ λάσιον καὶ καθειμένον τοῦ πώγωνος ἀποσκώπτοντας, τὴν δὲ κεφαλὴν δεῖσθαι τοῦ ἀποθριχθῆναι

---

85 λαβύρινθον Κρητικόν: cf. Lucian. De Salt. 49 **86** Καιάδα Λακωνικόν: cf. Thuc. 1, 134, 4; Paus. 4, 18, 4—7 **92** οἱ etc.: cf. Eust. 122, 11 sqq. **93—94** κατεδαπάνων μετὰ πορνῶν: cf. Luc. 15, 30 **94** εἰς — ἐκκλίνοντες: cf. Prov. 7, 25 **1—2** ὡς — ᾠά: cf. Is. 10, 14 **10—14** ἐν— περιτρόχαλα: cf. Eust. 130, 34 — 132, 16

VA = a, PW, RMDF = b

85 στόμα V καιάδα AWDF: καὶ ἅδα RM: Καιάδαν Bekk: κεάδα VP **86** μετόχως R **87** οὔμενουν codd. **89** συμφορᾶς V μὲν om. DF καταλαμβανομένων V **91** ἔκλασαν AP^{pc} οἱ (διωκόμενοι) P^{pc} **92** ὥσπερ om. APW ἀπετελεύτησε: γέγονε P **94** καὶ om. P **95** καὶ κονδυλιζόμενοι: ῥαπιζόμενοι καὶ κονδυλιζόμενοι A: ῥαπιζόμενοι PW τὴν: τῶν D **1—2** συλλαβεῖν — ᾠὰ: ὡς ἐγκ. ᾠὰ ἀρεῖν P Bekk: συλλαβεῖν ὡς ἐγκ. ᾠὰ ἀρεῖν W **5** εὐωχεῖσθαι R **6** σὺν om. P σὺν δέει om. V **6—9** οὕτω — συνεστραμμέναις om. M **7** ψιάθῳ: παπυλεώνων τμήμασιν A^{mg} γρP παπυλεῶνες οἱ πηλομάχαι $A^{mg}P^{mg}$ **8** χρὴ P καὶ ταῖς: ἐκ τῆς W **8—9** ταῖς — συνεστραμμέναις: τοῖς τῶν δένδρων λεπιδώμασιν εἰς πλέγμα συνεστραμμένοις V **8** σχίνων Bekk **9** ὥστε APW Bekk: ὡς καὶ V μειδιάσματος D **12** εἶναι λέγειν V κακὰ εἶναι D τό: γὰρ D

91 οὗτοι post παρῆκαν add. b Bekk **3** ἂν om. b Bekk

κατ' αὐτοὺς περιτρόχαλα. ἔστι δ' ὅτε καὶ μετὰ δοράτων μειλίνων ἔφιπποι τὴν ἀγορὰν διιόντες ἐς τοὺς κατ' ὄψιν ταλαιπώρους τὸ δόρυ κραδαίνοντες ἀνέτρεπον. εἰ δὲ καὶ ἰλὺς ἢ βόρβορος ἐγγύς που παρέκειτο, κατ' ἐκεῖνο τὸ μέρος τῆς λεωφόρου, αὐτοὺς ἐνέβαλλον ὡς οὐκ ἀποτελεστικὸν ἀγαθοῦ τινος συνάντημα ἐκτρεπόμενοί τε καὶ μυσαττόμενοι ἢ τὴν αὐτὴν ἐκείνοις δυσανασχετοῦντες πορεύεσθαι. ἐσθίουσι δέ ποτε Ῥωμαίοις ἄρτον ὀλυρίτην ἤ τι ἕτερον ἐδώδιμον, ὁπόσα συνιστᾶν σῶμα τὸ ἀνθρώπινον ἔχουσιν, ἐφιστάμενοι ἀνέτρεπον τὰ τρυβλία ἐμπαίζοντες καὶ τὴν τράπεζαν λάξαντες συνέχεον τὴν ἑστίασιν καὶ οὐκ εἴων κατὰ καιρὸν τὸν τῆς ὀδύνης ἄρτον προσίεσθαι ἢ τὴν κύλικα προσενέγκασθαι ἐκτροπίαν οἶνον κιρνῶσαν ἢ ἐξ ὕδατος λακ | καίου δεξιουμένην καὶ τὸ δίψος παύουσαν. οἱ δ' ἀναιδείας πληρέστατοι καὶ γελοιασταὶ καὶ τὸ θεῖον δεδιότες μηδ' ὁπωσοῦν κατακύπτοντες ἐς ἱκανὸν καὶ τὰς πυγὰς καὶ ὅσα περιστέλλουσιν ἄνθρωποι τῇ ἀνελκύσει τῶν ἐσθήτων ἀπογυμνοῦντες τὸν πρωκτὸν ἐς αὐτοὺς ἔτρεπον καὶ τῶν σιτίων γινόμενοι ἔγγιστα ἀπέπερδον δριμύτερον γαλῆς οἱ ἀβέλτεροι. ἔστι δ' ὅτε καὶ τὰ τῆς γαστρὸς λύματα ὡς διὰ σίφωνος τῆς ἕδρας ἀκοντίζοντες ἔχραινον τὰ ὄψα καὶ κατὰ τῶν προσώπων ἐνίους ἐμόλυνον. ἐνούρουν τε τοῖς φρέασι καὶ ἐξ αὐτῶν ἐσέπειτα τὸ ποτὸν ἀνιμώμενοι προσεφέροντο. καὶ τὸ αὐτὸ παρ' αὐτοῖς ποτήριον ὡς ἀμὶς καὶ οἰνοχόη πρὸς ἄμφω ἦν ἐπιτήδειον· μὴ πρότερον βαπτιζόμενον τόν τε καταποθησόμενον οἶνον καὶ τὸ ὕδωρ εἰσεδέχετο καὶ ἔστεγεν ὁμοίως τὸ ἐκ τοῦ σωματικοῦ κρουνοῦ ἀποχεόμενον περίττωμα.

Οὐ μὴν ἀλλὰ καὶ τοὺς ἀπογεγραμμένους ἐν πρωτοτόκοις θεράποντας θεοῦ οὕτω τιμᾶν ᾔδεσαν καὶ τοῖς δι' αὐτῶν τελουμένοις προσεῖχον θαύμασι καὶ ἐξεπλήττοντο τὰ ἐξαίσια καὶ καινὰ θεάματα, δι' ὧν δοξάζει Χριστὸς τοὺς αὐτὸν τοῖς οἰκείοις ἐνδοξάσαντας μέλεσιν, ὥστε καὶ τὸ ἐκ τῆς σοροῦ τοῦ ἐν θαύμασι καὶ μάρτυσι διαβοήτου Δημητρίου ἀναδιδό-

---

19—29 ἐσθίουσι — ἀβέλτεροι: cf. Eust. 110, 34—112, 4 **22—23** τὸν — ἄρτον: Ps. 126,2 **31—35** ἐνούρουν — περίττωμα: cf. Eust. 116, 6—9 **36** ἀπογεγραμμένοις ἐν πρωτοτόκοις: Hb. 12, 23 **39** τοὺς — μέλεσιν: cf. 1 Co. 6, 20

VA = a, PW, RMDF = b

14 μελίνων Bekk **15** εἰς R τὸ δόρυ om. R **16** εἰ: ἐὰν R καὶ om. V **17** ἀνέβαλον M **18** τε: ἐκείνους APW **19** συνανασχετοῦντες W: δυσανασχετοῦνται R **20** ὀλλυρίτην codd. **21** ἔχουσιν om. R ἀφιστάμενοι W: ὑφιστάμενοι R: ὑφηστάμενοι M **23** μεθ' ἡσυχίας post κύλικα add. Bekk: post προσενέγκασθαι APW **27** ἐσθήτων: αἰσθήσεων W **28** εἰς W ἑαυτοὺς WR γενόμενοι RM **31** τῶν post καὶ add. M **32** τὸν ποτὸν WR **35** τὸ ἐκ τοῦ: τοῦ ἐκ W **36** πρωτοτόκω D **37** θεοῦ — καὶ: Χριστοῦ μὴ ὡς ἔδει τιμῶντες οὐδὲ P οὕτως W **38** καὶ pr. — θεάματα om. P **38—40** καὶ pr. — θαύμασι om. W **39** μέλεσιν ἐνδοξάσαντας V (δοξάσατε . . . ἐν τῷ σώματι 1 Cor. 6, 20) ὥστε: ἀμέλει P

19 ποτε om. b **39** δοξάσαντας (-ες R: -άζοντας M) P b Bekk **40** ἐν ante μάρτυσι add. b Bekk μενον μῦρον καδδίοις καὶ λέβησιν ἀρυόμενοι ταῖς τῶν ἰχθύων λοπάσιν ἐνέχεον καὶ τὸ τοῦ ποδὸς σκύτος ταῖς μυραλοιφαῖς ἐλίπαινον καὶ πρὸς τὰς λοιπὰς ὑπηρεσίας, ὅσας παρὸν τὸ ἔλαιον διατίθησι, χύδην καὶ | ἀσώτως ἐκέχρηντο. τὸ δὲ ὡς ἀπὸ πηγῆς προϊὸν ἀκενώτου ἢ ἐξ ἀβύσσου ἀναβάλλον ἐπέρρεε πλησμιώτερον καὶ ὑπερεξεχεῖτο καινοπρεπῶς, ὡς καὶ τοὺς βαρβάρους αὐτοὺς διὰ θαύματος τίθεσθαι τὸ ὁρώμενον καὶ τὴν χάριν ἐκπεπλῆχθαι τοῦ μάρτυρος, ἣν θεόθεν εἴληχεν.

Εἰ δὲ καιρὸς ὑμνῳδίας ὁμηγυρέας ἐτίθει κατὰ τοὺς νεὼς τοὺς Ῥωμαίους, οὐδὲ τότε σφῶν ἀπείχοντο οἱ ἀπαίδευτοι τοῦ στρατεύματος, ἀλλὰ προσιόντες ὡς συνεκκλησιάσωνται Ῥωμαίοις καὶ συνθύσωσι θεῷ θυσίαν αἰνέσεως, τοῦ μὲν τοιοῦτόν τι ποιεῖν ἀφίσταντο, λαλαγοῦντες δὲ πρὸς ἑαυτοὺς καὶ ταῖς ἀσήμοις βοαῖς διαρρηγνύμενοι ἤ καί τινας τῶν Ῥωμαίων διά τι συμπεσὸν πρὸς βίαν ἄγχοντες καὶ πράγματα παρέχοντες συνέχεον τὸν ὕμνον, καὶ ἦσαν οἱ ψάλλοντες ἄντικρυς ἐπὶ γῆς ἀλλοτρίας ᾄδοντες καὶ οὐχ ὡς ἐφεστῶτες τεμένει θεοῦ. πολλοὶ δὲ καὶ ἀντᾴδοντες τοῖς ἀλαλάζουσι Κυρίῳ ᾄσματα ἠφίεσαν πορνικὰ καὶ κυνηδὸν ὑλακτοῦντες ἐνέκοπτον τὴν ᾠδὴν καὶ ὑπερεφώνουν τὸν εἰς θεὸν ἱκετήριον.

Καὶ τοιαῦτα μέν, ὡς ἐκ πολλῶν ὀλίγα εἰπεῖν, οἱ Θεσσαλονικεῖς πολιορκηθέντες ἔπασχον, ἃ καὶ εἰς ἰδικὴν τινες ἀπέτεμον συγγραφὴν καὶ τὴν ἱστορίαν ἐς τὸ πολύστιχον ἐφακέλωσαν. ἐπεὶ δὲ ὁ ἐν ὑψηλοῖς κατοικῶν καὶ τὰ ταπεινὰ ἐφορῶν διέκυψεν οὐρανόθεν καὶ οὐδένα τῶν αἰχμαλωτευ- | σάντων ἑώρακε συνιέντα ἢ ἐκζητοῦντα θεόν, ἀλλὰ πάντας ἀχρειωθέντας καὶ πρὸς ἔργα ἐκκλίναντας ἄθεσμα, ἔγνωκεν αὐτοὺς μὲν ἐκμυκτηριεῖν ἐκτρῖψαί τε καὶ ταράξαι τῷ οἰκείῳ θυμῷ, τὴν δὲ τοῦ οἰκείου λαοῦ κα-

---

42—47 καὶ — εἴληχεν: nihil horum habet Eust. **48—57** εἰ — ἱκετήριον: cf. Eust. 126, 20—26; 134, 20—22 **50—51** συνθύσωσι — αἰνέσεως: cf. Ps. 49, 14; al. **54—55** ἦσαν — ᾄδοντες: cf. Ps. 136, 4 **60—61** ὁ — ἐφορῶν: cf. Ps. 112, 5—6 **61** διέκυψεν οὐρανόθεν: Ps. 13, 2 **62—63** ἑώρακε — ἄθεσμα: Ps. 13, 2—3 **63—64** ἐκμυκτηριεῖν — θυμῷ: cf. Ps. 2, 4—5 **64—65** τοῦ — κάκωσιν: cf. Exod. 3, 7; al.

VA = a, PW, RMDF = b

42 τὰ τοῦ ποδὸς σκύτη P **43** ἔλαιον: ἔλεος R **45** ὑπεξεχεῖτο RMF: ὑπερεχεῖτο D **45—47** καὶ pr. — εἴληχεν i. mg. et r. ca. 30 litt. P **46** κατὰ τοῦτο μόνον post αὐτοὺς add. $AP^{pc}W$ **48** ὁμηγυρέας: ὁμηγερέας Bekk: ὁμοθυμαδὸν συνιέντας ὁμηγυρέας A: ὁμοθυμαδὸν συνιόντας P **49** τότε ἀπείχοντο τούτων P **50** συνεκκλησιάσωσι P **51** ποιεῖν τοιοῦτόν τι Bekk **52** βοαῖς: φωναῖς VDF Bekk **53** καὶ — παρέχοντες suppl. i. mg. et r. P **54** γῆς: τῆς Bekk **55** καὶ οὐχ: οὐδ᾽ AW **55—56** ἄδοντες M **56** τῶ Κυρίω APW ἀσμάτια W: ἄσμα R **57** ἱκετήριον: ὑμνητήριον P **58** ἐκ τῶν πολλῶν W **60** ἐκεφάλωσαν V **61** τῶν: τῶν πολεμίων Ῥωμαίοις AP^{pc} αἰχμαλωτισάντων M **62** συνιόντα M τὸν θεόν V **63** ἐκκλίνοντας M: βλέψαντας P **64** ἐκτρῖψαί τε suppl. P^{mg}: καὶ ἐκτρίψαι V τε: δὲ W τῷ οἰκείῳ om. V **64—65** τῶ ἐνδίκω θυμῶ, τοὺς δὲ πάσχοντας οὕτω κακῶς οἰκτειρῆσαι καὶ τούτοις κτλ. P

47 Χριστομάρτυρος b Bekk **50** Ῥωμαίοις: σφισι P b Bekk **63** ἔγνωκεν: ἐδικαίωσεν b Bekk **64** κατοικτεῖραι b Bekk τοικτίσασθαι κάκωσιν καὶ τούτοις ἐλευθερίαν βραβεύσειν ἐν τῷ προσχεῖν ἀκηδιῶντι πνεύματι καὶ καρδιῶν μὴ ἐξουθενῶσαι σύντριμμα. κολοβοῖ τοίνυν, ὡς οἶμαι, διὰ τοὺς ἐκλεκτοὺς τὴν χρονικὴν τῶν ἀπευκταίων παράτασιν, καὶ ὅσα τοῖς Βαβυλωνίοις διηπειλήκει πρότερον οὐκ ἐλεήσασι τὴν Σιὼν καὶ τοὺς υἱοὺς αὐτῆς τοὺς τρυφεροὺς καὶ τὰς θυγατέρας ἐν ἀπαγωγῇ καὶ αἰχμαλωσίᾳ, ταῦτα καὶ αὐτοῖς ἐν ἀκαρεῖ ἐπήνεγκε· καὶ ἐνδοξάζεται Κύριος ὡς οὐδέποτε ἐφ' οἷς τὸ τηνικάδε καιροῦ τὸ οἰκεῖον ἔλεος ἐθαυμάστωσε, μαρτυρικοῖς, ὡς ἔοικεν, ἐπικαμφθεὶς λιτασμοῖς καὶ εὐχῆς ἐπακουὸς γενόμενος τοῦ τῆς Θεσσαλονικέων ἀρχιερέως·

Ἦν δ' οὗτος ὁ πολὺς ἐν λόγῳ καὶ ἀρετῇ διαβεβοημένος ἁπανταχῇ Εὐστάθιος, ᾧ καὶ τὸ ἀπὸ συνέσεως μὲν ἐπιπρεπὲς ἀξιέπαινον καὶ ἡ πολυπειρία θαυμαστή τις καὶ ἀξιάγαστος, τὸ δὲ παρὰ πολὺ τῶν ἄλλων ἐν λόγοις κρατεῖν καὶ σοφίας πάσης, ὁπόση τε ἡμετέρα καὶ ὅση τῶν θύραθεν, κρατῆρα εἶναι περιχειλῆ τὸ οἰκειότατον ἐκείνῳ καὶ ἐξαίρετον ἦν χαρακτήρισμα. οὗτος γὰρ συγκακουχεῖσθαι τῷ οἰκείῳ ποιμνίῳ ἑλόμενος μᾶλλον ἢ τοὺς μισθωτοὺς ἐζηλωκέναι, οἳ τῶν λύκων ἐρχομένων ἐῶντες τὰ θρέμματα ἐκδιδράσκουσιν, ἐξὸν | μεταναστεῦσαι τῆς πόλεως, ἔτι τῶν πολεμίων προσδοκωμένων μηδὲ περικαθισάντων αὐτήν, τοῦτο μὲν οὐδαμῶς ἐδικαίωσεν, εἴπερ αὐτοῦ συμπαραμεμενηκότος πλεῖστοι σώζεσθαι ἤμελλον, ἐνειρχθεὶς δὲ τῇ πόλει ἑκὼν οὐκ ἐπαύσατο συνδιαφέρων τὰ ἀλγεινὰ τοῖς πάσχουσιν, ὡς μὲν τῷ καθ' αὑτὸν ὑποδείγματι συμπείθων, ὡς δὲ παραινῶν, ὅσα καὶ πατρὸς ἡμέρου δήγματα τὰ τοῦ θεοῦ καθυποφέρειν πλήγματα καὶ τὴν ἐκ τοῦ πατάξαντος προσμένειν αὖθις ἴασιν. ,,εἰ γὰρ καὶ οἶδέ" φησι ,,πατάσσειν πολλάκις, ἀλλὰ καὶ ἰᾶσθαι πλειστάκις φιλεῖ, καὶ μάλιστα εἰ πράως φέρει τις καὶ εὐχαρίστως τὰ λυπηρὰ καὶ μὴ πρὸς τὸ

---

66 ἀκηδιῶντι πνεύματι: cf. Ps. 142, 4; al. καρδιῶν — σύντριμμα: cf. Ps. 50, 19 **66—67** κολοβοῖ — παράτασιν: cf. Mat. 24, 22 **68** ὅσα — διηπειλήκει: cf. Ier. cap. 50—51 **69—70** τοὺς (pr.) — αἰχμαλωσίᾳ: cf. Bar. 4, 10. 14. 26 **71** ἐνδοξάζεται Κύριος: alludit ad 2 Th. 1, 10 (cf. Ps. 88, 8; Sir. 38, 6) **71—72** τὸ — ἐθαυμάστωσε: Ps. 30, 22 **79—83** οὗτος — σώζεσθαι: cf. Eust. 66, 28—68, 10 **79—81** τῷ — ἐκδιδράσκουσιν: cf. Joh. 10, 12 **87** τοῦ πατάξαντος . . . ἴασιν: cf. p. 489, 32—33 **87—95** εἰ — ἀγώγιμα: nihil horum habet Eust. **87—88** εἰ — φιλεῖ: cf. Deut. 32, 39; al.

VA = a, PW, RMDF = b

67 ὡς om. R τὴν χρονικὴν om. R ἀπεύκτων Bekk **68** διηπείλησε Bekk καὶ post διηπειλήκει add. M οὐκ ἐλεήσασι: οὐ κατοικτείρασι V: οὐκ οἰκτείρασι AW **70** ἐπαγωγῇ R **71** ἐνδοξάζεταί πως ὁ Κύριος V **73** γεγονὼς VAW τῆς: τῶν P Bekk **77** κρατεῖν: ὑπερῇν A: ὑπερτερεῖν P Bekk: om. WRMDF ἁπάσης V **80** ζηλοῦν V ἐπερχομένων V **83—84** ἔμελλον σώζεσθαι Bekk **84** δὲ: οὖν P$^{ac?}$W ἄλγη P **85** ἑαυτὸν V **86** ἡμέρου: ἡμετέρου V δόγματα R **88** ταράσσειν W **89** λυποῦντα cum b scr. A

85 πείθων b **89** λυποῦντα b Bekk

δριμὺ τούτων καὶ βάλλον τὴν αἴσθησιν ἀηδιζόμενος ἀποστόργως ἔχει πρὸς τὸν ἐπάγοντα καὶ καταστενάζει μὲν τῆς προνοίας, κριμάτων δὲ βάθος ἀποσείεται θεϊκῶν, οἷα τῷ Κυρίῳ ἐξομολογεῖσθαι μεμαθηκὼς ἐν μόνῳ τῷ ἀγαθύνεσθαι καὶ ὅταν ἐξ οὐρίας φερόμενον τὸ τοῦ βίου ἀκάτιον διακομίζῃ ἀναυαγήτως ἐκείνῳ καὶ ῥεῖα καὶ κούφως τὰ ἐφετά, ὡς αἱ νῆες μακρόθεν τὰ ἀγώγιμα.“

Οὐκοῦν καὶ τοῖς στρατηγοῖς ὀπτανόμενος, οὓς κόντους εἴπῃ τις ἂν Λατίνῃ διαλέκτῳ χρώμενος, ἐμετρίαζε τὰ χείρω τοῖς πεπονθόσιν ἐπιτάγματα ἐκεῖθεν χορηγὰ κομίζων ἀνέσεως καὶ πᾶν ἕτερον πρυτανεῦον αὐτοῖς παράκλησιν — τάχα γὰρ καὶ πέτρας ἀγελάστου ὁ ἐκείνου λόγος καθίκετο — καὶ δι᾿ αἰδοῦς καὶ μόνον ὀφθεὶς τοῖς ἀλλοφύλοις ἤγετο καὶ θώκων ὑπεξίσταντο καὶ ἡδέως αὐτοῦ ἤκουον καὶ πρὸς τὸ πραότερον καὶ χρηστότερον | ἦθος μετεποιοῦντο οἷα τραῦμα φλεγμαῖνον χειρὶ κούφῃ καταλεαινόμενον ὕδατι. εἰ γὰρ καὶ ἦσαν οὗτοι ἀγχινεφεῖς μικροῦ αἰρόμενοι γαμψώνυχες ὄρνιθες καὶ βαρεῖς ἐπεποτῶντο τοῖς ὑπὸ χεῖρα τηνικαῦτα Ῥωμαίοις, μετοικεσίαν αὐτοῖς εἰς Σικελίαν ἐπαπειλούμενοι, ἀλλ᾿ οὖν ἐκεῖνος τοὺς τῷ δέει περιβαμβαίνοντας καὶ δεινότερα τῶν ἐνεστώτων τὰ ἐσέπειτα ὑφορωμένους κακὰ ἐπισυνῆγέ τε καὶ διέθαλπεν, καθὰ καὶ ὄρνις ὑπὸ τὰς ἑαυτῆς περιστέλλει πτέρυγας τὰ νεόττια, καὶ τὸ τοῦ θυμοῦ Μερραῖον τῶν κρατούντων μετήμειβε ποιοῦ τοῦ πικράζοντος ὥσπερ Μωσαϊκὸν ξύλον μέσος προσλαμβανόμενος.

Ὁποῖος δὲ ὁ τρόπος τῆς ἐλευθερίας καὶ διὰ μέσου τίνος τὸ θεῖον τουτονὶ ἐκαινούργησε, τὸν οἰκεῖον ἀναμεινάτω καιρόν.

Τὸ δὲ λέγειν ἐπανίτω πάλιν ὅθεν ἐκβέβηκε καὶ διδόσθω τὰ τοῦ βασιλέως Ἀνδρονίκου τῷ ἱστορεῖν.

91—92 κριμάτων — θεϊκῶν: cf. Rom. 11, 33 **92—93** τῷ — ἀγαθύνεσθαι: cf. Ps. 48, 19 **1** οὐκοῦν etc.: cf. Eust. passim, spec. 128, 15 sqq. **1—2** οὓς — χρώμενος: cf. Eust. 110, 16—17 **4** πέτρας ἀγελάστου: cf. p. 55, 89 **6** ἡδέως — ἤκουον: cf. Mar. 6, 20 **12** καθὰ — νεόττια: cf. Mat. 23, 37 **13—15** τὸ — προσλαμβανόμενος: cf. Exod. 15, 23—25 **17** ἀναμεινάτω: vide p. 357, 47 sqq. **18** ὅθεν ἐκβέβηκε: vide p. 296, 70

VA = a, PW, RMDF = b

93 φερόμενος τοῦ βίου M **94** ἀναναγήτως ἐκεῖνο καιρίαν καὶ κούφως R **95** πόρρωθεν AP **1** εἴποι R **2** Λατινικῇ P Bekk **3** κομίζειν M **5** καὶ alt. om. W **7** κούφῃ χειρὶ W **8—11** καὶ ἦσαν οἱ μὲν ἰσονεφεῖς μικροῦ αἰρόμενοι διὰ τὴν ἔπαρσιν γαμψώνυχες ὄρνιθες καὶ βαρεῖς ἐπιποτώμενοι τοῖς . . . Ῥωμαίοις καὶ . . . ἐπαπειλούμενοι, ὁ δὲ τοὺς κτλ. VA: καὶ ἦσαν οἱ μὲν κατὰ γαμψώνυχας ὄρνιθας καὶ βαρεῖς ἐπιποτώμενοι . . . ὁ δὲ W **8** αἰρόμενοι om. P **9—10** Ῥωμαίοις τηνικαῦτα V **10** μετοικεσίας VW ἐς VA **11** περιβομβαίνοντας A δεινὰ V **11—12** ἐνεστώτων τὰ om. M **12** ὑφορωμένους: φανταζομένους P **12—13** καθὰ: ὅσα et om. περιστέλλει VAW **13** ἑαυτοῦ V **15** μέσος ξύλον DF **18** δεδόσθω V

Εἶχε μὲν οὖν ἐπὶ ξύλου ἀναρτήσας τοὺς κασιγνήτους Σεβαστειανοὺς ὡς εἰς τυραννίδα δῆθεν ἐπαίροντας καὶ αὐτοῦ καθαίρεσιν τὸν Κομνηνὸν Ἀλέξιον. οὗτός ἐστιν ὁ ἐκ παρανόμων τῆς ἀνεψιᾶς Θεοδώρας περιπλοκῶν τῷ βασιλεῖ ἀποτεχθεὶς Μανουὴλ καὶ γαμικῶς συναφθεὶς τῇ ἐξ ὁμοίων φυείσῃ σπερμάτων θυγατρὶ τοῦ Ἀνδρονίκου Εἰρήνῃ. βραχέος γοῦν διαλιπόντος καιροῦ καὶ αὐτὸν συνειληφὼς τὸν Ἀλέξιον εἱρκτῇ παραδίδωσιν, ἔπειτα τοὺς ὀφθαλμοὺς διαλωβησάμενος ἐς τὴν Χηλὴν ὑπερόριον τίθησι· | πολίχνιον δέ ἐστιν αὕτη πάραλον, ἀγχοτάτω τοῦ Ποντίου ᾠκισμένον στόματος, ἔνθα καὶ πυργίον εἰσδέχεται τὸν Ἀλέξιον τούτου ἕνεκα δομηθέν. καὶ τὴν θυγατέρα Εἰρήνην ἀποστυγεῖ καὶ ποιεῖται ἀπὸ προσώπου Ἀνδρόνικος, ὅτι ὁ μὲν μὴ ἀχθεσθῆναι μηδὲ κόψασθαι ὁπωσοῦν ἐπέταξεν ἐπὶ τῷ ταύτης ἀνδρί, εἰ φιλοπάτωρ ἐστὶ θυγάτηρ καὶ ὑπεραλγεῖ τοῦ φυτεύσαντος, μᾶλλον μὲν οὖν καὶ ἀποστυγῆσαι τὸν σύλλεκτρον καὶ τὸ πρώην φίλτρον μετενεγκεῖν εἰς μῖσος ἀντίρροπον, ἡ δὲ ἐθρήνησεν, ὡς εἰκός, οὐκ ἀποστέρξασα τὸν ὁμόκοιτον καὶ δυσείμων ἀποθριξαμένη τεθέαται.

Ἀλλ' οὕτω μὲν ἐξάπινα διέστη τὰ τῆς θαυμαστῆς ταύτης καὶ μεγαληγορουμένης γαμικῆς συναφῆς ὑπὸ τῶν καταρατοτάτων κολάκων καὶ τῶν ἀντιφθεγγομένων νόμοις δικασπόλων, οἳ τὴν κάμηλον καταπίνοντες διύλιζον τὸν κώνωπα, ὑφ' ἧς καὶ τὰ χρονίως ἀπορραγέντα συνελθεῖν αὖθις προεφοιβάζετο τήν ἕω τε προσπλακῆναι τῇ δύσει καὶ παλαιὰν ἐκπολέμωσιν ἀποτρίψασθαι καὶ ἔθνη ὥσπερ τὰς γλώττας οὕτω καὶ τὰς γνώμας Ῥωμαίοις ἀνόμοια τὸ σύμπνουν ἀσπάσασθαι καὶ τὸν ταὐτισμὸν τῶν ἠθῶν τῆς προτέρας καινοπρεπῶς ἀλλάξασθαι διαστάσεως, ὡς συγκοπῆναι τὰς ζιβύνας εἰς ἄροτρα καὶ συμβοσκηθῆναι ἄρνας τοῖς λέουσιν.

38—39 οἳ — κώνωπα: cf. Mat. 23, 24 **43—44** συγκοπῆναι — ἄροτρα: cf. Mich. 4, 3 **44** συμβοσκηθῆναι — λέουσιν: cf. Is. 11, 6 et 65, 25

VA = a, PW, RMDF = b

20 Σεβαστιανοὺς R Sc (post Σεβ. verba μητρόθειοι οὗτοί μοι ὡς τοῦ πάππου αὐτάδελφοι add. Sc) **22—23** ὁ ἐκ τῆς Κομνηνῆς Θεοδώρας τῷ βασιλεῖ D[mg] ἐκ — περιπλοκῶν: μὴ κατ' ἔννομον συνάφειαν PW **23—24** καὶ — Εἰρήνῃ: ὁ θυγατρὶ . . . Εἰρ. γαμικῶς συναφθεὶς W **25** οὖν VA αὐτὸν: τοῦτον P Ἀνδρόνικος post συνειληφὼς add. PW τὸν Ἀλέξιον om. P **26** διαλωβησάμενος τοὺς ὀφθαλμοὺς DF Bekk εἰς VA **27** αὕτη om. M παράλιον R **27—28** ἀγχοτάτω — στόματος V: ἄγχιστα τοῦ Π. στόματι (στ. om. A) κείμενον AW: ἀγχιθυροῦν τῷ Ποντίῳ στόματι P **28** προπυργίον M **29** Εἰρήνην om. R **30** ὅτι μὴ ὁ μὲν D[ac]F ἀχθῆναι W **31** ὁποσονοῦν AWRMKN: ὁσονοῦν P **32** φύσαντος V καὶ om. V ἀποστυγῆναι F **33** καὶ post φίλτρον add. W **37** συναφείας Bekk καταροτάτων F[ac] **39** διυλίζοντες W **41** ἐκπολέμησιν A ἀποτρέψασθαι V **43** καινοπρεπῶς P: καινοπρεποῦς V: καινοτρόπως rel. Bekk

22 ὁ — περιπλοκῶν: ὁ μὴ ἐξ ἐννόμων περιπλοκῶν b Bekk **27—28** ἄγχιστά που τοῦ Πόντου κείμενον b Bekk εὐνομίαι τε πόλεων ἐμεγαλύνοντο καὶ τῶν ἐκφορίων τῆς γῆς ἐπίδοσις διαρκὴς καὶ παράλογος ἔκφυσις, ὡς ὄχνας μὲν προενεγκεῖν τὴν ῥάμνον, τὴν δὲ συκῆν | ἀσταχύων φρίσσειν ἀνθέρικας, ἢ γοῦν ὡς ἐν τῇ μίξει Διὸς καὶ Ἥρας οἱ ποιηταί φασιν, ὑποστρωννύεσθαι μὲν λωτὸν ἑρσήεντα, κρόκον δ' ἀναφύεσθαι καὶ ἀνατέλλειν ὑάκινθον.

Ὄντως οἱ λογοποιοὶ τῶν τοιούτων ἐμωράνθησαν προδηλότατα καὶ φάσκοντες εἶναι σοφοὶ καὶ προβλεπτικοὶ τῶν ἐσομένων καὶ προειδότες τὰ ἔμπροσθεν οὐδὲ τὰ ἐν ποσὶν ὁρῶντες ἠλέγχοντο, ἀλλὰ κατὰ τὴν προφητικὴν ἀρὰν βλέποντες οὐκ ἔβλεπον οὐδ' ἀΐοντες ἠνωτίζοντο. ἢ ἑώρων μὲν ἀσφαλῶς καὶ ᾔδεσαν ἀκριβῶς καταποντισμοῦ φθεγγόμενοι ῥήματα καὶ εἰς ὅπλα καὶ βέλη τοὺς ἑαυτῶν ὀδόντας μεταγομφοῦντες, χαριτογλωττοῦντες δ' ὅμως καὶ πρὸς ἀργύριον λαλοῦντες καὶ βοῦν ἐπὶ γλώττης φέροντες καὶ τὸ ἀνθρωπάρεσκον κατὰ κράτος μεταδιώκοντες, ὁποίους οὐ δέον βόσκουσι τὰ ἀνάκτορα τῶν κακῶν ἐπαινέτας, τὸ δὲ καλὸν γνῶναι μὴ θέλοντας, ἐπιμελῶς ἐνέκειντο πρὸς τὰ πονηρὰ καὶ ἐπευδόκουν ἐκείνοις, οἷς ἔχαιρεν ὁ κρατῶν, οὐ μὴν ὁ δι' οὗ βασιλεῖς ἠρέσκετο βασιλεύουσιν.

Οὐ μόνον δὲ ἀπανθρώπως οὕτω καὶ ἀνεπιεικῶς διέθετο Ἀνδρόνικος τὸν Ἀλέξιον, ἀλλὰ καὶ ὅσοι περ τῶν ὑπηρετῶν ἐκείνῳ λόγιμοι συλλαβὼν εἶχεν ἐμφρούρους. μετ' οὐ πολὺ δὲ κἀκ τούτων ἀριστίνδην οὐκ ὀλίγους συνειληφὼς τῶν ὄψεων ἀπεστέρησεν. ἕνα δ' ἀπολαβών, ὃς ἐν ὑπογραφεῦσι τῷ Ἀλεξίῳ ἠρίθμητο, τοὐπίκλην Μάμαλος, ἐς θοίνην ἐταμίευσε πύματον. οὕτω δ' αὐτὴν ἐδαίτρευσε καὶ καρυκείας μετέδωκε πλείονος, ὡς ἀξίαν | εἶναι μὴ ἄλλον εὐτυχήσειν δαιταλευτὴν ἢ μόνον Ἀνδρόνικον καὶ τραπέζαις Ἐριννύων καὶ Τελχίνων φθονερῶν ἑστιάσεσι μὴ ἀπᾴδειν τὸ παράθεμα καὶ οἷον οὐδέπω τις ὀψοποιὸς μαγγανεύσας αὐτοὺς εἱστίακε. τὸ δὲ ἦν πυρὶ παραδοθῆναι τὸν ἄνθρωπον κατὰ τὸ Ἱππικόν.

46—47 ὡς — ἀνθέρικας: fort. metaphora prov. de re impossibili **47—49** ὡς — ὑάκινθον: cf. Hom. Ξ 348 **50—51** ἐμωράνθησαν . . . σοφοί: cf. Rom. 1, 22 **52** οὐδὲ — ὁρῶντες: cf. p. 51, 90 **53** βλέποντες — ἠνωτίζοντο: cf. Is. 6, 9; Mat. 13, 13 sq. **54** καταποντισμοῦ . . . ῥήματα: Ps. 51, 6 **55** εἰς — ὀδόντας: Ps. 56, 5 **56—57** βοῦν — φέροντες: cf. Greg. Cypr. 2, 95 **57** τὸ ἀνθρωπάρεσκον: Eph. 6, 6 **60** δι' — βασιλεύουσιν: cf. Prov. 8, 15 **65—66** ἐς — πύματον: alludit ad Hom. ι 369

VA = a, PW, RMDF = b

46 ἔμφυσις M ὡς: καὶ W ῥάδαμνα V **47** τὴν δὲ συκῆν: συκῆν δ' V ὡς om. R **50** ὄντως: οὕτως R Bekk **53** ἀΐοντες: ἀκούοντες P ἢ om. F **55** εἰς ὅπλα βέλη καὶ βέλη τοὺς ὀδόντας μεταγομφοῦντες M **59** πονηρὰ: λυπηρὰ W καὶ om. W **60** ὁ om. V ἠρέσκοντο A **61** δ' P Bekk **62** ὁπόσοι F Bekk περ om. VAPW συλλαβὼν: συμμάρψας P **63** κἀκ om. M τοὺς προύχοντας post τούτων add. AP **63—64** ἀριστίνδην — ἀπεστέρησεν i. r. 20 litt. et mg. P **66** ἐδαίτρευσε: ἐποίκιλε P **67** ἀξίαν: ἀταξίαν W **67** τὸν ἀρχῆθεν ἀνθρωποκτόνον post μόνον add. APW Ἀνδρόνικον om. P^{ac}: βασιλέα Ἀνδρόνικον F Bekk **68** πρὸς οὐδὲν post ἀπᾴδειν add. AP **69** παρατιθέμενον V αὐτοὺς om. Bekk

Ἀμέλει τοι καὶ τὸ μὲν ἀνῆπτο καὶ διεχεῖτο ἡ φλὸξ ἐπὶ τοῦ ἀέρος πολὺ κατὰ τὴν τοῦ σταδίου σφενδόνην ἐπ' ἴσης τῇ Χαλδαϊκῇ ἐκείνῃ καμίνῳ, ἣν ἀνέκαυσε νάφθα καὶ κληματὶς ὑπερῆρεν εἰς ἑπταπλάσιον, ὁ δὲ παρῆκτο σχοινόδετος καὶ γυμνός, ὁποῖος πρώτως προσεῖπε τὸν ἥλιον τῆς μητρικῆς νηδύος ἐκθορών. παραστησάμενοι οὖν ὡς ἱερεῖον τὸν μείρακα οἱ καμινευταί, ὑπηνήτην ὄντα τὸ πρῶτον καὶ ἰούλῳ τὰς παρειὰς στεφόμενον, ἐνώθουν μετὰ καμάκων μηκίστων ἐς τὸ μεσαίτατον τοῦ πυρός. ὁ δὲ προσομιλῶν τῇ καμίνῳ καὶ ἀλγυνόμενος, φιλοψυχῶν δὲ καὶ ὡς ἄνθρωπος, ἴσως δὲ καὶ ὡς φευξεῖται διανοούμενος τὸν ἤδη ἀνυπεξάλυκτον θάνατον, νῦν μὲν ἐμπίπτων ἀντέβαινε ταῖς διακοντίσεσι μετριωτέρας κρίνων τὰς ἐκ τούτων ὀδύνας τῆς τοῦ πυρὸς ἐρωῆς καὶ τοῦ ἐπ' ἀνθράκων ἁπλώματος, νῦν δὲ τοῖς ἐμπυρευταῖς εἰς τὸ τῆς φλογὸς μεσαίτατον ἐμβαλλόμενος καὶ ὑπὸ τῆς πυρᾶς διειλημμένος κατὰ τοὺς τῶν ὄφεων ἀκοντίας τῆς καμίνου ἐξετινάσσετο τὸν περὶ ψυχῆς τρέχων καὶ ὑπὲρ τὸ Θετταλὸν διαλλόμενος πήδημα. καὶ τοῦτο ἐφ' ἱκανὸν γινόμενον εἰς δάκρυα ἐκίνει τοὺς θεατάς. ὀψὲ δὲ καμὼν | ἐξυπτίασε, τὸ δὲ πῦρ λάβρον τὰς ἐκείνου σάρκας περιχυθὲν ἐν βραχεῖ συνετέλεσε, κνίσσα δ' ἐς οὐρανὸν ἀνιοῦσα τὸν κύκλῳ διέφθειρεν ἀέρα καὶ ἦν τὸ τῆς λιγνύος ἀποφερόμενον ῥισὶν ἀνθρώπων ἐκεῖ που προσπελαζόντων ἀπρόσιτον.

Ὢ πυρσὸς ἐκεῖνος ἀνήμερος. ὢ ἀσπάσιον δαίμοσιν ὁλοκαύτωμα. ὢ ἱερεῖον Τελχίνων. ὢ ἀλαστόρων ὁλόκληρος προσφορά. ὢ οὐκ εὐωδίας ὀσμή, ἣν ὀσφραίνεται Κύριος, ἀλλ' Ἐριννύων χορὸς καὶ κακοεργὸς Ἀνδρόνικος, ὃς βουθυτεῖν ἀκούων τοὺς πάλαι καὶ κνίσσαις θεραπεύειν τὸ προσκυνούμενον τὴν αὐτὴν δραμεῖν οὐκ ἠνέσχετο, ἀλλὰ νηλεεστέραν τρέφων ψυχὴν τῶν πώποτε ἀνεπιεικεστάτων ἀνδρῶν ἀνθρωποθυτεῖν κακῶς

72—73 ἐπ' — ἑπταπλάσιον: cf. Dan. 3, 19 **81** πυρὸς ἐρωῆς: cf. Nic. Or. 34, 8—9 **83** κατὰ — ἀκοντίας: cf. Aelian. Nat. Anim. 6, 18 **84** τὸν — τρέχων: cf. p. 24, 25 **84—85** τὸ — πήδημα: cf. p. 105, 68 **87** κνίσσα — ἀνιοῦσα: cf. Hom. A 317 **91** εὐωδίας — Κύριος: cf. Gen. 8, 21; Mich. Chon. Or. in Is. Ang. I 232, 3

VA = a, PW, RMDF = b

71 τοι om. M **72** τοῦ om. M **73** ὑπεξῆρεν cum Wb scr. A **74** πρώτως om. M **75** ἀποθορῶν V περιστάμενοι Bekk **76** καὶ post ὄντα add. A στεφανούμενον W **77** καμάτων W εἰς Bekk **78** τῇ om. APW **79** ἴσος Bekk ἐκεῖνον post ἀνυπεξάλυκτον add. APW **83** τοὺς om. M τῶν ὄφεων τοὺς Bekk **85** γενόμενον M **85—86** τοὺς θεωμένους ἐκίνει πρὸς δάκρυα APW **86** δὲ: δὲ καὶ W τὸ δὲ: καὶ τὸ δὲ A **87** ἐς βραχὺ R εἰς APW **88** διέφθειρεν: διέφθεν W **89** που om. APW ἀπρόσιτον: ἀπόβλητον APW **90** ὢ alt. om. M **91** ὁλόκυκλος V οὐκ post ἣν add. AP^{pc}F^{pc}B Bekk **92—93** ἀλλ' — πάλαι: κακοποιοὶ δὲ δυνάμεις καὶ ἀποτρόπαιοι· βουθυτεῖν γὰρ τοὺς πάλαι μανθάνων Ἀνδρόνικος PW **94** ἠνεύχετο W ἀλλὰ: ἀλλ' ὡς ἦν ἐκ τῶν δρωμένων πιστοῦσθαι (πιστοῦται W) PW Bekk ἀλλ' ἀνηλεεστέραν VA

73 ὑπεξῆρεν W b Bekk **89** προσπελαζόντων: παριόντων b Bekk ἐπεβάλετο. τίς Καμβύσης μαινόμενος ἢ ἀπηνὴς Ταρκύνιος ἢ Ἔχετος καὶ Φάλαρις ἄγριοι καὶ θηριώδεις τοιαῦτα εἰργάσαντο; ἢ τίνες Ταυροσκύθαι ξενοκτονίαν νενομικότες, ὧν τὰ ἤθη ὁ πολυπλανὴς οὗτος ἀνεμάξατο γέρων, οὕτως ἐπέθεντο καὶ διεχειρίσαντο.

Ποιῶν δὲ τὴν τιμωρίαν οὐκ ἀναιτίατον, ἀλλά τι προϋφεστὼς ἐπισυρομένην ἔγκλημα, βίβλους | τινὰς συγκατέκαυσε τῷ Μαμάλῳ, διεξιούσας δῆθεν περὶ βασιλέων ἀρξόντων εἰς τοὐπιόν, ἃς τῷ Ἀλεξίῳ ὑπαναγινώσκων Μάμαλος ἐνάγειν τοῦτον εἰς τὸ βασιλειᾶν ἐμυθίζετο.

Οὕτω δ' ἐπὶ τοῖς πραττομένοις τούτοις ὑστεροβουλίᾳ ἐβάλλετο ἢ τοῦ τὰ αὐτὰ καὶ αὖθις δρᾶν ἀπήγετο, ὡς καὶ τὸν Δισύπατον Γεώργιον (ἦν δ' οὗτος ἐκ τοῦ τῶν ἀναγνωστῶν τάγματος, οἳ τὸν Μέγαν ἀμφιπονοῦνται Νεὼν) εἱρκτῇ συνειληφέναι, παθηνάμενον μόνον ἐφ' οἷς κακῶς ἐποίει Ἀνδρόνικος καὶ κακῶς εἰπόντα Ἀνδρόνικον, καὶ ὀβελίσκοις ἐμπεῖραι διαμπερὲς μελετᾶν καὶ ἐπ' ἀνθράκων ὀπτηθέντα τῇ τούτου παρεισενεγκεῖν γαμετῇ. καὶ ἦν ἂν ὁ πιμελώδης Δισύπατος κατὰ δελφάκιον διαπειρόμενος καὶ πυρρακίζων τὴν ἐπιδερμίδα καὶ ὡς ὄψον ἐπὶ κανοῦ τιθέμενος καὶ τοῖς κατ' οἶκον εἰσαγόμενος καὶ τῇ ὁμευνέτιδι προτιθέμενος (οὐκ οἶδα ἐφ' ὅτου, πολυχανδοῦς δὲ δήπουθεν), εἰ μὴ ὁ τῆς γαμετῆς τούτῳ πατὴρ ὁ Μοναστηριώτης Λέων ἀνεσείραζεν Ἀνδρόνικον τῆς ὁρμῆς καὶ ἦγχε καὶ κατεῖχε τοῦ ἐγχειρήματος, ὅσα καὶ λέων κνώδαλα

---

1 Καμβύσης μαινόμενος: cf. Nic. Or. 56, 12—13 Ταρκύνιος: vide ibid. Ἔχετος: cf. Hom. Od. σ 85; Apost. 17, 87 **2** Φάλαρις: cf. Apost. ibid. **2—3** Ταυροσκύθαι — νενομικότες: cf. Her. 4, 103; Eur. Iph. T. 53. 776. 1021

VA = a, PW, RMDF = b

1 τὰ τῶν Χριστιανῶν θεσμὰ παριδών, ἃ ψυχὴν σῶσαι μᾶλλον ἢ ἀπολέσαι παρακελεύονται καὶ οὐδὲ τὸν κόσμον ὅλον ἀντάξιον αὐτῆς ἀποφαίνονται post ἐπεβάλετο add. PW Bekk: fere idem hab. B μαινόμενος: γενόμενος A: φαινόμενος W **2** ἄγριος καὶ θηριώδης τοιαῦτ' εἰργάσατο R **3** νενεμηκότες R **3—4** οὗτος — γέρων: Ἀνδρόνικος ἀνεμάξατο PW **4** οὕτως ἐς τοὺς ὑπ' ἀρχὴν διετέθησαν PW **5** οὐκ om. M παρυφεστὼς A: προϋφεστὸς Bekk **7** ἐς DF Bekk **8** ἐμυθίζετο: ἐλέγετο PW **9** τούτοις om. M τῇ (ἐπὶ τῇ V) ὑστεροβουλίᾳ VA **10** δρᾶν: αἱρεῖσθαι VA ὥστε PW Δυσίπατον constanter R: Δυσήπατον constanter F **11** τοῦ τάγματος M **12** ναὸν PW συνείληφε παθηνάμενος W **13—23** εἰπόντα — Σικελοὺς i. mg. et r. 3 lin. P **13** ὀβελοῖς W ἐμελέτα APW **14—22** ἐπ' — ἤδη: ἄνθραξιν ἐξοπτηθέντα τοῖς κατ' οἶκον διεκπέμψαι διηπείλει συχνότερον. τάχα δ' ἂν καὶ πέρας ἐδέξαντο τὰ ἀπάνθρωπα ταῦτα διανοήματα, εἰ μὴ φῆμαι W **15—16** κατὰ δελφάκιον ὀβελοῖς ἐμπειρόμενος καὶ ὀπτανόμενος καὶ ὡς ὄψον κτλ. Bekk **17** τοῖς om. VAP προστιθέμενος V: παρατιθέμενος (ex b) Bekk **19** τούτου R **20** κατεῖχε: κατῆγχε(ν) AP

5 ἀναίτιον b Bekk **14** διηνεκῶς b Bekk **15—18** καὶ ἦν ἂν Δισύπατος ὀβελοῖς ἐμπειρόμενος καὶ ὀπτώμενος καὶ ὡς ὄψον ἐπὶ κανοῦ τιθέμενος καὶ τοῖς κατ' οἶκον εἰσαγόμενος καὶ παρατιθέμενος, εἰ μὴ κτλ. b ἐκφοβῶν, καθ' ὧν τὰ ἁνδάνοντα τοῖς τότε πράγμασιν ἐξηρεύγετο, στόμα τῆς συγκλήτου πρὸς 'Ανδρονίκου καλούμενος, καὶ φῆμαι δὲ ἤδη πάντοθεν λύουσαι τὸ πτερὸν τοὺς μὲν | Σικελοὺς ἀπήγγελλον 'Επίδαμνον παραστήσασθαι, ἐς δὲ Θεσσαλονίκην ἀμαχητὶ καὶ εὐθυώρως πορεύεσθαι, 'Ανδρόνικον δ' ἐξέκρουον τῶν φρενῶν ὑποθράττουσαι καὶ τῶν ἀνθρωπίνων κολάσεων τὸ σύντονον ὑπεχάλων ἐπὶ βραχύ.

Φρουρᾷ τοίνυν συνισχημένος Δισύπατος τὰς χεῖρας πρὸς τὸ θεῖον ἀνέτεινεν, οὐ κατὰ Δαυὶδ ἐπευχόμενος καὶ λέγων ,,ἐξάγαγε ἐκ φυλακῆς τὴν ψυχήν μου, τοῦ ἐξομολογήσασθαι τῷ ὀνόματί σου" ἢ τὸ τοῦ 'Ιωνᾶ φθεγγόμενος ,,ἆρα προσθήσω τοῦ ἐπιβλέψαι με πρὸς ναὸν τὸν ἅγιόν σου;" ἀλλ' ,,ἀπάλειψόν με τῆς μνήμης τοῦ 'Ανδρονίκου, καὶ εἴην παρ' ἐκείνῳ ἐνιαυτὸν ἐξ ἐνιαυτοῦ καὶ μῆνας ἐκ μηνῶν καὶ ἡμέρας ἐξ ἡμερῶν ἄϊστος ἄπυστος καὶ τῆς τῶν ζώντων βίβλου, ἕως 'Ανδρόνικος βιῴη, ἀλλοτριούμενος." καὶ θεὸς ἦν ἀληθῶς ὁ ἐκ χειρὸς 'Ανδρονίκου Δισύπατον ἐξελόμενος.

"Οπως δὲ ἠπίστατο τιμᾶν 'Ανδρόνικος τοὺς τῆς ἐκείνου θεραπείας ἐξεχομένους καὶ διαπύρους τῶν αὐτοῦ θελημάτων ἐραστὰς καὶ πληρωτάς, ἐδήλωσε μὲν καὶ ἐξ ὧν ἀπανθρώπως τοῦ βίου ἐξήγαγε τὸν Μακροδούκαν Κωνσταντῖνον καὶ τὸν Δούκαν 'Ανδρόνικον, ὧν, ὡς εἴρηται, τὸν

28—29 ἐξάγαγε — σου: Ps. 141, 8 **30** ἆρα — σου: Ion. 2, 5 **32** ἄϊστος . . . ἄπυστος: Hom. α 242 **33** τῆς — ἀλλοτριούμενος: cf. Ps. 68, 29; Apoc. 3, 5 **38** εἴρηται: minus recte; tantum scripsit, p. 292, 75—82, Andronicum his viris favere

---

VA = a, PW, RMDF = b

21 καθ': δι' Bekk **22** καὶ post συγκλήτου add. V ἤδη om. V **24** ἐς — πορεύεσθαι: καὶ τὴν Θεσσ. χειρώσασθαι PW: Θεσσ. δὲ παρακαθῆσθαι Bekk ἀμαθεὶ F **25** δ' om. W **25—26** (ὑποθράττου)σαι sscr. et καὶ — ἀνθρωπίνων i. r. 10 litt. P **27** ὁ Δισύπατος Bekk **28** οὐ om. Bekk **28** οὐ om. et **29** ἢ — φθεγγόμενος: καὶ τὸ τοῦ 'Ιωνᾶ συχνάκις ἐπέλεγεν APW **30** τὸν om. AP **31—34** ἀλλ' — ἐξελόμενος: ὅθεν οὐδ' ἠμέλησε τὸ θεῖον οὐδὲ παρεῖδε τὴν τούτου δέησιν, ἀλλ' ἀθιγῆ κακῶν ἐξείλετο τῆς φρουρᾶς, 'Ανδρονίκου τὸν βίον μετ' οὐ πολλὰς ἡμέρας ἀπολιπόντος APW ἀλλὰ τί ηὔχετο· ,,ἀπάλειψόν με Κύριε ἐκ τῆς μνήμης τοῦ 'Ανδρονίκου καὶ ἐσοίμην παρ' αὐτῷ ἄγνωστος χρόνον ἐκ χρόνου καὶ μῆνα ἐκ μηνὸς καὶ ἡμέραν ἐξ ἡμέρας μηδ' ἀκοῆς μου μνησθείη, ἕως ἂν ἐκ τῆς βίβλου τῶν ζώντων ἐξέλθοι ex B cum ὅθεν — ἀπολιπόντος ex P coniunxit Bekk **32** ἄϊστος καὶ ἄπυστος V **35—36** ὅπως — διαπύρους: ἀλλὰ καὶ ὅπως (ἀλλὰ — ὅπως: ὅπως μὲν οὖν Sc) ἠπίστατο δεξιοῦσθαι 'Ανδρόνικος τοὺς διαπύρους (-πείρους P) ἐκείνου (αὐτοῦ Sc) θεράποντας (-ποτας W) καὶ AP, ubi τοὺς — θεράποντας i. mg., W Sc **35** Ανδρόνικος om. V **36** καὶ τῶν αὐτοῦ θελήσεων πληρωτὰς cum PW b scr. A: om. Sc **37** καὶ om. W κἀξ AP Bekk

21 τότε om. b, sed suppl. D[s] **24** ἀμαχεὶ καὶ εὐθυώρως ἰέναι b **26** ἀνθρωπίνων om. W b Bekk ἐπὶ βραχὺ om. b **36** καὶ τῶν αὐτοῦ θελήσεων πληρωτάς P, i. r. ca. 30 litt., W b Bekk μὲν τῷ τῶν πανυπερσεβάστων ὑπεξῆρε σεμνώματι, τὸν δὲ Δούκαν υἱωσάμενος τοῖς πάνυ φιλουμένοις ἐνέγραφε, σαφῶς δὲ τὸ τῆς γνώμης ἄστατον | καθυπέδειξε καὶ τὸ μὴ βεβηκὸς εἰς εὔνοιαν ἐν οἷς προσέθετο καὶ τὸν Τρίψυχον ἐκπηρῶσαι Κωνσταντῖνον, ἄνδρα πολυάρατον χρῆμα παρ' ἐκείνῳ καὶ πάγχρηστον ἐν ταῖς τῆς τυραννίδος καθυπουργήσεσι καὶ τοσοῦτον ὑπερηγαπηκότα Ἀνδρόνικον καὶ θερμῶς αὐτῷ προσεσχηκότα, ὡς ὑπερελάσαι πάντας μικροῦ, ὁπόσοι τὰ Ἀνδρονίκου ἐπρέσβευον. παρὰ τοσοῦτον γὰρ εἴργετο τὸ ἐκ διαμέτρου νῖκος μονώτατος ἀποφέρεσθαι Τρίψυχος, παρ' ὅσον εἶχε συμπτερυσσόμενον αὐτῷ καὶ πρὸς τὸ ὑπερβάλλον τῆς προθυμίας ἀνθαμιλλώμενον τὸν Ἁγιοχριστοφορίτην Στέφανον καὶ τὸ μονάζον τοῦ βραβείου δυάζοντα, οἷς κἀκείνῳ τῆς ἀπηνείας ἐπλέκετο στέφανος.

Ἦν δὲ ἡ αἰτία τοῦ σβεσθῆναι τὰς κόρας Τρίψυχον βραχεῖά τις παραλύπησις καὶ ἀξία παροραθῆναι μᾶλλον ἢ πεσεῖν ὑπ' ἐξέτασιν καὶ κολάσαι τὸν παρειπόντα, καὶ ταῦτα φιλούμενον πολὺ καὶ φιλοῦντα οὐκ ἔλασσον. ἀλλ' ἐπεὶ καὶ ὑπὲρ ἀργοῦ λόγου λόγον ἐδίδοσαν ἄνθρωποι ἐπὶ τῶν Ἀνδρονίκου καιρῶν, κατὰ τοῦτο καὶ ὁ ἐξεταστὴς τῶν τοιούτων Τρίψυχος καὶ πολλοὺς βασάνοις ὑποβαλὼν καὶ τῆς οὐσίας πάσης ἀποψιλώσας, ὅτι καὶ γογγυσμοῦ ῥῆμα κατ' Ἀνδρονίκου ἀπέπτυσαν ἢ ἐγκατάλειμμα πονηροῦ ἐνθυμίου παρ' ἑαυτοῖς ὑπελίποντο, τοῖς ὁμοίοις καὶ αὐτὸς ἀνηλεῶς περιπέπτωκε τῇ ἀνομίᾳ τῆς οἰκείας πτέρνης περιληφθεὶς καὶ ᾧ μέτρῳ πολλάκις μεμέτρηκε, σεσαγμένῳ καὶ πεπιεσμένῳ καὶ ὑπερεκχυνομένῳ, τούτῳ ἀντι | μετρηθεὶς καὶ εἰς ὃν ὤρυξε βόθρον τῷ πλησίον πολλάκις, ἐπὶ τοῦτον (ὡς αἰνῶ σε, δίκη) χαριέντως ἐμπεπτωκὼς καὶ ἐφ' ἑαυτὸν λίθον κυλίσας, ὃν ἀνώχλισε πλειστάκις κατὰ τῶν ἔγγιστα.

Τῷ τοι κατειπόντος αὐτοῦ πρὸς Ἀνδρόνικον τῶν γνησιωτάτων τινὸς ὡς ἶσα τοῖς οὐκ εὐηργετημένοις μηδ' εὖ παθοῦσιν ὑπ' Ἀνδρονίκου

---

54 ὑπὲρ — ἐδίδοσαν: cf. Mat. 12, 36 **60—61** ᾧ — ἀντιμετρηθείς: cf. Luc. 6, 38 **61—62** εἰς — ἐμπεπτωκώς: cf. Prov. 26, 27

VA = a, PW, RMDF = b

40 ἄστατον: ἀνήμερον P Bekk **41** εἰς ἐπίμονον εὔνοιαν P Bekk **42** (πολυ)έ(ρα)σ(τον) P[pc] D Bekk παρ' ἐκείνῳ om. A **44** ὑπεραγαπηκότα APWD[ac]F **45** παρὰ om. W **46** φέρεσθαι V **47** περιπτυσσόμενον V: συμπερισσόμενον R **48** τῆς προθυμίας suppl. P[mg] **49** κἀκείνῳ: καὶ αὐτῶ VAW **51** Τριψύχου W βραχεῖα: βαθεῖα W **52** ὑπ': εἰς W **54** ἔλαττον D λόγου om. M **55** ὁ om. R **58—59** τοῖς αὐτοῖς κακοῖς ἀνηλεῶς P **60** (ὑπερ)εκ(κεχυ)νομένω P[pc] **62** δίκην M ἐμπεσὼν P **63** πολλάκις VWM **64** καὶ post τοι add. P[pc?] Bekk

40 ἄστατον: ὁποῖον b: γρ. ἄστατον D[mg] **41** ὑπέδειξε b Bekk βεβηκὸς: συμβαῖνον ἦθος P b Bekk **42** ἐκείνῳ: Ἀνδρονίκῳ b Bekk **43** τῆς τυραννίδος καθυπουργήσεσι: ἐκείνου ὑπηρετήσεσι b Bekk **46** εἰργόμενος ἦν P b Bekk **61** βόθυνον b Bekk **64** πάνυ post τῶν add. b ὑποτονθορύζει κατ' Ἀνδρονίκου καὶ Τρίψυχος, ὁ τόσαις εὐποιΐαις περιαντλούμενος καὶ τὰ τῶν ἀξιωμάτων ὑπέρογκα κτώμενος κἀν ταῖς βασιλείοις ἀκούων ἐπιστολαῖς ἠγαπημένος υἱὸς καὶ κνιπὸς ἄνθρωπος καὶ ἐν ταῖς νῦν ἡμέραις δυσεύρετος, ὁ πολύολβος, ὁ εὐπάρυφος, ἐπαθήνατο τὴν ψυχὴν Ἀνδρόνικος καὶ ἀπιστίαν καταγνοὺς ὅλων ἐπὶ συννοίας εἱστήκει, πρὸς ὀργὴν ὑπὸ τῶν λεχθέντων ἀναρριπιζόμενος καὶ εἰς θυμοῦ ἐπιφρίσσων κλυδώνιον. ἐπεὶ δὲ ὁ προσαγγέλλων ἑώρα τὸ ἀναθαλπόμενον τοῦ θυμοῦ καὶ ἑτέρας ἐπιδεὲς δριμυτέρων ῥημάτων ἐπιφορᾶς, ὡς ἂν οὕτω λάβρον γεγονὸς μεταρσιωθείη αἰθέριον, ἢ τὸ αἱμωπὸν ἐκεῖνο τῆς ὀργιλότητος πέλαγος καταιγιδώδη θέλον πνοὴν ἐς τὸ διανοιγῆναι εἰς χάσμα καὶ κατακρύψαι ὡς ἕτερον τριστάτην Αἰγύπτιον τὸν ἄθλιον Τρίψυχον, φησὶ πρὸς Ἀνδρόνικον ὡς „καὶ τὸν υἱὸν καὶ διάδοχον τῆς σῆς βασιλείας καὶ κληρονόμον ἔννομον τῆς ἀρχῆς, τὸν κάλλιστον καὶ ἀσπασιώτατον ἅπασιν Ἰωάννην, διασύρων οὐ παύεται Τρίψυχος ἀπόπληκτα φθεγγόμενος | ῥήματα καὶ βδέλυγμα τοῦτον ἀναγορεύων θείῳ τόπῳ τῷ τῆς αὐτοκρατορίας ἐνιδρυθησόμενον," καί ποτε παριέναι μὲν τὸν βασιλέα Ἰωάννην ὑπὸ πλείστων εὐφημούμενον καὶ προπεμπόμενον, τὸν δὲ Τρίψυχον ἐπεγγελῶντά οἱ δυσφημεῖν καὶ Ζιντζιφίτζην ἀποκαλεῖν, καὶ μέγα στενάξαντα εἰπεῖν „ὢ δυστυχὴς Ῥωμαίων ἀρχή, οἷός σοι ὁ αὐτοκράτωρ ἐλπίζεται." ἦν δὲ ὁ Ζιντζιφίτζης ἀνδράριον εἰδεχθέστατον, ταῖς τῶν σταδιοδρόμων ἵππων ἀμφιπεριστρεφόμενον ἄντυξι, καὶ τὰ πλείω μὲν τῶν μελῶν ἀνάρμοστον καὶ βραχὺ τὸ δέμας καὶ εὔσαρκον, εὐτράπελον δὲ ἄλλως καὶ δεινὸν ἐς ταμιεῖα πλῆξαι ψυχῆς ἁπαλυνομένοις βωμολοχίᾳ σκώμμασι καὶ ποιητικοῖς γέλωτος λόγοις διαχέουσι σκηνικώτερον.

---

76 τριστάτην Αἰγύπτιον: cf. Exod. 15, 4 **80—81** βδέλυγμα — ἐνιδρυθησόμενον: cf. Mat. 24, 15

VA = a, PW, RMDF = b

66 ὁ om. R ὑπεραντλούμενος W **69** δυσεύθετος M πολύολφος V ὁ alt.: καὶ D ἐπαθήνατο: ἐπεφήνατο R **70** τῶν ὅλων Bekk **72** ἀναθαλπόμενον: ἀνοιδαινόμενον P: οἰδαινόμενον W **73** καὶ — ἐπιφορᾶς: δριμυτέρων ἐπιδεὲς ῥημάτων P **74—75** ἢ — χάσμα i. mg. et r. 20 litt. P **74** τῆς ὀργιλότητος om. W **75** εἰς VR: ἐπὶ AP **76** καὶ om. P ἕτερον τριστάτην: τριστατην ἄλλον AP: τριστάτην VW **77** προσεπαγαγὼν (-επαγὼν A) ante φησι add. AP **77—78** ὡς καὶ τὸν σὸν υἱὸν (υἱὸν διάδοχον A: υἱὸν καὶ διάδοχον ἐκείνω τῆς βασιλείας W), ὦ δέσποτα βασιλεῦ, (ἐκείνω τῆς βασιλείας add. A) καὶ κληρονόμον κτλ. APW **77** υἱὸν καὶ om. V τῆς σῆς: ἐκείνω τῆς V **78** ἔννομον: γνήσιον A **79—81** διασύρων — Ἰωάννην om. R **80** τῷ om. W **82** ἀνευφημούμενον PW καὶ: τε καὶ V **83** ἐπαγγελῶντα R Ζινζίφην R: Ζιντζιφίτζιν MKU ἀποκαλέσαι A **85** τοῖς V **86** ἀμφιπεριστροφούμενον A: ἀντιστρεφόμενον R: ἐνειλούμενον V ἀντυγώμασι V **88** εἰς Bekk ψυχῆς πλῆξαι AW ἁπλυνομένης R: ἁπαλυνομένης M βωμολοχίας VR

74 ἢ γοῦν τὸ ἀχανὲς ἐκεῖνο b Bekk **75** διανοιγῆναι εἰς χάσμα: διαστῆναι b Bekk

Οὐκ ἐνεγκὼν τοίνυν τὰ λεγόμενα, ὡς δὲ βολίδας ἔνδον ἐν καρδίᾳ δεδεγμένος Ἀνδρόνικος, ἅτε λαῖλαψ τὰ προσόντα τῷ Τριψύχῳ διαφορεῖ καὶ εἱρκτῇ παραδοὺς ἀδέσμῳ εἶτα καὶ τοῦ τῶν ὀμμάτων φάους ἀποστερεῖ. καὶ τοιοῦτο μὲν τὰ τῆς παραδυναστείας τῷ Τριψύχῳ πέρας εἰλήφασιν, ὡς ἐπ' αὐτῷ ἄντικρυς ῥηθῆναί τε καὶ περατωθῆναι τὸ τοῦ Σολομῶντος ἐκεῖνο δοκεῖν, ὅ φησιν „εἰσὶν ὁδοὶ δοκοῦσαι μὲν ἀνδρὶ τὰ πρῶτα ὀρθαί, τὰ μέντοι τελευταῖα αὐτῶν βλέπει εἰς θάνατον.“ |

95—1 εἰσὶν — θάνατον: cf. Prov. 14, 12

VA = a, PW, RMDF = b

90 λελεγμένα cum b scr. A ὡς δὲ: ἀλλ' ὡς V καρδίᾳ: ψυχῇ P **92** ὀφθαλμῶν P **93** τοιοῦτον V δυναστείας W **95** γνωμάτευμα post δοκεῖν add. AP^{pc}W Bekk **1** αὐτῶν om. R καὶ τῇδε μὲν τὰ κατὰ τὴν βασιλίδα πόλιν ἐφέρετο post θάνατον add. A^{mg} P^{mg} Bekk: his verbis inc. lib. sq. W

90 λελεγμένα b Bekk

ΤΟΜΟΣ ΔΕΥΤΕΡΟΣ ΤΗΣ ΒΑΣΙΛΕΙΑΣ ΑΝΔΡΟΝΙΚΟΥ ΤΟΥ ΚΟΜΝΗΝΟΥ

Ὁ δέ γε Σικελικὸς στρατὸς τριχῇ διαιρεθείς, ὁ μὲν τῇ Θεσσαλονίκῃ παρέμενε, τῶν δ᾽ αὖ μερίδων ἡ μὲν ἐσβάλλει κατὰ τὰς Σέρρας καὶ τὰ ἐκεῖσε πάντα χειροῦσθαι καὶ πορθεῖν ἔγνωκεν, ἡ δὲ ὡς διὰ λείας ὁδοῦ φερομένη καὶ μηδένα τὸν ἐς χεῖρας ἰόντα ἢ ἀντιπίπτοντα ἔχουσα ἐς αὐτὴν τὴν Μοσυνόπολιν κατεσκήνωσε καὶ τὸ κύκλῳ ὑποχείριον ἔθετο.

Ἀνδρονίκῳ δὲ τὰ μὲν πρῶτα ἐμέλησε στεῖλαι τὸν φυλάξοντα τὴν Ἐπίδαμνον καὶ ἀφίκετο ἐκεῖσε ὁ Βρανᾶς Ἰωάννης· βραχεῖαι δὲ ἡμέραι, καὶ οἱ μὲν Ἰταλοὶ Ἐπιδάμνου ἐπέβησαν ὡσεὶ πτηνοὶ καὶ ἀέριοι μικροῦ τε θάτερον τῶν ποδῶν περιβάδην ἐκτείναντες ἀπραγμόνως τὰ τῶν περιβόλων ὑπερέβησαν κρήδεμνα, ὁ δὲ Βρανᾶς εἰς Σικελίαν αἰχμάλωτος μετατίθεται. ἔπειτα δὲ τῷ διέπειν λαχόντι Θεσσαλονίκην Δαυὶδ ἐπέστελλε καὶ ἐπέτελλεν ἐπαγρυπνεῖν τῇ τῆς πόλεως φυλακῇ καὶ μὴ δεδιέναι τοὺς πεδιλορράφους Λατίνους, πηδᾶν δὲ καὶ δάκνειν καὶ κεντεῖν, ἵν᾽ αὐτὰς τὰς | Ἀνδρονίκου παραθήσομαι λέξεις. καὶ ἐφ᾽ ὅτῳ μὲν Ἀνδρόνικος οὑτωσὶ συνετίθει τὰ γραμμάτια, μόνος ὁ ἐκδιδοὺς ἐπιστάμενος ἦν Ἀν-

---

10 ἀφίκετο: ante diem 21 mens. Iun. a. 1185 **13** ὑπερέβησαν: die 24 mens. Iun. a. 1185, cf. p. 297, 1—2

9—14 Ἀνδρονίκῳ — μετατίθεται: cf. Eust. 64, 15—66, 4 **14** ἐπέστελλε: cf. Eust. 72, 1—5 **16** πεδιλορράφους: πεδίλων ῥαφέας Eust. 82, 17—18

VA = a, PW, RMDF = b

3 τοῦ Κομνηνοῦ Ἀνδρονίκου P τοῦ Κομνηνοῦ om. AMD^{ac} **4** ὁ . . . στρατὸς: τὸ . . . στράτευμα A^{s} διχῇ R διαιρεθείς: διήρηται καὶ AW αὐτοῦ μέρος post μὲν add. AW **5** αἱ δὲ δύο μερίδες B ἑτέρων δύο post αὖ add. Bekk εἰσβάλλει VF Bekk **6** ὁδοῦ om. AW **7** εἰς Bekk ἀντιπίπτουσα R: ἀνθιστάμενον P εἰς Bekk **8** τὴν om. R (Μ)ω(συ)ού(πολιν) constanter P^{pc} τὰ κύκλω ὑπὸ χεῖρα AW **11—12** καὶ μικροῦ θάτερον P **12** τε: δὲ V: om. AW ἐκτείνοντες V **12—13** ἐκτείναντες καὶ . . . . ὑπερβάντες A: ἐκτείναντες καὶ . . . ὑπερέβησαν W **13** μετατίθεται: ἀπενήνεγκται P **14** δὲ om. APW Bekk τὴν Θεσσ. P **15** ὑπαγρυπνεῖν P μηδόλως AP^{pc}W: μηδ᾽ ὅλως Bekk **16** πεδιλορράφους: τὰ τῶν ποδῶν καττύοντες πέδιλα V: τοὺς τὰ στενὰ σκαλπέτια φοροῦντας B δὲ: τε AP κεντᾶν D ἵνα V **18** οὕτω VAW οὑτωσὶ — Ἀνδρόνικος om. M συνετίθετο V: συνέταττε P γράμματα R μόνος ἐπιστάμενος ὁ ταῦτα ἐκδιδοὺς Ἀνδρόνικος P

3 κῦρ ante Ἀνδρονίκου add. RD^{pc}: κυροῦ add. F^{ac} **4** τὸ δέ γε Σικελικὸν στράτευμα τριχῇ διαιρεθέν, ὃ P b Bekk **5** προσέμενε b Bekk δρόνικος· αὐτοῖς δὲ τοῖς φιλοσκώμμοσι πολίταις διὰ γέλωτος ἤγετο τὰ γραφόμενα, ἀντιφέρουσι ταῦτα καὶ ἀντιβάλλουσι πρὸς αἰσχρά τινα δημόσια ῥήματα, ἃ μὴ προφέρειν χρεών.

Ἐπὶ δὲ τούτοις τὰς Ῥωμαϊκὰς δυνάμεις συνηθροικώς, ὅσαι τε ἑῷαι καὶ ὅσαι ἑσπέριαι, καὶ ταύτας εἰς τμήματα διελὼν τὸ μὲν τῷ βασιλεῖ καὶ υἱῷ Ἰωάννῃ ἐπέταξε περὶ τὴν Φιλίππου διατρίβοντι ἐπαρχίαν, τὸ δὲ τῷ χαρτουλαρίῳ παραδέδωκε Χούμνῳ, ἄλλο τῷ Παλαιολόγῳ Ἀνδρονίκῳ, ἕτερον τῷ ἐκτομίᾳ Νικηφόρῳ, ὃς τιμήεις ἦν παρ' Ἀνδρονίκῳ τῷ τοῦ παρακοιμωμένου κυδρούμενος ἀξιώματι. ἀλλὰ καὶ Ἀλέξιον ἐκπέπομφε τὸν Βρανᾶν μεθ' ἑτέρου στρατεύματος.

Πλὴν ὁ μὲν υἱὸς κυνηγεσίοις ἐνευπάθει κατὰ τὴν Φιλιππούπολιν ὅσα καὶ πυλῶν Γαδειρίδων κατάσχεσιν ἢ Διονυσίων στυλίδων καθαίρεσιν τὴν τῆς Θεσσαλονίκης προνόμευσιν φανταζόμενος· οἱ δὲ λοιποὶ ταυτησὶ πολιορκουμένης ἐγγίσαι μὲν καὶ ἐπαρῆξαι οὐδ' ὅλως ἐθάρρουν, πορρωτάτω δὲ σκηνούμενοι δι' ὀπτήρων καὶ ταχυδρόμων κλεπτόντων τὴν εἰς τὸ στρατόπεδον τῶν πολεμίων ἄφιξιν τὰ κατὰ Θεσσαλονίκην ἦσαν ἐνωτιζόμενοι. μόνος δ' ἀπὸ πάντων ὁ Χοῦμνος Θεόδωρος ὑπέστη ἐγγύτερον προσελθεῖν, ὡς ἢ ἐπαμυνῶν Θεσσαλονικεῦσιν ἐν τῷ συμπλακῆναι τοῖς διειληφόσι τὴν πόλιν | στρατεύμασιν, ἢ καὶ παρελευσόμενος ἔσωθεν, εἰ καὶ τοῦτο ἐξείη. ἀλλὰ καὶ πρὸς ἄμφω διαμαρτὼν τοῦ σκοποῦ αἰσχίστως παλίμπους ἐφέρετο· οἱ γὰρ ἀμφ' αὐτὸν μηδὲ μέτωπον κόρυθος τῶν ἐναντίων βλέψαι ὑπενεγκόντες τὰ νῶτα μετέβαλον καὶ ἀμεταστρεπτὶ ἔφευγον, ἓν τοῦτο παρὰ τοὺς λοιποὺς ὁμοφύλους ἀνδρισάμενοι, τὸ γοῦν ἀεὶ μὴ ἐφησυχάζειν, ἀλλ' οὓς οἱ πευθῆνες ἀνήγγελλον αὐτοῖς πολεμίους, τούτους αὐτοψεὶ κατιδεῖν καὶ ἔργοις αὐτοῖς διδαχθῆναι τὸ ἐν μάχαις ὀξύρροπον τῶν ἀνδρῶν.

22—28 ἐπὶ — στρατεύματος: cf. Eust. 72, 10—20 **30** πυλῶν Γαδειρίδων: cf. Apost. 16, 19 Διονυσίων στυλίδων: cf. Lucian. Vera Hist. 1, 7; Eust. in Dion. Perieg. 623 p. 224 Bernhardy **33—34** δι' — ἄφιξιν: ad Hom. Λ 599 sqq. alludere videtur; cf. Nic. Or. 29, 12—13; 66, 8 sqq.; 135, 17 sqq. **35—44** μόνος — ἀνδρῶν: cf. Eust. 86, 1—35 **39—40** μηδὲ — ὑπενεγκόντες: cf. Hom. Π 70

VA = a, PW, RMDF = b

20 ἀναφέρουσι VAW **21** δημώδη AW **23** τμήματα: τάγματα P Bekk **23—24** τὸ ... τὸ: ὃ ... ὃ AW **24** διέποντι AW **26** καὶ ἕτερον V **26—27** ἕτερον — Ἀνδρονίκῳ om. et ἕτερον — ἀξιώματι suppl. i. mg. A ὃς ἦν ὑπ' Ἀνδρονίκου τῷ τοῦ παρακοιμωμένου τιμηθεὶς ἀξιώματι P **27** παρακοιμουμένου DF[pc] **27—29** ἀλλὰ ... πλὴν: ἐπὶ δὲ ... ἀλλ' V **30** Γαδειρίων P **35** ἀπὸ πάντων: ἁπάντων V **36** προελθεῖν VAW: ἐλθεῖν P ὡς om. P ἀμύνων V: ἀμμυῶν A: ἀμυνῶν W **38** τοῦ σκοποῦ διαμαρτῶν AW τοῦ σκοποῦ om. V **41** λοιποὺς D[sγρ]: πολλοὺς DF **42** ἡσυχῇ καθῆσθαι P

23 ἐς b Bekk **24** ἀπέταξε P b Bekk **32** οὐδαμῶς ἀπεθάρρουν b Bekk **36** ἢ om. P b Bekk

Ἐπεὶ δὲ ἑάλω ἡ λογίμη Θεσσαλονίκη καὶ ὁ διαμερισμός, ὥς μοι εἴρηται ἤδη, ξυνέβη τοῦ Σικελικοῦ στρατεύματος, ἄλλος δ' ἂν εἶπέ τις ὡς κατὰ τὴν μυθικὴν Χίμαιραν συναπτόμενον πρότερον τὸ ἀντίπαλον, τότε διαιρεθέν, τὸ μὲν κράτιστον αὐτοῦ ὅσα καὶ λέων προηγούμενον εὐθὺ τῆς βασιλίδος ἵετο πόλεως, τὸ δὲ μέσον τὰ κατ' Ἀμφίπολιν καὶ Σέρρας ἐνέμετο, τὸ δὲ λοιπόν, ὅσον δηλονότι ναυτικὸν καὶ ὡς ὄφις συρόμενον ἐν τοῖς ὕδασιν, ἐτήρει τὴν προκαθεζομένην πόλιν τῶν Θετταλῶν, οὐδ' οὕτως ὄντες ὁμοθυμαδὸν οἱ Ῥωμαῖοι καὶ βάλλοντες ἓν στρατήγιον ἑνί τινι γοῦν συμπλακῆναι ἀπεθάρρησαν τμήματι. ἀλλ' οἱ μὲν κατειληφότες τὴν Μοσυνόπολιν πολέμιοι καὶ περὶ τῆς περαιτέρω πορείας ἐσκέπτοντο μηδ' ὀφθαλμοῖς ὁπλίτην Ῥωμαῖον ἐνοπτρισάμενοι, Ῥωμαῖοι δὲ τὰς τῶν ἐκεῖσε προκαταλαβόντες | ὀρέων λαγόνας εἰς τὸ πεδίον οὐκ εἶχον ὑποκαταβῆναι καὶ δέξασθαι τὸ ἐπιὸν δυσμενές. ὅθεν ἐγνώκεσαν Ἰταλοὶ μηκέτ' ἀναδύεσθαι, ἀλλ' ὁμοῦ συσπειραθῆναι καὶ πρὸς ἓν κατάντημα τὴν Κωνσταντίνου καλλίπολιν ἐπειχθῆναι καὶ ταυτηνὶ χειρώσασθαι.

Οὕτω γὰρ αὐτοὺς ἐπῆρεν ὁ ἐκ Κομνηνῶν Ἀλέξιος, ὅς σφισι συνὼν καὶ μηδ' ἐν μέρει ταττόμενος στρατηγοῦ ὅμως ἃ τελεσθῆναι οὐκ ἔμελλον φανταζόμενος ᾤετο ὁ ἀνούστατος καὶ μηδὲ προβατίων ἄρχειν ἐπάξιος ὑπὲρ ἐκείνου διαπονεῖσθαι τὸν ῥῆγα τῶν Σικελῶν, καὶ ὡς ἤδη ἐν τῷ βασιλικῷ σχήματι καταστὰς καὶ ἀρχαιρεσιασθεὶς αὐτοκράτωρ ὁ Μελιτίδης ὠφρύωτο φάσκων καὶ διατεινόμενος πρὸς τὸ ἀλλόθρουν στράτευμα μὴ ἂν ὑποβεβηκέναι τὸν αὐτοῦ πόθον παρὰ τοῖς Κωνσταντινουπολίταις πρὸς τὸ μεγαλεῖον τοῦ βασιλέως καὶ πρὸς πατρὸς αὐτῷ θείου τοῦ Μανουήλ, ἀλλ' οὕτως ἡγεῖσθαι παρὰ Ῥωμαίοις ἀσπάσιος ὅσα καὶ ἡμερο-

---

46 εἴρηται: p. 317, 4—8 **47** κατὰ — Χίμαιραν: cf. Hom. Z 180 cum. Schol. **50** ὡς ὄφις συρόμενον: cf. Mich. 7, 17; Nic. Or. 69, 20 **61—70** οὕτω — ἀγαθόν: cf. Eust. 58, 30—60, 7; 64, 6—12 **62** ἃ — ἔμελλον: cf. Hom. B 36 **65** ὁ Μελιτίδης: cf. Aristoph. Ran. 991; Aelian. Var. Hist. 13, 15; Diogen. 5, 12

VAP (ab 58 ἀναδύεσθαι) Wª (ab 61 αὐτοὺς) = a, P (usque ad 58) W (usque ad 66 ὠφρύωτο), RMDF = b

45 ἡ λογίμη om. V μερισμὸς PN: διαλογισμὸς A **46** ἤδη om. M στρατοῦ W **49** κατὰ W κατὰ τὴν Ἀμφ. V **50** ἐπενέμετο P Bekk: ἐνενέμετο W **52** ὁμοθυμαδὸν: ἀολεῖς V **53** ἀπεθάρσησαν V: ἐπεθάρρησαν M **54** πολέμιοι: Ῥωμαῖοι W **58** Ἰταλοὶ: Σικελοὶ P μηκέτι Bekk **59** τὴν Κωνσταντινούπολιν V αὐτηνεὶ R **62** μηδὲ Wª **63** ὡς ante ᾤετο add. V ἄξιος APWWª Bekk **64** ἐκείνου: αὐτοῦ V διαπονεῖσθαι om. M καὶ ὡς: ὡς γοῦν P **67** ἑαυτοῦ cum b scr. AWª Κωνσταντίνου πολίταις Bekk **68** πατρὸς: μητέρα R

47 τὴν om. b **53** γοῦν om. b **54** περαιτέρω etiam K: προσωτέρω MDFN Bekk: προτέρας R **55** μηδ' ὀφθαλμοῖς: μηδαμῶς P b Bekk **56** καταλαβόντες b **63** ἐπάξιος: ἐνδέξιος b **67** αὐτοῦ etiam K: ἑαυτοῦ b Bekk φαὴς ἥλιος καὶ κατὰ τὴν ἀέρος ὁλκὴν ἀπαραίτητον κρίνεσθαι ἀγαθόν. καὶ ταῦτα μὲν οὕτως.

Αὐτὸς δὲ Ἀνδρόνικος τὰ τῆς πόλεως τείχη περιελθών, εἴ τι χρόνῳ ὑποσκάζον ἦν καὶ καμόν, ὑπερείδεσθαί τε τοῦτο καὶ ἐπισκευάζεσθαι προσετετάχει. καὶ ἦν ἔργον εὐθὺς τὸ ἐπιταττόμενον. κατηρείποντο | οὖν ὅσα τῶν οἰκημάτων παραπεπηγότα τοῖς τείχεσιν ἔξωθεν εὐέφοδα τοῖς πολεμίοις ἐποίει τὰ ἔσωθεν καὶ νῆες μακραὶ περὶ τὰς ἑκατὸν ἐσάλευον κατὰ τὰς ἀκτὰς ἡτοιμασμέναι πρὸς ἔκπλοιαν, δεῆσαν ἐπιβοηθήσουσαι πόλεσι κακῶς διακειμέναις ὑπὸ τοῦ στόλου τῶν Σικελῶν καὶ τοῖς Κωνσταντινουπολίταις ἀρήξουσαι (καὶ οὗτοι γὰρ ἐπιστῆναι ᾤοντο αὐτίκα μάλα τοὺς πολεμίους) καὶ διαληψόμεναι κατὰ καιρὸν τὸν ἐσέχοντα θαλάττιον κόλπον καὶ ποταμίου δίκην ὁλκοῦ τὴν κατὰ τὰς Βλαχέρνας ἠϊόνα προσκλύζοντα.

Καὶ τὰς μὲν κοινὰς ἐς τοσόνδε διαθέμενος φροντίδας ἀνέπεσεν ὡς ἀρκούντως ἤδη καὶ ἀραρότως τὰ πρὸς ἀντιμάχησιν διοικήσας καὶ καταπολέμησιν τῶν τοῖς Ῥωμαίοις ἐπιόντων ἐχθρῶν· ἀκηκοὼς δὲ ἁλῶναι Θεσσαλονίκην ἐς κακοποιΐαν τρέπεται τῶν προσγενῶν τοῦ Δαυίδ, ὃν φύλακα τῆς πόλεως ταύτης τὸ λέγειν ἤδη δεδήλωκε, καὶ συλλαβὼν τούτους καθείργνυσιν ἐν φρουραῖς. δημηγορῶν δὲ οὐδὲν μέγα τὸ συμβὰν ἔλεγεν εἶναι, οὐδ' ἄξιον ἐς κατόρθωμα σεμνολογεῖσθαι τοῖς Σικελοῖς· οὐ νῦν γὰρ πρώτως, ἀλλὰ καὶ πρώην πόλεων ἁλώσεις ἐπάγειν τὸν χρόνον φιλεῖν καὶ νίκην ἐπαμείβεσθαι ἄνδρας. φήμαις δὲ βαλλόμενος ἀπευ-

---

85—88 ἀκηκοὼς — φρουραῖς: cf. Eust. 72, 6—7 **91** νίκην — ἄνδρας: cf. Hom. Z 339

VAPW^a^D = a

70 καὶ omittendum et pro ἀπαραίτητον: ἀπαράθετον scribendum putavit G. L. F. Tafel, Komnenen und Normannen, Ulm 1852, p. 251 n. 60 **70** ἔαρος V καλὸν cum b scr. PW^a^ **71** οὗτος V **72** τὰ τείχη τῆς πόλεως (ex b) W^a^ **73** καμὸν: κακὸν A ἐπισκευάσαι P ὑπέσκαζεν (ex b) W^a^ τοῦτο post ἐπισκευάζεσθαι transp. W **74** προστετάχει A **74—76** κατηρείποντο — ἔσωθεν cum b scr. W^a^ **76—78** καὶ νῆες μακραί δε ἦσαν περὶ τὰς ἕκατον, αἳ καὶ ἐσάλευον κατὰ τὰς ἀκτὰς ἡτ. πρ. ἔκπλ. ἐπιβοηθήσουσαι πόλεσι κτλ. W^a^ **77** ἐν ταῖς ἀκταῖς P εὔπλοιαν V **78** Κωνσταντινουπολ.: ἀστυπολίταις P Bekk **80** μάλα om. Bekk διαληψομένους A **81** ἐς Βλαχέρνας P: ἐν Βλαχέρναις Bekk **82** προσκλύζοντα: ῥαίνοντα P Bekk **84** ἀρκούντων W^a^ τὰ om. V **86** εἰς Bekk τοῦ om. P Bekk **87** ἤδη P Bekk: om. rel. **89** ἐς: ὡς Bekk τοῖς Σικελοῖς σεμνολογεῖσθαι V **90** γὰρ νῦν V

70 ἀγαθόν: καλόν (κάλλιον M) b Bekk **72** τὰ τείχη τῆς πόλεως b **73** ὑπέσκαζεν, ἐπισκευάζεσθαι τοῦτο προσετετάχει b Bekk, sed ὑπερείδεσθαί τε καὶ suppl. D^pc^ **74** καὶ — ἐπιταττόμενον om. b, sed suppl. D^s^ **74—76** κατηρείποντο δὲ καὶ τῶν οἰκημάτων ὁπόσα τοῖς τείχεσιν ἐπικείμενα εὐέφοδα ἐποίει τὰ ἔσωθεν b Bekk **77**— 322, **55** δεῆσαν — ἐκωμῴδει om. b Sc, qui **72** αὐτὸς — 324,**95** κακῶς non habet: suppl. D κταίαις ἄλλοτε ἄλλαις καὶ συχνάκις ἐφισταμένων τῶν ἀγγελλόντων ὡς νῦν μὲν οἱ ὑπεναντίοι Ἀμφίπολιν παρεστήσαντο, νῦν δὲ τὰς ἐφεξῆς ληϊσάμενοι χώρας κατὰ τὴν Μοσυνόπολιν ἐναυλίζονται, καὶ τὰς τοιαύτας ἀγγελίας ὡς οὐδέπω δεινὰς ἀπεπέμπετο καὶ ἔλεγεν ὡς μετελεύ|σεται τοὺς ἐχθροὺς καὶ ἐξολοθρεύσειε τέλεον ὃν τρόπον οἱ θηραταὶ τοὺς μοναστικοὺς τῶν συῶν. αὐτούς τε γὰρ κατὰ βραχὺ μεθισταμένους τῆς λόχμης ἐγκλείεσθαι λιχνευομένους περὶ τὴν προκειμένην ἐδητύν, ἔνθα ὁ δόλος καὶ ἡ πάγη καττύεται, καὶ οὕτως ἐμπείρεσθαι δόρατι ἢ βαθεῖαν κατὰ τῶν σπλάγχνων δέχεσθαι τὴν πληγήν· καὶ τοὺς Ἰταλοὺς δὲ ὡσαύτως ἀφροντιστοῦντας, ὡς οὐκ ὄντος τινὸς ἀνθισταμένου, καὶ ἀεὶ προχωροῦντας τοῖς ἔμπροσθεν καὶ τῇ τῶν πλειόνων σκύλων ὑποσαινομένους ἐφέσει μέλλειν εἰς τὸν ἔσχατον καὶ ἀπρόοπτον ὄλεθρον ἐμπεσεῖσθαι καὶ ἐπὶ κορυφὴν αὐτῶν τὴν ἀδικίαν αὐτῶν καταβήσεσθαι.

Ἦν δὲ ταῦτα οὐδὲν ἕτερον ἢ ἀνδρὸς τῇ φύσει τῶν πραγμάτων ἀντιμαχομένου προδήλως αἱμύλα προβλήματα καὶ πολιτείας ἤδη κατ' αὐτοῦ φλεγμαινούσης μειλίγματα, οἷς οὐκ ἦν ἀρρενούμενος καὶ πᾶσαν μηχανὴν μετιών, ὅπως ἀποσοβήσειε τὸ ἀλλόγλωττον. καίπερ δὲ τοιούτων καὶ τοσούτων ἐφεστώτων κακῶν καὶ πάντων πείσεσθαι φανταζομένων τὰ οἰκτρότατα καὶ ὡς ἤδη παρόντων καὶ ἀνιώντων ὀδυρομένων, ὁ δὲ ὁμαλῶς ἔφερε τὰ ἀνύποιστα καὶ οἷον ἐπ' ἀλλοτρίοις δεινοῖς τὸ φιλόσοφον ἐπεδείκνυτο, καὶ ταῦτα, εἴπερ τις, φίλαρχος ὢν καὶ δι' ἔρωτα βασιλείας εἰς ἀπάνθρωπα ἤθη ἐκκυλισθεὶς καὶ τυράννους ὑπερελάσας τοὺς πώποτε.

Ἔνθεν τοι καὶ τῆς πόλεως πολλάκις ἀπανιστάμενος μετὰ χορείας ἑταιρίδων καὶ παλλακῶν ἐφιλοκρίνει τὰ τῶν τόπων ἐρημικώτερα καὶ οἷς ἡ τῶν ἀέρων ἐπλεόναζεν εὐκρασία καὶ θηρίων | δίκην συναγκείαις ὁρῶν καὶ χλοεροῖς παραβυόμενος ἄλσεσιν ὡς ὄρνιθας κατοικιδίους ἀλεκτρυὼν ἢ αἶγας τράγος ἡγούμενος αἰπολίου ἢ καθάπερ ὁ Σεμέλης Διόνυσος τὰς Θυάδας, Σοβάδας, Μαινάδας, Βάκχας εἶχεν ἑπομένας τὰς ἐρωμένας μόνον οὐ νεβρίδα ἐξημμένος καὶ τὸν κροκωτὸν ἐνδυόμενος. καὶ ἦν κατὰ τακτὰς μὲν ἡμέρας ὡσεὶ διὰ παραπετάσματος ὀλίγοις τῶν ἐκ τῆς βασιλείου αὐλῆς ὀπτανόμενος, καὶ τούτων οἵπερ ἐκείνῳ μάλιστα προσῳκείωντο, αὐλητρίσι δὲ καὶ ἑταιρίσιν ἀναπεταννὺς πᾶσαν πάροδον καὶ

8—9 ἐπὶ — καταβήσεσθαι: cf. Ps. 7, 17

VAPW[a]D = a

94 τὴν om. W[a]D   Μωσυνούπολιν hic non ex correctione P   **95** ὑπεπέμπετο A   **1** ἐξολοθρεύσει P Bekk   (μονα)δ(ικοὺς) P[pc] Bekk   **5** τῶν om. W[a]D   πληγήν: βολήν W[a]D   δὲ om. V   **6** προχωροῦντος A   **8** ἐς W[a]D   **10** ἕτερον om. P Bekk   **13** τὸν V   **16** κἀν τοῖς ἀλλοτρίοις W[a]D   **17—322, 46** καὶ alt. — ὁμηγύρεων om. W[a] D   **22** ἐπλεόναζεν om. V   **22** συναγγείαις codd.   **25** τὰς: ὡς AP Bekk   **26** νευρίδα codd.   τὸν: τὸ V   **27** περιπετάσματος Bekk πάντα καιρὸν εἰς ὁμιλίαν αὐταῖς χαριζόμενος. ἔχαιρέ τε κατὰ Σαρδανάπαλον ταῖς ἀνέσεσιν, ὃς τόσσ' ἔχειν, ὅσσ' ἔφαγε καὶ ὅσσ' ἐφύβρισε, τῷ ἐπιταφίῳ ἐνεκόλαπτεν ἐπιγράμματι. 'Επικούρειός τε ἦν καὶ Χρυσίππειος καὶ λαγνείαν δυστυχῶν πολύποδος ἵμερον ἐδίωκε καὶ φιλότητι μαργαίνων καὶ τὸν 'Ηρακλέα μιμούμενος ἀτεχνῶς κατὰ τὴν τῶν πεντήκοντα καὶ μόνον τοῦ Θυέστου θυγατέρων φθοράν. οὐκ ἔχων δὲ τὴν ἴσην πρὸς τὸ ἀκολασταίνειν ἰσχύν, ὡς 'Ιόλεων ἐκεῖνος κατὰ τῆς παλιμφυοῦς "Υδρας συνέριθον, οὕτω καὶ οὗτος τὰ ὑπὸ γαστρὸς πρὸς συνουσίαν ἀλοιφαῖς καὶ περιττοῖς σκευάσμασιν ἀνερρώννυεν. ἤσθιε δὲ καὶ ζῷον Νειλῷον, κροκοδείλῳ πάνυ τι ἐμφερές, ἀπόσιτον μὲν τοῖς μὴ τὰ τοιαῦτα βρωτέα κρίνουσι, διερε- |θίζον δ' ὅμως καὶ διανιστῶν ἐν ταῖς ὁμιλίαις πρὸς ἀπουσιασμόν.

Κατὰ δὲ τὰ ἀρχεῖα γινόμενος ἀπὸ τῶν ἔξωθεν διατριβῶν τε καὶ διαχύσεων οὐκ ὀλίγον μὲν καὶ τὸ περὶ αὐτὸν εἶχε δορυφορικόν, καὶ τοῦτο ἐκ βαρβάρων ἰλῶν καὶ ἀνδρῶν λοιμῶν χαιρόντων ἀπαιδευσίᾳ καὶ τὰ πλεῖστα μηδ' ἐπαϊόντων 'Ελληνίδος φωνῆς. καὶ τοὺς προκοίτους δὲ καὶ προφύλακας ἐξ ἀεὶ τοιούτων ἀναγώγων συνείληχεν ὁμηγύρεων. τελευτῶν δὲ καὶ κύνα κάρχαρον, οἷον καὶ λέουσιν ἀντιπλέκεσθαι καὶ ἄνδρα ἔφιππον ὁπλίτην κατενεγκεῖν ἔραζε, σύνοικον ἑαυτῷ πεποίητο· οἱ μὲν γὰρ σωματοφύλακες καὶ δορυφόροι ἄποθέν που τοῦ βασιλικοῦ κοιτῶνος νυκτὸς κατηυνάζοντο, ὁ δέ γε κύων πρὸς ταῖς θύραις ἐδέδετο, χαλκεόφωνος ὢν καὶ πρὸς βραχεῖαν διαταραττόμενος ψόφησιν καὶ γινόμενος ὑλακόμωρος.

Προϊὼν δὲ οὕτω κατετρύφα τῆς τῶν Κωνσταντινουπολιτῶν εὐηθείας καὶ ὡς ἀπὸ ῥινὸς ἑλκομένους ἐχλεύαζε καὶ πρὸς πᾶσαν τῶν κρατούντων θεραπείαν τε καὶ θωπείαν ἑτοίμως ἔχοντας ἐκωμῴδει, ὥστε καὶ τῶν παρ' αὐτοῦ θηρωμένων ἐλάφων τὰ κέρατα, ὁπόσα εἰς ὕψος ἦρτο καὶ εἶχόν τι

30 κατὰ Σαρδανάπαλον: cf. Athen. 529f **33** πολύποδος ἵμερον: cf. Aelian. Nat. Anim. 6, 28; Athen. 316 b c **34—35** τὸν — φθοράν: cf. Athen. 556 f **36—37** ὡς — συνέριθον: cf. Nic. Or. 59, 28—30 **54** ἀπὸ ῥινός: cf. p. 114, 29 **56** sqq. τὰ κέρατα etc.: cf. Artem. Dald. Onirocr. 2, 12 (p. 120, 15—16 Pack); Lucill. Anth. P. 11, 278 infra p. 488, 91—94

VAPW^{a}D (usque ad 55 ἐκωμῴδει) = a, RMD F = b (ab 55)

31 ὅσσ' alt. om. Bekk **32** ἐνεκόλαπτε γράμματι Bekk **33** φιλότητα V **35** τοῦ Θ. θυγ.: θυγατέρων Θυέστου Bekk Θυέστου pro Θεσπίου ipse Nicetas scripsisse videtur; Θέστιον hab. Athen. 556f. **37** γαστέρα V **39** σκίγγον λεγόμενον post ἐμφερές add. B Bekk **41** συνουσιασμόν Bekk **45** δὲ om. V **46** ἐσαεὶ Bekk συνείλοχεν V **47** δὲ om. V^{ac}A **47—48** ἀντιπλ. — ἔραζε: ἀντιπλακῆναι καὶ ἄνδρα ἔφιππον καταπαλαίσασθαι W^{a}D **48—55** ἑαυτῷ — ἐκωμῴδει om. D **50** ηὐνάζοντο W^{a} γε om. W^{a} **54** ἑλκόμενος W^{a} **55** οὐκ εἰδὼς ὡς ὑπ' αὐτῶν καθαιρεθήσεται τῆς ἀρχῆς καὶ τὰ τῶν ὅλων ὑποστήσεται χείριστα post ἐκωμῴδει add. P Bekk **56** ὁπόσα — ἦρτο: ὅσα — ἦν cum b scr. Bekk

55—56 ὥστε — ἦρτο: ἀλλὰ καὶ τὰ κέρατα τῶν παρ' αὐτοῦ θηρωμένων ἐλάφων, ὅσα δωδεκάδωρα (-δορα DF) ἦν b θαύματος, ταῖς κατὰ τὴν ἀγορὰν ἁψῖσιν ἀνήρτα, τῷ μὲν δοκεῖν εἰς ἔνδειξιν τοῦ μεγέθους τῶν παρ' αὐτοῦ ἁλισκομένων ἀγρίων, τῷ δὲ ὄντι δια- | μωκώμενος τὸ πολίτευμα καὶ διασύρων εἰς ἀκρασίαν τῶν γαμετῶν.

Ὁπηνίκα δὲ κατὰ τὴν μεγαλόπολιν γένοιτο τῶν τῆς Προποντίδος τρυφηλῶν χωρίων καὶ περιττῶν ἀπανιστάμενος διαιτήσεων, οὐκ ἦν μὴ ἀποφράδα κρίνεσθαι τὴν τότε ἡμέραν· οὐ γὰρ δι' ἄλλ' ἄττα παρεῖναι ἐδόκει ἢ ὡς θύσων καὶ ἀπολέσων ὁπόσον ὡς ἐπίβουλον ὑπωπτεύετο. καὶ ἡ Ἀνδρονίκου ἐπιδημία τοῖς πολλοῖς ζημία καὶ δυσθυμία ἢ καὶ τοῦ βίου ἐκδημία καὶ ἔσχατον ἄλλο κακὸν συλλελόγιστο, ἐπειδήπερ ὁ ἀνὴρ ὡσεὶ καὶ γραμμὴν μονοδιάστατον καὶ μηκιζομένην εἰς τὸ λεπταλέον καὶ ἀπλατὲς ἐν τῷ ἐδαφίῳ τῆς ψυχῆς τὴν οἰκείαν καθάπαξ ὠμότητα προϋποθεὶς καὶ πρὸς ταύτην ἅπαν ἀποστενῶν τὸ πραττόμενον ἀβίωτον ὅλως ἥγητο τὴν ἡμέραν, καθ' ἣν οὐκ ἐκρεωβόρησέ τινα τῶν ἐν ὑπεροχαῖς ἢ λύχνους οὐκ ἔσβεσε σώματος ἢ ὁτουδήτινος οὐ καθήψατο φιλονείκως ἢ ἐπιτιμητικῷ βλέμματι καὶ Τιτανικῷ ἐμβριμήματι μὴ ἐξέστησε τοῦ φρονεῖν. παιδαγωγῷ γὰρ ἐμβριθεῖ ἐοικὼς θαμὰ τῶν μειρακίων καταφέροντι τὴν σκυτάλην εὐκαίρως ἀκαίρως ἐπέπληττεν ἐφιστάμενος καὶ πρὸς πᾶσαν ἀκοὴν ἐκείνῳ ἀνήδυντον παρωξύνετο.

Κατηφιῶντες οὖν οἱ τότε ἄνθρωποι καὶ στυγνάζοντες ἐβίωσκον. οὐδ' ὁ ὕπνος ἄφροντις τοῖς πολλοῖς καὶ ὀδυνῶν ἀδαὴς καὶ μαλακός, ἀλλ' ὀφθαλμοῖς ἐφι| ζάνων ἄκροις ἀφίπτατο καὶ διεψευσμένος ἦν τὰ πολλὰ ἢ Ἀνδρονίκῳ διασοβούμενος ὄναρ πολλάκις ἐφισταμένῳ κακὸν ἢ ὅσους ὁ τραχὺς οὗτος καὶ δυσεκβίαστος καὶ ἀπαραίτητος τὴν ὀργὴν τῆς οἰκείας ἀπηνείας ἔθετο πάρεργον. ὃ γὰρ ἐπὶ τῶν ἐσχάτων συμβήσεσθαι

---

62 οὐ γὰρ etc.: cf. Mich. Chon. Or. in Is. Ang. I 231, 7 sqq. **70** λύχνους . . . σώματος: cf. Mat. 6, 22 **71** ἐπιτιμητικῷ — ἐμβριμήματι: cf. prov. τιτανῶδες βλέπει App. prov. 4, 89; Apost. 16, 64 **77** ὀφθαλμοῖς — ἀφίπτατο: cf. Hom. K 26 et μ 366 **78** Ἀνδρονίκῳ — ἐφισταμένῳ: cf. Hom. K 496

VAPW[a] = a, RMDF = b

57 τῷ: τὸ W[a]DF **58** τοῦ et παρ' αὐτοῦ cum b om. W[a] καταμωκώμενος P **60** παραγένοιτο P **62** ἄλλα cum b scr. W[a] **63** ὡς alt.: εἰς R **64** ἐνδημία P τοῖς πολλοῖς om. VA ζημία καὶ cum b om. W[a] ἀθυμία cum DF scr. W[a] καὶ alt. om. VAP **65** καὶ: τε καὶ AP ἔσχατον ἄλλο κακὸν: πᾶν ἄλλο τι ἔσχατον κακὸν Bekk ἄλλον M **67** ἐδαφιαίῳ W[a]DF ψυχῆς — προϋποθείς cum b scr. W[a] **68** ἅπασαν R **69** ᾤετο pro ὅλως ἥγητο et οὐ ξυνειλήφει pro οὐκ ἐκρεωβόρησε cum b scr. W[a] **70** λύχνον V **71** ἢ: ἢ γοῦν P Bekk μὴ ἐξέστησεν ἐμβριμήματι VA μὴ: οὐκ P: om. R τοῦ φρονεῖν om. VA **74** ἀνήδυντα P **75** ἐβίωσκον: ἐβόων R **76** ὁ om. AP **77** ψευδόμενος P **78** κακόν cum b om. W[a]

58 τοῦ om. b παρ' αὐτοῦ om. b **62** ἄλλα b **64** ζημία καὶ om. b ἀθυμία DF Bekk: εὐθυμία RM **67** τῆς ψυχῆς καθάπαξ τὴν ὀξυχολίαν προϋποθείς b Bekk **69** ὅλως ἥγητο: ᾤετο b Bekk οὐκ ἐκρεωβόρησε: οὐ ξυνειλήφει b Bekk **78** κακόν om. b Bekk ἡμερῶν ὁ θεάνθρωπος προηγόρευσε, δηλονότι ὅτι „ἔσονται δύο ἐπὶ κλίνης μιᾶς, ὁ εἷς παραλαμβάνεται καὶ ὁ ἕτερος ἀφίεται," τοῦτο ἀτεχνῶς κἀν ταῖς ἡμέραις ἐκείναις ἐγίνετο, ἑνός τινος τῶν συνεύνων ἐξάπινα συλλαμβανομένου καὶ ἀπαγομένου πρὸς σωματικὴν κάκωσιν.

Οὐδὲ γὰρ καὶ γυναῖκες ἀπῆσαν τοῦ μὴ ὑπὸ δίκην πίπτειν καὶ τὰ ἀπευκταῖα ὑφίστασθαι, ἀλλὰ καὶ τούτων οὐκ ὀλίγαι τὸ τῶν ὀφθαλμῶν ἀπώλεσαν φῶς καὶ λιμὸν καὶ φρουρὰν καὶ αἰκισμοὺς ὑπέστησαν σώματος. καὶ πατὴρ ἠλόγει τέκνων καὶ υἱεῖς ὠλιγώρουν πατρός· καὶ διεμερίζοντο πέντε ἐν οἴκῳ ἑνί, τρεῖς ἐπὶ δυσὶ καὶ δύο ἐπὶ τρισί. πολλοὶ δὲ καὶ ὡς Σοδομιτικὸν ἐμπρησμὸν τὸν τοῦ Ἀνδρονίκου θυμὸν ἐκτρεπόμενοι φυγάδες ὅλῳ ποδὶ τῆς πατρίδος γεγόνασιν, οἳ καὶ εἶχον ἂν ἑαυτοὺς ἀπαθεστάτους κακῶν, εἰ τὴν φυγὴν τῇ Ἀνδρονίκου ζωῇ συνεμέτρησαν. νῦν δὲ τῶν κατ' οἶκον μεταποιούμενοι εἰς στήλην μὲν ἁλὸς κατὰ τὴν γυναῖκα Λὼτ οὐκ ἐπάγησαν, οὐδὲ νεκρὸς ἐγεγόνεισαν ἅλς, ἄλλως δὲ μωρανθέντες τὸ ζῆν κατέστρεψαν κακῶς. |

Οὕτω δ' ὀργιλότητος ἔχων καὶ τραχὺ καὶ σκληρὸν τὸ ἦθος αὐχῶν καὶ ἀμετάθετος ὢν τὸ κολάζειν καὶ παίζων ἐν ταῖς τῶν πέλας συμφοραῖς καὶ κακώσεσι ταῖς τε καθαιρέσεσι τῶν ἄλλων τὴν ἰδίαν ἐπιτειχίζειν δοξάζων ἀρχὴν καὶ τοῖς ἑαυτοῦ παισὶν ἐπικρατύνειν τὴν βασιλείαν καὶ τὸ τῆς ψυχῆς ἐντεῦθεν αὔξων ἡδόμενον ὅμως καὶ ἀγαθῶν μετεῖχεν οὐκ ὀλίγων πράξεων, καὶ οὐ παντάπασι δήπουθεν πρὸς τὴν ἐναντίαν ἀπονενεύκει διάθεσιν σκηνοβατῶν τὰ ὀλέθρια, ἀλλ' ἦν ὡς ἀπὸ ὄφεως σαρκῶν ἐκείνου πανάκειαν θηράσασθαι περιμάχητον καὶ σώζουσαν εὑρέσθαι ἀντίδοτον καὶ ὥσπερ ἐξ ἀκανθῶν τρυγῆσαι ῥόδον ἡδύπνοον ἢ γοῦν ἐξ ἑλλεβόρου καὶ κωνείου ψαρσὶ παραθέσθαι καὶ ὄρτυξιν ἡδεῖαν ἑστίασιν, ἐπεὶ καὶ δωρεαῖς ἔθαλπε τῶν ὑπηκόων τοὺς ἐνδεεῖς, εἰ μόνον

81—82 ἔσονται — ἀφίεται: cf. Luc. 17, 34 **88** πατὴρ — πατρός: cf. Luc. 12, 53; Mat. 10, 21 **88—89** διεμερίζοντο — τρισί: cf. Luc. 12, 52 **90** Σοδομιτικὸν ἐμπρησμόν: cf. Gen. 19, 24 sq. **91** ὅλῳ ποδί: cf. Apost. 12, 63 **93—94** εἰς — Λώτ: cf. Gen. 19, 26 **94** νεκρὸς — ἅλς: alludit ad Mat. 5, 13 **2** παίζων — συμφοραῖς: cf. Eust. 50, 9; Aristoph. Eq. 406; Demosth. 18, 287; Nic. Or. 80, 26

VAP (usque ad 82 ἀφίεται) W[a] (usque ad 89/90 τότε App.) = a, P (ab 82) W (ab 90), RMDF = b

81 δηλονότι om. M ὅτι om. W[a]RDF οἱ δύο F Bekk **85** καὶ om. V: αἱ A **88** ἠλόγει: ἤλγει A **89—90** πολλοὶ — ὡς: πολλοὶ μέντοι καὶ τότε Ῥωμαῖοι ὥσπερ W **89** δὲ καί: μέντοι καὶ τότε W[a] **90** τοῦ om. W **91** καὶ τοῖς ἐκ γειτόνων Ῥωμαίοις παρενέβαλον (παρέβαλον W) ἔθνεσιν post γεγόνασιν add. AP[pc]W Bekk **92** τῇ: τοῦ A συνεπέραναν APW **93** δέ: δὲ καὶ W **94** ἅλς ἐγεγόνεισαν VAW ἀπομωρανθέντες VAW **1** Ἀνδρόνικος post ἔχων add. AP[pc]W Bekk καὶ τραχὺ om. DF καὶ σκληρὸν τὸ ἦθος καὶ τραχὺ αὐχῶν V **3** ἐν ταῖς καθαιρέσεσί τε W τῶν ἄλλων τε ταῖς καθαιρέσεσι Bekk **4** δοξάζων: δοκῶν P οἰόμενος post βασιλείαν add. APW **7** διάθεσιν — ὀλέθρια om. V ἀπ' ὄφεως W ὄφεων A **7—8** σαρκῶν ὄφεων VB **8** θηρεύσασθαι P **10** ἐλεβόρου codd.

ἐλπίδος τι διεφαίνετο ὡς ὁ αἰτῶν οὐκ ἀποστυγεῖ ἐκεῖνον παθαινόμενος τὴν ψυχὴν ἐφ' οἷς κακοεργὸς δείκνυται.

Καὶ τὴν τῶν μέγα δυναμένων πλεονεξίαν οὕτως ἐκόλασε καὶ χεῖρας τἀλλότρια διφώσας οὕτως συνέστειλεν, ὥστε βασιλεύοντος ἐκείνου αἱ πλείους ἐπαρχίαι πρὸς πληθυσμὸν ἐπέδωκαν τῶν οἰκούντων αὐτάς. ἕκαστος γὰρ κατὰ τὸ προφητικὸν παράγγελμα ἐπὶ τὴν σκιὰν τῶν δένδρων αὐτοῦ ἀνεκλίνετο καὶ τὸν τῆς ἀμπέλου καρπὸν συγκομίζων καὶ γῆς εἰσοικιζόμενος τὰ ἐκφόρια ἀσμένως ἤσθιε καὶ ἡδέως ἐκάθευδε, μὴ φορολόγου ἀπειλὴν δεδιττόμενος, μὴ πλεονέκτην εἰσπράκτορα κατὰ νοῦν στρέφων, μὴ τὸν | ἐκφυλλίζοντα ὑποβλεπόμενος, μὴ τὸν καλαμώμενον φανταζόμενος, ἀλλὰ τὰ τοῦ Καίσαρος Καίσαρι ἀποδιδοὺς οὐδένα τὸν ἐπιδιπλοῦντα εἶχε τὸ κέρμα καὶ τὸν τὸ τάλαντον πολυπλασιάζοντα, ἔστι δ' ὅτε καὶ τὸ χιτώνιον προσαπαιτοῦντα καὶ τὸ ψυχίδιον αὐτὸ πολλάκις ἀναχρέμψασθαι βιαίως ἐγκείμενον. ἦν γὰρ ἡ 'Ανδρονίκου ἐπίκλησις οἷά τι ὀλέθριον καὶ διασκεδαστικὸν τῶν φορολόγων ἔπᾳσμα καὶ φαρμάκευμα καὶ δυσήκουστον φόβητρον τοῖς ὅσοι παρὰ τὰ διατεταγμένα εἰσέπραττον καὶ νάρκωσις καὶ πάρεσις χειρῶν, αἳ πρὸς μόνον ἀφεώρων πρότερον τὸ λαβεῖν. πολλοῖς δὲ καὶ τὸ ἐθελουσίως ἀποχαριζόμενον ἀπεπέμπετο, ὥσπερ σὴς ὑφορώμενον τῶν ἐκείνοις προσόντων ἤ ἑτέρα τις φθαρτικὴ δύναμις τὸ προσεγγίζον ἀπολλοῦσα. τὸ δὲ δὴ μεῖζον, καὶ ἁδροῖς ὀψωνίοις ἐνιαχοῦ ἐφοδιάζων τοὺς τὰς δημοσίους ἀναζωννυμένους ἀρχὰς καὶ ὅσα πείσονται δεινὰ τὰς αὐτοῦ παραβλεψάμενοι ἐντολὰς προαγγέλλων οὕτως ἐξέπεμπεν, οὐκ ὠνίους ταύτας τοῖς βουλομένοις προβάλλων καὶ τοῖς ἐκ τριόδων ἀποδιδοὺς ὁποιουδήτινος δόματος, ἀλλὰ δῶρον τὰς ἀρχαιρεσίας καὶ ἐπιλέγδην παρεχόμενος. ὅθεν οἱ πάλαι τῷ χρόνῳ παρασυρέντες καὶ τοῖς κοινοῖς πράγμασι νοσοῦσι κατενεχθέντες εἰς θάνατον, ὥσπερ ἀρχαγγέλου τινὸς εἰς τὰ ἐκείνων ὦτα περισαλπίσαντος, τὸν χρόνιον ἀπεσείσαντο κάρον καὶ τὴν παλαιὰν ἀπέθεντο νέκρω-

---

17—19 ἕκαστος — ἐκάθευδε: cf. Mich. 4, 4 **22** τὰ — ἀποδιδούς: Mat. 22, 21 **23** τὸ (alt.) — πολυπλασιάζοντα: cf. Mat. 25, 15 sqq. **24** τὸ — προσαπαιτοῦντα: cf. Mat. 5, 40 **30** ὥσπερ σής: cf. Mat. 6, 19—20 **38** ὥσπερ — περισαλπίσαντος: cf. 1 Thess. 4, 16

VA = a, PW, RMDF = b

13 'Ανδρόνικος post κακοεργὸς add. AP^{pc} Bekk **15** οὕτω V **15** τὰ ἀλλότρια MK **16** ἐνοικούντων αὐταῖς Sc **18** συγκομιζόμενος A^{s}PWM DN Bekk: κομίζων F **20** ἢ συζητητὴν post πλεονέκτην add. A ἢ συζυτητὴν εἰσπράκτορα i. mg. et r. P **21** μὴ τὸν: μηδὲ W **23** τῶν ἐπιδιπλούντων R **24** τὸ pr. om. M **25** ἀναπέμψασθαι V **26** φαρμάκευμα: ὑφήγημα P **28** ἔπραττον M ἑώρων P **29** χαριζόμενον V **31** ἀπόλλωσα P δὴ om. RK **36** παρεχόμενος: ποιούμενος V **37** καὶ: ἐκ W **39** ἀπεσείσατο M ἀπέθεντο: ὑπεξεδύσαντο P

16 αὐτάς om. P b K Bekk, non vero N **23** τὸν alt. om. b Bekk **24** ψυχίδιον etiam D^{pc}: ψυχάριον b Bekk σιν· καὶ καθὼς ἡ τοῦ Ἰεζεκιὴλ ὅρασις βούλεται, ὀστᾶ συνήγοντο πρὸς ὀστᾶ καὶ ἁρμονίαι πρὸς ἁρμονίας· καὶ ἐν βρα|χεῖ αἱ πλεῖσται τῶν πόλεων ἀνεβίωσαν καὶ τὸ πρώην ἀπέλαβον εὔδαιμον. εἰ δὲ δεῖ τι καὶ τῶν τοῦ ψαλτῳδοῦ Δαυὶδ ἐνταῦθα προσεπαγαγεῖν, ἔθετο ἔρημον εἰς λίμνας ὑδάτων καὶ γῆν ἄνυδρον εἰς διεξόδους ὑδάτων. καὶ τὰς διασπορὰς ἐπισυνῆξε τῶν τοῦ δημοσίου τελεστῶν ἐκ τοῦ παῦσαι τοὺς ἐκ τῶν πρακτόρων κονδυλισμοὺς καὶ συστεῖλαι εἰς ὡρισμένον τι ζήτημα τὰς ἐπαλλήλους ἀπαιτήσεις, ὁπόσας οἱ δεινοὶ τῶν φόρων ἐφεῦρον συζητηταὶ καὶ εἰς ὄφλημα ἐκράτυναν ἐνιαύσιον, οἱ ἐν βρώσει ἄρτου τὸν ὑποπίπτοντα λεὼν κατεσθίοντες.

Ἔθους δὲ ἀλογωτάτου παρὰ Ῥωμαίοις, ὡς ἔοικε, μόνοις ἰσχύοντος (τὸ δέ ἐστι τὸ τὰς χειμαζομένας ναῦς, ὑπὸ πνευμάτων καὶ φλοίσβῳ θαλαττίῳ ταλαντευούσας, μηδένα ἔχειν τὸν συναιρόμενον καθ᾽ οὓς ἂν λιμένας ἢ τόπους ἐκβράσσωνται κύμασιν ἐλαυνόμεναι, τοὐναντίον μὲν οὖν καὶ καταιγίδος χείρους ὁρᾶν τοὺς ἐκεῖσέ πῃ λαχόντας τὴν οἴκησιν, διασπῶντας καὶ ἀφαρπάζοντας ὁπόσα μὴ παρέσυρε θάλασσα) οὕτω τοι πρὸς τὴν τοιαύτην ἀτοπίαν πολὺς ἀντέπνευσε καὶ εἰς πραεῖαν αὔραν μετέβαλε τὴν τῶν πλοίων καταποντιστικὴν τῶν πλείστων ὁρμήν, ὡς ἀντὶ πολλῶν ἓν εἰς εὐφημίαν ἐκείνῳ τοῦτο τὸ ἔργον καὶ μόνον ἀρκεῖν. οἱ μὲν γὰρ περὶ τὸ βασίλειον βῆμα δυσίατον τὸ κακὸν ἢ τέλεον ἀμετάβλητον ὡς εἰς ἕξιν ἐληλυθὸς καὶ προκόψαν ἐπὶ τὸ χείριστον ᾤοντο· πολλοὺς μὲν γὰρ καὶ τῶν πρότερον αὐταρχησάντων Ῥωμαίων βουληθῆναι | τὴν τοῦ ἔθους τούτου παῦσαι παραλογότητα καὶ φακέλους ἀπολῦσαι διαταγμάτων βασιλικῶν τὰ ἀνήκεστα διαπειλουμένων τοῖς ὁπλιζομένοις κατὰ πλοίων τῶν ναυαγῶν καὶ διαρπάζουσι τὰ ἔνδον αὐτῶν, ἐν γράμμασι δὲ μόνοις μεῖναι τὰ τοιαῦτα θεσπίσματα, οἷα κατὰ κλύδωνα τοῦ κακοῦ κορυφουμένου καὶ μεταρσίως αἰρομένου καὶ τὸ βασιλικὸν ἀπαλείφοντος ἐρυθρόδανον, ὡς γράφειν ἄντικρυς τοὺς γράφοντας δοκεῖν καθ᾽ ὑγρῶν καὶ ὑποσημαίνεσθαι μάτην τὰ οἰκεῖα κελεύσματα.

40—41 καθὼς — ἁρμονίας: cf. Ez. cap. 37 **43—44** ἔθετο — ὑδάτων (alt.): cf. Ps. 106, 35 **48—49** οἱ — κατεσθίοντες: cf. Ps. 52, 5 **67** γράφειν . . . καθ᾽ ὑγρῶν: cf. p. 221, 46

VA = a, PW, RMDF = b

41 αἱ om. V **43** ψαλμωδοῦ F^{pc} Bekk **45** ἐν τῷ παῦσαι PW ἐκ alt. om. VP **46** ἀλλεπαλλήλους V: ἀπαλλήλους M **47** φόρων: φορολόγων PW ζητηταὶ F Bekk **48** ἐπεκράτυναν APW Bekk **51** φλοίσβων θαλαττίων RF **54** χεῖρας V: χείρονας P **55** μή: οὐ V **57** τῶν πλοίων cancell. man. alt. V τῶν alt.: ὑπὸ τῶν AW **59** ὡς: ὡς καὶ PW: ὡσεὶ καὶ Bekk: om. F **61—62** τὴν — παραλογότητα: τὸ ἔθος τοῦτο παῦσαι ὡς παράλογον P **64** καὶ τὰ ἔνδοθεν αὐτῶν διαρπάζουσιν P **65** τὰ τ. θεσπ. μεῖναι DF: τὰ τ. θεσπ. κεῖσθαι Bekk **66** μεταρσίως αἰρομένου: ὑπεραίροντος VAW **67** καθ᾽ ὑγρῶν δοκεῖν Bekk

58 καὶ μόνον om. b Bekk

Καὶ οἱ μὲν τοιαῦτα ἐφθέγγοντο, ὁ δὲ δριμέως τὸ περὶ ἐκεῖνον σύμπαν περιβλεψάμενος στενάξας εἶπε βαθὺ ὡς ,,οὐδὲν τοῖς βασιλεῦσιν ἀδιόρθωτον, οὐδ' ἔστι τι τῶν πλημμελῶς γινομένων, ὃ τὴν ἰσχὺν αὐτῶν ὑπερπέπαικεν. ἐβλακεύοντο τοίνυν, ὡς ἔοικεν, οἱ πρότερον αὐτοκράτορες ἢ ἐπλάττοντο τὸν ἐπὶ τοῖς κακίστοις ἀχθόμενον. εἰ γὰρ ἀληθῶς ἠβούλοντο στῆναί ποτε τὰ βιοφθόρα καὶ παρρησίαν ἄγειν ὁπόσα τὴν εὐνομίαν συνίστησι, παρηγκωνίσαντο ἂν τὸ ἐν τοῖς γράμμασιν ἐρυθρὸν καὶ τὸν χάρτην ὡς οὐδὲν ὀνησιφόρον παραβλεψάμενοι ἐβάλοντο ἂν κατὰ νοῦν, ὡς αἵμασι πενθοῦσιν, ἀλλ' οὐχὶ δάκρυσιν ἐπιστένουσιν οἱ σπιλάδων καὶ ὑφάλων τραχυτέρους εὑρίσκοντες παρ' οἷς αἱ νῆες αὐτῶν ἐκβράσσονται ὑπὸ κλύδωνος, καὶ κατ' αὐτῶν ἐχρήσαντο ἂν τῷ ξίφει μὴ φορουμένῳ μάτην μηδὲ εἰκῇ καὶ ἔβαλον ἂν εἰς κεφαλὰς ἀνόμων θάνατον. νῦν δ', ὡς πέπεισμαι, γράφοντες | αὐτόχρημα πονηρίαν ἔγραφον κἀπὶ τοῖς ἄλλων κακοῖς οὐκ ἐπαινετῶς ἐπιδεικνύμενοι τὸ μακρόθυμον τοῖς πάσχουσι συνεπετίθεντο καὶ αὐτοὶ καὶ ἐπεκράτυνον μᾶλλον τὰ οὐκ ἐπαινετέα ἔθιμα, οἷς τὴν τούτων διόρθωσιν ἑκόντες ἐκπεριίσταντο.''

Ταῦτ' εἰρηκὼς ,,ἄνδρες,'' προσεπῆγεν ,,οἳ καθ' αἷμά μοι προσῳκείωσθε καὶ ὅσοις ἡ πρὸς ἐμὲ πίστις εὔνοιαν ἐπεβράβευσε, καὶ τὸ περιεστηκὸς δὲ λοιπόν, ὅσον τε εἰς γερουσίαν ἐγκέκριται καὶ ὅσον ἐς τὸ ἄλλως ὑπουργικὸν τῇ βασιλείᾳ Ῥωμαίων ἀποκεκλήρωται, ἀκούσατέ μου, ἀκούσατε. φθέγξομαι γὰρ οὐχ ὅσαπερ ἀὴρ διαφορήσει ἀτέλεστα, ἀλλ' ὁπόσα εἰ μὴ τὸν εἰκότα χρόνον ἐπ' ἔργον ἐκβήσονται, τὸν μὲν τὸ ποιητέον ἐμὲ διακελευόμενον ἐκμήνωσιν εἰς ὀργήν, ἡ δὲ βαρεῖά τις καὶ δυσύποιστος ἐπενσκήψει τοῖς παρὰ τὰ διατεταγμένα μοι πράττουσι καὶ ἀρχικῶν οὐκ ἐμπαζομένοις ὅλως φωνῶν. χρεὼν μὲν οὖν καὶ τἆλλα τὰ κοινοβλαβῆ καὶ κηρεσιφόρα Ῥωμαίοις παύσασθαι καὶ ἔστωσαν εἰδότες οἱ τὸν πλεονέκτην βίον μεταδιώκοντες, ὡς εἰ μὴ λήξουσιν ἐθελονταὶ τῆς τῶν ἀλλοτρίων ἐφέσεως, καὶ τὰ οἰκεῖα προσαπολέσουσι καὶ τοῖς τῶν πενήτων ἐκφυσηθήσονται στεναγμοῖς, ὥσπερ ἐν σφοδρᾷ λαίλαπι χοῦς ἀπὸ προσώπου γῆς ἐκριπίζεται, μάλιστα δὲ τὸ ταῖς ναυσὶν ἐπιτίθεσθαι

79—80 τῷ — μάτην: cf. Rom. 13, 4 **81** γράφοντας — ἔγραφον: cf. Is. 10, 1 (sensu mutato) **2—3** ὥσπερ — ἐκριπίζεται: metaphora bibl., cf. e. g. Ps. 17, 43; 34, 5; Sap. 5, 14

VA = a, PW, RMDF = b

69 ταῦτα V **69—70** τὸ περιεστὼς ἐκεῖνον σύμπαν περιβλεψάμενος γερούσιον APW Bekk **70** στενάξας βύθιον εἶπεν P βασιλεύουσιν VAW **71** τὴν αὐτῶν ἰσχὺν V **73** κακοῖς P ἐβούλοντο V **75** τοῖς om. V **76** ὡς πρὸς μηδὲν ὀνήσιμον P **78** καὶ om. M ὑφάλων: πετρῶν ὑφάλων P Bekk **80** ἀνόμων θάνατον om. M **82** δεικνύμενοι V: ἐνδεικνύμενοι P **83** ἐπεκράτυναν V οὐκ: μὴ P **84** περιίσταντο V **87** δὲ om. VP[ac] **88** ὑποκεκλήρωται R **89** ὁ ἀὴρ M ἀτελέστατα M **92** ποιοῦσι V **2** σφοδρῷ V **3** ἐπιτίθεσθαι om. A καὶ διαρπάζειν τοὺς φόρτους, ἐνίοτε δὲ καὶ αὐτὰς κατατεμαχίζειν τε καὶ ἀπογομφοῦν. εἴ τις τοίνυν ὑμῶν ἀρχὴν ἐκ τοῦ ἡμετέρου κράτους χειρίζει, εἴ τις ἀκινήτων παραλίων κύριος, καταρτισάτω πρότερον ἑαυτόν, εἶτα | καὶ τὸ ὑπήκοον εἰς δέος τὸ τοῦ θεοῦ καὶ τῆς ἐμῆς βασιλείας ὑποστολὴν καὶ αἰδῶ, ἢ μὴν ἐκ τῆς ψυχῆς ἐκζητηθήσεται πολλαπλάσιον τὸ ἀδίκημα τοῦ τὴν ἐπαρχίαν διέποντος ἢ τὸν ἀγρὸν κατέχοντος, κἂν εἴη αὐτὸς μὲν ἀθῷος χερσὶ καὶ καθαρὸς τῇ καρδίᾳ, οἱ δ' ὑποδρηστεύοντες ἐκείνῳ τὴν ἄθεσμον πρᾶξιν ἀποτελέσωσι. λοιμοῦ γὰρ μαστιγουμένου κυρίου τὸ ὑπὸ χεῖρα νοῦν οἴσει· καὶ ὥσπερ ἐξομοιοῦσθαι τῷ ἄρχοντι φιλεῖ τὸ ἀρχόμενον προτέρῳ δρῶντι τὰ μὴ ἐπαινετὰ ἐφεπόμενον, οὕτω καὶ μαστιζομένῳ καὶ ἀναγκαστῶς μεταμανθάνοντι τὸ κοινῇ συνοῖσον ἐφέψεται τὸ ὑπήκοον κατὰ πόδας, ὅσα καὶ μητρὶ παῖς.

῞Ινα δὲ εἰδῆτε καὶ τὸν τρόπον τῆς ἐκδικήσεως, ᾗ καθυποβληθήσεται ὁ τῆς ἐμῆς παρήκοος ἐντολῆς, ἐπὶ τοῦ ἱστοῦ ἀπαιωρηθήσεται τῆς νεώς, εἰ δὲ τοῦτον παρέσυρε φλοῖσβος θαλάττιος, ἐφ' ὑψηλῆς ἀγχιάλου ἀνασκολοπισθήσεται σκοπιᾶς, μεγίστης τινὸς καὶ ἰθυτενοῦς ἐκ τῶν ἐκεῖσέ που ὀρέων ἀποτμηθείσης δοκοῦ, ἵν' οὕτω καὶ τοῖς κατὰ τὰ ἀχανῆ ναυτιλλομένοις πελάγη περίοπτος ἔσοιτο ὡς λαῖφος ἐν κεραίᾳ προφαινόμενος καὶ ναυαγὸς ἐν γῇ δεικνύμενος καὶ εἰς σύμβολον παραλαμβανόμενος τοῦ μὴ προβῆναι καὶ εἰσέτι θραῦσιν νηῶν καὶ τῶν ἐνόντων αὐταῖς προνόμευσιν, καθὰ καὶ θεὸς ἐν ἀέρι τὸ ἑαυτοῦ τόξον ἐνέτεινεν εἰς σημεῖον τοῦ μηκέτι ἔσεσθαι ὕδωρ εἰς κατακλυσμόν."

Καὶ ὁ μὲν φάμενος ταῦτα πρὸς | ἑτέροις εἶχε τὸν νοῦν, τὸν ἄγαν χαρακτηρίζων παθαινόμενον καὶ εἰκάζων τὸν μηδ' ὅλως παραδεξόμενον τῶν δοξάντων μεταποίησιν ἢ ῥοπὴν φιλάνθρωπον ἐφ' οἷς ἀπεφήνατο· οἱ δ' ἀκηκοότες ἀπολιθωθέντες τῷ δέει μικροῦ (πείρᾳ γὰρ ᾔδεσαν ὡς οὐκ οἶδε παίζειν 'Ανδρόνικος, οὐδ' ἄλλα μὲν ἐν τοῖς τοιούτοις φθέγγεσθαι, ἄλλα δὲ κεύθειν ἐν ταῖς φρεσίν), ὀψὲ καὶ μόλις ἐν τῷ καθεστῶτι γενόμενοι, ἐπιστολὰς γράψαντες διὰ ταχυδρόμων ἐξέπεμψαν τοῖς τῶν σφετέρων

---

10 ἀθῷος — καρδίᾳ: cf. Ps. 23, 4 **12—13** ἐξομοιοῦσθαι — ἀρχόμενον: cf. p. 104, 31 **24—25** καθὰ — κατακλυσμόν: cf. Gen. 9, 13 sqq. **30—31** ἄλλα — φρεσίν: cf. Hom. I 313

VA = a, PW, RMDF = b

4 κατατεμμαχίζειν codd. τε om. VAW Bekk **6** ἢ post χειρίζει add. Bekk **8** ζητηθήσεται Bekk **10** μὲν suppl. P^mg: τε R **11** μαστιζομένου RD^ac **13** ἐπαινετέα ἑπόμενον P **14** συμφέρον P **15** ἐφάψεται M **17** νηὸς WK **18** κῦμα θαλάττιον P θαλάσσιος DK (θαλά)ττιον — ἀγχιάλου i. r. 10 litt. P **19** πῆ AW **20** κατὰ τὰ ἀχανῆ: ἐς ἀχανῆ P **21** προσφαινόμενος RF **24** ἐξέτεινεν V **26** τοιαῦτα AW **29** ἀπολιθωθέντες: ἀποναυτιάσαντες P μικροῦ om. P **30** ἐν τοῖς τοιούτοις om. V **32** τῶν ταχυδρόμων R

18 ἀγχιάλου om. b Bekk

ἐπιστάταις κτημάτων καὶ τοῖς ἀντ' αὐτῶν διοικοῦσι δημοσίας ἀρχάς, πολλὰ τούτοις ἐπισκήπτοντες καὶ παράκλησιν πᾶσαν ἐπάγοντες, προσσχεῖν τε καὶ ἐπαγρυπνήσειν, μήπως ναυαγίῳ ἐγκύρσασα ναῦς ἐσεῖταί τι πεπονθυῖα δεινόν, εἰ δὲ δυνατόν, καὶ τοῖς ἀνέμοις αὐτοῖς ἐπιτιμᾶν ἢ κατὰ τὴν Αἰόλου μυθολογίαν ἀσκοῖς τὰ πνεύματα συλλαμβάνειν, ἵνα μὴ καταιγίδας ἐγείρωσι καὶ τὴν ἅλμην διατινάσσωσιν.

Ἀμέλει τοι ἐκ τοῦδε οὐκ ἦν ὁρᾶν πλοῖον, ὃ περιπεσὸν κλύδωνι παρά του τῶν ἁπάντων διηρπάγη τι τοῦ φόρτου ἢ μέρος τῶν καταστρωμάτων ἀφῄρητο ἢ καθῄρητο τὸν ἱστὸν ἢ ἄγκυραν ἀπεβάλετο ἢ τῶν ὅπλων τινὸς ἐστέρητο μέχρι καὶ μηρίνθου λεπτῆς, ἀλλὰ πνεύμασι τῇ χέρσῳ ἐκπτυόμενα ἢ χοιράσιν ἀρασσόμενα πέτραις ἢ προβόλοις καταρρηγνύμενα ὡσεὶ καὶ Χαρωνικὰ ψυχαγωγὰ ἀκάτια ἐκ στομίου ᾅδου ἀναγόμενα ὑπεβλέποντο ἀντιπαρερχόμενα ἢ | ὡς νῆες θεωρίδες ἀμφιπεριείποντο καὶ μεθ' ὑποστολῆς εἶχον ἀμφιπονούμενον αὐτὰς τὸν πολὺν καὶ λαώδη ὅμιλον καὶ τὸ χειρίζον τὰς ἀρχάς, μή πού τι κατὰ χέρσον ἀπολέσωσιν, ὃ μὴ κλύδων ἠφάντωσεν ἅλιος. καὶ ἦν ἀτεχνῶς γαλήνη διαγελῶσα ἐκ ζάλης καὶ δεξιᾶς ὄντως θειοτέρας ἀλλοίωσις τὸ ὁρώμενον.

Οὗτος ἀνεκαίνισε μεγίσταις δαπάναις καὶ τὸν παλαιὸν ὑπόγειον ἀγωγόν, ὃς περὶ μέσην ἔξεισιν ἀγορὰν ὑετίζων κάτωθεν ὕδωρ οὐχ ἑστὼς καὶ νοσῶδες, ἀλλ' ἥδιον ὡς πλανώμενον. καὶ τὸν ποταμὸν Ὑδράλην ἐπωχέτευσε τῷ αὐλῶνι τούτῳ τοῦ ὕδατος, οὗ περὶ τὰς πρώτας πηγὰς πύργον τε ἀνῳκοδόμησε καὶ οἰκήματα ἤγειρε πρὸς θερινὴν διαίτησιν ἐπιτήδεια. καὶ νῦν ἐκ τούτου ὑδρεύονται ὁπόσοι περὶ τὰς Βλαχέρνας καὶ ἔτι ἐνδοτέρω τὴν οἴκησιν ἔλαχον. οὐδὲ γὰρ ἅπαν τὸ ὑδροδοχεῖον ἐπεσκεύαστο, ἵνα καὶ κατὰ μέσην τὴν ἀγορὰν ἐκδίδωσι τὸ ὕδωρ διαυλωνιζόμενον· ὁ γὰρ μίτος ἐκεῖνον ἐπιλέλοιπε τῆς ζωῆς. τοσοῦτον δ' ἐμέλησε τοῖς μετ' ἐκεῖνον ἄρξασιν, ὅσοι τέως ἐς δεῦρο ἀνάσσουσι, πέρας ἐπιθεῖναι τῷ κοινωφελεῖ τούτῳ ἔργῳ, ὥστε καὶ ὁ τοῦτον μεταστήσας

---

36 τοῖς — ἐπιτιμᾶν: cf. Mat. 8, 26 **36—37** κατὰ — συλλαμβάνειν: cf. Hom. κ 19 sqq. **49** δεξιᾶς — ἀλλοίωσις: cf. Ps. 76, 11

VA = a, PW, RMDF = b

33 κτισμάτων R δημοσίας διοικοῦσιν V **34** προὐχεῖν R: πραχεῖν M **35** τε om. VPN τι om. V **37** τὴν τοῦ Αἰόλου W **38** ἅλμην: βλάβην R τινάσσωσιν P[ac]: διατινάσσουσιν R: διαταράσσωσιν Bekk **39** ἐκ: κἀκ P **41** ἐπεβάλετο A **44** ἀκάτια ψυχαγωγικὰ V **45** θεωρίδες νῆες Bekk περιείποντο APW **46** ἀμφιπονούμενον — ἀρχάς: ἀμφιπονουμένους τοὺς προσιόντας V **47** που om. VAW: πως P **48** ἀτεχνῶς: ἀληθῶς R **50** ὑπόγεων V: ὑπόγυιον AW: ὑπόγαιον Sc **51** ἑστὸς Bekk **52** ἀλλ' -πλ. P[mg γρ]: ἀλλὰ πηγιμαῖον καὶ πότιμον P Bekk καὶ τὸν: τὸν γὰρ P Bekk Ὑδράλιν Sc **56** τῆς πόλεως post ἐνδοτέρω add. APW Bekk ἔλαχον: ἔχουσιν V: ἔχοντες R (ὑδρο)χεῖον P[ir] : ὑδροχεῖον WR **58** μῖτος codd. **60** τούτου R

33 διέπουσι b Bekk **53** οὗ — πηγὰς: καὶ περὶ τὰς πρώτας τούτου πηγὰς P b Bekk τῆς ἀρχῆς ἅμα καὶ τῆς ζωῆς Ἰσαάκιος τόν τε πύργον κατήρειψε καὶ τὰς χαριεστάτας οἰκήσεις κατέβαλε, φθονῶν ὥσπερ Ἀνδρονίκῳ τῆς καλλίστης ταυτησὶ πράξεως. |

Ἀναποιῶν δὲ καὶ τὰς πραιτωρίας ἀρχὰς ἄνδρας λογίμους καὶ τῶν ἀπὸ τῆς βουλῆς ἀρίστους αὐταῖς ἦν ἐφιστῶν. ἀλλὰ καὶ ἁδροτάτοις ἐπαίρων φιλοδωρήμασι τεθραμμένους εἴποι ἄν τις ταῖς εὐποιΐαις ἐξέπεμπε, προμηθούμενος ἐντεῦθεν τοῦ ἀνεπαχθῶς ταῖς πόλεσι στέλλεσθαι καὶ τοῦ σφᾶς ἐπιμόνως προσανέχειν τῷ ἐλέῳ καὶ τῇ κρίσει τῶν ταπεινῶν. οἱ δὲ διαρκῶς τῶν ἐπιτηδείων ἔχοντες (ἀνὰ τεσσαράκοντα γὰρ καὶ ἀνὰ ὀγδοήκοντα νομίσματος ἀργυρέου μνᾶς ἀπεφέροντο) ὥσπερ ἱερῶν χρημάτων ἐφείδοντο ἃ παρά τινων καὶ αὐθαιρέτως σφίσι παρείχοντο ἀνθ' ὧν ἐκ χειρὸς δυνάστου ἐρρύσθησαν ἤ τινος ἄλλως ἀγαθοῦ μετέλαβον. ὅθεν διὰ βραχέος εἰς πληθυσμὸν αἱ πόλεις ἐπέδωκαν ἥ τε γῆ τὰ ἐκφόρια κατὰ ἑκατοστύας ἀνέδωκε καὶ ὀλίγου τὰ πρὸς τὸ ζῆν ἀπεδίδοτο.

Ἦν δὲ καὶ τοῖς κατειπεῖν ἔχουσι τῶν χειροδικῶν εὐέντευκτος καὶ πρόσωπα μὴ λαμβάνων οὐκ ἦρεν ἀπὸ τοῦ δικαίου τὸ δίκαιον ἐπ' ἴσης τε τῷ τὴν τύχην χθαμαλῷ τὸν καὶ γένει καὶ πλούτῳ σεμνὸν παράγων ἐπὶ τὸ κρίνεσθαι ἀμφοτέρων νουνεχόντως κατηκροᾶτο καὶ ἐπέπληττεν ἱκανῶς καὶ δίκην ἐπετίθει ἀνάλογον τῷ γαύρῳ καὶ ἀδοξοῦντι μετὰ πένητος κρίνεσθαι, εἰ πεφώραται ἀδικῶν ἢ ἐκθλίβων καὶ τύπτων πυγμῇ τὸν ἔγγιστα.

Ποτὲ οὖν καιροῦ περιέστησαν αὐτὸν ἐξ ἀγροικίας τινὲς καταβοῶντες τοῦ Δαδιβρηνοῦ Θεοδώ|ρου ὡς καταλύσαντος παρ' αὐτοῖς ἐν τῷ ἐφοδεύειν καὶ πορισαμένου μὲν ὅσων ἐσπάνιζεν αὐτὸς καὶ ἡ ὑπηρεσία αὐτοῦ ἅπασα καὶ τὰ ὀχήματα ξύμπαντα, μηδὲν δ' ἀπόδομα καταθεμένου ἐν τῷ μεθίστασθαι. ἔστι δ' ὁ Δαδιβρηνὸς οὗτος, ὃν ὁ λόγος ἐδήλωσεν ἄνωθεν ὑπηρετῆσαι μεθ' ἑτέρων τῇ τοῦ βασιλέως Ἀλεξίου πνιγμονῇ. δικάσας οὖν μετὰ τῶν ἀγροτέρων ἐκεῖνον καὶ ἀληθείας εὑρὼν ἐχόμενα τὰ λεγό-

---

68 προσανέχειν — ταπεινῶν: quoad sensum cf. Ps. 9, 39; 81, 3; Sir. 12, 5; Is. 11, 4; Ier. 22, 16 **80** τύπτων πυγμῇ: cf. Is. 58, 4 **86** ἐδήλωσεν: p. 274, 14

VA = a, PW, RMDF = b

62 Ἀνδρόνικον V Sc καλῆς W **64** τῶν: τοὺς P **64—65** τῶν ἀπὸ om. V **66** εἴπη PRF ἄν τις εἴποι D **68** τοῦ: τοὺς RMF ταπεινῶν: πτωχῶν P **69** ἐπιτηδείως W **70** νομίσματα R **71** τινων: τῶν εὖ ποιουμένων V: τῶν εὖ πεπονθότων AW **72** μετεσχήκασιν cum W b scr. A **73** ἐς V **75** εὐέντεγκτος A: εὐέντεκτος MD[ac]F **77** καὶ pr. om. VAW **78** νουνεχόντως om. P **80** πλήττων F Bekk **82** αὐτῷ R ἐξ ἀγροικίας: ἀγροῖκοι P Sc **83** παροδεύειν P Bekk **84** ἐσπάνιζεν: ἐδεῖτο P **85** πᾶσα PK: om. R **86** Δοδαβρηνὸς M ὁ: ὡς ὁ V **87** ὑπουργῆσαι P τῇ τοῦ βασ. μεθ' ἑτέρων V **88** ἐκείνων Bekk

64 καὶ alt. om. b **72** μετεσχήκασιν W b Bekk **76** ἐπ' ἴσης τε: ἀλλ' ἐπ' ἴσης P b Bekk **83** παρὰ σφίσιν b Bekk

μενα αὐτὸν μὲν δι' ἀλλακτῶν ἐπαίδευσε δώδεκα, τὴν δὲ τῶν ἀναλωμάτων τιμὴν ἐς τὸ πολλαπλάσιον ἐκέλευσε καταθέσθαι τοῖς ἐπὶ τῶν χρυσώνων τῶν βασιλικῶν.

Τοσοῦτον δ' ἀπεῖχε τὴν τότε καὶ νῦν περὶ δογμάτων θείων κρατοῦσαν κατάστασιν ἐπαινεῖν ἢ περὶ θεοῦ τι λέγειν καὶ ἀκούειν ἀεὶ καινότερον ἤθελε, καὶ ταῦτα τῆς ἡμετέρας σοφίας οὐκ ἄκρῳ λιχανῷ γεγευμένος, ὥστε καὶ τῷ Νέων Πατρῶν Εὐθυμίῳ (μέγας δ' ἐν λόγοις οὗτος ἦν ὁ ἀνήρ) καὶ τῷ Κιννάμῳ 'Ιωάννῃ οὐ μόνον ἐπέπληξεν ἐντὸς τῆς βασιλείου | σκηνῆς κατὰ τὸ Λοπάδιον διαλεγομένοις περὶ τῆς τοῦ ,,ὁ πατήρ μου μείζων μού ἐστι" τοῦ θεανθρώπου φωνῆς, ἀλλὰ καὶ κατὰ τοῦ 'Ρυνδακοῦ ποταμοῦ ἀκοντίσειν χαλεπήνας ἠπείλησεν, εἰ μὴ παύσαιντο ποιούμενοι περὶ θεοῦ τὴν διάλεξιν. καὶ μὴν κἀκεῖνό γε σημεῖον τοῦ μὴ πάμπαν ἐκτεθηριῶσθαι 'Ανδρόνικον· τοῦ γὰρ λόγου λόγον τιθέμενος οὐ πόρρω τῆς ἁλουργίδος τοὺς πατέρας λόγων ἐτίθετο, ἀλλ' ἐγγὺς ἄγων τοῦ θρόνου καὶ δωρεαῖς διαθάλπων συχναῖς καὶ τιμῆς οὔκουν ἐλαχίστης μεταδιδοὺς ἐδείκνυ ἑαυτὸν καὶ φιλοσοφίαν οὐρανοβάμονα ὡς μέγα τι χρῆμα πλείστου τιμώμενον καὶ σοφιστὴν ἐγκωμιάζοντα καλλιρρήμονα καὶ τοὺς νομοτριβεῖς ἄνδρας περὶ πλείστου μάλα τιθέμενον.

---

92 sqq.: cf. Nic. Panopl. dogm. lib. XXVII: τοσοῦτον γὰρ ἀπεῖχε βασιλεύσας 'Ανδρόνικος τοῦ νέοις ἐγχειρεῖν δόγμασιν ἢ τὰ κυρωθέντα μετακινεῖν, καίπερ οὐκ ὢν ἀμέθεκτος τῆς ἡμετέρας θεοπνεύστου Γραφῆς, ὥστε καὶ τῷ Νέων Πατρῶν Εὐθυμίῳ καὶ τῷ Κιννάμῳ 'Ιωάννῃ — ἦν δὲ οὗτος ἐκ τῶν λογίων γραμματέων τῆς βασιλείου αὐλῆς — μάλα ἐμβριθῶς ἐπέπληξε διαλεγομένοις περὶ τῆς ,,ὁ πατήρ μου μείζων μού ἐστι" τοῦ θεανθρώπου φωνῆς καὶ τὴν κατὰ τοῦ 'Ρυνδακοῦ ποταμοῦ, περὶ ὃν ὡρᾶτο τότε σκηνούμενος, ἀκόντισιν ἐπηπείλησεν, εἰ μὴ παύσαιντο περὶ θεοῦ ποιούμενοι τὴν διάλεξιν **94** ἄκρῳ — γεγευμένος: cf. p. 94, 4 **2** ὁ — ἐστι: cf. Joh. 14, 28

VA = a, PW, RMDF = b

89 πεπαίδευκε V **90** εἰς W ἐς τὸ om. V **91** βασιλείων P post βασιλικῶν add. verba ἔγραψε δὲ καὶ πρός τινας τῶν τὰ δημόσια ἐνεργούντων ἐπιστολὴν ἔχουσαν οὕτως. ,,'Αληθινὲ τοῦ ψεύδους πρωτάγγελε, σὺ ἀσύνετέ μοι Συνέσιε, σὺ γαῦρε Γαβρᾶ (σὺ — Γαβρᾶ om. Bekk) καὶ σὺ ἀγοραῖε Λαχανᾶ (quae sequuntur habet etiam Sc sub finem huius libri, praemissis verbis: εὕρηται τούτου καὶ ἐπιστόλιον, βραχὺ μὲν ταῖς λέξεσιν, ἀλλὰ μεγάλως αὐτοῦ μαρτυροῦν τὴν περὶ εὐθυδικίαν ῥοπὴν καὶ ὅπως ἦν ἐραστὴς μὲν καὶ φίλος δικαιοσύνης, τοῖς δὲ ἀδικοῦσιν ἐχθρὸς καὶ κατήγορος. ἔχει δὲ οὕτως) ἤκουσται τῇ βασιλείᾳ μου (τῷ βασιλεῖ Sc) ἀδικεῖν ὑμᾶς (σε Sc) τὰ πολλά, καὶ (καὶ om. Sc) ἢ τὸ ἀδικεῖν ἐάσατε (ἔασον Sc) ἢ τὸ ζῆν· τὸ γὰρ ἀδικεῖν ὑμᾶς (σε Sc) καὶ ζῆν οὔτε τῷ θεῷ ἀρεστόν ἐστιν (ἐστιν om. Sc) οὔτ' ἐμοὶ τῷ δούλῳ αὐτῷ ἀνεκτόν" B Bekk Sc (cf. Nicetae Choniatae Orationes et Epistulae p. IX not. 5): locum iam del. Grabler **93** καινότερον ἤθελεν ἐσαεὶ V **94** γευόμενος W **95** τῷ: τῶν AM ἦν οὗτος R **1** Κινάμμω A: Κινάμω RF Bekk **2** τοῦ om. P Panopl. Dogm. Bekk **5** τὴν om. W **7** τῶν λόγων V καὶ om. W **8** ἐδείκνυεν APW **9** φιλοσοφίας A: σοφίαν P **9—10** ὡς μέγα τι χρῆμα: μέγα τι χρῆμα οἰόμενον καὶ P Bekk: ὡς μέγα τι χρῆμα οἰόμενον καὶ AW **10** ἐγκωμιάζοντα: θειάζοντα P **10—11** καὶ alt. — τιθέμενον om. V **10** ὁμοτριβεῖς R **11** πλεῖστα W

Τὴν δέ οἱ τοῦ σκήνους κατάθεσιν ἐς τὸν νεὼν τῶν ἁγίων τεσσαράκοντα μαρτύρων βουληθεὶς ποιήσασθαι ὡς κάλλει κάλλιστον καὶ μεγέθει μέγιστον καὶ περὶ τὸ καίριον καὶ μέσον ἀνεγηγερμένον τῆς πόλεως ἅπαντα φιλοτίμως τὰ πεπονηκότα μέρη τοῦ τεμένους ὑπέλαβε καὶ τὸ ἀποσβεσθὲν ἀνέθαλψεν ἀγλαόμορφον τήν τε τοῦ σωτῆρος ἡμῶν εἰκόνα Χριστοῦ, δι' ἧς ὁμιλῆσαί ποτε τῷ βασιλεῖ Μαυρικίῳ λόγος αἱρεῖ, πολυτελῆ περιέβαλε κόσμον καὶ τὴν πορφυρᾶν μεγίστην πλυνόν, ἧς τοῖς χείλεσι φρικώδεις δύο ἀμφελίττονται δράκοντες εἰς ὁλκοὺς λορδούμενοι, θαῦμα ἰδέσθαι, ἐκ τοῦ κατὰ τὸ μέ| γα παλάτιον κηπίου περὶ τὴν αὔλειον μετήνεγκε τοῦ νεὼ κἀκεῖσε τὰ τῆς ὁμευνέτιδος αὐτοῦ μετακεκόμικε λείψανα ἐκ τῆς τοῦ Ἀγκουρίου μονῆς, ἔνθα πρώην ἐτέθαπτο. ἔξωθεν δὲ περὶ τὰς ἀρκτῴας καὶ κατ' ἀγορὰν τετραμμένας τοῦ νεὼ πύλας ἐπὶ μεγάλου πίνακος ἀνέστησεν ἑαυτόν, οὐκ ἐσταλμένον βασιλικῶς οὐδὲ χρυσοφοροῦντα ὡς ἄνακτα, ἀλλά τινα πόλυτλαν ἐργατικὸν ἐκ καλαίνου βαφῆς, ἐνδεδυμένον ἀμπεχόνην ἐς γλουτὸν ἀμφισχιδῆ καταβαίνουσαν καὶ λευκαῖς κρηπῖσι περιστελλόμενον τοὺς πόδας ἀναβαινούσαις εἰς γόνατα καὶ δρέπανον περικαμπὲς κατέχοντα τῇ χειρί, βριθὺ καὶ μέγα καὶ στιβαρόν, συμμάρπτον τῷ ἐπικλινεῖ σχήματι καὶ σαγηνεῦον ἐντὸς ἀγαλματίαν μειρακίσκον ἕως φάρυγγος καὶ ὤμων προφαινόμενον, ἐκεῖνα διὰ τῆς εἰκόνος τοὺς παροδεύοντας μυῶν ἀτεχνῶς καὶ διδάσκων στηλῶν καὶ κύρβεων πασῶν ὑψηλότερον καὶ τιθεὶς τοῖς βουλομένοις ὑπόψια, ἅπερ εἶχεν ἐπὶ τῶν ἔργων ἠνομηκώς, τὸν κληρονόμον ἀπεκτονὼς καὶ τὴν ἀρχὴν ἅμα καὶ τὴν ἄκοιτιν ἐκείνου ἑαυτῷ μνηστευσάμενος.

Ἀλλὰ καὶ ἐπὶ κίονος κατὰ τὸ χαλκοῦν μετέωρον τετράπλευρον, ἐν ᾧ γυμνοὶ περιβλημάτων μηλοβολοῦσιν ἀλλήλους Ἔρωτες, ὃ Ἀνεμοδούλιον κέκληται, ἑαυτὸν ἀναστήσειν ἐμελέτα χαλκοῦν, καίπερ τὰς εἰκόνας τῆς βασιλίδος Ξένης τῆς τοῦ βασιλέως Ἀλεξίου μητρός, ἣν διὰ | πνιγμονῆς τοῦ ζῆν ἀπεξένωσε, πρὸς γεραιτάτην καὶ ῥικνὴν μεταζωγραφῶν

13—14 κάλλει — μέγιστον: cf. p. 178, 21 **17** δι' — αἱρεῖ: cf. Theoph. p. 285, 4 sqq. de Boor **28** βριθὺ — στιβαρόν: cf. Hom. E 746 **36** μηλοβολοῦσιν: cf. p. 140, 77

VA = a, PW, RMF = b

12 ναὸν PF Bekk **15** ὑπεβαλε W **16** τοῦ om. M **17** αὐτὸν post βασιλεῖ add. V **18** πορφύρεον P **19** ἀφελίττονται V: ἀμφειλ- P: ἀμφιελ- Bekk ἀμφειλίττονται — λορδούμενοι i. mg. et r. 15 litt. P κορδούμενοι V **20** παρὰ Bekk **21** κἀκεῖσε: ἐκεῖσε δὲ καὶ AW **22** τοῦ om. WK Ἀγγουρίου ADK Sc: Ἀγκορίου R **23** τοῦ νέω om. V τῶν ἁγίων τεσσαράκοντα post νεὼ add. APW Bekk μεγίστου P **26** ἀμπ. ἐς: ἀμπεχόντες M **28** ἔχοντα V **29** συμμάρπτον: καταλαμβάνον D[mg] **33—34** καὶ — ἅμα: τῆς ἀρχῆς P **34** τὴν om. V **35** κατὰ om. M **36** οἱ Ἔρωτες P Bekk **37** ἐπικέκληται VAW

19 εἰς — λορδούμενοι om. b

μορφὴν τὸν ἐκ τῶν παριόντων καὶ θεωμένων τὸ λαμπρὸν ἐκεῖνο καὶ περικαλλέστατον εἶδος καὶ τοῦ θαυμάζεσθαι ἀξιώτατον ὑποβλεπόμενος ἔλεον, τὰς δὲ πλείους καὶ ἀπαλείφειν ἐνδοὺς τοῖς θέλουσι καὶ μετεγγράφειν αὐτὸν ἐν σχήματι βασιλικῷ τῇ Ἀλεξίου μνηστῇ συνιστάμενον ἢ καὶ καθ' ἑαυτὸν ἰδίᾳ τυπούμενον.

Ἐπὶ πᾶσιν ἀνεγείρας κατὰ τὸν νεὼν τῶν Τεσσαράκοντα μαρτύρων πολυτελῆ οἰκήματα ἑαυτῷ ἀφώρισεν εἰς ἐνοίκησιν, ἡνίκα ἂν ἀφίκοιτο πρὸς τὸ τέμενος. μὴ ἔχων δ' οὖν ἐκ τῶν προσφάτων καὶ νεαρῶν αὐτοῦ πράξεων καταπάττειν τοὺς δόμους τῷ τῶν χρωμάτων συγκερασμῷ ἢ ταῖς λεπταῖς καταποικίλλειν τῶν ψηφίδων συνθέσεσιν εἰς τὰ πρὸ τῆς βασιλείας ἔβλεψεν ἔργα· καὶ ἦν ἱππηλάσια καὶ κυνηγέσια ζωγραφούμενα, κλωγμὸς πτηνῶν, θωϋσμὸς κυνῶν, ἐλαφηβολίαι καὶ λαγῶν θηρεύσεις καὶ χαυλιόδους σῦς διακοντιζόμενος καὶ ζοῦμπρος διελαυνόμενος δόρατι (ζῶον δὲ οὗτος τὸ μέγεθος ὑπὲρ ἄρκτον θυμικὴν καὶ πάρδαλιν στικτήν, κατὰ τοὺς Ταυροσκύθας φυόμενον μάλιστα καὶ τρεφόμενον) καὶ βίος ἀγροικικὸς καὶ σκηνήτης καὶ ἑστίασις ἐκ τῶν θηρευομένων σχέδιος καὶ αὐτὸς Ἀνδρόνικος μιστύλλων αὐτοχειρὶ | κρέας ἐλάφειον ἢ κάπρου μονάζοντος καὶ ὀπτῶν περιφραδέως πυρί, καὶ τοιαῦθ' ἕτερα, ὁπόσα τεκμηριάζειν ἔχουσι βίοτον ἀνδρὸς πεποιθότος ἐπὶ τόξῳ καὶ ῥομφαίᾳ καὶ ἵπποις ὠκύποσι φεύγοντός τε τὴν ἐνεγκαμένην δι' οἰκείαν ἀβελτηρίαν ἢ ἀρετήν.

Ὁ δ' Ἀνδρόνικος καὶ εἰς Δαυὶδ ἀνῆγε τὰ ἑαυτοῦ καὶ κατ' ἐκεῖνον ἔλεγε καὶ αὐτὸς τὰ τοῦ φθόνου ἐκδιδράσκειν πάλαι θήρατρα καὶ πρὸς τὴν ἀλλοτρίαν πολλάκις μετασκευάσασθαι. ὑπεξαίρων δ' ἔσθ' ὅπῃ τὰ ἑαυτοῦ τὸν μὲν καθίσαι τῶν ὁρίων τῆς Παλαιστίνης ἄποθεν βραχὺ κατὰ τὴν Σικελὰν ἔλεγε καὶ συγκόπτειν τὸν Ἀμαληκίτην μαχαίρᾳ καὶ γλίσχρως ἀποζῆν, ὥστε καὶ τὸν Νάβαλ ἀπεκτονὼς ἦν ἄν, ὅτι μὴ οὐκ εἶχεν ἀνὰ χεῖρας τὸ αἰτηθέν, ἑαυτὸν δὲ δι' ἐθνῶν τῶν ἁπάντων σχεδὸν διιέναι καὶ

58—59 πεποιθότος — ὠκύποσι: cf. Ps. 43, 7; 32, 17; 19, 8 **64—65** τὸν — Σικελάν: cf. 1 Regn. 27, 6 **65** συγκόπτειν — μαχαίρᾳ: cf. 1 Regn. 27, 8 sq. **66—67** ὥστε — αἰτηθέν: cf. 1 Regn. cap. 25 **67—68** δι' — ὄνομα: alludit ad Act. 9, 15

VA = a, PW, RMDF = b

42 τὰς: τοὺς AW πλείστους W ἐθέλουσι A^pc^RDF Bekk: ἐθέλου A^ac?^W μεταγράφειν R **43** τῇ τοῦ Ἀλ. W καὶ om. V **46** οἴκημα P **47** οὐκοῦν καὶ μὴ ἔχων ἐκ P **48** συγκεράσματι V **49** θέσεσιν P **51** θηρεύσεις: ἁλώσεις V **52** ζοῦμπος P **53—54** τὸ μέγεθος post στικτὴν transp. V **53** θυμικὴν: μυθικὴν AWRDF Bekk: μυθικὸν M **57** ὀπτῶν πυρὶ περιφραδέως αὐτά, καὶ V **58** ῥομφαία καὶ τόξω V **59** ἀβελτερίαν Bekk **63** -τρίαν sscr. et πολλάκις i. r. P **64** ἑαυτοῦ: οἰκεῖα P τὸν: τοῦτον V **67** δὲ om. M τῶν ἁπάντων: πάντων τῶν ἑώων AP: τῶν ἑῴων ἁπάντων Bekk

49 ἐνθέσεσιν b Bekk **63** πολλάκις om. b **67** τῶν om. b ἰέναι P b Bekk ἐπὶ πᾶσι τὸ τοῦ Χριστοῦ βαστάσαι καὶ κηρῦξαι ἀποστολικῶς ὄνομα τιμῶν τε τῶν ἀνωτάτω μεταλαχεῖν δι᾽ ὧν διήρχετο καὶ προπεμπόμενον ἀπανίστασθαι. καὶ ταῦτα μὲν διεξῄει μετὰ πειθανάγκης ἱκανῆς, ὁποῖος ἐκεῖνος, καὶ μάλιστα ἣν ἀνδράσιν ὡμίλει λόγου καὶ σοφίας μετέχουσιν, ἔτι τῶν πραγμάτων γαληνιώντων καὶ ἠρεμαίαν ἐχόντων κατάστασιν.

Τὰ δὲ τελευτῶν αὐτῷ μελετώμενα, ἤδη δὲ καὶ ἀρχὴν λαμβάνοντα γίνεσθαι, ἐσχάτης ἦν ἀπονοίας ἀποκυήματα καὶ παρεληλακότα πᾶσαν ἀπανθρωπίας ὑπερβολήν. ὁρῶν γὰρ τὰ μὲν τῆς ὑπ᾽ ἐκεῖνον ἀρχῆς σμικρυνόμενα, τοὺς | δὲ πολεμίους κατὰ τοὺς ἐξ ὄμβρων πλήθοντας ποταμοὺς καὶ τὰς ὄχθας ὑπερανιόντας τὰ ἐν ποσὶν ἐξερημοῦντας καὶ κατακλύζοντας, κατὰ βραχύ τε τὴν πολιτείαν ἐλευθεροστομοῦσαν καὶ πρὸς ἀποστασίαν ὑποκινουμένην, οἷς μὴ φροντιδοκοπεῖται ὑπὲρ αὐτῶν, ἀλλ᾽ ὡς εἰς κάρωμα ὕπνου κατενεχθεὶς οὔθ᾽ ὁρᾶν οὔτ᾽ ἀΐειν ἔχει τὰ ὑπὸ τῶν ἐπιστρατευσάντων ἐθνῶν ἀνομούμενα, ὠδίνησέ τε πόνον καὶ ἀνομίαν ἀπέτεκεν. ἡ δὲ ἦν τὸ μὴ μόνον ὅσους συνείληφεν ἐν φρουραῖς θανάτῳ ὑποδικάσαι καὶ οὓς μὲν μαχαίραις ἀνελεῖν, οὓς δὲ θαλάσσης ἀκοντίσαι βυθῷ, ὧν δὲ ἀκινάκαις ἀναρρῆξαι τὰς γαστέρας καὶ ἄλλους ἄλλως ὑπεξαγαγεῖν τοῦ βιοῦν, ἀλλὰ καὶ κατὰ τῶν συναπτομένων τούτοις πρὸς γένος ἠκονηκέναι τὸ ξίφος· „τί γάρ“ φησιν „ὄνειαρ, εἰ κόρσης τεμνομένης μιᾶς, πλείονα φυήσονται κάρηνα, τοῖς δὲ οὐκ ἐπάγει τις τὸν σίδηρον σίζοντα; ἐπαινετέος ἐν τούτῳ μάλιστα ὁ ἡμίθεος καὶ ἥρως Ἡρακλῆς, ὅτι τὸν Ἰόλεων ἐπικάοντα εἶχε καὶ τὸ τῆς Ὕδρας παλιμφυὲς ἀφανίζοντα.“

Ἔνθεν τοι καὶ ἐκκλησιάσας τὸ φίλον σύστημα καὶ τῶν δικαστῶν ὁπόσοι χρημάτων ὤνιοι καὶ τὴν βασιλικὴν περιπαπταίνοντες τράπεζαν καθάπερ οἱ γῦπες τὰ θνησιμαῖα, ἐκτραγῳδεῖ ὁπόσα ἐπονηρεύσαντο Ἰταλοὶ καὶ οἵοις κακοῖς περιβάλλουσιν ἐπαρχίας τὰς ἑσπερίας καὶ ἃς παρεστήσαντο πόλεις νόμῳ πολέμου· καὶ ἦν οὐκ ἄλλοις τὴν αἰτίαν τούτων ἀνατιθείς, ἀλλ᾽ οἵπερ ἐκείνῳ | ἀντίφρονες ὁπόσοι τε τούτοις καθ᾽

81—82 ὠδίνησε — ἀπέτεκεν: cf. Ps. 7, 15 **88—89** ὅτι — ἀφανίζοντα: cf. p. 322, 36
92 ὁπόσα ἐπονηρεύσαντο: Ps. 73, 3

VA = a, PW, RMDF = b

68 βαστάξαι D **69** ἄνω R **70** ἐξῄει D **71** ἣν: εἰ V: ἐν M ἀνδράσιν om. V **73** τελευτὼν V: τελευτέον D[ac?]: τελευταῖον D[pc]: τελευτῶντι K[pc] Bekk μελετώμενα: μετεχόμενα R **75** ἐκείνου R **78** τε: δὲ D **79** ἀποκινουμένην WN **81** ἀνομούμενα: γινόμενα P τε om. P **82** οὐ τόσον οἴκοθεν, ὅσον ὑφ᾽ ἑτέρων εἰς (ἐς P) τὰ ἄτοπα ἐποτρυνόμενος post ἀπέτεκεν add. APW Bekk ἡ: τὰ APW: ταῦτα Sc φρουρᾶ VK **83** ἀποδικάσαι M **85** ἀποστερῆσαι τοῦ ζῆν P **86** ὄνειαρ om. V **87** ἐκφυήσονται Bekk **88** καὶ ἥρως om. D **89** ἐπικλάοντα RMDF ἀφανίζοντα: ἀνακόπτοντα V **90** φίλιον cum. b scr. AP **91** περιεπάπταινον V **92** ὅσα ἐπ. οἱ Ἰταλοὶ V **93** ἑσπερίους V **95** ἀλλ᾽: ἀλλὰ τοῖς Ῥωμαίοις W ἀλλ᾽ — ἀντίφρονες: ἀλλὰ Ῥωμαίοις τοῖς ἐκείνω ἀντίφροσι P ὁπόσοι τε: καὶ ὅσοι P τε: δὲ W

86 ἐκτμηθείσης b Bekk **90** φίλιον ἐκείνῳ σύστημα b Bekk **93** ἃς : ὅσας b Bekk αἷμα καὶ εὔνοιαν προσῳκείωντο. τούτους γὰρ τὴν Ἀνδρονίκου διψᾶν ἀπώλειαν καὶ πάντα κάλων κινεῖν, εἴ πως τῆς ἀρχῆς ἐκσφαιρισθείη Ἀνδρόνικος καὶ πεσεῖται πτῶμα παγχάλεπον. μὴ ἔχοντας δ' οὖν ὅμως διὰ συνάρσεως ὁμογενῶν δοῦναι τὴν ἔφεσιν πέρατι ἀλλοτρίαν καὶ ὑπερόριον εἰσενεγκεῖν στρατιὰν καὶ ταὐτὸν ἄντικρυς δρᾶν τῷ τῶν ἀκρίδων ἔθνει, αἳ τὸ πῦρ ἐκδιδράσκουσαι τοῖς ὕδασιν ἀποπνίγονται. ,,ἀλλ' οὐ μὰ τὸ γῆρας τοῦτό" φησι ,,χαιρήσουσιν οἱ φίλεχθροι καὶ πολεμοχαρεῖς Ἀνδρονίκῳ, ἀλλ' ὃ παθεῖν Ἀνδρόνικον γλίχονται, τοῦτ' αὐτοὶ πρὸς Ἀνδρονίκου πείσονται. εἰ δὲ τὸ μόρσιμον εἰς ᾄδου δώματα ἐφέλκεται τὸν Ἀνδρόνικον, αὐτοὶ καθηγήσονται καὶ ὑπανοίξουσι πρότερον τὴν ὁδόν· εἶθ' οὕτως ἐπιπορευσεῖται Ἀνδρόνικος."

Ταῦτ' εἰπὼν καὶ τὸ τοῦ Παύλου παραφάμενος ,,ὥστε οὐχ ὃ θέλω δράσαιμι ἀγαθόν, ἀλλ' ὃ οὐ θέλω κακόν, τοῦτο καὶ διαπράξομαι, ἀντιστρατευομένων μοι τῶν ἐναντίων καὶ αἰχμαλωτιζόντων εἰς τὰ παρὰ προαίρεσιν" θεραπείαν ἐζήτησε τοῦ κακοῦ. ἀράντων δὲ τὴν φωνὴν τῶν ἐκ τῆς φατρίας ἐκείνου πάντων καὶ μέγα κραξάντων αἴρειν αὐτοὺς ἐκ τῆς γῆς καὶ φείσασθαι μηδενὸς κυροῦται ἡ τῶν ὅλων ἀφάντωσις, ὅσους τε εἶχε συνειληφὼς ἐν φρουραῖς καὶ ὅσοι τὴν ὑπερορίαν κατεκρίθησαν, καὶ τὸ θεραπευτικὸν τούτων καὶ συγγενές. καὶ δὴ τόμος εὐθὺς ἐδέχετο τὰ ὑποτυπού|μενα, ὑπαγορεύοντος τοῦ πρωτασηκρῆτις, ἀμφιπονουμένου τοῦ ἐπὶ τῶν δεήσεων, τοῦ δὲ πρωτονοταρίου τοῦ δρόμου ταῖς φωναῖς ἀλαλάζοντος. τὰ δὲ ὀνόματα τούτων καὶ νῦν παρείσθω μοι καὶ τῶν

---

2 πάντα — κινεῖν: cf. Greg. Cypr. L. 3, 4; Macar. 7, 4; Apost. 13, 88 **5—6** ταὐτὸν — ἀποπνίγονται: cf. Hom. Φ 12—14; Eust. 6, 16 **12—15** ὥστε — προαίρεσιν: cf. Rom. 7, 19 et 23

VA = a, PW, RMDF = b

1 προσωκείωνται P τούτοις DF φησι post γάρ add. APW **2** καί: ἀλλὰ καὶ V: ἀλλὰ W εἴπερ V: ὅπως P **3** χαλεπόν V σφίσι post ὁμογενῶν add. APW Bekk **5** ἐπενεγκεῖν V Sc **6** ἐκδιδράσκουσαι: ἐκδιδράσκουσι RM: ἀλυσκάζουσαι VAW **7** καὶ — Ἀνδρονίκῳ om. V **8** πρὸς: παρ' P **9** ἐς D ἐφέλκεται: κατασπᾷ P **10** ὑπανοίξονται R **11** ἐπιπορεύσεται M **12** φάμενος M τοῦτο post θέλω add. Bekk **13** δράσαιμι: ποιήσαιμι VAW (οὐ γὰρ ὃ θέλω ποιῶ ἀγαθόν, ἀλλ' ὃ οὐ θέλω κακὸν τοῦτο πράσσω Rom. 7, 19) **13—14** ἀντιστρ. καὶ αἰχμαλωτιζόντων με τῶν ἐναντίων V **14** αἰχμαλωτιζόντων: μεθελκόντων AW **14—15** αἰχμαλωτιζόντων — προαίρεσιν: μεταφερόντων εἰς τὰ ἀθέλητα P **16** ἐκείνου φατρίας Bekk **16—17** αἴρειν — καὶ om. V **20—21** πρωτασηκρήτις — πρωτονοταρίου: ὁ πρωτασηκρῆτις (ἀσηκρήτις A) ἦν ὁ Σκυλλίτζης (Σκυλίτζης P) Γεώργιος, ὁ ἐπὶ τῶν δεήσεων ὁ Πατρηνὸς Κωνσταντῖνος καὶ (καὶ om. A) ὁ πρωτονοτάριος ὁ Ἁπλούχειρ Μιχαήλ, ὁ πρώην κριτὴς τοῦ βήλου (ὁ — βήλου om. P) A^mg P^mg **20—21** ἀμφιπ. — δεήσεων: καὶ τοῦ ἐπὶ τῶν δεήσεων ἀμφιπ. καὶ V **21** καὶ ante τοῦ pr. add. W πρωτονοταρίου: ἀνωτέρου R

9 τὸν: καὶ b Bekk **13** τοῦτο διαπραξαίμην b Bekk

καθεξῆς ὁμοίως συμπραττόντων, ὅσοι τὸν περὶ τοῦ κενοῦ δοξαρίου τρέχοντες ὡρακίων τότε καὶ ὠρρώδουν Ἀνδρόνικον· ὧν πρωτοστάτης ἦν καὶ ταξίαρχος ὁ Ἁγιοχριστοφορίτης Στέφανος, τῷ τοῦ φθέγματος βροντώδει καταδουπῶν τὰ ἀνάκτορα καὶ καθά τι ῥεῦμα ποτάμιον ὀξὺ καχλάζων καὶ παρασύρων τὸ δοκοῦν Ἀνδρονίκῳ ὑπεύθυνον.

Εἶχε δὲ τὰ ὑπομνηματιζόμενα οὑτωσί πως τῆς φροιμιάσεως·

,,Θεόθεν κινηθέντες καὶ οὐκ ἐξ ὁρισμοῦ τοῦ κραταιοῦ καὶ ἁγίου ἡμῶν αὐθέντου καὶ βασιλέως ψηφηφοροῦμεν καὶ ἀποφαινόμεθα συνοῖσον εἶναι κοινῇ καὶ ἰδίᾳ λυσιτελὲς Ἀνδρονίκῳ τῷ σωτῆρι Ῥωμαίων ἄρδην ἀπολωλέναι οἵπερ ὡς αὐθάδεις καὶ στασιώδεις συλληφθέντες φυλακαῖς ἐνείργνυνται ἢ τὴν ἀλλοτρίαν οἰκεῖν ἀφωρίσθησαν, συσχεθῆναι δὲ καὶ τοὺς τούτοις προσήκοντας καὶ καθ' αἷμα συναπτομένους καὶ θανάτῳ πάντας ὑποβληθῆναι· οὕτω γὰρ ἂν καὶ Ἀνδρόνικον γένοιτο, τὸν ἀγαθῇ τύχῃ Ῥωμαίων τὰ τῆς βασιλείας σκῆπτρα διέποντα, βραχύ τι γοῦν ἀναπνεῦσαι, ταῖς κοιναῖς φροντίσι βαλλόμενον καὶ τὰς τῶν ἐπιβούλων κακογνωμοσύνας ὑποβλεπόμενον, καὶ αὐτοὺς δὲ τοὺς ἀλλοεθνεῖς Σικελιώτας ᾆσαί ποτε παλινῳδίαν, μηδένα ἔτι τὸν αὐτοῖς ὑφηγούμενον | ἔχοντας ὁπόσα χρῆναι κατὰ Ῥωμαίων ποιεῖν. πάντες γὰρ οὗτοι συσχεθέντες καὶ τοὺς ὀφθαλμοὺς ἐξορυχθέντες ἀμεταθέτως ἔχουσι τῆς κακονοίας καὶ οὐδείς ἐστι τοῦ λοιποῦ τρόπος ὁ σωφρονίσων αὐτούς, μόνη δὲ ἡ τοῦ ζῆν ὑπολείπεται στέρησις, ἣν ὡς τελευταίαν καὶ σώτειραν ἄγκυραν δεῖ ἡμᾶς ἐπιχαλᾶν τοῖς κακόφροσιν, οἳ τοσοῦτόν εἰσι φρενοβλαβεῖς τε καὶ ἀποτρόπαιοι, ὡς πρὸς κέντρα λακτίζειν καὶ μὴ συνιέναι ὅλως ὡς καθ' ἑαυτῶν οἱ λασιόκωφοι τὴν μάχαιραν θήγουσιν."

Οὕτω μὲν οὖν καὶ τοιαῦτα, ὡς ἐκ πολλῶν ὀλίγα εἰπεῖν, διεξῄει τὸ ἄθεσμον ἐκεῖνο θέσπισμα, ἐφεξῆς δ' ὁ τῶν συλληφθησομένων καὶ τε-

---

36 ἀγαθῇ τύχῃ Ῥωμαίων: cf. Nic. Or. 4, 17 **43—44** τελευταίαν — ἄγκυραν: cf. Diogen. 5, 29; Karathanasis 149 **45** πρὸς — λακτίζειν: cf. Pind. Pyth. 2, 94 sq.; Aesch. Ag. 1624; Act. 26, 14

VA = a, PW, RMDF = b

23—24 περὶ τῆς οἰκείας δόξης τρέχοντες V **24** τότε om. VP[ac] **25—27** τῷ — ὑπεύθυνον om. V εἰσερχόμενος ἐν τῶ παλατίω καὶ διὰ νεύματος μόνον κινῶν τὰ πάντα, καὶ φυλακίζων οὓς ἤθελε καὶ διέκρινεν B **27** ὑποσύρων AW **28** εἶχον V **29** οὐκ om. V κρατοῦ PR: abbrev. W κραταιοῦ καὶ om. D **30** αὐθέντου καὶ om. APRDF καὶ alt.: τε καὶ AP[pc]W Bekk **31** καὶ post εἶναι add. V **31—33** ἄρδην ὀλωλέναι τοὺς αὐθάδεις καὶ στασιώδεις οἳ συλληφθέντες φυλακαῖς ἐνείργνυνται, ἔτι γε μὴν τοὺς ὑπερορισθέντας P **35** ὑπολιφθῆναι R **39** Σικελίας M **40** χρὴ P Bekk **40—41** πάντες γὰρ οὗτοι: οἱ μὲν γὰρ τούτων P **41** καὶ: οἱ δὲ καὶ AP **41—42** τῆς κακονοίας: καὶ πάλιν τῆς προτέρας προθέσεως P **42** αὐτούς om. V: τοὺς κακοτρόπους P **44** δεῖ ἡμᾶς: χρεὼν P **45** τε om. V **46** ὡς om. P **48** καὶ: ὡς W

27 Ἀνδρονίκῳ om. W b

θνηξομένων κατάλογος ἦν. ὑπεδηλοῦτο δὲ καὶ ὁ τρόπος, καθ' ὃν ἀποθνήσκειν ἕκαστος ἤμελλον.

Ἐγὼ γοῦν καὶ τὰς ἄλλας μὲν τῶν ἀνδρῶν τουτωνὶ πράξεις διὰ θαύματος τίθεμαι καὶ ἀνοσίας παντάπασιν ἥγημαι, τὴν δὲ νῦν ἀφηγουμένην καὶ λίαν ὑπερεκπέπληγμαι καὶ θαυμάζω, πρὸς τί περατωθησόμενον ταύτην ἐκύρωσαν ἢ πῶς ποτε κρίνοντες τὴν ἑαυτῶν μιαιφονίαν προσῆπτον θεῷ καὶ κίνησιν θεόθεν ἀνερυθριάστως ὠνόμαζον ἣν ὁ ἀρχῆθεν ἀνθρωποκτόνος σκέψιν αὐτοῖς ὑφηγήσατο, ἐξὸν ἑτέρως προοιμιάζεσθαι καὶ μὴ ἀναιδῶς οὕτω καὶ ἀπεριβομβήτως φθέγγεσθαι, μηδὲ γυμνῇ κεφαλῇ τὸ θεῖον συκοφαντεῖν ὡς χαῖρον αἵμασιν, ὃ πρώτως εἰς τὸ εἶναι τὸν ἄνθρωπον ἔκτισε μὴ πεποιηκὸς θά|νατον καὶ οὗ ἐνώπιον φωνὴ αἵματος Ἄβελ βοᾷ καὶ ὃ διαρρήδην κέκραγε μὴ βούλεσθαι τὸν τοῦ ἁμαρτωλοῦ θάνατον ὡς τὸ ἐπιστρέψαι αὐτὸν καὶ ζῆσαι.

Καὶ οἱ μὲν οὕτω παντὸς ἀπώλειαν καταψηφισάμενοι τὸν σύλλογον διέλυσαν· Ἀνδρόνικος δὲ τὰς ἐπὶ ταῖς πράξεσι ταύταις ταῖς μυσαραῖς ἐκτιθεμένας δικαστικὰς ψήφους ἀνὰ χεῖρας δεχόμενος ἐφύλαττεν ἐν φωριαμῷ ἀσφαλῶς, οὐκ οἶδ' ὅ τι διανοούμενος, οἶμαι τὸ ἐσόμενον προσκοπούμενος καὶ δεδιὼς φόβον, ὃς ἐπῆλθεν αὐτῷ μετέπειτα. συσχεθεὶς γὰρ καὶ λόγους ὧν διεπράξατο παρὰ τῶν συνεληλυθότων εἰσπραττόμενος ἑαυτὸν ἀπηλλοτρίου τῶν γενομένων, ἐφ' οἷς τινας παρελύπησεν ἢ κακώσεσι σωματικαῖς καθυπέβαλε, καὶ τοὺς μὲν δικαστὰς ἔφασκε καὶ τὴν γερουσίαν ἀποφαίνεσθαι τὰς τιμωρίας, ἃς ὑπέστησαν καὶ ὁποίας πεπόνθασιν οἱ προσκεκρουκότες αὐτῷ πρὸ τῆς ἀρχῆς καὶ κατὰ τὴν βασιλείαν αὐτήν, αὐτὸν δὲ ταῖς ἐκείνων γνώμαις ὑπηρετεῖν (μηδὲ γὰρ εἰκῇ φορεῖν τὴν μάχαιραν) καὶ χρᾶν τὴν χεῖρα εἰς πέρας ὧν ἀπεφαίνοντο.

Τότε δ' οὖν τὴν ἐξενεχθεῖσαν ψῆφον πληροῦν ἐπεβάλετο, πρὸς ἣν ὁ υἱὸς αὐτοῦ ὁ σεβαστοκράτωρ ἀπεπήδησε Μανουήλ, εἰπὼν μηδαμῶς συντίθεσθαι πράξει, ἥτις μὴ καθ' ὁρισμὸν τελεῖται βασιλικόν, ὡς οἱ θεσπίζοντες προαναβάλλονται, καὶ ἄλλως δὲ μὴ ἀνασχέσθαι ὁπωσοῦν

---

55 ὁ — ἀνθρωποκτόνος: cf. Joh. 8, 44 **57** γυμνῇ κεφαλῇ: cf. Greg. Cypr. 1, 81; App. prov. 1, 85 **59—60** οὗ — βοᾷ: cf. Gen. 4, 10 **60—61** ὃ — ζῆσαι: cf. Ez. 33, 11 **72—73** μηδὲ — μάχαιραν: cf. Rom. 13, 4

VAP (ab 49 κατάλογος) = a, P (usque ad 49) W, RMDF = b

49 ἦν κατάλογος Bekk **49—50** ἕκαστος ἀποθνήσκειν VAW **50** ἕκαστοι Bekk ἔμελλον V: ἤμελλεν AW **51** τὰς om. A τουτωνὶ τῶν ἀνδρῶν AW τούτων D **52** ἀπόφασιν post ἀφηγουμένην add. APW Bekk **53** ὑπερεκπλήττομαι V **56** προοιμιάσασθαι D **57** γυμνῇ τῇ κεφαλῇ Bekk **60** ὃ: ἢ RF **62** ἐκεῖνον post σύλλογον add. APW Bekk **63** ταῖς om. R **64** φοριαμῶ VAWRMD: φοριασμῶ P **65** δὲ post οἶμαι add. APW Bekk προσκεπτόμενος APW Sc **68** γινομένων A **70** ἀποφέρεσθαι A **71** πρὸς R **72** ἑαυτὸν APW ἐκείνου A **73** τῇ χείρα W **74** δ' οὖν: δὴ M **75** ἀπεδήμησε R **77** μηδ' A ἀνέχεσθαι V

50 ἕκαστος om. b **57** ἀπεριθαμβήτως P b Bekk

ποτε ἀπόφασιν οἰκειώσασθαι ὑπὸ κρίμα θανάτου τιθεῖσαν σχεδὸν τὸ Πανρώμαιον καὶ μὴ μόνον ἀφανί| ζουσαν ὁπόσοι Ῥωμαίων προήλθοσαν, ἀλλὰ καὶ τῶν ἐξ ἔθνους οὐχὶ βραχεῖς διαφθείρουσαν· εἰς γὰρ ἄπειρον ἀποτελευτήσειν τὴν τελευτήν, τοῦ μὲν διὰ τόνδε συλλαμβανομένου τε καὶ ἀναιρουμένου, κἀκείνου μὴ ἀπόλιδος εὑρισκομένου μηδὲ φυέντος ἀπὸ δρυός, ἀλλ' ἐκ πατρὸς καὶ μητρός, ἢ καὶ ἐξ ἀγχιστείας τὸ συναπτόμενον εἰς γένος καὶ τὸ φίλιον ἀναφαίνοντος.

Καὶ δὴ ἀπὸ διαταγμάτων βασιλικῶν, ἀρχὴν δεξαμένων τὸ δικαστικὸν τοῦτο γνωμάτευμα, ἤμελλον ὡς πρόβατα σφαγῆς εἰς ἓν συνάγεσθαι ἄθροισμα οἱ ἐν διαφόροις ἐπαρχίαις ἐκτοπισθέντες καὶ οἱ ταῖς ὁπουδήποτε καθειργνύμενοι φυλακαῖς, ὥστ' ὑφίστασθαι ἕκαστον θάνατον, εἰς ὃν ἀφώριστο, εἰ μὴ κατὰ τὸν προφήτην εἰπεῖν τὴν οἰκείαν μάχαιραν ἐπέβαλεν ὁ θεὸς ἐπὶ τὸν ἀποστάτην δράκοντα, τὸν σκολιόν, τὸν ἐν τοῖς ὕδασιν ὑποφεύγοντα τῇ καθύγρῳ ταύτῃ, ὡς ἔδειξε, βιοτῇ καὶ μηδὲν ὑπὲρ τὰ ὁρώμενα καὶ βίον τὸν ἡδονικὸν φανταζόμενον.

Συνέβη δέ τι καὶ ἕτερον εἰς τὴν τοσαύτην αὐτὸν ἐκτραχηλίσαν ἀνοσιότητα. ὁρῶν γὰρ ἁπανταχόθεν στενά οἱ τὰ πράγματα καὶ τοὺς ἐκ Σικελίας ὅσον οὐδέπω κατὰ κεφαλῆς αὐτῷ ἐπιστησομένους καὶ ὡς ἑκατογκέφαλον Τυφῶνα καταπιέσοντας, τοὺς δ' ἐντὸς τὸν αὐτοῦ θάνατον διψῶντας ἐπισκοπήν τε ἡγουμένους θεοῦ καὶ λύσιν δοξάζοντας τῶν κακῶν | τὴν αὐτοῦ ἀνάλυσιν ἐκ τοῦ σώματος, καὶ τὴν ἀπὸ τοῦ θείου δὲ ὑφορώμενος ἐγκατάλειψιν, οἷς πολυτρόπως τὸ ὑπερέχον ἐδάμασε, καὶ ταῦτα διατεινόμενος ἐκ τῆς αὐλῆς εἶναι Χριστοῦ καὶ τὸ αὐτὸ γένος τοῖς

82—83 μὴ — δρυός: cf. Hom. τ 163 **86** πρόβατα σφαγῆς: Ps. 43, 23 **89—90** τὴν — σκολιόν: cf. Is. 27, 1 **91** τῇ — βιοτῇ: cf. Nic. Or. 125, 23 **5** ἐκ — Χριστοῦ: cf. Joh. 10, 16

VAP = a, W, RMDF = b

78 σχεδὸν: μικροῦ P **79** παρρώμαιον V μὴ om. R **80** τῶν om. P: τοὺς DF Bekk ἐθνῶν APW Bekk **81** τόδε V ξυλλαμβανομένου Bekk **83** καὶ pr.: ἢ P καὶ alt. om. V: γοῦν P Bekk **84** εἰς om. M **85** δεξάμενον P Bekk **86** ἔμελλον V **87** οἱ alt. om. RMDF **93** τὴν om. P **94—95** ἐκ Σικελίας: Σικελιώτας V **95** αὐτοῦ AP Bekk **1—2** διψῶντας θάνατον W **2** δόξαντας V **2—3** τῶν κακῶν: συμφορῶν V **3—19** ἐνάγεται . . . ἀποτροπαίου (= b). ἐφίησι νῦν ἑαυτὸν ὅλον τοῖς ἀμυδρῶς τοῖς ὕδασι τεκμαιρομένοις τὰ ἐσόμενα καὶ προλέγουσι Sc **5** τοῦ Χρ. V

88 ὥστε ἕκαστον ὑφίστασθαι P b Bekk **89—92** εἰ — φανταζόμενον: εἰ μὴ τοιάδε θεὸς ἠκύρωσε διαβούλια, ἐξ ἀνθρώπων τὸν ἄνδρα (ἄνδρα: Ἀνδρόνικον W) θέμενος W b **93** τοσαύτην . . . ἀνοσιότητα: τοιαύτην . . . ἐνθύμησιν W b Bekk **95** κατὰ — αὐτῷ om. W b **95—1** καὶ — καταπιέσοντας om. W b **3—9** καὶ — ἱλεούμενος: ἐνάγεται παρὰ τῶν οἰκείων εἰς τὴν τῶν ἐσομένων πρόγνωσιν δι' ἐργασίας ἀποτροπαίου, καίπερ ταῖς τοιαῖσδε πράξεσι μηδ' ὅλως πρότερον προσέχων τὸν νοῦν, ἀλλ' ὡς ἀθεμίτους (ἀνοσίους W) ἀποτρεπόμενος W b ἐκθλιβομένοις λαχών, πρὸς τὴν διὰ θωπείας εἴτε καὶ θεραπείας τῶν ἐναγῶν δαιμόνων πρόγνωσιν τῶν μελλόντων ὁρμᾷ, καθὰ καὶ ὁ παλαιὸς ἐκεῖνος Σαοὺλ εἰς τὰς ἐγγαστριμύθους ὕστερον ἔβλεψεν, ἃς ἐδίωκε πρότερον τὸ θεῖον ἑαυτῷ ἱλεούμενος.

Καὶ δὴ τὴν θυτικὴν καταργηθεῖσαν πάλαι ὁρῶν καὶ τὴν διὰ ταύτης δήλωσιν τῶν ἐσομένων τεθνηκυῖαν καὶ ἄφαντον ἤδη παντάπασιν, ὡσαύτως καὶ τὴν δι' ὀρνίθων περιεργίας πάλαι ἀποπτᾶσαν ἐξ ὁρίων Ῥωμαϊκῶν ἐνυπνιασμούς τε καὶ κληδονισμούς, μόνους δὲ τοὺς διὰ πλυνῶν καὶ λεκανίδων φενακομάντεις περιλειπομένους καὶ τοὺς ὅσοι τὰς τῶν ἄστρων θέσεις περισκοπεύουσιν, οὐχ ἧττον πλανῶντες ἤπερ πλανώμενοι, τὴν μὲν ἀστρονομίαν τῷ τέως ὡς συνηθεστέραν καὶ ἀξυμφανῶς τὰ μέλλοντα ὑπεμφαίνουσαν ὑπερέθετο, ὅλον δ' ἐφίησιν ἑαυτὸν οἵπερ ὡς εἰπεῖν ἐν ὕδασι τεκμαίρονται τὰ ἄδηλα καὶ ὡς οἷά τινας ἀκτῖνας ἡλίου παραυγαζούσας ἰνδάλματά τινα τῶν ἐσομένων παρυφιστῶσιν ἐνθένδε.

Αὐτὸς μὲν οὖν παρεῖναι τοῖς | τελουμένοις ἀπείπατο, ἐκκλίνων, ὡς ἔοικε, τὴν κωτίλον φήμην, ἣ τὰ ἐν κρυπτῷ δρώμενα διορᾷ καὶ τίθησι τοῖς ἅπασιν ἔκφορα, ἀνατίθησι δὲ τὴν μυσαρὰν ταύτην νυκτεργασίαν τῷ Ἁγιοχριστοφορίτῃ Στεφάνῳ, οὗ πολλάκις ἐμνήσθημεν. ὁ δὲ τὸν Σὴθ παραλαβών, ἐκ βούπαιδος τετελεσμένον τὰ τοιαδὶ καὶ τούτων ἕνεκεν ἐκκοπέντα τὰς κόρας παρὰ τοῦ βασιλέως Μανουήλ, ὡς ἐν τοῖς περὶ ἐκείνου λόγοις εἰρήκαμεν, ἐρώτησιν τίθησι δι' ὧν ἔδρασεν (ὅσα ἐμοὶ μὲν γνῶναί τε καὶ εἰπεῖν οὐχ ἡδύ, μαθεῖν δ' ἑτέρωθεν ἔξεστι τοῖς βουλομένοις) εἰδέναι, ὅς ἐστιν ὁ μετὰ τὸν βασιλέα ἄρξων Ἀνδρόνικον ἢ καὶ παρα-

---

7—9 καθὰ — ἱλεούμενος: cf. 1 Regn. 28, 3 sqq. **21—22** τὴν — ἔκφορα: cf. Schol. ad Hom. B 93 **23** ἐμνήσθημεν: p. 274, 13; 293, 10—19; 314, 48—50; 336, 25—27 **26** εἰρήκαμεν: p. 147, 81—95; 149, 30—32

VAP = a, W, RMDF = b

6—9 διὰ δαιμονικῶν πράξεων πρὸς λεκανομαντείας ὁρμᾷ καθὼς καὶ Σαοὺλ . . . . ἐνάγεται δὲ εἰς τὴν τοιαύτην μυσαρὰν πρᾶξιν καὶ τῶν μελλόντων πρόγνωσιν παρὰ τῶν οἰκείων αὐτοῦ δι' ἐργασίας ἀποτροπαίου καὶ πονηρᾶς καὶ ταῦτα πρότερον μηδόλως ἔχων εἰς τὰ τοιαῦτα τὸν νοῦν αὐτοῦ, ἀλλ' ὡς ἀνοσίας καὶ πονηρὰς πράξεις φεύγων ταύτας καὶ ἀποτρεπόμενος B **8** δεδίωκε V **10** καταργ. πάλαι: πλείστοις ἔτεσι καταργηθεῖσαν P πάλαι om. W **11** καὶ ἄφαντον om. V **12** περιεργίαν V **13** καὶ alt.: τε καὶ V **14** ψευδομάντεις V **15** κατασκοπεύουσιν V **17** ὑποφαίνουσαν ὑπερτίθεται V **17—18** ἐφίησι δ' ὅλον ἑαυτὸν τοῖς ἀμυδρῶς ἐν ὕδασι τεκμαιρομένοις τὰ ἐσόμενα APW **18—19** καὶ — ἐκεῖθεν omisso ὡς, cum W b scr. AP (vide infra) **20** οὖν om. D **21** ἣν V **24** τετελεσμένον: πεπαιδευμένον PW τοιάδε W ἕνεκα AW **26** εἰρήκειμεν VA μὲν om. A **27** τε om. PW ἑτέρωθι A

17—19 ἐφίησι δ' ὅλον ἑαυτόν, τοῖς οἵτινες ἀμυδρῶς ἐν τοῖς πλυνοῖς (τοῖς πλυνοῖς: ταῖς πλυνοῖς ὕδασι Bekk) τεκμαίρονται τὰ ἐσόμενα καὶ ὡς (ὡς om. W) οἷα . . . ἰνδάλματα τῶν ἔμπροσθεν ἐκεῖθεν ἐνοπτρίζονται (ὀπτρίζονται M: λαμβάνουσι APW) W b Bekk **20—22** ἐκκλίνων — ἔκφορα om. W b **22** ἀνατίθησι τὴν νυκτεργασίαν ταύτην τῷ W b λύσων αὐτὸν τῆς ἀρχῆς. τὸ δὲ πονηρὸν ἀποκρίνεται πνεῦμα, ἢ μᾶλλον ἀμυδρῶς ὡς ἐν ὕδασι, καὶ τούτοις θολεροῖς, παραδείκνυσι τῶν πρώτων γραμμάτων τινὰ Ἰσαάκιον νοεῖν ὑπεμβάλλοντα, οὐχ ἅπαν ξυνθὲν τὸ ὄνομα, ἀλλὰ σίγμα προφῆναν ὁποῖον τὸ τῆς σελήνης ἡμίτομον, καὶ τούτου ὄπισθεν προσδιατυπῶσαν ἰῶτα, εἰς τὸ ἀξυμφανὲς ἄγον ἐντεῦθεν τὸ μάντευμα καὶ οἷον τοῦ ἐσομένου προκέντημα, ἢ ἀληθεστέρως εἰπεῖν, ὃ μὴ ἀκριβῶς ἠπίστατο, τοῦτο τῇ ἀσαφείᾳ ὑπομελαῖνον τὸ πολυμερὲς τὴν κακίαν νυκτινόμον δαιμόνιον, τὸν τοῦ ψεύδους ἐκτρεπόμενον ἔλεγχον. ὥστε καὶ Ἀνδρόνικος Ἴσαυρον ὑπετόπασεν, ἐξ ὧν ἤκουσε, τὰ ὀφθέντα σημαίνειν· καὶ | τοῦτον εἶναι ἰσχυρίζετο τὸν Κομνηνὸν Ἰσαάκιον, ὃς τῆς Κύπρου κατετυράννευσε καὶ ὃν ἐνήγετο ὑποπτεύειν ἐνδελεχῶς ὡς διάδοχον τῆς ἀρχῆς, ἐπειδὴ καὶ Ἰσαυρίας ἀπάρας εἰς Κύπρον ἀφίκετο, κακοεργὸς ὡς οὔπω τις ἕτερος καὶ φθοροποιὸς Τελχὶν καὶ θάλασσα πελαγίζουσα συμφορὰς ἢ γοῦν Ἐριννὺς ἐπιμανεῖσα τοῖς πρώην εὐδαίμοσι τῆς νήσου ταύτης οἰκήτορσι· συμπαθητιῶ γὰρ ἐν ῥήμασι τοῖς ἐν πράγμασι πεπειραμένοις τοῦ κοινῇ συμπεσόντος ἐκείνοις κακοῦ.

Ἀγασάμενος δ' Ἀνδρόνικος τὸν χρησμὸν „μὴ ἐρώτα" εἶπε „μόνον τὸν διαδεξόμενον, ἀλλὰ πρόσθες καὶ τὸν καιρόν." γενομένης οὖν καὶ περὶ τοῦ καιροῦ ἐρωτήσεως, ἐμπεσὸν καὶ ψοφῆσαν τῷ ὕδατι τὸ μερικὸν καὶ γεωχαρὲς πνεῦμα ἐφοίβασε δι' ἐπᾳσμάτων, ὁποῖα μὴ ἐκφαίνειν χρεών, ὡς ἐντὸς τῶν ἡμερῶν τῆς ὑψώσεως τοῦ σταυροῦ. ἦν δὲ ἀρχόμενος ὁ Σεπτέμβριος μήν, ὅτε ταῦτα ἐγίνετο. ὡς δὲ ἠκηκόει καὶ τὰ περὶ τῆς δευτέρας Ἀνδρόνικος πεύσεως, ἀηδές τι καὶ διεψευσμένον μειδιάσας καὶ ἀτεχνῶς σαρδόνιον καὶ εἰπὼν ὡς λῆρος ὁ χρησμὸς οὗτος (ποῦ γὰρ δυνήσεται Ἰσαάκιος Κυπρόθεν καταπλεῦσαι διὰ μετρίων πάνυ τουτωνὶ ἡμερῶν καὶ καθελεῖν αὐτὸν τῆς ἀρχῆς;) οὐδ' ὅλως προσέσχε τοῖς

51—52 μειδιάσας . . . σαρδόνιον: cf. Zenob. 5, 85; Karathanasis 76

VAP (usque ad 32 σίγμα) = a, P (ab 32) W, RMDF = b

29 ἢ om. V μάλιστα APW **30** ἀμυδρῶς — θολεροῖς om. W **30—31** τῶν — τινὰ: τὰ (sscr.) τῶν πρ. γρ. V **31** ὑποβάλλοντα WKU **32** προφῆναν: προϋποθέμενον PW Bekk **33** προσδιατυποῦσαν V: διατυπῶσαν APW Bekk: προδιατυπῶσαν D^ac^FKN **35** ἡ ἀσαφεία W **36** νυκτινόμενον A^ac?^ P **37** καὶ om. P^ac^W ἤκουε V **38** ὑποσημαίνειν W διισχυρίζετο APW **39** κατετυράννησε V **41** φεῦ post κακοεργὸς add. VA **42** συμφορῶν VA^ac^ **43** συμπαθητιῶ — ῥήμασι om. V **45** μόνον om. V **47—48** ἐμπεσὸν — πνεῦμα suppl. P^mg^ **47** μερικὸν: ἀερικὸν P Bekk **48** ἐμφαίνειν PW **50** Σεπτέβριος ARMKNU: abbrev. PWDF ἀκηκόει V **51** ὡς post πεύσεως add. M **52** σαρδώνιον PWD

30—31 διαχαράττει τῶν (πρώτων ex a add. D^s^) γραμμάτων τινὰ Ἰσαάκιον ἐννοεῖν (νοεῖν W) W b Bekk διασημαίνειν b Bekk **40** αὐτῷ post διάδοχον add. b Bekk **47—48** ἐμπεσὸν — πνεῦμα om. W b **48** πεφοίβασται PW b Bekk **53** τι (τοι F) post πάνυ add. P b Bekk εἰρημένοις. φήσαντος δὲ τοῦ Ἀποτυρᾶ Ἰωάννου (ἦν δ' οὗτος κριτὴς τοῦ βήλου παρ' Ἀνδρονίκου προβεβλημένος καὶ θερμὸς διὰ τοῦτο τῶν αὐτοῦ θελημάτων ὑπηρέτης) ὡς δεῖ συλληφθέντα ἐξ ἀνθρώπων γε-| νέσθαι τὸν Ἰσαάκιον Ἄγγελον, μήπως εἰς τοῦτον ἀφορῶσι τὰ τοῦ μαντεύματος, αὐτοὶ δὲ τὰ πόρρωθεν φαντάζονται τὰ ἐν ποσὶν ὑπερβαίνοντες, οὐδ οὕτω τῷ χρησμῳδήματι ἔθετο. τοὐναντίον μὲν οὖν καὶ μωκίαν κατέχεε τοῦ Ἀποτυρᾶ, εἰ τοιαῦτα ὅλως φαντάζεται Ἰσαακίου ἕνεκα τοῦ Αγγέλου, ἐξουθενῶν ἅμα ἐς μαλακότητα ἤθους τὸν ἄνδρα καὶ πρὸς οὐδὲν κατόρθωμα τοῦτον ἐνδέξιον εἶναι διατεινόμενος· ἤγγιζε γὰρ τὸ μόρσιμον καὶ ἦν τὸ θεῖον αὐτοῦ συνετώτερον.

Πλὴν θερμουργὸς ὢν ὁ Ἁγιοχριστοφορίτης Στέφανος καὶ τοῦ κυρίου βασιλέως παντοίως κηδόμενος τὸν Ἰσαάκιον προσέθετο συλλαβεῖν καὶ πρῶτα μὲν ἐνεῖρξαι φυλακῇ, εἶτα καὶ θανάτῳ ὑπαγαγεῖν, ᾧ ἂν Ἀνδρόνικος δοκιμάσειεν. οὐκοῦν εἰς τὴν οἰκίαν Ἰσαακίου παραγενόμενος, ἐγγὺς οὖσαν τῆς μονῆς τῆς Περιβλέπτου, περὶ δείλην τῆς ἑνδεκάτης τοῦ Σεπτεμβρίου μηνὸς τοῦ ἑξακισχιλιοστοῦ ἑξακοσιοστοῦ ἐνενηκοστοῦ τετάρτου ἔτους, καὶ τὴν αὔλειον εἰσελθὼν ἐπέταττεν Ἰσαακίῳ κατελθεῖν καὶ ἕπεσθαί οἱ, ἔνθα ἂν προάγῃ. τοῦ δὲ ὡς εἰκὸς ἀναβαλλομένου, ὅτι καὶ μόνον ὀφθεὶς ἐκεῖνος κακὸν ἔσχατον συλλελόγιστο, ὁ δὲ καὶ βίαν προσεπῆγε καὶ τοῖς συνοῦσιν ἐπετίμα μὴ καὶ πρὸς τὴν πρώτην ἀναβολὴν ἁπτομένοις αὐτοῦ τῶν τριχῶν καὶ λαζομένοις ἐκ | τοῦ γενείου καὶ ἀτίμως τοῦ δωματίου κατάγουσι καὶ ἀπάγουσιν ἐπὶ κεφαλὴν ὠθούμενον καὶ τυπτόμενον εἰς ἣν ἂν αὐτὸς καθηγήσεται κάθειρξιν.

Καὶ οἱ μὲν ὀπαδοὶ πρὸς τοῖς ἐπιτεταγμένοις ἦσαν· ὁ δ' Ἰσαάκιος τὴν θήραν ἰδὼν ἄφυκτον καὶ ἀνυπεξάλυκτον τὴν σαγήνην, ἣν ἐφήπλωσεν ὁ ἐπελθὼν ἐκείνῳ ἀσπαλιεύς, καὶ ἤδη συνέχουσαν, οὐ δειλανδρεῖ οὔτε μὴν φιλοψυχεῖ, ἀλλ' ὡς τεθνηξόμενος προτίθεται μαχέσασθαι, εἴ πως οὐχὶ

---

70 revera a. 6693 (= 1. 9. 1185—31. 8. 1186)

VA = a, PW, RMDF = b

55 τοῦ — Ἰωάννου: τῶν παρεστώτων τινός PW: τῶν παρεστώτων τινὸς suppl. ante τοῦ Ἀπ. Ἰω. A^mg^ τοῦ Ἀπ. Ἰω. suppl. P^mg^ Ἀποτυρία A: Ἀποτηρᾶ KN: ἀπὸ Τυρᾶ constanter Bekk **56** βεβλημένος A **56—57** καὶ — ὑπηρέτης suppl. P^mg^ **58** ὁρῶσι W **59** πόρρω APW **60** οὕτω V Bekk: οὕτως rel. **61** Ἀποτυρᾶ: εἰπόντος PW **62** ἅμα: μάλα V καὶ εἰπὼν ἀφελῶς οὑτωσίν, ἀλλὰ καὶ ἄνθρωπος post ἄνδρα add. VA **63** ἐνδέξιον εἶναι τοῦτον V **65** θερμὸς R ὁ om. W **66** προέθετο V **67** πρῶτον VA ᾧ ἄν: εἰ VA^ac^ **68** οἰκίαν om. M Ἰσαακίου οἰκίαν A **69** ια' APW **70** Σεπτ. cf. p. 340, 50 ,ϛχϙδ' codd. exc. V: ἑξαχιλιοστοῦ ἑπτακοσιοστοῦ ἐνενηκοστοῦ καὶ τετάρτου Bekk **73** ἐκεῖνος: ἐκείνω VAW ἐπῆγε V: προσῆγε AP **74** ἀναβολὴν om. W **75** κολαζομένοις V: συνέχουσιν P: καθελκομένου W: λαβομένοις U **75** τοῦ om. VA **76** δώματος V κατάξουσι W **77** ἂν om. VA **80** ἀπελθὼν R οὔτε μήν: οὐ P μήν: μὴν καὶ A **81** μάχεσθαι R

56—57 καὶ — ὑπηρέτης om. W b **66** Ἰσαάκιον: Ἰσαάκιον Ἄγγελον b Bekk τεθνήξεται, ἢ μᾶλλον μὴ ἔχων ἄνετα κροαίνειν ὡς ὁ ἀκοστήσας ἵππος Ὁμήρειος καὶ ποδὶ κατὰ πεδίων ἐλευθέρῳ φέρεσθαι (ἡ γὰρ ἅρπη ἤδη ἐτέτατο καὶ ἡ σύλληψις οὐκ ἦν δυσχερὴς) μιμεῖται τὸν πολεμιστήριον καὶ τὸ οὖς ἀναστήσας ὡς πρὸς σάλπιγγα ἠχοῦσαν τὸ ἐνυάλιον καὶ φρίξας κόμην τὴν ἐπαυχένιον καὶ φριμάξας ὁμόσε χωρεῖ καταφρονητὴς ξιφῶν, ὑπερόπτης Ἄρεος, ἀπειλῶν οὐδ᾽ ὁπωσοῦν ἐμπαζόμενος.

Ἀμέλει καὶ ὡς εἶχε τὸ ξίφος σπασάμενος (εἶχε δὲ ἀπερικαλύπτως τῆς κεφαλῆς, τὸ δὲ σῶμα λωπίῳ διχρώμῳ συνεῖχε περὶ τὴν ἰξὺν καταβαίνοντι, ἔκτοτε δὲ διαιρουμένῳ διχῇ) καὶ τὸν ἵππον ἀναβὰς τὴν χεῖρα ἀνατείνει ξιφήρη κατὰ τῆς τοῦ Ἁγιοχριστοφορίτου κεφαλῆς. ὁ δὲ τὴν Ἰσαακίου ὁρμὴν πτοηθεὶς ἐκξιφισαμένου καὶ θανατῶντος προδήλως μεταστρέ|ψας τὴν ἡμίονον, ᾗ ἔποχος ἦν, καὶ συχνὰ κεντρίζων τὴν ἡμίκερκον τῆς ἐξόδου ἅπας γίνεται. ἀλλ᾽ οὔπω ἀκριβῶς τὴν πύλην διεληλύθει, καὶ Ἰσαάκιος καιρίαν κατάγει καὶ πλήττει κατὰ μέσον τὸ κρανίον τὸν δείλαιον. καὶ διχῇ διελὼν ἐκεῖνον μὲν ἐᾷ κύρμα προκεῖσθαι κυσίν, ὡς βόσκημα σφακελίζοντα καὶ τῷ ἰδίῳ παλυνόμενον αἵματι, αὐτὸς δὲ τῶν ἐκείνου ὀπαδῶν ὃν μὲν διαθροήσας καὶ γυμνῷ μόνῳ τῷ ξίφει, ἑτέρου δὲ τὸ ὠτίον ἀφελόμενος καὶ ἄλλον ἄλλοσε διαστήσας, ὡς ἐπὶ τὰ σφῶν ἕκαστον ἀπαλλάσσεσθαι, ὅλῳ ῥυτῆρι πρὸς τὸν Μέγαν ἵεται Νεὼν διὰ τῆς λεωφόρου μέσης καὶ τῆς ἀγορᾶς διιὼν καὶ πᾶσι διαπρυσίως φθεγγόμενος ὡς διεχρήσατο τῇ σπάθῃ ταύτῃ (ἔτι γὰρ γυμνὴν ἔφερε τῇ χειρὶ) τὸν Ἁγιοχριστοφορίτην Στέφανον.

Καὶ ὁ μὲν ὡς εἶχε τὸν θεῖον εἰσιὼν ναὸν ἄνεισι τὸν ἀνάσταθμον, ὃν οἱ φονεῖς ἀνερχόμενοι τὸ οἰκεῖον ἀνακεκαλυμμένως διατρανοῦσι πλημμέλημα τὴν ἐκ τῶν εἰσιόντων τε καὶ ἐξιόντων τὸ ἱερώτατον τέμενος αἰτοῦντες συγχώρησιν· τὸ δὲ πλῆθος τῆς πόλεως, ὃ μὲν αὐτοψεὶ τὸν Ἰσαάκιον θεασάμενον ἐς τὸν Μέγαν Νεὼν ἐπελαύνοντα, ὃ δὲ εἰς ἀκοὴν ὠτίου δεξάμενον τὸ πραχθέν, συρρέει κατὰ χιλιοστύας αὐτίκα αὐτόν τε ὀψόμενον Ἰσαάκιον καὶ τὸ ἐπ᾽ αὐτῷ γενησόμενον ὀφθαλμοῖς ἐθέλον παραλαβεῖν· πάντες γὰρ ᾤοντο μὴ ἂν ἐπιδῦναι τὸν ἥλιον, καὶ Ἰσαάκιον συλληφθέντα

82—83 ὡς — φέρεσθαι: cf. Hom. Z 507 sq. et O 263 sq. **85** τὸ (pr.) — ἐνυάλιον: cf. Soph. El. 25 **1—2** κύρμα — κυσίν: cf. Hom. P 272 **5** ὅλῳ ῥυτῆρι: cf. p. 13, 29

VA = a, PW, RMDF = b

82 τεθνήξεσθαι W: τεθνήξηται R **83** ἐλευθέρων R **84** ἐτέτακτο D **86** χωρεῖν RM **87** Ἄρεως V **89** λωπίῳ om. V **90** δὲ om. VA[ac] **92** τοῦ Ἰσ. VA **95** ὁ Ἰσαάκιος P Bekk **3** ὃν: τὸν VAW **5** μέγιστον V **7** διεχειρίσατο AW **9** τὸ θεῖον εἰσιὼν τέμενος P νεὼν WN **13** εἰς R ἀπελαύνοντα V **14** ὃ δέδρακε V **15** γενησόμενον ἐπ᾽ αὐτῶ V

82—83 Ὁμήρειος ἵππος P b Bekk **13** θεασάμενον: ἐνωπτρικὸς b Bekk **16** ἐπιδεδυκέναι b Bekk παρ' Ἀνδρονίκου τίσειν δίκας τὰς ἀνηκέστους καὶ τιμωρίας | καινὰς εἰς αὐτοῦ κάκωσιν ἐπινοηθῆναι παρὰ τοῦ κομψοῦ τὰ τοιαῦτα μαγγανευτοῦ. συμπαραγίνεται δέ οἱ καὶ τὴν αὐτὴν στάσιν ἀσπάζεται ὁ πρὸς πατρὸς Ἰσαακίῳ θεῖος, Ἰωάννης ὁ Δούκας, καὶ ὁ τούτου υἱὸς Ἰσαάκιος, οὐχ ὅτιπερ Ἰσαακίῳ ἦσαν συμμέτοχοι τῆς τοῦ Ἁγιοχριστοφορίτου σφαγῆς καὶ κοινωνοὶ τοῦ αἵματος τούτου, ἀλλ' ὅτι παρεπομένην ᾔδεσαν ἐγγύῃ τὴν ἄτην, ἣν ὑπὲρ ἀλλήλων ἔδοσαν Ἀνδρονίκῳ, τὴν ἐς αὐτὸν κρατυνάμενοι πίστιν ἀναγκαστῶς.

Ἀμέλει καὶ οἱ μὲν ὡς ὅσον οὐδέπω συλληφθησόμενοι καὶ πρὸ ὀφθαλμῶν τὸν θάνατον ἔχοντες περιδεεῖς ἦσαν καὶ τοὺς ὀδόντας ἐκροτάλιζον ἀτεχνῶς καὶ τοὺς συνεισδραμόντας εἰς τὸ ἱερὸν ξύγκλυδας καὶ ἀεὶ ἐπεισρέοντας γλωττηματικώτερον ὁμιλοῦντες καθικέτευον συμπαραμεῖναι σφίσι καὶ ἐπαρήξειν, ὡς ἔχουσι, τὰ ἔσχατα πείσεσθαι κινδυνεύουσι. καὶ ἦσαν οἳ κατένευον πρὸς τὴν αἴτησιν καὶ ᾤκτειρον τῆς ἐνεστώσης τύχης τοὺς ἄνδρας. ἐπεὶ δὲ τῶν ἐκ τοῦ βασιλέως παρῆν οὐδεὶς ἀγανακτῶν ἐπὶ τοῖς γεγενημένοις τούτοις, οὐ τῶν γένει λαμπρῶν, οὐ τῶν Ἀνδρονίκῳ τηρούντων εὔνοιαν, οὐ πελεκυφόρος βάρβαρος, οὐχ οἱ τὰ ὑσγινοβαφῆ φοροῦντες ῥαβδοῦχοι, οὐ τῶν ἁπάντων τις ἕτερος, ἔτι μᾶλλον οἱ συλλεγέντες ἦσαν θρασεῖς καὶ λελυμένῃ καὶ ἀχαλίνῳ γλώττῃ ἐχρῶντο τῇ τῶν κωλυσόντων ἐρημίᾳ πτερούμενοι καὶ πᾶσαν βοήθειαν συνεισενεγκεῖν ἐπηγγέλλοντο.

Ὅλην μὲν οὖν τὴν τότε νύκτα οὕτω παρίππευσεν Ἰσαάκιος, οὐ λόγον βασιλείας τιθέμενος, ἀλλὰ περὶ τοῦ μὴ | κατατυθῆναι δεόμενος· ᾔδει γὰρ τὸν κρεωβόρον Ἀνδρόνικον ὡς βοῦν αὐτὸν ἱερεύσοντα ἢ μᾶλλον καὶ ὠμῶν τῶν αὐτοῦ σαρκίων ἀπογευσόμενον κατὰ Κύκλωπα. ἐκ δὲ τῆς ἐπιμελοῦς ἱκετείας ἔσχε τινὰς τῶν συνειλεγμένων τὰς πύλας ἐπικλίναντας

---

38 νύκτα: 11/12 mens. Sept. a. 1185

22—23 παρεπομένην — ἄτην: cf. Plat. Charm. 165 a **41** κατὰ Κύκλωπα: cf. p. 266, 17—18

VA = a, PW, RMDF = b

17 καινὰς: τὰς ἀνυποίστους W **18** τὴν ante αὐτοῦ add. P τοῦ τοιαύτου μαγκανευτοῦ M **19** οἱ om. V **22** καὶ — τούτου suppl. P^mg **22—23** ἀλλ' ὅτι τῇ ἐγγύῃ ᾔδεσαν ἐφομαρτοῦσαν τὴν βλάβην V: ἀλλ' ὅτι ἐγγράφους ἐγγύας ὑπὲρ ἀλλήλων ἔδοσαν Ἀνδρονίκω A^mgγρP **22** ὅτιπερ W **23** εἰς VAW **24** κρατυνόμενοι P **27** εἰσδρ. V: συνδρ. P ἐς DF^ir Bekk **28** γλωματτικώτερον V συμπαρεῖναι VK **29** ἐπαρῆξαι W **30** οἳ κατανεύσαντες πρ. τ. αἴτησιν ὤκτειρον P **30—31** τὸν ἄνδρα R **31** τοῦ om. V **32** γινομένοις PR **32** Ἀνδρονίκου W **33** φρουροῦντες AW **35** ἀχαλινώτω PW K **36** εἰσενεγκεῖν AP **40** κρεωβόρον V: cum PW b om. A **41** καὶ om. P ὠμῶς V σαρκίων: ἰσαακίων W καὶ θερμῷ ἔτι σταζομένων αἵματι post Κύκλωπα add. i. r. 15 litt. P Bekk ἐκ δὲ: οὐδὲ W

22 καὶ — τούτου om. W b **31** οὐδεὶς παρῆν b Bekk **40** κρεωβόρον om. PW b Bekk τοῦ νεὼ καὶ φῶτα εἰσενέγκαντας καὶ τῷ καθ' ἑαυτοὺς ὑποδείγματι τούτῳ πολλοὺς συμπείθοντας μὴ μεθίστασθαι οἴκαδε. πρωΐας δὲ γενομένης οὐκ ἦν ὅστις οὐ παρῆν οἰκήτωρ τῆς πόλεως, οὐδ' ἐθεοκλύτει αὐτοκρατορήσειν μὲν Ἰσαάκιον, Ἀνδρόνικον δὲ καθαιρεθῆναι τῆς βασιλείας καὶ συλληφθέντα παθεῖν ὁπόσα δέδρακε τῇ τῶν ὅλων σχεδὸν ἐπιβουλεύων ζωῇ.

Ἔτυχε μὲν οὖν τῷ τότε κατὰ θεῖον, ὡς ἔοικε, μὴ παρεῖναι τοῖς ἀρχείοις Ἀνδρόνικον, ἀλλ' ἐς τὸ ἑῷον μέρος τοῦ ἀναπλεομένου τῆς Προποντίδος πορθμοῦ περὶ τὰ τοῦ Μηλουδίου κεκλημένα διατρίβειν βασίλεια. ἔνθεν τοι καὶ περὶ τὴν πρώτην φυλακὴν τῆς νυκτὸς τὸν τοῦ Ἁγιοχριστοφορίτου θάνατον ἐνωτισάμενος τότε μὲν ἔμεινε κατὰ τόπον, μηδέν τι ἐπιτάξας ἕτερον ἢ γραμματίῳ βραχεῖ τοὺς μεγαλοπολίτας δεξιωσάμενος παύσασθαι παραινῶν τοῦ νεωτέροις ἐγχειρεῖν πράγμασιν, οὕτω πως ἀρχομένῳ „ὁ λαβὼν ἔλαβεν, ἡ δὲ δίκη ἐκόπη."

Ἕωθεν δὲ ὅσοι τε Ἀνδρόνικον ἐθεράπευον καταστέλλειν ἐπειρῶντο τὸν ὄχλον κυμαινόμενον καὶ αὐτὸς Ἀνδρόνικος κατὰ τὸ μέγα παλάτιον παραγίνεται τριήρει βασιλικῇ. ἀλλ' οὐδὲ μία τις ἦν ἀνα|στολὴ τῆς τοῦ λεὼ συρροῆς, οὔτ' αὐτὸς Ἀνδρόνικος κατὰ τὸ ἀρχεῖον εἶναι ἀπαγγελλόμενος ἐξέκρουσέ τινας τῆς ὁρμῆς. ἀλλ' οὐδὲ ὁ εἰσηγούμενός τι ἕτερον παῦον τὴν συνδρομὴν εἰς ὦτα ἐῴκει λέγειν ἀκουόντων· πολλοὶ μὲν οὖν καὶ ἐγγὺς τοῦ τεθνάναι ἤλθοσαν μόνον ὑπογρύξαντες καὶ μὴ καλὸν ἔργον γίνεσθαι φάμενοι. ἀλλ' ὡς ἐξ ἑνὸς συνθήματος ἅπαντες παγγενεὶ τε καὶ πανδημεὶ ἔθεον ἔνθους καὶ ἀτεχνῶς κορυβαντιῶντες εἰς τὸ τοῦ Λόγου μέγιστον τέμενος ἀλλήλους παραθήγοντες, ἐρεσχελοῦντες τοὺς μὴ ταὐτοζήλους μήτε μὴν τὰς χεῖρας ὁπλίζοντας ὅπλῳ ὁτῳδή, ἀλλ' ἀργοὺς οὕτως ἑστῶτας καὶ θεωμένους τὰ παρ' ἄλλων γινόμενα. οἱ δὲ λογικῶν μαθημάτων ἐν μεθέξει καὶ μέλος ἀπεκάλουν αὐτοὺς σεσηπὸς μὴ συμπάσχον τῷ λοιπῷ τῆς πολιτείας σώματι καὶ πληρώματι.

Ἐπὶ τούτοις διαθλῶσι τὰς κλεῖς καὶ τοὺς ὀχέας τῶν δημοσίων φρουρῶν καὶ τοῖς φυλακίταις τιθέασι τὴν ἔξοδον ἄνετον, οὐ πᾶσιν οὖσι

---

49 κατὰ θεῖον: cf. p. 13, 16

VA = a, PW, RMDF = b

44 μὴ om. M **46** δὲ om. M **51** Μηλοδίου M καλούμενα P **52** φυλακὴν: μερίδα VAW **53** Ἀνδρόνικος post θάνατον add. AP οὐδέν V **54** βραχεῖ γραμματίῳ V **55** ἐπιχειρεῖν W **57** ἕωθεν i. r. 4 litt. P: ἐπεὶ W δὲ om. V **57—58** τὸν ὄχλον ἐπειρῶντο D **59** τις om. V **59** συστολὴ P **60** συνδρομῆς V κατὰ: εἰς RMDF εἰς τὸ ἀρχ. κατιέναι P Bekk εἶναι ἀπαγγελλόμενος: γενόμενος V παραγγελόμενος W: ἀπαγγειλάμενος M **61** οὐδ' V **63** καὶ pr. om. W **64** πάντες DF Bekk **65** εἰς om. V τοῦ θεοῦ λόγου Bekk **67** μήτε: οὔτε AWRMDF **69** ἐν μεθέξει: μέτοχοι V

57 ἕωθεν: ἡμέρας δὲ διαγελασάσης b Bekk

κακούργοις, ἀλλὰ καὶ γένους μετειληχόσι λαμπροῦ, κακουχουμένοις δ' ὅμως ἐν δεσμωτηρίοις διά τι συμπεσὸν βραχὺ ἁμάρτημα ἢ παράφθεγμα ἢ καὶ φίλου κακούργημα προβὰν ἐς Ἀνδρόνικον. τοῦτο δ' ἔτι μάλιστα τὸ πλεῖον συναγήοχε τοῦ λαοῦ καὶ τοὺς κατ' Ἀνδρονίκου τονθορύζοντας πρότερον καὶ ὀκνοῦντας τὴν πρᾶξιν ὡς κίνδυνον ὑποφαίνουσαν εἰς ἐναντίαν μοῖραν μετέστησεν ἀκραιφνῶς. ἦν οὖν ἐκ τοῦδε ἰδεῖν ξιφηφοροῦντας οὐκ ὀλίγους καὶ θυρεοφόρους καὶ πεφραγμένους | θώραξιν οὐ βραχεῖς, τοὺς δὲ πλείστους ῥοπάλοις καὶ τοῖς ἐκ τῶν ἐργαστηρίων ξύλοις τὰς χεῖρας ὁπλίσαντας. καὶ συναγωγῆς πλείστης λαοῦ μεθ' ὁρμῆς τοιαύτης γεγενημένης βασιλεὺς αὐτοκράτωρ Ῥωμαίων ἀναγορεύεται Ἰσαάκιος, τινὸς τῶν νεωκόρων τὸ τοῦ μεγάλου Κωνσταντίνου στέφος, ὅπερ ἄνωθεν ἀπῃώρητο τραπέζης τῆς μυστικῆς, κατενεγκόντος διὰ κλίμακος καὶ τῇ τοῦ Ἰσαακίου κεφαλῇ ἐφαρμόσαντος.

Ἵνα δὲ μηδὲ τοῦτο εἴη ἀνιστόρητον καὶ ἀκοαῖς ἀπεριήχητον τῶν ἐσέπειτα, ὁ μὲν Ἰσαάκιος ἐδυσκόλαινε πρὸς τὴν στεφηφορίαν οὐχ ὡς ἔρωτα μὴ τρέφων ἀρχῆς, ἀλλ' ὡς ὑφορώμενος τὸ τοῦ πράγματος ἐργῶδές τε καὶ δυσέφικτον καὶ ὄναρ οὐχ ὕπαρ ἄντικρυς ἐπιτελεῖσθαί οἱ τὰ παρόντα οἰόμενος, ὑποβλεπόμενος δὲ καὶ τὴν Ἀνδρονίκου ὀργιλότητα καὶ μὴ ἐντεῦθεν ἐκμῆναι τοῦτον πλειόνως βουλόμενος. συνεστὼς δὲ ὁ δηλωθεὶς ἄνωθεν Δούκας τὸν πῖλον τῆς κεφαλῆς ἀφελόμενος ἑαυτῷ περιθέσθαι ἱκέτευε τὸ διάδημα, ἐψιλωμένον τριχῶν προδεικνὺς κρανίον καὶ τὴν φαλάκραν ὡς πλησίφωτον σελήνην ὑπερφαίνουσαν. ὁ δ' ὄχλος ἀπηναίνοντο φάσκοντες μηκέτι γέροντα ἄρχειν βούλεσθαι ἢ βασιλεύειν ἐπ' αὐτούς· πολλῶν γὰρ ἐμφορηθῆναι κακῶν ἐκ τοῦ πολιότριχος Ἀνδρονίκου καὶ δι' αὐτὸν μισεῖν τε καὶ ἀποστρέφεσθαι πάντα σοροδαίμονα καὶ πολυετῆ ἄνθρωπον, καὶ μάλιστα εἰ καθειμένον ἔχει τὸ γένειον | διχῇ διῃρημένον καὶ μυουρίζον περὶ τὴν τελευτὴν τοῦ πώγωνος.

---

89 ὄναρ οὐχ ὕπαρ: invertit auctor homericum illud ὕπαρ οὐκ ὄναρ τ 547 **91** δηλωθείς: p. 343, 20

VA = a, PW, RMDF = b

73—74 δ' — δεσμωτηρίοις: δὲ τῷ δεσμωτηρίῳ P **74** βραχὺ om. P παράφλεγμα W **75** καὶ om. P φίλον R συμβὰν V **76** πλεῖστον M **78** ξιφηφοροῦντας ἰδέσθαι P **79** οὐκ ὀλίγους om. P Bekk **80** ἐκ om. M **81** ξυναγωγῆς λαοῦ πλείστης AW λαοῦ om. RMDF **84** ἀπαιώρητο R τῆς ante τραπέζης add. W καὶ om. V **86** καὶ om. W τῶν om. M **87** εἰσέπειτα P **87—88** οὐχ ὡς μὴ τρέφων ἔρωτα τῆς ἀρχῆς P **90** τὴν τοῦ Ἀνδρονίκου (Ἀρδρ. W) AW ὀργιλότητα: δριμύτητα P μηδ' P **91** πλειόνως τοῦτον V πλειόνως om. W **92** τὸ πῖλον V ἀφελόμενος om. V περιτεθῆναι P **93** δεικνὺς P φαλάκραν: κεφαλὴν W **94** ὡς: οὐ R ὁλόφωτον P ὁ δ': οὐδ' A δὲ M ἀπηναίνετο P **95** ἢ: καὶ P **2—3** σοροδαίμονα καὶ πολυετῆ: τυμβογέροντα πολυχρόνιον P **4** τὸ πέρας P Bekk

Οὕτω τοίνυν εἰς βασιλέα χρισθέντος Ἰσαακίου, συνέβη καὶ ἕτερόν τι ἀξιαφήγητον. ἵππων γὰρ χρυσοφαλάρων βασιλικῶν ἐκ τῆς περαίας κατὰ τὸν πόρον τῶν Κιονίων διαπορθμευομένων εἷς τοὺς πόδας ἀναβαλὼν καὶ τυραννήσας τὸν ἱπποκόμον ἔθεε διὰ τῶν λεωφόρων καὶ συλληφθεὶς εἰσάγεται Ἰσαακίῳ πρὸς ὄχησιν.

Καὶ ὁ μὲν ἐκ τοῦ Μεγίστου Νεὼ ἀπαίρει συνεπόμενον ἔχων τὸν πατριάρχην Βασίλειον τὸν Καματηρόν, ἐπεὶ καὶ τοῦτον τὸ πλῆθος συμπράττειν καὶ συνεπευδοκεῖν τοῖς τελουμένοις ἄκοντα ἐπεσπάσατο· ὁ δ' Ἀνδρόνικος κατὰ τὸ μέγα γεγονὼς ἀρχεῖον, ἐπεὶ ὁ συμμιγὴς θροῦς ἐκέντει αὐτοῦ τὰ ὦτα, μετὰ βραχὺ δὲ καὶ τὴν ὄψιν τῶν γινομένων εἶχε διδάσκαλον, ἐπέβαλε μὲν τῇ ἀντιμαχήσει τοῦ πλήθους καὶ τοὺς συνόντας συνεκρότει πρὸς πόλεμον, εὑρίσκων δὲ βραχεῖς ἐκ τούτων ἑτοιμοπειθεῖς πρὸς τὸ ἐκείνου σκέμμα καὶ σύνθημα ηὐτούργει καὶ αὐτὸς ἐν τῷ μέρει τὸν πόλεμον, τόξον δοὺς τῇ χειρὶ κἀκ τῶν τοῦ μεγίστου πύργου διασφάγων, ὃς κικλήσκεται Κεντηνάριον, ἀφιεὶς τοῖς ἐπιοῦσι βέλεμνα. γνοὺς δὲ ὡς μάτην ἀνηνύτοις ἐπιχειρεῖ διά τινος ὁμιλεῖν προάγεται τοῖς λαοῖς, ἀποτίθεσθαι λέγων τὴν βασιλείαν καὶ παραπέμπειν ταύτην πρὸς τὸν παῖδα τὸν Μανουήλ, πεποιθὼς ἐντεῦθεν καταστεῖλαι τὸν θόρυβον καὶ τὸν ἐπ' ἀκμῆς καὶ παρὰ βραχὺ κίνδυνον ἀποκρούσασθαι. οἱ | δὲ πλειόνως ἐπὶ τῷ ῥήματι τούτῳ ἐκτραχυνθέντες ὕβρεσιν αὐτὸν ἁπάσαις ἀπαισίοις ἔπλυνον καὶ ὃν ἔφασκε τῆς βασιλείας καταλιπεῖν κληρονόμον.

Ἐπεὶ δὲ τὸ πλῆθος ἦν εἰσχυθὲν ἔσωθεν τῶν ἀνακτόρων, ἀνατραπείσης τῆς πύλης, ἥτις Καρέα λέγεται, τρέπεται πρὸς φυγὴν καὶ τὸ φοινικοβαφὲς πέδιλον τοῦ ποδὸς ἀφελιξάμενος καὶ τὸ ἀρχαῖον αὐτῷ περιφύλαγμα τὸν σταυρὸν ὁ θεοβλαβὴς ἀποτραχηλισάμενος ἐκεῖ που καὶ πῖλον βαρβαρικὸν τῇ κεφαλῇ περιθέμενος, ὃς ἐς ὀξὺ λήγων πυραμίδι εἴκασται, τὴν βασιλικὴν εἴσεισιν αὖθις τριήρη, δι' ἧς ἐκ τοῦ Μηλουδίου πρὸς τὸ μέγα παλάτιον ἐσαφίκετο. καὶ γενόμενος αὖθις κατὰ τὸ αὐτὸ κατάντημα, δύο ἐκ τῶν γυναικῶν προσλαβόμενος, Ἄνναν τὴν ἁρμοσθεῖσαν Ἀλεξίῳ

VA = a, PW, RMDF = b

5 ἐς R Bekk τι καὶ ἕτερον P **6** χρυσοφαλάκρων R **7** κατὰ τὸν πόρον om. W Κιόνων AW Sc ἀναλαβὼν VR^ac^N **9** εἰς ὄχησιν τῷ Ἰσαακίῳ W **10** καὶ post ἔχων add. P Bekk **12** συνευδοκεῖν PD^ac^ **13** ἐπεὶ om. M **14** αὐτοῦ: τούτου P **15** ἐπεβάλετο P **17** ἐκείνου om. V σκέμμα τε καὶ τὸ σύνθημα VAW: σκέμμα καὶ βούλημα P **20** πράγμασι post ἐπιχειρεῖ add. AP διά τινος om. P λαοῖς: πλήθεσιν P **21—22** τὸν ἐκείνου παῖδα APW Bekk **22** θόρυβον: πόλεμον W **23** καὶ — ἀποκρούσασθαι om. V **23—24** οἱ . . . ἐκτραχ.: τὰ . . . . ἐκτραχυνθέντα P **25** κληρονόμον καταλιπεῖν V: καταλείψειν διάδοχον P **26** ἐπεὶ δὲ εἰσεληλύθεισαν ἔσω τῶν ἀνακτόρων P **27** Ἀνδρόνικος post φυγὴν add. P Bekk **29** ὁ θεοβλαβής: ὡς εἰ θεοβλάβειαν πέπονθεν AP^mg^W ἐκτραχηλισάμενος AW **30** ὃ . . . λῆγον D **31** Μηλοδίου M **32** ἀφίκετο R κατάντημα: κέντημα R καὶ post κατάντημα add. P Bekk

20 τοῖς ἀνηνύτοις b

τῷ βασιλεῖ, ἐκείνου δὲ γενομένου ἐξ ἀνθρώπων ᾧ εἰρήκειμεν θανάτῳ γαμηθεῖσαν Ἀνδρονίκῳ, καὶ τὴν ἑταιρίδα Μαραπτικήν, ἧς ἐνεθουσία τῷ ἔρωτι καὶ προσπαθῶς εἶχεν Ἀνδρόνικος ὡς οὐδὲ πάλαι τῆς Λαμίας ὁ πολιορκητὴς Δημήτριος, ἣν Πτολεμαῖον καταγωνισάμενος ἐν Κύπρῳ ἔλαβε δορυάλωτον αὐλοῦσαν οὐκ εὐκαταφρονήτως, ἤλαυνε κατὰ κράτος ἣν προέθετο. ᾑρετίσατο δὲ τὴν ἐπὶ τοὺς Ταυροσκύθας πᾶσαν ἐπαρχίαν Ῥωμαϊκὴν καὶ τοπαρχίαν ἄλλην ἐθνικὴν ὡς ἐπίβουλον ἀθετήσας.

Καὶ τοῦτον μὲν τὸν τρόπον Ἀνδρόνικος τῆς Ῥωμαϊ|κῆς ἀρχῆς ἀπεσφαίριστο, Ἰσαάκιος δὲ τῶν ἀρχείων εἴσω παρελθὼν καὶ βασιλεὺς αὐτοκράτωρ Ῥωμαίων ὑπὸ τῶν συνεληλυθότων ὄχλων αὖθις ἀναρρηθεὶς στέλλει τοὺς ὀπίσω Ἀνδρονίκου καταδιώξοντας. τὸ δὲ τοῦ δήμου πολύ, ἐπειδὴ τὰ ἀνάκτορα ἄνετα ἐγεγόνεισαν καὶ οὐδεὶς ἦν ὁ κωλύσων αὐτοὺς ἢ ἀπάξων τοῦ δρᾶν οἷα καὶ ὅσα βούλοιντο, διαρπάζουσιν οὐ μόνον ὁπόσα χρήματα εὕραντο παρὰ τοῖς Χρυσιοπλυσίοις ἔτι ταμιευόμενα (ἦσαν δὲ ἄνευ τῶν μὴ κεκομμένων εἰς νόμισμα ὑλῶν χρυσίου κεντηνάρια δώδεκα, ἀργυρίου τριάκοντα καὶ τοῦ ἐκ χαλκοῦ κόμματος διακόσια), ἀλλὰ καὶ πᾶν ἕτερον, ὅπερ εἶχον αἱ χεῖρες ἑνός τινος μεταφέρειν ῥᾳδίως ἢ καὶ πολλῶν συνερχομένων ὁμοῦ. ὅπλων δὲ μετήνεγκαν μυριάδας τὰς ὁπλοθήκας εἰσιόντες. προέβη δὲ τὰ τῆς ἁρπαγῆς καὶ εἰς τοὺς ἔνδον τῶν βασιλείων νεώς, ὥστε καὶ κόσμους ἀπορραγῆναι ἁγίων εἰκασιῶν καὶ αὐτὸ δὲ τὸ ἱερώτατον κλοποφορηθῆναι σκεῦος, οὗ ἔνδοθεν φήμη ἄνωθεν διαρρέει καὶ ἐς ἡμᾶς καταβαίνουσα τὸ τοῦ Κυρίου ἐπιστόλιον συνεπτύχθαι, ὅπερ οἰκείαις χερσὶν ἐξέθετο πρὸς τὸν Αὔγαρον.

Ἡμέρας οὖν συχνὰς τῷ μεγάλῳ παλατίῳ ἐνδιατρίψας ὁ βασιλεὺς Ἰσαάκιος πρὸς τὸ ἐν Βλαχέρναις ἀρχεῖον μεθίσταται, ἔνθα καὶ οἱ ἀγγέλλοντες ἐληλύθεσαν ἁλῶναι Ἀνδρόνικον. ἦν δὲ ὁ τρόπος τῆς αὐτοῦ συλλήψεως οὑτοσίν. ἀποδιδράσκων ἀφικνεῖται εἰς Χηλὴν ὀλίγους τῶν πρὸ τῆς βασιλείας ὑπηρετῶν συνεπο|μένους ἔχων ἑαυτῷ καὶ τὰς δύο γυ-

34 εἰρήκειμεν: p. 273, 8 sqq. **36—38** ὡς — εὐκαταφρονήτως: cf. Plut. Demetr. 16; Athen. 577 c. 101 e **55—56** τὸ — Αὔγαρον: cf. Euseb. Hist. eccl. 1, 13 PG 20, 120 B 13 sqq.; Procop. Bell. Pers. 2, 12, 18 sq.

VA = a, PW, RMDF = b

34 ἐξ ἀνθρώπων γενομένου Bekk ὡς R εἴρηκε F^ac: εἴρηται Bekk **38** εὐκαταφρόνητα AW: -ως A^s **40** ἀθετήσας: ἀπαγορεύσας P **42** δὲ om. W **43** συνελθόντων P ἀναγορευθεὶς V **45** ἐπεὶ V **46** ἐβούλοντο V: ἠβούλοντο AW Sc: βούλοιτο P **46—47** οὐ μόνον διαρπάζουσιν V **47** Χρυσιοπλυσίοις om. V: Χρυσοπλυσίοις APW: Χρυσιοπλασίοις M εἰσέτι P ἔτι ταμιευόμενα: ἐπιταμιευόμενα F Bekk **48** νομίσματα W **49—50** ιβ'... λ'.... σ' WN **50** ἕτερον om. V **53** κόσμον M τῶν ἁγίων V: θείων P **54** καρποφορηθῆναι A: κλαπῆναι P: κολποφορηθῆναι W **55** εἰς P **56** αὐτὸς post ὅπερ add. AW: post οἰκείαις P^mg Bekk **57** μεγάλῳ om. P **58** οἱ om. M προαγγέλλοντες V **60** οὑτοσίν V **61** β' WN

61 ἑαυτῷ: ἐκείνῳ P b Bekk

ναῖκας ἐπαγόμενος. ἰδόντες οὖν αὐτὸν οἱ ἐκεῖσε μηδὲν τεκμήριον περικείμενον τῶν κρατούντων, ἀλλ᾽ ὡς φυγάδα τὴν ἐπὶ τοὺς Ταυροσκύθας διαπλώϊσιν ἐπισπέρχοντα καὶ φεύγοντα μηδενὸς διώκοντος, συλλαβεῖν μὲν οὔτε ἐθάρρησαν, οὔτε ὁπωσοῦν ἐδικαίωσαν (τὸν γὰρ θῆρα καὶ γυμνὸν οὐδὲν ἔλαττον ἐδεδίεσαν καὶ πρὸς μόνην τὴν ἐκείνου θέαν κατέπτησσον), νῆα δὲ ἡτοιμάσαντο καὶ Ἀνδρόνικος μετὰ τῶν ὑπ᾽ αὐτὸν ἐμβέβηκεν εἰς αὐτήν. ὥσπερ δὲ καὶ θαλάσσης ἀγανακτούσης κατ᾽ Ἀνδρονίκου, ὅτι σώμασιν ἀθώοις τοὺς αὐτῆς κόλπους πολλάκις ἔχρανεν, ὀρθόν τε τὸ κῦμα ἵστατο καὶ εἰς χάσμα διίστατο καὶ καταπιεῖν αὐτὸν διανίστατο καὶ πρὸς χέρσον ἡ ναῦς ἐξεβράσσετο. καὶ τοῦτο πολλάκις γινόμενον ἐκόλουσε τὴν Ἀνδρονίκου περαίωσιν, ἕως οἱ καταληψόμενοι ἐπέστησαν.

Οὕτω τοίνυν ὁ τάλας Ἀνδρόνικος συσχεθεὶς ἀκατίῳ παραρριπτεῖται μετὰ τῶν γυναικῶν δέσμιος. ἀλλ᾽ ἦν κἀν τῷ τότε καιρῷ Ἀνδρόνικος ὁ πολύμητις ἐκεῖνος καὶ περίφρων Ἀνδρόνικος. συνιδὼν γὰρ ὡς χεῖρες οὐκ εἰσίν, ὡς πόδες οὐκ εἰσίν, οὐδὲ πάρεστι ξίφος εἰς τὸ δρᾶσαί τι γενναῖον καὶ διαδρᾶσαι τοὺς συλλαβόντας, ὑποκρίνεται τραγῳδίαν δεξιοστροφήσας τὸ τρίχορδον τῆς φθογγῆς καὶ θρηνῶδες ᾄδει τι μέλος καὶ περιπαθὲς ἀναβάλλεται, τὰς παλαιὰς πειθανάγκας ἀνατινάσσων καὶ περιτρέχων ὡς δεξιὸς μουσηγέτης εὐήχου ὀργάνου | χορδάς, καὶ καταλέγει μελεάζων ὡς ἀηδόνες τὸ γένος ὡς ὑψηλόν, τὸ εὐγενὲς ὡς ὑπὲρ τοὺς πολλούς, τὴν προτέραν τύχην ὡς εὐτυχῆ, τὸν πάλαι βίοτον, κἂν πλάνης ἦν καὶ ἀνέστιος, μηδαμῶς ἀβίωτον, καὶ τὴν τότε κατασχοῦσαν αὐτὸν συμφορὰν ὡς λίαν οὖσαν οἰκτράν. ἀνταδούσας δ᾽ εἶχε καὶ τὸ μέλος γοερώτερον διασκευαζούσας οἷα σοφὰς τὰς γυναῖκας. καὶ ὁ μὲν ἦρχε τῶν θρηνημάτων, αἱ δὲ ἀντῇδον αὐτῷ συνυπακούουσαι καὶ συμψάλλουσαι.

Ἀλλ᾽ ἦν μάτην ταῦτα πάντα μετιὼν καὶ διακενῆς τεχνώμενος ὁ πολυτροπώτατος· ἃ γὰρ ἀνόσια διεπράξατο ἔργα, ταῦτα ὡσεὶ κηρὸς

---

64 φεύγοντα — διώκοντος: cf. Lev. 26, 17

VA = a, PW, RMDF = b

62 ἐπαγόμενος: συνεπομένας ἔχων W **65** θῆρα: ἄνδρα AW ὄντα τῶν ἀμυντηρίων post γυμνὸν add. AP Bekk: ὄντα add. W **66** ἔλαττον: ἕτερον F κατεπτήσσοντο V **68** θαλάττης V **69—70** (κόλ)πους — δι(ίστατο) i. r. 20 litt. et mg. P καὶ — διίστατο om. RMDF Sc **70** καὶ alt. om. M **71** γενόμενον AP ἐκόλασε V: ἐκόλυσε M[pc]: ἐκώλυσε D Bekk **74** καὶ post παραρριπτεῖται add. W **75—76** ὡς πόδες οὐκ εἰσίν ante ὡς χεῖρες suppl. P[mg] Bekk: om. MDF **77** διαδράναι P **78** ᾄδειν Bekk **80** μουσουργέτης M **81** ὡς tert. om. R **82** βίον P **83** ὡς post ἀνέστιος add. V **84** δ᾽ om. W καὶ om. M **85** διασκεδαζούσας M θρηνωδημάτων F[pc] Bekk **87** μάτην om. V ταῦτα πάντα μάτην Bekk **88** πολυτροπώτατος: βαθύνους καὶ πολύτροπος Ἀνδρόνικος P Bekk ἀνόσια suppl. P[mg]

69 πολλάκις om. b

τὰς τῶν κατασχόντων αὐτὸν ἐπέβυσεν ἀκοάς, καὶ οὐδεὶς οὐδένα οἶκτος εἰσῄει, οὐδ' ἐνήχησις ἦν ὧν κατὰ Σειρῆνας ἐμελῴδει γυναικωδῶς, εἴτ' οὖν ὑπούλως καὶ δολερῶς, εἰπεῖν οἰκειότερον, καὶ τὸ μῶλυ τὸν Ἑρμῆν ἐπιλέλοιπε τοῦ θείου μηνίσαντος.

Εἶχε τοίνυν τοῦτον ἡ τοῦ Ἀνεμᾶ λεγομένη φρουρὰ δυσὶ παχείαις ἁλύσεσι τὸν ὑψιτενῆ βαρούμενον τράχηλον, ὑφ' ὧν οἱ ἐν δεσμωτηρίοις σιτούμενοι λέοντες μετὰ σιδηρέων κλοιῶν συνέχονται, καὶ πέδαις τοὺς πόδας κακούμενον. ἐμφανισθεὶς δὲ οὕτως ἔχων καὶ παραστὰς Ἰσαακίῳ τῷ βασιλεῖ ὕβρεσι βάλλεται, κατὰ κόρρης ῥαπίζεται, τοὺς γλουτοὺς ἐπικρούεται, τὴν γένυν τίλλεται, τοὺς ὀδόντας ἐκριζοῦ|ται, τὴν κεφαλὴν ψιλοῦται τριχῶν, εἰς κοινὸν ἐκδίδοται παίγνιον πᾶσι τοῖς συνελθοῦσιν, ἐμπαροινεῖται καὶ ὑπὸ γυναικῶν καὶ τύπτεται πυγμαῖς κατὰ στόματος, καὶ τούτων ὁπόσαι μάλιστα ἢ θανάτῳ ὑπ' Ἀνδρονίκου ἀπεβάλοντο τοὺς συνεύνους ἢ τοὺς ὀφθαλμοὺς ἀπεσβεσμένους ἀπέλαβον. ἔπειτα τὴν δεξιὰν χεῖρα πελέκει ἀποκοπεὶς παραρριπτεῖται αὖθις τῇ αὐτῇ φυλακῇ, ἄσιτος, ἄποτος, ὑπ' οὐδενὸς μεταλαγχάνων οἱασοῦν κομιδῆς.

Μεθ' ἡμέρας δέ τινας καὶ τὸν ἕτερον τῶν ὀφθαλμῶν ἐξορύττεται καὶ καθεσθεὶς ἐπὶ καμήλου ψωριώσης διὰ τῆς ἀγορᾶς θριαμβεύεται, κατὰ γεράνδρυον ἄφυλλον ᾠοῦ ψιλότερον ἀκαλυφές τε παντάπασι κρανίον προφαίνων καὶ βραχεῖ ῥακίῳ τὸ σῶμα σκεπόμενος, θέαμα ἐλεεινὸν καὶ πηγὰς ἐθέλον δακρύων ἡμέροις ὄμμασιν. ἀλλ' οἱ εὐηθέστατοι καὶ ἀπαιδευτότατοι τῆς Κωνσταντίνου οἰκήτορες καὶ τούτων οἱ ἀλλαντοπῶλαι πλέον καὶ βυρσοδέψαι καὶ ὅσοι τοῖς καπηλείοις διημερεύουσι κἀκ τῶν καττυμάτων ἀποζῶσι γλίσχρως καὶ ταῖς ῥαφίσι τὸν ἄρτον στενῶς συλλέγουσι, κατ' ἔθνεα συναθροισθέντες μυιῶν, αἳ τοὺς γαυλοὺς ἀμφιπεριίπτανται ἔαρος καὶ περιχαίνουσι τὰ πιαλέα κισσύβια, μηδένα

89—91 ὡσεὶ — δολερῶς: alludit ad Hom. μ 47—48. 173 sqq. **91—92** τὸ — Ἑρμῆν: cf. Hom. κ 305 **10** sqq.: cf. Nic. Panopl. dogm. lib. XXVII: ἀλλὰ καὶ τοῦ βασιλέως Ἀνδρονίκου θανάτῳ ἀσχήμοσι καὶ οἰκτρῷ τὸ ζῆν καταστρέψαντος, — ἐπὶ γὰρ καμήλου καθεσθεὶς ψωριώσης καὶ πρὸς τὸ ἱππικὸν ἀπαχθεὶς μετ' ἐμπαιγμῶν γελοιωδῶν ἐκ ποδῶν φελλύρᾳ κατὰ σφάγιον γυμνὸς ἀπῃώρηται . . . **12** ᾠοῦ ψιλότερον: videtur prov.; cf. Anth. P. 11, 398 **18—19** κατ' — κισσύβια: cf. Hom. B 469—471; γαυλούς ex ι 223 et κισσύβια ex ι 346

VA = a, PW, RMDF = b

89 συσχόντων P: κατεχόντων DF[pc]: καταυχόντων F[ac] αὐτὸν: ἐκεῖνον P ἐπέβυεν P **92** τὸν κερδῶον Ἑρμῆν V **93** τοῦτον τοίνυν APRMD **94** βαρυνόμενον V **2** καὶ ante κατὰ et τοὺς add. V **5** καὶ pr. et alt. om. W ὑπὸ γυναικῶν: γυναιξὶ P στόμα V **6** μάλιστα ὁπόσαι D Ἀνδρονίκω R **8** καὶ post παραρριπτεῖται add. W **9** τῆς οἱασοῦν Bekk **11** κατὰ γεράνδρυον ἄφυλλον: σχόλιον. γεράνδρυον λέγεται ξύλον ξηρὸν ἐκ δρυός· ἢ ξηρὰν δρῦν· διὰ τοῦτο ἐπάγει καὶ ἄφυλλον adscr. man. alt. V **13** προφαίνων: ἔχων VAW **14** ἐθέλον: ἕλκων P[ir]: ἕλκον Bekk **15** ἀλαντοπῶλαι codd.: οἱ χορδοπῶλαι D[s] **16** καὶ βυρσοδέψαι om. (in fin. lin.) V βυρσοδέψαι: σκυτοδέψαι APW **19** ἀμφιίπτανται V λόγον θέμενοι, εἰ βασιλεὺς οὗτος πρὸ τρίτης καὶ βασιλείῳ διαδήματι περιδούμενος καὶ ὡς σωτὴρ ὑμνούμενος ὑπὸ πάντων ἀνευφημούμενός τε καὶ προσκυνούμενος καὶ ὡς φρικώδεσιν ὅρκοις τὴν εἰς αὐτὸν ἐνεπέδωσαν πίστιν καὶ εὔνοιαν, ἀλόγῳ δὲ θυμῷ καὶ παραλογωτέρῳ νοῒ φερόμενοι οὐδέν τι τῶν κακῶν ἐνέλιπον, ὃ | μὴ εἰς Ἀνδρόνικον ἀνοσίως εἰργάσαντο. οἱ μὲν γὰρ κατὰ κεφαλῆς κορύναις αὐτὸν ἔπληττον, οἱ δὲ βολβίτοις τὰς ἐκείνου ῥῖνας ἐμόλυνον, ἄλλοι διὰ σπόγγων λύματα γαστέρων βοείων καὶ ἀνθρωπείων τῶν ὄψεων ἐκείνου κατέχεον. ἕτεροι αἰσχρορρημονοῦντες ἐκακολόγουν ἐς μητέρα καὶ τὸν λοιπὸν τῶν τοκέων. ἦσαν οἳ καὶ ὀβελίσκοις ἔπειρον αὐτοῦ τὰς πλευράς. οἱ δ' ἀναιδέστεροι λιθολευστοῦντες κύνα ὠνόμαζον λυσσητῆρα. μία δέ τις πορνικὴ γυνὴ καὶ ἀκόλαστος κεράμιον θερμοῦ ὕδατος πλῆρες ἁρπασαμένη ἐξ ὀπτανείου τῶν ἐκείνου κατεκένωσε παρειῶν. καὶ οὐδεὶς ἦν, ὃς οὐκ ἦν ἐπ' Ἀνδρονίκῳ κακοποιός. καὶ οὕτως ἀτίμως ἐπὶ τὸ θέατρον ἀπαχθεὶς μετὰ γελοιώδους θριάμβου καὶ τοῦ οἰκτροῦ ἐκείνου καὶ παιζομένου ἐπὶ καμήλου ὑψώματος καὶ ὅπερ ἄνωθεν κατέβη αὐτόχρημα ἐκ ποδῶν ἀναρτᾶται, τινῶν ἀναψάντων ἐκ φελλύρας καλώδιον, κατὰ τοὺς περὶ τὰς ἐπικλινεῖς τὸν τράχηλον ἐκ χαλκοῦ πεποιημένας λύκαινάν τε καὶ ὕαιναν ἱσταμένους δύο στυλίσκους καὶ λίθον ἐπικείμενον ἔχοντας.

Τοσαῦτα δὲ πεπονθὼς καὶ μυρία ἕτερα ὑποστάς, ὅσα ὁ λόγος παρέδραμεν, ὅμως ἀντεῖχεν ἔτι γενναίως πρὸς τὰς ἐπιφορὰς τῶν δεινῶν ἐρρωμένος ὢν τὸ φρονεῖν. πρὸς δὲ τοὺς ἐπεισχεομένους καὶ | βάλλοντας ἐπιστρεφόμενος ἄλλο μὲν οὐδὲν ἐφθέγγετο, εἰ μὴ τὸ „Κύριε ἐλέησον" καὶ „ἵνα τί κάλαμον συντετριμμένον προσεπικλᾶτε"; ἀλλ' οὐδὲ μετὰ τὴν ἐκ ποδῶν ἀπαιώρησιν οἱ ἀνούστατοι ὄχλοι τοῦ πολυπαθοῦς ἀπέσχοντο Ἀνδρονίκου ἢ φειδὼ τῶν ἐκείνου σαρκῶν ἔλαβον, ἀλλὰ περιελόντες τὸ χιτώνιον κακῶς ἐτίθουν τὰ παιδογόνα μόρια. ἀνόσιος δέ τις καὶ διὰ τοῦ φάρυγγος εἰς τὰ ἔγκατα ἐπίμηκες ξίφος ἔβαψε, τινὲς δὲ τῶν ἐκ τοῦ Λατινικοῦ γένους καὶ κατὰ τῆς ἐξέδρας ἀκινάκην ἀμφοτέραις ἐπήρεισαν καὶ πε-

35 ἄνωθεν κατέβη: cf. Nic. Or. 61, 26 **43** ἵνα — προσεπικλᾶτε: cf. Is. 42, 3

VA = a, PW, RMDF = b

21 εὐφημούμενος V **22** ἐς Bekk **24** ἐς PW Bekk **25—26** οἱ alt. — ἐμόλυνον suppl. P[mg] **26** καὶ post γαστέρων add. W **27** καὶ post κατέχεον add. AP[pc]W αἰσχρ. ἕτεροι W **28** τὴν μητέρα P Bekk καὶ τῶν λοιπῶν τῶν (τῶν om. R) τοκέων RM ἦσαν om. RM **29** ἔπειραν DF Bekk **33** οὕτως om. M ἐπαχθεὶς D **34** οὗπερ V **36** περὶ τὰς om. M **37** ὕαινάν τε καὶ λύκαιναν V ἀλλήλαις ἀντιβλεπούσας (-βλεπτούσας ἀλλήλαις A -βλεπτούσαις W) καὶ πρὸς ὀργὴν ἐμβριμωμένας (ἠγριωμένας Bekk) post ὕαιναν add. APW Bekk ἱσταμένους om. VW **37—38** ἱσταμένους — ἔχοντας suppl. P[mg] **39** παθὼν P **47** ἐς P ἔβαψε: εἰσήλασε VAW **47—48** δὲ: δὲ καὶ V et καὶ ante κατὰ om. VAW **48** ἕδρας MD Sc

34 καὶ tert. om. b Bekk **37** τε om. b Bekk **46** καὶ om. b ριστάντες κατέφερον τὰ ξίφη, ὁποῖόν ἐστι τμητικώτερον ἀποπειρώμενοι καὶ τῇ τῆς χειρὸς κομπάζοντες δεξιότητι διὰ τὸ ἀξιόλογον τῆς πληγῆς.

Καὶ μετὰ τοσαῦτα μογήματα καὶ παθήματα μόλις ἀπέρρηξε τὴν ζωήν, τὴν δεξιὰν χεῖρα μετ' ὀδύνης ἐκτείνας καὶ περιαγαγὼν οὕτω τῷ στόματι, ὥστε καὶ τοῖς πολλοῖς ἔδοξεν ἐκμυζᾶν τοῦ ἐκ ταύτης ἔτι θερμοῦ ἀποστάζοντος αἵματος διὰ τὸ νεαρὸν τῆς τομῆς.

Ἦρξε δ' ἐνιαυτοὺς δύο καὶ ἕνα τῶν πραγμάτων κύριος ἐγεγόνει τηβέννης ἄνευ καὶ ἀρχικοῦ διαδήματος. ἦν δὲ τὴν τοῦ σώματος φυὴν εὐφυής, ἀγητὸς τὸ εἶδος, ὄρθιος ἀναβαίνων, τὴν ἡλικίαν ἡρωϊκὸς κἀν τῷ βαθεῖ γήρᾳ τὴν ὄψιν νεοειδὴς ὑγιεινότατός τε ἀνθρώπων, ὅτι μηδ' ὀψοφάγος ἦν καὶ ἀκρατῶς ἔχων κοιλίας ὡς ζωροπότης καὶ | τένθης, ἀλλὰ κατὰ τοὺς Ὁμηρικοὺς ἥρωας μάλιστα τοῖς ὀπτοῖς προσέκειτο τῷ πυρί, ὅθεν οὐδ' ἐρυγγάνοντά τις αὐτὸν ἐθεάσατο. ἀλλ' εἴ ποτε πλημμελῶς εἶχε στομάχου, πανημερίῳ μόγῳ τε καὶ νηστείᾳ καὶ τὸ βραχέως ἐνοχλοῦν ἀπεκρούετο ψωμῷ ἄρτου καὶ οἴνου κεράσματι ἐπιμετρῶν τὴν θεραπείαν τοῦ σώματος. οὐκοῦν οὐδ' ἀντιδότῳ ἐχρήσατο πώποτε, εἰ μὴ ἅπαξ ἐν τῇ βασιλείᾳ, καὶ τότε τῶν ἰατρῶν εἰς τοῦτο ἐποτρυνάντων ἄκοντα, φαμένων, εἰ καὶ μὴ δι' ἐνσκήψασαν καχέκτησιν, ἀλλ' οὖν προφυλακῆς χάριν τὸ ἀνύσιμον χρεὼν προσενέγκασθαι φάρμακον. πιὼν τοίνυν τὸ καθάρσιον βράδιον καὶ περὶ δύνοντα ἥλιον ἀπεκένωσέ τι τοῦ ἐν φλεψὶ περιττώματος, ὥστε καὶ πρὸς τοὺς φάσκοντας τῶν ἑταίρων ἐπ' αὐτῷ οἴεσθαι τοὺς πλείστους τὸ παλαίφατον λελέχθαι τοῦτο χρησμῴδημα „δρεπανηφόρε, τετράμηνόν σε μένει" ἐπιμειδιῶν ἔλεγε διεψεῦσθαι προδήλως· αὐτὸς γὰρ καὶ ἐνιαυτὸν ὅλον νοσηλείᾳ παντοίᾳ τοῦ σώματος διαρκέσειεν ἂν προσπαλαίων τῷ ῥωμαλέῳ πεποιθὼς τοῦ σώματος καὶ φανταζόμενος, ὡς ἔοικεν, ὡς μαλακῷ θανάτῳ δαμήσεται καὶ

61—62 κατὰ — πυρί: cf. Hom. A 466; al. **72** δρεπανηφόρε — μένει: Orac. Leonis Sap. PG 107, 1132B 9

VA = a, PW (usque ad 69 ἥλιον), RMDF = b

53 ζωήν: ψυχήν A^{mg}γρP **54** ἐκμυζῶν A: ἐκμυζοῦν W **57** ἄνευ τηβέννης W **59** νεοειδὴς τὴν ὄψιν V **60** περισσὸν post ὀψοφάγος add. Bekk ὡς οἱ ζωροπόται καὶ τένθαι A^{s}PW: ὡς πότης καὶ λαίμαργος Sc καὶ alt.: τε καὶ V **63** τοῦ στομάχου V μόγῳ — νηστείᾳ: γυμνασία καὶ ἀσιτία P **64** (ψωμ)ῷ P^{ir}: ψωμοῦ RMDF κλινούσης τῆς (τῆς om. Sc) ἡμέρας post κεράσματι add. APW Sc Bekk **66** ἐποτρυνάντων εἰς τοῦτο V **67** καχέκτησιν: νοσήλευσιν VAW **71** τοὺς πολλοὺς AP λελέχθαι τοῦτο: ἐκείνῳ R τοῦτο: τόδε V: τουτὶ P **72** δρεπανηφόρον V **73** διεψεῦσθαι etiam Sc **74** τοῦ pr. om. P διαρκέσῃ V^{ac}: διαρκέσαι V^{pc} **75** μαλθακῷ P

50 κατακομπάζοντες (περι- M) b Bekk **71** αὐτῷ: ἐκείνῳ P b Bekk τοὺς πλείστους: πάντας b Bekk **73** διαψεύδεσθαι P b Bekk εἰρηνικῷ τέλει συμπερανεῖ τὴν ζωήν, τὴν δ' ἐναντίαν τελευτὴν ἢ ἑκὼν ἀποπροσποιούμενος ἢ μὴ κατὰ νοῦν ὅλως βαλλόμενος.

Καίτοι λόγος διαρρέων καὶ ἐς ἡμᾶς ἵκετο ὡς ἵππων ἀγομένης ἁμίλλης, ἐκτείνας τὴν χεῖρα Ἀνδρόνικος δακτύλῳ ὑπέδειξε τῷ ἐξαδέλφῳ καὶ βασιλεῖ Μανουὴλ τοὺς κίονας, ὧν μέσον αὐτὸς | ἀνηρτήθη, εἰπὼν ὡς ἐκεῖσε μέλλει ποτὲ βασιλεὺς ἀπαιωρηθῆναι Ῥωμαίων κακῶς παθὼν ὑπὸ τοῦ τῆς πολιτείας πληρώματος· τὸν δὲ πρὸς τὴν Ἀνδρονίκου εἰσήγησιν ἀποκρίνασθαι, ἀλλ' αὐτὸς τέως οὐκ ἐσεῖται ὁ τοῦτο πεισόμενος.

Καὶ τοιοῦτο μὲν τέλος θανάτου κατείληφε τὸν Ἀνδρόνικον, ἐξάπινα εἰς ἐρήμωσιν ὡσεὶ καὶ ἐνύπνιον ἐξεγειρομένου γεγενημένον, καὶ ἐν τῇ πόλει τὴν οἰκείαν ἐξουθενωμένον εἰκόνα, εἴτε τὸν τοῦ προσώπου χαρακτῆρα βούλοιτό τις οὕτω νοεῖν, εἴτε τὰ ἐπὶ τῶν τοίχων καὶ σανίδων εἰκάσματα, ἐπεὶ καὶ ταῦτα ὁ πολὺς κατηχρειώκει λεὼς καὶ διεσκεδάκει πρὸς γῆν καὶ ἐλέπτυνεν, ὡς οὐδ' οἱ περὶ Μωσέα πρότερον ἀφορισθέντες τὸ χωνευθὲν ἐν μέθῃ ταυρόκρανον.

Μεθ' ἡμέρας δέ τινας καθαιρεθεὶς τοῦ οἰκτροτάτου ἐκείνου ὑψώματος ὅσα καὶ πτῶμα θρέμματος ἐν μιᾷ τῶν τῆς ἱπποδρομίας ἁψίδων παραρριπτεῖται. ἐσύστερον δέ τινες μερίδα τῷ ἐλέῳ διδόντες καὶ μὴ πάντα τῷ θυμῷ χαριζόμενοι ἐκεῖθεν τὸν Ἀνδρονίκου νεκρὸν ἀνελόμενοι παρά τινι κατωτάτω τόπῳ κατέθεντο περί που τὴν Ἐφόρου μονήν, ἣ κατὰ τὸ Ζεύξιππον ἵδρυται, ὃ καὶ εἰσέτι μὴ πάντῃ διαλυθὲν τῆς ἁρμονίας τοῖς βουλομένοις ὀπτάνεται. ὁ γὰρ ἀμεμφής, ὡς ᾤετο, τὰ πάντα καὶ δίκαιος Ἰσαάκιος οὐ κατένευσε καθαιρεθῆναι καὶ ταφῇ παραδοθῆναι Ἀνδρόνικον ἢ ἀπενεχθῆναι τὸν τούτου νεκρὸν εἰς τὸν τῶν ἁγίων τεσσαράκοντα νεών, ὃν Ἀνδρόνικος ἐπεποίησε φιλοτίμως | καὶ λαμπροῖς ἠγλάϊσε κόσμοις καὶ ἀναθήμασι περιττοῖς κατεκάλλυνε καὶ ἐν ᾧ τὸν τοῦ σώματος χοῦν ἀποθησαυρίσαι προεμηθεύσατο.

Ἐκλείπων δὲ ἦν τὴν ψυχὴν εἰς τὰς τοῦ θεοκήρυκος Παύλου ἐπιστολὰς καὶ συνεχῶς τοῦ ἐκ τούτων ἀποστάζοντος ἐνεφορεῖτο μέλιτος καὶ ἄριστα

84—86 κατείληφε — εἰκόνα: cf. Ps. 72, 19 et 20; Io. Syrop. Or. ad Is. Ang. p. 13, 3—4 Bachmann **89—90** ὡς — ταυρόκρανον: cf. Exod. 32, 20

VA = a, P, RMDF = b

77 ἀποπροσποιησόμενος V[ac] **78** καὶ om. P ἀγομένων PU **79** δακτύλῳ om. V **80** τὰς κίονας V μέσος A **80** ὡς om. R **81** βασ. Ῥωμ. ἀναφθῆναι P **82** ἀφήγησιν P **83** ἔσται P **84** τοιοῦτον VR θανάτω R **86** ἐξουδενωμένον P **87** νοεῖν: καλεῖν P **88** λαὸς V **89** ἀπελέπτυνεν A Μωυσέα R **92** ἀπέρριπται P **95** ἔθεντο P F[ac] Bekk **3** παραδοῦναι D **4** μαρτύρων post τεσσαράκοντα add. AP **5** ἐπιπεποιήκει V: πεποίηκε Bekk **7** ἀποθησαυρισθῆναι V: ἀποθέσθαι P **8** ἐς D **9** στάζοντος P

80 ὧν αὐτὸς μέσον ἀνήρτηται (ἀνήρτητο P: ἀνήρηται M) P b Bekk **81** βασ. Ῥωμαίων ἀπαιωρηθῆναι b Bekk **82** διήγησιν b Bekk **90** χοανευθὲν b ἐπιστέλλων ἐκ τῆς αὐτῶν πειθανάγκης τὰ οἰκεῖα περιέβαλλεν ἐπιστόλια. ἀμέλει τοι καὶ ἀρχαίας χειρὸς εἰκόνα τοῦ πνευματορρήτορος Ταρσέως κόσμῳ λαμπρύνας τῷ ἐκ χρυσοῦ ἀνέθηκε τῷ ῥηθέντι ναῷ· ἡ δέ, τῆς Ἀνδρονίκου καταστροφῆς ἐγγιζούσης, τῶν ὀφθαλμῶν ἀπεστάλαττε δάκρυον. τοῦτο δ' ἀκηκοὼς Ἀνδρόνικος στέλλει τοὺς ἀκριβωσομένους τὰ τῆς ἀκοῆς. ἦν δὲ μεθ' ἑτέρων εἰς τοῦτο ἐπιλεγεὶς καὶ ὁ Ἁγιοχριστοφορίτης Στέφανος, ὃς καὶ διὰ βαθμίδος ἀνελθὼν (ἦν γὰρ ἡ εἰκὼν μετέωρος) ἀπέψησεν ὑφάσματι ἀκηράτῳ τὰς τοῦ Παύλου κόρας. αἱ δὲ κατὰ τὰς διασμωμένας κρήνας ἔτι πλεῖον τὸ δάκρυον ἐξεκένουν. καὶ θαυμάσας ὃ ἑώρακεν Ἀνδρονίκῳ ἀπιὼν διηγήσατο. ὁ δὲ μέγ' ὀχθήσας καὶ τὴν κάραν ὧδε κἀκεῖσε ταλαντεύσας ἐπέμυξε καὶ εἴρηκεν ἐπ' αὐτῷ ἄρα δακρύειν ἐοικέναι τὸν Παῦλον καὶ κακὸν αὐτῷ χείριστον προσημαίνειν τὸ ἀγγελλόμενον· φιλεῖν γὰρ ἐκθύμως τὸν Παῦλον καὶ τῶν αὐτοῦ ῥημάτων ἄκρως ἐξέχεσθαι καὶ ἀντιφιλεῖσθαι δήπουθεν ὑπὸ Παύλου. |

Ἵνα δὲ συνελὼν εἴπω τὸ πᾶν, εἰ τοῦ ἐντόνου τῆς ἀπηνείας ὑπεχάλα Ἀνδρόνικος, μηδ' εὐθὺς ἐπῆγε τὸν καυτῆρα καὶ τὴν τομὴν ἀεὶ ῥανίσιν αἱμάτων προσδιαπλέκων καὶ διαχρώζων τὸ ἀμπεχόνιον τῷ ἀπαραίτητος εἶναι πρὸς κόλασιν, ὅπερ ἐκ τῶν ἐθνῶν, οἷς προσέμιξεν, ἀπεμάξατο πολυπλανέστατος ἀνθρώπων γενόμενος, ἦν ἂν οὐκ ἐλάχιστος ἐν τοῖς ἐκ Κομνηνῶν ἄρξασιν, ἵνα μὴ λέγω ὡς ἐν ἴσῃ τῇ στάθμῃ καὶ πάντῃ ἰσόρροπος, ἐπειδήπερ ἦν κἀκ τούτου συλλέγειν ἀνθρώπινα ἄττα μέγιστα ἀγαθά· οὐ γὰρ πάντῃ ἀπηνθρώπιστο, ἀλλὰ κατὰ τὰ διφυῆ ἀναπλαττόμενα μορφώματα θηριωδίας μετέχων καὶ βροτείῳ εἴδει ἐκέκαστο.

Περὶ δ' Ἀνδρονίκου καὶ ἕτεροι τὸ μέλλον αὐτῷ προφοιβάζοντες ἰαμβεῖοι στίχοι βίβλοις ἐμφέρονται καὶ στόμασι πολλῶν περιᾴδονται, σὺν ἄλλοις δὲ καὶ οὗτοί εἰσιν·

„αἴφνης δ' ἀναστὰς ἐκ τόπου πλήρους πότου
ἀνὴρ πελιδνός, ἀγέρωχος τὸν τρόπον,
στικτός, πολιός, ποικίλος χαμαιλέων,
ἐπεισπεσεῖται καὶ θερίσει καλάμην.

---

19 μέγ' ὀχθήσας: cf. Hom. A 517; al. **24—33**: ἵνα — ἐκέκαστο: ad hoc iudicium cf. Eust. 14, 31—16, 15 **39** στικτὸς — χαμαιλέων: cf. p. 136, 57

VA = a, P, RMDF = b

10 αὐτῶν: τούτων P **15** καὶ om. V: suppl. P^mg ὁ om. M **16** βαθμίδων M ἀνελὼν A **18** πλέον RK **19** μέγα V **20** ὧδε κἀκεῖσε: ἱκανῶς P ἐπεστέναξε P **21—22** καὶ — Παῦλον om. M **23** ἄκρως om. RMDF εἰκὸς post δήπουθεν add. RMDF ὑπὸ om. M **25** καυστῆρα V **26** τὸ ἀρχικὸν ἀμπεχόνιον AP Bekk **28** πολύπλαγκτος P ἐν om. A **31—32** ἀλλὰ — ἐκέκαστο suppl. P^mg **32** ἀναπλαττόμενα: ἀναφυόμενα AP μορφώματα om. D **37** πλήρης RM ποτε R **38** πελιχνός V **39** στικτός: στυγνός P Bekk

20 ὧδε κἀκεῖσε: ἔνθεν καὶ ἔνθεν b Bekk **26** συνδιαπλέκων b Bekk **27** ἀπεμόρξατο b

πλὴν ἀλλὰ καὐτὸς συνθερισθεὶς τῷ χρόνῳ
ἐσύστερον τίσειεν ἀθλίως δίκας |
ὧν περ κακῶς ἔπραξεν ἐν βίῳ τάλας·
ὁ γὰρ φέρων μάχαιραν οὐ φύγῃ ξίφος''.

πλήρη δὲ πότου τόπον τὸ Οἴναιον ὑπεμφαίνουσιν, ὡς δηλοῖ καὶ τὸ τῆς χώρας προσώνυμον, ἐξ οὗπερ Ἀνδρόνικος ἀπάρας, ὡς ἤδη ἐρρέθη μοι, πρὸς Κωνσταντινούπολιν παρεγένετο.

---

44 ὁ — ξίφος: cf. Mat. 26, 52; Apoc. 13, 10 **46** ἐρρέθη: p. 225, 58; 229, 59

VA = a, P, RMDF = b

41 ἀλλ' οὐκ αὐτὸς R **42** ἀθλίας cum b scr. A **45** τόπον om. A τὸν Οἶν. R ἀποφαίνουσιν V ταῦτα δὴ τὰ προρρήματα post ὑπεμφαίνουσιν add. AP **46** ὡς om. A **47** τὴν ante Κωνσταντινούπολιν add. P post παρεγένετο add. (man. pr.) versus καὶ δίκας ἀνάρσιον ὑπέσχες κάρα / ἀνθ' ὧν ἄωρον ἐξέτιλας τὸν στάχυν / τὸν Ἀλέξιον τὸν γλυκὺν μειρακίσκον, / Ἀνδρόνικε, φεῦ, τὸν βασίλειον τόκον, / ὃν λαγόνες γῆς τῆς βασιλίδος Ξένης / ὑπανέδωκαν ὡς ἀρίστω γηπόνω / τῷ βασιλεῖ Μανουὴλ καὶ φυτοσπόρω, / ὅστις ἔλαχεν ἐν βασιλεῦσι κλέος V παρεγένετο: κατέλαβεν et add. Εὕρηται τούτου καὶ ἐπιστόλιον etc. vid. p. 331, 91 App.; post ἀνεκτόν proseq. ὡς δὲ κτλ. Sc

42 ἀθλίας b Bekk

ΒΑΣΙΛΕΙΑ
ΙΣΑΑΚΙΟΥ ΤΟΥ ΑΓΓΕΛΟΥ

———

Ἀπραγμόνως δ' οὕτω τὴν βασιλείαν παραλαβὼν Ἰσαάκιος ὁ Ἄγγελος καὶ τῷ τοῦ Ἁγιοχριστοφορίτου αἵματι ὡς εἰπεῖν αὐτὴν ὠνησάμενος ἐκ τοῦ μεγάλου παλατίου εἰς τὰ ἐν Βλαχέρναις ἀφικνεῖται ἀνάκτορα καὶ εἰς ἑαυτὸν οὐκ ὀρθῶς ἕλκων τὰ ἔπη καὶ ἀνὰ στόμα φέρων διὰ παντός, ἃ περὶ τοῦ βοοσχήμονος βασιλέως ἐκπεφώνηται καὶ διέξεισιν οὑτωσί·

„τὸ σχῆμα φαίνει τὸν τόπον καὶ τὸν τρόπον,
ὅθεν μολήσας, οἷος ὀφθείς μοι φίλος·
πρώτας γὰρ ἔχεις ἀρετὰς ἄλλων πλέον |
καὶ σωφρονίζεις σωφρονῶν τοὺς φιλτάτους·
ὅθεν τέτευχας χρηστοτάτου τοῦ τέλους
μόνος ἀναχθεὶς ἐξ ἀνακτόρων κλέος
καὶ τῷ νεκρῷ, κράτιστε, λιπὼν τὸ κράτος·
ὡς ἐν βραχεῖ γὰρ εὐτυχήσεις τὸ κράτος"

ἀρίστως τὸν δίκαιον ὑπεκρίνετο. τῷ ἐλέῳ τε γὰρ τῶν ἐνδεῶν ἤλειφε πλησμίως τὴν κεφαλὴν βασιλεύσας καὶ τῶν ταμιείων ἔνδον ὡμίλει τῷ ἐν τῷ κρυπτῷ βλέποντι πατρὶ θεῷ. ἀθροίσας δὲ καὶ τοὺς ἐν ἐξορίαις κακουχουμένους καὶ ὅσους Ἀνδρόνικος ἢ τῆς οὐσίας ἐψίλωσεν ἢ ἐς σῶμα διελωβήσατο εὖ ἐποίει ἱκανῶς οὐκ ἀποδιδοὺς μόνον, εἴ τι τῶν πάλαι

8—15 τὸ — κράτος: Orac. Leonis Sap. PG 107, 1133 B 7—14 **16—17** τῷ — κεφαλήν: alludit ad Mat. 6, 17 cum explicatione Patrum; ad rem vide Nic. Or. 94, 28 sqq. **17** τῶν — θεῷ: cf. Mat. 6, 6; Nic. Or. 99, 13—15 **18—23** ἀθροίσας — δεξιούμενος: cf. Mich. Chon. Or. in Is. Ang. I 236, 2—5

VA = a, P, RMDF = b

1 τόμος ἑνδέκατος ante βασιλεία praem. V **2** Ἰσαακίου: κυροῦ Ἰσαακίου R: τοῦ βασιλέως κῦρ Ἰσαακίου D τόμος πρῶτος post Ἀγγέλου add. D **5** εἰς: πρὸς P **6** καὶ οἰκειούμενος post ἔπη add. AP Bekk **6—7** οἰκειούμενος δὲ καὶ εἰς ἑαυτὸν ἀναφέρων τὰ λεγόμενα Sc **9** ὀφθῆς VA: ὀφθείς hab. Sc: ὤφθης proposuit G. Tafel, Kommenen und Normannen, Ulm 1852, p. 253, n. 63 **10** πρῶτος A: πρώτως M: πρῶτον B praetulit Tafel, l. c. ἔχεις γὰρ VP **13** μόνος — κλέος VF[mg]B Bekk: om. APRMD Sc **16** τῷ — γὰρ: τῶ γὰρ ἐλέω APN τε om. D εἴληφε PRMF **18** τῷ om. RMDF Bekk (hab. Mat. 6, 4 et 6) πατρὶ καὶ θεῷ Bekk **19** ἢ pr. om P κατὰ σῶμα V: ἐς τὸ σῶμα A: ἐς (εἰς B) τὰ σώματα B Sc **20** ἱκανῶς suppl. Pir

7 διεξίασιν b Bekk

προσόντων αὐτοῖς οὐκ ἠφάντωτο τῇ βασιλικῇ γάζῃ στεγόμενον ἢ παρ' Ἀνδρονίκου βραβευθὲν ἑτέροις εἰσέτι περιελέλειπτο, ἀλλὰ κἀκ τῶν ἀρχικῶν θησαυρῶν προσπαρέχων καὶ φιλοτίμῳ χειρὶ δεξιούμενος.

Ὃ καὶ τὸν κατὰ τῶν Ἰταλῶν κατεύθυνε πόλεμον, οἳ Θεσσαλίαν τε εἶχον ἤδη καὶ Ἀμφίπολιν παρεστήσαντο, καταθρασυνόμενοι ἀναίδην καὶ αὐτῆς τῆς περιωνύμου μεγαλοπόλεως καὶ μεγαλαυχοῦντες τῷ κατά τε γῆν κατά τε θάλασσαν αὐτὴν διαλαβεῖν ῥᾳόνως ὡς ἐρήμην καταλήψεσθαι νοσσιὰν καὶ σκυλεύσειν ἀταλαιπώρως βραχυημέρῳ πάνυ καιρῷ. οἱ γὰρ ἄνθρωποι τὴν Ἰσαακίου ἀρχὴν ὡς ἐκ χειμῶνος εἰς ἔαρ μετάβα|σιν ἢ γαλήνην ἀπὸ ζάλης θεασάμενοι σταθερὰν ἐκ τῶν ἁπανταχῇ Ῥωμαϊκῶν συνέρρεον χώρων, οὐ μόνον ὅσοι ὡπλίτευον, ἀλλὰ καὶ οἱ ἀπόμαχοί ποτε ἦσαν, καὶ αὐτοὶ δὲ οὐχ ἧττον ἠΐθεοι, οἱ μὲν ὀψόμενοι μόνον τὸν ἐλευθερωτὴν Μωσῆν καὶ τὸν ἐπανάγοντα Ζοροβάβελ τὴν αἰχμαλωσίαν Σιών (οὕτω γὰρ αὐτοῖς ἐκρίνετο Ἰσαάκιος), οἱ δὲ ἀποληψόμενοι τὰ συνήθη τοῖς στρατευομένοις ὀψώνια, τινὲς δὲ καὶ στρατολογηθησόμενοι καὶ κατὰ τῶν Σικελῶν ἀνδρισόμενοι.

Ὡς δὲ δήλη γέγονεν ἡ Ἀνδρονίκου καταστροφὴ τοῖς κατὰ τὴν Φιλίππου ἐπαρχίαν τῷ βασιλεῖ συναπάρασιν Ἰωάννῃ τῷ Ἀνδρονίκου παιδί, παραχρῆμα καὶ αὐτὸς συλληφθεὶς τὰς κόρας ἐκκόπτεται καὶ καταστρέφει τὴν ζωὴν ἐπωδύνως, ὑπομείνας παρακαλοῦντα καὶ μὴ εὑρών, καὶ συλλυπούμενον καὶ μὴ ἰδών.

Καὶ ὁ ἀδελφὸς δέ οἱ ὡσαύτως Μανουὴλ συσχεθεὶς ἐκτυφλοῦται, κατὰ μηδὲν αὐτῷ ἐπαρκέσαντος τοῦ μηδ' ὅλως τοῖς πατρικοῖς συντίθεσθαι ἀνομήμασι καὶ συνειδέναι τοῦτο ἀκριβέστατα οὐ μόνον τοὺς ἐν ἀγορᾷ στρεφομένους, ἀλλὰ καὶ αὐτὸν ἁπάντων μάλιστα Ἰσαάκιον, ὃς ἐστέρησε τὸν ἄνδρα φωτός.

27—28 ὡς — νοσσιάν: cf. Is. 10, 14 **29—30** ὡς — σταθεράν: cf. Nic. Or. 89, 1—2; Mich. Chon. Or. in Is. Ang. I 210, 10—12 **32—33** τὸν — Σιών: cf. Mich. Chon. Or. in Is. Ang. I 212, 8 **38—40** Ἰωάννῃ — ἐπωδύνως: cf. Eust. 413, 6—24 **40—41** ὑπομείνας — ἰδών: cf. Ps. 68, 21 **43—44** τοῦ — ἀνοήμασι: cf. Eust. 52, 5—8

VA = a, PW (ab 29 μετάβασιν), RMDF = b

24 τῶν om. P Ἰταλιωτῶν V: Σικελιωτῶν A Sc: Λατίνων P: Φράγγων B κατηύθυνε P Θετταλίαν Bekk τε om. P **25** ἀνέδην APDF Bekk: ἀνέδειν M **26** τῆς μεγαλοπόλεως τῆς περιωνύμου Bekk τῷ om. P **27** θάλατταν VF Bekk περιλαβεῖν A ῥᾳόνως: ῥαδίως A: καὶ ῥαδίως P: ῥᾶον RMF: ῥᾷον καὶ Bekk **30** σταθηρὰν VRM **31** χωρῶν Bekk ὁπόσοι VAW πρώην post ὅσοι add. APW Bekk καὶ om. R ἀπόμαχοι παλαί ποτε i. mg. et r. 8 litt. P παλαί ποτε A Bekk: παλαί ποτ' W **33** Ζωροβάβελ Bekk **35** στρατολογησάμενοι R **39** αὐτὸς: αὐτὸς ὁ Ἰωάννης APW συλλαμβάνεται καὶ P ὑπ' ἐκείνων post συλληφθεὶς add. AW: αὐτοῖς add. N **41** οὐκ P **42** ὁ Μανουὴλ V **44** ἀκριβῶς VMB: σαφέστατα P **46** τοῦ φωτός Bekk

31 ποτε: τῆτες καὶ πρότερον b

Ἰδὼν δὲ Ἰσαάκιος τὴν ἐκ τῶν ἑῴων πόλεων συνδρομὴν τοῦ λεὼ ἱκανὴν συνάρασθαί οἱ κατὰ τῶν ἐκ Σικελίας ἐχθρῶν | αὐτούς τε ἀσμένως εἰσῳκίζετο καὶ δωρεαῖς εὐφραίνων ὅση δύναμις καὶ ὁπλοδοτῶν εἰς τὸ μετὰ τοῦ Βρανᾶ στρατόπεδον ἐξαπέστελλε καὶ τοῖς λοιποῖς δὲ Ῥωμαϊκοῖς τάγμασιν, ὁπόσα ἐθυραύλει τοῖς πολεμίοις ἀντιφερόμενα, ἔπεμψε τὰ βασιλικὰ σιτηρέσια καὶ ἔτι μᾶλλον πρὸς τὸν ἀγῶνα ἐπέρρωσε τὸν προκείμενον ποσωθέντα εἰς χρυσίου κεντηνάρια τεσσαράκοντα.

Αὐτὸ μέντοι τὸ ἐκ Σικελίας ἀντίμαχον, μήπω τὰ κατ' Ἀνδρόνικον ἐνωτισάμενον, εὐθαρσῶς τε τῆς εἰς τὰ πρόσω πορείας εἴχετο πέρας τῆς ὁδοιπορίας τὴν Κωνσταντίνου θέσθαι διανοούμενον· καὶ ὁ στόλος δὲ ἀναπλεύσας ταῖς νήσοις προσώκειλεν, αἳ ἄγχιστα τῆς πόλεως ἀμφιρρέονται. ἀλλ' ὁ τοὺς γίγαντας μὴ ἐν πλήθει ἰσχύος αὐτῶν καὶ ἅρμασι καὶ ἵπποις σώζεσθαι ἀφιεὶς καὶ τοῖς ταπεινοῖς χάριν ἐπισταλάττων, οὗτος τοὺς ὑψαύχενας ἔσφηλε, καὶ αὖθις ἀτεχνῶς καταβὰς οὐ συνέχεε μὲν τὰς γλώσσας αὐτῶν, εἰς δὲ τρισσούμενα τούτους καταδιεῖλε τμήματα. τὸ μὲν γὰρ τὴν τῶν Θετταλῶν προκαθημένην εἰάθη φρουρεῖν καὶ ἔμενε κατὰ χώραν μετὰ νηῶν ταχυναυτουσῶν, τὸ δὲ τὰς Σέρρας ἔκειρε περιιὸν ἀδεῶς, τὸ δὲ τρίτον τοῦ πρόσω ἐχόμενον οὐδ' αὐτὸ καθαρῶς ἦν ἀδιαίρετον, ἀλλ' ὃ μὲν Στρυμόνος ἔπινε καὶ ἐλούετο φθεῖρον τὰ κατ' Ἀμφίπολιν, ὃ δὲ προπορευόμενον γεγηθὸς | καὶ οἷον προαρπάζον τὴν εἰς τὴν βασιλεύουσαν εἴσοδον κατὰ Μοσυνόπολιν ἐστρατοπεδεύετο. ἀεὶ δὲ νικῶντες καὶ μηδένα τὸν ἐς χεῖρας ἔχοντες ἐπιόντα ἀπερισκέπτους ἔδρων τὰς ἐκδρομὰς καὶ κατὰ ἴλας ἀποδιίσταντο καὶ ἄλλος ἄλλοθι, ὥσπερ ἑκάστῳ φίλον, ἀπεσκεδάννυντο, εἴ ποτε δεήσειεν ἐξιέναι τῆς Μοσυνοπόλεως ἐπὶ ληϊσμῷ καὶ τὰ ἐπιτήδεια εἰσενέγκασθαι.

58—59 ὁ — ἀφιείς: cf. Ps. 32, 16 sq.; 19, 8 **59** τοῖς — ἐπισταλάττων: cf. Prov. 3, 34 **59—61** οὗτος — αὐτῶν: cf. Gen. 11, 7

VA = a, PW, RMDF = b

47—48 ἰδὼν δὲ Ἰσ. τοὺς ... συντρέχοντας ἱκανοὺς ἐς τὴν κατὰ Σικελῶν σύναρσιν P **48** ἐκ Σικελίας: Σικελῶν W **50** ἐξαπέστειλε MF[ac] **52** ἐπτέρωσε RDKN **53** ἐς W ἢ τεσσαράκοντα A[mg]: τριάκοντα A **54** τὰ κατ' Ἀνδρονίκου V: τῶν εἰς τὸν Ἀνδρόνικον γεγονότων B **55** εἰς: πρὸς V: ἐς DF Bekk εἴχετο: ἥπτοντο V πέρας: πέρας τῶν μόχθων AP Bekk **55—56** τῆς ὁδοιπορίας suppl. P[mg] **56** Κωνσταντινούπολιν V θέσθαι: θεάσασθαι M δὲ om. RMDF **57** ἀναπνεύσας D: ἐμπνεύσας F που post ἄγχιστα add. Bekk **60** ὡς πρώην ἐπὶ τῶν πυργοποιούντων post καὶ add. APW Bekk αὖθις — καταβὰς suppl. i. r. 10 litt. et mg. P: om. W ἀτεχνῶς om. V: ἄντικρυς APN **61** γλώττας V τούτους om. V τούτους — τμήματα i. r. 18 litt. P **62** γὰρ — τῶν i. r. 6 litt. P προκαθημένην: προκαθημένην πόλιν AP Bekk: πόλιν W **65** ἐκαρτέρει περὶ τὸν Στρυμμόνα B τοῦ Στρυμόνος Bekk Στρυμμ. constanter PD ἔπινε om. W **66** ἐς P βασιλεύουσαν: μεγαλόπολιν P **67** ἀεὶ rep. post νικῶντες VM F[ac] καὶ om. W **68** ἔχοντες τὸν ἐς χεῖρας ἰόντα P εἰς M ἀπερισκέπτως V **69** ὡς P ἑκάστου R **71** καὶ om. V τῷ ante τὰ add. APW Bekk

55 τε om. P b Bekk **59** τοῖς δὲ ταπεινοῖς καὶ προσηνέσι χάριν ἐπισταλάττων b Bekk: καὶ τοῖς ταπεινοῖς χάριν cum a scr. N **62** τῶν om. b

Φυλάξας τοίνυν ὁ στρατηγὸς τὰ παρὰ τῶν βαρβάρων ὧδέ πῃ γινόμενα τὴν στρατιὰν ἐπάγει κατὰ καιρόν, μόλις πείσας ἀποστῆναι μικρὸν τῶν ὀρέων καὶ βαδίσαι ποτὲ καὶ πεδίον ἱππήλατον. καὶ ὡς ἤνυσάν τι χρηστὸν ἐκ πρώτης ὁρμῆς καὶ μοῖραν ἐτρέψαντο τῶν ἀντιπάλων, τὸν τῶν Μυρμιδόνων μῦθον ἔργοις αὐτοῖς ἐπιστώσαντο αἴφνης εἰς ἀγαθοὺς ἄνδρας μετατεθέντες καὶ ἀεὶ τὸν ὄπισθεν κτείνοντες. συνέβη δ' ἐπιταθῆναι τὴν τῶν πολεμίων ἐπιδίωξιν καὶ κατὰ Μοσυνόπολιν αὐτήν. εὐτυχῶς δὲ καὶ τοῖς ἐφεξῆς προσπλακέντες ἐπιτίθενται καὶ τοῖς τοῦ πολίσματος ἔνδοθι. ἀμέλει καὶ τὰς πύλας παρὰ τῶν πολεμίων φρουρουμένας (ἤδη γὰρ φόβος καὶ φρικασμὸς αὐτοὺς περιεκέχυτο σώματος) παραδόντες πυρὶ εἰσπεπηδηκότες ἔσωθεν ἐνειστιῶντο ταῖς σφαγαῖς | ἐπὶ μακρὸν ἀπόσιτοι ὄντες καρυκευμάτων ἀρεϊκῶν. ὡς δ' ἔφαγον πλοῦτον ἐθνῶν ἐνεπλήσθησάν τε καὶ ἐλιπάνθησαν τοῖς λαφυραγωγήμασι, καὶ κατὰ τῶν περὶ τὴν Ἀμφίπολιν ἐφρονηματίσθησαν ὡς ἕωλον τροφὴν τὴν πρότριτα νίκην ἀντιπαρελθόντες.

Ἀπῆραν οὖν ὡς παρεμβολὴ θεοῦ ἢ λεόντων στρατόπεδον τοῖς τῶν πολεμίων ἵπποις καὶ ὁπλισμοῖς φραξάμενοι κατὰ τῆς περὶ τὸν Στρυμόνα ἔτι σκηνουμένης λοιπῆς μερίδος τῶν ἀντιπάλων· ὅτε καὶ τοῦ κύβου τῶν πραγμάτων θεόθεν ἄλλως ῥιφέντος, οἱ μὲν πρώην ὑψαύχενες καὶ γαῦροι καὶ μικροῦ τοῖς δόρασιν ὄρη μετεωρίσειν καὶ μεταθήσειν κομπάζοντες, ὡς καταιβάτῃ πληγέντες ἢ βροντῆς ἤχῳ ἐξαισίας παρακοπέντες τὸν νοῦν τοῖς τῶν κατὰ Μοσυνόπολιν οἰκείων ἀπευκταίοις ἀκούσμασιν, ἀνεβάλλοντο τὴν μάχην καὶ ἐξετάσσοντο ῥᾳθύμως, οἱ δὲ Ῥωμαῖοι τὸ ταπεινὸν

75—76 τὸν — μῦθον: cf. Hes. fr. 76 Rzach; Strab. 8, 6, 16 p. 375; Nic. Or. 95, 15 **82—83** ἐπὶ — ἀρεϊκῶν: cf. Nic. Or. 30, 1—4 **83** ἔφαγον πλοῦτον ἐθνῶν: cf. Is. 29, 7 sq. et 60, 16 **87** παρεμβολὴ θεοῦ: Gen. 32, 2 **89—90** τοῦ — ῥιφέντος: cf. Nic. Or. 19, 20 **91** ὄρη — μεταθήσειν: cf. Mat. 17, 20

VA = a, PW, RMDF = b

72 Ἀλέξιος ὁ Βρανᾶς post στρατηγὸς add. AW: Βρανᾶς add. P Bekk **74** καὶ alt. om. P **76** αἴφνης: εὐθὺς R **77** μετατεθέντες V Bekk: μεταστραφέντες APW Sc **78** καὶ pr. om. V καὶ — αὐτήν: μέχρι καὶ αὐτῆς τῆς Μοσυνοπόλεως (Μωσυνουπόλεως P^pc) APW: ἕως Μωσυνοπόλεως Sc **78—79** εὐτυχῶς — ἔνδοθι: ὡς δ' εὐτυχῶς καὶ τοῖς ἐφεξῆς προσεπλάκησαν, ὁρμῶσι καὶ τοῦ πολίσματος ἐπιβῆναι P **79** ὁρμῶσι καὶ τοῦ πολίσματος ἐπιβῆναι post προσπλακέντες add. A καὶ om. V ἔνδοθεν V **81** καὶ post πυρὶ add. V **83** καρυκευμάτων ἀρ.: ἀρεϊκῶν δεξιώσεων P **84—85** τοῖς — ἐφρονηματίσθησαν om. R καὶ — ἐφρονηματίσθησαν: τοῖς κατὰ τῶν (κατὰ τῶν i. mg.) π. τ. Ἀμφίπολιν εἶτα ἐπέθεντο P: τοῖς κατὰ τῶν π. τ. Ἀμφ. ἐφρονηματίσθησαν AW **88** ὅπλοις P **89—90** τῶν πραγμάτων om. DF Bekk **90** ἄλλως om. V ἄλλως ῥιφέντος: μεταρριφέντος P **91** ὄρη μετεωρίσειν om. M **92** καταιβάταις V **93** τῶν om. MD^ac F^ac τῶν κατὰ Μωσυνούπολιν οἰκείων i. r. 10 litt. et mg. P τὴν Μοσ. D Bekk **94** ἐξεταράσσοντο P ῥαθυμότερον APW

77 μεταδευθέντες b

ἀποθέμενοι τοῦ φρονήματος ὡς εἰς θήραν ὀρνίθων χαμαιπετῶν ὑψινεφεῖς ἐξεποτῶντο ἀετιδεῖς καὶ ὥργων ἀπτέρῳ τάχει συμπλακῆναι ὑφ' ὧν ἦσαν ἀπορνιθούμενοι πρότερον ὀνειδείοις ῥήμασιν.

Ἐπεὶ δ' εἰς ἕνα χῶρον συνήλθοσαν ἀμφότερα τὰ στρατεύματα (ἦν δὲ οὗτος ὁ τοῦ Δημητρίτζη λεγόμενος τόπος), τότε δὴ μᾶλλον οἱ Σικελοὶ καθυπέδειξαν ὃ πεπόνθασι δείλανδρον. συμβάσεων γὰρ ἐμέμνηντο καὶ τούτων ἕνεκα διεκηρυκεύοντο πρὸς Βρανᾶν. καὶ τὰ μὲν πρῶτα Ῥωμαίοις ἥνδανε τὰ αἰτούμενα· μετὰ βραχὺ δ' οὐκέτ' αὐτοὶ γεγονότες, ἀλλὰ δόλον εἶναι | ὑποτοπάσαντες τὰ παρὰ τῶν ἀντιπάλων προβαλλόμενα, ἢ εἰ μὴ τοῦτο, δειλίαν γοῦν ἐκ τοῦ ἀναμφιλέκτου πρόδηλον, μὴ πολέμου ἀναμείναντες σύνθημα, μὴ σάλπιγγος ἠχὴν μήτε τι ἕτερον παράγγελμα τῶν ὅσα στρατηγοῖς εἴθισται ποιεῖν πρὸ τῶν συμπλοκῶν, προσβάλλουσι τοῖς πολεμίοις τὰ ξίφη γυμνώσαντες. οἱ δὲ μέχρι μέν τινος εὐθαρσῶς καὶ ἀνδρείως τὴν τῶν Ῥωμαίων ἐμβολὴν ἐδέξαντο καὶ καμπάς τινας καὶ ἑλίξεις ὁ πόλεμος ἔλαβε· τέλος δὲ πρὸς τὸ ὑπεράγαν ἔνθερμον τῆς Ῥωμαϊκῆς ὁρμῆς ὑπενδόντες ἔκλιναν εἰς τροπὴν καὶ ἀκόσμως ἔφευγον. ὅθεν καταλαμβανόμενοι ἀνῃροῦντο, ἐζωγροῦντο, ὠθοῦντο κατὰ ποταμοῦ τοῦ Στρυμόνος, ἐλαφυραγωγοῦντο, ἐσκυλεύοντο. ἤγετο δὲ ἑβδόμη τοῦ Νοεμβρίου μηνὸς καὶ περὶ δείλην ἦν τῆς ἡμέρας, ὁπότε ταῦτα ἐγίνετο.

Συλλαμβάνονται δὲ καὶ οἱ δύο στρατηγοὶ τοῦ στρατεύματος, ὅ τε Ῥιτζάρδος ὁ τῆς γυναικὸς τοῦ Ταγκρὲ κασίγνητος, ὃς ἐναυάρχει τοῦ τῶν Σικελῶν ναυτικοῦ, καὶ ὁ Ἀλδουῖνος κόντος, γένους μὲν οὐ φὺς εὐγενοῦς καὶ λαμπροῦ, διὰ δὲ τὴν κατὰ πόλεμον δεξιότητα αἰδέσιμος ὢν τῷ ῥηγὶ καὶ τότε ὑπὲρ πάντας τὸ τῆς στρατηγίας ὑπεζωσμένος σέμνωμα· ὃς καὶ ταῖς προτέραις κατὰ Ῥωμαίων νίκαις μεγαλοπρεπευόμενος ἑαυτὸν ἐξωμοίου τῷ Ἀλεξάνδρῳ τῷ πάνυ τῷ Μακεδόνι, μόνον οὐκ ἐν στήθεσι κατ' ἐκεῖνον τρίχας δεικνὺς ῥάμφους καὶ πτερῶν εἰκασίαν ὑπεμφαινούσας,

17 ἤγετο etc.: (dies 7 mens. Nov.) a. 1185

95—1 ὡς — ἀετιδεῖς: cf. Hom. O 690—692 **1** ἀπτέρῳ τάχει: cf. Nic. Or. 10, 10 **21** Ἀλδουῖνος: de eo vide etiam Eust. 126, 26 sqq. **25—26** μόνον — ὑπεμφαινούσας: e fonte ignoto

VA = a, PW, RMDF = b

95 ὡς: καὶ ὡς D ὑψιπετεῖς DK **1** ἐξεπετῶντο RM **2** οἱ γὰρ Λατῖνοι ὀρνίθια καλοῦσι τοὺς Ῥωμαίους A^mg: οἳ τούτους ὀρνίθια ἀπεκάλουν τὸ πρότερον Sc **4** ὁ om. D Δημητρίου R **7** οἱ αὐτοὶ Bekk **8** παρὰ: ὑπὸ V **10** μήτε: μὴ V **11** συμβάλλουσι Bekk **12** τοῖς ἐναντίοις γυμνώσαντες τὰ ξίφη V **13** προσβολὴν V **15** ὁρμῆς: στρατείας Bekk **16—17** τοῦ ποταμοῦ τοῦ Στρυμμόνος P **17** ἐσκ. ἐλαφ. W ἦν δὲ τότε ἡμέρα ἑβδόμη τοῦ Σεπτ(εμβ)ρ(ίου) μηνός B τότε post ἑβδόμη add. Bekk **18** τὴν ἡμέραν Bekk **20** Ταγγρὲ VDNU τότε post ἐναυάρχει add. P **20—21** τοῦ Σικελικοῦ P **21** Βαλδουῖνος B **23—24** καὶ — προτέραις suppl. A^mg **23** ὑπὲρ: παρὰ P **24** καὶ: ἐν V: om. P **25** καὶ ante μόνον add. P^mg **25—26** μόνον .... δεικνὺς: καὶ μόνον .... ἐδείκνυε A W **26** τρίχα V δεικνὺς τρίχας P καὶ om. P

3 ἀμφότερα συνήλθοσαν (συνῆλθον P) P b Bekk

καὶ μείζω ἢ ἐκεῖνος ἔργα δι' ἀκαριαίου και|ροῦ καὶ ἀναιμωτὶ ὑπερηφανεύετο διαπράξασθαι.

Ὅσοι δὲ τὸ τοῦ πολέμου διαταθὲν ἐξήλυξαν δίκτυον ἔκ τε τουτωνὶ τῶν ἰλῶν καὶ οἳ τὰ ἐν Σέρραις χωρία κατέτρεχον, εὐθὺ τῆς Θεσσαλονίκης ἵενται καὶ τῶν ἐκεῖσε μακρῶν ἐπιβάντες νηῶν, ὡς εἶχον εὐθὺς ἀπὸ τῆς φυγῆς, οὐκ εὔπλουν τὸν πλοῦν εὕρισκον· φοροὶ γὰρ εἰς τὴν αὐτῶν ἀφάνισιν ἀνεγερθεῖσαι λαίλαπες ἀποπλῆσαι τὸν μόρον αὐτοὺς εἰργάσαντο, ὃν θεόθεν χερσαῖον ἐπικλωσθέντα μετὰ βραχὺ μετέθεντο κατὰ θάλατταν. πολλοὶ δὲ μὴ ἐντυχόντες τριήρεσιν, ἐπικαταλαμβανόμενοι ἔτι κατὰ Θεσσαλονίκην ἁλύοντες πολυτρόπως ἐφθείροντο, καὶ μάλιστα ὑπὸ τῶν ἐπικούρων Ἀλανῶν. οὗτοι γὰρ ἀντίρροπα δρῶντες ὧν πεπόνθασιν, ἡνίκα Θεσσαλονίκη ἑάλωκεν, οὐ φειδώ τινος τῶν πολεμίων ἐλάμβανον, τὰς δ' ἀμφόδους καὶ τὰ τῶν θείων σηκῶν πρόναα πτωμάτων ἐνέπλησαν. ἐπερόμενοι δὲ καὶ τοὺς συλλαμβανομένους Σικελοὺς „ποῦ ποτε ὁ ἀδελφός"; (ὁ συμφυλέτης δηλαδὴ Ἀλανός, ὃν κατὰ τὴν ἅλωσιν οἵδε ἀπέκτειναν) ἐπῆγον ἅμα τῷ λόγῳ τὸ ξίφος. ἀλλὰ καὶ τοὺς προσρυομένους τεμένεσιν ἀπέσφαττον „ποῦ ποτε ὁ παπᾶς"; λέγοντες, ὅπερ ἔστιν οὓς ἀνῃρήκεσαν ἱερεῖς ἐκεῖνοι εἰσεφρηκότες ἔνδον τῶν ἱερῶν.

Ὅτε καὶ τοιοῦτο καινόν τι ἐπισυνέβαινε· τοὺς γὰρ κύνας φασὶ κατὰ μὲν τὴν τῆς πόλεως ἅλωσιν μηδενὸς νεκριμαίου σώματος τῶν ἀναιρεθέντων Ῥωμαίων ἅψασθαι ἢ ὅλως ὀδοῦσι σίνασθαι ἢ αἰκίσασθαι, τότε | δὲ οὕτως ἐμμανῶς τοῖς πτώμασι τῶν πεσόντων Λατίνων προσφέρεσθαι καὶ κόρον οὐδένα μηδαμῶς εἰδέναι σαρκοβορίας, ὡς καὶ τυμβωρυχεῖν καὶ ἀνακαλύπτειν τὰ παραδοθέντα ταφῇ σώματα καὶ κύρμα ταῦτα ποιεῖν.

Ζωγρεῖται δὲ σὺν οἷς εἴπομεν δυσὶ στρατηγοῖς καὶ ὁ ἐκ Κομνηνῶν νοὸς ἔρημος καὶ φθόριμος Ἀλέξιος, ὁ τούτων πάντων αἴτιος τῶν κακῶν, καὶ τοῦ τῶν ὀφθαλμῶν φωτὸς στέρεται ὁ τῶν Χαρωνείων οἰκήσεων ἄξιος.

---

40 ποῦ — ἀδελφός: alludit ad Gen. 4, 9 **42—44** ἀλλὰ — ἱερῶν: cf. Eust. 132, 17—25 **45—50** τοὺς — ποιεῖν: cf. Eust. 114, 5—11

VA = a, PW, RMDF = b

27 ἀλλὰ ante καὶ pr. add. AP[mg] W καὶ alt. om. W **28** καταπράξασθαι V **29** ἐξήλυξαν: ἐξέφυγον PN **30** οἳ om. R εὐθὺς Bekk **33** αὐτοῖς V **35** ἐντυχόντες: ἔχοντες F ταῖς τριήρεσιν V κατὰ: ἐπὶ V **36** τὴν Θεσσ. P Bekk **37** πεπόνθεσαν V **40** ἐπαιρόμενοι δὲ ἐπὶ τοὺς etc. A δὲ καὶ: γὰρ PW Bekk ὁ ἀδελφός om. D **43** ὅπερ: ὃ P **44** ἐκεῖνοι ἱερεῖς Bekk **45** τοιοῦτον VPRU Sc τι καινὸν P Bekk κατὰ: μετὰ Bekk **46** μὲν om. VP **47** ὀδοῦσι — τότε i. r. 15 litt. P **48** δὲ οὕτως: δ' P **49** μηδένα Bekk ὡς καὶ: ἀλλὰ P **50** ἀνακαλύπτειν τῶν παραδοθέντων ταφῇ τὰ σώματα P κύρματα AW ποιεῖν: τιθέναι P Bekk **52** αἴτιος πάντων R

39 πρόναα: προαύλια MDF Bekk: πρόαυλα R **43** ὅπερ: τοῦτ' b Bekk **44** ἐκεῖνοι om. b **47** ἢ αἰκίσασθαι om. W b

Ἦσαν δ' οἳ καὶ πρὸς τὴν Ἐπίδαμνον ἀπεσώθησαν καὶ τοῖς ἐκεῖσε ὁμοφύλοις φρουροῖς τῆς πόλεως ὡς σπέρματα χιλιοστύων πολλῶν ἀγαπητῶς ἀπεδόθησαν· ἣν καὶ παντοίοις ὅπλοις ἀμυντηρίοις ὁ Σικελίας ῥὴξ κρατυνάμενος ὕστερον οὐκ ἀπεδίδου Ῥωμαίοις μετὰ τὴν τῶν οἰκείων στρατευμάτων φθοράν, ἀλλ' ἣν οὐκ ἔδει μετὰ ἧτταν καὶ αἰσχύνην περιφανῆ δόξαν ἑαυτῷ θηρώμενος κατεῖχε φρενοβλαβῶς. μετὰ βραχὺ δὲ πρὸς τὰς δαπάνας ἀπειρηκὼς ἑκόντως ἀπέσχετο.

Καὶ ὁ μὲν χερσαῖος πόλεμος τοιοῦτον αἴσιον ἀπείληφε πέρας οὐδέποτε ἐπὶ καρδίαν ἡμῶν τινος ἀνελθόν. ἀλλ' ὁ πάντων κηδόμενος θεός, ὅτι πάντων δεσπόζει, καὶ μετὰ φειδοῦς πολλῆς διοικῶν τὰ ἀνθρώπινα καὶ ἐλεῶν τὰ πάντα, ὅτι | πάντα δύναται, οὗτος εἰς ῥοπὴν πλάστιγγος ἐπαγαγὼν τὰ ἡμέτερα καὶ χρηστὴν ἐλπίδα πᾶσαν ἀπενεγκὼν ἡμᾶς παιδεύσας βραχέα τοὺς ἐχθροὺς ἡμῶν ἐν μυριότητι ἐμαστίγωσεν, οὐ στοιχείων μεθαρμοζομένων, οὐδὲ γῆς μὲν ἐξαγούσης πλῆθος σκνιπῶν, ποταμοῦ δὲ ἐξερευγομένου ἔνυδρα ζῷα βατράχους, οὐδὲ σφηκῶν ἀποστελλομένων προδρόμων τοῦ στρατοπέδου ἤ τινος ἑτέρου τῶν παλαιῶν ἐξαισίων, ἀλλὰ τῶν ἀναιρουμένων ἀποκτεινόντων τοὺς φονευτὰς τῷ ἐξαίφνης εἰς ἀποτόμους ὑπὸ θεοῦ μεταβληθῆναι πολεμιστάς, ἐπεὶ καὶ δειλόν τι πρᾶγμα ἡ πονηρία ἰδίῳ καταδικαζόμενον μάρτυρι, καὶ προσείληφεν ἀεὶ τὰ χαλεπὰ τῇ οἰκείᾳ συνειδήσει συνεχόμενον.

Τί γὰρ καὶ εἶχον δεινὸν ἐπεγκαλεῖν Ῥωμαίοις οἱ Σικελοί, οὓς οὔρεά τε σκιόεντα θάλασσά τε ἠχήεσσα πλεῖστον ἀφ' ἡμῶν ἐξετόπισαν; ἀλλ' εἴπερ ἔστι τῶν βαθυτέρων ἀνεπιπλήκτως ἅψασθαι κριμάτων θεοῦ, Κύριος ἔπαισεν ἡμᾶς, ὅτι ἔγνωκεν ἁμαρτήματα ἡμῶν· ἀλλ' ἐπειδήπερ ἦσαν

62—63 οὐδέποτε — ἀνελθόν: cf. 1 Co. 2, 9 (sensu mutato) **63—65** ὁ — πάντα: cf. Sap. 12, 18 et Ps. 102, 19 **66—67** ἡμᾶς — ἐμαστίγωσεν: cf. Sap. 12, 22 **67—68** οὐ — μεθαρμοζομένων: cf. Sap. 19, 18 **68—71** οὐδὲ — ἐξαισίων: cf. Sap. 19, 10 et 12, 8 **73** δειλὸν — πονηρία: cf. Sap. 17, 10 **75—76** οὓς — ἐξετόπισαν: cf. Hom. A 156 sq.

VA = a, PW, RMDF = b

55 τῶν Λατίνων post οἳ add. APW Bekk τὴν om. P ἐκεῖ DF Bekk **57** ἀπεδόθησαν: διεσώθησαν V: ἀπεσώθησαν B Σικελίας om. D **58** κατὰκρατυνάμενος M μετὰ: καὶ μετὰ cum W b scr. A οἰκείων: ἐκείνου P **59** φθοράν: κατάλυσιν AW **59—60** ἀλλ' ἣν οὐκ ἔδει δόξαν μετὰ τὴν λαμπρὰν ἐκείνην ἧτταν καὶ τὴν περιφανῆ αἰσχύνην ἑαυτῷ θηρώμενος P **63** τινος om. P **64** καὶ om. F **65** καὶ om. R **66** ἐπενεγκὼν A **67** βραχέα παιδεύσας V: ὀλίγον παιδεύσας B ἐν μυριότητι: ἐς τὸ (ἐς τὸ: ἐ W) πολλαπλάσιον PW **68** ἐξαγαγούσης R **69** δ' P Bekk ἐρευγομένου AW **71** ἀποκτεννόντων V: ἀποκτενόντων AWRMDF: ἀποκτεινάντων P: ἀπεκτονότων N **71—72** ἐν τῷ ἐξαίφνης APWN **74** συνεχόμενον συνειδήσει APW Bekk **75** Ῥωμαίοις ἐπεγκαλεῖν VB **77** θεοῦ κριμάτων VAW **78** ἡμῶν ἁμαρτήματα V: ἁμαρτίας ἡμῶν B ἐπειδὴ δὲ P

58 μετὰ: καὶ μετὰ W b

ἰταμοὶ καὶ οὐκ ᾤκτειρον οἵτινες ἡμᾶς θεόθεν εἰλήφασιν εἰς μαστίγωσιν, οὐδ' αὐτοὶ τοῦ τὸν ἔλεον θέλοντος καὶ ψωμίζοντος ἄρτον δακρύων καὶ ποτίζοντος ἐν δάκρυσιν ἐν μέτρῳ τὸν δίκαιον χόλον ἐξέφυγον, ἀλλ' ὡς ἐκ δρυμοῦ λέων ἐμπίπτοντες καὶ ὡς λυκιδεῖς ὀλοθρεύοντες καὶ ὡς πάρδαλις ἐφαλλόμενοι, γεγένηνται αἰχμάλωτοι οἱ αἰχμαλωτεύσαντες καὶ κατεκυριεύθησαν οἱ κυριεύσαντες καὶ κεκέρακεν αὐτοῖς Κύριος πνεῦμα πλανήσε|ως, δείξας ὡς καὶ αὐτοῖς ἦσαν κηλῖδες διὰ τὸ τοῦ τρόπου φονικὸν εἰς φοινικοῦν χρωζόμεναι καὶ νίτρων δεόμεναι. οὐκοῦν καὶ τὰ οἰκεῖα ὅρια ὑπερβαλόντες εἰσέδραμον τὰ ἡμέτερα, μαστιγοῦντες ἡμᾶς βραχέα καὶ μαστιγωθησόμενοι πλείονα.

Καὶ τὴν μὲν ἵππον οὕτως ἡ δίκη μετῆλθεν. αἱ δὲ μακραὶ νῆες ὑπὲρ τὰς δὶς ἑκατὸν οὖσαι οὐδ' αὗται κακῶν ἀπαθεῖς πρύμναν ἐκρούσαντο. ἀποβᾶσαι γὰρ κατὰ τὸν Ἀστακηνὸν κόλπον πολλοὺς ἀπεβάλοντο τῶν πλωτήρων, Ῥωμαϊκαῖς ἐγκύρσασαι στρατιαῖς, αἳ τὰς ἐνορμίσεις αὐτῶν ἀπεκώλυον ἀμφὶ τὰς ἀκτὰς ἑλισσόμεναι καὶ πᾶσαν ἄβατον ἐποίουν ἤπειρον· τὸ δὲ Σικελικὸν ναυτικόν, εἴ ποτε κατὰ χέρσον προύκυψεν ἢ ἀποβάθραν ἔβαλεν, εὐθὺς τοῖς βέλεσιν ὡς ὕδατος σταγόσι πάντοθεν καταντλούμενον ὡς κέλυφος χελῶναι τὰ τῶν νηῶν ὑπέτρεχε καταστρώματα. τοσαύταις δὲ οὔσαις τὸν ἀριθμὸν ταῖς ναυσὶ αἱ ἡμέτεραι εἰσάπαξ ἑκατὸν συγκροτούμεναι μάχεσθαι ἀπεθάρρουν. καὶ οὐ τὸ ναυτικὸν ἐκαρδίωττε μόνον, ἀλλὰ καὶ πολλοὶ τῶν ἀστυπολιτῶν ταῖς ἁλιάσιν ἐμβάντες καὶ ὅτῳ τύχοι καθοπλισάμενοι τὸν πλοῦν ἐς τοὺς πολεμίους ἔσφυζον θέσθαι· οὐ συνεχωροῦντο δὲ πρὸς τοῦ βασιλέως καὶ τῶν συνδιασκεπτομένων αὐτῷ τὰ κοινά, οὐκ εἰς τὸ πρόθυμον τῶν ἡμετέρων ἀφορᾶν μόνον ἐχόντων, ἀλλὰ καὶ τὸ ὑπερπαῖον | προορωμένων τῶν ἀντιμαχομένων νηῶν. καὶ κατὰ τοῦτο περὶ τὴν τῶν Κιόνων ᾐόνα αἱ τριήρεις σαλεύουσαι οὐ

---

80 τὸν — θέλοντος: cf. Os. 6, 6; Mat. 9, 13 **80—81** ψωμίζοντος — μέτρῳ: cf. Ps. 79, 6 **84** κεκέρακεν — πλανήσεως: cf. Is. 19, 14

VA = a, PW, RMDF = b

79 ἑτασμοὶ V οὐκ ᾤκτειρον: ἀνοικτίρμονες P **80** ἔλεον: ὄλεθρον V ἐθέλοντος W **82** λέοντες PWB Bekk **82—83** ὡς alt. — καὶ om. R **83** οἱ: καὶ W **84** κυριεύοντες V: κατακυριεύσαντες F Bekk πνεῦμα: ὕδωρ Bekk **86** φοινικοῦν: φόνιον AW **90** τῶν κακῶν DF Bekk ἀπαθεῖς κακῶν V **95** εὐθὺ V **1** ὡς — χελῶναι om. V τοσαύταις — ναυσὶν V: τοσαῦτα δὲ ὄντα τὰ τῶν Λατίνων κάτεργα B: ταῖς — ἀριθμὸν cum PW b scr. A **3** ἀπεθάρρουν μάχεσθαι V: ἐπροθύμουν πολεμῆσαι B ἐπεθάρρουν AWN ναυμαχικὸν V^ac **4—5** ἐμβάντες — ἔσφυζον om. M **5** εἰς R τοὺς om. W θήσεσθαι VD^mg **8** ὑφορωμένων AW ἀντιμαχομένων VMD^mg F: ἀντιμάχων APW RD νηῶν: ἦν R **9** ἐσάλευον καὶ V

79 ἰταμοί τε καὶ ἀνελεήμονες οἱ θεόθεν εἰληφότες ἡμᾶς (ἡμᾶς εἰλ. R) b Bekk **83** αἰχμαλωτίσαντες RDF Bekk: -τεύσαντες cum a scr. M **85** αὐτοῖς: σφίσιν P b Bekk **87** ὑπερβάντες P b Bekk **94** δὲ: γὰρ b Bekk **2** ταῖς δὲ ναυσὶ τοσαύταις οὔσαις τὸν ἀριθμὸν PW b Bekk περαιτέρω προῄεσαν· ὁ δὲ τῶν ἐναντίων στόλος περὶ τὰς δεχεπτὰ τὴν κώπην σχάσας ἐν ταῖς νήσοις ἡμέρας ὡς οὐδένα πως ἑώρα τῶν ὁμοφύλων κατὰ χέρσον προσιόντα, οὐκ ἀγαθὴν εἰκάσας τὴν ἀναβολὴν μεθαρμόζεται πρὸς ἀπόπλοιαν. καὶ δὴ τὴν νῆσον τὴν Καλώνυμον πυρπολήσας καὶ ὅσα πάραλα κεῖται κατὰ κόλπον τὸν Ἑλλησπόντιον εἴχετο τοῦ οἴκαδε πλοῦ. φασὶ δὲ ὡς καὶ τούτων πολλαὶ αὔτανδροι τῷ βυθῷ κατέδυσαν ἀντιπνοίαις περιπεσοῦσαι καὶ καταιγιδώδεσιν ὁμιλήσασαι πνεύμασι. καὶ λιμὸς δὲ καὶ νόσος ἔστιν ἃς ἐξεκένωσε.

Καὶ οὕτω μὲν οὐ μεῖον ἢ δέκα χιλιάδες μαχίμων ἀνδρῶν ἐν τοῖσδε τοῖς πολέμοις ἀπώλοντο, αὐτοὶ δὲ οἱ ζωγρηθέντες κατ' ἀμφοτέρους τοὺς πολέμους ὑπὲρ τὰς τέσσαρας χιλιάδας ἀριθμούμενοι ταῖς δημοσίαις φυλακαῖς ἐγκαθείργνυνται. μὴ ἐκ βασιλικῶν δὲ ψωμιζόμενοι ταμιείων ἤ τινος τῶν ὅσα τὸ ζῆν συνίστησι μεταλαγχάνοντες ἄλλοθέν ποθεν, ἀλλ' ἄρτῳ μόνῳ διαζῶντες, χορηγουμένῳ πρὸς τῶν θεοφιλῶς ἐπισκεπτομένων τοὺς ἐν εἱρκταῖς, κακῶς ἐφθείροντο, ὥσθ' ὁ τὴν ἀρχὴν τῆς Σικελίας χειρίζων καὶ τὴν τότε κατὰ Ῥωμαίων κίνησιν θέμενος τοῦτο πυθόμενος διὰ γραμμάτων τῷ βασιλεῖ κατωνείδιζε τὸ ἀφίλοικτον ὡς ἐῶντι ἀφιλανθρώπως λιμῷ καὶ γυμνότη | τι παραπόλλυσθαι τηλίκων καὶ τοσούτων στίχας ἀνδρῶν, ἐναργῶς μὲν ἀράντων ὅπλα κατὰ Ῥωμαίων νόμῳ πολέμου, Χριστιανῶν δ' ὅμως ὄντων καί οἱ παραδεδομένων εἰς χεῖρας ὑπὸ θεοῦ.

---

12 μεθαρμόζεται πρὸς ἀπόπλοιαν: adhuc mense Nov. a. 1185

18—19 οὕτω — ἀπώλοντο: cf. Eust. 148, 34—36 **27** στίχας ἀνδρῶν: Hom. Ο 279; al.

VA = a, PW, RMDF = b

10 δεκαεπτὰ P[pc]KB: ὃ καὶ κρεῖττον γρ. ἑπτακαίδεκα adscr. m. alt. F[mg]: ἑπτακαίδεκα Bekk **11** σχάσαντες P πω V **11—12** τῶν ὁμοφύλων post προσιόντα transp. V **12** οὐκ — ἀναβολὴν suppl. P[mg] ἀγαθὸν VR εἰκάσας: οἰηθεὶς V **12—13** πρὸς ἀπόπλοιαν μεθαρμόζεται V: πρὸς ὑποστροφὴν ὥρμησαν B **14** παράλια R κατὰ κόλπον κεῖται V τὸν ante κόλπον add. Bekk κόλπον: πόντον AWN εἴχετο: οἴχεται R **15** κατέδυσαν: παρεπέμφθησαν V **16** πνεύμασιν ὁμιλήσασαι V ὡμιληκυῖαι P **19** οἱ om. M **22** ἄλλοθέν ποθεν: ἀλλαχόθεν P ἀλλ' ἄρτῳ: ἄρτῳ δὲ Bekk **22—23** ἀλλὰ μόνω διαζῶντες ἄρτω διαμετρουμένω ὑπὸ τῶν V **23** χορηγουμένῳ: μεμετρημένω AW **24** ταῖς εἱρκταῖς Bekk τὴν Σικελίας ἀρχὴν V **26—27** τῷ βασιλεῖ — γυμνότητι: τὸν βασιλέα ὠνείδιζεν ὡς ἀφίλοικτον ἅμα καὶ ἀπανθρώπως ἐῶντα λιμῷ καὶ γυμνότητι (γυμνῷ καὶ λιμνότητι W) καὶ ψύχει AW: τὸν βασιλέα κατωνείδιζεν ὡς ἀφίλοικτον καὶ λιμῷ ἐῶντα καὶ γυμνότητι P: (ὥστε καὶ ὁ τῆς Σικελίας ῥὴξ τοῦτο ἀκούσας ἔγραψε) πρὸς τὸν βασιλέα Ἰσαάκιον καὶ ὠνείδισε τὸ ἀπάνθρωπον καὶ ἀφιλάνθρωπον αὐτοῦ B κατωνείδισε V **28** ἀραμένων AW πολέμου etiam B: πολεμίων V: πολεμίω AP **29** αὐτῷ πρὸς θεοῦ εἰς χεῖρας παραδεδομένων V: παρὰ θεοῦ εἰς χεῖρας δοθέντας αὐτῷ B

10—11 ἡμέρας ante τὴν κώπην transp. b Bekk **21** ἐνείρχθησαν P b Bekk **26** τὸν βασιλέα ἐχλεύαζεν ὡς ἀφιλανθρώπως ἐῶντα b Bekk **28** ἀραμένων b Bekk χρῆναι δ' ἔλεγε τὸν νικῶντα ἢ πανωλεθρίαν εὐθὺς τῶν ζωγρηθέντων καταψηφίζεσθαι, εἰς θηρίου φύσιν ἐκ πολλοῦ τοῦ παραλόγου μεταμειφθέντα καὶ τὸν ἀνθρώπινον νόμον παραβλεψάμενον, ἢ μὴ δοκιμάσαντα τοῦτο, συνειληφότα δὲ καὶ καθείρξαντα, τρύφος ἄρτου διαθρύπτειν ὀκτάβλωμον, εἰ περὶ τὴν διαρκῆ διαίτησιν κιμβικεύεται, ἀλλὰ μὴ τιμωρεῖν τοῦ διὰ ξίφους καὶ αὐτίκα μόρου μακρότερα λιμώττειν ἐῶντα καὶ παγετῷ καὶ κρυμῷ διαρρηγνύναι κακῶς τὴν ψυχὴν καὶ φόνου αἰτίαν ἐπάγεσθαι, εἰ καὶ μὴ τὰ στέρνα διατορεῖ δόρατι ἢ τὸ βέλος ἁρπαζόμενον τοῖς σπλάχνοις καὶ ἐμβαπτόμενον δείκνυσιν, ἐπεὶ μηδὲ διαφέρειν τὸ φονεῦσαι καὶ φόνου παρασχεῖν πρόφασιν. βασιλεὺς δὲ ὠσὶν ἄκροις παραδεξάμενος τὰ γραφόμενα εἴασε τοὺς τάλανας ὡς πρότερον φθίνεσθαι, ὡς ἐν αὐτῷ ὄντος τοῦ ὅ τι ποτ' ἂν αὐτοὺς βούλοιτο δρᾶσαι. σύνδυο οὖν καὶ σύντρεις πολλάκις τῆς ἡμέρας ἐκκομιζόμενοι νεκροταφίων ἄμοιροι καὶ ἄτερ τῶν τελευταίων λουτρῶν κατὰ τῶν πολυανδρίων ἐξετινάσσοντο καὶ καταδύσεων τῶν ὑπογείων.

Καθίσας δ' ὁ βασιλεὺς ἐπὶ δίφρου χρυσοκολλήτου καὶ περιδὺς τὴν λιθόστρωτον τήβενναν βῆμά τε πολυανθρωπότατον | ἠθροικώς, ὡς εἴη μὴ τοῖς ἀλλοφώνοις μόνον ἀλλὰ καὶ Ῥωμαίοις ἐπιφοβώτατος, εἰσάγεσθαι κελεύει τοὺς τοῦ Σικελικοῦ στρατεύματος ἀρχηγούς, δηλαδὴ τὸν Ἀλδουῖνον καὶ τὸν Ῥιτζάρδον. οἳ καὶ τὸ τῆς κεφαλῆς ἀποθέμενοι κάλυμμα καὶ δουλικωτέραν προσκύνησιν ἀπονείμαντες ἠρωτήθησαν παρὰ τοῦ βασιλέως, ὅπως αὐτόν, χριστὸν ὄντα Κυρίου, ἐκακολόγουν ἐν τοῖς πρὸς αὐτὸν γράμμασιν, οὐδὲν μὲν δικαίως ἔχοντος ἐπεγκαλεῖν, τῇ δ' ἐνεστώσῃ τύχῃ παρὰ τὸ δέον χρωμένου καὶ κυδρουμένου καὶ τῷ ἡττῆσαι κατὰ κράτος τὸ πολέμιον φυσωμένου.

33—34 τρύφος — ὀκτάβλωμον: coniungit auctor Hes. Op. 442 cum Is. 58, 7 **39** ὠσὶν ἄκροις: cf. p. 192, 39 **51** χριστὸν . . . Κυρίου: 1 Regn. 24, 7; al.

VA = a, PW, RMDF = b

30 ζωγρουμένων V **31** εἰς om. R φύσιν θηρίου V ἐκ — παραλόγου om. V **34** ὁ κατὰ βλωμὸν R: ὃ κατάβλωμον M ὀκτάβλωμον — διαρκῆ i. r. 15 litt. et mg. P **36** διαρρηγνύναι: ἀναχρέμπεσθαι P **36—39** καὶ alt. — πρόφασιν om. VB **36—37** καὶ ἐντεῦθεν (κἀντεῦθεν W) αἰτίαν φόνου ἐπάγεσθαι AW **37** ἐπάγεσθαι: ἔχειν P **39** καὶ om. W παρέχειν AW παραδεχόμενος P **40** εἶα P Σικελοὺς post τάλανας add. AP^{pc}W Bekk φθιννύθειν ὡς πρότερον V: ἀποθνήσκειν ὑπὸ κακοπαθείας ὡς καὶ τὸ πρότερον B: ὡς πρ. φθείρεσθαι AP **41** τοῦ om. P αὐτούς: αὐτὸς V δρᾶν P **44** καὶ καταδύσεων: καταδύσεων τε V **45** περιθέμενος P **46** τε om. V ἠθροικώς: ἠτοιμακώς P **47** Ῥωμ.: Ῥωμ. αὐτοῖς PB: τοῖς Ῥωμ. αὐτοῖς Bekk **48** στρατεύματος: τάγματος P **49** Ῥετζάρδον AW οἳ καί: οἱ δὲ APW Bekk ἐριῶδες post τὸ add. AP^{s}W Bekk **52** μέν: δὲ V δίκαιον VAW **52—54** ἔχοντες . . . . χρώμενοι καὶ κυδρούμενοι καὶ . . . φυσώμενοι Bekk **53** κυδρουμένου: τυφουμένου P **54** φυσιουμένου V: ὑψαυχενοῦντος P

33 γοῦν post τρύφος add. b Bekk **35** ἐῶντα: παρεικότα b Bekk **36** διαρρήγνυσθαι b Bekk

Αὐτὸς μὲν γὰρ ὁ βασιλεὺς Ἰσαάκιος τὴν βασιλείαν ἄρτι παραλαβὼν πρέσβεις ἀποστείλας, ἔτι τῆς Λατίνης στρατιᾶς συνεστώσης, οὐδέν τι τῶν πρὸς διαλλαγὴν φερόντων τοῖς στρατηγοῦσιν ἐλάλησε, μήτε δώροις ἀγάλλων, μήτ' εὐνοίας ὑπαγόμενος πλάσμασιν, ἀλλ' ἐπιστείλας ἀρχικώτερον καὶ πάσαις μὲν αἰτίαις πᾶσι δὲ βάλλων ἐγκλήμασιν ἐσοβαρεύετο πρὸς ἄνδρας ἔτι νικῶντας κἀπὶ τοὺς ἑαυτῶν πόδας τιθέντας ἅπαν τὸ ἐν Ῥωμαίοις καὶ τὸ οἰκεῖον ἀνυμνῶν ἄντικρυς ξίφος καὶ μεγαλύνων ὡς τμητικώτατον διηπειλεῖτο ἐφ' οἷς ἔτι διηπορεῖτο ἐξολόθρευσιν αὐτῶν καὶ ἀπώλειαν, εἰ μὴ μεταβουλευσάμενοι παλίμποδες γένωνται, ὅθεν ἐξῄεσαν.

Ὁ δ' Ἀλδουῖνος ἀγέρωχος ὢν καὶ ἄλλως, ὡς ἔδειξε, τότε δὲ καὶ ταῖς ἐνεστώσαις τύχαις ὡς ἀσκὸς ἐξοιδούμενος, οὐκ ἐνεγκὼν τὰ ἐπεσταλμένα ἀμείβεται τὸν βασιλέα λόγοις κομψευτικοῖς. τό τε γὰρ | ξίφος αὐτοῦ ἐκωμῴδησεν ὡς σκιατραφέσιν ὀξυνόμενον σώμασιν (ὑπῃνίττετο δὲ τὰ γραφόμενα τὸν τοῦ Ἁγιοχριστοφορίτου θάνατον), καὶ αὐτὸν δὲ τὸν Ἰσαάκιον ὡς ἀπάλαμνον ἐμωκᾶτο· μηδὲ γὰρ θυραυλῆσαί ποτε καὶ ἐπὶ θυρεοῦ ἀφυπνῶσαι ἢ μαρύλλης ἀνασχέσθαι κράνους καὶ μολυσμὸν ὑπενέγκειν θώρακος, ἀλλὰ καπνῷ γραμμάτων προσανέχειν ἐς γραμματιστοῦ φοιτῶντα ἐξ ἁπαλῶν ἔτι ὀνύχων καὶ δέρριν ἐξημμένον περὶ ἀριθμῷ διεξιοῦσαν πινακίδιόν τε καὶ γραφεῖον ἀνὰ χεῖρας ἔχοντα τὴν σκυτάλην συχνὰ ὑποβλέπεσθαι καταφερομένην τῶν χειρῶν αὐτοῦ καὶ τῶν πυγῶν, καὶ ταύτης μόνης εἰδέναι καὶ δεδιέναι τὰ κροταλίσματα, ἀπειλὴν δ' Ἄρεος ὑφίστασθαι μηδαμῶς, μηδὲ δοῦπον ἀκόντων ἐνηχηθῆναί ποτε. οὐ ταῦτα δὲ μόνον ἐπικερτομῶν ἔγραφεν, ἀλλὰ καὶ παραίφασιν εἰσῆγε καὶ ἐχθρὸς ὢν συμφράδμων ἐγίνετο. καὶ ἐνῆγεν ἀποθέμενον τὸ βασίλειον

---

73 ἐξ — ὀνύχων: cf. Apost. 7, 51; Karathanasis 236 **77** δοῦπον ἀκόντων: Hom. Λ 364; al.

VA = a, PW (usque ad 70 γὰρ), RMDF = b

55 Ἰσαάκιος om. VB **56** ἔτι: ἐπὶ V **57** στρατηγοῖς P τοῦ ἐναντίου στρατεύματος post ἐλάλησε add. AP Bekk **57—59** μήτε — πλάσμασιν et καὶ — ἐγκλήμασιν om. V: μήτε δῶρα τινὰ πέμψας αὐτοῖς B **61** ἄντικρυς V: cum PW b om. A **63** γίνονται P **64** ἔνθεν W **65** δὲ P Bekk δὲ Βαλδουῖνος WDF τότε δὲ καὶ: ἔτι γε μὴν AW **67** τὸν βασιλέα om. et αὐτοῦ: τοῦ βασιλέως VB λόγοις: γράμμασι AW **69—70** δὲ τὸν Ἰσαάκιον om. V **70** ποτε καὶ: τε καὶ VA: μηδ' P **71** ἀφυπνώσειν ἐπὶ θυρεοῦ V ἀφυπν.: ἀφυπνῶσαί ποτε A: ἀφυπνῶσαι ὁτεδή P ἐπὶ θυρεῷ D^pc: ἐπὶ θυρεῶν D^ac? F Bekk ἢ: ἢ γοῦν AP Bekk κράνους — μολυσμὸν suppl. P^mg **71—72** μολυσμὸν ὑπενεγκεῖν V: ὑπ. μολ. cum P b scr. A **72** γραμμάτων: πραγμάτων A **73** ὀνύχων ἔτι V **73—74** περὶ ἀριθμῷ om. AP **74** πινακιδίον διεξιοῦσαν πινακιδίον A (πινακι) δίον διεξιοῦσάν τε i. r. 4 litt. P **75** αὐτοῦ τῶν χειρῶν V **77** Ἄρεως V ὑπενέγκαι P ποτε om. P^ac **78** οὐ μόνον δὲ ταῦτα VA ἔγραψεν VA

55 μὲν om. P b Bekk **61** ἄντικρυς om. PW b Bekk **71** ἀφυπνῶσαι: εὐνασθῆναι b Bekk **71—72** ὑπενέγκαι μολυσμὸν P b Bekk **73—74** περὶ — διεξιοῦσαν om. b Bekk στεφάνωμα καὶ τὰ λοιπὰ τῆς ἀρχῆς ἀποβαλόμενον καὶ συμπτύξαντα σύμβολα τούτων μὲν ὑπεκστῆναι καὶ τηρεῖν τῷ νικῶντι καὶ κρείττονι, τὸν ἑαυτοῦ κύριον οὕτω τὸν ῥῆγα λέγων, αὐτὸν δὲ ὑποπεσεῖν καὶ περὶ τοῦ μόνον ζῆν ἐπανατείνεσθαι δέησιν.

Καὶ βασιλεὺς μὲν διὰ ταῦτα ὑπ᾽ εὐθύνην ἦγε τότε τοὺς στρατηγούς, μὴ φέρων τὸ τοῦ Δαυὶδ κατὰ νοῦν | ,,ἡ γλῶσσα ἡμῶν παρ᾽ ἡμῖν ἐστι· τίς ἡμῶν κύριός ἐστι‘‘; καὶ θανάτου ἐτίμα τὰ γεγραμμένα.

Ὁ δὲ Ἀλδουῖνος οὐκ ἦν ἄρα μόνον δεινός ἐπιπλῆξαι τὴν τύχην ἔτι ἔχων ὑπερηφανευομένην, ἀλλὰ καὶ κολακεύειν ἤσκητο ἄκρως, πρὸς ὃ μόνον πᾶν ὅπλον καὶ πᾶσα μικροῦ μηχανὴ πέφυκεν ἀσθενέστερα, ἐν οἷς ἀπολελοιπὸς ἦν αὐτὸν τὸ εὐδαιμονεῖν· ἐξέκρουσε γὰρ τῆς ὀργῆς καὶ καθήδυνε τὸν βασιλέα ὑποσκυζόμενον, τὸ ξίφος αὐτοῦ μεγεθύνειν ἀρξάμενος ὡς βασιλικὸν ὄντως καὶ τομόν, καὶ μὴ κουφολογίαν ἀνόνητον, ῥήματα δὲ ἀληθείας τὰ παρὰ βασιλέως τότε γραφέντα διετείνετο εἶναι καὶ ἀτεχνῶς ἐνσημανθέντα χειρὶ θεοῦ. ἀλλὰ καὶ ἑαυτὸν οὐκ ἀπόβλητον ἐδεῖτο ἡγεῖσθαι, εἰ δριμύτερα ἐπέστελλε· τὸ γὰρ τῶν ἐχθρῶν μῖσος καὶ ἡ φύσις οἶδεν ἀνέγκλητον.

Πρὸς ἅπερ ἀπεσιώπησε βασιλεὺς μηδέν τι προσθεὶς ἕτερον, οὐκ οἶδ᾽ εἴτε τῇ κολακείᾳ ἐκθηλυνθείς, εἴτε τῇ ὑπερηγορίᾳ καταπεισθείς.

Καὶ αὐτοὶ μὲν ἐκεῖθεν ἐξήλθοσαν, καὶ γεγόνασιν αὖθις ἔμφρουροι. βασιλεὺς δ᾽ ἑτέραις προσσχὼν ὑποθέσεσι προσέθετο τοῖς παροῦσι διατρανώσασθαι καὶ τοῖς λοιποῖς δὲ πᾶσιν οὐκ εἶναι ὅλως ἀνήκοον ἤθελεν ὡς ἀπὸ τῆς ἡμέρας ἐκείνης οὐδένα ἐς τὸ σῶμα διαλωβήσεται, κἂν ἔχθιστος ἀνδρῶν τις ἐσεῖται, κἂν τῇ αὐτοῦ βιοτῇ καὶ βασιλείᾳ ἐπιβου-

---

85—86 ἡ — ἐστι: cf. Ps. 11, 5 **93** ῥήματα ἀληθείας: Act. 26, 25

VA = a, P, RMDF = b

80 συμπτύξαντα: ξύμπαντα P **81** τὰ σύμβολα Bekk ἀποστῆναι A ἀσφαλῶς post τηρεῖν add. AP[pc] Sc **82** τὸν ῥῆγα om. AP Sc καὶ πόρρωθεν post ὑποπεσεῖν add. AP[mg] **83** ἐπανατείνασθαι VA **86** ἡμῶν: ἡμῖν A ἐστι κύριος R **87** Ἀλδουῖνος VPNB: Βαλδουῖνος ARMDFK Sc μόνον om. R **89** μικροῦ om. D ἀσθενέστερα VN: ἀσθενέστερον cum P b scr. A **90** ὀργῆς: ἀρχῆς M **92** βασιλικώτατον P τομώτατον AP **93** εἶναι ante τὰ hab. AP Bekk et post διετείνετο rep. A βασ.: τοῦ βασ. P Bekk τότε V: cum P b om. A γραφόμενα A **94** χειρὶ σημανθέντα V: χειρὶ ἐνσημανθέντα A **95** ἐπέστελλε δριμύτερα V: δριμύτερόν τι ἔγραψα B **95—1** τὴν φύσιν εἰδέναι APN **4** πάλιν γεγόνασιν V: ἀπήλθοσαν πάλιν B **5** (βασι) λεὺς — παροῦσι i. r. 25 litt. et mg. P καὶ post προσέθετο add. Bekk **6** πᾶσι διατρανώσασθαι καὶ τοῖς ἀποῦσιν ἀστικοῖς καὶ ἀλλοίοις οὐκ εἶναι κτλ. P ἀστυκοῖς καὶ ἀλλοίοις post πᾶσιν add. Bekk **7** ἤθελεν om. V **7—8** κἂν — ἐσεῖται V: κἂν εἴη τις ἀνδρῶν ἔχθιστος cum P scr. A **8** κἂν: καὶ P Bekk βιοτῇ: ζωῇ P

92 τμητικόν b Bekk **93** τότε om. P b Bekk **95** ἐκ τῶν ἐχθρῶν P b Bekk **7—8** κἂν ᾖ (εἴη P) τις ἀνδρῶν ἔχθιστος P b Bekk λεύων ἀλῷ. καὶ οἱ μὲν τὸ βασιλικὸν βῆ|μα τότε πληροῦντες ἐπευφήμησαν τοῖς λελαλημένοις τούτοις καὶ ἐπερρόθησαν ὡς μικροῦ φωνῆς ἀκηκοότες θεοῦ, καὶ πᾶς ἐνηχηθεὶς τὸ ῥῆμα τουτὶ δώρημα θεοῦ τὸν βασιλέα τέλειον ἔλεγε, πρὸς τὴν τοῦ ἐπηγγελμένου ἐργωδίαν ὁρῶν καὶ τὸ τῆς πραότητος πολὺ ἐκπληττόμενος· μηδὲ γὰρ ἐξεῖναί τινι, καὶ μάλιστα βασιλεύοντι, μοχθηρίαν φύσεως φέρειν ἀκίνητον πρὸς τὸ κρεῖττον ἢ δυσμετάθετον, ἢ στέγειν ἄνθρωπον ἀποστατικὸν καὶ ληστεύοντα τὴν ἀρχήν, κἂν ἀρετῆς μεταποιοῖτο μάλιστα καὶ μετὰ Δαυὶδ οὐκ ἀνταποδιδοίη τοῖς ἀνταποδιδοῦσι κακά, ἢ ψάλλων εἴη κατ' ἐκεῖνον ἐν καιροῖς κινδυνώδεσιν ,,ἐκύκλωσάν με ὡσεὶ μέλισσαι κηρίον, καὶ τῷ ὀνόματι Κυρίου ἠμυνάμην αὐτούς''.

Αὐτὸς μέντοι βασιλεὺς ἀντιφθεγγομένην προδήλως τῇ γλώττῃ καθυπέφηνε μετὰ βραχὺ τὴν προαίρεσιν, καὶ ὥσπερ ἐν τῷ λέγειν οὐ διεστείλατο, οὕτω κἀν τῷ πράττειν οὐ συνεστείλατο, ἀλλὰ μικροῦ διημιλλήθη Ἀνδρονίκῳ τὸ προσκεκρουκὸς σινόμενος, μὴ τὸ τοῦ Σολομῶντος ἐπῃνεκὼς ὅ φησιν ,,ἀγαθὸν τὸ μὴ εὔξασθαι ἢ τὸ εὔξασθαι καὶ μὴ ἀποδοῦναι''.

Ὁ δέ γε τοῦ Ἰκονίου σουλτάν (ἦν δὲ εἰσέτι ὁ Κλιτζασθλάν, εὐγηρίαν ἄγων καὶ γεγονὼς ὑπὲρ ἔτη τὰ ἑβδομήκοντα) τὸν Ἀνδρονίκου ἐνωτισθεὶς θάνατον καὶ τὴν ἀνάρρησιν | Ἰσαακίου πυθόμενος καταστοχάζεται ἀρίστως ὅσα εἰκὸς ἐπὶ ταῖς τῶν βασιλέων τοιαῖσδε μεταθέσεσί τε καὶ παραλύσεσι γίνεσθαι, καὶ μᾶλλον εἰ πόλεμος ἀνθέλκει ἑσπέριος καὶ πολέμων ὁ κράτιστος· καὶ δὴ ἐσβολὴν ποιεῖται κατὰ τοῦ τῶν Θρᾳκησίων

---

31 ἐσβολὴν ποιεῖται: a. 1185 autumno

11—12 δώρημα θεοῦ . . . τέλειον: Iac. 1, 17 **16—17** οὐκ — κακά: cf. Ps. 7, 5 **18—19** ἐκύκλωσαν — αὐτούς: cf. Ps. 117, 12 **24—25** ἀγαθὸν — ἀποδοῦναι: Eccl. 5, 4

VA = a, PW (ab 23 διημιλλήθη), RMDF = b

9 βασιλικὸν om. V: βασίλειον P τότε βῆμα A **10** λαληθεῖσι P ἐπερρώσθησαν D: ἐπερρώθησαν F^ac μικροῦ om. VB **10—11** ὡς θεοῦ φωνῆς ἀκηκοότες V: ὡς φωνὴν θεοῦ ἐδέξαντο B **11—13** καὶ πᾶς, ὅστις ἐνηχήθη τοῦτο τὸ ῥῆμα, θεοῦ δώρημα τὸν βασιλέα εἶναι συνελογίζετο πρὸς τὸ ἐργῶδες ἀφορῶν τοῦ ἐπηγγελμένου καὶ τὸ ὑπερβάλλον τῆς πραότητος ἐκπληττόμενος V **11** πᾶς ἐνηχηθείς τις τοῦτο τὸ ῥῆμα AP **11—12** δώρημα θεοῦ τὸν βασιλέα ἀπεφήνατο (ἀπεφαίνετο Sc) A Sc **12** τοῦ ἐπαγγέλματος P: τῶν ἐπηγγελμένων R ὁρῶν ἐργωδίαν P **13** τινι: τι RDF^ac **14** φέρειν: ἐνεγκεῖν P κρεῖττον: καλὸν A **16** κἂν ἀρετῆς ἀντέχοιτο Δαυιτικῆς οὐκ ἀνταποδιδοὺς P **17** ψάλλοι P ἔσται A καιροῖς κινδυνώδεσιν: τοῖς περιστατικοῖς V: τοῖς περιστατικοῖς καιροῖς κινδυνώδεσιν A **20** μέντοι: δὲ V: γὰρ B **20—21** ἀντιφθεγγόμενα . . . τὰ πραττόμενα P τῇ γλώττῃ προδήλως ἐδεδείχει V **21** καθυπέφαινε A προαίρεσιν: ἀνακήρυξιν ταυτηνί A **22** οὕτως V **23** τῷ Ἀνδρονίκω P σινόμενος τὸ προσκεκρουκός V **24** τὸ alt. om. V **26** Κλιζασθὰν PK: Κλιτζασθλᾶν R **29** τῶν om. AW Sc τοιαῖσδε V: cum PW b om. A **31** εἰσβολὴν F Bekk τῶν om. V

29 τοιαῖσδε om. PW b Bekk

θέματος δι' εὐίππου καὶ εὐόπλου πάνυ στρατιᾶς, τοῦ Σαμῆ ἀμηρᾶ στρατηγοῦντος. οὐκοῦν ἀνδρῶν κεκενωμένον εὑρὼν τὸ τοῦ Κελβιανοῦ κλίμα ὅπλα φέρειν εἰδότων (πάντες γὰρ ὡς χείμαρροι μετερρύησαν πρὸς τὸν νεωστὶ τὴν ἁλουργίδα ἐμπορπησάμενον Ἰσαάκιον) ἀνθρώπους τε πολλοὺς ἐχειρώσατο καὶ ζώων ἤλασεν ἀγέλας παντοδαπῶν καὶ ὠφελειῶν ἄλλων τὸ οἰκεῖον ἐνέπλησε στράτευμα.

Ἠρεμησάντων δὲ καὶ τῶν ἑῴων ἐθνῶν ἄλλοις τε προσκαίροις φιλοτιμήμασιν, ἀλλὰ δὴ καὶ ἐτησίων ἀπολήψεσι φόρων (οὕτω γὰρ οἱ ἐς ἡμᾶς ὑπερκαθήμενοι Ῥωμαίων μετιέναι ἴσασι τὸ ἀλλόφυλον, τὴν οἰκουρίαν μεταδιώκοντες ὡς θαλαμηπόλοι νεάνιδες, αἳ περὶ τὴν ταλασίαν διαπονοῦνται), ἠθέλησεν ἐξ ἀλλοεθνοῦς γένους ἑαυτῷ μνηστεύσασθαι γαμετήν· ἣν γὰρ ἐνυμφεύσατο πρότερον θανάτῳ ἀπεβάλετο. καὶ δὴ κοινολογησάμενος διὰ πρέσβεων τῷ τῆς Οὐγγρίας ῥηγὶ τῷ Βελᾳ̃ μνηστεύεται εἰς γυναῖκα τὴν ἐκείνου θυγατέρα, τῆς δεκαετηρίδος οὔπω ἀκριβῶς ἁψαμένην.

Τὰ δὲ γαμοδαίσια θύειν ἀπὸ χρημάτων δημοσίων σμικρολογούμενος ἀμισθὶ ταῦτα ἐκ τῶν | οἰκείων συνέλεγε χώρων· καὶ ἔλαθε διὰ σμικροπρέπειαν καὶ ἄλλας μὲν πόλεις καλαμησάμενος, αἳ κατ' Ἀγχίαλον συνῳκίζοντο, ἑαυτῷ δὲ μάλιστα καὶ Ῥωμαίοις ἐκπολεμώσας τοὺς κατὰ τὸν Αἷμον τὸ ὄρος βαρβάρους, οἳ Μυσοὶ πρότερον ὠνομάζοντο, νυνὶ δὲ Βλάχοι κικλήσκονται.

Οὗτοι γὰρ ταῖς δυσχωρίαις πεποιθότες καὶ τοῖς φρουρίοις θρασυνόμενοι, ἃ πλεῖστα τέ εἰσι καὶ ὀρθὰ κατ' ἀποτόμους κείμενα πέτρας, καὶ ἄλλοτε μὲν κατὰ Ῥωμαίων ἐμεγαλαύχησαν, τότε δὲ πρόφασιν εὑρηκότες ὃ δὴ λέγεται Πάτροκλον τὴν τῶν οἰκείων θρεμμάτων ἀπαγωγὴν καὶ κάκωσιν ἑαυτῶν ἐς ἀποστασίαν λαμπρὰν ἀνεσκίρτησαν.

---

45 μνηστεύεται: a. 1185 exeunte vel a. 1186 ineunte

55—56 πρόφασιν . . . Πάτροκλον: cf. p. 161, 68 **57** ἐς ἀποστασίαν λαμπράν: cf. p. 73, 4

VA = a, PW, RMDF = b

32—33 στρατηγοῦντος ἀμηρᾶ VN **34** παρερρύησαν R **38** ἠρεμησάντων: ὁρμησάντων A καὶ om. APWN Sc τε: τε καὶ W **40—41** τὴν — μεταδιώκοντες post νεάνιδες W **41** μεταδιώκεσθαι A **41** ἴσα καὶ θαλαμηπόλοις νεάνισι, αἳ . . . διαπονοῦνται AP, ubi αἳ — διαπονοῦνται suppl. in mg. **41** τὴν om. Bekk **43** ἐνυμφεύσατο: ἡρμόσατο P: ἐμνηστεύσατο Bekk **45** αὐτοῦ V **48** ἀμισθὶ: ἀδοτὶ AW Sc: ἄνευ τινὸς δόσεως B **50** καὶ om. M **51** νῦν V **53** πίσυνοι ὄντες καὶ πεποιθότες τοῖς φρουρίοις, ἃ V **56** Πάτροκλον: σάτροκτον R: π(ατροκ)λ(ον) M[ir] **57** εἰς V ἀπεσκίρτησαν AW **58** πρωτεργοὶ V **58** τὸ ἔθνος ἀνασείσαντες ὅλον V: τὸ ὅλον ἔθνος ἀνασείσαντες B

32 πάνυ στρατιᾶς: στρατεύματος PW b Bekk **41—42** ὡς — νεάνιδες: ἴσα καὶ θαλαμηπόλοις νεάνισι PW b Bekk αἱ — διαπονοῦνται om. W b **45** μνηστεύεται: ἄγεται b Bekk

Ἦσαν δὲ οἱ τοῦ κακοῦ πρωτουργοὶ καὶ τὸ ἔθνος ὅλον ἀνασείσαντες Πέτρος τις καὶ Ἀσάν, ὁμογενεῖς καὶ ταὐτόσποροι, οἳ καὶ μὴ δρῶντες τὴν νεωτέρισιν ἀπροφάσιστον προσίασι βασιλεῖ, σκηνουμένῳ ἐν τοῖς Κυψέλλοις, αἰτούμενοι συστρατολογηθῆναι Ῥωμαίοις καὶ διὰ βασιλείου γράμματος σφίσι βραβευθῆναι χωρίον τι βραχυπρόσοδον κατὰ τὸν Αἶμον κείμενον· καὶ ἀποτυχόντες τοῦ αἰτήματος — ἦν γὰρ ἡ θεία ἐπικρατεστέρα κίνησις — ὑπετονθόρυζον ὡς οὐκ εἰσακουσθέντες, εἰκαίως δὲ καὶ τὴν αἴτησιν ἐπανατεινάμενοι παρέπτυσάν τι καὶ ῥῆμα θερμότερον τὴν ἀποστασίαν ἐμφαῖνον καὶ ὅσα ἐπανιόντες οἴκαδε δράσουσι, καὶ τούτων μάλιστα ὁ Ἀσὰν ὁ καὶ θρασύτερος καὶ ὠμότερος, ὃς καὶ τύπτεται κατὰ τῶν προσώπων ἐπιταγῇ τοῦ σεβαστοκράτορος Ἰωάννου, ἐπιπλη-|χθεὶς εἰς ἀναίδειαν.

Καὶ οἱ μὲν ἄπρακτοι οὕτως ἐπανῆλθον καὶ περιύβριστοι· ὅσα δὲ κατὰ Ῥωμαίων οἱ ἀνοσιουργοὶ οὗτοι καὶ μιαροὶ διεπράξαντο, τίς ἂν ἐφίκοιτο λόγος ἢ ποία διήγησις τοσαύτας κακῶν Ἰλιάδας συμπεριλήψεται; ἀλλὰ μήπω περὶ τούτων, τὸ δὲ λέγειν προβαινέτω μοι καθ' εἱρμόν.

Ἔτι τοῦ ἐκ Κομνηνῶν Ἰσαακίου τυραννεύοντος τῆς Κύπρου καὶ μήτε χρημάτων ὑποσχέσεσιν ἀποσχέσθαι ταύτης προτιθεμένου μήθ' ὑποκλινομένου τῷ βασιλεῖ, οὔτε μὴν τὰ δεινὰ μετριάζοντος, ὅσα ἐκακούργει κατὰ Κυπρίων ἀεὶ καινοτέρας κολάσεις ἐπινοῶν, ἔγνω κατ' αὐτοῦ στόλον καταρτύσειν ὁ βασιλεύς. καὶ ἐπειδὴ μακραὶ νῆες ἡτοιμάσθησαν ἑβδομήκοντα, ναύαρχοι ἀναδείκνυνται ὁ Κοντοστέφανος Ἰωάννης, οὐδοῦ ἐπιβὰς γήραος, καὶ ὁ Κομνηνὸς Ἀλέξιος, ὃς εἰ καὶ εὐῆλιξ ἦν καὶ ἀνδρεῖος καὶ τοῦ βασιλεύοντος ἐξανεψιός, ἀλλ' ἐκκοπεὶς τὰς κόρας ὑπ' Ἀνδρονίκου ἀχρεῖος πρὸς τῶν ὅλων εἰς τὴν τότε στρατήγησιν συλλελόγιστο καὶ τοῖς πολλοῖς ἀπαίσιος ἐκρίνετο οἰωνός.

---

60 προσίασι: initio a. 1186

---

72 κακῶν Ἰλιάδας: cf. Zenob. 4, 43; Diogen. 5, 26; Karathanasis 38 **80** οὐδοῦ ... γήραος: Hom. X 60; ο 246

VA = a, PW, RMD (usque ad 81 ἐξανεψιός) F = b

62 σφίσι: αὐτοῖς VB βραχυπρόσοδον: ὀλιγόφορον V: ὀλίγην εἴσοδον ἔχον B **63—64** καὶ — εἰσακουσθέντες V: ὡς δὲ ἀπέτυχον τῆς αἰτήσεως καὶ οὐκ ἠκούοντο, ἐγόγγυσαν B: lect. codd. PW b hab. A εἰκαίως δὲ καί: καὶ εἰκαίως P **65** θερμότερον: τραχύτερον V **66** ὑπεμφαῖνον Bekk **68—69** ἐς ἀναίδειαν ἐπιπληχθείς V **69** ἐς VW **70** ἀπῆλθον V **73** δὲ om. W **76—77** οὔτε — ἐπινοῶν om. D **77** ἐπινοούμενος P **78** ηὐτρεπίσθησαν V **79** ο' DN στολάρχαι AW **80** οὐδοῦ: ὁδοῦ VARM **81** βασιλέως V ἀνεψιός PD **82** τῶν — εἰς om. V ναυάρχησιν AW: στολαρχίαν P λελόγιστο P ἀπαίσιος om. A

63—64 καὶ — εἰσακουσθέντες: ἀλλ' ἀπέτυχον τοῦ αἰτήματος . . . . ὑπετονθόρυσαν οὖν (οὖν om. RMDF) ὡς παροφθέντες PW b Bekk **74** κατατυραννεύοντος b Bekk **83** καὶ — ἀπαίσιος: ναὶ μὴν οὐδ' αἴσιος PW b Bekk

Καὶ δὴ ὁ μὲν ἐς Κύπρον πλοῦς ἀκίνδυνος καὶ τὸ πνεῦμα λίαν φορόν, ἠρέμα πως ἐμπῖπτον τοῖς λαίφεσι, τὰ δ᾽ ἐφεξῆς καὶ μετὰ τὸ προσσχεῖν εἰς τοὺς ἐκεῖσε λιμένας ἁπάσης ἀγριώτερα λαίλαπος· αὐτούς τε γὰρ ὁ τῆς Κύπρου κρατῶν Ἰσαάκιος συμβαλὼν ἐτροπώσατο καὶ | ὁ τῶν τότε κατὰ θάλατταν πειρατῶν κράτιστος, ὁ Μεγαρείτης καλούμενος, ἐπαμύνων Ἰσαακίῳ ἀνωϊστὶ ἐπέθετο ταῖς ναυσὶ κεκενωμένας εὑρὼν τῶν ἀνδρῶν εἰς τὸν χερσαῖον πόλεμον ἐξιόντων. οἱ δὲ τριηράρχαι οὐ μόνον οὐδέν τι γενναῖον ἴσχυσαν ἐκτελέσαι, ἀλλὰ καὶ χερσὶ τῶν ἐναντίων ἑάλωσαν εὐμαρῶς. καὶ αὐτοὺς μὲν τῷ Μεγαρείτῃ ἐκδίδωσιν Ἰσαάκιος ἐς ὅ τι βούλεται χρήσασθαι· καὶ εἶχε τούτους Σικελία καὶ ὁ ταύτης τύραννος, εἰς ὃν ὡς δεσπότην ὁ Μεγαρείτης ἀνέφερε τὰ ἑαυτοῦ. ὁ δ᾽ Ἰσαάκιος πολλοὺς μὲν τῶν Ῥωμαίων μετὰ τὴν ἧτταν τοῖς οἰκείοις κατέλεξε τέλεσι, πολλοὺς δὲ καὶ ἀγρίαις ποιναῖς καθυπέβαλεν, ὁποῖος οὗτος ἀπαραίτητος ὢν κολαστής, ἐν οἷς καὶ τὸν Ῥεντακηνὸν Βασίλειον πελέκει ἐκ τοῦ γόνατος θάτερον τῶν ποδῶν ἐκτεμών. ἦν δὲ ὁ ἀνὴρ οὗτος ἄριστος τὰ πολέμια καὶ τῷ Ἰσαακίῳ τούτῳ ὡς Ἀχιλλεῖ ποτε Φοῖνιξ μύθων τε ῥητὴρ καὶ τῶν πολεμικῶν ἔργων διδάσκαλος πεφηνώς· ὀργιλώτατος δ᾽ ὢν ἀνθρώπων ὁ Ἰσαάκιος καὶ κατὰ λέβητα καχλάζων ἀεὶ τῷ θυμῷ παραφορά τε φθεγγόμενος ἐν τῷ χολᾶν καὶ τὴν κάτω γένυν τρομαλέαν δεικνύς, καὶ ἄλλως δὲ οὐχ ἱλαρὰ θρέπτρα ἐκτίνειν εἰδώς, τοιαύτῃ τιμωρίᾳ τὸν ἑαυτοῦ καθυποβάλλει παιδαγωγόν, τὸ δὲ ναυτικὸν πλῆθος ἔνθα οἱ πρὸς βουλῆς διαφῆκε πορεύεσθαι. οἳ καὶ ὡς ἐκ ναυαγίου μακροῦ χρόνιοι τὰ οἴκοι κατέ|λαβον, ὅσοι μὴ τριῶν ἑνί τινι κακῷ θαλάσσης καὶ λιμοῦ καὶ τελευτῆς ἀπεγένοντο.

---

4 μύθων τε ῥητήρ: Hom. I 443

VA = a, PW, RMF = b

85 πῶς: δὲ W τά: τὸ V δὲ R **86** ἐκεῖσε V: Κυπρόσε cum PW b scr. A **87** συμβαλὼν: ἡττηκὼς P: συλλαβὼν RMF Bekk ἐτροπώσατο: ἐχειρώσατο P **88** Μεγαρίτης constanter VWB **89—90** τῶν ἀνδρῶν ... ἐξιόντων: τοῦ στρατεύματος ... ἐξιόντος P **90** πόλεμον ἐξιόντων V: ἐξ. πόλ. cum PW b scr. A δὲ: τοίνυν P **91** κατώρθωσαν cum PW b scr. A[mg] **92** ἑάλωσαν εὐμαρῶς V: εὐμ. ἑάλ. cum W b scr. A: τέλος ἑάλωσαν P Μεγαρείτῃ: μεγαρείων A **93** μετὰ μικρὸν post τούτους add. P Bekk ἡ Σικελία VNB Sc μετὰ μικρὸν post Σικελία add. AW Sc **94** ἔφερε V **1** ἦν post οὗτος add. M **2** Ῥυνδακηνὸν AW Sc **3** τὰ πολεμικὰ V: ἐν πολέμοις καὶ στρατηγίαις B **7** δεικνύων P **8** ἐκτίννειν codd. **8—9** καταδικάζει τὸν ἑαυτοῦ παιδαγωγόν V **9** προσβολῆς R: πρὸς βολῆς M **10** διαφῆκε πορεύεσθαι V: ἀφῆκε πορεύεσθαι B: διαφῆκεν ἴεσθαι cum PW b scr. A χρόνιον M **11** τριῶν: ἐκ τριῶν APW κακῶν V **11—12** καὶ θανάτου παραπώλοντο P

85 ἑξῆς P b Bekk **86** ἐκεῖσε: Κυπρόσε PW b: Κυπρόθι F[pc] Bekk **87—88** ὁ τότε κατὰ θάλατταν πειρατεύων, ὁ καὶ Μεγαρείτης καλούμενος b **90** ἐξιόντων πόλεμον PW b Bekk **91** ἴσχυσαν ἐκτελέσαι: κατώρθωσαν PW b Bekk **92** εὐμαρῶς ἑάλωσαν W b Bekk **10** διαφῆκεν ἴεσθαι PW b Bekk **11** τέως post ὅσοι add. b Bekk

Τῶν δὲ Μυσῶν ἀποστασίαν νοσησάντων περιφανῆ καὶ ἀρχηγῶν τοῦ κακοῦ τοῦδε ὧν εἴρηκα γεγονότων, ἔξεισι βασιλεὺς κατ' αὐτῶν.

Χρὴ δὲ κἀκεῖνα μὴ παριδεῖν ἀνιστόρητα. οἱ Βλάχοι ὤκνουν τὰ πρῶτα καὶ ἀπεπήδων πρὸς τὴν ἀπόστασιν, εἰς ἣν ἐνήγοντο πρὸς τοῦ Πέτρου καὶ τοῦ Ἀσάν, τὸ τοῦ πράγματος μέγεθος ὑφορώμενοι. τῆς δὲ δειλίας ταύτης τοὺς ὁμογενεῖς ἀπάγοντες οἱ ταὐτόαιμοι εὐκτήριον ἐδείμαντο οἶκον ἐπ' ὀνόματι Δημητρίου τοῦ καλλιμάρτυρος, εἰς ὃν πολλοὺς τῶν δαιμονολήπτων συνηθροικότες ἐξ ἑκατέρου γένους, αἱμωποὺς καὶ διαστρόφους τὰς κόρας, λυσιχαίτους, καὶ τἄλλα ἀκριβῶς διασῴζοντας, ὁπόσα οἱ τοῖς δαίμοσι κάτοχοι διαπράττονται, τοιάδε τούτοις ἐνθουσιῶσιν ὑπετίθουν φθέγγεσθαι, ὡς ὁ θεὸς τοῦ τῶν Βουλγάρων καὶ Βλάχων γένους ἐλευθερίαν εὐδόκησε καὶ τοῦ χρονίου ζυγοῦ ἐπένευσεν ἀπαυχένισιν, οὗ χάριν καὶ τὸν Χριστομάρτυρα Δημήτριον ἀπολιπεῖν μὲν τὴν Θεσσαλονικέων μητρόπολιν καὶ νεὼν τὸν ἐκεῖ καὶ τὰς παρὰ Ῥωμαίοις διατριβάς, ἐς δ' αὐτοὺς ἀφικέσθαι ὡς ἐπαρήξοντα καὶ συλλήπτορα τοῦ ἔργου ἐσόμενον. | ἀνακωχευόμενοι δὲ πρὸς βραχὺ οἱ παράφοροι οὗτοι καὶ αἴφνης τὸ πνεῦμα πλεῖον συλλέγοντες ἐπιληπτευόμενοι ἀνεσοβοῦντο καὶ ἐβόων ἐνθεαστικῶς καὶ διάτορον μὴ εἶναι τὸ ἀπὸ τοῦδε ἕδρας ἀκμήν, ἀλλ' ὅπλα μετὰ χεῖρας λαβεῖν καὶ Ῥωμαίοις ὁμόσε χωρεῖν, τοὺς δέ γε συλλαμβανομένους κατὰ πόλεμον μὴ ζωγρεῖν, μὴ ζωογονεῖν, ἀλλ' ἀποσφάττειν καὶ κατακαίνειν ἀνηλεῶς, μηδ' ἐπὶ λύτροις ἀφιέναι, μηδ' ἐπικάμπτεσθαι δεήσεσι, μηδὲ γονυκλισίαις θηλύνεσθαι, ἀλλ' ὥσπερ τινὰς ἀδάμαντας πρὸς πᾶσαν ἀνενδότους εἶναι παράκλησιν καὶ φθείρειν πάντα τὸν συλληφθέντα.

---

14 ἔξεισι: a. 1186 vere

---

14 εἴρηκα: p. 369, 58—59

VA = a, PW, RMF = b

13 νοσησάντων: μισησάντων et in mg. οἶμαι μελετησάντων F: μελετησάντων Bekk **14** τοῦδε om. R γεγονότων V: γεγενημένων cum W b scr. A: γενομένων P ὁ βασιλεὺς WNB Sc **16** ἀποστασίαν VB: ἐγχείρησιν P πρὸς: παρά τε P **17** τὸ: καὶ W μέγεθος: ἐργῶδες P δὲ: οὖν V **18** ἐπανάγοντες W αὐτόαιμοι F **20** δαιμονώντων V **21** λυσιχαίτας PF Bekk **23** τῶν Βλάχων APW Bekk **23—24** γένους καὶ τῶν Βλ. A **24** γένους: ἔθνους R ηὐδόκησε PFKN Bekk **25** μεγαλομάρτυρα VB: μέγαν μάρτυρα Sc **26** ἐκεῖ: οἰκεῖον R **27** αὐτοὺς δ' V **28** οὗτοι om. R **29** αὖθις post ἐπιληπτευόμενοι add. P[pc] Bekk **30** ἀνεβόων V ἐνθουσιαστικὸν KN ἀκμήν: καιρόν P **32** μὴ ζωγρεῖν om. VB μὴ ζωογονεῖν om. Bekk **35** εἶναι: ὁρᾶσθαι AW **35—36** καὶ — συλληφθέντα suppl. P[mg] **35** διαφθείρειν VB **36** τὸν: τὰ V

14 γεγενημένων W b Bekk **29—30** διεσοβοῦντο καὶ ἐβόων ἐνθεαστικὸν b Bekk **35—36** ἅπαξάπαντας τοὺς συλληφθέντας b Bekk

Ὑπὸ θεοπρόπων οὖν τοιούτων ὅλον τὸ γένος ἐξομιληθέντες τῶν ὅπλων ἅπαντες γίνονται. καὶ ὡς αὐτίκα εὐημερήθη τούτοις τὰ τῆς ἀποστασίας, ἔτι μᾶλλον ἔθεντο τῇ ἐλευθερίᾳ σφῶν ἐπευδοκεῖν τὸν θεόν. καὶ μικρὸν ἡγησάμενοι τὸ καθ' ἑαυτοὺς ἄνετον καὶ ἀπόλυτον καὶ κατὰ τῶν ἐκτὸς ἐμπλατύνονται τοῦ Ζυγοῦ. ἅτερος δὲ τῶν ὁμαιμόνων ὁ Πέτρος καὶ στεφανίσκῳ χρυσέῳ διαδεῖται τὴν κεφαλὴν καὶ τοῖς ποσὶν ὑπορράπτει καὶ περιτίθησι κοκκοβαφὲς πέδιλον. τῇ δὲ Πρισθλάβᾳ προσβαλόντες (πόλις δ' αὕτη ὠγυγία ἐκ πλίνθου πᾶσα ὀπτῆς καὶ πλείστην τὴν περίμετρον ἔχουσα), ὡς οὐκ ἀκίνδυνον ἑώρων τὴν πολιόρκησιν, αὐτὴν μὲν ἀντιπαρέρχονται, τὸν δ' Αἷμον ὑποκατέρχονται, | καὶ Ῥωμαϊκαῖς ἐπικαταρραγέντες κωμοπόλεσιν ἀπροσδόκητοι πολλὰ μὲν σώματα Ῥωμαίων ἐλεύθερα, πολλοὺς δὲ βόας καὶ ὑποζύγια καὶ τῶν ἄλλων βοσκημάτων χρῆμά τι οὐκ ἐλάχιστον διαρπάζουσιν.

Ἔξεισι τοίνυν ὁ βασιλεὺς κατ' αὐτῶν. οἱ δὲ τῶν δυσχωριῶν καὶ ἀπροσβάτων αὖθις ἐπιλαβόμενοι ἀντέσχον ἐπὶ πολύ. γνόφου δὲ παρὰ δόξαν ἀναβάντος ὑπὸ θεοῦ, ὃς σκότος τίθησι τὴν οἰκείαν ἀποκρυβήν, καὶ τὰ ὄρη καλύψαντος, ἃ ἐτήρουν οἱ βάρβαροι τὰς τῶν παρόδων στενὰς προλοχίσαντες, ἔλαθον Ῥωμαῖοι λάθρᾳ αὐτοῖς ἐπιστάντες καὶ διασκεδάζουσιν οὕτω καταπλῆγας θέμενοι. καὶ οἱ μὲν ἀρχηγοὶ τοῦ κακοῦ καὶ τῆς στρατιᾶς, ὁ Πέτρος δηλαδὴ καὶ Ἀσάν, καὶ ὅσον περὶ αὐτοὺς ἑταιρικὸν ἀποστατικὸν κατὰ τὴν τῶν εὐαγγελικῶν χοίρων ἀγέλην ὡς εἰς

---

50 ἔξεισι: cf. p. 371, 14 **51** γνόφου: fort. solis eclipsis, quae facta est die 21 mens. Apr. a. 1186, cf. van Dieten, Nik. Chon. Erläuterungen etc. p. 73

---

52 ὃς — ἀποκρυβήν: cf. Ps. 17, 12; Nic. Or. p. 7, 14; 92, 4 **57** κατὰ — ἀγέλην: cf. Mat. 8, 32

VAP (ab 50 ἔξεισι) = a, P (usque ad 50) W, RMF = b

37 ἔθνος V **37—38** πάντες τῶν ὅπλων γίνονται V **38** καὶ — αὐτίκα i. r. 5 litt. P **40** ἑαυτὸν AW καὶ tert. om. AP W **40—41** κατὰ τῶν ἄποθεν τοῦ Αἵμου κωμοπόλεων καὶ συγκτήσεων ἐμπλατύνονται AP, ubi τῶν — καὶ i. r. 12 litt., W Bekk: κατὰ τοῦ ἔξω λεγομένου Ζυγοῦ ἐξέρχονται B **42** καὶ pr. om. W ἀναδεῖται W **43** κοκκινοβαφὲς W Περισθλάβα R **44** δὲ VB ὅσην περὶ τὸν Αἷμον post πλείστην add. AP^{mg} W Bekk **46—47** τὸν — ἀ(δόκητοι) i. r. 30 litt. et mg. P **46** τὸν — ὑποκατέρχονται om. RMF **47** κωμοπόλεσι ἀπροσδόκητοι V: ἀδόκητοι κωμοπόλεσι P: ἀδόκητοι κτήσεσι A: ἀπροσδόκητοι κτήσεσι W **49** χρῆμά τι μέγα διαρπάζουσιν P **50** ὁ βασιλεὺς κατ' αὐτων VB: κατ' αὐτῶν Ἰσαάκιος cum W b scr. AP **56—57** ἀποστατικὸν ἑταιρικὸν VN

38 ἅπαντες om. W b αὐτίκα om. W b **40—41** κατὰ τῶν ἄποθεν τοῦ Αἵμου (κωμοπόλεων ex a add. N) ἐμπλατύνονται b comp. **46** καὶ Ῥωμαϊκαῖς: Ῥωμαϊκαῖς δ' ἑτέραις b Bekk **47** ἀπροσδόκητοι κωμοπόλεσι b Bekk **50** κατ' αὐτῶν Ἰσαάκιος W b Bekk **51** αὖθις om. W b **55—56** καὶ τῆς στρατιᾶς om. W b **56** δηλαδή: δὴ W b: -λαδὴ sscr. m. alt. F θάλασσαν τὸν Ἴστρον ὥρμησαν καὶ τοῦτον διαπλωϊσάμενοι τοῖς ἐκ γειτόνων Σκύθαις προσέμιξαν· ὁ δὲ βασιλεὺς κατὰ πολλὴν τοῦ κωλύσοντος ἐρημίαν πᾶσαν τὴν Μυσίαν ἔχων περιελθεῖν καὶ φρουρὰς ἐπιστῆσαι ταῖς ἐκεῖσε πόλεσιν, αἳ πολλαὶ μέν εἰσι κατὰ τὸν Αἷμον, αἱ δὲ πλείους ἢ γοῦν ἅπασαι σχεδὸν ἐπὶ πετρῶν ἀποτόμων καὶ περινεφῶν γηλόφων πεπολισμέναι, τοιοῦτον μὲν οὐδέν τι καὶ διαπέπραχε, πυρὶ δὲ τὰς θημωνίας τῶν καρπῶν παραδοὺς καὶ τοῖς τῶν ὀφθέντων Βλάχων φενακισμοῖς ὑπαχθεὶς παλίμπους ἐκ τοῦ παραυτίκα γίνεται, ἔτι ὠδίνοντα τὰ ἐκεῖσε παρείς. ὅθεν εἰς πλατύτερον μᾶλλον κατὰ Ῥωμαίων ἐπῆρε τοὺς βαρβάρους μυκτῆρα καὶ πλειόνως ἠρρένωσεν. |

Ὁ μὲν γὰρ τὴν βασιλίδα καταλαβὼν ἐπὶ τοῖς κατωρθωμένοις ἦν βρενθυόμενος, καί τινα τῶν ἐπὶ τῷ δικάζειν (ἦν δὲ οὗτος ὁ Μοναστηριώτης Λέων) παθήνασθαι εἰπόντα τὴν τοῦ Βουλγαροκτόνου Βασιλείου ψυχήν, ὅτι τὸ τυπικὸν αὐτοῦ ἀπεσκοράκισε βασιλεὺς καὶ ὅσα ἐπὶ τῇ τοῦ Σωσθενίου μονῇ ἐκεῖνος διέθετο, καὶ κατὰ τοῦτο νεωτερίσαι τοὺς Βλάχους, ἐρεσχελῶν καὶ διασύρων οὐ καθυφῆκε βραχὺ ὡς δῆθεν σφαλέντα περὶ τὴν πρόρρησιν, φάσκων ὡς αὐτὸς αὖθις εἰς τὴν προτέραν ὑποταγὴν καὶ δουλείαν τοὺς ἀποστάτας συνέπεισέ τε καὶ ἐπανήγαγεν ἀκαριαίως οὕτως, ὡς οὐδὲ χρονίως ἐκεῖνος, καὶ μάτην αὐτὸν ὡς ἀπὸ δαφνηφάγου λαιμοῦ καὶ τρίποδος ἀπερεύγεσθαι τὰ τοῦ ψεύδους ὀδωδότα καὶ διάκενα θεοπρόπια.

---

65 παλίμπους . . . γίνεται: a. 1186 ca. mens. Iul.

VAP = a, W, RMF = b

58—59 ἐκ γειτόνων: γειτονοῦσι V: γείτοσιν B **60** φρουρὰς V: φύλακας B: φρουρὰν cum W b scr. AP **61** μὲν om. VWB Sc αἱ δὲ: καὶ αἱ V **62** γοῦν: καὶ AW **63** μὲν: μέντοι F Bekk **64** Βλάχων: Βουλγάρων V **65** καθυπαχθεὶς V αὐτίκα AW Sc **65—66** ὠδίνοντα ἔτι τὰ ἐκεῖ καταλελοιπὼς V: ἀκατάστατα τὰ ἐκεῖσε καταλιπὼν B παρεὶς τὰ ἐκεῖσε P Bekk **66** ἐκεῖθεν R **66—67** ἐπῆρε τοὺς Βουλγάρους (βαρβάρους B) μυκτῆρα κατὰ Ῥωμαίων VB: ἐπῆρε τοὺς βαρβάρους κατὰ Ῥωμαίων μυκτῆρα Bekk **68** κεκατωρθωμένοις N: διαπραχθεῖσιν VB **69** καὶ: ὡς καὶ Bekk τῶν δικαστῶν V **70** τοῦ Βασιλείου τοῦ Βουλγαροκτόνου F Bekk Βασιλείου: βασιλέως V **71** ἀπεσκοράκισε βασιλεὺς V: βασιλεὺς παρεβλέψατο cum W b scr. AP τοῦ om. WF **72** διετετάχει P κατὰ: διὰ V **73** οὐκ ἀνῆκε AW **74—76** ὡς αὐτὸς καὶ αὖθις εἰς τὴν προτέραν δουλείαν τοὺς ἀποστάτας συνέπεισεν οὕτως ἀκαριαίως, ὡς οὐχὶ χρονίως ἐκεῖνος V **74** εἰς om. W **77** Δελφικοῦ μαντικοῦ ante τρίποδος add. APW Bekk ἐρεύγεσθαι V

60 φρουρὰν W b Bekk **71** βασιλεὺς παρεβλέψατο W b Bekk **74—78** φάσκων — θεοπρόπια om. b

Οἱ δὲ περὶ τὸν Ἀσὰν βάρβαροι τὸν Ἴστρον διαβάντες καὶ τοῖς Σκύθαις συμμίξαντες πλεῖστον ἐκεῖθεν συμμαχικόν, καθὼς ᾑροῦντο, στρατολογήσαντες ἐς τὴν πατρίδα Μυσίαν ἐπανῆκον. καὶ σεσαρωμένην ἀτεχνῶς εὑρόντες αὐτὴν καὶ Ῥωμαϊκοῦ κεκενωμένην στρατεύματος μετὰ κόμπου ἐπεισέφρησαν μείζονος οἷα λεγεῶνας πνευμάτων τὴν ἐκ Σκυθῶν ἐπαγόμενοι σύναρσιν. ὅθεν οὐδ᾿ | ἠγάπων, εἰ τὰ ἑαυτῶν ἔχουσι σώζειν καὶ τὴν τῆς Μυσίας μόνην περιβαλοῦνται τοπάρχησιν, ἀλλ᾿ εἰ μὴ καὶ τὰ Ῥωμαίων μέγιστα βλάψουσι καὶ τὴν τῶν Μυσῶν καὶ τῶν Βουλγάρων δυναστείαν εἰς ἓν συνάψουσιν, ὡς πάλαι ποτὲ ἦν, οὐδαμῶς ἠνείχοντο.

Καὶ ἦν ἂν δισσούμενα τὰ καλά, εἴπερ αὐτὸς καὶ πάλιν ὁ βασιλεὺς κατὰ τῶν ἀποστάντων ἐξώρμησε. πλὴν ἀλλ᾿ αὐτὸς μὲν τὴν οἰκείαν ὁρμὴν εἰς ἕτερον καιρὸν ὑπερέθετο, τὴν δ᾿ ἀρχηγίαν τῷ πρὸς πατρὸς ἐνεχείρισε θείῳ τῷ σεβαστοκράτορι Ἰωάννῃ. ὁ δὲ οὐκ ἐπισφαλῶς, ἀλλ᾿ ὡς ἄγαν ἐπαινετῶς διακυβερνήσας τὴν στρατιὰν καὶ τοὺς πολεμίους ἐν τῷ συμβαλεῖν λυπήσας οὐχὶ βραχέα, εἰς ὁμαιχμίαν συσπειραθέντας καὶ εἰς πεδία ὑποκαταβάντας ἱππήλατα, μετὰ μικρὸν τὸν στρατηγὸν ἀποζώννυται ὑποβλεπόμενος βασιλειᾶν.

Διαδέχεται δὲ τὴν ἡγεμονίαν ὁ καῖσαρ Ἰωάννης ὁ Καντακουζηνός, γαμβρὸς ὢν τοῦ βασιλέως ἐπ᾿ ἀδελφῇ. ἀνὴρ δ᾿ οὗτος | πελώριος μὲν τὸ

81 ἐπανῆκον: a. 1186 post aestatem

79 οἱ δέ etc.: cf. Nic. Or. 7, 27 sqq. **81—83** σεσαρωμένην — πνευμάτων: alludit ad Mat. 12, 44 sq.

VW[a] (ab 2 ἀνὴρ) = a, APW

79—80 οἱ δὲ τὸν Ἴστρον διαβάντες καὶ πρὸς τοὺς Σκύθας παραγενόμενοι βάρβαροι V: οἱ δὲ βάρβαροι τὸν Δάνουβιν διαπεράσαντες, ὡς εἴπομεν, καὶ πρὸς τοὺς Κομάνους ἀπελθόντες B **80** καθὼς: καὶ ὅσον V: (συμμαχίαν ἐξ ἐκείνων λαβόντες) ὅσην (ἐβούλοντο) B **81—82** τὴν πατρίδα Μυσίαν καταλαμβάνουσι. καὶ σεσαρωμένην αὐτὴν ἀτεχνῶς εὑρόντες V: τὴν πατρίδα αὐτῶν Ζαγορὰν καταλαμβάνουσι. καὶ φιλουκαλουμένην ταύτην εὑρόντες B **83** ἐπεισέφρησε A ἐκ τῶν Σκυθῶν V: ἐκ τῶν Κομάνων B **85** τοπάρχησιν: ἀρχήν VB καὶ τὰ: τὴν V **87** οὐδόλως V **89** ἀποστατησάντων V ὁρμὴν: ἐξέλευσιν VB **91** ἀλλ᾿ ὡς ἄγαν: ἀλλὰ καὶ λίαν V: καὶ αὐτὸς λίαν B **94** τὸν — ἀποζώννυται: παραλύεται τῆς στρατηγίας V **1** δὲ om. M ἡγεμονίαν: στρατηγίαν N **2—26** ἀνὴρ δ᾿ οὗτος ἀξιοθέατος καὶ πλουτῶν ἐμπειρίαν, [ἀ]χρεῖ[ος] δὲ τότε διὰ τὸ τὰς κόρας ὑπ᾿ Ἀνδρονίκου κοπτῆναι. ὅθεν καὶ οὐ καλῶς ἐστρατήγησε N

79—84 οἱ — σύναρσιν: οἱ δὲ περὶ τὸν Ἀσὰν ἐς (εἰς F) τὴν Μυσίαν αὖθις ἐπανῆλθον μετὰ Σκυθῶν b **84—95** ὅθεν — βασιλειᾶν: οὐκοῦν οὐδ᾿ ἠγάπων, εἰ τὴν ἑαυτῶν ἔχουσι σῴζειν, ἀλλὰ καὶ κατὰ Ῥωμαίων ἐπῄεσαν. (καὶ ἦν δισσούμενα τὰ καλά, εἴπερ ὁ βασιλεὺς κατ᾿ αὐτῶν ἐξῄει ex a add. N). ἔξεισιν οὖν (οὖν: δὲ N) κατ᾿ αὐτῶν ὁ σεβαστοκράτωρ Ἰωάννης ὁ Δούκας καὶ τὴν στρατιὰν ἐπαινετῶς (οὐκ ἐπισφαλῶς ex a N) διακυβερνήσας καὶ τοὺς πολεμίους οὐχὶ βραχέα λυπήσας (μετὰ μικρὸν ex a add. N) τὸν στρατηγὸν ἀποζώννυται ὑποβλεπόμενος (ὑφορώμενος N) βασιλειᾶν b **1**—376, **26** Διαδ. — ἔχονται: Διαδέχεται δὲ τὴν ἡγεμονίαν ὁ καῖσαρ . . . ἀδελφῇ. ἀνὴρ δ᾿ οὗτος ἀξιοθέατος τὸ εἶδος καὶ πλουτῶν ἐμπειρίαν τῶν τακτικῶν, τότε δὲ οὐ καλῶς τὸν κατὰ Βλάχων διεστρατήγησε (ἐστρατήγησε W) πόλωμον (ὁ καῖσαρ — 376, 27 app. ἡγεμονίαν om. RMF) APWb Bekk **2** sqq. ἦν δὲ ὁ ἀνὴρ τὴν ἡλικίαν μακρὸς τοῦ σώματος μέγεθος καὶ τῷ θυμῷ γενναιότατος καὶ εὐρυφωνότατος καὶ ἐμπειρίαν περὶ τοὺς πολέμους πλουτῶν, σφαλλόμενος δ' ἀεὶ ἐν τοῖς πλειστοῖς ἢ τοῖς ἅπασι διὰ θρασύτητα καὶ ἀγερωχίαν. ἀπέσβεστο δὲ καὶ τὰς κόρας· ὁ γὰρ Ἀνδρόνικος καὶ κατὰ τούτου τὸν πηρωτικὸν ἐπύρωσε σίδηρον. ἀμέλει καὶ τῶν βαρβάρων τῷ ὑπογυίῳ πταίσματι παιδευθέντων μὴ ἀφίστασθαι τῶν ὀρέων, ἐκτρέπεσθαι δὲ τὰ πεδινὰ ὡς αὐτοῖς ἀνάρσια, ὁ καῖσαρ τὸ περιεσκεμμένον τοῦ ἔργου δειλίαν εἶναι ὑποτοπάσας ἰχνηλάτει κατὰ κυνηγέτας ἐπιπορευόμενος καὶ κατεσκήνου, ὅπῃ παρήκοι, ἀχαράκωτος. νυκτὸς οὖν τῶν δυσμενῶν ἐπιθεμένων, αὐτός τε μόλις σῴζεται καὶ τὸ στράτευμα πολυτρόπως ἐκάκωσεν. οἱ μὲν γὰρ ἔτι εὐναζόμενοι καταλαμβανόμενοι ἀνῃροῦντο, οἱ δὲ μηδὲ τὰ ὅπλα περιθέσθαι φθάσαντες ἐζωγροῦντο· ὅσοι δ' ἴσχυσαν ἀποδρᾶναι ἄτερ ὅπλων συναλισθέντες περὶ τὸν καίσαρα πικρότερον αὐτὸν τῶν πολεμίων εὕρισκον. οὐ γὰρ ἀνίει βάλλων ὕβρεσι καὶ διαβάλλων ὡς ἀπαλάμνους καὶ καταπροδόντας αὐτόν. ἀναμαχέσασθαι δὲ τὴν ἧτταν πειρώμενος ἐθωρακίσατο καὶ εἰς ἵππον θυμικὸν Ἀρράβιον ἀνεπήδησε καὶ δόρυ βριθὺ καὶ στιβαρὸν ἠγκωνίσατο. καὶ τοῦτο κατὰ τῶν πολεμίων ἰθύνων ἕπεσθαί οἱ παρῄνει ὁπόσον τῆς στρατιᾶς οὐκ ἠφάνισται, καίπερ τὰ ἐν ποσὶν οὐκ ἔχων ὁρᾶν, μηδ' ὅτι καταστρατοπεδεύεσθαι εἰδὼς τὸ διάφορον.

18—19 βριθὺ καὶ στιβαρόν: cf. Hom. E 746 **20—21** τὰ — ὁρᾶν: cf. p. 51, 90

VW[a] = a

4 πλουτῶν ἐμπειρίαν τῶν τακτικῶν cum APW scr. W[a] **6** καὶ pr. om. W[a] τὸ πυρωτικὸν W[a] **7** ἐπήρωσε V ὑπογείω W[a] **8** ὀρῶν W[a] δέ: δὲ καὶ W[a] **9** τό: τὲ W[a] **10** σφὰς post ἰχνηλάτει add. W[a] κυνηγέτας: κύνας V **11** ὅπου παρείκοι W[a] **11** ἐπιθεμένων τῶν δυσμενῶν W[a] **12** ἐκσώζεται W[a] κεκάκωται W[a] **14** ἀποδρᾶσαι V ἄτερ ὅπλων om. W[a] **15** περὶ καίσαρα συναλισθέντες V **16** ἀπαλάμνους καὶ om. V **17** ἀναμάχεσθαι W[a] **19** ἠγκωνίσατο V: ἠγκοινήσατο W[a] **20** ἠφάνιστι W[a] **21** μηδ' — καταστρατοπεδεύεσθαι: ὁ δ' ὅπη καταστρατοπεδεύεται W[a]

3—21 καὶ ἀνδρεῖος τὴν ψυχὴν καὶ μεγαλόφωνος καὶ ἐν πολέμοις δόκιμος, ἀεί ποτε δὲ ἐδυστύχει ἐν τοῖς πολέμοις δι' ἣν εἶχε θρασύτητα καὶ ἀλαζονίαν. ἐξωρύχθη δὲ καὶ τοὺς ὀφθαλμοὺς παρὰ Ἀνδρονίκου μετὰ τῶν ἄλλων. ὅθεν καὶ τοὺς βαρβάρους ὁ καῖσαρ ἀκούων ἐν ὄρεσι διάγειν καὶ μὴ εἰς τὸν κάμπον κατέρχεσθαι, μὴ διαλογισάμενος ὅτι διὰ τὴν αὐτῶν ἀνάπαυσιν καὶ ἀσφάλειαν ἐν τοῖς τοιούτοις εὑρίσκονται ὄρεσιν, ἀλλὰ δειλίαν τοῦτο κρίνας αὐτῶν, μέσον τοῦ κάμπου ἐποίει τὰ αὐτοῦ κατουνοτόπια μήτε φυλακὰς ἔχων ἀκριβεῖς ἢ βίγλας, μήτε μὴν βάλλων χάρακα. νυκτὸς οὖν αὐτῷ οἱ βάρβαροι ἐπιθέμενοι, μόλις αὐτὸς διασώζεται καὶ τὸ στράτευμα πολυτρόπως ἐκάκωσαν. οἱ μὲν γὰρ ἐξ αὐτῶν ἐν ταῖς τένταις κείμενοι ὑπὸ τῶν ἐχθρῶν καταλαμβανόμενοι ἐφονεύοντο, οἱ δὲ ἀναρμάτωτοι φεύγοντες ἐζωγροῦντο· ὅσοι δὲ φυγεῖν ἠδυνήθησαν καὶ πρὸς τὴν τοῦ καίσαρος κατούναν ἐλθεῖν πικρότερον αὐτὸν ὑπὲρ τῶν πολεμίων εὕρισκον, ὑβρίζοντα καὶ διαβάλλοντα ὡς προδότας αὐτούς. θέλων γοῦν ὁ καῖσαρ τὴν ἑαυτοῦ νίκην ἀνακαλέσασθαι ἡρματώθη καὶ ἐκαβαλίκευσε Ἀραβικὸν φαήν, καὶ ἔλαβε κοντάριον εἰς τὰς χεῖρας αὐτοῦ, καὶ ὥρμησε κατὰ μέσον τῶν πολεμίων κράζων καὶ λέγων· ,,ἀκολουθεῖτέ μοι'', μὴ βλέπων μηδὲ γινώσκων, ὅπη πορεύεται ἢ τί ἐν τῷ στρατῷ γίνεται.

κατατροπαιουχηθέντων δ' οὕτω 'Ρωμαίων τά τε σημεῖα ὑπὸ τῶν βαρβάρων ἐλήφθησαν καὶ οἱ μαλακοὶ δὲ χιτῶνες καὶ τὰ κομψὰ τοῦ καίσαρος χλανιδίσκια καθηρπάγησαν, ἃ καὶ οἱ περὶ τὸν 'Ασὰν καὶ τὸν Πέτρον περιδυσάμενοι καὶ τὰ σημεῖα προηγούμενα ἔχοντες αὖθις τῶν πεδινῶν ἔχονται.

Καὶ τοῦ Καντακουζηνοῦ δὲ τὴν ἀρχὴν ἀποθεμένου, | ὁ Βρανᾶς 'Αλέξιος ἀνερρήθη στρατηγός, βραχὺς μὲν τὴν ἡλικίαν, κολοσσιαῖος δὲ τὸ ὑποκαθήμενον τῆς γνώμης καὶ τὸ πανοῦργον τοῦ φρονήματος καὶ τῶν τότε πάντων στρατηγικώτερος. ἀλλ' οὗτος τὴν στρατιὰν παραλαβὼν οὐ θερμῶς, ἀλλὰ φυλακτικῶς τὴν οἰκείαν στρατηγίαν μετήρχετο, ἀεὶ τοῦ πρόσω βάδην ἐχόμενος καὶ τοῦ λυπεῖν μὲν τοὺς δυσμενεῖς προμηθούμενος, οὐχ ἧττον δὲ καὶ τοῦ οἰκείου ἀκινδύνου ἐπιμελόμενος. πολλὰς δὲ δυσχωρίας παρελθὼν αὐλίζεται κατὰ τὸν λεγόμενον Μέλανα Βουνὸν κἀκεῖσε χάρακα βάλλεται. καὶ ἦν χρηστόν τι ἐργάσασθαι προσδοκήσιμος.

Ἔρωτι δὲ βασιλείας ληφθεὶς καὶ δεσπόζοντα ἔχειν τὸν 'Ισαάκιον ἀδοξῶν ἢ ὅλως ὁρᾶν οὐκ ἀνεχόμενος βασιλεύοντα καὶ πάλαι μέν, οὕπω

38 πάλαι: a. 1185 exeunte

VW^a = a, APW, RMF = b (ab 27 ὁ Βρανᾶς)

24 καὶ alt.: τε καὶ W^a **26** ἔχονται : γίνονται V **28** ἀνερρέθη V: ἀνερρ .... W^a μὲν: μὲν ὢν W^a κολυσσιαῖος V: κολ .... αῖος W^a **29** τοῦ φρονήματος om. V **30** ἀλλ' οὗτος : οὗτος δὴ W^a **31** μέτεισιν ἀρχηγίαν W **32** τοῦ — προμηθούμενος: προμηθούμενος καὶ τοῦ λυπῆσαι μὲν τοὺς δυσμενεῖς W^a **33** οἰκείου: καθ' αὑτὸν W^a ἐπιμελώμενος W^a **35** τι χρηστὸν V προσδόκιμος W^a **38** ἢ μηδαμῶς ἀνεχόμενος ὁρᾶν W^a

27—28 καὶ — στρατηγός: ὅθεν (ὅθεν: καὶ W) διαδέχεται τὴν ἡγεμονίαν (cf. 374, 1 app.) ὁ Βρανᾶς 'Αλέξιος APW b Bekk **28—36** βραχὺς — προσδοκήσιμος om. APW b Bekk **37—51** ἔρωτι — τροπώσασθαι: ὁ δὲ καὶ πάλαι μὲν ἐνήδρευε τῇ βασιλείᾳ, ἡνίκα τὸν κατὰ Λατίνων ἐστρατήγει πόλεμον, ὥστε (ὡς M) καὶ νύκτωρ τὸ (τὸ om. Bekk) τοῦ μεγίστου (μεγίστου om. Bekk) τεμένους ἄδυτον εἰσιὼν ἀνασείειν πρὸς στάσιν (στάσιν: ἀποστασίαν APW Bekk) ἐπειρᾶτο τὸν ὄχλον APW b Bekk

22—38 νικηθέντων οὖν οὕτω τῶν 'Ρωμαίων καὶ φευγόντων ἡρπάγησαν παρὰ τῶν βαρβάρων αἱ κατοῦναι πᾶσαι καὶ τὰ χρυσοϋφῆ ῥοῦχα τοῦ καίσαρος, τὰ μετὰ τῶν γερανέων χρωμάτων σεσημειομένα, καὶ τὰ φλάμουλα, ἅτινα καὶ ἐνεδύσαντο ὁ Πέτρος καὶ ὁ 'Ασὰν προπορευόμενοι ἔμπροσθεν τοῦ στρατοῦ αὐτῶν. καὶ ἐπὶ τὸν κάμπον ἔκτοτε κατελθόντες τὰς τέντας αὐτῶν ἐκεῖ ἔστησαν καὶ κατεσκήνωσαν. Παραλυθεὶς δὲ ἀπὸ τῆς τοιαύτης ἀρχῆς ὁ Καντακουζηνὸς καῖσαρ, ἀνηγορεύθη στρατηγὸς τοῦ ὅλου στρατεύματος ὁ Βρανᾶς 'Αλέξιος, βραχὺς μὲν κατὰ τὴν ἡλικίαν, βαθὺς δὲ τὴν γνώμην καὶ ποικίλος τὴν φρόνησιν καὶ τῶν εὑρισκομένων τότε ἀνθρώπων ὁ στρατηγικώτατος. ἀλλ' οὗτος τὴν στρατιὰν παραλαβὼν οὐ θρασέως ἀλλὰ μετὰ ἀσφαλείας καὶ φυλάξεως τὰ τούτου ἐποίει κατουνοτόπια, τακτικῶς τοῖς ἔμπροσθεν προπορευόμενος καὶ προθυμοποιούμενος θλίβειν τοὺς ἐχθρούς, ἐπιμελούμενος δέ, ὅπως καὶ ὁ στρατὸς ἅπας ἀκινδύνως διέρχεται. διελθὼν δὲ τόπους δυσβάτους πολλοὺς φθάνει κατά τινα τόπον Μέλανα Βουνὸν καλούμενον, κἀκεῖσε κατασκηνοῖ καὶ χάρακα βάλλει, καὶ ἐφαίνετο ὡς καὶ χρηστότερόν τι ἐργάσηται. ἔχων δὲ δι' ἐπιθυμίας ἀεί ποτε καὶ φανταζόμενος εἰς τὸ ὕψος ἀναβῆναι τῆς βασιλείας, τότε τὸν ἅπαντα σκοπὸν αὐτοῦ ἐφανέρωσεν. ὁ αὐτὸς γὰρ Βρανᾶς καὶ πρῶτον, πρώην, ἑάλω βασιλειῶν, ἡνίκα ἐστρατήγει τὸν κατὰ τῶν ἐκ Σικελίας πόλεμον. ὅτε καὶ μὴ ἔχων εὐμαρῶς διὰ τῶν ὑπ' αὐτὸν 'Ρωμαικῶν δυνάμεων ἣν ὤδινεν ἀποστασίαν ἐκρῆξαι εἰς φῶς πρῶτα μὲν εἰς ἑαυτὸν ὑπηγάγετο τὸ ἐξ 'Αλαμανῶν συμμαχικόν· εἶτα, ὡς οὐκ ἀξιόχρεων ἑώρα τοῦτο πρὸς ἀρωγὴν τῷ περὶ βασιλείας ἐγχειρεῖν μέλλοντι, ἐκείνην ἔγνω τραπέσθαι, ἣν 'Ισαάκιος πορευσάμενος ἀπραγμόνως τὴν αὐταρχίαν ἐνεπορεύσατο. νύκτωρ γὰρ τὸν Μέγαν Νεὼν εἰσεληλυθὼς καὶ τῷ ἱερῷ προσρυεὶς ἀδύτῳ, ἔτι διατρίβειν ἐν τοῖς ἔξωθεν προσδοκώμενος, ἐδεῖτο τῶν εἰσιόντων ἐπαρήξειν αὐτῷ τὴν τοῦ βασιλέως ἄδικον ἐκκλίνοντι πρόθεσιν, μηδὲ γὰρ προσκεκρουκέναι οἱ ὁπωστιοῦν, προσεπάγων ἅμα τῇ ἱκετηρίᾳ καὶ ἀφήγησιν ὀχληρὰν ὧν ἐμεγαλούργησε τροπαίων, δὶς λέγων προσβαλεῖν τοῖς τῶν ἐναντίων στρατεύμασι καὶ μεγίσταις μάχαις καὶ ἀρίστοις στρατηγικοῖς μεθοδεύμασι τοσαυτάκις τούτους τροπώσασθαι. ὡς δ' οὐ προυχώρει τηνικαῦτα τὰ ἑαυτοῦ διαβούλια, σπονδὰς ἐκ βασιλέως δεξάμενος τὴν μὲν ἔφεσιν καὶ πάλιν ἔτρεφε τὴν αὐτὴν κατέχων βίᾳ καὶ ἄγχων ὥς ἵππον ἐξήνιον τὸ ἐνδόμυχον φίλαρχον, τότε δὲ ὡς ξυρὸς ἀκόνης τῆς συνδρομῆς τῶν στρατευμάτων λαβόμενος ὑπέθηξεν ἑαυτὸν πέρας ἐπιθεῖναι τοῖς πάλαι μελετωμένοις.

---

54 τότε: a. 1187 ca. mens. Apr.

54—55 ὡς ξυρὸς ἀκόνης: cf. Diogen. 6, 91; Karathanasis 201

VW[a] = a, APW, RMF = b; ab 52: VAPW[a] = a, W, RMD (ab 56 πέρας) F = b

40 εὐμαρῶς ἔχων W[a] **41** ἐκρῆξαι εἰς φῶς: ἀποτεκεῖν V **42** τὸ om. W[a] **43** ἀρωγὴν: ἁρμογὴν V **44—45** ὁδεύσας . . . ἐνεπορεύετο W[a] **45** γὰρ: τοίνυν W[a] ναὸν W[a] **45—46** τὸ ἱερὸν ἄδυτον εἰσδεδυκὼς W[a] **46** ἐν om. W[a] **47** αὐτῷ ἐπαμύναι W[a] ἄδικον ἐκκλ. πρόθεσιν: ὀργὴν ὑπεκκλίνοντι W[a] **49** ἱκετεία W[a] **49—50** προσβαλεῖν post στρατεύμασι transp. W[a] **51** αὐτοὺς W[a] **52—53** σπόνδας — δεξάμενος om. V: ὅρκους ἐκ βασιλέως δεξάμενος B **53** ὑπέτυφε cum b scr. W[a] **54** εὐήνιον AP Bekk: ἀξώνιον R: ἐξόνιον M: ἐξοίνιον F[ac] ἐνδομυχούμενον V **55** παρέθηξεν V **56** πάλαι μελετωμένοις V: σκεπτομένοις πρότερον APW Bekk: μελετωμένοις πρότερον cum b scr. W[a]

53 ἔτρεφε: ὑπέτυφε b **56** μελετωμένοις πρότερον b

39—52 ὅτε εἰς τὸν κατὰ τῆς Σικελίας πόλεμον στρατηγὸς παρὰ τοῦ βασιλέως κατέστη καὶ τὸ ἐξ 'Αλαμανῶν συμμαχικὸν ἀνελάβετο. διακρίνας ὡς [οὐκ] ἀρκετόν ἐστι συνεργῆσαι αὐτῷ πρὸς τὸν σκοπὸν αὐτοῦ (οὐ γὰρ ἐθάρρει τοσοῦτον τὸ στρατιωτικὸν σύνταγμα ὥστε τὴν βουλὴν αὐτοῦ φανερῶσαι) ἔγνω καὶ αὐτὸς βαδίσαι τὴν ὁδόν, ἣν ὁ βασιλεὺς 'Ισαάκιος ἐβάδισε καὶ ἐβασίλευσεν. ἐξελθὼν γὰρ νυκτὸς καὶ πρὸς τὸν μέγαν τῆς ἁγίας Σοφίας ναὸν εἰσελθὼν καὶ μέσον τοῦ ἱεροῦ στὰς παρεκάλει τοὺς εἰσερχομένους βοηθῆσαι αὐτῷ ἀπὸ τῆς ἀδίκου καὶ παραλόγου τοῦ βασιλέως ὀργῆς, λέγων ὅτι ,,οὐδὲν προσέκρουσά τι ἢ ὅλως ἔξω τοῦ ὁρισμοῦ καὶ τοῦ θελήματος ἐγενόμην αὐτοῦ". καὶ ἤρξατο ἐγκαυχᾶσθαι ἐν τοῖς αὐτοῦ στρατηγήμασιν. ,,οὐ γινώσκετε, ὦ ἄνδρες, ὅσα ἐν πολέμοις ἠνδραγάθησα, καὶ δεύτερον καὶ τρίτον διὰ στρατηγικῶν μεθόδων τοὺς ἐχθροὺς ἐνίκησα". καὶ ἐκίνει πρὸς στάσιν τὸν λαόν. B

Καὶ δὴ συμβούλοις εἰς τοῦτο | χρησάμενος τοῖς ὅσοι κατὰ γένος ἐκείνῳ συνήπτοντο πατριώταις (ἐκ τῆς Ἀδριανοῦ δὲ ὥρμητο πόλεως), πολλοῖς οὖσι καὶ ἅπασι δυνατοῖς, τὸ ἐρυθρὸν ὑποδύεται πέδιλον· καὶ μεταβὰς ἐκεῖθεν εἰς τὴν πατρίδα καὶ πρὸς παντὸς ἀναγορευθεὶς τοῦ στρατεύματος τὴν ἐς τὴν βασιλεύουσαν πόλιν στέλλεται καὶ περὶ τὸ ἔξω λεγόμενον καταστρατοπεδεύεται Φιλοπάτιον.

Περὶ δὲ δείλην μετὰ τῶν εὐοπλοτάτων δυνάμεων τῷ τείχει προσπελάσας τῆς πόλεως, ἵππῳ ἔποχος ὢν παρὰ τοσοῦτον μὴ παντὶ μέλανι, παρ᾿ ὅσον λευκαὶ τρίχες ἐς κύκλον σεληναίας περιαγόμεναι φυεῖσαι ἦσαν περὶ τὸ μέτωπον, τοῖς ἐπὶ τῶν τειχῶν βασιλικοῖς καὶ θεαταῖς τῶν δρωμένων ἀστυπολίταις ἀπειλητὴς ἅμα καὶ παραινέτης ἐδείκνυτο. τὰ μὲν γὰρ αὐτοῦ φρονοῦντας εὖ παθεῖν ἔφασκεν, ὥσπερ καὶ εἰ διαπετάσαντες τὰς πύλας εἰσδέξονται, σωτῆρά τε καὶ εὐεργέτην εὑρήσουσι καὶ ὑπτίαις ἀγκάλαις αὐτοὺς προσδεχόμενον· εἰ δὲ διὰ τῆς θύρας εἰσιόντι καὶ μὴ ἀναβαίνειν ἀλλαχόθεν ἐθέλοντι ἀντιβαῖεν δήπου καὶ ἀντισταῖεν, πάντως κλέψας τὴν εἴσοδον καὶ ληστεύσας τὴν βασιλείαν ἐκεῖνα ἀνεπεγκλήτως ἐργάσαιτο, ὁπόσα καὶ ὠμησταὶ θῆρες τοὺς ποιμένας παρωσάμενοι καὶ μὴ διὰ τῆς αὐλῆς τῶν προβάτων, ἀλλ᾿ ἑτέρωθεν εἴσω παρεισιόντες. ταῦτα καὶ τοιαῦθ᾿ ἕτερα μεγαλαυχήσας καὶ ἅμα παράταξιν ἐνδειξάμενος ὁποίας χρεία τοῖς ἑτοιμασθεῖσιν εἰς πόλεμον, πρὸς τὸ οἰκεῖον στρατόπεδον ὑπενόστησε.

Τῇ δ᾿ ἐπιούσῃ ἄρτι τοῦ ἡλίου τὰ ἑῷα φαυσιβολοῦντος πρὸς τοῖς τείχεσιν αὖθις τῆς πόλεως γίνεται | κἀπὶ ταῖς χερσαίαις πύλαις ἀντιτάξας τὴν στρατιάν, αἳ τοῦ Χαρσίου λέγονται, εἰς δεξιὸν καὶ εὐώνυμον κέ-

---

70—74 εἰ — παρεισιόντες: alludit ad Joh. 10, 1

VAPW^{a} (usque ad 73 ποί-) = a, W, RMDF = b

58 πατριωταῖς om. R δὲ om. R ὥρμηντο P Bekk **59** ξύμπασι A: σύμπασι PW Bekk ὑπενδύεται A **60** εἰς: πρὸς et πρὸς: παρὰ V **61** αὐτοκράτωρ post στρατεύματος add. APW^{a}WD^{s} Bekk μεταστέλλεται πόλιν W^{a} D **62** καταστρατοπεδευσάμενος AW^{a}WD^{s}: στρατοπεδευσάμενος Sc **63** δὲ om. W **65** περιγραφόμεναι P **66** τοῖς θεαταῖς V δεωμένων A **67** ἐδείκνυτο: ἐγίνετο V **67—68** τοὺς (μὲν γὰρ) τὰ (αὐτοῦ) P^{pc} **68** ἔφασκεν εὖ παθεῖν V ὡς ἄρα W^{a} DF Bekk **69** αὐτὸν post πύλας add. APW^{a}D^{s} Bekk τε om. APW εὑρίσκουσιν W^{a}DF **69—70** καὶ alt. — προσδεχόμενον V: cum W b om. APW^{a} **71** ἀλλαχόθεν ἀναβαίνειν APWRM δήπου ras. W^{a}: αὐτοὶ V: τε A W **72** πάροδον V **73** διαπράξαιτο V **74** παρεισιόντες: παριόντες A^{ac}DF Bekk: χωροῦντές τε καὶ παρεισιόντες V **74—75** ταῦτα — ἕτερα: τοιαῦτα καὶ ἑτεράτα W **75** καὶ τὰ τοιαῦθ᾿ RF ἐνδειξάμενος: ποιησάμενος V **75—76** ὁποίας — πόλεμον: ὁποίαν προβάλλουσιν οἱ ἑτοιμαζόμενοι πρὸς τὸ μάχεσθαι VA et πρὸς — ὑπενόστησε: ὑπεχώρει πρὸς τὸ οἰκεῖον στρατόπεδον V **79** γίνονται V κἀπὶ: κἂν AW **79—80** κἀπὶ — στρατιάν: καὶ τὴν στρατιὰν ἀντιτάξας πρὸς ταῖς χερσαίαις πύλαις V

60 ἀναγορευθεὶς etiam D^{s}: ἀναρρηθεὶς b **69—70** καὶ alt. — προσδεχόμενον om. W b Bekk ρας αὐτὴν διαιρεῖ καὶ τὸ μέσον αὐτὸς ἐπέχων τῆς φάλαγγος ἐφίησι τοῖς ἐκχεομένοις τῆς πόλεως στρατοῖς συμπλέκεσθαι· οὐδὲ γὰρ μόνον ἐντὸς τῶν πυλῶν τῆς πόλεως τὸ ὑπερπονοῦν ἑαυτοῦ κατεμέρισε βασιλεύς, ἔστι δ' ὃ καὶ τῶν τειχῶν ἄνωθεν ἐπέταξεν ἐφεστάναι, ἀλλὰ καὶ μέρος ἀποδιελόμενος ἐπέτρεψεν ἐπεκθέειν ἔξωθεν ἑκαστάτω τῆς τάφρου καὶ τοῖς πολεμίοις ὡς ἐνὸν ἀντιφέρεσθαι. εἰ δέ γε κάμωσιν ἐπιβρισάντων τῶν ἐναντίων, προσφύεσθαι παρῄνει τοῖς τείχεσιν, ὅπως οἱ τῶν πυργοβάρεων ἄνωθεν αὐτοῖς ἐπαμύνωσιν. ἕως μὲν οὖν σταθηρᾶς μεσημβρίας τοξασμοὶ καὶ ἀκροβολισμοὶ παρ' ἑκατέρων ἐγίνοντο τῶν μερῶν· καὶ βραχύ τι μὲν ἄχρι τινὸς ἐκράτουν τῶν τοῦ βασιλέως οἱ τοῦ Βρανᾶ ὡς πολέμων ἔμπειροι, καὶ τούτων μάλιστα οἱ ἐκ τοῦ Λατινικοῦ πεζικοῦ συγκροτούμενοι στίφους, ἐπεὶ καὶ οἳ τοῖς ζῶσιν ἔτι συνεξητάζοντο ἐκ τοῦ ζωγρηθέντος Σικελικοῦ στρατεύματος, τούτους ὁ βασιλεὺς φρουρᾶς ἀνεὶς καὶ δεσμῶν καὶ ὁπλισμοῖς ὑπαγαγὼν πρὸς Βρανᾶν ἀπέστειλε, καὶ ἦσαν κρατίστη φάλαγξ περὶ αὐτὸν πεζικὴ ἱππικῷ θυρεῷ καὶ ξίφει ἐπιμήκει καὶ δόρατι ἐγχήρει φραττόμενοι. ἐπιβοηθήσαντος δὲ καὶ τοῦ κατά σφας ἱππεύοντος τάγματος, κατὰ | κράτος οὕτω τοὺς ἐξ ἄστεος τρέπονται ὡς καὶ ἄκοντας τὴν τάφρον διαβῆναι καὶ προσφῦναι τοῖς τείχεσιν· ἐπήμυνον δὲ αὐτοῖς οἱ τῶν τειχῶν ὑπερφαινόμενοι.

VAP (usque ad 88 ἐπαμύνωσιν) = a, P (ab 88) W, RMDF = b

81 διαιρεῖ: ἀριθμοῖ V καὶ τὸ: τὸ δὲ V **82** ἐκχυθεῖσι P συμπλέκεσθαι στρατοῖς V: τῷ στρατῷ συμπλέκεσθαι B **83** τῶν πυλῶν om. B τῆς πόλεως om. V κατεμέρισε: κατέταξε P ὁ βασιλεὺς κατεμέρισε V ὁ βασιλεὺς VARM Sc **83—85** ἔστι — ἔξωθεν: καὶ τῶν τειχῶν ὕπερθεν ἀνεβίβασεν, ἀλλὰ καὶ μέρος ἀπονειμάμενος ἔξωθεν ἐπέτρεψεν ἀπεκθέειν V: οὐ μόνον ἐπάνω τ. τ. ἀνεβίβασε καὶ διεμέρισε μάχεσθαι, ἀλλὰ καὶ μέρος στρατιᾶς ἔξω τῶν τειχῶν καὶ τῆς σούδας προσέταξεν ἵστασθαι B **84** καὶ alt. om. W **85** ἑκαστοῦ V: ἑκάστω PR: ras. M **86** ἐνὸν: ἐφικτὸν V ἀντιστρέφεσθαι R τῶν ἐναντίων ἐπιβρισάντων V **87** προσρύεσθαι Bekk παρῄνει om. V ὅπως: ὡς ἂν V ἄνωθεν τῶν πυργοβάρεων V **88** τοξασμοὶ καὶ suppl. $\mathrm{P^{mg}}$ **90** ἐπεκράτουν APW **91** συγκροτούμενοι πεζικοῦ V **92—96** ἐπεὶ — φραττόμενοι: ὅσοι γὰρ τοῖς ζῶσιν ἔτι συνεξητάζοντο ἐκ τῶν ζωγρηθέντων Σικελικῶν στρατευμάτων, τούτους ὁ βασ. ἐξαγαγὼν τῆς φρουρᾶς καὶ ὁπλισμοῖς ὑπαγαγὼν πρὸς Βρανᾶν ἐξαπέστειλε καὶ ἦσαν κρατίστη φάλαγξ πεζικὴ παρ' αὐτῷ, θυρεῷ ἱππικῷ καὶ ξίφει ἐπιμήκει καὶ δόρατι ἐγχήεντι ὡπλισμένοι V **92** ἔτι συνεξετ.: ἐπισυνεξετάζοντο W **93** τῆς φρουρᾶς V (cf. ad lin. 92—96) P Bekk δεσμῶν καὶ suppl. $\mathrm{P^{mg}}$ **94** ὁπλισμοῖς ὑπαγαγὼν: ὁπλίσας P τὴν (τῆς A) ἐς τὸν (τὴν W) Αἷμον στελλόμενον post ἀπέστειλε add. APW Bekk **95** περὶ αὐτὸν: τῶν περὶ αὐτὸν AP, ubi τῶν — πεζικὴ i. mg. et r. 6 litt., W Bekk **96—97** ἐπιβοηθησάντων δ' αὐτοῖς καί τινων ἐκ τοῦ τῶν ἱππέων τάγματος V **97** οὕτω et καὶ om. VAW ἐκ τοῦ ἄστεος VKN **97—1** ἄκοντας post τάφρον suppl. $\mathrm{P^{mg}}$ τὴν τάφρον ἄκοντας Bekk **1—2** τὴν τάφρον ὑπερβῆναι καὶ προσπελάσαι τοῖς τείχεσιν. ἐπεβοήθουν δὲ αὐτοῖς οἱ ἐκ τῶν τειχῶν ἄνωθεν V

88 τοξασμοὶ καὶ om. W b **91** τοῦ om. b **95** πεζική om. W b

Καὶ τὰ μὲν τῆς τόθ' ἡμέρας ἐν τούτοις κατέληξεν· ἀνοχεύσας δ' ἐφ' ἡμέραις πέντε τὰς οἰκείας δυνάμεις ὁ τύραννος τῶν αὐτῶν καὶ πάλιν ἔχεται πόνων τοῖς περιβόλοις ἐπιστὰς τῆς πόλεως· ποιῶν δ' ἐπίφοβον τοῖς ἀστικοῖς ἑαυτὸν καὶ διαστασιάζειν τοὺς ἔνδον πειρώμενος μοῖράν τινα τῆς ἑαυτοῦ στρατιᾶς παρελόμενος ἐκπέμπει κατὰ τὴν βόρειον ἀντίπορθμον τῆς πόλεως πλευράν, ἥτις πόρος Βοὸς κληΐζεται, ἀφ' ἧς καταφανής ἐστιν ἀκριβῶς ὁ μέχρι τῶν ἐν Βλαχέρναις ἀνακτόρων συρόμενος θαλάττιος ὁλκὸς καὶ ὅσα πρὸς ἄνεμον βορρᾶν ἐπινενεύκασι μέρη τῆς πόλεως. καὶ οἵ γε τὸ ἐπιτετραμμένον τέλει διδόντες τοὺς ἐκεῖσέ πῃ μετεώρους γηλόφους ἀνιόντες τὰς σημαίας ἠνέμωσαν. ὁ δὲ ἥλιος τοῖς θώραξιν ἐμπίπτων καὶ τοῖς τῶν στρατιωτῶν προσβάλλων θώραξι νεοσμήκτοις οὖσι καὶ λείοις ἐποίει ἀποπάλλεσθαι τούτων κατὰ καμπὴν καὶ ἐπάνοδον τῶν ἀκτίνων σελαγισμάτων ἐκπυρηνίσματα, ὡς καθ' ὁμηγύρεις τὸν ἀστικὸν συλλέγεσθαι δῆμον εἰς τὰ ἀνεστηκότα τῆς πόλεως γήλοφα καὶ τὰ πραττόμενα θεᾶσθαι καὶ διὰ πλείστου τίθεσθαι θαύματος.

Μετὰ δὲ τοῦτο καὶ τοὺς τῆς Προποντίδος οἰκήτορας εἰς ἑαυτοὺς ἐπεσπάσαντο, οἳ μάχης μὲν οὐ πάντες | ἵστορες, κώπην δ' ἐλαύνειν παμπληθεὶ ἄριστοι. ὅθεν τὰ πρὸς ἰχθύων ἄγραν παρ' αὐτῶν ναυπηγούμενα σκάφη εἰς πολεμιστηρίους συνεκρότησαν οὗτοι ναῦς, σανίσι παχείαις ἑκατέρωθεν αὐτὰ διειληφότες, καὶ οἱ μὲν σφενδόναις ὡπλίσαντο, οἱ δὲ τόξα καὶ γωρυτὸν ἀνέλαβον. καὶ οὕτως εἰς ἀρεϊκοὺς ἄνδρας ἐκ δικτυοπλόκων μετασκευασθέντες κατὰ τῶν βασιλικῶν ἰσχύουσι καὶ κραταιοῦνται τριηρέων, αἳ τὴν πόλιν περιιοῦσαι τὰς ἐκ τοῦ στρατεύματος τοῦ Βρανᾶ νυκτερινὰς ἐφόδους ἐσκόπευον καὶ ἐτήρουν ἐπιμελῶς, μή πως τὴν διὰ τῶν χερσαίων πυλῶν πάροδον ὁ τύραννος ἀπογνοὺς διὰ τῶν παρακτίων λάθοι ἔνδοθεν παρεισδύς. οἱ δ' ἐπὶ τῶν μακρῶν νηῶν τὰ

VA = a, PW, RMDF = b

3 τότε V κατέληξεν V: ἔληξεν cum PWb scr. A ἐπὶ VR **4** οἰκείας — ὁ i. r. 10 litt. P **5** τῆς πόλεως ἐπιστάς V **6** ἑαυτὸν τοῖς πολίταις V ἀστυκοῖς Bekk ἔνδοθεν μηχανώμενος V **7** τῶν ἑαυτοῦ στρατευμάτων ἀποτεμόμενος V παρεχόμενος R **8** κληΐζεται πόρος βοὸς V κλεΐζεται P: κέκληται W: κικλήσκεται Bekk **10** καλλιπόλεως V **11** καὶ om. V καὶ οἵ γε: οἱ δὲ P **12** λόφους VB ἀναβάντες VB ἀνίασι τὰς σημαίας ἀνεμώσαντες P **12—13** τοῖς κράνεσι προσβάλλων τῶν στρατιωτῶν νεοσμήκτοις V **15** καὶ πυρρηνίσματα W: ἐκπυρρηνισμάτων R **17** διὰ: μετ(ά) A[ir] **18** καὶ om. P ἑαυτὸν PWU **19** ἐπεσπάσατο P[pc] U οἳ πάντες μὲν μάχης οὐχ ἵστορες V κώπην δὲ χειρίζεσθαι P **20** πρὸς: εἰς V **21** συγκροτήσαντες ναῦς V **22** διειληφότες: διαλαβόμενοι P: διαλαβόντες Sc: περιφράξαντες V **23** ἀνέλαβον: παρηρτήσαντο P **24** δικτυοπάρκων M τῶν om. V **24—25** ἰσχ. καὶ κρ.: ἀρρενοῦνται P **25** κρατοῦνται R τῶν στρατευμάτων V **26** τὸν πορθμόν post ἐπιμελῶς add. APW Bekk **27** τῶν om. W **28** ἔνδον V: ἔνδοθι PW: ἐντὸς B

3 ἔληξεν PW b **4** οἰκείας om. W b **6** τοὺς: τὰ b Bekk μὲν πρῶτα μαίνεσθαι ᾤοντο ἀτεχνῶς τοὺς τῶν ἰχθύων ἀγρευτάς, εἰ οὕτως ἐπὶ τῶν ἁλιάδων μόλις σαλεύοντες ἐγχρίψειν αὐτοῖς ἀπεθάρρησαν· ὡς δὲ καιρὸς ἐνειστήκει τοῦ βάλλειν καὶ βάλλεσθαι, αἱ μὲν μετὰ βυκάνων καὶ σαλπίγγων ἔξορμοι γίνονται, τὰ δὲ τῶν ἀσπαλιευτῶν πορθμεῖα σιγῇ, καὶ οἱ ἐπ' αὐτῶν μένεα πνέοντες ἔτυπτον τὴν θάλασσαν ἐρετμοῖς καὶ συμβαλόντες ὑπερτεροῦσι τῶν ἀντιπάλων μεγίστων σκαφῶν καὶ ταῖς τῆς πόλεως ᾐόσι συγκλείουσι. τὰ μὲν γὰρ διὰ τὸ μήκιστα εἶναι καὶ δυσδιέλικτα οὐκ ἐκ τοῦ αὐτίκα ἐκάκουν τὸ ἀνθιστάμενον, τὰ δὲ συμφορηδὸν ἐπιόντα καὶ πολλὰ μίαν τριήρη συμμίγδην περιιόντα, ἔκ τε πρύμνης καὶ | πρώρας καὶ παρ' ἑκάτερον τοῖχον μαχόμενα, ὡς ἐν στενοπόρῳ πορθμῷ τὴν νίκην εἶχον ἐπινηχομένην αὐτοῖς καὶ λαμπρὸν ἀνίστων τρόπαιον.

'Αλλ' οὐκ ἐς πολὺ τὸ ἐκ τῆς ἥττης αἶσχος ὑπενεγκόντες οἱ τοῦ στόλου τοῦ βασιλέως παλίωξιν τῶν λεμβαδίων τιθέασι. τάχα δ' ἂν καὶ τῷ ὑγρῷ πυρὶ τὰ πορθμεῖα ταῦτα ἠφάνισαν, εἰ μὴ ἐκ τοῦ σχεδὸν ἑστῶτες ἐπεβοήθησαν οἱ τοῦ Βρανᾶ ὁπλομάχοι ἐκ τῶν λόφων καταβάντες καὶ τὸν αἰγιαλὸν ἐπιπαριόντες ἕνεκα τοῦ ἐπαρήγειν τῷ ναυτικῷ.

'Ιδὼν δὲ ὁ ἀποστάτης ὡς οὔτε κλέπτειν ἔχει τὴν πάροδον, οὔτε μὴν πολέμῳ ἢ πειθοῖ ἀνύσιμά οἱ τὰ μελετώμενα, ἄλλην τραπέσθαι διενοεῖτο· ἢ γὰρ λιμῷ τὴν βασιλίδα παραστήσασθαι πόλιν, μεγίστην ἐπιστήσας αὐτῇ καὶ κρατίστην ἑλέπολιν τὴν τῶν ἐδωδίμων ὑποσπάνισιν (ἤδη γὰρ ἥ ἑῴα τε καὶ ἑσπέριος ὑπὸ 'Ρωμαίους λῆξις αὐτῷ προσεχώρησε) μηδεμίαν ἐπισκήψας νῆα σιταγωγὸν καταίρειν εἰς τὸ Βυζάντιον, ἢ προσβαλεῖν μετ' ἀκμαιοτέρου στόλου καὶ πλείονος. ἐκεῖνα δ' ἦν ἀνελίττων κατὰ

---

33 μένεα πνέοντες: Hom. B 536; al. **33—34** ἔτυπτον — ἐρετμοῖς: Hom. ι 104; al.

VA = a, PW, RMDF = b

29 ἰχθύων: ἰδίων R **30** τὰ post ἐπὶ add. M ἐγχρίψειν: ἐπελθεῖν P **32** τῶν βυκάνων V **33** ἐπήεσαν post σιγῇ add. APW αὐτῶ V[ac?]AF **34** ὑπηρετοῦσι R μεγίστων om. V σκαφῶν: νηῶν R **35** ταῖς: τοῖς AW **36** δυσέλικτα V αὐτίκα: εὐθέος V τὸ ἀνθιστάμενον: τὰ τῶν πολεμίων λεμβάδια P **37** συμφορηδὸν — περιιόντα i. mg. et r. 18 litt. P πολλαὶ V **38** πρώρης V **38—39** ὡς . . . πορθμῶ καὶ παρ' ἑκ. τοῖχον μαχόμενα V **39—41** καὶ — πολὺ i. r. 15 litt. et mg. P **39** ἐνίστων V **40** τὸ τρόπαιον P **41** ἐκ om. VW Sc ἐπενεγκόντες WF τοῦ: ἐκ τοῦ AW Sc **42** παλίνωξιν V λεμβαδίων: ἀκατίων P **42—43** καὶ — πυρὶ om. W[ac] **43** τὰ πορθμεῖα ταῦτα om. P ταῦτα V: τούτων AW ἠφάνισαν: κατηθάλωσαν P **44** ὑποκαταβάντες P **44—45** (ὑποκαταβάν)τες — ναυτικῶ i. r. 30 litt. et mg. P **47** εἰσιν post ἀνύσιμά add. AP Bekk οἱ: ἐκείνω AP **48** γὰρ om. P **50** προσεχώρησαν P **51** ἐς P προσβάλλειν V **52** πλείονος: μείζονος ἢ καὶ πλείονος V ἦν: εἶναι M κατὰ: τὰ κατὰ A

37 καὶ — περιιόντα om. b **39—40** καὶ — τρόπαιον om. W b **43** ταῦτα om. b Bekk: τούτων suppl. D[s] **45** ἐπιπορευόμενοι b Bekk νοῦν, ἃ μὴ τὸ θεῖον ἐπιτελῆ ποιήσειν κατένευεν. ὁ γὰρ βασιλεὺς ὁρῶν αὐτῷ προσκείμενον τὸ τῆς πόλεως πλήρωμα καὶ μὴ μόνον οὐκ ἀνεχόμενον βασιλεύειν Βρανᾶν, ἀλλὰ καὶ ἀναθέματι καθυποβάλλον αὐτόν, ἄνω τῶν τειχέων ἀναγαγὼν οἷά τι | ἄμαχον ὀχύρωμα καὶ ἀνάλωτον χαράκωμα τὴν εἰκόνα τῆς θεομήτορος, ἥτις ἐκ τῆς τῶν ῾Οδηγῶν μονῆς, καθ᾿ ἣν προσκεκλήρωται, ῾Οδηγήτρια ἐπικέκληται, ἠρρενώθη μὲν καὶ οἴκοθεν πρὸς ἀντιμάχησιν κρίνας ἀλυσιτελῆ τὴν χρόνιον ἐντὸς τοῦ ἄστεος κάθειρξιν καὶ ἀπευκταῖον δέ τι καινοποιήσουσαν, πλειόνως δ᾿ ὑπεῖξε ταῖς ἐπιπλήξεσι καίσαρος τοῦ Κορράδου.

Ἦν δὲ ὁ ἀνὴρ οὗτος τὸ μὲν γένος ᾿Ιταλιώτης, πατρὸς δ᾿ ἐξέφυ τοῦ τὴν χώραν τῆς Μόντης Φεράντης κατέχοντος. τοσοῦτον δ᾿ ἐπ᾿ ἀνδρείᾳ καὶ συνέσει διέφερεν, ὥστε οὐ παρὰ ῾Ρωμαίοις μόνον ἦν περιώνυμος καὶ μάλιστα τῷ βασιλεῖ Μανουὴλ ἐπιπόθητον ἄκουσμα ὡς φύσεως λαχὼν εὐκληρίαν καὶ διανοίας ὀξύτητα καὶ χειρῶν δραστηριότητα, ἀλλὰ καὶ παρὰ τοῖς ὁμογενέσιν αὐτῷ περικλέϊστος. οὗτός ἐστιν ὁ μεγίστοις φιλοδωρήμασι παρὰ τοῦ βασιλέως Μανουὴλ ἐπαρθεὶς καὶ ἀντάρας χεῖρα τῷ τῆς ᾿Αλαμανίας ῥηγὶ καὶ μάχῃ τὸν ἐπίσκοπον Μαγέντζης νενικηκώς, καγκελάριον τοῦ ῥηγὸς ὄντα, κατα τὴν ᾿Ιταλίαν ἐμβαλόντα μετὰ πλείστων δυνάμεων, συνειληφώς τε αὐτὸν καὶ δεσμοῖς περιβαλὼν καὶ οὐκ ἄλλως ἀπολύσειν ἰσχυριζόμενος, εἰ μὴ εἴη τοῦτο καὶ τῷ ῾Ρωμαίων βασιλεῖ προσταχθέν.

Τότε δὲ τοῦ βασιλέως ᾿Ισαακίου τὸν αὐτοῦ ὁμαίμονα Βονιφάτιον διὰ πρέσβεων μεταστελλομένου, ὡς κατὰ γάμον συναφθείη Θεοδώρᾳ τῇ αὐτοῦ | κασιγνήτῳ, ἐπεὶ νύμφην ἐκεῖνος ἡρμόσατο καὶ ᾄσας εἶχε προσεχῶς τὸν ὑμέναιον, οὗτος τὴν τοῦ βίου κοινωνὸν θανάτῳ ἀποβαλόμενος ὡς ἕρμαιον τοῖς πρέσβεσι κρίνεται καὶ τὸ πάρεργον τοῦ ἔργου μεῖζον κατὰ πολύ· ναὶ μὴν ὑποσχέσεσιν οἱ πρέσβεις μεγίσταις τὸν Κορράδον κουφίσαντες σὺν αὐτῷ ἐπανέζευξαν. καὶ ὡς εἱστίακε τοὺς γάμους ὁ βασι-

---

80 ἐπανέζευξαν: post diem 22 mens. Mart. a. 1187, cf. van Dieten, o. c., p. 74 sqq.

VA = a, PW, RMDF = b

53 κατένευσεν P Bekk **54** αὑτὸν W **55** βασιλεύσειν AP^{pc} καθυποβάλλων P **56** ἀναγαγὸν VAW τι: τινα P: τε Bekk **57** ἥπερ VAW **58** προσκέκληται P **59** κρίναν V^{ac} ἐντὸς: ἐν τοῖς DF **62** ᾿Ιταλιώτης: Λαμπάρδος P: Φράγγος B **63** Φεράντης om. VA: Φαράντης WKN: Φεράντος B **66** καὶ tert. om. M παρὰ om. W **69** Μαγέντζης ἐπίσκοπον A Sc Μαγνέντζης P καγκελλάριον Bekk **70** ὄντα τοῦ ῥηγὸς καὶ Bekk **71** τε: δὲ W λύσειν V: ἀπολύσει B **72** διισχυριζόμενος W τῷ: τῶν R: τῷ τῶν VAW **74** δὲ: τοίνυν AWN αὐτοῦ: ἑαυτοῦ R: τοῦ Κορράδου AWN **75** μεταστελλομένου etiam Sc **75—76** τῇ αὐτοῦ κασιγνήτῳ τῇ Θεοδώρᾳ V **76** ἐκεῖνος νύμφην V **78** μεῖζον τοῦ ἔργου W **80** εἱστιάκει N Bekk

53 ποιήσειν: γενέσθαι (γίνεσθαι R) P b Bekk **55** ἀλλὰ καὶ μᾶλλον ἀναθ. καθυπ. ἐκεῖνον P b Bekk **60** ἐπ᾿ αὐτῷ post καινοποιήσουσαν add. b Bekk **68** χεῖρας P b Bekk **75** μεταστειλαμένου RDF Bekk: ἀπέστειλε M λεύς, μετὰ μικρὸν δὲ ἡ τοῦ Βρανᾶ ἐπηκολούθησεν ἐπανάστασις, οὐ διέλιπε τὸ τοῦ βασιλέως διανιστῶν φρόνημα καὶ ταῖς χρηστοτέραις ἀναθάλπων ἐλπίσιν, ἀπεσβηκὸς ἤδη καὶ εἰς ἀγεννῆ καταβληθὲν χαλαρότητα, καὶ ὥσπερ ἀκόνη τῷ βασιλεῖ πρὸς τὸν τοῦ πολέμου ξυρὸν γινόμενος.

Ἀμέλει καὶ βασιλεὺς μὲν τοὺς γυμνόποδας καὶ χαμαιεύνας τῶν μοναχῶν ἠθροικὼς καὶ ὅσοι κίοσι τῆς γῆς ὑπερήρθησαν καθελὼν ἐδεῖτο δι' αὐτῶν τοῦ θεοῦ διασκεδασθῆναι τὸν ἐφεστῶτα ἐμφύλιον πόλεμον καὶ μὴ μεταβῆναι ἢ ἀποπτῆναι τὸ κράτος πρὸς ἕτερον, τῶν δὲ κατὰ πόλεμον ἠτημέλει παντάπασι τὰς ἐλπίδας ἁπάσας ἐπανάπτων τῇ παντευχίᾳ τοῦ Πνεύματος· ὁ δέ, ὡς ὁ καρκίνος τὴν πίνναν, πολλάκις τοῦτον διύπνιζε καὶ ὑπονύττων διανίστα, πείθων μὴ πάντα τοῖς ἀβίοις τούτοις θαρρεῖν, ἀλλ' ἐν τῷ μέρει καὶ στρατῶν ἐπιμέλεσθαι καὶ φάλαγξιν ὁπλομάχοις κατὰ τοῦ ἀντάρτου χρήσασθαι, ὅπως εἴη μὴ μόνον διὰ τῶν δεξιῶν ὅπλων, τῶν συνάρσεων δηλαδὴ τῶν | ἁγίων ἀνδρῶν, ἀλλὰ καὶ διὰ τῶν ἀριστερῶν τῶν κρατυνομένων ξίφει καὶ θώρακι τὸν ἀντικαθήμενον πολέμιον μετερχόμενος, μηδὲ χρημάτων ὑποτιθεὶς φείδεσθαι, ἀλλὰ καὶ ταῦτα διασπείρειν εἰς στρατευμάτων συναγωγήν, ἐπεὶ καὶ ἄνευ τῶν καθ' αἷμα τῷ βασιλεῖ συναπτομένων καὶ τῶν ὅσοι τὰς οἰκήσεις μὴ ἐκτὸς εἶχον τῆς πόλεως πάντες ὑπέκυψαν τῷ Βρανᾷ κἀκ τῶν ἔξωθεν οὐκ ἦν ἐπεισενέγκασθαι στρατιάν.

Οἷς δὴ τοῦ καίσαρος λόγοις καθάπερ ἐνδελεχῶς βουπλῆγι τιτρώμενος ἀνένηψέ τε τοῦ κάρου καὶ τῆς ἀκηδίας μεθήρμοστο καὶ ἤρξατο συλλέγειν συμμαχικόν. μὴ εὐπορεῖν δὲ λέγων χρυσίνων ἐκ τῶν βασιλικῶν ταμιείων ἀργύρεα σκεύη ἀνελόμενος παρακατέθετο ταῦτα ταῖς χρυσίου εὐπορούσαις μοναῖς καὶ τὰ ἐκεῖθεν πορισθέντα χρήματα εἰς συλλογὴν διέδωκε στρατιᾶς, κἂν ὕστερον μετὰ τὴν νίκην καὶ τὸ χρυσίον οὐκ ἀπέ-

---

84 ἀκόνη . . . πρὸς . . . ξυρόν: cf. p. 377, 54 **86** γυμνόποδας καὶ χαμαιεύνας: cf. Hom. Π 235; Nic. Or. 96, 19 **91** ὡς — πίνναν: cf. Athen. 89 d **94—95** διὰ — ἀριστερῶν: alludit ad 2 Co. 6, 7

VA = a, PW, RMDF = b

81 δὲ: δὲ καὶ VAW **82** ἀναστῶν R **84** πρὸς: περὶ A γενόμενος M **86** μὲν om. RMDF μοναστῶν AWN **87** καθελών: εἰς τὰ ἀρχεῖα συνηθροικὼς P Bekk **90** ἠμέλει P ἐπανάπτων: ἐπανεικὼς P: ἀνηρτηκὼς VAW τῇ παντευχίᾳ: τῆς βοηθείας V **91** ὁ alt. om. R **93** ἀλλ' — καὶ pr.: ἀλλὰ καὶ μέρος W στρατιωτῶν AW **1** κρατυναμένων A θώρακι: δόρατι R ἀντικαθιστάμενον V **2** διασπείρειν: διαφθείρειν Bekk **4** συνημμένων P τῶν om. PW **7** ἐνδελεχεῖ PW Bekk βουπλῆγι ἐνδελεχῶς V τιτρωσκόμενος VKB **8** τε om. V **10** ταμείων APW Sc **11** πορίσματα R **12** δέδωκε F ἀποδέδωκε ARMDF

90 πάσας P b Bekk **93—94** κατὰ τοῦ ἀντιστάτου κεχρῆσθαι P b Bekk **1** μετιών P b Bekk **6** στράτευμα P b Bekk **10—11** τοῖς χρυσίου (χρυσίων P) εὐποροῦσι τεμένεσι P b Bekk δωκε καὶ τὰ παρακατατεθέντα ἀνείλετο. ἀμέλει καὶ ἐν βραχεῖ καιρῷ ὁ μὲν Κορράδος ἀπὸ τῶν κατὰ πόλιν συναγήοχε Λατίνων ἱππότας περὶ τοὺς δὶς ἑκατὸν καὶ πεντήκοντα, πάντας ἀρειμανίους, καὶ πεζοὺς πεντακοσίους. οὐκ ὀλίγοι δ' ἐστρατολογήθησαν καὶ ἀπὸ Ἰσμαηλιτῶν καὶ τῶν ἑῴων Ἰβήρων, κατ' ἐμπορίαν στειλαμένων τὴν εἰς τὴν βασιλίδα τῶν πόλεων. τὸ δὲ περὶ τὸν βασιλέα ἐπίσημον τῷ γένει καὶ ἄλλως περὶ τὴν βασίλειον αὐλαίαν εἰλούμενον περὶ τοὺς χιλίους ἠρίθμητο. τοσαύτην δ' ὁ Κορράδος ὑπὲρ τοῦ κρατοῦντος εἰσηνέγκατο σπου|δήν, ὥστε θεόπεμπτον ἀγαθὸν κατὰ καιρὸν τῷ βασιλεῖ ἐπιστὰν τοῖς ἅπασιν ἐλογίζετο.

Ἔστι δ' ὅτε τῷ βασιλεῖ ἐσθίοντι ἐπιστὰς „εἴθε οὕτως" ὑποστενάξας εἴρηκε „τῶν κατὰ τὸν ἐφεστῶτα πόλεμον ἐπεμέλου, ὥσπερ γίνῃ τρεχέδειπνος, ἐπὶ τὰ προκείμενα βρώματα λιχνευόμενος καὶ ὅλην τὴν φροντίδα τοῖς παρακενουμένοις διαχαλῶν δαιτρεύμασιν". ὁ δὲ ἐρυθριάσας ἐπὶ τῷ ῥήματι τούτῳ καὶ πυρωπότερος φανεὶς ἑαυτοῦ καὶ μειδιάσας βεβιασμένον ἐπελάβετο τῆς χλανίδος τοῦ καίσαρος καὶ διασεσοβηκὼς εἶπεν ὡς „κατὰ καιρόν, ὦ οὗτος, ἑστιασόμεθά τε καὶ μαχεσόμεθα".

Ἐγένοντο δὲ καὶ διοσημίαι τηνικαῦτα· ἡμέρας γὰρ ἀστέρες ἐφάνησαν καὶ ὁ ἀὴρ ταραχώδης ὤφθη καὶ περὶ τὸν ἥλιον πάθη τινὰ συμβεβήκασιν, ἅ φασιν ἅλωνας, ὡς μηδὲ τοῦτον καθαρὸν καὶ ἀθόλωτον, ἀλλ' ὠχρότερον ἀποδισκεύειν τὸ φῶς.

Τοσαύτην δ', ὡς ἐνεδίδου τὰ πράγματα, συνηθροικὼς ὁ βασιλεὺς στρατιὰν ἔγνω μὴ ἀναδύεσθαι καὶ μέλλειν εἰσέτι καθήμενος ὑπωρόφιος, ἀλλ' ἐν τῷ μέρει καὶ αὐτὸς ξιφήρης ὀφθῆναι τῷ ἀποστάτῃ. στὰς τοίνυν θωρακοφόρος εἴσω τοῦ περιβόλου τῆς πόλεως, ὃν ὁ βασιλεὺς ἀνήγειρε Μανουὴλ ἔρυμα τῶν ἐν Βλαχέρναις ἀρχείων, παρεθάρρυνε λόγοις τὸ συγγενὲς καὶ τὸ παρεστὼς ἐγγύθεν ὁπλιτικὸν τοιάδε παρακελευόμενος·

29—32 ἐγένοντο — φῶς: his annis et regionibus talis eclipsis observata non est nisi die 4 mens. Sept. a. 1187, cf. van Dieten, o. c., p. 77

---

16 Ἰσμαηλῖται: i. q. Ἀγαρηνοί cf. p. 27, 8 **26** πυρρωπότερος — ἑαυτοῦ: cf. p. 452, 16

VA = a, PW, RMDF = b

13 παρακαταθέντα AW: παρατεθέντα P: παρακατεθέντα RMD[ac]F: κατατεθέντα N **14** τῶν ἐν τῇ πόλει AW Sc: τῶν κατὰ τὴν πόλιν Bekk Λατίνων: Ἰταλῶν V: Φράγγων B ἱππότας om. V: καβαλλαρίους B **15** τοὺς δὶς: τὰς M καὶ pr. om. MKN πάντας: καὶ πάντας W **16** τῶν Ἰσμ. V **17** ἐς Bekk τὴν alt. om. V **18** περὶ alt.: πρὸς M **19** αὐλὴν Bekk τοὺς om. P δισχιλίους A ἠρίθμηντο D **20** εἰσενέγκατο R **22** ἐπιστενάξας V: στενάξας B **24** ἐπὶ — καὶ suppl. P[mg] **25** δαιτρεύμασιν: ἑστιάμασιν P **27** ἐπελάβετο: ἁψάμενος τε P χλαμύδος WM **28** μαχησόμεθα P **29** καὶ om. V θεοσημεῖαι M[pc]: διοσημεῖαι F: δυοσημεῖα KN: σημεῖα B **33** ὡς ἂν ἐδίδου V: ὧς ἀν ἐδίδου M: ὡς ἐνδίδου R **34** καὶ: μηδὲ P: τὸ W **37** καὶ ante ἔρυμα add. M **38** περιεστὼς P ἐγγύθεν: ἐκεῖθεν R

22 ἐπιστὰς: ἐποφθεὶς b Bekk **28** ἑστιαθησόμεθα b Bekk

,,Κρεῖσσόν ἐστι δή|πουθεν καὶ παρά γε θεῷ ἀνεπέγκλητον τοῦ ἐννόμως κρατοῦντος προκινδυνεύειν τοὺς ὑπ' ἀρχὴν ἢ γοῦν προσρέπειν ἀνδρὶ νεωτεριστῇ καὶ κατ' ἀλλήλων ἐκπολεμώσαντι τὸ ὁμόγλωττον. εἰ δέ τινες εἶεν μετακυβευομένην ἔχοντες τὴν γνώμην καὶ ἀμφιτάλαντον ἢ προσκεχηνυῖαν ὅλην τῷ ἀποστάτῃ καὶ δυσερώτως αὐτοῦ ἐξέχονται, καὶ ὃν χθὲς ὡς δεσπότην δεσμόχειρες ἐθεράπευον, τοῦτον ἀθετοῦσι σήμερον, αἴτησιν ταύτην αὐτοὺς αἰτοῦμαι δικαιοτάτην, ἐπ' οἴκου ἱζάνειν μηδενὶ ἐπαρήγοντας, ἕως ἂν πολέμῳ διακριθείη τὰ πράγματα καὶ τῷ νικῶντι πρὸς τοῖς ἄλλοις ὑποπεσοῦνται, ἢ μεταχωρεῖν ἐς τὸν ἀποστάτην ἐξ αὐτῆς καὶ πρὸ τῆσδε τῆς συμπλοκῆς κἀκείνου προπολεμεῖν τε καὶ προκινδυνεύειν, ὅπως καὶ χάριν εἴσεται πλείονα τροπαίοις ἀναδηθείς. ὡς τό γε ἐμοὶ μὲν προσκολλᾶσθαι καὶ χείλεσι τιμᾶν, ἑτέρῳ δὲ προσνενευκέναι καρδίᾳ κἀκείνῳ ἀπονέμειν ἅπαν τὸ πρόθυμον, οὐκ οἶδα εἴ τις καὶ ἐπαινέσεται ἢ ὅπως ζυγοστατηθείη παρὰ θεῷ, ὃς τὰς ἐπὶ στήθους ἐννοίας ἐξετάζει φιλοδικαίως. τὸ γὰρ ἔτι τούτων χεῖρον καὶ ἀναιδέστατον οὐδὲ βαλέσθαι προάγομαι κατὰ νοῦν, τουτέστι τὸν τοῦ πολέμου καιρὸν αὐτομολίας ἐργάζεσθαι πρὸς τὸν τύραννον καὶ κακὸν καὶ τοῖς ἐκλεκτοῖς ἀνδράσι προκεῖσθαι παράδειγμα εἰς τὸ συμμεθίστασθαί σφισι καὶ προσαπαίρειν εἰς ἕτερον, ὃ κἀπὶ τοῖς ἀγεληδὸν πετομένοις πτηνοῖς ὁρῶμεν γινόμενον· ἑνὸς γὰρ ἀναπτάντος καὶ τὰ λοιπὰ ῥοιζηδὸν συνανίπτανται καὶ τῇ τοῦ ἑτέρου καταπαύσει συστέλλουσιν ἅπαντα τὸ πτερόν.'' |

Ταῦτα δ' ἐφθέγγετο δι' ὑποψίας ἔχων τὸν πρὸς πατρὸς θεῖον τὸν σεβαστοκράτορα Ἰωάννην ὡς πάλαι τε τῷ Βρανᾷ συνήθη καὶ ὀλίγῳ πρότερον τῆς ἀποστασίας γάμον υἱοῦ θύσαντα μετὰ θυγατρὸς τοῦ Βρανᾶ. ἐφ' οἷς καὶ ὅσοι μὲν ἐπλήρουν τὸν τότε σύλλογον οὐ μικρῶς ἐπαθήναντο, ὁ δὲ σεβαστοκράτωρ ἅπαν ἑαυτοῦ μεθιστῶν ὕποπτον παλαμναιοτάταις ἀραῖς τοὺς κατ' οἶκον ἅπαντας ἑαυτοῦ καὶ ἑαυτὸν δὴ καθυπέβαλλεν, εἰ ὅλως ἐγνώκει ποτὲ τῷ Βρανᾷ προστεθήσεσθαι· μηδὲ γὰρ οὕτως εἶναι τοῦ καθήκοντος ἀδαὴς ἢ τὸν νοῦν ὑπὸ τοῦ γήρως ἀπολωλεκέναι καὶ ἠλιθιάζειν παντάπασιν, ὡς ἀδελφόπαιδος βασιλέως καὶ ἀπὸ δόξης εἰς δόξαν μετεωρίσαντος τὸν ὕπαιθρον καὶ ἔπηλυν ἀνταλλάξασθαι δι' ἀγχιστείαν παιδός, καὶ ὃν οὐκ ἴσησιν ἀκριβῶς, εἰ διανοήσαιτο δήπουθεν ἐπ' αὐτῷ καὶ δράσειε τὰ χρηστότερα.

---

50 χείλεσι — καρδίᾳ: cf. Is. 29, 13; Mat. 15, 8 **52** ὃς — ἐξετάζει: cf. Hb. 4, 12

VA = a, PW, RMDF = b

39 παρ' αὐτῷ τῷ θεῷ VB **43** ὅλως V **44** δεσμώτην F^{ac} με post. ἀθετοῦσί add. W **46** δικαιωθείη M **48** τε om. V κινδυνεύειν P **51** ἅπαν om. V: ἅπασαν (. . . προθυμίαν) B **52** ἢ — φιλοδικαίως om. R **55** καὶ alt. om. Bekk. **56** ἐς P συναπαίρειν V **57** πτηνοῖς suppl. P^{mg}: om. R **59** καταπτάσει V **61** συνήφθη A **62** τῆς θυγατρὸς M **63** τότε: τε R **67** ἀπολωλέναι P **69** ἀνταλλάξεσθαι R

50 τῇ καρδίᾳ b Bekk **66** προσθήσεσθαι b Bekk

Ἐπεὶ δ᾽ ἐκάλει καιρὸς πρὸς παράταξιν καὶ ὁ ἀποστάτης ἐκτάσσειν τὰς οἰκείας δυνάμεις ἠγγέλλετο, ἀνακλίνονται μὲν αἱ πύλαι τῆς πόλεως, ἐκχέονται δὲ τὰ στρατεύματα. καὶ τὸ μὲν εὐώνυμον κέρας ὁ πρωτοστράτωρ ἐπεῖχε Μανουὴλ ὁ Καμύτζης, ὃς οὐκ ὀλίγα τῷ βασιλεῖ ἐχορήγησε χρήματα κατὰ τὴν τότε γενομένην τῶν ὁπλιτῶν ξενολόγησιν· ἔχθιστος γὰρ ὢν τῷ Βρανᾷ, μηδ᾽ ἀγαθαῖς ἐννοίαις βαλλόμενος, εἴπερ εἴη ἐπικρατέστερος ὁ Βρανᾶς, πᾶσαν τὴν οὐσίαν βασιλεῖ ἀνε|κάλυψε καὶ ταύτης ὁπόσον βούλοιτο μέρος ἀποδάσασθαι συγκεχώρηκε, κρεῖσσον οἰηθεὶς ὑπὲρ βασιλέως φιλοῦντος καὶ προσγενοῦς καταπροέσθαι τὰ ὄντα ξύμπαντα καὶ πλείω νικῶντος μετ᾽ εὐχαριστίας ἀπολήψεσθαι, ἢ τὰ οἴκοι ἀλλοτρίῳ, καὶ τούτῳ ἀσπόνδῳ τε καὶ ἀγνώμονι, ταμιεύειν εἰς κατάγελων οἰκεῖον κἀκείνου ῥᾳστώνην ἄφθονον. τὸ δὲ δεξιὸν αὐτὸς διεῖπεν ὁ βασιλεὺς Ἰσαάκιος, ἐν ᾧ συνείλεκτο ἅπαν εἴ τι κράτιστον καὶ ὅπλοις ἀριπρεπέστατον, τὸ δὲ μέσον ὁ Κορράδος καῖσαρ μετὰ τῶν ἐπὶ μισθῷ ἀγηγερμένων Λατίνων ἱππέων τε καὶ πεζῶν.

Τοῦ δ᾽ ἀντιταξαμένου στρατοπέδου τὸ μὲν μέσον τῆς φάλαγγος, ἔνθα καὶ τὸ συγγενὲς καὶ φίλιον ἥλιστο τῷ Βρανᾷ καὶ εἴ τι τῶν συνακολουθησάντων ἐπίσημον τῷ γένει καὶ εὔθαρσές, αὐτὸς ἐπέχων ἦν ὁ Βρανᾶς, τὰ δ᾽ ἑκατέρωθεν ἱστάμενα τάγματα ἄλλοι τε στρατηγίας εἰδήμονες καὶ ὁ Σκύθης Ἐλπούμης.

Μήπω μὲν οὖν μεσούσης ἡμέρας ἀκροβολισμοὶ ἑκατέρωθεν καὶ ἐμπηδήσεις κατ᾽ ἀλλήλων ἐγίνοντο παρ᾽ ἀμφοτέρων τῶν στρατευμάτων καὶ πεζικαὶ προβεβλημέναι δυνάμεις μάχης ἐξ ἀντιστάσεως ἥπτοντο. ἐπεὶ δ᾽ ὁ ἥλιος κατὰ κορυφὴν ἔφλεγε, τότε δὴ τὰ σημεῖα τῆς μάχης αἴρεται καὶ πρῶτος ὁ Κορράδος διακινεῖται, φοινικοβαφὲς μετὰ τῶν αὐτῷ συνόντων τὸ τῶν ὅπλων ἔχων ἐπίσημον. αὐτὸς μέντοι ἄνευ θυρεοῦ τηνικαῦτα διηγωνίζετο, | ἐκ δὲ λίνου πεποιημένον ὕφασμα οἴνῳ αὐστηρῷ ἱκανῶς ἡλισμένῳ διάβροχον πολλάκις περιπτυχθὲν δίκην θώρακος ἐνεδέδυτο. ἐς τοσοῦτον δ᾽ ἦν ἀντιτυπὲς ἁλσὶ καὶ οἴνῳ συμπιληθέν, ὡς καὶ βέλους εἶναι παντὸς στεγανώτερον· ἠριθμοῦντο δ᾽ ἐς ὀκτωκαίδεκα καὶ πλείω τὰ

VA = a, PW, RMDF = b

72—73 τὰς οἰκείας δυνάμεις ἐκτάσσειν P **75** Καμμύτζης constanter RMDU Sc **76** κατὰ: καὶ V γεγενημένην V τῶν ὁπλιτῶν: τοῦ στρατεύματος P **78** τῶ βασιλεῖ VWB **80** τὰ ὄντα καταπροέσθαι V τὰ: τὸν A **81** ἢ om. M **84** συνείλεκται A: συνείλετο R: συνείλκετο M ἅπαν — τι i. r. 4 litt. P **85** ἀγηγεραμένων W: ἐγηγερμένων RD: ἀγηγα.μένων M **89** εὐθαρσέστατον P **90** στρατηγίας εἰδήμονες: τοῦ στρατηγεῖν ἐπήβολοι P **91** Ἐλπουμῆς V Epit. B Sc: Ἐλπουμής APB Bekk: Ἐλπούμης W: Ἐλπαγκῆς R: Ἑλπουμής M[pc]: Ἐλπαμής M[ac]DF **92** μέσης M ἑκατέρωθεν om. P **93** στρατῶν P **95** δὴ: δὲ R αἴρεται: ἔρρεπε V: διακινεῖται B **1—2** Λατίνων post συνόντων add. P Bekk **2** θυρέου AW **4** ἐνεδύετο V MDF Bekk **6** εἰς F Bekk

81 ὕστερον post ἀπολήψεσθαι add. b Bekk **84** εἴ τι om. b **89** ἐκείνῳ post συνακολουθησάντων add. P b Bekk ἐπεῖχε Βρανᾶς b Bekk τοῦ ὑφάσματος συμπτύγματα. ποιήσας δὲ τὸ μεταίχμιον βραχύτερον αὖθις ἵσταται, καὶ ἐπεὶ οἱ μὲν πεζοὶ τὰς λόγχας ὡς πρὸς συμπλοκὴν ἀνέστησαν πυργηδὸν παραταξάμενοι (ἀσπὶς γὰρ ἀσπίδα καὶ κόρυς κόρυθα ἤρειδε καὶ οἱ θυρεοὶ ἀλλήλοις συνέμυον), οἱ δὲ ἱππεῖς τὰ δόρατα ἠγκωνίσαντο καὶ τὰ τῶν ποδῶν κέντρα τοῖς ἵπποις ἐνέπειραν, ἤδη δὲ καὶ τὸ τοῦ βασιλέως τάγμα ἐπηκολούθει, οὐδὲ τὴν πρώτην ἔμπτωσιν τοῦ περὶ τὸν Κορράδον ὁπλιτεύοντος πεζικοῦ, οὐδὲ τὴν ῥόθιον ἐπαγωγὴν τῶν ἱππέων οἱ κατὰ τὸν Βρανᾶν ὑπενεγκόντες τὰ νῶτα μεταβαλόντες διασκίδνανται· ἐπὶ δὲ τούτοις καὶ τὰ λοιπὰ διαθροηθέντα τάγματα τρέπονται πρὸς φυγήν.

Αὐτὸς δ' ὁ Βρανᾶς γεγωνὸς κεκραγὼς καὶ διάτορον „στῆτε Ῥωμαῖοι· πλείους γὰρ πρὸς ἐλάττονας μαχεσόμεθα καὶ πρῶτος ἔγωγε κατὰ τῶν ἐνωπίων ἐμβαλῶ πολεμίων" καὶ ἅμα δρῶν ὃ ὑπετίθετο παλίνστροφον μὲν οὐδένα ποιήσειν ἴσχυσε, κατὰ δὲ τοῦ Κορράδου ἄτερ κόρυθος μαχομένου τὸ δόρυ ἴθυνεν, οὐ καιρίως δ' ἔβαλεν, ἀλλὰ τὸ μὲν τὸν τοῦ καίσαρος ὦμον παραξέσαν ἅλιον τῶν | ἐκείνου χειρῶν ἐξερρύη, ὁ δὲ ἀμφοτέραις τοῦ οἰκείου ξυστοῦ λαβόμενος ἐμπήγνυσι τοῦτο τῇ παρειᾷ τοῦ Βρανᾶ καὶ σκοτοδίνης πίμπλησι καὶ κατακρημνίζει τοῦ ἵππου Βρανᾶν. τὸ δ' ἀπὸ τοῦδε περιστάντες αὐτὸν οἱ δορυφόροι τοῦ καίσαρος καταδορατίζουσι. φασὶ δὲ ὡς ἐν τῷ πρώτως ὑπὸ Κορράδου τρωθῆναι τὴν τελευτὴν πτοηθεὶς ἱκετηρίασε Βρανᾶς μὴ τεθνάναι, τὸν δὲ Κορράδον ἐκείνῳ μὴ χρῆναι δεδιέναι ἀποκρίνασθαι· οὐδὲ γὰρ ἀηδές τι πείσεται ἕτερον ἢ τὴν κεφαλὴν μόνον ἀποκοπήσεται. ὃ καὶ παραχρῆμα πέπονθεν.

Ἀκόσμου δὲ τῆς φυγῆς γενομένης, ἕκαστος τὸν καθ' αὐτὸν διώκων ἀνῄρει. τοῦτο δὲ ἀρχομένης συμβὰν τῆς τροπῆς οὐ περαιτέρω προβέβηκε· καὶ Ῥωμαῖοι γὰρ ὁμογενοῦς ἐφείδοντο αἵματος, καὶ αὐτοὶ δὲ οἱ διωκόμενοι τὸν περὶ ψυχῆς τρέχοντες μεθ' ἁπάσης ὁρμῆς ἀπεδίδρασκον. ἐσκύλευται οὖν ὁ χάραξ ὑπὸ τῶν νικώντων καὶ εἰς διαρπαγὴν ἐκκείμενος

9—10 ἀσπὶς — ἤρειδε: cf. Hom. N 131; Π 215 **22** ἅλιον — ἐξερρύη: cf. Hom. N 505; Π 615 **33—34** τὸν — τρέχοντες: cf. p. 8, 25

VA = a, PW, RMDF = b

7 πτύγματα V: συμπύγματα RM **7—8** βραχύ, οὕτως ἔκτοτε καὶ (καὶ om. W) οἱ μὲν πεζοὶ κτλ. AW **8** ἵστατο V: ἱστάθη B **9** ταξάμενοι P **11** ἤδη: ἐπεὶ (cf. lin. 7—8) AW **13** περὶ: κατὰ et **14** κατὰ: περὶ P **13** παρὰ A **14** περὶ Bekk ἐνεγκόντες P: ἐπενεγκόντες DF **17** γεγωνότερον PW: γεγωνὸν Bekk **18** ἐλάσσονας V: ἔλαττον R μαχησόμεθα R πρώτως M **18—19** κατὰ τῶν ἐναντίων κραδανῶ τὸ δόρυ P **20** ποιήσειν ἴσχυσε: εἰργάσατο P μαχόμενος codd. (Sc) exc. V (cf. ἰδὼν δὲ τὸν Κοράδον μαχόμενον χωρὶς ἁρμάτων ὥρμησε κατ' αὐτοῦ B) **21** τὸ ξυστὸν ἰθύνας οὐ καιρίως ἔβαλεν P **22** ἅλιον om. P ἐξερρύη χειρῶν V δ' P Bekk **23** ξυστοῦ: δόρατος P **24** ἐμπίπλησι Bekk **27** φοβηθεὶς WB μὴ: τοῦ μὴ Bekk **28** οὐδὲ: οὐ DF ἕτερον suppl. P^{mg} **29** μόνον τὴν κεφαλὴν V **32** δὲ om. V **34** ἐκκείμενος: νικώμενος A

24 ἐκεῖνον post σκοτοδίνης add. b Bekk

ἣν οὐ μόνον τοῖς τοῦ βασιλέως στρατεύμασιν, ἀλλὰ καὶ τοῖς ἐκχεομένοις ἀστυπολίταις.

Ἀναιρεῖται δὲ κατὰ τοῦτον τὸν πόλεμον καὶ Κωνσταντῖνος ὁ Στηθάτος περὶ τὸν βουβῶνα λόγχῃ τρωθείς, ἀνὴρ ἀγαθὸς καὶ μείλιχος, ὃς διέπων τὴν ἐπαρχίαν τῆς Ἀγχιάλου οὐχ ἑκόντως ἐπηκολούθησε τῷ Βρανᾷ, ἀλλ' οὔτε τὸν προσλαβόμενον ὤνησέ τι, καθὼς καὶ προσεδοκᾶτο, Βρανᾶν καὶ ἑαυτὸν οὐκ ἐξέσωσε τοῦ μαχαίρᾳ πεσεῖν, τῶν τότε ἀστρολόγων ὁ δοκιμώτατος ὤν· ἀλλά τι τὴν ἐκείνου γνῶσιν διαδραμόν, ὡς ἔοικε, λεπτεπίλεπτον | ἡσυχῇ μένειν πέπεικεν ἐπὶ τῆς σκηνῆς καὶ ἐπιὸν οὐκ ἔδεισε τὸ πολέμιον. ἐλέγετο δὲ τῷ Βρανᾷ φοιβάζειν προρρητικῶς, ἐκ τῶν τῆς τέχνης ἐκβάσεων τεκμαιρόμενος, ὡς κατὰ τὴν ἡμέραν ἐκείνην τῆς πόλεως ἐντὸς εἰσελεύσεται καὶ θριαμβεύσει περιφανῶς. τοῦτο δὲ εἰ μὲν ἀληθῶς αὐτὸς εἴρηκεν ὁ Στηθάτος, ἀσφαλῶς οὐκ ἴσημι, ὅτι μηδ' ἀψευδῶς τὰ πάντα ἡ φήμη μυθεύεται, ὁπόσα περιλάλητα τιθέναι φιλεῖ. ὅτι δέ, εἰ δῶμεν εἰπεῖν ὁπόσα ἡ φήμη ἐδίδαξεν, ἐπὶ κενῆς ἐτοξεύθησαν ὑπὸ τοῦ προφάντορος Στηθάτου, αὐτά, φησί, τὰ πράγματα ἔφαναν, εἰ μή τις τῇ οὐρανοσκόπῳ ἐπιστήμῃ προσκείμενος μὴ παντάπασι διεψεῦσθαι τουτονὶ διατείνοιτο καὶ τὰ τῆς τέχνης μὴ καθόλου διαπεσεῖν, εἰς τὴν τοῦ Βρανᾶ κεφαλὴν μετάγων τὰ προρρηθέντα καὶ τὸν ἕτερον αὐτοῦ τῶν ποδῶν, ἅπερ τῆς ἡμέρας ἐκείνης διὰ τῆς ἀγορᾶς ἐμπεπαρμένα κοντοῖς ἐνεπόμπευσαν, σὺν αὐτῇ δὲ καὶ κεφαλήν τινος ἀγοραίου, Ποιητοῦ λεγομένου, ἣν οὐδεμία πολεμία χεὶρ ἀφείλετο, αὐτὸς δὲ βασιλεὺς μετὰ τὴν λαμπρὰν ἐκείνην νίκην καὶ τὴν τῶν ἐναντίων καταπολέμησιν ἀποτμηθῆναι προσέταξεν, οὐκ οἶδα ἐφ' ὅτῳ συνοίσοντι ἢ κατορθώματι.

Καὶ τοιοῦτο μὲν ὁ τότε ἀγὼν εἴληφε πέρας, αὐτὸς δὲ ὁ βασιλεὺς τραπόμενος εἰς ἑστίασιν πᾶσαν τῶν ἀρχείων ἀνῆκε πύλην αὔλειον καὶ παράθυρον προσκήνιον, ὥστε τοὺς | βουλομένους εἰσιέναι καὶ θεᾶσθαι αὐτὸν τροπαιοῦχον. ἐν δὲ τῷ ἅπτεσθαι τῶν σιτανείων χανδὸν καὶ τὰς χεῖρας κινεῖν εἰς τὸν τῶν προκειμένων ἐδεστῶν πόλεμον, ἐπεισόδιόν τι οὐκ εὐπρεπὲς καὶ ἄθυρμα ἐπιδείπνιον τὴν τοῦ Βρανᾶ παρεισαχθῆναι κεκέλευκε

VA = a, PW, RMDF = b

36 πολίταις R Sc **37** Στιθᾶτος constanter M **38** ὃς: ὃς καὶ V **42** ὤν: ἦν W τι: τι καὶ V **44** φοιβάσειν AWRMDF: φοιβάσαι P Bekk **45** τεκμηράμενος P **47** (ἀλη)θῶς αὐτὸς i. r. 3 litt. P **48** μυθεύεται: μυθίζεται P: διέξεισιν AW **49** εἰπεῖν om. DF Bekk **49—50** ὑπὸ τ. πρ. Στ. ante εἰκ. ἐξετοξ. Bekk **50** φασι PMDF Bekk ἔφηναν Bekk **51** προσκείμενος: χρώμενος V **53** ἐπάγων W ἕτερον: ὕστερον R **54** ἀγορᾶς om. R κοντοῖς: δόρασιν P **55** διεπόμπευσαν Bekk αὐτοῖς VK δὲ om. M κεφαλήν VAKN: κεφαλή rel. Bekk **56** δ' ὁ βασιλεὺς P **58** προσέταξεν om. R οἶδ' F Bekk ὁποιωδὴ post ἢ add. AP, ubi ἢ ὁποιωδὴ καθορθώματι suppl. i. mg., W **59** τοιοῦτον VRB δ' PK Bekk **62** τῶν σιτανείων om. R σιτίων P Bekk χανδὸν om. APW **63** εἰς τῶν πρ. ἐδ. τὸν πόλεμον W **64** ἐπεισαχθῆναι V: εἰσάξωσι B

37 καὶ om. b **47** αὐτὸς ἀληθῶς b Bekk **49** εἰκαίως ἐξετοξεύθησαν P b Bekk **54** ἐμπεπερονημένα b Bekk κεφαλήν. ἡ δὲ ὡς εἰσῆκτο, ἐπ' ἐδάφους ἔρριπτο, σεσηρυῖα καὶ μεμυκυῖα τὼ ὀφθαλμώ, ὧδέ τε κἀκεῖσε δίκην σφαίρας διαγομένη τε καὶ μεταγομένη διηκοντίζετο. ὕστερον δὲ καὶ τῇ αὐτοῦ γαμετῇ ἔνδον τῶν ἀνακτόρων καθειργμένῃ παρεισφέρεται καὶ ἀνέρεται αὕτη, εἰ σύνοιδεν, ὅτου ἐστὶν ἡ κεφαλή. ἡ δὲ τοὺς ὀφθαλμοὺς ἐπιβαλοῦσα τῷ οἰκτρῷ ἐκείνῳ καὶ ἀέλπτῳ θεάματι „οἶδα" φησι „καὶ ταλανίζω ἐμαυτήν." ἦν γὰρ σώφρων ἡ γυνὴ καὶ τὴν ἐπιπρέπουσαν τῷ θήλει σιωπὴν τιθεμένη περὶ πολλοῦ, οὗ χάριν καὶ καλὴν ἐν γυναιξὶ κατωνόμαζεν ὁ πρὸς μητρὸς αὐτῇ θεῖος ὁ αὐτοκράτωρ Μανουὴλ καὶ οἷόν τι τῶν ἐκ γένους ὀσφράδιον.

Τὰ δέ γε πρὸς ἀποστασίαν τῷ Βρανᾷ συναράμενα στρατεύματα, ὅλους ἀνέντα χαλινούς, τὰς ὁπουδήποτε φερούσας ἐτράπετο. καὶ οἱ μὲν ὄπισθεν ἑστῶτες τῶν προμάχων κατὰ τὸν καιρὸν τῆς συμπλοκῆς, ὡς ᾔσθοντο τῆς τροπῆς, ἁψάμενοι τῆς φυγῆς πρότεροι τοὺς κατόπιν ἐλαύνοντας ὡς πολεμίους ὑφορώμενοι τὸν δρόμον, ὡς μὴ συλληφθεῖεν, ἐπέτεινον· οἱ δ' ἐφεπόμενοι τὸ σύντονον εἰς φυγὴν τῶν προαγόντων ὡς πρᾶξιν ζηλοῦντες σώζουσαν καὶ τὴν τῶν πολεμίων ἐπιδίωξιν δεδιττόμενοι ἐκεῖνα ηὔχοντο ἄντικρυς, τοὺς μὲν ἵππους | μὴ ποσὶ κόπτειν τὸ δάπεδον, ἀλλ' ἵπτασθαι κατὰ Πήγασον, αὐτοὺς δὲ ἀορασίᾳ καλύπτεσθαι, ὡς εἰ τὴν κυνέην Ἅιδου ὑπέδυσαν. ἣ πολλὴ τότε ἦν αὐτοῖς ἡ δείλανσις καὶ πᾶν ἐποίει καὶ πράττειν καὶ εὔχεσθαι. ἀλλὰ καὶ περὶ τὴν γέφυραν πλεῖστοι ἂν ἀπολισθόντες ὀλώλασιν, ἥτις κατὰ τὸ Δαφνούτιον περιάγεται, εἰ μή τις αὐτοὺς ἐπεπείκει καθυφεῖναι τῆς ὀξείας φυγῆς κατὰ κόσμον τε καὶ μὴ ἐπισφαλῶς διὰ τῆς ἁψῖδος ἰέναι, εἰς οὐρανὸν ἀνατείνας τὰς χεῖρας καὶ τὸ θεῖον ἐπομοσάμενος μηδένα κατ' αὐτῶν ἐπιέναι πολέμιον ὄπισθεν, ἀλλὰ πάλαι μεταστραφέντας παύσασθαι τῆς καταδιώξεως.

Ὅσοι μὲν οὖν τὴν τύχην ἦσαν φλαῦροι καὶ περιπέζιοι, οὗτοι ἀνεπαχθῶς καὶ ἀνεπεγκλήτως ἀφίκοντο οἴκαδε τὴν οἰκείαν παράβυστον

---

82 κατὰ Πήγασον: cf. Hes. Scutum 222 **83** κυνέην Ἅιδου: cf. Zenob. 1, 41; Karathanasis 110; Nic. Or. 38, 15

VA = a, PW, RMDF = b

65 ἀπ' M **66** διαγομένη: περιαγομένη V **69—70** ἐκείνῳ τῷ πικρῷ καὶ οἰκτρῷ καὶ ἀέλπτῳ θεάματι ἐπιβαλοῦσα Bekk **70** γὰρ: γὰρ καὶ V ἡ om. W **71** ἐπιτρέπουσαν W **72** μητρὸς: πατρὸς P αὐτῆς R[ac?]F Bekk **73** ἐκ τοῦ γένους cum Wb scr. AB **75** τοὺς χαλινούς V χαλινούς: ῥυτῆρας P **76** Ῥωμαῖοι post συμπλοκῆς add. AW ὡς om. M **79** τὸ σύντονον τῆς φυγῆς τῶν προσχόντων V **80** δεδιότες V ἐκεῖνα om. M **82** καλυφθῆναι AW: κατακαλύπτεσθαι M **83** ὑπέδυσαν om. F αὐτοῖς ἦν A δειλάνδρησις V: δειλίασις R **85** ἀπολισθαίνοντες V: ἀπολισθέντες RD[pc] ἀπολώλασιν V: ὀλώλεισαν Bekk (Δαφνού)τ(ιον) P[ir]: Δαφνούσιον R: Δαφνόντιον M **86** καθυφῆναι P τι post καθυφεῖναί add. V κατὰ — μὴ: καὶ κατὰ κόσμον μηδ' P **87—88** εἰς — ὄπισθεν: πολέμιον ὄπισθεν μηδένα ἐπιέναι εἰς οὐρανὸν ἀνατείνας τὰς χεῖρας καὶ τὸ θεῖον ἐπομοσάμενος W **87** γὰρ post οὐρανὸν add. V τὰς χεῖρας ἀνατείνας M **90** τὴν τύχην (cancell.) ἦσαν τὴν τύχην W φαῦλοι AW

73 ἐκ τοῦ γένους W b Bekk

σώζουσαν ἔχοντες καὶ μηδένα δεδιότες τὸν ἐπὶ τῷ κολάσαι ἀναδιφήσοντα· οἱ δὲ τὸ γένος λαμπροὶ καὶ ἐπίσημοι δι' ἡγεμονίαν ἢ ἀρχηγίαν, οὗτοι ἐς ἄθρουν ἁλισθέντες σύνταγμα διαπρεσβεύονται βασιλεῖ, συγγνώμην αἰτοῦντες, οἷς ἀπέστησαν ἀπ' αὐτοῦ καὶ τῷ ἀποστάτῃ ἐπηκολούθησαν, καὶ παρὰ βασιλέως λαμβάνοντες τὸ ἀνέγκλητον ἀγαθοὶ καὶ πιστοὶ θεράποντες ἐς τὸ μέλλον ἔσεσθαι συνετίθεντο κἀκ τῶν ἔργων αὐτῶν ὑποδεῖξαι τὴν μετάνοιαν ἐφ' οἷς ἐκ παρανοίας πεπαρῳνήκασι κατὰ τοῦ κυρίου βασιλέως ἐφοπλισάμενοι. εἰ δὲ βασιλεύς, φησί, τὸ τῆς ψυχῆς θυμούμενον πλουτῶν ἀμε|τάθετον οὐκ αὐτῆμαρ καταπέψει τὴν ὀργιλότητα ἢ γοῦν ἐσέπειτα στήσει τὰ ἡμαρτημένα σφίσιν αὐτοῖς, ὃν ὑπέτυφε κότον εἰς σπινθῆρας ἀναρριπίζων θυμοῦ, καὶ αὐτοὶ φευξοῦνται ἀπὸ προσώπου τοῦ βασιλέως καὶ τὸν παρὰ τοῖς φιλεχθροῦσιν ἔθνεσι Ῥωμαίοις ζητήσουσιν ἔσχατον σταθμὸν κἀκεῖνα Ῥωμαίους ἐργάσονται, ὅσα οἷς προσερρύησαν δρᾶν ὤφειλον, ἐπεὶ μηδὲ καινόν, εἰ διφῴη τις τὸν ἀντίπαλον καὶ κολακεύει τουτονὶ ὡς φίλιον τὸν οἰκεῖον εὑρίσκων πολέμιον.

Ταῦτα οἱ μὲν πρέσβεις ὑπετονθόρυσαν. βασιλεὺς δὲ πᾶσιν ἀμνηστίαν ἐβράβευσε καὶ τοὺς προσιόντας εὐμενῶς προσδεχόμενος παρῄνει μετάμελον ἐπὶ τῇ παραβάσει τῶν πρὸς αὐτὸν ὀμωμοσμένων ἐνδείκνυσθαι καὶ ἀρχιερεῖ ὀπτάνεσθαι τῷ μεγάλῳ καὶ ζητεῖν ἐκεῖθεν λύσιν τοῦ ἀναθέματος, ᾧπερ αὐτοὺς οἱ τῆς πόλεως οἰκήτορες καθυπέβαλον ἄνωθεν ἑστῶτες τῶν πυργοβάρεων καὶ τὰ παρ' αὐτῶν θεώμενοι δρώμενα. καὶ πολλοὶ τῷ πατριάρχῃ προσήλθοσαν, ὅσοις τέως εὐλαβείας μετῆν· οἱ δ' ἄλλοι τῇ κατανεύσει τῆς κεφαλῆς τὸ πέρας τῆς παραιφάσεως συμμετρήσαντες ὡς λῆρον ἡγήσαντο τὴν εἰς τὸν Μέγαν Νεὼν ἄφιξίν τε καὶ ἐξαγόρευσιν. ἐῶ γὰρ λέγειν ὡς ἦσαν οἳ τῶν ἀτασθάλων μετὰ τὴν ἐκ προσώπου τοῦ βασιλέως ἐξέλευσιν διεχλεύαζον αὐτὸν καὶ ἐξεμυκτήριζον καὶ οὐ καινὸν ἔλεγον, εἰ θεῷ πρότερον κληρωθείς, ἐπεὶ καὶ τοῦτο προσ-| διεβέβλητο, ἐκεῖνα καὶ αὐτοῖς ὑφηγεῖται νῦν, ὁπόσα δὴ καὶ ἐξ ἐφήβου δεδίδακται. πολλοὶ δὲ καὶ τῷ Ἀσὰν καὶ τῷ Πέτρῳ προσερρύησαν· ἀλλὰ καὶ οὗτοι γράμμασι βασιλικοῖς μετὰ μικρὸν ἐπανήλθοσαν.

5 οὐκ — καταπέψει: cf. Hom. A 81 **7** φευξοῦνται ἀπὸ προσώπου: Deut. 28, 7; al. **9** ἔσχατον σταθμόν: Ier. 9, 1

VA = a, PW, RMDF = b

93 δι': δ' F **94** ἁλισθέντες: συνιόντες P **95** ἀπέστησαν μὲν αὐτοῦ, τῶ δ' ἀποστάτη AW κατηκολούθησαν P **2** ὑποδεικνύντες AW: ἐνδείκνυσθαι Sc **3** παροινίας F κυρίου καὶ βασιλέως W **4** φασι Bekk **5** καταπέμψει VWR: καταπέχει M ὀργιλότητα: ἀπέχθειαν AW ἢ γοῦν: ἀλλ' APW **6** εἰσέπειτα VAW στήσειν AW: (στήσ)ει P[ir] ἁμαρτήματα P σφίσιν om. V αὐτοῖς: αἰτεῖ AW **7** φεύξονται A **8** ζήτουσιν R **8—9** ἔσχατον ζητήσουσι V **9** ἔσχατον om. W ἔσχατον σταθμόν i. r. 7 litt. P **10** μηδὲ: δὲ W κολακεύσει F Bekk **11** τοῦτον APW **13** ἐβράβευε P **19** συμμετροῦντες A **20** λῆρον: κλῆρον R ἡγοῦντο AW ναὸν P τε om. P **24** καὶ αὐτοῖς: σφίσιν AW νῦν om. APW Sc δὴ καὶ om. P[ac]

Ἄλλο δ᾽ ἐπὶ τούτοις παρηκολούθησεν ἔργον παραλογώτατον. ὁ γὰρ βασιλεὺς πᾶσιν ἐνέδωκεν ἀτεχνῶς ἀστικοῖς τε καὶ ἀλλοχώροις διεκχεῖσθαι καὶ κακῶς δρᾶν ὁπόσοι πρὸς Βρανᾶν μετετάξαντο τῶν τε ἀγχοῦ τῆς πόλεως ἀγροτῶν καὶ τῶν τὴν Προποντίδα λαχόντων εἰς οἴκησιν. καὶ τὴν μὲν τῆς ἡμέρας ἐκείνης διάδοχον νύκτα, καθ᾽ ἣν Βρανᾶς κατηγώνιστο, ἐνίεται ταῖς οἰκίαις τῶν δυστήνων Προποντίων τὸ ὑγρὸν πῦρ, ὃ ἐπὶ τοῖς στέγουσιν ἀφυπνοῦν σκεύεσι κατὰ τῶν ἀστραπῶν ἐξαίφνης πρόεισι τὰ ἐξάλματα καὶ πιμπρᾷ καθ᾽ ὧν διεκπῖπτον ἀφίεται. τὸ δὲ λάβρον ἐμπεσὸν τοῖς δρυφάκτοις ἐπυρπόλησεν ἅπαν οἰκοδόμημα, εἴτε τέμενος τοῦτο ἅγιον ἦν, εἴτε σεμνεῖον ἱερόν, εἴτε οἴκημα ἰδιωτικόν· καὶ τοῦ κακοῦ παρὰ πᾶσαν δόκησιν ἐπελθόντος οὐ μόνον τὰ μέλαθρα τὸ πῦρ ἐπενέμετο καὶ ἡ φλὸξ μικροῦ διεῖρπεν αἰθέριος, ἀλλὰ καὶ τὰς οὐσίας ἐπεβόσκετο τῶν ἀνθρώπων, οὐδενὸς ἁρπάσαι τι καὶ μετενεγκεῖν ἔχοντος, εἰ μὴ ὅσα τῶν χρημάτων εὐάγκαλα.

Κατὰ δὲ τὴν μετ᾽ αὐτὴν ἕω ἔξεισιν ὡς ἐκ προσκλήσεως τὸ Λατινικὸν στῖφος, ὃ τῷ Κορράδῳ καίσαρι συνετέτακτο, καὶ τὸ | ἀγελαῖον καὶ πτωχεῦον πλῆθος τῆς πόλεως καὶ τὰ πέριξ διαδραμόντες, οἱ μὲν ἔτι τὰ ὅπλα φέροντες, οἱ δ᾽ ἀμυντηρίῳ τῷ παρευρεθέντι χρώμενοι, τί μὲν οὐχ ἥρπασαν, τί δὲ χείριστον οὐκ εἰργάσαντο; οἰκήματα κατήρειψαν, τὸν ἔνδον πλοῦτον περιεβάλοντο, ἱερὰ ἀνηρεύνησαν φροντιστήρια, ἔπιπλα ἀφείλοντο παναγῆ, σκεύη τίμια ἐβεβήλωσαν, σεμνὴν μοναζόντων πολιὰν οὐκ ᾐδέσθησαν, ἀρετῆς, ἣν καὶ πολέμιος οἶδε τιμᾶν, ἠλόγησαν, καὶ ἵνα τὰ πολλὰ συντέμω, πᾶσαν κάκωσιν καθ᾽ ὧν ἐπῄεσαν ἐπεδείξαντο. πολλοὶ δὲ καί, ὅτι τῶν κατ᾽ οἶκον σκυλευομένων ὑπέμυξαν, θάνατον εὕραντο τὸ ζημίωμα. προύκοψε δ᾽ ἂν τὸ δεινὸν καὶ χρονιώτερον γεγονὸς ὤφθη περιαλγέστερον, εἰ μή τινες ἀνενεγκόντες βασιλεῖ τὰ τελούμενα καὶ βαρυαλγήσαντες, ὡς εἰκός, ὑπένυξαν πρὸς διόρθωσιν. καὶ στείλας εὐθύς τινας τῶν κατ᾽ ἀξίωσιν καὶ γένος περιφανῶν ἀνέστειλέ τε τὰς τῶν

VA = a, PW, RMDF = b

29 τε om. RMDF ἀγχόπου R
30—31 καὶ τὴν μὲν: κατὰ τὴν τῆς . . . κατηγώνιστο post ἐξάλματα (lin. 34) transp. W **31** διάδοχον νύκτα ἐκείνης V ὁ Βρανᾶς VW Sc **32** δυστήνων Προποντίων: ἐν τῷ πορθμῷ τὰς καταλύσεις ἐχόντων P Προποντίων: οἰκητόρων τῆς Προποντίδος AW: τῶν οἰκούντων ἐν τῷ Στενῷ Sc **33—34** κατὰ τὰς ἀστραπὰς ἐξαίφνης προΐησι τὰ ἐξάλματα Bekk **33** αἴφνης P **34** διεκπῖπτον ἀφίεται: διαφίεται P **35** πᾶσαν οἰκοδομήν P τοῦτο om. P **36** ἦν post σεμνεῖον add. W **37** δίκησιν A **38** διῆλθεν V **40** χρημάτων: ἐνόντων P **41** ὡς ἐκ προκλήσεως om. P **42** καίσαρι om. V **43** πλῆθος om. W **44** οἱ δὲ τῷ παρευρεθέντι ἀμυντηρίω χρ. V **46** τὰ ἱερὰ A **47—48** σεμνῶν μοναζόντων οὐκ ᾐδέσθησαν πολιάν DF Bekk **49** κάκωσιν πᾶσαν D **51—52** ὀφθὲν ἐγεγόνει P **52** τελούμενα: τολμώμενα P **53** περιαλγήσαντες V **54** τινὰς εὐθὺς VAW τῶν om. P

32—33 ὃ τοῖς στέγουσιν ἐφυπνοῦν P b Bekk **52** καὶ ante περιαλγ. add. b Bekk ἀτάκτων ὁρμὰς καὶ κατέληξεν οὕτως ὀψέ ποτε τὰ εἰς μέγα μέρος ἀφανισμοῦ τῶν ἐκεῖσε τολμώμενα.

Ἀλλ᾽ οὔπω ταῦτα διετεθρήνητο ἀκριβῶς ὁπόσοις τῶν ἀνθρώπων ψυχὴ φίλοικτος καὶ τὸ δάκρυον ταῖς τῶν πασχόντων ἀναπιδύει θερμότερον συμφοραῖς, καὶ τὸ τῆς πόλεως χειρωνακτικὸν καὶ ὅσον οὐ συνεπευδόκησε τοῖς λοιποῖς ἐπὶ τὰ ἱστορημένα ἤδη τῷ λέγειν μοι δεινὸν ἡγησάμενοι, εἰ οὐχ ὅπως | ἐλευθεροστομοῦσι Λατῖνοι καὶ βρενθύονται τῷ ὑπ᾽ αὐτῶν καταγωνισθῆναι Βρανᾶν, ἀλλὰ καὶ κατὰ τῶν ἀστυγειτόνων σφίσι Ῥωμαίων διαπεπράχασι τὰ ἀνύποιστα, κατὰ φάλαγγας ἀγειρόμενοι καὶ σπείρας χειμερίου δίκην χειμάρρου ταῖς τῶν Λατινικῶν γενῶν οἰκίαις προσρήγνυνται. αἵ τε οὖν ἄσημοι φωναὶ τὸν ἀέρα ἐγέμιζον, ὡς οὐδ᾽ εἰ κολοιῶν ἢ γεράνων ἢ ψάρων ἔθνεα κλαγγηδὸν ἐπτερύσσοντο ἢ ἐπέκλωζον θηρευταὶ καὶ ἐπεθώϋζον κυνηγέται, ἀλλήλους τε παρεκάλουν ἐπισπώμενοι τῶν χιτωνίων. οὐκ ἦν οὖν ἐκεῖ τις τῶν εἰσηγουμένων τὰ πρὸς εἰρήνην κατήκοος, ἀλλ᾽ ὡς ἀσπίδες τὰ ὦτα βύοντες πάντα παρέτρεχον σοφὸν φαρμακόν.

Ἡγεμόνευε δὲ τῆς τότε τῶν ἀγοραίων συνδρομῆς οὐ μόνον θυμὸς ἄλογος, ἀλλὰ καὶ ὁ τῶν ἀλλοτρίων ἠρρένου ἔρως χρημάτων· ᾤοντο γὰρ ἐν βραχεῖ πόνῳ τοὺς Λατίνους ἐκστῆσαι τῶν οἰκημάτων καὶ διαρπάσαι ἅπαν ἀπραγματεύτως τὸ ἔνδον κειμηλιούμενον, ὥσπερ κατὰ τοὺς χρόνους Ἀνδρονίκου διαπεπράχασι. τοῖς δὲ εἰς τοὐναντίον τὰ τῶν ἐλπίδων μετέστραπται· οἱ γὰρ διάφοροι, ὡς εἶδον τὴν ἐπ᾽ αὐτοὺς τῶν ξυγκλύδων σύρροιαν, τάς τε λεωφόρους περιεφράγμωσαν μεγίστοις σκόλοψιν, ὅσαι κατ᾽ αὐτοὺς ἦγον τὸ παροδεῦον, καὶ θωρακισθέντες βύζην ἐν τοῖς ὀχυρώμασιν ἔστησαν. ὁ δ᾽ ἀγελαῖος ὄχλος πολλάκις μὲν ὑπερβῆναι τὰ περισταυρώματα ὥρμησαν, οὐ μόνον δὲ | τοῖς κατὰ σκοπὸν οὐκ ἔδοσαν πέρας, ἀλλὰ καὶ κακῶς ὑπὸ τῶν Λατίνων ἔπαθον· ἀσιδήρωτοι γὰρ καὶ γυμνοὶ πρὸς ὡπλισμένους μαχόμενοι, οἱ πλεῖστοι

65—66 ὡς — ἐπτερύσσοντο: cf. Hom. Π 583; P 755 et B 459 sqq. **68—69** τὰ πρὸς εἰρήνην: Luc. 14, 32; 19, 42 **69—70** ὡς — φάρμακον: cf. Ps. 57,5 sq.

VA = a, PW, RMDF = b

55 καὶ λῆξιν εὕρατο οὑτωσί πως ὀψέ ποτε P ὀψέ ποτε οὕτως V μέγα om. F **56** τολμώμενα: τελούμενα P **57** δαιτεθρήνητο VAW καὶ ante ἀκριβῶς add. V **58** φίλοικτος: εὐσυμπάθητος P δάκρυον: τῶν ὀφθαλμῶν ὕδωρ P ταῖς: ἐπὶ ταῖς AW **58—59** συμφοραῖς ἀναπιδύει θερμότερον P **59** συνηυδόκησε P **60** λοιποῖς: κακοῖς AW: ἄλλοις P ἐπὶ τὰ ἱστορημένα: τοῖς ἱστορουμένοις AW **62** αὐτῶ W καταγωνίσθαι AP: κατηγώνισται W καὶ om. M: καὶ τὰ W **63** σφίσι om. V **64** χειμερίου — Λατινικῶν i. r. 12 litt. et mg. P **65** συρρήγνυνται P **66** καγκληδὸν R **69** τὰ om. R **73** ἐν: ὡς ἐν P τῶν om. Bekk **75** ἐπὶ τῶν Ἀνδρονίκου χρόνων Sc τοῦ βασιλέως Ἀνδρονίκου APW **76** τὴν: τοὺς RM **77** ξύρροιαν V **77—78** μεγίσταις δοκοῖς V: μετὰ μεγάλων ξύλων δοκαρίων B **81** ἔπασχον P **82** γὰρ om. V: hab. B

58 δάκρυ b **63** ἀγηγερμένοι (ἐγηγερμένοι RMD) P b Bekk **64** χειμερίου om. b **65** ἐγέμιζον: ἐπλήρουν P b Bekk **68** καὶ οὐκ ἦν ἐκεῖ b Bekk δὲ καὶ οἰνόφλυγες ὄντες, τότε ὃ ἔδρων ἐγίνωσκον καὶ τὸν Ἐπιμηθέα τοῦ Προμηθέως καταδεέστερον ᾔδεσαν, ὁπότε βαλλόμενοι ἀπὸ τόξων ἢ παρασταδὸν οὐταζόμενοι κατὰ γῆς ἔπιπτον.

Καὶ τὴν μὲν δείλην ὅλην τῆς ἡμέρας ἐκείνης μέχρι καὶ ἐς βαθεῖαν ἑσπέραν οὕτω κατίσχυε τὸ δεινόν· ἡλίου δὲ τὸν ὁρίζοντα ὑπερβάντος μετὰ μείζονος Ῥωμαῖοι ῥύμης ὡς εἰς ἀγώνισμα δεύτερον συνηθροίζοντο πλείστους τοὺς μεθ' ὅπλων προβεβλημένοι. ἀλλ' οἵ τε συνελθόντες ἐκ βασιλέως λόγιμοι ἄνδρες αὐτοὺς ἀνέστειλαν καὶ οἱ ἐκ τῆς Λατίνης φυλῆς κατασοφισάμενοι τοὺς εὐήθεις κατέσβεσαν τὸ πολὺ τῆς ὁρμῆς· συναγαγόντες γὰρ τοὺς ἐν τῷ πολέμῳ καταλύσαντας τὸ ζῆν Ῥωμαίους καὶ μετὰ τὴν τῶν περιβλημάτων ἀφαίρεσιν δείξαντες ἐν χρῷ κουρίας ἐξέθεντο κατὰ τὴν αὔλειον σφῶν καὶ πλαστῶς ἐπ' αὐτοῖς ὡς ἐφ' ὁμογενέσι παθηνάμενοι ὑπεδείκνυον τοῖς προσιοῦσιν ἐκ βασιλέως καὶ ἱκεσίαζον, μὴ ἀνασχέσθαι καὶ εἰσαῦθις συρραγῆναι πόλεμον καὶ δὶς αὐτοὺς πεπονθέναι ὁπόσα καὶ ὁρᾶν ἔχουσιν. οἱ δὲ πρὸς τὸν ἀποχειροβίοτον λαὸν ταῦτα διαπορθμεύοντες κἀπὶ τοὺς τεθνεῶτας τείνειν τὰ ὄμματα πείθοντες, μηδ' ἐπαινεῖν τὰ γινόμενα φάσκοντες ἴσχυσαν οὕτως ὀψέ ποτε μαλάξαι τοὺς σύρφακας, ὡς ἀποχωρῆσαι πρὸς τὸ οἰκεῖον ἕκα|στον ἐπιτήδευμα. καὶ ἄλλως δὲ εἰπεῖν, μὴ τοῦ συνήθους ἡγεμόνος, τοῦ οἴνου φημί, αὐτοὺς θωρακίσαντος, μηδ' ἀκριβέστερον σιδήρου πρὸς τὸν ἀγῶνα παραθήξαντος (πρῴϊος γὰρ ἦν ὁ καιρός), διελύθησαν εὐμαρῶς ἀναμίλλητοι οὓς ὑποσχόντες εὐήκοον τῇ παραιφάσει τῶν διαλλακτήρων μεγίστων ἀνδρῶν. εἰ γὰρ οἴνῳ προκατελήφθησαν οἱ καὶ ταπύρων οἰνοβαρέστεροι, ποία τις αὐτοὺς ἴυγξ ἢ τίνων τερετίσματα Σειρήνων πρὸς εἰρήνην ἂν μετερρύθμισαν ἢ πρὸς ἑτέραν εὐσχήμονα πρᾶξιν μετέθηκαν; ὧν γε καὶ ἄλλοι μὲν ὡς ὑπὸ μέθης διαρρεόντων οὐκ ὀλίγα ξυνέθεντο σκώμματα, ὁ δὲ Μένανδρος οὑτωσί πως ἐπιλαμβάνεται „μεθύσους τοὺς ἐμπόρους ποιεῖ τὸ Βυζάντιον· ὅλην ἔπινον τὴν νύκτα". καὶ ταῦτα μὲν ὧδέ πῃ ἐφέρετο. |

83—84 τὸν — καταδεέστερον: fort. prov.; cf. Lucian. Prom. in verb. 7 **10** ταπύρων οἰνοβαρέστεροι: cf. Athen. 442 b; Aelian. Var. Hist. 3, 13 sq. **14—15** μεθύσους — νύκτα: Men. fr. 61 Koerte ex Aelian. Var. Hist. 3, 14

VA = a, PW, RMDF = b

83 οἰνόφρυγες W ὃ: ὃ καὶ F Bekk **87** ἐπιβάντος A **88** μὲν post μείζονος add. AW οἱ Ῥωμ. VAW **88—89** πλείστους μεθ' ὅπλων P Sc **90** Λατίνων P Bekk **92** τῷ om. R **93** προβλημάτων R **94** ἐφ' om. W παθαινόμενος WD Sc **95** προιοῦσιν W **95—1** καὶ — αὐτοὺς om. R **1** ἐσαῦθις ADF Bekk συρραγῆναι: συγκροτηθῆναι V **2** ἀχειροβίοτον RMD[ac] **4** ὀψέ ποτε om. V **5** ἀναχωρῆσαι P μόλις post ἀποχωρῆσαι add. A **8** πρώϊμος R ὁ καιρὸς ἦν M **9** παραβάσει M: παρεκτάσει F Bekk διαλλακτηρίων R: διαλλακτόρων F **10** οἱ — οἰνοβαρέστεροι: οἱ ταῖς σμίλαις καὶ ταῖς ῥαφίσι προσανέχοντες APW: οἱ — οἰνοβαρέστεροι cum οἱ — προσανέχοντες coniunxit Bekk παπύρων V **11** αὐτοὺς post εἰρήνην transp. P τερετίσματα: ᾄσματα P ἂν om. PM **13** πάλαι post διαρρεόντων add. APW σκώμματα: σκηνώματα A[ac]W **14** Μαίανδρος R

87 ὑπεραναβάντος b Bekk **88—89** πλείστους μετὰ τῶν ὅπλων b Bekk **6—7** τοῦ οἴνου σφᾶς θωρακίσαντος P b Bekk

ΤΟΜΟΣ ΔΕΥΤΕΡΟΣ ΤΗΣ ΒΑΣΙΛΕΙΑΣ ΙΣΑΑΚΙΟΥ ΤΟΥ ΑΓΓΕΛΟΥ

Βασιλεὺς δὲ δισσεύει κατὰ Μυσῶν ὑστεροβουλίᾳ πληττόμενος, ὅτι μὴ κατὰ τὴν προτέραν αὐτοῦ ἐμβολὴν τὰ τῆς πολεμίας εὖ διέθετο γῆς, ἀλλ' ἀναστὰς ᾤχετο ἐκεῖθεν, ὡς εἰ καὶ πολέμιοι ἐπέκειντο βάλλοντες, μήτε τοῖς φρουρίοις Ῥωμαίους ἐπιστήσας φύλακας, μήτε ὅμηρα λαβὼν τὰ τῶν βαρβάρων φίλτατα. καὶ τότε μὲν αὐτὸς μετὰ τῶν συνόντων οἱ ὀλίγων ἐξῄει τῆς πόλεως· ἠκηκόει γὰρ μηκέτι τοὺς Μυσοὺς τὰ ὄρη περιπαπταίνειν καὶ τοὺς βουνούς, ἀλλ' ὁπλιτικὸν ξενολογήσαντας Σκυθικὸν ἐς τὰ τῆς Ἀγαθοπόλεως μέρη παρεμβαλεῖν καὶ ταῦτα κατὰ κράτος ληΐζεσθαι κακὰ ἐργαζομένους Τερμέρεια· τὸ δὲ λοιπὸν ἐκ προσκλήσεως συνήγετο στράτευμα. πρὸς γὰρ τὴν ἄελπτον καὶ ὀξεῖαν ἔφοδον τῶν βαρβάρων καὶ αὐτός τι τοιουτότροπον ἐμεθόδευσε, καὶ συστολὴν ἐντεῦθεν τοὺς ἐχθροὺς παθεῖν προμηθούμενος καὶ | τοὺς οἰκείους μὴ ἀπαυδήσειν ἐς τὴν παρὰ πόδας καὶ δευτέραν κατὰ τῶν Βλάχων ἐξόρμησιν, εἰ κατὰ τούτων πρῶτος αὖθις αὐτὸς τὰ ὅπλα ἤρατο καὶ τὸν ἵππον ἀνέβη τὸν πολεμιστήριον.

Καὶ ὁ μὲν κατὰ τὸν Ταυρόκωμον γενόμενος (κτησείδιον δέ ἐστιν οὗτος οἰκούμενον κωμηδὸν καὶ μὴ πάνυ πόρρω τῆς Ἀδριανοῦ κείμενον) ἐπέμενε τὰς δυνάμεις συνελθεῖν, ἐπέσκηψε δὲ καὶ τὸν καίσαρα Κορράδον μηδέν τι μελλήσαντα ἐξελθεῖν.

---

22 τότε: a. 1187 mense Sept. **35** ἐπέσκηψε: errare videtur auctor; Conradus duas iam ante menses Constantinopolim reliquerat, cf. van Dieten, o. c., p. 75 sqq.

---

22 καί etc.: cf. Nic. Or. p. 9, 10 sqq. **26** κακὰ . . . Τερμέρεια: cf. Zenob. 6, 6; Karathanasis 35

VA = a, PW, RMDF = b

16—17 Τόμος δωδέκατος· ἔτι περὶ τῆς βασιλείας Ἰσ. τ. Ἀγγ. V **17** Ἰσ. : κυροῦ Ἰσ. R: τοῦ βασιλέως κῦρ Ἰσ. D **19** αὐτοῦ om. V διετίθετο P **20—21** ὡς — τοῖς i. r. 10 litt. et mg. P **20** εἰ om. V καὶ om. Bekk **20—21** μὴ . . . μηδ' W **21** τὰ om. W **22** συνόντων: παρευρεθέντων P οἱ om. APW **25** παραβαλεῖν Bekk **26** κακὰ — Τερμέρεια suppl. P[mg] **27** γὰρ: δὲ R **28** καὶ αὐτὸς ὁ βασιλεὺς τὴν ἔξοδον ἐμεθόδευσε P τι om. V **29** ἀπαυθαδήσειν V Bekk **30** κατὰ: καὶ M **31** αὖθις πρῶτος A **33—34** ἐστι τοῦτο VAW μὴ πόρρω πάνυ τῆς Ἀδριανουπόλεως κείμενον V **35** ἐπέμεινε M **36** μελήσαντα codd.: μελλήσαντα P[pc]D[pc] Bekk

20 ὡς — βάλλοντες om. W b

Ὁ δὲ δυσχεραίνων προδήλως πρὸς ἣν εὕρατο ἐκ βασιλέως φιλοφροσύνην ὡς τῷ ἑαυτοῦ γένει ἀπᾴδουσαν καὶ τῷ βασιλείῳ κήδει ἀσύμφωνον, ὁρῶν δὲ καὶ τὰς ὑπερηφάνους ἐλπίδας καταληγούσας ἐς μόνον τὸ μὴ τοῖς πολλοῖς ὁμόχρωμον ὑπόδημα τοῦ ποδὸς (τὸ τῶν καισάρων λέγω παράσημον), καὶ ἄλλως δὲ σταυροφορήσας οἴκοθεν καὶ τὴν ἐς Παλαιστίνην ὁδεῦσαι πάλαι προθέμενος, ἤδη κατασχεθεῖσαν ὑπὸ τῶν κατὰ τὴν Αἴγυπτον Σαρακηνῶν, καὶ πάρεργον ὁδοῦ τὴν μετὰ τῆς ἀδελφῆς τοῦ βασιλέως ἐπιτελέσας συνάφειαν, κατένευσε μὲν συνεξιέναι τῷ βασιλεῖ καὶ συνδιαθέσθαι τὸν προκείμενον πόλεμον, ὡς δ' ἀντέκρουσε τὸ βεβουλεῦσθαι θεὸν κακοτυχεῖν Ῥωμαίους ὑπὸ Μυσῶν, ἐπ' ἄλλοις τρέπει τὸν νοῦν.

Νῆα γὰρ ἐξαρτύσας εὐπαγῆ τε καὶ νεογόμφωτον τὸν πλοῦν ἐς Παλαιστίνην ἔθετο καὶ τῇ Τύρῳ προσορμίσας καὶ παρὰ τῶν ἐκεῖσε ὁμογενῶν ὡς οἷά τις κρείττων ὁραθεὶς καὶ προσδεχθεὶς δύναμις τοῖς Σαρακηνοῖς ἀντεφέρετο, Ἰόππην ἐπανα|σωσάμενος, ἣ νῦν Ἄκε λέγεται, καὶ ἑτέρας πόλεις τοῖς ὁμοφύλοις. ἀλλὰ γὰρ ὅτι καὶ τὰ ἐκεῖ πάσχειν κακῶς ἀφώριστο, ἄλλοι τε καλοὶ καὶ γενναῖοι ἀπώλοντο στρατηγοὶ τὴν κατὰ Χριστὸν ἑκόντως καὶ οἰκείοις ὀψωνίοις πορείαν στειλάμενοι, καὶ αὐτὸς δὲ ἀναιρεῖται ὑπὸ Χασισίου μικρόν τι ἐπιβιοὺς καὶ ὅσον πεῖραν τῆς αὐτοῦ ἀνδρείας τε καὶ φρονήσεως δοῦναι τοῖς Ἀγαρηνοῖς καὶ θαυμασθῆναι.

Γένος δέ εἰσιν οἱ Χασίσιοι τοσαύτην λεγόμενον τηρεῖν τῷ ἄρχοντι σφῶν συστολὴν καὶ τῶν ἐντελλομένων πλήρωσιν, ὡς καὶ κατὰ κρημνῶν ὠθεῖν ἑαυτοὺς ἐκείνου ἐπ' ὀφρύσι μόνον νεύσαντος καὶ χορεύειν κατὰ

---

49 προσορμίσας: die 14 mens. Iul. a. 1187 **51** ἐπανασωσάμενος: die 12 mens. Iul. a. 1191 **55** ἀναιρεῖται: die 28 mens. Apr. a. 1192

---

43 πάρεργον ὁδοῦ: Eur. El. 509 **56** Ἀγαρηνοῖς: cf p. 27, 8

VA = a, PW, RMDF = b

38 ὡς om. P: καὶ W ὡς τῷ β. κ. ἀσ. καὶ τῷ ἑ. γ. ἀπάδ. Bekk **43** κατὰ: μετὰ M τὴν alt. om. V **44** ἐπένευσε Bekk **46** εἰσέτι post κακοτυχεῖν add. P Bekk **48** τε om. D **50** ὡς om. P^ac Bekk **51** Ἰόπην PRDB: Ἰώπην K Ἄκε: Ἄγκυρα R ad **51** ἣ — λέγεται: δέσποτά μου, οὐκ οἶδα, τί λέγει ἡ ἁγιωσύνη σου. ἄλλη γάρ ἐστιν ἡ Ἰόππη, ἡ νῦν καλουμένη Γιάφα, ἑτέρα δὲ ἡ Ἄκη, ἡ νῦν καλουμένη Πτολεμαΐς. ἀρχαιότερον δὲ ὄνομα ἔχει τὸ Ἄκη· ἐκεῖσε γὰρ ἄκος καὶ θεραπείαν εὑρηκὼς εἰς τὸ ἑαυτοῦ τραῦμα ὁ Ἡρακλῆς Ἄκος τὸν τόπον ὠνόμασε καὶ οἱ ὕστερον ἐπὶ τὸ θηλυκὸν ὄνομα τοῦτο μετέθεντο, Ἄκην τὴν πόλιν ὠνομακότες, καὶ ἔστιν ἡ εὐθεῖα ἡ ἄκη τῆς ἄκης m. alt. F^mg συμφωνῶ σοι ὁ δεῖνα m. tert. F^mg οὐκ οἶδα τί λέγεις· τὸ γὰρ Ἄκη Πτολεμαΐς ἐστιν, ἡ δὲ Ἰόππη Ἰάφα A^mg **54** ἑκόντες F Bekk πορείαν om. DF **55** ὑπὸ Χασίου ἀναιρεῖται W Χασισίου B Sc Bekk: Χασίου rel. αὐτοῦ om. F **56** ἀνδρείας: δυνάμεως AW τε om. AW **57** γένους DF Χασίσιοι M^pc B Sc Bekk: Χάσιοι rel. **58** ὑποστολὴν P **58—59** τῶν — ἑαυτοὺς om. M **59** νεύσαντος μόνον Bekk

39 καταληξάσας b Bekk **50** ὡς om. b Bekk

ξιφῶν καὶ ὑδάτων καθάλλεσθαι καὶ κατὰ πυρὸς ἀκοντίζεσθαι. ἀμέλει τοι καὶ πρὸς οὓς ἂν ἐθέλωσιν οἱ τῶν Χασισίων ἐξουσιάζοντες ἀποστέλλουσι τούς σφας ἀναιρήσοντας· οἱ δὲ ὡς φίλιοι προσιόντες ἤ τι τῶν καθηκόντων εἰπεῖν ἔχοντες ἢ καὶ ὡς πρέσβεις ἐξ ἐθνῶν ἥκειν πλαττόμενοι πλήττουσι πολλάκις παραξιφιδίῳ καὶ θανατοῦσιν ἐνίους ὡς τοῖς κυρίοις αὐτῶν διαφόρους, μὴ τὸ τοῦ πράγματος ἐργῶδες ἐν νῷ βαλλόμενοι ὅλως, μηδ' ὅτι ἐκ τοῦ δήπουθεν ἀναιρεθήσονται γοῦν αὐτοί, καὶ μὴ τὸν ἑτέρου καταπραξάμενοι θάνατον.

Ἀλλ' ὁ μὲν βασιλεὺς περὶ δισχιλίους ἐπιλέκτους ἀποκρίνας καὶ τούτοις ὅπλα καὶ ἵππους ὠκύποδας διαδοὺς ὥρμησεν ἐκ τοῦ Ταυροκώμου πρὸς τὸ πολέμιον, τὴν δ' ἀποσκευὴν πᾶσαν καὶ | τὸν ὑπηρετικὸν ὄχλον ἐς Ἀδριανούπολιν ἱκέσθαι διετετάχει· οἱ δὲ ἠγγέλλοντο παρὰ τῶν ὀπτήρων τὰ περὶ τὸν Λαρδέαν λεγόμενα κατατρέχειν καὶ πλείστους μὲν ἀπεκτονέναι, οὐκ ἐλάττους δὲ συνειληφέναι, καὶ ὡς ἐπαναζευγνύειν ἐγνώκασι πολλῶν ἐμπεπλησμένοι ὠφελειῶν.

Ἐννύχιος τοίνυν ὑπὸ σάλπιγγι τὸν ἵππον ἀναβὰς ἐπορεύετο καὶ κατὰ τόπον Βαστέρνας λεγόμενον ἀφιγμένος διανέπαυεν ἐκεῖσε τὴν στρατιάν, μὴ ἐπιφαινομένων τῶν πολεμίων.

Μετὰ δὲ τρεῖς ἡμέρας ἐκεῖθεν ἀπάρας τῆς εὐθὺ τῆς Βερόης ἐπορθρευσάμενος ἥπτετο. ἀλλ' οὔπω παρασάγγας παρῆλθε τέσσαρας, καί τις εὔζωνος ἐφίσταται ἀνὴρ τὸ τῆς ἀγγελίας ἔχων ἐπὶ τοῦ προσώπου κακὸν καὶ ἔλεγε τὸ πνεῦμα συχνάκις ἀνακαλούμενος ἀγχοῦ που μετ' αἰχμαλωσίας τὸ ἀντίπαλον ὑποστρέφειν, ἀνειμένην τὰ πλεῖστα τὴν πορείαν

---

76 ἀφιγμένος: die 7 mens. Oct. a. 1187, cf. van Dieten, o. c., p. 76 n. 96 **78** ἀπάρας: die 11 eiusdem mensis

---

80 τὸ — κακόν: cf. Nic. Or. 10, 23

VA = a, PW, RMDF = b

61 Χασισίων M[pc] Bekk: Χασίων rel. **62** τοὺς ἀναιρήσοντας ἐκείνους P φίλοι V ἢ καὶ ὡς ἐπήλυδες ἐκείνοις ὀφθέντες post προσιόντες add. P, ubi ἀναιρήσοντας — ὀφθέντες i. r. 48 litt., Bekk **64** ἐνίους ὡς: τοὺς P Bekk διαφόρους: ἀντίφρονας P Bekk **65** ὅλως (i. mg P) ἐν νῷ βαλλόμενοι P Bekk **66** ἐκτουδήποθεν V: ἐκ τοῦ δήποθεν PF: ἔκ του δήπουθεν Bekk ἕτερον R **68** χιλίους P Sc ἀπολέκτους VDFN: ἐπιλέκτας R: ἐκκρίτους B: ἐπιλεξάμενος Sc **69** Ταυροκωμίου P: Ταυροκόμου RM: (τῆς) Ταυροκώμης Sc: Ταυροκάνου proposuit F. Dölger, Regesten der Kaiserurkunden usw., Nr. 1579; cf. Nic. Or. p. 9, 32 **70** πρὸς: εἰς W τὸν R τὸ πολέμιον: πόλεμον AW Sc **71** εἰς V διατετάχει V Bekk **72** Λαρδέα R λεγόμενα κατατρέχειν: κατατρέχειν χώρια P Bekk **73—74** καὶ ὡς ἐπανήκειν ἐγνώκασι τὰ ἐν οἷς ἐπήεσαν προνομεύσαντες P **75** σάλπιγγος M **76** τινα post τόπον add. P Bekk διανέπαυσεν Bekk **78** τῆς alt. om. V: hab. B Βερρόης PMDF (Bekk) **79** διῆλθε AW Sc **80** τοῦ om. AWN **81** μετ': τῆς R

64 ἐνίους τῶν . . . διαφόρων b, sed ὡς — διαφόρους cum a scr. D[mg] **65** ὅλως om. b **72** λεγόμενα om. b: suppl. D[s]

κατ᾽ ἄμφω ποιούμενον, ὅτι τε οὐδένα ἑώρακεν ἀντίμαχον καὶ ὡς ἔμφορτον πολλῶν ληϊσμῶν. αὐτίκα γοῦν εἰς ἡγεμόνας τὸ συνὸν αὐτῷ διελὼν στράτευμα καὶ σχῆμα παρατάξεως θέμενος ὥδευεν ἐκείνην καθ᾽ ἣν ὁδοιπορεῖν ἐλέγετο τὸ πολέμιον.

᾽Επεὶ δὲ εἴδομέν τε καὶ ἐθεάθημεν (συνειπόμην γὰρ καὶ αὐτὸς βασιλεῖ ὑπογραμματεύων), οἱ μὲν Σκύθαι καὶ Βλάχοι τὴν λείαν παραδόντες τισὶν ἐξ αὐτῶν μοίραις ἐκέλευσαν τὰς ἐπιτομωτέρας ἀναλέγεσθαι τῶν ὁδῶν καὶ τὴν πορείαν ἐπιτείνειν, ἕως ἂν ἐφάψωνται τῶν ὀρειαίων· οἱ δ᾽ ἄλλοι συστραφέντες ἐδέχοντο εὔπε|τῶς τοὺς κατ᾽ αὐτῶν ἱππαζομένους ῾Ρωμαίους καὶ τὸν πάτριον αὐτοῖς καὶ ἐθάδα τρόπον μαχόμενοι ἐπιόντες ἠφίεσαν βέλεμνα καὶ δόρασι προσεπλέκοντο, μετὰ βραχὺ δ᾽ αὖ μεταβαλόντες τὴν ὁρμὴν εἰς φυγὴν καὶ καταδιώκειν ὀπίσω αὐτῶν ὡς φυγάδων τὸ ἀνθιστάμενον ἐρεθίζοντες, αὖθις ὡς οὐδὲ πτηνὰ τὸν ἀέρα τέμνοντα τὰ νῶτα εἰς τὴν τῶν ὄψεων μεταθέμενοι χώραν ἐνώπιοι τοῖς ἐπιοῦσιν ἐμάχοντο καὶ πολλῷ γενναιότερον συνεπλέκοντο. καὶ τοῦτο πολλάκις πεποιηκότες, ὡς ἤδη τῶν ῾Ρωμαίων ἦσαν ἐπικρατέστεροι, οὐκέτ᾽ ἐμέμνηντο τῶν ἑλίξεων, ἀλλὰ τὰ ξίφη γυμνώσαντες καί τινα βοὴν καταπληκτικωτάτην ἐκρήξαντες μικροῦ καὶ ἐννοήματος τάχιον ῾Ρωμαίοις ἐνέπεσον καὶ τὸν μαχόμενον ὁμοίως καὶ τὸν δειλαινόμενον καταλαμβάνοντες ἐξεθέριζον.

Καὶ τάχ᾽ ἂν τὴν τότε ἡμέραν οἱ Σκύθαι μέγα κλέος ἀράμενοι ἐνεκαυχήσαντο καθ᾽ ἡμῶν καὶ λαῷ ἄφρονι ὄνειδος παρεδόθημεν, εἰ μὴ αὐτὸς ἐπεβοήθησε βασιλεὺς ἔτι τὴν περὶ αὐτὸν ἔχων ἀκραιφνῆ φάλαγγα, αἵ τε σάλπιγγες ἐπίτορον ἀλαλάξασαι καὶ αἱ χαλκόστομοι κώδωνες διηχήσασαι τά τε τῶν δρακόντων ὀφθέντα εἰκάσματα, ἃ ἐπὶ δοράτων ᾐώρηνται περισοβούμενα πνεύμασι, τοὺς πολεμίους κατέπληξαν φαντασίαν παρασχόντα μείζονος στρατιᾶς.

---

5 ἐννοήματος τάχιον: cf. Nic. Or. 38, 14 **8** μέγα κλέος ἀράμενοι: cf. Hom. E 3; Z 446 **8—9** ἐνεκαυχήσαντο — παρεδόθημεν: cf. Ier. 27, 11 et Ps. 38, 9

VA = a, PW, RMDF = b

83—84 ὅτι — ληϊσμῶν: καὶ ὡς μηδένα εὑρὸν ἀντίμαχον καὶ ὡς ἔμφορτον ταῖς ἀπαγωγαῖς P **83** τὸν ἀντίμαχον VAW **84** ληϊσμῶν: λογισμῶν A **84—85** διελὼν τὸ συνὸν αὐτῶ V **85** διελόμενος P **85—86** εἴχετο ἐκείνης ἣν ὁδεύειν ἐλέγετο P **87** τῶ βασιλεῖ AW **88** λείαν: πορείαν W **91** ἐδέξαντο A ἱππαζομένους: ἀγωνιζομένους V **92** καὶ pr.: κατὰ δὲ AW: om. P Bekk ἠθάδα P^{ac} WRM$^{ac?}$ F Bekk γὰρ post ἐπιόντες add. P Bekk **94** ἐπὶ τὸ διώκειν post τὴν add. AW καταδιώκειν: καθιππάζεσθαι AW ὡς φυγάδων om. P **95** ἀντικαθιστάμενον V αὖθις: μετ᾽ οὐ πολὺ AW: καὶ πάλιν Sc οὐδὲ: οὐ V **1** ἐνώπιον A **2** γενναιότεροι V **4** ἐμέμνηντο A^{mg}: ἐμνήσαντο A **5** ἐνθυμήματος V: ἐννοήσαντες R **6** δειλαινόμενον: νῶτα στρέψαντα P **8** τοθ᾽ P **8—9** κατεκαυχήσαντο ἡμῶν P Bekk **10** ἐπεβόησε RN **12** εἰκάσματα: χάσματα P ἅπερ AW

84 παμπόλλων b Bekk αὐτῷ: ἐκείνῳ P b Bekk **85** καθ᾽ om. b Bekk **93** δ᾽ αὖ: δὲ P b Bekk **94** αὐτῶν: σφῶν b Bekk **1** μετατιθέμενοι b Bekk **4** ἐκπληκτικωτάτην P b Bekk

Τότε μὲν οὖν ὁ βασιλεὺς βραχύ τι τῆς αἰχμαλωσίας ὡς ἐκ στόματος θηρῶν ἀφαρπάσας κατέλαβε τὴν Ἀδριανούπολιν ἣν βαδίζειν προύθετο παρεικώς· τῶν δὲ βαρβάρων οὐκ ἠρεμούντων, ἣν | παρῆκε τρέχειν αὖθις προείλετο. καὶ δὴ γενόμενος κατὰ Βερόην τὰς τῶν Μυσῶν καὶ Σκυθῶν ἀνέστελλεν ἐκδρομὰς καὶ δι᾿ ἀνδρῶν μὲν ἠκριβωκότων τὸ στρατηγεῖν, καὶ δι᾿ ἑαυτοῦ δὲ οὐχ ἥκιστα. οἱ δὲ καίπερ ὑφορώμενοι Ῥωμαίους καὶ βασιλέως παρόντος ἐπιστρεφόμενοι, ὅμως αὖ πάλιν ἐπετίθεντο λεληθότως, ὧδέ πῃ ἐμβάλλοντες ὡς πολεμησείοντες καὶ καραδοκεῖν ὡς ἐπιόντας αὐτοὺς παρεχόμενοι, ἄλλοθι δὲ μεταβαίνοντες καὶ ἀεί τι δρῶντες ἐπιτυχές. ἦν δ᾿ ὅτε καὶ βασιλεὺς μὲν ὡς Ἀγαθόπολιν ἤλαυνεν ἐπισχήσων τοὺς βαρβάρους τῶν ἐπελεύσεων, αὐτοὶ δὲ τὰς κώμας ἔκειρον, αἳ ἦσαν ἄγχιστα τῆς Φιλιππουπόλεως. κἀκείνου πρὸς τὸ πάσχον ἐπιόντος, ἐκεῖνοι αὖθις ἐπήλαυνον ἐξ ὧν ὁ βασιλεὺς ἀπανίστατο. ταῦτα δ᾿ ἐποίει ἅτερος τῶν ἀδελφῶν ὁ Ἀσάν, ἀγχίνους ὢν διαφερόντως κἂν τοῖς ἀπόροις ἐπινοῆσαι τὰ ξύμφορα ἱκανώτατος.

Ἐγνώκει οὖν ὁ βασιλεὺς καὶ πάλιν εἰς τὴν Ζαγορὰν εἰσελθεῖν καὶ ὡς οἷόν τε πειράσασθαι παραστήσασθαι τοὺς Μυσούς. καὶ δὴ ἐξάρας ἀπὸ Φιλιππουπόλεως εἰς Τριάδιτζαν παραγίνεται· ἐκεῖθεν γὰρ ἠκηκόει μὴ δυσπορεύτους εἶναι κατὰ πολὺ τὰς εἰς τὸν Αἷμον τροχιάς, ἀλλ᾿ ἔσθ᾿ ὅπῃ καὶ εἰς εὐθείας ἀνοίγεσθαι καὶ ὕδωρ εἶναι εἰς ἄντλημα ἱκανώτατον καὶ χιλὸν τοῖς ὑποζυγίοις ἐνόδιον, εἰ κατὰ καιρὸν ἐκεῖ τις πορεύοιτο. ὡς δ᾿ εἰς χειμέριον τροπὴν παρεγκλίνας ἤλαυνεν | ἥλιος καὶ ποταμοὶ μὲν ὑπὸ ψύχους ἐπήσσοντο καὶ ἄλλως βορείου καὶ ψυχροῦ τοῦ ἐκεῖσε κλίματος ὄντος, χιὼν δὲ πλείστη κατενεχθεῖσα τὸ τῆς γῆς ἠφάνισε πρόσωπον, οὐ μόνον πλήσασα φάραγγας, ἀλλὰ καὶ θύρας οἰκημάτων ἐπιζυγώσασα, ὑπερέθετο τὸ ἔργον εἰς ἀνάφανσιν ἔαρος καὶ τὴν μὲν στρατιὰν αὐλίζεσθαι διαφῆκε κατὰ τὴν ἐκεῖθι ἐπαρχίαν, αὐτὸς δ᾿ εὔζωνος τὴν βασιλίδα καταλαβὼν διεχεῖτο ἵππων ἁμίλλαις καὶ θεωρείοις ἐγάννυτο.

35—36 ὡς — ἥλιος: ca. mens. Dec. a. 1187

15—16 ὡς — ἀφαρπάσας: cf. Nic. Or. 121, 8—9

VA = a, PW, RMDF = b

15 ὁ om. Bekk **17** παρῆκε: παρεῖκε DF **18** κατὰ Βερόην γενόμενος V: πρὸς τὴν Βερόην ἀπέρχεται B Βερρόην F Bekk **18—19** Σκυθῶν καὶ Μυσῶν DF Bekk **19** ἠκριβοκότων: ηὐμοιρηκότων D **20** ἑαυτὸν M **21** ἀποστρεφόμενοι W **23** καὶ ἄλλοθι μεταβαίνοντες P **24** ὡς: εἰς APW Sc Bekk Ἀγαθούπολιν W **25** αἳ: οἳ A **25—26** ἄγχιστα ἦσαν Bekk **26** ἔγγιστα V **27** ἀπήλαυνον A **30** ἐς MD **31** παραστήσασθαι om. M τοὺς Μυσοὺς παραστήσασθαι V: τοὺς Κομάνους δεξιωθῆναι B **31—43** καὶ — Μυσοὺς om. R **31—32** ἐκ τῆς Φιλίππου P **34** εἰς pr.: ἐς MDF **35** εἰ κατὰ: εἰς τὸν M παρεκκλίνας P **38** ὄντος om. V **40** καὶ: καὶ δὴ AP^pc^W Bekk **41** ἐκεῖθεν V

18 εἵλετο P b Bekk **22** λαθραίως b Bekk **25** ἐπελεύσεων: ἐκδρομῶν b Bekk **33** τροχιάς: πορείας b Bekk

Ἅμα δ' ἦρι φανέντι ἔξεισι καὶ πάλιν καὶ μέτεισι τοὺς Μυσούς. ὅλους οὖν μῆνας τρεῖς ἐξηνυκὼς καὶ περὶ τὴν τοῦ φρουρίου κατάσχεσιν, ὃ Λοβιτζὸς ἐπικέκληται, πλεῖστα πεπονηκὼς ἀτελὲς τὸ ἐγχείρημα καὶ πάλιν ἀπολιπὼν ἐκεῖθεν μεθίσταται καὶ τὴν βασιλίδα τῶν πόλεων εἴσεισιν· αἱ γὰρ τῆς Προποντίδος χάριτες καὶ τὰ ἐπιτερπῆ κατ' αὐτὴν σκηνώματα τά τε κυνηγέσια καὶ ἱππάσια, ἀλυσιδοῦντα οἷον τὸν Ἰσαάκιον, οὐκ εἴων ἐπὶ μακρὸν θυραυλεῖν, ἀλλ' ὡς ῥιψάσπιδα γινόμενον ἔπειθον αὐτομολεῖν ἐς αὐτά.

Τότε δὲ καὶ τὴν τοῦ Ἀσὰν γυναῖκα κατέσχεν ὁ βασιλεὺς καὶ τῶν ἀδελφῶν αὐτοῦ θάτερον τὸν Ἰωάννην εἰς ὅμηρον εἴληφεν. ἀλλὰ καὶ οὕτως ἐπὶ τὰ χείρω τὰ πράγματα προύβαινε.

Κατὰ δὲ τὸν καιρὸν τοῦτον τυραννίδι ἐπικεχείρηκεν ὁ Φιλαδελφεὺς Θεόδωρος ὁ Μαγκαφᾶς. καὶ τὰ μὲν πρῶτα τὸ τῆς πόλεως ταύτης ἀγελαῖον, πολυανδρούμενον ὂν θρασύ | τε καὶ ἀναιδές, ἑαυτῷ προσῳκείωσε καὶ ὅρκοις τὴν εἰς αὐτὸν πίστιν κατενεπέδωσεν· ὁδῷ δὲ προϊὼν καὶ βασιλείας ἑαυτῷ περιέθηκεν ὄνομα τοὺς Λυδοὺς πάντας εἰς ἀποστασίαν ἐπισπασάμενος· ἔπειτα δὲ καὶ τῶν προσοίκων ἀποπειρᾶται χωρῶν καὶ ἀργύρεον κέκοφε νόμισμα τὴν οἰκείαν ἐγχαράξας ἐν αὐτῷ στήλην. ὡς δὲ προύκοπτε τὰ τῆς ἀποστασίας καὶ ὁ ἐπὶ τοῖς δρωμένοις πρότερον γέλως εἰς πληγὴν γενναίαν μεθίστατο πρὸς ἧπαρ χωροῦσαν τοῦ βασιλέως, μὴ μέλλειν οὗτος ἐγνώκει, ἀλλὰ κατ' αὐτοῦ τὰ ὅπλα διφᾶν. καὶ δὴ κατὰ τὴν Φιλαδέλφειαν γεγονὼς ἔμφρουρον αὐτῇ τὸν Μαγκαφᾶν ἀπειργάσατο, ὃς καὶ τὴν τοῦ Μωροθεοδώρου προσωνυμίαν ἐκτήσατο, τῶν κατὰ σκοπὸν ἐκείνῳ διαπεσόντων ἐσέπειτα. καὶ ἱκανὸν χρόνον τῇ πολιορκίᾳ ἐγκαρτερήσας οὐκ ἴσχυσε τοὺς Φιλαδελφεῖς παραστήσασθαι· ὅθεν πρὸς ὁμολογίας καὶ συμβάσεις ἐτράπετο, ὥστε τὸν μὲν Θεόδωρον τὰ τῆς βασιλείας ἀποθέσθαι παράσημα καὶ καθ' ἑαυτὸν ὡς πρότερον πολιτεύεσθαι, τὸ δὲ τῆς πόλεως ἐκείνης πλήρωμα βασιλεύεσθαι πάλιν ὑφ'

---

43 ver est a. 1188 **54** καιρὸν τοῦτον: a. 1188—1189

VA = a, PW, RMDF = b

43 καὶ pr. om. P ὅλως R **44** τρεῖς μῆνας VUB **44—45** καὶ — πεπονηκὼς om. R **44** τὴν om. M Βολβιτζὸς V **45** κέκληται P **46** καταλιπὼν VB **48—49** τὸν Ἰσ. . . . ῥιψάσπιδα γινόμενον V: τὸν Ἰσαάκιον . . . ῥίπτων γὰρ τὰ ἅρματα B: lect. codd. PWb hab. A **49** ἐπὶ: ἔτι R **50** ἐς: εἰς F Bekk: πρὸς VB **51—52** τὸν ἀδελφὸν Bekk **52** ὅμηρα PKN **55** τὰ: κατὰ W τὸ om. M **56** θρασὺ — ἀναιδές: καὶ θρασύτατον P **57** τὴν: τοῖς RMDF **58** ἐς P **60** ἐν αὐτῷ: ἑαυτῶ WRN **62** μεθίσταται M **65** ἀπ(ειργάσατο) P^pc **66** εἰσέπειτα VN: μετουπολὺ P καὶ ἱκανὸν: ἱκανὸν τοίνυν P **68** ὅθεν: ὅθεν καὶ VD Sc ὁμολογίας καὶ om. P ξυμβιβάσεις P **70** καὶ πάλιν V

43 καὶ πάλιν: αὖθις b Bekk **48—49** οἷον τοὺς ἐς ἡμᾶς (ἐς ἡμᾶς om. AW) αὐτοκράτορας . . . ῥιψάσπιδας γινομένους PW b Bekk **56** ἀναιδέστατον b Bekk **59** ἀγχούρων (ἐγχώρων D) b Bekk **65** εἰργάσατο b Bekk **68** ὁμολογίαν b Μωροθεόδωρον b οὗ καὶ πρώην ἐβασιλεύετο. καὶ ὅμηρα ἐκεῖθεν δεξάμενος ὧν ᾑρεῖτο τοὺς παῖδας ἐπανέζευξεν εἰς τὴν μεγαλόπολιν. οὐκ ὀλίγοι δὲ κἀν τῇ ἐπαναστάσει ταύτῃ ἀγαθοὶ καὶ γενναῖοι ἄνδρες ἀπώλοντο.

Μετ' οὐ πολὺ δὲ ὁ Βατάτζης Βασίλειος, γένους μὲν ἀσήμου βλαστῶν, διὰ δὲ τὸ εἰς γυναῖκά οἱ γαμετὴν συναφθῆναι τὴν τοῦ βασιλέως πρὸς πα|τρὸς ἐξανεψιὰν δομέστικος τῆς ἀνατολῆς τιμηθεὶς καὶ τὴν δουκικὴν ἀρχὴν τῶν Θρᾳκησίων ἀναζωσάμενος, χρήμασιν ὑπέφθειρε πλείστους τῶν τοῦ Μαγκαφᾶ ὁμοτῶν· καὶ αὐτὸν μὲν οὐκ ἔσχε συλλαβεῖν καὶ δεσμοῖς περιβαλεῖν, τῆς δὲ πόλεως Φιλαδελφείας φυγαδεύσας ἔδοξε καὶ οὕτως μέγα τι κατωρθωκέναι καὶ ἀσπάσιον ἔργον τῷ βασιλεῖ.

'Αλλ' οὗτος τῷ τοῦ 'Ικονίου σουλτὰν προσρυείς, ᾧ ἡ κλῆσις Καϊχοσρόης, συμμαχικὸν μὲν αἰτήσας κατὰ 'Ρωμαίων οὐκ ἔλαβεν, ἐνεδόθη δέ οἱ προσλαμβάνεσθαι ἀνεπεγκλήτως ὁπόσοι τῶν Τούρκων κερδαλεόφρονες κἀπὶ τῷ γωρυτῷ καὶ τῷ τόξῳ τὴν πεποίθησιν ἔχοντες 'Ρωμαίους ληστεύουσιν. οὐκ ὀλίγην οὖν τῷ τρόπῳ τούτῳ συνηγηόχει δύναμιν καὶ ἐπιὼν τούς τε πατριώτας ἑαυτοῦ ἐς τὸν γεωργικὸν ὄχλον καὶ τῶν ζώων ἐλυμαίνετο τὰ ὑπὸ ζυγὸν καὶ τοὺς Λαοδικεῖς δὲ Φρύγας μυριαχῶς ἐκάκωσεν, ὥσπερ καὶ τοὺς τῶν Χωνῶν τῶν ἐμῶν οἰκήτορας, τὰς ἅλωνας κατὰ τὸν θέρειον καιρὸν πυρπολῶν καὶ τὸ προστυχὸν ὡς πολέμιος χειρίστως διατιθέμενος· ἐῶ γὰρ λέγειν ὡς φιλανθρωπευομένους ἐνίοτε πρὸς τὸ Χριστώνυμον κακῶς ἔφασκε καὶ ἐπέπληττεν. ἐμβαλὼν δὲ τῇ Καρίᾳ καὶ πολλοὺς προνομεύσας τῶν ἐκεῖ τοῖς βαρβάροις ἐκδέδωκεν εἰς ἀπαγωγήν. ἀλλὰ καὶ τὸν νεὼν τοῦ ἀρχιστρατήγου Μιχαὴλ ὁ ἀνόσιος οὗτος διαφῆκεν ἐμπρῆσαι, ἔργον μέγιστον καὶ περίπυστον ὄντα καὶ ὑπερβαίνοντα ἐς κάλλος καὶ τὴν εἰς μῆκος ἔκτασιν τὸ ἐν τῇ βασιλί|δι πόλει τοῦ καλλιμάρτυρος Μωκίου τέμενος.

---

84 κἀπὶ — ἔχοντες: cf. Idt. 9, 7

VA = a, PW, RMDF = b

71 καὶ pr. om. DF Bekk   πρώην: πρότερον Bekk: τὸ πρότερον B   **72** εἰς τὴν μεγαλ. ἐπανέζευξεν VK: ὑπέστρεψεν εἰς Κπλ. B   μεγάπολιν A: μεγαλούπολιν WKN   ἀποστάσει P   **74** πλὴν οὐ πολὺς ὁ ἐσέπειτα χρόνος καὶ Βασ. P   δὲ: δὲ καὶ VB Bekk   ὁ Βατάτζης καὶ Βασίλειος D^ac^F: Βασίλειος ὁ Βατάτζης P Bekk   **75—76** διὰ δὲ τὸ γῆμαι τοῦ βασιλέως πρὸς πατρὸς ἀνεψιάν P   **76** πατρὸς: μητρὸς VB   **77** ἀνεζωσμένος P   **78** τοῦ om. R: τῷ M   Μαγγαφᾶ VA   **79** φυγαδεύσας P^ir^   **80** οὕτω Bekk   **81** σουλτὰν hic et deinceps non e correctione, nisi aliter notetur PW: σουλτάνῳ hic etiam V   ἡ om. VW   Καιχοσρρόης A: Καιχοστρόβος P: Καισχορόης Sc   **83** ἀνεγκλήτως V   τοὺς ὁπόσοι DF   **85** ληστεύσουσιν W   συναγηόχει V Bekk   **86** τε om. R   ἐς om. V   ὄχλον: πόνον V   **87** ὑπὸ τῶν ζυγὸν M   **88** τοὺς om. W   τῶν ἐμῶν om. V Epit. B: τοὺς ἐμοὺς M   **90** τοὺς Τούρκους post ὡς add. P Bekk   ἐνίοτε: ἐνιαχοῦ P Bekk   **91** τὸ ἐκ γειτόνων σφίσι Χριστ. P Bekk   δὲ: δὲ καὶ P Bekk   **92** τῶν ἐκεῖ προνομεύσας P Bekk   δέδωκεν P   **93—94** (ἀρχιστρα)τήγου — δι(αφῆκεν) i. r. 15 litt. P   **93** ἀνόσιος V Sc: ἄνογγος A: ἄνομος P Bekk: ἀνόητος W   **94** ἀφῆκεν W   καὶ ante ἔργον add. A   ὄντα: ὄνομα R   **95** ἐς: εἰς VRB   εἰς: ἐς P

79 φυγαδεύσας: ἐξώσας b Bekk   **93—94** ὁ ἀνόσιος οὗτος om. b

Ὡς δέ ποτε πρὸς τὸν σουλτὰν ἐπανέξευξε τοιούτων παρανομιῶν πλήρης καὶ πύθοιτο βασιλεὺς οὐκ εἰς ἀγαθὰς ἐννοίας καὶ πράξεις τὸν Ἰκονιάρχην ἐνάγειν Καϊχοσρόην, ἄρτι πρὸς πατρὸς ἐκλελοιπότος τὸ ζῆν τὴν ἀρχὴν τοῦ Ἰκονίου δεξάμενον, πρέσβεις ἔστειλε καὶ χρήματα παρασχὼν τῷ σουλτὰν καταπροδοθέντα εἶχε καὶ ἀνάπεμπτον αὐτῷ γενόμενον τὸν Μαγκαφᾶν, πλήν γε δὴ μεθ' ὁμολογίας καὶ πίστεως, μὴ ὥστε τοὐπιτίμιον αὐτῷ τῆς ἀποστασίας κείσεσθαι θάνατον ἢ μέρος περικοπῆναι καὶ διαλωβηθῆναι τοῦ σώματος· οὗ χάριν ἀπαθὴς ἑτέρου παντὸς ὀφθεὶς κακοῦ δεσμὰ κατακέκριτο χρόνια. τοσοῦτον δὲ τὸ ἔργον τόδε τοῦ σουλτὰν τοῖς λοιποῖς αὐτοῦ κασιγνήτοις, ὁπόσοι τὴν πατρῴαν ἀρχὴν συνδιείλοντο ἐκείνῳ, ἀποθύμιον ἔδοξεν, ὥστε καὶ ὅπλα ἤραντο ἂν κατ' αὐτοῦ ὡς ἄνθρωπον ἐς αὐτὸν ἑκουσίως ἀφιγμένον συνειληφότος καὶ καταπροδόντος Ῥωμαίων βασιλεῖ ἐπὶ λήμμασιν, εἰ μὴ οὗτος εὐπρόσωπον τιθεὶς τὴν ἀπόκρισιν ἐπὶ συμβιβάσεσιν ἀποστεῖλαι, οὐ μὴν καταπροδοῦναι διισχυρίζετο καὶ πλάνητα ὄντα ἐς τὴν πατρίδα καταγαγεῖν, ὡς μηκέτι διώκοντα εἶναι καὶ διωκόμενον. καὶ ταῦτα μὲν εἶχεν οὕτως.

Οὐκ ἦν δὲ λυκάβαντα παρελθεῖν μή τι ἐπενεγκόντα κοινὸν ἀποτρόπαιον, ὡς εἴπερ τὸ θεῖον ἐπέκλωσεν ἀνειρηνεύ| τους τὰς ἡμέρας τῶν καθ' ἡμᾶς μερόπων παραδραμεῖν· ὡς γάρ τι ἐνδεόντων πρὸς τὸ καθῆκον τῆς μαστιγώσεως τῶν ἐκ τοῦ κύκλῳ βαρβαρικοῦ μαχησμῶν, καὶ ὑπερόριον κακὸν εἰσεκώμασε Φρεδερίχος ὁ τῶν Ἀλαμανῶν ῥήξ. πρὸς γὰρ τὸν βασιλέα διαπρεσβευσάμενος Ἰσαάκιον ὡς διὰ φιλίας ᾐτεῖτο τῆς Ῥωμαίων γῆς παριέναι αὐτός τε καὶ ὅσον οἱ συνεφέποιτο στράτευμα ἐν τῷ ἀπαίρειν εἰς Παλαιστίνην καὶ τὰ πρὸς τὸ ζῆν ὠνουμένοις αὐτοῖς χορηγεῖσθαι καὶ τὸ δοκοῦν ἐπὶ τούτοις αὐτῷ σημανεῖν δι' οἰκείων ἀνταποστολῆς πρέσβεων.

4–5 ἄρτι . . . δεξάμενον: a. 1189, tribus iam annis ante mortem patris (a. 1192)
24 διαπρεσβευσάμενος: a. 1188

VA = a, PW, RMDF = b

2 παρανομιῶν etiam B: ἀνομιῶν **V:** ἀνδραγαθημάτων P **3** πλήρη A **4** τοῦ πατρὸς AW **5** τοῦ om. VAW **7** γεγενημένον VAW Μαγγαφᾶν VAB πλὴν — ὁμολογίας: μεθ' ὁμολογίας μέντοι P δὴ om. DF Bekk **9** ἑτέρου om. V **10** κατεκέκριτο DF **11** τοῦ σουλτᾶν τόδε R **12** ἐκείνῳ om. VW ἂν ἤραντο A **13** ἑκουσίως ἐς αὐτὸν V **15** συμβάσεσιν AR Sc Bekk ἀποστεῖλαι: ἀποδοῦναι P μὴν: μέντοι γε P **16** καὶ: ἀλλὰ καὶ V ἐς τὴν πατρίδα suppl. P^mg **17—18** οὕτως εἶχεν P **19** μὴ παρελθεῖν A **20—21** τῶν — μερόπων: ἡμᾶς τοὺς τότε P **22** κύκλου D^ac?F βαρβαρικῶν V **23** εἰσεκάκωσε F Βριδερίχος V: Φρεδερῖχος AP^pc Sc: Φρεδέριχος P^acFNB Bekk **25** παρελθεῖν VAW οἱ: ἐκείνω P συνέποιτο V ἐν τῷ ἀπαίρειν: ἀνιόντες P ἐπαίρειν W **26** ἐς P τὰ om. M

25 ἐφέποιτο b Bekk

Στέλλεται τοίνυν πρὸς αὐτὸν ὁ τοῦ δρόμου λογοθέτης Ἰωάννης ὁ Δούκας καὶ πίστεις δοὺς καὶ λαβὼν ὡς αὐτὸς μὲν ὁ ῥὴξ τὴν ὑπὸ Ῥωμαίους ἀμαχεὶ διελεύσεται καὶ μηδέν τι δράσας ἐσεῖται κακόν, οὐ πόλιν, οὐ κώμην, οὐ φρούριον, οὐ πολίχνιον, Ῥωμαῖοι δὲ προβαλοῦσιν αὐτῷ τὰ ἐπιτήδεια ἄφθονα, ὡς μή τινος σπανίζειν τὴν ὑπ' αὐτὸν στρατιάν, ἀλλ' ἀπραγμόνως καὶ κατὰ λαιμὸν ἔχειν ὥσπερ ἐπεμβυόμενα ὅσοις ἄνθρωποι τρέφονται καὶ οἷα τοῖς ἵπποις ξυμβάλλεται, μετὰ καιρὸν ἐκεῖθεν ἐπάνεισι καὶ ἀγγέλλει τὰ ξυμφωνηθέντα τῷ βασιλεῖ. καὶ βασιλεὺς τῆς ξυλλογῆς τῶν ὠνίων φροντίδα τίθησι καὶ ἦν ἐξ ἐπιτάγματος ὑπὸ τῶν ἐπαρχεωτῶν αὐτίκα μεταφερόμενα καθ' οὓς ἔμελλε τόπους ὁ ῥὴξ διέρχεσθαι.

Ὡς δὲ καὶ αὐτὸς ἐντὸς εἶναι τῶν ὁρίων ἠγγέλλετο τῶν Ῥωμαϊκῶν καὶ γράμματα πεφοιτηκότα τῷ βασιλεῖ μετ' ἀνδρῶν κατὰ γένος λαμπρῶν καὶ ἀξίωσιν τὴν αὐτοῦ παρουσίαν ἐσήμαινον, | ὁ αὐτὸς καὶ πάλιν στέλλεται λογοθέτης εὖ διαθήσων τὴν δίοδον τοῦ ῥηγός, σὺν αὐτῷ δὲ καὶ ὁ Καντακουζηνὸς Ἀνδρόνικος. ἀλλ' οὗτοι ἀνεπιστημοσύνῃ τῶν ὀφειλόντων γενέσθαι καὶ μαλακότητι οἰκείᾳ (χρεὼν γὰρ καὶ φίλων ἡμῖν τῶν ἀνδρῶν ὄντων ὡς πρεσβυτέραν καὶ φιλτέραν τιμᾶν τὴν ἀλήθειαν) αὐτόν τε τὸν ῥῆγα κατὰ Ῥωμαίων ἐξέμηναν καὶ τὸν βασιλέα ὡς πολέμιον ἐκεῖνον ὑφορᾶσθαι παρέπεισαν. ὅθεν οἵ τε ὅρκοι συνεχέθησαν καὶ ἡ τῶν ζωαρκῶν ἐπιλελοίπει συγκομιδή. καὶ ἡμεῖς οἱ ταῦτα γράφοντες πλείστοις ἀνιαροῖς προσεπλάκημεν, τὴν τοῦ θέματος Φιλιππουπόλεως ὑπεζωσμένοι τηνικαῦτα καὶ ἀρχὴν καὶ ἀπογραφήν, νῦν μὲν πρὸς βασιλέως ἐπιταττόμενοι ἀνακτίζειν τὸν τῆς Φιλίππου περίβολον καὶ διαταφρεύειν καὶ οὕτω κατὰ τοὺς στενοὺς ἐκείνους καὶ κινδυνώδεις χρόνους διαπραττόμενοι, μετὰ βραχὺ δὲ διὰ γραμμάτων τὴν καθαίρεσιν ἐπιτιμώμενοι, ἵνα μὴ εἴη κρησφύγετον τῷ ῥηγί.

Ἀμέλει καὶ ὁ μὲν ἐκδρομὰς ποιούμενος τὰ πρὸς τὸ ζῆν ἐπορίζετο, βασιλεὺς δὲ τοὺς τοῦ ῥηγὸς πρέσβεις οὐκ εἴα ἐπανελεύσεσθαι πρὸς τὸν ἀποστείλαντα καὶ τὰς στενὰς τῶν παρόδων, ὡς ἐκείνῳ ἐδόκει, ἀπέκλειε

---

30 πίστεις — λαβών: a. 1188 autumno **40** ἠγγέλλετο: brevi post diem 20 mens. Aug. a. 1189 **42** στέλλεται: iam initio a. 1189

45—46 χρεὼν — ἀλήθειαν: alludit ad Aristot. Eth. Nic. α 7 p. 1096 a 16

VA = a, PW, RMDF = b

31 ἔσται VAW
32 προσβαλοῦσιν V **34** ἐπεμβυόμενα: προκείμενα VAW **36** τῷ om. VAW ὁ βασ. M Bekk συλλογῆς VKU **37** τῶν alt. om. W ἐπαρχιωτῶν Bekk **41** τῷ om. AWN Sc **48** ἐκεῖνον: αὐτὸν VAW **49** ἐπιλέλοιπε PN συνεισφορὰ VAW **50** συνεπλάκημεν VB: προσεπλάκειμεν D[ac]F **51** καὶ pr. om. VAW **53** καὶ pr. om. W **54** ἐπιτιμώμενοι: ἐγκελευόμενοι P **55** ἵνα: ὡς P **56** καὶ om. VA **58** ἐδόκει οἱ V: ἐδόκει ἐκείνῳ AW

καταβάλλων διὰ πελέκεων τὰ τῶν δένδρων ὑψιτενῆ καὶ βαθύρριζα καὶ ταῦτα ἐκκορυφῶν ὡς εἰς ἀδιεξίτητον ἀντίφραγμα τῷ ῥηγί. ἀλλὰ καὶ τὸν ἐξάδελφον ἐκείνου Μανουὴλ τὸν Καμύτζην, πρωτοστράτορα ὄντα, καὶ τὸν τῆς δύσεως δομέστικον τὸν | Γίδον Ἀλέξιον παρέπεσθαί οἱ μετὰ στρατευμάτων ἐπέσκηψε καὶ λεληθότως ἐπιτίθεσθαι τοῖς χορτολογοῦσι καὶ τὰς τροφὰς μαστεύουσιν Ἀλαμανοῖς. τῷ δὲ ῥηγὶ οὕτως προσέστησαν τὰ ταῖς δυσχωρίαις γεγενημένα διὰ καταβολῆς τῶν δένδρων ἐπιτειχίσματα, ὥστε σὺν πόνῳ οὐδενὶ παρῆλθεν αὐτά. τὸ δὲ δὴ χαριέστερον, αὐτὸς μὲν δι' ἄλλης ὁδοῦ ἐπορεύθη καὶ εἰσεληλύθει τὴν Φιλιππούπολιν καὶ κατ' αὐτὴν ἐβάλετο χάρακα, Ῥωμαίους δὲ ἀντιπαρελθὼν ἔλαθε γενόμενος ἐν τοῖς ἔμπροσθεν καὶ κατέχων ὧν εἴργετο καὶ ὧν χάριν αἱ πάροδοι ἀπεφράσσοντο.

Τὴν δὲ Φιλιππούπολιν εἰσιὼν κεκενωμένην εὗρε τῶν πλειόνων καὶ ἐπιφανεστέρων αὐτῆς οἰκητόρων· εἰ γάρ τις καὶ ὑπολέλειπτο, πτωχεύων ἦν οὗτος καὶ τὴν οὐσίαν πᾶσαν ἐν οἷς ἐνεδέδυτο ἀριθμῶν ἢ τοῖς Ἀρμενίοις καταλεγόμενος· οὗτοι γὰρ μόνοι τῶν ἁπάντων οὐκ ἐπιδρομὴν ἐθνῶν, ἀλλὰ φίλων παρουσίαν τὴν τῶν Ἀλαμανῶν διέλευσιν ἥγηντο, ἐπειδὴ καὶ συγχρῶνται Ἀρμενίοις Ἀλαμανοὶ καὶ κατὰ τῶν αἱρέσεων τὰς πλείστας ἀλλήλοις συμφέρονται. Ἀρμενίοις γὰρ καὶ Ἀλαμανοῖς ἐπ' ἴσης ἡ τῶν ἁγίων εἰκόνων προσκύνησις ἀπηγόρευται καὶ τοῖς ἀζύμοις κατὰ τὰς ἱεροτελεστίας ἀμφότεροι κέχρηνται καὶ ἄλλα ἄττα ὀρθοδόξοις Χριστωνύμοις ἀπόβλητα οὗτοι σφαλλόμενοι τοῦ ὀρθοῦ τηροῦσιν ὡς ἔννομα.

Πλὴν καὶ τῆς Φιλίππου γενόμενος ὁ ῥὴξ ἐγκρατὴς οὐκ ἀνῆκεν ἐπι-|στέλλων τῷ πρωτοστράτορι καὶ διαμηνυόμενος ὡς μάτην αὐτὸν τῆς πρόσω πορείας Ῥωμαῖοι κωλύουσι καὶ μὴ δέον ἐπέχουσιν ἐπειγόμενον· μηδὲ γὰρ κατὰ Ῥωμαίων ἀξύμφορόν τι καὶ ἄχαρι καὶ νῦν καὶ πρότερον

---

67 εἰσεληλύθει: die 24 mens. Aug. a. 1189 **71** εἰσιὼν: die 26 mens. Aug. a. 1189

VA = a, PW, RMDF = b

60 ὡς om. APW (ἀντί)φραγμα τῷ ῥηγί i. mg. et r. 6 litt. P τῷ ῥηγί om. (in fin lin.) V **61** ἐκείνου: αὐτοῦ VB **63** ἐπέσκεψε V: ἐκέλευσε DF Bekk **64** οὕτω Bekk **66** οὐ post ὥστε add. F σὺν om. VAW εἰσῆλθε DF Bekk **68** δ' P **69** ἐν τοῖς om. VB **70** ἀνεφράσσοντο V: ἐπεφράσσοντο A: διεφράσσοντο P **71—72** καὶ ἐπιφανεστέρων: τε καὶ ἐπιφανῶν P **72** καὶ om. P **73** ἐνδέδυτο D: ἐδέδυτο F **74** ἐξ ἁπάντων P **75** ἐπέλευσιν VAW **76** τοῖς Ἀρμ. DF **76—77** καὶ alt. — Ἀλαμανοῖς om. F **76** κατὰ: τὰ R **78** ἡ om. D **79** ἱεροτελεσθίας W: ἱεροτελεστικὰς R: ἱεροτελεσίας M Bekk **84** Ῥωμαῖοι om. VD^{ac} κωλύουσιν VF Sc Bekk: κωλύειν B: κολούουσι APWMD: κολόουσι R **85** τι: τι χρῆμα A καὶ alt. om. P

60 τῷ ῥηγί: τοῖς ὁδεύουσιν b Bekk **73—74** ἢ . . . καταλεγόμενος: καὶ (καὶ: ἢ P^{ir}) . . . κατειλεγμένος P b Bekk βεβουλεῦσθαι καὶ τὰ συντεθειμένα δὲ φυλάσσειν ἀπαρεγχείρητα. ὁ δὲ δῆλα τιθεὶς τῷ αὐτοκράτορι τὰ γραφόμενα καὶ τὸ ποιητέον ἐκεῖθεν ἐπιταττόμενος οὐδέποτε εἶχε τὸν βασιλέα τὰ πρὸς εἰρήνην ἀντεπιστέλλοντα, ἀλλ' ἀρρενοῦντα μᾶλλον αὐτὸν εἰς τὴν μετὰ τοῦ ῥηγὸς συμπλοκὴν καὶ εἰς ἀγενὲς κατονειδίζοντα φρόνημα, ὅτι μὴ ἐς δεῦρο ἔχει πυθόμενος ἀναίρεσιν καὶ ἧτταν Ἀλαμανῶν κατὰ ἴλας ἐξιόντων εἰς σιτίων ἀνεύρεσιν καὶ κατὰ πώεα πλατέα κἀκεῖ καὶ τῇδε ἐκχεομένων μετὰ πλείστης ὅσης τῆς πεποιθήσεως.

Ταῦτα δὲ γράφων ἦν ἐν τῷ δοξάζειν παρ' ἑαυτῷ καθάπερ ἀπὸ τρίποδος τοῦ τότε πατριάρχου τοῦ Δοσιθέου, περὶ οὗ ἐροῦμεν τὰ εἰκότα μετὰ βραχύ, μηδέποτε προθέσθαι τὸν ῥῆγα τὴν Παλαιστίνην καταλαβεῖν, ἀλλὰ τὴν ἔφεσιν τρέφειν καὶ τὴν ὁρμὴν κατὰ τῆς βασιλίδος τῶν πόλεων, καὶ μέλλειν ἐκ τοῦ δῆθεν ἀναμφιλέκτου διὰ τῆς λεγομένης Ξυλοκέρκου πυλίδος τῆς πόλεως ἔνδοθι γενέσθαι καὶ δρᾶσαι πρῶτον τὰ ἀπευκταῖα, παθεῖν δ' ἔπειτα τὰ ἀντίρροπα τοῖς δικαίοις τοῦ θεοῦ στα|θμίοις. καὶ τοιαύταις φαύλαις προληφθεὶς γνώμαις αὐτήν τε τὴν Ξυλόκερκον διὰ τιτάνου καὶ ὀπτῆς πλίνθου ἀπέφραξε καὶ βέλη νεοχάλκευτα φέρων πολλάκις ἐν ταῖν χεροῖν ταῦτ' ἔφασκεν ἀκονᾶν κατὰ καρδίας παγησόμενα τῶν Ἀλαμανῶν· δεικνύων δὲ καὶ παράθυρον ἐν τοῖς βασιλείοις τῶν Βλαχερνῶν, δι' ἧς ὁρατὰ ἦν τὰ ἱππήλατα πεδία τὰ ἔξωθεν τῶν ἐπάλξεων ἐν τοῖς Φιλοπατίοις καθυπτιάζοντα, ἐκ ταύτης ἔλεγε μέλλειν ἀφιέναι τὰ βέλεμνα, βάλλειν τε καὶ καταβάλλειν τοὺς Ἀλαμανούς, ὥστε καὶ ἐν γέλωτι ἤγετο τοῖς ἀκούουσι τὰ λεγόμενα.

---

88 ἀντεπιστέλλοντα: a. 1189 ca. mens. Sept.

---

88 τὰ πρὸς εἰρήνην: Luc. 14, 32; 19, 42

VA = a, PW, RMDF = b

86 συντιθέμενα V   φυλάττειν V Sc Bekk: φυλάττω B   **88** τὰ om. V   **94** ἑαυτῶν F   **94—1** καθάπερ — βραχύ: οὐκ οἶδα τίνων εἰσηγουμένων ἐπισφαλῶς μέντοι καὶ τοῖς εὐσεβοῦσιν οὐχ ἁρμοδίως W: ἐξαπατώμενος τοῖς λόγοις τοῦ τότε πατριαρχοῦντος Δοσιθέου, περὶ οὗ μετ' ὀλίγον ἐροῦμεν τὰ πρέποντα. ἔλεγε γὰρ B   **2** πᾶσαν προθυμίαν καὶ ὁρμὴν B   ὁρμὴν: ἀρχὴν A   **3** ἐκτουδήπουθεν V   **4** ἔνδοθι γενέσθαι τῆς πόλεως P   εἰσελθεῖν ἔνδοθι Bekk   **5** καὶ post ἀντίρροπα add. W   **6** τοῦ om. VPB   σταθμίοις: κρίμασι P   **6—7** (γνώ)μαις — τὴν i. r. 6 litt. P   **7—13** καὶ alt. — λεγόμενα suppl. P[mg]   **9** δὲ om. AP[ac]W   καὶ: τὸ AP: τε W   **13** ἤγετο: ἤδετο V

94—1 καθάπερ — βραχύ: τινῶν (om. R) ὑφηγήσεσι φονούντων μᾶλλον ἀπὸ γαστρὸς ἤπερ προειδότων τὰ μέλλοντα P b Bekk   **2** ἔφεσιν — ὁρμὴν: τὴν ἅπασαν (πᾶσαν P) τρέφειν ἔφεσιν (ἄφεσιν F) P b Bekk   **6** φαύλαις om. P b Bekk   **7** αὐτήν τε om. b πλίνθου ὀπτῆς P b Bekk   **7—13** καὶ alt. — λεγόμενα om. b

Ὁ δὲ Δοσίθεος οὗτος ἦν μὲν ἐν τῇ τοῦ Στουδίου ἱερᾷ μάνδρᾳ τὴν ἄσκησιν μετιών, ἐκ Βενετίκων δ' ἕλκειν τὸ γένος καὶ πατρὸς τοὔνομα Βιτικλίνου γενονέναι ἐλέγετο· συνήθης δὲ καταστὰς Ἰσαακίῳ πρὸ τῆς ἀρχῆς προείρηκεν αὐτῷ τὴν ἀρχήν, κἀπειδήπερ εἰλήφει πέρας τὰ τῆς προρρήσεως, ἤγετο δι' ὅτι πλείστης τιμῆς παρὰ τῷ βασιλεῖ τούτῳ καὶ τὰ μεγάλα δεδύνητο. καταλύσαντος δὲ τὴν ζωὴν τοῦ τὸν θρόνον τῶν Ἱεροσολύμων τότε διέποντος Λεοντίου, ἐς τοῦτον αὐτὸς ἀναρπάζεται.|

Ὁποία δὲ ἡ τῶν βασιλέων ὁρμὴ καὶ ἰσχὺς οὔκουν ἀνεχομένη μὴ οὐχ, ὡς ἡ ἔφεσις αὐτοῖς ὑποβάλλει, μεταφέρειν καὶ ἀλλοιοῦν τὰ θεῖά τε καὶ ἀνθρώπινα πράγματα, βασιλεύσας Ἰσαάκιος τοῦ πατριαρχικοῦ θρόνου παραλύει τὸν Καματηρὸν Βασίλειον, καίτοι πρὸς τὴν ἀρχὴν τὰ μέγιστα συναράμενον· αἰτία δ' αὐτῷ περιήφθη τῆς καθαιρέσεως, ὅτι ἃς Ἀνδρόνικος τῶν εὖ γεγονυιῶν γυναικῶν οὐχ ἑκούσας ἀπέκειρε μοναχάς, ταύταις αὐτὸς ἐνέδωκε τὸ μέλαν ἀποδύσασθαι ἄμφιον καὶ πρὸς τὴν προτέραν μεταβλέψαι καὶ στολὴν καὶ ζωήν. προβαλόμενος δ' ἀντ' αὐτοῦ πατριάρχην τὸν Μουντάνην Νικήταν, τῆς Μεγίστης Ἐκκλησίας ὄντα σακελλάριον, οὐδὲ τὸν τριγέροντα τουτονὶ τῷ θρόνῳ παρῆκεν ἐναποψῦξαι, ἀλλ' ἀφέλειαν καταγνοὺς τοῦ ἀνδρὸς καὶ γῆρας ἐπεγκαλέσας ἀνέγκλητον καὶ ἄκοντα τοῦ θρόνου ἀπεσφενδόνησε.

Φροντιστικώτερον δὲ διατεθεὶς περὶ τοῦ τὸν κυβερνήσοντα τὴν ἐκκλησίαν εὑρεῖν προχειρίζεται μεγαποίμενα Λεόντιόν τινα μοναχόν, διαβεβαιούμενος ἐπὶ βασιλικοῦ καὶ διομνύμενος βήματος ὡς οὐκ ᾔδει τὸν

24 παραλύει et 28 προβαλόμενος: mense Febr. a. 1186 32 ἀπεσφενδόνησε: a. 1189 mense Febr. 34 προχειρίζεται: post patriarchatum 9 dierum Dosithei, adhuc mense Febr. a. 1189

VA = a, PW, RMDF = b

14 ἦν δὲ Δοσίθεος τις (ὅστις W) ἐν AW: ἦν δὲ ὁ Δοσ. οὗτος μοναχὸς ἐν B: μοναχὸς δέ τισ ἐν Sc τῶν Στουδίων R: τῶν Στουδίου MF 15 ὃς ἐκ Βεν. ἕλκειν Bekk 15—16 ἕλκειν — ἐλέγετο i. mg. et r. 20 litt. P 17 ἀρχήν: βασιλείαν P Bekk 18 δι': δ' R 21 ἰσχὺς καὶ ὁρμὴ V: ὁρμὴ καὶ ἀναδοχὴ B 22 οὐχ om. VAW ὡς — ὑποβάλλει: ὡς αὐτοῖς ἔφεσις P ἔφεσις: πρόθεσις AW καὶ: τε καὶ V τε om. VMB 25 συμπαραμένον M 25—26 ὅτι ἃς: περι ὅσας M 26 εὖ τοῦ γένους ἐχουσῶν γυναικῶν P 27 ταύτας B Bekk αὐτὸς: αὐταῖς R 28 μεταβλέψαι A^{mg}: μεταποθέσθαι VA καὶ pr. om. VA ζωὴν καὶ στολήν V Bekk: δίαιταν καὶ στολήν A^{mg} W 30 τοῦτον P 31—32 γῆρας — θρόνου i. r. 10 litt. et mg. P 33 διατιθεὶς R 34 εὑρέσθαι P μέγαν ποιμένα V Bekk 35 ἐπὶ — ᾔδει i. r. 10 litt. et mg. P ὀμνύμενος V: διαβεβαιούμενος B

14 ὁ — μάνδρᾳ: ἦν δέ τις Δοσίθεος ἐν τῇ τῶν (τοῦ P Bekk) Στουδίου μονῇ P b Bekk 15—16 καὶ — γεγονέναι om. b 19—20 καταλύσαντος — ἀναρπάζεται: καὶ πατριάρχης Ἱεροσολύμων προυβέβλητο καταλύσαντος τὴν ζωὴν τοῦ τὸν θρόνον τῶν Ἱεροσολύμων (προυβέβλητο — Ἱεροσ. om. R) τότε διέποντος Λεοντίου, ἀνδρὸς χαρίεντος τὸ ἦθος καὶ διαβοήτου τὴν ἀρετήν P b Bekk 22 ὡς — ὑποβάλλει: ὡς αὐτοῖς αἱρετόν b Bekk 24 παραλύει: αὐτίκα παραλύει b ἐκείνῳ post ἀρχὴν add. b Bekk 27 μοναζούσας b Bekk 28 πρώην PRM: πρώτην DF Bekk 31—32 καὶ — ἀνέγκλητον om. b 35 ἐπὶ — βήματος: ἐπὶ συλλόγων καὶ ὁμογύρεων b

ἄνδρα πρότερον, νυκτὸς δὲ ἡ θεομήτωρ τοῦτον αὐτῷ καθυπέδειξεν, οὐ τὸ εἶδος μόνον καὶ τὴν ἀρετὴν ὑπογράψασα, ἀλλὰ καὶ τὸν τόπον διασαφήσασα, καθ' ὃν τὴν οἴκησιν ἔλαχεν. ἀλλ' οὔπω ἐνιαυτὸς ἐξίκετο, καὶ καταστρέφει καὶ τὸν Θεοτοκίτην τουτονὶ | τοῦ πατριαρχικοῦ ὑψώματος ἐν οὐδενὶ θέμενος λόγῳ ὅσα ἐπὶ κοινοῦ συλλόγου διείλεκται.

Ἀποσκορακισθέντος δ' οὕτω καὶ Λεοντίου, ἔγνω δραματουργῆσαι μετάθεσιν καὶ εἰς τὴν οἰκουμενικὴν ἐπᾶραι προέδρευσιν τὸν τῶν Ἱεροσολύμων Δοσίθεον. εἰδὼς δὲ τοὺς κανόνας τοῦτο μὴ συγχωροῦντας μέτεισιν ὑπούλως τὸν διέποντα τὸν θρόνον τῆς Θεουπόλεως μεγάλης Ἀντιοχείας Θεόδωρον τὸν Βαλσαμών, ἄνδρα ὑπὲρ τοὺς τότε πάντας ὄντα νομοτριβῆ. καὶ δὴ κατὰ μόνας αὐτῷ συγγενόμενος ὑπεκρίνετο τὸν ἀσχάλλοντα, εἰ οὕτως ἀνδρῶν φιλοθέων ἡ ἐκκλησία καὶ λογίων σπανίζεται καὶ ἡ μοναχικὴ διέρριπται καὶ ἠφάντωται ἀρετή, ὡς μὴ πρότερον εἶναι τὸν ἡμέριον τουτονὶ λαμπτῆρα τὸν ἀεικίνητον ἢ τὸν ἐπὶ τῶν κεροιάκων τοῦ ἱεροῦ καθιζησόμενον θρόνου καὶ ἀρίστως τὸ τῶν πιστῶν διιθυνοῦντα πλήρωμα. καὶ τοιαῦθ' ἕτερα σχετλιαστικῶς προαναβαλόμενος ἐπήγαγε πάλαι μὲν βούλεσθαι μετενεγκεῖν αὐτὸν ἐκ τῆς τῶν Ἀντιοχέων λυχνίας πρὸς τὴν οἰκουμενικὴν περιωπὴν ὡς λύχνον ταῖς τῶν νόμων τηλαυγείαις πάμφωτον, ὑποστέλλεσθαι δὲ τὴν μετάθεσιν ὡς πάλαι τοῖς κανόσιν ἀπαγορευθεῖσαν καὶ μὴ τοῖς ἐκκλησιαστικοῖς συνᾴδουσαν θεσμοῖς· εἰ δ' αὐτὸς σχοίη ἂν ὡς νόμους καὶ κανόνας ἀκρι- | βωσάμενος χώραν ἔχουσαν ἀποδεδειχέναι καθά ποτε καὶ νῦν τὴν μετάθεσιν καὶ τὰς τῶν πολλῶν εἰς τοῦτο μεθαρμόσειε γνώμας, ἕρμαιον ὄντως ἡγήσεται τὸ πραχθὲν καὶ οὐκ ἀναβαλεῖται τὸ πέρας ἀνεύθυνον ποιοῦν τὴν προχείρισιν. καὶ ὁ μὲν βασιλεὺς οὕτω μετῆλθε τὸν Ἀντιοχείας Θεόδωρον, ὁ δὲ πάντα ἐκτελῆ γενέσθαι κατέθετο.

---

39 καταστρέφει: ca. finem mens. Sept. eiusdem anni

VA = a, PW, RMDF = b

36—37 οὐ intrascr. et μόνον sscr. P **37—38** ἀλλὰ — ἔλαχεν suppl. P^mg **39** καὶ alt. om. V: hab. B **41** ἀποσκ. δ': καὶ ἀποσκ. W **44** -σιν ὑπούλως τὸν suppl. i. r. 4 litt. et mg. P **46** ὁμοτριβῆ R συγγινόμενος M ὑπεκρίνετο VB: ὑποκρίνεται AW **47** σπανίζεται: οὐκ εὐπορεῖ V: οὐχ εὑρίσκεται ἔχειν B **48** πρότερον μὴ VAWD^pc **49** τὸν παγκόσμιον λαμπτῆρα P ἥλιον post ἀεικίνητον add. P Bekk **50** κεροιάκων: οἰάκων P^ir θρόνου καθιζησόμενον VAW **51** ἰθυνοῦντα V: διιθύνεις B **52** βεβουλεῦσθαι V: ἐβουλόμην B **53** ὡς λύχνον om. V: hab. B **53—54** ὡς — τὴν i. r. 20 litt. et mg. P **60—61** οὕτω — Θεόδωρον i. mg. et r. 5 litt. P

36—37 οὐ et μόνον om. b **37—38** ἀλλὰ — ἔλαχεν om. b **39** καταστρέφει — τουτονὶ: καταστρέφεται καὶ οὗτος P b Bekk **40** ἐν — διείλεκται om. P b Bekk **44** ὑπούλως om. b **46** ὑπεκρίνετο: σχηματίζεται P b Bekk **47** φιλοθέων καὶ λογίων ἡ ἐκκλ. P b Bekk **52—53** τῆς Ἀντιοχέων καθέδρας εἰς P b Bekk **53—54** ὡς — πάμφωτον om. b **55—56** ἀπειρημένην καὶ τοῖς ἐκκλ. ἀπᾴδουσαν P b Bekk **60—61** οὕτω — Θεόδωρον: οὕτως b

Σύλλογοι οὖν μετ' ἐκείνην τὴν ἡμέραν ἀρχιερέων ἀνὰ τὰ ἀρχεῖα τὰ ἱερὰ καὶ σύνοδοι καὶ συζήτησις περὶ μεταθέσεως καὶ παρὰ πόδας ἐκχώρησις καὶ τόμος ἐπὶ βασιλικοῦ συμπληρούμενος βήματος· καὶ ὁ μὲν Ἀντιοχείας Ἀντιοχείας πάλιν ἐώμενος, ὁ δὲ Δοσίθεος ἀπὸ τοῦ τῶν Ἱεροσολύμων θώκου εἰς τὸν τῆς Κωνσταντινουπόλεως ἀναγόμενος· καὶ ἡ προπομπὴ ὡς λαμπροτάτη καὶ πολυανθρωποτάτη τῶν πώποτε, ὡς εἶναι καὶ θριάμβοις βασιλέων ἀμφήριστος, καὶ ἀχανεῖς ἐπὶ τοῖς ὁρωμένοις οἱ φενακισθέντες ἀρχιερεῖς καὶ τοὺς κανόνας εἰκῇ κατενωτισάμενοι.

Ἀμέλει τοι καὶ μὴ ἐπὶ πολὺν χρόνον ἐνεγκεῖν τὸν γέλωτα ἔχοντες παρασυναγωγὰς ποιοῦσι καὶ ὀχλαγώγια οἱ λογάδες τοῦ βήματος καὶ τῶν ἀρχιερέων ὁπόσον εἶχε τὴν γλῶτταν πρὸς λόγων ἰσχὺν ἐπίσημον. οὐκοῦν ἐπιβάτης ἐκκλησίας ἀλλοτρίας ἀκούει καὶ μοιχὸς ὁ Δοσίθεος καὶ ἀναλυομένην ἔσχε τὴν δευτέραν τιμὴν καὶ τοῦ θρόνου κατάγεται.

Τὴν δ' ἧτταν μὴ φέρειν ἔχων ὁ βασιλεὺς ἀναμαχόμενος ἦν καὶ παντοίως σπεύδων ἰσχύειν | τὴν κυρωθεῖσαν μετάθεσιν. καὶ μετὰ βραχύν τινα χρόνον ἀναλύσας τὰ ἐπιγενόμενα αὖθις ἐστήριξε τὸν Δοσίθεον, ὅτε καὶ διὰ τῶν πελεκυφόρων αὐτοῦ δορυφόρων καὶ τῶν τοῦ παλατίου ἐκκρίτων προύπεμψεν αὐτὸν εἰς τὸ μέγιστον τέμενος δεδιώς, μὴ τὸ πλῆθος νεωτερίσειεν· ἦν γὰρ διὰ μίσους ἅπασιν ὡς φιλόθρονος ὁ Δοσίθεος καὶ τὸ τοῦ κρατοῦντος ἐπὶ μὴ καιρίοις πράγμασιν ἐνστατικόν τε καὶ φίλαυτον παμμισές. ἀλλὰ καὶ πάλιν τοῦ θρόνου ἀποδιοπομπεῖται Δοσίθεος καὶ πέπονθεν ἀτεχνῶς τὸ τῆς Αἰσωπείας κυνὸς ἧς τε διεῖπεν ἀποπεσὼν ἱερᾶς ἀρχῆς (ἕτερος γὰρ Ἱεροσολύμων κεχειροτόνητο) καὶ τοῦ μείζονος θρόνου καθαιρεθείς. καὶ τοῦτο μὲν ἐσέπειτα, καὶ προ-

---

66 ἀναγόμενος: a. 1189 mense Febr. (cf. ad p. 405, 34) **74** κατάγεται: post dies novem **77** αὖθις ἐστήριξε: ca. finem mens. Sept. a. 1189 (cf. ad p. 406, 39) **82** ἀποδιοπομπεῖται: intra dies 3 et 10 mens. Sept. a. 1191 **85** προχειρίζεται: die 10 mens. Sept. a. 1191

---

73 ἐπιβάτης: cf. p. 31, 70 **83** πέπονθεν — κυνός: cf. Aesop. Fab. 136 Hausrath

---

VA = a, PW, RMDF = b

62 ἀρχιερέων om. VB **63** καὶ σύνοδοι om. P ζήτησις V **64—65** καὶ alt. — ἐώμενος suppl. P^{mg} πάλιν Ἀντιοχείας APB Bekk ὁ δὲ P^{ir} **66** ἀναγαγόμενος W **67** λαμπρὰ V: βασιλικὴ B **69** φενακισθέντες — τοὺς i. r. 4 litt. et mg. P κατανωτισάμενοι P Bekk **70** τοι om. V ὑπενεγκεῖν V: ὑποφέρειν B **71** ὀχλαγωγία: χειραγωγία A **72** γλῶττα RF **73** ἐπιβάτης: γρ. μοιχὸς A^{mg} ἀλλοτρίας ἐκκλησίας APW καὶ μοιχὸς ὁ VB: cum PWb om. A Θεοδόσιος V^{ac} **75** φέρων ἔχειν A **76** κρατεῖν APW Sc **77** ἐπιγεγενημένα V **79** μέγα APW μέγ. τέμενος: ἱερὸν V: πατριαρχεῖον B **80** φιλόφρονος WF **81** τοῦ om. M ἐνσταντικὸν PW **82** παμμισές V: οὐκ ἐπαινετόν cum PWb scr. A: om. B **83** τὸ τῆς Αἰσ. κυνὸς πέπονθεν ἀτεχνῶς V **84** ἱερᾶς ἀρχῆς ἀποπεσὼν APW **85** ἐς μετέπειτα APW καὶ: ἀντ' αὐτοῦ δὲ V: ἀντ' αὐτοῦ B

64—65 καὶ — ἐώμενος om. W b **65** ὁ δὲ: καὶ ὁ W b **68** τοῖς ὁρωμένοις: τούτοις PW b Bekk **69** φενακισθέντες ἀρχιερεῖς καὶ om. W b: suppl. D^{mg} **73** καὶ μοιχὸς ὁ om. PW b Bekk **82** παμμισές D^{mg}γρ: οὐκ ἐπαινετόν PW b Bekk χειρίζεται πατριάρχης μέγας ὢν σκευοφύλαξ ὁ Ξιφιλῖνος Γεώργιος. τότε δ', ὡς ἁπανταχῇ περιῄδετο, ἐκ Σολομωντείων βίβλων ἰνδάλματα τῶν ἐσομένων καί τινας ἐμφάσεις κατὰ τοὺς ὀνειροπομποὺς δαίμονας ἀποτρυγῶν ὁ Δοσίθεος οὐχ ὥσπερ ἀπὸ ῥινός, ἀλλ' ἐκ τῶν ὤτων εἷλκε τὸν αὐτοκράτορα.

Ὁ μέντοι πρωτοστράτωρ κατὰ τὰς βασιλικὰς ὑποθημοσύνας διαπραττόμενος παρεβλέπετο τὰ πρὸς αὐτὸν γραφόμενα παρὰ τοῦ ῥηγὸς καὶ ἅπας ἐγίνετο διηνεκῶς τοῦ δρᾶσαί τι κακὸν τοὺς Ἀλαμανοὺς περὶ φρυγανισμὸν ἐξιόντας. καὶ δή ποτε περὶ τοὺς δισχιλίους εὐόπλους τε καὶ εὐίππους ἀποκεκρικὼς ἠθέλησεν ἀγχοῦ που τῆς Φιλίππου πορευθῆναι νυκτὸς καὶ τῶν ἐκεῖθι βουνῶν ἐχο|μένως ὑποκαθίσαι λόχον καὶ τοῖς σιτοφόροις ἐπιθέσθαι ὄρθριος. καὶ αὐτὸς μὲν τοιαύτης εἴχετο πράξεως, τὰ δὲ σκευοφόρα καὶ τὸ ὑπουργικὸν τοῖς στρατιώταις καὶ τὸ λοιπὸν στράτευμα ἐκεῖθεν μεταβῆναι μεθ' ἡμῶν ἐπέταξεν, ὡς εἰ θεόθεν ἦν ἐμπνευσθείς. οὔπω γὰρ ἦν ἡμέρα διαγελῶσα, καὶ οἱ Ἀλαμανοὶ μαθόντες παρὰ τῶν ἐς τὸ φρούριον τὸν Προυσηνὸν Ἀρμενίων (ἐκεῖσε γὰρ ἡ βασιλικὴ κατεστρατοπεδεύετο στρατιὰ) ὅσα ἦν τῷ πρωτοστράτορι πρὸς βουλῆς, νύκτα τὴν αὐτὴν ἐξάραντες τῆς Φιλίππου ὑπὲρ τὰς πέντε χιλιάδας σιδήρῳ πάντες κατάφρακτοι ἐπιθέσθαι ἡμῖν ἠπείγοντο λαθόντες οὓς εἶχε τὸ ἡμέτερον στράτευμα ὀπτῆρας τε καὶ προφύλακας, μηδὲ τοῖς σὺν τῷ πρωτοστράτορι ἐπιλέκτοις συνηντηκότες, ἐπεὶ καὶ ὁ μὲν πρωτοστράτωρ τὰ τοῖς ὄρεσι προσεγγίζοντα μέρη ἐπεπορεύετο, ἔνθα καὶ χωρία ἦν εἰσέτι τῶν ἐπιτηδείων ἔμπλεα, καὶ τοὺς γηλόφους ὑπεδύετο κλέπτων τὸ θεαθῆναι πρὸς τοῦ θηράματος, οἱ δ' Ἀλαμανοὶ πεποιθότως ἐβάδιζον τὴν διὰ λείου πεδίου ἐς τὸ Ῥωμαϊκὸν στρατόπεδον φέρουσαν. ὡς δ' οὐδένα εὕροσαν ἀντίμαχον οἱ πολέμιοι, ἀλλὰ τὴν μὲν ἀποσκευὴν τοῦ στρατεύματος κατὰ τὴν τῆτες

---

94 ποτε: „circa festum S. Ceciliae" (22. 11.) a. 1189

---

89 ἀπὸ ῥινός: cf. p. 114, 29

VA = a, PW, RMDF = b

87—90 τότε — αὐτοκράτορα suppl. P^mg **93** ἐγένετο D **94** χιλίους PW Sc εὐόπλους om. Bekk **95** ἄγχιστα V τῆς Φιλίππου om. V **1—2** νύκτωρ πορευθῆναι καὶ ἐχομένως τῶν ἐκεῖθι βουνῶν λόχον ὑποκαθίσαι V **5** ἡ ἡμέρα M **6** Προυσσηνὸν etiam infra lin. 23 W **8** προσβολῆς RM ἀπάραντες VB **9** ε' A πάντες sscr. P **11—12** ἐπιλέκτοις — πρωτοστράτωρ om. M **12** ἐπειδὴ APW Sc καὶ om. PW **12—14** ἐπεὶ καὶ οἱ μὲν τὰ . . . μέρη ἐπεπορεύοντο, . . . καὶ τοὺς γηλόφους ὑπεδύοντο κλέπτοντες V: καθότε οὗτοι μὲν ἀπήρχοντο κτλ. B **13** ἐπορεύετο R **14** πρός: παρὰ APW **17** μὲν om. DF στρατοῦ V

87—90 τότε — αὐτοκράτορα om. W b **91** μέντοι: δέ γε PW b Bekk **93** διηνεκῶς om. PW b Bekk **9** πάντες om. W b **10—11** οὓς εἴχομεν ὀπτῆρας καὶ φύλακας PW b Bekk **11** σὺν: ἅμα b Bekk **15** εἰς b Bekk δείλην ἀπονοστήσειν ἐκεῖθεν ἐπύθοντο, ὅσον δ' αὐτοῦ κράτιστον κατὰ τῶν ἐκ τοῦ γένους σφῶν τὰ σῖτα εἰς τὴν παρεμβολὴν μεταφερόντων ἐξωρμηκέναι, μὴ ἀναμείναντες τὴν ἀγγελίαν τοὺς ἵππους μετήνεγκαν, | εὑρεθῆναι τοῖς ζητοῦσιν γλιχόμενοι.

Οὐκοῦν οἱ μὲν τὸν ἐκεῖθι λόφον ὑποκαταβαίνοντες, ὃς περὶ τὸ φρούριον ἐξῆρται τὸν Προυσηνόν, οἱ δ' ἡμέτεροι ἀνιόντες προσέμιξαν ἀλλήλοις ἀδόκητοι. ἐπεὶ δὲ καὶ συμπλακέντες ἐμάχοντο, οἱ μὲν Ἀλανοὶ ἐξηγούμενον αὐτῶν ἔχοντες τὸν τοῦ Ἀλεξίου Βρανᾶ υἱὸν τὸν Θεόδωρον μικροῦ ἔπεσον πάντες ὡς μόνοι καὶ πρῶτοι διαμαχεσάμενοι τοῖς Ἀλαμανοῖς, οἱ δὲ Ῥωμαῖοι ἐδραπέτευον προτροπάδην καὶ ἀκλεῶς μηδὲ καθαρῶς ἐμβλέψαι τοῖς ἐναντίοις ὑπενεγκόντες. καὶ αὐτὸς δὲ ὁ πρωτοστράτωρ δι' ἄλλης ὁδοῦ ἀνακεχωρηκὼς ἄφαντος ἦν ἐκ τοῦδε ἡμῖν εἰς τρίτην ἡμέραν, τρισάσμενος δὲ τὰς χεῖρας τῶν πολεμίων διεκφυγὼν μόλις ἀσπάσιος ἐπανέζευξεν, ὡς ἐκ μακροῦ πελάγους εἰς λιμένα κατάρας, ἔτι τὴν ἅλμην ἀποπτύων τοῦ μαχησμοῦ καὶ τοῖς ὠσὶ φέρων ἐναύλους τὰς ἐπὶ τῷ αὐτὸν ἁλῶναι προϊεμένας διατόρους φωνὰς τῶν Ἀλαμανῶν. πολλοὶ δὲ καὶ ἄνιπποι καὶ ἄνοπλοι ἐς τὸ στρατόπεδον ἐπανήλθοσαν, τῇ συντονίᾳ τοῦ δρόμου λακισάντων σφίσι τῶν ὀχημάτων.

Τὸ δ' ἀπὸ τοῦδε τοσοῦτον ἀπεσχοινίσμεθα ἀλλήλων Ἀλαμανοί τε καὶ Ῥωμαῖοι, ὡς σταδίους διεστάναι πλείους τῶν ἑξήκοντα· οἱ μὲν γὰρ ἔτι τῇ Φιλίππου προσέμενον, ἡμεῖς δὲ περὶ τὰ ἔσχατα τῆς Ἀχριδοῦ γενόμενοι ἡσυχάζομεν, ὡς σωζοίμεθα μόνον ἐπιμελόμενοι, εἴπω δέ τι καὶ ἕτερον, κείροντες τὴν ἰδίαν τὰ σῖτα | εἰσεφερόμεθα.

Καὶ τὰ τοιαῦτα εἰσεληλυθότα τοῦ βασιλέως ἐνώπιον ἐνδοῦναι μόγις τοῦ ἄγαν ἔπεισαν. καὶ ἡμεῖς δ' ἐς αὐτὸν μετὰ βραχὺ ἀφικόμενοι καὶ κατὰ μέρος πάντα διηγησάμενοι καὶ προσθέμενοι ὥς φασιν οἱ Ἀλαμανοὶ μηδὲν ἕτερον εἶναι τὸ πεῖσαν τὸν βασιλέα Ῥωμαίων τὰ τῶν ἑσπερίων Χριστιανῶν ὅρκια παραβλέψασθαι ἢ τὸ μετὰ τοῦ τῶν Σαρακηνῶν

VA = a, PW, RMDF = b

18 ἀπονοστῆσαι Bekk ἀπονοστήσειν — ἐπύθοντο: ἔμαθον ἐκεῖθεν ἐξάρασαν εἶναι V: ἔμαθον ὅτι ἀπὸ τὴν χθὲς ἡμέραν ὥρα γεύματος ἐξήλθοσαν B **19** σφῶν: ἐκείνων APW μεταφερόντων: κομιζόντων APW **21** γλιχόμενοι: ποθοῦντες VB **23** ἀναβαίνοντες VB **24** καὶ om. APW προϊόντες post μὲν add. V: προελθόντες add. B **25** ἀφηγ. V: προηγ. B τοῦ Βρ. V **26** διαμιλλησάμενοι APW: μαχεσάμενοι Bekk (δια)μιλλησάμενοι — Ἀλαμανοῖς i. mg. et r. 15 litt. P **27** ἐδραπέτευον om. V: ἔφευγον B ἔφευγον post ἀκλεῶς add. AW (οἱ δὲ Ῥωμ. τραπέντες ἀκλ. ἔφευγον Sc) **29—30** ἄφαντος — διεκφυγὼν om. W **29** ἐς VA **33** διατόρους προϊεμένας V **34** ἄνιπτοι καὶ ἄοπλοι R: ἄνοπλοι καὶ ἄνιπποι DF Bekk ἐς om. R **35** σφίσι: αὐτοῖς R **36** ἀπεσχοινισμένοι V **37** παρῆν γὰρ καὶ αὐτὸς τὴν ἀρχὴν τῆς Φιλίππου χειρίζων post Ῥωμαῖοι add. AW ὡς σημεῖα διεστάναι πλείω P **38** ἔτι: ἐπὶ R τῆς Φιλ. V: περὶ τὴν Φιλίππους B Ἀχριδοῦς A **39** ὡς: εἰ Bekk **41** μόγις ἐνδοῦναι V **42** ἔπεισε V δ' ἐς αὐτὸν: δ' αὐτοὶ Bekk

21 αὐτοὺς Ῥωμαίοις post ζητοῦσιν add. b **31** ἀσπάσιος om. P b Bekk **42—49** ἀφικόμενοι κατὰ μέρος πάντα διηγησάμεθα, προσθέμενοι ὡς . . .

ἄρχοντος σπείσασθαι καὶ κατὰ τὸ παρ᾽ αὐτοῖς περὶ φιλίας κρατοῦν ἔθιμον ἀμφοτέρους σχάσαι φλέβα τὴν ἐπιστήθιον καὶ τὸ ἐκεῖθεν ἐκρυὲν αἷμα ἑκάτερον εἰς πόσιν ἀλλήλοις ἀντιπροτείνασθαι, μεταβαλεῖν ἰσχύσαμεν τῆς ἐνστάσεως.

Ἀμέλει τὴν ἐναντίαν τραπόμενος τῆς προτέρας ὁ βασιλεὺς προθέσεως ἐγλίχετο τῆς ἐς ἔω τοῦ ῥηγὸς περαιώσεως. ὁρῶν δὲ πάλιν αὐτὸν διὰ τὴν ἐς χειμῶνα τῆς ὥρας μετατροπὴν (ἦν γὰρ Νοέμβριος μήν, ὅτε ταῦτα ἐγίνετο) εἰς ἔαρ τὴν μετάβασιν ἀνατιθέμενον πάλιν τοῖς προτέροις ἐνέμενε καὶ ἐπιστέλλων προηγόρευε τῷ ῥηγί, βασιλεῦσιν οὐχ ἁρμοδίως, ὡς θανεῖται πρὸ τῶν πασχαλίων ἡμερῶν.

Καὶ ἵνα τὰ ἐν μέσῳ παρῶ πλείω κατηγορίαν τοῦ δρῶντος καὶ λέγοντος ἤπερ ἔπαινον ἔχοντα, πείθεται μόλις διαφεῖναι τοὺς πρέσβεις ἐς τὸν ῥῆγα ἐπανελθεῖν. αὐτὸς δὲ τούτους ἰδὼν καὶ μαθὼν ὡς οὔτε καθέδρας ὁ βασιλεὺς αὐτοῖς μετέδωκεν, ἀλλὰ δουλοπρεπῶς ἐπ᾽ ἴσης Ῥωμαίοις αὐτῷ παρειστήκεισαν ὀπτανόμενοι, οὔτε | τινὸς ἑτέρου ἐξαιρέτως ἠξίωσεν ἀγαθοῦ ἐπισκόπους τε ὄντας καὶ αὐτῷ προσγενεῖς, ἠγανάκτει καὶ δῆλος ἦν ἐπὶ τῷ γεγονότι τῷδε διαπριόμενος. ὡς δὲ καὶ πρέσβεις ἡμέτεροι παρ᾽ ἐκεῖνον ἀφίκοντο, ἑαυτῷ συμπαρέδρους πεποίηκεν αὐτούς τε καὶ τοὺς ὑπηρετουμένους αὐτοῖς μηδὲ τοὺς ὀψοποιοὺς καὶ ἱπποκόμους καὶ μάττοντας παρίστασθαι ἀφεικώς. μὴ εἶναι δὲ λεγόντων ἐκείνων εἰκὸς βασιλεῖ μεγίστῳ συνθακεύειν ὑπηρέτας (ἀρκετὸν γὰρ ὅτι καὶ οἱ κύριοι αὐτῶν συνεδρεύουσιν), οὐ καθυφῆκέ τι μικρὸν τοῦ σκοποῦ, ἀλλὰ καὶ μὴ ἑκόντας τοῖς δεσπόταις αὐτοὺς συγκατέκλινεν, ἐν οἷς ἔπραττε Ῥωμαίους καταμωκώμενος καὶ δεικνὺς μὴ ἀρετῆς καὶ γένους παρ᾽ αὐτοῖς εἶναι διαστολήν, ἀλλ᾽ ὡς ἐς συφεὸν οἱ συφορβοὶ τὰς ὗς ἁπαξαπάσας εἰσελῶσιν μὴ διιστῶντες τὰς πίονας καὶ πλειόνως διαχέειν ἐχούσας τὸ ἀποδίδοσθαι, οὕτω καὶ Ῥωμαῖοι παραστατοῦντας ἔχουσιν ἅπαντας.

VA = a, PW, RMDF = b

47 καταρρυὲν V **50** τῆς — προθέσεως suppl. P[mg] ὁ βασιλεὺς om. V **51** εἰς VB **52** μετατροπὴν: τροπὴν P Νοέμβριος γὰρ ἦν μὴν VAW **53** τῆς προτέρας W **55** ὡς θανεῖται: ἐνθανεῖται A **58** αὐτοὺς R ὡς: ὅτι VB **59** αὐτοῖς ὁ βασιλεὺς R αὐτοὺς ὁ βασιλεὺς ἠξιώκει P **60** ἑτέρου om. W ἐξαιρέτου post ἀγαθοῦ Bekk **61** ἠξίωσεν: μετέδωκεν P τε om. P ἑαυτῶ P **63** παρέδρους M **64** αὐτοῖς: σφίσι P **65** παρεστάναι ἀφεὶς P **66** ἐκείνω R συνθωκεύειν D Bekk ὄντας post ὑπηρέτας add. AP[pc]W **67** μικροῦ R **68** σκοποῦ: σκέμματος P **70** εἶναι παρ᾽ αὐτοῖς Bekk εἰς MDF Bekk **70—71** ἐς — εἰσέλωσιν: οἱ συβοὶ τὰς ὗς ἁπαξαπάσας εἰσελῶσιν ἐς ἕνα σταθμόν P: εἰς συφεὸν οἱ συφορβοὶ τὰς σῦς ἁπ. εἰσελ. εἰς ἕνα σταθμόν Bekk **70** συβοὶ PWRMDF[ac] **70—71** τὰς ὗς ἁπ. εἰσελῶσιν οἱ συφ. V **70** σῦς F Bekk **71** πίονας: πλείονας R **71—72** καὶ — ἀποδίδοσθαι om. P **72** οὕτω: οὕτω δὴ P Bekk

ἀλλήλοις (ἀλλήλοις om. P Bekk) ἀντιπροτείνασθαι, καὶ μεταβαλεῖν οὕτως ἰσχύσαμεν P b Bekk **50** τῆς — προθέσεως om. b **51—52** τῆς ἐς ἕω τῶν Ἀλαμανῶν (τῆς — Ἀλαμανῶν om. R) περαιώσεως. ὁρῶν δὲ τὸν ῥῆγα διὰ κτλ. P b Bekk **60—61** ἠξιώθησαν . . . ἐπίσκοποί τε ὄντες b Bekk

Οὐ πολλοῦ δὲ διαγενομένου καιροῦ ἠνάγκασεν αὐτὸν ἡ τῶν ἐπιτηδείων ὑποσπάνισις μερίσαι τὸ στράτευμα. οὐκοῦν αὐτὸς μὲν ἄπεισιν εἰς 'Ορεστιάδα, κατὰ δὲ τὴν Φιλιππούπολιν εἴασε τὸν ἑαυτοῦ υἱὸν καὶ τοὺς ἐπισκόπους μεθ' ἱκανοῦ στρατεύματος εἰπὼν ὡς ,,ἀναπαύσασθαι χρεὼν ὑμᾶς ἐνταυθοῖ, ἄχρι δὴ τὰς παρειμένας κνήμας καὶ τὰ παραλελυμένα γόνατα ἐκ τοῦ παρίστασθαι τῷ βασιλεῖ Γραικῶν ἀναρρωσθείητε.“ |

'Επεὶ δ' ὁ χειμὼν παρῆλθε καὶ τὰ ἄνθη ἔδωκεν ὀσμήν, ἀνανεοῦνται τοὺς ὅρκους ὅ τε βασιλεὺς καὶ ὁ ῥήξ, καὶ τοῦ μὲν ὀμωμόκεσαν οἱ τοπάρχαι καὶ μεγιστᾶνες παρελεύσεσθαι τὸν ῥῆγα διὰ τῆς 'Ρωμαϊκῆς γῆς, καὶ μὴ δι' ἀγρῶν ἢ ἀμπελώνων διελεύσεσθαι, ὁδῷ δὲ βασιλέως πορεύσεσθαι, οὐδ' ἐκκλινεῖν δεξιὰ ἢ ἀριστερά, ἕως τὰ τῶν 'Ρωμαίων παρελεύσεται ὅρια, βασιλεὺς δὲ δέδωκεν ὁμήρους τινὰς τῶν ἐξ αἵματος. ὡρκώθησαν δὲ καὶ ἔνδον τοῦ Μεγίστου Νεὼ ἀπὸ τῶν ἀγοραίων καὶ τῆς βασιλείου αὐλῆς πεντακόσιοι ὡς ὁ βασιλεὺς ἀπαραβάτους τὰς συνθήκας φυλάξει καὶ χορηγήσει τοῖς 'Αλαμανοῖς ἡγεμόνας ὁδοῦ καὶ ἐφόδια.

Τότε καὶ τῶν κριτῶν τοῦ βήλου τινὲς εἰς τὸν ῥῆγα κατὰ λόγον ὁμήρων στελλόμενοι οὐχ ὑπήκουσαν καὶ μὴ ἔχοντες ἀντιπίπτειν βασιλεῖ καὶ καθῆσθαι οἴκαδε ἀδεῶς γωνίαις ἀλλοτρίων δόμων ἑαυτοὺς ἐνετύμβευσαν μέχρι τῆς ἐς ἔω τοῦ ῥηγὸς διαβάσεως. βασιλεὺς δὲ χολωθεὶς ἀντὶ μὲν τῶν κριτῶν τοῦ βήλου ταβελλίονας ἀπέσταλκεν ὄψιδας, τὰς δὲ τῶν μὴ πεισθέντων κτήσεις τε καὶ οἰκήσεις οἷς ἠρεῖτο παρέσχετο καὶ δικαστὰς ἑτέρους προυβάλετο. ὕστερον δὲ μὴ ἀπείθειαν, ἀλλὰ δειλίαν εἶναι οὐκ ἄλογον ἐπιγνοὺς τὸ πραχθὲν τῶν τε κτήσεων κυρίους αὖθις πεποίηκε καὶ τῶν προτέρων ἠξιώκει δικαστικῶν ἐπιτιμιῶν. τῶν δὲ συμφωνιῶν πεπερα|σμένων, βασιλεὺς μὲν τῷ ῥηγὶ ἀργυρέων νομισμάτων στέλλει κεντηνάρια τέσσαρα καὶ περιφανῆ νήματα χρυσοϋφῆ

---

75 ἄπεισιν: die 5 mens. Nov. a. 1189 **81** ἀνανεοῦνται: Adrianopoli die 14 mens. Febr. a. 1190 **86** ὡρκώθησαν: paulo ante Constantinopoli

---

81 ἐπεὶ — ὀσμήν: cf. Cant. 2, 11—13

VA = a, PW, RMDF = b

75 σπάνισις R τὸ οἰκεῖον στράτευμα P Bekk **76** ἐς P **77** ὡς om. P **81** δέδωκεν VP: ἔ(δωκεν) A^{ir} (ἔδωκαν LXX) ἀνανεοῦται ARMDF Bekk **82** τε om. A τοῦ: τοῦτο R **84** δὲ V: om. rel. Bekk βασιλικῇ Bekk προπορεύσεσθαι W **86** ὁμήρους post αἵματος transp. F **87** καὶ — νεὼ: κἀν τῷ μεγίστῳ νεὼ P βασιλείου: βασιλικῆς P **88** αὐλῆς: αὐτῆς RM φυλάξει etiam B: τηρήσει V **90** εἰς om. M **91** βασιλεῖ ἀντιπίπτειν V **92** δόμων: οἴκων VB ἐνετύμβευσαν: ἐνέβυσαν P **93** ἄχρι W ἐς: εἰς V Bekk: om. RF **94** ἀπέστειλεν Bekk **1** ἐκεῖθεν post δικαστὰς add. M ἀπάθειαν R **2** τῶν — κυρίους: κυρίους τῶν οἰκείων V **3** δικαστικῶν ἐπιτιμιῶν: τιμῶν Bekk **4** νομισμάτων: κομμάτων P **5** στέλλει: πέμπει V: ἀπέστειλε B κἀκεῖνος ἄλλοις ἀντιδεξιοῦται τοῦτον δωρήμασι. κἀντεῦθεν πλοίων πλείστων ἱππαγωγῶν ἀπενεχθέντων εἰς Καλλιούπολιν, ἐπεὶ καὶ τοῦτο ἀλλήλοις συνέδοξεν ὥστε διαπλωΐσεσι διτταῖς μετὰ τοῦ παντὸς αὐτὸν διαπεραιωθῆναι στρατεύματος (ἐδεδίει γὰρ μὴ παρασπονδήσαντες Ῥωμαῖοι τοῖς κατὰ βραχεῖς διαπερῶσιν εἰς τὴν ἀντιπέραν ἐπίθωνται), οὕτως οὐχ ἡμέραις πλείοσι τῶν τεττάρων κατὰ τὴν ἕω γίνεται.

Ὡς δ' ἤγγισε κατὰ τὴν Φιλαδέλφειαν οὔτε παρῆλθε διὰ τῆς πόλεως, καὶ οἱ ταύτης φιλενδεικτοῦντες οἰκήτορες ἐν τῷ ἀπαίρειν τὸν ῥῆγα ἐκεῖθεν πρὸς πόλεμον μεθηρμόσθησαν καὶ μέρει τῆς στρατιᾶς κατὰ λῃστείαν ἐπέθεντο. ὡς δ' οὐ προυχώρει τούτοις τὰ καταθύμια, ἀλλ' ἀνδριᾶσι χαλκήρεσιν ἢ γίγασιν ἔγνωσαν προσεγγίζοντες, μετέθεντο τὴν ὁρμὴν εἰς τροπήν. οἱ δὲ διὰ τοῦ Ἀετοῦ λεγομένου χώρου πορευθέντες παρενέβαλον εἰς τὴν ἐν Φρυγίᾳ Λαοδίκειαν. καὶ φιλοφρονηθέντες ἐκεῖσε ἀσπασιώτατα καὶ ξεναγωγηθέντες ὡς οὐχ ἑτέρωθι καὶ πάντες μὲν τοῖς Λαοδικεῦσι πάντα τὰ θεόθεν ἐπηύξαντο ἀγαθά, ὁ δὲ ῥὴξ καὶ μάλιστα· ἀνατείνας γὰρ τὰς χεῖρας εἰς οὐρανὸν καὶ ἄρας ἄνω τὰ ὄμματα, τὸ δὲ γόνυ | κάμψας εἰς γῆν, εἴ τι βιωφελές, εἴ τι ψυχῶν σωτήριον, ἐκ τοῦ τῶν ὅλων κηδεμόνος θεοῦ καὶ πατρὸς ἐπικαταπτῆναι τούτοις ἱκέτευσεν ἐπειπών, ὡς εἰ Χριστιανοῖς τοιούτοις ἐνευθηνεῖτο ἡ τῶν Ῥωμαίων γῆ καὶ εὐγνωμόνως οὕτω τοὺς τοῦ Χριστοῦ ὁπλίτας καθυπεδέχοντο, κἀκεῖνοι τὸν ἐπιφερόμενον πλοῦτον σφίσιν ἀγαπητῶς ἐδηδόκεισαν ἄν, τὰ ἐπιτήδεια μετ' εἰρήνης παρέχοντες, καὶ αὐτοὶ τὰ ὅρια Ῥωμαίων πάλαι παρήλθοσαν ἀγεύστους Χριστιανῶν αἵματος καὶ ὑπνούσας ἐπὶ κουλεῶν τὰς λόγχας φέροντες.

Ἁψάμενοι δὲ τῆς ἄνω πορείας οὐδὲ τοὺς Τούρκους εὕρισκον ἠπίως αὐτοῖς προσφερομένους, ἀλλὰ καὶ οὗτοι τὴν ἐνώπιον μάχην ἐκκλίνοντες ἐλῄστευον, ὅπη ποτὲ ἴσχυον, καίτοι Ῥωμαίοις ἐπ' ἴσης συνθέμενοι διὰ τῆς χώρας σφῶν τούτους ἀμαχητὶ παρελθεῖν καὶ πάντα χορηγήσειν, ὁπόσων οἱ παροδεύοντες χρῄζουσι. καὶ ἦν ἂν οὐ πρὸς κακοῦ καὶ αὐτοῖς, εἰ τὰς συνθήκας ἐτήρησαν· νῦν δ' ἐλπίσι κεναῖς κουφιζόμενοι

11 οὕτως — γίνεται: per dies 22—25 mens. Mart. a. 1190; ipse autem rex die 28 eiusdem mensis exercitum secutus est **12** ἤγγισε: die 21 mens. Apr. a. 1190 **18** παρενέβαλον: die 27 mens. Apr. a. 1190

VA = a, PW, RMDF = b

7 ἀπαχθέντων V: ἀπενεχθέντα B **8** ἀλλήλοις: ἄλλοις RM **12** δὲ VB τὴν om. PB **16** ἀνδράσι W ἐπέθεντο W **19** ξενολογηθέντες V **20** ἅπαντα VAW **23** καθικέτευσεν V: ἱκέτευε B **24** ὡς om. R τούτοις A^ac R τῶν om. PMDF Sc Bekk **26—27** πλοῦτον — εἰρήνης om. M **26** σφίσιν om. V ἐδεδόκεισαν P^pc R: ἐδεδώκεισαν Bekk **27** μετὰ V παρέχοντες om. R **28** ἀγεύστως V: ἄγευστοι B **30** δὲ: δὲ καὶ W ηὕρισκον AW ἠπίους W **32** ὅπη ποτὲ: ὁπότε D καίτοι: καίπερ τοῖς P **33** τούτους om. AW Sc ἐκείνους ἀμαχεὶ παρελεύσεσθαι P **35** εἰ: εἰς W

16 ἢ γίγασιν ἀκαταβλήτοις προσεγγίζοντες ἔγνωσαν (κατέγνωσαν M) b Bekk πρὸς προῦπτον ἠρρενώθησαν πόλεμον. τῷ τοι καὶ περὶ τὸ κάστρον τὸ Φιλομίλιον συγκεκροτηκὼς πόλεμον ὁ ῥὴξ μετὰ τῶν παίδων τοῦ Ἰκονιέως σουλτάν, οἵτινες αὐτὸν τοῦ ἄρχειν καὶ βασιλεύειν παρέλυσαν καὶ τοῦ Ἰκονίου ἀπεώσαντο τὴν προτέραν πατρικὴν εὐκληρίαν εἰς γῆρας μεταθέμενοι δύσδαιμον, αὐτούς τε ῥᾷστα ἐτρέψατο καὶ τὸ Φιλομίλιον πολιορκήσας ἐνέπρησεν.

Ἀλλὰ καὶ κατὰ τὸ λεγόμενον | Γιγκλάριον αὐτοῖς συμβαλὼν τὸ κράτος ἤρατο, ὅτε καὶ οἱ μὲν Τοῦρκοι τὰς τῶν παρόδων προκατειληφότες στενὰς ἐτήρουν τὴν τῶν Ἀλαμανῶν ἐκεῖθι ἄφιξιν, ὁ δὲ ῥὴξ τὸ τῶν ὑπεναντίων σκέμμα συνεὶς ἐπὶ τόπου κατεστρατοπέδευσε πεδινοῦ, νυκτὸς δὲ εἰς δύο μοίρας τὸ οἰκεῖον στρατόπεδον διελὼν ὃ μὲν ταῖς σκηναῖς προσμένειν ἀπέταξε, τὸ δὲ λοιπὸν ἅμα ὑποφαινομένῃ τῇ ἕω εἰς ἀπόδρασιν ἐπέταξεν ἐνσκευάζεσθαι ἄλλης ἁπτόμενον ὁδοῦ. οἱ τοίνυν Πέρσαι τὸν δόλον ἔργον ἀληθὲς εἶναι ὑποτοπάσαντες ἀπανίστανται μὲν περιχαρῶς τῶν δυσχωριῶν, κατὰ δὲ τὸ πεδίον γενόμενοι τὸν χάρακα εἰσέδυσαν τῶν Ἀλαμανῶν ἀφροντιστοῦντες ἅμα καὶ χαίροντες ὡς προκειμένῳ ἑρμαίῳ τοῖς ἐν αὐτῷ ἐντευξόμενοι πολλοῖς οὖσι καὶ ἀγαθοῖς, ἐπεὶ καὶ φιλοκερδὴς ἅπας βάρβαρος καὶ τὰ πλείω ἢ τὰ πάντα πράττων ἐστὶ καὶ φθεγγόμενος πρὸς ἀργύριον. ὡς δὲ οἵ τε φεύγοντες ἐπανέλυσαν καὶ οἱ ἐν ταῖς σκηναῖς εὐθαρσῶς ὑπηντίαζον, περιειλούμενοι οἱ Πέρσαι τὴν πρὸς θάνατον ἤγοντο.

Οὐ μόνον οὖν ἐκ τῶν δυοῖν τούτων πολέμων φοβερὸς ὁ ῥὴξ ἐγεγόνει καὶ παρὰ τοῖς ἑῴοις ἔθνεσι διαβόητος, ἀλλ' ὅτι καὶ κατ' αὐτὸ τὸ Ἰκόνιον τοῖς αὐτοῖς τοὺς Τούρκους περιέβαλε δυσπραγήμασιν. αὐτὸς μὲν γὰρ ὁ σουλτὰν εἰς τὰ Τάξαρα δραπετεύσας ἀπελογεῖτο μηδὲν εἰδέναι ὧν οἱ | υἱεῖς αὐτοῦ διεπράξαντο, ὅτι καὶ τῆς ἀρχῆς ὑφ' ἑνὸς αὐτῶν τοῦ Κοτπατίνου ἀπεσκοράκισται. οἱ δὲ Τοῦρκοι τὰ τῶν κήπων ὑπεισδύντες

36—41 τῷ — ἐνέπρησεν: die 1 mens. Maii a. 1190 **42** συμβαλών: die 3 mens. Maii a. 1190

VA = a, PW, RMDF = b

37 τὸ λεγόμενον Φιλομίλιον Bekk **38** σουλτάν AP^pc RMDFB: -άνου V P^ac? Sc Bekk: σουλουλτάνου W **39—40** τὴν — ἐτρέψατο om. W **40** μεταθέμενον P αὐτὸς A **42** Γιγγλάριον A^ac B προσβαλὼν M **43** καὶ om. P Sc **46** μοίρας: ἡμέρας R: μερίδας D στράτευμα P ὃ: τὸ Bekk **47** ἐπέταξε WR Sc ἅμα: ἅπαν Bekk ὑποφαινομένης τῆς ἕω R: ὑποφαινομένης ἡμέρας Bekk **48** πρὸς ἀπόδειξιν φυγῆς ἐπέταξεν W ἀπέταξεν M πλαστῶς post ἐπέταξε add. P Bekk **49** ἀληθῶς DF ὑποτοπήσαντες PW Bekk **50** γινόμενοι W **51** τῶν: τὸν Bekk **53** ἢ καὶ πάντα Bekk **55** περισυσχεθέντες P **56** ἤγοντο: ἔθεντο A **57** ἐγένετο VB **59** αὐτοῖς Τούρκοις R περιέλαβε A **61** αὐτὸς W Κοτπατίνη V: Κοπαττίνου Bekk **62** κόπων A

44 ἐτήρουν: προσέμενον b Bekk **50** τῶν δυσχωριῶν (-ρῶν R) περιχαρῶς P b Bekk **52** ὡς προκειμένῳ: ὡσεὶ καὶ προχείρῳ b Bekk ταφρεύματά τε καὶ τὰς διώρυχας, αἵ συνεχεῖς εἰσι περὶ τὸ Ἰκόνιον, καὶ τοὺς διὰ λίθων περιβόλους ὡς ἕρκος περιβαλόμενοι ἐκ τούτων ᾤοντο ἐπισχήσειν τὴν ἐς Ἰκόνιον πάροδον τῶν Ἀλαμανῶν, οἷα τοξόται πάντες κράτιστοι περὶ ἕνα χῶρον συνηλισμένοι καὶ πρὸς ἱππεῖς ὁπλοφόρους ἐν δυσχωρίαις κοῦφοι διαμιλλώμενοι. ἀλλ' εἰς κενὸν καὶ τοῦτο αὐτοῖς τὸ διαβούλιον ἔσχασεν. οἱ γὰρ Ἀλαμανοὶ θεασάμενοι τοὺς Τούρκους τὰς τῶν κήπων ὑπεισιόντας αἱμασιὰς καὶ ὡς ἀφ' ὁρμητηρίου τινὸς ἐκεῖθεν τοξεύοντας τάδε ἐποίουν· ἐπὶ τὸ οἰκεῖον ὄχημα τῶν ἱππέων ἕκαστος πεζὸν ἐπανέλαβεν ὁπλίτην καὶ τούτους ὡς διὰ βαθμίδων τῶν ἵππων ἄνωθεν τῶν περιβόλων θέμενοι, ἔνθα οἱ Τοῦρκοι συνεσπειράθησαν, διαφῆκαν ἐνθένδε σφίσι συμπλέκεσθαι, ἐπεβοήθουν δὲ καὶ αὐτοὶ ἐν οἷς ἐξῆν διιππάζεσθαι. καὶ κακοὶ καὶ τότε κακῶς οἱ πλείους ἀπώλοντο, οἱ δὲ καὶ διασπαρέντες ἐσώθησαν. ἵνα δὲ καὶ ταῖς ἀπὸ τῶν ἐχθρῶν μαρτυρίαις τὸ πλῆθος πιστωσώμεθα τῶν πεσόντων, ἔφασκέ τις Ἰσμαηλίτης, ὃς τῷ πολέμῳ τούτῳ παρατετυχήκει, τῷ βασιλεῖ προσρυεὶς καὶ τὴν οἰκείαν εἰς ὅρκον παραλαμβάνων θρησκείαν, διακοσίους ἀργυρέους καταβαλέσθαι στατῆρας εἰς ἐκκόμισιν τῶν νεκρῶν, οἳ κατὰ τὸν κῆπον αὐτοῦ ἀπεσφάγησαν.

Οἱ δ' Ἀλα|μανοὶ τὸ Ἰκόνιον κατασχόντες τούτου μὲν ἐντὸς οὐκ εἰσέδυσαν, κατὰ δὲ τὴν ἔξω λεγομένην πόλιν ηὐλίσαντο ἄνωθεν τῶν δωμάτων τὰς αὐλαίας πηξάμενοι. καὶ μηδὲν ἕτερον ὅτι μὴ τὰ πρὸς τὸ ζῆν ἐπιτήδεια καὶ μόνα ἐκεῖθεν ἐνσκευασάμενοι τοῦ πρόσω εἴχοντο.

Κατὰ δὲ τὴν ἀνάβασιν ταύτην λέγεται Ἀλαμανόν τινα, πελώριον τὸ σῶμα, τὴν ἰσχὺν ἀπροσμάχητον, τῶν ὁμοφύλων ἐπὶ πλεῖστον ἀπολειφθῆναι. καὶ τὸν μὲν ἀνύειν ποσὶ τὴν ὁδὸν ἀνειμένοις ἐκ τοῦ χαλινοῦ τὸν ἵππον ἐφέλκοντα τῇ ὁδοιπορίᾳ καμόντα, τῶν δ' ἐξ Ἰσμαὴλ ἀθροισθῆναι περὶ αὐτὸν ὑπὲρ τοὺς πεντήκοντα, κρατίστους ἅμα πάντας

---

81 κατασχόντες: die 18 mens. Maii a. 1190

74 κακοὶ . . . κακῶς . . . ἀπώλοντο: cf. Aristoph. Plut. 65; Mat. 21, 41

VA = a, PW, RMDF = b

63 περιταφρεύματα P τε om. APW τὰς: τοὺς MDF Bekk οἳ Bekk **64** περιβαλλόμενοι RMF Bekk **65** τὸ Ἰκόνιον W **66** ἄριστοι W **69** εἰσιόντας V: ἀναβάντες B **70** ταδ' V **72** συνεπειράθησαν MDF **77** προσρυείς: προσελθὼν ἐμοῦ ἔμπροσθεν B **78** παραλαμβάνων: ἐπιφέρων P ἀργυρέους om. M **82** ηὐλίσθησαν Bekk τῶν om. W **85** κατὰ δέ: καὶ A τινα τῶν Ἀλαμανῶν P **86** ἀπροσμάχητον: ἀπαράμιλλον Bekk **87** ἀποληφθῆναι AW ἐκ: καὶ W **88** δὲ DF

64 διά: ἐκ b Bekk **67—68** καὶ τότε σφίσι τὰ διαβούλια ἔσχασαν P b Bekk **74** τῶν Τούρκων post πλείους add. b Bekk **77** καί: Ῥωμαίων RDF Bekk: om. M **78** εἰς ὅρκον παραλαμβάνων: ἐπομνύμενος b Bekk **79** καταθέσθαι b Bekk **85** τινα Ἀλαμανὸν b Bekk **86** ἀπροσπέλαστον P b **87** ἀνύειν — ἀνειμένοις: ἀνειμένοις στέλλεσθαι ποσίν P b Bekk **88** κεκμηκότα P b Bekk καὶ τὰς οἰκείας τάξεις ἀπολιπόντας. οἱ μὲν οὖν ὡς ἐς κύκλωσιν αὐτὸν διειληφότες περιετόξευον, ὁ δὲ τῷ εὐρεῖ σάκει σκεπόμενος καὶ τῇ τῶν ὅπλων θαρρῶν στεγανότητι γεγηθὼς ἐπορεύετο ἀτίνακτος κατὰ πρῶνα ἢ πρόβολον τοῖς τῶν ἐναντίων βλήμασι καὶ ὢν καὶ δεικνύμενος. ὡς δ' ἐκείνων εἷς γενναῖόν τι δράσειν ὑπὲρ τοὺς ἄλλους ἐπαγγελλόμενος ἀπέθετο μὲν τὸ τόξον ὡς οὐκ ὀνήσιμον, τὴν δ' ἐπιμήκη μάχαιραν ἐξερύσας καὶ τὸν ἵππον ἐς δρόμον ἀνεὶς ἀγχωμάλως ἐπεβάλετο μάχεσθαι, αὐτὸς μὲν ὅσα καὶ ἀκρώρειαν ὄρους ἢ ἀνδριάντα χάλκεον ἔπαιε τὸν Ἀλαμανόν, ὁ δὲ τὸ ξίφος σπασάμενος παχείᾳ καὶ ἡρωϊκῇ χειρί, βριθὺ καὶ μέγα καὶ στιβαρόν, πλήττει τὸν ἵππον ἐπιδοχμίως περὶ τοὺς πόδας καὶ ἄμφω τοὺς ἔμπροσθεν ὡς οὐδ' ἀγροῦ τις χόρτον ἀποδιεῖλεν. ὡς δ' | ἐπὶ γόνυ κλιθεὶς ὁ ἵππος ἔτι τὸν ἀναβάτην ἐρειδόμενον εἶχε τῇ ἐφεστρίδι, ἐκτείνας ὁ Ἀλαμανὸς τὸν βραχίονα κατὰ μέσης τῆς τοῦ Πέρσου κόρσης τὴν σπάθην κατήνεγκεν. ἡ δὲ τῇ οἰκείᾳ τε ἀντιτυπίᾳ καὶ τῇ τοῦ φέροντος γενναιότητι οὕτως ἀξιοθαύμαστον εἰργάσατο τὴν τομήν, ὡς τὸν μὲν πληγέντα διαιρεθῆναι διχῇ, κακῶς δὲ καὶ τὸν ἵππον ἐς τὸν νῶτον παθεῖν διαπτάντος τὴν ἀστράβην τοῦ πλήγματος, τοὺς δὲ λοιποὺς Πέρσας πρὸς τὴν τοιαύτην θέαν καταπλαγέντας μηκέτι ἀποθαρρῆσαι τὸν μεθ' ἑνὸς πόλεμον. καὶ οἱ μὲν οὕτως, ὁ δὲ ὡς λέων τῇ οἰκείᾳ πεποιθὼς ῥώμῃ οὐκ ἐπέτεινε τὴν πορείαν, ἀλλὰ βάδην ὁδεύων περὶ ὀψίαν τοῖς ὁμογενέσι προσέμιξεν, ἔνθα ηὐλίσαντο.

Φασὶ δὲ ὡς οἱ ἐξ Ἰσμαὴλ ὑφορώμενοι, μή πως κατὰ τὴν αὐτῶν χώραν εἴη χρονίσας ὁ ῥὴξ ὡς ἤδη καταπαλαίσας σφας, φιλοφροσύνην ἐς αὐτὸν προσποιητὴν ἐνδειξάμενοι ἔδοξάν πως αὐτὸν ἐκμειλίξασθαι· τὸν δὲ ὅμηρα τὰ τῶν μέγα παρ' αὐτοῖς δυναμένων τέκνα δεξάμενον καὶ ἡγεμόνας ὁδοῦ προσλαβόμενον πλείστους τὰ αὐτῶν ὅρια οὕτως ὑπερ-

---

91 εὐρεῖ σάκει: Hom. Λ 527; al. **3—4** βριθὺ — στιβαρόν: cf. Hom. E 746 **5** ἀγροῦ . . . χόρτον: Ier. 12, 4; al. **13—14** ὡς — ῥώμῃ: cf. Hom. E 299

VA = a, PW, RMDF = b

90 ὡς om. R **90—91** αὐτὸν περιειληφότες ἐτόξευον V: περιεκύκλωσαν αὐτὸν καὶ ἐτόξευον B **91** περισκεπόμενος V **91—92** τῶν ὅπλων: τοῦ θώρακος P **93—94** δὲ ἐκείνω R **94** εἷς: τις Bekk ἐπαγγειλάμενος P Bekk **1** εἰς VAW **2** ἀκρώρεια R ἔπαιε τὸν: ἐπαινετὸν R **4** περιδοχμίως R **5** πρόσθεν P οὐδ' om. D **7** ὁ om. V: hab. B **8** καταφέρει τὴν σπάθην P **9** μὲν om. W **10** καὶ om. R **12** ἀναθαρρῆσαι F **13** πεποιθὼς τῇ οἰκείᾳ F Bekk **16** δ' Bekk **17** ὡς om. VAWR ἐς: πρὸς A **18** ἐνδειξάμενοι ἔδοξαν: ἐνδείξασθαι καὶ δόξαι P **20** αὐτῶν: ἐκείνων P οὕτως ὅρια V

93 τῶν ἐναντίων: τοῦ βαρβαρικοῦ ἐκείνου ξυλλόγου P b Bekk **1** καὶ ἐνώπιος ἐνωπίῳ τῷ Ἀλαμανῷ (τῷ Ἀλ. om. P) post ἀγχωμάλως add. P b Bekk **5** τοὺς ἐμπροσθίους . . . ἀπέτεμεν b Bekk **16—21** φασὶ δὲ ὡς οἱ . . ., ὀλίγῳ δὲ ὕστερον: οἱ δ' . . ., ὀλίγῳ δὲ ὕστερον ἥδετο (ἤσθετο R) b **17** κατὰ: ἐς b: εἰς Bekk **18** οὕτω post ἐκμειλίξασθαι add. P b Bekk **19** τὰ — τέκνα: τῶν . . . δυναμένων τοὺς παῖδας P b Bekk βαλεῖν, ὀλίγῳ δὲ ὕστερον τῆς Ἀρμενίας ἀψάμενον οὐ βραχεῖς ἐκ τούτων δοῦναι τῷ ξίφει, τοὺς δὲ λοιποὺς ἀποπέμψαι ὀπίσω.

Φιλοτίμως δὲ ὑπὸ τῶν Ἀρμενίων προσδεχθεὶς καὶ συχνὰς ἡμέρας ἐκεῖσε προσδιατρίψας ἐς τὴν Ἀντιόχου πόλιν ὥρμητο μεταχωρεῖν, μέγα ἀεὶ περιβαλλόμενος ὄνομα ἐπί τε συνέσει καὶ τῷ ἀκαταμαχήτῳ στρατεύματι καὶ μηδὲν ἔχων | ὑπαντιάζον πολέμιον. γενόμενος δὲ κατά τινα ποταμὸν (ὢ τῶν ὑπὲρ δόξαν καὶ ἀέλπτων περιπτώσεων, ἢ μᾶλλον τῶν ἀνεφίκτων ἀνθρώποις κριμάτων θεοῦ) ταῖς τῶν ὑδάτων δίναις ἐναποπνίγεται, ἀνὴρ διὰ μνήμης ἄγεσθαι ἀγαθῆς καὶ διηνεκοῦς καὶ μακαρίζεσθαι δικαίως τοῦ τέλους παρὰ τοῖς εὐφρονοῦσιν ἄξιος, οὐ μόνον ὅτιπερ εὖ εἶχε τοῦ γένους καὶ πολλῶν ἐκ τριγονίας κατῆρχεν ἐθνῶν, ἀλλ᾽ ὅτι τῷ τοῦ Χριστοῦ πόθῳ πυρούμενος ὑπὲρ τοὺς ὁπουδήποτε τῶν τότε Χριστιανῶν αὐτοκράτορας πατρίδα καὶ χλιδὴν βασίλειον καὶ ἀνάπαυλαν καὶ τὸν οἴκοι μετὰ τῶν φιλτάτων ὄλβον καὶ τὸν ὑπερήφανον βίοτον παρωσάμενος εἵλετο συγκακουχεῖσθαι τοῖς κατὰ Παλαιστίνην Χριστιανοῖς ὑπὲρ τοῦ ὀνόματος τοῦ Χριστοῦ καὶ τῆς τοῦ ζωοπαρόχου τάφου τιμῆς, τὴν ἀλλοτρίαν τῆς οἰκείας προκρίνας, μηδ᾽ ὑποχαλασθεὶς τῆς ὁρμῆς τοῖς παρασάγγαις τῆς πολλῆς καὶ πάσης ἀργαλέας ὁδοῦ καὶ τοῖς ἐκ τῶν ἐθνῶν κινδύνοις, δι᾽ ὧν παρέρχεσθαι ἤμελλεν. οὐδὲ τὸ στενὸν ὕδωρ καὶ ὁ μετρητὸς ἄρτος, καὶ οὗτος ὠνητός, ἐνιαχοῦ δὲ καὶ ἐπίβουλος, ἐξέκρουσαν αὐτὸν τῆς προθέσεως, οὐδὲ τέκνων περιχύσεις καὶ περιβολαὶ μετὰ δακρύων καὶ ὕστατοι ἀσπασμοὶ τὴν αὐτοῦ ψυχὴν συγκεχύκασιν ἢ ἐξεθήλυναν· ἀλλὰ κατὰ τὸν ἀπόστολον Παῦλον μὴ ἔχων τὴν οἰκείαν ψυχὴν τιμίαν παρ᾽ ἑαυτῷ ἐπορεύετο μὴ μόνον δησόμενος, ἀλλὰ καὶ ἀποθανούμενος ὑπὲρ τοῦ ὀνόματος τοῦ Χριστοῦ.

---

21 τῆς Ἀρμενίας ἀψάμενον: die 30 mens. Maii a. 1190 **29** ἐναποπνίγεται: die 10 mens. Iun. a. 1190

---

31 ἐκ τριγονίας: cf. Herodian. 1, 7, 4 **36** ὑπὲρ — Χριστοῦ: cf. Act. 5, 41; 9, 16; 21, 13 **38—39** τῆς — ὁδοῦ: ad Hom. δ 393 alludere videtur, cf. Nic. Or. 216, 29 **40** τὸ — ἄρτος: cf. Is. 30, 20 **43—45** κατὰ — δησόμενος: cf. Act. 20, 22—24 **45** ἀλλὰ — Χριστοῦ: cf. supra lin. 36

VA = a, PW, RMDF = b

23 ὑπὸ: ἀπὸ W **23—24** ἐκεῖσε ἡμέρας Bekk **24** τὴν om. R Ἀντιοχέων V: Ἀντιόχειαν B **26** πολέμιον om. F **27** καὶ om. W εἰπεῖν post μᾶλλον add. Bekk **28** ἀνθρώποις om. R κριμάτων ἀνθρώποις V **29** ἀγαθῆς: ἀγαθῆς τε P Bekk **31** τοῦ om. RMDF ἦρχεν V **32** ὅτι: ὅτι καὶ Bekk διαπυρούμενος VA **34** τὸν οἶκον V: τὰ οἴκοι AW et ὄλβον om. VAW **36** τῆς om. F **39** ἐθνῶν: ἐχθρῶν V **40** ἔμελλεν V ἄρτος om. V **44** οἰκείαν: αὐτοῦ DF Bekk **45** δησόμενος: δὲ θησόμενος V^{ac}: δεθησόμενος V^{pc} θανούμενος DF τοῦ alt. om. P

30 ἐχέφροσιν P b Bekk **38** πολλῆς: δολιχῆς b Bekk **41** ἐξέκρουσεν P b Bekk οὕτως | ἀποστολικὸς ἦν τοῦ ἀνδρὸς ὁ ζῆλος καὶ θεοφιλὴς ὁ σκοπὸς καὶ τῶν ὑπερτελῶν τὸ κατόρθωμα, οἱ πρὸς τὴν ἀνάντη πολιτείαν τῆς εὐαγγελικῆς ὑψηγορίας ὅλον τὸν νοῦν ἀνατείναντες καὶ πρὸς ταύτην ἅπαντα τὸν δρόμον συντείναντες τὰ κατὰ τὸν βίον ἁπαξαπλῶς ὡς σκύβαλα παρεβλέψαντο.

Καὶ ὁ μέν, ὡς ἐμαυτὸν πείθω, μακαριστοῦ τετύχηκε τέλους· ὁ δ' ἐκείνου υἱὸς τὴν πατρῴαν ἀρχηγίαν δεξάμενος τὴν Ἀντιόχειαν εἰσελήλυθεν, ἐκεῖθεν δ' ἀφιγμένος εἰς τὴν προσωτέρω Κοίλην Συρίαν Λαοδίκειαν κατεστήσατο, καθ' ἑαυτὴν στασιάζουσαν καὶ πρὸς τοὺς ἐξ Ἰσμαὴλ μεταρρέπουσαν, καὶ Βηρυτὸν πόνῳ οὐδενὶ παρεστήσατο καὶ ἄλλας πλείστας Συριακὰς ὑπηγάγετο πόλεις, Λατίνοις μὲν ὑπηκόους πρότερον, τότε δὲ προσκεχωρηκυίας Σαρακηνοῖς. ἀλλὰ καὶ κατὰ τὴν Τύρον ἀφιγμένος καὶ πολιορκήσας τὸ Ἄκε, ὑπὸ Ἰσμαηλιτῶν κατεχόμενον, καὶ μογήσας ἐφ' ἱκανὸν ὑπὲρ τοῦ ὀνόματος τοῦ Χριστοῦ καὶ αὐτὸς ἐκεῖσε τὴν ζωὴν καταλέλυκε. τὸ δὲ περιλειφθὲν τοῦ στρατεύματος οὐκέτι διὰ τῆς ἠπείρου θέσθαι τὴν ἐπάνοδον ἐδοκίμασεν ἀπιστίαν κατεγνωκὸς τῶν ἐθνῶν, δι' ὧν παρώδευσε, πλοίων δ' εὐπορῆσαν στρογγύλων, ἅπερ ἦσαν ἐκ τῶν ἑσπερίων ὁμοφύλων αὐτοῖς γενῶν εἰς Τύρον καταίροντα, τοῖς οἴκαδε ἀνασώζεται.

Τῷ καιρῷ δὲ τούτῳ οὐ μόνον Ἀλαμανοὶ κατὰ τῶν τὴν | Παλαιστίνην κατασχόντων καὶ τὴν Ἱερουσαλὴμ ἐκπορθησάντων Σαρακηνῶν ἐστράτευσαν, ἀλλὰ καὶ ὁ ῥὴξ Φραγγίας καὶ ὁ τῶν πελεκυφόρων κατάρχων Γερμανῶν, οὓς νῦν φασὶν Ἰγγλίνους, ναῦς ὅτι πλείστας ἐκ Σικελίας καὶ τῆς κατὰ τὴν Ἰταλίαν ἠπείρου ἀγείραντες σίτου τε αὐτὰς ἐμπλησάμενοι καὶ τῶν ἄλλων ἐπιτηδείων εἰς Τύρον ἔπλευσαν· ταύτην γὰρ τὴν πόλιν εἶχον οἱ ἀθροιζόμενοι ναύσταθμον καὶ πρὸς τὸν κατὰ Σαρακηνῶν πόλεμον ὁρμητήριον. πλὴν οὐδ' οὗτοι τῆς ἁγίας πόλεως ἐξελάσαι ἴσχυσαν τοὺς Σαρακηνούς, ἀλλ' ἀτέλεστον ἀφεικότες ὃ προέθεντο ἔργον τοῦ πρὸς τὰς πατρίδας πάλιν ἥψαντο πλοῦ.

---

52 τὴν Ἀντιόχειαν εἰσελήλυθεν: die 21 mens. Iun. a. 1190 **60** καταλέλυκε: die 20 mens. Ian. a. 1191 **65** τῷ καιρῷ . . . τούτῳ: a. 1189 **74** τοῦ — πλοῦ: a. 1192 aestate

---

47—50 οἱ — παρεβλέψαντο: cf. Phl. 3, 20 et 18 **54** τοὺς ἐξ Ἰσμαὴλ et **58** Ἰσμαηλιτῶν: cf. p. 384, 16 **59** ὑπὲρ — Χριστοῦ: cf. 416, 36 et 45

VA = a, PW, RMDF = b

47 οἱ: οἷον AW **48—50** καὶ — σκύβαλα i. r. 25 litt. et mg. P **48—49** καὶ — συντείναντες om. RMDF **49** τὰ: τοὺς P **52** διαδεξάμενος VB Sc **53** περαιτέρω P: προσωτέραν R κοιλίαν R **56** Συριακὰς: κυριακὰς W **58** ἀφικόμενος VAW **63** ἑσπερίων om. Bekk ἐς R **64** κατάραντα P **66** καὶ om. M **67** δὲ post πελεκυφόρων add. AP[mg] Bekk **68** Γερμανῶν: Βρεττανῶν P Bekk Ἰγγυλίνους M: Ἰγκλίνους F **69** τῆς Σικ. V ἐγείραντες R τε: δὲ W **71—72** πρὸς—πόλεμον: κατὰ τῶν Σαρρακηνῶν P οὗτοι: ὅτι R

58 τῶν Ἰσμαηλιτῶν b Bekk

Ὁ δέ γε τῶν Ἰγγλίνων ῥὴξ ἐν τῇ ἀναγωγῇ κατάρας εἰς Κύπρον αὐτῆς τε ἐκράτησε καὶ τὸν ταύτης τύραννον, ἢ μᾶλλον ἀπάνθρωπον καὶ δυσμείλικτον ὀλοθρευτήν, Ἰσαάκιον τὸν Κομνηνόν, συλλαβὼν τὰ μὲν πρῶτα εἶχεν ἐν δεσμοῖς, μικρῷ δὲ ὕστερον ἐκεῖθεν ἐκτοπίσας τὸν ἀλιτήριον ὅσα καὶ ἀνδράποδόν τινι τῶν ὁμογλώττων ἀπεχαρίσατο. καὶ αὐτὸς μὲν εἰς Παλαιστίνην κατέπλευσεν, ἐν δὲ τῇ Κύπρῳ καταλείψας στράτευμα ὡς οἰκείας ἤδη τῆς νήσου ἀντεποιεῖτο καὶ στέλλων ἐς τὴν νῆσον νῆας φορταγωγοὺς τὰ πρὸς τὸ ζῆν ἐκεῖθεν ἐφορολόγει. κἀν τῷ ἀπαίρειν ἤδη τῆς Παλαιστίνης ὡς σφετέραν ἐδωρήσατο χώραν τὴν Κύπρον τῷ τῶν Ἱεροσολύμων ἡγήτορι ῥηγί, ἵν' ἐκεῖσέ τε τὰς οἰκείας ποιοῖτο διατριβὰς ἐκεχειρίαν ἄγων ἐκ τῶν πολέμων οἷα τὴν οἰκείαν ἀρχὴν ἀποβεβληκώς, καὶ κατάρχῃ | τῶν Κυπρίων ὡς ὑπ' αὐτου προσκληρωθέντων τάφῳ τῷ κυριακῷ καὶ τῆς νήσου συναφθείσης τοῖς τῆς Παλαιστίνης ὁρίσμασι. καὶ ταῦτα μὲν οὑτωσί.

VA = a, PW, RMDF = b

75 Ἠγγιλίνων M **76** εἰπεῖν post μᾶλλον add. Bekk **77—78** τὰ πρῶτα μὲν P **80** ἐς V **81** ἀντείχετο P ἐς om. M: εἰς Bekk ἐς τὴν νῆσον: ἐκ τῆς Τύρου VB: om. AW **82** πρὸς: εἰς V ἐφορολόγει: εἰσεκομίζετο P **84** ἡγήτορι om. R **84—85** ἵνα τὰς οἰκ. π. δ. ἐκεῖσε Bekk **87—88** τῷ τ. Π. ὁρίσματι M **88** οὑτωσίν V

82—83 κἀν — ἤδη: ἐν δὲ τῷ μεθίστασθαι P b Bekk **86** ἀποβαλόμενος P b Bekk **86—87** τῶν — συναφθείσης: τῆς (τῆς: τῶν D[ac]F) Κυπρίων ὡς ὑπ' ἐκείνου τῷ κυριακῷ προσκληρωθείσης μνήματι καὶ συναφθείσης P b Bekk

ΤΟΜΟΣ ΤΡΙΤΟΣ ΤΗΣ ΒΑΣΙΛΕΙΑΣ ΙΣΑΑΚΙΟΥ ΤΟΥ ΑΓΓΕΛΟΥ

Ὁ δέ γε βασιλεὺς Ἰσαάκιος ἐπὶ τρισὶ παισὶ τὴν τοῦ γένους σαλεύων διαδοχήν, οἳ ἐκ τῶν προτέρων αὐτῷ γάμων γεγένηντο, δυσὶ μὲν θηλείαις, ἑνὶ δὲ ἄρρενι, τῶν μὲν τὴν πρεσβυτέραν κατὰ τὸν χρόνον εἰς μοναχὴν ἀποκείρει καὶ τὸν τοῦ Ἰωαννίτζη λεγόμενον οἶκον εἰς γυναικεῖον μετασκευάσας πολλοῖς ἀναλώμασι φροντιστήριον (τοῦτο δὲ καὶ ἡ βασιλὶς Ξένη ποιεῖν ἐπεβάλετο μετὰ μόρον τοῦ ταύτης ξυνεύνου καὶ βασιλέως Μανουὴλ) αὐτὴν ἐκεῖσε ὡς ἀμνάδα τῷ θεῷ ἱερώσας ἐνεμάνδρευσε καὶ ἀπέταξε, θατέραν δὲ εἰς γυναῖκα πέπομφε γαμετὴν τῷ υἱῷ τοῦ ῥηγὸς Σικελίας τοῦ Ταγγρέ, ὃς τὸν Γιλίελμον διεδέξατο θανάτῳ ἐξ ἀνθρώπων γενόμενον, τὸν καὶ κατὰ Ῥωμαίων ἄραντα πόλεμον | ἐξ ἠπείρου τε καὶ θαλάσσης, ὡς φθάσαντες ἱστορήκειμεν. τὸν δὲ υἱὸν Ἀλέξιον τῆς βασιλείας κληρονόμον ἀνέτρεφε, κἂν οὐδέπω τὸ τοῦ βίου φανταζόμενος πέρας ἢ ἔκπτωσιν τῆς δυναστείας ὑφορώμενος δύο καὶ τριάκοντα χρόνους ἄρξειν ἀδιστάκτως ἐχρησμολόγει, ὥσπερ τὸ θεῖον προειδὼς βούλημα ἢ τοὺς ὅρους πήσσων ἑαυτῷ τῆς ζωῆς, οὓς ὁ θεὸς ἔθετο παρὰ τῇ ἰδίᾳ ἐξουσίᾳ.

---

3 πέπομφε: initio a. 1193

91—92 ἐπὶ — διαδοχήν: cf. Apost. 8, 20 **6** ἱστορήκειμεν: p. 296, 88 sqq. **10** οὓς — ἐξουσίᾳ: cf. Act. 1, 7

VA = a, PW, RMDF = b

89—90 Τόμος τρισκαιδέκατος· ἔτι περὶ τῆς βασιλείας Ἰσ. τ. Ἀγγ.· τοῦ αὐτοῦ Χωνειάτου V **89** τρίτος τόμος W **90** Ἰσ.: κυροῦ Ἰσ. R: τοῦ βασιλέως κῦρ Ἰσ. D **91** γε om. F Bekk **92** οἳ — γεγένηντο: ἐκ . . . γεγενημένοις P ἐκ . . . γεγένηντο: τῶν . . . ἐκγεγένηντο AW **94** Ἰωαννιτζίου VB **1** ἐπελάβετο V^{ac} **2** τοῦ Μανουὴλ AW ἐμάνδρευσε DF Bekk **2—3** καὶ ἀπέταξε suppl. P^{mg} **3—4** τοῦ τῆς Σικελίας ῥηγὸς VB **4** Ταγκρέ Bekk **5** κατὰ — πόλεμον: Ῥωμαίοις ἐπιστρατεύσαντα P **6** ἱστορήκαμεν R κληρονόμον τῆς βασιλείας VB **7** οὐδέποτε M τὸ om. P **8** ὁπωσοῦν post δυναστείας add. AW ἀδιστάκτως ἄρξειν DF ἀδιαστίκτως A suppl. P^{mg}W **10** ὁ om. P ἔθετο ὁ θεὸς M

92 γάμων: σπερμάτων b **94** ἀποκείρει: ἀπέταξε P b Bekk **2** Μανουὴλ: τοῦ Κομνηνοῦ Μαν. RM: τοῦ Κομν. κυροῦ (-ίου Bekk) Μαν. DF Bekk **2—3** καὶ ἀπέταξε om. b Bekk **4—5** ὃς ἦρξε μετὰ Γιλίελμον τὸν κατὰ P b Bekk

Οὐ μόνον δὲ ὁ Βρανᾶς Ἀλέξιος καὶ ὁ Λυδὸς Θεόδωρος κατὰ τοῦ βασιλέως τούτου πτερνισμὸν ἐμεγάλυναν, ἀλλὰ καὶ ἕτεροι βασιλείας ἑαυτοῖς περιτεθείκασιν ὄνομα. αὐτίκα γάρ τις Ἀλέξιος, ἑαυτὸν εἶναι λέγων υἱὸν τοῦ τῶν Ῥωμαίων αὐταρχήσαντος Μανουήλ, τοσοῦτον ἀρίστως τὸν ἀγωνιστὴν ὑπέδυ τοῦ δράματος καὶ τὸ τοῦ βασιλέως Ἀλεξίου προσωπεῖον εὐφυῶς ὑπεκρίνατο, ὡς καὶ κόμην διευθετίζειν κατὰ τὴν ἐκείνου ὑποξανθίζουσαν καὶ τὸν τῆς γλώττης τοῦ παιδὸς καὶ βασιλέως σχηματίζεσθαι ψελλισμόν. ἐκ τῆς Κωνσταντίνου μὲν ὥρμητο ὁ μεῖραξ, ἐς δὲ τὰς κατὰ Μαίανδρον πόλεις πρώτως ὀφθεὶς κατέλυσεν εἰς πολίχνιον λεγόμενον Ἅρμαλα κἀκεῖσε Λατίνῳ τινὶ ἐπιξενωθεὶς καὶ ὅστις εἴη ἀπηγγελκὼς (ἔλεγε δέ, ὡς μικρὸν εἰρήκειμεν ἄνωθεν, καὶ ἐκδοθῆναι μὲν εἰς τὸ κατὰ βυθοῦ θαλάσσης ἀκοντισθῆναι παρ' Ἀνδρονίκου, οἰκτειρηθῆναι δὲ παρὰ τῶν τοῦτο ἐπιταχθέντων ὡς πατρῴων αὐτῷ ὁμοτῶν) σύναμά οἱ πρὸς τὸ | Ἰκόνιον ἄπεισι καὶ τῷ γέροντι ὀφθεὶς σουλτὰν (οὔπω γὰρ αὐτὸν καθῄρηκε τῆς ἀρχῆς ὁ ἐκείνου παῖς Κοτπατῖνος) ὡς υἱὸς ἀληθινὸς τοῦ αὐτοκράτορος Μανουήλ, ἀλλ' οὐχ ὡς ἐπείσακτος καὶ πλάνος ἐκείνῳ προσδιελέγετό τε καὶ προσεφέρετο. πολλάκις δὲ καὶ ἐπέπληττε καὶ τῶν ἐκ τοῦ δῆθεν πατρὸς ἐκείνῳ τοῦ Μανουὴλ ἐπ' αὐτῷ γεγενημένων ἀναμιμνήσκων εὐποιϊῶν ἀχάριστον περὶ τὸν εὐεργέτην ἐκάλει καὶ τὸ ἀφιλάνθρωπον αὐτῷ ἐπωνείδιζεν, εἰ οὕτως ἀτυχοῦντι τῷ τοῦ φίλου τέκνῳ ἐπαμύνειν οὐκ ἐπικάμπτεται.

Ὁ δὲ τοῦτο μὲν ἀπὸ τῆς ἀναιδείας, τοῦτο δ' ἐκ τῶν τοῦ χαρακτῆρος ἰνδαλμάτων τιμᾶν αὐτὸν ἐναγόμενος, δώροις τε οὐκ ὀλίγοις ἥδυνε καὶ ἀγαθαῖς ἐλπίσιν ὑπέσαινεν. ἦν δ' ὅτε καὶ πρεσβευτὴν Ῥωμαίων ἑστῶτα καὶ ἀκροώμενον ὅπως ἑαυτὸν τῇ ἐξόχῳ εὐγενείᾳ ἐσέμνυνεν, ἤρετο ὁ

---

19 πρώτως ὀφθείς: a. 1189 (cf. lin. 25)

---

12 πτερνισμὸν ἐμεγάλυναν: cf. Ps. 40, 10

VA = a, PW, RMDF = b

11 Λυδᾶς RM **12** ὡσαύτως post ἕτεροι add. P **13** γὰρ om. VM: hab. B **13—14** λέγων εἶναι DF Bekk **14** Κομνηνοῦ Μανουὴλ Bekk **16** ὑπεκρίνετο DF **19** εἰς Bekk τὰς om. M **21** μικρὸν: φθάσαντες P εἰρήκαμεν R καὶ om. P[ac] **23** τοῦτο: εἰς τοῦτο V αὐτοῦ V **25** ὁ ante Κοτπ. add. APW Bekk Κοτπατίνης V: Κοτωπατῖνος R: Κοπατῖνος B Bekk **26** ὡς: καὶ M ἀληθὴς P **27** τε καὶ intrascr. et προσεφέρετο suppl. P[mg] **28—29** τῶν . . . γεγενημένων ἀναμιμνήσκων εὐποιϊῶν: τὰς . . . γεγενημένας καταλέγων εὐποιΐας P **28** ἐκείνῳ: αὐτῶ V: ἐκείνου A τοῦ om. V: τῷ A **29** ἐπιμιμνήσκων V **31** τῷ — τέκνῳ: φίλου παιδὶ Bekk τοῦ om. P ἐπαμύνειν: μὴ ἐπαμύνων V οὐ βοηθεῖ οὔτε μὴν ἐπικάμπτεται X (id. or. dir. B) **32** ἀπὸ: ὑπὸ Bekk **33** τιμᾶν: ἐλεεῖν P **34** δ' ὅτε: δὲ τότε M

12 ἀλλὰ: ἀλλά γε b Bekk **18** μὲν: μὲν οὖν W b Bekk **23** τοῦτο: τὸ ἔργον τοῦτο b Bekk **27** τε καὶ προσεφέρετο om. b **30** αὐτῷ om. P b Bekk **31** ἐπαμύνειν om. P b Bekk σουλτάν, εἰ ἐπίσταται τοῦτον τοῦ αὐτοκράτορος υἱὸν Μανουήλ. τοῦ δὲ μηδέν τι φήσαντος ἕτερον, ἀλλ' ὅτι δὴ ἐκεῖνος ἀληθῶς ἀπόλωλε φανεὶς ὑδατόκλυστος καὶ οὗτος μάτην περὶ ἑαυτοῦ τὰ μὴ πιστεύεσθαι πεφυκότα ξυντίθησι τῷ τοῦ κειμένου ὀνόματι ἐποχούμενος, βράττων ἀτεχνῶς θυμῷ καὶ ζέων ἀκριβῶς τῷ χόλῳ ὁ μεῖραξ Ἀλέξιος μικροῦ ἂν τοῦ πώγωνος ἐπελάβετο τοῦ πρεσβεύοντος, εἰ μὴ αὐτὸς ὁ πρέσβις διακινηθεὶς ἐς ὀργὴν ἀπεκρούσατο γενναίως μάλα τὸν Ψευδαλέξιον καὶ ὁ σουλτὰν δέ οἱ ὡς ἄτοπα δρῶντι ἐμβριμησάμενος ἀτρεμεῖν ἐκέλευσε.

Τῇ συχνῇ | δ' ὅμως τοῦ νεανίου ἐκλιπαρήσει ὁ Περσάρχης καθυπενδοὺς οὐδὲ τότε μὲν τὰ τῶν αἰτήσεων ὑπέρογκα ἐτερμάτωσε, συνεχώρησε δ' οὖν ὅμως διὰ σουλτανικοῦ γράμματος, ὅ φασιν οἱ Τοῦρκοι μουσούριον, ὅσους ἂν σχοίη τῶν ὑπὸ τὴν ἐκείνου ἀρχὴν ὑποποιήσασθαι ἀδεῶς. ὁ δὲ ἀναχωρήσας καὶ τὸ γράμμα τοῖς Τούρκοις καθυποδείξας τὸν ἀμηρᾶν ἐφέλκεται Ἀρσανῆν καὶ ἑτέρους οὐκ ὀλίγους, οἳ ληστεύειν τὰ Ῥωμαίων εἰώθασιν, ὡς ἐν βραχεῖ καιρῷ χιλιάδας ὀκτὼ στρατεύματος ἐφεπομένας λαχεῖν· ὅθεν τὰς κατὰ Μαίανδρον ἐπιὼν πόλεις ἃς μὲν ὁμολογίᾳ χειρούμενος ἦν, τινὰς δὲ καὶ ἀνθισταμένας παντοίως διέφθειρε. μάλιστα δὲ τὰς ἅλωνας ἐλυμαίνετο, ὅθεν καὶ καυσαλώνης ἐπεκέκλητο.

Κατὰ δὲ τούτου τοῦ μείρακος πολλοὶ μὲν καὶ ἄλλοι πολεμησείοντες ἀπεστάλησαν, οὐδεὶς δ' ἐργάσασθαί τι ἔσχε νεανικόν, ἀλλ' ὑπενόστουν ἄπρακτοι δεδιότες, μὴ καταπροδοθεῖεν ὑπὸ τῶν συνόντων ἐκείνοις Ῥωμαίων οἷα μάλιστα ῥεπόντων εἰς τὸν καθιστάμενον ἄρτι βασιλέως παῖδα καὶ βασιλέα ἢ ἄρχειν αἱρουμένων τὸν βασιλεύοντα Ἰσαάκιον. οὐ γὰρ τοῖς πολλοῖς ἤδη καὶ ἀγροτέροις ἠσπάζετο καὶ ἦν διὰ στόματος καὶ ὀνόματος καὶ θεώμενος ἐδόκει ἐπέραστος, ἀλλὰ καὶ τοῖς κατὰ τὴν βασίλειον αὐλὴν διατρίβουσι καὶ εἰδόσι μάλα ἐπισταμένως ὡς Ἀλέξιος ὁ τοῦ βασιλέως παῖς Μανουὴλ πάλαι τὸν βίον ἀπολέλοιπε τὸν ἀνθρώπινον εἰς θαῦμα ἐτίθετο, γινώσκουσι μὲν τὰ ὄντα, τὰ | δὲ καθ' ἡδονὴν σφίσιν εἰκάζουσι.

VA = a, PW, RMDF = b

36 σουλτᾶν R: σουλτάνος M **37** δὴ om. V ἀπώλετο ἀληθῶς Bekk **38** ἑαυτὸν A **39** συντίθησι M (κει)μένου ὀνόματι P[pc] **40** τῶ θυμῶ VAW **43** δρῶντι: πράττοντι V: πράξαντι B **46** ὅμως om. P **47** μουσάριον A: fort. μουσούριον (arabice manṣur) Grabler i. l. **48** ἐκεῖθεν post ἀναχωρήσας add. P Bekk τοῦτο post γράμμα add. AW **49** Ἀρσαρῆν V: Ἀρσανὴν B **50** τοῦ στρατεύματος W **51** ἐκείνω post ἐφεπομένας add. P Bekk **54** ἐπικέκλητο A **56** ἐργάσασθαί τι ἔσχε: εἰργάσατό τι P ἔσχε: ἐνίσχυσεν M **57** ἐκείνω VAPW **59** βασιλεύοντα: βασιλέα A **60** πολλοῖς ἤδη: χυδαίοις μόνον P **63** ἀπέλιπε V **64** μὴ γινώσκουσι τὰ ὄντα V **64** δὲ: δέ γε AP[pc]W Bekk ἡδονήν: ὁδόν R

39 τῇ τοῦ κειμένου κλήσει b Bekk

Σὺν ἑτέροις δὲ καὶ ὁ τοῦ βασιλέως ἀδελφὸς Ἀλέξιος ἔξεισιν, ὃς καὶ ὕστερον ἐβασίλευσεν. πλὴν καὶ οὗτος κατ' οὐδεμίαν μάχην συνεπλάκη τῷ Ἀλεξίῳ, ἀλλ' ὡς πλεῖστον ἀποσκηνούμενος ἐπισυνίστη μόνον τὸ λεῖπον τῆς παροικίας, ὁπόσον γε ἐκείνῳ μὴ προσεχώρησε, καὶ συνεῖχε τὸ διαρρέον καὶ μεταβαῖνον εἰς τὸν ἀναβεβιωκότα τοῦτον Ἀλέξιον. ἀλλ' ἔτι τῶν πραγμάτων οὕτως ὄντων ᾐωρημένων καὶ τοῦ μὲν ἀεὶ ἐμπλατυνομένου τε καὶ κρατυνομένου, τοῦ δὲ σεβαστοκράτορος ὑποφεύγοντος καὶ ἀγῶνα τὸν ἐνώπιον ὑποπτήσσοντος, λύει θεὸς τὸν ἐμφύλιον πόλεμον καινοπρεπῶς καί, ὡς αὐτὸς ἐπίσταται μόνος, ἐν ἀκαρεῖ· τὸν γὰρ Ἀλέξιον αὖθις ὑποστρέψαντα πρὸς τὰ Ἅρμαλα καὶ μετὰ πότον ὑπνώττοντα ἀποσφάττει τις τῶν ἱερέων τὴν αὐτοῦ παρακειμένην σπασάμενος μάχαιραν. οὗ τὴν κεφαλὴν ἀποκομισθεῖσαν ἀθρήσας ὁ σεβαστοκράτωρ Ἀλέξιος καὶ τῆς ξανθῆς ἀναλαμβάνων κόμης πολλάκις διὰ τοῦ ἱππείου μύωπος ,,οὐ πάντῃ'' ἔφασκεν ,,ἀμαθῶς αἱ πόλεις τῷ ἀνθρώπῳ τούτῳ ἐπηκολούθησαν''.

Ἀλλὰ τότε μὲν οὗτος τοιαύτην ἔτισε δίκην καὶ ὧν μὲν ἐπλημμέλησεν ἑτέρως, Πέρσας μὲν ὁπλίσας κατὰ Ῥωμαίων, τούτων δ' αὖ ὁπόσον αὐτῷ προσερρύη καθ' ὁμοφύλου ἀγριάνας αἵματος, καὶ ὧν δὲ παρῴνησεν ὁ ἐπάρατος εἰς τὸν ἐν ταῖς ἐμαῖς Χώναις περιώνυμον νεὼν τοῦ ἀρχιστρατήγου τῶν θείων καὶ | ἀΰλων τάξεων Μιχαήλ· ἐμίανε γὰρ τὸ τοῦ θεοῦ πανάγιον σκήνωμα εἰσελθὼν μετὰ Περσῶν καὶ ἠνείχετο καθορῶν ὁ ἀλάστωρ τὰ διὰ ψηφίδων ποικιλοχρόων τοῦ Χριστοῦ καὶ τῶν ἁγίων ἀχρειούμενα ἔκτυπα καὶ τὸν ἱερὸν ἀνάσταθμον πελέκει καὶ λαξευτηρίῳ καταρασσόμενον καὶ τὴν παναγῆ καὶ θυωρὸν βεβηλουμένην καὶ βαλλομένην ἔραζε τράπεζαν.

Οὐ πολλαῖς δὲ ὕστερον ἡμέραις καὶ ἕτερός τις τὴν αὐτὴν κλῆσιν καὶ βασιλέα τὸν αὐτὸν γεννήτορα ψευδωνύμως ὑπεισιὼν κατὰ Παφλαγονίαν ἐπεφάνη. καὶ τινὲς μὲν καὶ τούτῳ ἐπαρχίαι προσκεχωρήκασι.

---

76 ἀποσφάττει: paulo ante Epiphaniam a. 1193

88—89 πελέκει — καταρασσόμενοι: cf. Ps. 73, 6

VA = a, PW, RMDF = b

67—70 πλὴν — Ἀλέξιον suppl. P[mg] **68** ἐπισυνίστησι V **69** λεῖπον: πλεῖστον W **71** οὕτως om. P **75** γὰρ om. F πρὸς τὰ Ἅρμαλα: πρὸς τὸ φρούριον τὴν Πισσὴν AW Sc: ἐς τὴν Πίσσαν τὸ φρούριον P: πρὸς τὰ Ἅρμ. εἰς τὴν Πίσσαν τὸ φρ. Bekk πότον: πότμον A **77** οἱ post ἀποκομισθεῖσάν add. AP[pc]W Bekk **78** πολλάκις om. P **79** ἀμαθῶς: ἀδεῶς M **83** ἐπαρώνησεν V **84** ταίς ἐμαῖς om. VAW **86** τῶν Περσῶν V: τῶν Τούρκων B **87** ἀλάστωρ P[ir] **88** ἔκστηλα V ἀνάβαθμον V **89** καὶ om. M θυρωρὸν R: θυρὸν M βεβλημένην R **92** αὐτοῦ M

67—70 πλὴν — Ἀλέξιον om. b **72—73** ὑποφεύγοντος — ὑποπτήσσοντος: περὶ (ἔτι περὶ P Bekk) συλλογὴν ἐμπονουμένου (ἐκπονουμένου F Bekk) στρατεύματος P b Bekk **73—74** τὴν ἐμφύλιον μάχην P b Bekk **87** ἀλάστωρ: ἐπάρατος b Bekk **88** ἔκτυπα ἀχρειούμενα P b Bekk ἱερὸν: ἱερὸν καὶ θεῖον b Bekk σταλεὶς δὲ κατ' αὐτοῦ ὁ σεβαστὸς Θεόδωρος ὁ Χοῦμνος, χαρτουλάριος ὢν τῶν ἱπποστάθμων, ἥττησέ τε πόλεμον συγκροτήσας καὶ συνειληφὼς ἀπέκτεινεν.

1 Ἐπὶ τούτοις καὶ ὁ Χοτζᾶς Βασίλειος κατὰ τὴν ἄγχουρον Νικομηδεῦσι Ταρσίαν ἀνταρσίαν ἐμελέτησε καὶ προέβη μὲν καὶ ἡ τούτου ἐφ' ἱκανὸν τυραννίς, συλληφθεὶς δὲ καὶ αὐτὸς ἀμαυροῦται τοὺς ὀφθαλμοὺς καὶ φρουρᾷ παραδίδοται.

Οὐχ οὗτοι δὲ μόνον, ἀλλὰ καὶ ἄλλοι ἄλλοτε πάλιν καὶ πάλιν καὶ οὐκ ἔστιν ὁσάκις εἰπεῖν ἐπανέστησαν ἢ καὶ ὡς σπαρτοὶ ἀνεδόθησαν γίγαντες, κἂν ὡς πομφολυγώδη φυσήματα διάκενα, ὡς ἦν ἰδεῖν, ἀπέπιπτόν τε καὶ διελύοντο. ὅ τε γὰρ Κομνηνὸς Ἰσαάκιος, ὁ τοῦ τυράννου Ἀνδρονίκου | ἀδελφιδοῦς, τῆς φυλακῆς ἀποδρὰς καὶ τὸ μέγα τέμενος εἰσιὼν ἀνασείειν τὸν ὄχλον ὥρμησε, συλληφθεὶς δὲ καὶ ἀπαιωρηθεὶς καὶ βαρείαις ἐτάσεσιν ὑποβληθεὶς ἐπὶ τῷ τοὺς συνίστορας ἐκφῆναι τῆς τυραννίδος τὰ ἐντὸς διεφθάρη καὶ ἀπεβίω τὴν μετ' ἐκείνην.

Καὶ ὁ Τατίκιος Κωνσταντῖνος σύστρεμμα τεκτηνάμενος καὶ πεντακοσίους ἔχων τοῦ ἔργου συλλήπτορας καὶ ἐφ' ἱκανὸν χρόνον τῇ πόλει κρυπτόμενος καὶ λεληθὼς καταμηνυθεὶς μικρῷ ὕστερον ἑάλω καὶ τοὺς ὀφθαλμοὺς ἐξορώρυκτο.

Καὶ ῥακενδύτης δέ τις, ἐκ Κομνηνῶν ἕλκων τὸ γένος, τὴν αὐτὴν τοῖς εἰρημένοις βαδίσας ἐκ τοῦ παραχρῆμα συσχεθεὶς ἀπεστέρηται τοῦ φωτός.

Τῶν δὲ συχνῶν τουτωνὶ ἐπαναστάσεων ἦν μὲν αἴτιον καὶ τὸ τὸν Ἰσαάκιον τὴν βασιλείαν διακυβερνᾶν μαλθακώτερον, ἀκριβῶς πεπεισμένον ὡς ἐκ θεοῦ τὸ ἄρχειν ἐδέξατο καὶ παρ' ἐκείνου μόνου ἐστὶ φρουρούμενος· πλειόνως δ' ἐπτέρου τοὺς φιλάρχους εἰς παρρησίαν τε καὶ ἀπόστασιν τὸ τῆς βασιλείας ἀπραγμόνως ἐπιλαβέσθαι τὸν αὐτοκράτορα. καὶ ὡς εἰ θελήσουσι, βασιλεύσουσιν, οἱ πλείους φρεναπατώμενοι ἄτερ ὅπλων τοῖς κατ' ἔφεσιν πλειστάκις ἐπέβαλον, ἐκείνην ἀτραπιτὸν στείβοντες, ἣν ἀνέῳξεν ἐς λεωφόρον ἄντικρυς Ἰσαάκιος, ἑσπέρας τὸν Ἁγιοχριστοφορίτην ἀπεκτονὼς καὶ τῷ Μεγίστῳ Νεῷ προσρυεὶς καὶ βασιλεύσας ἐς νέωτα, κακῶς κρίνοντες καὶ διὰ τοῦτο κακῶς πάσχοντες

7—8 ὡς — γίγαντες: cf. Nonn. Dion. 4, 421 sqq.

VA = a, PW, RMDF = b

95—1 ἀπέκτεινεν συνειληφὼς Bekk 3—4 Ταρσίαν — ἱκανὸν om. M 3 ἀνταρσίαν om. R 6 καὶ πάλιν om. W καὶ tert. om. R 6—7 καὶ οὐκ ἔστιν om. M 8—22 κἂν — μαλθακώτερον suppl. in ras. ca. 90 litt. et mg. P 8—9 ὡς καὶ ἦν ἰδεῖν ἀντέπιπτον παραυτὰ V 9 τυράννου: βασιλέως APW: προβεβασιλευκότος B 12 τῷ om. P 14 Ταττίκιος Bekk τεκτηνάμενος: ποιήσας V 17 ἐξώρυκτο V 18 δὲ om. VB 19 καὶ post βαδίσας add. Bekk 21 τὸ om. W 22 μαλακώτερον Bekk 23 τε post θεοῦ add. V μόνον W 27 καὶ ἄτερ V πολλάκις P 29 ναῷ VMB

3 μὲν om. b 8—20 κἂν — φωτός om. b

καὶ ἀντὶ πορφυρίδος διπλοΐδα αἰσχύνης ἐνδι|δυσκόμενοι, ἐνιαχοῦ δὲ καὶ πορφύρεον θάνατον ὑφιστάμενοι.

Οὐ γὰρ τὸ θεῖον φιλεῖ διὰ τῆς αὐτῆς ὡσαύτως κινήσεως ἢ ἐφορμήσεως τὰ κατὰ τὸν βίον μεθιστᾶν καὶ διακυβερνᾶν πράγματα, ἀλλὰ τὸ ποικίλον παριστῶν τῆς τοῦ παντὸς τοῦδε διεξαγωγῆς τε καὶ διοικήσεως ἄλλοτε ἄλλως τὰς ἐξουσίας μεθαρμόζει καὶ μετατίθησι τὰς ἀρχὰς μηδὲ τὸ λεπτότατον ἐῶν τῆς αὐτοῦ χειρὸς ἔξωθεν. καὶ Φαραὼ μὲν αὐτοῖς τριστάταις τῷ ἁλίῳ βυθῷ παραδίδωσιν· ἄλλον ἀπολαιμίζει μαχαίρᾳ διὰ γυναικός, καὶ ταύτης καλλιπαρῄου καὶ λευκωλένου· ἕτερον χερσὶ τῶν πολεμίων παραδοὺς τῶν τῇδε μεθίστησιν. ἔστι δ᾿ ὃς τὰς φρένας παρακοπεὶς καὶ λογισθεὶς ὡσεὶ νεκρὸς ἀπὸ καρδίας καὶ εἰς τέλος ἐπιλησθεὶς τῶν ἀρχείων μετ᾿ ἐπιχαρμάτων ἐκκομίζεται καὶ ταφῇ παραπέμπεται κἀκεῖθεν λεπτὸν ὑπηχῶν καὶ ποθῶν τὴν ἡμέραν, οὐ τῆς ἀρχῆς ἀντεχόμενος, ἐᾶται καὶ οὕτως φθινύθειν καὶ ὡς ἀνδρῶν χείριστος καλῶς ἀφίεται ἴεσθαι τὴν ἐς θάνατον. πολλοὶ δὲ μαλακῷ δαμέντες θανάτῳ πρὸς τὰ ἐκεῖθεν ὡς μύσαντες ἐν ὕπνῳ μετέβησαν. εἰσὶ δ᾿ οἳ καὶ ἵππου χρεμετίσαντος τῆς βασιλείας ἐπέβησαν. ἄλλος ἐξ ἀρότρου καὶ αὔλακος τὴν τήβενναν ἠμφιάσατο καὶ μειρακίσκος προβατεὺς ἐξόπισθεν ληφθεὶς τῶν λοχευομένων θεόχριστος ὤφθη βασιλεύς. καὶ τί ἂν τις διεξίῃ τὰ πάντα ἢ τὰ πλείονα, ὁπόσα ἡ πολύτροπος πρόνοια ποιεῖ καὶ μετασκευάζει κατὰ τὸ ἑκάστῳ τῶν ἀνθρώπων χρήσιμον;|

Εὐέμπτωτος δ᾿ ὢν ὁ βασιλεὺς εἰς θυμὸν καὶ μεγάλα περὶ ἑαυτοῦ φανταζόμενος οὐκ ἐκ μικρᾶς μόνον παραρριφείσης λαβῆς, ἀλλὰ κἀκ μόνης ὑπονοίας ἐνίοτε καὶ τῆς παρά τινων εἰσηγήσεως κακῶς ἐτίθει πολλούς. τὸν γὰρ Κομνηνὸν Ἀνδρόνικον (ἦν δὲ οὗτος Ἀλεξίου παῖς, ὃν Βρυέννιος ὁ καῖσαρ καὶ Ἄννα ἐγείνατο ἡ θυγάτηρ Ἀλεξίου τοῦ

31 ἀντὶ — ἐνδιδυσκόμενοι: cf. Ps. 108, 29 **32** πορφύρεον θάνατον: Hom. E 83; al. **36—37** μηδὲ — ἔξωθεν: alludit ad Mat. 10, 29 sq.; Luc. 12, 6 sq.; 21, 18 **37—38** καὶ — παραδίδωσιν: cf. Exod. 14, 27 sqq.; 15, 4 **38—39** ἄλλον — λευκωλένου: cf. Idt. 13, 8 **40—45** ἔστι — θάνατον: nescio, quem respiciat **46—47** εἰσὶ — ἐπέβησαν: cf. Her. 3, 84—87; Nic. Or. 56, 24—25 **47** ἐξ — αὔλακος: cf. Dion. Halic. 10, 24, 1—2; Nic. Or. 56, 24 **48—49** μειρακίσκος — βασιλεύς: cf. Ps. 77, 71; Nic. Or. 57, 28

VA = a, PW, RMDF = b

31 διπλοΐδας M ἐνδεδυσκόμενοι R **34** βίοτον cum Wb scr. A **37** ἑαυτοῦ P Bekk τριστάταις: στρατιώταις RMDF Bekk **38** διὰ om. V: hab. B **41** ὡσεὶ νεκρὸς καὶ ἀπὸ καρδίας ἐπιλησθεὶς VAW ἀρχείων: ἁγίων W **42** ἐπιταγμάτων F παραδίδοται VWB λεπτὸν: λοιπὸν A **44** οὗτος VR: οὕτω P Bekk εἰς AW **46** καὶ om. P **47** ἀπέβησαν W **48** λογχευομένων P[ac]R **49** διεξίοι P: διεξήει WRMDF **50** πλείω V **52** ὁ: οὗτος ὁ P αὐτοῦ M **53** παραρριφθείσης M **56** ἐγείναντο ARM Sc

34 βίοτον W b Bekk **44** κακῶς post ἴεσθαι add. b Bekk **46** τοῦ ἵππου P b Bekk **48** ἠμφιέσατο b Bekk **55** τὸν: τόν τε P b Bekk πρώτως ἐκ Κομνηνῶν βασιλεύσαντος) ἐν τῷ χειρίζειν τὴν Θεσσαλονικέων ἀρχήν, εἰσηγησαμένου τινὸς τῆς βασιλείας ἐρᾶν καὶ κοινολογεῖσθαι περὶ τοῦ ἔργου τῷ πρώην σεβαστοκράτορι Ἀλεξίῳ τῷ σκοτίῳ υἱῷ τοῦ αὐτοκράτορος Μανουὴλ κατὰ τὴν Δράμαν τότε διάγοντι, εὐθὺς τοῦ συλληφθῆναι κρίνει ἄξιον. οἱ μὲν οὖν εἰς τοῦτο ἀποσταλέντες ὡς ἐνέτυχον Ἀνδρονίκῳ πρὸς βασιλέα ἐπανιόντι, οὐδὲν ὧν ὡρίσθησαν διαπεπράχασι δέον κρίναντες μὴ προσοβῆσαι τὸ θήραμα ἑκόντως, ὡς δίδωσιν ὁρᾶν, καθάπερ εἰς γαλεάγραν τὴν Κωνσταντινούπολιν εἰσιὸν καὶ ἐγγίζον τῷ προθεμένῳ συλλαβεῖν. ὀφθεὶς δὲ τῷ βασιλεῖ Ἰσαακίῳ Ἀνδρόνικος εἰς ἀπιστίαν εὐθὺς ὀνειδίζεται. κἀκείνου τοὺς ἐλέγχους ἀπαιτήσαντος, σχῆμα μόνον διαιτήσεως τὰ τῆς δίκης ἐδέξατο. τὸ δ' ἐκ τούτου ἐξ ἐρήμης συσχεθεὶς Ἀνδρόνικος εἰς φυλακὴν ἀπάγεται, μετὰ μικρὸν δὲ καὶ τὰς κόρας ἐκκόπτεται.

Συλλαμβάνεται δὲ καὶ ὁ συνίστωρ εἶναι τούτῳ τῆς βασιλείας λεγόμενος Ἀλέξιος καὶ κείρεται εἰς μονάζοντα, | ἡμῶν ὑπουργησάντων τῷ ἔργῳ, καθ' ἓν τῶν σεμνείων, ἃ συχνά εἰσι καὶ ψυχῶν πάντα σωτήρια κατὰ τὸ ὄρος τὸν Παπύκιον, περὶ οὗ καὶ εἰπεῖν οὐκ ὀλίγα δυνάμενος βραχέων μεμνήσομαι.

Οὐ γὰρ ἦν μόνον εὐμήκης καὶ ἀνδρεῖος καὶ πλήρης συνέσεως, πατρώζων τὴν ὄψιν ἀκριβῶς τάς τε χεῖρας ἀκμαῖος καὶ τοὺς ὤμους κατ' ἐκεῖνον ὕπερθεν ἔχων εὐρέας, ἀλλὰ καὶ ὡς ἐπίπαν μείλιχος καὶ εὐέντευκτος. πρὸς ἃ καὶ ὁ πολύτλας Ἀνδρόνικος ἀπιδὼν τὴν οἰκείαν θυγατέρα Εἰρήνην ἐμνήστευσε τῷ ἀνδρὶ κρίνας καὶ παρανόμους γάμους τετελεκέναι, εἰ μέλλει μόνον Ἀλέξιος τοῖς γνησιωτέροις ἐκείνῳ συγγενέσιν ἐγγράφεσθαι, ὅθεν πλειόνως τούτῳ ἤπερ τοῖς υἱεῦσι προσέκειτο πρότερον καὶ τῆς βασιλείας ἐμελέτα καταλείψειν διάδοχον. μεταβουλευσά-

---

76—77 τοὺς — εὐρέας: cf. Hom. Γ 210. 227; N 75 **82—83** μεταβουλευσάμενος — ἀνθείλετο: cf. Eust. 52, 5—9

VA = a, PW, RMDF = b

57—69 ἐν — ἐκκόπτεται suppl. i. r. 40 litt. et mg. P **59** σκοτίῳ om. APW: νόθῳ B Bekk **60** Δράμα W **65** τῷ alt. om. Bekk **66** ἐς A ὀνειδίζεται etiam B: ὠνειδίζετο V **67** αἰτήσαντος V δίκης: νίκης W **67—68** τὸ δ' ἐκ: ἐκ δὲ W **68** ἐρήμου AP Bekk **71—72** τὸ ἔργον R **73** τὸ Παπ. W καὶ om. P οὐκ ὀλίγα εἰπεῖν Bekk **74** βραχέα Bekk **75** πατρίζων Bekk **75—76** πατρώζων — ἀκριβῶς suppl. P^{mg} **76—77** καὶ — ἔχων i. r. 20 litt. P **77** εὐέντεγκτος A: εὐέντεκτος $RMD^{ac}F$ **79** Εἰρήνην ἑαυτῷ ἐμνηστεύσατο κρίνας M γάμους om. V **80** εἰ μέλλει: ἀμέλει WR ἐκείνου M

57—68 ἐν — τούτου om. b: suppl. D^{mg} **68—69** ἐξ ἐρήμης συσχὼν μετὰ μικρὸν καὶ τὰς κόρας τούτου ἐξέκοψε b **70—71** συλλαμβάνεται — κείρεται: καὶ τὸν συνίστορα δὲ τούτῳ τῆς βασιλείας λεγόμενον (εἶναι add. P Bekk) Ἀλέξιον, τὸν τῆς Κομνηνῆς Θεοδώρας υἱόν (τὸν — υἱόν: ὃν ἐκ νοθείας ὁ βασιλεὺς ἐγείνατο Μανουὴλ P), ἀποκείρει (ἀπέκειρεν P) P b Bekk **72—73** τῶν — Παπύκιον: τῶν ἐν τῷ Παπυκίῳ (τ. Π.: αὐτῷ Παπυκείῳ R) σεμνείων P b Bekk **75—76** πατρώζων — ἀκριβῶς et κατ' ἐκεῖνον om. b μενος δ' ὕστερον τὸν υἱὸν Ἰωάννην ἀνθείλετο, εἰρηκὼς πρὸς οὓς ἀνέπτυσσε τὰ τῶν βουλευμάτων ἀπόρρητα μὴ ἐξ ἄλφα εἰς ἄλφα τὴν βασιλείαν μέλλειν μεταπεσεῖν, ἀλλὰ τῷ ἰῶτα μᾶλλον προσρέπειν καὶ εἰς τοῦτο θεόθεν συνάγεσθαι. ἅμα δὲ τῇ μεταθέσει τῆς γνώμης, ἣν εἶχεν ἐπ' Ἀλεξίῳ Ἀνδρόνικος, καὶ τῆς συντονίας τοῦ φίλτρου ὑπέληξεν· οὐ γὰρ ὡς συμφυὴς ἔτι περιεσπούδαστο καὶ ὁμόψυχος ὁ Ἀλέξιος, ἀλλ' ὡς φιλτάτῃ θυγατρὶ συνοικῶν δι' αἰδοῦς μόνον ἤγετο καὶ τιμῆς. μετὰ δέ τινα καιρὸν καὶ τοῦτον ἀπεξένωσε τοῦ φωτός, τὴν δ' αἰτίαν προειπόντες ἔχομεν.

Ἀνακληθεὶς δὲ | μετὰ ταῦτα πρὸς τοῦ βασιλέως Ἰσαακίου καὶ ἀπὸ σεβαστοκράτορος εἰς καίσαρα ὑποποδισθείς, ὡς ἐξόν οἱ, τὰ ἀρχεῖα ἐξέκλινε καὶ τὴν καθ' ἑαυτὸν ἐδίωκε βίωσιν, πλὴν οὐδ' οὕτως τὸν ἄλυπον ἐκίχησε βίοτον.

Τότε δ' οὖν τὴν ἐπὶ τὰ χείρω ἔτι μᾶλλον τῶν πραγμάτων ἔχων φορὰν καὶ μετάβασιν καὶ μέλλων μὴ ἑκὼν ἀποθρίξασθαι οὐχ ἕνα ᾔτησεν ἄρτον καὶ σπόγγον καὶ κίθαριν κατὰ πάλαι τινὰ τῆς τύχης πειραθέντα σκληρᾶς καὶ ἀγνώμονος, ὡς ἔχων ἐν ᾧ τὸ τοῦ σώματος ἐντενεῖ βάρβιτον, χαλαρὸν τῇ τῶν σιτίων κενώσει γενόμενον, ὑποψήλῃ τὰ οἰκεῖα καθ' αὑτὸν δυσπραγήματα, συνερίθῳ τῇ κιθάρᾳ χρώμενος, τῷ δὲ σπόγγῳ ἀποψήσῃ τὰ τῶν δακρύων ἀποκρουνίσματα, ἅπερ ὡς ἐκ πέτρης γλαφυρῆς τῶν ὀμμάτων ἐκείνου ἀπελείβετο, ἀλλὰ πράως ἤνεγκε τὰ συμπίπτοντα, μὴ καταστενάζων τῆς προνοίας, μηδ' ἐς τὸ τῆς τύχης ἄστατον καὶ παλίνστροφον ἀπολύων τὰ καθ' ἡμᾶς, τὴν δὲ τῶν προσόντων ἐκείνῳ ἀφαίρεσιν ὡς οὐδὲ κτῆσιν ἄλλος τις ἐλελόγιστο.

Ἐπεὶ δὲ τῆς Δράμας ἀπάραντες εἰς Μοσυνόπολιν ἀφικόμεθα καὶ τῷ Παπυκίῳ προσβαίνειν ἐμέλλομεν, ὡς ἂν τὰ τῶν μοναχῶν προσταχθὲν οὕτω τελέσωμεν ἐπ' αὐτῷ, τότε πεπονθώς τι ἀνθρώπινον ἐπὶ συννοίας ἦν καὶ ὑπεγνοφοῦτο τὸ πρόσωπον διοίσειν οὐκ | ἔχων τὰ ἔνδοθεν

---

90 προειπόντες ἔχομεν: p. 309, 20 sqq. **2** οὐχ etc.: τὸν Γελίμαρα λέγει P[mg]; cf. Procop. Bell. Vand. 2, 6, 30—33 **4** τὸ — βάρβιτον: cf. Nic. Or. 18, 2 **7** ἐκ — γλαφυρῆς: cf. Hom. B 88

VAP (ab 12 εἰς) = a, P (usque ad 12) W, RMDF = b

83 ἀνέπτυσε F ἄλφα alt.: AF **85** μέλλειν om. F Bekk **86** μᾶλλον post τοῦτο add. Bekk **90** δ': δὲ R **93** ἐς D ὑποδεθεὶς Bekk **94** ἐξέκλιναν A **95** βίον Bekk **1** μᾶλλον ἔτι V τῶν om. W **1—2** τῶν πραγμάτων δυσπραγῶν μετάβασιν P **2** μὴ: μὲν A: οὐχ P **3** κιθάραν Bekk **4** ἀγνώμονος: ἄρτον μὲν Bekk ἐντενεῖ: ἐντελεῖ AW: ἐκτενεῖ Bekk **5** χαλαρὸν: χλιαρὸν R: χαλαρᾶν M σιτέων F γινόμενον AW **6** ἑαυτὸν P Bekk **7** ἅπερ: ὥσπερ W πέτρας VP Bekk **8** ἐλείβετο VAW **9** εἰς D **11** ἄλλος τις: ἕτερος P **12** δ' ἐκ τῆς P Bekk ἐν ᾗ τουτονὶ συνειλήφειμεν post ἀπάραντες add. P Bekk **13** προβαίνειν APW προσταχθέντα R: om. F **14** τι om. R **15** ἔνδοθι A

93 ὡς ἐξόν οἱ: ὡς εἶχε P b Bekk **15** ἔνδον P b Bekk

θλίβοντα. ἐγκειμένου δέ μου καὶ τὴν αἰτίαν πυνθανομένου τῆς ἐξάπινα μεταβολῆς, ,,οὐ τὸ σχῆμά" φησιν, ,,ὦ λῷστε, δέδια (τί γὰρ τὸ διαθροοῦν ἔχει τῶν χρωμάτων ἡ ἄμειψις;), ἀλλὰ τὰ ἐπὶ τῷ σχήματι πεφρικώς εἰμι ἐπαγγέλματα καὶ τὸ μὴ εὔθετον εἰς τὴν τῶν οὐρανῶν εἶναι ὁπωσοῦν βασιλείαν τὸν βαλόντα χεῖρα ἐπ' ἄροτρον καὶ μεταστραφέντα φρενοβλαβῶς".

Καὶ ὁ μὲν τοσαῦτ' εἰπών, καὶ ἄλλως ὢν ἀποφθεγματικός, οὐχ ἑκοντὶ τὸ κατὰ Χριστὸν ὑπέδυ τριβώνιον μηδ' ἄκροις ὠσὶ τὰ ἐπᾳδόμενα ἐνηχούμενος, μόνον δ' ἐν χρῷ κουρίας ὁ ἀκερσεκόμης γενόμενος καὶ μετονομασθεὶς 'Αθανάσιος. θαυμάσαι δ' ἄν τις ἐκεῖνο, μηδὲ τυχαίως εἴπῃ συμβῆναι· ἐκ γὰρ ἁπασῶν τῶν κατὰ τὸν Παπύκιον μονῶν ἐκείνην κατοικεῖν ᾑρετίσατο, καθ' ἣν ὁ πρωτοστράτωρ πρώην 'Αλέξιος τὴν κοσμικὴν ἀπεκείρατο τρίχα παρὰ τοῦ βασιλέως συλληφθεὶς Μανουὴλ δι' αἰτίαν μὲν οὐδ' ὅλως πρόδηλον, ὡς ἐν τοῖς περὶ τούτου εἴπομεν λόγοις, ὅτι δ' ἐβεβρίθει πλούτῳ πολυταλάντῳ καὶ ἦν ἱκανὸς βουλεύσασθαι καὶ καταπράξασθαι περιδέξιος· τὴν γὰρ ἐκ τῶν πατρικῶν ὀμφάκων πρὸς τοὺς υἱεῖς μεταρρέουσαν αἱμωδίαν καὶ ὁ Κομνηνὸς οὗτος 'Αλέξιος, ὡς ἔοικε, παθεῖν κατακέκριτο.

'Αλλ' οὔπω τρεῖς μῆνες παρίππευσαν, καὶ βασιλεὺς αὐτὸν ἐκεῖθεν ἀνακαλεσάμενος πάλιν ἔδειξεν ἐξ ὧν ἔδρασε μὴ σὺν λόγῳ τὰς οἰκείας πράξεις ποιεῖσθαι καὶ διὰ τοῦτο χαίρειν ταῖς ἀγχι|στρόφοις μεταβολαῖς κατὰ τὸν τῆς Αὐλίδος παλιρρόθιον πορθμόν· παραλαμβάνων γὰρ τὸν 'Αλέξιον σύσσιτον νώτοισι διηνεκέσι κρεῶν γέραιρε, ὡς 'Αγαμέμνων πάλαι τὸν Αἴαντα, καὶ ἐνάγων πρὸς τὴν τῶν προκειμένων ἐδεσμάτων ἀνυπόστολον ἔφαψιν ,,φάγε, καθηγούμενε" πολλάκις ἐπέλεγεν.

19—20 τὸ — μεταστραφέντα: cf. Luc. 9, 62 **23** ἄκροις ὠσί: cf. p. 129, 39 **24** ἐν χρῷ κουρίας: cf. Lucian. Fugit. 27 **29** εἴπομεν: p. 143, 65 sqq. **31—32** τὴν — αἱμωδίαν: cf. Ier. 38 (31), 29; Ez. 18, 2 **37** κατὰ — πορθμόν: cf. prov. ἄνθρωπος Εὔριπος Diogen. 3, 39; infra p. 610, 90 **38—39** ὡς — Αἴαντα: cf. Hom. Η 321 sq.

VAP = a, W, RMDF = b

17 τὸ διαθροοῦν: καὶ διαθροεῖν P **18** χρωμάτων: ἱματίων P **19** τῶν οὐρανῶν: οὐράνιον P **22** τοσαῦτα DF Bekk ὑποφθεγματικὸς W **24** ἀκειρεκόμης V **25** ἐκείνῳ AP **26** εἴποι AD τὸ Παπύκιον WD Bekk **27** πρώην om. Bekk πρ. 'Αλέξιος om. APW 'Αλέξιος πρώην D **29** οὐδαμῶς APW Bekk ὡς ἤδετο post οὐδ' ὅλως add. D **30** ἐνεβρίθει V **33** κατεκέκριτο D **35** πάλιν om. APW Bekk **37** πολυρρόθιον P Bekk **38** νώτοις P Bekk γέραιρε κρεῶν AP Bekk **40** ἔλεγεν W

17 φησί "(φησιν" ὦ P Bekk) φίλτατε ἀνδρῶν P b Bekk **20** στραφέντα b Bekk **25—41** θαυμάσαι — ἐπέλεγεν om. b: suppl. D^{mg}

Οὐ τὸν Ἀλέξιον δὲ ⟨μόνον⟩ καὶ τὸν Ἀνδρόνικον οὕτως διέθετο, ἀλλὰ καὶ Κωνσταντῖνον τὸν Ἀσπιέτην, ὑπερφθεγξάμενον τοῦ στρατεύματος, οὗ ἡγεμόνευε τὸν κατὰ τῶν Βλάχων μετιὼν πόλεμον, καὶ φήσαντα μόνον ὡς οὐ φέρειν ἔχουσιν οἱ στρατιῶται λιμῷ καὶ Βλάχοις διαμιλλᾶσθαι, δυσὶ δυσαπαντήτοις κακοῖς, ἀλλὰ χρεὼν αὐτοῖς παρασχεθῆναι τὰ ἐπέτεια σιτηρέσια, τὸν θυμὸν ἐκκόψαι μὴ δυνηθεὶς κατέσχε τε αὐτίκα μεταστήσας τῆς ἀρχηγίας καὶ τοῦ φωτὸς τῶν ὀμμάτων ἐστέρησεν, ἀναταράττειν ὑποπτεύσας τὸν ἄνδρα τὴν στρατιὰν τῷ τῆς ὑπερηγορίας προσχήματι.

Ὁ δὲ τοῦ Κομνηνοῦ Ἀνδρονίκου υἱός, ὃν προσεχῶς εἰρήκειμεν, οὐκ οἶδ' εἴτε τῆς πατρικῆς ἀποστασίας ἀναπληρῶσαι τὸ μέτρον βουλόμενος, εἴτε τῷ τεκόντι ἐπαμῦναι προθέμενος, πρόσεισι μετὰ βραχὺ τῆς τοῦ πατρὸς πηρώσεως τῷ Μεγίστῳ Ναῷ, ποθῶν ἐκεῖθεν εἰς βασιλείαν ἀναρπασθῆναι καὶ ἀναρρηθῆναι πρὸς τοῦ συνειλεγμένου λεώ. ἀλλ' οὔπω τοῖς συνελθοῦσι κατὰ τὸ τέμενος ὁ τρόπος ἔγνωστο, καθ' ὃν ἐκεῖσε εἰσέδραμε, καὶ χειροῦται ὡς ἀποστὰς καὶ στέ- | ρεται τοῦ φωτός, μὴ ταῖς τῶν προεισιόντων καὶ τῶν κατὰ σκοπὸν ἀποπεσόντων ποιναῖς παιδευθείς. καὶ δέον ἄλλον τινὰ εἶναι τὸν ὕστατα τιμωρούμενον ὡς βασιλείας ἐρῶντα καὶ τῷ τεμένει προσιόντα, οὗτος ἐπισφράγισμά τι καὶ τελευτὴ γέγονε τῶν ἀποστατῶν· οὐ γὰρ ἔκτοτέ τις τὴν αὐτὴν βαδίσαι προέθετο.

Ὡς δὲ τὰ κατὰ δύσιν χειρόνως εἶχον ἀεὶ καὶ οἱ Βλάχοι ληϊζόμενοι μετὰ Κομάνων καὶ δῃοῦντες τὴν ὑπὸ Ῥωμαίους ἐπῄεσαν συνεχῶς, ἔξεισιν αὖθις ὁ βασιλεὺς κατ' αὐτῶν. καὶ δὴ τὴν Ἀγχίαλον παραλλάξας ἐκ περιελεύσεως τὸν Αἷμον εἴσεισι. μηδέν τι δ' ἔχων παρουσίας βασιλέως ἄξιον διαπράξασθαι δυσὶ μησὶ τὴν ἐκστρατείαν ἀφώρισε. τὰ γὰρ ἐκεῖσε φρούρια καὶ πολίχνια ἰσχυροτέραν τῆς προτέρας εὗρε περιβεβλημένα ἰσχὺν καὶ τείχεσι νεοδμήτοις καὶ ἀρτιστεφέσι προσδιειλημμένα βάρεσι

---

65 ἔξεισιν: a. 1190 an 1191? aestate, cf. van Dieten, Nik. Chon. Erläuterungen etc., p. 62 sqq.

---

51 εἰρήκειμεν: p. 424, 55—69 **52** τῆς — μέτρον: cf. Mat. 23, 32 **65** ἔξεισιν: huc pertinet Nic. Or. 3, 5 sqq. **67—69** τὰ — βάρεσι: cf. Nic. Or. 4, 13—15

VAP = a, W, RMDF = b

42 μόνον addidi οὗτος V[ac]: οὕτω V[pc] AD Sc Bekk ἔθετο P Ἰσαάκιος post διέθετο add. APW Sc Bekk **44** Βλάχων: Βλαχέρνων R ἐπιὼν W **45** οἱ στρατιῶται om. V: hab. B: στρατευόμενοι AW **52** διαπληρῶσαι V: πληρῶσαι B **55** ἦν δὲ ἑορτή post λεώ add. B Bekk **58** προσιόντων PD Bekk τῶν alt.: ταῖς AP **59** ὕστατον V **65** Ἀγχιάλου R: Ἀγχέλους M **66** δ' om. W **67** τὰ γὰρ om. A **68** πολλῷ post ἰσχυροτέραν add. APW Bekk τῆς om. A προτέρας: δευτέρας W περιβεβλημένα εὗρεν V **68—69** ἰσχὺν περιβεβλημένα A **69** θεοδμήτοις M

51—62 ὁ — προέθετο om. b: suppl D[mg] **66** δέ τι P b Bekk καὶ τοὺς ἔξωθεν ἀμυνομένους ὡσεὶ καὶ ἐλάφους ἐπὶ τὰ ὑψηλὰ τοὺς πόδας ἱστῶντας καὶ δίκην αἰγάγρων κρημνοβατοῦντας καὶ τὴν εἰς χεῖρας συμπλοκὴν ἀλυσκάζοντας. τὸ δὲ καὶ Σκυθῶν ἐπιδρομὴν ὑφορᾶσθαι τὸν αὐτοκράτορα (ἦν γὰρ ὁ καιρὸς εἰς τὴν τού|των περαίωσιν οὐκ ἀνάρσιος) ὀξεῖαν τὴν ἐκεῖθεν ἠνάγκασε ποιῆσαι μετάβασιν.

Οὐκοῦν μὴ δι' ἐκείνης ἀναχωρήσειν προθέμενος, δι' ἧς εἰσελήλυθεν, ἀλλ' ἐπιτομωτέραν ἄλλην μεταλλεύων καὶ ἣν τέμνων εἰς Βερόην διὰ τῶν ἐκεῖσε τεμπῶν ὑποκαταβήσεται, τό τε πλεῖον ἀπώλεσε τοῦ στρατεύματος καὶ αὐτός, εἰ μὴ Κύριος ἦν ἐν αὐτῷ, τῷ ᾄδῃ παρῴκησεν ἄν. δέον γὰρ διὰ τῆς εὐρυνομένης ἐνιαχοῦ καὶ ἐνδιδούσης ἱκανῶς ἐνιππάσασθαι πορευθῆναι, τρυμαλιᾷ δυσβάτων χωρίων καὶ ὀρεινῶν αὐλῶνι παρόδων παρενέβυσεν ἑαυτὸν καὶ τὴν στρατιάν. παρέρρει δὲ κατὰ τὸν ἐκεῖ χῶρον καὶ ὑδάτιον ἐκ χειμάρρου.

Προῆγον μὲν οὖν ὁ πρωτοστράτωρ Μανουὴλ ὁ Καμύτζης καὶ ὁ Κομνηνὸς Ἰσαάκιος, ὁ τοῦ ὕστερον βασιλεύσαντος Ἀλεξίου γαμβρὸς ἐπὶ θυγατρί, ὠπισθοφυλάκει δὲ ὁ σεβαστοκράτωρ Ἰωάννης ὁ Δούκας, ὁ πρὸς πατρὸς θεῖος τοῦ βασιλέως. τὸ δὲ μέσον ἐπεῖχε τῆς φάλαγγος, ἧς ἐπίπροσθεν ὥδευε τὰ σκευοφόρα καὶ τὸ ἑπόμενον ἔξω τάξεως ὑπηρετικόν, αὐτός τε ὁ βασιλεὺς Ἰσαάκιος καὶ ὁ τούτου αὐτάδελφος ὁ σεβαστοκράτωρ Ἀλέξιος. οἱ δὲ βάρβαροι παρ' ἑκάτερα τῆς στενῆς ἐκείνης παρόδου φαινόμενοι δῆλοι ἦσαν ἀεί τι τελέσοντες δεινόν.

Τὰ μὲν οὖν προπορευθέντα στρατεύματα παρήλθοσαν ἀμαχεί, μήπω τῶν Βλάχων ἀπηντηκότων κατὰ τὰ στενὰ τῆς ὁδοῦ, καὶ ἄλλως δὲ κρινάντων ἐπιεικῶς ὠφέλιμον τοὺς πρώ|τως παριόντας ἀναιμωτὶ τὰς ἄκρας ὑπερβαλεῖν, τῷ δὲ μέσῳ συνεπιστῆναι καὶ προσαράξαι σφᾶς τῆς φάλαγγος, καθ' ὃ πάρεστι βασιλεὺς καὶ ἡ τούτου θεραπεία καὶ ὁπόσον

---

73 οὐκ ἀνάρσιος: i. e. post aestatem, vide ibid. p. 76 n. 96

70—71 ἐπὶ — ἱστῶντας: cf. Ps. 17, 34 **78** εἰ — ἄν: cf. Ps. 93, 17

VAP = a, W, RMDF = b

70 τὰ om. AW **71** μὲν post τὴν ex b add. Bekk **73** γάρ: γὰρ καὶ Bekk οὐκ om. A **76** (μετα)λλεύων P[ir] ὡς post τέμνων add. R Βερρόην RDF (Bekk) **78** καὶ εἰ . . . αὐτῷ, καὶ αὐτὸς Bekk **79** ἐνιππάζεσθαι P Bekk **80** ὁ δὲ ante τρυμαλιᾷ add. P Bekk **81** παρέβυσεν P **82** ἐκεῖσε VR καὶ om. DF **90** τελέσοντες: ἐργασόμενοι P **91** προωδευκότα P στρατεύματα om. Bekk **93** ὠφέλιμα M **93—94** ἀναιμωτὶ καὶ ὑπερβάλλειν τὰς ἄκρας V **94** προσεπιστῆναι V: συνεπιστῆσαι W

71 αἰγῶν P b Bekk **71—72** τὴν — συμπλοκήν: τὴν μὲν Ῥωμαίων (Ῥωμ. om. M) συμπλοκὴν b **76** μεταλλῶν b Bekk **80—81** παρόδων αὐλῶνι P b Bekk **93** πρώτους b Bekk αὐτῷ κατὰ γένος ἐπίσημον προσεφέπεται. καὶ οὐκ ἐψεύσθησαν τῶν κατὰ σκοπόν. ἐπειδὴ γὰρ προυχώρησεν ἐς πολὺ τοῦ χαλεποῦ ἐκείνου τόπου καὶ μηδαμῇ διάφευξιν ἔχοντος ὁ αὐτοκράτωρ, οἱ βάρβαροι τηνικαῦτα μεθ᾽ ὅτι πλείστου ὁμάδου ἐπέθεντο. ἀλλ᾽ οὐδ᾽ οἱ τοῦ πεζικοῦ Ῥωμαϊκοῦ στρατεύματος ἐπὶ τούτοις ἠμέλουν, ἀλλὰ καὶ αὐτοὶ μὴ ἐγκυκλωθῆναι σπεύδοντες πρὸς τὸ ἄναντες ἐφορμῶντες τοῦ χώρου ἀνέστελλον, εἰ καὶ πονήρως μάλα καὶ ἐπικινδύνως, τοὺς ὑποκατιόντας τῶν ἀκρωρειῶν. ὡς δ᾽ ἐβιάζοντο τῷ πλήθει καὶ τοῖς ἐπικυλιομένοις λίθοις κακῶς ἔπασχον, ἐνεδίδοσαν εἰς τροπήν, πλὴν ὑφειμένως καὶ τότε οὐδ᾽ ὑπεράγαν, καὶ τοῦτο οὐκ ἐπὶ πολύ· τὸ γὰρ ἀεί τι τοὺς ἀλλοθρόους πλεονεκτεῖν, ἐπιβρίθοντάς τε καὶ κατὰ πλείονας ἐγκειμένους, ἐπικατέβαλέ σφας ἀκόσμως τῇ στρατιᾷ.

Τὸ δ᾽ ἀπὸ τοῦδε συγχύσεως γενομένης καὶ πάντων σώζειν ἑαυτοὺς προθεμένων, ὡς θρέμματα κατακλεισθέντα σηκῷ κατῄκιζον οἱ πολέμιοι τὸν ἐπικαταλαμβανόμενον καὶ ἀεὶ τὸν ἐν χερσὶν ἔκτεινον. ἀμύνων δὲ οὐδεὶς ἦν, οὐδ᾽ ἠδύνατο. βασιλεὺς δὲ αὐτός, ὡς ἐν ἄρκυσι μέσος ληφθείς, πολλάκις μὲν ἀπώσασθαι τὸ καθ᾽ αὐτὸν ἐπιὸν ἀπεπειράσατο βάρβαρον, σὺν δὲ | τῷ μηδὲν ἀνύειν καὶ τὸν τῆς κεφαλῆς ἀπεβάλετο κάσιν. πολλῶν δὲ καὶ κρατίστων συνειλεγμένων περὶ αὐτὸν καὶ πολλὰ μὲν ἀνῃρηκότων ὑποζύγια, ὡς δέ φασι καὶ στρατιώτας Ῥωμαίους, ὁπόσοι τῇ παρόδῳ διὰ τὴν συμπίλησιν προσίσταντο, οὕτως αὐτῷ ἡ ἔξοδος διηυμάριστο καὶ σέσωστο μόνος ἀπολωλότων πολλῶν. καὶ ὁ μὲν τοῖς προηγησαμένοις συναφθεὶς τάγμασιν ἔθυε σῶστρα Δαυιτικῶς τῷ ἐπὶ τὴν κεφαλὴν αὐτοῦ κατὰ τὸν τότε πόλεμον ἐπισκιάσαντι σωτῆρι θεῷ· ὁ δὲ σεβαστοκράτωρ ὁ Δούκας μὴ βατὰ καθορῶν τὰ ἐν ὄψεσιν ἄλλην ἐβάδισεν ἀγαθοῦ τινος ἡγεμόνος εὐπορήσας, ὃν τοῦ κατ᾽ αὐτόν τις στρατεύματος, Λιτοβόης τοὔνομα, ἐκ τοῦ τῶν βαρβάρων τάγματος προσδιαλεξάμενος ἐπεσπάσατο, καὶ δι᾽ ἐκείνης ἀπείρατος ἐξῆλθε κακοῦ.

Βασιλεὺς δὲ διὰ τοῦ λεγομένου Κρηνοῦ πρὸς τὴν Βερόην ἀποσωθεὶς εὗρε τὴν προεξελθοῦσαν ἀπαθῶς στρατιὰν οὐκ ἀγαθὰ φανταζο-

23—24 τῷ — θεῷ: cf. Ps. 139, 8

VAP = a, W, RMDF = b

1 προσέπεται V **2** εἰς DF Bekk **3** μηδαμοῦ M **4** οὐδ᾽ οἱ: οὐ διὰ R **7** εἰ: τὸν R **8** βαρβάρους post ἀκρωρειῶν add. P Bekk **9** οἱ Ῥωμαῖοι post κακῶς add. P Bekk ἔπασχον κακῶς A **10** ἀλλοτρίους R **14** κατακλεισθέντας R κατὰ σηκῶ κλεισθέντα W **14—15** κατήκιζον αὐτοὺς οἱ πολέμιοι καὶ ἀεὶ P **16** ληφθείς: ὀφθεὶς W **17** κατ᾽ αὐτὸν P **18** τῆς om. W **19** καὶ pr. om. V **21** αὐτῶν A ηὐμάριστο AW **24** σωτῆρι om. P Bekk **25** ὁρῶν τὰ ἔμπροσθεν P **27** διαλεξάμενος P **28** ἀπείρατος: ἀθιγὴς PW **29** Κρινοῦ V Βερρόην RF^{pc} (Bekk) **30** ἀπαθῆ V

15 τὸν alt.: τοὺς b Bekk

μένην περὶ αὐτοῦ· διεθρυλλεῖτο γὰρ ὡς καὶ αὐτὸς τῷ λοιπῷ συναπολώλει στρατεύματι. διὰ γοῦν τὸ τῆς φήμης ἄγνωμον ὀλίγας ἡμέρας τοῖς ἐκεῖ που προσδιατρίψας μέρεσι πρὸς τὴν τῶν πόλεων ἐπάνεισι βασιλίδα. ἡ μέντοι ἀπευκταῖα περὶ τοῦ κρατοῦντος ᾄδουσα φήμη ὑφ' ἑτέρας ἀγγελίας παρευδοκίμητο, ἣν πτερώσας ὁ βασιλεὺς ἀφῆκε κατὰ τὸν Καρχηδόνιον Ἄννωνα τὰς | πόλεις ἐπιοῦσαν νικητὴν διαγορεύειν αὐτόν. ἀλλ' οὔτε Ἄννων ἐπὶ πολὺ ὤνατο τῆς τῶν ᾠδικῶν ὀρνίθων συλλογῆς, οὓς μετὰ τὸ διδαχθῆναι διὰ μειρακυλλίων ὡς „ὁ Ἄννων θεός", ἐνδελεχῶς παρακαθημένων αὐτοῖς καὶ τοῦτο ὑποβαλλόντων ἀεὶ μάθημα, διαφῆκεν ἄλλοσε ἄλλον, ὡς ἁπανταχῇ διαρρεύσῃ τὸ ὑπὲρ αὐτοῦ τῶν ὀρνίθων μέλος· λύσαντες γὰρ τὸ πτερὸν οὐκέτι Ἄννων ᾖδον θεός, ἀλλὰ τὰ τῶν ὀρνίθων καὶ πάλιν ἐμουσούργουν ὡς πρότερον· οὔτε βασιλεὺς ἐς μακρὸν τῆς εὐαγγέλου φήμης ἀπέλαυσεν· ἡ γὰρ πτῶσις πολυάνθρωπος γενομένη τὰς πόλεις ἐπιστεναχούσας ἐδείκνυ καὶ τοὺς ἀγροὺς κῶμον κωμάζοντας ἄγριον.

Εἰσιὼν δὲ τὴν τῶν πόλεων ἄρχουσαν ὑπεχάλασέ τι μικρὸν τῆς ὀφρύος καὶ ἦν ἐπὶ τοῖς συμβεβηκόσι τούτοις δακνόμενος. πρώην δὲ οὐχ οὕτως διέκειτο, ἀλλ' ἀπαίρων κατὰ βαρβάρων τὰ προφητικὰ ἐκεῖνα εἰς ἑαυτὸν ἐφελκόμενος ῥήματα ᾤετο ἐν εὐφροσύνῃ ἐξελεύσεσθαι καὶ ἐν χαρᾷ εἰσελεύσεσθαι καὶ ὡς τὰ ὄρη καὶ οἱ βουνοὶ ἐξαλοῦνται προσδεχόμενα αὐτὸν ἐν χαρᾷ καὶ πάντα τὰ ξύλα τοῦ δρυμοῦ ἐπικροτήσει τοῖς κλάδοις καὶ ἀντὶ στοιβῆς ἀναβήσεται κυπάρισσος, ἀντὶ δὲ κονύζης ἀναβήσεται μυρρίνη, ἐπεὶ καὶ ἀλλοκότοις δόξαις περὶ ἑαυτοῦ συγ|κεκρότητο. καὶ πολλάκις τὰ ἐν μυχῷ καρδίας ἐπηλυγαζόμενα ἐξαγγέλλων ἐφθέγγετο μὴ διὰ τὰ κοινῶς ὑφ' ἡμῶν ἡμαρτημένα καὶ θεοῦ κρίσιν πάντας καταλιπεῖν βαρυνθῆναι τὸ οὖς Κυρίου τοῦ μὴ ἀκούειν

35—36 κατὰ — Ἄννωνα: cf. Aelian. Var. Hist. 14, 30 **49—53** ἐν — μυρρίνη: cf. Is. 55, 12 sq.; Nic. Or. 5, 8 **56—57** βαρυνθῆναι — ἡμῶν: cf. Zach. 7, 11 (sensu mutato)

VAP = a, W, RMDF = b

31 ἑαυτοῦ Bekk **32** ὁ βασιλεὺς post ἀγν. add. Bekk **32—33** τοῖς — μέρεσι: περὶ τὰ (τὰ: τὴν V) ἐκεῖ που διατρίψας VAW **33** ἐκεῖ που: ἐκεῖσε RK **34** ᾄδουσα om. P **35** παρηυδοκίμητο AW Bekk κατὰ: διὰ W **36** Καρκηδόνιον M **37** ἀπώνατο P Bekk ᾠδικῶν: ἀδίκων M **37—38** τῇ . . . συλλογῇ A ᾠδικῶν ὀρνίθων συλλογῆς: φιλομούσων ὀρνίθων ᾠδῆς P **38** διὰ μειρακυλλίων: ὑπὸ παιδαρίων P ὁ om. Bekk **40** ἄλλον: ἄλλο V ὡς: καὶ W **42** ἐμοσούργουν V **43** οὔτε μὴν ὁ βασ. P Bekk εὐαγγελίου R: ἀγγέλου A **45** κωματίζοντας M **48** οὔτω Bekk **49** ἑαυτοὺς M **50** ἐν χαρᾷ: μετὰ χαρμονῆς P Bekk **51** προσδεχόμενοι AWRMDF Bekk τὰ om. P **52** κυπάριττος V **53** κνύζης F[pc] Bekk μυρσίνη RMB **56** τὸ θεοῦ Bekk

36—37 αὐτὸν ante διαγορεύειν (ἀναγορεύειν Bekk) transp. P b Bekk, non vero N (deest K) **49** μικροῦ post ἑαυτὸν add. b **55** ἐξαγγέλλων etiam N (deest K): ἐκφέρων MDF Bekk: ἐκφεύγων R ἡμῶν καὶ παραδοθῆναι ἡμᾶς εἰς μαστίγωσιν λαῷ μωρῷ καὶ οὐχὶ σοφῷ, ἀλλὰ τίνοντας δίκην τοῦ ὀπίσω Ἀλεξίου τοῦ Βρανᾶ πορευθῆναι ἀποστασίαν κατ' αὐτοῦ νοσήσαντος τοιούτοις ἐκδεδόσθαι τοὺς προνομευομένους κακοῖς.

Ὦ τῶν τοῦ πονηροῦ σκεμμάτων τε καὶ ὑφηγημάτων, εἰ οὕτω τινὲς ὑπειλήφασιν ὡς εὐσεβῶν μυριάδας τῆς ὁποιασοῦν ὑπό τινος αὐτῶν παροινήσεως ἀντάλλαγμα καὶ ἀντίψυχον ἐκδίδωσιν ὁ θεὸς συγκινηθεῖσιν ἔθνεσι καὶ ὡς πρόβατα σφαγῆς παρίησιν ἀπάγεσθαί τε καὶ ἀποκτείνεσθαι. τίς γὰρ Ἱερεμίας πολύδακρυς ἐθρήνησεν ἂν ἀρκούντως τοὺς αἰχμαλωτιζομένους, τοὺς ἀναιρουμένους, τοὺς εἰς τὰς πορρωτέρω χώρας ἀποδιδομένους, καὶ τούτων ἐφ' ὅσαις τὸ τοῦ Χριστοῦ μὴ ἐπικέκληται ὄνομα.

Οὐ ταῦτα δὲ μόνον διεξιὼν ἦν παραβόλως, ἀλλ' ὅτι καὶ μοναρχίαν περιβαλεῖται δήπουθεν καὶ θηλάσει γάλα ἐθνῶν καὶ αὐτὸς ἐσεῖται τὴν Παλαιστίνην ἐλευθερῶν καὶ τὴν δόξαν τοῦ Λιβάνου κτώμενος καὶ τοὺς Ἰσμαηλίτας ὑπὲρ τὸν Εὐφράτην κεραΐζων καὶ ληϊζόμενος καὶ τὸ βαρβαρικὸν κύκλῳ ἀνακαθαίρων. προσεπῆγε δὲ ὡς καὶ οἱ τότε ὑπ' αὐτὸν ἡγεμόνες οὐκ ἔσονται τοῖς σήμερον ὅμοιοι, ἀλλ' ἰσχὺν περιβαλοῦνται πλείστην καὶ πλοῦτον ἐθνῶν ἔδονται καὶ τὰ πάχη αὐτῶν ἐκμυελιοῦσιν εἰς τὴν | αὐτὴν ῥηξὶ καὶ τοπάρχαις ἐξουσίαν καὶ περιφάνειαν καθιστάμενοι.

Ἐλέγετο δὲ πάντων τούτων ὑφηγητὴν Ἰσαακίῳ καθεστάναι τὸν

---

57 λαῷ — σοφῷ: cf. Deut. 32, 6 58 ὀπίσω . . . πορευθῆναι: cf. Deut. 6, 14; al. 64 πρόβατα σφαγῆς: Ps. 43, 23 67—68 ἐφ' — ὄνομα: cf. Ps. 78, 6 70 θηλάσει — ἐθνῶν: cf. Is. 60, 16 70—73 αὐτὸς — ἀνακαθαίρων: cf. Nic. Or. 94, 11—16 71 τὴν — κτώμενος: cf. Is. 60, 13 72 Ἰσμαηλίτας: cf. p. 384, 16 75 πλοῦτον ἐθνῶν ἔδονται: cf. Is. 29, 7 sq. et 60, 16 τὰ — ἐκμυελιοῦσιν: cf. Num. 24, 8

VAP = a, W, RMDF = b

57 μωρῷ λαῷ AWN 58 τίννοντας VWRMDFN τοῦ pr. om. W τοὐπίσω V τοῦ alt. om. M 59 νοήσαντος N ἐκδιδόσθαι WN προνευομένους AWM 61—69 ὢ — παραβόλως: καὶ N 61 τῶν ἀρχόντων post οὕτω add. P Bekk 63 συγκινηθεῖσιν: αἱμοχαρέσιν P 64 καὶ pr. om. W παρίησιν om. V: ἀφίησιν AW 65 ἀποκτείνεσθαι VP[ac?] Bekk: ἀποκτένεσθαι rel. 66 τὰς om. W πορρωτάτω V 67 μὴ om. W 69 διεξήει P 72 Εὐφραΐτην AW 73 δὲ καὶ ὡς PDF Bekk 75 ἐκμυελίζουσιν W 78—88 ἐλέγετο δὲ τὰ μαντεύματα ταῦτα ἔχειν ἀπὸ τοῦ πατριάρχου τοῦ Δοσιθέου· εἶχε γὰρ αὐτὸν ὁ τοιοῦτος πατριάρχης κατὰ πάντα ὑπήκοον καὶ τοὺς λόγους αὐτοῦ δεχόμενον ὡς διδασκάλου, ἢ μᾶλλον κτλ. B 78 τούτων πάντων APW Bekk 78—82 ὑφηγητὴν — ποιεῖν: ὑφηγητὰς Ἰσ. καθεστάναι τοὺς

58 Ἀλεξίου om. P b Bekk, non vero N 64 δι' (δι' om. F Bekk) αὐτοὺς post παρίησιν add. b Bekk τε om. b 65—68 τίς — ὄνομα om. b 69 παραβόλως et 70 δήπουθεν om. P b Bekk 72 ποταμὸν post Εὐφράτην add. P b Bekk 78—88 ἐλέγετο — παραδιδοῦσαν om. b

πατριάρχην Δοσίθεον, ὡς σῆτα ταῖς κενοφωνίαις ταύταις τὴν ἐκείνου φύσιν πρὸς τὰ καινὰ τῶν ἀκουσμάτων οὖσαν κατάρροπον ὑπεισιόντα καὶ κατεσθίοντα, ἢ μᾶλλον ὡς αἱ τίτθαι τὰ βρεφύλλια ἐπικλινῆ τιθέναι πρὸς ῥᾳστώνην καὶ βίον ἐξημβλυμένον ἀναπεπτωκότα τε ποιεῖν τὸν βασιλέα τοῖς τῶν τοιούτων μυθολογημάτων ἐπᾴσμασιν, οἷα δὴ καὶ μηδὲν αὐτουργοῦντος αὐτοῦ, τῆς δ' ὡρισμένης ἐπιστάσης ὑποκεισομένων αὐτῷ πασῶν τῶν βασιλειῶν, καθ' ὃν δὴ τρόπον καὶ οἱ πάλαι ζωγράφοι Τιμόθεον ἔγραφον αὐτὸν μὲν καθεύδοντα, τὴν δὲ τύχην περιιοῦσαν καὶ εἰς ἕνα κύρτον τὰς πόλεις ἐμβάλλουσαν καὶ προσάγουσαν αὐτῷ καὶ παραδιδοῦσαν.

Τὸ δὲ δὴ θαυμάζεσθαι ἀξιώτερον, ἔλεγε διαρρήδην ὡς ὁ Κομνηνὸς Ἀνδρόνικος, ὃν αὐτὸς τοῦ ἄρχειν καθελὼν εἰς θάνατον ἐξέδωκε πόνηρον, ἐνναετίσειν ἤμελλε τῇ βασιλείᾳ Ῥωμαίων, συνέστειλε δὲ τὴν ἐκείνου ἐννεαρχίαν εἰς τριετίαν θεὸς ὡς ὄντος κακοεργοῦ, ἀμέλει τοι καὶ ὡς ῥάκος πορφύρᾳ ἐπιβέβληνται τῇ αὐτοῦ ἀρχῇ καὶ οἱ | ἐκείνου ἓξ λυκάβαντες καὶ μέλλει κατὰ τούτους αὐτὸς τοὺς χρόνους μὴ εἶναι πάνυ τι ἐπιεικής τε καὶ μέτριος, μηδ' ὡς ἐπίπαν ταῖς ἀγαθοπραξίαις γαννύμενος, ὡς τῶν κακοποιῶν Ἀνδρονίκου ἐνιαυτῶν πρὸς τὴν ἐκείνου μεθελκόντων φύσιν αὐτὸν καὶ ἀντισπώντων ἀναγκαστῶς. ταῦτα δὲ εἰ τὴν πάλαι σεσηπυῖαν εἱμαρμένην ἀνίστησι καὶ συνίστησι τὴν ἀναγκαίαν καὶ Ἀνδρονίκῳ χαρίζονται τὸ ἀνέγκλητον ὡς κατὰ χρόνους ἄρξαντι κακοποιούς, παρίημι τοῖς βουλομένοις σκοπεῖν. ἐπεὶ δὲ οἱ ἓξ παρήλθοσαν ἐνιαυτοί, ἔδειξεν ἐκ τῶν πραγμάτων αὐτῶν μὴ τὴν χρονικὴν περίοδον, ἀλλὰ τὴν γνωμικὴν ἰδιότητα ὑποβάλλειν καὶ ὑποτιθέναι τὰ βουλητέα τισίν· ἀγαθὰ γὰρ ἐπαγγελλόμενος μείζονα τοῖς ὑπηκόοις εἰς τοὺς μετέπειτα ἐνιαυτοὺς οὐδέν τι τῶν προτέρων εἰργάσατο ἄμεινον.

85—88 καθ' — παραδιδοῦσαν: cf. Aelian. Var. Hist. 13, 43

VAP (usque ad 2 ἀντισπώντων) = a, P (ab 2) W, RMDF = b

83—88 ἐς ἡμᾶς ματαιολόγους, ὥσπερ σῆτας . . . ὑπεισιόντας καὶ κατεσθίοντας, ἢ μᾶλλον . . . τιθέντας . . . τε δεικνύντας (δεικνύντας A[ir]: -τες Bekk) APW Bekk **82** ἐξηυλημένον APW **84** τῆς ὡρ. δ' ἐπιστ. APW Bekk **86** ἔγγραφον W **87** καὶ pr. om. V **88** αὐτῶ παραδιδόναι V **89** διαρρήδην om. VNB **91** ἔμελλε VP: ἔμελε W **93** ἡ πορφύρα ἐπιβέβληται V ἐπιβέβληται RMDFN καὶ om. AWN ἐκείνου: αὐτοῦ V **94** καὶ μέλλει: ἀμέλει W αὐτὸς: αὐτοὺς R τι: τοι V: om. APW **95** τε om. R **1** ὡς: οἷα P Bekk ἐνιαυτῶν: χρόνων P **5—9** ἐπεὶ — ἄμεινον suppl. P[mg]: om. RM **7** ἔποδον F

90 καθελὼν — πόνηρον etiam N: καθήρηκεν b **2—5** ταῦτα — κακοποιούς etiam N: ταῦτα δὲ εἰ (ἣν P: εἰ καὶ Bekk) Ἀνδρονίκῳ τὸ ἀνεπέγκλητον χαρίζονται (-ζωνται P) ὡς κατὰ χρόνους ἄρξαντι κακοποιοὺς καὶ συνίστησι τὴν εἱμαρμένην καὶ τὴν ἀνάγκην P b Bekk: εἰ — Ἀνδρονίκω ex a suppl. D[mg]

Οἱ μέντοι Βλάχοι τῷ ἀεὶ νικᾶν ἐπαιρόμενοι καὶ πλοῦτον ἁβρὸν καὶ παντοῖον ὁπλισμὸν ἐκ τῶν Ῥωμαϊκῶν λαφύρων περιβαλλόμενοι ἀκατάσχετοι τὰς ὁρμὰς ἐγεγόνεισαν καὶ οὐκέτι κώμας καὶ ἀγροὺς ἐληΐζοντο ἐπιόντες, ἀλλὰ καὶ κατὰ τῶν μεγαπύργων ἐφωπλίζοντο πόλεων. τήν τε οὖν Ἀγχίαλον ἐξεπόρθησαν καὶ τὴν Βάρναν παρεστήσαντο καὶ κατὰ τὴν Τριάδιτζαν ἀφικόμενοι, ἥ ἐστιν ἡ πάλαι λεγομένη Σαρδική, τὸ πλεῖον ταύτης μέρος ἠφάνι|σαν. καὶ αὐτὸ δὲ τὸ Στούμπιον τῶν ἐνοικούντων ἐκένωσαν καὶ εἰς τὸν Νῖσον ἀφιγμένοι κἀκεῖθεν οὐκ ὀλίγην λείαν ἀνθρώπων τε καὶ ζώων ἐπεσπάσαντο.

Μὴ ἔχων δ' ὁ βασιλεύς, ὡς οἷα ὑπὸ μελισσῶν κηρίον κυκλούμενος, τίνι τῶν κακῶς πασχόντων ἐπαρήξειε πρότερον ἢ τίνι τελευτῶν βραβεύσοι τὴν σύναρσιν, εἰς ἀρχηγοὺς μερίζει τὴν στρατιάν. ἀμέλει καὶ τὴν Βάρναν ἀνέκτισε καὶ ἐπύργωσε τὴν Ἀγχίαλον καὶ φρουρὰν αὐταῖς ἐγκατέστησε. καὶ ἐδόκει μὲν οὐκ ἄπο προμηθείας εἶναι ταῦτα βασιλικῆς, ἦσαν δὲ καὶ οὕτως τὰ τῶν ἐναντίων αὖθις ἐπικρατέστερα.

Ἐξιὼν δὲ καὶ αὐτὸς κατὰ τὰς μετοπωρινὰς τροπὰς περὶ τὴν Φιλίππου καὶ τὴν γυναικωνῖτιν συνεπαγόμενος, ὡς ἐνόν, ἀνέστελλε τὰς τῶν Βλάχων καὶ Σκυθῶν ἐπιδρομάς. κακουργοῦντος δὲ τοῦ τῶν Σέρβων ζουπάνου καὶ τὰ Σκόπια φθείροντος, ἄπεισι κατ' αὐτοῦ· καὶ ὡς συνερρώγεσαν αἱ τάξεις κατὰ τὸν Μοράβον λεγόμενον ποταμόν, ἐνέκλιναν οἱ βάρβαροι, καὶ καταδιώξεως γενομένης, οὐκ ὀλίγοι τούτων ἀφανισμῷ παρεδόθησαν ὕδασι καταβαπτιζόμενοι καὶ δόρασι διαπειρόμενοι. παρελθὼν δὲ τὸν Νῖσον καὶ περὶ τὸν Σάουβον γενόμενος ποταμὸν τῷ οἰκείῳ συνέμιξε κηδεστῇ τῷ τῆς Οὐγγρίας ῥηγὶ τῷ Βελᾷ. καὶ συχνὰς ἐκεῖσε διατρίψας ἡμέρας ἐπάνεισιν αὖθις εἰς Φιλιππούπολιν κἀκεῖθεν τὴν μεγαλόπολιν εἴσεισιν ἐκκλίνων τὴν εἰς τὸν Αἷμον πάροδον.|

25 ἐξιών: a. 1191 an 1192? cf. van Dieten, Nik. Chon. Erläuterungen etc., p. 83 sqq.

19 ὡς — κυκλούμενος: Ps. 117, 12 25 ἐξιών etc.: cf. Nic. Or. 27, 17 sqq. 30—31 ἀφανισμῷ παρεδόθησαν: cf. Ier. 25, 9; al.

VA = a, PW, RMDF = b

11 λαφύρων: χῶρον W τοῦ λοιποῦ post ἀκατάσχετοι add. P Bekk 12 ταῖς ὁρμαῖς Bekk καὶ alt.: ἢ P 13 καὶ om. M 14 τὴν om. AW: hab. Sc 15—16 ἀφικόμενοι — αὐτῆς om. M 16 πλεῖστον W μέρος ταύτης AW 17 εἰς: πρὸς P τὸν: τὴν A Νῖσον constanter AWRMF Sc ἀφικόμενοι Bekk 17—18 λείαν κἀκεῖθεν οὐκ ὀλίγην Bekk 20 ἐπαρήξει P[ac] 21 τὴν pr. om. P 24 οὕτω Bekk 25 ἐπαρχίαν post Φιλίππου add. P Bekk 26 ἐπαγόμενος VAW 27 τῶν Σκυθῶν VAW 28 φθίνοντος W 29 Μωρόλαβον V 29—32 ἐνέκλιναν — ποταμὸν om. V: hab. B 31 παρεδόθησαν — διαπειρόμενοι suppl. i. mg. et r. 10 litt. P: om. RM 32 δὲ: δὲ καὶ P Bekk τόν: τὴν AK 33—34 ἐκεὶ συνδιατρίψας W 34 συνδιατρίψας V

10 Ῥωμαίους post νικᾶν add. et ὀφρυαζόμενοι pro ἐπαιρόμενοι scr. P b Bekk 13 εὐπύργων P b Bekk 16 αὐτῆς P b Sc Bekk 17 καὶ: ἀλλὰ καὶ P b 20 ἐπαρήξει b Bekk βραβεύσει RF Bekk: -σοι MD 27—28 κακουργοῦντος — καὶ: ἀλλὰ καὶ τοῦ τῶν Σέρβων ζουπάνου (κακουργοῦντος καὶ add. P, ubi κακουργοῦντος — Σκόπια i. r. 6 litt. et mg., Bekk) P b Bekk 28 κατ' ἐκείνου ἐξώρμησε b Bekk

Εἰς δ' ἑτέραν τῶν κατὰ Φιλιππούπολιν ἀπιδὼν κυβέρνησιν, ὡς τῶν ἐκεῖσε μάλιστα κακῶς πασχόντων ἀεί, στέλλει τὸν οἰκεῖον ἐξάδελφον Κωνσταντῖνον, ὃν καὶ δοῦκα τοῦ στόλου προυβάλετο, εἰς στρατηγὸν ἀποτάξας. ὁ δὲ κἂν οὔπω ὑπεραναβεβήκει τὸν μείρακα, τὸ γοῦν θυμοειδὲς παραδεικνύων, ὡς οἱ τῶν λεόντων σκύμνοι τὴν ὀφρὺν εὐθὺς ἐκ γενέσεως καὶ τῆς ἐπαυχενίου κόμης τὸ λάσιον καὶ τὰς τῶν ὀνύχων ἀκωκάς, οὕτω πρὸς ὑπακοὴν καὶ δέος τὸ συνὸν αὐτῷ ἐρρύθμισε στράτευμα, ὡς νεύματι μόνῳ πείθεσθαί οἱ καὶ ἐννοήματι καὶ πρὸς τὰ ἐπιταττόμενα ῥᾳδίως ὑπάγεσθαι. ἐστρατήγει οὖν μετὰ τῆς φυσικῆς ὀξύτητος. εἰ δέ που ἡ νεότης σφαδάζουσα ἐξέπιπτε τοῦ καθήκοντος, ἡ τῶν ἐκείνῳ συνεζευγμένων ὑποστρατήγων ἐμπειρία ταύτην ἀνασειράζουσα μὴ ὅρους ὑπερβαίνειν ὑπετίθει τοὺς τακτικούς. ἔπτηξαν οὖν αὐτὸν οἱ ἀποστάται Βλάχοι ὅσον οὐδ' αὐτὸν τὸν βασιλέα ὀπτανόμενον κατεπλάγησαν καὶ πολλάκις ὁ Πέτρος σὺν τῷ Ἀσὰν κείρειν τὰ κατὰ Φιλιππούπολιν καὶ Βερόην προθέμενοι οὐκ ἔλαθον ἐξιόντες τὸν Κωνσταντῖνον, ἀλλ' ἐφέποντα εἶχον καὶ τὰς ἐκείνων κλονοῦντα φάλαγγας, ὥστε οὐχ ὡς πρότερον συχνὰς ἐποίουν τὰς ἐκδρομάς.

Ἀλλὰ δέον τὰ λυσιτελῆ ταῦτα τῇ πατρίδι καὶ ταῖς ἐκεῖσε πόλεσιν αἱρεῖσθαι τὸν Κωνσταντῖνον, ὁ δὲ τὴν ἐναντίαν ἐτράπετο. ἐπαρθεὶς γὰρ τοῖς μικροῖς ἀγωνίσμασι τούτοις ὡς τὰς φρένας ἀστατῶν τῇ νεότητι ἤρξατο ὑποποιεῖσθαι τοὺς συνόντας αὐτῷ | ἀρχηγοὺς κἀκ τῶν ἐγχωρίων στρατιωτῶν ὁπόσους τὸ γένος αἰδεσίμους ἐγίνωσκε καὶ περιδεξίους εἰς ἔργα πολέμια. οὐκοῦν καὶ βραχεῖαν ἐκ τούτων ῥοπὴν ἐσχηκὼς πρὸς τὴν τῶν κατ' ἔφεσιν ἐκπεράτωσιν τῆς στρατηγίδος ἀνθαιρεῖται στολῆς τὴν βασίλειον καὶ τοὺς πόδας εἰς ἑτοιμασίαν τῆς τυραννίδος φοινικοβαφὲς ἀμφιέννυσι πέδιλον. καὶ παραδηλοῖ γράμμασι τὰ ἐπ' αὐτῷ τετελεσμένα τῷ τῆς ἀδελφῆς γαμέτῃ, τῷ μεγάλῳ δομεστίκῳ τῆς δύσεως Βασιλείῳ τῷ Βατάτζῃ. τὸν δὲ οὐ μόνον οὐκ ἔσχεν ἐπαινοῦντα τὰ τετολμημένα ἢ προσσχόντα οἷς ἔπραττε νηπιωδῶς καὶ ἐπέστελλεν αὐθαδῶς εἰς Ἀδρια-

---

51 κλονοῦντα φάλαγγας: cf. Hom. Ε 96; al.

VA = a, PW (usque ad 46 ἀνασειράζουσα), RMDF = b

36 χωρῶν post Φιλιππούπολιν add. APWSc Bekk **36—37** (κυβέρνη)σιν sscr. et ὡς — ἐκεῖσε i. r. 6 litt. P **37** πασχόντων κακῶς P Bekk (κα)κῶς ἀεὶ i. r. 3 litt. P **40** σκύμνοι suppl. P^mg **41** γεννήσεως W **42** οὕτω: οὔπω A τὸ om. R **43** πείθεσθαι ἢ ἐννοήματι πρὸς V **47** ἔπτηξαν — ἀποστάται i. r. 15 litt. P **48** ὅσα APRM οὐδ' αὐτὸν: οὐδὲ V τὸν om. RM ἐκεῖσε post ὀπτανόμενον add. AP Sc **50** Βερρόην F (Bekk) **50—51** ἀλλ'— φάλαγγας suppl. P^mg **50—54** ἀλλ'— Κωνσταντῖνον om. RM **51** εἶχον etiam B: ἔβλεπον V **53—54** πόλεσι μετιέναι A **54** γὰρ etiam B: δὲ V **55** ἀναστατῶν A **56** ἀρχηγοὺς: στρατηγοὺς Bekk **58** εἰς: ἐς MK: πρὸς VA **60** τῆς om. P **60—61** καὶ κόκκινα ὑποδύεται B **60** κοκκοβαφὲς V **63** ταῦτα post τετολμημένα add. AP^mg ἔστελλεν F Bekk ἐς V

48 ἐποπτανόμενον P b Bekk **64** οἷς post καὶ add. P b Bekk νούπολιν τότε διάγοντα, ἀλλὰ καὶ μᾶλλον τὴν ἄκαιρον ὁμοῦ καὶ ἄλογον φιλοτιμίαν καταμωκώμενον καὶ ὡς ὅσον οὐδέπω ἀπολούμενον αὐτὸν ὀδυρόμενον· ὃ καὶ παρὰ πόδας ἐπηκολούθησεν.

Ἄρας γὰρ ἐκ τῆς Φιλίππου ἐπὶ σκοπῷ τοῦ κατ' Ἀδριανούπολιν γενέσθαι καὶ μὴ ἑκόντα τὸν οἰκεῖον συμπαραλήψεσθαι γαμβρὸν τὸν Βατάτζην συλλήπτορα τοῦ ἔργου καὶ συνεπευδοκοῦντα τοῖς τελουμένοις καὶ φθάσας περὶ τὸ λεγόμενον Νεούτζικον (τόπος δέ ἐστιν οὗτος διοριστικὸς τῶν ἐπαρχιῶν ἀμφοτέρων, τῆς Ἀδριανοῦ φημὶ καὶ τῆς Φιλίππου) συλλαμβάνεται καὶ καταπροδίδοται βασιλεῖ παρ' αὐτῶν ἐκείνων τῶν εἰς ἀποστασίαν ὑπονυξάντων καὶ ἀναγορευσάντων αὐτὸν αὐτοκράτορα. οἱ δ' αὐτοὶ καὶ τὸν ὑπὲρ ἑαυτῶν ἀπόλογον ἐφ' οἷς ἔδρασαν πρὸς τὸ εὔσημον μεθαρμόζοντες διεμηνύσαντο βασιλεῖ τὸ | μὲν ὑποκλιθῆναι καὶ προσνεῦσαι τῷ ἀποστάτῃ μὴ καθ' ἕτερον τρόπον ἐργάσασθαι ἢ τῷ συμμεταβεβλῆσθαι ἀθελήτως τῷ καιρῷ καὶ τοῖς πράγμασιν (ὁρᾶν γὰρ οὐκ ἀκίνδυνον αὐτοῖς καὶ ἀκόνδυλον τηνικαῦτα τὸ ἀντιτείνειν πρὸς τὰ παρὰ τοῦ Κωνσταντίνου ὑποβαλλόμενα· εἶναι καὶ γὰρ τῶν προηγησαμένων στρατηγῶν ἐπιχολώτατον καὶ τὸ ξίφος ἐκ τοῦ αὐτίκα γυμνοῦντα κατὰ τῶν μὴ ἐμμενόντων τοῖς αὐτοῦ δόγμασι), τὸ δὲ νῦν τελεσθὲν τῆς ἐς αὐτὸν ἐκεῖνον ἀκραιφνοῦς τεκμήριον πίστεως τὸ οἰκεῖον ἐνδειξαμένων, ὁπηνίκα εὐκαιρίας ἐλάβοντο. καὶ ᾔδει μὲν βασιλεὺς παλιμβόλων ἀνδρῶν τεχνάσματα ταῦτα καὶ κατεσχηματισμένα προβλήματα, ἐπαινέσας δ' ὅμως τὸ γεγονὸς ὡς αὐτῷ ξύμφορον τῶν μὲν συναραμένων τοῦ ἔργου τῷ Κωνσταντίνῳ οὐδένα ἐκ τοῦ προδήλου παραλελύπηκεν, αὐτὸν δ' ἐς τὸ φῶς ἐλυμήνατο.

Τοσοῦτον δ' εὐφράνθησαν οἱ Βλάχοι καὶ ἠγαλλιάσαντο Πέτρος τε καὶ Ἀσὰν ἐπὶ τοῖς συμβεβηκόσι τούτοις τῷ Κωνσταντίνῳ, ὥστε κἀκεῖνον ἐπὶ τοῦ ἑαυτῶν ἔθνους ἔλεγον τῇ βασιλείᾳ ἐπιβαλεῖν καὶ βασιλέα μὴ ἔχοντα μειζόνως εὐεργετήσειν ἄλλως τοὺς Βλάχους τὰς κόρας ἐκκόψαι τοῦ Κωνσταντίνου, θυμοσο|φοῦντες ἐν τοῖς τοιούτοις καὶ τὰ Ῥωμαίων μυκτηρίζοντες πράγματα ἐπὶ τὸ κάταντες ἀεὶ προχωροῦντα καὶ ταῖς χείροσι μερίσιν ὑπενδιδόντα. οἱ δ' αὐτοὶ καὶ τοῖς ἐκ φύτλης τῶν

VAP (ab 74 καὶ) = a, P (usque ad 74), RMDF = b

65 εἰς ante τὴν add. V ὁμοῦ: ὁρμὴν V: αὐτοῦ P **66** κατονειδίζοντα VA ὡς om. VA **68** ἐκ: ἀπὸ VA τοῦ etiam B: τῷ V **69** ἑκόντα: ἔχοντα V παραλήψεσθαι (ante τὸν οἰκεῖον γαμβρὸν Bekk) P Bekk **70** τελουμένοις: λεγομένοις V **71** καὶ om. DF Bekk φθάσας: καταντήσας VA **75** αὐτῶν V **76** εὔσχημον Bekk **77** προνεῦσαι V **78** τῷ: τὸ V ἀβουλήτως V **80** παρὰ: περὶ A: om. F καὶ om. AP Bekk **81** ἐπιχαλώτατος V παραχρῆμα AP **82** ἐμμενόντων V: πειθομένων AP **83** αὐτὸν om. A Sc ἐκεῖνον: τὸν βασιλέα AP Bekk **84** ὁ βασιλεὺς Bekk **84—16** παλιμβόλων — βασιλεὺς om. R **87** (τ)οῦ (ἐργ)οῦ A^{pc} τοῦ Κωνσταντίνου AM παραλελύπηκεν: λελύπηκεν V **91** ἐπὶ: ὑπὲρ V ἔλεγον om. Bekk **92** ἢ post Βλάχους add. Bekk **95** τοῖς A τοῖς . . . μέρεσιν P

65 ἐκείνου post ἄλογον add. b Bekk **82** ἐμμενόντων: ἐπευδοκούντων b Bekk **89—15** τοσοῦτον — ἀντιπάλους om. b

Ἀγγέλων τὴν τῶν Ῥωμαίων χειρίζουσιν ἀρχὴν πολυετὲς ἐπηύχοντο κράτος, μηδὲ ἰδεῖν ποτε θάνατον, εἰ δυνατόν, ἐξελιπάρουν τὸ θεῖον, ἢ ἀφαίρεσιν τῆς βασιλείας παθεῖν· καὶ τὴν αἰτίαν προστιθέντες ἐχρηστηρίαζον οἱ κατάρατοι ὡς, αὐτῶν βασιλευόντων, ἔτι καὶ ἔτι τὰ τῶν Βλάχων εὐτυχοῦντα προσεπιδώσουσί τε καὶ μεγαλυνθήσονται, καὶ χώρας δὲ καὶ πόλεις ἀλλοτρίας ἐπικτήσονται καὶ ἄρχοντες ἐξ αὐτῶν καὶ ἡγούμενοι ἐκ τῶν μηρῶν αὐτῶν ἐξελεύσονται, οὐκ οἶδ' ὅθεν καὶ ὅπως τὰ ἐσπουδασμένα ταῦτα διεξιόντες.

Ἔνθεν τοι καὶ οἱ μὲν ὡσεί τι ἐκπορθήσοντες φρούριον ἢ κώμας ἀναρπάστους θησόμενοι ἢ πόλεις ἀναστάτους δείξοντες μετὰ φάλαγγος ἐπῄεσαν Σκυθικῆς καὶ τὸ προστυχὸν ἅπαν ἐσίνοντο, ποτὲ μὲν τῇ Φιλίππου ἐπιόντες, ποτὲ δὲ τῇ Σαρδικῇ ἐφεδρεύοντες, ἐνίοτε δὲ κατὰ τὴν Ἀδριανούπολιν ἐξερχόμενοι· οἱ δὲ Ῥωμαῖοι νωθέστερον ἐπεξῄεσαν, εἰ δέ ποτε καὶ ἀντετάχθησαν ἢ συνεπλάκησαν, κατὰ μετρητοὺς ἐκάκουν τοὺς ἀντιπάλους.

Ὁ δὲ βασιλεὺς οὗτος δολιχοδρόμῳ ἢ γοῦν σταδιεῖ προσεοικὼς εὐθὺς πρὸς τῇ νύσσῃ κατέπαυσε, τὸν τῆς ἀρίστης βασιλείας δρόμον τρέχειν ἀρξάμενος· οὐ γὰρ ἦν πολλοὺς | ἀμφιὼν κύκλους τῆς ἀρετῆς, ἀλλ' ὡς ἀποκαμὼν ὑπεχαλάσθη τοῦ συντόνου τῆς ὁρμῆς καὶ τῆς ἐπαινετῆς ἐς ἅπαν ἐξενευρίσθη προθέσεως. οὐκοῦν πολλοῖς τὰ χαλινὰ καὶ τὰς ἡνίας ὑπαλλάξας τῆς βασιλείας, ὡς εἴπερ αὐτὸς ἀποπεφύκει πρὸς σπουδαίαν ἀρχῆς διοίκησιν, φέρων ἐνεχείρισε τὴν πάντων διεξαγωγὴν καὶ κυβέρνησιν καὶ τῷ πρὸς μητρὸς θείῳ Θεοδώρῳ τῷ Κασταμονίτῃ.

Ἦν δ' οὗτος περὶ πραγμάτων ἐγχείρησιν καὶ μάλιστα περὶ τὰς δημοσίας συνεισφορὰς δεξιώτατος καὶ λόγων σοφωτέρων μέτοχος. ὃν καὶ λογοθέτην τῶν σεκρέτων προβαλόμενος ἦγετο ὑπ' αὐτοῦ καὶ μετήγετο καθάπερ βασιλευόμενος, ὅθεν ὡς ἂν τις ἐν ὑπηρέτου μοίρᾳ καθήμενος πᾶν, ὅπερ ὑπ' αὐτοῦ ἐπετάττετο, διεπράττετο σχεδὸν μηδὲν διακρίνων. νοσῶν δὲ τὰ ἄρθρα τῶν ποδῶν ὁ Κασταμονίτης φοράδην τὰ πολλὰ πρὸς

---

2 μηδὲ — θάνατον: cf. Ps. 88, 49; al. εἰ — δυνατόν: cf. Nic. Or. 68, 13; 101, 5; 112, 26; 175, 24 **6—7** ἄρχοντες — ἐξελεύσονται: cf. Gen. 49, 10; Mich. 5, 1

VAP = a, RMDF = b

2 εἰ δυνατόν: ἰδεῖν V **4** τῶν post αὐτῶν add. A **5** εὐτυχοῦντα om. AP Bekk μεγεθυνθήσεται AP Bekk **6** προσεπικτήσονται V **9** ὡσεὶ: ὡς ἐπεὶ A: ὡς ἐπὶ P Bekk ἐκπορθήσαντες AP **12** δὲ: δὲ καὶ V **13** ἐπερχόμενοι AP Bekk νωθέστεροι AP **16** δὲ: γοῦν DF εὐθὺς: ταχέως P **17** τὸν: τοῦ A **18** οὐ: οὐδὲ A^pc^P Bekk γὰρ ἦν P^i. r.^ **19** ὁρμῆς: ἀρετῆς D εἰς RMF Bekk **20** ἐξενευρίσθη om. RMDF πολλῶν P **22** τέλος ante φέρων add. A^s^P Bekk πάντων V: τούτων cum Wb scr. AP **23** καὶ om. P Bekk Κασταμωνίτη cum ω constanter P **24** περὶ om. P δημοσίους VAP **26** ἤ γ (ετο) A^ir^: ἔθετο A^mg^ **28** ὑπετάττετο F

21 τῆς βασιλείας D^mg^: τῆς τῶν κοινῶν διοικήσεως P b Sc Bekk **21—22** ὡς — διοίκησιν om. b: suppl. D^mg^ πάντων: τούτων (τούτου P) PW b Bekk τὸν κρατοῦντα εἰσήγετο ὑπὸ δυοῖν φορέων αἰρόμενος διὰ σκίμποδος ὡς οἱ τῶν οἴνων ἀμφορεῖς· καὶ συνομιλῶν βασιλεῖ τὰ πρόσφορα, ἢ μᾶλλον καπηλεύων τὰ Ῥωμαίων πράγματα καὶ ὀλίγου ἀποδιδούς, αὖθις ἐξήγετο. οἱ δέ γε λαοὶ καὶ τὸ τῆς πολιτείας γερούσιον καὶ ὅσοι τῷ βασιλεῖ καθ᾿ αἷμα συνήπτοντο εἵποντο ἐκείνῳ καὶ προπέμποντες ἐκύκλουν τὸν νεκροφόρον ἄντικρυς ὀκλαδίαν, τὰς οἰκείας τύχας, οὐκ ἐκεῖνον ἀποκλαιόμενοι. οὐ γὰρ ἦν τι τῶν γινομένων ἐκείνου ἄνευ διαπραττόμενον, ἀλλ᾿ οὐδέ τις καὶ τῶν ἐν ὑπεροχαῖς συμμετεῖχε τῷ Κασταμονίτῃ καθέδρας, ἀλλὰ παρίσταντο πάντες δουλοπρεπεῖ σχήματι. καὶ | ὁ κρατῶν ἐπὶ τούτοις οὐκ ἐδυσχέραινε καὶ τὴν οἰκείαν δόξαν ὁρῶν ἀναρσίως πρὸς ἕτερον μεταβαίνουσαν καὶ διαρπαζομένην τὴν βασιλείαν οὐμενοῦν οὐδέν τι πρὸς τὴν ἀτοπίαν ταύτην ἐφρόνει ἐνδόσιμον, ἀλλ᾿ ἦν τοῖς τελουμένοις ἐπευδοκῶν κατ᾿ οὐδένα πρόδηλον δίκαιον σκοπόν. προϊὼν δὲ καὶ φάλαρα ὀξυβαφῆ αὐτῷ ἐνέδωκεν ἔχειν, τοῦ ἱεροῦ σχοινίσματος ὄντι, καὶ ἐφεστρίδα τοιαύτην ἐν τῷ ἱππεύειν κεκτῆσθαι καὶ διὰ βαφῆς ὁμοίας ὑποσημαίνεσθαι τοὺς τόμους τῶν δημοσίων λόγων καὶ τὰ γραμμάτια. καὶ ἦν ὄντως τὰ πράγματα μετακεκλικότα πρὸς τὸ ἀσύνηθες καὶ τῇ ἰδίᾳ φύσει ἀντιτασσόμενα, ἕως τις νόσος φιλάνθρωπος τοὺς μὴ ἑαυτοὺς ἐλεοῦντας οἰκτειρήσασα ἐπέβρισε τῷ ἀνθρώπῳ ἐξ ὕλης μοχθηροτέρας, ἥτις τὰ ἄρθρα τοῦ σώματος ἀναμοχλεύουσα ἐπενέμετο καὶ ἐπέθετο τῷ λογιστικῷ κραταιότερον.

Ἦγε δὲ τότε πεντεκαιδεκάτην ὁ Αὔγουστος μὴν καὶ ὁ Κασταμονίτης μετὰ φυσήματος καὶ πολυοχλίας ἀρχικωτάτης τῇ μονῇ τῆς Παντανάσσης διὰ τῆς ἀγορᾶς ἐπεφοίτησε τὰ ὅσια τελέσων τῇ μεταστάσει τῆς θεομήτορος, ὅτε καὶ πρώτως ἀκούσας δεσπότης καὶ βασιλεύς, ἐπεὶ καὶ τοῦτο προσεφεῖτο ἐπιλέγειν τοῖς κόλαξι καὶ τοῖς αἰκάλλειν εἰωθόσι τοὺς δυναστεύοντας, ἔδοξε τοῖς κομψοτέροις τῶν συνελθόντων εἰς ἐπιλη|ψίαν ἀποκλῖναι διὰ τὸ καινότερον τοῦ ἀκούσματος. ἀλλὰ καί τις τῶν τοῦ βήλου κριτῶν παρεστὼς (τὸ δὲ ὄνομα ἑκὼν ὑπερβήσομαι) διαχαλάσας

---

51 ἦγε κτλ.: annus non constat

---

35 τὰς — ἀποκλαιόμενοι: alludit ad Hom. T 301 sq. **39** τὴν — μεταβαίνουσαν: cf. p. 200, 71—2

VAP = a, RMDF = b

30 αἰρούμενος R **32** ὀλίγου: ὀλίγον P: χρημάτων ὀλίγων V **33** περιούσιον P **36** ἄνευ ἐκείνου Bekk πραττόμενον V: διαταττόμενον AP **37** καὶ om. P Bekk **42** πρόδηλον κατ᾿ οὐδένα A **43** πρότερον post ὄντι add. AP Sc Bekk **46** ὄντως: οὕτως VAP **48** οἰκτείρασα A **51** ιε′ A **53** μεταθέσει VA

30—31 ὡς — ἀμφορεῖς om. b **31—32** ἢ — ἀποδιδούς om. b **35** τὰς — ἀποκλαιόμενοι om. b: suppl. D[mg] **47—48** τοὺς — οἰκτειρήσασα om. P b Bekk τὴν ἐσθῆτα ἐδέσμει τὰς γαστροκνημῖδας τοῦ λογοθέτου τῇ ζώνῃ τῆς ὀσφύος, ἐπισχήσειν τὸ ἀνωφερὲς τῆς ὕλης ἐντεῦθεν πειρώμενος. πλὴν ὁ μὲν καὶ οὕτως ἀλύτως εἶχε τῆς τῶν φρενῶν παρακοπῆς, ὁ δὲ τὸν παρὰ πάντων εὖ μάλα ὠφλίσκανε γέλωτα διά τε τῶν ἱματίων τὸ ἄνετον καὶ τὸ τῆς γνώμης εὐάγωγον. ἀλλὰ τότε μὲν βραχύ τι καὶ ὅσον ἡδυτέραν τὴν ἡμέραν ὑπολογίσασθαι τῆς καχεξίας ἀνανεύσας πάλιν ἐμπέπτωκεν εἰς αὐτὴν καὶ μεθ' ἡμέρας ἀπέρρηξε τὴν ψυχήν, καὶ ἄλλως ἀσθενικὸς ὢν τὸ σῶμα καὶ τὰ περὶ τὴν ἕδραν ὑπὸ νόσου πολύτρητος.

'Εκδηλότερον δὲ τὸ αἶσχος ἐγγὺς τοῦ κάλλους ὁρώμενον. τοῦ γὰρ Κασταμονίτου τελευτήσαντος διαδέχεται τὴν βασιλέως εὔνοιαν νεανισκάριόν τι γραμματιστοῦ καὶ πινακιδίου δεόμενον.

Καὶ τούτου τὸν ἐν ἡμῖν βίον ἀπολιπόντος, παιδίον μικρὸν τὴν τῶν κοινῶν διοίκησιν ἀναζώννυται, οὔπω πέρυσιν ἀφειμένον δονακίσκου καὶ μέλανος, ὃς οὐ τὸν κρατοῦντα μόνον αὐτὸν ὡς τὸ κῆτος ὁ λεγόμενος προπομπὸς μετῆγεν, ὡς ᾑρεῖτο, καὶ περιέφερεν, ἀλλὰ μετῄει καὶ ὅσα τῶν στρατιωτικῶν εἰσι κατα|λόγων, ὡς εἴπερ ἐκ σπαργάνων αὐτῶν τῇ πηδαλιουχίᾳ τῶν μεγίστων ἐνετέθραπτο πραγμάτων ἢ τὰς κοσμικὰς φροντίδας ἠπίστατο πρὸ γενέσεως, καθὰ καὶ περὶ Σιβύλλης φασὶν ὡς ἅμα τε τῆς μητρῴας νηδύος ἐξώλισθε καὶ ἅμα περὶ τῆς τοῦ παντὸς ἐφιλοσόφει συστάσεως. πολλαπλασίονα οὖν καὶ οὗτος τοῦ Κασταμονίτου τὴν ἰσχὺν ἐνεδέδυτο κἀκεῖνα τῷ αὐτοκράτορι θεμιτά, ὁπόσα οἱ θελητὰ ἐδέδοκτο.

---

72 ὡς — προπομπός: cf. Aelian. Nat. Anim. 2, 13   **76—78** καθὰ — συστάσεως: cf. Procl. in Plat. Tim. 288 e (III 160, 2—3 Diehl)

VAP = a, W (ab 73 περιέφερεν), RMDF = b

59 γαστρικνημίδας P   **61** ἀλύτως εἶχε καὶ οὕτως V   **62** ἱματισμῶν P   **63** μὲν: δὴ P Bekk   **64** ἐπιλογίσασθαι R   ἐς VA   **66** πολύτρητος: πολύτεκτος A   **68—69** νεανισκάριόν τι post πινακιδίου transp. V   ad **70** παιδίον μικρὸν: διὰ τὸν Θεσσαλονίκης Μεσοποταμίτην ταῦτά φησιν D^{mg} **72** αὐτὸν: αὐτὸς M: om. AP Sc   ὁ βραχύτατος ἰχθὺς post ὡς add. AP   προπομπεὺς Bekk   **75** ἐντέθραπτο V   πραγμάτων: γραμμάτων F   **76** καὶ om. PW^{ac} φησὶν R   **77** τε: τὸ A   μητρῴας om. V   ἐξώλισθε: ἐξέθορε Bekk   **78** τὴν P^{ir} **79** θυμόσοφος ὢν ἐν πλείστοις καὶ περιδέξιος τὸν νοῦν ἐν ταῖς ἐπιβολαῖς τῶν πραγμάτων post ἐνεδέδυτο add. APW Bekk   κἀκεῖνα: ἐκεῖνα γὰρ PW   γὰρ post κἀκεῖνα add. A^{s} **79—80** θεμιτά — ἐδέδοκτο: θελητὰ ἐδόκει ὅσα οἱ ἀσπαστέα ἐκρίνετο $A^{mg}PW$

71—72 οὔπω — μέλανος om. b   **77** τε om. PW b Bekk   **78** τὴν om. b

Καὶ ἦν βομβυλιὸς ἀτεχνῶς εἴτε κώνωψ ὠτίον περιβομβῶν λέοντος ἢ μυρμηκάνθρωπος μελάγχροος τὸ τῆς γῆς μέγιστον ἄχθος διακυβερνῶν ἐλέφαντα ἢ μήρινθος λεπτὴ ἀπὸ ῥινὸς ἐφέλκουσα κάμηλον, εἴπῃ δ' ἄν τις οὐκ ἀκόμψως καὶ παχεῖα κυψελὶς περὶ τὸ τῆς βασιλικῆς ἀκοῆς ἐνσκήψασα ἕλιγμα καὶ τῶν ἑτέρωθεν ἐνηχουμένων τὴν εἰσροὴν ἀποφράττουσα, ἢ καὶ τεθλιμμένη παράθυρος καὶ στενὴ πυλὶς καὶ συνεπτυγμένη ὁδὸς εἰσάγουσα πρὸς τὰ βασίλεια. αἱ δ' εὐρεῖαι τῶν εἰσόδων, δι' ὧν προσεφοίτων πρότερον τοῖς κρατοῦσιν οἱ δεόμενοι, τέλεον ἐπεζυγώθησαν καὶ ταῖς μωραῖς τῶν παρθένων | οἱ δι' ἐκείνων εἰσελθεῖν πειρώμενοι ἐῴκεσαν ἀτεχνῶς, ὅτι μηδ' ἦν ὁ κατ' ἐκείνας τῷ κρούοντι ὑπανοίγων εἰ δέ τις ὀψέ ποτε διὰ τῆς τῶν πυλῶν συμμύσεως τοῖς ἐπιμένουσι τῷ κρούειν ἐπαπταίνετο, οὐδὲν μέντοι πρὸς τὴν πεῦσιν ἀπεκρίνετο, τὸ δ' ἀπελθεῖν εἰσηγεῖτο κατὰ τὴν παραπυλίδα τὴν πλάγιον καὶ δι' ἐκείνης εὐμαρῆ τὴν εἴσοδον εὕρασθαι καταθέμενόν τι τῶν ἐν τῷ κόλπῳ ἢ τὴν οἴκοι ἀποδόμενον δίπλακα.

Συνεμάχετο δὲ τῷ παιδιογέροντι τούτῳ πρὸς τὸ ὑπερφιλεῖσθαι παρὰ τοῦ αὐτοκράτορος καὶ εἷς ἀντὶ παντὸς λογίζεσθαι καὶ τὸ ἦθος μὲν σοφιστικὸν καὶ εὐτράπελον ὂν καὶ τὸ πολυειδὲς ὡσαύτως τῆς γνώμης καὶ ὕφαλον, ἐπεὶ καὶ κατηγόρει ταῦτα τούτῳ ἡ τῶν ὀφρύων γραμμὴ ξυνεχὴς φυεῖσα καὶ μηδέν τι μεταίχμιον ἔχουσα. πλέον δὲ μᾶλλον προσῳκείου τῷ βασιλεῖ τὸ ἐμπορικὸν φρόνημα καὶ ὁ ὑπεράπειρος λημματισμός· οὐ γὰρ μό-

---

81 κώνωψ — λέοντος: cf. Aesop. Fab. 267 Hausrath **81** sqq. App. b τὸ — ἀγροῦ: cf. Iob 5, 25 ὡς — μάργαρον: cf. Procop. Bell. Pers. 1, 4, 14 **82—83** μυρμηκάνθρωπος — ἐλέφαντα: fort. ex comoedia Pherecratis perdita Μυρμηκάνθρωποι, cf. Athen. 229 a **82** τὸ — ἄχθος: cf. Hom. Σ 104 **86—87** στενὴ — βασίλεια: alludit ad Mat. 7, 13 sq. **88—90** τέλεον — ὑπανοίγων: cf. Mat. 25, 10—12 et 7, 7 sq.

VAPW[a] (ab 81 καὶ), W, RMDF = b

81 ὅθεν **—** συλλελόγιστο ante καὶ ἦν ex b add. Bekk βομβύλιος AP Bekk **81—84** καὶ — κυψελίς: τὸ χιονῶδες καὶ περιώνυμον ἐς δεῦρο τοῦ Περόζου μάργαρον ἀεὶ τῶ λοβῶ τοῦ βασιλέως ἐπαιωρούμενον, ἀλλὰ καί τις παχεῖα κυψελλὶς W **82** μελάγχρους V **83** εἴποι W[a] **85—95** ἢ — δίπλακα om. W **92** ἐπωπτάνετο VW[a] μέν τι W[a] **93** καὶ δι': οὐδ' AP Bekk **93—94** ἦν post ἐκείνης et μὴ ante καταθέμενον add. Bekk **95** ἀποδιδόμενον V **96** ἐμάχετο W **96—97** παρὰ τοῦ αὐτοκράτορος: τῶ βασιλεῖ W **97** πάντων V λογίζομαι W καὶ τὸ ἦθος μὲν VAW[a]: τό τε ἦθος PW Bekk **97—98** σοφ. καὶ εὐτρ.: μεγαλεπήβολον W **98** ἐν τοῖς παρεμπίπτουσι (ἐμπίπτουσι W) πράγμασι post ὂν add. PW Bekk τὸ — ὕφαλον: τὸ τῆς γνώμης ὡσαύτως πολυειδές W **99—5** ἐπεὶ — ἐδώδιμον om. W **99** τούτῳ om. Bekk συνεχὴς Bekk **1—2** ἐπὶ πλέον δ' ἐποίει αὐτὸν ἀγαπᾶσθαι καὶ οἰκειοῦσθαι ἡ τῶν διδομένων αὐτῶ παρά τινων πρὸς τὸν βασιλέα ἀπόδοσις καὶ τὸ ἐμπορικὸν κτλ. B Bekk **1** μᾶλλον: μάλιστα APW **2** ἐκείνου post ἐμπορικὸν add. W[a]

81—85 καὶ — ἀποφράττουσα: ὅθεν ἀπαραίτητον ᾤετο ἀγαθὸν καὶ (καὶ ἀγαθὸν R) ἀσπάσιον, ὅσα καὶ τὸ παμβότανον τοῦ ἀγροῦ, εἰπεῖν δὲ καὶ τριπόθητον ὡς τὸ τοῦ Περόζου μάργαρον παρὰ τῷδε τῷ βασιλεῖ συλλελόγιστο b **85—441,9** ἢ — διετετράνωτο om. b

νον τοῖς ἐξ ὕλης παντοίας στατῆρσιν ἐνσκολιευόμενος ὑφεῖρπε καὶ ἐνήδρευε τοῖς πρὸς δίαιταν, ἀλλὰ καὶ ποπάνοις ἐνελύττα καὶ ἐνέχαινε πέποσι καὶ ξύμπαν ἄλλο περιειργάζετο τῆς γῆς ὡραῖον ἐδώδιμον.

Ἀλλ' ἐπανακτέον τὸν λόγον ἐκτραπόμενον τοῦ ἴχνους, ἐφ' ὅπερ ὥρμησεν ἐξ ἀρχῆς. τὰ δ' ἐφ' ὅσον ἐνεδήμει χρόνον τῇ | βασιλίδι τῶν πόλεων ὑπὸ τοῦ βασιλέως τούτου πραττόμενα, ὡς ἐκ πολλῶν ὀλίγα εἰπεῖν, οὑτωσί πως διετετράνωτο. ἐτρύφα καθ' ἡμέραν λαμπρῶς παρατιθέμενος τράπεζαν Συβαρίτιδα καὶ τῶν ἡδυτάτων χυμῶν γευόμενος βουνίζων τε τοὺς ἄρτους καὶ λόχμην κνωδάλων ἰχθύων τε διάπλευσιν καὶ πόντον οἴνοπα δεικνὺς τὴν ἑστίασιν. ναὶ μὴν ἑτερημέροις ἐνευπάθει λουτροῖς ὠσφραίνετό τε μυρεψουμένων εὐωδιῶν καὶ ταῖς στακταῖς ἐρραντίζετο, ὡς ὁμοίωμά τε ναοῦ στολαῖς ἐξάλλοις ἐκέκαστο βοστρυχιζόμενος. ἐπιδεικτικός τε ἦν ὡς ταὼς ὁ φιλόκοσμος καὶ μὴ δὶς τὸν αὐτὸν χιτῶνα ἐνδιδυσκόμενος ἢ ὥσπερ ἐκ παστοῦ νυμφίος καὶ ὡς ἐκ λίμνης περικαλλοῦς ἥλιος προϊὼν καθ' ἑκάστην τῶν ἀνακτόρων.

Χαίρων δὲ ταῖς εὐτραπελίαις καὶ τοῖς ἐκ τῆς ἁπαλῆς Μούσης ᾄσμασιν ἁλισκόμενος ἐγερσιγέλωσί τε ἀνθρωπίσκοις συμπαραφύρων οὐκ ἐπεζύγου κέρκωψί τε καὶ μίμοις καὶ παρασίτοις καὶ ἀοιδοῖς τὰ βασίλεια. τοῖς δὲ τοιούτοις ὁ πάροινος κῶμος συνέζευκται πάντως καὶ ἡ κατὰ τὰς κοίτας ἀσέλγεια συνεφέπεται καὶ ὅσα χρηστῆς καὶ | ὑγιοῦς βασιλείας συνδιαφθείρει κατάστασιν. ἀτὰρ εἴρηκέ ποτε ἐπὶ δείπνου ,,ἐνέγκατέ μοι ἅλας", παρεστὼς δὲ τῶν τότε μίμων ὁ χαριέστατος, ᾧ τὸ ἐπώνυμον Χαλιβούρης, περιβλεψάμενος τὸν τῶν γυναικῶν χορὸν ἐκ παλλακῶν καὶ συγγενῶν τοῦ βασιλέως κεκροτημένον ,,γνωσόμεθα" εἶπε ,,πρώτως ταύτας, ὦ βασιλεῦ· εἶθ' οὕτως ἄλλας εἰσενεχθῆναι κέλευσον". καὶ πρὸς τὸ ῥῆμα

10 τράπεζαν Συβαρίτιδα: cf. Suda σ 1271 **12** πόντον οἴνοπα: cf. Hom. B 613; al. **14** ὡς — ναοῦ: cf. Ps. 143, 12 **16—17** ὥσπερ — νυμφίος: cf. Ps. 18, 6 et ὡς — ἥλιος: cf. Hom. γ 1; Nic. Or. 26, 19—20

VAPW[a] = a, W, RMDF = b

4 ποτάνοις Bekk **5** σύμπαν Bekk **9** ἐνετρύφα W[a] **10** τράπεζαν: ἑστίασιν A[mgγρ] PW **11** βουνίζων: βασανίζων V κνωδάλων om. W **12** πόντιον P: πότον ex πόντον W[a]W ἑστίασιν: τράπεζαν PW ἑτερημέρως P **16** ἢ om. Bekk ὥσπερ: ὡς P **18** δὲ: τε W **19** συμπαραθύρων PW[a]W Bekk ἀπεζύγου W[a] **20** τε om. VW[a] **21** κῶμος: κόσμος Bekk **22** συνεφάπτεται PW Bekk καὶ pr. om. W χρηστοῦς W[a] **23** αὐτὰρ W εἴρηκεν ἐπὶ δείπνου ποτέ V **25** παλλακῶν VW[a]: παλλακίδων B: τινων παλλακῶν (παλλακῶν i. r.) W: τινων προσπολέων A: τινων προσπόλων P Bekk **26** συγκεκροτημένων V γνωσώμεθα VW[a] πρώτως (πρότερον p. c. W[a]) ταύτας: ταύτας πρότερον V **27** ἄλλας: ἅλας P: ἑτέρας B

9—11 ἐτρύφα — κνωδάλων: ἦν δὲ καὶ (δὲ καὶ: οὖν Bekk) τὰ περὶ τὴν δίαιταν ὁ βασιλεὺς οὗτος πολυτελέστατος καὶ διαδοτικὸς βρωμάτων τοῖς παρεστῶσιν. εἶχεν οὖν ἀτεχνῶς τὴν τράπεζαν Σολομώντειον καὶ τὰς ἐσθῆτας ὡς ἐκεῖνος καινοφανεῖς περιέκειτο, βουνίζων μὲν τοὺς ἄρτους, λόχμην δὲ κνωδάλων b Bekk **12** ἐνευπάθει etiam F: ἐνηυπάθει PRMD Bekk **14** ὡς — βοστρυχιζόμενος om. b **15** φιλόκαλος b **15—16** καὶ — ἐνδιδυσκόμενος om. b **17** προῄει P b Bekk **18—32** χαίρων — ἐπωπτάνετο om. b τοῦτο πᾶσαί τε καὶ πάντες ἐξεκάγχασαν· τῷ δὲ τρέπεται ὁ χρὼς καὶ μόλις τὸν θυμὸν ἐν πείσει κολάσας ἐμβριμήματι τὴν τοῦ γελωτοποιοῦ ἐλευθεροστομίαν ἀνέστειλε. μεταδιώκων δὲ τὰ τῶν χωρίων εὖ ἔχοντα καὶ ὥρας καὶ θέσεως ἐκ διαλειμμάτων εἰς τὴν μεγαλόπολιν ἐπανήρχετο καὶ κατὰ περιόδους ὡς ὄρνις ὁ Φοῖνιξ ἐπωπτάνετο.

Ὑπὲρ πᾶν δ' ἕτερον τὰς τῶν ὑπερόγκων οἰκημάτων ἀνεγέρσεις περιεσπούδαζε μανικώτερον ἐπὶ τὰ ἐραστὰ ἐμπηδῶν, κἂν τοῖς πλείστοις τοῦ καθήκοντος ἐκφερόμενος. ἐντός τε οὖν τῶν βασιλείων ἀμφοτέρων λουτρὰ καὶ διαιτήσεις λαμπροτάτας ἐδείματο καὶ κατὰ τὴν Προποντίδα πολυτελεῖς δόμους ἀνήγειρε νησίδιά τε τὴν θάλασσαν ἀπογαιώσας εἰργάσατο. προθέμενος δὲ καὶ πύργον τεκτήνασθαι κατὰ τὸ ἐν Βλαχέρναις παλάτιον, ἅμα μὲν εἰς ἔρυμα τῶν ἀνακτόρων, ὡς ἔφασκε, καὶ ὑπέρεισμα, ἅμα δὲ καὶ εἰς ἐνοίκησιν ἑαυτῷ, ναούς τε κατὰ τὴν ἀκτῖνα πάλαι ἱσταμένους ἀτημελεῖς κατή|ρειψε καὶ τοὺς πλείστους τῶν κατὰ τὴν βασιλίδα πόλιν περιφανῶν οἴκων ἔθετο εἰς ἐρήμωσιν, ὧν ἕως ἄρτι τινὲς θέαμα τοῖς παριοῦσι δακρύων ἄξιον τοὺς θεμελίους προβάλλονται, καὶ τὴν ἐκ πλίνθου πάσης ὀπτῆς λαμπροτάτην τοῦ γενικοῦ οἰκοδομὴν κατηδάφισε. σὺν πολλοῖς δὲ καὶ τὸν περίκλυτον οἶκον τῶν Μαγγάνων κατέβαλε, μήτε τὸ τοῦ ἔργου κάλλος καὶ τὸ μέγεθος αἰδεσθείς, μήτε τὸν τροπαιοφόρον μάρτυρα πτοηθείς, ᾧ ἀνέκειτο οὑτοσί.

Ἐπισκευάσαι δὲ βουληθεὶς καὶ τὸν ἐν τῷ ἀνάπλῳ νεὼν τοῦ ἀρχιστρατήγου τῶν ἄνω τάξεων Μιχαήλ, εἴ τις ἐν πλαξὶ τοῖς βασιλείοις δόμοις ὑπέστρωτο καὶ περιήμπισχε τοὺς τοίχους καλλίστη τε τῇ στιλπνότητι καὶ ῥανίσιν ἐστιγμένη ποικιλοχρόοις, ἐκεῖσε μετακεκόμικεν. ἀλλὰ καὶ τὰ τοῦ ἀρχαγγέλου διὰ χρωμάτων καὶ ψηφίδων τυπώματα, ὁπόσα ἡ πόλις ἔστεγεν ἢ κώμαις καὶ χώραις ἀνέκειντο φυλακτήρια, χειρὸς ἀρχαίας ἔργα καὶ θαυμασίας, κατὰ τὸ αὐτὸ συνήθροισε τέμενος. ἡ δὲ τοῦ βασιλέως τούτου σπουδή, ὅπως ἐκ τῆς νῦν λεγομένης Μονεμβασίας ἀνακομίσειε τὸν ἐπὶ σταυρὸν | ἑλκόμενον Χριστὸν ὡς ἔργον ἀξιάγαστον καὶ τὴν τέχνην καὶ τὴν χάριν, οὐδὲν ἀπελείπετο τῶν ἐμμανεστάτων παθῶν· ὅλος γὰρ ἀνήρτητο ταῖς ἐλπίσιν, ἕως ἐκεῖθεν σὺν δόλῳ ἀφήρηκεν· οὐ γὰρ

---

28 τῷ — χρώς: cf. Hom. N 279; al. **32** κατὰ — ἐπωπτάνετο: cf. Her. 2, 73; Nic. Or. 113, 10—11 **37** θάλασσαν ἀπογαιώσας: cf. Nic. Or. 31, 4 **41—42** τοὺς — ἐρήμωσιν: cf. Ier. 22, 5

VAP (usque ad 51 ἐκεῖσε) Wa (usque ad 47 οὑτοσί) = a, P(ab 51) W, RMDF = b

32 ὁ ante ὄρνις add. WWa **33** πᾶν δ': δὲ πᾶν APW Sc: πᾶν δὲ Bekk **40** τε om. W τὴν om. P ἀκτῖνος A: ἀκτὴν Bekk **41** τοὺς om. PW Bekk **42** ἕως ἄρτι: ἐς δεῦρο PW: ἐσδεῦρο Bekk **43** ἐκ om. A **44** κατηδάφισε Amgyp : κατηφάνησε A: κατηφάνισε Wa: κατέστρεψε Sc **46** τὸ alt. om. W **47** οὑτωσίν V: om. W **48** καὶ om. W **50** καί: ἢ V **51** τά: κατὰ A **53** ἔκειντο DF **56** σταυροῦ W **57** ἐκφανεστάτων Bekk **58—59** ἕως — παντάπασιν om. M **58** ἐκεῖσε R οὐ: οὐδὲ W

38—47 προθέμενος — οὑτοσί om. b **52** Μιχαὴλ post ἀρχαγγέλου add. b ἀκίνδυνος ἦν παντάπασιν ἡ προφανὴς ἐπιχείρησις. ἀλλὰ καὶ τὰς χαλκᾶς πύλας ἐκεῖσε μετέθηκεν, αἳ πρώην μὲν ἐπεζύγουν τοῦ μεγάλου παλατίου τὴν εἴσοδον εὐρεῖαι οὖσαι καὶ ὕψισται, ἐς δ' ἡμᾶς τὴν εἱρκτὴν ξυνεῖχον, ἥπερ ἐξ αὐτῶν Χαλκῆ κατωνόμασται. καὶ τὸν ἐν τῷδε τῷ ἀνακτόρῳ περιώνυμον ναόν, ὃς Νέα κικλήσκεται, θείου παντὸς ἐπίπλου καὶ ἱεροῦ σκεύους ἐψίλωσε. κἀπὶ τούτοις λαμπρυνόμενος ἦν καὶ θρυπτόμενος, ὡς οὔτις ἄλλος ἐπ' ἔργοις θαυμαστοῖς ἁβρυνόμενος. ᾤετο γὰρ προσένεξιν τὴν ἀφαίρεσιν καὶ πρόσθεσιν τὴν μετάθεσιν, οὐκ ἀγαθοεργίας σκιαγραφίαν καὶ μικρὸν ἢ οὐδὲν φιλοθεΐας ἴνδαλμα χρώζουσαν, μήτε μὴν τὸ θεῖον χολᾶν, χαίρειν δὲ μᾶλλον, εἰ οὗτος μὲν ὁ νεὼς τῆς πρώην ἀχρειοῦται λαμπρότητος εἰς ἐννόσσευσιν πτηνῶν καὶ κατοίκησιν ἐχίνων παρεώμενος, ἐγκαινίζεται δ' ἕτερος ὀθνείοις κειμηλίοις καὶ κόσμοις ἀλλοτρίοις καταγλαΐζεται.

Ὁ δὲ καὶ τόλμης μετεῖχεν, ἵνα μετρίως γοῦν εἴποιμι, ἐκοίνου τὰ ἱερὰ σκεύη κἀκ τῶν θείων αὐτὰ ναῶν ἀποσπῶν ταῖς ἑαυτοῦ τραπέζαις παρεισέφερεν. ᾤχει δὲ καὶ τοῖς δα|κτύλοις κατὰ πότον τὰ ἐν τάφοις βασιλέων ᾐωρημένα κυπελλοειδῆ τῷ θεῷ ἀναθήματα, ἐκ λίθων τιμαλφῶν καὶ χρυσίου ἀπέφθου ἐσκευασμένα, καὶ εἰς χέρνιβα χειρῶν ὑδροχόοι περιεφέροντο ἄμαχοι τὸ κάλλος καὶ ἄπληστοι τὴν ὥραν, οἷς ἀπομόργνυνται λευῖται καὶ ἱερεῖς τὰ θεῖα μετιόντες μυστήρια. ἀφαιρῶν δὲ καὶ ἀπὸ τιμίων σταυρῶν καὶ πτυχῶν τῶν ἀκηράτων Χριστοῦ λογίων κόσμους πολυτελεῖς περιδέραια καὶ στρεπτοὺς ἐτίθετο ἐξ αὐτῶν καὶ τούτους αὖ κατὰ τὸ αὐτῷ δοκοῦν μεταβάλλων ἑτέραις ἐνήρμοζεν ἀπεριθαμβήτως βασιλικαῖς στολαῖς.

Πρὸς δὲ τοὺς εἰσάγοντας παραίφασιν μὴ συνᾴδειν αὐτῷ τὰ γινόμενα ταῦτα θεοφιλεῖ αὐτοκράτορι ὄντι καὶ ἄνωθεν ἐκ προγόνων τὴν εὐσέβειαν ἐπικαταβαίνουσαν ἔχοντι καὶ θεοσυλίαν εἶναι προφανῆ τὰ γινόμενα σφοδρὸς ἦν καὶ παροξυντικὸς καὶ ἐπέπληττεν ὡς ἀνοηταίνουσι προδή-

---

69 εἰς — ἐχίνων: cf. Is. 13, 22; 14, 23; 34, 11 **84** θεοφιλεῖ — ὄντι: cf. Nic. Or. 95, 8 sqq.

VAD^{a} (ab 59 ἀλλὰ) = a, PW, RMDF = b

60 μετέστησεν D^{a} μὲν om. V **61** τὴν pr. om. V συνεῖχον D^{a} Bekk **62** τῷδε τῷ ἀνακτόρῳ: ἀνακτόροις PW Bekk **63** νεὼν A μονὴ post Νέα add. B Bekk **65** θαυμαστοῖς: ἀγαθοῖς W ἁβρυνόμενος: περιώνυμος VAD^{a} **66** τὴν γὰρ σκιὰν προύκρινε τῆς εἰκόνος (τῆς εἰκ. πρ. B) post μετάθεσιν add. B Bekk **66—67** οὐκ . . . μήτε μὴν: οὐ μὴν . . . ἀλλ' οὐδὲ PW Bekk **67** χρώζουσαν om. VD^{a}: σώζουσαν Bekk **69** εἰς γὰρ νόσσευσιν V ἑώμενος PW Bekk **70** καὶ om. Bekk **72** γοῦν μετρίως A **73** νεῶν W αὐτοῦ W **74** καὶ om. VD^{a} καὶ post πότον add. VAD^{a} **76** ἀπέφου V: ἀπεύθου PWD^{a} καὶ post χειρῶν add. W **78** ἱεροῖς W **79** τῶν om. W **80** αὖ: οὖν W **83** συνᾴδειν: συμφέρειν A^{mgγρ} PW Bekk

59—444, 10 ἀλλὰ — ὄφλημα om. b, sed suppl. D in foliis insertis λως καὶ δυσπραγοῦσιν ἄγνοιαν τοῦ καλοῦ τοῖς οὕτω φάσκουσι· πάντα γὰρ ἐξεῖναι τοῖς βασιλεύουσι ποιεῖν διετείνετο καὶ θεοῦ καὶ ἄνακτος κατὰ τὸ ἄρχειν τῶν ἐπὶ γῆς μὴ ὡς ἐπίπαν εἶναι τὸ διεστὼς ἀσύμβατον καὶ ἀντίθετον, ὡς τῇ καταφάσει ἀπόφασις. συνιστῶν δὲ ὡς δῆθεν ἀμεμφῆ καὶ ἀνεύθυνα τὰ γινόμενα παρῆγεν εἰς παράδειγμα τὸν ἐν βασιλεῦσι Χριστιανοῖς κράτιστον ὁμοῦ καὶ πρώτιστον Κωνσταντῖνον | τὸν μὲν τῶν ἥλων, δι' ὧν ὁ Κύριος τῆς δόξης τῷ ξύλῳ τῆς κατάρας πεπαττάλευτο, τῷ ἱππείῳ χαλινῷ ἐγχαλκεύσαντα, τὸν δὲ τῇ κόρυθι ἐνερείσαντα. τὸν δὲ σκοπὸν ἑκὼν παρεβλέπετο, δι' ὃν ὁ τῆς πίστεως ἀρχηγὸς ἄναξ ταῖς τοιαύταις ἐνεκαλλωπίζετο πράξεσι, δύναμιν θειοτέραν τὸν τοῦ σταυροῦ λόγον δεικνὺς τοῖς Ἕλλησι καὶ τιθέμενος, οἳ μωρίαν τὸ κήρυγμα ἥγηντο.

Ἀλλὰ καὶ τὸ ἀργύριον κιβδηλεύσας ἀδόκιμον τὸ νόμισμα κέκοφε καὶ τὴν τῶν χρημάτων συλλογὴν οὐκ ἀνέγκλητον ἐποιεῖτο παντάπασι τάς τε τῶν δημοσίων φόρων εἰσπράξεις ἐπέτεινε καὶ περὶ τὴν τούτων ἀπόχρησιν ἠσωτεύετο. καὶ τὰς ἀρχὰς προύβαλλεν εἰς ἐξώνησιν, ὡς τὰς ὀπώρας οἱ ἀγοραῖοι. ἐνίοτε δὲ καὶ ἄτερ βαλαντίου καὶ πήρας ἀποστολικῶς εἰς τὰς ἐπαρχίας ἐξέπεμπεν οὓς ᾔδει μερίδα τῷ δικαίῳ διδόντας καὶ ἀκαταγοητεύτους χρυσίῳ, μηδ' οἴκοι καταβύοντας πάντα τὰ συλλεγόμενα, ἀλλὰ καὶ τῷ δημοσίῳ ταμιείῳ κατατιθεμένους τὸ ἐφάρμοστον ὄφλημα.

Ναοῖς δὲ καὶ τεμένεσι καὶ εὐκτηρίοις οἴκοις καὶ ἱεροῖς φροντιστηρίοις, ὡς οὔ τις πρότερον, τὸ φιλότιμον ἐπεξέτεινε· τοὺς γὰρ καμόντας χρόνῳ ὑπήρεισε, καὶ ὅσοις τὸ ἀγλαοφανὲς ἠμαύρωτο, τούτους τοῖς ἐκ ψηφίδων καὶ χρωμάτων ὡραϊσμοῖς κατεκόσμησε. πρὸς δέ γε τὴν θεομήτορα τοσαύτην ἔτρεφε πίστιν, ὡς καὶ τὴν | ψυχὴν ἐκκεχύσθαι ταῖς εἰκόσιν αὐτῆς. καὶ διὰ τοῦτο πλείστας χρυσίῳ περιστείλας καὶ λίθοις περιανθίσας τιμαλφέσιν ἀνέθηκε ναοῖς εἰς προσκύνησιν, καθ' οὓς γίνονται πλειστάκις τῶν εὐσεβῶν συνδρομαί.

91—94 παρῆγεν — ἐνερείσαντα: cf. Socr. Hist. eccl. 1, 17, 8; Sozom. Hist. eccl. 2, 1, 9; Theodoret. Hist. eccl. 1, 17, 5 **93** ὁ — δόξης: 1 Co. 2, 8 τῷ — κατάρας: Gal. 3, 13 **95** ὁ — ἀρχηγός: Hb. 12, 2 **2** οἳ — ἥγηντο: cf. 1 Co. 1, 23 **7** ἄτερ — ἀποστολικῶς: cf. Luc. 22, 35 **14—15** πρὸς — αὐτῆς: cf. Nic. Or. 96, 25 sqq. **15** τὴν — ἐκκεχύσθαι: cf. Ps. 41, 5

VA = a, P W, RMDF (usque ad 18 συνδρομαὶ) = b

89 ἐπιγείων PW Bekk ἀσύμμικτον VA **90** δῆθεν om. VD[a] **92** κράτιστον: κράτορα VA κρ. — πρ.: πρώτιστον καὶ κράτιστον P Bekk: πρώτιστον W **93** προσπεπαττάλευτο AD[a]: προσήλωτο PW Bekk **94** ἱππείῳ: οἰκείῳ W ἐγχαλκεύσαντα: πατταλεύσαντα PW Bekk ἀνερείσαντα VW **94—95** τὸν ἐκείνου δὲ σκοπὸν καὶ τὸν τρόπον B **95** σκοπὸν: τρόπον V **2** ἥγοντο A **3—10** καὶ alt. — ὄφλημα suppl. P[mg]: om. W **4** τῶν om. VD[a] **7** ἄτερ: ὑπὲρ V **11** ναοῦ A **12** ἐξέτεινε V: ὑπεξέτεινε RM **13** ἠμαύρωτο: ἠφάντωτο PW **17** πολλάκις F Bekk

16 τιμαλφέσι περιανθίσας PW b Bekk

᾿Αλλὰ καὶ τὴν ἐπὶ τὸ κάταντες ἐν τῷ λιμένι τῶν Σοφιῶν ἑστίαν ᾿Ισαακίου τοῦ σεβαστοκράτορος εἰς πανδοχεῖον μετασκευάσας ἀνδρῶν μὲν ἑκατὸν παρέθηκε τράπεζαν καὶ κλίνας ἰσομέτρους, τοσαυταρίθμων δὲ ὑποζυγίων ἱππῶνας ἀνέστησε· καὶ εἱστιῶντο καθ᾿ ἑκάστην οἱ παραβάλλοντες ἄτερ καταθέσεως ἀργυρίου ἐφ᾿ ἡμέραις πλείοσι. μετέβαλε δὲ εἰς νοσοκομεῖον καὶ τοὺς βασιλικοὺς δόμους, οὓς κατὰ τὸν νεὼν τῶν Τεσσαράκοντα μαρτύρων ὁ βασιλεὺς ᾿Ανδρόνικος ἐδομήσατο. ἔτι γε μὴν τὸν τοῦ μεγάλου δρουγγαρίου ὀνομαζόμενον οἶκον ἐκ τοῦ δεσπόζοντος ὠνησάμενος ὁμοίως καὶ τοῦτον εἰς ἀνάπαυλαν τῶν καχεκτούντων ἀπέταξεν οὐδενὸς φεισάμενος ὁπόσα πρὸς ῥῶσιν ὁρῶσι τῶν ἀσθενούντων, καὶ πυρὸς τὸ προσάρκτιον κλίμα τῆς πόλεως ἀφανίσαντος, διαδόσεσι χρημάτων τοὺς ἐς δόμους καὶ τὰ ὄντα ζημιωθέντας παρεκάλεσε. καὶ βασιλεύσας τοῖς πολίταις διένειμε χρυσίου κεντηνάρια πέντε. καὶ τῆς μεγάλης ἑβδομάδος ἐφισταμένης, καθ᾿ ἣν τὰ ὑπὲρ ἡμῶν τοῦ θεανθρώπου πάθη σεβάζονται, πολλάς τε ἀποβαλομένας θανάτῳ τοὺς εὐνέτας ἀνεκτᾶτο τῆς χηρείας δι᾿ εὐποιΐας καὶ παρθένοις ἐχο|ρήγει τὰ πρὸς γαμήλιον δᾷδα καὶ παστάδα καὶ ὑμέναιον ἐπιτήδεια.

Οὐ μόνον δὲ καθ᾿ ἕνα καὶ κατ᾿ οἴκους καὶ συγγενείας ἐνεπίμπλα φιλοδωρίας, ἀλλὰ καὶ πόλεις ἔστιν ὅτε ὅλας εὐηργέτει ταῖς τῶν φόρων ἀνέσεσιν. ὡς δ᾿ ἔπος εἰπεῖν, οὕτως ἔχαιρε τῷ ἐλέῳ καὶ πρὸς τὴν τῶν ἀγειρομένων ἀπόκτησιν ἔρρωτο, ὡς ἀπαντλεῖν ἀμφοτέραις τὰ ἐπεισρέοντα· ὁπόθεν αὐτῷ ὑπεισέδυ καὶ ὑπούλως παρεισεφθάρη τὸ μὴ ἐκ πόρων ἀεί ποτε δικαίων τὰ χρήματα συγκομίζεσθαι· τὰς γὰρ τῶν δαπανῶν ὑπερόγκους τῇ ἀσωτίᾳ ἐγγιζούσας οἱ πλεῖστοι μὴ ὑφορώμενοι, εἰσπράξεων ἐφευρεταὶ καινῶν καθιστάμενοι ὡς γεωργίῳ ἡμέρῳ μελίνην ἢ ῥόδῳ ἀνεμώνην τὰ μὴ καλῶς μηδ᾿ ὁσίως συλλεγόμενα συμφύρουσι χρήματα τοῖς δικαίοις.

Κατάφορος δ᾿ ὢν εἰς θυμὸν οὐδὲ τοῦ συμπαθοῦς ἤθους ἀπῴκιστο, ἀλλ᾿ αὐτὸς ἑαυτὸν πρὸς εὐμένειαν ἐπανάγων σύνδρομον πολλάκις ἐπεποίητο τῇ ὀργῇ τὴν συμπάθειαν καὶ ταῖς συμφοραῖς τῶν ἀνθρώπων ἐπικλώμενος τὰ πρὸς ὑφαίρεσιν ἑκάστῳ ἐπεμέτρει τῶν ἀλγεινῶν.

---

19 ἀλλὰ καί etc.: cf. Nic. Or. 94, 28 sqq. **39** ἀπαντλεῖν ἀμφοτέραις: cf. p. 188, 30

VA = a, PW (ab 46 συμπαθοῦς pars alt. codicis) RMDC (ab 19) = b

25 ἐδομήσατο P[ir] **25—27** ἔτι — ἀπέταξεν om. RM **30** ὄντα: τούτων ἔνδον AW **33** σεβάζονται: σκευάζονται R τε: τὰς V συνεύνους V **34** δάδα codd.: δόμα Bekk **36** ἐνεπίπλα AWRMD **39** ἐγειρομένων R: χρημάτων AW: ἀγειρομένων χρημάτων DC (ἀπό)κτι(σιν) C[pc]: ἀπόκρισιν W ὑπεισρέοντα V **40** ὅθεν Bekk **42** πλεῖστα V **44** ξυλλεγόμενα APW ξυμφύρουσι V: συμφέρουσι A: συμφείρουσι M χρήματα om. W: post δικ. trp. DC **45** τοῖς δικαίοις DC: τοῖς δικαίοις πορίσμασιν AP[mg]W Bekk: om. VRM **46** δὲ R

25 ἐδομήσατο: εἵσατο W b, sed ἐδομήσατο C[pc] **27** ἀνάπαυμα PW b Bekk

Ταῦτα δὲ πράττων καὶ ἄλλ', ὁπόσα τὸ λέγειν παρέδραμεν, ᾤετο τῇ βασι|λείᾳ ἐνεστηρίχθαι ὡς οὐδ' ἐν οὐρανίῳ σφαιρώματι ἥλιος ἢ ὡς στέλεχος φοίνικος ὑπὸ ὀσμῆς ἀναθηλούμενον ὕδατος καὶ κέδρος Λιβανίτης ὑψίκομος ἐς κύκλους διατηρηθῆναι μακραιώνων ἐνιαυτῶν. τοῦτο δ' ἂν καὶ ἄλλος τις ὑπετόπασε τὴν ἀγαθὴν ἀποκρίνας μερίδα καὶ ἀσπασάμενος καὶ μὴ τοῖς ἑπτὰ μόνον διδοὺς τὸ ἀνάλογον, ἀλλὰ καὶ τὸ τῆς ὀγδόης μυστήριον ἔχων πρὸ ὀφθαλμῶν κἂν τῷ τῆς ἐφ' ἑκάτερα ῥοπῆς κύριος εἶναι προσρέπων συνεχῶς τοῖς ἀμείνοσιν, τοῖς δ' ἐναντίοις ἐπινηχόμενος βράδιον, ἀλλ' οὐ γινόμενος ὑποβρύχιος. θεὸς δὲ οὐχ οὕτω βεβούλευται. τίς δ' ἔγνω νοῦν Κυρίου ἢ τίς συμπαρείληπταί οἱ σύμβουλος; ἀμέλει καὶ ἐκποδὼν τὸν ἄνδρα θέσθαι προμηθευσάμενος, ἀρίστῃ πράξει καὶ καλλίστῃ προθυμίᾳ συνεπεγείρας οἷον αὐτὸν καὶ ἐπιρρώσας χρήσασθαι, ἀσπαστὸν καὶ μετὰ τὴν ἀπόθεσιν τῆς ἀρχῆς τοῖς πλείοσιν ἔδειξε.

Μὴ φέρειν γὰρ ἔχων τὰς μετὰ Σκυθῶν ἐπιδρομὰς καὶ ληστείας τῶν Βλάχων, πληττόμενος δὲ καὶ τῷ τὸν Γίδον Ἀλέξιον καὶ τὸν Βατάτζην Βασίλειον, ὧν ὁ μὲν τῶν ἑῴων | ἡγεῖτο ταγμάτων, ὁ δὲ Βατάτζης τῶν ἑσπερίων προυκάθητο, συμπλακέντας τοῖς πολεμίοις ἔγγιστά που τοῦ πολίσματος, οὗ δομήτωρ Ἀρκάδιος, μὴ μόνον οὐδέν τι κατωρθωκέναι χρηστόν, ἀλλὰ τὸν μὲν Γίδον ἀκόσμως φυγεῖν ἀπολωλεκότα τὸ κρεῖττον τῆς στρατιᾶς, τὸν δὲ συμφθαρῆναι ταῖς ὑπ' αὐτὸν τάξεσιν, ἔγνω καὶ πάλιν δι' ἑαυτοῦ κατὰ τῶν ἀντιπάλων ἐξενέγκασθαι πόλεμον. συλλογαὶ οὖν καὶ ἀπογραφαὶ τῶν Ῥωμαϊκῶν ἐγίνοντο στρατευμάτων, οὐκ ἀχρεῖον δὲ καὶ τὸ μισθοφορικὸν ξυνελέγετο. πέμψας δὲ καὶ πρὸς τὸν ἐκείνου πενθερὸν τὸν ῥῆγα τῶν Οὔννων δι' ἐπικούρων ᾐτεῖτο σύναρσιν· ὁ δὲ ἀσμένως ἐπαρήξειν ἐπένευσε καὶ διὰ τῆς Βιδίνης ἐκπέμψειν ἴλας συνέθετο στρατιώτιδας.

66 συμπλακέντας: a. 1194

51 ἐνεστηρίχθαι — ἥλιος: cf. Ps. 88, 37 **51—52** ὡς (alt.) — ὕδατος: cf. Iob 29, 18 et 14, 8 sq. **52** κέδρος Λιβανίτης: Ps. 91, 13 **54** τὴν — μερίδα: cf. Luc. 10, 42 **55—56** μὴ — ὀφθαλμῶν: alludit ad Eccl. 11, 2 et Hb. cap. 4; cf. Nic. Or. 182, 28 **59** τίς — σύμβουλος: cf. Is. 40, 13

VA = a, PW, RMDF (ab 59 τις) C (usque ad 59) = b

51 ἐστηρῖχθαι V οὐδ' ἐν: οὐδὲ Bekk **52** ὀδμῆς V ἀναθηλούμενος APW Bekk **53** εἰς C **56** κἂν: καὶ APC Bekk **57** μὲν post προσρέπων add. AP^{mg} Bekk συνεχῶς: ἀεὶ Bekk **58** βεβούλευτο V **60** προμηθευσάμενος: προμηθευσάμενος τὸ θεῖον AW: τὸ θεῖον προμηθευσάμενον P Bekk **61** συνεπεγεῖραν P Bekk ἐπιρρῶσαν AP Bekk ἀσπαστὸν: ἀσπάσια A: ἀσπάστα W **65** καὶ post Βατάτζης add. R **68** ἀπολωλοκότα WRMD^{ac}F **68—69** τῆς στρ. τὸ κρεῖττον R **69** συναπολωλέναι AW: συνδιαφθαρῆναι Sc πάλιν καὶ R **72** συνελέγετο V Bekk **73** δι' om. V **74** ἐπένευσε: ἐκέλευσε F Βυδίνης WDF: Βοδείνης N: Βιδύνης Sc

51—53 ἢ κατὰ στέλεχος . . . καὶ κέδρον Λιβανίτην ὑψίκομον . . . τηρηθῆναι b

Ἀποχρῶσαν οὖν τὴν τοῦ στρατοπέδου ξυλλογὴν ἐργασάμενος καὶ πέντε μὲν πρὸς τοῖς δέκα χρυσίου ἐνσκευασάμενος κεντηνάρια, ἀργυρίου δ' ἐνθέμενος ὑπὲρ τὰ ἑξήκοντα καὶ ἕτερ' ἄττα τῇ στρατιᾷ ἐφοδιασάμενος χρήσιμα, κατὰ τὰς Μαρτίου ἡμέρας τῆς βασιλίδος τῶν πόλεων ἔξεισιν ἀφεὶς ἑαυτὸν θεῷ καὶ κατὰ τῶν βαρβάρων στηρίξας τὸ ἴδιον πρόσωπον καὶ θεὶς ὡσεὶ πέτραν αὐτὸ στερεὰν καὶ ὅρον τῆς ἐπαναστροφῆς θέμενος τὸ πέρας τῶν ἔργων, ὧν χάριν κατὰ τῶν ἀποστατῶν ἐξεστράτευεν, εἰ μὲν δεξιὸν εἴη τοῦτο, ἐπανατιθεὶς τῷ θεῷ, εἰ δ' ἀπαίσιον, ὅπερ ἀπηύχετο, καὶ οὕτως τῶν ἐκείνου κριμάτων ἐξαρτῶν εἰσέτι δοκιμάζοντος τὴν τῶν ἁμαρτωλῶν ῥάβδον πατάσσειν | κλῆρον τὸν δίκαιον.

Καὶ ὁ μὲν ἀπαίρει τοιοῦτον τρέφων τὸ πρόθυμον καὶ ὁμόσε τῇ ἀκμῇ τοῦ κινδύνου χωρῶν· ἡ δ' ὑπερκειμένη πάντων χεὶρ καὶ ῥοπὴ ἔτι ἦν ὑψηλή, οὐδ' ὁ τοῦ Κρείττονος ἀπεστράφη θυμός, ὡς ἔδειξεν, ἐπὶ πᾶσιν οἷς οἱ Βλάχοι κραταιωθέντες προηγωνίσαντο. καὶ οὕτω μὲν οἱ ὀφθαλμοὶ τοῦ κρατοῦντος ἐπὶ τοὺς παραπικραίνοντας ἔβλεπον ἀποστάτας καὶ τῷ διανοητικῷ ἐκείνου τὰ ἀφεστῶτα πόρρωθεν ἐφαντάζοντο, ὁ δὲ τοῦτον τῆς ἀρχῆς ἀνατρέψων ἐγγὺς ὢν καὶ συνεστὼς παρεβλέπετο καὶ τὸ ἀφ' ἑστίας σκῶλον ὡς μὴ παρενοχλοῦν ὑπεραλλόμενος ἦν. καὶ καινὸν οὐδέν, ἐπεὶ καὶ τὰς παραβλαστανούσας κακίας ταῖς ἀρεταῖς ἀγχιθύρους ἢ καὶ φεραλλήλους μάλιστα οὔσας οὐχ ὁρᾶν, ὡς δέον ὁρᾶν, οἱ πλεῖστοι τῶν ἀνθρώπων αἱρούμεθα ἢ δυνάμεθα. ἐῶ γὰρ λέγειν ὅτιπερ ἐνεσημήνατό πως ἡμῖν ἡ φύσις καὶ ἐνεφύτευσε πρὸς τὰ οἰκεῖα πάθος καὶ συνδήσασα τῷ φίλτρῳ ἐνδιδόναι καὶ μαλακίζεσθαι πρὸς τὰς φαύλας ἕξεις καὶ πράξεις

79 ἔξεισιν: a. 1195 mense Mart.

80 στηρίξας — πρόσωπον: cf. Ier. 21, 10; Ez. passim **81** θεὶς — στερεάν: cf. Is. 50, 7 **84—85** τὴν — δίκαιον: cf. Ps. 124, 3 **93** ἀφ' ἑστίας: cf. Zenob. 1, 40

VA = a, PW, RMDF = b

76 ἀποχρώσας RM ξυλλογὴν: κατασκευὴν V: συναγωγὴν B **78** χρήματά τε καὶ post ἐφοδιασάμενος add. V χρήσιμα: χρήματα B **79** τὰς om. W Μαρτίους APWRM **80** τῷ θεῷ VAW **82** ἐξεστράτευσεν V: ἐστράτευεν P: ἐπορεύετο AW Sc **83** τῷ om. P[ac] RM ὅπερ: ὅσον V **84** οὕτω P[ac] Bekk κριμάτων ἐκείνου A ἐξαρτᾶν V: om. R **85** ῥάβδον πατάσσειν om. W **85** τὸν ante κλῆρον add. AP[mg] Bekk τῶν δικαίων Bekk **87** χωρεῖ AW ὑποκειμένη V ἡ ῥοπὴ M **89** κραταιωθέντες — ὀφθαλμοὶ om. R καθ' ἡμῶν ἠγωνίσαντο P **91** ἐφεστῶτα W **92** καὶ συνεστὼς om. W καὶ κρινόμενος τὰ πάντα ὁμόψυχος post συνεστὼς add. P **93** μηδόλως P **94** παραναβλαστούσας R **94—95** ἢ καὶ φεραλλήλους om. VA **1** ὅτιπερ: ὅτι V: ὡς P ἀνεσημήνατο W **2** πάθη V, ubi η p. c., R: συμπάθειαν P Bekk **3** καὶ διδόναι W

91—92 ὁ — παρεβλέπετο: οἱ δέ γε τοῦτον τῆς ἀρχῆς ἀνατρέψοντες (-τρέψαντες R) ἐγγὺς ὄντες παρεβλέποντο b Bekk **93** ὑπεραλλόμενον W b ἑαυτῶν καὶ τῶν φίλων ἐνιαχοῦ παραβιάζεται καὶ μὴ ῥᾳδίως ὑπάγεσθαι διατίθησι τοῖς ἐπαντλοῦσιν ὡς εἰς τετρημένον πίθον τὸ οὖς καὶ ὑφηγουμένοις τὰ δρώμενα οἷς προσπεπόνθαμεν.

Οὐκοῦν καὶ οὗτος ὁ βασιλεὺς παρὰ πλείστων ἐνωτιζόμενος ἐπιβουλεύειν τῇ αὐτοῦ ἀρχῇ καὶ ζωῇ τὸν ἀδελφὸν Ἀλέξιον, εἰ καὶ παραπετάσματι φι|λίας συγκαλύπτων λέληθε τὸν μισάδελφον, ὡς λῆρον ἀπεπέμπετο τὰ λεγόμενα, μὴ τὸ ἐξεταστικὸν ὡς λίθον Ἡράκλειαν προσάγων καὶ βασανίζων τὰ δρώμενα, ἀλλὰ δριμὺς ὢν τοῖς τὰ τοιαῦτα εἰσηγουμένοις ὡς ἔχουσι πρὸς ἐφέσεως ἐξίτηλον ποιεῖν τὴν ἀνέκπλυτον καὶ οἷον εἰς βάθος ἐγκεκαυμένην τῇ ἑαυτοῦ ψυχῇ πρὸς τὸν κασίγνητον στοργήν, ὃν μόνον ἀπὸ πάντων ὁ λωβητὴρ Ἀνδρόνικος οὐκ ἐσίνατο.

Ἀφιγμένος τοίνυν ἐς τὴν παραθαλαττίδιον Ῥαιδεστὸν τὴν πρωτίστην ἐκτελεῖ καὶ κυριώνυμον ἀναστάσιμον ἑορτὴν καὶ θύει καὶ ἐσθίει πάσχα τὸ μυστικόν. ἔνθα καὶ τῷ Βασιλακίῳ συγγίνεται. ἦν δ' οὗτος ἀλλότροπόν τινα βίοτον μετιὼν δόξαν τε παρὰ πάντων ἠνέγκατο προφητεύειν καὶ προβλέπειν τὰ ἔμπροσθεν, ὅθεν εἰς αὐτὸν τὰ πλήθη συνέρρεον, ὡς οὐδ' ἐς μυρμηκιὰν οἱ ἐπανιόντες τε καὶ ἐξιόντες φιλόπονοι μύρμηκες ἢ γοῦν οἱ ἐς Ἄμμωνος πάλαι καὶ Ἀμφιάρεω ἀφικόμενοι. ἀληθὲς δὲ οὐδὲν καὶ σαφὲς περὶ τῶν ἐσομένων οὗτος ἐφθέγγετο, πεπλανημένα δὲ καὶ ἀσύμφωνα ἑαυτοῖς καὶ γριφώδη διεξῄει ῥήματα· ἐν πολλοῖς δὲ καὶ γέλωτος διατεχνώμενος ἄξια τὸν ἀγελαιοκόμον ὅμως καὶ πρὸς ὕννιν ἀφορῶντα καὶ κώπην ἐπεσπᾶτο λεών. τῶν γὰρ ἀφικνουμένων ἐς αὐτὸν γυναικῶν ἐμάστευε τοὺς μαστοὺς καὶ περιαθρῶν τὰ σφυρὰ ληρῶν ἐπὶ

---

16 ἐκτελεῖ — ἑορτήν: die 2 mens. Apr. a. 1195

---

5 τοῖς — οὖς: cf. Plut. Quaest. Conv. 1, 8 p. 625 D et 2, 4 p. 631 D: τετρυπημένον ἔχεις τὸ οὖς; ἐπαντλ. εἰς τετρημένον πίθον: cf. Mant. prov. 1, 48; Ps.-Plat. Prov. Ecl. 4 **10** λίθον Ἡράκλειαν: pro lapide Lydio, cf. Plat. Gorg. 486 d

---

VA = a, PW, RMDF = b

4 φίλων ἐνιαχοῦ: φιλτάτων ἡμῖν P προσβιβάζεται V: προσβιάζεται AW **5** ἐπαντλᾶσιν R ὡς om. M **6** μὴ καλῶς ante δρώμενα add. P Bekk: κακῶς post δρ. add. A^mg^W προπεπόνθαμεν V **8** καὶ ζωῇ suppl. P^mg^ εἰ om. P^ac^ Bekk **8—9** εἰ — μισάδελφον: καὶ — φιλισαάκιοι ex b cum καὶ παραπετάσματι κτλ. ex a coniunxit W **9** συγκαλύπτων λέληθε: συγκαλύπτειν πολλαχῇ P Bekk τὸν: τὸ Bekk καὶ — φιλισαάκιοι ex b post μισάδελφον add. Bekk ἀπεπέμποντο F **10** μηδὲ F Bekk Ἡράκλειον F Bekk προσάδων A **11** τὰ δρώμενα: τῶν παρὰ τοῦ ἀδελφοῦ πραττομένων τὸ κίβδηλον P Bekk τοῖς om. F **13** αὐτοῦ P **13—14** ὁ λωβητὴρ ἀπὸ πάντων F **15** παραθαλάττιον AW πρωτίστην: μεγίστην PW Bekk **17** τὸ ante πάσχα add. Bekk **19** καὶ — ἔμπροσθεν suppl. P^mg^ **21—22** ἀληθὲς δὲ οὐδὲν: ἀλλ' οὐδὲν ἀληθὲς Bekk **22** οὐδὲ M **23** γριφώδη: κρυφιώδη R ἐξήει AW **24** ὅμως om. P^ac^ **26** ἐμάστευσε A περιαρθρῶν A

4 καὶ pr.: τε καὶ b Bekk **8** καὶ ζωῇ om. b **8—9** εἰ — μισάδελφον: καὶ ὡς πλείονές εἰσι φιλαλέξιοι μᾶλλον ἤπερ (ἢ R) φιλισαάκιοι b **18** δόξαν τε: καὶ δόξαν b Bekk τούτοις ἦν καὶ ἀποφοι|βάζων ἀδιάγνωστα λόγια. ἀπεσιώπα δὲ κἀπὶ ταῖς πλείσταις τῶν πεύσεων, αἵπερ αὐτῷ παρὰ τῶν προσιόντων ἐπήγοντο, καὶ τὰς οἰκείας πράξεις μεταβάσεσι τοπικαῖς καὶ σχηματισμοῖς ἐπέραινε Πανικοῖς. συνεστῶτα δέ τινα γύναια Γραϊκά, οἰστρηλατοῦντά τε καὶ κωθωνιζόμενα, κατὰ γένος αὐτῷ συναπτόμενα, ὑφηγοῦντο τοῖς παραβάλλουσι τὰ ὑπὸ τοῦ Βασιλακίου τελούμενα, ὅ τι τῶν γενησομένων τεκμηριάζουσι, καὶ τὴν σιγὴν ὥς τι φθεγγομένην καὶ ὑποδηλοῦσαν σοφὸν διεσήμαινον. ἐδόκει οὖν ὁ ἀνὴρ οὗτος τοῖς μὲν πολλοῖς, ὡς ἔχω εἰπών, προφητικὸς καὶ προσημαίνων τὰ συμβησόμενα, καὶ μάλισθ᾽ ὁπόσαις τῶν γυναικῶν αἱ τῶν πεύσεων ἄσεμνοι καὶ ἀσχήμονες τῶν ἐσθημάτων ἐγκομβώσεις ὡς παιδιά τις περιεσπούδαστο γέλωτι σύμμικτος, τοῖς δ᾽ ἐς νοῦν βάπτουσι περίεργόν τι καὶ γελωτοποιὸν καὶ ληρῶδες γερόντιον ἥγητο. εἰσὶ δ᾽ οἳ καὶ πνεύματι Πύθωνος κάτοχον εὐστόχως εἰρήκασιν, οἷς ἐθέμην μάλιστα καὶ αὐτός.

Τότε γοῦν ἐπιστάντι τῷ αὐτοκράτορι οὔτε προσέσχεν ὅλως ὡς περιβεβλημένῳ τοσαύτην καὶ τοιαύτην ἰσχύν, οὔτε πρὸς τὴν αὐτοῦ προσηγορίαν (ἡ δὲ ἦν „χαίροις, ὦ πάτερ Βασιλάκιε") τὴν ἀπόκρισιν ἔθετο ἢ γοῦν ἀντησπάσατο σιωπῇ κατανεύσας τῇ κεφαλῇ, ἀλλ᾽ ὧδε κἀκεῖσε μετὰ πωλικῶν φερόμενος σκιρτημάτων καὶ παραφόρων μετακινήσεων ἐκακολόγει τοὺς προσιόντας, | μηδ᾽ αὐτοῦ φειδόμενος τοῦ κρατοῦντος. ὀψὲ δὲ καὶ μόλις τῶν ἀτάκτων λήξας κινήσεων τὴν χεῖρα ἐκτείνας ἀχρειοῖ διὰ τοῦ σκίπωνος, ὃν ἔφερε ταῖν χεροῖν, τὴν εἰκόνα τοῦ βασιλέως, ἥτις κατὰ τὸ εἰς εὐχὴν ἀποτεταγμένον αὐτῷ οἰκίδιον χρώμασιν ἐπὶ τοίχου ἐστήλωτο, τοὺς ὀφθαλμοὺς διαλωβησάμενος. ὡρμήκει δὲ καὶ τὸν τῆς κεφαλῆς πῖλον ἀφελέσθαι τοῦ βασιλέως. ταῦτα ὁ μὲν οὕτως διεπεπράχει, ὁ δὲ αὐτοκράτωρ ἀφροσύνην τοῦ ἀνδρὸς καταγνοὺς ἐκεῖθεν μεθίσταται. αὐτοῖς μέντοι γε τοῖς συνειλεγμένοις ὀφθαλμοῖς παραλαβοῦσι τὰ γεγονότα οὐκ εὐσύμβολος τῶν ἐσομένων οἰωνὸς συλλελόγιστο· ὡς δὲ

39 πνεύματι Πύθωνος: Act. 16, 16

VA = a, PW, RMDF = b

28 αἵπερ: καίπερ R **30** γύναια γραϊκά τινα Bekk **34** ὁ om. V μὲν om. V **35** προσημαίνων: προφητεύων P **36** αἱ: καὶ W ἄσεμναι R **39** ἥγητο: ᾤετο P πνεύματος F **41—42** ὡς τοιαύτην ἐξουσίαν ἔχοντα B **42** τοσ. καὶ τοιαύτην (καὶ τ. om. W): τοιαύτην καὶ τοσαύτην V ἰσχύν: τιμὴν R **43** ὦ om. R τὴν: τὴν αὐτὴν M **44** τῇ σιωπῇ V τὴν κεφαλὴν AWDFB Sc **46—47** ἐκακολόγει — κινήσεων suppl. P[mg] **46** καὶ μάλιστα τὸν Μεσοποταμίτην Κωνσταντῖνον, ὃς ἦν τότε λίαν ᾠκειωμένος τῷ βασιλεῖ post προσιόντας add. DF Bekk **47** ὀψὲ: ὁ AP: om. Sc **48** τοῦ om. P σκίμπωνος F Bekk **49** αὐτῷ ἀποτεταγμένον Bekk **51** βασιλέως etiam Sc: βασιλεύοντος APW ταῦτα: καὶ ταῦτα DF Bekk ὁ μὲν οὕτως: μὲν οὖν ἐκεῖνος P: μὲν οὗτος Bekk οὕτω V διαπεπράχει V **53** γε om. A τοῖς om. R **54** εὐσύμβουλος PW

50—51 τὸν τῆς κεφαλῆς τοῦ αὐτοκράτορος πῖλον ἁρπάσαι καὶ χαμαὶ κατενεγκεῖν b Bekk **52** ὁ δὲ βασιλεὺς ἀφροσύνην καταγνοὺς τοῦ ἀνδραρίου (τοῦ ἀνδρ. καταγνοὺς M) ἐκείνου ἐκεῖθεν κτλ. b Bekk καὶ τὰς ἀποβάσεις οὐ πάντῃ ἀπᾳδούσας τοῖς συμβόλοις τεθέανται, ἐπὶ πλέον ἕκαστος ἔτι τὴν περὶ τοῦ Βασιλακίου δόξαν ἐκράτυναν, ἀμφιρρεπῆ τε οὖσαν, ὡς ἤδη μοι λέλεκται, κἀπὶ τοῖς πλείστοις ἀμφισβητήσιμον.

Ὡς δ' εἰς τὰ Κύψελλα ὁ κρατῶν ἐγεγόνει, τὰ μὲν τῶν στρατευμάτων εἰς τάξεις συνέταττε, τὰ δὲ καραδοκῶν προσέμενεν ἀφικέσθαι. ὁ δ' ἀδελφὸς πάλαι ἐνεδρεύων τῇ βασιλείᾳ, τότε τὰ | ὑποδεδυκότα τῇ ψυχῇ καὶ ὑποθαλπόμενα τοῦ στήθους ἀναμηρύων εἰς φῶς προήνεγκε. τοίνυν ὁ μὲν αὐτοκράτωρ εἰς κυνηγέσιον ὁρμηθεὶς καὶ πρὸς τῷ ἔφιππος εἶναι γινόμενος μετεπέμπετο καὶ τὸν ἀδελφὸν συνεξιέναι οἱ καὶ συνδιαχυθῆναι κατὰ τῶν ἐκεῖσε πεδίων τὰ ποώδη καὶ ἀνθηρά· ὁ δὲ τὸ πρὸς τὸ ἐν χερσὶν ἔργον ἑτοιμασάμενος ἐπισπέσθαι οἱ ἀπείπατο, πρὸς σχάσιν φλεβὸς ἑτοιμασθῆναι λέγων, μαλακισμὸν ὑποκρινάμενος σώματος.

Καὶ οὕτως ὁ μὲν ἔξεισι καὶ μόνος καὶ τῆς προκειμένης ἔχεται, ὁ δὲ ὡσεὶ σταδίους τρεῖς τὸν ἀδελφὸν καὶ βασιλέα προϊόντα ἰδὼν τῆς σκηνῆς μετὰ

61 τοίνυν etc.: die 8 mens. Apr. a. 1195

VA = a, PW, RMDF = b

55 οὐ πάντῃ: ἁπάντῃ F **56** ἔτι suppl. P^mg: ὅτι F τοῦ om. V **57** πρότερον ante κἀπὶ add. Bekk **58** παρεγένετο P **59** ἐς P καὶ post δὲ add. V **59—61** ὁ — προήνεγκε V: ὁ δὲ ἀδελφὸς αὐτοῦ τὴν μελέτην, ἣν εἶχεν ἐν τῇ ψυχῇ αὐτοῦ πρὸ πολλοῦ κρυφίως, τότε φανερῶς αὐτὴν ἀπεκάλυψεν B: lect. versionis b hab. APW Bekk (cf. infra) **60** ἐνδεδυκότα P Bekk **61** τότε post στήθους rep. AP add. W καὶ post τοίνυν add. V ἐς V **62** εἶναι: ὀφθῆναι P Bekk **63** γενόμενος AWN καὶ pr. om. V Ἀλέξιον post ἀδελφὸν add. APW Sc Bekk διαχυθῆναι APW **64** τὸ pr. om. Bekk **64—66** ὁ — σώματος: ἐκεῖνος δὲ τὴν ἑτοιμασίαν κατασκευάζων τῆς αὐτοῦ πράξεως ἀντεμένησεν αὐτὸν ὅτι ἀνώμαλόν ἐστι τὸ ὅλον μου σῶμα καὶ θέλω φλεβοτομηθῆναι B **65—66** πρὸς — σώματος: μαλακισμὸν ὑποκρινάμενος σώματος καὶ σχάσιν αὐτόθεν ἐσομένην φλεβός V **65** σχάσιν: χύσιν RM **66** ὑποκρινόμενος W **67** οὕτως ὁ: οὗτος M **67** ὁ δὲ eras. A: οἱ δὲ τῆς ἑταιρίας Ἀλεξίου καὶ τῶν σκεμμάτων ἐκείνῳ συμμέτοχοι κύβοι καὶ εὔριποι καὶ σκηνῆς γέμοντες ἄνθρωποι A^mgPW (cf. b): οἱ δὲ τῆς ἑταιρίας Ἀλεξίου Sc **68** τὸν βασ. προϊόντα ἰδόντες PW (cf. b)

58 ἐγεγόνει: ἀφίκετο b Bekk **59** ἐς φάλαγγας καὶ ἴλας ξυνέταττε b Bekk **59—61** ὁ — προήνεγκε: τῶν δ' εὖ γεγονότων (εὐγενῶν APW) συχνοὶ (συχνῇ W) τῇ ἀκομιστίᾳ τοῦ κρατοῦντος (κρατοῦντος: βασιλέως P Bekk) δυσχεραίνειν (ἐκ μακροῦ δυσχ. P Bekk) πλαττόμενοι (δυσχ. πλ.: δυσχεραίνοντες AW) καὶ τῷ μὴ (μὴ: βαθὺ R: μὲν MD^ac F) κατὰ τὸν εἰκότα λόγον τὰ κοινὰ διοικεῖσθαι (διακεῖσθαι M) πράγματα (καὶ — πράγματα: εἰπεῖν δὲ καὶ τὰς μεταβολὰς τῶν πραγμάτων κατὰ πολὺ συμβαλλομένας αὐτοῖς ἐς χρηματισμὸν κατανοήσαντες APW: καὶ — πρ. ex b cum εἰπεῖν δ' ἀληθέστερον τὰς — κατανοήσαντες coniunxit Bekk) τότε (post στήθους rep. A: trp. W) . . ἀναμηρύοντες . . . προήνεγκαν b APW Bekk: τῶν δ' εὐγενῶν συχνοὶ τὰς μεταβολὰς τῶν πραγμάτων ὡς συμφερούσας αὐτοῖς κατανοήσαντες τὰ ἐν τῇ ψυχῇ τούτων εἰς φῶς ἐξήνεγκαν Sc **64—65** ὁ — ἑτοιμασάμενος: ὁ δ' b **66** λέγων: σκηψάμενος b μαλακισμὸν — σώματος om. b **67—70** ὁ — καταγωγήν: οἱ δὲ τοῦ σκέμματος κοινωνοῦντες τῷ Ἀλεξίῳ λοιμοὶ καὶ κύβοι καὶ εὔριποι καὶ σκηνῆς γέμοντες ἄνθρωποι (ἄνθρ.: ὡς ἄνθρ. M) ὡσεὶ σταδίους τρεῖς τὸν βασιλέα προϊόντα ἰδόντες (τῆς σκηνῆς . . . ἔφεσιν ex a add. Bekk) συναρπάζουσιν εἰρωνικῶς τὸν Ἀλέξιον καὶ εἰς τὴν βασίλειον σκηνὴν τοῦτον εἰσάγουσι καὶ ἀναγορέουσιν αὐτοκράτορα b Bekk τῶν πέλας καὶ φίλων, οἷς πεπολίτευτο καὶ οἳ συνδιῴκουν αὐτῷ τὰ κατ' ἔφεσιν, τὴν βασίλειον εἴσεισι καταγωγήν. ἦσαν δ' οὗτοι ὁ Βρανᾶς Θεόδωρος, ὁ Παλαιολόγος Γεώργιος, ὁ Πετραλίφας Ἰωάννης, ὁ Ῥαοὺλ Κωνσταντῖνος, ὁ Καντακουζηνὸς Μανουήλ, καὶ συχνοὶ ἕτεροι ἀνάρσιοι καὶ εὔριποι ἄνθρωποι κατὰ γένος τῷ βασιλεῖ συναπτόμενοι καὶ σμῆνος ἄλλο ἀγελαῖον, περὶ τὸ σεβαστοκρατορικὸν πάλαι ἀλητεῦον | καὶ χαῖνον ἑστιατόριον καὶ χαῖρον ταῖς τῶν πραγμάτων ἐξαλλαγαῖς. προσχωρεῖ δέ οἱ καὶ πρὸς μόνην τὴν τῶν νεοχμωθέντων ἐνήχησιν ἅπαν τὸ στρατιωτικὸν ἰλαδὸν καὶ ὁπόσον Ἰσαακίῳ προσέρρεπεν ὡς θεραπευτικὸν καὶ οἰκίδιον καὶ οἵπερ εἰς βουλῆς ἀξίωμα ἤρθησαν.

Ὁ δὲ βασιλεὺς ἀσήμους τὰ πρῶτα φωνὰς εἰς ἀκοὴν ὠτίου δεξάμενος, εἶτα καὶ κατὰ τὴν ἀρχικὴν αὐλαίαν τῶν πλείστων θεώμενος συνδρομὴν καὶ τὴν τοῦ ἀδελφοῦ ἀνάρρησιν ἐνηχούμενος, μετ' οὐ πολὺ δὲ καὶ τοὺς ἀγγέλλοντας ἔχων τὰ τολμώμενα, ἔστη τε τοῦ ἵεσθαι περαιτέρω καὶ τὸ τοῦ σταυροῦ σημεῖον ἑαυτῷ ἐγχαράξας „ἱλήκοις, Χριστὲ βασιλεῦ" ἀνεβόησε καὶ ῥυσθῆναι τῆς ὥρας ἐκείνης πολλάκις ἐθεοκλύτησεν. ἐξενεγκὼν δὲ καὶ ὃ εἶχεν ἐγκόλπιον τῆς θεομήτορος μόρφωμα πυκνὰ τοῦτο περιεπτύσσετο τὰ μὲν ἀνθομολογούμενος, τὰ δὲ καὶ ἐξιλεούμενος, καὶ μετὰ συνοχῆς ἐδεῖτο καρδίας διαδρᾶναι τὰ ἐπιόντα κακά. ἐπεὶ δὲ καὶ τοὺς συλληψομένους αὐτὸν ἑώρα πάντα χαλινὸν ἀνεικότας καὶ ἓν πνέοντας καὶ πρὸς ἓν βλέποντας τὴν αὐτοῦ κατάσχεσιν, φυγαδείας ἅπτεται· καὶ τὸν ποταμὸν ἐπικινδύνως διαβάς, ὃς ἐκεῖσε βαθυδίνης διὰ τοῦ πεδίου σύρεται, εἴχετο τῆς ὁδοῦ ἐς οὐδέν τι προδήλως σῶζον κατάντημα συνορῶν, τὸν δ' ὄλεθρον ὡς ἀνυστὸν ἐκτρεπόμενος, ὃς ἐκ τοῦ μανιώδους τῶν ἐφεπομένων

---

89 ὃς Μαρίτζα καλεῖται post ποταμόν add. Sc

---

84 ῥυσθῆναι — ἐκείνης: cf. Joh. 12, 27

VA = a, PW, RMDF = b

70 τὴν — καταγωγήν: συναρπάζουσιν τὸν Ἀλέξιον καὶ εἰς τὴν βασίλειον αὐλαίαν εἰσάγουσι καὶ ἀναγορεύουσιν αὐτοκράτορα P (cf. b) **71** ὁ Παλαιολόγος Γεώργιος om. W ὁ Ῥαοὺλ: καὶ Ῥαοὺλ AP: Ῥαοὺλ ὁ W: καὶ ὁ Ῥαοὺλ Bekk **72** Μανουήλ V: Μιχαήλ APW Bekk **75** προχωρεῖ R **76** οἱ: αὐτῷ VAW τὴν om. V: hab. B **78** οἱ καὶ εἰς — αὐτοκράτορα ex b (vid. lin. 67—70) post ἤρθησαν add. W **79** ἀσήμους τὰ πρῶτα: ἀσήμους τὸ πρῶτον A: ras. 7 litt. τὸ πρῶτον ἀσήμους W **80** αὐλαίαν: σκηνὴν P: αὐλαίαν σκηνὴν AW: αὐλὴν Sc **82** τε om. V **83** ἀνεβόησε etiam B: ἐβόησε V **84** πολλάκις: πόλυς R: πύλλης M **86** καὶ pr. om. V **87** τὰ — κακά: τὰ ἐπιόντα οἱ τώτοτε δεινά P **88** χαλινὰ A **91** σώζειν ἔχον P **92** ἐπιόντων P

70—75 ἦσαν — ἐξαλλαγαῖς om. b **77** ὡς om. b **82** ταυτὶ τὰ τολμώμενα b περαιτέρω: πρόσω b **85** ἐνστήθιον b **87** τὰ — κακά: τὸν ἐπιόντα κίνδυνον b **91** τι: μὲν b **92** ἑπομένων b Bekk ὁρμήματος καὶ τοῦ μηδὲν ἀνιέναι | τοῦ τάχους ὀξύτατος συλλελόγιστο. ἀφιγμένος δὲ κατὰ Στάγειραν, ἥτις Μάκρη νῦν κέκληται, συλλαμβάνεται παρὰ Παντευγένου τινὸς καὶ καταπροδίδοται τοῖς ἐπιδιώκουσιν.

Καὶ τοίνυν τὸν ἔσχατον ἥλιον θεασάμενος ἄμφω τὼ ὀφθαλμὼ μικρὸν ὕστερον ἐξορύττεται κατὰ τὴν ἐν Βήρᾳ μονήν, ἧς δομήτωρ ὁ τοῦ βασιλέως Ἀνδρονίκου τοκεὺς Ἰσαάκιος. εἰ δὲ κατὰ θείαν νέμεσιν ἐκεῖσε ταύτην τὴν δίκην ἔτισεν, ἑτέροις σκοπεῖν ἀφίημι· βούλεται γὰρ ἡ τὸ πᾶν ἀρίστως διεξάγουσα πρόνοια καὶ τοῖς ἐχθροτάτοις τοὺς τιμωροὺς φιλανθρώπως προσφέρεσθαι ὑφορωμένους τὸ μὴ ἀειπαγὲς τῆς ἰσχύος καὶ τὴν τοῦ κράτους ἀπόζωσιν καὶ τὴν ἐκ τοῦ αὐτοῦ κινήματος εἰς τὸ αὐτὸ κατάντημα πολλάκις μετακύβευσιν ἢ παλινδρόμησιν.

Καὶ τὸν μὲν εἶχε μετὰ τοῦτο τὸ πάθος, ἡμερῶν συχνῶν μὴ προσενεγκάμενον σῖτον διὰ τὴν σεισάχθειαν τῆς κολάσεως, τῶν βασιλείων ἔνδοθι κάθειρξις πρόσκαιρος, καὶ αὖθις ἡ κατὰ τὸν Διπλοῦν Κίονα περαία, βίον ἀγρότην ἀντλοῦντα, οἴνῳ τε καὶ σίτῳ μετρητῷ διαζῶντα, τὸν δ' ἀδελφὸν ἡ βασιλεία μετ' εἰρηναίας καὶ ἀστασιάστου τῆς καταστάσεως, καὶ ὡς | εἴπερ κατὰ τοὺς Διοσκόρους δύνειν τε καὶ φαίνειν ἑτερημέρως τῷ τῆς βασιλείας συνέθεντο στερεώματι.

Ἦρξε δὲ Ῥωμαίων Ἰσαάκιος ἐνιαυτοὺς ἐννέα σὺν μησὶν ἑπτά, φλογερὸς ὢν τὴν ὄψιν, τὴν τρίχα πυρσός, τὴν ἡλικίαν μέσος, τὴν ἰσχὺν εὔρωστος, οὔπω τεσσαράκοντα ἔτη γεγενημένος, ὁπηνίκα καθῄρητο τῆς ἀρχῆς.

11—12 βίον — ἀντλοῦντα: cf. p. 32, 47 **14** κατὰ — Διοσκόρους: cf. Hom. λ 303 **17** τὴν τρίχα πυρσός: cf. Nic. Or. 37, 16; 98, 12; 32, 23

VA = a, PW, RMDF = b

93 ὁρμημάτων V **94** ἥτις νῦν Μάκρη κέκληται AW καὶ καταπροδίδοται, quod post. τινὸς (lin. 95) non om., post συλλαμβ. suppl. A^{mg} **95** παρὰ — τινὸς post ἐπιδιώκουσιν transp. W **1** μικρῶ P **3** τὴν ante θείαν add. V **4—5** τὸ πᾶν ἀρίστως: ἀρίστως ἡ τὸ πᾶν W **7** ὑπόζωσιν P ἐκ τοῦ om. M **11** πρόσκαιρος cum b om. AW ἡ et τὸν om. R **12** ὡς τὸν τυχόντα ἰδιώτην post μετρητῷ add. Bekk **12** αὐτοῦ post ἀδελφὸν add. P Bekk **13** ἡ βασιλεία (etiam B Sc) om. V: τὰ ἑαυτοῦ A: ὁ βασιλεὺς R μεταστάσεως W καὶ alt. om. P Bekk **14** δύνειν τε: δ' αὔτη M **15** συνέθετο V στρατιώματι A **16** ζ' W **17** ὄψιν: ψυχήν A

93 καὶ τοῦ (οὗ M) τάχους ἀνιέναι μηδὲν b **94** νῦν κέκληται: λέγεται νῦν b Bekk **95** παρὰ — τινὸς om. b **1** καὶ τοίνυν: οὐκοῦν καὶ b Bekk **4** τὴν δίκην ἔτισεν etiam N: ἔτισε τὴν δίκην b ὡς δράσας κακῶς Ἀνδρόνικον post δίκην add. b: post ἔτισεν Bekk **6—7** τὸ μὴ ἀειπαγὲς τῆς ἀρχῆς καὶ τὴν τῆς ἰσχύος ἀπόζωσιν b Bekk **7** ἐς b Bekk **8** ἤ: τε καὶ b Bekk **9—10** προσενηνεγμένον σῖτα b Bekk **11** πρόσκαιρος om. b **11—12** βίον — διαζῶντα om. b **14—15** συνέθεντο ante δύνειν transp. b Bekk **18—19** τῆς βασιλείας καθῄρητο b Bekk

ΒΑΣΙΛΕΙΑ ΑΛΕΞΙΟΥ ΤΟΥ ΑΓΓΕΛΟΥ
ΤΟΜΟΣ ΠΡΩΤΟΣ

Καὶ τόνδε μὲν τὸν τρόπον ὁ Ἄγγελος Ἰσαάκιος τῆς ἀρχῆς καταστρέφεται καὶ τὸν δυνάστην εὐχερῶς ἀποζώννυται προσπαθὼν φωτὸς στέρησιν ὑφ' ὧν ὡς παρ' οἰκείων ὀφθαλμῶν χειραγώγησιν ἐφαντάζετο. τί γὰρ ἀδελφοῦ, καὶ τούτου φιλουμένου, ἐγγύτερον ἄλλο καὶ γνησιώτερον; εἰ δὲ τὸ ὕδωρ | πνίγει, τί καὶ πιώμεθα ἄνθρωποι; καὶ εἰ καθ' ἑαυτῶν τὰ μέλη ὁπλίζεται, τίνι ἂν συναρμολογηθέντες ζησώμεθα; καὶ ἡ μὲν φιλάνθρωπος τέχνη ἐξ ἀντιθέτων σαρκῶν ἀντίδοτον συνεκεράσατο σώζουσαν, ἔνιοι δὲ τῶν ἀνθρώπων τῶν τῆς φύσεως σεμνῶν δώρων ἐπιλαθόμενοι ἐπανέστησάν τε ἀλλήλοις καὶ ὅπερ εἰσὶν ἠγνοήκασι μοχθηρίᾳ γνώμης καὶ δόξης ἔρωτι μείζονος. ἦν τοίνυν παρ' ἔθνεσι καὶ τοῦτο Ῥωμαίων εἰς ἐξουθένωμα παρακολούθημά τε καὶ ἐπισύμβαμά τι λελόγιστο τῶν προηγησαμένων ἁπάντων αἴσχιον ἐπὶ ταῖς τῶν πραγμάτων μεταπεττεύσεσι καὶ ταῖς τῶν κρατούντων μεταθέσεσί τε καὶ ἀλλοιώσεσιν. ἦσαν

---

7 εἰ — ἄνθρωποι: cf. Galen. De diff. puls. 2, 4 (T. VIII p. 577, 13—14 Kühn)

VA = a, PW, RMDF = b

1—2 Βασιλεία — πρῶτος B: Βασιλεία Ἀλεξίου τοῦ Ἀγγέλου· τόμος τεσσαρεσκαιδέκατος. τοῦ αὐτοῦ Χωνειάτου V: Βασιλεία Ἀλεξίου τοῦ Κομνηνοῦ ἀδελφοῦ Ἰσαακίου τοῦ Ἀγγέλου ἐν τόμοις τρισίν (ὃς Ἀλέξιος λέγεται καὶ Βαμβακοράβδης add. W) APW: Βασιλεία Ἀλεξίου τοῦ Ἀγγέλου ἐν τόμοις γ' Bekk **10** τῶν ἀνθρώπων om. PW Bekk **11** φύσεως καὶ post μοχθηρίᾳ add. V **13** ἐξουδενισμὸν B: ἐξουθένημα V Bekk (cf. Ps. 21, 6; ἐξουδένωσις Ps. 30, 19) **15** ἀλλοιώσεσιν P Bekk

1—2 Βασιλεία τοῦ βασιλέως (τοῦ βασ. om. RM) κῦρ (D: κυροῦ RF: om. M) Ἀλεξίου τοῦ Κομνηνοῦ (Κομνηνοῦ: Ἀγγέλου D) · τόμος α' (D: om. RMF): Βασιλεία Ἀλεξίου ἀδελφοῦ Ἰσαακίου K: Ἐκτύφλωσις Ἰσαακίου. Βασιλεία Ἀλεξίου τοῦ Ἀγγέλου N **3** sqq. Καὶ τόνδε μὲν τὸν τρόπον ὁ Ἄγγελος Ἰσαάκιος τῆς ἀρχῆς καταστρέφεται, οὐ γνώμῃ μᾶλλον τοῦ αὐταδέλφου ἢ βίᾳ, ὡς ᾔδετο, καὶ συνδρομῇ παντὸς τοῦ στρατεύματος, κατ' αὐτοῦ σπασαμένων τῶν πολλῶν τὰ ξίφη καὶ διηπειληκότων ἐκείνῳ θάνατον, εἰ μὴ τὴν ἀρχὴν καταδέξηται (D^{ac}F: καταδέξεται RMD^{pc} Sc) b (proseq. lin. 21)

3—5 καὶ τοιούτῳ μὲν τρόπῳ ὁ Ἰσαάκιος ἀπὸ τῆς βασιλείας κατήχθη, οὐ μετὰ γνώμης μᾶλλον τοῦ ἀδελφοῦ αὐτοῦ, ὡς ἐλέγετο, ὅσον ἀπὸ τῆς τοῦ ὅλου στρατεύματος βίας καὶ συνδρομῆς κατ' αὐτοῦ τὰ ξίφη σπασάντων καὶ ἀποθανεῖν εἰπόντων, εἰ μὴ τὴν βασιλείαν αὐτὸς λάβοι καὶ ἀναδέξηται. καὶ αὐτὸν δὲ πάλιν τὸν Ἰσαάκιον μετὰ τὸ στερηθῆναι τὴν βασιλείαν ἵνα λάβῃ καὶ φωτὸς στέρησιν παρ' ἐκείνων ὧν ἐνόμιζεν ἔχειν ὑπὲρ αὐτοῦ καὶ ὡς ὀφθαλμοὺς ὁδηγεῖν αὐτὸν καὶ ἐπάνω αὐτῶν στηρίζεσθαι, τόσον ἦν τὸ κακόν. τί γὰρ κτλ. B δ' οἳ καὶ τῆς ἐς τοὺς πέλας φιλίας ἀφιστάμενοι ἀπομνύμενοί τε τὴν πάλαι συνήθειαν ,,ἀδελφὸς οὐ λυτροῦται· λυτρώσεται ἄνθρωπος;" ἔλεγον. καὶ οἷς τὰ μυστηριώδη τῶν βουλευμάτων τινὲς ἀνεκάλυπτον, τούτων τηνικαῦτα καὶ τὴν προσαγορείαν ὡς ἐπίβουλον ὑπεβλέποντο πρὸς παράδειγμα τὸ γεγονὸς ἀφορῶντες.

Αὐτὸς δὲ ὁ τῆς ἀρχῆς ἐπιβήτωρ 'Αλέξιος, μὴ ἐν νῷ βαλόμενος ὡς ἑαυτὸν καθῄρηκε τῆς ἀρχῆς τὸν ἀδελφὸν καθελών, εἰς τὸν βασιλικὸν αὐτίκα θρόνον ἐπὶ τῷ θερμῷ τούτῳ ἀνεπήδησεν ἀνομήματι καὶ τοὺς ἱματισμοὺς καὶ τὸ στέφος διφήσας τοῦ κασιγνήτου καὶ περιθέμενος ὑπὸ παντὸς τοῦ στρατιωτικοῦ τάγματος καὶ ὅσοι μέρος ἦσαν τῆς γερουσίας βασιλεὺς αὐτοκράτωρ ἀναγορεύεται, καὶ τῇ μὲν γυναικὶ καὶ τοῖς ἐν πόλει καθήκουσι | δῆλα τὰ ξυνενεχθέντα παραχρῆμα ποιεῖ.

Αὐτὸς δὲ τοὺς συναραμένους αὐτῷ τῆς ἀρχῆς δεξιούμενος τῆς τε σπουδῆς ἀμειβόμενος καὶ τὸ λοιπὸν ἅπαν πλῆθος θεραπεύων, ὅτι τε ἀσμένως ἑαυτῷ προσεχώρησε καὶ οὐδέν τι διεστασίασεν, ἤρξατο μὴ σὺν λόγῳ καὶ τάξει τινί, ἀλλὰ πρὸς τὴν ἑκάστου αἴτησίν τε καὶ ἔφεσιν διαδιδόναι τὰ χρήματα, ὁπόσα ἐκστρατεύων ἐπήγετο 'Ισαάκιος. τούτων δ' ὑπορρευσάντων τῇ ἀσώτῳ καὶ ἀνομοίῳ διανομῇ γήδια καρποφόρα καὶ δημοσίους συνεισφορὰς παρεῖχε τοῖς αἰτουμένοις. ὡς δ' ἐπιλελοίπει καὶ ταῦτα, τοῖς τῶν ἀξιωμάτων ἐπεφύη λαμπροῖς καὶ ἦν κἀπὶ τούτοις ἐξαίρων οὐ τόνδε ἢ τόνδε τῶν ἐλλογίμων ἢ ἀνάγων εἰς τὸν προσεχῆ βαθμὸν καὶ ἀνάλογον, ἀλλὰ πάντα, καὶ τὸν βραχέος τιμώμενον τὴν τιμὴν καὶ τὸν οὐδέπω τῆς πρώτης ἠξιωμένον βαθμῖδος ἐπὶ τὴν ἀνωτάτω καὶ κορυφαίαν μετεωρίζων ἀνεβίβαζεν, ὡς εἶναι τὸ πολύτιμον ἄτιμον καὶ τὸ φιλότιμον ἄχαρι. πολλοὶ δὲ καὶ ὑποβιβασμὸν τὴν ἄνοδον ᾤοντο ὡς ὀψέ ποτε δικαίως ἠξιωμένοι ὧν ἄλλοι παρ' ἀξίαν προηυμοιρήκεισαν κἀκείνοις τὴν αὐτὴν τιμὴν συγκληρούμενοι ὧν ἠξιωμένων τιμῆς αὐτοὶ παραβλεπόμενοι ἄδοξοι ἐκρίθησαν τιμηέστεροι.

---

17 ἀδελφὸς — ἄνθρωπος: cf. Ps. 48, 8 (sensu mutato) **21** ἐπιβήτωρ: cf. p. 101, 70
40 ὑποβιβασμὸν — ἄνοδον: cf. p. 350, 35

VA = a, PW, RMDF = b

16 εἶς W ἀπομνύμενοι V: ἀπολλύμενοι A: ἀπολλύμμενοι PW: ἀπολυόμενοι Bekk **18** ἀπεκάλυπτον Bekk **19** προσηγορίαν Bekk **21** βαλλόμενος PW Bekk **22** εἰς: ὃς A: ὡς P Bekk: ἐς W **26** ἐν τῇ πόλει Bekk **30** ἑαυτῷ: αὐτῷ V: om. Bekk **35** ἦν: νῦν Bekk **36** τήνδε ἢ τήνδε A **38** οὐδέ ποτε Bekk τῆς om. V **39** κορυφαίον A **39—40** τὸν pro τὸ utroque loco W **41** προηυμοιρήκεσαν V **42** τιμῆς: τιμὴν APW

21 sqq. βασιλεύσας δ' 'Αλέξιος οὐκ εὐθὺς τὴν μεγαλόπολιν εἴσεισιν, ἀλλ' αὐτὸς μὲν τοῖς κατὰ δύσιν προσανέχει πράγμασι, πάσχουσι κακῶς παρὰ τοῦ Πέτρου καὶ τοῦ 'Ασάν (cf. p. 455, 50—55), (26) τῇ δ' αὐτοῦ συζύγῳ τὸ συμβὰν ἐπ' αὐτῷ δῆλον θέμενος

Ἦν δὲ καὶ ἡ κτῆσις πρόχειρος· ὃν γὰρ ἄν τις προσήνεγκε χάρτην τῷ βασιλεῖ αὐτίκα ὑπεσημαίνετο, κἂν σολοίκως εἶχε τῆς φράσεως, κἂν ὁ προτείνων ἐδεῖτο ναυτίλλεσθαι μὲν τὴν | ξηράν, ἀροῦσθαι δὲ τὴν θάλασσαν, ἢ τὰ ὄρη ἐν καρδίαις θαλασσῶν μετατίθεσθαι, εἴτε μήν, ὡς ὁ μῦθος βούλεται, Ὀλύμπῳ Ἄθων ἐπανατίθεσθαι.

Οὕτω δὲ πάντα τετελεκώς, ἢ μᾶλλον συντετελεκὼς οἰκειότερον εἰπεῖν, ὡς καὶ χαρίζεσθαι τῷ καιρῷ τε καὶ τοῖς πράγμασι βιαζόμενος διαφίησιν ἔπειτα τὰ στρατεύματα εἰς ἤθη τὰ οἰκεῖα ἐπανελθεῖν μηδένα θέμενος λόγον, εἰ τὰ ἐν ποσὶν οἱ Βλάχοι ληΐζονται μετὰ Σκυθῶν ἐπιόντες. καὶ αὐτὸς μὲν οὐκ εὐθὺς ῥυτῆρι παντὶ τῆς εἰς τὴν πόλιν ἥψατο, ἀλλ' ὡς τοῦ ἀδελφοῦ συσχεθέντος καὶ πηρωθέντος μηδένα ὑφορώμενος κίνδυνον, βάδην καὶ τοῖς σταθμοῖς ἐμβραδύνων ἐπορεύετο.

Ἤδη γὰρ καὶ τὸ τῆς πολιτείας αὐτὸν ἀνευφήμησε πλήρωμα καὶ πρὸς τῆς γυναικὸς Εὐφροσύνης ἡ τούτου προητοίμαστο εἴσοδος τό τε τῆς συγκλήτου μέρος, εἰ καὶ μὴ ἅπαν, ἱλαρῶς ὅσα οἱ ξυνενήνεκται ἤνεγκε καὶ τῶν ἐκ τοῦ δήμου πρὸς τὴν ἀκοὴν τῶν ἠγγελμένων οὐδέν τις ἀτάσθαλον ἐνεόχμωσεν, ἀλλ' ἠρέμησαν πρῶτα μὲν πάντες καὶ συνεπηυδόκησαν τοῖς ἀκουσθεῖσι, μήτε βατταρίσαντες, μήτ' ἀναφλεγέντες πρὸς δικαίαν ὀργήν, οἷς εἰωθὸς αὐτοῖς βασιλέα χειροτονεῖν, ὑπὸ τῶν στρατοπέδων καὶ τοῦτο ἀφῄρηνται.

Ἐπεὶ δὲ πρὸς τὸ μέγιστον ἀρχεῖον ἡ τοῦ Ἀλεξίου σύνευνος Εὐφροσύνη ἄρασα ἤλαυνε, τότε τῶν βαναύσων καὶ ξυγκλύδων τινὲς φιλοτάραχοι φατρίαν κροτήσαντες καὶ σύστρεμμα ποιησάμενοί τινα Κοντοστέφανον, ὀνόματι Ἀλέξιον, ἐπ' ἀγορᾶς | ἀναγορεύουσιν αὐτοκράτορα,

---

46 ναυτίλλεσθαι — θάλασσαν: apud Paroemiographos non inveni; cf. autem e. g. κατὰ θάλασσαν σπείρειν Zenob. 3, 55 annot. **47** ὄρη — μετατίθεσθαι: cf. Mat. 21, 21 **48** Ὀλύμπῳ — ἐπανατίθεσθαι: cf. p. 82, 63 **53** ῥυτῆρι παντί: cf. p. 13, 29

VA = a, PW, RMDF = b

44 ἂν om. Bekk **49** ταῦτα post δὲ add. Bekk **50** καὶ pr. om. Bekk τε om. APW **50—51** ἀφίησιν τὰ στρατεύματα ἔπειτα V: ἀφίησι τοὺς στρατιώτας B **51** ἔθη APW **53** ῥητῆρι APW **57** γὰρ post τε (ex b) add. W **58** ὅσα οἱ τὰ ἠκουτισμένα τοῖς ὠσὶν εἰσεδέξατο W (cf. b) **59** τις: τι V **60** πρῶτα om. Bekk συνεπηυδήκεισαν V: συνεπευδόκησαν Bekk **61** μητ': μήτε Bekk **64** ἡ — Εὐφροσύνη: ἡ δούκαινα Εὐφρ. (ex b) Bekk **65** δὴ post τότε add. PW Bekk **67** ἐπ' ἀγορᾶς: ἐς τὸ μέγιστον ξυλλεγέντες τέμενος (ex b) Bekk

(56) εἶχε καὶ πρὸς ὁρμὴν μίαν τὸ τῆς πολιτείας ἀνευφημῆσαν (ἀνευφημήσαν M^{ac}: ἀνευφημήσειν M^{pc}: ἀνευφημῆσαι DF) αὐτὸν (αὐτὴν D) πλήρωμα b **57** sqq. τό τε γὰρ τῆς συγκλήτου μέρος ἱλαρῶς τὰ ἠκουτισμένα τοῖς ὠσὶν ἐδέξατο καὶ τῶν (τὸ M) τοῦ δήμου πρὸς (πρὸς cancell. D^{pc}) οὐδέν τις (τι D^{ac}F) ἀτάσθαλον ἔβλεψεν ἢ ἐβαττάρισεν. ἐπεὶ δὲ πρὸς τὸ μέγιστον ἀρχεῖον ἡ Δούκαινα Εὐφροσύνη ἄρασα ἤλαυνε, τότε τῶν βαναύσων καὶ ξυγκλύδων (τῶν ξυγκλ. R) τινὲς φιλοτάραχοι φατρίαν καὶ σύστρεμμα ποιησάμενοί τινα Κοντοστέφανον, ὀνόματι Ἀλέξιον, ἐς τὸ μέγιστον ξυλλεγέντες (συλλεγέντες D) τέμενος ἀναγορεύουσιν αὐτοκράτορα, ἀστρο-

ἀστροθεάμονα ὄντα καὶ πάλαι τῇ ἀρχῇ ἐνεδρεύοντα, οὐκέτι λέγοντες θέλειν ὑπὸ Κομνηνῶν βασιλεύεσθαι γεγενημένων αὐτοῖς εἰς πλησμονήν. τῆς δὲ βασιλίδος Εὐφροσύνης ἐπικινδύνως οὕτω τὸ μέγα παλάτιον εἰσιούσης καὶ τῶν ἀπ' εὐσήμου γένους ἐκείνῃ ἐφεπομένων κατὰ τοῦ Κοντοστεφάνου ἐξορμησάντων τολμηρότερον μᾶλλον ἢ συνετώτερον, τό τε χυδαῖζον τῆς πόλεως διασκίδναται καὶ ὁ Κοντοστέφανος συλληφθεὶς φρουρᾷ παραδίδοται.

Τοῦ δὲ δημώδους πλήθους οὕτως ἠρεμηκότος, καὶ αὐτὸ συναπτῶς τὸ τῆς ἐκκλησίας πλήρωμα τῇ νέᾳ τυραννίδι συμβαίνει καί τις τῶν νεωκόρων ὀλίγοις ὑποφθαρεὶς κέρμασι (τοῦτο δὲ καὶ τῶν ἀγοραίων οἱ ταραχώδεις πεπόνθασι καὶ βραχεῖς τῶν ἐκ τοῦ δικαστικοῦ τάγματος, τὰ δὲ ὀνόματα προφέρειν οὐ δύναμαι) τῆς τοῦ Ἀλεξίου εὐφημίας κατάρχεται εἰς τὸν ἱερὸν ἀνάσταθμον ἀνιών, μὴ ἀναμείνας ἐκ τοῦ ἀρχιποίμενος τὸ ἐνδόσιμον. ἀλλὰ καὶ οὗτος, μικρόν τι ἐνστὰς καὶ ὅσον τὸν μὴ αὐτόκλητον ὑπεμφῆναι, τὴν γνώμην εἰς τὸν ἄρξαντα μετατέθεικε. καὶ τοῦ πατριάρχου τοίνυν ὑποχαυνωθέντος, οὐδεὶς ἦν ἐκ τούτου γνωσιμαχῶν, ἀλλ' ἁπαξάπαντες τὸ ἀρχεῖον καταλαμβάνοντες ηὐτομόλουν ἀτεχνῶς τῇ βασιλίδι ὡς ἀνδράποδα καὶ πρὶν ἰδέσθαι τὸν τυραννήσαντα ἢ γνῶναι ἀκριβῶς, ὁποῖα τὰ ξυνε|νεχθέντα τῷ πρώην ἄνακτι, τῇ τοῦ λεγομένου βασιλεῦσαι καθυπέκυπτον γυναικὶ καὶ ὑπετίθουν ὡς θρανίδας τὰς κεφαλὰς καὶ τὴν ῥῖνα τῇ ἐμβάδι δίκην προσκυνζωμένων κυνιδίων ἐνήρειδον καὶ περιδεεῖ παρίσταντο σχήματι τὼ πόδε συνάπτοντες καὶ τὼ χεῖρε συμβάλλοντες. καὶ οἱ μὲν ἀβέλτεροι οὕτως ἐξ ἀκοῆς ἀνασσόμενοι· ἡ δὲ βασιλὶς χρῆμά τι οὖσα ποικίλον καὶ πράγμασιν εὐμεθάρμοστον προσφυεῖς ταῖς πεύσεσι τὰς ἀποκρίσεις ἐμέριζε καὶ τοὺς εὐήθεις διέχεε Βυζαντίους ἐν οἷς ἐκώτιλλεν·

90—91 χρῆμα . . . ποικίλον: cf. Lucian. Tox. 14

VA = a, PW, RMDF = b

68 ἀρχῇ: βασιλείᾳ (ex b) W Bekk: βασιλείαν B **70** βασιλίσσης (ex b) Bekk οὕτως (ex b) Bekk μέγα om. VA **71—72** ἔνιοι . . . ἐφεπόμενοι ἐκείνῃ . . . ὥρμησαν (ex b) Bekk **72** καὶ τὸ (ex b) Bekk **73** στῖφος post χυδαῖζον (ex b) add. P^pc Bekk αὐτίκα ante διασκίδναται (ex b) add. Bekk **78** πεπόνθασι om. W **82** μετέθηκε Bekk τοίνυν: οὕτω τοίνυν W **84** τὸ μέγα ἀρχεῖον P: τὸ μέγιστον ἀρχεῖον (ex b) Bekk **87** γυναικίου A **88** προσκνυζωμένων V: -ζομένων AP: προσκυζομένων W: προσκνιζομένων Bekk **89** τῷ σχήματι Bekk

θεάμονα ὄντα καὶ πάλαι τῇ βασιλείᾳ ἐνεδρεύοντα. τῆς δὲ βασιλίσσης Εὐφροσύνης καὶ οὕτως εἰσιούσης τὸ μέγα παλάτιον, ἔνιοι τῶν ἀπ' εὐσήμου γένους ἐφεπόμενοι ἐκείνῃ κατὰ τοῦ Κοντοστεφάνου ὥρμησαν καὶ τὸ χυδαῖζον στῖφος τῆς πόλεως αὐτίκα διασκίδναται (διασκεδάννυται DF) καὶ ὁ Κοντοστέφανος συλληφθεὶς φρουρᾷ παραδίδοται. **75—95** συναπτῶς δὲ καὶ τὸ τῆς ἐκκλησίας πλήρωμα τὸν Κομνηνὸν Ἀλέξιον ἀνεῖπεν αὐτοκράτορα καὶ οὐδεὶς ἦν ἐκ τοῦδε γνωσιμαχῶν, ἀλλὰ πάντες τὸ μέγιστον ἀρχεῖον καταλαμβάνοντες τῇ Δουκαίνῃ Εὐφροσύνῃ (τὴν Δούκαιναν Εὐφροσύνην DF) τὴν καθήκουσαν βασιλίσσαις τιμὴν καὶ θεραπείαν ἀπένεμον (ἀπένειμον R) b οἱ δὲ ὡς ὕες, αἳ τὰς γαστέρας καταψώμεναι ὑπτιάζουσιν, ὑποκνώμενοι τὰ ὦτα τοῖς εὐπροσηγόροις ἀσπασμοῖς οὐδέν τι τῶν συμβεβηκότων ὑπὸ νέμεσιν ἔθεντο. καὶ τοιαύτη μὲν ἡ προεισόδιος ἑτοιμασία τοῦ βασιλέως ἦν Ἀλεξίου, ἀναίμακτος πάντῃ καὶ μηδένα τῶν ὅλων ἐς οὐσίαν ἀδικήσασα.

Εἴσεισι δὲ τὸ Βυζάντιον μεθ' ἡμέρας τινὰς καὶ αὐτὸς καὶ κλίνῃ χρυσοπάστῳ νεόλουτος ἐνιζήσας κατὰ τὸ λεγόμενον ἔξω Φιλοπάτιον περιχαρῶς καὶ ἀσμένως τοὺς ἐς αὐτὸν ἀφικνουμένους προσίετο, μὴ καταπεπτωκὼς τὴν κατάστασιν τῆς ψυχῆς ἐξ ὧν ἐς τὸν ἀδελφὸν διεπράξατο. τινὲς δὲ τῶν τοῦ βήλου κριτῶν μὴ εὐκαίρως τὸν καιρὸν κολακεύοντες βωμολόχους ἐπαφῆκαν φωνάς, ἐν αἷς καὶ ὦφλον κατάγελων. ἦσαν | δ' οἳ καὶ ἐπεστέναξαν τοῖς ὁρωμένοις καὶ τοὺς βασιλείους κόσμους κατωπτευκότες, οὓς ἑαυτῷ ἐπέρραψεν Ἰσαάκιος, περιαμπίσχοντας ἄρτι τὸν ἐκείνου κασίγνητον ἐπωδύραντο τὴν ἀτοπίαν ἐκπλαγέντες τοῦ πράγματος καὶ τὴν τοιαύτην ἀλλοίωσιν τῆς ἀρχῆς ἀρχὴν προσφάτων οἰωνίζοντο συμφορῶν τά τε Ὀσίριδος καὶ Τυφῶνος ἐβάλοντο κατὰ νοῦν, ὑφ' ὧν ἐκακοπράγησεν Αἴγυπτος.

Εἰσελθὼν δὲ τὸ τῆς τοῦ θεοῦ Σοφίας περίπυστον καὶ μέγιστον τέμενος, ὅπως κατὰ τὸ ἔθιμον ἐς βασιλέα χρισθῇ καὶ περιβαλεῖται τὰ τοῦ κράτους σύμβολα, πρῶτα μὲν ὀψιαίτερον τὸ τῆς πίστεως ἐγγράφει σύμβολον βαφῇ τῇ βασιλικῇ, ἔπειτα ταῖς ὡραίαις λεγομέναις τοῦ νεὼ πύλαις ἐγγίσας ἱκανὸν ἐκεῖσε χρόνον διέτριψε προσδεχόμενος, πότε ἂν ἐπιταχθείη τὴν εἴσοδον παρὰ τῶν ἀκριβούντων τὸ τῆς ὥρας καίριον τῶν ἱερῶν Κατηχουμενείων ἄνωθεν. ἐξιὼν δὲ τοῦ νεὼ καὶ μέλλων ἐπιβῆναι

11—13 τὰ — Αἴγυπτος: cf. Plut. De Is. et Os. 351 C sqq.

VA = a, PW, RMDF = b

93 ὕες codd. **1** μηδένα: μηδέν τι W ὁποσοῦν ante ἐς (ex b) add. W **2** καὶ αὐτὰς om. W **3** ἔξω om. W **4—5** μὴ — διεπράξατο: πλὴν οὐ πᾶσιν ἀσπάσιος — Ἰσαάκιον (ex b, cf. infra) W **5** εἰς Bekk **7** καὶ om. V **9** ὑπέρραψεν APW Bekk **11** οἰωνίζοντες V **14** τὸ — τέμενος: τὸν μέγιστον καὶ θεῖον ναὸν B τοῦ om. Bekk καὶ μέγιστον om. V **16—17** τὸ — βασιλικῇ: ἀπητήθη τὴν ὁμολογίαν δοῦναι τῆς αὐτοῦ πίστεως ἐγγράφως σεσημειωμένην μετὰ τῆς βασιλικῆς χειρός B **16** ἐγγράφει V^pc P^pc Bekk: ἐγράφη V^ac AW: ἐγράφει P^ac **20** κατηχουμένων W

95—20 καὶ τοιαύτη μὲν ἡ προεισόδιος ἑτοιμασία τοῦ βασιλέως ἦν Ἀλεξίου, ἀναίμακτος πάντῃ καὶ μηδένα τῶν ὅλων ἐς οὐσίαν ὁπωσοῦν ἀδικήσασα (ὅπως ἀναδικήσασα RM^ac: ὅπως ἐναδικήσασα M^pc). Μεθ' ἡμέρας δέ τινας ἐπάνεισι καὶ αὐτὸς ἐς τὴν βασιλίδα τῶν πόλεων, οὐ πᾶσιν ἀσπάσιος (εἰρήσεται γὰρ τἀληθές) δι' ὅσαπερ (ἐς — ὅσαπερ om. M διόπερ W) ἐς τὸν ὁμόγνιον ἐκείνῳ καὶ βασιλέα (βασιλέα om. M) συμβέβηκεν Ἰσαάκιον. ἦσαν γάρ, ἦσαν οἳ τῇ προσφάτῳ (προσφάτων R) ἐπεστέναξαν βασιλείᾳ „εἰ τὸ ὕδωρ πνίγει, τί καὶ πιώμεθα;" εἰρηκότες, „εἰ δὲ καὶ ἀδελφὸς οὐ λυτροῦται, τίς ἕτερος ῥύσεται;" περιπαθῶς ἀναφθεγξάμενοι (cf. p. 453, 7 et p. 454, 17). καὶ τῆς ἀρχῆς τὴν ἀλλοίωσιν ἀρχὴν ἑτέρων οἰωνίζοντο συμφορῶν, καὶ τούτων μειζόνων, ὥσπερ καὶ τὸ πάθος τῶν σπανίως γενομένων (γινομένων D) καὶ ἀφορήτων, τὰ Τυφῶνός τε καὶ Ὀσίριδος κατὰ νοῦν οἱ πλείους ἐβάλοντο, ὑφ' ὧν ἐκακοπράγησεν Αἴγυπτος. Εἰσιὼν δὲ τὸ μέγα καὶ περίπυστον τέμενος καὶ βασιλεὺς ἀναρρηθεὶς ἔξεισιν ἐκεῖθεν ἐπιβητοῦ ὀχήματος, ὁ μὲν ἵππος (ἦν δὲ οὗτος φατνιστὸς καὶ Ἀράβιος) προσάγεται παρὰ τοῦ πρωτοστράτορος ἀπὸ τοῦ χαλινοῦ ἑλκυσθείς, γίνεται δέ τι τῶν ἀήθων καὶ ἀξίων θαύματος. οὐ προσίεται ὁ ἵππος τὸν ἀναβάτην, ἀλλὰ φριμάσσων ὕφαιμος τὸ ὄμμα καὶ τὸ οὖς μετέωρος καὶ συχνὰ κόπτων τὸ δάπεδον καὶ ἀναβάλλων τοὺς ἔμπροσθεν πόδας καὶ ῥύδην φερόμενος αὐτὸν ἀπεστρέφετο, ἀδοξῶν ὥσπερ ἐπὶ τῶν νώτων ὀχεῖν καὶ κατ' αὐτοῦ ἀγριού|μενος. πολλάκις οὖν πρὸς τὸ ἱππεύειν γενόμενον τὸν Ἀλέξιον ἀπεκρούσατο τὰς ἐμπροσθίους ἐνσείων χηλὰς καὶ τὰς ὄψεις ἐπιστρέφων ὀπίσω. ὡς δέ ποτε μετὰ πλεῖστα περιποππύσματα καὶ διομαλίσεις τοῦ αὐχένος ἔδοξεν ἠρεμήσειν καὶ παύσασθαι τῶν ἀγερώχων ἐκείνων ἑλίξεων καὶ τῆς τῶν ποδῶν ἀερώσεως, ὁ μὲν βασιλεὺς ἐπ' αὐτὸν ἀνεπήδησε καὶ τῶν ἡνίων ἐλάβετο, ὁ δὲ ὥσπερ ἠπατημένος καὶ δεξάμενος ἀναβάτην, ὃν οὐκ ἤθελεν, ἠτάκτει τε ὡς πρώην καὶ τοὺς πόδας ἀνίστη μετ' ἐξακούστων τῶν χρεμετίσεων· οὐδ' ἔληξεν ἐκβακχευόμενος οὕτως, ἕως τὸ μὲν λιθόστρωτον στέφος ἐκ τῆς κεφαλῆς τοῦ βασιλέως εἰς γῆν κατήνεγκεν, ὡς καὶ τούτου διαθραυσθῆναι μέρη τινά, αὐτὸν δ' ἀπεσφαίρισεν. ἵππου τοίνυν ἑτέρου προσενεχθέντος, οὐχὶ μεθ' ὑγιοῦς ἐπόμπευσε στεφανώματος, ὃ καὶ μὴ αἴσιον τῶν ἐσομένων ἔδοξε σύμβολον· μηδὲ γὰρ ἂν ἀδιαλώβητόν οἱ συντηρηθῆναι τὴν βασιλείαν, ἀλλὰ τοῦ ὕψους ἀποπεσεῖν καὶ προσπαθεῖν αὐτὸν ὑπὸ τῶν ἐναντίων κακῶς.

Συνεπόμπευον δὲ τῷ βασιλεῖ ἔφιπποι καὶ οἱ δύο ἐπὶ θυγατράσι τούτῳ γαμβροί, ὁ Κοντοστέφανος Ἀνδρόνικος καὶ ὁ Κομνηνὸς Ἰσαάκιος, καὶ ὁ πρὸς πατρὸς ἐκείνῳ θεῖος Ἰωάννης ὁ Δούκας, πεπαίτερος ὤν, ᾧ καὶ κατὰ τὴν πομπαίαν ἐκείνην πρόοδον συνέβη τι τοιοῦτον παράλογον· μὴ γάρ τινος διαταράξαντος τὴν ἡμίονον, ᾗ ἔποχος ἦν, τὸν σεβαστοκρατορικὸν

VA = a, PW, RMDF = b

21 ἀράβιος καὶ (καὶ sscr.) φατνιστὸς W: ἀρραβικὸς ὑψηλὸς B **22** ἀπό: διὰ VAB **24** καὶ pr. om. D **25** ἀναβάλλων — πόδας: ἀναβάλλων τὰς ἐμπροσθίους ὁπλὰς P: τὰς ἐμπροσθίους ἀναβάλλων ὁπλὰς Bekk **27** τό: τῶ VAPW γενόμενος R: γινόμενον DF **28** χηλάς: ὁπλὰς W **30—31** ἔδοξε τῶν χραιμετισμῶν καὶ τῆς ταραχῆς παύσασθαι B **30** ἀγερώχων ἐκείνων om. VA **31** ἀνεπήδησε etiam B: κατεπήδησε VA **33** τε: δὲ F ἐνίστη V **34** οὗτος DF **36** δὲ post ὡς add. A **37** ἐπόμπευσε: ἐποπτεύετο Bekk **39** ἀποπεσεῖν: γρ. καταρραγῆναι (ex b) W^{mg} **40** ὑπό: ἀπὸ B Bekk **41** τῶ βασιλεῖ τῶδε PW Bekk: τούτω τῶ βασιλεῖ B **42** ὁ tert. om. M **43** πατρός: μητρὸς W **44** πρόοδον W^{mg}: περίοδον W τι (quod hab. RN Sc) om. MDF τοιοῦτόν τι WB **45** τὴν κόλουρον ἡμίονον P Bekk

σόμενος τοῦ ὀχήματος καὶ ὁ μὲν ἵππος etc. (ut supra lin. 21) b **25** καὶ τὰς ἐμπροσθίους ἀναβάλλων χηλὰς b **28** τὰς — καὶ om. b **31** καὶ — ἀερώσεως om. b **35—36** κατενήνεκται . . . αὐτὸς δ' ἀπεσφαίρισται b **37** στεφανώματος: διαδήματος b **38** μή: μηδόλως W b **39** ἀποπεσεῖν: καταρραγῆναι b **40** ὑπὸ τῶν ἐναντίων: ὑπ' ἀλλοφύλων b **41** ἔφιπποι om. W b **42** καὶ alt.: ἐπὶ δὲ καὶ b **43** τὴν ἡλικίαν post ὢν add. W b Bekk **44** παράλογον: συγκύρημα RMN: συντήρημα WDF **45** διαταράξαντος (etiam Sc): διασοβήσαντος RMDN: διασοβήματος F ᾗ — ἦν: ἥτις αὐτὸν ἔφερε W b ἀπεβάλετο στέφανον, ἀνατραπέντα τῆς κορυφῆς καὶ αὐτομάτως καταπεσόντα εἰς ἔδαφος. πρὸς ὅπερ οἱ μὲν θεώμενοι ἐξεβόησαν | καὶ εἰς γέλων διεκινήθησαν τὴν ἐγκρυφιαζομένην τῷ στεφάνῳ πρότερον φαλάκραν ὡς πλησίφωτον σελήνην τότε κατωπτευκότες· ὁ δὲ Δούκας τὴν ἀνάγκην μετατιθεὶς εἰς τὸ εὔχαρι καὶ τὸ μείλιχον, ἄλλως τε κἂν τοῖς ἀβουλήτοις μὴ ἑτοίμως χολούμενος, ἔφερεν ὡς σύμμικτον ἡδονῇ παιδιὰν τὴν τῶν πλείστων ἐπὶ τῷ γεγονότι διάχυσιν γεγηθὼς ἐν μέρει καὶ αὐτὸς καὶ μηδαμῶς τὸν ἀγανακτοῦντα ὑποκρινόμενος.

Ὁ δὲ βασιλεὺς τὴν ἀγγελωνυμίαν παρωσάμενος Κομνηνὸς ἐπελέγετο, εἴτε τὸ ἐπώνυμον ἀδοξῶν οἷα ὑφιζάνον πρὸς τὸ Κομνηνικὸν κλέϊσμα, εἴτε συναφαντῶν τῷ ὁμαίμονι καὶ τὴν ἐκείνου ἐπίκλησιν. ἁπάντων δ' οἰομένων μετὰ τὴν ἀναγόρευσιν αὐτίκα καὶ τὴν τῶν πραγμάτων ἠρέμησιν ὁπλιτεύοντα φανῆναι καὶ θυραυλοῦντα τὸν Ἀλέξιον καὶ οὐχ ὅπως ἀντιστήσεσθαι τοῖς ἐν χερσὶ δυσχερέσιν, ἀλλὰ καὶ τὰ πρότερον ἡμαρτημένα πρὸς τοῦ κασιγνήτου μὴ ἄν ποτε ἀνασχέσθαι παροφθῆναί οἱ ὁπωσοῦν ἀδιόρθωτα, καὶ μάλισθ' ὅσα κακῶς ὑπὸ βαρβάρων ἔπαθον μὴ τὸν ἀνθιστάμενον ἔχοντα μηδὲ τὸν ὁτεδὴ παθηνάμενον, ὁ δὲ πρὸς ἅπαν τοὐναντίον μεθήρμοστο καὶ ὡς τὸ ἀκρότατον ἤδη τῶν ἐφετῶν εἰληφὼς καὶ πρὸς ὃ πάλαι τὸ πᾶν ἐπέτεινε πρόθυμον πεφθακὼς ἀνέπεσε στεφηφορήσας, ὡς εἴπερ οὐκ ἐπιστασίαν ἔννομον ἀνθρώπων, ἀλλ' εὐπορίαν χλιδῆς καὶ ἀνέσεως παροχὴν τὴν βασιλείαν ᾤετο.

Οὐκοῦν καὶ τὴν τῶν κοινῶν διοίκησιν παρεικώς, ὡς τὸ πηδάλιον ὁ κυβερνήτης, ὃς ἀπείρηκε πρὸς τὰ κύματα, χρυσο|φορῶν ἦν καὶ τὴν ἀκοὴν ὅλην ἀναπεταννὺς καὶ πᾶσαν ἔντευξιν χαριζόμενος τοῖς ἐκ τῆς μερίδος τῶν συνεφαψαμένων αὐτῷ τῆς ἀρχῆς καὶ ἀφειδῶς ἀμφοτέραις

49—50 τὴν — εὔχαρι: cf. p. 285, 67 **68—69** ὡς — κυβερνήτης: cf. Greg. Ant. Or. ad Const. Ang. 400, 9 Bachmann — Dölger **71—72** ἀμφοτέραις ἀπήντλει: cf. p. 188, 30

VA = a, PW, RMDF = b

48—49 ὡς — σελήνην om. W **49** οὗτος post Δούκας add. W **50** μετατεθεὶς W τὸ alt. om. Bekk **51** μὴ om. V **51—53** ἔφερε — ὑποκρινόμενος: πράως — διάχυσιν ex b W **52** καὶ αὐτὸς ἐν μέρει V **58** τὸν τοιοῦτον Ἀλέξιον W **59** ἀντιστήσεται Bekk **66** χλιδῇ AW **71** τῶν om. V: hab. B συνεφαψαμένων: -οις sscr. m. alt. V

46—47 ἀνατραπέντα — ἔδαφος: αὐτομάτως ἀπορρυέντα (ὑπορρυέντα R) τῆς κεφαλῆς καὶ διολισθόντα (-θέντα M^{pc} D^{pc}) εἰς ἔδαφος b **48—53** τὴν — ὑποκρινόμενος: τότε πρώτως ἀκριβῶς ψιλοκόρσην τὸν Δούκαν (Δούκα R) γνωρίσαντες· ὁ δὲ μείλιχος ὢν τὸ ἦθος οὐδὲ ῥᾳδίως χολούμενος ἐν τοῖς ὁπωσδὴ συμπίπτουσι δυσπραγήμασι πράως ἔφερε τὴν ἐπ' αὐτῷ τῶν πλείστων διάχυσιν b **54** sqq. Ἐνδιατρίψας δὲ τοῖς ἀρχείοις ὁ βασιλεὺς καὶ πολλοὺς δωρεαῖς πιάνας (ἐπιάνας RM^{ac}) b (proseq. p. 461, 14) ἀπήντλει τὰ χρήματα, ἅπερ συνέλεξεν Ἰσαάκιος, οὔτε τὴν ἐργώδη τούτων ἐσέπειτα συναγωγὴν σκοπούμενος, οὔτε τὴν διακενῆς ἀπόκτησιν εὐλαβούμενος. τῷ τοι διαφορηθέντων δίκην ἀχυρμιᾶς καὶ κατὰ θερινὴν κόνιν ἐσκεδασμένων ταχέως πρὸς ἀργὰς γαστέρας, ἃς οὐδ᾽ ἦν ἐπιστάμενος, ὁ τῇ φιλοδωρίᾳ προσκείμενος εἰκῇ αὐτοκράτωρ ἑαυτὸν τῆς ἀσωτίας ἐμέμφετο ὕστερον, ἡνίκα χρημάτων ἐχάτιζεν.

Ἦν δὲ καὶ ἡ τοῦ βασιλέως τοῦδε ἄκοιτις τὸ μὲν φρόνημα καὶ λίαν ἀνδρώδης καὶ γλῶτταν αὐτοφυῶς αὐχοῦσα σοφιστικήν, χάρισι διηνθισμένην καὶ περιθεομένην γλυκύτητι, καὶ προγνῶναι τὸ μέλλον ἱκανωτάτη καὶ τὸ ἐνεστὼς ἀρίστως διοικήσειν ἐπισταμένη, τὰ δ᾽ ἄλλα κακὸν διωλύγιον, οὔ φημι τὰς κομμώσεις καὶ βασιλείας καθηδυπάθησιν καὶ τὸ ἰσχύειν ὑπὲρ τὸν ὁμευνέτην εὐροίᾳ φύσεως μετενεγκεῖν τὰ καθεστῶτα καὶ τὰ μὴ ὄντα ἐπεξευρεῖν (ταῦτα γὰρ οὐ διὰ λόγου τῇ ἱστορίᾳ· κἂν εἶεν γυναιξὶν οὐχ ἁρμόδια, καὶ βασιλίσσαις οἱαισδὴ προσεγένετο), ἀλλ᾽ ὅτι τὸ κάλυμμα τῆς αἰδοῦς ἀτιμάσασα ἐκλῴζετο καὶ διεσυρίττετο καὶ εἰς ὄνειδος ἦν τῷ ταύτην ἁρμοσαμένῳ. ὁ δὲ τὰ μὲν πρῶτα εἰδέναι τὰ ἀτοπούμενα παρὰ πᾶ|σιν ἐκρίνετο, τὸν δ᾽ ἀγνοοῦντα σχηματίζεσθαι, ἐξ ὧν δ᾽ ὕστερον διαπεπράχει, ὅτε τὰ κατὰ τὴν σύνοικον γεγόνασιν ἔκπυστα, σαφῶς ὑπέδειξεν ὡς οὐδὲν τῶν τολμωμένων ἠπίστατο. δηλώσει δὲ ταῦτα τὸ λέγειν κατὰ τὸν οἰκεῖον καιρόν.

Τῆς τοίνυν βασιλίδος τοὺς ὅρους ὑπερβαινούσης καὶ τὰ ταῖς πρὶν αὐγούσταις Ῥωμαίων ἔθιμα ἀδοξούσης, εἰς δύο ἀτεχνῶς ἀρχὰς ἡ βασιλεία διῄρητο· οὐ γὰρ ὁ κρατῶν μόνον ὁπόσα ᾑρεῖτο διεκελεύετο, ἀλλὰ ταὐτοδυνάμως τούτῳ κἀκείνη τὰ πρὸς βουλῆς διεπράττετο, ἐν πολλοῖς δὲ καὶ ἀνέλυε πρὸς τὸ θυμῆρες αὐτῇ μεταμείβουσα ἅπερ ἐδέδοκτο βασιλεῖ. ἀλλὰ καὶ πρεσβείας μεγίστης ἐθνῶν μελλούσης βασιλεῖ ἐποπτάνεσθαι, θρόνοι συμφυῶς πολυτελεῖς παρετίθεντο, καὶ συνεδρεύουσα προεκάθητο λαμπρῶς διεσκευασμένη, λίθοις τε καὶ μαργάροις διαφανέσι τὸ τυμπάνιον διαδέουσα καὶ τὸν τράχηλον ὁρμίσκοις πολυτίμοις δια-

---

74—75 δίκην — κόνιν: cf. Iob 21, 18 **75** ἀργὰς γαστέρας: Tit. 1, 12 **81—82** κακὸν διωλύγιον: cf. Suda δ 1233 **91** δηλώσει: p. 483, 35 sqq.

VA = a, PW, RMDF = b

73 εἰσέπειτα Bekk οὐδὲ Bekk **75** ἀργὰς: ἁρπαγὰς W **78—80** ἡ δὲ τοῦ βασιλέως τούτου γυνὴ τὴν μὲν γνῶσιν εἶχεν ἀνδρικὴν καὶ τὴν γλῶτταν κατὰ πολὺ εὔστροφον ἐκ φύσεως οὖσαν σοφιστικὴν καὶ χάριτος πεπληρωμένην, γλυκαίνουσαν καὶ εὐφραίνουσαν τοὺς ἀκούοντας B **79—80** διηνθισμένη καὶ περιθεομένη V **81** ἐνεστὸς V^{pc} Bekk **84** τὰ om. Bekk **86—87** τὴν γυναικείαν ἐντροπὴν ἀπορρίψασα διὰ τοῦ γουργούρου αὐτῆς κλώζους καὶ ἐρευγμοὺς ἐποίει καὶ σφυριγμοὺς μεγάλους ἐξέφερεν ἀπὸ τοῦ στόματος αὐτῆς B **86** ἐκλύζετο A: ἑλκίζετο P Bekk: ἠλκίζετο W **88** καὶ ὑποκρίνεται μὴ γινώσκειν B τοῖς δ᾽ ἀγνοοῦσι APW Bekk **89** δ᾽ om. AW διεπεπράχει Bekk **2** τῷ βασιλεῖ W **4** παρεκάθητο V: προσεκάθητο A **5** ἀναδέουσα Bekk δὲ: δὲ καὶ V λαμβάνουσα. ἐνίοτε δὲ κατ' ἄλλας βασιλείους οἰκοδομὰς διιστάμενοι καὶ ἀνὰ μέρος ἀμφότεροι προφαινόμενοι εἰς ἑαυτοὺς ἐμέριζον τὸ ὑπήκοον· ᾗ καὶ πρώτως ἀπονεῖμαν βασιλεῖ προσκύνησιν, ἐκεῖθεν ἀπαῖρον πρὸς τὴν βασιλίδα μετεπορεύετο καὶ βαθυτέραν αὐτῇ παρεῖχε τοῦ γόνατος σύγκαμψιν. οὐ βραχεῖς δὲ καὶ τῶν καθ' αἷμα βασιλεῖ ἐγγιζόντων καὶ οἷς τὰ ὑπερήφανα τῶν ὀφφικίων ἀνέκειντο τοὺς ὤμους ὡς θρανίδας ὑποβάλλοντες ἐπὶ τῶν λαμπρῶν καὶ μετεώρων θώκων τὴν βασιλίδα ἀνέφερον.|

'Αλλ' οὔπω μῆνες τρεῖς παριππεύκεισαν, καὶ φήμη τις πρόεισιν ἀψευδὴς ἐκ Κιλίκων τινὰ ὁρμώμενον 'Αλέξιον τοὔνομα, τῷ τοῦ βασιλέως 'Αλεξίου ὀνόματι ἐποχούμενον, ὃν ὁ βασιλεὺς ἐγείνατο Μανουήλ, τῷ τῆς πόλεως 'Αγκύρας σατραπεύοντι προσρυῆναι καὶ ὑπ' αὐτοῦ προσδεχθῆναι ὡς υἱὸν ἀληθῆ τοῦ αὐτοκράτορος Μανουήλ, οὐχ ὅπως περατώσειεν αὐτῷ τὰ κατ' ἔφεσιν (ᾔδει γὰρ κἀκεῖνος ὡς ὁ βασιλεὺς 'Αλέξιος διὰ πνιγμονῆς ὑπ' 'Ανδρονίκου τὸν βίον κατέστρεψεν), ἀλλ' ἵν' ὁ βασιλεύων 'Ρωμαίων συνδιαπλέκοιτο πράγμασι, τοῖς στασιασταῖς ἀντικαθιστάμενος, καὶ αὐτὸς ἐντεῦθεν παρακερδαίνῃ τι, χρημάτων ὤνιον τὴν μετὰ 'Ρωμαίων φιλίαν κτώμενος. ἐπεὶ δὲ καὶ εἰς ἔργον ταῦτα δὴ τὰ ἀγγέλματα ἐκβεβήκει καὶ ὁ ψευδώνυμος οὗτος 'Αλέξιος τοῖς ὁμόροις τῇ 'Αγκύρᾳ 'Ρωμαϊκοῖς πολίσμασιν ἐπεφύετο, ἐνισχυόμενος παρὰ τοῦ Πέρσου καὶ κρατυνόμενος, στέλλεταί τις ἐκτομίας, ᾧ τοὐπίκλην 'Ηονοπολίτης, ἄρτι πρὸς βασιλέως παρακοιμώμενος τιμηθείς.

Μηδέν τι δὲ τοῦ θλαδίου κατορθοῦντος πρὸς τὴν ὑπόθεσιν δεῖν ἔγνω καὶ αὐτὸς ὁ βασιλεὺς ἐξελθεῖν, ἐν τῷ μέρει δὲ καὶ τῶν μετὰ τοῦ Πέρσου σπονδῶν ἐπιμεληθῆναι, εἰδὼς ὡς οὕτω μάλιστα ῥᾳδίως καταγωνίσαιτο τὸν ὀνόματι ἑτέρου, καὶ τούτου πάλαι τεθνεῶτος, ἐπερχόμενον αὐτῷ ἀντίπαλον. πλὴν ὁ Πέρσης τῷ καιρῷ καταχρώμενος οὐκ ἄλλως τὴν εἰρήνην ἐδέχετο, εἰ μὴ αὐτίκα δωρήσεταί οἱ βασιλεὺς ἀργυρίου κεντηνάρια πέντε κεκομμένα εἰς νόμισμα, ἐτησίως δ' ἔκτοτε τρισὶν ἐκ τούτων φιλοτιμεῖται καὶ σηρικοῖς τεσσαράκοντα νήμα|σιν, ἅπερ ἐκ Θηβῶν ἑπταπύλων βασιλεῖ κεχορήγηται.

---

14 οὔπω — παριππεύκεισαν: i. e. ante diem 8 mens. Iul. a. 1195

VA = a, PW, RMDF = b

7 ἑαυτὸν APW Bekk 10 σύγκαψιν PW 15 Κιλικίων V: 'Αρμενίων B 17 σατράπης B: στρατοπεδεύοντι V Πέρσῃ post σατραπεύοντι (ex b) add. W 23 καὶ om. Bekk 28 δέ τι V δὲ om. A 30 οὕτω: οὔπω AW καταγωνίσεται P Bekk: κατηγωνίσατο AW ἕτερον APW 34 νομίσματα V

14 sqq. ἐς τὴν ἕω διαπεραιοῦται καὶ τῇ τῶν Βιθυνῶν παραβάλλει ἐπαρχίᾳ. ἠκηκόει γὰρ ὡς 'Αλέξιός τις ἐκ Κιλίκων ὁρμώμενος τῷ τοῦ βασιλέως 'Αλεξίου ἐποχούμενος ὀνόματι, ὃν ὁ βασιλεὺς ἐγείνατο Μανουήλ, τῷ τῆς πόλεως 'Αγκύρας(: ἐγκύρσας F) σατραπεύοντι Πέρσῃ προσεληλύθει καὶ ὑπ' αὐτοῦ προσδεχθεὶς ἀσμένως σύναρσιν δέχεται πρὸς τὸ 'Ρωμαίοις ἀντιφέρεσθαι b (proseq. lin. 37)

᾿Αφικόμενος οὖν κατὰ τὸ πόλισμα τὰ Μελάγγεια πρὸς τῶν ἐκεῖσε βασιλεὺς αὐτοκράτωρ ἀναγορεύεται, πλὴν οὐχὶ καὶ γενναίαν τὴν κατὰ τοῦ ἀντιστάτου ᾿Αλεξίου σύναρσιν εὕρισκεν, ἀλλ᾿ ὡς βασιλεῖ ῾Ρωμαίων αὐτῷ προσανέχοντες οὐδὲ τὸν Ψευδαλέξιον ἐκεῖνον φιλοφροσύνης εἴων ἐκτός, τούτῳ τε κἀκείνῳ τὰ βλέμματα χαριζόμενοι πρὸς ἑκατέρους ταῖς γνώμαις ἔρρεπον, μηδαμῶς ἐμφαίνοντες, ὅτῳ προσρέπουσιν ἀκραιφνῶς· ὅθεν παντὶ τῷ βουλομένῳ παρεῖχον κατανοεῖν ὡς ἀμφίρροποι ὄντες οὐδετέρῳ μὲν ἐκ τοῦ αὐτίκα προσκείσονται, κατὰ δὲ καιρὸν τῷ νικῶντι προσθήσονται. ἀλλὰ κἂν ταῖς πρὸς βασιλέα ἐντεύξεσιν ὑπεξαίροντες τὸν ᾿Αλέξιον οὐδαμῶς ἔληγον· πολλάκις οὖν ἔλεγον ὡς ,,καὶ σὺ ἀγάσαιο ἂν τὸν ἄνδρα, εἰ θεάσαιο, δέσποτα βασιλεῦ. οὕτω πυρσαῖς καὶ ἐκτενέσι κόμαις ἠγλάϊσται, ὡς εἰ χρυσίου ἦσαν ἀπορρινήματα. οὕτως ἐστὶν εὐῆλιξ, οὕτως ἱππότης ἀκράδαντος, ὡς εἴπερ τῇ ἐφεστρίδι ἐμπεπερόνητο.''

Πρὸς δὲ ταῦτα τοῦ βασιλέως ἀνθυπενεγκόντος ποτὲ ὡς ὁ τοῦ αὐτοκράτορος υἱὸς Μανουὴλ πάλαι ἀπεβίω θανάτῳ, ᾧ δὴ πρὸς ᾿Ανδρονίκου καταδεδίκαστο, ὁ δὲ νῦν προσιὼν οὗτος πλάνος ἐστὶ καὶ τοῦ τῶν Κομνηνῶν γένους ἀλλότριος, εἰ δ᾿ ἐκεῖνον δοίη τις ζῆν καὶ τοῦτον εἶναι τὸν ἐπιόντα, ἀλλ᾿ αὐτὸς ἄρχειν δήπουθεν δικαιότερος, ὁ καὶ τὰ ῾Ρωμαίων σκῆπτρα χειρίζων νυνί, ἐπελάβοντο τῶν λεγομένων οἱ ἀκροώμενοι καὶ ἀπ᾿ αὐτῶν πορισάμενοι τὴν ἀντίθεσιν ,,ὁρᾷς'' ἔλεγον, ,,βασιλεῦ, ὡς ἀμφιγνοεῖς καὶ σὺ περὶ τοῦ | παιδὸς καὶ τὸν ἐκείνου θάνατον ἀμφήριστον ἥγησαι; μὴ οὖν χαλέπαινε τοῖς τὸν νεανίαν οἰκτείρουσιν ἐκ μὲν τριγονίας τὴν βασιλείαν ἐς αὐτὸν καταβαίνουσαν ἔχοντα, ἀρχῆς δ᾿ ὁμοῦ καὶ πατρίδος παρὰ δίκην ἀποπλαζόμενον.''

᾿Ιδὼν τοίνυν ὁ βασιλεὺς ὡς οὐδὲν ὠφελεῖ καὶ τὴν αὐτὸς αὐτοῦ παρουσίαν ἐπ᾿ οὐδενὶ κερδαλέῳ κατανοῶν γίνεσθαι, τὰ φρούρια διελθών, καὶ ἃ μὲν τούτων ἀποστήσας τοῦ ᾿Αλεξίου, ἃ δὲ πυρὶ παραδοὺς ὡς τῷ ἀντάρτῃ προσρέποντα, ἐπανόδου ἐμνήσατο, δυσὶ τὴν ἐκστρατείαν περιγράψας μησὶ καὶ τὰ κατὰ τὸν Κίλικα ᾿Αλέξιον ἐπιτρέψας τῷ Καντακουζηνῷ Μανουήλ.

65—66 δυσὶ — μησί: a. 1195 autumno

60 ἐκ — ἔχοντα: cf. Herodian 1, 7, 4 **62** ἰδὼν — ὠφελεῖ: cf. Mat. 27, 24

VA = a, PW, RMDF = b

37—38 καὶ βασ. αὐτοκρ. πρ. τ. ἐκ. πολυχνίων καὶ ἐρυμάτων εὐφημησθεὶς ἀναδείκνυται W (cf. b) **42** ἀκραιφνῶς: ἀτεχνῶς Bekk **45** τὸν βασιλέα AW **46** οὖν: γοῦν Bekk ἀγάσαις V **54** γένους om. V **56** λεγομένων: λόγων Bekk **58** ἄρ᾿ post ὡς add. Bekk ἀμφαγνοεῖς V[ac] APW **60** ἐκ: ἐς V **63** παρελθὼν Bekk **64** τοῦ ψευδονύμου ᾿Αλεξίου W

37 sqq. ᾿Αφικόμενος οὖν (οὖν: δὲ M) κατὰ τὰ Μελάγγεια καὶ πρὸς τῶν ἐκεῖθι πολιχνίων καὶ ἐρυμάτων βασιλεὺς (βασ. ante πρὸς transp. RMN) ἀναγορευθεὶς (63) ἐπανέζευξεν αὖθις ἐς (εἰς M[pc]) τὸ Βυζάντιον πυρὶ παραδοὺς ἔνια τῶν φρουρίων, πλεῖστα δὲ καὶ ὑπαγόμενος (ὑπαγαγόμενος D), ὁπόσα τῷ Ψευδαλεξίῳ προσέρρεπον b (proseq. p. 463, 70)

Πλὴν οὐδ' οὗτος ἐξήνεγκε πόλεμον κατ' αὐτοῦ προφανῆ, καίπερ ἐμπλατυνομένου ἀεὶ τῇ ἐπικουρίᾳ τοῦ Πέρσου καὶ τῶν περὶ τὴν Ἄγκυραν φρουρίων φορολογοῦντος τὰ πάντα ἢ τὰ πλείονα. ἦν δ' ἂν καὶ οὗτος ἐπὶ μακρὸν ἀμήχανον Ῥωμαίοις κακόν, εἰ μὴ θεὸς κἀνταῦθα φανεὶς καινουργὸς τὰ Ῥωμαίων ᾤκτειρε πράγματα· τὸ γὰρ φρούριον εἰσιών, ὃ Τζούγγρα κατονομάζεται, νυκτὸς ἀποσφάττεται μαχαίρᾳ παρά τινος. οὕτω μὲν οὖν καὶ οὗτος ἠφάντωται, κατὰ τάχος ἀστραπῆς διαΐξας καὶ πάλιν ἀποκρυβεὶς ἢ γοῦν ὡς ἐκ Κιλικίου Κωρυκίου πνεῦμα βίαιον διεκπνεύσας καὶ μέρος τῆς ὑπὸ Ῥωμαίους διακυκήσας μετὰ βραχὺ διεκφυσηθεὶς ἐπαύσατο τῆς σφοδρότητος.

Ἐπὶ δὲ τῷ κακῷ τούτῳ παρὰ πόδας ἕτερον ἐπεισέφρησε χείριστον, ἢ μᾶλλον δόξαν πρὸς καιρὸν ὑπορρεῦσαι πάλιν | ἀνέβλαστε κατὰ κώνειον φθοροποιόν. ὁ Κομνηνὸς τοῦτο ἦν Ἰσαάκιος, ὃς ἐν τοῖς ἔμπροσθεν βιβλίοις ἐρρέθη μοι. οὗτος ἐγκρατὴς ἅμα καὶ ὀλετὴρ τῆς τῶν Κυπρίων νήσου γενόμενος ἑάλω μὲν πρὸς τοῦ ῥηγὸς Ἰγγλινίας ἐς Παλαιστίνην ἀφικνουμένου διαποντίου καὶ ὡς δοῦλος μαστιγίας τινὶ τῶν ὁμοφύλων ἐκείνῳ ἀποκεχάριστο καὶ ἦν ἀπανταχῇ διαδόσιμος ὡς κατέστρεψε τὸν βίον κακῶς ὁ κακός, φήμῃ δ', ὡς δέδεικται ὕστερον, μόνῃ ἀποβιοὺς καὶ δεσμῶν ἀπαλλαγεὶς καὶ φρουρᾶς ἀπολυθείς, ὡς μὴ ὤφελε, τῷ τῆς Ἰκονιέων ἄρχοντι πόλεως Καιχοσρόῃ προσρύεται καὶ ξενίας παρ' ἐκείνῳ

---

73 ἀποσφάττεται: ca. a. 1197 **78** παρὰ πόδας: adhuc a. 1195

---

71 ἀμήχανον ... κακόν: cf. Eur. Med. 447 **72** καινουργός: cf. Is. 43, 19 (ἐγὼ ποιῶ καινά) **75** ὡς — πνεῦμα: cf. Themist. Or. 7 p. 86 c (p. 131, 4—5 Schenkl-Downey) **81** ἐρρέθη: p. 290, 12 sqq. **84—85** κατέστρεψε — κακός: cf. Aristoph. Plut. 65; Mat. 21, 41

VA = a, PW, RMDF = b

70 φορολογοῦντα APW τὰ alt. om. W **73** Τζούγκρα V **75** ὡς om. W Κωρυκίου Κιλικίου V **76** Ῥωμαίων W **79** δόξαν — ἀνέβλαστε: δόξαν — ἐκφυὲν (ex b) W **80** τοῦτο ἦν: οὗτος Bekk **81** οὗτος om. APW: ὅτι Bekk **82** ὡς εἶπον post μὲν add. W Ἰγκλινίας AWD^{pc}: Ἰνγλινίας M^{pc} εἰς WD **83** ἀφικομένου R^{ac} DF **84** ἐκείνω suppl. P^{mg} **85** ὑποβιοὺς M **86** φρουρᾶ A **86—88** τῷ — τετυχηκὼς om. Bekk **87** Καισχοορόη V^{ac}; -ορρόη W: καὶ Χοσρόη F

70 sqq. μετὰ μικρὸν δὲ καὶ αὐτὸς ἀναιρεῖται ὁ νεωτεροποιὸς Ἀλέξιος καὶ τῶν προσγείων βασιλείων τὰ ζοφώδη ἀντιδέχεται δώματα, ὅσα καὶ τάχος ἀστραπῆς διαΐξας καὶ πάλιν ἀποκρυβείς, ἢ γοῦν ὡς ἐκ Κιλικίου Κωρυκίου πνεῦμα βίαιον διεκπνεύσας καὶ μέρος τῆς ὑπὸ Ῥωμαίους διακυκήσας (διακωκύσας M) καὶ λήξας μετὰ βραχὺ τῆς σφοδρότητος. **78** Ἐπὶ δὲ τῷδε τῷ κακῷ καὶ ἕτερον ἐπεισέφρησε κάκιον, δόξαν μὲν πρὸς καιρὸν ἀπορρεῦσαι, αὖθις δ' ἐκφυὲν κατὰ etc. (uti supra lin. 80) b **80—82** ὃς — γενόμενος: ὃς ἐγκρατὴς τῆς Κύπρου γενόμενος b **83—84** καὶ — ἀποκεχάριστο om. b **84—85** τὸν βίον κατέστρεψε b **85** φήμῃ δὲ μόνῃ, ὡς δέδεικται ὕστερον b **86** ἀπολυθεὶς om. W b ὡς μὴ ὤφελε om. b **87** ἄρχοντι πόλεως: πόλεως κρατοῦντι b τετυχηκὼς τὸν παλαιὸν ἀναθάλπει τῆς τυραννίδος ἔρωτα. ἀνεκαλεῖτο μὲν οὖν πρὸς τοῦ βασιλέως Ἀλεξίου διὰ γραμμάτων συχνῶν, ἐναγούσης αὐτὸν εἰς τοῦτο τῆς βασιλίδος Εὐφροσύνης δι' ἣν ἐκ συγγενείας ἐγγύτητα εἶχεν αὕτη πρὸς Ἰσαάκιον. ὁ δὲ ἀπεδυσπέτει καὶ πρὸς μόνην ἠγανάκτει τὴν τῶν ἐπιστελλομένων ἐνήχησιν, βασιλεύειν, οὐ μὴν βασιλεύεσθαι λέγων μαθεῖν, καὶ ἄλλων ἐξηγεῖσθαι, μὴ γοῦν ἑτέροις πείθεσθαι.

Συχνὰ τοίνυν γραμμάτια συνετίθει πρὸς τοὺς τῆς Ἀσιάτιδος γῆς πρωτεύοντας, τί μὲν τῶν ἀπειρημένων οὐκ εἰσηγούμενα, τί δὲ τῶν καθεστώτων οὐχὶ κινοῦντα, καὶ πάντα τοῖς πειθομένοις βραβεύοντα, εἴ πως τοῦ τῆς βασιλείας ὀνόματος ἐπιτεύξεται. ἀλλὰ καὶ πρώην διώκων ἦν τὰ ἀκίχητα καὶ ἃ μὴ θεὸς βεβούλευται διακενῆς μηχανώμενος· καὶ τότε δ' ὁμοίως ἠλέγχετο μάτην διατεχνώμενος τὰ ἀνήνυτα. οὔτε γὰρ αὐτῷ προσέσχεν ὁ Πέρσης, ὥσπερ ἱμείρετο (ἐγλίχετο δὲ μεθ' ὅλης τῆς οἰκείας | ἰσχύος ἕπεσθαί οἱ κατὰ Ῥωμαίων στρατεύοντι καὶ πάνθ' ὁπόσα ἐπιτάττειν ἔχει ποιεῖν), οὔτε οἷς ἐπέστελλε κρύβδην οὓς τις ὑπέσχετο εὔεικτον, ἀλλὰ πάντες ὡς ἀσπίδες οἷς ἐπῇδε τὰς ἀκοὰς ἐπέφραττον.

Τίς γὰρ ἂν θηρίῳ κατηκολούθησεν αἱμοβόρῳ, μετ' οὐ πολὺ ταῖς ὄψεσιν ἐμπηδήσοντί τε καὶ ἀναιρήσοντι; ἢ μετ' ὄφεως ἰοβόλου φιλίαν συνέθετο, κἂν προσπλέκοιτό τις αὐτῷ, τὸν ἰὸν ἐξεμοῦντος, κἂν ἐν κόλπῳ διαθάλπῃ, θανάσιμα δάκνοντος; πλὴν ἀλλὰ καὶ οὗτος κατὰ θεῖον ἐξέρρηξε μετὰ βραχὺ τὸ ψυχίδιον καὶ τοῖς λοιποῖς προσετέθη τυράννοις, οὓς χεὶρ Κυρίου ἠφάνισε, κἂν οὐκ εἴωθεν ἀμέσως ποιεῖν ἃ καινοποιεῖ

2—3 διώκων ἀκίχητα: cf. p. 173, 3 **8** ὡς — ἐπέφραττον: cf. Ps. 57, 5 **10—12** ἢ — δάκνοντος: cf. p. 248, 74—75 **12** κατὰ θεῖον: cf. p. 13, 16 **14** χεὶρ — ἠφάνισε: cf. Iud. 2, 15 (al.) et 4 Regn. 21, 9 καινοποιεῖ: cf. p. 463, 72

VA = a, PW, RMDF = b

89 μὲν οὖν: γοῦν DF **92** τὴν om. Bekk μὴν om. VA **93** μαθεῖν: εἰδέναι (ex b) PW^mg γρ Bekk καὶ — πείθεσθαι om. VAW **94** γράμματα Bekk **95** ἀπηωρημένων R **2** δὲ post πως add. A τῆς βασιλείας: βασιλέως R **3** μὴ: μὲν RM^ac **4** δ' om. Bekk τὰ om. R **7** οὓς τις ὑπέσχετο: προσέσχε τις ἀκοήν W (cf. b) **8** τὰς ἀκοὰς: τὰ ὦτα W ἀπέφραττον (ex b) W **9—12** τίς γὰρ ἵνα ἠκολούθησε τοιοῦτον θηρίον τρώγων σάρκας ἀνθρώπων ἢ τίς μετὰ ὄφεως ἢ ἐχίδνης ἵνα συνετέθη φιλίαν ποιῆσαι καὶ οὐ μὴ φοβήθη αὐτοῦ τὸ φαρμάκιν τὸ θανάσιμον B **9** αἱμοβόρῳ om. VA **10** ἰοβόλου om. VA **11** θανάσιμον post ἐξεμοῦντος add. PW Bekk **12** θανάσιμα: ὀλέθρια PW Bekk ἀλλὰ om. DF **13** βούλημα post ἐξέρρηξε add. DF **14** Κυρίου: Χριστοῦ W

88 τετυχηκὼς: τυχὼν b **93** μαθεῖν: εἰδέναι b Bekk μὴ ὑφ' ἑτέρων ἄγεσθαι b **94** συνετίθει etiam M: M: ξυν- RDF **3** διακενῆς om. b **4** μάτην: διακενῆς b τεχνόμενος b **5** ὥσπερ — δὲ: ὥσπερ ἠβούλετο, ἱμείρετο δὲ b **5—6** τῆς οἰκείας: αὐτοῦ τῆς b **6** καὶ post ὁπόσα add. b **7—8** ὑπέσχε τις ἀκοήν, ἀλλὰ πάντες ὡς ἀσπίδες (ὡς ἀσπ. om. DF), οἷς ἐπῇδε κατὰ σοφὸν φαρμακόν, τοὺς ἀκουστικοὺς (ἀκουστοὺς RM^ac KN) πόρους ἀπέφραττον b **11** προσδιαπλέκοιτο W b **13** τὸ ψυχίδιον W^mg: τὴν ζωὴν W b **14** χεὶρ Κυρίου (etiam Sc): Κυρίου χεὶρ b ἐξηφάνησε b **14—17** κἂν — αὐτοῦ om. b Sc πολλάκις σωτήρια. ἥδετο δὲ μηδὲ φυσικῷ θανάτῳ δαμῆναι τὸν ἀλιτήριον, ἀλλὰ φαρμάκῳ ἀπολωλέναι κυλικοφορηθέντι παρά τινος μεγάλοις δώροις ἐπιρρωσθέντος πρὸς τοὖργον ὑπὸ τοῦ βασιλέως αὐτοῦ.

Ἐπὶ πᾶσι δ' οἷς Ἀλέξιος ἐπειράσατο βασιλεύσας, εἴ πως σπείσαιτο Βλάχοις, καὶ πρέσβεις πέπομφε πρὸς τὸν Πέτρον καὶ τὸν Ἀσάν. ἐπέρανε δ' οὐδ' ὅλως τὴν εἰρήνην καὶ τὰς σπονδάς, οἷα τῶν ἀνδρῶν τούτων ὑπερόγκους τὰς ἀποκρίσεις ποιησαμένων κἀκεῖνα προθεμένων ὑπὲρ εἰρήνης, ἃ Ῥωμαίοις ἀδύνατά τε καὶ ἄτιμα δήπουθεν ἦν.

Ἀμέλει τοι τοῦ βασιλέως κατὰ τὴν ἕω διατρίβοντος προσβάλλουσι τοῖς περὶ τὰς Σέρρας Βουλγαρικοῖς θέμασι καὶ τὸ αὐλιζόμενον | ἐκεῖσε Ῥωμαϊκὸν σύνταγμα ἡττηκότες ἄλλους τε πλείστους κακῶς εἰργάσαντο, καὶ δὴ καὶ αὐτὸν εἷλον ζωγρίαν τὸν Ἀσπιέτην Ἀλέξιον, ὃς εἰς ἀρχηγὸν Ῥωμαίοις προυβέβλητο. κρατοῦσι δὲ καὶ πολλῶν ἐκ τῶν ἐκεῖθι φρουρίων, καὶ αὐτὰ μὲν εἰς τὸ ἐπικρατὲς ἠσφαλίσαντο, αὐτοὶ δ' ἐπανῆκον οἴκαδε λείαν ἐληλακότες οὐ σταθμητήν.

Βασιλεὺς δὲ μὴ καὶ μετέπειτα τοιοῦτόν τι διαπραχθείη προμηθούμενος, μεθ' ἱκανῆς ἐξέπεμψε στρατιᾶς τὸν ἑαυτοῦ γαμβρὸν Ἰσαάκιον τὸν σεβαστοκράτορα, ὅτε δὴ καὶ Ἀσὰν πρὸς τοὺς εἰσάγοντας παραίνεσιν Βλάχους μηκέτι τὰς κατὰ Ῥωμαίων ἐπελεύσεις μετὰ θερμότητος τίθεσθαι, μεμνῆσθαι δὲ καὶ μεθόδων στρατηγικῶν (ἄρχειν γάρ, ὡς πυνθάνονται, ἄνδρα πολεμικὸν καὶ λίαν τοῦ ἀδελφοῦ προφερέστερον), μετὰ κόμπου ἀπεκρίνατο μὴ δεῖν ἀεὶ ταῖς φήμαις ἐπικλίνειν τὸ οὖς, μήτε ὃν ἀνδρεῖον αὕτη διαθρυλλεῖ ὡς ἤδη καὶ τοιοῦτον ὄντα τοῦτον κατεπτηχέναι, οὔθ' ὃν διέξεισι δειλὸν καὶ ἀνάλκιδα πρὸ τῆς πείρας ἀθερίζειν καὶ ἀποπέμπεσθαι, ἀλλὰ τὴν μὲν φήμην μὴ πάμπαν ἀποστρέφεσθαι, ὅτι μηδ' ἐς ἅπαν ἀπόλλυται, καὶ μάλιστα ἣν πλεῖστοι λαοὶ φημίζουσιν, ἐπάγειν δ' ὡς λίθον Μάγνησσαν τὰς πράξεις τῶν ἐνδιαβαλλομένων

---

19 πέπομφε: paulo post diem 8 mens. Apr. a. 1195

39—40 ὅτι — φημίζουσιν: cf. Hes. Op. 763 **41** λίθον Μάγνησσαν: cf. p. 62, 15; hic pro lapide Lydio, cf. p. 448, 10

VA = a, PW, RMDF = b

16—17 κυλικοφορηθέντα . . . ἐπιρρωσθέντα A **17** ἐπιρρωσθέντι W **21** προσθεμένων Bekk ὑπέρ: περὶ V **23** τῶν πρὸς τὴν ἕω χωρῶν et i. mg. γρ. κατὰ τὴν ἕω W **26** εἰς ἀρχηγόν: ἀρχηγεῖν Bekk **27** προυβέβλητο: ἀπέστειλε βασιλεὺς μετὰ στρατιᾶς ἱκανῆς W (cf. b) **30** τι om. W **30—31** προμηθούμενος — γαμβρόν: μετὰ μείζονος στρατεύματος τὸν ἑαυτοῦ γαμβρὸν ἐξέπεμψεν W (cf. b) **32** παραινέσεσι V **36** δ' post μήτε add. Bekk

18 sqq. Πλείω δ' ὁ βασιλεὺς τῶν πρὸς ἑσπέραν χωρῶν τιθέμενος τημελούχησιν (26 sqq.) μετὰ συχνῆς χειρὸς τὸν Ἀσπιέτην Ἀλέξιον πέπομφε τοῖς ἐκ τοῦ Αἵμου βαρβάροις ἀντιταξόμενον. μὴ διαστρατηγήσας δ' οὗτος ἀρίστως τὸν πόλεμον ὑπὸ τῶν Βλάχων κεχείρωτο (ἐνεχείρωτο R). **30** ἀπιδὼν δὲ καὶ πρὸς δευτέραν τῶν κακῶς πασχόντων ἀσφάλειαν τὸν ἑαυτοῦ γαμβρόν (τὸν add. D) Ἰσαάκιον τὸν σεβαστοκράτορα μετὰ μείζονος ἐπαφῆκε στρατεύματος b (proseq. p. 467, 90) εἴτε μὴν κροτουμένων παρ᾿ αὐτῆς ἀνδρῶν, ἐν πολλοῖς δὲ καὶ τὸν ὀφθαλμὸν ἱζάνειν τῶν φημιζομένων δικαστήν, καὶ οὕτω προσίεσθαι τὴν φήμην ὡς ἀληθῆ, ἢ γοῦν μύροις ἀλείφειν ὡς ψευδῆ καὶ ἄλλοθί που ἀφιέναι πέτεσθαι.

,,Τὰ γὰρ ὦτα οὐκ οἶδε τὰ | δρώμενα, ἀλλὰ γλώττης ὄχλον εἰσοικιζόμενα φύλακές εἰσιν ἀλλοτρίων, καὶ τούτων ἐναντίων πολλάκις ἐνηχημάτων. ἀσφαλὴς δέ ἐστι τῶν γινομένων διαιτητὴς ὀφθαλμὸς καὶ μάρτυς ὧν θεᾶται ἀπαραλόγιστος, οὐχ ἑτέρωθεν εἰσχεομένην ἔχων τὴν πίστιν ὡς τὴν τῶν λεγομένων εἰς ἐνοίκησιν ἀκοή.

Μὴ οὖν δὴ καὶ ὑμεῖς θροεῖσθε ὡς ὁ νῦν ῾Ρωμαίων βασιλεύων γενναῖος ὑπὸ φήμης κηρύττεται, ἀλλ᾿ εἰ τοιοῦτός ἐστιν, ὁποῖος ᾄδεται, χρεὼν σκέψασθαι. ὁδηγὸς δὲ ὑμῖν εἰς τοῦτο ἔστω βίος ὁ πρότερος καὶ καθηγητὴς ἀκριβὴς τοῦ ἀνδρὸς καθιστάσθω. ἀτὰρ εἰ φιλοκρινήσετε, οὐκ ἂν ἐφ᾿ ὁτιοῦν εὐδοκιμηκότα εἴσεσθε τουτονί· οὔτε γὰρ πολέμοις ὡμίλησε καὶ κινδύνοις ὑπὲρ ῾Ρωμαίων παρενεβλήθη συστρατευόμενος καὶ συγκάμνων τῷ ἀδελφῷ, ὅσα γε αὐτὸς ἴσημι κείρων ἀεὶ καὶ κατατρέχων τὴν πολεμίαν καὶ νίκας ἐπὶ νίκαις ἀναιρούμενος καὶ τροπαίοις ἐπιστοιβάζων τὰ τρόπαια, οὔτε μὴν μισθὸν καμάτων τὴν ἁλουργίδα καὶ τὸν βασίλειον εἴληχε στέφανον, ἀλλ᾿ ὡς ἐκ τῶν ἔργων ὑπέδειξε, τύχης ἀγνώμονος πέττευμα τὰ σκῆπτρα παρείληπται. οὗτος τοίνυν, ὃς οὐ τεθέαταί μοι μαχόμενος οὐδὲ χειρὶ καὶ φωνῇ καὶ βουλῇ τὰ τῶν Μυσῶν παραλυπήσας ἐνίοτε, ὅπως ἐξαίφνης εἰς ἅπαν τοὐναντίον μεταπεποίηται, ἐγὼ μὲν οὐκ ἔχω καὶ συνιδεῖν.

῞Ινα δὲ καὶ δι᾿ ὑποδείγματος, καθ᾿ ὅσον ἔξεστι, τὰ κατὰ τὸν ἄνδρα τουτονὶ καὶ τὸ λοιπὸν αὐτῷ γένος διασαφήσαιμι, ὁρᾶτε τὰ ἐπὶ τοῦ ἐμοῦ | δόρατος ἀπαιωρούμενα καὶ ἀνεμούμενα διάφορα ταῖς χροιαῖς, εἰ μὴ καὶ ταῖς ὑφαῖς, νήματα. ταῦτα μιᾶς μὲν προελήλυθεν ὕλης καὶ εἷς ὑφάντης αὐτὰ ἐμηρύσατο· τοῖς δὲ χρώμασι διαλλάττοντα διεστάναι δοκοῦσι καὶ κατὰ τὸ τοῦ εἶναι ποιητικὸν αἴτιον. ἀλλ᾿ οὐκ ἔστι τοῦτο, οὐκ ἔστιν. ᾿Ισαάκιος οὖν καὶ ᾿Αλέξιος οἱ ὁμαίμονες, ὧν ὁ μὲν τῆς βασιλείας ἤδη καθῄρηται, ὁ δὲ τηβεννοφορεῖ νῦν καὶ διαδεῖται ἀρχικῷ στεφανώματι, ἕνα τοκέα ἔσχον, τῆς αὐτῆς νηδύος ἐξώλισθον, κατὰ τὴν αὐτὴν γεγένηνται γῆν, τὰ πάνθ᾿ ὅμοια ἐκληρώσαντο, κἂν ἅτερος τούτων

46—50 τὰ — ἀκοή: cf. prov.: ὠτίων πιστότεροι ὀφθαλμοί Her. 1, 8, 2; Apost. 18, 71 **59—60** οὔτε — στέφανον: locus communis, cf. Nic. Or. 57, 31; 130, 27 **60—61** τύχης — πέττευμα: cf. p. 571, 58

VA = a, PW

42 αὐτῆς: αὐτῶν V: αὐτοῖς PW **46** εἰσοικιζόμενος et i. mg. suppl. ὀφθαλμός A **49** τεθεᾶται P: τεθέαται Bekk **50** ἀκοήν Bekk **51** βασιλεὺς W **54** τοῦ ἀνδρὸς om. V **55** εὐδοκικηκότατον sed -μη- sscr. m. alt. V: εὐδοκιμηκότες A **57** καὶ ante αὐτὸς add. V **59** τὰ om. V **62** φωνῇ καὶ χειρὶ Bekk τῶν om. Bekk **63** ἐνίοτε W mg γρ: στρατεύματα W **68** μὴ καὶ: καὶ μὴ Bekk **70** τὸ om. W

Ἀλέξιος τῷ χρόνῳ προήκων ἑώραται. ὅθεν οὐδὲ κατὰ τοὺς πολέμους διαφέροιεν ἄν, ὡς ἔμοιγε γοῦν δοκεῖ καὶ ὡς ἐν πείρᾳ πάντως γνωσόμεθα.

Χρῆναι τοίνυν φημὶ μετὰ τῆς αὐτῆς καὶ προτέρας προθέσεως καὶ πάλιν τῶν κατὰ πόλεμον ἅπτεσθαι, εἰδότας ὡς οἷς καὶ πρότερον ἐξ ἐναντίας μοίρας καὶ νῦν στησόμεθα, ἵνα μὴ καὶ χείροσιν εἴποιμι, ἀφορῶν μὲν καὶ πρὸς τὸ καταβεβλημένον καὶ ἀτονώτερον ἤδη φρόνημα τῶν Ῥωμαίων, οἳ πολλάκις ὑφ' ἡμῶν τροπωθέντες οὐδ' ἅπαξ τὰ κατ' αὐτοὺς ἀναλαβεῖν ἐσχήκασι πράγματα, ἐννοῶν δὲ καὶ ἣν θεόθεν ἐπεσπάσαντο οἵδε μῆνιν τὸν αὐτοὺς βαρείας τυραννίδος ἀπηλλαχότα Ἰσαάκιον βασιλείας ἐννόμου καθῃρηκότες· οἱ γὰρ οὕτω κατὰ τῶν σεσωκότων ὁπλισάμενοι οὐκ ἂν φθάνοιεν ὑπὸ τῶν ἐχθρῶν ὡς παράσπονδοι ἀναιρούμενοι."

Τοιαύταις γνώμαις ὁ βάρβαρος τὰ τῶν ὑπ' | αὐτὸν ἀναστήσας φρονήματα μετὰ κόμπου μείζονος ἐπῄει κατὰ τῶν περὶ Στρυμόνα τε καὶ Ἀμφίπολιν ἐπαρχιῶν. ἐπεὶ δὲ καὶ ταῖς Σέρραις ἐμβαλεῖν Ἰσαακίῳ ἤκουσται τῷ σεβαστοκράτορι, νέος ὢν οὗτος καὶ προσεχεῖ τινι τῶν Βλάχων ἐπαρθεὶς πταίσματι, μὴ προεξετάσας τὴν τῶν πολεμίων δύναμιν, τῇ δ' ἀκοῇ συνάψας τὴν κατ' αὐτῶν ἐξόρμησιν, ἀνίστησί τε παραχρῆμα τὴν στρατιὰν τῆς σάλπιγγος ἐνδούσης τὸ σύνθημα καὶ τὸν πολεμιστήριον πρῶτος ἵππον ἀναβὰς καὶ θωρακισάμενος, κατ' ἐπειγωλήν, οὐχὶ βάδην τὸ δόρυ κατὰ τῶν ἀντιπάλων τιταίνων ἔξεισιν, ὡς εἴπερ ἐλάφων αὐτῷ κυνηγέσιον προηυτρέπιστο ἢ θηρευτικὰ ἐκεῖ που ἀθύρματα προητοίμαστο.

Διελθὼν οὖν ἀνέτῳ ῥυτῆρι ὡσεὶ σταδίους τριάκοντα τό τε ἱππικὸν ἀποκναῖσαι πεποίηκεν, ὡς ἀχρεῖον εἶναι κατὰ τὴν ὥραν τῆς προσβολῆς καὶ τὸ πεζικὸν ἐκεῖθεν ἐκλυθὲν καὶ διαχυθὲν ἐς οὐδὲν γεγονέναι μετέπειτα χρήσιμον. ὡς δὲ ἤγγισεν ἔνθα παρενέβαλε τὸ πολέμιον, τοῦ μὲν Ἀσὰν τὸ πλεῖστον καὶ κράτιστον στράτευμα ἐς ἐνέδρας καὶ λόχους διαμερίζεται, ὁ δ' Ἰσαάκιος μὴ τὸ στρατήγημα τοῦτο καὶ τὸν δόλον ὅλως

---

3 ἀνέτῳ ῥυτῆρι: cf. p. 13, 29

VA = a, PW, RMDF = b

75 ὁ Ἀλέξιος VB **76** γοῦν om. W πάντες W Bekk **80** καὶ pr. om. V ἀπονώτερον APW **81** οὐχ V **88** ἀπῄει W **94** ἵππον πρῶτος VBekk **3** λ' A **5** ἐκεῖθεν om. APW Bekk καὶ διαχυθὲν om. PW Bekk **7** εἰς Bekk **8** ὅλως om. Bekk

90 sqq. Πλὴν καὶ οὗτος νέος ὢν καὶ προσεχεῖ τινι κατορθώματι ἐπαρθεὶς καὶ φανεὶς ἐντεῦθεν ἑαυτοῦ θρασύτερος, μὴ προεξετάσας τὴν τῶν πολεμίων δύναμιν, (1) ὡς εἰς κυνηγέσιον κνωδάλων μεθ' ὁρμῆς ἀσχέτου καὶ ἀνέτων ῥυτήρων φέρεται, ἔνθα τὸ διάφορον ἐνηυλίζετο, καὶ μάχην ὡς εἶχε συνάπτει. (6) ὁ δ' Ἀσὰν (οὗτος γὰρ ἀντιπολεμῶν ἦν τῷ σεβαστοκράτορι) εἰς ἐνέδρας καὶ λόχους τὸ οἰκεῖον καταδιελόμενος στράτευμα κατανοήσας, ὡς ἡττήσων καὶ τροπωσόμενος βακχευτικῷ ἐπῆλθεν ὁρμήματι· διὸ καὶ τῶν ἐν τοῖς λόχοις ἐπιθεμένων, ὡς ἐν μέσαις συσχεθεὶς ἄρκυσι πολλοὺς μὲν ἀπέβαλε τῶν ἰδίων, τέλος δὲ καὶ αὐτὸς ἑάλω ζωγρίας ὑπὸ Σκυθῶν.

Ἐκ δὲ τούτου συμβέβηκεν ὡς ἐν κτήνεσι λέοντα πρός τε τὰς ἐπελεύσεις ἀδεεστάτως καὶ τὰς προνομὰς τὸν βάρβαρον ἐφορμᾶν, οἷα μηδενὸς ἀντεξιόν|τος ἔτι ἐκ τῶν Ῥωμαίων, ἀλλὰ πάντων ἀποδειλιασάντων καὶ τῇ πόλει ταῖς Σέρραις μετ' ἀνέτων ἡνιῶν εἰσερρυηκότων, ὅσοι τέως μὴ ξίφους ὤφθησαν πάρεργον ἐν τῇ συμβολῇ.

Ὁ δὲ συνειληφὼς τὸν σεβαστοκράτορα Σκύθης παντοίως αὐτὸν περιέκρυπτεν, ὡς εἴη ἀφώρατος τῷ Ἀσάν, ὑποσαινόμενος ἐλπίσι μή τινων ἐνδεεστέραις, ὡς εἰ τοὺς Βλάχους διελθὼν ἐς τὰ οἰκεῖα ἤθη τοῦτον ἀπενέγκαι, πλεῖστα ἂν αὐτῷ κατάθοιτο λύτρα ὁ βασιλεύς. τῆς δὲ φήμης κατειπούσης συλληφθῆναι τὸν στρατηλάτην, ἐπιμελοῦς γεγενημένης ἐρεύνης, δῆλος γίνεται καὶ τῷ Ἀσὰν ἐμφανίζεται.

Καὶ τῇδε μὲν ἀπέβη καὶ ταῦτα. τὶς δὲ τῶν δορυαλώτων ἱερέων, εἰς τὸν Αἷμον αἰχμάλωτος ἀπαγόμενος, δεῖται τοῦ Ἀσὰν λυθῆναι, δι' ὁμοφωνίας ὡς ἴδρις τῆς τῶν Βλάχων διαλέκτου εἰς ἔλεον αὐτὸν ἐκκαλούμενος. ὁ δ' ἀνανεύσας ἔφατο μηδέ ποτε προθέσθαι Ῥωμαίους λύειν, ἀλλ' ἀπολλύειν· τοῦτο γὰρ καὶ θεὸν βούλεσθαι καὶ πάλαι σώζειν αὐτόν. πρὸς ὃ τὸν θύτην λέγεται ἀνθυπενεγκεῖν, βύθιον στενάξαντα καὶ τέγξαντα δακρύοις τὰ ὄμματα, μηδ' αὐτῷ ὑπολιπέσθαι οἰκτίρμονα ἀνθ' ὧν οὐκ ἐμνήσθη ποιῆσαι ἔλεος μετὰ πένητος ἀνδρὸς διὰ ἱερωσύνης θεῷ πλησιάζοντος, ἐγγὺς δέ οἱ παρεστάναι καὶ τὸ τῆς ζωῆς τέρμα, καὶ τοῦτο μὴ ὡς ἐν μαλακῷ ὕπνῳ τῷ φυσικῷ μόρῳ ἐπελευσόμενον, ἀλλ' ὡς

---

13 ὡς — λέοντα: cf. Mich. 5, 7 sq. **31** ἀνθ' — ἀνδρός: cf. Ps. 108, 16 **33—34** ὡς (alt.) — προτιθεμένοις: cf. Mat. 26, 52

VA = a, PW, RMDF = b

12 Σκυθῶν: Σκύθου τινός (ex b) W **13** τούτων Bekk **16** εἰσρυέντων Bekk **20** εἰς PW Bekk **21** ἀπενέγκοι V **24** καὶ alt. om. Bekk τότε δὲ καὶ τῶν δορ. τις ἱερέων (ex b) P Bekk **25** τὸν om. VA ἐδεῖτο W ἀφεθῆναι (ex b) P Bekk **26** διαλέκτου: φωνῆς PW Bekk **27** προσθέσθαι V[ac] λύειν: ἀπολύειν Bekk **28** (ἀπο)λέσειν W[s] **28—29** καὶ πάλαι σώζειν αὐτόν om. Bekk **29** ἀνθυπενεγκεῖν λέγεται VA **29—30** στενάξαντα βύθιον καὶ δακρύοις τὰ ὄμματα τέγξαντα PW Bekk **30** θεὸν post αὐτῷ add. Bekk ἀπολιπέσθαι D: ὑπολείπεσθαι Bekk **31** πένητι ἀνδρὶ A **32** τέρμα: πέρας VA **33** τούτω P

(9) τροποῦται οὕτω τὸν Ἰσαάκιον, ἱκανῶς μὲν διαγωνισάμενον, τέλος δὲ χειρωθέντα παρὰ Σκύθου τινός b (proseq. lin. 24.) **24** Καὶ — ταῦτα om. b τὶς — ἱερέων: Τότε καὶ (δὲ καὶ D) τῶν δορυαλώτων τις ἱερέων b **25** λυθῆναι: ἀφεθῆναι b **25—26** δι' — ἐκκαλούμενος om. b **27** ἔφατο: εἴρηκε b **28—29** τοῦτο — αὐτόν om. b **32—34** καὶ alt. — προτιθεμένοις om. b

εἴωθε τὰ πλεῖστα ἐπιέναι τοῖς σφάττειν ἐν μαχαίρᾳ προτιθεμένοις. καὶ οὐ | διέπεσε τοῦ θυηπόλου τὸ πρόρρημα· μικρῷ γὰρ ὕστερον εἰς τὴν Μυσίαν ἐπανεικὼς παρά τινος τῶν οἰκείων διαχειρίζεται.

Ἦν δὲ οὗτος ὁ τρόπος τῆς αὐτοῦ ἀναιρέσεως. ἀνήρ τις ὁμοφυὴς αὐτῷ καὶ ὁμότροπος καὶ ᾧ πάνυ προσέβλεπεν ἥμερον (Ἰβαγκὸς ὄνομα τῷδε) τῇ τῆς γυναικὸς αὐτοῦ κασιγνήτῳ λάθρᾳ συνήρχετο. πυθόμενος οὖν τὰ τῆς μίξεως ἐκεῖνος τὰ μὲν πρῶτα εἰς εὐθύνας ἦγε τὴν ὁμευνέτιν καὶ θανάτου ἐτίμα τὴν ἐπὶ τοῖς δρωμένοις παρασιώπησιν· ὡς δ' ἄλλοις τε αὐτὸν ἡ γυνὴ λόγοις τοῦ φονίου κατηύναζε βλέμματος καὶ ὁρμήματος, ἀλλὰ δὴ καὶ τῷ προσεπαγαγεῖν ὕστερον ὡς εἰκαίως χολᾷ κατ' αὐτῆς, ἀκριβῶς γὰρ κἀκεῖνον τὰ περὶ τὴν μῖξιν ταυτηνὶ συνειδέναι, τὸν κατὰ τῆς ὁμολέκτρου χόλον εἰς Ἰβαγκὸν μετατίθησι, καὶ δὴ μεταπέμπεται τὸν ἄνδρα τῶν νυκτῶν ἀωρί, μηδέν τι καθυφεὶς τῆς ὁρμῆς. ὁ δὲ τὸ τῆς χρείας ἔξωρον οὐκ ἀναίτιον καὶ ἀνεύθυνον οἰηθεὶς ἐς τὴν αὔριον τὴν ἄφιξιν ὑπερτίθεται. ἐκείνου δ' αὖ πάλιν ἐγκειμένου καὶ μὴ φέρειν ἔχοντος τὴν ῥᾳστώνην ὡς παρόρασιν, κοινοῦται τοῖς καθ' αἷμα καὶ φίλοις τὸ ποιητέον ὁ Ἰβαγκός, εἰς νοῦν ὀψέ ποτε βαλὼν τὸ τῆς ἀφίξεως αἴτιον. οἱ δ' ὑποτιθέασι τούτῳ τὴν προτενῆ περιζώσασθαι μάχαιραν, καὶ ταύτην τῷ ἱματίῳ ἐνθάψαντα εἰσελθεῖν, καὶ τοῦ μὲν Ἀσὰν ἠρεμαίως ἐπιπλήττοντος καὶ τὸ τοῦ θυμοῦ κατ' αὐτοῦ βράττον ὕβρεσι συμμετροῦντος καὶ | τοῖς λοιποῖς ἑτέροις, ἃ μὴ λυμαίνεται τὸ σῶμα, τὴν κόλασιν ἀφορίζοντος, φέρειν γενναίως καὶ τὴν ἐφ' οἷς ἑάλω παραλύπησιν συγγνώμην αἰτεῖν, εἰ δ' ἐκεῖνος διφῴη τὸ ξίφος, τηνικαῦτα κἀκεῖνον ἀνδρίζεσθαι καὶ σπεύδειν ὥστε φθάσειν ὃ

---

35 μικρῷ ... ὕστερον: adhuc a. 1196

VA = a, PW, RMDF = b

34 ἐπιέναι om. Bekk **35** πρόσρημα V ἐς P **36** ἐπανηκὼς Bekk **37** ὁ τρόπος οὗτος PD Bekk αὐτοῦ om. VA **37—38** αὐτῶ ὁμοφυὴς R **38** Ἰβάγκος usque ad lin. 64, deinde Ἰβαγκός M: Ἰβαγγὸς etiam infra lin. 45 VD **39** σημαίνει δὲ ἡ λέξις τὸν Ἰωάννην post τῷδε add. PW Bekk **40** εὐθύνην (ex b) W **41** δρωμένοις: κινδύνοις V **43** προσάγειν Bekk **46** τὸν ἄνδρα W[s]: τοῦτον (ex b) W ἀωρὶ τῶν νυκτῶν (ex b) W **46—47** μηδέν — ὁρμῆς (cum b) om. W **46** τι om. Bekk **47** ἀναίσιον AW **48** μετατίθεται VA **51—52** περιζ. ῥομφ. (ex b) W **52** ἐνθάλψαντα R[ac]M **53** ἠρέμα πως ἐπιπλ. P: ἠρεμαίως πως ἐπιπλ. W: ἠρέμα προσεπιπλ. Bekk **54** συμμετροῦντα A **55—57** καὶ — κἀκεῖνον: καὶ — αὐτοῦ cum b scr. W **56** παραλυπήσας V **57** κατ' αὐτοῦ post ξίφος (ex b) add. P Bekk ὥστε om. VA

38 καὶ alt. — ἥμερον om. b **39** ἥδετο τῇ τῆς γυναικὸς αὐτοῦ κασιγνήτῳ λάθρᾳ συνέρχεσθαι **40—52** εἰς εὐθύνην ἦγε τὴν ὁμευνέτιν ὡς τὰ δρώμενα παρασιωπήσασαν, (45) εἶτα τὸν χόλον εἰς (εἰς om. M) τὸν Ἰβαγκὸν (Ἰβαγγὸν D: Ἰοβαγκὸν R) μετατίθησι. καὶ δὴ μεταπέμπεται τοῦτον ἀωρὶ τῶν νυκτῶν. ὁ δὲ τὸ τῆς χρείας ἔξωρον οὐκ ἀναίτιον οἰηθεὶς ἐς τὴν αὔριον τὴν ἄφιξιν ὑπερτίθεται. ἐκείνου δ' αὖ ἐγκειμένου κοινοῦται τοῖς καθ' αἷμα τὸ ποιητέον ὁ Ἰβαγκός. (51) οἱ δ' ὑποτιθέασι τούτῳ περιζώσασθαι ῥομφαίαν καὶ b **53—55** καὶ alt. — ἀφορίζοντος om. W b **55—58** φέρειν γενναίως καὶ συγγνώμην αἰτεῖν ἐφ' οἷς ἴσως παραλελύπηκεν, εἰ δ' ἐκεῖνος διφῴη τὸ ξίφος κατ' αὐτοῦ, σπεύδειν ὥστε φθάσειν ὃ μελλήσας αὐτίκα πείσεται καὶ πάσας καιρίας ἐπάγειν καὶ καταγούσας ἐς ᾅδου τὸν ἀναιδῆ καὶ φιλαίματον. ὃ καὶ εἶχεν ὅδε διαπραξάμενος· μηδὲν γὰρ ἐπ᾽ αὐτῷ διανοουμένου μέτριον τοῦ βαρβάρου, ἀλλὰ καὶ πρὸς τὴν πρώτην εὐθὺς θέαν ἐκθηριωθέντος καὶ τὸν σφαγέα ζητοῦντος κνώδοντα, κατὰ τοῦ βουβῶνος οὗτος φθάσας ἐκεῖνον πλήττει καὶ ἀναιρεῖ. καὶ διαδρὰς παραχρῆμα πρόσεισι τοῖς τοῦ ἔργου συνίστορσι καὶ μηνύσας τὸ γεγονὸς ἔγνω αὐτοῖς ἅμα πρὸς ἀποστασίαν ἰδεῖν· μηδὲ γὰρ ἠρεμήσειν τοὺς τοῦ πεσόντος ὁμαίμονας καὶ ὅσον αὐτῷ πρὸς γένους καὶ φίλιον. κἂν μὲν προχωροίη τὰ κατὰ σκοπὸν καὶ χεῖρας ἐκείνοις, καὶ Μυσίας ἄρξειν αὐτῆς τοῦ Ἀσὰν δικαιότερόν τε καὶ ἐννομώτερον καὶ μὴ τῷ ξίφει τὰ πάντα ὡς ὁ πεσὼν διοικεῖν, καὶ ὅπερ ἂν ὑποβάλλῃ θυμός, τοῦτο καὶ διαπράττεσθαι· εἰ δ᾽ ἄλλως αὐτοῖς μεταρριφείη τὰ διαβούλια, μήτε μὴν ὅλως προβαίνουσι τὰ κατ᾽ ἔφεσιν, πρὸς ἄλλον μετασκευάσασθαι πλοῦν, τοῖς τὰ Ῥωμαίων πράγματα κυβερνῶσι τὰ κατ᾽ αὐτοὺς ἐπιτρέψαντες.

Ἔτι τοίνυν οὔσης νυκτὸς οὐ μόνον τὴν σκέψιν ταύτην ἐκράτυναν, ἀλλὰ καὶ πολλοὺς παρώξυναν τῶν βουλευμάτων αὐτοῖς συλλαβέσθαι. ὅθεν κρατήσαντες τοῦ Τερνόβου (ὃ δέ ἐστιν ἡ ἐρυμνοτάτη ἅμα καὶ προφερεστάτη τῶν κατὰ τὸν | Αἷμον ἁπασῶν πόλεων, τείχεσί τε ἰσχυροῖς περιβεβλημένη καὶ ῥεύματι ποταμίῳ διειλημμένη καὶ ὄρους ἀκρωνυχίᾳ πεπολισμένη) τοῖς περὶ τὸν Πέτρον ἀντέστησαν. ἡ γὰρ φήμη ἅμα ἕῳ οὐκ ἐπ᾽ ἄκρων μόνον τῶν τοῦ Τερνόβου τειχέων ἀλλὰ κἀν τοῖς ἔξω καὶ πόρρωθεν τὸν τοῦ Ἀσὰν περιεσάλπιζε θάνατον. ὡς

70—71 πρὸς — πλοῦν: cf. Greg. Cypr. 2, 21

VA = a, PW, RMDF = b

58 μελλήσας PD^pc Bekk: μελήσας rel. **59** εἷς Bekk ὃ — ἀνήρ cum b scr. W **60** αὐτῶ — μέτριον cum b scr. W **62** βουβῶνος: βοῶντος V **63** οὐκοῦν και διαδρὰς Ἰβαγκὸς (ex b) P Bekk **64** μηνύσας — ἰδεῖν: σὺν αὐτοῖς . . . ὁρᾷ (cf. b) W Sc **65** αὐτοῦ πρὸς γένος W **66—67** κατὰ σκοπόν, καὶ χώρας ἐκείνους καὶ Μυσίας ἄρξειν αὐτῆς Bekk **66** χεῖρας: χώρας PW **74** πολλὰ R τῆς ἐγχειρήσεως post συλλαβέσθαι add. (ex b) W **75** Τερνίβου constanter A: Τουρνούβου M^ac ἡ om. R ἐρυμνότης A **77—78** περιβεβλημένος . . . διειλημμένος . . . πεπολισμένος P Bekk **77** ποταμείῳ Bekk **79** μόνων PW^pc **80** κἀν: κατὰ A: καὶ κατὰ PW: καὶ Bekk

μέλλησας αὐτίκα πείσεται καὶ πάσας ἐπάγειν καιρίας. **59—64** ὃ καὶ εἶχε διαπραξάμενος ὁ ἀνήρ, μηδὲν ἐπ᾽ αὐτῷ τοῦ βαρβάρου φρονοῦντος (γρ. διανοουμένου W^mg: φωνοῦντος F) μέτριον, ἀλλὰ . . . καὶ τὸν σφαγέα ψηλαφῶντος κνώδοντα. Οὐκοῦν καὶ διαδρὰς Ἰβαγκὸς παραχρῆμα πρόσεισι τοῖς τοῦ ἔργου συνίστορσι καὶ αὐτοῖς ἅμα πρὸς ἀποστασίαν ὁρᾷ b **64—72** μηδὲ — ἐπιτρέψαντες om. b **74** παρωξύναν συλλαβέσθαι σφίσι τῆς ἐγχειρήσεως b **75** ὅθεν: ὅθεν καὶ W b **78—80** ἡ — θάνατον om. b **80—84** ὡς — ἔγνωκε: ὡς δὲ χρονοτριβεῖν οὐκ εἶχεν ἐπὶ πλεῖστον ὁ Ἰβαγκός, οὐδ᾽ ἴσχυε καταπαλαῖσαι τὸν (τὸ RMD) ἀνθιστάμενον ἀεὶ πλείω περιβαλλόμενον δύναμιν, δεῖν ἔγνω προσρυῆναι τῷ βασιλεῖ Ῥωμαίων b δ' οὔθ' ὁ Πέτρος ῥᾳδίαν εὕρισκε τὴν Ἰβαγκοῦ καταστροφήν, οὔθ' οὗτος ἀποκρούσασθαι Πέτρον ἠδύνατο, ὁ μὲν χρονοτριβεῖν ἐπεβάλετο καὶ μίαν ταύτην ᾤετο προσδοκίαν καταπαλαίσουσαν τὸν ἀντίπαλον Ἰβαγκόν, ὁ δὲ τῷ τῶν Ῥωμαίων προσρυῆναι βασιλεῖ δεῖν ἔγνωκε καὶ διὰ τῆς ἐκεῖθεν συνάρσεως περιγενέσθαι τῶν διαφόρων. ἐλέγετο δὲ καὶ ὑποθήκαις Ἰσαακίου τοῦ σεβαστοκράτορος ἀναιρεθῆναι πρὸς Ἰβαγκοῦ τὸν Ἀσάν, ἄλλαις τε πλείσταις ὑποσχέσεσι πρὸς τοῦτο ἐπιρρωσθέντος, καὶ προσέτι γε μὴν πτερωθέντος τῷ κατ' ἐπιγαμίαν συναρμόσαι οἱ καθυποσχέσθαι τὴν οἰκείαν θυγατέρα τὴν Θεοδώραν.

Πλὴν ὁ μὲν ἐναφῆκε τοῖς δεσμοῖς τὴν ψυχήν, καὶ μηδέπω τοῦ φόνου κατεργασθέντος. ὁ δ' Ἰβαγκὸς δηλώσας βασιλεῖ τὸ γενόμενον στεῖλαί τινα μετὰ στρατιᾶς διηρέθιζε τὸν παραληψόμενόν τε τὸν Τέρνοβον καὶ σὺν αὐτῷ περὶ τῆς ὅλης Μυσίας ἀγωνισόμενον. καὶ τάχ' ἂν τετέλεστό τι τοῖς Ῥωμαίοις σωτήριον, εἰ βασιλεὺς αὐτίκα προθύμως πρὸς τὴν ἀγγελίαν ταύτην πραξικοπεῖν ἐπεβάλετο, ἐπειδήπερ καὶ εἰ Τέρνοβον εἷλεν, εἶχεν ἂν εὐμαρῶς καὶ ἀπόνως Μυσίαν ἅπασαν. νῦν δὲ ὁ μὲν βλακευσάμενος ἐνέφυ τοῖς | ἀρχείοις καὶ πάλιν κατὰ τὸν εἰς τὸ κέλυφος βυόμενον σκώληκα, στέλλει δὲ τὸν πρωτοστράτορα Μανουὴλ τὸν Καμύτζην, ἀνειπὼν στρατηγόν. ὁ δ' ἀπάρας ἐκ τῆς Φιλίππου μετὰ τῶν ἑπομένων ἐκείνῳ δυνάμεων καὶ τῶν ὅρων τῆς Μυσίας ἄκροις ποσὶν ἐφαψάμενος παλίσσυτος γίνεται παρὰ δόξαν· τὸ γὰρ στράτευμα ἐπαναστὰν „πῇ ἄγεις ἡμᾶς;" ἔλεγον „ἢ τίσι συμπλακήσεσθαι μέλλομεν; οὐχὶ πολλάκις τὰς ὀρειαίας ταύτας ὁδοὺς διήλθομεν καὶ μὴ μόνον οὐδέν τι κατωρθώκειμεν βέλτιον, ἀλλὰ καὶ μικροῦ προσαπολώλειμεν ἅπαντες; ἀνάστρεφε τοίνυν, ἀνάστρεφε, καὶ ἡγοῦ τῆς ἐπὶ τὰ σφέτερα". ἐπὶ δὴ τούτοις καὶ δείμασιν ἀλόγοις ἐκταραχθέντες, ὥσπερ κατὰ νώτου τινῶν ἐγκειμένων καὶ παντοίοις ὅπλοις βαλλόντων, ἀκόσμως ᾤχοντο.

5 ἄκροις ποσίν: cf. Eur. Ion. 1166

VA = a, PW, RMDF = b

81 τοῦ ante Ἰβαγκοῦ add. V **83** παλαίουσαν V: καταπαλαίσασαν PW Bekk τὸν ἀντίδικον PW Bekk **84** ὁ — ἔγνωκε: ὁ δ' Ἰβαγκὸς μὴ ἰσχύων καταπαλαῖσαι κτλ. uti b scr. W **88** πτερωθέντος: παρωθέντος AP συναρμόσθαι P: συναρμόσασθαι Bekk **91** γινόμενον PW Bekk **91—92** στεῖλαι — Τέρνοβον: διηρέθιζε — Τέρνιβον (ex b) W **95** πραξισκοπεῖν V Τέρνιβον etiam deinceps W **4** Καμίτζην W **5** συνεπομένων αὐτῷ W ὀρῶν W **7** ποῖ Bekk **8** οὐχὶ: οὐ APW Bekk ὁριαίας Bekk **9** προσαπολώλαμεν V: προαπολώλειμεν APW Bekk **10** τῆς: τοῖς PW **11** νώτων W

87 ὑποσχέσεσι πλείσταις b **88** καὶ — πτερωθέντος: ἀλλὰ δὴ καὶ W b **90** ὁ μέν: ὁ μὲν σεβαστοκράτωρ W b **91** sqq. ὁ δ' Ἰβαγκὸς δεδήλωκε βασιλεῖ (τῷ βασιλεῖ D) τὸ γενόμενον καὶ διηρέθιζε τοῦτον στεῖλαί τινα μετὰ στρατιᾶς τὸν παραληψόμενον τὸν Τέρνοβον b (proseq. lin. 3) **3** sqq. στέλλει οὖν ὁ βασιλεὺς τὸν πρωτοστράτορα Μανουὴλ τὸν Καμύτζην. ὁ δὲ μετὰ τῶν συνεπομένων αὐτῷ δυνάμεων ἄκροις ποσὶ τῶν τῆς Μυσίας ὀρῶν ἐφαψάμενος παλίσσυτος γίνεται b **6—12** παρὰ — ᾤχοντο om. b

Καὶ αὖθις οὖν ἡ πρᾶξις αὕτη μετὰ στρατιᾶς ἐπεκέκριτο μείζονος. ἐνίκα δ' ἐσαεὶ τὰ χερείονα, μηδενὸς ἐς χεῖρας ἐλθεῖν καὶ συμμῖξαι τοῖς βαρβάροις ἐν τῷ ἐπαρήγειν 'Ιβαγκῷ δοκιμάζοντος. ἀπειρηκὼς τοίνυν οὗτος καὶ τοῖς κατὰ τὸν Τέρνοβον δυσχρηστούμενος πράγμασιν, οἷα τῶν περὶ τὸν Πέτρον κρατυνομένων ἀεὶ καὶ στρατιᾶς προσθήκαις ἐπαυξομένων, ἔξεισιν ἐκεῖθεν λαθραίως καὶ πρόσεισι βασιλεῖ, καὶ μετῆλθεν οὕτω καθαρῶς πρὸς τὸν Πέτρον πάλιν ἡ ἀρχηγία Μυσῶν.

Πλὴν οὐδ' οὗτος θανάτῳ φυσικῷ ἐπαπῆλθεν, ἀλλὰ μικρῷ ὕστερον παρά του τῶν ὁμογενῶν ξίφει διελαθεὶς κατέστρεψεν οἰκτρῶς | τὴν ζωήν, ἡ δὲ ἡγεμονία τῶν Βλάχων βλέπει πρὸς 'Ιωάννην, τὸν τρίτον τῶν ἀδελφῶν. τότε δ' οὖν ὁ Πέτρος, συλλήπτορα τῶν πόνων καὶ μερίτην τῆς δυναστείας 'Ιωάννην προσελόμενος τὸν ὁμαίμονα (ὃς ἐφ' ἱκανὸν ὡμήρευσεν ἐν 'Ρωμαίοις, ἡνίκα εἶχε βασιλεὺς 'Ισαάκιος δισσεύσας κατὰ Μυσῶν, ἀποδρὰς δὲ πρὸς τὰ οἴκοι πάλιν ἀφίκετο) οὐκ ἐξ ἀντιθέτου τῷ τεθνεῶτι 'Ασὰν τὰ 'Ρωμαίων ἔκειρε προνομεύων· ἡ γὰρ φύσις καὶ τούτῳ οὐδέν τι πρὸς τὰ ἡμέτερα διεβράβευσε μέτριον. ὑπήντα δὲ τῷ Πέτρῳ τῶν ἐξ ἡμῶν οὐδείς, οὐδ' ἠδύνατο, ἀλλὰ τοσούτων καὶ τηλίκων πολέμων τοῖς ἐναντίοις κατωρθωμένων ἐπὶ πλείστοις ἐνιαυτοῖς καὶ τοῦ κακοῦ τοῦδε τὰ 'Ρωμαίων ἐσαεὶ διακυμαίνοντος πράγματα, οὐδέποτε βραχεῖα νίκη 'Ρωμαίοις διαγεγελάκει, οὔτε τι παρυφέστη τροπαιουχήματος ἴνδαλμα.

Τὴν δ' ἐκ θεοῦ παρόρασιν ταύτην καὶ τελείαν μικροῦ ἐγκατάλειψιν οὐδεὶς τῶν ὑψιθρόνων ἀρχιερέων καὶ τὰς πρώτας καρπουμένων τιμὰς ἢ τῶν τὴν ἐρέαν τῆς κεφαλῆς μέχρι καὶ ῥινὸς διαχαλώντων βαθυπωγώνων μοναστῶν ἐν νῷ βαλλόμενος ἦν ἢ διδάσκων πρὸς ταύτην ἀντιπράττειν ὁποσονοῦν ἢ ἐν τῷ παρρησιάζεσθαι βασιλέως ἐνώπιον 'Ρω-

---

20 μικρῷ ὕστερον: a. 1197

---

14 ἐνίκα — χερείονα: cf. p. 234, 74

VA = a, PW, RMDF = b

13 πρὸς τοῦ βασιλέως post οὖν (ex b) add. P Bekk: post αὕτη W **13** ἐπέκριτο R: ἐπεκρίνατο Bekk οὐ προύβενε δὲ εἰς πέρας ἡ πρόθεσις post μείζονος (ex b) add. W **14** χείρονα PW Bekk εἰς W Bekk **19** οὕτω post Πέτρον transp. V: rep. A τῶν Μυσῶν R **21** του: τε R οἰκτρῶς om. VA **22** τῶν Βλάχων om. VA: hab. B **25** ὡμήρησεν Bekk **26** ὡς post δὲ add. Bekk **28** θηριωδίαν κατὰ 'Ρωμαίων ἐβράβευσεν (ex b) W^mg γρ **29** τῶν om. Bekk **29—30** τηλίκων πολέμων: τηλικούτων Bekk **31** τῶν 'Ρωμ. . . . πράγμασι et in appar. τῶν: τοῖς ? Bekk **32** οὐδέ Bekk

13 πρὸς τοῦ βασιλέως post οὖν add. b **14—18** ἐνίκα — λαθραίως: οὐ προύβαινε δὲ καὶ εἰς πέρας ἡ βασιλικὴ πρόθεσις. ἀπειρηκὼς τοίνυν ὁ 'Ιβαγκὸς ἔξεισιν ἐκ Μυσίας λάθρᾳ b **19** πάλιν om. W b **20** οὐδὲ b **24—27** προσελόμενος, τὸν 'Ιωάννην οὐκ ἐξ ἀντιθέτου τῷ τεθνεῶτι 'Ασὰν τὰ 'Ρωμαίων ἔκειρε πράγματα· ἡ γὰρ φύσις καὶ τούτῳ θηριωδίαν κατὰ 'Ρωμαίων ἐβράβευσεν b (proseq. p. 473, 45) μαίοις διαμηχανώμενος τὰ σωτήρια· ἀλλ' ὡς εἰ πάντες ἐξέκλινάν τε ἅμα καὶ ἠχρειώθησαν, ἀνεπαισθήτως εἶχον τῶν γινομένων καὶ οἷον ἀντέβαινον ταῖς ἐκ θεοῦ μαστιγώσεσιν. Ἕλ|ληνες δὲ τὴν αἰτίαν ἐξήτησαν τοῦ λοιμοῦ καὶ τοῦ μάντεως πυθόμενοι Κάλχαντος οὐκ ἀφῆκαν τὸ κακὸν ἀθεράπευτον, παρ' οὐδὲν θέμενοι, εἰ βαρυμηνιᾶν ἔμελλεν Ἀγαμέμνων ὁ πρώτιστος καὶ κράτιστος τοῦ στρατεύματος.

Ὅ γε μὴν Ἰβαγκὸς τῷ βασιλεῖ προσρυεὶς ἀσμένως προσδέδεκτο· καὶ γέγονεν ἐς οὐκ ὀλίγα Ῥωμαίοις χρήσιμος, εὐμήκης ὢν τὴν ἡλικίαν καὶ ἀγχίνους μάλιστα καὶ τὴν ῥώμην ἀκμαῖος τοῦ σώματος, τὸν δέ γε ἄνδρα τῶν αἱμάτων τῷ τοῦ ἤθους ἀκροχόλῳ καὶ τῷ τῆς γνώμης ἀποκρότῳ σαφῶς διεχάραττε, Ῥωμαίοις μὲν συναυλιζόμενος, μεταρρυθμιζόμενος δὲ μηδαμῶς πρὸς τὸ τοῦ φρονήματος ὁμαλὸν καὶ εὐένδοτον. ὁ μέντοι κρατῶν οὐκ ἀνάξιον κρίνας τὸν ἄνδρα τῶν ἐς αὐτὸν γενομένων γαμικῶν ἐγγυήσεων τὴν μὲν παστάδα ἐς τὸν νόμιμον καιρὸν ἀνεβάλετο (ἔτι γὰρ ἐψέλλιζεν ἡ νύμφη τὰ παιδικά), αὐτὸν δὲ τοῖς μέγα δυναμένοις συγγενέσιν ἐνέγραφεν, οὐδενὸς τῶν εἰς θεραπείαν ἀρχικὴν καὶ πλοῦτον βαθὺν παρεικὼς στέρεσθαι. ὁ δὲ πρὸς τὸ τῆς κατηγγυημένης αὐτῷ θυγατρόπαιδος τοῦ βασιλέως ἀτελὲς ὁρῶν, καὶ τῇ τοῦ κάλλους ῥοδωνιᾷ τῇ τῆς τεκούσης αὐτὴν Ἄννης ἐν χηρείᾳ ἔτι οὔσης περιέργως ἐνατενίζων, καὶ γάμους φανταζόμενος μείζονας, „τί μοι καὶ τῷ ἐν γάλαξιν" ἔφασκεν „ἀρνειῷ ἀμνάδος πρὸς ὀχείαν καὶ αἰγὸς τελείας ἐπιδεομένῳ;" τὰ | πλεῖστα μὲν οὖν ὁ ἀνὴρ οὗτος τοῖς περὶ τὴν Φιλίππου ἐνεπόνει μέρεσι καὶ ἦν ἀγαπητὸν Ῥωμαίοις ἀντίφραγμα τῶν ἐκ τοῦ γένους ἐκείνῳ μετὰ Σκυθῶν συνάρσεως ἐξιόντων καὶ κειρόντων τὸ προσπεσόν, ἐνίοτε δὲ καὶ βασιλεῖ συστρατεύων διαφερόντως ἐδόκει δραστήριος. τίς δ' ἂν καὶ ἀριθμεῖν δύναιτο ὅσαι καὶ ὅτε τοῦ ἔτους Σκυθῶν καὶ Βλάχων ἐγίνοντο ἔφοδοι καὶ οἷα ἔργα ἔδρων ἀνόσια; μαρτυροῦσιν ἐκ τοῦ δήπου τὰ πεπραγμένα ἡ τῶν πρὸς Αἷμον χωρῶν ἐρημία, Μακεδονίας τε καὶ Θρᾴκης οἱ ληϊσμοὶ στηλῶν καὶ κύρβεων ἀκριβέστερον καὶ ξυμπάσης ἱστορίας τρανότερον.

---

61 ἦν — ἀντίφραγμα: per annos 1197—1200

39—40 πάντες — ἠχρειώθησαν: cf. Ps. 13, 3 **41—44** Ἕλληνες — στρατεύματος: cf. Hom. Α 54 sqq. **48** ἄνδρα . . . αἱμάτων: Ps. 5, 7; al.

VA = a, PW, RMDF = b

39 εἰ: οἱ W **44** Ἀγαμέμνων om. Bekk καί: τε καὶ W **46** χρήσιμος Ῥωμαίοις P Bekk **47** γε om. VAW **48** τῷ pr.: καὶ R ἤθους: εἴδους Bekk **50** δὲ om. R **51** βασιλεὺς pro κρατῶν cum b scr. PWB Sc Bekk τὸν ἄνδρα τῶν: τῶν A: τὸν W εἰς DF Bekk γινομένων W **53** παιδικά: γαμικά R **55** τῆς om. Bekk **56** ὁρῶν ἀτελές V **57** τῇ om. V **60** οὖν om. W ἐπόνει Bekk **62** ἐκείνου Bekk **65** ἐκ τοῦ om. Bekk **66** πρός: καθ' V

45 τε post ἀσμένως add. b **47** καὶ ἀγχίνους μάλιστα om. b δέ γε: γε μὴν b **51** κρατῶν: βασιλεὺς b **54—59** οὐδενὸς — ἐπιδεομένῳ om. b **60** ἐπαρχίαν post Φιλίππου add. b ἐνεπόνει: διέτριβε b **64—475,25** τίς — ἀποτριψάμενος om. b

Οὐ μόνον δὲ τὰ κατὰ τοὺς πρὸς ἄνεμον βορρᾶν ἐκπολεμωθέντας ἡμῖν βαρβάρους ἦν ἀεί πως ἐπικρατέστερά τε καὶ δυσαντίβλεπτα, ἀλλὰ καὶ καθ' ἕω τὰ Ῥωμαίων Πέρσαις ἐξέκειντο πρὸς ἀφάντωσιν. μὴ γὰρ τῷ Πέρσῃ σπεισάμενος, ὃς Ἀγκύρας ἦρχε τῆς Γαλατικῆς, ἀλλὰ πῇ μὲν τὴν μετ' αὐτοῦ φιλίαν παρ' οὐδὲν τιθέμενος ὡς λυμαίνεσθαι Ῥωμαίους οὐκ ἔχοντος, πῇ δὲ περὶ τὴν δόσιν τῶν χρημάτων, ὧν ὑπὲρ εἰρήνης ᾔτει, σμικρολογούμενος, διετέλεσεν ἐς χρόνον ἕνα καὶ μῆνας ἓξ ἐκείνῳ διαφερόμενος. ἀμέλει τοι διὰ ταῦτα ὅ τε Κίλιξ Ἀλέξιος ὅσα εἴπομεν διεπράξατο παρὰ τοῦ τῆς Ἀγκύρας δυνάστου ἐνισχυόμενος, ἥ τε πόλις Δάδιβρα ἑάλω καὶ Πέρσαις ὑπέκυψεν.

Ἄρας γὰρ μεθ' ἁπάσης ὁ Πέρσης αὐτοῦ τῆς δυνάμεως καὶ περὶ ταυτηνὶ τὴν πόλιν βαλὼν στρατόπε|δον ἐπέμενε πολιορκῶν. τριβομένου δὲ τοῦ καιροῦ καὶ μὴ ἂν ἄλλως λῦσαι τὴν πολιορκίαν τοῦ βαρβάρου διομνυμένου, εἰ μὴ παραστήσαιτο Δάδιβραν, εἰς μῆνας μὲν ἡ πολιόρκησις παρετάθη τέσσαρας, ἐπικουρία δ' ἦν οὐδαμοῦ τοῖς Δαδιβρηνοῖς ἐπεισιοῦσα ἐκ τῶν ἐκτός· ὅ τε γὰρ βασιλεὺς εἰ καὶ πέμπων ἐνῆγεν αὐτοὺς ἀντέχειν γενναίως καὶ συμμαχήσειν κατεπηγγέλλετο, ἔμελλεν ἀεί πως καὶ ἀνεδύετο, καὶ οἱ πρόσοροι Παφλαγόνες ἀγχοῦ που προσιέναι καὶ ἐπαμῦναι οὐδαμῶς ἀπεθάρρησαν. ἀτὰρ οἱ πολιορκούμενοι πρὸς πᾶσαν ἀπεγνώκεισαν ἀρωγὴν καὶ δῆλοι ἦσαν λιμῷ πιεζόμενοι καὶ ταῖς πετροβόλοις μηχαναῖς ἀνήκεστα πάσχοντες· τοὺς γὰρ λίθους ἐκ τῶν ἔξωθεν γηλόφων κατὰ τὸ μέσον ἀφιεῖσαι τῆς πόλεως τὰς οἰκίας κατήρειπον τίτανά τε διακοντίζουσαι καὶ πᾶν ἕτερον ἀνθρώποις ἐπίβουλον ἀκροβολίζουσαι τὰ δοχεῖα τῶν ὑδάτων ἠφάνιζον καὶ τὰ ποτὰ ἠχρείουν ἑστῶτα ὄντα καὶ μὴ πλανώμενα.

Μετ' οὐ πολὺν δέ τινα χρόνον βασιλικῆς ἐπικουρίας ἀφιγμένης καὶ κατὰ τὸν Βάβαν τὸ ὄρος αὐλισαμένης, ἧς ἦρχον μείρακες τρεῖς (ὁ Βρανᾶς οὗτοι Θεόδωρος, ὁ Κατακαλὼν Ἀνδρόνικος καὶ ὁ Καζάνης Θεόδωρος), ὡς ᾔσθοντο οἱ Πέρσαι, λόχους ὑποκαθίζουσι, καὶ μήπω παρανατειλάσης ἡμέρας ἐπιθέμενοι καὶ φεύγουσι κατόπιν ἐπικείμενοι οὓς μὲν ἔκτειναν, οὓς δὲ συνειλήφασι ζῶντας, μεθ' ὧν καὶ τοὺς δύο στρατηγούς. καὶ τούτους περιηγκωνισμένους τὰς χεῖρας κύκλῳ περιάγων ὁ Πέρσης ἐδείκνυ τοῖς | ἐπὶ τῶν τειχῶν καὶ παρῄνει, ἕως ἡ πόλις τοῖς πολεμίοις ἀβάπτιστος κύμασι, τὴν ἐκείνης ἐγχειρίσειν αὐτῷ οἰάκισιν· μηδὲ γὰρ ἐκ τοῦδε

---

75 χρόνον — ἓξ: a mense Iul. a. 1195 usque ad mens. Dec. a. 1196

VAPW = a

69 τὰ om. V: hab. B **71** ἐξέκειτο Bekk **73** οὐκ: μὴ VB **79** τῆς om. W **81—82** καὶ μὴ — Δάδιβραν om. Bekk ἐπεὶ μὴ ἄλλως ἔλεγεν ὁ Πέρσης δύνατον εἶναι τὴν πολιορκίαν λῦσαι B **81** ἂν om. V **82** μὲν om. W **83** ἐπιοῦσα Bekk **86** προσήγοροι V **87** ἐθάρρησαν Bekk **88** ἀπεγνώκεσαν Bekk **92—93** ὡς μηδὲ ἔχειν ἀπὸ τούτου καθαροῦ πίνειν ὕδατος μόλις ποτέ B **92** ποτὰ: ποτὲ V **1** οὗτος Bekk **2** οἱ Πέρσαι ὡς ᾔσθοντο V **7** ἐγχειρίσαι Bekk σώζειν ἔχουσαν ἐλπίδα σφίσιν ὑπολελεῖφθαι, μηδ' ἂν αὐτὸν ἐκεῖθεν μεταναστεῦσαί ποτε, εἰ μὴ ἐγκρατὴς τῆς πόλεως γένοιτο.

Τοιούτοις οὖν οἱ Δαδιβρηνοὶ θεάμασι καὶ ἀκούσμασι κατακλασθέντες τὸ πρόθυμον τρέπονται πρὸς συμβάσεις ἀσυμφόρους μέν, ὁποίας δ' ἐπέταττεν ὁ καιρὸς ἀκμαῖος ἐφεστὼς καὶ τομός, κατανεύουσί τε τὴν μὲν πόλιν ἐκλιπεῖν πανσυδί, βαδίσαι δ' ἕκαστον κακῶν ἀπαθῆ μετὰ τῶν φιλτάτων σφίσι καὶ τῶν κτήσεων ἣν ἂν αἱροῖντο στείλασθαι, ἐπεὶ μηδ' εὕρισκον τὸν βάρβαρον μένειν αὐτοὺς κατὰ χώραν ἐῶντα καὶ φόρους αὐτῷ κατατίθεσθαι ὁπωσοῦν συντιθέμενον. ταῦτ' ἄρα καὶ ὅρκων γεγενημένων, ὁ μὲν Πέρσης εἶχε τὴν πόλιν καὶ τοῖς ἐκ τοῦ γένους δίδωσιν αὐτὴν εἰς ἐνοίκησιν, αὐτοὶ δὲ μεταναστάντες ἐκεῖθεν καθ' ἑτέρας χώρας καὶ πόλεις διεσπάρησαν· πολλοὶ δὲ τῆς πατρίδος ἄγχιστα πηξάμενοι μόσυνα, οὕτω δοκοῦν τῷ Πέρσῃ, προσέμειναν δούλειον ὑποδύντες ζυγόν, οἷς ἡ τῆς ἐνεγκαμένης γλυκύτης τῇ μνήμῃ προσίζανεν ἀναπόνιπτος. καὶ τοιοῦτον μὲν τῇ πόλει Δαδίβρῃ τέλος ἀπήντησεν. ὁ δὲ βασιλεὺς μετὰ βραχὺ τῷ Πέρσῃ σπεισάμενος ἀπέδωκεν ἀσπασίως ὅσα πρὸ τοῦ ἁλῶναι Δάδιβραν ἀπῃτεῖτο χρήματα, ὡς ἐξ ὀμμάτων οὖσαν τὴν τῆτες αἰσχύνην ταχέως οὕτως ἀποτριψάμενος.

'Αλλ' οὔπω ἡ 'Ρωμαίων ἀρχὴ τὴν ἅλμην ταύτην ἀπέ-|πτυσεν ἀνένευσέ τε καθαρῶς καὶ ἀνέπνευσε, καὶ δεινοτέρων ἀγγέλμασιν ἀκουσμάτων βάλλεται ἄλλων καὶ τῶν ἐνεστώτων ἦσαν τὰ προσδοκώμενα δυσαχθέστερα, εἴ γε τὰ μὲν ὑπέσαινον ἐλευθερίας ἐγκαταλείμμασιν ἀπὸ μέρους ἀλγύνοντα, τὰ δ' ἐκ τῶν ἑσπερίων ἐθνῶν βάλλοντα δουλείαν παρεῖχον φαντάζεσθαι παγγενεὶ προβησομένην καὶ δυσαπάλλακτον.

'Ο γὰρ δὴ τότε κρατῶν τῶν 'Αλαμανῶν 'Αμερρίγος, ὁ τοῦ Φρεδερίχου υἱός, ὃς ἐν τῇ κατὰ Παλαιστίνην ἀνόδῳ τὰ ὕστατα νίπτρα λέλουται ποταμίῳ ἐναποψύξας ῥεύματι, καθὼς ἐν τοῖς κατὰ τὸν βασιλέα 'Ισαάκιον τὸν "Αγγελον λόγοις ἱστόρηται, τὴν πατρῴαν εἰληφὼς βασιλείαν Σικελίαν τε παραστησάμενος καὶ 'Ιταλίαν ὑπαγαγόμενος ἐπὶ τῷδε καὶ 'Ρωμαίοις αὐτοῖς ἐπεφύετο, πραγμάτων νεωτέρων ἄτοπος ὢν ἐραστὴς καὶ ῥέκτης κακῶν δυσαπάλλακτος. οὐκ ἀνέδην δὲ καὶ αὐτίκα 'Ρωμαίοις ἦν ἐφεδρεύων, τὸ τῆς ἐγχειρήσεως ἐργῶδες ὑποβλεπόμενος καὶ ἔτι ἔχων

---

23 σπεισάμενος: a. 1196 ca. mensem Dec. **36** Σικελίαν—ὑπαγαγόμενος: a. 1194 autumno

---

21 ἡ — γλυκύτης: cf. Hom. ι 34 **35** ἱστόρηται: p. 416, 26—29

VA = a, PW, RMDF = b

17 αὐτοῦ post γένους add. W **18—19** πόλεις καὶ χώρας VB **24** τῆτες: τότε Bekk **25** οὕτως om. Bekk **26** ἡ post ἀπέπτυσεν add. W **32** τῶν om. R 'Αμερίγος DFKN Sc Bekk **33** λέλουτο V **34** ἀποψύξας M **35** βασιλείαν W$^{mg γρ}$: ἀρχὴν W **36** ὑπαγόμενος M **38** δυσπάλαιστος V ἀναίδην V

26—32 'Αλλ' οὔπω καιρὸς συχνὸς (συχνὸς καιρὸς DF) παρελήλυθε, καὶ ὁ τότε κτλ. b **34—35** καθὼς — ἱστόρηται om. b **38—42** καὶ pr. — προθέσεως om. b τοῖς ὀφθαλμοῖς προκείμενα ὁπόσα Ῥωμαῖοι κατὰ Σικελῶν ἠνδρίσαντο ἐς τὴν ἡμετέραν πρώην παρεμβαλόντων, καὶ παρὰ τοῦ πάπα δὲ τῆς πρεσβυτέρας Ῥώμης οὐκ ἔλαττον ἀνασειραζόμενος τῆς προθέσεως.

Πέμψας οὖν πρέσβεις πρὸς τὸν αὐτοκράτορα Ἰσαάκιον (οὐ γάρ πω τῆς ἀρχῆς ἐξωστράκιστο) αἰτίας συνεῖρεν ἀναιτίου δήπουθεν διαστάσεως· ἑαυτῷ γὰρ ἀπεμέριζε καὶ προσῳκείου, ὡς ἤδη Σικελίας ἐξουσιάζοντι, τὰς ἐξ αὐτῆς Ἐπιδάμνου μέχρι τῆς μεγαλω| νύμου πόλεως Θεσσαλονίκης Ῥωμαϊκὰς ἁπαξαπάσας χώρας, ὡς νόμῳ ὑποκυψάσας πολέμου τῷ τῶν Σικελῶν πρὸ τρίτης στρατεύματι· τὴν γὰρ ἧτταν τούτων καὶ κατατρόπωσιν κατ' ἀπάτην ἔλεγε Ῥωμαίων προσυπαντῆσαι, οὐχ ἥκιστα πάντων λογοποιὸς ἐν τοῖς ἁνδάνουσιν εὑρισκόμενος. ἐλογίστευε δὲ καὶ λύπας τὰς τοῦ πατρὸς καὶ σταθμίοις οὐ δικαίοις αὐτὰς ἐταλάντευεν, οὐ τὰς προσφάτους μόνον, ἀλλὰ καὶ ὅσαις ἐκεῖνος ἐκ πολλοῦ προσεπάλαισε τῆς παλαιτέρας Ῥώμης ἐκδιιστάμενος ταῖς τοῦ βασιλέως Μανουὴλ ἀγχινοίαις καὶ Ἰταλίας ὡσαύτως ἐκσφενδονούμενος. καὶ ταῦτα δὴ τὰ πρὸ Εὐκλείδου ἀνυποστόλως ἀνακινῶν ἤθελε Ῥωμαίους χρήμασι μεγίστοις πρίασθαι τὴν εἰρήνην ἢ πολεμησείοντα τοῦτον ἐκ τοῦ αὐτίκα μάλα καθυπεκδέχεσθαι. προσαπῄτει δέ, ὡς εἰ κυρίων κύριος καθειστήκει καὶ βασιλεὺς ἀναδέδεικται βασιλέων, συνάρασθαι τοῖς κατὰ Παλαιστίνην ὁμογενέσιν ἐκείνῳ δι' ἀποστολῆς ναυμαχικῆς στρατιᾶς. ἀντεπιστείλαντος δὲ πρὸς ταῦτα τοῦ βασιλέως καὶ ἄνδρα τῶν οὐκ ἀσήμων πρεσβευτὴν στείλαντος, πρέσβεις ἐκεῖθεν ἀφίκοντο, ὧν ἅτερος βαρὺς ἦν τὴν ὀφρὺν καὶ περιττὸς τῷ παιδοκομῆσαι τὸν ῥῆγα. ἦν δὲ καὶ τὰ δι' αὐτῶν πρεσβευόμενα χρημάτων ἀποδόσεις πολυταλάντων ἀλαζονεῖαί τε καὶ κόμποι καὶ αὐχημάτων ἐγχωρίων κατάλογοι, δι' ὧν καταπολιτεύονται οἱ ἀκούοντες.

---

43 πέμψας: a. 1196 ca. mens. Febr. **61** ἀφίκοντο: paulo ante festum nativitatis Christi a. 1196

---

55 τὰ πρὸ Εὐκλείδου: cf. Lucian. Catapl. 5; Hermot. 76; Karathanasis 48 **57—58** κυρίων — βασιλέων: cf. Apoc. 19, 16

VA = a, PW, RMDF = b

40 Σικελικῶν Bekk εἰς V **43** οὖν: δὲ VAW **44** συνῆρεν VAPRK^{pc}N: συνείρει Bekk **46** καὶ post μέχρι add. P Bekk **47** Ῥωμαϊκὰς om. VP^{ac} νόμον ὑποσκηψάσας F **49** γεγονέναι (ex b) W **52** ὅσας AW **55** ἀνυποστόλως om. V **57** καθυποδέχεσθαι V **59** ἀποστολικῆς VAW **60** δὲ om. R **60—61** ἄνδρας . . . πρεσβευτὰς M^{pc} **61** ἕτερος M **63** πρεσβευ(όμενα) P^{ir}

43—44 οὐ — ἐξωστράκιστο: ἔτι τὴν βασιλείαν κατέχοντα b **44** δήπουθεν om. b **47** ἁπάσας b **48—51** τῷ Σικελίας στρατεύματι. τὴν γὰρ ἧτταν τούτων κατ' ἀπάτην ἔλεγε Ῥωμαίων γεγονέναι. ἐλογίστευε b **51** σταθμοῖς b **56—57** ἐκ — καθυπεκδέχεσθαι: ἐκδέχεσθαι W b **57—59** προσαπῄτει — στρατιᾶς om. b **63** πρεσβευόμενα: δηλούμενα (τελούμενα RM^{ac}) W b

Βασιλεὺς τοίνυν (ἦρχε δὲ ὁ νῦν ἱστορούμενος) μὴ ἔχων ἀπρά-| κτους ἀποπέμψαι τοὺς πρέσβεις, κατένευσε χρημάτων τὴν εἰρήνην ἀλλάξασθαι, πρᾶγμα μήπω ἐς τόδε καιροῦ γεγονός. ὑπεξᾶραι δὲ τὴν βασιλείαν Ῥωμαίων ὡς πλουσίαν ὁ βασιλεὺς Ἀλέξιος προθέμενος ἐς οὐδὲν ἔργον τῷ καιρῷ συνᾷδον καθυπενήνεκται, ἀλλὰ καὶ λίαν παρακεκινημένον τοῦ σεμνοῦ τε καὶ εὐπρεποῦς καὶ ῥυὲν μικροῦ πρὸς Ῥωμαίων κατάγελων. τῆς γὰρ γενεθλίου ἐπιστάσης ἡμέρας Χριστοῦ, αὐτός τε τὴν διάλιθον βασίλειον στολὴν ἠμφιάσατο καὶ τοῖς λοιποῖς πᾶσιν ἐπετετάχει τὰς χρυσοϋφεῖς περιθέσθαι καὶ πλατυσήμους ἐσθῆτας. οἱ δ' Ἀλαμανοὶ τοσοῦτον ἀπεῖχον ἔκθαμβοι τοῖς ὁρωμένοις τούτοις φανῆναι, ὥστε καὶ ἀνέθαλπον μᾶλλον τὸν ἔρωτα, ὃν ὑπέτυφον ταῖς λαμπρειμονίαις τῶν Ῥωμαίων ἐναυόμενον, καὶ ηὔχοντο τάχιον κρατῆσαι Γραικῶν ὡς ἀγεννῶν τὰ ἐς πόλεμον καὶ περισπουδαζόντων τὰς ἀνδραποδώδεις χλιδάς. πρὸς δὲ τοὺς συνεστῶτάς σφισι Ῥωμαίους καὶ ἐνάγοντας ἐς τὴν τῶν λίθων ἄνθην ἀφορᾶν, οἷς ὁ βασιλεὺς ὡς λειμὼν ἐνηγλάϊστο, καὶ χειμῶνος μέσου χάριτας ἐαρινὰς δρέπεσθαι καὶ τὸν ὀφθαλμὸν ἑστιᾶν, „οὐ χρείαν" ἔφασκον „Ἀλαμανοὶ τοιούτων ἔχουσι θεαμάτων, οὔτε μὴν ἐπιτηδείων γυναιξὶν ἐμπορπημάτων καὶ στολισμάτων φιλοῦσι θειασταὶ καθεστάναι, αἷς ἡ κονία καὶ κρήδεμνα καὶ ἐνώτια παμφανόωντα καὶ τὸ ἀρέσαι | τοῖς ἀνδράσι διαφερόντως ἀσπάζεται". ἀλλὰ καὶ Ῥωμαίους μορμολύττοντες „νῦν ἱκάνει καιρὸς" ἔλεγον „μεθαρμοσθῆναι τῶν γυναικωδῶν ἐμπορπήσεων καὶ σιδήρῳ περισταλῆναι ἀντὶ χρυσοῦ". εἰ μὴ γὰρ τὰ τῆς πρεσβείας λήψονται πέρας καὶ πρὸς τὸ τοῦ κυρίου σφῶν καὶ βασιλέως συμβαῖεν Ῥωμαῖοι βούλημα, ἀνάγκη τις ἑστάναι πάντως διὰ μάχης ἀνθρώποις χωρεῖν, οἵτινες οὐ λίθοις ὡς λειμῶνες περιανθίζονται, οὐδ' οἰδαίνονται πρὸς ἦθος ἀγέρωχον μαργάρων σφαιρώμασι πρὸς φῶς διαγελώντων σελήνης ἢ ταῖς ἀμεθύσοις μεθύουσι λίθαξιν ἢ ὡς ἀλαζὼν ὄρνις ὁ Μηδικὸς πορφύρᾳ καὶ χρυσῷ περιχρώζονται, ἀλλ' Ἄρεος ὄντες τρόφιμοι θυμοῦ μὲν πυρὶ τοὺς ὀφθαλμοὺς ἐρυθραίνονται τοῖς τῶν λίθων ἐπίσης ἀκτινώ-

---

72 τῆς γάρ κτλ.: die nativitatis Christi a. 1196

---

80 ὡς λειμών: cf. Greg. Ant. ad Const. Ang. 371, 12 Bachmann-Dölger **80—81** χειμῶνος — δρέπεσθαι: videtur metaphora prov. rem impossibilem designans sicut e. g. ἐν μετοπώρῳ τὰ ἄνθη Karathanasis 217; similia Nic. Or. 91, 15; 189, 21—22 **93—94** θυμοῦ ... πυρί: Deut. 32, 22; al.

VA = a, PW, RMDF = b

66 Ἀλέξιος post ἱστορούμενος add. W **68** μήπως P **73** βασίλειον om. Bekk **81** μέσον APW Bekk χρείας V **84** αἱ κονίαι VA ἡ κρήδεμνα W **88** συμβαῖεν: συμβόλων A **89** ἑστάναι: ἔσται APW Bekk **91** φῶς: σφῶν PW **92** ἀμεθύσοις V: εὐμεθύασι APW: ἐν θυάσοις Bekk: (λίθων) ἀμεθύσων B ἢ alt: αἱ APW Bekk

67 ἀποπέμψασθαι W b κατένευσεν οὐ πράγματι μᾶλλον ἢ σχήματι χρημάτων τὴν εἰρήνην ἀλλάξασθαι b **68**—478,**1** πρᾶγμα — καλλωπίζονται om. b δεσιν, ἱδρῶτας δὲ θρομβοῦντες ἐν τῷ μογεῖν πανημέρια ὑπὲρ στιλπνότητα μαργάρων αὐτοῖς καλλωπίζονται. ἠρίθμουν δὲ καὶ τὰ ὑπὲρ εἰρήνης αἰτούμενα χρήματα εἰς χρυσίου πεντήκοντα κεντηνάρια.

Πρὸς ἅπερ ὁ βασιλεὺς ἀπαυδῶν πρέσβιν ἐς τὸν ῥῆγα πέπομφε τὸν Φιλοκάλην Εὐμάθιον, ἔπαρχον ὄντα τῆς πόλεως. οὗτος δὲ πλούτῳ ὑπὲρ τοὺς τότε κομῶν ἑκόντως ὑπέδυ τὸν πρεσβευτήν. ἀμέλει καὶ δεῖται τοῦ βασιλέως μετὰ τῶν ἐπαρχικῶν παρασήμων ἐνδοθῆναί οἱ διαπρεσβεύσασθαι. καὶ βασιλεὺς ἐφόδιον, ὅπερ ᾔτησε, περιχαρῶς αὐτῷ παρασχόμενος | οἰκείοις ὀψωνίοις τὴν προκειμένην παρῆκε στείλασθαι. ὅθεν ἐποφθεὶς καινός τις καὶ ἔξαλλος πρεσβευτὴς οὐ μόνον οὐδέν τι παρὰ τοὺς πρότερον πρέσβεις τετίμητο, ἀλλὰ καὶ γέλων ὦφλε τῷ ἀήθει τοῦ περιβλήματος.

Ἐπεὶ δὲ τὰ τῆς εἰρήνης ἕνεκα δοθησόμενα χρήματα εἰς δέκα πρὸς τοῖς ἓξ χρυσίου περιέστησαν κεντηνάρια, ὁ μὲν Φιλοκάλης τὴν τούτων ἀποστολὴν κατὰ Σικελίαν ἐπέμενε προσδοκῶν, ἔνθα τῷ ῥηγὶ συνεγένετο, βασιλεὺς δὲ φάσκων ἀπορεῖν χρημάτων τάς τε χώρας ἐφορολόγει, τὸ καλούμενον εἰσπράττων Ἀλαμανικόν, τότε καινισθὲν πρώτως, καὶ τὸ τῆς πόλεως ἐκκλησιάσας πλήρωμα τό τε γερουσιάζον καὶ ὅσον τοῦ βήματος τρόφιμον καὶ ὅσον εἰς διαφόρους τέχνας καὶ ἐπιστήμας μερίζεται ἔρανον ἀπῄτει γενέσθαι καὶ ἀπόδασμά τι καταθέσθαι τῆς οὐσίας ἕκαστον. ὁρῶν δὲ ὡς οὐδέν τι περαίνει, ἀλλ' εἰκῇ τὰ τοιαῦτα μέτεισι κενολογῶν ἀτεχνῶς καὶ τοὺς πλείους δὲ κραυγάσους καὶ στασιώδεις εὑρίσκων οἷα μηδαμῶς ἀνεκτὰ ἡγουμένους τὰ φορτικὰ ταῦτα καὶ ἀήθη ἐπιτάγματα, ὑπό τινων δὲ καὶ λογιστευόμενος ὡς τὰ κοινὰ κατασπαθῶν καὶ τοῖς συγγενέσι τὰς ἐπαρχίας διανειμάμενος ἀχρείοις οὖσι πᾶσι καὶ ἀπεσβεσμένοις τοὺς λύχνους τοῦ σώματος, τῆς μὲν προθέσεως ταύτης μεθ' ὅλης συντονίας ἀπῆρε, μικροῦ μηδ' αὐτὸς εἶναι διατεινόμενος ὁ τὸ σκέμμα τόδε εἰσενεγκάμενος· ἑτέραν δὲ τραπόμενος ᾐτεῖτο τῶν χρυσέων καὶ ἀργυρέων ἀναθη-

---

3 πέπομφε: initio a. 1197

24—25 τοὺς — σώματος: cf. Mat. 6, 22

VA = a, PW, RMDF = b

95 θρομβοῦντας V στιλπνότητος AP[ac]W **2** καθ' ἕκαστον χρόνον διδόμενα post κεντηνάρια add. B Bekk **3** εἰς W **8** στέλλεσθαι V **10** καὶ om. W **14** προσεδέχετο προσδοκῶν W **20** καινολογῶν VA **26** τόδε: τότε APW Bekk

1—7 ἠρίθμουν δὲ οἱ πρέσβεις τὰ ὑπὲρ εἰρήνης αἰτούμενα χρήματα εἰς πλεῖστα χρυσίου κεντηνάρια. πρεσβεύσοντα (-βεύοντα R) οὖν ἐς τὸν ῥῆγα πέπομφε τὸν Φιλοκάλην Εὐμάθιον, ἔπαρχον ὄντα τῆς πόλεως, ἑκόντως (-τα D) ὑποδύντα τὸν (τὸν om. M) πρέσβιν καὶ δεηθέντα μετὰ τῶν ἐπαρχικῶν παρασήμων τῷ τῶν Ἀλαμανῶν ἐποφθῆναι ῥηγί b **7—11** καὶ — περιβλήματος om. b **13** χρυσίου om. b **14** ἐπέμενε προσδοκῶν: προσεδέχετο (προσεδέδοκτο R) b **14—479,43** ἔνθα — ἀπεγένετο om. b μάτων ὁπόσα | ἐκτὸς τοῦ βήματος, μήτε μὴν πρὸς ὑποδοχὴν ἡτοίμασται τοῦ θείου σώματος καὶ αἵματος τοῦ Χριστοῦ. ἀποπηδησάντων δὲ καὶ πρὸς τοῦτο πολλῶν καὶ εἰπόντων ὡς κοινοῦν ἐθέλει τὰ ἅγια, ἔγνω δεῖν τοῖς ἀλάλοις καὶ κωφοῖς τῶν βασιλέων ἐπιθέσθαι μνήμασι, μηδένα τὸν ὑπερφθεγξόμενον ἔχουσιν. ἐτυμβωρυχοῦντο οὖν τὰ μνήματα, ὡς τοῖς πώ ποτε Ῥωμαίων ἄρξασι καὶ ὅσοις αἱ πράξεις περίδοξοι τοὺς λαΐνους περιλελεῖφθαι μόνον χιτῶνας, τὸ ψυχρὸν καὶ τελευταῖον κάλυμμα τοῦτο, παντὸς γεγυμνωμένοις ἐπικοσμήματος τιμαλφοῦς. ἦν δ' ἂν οὐδ' ἡ τοῦ μεγάλου Κωνσταντίνου σορὸς ἀναφὴς καὶ ἀσκύλευτος, εἰ μὴ φῶρες φθάσαντες τὸ δόγμα τοῦ βασιλέως τὴν ἐπιτρέχουσαν διάχρυσον ἀγλαΐαν ἐκλοποφόρησαν. ἀμέλει καὶ συναγηοχὼς ἀργύριον ἐντεῦθεν ὑπὲρ τὰ ἑβδομήκοντα κεντηνάρια καὶ μερίδα χρυσίου τινὸς ὡσεὶ βέβηλον ὕλην καθῆκεν εἰς τὸ χωνευτήριον. δυσὶ δὲ τῶν ἐκ τῆς βασιλείου αὐλῆς τὴν τούτων ἐπαναθεὶς συλλογὴν εἶχεν ἀμφοτέρους μετὰ βραχὺ σύνδρομον τῇ πράξει τὴν ἐκβίωσιν εἰληφότας· ὁ μὲν γὰρ πυρετῷ λάβρῳ διαφρυγεὶς ἀπελήλυθεν, ὁ δὲ ὑδέρῳ κατὰ τοὺς ἀσκοὺς οἰδηθεὶς ἀπεγένετο. |

Τὰ δ' ἐφεξῆς — ἀλλὰ τίς ἂν ἀξίως τὰς τοῦ Κυρίου λαλήσειε δυναστείας, ἢ τίς ἀκουστὰς ποιήσειε τὰς αἰνέσεις αὐτοῦ; φθάνει τὴν ἀποστολὴν τῶν χρημάτων ὁ τοῦ ῥηγὸς Ἀλαμανίας θάνατος. οὐ Ῥωμαίοις δὲ μόνον πολυέραστος οὗτος γεγένηται, ἀλλὰ καὶ τοῖς ἑσπερίοις τρισασπάσιος ἔθνεσιν, ὅσα τε πρὸς ἑαυτὸν ἐκεῖνος βίᾳ πλέον ἤπερ πειθοῖ ἐπεσπάσατο καὶ ὅσα μετελθεῖν μελέτην ἐτίθετο, ἀεὶ μερίμναις κατατεινόμενος καὶ πρὸς ἅπασαν ἀντίξους ὁρώμενος ἡδυπάθειαν, ὅπως μοναρχίαν περιβαλεῖται

---

46 Henricus VI mortuus die 28 mens. Sept. a. 1197

33—34 λαΐνους . . . χιτῶνας: cf. Hom. Γ 57 **44—45** τίς — αὐτοῦ: cf. Ps. 105, 2

VA = a, PW, RMDF = b

29 καὶ alt. om. Bekk **31** μνήμασι: γρ. τάφοις W^{mg} **34** κώλυμα P **38** ἐκλωποφόρησαν V **39** ο' VA **40** ἐς A **41** οἳ ἦσαν ὁ ἐπὶ τοῦ κανικλείου Ἀνδρόνικος ὁ Ἀλυάτης καὶ ὁ ἐκτομίας ὁ βάρβαρος Γεώργιος post συλλογήν add. W (cf. ὁ ἐπὶ τοῦ κανικλείου ἦν Ἀνδρόνικος ὁ Ἀλυάττης καὶ ὁ ἐκτομίας ὁ βάρβαρος Γεώργιος [A^{mg} P^{mg}]) **44** Θάνατος τοῦ ῥηγὸς Ἀλαμανίας quasi titulus ante τὰ praem. VB A^{mg} W^{mg}: Τόμος δεύτερος τῆς βασιλείας Ἀλεξίου τοῦ Ἀγγέλου τοῦ καὶ (Ἀγγέλου τοῦ καὶ om. P) Κομνηνοῦ AP: Τόμος δεύτερος Ἀλεξίου Κομνηνοῦ τοῦ καὶ Βαμβακοράβδου W: Βασιλείας Ἀλεξίου τοῦ Κομνηνοῦ τόμος β' Bekk **47** μάλιστα post ἑσπερίοις add. Bekk: post τρισασπάσιος P **49** μετελθεῖν om. V

44—48 Ὁ δὲ θεὸς λύει τὴν δόσιν ταύτην καινοπρεπῶς, θανάτῳ γὰρ ἐξ ἀνθρώπων ὁ ῥὴξ ἐγένετο. οὐ Ῥωμαίοις δὲ μόνον πολυάρατος ὁ θάνατος τούτου δέδοκται (δέδεικται RM), ἀλλὰ καὶ τοῖς ἑσπερίοις τρισάσμενος ἔθνεσιν b **49—50** καὶ alt. — ἡδυπάθειαν om. Wb καὶ κύριος ἐσεῖται τῶν κύκλῳ δυναστειῶν, τοὺς Ἀντωνίνους καὶ Αὐγούστους Καίσαρας τῷ διανοητικῷ φανταζόμενος καὶ πρὸς τὴν ἐκείνων ἀρχὴν ἐκτείνων τὴν ἔφεσιν, καὶ μικροῦ φθεγγόμενος κατ' Ἀλέξανδρον „τὰ τῇδε καὶ τὰ τῇδε πάντα ἐμά", ὠχρός τε καὶ σύννους ὁρώμενος, καὶ τῆς ἡμέρας ὀψὲ τροφὴν προσιέμενος, καὶ πρὸς τοὺς εἰσάγοντας παραίνεσιν ὡς χρεὼν ἐκ τοῦ οὕτω | σιτεῖσθαι καχεξίαν ὑποβλέπεσθαι σώματος, ἀποφαινόμενός τε καὶ γνωματεύων ἰδιώτῃ μὲν ἐπιτήδειον εἶναι πάντα καιρὸν εἰς ἑστίασιν, καὶ μάλιστα ἣν εἰώθει τενθεύεσθαι, βασιλεῖ δὲ πολυφρόντιδι μηδὲ βουλομένῳ τὴν κλῆσιν ψεύδεσθαι ἀγαπητόν, εἰ καὶ περὶ βουλυτὸν ἐνευκαιρήσει τῇ ἀνέσει τοῦ σώματος.

Ἀλλ' ὅπερ ἔλεγον, καὶ πᾶσι μὲν εὐκταῖος ἔθνεσιν ὁ τοῦ ῥηγὸς Ἀλαμανίας ἐφάνη θάνατος, Σικελοῖς δὲ καὶ μάλιστα, ὅσῳ καὶ τῆς νήσου ἁλούσης πλείστοις ὑπ' αὐτοῦ κακοῖς προσεπάλαισαν, ἅπερ οὐδὲ ῥᾴδιον συγγραφῇ παραδοῦναι. οὐ γὰρ μόνον ὑπήνεγκαν οἵδε σφαγὰς καὶ χρημάτων ὑπέστησαν ἁρπαγὰς καὶ πατρίδος ἐδυστύχησαν ἔκπτωσιν καὶ κολάσεσιν ἀνυποίστοις καθυπεβλήθησαν, ὁπόσαι τοῦ ζῆν αἱρετώτερον τιθέασι τὸ θανεῖν, ἀλλὰ καὶ πόλεις Σικελαὶ πολλαὶ καθῃρέθησαν καὶ φρούρια ἐπίκαιρα κατεσκάφησαν. ἐδεδίει γὰρ τὴν ἐς τοὐπιὸν ἐπανάστασιν, καὶ ὡς μή ποτε Σικελοὶ τῆς ἐλευθερίας ἐρασθεῖεν προμηθούμενος, πᾶσαν αὐτοῖς ἀγαθὴν ἐλπίδα ἀπέκοψεν, ὅση τε ἐν χρήμασι καὶ ὅση ἐν ἅρμασι καὶ ἵπποις τεθέαται καὶ ὅση περιβόλοις πόλεων εὐτειχίστοις καὶ ἀνδράσιν εὐγενέσι καὶ ἐχυροῖς ἐρύμασιν ἐμπερικροτεῖ.

Πλὴν καὶ τὸ μέλλον δεινὸν ὁσῶραι ὑφορώμενος καὶ μὴ παρὸν προαποκρουόμενος ἐπεβουλεύθη παρά τινων, καὶ κρείττων τῆς ἐκείνων φανεὶς ἐπιθέσεως οὐ τῷ διὰ ξίφους θανάτῳ τοὺς | ἀντιστάτας ἠμύνατο, ἀλλὰ πο-

---

74 ἐπεβουλεύθη: a. 1197 ca. mens. Mart.

---

54 τὰ — ἐμά: fontem non inveni **61** ἔλεγον: p. 479, 46 **62—63** τῆς — ἁλούσης: cf. p. 475, 36 **70—71** ὅση — ἵπποις: cf. Ps. 19, 8

VA = a, PW, RMDF = b

51—52 ὡς ὁ Αὔγουστος καὶ ὁ Ἀντώνιος οἱ Καίσαρες B **51** Ἀντωνίους F Bekk **54** τὰ alt. om. VW **56** ἐκ τοῦ om. V **58** ἦν Bekk τονθεύεσθαι APW Bekk **62** θάνατος ἐφάνη Bekk ὡς οὐδέ τισιν ἄλλοις ἡ τελευτὴ τούτου ἀσπασιωτάτη γεγένηται post μάλιστα add. P Bekk ταύτης post νήσου add. PW Bekk **64** γραφῇ Bekk οἵδε: οὗτοι Bekk **67** Σικελικαὶ W **68** εἰς DF **71** τεθέανται APW ὅσοις V **72** εὐτενέσι P **73** ὁσῶρα RM$^{ac?}$: ὡς ὧραι et in appar. ὁσῶραι ? Bekk

52—53 καὶ — ἔφεσιν om. b **53** μικροῦ: μόνον οὐ b ὡς post Ἀλέξανδρον add. W b **54—62** ὠχρός — θάνατος om. b **62** sqq. τοῖς Σικελοῖς δὲ καὶ μάλιστα δι' εὐχῆς ἡ ἐκβίωσις τούτου γέγονεν, ὅτι καὶ τῆς Σικελίας **63** ἁλούσης πλείστοις ὅσοις ὑπ' αὐτοῦ (αὐτῶ M) κακοῖς προσεπάλαισαν (etc. lin. 63) b **64** οἵδε om. b **65** ἐδυστύχησαν: πέπονθασιν b **65—67** καὶ alt. — θανεῖν om. b **67—68** καὶ alt. — κατεσκάφησαν om. b **69—72** καὶ — ἐμπερικροτεῖ om. b **73** παρὸν: ἐφεστὼς b **74—75** κρείττων φανεὶς τῆς ἐκείνων ἐπιθέσεως b **75—76** οὐ — βασανίσας om. b λυτρόπως πρότερον βασανίσας οἰκτρότατα οὕτω τοῦ ζῆν ἐστέρησεν· ὃν μὲν γὰρ διακεχαλακὼς καχλάζοντι λέβητι καὶ θεὶς ἐπὶ κανοῦ καθάπερ σῖτον ἐκπέπομφε τοῖς οἰκείοις, ὃν δὲ ἠκοντικὼς εἰς πυρὰν ἀνακαεῖσαν ἑπταπλασίως, ὃν δὲ ἐνσακκεύσας καὶ βυθῷ παραπέμψας ἐξέτριψε. τὸν δέ γε πρωτουργὸν τοῦ συστρέμματος καὶ πρὸς ἡγεμονίαν ἐπιλεγέντα βαρυτέρᾳ τιμωρίᾳ τῶν λοιπῶν ὑπεδίκασε· στέφος ἐκ χαλκοῦ ἐπιτάξας γενέσθαι, ἐγκαρσίους ἔχον ὀπὰς ἴσας τοῖς πέρασι, περιτίθησι τοῦτο τῷ ἀντάραντι χεῖρας ἐκείνῳ, ἔπειτα τέτρασι μεγίστοις ἔστορσιν ἐς τὸ διαμπερὲς διαβεβλημένοις τῇ κεφαλῇ ἐνερείσας τὸ διάδημα οὕτω διαφῆκε βαδίζειν, ,,ἔχεις" εἰπὼν ,,ὃν ἐδίωκες, ἄνθρωπε, στέφανον· φθόνος οὐδείς· ἀπόλαυε τοῦ ἐφετοῦ σοι λίαν καὶ περισπουδάστου χρήματος". ὁ δὲ σκοτοδίνης πλησθεὶς καὶ πρηνὴς πεσὼν μετὰ βραχὺ ἐτεθνήκει τῷ οἰκτρῷ ἐκείνῳ ἐναπορρήξας στεφανώματι τὴν ψυχήν.

Κατὰ δὲ τὴν ἅλωσιν τῆς Σικελίας ἀπήχθη μεθ' ἑτέρων αἰχμάλωτος καὶ ἡ θυγάτηρ 'Ισαακίου τοῦ αὐτοκράτορος, ἧς ἡ κλῆσις Εἰρήνη, καὶ προσαρμόζεται Φιλίππῳ τῷ τοῦ ῥηγὸς 'Αλαμανίας ἀδελφῷ, ἐκ πορνικῶν φυέντι σπερμάτων, ἀποβαλοῦσα αὕτη θανάτῳ τὸν ἐκ παρθενίας καὶ πρότερον σύνευνον, ὃς ἐτυράννησε Σικελίας μετὰ μόρον τοῦ τεκόντος αὐτὸν Ταγκρέ. |

'Αλλ' ἐκποδὼν καὶ τοῦδε τοῦ κακοῦ θεόθεν γεγενημένου, μεγίστου τε ὄντος καὶ ὑφ' οὗ πᾶσα ἡ 'Ρωμαίων ἐκαραδόκει τὰ δεινότατα πείσεσθαι, ἕτερον ἐπεκύμανε κοινοβλαβὲς καθ' ἅλα κακόν. Γενουΐτης γάρ τις, Κα-

89 ἀπήχθη: die 29 mens. Dec. a. 1194 **91** προσαρμόζεται: die 25 mens. Maii 1197 **92** ἀποβαλοῦσα: die 24 mens. Dec. a. 1193 **93** μετὰ μόρον: errat auctor; Tancredus mortuus est die 20 mens. Febr. a. 1194

78 εἰς — ἑπταπλασίως: alludit ad Dan. 3, 19

VA = a, PW, RMDF = b

76 κἀκείνους post οἰκτρότατα add. D: ἐκείνους F τὸ ζῆν F **77** γὰρ om. DF **78—79** ὃν . . . ἐξέτριψε, ὃν . . . ἑπταπλασίως W **79** ἐνσακκίσας VA: ἐνσακαίσας W τῷ βυθῷ τῆς θαλάσσης Bekk **80** ἀπολεγέντα VA **81** γὰρ post στέφος add. PW Bekk **82** ἐγκαρσίως MD^{ac}F **90** ἧς ἡ: ἣ V **91** τῷ om. M τοῦ om. D 'Αλαμανίας om. VAB **92** καὶ om. W **93** ὃς: ὃς καὶ Bekk **94** Ταγγρέ VAD **1** τὰ et πείσεσθαι om. W **2** ἕτερον — κακόν uti b scr. W ὑπεκύμανε PW Bekk Γεννουΐτης VAPD^{pc} B

76 οὕτω om. b **77—78** καὶ — οἰκείοις om. b **80—81** βαρυτέρᾳ πασῶν (γρ. τῶν πάντων D^{s}) ὑπεδίκασε τιμωρίᾳ b **82—83** ἀντάραντι — ἐκείνῳ: ἀντάρτῃ b **83** εἶτα b ἐς τὸ διαμπερὲς: διαμπὰξ b **85** ἄνθρωπε, ὃν ἐδίωκες στέφανον b **86** λίαν om. b χρήματος: πράγματος W b **87—88** καὶ πρηνὴς πεσὼν τῷ οἰκτρῷ ἐκείνῳ στεφανώματι ἐναπέρρηξε τὴν ψυχήν W b **89** μεθ' ἑτέρων om. b δορυάλωτος b **91** προσηρμόσθη b **91—92** ἐκ — σπερμάτων om. b **92** αὕτη om. b ἐκ παρθενίας: παρθένιον b **93** ἐτυράννευσε b **1** πείσεσθαι τὰ δεινότατα b **2** ἕτερον καθ' ἅλα κοινοβλαβὲς ἐπεκύμανε (-μαινε DF: ὑπεκύμανε κακόν W) W b φούρης τοὔνομα, νῆας δικρότους καὶ τρικρότους πηξάμενος καὶ πλοίοις στρογγύλοις φραξάμενος τὰς παραθαλαττίους ἔκειρε πόλεις καὶ τὰς νήσους ἐπιὼν ἐτίθει κακῶς, αἳ κατὰ τὸ Αἰγαῖον ἀνίσχουσι πέλαγος. ἀλλὰ καὶ τῷ Ἀτραμυττίῳ προσβαλὼν λείαν ἐκεῖθεν ἤλασε καὶ συνέλεξε πλοῦτον οὐ σταθμητόν. ὡς δὲ ῥέγκοντες βαθέως ἐξανέθορον ὀψέ ποτε καὶ ἀνένηψαν βράδιον οἷς ἐξῆν τὰ τοιαῦτα σκέπτεσθαι, στέλλεται κατὰ τοῦ Καφούρη μετὰ τριάκοντα νηῶν ὁ Στειριόνης Ἰωάννης, πειρατὴς μέν ποτε γεγονὼς καὶ πειρατῶν ὁ χείριστος, ἐκ Καλαβρίας ὁρμώμενος, Ἰσαακίῳ δὲ τῷ βασιλεῖ προσρυεὶς ἐπὶ μεγίστοις φιλοτιμήμασι καὶ Ῥωμαίους πλειστάκις ὠφεληκὼς ἐν τοῖς κατὰ θάλατταν ἀεθλεύμασιν. ἐξιὼν οὖν κατὰ τοῦ Καφούρη κακοδαιμονεῖ παρὰ δόξαν· ἔχων γὰρ διὰ μελέτης κατασοφίσασθαι τὸν ἀντίπαλον, πλείω προβεβλημένον ἰσχύν, ὑπ' ἐκείνου καταναυμαχεῖται, πεπονθὼς ὃ δράσειν ἐκεῖνον ἐνενόει διὰ παντός. ταῖς γὰρ Ῥωμαϊκαῖς ναυσὶ περὶ Σηστὸν σαλευούσαις λαθρηδὸν ἐπιστὰς ὁ Καφούρης, ὡς εὗρε περὶ μεσημβρίαν κεκενωμένας τοῦ ναυτικοῦ, ἁπαξαπάσας μετὰ τῶν ὅπλων καὶ ὧν εἶχον ἔνδοθι βιωσίμων αἱρεῖ. ἐκ δὲ τούτου τὰς νήσους ἀδεῶς ἐπιὼν καὶ χωρία τὰ πάραλα ληϊζό|μενος φόρους ἐπέταττε καὶ συνέλεγεν, ὡς ἠβούλετο.

Βασιλεὺς τοίνυν ἐξηπορηκὼς ἐπὶ τούτοις δεῖν ἔγνω σπείσασθαι τῷ πειρατῇ. ἀμέλει καὶ στείλας τινὰς τῶν συνήθων ἐκείνῳ Γενουϊτῶν (πολλάκις γὰρ κατ' ἐμπορίαν ὅδε κατήχθη ἐς τὸ Βυζάντιον καὶ ὃ δέδρακεν ἐς χρήματα ζημιωθεὶς παρὰ τοῦ τότε δουκὸς τοῦ στόλου Μιχαὴλ τοῦ Στρυφνοῦ εἰργάσατο) ἀνεκίνει μὲν καὶ λόγους περὶ σπονδῶν, οὐδὲν δὲ ἧττον καὶ πρὸς πόλεμον ἡτοιμάζετο, τριήρεις ἄλλας καταρτισάμενος καὶ ταύτας αὖθις τῷ Στειριόνῃ παραδούς. ὡς δὲ συνέβησαν, ὁ μὲν βασιλεὺς ἓξ κεντηνάρια χρυσίου στεῖλαι τῷ Καφούρῃ καὶ χώραν ἀποδάσασθαί οἱ Ῥωμαϊκὴν ἑπτακοσίους ἔχουσαν τρέφειν ὁμογενεῖς ἐκείνῳ ὁπλίτας, ὁ δὲ ὑπείκειν τῷ βασιλεῖ, ἐφ' οἷς ἂν ὑπ' αὐτοῦ ἐπιτάττοιτο, ἐφίσταται τῷ

VA = a, PW, RMDF = b

5 ἀλλὰ: ἀλλὰ δὴ F **6** Ἀτραμυτίω ARMF παραβαλὼν W ἤλασεν ἐκεῖθεν VA **8** κατὰ: μετὰ A **9** λ' A Στειριώνης constanter RMDN **12** θάλασσαν V **13** παραδόξως DF **15** καταναυμαχήσαντος πέπονθεν ὅπερ VA ὃ — παντός: ὃ δράσειν ἐκεῖνον δὴ τὸν πολέμιον W (cf. b) **17** κατὰ τὸν Σιγὸν ποταμὸν post μεσημβρίαν add. PW Bekk **18** ἔνδοθεν W τούτων M: ταύτας A **19** παράλια R **28** ἀποδύσασθαι A: ἀποδώσασθαι W **29** ἑπταπλασίους Bekk ἐκείνω ὁμογενεῖς V **30—31** ἐφ'— βασιλεῖ om. Bekk

3—4 στρογγύλοις πλοίοις W b **7—8** ὡς — σκέπτεσθαι om. b **8** sqq. στέλλεται οὖν κατὰ τοῦ Καφούρη . . . Ἰωάνης, κακοδαιμονεῖ δὲ (παρὰ δόξαν etc. lin. 13) b **14** περιβεβλημένον W b **15—16** ὃ — παντός: ὃ δράσειν ἐνενόει τὸν πολέμιον b **16** περὶ — σαλευούσαις om. b **18** ὧν εἶχον ἔνδον αἱρεῖ b **18—20** ἐκ δὲ τούτου τὰς νήσους ἀδεέστερον (ἀδεῶς W) ἐπιὼν χωρία τὰ πάραλα ἐλήϊζετο καὶ φόρους συνέλεγεν W b **20** ὡς — ἠβούλετο om. b **21** sqq. Ὁ τοίνυν βασιλεὺς τριήρεις ἄλλας καταρτισάμενος (καταστησάμενος R) καὶ ταύτας αὖθις τῷ Στειριόνῃ παραδεδωκὼς (καὶ — παραδεδωκὼς om. M) κατὰ τοῦ Καφούρη ἐξέπεμψεν. ἐφίσταται τοίνυν τῷ πολεμίῳ, δόξαν οὕτω βασιλεῖ, ἀπροσδόκητος ὁ Στειριόνης μετὰ τῆς ἑπομένης αὐτῷ Πισσαϊκῆς δυνάμεως, ἔτι οὔσης τῆς εἰρήνης ἀμφιπαλοῦς, καὶ μάχην συνάψας αὐτόν τε τὸν Καφούρην ἑλὼν ἀναιρεῖ καὶ τὰς ἐκείνου νῆας πλὴν τεττάρων αἱρεῖ· αὗται δὲ τὸν ἐκείνου ἦγον ἀνεψιόν.

Ἀλλὰ καὶ τῶνδε τῶν κακῶν ἐκποδὼν γενομένων ὁ ἐν τοῖς ἀρχείοις ἐπεγείρεται τάραχος, ὃς τὰ κατὰ τὸν βασιλέα ᾔσχυνέ τε τὰ μέγιστα καὶ ἐφ' ἱκανὸν διεκύκησε. μέλλων δὲ τὰ περὶ τούτων διεξιέναι, ὡς εἰς ἀρχὴν τὸν λόγον | ἀνάγειν πειράσομαι σαφηνείας ἕνεκα τῶν ῥηθησομένων.

Ὁ βασιλεὺς Ἀλέξιος, ὥς μοι καὶ ἄνωθεν ἀμυδρῶς λέλεκται, οὐκ εἰρηνικὸς ᾤετο τοῖς πλείστοις πρὸ τῆς ἀρχῆς, ἀλλὰ καὶ λίαν πολεμικός· ὅθεν ἐν ἐλπίσιν ἔκειτο πᾶσιν ὡς οὐ μόνον τοῖς ἐχθροῖς Ῥωμαίων τὴν λόγχην ἀνατενεῖ βασιλεύσας, ἀλλ' οὐδὲ τοῖς ἀρχομένοις αὐτοῖς ἐσεῖται παντελῶς μέτριος. ἄρξας δ' οὖν ἑτεροῖος ὤπτο παντάπασι καὶ πάντας ἐν τοῖς καθ' αὑτὸν εἰκαιομύθους ἀπέδειξε πράγμασιν.

Ἵν' οὖν τὰ πλείω παραγκωνίσωμαι, μή πως καταγορεύων ἁλῶ καὶ εἰς ψόγον τὴν ἱστορίαν διατιθέμενος, ἄρξας εὐθὺς ἀνεκήρυξε μὴ χρημάτων ὠνίους τὰς ἀρχὰς ἀνατίθεσθαι, ἀλλ' ἀριστίνδην καὶ δῶρον αὐτὰς βραβεύεσθαι. καὶ ἦν ὄντως τὸ τοιοῦτον ἐννόημα ἐλευθέριόν τε ἄγαν καὶ ἀξιάγαστον καὶ κρηπὶς χρηστῆς βασιλείας καὶ ὑποβάθρα καὶ θέμεθλος, οὐδ' ἄν, εἰ παραλληλίζειν τις ἕλοιτο, οὐκ ἂν ποτε οὐδ' ἐγγὺς ἀφίκοιτο παραδείγματος ἐπὶ τῶν ἡμετέρων ἡμερῶν. ἀλλ' οἱ τῷ βασιλεῖ προσήκοντες, κερδοσυλλέκται πάντες τυγχάνοντες καὶ ταῖς συχναῖς μεταθέσεσι τῶν ἀρχόντων μηδὲν ἕτερον περισπουδάζειν δεδιδαγμένοι ὅτι μὴ κλέψαι καὶ διαρπάσαι καὶ τὰς δημοσίους εἰσφορὰς ὑφελέσθαι καὶ περιβαλέσθαι πλοῦτον βαθύν, τούς τε προσιόντας σφίσιν ὅτου ἕνεκεν ὡς ἰσχύουσι παρὰ βασιλεῖ ἐληΐζοντο καὶ τὰ ξυλλεγόμενα ἰδιοῦντο χρήματα, ἁδρὰ ὄντα καὶ τύχην ἰδιωτικὴν ὑπερβαίνοντα.

Διὰ δὴ ταῦτα τά τε | ἄλλα ἡμαρτήθη ὡς οὔ ποτε κατ' ἄλλην ἀρχὴν καὶ παντάπασι τὰ Ῥωμαίων διέφθαρται πράγματα, καὶ αἱ ἀρχαὶ χειρόνως καὶ οὐχ ὡς πρότερον τοῖς πρίασθαι θέλουσι προύκειντο. ἦν

---

39 λέλεκται: p. 459, 57 sqq.

VAP (ab 35 ἀλλὰ) W = a, W, RMDF = b (usque ad 34)

34 τεττάρων: τέ τινων R **36** ἐπεγείρετο W **37** δὲ om. A τούτου V **38** ἄγειν V **39** ὁ om. Bekk ὡς: ὅς APW καὶ om. Bekk **45** τὰ πλείω post πως rep. Bekk **50** εἰ παραλληλίζειν: ἐπαλληλίζειν Bekk **51** παραδείγματι PW Bekk: abbrev. A post ἡμερῶν: ὁ λογοθέτης ἦν οὗτος Βασίλειος ὁ Καματηρὸς ὁ καὶ ἀδελφὸς τῆς δεσποίνης P[mg] **52** καταθέσεσι W **53** δεδιγμένοι W **55** τε: τότε V **55—56** τοὺς — βασιλεῖ: τοὺς πρὸς αὐτοὺς ἐρχομένους καὶ οἱουδήποτε ὄντας πρὸς βασιλέα μεσιτεύοντες B **55** ἕνεκεν: ἐνέτυχεν APW Bekk

(31—33) πολεμίῳ (πολεμίῳ: Καφούρῃ D) ἀπροσδόκητος ὁ Στειριόνης (Ἰωάννης add. M) μετὰ τῆς ἑπομένης αὐτῷ Πισσαϊκῆς δυνάμεως καὶ μάχην συνάψας etc. (lin. 33) b **35—493,66** ἀλλὰ — φρόνημα om. b οὖν τοῦ βουλομένου παντὸς χώρας ἀρχὴν ἀναζώσασθαι καὶ τοῦ μεγίστου παρὰ Ῥωμαίοις τυχεῖν ἀξιώματος. οὐ μόνον τοίνυν οἱ ἐν τριόδοις καὶ ἀγοραῖς καὶ κολλυβισταὶ καὶ πράται τῶν ὀθονῶν σεβαστοὶ ἐτιμήθησαν, ἀλλὰ καὶ Σκύθαι καὶ Σύροι ὤνιον ἀργυρίων εὕραντο τὸ σεβάζεσθαι, τοῖς πρὶν ὑπηρετεῖσθαι δεσπόταις ἠδοξηκότες.

Τούτων δὲ πάντων αἰτία τις ἦν, ὡς εἴρηται, πρωτουργὸς ἡ τῶν βασιλικῶν φρενῶν ἐλαφρία καὶ τὸ πρὸς διοίκησιν τῶν πραγμάτων ἀπροσφυές, οὐκ ἔλαττον δὲ καὶ ἡ λιχνεία τῶν περὶ αὐτὸν καὶ τὸ πρὸς συλλογὴν χρημάτων ἄπληστόν τινων καὶ ἀκόρεστον· ὅθεν ὑπὸ τῆς γυναικωνίτιδος καὶ ὅσοι τῶν ἐξ ἀνδρῶν αὐτῷ προσῳκείωντο διεπεττεύετο τὰ κοινά. τοσοῦτον δ' ἀπεῖχε τοῦ εἰδέναι τὰ δρώμενα, ἐς ὅσον καὶ Ῥωμαίων ἀποσχοινίζονται οἱ τῆς Θούλης οἰκοῦντες τὰ ἔσχατα. οὐκοῦν αὐτός τε ὁ τῆς ἀρχῆς πηδαλιοῦχος κακῶς ἤκουε παρὰ πάντων καὶ τὸ ἐς πρωρεῖς καὶ νηΐτας ὑπ' ἐκείνου ταχθὲν παλαμναιοτάταις ἀραῖς ὑπεβάλλετο.

Ἡ τοίνυν βασιλὶς οὐκ ἀνασχετὸν τὸ γινόμενον οὕτω κρίνουσα, ὅτι μηδὲ διαδρᾶναι οἷόν τε ἦν τὸ ταύ|της ἐρευνητικὸν καὶ ἐρασιχρήματον, ἔγνω μὴ ἐπὶ μακρὸν ἐθελοντὶ ἀτρεμεῖν, ἀλλ' ἢ κατὰ τοὐπίταγμα τοῦ ταύτης ἀνδρὸς τὰς προβλήσεις ⟨εἶναι⟩ ἀπριάτους ἢ γοῦν τὴν βασίλειον γάζαν στέγειν τὰ ξυλλεγόμενα. καὶ τὰ μὲν πρῶτα εἰς ὑπουργὸν ἡ βασιλὶς ἐπέταξεν ἑαυτῇ τὸν Μεσοποταμίτην Κωνσταντῖνον· ἦν δ' οὗτος ὁ παρ' Ἰσαακίῳ τῷ Ἀγγέλῳ τὰ μέγιστα δυνηθείς, καθὼς ἐν τοῖς περὶ ἐκείνου λόγοις εἰρήκειμεν. ἔπειτα δὲ τῷ ἀνδρὶ καταλλάσσει δύσνως πρὸ τῆς ἀρχῆς εἰς αὐτὸν ἔχοντι καὶ μετὰ τὴν τοῦ κράτους ἔτι ἀποστρεφομένῳ τοῦτον ἀνάζωσιν, ὅτι τε πολλὰ τῶν καθεστώτων πραγμάτων Ῥωμαίοις μετακεκίνηκε τοῦ στασίμου καὶ ὅτι ξυγκυκῶν κατὰ πρόοδον καὶ συνταράσσων τὰ σύμπαντα οὐδαμῶς ἔληγεν.

Ὡς οὖν ἡ τῶν κοινῶν διοίκησις πάλιν πρὸς τὸν Μεσοποταμίτην μετανενεύκει, ἔσβεστο μὲν ἡ τῶν ἄλλων ἰσχύς, ἠμαύρωτο δὲ τῶν τῷ βασιλεῖ προσκολλωμένων τῆς δυναστείας τὸ φῶς· καὶ ὁ πρώην παρὰ τῷ κρατοῦντι ἀπόβλητος ἀξύμβλητος τηνικαῦτα ἐκρίνετο κέρας τε Ἀμαλθείας ᾤετο παρ' ἐκείνῳ καὶ πολυμιγὴς κρατὴρ ἀγαθῶν ἢ τὸ παρὰ

---

66 εἴρηται: p. 484, 63 sqq. **72** οἱ — ἔσχατα: cf. prov. lat. ultima Thule apud Otto s. v. Thule **83** εἰρήκειμεν: p. 443, 46 App.; cf. p. 439, 70 sqq. **91—92** κέρας . . . Ἀμαλθείας: cf. Zenob. 2, 48; Diogen. 1, 64 **92—93** τὸ — ἀγροῦ: cf. Iob 5, 25

VAPW = a

63 κολυβισταὶ V πρῶται A: πρῶτοι PW **64** καὶ Σύροι om. VAPW: add. ex B Bekk **74** παλαμναιότατα ταῖς V **79** εἶναι Die: γίνεσθαι Bekk (cf. B lin. 78—80: ἢ μὴ πωλεῖσθαι τὰς ἐνοχὰς κατὰ τὸν βασιλέως ὁρισμόν, ἢ τὰ συναγόμενα εἰσάγεσθαι εἰς τὸ βεστιάριον) ἀπριάτους: ἀπεριάπτους APW: ἀπράτους Bekk **80** ἐς V **81** ἑαυτὸν AW **83** εἰρήκειμεν: ἱστορήκειμεν V: εἶπον B **86** κεκίνηκε Bekk **87** ξυνταράσσων A **89** μὲν om. Bekk εὐμάρωτο APW **91** τε: ἂν APW Bekk τῷ Ἰὼβ παμβότανον τοῦ ἀγροῦ καὶ πᾶσι πάντα προσφυῶς καὶ καταλλήλως εἰδὼς γίνεσθαι, φῶς μὲν ὀφθαλμοῖς ἀναπεπταμένον, ἀὴρ δ' εἰσκεχυμένος ῥισὶ ζωογόνος, τὸ τοῦ Περόζου ἄντικρυς μάργαρον ἀεὶ πρὸς τοῖς ὠσὶ τοῦ βασιλέως ἀπαιωρούμενον καὶ τῆς ὅλης ἀντάξιον ἀρχῆς κρινόμενον, εἴτε μὴν Ἀρτέμων ὁ περιφόρητος καὶ Ἄργος ὁ πολυόμματος καὶ ὁ ἑκατόγχειρ Βριάρεως.

Τὸ δὲ δὴ πα|ράλογον οὑτωσὶ συμπεσὸν βαρέως μὲν καὶ ἄλλοι ἤνεγκαν, ὁπόσοι τῆς προτέρας ἰσχύος ἐξέπεσον ἢ γοῦν κατὰ πυγολαμπίδας ἠμαύρωντο μειδιασάσης ἡμέρας, οἱ δ' ἐξ αἵματος τῆς δεσποίνης Ἀνδρόνικός τε ὁ Κοντοστέφανος, ὃς Εἰρήνῃ τῇ ταύτης θυγατρὶ συνηυνάζετο, καὶ ὁ ταύτης ὁμαίμων ὁ Καματηρὸς Βασίλειος μικροῦ τῷ γενομένῳ καὶ ἀπεπνίγησαν. ἀφέντες οὖν τῷ τέως τὴν κατ' αὐτῶν βληθεῖσαν καὶ εἰς πρόσκομμα κειμένην λίθακα, τὸν Μεσοποταμίτην φημὶ Κωνσταντῖνον, ἐπὶ τὴν ἀφιεῖσαν δέσποιναν ὅλον τὸν δρόμον συνέτειναν καὶ τὸν χόλον ἐμημέκεσαν, ζητοῦντες ἐν καιρίοις τὴν ὄρεξιν τῆς ἀντιλυπήσεως.

Μετὰ γοῦν ἱκανωτάτην σκέψιν τοῦ ποιητέου καὶ μεθ' ὅσην τῆς ἐπιβουλῆς προμήθευσίν τε καὶ προβούλευσιν προσίασι βασιλεῖ πρὸς τὰ ἑσπέρια μέρη ἀπαίροντι. ἰδίᾳ τε τούτῳ ἐντυχόντες ἔφησαν ,,εἰ καὶ ἡ φύσις οἶδε τὸ συγγενὲς τιμιώτερον καὶ πρὸς ἀγάπησιν ἐπιτηδειότερον, ἀλλ' αὐτοὶ φιλοβασιλεῖς μᾶλλον καὶ φιλαλέξιοι πλέον ἢ φιλευφρόσυνοι καὶ εἶναι καὶ ἀκούειν βουλόμεθα. σοῦ μὲν γὰρ μηδέν τι ἀπευκταῖον ἐξ ἀνθρωπίνης χειρὸς πεπονθότος, τὸ κοινὸν τοῦτο πάντων ἀνθρώπων σωτήριον, ὅ ἐστι τὸ τὴν βασιλείαν σώζεσθαι, καὶ ἴδιον ἀγαθὸν ἡμῖν ποιούμεθα· εἰ δ' ἐπὶ σοί τι ξυμβαίη τῶν ἀδοκήτων, κοινῇ συναναστραπέντες καὶ συμφορὰς ἰδίας προσεπιμαξόμεθα, φρούδων ἁπάντων γεγενημένων, ἅπερ | ἀναδούμεθα σοῦ βασιλεύοντος".

Οὕτω φροιμιασάμενοι καὶ δεξιῶς χορδολογήσαντες τὸ τοῦ λόγου βάρβιτον ἐπήνεγκαν τὸν κολοφῶνα τῆς ὑποθέσεως, οἷόν τι μέλισμα ἐξιστῶν τὸν βασιλέα φρενὸς καὶ μεταφέρον εἰς μανιώδη ἀλλοίωσιν, ὡς

---

95 τὸ — μάργαρον: cf. p. 440, 81 b **2** Ἀρτέμων: Athen. 533 e; App. prov. 4, 32 Ἄργος: cf. p. 257, 77 **3** Βριάρεως: cf. Plut. Marc. 37; prov.: Κόττου ἰσχυρότερος καὶ Βριάρεω Apost. 9, 98 **10** πρόσκομμα . . . λίθακα: cf. λίθος προσκόμματος Rom. 9, 32 sq.; 1 Pe. 2, 8 **26** ἐπήνεγκαν τὸν κολοφῶνα: cf. Apost. 16, 92 **27—28** ὡς — κρούματα: cf. Dio Chrysost. 1, 1; Suda τ 620

VAPW = a

93 πανβότανον PW **6** ἠμαύρωτο PW[pc?] **10—11** Κωνσταντῖνον φημί V **12** ἐμεμέκεσαν V[pc] APW **14—15** μετὰ γοῦν τὸ σκέψασθαι καὶ κακῶς περὶ τούτου βουλεύσασθαι καὶ τὴν βουλὴν αὐτῶν βεβαιώσαντες B **15** τε καὶ προβούλευσιν om. V **16** τε: δὲ Bekk **16—17** εἰ καὶ ἡ φύσις τῆς συγγενείας προτιμᾶν οἶδε καὶ τὴν ταύτης ἀγάπην προτιμοτέραν ἔχειν B **17** καὶ — ἐπιτηδειότερον om. V **19** σοῦ VB Bekk: τοῦ APW **21** ὅ om. PW Bekk (unde ἐστι expungendum putabat Bekk) **23** προσεπιμαζόμεθα P Bekk **26** μέλημα Bekk **27** τῆς ante φρενὸς add. V[s] οὐδ' Ἀλέξανδρον πάλαι πρὸς ὅπλισιν τὰ Τιμοθέου ἐνεθέαζον κρούματα· φασὶ γὰρ ὡς „ἡ σὴ ἄλοχος, δέσποτα, ἐς πράξεις μυσαρωτάτας ἀνακεκαλυμμένῃ χωρεῖ κεφαλῇ, καὶ σὲ τὸν εὐνέτην ὡς μαχλὰς ἐς τὴν κοίτην ἀδικοῦσα δεδίαμεν μὴ καὶ νεωτέροις ἐγχειρήσειε πράγμασι μικρῷ ὕστερον· ᾧ γὰρ λεσχηνεύουσα καὶ ἀναίδην συγκατακλινομένη γέγηθε, τοῦτον εἰκὸς καὶ ἄρχειν αὐτὴν αἱρεῖσθαι καὶ τὴν πᾶσαν πρὸς τοῦτο συντείνειν πρόθεσιν. δεῖ τοίνυν αὐτὴν μὲν ἀνακοπῆναι τοῦ τὰ πάντα δύνασθαι καὶ πλούτῳ περιρρεῖσθαι πολλῷ, τὸν δ' ἐραστὴν αὐτῆς, ὃν αὐτὸς μὲν ἐς παῖδας ἐνέγραψας, ἡ δὲ ἀθεμίτως ἑαυτῆς πεποίηκεν ἐπιβήτορα, ἐκποδὼν γενέσθαι ἀνυπερθέτως καὶ μάλα αὐτίκα, ὡς μηκέτι τοιοῦτόν τι ξυμπεραίνηται μίασμα. τὰ δ' ἐς τὴν ἄδικον σύζυγον γενησόμενα χρεὼν ἀναβεβλῆσθαι κατὰ καιρόν, καθ' ὃν σὺν θεῷ ἀνύσας τὴν προκειμένην ἐς τὴν Κωνσταντίνου αὖθις ἐπαναλύσειας".

Ταῦθ' οἱ μὲν εἰπόντες καὶ ὑποθέμενοι ἀνδρῶν ἠκηκόεισαν βέλτιστοι καὶ χρῆμά τι σπάνιον ὁμοῦ καὶ ἀσπάσιον· ὁ δὲ βασιλεὺς μέγ' ὀχθήσας ὅτι τῶν πρὸς τὸν Βατάτζην εὐ|ποιϊῶν ταύτην ἀντείληφεν ἀμοιβήν, στείλας εὐθὺς τῶν δορυφόρων ἕνα, ᾧ ἐπίκλησις Βαστραλίτης, τίθησιν ἐξ ἀνθρώπων. ὁ μὲν γὰρ τοῖς περὶ τὴν Βιθυνίαν διέτριβε μέρεσιν, ἔτι ἀντιστατοῦντος Ἀλεξίου τοῦ Κίλικος. ὁ δὲ Βαστραλίτης ἀφικόμενος καὶ τοῦτον τοῦ στρατοπέδου ἀπαγαγών, ὡς ἂν οὕτω μηδενὸς ἀΐοντος ἀπαγγελεῖ τὰ βασιλέως ἐντάλματα, ἅπερ εἰς ἐκεῖνον ἥκει φέρων ἀπόρρητα, αὐτός τε τὸ ξίφος ἐσπάσατο καὶ οἱ τῶν ἐκείνου πρὸς φονουργίαν προητοιμάσθησαν, καὶ ἦν ὁ μεῖραξ ἐντεῦθεν ὡς βόσκημα διαμελιζόμενος. καὶ τὸ μὲν ἔργον τοῦτο βαρέως καὶ δυσφόρως ἅπαντες ἤνεγκαν ὁ στρατός, ὁπόσοις τὸ πραχθὲν ἐν ὀφθαλμοῖς προὔκειτο· ὁ δὲ Βαστραλίτης πηριδίῳ τὴν τοῦ Βατάτζη κεφαλὴν ἐνθέμενος εὔζωνος ἐπανῆκεν ἐς βασιλέα. καὶ οὗτος τῷ κρανίῳ πρὸ τῶν ποδῶν ῥιφέντι λὰξ ἐναλλόμενος καὶ ἱκανῶς αὐτῷ ἐμβλέπων προσλαλιάν τινα διεξῄει μηδαμῶς ἱστορίᾳ δοθῆναι πρέπουσαν.

30 ἀνακεκαλυμμένῃ . . . κεφαλῇ: cf. Greg. Cypr. 1, 81 **37** ἐπιβήτορα: cf. p. 101, 70 **42** μέγ' ὀχθήσας: Hom. A 517; al.

VAPW = a

28 τὰ ante κρούματα add. V[s] **30—31** ἐς (εἰς Bekk) τὴν κοίτην ὡς μαχλὰς APW Bekk **31** ἐγχωρήσειε AW **32** ἀνέδην APW **34** τοῦτον V τὰ om. Bekk **38** τι om. V συμπεραίνηται V εἰς Bekk **40** εἰς Bekk τὸν Κωνσταντῖνον A **41** ἠκηκόησαν PW **43** ἀνείληφεν APW Bekk **44** Βαστραλίτη P **45** τὴν om. APW Bekk: hab. B **47** ἀΐοντος: ἀκούοντος V **50** διαμελιζόμενον APW Bekk **51** ἅπας ἤνεγκεν ὁ στρατός Bekk: ἅπαντες ἤνεγκε ὁ στρατὸς B **52** τηριδίῳ P **53** Βατάτζου PW **54** οὕτως W **55** παρέπουσαν A

Καὶ βασιλεὺς μὲν μετὰ τοῦτο τῆς προκειμένης ἐχόμενος ἄπεισι πρὸς τὰ Κύψελλα, σωτήριόν τι ταῖς Θρᾳκίαις πόλεσιν ἐργασόμενος, ἃς οἱ Βλάχοι καὶ Σκύθαι κακῶς ἐτίθεσαν, ἐπὶ δὲ συλλαβεῖν τὸν Χρύσον προθέμενος ἢ γοῦν ἀνακόψαι τῶν ἐκδρομῶν, ἃς ἐποίει λαθραίως τὰ περὶ τὰς Σέρρας κείρων χωρία.

῏Ην δ' ὁ Χρύσος οὗτος Βλάχος τὸ γένος, τὴν | ἡλικίαν συνεσταλμένος, μὴ συμφρονήσας μὲν ἀφισταμένοις 'Ρωμαίων Πέτρῳ καὶ τῷ 'Ασάν, ὅτι μὴ καὶ μᾶλλον κατ' αὐτῶν ἀράμενος ὅπλα μεθ' ὧν εἶχε πεντακοσίων ὁμογενῶν καὶ 'Ρωμαίων γεγονὼς ἔνσπονδος. οὐ πολλῷ δ' ὕστερον ἁλοὺς ὡς ῥέπων πρὸς τὸ ὁμόφυλον, τοῖς πρόσω βαίνων διὰ παντὸς καὶ δυναστείαν ἑαυτῷ μνηστευόμενος, φρουρᾷ παραδίδοται. εἶτα ἀνεθεὶς καὶ σταλεὶς ἐπὶ τῷ φρουρῆσαι τὴν Στρούμμιτζαν τὸν μὲν ἐκεῖσε πεπομφότα βασιλέα τῶν ἐλπίδων ἐψεύσατο, τῇ δὲ γνώμῃ χρησάμενος ἦν τοῖς ἐκ γειτόνων 'Ρωμαίοις κἀκεῖνος κακὸν ἀδυσώπητον.

Πρὸς τοῦτον τοίνυν ἐξορμήσας ὁ βασιλεὺς καὶ στράτευμα ἱκανὸν ἐς τὰ Κύψελλα ἠθροικώς, μετὰ βραχὺ ἀποστὰς τῆς προθέσεως ἐρᾷ ἐπανόδου, ὡς μάτην μὲν ἐκεῖσε τὴν στρατιὰν ἁλισθῆναι, εἰκαίως δὲ καὶ αὐτὸν τὴν ἐς τὰ Κύψελλα πορείαν ἑλέσθαι. οὐκοῦν τὰ κατὰ τὴν ἑσπέραν ἀφεικὼς φέρεσθαι, ὡς πρώην εἶχον καὶ ἔπασχον, ἐς τὸ Βυζάντιον ἐπανέζευξε μηδὲ δύο μῆνας ἀνασχόμενος θυραυλῆσαι.

Καὶ ὁ μὲν τοῖς κατὰ τὴν 'Αφάμειαν βασιλείοις ἐναυλισάμενος τὸ Φιλοπάτιον κατειλήφει μετέπειτα. ἡ δέ γε βασιλὶς Εὐφροσύνη συναθροῦσα τῷ νῷ καὶ συλλαμβάνουσα ὅσα κατερρέθη αὐτῆς καὶ δεδοικυῖα τὸν σύλλεκτρον τὰς χεῖρας πρὸς ἅπαντας ὤρεγεν ἐλεεινῷ καὶ ἀπεσβεσμένῳ βλέμματι καὶ ἠντιβόλει τοὺς παρὰ βασιλεῖ πεποίθησιν ἔχοντας, προστῆναί τε αὐτῆς καὶ τὰ δυνατὰ ὑπερφθέγξασθαι οὐ μόνον ἀτίμως | ἐξωσθῆναι τῶν ἀνακτόρων κινδυνευούσης, ἀλλὰ καὶ τὸν περὶ ψυχῆς ἤδη τρεχούσης περιφανῶς. ᾤκτειρον οὖν αὐτὴν οἱ πλεῖστοι· καὶ οἱ μὲν ἀπολιγωρῆσαι τῶν κατὰ τῆς γυναικὸς εἰσηγηθέντων τὸν βασιλέα ἐνῆγον ἐνδιέβαλλόν τε τοὺς κατειπόντας αὐτῆς ἄνδρας ἀκαν-

---

56 ἄπεισι: a. 1197, mense Febr.an Iul.?

82—83 τὸν — τρεχούσης: cf. p. 24, 25

VAPW = a

56 μὲν om. Bekk **58** ἐπὶ: ἐπεὶ PW: ἔπειτα Bekk **62** μὴ om. V **62—64** ὁμογνωμονήσας μὲν μετὰ τοῦ Πέτρου καὶ τοῦ 'Ασὰν εἰς ἣν ἐποίησαν ἀποστασίαν, μὴ θέλων δὲ ἀκολουθῆσαι αὐτοὺς μεθ' ὧν εἶχε τότε πεντακοσίων, προσέδραμε τότε τῶ βασιλεῖ B **62** συμφων⟨ήσας⟩ W **65** τοῖς: τῷ Bekk **66** ἑαυτοῦ W: abbrev. A **67** τῷ: τὸ AP **72** ἐκεῖ που APW Bekk **76** 'Αφάμιαν W ἐναυλισάμενος om. A **77** ἔπειτα κατειλήφει APW Bekk **80** βλέμματι: ὄμματι Bekk **82** ἐξωθηθῆναι A τὸν om. V **83** περιφανῶς om. Bekk **85** ἐνδιέβαλον PW θώδεις τὸν τρόπον καὶ συρραφέας ψεύδους καὶ στρεβλοχείλους αὐτοὺς ὀνομάζοντες καὶ φιλαιτίους ἔτι καὶ μεμψιμοίρους· οἱ δὲ ὑπετίθουν μετὰ προμηθείας πλείστης τὸ γενησόμενον διαπράξασθαι, ἵνα μὴ ἁλῷ ἐκείνην εἰσοικιζόμενος ὕστερον, ἣν ἀπέλυσε σήμερον ὡς μοιχεύτριαν, καὶ τὴν αὐτὸς αὑτοῦ αἰσχύνην διατεχνώμενος ἐσεῖται οὕτως παγκόσμιον περιλάλημα κἀκείνοις τῶν ζώων παραβαλλόμενος τοῖς ἐκκρούουσι μὲν ἐπὶ τῶν κροτάφων τὰ ἀμυντήρια, παροξυνομένοις δὲ οὐδαμῶς, οὔτε μὴν τὸ κέρας ὁπλίζουσι κατὰ τῶν ἐπιθορνυμένων ἐν ὄψεσι ταῖς θηλείαις αὐτῶν.

Μετὰ δὲ τοῦτο εἰς τὰ κατὰ Βλαχέρνας ἀνάκτορα εἰσιὼν οὐκ εὐθέως τὸν κότον ἐξέρρηξεν, ἀλλὰ σύσσιτον καθάπαξ παραλαβὼν τὴν ὁμόλεκτρον καὶ τότε τὴν ἔνδον ταραχὴν ὑπεμφαίνων τῷ τῆς ὄψεως σκυθρωπῷ καὶ τῷ ἄλλοσέ πῃ προσνεύοντι βλέμματι, καιόμενός τε τῷ πυρὶ τοῦ θυμοῦ, μὴ μέντοι γε καταπιμπράμενος, ἢ γοῦν ἀφανῶς ἐξαπτόμενος καὶ λεληθότως αὖθις ἀποσβεννύμε|νος, οὐκέτι ὁμιλῆσαι ταύτῃ καὶ συνδειπνῆσαι προσέθετο. ἡ δὲ κρίσιν ἐπὶ τοῖς εἰσαγομένοις κατ' αὐτῆς ἐξαιτοῦσα ἐνέκειτο καὶ πάντα παθεῖν ἑτοίμως ἔλεγεν ἔχειν, ὁπόσα ἂν ἡ κατ' αὐτῆς ἐξενεχθεῖσα ψῆφος ἀποφανεῖται· ἐδεῖτό τε τοῦ βασιλέως μὴ τῇ κομψείᾳ καὶ συγγενείᾳ τῶν καταγορευσάντων αὐτῆς προσώπων, τῇ δ' ἀκριβείᾳ καὶ ἀληθείᾳ τῶν πραγμάτων προσσχεῖν. ὁ δὲ πρὸς οὐδέν τι τοιοῦτον ἑαυτὸν ἀπευθύνας, ἀλλά τινας τῶν κατευναστριῶν γυναικῶν βασάνοις ὑπαγαγὼν κἀκ τῶν θαλαμηπόλων εὐνούχων ἀκριβωσάμενος τὰ τοῦ δράματος, ἀπάγειν αὐτὴν μεθ' ἡμέρας τῶν βασιλείων ἐκέλευσε, παντὸς ἐστερημένην ἀρχικοῦ στολίσματος καὶ λαμπροῦ περιβλήματος. ἐξάγεται οὖν τῶν ἀνακτόρων διὰ καθόδου τοῖς πολλοῖς ἀδήλου, εὐτελὲς περικειμένη χιτώνιον, ὁποῖον τῶν γυναικῶν αἱ χερνήτιδες, καὶ δύο ἀμφιπόλους βαρβάρους ἔχουσα, παραγραμματιστρίας καὶ ταύτας τῆς Ἑλληνίδος φωνῆς, καὶ δικώπῳ ἁλιάδι παραρριφεῖσα κατά τινα γυναικείαν μονὴν ἀπάγεται περί που τὸ τοῦ Πόντου στόμα δεδομημένην καὶ τῆς Νηματαρέας ὠνομασμένην.

Ἀλλ' οὕτω τῆς δεσποίνης ἐκποδὼν γενομένης, οἱ μὲν κατειρηκότες αὐτῆς οὐ πάντῃ ἀνεπαχθῶς ὑπέφερον τὸ συμβάν, ἐπειδήπερ καὶ τοῦ ἄγαν ἐκκροῦσαι τὴν βασιλίδα πειρώμενοι κατεῖπον αὐτῆς ἐς τὸν ἄνακτα, οὐ μὴν ἐκσφαιρίσαι παντάπασι τῆς ἀρχῆς βουλόμενοι ἢ γοῦν ἐκ θεμε-

---

90 παγκόσμιον περιλάλημα: cf. Tob. 3, 4 S (λάλημα . . . ἐν πᾶσιν τοῖς ἔθνεσιν) **91—94** τῶν — αὐτῶν: cf. p. 322, 56 sqq. **3—4** πυρὶ . . . θυμοῦ: Deut. 32, 22; al.

VAPW = a

86 συρραφίας APW **78** προθυμίας APW **90** οὕτως: οὗτος APW Bekk: om. B **95** ἐς V **2** ὑποφαίνων PW Bekk **8** ἀποφανῆται APW βασιλεῖ P **10** ἀληθείᾳ καὶ ἀκριβείᾳ Bekk **13** δράματος: πράγματος Bekk ἐπάγειν A **15** προβλήματος λαμπροῦ Bekk **24** βουλόμενοι om. V λίων αὐτῶν εἰς τέλεον κατασεῖσαι· καὶ τὸν βασιλέα οὐκ ᾤοντο ὅλως τοιαῦτα δράσειν ποτὲ κατ' αὐτῆς, | εἰς τὴν τούτου ἀφορῶντες μαλακότητα καὶ τὸ φέρεσθαι αὔραις μικροῦ καὶ ῥιπίζεσθαι. καὶ οἱ μὲν ἐφ' οἷς τὸ γένος ᾔσχυναν ἤχθοντο, εἰ καὶ μὴ ἐς ὅσον ἔδει καὶ δυσφορεῖν, καὶ οἱ ὀνειδισμοὶ δὲ τοῦ λεὼ καὶ αἱ κερτομίαι τούτοις ἐπιπίπτουσαι κατεπίεζον.

Ἓξ μὲν οὖν μῆνες ἐξίκοντο, καὶ ἡ βασιλὶς Εὐφροσύνη τῶν βασιλείων ἀποβέβλητο. ἐς τέλος δ' ἂν παρεώρατο, εἰ μή γε οἱ τρώσαντες ἰάσαντο, οὐχ ὃν τρόπον Ἀχιλλεὺς Τήλεφον, ἀλλὰ τὸ πρὸς αὐτοὺς πάγκοινον μῖσος, ὅτι τὴν δοξάσασαν αὐτοὺς οὐδὲν δέον αὐτοὶ ἀπεδόξασαν, εὕραντο πρὸς ἐπάνοδον οἷδε πανάκειαν ἄντικρυς. παντὸς γὰρ τοῦ ἐκ συγγενείας τῷ βασιλεῖ συνωμονοηκότος, καὶ τοῦ Μεσοποταμίτου Κωνσταντίνου πάντα κάλων, ὅ φασι, κεκινηκότος καὶ ἀνταρκέσαντος, ἐπανακαλεῖται αὖθις καὶ προσλαμβάνεται, καὶ ἦν ἰσχὺν τὴν προτέραν ὑπερβαλοῦσα τῇ ὕστερον. τοῖς δ' ἀντίφροσι πρὸς οὐδὲν ἐβαρυμηνίασε προδήλως ἢ ἐδολορράφησε τὰ ἀντίσταθμα, οὔτε μὴν τῇ κατακωχῇ τοῦ θυμοῦ ὡς Μήδεια ἀνοίστρησε βακχευτικῶς κατ' αὐτῶν, ἀλλὰ θηροκομοῦσα τὸν σύζυγον καὶ πάλαι μὲν ἀποστέργοντα, τότε δὲ καὶ τέλεον αὐτῆς ἀποσχόμενον καὶ πρὸς εὐνὴν ἐκείνῃ μηδαμῶς συνερχόμενον, σοφιστικῶς ὑπήρχετο, θωπεύουσά τε σὺν τέχνῃ ἐχρῆτο, ὡς ᾑρεῖτο, τῷ τοῦ ἀνδρὸς ἤθει μικροῦ πᾶσαν ἀναζωσαμένη τῆς ἀρχῆς τὴν διοίκησιν. καὶ τῇδε μὲν εἶχε καὶ ταῦτα. |

Ὁ δὲ Μεσοποταμίτης Κωνσταντῖνος (δοτέον γὰρ ἔτι τῷ λόγῳ τὰ κατὰ τὸν καθ' ἡμᾶς Πρωτέα καὶ πολυτροπώτατον ἅμα καὶ ποικιλώτατον τόνδε ἄνθρωπον) ἀνέσπα τὴν ὀφρὺν καὶ βλακῶδες ἔβαινε διὰ τὴν τῆς δεσποίνης ἐπάνοδον. καθ' ὅν, οἶμαι, λόγον μηδ' ἐξαρκεῖν αὐτῷ ἐς τιμὴν τὸ παρὰ βασιλεῖ δύνασθαι τὰ πάντα οἰόμενος, τὸ μὲν ἐπὶ τοῦ κανικλείου ὀφφίκιον, ὅπερ Ἰσαακίου εἶχεν ἀνάσσοντος, βραβευόμενον αὖθις ὡς μὴ χωροῦν αὐτοῦ τῆς ἰσχύος τὸ μέγεθος ἀπηνήνατο, ἐκ δ' ἀναγνώστου κληρωθῆναι εἰς διάκονον ᾑρετίσατο, μὴ καὶ τῶν ἱερῶν ἐπιθιγγάνειν ἀξόνων οὐ κρίνων ὅλως ἀνασχετόν. καὶ ἦν ἡ πρόθεσις ἔργον εὐθύς· καὶ βασιλεὺς αὐτὸς κατὰ τὸν ἐν Βλαχέρναις περίπυστον κατῄει νεών, καὶ ὁ πατριάρχης ἅμα οἱ παρῆν προχειρίζων τοῦτον ἐξ

31 ἓξ ... μῆνες: a mense Oct. a. 1197 usque ad mens. Mart. a. 1198

32—33 εἰ — Τήλεφον: cf. Eust. p. 46, 36 sqq. (75, 38 sqq. v. d. Valk) ad Hom. A 59; Mant. prov. 2, 28; Karathanasis 37 **37** πάντα — κεκινηκότος: cf. p. 335, 2 **41** ὡς Μήδεια: cf. Eur. Med. 271 sqq. **48** Πρωτέα: cf. p. 63, 18

VAPW = a

25 καταπεῖσαι A: κατασπεῖσαι W **29** ὀνειδισμοὶ B Bekk: ὄνειδοι VAPW τούτοις: τούτου APW Bekk: εἰς αὐτοὺς B **35—36** συνδραμόντων γὰρ πάντων τῶν συγγενῶν αὐτῆς μετ' αὐτῶν καὶ τῷ βασιλεῖ ὁμοσάντων B **36** συνομωμοκότος V **40** κατοχῇ PW Bekk **44** σοφιστικῶ V **46** καὶ alt. om. Bekk **48** κατὰ om. V **56—57** αὐτὸς ... κατῄει: αὐτὸν ... καθίει Bekk ἀναγνώστου διάκονον, καὶ στάσις αὐτῷ καὶ βαθμὸς ἀναβάσεως συγκεχώρηται πρώτιστος. τοῦτο δ' ἠνυκὼς σχηματίζεται τὸν ὑπονοστοῦντα καὶ μηκέτι τοῖς ἀρχείοις παραβαλοῦντα ἢ ὑποδρηστεύσοντα βασιλεῖ ὅλως· τοὺς γὰρ κανόνας μὴ ἐνδιδόναι οἱ ὁπωστιοῦν καὶ θεῷ ἱερᾶσθαι καὶ κοσμικαῖς προσπλέκεσθαι πραγματείαις· ἀποδιεστάναι γὰρ ἄμφω καὶ μηδαμῶς συναλείφεσθαι, ὥσπερ καὶ τὸ δουλεύειν θεῷ τε καὶ μαμωνᾷ κατὰ διάμετρόν εἰσιν ἀντικείμενα. ὁ γοῦν βασιλεὺς ὅσα καὶ κιττὸς ἐξεχόμενος τούτου καὶ περιεχόμενος τόμον εὐθὺς ἐκθέσθαι τὸν πατριάρχην Ξιφιλῖνον ἠνάγκασεν ἐνδι|δόντα τῷ Μεσοποταμίτῃ θεῷ καὶ βασιλεῖ, νεῷ τε καὶ ἀρχείοις προσδιαπλέκεσθαι, μηδὲν ὑφορωμένῳ βλάβος ἐκ τῶν κανόνων, οἳ τοῖς ἀμφιβίοις τούτοις δριμύσσονται δυσκολαίνοντες. τετέλεστο γοῦν καὶ τοῦτο. μικρῷ δ' ὕστερον καὶ τῆς λαμπροτάτης πόλεως Θεσσαλονίκης ἀρχιερεὺς προχειρίζεται.

Ἦν ἂν οὖν τὰ τῆς δόξης ταύτης κληρούμενος οὐκ ἀπόβλητος ἴσως ὁ ἄνθρωπος, οὐδ' ὧν ἐς ὕστερον πέπονθε δεινῶν αὐτὸς ἑαυτῷ παραίτιος, εἰ τῶν βασιλείων ἀπέστη λαμπρῶς, ὅρον ὀψέ ποτε τῇ ἐφέσει θέμενος ἢ τῆς φιλοπράγμονος γνώμης βραχύ τι καθυπενδούς. νῦν δὲ ἀλλ' ἡ τῶν πολλῶν καὶ μεγίστων τιμῶν, καὶ τούτων ἀνομοίων, λυσσώδης καὶ ἀπέραντος λίχνευσις καὶ τῶν χθαμαλωτέρων αὐτὸν ἐξέκρουσε· καὶ προύθηκεν εἰς παράδειγμα τὸν αὐτὸν ὕψους ὑπερφυοῦς καὶ ταπεινότητος ἀμέτρου ἡ τοῖς ἀνθρωπίνοις πράγμασι βραβεύουσα πρόνοια, καὶ ἀναβὰς ἕως τῶν οὐρανῶν, καταβέβηκεν ἕως τῶν ἀβύσσων τῇ παλιμπνοίᾳ τῶν πράξεων. οὐκ ἀνασχετὰ γὰρ κρίνων, εἰ μὴ τῇ λαιᾷ μὲν τῶν ἱερῶν ἔχοιτο πραγμάτων, τῇ δεξιᾷ δὲ τῶν κατὰ τὰ ἀνάκτορα λάζοιτο, συμμάρπτων τὰς ἀρχὰς ἀμφοτέρας καὶ περισφίγγων ὅσα καὶ λίθος τῶν διεστώτων συνδέτης ἀκρόγωνος, ἀμεταθέτως εἶχε καὶ πάλιν τῆς πρώην προθέσεως. ἀλλὰ μηδ' ἄτερ τῆς αὐτοῦ γνώμης περατοῦσθαί τι βουλόμενος, ὡς σφῆνάς τινας καὶ βλῆτρα τοὺς ἑαυτοῦ κασιγνήτους ἐνέβυσε | τῇ ἀρχῇ. ἢ ὡς ἐνώτια ταῖς τοῦ βασιλέως ἑκατέραις ἀπῃώρησεν ἀκοαῖς, ἵν' εἴ ποτε τῇ ἐκκλησίᾳ παραβάλλων τῇ συνόδῳ συγγίνοιτο, μηδὲν εἴη διαπραχθὲν ἢ καὶ λεχθὲν ἀφώρατον, μηδὲ λάθῃ τις αὐτὸν εἰς τὸν ἐκείνου χῶρον παρεισιών. οὐ μὴν ἀλλὰ καὶ πρὸς τὴν Θεσσαλονίκην

---

66 ἠνάγκασεν: ante diem 7 mens. Iul. a. 1198

63—64 ὥσπερ — ἀντικείμενα: cf. Mat. 6, 24 **78—79** ἀναβὰς — ἀβύσσων: cf. Ps. 106, 26 **82—83** λίθος . . . συνδέτης ἀκρόγωνος: cf. Nic. Or. 217, 3—4

VAPW = a

58 εἰς διάκονον V συγκεχώρητο V **60** ὑποδρηστεύοντα Bekk **66** ἐνδιδόναι APW Bekk **67** συνδιαπλέκεσθαι APW Bekk **73** τῶν χρημάτων post ἐφέσει add. Bekk ἐπιθυμίαν ἣν πρὸς τὰ χρήματα εἶχε B **83** καὶ πάλιν om. V **84** ἄτερ: ἅπερ AW ἀφικόμενος καὶ μικρόν τι φανεὶς καὶ ὅσον ἐνιδρυθῆναι τῷ θρόνῳ ἐς τὸ Βυζάντιον αὖθις πτηνὸς ἀνέζευξε, μὴ περιβλέψας ἐς τὰ ὀπίσω μηδὲ στὰς ἐν πάσῃ τῇ περιχώρῳ, καὶ κατ' αὐτὸ μὲν δὴ τοῦτο ὑπερόπτης τῶν ἁπάντων γενόμενος, ὅτι τὰ πάντα τῷ δακτύλῳ μετῆγέ τε καὶ μετέφερε, μάλιστα δ' ὅτι τοῦ βασιλέως κατὰ τοῦ Χρύσου αὖθις ἐξωρμηκότος αὐτὸς ἐς ὅσα τῷ βασιλεῖ πρὸς βουλῆς τὰ κατὰ τὸν ἀποστάτην τοῦτον διῳκηκὼς ἔδοξε καὶ τακτικαῖς ἐνδέξιος ἐπιβαλεῖν ὑποθέσεσι καὶ ἀτεχνῶς βασίλειον ἱεράτευμα.

Ὅθεν ὅπερ ἐπὶ τῶν σωματικῶν ἕξεων ὁ Κῷός φησι ποιητής, ὡς εἰς τὸ ἄκρον προελθοῦσαι φιλοῦσι πρὸς τὸ κάταντες ὡς φιλυπόστροφοι μεταφέρεσθαι, μὴ ἀτρέμας ἔχουσαι μένειν τῷ συνεχεῖ ἀεὶ τῆς κινήσεως, τοῦτο καὶ ἐπὶ τῷ Μεσοποταμίτῃ συμπέπτωκεν ἄντικρυς· ἀεὶ γὰρ τοῦ προβαίνειν πειρώμενος καὶ μηδένα τοῦ δοξοθηρεῖν εἰδὼς κόρον ἔλαθεν ὡς ὁ μυθικὸς κώνωψ ὁ λέοντι συμπλακεὶς ἀραχνίῳ λεπτῷ συλληφθεὶς καὶ πᾶσαν ἐξαναλύσας δόξαν δι' ἀτιμίας, ἣν περισπερχῶς ἀνώδευσε πρότερον, κατὰ τὸ ψαλτῷδημα τοῦ Δαυὶδ „κύψας ἢν καὶ πεσὼν ἐν τῷ κατακυριεῦσαι | τῶν τότε πενήτων γνώσεως". ἐς γὰρ φατρίαν οὐ μετρίαν ἀθροισθέντες καὶ κοινῇ συνελθόντες ὁπόσων αὐτὸς ταῖς κεφαλαῖς κατὰ τὴν τῆς κωμῳδίας ψύλλαν ἐφήλατο καὶ οὓς μικροῦ κατὰ κόρρης ἐρράπιζεν ὡς ἀνδράποδα καί τινας οὐχ ὑγιεῖς κατ' αὐτοῦ κατηγορίας ὡς ἀφυσγετὸν ἠθροικότες προσίασι βασιλεῖ καὶ τὸ αὐτοῦ εὐένδοτόν τε καὶ ῥᾴδιον παντὶ καθυπάγεσθαι ῥήματι συνέριθον πρὸς τὸ ἔχθος εὑράμενοι κατέδραμον γενναίως. καὶ τὸ ἐντεῦθεν οὐ μόνον τῶν ἀνακτόρων ἐκτοπίζεται ὡς σφαῖρά τις εὐπερίγραπτος διαφεθεῖσα ἰσχυρῷ μηχανήματι, ἀλλὰ καὶ τῆς ἀρχιερωσύνης ἐξοστρακίζεται, ἑνός τινος προκοιλίου ἐς ἀγορητὴν ἐπιλέγδην παρὰ τῶν ὅλων προβληθέντος, λέγω δὴ τοῦ τότε δουκὸς τοῦ στόλου Μιχαὴλ τοῦ Στρυφνοῦ, ᾧ καὶ μᾶλλον ὁ Μεσοποταμίτης ἀντεπολιτεύετο ὡς καὶ ὑπὲρ πάντας ὄντι φιλοκερδεῖ καὶ τὰ κοινὰ νοσφιζομένῳ καὶ χανδὸν καταβροχθίζοντι χρήματα.

Πλὴν ἀλλὰ τοῦτο μὲν οὐ πάνυ δεινόν, καίπερ ὂν δεινόν, τό τινας ἀβασανίστως καὶ ἄλλης μὲν ὑπηρεσίας ἀδίκου γλώττης ἀπάγεσθαι πάρεργον, μάλιστα δ' ἀποπίπτειν τοῦ τῆς ἱερωσύνης μεγίστου χρή-

---

19 ἐξοστρακίζεται: adhuc a. 1198?

---

2 βασίλειον ἱεράτευμα: cf. Exod. 19, 6; Gen. 14, 18; Ps. 109, 4; 1 Pe. 2, 4 **3—5** ὅπερ etc.: locum non inveni **8** ὡς — συλληφθείς: cf. Aesop. Fab. 267 Hausrath **10—11** κύψας — γνώσεως: cf. Ps. 9, 31 **13** κατὰ — ψύλλαν: cf. Aristoph. Nub. 144—147

VAPW = a

91 εἰς Bekk **93** ἔφερε Bekk **1** καὶ pr. om. Bekk **9** ἐπαναλύσας Bekk ματος. ἐκεῖνο δὲ καὶ λίαν ἀσύγγνωστον καὶ πολλὴν ἀβελτηρίαν τῶν δεδρακότων κατηγοροῦν· δεῆσαν γὰρ ἕτερον ἀρχιερέα ψηφισθῆναι Θεσσαλονίκης, ἡ τοῦ Μεσοποταμίτου καθαίρεσις κατ' ἐρήμην προτίθεται πρὸς | ἐξέτασιν. καὶ ὡς ἔδοξαν σκάζοντά τε καὶ μὴ ἐρρωμένα τῶν ἐν αὐτῇ κεφαλαίων τινὰ πρὸς ἀρχιερωσύνης ἀφαίρεσιν, ὁ δὴ πατριάρχης, εἴτε βασιλείῳ ὑπείκων κελεύσματι, εἴτε τῷ πρὸς τὸν Μεσοποταμίτην ἔχθει φρονεῖν οὐκ ἔχων τὰ καίρια, εἴθ' ἑτέρως καθ' ὃν οὐκ ἴσημι λόγον ἐκκρουσθεὶς τοῦ καθήκοντος, τινὰς τῶν ἀρχιερέων ἀγηοχὼς καὶ δικαστὰς αὐτῷ συνεδριάσας, ὁπόσοι κακόσχολοι καὶ τὴν ἐκ βασιλέως εὔνοιαν ὅλῳ ποδὶ καὶ συντόνῳ προθυμίᾳ μεταδιώκοντες, μεταλλοιοῖ τὴν καθαίρεσιν καὶ παρένθετά τινα τῷ τόμῳ προσθεὶς αἰτιάματα, ἐκ τοῦ δήπουθεν ἀναμφηρίστου πάσης ἱερᾶς ἀποξενοῦντα λειτουργίας τὸν τούτοις ἁλόντα, τῷ χαρτοφυλακίῳ ἀποτίθησιν, ἐκδοὺς ἔκτοτε καὶ τῷ Χρυσάνθῳ ἀντίγραφον, ὃς τῆς Θεσσαλονίκης ἐνεχειρίσθη τοὺς οἴακας. κἀπὶ τοῖς τελεσθεῖσι τούτοις δέον ἐγκαλύπτεσθαι, τῶν δέ τινες καὶ ἐπεσκίρτων, ὡς εἴπερ πολεμίων ἐθνῶν ὑπόπτωσις ἐντεῦθεν κατώρθωτο ἢ θηρίον δυσάλωτον ἐκεχείρωτο πόλεις ἐξερημοῦν καὶ τοὺς κατοίκους διαφθεῖρον καὶ πρὸς χρόας ἀνομοίους μεταλλαττόμενον, ὁποῖα τὰ Λιβυκά φασιν, ἢ ὁ παρὰ τῷ Ἰὼβ ἀνάλωτος δράκων συνείληπτο καὶ ὁ βορὸς μυρμηκολέων ἀπώλετο, εἴτε μὴν ἡ πολυθύσανος αἰγὶς καὶ δειματώδης ἐκείνοις ἐς χάος ἐλήλαται καὶ διέσπασται.

Καὶ οὕτω μὲν ὁ Μεσοποταμίτης Κωνσταντῖνος καὶ οἱ τούτου δύο κασίγνητοι τῶν κοινῶν ἐκκρούονται διοικήσεων, ἀντεισάγεται δ' ἕτερος περὶ τὰς κοινὰς διοικήσεις οὐκ ἐνδέων τοῦ ἀκριβοῦς, χαρίεις τὸ ἦθος, | μάλα τε τοὺς λόγους ἀποτορνεύειν εἰδὼς καὶ ἀπομηκύνειν ἐς περιόδους ῥητορικῶς· ὁ Εἰρηνικὸς ἦν οὗτος Θεόδωρος, καὶ παρεῖχεν ἑαυτὸν τοῖς πᾶσι κατάλληλον. συνέζευκτο δέ τις ἐκείνῳ καὶ τῶν πόνων συνελαμβάνετο φιλοχρηματῶν ἱκανῶς καὶ βηχὶ συνεχεῖ κάτοχος. ἀμφότεροι οὖν ταῖς πολιτικαῖς ἐπεστάτουν πράξεσι. πλὴν τὸ τοῦ Μεσοποταμίτου πτῶμα μηδαμῶς ἐν γέλωτι ἔχοντες, ἀλλὰ διὰ παντὸς προορώμενοι καὶ τὸ τοῦ κρατοῦντος εὔκολον ὑφορώμενοι οὐκ ὄρθιοι καὶ ἀκλινεῖς ὡς οἱ ἀκράδαντοι τῶν ἱπποτῶν κατά τε πρανῶν καὶ ὀρθίων

---

37 ὅλῳ ποδί: Apost. 12, 63 **45—46** ὁποῖα — φασιν: fort. falsa interpretatio fabulae, quam tradit Suda λ 494 **46** ὁ — δράκων: cf. Iob. 40, 25 (20) **47** ὁ — μυρμηκολέων: cf. Iob 4, 11 ἡ πολυθύσανος αἰγίς: cf. Hom. B 448; O 229; Φ 400

VAPW = a

31 σχάζοντα V **32** αὐτοῦ W **38** παρενθέντα W: παρέντα Bekk **44** ἐκεχείρωτο om. APW Bekk ἐχειρώσαντο καὶ ἐδούλωσαν B **48** εἰς PW Bekk **52** εἰς Bekk **54** συνέζευκται: APW Bekk **58** κρατοῦντος: κράτους APW Bekk ἐφέροντο, ἀλλὰ τὸ δυναστεῦον ὑποποιούμενοι ἀνεῖργόν τε καὶ ἀνεσείραζον ἀεὶ τὴν ἰσχὺν καὶ πολλὰ τῶν δεόντων παρέτρεχον τὴν ἀπόβασιν εὐλαβούμενοι.

Ἐν τούτοις μὲν οὖν καὶ τοιούτοις παραπλησίοις ἐνιαυτὸς ἐξίκετο τρίτος ἄρχοντι Ῥωμαίων Ἀλεξίῳ τῷ Κομνηνῷ. τὰ δ' ἐφεξῆς οὐδὲν ἀντιστατοῦντα τοῖς πρότερον· δίαιτα γὰρ ἦν ἡ αὐτὴ καὶ πάλιν καὶ βίος χαλαρὸς καὶ ἐξημβλυμένον ἀεὶ φρόνημα.

Τότε δὲ καὶ αἱ εἰρηνικαὶ σπονδαὶ παρωράθησάν τε καὶ συνεχέθησαν, ἃς εἶχε βασιλεὺς ἐκτελέσας μετὰ Πέρσου τοῦ διέποντος τὸ Ἰκόνιον. ὁ μὲν γὰρ Καϊχοσρόης (τοῦτο γὰρ ἦν ὄνομα τῷ βαρβάρῳ) δύο Ἄραβας ἵππους ἐκ τοῦ σουλτὰν τῆς κατ' Αἴγυπτον Ἀλεξανδρείας τῷ βασιλεῖ στελλομένους ἀφείλετο. τοίνυν καὶ θατέρῳ τούτων τὸ γόνυ | ἐξαρθρωθέντι ἐν τῷ πρὸς δρόμον ἀνίεσθαι πέμψας εἰς βασιλέα συγγνώμην ᾐτεῖτο, ὅτι τε ὅλως εἰς αὐτὸν διαβαίνοντας ἵππους ἔσχεν ἰδιωσάμενος καὶ ὅτιπερ ἡ τοῦ ἑνὸς ἀχρείωσις καὶ τὴν θατέρου ἀποστολὴν πεποίηκεν ὑποστείλασθαι· πάντως δὲ φροντιεῖν τοῦ τῷ φίλῳ ἀνεπαχθοῦς καὶ τοῦ μὴ τῶν ἵππων ἐς μακρὸν στέρεσθαι. καὶ ὁ μὲν ἐφ' οἷς ἔδρασεν εὐπρόσωπον οὕτως ἠγόρευε τὸν ἀπόλογον· ὁ δὲ μήτε τὸ μεγαλόψυχον ἐπαινέσας, μήτε μὴν τὴν ἀνάγκην τρέψας ἐς τὸ φιλότιμον ἢ γοῦν ἐν νῷ βαλλόμενος τὸν καιρὸν βαρὺν ἐνστάτην ἀεὶ αὐτῷ ἐφιστάμενον καὶ πρὸς πνῖγμα ἐπὶ πᾶσι κατάγχοντα, ὡς πρῖνος αὐτίκα καιόμενος τῷ θυμῷ ἐπεβρόντα. πλὴν ἕτερον μὲν οὐδέν τι γενναῖον πρὸς ἀντιπαραλύπησιν τοῦ Πέρσου συνεώρακε διαπράξασθαι, καθ' ἑαυτοῦ δὲ στρατεύεται ἀτεχνῶς καὶ τὸ ξίφος τῷ τέως κρυπτόμενον ἀναδείκνυσι. τοίνυν ἐπιτάττει φυλακαῖς ἐνειρχθῆναι καὶ τὰ ὄντα πάντα ἀφαιρεθῆναι ὁπόσοι Ῥωμαῖοί τε καὶ Τοῦρκοι πραγματευταὶ τοῦ Ἰκονίου ἀπάραντες τὸ

---

63 ἐνιαυτὸς . . . τρίτος: a die 8 mens. Apr. a. 1197 usque ad diem 7 mens. Apr. a. 1198

---

78 τὴν — φιλότιμον: cf. p. 285, 67 **80** ὡς πρῖνος: cf. Aristoph. Ran. 859

VAPW (usque ad 66 φρόνημα) = a, W (ab 67), RMDF = b (ab 67 τότε)

61 ἀπόφασιν APW **65** προτέροις APW Bekk **66** φρόνημα ἀεί Bekk **67** αἱ om. VDF τε om. RM **69** Καισχορόης VWR^{ac}FB **70** σουλτάνου DF τῆς Αἰγύπτου Ἀλεξανδρείας W **71** θάτερον . . . ἐξαρθρωθέντα V: θατέρων . . . ἐξαρθρωθέντων A **73** ἐς VA **74** τὴν θατέραν APW: τὴν ἑτέρου P^{mg} Bekk **76** τὸν ἵππον AP **78** εἰς W Bekk **80** κατέχοντα V: κατασχόντα Bekk **81** ὑπεβρόντα P Bekk ἀντιλύπησιν APW Bekk **82** στρατεύεσθαι V **84** καὶ τὰ αὐτῶν περιορισθῆναι πράγματα B πάντας V: om. W **85** ἐμπορευταὶ (ex b) W

67 παρωράθησαν: παρεβάθησαν b **70** τῆς — Ἀλεξανδρείας: τῆς Αἰγύπτου b **71—83** τοίνυν — ἀναδείκνυσι om. b **83** sqq. ὁ δὲ βασιλεὺς ἐπιτάττει φυλακαῖς (φυλαῖς D) ἐνειρχθῆναι ὁπόσοι Ῥωμαῖοί τε (τε Ῥωμ. R) καὶ Τοῦρκοι ἐμπορευταὶ ἐξ Ἰκονίου τὸ Βυζάντιον κατειλήφεισαν (-φασι R).

Βυζάντιον ἐπεισῄεσαν. καὶ τὰ μὲν ἐκείνων ἐμπορεύματά τε καὶ ὑποζύγια οὔτ' αὐτὸς εἶχεν ὡς δέον οἰκειωσάμενος οὔτ' ἐναπελείφθη ἐκείνοις, ἄλλα γὰρ ἄλλοις καὶ πάνθ' ὁμοῦ σχεδὸν διεσκέδαστο καὶ ἠφάντωτο.

Καὶ ὁ βάρβαρος τὸ συμβὰν ἐνωτισάμενος, μηδέν τι τῆς προθυμίας καθυφείς, μήτε μὴν εἰς δευτέραν βλέψας πρεσβείαν, κατὰ Ῥω|μαίων ὅπλα βαστάζει, καὶ προσπεσὼν ἀπροσδόκητος ταῖς κατὰ Μαίανδρον κωμοπόλεσι Καρίαν τε καὶ Τάνταλον καθ' ἡλικίαν ἠνδραποδίσατο καὶ πόλεις ἄλλας ὅτι πολλὰς ληϊσάμενος πρὸς αὐτὴν ἠπείγετο τὴν κατὰ Φρυγίαν Ἀντιόχειαν.

Καὶ τάχ' ἂν ἐξεῖλε καὶ ταύτην ὥσπερ χθιζὰ Καρίαν καὶ Τάνταλον, εἰ μὴ παρὰ δόξαν ἀντέστη τῷ βαρβάρῳ πρὸς τὸ ὀξὺ τῆς σκυλεύσεως οὐκ ἐκ προνοίας τινὸς ἀνθρωπίνης, ἀλλά πως αὐτομάτως ἢ καὶ θεόθεν παρεισπεσόν τι συγκύρημα. ὁ μὲν γὰρ νύκτωρ ἐξαναστὰς κατὰ κράτος εἰς Ἀντιόχειαν ἤλαυνεν, ἐπιθησόμενος ὄρθριος καὶ πορθήσων τὸ πόλισμα· ἔτυχε δ' ἡμέρας ἐκείνης τῶν παρὰ τῇ πόλει δυναμένων τινὰ θύειν γάμους θυγατρί. ἦν οὖν, ὡς ἐν ταῖς τοιαύταις εἴθισται τελεταῖς, ὅμαδος ἀνθρώπων θαλιαζόντων κύμβαλά τε δι' ὅλης τῆς νυκτὸς ἐκείνης ἀλαλάζοντα καὶ τύμπανα περικτυπούμενα καὶ ὀρχησταὶ τὼ πόδε παρενσαλεύοντες καὶ χοροὶ γυναίων τοῖς ὑμεναίοις τὰ πρόσφορα ᾄδοντες. ὡς οὖν ἤγγισε τῇ πόλει Καϊχοσρόης, τὴν τῶν ὀργάνων ἁρμονίαν εἰς ὦτα δεξάμενος καὶ τῆς συμφωνίας τῶν ᾀδόντων ἀκροασάμενος οὐχὶ τοῦ ὄντος κατεστοχάσατο, ἀλλ' ἀνδρῶν ἡτοιμασμένων πρὸς πόλεμον συνθήματα εἶναι ταῦτα ὑπολογισάμενος, τὴν ἐκείνου προεγνωκότων ἔφοδον, ᾤχετο ἐκεῖθεν καὶ πρὸς τὴν Λάμπην ἀφίκετο.

Ἔνθα δὴ ἀπογραφεῖς ἐπιστήσας τῶν αἰχμαλώτων περί τε τῆς πατρίδος ἕκαστον καὶ τῆς κλήσεως ἐπυνθάνετο, καὶ ὅστις ὁ συλλαβὼν ἀνηρώτα, καὶ εἴ τι τῆς οὐσίας ἀπολωλέ|κει, καὶ εἰ παῖς ἢ θυγάτριον ἢ

15—16 περὶ — ἐπυνθάνετο: cf. Hom. α170; al.

VAP = a, W, RMDF = b

87 δέον: οὐδὲν V   οὔτ'—ἐκείνοις addidi ex B (ubi οὔτε): οὔτ' ἐναπέλειψεν ἐκείνοις Bekk   **88** σχεδὸν om. W Bekk   **89** καὶ ὁ: ὁ δὲ Bekk   **93—94** τὴν κατὰ Φρυγίαν Ἀντιόχειαν cum a scr. Sc   **1** ἀπέστη A: ἐπέστη PW Bekk   **5** παρὰ: περὶ V   τινα δυναμένων DF   **6** θυγατρός VB   ὡς post τοιαύταις transp. R   **9** παρασαλεύοντες V   τὰ om. APW Bekk   **10** ἤγγιζε D   καὶ Καισχορόης V: Καισχορόης WF   τὴν om. PW Bekk

(89—5) τὸ συμβὰν τοίνυν ὁ Πέρσης ἐνωτισάμενος, μὴ βλέψας πρὸς δευτέραν πρεσβείαν κατὰ Ῥωμαίων ὅπλα βαστάζει καὶ προσπεσὼν ἀδόκητος ταῖς κατὰ Μαίανδρον κωμοπόλεσι λείαν ἐκεῖθεν ἤλασεν. Ἐπειγόμενος δ' (δὲ DF) ἑλεῖν καὶ τὴν Φρυγικὴν Ἀντιόχειαν εὗρεν ἐμποδοστάτημα θεόθεν ἢ καὶ τυχαίως (ταχέως R) παρεισπεσόν τι συγκύρημα. ἔτυχε γὰρ ἡμέρας ἐκείνης etc. (lin. 5) b   **6** θυγατρί: ἐπὶ παιδί b   **8** περικτυπούμενα τύμπανα b   **10** ἁρμονίαν: συμφωνίαν W b   **11** καὶ—ἀκροασάμενος om. W b   **12** στοχάζεται b   **13** ὑποτοπήσας W^mg γρ b   **14** τὴν Λάμπην W^mg γρ: τὸ Φιλομίλιον (τὸ Μίλιον M) W b   **15—53** ἔνθα—διεπράττοντο om. b ἄλοχος ὑπό του τῶν Περσῶν ἀποκέκρυπται. καὶ τοιαύτην ἔκταξιν ποιησάμενος, πάντα ἀποδοὺς Ῥωμαίοις καὶ κατὰ φῦλα καὶ συγγενείας πάντας ἀπομερίσας, τῆς ἐπὶ τὰ πρόσω εἴχετο. συνεκεφαλαίωτο δὲ ἡ τῶν ἀνδραποδισθέντων πληθὺς εἰς πέντε χιλιάδας ἀνθρώπων. ἐν δὲ τῇ ἀπαγωγῇ ταύτῃ ἐμέλησε τῷ βαρβάρῳ, καὶ ὅπως τῶν ζωαρκῶν μὴ σπανίζωνται οἱ αἰχμάλωτοι, καὶ σῖτον αὐτοῖς διαδοὺς οὐδὲ τὸ τῆς ὥρας ψῦχος παρῆκεν ἀνήκεστον· πέλεκυν γὰρ ἐγχείριον ἔχων καὶ αὐτουργῶν ἐς σχίδακας διῄρει, τυχὸν οὕτω, χρόνῳ ἀνατραπὲν γεράνδρυον· ἀλλὰ καὶ τοῖς συνδραμοῦσι πρὸς τὴν θέαν Πέρσαις ὁμοίως δρᾶν ὑπετίθετο, προσεπάγων ἅμα καὶ ὑποβάλλων τὸ τῆς ἐργασίας αἴτιον καὶ τὸ πρὸς τί εὔχρηστον αὐτοῖς ἐπιλέγων· Πέρσαις μὲν γὰρ ἐξεῖναι διὰ παντὸς ἐξιέναι τῆς παρεμβολῆς καὶ ξυλεύεσθαι, ὅτι μηδ' ἔσται τις αὐτοῖς προσιστάμενος, Ῥωμαίοις δὲ οὐχί, φυλαττομένοις τὸ μὴ δοκεῖν ἀποδιδράσκειν καὶ τὰ ἐκ τοῦδε ὑφορωμένοις ὡς φυγάσιν ἐπικεισόμενα δεσμά.

Ἐπεὶ δὲ τὸ Φιλομίλιον κατέλαβεν, ἐπαύλεών τε μετέδωκε καὶ γῆς ἐπεμέτρησε μέρος πρὸς ἐργασίαν ἀγαθῆς σῖτόν τε αὖθις διέδωκε καὶ ὅσα τῶν ἡμέρων καρπῶν σπόριμα. ναὶ μὴν ἐλπίδων χρηστῶν ἐνέπλησε, τέλος εἰπὼν ὡς αὐτοῦ καὶ βασιλέως αὖθις φιλιωθέντων καὶ πρὸς τὰς πρότερον σπονδὰς ἀπιδόντων προῖκα καὶ αὐτοὶ τὴν οἴκαδε ἐπάνοδον ἕξουσιν· εἰ δέ τι ἕτερον μεταβουλεύσεται βασιλεύς, ἐπὶ πέντε ὅλοις ἐνιαυ|τοῖς ἀδασμολόγητοι καθεδοῦνται, μηδένα τὸν ὁποιονοῦν ἀπόδομα εἰσπράττοντα ἔχοντες, μετέπειτα δὲ καταβαλοῦνται ὃν ἂν αὐτὸς ἀνεπαχθῆ διατάξαιτό σφισι φόρον, οὐχ ὑπερβαίνοντα τὸν ὅρον, ὡς εἴθισται παρὰ Ῥωμαίοις, οὐδὲ πρὸς τὸ πολλαπλάσιον κορυφούμενον. καὶ ὁ μὲν ταῦθ' οὕτω διατεταχὼς ἐπανῆκεν ἐς τὸ Ἰκόνιον· τὸ δὲ φιλάνθρωπον τόδε διάγγελμα οὐ μόνον οὐδένα τῶν αἰχμαλώτων πατρίδος ἀφῆκε μνήσασθαι, ἀλλὰ καὶ πολλούς, ὁπόσοι πρὸς Περσῶν οὐχ ἑάλωσαν, ἐς τὸ Φιλομίλιον ἐφειλκύσατο, ἀκηκοότας ὅσα τοῖς καθ' αἷμα καὶ πατριώταις ὁ Πέρσης εἰργάσατο.

Οὕτως ἐκ τῆς τῶν εἰς ἡμᾶς Ῥωμαίων γενεᾶς οὐχ ὅπως ἐκλέλοιπεν ὅσιος καὶ ὠλιγώθησαν αἱ ἀλήθειαι, ἀλλὰ καὶ διὰ τὸ πληθυνθῆναι τὴν ἀνομίαν ἀπεψύγη τῶν πολλῶν ἡ ἀγάπησις, ὡς τὴν παρὰ βαρβάροις

23—24 τὸ — ψῦχος: hieme a. 1198—1199

47—48 ἐκλέλοιπεν —ἀλήθειαι: cf. Ps. 11, 2 **48—49** διὰ — ἀγάπησις: cf. Mat. 24, 12

VAP = a, W, RMDF = b

20 συγκεκεφαλαίωτο Bekk **25—26** γεράνδρυον ἄλλο, καὶ V: γερ. ἄλλο καὶ APW **28** αὐτῆς AW **39** ἂν om. PW Bekk **41** παρὰ om. Bekk **42** ταῦτα Bekk εἰς AB: πρὸς PW Bekk **43** τόδε: τότε V: τοῦτο V^s Bekk οὐ μόνον om. Bekk **44** μεμνῆσθαι W πρὸς post καὶ add. APWBekk **48** πληθύναι AW **49** ἡ ἀγάπησις τῶν πολλῶν W ἀποικίαν πόλεις ὅλας Ἑλληνίδας ἑλέσθαι καὶ τῆς πατρίδος ἀσμένως ἀλλάξασθαι· αἱ γὰρ συχναὶ τυραννίδες τό τε ὑπ' ἀρχὴν τῆς σώφρονος διαίτης ἐξέκρουσαν καὶ ταῖς ἁρπαγαῖς οἱ πλείους ἐγγυμνασάμενοι οὐδέν τι πρὸς τοὺς ὁμοφύλους μέτριον ἐνενόουν καὶ διεπράττοντο.

Ἀλλ' οἷα καὶ τὰ παρὰ βασιλέως πρὸς τὰ οὑτωσὶ συμβάντα διῳκημένα. στέλλει τὸν Δοῦκαν Ἀνδρόνικον νεανίαν πρώτως ὑπηνήτην τῷ Πέρσῃ συμπλακησόμενον. ὁ δὲ μεθ' ὧν ἡγεμόνευεν ὀψὲ ποιεῖται κατὰ τῶν Τούρκων ἔφοδον. ἀμέλει καὶ νυκτὸς ἐπιθέμε|νος ποιμνίταις καὶ βουκόλοις ἀμηρᾶ τινος Ἀρσανῆ μετ' οὐ πολὺ ἐπανέζευξεν.

Ἀλλὰ καὶ βασιλεὺς αὐτὸς ὡς ἀπὸ λωτοῦ καὶ Σειρήνων τῶν τρυφερῶν χωρίων τῆς Προποντίδος μόλις ἀποσπασθεὶς κατὰ Νίκαιαν καὶ Προῦσαν ἀφίκετο, οὐκ ἀντιμετρήσων ἢ ἀνταποδώσων τοῖς Πέρσαις ὃ ἐμέτρησαν καὶ ἀνταπέδωκαν ἡμῖν ἀνταπόδομα, ἀλλ' ἵνα μὴ τὰς ἐκεῖσε πόλεις καὶ χώρας κακῶς διάθωνται τῶν τοῦ Βάθους ἐξαναστάντες μερῶν, ἐν οἷς οὐ μέτριοι τότε ηὐλίζοντο. πλὴν καὶ βασιλεὺς μῆνα τοῖς ἐκεῖσε ἕνα προσδιατρίψας ὀξέως ἐπάνεισιν εἰς Βυζάντιον.

Ἀνατείλαντος δ' ἔαρος γίνονται πάλιν συνδρομαὶ τῶν στρατευμάτων καὶ συλλογαὶ μεθ' ὅσης οὐκ εἴπῃ τις ἂν ὁρμῆς καὶ συντονωτάτης ἐπειγωλῆς, ἐπεὶ καὶ ταῖς πολλάκις τοῦ ἔτους συνόδοις καὶ ταῖς συχναῖς συντάξεσιν ὁ στρατὸς ἀποκναίσαντες στῆναί τε τῶν ἐπαλλήλων συνελεύσεων ἤρων καὶ τῆς οἴκοι ἀναβολῆς ἐγλίχοντο. ὡς ὑπὲρ ἰσχὺν τοίνυν ἀγωνιούμενοι συνελέγησαν, καὶ ἢ κρείττους τῶν ἀλλοφύλων ἐσόμενοι ἢ μετ' εὐκλείας ὑπὲρ τῶν πατρίδων ἀποθανούμενοι. καὶ οὕτω μὲν αἱ δυνάμεις ὡς εἰς ἓν στρατόπεδον τὰ Κύψελλα συνηθροίζοντο.

Ὁ δὲ βασιλεὺς αὐτογνωμονῶν ἀποθαρρεῖ ὅπερ ὁ λόγος λέξων ἔρχεται. ἔπασχε τὰ ἄρθρα τοῦ σώματος κατὰ κύκλον οἱονεὶ καὶ περίοδον, τοὺς δὲ πόδας καὶ μάλιστα ὕλης ἐνσκηπτούσης μοχθηροτέρας καὶ ὀδύνας

55 στέλλει: a. 1199 ineunte **66** ver est a. 1199

59 ἀπὸ — Σειρήνων: cf. p. 207, 5 **61—62** ἀντιμετρήσων — ἀνταπόδομα: coniungit auctor Luc. 6, 38 cum Ps. 7, 5

VAP = a, W, RMDF = b

52 τῶν κρατούντων post ἁρπαγαῖς add. Bekk **54** οὕτω W διωκόμενα A **56** τὴν ante κατὰ add. Bekk **58** βουκολίοις Bekk Ἀρσινῆ APW **63** χώρας καὶ πόλεις V Βαθέος V **64—65** μῆνα ἕνα τοῖς ἐκεῖσε V: ἐκεῖσε ἕνα μῆνα B **65** ἐς V **66—73** ἐπιστάντος δ' ἔαρος συνδρομαὶ Ῥωμαϊκῶν στρατευμάτων κατὰ τῶν Βλάχων γίνονται (ex a) N **72** ὑπὸ AP[ac] **74** θαρρεῖ M λέξων ὁ λόγος APW[pc]

54 sqq. Ὁ δὲ βασιλεὺς στρατιὰν κατὰ τῶν Τούρκων ἐκπέμψας τινὰς ἐκ μέρους ἐληΐσατο δι' Ἀνδρονίκου τοῦ Δούκα καὶ τούτων οἵπερ ἐνηυλίζοντο ταῖς τοῦ Ἀρσανῆ (Ἀρσάνη DF) σκηναῖς. καὶ αὐτὸς δὲ βασιλεὺς ἐν τοῖς κατὰ τὴν Βιθυνίαν ἀφίκετο μέρεσιν. Ἐπιστάντος δ' ἔαρος αὐτογνωμόνως ὁ βασιλεὺς οὗτος κινούμενος ἀποθαρρεῖ πρᾶξιν, ἥνπερ ὁ λόγος etc. (lin. 74) b δυσυποίστους ἀποτι|κτούσης, ἐξ ὧν ἀκινησίαι τε προσεπήγοντο τοῦ πάθους φλεγμαίνοντος καὶ λάβροι πυρετοὶ πολλάκις ἐπῄγιζον. κατά τινα οὖν ἡμέραν τὰς θύρας τοῦ κοιτῶνος ἐπιζυγώσας, ἄλλῳ μὲν οὐδενὶ τοῖς δὲ προκοίτοις ἐκφήνας τὸ ἀπόρρητον, σιδήρια πυρακτωθέντα τοῖς σκέλεσιν ἐπιτίθησι καὶ εἰς βάθος τὸν καυτῆρα ἐπαγαγὼν τὰ μὲν πρῶτα φιλοσοφῶν τὰς ὀδύνας πρὸς τὰς καύσεις τῶν ποδῶν ἀπεμάχετο μεθ' ὕβρεών τε τοὺς ἰατροὺς ἀπεπέμπετο, περὶ μόνα τὰ καθάρσια τούτους λέγων ἀεὶ στρέφεσθαι καὶ μηδέν τι πλέον τῶν κενωσίμων εἰδέναι καὶ μετιέναι τοῖς κάμνουσιν ἴαμα. τὰ δ' ἐφεξῆς φλεγμοναὶ τῶν καυτηριῶν καὶ περιωδυνίαι τῶν πρώην δριμύτεραι, οἱ ἰατροὶ ἐπὶ τούτοις εἰσκεκλημένοι, οὐχ ὁ μὲν ὁ δ' οὔ, ἀλλὰ πάντες κοινῶς, πρὸς δὲ τούτοις καὶ δέος ὑποθρᾶττον τὸ αἷμα, μή πως τὸ τῆς ὕλης μεθιστάμενον, τῆς περὶ τοὺς πόδας καθόδου ἀνακοπέν, εἴς τι καίριον ἐνσκήψῃ μέρος τοῦ σώματος καὶ αὐτὸν μὲν παρασύρῃ τοῦ ζῆν αἰφνηδόν, ἡ δ' ἀρχὴ μεταπεσεῖται παρὰ δόξαν πρὸς ἕτερον.

Οἱ μὲν οὖν τῶν σωμάτων θεραπευτῆρες φαρμακεύειν αὐτὸν ἐγνώκεσαν· οὕτω γὰρ ἂν τὸ τῆς ὕλης κινούμενόν τε ἅμα καὶ πλεονάζον γαληνιάσειε ταῖς κενώσεσι. καὶ ἦν τὰ φάρμακα ἦμαρ παρ' ἦμαρ σχεδὸν κεραννύμενα, καὶ τὸ ἀνύσιμον αὐτοῖς ἐφωμάρτει. ἡ δὲ βασιλὶς Εὐφροσύνη ἐφρόντιζε μὲν καὶ τῆς ὑγείας, ὡς εἰκός, | τοῦ εὐνέτου, ἐσκέπτετο δὲ πλέον μετὰ τῶν συνήθων καὶ οἷς τὰ κρυφιώδη τῶν φαντασμάτων προσανετίθει καὶ τοῦ στήθους ἀνεμήρυε τὰ ἀπόρρητα περὶ τοῦ παραληψομένου τὴν βασιλείαν, ὡς ἔσται τις αὐτῇ μὴ ἀνάρσιος μηδ' ἀπεχθής, ἀλλ' ἀσπάσιος. βασιλεῖ μὲν γὰρ οὐκ ἦν διάδοχος υἱὸς τῆς ἀρχῆς, δυάζουσαι δὲ θυγατέρες, καὶ αὗται τῶν συνεύνων πρὸ μικροῦ σπανιζόμεναι. ἡ μὲν γὰρ προφερεστέρα καθ' ἡλικίαν Εἰρήνη θανάτῳ μαλακῷ δαμέντα τὸν σύλλεκτρον Ἀνδρόνικον τὸν Κοντοστέφανον ἀπεβάλετο, Ἄννα δὲ ἡ κατὰ τὴν γένεσιν ἐφεπομένη, τῷ δὲ κάλλει προτερεύουσα, Ἰσαακίῳ συνῴκει τῷ Κομνηνῷ, ὃς κατὰ Μυσίαν ἐναπέθανε τοῖς δεσμοῖς, ὡς ἐν τοῖς ἔμπροσθεν λόγοις εἰρή-

---

10 εἰρήκειμεν: p. 471, 90

VAP = a, W, RMDF = b

83 τούτου A **85** καυστηριῶν VB **86** οἱ om. Bekk ἰατρικοὶ A **87** δὲ: δὴ V **87—88** ὑποθρᾶττον τὸ αἷμα: ὑπέθραττε τοὺς συγγενεῖς W^{mg} (τοὺς συγγενεῖς λέγει P^{mg}) **88** τὸ alt. om. V **89** προόδου W ἐπισκήψη W: ἐπενσκήψε R: -ψει M **91** πρὸς: εἰς R **93** ἂν om. W γαληνιάσι R: γαληνιάσειν MF: γαληνιάση D **94** παρ': πρὸς V **95** δὲ (etiam Sc): τε RMDF **1** δὲ om. M **2** βουλευμάτων cum W b scr. P Bekk προσανετίθη W **3** καὶ post ἀπόρρητα add. P Bekk περὶ om. R **6** πρὸ om. Bekk **8** τὴν om. W Bekk **10** συναπέθανε D εἰρήκαμεν R

85 ἑξῆς b **88** πως om. b **2** φαντασμάτων: βουλευμάτων W b **4** ὡς — ἀσπάσιος: ὡς ἔσται τις αὐτῇ (αὐτὴ $MD^{pc}F$) ἐκεῖνος κἀκείνῳ (-ος codd.) αὐτὴ (αὐτῇ F) καὶ μηδόλως ἀνάρσιος b **8** τὸν Κοντοστέφανον om. b τὴν om. b Bekk κειμεν. ἐπιλογαὶ τοίνυν καὶ ψηφηφορίαι τῶν ἀρξόντων ἄλλαι τε παρ' ἄλλων ἐγίνοντο καὶ πᾶσαι πρὸς τὸ τῶν προβαλόντων ἐτελοῦντο χρήσιμον, τοῦ δ' ἀξίως βασιλεύσοντος Ῥωμαίων καὶ ὡς ἄριστα τὰ κοινὰ διακυβερνήσοντος πράγματα οὐδεὶς οὐδένα λόγος εἰσήρχετο· ὥστε ὑπὸ τῶν ἀβελτέρων καὶ νήπια ἔτι ἐν γάλαξιν ὄντα καὶ σπαργάνοις ἐνειλημένα πρὸς τὴν ἀρχὴν ἐπεκρίνετο. αὐτῶν μέντοι τῶν ἐν γένει καὶ πλούτῳ περιβλεπομένων ὁ μὲν πρωτοστράτωρ Μανουὴλ ὁ Καμύτζης τῷ πρὸς μητρὸς ἀντεκάθητο θείῳ τῷ σεβαστοκράτορι Ἰωάννῃ, οὗτος δ' αὖθις κατ' αὐτοῦ ἀντωφθάλμει. οἱ δὲ τοῦ βασιλέως κασίγνητοι τρεῖς ὄντες καὶ τὰς κόρας πάντες ἐκκεκομμένοι παρ' Ἀνδρονίκου, ἀλλὰ δὴ καὶ ὁ ἐπὶ τῇ | ἀδελφῇ τούτων Εἰρήνῃ γαμβρὸς ὁ Καντακουζηνὸς Ἰωάννης, ἐξ ὀμμάτων καὶ αὐτὸς δεικνύμενος, παισὶ τοῖς ἑαυτῶν τὴν ἀρχὴν ἠνδρολόγουν. ἦσαν δ' οἳ χθές τε καὶ πρώην διαμασσώμενοι τὰ δρυόκαρπα καὶ τὸν Ποντικὸν λάρδον ἐπὶ στόματος ἔτι φέροντες ἐπείρων καὶ ἤρων τῆς βασιλείας μάλα λαμπρῶς καὶ ὅλοις ἐς αὐτὴν περιέργοις ἐνητένιζον ὄμμασι, προαγωγοῖς καὶ προμνήστορσι χρώμενοι ὁπόσοι τῶν ἀγοραίων ὤνιοι χρημάτων καὶ κοιλιόδουλοι, ὡς μακρῷ κάκιον τοῦ καθ' ἕνα τὸ κοινῇ γινόμενον εἶναι ψήφισμα.

Ὦ περίπυστον πρᾶγμα Ῥωμαίων ἀρχὴ καὶ πᾶσιν ἔθνεσι ζηλωτὸν καὶ προσκυνητὸν ἀξίωμα, οἵους ὑπήνεγκας βιαστάς· οἷοί σοι ἐπανέστησαν ὑβρισταί· οἷοί σοι ἐπεμάνησαν ἐρασταί· οἵους ἐνηγκαλίσω· οἵοις ὑπέθηκας ἑαυτὴν καὶ φιλοτήτων μετέδωκας ἐταινιώκεις τε τῷ στεφάνῳ καὶ περιέβαλες τὸ διάδημα καὶ τὸ φοινικόχροον περιέδησας πέδιλον. θυμαλγέστερά εἰσιν ὄντως τὰ σὰ οἷς πέπονθε Πηνελόπη παραλληλιζόμενα, καὶ κατ' οὐδὲν ἀπέοικας βασιλείας γυναικὸς πανευδαίμονος, σεμνῆς τὸ κάλλος, εὐφυοῦς τὸ μέγεθος, εὐπρεποῦς τὴν ὄψιν, ἑαλωκυίας μέντοι χερσὶν ἐραστῶν ἀναιδῶν μηδὲ τιμωμένων ὀβολοῦ παρ' ἐχέφροσιν, οὔτε

---

23 χθές τε καὶ πρώην: cf. Nic. Or. 3, 17 διαμασσώμενοι τὰ δρυόκαρπα: cf. Nic. Or. 60, 11—12 **34** οἷς — Πηνελόπη: cf. Nic. Or. 39, 5 **37** μηδὲ — ὀβολοῦ: cf. annot. ad App. prov. 1, 33

VAP = a, W, RMDF = b

12 προβαλλόντων cum W^pc b scr. A **15** ἀβελτηρίων AW **16** ἀπεκρίνετο V **17** Καμίτζης W **18** ἀπεκάθητο AW: ἐπεκάθητο P Bekk **19** τοῦ βασιλέως: τῆς βασιλίσσης P **20—21** καὶ pr. — γαμβρὸς om. APW **20** τὰς — Ἀνδρονίκου: παρ' Ἀνδρονίκου τυφλωθέντες B Bekk **21** τούτων Εἰρήνῃ: αὐτῶν B Bekk ἐξόμματος B Bekk **22** παισὶ: ποσὶ APW αὐτῶν V δ': οὐδ' M **23—24** τὰ — κρέα cum b scr. P Bekk **24** φέροντες ἔτι V **27** εἶναι om. Bekk **27—28** ψήφισμα εἶναι DF **33** φοινικόχρουν Bekk **34** οἷς: ὧν Bekk **35** παρευδαίμονος A **36** εὐφυοῦς τὸ μέγεθος om. W

11 ψηφηφορίαι τῶν ἀρξόντων: ψῆφοι b: ψηφοιφορίαι W **12** προβαλλόντων W^pc b **16—22** αὐτῶν — ἠνδρολόγουν: οἱ μὲν γὰρ πρὸς γένους τῷ βασιλεῖ τοῖς ἐξ ὀσφύος σφίσι τὴν ἀρχὴν ἠνδρολόγουν. **23—24** τὰ Ποντικὰ ὕεια κρέα b **31** οἵους ἐνηγκαλίσω om. W b **34** εἰσιν ὄντως: δήπου b **36** εὐπρεποῦς τὴν ὄψιν, εὐφυοῦς τὸ μέγεθος b μὴν ἐχόντων τὸ μεγαλοπρεπὲς αὐτῆς συνιδεῖν μηδ' εὐλαβουμένων τὸ ὕψος μηδ' ὑποστελλομένων τὸ εὐγενές, ἐνίοτε δὲ καὶ πρὸς ὕβριν περιελκόντων καὶ εἰς κοίτην ἀπαγόντων | ἀθέμιτον.

Αἶ αἶ τῆς αἰσχρουργίας, οἷα πέπονθας, οἷα τεθέασαι. ὄψις πόρνης ἐγένετό σοι χρῆμα περίπυστον καὶ πρᾶγμα περίδοξον. καὶ φροῦδον μέν σοι τὸ ἀπέριττον ἐκεῖνο κάλλος καὶ τὸ τοῦ τρόπου αἰδῆμον καὶ ἡ σώφρων καὶ προτέρα ἐγκρατὴς δίαιτα, περίεργον δὲ καὶ μετεγγραφὲν ἐντρίψεσι καὶ φαρμάκοις τὸ σὸν πρόσωπον, καὶ διεσκεύασαι πρὸς τρυφὴν καὶ πρὸς ἦθος ἀκόλαστον μετερρύθμισαι· οἱ γάρ σε βιασάμενοι τὴν πρώην ἀπεριέργως καλὴν καὶ τὸ εἶδος ἀγαστὴν καὶ ἐπέραστον πρὸς τὸ ἑταιρικὸν μετεπλάσαντο σχῆμα. πότε ἀνανεύσεις τῆς ἀμόρφου ταύτης εὐμορφίας καὶ τοῦ δυσειδοῦς εἴδους καὶ τοῦ ἐπιποιήτου βλέμματος καὶ βαδίσματος; ἢ τίς ὁ ἐξάξων σε τῶν πρὸς βίαν τυραννικῶν τούτων περιπλοκῶν καὶ πρὸς τὴν πρώτην ἐπανάξων ἀκαπήλευτον διαγωγήν; ὡς νῦν γε καὶ τὸν οἶκτον εἰς γέλων μετενεγκεῖν κινδυνεύομεν, οἷς οὐ δεῖ συμφερομένην ὁρῶντες σε καὶ τὸ τῆς ἀσχημοσύνης χρόνιον φέρειν οὐκ ἔχοντες. ἀλλ' εἶεν.

Ὁ δὲ δὴ αὐτοκράτωρ μήπω καθαρῶς ἀνασφήλας τῆς νόσου μηδ' ἐπὶ τῶν ποδῶν στῆναι δυνάμενος ἔξεισι καὶ ἄπεισι πρὸς τὰ Κύψελλα, ἐξαρτύσας ὅσα πρὸς πόλεμον ἄραρεν. | αὐτοῦ δ' ὄντος ἔτι ἐν καχεξίᾳ, Σκύθαι μετὰ μοίρας Βλάχων τὸν Ἴστρον διαβάντες τοῖς Θρᾳκικοῖς ἐπῄεσαν πολίσμασιν, ὁπόσα περὶ Μεσήνην καὶ Τζουρουλόν, καὶ τὰ ἔτι τούτων ἐχόμενα ἐξ ἐφόδου ἔκειρον κατ' αὐτὴν τὴν ἐτήσιον μνήμην Γεωργίου τοῦ χριστομάρτυρος.

Ἦν μὲν οὖν, ὡς ᾔδετο, τοῖς βαρβάροις σκέμμα καὶ σύνθημα πρὸς τῶν ἡγεμόνων τῆς ὁδοῦ δοθὲν ἐς τὸ Κουπέριον ἀφικέσθαι (τὸ δέ ἐστιν ἐκ γειτόνων τῇ Τζουρουλῷ διακείμενον, ἔνθα ἤγετο τηνικαῦτα τῷ μάρτυρι

59—60 κατ' — χριστομάρτυρος: die 23 mens. Apr. a. 1199

41—42 ὄψις — σοι: cf. Ier. 3, 3

VAP = a, W, RMDF = b

43 τοῦ om. M τρόπου: προσώπου Bekk **44** μεταγραφὲν W **49** εἴδους: κάλλους DF **51** πρώην WD Bekk καὶ ἐλευθέραν post ἀκαπήλευτον add. B Bekk **53** τὰ — δυσανόρθωτον uti b scr. P. Bekk δεδίαμεν — δυσανόρθωτον post ἔχοντες uti b scr. W: κινδυνεύομεν γὰρ καὶ φοβούμεθα καὶ τρέμομεν μήποτε καὶ εἰς τέλος ἀφανισθῇς καὶ εἰς πτῶμα πεσῇς τὸ μηδέποτε ἀνιστάμενον B ἀλλ' om. DF ἀλλ' εἶεν om. RM **54** μήπω καθαρῶς om. V: μικρὸν B **56** ἐξαρτήσας W τὸν πόλεμον V ἔτι om. Bekk **57** Βλάχων μοίρας D **58** ἐπῄεσαν om. VAPW Bekk **59** τούτοις W ἐτησίαν V **63** τῆς Τζουρουλοῦ Bekk Τζουρουλλῶ AP

39 τὴν εὐγένειαν b **53** τὸ — ἔχοντες: καὶ τὰ τῆς αἰσχημοσύνης προβαίνοντα βλέποντες δεδίαμεν (δέδια RMDF) μὴ καὶ (καὶ om. Bekk) εἰς τέλος ἀφαντωθείης καὶ καταρραγείης ἐς (εἰς W[ac]D Bekk) πτῶμα τὸ δυσανόρθωτον. **54—59** Τοῦ (τότε R) δὲ δὴ βασιλέως ἐκ καχεξίας τῶν ἄρθρων εἰσέτι πάσχοντος, Σκύθαι μετὰ μοίρας Βλάχων τοῖς Θρᾳκικοῖς ἐπῄεσαν μέρεσι καὶ ἐξ ἐφόδου ταυτὶ ἔκειρον b **59—501,93** κατ' — ἀνεζεύγνυον om. b ἑορτὴ καὶ πανήγυρις συγκεκρότητο), ὀμίχλης δὲ περισπασθείσης ἕωθεν χαμαιφερῶς τὸ μὲν πολὺ τῶν βαρβάρων τῆς προκειμένης ἀπορραγὲν εἰς χωρία μετέρρευσεν ἕτερα μέχρι καὶ τοῦ παράλου Ῥαιδεστοῦ κατιόν, μοῖρα δέ τις αὐτῶν περὶ τὸ Κουπέριον ἐπενσκήψασα τῷ μὲν ναῷ καὶ ταῖς περὶ τὸ τέμενος ἑστίαις οὐδαμῶς προσέβαλε· τὸ γὰρ συνελθὸν πλῆθος ἐπὶ τῷ τὰ ὅσια τελέσαι τῷ μάρτυρι δρᾶσαί τι μᾶλλον φθάσαν ἢ παθεῖν ἀναμεῖναν κεκρικὸς δέον, ἁμάξας ἀγηοχὸς καὶ τὸν νεὼν περιφραγμῶσαν, κατὰ τὴν πρώτην εὐθὺς τῶν βαρβάρων ἐπέλευσιν τὰ ἐκεῖσε πεποίηκεν ἄβατα ἄλλως τε καὶ τοῖς Σκύθαις ἀπείρητα, τειχομαχεῖν τὰ ἐν κώμαις ἐκτρεπομένοις ἐς δεῦρο καὶ πόλεσιν ὀχυρώματα, ὡς οἷα πρὸς τὴν πρώτην ὁρμὴν κατὰ λαίλαπος κίνησιν ἀναρριπτόντων τὰ ἐν ποσὶ καὶ πρὸς ἤθη τὰ οἰκεῖα μεταχωρούντων. τοὺς δέ γε τοῦ νεὼ ἀφεμένους καὶ πρὸς τὸ | πόλισμα τὴν Τζουρουλὸν ὡς ἔχον σῶσαι μεταχωρήσαντας πανδημεὶ ᾐχμαλώτευσαν, μὴ λαβέσθαι φθάσαντας τοῦ ἐρύματος.

Ἦσαν δ᾿ ἂν ἅπαντες τοῦ κακοῦ τῆς αἰχμαλωσίας ἀπείρατοι, εἰ μὴ ὁ κάκιστ᾿ ἀπολούμενος ῥακενδύτης, ὃς ἐκ τῆς Ἀντιγόνου μονῆς ἐκεῖσε ἀφίκετο τελωνήσων τὴν πανήγυριν, παρ᾿ οὐδὲν ἔθετο ὅσα ἦν ἐπιστείλας ὁ Βρανᾶς Θεόδωρος, ὃς τῶν ἐκεῖθι χωρῶν ἡγεμόνευεν, ἀπαγορεύοντα μὲν τὴν τῶν πολλῶν ἐς τὸ Κουπέριον συνδρομήν, τὴν δ᾿ ἐπιδρομὴν τῶν Σκυθῶν ἀπαγγέλλοντα καὶ προτιθέντα αἵρεσιν, ἢ κακῶν ἀπαθεῖς εἶναι τοὺς συνελθόντας τῶν ἐντελλομένων ἀκούσαντας ἢ τεθνάναι παρακούσαντας. νῦν δὲ ὁ τοῖς ἐν κόσμῳ ἐπίπαν ἀποταξάμενος καὶ λαμπρῶς τῶν κάτω ἀπορραγείς, τὸ δὲ κατὰ Χριστὸν τριβώνιον ἐθελοντὴς ὑποδύς, δείσας μὴ χάλκεος στατὴρ αὐτὸν διαδράσειε τοῦ λεὼ διασπαρέντος, τὴν μὲν δέλτον τῷ κόλπῳ ἐνέβυσε καὶ ὡς ἐν σκότει τῇ μελανειμονίᾳ παρέπεμψε, τοῖς δ᾿ ἀγειρομένοις προύλεγεν, ὡς εἰ καὶ προφήτου ἦν περισσότερος ὁ τὰς ἐννοίας, ἔνθα τὸ κέρδος, ἐμπορικὸς καὶ δριμύτατος, ὡς οὐδέν τι πείσονται ἀηδὲς καὶ ὁποῖον αἱ φῆμαι τὰ πολλὰ τὴν ἀλήθειαν τυραννοῦσαι μὴ διακριδὸν καταγγέλλουσι.

---

79 κάκιστ᾿ ἀπολούμενος: cf. Aristoph. Acharn. 778; al.

VAPW = a

65 χαμαιφεροῦς V **66** τοῦ: τῆς VB **67** ἐνσκήψασα Bekk **67—68** τῷ — προσέβαλε: εἰς μὲν τὸν ναὸν καὶ τὸ περίαυλον οὐκ εἰσῆλθοσαν B Bekk **76** τι post πόλισμα add. APW τὸν Τζουρουλὸν APW Bekk **79** τῆς: τοῦ W **81** ἀπαγορεύσαντα Bekk **84** ἀκούσαντες: ἀκουσίας A **90** τὰς: τῆς APW Bekk ἐμπορικὸν καὶ δριμύτατον V

Καὶ οὕτω μὲν οἱ Σκύθαι λείαν πολλὴν ἐλάσαντες ἀνεζεύγνυον, ὁ δὲ τὴν Βιζύην φυλάσσων Ῥωμαϊκὸς στρατός, μαθὼν ἐπανιέναι τοὺς Σκύθας, τὴν ἐπ' αὐτοὺς ἐτράπετο. ἐπεὶ δὲ καὶ ξυνέβαλον ἀμφότερα τὰ στρατεύματα, κρατεῖ τὸ ἡμέτερον φόνος τε καὶ τροπὴ γίνεται τῶν Σκυθῶν καὶ τὸ τῆς αἰχμα|λωσίας πλεῖστον ἀνίεται, καὶ τοῦτ' ἐπὶ βραχύ· ἡ γὰρ σύμφυτος καὶ μανιώδης κἀπὶ τοῖς μηδαμῶς καθήκουσιν ἀμετάβλητος Ῥωμαίων λίχνευσις τὴν νίκην διέφθειρεν. ὅλοι γὰρ τοῦ ἀφαρπάζειν καὶ μεταφέρειν γενόμενοι ἅπερ ἦγον οἱ Σκύθαι τὰς Ῥωμαϊκὰς κώμας πορθήσαντες τὸ ἀπιὸν καὶ δραπετεῦον ἤδη πολέμιον ἐπέστρεψαν καθ' ἑαυτῶν καὶ παλίωξιν ἐντεῦθεν εἰργάσαντο.

VAP = a, W, RMDF = b

93 ἐλάσαντες πολλὴν Bekk **94** Βυζίην W Bekk Ῥωμαϊκὸς om. VA μετὰ λείας post Σκύθας (ex b) add. W **95** συνέβαλον Bekk **3—4** μανιώδης τισὶ Ῥωμαίων λίχνευσις ἐπὶ τοῖς μηδαμόθεν αὐτοῖς καθήκουσι τὴν νίκην διέφθειρεν W (cf. b) **3** ἀμετάβλητος: ἀμετάθετος Bekk **5** γινόμενοι Bekk **6** ἤδη om. Bekk ἐπέστρεψε καθ' ἑαυτὸ (ἑαυτὸν A) APW Bekk **7** παλίνωξιν V εἰργάσατο A

93—1 Ὁ δὲ τὴν Βιζύην (Βιζύον R) φυλάσσων Ῥωμαϊκὸς στρατὸς μαθὼν τοὺς Σκύθας μετὰ λείας ἐπανιέναι τὴν ἐπ' αὐτοὺς ἐτράπετο (ἐτράποντο R)· καὶ κρατεῖ τὸ ἡμέτερον στράτευμα, καὶ φόνος γίνεται τῶν Σκυθῶν, καὶ etc. (lin. 1) b **2** πλεῖστον: πολὺ b τοῦτο W b **3—4** καὶ μανιώδης τισὶ λίχνευσις ἐπὶ τοῖς μηδαμῶς ἐκείνοις καθήκουσι τὴν νίκην ἔφθειρεν b **5** κώμας: χώρας W b **6** ἤδη καὶ δραπετεῦον πολέμιον καθ' ἑαυτῶν ἐπέστρεψαν (-ε DF) Sc b

ΤΟΜΟΣ ΔΕΥΤΕΡΟΣ
ΤΗΣ ΒΑΣΙΛΕΙΑΣ ΑΛΕΞΙΟΥ ΤΟΥ ΑΓΓΕΛΟΥ

Καὶ τῇδε μὲν καὶ ταῦτα συμβέβηκε· βασιλεὺς δ' ἀπάρας ἐκ τῶν Κυψέλλων τῇ Θεσσαλονίκῃ ἐφίσταται, κἀκεῖθεν ἀναστὰς κατὰ τοῦ Χρύσου ὁρμᾷ. οὗτος γὰρ τὴν Στρούμμιτζαν ἰδιωσάμενος καὶ φρούριόν τι ἀπολαβὼν λεγόμενον Πρόσακον εἰς τυραννεῖον ἑαυτῷ κατεσκεύασε, κρατύνας παντοίως τὸ ἔρυμα, ὅπερ ἡ μὲν φύσις ἀρχῆθεν | φιλοτίμως ἐξεῦρέ τε καὶ ἀνέδωκε· πέτραι γάρ εἰσιν ἀπορρῶγες δισχιδεῖς, συνεπτυγμέναι ἀλλήλαις, μία δ' ἐς αὐτάς ἐστιν ἄνοδος στενὴ καὶ βίαιος καὶ ἀμφίκρημνος, ἡ δὲ λοιπὴ περίμετρος τῶν πετρῶν αἰγίλιψ ἅπασα καὶ ἀπρόσβατος, καὶ ποταμὸς βαθυδίνης ὁ 'Αξειὸς ἀμφιπερικλώμενος ἐπιτειχίζει ταύτας παραλογώτερον· ἐλθοῦσα δ' ἐς ὕστερον ἡ τέχνη ἀνθαμιλλήτρια τῇ φύσει ἀναλώτους αὐτὰς μικροῦ ἐτεκτήνατο· τείχει γὰρ ἀρραγεῖ διειληφυῖα κατὰ τὴν ἐνδοθεῖσαν ἄνοδον ὑπερφυὲς τετέλεκεν ὁρμητήριον.

'Αλλὰ τὸ τοιοῦτον ἔρυμα τὸν Πρόσακον 'Ρωμαῖοι μὲν πάλαι παρεῖδον, Βουλγάρων ἀφροντιστοῦντες, καὶ κατέλιπον ἔρημον, ὁ δὲ Χρύσος ἐπιποιήσας εἶχε κατὰ 'Ρωμαίων ἀπρόσμαχον οἰκητήριον, πᾶν ὅτιπερ ὅπλοις τρόφιμον ἐγγενὲς ἐκεῖσε συνηλικῶς ἀφετήριά τε ὄργανα περιστή-

---

VAP = a, W, RMDF = b

8—9 Τόμος — 'Αγγέλου B: Τοῦ αὐτοῦ Χωνειάτου· τόμος πεντεκαιδέκατος V: Τόμος τρίτος τῆς βασιλείας 'Αλεξίου τοῦ Κομνηνοῦ τοῦ καὶ 'Αγγέλου (καὶ Βαμβακοράβδου add. W) AW: Τόμος τρίτος (Γ' Bekk) τῆς βασιλείας 'Αλεξίου τοῦ Κομνηνοῦ (ἔνθα καὶ ἡ διήγησις τῶν συμβάντων τῇ μεγαλοπόλει add. P) P Bekk **10** τῇδε μὲν οὖν cum b scr. W αὖθις post ἀπάρας (ex b) add. W **11** τοῦ om. A **12** Βλάχος ὢν τὸ γένος καὶ αὐτὸς post ἰδιωσάμενος add. B (cf. b) καὶ om. VA **13** ἐς Bekk Στρούμπιτζα R: -αν M **18** 'Αξείος R: 'Αξιὸς W Bekk ὃν οἱ κοινοὶ Βαρδάριον καλοῦσιν post 'Αξειὸς add. W: ὁ νῦν Βαρδάριος λεγόμενος B: (ὃς 'Αξειὸς πρότερον,) νῦν δὲ Βαρδάριος ἐπικέκληται Sc **19** εἰς Bekk **20** αὐτὰς: τὰς πέτρας (ex b) W τείχη γὰρ ἀρραγῆ Bekk **22** μὲν om. W **25** ἐγγενὲς om. Bekk

8—9 Τόμος δεύτερος τῆς βασιλείας τοῦ βασιλέως (τοῦ βασιλέως om. F) κῦρ (MD: κυροῦ RF) 'Αλεξίου τοῦ Κομνηνοῦ (Κομνηνοῦ: 'Αγγέλου D) b **10—11** Τῇδε (D^mg: ὧδε D) μὲν οὖν καὶ ταῦτα συμβέβηκε, βασιλεὺς δ' ἀπάρας αὖθις τῆς πόλεως τῇ Θεσσαλονίκῃ ἐφίσταται b **12** Βλάχος ὢν τὸ γένος post ἰδιωσάμενος add. W b Bekk (cf. p. 487, 61) **19—20** ἡ τέχνη τῇ φύσει ἀνθάμιλλος ἀναλώτους τὰς (τὰς om. R) πέτρας μικροῦ ἐτεκτήνατο b **20** ἀρραγεῖ om. b **21** τὸν Πρόσακον post ὑπερφυὲς add. W b **22** τὸ ἔρυμα τοῦτο b σας καὶ τὰ πρὸς τὸ ζῆν ἐνθέμενος ἄφθονα, ποίμνιά τε καὶ βουκόλια κατ' ἀγέλας ταῖς ἀκρωνυχίαις ἀνεὶς νέμεσθαι· οὐ γὰρ εὐπερίληπτος ἡ τοῦ φρουρίου τοῦδε περίοδος, ἀλλ' ἐς ὅτι πλεῖστον εὐρύνεται καὶ μηκύνεται καὶ ἄλσεσιν ἐξ ὄμβρων κομᾷ καὶ χωρίοις δρυμώδεσι βέβριθεν, ἑνὸς δέ τινος καλοῦ, καὶ τούτου ἀπαραιτήτου μάλιστα καὶ κρατίστου τὸ φρούριον στέρεται· οὐδὲ γὰρ βραχεῖά τις ὕδατος λιβὰς ἐκεῖ που ἐκδίδωσιν οὐδὲ φρεάτιά εἰσιν ὀρυκτά, ἀλλὰ δεῖ ἐς τὸν ποταμὸν κατιέναι καὶ ὑδρίοις | ἀρύσασθαι τὸ ποτόν. τοιούτου τοίνυν ἐρύματος ἐγκρατὴς ὁ Χρύσος γενόμενος πρός οὐδὲν ὅτι κατ' αὐτοῦ βασιλεὺς ἔπεισιν ἐτετάρακτο, ἀλλ' ὡς ἀντιταξόμενος ἡτοιμάσατο.

Τοῖς μὲν οὖν ἐν πείρᾳ πολέμων 'Ρωμαίοις, εἴ τις που τέως καὶ ὑπολέλειπτο, καὶ οἷς ἡ τῶν ἐκεῖσε θέσις χωρῶν οὐδαμῶς ἠγνόητο δέον ἐκρίνετο καὶ τῷ βασιλεῖ συνεβούλευον παραλλάξαι μὲν τὸν Πρόσακον, μετελθεῖν δὲ τὰ λοιπὰ πολίσματα καὶ τὰς κώμας, ὁπόσαι κατήκοοι Χρύσῳ γεγόνασι, μετὰ δὲ τὴν τούτων χείρωσιν τῷ Προσάκῳ παρεμβαλεῖν· οὕτω γὰρ ἐσεῖσθαι καὶ τὸ στράτευμα εὐθαρσέστερον τὰ εὐχείρωτα καταστρεψάμενον πρότερον καὶ λείαν ἐκεῖθεν περιβαλόμενον, καὶ αὐτὸν δὲ τὸν Χρύσον τῇ βίᾳ τῶν πραγμάτων ἀγχόμενον μεταβουλεύσασθαί τι χρηστότερον, ἐνδόντα τοῦ ἄγαν ἢ καὶ ἀπογνόντα τῶν καθ' αὐτόν. τὸ δέ γε κατὰ τὴν πρώτην ὁρμὴν τοῖς ἀπροσμάχοις εὐθὺς προσβαλεῖν καὶ πρὸς ὄρη διαμιλλᾶσθαι ἀπότομα, μὴ καὶ εἶναι μάταιον ἔλεγον, καὶ ἄλλως ἱδρῶτας ὁρᾶν αἱματόεντας καὶ προκείμενον πόνον πολὺν καὶ φαντάζεσθαι κόρσας ἀναύχενας τῶν μαχουμένων ἀνδρῶν.

Καὶ οἱ μὲν ταῦτα παρῄνουν. ἀντέστησαν δὲ γενναιότερον οἱ μὴ ἐνόρχαι τοῦ βασιλέως πρόκοιτοι, ὧν ἐπρωτίστευεν ὁ Οἰναιώτης Γεώργιος, καὶ τὰ ἐπὶ τῆς θεραπείας λειογένεια μειράκια. οὗτοι γὰρ περιστάντες τὸν βασιλέα παλαιοὶ καὶ πανδέξιοι ἔπεισαν ἐς τὸν Πρόσακον εὐθυώρως ἄγειν τὴν στρατιάν, καὶ κατ' αὐτοῦ τοῦ Χρύσου ἀντία τὰ ὅπλα φέρειν

VAP = a, W, RMDF = b

27 εὐπερίληπτος: ἀπερίμετρος M **28** πλεῖον D **29** κομᾷ: ὁρμᾷ A **30** μάλιστα suppl. W^{mg}: καλλίστου Bekk καὶ κρατίστου om. W **31** γὰρ om. F λιβὰς ὕδατος V **32** ὑδρίαις Bekk τὸ: τὸν Bekk **36** πολέμου W Bekk **38—39** τὰ δὲ λοιπὰ πολίσματα μετελθεῖν W (cf. b) **40** μετὰ δὲ: καὶ μετὰ (ex b) W **41** καταστρέψαν VA **42** περιλαβόμενον VAW$^{\mathrm{mg}\gamma\rho}$ δὲ: δὴ W **44** τὸ Die: τοῦ VAPW Bekk **45** τὴν om. V **47** προσκείμενον PW Bekk **52** πάλλαιοι VA: πάλαιοι P: πάλαι οἱ W **53** ἀντίον APW Bekk φέρειν: ἄγειν AP Bekk

26—27 ταῖς ἀκρωνυχίαις κατ' ἀγέλας b **28** περίοδος: περίμετρος W$^{\mathrm{mg}\gamma\rho}$RDF: περίληπτος M **29** τινος om. W b **30** μάλιστα — φρούριον om. b **31—32** οὐδὲ — ὀρυκτά om. b **34** ἐτετάρακτο W$^{\mathrm{mg}\gamma\rho}$: ἐδεδίει W b **36—40** 'Ενίοις μὲν οὖν ἐδόκει παραλλάξαι τὸν Πρόσακον καὶ τὰ λοιπὰ πολισμάτια μετελθεῖν καὶ μετὰ τὴν τούτων (τούτου F) χείρωσιν b **44—52** τὸ — ἔπεισαν om. b **52** ὁ δὲ βασιλεὺς εὐθυώρως ἐς τὸν Πρόσακον ἄγειν ἐγνώκει τὴν στρατιάν b **53** φέρειν ἀντία (ἀντίον W) τὰ ὅπλα W b καὶ τὸ δό|ρυ διαγκωνίζεσθαι, ὡς „εἰ οὗτος ἁλώσεται, οὐκ ἔστιν ὅστις ἐς τὸ ἑξῆς ἀντιστήσεται. καὶ ἄλλως δὲ τί τὸ προσιστάμενον μὴ κατὰ τοῦ καιρίου μέρους αὐτίκα χωρεῖν, ἀλλ' ἐκ περιόδων καὶ κύκλων μετέρχεσθαι τὸ πολέμιον; πρὸς δὲ τούτοις τίς ἂν καὶ ἀνέξεται ὅλως ταῖς βαρβαρικαῖς ταύταις καὶ ἀχαριτώτοις χώραις διατρίβειν ἐπὶ πολὺ δι' οὐδὲν ἢ μικρὸν ὄφελος, τῆς σικύων καὶ τῶν πεπόνων ὥρας ἐφισταμένης καὶ τῶν ἄλλων περκαζόντων ὡραίων τῆς γῆς, οἷς ὑπερβέβριθε Προποντὶς ὅσα καὶ παράδεισος χειρὶ θεοῦ φυτευθείς. εἴθε ὑπὸ πλάκα ῾Ρηγίου γενοίμεθα καὶ ᾿Αφάμειαν θεασαίμεθα, ὅπως προσείποιμεν τὴν ἱερὰν Κωνσταντινούπολιν κἀκεῖθεν ἐς τὰ πρὸ τοῦ Πόντου τρυφερὰ χωρία προσαναπλεύσαιμεν, ἔνθα πραεῖά τις αὖρα βόρειος καὶ ζωογόνος προσβάλλει διὰ παντός, καὶ ἰχθύες νεαλεῖς περισκαίρουσι καὶ δελφῖνες ἥδιστον ἀναθρώσκουσι, λουτρῶν τε χάριτες διαγελῶσιν ἁπανταχῇ καὶ ἀργύρεα πλανώμενα ὕδατα τὸν θεατὴν διαχέουσι, καὶ τὰς ἀκοὰς τῶν δεῦρο κἀκεῖσε περιφοιτώντων ἑστιῶσι κατακηλοῦσαι κωτίλλουσαι χελιδόνες καὶ μελεάζουσαι ἀηδόνες καὶ πᾶν ἕτερον ἄλλῃ καὶ ἄλλῃ τρύζον ἐν ταῖς λόχμαις καὶ τιτυβίζον μουσικὸν πτερόν".

῞Ολῳ τοίνυν ῥυτῆρι πρὸς τὸν Πρόσακον φέρεται βασιλεύς, εἴπερ ἐς ἴσον αὐτῷ κατέστη τῇ θέᾳ ὁ λόγος. ὅθεν τινὰ μὲν ἐρύματα πάρεργον ὁδοῦ κατεστράφησαν θημωνίαι τε καρπῶν καὶ λήϊα πυροφόρα κατηθαλώθησαν καὶ παρὰ Περσῶν ἑάλωσαν Βλάχοι δορύκτητοι, οὓς ὁ τῆς πόλεως | ᾿Αγκύρας σατράπης ἐπικούρους ἀπέσταλκε βασιλεῖ· ὅτε καὶ τὸ μὲν περὶ τὴν ὀρθόδοξον πίστιν ὑγιὲς καὶ θερμότερον τὸν βασιλέα ᾿Αλέξιον ἐξελιπάρησε μὴ συγχωρῆσαι ὅλως τοῖς Τούρκοις οἴκαδε ἀνθρώπους μετενεγκεῖν θεόν, ὃν ἡμεῖς πρεσβεύομεν, σεβομένους, ἵνα μὴ τὴν πίστιν ἄκοντες μεταθέμενοι τὸ θεῖον κατὰ τῶν ἐκδόντων ἐκμήνωσιν, ἀλλὰ τὸ μὲν Βλαχικὸν αἰχμάλωτον ἐς οἰκετικὸν ἀποδοθῆναι ῾Ρωμαίοις, αὐτοὺς δὲ τοὺς χειρωσαμένους Πέρσας φιλοφρονηθῆναι δεξιώσεσιν ἑτέραις βασιλικαῖς· ὁ δὲ οὐδ' ὅλως τοῖς λεγομένοις ἐπένευσεν.

---

59 τῆς — ἐφισταμένης: a. 1199 aestate

---

61 παράδεισος — φυτευθείς: cf. Gen. 2, 8 **71** ὅλῳ ... ῥυτῆρι: cf. p. 13, 29 **72** πάρεργον ὁδοῦ: Eur. El. 509

VAP = a, W, RMDF = b

56 καὶ om. V **57** καὶ om. Bekk **59** συκίων W Bekk **61** πλακὶ Bekk (corr. iam Grabler i. l.) **63** τὰ τοῦ πρὸ τοῦ Bekk **68** ἑστιῶσαι κατακωτίλλουσαι V **73** ποηφόρα PW **74** οὓς ὁ: παρὰ A **76** ᾿Αλέξιον om. APW Bekk **82** τοῖς λεγομένοις om. Bekk

54 γνωματεύων post ἁλώσεται add. W b εἷς W b **55—70** καὶ — πτέρον om. b **71—72** εἴπερ — λόγος om. W b **74** δορύκτητοι om. b **75** ἐπικούρους τῷ βασιλεῖ ἐξαπέστειλεν (ἀπέστ. W) Wb **75—82** ὅτε — ἐπένευσεν om. b **83** ἐπεφθάκει b

Ἐπεὶ δὲ καὶ ἐς αὐτὸν ἐφθάκει τὸν Πρόσακον, βαλὼν ἐκεῖ που στρατήγιον ἔγνω τοῦ φρουρίου αὐτίκα πειράσασθαι. καὶ ἦν ἔργα πρὸς Ῥωμαίων τηνικαῦτα τελούμενα κατιδεῖν γέρατος καὶ θαύματος ἄξια· ὑπὲρ γὰρ ἐλπίδας διηγωνίσαντο. οἱ μὲν γὰρ θυρεοῖς καὶ γυμνοῖς φραξάμενοι ξίφεσιν, οἱ δὲ τόξα καὶ βέλη φέροντες περὶ τὰ ἀνάντη τοῦ φρουρίου ἀνερριχῶντο γεώλοφα καὶ τοῖς ἀπὸ τειχῶν καὶ τῆς ἄκρας μαχομένοις ἐπεγχρίπτοντες ἔβαλλον. ἀμέλει καὶ μετὰ κάματον καὶ φόνον πολὺν ἐξέκρουσαν τοὺς βαρβάρους τοῦ προτειχίσματος, ὅπερ προφύλαγμα τῶν ἐκεῖσε πυλῶν ἐπῳκοδόμητο νεωστί. ἦσαν δ' οἳ καὶ διὰ τῶν κρημνωδῶν ἀνιμώμενοι ἀνόδων ἠκροβάτουν ὡς αἴγαγροι, πειρώμενοι γενέσθαι εἴσω τειχῶν καὶ πρὸς αὐτὴν τὴν ἄκραν ἀναδραμεῖν.

Ἀλλ' ὅτε τι διανύσαι ἔργον ᾠήθησαν σωτήριόν τε ἅμα καὶ κάλλιστον τοὺς ἐπὶ τῶν τειχῶν ἀμυνομένους τρεψάμενοι καὶ εἴσω ἐγκλείσαντες, τότε εἰκαίως διαπονούμενοι ἔγνωσαν· αἰτήσαντες γὰρ σκαπάνας εἰς τὴν τῶν περιβόλων κα|θαίρεσιν οὐδένα εἶχον τὸ αἰτηθὲν ὅπλον προσάγοντα. ἐπιμένοντες δὲ καὶ οὕτω τῷ μόχθῳ καὶ κατὰ τῶν ἐπὶ τῶν βασιλικῶν ὅπλων ἀγανακτοῦντες, χερσί τε καὶ ξίφεσιν ὡς ἀμάλαις χρώμενοι, τοὺς λίθους ἀπέσπων τῆς ἁρμογῆς καὶ τὰ θωράκια καθῄρουν ἀναθορνύμενοι. σχολαίτερον δὲ τοῦ ἔργου προβαίνοντος καὶ αὐτῶν προσπασχόντων κακῶς ἐκ τῶν ἐπικειμένων ἄνωθεν ἀντιπάλων, ὀψὲ καὶ βραδέως ὁ τοῖς ὅπλοις ἐφεστὼς θλαδίας ἀφίκετο σκαπάνας κομίζων εἰς ἕνα ὁρμαθὸν διὰ μηρίνθου συμβεβλημένας. δέον οὖν αὐτίκα καταποντισθῆναι τὸν ἐπίρρητον ἢ γοῦν δυσφόρως καὶ χαλεπῶς ὑπενεγκεῖν τὸ πραχθὲν εἰς βραχεῖαν ἀναψυχὴν τῶν μάχῃ καὶ δίψει καὶ πνίγει κακουχουμένων διὰ τὸν ἐξ ἡλίου καύσωνα, ὁ δὲ μόνῃ ἐπιπλήξει, καὶ ταύτῃ ἀκκισμῷ μετεχού-

---

VAP = a, W, RMDF = b

84 αὐτίκα τοῦ φρουρίου V **85** κατιδεῖν om. W θαυμάτων καὶ γερῶν W **86** ἐλπίδα V **87** ἀνάντη: ἐναντία V ἀναρριχώμενοι (ex b) W **88** γεώλοφα om. W (cf. b) **90** ἐκεῖσε om. VA **94** τε om. W (cf. b) **95** συγκλείσαντες cum b scr. P Bekk **2** τὸ — προσάγοντα: διδόναι τὸ αἰτηθέν (ex b) W **3** οὕτως VA τῶν ἐπὶ om. W τῶν alt. suppl. m. alt. V **5** ἀνέσπων V **6** σχολαιότερον V **7** ὁ om. F δέον — ἐπίρρητον: ὁ — θλαδίαν cum b scr. W **10** τὸν κρατοῦντα post χαλεπῶς add. P[mg] Bekk **11** ἀνάψυξιν Bekk **12** ὁ δὲ: ἀλλὰ W ἀκκισμοῦ V κατεχούσῃ Bekk

84—89 καὶ — ἔβαλλον: καὶ ἦν ἰδεῖν ἔργα πρὸς Ῥωμαίων τελούμενα γερῶν ἄξια καὶ θαυμάτων. ὑπὲρ γὰρ ἐλπίδας διηγωνίσαντο περὶ τὰ ἀνάντη τοῦ φρουρίου ἀναρριχώμενοι καὶ τοῖς ἀπὸ τειχῶν καὶ τῆς ἄκρας (τοῖς ἄκροις F) μαχομένοις ἀντιπλεκόμενοι b **91—93** ἦσαν — ἀναδραμεῖν om. b **94—3** ἀλλ' ὅτε τι δράσειν ἔργον ᾠήθησαν σωτήριον ἅμα καὶ κάλλιστον, τρεψάμενοι τοὺς ἐπὶ τῶν τειχῶν καὶ εἴσω συγκλείσαντες τῶν ἐπάλξεων, τότε εἰκαίως διαπονούμενοι ἔγνωσαν· αἰτήσαντες γὰρ σκαπάνας πρὸς τὴν τῶν εἰσόδων καθαίρεσιν οὐδένα εἶχον διδόντα τὸ αἰτηθέν b **3—7** ἐπιμένοντες — ἀντιπάλων om. b **7** δὲ post ὀψὲ add. b **8** θλαδίας: σπάδων MD: σπάδος R: σπάθων F σκαλίδας [W[mg]] b **8—9** συμβεβλημένας διὰ μηρίνθου ὁρμαθόν W b **9** sqq. δέον etc.: ὁ μὲν οὖν βασιλεὺς οὐ χαλεπῶς ἤνεγκε τὸ πραχθέν, προσπαθῶς ἔχων ἐς τὸν (ἐπίρρητον add. W) θλαδίαν.

σῃ, καὶ τῇ περιψοφήσει τῶν χειλέων τὸν ἀγανακτοῦντα ὑποκρινάμενος κατέβαλεν οὕτω τὰ τῶν γενναίων ἐκείνων ἀνδρῶν φρονήματα. ἐπὶ δὲ τούτῳ καὶ κλίμακας αἰτησάμενοι, ὅπως δι᾽ αὐτῶν ἐς τὰ ἄνω γένωνται τῶν τειχῶν, οὐδὲ τούτων αὐτίκα ηὐμοίρησαν. ὅθεν μὴ ἐπ᾽ ἀνηνύτοις εἰσέτι μογεῖν ἀνεχόμενοι μετέβησαν ἐκεῖθεν οὐχ ἑκοντί.

Ἐκ τοῦ ἀναμφιλέκτου δ᾽ ἄν, ὡς οἱ τειχομαχούμενοι Βλάχοι διετείνοντο ὕστερον, ἑάλω τὸ φρούριον καὶ ὁ Χρύσος συνείληπτο καὶ Ῥωμαίοις εὔφημον τὸ ἔργον τόδε γεγένητο καὶ πολλῶν ἐσέπειτα | καμάτων ἀναίρεσις, εἰ τὰ πρὸς καθαίρεσιν τοῦ τείχους ὄργανα προητοίμαστο καὶ τοῖς κατὰ καιρὸν αἰτουμένοις παρείχετο· νῦν δὲ ἡ τῶν καθηκόντων ἀμέλεια ἢ καὶ θεὸς αὐτὸς (ἀλλ᾽ ἡμῖν ἱλήκοι θεός, εἰ ἐμπλήκτως τοῖς αὐτοῦ ἐπιβάλλομεν κρίμασι) μὴ ἐν τοῖς τότε ἀνθρώποις ἐπευδοκῶν προσέστη τοῖς ἀγωνίσμασι.

Καὶ κατ᾽ ἐκείνην μὲν τὴν ἡμέραν οὕτω Ῥωμαῖοι διημιλλήθησάν τε καὶ διελύθησαν· τὴν δ᾽ ἐπιοῦσαν πρὸς δευτέραν αὖθις ἐξῄεσαν συμπλοκήν, εὗρον δὲ μετὰ φρονήματος καὶ κόμπου τὸ ἀνθιστάμενον ἁμιλλώμενον διὰ τὰ ξυνενεχθέντα χθιζά. ἀλλὰ καὶ τὰ πετροβόλα μηχανήματα, οἷς ἐχρῶντο οἱ βάρβαροι, ἀνῄρουν οὐχὶ βραχεῖς, ἐπιτυχῶς καὶ ἀφ᾽ ὕψους τοὺς λίθους διακοντίζοντα· ἦν γὰρ καὶ ὁ ταῖς τῶν πετρῶν ἀφέσεσιν ἐφεστὼς καὶ τὸν λύγον περιάγων καὶ τὴν σφενδόνην διατιθεὶς ἐν μηχανουργοῖς ἄριστος, Ῥωμαίοις μὲν ἐπὶ μισθῷ τὰ πρῶτα ὑπηρετούμενος, τότε δὲ πρὸς Χρύσον ἀπονοστήσας ἐκ τοῦ μὴ ἔχειν τὸν μισθὸν χορηγούμενον. οὐ μόνον δὲ οἱ ἐκ τῶν ἀφετηρίων ἀποσφενδονούμενοι σφαιρωτοὶ λίθοι

---

24 μὴ — ἐπευδοκῶν: cf. 1 Co. 10, 5

VAP = a, W, RMDF = b

13 ὑποκρινόμενος W **14** γενναίων: γνησίων W ἐκείνων om. V **18** Βλάχοι om. V: hab. B **19—21** Ῥωμ. —εἰ om. W **21** τὴν καθαίρεσιν AP Bekk **22** τοῖς om. Bekk **26** οὕτω om. V: οὕτως B **27** αὖθις πρὸς δευτέραν APW Bekk **29** συνενεχθέντα AP Bekk: συναχθέντα W **30—31** ἀνῄρουν — διακοντίζοντα: πολλοὺς ἀνήρουν ἐπιτυχῶς καὶ ἀφ᾽ ὕψους ἀφιέντες (γρ. διακ⟨οντίζοντ⟩ες) τοὺς λίθους W (cf. b) **31** διακοντίζοντες P Bekk ὑφεστὼς APW **32** περιάδων A **35** ἐξ ἀφετηρίων P Bekk

(14—31) οἱ δ᾽ ἐργομοχθοῦντες στρατιῶται παρὰ βραχὺ ἂν αὐτὸν διεχειρίσαντο μὴ ἐνεγκεῖν τὸ ὁρώμενον ἔχοντες. ἐπὶ δὲ τούτῳ καὶ κλίμακας αἰτησάμενοι, ὅπως ἐς τὰ ἄνω γένωνται τῶν τειχῶν, οὐδὲ τούτων αὐτίκα ηὐμοίρησαν. ἐκ τοῦ ἀναμφιλέκτου δ᾽ ἄν (ἂν om. R), ὡς οἱ τειχομαχούμενοι (-όμενοι R) Βλάχοι διετείνοντο ὕστερον, ἑάλω τὸ φρούριον, και ὁ Χρύσος συνείληπτο, εἰ τὰ πρὸς καθαίρεσιν τοῦ τείχους ὄργανα προητοίμαστο. κατ᾽ ἐκείνην μὲν οὖν τὴν ἡμέραν οὕτω Ῥωμαῖοι διημιλλήθησάν τε καὶ διελύθησαν, τὴν δ᾽ ἐπιοῦσαν πρὸς δευτέραν πάλιν (πάλιν πρὸς δευτέραν D) ἐξῄεσαν συμπλοκήν. ἀλλ᾽ οἱ βάρβαροι μηχανήμασι χρώμενοι πολλοὺς ἀνήρουν ἐπιτυχῶς τε καὶ ἀφ᾽ ὕψους ἀφιέντες τοὺς λίθους b (proseq. p. 507, 42/50) κακῶς ἐτίθουν τὸ στράτευμα, ἀλλὰ καὶ οἱ κατὰ πρανοῦς ἐπικυλιόμενοι ἄνωθεν. ἐν πολλοῖς δὲ καὶ τὰ μὴ ἐφικνούμενα σωμάτων ἐκ τῶν μηχανῶν χερμάδια εἰς θάνατον κατῆγον οἷς προσεπέλαζον· ταῖς γὰρ ἀνεστηκυίαις πέτραις προσαρασσόμενα, εἶτα τῇ τοῦ ἀφεικότος βέλους σφοδρότητι πρὸς πλεῖστα διαιρούμενα τμήματα, τῇδέ τε κἀκεῖσε διακρι|δὸν σκεδαννύμενα θανατηφόρον ἦσαν κακόν.

Καὶ νυκτὸς δὲ λάθρᾳ τοῦ ἐρύματος ἐξιόντες οἱ βάρβαροι τάς τε μηχανὰς διέλυσαν, ἃς ἐπὶ τῶν ἐκεῖσε γηλόφων ἔστησαν οἱ Ῥωμαῖοι, καὶ τὸ νυκτοφυλακοῦν διαθροήσαντες στράτευμα τῇ τοῦ πρωτοβεστιαρίου Ἰωάννου σκηνῇ φεῦγον ἐπικατέλαβον, ὡς καὶ τοῦτον θορυβηθέντα ἐξαναστῆναί τε αὐτίκα τοῦ λέχους, ὡς εἶχε καταδαρθάνων, καὶ δρασμῷ χρήσασθαι ὠρακιῶντα καὶ ὑπὸ δέους παλλόμενον. ἀμέλει καὶ τὰ ἐν τῇ σκηνῇ διελόμενοι, ἐν οἷς ἦν καὶ τὰ βατράχεια τὸ χρῶμα πέδιλα τοῦ πρωτοβεστιαρίου, ὅλην ἐκείνην τὴν νύκτα ἐν μωκείᾳ καὶ γέλωτι τὰ Ῥωμαίων ἐτίθεσαν πράγματα. ἐπὶ δὲ καὶ οἴνων δοχεῖα τυμπανοειδῆ ἐκ λύγων καὶ διάκενα διαχαλῶντες ἄνωθεν ἐξίστων τῷ δούπῳ τὸ στράτευμα, μὴ εἰδὸς ὡς ἐν σκότει τὸ γινόμενον.

Ταύτῃ τοι καὶ βασιλεὺς τὰ κατὰ σκοπὸν οὐχ ὁρῶν περαινόμενα, ἄλλως τε μηδὲ χρονοτριβεῖν ἐκεῖσε προθέμενος, ἐς ξυμβάσεις τρέπεται. τοῦ τε οὖν Προσάκου καὶ τῆς Στρουμμίτζης καὶ τῶν χωρῶν τῶν πέριξ Χρύσῳ ἐξίσταται καὶ μίαν τῶν ἐκ τοῦ γένους συνευνάσαι οἱ συντίθεται, μὴ γυναικὸς σπανίζοντι. ἀμέλει καὶ εἰσιὼν τὸ Βυζάντιον τὴν τοῦ πρωτοστράτορος θυγατέρα τοῦ συνοικοῦντος ἀπέζευξε καὶ τῷ Χρύσῳ ταύτην ἐκπέπομφε, νυμφαγωγὸν ἀναδείξας τὸν σεβαστὸν Κωνσταντῖνον τὸν Ῥαδηνόν. τελεσθέντων δὲ τῶν νυμφευμάτων καὶ τῆς γαμηλίου δαιτὸς παρατεθείσης, ὁ μὲν Χρύ|σος ἐζωροπότει καὶ ἤσθιε τενθευόμενος, ἡ δὲ γυνὴ τὸν τῶν νεονύμφων αἰδουμένη νόμον ἐγκρατῶς εἶχε τῶν παρακειμένων. ἐπιταχθεῖσα δὲ πρὸς τοῦ νυμφίου συμμετέχειν ἐκείνῳ βρώσεως

VAP = a, W, RMDF = b

43 διέστησαν Bekk οἱ om. P Bekk **44** νυκτὸς φυλακοῦν V **45** ἐπικατέβαλον VAP **47** βαλλόμενον Bekk **49** μωκία PW **50** ἔτι δὲ Bekk: ἀλλὰ κατὰ ταύτην W ἐκ λύγων om. VAW καὶ om. Bekk **55** Στρουμίτζης VW Bekk: Στρουμμίζας A **56** συντίθενται A **60** Ῥαδεινόν Bekk **61** τονθευόμενος PW Bekk **63** Χρύσου post νυμφίου (ex b) add. W βρώσεως W^{mg}γρ: τῆς ἑστιάσεως (ex b) W

42/50 sqq. Καὶ νυκτὸς δὲ οἴνων δοχεῖα διαχαλῶντες ἄνωθεν τυμπανοειδῆ ἐκ λύγων καὶ διάκενα ἐξίστων τῷ δούπῳ τὸ στράτευμα. Ὅμως καὶ οὕτως ἔχων ὁ Χρύσος ἐς (εἰς R) ξυμβάσεις ἐτράπετο καὶ δεῖται τοῦ βασιλέως κατὰ συγχώρησιν αὐτοῦ κατέχειν τὸν Πρόσακον, ἐπὶ δὲ καὶ γυναικὶ συζευχθῆναι μιᾷ τοῦ αἵματος τοῦ βασιλικοῦ (τοῦ βασ. om. M: αὐτοῦ DF). βασιλεὺς οὖν τὰς αἰτήσεις αὐτοῦ δεξάμενος ἐκ τοῦ (τῶν M) Προσάκου μεθίσταται καὶ τὴν Κωνσταντινούπολιν εἰσιὼν μίαν τῶν εὐγενῶν εἰς γαμετὴν πέπομφεν ἐκείνῳ, νυμφαγωγὸν etc. (lin. 59) b **61—66** ἡ δὲ γυνὴ τὸν νόμον αἰδουμένη τῶν νεονύμφων ἐγκρατῶς εἶχε τῶν παρακειμένων. ἐπιταχθεῖσα δὲ πρὸς τοῦ νυμφίου Χρύσου συμμετέχειν ἐκείνῳ τῆς ἑστιάσεως καὶ μὴ οὕτως αὐτίκα δράσασα εἰς ὀργὴν ἐκμαίνει τὸν ἄνδρα. ἀμέλει καὶ πλεῖστα καθ' ἑαυτὸν ὑποβαρβαρίσας καὶ θυμομαχήσας ἐφ' ἱκανὸν μεθ' ὑπεροψίας ἔφησεν ὕστερον „μὴ φάγῃς μηδὲ πίῃς" Ἑλληνίδι φωνῇ.

Τότε δὲ καὶ Σκυθῶν ἔφοδος γεγένητο μεγίστη τε καὶ φρικαλεωτέρα τῶν πρότερον· εἰς γὰρ τέσσαρα διαιρεθέντες στρατόπεδα πᾶσαν τὴν Μακεδονίαν ἐπῆλθον, ἀποπειρασάμενοι καὶ πόλεων εὐτειχίστων καὶ κορυφὰς ἐπανιόντες ὀρῶν, ὥστε καὶ τὸ Γάνος τὸ ὄρος διερευνησάμενοι πολλὰ φροντιστήρια ἐσκύλευσαν καὶ μονάζοντας ἀπέκτειναν, μηδενὸς ἐς χεῖρας τολμῶντος ἰέναι διὰ δέος, ὅτι καὶ μετ' ἐλαττόνων ἔμελλον πρὸς πλείους συμπλέκεσθαι καὶ διὰ τοῦτο τῆς ἑαυτῶν ὑπερορᾶν οὐκ εἶχον ψυχῆς.

Ὁ δὲ βασιλεὺς τὰς θυγατέρας ὁρῶν ὀργάδας ἐπὶ λέχος δεύτερον διὰ νεότητα καὶ ὥραν σώματος ἐφυλοκρίνει τοὺς συζευξομένους αὖθις αὐταῖς, ὥστε καὶ δυνάστας ἐθνῶν ἐξελέγετο τὰ τῶν Χριστιανῶν πρεσβεύοντας, οὓς ὡς πολεμίους ἦν δεδιώς. ὀψὲ δὲ τῶν τοιούτων σκεμμάτων μεθαρμοσθεὶς Ῥωμαίοις αὐτὰς ἐκδέδωκε, τὴν μὲν Εἰρήνην συνάψας τῷ Παλαιολόγῳ Ἀλεξίῳ, διαζευχθέντι πρότερον ἥτις ἐννόμως αὐτῷ | ἐγινώσκετο ὥρας καὶ γένους εὖ ἔχουσα, τὴν δ' Ἄνναν συνηρμόκει Θεοδώρῳ τῷ Λάσκαρι, νεανίᾳ τολμητίᾳ καὶ ῥαγδαίῳ πρὸς ἔργα πολέμια.

Ἦν δ' ὁ καιρός, καθ' ὃν αὗται γεγόνασιν αἱ συνάφειαι, ἐγγίζων ταῖς ἀπόκρεω, καὶ τοῦ κηδεστοῦ βασιλέως οὔκουν ἐνσχολάσαι προθεμένου σταδιοδρόμων ἵππων ἁμίλλαις, οἱ νεόγαμοι ἐνέκειντο θέατρα ἐξαιτούμενοι. διαιτῶν τοίνυν ὁ βασιλεὺς ἑαυτῷ τε καὶ τοῖς γαμβροῖς εἰς μὲν τὸ μέγα παλάτιον οὐδαμῶς ἀφικνεῖται, οὔτε μὴν ἐσάνεισι τὸ στάδιον, τὰς δ' ἱππικὰς ἄντυγας ἐς τὸ ἐν Βλαχέρναις ἀρχεῖον προστάξας ἐνεχθῆναι σχεδιάζει θέατρον. καὶ δὴ αἱ μὲν φῦσαι τῶν πολυαύλων ὀργάνων κατὰ τὴν ἐκεῖσε αὔλειον εἰς καμπτῆρας διατίθενται, εἰς δ' ἔπαρχον τῆς βασιλίδος διασχηματίζεται πόλεως ἐκτομίας τις· τὸ δὲ ὄνομα ἑκὼν παραδράμοιμι, πλούτῳ δ' ἦν οὗτος περιβριθὴς καὶ μεγίστας χειρίζων ἀρχὰς καὶ τοῖς περὶ τὴν βασίλειον αὐλὴν ἐγγραφόμενος. πλεγμάτιον τοίνυν ἐκ λύγων συγκείμενον, ὅ φησιν ἡ δημώδης φράσις ὄνον ξύλινον, χρυσοπάστῳ σάγῳ ζῳωτῷ ἐς τὸ διαμπερὲς σκεπόμενον διαζωσάμενος τὸ σχέδιον

---

67 τότε: a. 1199 autumno **84** ἀπόκρεω: initio mensis Febr. a. 1200

VAP = a, W, RMDF = b

66 Ἑλλ. φωνῇ „μὴ . . . πίῃς" (ex b) W **67** ἐγεγένητο APW Bekk τε om. V **68** τεσσαράκοντα VB στρατεύματα Bekk **70** ἐσανιόντες V **71** μηδὲν V εἰς Bekk **73** ὑπερορᾶν: ἐρᾶν Bekk **76** ἐφιλοκρίνει Bekk **81** καὶ γένους om. Bekk **83** ἐγγίζων ταῖς: ἐγγίζοντος Bekk **86** ὁ: καὶ APW Bekk ἑαυτοῦ W **88** δὲ W εἰς Bekk **89** φύσσαι V: φῦσσαι APW **90** διατίθεται AW **92** δὲ W **93** τὴν om. W αὐλὴν: γραφὴν Bekk

(64—66) καὶ μὴ οὕτως αὐτίκα δράσασα, εἰς ὀργὴν ἐκμαίνει τὸν ἄνδρα. ἀμέλει καὶ πλεῖστα καθ' ἑαυτὸν ὑποβαρβαρίσας μεθ' ὑπεροψίας ἔφησεν ὕστερον Ἑλληνίδι φωνῇ (Ἑλλ. φωνῇ om. D)· „μὴ φάγῃς, μηδὲ πίῃς." b **67—509, 17** τότε — σύνθημα om. b ἐκεῖνο θέατρον εἴσεισιν, ὅτε καὶ ἦν τὸν αὐτὸν ὁρᾶν καὶ ὡς ἀναβάτην μεγαλοπρεπευόμενον καὶ ὡς ἵππον εὐήνια προποδίζοντά τε καὶ χρεμετίζοντα· μετὰ βραχὺ δὲ κατὰ τοὺς πάλαι τῶν | δραμάτων ὑποκριτὰς τὸν ἔφιππον ἀποδυσάμενος ἔπαρχον τὸν μαππάριον ὑποκρίνεται. ἦσαν δὲ οἱ τὸν γυμνικὸν ὑποδύντες ἀγῶνα οὐ τῶν ἐξ ἀγορᾶς καὶ τριόδων τινές, ἀλλ' εὐπατρίδαι νεανίαι, πρώτως φύοντες γένειον. ἐθεᾶτο γοῦν τὰ σκηνικὰ ταῦτα καὶ γελοιώδη παίγνια ὁ βασιλεὺς καὶ ἡ βασιλὶς καὶ ὅσον αὐτοῖς τοῦ γένους ἐπίσημον καὶ τὸ τῆς θεραπείας εὐπαρρησίαστον· τοῖς δ' ἄλλοις πᾶσα πάροδος ἐπικέκλειστο. ἐπεὶ δ' ἐφειστήκει καιρός, καθ' ὃν ἔδει πρὸς τὸ τρέχειν γενέσθαι τοὺς τὸν γυμνικὸν ἐκτελέσοντας δίαυλον, ὁ μὲν ὑποδὺς τὸν μαππάριον εὐνοῦχος, τὴν μέσην εἰληχὼς χώραν, εἰς βραχίονας τὰς χεῖρας ἀνεκάλυψε καὶ τὸ καταντυγῶδες ἀργύρεον κάλυμμα τῇ κεφαλῇ περιθέμενος ἐκ τρίτου ἦν εἰς τὸ θέειν τὰ μειράκια προσκαλούμενος· ἑστὼς δέ τις ἐξόπισθεν νεανίσκος εὐγενής, ἀξιώματι λαμπρῷ περίβλεπτος, τοσαυτάκις αὐτὸν τοῦ ποδὸς τῷ πλατεῖ κατὰ τῶν πυγῶν καὶ τῶν γλουτῶν ἔτυπτεν εἰς ἐξάκουστον, ὁσάκις συνιζάνων ἐκεῖνος τὸ τοῦ δρόμου παρείχετο σύνθημα.

'Αλλ' οὔπω ἀκριβῶς διηγώνιστο τὰ μειρακιώδη ταῦτα ἀθύρματα, καὶ οἰκτρά τις ἀγγελία τὴν ἐν τούτοις διαδέχεται χαρμονήν. ἡ δὲ ἦν τὸ ἀποστῆναι τὸν 'Ιβαγκὸν κατὰ Φι|λιππούπολιν. ὡς γὰρ ἄνωθεν εἴπομεν, μετονομασθεὶς ὅδε 'Αλέξιος καὶ γαμβρὸς ἐπὶ θυγατρόπαιδι τῷ βασιλεῖ γεγονὼς καὶ πλείω τῆς δεούσης ἰσχὺν ὑποδὺς στρατηγεῖν εἰλήφει καὶ προεστάναι τῶν τάξεων, αἳ τοῖς ὁμογενέσιν αὐτῷ Βλάχοις περὶ τὴν Φιλίππου ἐπαρχίαν ἀντεκάθηντό τε καὶ ἀντεφέροντο. ἀμέλει καὶ τῶν ἐκεῖσε χωρῶν φανεὶς κύριος ἦγέ τε τὰ πάντα καὶ ἔφερεν, ἀγχίστροφος ὢν καὶ δραστήριος πρὸς ἅπαν σύνδρομον ἔργον τοῖς ἐν τῇ ψυχῇ κινήμασι καὶ βουλεύμασιν. ἤσκει τε εἰς πόλεμον τὸ περὶ αὐτὸν ὁμόφυλον, δωρεαῖς πιαίνων καὶ ὁπλισμοῖς κρατύνων, καὶ φρουρίων ἐρυμνῶν ἀνεγέρσεσι τὰ ἀντικείμενα τῷ Αἵμῳ ὄρη ἀνεπιχείρητα μικροῦ ἀπειργάζετο.

---

20 εἴπομεν: p. 469, 45 sqq.

VAP = a, W, RMDF = b

2 ὡς om. Bekk **3** δὲ: δὲ καὶ V **4** τὸν: καὶ τὸν V: τὸ A(PW Bekk) τὸ μαπτάριον PW Bekk **5** ἀποδύντες AW **7** ὁ βασιλεὺς παίγνια APW Bekk **9** ἀποκέκλειστο Bekk **11** τὸν μαπτάριον PW Bekk **13** προκαλούμενος PW **15** πυγῶν: πυρῶν AP^{ac}W **20** τὴν Φιλ. Bekk **25** χώρων V τε om. Bekk ὄρη VA^{ac}?: ὄρει A^{pc}PW Bekk

18 Μετ' οὐ πολὺ δὲ καὶ 'Ιβαγκὸς ('Ιβαγγὸς RD) ἀφίσταται b (prosq. lin. 24) **24—29** οὗτος γὰρ τῶν κατὰ τὴν (τὴν om. D) Φιλιππούπολιν πραγμάτων κύριος γεγονὼς φρούριά τε ἀνήγειρεν ἐν τόποις ἐπικαίροις καὶ τὸ ὑποκείμενον αὐτῷ ἐγγενὲς στράτευμα εἰς ἔργα διηρρένου ἀεὶ πολέμια.

Βασιλεὺς μὲν οὖν ἐπῄνει ταῦτα μανθάνων καὶ δι' αἰδοῦς ἐτίθετο τὸν Ἀλέξιον, πολλαῖς καὶ μεγίσταις φιλοφρονούμενος αὐτὸν δωρεαῖς, ἡδέως τε αὐτοῦ ἤκουε καὶ τὰς αἰτήσεις ἐξεπέραινε ῥᾷδιον. τὰ δὲ παρὰ τοῦ ἀνδρὸς τοῦδε πραττόμενα οἱ περὶ τὸν βασιλέα συνορῶντες καλὰ μὲν ἀπεφαίνοντο εἶναι καὶ ἀρίστως ἔλεγον δρᾶσθαι, οὐ μὴν καὶ ἐπὶ σκοπῷ Ῥωμαίοις συνοίσοντι παρὰ τοῦ πράττοντος γίνεσθαι, ὅθεν καὶ παραίνεσιν εἰσῆγον τῷ αὐτοκράτορι παραλῦσαι τῆς ἀρχῆς τὸν Ἀλέξιον· μηδὲ γὰρ ἂν βάρβαρον ἄνδρα μὴ πάνυ πρώην Ῥωμαίοις πολεμιώτατον ἐς τὴν ἐναντίαν ἐξαίφνης οὕτως μεταπεσεῖν ἀκραιφνῆ διάθεσιν, ὡς φρούρια καὶ πολίχνας ἐν τοῖς ἐπικαίροις νεουργεῖν τόποις καὶ αὔξειν μὲν τὸ ἐμφύλιον αὐτῷ στράτευμα, σμικρύνειν δὲ τὸ Ῥωμαϊκόν, ἐνιαχοῦ δὲ καὶ | ὡς δύσχρηστον τιθέναι ἀπόμαχον, εἰ μή τις αὐτῷ ἐνέσπαρτο τοῦ τυραννίδι ἐπιβαλεῖν ἔννοια, ἐπεὶ μηδὲ τά τινων ἐννοήματα φιλεῖ πως ἀεὶ ὡς διὰ πυλῶν τῶν χειλέων ἐκφέρεσθαι, ἀλλ' ἐν πολλοῖς καὶ φωνῆς τρανότερον αἱ πράξεις ὅσα κέκευθεν ἡ φρὴν ἐξαγγέλλουσιν.

Οὐ μὴν εἰς ὦτα ἀκουόντων τὰς σοφὰς ταύτας γνώμας ἦσαν εἰσηγούμενοι· ὁ γὰρ βασιλεὺς ἐχέγγυον εἰς πίστιν τὸν τῆς υἱωνοῦ γάμον καθάπαξ ὑπολαβὼν οὐκ ἔστιν ὅπως ἐπὶ πᾶσιν οὐκ ἀσφαλῆ τὰ πρὸς εὔνοιαν καὶ ἀπρόσκοπον ἔκρινε τὸν Ἀλέξιον, κατευμεγεθούσης, οἶμαι, κἀνταῦθα τῆς κακοποιοῦ δυνάμεως τῆς ἐπὶ τὸ κάταντες ἀεὶ φερούσης τὰ Ῥωμαίων πράγματα. ὡς δ' οὐ πολλῷ ὕστερον εἰς ἔργον τὸ δέος ἐκβέβηκεν, ἐνεὸς

50 οὐ πολλῷ ὕστερον: tribus fere annis

31—32 ἡδέως — ἤκουε: cf. Mar. 6, 20 **45** οὐ — ἀκουόντων: cf. p. 164, 60

VAP = a, W, RMDF = b

30 ἐπαίνει APWB Ἰβαγκὸν post ἐτίθετο add. W **34** δὲ post μὴν (ex b) add. W **35** διετείνοντο post συνήσοντι (sic) (ex b) add. et παρὰ τοῦ πρ. om. W παραινέσεις Bekk **36** προσῆγον W τὸν om. VA γὰρ om. DF **37** ἂν om. R ἄνθρωπον βάρβαρον B **37—38** πολεμιώτατον δὲ τὴν ἐναντίαν οὕτως ἐξαίφνης μεταπεσεῖν ἀκραιφνῆ διάθεσιν APW: πολεμιώτατον οὕτως ἐξαίφνης μεταπεσεῖν εἰς ἀκραιφνῆ διάθεσιν Bekk **39** πολίχνια P Bekk **40** καὶ om. W **42** φιλεῖν (ex b) P Bekk ὡς διὰ πυλῶν ἀεὶ W **43—44** ὅσα κέκευθεν ἡ φρὴν αἱ πράξεις ἀγγέλλουσιν Bekk **45** καὶ οἱ μὲν οὕτως ἦσαν εἰσηγούμενοι, ὁ δὲ βασ. W **46** υἱωνῆς RM: ἐγγόνης W[s] **47** παραλαβὼν V **48** καταγοητευούσης Bekk **50** καὶ ἀντάρτης Ἀλέξιος γέγονεν post ἐκβέβηκεν (ex b) add. W

30—35 οἱ μὲν οὖν περὶ τὸν βασιλέα τὰ παρὰ τοῦ Ἀλεξίου γινόμενα (γενόμενα DF) οὕτως ἐπῄνουν μὲν καὶ ἀρίστως ἔλεγον δρᾶσθαι, οὐ μὴν δὲ καὶ ἐπὶ σκοπῷ συνοίσοντι Ῥωμαίοις γίνεσθαι. ὅθεν καὶ παρῄνουν παραλῦσαι τῆς ἀρχῆς τὸν Ἀλέξιον etc. (lin. 36) b **37** ἄνδρα βάρβαρον W b **38** οὕτως om. b ἀκραιφνῆ om. b **38—41** ὡς — ἀπόμαχον om. b **41—42** ἔννοια τοῦ τυραννίδι ἐπιβαλεῖν W b **42—44** φιλεῖν ὡς διὰ πυλῶν ἀεὶ τ. χ. ἐκφ., ἀλλ'. . . . τρανότερον ὅσα κέκευθεν ἡ φρὴν τὰς πράξεις φαυλιζούσας ἀγγέλλειν b **45—46** οὐ — γάρ: καὶ ὁ μὲν οὕτως. ὁ δὲ b **46** Θεοδώρας post υἱωνοῦ add. b Bekk **47** ἐπὶ πασιν om. b **48—50** κατευμεγεθούσης — πράγματα om. b **50** sqq. ὡς etc.: ὡς δ' οὐ πολλῷ ὕστερον ἀντάρτης ὁ Ἀλέξιος γέγονε, ἐπὶ τοῖς ἠκουτισμένοις φανεὶς καὶ μὴ ἔχων, ὅ τι καὶ δράσειεν, ὡς ἀναρραγέντος τοῦδε τοῦ κακοῦ ἀπροόπτως καὶ ὅτε τῶν στρατευμάτων ἐργώδης ἡ συλλογή, ἐν μὲν τῷ παραυτίκα στέλλει πρὸς τὸν ἀποστάτην Ἀλέξιον θλαδίαν τινά, τὰ πρῶτα τῶν ᾠκειωμένων αὐτῷ, ὑπομνήσοντα τοῦτον τῶν συνθηκῶν καὶ τοῦ μηδέν τι πώποτε παθεῖν ἀηδὲς καὶ τῶν ἐλπίδων ἀνάξιον, ἐξ ὅτουπερ αὐτῷ προσκεχώρηκεν· οὐδὲ γὰρ ἦν ἀπογινώσκων τὴν τῆς γνώμης μεταβολήν. τῇ δὲ κατόπιν καὶ οἱ νεόνυμφοι γαμβροὶ τοῦ βασιλέως συνεξῄεσαν μετά γε παντὸς τοῦ οἰκιδίου καὶ συγγενικοῦ πληρώματος.

Ἀφιγμένος οὖν ὁ βέβη|λος εὐνοῦχος πρὸς τὸν Ἀλέξιον οὐ μόνον οὐδέν τι πρὸς τὴν ὑπόθεσιν ὡράθη διαπραξάμενος, ἀλλὰ καὶ προσεπέρρωσε μᾶλλον ἐκεῖνον τῇ ἰδίᾳ παρουσίᾳ εἰς ἔργον τὸ ἐν χερσί, προσημάνας τὴν κατ' αὐτοῦ τῶν Ῥωμαίων ὅσον οὐδέπω ἐπέλευσιν καὶ διδάξας οἷς εἴρηκεν ἀποσχέσθαι μὲν τῶν πεδινῶν, ἐπιλαβέσθαι δὲ τῶν ὀρεινῶν, ὡς ἐκεῖνον σώζειν ἐχόντων καὶ τὸ συναποστὰν ὁμόφωνον σύνταγμα. οἱ δὲ περὶ τοὺς γαμβροὺς τοῦ βασιλέως καὶ τὸν πρωτοστράτορα Μανουὴλ τὸν Καμύτζην ἐδίωξαν μὲν ὀπίσω ἱκανῶς τοῦ ἀντάρτου, καὶ ἦν θαυμαστή τις ἡ προθυμία καὶ πρωταγωνιστεῖν ἠβούλοντο ξύμπαντες· τὴν δὲ τοῦ καιροῦ ῥοπὴν ἀπολέσαντες ἐκ τοῦ διασοβηθῆναι τὸ θήραμα τὸ πρόθυμον ἔσχασαν.

Τοῖς μὲν οὖν θερμοτέροις ἐπιδιώκειν καὶ οὕτως ἐδόκει καὶ διερευνᾶν ἐφέποντας οἷ τῶν ὀρέων ἀπέδρα Ἀλέξιος, τοῖς δ' ἀσφαλεστέροις οὐχ ἥνδανεν ὅλως ἀετοῦ ἴχνη ἀναδιφᾶν ἐπιποτωμένου πάγοις καὶ ὄρεσιν, ἢ

---

53 στέλλει: ca. mens. Mart. a. 1200

---

73 ἀετοῦ ἴχνη ἀναδιφᾶν: cf. Prov. 30, 19 (24, 54)

VAP = a, W, RMDF = b

51 ἠκουσμένοις Bekk ὁ κρατῶν post δράσειεν (ex b) add. W ἀναρραγμένος W ἀπροόπτως τοῦ κακοῦ τοῦδε (ex b) W **52** ὅτι APW Bekk **53** αὐτίκα (ex b) W **54** Ἀλέξιον om. AP Bekk ἐκτομίαν τινὰ Θλαδίαν W ὁ Οἰναιώτης ἦν οὗτος Γεώργιος A^mg P^mg **55** τοῦτον: τούτω DF **56** προκεχώρηκεν PW **57** ὁ βασιλεὺς post μεταβολὴν add. W τῇ: τοῦ Bekk **59** συγγενοῦς D καὶ τῶν τότε ἐν τῶ παλατίω εὑρισκομένων στρατιωτῶν post πληρώματος add. B Bekk **62** μᾶλλον om. VA **63** προπετῶς post προσημάνας add. P Bekk **64** εἰρήκειμεν D **65** ἐκεῖνων M: ἐκείνων DF Bekk ὁμόφρονον V **67** Καμίτζην W **69** διασωθῆναι DF **72** οἷ: ἢ VA: οὗ R **72—73** οὐκ ἥνδανεν codd. **73** ἴχνεσιν M ἐπιπετωμένου RM^pc πάγας W

(51—54) μὴ ἔχων ὅ τι καὶ δράσειεν ὁ κρατῶν ὡς ἀναρραγέντος ἀπροόπτως τοῦ κακοῦ τοῦδε, τῷ μὲν αὐτίκα στέλλει πρὸς (πρὸς om. F) τὸν Ἀλέξιον ἐκτομίαν τινά, etc. (lin. 54) b **56** προσεχώρησεν b **57** μεταβολήν: μετάθεσιν b νεόνυμφοι om. b **58** ἐξῄεσαν b παντὸς τοῦ οἰκιδίου: τοῦ παντὸς ἰδίου W^mgγρ b **60** ὁ — εὐνοῦχος: ὁ θλαδίας (Θλ. RF) b **61** ὡράθη διαπραξάμενος: διεπράξατο W b **62** τῇ — παρουσίᾳ om. W b **64** λαβέσθαι b **65—66** καὶ — σύνταγμα om. b **67** ἱκανῶς om. b μεταλλᾶν ἑρπυσμὸν ὄφεως ἐπὶ πέτρας, ἢ ἐκμαίνειν εἰς συμπλοκὴν χαυλιόδοντα μονιὸν πολλάκις τὸ στῆθος εἰς διακόντισιν προτεινάμενον, περιελθεῖν δὲ τὰ πολίχνια, ὁπόσα ἐπεσκεύασέ τε καὶ ἀνήγειρεν ὁ Ἀλέξιος, καὶ θέσθαι βασιλεῖ κατήκοα. καὶ τῆς βουλῆς ταύτης ὡς ἀμείνονος κυρωθείσης, τῷ φρουρίῳ προσβάλλουσιν, ὃ καθ' ὑπόβασιν ὄρους ἐν τόπῳ Κριτζιμῷ λεγομένῳ ἐδομήσατο ὁ Ἀλέξιος· ἔνθα καὶ πλεῖστα Ῥωμαῖοι καμόντες καὶ φιλοκινδύνως ἁμιλλησάμενοι οὐκ ὀλίγους ἄνδρας ἀγαθοὺς ἐν τῷ προσάγειν τῷ | τείχει τὰς κλίμακας ἀπεβάλοντο, ὧν ἦν πρώτιστος ὁ Παλαιολόγος Γεώργιος. ὀψὲ δ' ἐξελόντες τὸ ἔρυμα καὶ ἕτερα πολισμάτια ἐπὶ τῷδε συναφῶς ἐχειρώσαντο, πῇ μὲν μεθ' αἵματος, πῇ δὲ καὶ ὁμολογίᾳ τούτων περιγινόμενοι.

Εὐμήχανος δ' ὢν ὁ Ἀλέξιος καὶ πολύχους εἰς ἔργα πολέμια ἄλλα τε πλεῖστα κατὰ Ῥωμαίων ἔργα στρατηγικῆς ἐμπειρίας πλήρη μαχόμενος ἐπεδείξατο, τέλος δὲ καὶ τοιόνδε τι μεθόδευμα μετιὼν δεξιώτατον σὺν ἄλλοις καὶ αὐτὸν χειροῦται τὸν πρωτοστράτορα. πλεῖστα γὰρ ὅσα τῶν ἀγελαίων ζώων ἐκ τῶν περιωπῶν εἰς τὸ πεδίον μετενεγκών, καὶ ταῦτα παραδοὺς τοῖς πρὸς Αἷμον ἀπάξουσιν ὁμοφύλοις μετὰ καὶ μοίρας αἰχμαλώτων Ῥωμαίων ὥσπερ τι σκύλων ἀφαίρεμα καὶ ἀπόδασμα τῷ ἄρχοντι τῆς Ζαγορᾶς Ἰωάννῃ καὶ χάριν ἀμοιβὸν ἐσόμενα, ἐπεὶ καὶ σπεισάμενος Ἀλεξίῳ ἐκεῖνος κατὰ Ῥωμαίων διαθήκας διέθετο, λόχους ἔκτοτε ὑποκαθίσας Ῥωμαίους ἐπάλευεν· ᾔδει γὰρ τὸ ἁρπαλέον καὶ πρὸς κέρδος ἑτοιμοτρεχὲς τῶν ἀνδρῶν, οὐδ' ἦν ἀγνοῶν ὡς αὐτίκα μάλα τοῖς φιλικοῖς ἐντυχόντες σφίσι Ῥωμαῖοι τὰς ψυχὰς αὐτοῖς ἐπιθήσουσιν ἐξερεθισθέντες καὶ μηδένα λόγον τῆς σωτηρίας ἑαυτῶν ποιησάμενοι. ἀμέλει καὶ εἶχε Ῥωμαίους μετὰ μικρὸν αὐτὰ ταῦτα διαπραττομένους, ὁπόσα ἔστρεφε κατὰ νοῦν. ὁ γὰρ δὴ πρωτοστράτωρ ἅμα τῇ ἀκοῇ τῶν δρωμένων ἐκ τοῦ Βατραχοκάστρου ἀπάρας, ἔνθα ἦν σκηνούμενος,

---

74 μεταλλᾶν — πέτρας: vide ibid.

VAP = a, W, RMDF = b

74 πέτραν PD Bekk **76** τε om. Bekk **77** ὡς om. M κυρωθείσης: κυρωθείσης καὶ κρατησάσης W (cf. b): ἀγαθῆς καὶ καλῆς φανείσης B **78** προβάλλουσιν M **81** τὰ τείχη P **82** ἐξελθόντες A τόδε τὸ ἔρυμα W ἑτέρους A: ἑτεράττα P: ἕτερ' ἄττα Bekk πολισμάτια om. VA: πολίσματα P Bekk **84** περιγενόμενοι VRM **85** εἰς om. R **88** Μανουὴλ τὸν Καμίτζην post πρωτοστράτορα add. W **90** ὁμοφύλων APW Bekk καὶ om. W **93** πεισάμενος A **94** ὑποπαθίσας ἔκτοτε V ἐπάλλευεν codd. **95** μάλα: μάλιστα W **1** ἐπιθύσουσιν V **4** κατὰ νοῦν ἔστρεφεν APW Bekk τῆς ἀκοῆς W

77 κυρωθείσης: κρατησάσης b **78** τῷ om. b **79** ὁ Ἀλέξιος ἐδομήσατο W b **80** ἁμιλλησάμενοι: ἀγωνισάμενοι b ἀγαθοὺς ἄνδρας W b **81—82** ὧν — Γεώργιος (hab. Sc) om. b **86** ἔργα — πλήρη: στρατηγικῆς ἐμπειρίας ἐχόμενα b **87** δεξιώτατον om. b **89** ἐκ τῶν περιωπῶν om. b μετενεγκών: καταγαγὼν W b B **89—6** καὶ — ἐς: ἐνέδρας αὐτὸς εἰργάσατο. ὁ τοίνυν πρωτοστράτωρ ἐκ τοῦ Βατραχοκάστρου εἰς b

ἐς τὸ Βακτού|νιον παραγίνεται. καὶ τῷ φαινομένῳ προσσχών, τὸ δὲ σόφισμα τοῦ Ἀλεξίου παραδραμών, τὰ ἐν ὀφθαλμοῖς σκυλεύειν διαφῆκε τὸ στράτευμα, καὶ αὐτὸς δὲ μὴ πολεμιστηρίῳ ἵππῳ ἔποχος ὢν ἐπιπαριὼν ἐθεᾶτο τὰ δρώμενα. ἐκ δὲ τούτου τῶν λόχων ἀνακύψας Ἀλέξιος ὡς ἐς κύκλωμα τὸν πρωτοστράτορα περίεισι καὶ ὥσπερ ἀμφίβληστρον ἢ σαγήνην τὸ περὶ αὐτὸν ἐκτείνας ὁπλιτικὸν ⟨τοὺς μετ' αὐτοῦ ἔκτεινεν⟩ αὐτόν τε τὸν στρατηγοῦντα ζωγρεῖ. καὶ τὸ κλέμμα τοῦτο τοῦ ἀποστάτου καὶ διανόημα τὴν μὲν περιλειφθεῖσαν Ῥωμαϊκὴν στρατιὰν ἐξενεύρισε τέλεον, τὸ δ' ἀποστατικὸν ἐπέρρωσε πλήρωμα.

Οὐκέτι γοῦν ηὐχρήστουν Ῥωμαῖοι ἢ γοῦν ἀπεθάρρουν ἀντιμέτωποι στῆναι τῷ Ἀλεξίῳ κατὰ μάχην ἀγχώμαλον, ἀλλὰ περὶ τὴν Φιλίππου στρεφόμενοι ἠγάπων, εἰ μὴ καὶ ταύτην Ἀλέξιος παραστήσεται. ὁ δὲ πρὸς τὸ δοκοῦν οἱ καταστησάμενος ὅσα πολισμάτιά τε καὶ φρούρια εἰς ὀρῶν ὑπερβολὰς ἀνεστήκασιν ἀντικαθήμενα τῷ Αἵμῳ καὶ ἀνθυψούμενα καὶ ταῖς δυσχωρίαις οὐχ ἧττον φιλοτιμούμενα, οὐδὲ τὰ λοιπὰ μένειν ἐπὶ χώρας κατέλιπεν, ἀλλ' ἣν ὑπονοθεύων καὶ ἀφιστῶν Ῥωμαίων ὁπόσα ἐς Μοσυνόπολιν ἐπινένευκε μέχρι Ξανθείας αὐτῆς καὶ πρὸς ὄρος τὸ Πάγγαιον ὡς ἐπ' Ἄβδηρα παρατείνουσιν. ἀμέλει καὶ τὸ θέμα τῶν Σμολένων ὑπεποιήσατο καὶ τὰ ὅμορα ἐπενέμετο κατὰ καχέκτημα διαδόσιμον, ἐξαιρῶν μὲν Ῥωμαίους καὶ ἀναιρῶν, ἀπ' ἐνίων δὲ καὶ λύτρα διαλαμ|βάνων, τοὺς δ' ὁμογενεῖς ἐκείνῳ προστιθεμένους ἑκόντας ἐπὶ τῶν σφετέρων μένειν ἐῶν.

Καὶ ὁ μὲν ἐμπλατυνόμενος ἦν ἀεὶ καὶ μακρῷ κακίων τῶν πρώην ἀποστατῶν, ἐπεὶ καὶ ἐς τοσοῦτον ὠμότητος ἤλασεν, ἣν ἀνδρείαν οἱ πλεῖστοι τῶν βαρβάρων οἴονται, ὡς τοὺς ἐν πολέμῳ ζωγρουμένους Ῥωμαίους κατὰ πότον μελιστὶ διαιρεῖν. ὁ δὲ βασιλεύς, ὡς ἐξ ὧν ἔδρασε καθυπέδειξεν, ἕρμαιόν τε καὶ χάριεν καὶ κάλλιστον τύχης βράβευμα τὴν

VAP = a, W, RMDF = b

6 Βατακτούνιον W: Βατκούνιον RF: Βατούννιον M^pc^: Βαγκούνιον D: Βακτούνιν B **7** παραδραμών: γρ. ἠγνωκὼς W^s^ ζῶα post ὀφθαλμοῖς add. W **11** ἔκτεινεν ὁπλιτικὸν αὐτόν τε τὸν στρατηγοῦντα V: ἐκτείνας ὁπλιτικὸν αὐτόν τε τὸν στρατηγοῦντα APW Bekk τοὺς—ἔκτεινεν addidi, cf. περιεκύκλωσε τὸν πρωτοστράτωρα καὶ ὥσπερ εἰς δίκτυον μέσον αὐτόν τε καὶ τοὺς μετ' αὐτοῦ ἐσαγήνευσε καὶ κατακρατεῖ μετὰ τῶν ὑπ' αὐτοῦ B **14** ἐπτέρωσε APW Bekk **16** ἀγχώμαλοι APW Bekk **19** καθεστήκασιν V ἀντικαθιστάμενα PW Bekk **20** ἀνυψούμενα PW Bekk **22** Ῥωμαίοις WF μέχρις AP **23** Πάναιον V: Πάγκαρον AW: Πάνακα B ὡς: καὶ Bekk Αὔδηρα codd. **24—25** κατὰ — διαδόσιμον om. W **25** ἀπ': ὑπ' V^ac^ **28** ἐμπλατυνευόμενος A **29** ὠμοτάτως AW **31** Ῥωμαίων VA πόντον R

7 τοῦ Ἀλεξίου: τῶν πολεμίων b **8—9** καὶ — δρώμενα om. b **11** τοὺς — τε om. b **12** τοῦ ἀποστάτου om. b **13** περιλειφθεῖσαν om. b **15—21** οὐκέτι — κατέλιπεν om. b **21** ἀλλ' ἥν: ἣν οὖν b Ἀλέξιος post Ῥωμαίων add. W b **22** μέχρι: μέχρι καὶ W b Bekk **22—23** ὅσα post καὶ add. W b **24—27** καὶ — ἐῶν om. b **31—36** ὡς — ὑπολήγοντος om. b τοῦ πρωτοστράτορος ᾠήθη κατάσχεσιν· ὅθεν τῇ τοῦ ἀνδρὸς ἐπιθέμενος οὐσίᾳ, ῥυηφενεῖ καὶ τυραννικῇ ἄντικρυς οὔσῃ, καὶ μηδὲν αὐτῆς ἀναψηλάφητον ἢ ἀνεξερεύνητον ἀφεικώς, ἀλλὰ καὶ τὴν γυναῖκα καὶ τὸν υἱὸν ὑποδικάσας φρουρᾷ, οὐκ οἶδ' ὅ τι δοκοῦν, ἔαρος ὑπολήγοντος ἔξεισι καὶ ἄπεισιν εἰς τὰ Κύψελλα.

Ὅτε καὶ τὸ περὶ τῶν θείων μυστηρίων ἀνακαλυφθὲν δόγμα πρὸς μοίρας ἐναντίας διέστησε τὸ Χριστώνυμον καὶ λαμπρῶς ἐπ' ἀγορᾶς καὶ τριόδων παρὰ τοῦ βουλομένου παντὸς τὰ τῆς τιμῆς ὁμοῦ καὶ σιγῆς ἐξεφαυλίζετο ἄξια. μετὰ γὰρ τὸν Ξιφιλῖνον Γεώργιον, ὃς ἔτεσιν ἑπτὰ τὴν ἐκκλησίαν διεκυβέρνησεν, ὁ Καματηρὸς Ἰωάννης τὸν πατριαρχικὸν εἴληφε θρόνον, καὶ δέον τὸ ἐπὶ Ξιφιλίνου ἀρξάμενον ὑπολαλεῖσθαι καὶ φύεσθαι δόγμα πρόρριζον ἐκτεμεῖν καὶ καθυποβαλεῖν μὲν ἀναθέματι τὸν γεννήτορα τούτου τὸν ψευδομόναχον Σικιδίτην ὡς αἱρεσιάρχην καὶ νέα ἐπεισάγοντα δόγματα, τοὺς δ' ἄλλους ἐχεμυθεῖν πεῖσαι | τῷ καθ' ἑαυτὸν ὑποδείγματι, ὡς εἶναι τὸ μυστήριον αὖθις μυστήριον, ὁ δὲ λογικαῖς μεθόδοις ἐχρῆτο καὶ ἀποδείξεσι βιαζομέναις εἰς συγκατάθεσιν τὸν προσδιαλεγόμενον ἐν τοῖς ὑπερφυέσι καὶ τῆς ἔξωθεν μὴ ἐπιδεομένοις ἐπιτεχνήσεως. ἀλλὰ καὶ κατηχητηρίους συντιθεὶς λόγους τὴν τῶν νηστίμων ἡμερῶν προθεσμίαν ἐφεστάναι προκαταγγέλλοντας καὶ τοὺς τῆς πνευματικῆς πάλης πρὸς τὸν ἀγῶνα ὑπαλείφοντας, ἐν μέρει μνημονεύων τοῦ δόγματος, ὅπως μὲν συνεζητήθη καὶ τίνα τὰ παρ' αὐτοῦ δοξαζόμενα καὶ ἃ φασιν οἱ ἀντίφρονες σιωπῇ παρεδίδου, οἶμαι τὴν ἀντίφασιν ἐκτρεπόμενος, τῷ δὲ δόγματι ἐπιβάλλων ἐκεῖνά τινων κατηγόρευεν, ἃ οὐδ' ὅλως ᾔδεσαν οὐδ' ἐβάλοντό ποτε κατὰ νοῦν.

---

36 ἔαρος ὑπολήγοντος: paulo ante diem 21 mens. Iun. a. 1200 **41** ἔτεσιν ἑπτά: a die 10 mens. Sept. a. 1191 usque ad diem 7 mens. Iul. a. 1198 **43** εἴληφε θρόνον: probabilius die 5 mens. Aug. a. 1198

55—56 ἐκεῖνα — νοῦν: cf. Nic. Or. 73, 19; 85, 10

VAP = a, W, RMDF = b. Quae ab lin. 38 ὅτε usque ad p. 517, 4 ἄφθαρτον leguntur, Nicetas in libro XXVII Panopliae Dogmaticae fusius tractavit, ad quem referre pro una alterave lectione opportunum duxi.

38 τὸ om. R **40** τῆς om. Bekk **43** θρόνον εἴληφε V Sc ἐπὶ τῶν ἡμερῶν τοῦ Ξιφιλίνου PW Bekk: ἐπὶ τοῦ Ξιφιλίνου M Sc ὑποκαλεῖσθαι A **46** τὰς δ' ἄλλας R: τὰς δ' ἄλλους M **49—50** καὶ μηδὲν ἔξωθεν δεομένοις ἐπιτεχνήσεως Bekk **49** ἐπιδεομένοις V: δεομένοις cum b scr. APW Panopl. Dogm. **51** προσκαταγγέλλοντας WR τοὺς om. D **53** αὐτοῖς V **55** τινων: κινῶν Bekk κατηγόρευον A **56** ἐβάλλοντο VRF Bekk

37 ἐς RMF, sed εἰς cum a scr. D **39—41** καὶ pr. — ἄξια om. b **43** εἰλήφει b **43—44** ὑπολαλεῖσθαι δόγμα καὶ φύεσθαι W b **45** τὸν om. b **47** αὑτὸν b **48** μεθόδοις: ἐφόδοις b Panopl. Dogm. **49—50** καὶ πρὸς μηδὲν δεομένοις τῆς ἔξωθεν ἐπιτεχνήσεως b

Ζητήσεως γὰρ οὔσης εἰ τὸ μεταλαμβανόμενον ἅγιον σῶμα Χριστοῦ ἄφθαρτόν ἐστιν, ὁποῖον τὸ μετὰ τὸ πάθος καὶ τὴν ἀνάστασιν, εἴτε φθαρτὸν ὡς τὸ πρὸ τοῦ πάθους, καὶ τῶν μὲν λεγόντων ἄφθαρτον — ὁμολογίαν γάρ τινα καὶ ἀνάμνησιν εἶναι τοῦ τεθνάναι τε καὶ ἀναβιῶναι δι' ἡμᾶς τὸν Κύριον τὴν τῶν θείων μυστηρίων μετάληψιν κατὰ τὸν μέγαν ἐν θεολογίᾳ Κύριλλον, καὶ ὡς ὃ ἂν μέρος τις δέξηται, ἐκεῖνον εἰσδέχεται ὅλον τὸν παρὰ τοῦ Θωμᾶ ψηλαφηθέντα, καὶ ὡς ἐσθίεται μετὰ τὴν ἀνάστασιν, καθὼς ὁ χρυσοῦς τὴν γλῶτταν Ἰωάννης φησί, | κἀκεῖνα τῶν τοῦ λαμπτῆρος τῆς ἐκκλησίας προτιθέντων Εὐτυχίου „ὅλον

60—61 ὁμολογίαν — μετάληψιν (b: εἰ — μετάληψις): cf. Cyr. Alex. In Joh. PG 74, 725 C D μερίζεται — περίβλημα: cf. ibid. 660 C 2—4 **62—63** ὃ — ψηλαφηθέντα: cf. Ps.-Chrysost. Or. in S. Ap. Thomam PG 59, 686 lin. 15 sq. ab ima pag. ὢ — ἁμαρτωλῶν: vide ibid. lin. 26—23 ab ima pag. **63—64** ἐσθίεται — ἀνάστασιν (b: ἤνθησεν — ἀνάστασιν): in Panoplia Dogmatica Nicetas haec verba Ioanni Chrysostomo „ἐν τῇ ἑρμηνείᾳ τοῦ πρώτου ψαλμοῦ" attribuit οὐδὲν — προκατήρξατο: cf. Greg. Nyss. Or. Cat. 37 PG 45, 93 B 9—11 καθάπερ — μετεποίησε: ibid. B 15 — C 4 **65—81** ὅλον — εὑρίσκεσθαι: cf. Eutych. patr. De Pasch. et de SS. Euchar. 3 PG 86. 2, 2393 C 1 — D 9

VAP = a, W, RMDF = b

57 ἅγιον om. VAB: hab. Panopl. Dogm. **58** τὸ pr. om. Bekk τὸ alt. om. D **59** τὸ om. WDF Bekk τοῦ ante πάθους DF Bekk Panopl. Dogm.: om. rel. οἱ μὲν ἔλεγον (ex b) Bekk **63** δέχεται VA τοῦ om. V **64** πρὸς — μετατίθησιν post φησί ex b add. B (propriis verbis) Bekk (cf. infra)

58 εἴτε: εἴτε μὴν W b Panopl. Dogm. **59—64** καὶ — φησί: οἱ μὲν ἔλεγον ἄφθαρτον καὶ ῥήμασιν ἀπεχρῶντο τοῦ πνευματορρήτορος Κυρίλλου φάσκουσιν οὕτως(-ίν W) „εἰ δὲ δεῖ τι καὶ τῶν μυστικῶν εἰπεῖν, κλείομεν καὶ ἡμεῖς τὰς θύρας, ἐπιφοιτᾷ δὲ καὶ ἐποπτάνεται (ὀπτάνεται D) πάλιν ἡμῖν ὁ Χριστός, καὶ δίδωσι τῶν σαρκῶν αὐτοῦ ἀποθιγγάνειν. ὁμολογία γάρ τίς ἐστι καὶ ἀνάμνησις τοῦ τεθνᾶναι καὶ ἀναβιῶναι δι' ἡμᾶς τὸν Κύριον ἡ τῶν θείων μυστηρίων μετάληψις." καὶ αὖ „μερίζεται γὰρ οἱονεί πως καὶ νῦν παρ' ἡμῶν, εἰ καὶ ἀμερίστως ἔχει τὸ ἅγιον τοῦ Λόγου περίβλημα" καὶ ὡς „ὃ ἂν τις μέρος δέξηται, ὅλον ἐκεῖνον δέχεται (εἰσδέχεται W) τὸν παρὰ τοῦ Θωμᾶ ψηλαφηθέντα" (καὶ ὡς ἐσθίεται μετὰ τὴν ἀνάστασιν ex a add. W), καθὼς ὁ χρυσοῦς τὴν γλῶτταν Ἰωάννης πρὸς τοῖς ἑπομένοις φησίν "ὢ τοῦ θαύματος, ὃ ἐν δεξιᾷ τοῦ πατρὸς καθήμενος ἐν ταῖς χερσὶν ἡμῶν εὑρίσκεται τῶν ἁμαρτωλῶν (καὶ ὡς ὃ ἂν δέξηται μέρος, ἐκεῖνον ὅλον δέχη τὸν παρὰ τοῦ Θωμᾶ ψηλαφηθέντα ex a add. W) καὶ πάλιν „ἤνθησεν ἐν τῷ νόμῳ, ηὔξησεν ἐν τοῖς προφήταις, ὡρίμασεν ἐν τῷ σταυρῷ, ἐσθίεται μετὰ τὴν ἀνάστασιν" καὶ πρὸς τούτοις ὡς (ὡς om. W) οὐδὲν ἕτερόν ἐστιν ἢ ἐκεῖνο τὸ σῶμα, ὃ τοῦ θανάτου κρεῖττον ἐδείχθη καὶ τῆς ζωῆς ἡμῶν προκατήρξατο· „καθάπερ γὰρ μικρὰ ζύμη, καθά φησιν ὁ ἀπόστολος, ὅλον τὸ φύραμα πρὸς ἑαυτὴν ἐξομοιοῖ (καὶ ἰσάζει add. B Bekk), οὕτω καὶ τὸ ἀθανατισθὲν ὑπὸ (ὑπὸ om. Bekk) τοῦ θεοῦ σῶμα ἐν τῷ ἡμετέρῳ γενόμενον (σώματι add. B Bekk) ὅλον πρὸς ἑαυτὸ μεταποιεῖ καὶ μετατίθησιν. ὡς γὰρ τῷ φθοροποιῷ πρὸς τὸ ὑγιαῖνον (ὑγιάναι R) ἀναμιχθέντι ἅπαν τὸ ἀνακραθὲν συνηχρείωται, οὕτω καὶ τὸ ἀθάνατον σῶμα ἐν τῷ ἀναλαβόντι αὐτὸ γενόμενον πρὸς τὴν ἑαυτοῦ φύσιν τὸ πᾶν μετεποίησε." ταῦτα δὴ (δὲ R) τὰ τοῦ Νυσσαέων Γρηγορίου θεολογικώτατα ῥήματα W b (cf. Panopl. Dogm.) **64—65** κἀκεῖνα δὲ τῶν τοῦ λαμπτῆρος τῆς ἐκκλησίας Εὐτυχίου προυτίθεσαν ἕτεροι (προυτίθεσαν ἕτεροι: προυτίθουν W) W b Bekk οὖν ἅπαν τὸ ἅγιον σῶμα καὶ τὸ τίμιον αἷμα τοῦ Κυρίου δέχεται, κἂν εἰ μέρος τις τούτων δέξηται· μερίζεται γὰρ ἀμερίστως ἐν ἅπασι διὰ τὴν ἔμμιξιν, καθὼς καὶ σφραγὶς μία πάντα τὰ ἐκτυπώματα αὐτῆς καὶ μορφώματα τοῖς μεταλαμβάνουσι μεταδίδωσι, καὶ μία μένει καὶ μετὰ τὴν μετάδοσιν, οὐκ ἐλαττουμένη οὐδὲ ἀλλοιουμένη πρὸς τὰ μετέχοντα, κἂν ᾖ τῷ ἀριθμῷ πλείονα, ἢ καὶ ὡς μία φωνὴ ὑπό τινος προαχθεῖσα καὶ εἰς ἀέρα χεθεῖσα καὶ ἐν τῷ ταύτην προεμένῳ πᾶσα μένει καὶ ἐν τῷ ἀέρι γενομένη πᾶσα ταῖς ἀκοαῖς πάντων ἐναπετέθη, οὐδενὸς πλεῖον ἢ ἔλαττον τοῦ ἑτέρου τῶν ἀκουσάντων εἰσδεχομένου, ἀλλὰ ὅλη ἐστὶν ἀδιαίρετος καὶ ὁλόκληρος παρὰ πᾶσι, κἂν μυρίοι τὸν ἀριθμὸν ἢ πλείους ὦσιν οἱ ἀκούσαντες, καίτοι σῶμα ὑπάρχουσα· οὐδὲν | γὰρ ἕτερόν ἐστι φωνὴ ἢ πεπληγμένος ἀήρ. μηδεὶς οὖν ἀμφιβολίαν ἐχέτω, τὸ ἄφθαρτον μετὰ τὴν μυστικὴν ἱερουργίαν καὶ τὴν ἁγίαν ἀνάστασιν καὶ ἀθάνατον καὶ ἅγιον καὶ ζωοποιὸν αἷμα καὶ σῶμα τοῦ Κυρίου τοῖς ἀντιτύποις ἐντιθέμενον διὰ τῶν ἱερουργιῶν ἔλαττον τῶν προειρημένων παραδειγμάτων τὰς οἰκείας ἐναπομόργνυσθαι δυνάμεις, ἀλλ᾿ ὅλον ἐν ὅλοις εὑρίσκεσθαι". τῶν μὲν οὖν ταῦτα προτεινομένων καὶ μαρτυρίας ἄλλας πλείστων διδασκάλων τῆς ἐκκλησίας παραγόντων, τῶν δ᾿ ἐκ τῆς ἑτέρας μερίδος φασκόντων μὴ καὶ ἀναστάσεως ὁμολογίαν, ἀλλὰ θυσίαν μόνην τὸ τελούμενον εἶναι, καὶ φθαρτὸν ἀκολούθως καὶ ἄνουν καὶ ἄψυχον, μηδὲ τὸν τῇ μεταλήψει προσιόντα ὅλον δέχεσθαι τὸν Χριστὸν ἀλλὰ μέρος ὡς καὶ μέρους μεταλαμβάνοντα· ,,εἰ γὰρ ἦν", φησίν, ,,ἄφθαρτον καὶ ἔννουν καὶ ἔμψυχον, ἦν ἂν καὶ ἀναφὲς καὶ ἀθέατον, μηδ᾿ ὀδοῦσι κειρό-

---

87 φησίν: quis?

VAP = a, W, RMDF = b

66 ἅπαν τὸ ἅγιον W b: τὸ ἅγιον ἅπαν VB: τὸ ἅπαν ἅγιον AP Bekk τοῦ Κυρίου om. VA: Χριστοῦ Panopl. Dogm. **67** τι VB μερίζονται V **68** αὐτῆς om. VAP **70** οὐδὲ ἀλλοιουμένη om. V: hab. B **71** προσαχθεῖσα AP: πραχθεῖσα R **72** εἰς — καὶ alt. om. R **73** ἁπάντων P **75** μύριοι VAW **79** καὶ σῶμα om. Bekk ἀντιθέμενον P **82** πλείστας Bekk **83** παραγαγόντων Bekk μοίρας Bekk **84** μόνον M **88** ἂν om. A

71 ἢ ὡς καὶ b **73** πλέον b **79** σῶμα καὶ αἷμα b **82—84** τῶν — φασκόντων: οἱ μὲν οὖν ταῦτα προύτεινον (προέτεινον W R: προέτειναν M) καὶ μαρτυρίας ἄλλας πλείστων (πλείστας M) διδασκάλων τῆς ἐκκλησίας παρῆγον, οἱ δ᾿ ἐκ (δ᾿ ἐκ: δὲ W) τῆς ἑτέρας (ἡμετέρας R) μερίδος τολμηρῶς ἔφασκον W b **86** τὸν Χριστὸν: τὸ σῶμα Χριστοῦ b μενον καὶ ἀληθόμενον, οὐδ' ἐν τῷ τμᾶσθαι μηδαμῶς δυσχεραῖνον καὶ ὀδυνώμενον, ἐπεὶ καὶ ὡς εἰ τῶν σωμάτων | ἠθέτουν τὴν ἔγερσιν", ἔφασκον (εἰδεῖεν δ' ἂν ὅπως) ἐκεῖνοι ἐσεῖσθαι ἡμᾶς μετὰ τὴν ἀνάστασιν ἁφῇ τε καὶ ὁράσει καὶ σχήματι ἀνθρωπείῳ μηδαμῶς ὑποπίπτοντας, ἀλλὰ κατὰ τὰς ἀσωμάτους σκιὰς ἀΐσσοντας, καὶ τὴν διὰ τῶν κεκλεισμένων θυρῶν εἰσέλευσιν τοῦ Κυρίου μὴ θαῦμα ἰσχυρίζοντο εἶναι, ἀλλά τι προσφυὲς καὶ ἐφάρμοστον τοῖς ἀνισταμένοις ἐκ τῶν νεκρῶν. τοιοῦτον μὲν ἐν τοῖς γραφεῖσιν οὐκ ἔστιν ὅλως εὑρεῖν οὐδέν, καταδρομὴν δέ τινων ἀναιδῆ καὶ ἀμάρτυρον, ὡς οἷα λεγόντων ἐξ αὐτῆς ἑνώσεως καὶ κοινωνίας ἠφθαρτίσθαι τὸν κυριακὸν ἄνθρωπον καὶ ἀναλυθῆναι εἰς θεότητα, καὶ διὰ τοῦτο φρονούντων καὶ τὸ μεταλαμβανόμενον ἄφθαρτον.

93—94 τὴν — Κυρίου: cf. Joh. 20, 19 95 b ὃς — ὑπηγάγετο: cf. Gen. 3, 1 sqq. ἀναστάντες — με: Ps. 34, 11

VAP = a, W (usque ad 93 ἀΐσσοντας) RMDF = b, (Panopl. Dogm. usque ad 4 ἄφθαρτον)

90 ἐπεὶ: καίπερ τοῦ θύτου καὶ θύματος λέγοντος „ὁ τρώγων με ζήσεται, καθὼς ἀπέστειλέ με ὁ πατήρ, κἀγὼ ζῶ διὰ τὸν πατέρα, ἀλλὰ δὴ W (lect. cod. W cum ea versionis b coniunxit B) **91** δ' om. V καὶ post ἂν add. R **92** ὑποπίπτοντες W **93** ἀΐσσοντας W: -ες Ws **94** ἰσχυρίζοντας V: -ντα A: -ντες Bekk τι: τε R **1** ὅλως om. VA τινων: τινα AP Bekk **2** οἷα λεγόντων: διαλεγόντων R: λεγόντων M **4** φρονοῦντες P Bekk

89—90 καὶ ὀδυνώμενον, ἐπεὶ: μηδὲ μὴν ὀδυνώμενον, ὡς εἴπερ ἐθελοκάκως τὸν ἀγνοοῦντα ἐσχηματίζοντο ἑτέραν εἶναι (εἶναι ἑτέραν M) τὴν προληπτικὴν καὶ μυστικὴν νέκρωσιν καὶ ἀνάστασιν παρὰ τὴν πραγματικὴν ταφήν τε (τε ταφὴν R) καὶ ἀναβίωσιν, κἂν ἰσοδυναμῶσιν ἀμφότεραι (ἀμφότερα RM) · καὶ ὡς ἡ μὲν ἀσυμβατεῖ τὸ παράπαν τοῖς σωματικῶς (-κοῖς RM) ἐνεργουμένοις καὶ ὁρωμένοις, ὥσπερ ἡ ἐν τῷ λουτρῷ τῆς παλιγγενεσίας καθ' ὁμοίωμα τοῦ θανάτου Χριστοῦ ταφὴ καὶ ἀνάδυσις, καὶ ἡ τῶν θείων μυστηρίων ἐνέργεια εὐχῇ πρὸς θεὸν καὶ χάριτος οὐρανίας (οὐρανίου M) ἐπικλήσει καὶ ἐπελεύσει πληρούμεναι, ἡ δὲ μηδὲν ἔχουσα μυστηριῶδες ὁποία τίς ἐστιν ὁρᾶται καὶ τοῖς ὀφθαλμοῖς πρόκειται. ἀλλὰ δὴ b **91** ἔφασκον: ἀπεφαίνοντο b **94** Κυρίου: Χριστοῦ b **95** τῶν om. b ἀγνοίᾳ ἢ ἀνοίᾳ τὴν καθωμιλημένην δόξαν παρατρέχοντες (παρέχοντες R), ἥτις φησὶ (φασὶ RM) σῶμα διὰ σώματος μὴ χωρεῖν post νεκρῶν add. b **95—1** τοιοῦτον — οὐδέν: ἐν μὲν οὖν τοῖς (τοῖς om. M) γραφεῖσιν οὐδέν ἐστιν ὅλως εὑρεῖν διακρινοῦν τὰ (διακρ. τὰ: διευκρινοῦντα RM) τοῦ δόγματος, ὁποίως (ὁποῖα RM) δὴ καὶ λελάληται b **4** τινὲς δὲ τῶν τῆς φθαρτοδοξίας ταύτης διαλόγους ξυθέμενοι σαθράς τινας προτάσεις προυβάλλοντο (-βάλοντο RD^{ac} F) παρὰ τοῦ δῆθεν ἀντιθέτου μέρους προτεινομένας (-ναμένας R), αὐτοὶ πλασάμενοι ταύτας. ὅθεν καὶ μάλα εὐμαρῶς ἀναλύοντες τὴν οἰκείαν ἐπικρατύνειν ᾤοντο δόξαν · τοῦ Πονηροῦ καὶ τοῦτο εἰσήγημα, ὃς κατεψευσμένα ψιθυρίσας ἐς οὖς τῇ προμήτορι ὡς ἁπαλωτέραν αὐτὴν ὑπηγάγετο. ἀλλὰ πρὸς μὲν τὴν τοιαύτην πονηρὰν μεθοδείαν ἐκεῖνα τὰ Δαυιτικά τις ὑποφθέγξαιτο ἂν „ἀναστάντες μοι μάρτυρες ἄδικοι, ἃ οὐκ ἐγίνωσκον ἠρώτων με" post ἄφθαρτον add. b

Ὅ γε μὴν βασιλεὺς τῇ κρείττονι προστεθεὶς δόξῃ παραγέγονεν, ὡς ἔφην, ἐς τὰ Κύψελλα καὶ τὸ συναθροισθὲν ἐκεῖσε παρειληφὼς στράτευμα ἄνεισιν εἰς Ὀρεστιάδα. ἔνθα καὶ πλείστας ἡμέρας ἐνδιατρίψας ἀμηχανίᾳ συνείληπτο, τὸν μὲν ἀποστάτην ὁρῶν δυσμαχώτατον, τὸ δὲ συνὸν αὐτῷ στράτευμα ἀντιθέτως ἔχον καὶ πρὸς μόνην ἐκθνῆσκον τὴν τῶν πολεμίων ἐνήχησιν. τοῖς δὲ πολλοῖς καὶ ὄνομα χλευαζόμενον ἡ βασίλειος ἐκεῖσε συνελογίζετο ἄφιξις καὶ ὑπετίθουν παλίσσυτον φέρεσθαι ὡς αἴσχους ἐμπιμπλάμενον ἐν τῷ παρεῖναι καὶ μηδέν τι μηδαμῶς χρηστὸν κατορθοῦν καὶ τὸν βάρβαρον μᾶλλον ἐν τῷ ὑποστέλλεσθαι προσεπαίροντα εἰς θρασύτητα. ὁ δὲ τὸ τῶν | πραγμάτων ἄγριον καὶ δυσπρόσιτον, ὡς ὁ καιρὸς ἐδίδου, περιποππύζων καὶ διασαίνων τοὺς αὐτῷ οἰκειοτάτους βιβλιοφόρους ἔπεμπε πρὸς Ἀλέξιον, ἐς ξυμβάσεις αὐτὸν προσκαλούμενος. ἔστι δ' ὅπῃ καὶ δολοφονίας ἐφρόντιζε, μηδὲ τοῦ πολέμου παντάπασι μεθιστάμενος.

Τῷ τοι καὶ τὴν στρατιὰν ἀναλαβὼν καὶ τὴν Φιλίππου ἐπαρχίαν καταλαβὼν περὶ τὸ φρούριον στρατοπεδεύεται τὸν Στενίμαχον, εἰς ὃ πολλοὶ τῶν βαρβάρων συνέφυγον, καὶ διειληφὼς αὐτὸ τοῖς στρατεύμασιν ἐξεῖλέ τε κατὰ κράτος καὶ τοὺς ἐνόντας ἠνδραποδίσατο. ὁ δ' ἀποστάτης ἀφικέσθαι μὲν ἐς βασιλέα οὐδαμῶς συνετίθετο, ἀλλὰ μηδ' ἂν ἑτέρως σπείσασθαι διετείνετο, εἰ μὴ χωρῶν καὶ πόλεων ἐγγράφως αὐτῷ βασιλεὺς ὑπεκσταίη, ὁπόσας αὐτὸς ἐχειρώσατο, καὶ τὴν κατηγγυημένην αὐτῷ Θεοδώραν μετὰ τῶν ἀρχικῶν ἐκπέμψειε παρασήμων.

---

5 προστεθείς: ca. mens. Maium a. 1200

22—33 b μετὰ — διαστρέψῃς: Ps. 17, 27

VAP = a, RMDF = b

5 Τόμος γ' ante Ὁ praem D[mg] 6 ἐκεῖθεν M 7 ἐς D πλείους cum b scr. AP Bekk: πολλὰς B 11 ἐκεῖθεν ἀνελογίζετο AP Bekk 11—12 καὶ — παρεῖναι om. Bekk ὑπετίθετο P 12 ἐμπιπλ. VP ἐν τῷ παρεῖναι om. P 13 κατορθοῦντα V[pc] 14 προσεπαίρεσθαι Bekk 15 παντοῖος ἐγίνετο καὶ post διασαίνων (ex b) add. Bekk 16 οἰκειοτέρους VP συμβάσεις Bekk 17 προκαλούμενος AP 19—20 καὶ alt. — καταλαβὼν om. V 22 ἐνιόντας R: συνόντας M 23 βασιλείαν A 26 μετὰ om. AP μετ' ἀρχικῶν V

5 Ὁ δέ γε βασιλεὺς τῇ κρείττονι προσθέμενος δόξῃ b 6 ἔφημεν b στράτευμα παρειληφὼς b 6 εἰς b 7 πλείους b 10—14 τοῖς — θρασύτητα om. b 14 ὁ δέ: πλὴν b 15—18 τοὺς — μεθιστάμενος: παντοῖος ἐγίνετο καὶ τὸν ἀποστάτην Ἀλέξιον ἐς ξυμβάσεις προσκαλούμενος ἦν ὡς ᾠκειωμένον αὐτῷ κατ' ἀγχιστείαν, μηδὲ τοῦ πολέμου παντάπασιν ἀμελῶν b 22—33 ὁ — δεσμοῖς: μετὰ βραχὺ δὲ

Τῶν δὲ συνθηκῶν ὀψέ ποτε καὶ τῶν ὅρκων τετελεσμένων, ὡς ᾐτεῖτο Ἀλέξιος, βουλεύεταί τι μετέπειτα βασιλεύς, οὐκ οἶδα εἰ στρατηγοῖς καὶ βασιλεῦσιν ἁρμόδιον, οὓς παρὰ πᾶν ἕτερον τὸ εὐορκεῖν τιθέναι περὶ πλείστου χρεών· τὸν γὰρ Ἀλέξιον θείων ἀκουσμάτων ἀποστολαῖς διὰ τοῦ πρεσβυτέρου τῶν γαμβρῶν Ἀλεξίου πρὸς ἑαυτὸν ἐφελκυσάμενος μετὰ τὴν τῶν ὅρκων, ὡς ἔφην, συμπλήρωσιν συνειληφὼς | εἶχεν ἐν δεσμοῖς. κἀκ τοῦδε τῶν τε πόλεων καὶ φρουρίων ἀπονητὶ περιγίνεται, ὧν ἦρχεν Ἀλέξιος, καὶ τὸν ἀδελφὸν αὐτοῦ Μῖτον φυγάδα τίθησι. καὶ τοιαῦτα δράσας ἐπάνεισιν ἐς Βυζάντιον.

Εὑρίσκει δὲ καὶ τὴν σύνευνον Εὐφροσύνην μὴ πάντῃ τὴν οἰκουρίαν ἀσπασαμένην, ἀλλὰ κατὰ στασιωτῶν καὶ δημοκόπων κἀκείνην ἀνδρισαμένην καὶ ὡς μίτον Πηνελόπειον ἀναλύσασαν τὰ παρά τινος Κοντοστεφάνου ἐξυφανθέντα συστρέμματα. ἦν δ' ἂν οὐκ ἀποσπούδαστα ταῦτα, οὐδὲ τοῦ ἄγασθαι πόρρωθεν, ὡς ὑπὸ γυναικὸς κατορθούμενα, εἴπερ ᾔδεσαν μέτρα καὶ ὅροις ὑπήγοντο· νῦν δὲ τὸ ἄγαν τυφομανὲς καὶ πολυσπερχὲς τῆς δεσποίνης καὶ τὸ δοκοῦν ἴσως δεόντως ἀκριβωθῆναι ἠχρείου τε καὶ διέφθειρεν ὡς νέφεσιν ἥλιος τοῖς ἐπιγινομένοις ἀπευκταίοις ἀφαυρούμενα. τραπομένη γὰρ ἐς προγνώσεις τῶν ἐσομένων ἀρρητουργίαις καὶ μαντείαις προσέκειτο καὶ πολλὰ τῶν ἀθεμίτων εἰργάζετο, ὥστε καὶ τοῦ Καλυδωνίου συὸς τὸ ῥύγχος ἀπέτεμεν, ὃς ἐν τῷ ἱππικῷ χαλκοῦς ἱστάμενος φρίσσει τὴν λοφιὰν καὶ χωρεῖ χαυλιόδους πρὸς λέοντα, καὶ τὸν καλλίνικον Ἡρακλῆν, τῶν Λυσιμάχου ἔργων τὸ κάλλιστον ὄντα, χειρὶ βαλόντα τὴν κεφαλὴν τῆς λε|οντῆς ὑπεστρωμένης κοφίνῳ καὶ τὰς ἰδίας τύχας ὀλοφυρόμενον, πολλαῖς κατὰ νώτου ξᾶναι διενοεῖτο.

---

27 συνθηκῶν: ca. mens. Iul. eiusdem anni **35** ἐπάνεισιν: ante mens. Aug. **48** Λυσιμάχου: errat auctor; statua illa Lysippi opus erat

---

38 ὡς — Πηνελόπειον: cf. Hom. β 94 sqq.

VAP = a, RMDF = b

28 καὶ post εἰ (ἐὰν) add. VB **30** ἀκουσμάτων: εἰκασμάτων V **31** ἑλκυσάμενος V **32** τῶν om. A ὡς ἔφην om. V **33** τὴν — ἐπενεγκών post δεσμοῖς (ex b) add. Bekk **34** ἦρχεν: εἶχεν F μῖτην M: Μίτον DFB **35** ἐς τὸ Βυζ. AP Bekk **37** ἀσπασαμένη RM στασιοωτῶν F: στασιαστῶν Bekk ἀνδρισαμένην κἀκείνην V: καὶ ταύτην ἀνδρισαμένην B **38** μῖτην M: μίτον D **39** ἀσπούδαστα PD Bekk **44** ἀφαυρούμενον V ἐσομένων: γινομένων AP Bekk **46** ῥύγχος: σύγχος AP **48** τῶν: τοῦ Bekk ἔργον τὸ κάλλιστον V: τὸ κάλλιστον ἔργον B

(30—33) καὶ αὐτὸν τὸν Ἀλέξιον μεθ' ὅρκου καὶ ἀπάτης συνείληφε τὴν „μετὰ ὁσίου ὅσιος ἔσῃ (αἴσιος αἴσῃ F) καὶ μετὰ στρεβλοῦ διαστρεψῇς (-ψεις DF)" Δαυιτικὴν φωνὴν οὐχ ὡς ἐρρέθη ἐπῃνεκώς (ἐπηνεγκώς F: ἐπηνέσχετο M: ἐπενεγκών Bekk) b **33** τε om. b **35** τίθησι: δείκνυσι b δράσας: κατωρθωκὼς b **41—44** νῦν δὲ τὸ ἄγαν ἀρχικὸν (ἀρχ. ἄγαν D) καὶ τὸ βούλεσθαι τῷ βασιλεῖ ἐπίσης τὴν τῶν κοινῶν μετιέναι κἀκείνην διοίκησιν καὶ σχεδὸν τοῖς ὅλοις ἐπιστατεῖν καὶ τὸ δοκοῦν δεόντως ἀκριβωθῆναι ἐπεσκότει ὡς ἀχλὺς ἥλιον b **44 — 520,69** τραπομένη — ἀμπεχόμενος om. b

Ἡράκλεις τοῦ ἀτοπήματος καὶ παπαὶ τῶν ἐπὶ σοὶ τολμωμένων, ἥρως ἄλκιμε, μεγαλόθυμε. τίς σοι Εὐρυσθεὺς τοιοῦτον πώποτε προύθηκεν ἄεθλον; ἢ τίς Ὀμφάλη, ἐπίτριμμα ἐρώτων καὶ κακότεχνον γύναιον, οὕτως ὑπερηφάνως σοι προσενήνεκται;

Οὐ ταῦτα δὲ μόνον ἀναιδῶς διεπράττετο, ἀλλὰ καὶ ἄλλων ἀνδρεικέλων ἀφῄρει μόρια καὶ σφυρῶν καταφοραῖς ἐκαρατόμει ἕτερα. τὸ δὲ τῆς πόλεως πλῆθος τί μὲν ἐπὶ τούτοις δυσχεραῖνον ἀπρεπὲς οὐκ ἐφθέγγετο, ποίαις δὲ οὐκ ἔπλυνε τὴν ταῦτα πράσσουσαν ὕβρεσιν; ἔνιοι δὲ τῶν ἀγοραίων καὶ τὰ μιμηλὰ τῶν πτηνῶν καὶ ὅσα ἡ φύσις ἐστόμωσε πρὸς μουσουργίαν ἀεὶ μίαν ὑποβάλλοντες μάθησιν, καὶ ταύτην κοινόλεκτον, ᾄδειν ἐπὶ στενωπῶν καὶ τριόδων ,,πολιτικὴ τὸ δίκαιον'' ἐξεπαίδευσαν. ἡ δ' αὐτὴ καὶ δορὰν χρυσόπαστον ἐγχείριον ἔχουσα διεσχισμένην ἐς δάκτυλα κυνηγέτην ἀνεῖχεν ὄρνιθα καὶ ἐξιοῦσα πρὸς θήραν ἐπέκλωζέ τε καὶ ἐπεθώϋζε καὶ τοὺς περὶ τὴν θεραπείαν τούτων καὶ κομιδὴν ἱκανοὺς εἶχεν ἐφεπομένους.

Οὐ πολὺς δ' ὁ ἐν μέσῳ καιρός, καὶ Καϊχοσρόης ὁ τοῦ | Ἰκονίου σατράπης ἀπαντᾷ πρὸς βασιλέα, κυρβασίαν ἐπὶ κεφαλῆς ἔχων καὶ στολὴν διηνθισμένην χρυσῷ ἀμπεχόμενος. ἀλλὰ μικρόν τι περὶ τοῦ γένους τοῦ Πέρσου τοῦδε τὸ λέγειν διαλαβὸν τῆς τῶν ἑξῆς ἱστορίας αὖθις ἅψοιτο.

Τῷ Ἰκονιεῖ Κλιτζασθλάν, ὃς ἐν τοῖς ἄνω χρόνοις ἠδυνήθη τὰ μέγιστα κἀπὶ πολλοῖς ἀντετάξατο τῷ βασιλεῖ Μανουὴλ καὶ νίκαις διαπολεμῶν ἐστεφάνωτο, πλείους γεγόνασιν υἱεῖς. Ἀμάσειαν οὖν καὶ Ἄγκυραν πόλεις Ποντικὰς εὐδαίμονας τῷ Μασοὺτ ἀπεκλήρωσε, Μελιτηνὴν δὲ

---

53 τίς — ἄεθλον: cf. Hom. Θ 362 sq.; T 132 sq.; Apollod. Bibl. 5, 1 sqq. **54** τίς — προσενήνεκται: cf. Lucian. Dial. Deor. 13, 2 **62** πολιτικὴ τὸ δίκαιον: fort. alludit ad Is. 1, 21, cf. Grabler ad loc. Vide autem etiam Ch. Diehl, Choses et gens de Byzance, Paris 1926, p. 223; L. Oeconomos, Remarques sur trois passages de trois historiens grecs du moyên-âge, Byzantion 20 (1950) p. 179 sq.

VAP = a, RMDF = b

53 ἄλκιμε καὶ μεγαλόθυμε Bekk **55** οὕτω σοι ὑπερηφάνως Bekk **56** ἀνεικέλων AP **57** μετὰ βαρέων κατὰ κεφαλῆς κρούων συνέτριβε B καταφοραῖς: καρατομαῖς AP Bekk **58** ἐπὶ τούτοις τί μὲν AP Bekk **59** δ' οὐκ Bekk ἐπέπλυνε Bekk καινόλεκτον V **64** δάκτυλον P Bekk: abbrev. A κυνηγέτιν P: κυνητίναν Bekk ἀνεῖχεν: εἶχεν P^{ac} Bekk **70** τῆς τῶν: τῶν τῆς F τῶν: τοῖς D **72** Κλιζασθὰν P: Κλιτζασθλᾶν RM **73** πολλοῦ A διὰ πολέμων V **74** ἐστεφάνωται AP Bekk **74—75** Ἄγκυραν καὶ Δορύλεον (Δορύλαιον Bekk) καὶ πόλεις ἄλλας Ποντικὰς P Bekk

69—70 τοῦ — τοῦδε: τῶν ἐν Πέρσαις b **71** ἅπτοιτο (ἄποιτο RM) b **73—74** καὶ — ἐστεφάνωτο om. b **74** μὲν post Ἀμάσειαν add. b Bekk **75** Ποντικὰς καὶ εὐδαίμονας b καὶ σὺν Καισαρείᾳ Κολώνειαν ὁ Κοππατῖνος διεῖπεν· Ἀμινσὸν δὲ καὶ Δόκειαν καὶ παράλους πόλεις ἑτέρας ὁ Ῥουκνατῖνος παρείληφεν εἰς ἀρχήν· Καϊχοσρόης δὲ ὅδε ἡγεμόνευεν Ἰκονίου Λυκαονίας τε καὶ Παμφυλίας προΐστατο καὶ ὅσα παρατείνει ἐς αὐτὸ τὸ Κοτυάειον.

Ὡς οὖν ὁ Κοππατῖνος τοῦ ζῆν παραλέλυτο, περὶ τῆς σατραπείας τοῦδε διαμιλλῶνται ὅ τε τῆς Δοκείας κρατῶν Ῥουκνατῖνος καὶ ὁ κατάρχων τῆς Ἀγκύρας Μασούτ. ἅτερος τοίνυν αὐτῶν ὁ Ῥουκνατῖνος τὸν ἀντιτρέχοντα ὑποφθάσας κασίγνητον τὸ νῖκος ἤρατο, δεξιωτέραν φύσιν λαχὼν καὶ πολεμοχαρὴς διαφερόντως δεικνύμενος. ἀμέλει καὶ μείζονος εὐμοιρήσας ὁ Ῥουκνατῖνος ἐντεῦθεν δυνάμεως τὸν μὲν Μασούτ, ὑπενδόντα καὶ φίλα οἱ φρονεῖν συνθέμενον, μέρος τῆς τοπαρχίας ἀφελόμενος τῆς λοιπῆς χώρας ὡς πρώην διαφῆκε προΐστασθαι, τῷ δέ γε Καϊχοσρόῃ | μάλα ἐμμανῶς ἐπεφύη, παλαιὸν ὑποτύφων Ἰκονίου ἔρωτα ὡς ἀρχείου πατρῴου, καὶ τοῦτον ὡς μητρόθεν Χριστιανὸν μυσαττόμενος. πέμπων οὖν ὑπεκστῆναί οἱ παρῄνει τοῦ Ἰκονίου καὶ τῆς ὅλης ἀπαρεῖν δυναστείας, εἴγε βούλοιτο εὖ μὲν πράξειν αὐτός, τὰς δὲ πόλεις καὶ κατ' ἄνδρα καὶ κατ' ἔθνος ἀπειράτους μεῖναι τῶν ἐκ τοῦ πολέμου δεινῶν· οὕτω κεκομπασμένος ἦν καὶ ἀνυπέρβλητος τὸν τῦφον ὁ βάρβαρος καὶ τὴν ὀφρὺν ὑπερνέφελος καὶ ὡς ἰὸς πολύφθορος κατὰ πλεῖστον διαχεόμενός τε καὶ διασκιδνάμενος.

Πρόσεισι τοίνυν Καϊχοσρόης τῷ βασιλεῖ ἐκεχειρίας γενομένης, τὸν ἑαυτοῦ τοκέα κατὰ τοῦτο ἐζηλωκώς, ἐπεὶ κἀκεῖνος τοὺς ἀφ' αἵματος ἀδικῶν καὶ ὑπ' αὐτῶν ἀδικούμενος μετὰ τὴν τοῦ φύσαντος ἐκεῖνον Μασοὺτ ἀποβίωσιν ὡς εἰς ἄγκυραν ἱερὰν καὶ χεῖρα στερεὰν δυναμένην ὑπολαβεῖν τὸν αὐτοκράτορα προσέβλεψε Μανουήλ. ἀλλ' ἐκεῖνος μὲν οὐ κατόπιν ἐλήλυθε τῶν ἐλπίδων, μᾶλλον μὲν οὖν καὶ ὑπὲρ δόκησιν

---

4 ἄγκυραν ἱεράν: cf. Diogen. 5, 29

VAP = a, RMDF = b

76 ἡ νῦν Τάξ. λέγεται (ex b) add. P Κοππατίνης V: Κοπτατῖνος D: Κοππατῖνος constanter Bekk Ἁμινσὸν V: Ἀμυνσὸν R: Ἀμισὸν F **77** καὶ om. R Ῥουκρατῖνος constanter VAP Bekk (sed vide infra p. 528, 3) **78** ὅδε: ὧδε A **79** Κοττυάειον VAP **80** Κοππατίνης V: Κοπτατῖνος D παρελέλυτο Bekk **81** τοῦδε: τούτου DF Δουκείας M **83** κασίγνητον om. VA **86** οἱ καὶ φίλα Bekk: οἱ καὶ φίλα οἱ R **87** ἀφῆκε VB **88** Καισχορόη R **88** εὐμανῶς MF **89** ἀρχαίου Bekk **91** μὲν: μάλα Bekk καὶ om. Bekk **92** ἀπειράτως AP **94—95** διασκιδνάμενός τε καὶ διαχεόμενος Bekk **4** στερεὰν χεῖρα Bekk

76 ἡ νῦν Τάξαρα λέγεται post Κολώνειαν add. b Bekk **77** παράλους om. b **78** ὅδε: οὗ πρὸ βραχέος ἐμνήσθημεν b Bekk **79** προΐστατο om. b αὐτὸ τὸ om. b **85** ὁ — ἐντεῦθεν om. b **86—87** μέρος — ἀφελόμενος om. b **87** λοιπῆς: σφετέρας RMD: προτέρας F **89—95** καὶ — διασκιδνάμενος om. b **1—20** Ἐκεχειρίας οὖν ἀμφοτέροις ἐκ τῶν πολέμων γενομένης πρόσεισι Καιχοσρόης (Καισχορόης F) τῷ βασιλεῖ ἁβραῖς αὐταῖς ἐντετύχηκε, Καϊχοσρόης δὲ βραχέα ἄττα φιλοφρονηθεὶς καὶ τῶν ἐν νῷ οὐδ' ὅσον εἰπεῖν ἐνδεέστερα, μήτε σύναρσιν εὑρηκὼς τῆς πρὸς τὸν κασίγνητον ἀντιτάξεως ἐπανέκαμψεν οἴκαδε.

Ἀλλ' οὐκ ἔφθη καθαρῶς εἰσιὼν τὸ Ἰκόνιον, καὶ τοῦ Ῥουκνατίνου κατ' αὐτοῦ ἐπιόντος τῆς τε ἀρχῆς ἐκσφαιρίζεται καὶ φυγὰς εἰς Ἀρμενίαν παρὰ Λεβούνῃ γίνεται. τὰ δ' ἐπὶ τούτοις οὐκ ἀμυδρὰ μὲν τὰ τῆς ἐκεῖ παραδοχῆς τοῦ ἀνθρώ|που, ἐπαγωγὰ δὲ μᾶλλον καὶ ἄλλως χαρίεντα, εἰ καὶ ξυνέβη σφας πολλάκις κατ' ἀλλήλων ἐξενεγκεῖν πόλεμον, ἐπεὶ καὶ φιλοῦσιν ἄνθρωποι μὴ μόνον τὸ συγγενὲς καὶ ὁμόπιστον πάσχον κακῶς, ἀλλά πως καὶ τὸ ἀλλόγλωττον καὶ φανὲν πολλάκις πολέμιον προσιὸν καὶ προσπῖπτον φιλανθρωπίας καταξιοῦν· τὰ δέ γε τῆς ἀμύνης καὶ τῆς καταγωγῆς ἐς τὴν προτέραν ἡγεμονίαν ὁλοσχερῶς ὁ Λεβούνης ἀπείπατο, Ῥουκνατίνῳ σπείσασθαι φάσκων καὶ μηδὲ τὴν σύναρσιν ἔχειν ὁρᾶν ἀναίμακτον.

Διὰ ταῦτα τοίνυν ἐς βασιλέα Καϊχοσρόης μετακεχώρηκε πάλιν, συλλήψεσθαί οἱ πρὸς τὴν ἀνάρρυσιν τῆς ἀρχῆς ὁπωσδήποτε φανταζόμενος. τῶν δὲ κατὰ σκοπὸν αὖθις διαμαρτὼν Ῥωμαίοις συνῆν, μὴ πάνυ μεταλαγχάνων θεραπείας τῷ γένει ἐπεοικυίας.

Τῷ δ' ἐφεξῆς ἔτει μετὰ Κομάνων ἐξιόντες πάλιν οἱ Βλάχοι καὶ τὰ κράτιστα τῆς χώρας κείραντες ἀσινεῖς ἐπανέλυσαν. τάχα δ' ἂν καὶ ταῖς χερσαίαις πύλαις τῆς βασιλίδος προσήγγισαν ἐπ' αὐτὴν τραπόμενοι, εἰ μὴ τὸ χριστιανικώτατον γένος οἱ Ῥῶς καὶ οἱ τούτων ἀρχικῶς προεδρεύοντες, τοῦτο μὲν κατ' αὐθαίρετον ὁρμὴν κινηθέντες, τοῦτο δὲ ταῖς τοῦ ἀρχιποίμενος αὐτῶν λιταῖς ὑπενδόντες, ἀξιάγαστον οἷον τὸ πρόθυμον ἐπὶ τοῖς Ῥωμαίων ἐπεδείξαντο πράγμασι, ταῖς τοῦ ἔτους πολλάκις ἀπαγωγαῖς καὶ ταῖς ἀποδόσεσι τούτων εἰς ἔθνη τὰ μὴ χριστώνυμα δυσχε|ράναντες. ὅθεν καὶ διὰ ταχέων παρασκευασάμενος ὁ τῆς Γαλίτζης

---

25 τῷ δ' ἐφεξῆς ἔτει: a die 1 mens. Sept. a. 1200 usque ad diem 31 mens. Aug. a. 1201 (?)

VAP = a, RMDF = b

7 αὐταῖς om. V 13 ἐπαγωγαὶ ..... χαρίενται P 15 ὁμόπιστον: ὁμόφυλον Bekk 16 καὶ alt.: οὐ AP Bekk 21 Καϊσχοσρόης VF 25 ἐπεξιόντες πάλιν Bekk 28 οἱ Ῥῶς γένος AP Bekk 31 καὶ διὰ τὸν τοῦ Χριστοῦ λαὸν τὸν κακῶς ὑπὸ τῶν βαρβάρων πάσχοντα post πράγμασι add. B Bekk ταῖς om. AP 32 ἐπαγωγαῖς P 33 Γαλίτζας A: Καλίτζης Bekk

(7—20) καὶ φιλοφρονηθεὶς ἐπάνεισιν αὖθις εἰς Ἰκόνιον. τοῦτο δὲ καὶ ὁ Μασοὺτ ἐς ἔπειτα πεποιήκει. Ἀλλ' οὔπω καθαρῶς εἰσῄει τὸ Ἰκόνιον Καιχοσρόης, καὶ τοῦ Ῥουκνατίνου κατ' αὐτοῦ ἐκστρατεύσαντος τῆς τε ἀρχῆς ἐκσφαιρίζεται καὶ φυγὰς εἰς (ἐς DF) Ἀρμενίαν παρὰ Λεβούνην γίνεται. b 21—24 κἀκεῖθεν μεταχωρεῖ πάλιν (πάλιν μεταχωρεῖ M) ἐς (εἰς R) βασιλέα καὶ Ῥωμαίοις συνῆν b 25 τῷ δ' ἑξῆς b 25—26 καὶ — κείραντες om. b 26—33 τάχα — δυσχεράναντες: τάχα δ' ἂν οὐ διέλιπον καθ' ἡμῶν ἐπιόντες, εἰ μὴ τὸ χριστιανικώτατον γένος οἱ Ῥῶς καὶ οἱ τούτων ἀρχικῶς προεδρεύοντες ὑποθημοσύναις τοῦ κατὰ Πνεῦμα σφῶν ἀρχιποίμενος ἀξιάγαστον οἷον τὸ πρόθυμον ἐπὶ τοῖς Ῥωμαϊκοῖς ἐπεδείξαντο πράγμασιν b 33 καὶ om. b ἡγεμὼν Ῥωμανὸς ἀγαθήν τε καὶ πολλὴν ἠθροικὼς στρατιὰν κατὰ Κομάνων ἐξώρμησε καὶ τὴν γῆν αὐτῶν κατὰ πολλὴν εὐπέτειαν ἐπιὼν ἔφθειρε καὶ ἠφάνισε. καὶ τοῦτο φιλοφρόνως εἰς καύχημα καὶ μεγαλωσύνην τῆς τῶν Χριστιανῶν ἀμωμήτου πίστεως πολλάκις διαπραξάμενος, ἧς καὶ τὸ βραχύτατον καὶ ὅσον κόκκος σινάπεως μεθίστησιν ὄρη καὶ μετατίθησι, τὰς τῶν Κομάνων ἐφόδους ἔστησε καὶ τοῖς ἀνήκεστα πάσχουσι Ῥωμαίοις ἀνακωχὴν ἐβράβευσε τοῦ κακοῦ, ἀνυπονόητος ἀρωγὴ καὶ ἀσυλλόγιστος συνασπισμὸς καὶ φάλαγξ ὡς εἰπεῖν θεοσύλλεκτος ἔθνει ὁμοπίστῳ φανείς.

Πλὴν οὐδὲ τὰ κατὰ τοὺς Ταυροσκύθας τούτους ὁ τότε χρόνος παρέδραμεν ἀστασίαστα, κατὰ δ' ὁμοφύλου σφαγῆς τὸ ξίφος ἔβαψαν ὅ τε Ῥωμανὸς οὗτος καὶ ὁ διέπων τὸ Κίαβα Ῥούρικας· νίκην δ' ὁ Ῥωμανὸς ἀπενεγκάμενος, ῥωμαλέος ὢν τὸ σῶμα καὶ τὰς χεῖρας δραστήριος, πολλοὺς καὶ τότε τῶν Κομάνων κατέστρωσεν, οἳ συνεφήψαντο τῆς μάχης τῷ Ῥούρικᾳ, κρατίστη καὶ γενναιοτάτη φάλαγξ περὶ αὐτὸν ὁρώμενοι.

Ἀλλὰ χρεὼν μηδὲ τοῦτο παρελθεῖν ἀνιστόρητον. ἦν τις κολλυβιστής, Καλομόδιος τὴν προσηγορίαν. οὗτος χρήμασιν ἐβεβρίθει πολλοῖς, ἀργαλέας καὶ δολιχὰς ἐκδημίας κατ' ἐμπορίαν πολλάκις στειλάμενος, κερδαλεόφρων ἄνθρωπος. ἀμέλει καὶ συγκαθεύδων τῷ φασκωλίῳ καὶ πρίζων τὸ κύμινον | καὶ πάντα τιθεὶς τοῦ χρηματίζεσθαι δεύτερα δέδωκε καθ' ἑαυτοῦ πολλάκις λαβὰς τοῖς χρυσοθήραις ἄρχουσιν ἀνθρώπων εἶναι ῥυηφενέστατος καὶ ὡς κῆπος Ἀλκινόειος καὶ τῆς ὥρας τὸ ἀκαρὲς οὐκ ὄχνην τρέφειν ἐπ' ὄχνῃ σῦκόν τ' ἐπὶ σύκῳ παρέχειν, χρυσὸν δὲ φέρειν ἐπὶ χρυσῷ, ἐπὶ δ' ἀργυρίῳ φύειν ἀργύριον. ὁ δὲ φυτὸν ἄντικρυς γνώσεως ἦν, ὡς ἐν Ἐδὲμ πεφυτευμένον τῇ ἀγορᾷ καὶ τοῖς τῆς πόλεως στενωποῖς.

---

38 ὅσον — ὄρη: cf. Mat. 17, 20 **52** ἀργαλέας καὶ δολιχάς: alludit ad Hom. δ 393 **54** πρίζων τὸ κύμινον: cf. κυμινοπρίστης Aristot. Eth. δ 1 p. 1121 b 27 **56—57** ὡς — παρέχειν: cf. Hom. η 120 sq. **58—59** φυτὸν — πεφυτευμένον: cf. Gen. 2,9

VAP = a, RMDF = b

36 καὶ ἠφάνισε om. VA **38** κόκκον V **39** τὰ μετέωρα post μετατίθησι add. P Bekk **44** ἔβαψεν Bekk **47** κατέτρωσεν AP Bekk **50** παρελθεῖν: παριδεῖν Bekk κολυβιστὴς VF[pc] N: κολυμβιτὴς R: κολυμβιστὴς MDF[ac]: κολυμβητὴς K **52** πολλοῖς ἀργαλέοις, D πολλάκις om. VA: πολλαχῇ P Bekk: πλειστάκις D **54** πρίζων: πρίθων codd.: corr. Grabler i. l. **56** ῥυηφανέστατος PM **57** τρέφων VAP Bekk σύκον ἐπὶ σύκον RD παρέχειν om. VA: παρέχει M **58** ἐπὶ pr. om. R ἀργύρω R: ἀργυρίων D

34—35 κατὰ — αὐτῶν: καὶ τὴν γῆν τῶν Κομάνων b **37** πλειστάκις b **39—40** καὶ alt. — κακοῦ om. b **41** συνασπισμὸς ἀσυλλόγιστος b **43—49** πλὴν — ὁρώμενοι om. b **50** ἀλλα χρεὼν: χρεὼν δὲ b **52** ἐκδημίας: ὁδοὺς b **55** πλειστάκις b τοῖς χρυσοθήραις λαβὰς b ἄρχουσιν om. b **56—57** τὸ τῆς ὥρας ἀκαρές b **58—59** γνώσεως ἄντικρυς b

Οὐκοῦν καὶ ὡς ἡ ἄνθη τῆς ὀπώρας πάλαι τοὺς γενάρχας ἐδουλαγώγησεν, οὕτω καὶ τοῦ χρυσίου τότε τὸ πυρωπὸν τοὺς περὶ τὸν βασιλέα εἶχεν ἐς τρύγην ἐφελκυσάμενον. ἀλλ' ἅμα τῷ Καλομοδίῳ τὰς χεῖρας ἐπέβαλον, καὶ ἅμα τὴν πόλιν εἰς στάσιν ἀνέσεισαν, μεῖζόν τι τῶν προπατόρων πεπονθότες δυστύχημα· οἱ μὲν γὰρ τοῦ καρποῦ δρεψάμενοι καὶ μεταλαβόντες, μηδὲ τὴν λιχνείαν ἐς μόνην τὴν ὅρασιν περιστήσαντες τῇ δίκῃ δικαίως ὑπέπεσον, οἱ δὲ μηδ' ἐμβλέψαι τοῖς χρήμασι φθάσαντες μάτην ἠλέγχθησαν ἐγχανόντες καὶ δίψος Ταντάλειον ἔπασχον. ἔχοντες γὰρ τὴν πηγὴν οὐκ εἶχον καὶ πιεῖν ἐξ αὐτῆς, ἀλλὰ συχνάκις ὡρμηκότες ἀρύσασθαι εὕρισκον τὸ ὕδωρ τῶν οἰκείων χειρῶν ἀφαντούμενον. οἱ γὰρ ἀγοραῖοι ἑσπέρας μαθόντες τὴν τοῦ Καλομοδίου κατάσχεσιν καὶ τὸ αἴτιον αὐτῆς ἐπιγνόντες κατὰ φατρίας ὄρ|θρου ἠθροίσθησαν καὶ τὸν τοῦ θεοῦ νεὼν εἰσιόντες καὶ τῷ πρώτῳ ἐποφθέντες ἀρχιερεῖ (ἦν δὲ οὗτος ὁ Καματηρὸς Ἰωάννης) περιστάντες μικροῦ καὶ διασπᾶν ἠπείλουν καὶ κύμβαχον ἐκ τῆς ἑστίας κάτω βαλεῖν, εἰ μὴ ὅσα καὶ σύριγγι τοῖς πρὸς βασιλέα χρησάμενος γράμμασιν ὡς πρόβατον ἀπολωλὸς καὶ ἀπόνομον τὸν Καλομόδιον αὐτοῖς ἐπανακαλέσεται. ὁ δὲ μόλις καταστείλας τοῦ λεὼ τὸν θόρυβον τῇ τῶν χειλέων περιψοφήσει καὶ τῷ λαμπρῶς ἐπὶ τούτῳ παθαίνεσθαι ἐπανήγαγεν αὐτοῖς ὡς ἀμνὸν τὸν ζητούμενον, μὴ τὸν χρυσὸν ὡς δορὰν ἀποσυρέντα παρὰ τῶν συσχόντων αὐτὸν λυκιδῶν μηδὲ λυμανθέντα τὴν τρίχωσιν.

Καὶ τὸ μὲν οὕτως ἀναιμωτὶ παρελήλυθεν, ἐξ αἰτίου τραγικοῦ τε καὶ σκυθρωποῦ ἐς κωμικὸν κατέληξεν ἀκοὰς διαχέον ἄθυρμα καὶ σχηματίζον τὸν κλαυσιγέλωτα· οὐ πολλαῖς δ' ἡμέραις ὕστερον ἕτερον ἀν-

---

61 ὡς — ἐδουλαγώγησεν: cf. Gen. 3, 6 **68** δίψος Ταντάλειον: cf. Ps.-Plat. Axioch. 371 e **76—77** πρόβατον ἀπολωλός: cf. Luc. 15, 4 sqq.

VAP = a, RMDF = b

61 οὐκοῦν — ἐδουλαγώγησεν suppl. P^mg καὶ cum b om. P Bekk γενάρχας: ἀνάρχας A **62** καὶ: δὴ καὶ P Bekk **62—63** τοὺς — ἐφείλκυσεν uti b hab. Bekk **64** ἐπέβαλλον Bekk **65** προπατόρων: προτέρων Bekk **67** ἐπέπεσον M **68** ταλάντειον R: ταλάντιον M **70** ὕδωρ: χρυσίον P Bekk **74** οὗτος om. R **75** κάτω βαλεῖν: καταβαλεῖν V **76** βασιλέως A χρησάμενος R **77** ἢ post ἀπολωλὸς add. Bekk **78** καταστείλας: καταστήσας VAP **79** ἐπήγαγεν: ἐπάνεισιν M **81** λυδικῶν V **82** προελήλυθεν AP Bekk τε om. R **83—84** καὶ alt. — κλαυσιγέλωτα om. VA

61 καὶ om. b **62** τότε om. b **62—63** τοὺς ἐπὶ τῶν βασιλείων χρυσώνων εἰς τὴν ἐκείνου τρύγην ἐφείλκυσεν b Bekk **63—64** ἀλλὰ γὰρ ἅμα οἱ τὰς χεῖρας ἐπέβαλον b **68** ἄντικρυς post ἔπασχον add. b **70** ὡρμηκότες: ὀρεκτιῶντες b **74—77** μικροῦ — ἐπανακαλέσεται: ἱκέτευσαν ὅσα . . . χρησάμενον . . . αὐτοῖς ἀνασώσασθαι b **78—79** μόλις et τῇ — παθαίνεσθαι om. b **81** αὐτὸν λυκιδῶν om. b **84**—526, **33** οὐ — δεύτερον om. b εἰργάγη κακόν, ὃ καὶ εἰς αἱμάτων προὔκοψεν ἔκχυσιν. Ἰωάννης γάρ τις, Λαγὼς τὸ ἐπώνυμον, ἐκ βασιλέως εἰληφὼς προΐστασθαι τῆς τοῦ πραιτωρίου φρουρᾶς, ἤθελεν ἑαυτῷ τε καὶ τοῖς προστησαμένοις πορίζειν ἐνθένδε χρήματα· (φεῦ τῆς ῥυπαροτάτης γνώμης· οὐ γάρ τι πλέον ὁ τῆς ἱστορίας νόμος εἰπεῖν ἐπιτρέπει μοι·) ὅθεν τὰς ψυχικὰς τῶν φιλοθέων οἰκειούμενος διαδόσεις, νυκτὸς ἀνίει φρουρᾶς καὶ δεσμῶν τοὺς ἐπὶ κλεπτοσύ|νῃ διαβοήτους, οἳ δὲ λάθρᾳ τὰς οἰκίας διερευνῶντες προσῆγον ἐκείνῳ τὰ φώρια· καὶ ἆθλον ἀσεβείας ἐκ τῶν σύλων τοῖς νυκτιλόχοις διαδιδοὺς τὰ λοιπὰ οἷς οὐ δέον προσέφερε, τὸν πιστὸν ὑπηρέτην ὁ θεῷ τὸ πᾶν ἄπιστος ἐν τοῖς ἀτολμήτοις σχηματιζόμενος. τούτου δὴ πολλοὶ κατεῖπον ἐς βασιλέα ὡς δρῶντος ἀνόσια· ὁ δὲ τὴν διόρθωσιν ἐπαγγειλάμενος ὥσπερ οὐ δυνάμενος ἀνεβάλετο. ὅθεν οὐδαμῶς ἐπὶ τοῖς τολμωμένοις ὑποπτήσσων ἦν ὁ Λαγώς, ἀλλ' ὡς ἀνεύθυνον χειρίζων ἀρχὴν ἀναίδην τὰ θεομισῆ διεπράττετο.

Ἐνίοτε δὲ τῶν ἀγοραίων ἕνα συνειληφώς, μετὰ τὸ πλῆξαι πολλὰς κατὰ νώτου τριχῶν ὑποδικάσας κουρᾷ, τὸ θερμότερον τῆς πόλεως καὶ τῷ παθόντι ὁμότεχνον πρὸς στασιασμὸν ἀνερρίπισε. σύγχυσις οὖν τὴν πόλιν κατείληφε καὶ πλῆθος χειρωνακτικὸν οὐκ ὀλίγον ἐς τὸ πραιτώριον συλλεγὲν θηρεύειν ἐπεβάλετο τὸν Λαγών, ὁ δὲ ὑπὲρ δασύποδα συντονίᾳ δρόμου χρησάμενος ἐκεῖθεν ἠφάνισται. ὁ μέντοι λεὼς καὶ οὕτως ἐπισυρρέοντες ὥρμων τὸν Μέγαν εἰσιέναι Νεὼν καὶ βασιλέα ἕτερον ἀνειπεῖν. προκαταληφθέντος δὲ τοῦ τεμένους παρὰ τῶν εἰς αὐτοῦ φρουρὰν ἀπεσταλμένων πελεκυφόρων, μὴ μεθιστάμενοι τοῦ πραιτωρίου κατὰ τοῦ κρατοῦντος ἐρεσχελίας ἠφίεσαν ἀπρεπεῖς. ὁ δὲ μὴ παρὼν τῇ πόλει, ἀλλὰ περὶ τὴν Χρυσόπολιν ἐναυλιζόμενος, πέμπει μοῖραν τῶν ἐπὶ φυ|λακῇ τοῦ σώματος καταληψομένην τὸ πραιτώριον. ἵκετο δ' ἐκεῖσε καὶ ὁ τῆς πόλεως ἔπαρχος Κωνσταντῖνος ὁ Τορνίκης· ἡ δὲ πληθὺς καὶ πρὸς μόνην τὴν αὐτῶν θέαν ἐκτραχυνθέντες τόν τε ἔπαρχον λαϊβολίαις ἐκτρέπονται καὶ τοὺς σωματοφύλακας ἀποπέμπονται. ἐπὶ δὲ τὰς τοῦ πραιτωρίου ἀνατρέψαντες πύλας ἄνεσιν τοῖς ἔνδον διδόασι σκυλεύουσί τε τὸν ἐκεῖσε Χριστιανικὸν νεών, τὸ δὲ τῶν Σαρακηνῶν συναγώγιον ἀνασπῶσιν ἐκ βάθρων αὐτῶν. καὶ ταῦτα σὺν οὐδενὶ διαπραξάμενοι

---

93 τὸν — ὑπηρέτην: cf. Mat. 25, 21; al.

VAP = a

85 ὅ: ὅ τι AP Bekk αἱμάτων: ὀμμάτων A **87** προσισταμένοις Bekk **87—88** ἐνθένδε πορίζειν Bekk **88** τῆς ῥυπαρότητος τῆς γνώμης AP Bekk **89** ψυχὰς A **95** τοῦ Λαγὼ post δὴ add. AP Bekk τοῦ λεὼ post πολλοὶ add. AP δρῶντα AP **1** ἀνεβάλλετο Bekk **3** ἀνέδην AP **4** μεταπλῆξαι A **8** θηρεύσειν ἐπεβάλλετο Bekk δασύποδα: δασύτητα AP **14—15** ἐπὶ φυλακῇ: περὶ τὴν φυλακὴν AP Bekk **17** αὐτῶν: αὐτοῦ Bekk **18** ὑποπέμπονται A ἐπὶ: ἐπεὶ Bekk **20** ναόν B Bekk λόγῳ ἐφίστανται τῇ φρουρᾷ τῇ λεγομένῃ Χαλκῇ, κἀκεῖσε τὰ ὅμοια δράσοντες. στρατιᾶς δ᾽ ἀφιγμένης βασιλικῆς μεθ᾽ ἑνὸς τῶν τοῦ βασιλέως γαμβρῶν (ἦν δ᾽ οὗτος ὁ Παλαιολόγος ᾽Αλέξιος) ἀνασειράζονται τῆς ὁρμῆς, οὐ μὴν ἀφίστανται τέλεον, ἀλλὰ σώμασι γυμνοῖς, εἶτα καὶ βραχεῖς τοὺς μεθ᾽ ὅπλων ἐφισταμένους ἔχοντες ὅλαις καταφράκτοις συνεπλέκοντο στρατιαῖς, πρὸς οὐδὲν ἀνύσιμον ἢ παρεκτικὸν ἔργον εὐκλείας τελευτᾶν ἑλόμενοι. ἦσαν δ᾽ οἳ καὶ τῶν τεγῶν ὑπερφαινόμενοι κεράμους κατέφερον καὶ λίθους ἔνιοι χειροπληθεῖς ἐπιπέμποντες καὶ ὀϊστεύοντες ἕτεροι τῇ βασιλείῳ ἀντεμάχοντο φάλαγγι. ὅλης οὖν τῆς ἡμέρας ἐκείνης μηδέν τι παραλύσαντες τῆς ὀργῆς μόλις ὑπενόστησαν πρὸς ἑσπέραν. τῇ δ᾽ ὑστεραίᾳ οὔτε τι ἐβαττάρισαν ὅλως οὔτε πρὸς ἀγῶνα συνέδραμον δεύτερον. |

᾽Αλλὰ καὶ τοῦδε τοῦ κακοῦ παρελθόντος, ἐκ τοῦ τῶν Κομνηνῶν τις γένους τῷ βασιλεῖ ἐπανίσταται, ᾽Ιωάννης τοὔνομα· προκοίλιος δ᾽ ὢν καὶ πιθώδης τὴν πλάσιν τοῦ σώματος τὸν Παχὺν εἰς ἐπώνυμον εἴληχεν. οὗτος τοίνυν τῷ Μεγίστῳ Νεῷ ἐξάπινα εἰσρυεὶς καὶ τῶν στεφανίσκων ἕνα τῇ κεφαλῇ περιθείς, οἳ τὴν ἱερὰν ἀμφιπεριῃώρηνται τράπεζαν, ἔξεισιν ἐκεῖθεν· καὶ προσληφθεὶς ὑπὸ τῶν ὁμοτῶν (πλεῖστοι δὲ ἦσαν οὗτοι καὶ σχεδὸν τοῦ ἐπισήμου πάντες αἵματος), συνδραμόντων καὶ ὄχλων οὐκ ὀλίγων πρὸς φήμην τῶν πραττομένων, τὸ μέγα παλάτιον εἴσεισιν εὐμαρῶς, καὶ αὐτὸς μὲν ἐπὶ θρόνου διαχρύσου καθίσας τινὰς ἐπὶ τῶν μεγίστων ὀφφικίων προβάλλεται, ὁ δ᾽ ὄχλος καὶ τοῦ συναποστάντος μέρους τινές, τὰς ἀγορὰς καὶ ἀγυιὰς διιόντες καὶ τὰς ἠϊόνας καταλαμβάνοντες βασιλέα ῾Ρωμαίων αὐτὸν ἀνηγόρευον καὶ οἰκίας κατέσπων περιφανεῖς.

Νυκτὸς δ᾽ ἐπιούσης οὔτε τῆς φρουρᾶς, ὡς ἔδει, τῶν ἀρχείων ὁ ᾽Ιωάννης ἐφρόντισεν, οὔτε τὰς ἀνατραπείσας πύλας ἀνέστησεν, ἀλλ᾽ ὡς ἐν τῷ ἀσφαλεῖ καθιστάμενος καὶ μηδένα ἔχων ἤδη τὸν ἀνθιστάμενον

---

35 ἐπανίσταται: die 31 mens. Iul. a. 1200

---

34 ἀλλά etc.: cf. Nic. Or. 104, 11 sqq.

VAP = a, RMDF = b

26 ἀφισταμένους A **27** συμπλέκονται Bekk **28** ὑπερφερόμενοι P Bekk **31** μόλις om. AP Bekk **34—35** δέ τις τοῦ τ. Κ. γένους D: δέ τις ἐκ τοῦ Κομν. γένους N **34** Κρημνηνῶν A **38** ἀμφιπερικώρηνται RD F[ac] **41** οὐκ ὀλίγων om. VA **41** τὴν ante φήμην (ex b) add. Bekk δρωμένων om. M **43** προυβάλλεται P **44—45** καὶ alt. — καταλαμβάνοντες om. VA

34 ἀλλὰ — παρελθόντος: μετ᾽ οὐ πολὺ δ᾽ b **38** τοῦ μεγίστου νεὼ post ἱερὰν add. b **40—41** καὶ συνδραμόντων ὄχλων οὐκ ὀλίγων πρὸς τὴν φήμην τῶν δρωμένων b **42** εὐμαρῶς om. b **43** προυβάλλετο b **44—45** τὰς ἀγυιὰς διιόντες τῆς πόλεως καὶ τὰς ἠϊόνας καταλαμβάνοντες βασιλέα τὸν ᾽Ιωάννην ἀνηγόρευον b κατὰ δελφῖνας ἀναφυσῶν καὶ ὕδατος ὅλα κεράμια ἐκκενῶν, δίψει συνεχόμενος οἷα κρεωβριθής, ἀπέψα τοὺς ἱδρῶτας κρουνηδὸν ἀποστάζοντας καὶ θερμὸν ἀπατμίζοντας. τὸ δὲ περὶ αὐτὸν ὁπλιτικὸν λαμπρὰν τὴν ἱπποδρομίαν περιιὸν ἤλυε τηνάλλως ἐκεῖσε· οἱ γὰρ ὄχλοι δύναντος ἡλίου κατ' ἀγέλας ὀρνίθων διέστησαν, τάχιον διαγελάσαι τὴν ἕω γλιχόμενοι, | ὡς αὖθις συνδραμόντες τοῖς ὑπερηφάνοις ἐπεισπέσωσιν οἴκοις καὶ τὰ σφίσιν ἐνόντα διερευνήσωσι. βασιλεὺς δ' ὁπόσον συγγενὲς συναθροίσας καὶ τὸ περὶ αὐτὸν οὐκ ἀπόλεμον πέμπει κνεφαίους ἐπιθέσθαι τῷ Ἰωάννῃ· οὐδὲ γὰρ ἂν ἡμέρας διαφαυσάσης ἡσυχίαν ἀγαπήσειν τὸν τῆς πόλεως ὅμιλον, ἀλλὰ πλείονα πολλῷ καὶ δυσκάθεκτον περὶ τὸν τύραννον συνελθεῖν ὀρθριώτερον, συλληψόμενον ἐκείνῳ τοῦ ἔργου καὶ πολυμερῶς αὐτοῖς ἀντιμαχησόμενον.

Οἱ μὲν οὖν πλοίων ἐπέβησαν καὶ τῇ ἀκτῇ προσίσχουσι τῆς μονῆς τῶν Ὁδηγῶν κἀκεῖθεν τοῖς πελεκυφόροις συμμίγνυνται τοῦ βασιλέως ὑπασπισταῖς· οὐδὲ γὰρ ἦν ὁπλοφόρους διὰ μέσης τῆς πόλεως παρελθεῖν. ναὶ μὴν ἐξάπινα συρραγέντες τοῖς περὶ τὸ θέατρον στασιώταις τοῦ Ἰωάννου αὐτούς τε ῥᾳδίως διασκεδάζουσι καὶ κατὰ ῥᾳστώνην πᾶσαν τῷ Ἰωάννῃ προσβάλλουσι, κτείνουσί τε ὡς βόσκημα πανσώμους ἐπενεγκόντες πληγάς, καὶ τὴν κεφαλὴν ἀφελόμενοι τῷ βασιλεῖ προσάγουσι. καὶ ἡ μὲν τῇ κατὰ τὴν ἀγορὰν ἁψῖδι μετεωρίζεται πρὸς θέαν πάνδημον, ἔτι τοῦ αἵματος ἀποβλύζουσα σεσηρυῖά τε δεινὸν καὶ μεμυκυῖα τὼ ὀφθαλμώ· ὁ δὲ λοιπὸς Ἰωάννης ἀρθεὶς ἐπὶ κλίνης αἴθριος προτίθεται κατὰ τὴν μεσημβρινὴν πύλην τῶν ἐν Βλαχέρναις ἀρχείων.

---

51 κρεωβριθής: cf. Nic. Or. 104, 19 **57** πέμπει κνεφαίους: ibid. 105, 17—18 **69—71** ἡ — ὀφθαλμώ: ibid. 105, 25—29

VAP = a, RMDF = b

50 ἀναφυσσῶν codd. **50—51** δίψει ἀμάχω ἐχόμενος P Bekk κρεωβριθεὶς P ἐχόμενος cum b scr. A **52** λαμπρὰν om. VB Bekk τὴν λαμπρὰν RDF: τὴν λαμπρίαν M **53** τηνάλως codd. καὶ post διέστησαν add. R **54** διαγελῶσαν P^pc^ **56** διαρπάσωσι cum b scr. P Bekk **57** κνεφαίως Bekk **58** διαφθασάσης V^ac^ R **60** ὀρθριαίτερον P F^pc^ Bekk **63—64** τοῦ βασιλέως ὑπασπισταῖς om. VA **65** ναί: καὶ Bekk **66** τε: γὰρ R

50—51 κατὰ — ἀπέψα: ὕδατος ὅλα κεράμια ἐξεκένου δίψει ἀμάχῳ ἐχόμενος ἀπέψα τε b **54** τάχιον om. b **56** διερευνήσωσι: διαρπάσωσι b **59—60** ἀλλὰ πλείονα πολλῷ συνελθεῖν ὀρθριώτερον συλληψόμενον τοῦ ἔργου τῷ Ἰωάννῃ b **62—63** προσέσχον . . . συνέμιξαν b **64** πόλεως: ἀγορᾶς b **65—73** ναὶ μὴν ἐξάπινα συρραγέντες τοῖς περὶ τὸ θέατρον στασιώταις τοῦ Ἰωάννου αὐτούς τε (τε: γὰρ R) ῥᾳδίως ἐκτρέπονται καὶ κατὰ ῥᾳστώνην πᾶσαν τῷ Ἰωάννῃ προσβάλλουσι πανσώμους ἐπενεγκόντες πληγάς, καὶ τὴν κεφαλὴν ἀφελόμενοι τῇ κατὰ τὴν ἀγορὰν ἁψῖδι μετεωρίζουσι . . . ἀποβλύζουσαν . . . σεσηρυῖαν . . . μεμυκυῖαν . . . τὸν (τὸ R) δὲ λοιπὸν Ἰωάννην ἐπὶ κλίνης ἀρθέντα προτιθέασιν αἴθριον κατὰ τὴν μεσημβρινὴν πύλην τῶν ἐν Βλαχέρναις ἀρχείων.

Καὶ βασιλεὺς τὰς ἄνωθεν αὐτῆς ἀρχικὰς διαίτας εἰσανιὼν ἐθεᾶτο κάτωθεν, ὁμοῦ μὲν τὰς ὄψεις διδοὺς τῷ πτώματι ὑπὲρ βοῦν διῳδηκότι μεγαλόπλευρον, ὁμοῦ δὲ καὶ διαχεό|μενος τῷ ὁράματι καὶ καταλαζονευόμενος τὸ κατόρθωμα. μετὰ δὲ τὸ σῶμα ἐκεῖθεν ἀρθὲν κυσὶ καὶ ὄρνισι βορὰ παρατίθεται, ὃ καὶ θηριῶδες μικροῦ καὶ ἀπάνθρωπον τοῖς ἅπασιν ἔδοξεν. οἱ δ' ἐκ τῆς συνωμότιδος μερίδος τοῦ Ἰωάννου συσχεθέντες καὶ βασάνοις ὑποβληθέντες, ὅπως ἐκφήνωσι τοὺς συνίστορας, δεσμοῖς καὶ φρουραῖς παραπέμπονται.

Ἀλλ' οἷον καὶ τόδ' ἔρεξεν οὗτος ὁ βασιλεύς. ἀνδρί τινι παραδοὺς τριήρεις ἕξ, ᾧ ἡ μὲν κλῆσις ἦν Κωνσταντῖνος, ἡ δ' ἐπίκλησις Φραγγόπουλος, ἐς τὸν Εὔξεινον Πόντον ἐξέπεμψε, τῷ μὲν δοκεῖν περὶ φορτίου πλοίου τινὸς ἐξετάσοντα, ἐκ Φάσιδος καταίροντος εἰς Βυζάντιον, περὶ δὲ Κερασοῦντα ναυαγήσαντος, τῷ δὲ ὄντι ταῖς ἐς πόλιν τὴν Ἀμινσὸν καταπλεούσαις ὁλκάσιν ἐπιθησόμενον καὶ τούτων τὰ ἀγώγιμα προνομεύσοντα. ὁ δὲ κατ' ἐπίταγμα τὸ βασιλικὸν ἐς τὸν Εὔξεινον ἀναπλεύσας οὐδεμιᾶς φείδεται νηός, ἀλλὰ πάσας σκυλεύσας, ὅσαι τε ἐς Βυζάντιον ἐμπορευμάτων πλήρεις κατήγοντο καὶ ὅσαι αὖθις ἀνήγοντο ἀποδόμεναι τὰ ἑαυτῶν καὶ ἄλλ' ἄττα ἐνθέμεναι, μετὰ δύο μῆνας ὑπέστρεψε, τινὰς τῶν ἐμπόρων μαχαίρᾳ ὑποδικάσας καὶ τῷ βυθῷ παραπέμψας, ὧν τὰ χρήματα αὐτὸς ἰδιώσατο, τοὺς δ' ἄλλους ὑπέρου γυμνοτέρους ἀποπεμψάμενος. οἱ δὲ τὴν πόλιν εἰσιόντες πολλὰ | μὲν ἱκέτευσαν ὑπὲρ ὧν παρὰ δίκην πεπόνθασιν, ἀρχείοις προσιόντες καὶ θείοις μετὰ φώτων τεμένεσι παραβάλλοντες, οὐκ εἶχον δὲ τὸν βασιλέα πρὸς οἶκτον ἐπιρρεπῆ, τὰς αὐτῶν ἐμπορίας καθάπαξ ἐξαργυρώσαντα καὶ τῷ αὐτοῦ ταμείῳ ἐγκαταθέμενον.

Οἱ ἐξ Ἰκονίου τοίνυν ὁρμώμενοι ἔμποροι τῷ Ῥουκνατίνῳ προσίασι, καὶ πέμψας οὗτος εἰς βασιλέα τὰ τούτων ἀπῄτει χρήματα· ἦν δὲ καὶ λόγος τότε περὶ σπονδῶν. βασιλεὺς δὲ ἀποστάτην ὀνομάζων ἑαυτοῦ

74—75 ὑπὲρ — μεγαλόπλευρον: ibid. 105, 4 **76—77** κυσὶ — βορά: cf. Hom. A 4 sq. **81** οἷον — ἔρεξεν: cf. Hom. δ 242 **92** ὑπέρου γυμνοτέρους: cf. Apost. 17, 65

VAP = a, RMDF = b (usque ad 76 κατόρθωμα)

73 αὐτοῖς AP εἰσιὼν Bekk **74** καὶ post πτώματι add. VA **75** καὶ pr. om. AP Bekk ὁράματι: ῥεύματι AP^ac Bekk: τυρεύματι P^pc **77—78** ὃ — ἔδοξεν om. VA: ὅπερ καὶ θηριῶδες ἔδοξε καὶ ἀπάνθρωπον B **82** Φραγγόπωλος V: Φραγγοπώλω B **85** Ἁμινσὸν V: Ἄμινσον Bekk **86** τούτων: τῶ V: τοῦ A **90** ἀποδιδόμεναι P Bekk **93** πολλὰ: πολλάκις AP Bekk **94—95** τεμένεσι παραβάλλοντες μετὰ φώτων V **2** ταμιείῳ AP Bekk ἐγκατατιθέμενον AP **3** Ῥουκρατίνη constanter V: Ῥουκρατίνῳ constanter A, ubi ρ alt. e corr., P Bekk **4** ἐς Bekk

73—75 Καὶ βασιλεὺς ἐκ τῶν ἄνω θεώμενος ἐμεγαλοπρεπεύετο καὶ κατηλαζονεύετο τὸ κατόρθωμα (καὶ βασιλεὺς — κατόρθωμα om. M) b **76 — 532,20** μετὰ — σπασάμενοι om. b τὸν Φραγγόπουλον τῆς οἰκείας γνώμης ἀπῆγεν ὅσα οὗτος ἀνοσιούργησεν, ἐπὶ ψεύδει τὴν ἐλπίδα τιθέμενος καὶ τῇ ἐναργείᾳ τῶν πραγμάτων ἀντιμαχόμενος. τελεσθείσης δὲ τῆς ἀγάπης ὁ μὲν Ῥουκνατῖνος μεθ' ἑτέρων ἐτησίων φόρων καὶ μνᾶς ἀργυρίου προσειλήφει πεντήκοντα εἰς ἀπόδομα ὧν οἱ ἔμποροι ἀφῃρέθησαν, ὁ δὲ βασιλεὺς φωρᾶται μεθ' ἡμέρας ἐπιβουλεύων τῇ ἐκείνου ζωῇ. μεγίσταις γὰρ ὑποσχέσεσι Χασίσιόν τινα ἐλαφρίσας καὶ τούτῳ ἀμαθῶς, ὡς ἐς φιλίαν ἀστάθμητος, ἐγχειρίσας γραμμάτιον ἐρυθρόγραφον, ἐκπέμπει τὸν Ῥουκνατῖνον ἀναιρήσοντα. συλληφθέντος δὲ τοῦ Χασισίου καὶ τὸ γράμμα καὶ τὸ δρᾶμα ἐκφήναντος, παρεβάθησαν μὲν αἱ σπονδαί, πολλαὶ δ' ἐκ τῶν Τούρκων ἐπιδρομαὶ δι' αἰτίαν τοιαύτην ταῖς ἑῴαις ἐπανέφυσαν πόλεσι.

Καὶ Μιχαὴλ δέ τις ἐκ νοθείας υἱὸς Ἰωάννου τοῦ σεβαστοκράτορος, τῆς ἐπαρχίας Μυλάσσης φορολόγος ἀποσταλείς, νέος ὢν καὶ αὐθάδης | τοῦ βασιλέως ἀφίσταται. πολέμῳ δὲ ἡττηθεὶς καὶ φυγὼν τῷ Ῥουκνατίνῳ προσρύεται, καὶ τῷ πρὸς βασιλέα μίσει προσδεχθεὶς ἀσμενέστατα, στρατιὰν ἐξ ἐκείνου δεχόμενος τὰς Μαιανδρικὰς πόλεις πολυτρόπως ἐσίνετο, χείρων τῶν ἀλλοφύλων καὶ νηλεέστερος ἀνδροφόνος δεικνύμενος.

Εἴ τι οὖν αἰτιώτατον τοῦ τὴν Ῥωμαίων ἀρχὴν ἐς γόνυ καταπεσεῖν καὶ χωρῶν καὶ πόλεων χειρώσεις παθεῖν, ὕστατα δὲ καὶ αὐτὴν ἐξαπολωλέναι, τοῦτο οἱ ἐκ Κομνηνῶν γεγόνασιν ἀφιστάμενοι καὶ βασιλειῶντες· παρὰ γὰρ ἔθνεσι καταλύοντες μὴ φίλα Ῥωμαίοις νοοῦσι τῆς πατρίδος ἦσαν πανώλεια, καίπερ ἐν τῷ παρ' ἡμῖν μένειν πράγμασιν ἐγχειρήσειν ἑλεῖν τε καὶ κρατήσειν ἀνεπιτηδειότατοι ὄντες καὶ πάντων ἀχρειότατοι καὶ σκαιότατοι.

Διὰ δὲ τὴν τοῦ Μιχαὴλ νεωτέρισιν περὶ μῆνα τὸν φυλλοχόον ἔξεισιν εἰς ἕω Ἀλέξιος, ὑποστρέφων δ' ἐκεῖθεν παρενέβαλεν εἰς τὰ Πύθια, τοῖς θερμοῖς ἐννηξόμενος ὕδασιν. ὡς δ' ἅλις εἶχε λουτήρων καὶ κρατήρων, ἐρᾷ καὶ μακροτέρου πλοός· διημφισβήτουν γὰρ παρὰ τῷδε τῷ ἄνακτι καὶ ἀνὰ μέρος ἐκράτουν αἱ ἐπίγειοι καὶ ἐνάλιοι χάριτες καὶ λαμπρὰν

---

8 τελεσθείσης — ἀγάπης: initio mens. Aug. a. 1200 **20** ἀφίσταται: a. 1200 aestate
32 περὶ μῆνα τὸν φυλλοχόον: mense Nov. (a. 1200), cf. p. 601, 84

VAP = a

6 Φραγγόπωλον VB **9** Ῥουκρατῖνος sine correctura etiam infra A ἐτήσεως AP: κατέτος B: αἰτήσεως Bekk **11—12** τῇ ἐκείνου ἐπιβουλεύων ζωῇ **12** Χάσιον constanter VAP: Χασίσιον B Bekk **16—17** διὰ τὴν τοιαύτην αἰτίαν (αἰτίαν suppl. Ps) P Bekk **16** τοιαύτην: ταύτην V **19** τῆς: τὰς AP **21** πρὸς βασιλέα: τοῦ βασιλέως P Bekk: πρὸς τὸν βασιλέα B **22** στρατείαν AP Bekk **25** γοῦν Bekk **26** ὕπατα A **27** οἱ Κομνηνοὶ Ἄγγελοι B **28** φίλια Bekk **29** πανώλεια: ἀπώλεια V ἀνεδοῦντο τὴν νίκην. νῆα τοίνυν εἰσιὼν στρατηγίδα εὐθὺ | τῶν νησιδίων διαπλωΐζεται, ἃ ἄγχιστα τῆς Κωνσταντίνου ἀμφιρρέονται, τὸν Ἀστακηνὸν κόλπον ἀφεὶς περιπλεῖν· λαίλαπος δ' ἀνεγερθείσης ἐξαίφνης καὶ μετεωρισάσης τὸ κῦμα, ὀρθὸν τὸ πλοῖον ἐκ πρώρης ἐπὶ πρύμναν αἴρεται καὶ μικροῦ καταδύεται, ἔνθεν καὶ ἔνθεν ἐπικλυζόμενον. ἐθορύβουν μὲν οὖν οἱ πλωτῆρες καὶ ἱδρῶσι περιερρέοντο, βοαὶ δὲ τῶν ἐμπλεόντων καὶ θεοκλυτήσεις ἦσαν, οἰμωγαί τε καὶ ὀλολυγαὶ διωλύγιοι ἐξηκούοντο· συνέπλεον γὰρ βασιλεῖ πᾶσαί τε καὶ πάντες ἐπιτήδειοι, οἷς καὶ ποθεινὴ μὲν ἡ γῆ τοῖς βαδίζουσι, ποθεινὴ δὲ καὶ αὐτοῖς ἐδόκει τις ἐντυχεῖν. πολλὰ δὲ καὶ παντοῖα διακινδυνεύσαντες ἀγαπητῶς καὶ μόλις περὶ τὴν Πρίγκιπον διασώζονται, ἐκ δὲ ταύτης τοῦ κύματος ἠρεμήσαντος ἐς Χαλκηδόνα καταίρουσιν· ἔνθα τοῦ ἰλίγγου ἀνεθέντες καὶ τὴν ἅλμην ἀποπτύσαντες καὶ λήθης βυθῷ παραδόντες τὰ χαλεπὰ τοῦ κινδύνου καὶ φοβερὰ ἐς τὸ μέγα διαπεραιοῦνται παλάτιον, ἁμίλλας τελέσοντες ἵππων καὶ θεάτροις τὸν δῆμον δεξιωσόμενοι.

Ὡς οὖν εἰλήφει πέρας καὶ τάδε, βασιλεὺς μὲν ἀπελθεῖν ἐς Βλαχέρνας αὐτίκα ἤθελε, τῆς δὲ τῶν ὡρῶν ἀκαιρίας προσισταμένης (οἱ γὰρ ἐς ἡμᾶς αὐτοκράτορες καὶ μέχρι βηματίσαι τὴν τῶν ἄστρων θέσιν περιεργάζονται) τὴν πρώτην τῶν νηστειῶν ἑβδομάδα τῷ | μεγάλῳ παλατίῳ προσέμενεν οὐχ ἑκών. ὡς δ' ἦν ἡ ἕκτη τῶν ἡμερῶν οὐκ ἀνάρσιος πρὸς μετάβασιν, καὶ μάλιστα τῷ βαθέος ὄρθρου μεθισταμένῳ, ἔγνω μεταναστεῦσαι κνεφαῖος καὶ μήπω τοῦ ἡλίου διασπείραντος τὰς ἀκτῖνας τὰς Βλαχέρνας καταλαβεῖν. ἥ τε οὖν τριήρης παρὰ ταῖς ἀκταῖς τῶν ἀρχείων ἐσάλευε καὶ τὸ συγγενὲς ἅπαν τοῦ βασιλέως παρ' αὐτὸν μετὰ φώτων συνήλιστο, σύμπλουν ἐσόμενον· τοῦ θεοῦ δὲ δεικνύντος ὡς κύριός ἐστιν ὡρῶν καὶ χρόνων αὐτὸς καὶ παρ' αὐτοῦ κατευθύνεται εἴτε μὴν συμποδίζεται τά τινων διαβήματα, τὸ πρὸ τῆς βασιλείου κλίνης δάπεδον αὐτομάτως ὑποχαλᾷ καὶ εἰς χάσμα ἱκανῶς διανοίγεται. καὶ βασιλεὺς μὲν παραδόξως τοῦ κινδύνου ῥύεται, ἅτερος δὲ τῶν τούτου γαμβρῶν, ὁ Παλαιολόγος Ἀλέξιος, καὶ συχνοὶ ἄλλοι ἐνίσχονται τῷ διαστήματι καὶ πάσχουσι κακῶς τὰ βάθρα τοῦ σώματος· εἷς δέ τις ἐκτομίας καὶ ἐτεθνήκει ἐς τὸ βάθιστον τοῦ χάσματος καταδύς. οἵαν μὲν

---

55 τὴν — ἑβδομάδα: a die 11 usque ad diem 18 mens. Febr. a. 1201 **56** ἡ — ἡμερῶν: dies 17 mens. Febr. a. 1201

---

49 λήθης — παραδόντες: cf. Geop. Praef. 4 **62** κύριος — χρόνων: alludit ad Mat. 24, 36; Act. 1, 7

VAP = a

37 ἀνεδοῦνται A **40** πρώρας APB Bekk **43** ἐμπνεόντων V διωλύγιον Bekk **44** γάρ: δὲ Bekk **47** πρίγγιπον AP **53** ὡρῶν: Ῥωμαίων P Bekk **54** βηματισμοῦ V **59** παρά: πρὸς V **68** εἰς Bekk οὖν ἔννοιαν ἢ μετάνοιαν ἐπὶ τούτοις εἴληφεν ὁ κρατῶν, οὐδαμῶς ἔχω ἐπεξιέναι· ὃ δὲ κατὰ πόδας ἐπηκολούθησε, τοῦτο δὴ καὶ τῇ ἱστορίᾳ παραδίδωμι.

Τῷ βασιλεῖ τῷδε καὶ τρίτη θυγάτηρ ἦν, Εὐδοκία τοὔνομα. ταύτην, ἔτι τοῦ τεκόντος Ἀνδρόνικον ἐκδιδράσκοντος Ἰσμαηλίτας τε καὶ Παλαιστίνην περιιόντος πλάνητος, ὁ | πατράδελφος Ἰσαάκιος ἑνὶ τῶν παίδων εἰς γάμον ἐκδέδωκε τῷ Στεφάνῳ τοῦ Νεεμάν· ἦν δ' οὗτος ἡγεμὼν τῶν Τριβαλλῶν. ἀλλ' ὁ μὲν βραχὺν ἐπιμείνας τῇ ἀρχῇ χρόνον τὸ ὄρος ἄνεισι τὸ Παπύκιον καὶ βίον ὕπεισι τὸν μοναδικόν· ὁ δέ οἱ υἱὸς Στέφανος συγκληροῦχον τῆς πατρῴας σατραπείας τὴν Εὐδοκίαν δεικνὺς ἡλίους συχνοὺς ἐξεμέτρησε καὶ παίδων ἐξ αὐτῆς ἀκούει πατήρ.

Καινοτόμος δ' ὢν ὁ χρόνος καὶ προβολεὺς τῶν ἀνομοίων ἄληκτος διίστησιν ἀμφοτέρους τῆς πρὶν ἑνότητος καὶ συμπνοίας, οὐκ ἄχρι τῶν ἐσχάτων ἀναπνοῶν τὴν συμφυΐαν παρεὶς ἀνόθευτον, ὃ τοῖς ἐχέφροσι ζυγίταις πλήρωμα τῆς ἀνθρωπίνης εὐδαιμονίας κρίνεται. οὐκοῦν ὁ μὲν τῇ γυναικὶ ἐνεκάλει τὸν τῆς ψωρώδους ἀκρασίας ὀδαξησμόν, ἡ δὲ τἀνδρὶ προσῆπτε τὸν εὐθὺς ἐξ ἑωσφόρου ἀκροχάλικα καὶ τὸ μὴ πίνειν ὕδατα ἐξ οἰκείων ἀγγείων καὶ τὸ κρυφίων ἄρτων ἐμπίπλασθαι. καὶ προβαινούσης οὕτω τῆς διχονοίας ἀεὶ ἐπὶ μέγα σκέπτεταί τι βαρβαρώτατον ἔργον ὁ Στέφανος καὶ αὐτὸ μέτεισι· πλασάμενος γάρ, εἴτε καὶ φάμενος ἀληθῶς, μοιχευομένην ἁλῶναι τὴν Εὐδοκίαν παντὸς ἀπογυμνοῖ περιβλήματος γυναικείου, τὸν ἔσχατον αὐτῇ καὶ λεπταλέον χιτῶνα μόνον καταλιπών, καὶ τοῦτον κύκλῳ περικοπέντα ὡς μόλις περιστέλλειν τὰ τῶν μελῶν ἀσχήμονα, καὶ διαφίησιν οὕτως ἀτίμως, ἔνθα δὴ καὶ ὀργῴη πορεύεσθαι.

Πρὸς δὲ ταυτηνὶ τὴν | πρᾶξιν τὴν ὄντως ἄσεμνον καὶ ἀπότομον καὶ τὴν ὑπέρογκον ἀμυντηρίαν ὁ ἀδελφὸς ἀντιστὰς Βόλκος ἔς τε τὸ ἀπάνθρωπον ὠνείδισεν ἦθος τὸν κασίγνητον μεθαρμοσθῆναί τε τῆς ὀργῆς

---

70 κατὰ πόδας: a. 1201 vere **77** Παπύκιον: errat auctor; post abdicationem (25. 3. 1195) Stephanus Nemannus in Athoo monte vixit, ubi et mortuus est (13. 2. 1200)

85—86 μὴ — ἐμπίπλασθαι: cf. Prov. 5, 15 et 9, 17

VAP = a

75 εἰς γάμον om. Bekk Νεεμᾶν P **76—77** ἀλλ' ὁ μὲν Στέφανος . . . ὁ δέ οἱ υἱὸς ἐκείνου Στέφανος καὶ οὗτος ὀνομαζόμενος B **76** Νεεμὰν post μὲν add. V[s] ἐπιμείνας: ἐπὶ μόνας A **77** τὸν Παπύκιον A ὕπεισι: εἴσεισι V **78** κληροῦχον Bekk **79** ἀκούει P[ac] Bekk: ἀκούοι P[pc]: ἀκούσοι VA **82** τὴν om. Bekk **83** συζυγίταις Bekk **84** ὀδαξησμὸν: spat. V **87** εὐχονοίας A βαρβαρώτερον Bekk **88** εἴτε: εἴ τι AP: ἤτοι Bekk **92** δὴ καὶ: καὶ δὴ A **92—93** δὴ καὶ ὀργῴη: καὶ διοργώη P Bekk **1** ἦθος ὠνείδισε AP Bekk καὶ καθυφεῖναί τι μικρὸν καθικέτευσεν, ἀπιδόντα πρὸς τὸ μεγαλεῖον τοῦ γένους τῆς Εὐδοκίας καὶ ἑαυτὸν δὲ οἰκτειρήσαντα, γενησόμενον οὕτως ἐπ' ἀσχήμοσιν ἔργοις ἀοίδιμον. οὐκ ἔχων δὲ καὶ πείθειν ὡς τὴν γνώμην ἀκαμπῆ καὶ δυσμείλικτον αὐτὸς τὴν Εὐδοκίαν προσηκούσης κομιδῆς ἀξιώσας παραδίδωσι τοῖς ἀπάξουσι δεόντως εἰς τὸ Δυρράχιον. μαθὼν δὲ τὸ γεγονὸς ὁ πατήρ, πέμψας ἀμφικέφαλον καθέδραν καὶ κόσμους περιδερραίους ἄλλας τε λαμπρειμονίας βασιλικάς, εἰσοικίζεται τὴν θυγατέρα.

Πλὴν οὐδ' οἱ τοῦ Νεεμὰν οὗτοι υἱοὶ ἀδελφὰ φρονοῦντες ἐς τέλος διήρκεσαν, ἐκπολεμωθέντες δὲ κατ' ἀλλήλων τῷ χορῷ τῶν ἄλλων καὶ οἵδε συνήφθησαν, οὓς μικρῷ πρόσθεν εἰρήκειμεν ἠγνοηκέναι τὴν φύσιν διά τε φιλαρχίαν καὶ τρόπου σκαιότητα· καὶ φανεὶς κρείττων ὁ Βόλκος τῆς ἀρχῆς ἅμα καὶ τῆς πατρίδος ἐκτοπίζει τὸν Στέφανον. ἐκ γὰρ τῆς τῶν πόλεων βασιλίδος ὥσπερ τινὸς ὑπογραμμοῦ καὶ τύπου καὶ κοινοῦ θεμιστεύματος τῆς ἀδελφοκτονίας ἐξιούσης καὶ διαδραμούσης τῆς γῆς τὰ πέρατα, οὐ Πέρσαι μόνον καὶ Ταυροσκύθαι καὶ οἵδε οἱ Δαλμάται καὶ μετέπειτα Πάννονες, ἀλλὰ καὶ λοιποὶ ἕτεροι παρ' ἔθνεσι δυναστεύοντες στάσεων καὶ φόνων τὰς ἑαυτῶν πατρίδας ἐνέπλησαν, καθ' ὁμογενῶν τὰ ξίφη σπασάμενοι. |

Κατὰ δὲ τοὺς χρόνους τούτους ἔξεισι τῆς Μυσίας ὁ Ἰωάννης καὶ μεγίστῳ τε καὶ παγχάλκῳ στρατεύματι διειληφὼς τὴν Κωνστάντειαν χειροῦται κατὰ πᾶσαν εὐπέτειαν, διάσημον οὖσαν ἐν τοῖς τῆς Ῥοδόπης σχοινίσμασι. καὶ καθελὼν τὸν ταύτης περίβολον ἐκεῖθεν ἀπανίσταται καὶ περὶ τὴν Βάρναν στρατοπεδεύεται καὶ πολιορκεῖ γενναίως καὶ ταύτην κατὰ τὴν ἕκτην τῶν τοῦ Χριστοῦ παθημάτων ἡμέραν. παντοίαν δ' ἔνστασιν ἐνδεικνυμένων τῶν ἔνδοθι, κρατίστων ὄντων τῶν πλείστων κἀκ τοῦ Λατινικοῦ στίφους συγκροτουμένων, τετράπλευρον συντίθησι μηχανήν, συμμηκιζομένην τῷ εὔρει τῆς τάφρου καὶ ἰσοϋψῆ τῷ τείχει τῆς πόλεως, καὶ ταύτην ὑπότροχον οὖσαν τῆς τάφρου ἄγχιστα στήσας, εἶτα ἀνατρέψας ἀμφοτέρων τῶν περάτων ἐπιλαμβάνεται καὶ

14 ἐκτοπίζει: a. 1202 mense Apr. (usque ad aestatem a. 1203) **18** μετέπειτα: a. 1203 **21** χρόνους τούτους: a. 1201—1202 **26** τὴν — ἡμέραν: diem 23 mens. Mart. a. 1201

VAP = a, RMDF = b (ab 21 κατὰ)

9 θυγατέραν Bekk **10** οὐδ' οἱ: οὐδὲ P Bekk εἰς Bekk **13** σκαιοτάτου P[ac] **17** Ταυροσκῦθαι P **18** Πάννηνες AP **21** τοὺς om. R ὁ om. A καὶ om. RMDF: post στρατεύματι (22) transp. P Bekk **22** Κωνστάντιαν P Bekk **23** ταύτην post χειροῦται add. P Bekk **26** τοῦ om. V **28** συγκεκροτημένων Bekk **29** συμμηκινομένων R

27—28 τῶν πλείστων om. b **31** ἐπανατρέψας b

τῷ αὐτῷ καὶ ἑνὶ μηχανήματι ζεύγματί τε τῆς τάφρου χρησάμενος καὶ κλίμακι ἐξικνουμένῃ τοῦ ὕψους τῆς πόλεως τρισὶν ἡμέραις τῆς Βάρνας κρατεῖ. οὔτε δὲ τῆς ἡμέρας τὴν δύναμιν ὁ βάρβαρος πτοηθείς (ἦν γὰρ τὸ ὑπερευλογημένον σάββατον, καθ' ὃ ὕπνωττεν ἐν τάφῳ Χριστός), οὔτε τὸν Χριστιανὸν αἰδεσθείς, ὃν μόνοις περιέφερε χείλεσιν, ἀλλὰ φιλαιμάτοις δαίμοσιν ἐλαστρούμενος πάντας, οὓς συνείληφε, κατὰ τῆς τάφρου ζῶντας ὠθεῖ καὶ χοῦν ἐς ἰσόπεδον ἐπιχέας πολυάνδριον τὸν τόπον δείκνυσιν. ἔπειτα καὶ τὰ τείχη καταστρεψάμενος ἐς Μυσίαν ἐπάνεισιν, ἐναγίσμασι τοιούτοις καὶ τελεταῖς μυσα|ρωτάταις τὴν μίαν τῶν σαββάτων καὶ τῶν ἡμερῶν κυρίαν τετιμηκώς.

Καὶ τῇδε μὲν καὶ ταῦτα ἐφέρετο· ὁ δέ γε πρωτοστράτωρ Μανουὴλ ὁ Καμύτζης, χρόνιος ἐν Μυσίᾳ καθειργνύμενος, δεῖται τοῦ ἐξαδέλφου καὶ βασιλέως ἐκ τῆς οἰκείας οὐσίας λυθῆναι, μηδ' ὡς κακοῦργος ἐπὶ πολὺ παροφθῆναι παρὰ βαρβάροις δορύκτητος. οὐκ εἶχε δὲ καὶ πείθειν δι' ὧν ἐπέστελλεν. ἀπειρηκὼς οὖν τὸν κηδεστὴν μέτεισι Χρύσον καὶ παρ' αὐτοῦ δεῖται λυθῆναι, καὶ ὡς εἶχε τὰ ᾐτημένα πεπερασμένα, ἐκ Μυσίας ἐς Πρόσακον ἄπεισιν. ἀλλ' οὐδ' ἐκεῖσε γενόμενος καθυφῆκε τοῦ βασιλέως δεόμενος, εἴ πως τῷ Χρύσῳ τὰ λύτρα κατάθοιτο, εἰς δύο ποσούμενα χρυσοῦ κεντηνάρια, πολλαπλασίονα τούτων ἀφαιρεθῆναι φάσκων πλὴν τῶν ἀργυρέων καὶ χρυσέων σκευῶν τῶν σηρικῶν τε νημάτων καὶ τῶν περιφανῶν ἐσθημάτων, οἷς ὑπερεκόμα ῥυηφενέστατος ἀνθρώπων φανείς. ὁ δὲ τὴν σχέσιν τοῦ πρωτοστράτορος ἐν πλάστιγγι μιᾷ τοῦ τῆς φρενὸς ζυγοῦ κατατιθείς, ἐν δὲ θατέρᾳ τὰ τούτου χρήματα, καὶ ταλαντεύων ἀμφότερα, πολὺ τῇ ῥοπῇ βαρύτερα τὰ δεύτερα εὕρισκεν· ὅθεν οὐδ' ἄκροις ὠσὶν εἰσῳκίζετο τὰ ὑπ' ἐκείνου γραφόμενα.

Ἀπειπὼν οὖν ὁ | Καμύτζης ἔγνω σὺν Χρύσῳ τοῖς ἀγχιτέρμοσι Προσάκῳ Ῥωμαϊκοῖς ἐπιθέσθαι θέμασιν. εὐμαρῶς οὖν Πελαγονίαν χειροῦνται καὶ ῥᾳδίως ὑπάγονται Πρίλαπον, ἐπιφύονται τοῖς ἑξῆς,

---

56 ἄκροις ὠσίν: cf. p. 192, 39

VAP = a, RMDF = b

33 ἐξικνουμένου R: ἐξικνωμένου M ἐξικνουμένω τῶ ὕψει D τὰς RK Βράνας A: Βάρνης P 34 κρατειῶν M γὰρ: δὲ Bekk 35 σάββατον: μέγα σαβ. P 37—38 ζῶντας κ. τ. τάφρου Bekk 39 εἰς PK Bekk 46 ἔπεισι V: γράφει πρὸς B 48 γινόμενος post Πρόσακον add. A 52 ῥυηφανέστατος P 54 κατατεθεὶς A: καταθεὶς Bekk 55 πολλῇ Bekk βαρυτέρα τὴν δευτέραν AP^{ac}: βαρυτέραν τὴν δευτέραν P^{pc} Bekk 56 οὐδὲ V 58 θεάμασιν A: τέρμασιν Bekk 59 χειροῦται AP τοῖς: τὰ AP Bekk

32—33 ζεύγματι — κλίμακι: κλίμακι καὶ ζεύγματι τῆς τάφρου χρησάμενος b 35 καθ' ὅπερ b 39 εἶτα b 40—41 τὴν τῶν ἡμερῶν κυρίαν καὶ πρώτην (πρώην M) τετιμηκώς b 42—62 Ἀλλ' οἷα τὰ ἐπὶ τούτοις; ὁ πρωτοστράτωρ Μανουὴλ ὁ Καμύτζης ἐκ Μυσίας εἰς (ἐς DFK) τὸν Πρόσακον ἄπεισι παρὰ τοῦ Χρύσου λυθείς, καὶ πρὸς ἀποστασίαν ἰδὼν συνάμα Χρύσῳ Πελαγονίαν χειροῦται καὶ ῥᾳδίως ὑπάγεται Πρίλαπον, ἐπιφύεται τοῖς ἑξῆς,

ἀφιστῶσι τὰ πόρρωθεν, διεκπίπτουσι τῶν Θετταλικῶν Τεμπῶν, τῶν πεδιάδων ἐπιλαμβάνονται, παρακινοῦσι τὴν Ἑλλάδα, παλίμβολον τιθέασι τὴν τοῦ Πέλοπος.

Τότε δὲ καὶ δεύτερος ἀποστάτης κατὰ τοὺς σπαρτοὺς ἐπανέτειλε Γίγαντας. Ἰωάννης γάρ τις τὸ γένος Κύπριος, Σπυριδωνάκης τοὐπώνυμον, τὸ εἶδος φαῦλος, τὴν ἡλικίαν φαυλότερος, στράβων τὰς ὄψεις, χειρῶναξ τὴν τέχνην, τὴν τύχην χθόνιος, τῷ βασιλεῖ τῷδε ὑπηρετούμενος, ταῖς δὲ παραλόγοις προόδοις καὶ ἀναβάσεσι τῶν ἔσω λεγομένων ταμείων φύλαξ ταχθείς, εἶτα καὶ τὴν ἀρχὴν τῶν Σμολένων χειρίζειν λαχών, καταγινώσκει τοῦ πεπομφότος εὐτέλειαν νοὸς καὶ ἀφέλειαν καὶ τῷ δυσπροσόδῳ τῆς χώρας ἐπαρθεὶς εἰς ἀπόνοιαν δισσούμενον γίνεται ἐκείνῳ ἀντιστάτημα καὶ Σατὰν καὶ σκόλοψ καὶ ἀπρόσκοπον συγκύρημα χείριστον.

Ὁ δὲ βασιλεὺς καὶ τρίτῳ τότε κακῷ τῇ συνήθει καχεξίᾳ τρυχόμενος, ἥτις ἐπενέμετο τὰ ἄρθρα τοῦ σώματος, τὸν Ἐπιμηθέα εἶχε κατ' ἄμφω δεινῶς ἐπικείμενον καὶ εἰς πνῖγμα μικροῦ ἐναλλόμενόν τε καὶ ἐπεμβαίνοντα, ὅτι τε τὸν ἐξάδελφον οὐκ ἐλύσατο καὶ ὅτι τὸν οὐτιδανὸν ἐν ἀνθρώποις Σπυριδωνάκην εἰς ὄνειδος οἰκεῖον πόλεων τοσούτων ἐρυμνοτάτων κατέστησεν ἄρχοντα.

Διχῇ οὖν διαι|ρῶν τὸ συναγόμενον στράτευμα τὸ μὲν τῷ γαμβρῷ παρεδίδου Ἀλεξίῳ τῷ Παλαιολόγῳ τὸν ἀνθρωπίσκον μετιόντι Σπυριδωνάκην, τὸ δ' ἐξέπεμψεν εἰς τὸν Ἡνοπολίτην Ἰωάννην τῷ πρωτοστράτορι ἀντικαθιστάμενον. ὁ μὲν οὖν τοῦ βασιλέως γαμβρὸς Ἀλέξιος ἀρετὴν καὶ τόλμαν ἐνδειξάμενος ἔμφρονα τὸν Σπυριδωνάκην καταγω-

---

63—64 κατὰ — Γίγαντας: cf. Nonn. Dion. 4, 421 sqq. **74—75** τὸν — ἐπικείμενον: cf. p. 393, 83

VAP = a, RMDF = b

60 ἐφεστῶσι A Τεμπῶν τῶν Θετταλικῶν AP Bekk **63** δὲ om. D **64** τὸ γένος om. V: hab. B Σπ. τοὐπώνυμον om. R **67—68** τῶν — καὶ om. VA **68** ταμιείων Bekk καὶ om. Bekk τὴν τῶν ἀρχῶν Σμολάνων A Σμολαίνων R D[pc] τ. Σμ. ἀρχὴν V **70—71** ἐκείνῳ γίνεται Bekk **71** σκώλωψ Bekk **73** τῶν ποδῶν: ras. P **76** τε post ὅτι pr. add. A **76—77** καὶ ὅτι τὸν οὐτιδανὸν ἄνθρωπον V **81** ἐξέπεμπεν A Ἡνοπολίτην VA Sc (proposuit iam Sp. Lampros, Μιχαὴλ Ἀκομινάτου τοῦ Χωνιάτου τὰ σῳζόμενα, II, Athen 1880, p. 597; cf. M. Treu, Nicephori Chrysobergi ad Angelos Orationes tres, Breslau 1892, p. 46 ad Or. 2 p. 16, 6): Ἰνουπολίτην P: Οἰνοπολίτην B: Οἰνουπολίτην Bekk

(60—62) ἀφιστᾷ τὰ πόρρωθεν, διεκπίπτει τῶν Θετταλικῶν Τεμπῶν, ἐπιλαμβάνεται τῶν πεδιάδων, τὴν Ἑλλάδα παρακινεῖ, παλίμβολον τίθησι τὴν τοῦ Πέλοπος. Τότε etc. (lin. 63) b **65** τὰς ὄψεις στράβων b **68** τὴν ἀρχὴν τῶν: τὸ σχοίνισμα b **69** καταγινώσκει — ἀφέλειαν om. b **70—72** γίνεται — χείριστον: τῷ βασιλεῖ γίνεται ἀντιστάτημα. b **73—84** Ὁ δὲ βασιλεὺς καὶ τρίτῳ τότε κακῷ τῇ συνήθει τῶν ποδῶν καχεξίᾳ ἐτρύχετο. Διχῇ τοίνυν διαιρεῖ τὸ στράτευμα καὶ τὸ μὲν τῷ γαμβρῷ παραδοὺς Ἀλεξίῳ τῷ Παλαιολόγῳ τὸν ἀνθρωπίσκον μετιόντι Σπυριδωνάκην, τὸ δὲ πρὸς τὸν Ἡνοπολίτην (Ἰνουπολίτην codd.) Ἰωάννην ἐκπέμψας τῷ πρωτοστράτορι ἀνθιστάμενον, κατατροποῦται καὶ ἀμφοτέρους τοὺς ἀποστάτας καὶ φυγάδας τίθησι. b νίζεται σὺν πόνῳ βραχεῖ καὶ φυγάδα τίθησι τὸ Πυγμαϊκὸν ἀνδράριον ἐς Μυσίαν· ἡ δὲ τοῦ πρωτοστράτορος ἀντιστασία ἐφ᾽ ἱκανὸν μὲν διήρκεσε χρόνον, αἴσιον δ᾽ οὖν καὶ αὕτη πέρας ἐδέξατο. ὁ γὰρ βασιλεὺς ἄλλαις τε μεθόδοις ἐχρήσατο μεθ᾽ ὑπουλίας μετιὼν τὸν Χρύσον, καὶ δὴ καὶ τὴν θυγατρόπαιδα Θεοδώραν, ἣν τῷ Ἰβαγκῷ κατηγγύησεν, ἐμνήστευσεν αὐτῷ εἰς εὐνέτιν ἐκ Βυζαντίου μεταπεμψάμενος. καὶ τούτοις τοῖς μεθοδεύμασιν ἀνασώζεται Πελαγονίαν καὶ Πρίλαπον καὶ Θετταλίας ἀπανίστησι τὸν Καμύτζην, πῇ μὲν πολέμῳ κατατροπούμενον, πῇ δὲ φυγῆς ἐθελοντὶ ἁπτόμενον. ὕστατα δὲ καὶ αὐτοῦ τοῦ Στανοῦ μετανάστην δείκνυσιν, εἰς ὃν ὡς εἰς ἀνάλωτον ἀπέδρα κρησφύγετον. καὶ τοιούτοις ἔργοις ἑαυτὸν περιανθίσας, ἐπὶ μακρὸν ὀφθέντα οἰκουρὸν καὶ ἀπόλεμον, εἰς Βυζάντιον ἐπανέδραμε. τότε δὲ καὶ τῆς Στρουμμίτζης ἐκράτησεν, ἀπάτῃ κἀνταῦθα τὸν Χρύσον περιελθών, καὶ τὰς πρὸς Ἰωάννην σπονδὰς ἐξεπέρανεν. |

Ἀλλὰ μέχρι μὲν δὴ τούτων εὔδρομος ἡμῖν ὁ λόγος καὶ διὰ λείας φέρων ὁδοῦ, τὸ δ᾽ ἐντεῦθεν οὐκ οἶδ᾽ ὅπως τῷ λόγῳ χρήσομαι. τίνα γὰρ ἂν γνώμην ἔχειν εἰκὸς τὸν τὰς κοινὰς διεξιέναι μέλλοντα συμφοράς, ὧν ἡ τῶν πόλεων αὕτη πεπείραται βασιλὶς τῶν γηΐνων ἀγγέλων βασιλευόντων; ἐβουλόμην μὲν οἷός τε εἶναι διεξελθεῖν ἀξίως τῷ λόγῳ τὰ πάντων τῶν κακῶν ἀχθεινότατά τε καὶ χαλεπώτατα· ἐπεὶ δὲ τοῦτο ἀδύνατον, ἐν ἐπιτόμῳ καὶ δὴ ποιήσομαι τὴν ἀφήγησιν, κερδαλεωτέραν ἐσομένην δήπου τοῖς ὀψιγόνοις διὰ τὴν τῶν ἀλγεινῶν ἀκουσμάτων μετρίασιν καὶ τὴν ἐντεῦθεν τῆς πλείονος λύπης ὑφαίρεσιν.

---

95 τότε: a. 1202 vere

3—4 διὰ — ὁδοῦ: cf. p. 4, 64

VAP (usque ad 2 ἐξεπέρανεν) = a, P (ab 3), RMDF = b (ab 3), LO (ab 3)

86 δ᾽ οὖν: οὖν AP: δὲ Bekk **88** καὶ om. V **89** ἐμνήστευεν AP **92** φυγῆς: φωνῆς AP **95** Στρουμίτζης V **3** Quae sequuntur in a adhuc ad librum secundum Alexii Angeli pertinent, unde cum V nullum titulum praefixi: Ἀπὸ τῶν ἐνταῦθα τὰ συμβάντα εἰς τὴν μεγαλόπολιν ante ἀλλὰ quasi subtitulum praem. AP: Τόμος τρίτος τῆς βασιλείας Ἀλεξίου τοῦ Ἀγγέλου καὶ διήγησις περὶ τῶν συμβάντων ἐν τῇ πόλει καὶ τῆς ταύτης ἁλώσεως praem. B (cf. b) **5** ἂν om. Bekk **6** πεπείραται: πεπίστευται A: πεπείρατο R **7** μὲν om. L: τε O διελθεῖν A **9** δὴ καὶ Bekk διήγησιν Bekk **10** ὑψιγόνοις O

84—95 τὸ — ἐπανέδραμε om. b **95—2** τότε δὲ καὶ τῆς Στρουμμίτζης (-μπίτζης NR) τὸν Χρύσον ἀπώσατο b **3** Τόμος τρίτος τῆς βασιλείας κῦρ Ἀλεξίου τοῦ Κομνηνοῦ (τῆς — Κομνηνοῦ om. M κῦρ — Κομνηνοῦ: Ἀλεξίου τοῦ Ἀγγέλου F), ἔνθα ἡ διήγησις τῶν συμβάντων τῇ μεγαλοπόλει ἀνιαρῶν (ἀνιαρῶν om. RM) ante ἀλλὰ tanquam tit. hab. RMF: Βασιλείας σύγχυσις καὶ ἀρχὴ τῶν τῇ μεγαλοπόλει συμβάντων ἀνιαρῶν D (τινὲς τόμον τρίτον τοῦτον γράφουσιν D[mg])

3 Ἐνταῦθα ἡ ἅλωσις τῆς πόλεως καί τινα τῶν μετὰ ταῦτα συμβάντων ante ἀλλὰ praem. L: sine tit. inc. O

Εἶχε μὲν οὖν ὁ βασιλεὺς Ἀλέξιος τὸν ἀδελφὸν Ἰσαάκιον καθῃρηκὼς τῆς ἀρχῆς· δέον δὲ μὴ πάντῃ ἀμελῆσαι τῆς αὐτοῦ φυλακῆς, ὁ δὲ λαθόμενος ὡς ἐγκαίονται τοῖς πλείστοις αἱ συμφοραὶ καὶ εἰσὶν ἀναπόνιπτοι οὔτε μὴν ἡ δίκη δι' ὅλου τις ἀδιύπνιστος καὶ ταῖς χρονίαις φιληδοῦσα μεταβολαῖς, ἀλλ' ἔπεισι καὶ ταχύπους καὶ ἀψοφητὶ ἐπιπίπτειν φιλεῖ τοῖς ἔργα ῥέζουσιν ἔκδικα, ἐνδίδωσι τῷ κασιγνήτῳ διάγοντι κατὰ τοὺς κίονας, οἳ περὶ τὸν πορθμὸν ἀκταῖοι καὶ δυάζοντες ἵστανται, βίοτον ἔχειν ἄνετον καὶ πᾶσιν ἀνεπέγκλητον εἶναι τὴν εἰς αὐτὸν διαπλώϊσιν. ἦν οὖν τοῦ βουλομένου παντὸς καὶ οἳ ἐκ γένους μάλιστα τῶν Λατίνων εἰς Ἰσαάκιον ἀναπλεῖν· οἷς καὶ κρυφίων κοινωνὸς ἐδείκνυτο βουλευμάτων, | ὁπόσα τὴν ἀντιπάθειαν ἐβυσσοδόμευον καὶ τὴν Ἀλεξίου καθαίρεσιν ἐμεθόδευον, γραμμάτια πρὸς Εἰρήνην πέμπων τὴν θυγατέρα, κοινωνοῦσαν λέχους Φιλίππῳ τῷ κρατοῦντι τότε τῶν Ἀλαμανῶν, πρὸς τὴν πατρῴαν ἐκδίκησιν ὑπαλείφοντα, κἀκεῖθεν διαποτώμενα ἔχων ἀντίγραφα τὸ ποιητέον αὐτῷ εἰσηγούμενα.

Εἶτα καὶ τὸν υἱέα τούτου Ἀλέξιον τῆς εἱρκτῆς ἀνεικὼς ἐλεύθερον ἀφῆκε τρέφεσθαι. ἐν δὲ τῷ μέλλειν κατὰ τοῦ πρωτοστράτορος ἐξιέναι καταλύσας ἐς Δαμοκράνειαν συνέκδημον καὶ τοῦτον ἐπήγετο. ὁ δὲ κατὰ γνώμην δήπουθεν τοῦ πατρὸς Πισσαίῳ τινὶ περὶ δρασμοῦ κοινολογησάμενος, στρογγύλης προεστῶτι μεγίστης νεώς, ἐκαιροφυλάκει θέσθαι ἐν θαλάσσῃ τὸ ὅρμημα καὶ τὸ ἴχνος ἐν πολλοῖς ὕδασιν. ὡς δ' ἐπέστη καιρὸς οὐκ ἀνάρσιος πρὸς τὴν ἄπαρσιν, ἡ μὲν ναῦς ἱστίοις πτεροῦται

---

28 ἐν — ἐξιέναι: ca. mens. Sept. a. 1201

---

16 ἀψοφητί: cf. p. 135, 32 **31—32** θέσθαι — ὕδασιν: cf. Ps. 76, 20

VA = a, P, RMDF = b, LO

12 οὖν om. O **13** πάντῃ: πάνυ τι RD: πάνυ τοι F τῆς φυλακῆς αὐτοῦ Bekk **14** ἀπόβλητοι V: ἀναπόβλητοι A D^pc **15—16** ταῖς χρονιζούσαις φίλη οὖσα μεταβολαῖς O **16** καὶ pr. om. L ἀψοφητὶ P: ἀψοφεὶ V: ἀψοφητεὶ V^s: ἀψηφεὶ A **17** ἔνδικα AP: ἄδικα Bekk οὗτος ante κοινωνὸς add. L^s **24** κοινωνὸν Bekk τῷ: καὶ A τῷ κρ. τότε: κρ. τῷ τότε R **25** ἐκδίκησιν: διαδόκησιν A διαποτούμενα R: διαπετώμενα MK **27** ὁ βασιλεὺς καὶ τούτου θεῖος Ἀλέξιος post ἀνεικὼς add. L^s **28** στρέφεσθαι D Bekk **29** εἰς RMK Bekk Δαμοκράναν A: Δαμοκρὰν R **31** μεγίστης om. O **32** ἐν pr. om. VA (hab. Ps. 76, 20)

16 ἀψόφως b LO Bekk **22—23** καὶ — ἐμεθόδευον om. b LO

13 ἢ οὐ νοήσας post λαθόμενος add. (cf. p. 33, 71) L^mg O **15** τις: τίς ἐστιν PLO Bekk **17—18** κατὰ — ἵστανται: περὶ τὸν πορθμόν, ἐν ᾧ ἀκταῖοι δυάζοντες κίονες ἵστανται LO **22** ἐβυσσοδόμευον: ἐπεισένηθον LO **29—30** κατὰ — πατρὸς om. LO Sc **33** πρὸς τὴν ἄπαρσιν οὐκ ἀνάρσιος PLO Bekk καὶ κατ᾽ οὖρον φέρεται καὶ προσοκέλλει τῇ καθ᾽ Ἑλλήσποντον Αὐλωνίᾳ, τὸ δέ γε ταύτης ἐφόλκιον κατᾶραν ἐς τὸν Ἀθύραν ἐπὶ τῷ δέξασθαι τὸν Ἀλέξιον, τιθὲν τὴν σκέψιν ἀφώρατον, ἐνεφόρει ψάμαθον φόρτον ἐσομένην τῇ νηῒ κεκενωμένῃ δῆθεν τῶν ἀγωγίμων. ὁ δ᾽ Ἀλέξιος ἐκ Δαμοκρανείας ἐκεῖσε παραγενόμενος τὴν ὁλκάδα εἴσεισι καὶ πρὸς τὴν νῆα μετακομίζεται. γνωσθείσης δὲ τῆς τούτου φυγῆς πέμπονται μὲν παρὰ τοῦ βασιλέως οἱ τὸ πλοῖον ἐξερευνήσοντες, οὐ μὴν ἴσχυσαν συλλαβεῖν τὸν Ἀλέξιον· οὗτος γὰρ τὴν κόμην κειράμενος περιτρόχαλα καὶ τὴν αὐτὴν τοῖς | Λατίνοις στολὴν ἐνδυσάμενος, ὡς ἐν ὁμίλῳ πολλῷ συναναστρεφόμενος τοὺς διφῶντας ἐλάνθανεν. ἀπαχθεὶς οὖν ἐς Σικελίαν δῆλος τῇ ἀδελφῇ γίνεται· ἡ δὲ δορυφορίαν ἱκανὴν ἀποστείλασα τὸν ἀδελφὸν ἀγκαλίζεται καὶ δεῖται τοῦ ἀνδρὸς Φιλίππου τὰ δυνατὰ τῷ πατρὶ ἐπαμῦναι φάος ἅμα καὶ κράτος ὑπὸ τῶν γνησίων ἀφῃρημένῳ καὶ τῷ ἀδελφῷ ἐπαρήξειν ἀστέγῳ τε καὶ ἀπόλιδι κατ᾽ ἀστέρας μεταφερομένῳ τοὺς πλάνητας καὶ μηδὲν ἐπαγομένῳ πλὴν τοῦ σώματος.

Ἀλλὰ γὰρ πρὸς τούτοις καὶ ἄλλα μοι ἐπιρρεῖ, ἃ μὴ χρεὼν παρόψεσθαι. οἱ Ἀγγελώνυμοι κασίγνητοι καὶ ἄλλως μὲν πλημμελῶς διῴκουν τὰ τῆς ἀρχῆς, ὡς ἤδη λέξαντες ἔχομεν, μάλιστα δὲ φιλοχρηματίαν νοσοῦντες οὔτ᾽ ἀπὸ δικαίων πόρων πλουτεῖν ἠνείχοντο, οὔτε ξυνεῖχον τὰ συλλεγόμενα, ἀλλ᾽ ἐξέφερον ἀμφοτέραις αὐτὰ καὶ περιττῇ μὲν θεραπείᾳ καὶ κόσμῳ πολυτελεῖ σώματος, πλέον δ᾽ ἀπεπλούτουν πρὸς ἑταιρίδας καὶ συγγενεῖς ἀλυσιτελεῖς παντάπασι τῷ κοινῷ. οὐ μόνον τοίνυν τὰς Ῥωμαϊκὰς πόλεις ἐκαλαμῶντο καὶ ἐπεφύλλιζον, εὑρεταὶ καινῶν εἰσφορῶν καθιστάμενοι, ἀλλὰ καὶ τοὺς ἐκ φυλῶν Λατινίδων ἐν οἷς εἶχον εἰσέπραττον. πολλάκις οὖν τὰς πρὸς Βενετίκους

47—48 κατ᾽ — πλάνητας: cf. p. 267, 46 **51** λέξαντες ἔχομεν: p. 437, 16 sqq.; 459, 57 sqq.; 483, 39 sqq. 493, 63—66 **53** ἐξέφερον ἀμφοτέραις: cf. p. 188, 30

VA = a, P, RMDF = b, LO

34 προσωκείλει P[pc] Bekk **35** εἰς DF Ἀθήραν DF **37** κεκενωμένην RDFK **38** Δαμοκράνας A **42** τὴν αὐτὴν ἣν M **43** ἐν Σικελίᾳ M **49—51** ἃ — διῴκουν om. M **53** συνεῖχον Bekk **53** αὐτὰ om. VA **55** post κοινῷ ras. 9 litt. P **56** ἐκαλαμῶντο καὶ ἐπεφύλλιζον: ἀσυντελῶς τοῖς ἑαυτῶν καὶ κοινοῖς ταμιείοις ἐκαλαμᾶτο O ἀπεφύλλιζον P Bekk **57** τῶν ante καινῶν add. AP Bekk τοὺς: τὰ R Λατινικῶν V **58** Βενετίκοις Bekk

34 τῇ — Αὐλωνίᾳ: ταῖς Ἑλλησποντίαις Πηγαῖς τρεφούσαις τὸ ἐνοικοῦν ἐκ Λατίνων b LO **35** γε om. b LO Bekk **39—40** πέμπονται παρὰ βασιλέως (τοῦ βασιλέως M) b LO **42** τοῖς om. b **43** συναναστρεφόμενος: κρυπτόμενος b LO **51—53** μάλιστα δὲ μὴ ξυνέχοντες τὰ συλλεγόμενα (ξυλλ. O) χρήματα ἐξέφερον ἀμφοτέραις αὐτὰ b LO **54—55** πλέον δὲ εἰς ἀλυσιτελῆ τῷ κοινῷ παντάπασιν ἀναλώματα b LO **57** εὑρεταὶ — καθιστάμενοι om. b LO

49 γὰρ om. LO **54** τοῦ σώματος LO Sc

ξυνθήκας παραβλεψάμενοι αὐτούς τε εἰς χρήματα ἐζημίωσαν καὶ τὰ πλοῖα τούτων ἠργυρολόγουν καὶ τοὺς ἐκ Πίσσης αὐτοῖς ἐπανέστησαν. ἀμέ|λει καὶ ἦν ὁρᾶν ὁτὲ μὲν τῆς πόλεως ἔνδοθεν, ὁτὲ δὲ κατὰ θάλατταν διὰ μάχης ἀμφότερα τὰ γένη χωροῦντα, κρατοῦντά τε ἀνὰ μέρος καὶ κρατούμενα, καὶ παλίωξιν ἐντεῦθεν καὶ ἀντισκύλευσιν.

Ἀτὰρ οἱ Βενέτικοι, παλαιῶν μεμνημένοι πρὸς Ῥωμαίους σπονδῶν καὶ μεταχωροῦσαν πρὸς Πισσαίους τὴν σφετέραν δεξίωσιν οὔκουν ὁρᾶν ἀνεχόμενοι, δῆλοι ἦσαν Ῥωμαίων κατὰ βραχὺ ἀφιστάμενοι καὶ μελετῶντες ἐν καιρίοις τὴν ἀντιλύπησιν, καὶ μάλισθ᾽ ὅτι κιμβικευόμενος ὁ Ἀλέξιος οὐκ ἀπεδίδου σφίσι χρυσίου μνᾶς διακοσίας ἐνδεούσας ἔτι πρὸς τὸ ἅπαν ὀφείλημα τῶν δέκα πρὸς τοῖς πέντε κεντηναρίων, ἃ συνέθετο δοῦναι τοῖς Βενετίκοις ὁ βασιλεὺς Μανουήλ, ἡνίκα συνειληφὼς Βενετίκους δημόσια τὰ τούτων ἔθετο χρήματα.

Ἦν δὲ δεινὸν οὐκ ἐλάχιστον καὶ ὁ τηνικαῦτα δοὺξ Βενετίκων Ἐρίκος Δάνδουλος, ἀνὴρ πηρὸς μὲν τὰς ὄψεις καὶ τῷ χρόνῳ πέμπελος, ἐπιβουλότατον δὲ πρᾶγμα Ῥωμαίοις καὶ φθονερώτατον, ὃς παιπάλημα ὢν ἀγυρτείας καὶ φρονιμώτερον τῶν φρονίμων ἑαυτὸν ὀνομάζων καὶ δοξομανῶν ὡς οὐχ ἕτερος θανάτου ἐτιμᾶτο τὸ μὴ τίσασθαι Ῥωμαίους τῆς ἐς τὸ γένος αὐτοῦ παροινίας, φρεσὶν ἀναπεμπάζων καὶ λογιστεύων ὁπόσοις κακοῖς οἱ Βενέτικοι προσωμίλησαν τῶν Ἀγγελωνύμων ἀδελφῶν ἀνασσόντων, καὶ πρὸ τούτων Ἀνδρονίκου, καὶ ἀνόπιν ἔτι τοῦ Μανουὴλ τὰ | τῶν Ῥωμαίων σκῆπτρα διέποντος. εἰδὼς δὲ κατὰ τῆς ἑαυτοῦ κεφαλῆς προχωρήσειν, εἴ τι που Ῥωμαίοις ἐπίβουλον μετὰ μόνων τῶν ὁμοφύλων ἐργάσεται, καὶ ἄλλους προσλαβέσθαι συλλήπτορας σκέπτεται καὶ τούτοις κοινωνῆσαι τῶν ἀπορρήτων, οὓς ᾔδει πρὸς Ῥωμαίους ἄσπονδον μῖσος τρέφοντας καὶ τοῖς τούτων καλοῖς βάσκανον καὶ λίχνον ἐνατενίζοντας. τοῦ δὲ καιροῦ χορηγήσαντος αὐτομάτως τοπάρχας τινὰς εὐγενεῖς, οἳ τὴν ἐς Παλαιστίνην ὥρμων τραπέσθαι, κατὰ κοινοπραγίαν τούτοις συγγίνεται καὶ συνωμότας ἐπισπᾶται τοῦ κατὰ Ῥωμαίων κινήματος. ἦσαν δὲ οὗτοι ὁ Μόντης

VA = a, P, RMDF = b, LO

59 ἐς P Bekk **62** ταῦτα post γένη add. L[s] **63** παλίνωξιν V καὶ alt. om. M **70** τοὺς Βενετίκους Bekk **73** πηρὸς: πρὸς RDF **75** φρονιμότερος τῶν φρονιμωτέρων ἑαυτῶν O **76** θανάτω R ἐτίμα L[pc]? τίσεσθαι O δίκας post Ῥωμαίους add. Bekk **80** αὐτοῦ post δὲ add. M **81** που om. VA **83** ἔδει R **86** οἵτινες πρὸς Παλαιστίνην Bekk

59 συνθήκας b LO τε om. b LO ἐς b LO **60** ἐπανίστων b LO **61** ὅτε δὲ καὶ (καὶ om. MDF) κατὰ μέσην τὴν (μέσην τὴν om. MN) θάλατταν (-σσ- L) b LO **67—69** καὶ μάλισθ᾽ ὅτι μὴ ἀπεδίδοντο σφίσι χρυσίου μναὶ διακόσιοι ἐνδέουσαι ἔτι πρὸς τὸ πᾶν ὀφείλημα (ὄφλημα DF) b LO **73** ἀνὴρ om. b LO **77** εἰς b LO **78** οἱ om. b LO **82—83** σκέπτεται καὶ ἄλλους προσλαβέσθαι (προ- F) συλλήπτορας b LO **84** μῖσος ἄσπονδον b LO

60 ἐκ τῆς Πίσσης PLO Bekk

Φεράντης μαρκέσιος Βονιφάτιος, ὁ κόμης Φλάντρας Βαλδουῖνος, ὁ κόμης τοῦ ἁγίου Παύλου Ἐρίκος καὶ ὁ κόμης Πλέης Δολόϊκος, καὶ συχνοὶ ἕτεροι τολμητίαι πολεμισταὶ καὶ συμμηκιζομένην οἷον τῷ δολιχῷ τῶν δοράτων τὴν ἡλικίαν προφαίνοντες.

Ναυπηγηθέντων οὖν εἰς Βενετίαν δι' ὅλων τριῶν λυκαβάντων δρομώνων μὲν ἱππαγωγῶν ἑκατὸν δέκα, νηῶν δὲ μακρῶν ἑξήκοντα, ἔτι δὲ πλοίων συναθροισθέντων στρογγύλων μεγίστων ὑπὲρ τὰ ἑβδομήκοντα, ὧν ἓν Κόσμος παρ' αὐτοῖς ὠνομάζετο ὡς πολὺ τῶν ἄλλων ὑπερφέρον ἐς μέγεθος, εἴσεισιν ἐκ παραγγελίας αὐτὰ ἵππος μὲν χιλία σιδήρῳ κατάφρακτος, ἀσπὶς δὲ τρισμυρία εἰς ὁπλίτας πλείστους διῃρημένη, μάλιστα δὲ εἰς τοὺς καλουμένους τζαγγρατοξότας.

Ὡς δ' ἦν ὁ στόλος πρὸς ἀναγωγὴν ἕτοιμος, κακὸν ἐπὶ κακῷ προσ-| βάλλει καὶ κῦμα, ὅ φασιν, ἐπὶ κύματι Ῥωμαίοις ἐπικυλίνδεται· Ἀλέξιος γὰρ ὁ παῖς Ἰσαακίου τοῦ Ἀγγέλου γράμμασιν ἐφοδιασθεὶς τοῦ πάπα Ῥώμης τῆς πρεσβυτέρας καὶ τοῦ ῥηγὸς Ἀλαμανίας Φιλίππου, χάριτας μεγίστας ὁμολογούντων τοῖς πειρατικοῖς τούτοις ἐργαστηρίοις, εἰ τὸν Ἀλέξιον εἰσδέξονται καὶ πρὸς τὴν πατρῴαν ἐπαναγάγωσι βασιλείαν, τρισάσμενος μετὰ καιρὸν τῷ στόλῳ ἐφίσταται καὶ προσβλέπεται ὡς οὐ μόνον τὸν κατὰ Ῥωμαίων ληστρικὸν ἔκπλουν μετασχηματίσων πρὸς τὸ εὐάφορμον καὶ διαμορφάσων πρὸς τὸ εὐπρόσωπον, ἀλλὰ καὶ χρημάτων ἀποθεραπεύσων σωρείαις τὸ κερδαλέον ἐκείνων καὶ φιλοχρήματον φρόνημα. τὸν τοίνυν Ἀλέξιον, οὐ μᾶλλον τὴν ἡλικίαν ἢ τὰς φρένας νεάζοντα, πανοῦργοι πάντες καὶ πράγμασιν ἐντακέντες ἄνδρες παραλαβόντες ἐκείνοις ἐνόρκως συνθέσθαι παρέπεισαν, ἃ μηδαμῶς ἐπεφύκει πέρας λαβεῖν. οὐ γὰρ μόνον θαλάσσας χρημάτων αἰτη-

---

93 δι' ὅλων τριῶν λυκαβάντων: revera a mense Apr. a. 1201 usque ad mens. Iul. a. 1202 **11** ἐφίσταται: nequaquam Venetiis, sed (post pactum per legatos Venetiis ictum) Iadarae ca. diem 25 mens. Apr. a. 1203

---

5 κακὸν ἐπὶ κακῷ: cf. Zenob. 5, 69 **6** κῦμα — κύματι: apud Paroemiographos non inveni **17—18** ἃ — λαβεῖν: pro homerico illo ἄρ' οὐ τελέεσθαι ἔμελλεν Β 36; al.

VA = a, P, RMDF = b, LO

89 Φιλαντρίας R: Βλάντρας M Βαλδουῖνος: Ἀλδουῖνος VA **90** Δολόικρος VA^{ac}B: Δουλόικος M: Δολόοικος K: Δολύνικος O **91** οἷα R **93** Ἐνετίαν A **94** δρωμένων O μὲν om. L ἑξήκοντα: ἑκατὸν ἑξήκοντα O **95** μεγίστων στρογγύλων V **1** ἑβδομήκοντα: ο' ON **2** εἰς AD **4** τζαγγρατοξότας: τζαγρατοξότας A: τζαγροτοξότας PMFLO: τζαγγροτοξότας D **6** φησιν MDFKN **7** τοῦ Ἀγγέλου om. VA **8** πάππα constanter VR **11** στόλῳ: πόλῳ A: χρόνῳ F **13** ἐνάφορμον O διαμορφώσων RDFO **14** ἀποθεραπεύων R τοῖς κερδαλέοις A καὶ: εἰ καὶ A **16** ἤ: καὶ M **17** συνόρκως O: ἐν ὅρκοις Bekk οὐδαμῶς VA

4 δ' εἰς LO

σαμένοις κατένευσε τὸ μειράκιον, ἀλλὰ καὶ σύναρσιν κατὰ Σαρακηνῶν μεθ' ὁπλομάχων Ῥωμαίων καὶ τρικρότων νηῶν πεντήκοντα. τὸ δὲ δὴ μεῖζον καὶ ἀτοπώτατον, παρεκτροπὴν πίστεως, ὁποία τοῖς Λατίνοις ἀσπάζεται, καὶ τῶν τοῦ πάπα προνομίων καινισμὸν μετάθεσίν τε καὶ μεταποίησιν τῶν παλαιῶν Ῥωμαίοις ἐθῶν συγκατέθετο.

Καὶ δὴ ὁ μὲν στόλος τὰ πρυμνήσια λύσας κατάγεται πρὸς Ἰάδαρα καὶ ἦν αὐτὰ πολιορκῶν, δόξαν οὕτω | Δανδούλῳ τῷ τῆς Βενετίας δουκί, ὡς δῆθεν παλαιὰς συνθήκας παραβλεψάμενα· ὁ δέ γε κρατῶν Ῥωμαίων Ἀλέξιος ἐκ πολλοῦ τὴν τῶν Λατίνων ἐνωτιζόμενος κίνησιν πρὸς οὐδέν τι ἄμεινον Ῥωμαίοις διέκειτο· τὸ γὰρ περιττὸν ἐς μαλακίαν ἴσην ἔχει πως καὶ τὴν βλακείαν πρὸς τὰ κοινωφελῆ καὶ τὰ δέοντα. οἵ τε γοῦν αὐτῷ εἰσηγούμενοι περιουσίας ὅπλων φροντίζειν καὶ παρασκευῆς ἐπιμέλεσθαι ὀργάνων εἰς πόλεμον ἐπιτηδείων, πρὸ δὲ πάντων πολεμιστηρίων νεῶν συμπήξεως ἔχεσθαι, νεκρῷ ἐῴκεσαν προσδιαλεγόμενοι. καὶ αὐτὸν ἦν ὁρᾶν εἰς ἐπιδόρπιον γέλωτα ὥσπερ ἐθελοκακοῦντα τὰς περὶ Λατίνων ἀγγελίας τιθέμενον, λουτρῶν τε ἀνεγέρσεις φιλοτίμους καὶ βουνῶν καθαιρέσεις πρὸς ἀλωὴν καὶ φαράγγων ἀναπληρώσεις σπουδάζοντα καὶ τὸν καιρὸν εἰκαίως ἐν τούτοις καὶ παραπλησίοις ἄλλοις προϊέμενον. οἱ δὲ τῶν περιφύτων ὀρῶν φύλακες ἐκτομίαι, ἃ τοῖς βασιλεῦσιν ἀνεῖται πρὸς κυνηγέσια, καθάπερ ἱερῶν ἄλσεων, εἰπεῖν δὲ καὶ θεοφυτεύτων παραδείσων, ἐφείδοντο τουτωνὶ καὶ διηπειλοῦντο τὸν ἔσχατον κίνδυνον τοῖς ἐκτεμεῖν προθεμένοις ἐκεῖθεν ξύ-

---

24 λύσας: prima mensis Oct. hebdomada a. 1202 κατάγεται: die 10 mens. Nov. a. 1202 **25** ἦν — πολιορκῶν: a die 11 usque ad diem 24 mens. Nov. a. 1202

---

32 νεκρῷ — προσδιαλεγόμενοι: cf. p. 164, 60 **39** θεοφυτεύτων παραδείσων: cf. Gen. 2, 8

VA = a, P (usque ad 28 Ῥωμαίοις), RMDF = b, P (ab 28) LO

20 τριηρότων ex τρικρότων D^{pc} **21** παρεκτροπὴν etiam B: παρατροπὴν V **25** Δανδάλου R: Δαδούλω F **25—26** τῷ τῆς Βενετίας Δανδούλῳ δουκὶ Bekk **26** δουκί: ῥηγί R παραβλεψάμενοι R: -ος O **27** τῶν Ῥωμαίων O **36** περισπουδάζοντα A **37** περὶ τῶν περὶφύτων M **40—41** ξύλάττα VA

28 Ῥωμαίοις: ἑαυτῷ τε καὶ Ῥωμαίοις b P LO Bekk **29—37** οἵ — προϊέμενον om. b PLO Bekk, vide tamen infra lin. 41. 42

26 πρὸς τοὺς ἐκ γένους ἐκείνῳ post συνθήκας add. PLO Bekk λα ἄττα ναυπηγήσιμα. καὶ βασιλεὺς οἷς οὐκ ἐπετίμα τοῖς ἀβελτέροις, ἐπευδοκῶν τοῖς λαλουμένοις ἡλίσκετο.

Ἐπεὶ δὲ παρεστήσαντο μὲν οἱ | Λατῖνοι τὰ Ἰάδαρα, τῇ δ᾽ Ἐπιδάμνῳ προσώκειλαν καὶ βασιλεὺς Ῥωμαίων ὁ συνὼν ἐκείνοις Ἀλέξιος παρὰ τῶν Ἐπιδαμνιτῶν ἀνηγόρευτο καὶ τὴν περὶ τούτων φήμην ἀναμφήριστον εἶχεν Ἀλέξιος, γίνεται παροιμιώδης ἀσπαλιεύς, ὃς πληγεὶς κομίζεται νοῦν. ἤρξατο τοίνυν ἐπισκευάζειν τὰ τῶν σκαφιδίων ὑπόσαθρά τε καὶ θριπηδέστατα, μόλις ἐς εἴκοσιν ἀριθμούμενα, περιελθὼν δὲ καὶ τὰ τείχη τῆς πόλεως τὰς ἔξωθεν οἰκήσεις κατερείπειν προσέταττεν.

Ὁ δὲ στόλος ἄρας ἐξ Ἐπιδάμνου τῇ τῶν Κερκυραίων παρενέβαλε καὶ περὶ τὰς εἴκοσιν ἡμέρας σχάσας ἐκεῖθι τὸν πλοῦν, ὡς ἔγνω τὴν ἄκραν δυσεπιχείρητον, εὐθὺ τῆς Κωνσταντίνου τὰ λαίφη διαπετάννυσιν· ᾔδεσαν γὰρ ἐκ μακροῦ τὴν τῶν Ῥωμαίων οἱ ἀφ᾽ ἑσπέρας ἀρχὴν ἐς μηδὲν ἕτερον περιστᾶσαν ἢ κραιπάλην καὶ μέθην καὶ τὴν Βυζαντίδα Σύβαριν ἀτεχνῶς τὴν ὑμνουμένην ἐπὶ τρυφῇ. ὅθεν εὐπλοίας παραδόξου τυχόντες (αὖραι γὰρ διὰ παντὸς ποντιάδες πραεῖαί τε καὶ πλησίστιοι ταῖς ναυσὶν ἐκείνων ἐπέπνεον) τῇ πόλει ἐφίστανται μηδενὸς εἰδότος

---

52 εἴκοσιν ἡμέρας: dies 4—24 mens. Maii a. 1203 **58** ἐφίστανται: die 24 mens. Iun. a. 1203

46—47 γίνεται — νοῦν: cf. Aesop. Fab. 219 Hausrath; Zenob. 2, 14 **55** ἐς — μέθην: cf. Luc. 21, 34 **56** Σύβαριν — τρυφῇ: cf. Suda σ 1271

VA = a, RMDF = b, PLO

41 οὐκετ᾽ ἐτίμα V **43** παρεπήσαντο O **45** Ἐπιδαμνητῶν MNO ἀνηγορεύετο ADF **46** ἀμφήριστον V **46—47** γίνεται — νοῦν suppl. P^{mg} **47** τοίνυν intrascr. P **51** τῶν om. VAL Κερκύρων VA **52** σχάσας om. R ἐκεῖθεν Bekk **53** τῆς: τῇ R τὰ λαίφη διαπετάννυσιν: τὸν πλοῦν τίθησιν VA **54** τὴν om. M οἱ om. A

42 ἄντικρυς post ἐπευδοκῶν add. b **46** Ἀλέξιος: ὁ βασιλεύς b PLO Sc Bekk **46—47** γίνεται — νοῦν om. b LO **47** τοίνυν om. b LO

41 ναὶ μὴν καὶ ὁ τοῦ στόλου δοὺξ Μιχαὴλ ὁ Στρυφνός, κασιγνήτῃ (κασιγνήτω PLO: τῆς δεσποίνης συνεζευγμένος (συνευναζόμενος O), δεινότατος ὢν μὴ μόνον γόμφους καὶ ἀγκύρας νηῶν (νηῶν om. Bekk) χρυσίου ἀλλάξασθαι, ἀλλὰ καὶ λαίφεσιν ἐπιθέσθαι καὶ ἐξαργυρίσαι πρότονα (πρότονα O Bekk: πρότονας PL), ἁπαξάπαντος πλοίου μακροῦ τὰ νεώρια Ῥωμαίων ἐκένωσε post ναυπηγήσιμα add. PLO Bekk τὰ τῶν κακῶν κάκιστα δρῶσιν post ἀβελτέροις add. PLO Bekk **42** λαλουμένοις: γινομένοις PLO Bekk μᾶλλον μὲν οὖν καὶ αὐτός — χρεὼν γὰρ παρρησιάσασθαι τὴν ἀλήθειαν — τὰ πολλὰ (χρεὼν — πολλὰ om. Bekk) οἰκουρίᾳ χαίρων, νῦν μὲν γεώλοφα καθῄρει καὶ ἀνεπλήρου φάραγγας ἀλωὰς αὐτουργῶν, νῦν δὲ εἰς ἐπιδείπνιον εἶχε γέλωτα τὴν τοῦ Λατινικοῦ στόλου ἀπόπλοιαν καὶ ὡς εἰς μῦθον ἀπέλυε τὰ τοῖς ὠσὶν ἔναυλα δεινὰ καὶ πρὸ ὀμμάτων πολλοῖς κείμενα post ἡλίσκετο add. PLO Bekk σχεδόν. κατάραντες οὖν ἐς Χαλκηδόνα πρὸς τὴν ἀντίπορθμον τῇ ἕῳ Περαίαν τὴν κάτωθεν μικρόν τι τοῦ Διπλοῦ Κίονος, κώπαις μὲν αἱ νῆες, τὰ δὲ πλοῖα λαίφεσιν ἀφικνοῦνται μετὰ μικρόν, καὶ σαλεύουσιν ἐπ' ἀγκυρῶν ἄποθεν τῆς χέρσου ἐς ὅσον μὴ εἶναι βέλους ἐντός. οἱ δέ γε δρόμωνες τῷ Σκουταρίῳ προσίσχουσιν.

Ἠκροβολίζοντο μὲν οὖν Ῥωμαῖ|οι κατὰ τῶν πλοίων ἐκ τῶν ἐκεῖσε λόφων προφαινόμενοι καὶ ταῖς ἀκταῖς ἐφιστάμενοι, ἀλλ' ἦν οὐδαμῶς ἀνύσιμα τὰ πεμπόμενα· τὰ δὲ πλείω μηδ' ἐξικνούμενα τοῦ μήκους κατὰ θαλάσσης ἐβάλλοντο. καὶ φάλαγξ ἑτέρα τις ἄνω περὶ τὸν Δαματρύα ἠγραύλει, τὰς τῶν ἱππέων Λατίνων ἐκδρομὰς ἐπισχήσουσα. πλὴν καὶ αὕτη πρὸς οὐδέν τι χρήσιμος ἐγεγόνει· οὐ γὰρ μόνον τοῖς πολεμίοις οὐδ' ὅλως προσέβαλεν, ἀλλὰ καὶ κατ' αὐτῆς ἐπιόντων τῶν ἐναντίων ἀπανίσταταί τε καὶ διασκίδναται.

Οὔπω συχνοὶ παρήλθοσαν ἥλιοι, καὶ γνόντες οἱ Λατῖνοι ὡς οὐδεὶς ὁ κατὰ χέρσον σφίσιν ἀντιστησόμενος ταῖς ἀκταῖς προσπελάζουσι. κἀντεῦθεν ἡ μὲν ἱππικὴ στρατιὰ ἵετο βραχύ τι τῆς θαλάσσης ἀπέχουσα, αἱ δὲ νῆές τε καὶ οἱ δρόμωνες καὶ ἐπὶ τούτοις τὰ πλοῖα πρὸς τὸν ἐσέχοντα κόλπον μετέβαινον. ὡς δ' οἱ μὲν ἐπίγειοι, οἱ δ' ἐνάλιοι τῷ φρουρίῳ ἐπέστησαν, ἐν ᾧ εἴθισται Ῥωμαίοις σιδηρᾶν ἀποδέειν βαρυτάλαντον ἅλυσιν, ἡνίκα πλοίων πολεμίων ἐνσταίη τις ἔφοδος, εὐθὺς προσβάλλουσι τῷ ἐρύματι· καὶ ἦν ἰδεῖν οὓς μὲν τῶν φυλάκων μετ' ἀντι-

---

72 οὔπω — ἥλιοι: dies 26 mens. Maii — 5 mens. Iun. a. 1203 **78** προσβάλλουσι: die 6 mens. Iun. a. 1203

VA = a, RMDF = b, PLO

59 Καλχηδόνα R τῆς ἕω V **60** μὲν om. L **61** δὲ: εἰς R μετὰ μικρὸν suppl. P^{mg} **62** ἐς om. R **63** προσίσχοντο V **64** τῶν pr. om. O **65** προσφ. R **66** μὴ RD **67** Δαματρία RF **68** Λατίνων om. Bekk **69** ἐγεγόνει: ἐφάνη V τῷ τότε καιρῷ post ἐγεγόνει add. L^s **73** σφίσιν om. V: σφίσιν αὐτοῖς P Bekk ἀντιστάμενος R **74** τῆς θαλάσσης βραχύ τι A ἐπέχουσα R **77** Ῥωμαίοις om. O ὑποδέειν A

61 μετὰ μικρὸν (cum a scr. Sc): μετὰ τρίτην ἡμέραν b **67** ἄνωθεν b PLO Bekk **70—71** οὐδ'— διασκίδναται: οὐδ' ἐπὶ βραχὺ προσέβαλεν (προσεπέλασεν PLO Bekk), ἀλλὰ καὶ στρέψασα τὰ μετάφρενα τοῖς ἐπιδιώκειν ἐθέλουσιν, οἱ μὲν ἔπιπτον, οἱ δ' ἔμελλον (ἤμελλον $F^{ac?}$ L^{pc}), οἱ δ' ἀνὰ κράτος (τὰ μετάφρενα — κράτος om. M) ἐδραπέτευον, καὶ μάλιστα οἱ στρατηγοὶ ὡς καὶ δείλανδροι πλέον καὶ κραδέλαφοι (ὡς κραδέλαφοι πλέον καὶ δείλανδροι LO: id., omisso καὶ P Bekk). πῶς δ' (δ': οὖν O) ἂν καὶ συμβαλεῖν ἀνδράσιν ὑπήνεγκαν, οὓς ψυχάρπαγας ἀγγέλους καὶ χαλκηλάτους (χαλκηλάτας DO) ἀνδριάντας (καὶ συμβαλεῖν — ἀνδριάντας om. M) οὐκ ὤκνουν καλεῖν (ἀποκαλεῖν PLO Bekk), καὶ πρὸς τὴν αὐτῶν θέαν τῷ δέει ἐξέθνῃσκον; b PLO Bekk **72** οὔπω: ἀλλ' οὔπω b PLO Sc Bekk **77** βαρυτάλαντον ἀποδέειν b PLO Bekk

59 ἔκτοτε post ἀντίπορθμον add. PLO Bekk **61** μετὰ τρ. ἡμ. (μετὰ μικρὸν) om. LO **79** φυλάκων: φυλάκων Ῥωμαίων PLO Bekk μάχησιν βραχεῖαν φυγάδας ὁρωμένους ἐκεῖθεν, οὓς δὲ ἀναιρουμένους | καὶ ζωγρουμένους, ἐνίους δὲ καὶ ὡς διά τινος ἱμονιᾶς τῆς ἁλύσεως κατιόντας τε καὶ εἰσιόντας τὰς τῶν Ῥωμαίων τριήρεις, πολλοὺς δὲ καὶ κυμβάχους κατὰ βυθοῦ φερομένους ἐν τῷ τῆς ἁλύσεως διαμαρτεῖν. εἶτα καὶ αὐτῆς διαρραγείσης εἴσω ξύμπας ὁ στόλος εἰσρύεται. τῶν δ' ἡμετέρων τριηρέων αἱ μὲν αὐτίκα χειροῦνται, αἱ δὲ τῷ τῆς πόλεως αἰγιαλῷ προσεγχρίψασαι τιτρῶνται μετὰ τὴν τῶν ἐμπλεόντων κένωσιν. καὶ ἦν πολυειδὲς τὸ κακόν, μηδ' ἐπὶ καρδίαν ὅλως τινὸς ἀνιόν. ἐνίστατο δὲ τότε μὴν Ἰούλιος τοῦ ἑξακισχιλιοστοῦ ἑπτακοσιοστοῦ ἑνδεκάτου ἔτους.

Ἀνοχευσάμενοι δ' ἐκ τούτων μικρὸν οἱ Λατῖνοι καὶ ὅσον τὸ ποιητέον σκέψασθαι, οἱ μὲν μετὰ τῶν νηῶν, ἡ δ' ἵππος μετὰ τῆς προβεβλημένης πεζῆς στρατιᾶς τῷ Κοσμιδίῳ ἐφίστανται, μικρὰν ἐφευρηκότες ἐκ τῶν Ῥωμαίων ἀντίστασιν περὶ τὴν ἐκεῖ που γέφυραν καὶ τὸν λεγόμενον Τρυπητὸν λίθον. καὶ τὰ μὲν πλοῖα καὶ αἱ νῆες καὶ οἱ δρόμωνες ἐκεῖ που προσίσχουσιν, ὁ δὲ στρατὸς στρατήγιον πήγνυσι διειλημμένον ἐν μέρει ὀρυκτοῖς χαρακώμασι καὶ ξυλίνοις περισταυρώμασι περὶ τὸ γεώλοφον, ἀφ' οὗπερ ὁρατὰ μὲν τὰ ἐν Βλαχέρναις ἀνάκτορα, ὁπόσα νένευκε πρὸς ἑσπέραν· περὶ δέ γε τὴν τούτου ὑπόβασιν ὑπτιάζει τις αὔλειος, πρὸς μεσημβρίαν μὲν ἐς τὸ τεῖχος λήγουσα, ὅπερ ἔρυμα τῶν ἀρχείων ὁ βασιλεὺς ἀνήγειρε Μανουήλ, κατὰ δὲ βορρᾶν ἄνεμον τῇ θαλάσσῃ ἐγγίζουσα. σκηνάς τε οὖν ὀρθὰς ἑώρων οἱ ἐν τοῖς τείχεσι καὶ μικροῦ διομιλεῖσθαι εἶχον τοῖς ἐν αὐ|ταῖς περὶ τὴν Γυρολίμνην στρεφομένοις.

---

87 ἐνίστατο etc.: diebus 5—6 mens. Iul. a. 1203 **90** ἀνοχευσάμενοι: per dies 6—9 mens. Iul. a. 1203 **92** ἐφίστανται: diebus 10—11 mens. Iul. a. 1203

---

87 μηδ' — ἀνιόν: cf. 1 Co. 2, 9 (sensu mutato)

VA = a, RMDF = b, PLO

80 ὁρμωμένους L **81—83** κατιόντας — ἁλύσεως om. R **82** Ῥωμαίων: ὁρωμένων A **84** εἶτα: εἶτα δὲ R **85** τριηρέων om. R **88** ὁ Ἰούλιος ARMDF ‚ϛψια' codd. exc. V **91** μετὰ pr.: κατὰ M τῶν om. D **92** Κοσμηδίῳ M: Κοσμίῳ O ἐφίσταται R **94** μὲν om. O **95** στρατὸς: στρατηγὸς Bekk **1** ὀρυκτοῖς om. VA **2** οὗπερ ὁρατὰ: οὗ πέρατα V **3** ὑπνιάζει RF: ὑπνειάζει M **4—5** ἀνήγειρεν ὁ βασ. Μαν. V **7** αὐτοῖς F τρεφομένοις O

90 ἐκ τούτου b PLO Bekk

81 καὶ cum a b hab. e corr. P: om. LO **82** τὰς ἐκεῖσε ἡμετέρας τριήρεις PLO Bekk **84** ὁ πολέμιος στόλος PLO Bekk **85** ἡμεδαπῶν PLO Bekk **94** ἐκεῖ που P^{pc}: ἐκεῖσε LO

Καὶ οἱ μὲν οὐ χάρακι καὶ ὅπλοις, τῷ δὲ περιβόλῳ τῆς πόλεως ἡμῶν διείργοντο· ὁ δὲ βασιλεὺς Ἀλέξιος πάλαι τεθησαυρικὼς ἐν ψυχῇ τὴν φυγὴν καὶ ἅπας αὐτῆς γινόμενος ὡπλοφόρησεν οὐδαμοῦ, οὐδ' ἀντιμέτωπος ὤφθη τοῖς ἔξωθεν, ἀλλὰ θεατὴς τῶν δρωμένων ἐκάθητο, τοὺς ὑπερυψήλους δόμους ἀνιών, οἳ τῆς ἐξ Ἀλαμανῶν δεσποίνης κικλήσκονται. οἱ δέ γε περὶ αὐτὸν οἰκειακοί τε καὶ συγγενεῖς, ὁσονοῦν συναγηοχότες στράτευμα ἱππικὸν καὶ μοῖραν εὐάριθμον πεζικήν, ἐκ διαλειμμάτων ἐξῄεσαν, μόνον οὐ προθέμενοι δεικνύειν τὸ μὴ ἔρημον ἀνθρώπων τὴν πόλιν εἶναι παντάπασιν. ἐπελάσεις τοίνυν ἐξ ἐπιδρομῆς μερικαὶ καὶ διακοντίσεις ἱπποτῶν πρὸς ἱππέας κατ' ἐρεθισμὸν καὶ ζῆλον ἀνδρείας πολλάκις τῆς ἡμέρας συνέβαινον ἑκατέρωθεν· καὶ ἦσαν ἐν τούτοις οὐκ ἀγεννῆ τὰ ἡμέτερα. ἀλλὰ καὶ πεζῶν ἐκπηδῶσαι δυνάμεις ἐς τὴν αὔλειον μάλιστα, ἣν εἰρήκειμεν, τοῖς ἐναντίοις προσέβαλλον. ἦν δὲ καὶ ἀπὸ πετροβόλων μηχανημάτων ἀχρειούμενα τὰ βασίλεια, ἐνιαχοῦ δὲ | κἀκ τῶν τειχέων τῆς πόλεως βάρη λίθων ἀποσφενδονούμενα τοὺς ἐναντίους κατέπληττον.

Ἐνστάσης δὲ τῆς ἑπτακαιδεκάτης τοῦ Ἰουλίου μηνὸς χερσαῖοί τε καὶ ὑδραῖοι κεκρίκασιν ἀνδρικώτερον διαγωνίσασθαι οἱ ἀντίμαχοι, ὡς ἢ τῶν κατὰ σκοπὸν ἐπιτευξόμενοι ἢ τούτων διαπεσόντες ἐς ξυμβάσεις βλέψοντες· ἀμφότερα γὰρ ἡ φήμη περιιπταμένη λαμπρῶς ἐκώτιλλεν. οἱ μὲν τοίνυν τὰ πλοῖα φέροντες ἔστησαν κατέναντι τῶν Πετρίων, βοείαις δοραῖς φραξάμενοι ταῦτα, ὡς εἶεν πυρὶ ἀδῄωτα, κἀν ταῖς κεραίαις τεκτηνάμενοι κλίμακας τὰς βαθμῖδας μηρινθώδεις ἐχούσας ὑποχαλωμένας τε διὰ κάλων καὶ αὖθις αἱρομένας εἰς ὕψος προσδεδεμένων τοῖς ἱστοῖς· οἱ δὲ τειχεσιπλήτην κριὸν κρατυνάμενοι καὶ τοὺς τζαγγρατο-

---

VA = a, RMDF = b, PLO

9 διείργονται VA   ἐν τῇ ψυχῇ Bekk   **10** γενόμενος Bekk   **16** εἶναι τὴν πόλιν RN   ἐπεξελάσεις L   **19** ἐκποδῶσαι R   **20** προσέβαλον MDF   **21** ἀπὸ τῶν πετροβόλων P Bekk   **24** ιζ' ANO   **25** ἀντιμαχόμενοι V   **26** συμβάσεις Bekk   **28** Πετρήων R   **29** ταῦτα om. M   ἀδῄωτα: ἀνάλωτα R   κἀν PLO Bekk: καὶ rel.   κεραίοις F: κεραίας Bekk   **30** βαλμίδας R   **31** ἐρωμένας R: διαιρομένας F   εἰς: πρὸς V   **32** τζαγγρατοξότας VRDN: τζαγροτοξότας APKLO Bekk: τζαγρατοξότας MF

8 ἐπίπαν post χάρακι add. b PLO Bekk   **9—12** ὁ — κικλήσκονται suppl. Pmg: om. b LO   **13** αὐτὸν: τὸν βασιλέα (τοῦ βασιλέως R) b PLO Bekk   ἀγηοχότες b PLO Bekk   **15** τὸ om. b PLO Bekk   **18** ἐν: ἐπὶ b PLO Bekk   **19** καὶ μάλιστα ἡνίκα διεστρατήγει τὸν πόλεμον ὁ τοῦ βασιλέως γαμβρὸς (γαμβρός: Μανουὴλ O) Θεόδωρος ὁ Λάσκαρις· οὗτος γὰρ ῥαγδαιότερον συμπλεκόμενος εἶναι καὶ παρὰ Ῥωμαίοις ἀρεϊκοὺς ἄνδρας τοῖς Λατίνοις ἐκ τῶν ἔργων ἐξέφαινεν (ἐξέβαινεν O) post ἡμέτερα add. b PLO Bekk   **27** διιπταμένη (-πτ-: -ππ- L) b PLO Bekk   **31** τε om. b PLO Bekk

25 κεκρίκασιν: ἔγνωσαν post ἀνδρικώτερον PLO Bekk: ἔγνων ante διαγ. ἀνδρ. Sc ξότας πολλαχῇ περιστήσαντες ὡς ἀφ' ἑνὸς συνθήματος ποιοῦνται τὴν σύρρηξιν. καὶ ἦν ἡ μάχη φρικαλέα τις καὶ στονόεσσα πάντοθεν. οἵ τε γὰρ περὶ τὸν κριὸν ὁπλισάμενοι τὸ τεῖχος ῥήξαντες πάροδον ἔσχον ἔσωθεν, ὃ παρατείνει πρὸς θάλασσαν περὶ τόπον, ὃς Ἀποβάθρα βασίλειος ὀνομάζεται, εἰ καὶ πρὸς τῶν ἐπικούρων Ῥωμαίοις Πισσαίων καὶ τῶν πελεκυφόρων βαρβάρων ἀπεκρούσθησαν γενναιότερον καὶ τραυματίαι οἱ πλείους ἐπανέλυσαν· οἵ τε τοῖς πλοίοις ἐνόντες τοῖς τείχεσι προσπελάσαντες καὶ δι' ἀκατίων τὰς ἀγκύρας ἔραζε ῥίψαντες ἐκ τῶν κλιμάκων, | ἔπειτα τοῖς ἐπὶ τῶν πύργων συμπλέκονται καὶ τρέπονται τούτους ῥᾳδίως ὡς ἐξ ὑπερδεξίων μαχόμενοι καὶ κατὰ κορυφὴν οἷον ἐφεστῶτες καὶ βάλλοντες· κατὰ πολὺ γὰρ τῶν τῆς πόλεως τειχέων ὑπερανεστήκεσαν αἱ κλίμακες, μετέωροι διὰ πεισμάτων γινόμεναι.

Τὸ δ' ἀπὸ τοῦδε λαβόμενοι τῶν τειχισμάτων οἱ πολέμιοι πῦρ ἐνιᾶσι ταῖς οἰκίαις, ὁπόσαι τοῖς τείχεσιν ἐκκρεμεῖς, διασκεδασθέντες πολλαχῇ. καὶ γίνεται τῆς ἡμέρας ἐκείνης ἐλεεινόν τι θέαμα καὶ ποταμοὺς ἐθέλον δακρύων ἀντιρρόπων τῷ πολλῷ τῆς πυρκαϊᾶς· πάντα γὰρ ὅσα ἐκ τοῦ τῶν Βλαχερνῶν βουνοῦ πρὸς τὴν μονὴν διήκει τοῦ Εὐεργέτου κατῃθάλωτο καὶ ὑπερεμηκίσθη τὸ καλούμενον Δεύτερον ἡ τοῦ πυρὸς ἐρωή.

Ἰδὼν δὲ ὁ Ἀλέξιος τὸ οἰκτρὸν τοῦτο τῆς βασιλίδος δυστύχημα καὶ τὴν συνοχὴν τῶν ἀνθρώπων εὐλαβηθεὶς ὁπλίτης μόλις ὁρᾶται, καὶ μάλισθ' ὅτι πρὸς ὀργὴν τοὺς πλείους ἐπιφρίσσοντας ἑώρα καὶ λόγους ἐπαχθεῖς κατ' αὐτοῦ καὶ προπηλακισμοὺς ἀφιέντας, οἷς οἰκουρεῖν ἑλόμενος ἦρεν ἐπὶ μᾶλλον τὰ τῶν ἐναντίων φρονήματα, μηδεμίαν ἀρωγὴν

VA = a, RMDF = b, PLO

36 ἐνδοθεν Bekk θάλατταν D **37** εἰ καί: εἰμὶ M **39** πλείστους R **42** ἐξ om. MO καὶ οὐ μόνον ἀπὸ ὕψους, ἀλλὰ post μαχόμενοι add. P Bekk **44** ὑπερανεστήκεσαν: ὑπερεῖχον L^{pc} αἱ: οἱ M **47** τὴν ἡμέραν ἐκείνην VA ἐθέλον: θέλων R: ἕλκον P^{ir} Bekk **48** ἀντίρροπον V **49** βουνοῦ: βωμοῦ R πρὸς om. P^{ac} L: ἐς L^{s} O κατηθάλωντο VAR **51** δ' Bekk **54** ἐπαφιέντας O

34 τις suppl. P^{pc}: om. b LO **35** Λατῖνοι post ὁπλισάμενοι add. b PLO Bekk **35—36** ῥήξαντες — ἔσωθεν suppl. P, ubi -χος sscr. et ῥήξαντες — ἔσωθεν i. r. 12 litt.: ἔρρηξαν b LO Sc **38** γενναιότερον ἀπεκρούσθησαν b PLO Bekk **39** τοῖς τείχεσι: τοῖς περὶ τὰ Πετρία (τὸν Πετρίον Sc) τείχεσι b PLO Sc Bekk **41** τοῖς ἐπὶ (ἐκ M Bekk) τῶν πύργων (τῳ πύργῳ R) Ῥωμαίοις b PLO Bekk **51** Ἀλέξιος: βασιλεὺς (Ἀλ. add. L^{s}) b PLO Sc Bekk **52** ὁπλίτης γίνεται μόλις (μόλις om. Sc) b PLO Sc Bekk **54** κατ'— προπηλακισμοὺς suppl. P, ubi κατ' — ἀφιέντας i. r. 20 litt.: om. b LO **54—59** οἷς ἐπὶ μᾶλλον(: οἷς οἰκουρεῖν ἑλόμενος [ἑλομένου Bekk] ἐπὶ μᾶλλον P^{mg} Bekk) τὰ τῶν ἐναντίων φρονήματα ἤρετο, μηδεμιᾶς ἀρωγῆς

36—37 ὃς Ἀποβάθρα βασιλέως (βασ. Ἀποβ. Sc: Ἀποβ. τοῦ βασ. O) ὠνόμασται PLO Sc Bekk **39** ἐπανέλυσαν: ἀνέζευξαν PLO Bekk **40** τῶν πλοίων post ἀγκύρας add. PLO Bekk **44** αἱ (L^{pc}) ἐν (om. L) τοῖς πλοίοις (ἐπικείμεναι add. L^{s}) κλίμακες PLO Bekk

35 van Dieten, Nik. Chon. Hist.

ὑπονοθευομένῃ τῇ πόλει ψηφισάμενος, ἀλλ᾽ ἀφεὶς τὸν πόλεμον τοῖς τείχεσι προσελθεῖν, πρᾶγμα μὴ εἰς δεῦρο πραχθέν, ὡς εἴπερ οὐκ ᾔδει τῆς ὑστεροβουλίας κρείττονα τὴν προμήθειαν καὶ τὸ φθάσαι βέλτιον τὸν πολέμιον ἢ παρ᾽ αὐτοῦ προληφθῆναι, ὅσα καὶ σῶμα δεινῷ καχεκτήματι τὴν ἴασιν ὑπερπαίοντι. ἐξιὼν τοίνυν τῶν ἀρχείων ἱπ|πότας πλείστους πρὸς ἑαυτὸν ἐπεσπάσατο καὶ πεζή τις φάλαγξ οὐκ ἀγεννὴς συνδεδράμηκεν ἐκ τῆς ἀκμῆς τῆς πόλεως, ὥστε καὶ τῷ κατὰ χέρσον πολεμίῳ στρατεύματι φρικασμὸς ἐπεγένετο σώματος, μεγίστην αἰφνηδὸν θεασαμένῳ παράταξιν. τάχα δ᾽ ἂν καὶ σωτήριον ἔργον διήνυστο, εἰ ὁμόσε κεχωρήκει τοῖς ἀντιπάλοις· νῦν δὲ ἡ ἐνδελεχὴς τῆς φυγῆς ἔννοια καὶ τῶν περὶ αὐτὸν τὸ εὐπτόητον τοῦ τί δεῖ ἐπὶ καιροῦ ποιεῖν ἐξέκρουσε τὸν Ἀλέξιον. καὶ παραταξάμενος μόνον, ὅθεν ἐξῆλθε Ῥωμαίοις ἀσπάσιος ὡς δῆθεν ἀντιταξόμενος τοῖς Λατίνοις, ἐπανῆλθεν αἴσχιστος καὶ ἐφύβριστος, σοβαρώτερον μᾶλλον καὶ θρασύτερον πεποιηκὼς τὸ ἀντίμαχον, ἐπεὶ καὶ κατεπαρθὲν τῶν Ῥωμαίων ὀπίσω τούτων εἵπετο τραπομένων πρὸς ὑπονόστησιν καὶ τὰ δοράτια ἐπεκράδαινον.

Εἰσιὼν οὖν Ἀλέξιος τὰ βασίλεια πρὸς ἀπόδρασιν ἐνσκευάζεται, ὡς εἴπερ φερομένην τὴν πόλιν εἰς ἀτυχὲς πτῶμα καὶ ὑπὲρ αἶσαν ἀφαντῶσαι διεπονεῖτο καὶ τὸν ταύτης ἀποτεταμένον συνέτεμεν ὄλεθρον. τὰ τοῦ σκοποῦ τοίνυν κοινωσάμενος μετρίοις τῶν κατευναστριῶν

---

58 τὸ — προληφθῆναι: cf. Nic. Or. 185, 17—18

VA = a, P (ab 63 φρικασμός), RMDF = b, P (usque ad 63) LO

60 ἴασιν: ἴσην R ὁ βασιλεὺς post ἀρχείων add. O **61** πλείους D **66** τὸ om. P τὸ τῶν περὶ αὐτὸν εὐπτόητον Bekk ἐπὶ καιροῦ om. P Bekk ποιεῖν om. P **68** εἰσῆλθεν cum b LO scr. P Bekk **69** μᾶλλον om. VA ἀντίμαχον: ἀντίπαλον R **71** δόρατα Bekk **72—84** πρὸς — ἀλλαξάμενος suppl. D^mg (cf. infra) **74** ταύτη D

(56—59) ὑπονοθευομένῃ τῇ πόλει προσγινομένης, (ἀλλ᾽ — πραχθέν ex a add. P^mg Bekk, ubi ἐς δεῦρο) ὡς εἴπερ οὐδένες τῶν ἐνόντων ἠπίσταντο πολεμεῖν, μηδὲ βέλτιον ᾔδεσαν τὸ φθάσαι τὸν ἀντίπαλον μᾶλλον ἢ τὸ (τὸ om. PLO Bekk) παρ᾽ αὐτοῦ προληφθῆναι b PLO Bekk **65** ἢ τῷ κηδεστῇ Λάσκαρι (ἢ τῶν ἐκ τοῦ γένους τισὶ L^ir) τὴν συμπλοκὴν συγκεχώρηκεν συμμῖξαι τοῖς Λατίνοις σφαδάζοντι (-ουσι L^ir) post ἀντιπάλοις add. b PLO Bekk **65—68** νῦν δὲ τὸ εὐπτόητον τοῦ στρατεύματος καὶ τὸ μὴ εὐθαρσὲς (τοῦ κρατοῦντος add. LO) καὶ φιλοκίνδυνον εἰς ἀτυχὲς πτῶμα φερομένην τὴν πόλιν καὶ ὑπὲρ αἶσαν ἠφάντωσε καὶ τὸν ταύτης ἀποτεταμένον συνέτεμεν ὄλεθρον. οὐκοῦν καὶ (καὶ om. LO) παραταξάμενος μόνον πρὸς (εἰς D) ἔνδειξιν τοῦ στρατεύματος, ὅθεν ἐξῆλθε Ῥωμαίοις ἀσπάσιος ὡς δῆθεν μαχεσόμενος (μαχησόμενος R) τοῖς Λατίνοις b LO **68** εἰσῆλθεν b PLO Bekk **71** ἐπεκράδαινεν (ἐπεκέρδαινεν R) b LO **72—80** Εἰσιὼν οὖν Ἀλέξιος (ὁ Ἀλ. M) τὰ βασίλεια ἔγνω δεῖν μεθίστασθαι τῷ καιρῷ μηδὲ ταῖς ἀκμαῖς τῶν κινδύνων ἀντιβαίνειν ἐπισφαλῶς. οὐκοῦν καὶ (καὶ om. DF) περὶ πρώτην ἐκείνῳ καὶ συγγενῶν κἀκ τῶν θυγατέρων τῇ Εἰρήνῃ, καὶ δέκα χρυσίου ἐνθέμενος κεντηνάρια καὶ κόσμους ἄλλους βασιλικοὺς ἐκ λίθων τιμαλφῶν συγκειμένους καὶ μαργάρων διαφανῶν, περὶ τὴν πρώτην ἄρας φυλακὴν τῆς νυκτὸς ἤλαυνεν ἐς τὸ Δεβελτόν, ἔνθα τὴν οἰκείαν προητοίμασεν ἄφιξιν, δείλαιος ἐν ἀνθρώποις, μὴ φίλ|τρῳ παίδων μαλαχθείς, μὴ γυναικὸς ἔρωτι δαμασθείς, μὴ τηλικαύτῃ πόλει μαλακισθείς, μηδέ τι τῶν ἄλλων εἰς νοῦν βαλόμενος, φιλοψυχίᾳ δὲ καὶ δειλανδρίᾳ σωτηρίαν ἑαυτῷ, καὶ ταύτην ἀμφίβολον, χωρῶν καὶ πόλεων τοσούτων καὶ γένους παντὸς ἀλλαξάμενος.

Ἐβασίλευσε μὲν οὖν ἐνιαυτοὺς ὀκτώ, μῆνας τρεῖς καὶ ἡμέρας δέκα. ἦν δὲ τὰ μὲν ἐς πόλεμον ὁποῖος εἴρηται, οὐδὲ τὰ πρὸς κοινὴν διοίκησιν ἀπεξεσμένος πέριξ παντάπασιν, ἵνα μὴ λέγοιμι ὡς ἐνέκλινεν εἰς τὸ πάντῃ ὀλίγωρον· τὰ δ' ἄλλα οὐκ ἦν τις ἀπόβλητος. πλέον δὲ πάντων τῷ μειλίχῳ τοῦ ἤθους ἐκέκαστο μὴ δυσπρόσοδος ὤν, οὔτε μὴν ὑποσκυζομένῳ προσώπῳ καὶ ὑπεροφρυάζοντι βλέμματι ἐξέκρουε καὶ τοῦ ὑπ' ὀδόντα γρῦξαί τινα, ἀλλ' ἦν τοῦ βουλομένου παντὸς προσελθεῖν ἐκείνῳ καὶ δεηθῆναι, ἐνιαχοῦ δὲ καὶ πρὸς ἀντιφάσεις χωρεῖν οὐχ ὑποστελλομένῃ φωνῇ. καὶ τοὺς ἐπ' ἀλλήλοις διαβόλους καὶ τοὺς κόλακας

---

79 νυκτός: 17—18 mens. Iul. a. 1203 **94** περιίστατο: devitabat, cf. 2 Ti. 2, 16

---

86 ἦν etc.: cf. Nic. Panopl. dogm. lib. XXVII: ὁ γὰρ . . . Ἀλέξιος αὐταρχήσας ἠπίως τῶν πραγμάτων ἥπτετο καὶ οὔτε τὰ εἰς πόλεμον ἀπρομήθευτος ἦν καὶ ῥύδην καὶ ἀκαθέκτως φερόμενος οὔτε φιλοπράγμων περὶ τὰ δόγματα **86** εἴρηται: p. 459, 57 sqq.; 465, 34 sqq.; 483, 39 sqq. **89** μή etc.: cf. Nic. Or. 59, 5 sqq.

VA = a, P, RMDF = b, LO

76 τὴν Εἰρήνην Bekk **79** εἰς cum b LO scr. P Bekk **86** ὁποῖος εἴρηται suppl. A^mg **87** πέριξ: περὶ AP: om. Bekk ἐξέκλινεν Bekk **88** χαρίεις δὲ τὸ ἦθος, εὐῆλιξ καὶ ὄρθιος post ἀπόβλητος ex b add. Bekk **89** μειλιχίῳ Bekk οὔτε: μήτε DF **90** προσώπῳ om. V ὑπερφρυάζοντι R τοῦ: τὸ Bekk **93** ἐπαλλήλους R Bekk

φυλακὴν τῆς νυκτὸς εἰς (ἐς D) τὸ Δεβελτὸν ἄπεισιν, ἔνθα τὴν οἰκείαν προητοιμάκει κατάλυσιν b LO et **80—84** δείλαιος — ἀλλαξάμενος om. b LO, sed 72 (πρὸς) — 84 ex a suppl. D^mg **86—88** ἦν — ἀπόβλητος: χαρίεις ὢν τὸ ἦθος (ἦθος: εἶδος L, ubi εἶ p. c., O Sc), εὐῆλιξ καὶ ὄρθιος b LO Sc **89** τῷ τοῦ ἤθους μειλίχῳ b LO **90** ἐκκρούων b PLO Bekk **92** χωρεῖν D^mgγρ: ἰδεῖν b LO **93** καὶ: ἀλλὰ καὶ b LO τοὺς alt. om. b LO

85 ἐβασίλευε PLO Bekk καὶ post ὀκτὼ add. PLO Bekk

περιίστατο. ἔχων δὲ τὴν συνείδησιν βάλλουσαν ἐφ' οἷς ἠνόμησεν εἰς τὸν ἀδελφόν, τὸ χρεὼν ἐδεδίει καὶ τὴν πάντα περισκοποῦσαν τὰ θνητῶν πράγματα δίκην διηνεκῶς ὑπεβλέπετο· ὅθεν κατανύξει καρδίας συνείχετο καὶ δευκνὺς ἀκηδιῶν πνεῦμα ἤλυέ τε καὶ ἐδυσφόρει καὶ ἤχθετο. εἰ δὲ μέγα καὶ βασιλεῦσιν ἐργῶδες τὸ μὴ τῶν ἀσταχύων ἐκτέμνειν τοὺς ὑπεραίροντας, μηδὲ θηριωδῶς ἐμπηδᾶν τοῖς παραλυπήσασι, καὶ τοῦτο προσπλουτοῦντα ἴδῃ τις τὸν Ἀλέξιον· οὐδὲ γὰρ πρὸς φυτείαν σκότους ὀφθαλμοὺς ἐπαττάλευεν, οὐδὲ κλαδῶν ἦν ὡς ἀμπέ|λους τὰ τοῦ σώματος ἀκρωτήρια, μάγειρος ἀνθρώπων γινόμενος. οὐδ' ὅσον τὴν στυγνόχροον πορφύραν ἐνεδέδυτο, γυνή τις ἠμφιάσατο μέλανα χήτει ἀνδρός, ὃν μέλας ἐκάλυψε θάνατος. οὐδὲ πῦρ ἔβλεψε τῶν ὀμμάτων ὡς τῶν λίθων οἱ ἀκτινώδεις, οὐδ' ἐνέφυ τισὶν εἰς ἐπήρειαν ὡς λείβειν θρόμβους δακρύων ὁποῖα τὰ τῶν μαργάρων σφαιρώματα.

94—1 b ἑκὼν — θυμῷ: Hom. Δ 43 **2** ἀκηδιῶν πνεῦμα: cf. Bar. 3, 1 **3—4** μὴ — ὑπεραίροντας: alludit ad Her. 5, 92 ζ **7** μάγειρος: cf. Dio Chrysost. Or. 4, 44 sqq. (I p. 80 de Budé); Them. Or. 13 p. 171 c (p. 246, 11 Schenkl-Downey); Synes. De Regno 5 p. 5 d **7—8** οὐδ' — ἀνδρός: cf. Ps.-Plut. Reg. Imp. Apoph. Pericl. 4 p. 186 C **9** μέλας — θάνατος: cf. Hom. Β 834 et Π 350 πῦρ — ὀμμάτων: cf. Nic. Or. 59, 6

VA = a, P, RMDF = b, LO

94 δὲ: δὲ καὶ M ἐς AP **3** τοὺς om. R **4** ὑπεραίροντας: ὑπερέχοντας Bekk ἐμπηδῶν M **5** τις: τις ἂν P Bekk του σκότοῦς L **6** ἐπαττάλευσεν P Bekk **7** γενόμενος M Bekk **8** μέλαινα L χήτει: χηρεία M^{pc}

94 λαμπρῶς ante περιίστατο add. b PLO Bekk **94—1** ἠνόμησεν — ὅθεν: ἀέκοντί γε θυμῷ τὸν ὁμογνιον ἠδίκησεν b LO, sed **95—1** τὸ — ὅθεν κατα- ex a suppl. D^{mg} (cf. supra) **2** ἤλυε τε καὶ om. b LO **3** τέμνειν τῶν ἀσταχύων b LO **5** προσπλουτοῦντα: προσκτώμενον b LO **8** ἠμφιέσατο b **10** ἐς b

1 Ἰσάακιον post ἠδίκησεν add. LO **3** εἰ δὲ μέγα βασιλεῦσιν καὶ λίαν ἐργῶδες LO **5** εἰδέ τις ἂν LO **6** ἀνθρώπων post ὀφθαλμοὺς add. LO **7** ὅσον: ὅσον χρόνον PLO Bekk: ὅσον γὰρ χρόνον Sc

ΒΑΣΙΛΕΙΑ ΔΕΥΤΕΡΑ
ΙΣΑΑΚΙΟΥ ΤΟΥ ΑΓΓΕΛΟΥ
ΚΑΙ ΤΟΥ ΥΙΟΥ ΑΥΤΟΥ ΑΛΕΞΙΟΥ

Ὧδε μὲν οὖν ἤλαυνεν ἐς Δεβελτὸν Ἀλέξιος, ὑπ' οὐδενὸς ἐλαυνόμενος. ἦν δ' ἄρα οὐ μόνον χαλεπὸν γυνὴ καὶ τὸ τῆς συνευνάσεως φίλτρον βλάψειε μᾶλλον ἢ ὠφελήσειε, καθά τις ἐγνωμολόγησε κακῶς ἐς βασιλείαν παθὼν προκοίτου γυναικὸς εἰσηγήσεσιν, ἀλλὰ καὶ γύννις ἀνὴρ ἀργαλέον καὶ χείριστον, καὶ τί οὐκ ἂν ἐπαχθὲς καὶ εἰς κίνδυνον ἐλαῦνον τὸν ἔσχατον τὸ ὑπ' ἐκεῖνον ταττόμενον πείσεται; ὃ δὴ καὶ Ῥωμαίοις αὐτοῖς συνενήνεκται, ἀνειμένους καὶ χαλαροὺς καὶ τὸν ἀπολαυστικὸν βίον μεταδιώκοντας | δυστυχήσασιν αὐτοκράτορας, τοὺς δ' αὐτοὺς δυσπάλαιστον μὲν τὴν ἀνάγκην, ἀνύποιστον δὲ τὸ περὶ ψυχῆς δέος δι' ὅλου κρίνοντας.

Ἀλλ' ὁ μὲν ὥδευεν ἣν προέθετο· ὁ δ' ἐντὸς τῶν ἐν Βλαχέρναις εὑρεθεὶς ἀρχείων τῷ τότε λεὼς σφόδρα ἤνεγκεν ἀφορήτως τὴν Ἀλεξίου ἀπόδρασιν συστρεφόμενός τε καὶ συγχεόμενος τὴν ψυχὴν διὰ τὰς ἐμφαινομένας τῶν κακῶν ἐλπίδας — καὶ γὰρ ᾤοντο μηδὲν μελλήσαντας τοὺς Λατίνους, οἷα μηδὲ σκηνουμένους ἄποθεν ἢ τὸν ἐπισχήσοντα ἔχοντας, μεθ' ὅπλων αὐτίκα ἐπιρρεῦσαι τῇ πόλει καὶ τῶν τειχέων

5—7 χαλεπὸν — εἰσηγήσεσιν: fontem non inveni

VA = a, P, RMDF = b, LO

1—3 Βασιλεία δευτέρα Ἰσαακίου (κῦρ Ἰσ. R) τοῦ Ἀγγέλου καὶ τοῦ υἱοῦ αὐτοῦ Ἀλεξίου (κυροῦ Ἀλ. RF) APRMF Bekk: Τοῦ αὐτοῦ Χωνειάτου· τόμος ἑξκαιδέκατος V: Ἀπόδρασις τοῦ βασιλέως κῦρ Ἀλεξίου (τοῦ Βαμβακοράβδου add. supra m. post.) ἀπὸ τῆς Κωνσταντινουπόλεως (καταλιπὼν καὶ τὴν αὐτοῦ ὁμόζυγον Εὐφροσύνην add. i. mg. m. post.) D: δευτέρα δὲ βασιλεία (τοῦ τυφλωθέντος add. infra m. post.) Ἰσαακίου τοῦ Ἀγγέλου καὶ τοῦ υἱοῦ αὐτοῦ Ἀλεξίου m. alt. DY **4** οὖν om. D^{ac} K **6** ἢ: καὶ M **6—7** παθὼν (ἐς βασ.) κακῶς L^{pc} **7** προκοίτης O **8** τί: ὅ τι V **9** ἐκείνω V: ἐκείνου A πείσηται LO δή: δὲ R **11** αὐτοκρατορίας V^{ac} **15** τῷ τότε om. V: τότε DFKN **17** μελήσαντας codd. exc. P **18** ἐπισχήσαντα P

4 ὁ (om. M) βασιλεὺς Ἀλέξιος b ὑπ' — ἐλαυνόμενος om. b LO **6** καθάπερ ἐγνωμάτευσε πάλαι τις b **15** ἀρχείων εὑρεθεὶς b PLO Bekk

1—3 vacat una linea L: nihil hab. O, sed Ὧδε cum litt. init. scr. LO **6** καθά τις ἐγνωμάτευσε τῶν πάλαι PLO Bekk **8** πρᾶγμα post ἀργαλέον add. PLO Bekk **11** καὶ post αὐτοὺς add. PLO Bekk **17—20** ἐλπίδας· καὶ γὰρ . . .

εἴσω παρεισελθεῖν — τοὺς μὲν γένει προσήκοντας Ἀλεξίῳ καὶ τοὺς ἄλλως ἐπιτηδείως ἔχοντας καὶ αὐτὴν τὴν ἄνασσαν Εὐφροσύνην, προδότου δόξαν λαβόντας, οὐ προσεκαλέσαντο εἰς τὴν ἀρχήν, διὰ δὲ τὸ ἄμαχον τῆς τῶν πραγμάτων ἀγρίας προσβολῆς εἰς αὐτὸν ἀφορῶσι τὸν Ἰσαάκιον τὸν Ἀλεξίου κασίγνητον, ὡς εἰς τὴν καλουμένην ἱερὰν ἄγκυραν τελευτῶν οἱ τοῖς ἀκαταστορέστοις περιστοιχιζόμενοι κύμασιν, ἔνδον τῶν ἀρχείων εἱργνύμενον. καὶ δὴ τοῦ ἐκτομίου Κωνσταντίνου, ὃς ἐπὶ τῶν βασιλικῶν ἐτέτακτο θησαυρῶν, τοὺς πελεκυφόρους συναγαγόντος καὶ τούτοις ὡμιληκότος τὰ δέοντα, συνδραμούσης δὲ καὶ συμμορίας τινῶν, οἳ βασιλεύσειν Ἰσαάκιον διὰ σπουδῆς ἐτίθεντο, ἡ μὲν βασιλὶς Εὐφροσύνη συλλαμβάνεται, χειροῦται δὲ καὶ τὸ συγγενὲς αὐτῇ, ὁ δ᾽ Ἰσαάκιος ἀναγορεύεται αὐτοκράτωρ· καὶ χειραγωγούμενος δι᾽ ἣν ὑπέστη πήρωσιν ὁ τὸ πᾶν ταττόμενος ἐφορᾶν εἰς θῶκον ἀνάγεται τὸν βασίλειον.

Πέμψας δ᾽ εὐθέως ἀγγέ|λους Ἀλεξίῳ τε τῷ υἱῷ καὶ τοῖς τοῦ Λατινικοῦ στρατεύματος ἡγεμόσι παρίστησι τὴν ἀδελφοῦ καὶ βασιλέως φυγήν. οἱ δὲ οὔτε τι τῶν προσδοκωμένων κατὰ τῆς πόλεως ἐνεόχμωσαν καὶ τὸν Ἰσαακίου δὲ υἱὸν οὐ πρότερον αἰτησαμένου τοῦ πατρὸς ἐκπεπόμφασιν, εἰ μή γε καὶ αὐτὸς Ἰσαάκιος εἰς πέρας ἀγαγέσθαι συνέθετο ὅσα διέθετο σφίσιν Ἀλέξιος. τὰ δὲ ἦσαν, ὡς ἐν τοῖς λόγοις ἐρρέθη τοῖς ἔμπροσθεν, μηδεμίαν τῶν πρὸς δόξαν καὶ κέρδος τοῖς διαθεμένοις Λατίνοις ὑπερβολὴν ἀπολείποντα· ὑπὲρ γὰρ τοῦ μὴ τῆς πατρῴας ἀρχῆς ἀποτεύξασθαι πάντα πράττων Ἀλέξιος, χαλίφρον καὶ πραγμάτων ἀδαὲς

---

31 ἀναγορεύεται: nocte 17—18 mens. Iul. a. 1203 **34** πέμψας: die 18 mens. Iul. a. 1203 primo mane

---

24—25 ἱερὰν ἄγκυραν: cf. Diogen. 5, 29 **39** ἐρρέθη: p. 539, 18 sqq.

VA = a, P (usque ad 31 αὐτῇ), RMDF = b, P (ab 31) LO

20 ἔσω V μὲν om. A μὲν: οὖν V^s an οὖν post μὲν add. V^s? **21** ἄλλους RM **24** τὸν pr. om. Bekk **25** τελευτῶν V: τελευταῖον cum PLO scr. D^{pc} **26** τοῦ Φιλοξενίτου post Κωνσταντίνου add. N **31** αὐτοῦ R **32** ταττόμενος: πραττόμενος F **35** βασιλέως καὶ ἀδελφοῦ Bekk **36** οἱ — οὔτε: οὐδ᾽ ἓν δέ M **37—38** αἰτησαμένου — ἀγαγέσθαι om. M **37** ἐκπεπόμφασιν: πεπόμφασιν Ἀλέξιον V **38** συνέθετο: συνήγετο A **40** διατιθεμένοις VA **41** ὑπὲρ: ὕστερον VA ἀποτεύξεσθαι V **42** ἀδεὲς LO

39 διέθετο: ὑπέθετο R: ὑπέσχετο MDFPLO Bekk

παρεισελθεῖν (παρελθεῖν O). οὐκοῦν (καὶ add. P Bekk) τοὺς μὲν κτλ. PLO Bekk **21** ἐκείνῳ post ἔχοντας add. PLO Bekk αὐτὴν om. PLO Bekk **25** τελευταῖον PLO Bekk **29** οἳ βασιλεύσειν αὖθις τὸν Ἰσαάκιον διὰ σπουδῆς πάλαι (πάλαι om. O) ἐτίθεντο PLO Bekk **35** τὴν: τὴν τοῦ PLO Bekk **39** Ἀλέξιος: ὁ αὐτοῦ υἱὸς (υἱὸς αὐτοῦ Bekk) Ἀλέξιος PLO Bekk μειράκιον, οὔτ' ἠκριβολόγησε πρὸς οὐδὲν τῶν ζητημάτων, οὔτε μὴν τὸ μισορρώμαιον φρόνημα τῶν Λατίνων ὁπωσοῦν ἐβάλετο κατὰ νοῦν. ἐπὶ τοιαῖσδε τοίνυν τοῦ βασιλείου ὕψους καταστροφαῖς τὴν εἰς τὴν πόλιν πριάμενος εἴσοδον συνεδρίας ἠξίωται πατρικῆς καὶ βασιλείας προσλέληπται κοινωνός. ἅπας τοίνυν φυλέτης τῆς πόλεως εἰς τὰ ἀρχεῖα συνέτρεχε σὺν τῷ πατρὶ τὸν υἱὸν ὀψόμενος καὶ ἀμφοῖν ἀποδώσων προσκύνησιν.

Μετ' οὐ πολλὰς δ' ἡμέρας οἱ τῶν Λατίνων ἡγεμόνες ἐς τὰ βασίλεια παραβάλλουσιν, οὐχ οὗτοι δὲ μόνον, ἀλλὰ καὶ οἱ τὸ γένος παρ' ἐκείνοις ἐπίσημοι· καὶ παρενηνεγμένων σκιμπόδων τοῖς βασιλεῦσι συνηδρίαζον ἅπαντες, εὐεργέται καὶ σωτῆρες ἀκούοντες καὶ πᾶσαν ἄλλην ἀγαθὴν προσηγορίαν δεχόμενοι, ὡς τὸν φίλαρχον Ἀλέξιον ἐς αὐτὰ τισά|μενοι τὰ παιδικά, δυσπραγοῦσι δ' αὐτοῖς ἐπαμύναντες. οὐ ταῦτα δὲ μόνον, ἀλλὰ καὶ πάσης μετεῖχον φιλοφροσύνης καὶ δεξιώσεως, θεραπευτήριά τε καὶ τρυφητήρια τούτοις ἐπινενόηντο· Ἰσαάκιος γάρ, εἴ τι που ἔστεγεν ἔνδον τὸ γαζοφυλάκιον τὸ βασιλικόν, καὶ αὐτὸς δὲ πορισάμενος ἦν συνειληφὼς Εὐφροσύνην τὴν βασιλίδα καὶ τοὺς τὸ γένος ἐς αὐτὴν ἀναφέροντας, ἐξεφόρει τε ἀμφοτέραις καὶ μετήγγιζεν ἀφειδέστερον.

Ἐπεὶ δὲ ταῦτα ὡσεὶ καὶ ῥανὶς ἐκρίνετο τοῖς λαμβάνουσιν (οὐδὲν γὰρ ἔθνος ἐρασιχρηματώτερον τοῦδε τοῦ γένους τρεχεδειπνότερόν τε καὶ δαπανηρότερον ἕτερον) καὶ διψῶντες ἦσαν ἀεὶ προχοῶν πελάγους Τυρσηνικοῦ, ἅπτεται καὶ τῶν ἀψαύστων παναθεμίτως, ὁπόθεν, οἶμαι, καὶ τὰ Ῥωμαίων ἀνατέτραπται τέλεον καὶ ἠφάντωται· ὡς γὰρ χρημάτων ἐσπάνιζε, καὶ τοῖς θείοις ἐπεφύη διὰ τοῦτο τεμένεσιν. ἦν ἰδεῖν οὐ

---

50 μεθ' — ἡμέρας: intra dies 19 mens. Iul. et 1 mens. Aug. a. 1203

---

60 ἐξεφόρει . . . ἀμφοτέραις: cf. p. 188, 30 **63—64** πελάγους Τυρσηνικοῦ: cf. p. 60, 42

VA = a, RMDF = b, PLO

43 οὐδὲ ἓν RMDF ζητουμένων R **45** ἐπὶ τοιαῖσδε: ἐπιτηδείως O τοίνυν: νῦν R **47** προσλέλειπται DPLO **48** σὺν om. O **52** ἐπίσημον R συνεδρίαζον RO Sc: συνήδριζον Bekk **54** τισάμενοι: τεθέμενοι A **55** ἐπαμύνοντες R **57** ἐπινενόηνται Bekk γὰρ om. O ἔτι post που add. RDFN **58** τὸ γαζοφυλικὸν τὸ ἀγαλικόν A ὡς ante συνειληφὼς add. O **59** εἰς Bekk **60** ἀφειδέστερον : ἀδεέστερον Bekk **65** ἀνατρέπεται DF

46 ἠξίωτο b PLO Bekk **55** δυσπραγοῦσι δ': καὶ δυσπραγοῦσιν b PLO Bekk **58** τὸ (τὸ: τοῦ O: τὸ τοῦ N) βασιλέως (-είας Bekk) γαζοφυλάκιον b PLO Bekk συμπορισάμενος b PLO Bekk **65—66** ὡς — τεμένεσιν suppl. P^mg^: om. b LO **66** ἦν: ἦν γὰρ b PLO Bekk

43 οὔτε PLO Bekk πρὸς οὐδὲν: τινα PLO Bekk **50** οἱ: καὶ οἱ PLO Sc Bekk μόνον τὰς ἱερὰς εἰκόνας Χριστοῦ ἀξίναις ἐκκοπτομένας καὶ χαμαὶ ῥιπτομένας καὶ τοὺς αὐτῶν κόσμους μὴ σὺν φειδοῖ καὶ ὡς ἔτυχεν ἐκσπωμένους καὶ πυρὶ παραπεμπομένους, ἀλλὰ καὶ σκεύη τὰ σεπτά τε καὶ παναγῆ ἀπεριθαμβήτως ἐκ τῶν ναῶν ἁρπαζόμενα καὶ πυρούμενα καὶ ὡς κοινὸν ἀργύριον καὶ χρυσίον τοῖς πολεμίοις στρατεύμασι παρεχόμενα. καὶ τῆς κατὰ τῶν ἁγίων τῆσδε λύττης οὔτ᾽ αὐτὸν τὸν κρατοῦντα εἰσῄει τις αἴσθησις ὁπωσοῦν τῶν τε ἄλλων οὐδεὶς παρρησιαζόμενος ἦν τὴν εὐσέβειαν, ἀλλὰ τῆς | ἐχεμυθίας ἕνεκεν, εἴτ᾽ οὖν ἀναλγησίας εἰπεῖν οἰκειότερον, οὐδὲν τῶν παραφόρων διενηνόχαμεν, ὅθεν ὡς ὑπεύθυνοι πεπόνθαμέν τε καὶ εἴδομεν ὁπόσα βαρυσυμφορώτερα τῶν κακῶν.

Ὁποῖον γὰρ τὸ χυδαΐζον στῖφος τῆς πόλεως, μήτ᾽ αὐτόθεν τοῖς ἐπαινετοῖς προσχωροῦν, μήθ᾽ ἑτέρῳ πειθόμενον εἰσηγουμένῳ τὰ λῷονα, ἤδη ταῖς Ῥωμαϊκαῖς χώραις εἰσκεχυμένων τῶν πολεμίων εἰς ἔδαφος καθαιρεῖ καὶ διαλύει παραλόγως εἰς χοῦν τὰς πρὸς θάλασσαν οἰκίας τῶν ἐξ ἑσπέρας ἐθνῶν, μὴ διαστεῖλαν τοῦ πολεμίου τὸ φίλιον. ἐδυσχέραινον οὖν πρὸς τὴν ἀτοπίαν ταύτην καὶ ἀβουλίαν οὐχ οἵπερ μόνον ἐκ τῆς Ἀμάλφης ἤθεσιν ἐντεθραμμένοι Ῥωμαϊκοῖς, ἀλλὰ καὶ οἱ τῶν ἐκ τῆς Πίσσης τὴν Κωνσταντίνου ἀνθείλοντο. μήπω τοίνυν φυγὰς ὁ βασιλεὺς ὀφθεὶς Ἀλέξιος χρησταῖς ἐλπίσι τοὺς ἐκ τῶνδε τῶν γενῶν ἐβουκόλει καὶ τὸ τῆς λύπης ἀφῄρει πολύ. ὡς δ᾽ ὁ μὲν δρασμῷ ἐχρήσατο, βασιλεύσας δ᾽ ἦν Ἰσαάκιος, καταλλάσσει τοὺς ἐκ Πίσσης τοῖς Βενετίκοις, καθ᾽ ἡμῶν καὶ τοῦτο ἐπιτεχνώμενος· οἱ δὲ πρὸς τὴν Περαίαν ἀπάραντες, ἐν ᾗ κατέλυον οἱ διάφοροι, γίνονται τοῖς πρώην ἀντίφροσι σύσκηνοι καὶ ὁμόδειπνοι καὶ τὰ πάντα συμφυεῖς καὶ ὁμόφρονες.

VA = a, RMDF = b, PLO

67 καὶ om. ARMDF **69—70** καὶ παναγῆ — ἀπερι(θαμβήτως) om. M **71** παρεχόμενον VA **72** τὸν om. M L^ac **75** ὅθεν: ὅθεν καὶ O **76** τε: τι A: om. R ὅσα F βαρυσυμφορώτατα L **78** ἕτερα A: ἑτέρων R **79** ἐς V **80** ἐς A **82** πρὸς τὸ τοῦ πράγματος ἄτοπον καὶ παράλογον B οὐ μόνον ὅσοι Bekk **83** Ἀμάλφης cum VA scr. Sc ἦσαν post Ἀμόλφης add. O, post ἤθεσιν L^s ἤθεσιν: ἔθνεσιν A τῶν ἐκ: ἐκ τῶν VA τῆς om. RMDF **86** ἀφαιρεῖ A **89** διάφοροι: πολέμιοι O σύσκηνοι: ὁμόσκηνοι VA **90** καὶ τὰ: κατὰ DF

75 ἅπαντες post διενηνόχαμεν add. b PLO Bekk **82** τὴν ἀβουλίαν ταύτην καὶ ἀτοπίαν b PLO Bekk **82—83** τῆς Ἀμόλφης (τοῖς Ἀμόλφοις R) b PLO Bekk **84—85** ὀφθεὶς ὁ βασλεὺς b PLO Bekk

68 καὶ alt.: ἀλλ᾽ PLO Bekk **82** οἵπερ: ὅσοι PLO Bekk **87** ἐκ τῆς Πίσσης PLO Bekk **88** ἀσυντηρήτως post τοῦτο add. PLO Bekk

Ἐννεακαιδεκάτην δ' ἄγοντος τοῦ Αὐγούστου μηνός, τῆς ἕκτης ἰνδικτιῶνος τοῦ ἑξακισχιλιοστοῦ ἑπτακοσιοστοῦ ἑνδεκάτου ἔτους, τινὲς τῶν Φραγγίσκων | (οὗτοι δέ εἰσιν οἱ πάλαι Φλαμίονες κικλησκόμενοι) Πισσαίων καὶ Βενετίκων μοῖραν προσειληφότες ὡς εἰς ὄψον ἕτοιμον καὶ πρόχειρον ἕρμαιον τὰ τῶν Σαρακηνῶν διαπλωΐζονται χρήματα. καὶ δὴ τὸ σύνταγμα ἐκεῖνο τὸ πονηρὸν τῇ πόλει προσσχὸν δι' ἁλιάδων (οὐδὲ γὰρ ἦν τις ὁ προσιστάμενος ὅλως ἐπεισπλέειν σφας τῇ πόλει καὶ αὖθις ἀνάγεσθαι) τῷ τῶν ἐξ Ἄγαρ συναγωγίῳ λάθρᾳ ἐπεισπίπτουσιν, ὅ φησι Μιτάτον ἡ δημώδης διάλεκτος, καὶ τὰ ἐνόντα μετὰ ξίφους ληστεύουσιν. ὡς δ' οὕτω ταῦτα παραλόγως καὶ ὑπὲρ δόκησιν πᾶσαν παρηνομεῖτο, ἠμύνοντο μὲν αὐτοὺς οἱ Σαρακηνοὶ τὰς χεῖρας τοῖς παρατυχοῦσιν ὁπλίσαντες, ἐπιβοηθοῦσι δὲ καὶ Ῥωμαῖοι, παρὰ τῆς τοῦ κακοῦ φήμης ἐκεῖσε συνηλισμένοι. καὶ οὔκουν μὲν ἅπαν ὁπόσον καὶ ἔδει κατήνυσαν, ἐπὶ δὲ βραχὺ τῆς τῶν ἀνδρῶν ἐκείνων ὁμαιχμίας ἀναχώρησις γίνεται. οἱ δὲ τὸ δι' ὅπλων ἀντέχειν μεθέντες ἐπὶ τῷ μὴ πάνυ πρότερον ἐμπρησμῷ διανοοῦνται καὶ πρόσφατον, ἀνυσιμώτατον ἀμυντήριον καὶ ὑπὲρ ἅπαν ἕτερον τὴν πόλιν ἔχον ταχὺ κατεργάσασθαι πείρᾳ μεμαθηκότες τὸ πῦρ.

Καὶ δὴ κατὰ πλείστους διαστάντες τόπους πῦρ ταῖς οἰκίαις ὑφάπτουσι. τὸ δὲ μεταρσιωθὲν ὑπὲρ ἔννοιαν τὴν νύκτα ὅλην ἐκείνην καὶ τὴν ἐπιοῦσαν ἡμέραν καὶ τὴν ταύτης διάδοχον ἑσπέραν τὸ πᾶν ἐπενέμετο. καὶ ἦν καινὸν τὸ ὁρώμενον καὶ πᾶσαν ὑπερβαῖνον λό|γου δύναμιν· πολλῶν γὰρ καὶ ἄλλων τῇ πόλει πρότερον ἐμπρησμῶν, οὐμενουν εἴπῃ τις ὁπόσων καὶ οἵων γεγενημένων, ὁ τότε συμβὰς ἐναύσματα

---

92 die 19 mens. Aug. a. 1203

---

3 τῶν ἐξ Ἄγαρ: cf. p. 28, 21

VA = a, RMDF = b, PLO

91 δ' ἄγοντος: διάγοντος M Bekk **91—92** ϛ' et ,ϛψια' codd. exc. R, ubi ,ϛψἑνδέκατον, V **92** καὶ post ἑπτακοσ. add. Bekk **93** Φραγκίσκων A **94** ὡς om. A ὄψιν R **95** ἕρμαιον om. V **1** σύναγμα V ἐκεῖνο: τόδε O **2** ὅλως : ras. L ἐπεισπεσεῖν V **3** εἰσπίπτουσιν VA **6** τοῖς: γὰρ sed τοῖς sscr. V **8** συνηλισμένοι ἐκεῖσε A ὅσον D **9** ἐπὶ βραχὺ δὲ A **10** πάνυ om. M **12** ἔχον om. O **15—16** τὴν pr. — ἑσπέραν: ὅλην τὴν νύκτα καὶ τὴν ἡμέραν καὶ τὴν διάδοχον τῆς αὐτῆς νύκτα B

91 ἐννακαιδεκάτην b exc. R, PL^pc^O Bekk **91—92** τῆς — ἰνδ.: suppl. P, ubi τοῦ — ἔτους i. r. ca. 25 litt.: om. b LO **95** προχειρότατον b PLO Bekk **11** πρόσφατον: δεύτερον b PLO Bekk **15—16** τὴν — ἑσπέραν cum a scr. P, ubi **16** τὴν pr. — ἑσπέραν i. r. 25 litt. et mg.: τὴν ταύτης διάδοχον ἡμέραν b LO

2 ἐπιπλέειν PLO Bekk **8** καὶ om. P^ac^ LO

βραχέα τοὺς πάντας ἀπέδειξε. πολλαχοῦ γὰρ διαιρούμενος καὶ διασπώμενος τῆς συνεχείας αὖθις συνήρχετο καὶ ὡς εἰς ὁλκὸν ἕνα πυρόεντος συνήπτετο ποταμοῦ. ἀνετρέποντο στοαί, ἀγορῶν κάλλη κατερριπτεῖτο, κιόνων μέγεθος διεφορεῖτο καθ᾽ ὕλην εὔπρηστον. οὐκ ἦν τῶν ὄντων οὐδέν, ὃ ἦν ἐκείνου τοῦ πυρὸς σθεναρώτερον. τὸ δὲ δὴ καινότερον, ὡσεὶ ψωμοὶ πυρὸς ἐξ ἐκείνης τῆς βαρυβρόμου καὶ σιδηρᾶς ἐμπρήσεως ἀποσπώμενοι καὶ φερόμενοι διαέριοι τὰς πόρρωθεν οἰκοδομίας κατέφλεγον, κατὰ διαστήματά πως ἀκοντιζόμενοι καὶ ὡς οἱ ἐν αἰθέρι διᾴττοντες ἐκτεινόμενοι· καὶ τὸν ἐν μέσῳ χῶρον ἀθιγῆ τῷ τέως ἐῶντες καὶ ἀκατάπρηστον, μετὰ βραχὺ κἀκεῖνον ἐπανιόντες συνέμαρπτον καὶ ἠφάνιζον. ἐν πολλοῖς δὲ καὶ κατ᾽ εὐθυωρίαν τὸ πῦρ προϊόν, ὑπ᾽ ἀνέμου βορρᾶ ἐλαυνόμενον, μετὰ βραχὺ παρεγκλῖναν, ὡς εἰ νότος αὐτὸ διερρίπιζεν, ὡρᾶτο δόχμιον, ἀμαυροῦν ἐπιστροφάδην καὶ τὰ ὅλως ἐμπρησθῆναι ἀνυπονόητα. ἐπελάβετο δὲ καὶ τοῦ Μεγίστου Νεὼ τὸ δεινόν. καὶ δὴ ὅσα πρὸς ἁψῖδα νένευκε τοῦ Μιλίου καὶ τῷ ἀνδρῶνι συνῆπται τῷ Μάκρωνι καὶ τῷ λεγομένῳ αἱ Σύνοδοι | εἰς ἔδαφος κατερράγησαν, μὴ τῆς ὀπτῆς ἐπαρκεσάσης πλίνθου, μὴ τῶν βαθέων ἀντισχόντων θεμέθλων, ἀλλ᾽ ἐνδόντων πάντων καὶ δίκην θρυαλλίδων κατεργασθέντων.

Ἤρξατο μὲν οὖν ἡ πρώτη τοῦ πυρὸς ἁφὴ ἀπὸ τοῦ συναγωγίου τῶν Σαρακηνῶν (τὸ δέ ἐστι κατὰ τὸ πρὸς θάλασσαν ἐπικλινὲς καὶ βόρειον μέρος τῆς πόλεως καὶ τῷ τεμένει ἐγγίζον, ὃ ἐπ᾽ ὀνόματι τῆς ἁγίας Εἰρήνης ἵδρυται), καὶ πρὸς μὲν ἕω κατὰ εὖρος ἐλώφησεν ἐς τὸν νεὼν τὸν παμμέγιστον, κατὰ δ᾽ ἑσπέραν ἐς τὸ λεγόμενον Πέραμα ἐξεμηκίσθη, καὶ διερρύη ἔκτοτε τοῦ πλάτους λαβόμενον τῆς πόλεως καὶ πέρας ἔθετο τῆς ὁρμῆς τὰ νότια τείχη τῆς πόλεως, ἢ μᾶλλον τὸ καινότατον, καὶ ταῦτα κατ᾽ ἐπίβασιν ὥσπερ ὑπεραλάμενον τὰς ἔξωθεν οἰκήσεις κατενεμήσατο καὶ νῆα περιπλέουσαν ἄνθρακες ἐκτιναχθέντες κατέφλεξαν.

VA = a, RMDF = b, PLO

21 συνεχείας: συμμαχείας O **22** συνήπτοντο V **23** ἔμπρηστον RDF **28** διᾴττοντες: διατάττοντες R **30** καὶ om D **31** βορρᾶ: φορᾶ A παρεκκλίναν LO: παρεκκλῖναν Bekk **32** καὶ om. VAL **34** ἀνδρῶνι: δόμω V: δήμῳ A: οἴκω B **35** καὶ — Σύνοδοι om. VA ἐς VA **36** μὴ: μηδὲ VA **39** κατὰ: καὶ A **41** μὲν om. Bekk κατ᾽ εὖρος D τὸν om. VA **42** εἰς D **43** τοῦ — πόλεως om. VA Sc **43—44** καὶ πέρας — πόλεως om. MF Bekk **45** καὶ ταῦτα: κατ᾽ αὐτῶν V ὑπεραλώμενον O τῆς πόλεως post ἔξωθεν add. Bekk **46** κατέφλεξαν: κατέκαυσαν O

33 συνεπελάβετο b PLO Bekk **41** ἐλώφησεν: λωφῆσαν τὸ (τὸ: ἐς τὸ M) πῦρ b

24 καινότερον: παράδοξον PLO Bekk **28** καὶ: τῷ τοι καὶ LO **38** μὲν om. P[ac] LO **39** καὶ om. PLO Bekk **41** κατ᾽ εὖρος PLO Bekk λωφῆσαν PLO Bekk (cf. b)

ἠθάλωντο δὲ καὶ οἱ τοῦ Δομνίνου λεγόμενοι ἔμβολοι αἵ τε ὑπόστεγοι ἀμφίδυμοι ἄμφοδοι αἱ ἀπὸ τοῦ Μιλίου ἀρχόμεναι, ὧν θατέρα εἰς αὐτὸ παρέτεινε τὸ Φιλαδέλφιον. σὺν αὐτοῖς δὲ καὶ ἡ Κωνσταντίνειος ἀγορὰ καὶ τὰ μεταξὺ πάντα, ὅσα πρὸς βορρᾶν καὶ νότον πρόεισιν ἄνεμον. οὐδ᾽ αὐτὸ τὸ ἱππικὸν ἀδιαλώβητον ὑπολέλειπτο, ἀλλὰ καὶ τούτου τὸ πρὸς τοὺς δήμους ἅπαν μέρος ἐξεπυρώθη, καὶ ὅσα κάτεισιν ἐς Σοφίας καὶ κατ᾽ αὐτὸ τὸ Βύκανον παρεκτείνεται, καὶ καθεξῆς ὁπόσα τοῖς τῶν Ἐλευθερίου ἀγχιτέρμονα μέρεσι.

Τοῦ δὲ πυρὸς ἀπὸ θαλάσσης ἕως θαλάσσης τὴν πόλιν διαζώσαντος καὶ | διελόντος ὡς εἰς χάσμα μέγιστον ἢ ποταμοῦ πυρὸς μέσον ἕλκοντος, οὐκ ἦν ἀκίνδυνον συμμῖξαι τοῖς φιλουμένοις, εἰ μή τις ἀκατίῳ διεπορθμεύετο. τότε καὶ οἱ πλείους τῶν οἰκητόρων τῆς πόλεως τῶν οὐσιῶν ἀπεψίλωντο, οἷα τοῦ πυρὸς τοῖς μὲν ἀπαρασκεύοις ἐπιπαφλάσαντος, τῶν δὲ τὰ ὄντα μεταθεμένων πρὸς ἑτέρας καταγωγὰς καὶ μηδ᾽ οὕτω διασωσαμένων αὐτά· ἕλιξι γὰρ καὶ περικαμπαῖς ἐκτροπαῖς τε πλείσταις καὶ ἐπανόδοις τὸ πῦρ χρησάμενον ἠφάντου τὰ μεταγόμενα. ὤ μοι τῶν λαμπροτάτων καὶ περικαλλῶν δόμων καὶ παντοίας γεμόντων χάριτος καὶ του ῥυηφενοῦς βίου καὶ ζηλωτέου παρ᾽ ἅπασι.

Πρὸς δὲ τὰ δεινότατα ταῦτα συναντήματα ὅ τε βασιλεὺς Ἰσαάκιος καὶ ὁ τούτου υἱὸς Ἀλέξιος οὐχ ὅπως οὐκ ἐδυσχέραινον, ἀλλὰ καὶ συντελεσμὸν ἐπηύχοντο τοῦ παντός, οἱ τῆς πατρίδος δαλοί, οἱ τὴν ὄψιν φλογεροί, κἀντεῦθεν διαχαράττοντες τὸν ἐμπρηστὴν γραφικὸν πονηρὸν ἄγγελον. μήπω δὲ καθαρῶς λωφήσαντος τοῦ πυρός, ἡ τῶν θείων

55 ἀπὸ — θαλάσσης: cf. Ps. 71, 8   68—69 τὸν — ἄγγελον: cf. 4 Mach. 7, 11 (ἐμπυριστὴν ἄγγελον)

VA = a, RMDF = b, PLO

47 ἠθάλωσαν O   Δομνίου A: Δομνίκου D^{ac} λεγόμενοι om. L   47—48 αἱ — ἀρχόμεναι om. VA: hab. B Sc   48 ἀρχόμενοι R   θάτερος VA: ἁτέρα Bekk   ἐς VAO   49 φιλάδελφον M   καὶ om. Bekk   50 τὰ om. D   ὅσα — ἄνεμον om. VA: hab. Sc: ὅσα πρὸς βορρὰν καὶ νότον βλέπουσιν B   51 οὐδ᾽: ἀλλ᾽ οὐδ᾽ VA   ἀλλὰ om. V: ἐπεὶ A   52 δήμους: δυσμὰς Bekk   μέρος ἅπαν F   53 κάτεισιν: πρόεισιν VA   53—54 τῶν Ἐλ.: τοῦ Ἐλ. Bekk   56 διελόντος: διελθόντος Bekk   ἕλκοντος: ἕλικος V   59 ἐπιφλάσαντος P: ἐπιφθάσαντος Bekk   61 πλείστοις RM   62—64 αἵ αἵ μοι καὶ φεῦ εἰς τοὺς λαμπροτάτους μου οἴκους καὶ περικαλεῖς τοὺς πάσης γέμοντας χάριτος καὶ τοῦ πλουσίου μου βίου B   64 ῥυηφανοῦς P   68 ἐνδιαχαράττοντες V

52 τοὺς om. b PLO Bekk   55 οὕτως post διαζώσαντος add. b   64 βίου: βιότου b   65—69 ὁ μὲν βασιλεὺς Ἰσαάκιος ἤχθετο, εἰ καὶ μὴ ἐς ὅσον εἰκός, ὁ δὲ τούτου υἱὸς Ἀλέξιος οὐχ ὅπως οὐκ ἐδυσχέραινεν (-ανεν Bekk), ἀλλὰ καὶ συντελεσμὸν ἐπηύχετο τοῦ παντός, ὁ τῆς πατρίδος δαλός, ὁ (ὁ: καὶ P L^{ac}? O Bekk) τὴν ὄψιν φλογερός, καὶ (κἀντεῦθεν i. r. 3 litt. P Bekk) διαχαράττων ἐντεῦθεν (ἐντ. om. P Bekk) τὸν (τὸν: τὸν ἐμπρηστὴν i. r. 10 litt. P) γραφικὸν (ἐμπρηστὴν add. Bekk) πονηρὸν ἄγγελον b PLO Bekk

49 παρατείνει PLO Bekk   55 οὑτωσὶ ante διαζωσάντος add. PLO Bekk (cf. b)   63 δόμων etiam P: ἐμῶν δόμων LO   64 βίου: πλούτου PLO Bekk

αὖθις κειμηλίων συλλογή τε καὶ χώνευσις ὑπὲρ τὸ πρὶν ἐπετείνετο. ὁ δέ γε τῶν Λατίνων στρατὸς τὸν χορηγούμενον αὐτοῖς οὕτω χρυσόν τε καὶ ἄργυρον εἴς τε τὰς σωματικὰς χρείας ὡς ὕλην βέβηλον μετεσκεύαζον καὶ τοῖς | βουλομένοις προύβαλλον εἰς πρατήριον, ἑαυτοῖς μὲν τὸ ἀνεπέγκλητον ἐπιμαρτυρόμενοι (οὐδὲ γὰρ ἠγνόουν, ὁπόθεν συνείλεκτο τὰ σφίσι βραβευόμενα χρήματα) ὡς τὰ ὠφειλημένα λαμβάνουσι, τοῖς δὲ Ῥωμαίοις τὴν ὑψόθεν ἐπιχαλῶντες ὀργήν, ὡς περιέπουσι μὲν τὰ οἰκεῖα, κοινοῦσι δὲ τὰ θεοῦ.

Δεῆσαν δὲ κἀκ τῶν Λατινικῶν δυνάμεων σύναρσιν εὕρασθαι τὸν Ἀλέξιον (ὁ γὰρ θεῖος αὐτῷ καὶ πρώην βασιλεύων Ἀλέξιος ἀπαναστὰς Δεβελτοῦ τὴν Ἀδριανοῦ κατέλαβε, καὶ ἣν ἀπείπατο βασιλείαν ἐρασταῖς καταπροδοὺς ἐκμανέσιν, ἐρᾶν τε πάλιν καὶ πειρᾶν οὐκ ἠνέσχετο), οὐκ ἄλλως συνέκδημον αὐτῷ καὶ συστράτηγον τὸν μαρκέσιον ἐπεσπάσατο Βονιφάτιον, εἰ μὴ χρυσίου δέκα πρὸς τοῖς ἓξ καταθέσθαι οἱ συνέθετο κεντηνάρια. ἐξιὼν τοίνυν φυγάδα δείκνυσι τὸν Ἀλέξιον συντονωτέρῳ τοῦ προτέρου καὶ πολλῷ μακροτέρῳ χρησάμενον δραπετεύματι. ἀμέλει καὶ τὰς Θρᾳκίας πόλεις περιελθών, καὶ ταύτας καταστησάμενος, εἰπεῖν δὲ καὶ καλαμησάμενος (ὁ γὰρ συνέκδημος ἐκείνῳ στρατὸς συχνάκις ὠρεκτία τῶν χρυσορρείθρων ἀρύεσθαι καὶ κατὰ τοὺς διψάσι δηχθέντας πίνων οὐκ ἐκορέννυτο), καὶ μέχρι Κυψέλλων κατιών, ἐπάνεισιν αὖθις εἰς τὰ βασίλεια, ἅπας τῆς φατρίας ἐξηρτημένος, οἳ τὴν τοῦ πατρὸς πήρωσιν καὶ τὴν ἐκ τῆς ἀρ|χῆς καθαίρεσιν Ἀλεξίῳ τῷ θείῳ συνδιεπράξαντο.

Ὃ καὶ μὴ φέρειν Ἰσαάκιος ἔχων, ὅτι καὶ ἣν καιροφυλακῶν εἰς φῶς ἐκρῆξαι τὸν κότον, ὃν ὑπέτυφεν ἐκ μακροῦ τῇ ψυχῇ κατὰ τῶν σχέτλια ἐκεῖνον ἐργασαμένων, κακηγορῶν οὐκ ἔληγε τὸν υἱόν, καὶ μάλισθ' ὅτι

---

84 ἐξιών: ca. diem 19 mens. Aug. a. 1203 **89** ἐπάνεισιν: die 11 mens. Nov. a. 1203

VA = a, RMDF = b, PLO

74 ἐπιμαρτυρόμενοι: ὡς μαρτυρόμενοι R: ἐπιμαρτυρούμενοι M οὐδὲ: οὐ Bekk **75** χρήματα om. V: ὁπόθεν ταῦτα συνήγοντο B τὰ alt.: τὰ αὐτὰ R **76** ὀργὴν: ὁρμὴν O **77** τὰ (om. M) τοῦ θεοῦ RMO τοῦ θεοῦ RMO **78** Λατίνων RO εὑρέσθαι O **81** ἠνέσχετο: ᾐσχύνετο Bekk **82** ἐσπάσατο R **83** συνέθεντο RM Bekk **86** Θρακίους V: Θρακείας R **87** ἐκείνῳ om. A: ἐκείνης F συχνάκις: πολλάκις F **89** αὖθις: πάλιν Bekk **94** κότον: τόκον V ἐπέτυφεν R **95** κατηγορῶν V ἔληγε: ἐνέλιπε Bekk

80—81 καὶ — ἠνέσχετο suppl. P, ubi τοῦ Δεβελτοῦ — ἠνέσχετο i. r. ca. 25 litt. et mg.: om. b LO **84—85** ἐξιὼν — δραπετεύματι suppl. P^mg, ubi συντονώτερον et μακρότερον: om. b LO

70 καταχώνευσις PLO Bekk **71** οὑτωσὶ PLO Bekk **80** τοῦ Δεβελτοῦ PLO Bekk **89** καὶ om. P^ac LO **95** δεινὰ post ἐργασαμένων add. PLO Bekk τὴν οἰκείαν ἑώρα ἰσχὺν ὑποβαίνουσαν καὶ κατὰ βραχύ πως ἀφιπταμένην καὶ πρὸς τὸν υἱὸν μεταρρέουσαν. ἀπεπνίγετο δὲ καὶ πρὸς τὴν μετάθεσιν τῆς ἀναγορεύσεως· ὁ μὲν γὰρ υἱὸς προταττόμενος κατατεινομέναις ἀνευφημεῖτο φωναῖς, ὡς τῷ πατάγῳ κόπτεσθαι τὰ ἀνάκτορα, ὁ δὲ κατὰ τὸ τῆς ἠχοῦς ὑστερόφωνον παρηκολούθει ταῖς υἱϊκαῖς καὶ στερροτέραις ἀνακηρύξεσιν. οὐδὲν δέ τι δρᾶσαι πρὸς τὰ συμβαίνοντα οὕτω δυνάμενος ὑπ' ὀδόντα ἐτονθόρυζε καὶ οἷς ὡς ἐξ ἀδύτων τῆς καρδίας ἀνεμήρυε τὰ ἀπόρρητα κατὰ τοῦ υἱοῦ ἀπόφημα διελέγετο, ἕωλα μὲν αὐτῷ τὰ χρηστὰ λέγων εἶναι, καὶ ὡς οὐδ' ὅλως σωφροσύνῃ ἐρρύθμισται, ἐν τοῖς χειρίστοις τὸ ἦθος τυπούμενος, φθόροις τε ἀνδράσι συνδιαιτώμενος καὶ κόπτων ἐν τῷ μέρει τοὺς ἑταίρους κατὰ γλουτῶν καὶ ὑπ' ἐκείνων αὖθις ἐπικρουόμενος.

Οὐ μάτην δὲ ταυτὶ καὶ εἰκαίως κατὰ τοῦ υἱοῦ ἠγόρευεν Ἰσαάκιος, ἀλλὰ καὶ πλείω τούτων καὶ ἀσελγέστερα πολλῷ πλημμελῶν τὸ μεγαλοπρεπὲς καὶ παγκλέϊστον τῆς τῶν Ῥωμαίων βασιλείας κατερρύπαινεν ὄνομα. εἰς γὰρ τὰς τῶν βαρβάρων σκηνὰς μετὰ μετρίων ὀπαδῶν περαιούμενος συνεκραιπάλα τοῖς ἐν | αὐταῖς καὶ συνδιημερεύων ἐκύβευεν. οἱ δὲ συμπαίγμονες ἐκείνῳ τὸ τῆς κεφαλῆς ἀφαιροῦντες διάδημα, χρυσόκολλον ὂν καὶ λιθόστρωτον, αὐτοὶ μὲν ἐκεῖνο περιετίθεντο, τὸν δ' Ἀλέξιον περιέβαλλον τὸ λαχνῆεν καὶ ἐρεοῦν καὶ τῆς Λατινικῆς ταλασίας κάλυμμα.

Οὐ μόνον δὲ ὁ Ἀλέξιος ἐνευκαιρῶν ταῖς πράξεσι ταύταις παρὰ τοῖς τῶν Λατίνων εὐσχήμοσι καὶ τοῖς τῶν Ῥωμαίων ἐχέφροσι βδελυγμίας ἐκρίνετο, ἀλλὰ καὶ ὁ τούτου πατὴρ Ἰσαάκιος οὐκ ἐπ' ἔλαττον ἦν στυγητός, ἐπειδήπερ καὶ πάλιν ἀλλοκότοις δόξαις περιεφέρετο λόγιά τε καὶ ὀμφὰς συντιθεὶς οὐκ ἔληγε τῶν ἐπὶ τῆς προτέρας ἀρχῆς ἀρρητότερα.

VA = a, RMDF = b, PLO

1 καὶ om. VA ἐφιπταμένην R **2** ἐπνίγετο V **3** προσταττόμενος V **5** τῆς om. DF **6** δὲ om. M **7** ὡς ἐξ: ἐκ τῶν L[pc] **9** εἶναι λέγων D σωφροσύνην V abbrev. A **11—12** κόπτων — ἐπικρουόμενος: τὰ ἤθη μιμησάμενος χείρων τούτων ἐγένετο παίζων μετ' αὐτῶν καὶ σφονδηλέας κρούων αὐτοῖς καὶ οὗτοι πάλιν αὐτόν B **14** πολλῷ om. VB **15—16** τῆς βασιλείας κατερρύπαινεν ὄνομα τῶν Ῥωμαίων DF **17** συνεκραιπάλαι M: -λει DFK αὐτοῖς DF **20—21** τὸ ἐξ ἐρίου Λατινικὸν κάλυμμα Sc **23** τῶν: ἐκ τῶν O ἐχέφροσι VB: σώφροσι cum b PLO scr. A βδελυγμένας R

11—12 κόπτων — ἐπικρουόμενος cum a scr. D[mg]: τὰ ἤθη τούτων ἀναματτόμενος b PLO Bekk **14** τούτων: ἕτερα b PLO Bekk **20** καὶ ἐρεοῦν suppl. P[mg]: om. b LO **23** σώφροσι b PLO Bekk

6 συμβαίνοντα: γινόμενα PLO Bekk **21** κάλυμμα: περίβλημα PLO Bekk **22** ὁ om. P[ac] LO Sc εἴ γε πάλαι μὲν τὸν μόναρχον ἐφαντάζετο καὶ αὐτὸς εἶναι ἀναιδῶς διετείνετο ὁ τῇ δυσμῇ συνάψων τὴν ἕω καὶ κράτος περιζωσόμενος τὸ παγκόσμιον, τότε δὲ καὶ τὴν πήρωσιν ἀποτρίψασθαι προσεδόκα τῶν ὀφθαλμῶν καὶ ὡς λεβηρίδα τὴν νόσον ἀποξύσασθαι τὴν ἀρθρίτιδα καὶ τὸ ὅλον εἰς ἄνδρα θεοείκελον ἀμειφθήσεσθαι, ὥστε καὶ τῶν μοναστῶν οἱ καταρατότατοι καὶ βαθεῖ ληΐῳ κομῶντες τὴν τοῦ πώγωνος ἄρουραν, εἰς αἰσχύνην τε οἰκείαν τὸ θεοφιλὲς οἱ θεομισεῖς περικείμενοι σχῆμα, τὰς ἀρχικὰς τραπέζας μεταδιώκοντες καὶ τῶν ἰχθύων τοὺς νεαλεῖς καὶ πίονας περιχαίνοντες, συνδειπνοῦντες Ἰσαακίῳ συγκαθίστων ἐκείνῳ τὴν μοναρχίαν ἐν λόγοις, τὸν ἀνθοσμίαν ζωρότερον προσφερόμενοι, ἐνίοτε δὲ καὶ | τὰς ἐξηρθρωμένας χεῖρας περιπτυσσόμενοι καὶ τοῖς ὀφθαλμοῖς αὐτὰς προσάπτοντες τὴν ὅσον οὐδέπω τούτων προηγόρευον ἀνακαίνισιν καὶ κραταίωσιν. ὁ δὲ διεχεῖτο πῶς ἂν εἴπῃ τις τοῖς λεγομένοις καὶ ἐπεσκίρτα τοῖς βωμολοχεύμασι τούτοις ὡς ἀψευδέσι θεσπιῳδήμασιν.

Ἐν πολλοῖς δὲ καὶ τοὺς τῇ ἀστρικῇ προσκειμένους προσιέμενος ἄλλα τε ταῖς αὐτῶν ὑποθήκαις ὑπείκων εἰργάζετο, καὶ δὴ καὶ τὸν Καλυδώνιον σῦν, ὃς ἐν τῷ ἱππικῷ φρίσσων τὴν ἐπινώτιον τρίχα ῥύδην φέρεται, τῆς βάσεως καθελὼν μετήνεγκεν εἰς τὸ μέγα παλάτιον, τὸν τὴν ὁρμὴν συώδη καὶ ἀτάσθαλον δῆμον τῆς πόλεως καταστελεῖν ἐντεῦθεν οἰόμενος.

Ἀλλὰ καὶ τῶν ἀγοραίων οἱ φιλοινότεροι τὸ ἑστὼς ἐπὶ στήλης ἐν τῷ Κωνσταντινείῳ φόρῳ τῆς Ἀθηνᾶς ἄγαλμα εἰς πλεῖστα διεῖλον τμήματα· ἐδόκει γὰρ τοῖς ἄφροσι σύρφαξιν ὑπὲρ τῶν ἐξ ἑσπέρας ἐστοιχειῶσθαι τοῦτο στρατῶν. ἀνέβαινε μὲν τὴν ἡλικίαν ὄρθιον | ὡς ἐς τριακάδα ποδῶν, ἠμφίεστο δὲ στολὴν ἐξ ὁποίας ὕλης ὅλον τὸ ἰνδαλλόμενον κεχαλκούργητο. ποδήρης δ' ἦν ἡ στολὴ καὶ συμπτυσσομένη πολλαχῇ τῶν μερῶν, ὡς μή τι τοῦ σώματος παραφαίνοιτο, ὅπερ ἡ φύσις περιστέλλειν ἐπέταξε. μίτρα δ' Ἄρεος τὴν ἰξὺν διειληφυῖα ἱκανῶς αὐτὴν περιέσφιγγεν. εἶχε δὲ κἀπὶ τοῖς στέρνοις ὃν ὀρθοτίτθιον ποι-

---

VA = a, RMDF = b, PLO

27 εἴ τε R **28** περισωζόμενος M **30** ἀθριδάτιδα R: ἀθρύτιδα M: ἀθρίτιδα F **31** θεοίκελον A ἀμειφθήσεται R μοναχῶν V **33** οἱ θεομιγὲς R **36** τὸν om. V **39** εἴποι V Bekk **42** ὑπείκων om. VD καὶ alt. om. D **43** σὺν: σεμῶν O **44** μετήνεγκεν om. M **47** ἑστὸς Bekk ἐπὶ στήλην καὶ ἐν M **48** διεῖλον: διῆγον F: διεῖλε O **50** μὲν: μὲν οὖν O ὄρθριον V^{ac} R: ὄρθριν M^{ac} ἐς: ἐν R **51** τριάκοντα VR: τριακοντάδα A **51—52** ἰνδαλλούμενον ἐχαλούργητο O **52** δὲ F ἦν δὲ D^{ac} **54** Ἄρεως V **55** ὃν RM

48 τῇ Κωνσταντινείῳ ἀγορᾷ b

55 ὀρθότιτθον ὃν PLO Bekk

κίλον αἰγιδῶδες ἐπένδυμα, τῶν ὤμων διεξικνούμενον, τὴν τῆς Γοργόνης τυποῦν κεφαλήν. ὁ δέ γε αὐχὴν ἀχίτων ὢν καὶ πρὸς τὸ δολιχόδειρον ἐκτεινόμενος ἄμαχον εἰς ἡδονὴν θέαμα ἦν. τοσοῦτον δ' ὁ χαλκὸς πρὸς τὴν ἑκάστου μίμησιν πειθήνιος ὑπηλλάττετο, ὥστε καὶ τὰ χείλη δόξαν παρεῖχον, ὡς εἰ προσμενεῖ τις, μείλιχον φωνὴν ἐνωτίσεται. καὶ φλεβῶν δὲ διεκτάσεις ὑπεκρίνοντο καὶ ὡς ὑγρὸν ὅλον τὸ σῶμα ἐν οἷς ἔδει περιεκλᾶτο καὶ ζωῆς ἀπέχον μετεῖχεν ὡς ζῶν ἀνθηρότητος, τοὺς ὀφθαλμοὺς ἱμέρῳ παντὶ ῥεόμενον. ἵππουρις δ' ἐπικειμένη τῇ κεφαλῇ δεινὸν καθύπερθεν ἔνευεν. ἡ δὲ κόμη ἐς πλέγμα συνεστραμμένη καὶ δεσμουμένη ὄπισθεν, ὅση κέχυτο ἐκ μετώπων, τρυφή τις ἦν ὀφθαλμῶν, μὴ ἐπίπαν τῷ κράνει συνεχομένη, ἀλλά τι καὶ παρεμφαίνουσα τοῦ πλοχμοῦ. τῶν δὲ χειρῶν ἡ μὲν λαιὰ τὰ συνεπτυγμένα τῆς ἐσθῆτος ἀνέστελλε, θατέρα δ' ἐκτεινομένη πρὸς κλίμα τὸ νότιον εἶχε καὶ τὴν κεφαλὴν ἠρέμα ἐγκλινομένην ἐκεῖ καὶ τὰς τῶν ὀφθαλμῶν | ἐπ' ἴσης τεινομένας βολάς· ὅθεν οἱ μηδὲ τὰς θέσεις τῶν περάτων ὁπωσοῦν ἐπιστάμενοι ἐς ἑσπέραν ἀφορᾶν τὸ ἄγαλμα διετείνοντο καὶ οἷον ἐπισπᾶσθαι χειρὶ τὰ ἐκ δυσμόθεν στρατεύματα, κακῶς κρίνοντες καὶ μὴ πρὸς ἔννοιαν ὀρθὴν τοῖς ὁρατοῖς ἐπιβάλλοντες.

Οἱ μὲν οὖν μετὰ τοιούτων κινημάτων τῆς διανοίας τὸ τῆς Ἀθηνᾶς συνέτριψαν ἄγαλμα, ἢ μᾶλλον τοῖς χείροσιν ἀεὶ προβαίνοντες καὶ καθ' ἑαυτῶν ὁπλῖται γινόμενοι τὴν ἀνδρείας καὶ φρονήσεως ἐπιστάτιν κἀν τοῖς τύποις αὐτοῖς ἀπεώσαντο. οἱ δὲ βασιλεῖς μηδὲν ὅτι μὴ τὴν συλλογὴν τῶν χρημάτων ἔργον ἀσχολίας πάσης εἶχον ἀνώτερον, ἐπεὶ μηδὲ κόρος ἦν παρὰ τοῖς λαμβάνουσι λήψεως, ἀλλ' ὅσον αἱ δόσεις προύβαινον, τοσοῦτον ἐνήκμαζε τὸ φιλόχρυσον. ἀμέλει κἀκ τῶν πολιτῶν

---

78 ἔργον — ἀνώτερον: cf. Pind. Isthm. 1, 2

VA = a, RMDF = b, PLO

56 αἰγιδῶδες ἐπένδυμα: ἔνδυμα VA ἐξικνούμενον V **57** εὐχίτων L^{pc} O **59** ἑκάστου: ἐκείνου PLO Bekk **61** δὲ: ὡς δὲ A διέκτασις ὑπεκρίνετο R ἔδει: ἔδειξε A **62** ἀνθηρότατος F **62—63** τοὺς — ῥεόμενον om. O **64** εἰς D **66** τῷ: αὐτῷ R παραφαίνουσα VA τοῦ πλοχμοῦ ante παρεμφαίνουσα suppl. L^{pc} **67** συνεπηγμένα M ἀνεστέλλετο A **68** ἀτέρα Bekk καὶ om. PR L^{ac} Bekk **69** ἐκεῖσε R βολὰς τεινομένας V **70** εἰς AM **75** συνέτριψεν RM προσβαίνοντες O **77** ἀπώσαντο D **78** δὲ post ἐπεὶ add. V

64 διεστραμμένη b PLO Bekk **77** μηδέν: οὐδὲν b PLO Bekk

58 ἀνατεινόμενος PLO Bekk **68** πως post ἠρέμα add. PLO Bekk **78** καὶ πάλιν post εἶχον add. PLO Bekk φόρων ὠδίνοντο συλλογαί. τούτου δὲ μὴ ὁμαλῶς προχωροῦντος (ὁ γὰρ λεώς, ὅσα καὶ πέλαγος ἀχανὲς καὶ ἀόριστον ἀνέμῳ, τοῖς μὴ θυμήρεσι διαρριπιζόμενον ἐπέφρισσεν εἰς ἀπόστασιν), τῆς μὲν προθέσεως ταύτης ἀπέστησαν, τοῖς δὲ ζαπλούτοις ἐπιλέγδην, ὡς ὑπέβαλλεν ἡ φήμη, ἐπιφυόμενοι ἤμελγον οὐχ ὅσον ἔδει καὶ ὡς ἔσται βούτυρον, ἀλλ' ὅπως ἡ Λατινικὴ γαληνιάσειε βούπεινα. καὶ τὰ χρύσεα δὲ τοῦ Μεγίστου Νεὼ ἔπιπλα βαρυτάλαντα ὄντα καὶ λυχνίαι σὺν αὐτοῖς αἱ ἀργύρεοι, ἀφαιρούμεναι καὶ παραδιδόμεναι πυρί, | πρὸς βρῶσιν ἀτεχνῶς προυβέβληντο τοῖς κυσὶ καὶ μῖξις ἦν τῶν ἀμίκτων ἀνόσιος.

Ἀλλὰ καὶ τούτων οὕτω γινομένων καὶ προδήλως ἀνομουμένων οὐδὲν ἐπεραίνετο. ἠβούλοντο γὰρ οἱ τῶν χρημάτων εἰσπράκτορες, τῆς τῶν Ῥωμαίων εὐηθείας κατατρυφῶντες καὶ τῆς τῶν κρατούντων ἠλιθιότητος καταπαίζοντες, τοὺς μὲν τὰς τιμίας ὕλας ἀποφορτίζεσθαι παρ' αὐτοῖς, τοὺς δὲ παρεστάναι ἀχθοφοροῦντας, ἄλλους προσιέναι χρυσαγωγούς, ἐνίους ἐνσκευάζεσθαι πρὸς τὴν ἄφιξιν, καὶ τοῦτο δρᾶσθαι διὰ παντός. ὅθεν τοῖς περὶ τὴν μεγαλόπολιν τρυφηλοῖς χωρίοις καὶ τοῖς ἐν Προποντίδι ἱεροῖς τεμένεσι τοῖς τε λαμπροτάτοις οἰκοπέδοις τῶν βασιλέων παραλλὰξ οἱ στρατηγοὶ ἐφιστάμενοι, καὶ παρὰ θάτερον ἅτερος ὁπλιζόμενοι, ἐσκύλευόν τε τὰ ἐνόντα καὶ αὐτὰ πυρὶ παρεδίδοσαν, φειδόμενοι μηδενὸς παραλίου οἰκοδομήματος οἱ τοῦ καλοῦ ἀνέραστοι κηρεσιφόρητοι βάρβαροι.

Πλεῖστα δὲ κἀν ταῖς ᾐόσι τῆς πόλεως ἐπιπλέοντες συνίστων πόλεμον. καὶ ἦν ἡ νίκη ἀμοιβαδὸν ἐπιμειδιῶσα καὶ Ῥωμαίοις καὶ μὴ τιθεῖσα πάντῃ τὰ τῶν ἐναντίων ἀπρόσμαχα. ὁπόθεν καὶ τὸ δημῶδες τῆς πόλεως ἀνδριζόμενοι ἐνέκειντο τὸν βασιλέα αἰτούμενοι συνάρασθαι σφίσι μετὰ στρατεύματος κατὰ τῆς τῶν πολεμίων ἀντιμαχήσεως,

7 πλεῖστα etc.: mensibus Dec. a. 1203 et Ian. a. 1204

85 ἤμελγον — βούτυρον: cf. Prov. 30, 33 (24, 68) 89 προυβέβληντο τοῖς κυσί: cf. Mat. 7, 6

VA = a, RMDF = b, PLO

84 -σαν sscr. et τοῖς — ὡς i. r. P 84—86 τοὺς δὲ ζαπλούτους ἐπιλέγδην ἐσύλησαν, ὅπως (omisso ὡς — ἀλλ') Bekk 84 ὑπέβαλεν RMDF 86 γαληνιάσει L 87—88 σὺν αὐτοῖς et ἀφαιρούμεναι καὶ om. VA 87 αἱ om. RMDF[ac] 88 ἀργύριαι R: -ειαι AMDF ἀφαιρούμενοι καὶ παραδιδόμεναι R: ἀφαιρούμενα καὶ παραδιδόμενα MDF: παραδιδόμενα VA τῷ πυρὶ VA 89 προβέβληντο Bekk 90 γενομένων R 92 εὐηθείας om. O 94 ἀχθηφοροῦντας D χειραγωγοὺς R 2 ἐν τῇ Προπ. A 3 τῶν Λατίνων post στρατηγοὶ add. L[s] ἀφιστάμενοι O 3—4 θάτερον ἅτεροι V: θατέρων ἅτεροι A 5 παραλίου οἰκοδομήματος om. VAB 7 πλεῖστοι D[pc] 8 ἦν om. V καὶ pr. om. V 9 τὰ τῶν: τούτων O ὁπότε Bekk

90 οὑτωσὶ b 2 ἱεροῖς ἐν Προποντίδι b PLO Bekk 8 ποτε post ἐπιμειδιῶσα add. b PLO Bekk

87 καὶ αἱ λυχνίαι PL Bekk: αἵ τε λυχνίαι O 95 δ' post ἐνίους add. PLO Bekk

πιστοῖς οὖσι καὶ πατριώταις, εἴπερ μὴ χείλεσι μὲν Ῥωμαίοις προστίθεται, τῇ δὲ καρδίᾳ Λατίνοις προσνένευκεν. ἦσαν | δὲ αἱ ἐπαγγελίαι πρὸς μηδὲν ἀνύσιμον προϊοῦσαι· ὅ τε γὰρ Ἀλέξιος ὡπλίσθαι κατὰ Λατίνων μὴ πεφυκὸς ᾤετο καὶ ἀσύμφορον καὶ ὁ τούτου πατὴρ Ἰσαάκιος εἰσῆγε παραίφασιν κενοφωνεῖν τοὺς ἐκ τριόδων ἐᾶν, τοὺς δ᾽ αὐτὸν καταγαγόντας εἰς τὴν πατρίδα τιμῆς τῆς ἀνωτάτω καταξιοῦν. ταῖς δὲ γνώμαις ταύταις προσέρρεπον καὶ τὰ τοῦ βασιλείου γένους ἐγκαταλείμματα, ἥλικες ἥλικα τέρποντες τὸν Ἀλέξιον. ἔνιοι δὲ καὶ τοῖς Λατίνοις εἰς ἑταίρους ἀνακραθέντες ὡς ἑώλους ὕθλους τὰς τῶν πολιτῶν ἐντεύξεις παρέτρεχον, τὸν τῶν Λατίνων ἐκτρεπόμενοι πόλεμον ὡς οὐδὲ λέοντα βρυχητίαν ἐλάφων στρατόπεδον.

Μόνος δ᾽ ἐκ πάντων ὁ Δούκας Ἀλέξιος, ὃς ἐκ τοῦ συνεσπάσθαι τὰς ὀφρῦς καὶ οἷον τοῖς ὀφθαλμοῖς ἐπικρέμασθαι πρὸς τῶν συνεφήβων ἐπωνομάζετο Μούρτζουφλος, πλὴν καὶ οὗτος βασιλειῶν καὶ τὴν τῶν πολιτῶν ἐπιτεχνώμενος εὔνοιαν, τὸν κατ᾽ αὐτῶν ἀπεθάρρει πόλεμον, ἀρετῆς τε ὡς μάλιστα ποιούμενος ἔνδειξιν περὶ τὸν λεγόμενον Τρυπητὸν λίθον καὶ τὴν ἐκεῖσε περιαγομένην ἁψῖδα τοῖς δυσμενέσι συμπλέκεται. μηδενὸς δὲ τῶν παρεστώτων ὁμοφύλων ἡγεμόνων, δόξαν οὕτω βασιλεῖ, ἐπαρήξαντος μικροῦ συνείληπτο ἄν· ὅ τε γὰρ ἵππος ἐπὶ γόνυ ὤκλασεν, ᾧ ἐπεκάθητο, καὶ πᾶσα ἡ ξυμβολὴ πρὸς ἕνα ἀπεκρίθη πολέμαρχον, | εἰ μὴ τοξότις νεολαία τῆς πόλεως τὰ δυνατὰ παρατυχοῦσα ἐπήμυνε.

Τὸ τοίνυν λαῶδες τῆς πόλεως μηδένα τῆς ἐπὶ Λατίνους ξιφουλκίας συναγωνιστὴν εὑρίσκον καὶ σύμμαχον εἰς ἀποστασίαν οἰδαίνειν ἤρξατο καὶ ὡς λέβης ἐκ πυρὸς κατὰ τῶν κρατούντων ἀτμοὺς ἀνιέναι ὕβρεων καὶ τὴν πάλαι ὕφαλόν τε καὶ ἄγνωστον γνώμην ἐκζέειν πρὸς φῶς. ἦγε μὲν οὖν τότε πέμπτην καὶ εἰκοστὴν ὁ Ἰαννουάριος μὴν τῆς ἑβδόμης ἰνδικτιῶνος τοῦ ἑξακισχιλιοστοῦ ἑπτακοσιοστοῦ δωδεκάτου ἔτους· συνδρομῆς δ᾽ ὅτι πλείστης ἐς τὸν Μέγαν γινομένης Νεὼν ἠναγκάζετο καὶ

---

28 συμπλέκεται: fort. die 7 mens. Ian. a. 1204 **37** ἦγε etc.: die 25 mens. Ian. a. 1204

12—13 εἴπερ — προσνένευκεν: cf. Is. 29, 13; Mat. 15, 8 **19** ἥλικες — τέρποντες: cf. Diogen. 5, 16; Nic. Or. 201, 15—16

VA = a, RMDF = b, PLO

15 πεφυκὼς M Bekk **16** ἐᾶν τοὺς: ἑαυτοὺς F **17** αὐτὸν: αὐτοὺς V εἰς τὴν om. M **18** ταύταις γνώμαις M **23** δὲ R **27** περὶ: ὡς περὶ A **28** ἐκεῖ L **31** ἐπεκρίθη VA **32—33** τὰ — πόλεως om. O **33** λεῶδες Bekk **35** ἐκ om. V ἀνιέναι ἀτμοὺς O **37** ε' καὶ κ' O ὁ om. VA: hab. B Ἰανουάριος M Bekk ζ' APMDO **38** ἰνδ. per symb. APMDFO ,ϛψιβ' APMDFO **39** εἰς DF Bekk γενομένης VAL^{pc} ναὸν O

25 ἐπωνόμαστο b PLO Bekk **26** κατ᾽ αὐτῶν: κατὰ τῶν Λατίνων b PLO Bekk **34** ξύμμαχον b PLO Bekk

18 προσεπέρρεπον PLO Bekk **37** μὴν om. PLO Bekk

ἡ σύγκλητος ἥ τε τῶν ἀρχιερέων ὁμήγυρις καὶ οἱ τοῦ βήματος λόγιμοι συνελθεῖν ἐκεῖσε καὶ συνδιασκέψασθαί σφισι περὶ τοῦ ἄρξοντος. περὶ τῶν προκειμένων τοίνυν τὸ παριστάμενον εἰπεῖν λιπαρούμενοι, ἐκ μὲν τοῦ εὐθέος ἐπιθέσθαι τοῖς βασιλεῦσι καὶ χειροτονεῖν ἕτερον εἰς ἀρχήν, οὐδὲ τὴν ἀρχὴν ὅλως ἐδοκιμάζομεν ὑποθέσθαι τοῖς συνιοῦσι· καλῶς γὰρ ᾔδειμεν ὡς τὸ μεῖον ὁ προβληθεὶς ἀποίσεται τῇ τε ἄλλῃ καὶ ὅτι τῶν Λατίνων οἱ στρατηγοὶ ἀμφοτέραις καὶ πάλιν ἀνθέξονταί τε τοῦ Ἀλεξίου καὶ περιέξονται. οἱ δὲ λαοὶ χρῆμά τι ὄντες ἀφελὲς καὶ εὐρίπιστον καὶ πλέον τοῦ θεληματαίνειν οὐδὲν ἐπιστάμενοι οὐκέτ' ἔφασκον ὑπ' Ἀγγέλων βούλεσθαι βασιλεύεσθαι, καὶ ὡς οὐκ ἄλλως ὁ σύλλογος ἐκεῖνος διαλυθήσεται, εἰ μή τις τῶν πραγμάτων προστήσεται θυμήρης αὐτοῖς.

Πείρᾳ τοίνυν γνόντες τὸ τῶν ἀνδρῶν ἀμετάθετον ἡσυχάζομεν, ἑαυτοὺς ταλανίζον|τες, καὶ πολλὰ τῶν παρειῶν κατελείβομεν δάκρυα, τὸ μέλλον, ὡς εἰκός, προορώμενοι. οἱ δὲ τὸν ἄρξοντα ἐπιμελῶς ἀνεδίφων, καὶ νῦν μὲν τόνδε, νῦν δ' ἐκεῖνον ἐκ τῆς εὐγενοῦς φυταλιᾶς ηὐτοσχεδίαζον αὐτοκράτορα. τέλος δ' ἀπειρηκότες τοῖς ὅλοις τοὺς ὀχλαρχικοὺς καὶ δημοκόπους, ἐνίους δὲ καὶ τοῦ καθ' ἡμᾶς τάγματος στεφηφορήσειν ἀνέπειθον. φεῦ φεῦ, τί τοῦ τότε πειρατηρίου θυμαλγέστερον ἢ ἀχθεινότερον, ἢ τῆς τῶν συνειλεγμένων ἀβελτηρίας γελοιωδέστερόν τε καὶ ἀλογώτερον; τὸ γὰρ „ἱμάτιον ἔχεις· γενοῦ ἡμῶν ἀρχηγὸς" ἦν ὁρᾶν ἀτεχνῶς περαινόμενον. μόλις δὲ καὶ τρίτης ἡμέρας παριππευσάσης νεανίσκον τινὰ συλλαβόντες Νικόλαον τὴν κλῆσιν, Κανναβὸν τὴν ἐπίκλησιν, εἰς βασιλέα χρίουσιν ἄκοντα.

Ὡς δ' Ἀλεξίῳ ταῦτα ἠνώτιστο τῷ ἀνάσσοντι (ὁ γὰρ Ἰσαάκιος ἔκειτο πνέων τὰ λοίσθια, τῶν μακρῶν ἐκείνων προαγγελμάτων τῆς μοναρχίας φρούδων ἐληλεγμένων καὶ ὡς κλινεγέρτου ἀποπτάντων ἐνυπνίου), μετάκλητος τίθεται ὑπ' αὐτοῦ ὁ Βονιφάτιος μαρκέσιος, καὶ περὶ

---

60 τρίτης ἡμέρας: die 27 mens. Ian. a. 1204

---

59 ἱμάτιον — ἀρχηγός: Is. 3, 6

VA = a, RMDF = b, PLO

41 διασκέψασθαι M **41** ἄρχοντος Bekk **42—43** ἐκ τοῦ παραυτίκα B **48** οὐκέτι DF **50** στήσεται R **53** ἄρξαντα A **54** τόνδε: τοῦτον V εὐγενοῦς: εὐτελοῦς O **59** ἀρχηγὸς ἡμῶν DF **60—61** μόλις — νεανίσκον om. D **61** Κάναβον P[ac] B Bekk **63** τῷ ἀνάσσοντι om. NL ὁ γὰρ τούτου πατὴρ Ἰσαάκιος O **64** παραγγελμάτων M **64—65** προαγγελμάτων φρούδων ἐληλεγμένων τῆς μοναρχίας DF **65** ἀποπτάντων: ἀπὸ πάντων RMK **66** ὁ om. V

43 εὐθέος: αὐτίκα b PLO Bekk **56—57** στεφηφορήσειν ἀνέπειθον: τῆς χειρὸς ἐπισπώμενοι στεφηφορεῖν ἀνέπειθον ξιφήρεις ὁρώμενοι b PLO Bekk **58—59** ἢ — ἀλογώτερον suppl. P[mg]: om. b LO

43 βασιλεύουσι PLO Bekk **44** οὐδὲ — ὅλως: οὐδ' ὅλως PLO Bekk **46** τε om. PLO Sc Bekk **61** λαβόντες PLO Bekk τῶν ἐνεστώτων ἄμφω σκεψάμενοι δεῖν ἔγνωσαν δυνάμεις Λατινικὰς εἰσενεχθῆναι τοῖς παλατίοις, δι' ὧν ἀπόβλητος ἐσεῖται ὁ δημοπρόβλητος καὶ ὁ τοῦτον ἀρχαιρεσιάσας λεώς.

Ὡς δ' ἦν τὰ ἐσκεμμένα ταῦτα πεφωραμένα, τὸν καιρὸν ἁρπάσας ὁ Δούκας ὡς πρὸς ἣν ὤδινεν ἀποστασίαν ἁρμόδιον σὺν τῶν ἐκ τοῦ γένους | συχνοῖς καὶ τὸν ἐπὶ τῶν ἀρχικῶν χρυσώνων ὑποποιεῖται θλαδίαν, ἁλωτὸν ἀνθρώπιον τιμῶν ἀναβάσεσι καὶ εὐχείρωτον λήμμασιν. ὁ δὲ τοὺς πελεκυφόρους ἐκκλησιάσας καί σφισι κοινωσάμενος τὴν βασιλέως πρόθεσιν ἐκεῖνα φιλητέα τίθησι κρίνοντας, ὅσα οἱ βουλητέα καὶ Ῥωμαίοις ἀσπάσια. κἀντεῦθεν ἡ τοῦ βασιλέως ὧδέ πως δραματουργεῖται καθαίρεσις.

Πρόσεισιν ὁ Δούκας τῷ βασιλεῖ τῆς νυκτὸς ἀωρὶ (ἐπῳκείωτο γὰρ ὑπὲρ ἅπαντας τιμηθεὶς πρωτοβεστιάριος καὶ τὰ τοῖς πολλοῖς ἑτερόχρωμα καθυποδούμενος πέδιλα) καί φησι περιπαθῶς ὡς οἱ τοῦ αἵματος ἐκείνῳ, ἀλλὰ δὴ καὶ πλεῖστοι τῶν ἀνωνύμων, πρὸ δὲ πάντων τὸ πελέκεσιν ὁπλιζόμενον βάρβαρον πάρεισιν ἐπὶ θύραις ὁρμαῖς μανιώδεσιν, αὐτοχειρὶ αὐτὸν διασπάσοντες ὡς ἤδη τοῖς Λατίνοις ἐκφανθέντα ὁμόνοα καὶ τῆς αὐτῶν ἐξηρτημένον φιλίας. ὁ δὲ πρὸς τὴν ἀκοὴν ταύτην μορμολυχθεὶς καὶ δειχθεὶς ἔκθαμβος ὑποθέσθαι οἱ τὸ πραχθησόμενον λιπαρεῖ. περισχὼν τοίνυν τὸν βασιλέα τῷ κατακεχυμένῳ μέχρι ποδῶν καὶ πλατεῖ ἐπενδύτῃ τοῦ σώματος συνέξεισιν ἐκείνῳ καὶ ἄπεισι δι' ἀφανοῦς τοῖς πλείστοις πυλίδος ἐς τὸ σκήνωμα, ὃ δὴ τῶν βασιλείων εἶχεν ἐντός, ὡς δῆθεν αὐτὸν ῥυσόμενος.

Καὶ βασιλεὺς μὲν ἐπὶ τοῖς οὕτω δρωμένοις μικροῦ καὶ χάριτας ὡμολόγει τῷ Δούκᾳ καὶ τὰ τοῦ Δαυὶδ ὑπέψαλλεν ἄντικρυς ἐπ' αὐτῷ „ἔκρυψέ με ἐν σκη|νῇ αὐτοῦ ἐν ἡμέρᾳ κακῶν μου· ἐσκέπασέ με ἐν ἀποκρύφῳ τῆς σκηνῆς αὐτοῦ." ὁ δὲ καθ' ἕτερα ψαλτῳδήματα τοῦ Δαυίδ, ἅ φασι „χείλη δόλια ἐν καρδίᾳ, καὶ ἐν καρδίᾳ ἐλάλησε κακά" καὶ „ἐμοὶ μὲν εἰρηνικὰ ἐλάλουν, καὶ ἐπ' ὀργὴν δόλους διελογίζοντο," ταῦτα ἦν

---

78 νυκτός: 27—28 mens. Ian. a. 1204

91—93 ἔκρυψε — αὐτοῦ: Ps. 26, 5 **94** χείλη — κακά: Ps. 11, 3 **94—95** ἐμοὶ — διελογίζοντο: Ps. 34, 20

VA = a, RMDF = b, PLO

69 ἀρχιαιρεσιάσας V: ἀρχελεσιάσας D[ac] F: ἀρχαισιάσας O **72** ἐκείνω post γένους add. D[pc] (cf. PLO) χρυσίνων M **74** κλήμμασιν O **78** τῆς om. VN **80** συμπαθῶς Bekk **81** πλεῖστον Bekk **83** διασπῶντες P **90** τοῖς: τούτοις A **91** τοῦ Δούκα A **93** ψαλτώδημα L: ψαλμῳδήματα Bekk ἅ: ὅ L[pc] φησι DL[pc]O

85 δειχθεὶς: φανεὶς b PLO Bekk **88** ἐκεῖνος ante εἶχεν add. b **91** ὑπέψαλλεν: ὑπέκρεκεν (-κρουκεν R: -κέκρεκεν M) b PLO: ὑπέκραγεν Bekk

69 λαός PLO Sc Bekk **71** ὁ Μούρτζουφλος post Δούκας add. PLO Bekk **72** ἐκείνῳ post γένους add. PLO Bekk **88** οὗτος post εἶχεν add. O (cf. b), non vero L μετιών. καὶ παραχρῆμα ὁ μὲν σιδήρῳ τοὺς πόδας ἀσφαλισθεὶς καὶ παραρριφεὶς δεινοτάτῃ παρὰ πάσας εἱρκτῇ ἔθετο οὕτω σκότος ἀποκρυβὴν αὐτοῦ, ὁ δὲ τοῖς βασιλικοῖς κοσμεῖται συμβόλοις.

Τὰ δ᾽ ἐπὶ τούτοις οἱ μὲν τῷ Δούκᾳ προσρύονται καὶ τὰς εἰωθυίας τῷ αὐτοκράτορι προσρήσεις ἀποδιδόασιν, οἱ δὲ τῷ καθημένῳ ἐπὶ νεὼ προσνεύουσι Καννάβῳ, ἀνδρὶ τὸ ἦθος μειλίχῳ καὶ δεξιῷ τὴν γνώμην καὶ στρατηγικῷ τὰ πολέμια. ἐπεὶ δὲ τὰ χείρω ἐπικρατέστερα παρὰ τοῖς Κωνσταντινουπολίταις καὶ μάλιστα (φιλτέρα γὰρ ὑπὲρ τοὺς ὁμογενεῖς ἡ ἀλήθεια), ὁ μὲν Δούκας ἐκραταιοῦτο καὶ ηὔξανεν, ὁ δὲ Καναβὸς ἀμαυρουμένην εἶχε τὴν αἴγλην κατὰ σελήνην λειψίφωτον. χειροῦται δὲ καὶ πρὸς τῶν ὁπλοφόρων τοῦ Δούκα οὐκ εἰς μακρὸν καὶ εἱρκτῇ παραδίδοται, πρὸς οὐδὲν ἐπαρκέσαντος αὐτῷ τοῦ βασιλευτοῦ λεώ, ἀλλὰ πάντων διασπαρέντων εὐθὺς μετὰ τὴν ἀνάρρησιν.

Τῷ δὲ βασιλεῖ Ἀλεξίῳ δὶς μὲν προύτεινεν ὁ Δούκας ζωῆς κατευνάστριαν κύλικα· ὡς δ᾽ ἦν ὁ μεῖραξ τοῦ φαρμάκου νεανικώτερος ἀντιδότοις χρώμενος λάθρᾳ, δι᾽ ἀγχόνης τὸν τῆς ζωῆς ἐκείνῳ μίτον ἐκτέμνει, ἢ καὶ οὕτως εἰπεῖν, διὰ στενῆς | καὶ τεθλιμμένης τῆσδε πορείας τὴν ψυχὴν ἐκείνῳ ἐκθλίβει καὶ ἐς αὐτὸ τοῦ ᾅδου ἐκπυρηνίζει τὸ πέταυρον, βασιλεύσαντι μῆνας ἓξ σὺν ἡμέραις ὀκτώ.

---

3 κοσμεῖται: die 28 mens. Ian. a. 1204 **11** χειροῦται: die 2 (an 6 ?) mens. Febr. a. 1204

2—3 ἔθετο — αὐτοῦ: cf. Ps. 17, 12 **7** τὰ χείρω ἐπικρατέστερα: cf. p. 234, 74 **8—9** φιλτέρα — ἀλήθεια: cf. p. 402, 45 **18** ἐς — πέταυρον: cf. Prov. 9, 18

VA = a, RMDF = b, PLO

1—2 καὶ — δεινοτάτῃ om. M καὶ παραρριφεὶς om. R **2** οὕτως DK ἀποκρυφὴν Bekk τοῦ βασιλικοῦ R **4** τὰ: τὸ DF **5** προρρήσεις F **6** πρεσβεύουσι V **11** καὶ pr. om. VB **12—13** τοῦ βασιλεύειν τοῦ λεώ O **16** τὸν . . . μίτον δι᾽ ἀγχόνης ἐκτέμνει DF **17** καὶ alt.: τε καὶ M

7 καὶ στρατηγικῷ: μηδὲ (μηδ᾽ PO Bekk) ἀγεννεῖ b PLO Sc Bekk **12** εἱρκτῇ: φρουρᾷ b PLO Sc Bekk **13** ἀλλὰ — ἀνάρρησιν suppl. P, ubi ἀλλὰ — **14** Ἀλεξίῳ i. r. ca. 20 litt. et mg.: om. b LO **15—16** ἀντιδότοις — λάθρᾳ suppl. P, ubi νεανικώτερος — λάθρα i. mg. et r. ca. 10 litt.: om. b LO **18** πρὸς τὸ τοῦ (τοῦ om. DF) ᾅδου ἐκπυρηνίζει πέταυρον b PLO Bekk

5 ἀναδιδόασιν PLO Bekk

ΒΑΣΙΛΕΙΑ ΑΛΕΞΙΟΥ ΤΟΥ ΔΟΥΚΑ ΤΟΥ ΚΑΙ ΜΟΥΡΤΖΟΥΦΛΟΥ

Ὡς οὖν καθαρῶς εἰς Δούκαν ἡ βασιλεία μετακεκύβευτο, ὁ μὲν ὤδινε πραγμάτων μεταβολὰς καὶ τὸ πᾶν ἀνακυκήσειν ἐσκέπτετο, σοφισματίας ὢν τὸ ἦθος καὶ τὸν τρόπον φρονηματίας, καὶ τὸ κρυψίνουν ἀγχίνουν οἰόμενος, ἐπὶ πᾶσι καὶ τὸν εὐεργέτην ἐς τοὺς Μέτωνος αἰῶνας ἀναδυόμενος ἐκ τοῦ μὴ κρίνειν, ὡς ἔλεγε, βασιλικὸν τὸ αὐτόματον καὶ ἀνάκριβες ἐν ταῖς πράξεσι, τὸ δὲ περιεσκεμμένον καὶ χρόνιον. | πρὸς δὲ τὰς τοιαύτας γνώμας ὡρμᾶτο μὲν καὶ αὐτόθεν, οὐδὲν ἐκεῖνον λεληθέναι τῶν δεόντων ἰσχυριζόμενος, ἀλλὰ πᾶσι πεφυκέναι πράγμασιν, εἶχε δὲ καὶ συνερίθου σκίασμα ἰσχνὸν παρεπόμενον τὸν κηδεστὴν Φιλοκάλην, ὃν οὐχ ἑτέρως ἔχων ἐπὶ τοῦ ἄκρου στῆσαι τῆς συγκλήτου βατῆρος, ἡμᾶς μὲν ἀπ' οὐδεμιᾶς εὐσχήμονος προφάσεως τοῦ τοῖς σεκρέτοις λογοθετεῖν παραλέλυκεν, ἐκεῖνον δ' ἀντιπροβέβληκεν. ἀμελέτητος δ' ὢν ὁ ἀνὴρ ὅδε τοῦ ἑαυτὸν εἰδέναι παντάπασιν, ὑπὸ τῆς ἄγαν φιλοτιμίας τῶν ὑπὲρ τὸ καθῆκον σφαλερῶς ἐφιέμενος, τὸ μὴ σύνθρονος εἶναι τῶν ἐν τιμαῖς ἐνίοις ὑπενόθευε ποδάγραν σχηματιζόμενος, ὡς εἴπερ συνδιέρρεε ταῖς πτέρναις τὸν νοῦν κἀντεῦθεν ἀλλοφρονέων ὀλιγώρως εἶχε τοῦ δέοντος.

---

7 ἐς —αἰῶνας: cf. App. prov. 3, 88 annot. **18—19** ὡς — νοῦν: cf. p. 216, 29

VA = a, RMDF = b, PLO

1—3 Βασιλεία — Μουρτζούφλου MDFPB Bekk: Τόμος ἑπτακαιδέκατος· βασιλεία Δούκα τοῦ καὶ Μουρτζούφλου V: Βασιλεία Ἀλ. τ. Δ. τοῦ λεγομένου Μουρτζούφλου A: Βασιλείου Ἀλεξίου Δούκα τοῦ καὶ Μουρτζούφλου R: Βασιλεία ἀλλὰ βραχεῖα τοῦ Δούκα κῦρ (κυροῦ D[ac]: Ἀλεξίου D[s]) τοῦ Μουρτζούφλου D **5** ἀνακινήσειν R **7** εἰς DF Μέτωνος ARM D[mg γρ] L[pc] coni. iam Grabler i. l.: μετέωνος VF: μετίωνος P L[ac] O: μεταίωνος D: μετ' αἰῶνας Bekk **8** ἀνάκριβον Bekk **9** τὸ — χρόνιον om. VA τὰς om. V **10** ἐκείνω DF **11** δὲ om. DF **12** ἰσχνὸν: ἰσχὸν F: αὐτῷ D Φιλόκαλον RM: Φιλοκάλιον DF Bekk **13** βαστῆρος VA **14** σεκρετικοῖς M λογοθέτου VB **15** δ' om. V: δὲ B **16** εἰδέναι: εἶναι D[ac] F **16—17** ὑπὸ — ἐνίοις suppl. (ex a, uti videtur, cf. infra) P[mg] **17** ἐν τιμαῖς: ἐντίμων O **18** ποδαγρίαν V: abbrev. A

1—3 vacat una linea L: nihil hab. O **4** μετακεκύβευτο P[ir]: μετεκυβεύετο LO **7** καὶ ἐπὶ πᾶσι PLO Bekk **10** δεόντων: καθηκόντων PLO, ubi τῶν καθηκ. ante λεληθέναι, Bekk **17** καθῆκον cum a scr. in suppl. (cf. supra) P: δέον LO **19** νοῦν: ἐγκέφαλον PLO Bekk δέοντος: πρέποντος PLO Bekk

Ἀλλὰ καὶ τοὺς βασιλείους θησαυροὺς οὐκ ἐπιχειλεῖς οὐδ' ἡμιδεεῖς, ἀλλ' ἐν στενῷ πάντῃ ἀπειλημμένους ὁ ἄρξας Δούκας εὑρὼν θερίζων ἦν, ἔνθα οὐκ ἔσπειρε, καὶ συνάγων ὅσα οὐ διεσκόρπισεν, ἐτάσεσι βαρείαις ὑπάγων τοὺς τὰς μεγίστας ὑπ' Ἀγγέλων ἀνεζωσμένους πρώην ἀρχὰς καὶ μεταρσιωθέντας εἰς ὕψος σεβαστοκράτορσι καθῆκον καὶ καίσαρσι καὶ πρὸς τὰς κοινὰς ἀποκτώμενος χρείας ὁπόσα ἐνθένδε συνέλεγε χρήματα.

Ἀπειροκάλως | δ' ἔχων τῆς τῶν Λατίνων ἀντιμαχήσεως κατὰ τοῦτο τὸ μέρος πάντων ἐπρώτευε· τά τε γὰρ παράλια τείχη τῆς πόλεως διὰ δοκάνων ἀνύψωσε καὶ τὰς χερσαίας πύλας τειχισματίοις διείληφε καὶ τὴν στρατιὰν ἀνεζωπύρει τῷ καθ' ἑαυτὸν ὑποδείγματι. ἐν πολλοῖς δὲ καὶ αὐτὸς ξίφος διαγκοινιζόμενος καὶ χαλκήρει κορύνῃ καθοπλιζόμενος τοῦτο μὲν τὰς τῶν ἐναντίων ἀνέκοπτεν ἐκδρομάς, τοῦτο δὲ τοῖς σποραδικῶς ἐξιοῦσιν εἰς πορισμὸν τῶν σιτίων ἐφιστάμενος ἦν αὐτεπάγγελτός τε καὶ αὐτενέργητος.

Ἀμέλει διὰ ταῦτα τοῖς πολίταις ἠσπάζετο, εἰ καὶ ὕποπτος ἦν τὰ πολλὰ καὶ ἀσύμβατος τοῖς ἐξ αἵματος· ἅτε γὰρ ἐντραφέντες βλακείᾳ καὶ μαλακίᾳ συνανδρωθέντες, ἀναγωγικὴν αὐστηρίαν καὶ δίαιταν σώφρονα περιιστάμενοι ὡς τὰ κεκρατημένα σώματα νοσοκόμησιν, ἐτραχηλίων καὶ ἐσκληρύνοντο. τὴν τοῦ Δούκα τοίνυν ἐπίπληξιν καὶ ἐμβρίμησιν (ἦν γὰρ καὶ φύσει κοῖλος καὶ βαρὺς τὴν φωνὴν καὶ τὸν φάρυγγα βραγχιῶν) ὅσα καὶ γεῦσιν πολύποδος ὠμοῦ ἢ ἑλλεβόρου τράπεζαν εἴτε μὴν ταυρείου αἵματος κέρασμα ἐκτρεπόμενοι τὴν τούτου καταστροφὴν ἐπιστροφὴν ᾤοντο θεϊκήν.

21—22 θερίζων — διεσκόρπισεν: cf. Mat. 25, 26

VA = a, Q (ab 39 τὴν), RMDF = b, PLO

23 τὰς om. VN πρώην om. VB **27** κατὰ: καὶ M **28** τείχη: F mg γρ: μέρη D ac F ὕψωσε VB καὶ — διείληφε om. VA: καὶ τὰ χερσαῖα τεῖχη ἀνέκτίζε B **31** χαλκήρη κορύνην VA: χαλκύνη κορύνη D: χαλκήνει κορύνει FLO **32** δὲ: δὲ καὶ V **33** τῶν om. P Bekk **34** τε om. Bekk ἀνενέργητος MO: αὐτερεύνητος F **35** εἰ om. M **36** ἀξύμβατος R τοῖς om. R ἐκείνω post αἵματος add. O ἐκτραφέντες DF **37** σύμφρονα A **39** ἐμβρίμησιν καὶ ἐπίπληξιν Bekk: ἐπιτίμησιν καὶ ἐπίπληξιν B **40** βραχιῶν V **41** ὠμοῦ: ὁμοῦ D ἐλεβόρου codd. **43** ἐπιστροφὴν suppl. Q s οἱ ἀβέλτεροι post θεϊκὴν add. Q

25 ἀπεκτᾶτο (ἐπ- M) b PLO Bekk **31** διαγκοινιζόμενος cum a scr. N: διαγκυλιζόμενος b PLO: διαγκαλιζόμενος D pc: ἀγκυλιζόμενος Bekk

21 οὑτοσὶ ante Δούκας add. PLO Bekk **22** ὅσα: ὅθεν PLO Bekk **29** δοκῶν PL Bekk: δονάκων O **30** καθ' αὑτὸν PL Bekk: κατ' αὐτὸν O **31** τὴν χεῖρα ante καθοπλιζόμενος add. PLO Bekk **36** οὗτοι post ἐντραφέντες add. PLO Bekk **39** ἐμβρίμησιν καὶ ἐπίπληξιν PLO Bekk

Ἀμέλει καὶ Βαλδουίνου τοῦ τῆς Φλάντρας κόμητος τὰ περὶ τὸν Φιλέα κείροντος μέρη κἀκεῖθεν φόρους συλλέγοντος, ἔξεισι κατ᾽ αὐτοῦ βασιλεύς. ὡς δ᾽ οἱ μὲν ἀπιόντες, οἱ δ᾽ ἐκ τοῦ πολεμίου στίφους ἀναζευγνύντες ἀλλήλοις συνέμιξαν, Ῥωμαῖοι μὲν δέει ξυνέχονται καὶ συντόνου φυγῆς ἔχονται, περιλειφθεὶς δὲ μόνος ὁ βασιλεὺς αὐτός τε μικροῦ | παραπώλετο καὶ ἡ τῆς θεομήτορος εἰκών, ἣν οἱ βασιλεῖς Ῥωμαίων ποιοῦνται συστράτηγον, τοῖς ἐναντίοις ἑάλωκεν.

Ἦν δ᾽ οὐ μόνον ταῦτα δεινά, ἀλλά γε καὶ τὰ ἐλπιζόμενα πολὺ χείρω καὶ χαλεπώτατα· ἐν γὰρ τοῖς μείζοσι τῶν πλοίων φρικώδεις πάλιν κλίμακες ἐτεκταίνοντο καὶ μηχαναὶ παντοῖαι κατεσκευάζοντο σημαῖαί τε ἐπὶ τούτων ἠνέμωντο καὶ τοῖς εἰς αὐτὰς ἀνιοῦσιν ἐπὶ τῷ μάχεσθαι δωρεαὶ προυτείνοντο μέγισται.

Καὶ τὰ μὲν τῶν δεινῶν ἐκινεῖτο, τὰ δὲ ὠδίνετο, τὰ δ᾽ ἤμελλεν· ἠλόγηντο δὲ καὶ οἱ περὶ φιλίας λόγοι καὶ παντάπασι κατημέληντο. μᾶλλον δὲ καὶ τούτους πονηροί τινες Τελχῖνες πολλάκις συνέχεον· ὁ γὰρ δοὺξ Βενετίας Ἐρίκος Δάνδουλος ὁμιλῆσαι περὶ σπονδῶν ἑλόμενος βασιλεῖ, νῆα εἰσιὼν τριήρη περὶ ταῖς ἀκταῖς προσίσχει τοῦ Κοσμιδίου. ὡς δ᾽ ἔφιππος ἐκεῖσε καὶ βασιλεὺς ἀφίκετο, ἀντεκοινοῦντο μὲν ἀλλήλοις τὰ πρὸς εἰρήνην ῥήματα μηδενὶ τῶν ἄλλων τὴν σπουδὴν χαριζόμενοι. καὶ ἦσαν τὰ παρὰ τοῦ δουκὸς Βενετίας καὶ τῶν λοιπῶν στρατηγῶν αἰτούμενα χρυσίου πεντήκοντα κεντηνάρια ἐκ τοῦ αὐτίκα μάλα καταβληθησόμενα καὶ συμφωνίαι τινὲς ἐπ᾽ αὐτοῖς, ἀποκναίουσαί τε καὶ δυσπαράδεκτοι τοῖς γευομένοις ἐλευθερίας καὶ εἰωθόσιν ἐπιτάσσειν, οὐκ ἐπιτάσσεσθαι, καὶ Λακωνικαὶ βαρεῖαι κρινόμεναι μάστιγες, οἷς δ᾽

---

58 Τελχῖνες: cf. e. g. Tzetz. Chil. 7, 119 sqq. **67** Λακωνικαὶ . . . μάστιγες: fort. prov.; vide Xen. De Rep. Lac. 2, 2

VA = a, Q, RMDF = b, PLO

44 ἀμέλει: ὅθεν B Φλαντρίας Bekk **45** Φιλέα VDFOSc: Φιλέαν APRMLOB Bekk: Φελέαν Q **45—46** βασιλεὺς κατ᾽ αὐτοῦ M **47** συνέχονται VA **48** περιληφθεὶς AQRMB **54** τε: τε καὶ Q ἐπὶ τούτων om. VB καὶ om. O **56** τὰ pr.: ταῦτα P Bekk ὠδίνετο: ἐγένοντο B: ἐγίνετο Bekk δ᾽: δὲ V ἔμελλεν VR **57** καὶ alt. om. M κατημέλλοντο O **58** πολλάκις om. V δοὺξ: ῥὴξ Q D[ac] **59** Δανδοῦλος et add. ἡ δὲ προσωνυμία πασίγνωστος Q σπονδῆς D **60** περὶ: παρὰ O **61** ἀφίκοιτο DF ἀντεκοινοῦντο MFN[pc]: ἀντεκίνουν VAQ: ἀντηκνοῦντο R: ἀντεκινοῦντο D N[ac] **63** περὶ O τοῦ om. O **64** πεντήκοντα: διακόσια Q **65** τε: μὲν P **66** γευομένοις: σεβομένοις O **66—67** ἐπιτάττειν, οὐκ ἐπιτάττεσθαι V

46 ἀναζευγνύοντες Q b PLO **54** παρὰ Λατίνων post δωρεαὶ add. Q[mg] b PLO Bekk **56** τὰ δὲ ὠδίνετο om. Q b PLO **57—58** μᾶλλον — συνέχεον suppl. P[mg]: om. b LO **60** προσέχει b PLO Bekk **64** καταβαλούμενα Q b PLO: καταβαλλόμενα Bekk

44 ἀμέλει: ἔνθεν τοι PLO Bekk **46** ὁ μὲν ἀπιὼν PLO Bekk **61** ἐκοινοῦντο PLO Bekk **65** τε: μὲν PLO Bekk αἰχμαλωσίας πρόκειται κίνδυνος καὶ πάνδημος | ἀνέρρωγεν ὄλεθρος, τὸ μέν τι πρώην, τὸ δὲ καὶ ὑπογυίως ἀναστομούμενος, ἀνεκταὶ πάντως μηδὲ παντάπασιν ἀχθειναί. ἐν ᾧ δὲ τὰ πρὸς εἰρήνην εἰς διάλεξιν προύκειντο, ἱππικαὶ Λατινικαὶ δυνάμεις ἐξ ὑπερδεξίων αἴφνης ἀναφανεῖσαι ἡνίοις ὅλοις τῷ βασιλεῖ ἐπιτίθενται, ὡς μόλις μὲν ἐκεῖνον παρερύσαντα τὸν ἵππον διεκφυγεῖν τὸν κίνδυνον, τῶν δὲ συνόντων χειρωθῆναί τινας· τὸ γὰρ ἄκρον τῆς ἐκείνων πρὸς ἡμᾶς ἀπεχθείας καὶ τὸ ὑπερβάλλον τῆς ἐπ᾽ ἐκείνους ἡμῶν διχονοίας οὐδεμίαν ἑκατέροις παρεισῆγε ῥοπὴν φιλάνθρωπον.

Τὰ δ᾽ ἐπὶ τούτοις ἀποσαλεύονται τῶν ἠιόνων τὰ μέγιστα τῶν ἀντιπάλων σκαφῶν, ἐφ᾽ ὧν αἱ κλίμακες εὐτρεπεῖς καὶ ὅσα τῶν ὀργάνων πρὸς τειχομαχίαν ἡτοίμασται καὶ ὡς ἐπὶ ζυγοῦ κατατείναντος ἐπὶ τὴν πρὸς τὰ τείχη μεταβαίνουσι πλάστιγγα, καὶ διειλήφασι τὸν χῶρον, ἐς τὸ ἀποχρῶν ἀλλήλων διιστάμενα, ὃς ἐκ τῆς τοῦ Εὐεργέτου μονῆς ἐς τὰ ἐν Βλαχέρναις ἀνάκτορα γραμμικῶς ἐκμηκίζεται, ἐμπεπυρισμένος ὢν καὶ ἀνεσκαμμένος τὰ ἔνδον οἰκόπεδα καὶ παντὸς ἐψιλωμένος ἡδέος θεάματος. ὅπερ ἰδὼν ὁ Δούκας, δρῶν καὶ αὐτὸς τοῖς πολεμίοις ἀντίθετα, τὴν βασίλειον αὐλαίαν προσετετάχει διαταθῆναι κατὰ τὸν ἐν τῇ μονῇ τοῦ Παντεπόπτου κολωνόν, ὅθεν ἦσαν ὁραταὶ μὲν αἱ νῆες αἱ πολεμιστήριοι, καταφανῆ δὲ τὰ παρὰ τῶν ἐν ταύταις δρώμενα.

Ὡς δ᾽ ἐπέφωσκεν ἡ ἐνάτη τοῦ Ἀπριλλίου μηνὸς τῆς ἑβδόμης ἰνδικτιῶνος τοῦ ἑξακισχιλιοστοῦ ἑπτακοσιοστοῦ δωδεκάτου ἔτους, τὰ μὲν πλοῖα | καὶ οἱ δρόμωνες τοῖς τείχεσι προσπελάζουσι, θαρσαλέοι δέ

77 τά etc.: die 8 mens. Apr.a. 1204 **88** ὡς etc.: die 9 mens. Apr. a. 1204

70 τὰ πρὸς εἰρήνην: Luc. 14, 32; 19, 42

VA = a, Q, RMDF = b, PLO

68 ἀνέρρωγε πόλεμος O **69** μέν τι: μέντοι F δὲ καὶ: δὲ M: δ᾽ DF ὑπογαίως RD^{ac}F: ὑπογύως M: ὑπογέως O **70** τὰ: τὰς Q **71** μαχόμενοι post ὑπερδεξίων add. R φανεῖσαι cum. b scr. A **72** (ἡνί)αι(ς) (ὅλ)αις P^{pc} Bekk: ὅλοις ἡνίοις RMDF μὲν om. Bekk **72—73** ὡς μόλις μὲν ἐκεῖνον καὶ τοὺς σὺν ἐκείνω παρερύσαντας τοὺς ἵππους διεκφυγεῖν τὸν κίνδυνον, τῶν δ᾽ ἄποθεν ἑστώτων ὀπτήρων χειρωθῆναί τινας Q **74** τὸ ἄκρον γὰρ V ἀπεχθείας om. V **75** ἐπ᾽: ὑπ᾽ F ἐπ᾽ — διχονοίας: ἡμετέρας πρὸς ἐκείνους θερμότητος O προσῆγε V: παρῆγε DF: ἐπῆγε B **78** εὐπρεπεῖς FN τῶν ὀργάνων ὅσα V **79** ἡτοίμαστο V κατατείναντα P^{pc} Bekk **82** γραμμικῶς: δρομικῶς V: γραμματικῶς Q^{ac}: γομματικῶς Q^{pc} **83—84** τὰ — θεάματος: καὶ παντὸς ἐψιλωμένος οἰκοδομήματος VQ οἰκήματα O **84** θαύματος F **85** προστέταχε L^{pc} διατεθῆναι V: διαθεῖναι N **86** πολεμιστήριαι R **88** ἐπέφασκεν F ἐννάτη codd. τῆς om. V τῆς — ἰνδ. om. L ζ᾽ APQMD ἰνδ. per symb. APQMDFO **89** ,ϛψιβ᾽ codd. exc. V

71 φανεῖσαι Q b PLO Bekk **87** παρὰ τῶν: παρ᾽ αὐτῶν Q^{pc} b PL Bekk: παρὰ τῶν ἐναντίων O

70 ἀχθεινόταται PLO Bekk **87** δὲ: δὲ καὶ PLO Bekk

τινες πολεμήτορες ἐπανίασι τὰς κλίμακας καὶ βέλη παντοῖα κατὰ τῶν ἐν τοῖς πύργοις ἠφίεσαν. ὅλην μὲν οὖν ἐκείνην τὴν ἡμέραν μάχη τις ἐνειστήκει στονόεσσα, ἣν δέ πως τὰ Ῥωμαίων ἐπικρατέστερα· αἵ τε γὰρ κλιμακοφόροι νῆες σὺν τοῖς ἱππαγωγοῖς δρόμωσιν ἄπρακτοι τῶν τειχῶν ἀπεκρούσθησαν καὶ τὰ τῶν λίθων ἐκ τῆς πόλεως ἀφετήρια πλείστους ὅσους διέφθειραν.

Ἀνοχευσάμενοι δ' οὖν οἱ πολέμιοι τὴν μετ' ἐκείνην ἡμέραν καὶ τὴν ἐφεξῆς κυριώνυμον, τῇ ὑστεραίᾳ πάλιν τῇ πόλει προσπλέουσι καὶ ταῖς ᾖοσι προσίσχουσιν, ἥτις ἦν δωδεκάτη μὲν τοῦ Ἀπριλλίου μηνός, δευτέρα δὲ τῆς ἕκτης ἑβδομάδος τῶν νηστειῶν. μέση μὲν οὖν ἡμέρα, καὶ κατίσχυον τὰ ἡμέτερα, κἂν ἡ ἀκμὴ τοῦ κακοῦ ἰσχυροτέρα τις ἦν καὶ δριμυτέρα τῆς πρότριτα· ἐπεὶ δὲ ἔδει δούλιον ζυγὸν ὑποδῦναι τὴν τῶν πόλεων πασῶν ἄρχουσαν, ἐν κημῷ τε καὶ χαλινῷ τὰς σιαγόνας ἡμῶν ἄγξαι θεὸς ἐδικαίωσεν, ὅτι καὶ πάντες ἐξέστημεν ἱερεὺς ὁμοῦ καὶ λαὸς ὡς ἵππος θρασαύχην τε καὶ δυσχάλινος, ἐκ τῶν κλιμάκων μιᾶς, ἥτις ἄγχιστα ἦν τῶν Πετρίων καὶ βασιλέως ἔναντι διεπονεῖτο, ἄνδρες δύο παραδόντες ἑαυτοὺς τῇ τύχῃ πρῶτοι τοῦ ἑταιρικοῦ ἐς τὸν κατ' ὄψιν πύργον καταπηδῶσι καὶ διασοβοῦσι τὸ ἐκεῖσε Ῥωμαίοις φυλακικὸν συμμαχικόν, ἐκ δὲ τούτου διασείσαντες τὴν χεῖρα ἄνωθεν οἷον σύμβολον χαρᾶς καὶ θάρσους τοὺς φυλέτας ἐπέρρωσαν. ἐξίσου δὲ | τοῖς εἰς τὸν πύργον ἁλαμένοις καί τις ἐκ τῆς ἱππάδος Πέτρος τοὔνομα διὰ τῆς πύλης εἴσεισι τῆς ἐκεῖσε, ὅλας φάλαγγας κλονῆσαι κρινόμενος ἱκανώτατος καὶ τὴν ἀναδρομὴν τοῦ σώματος ὡς γίγας μικροῦ προφαινόμενος ἐννεόρ-

---

2 ἀνοχευσάμενοι: per dies 10 et 11 mens. Apr. a. 1204 **3** τῇ ὑστεραίᾳ: die 12 mens. Apr. a. 1204

7—8 τὴν — ἄρχουσαν: cf. Lam. 1, 1; Nic. Or. 204, 24 **8—9** ἐν — ἄγξαι: cf. Ps. 31, 9 **9** ὅτι — λαός: cf. Is. 28, 7; 24, 2 et 23, 33 **17** φάλαγγας κλονῆσαι: cf. Hom. E 96; al. **18** ὡς — ἐννεόργυιος: cf. Hom. λ 312

VA = a, Q, RMDF = b, PLO

92 ἐκεῖθεν post πύργοις add. L[s] τὴν ἡμέραν om. V τις V: cum. rel. om. A **94—95** τῶν τειχῶν om. L **95** ἀφέτερα O **2** ἀναχευσάμενοι Q **4** ιβ' QDLO **5** ϛ' A οὖν om. Q ἡμέρα suppl. L[s] **7** τῆς: τὰ F ἐπειδὴ δὲ P Bekk δούλειον V Bekk ὑποδῦναι: ὑποστῆναι Q[pc] **8** ἁπασῶν VP Bekk **9** ὁ θεὸς V **10—11** ἥτις et ἦν om. V **11** ἦν ἄγχιστα L **12** τύχῃ: τείχῃ Q κατ' ὄψιν: κατόπιν O **13** φυλακτικὸν Q **13—14** φυλακικὸν καὶ συμμαχικόν O **16** ἁλαμένοις: ἀλαμάνοις Q Μπράτζος τὸ ἐπώνυμον post τοὔνομα add. QN **18** ἐννεούργυιος F

92 τις om. Q bPLO Bekk

91 καὶ: τὰ δὲ PLO Bekk **92** ἠφίεντο PLO Bekk **1** τῶν πολεμίων post ὅσους add. PLO Bekk **2** δ'οὖν: δὲ PLO Bekk **6** κἂν: καὶ PLO Bekk **18—19** ἐννεόργυιος suppl. P, ubi ἐννεόργυιος — κάσιν i. r. 18 litt.: om. LO γυιος καὶ αὐτὸν δὲ τὸν κάσιν τῆς κεφαλῆς διεσκευασμένον ἔχων κατὰ πόλιν πυργόεσσαν. οὐδὲ κόρυθος τοίνυν μέτωπον ἑνὸς ἀνδρὸς ἱππαστοῦ, καταπληκτικοῦ τὸ εἶδος, ἀξιοθεάτου τὸ μέγεθος, οἱ περὶ τὸν βασιλέα τῷ γένει διάσημοι καὶ τὸ λοιπὸν στράτευμα κατιδεῖν ἐνεγκόντες ἀγαθὸν τοῦ σώζεσθαι φάρμακον τὴν ἐθάδα φυγὴν ὑπειλήφασιν, ὥσπερ εἰς μίαν ἐνισθέντες τε καὶ συντακέντες ἀγεννῆ ψυχήν, ὅθεν εἰς δειλίαν τῶν ὀχυρωμάτων αὐτοῖς τεθειμένων (ἐπὶ γὰρ γηλόφων ὀρθίων ἵσταντο) κατὰ χιλίους ὑφ' ἑνὸς ἐδιώκοντο· καὶ ταῖς χερσαίαις Χρυσέαις πύλαις ἐπιστάντες τῆς πόλεως τὸ νεόδμητον ἐκεῖσε κατασπῶσι τεῖχος ἐκτρέχουσί τε καὶ διασκίδνανται, ὡς ὄφελόν γε τὴν ἐς βάραθρον καὶ πανώλειαν βαδιούμενοι. οἱ δὲ πολέμιοι μηδενὸς εἰς χεῖρας ἰόντος διαθέουσι πολλαχῇ καὶ τὰ ξίφη σπῶσι καθ' ἡλικίας πάσης καὶ γένους παντός, οὐχ εἷς ἑνὶ συνημμένοι καὶ κατὰ σύνταξιν πλείους ἀλληλουχούμενοι, ἀλλὰ διεκκεχυμένοι σποράδες ὡς ἤδη παρὰ πᾶσιν ἐπιφοβώτατοι.

Ἑσπέρας δὲ τῷ πυρὶ παραδόντες τὰ πρὸς ἕω καὶ ἔτι πρόσω μικρὸν τῆς τοῦ Εὐεργέτου μονῆς, ὃ καὶ κατενεμήσατο τὰ πρὸς θάλασσαν ἐκεῖθεν ἐπικλινῆ καὶ μέχρι τῶν Δρουγγαρίου καταλήγοντα μέρη τῆς πόλεως, ἐπαναλύουσιν | αὖθις καὶ περὶ τὴν μονὴν τοῦ Παντεπόπτου στρατήγιον βάλλουσι, τὴν βασίλειον ἐσκυλευκότες σκηνὴν καὶ αὐτῶν τῶν ἐν Βλαχέρναις ἀρχείων ἀπραγμόνως τε καὶ ἐξ ἐφόδου κεκρατηκότες.

Ὁ δὲ βασιλεὺς τῇδε κἀκεῖσε τῶν τῆς πόλεως περιιὼν στενωπῶν ἐπεχείρει μὲν συνιστᾶν καὶ διακροτεῖν πρὸς σύνταξιν τὸν εἰκῇ περιφοιτῶντα λαόν· οἱ δ' οὔτ' ἐπείθοντό οἱ ἐπιρρωννύοντι, οὔθ' ὑπήκουον ἐπιθαρρύνοντι, ἀλλ' ἀπογνώσεως πᾶσιν αἰγὶς ἐπεσέσειστο.

20—22 οὐδὲ — ἐνεγκόντες: cf. Hom. Π 70; Nic. Or. 133, 12 **26** κατὰ — ἐδιώκοντο: cf. Deut. 32, 30 **42** ἀπογνώσεως — ἐπεσέσειστο: cf. Hom. Ο 229 sq.

VA (usque ad 41 δ') = a, Q, RMDF = b, PLO

20 κόρυθα τοίνυν ἢ μέτωπον V **21** ἀξιοθεάτου τὸ μέγεθος om. Q **23** ἐθάδα: ἔνθαδε Q[pc] RDN ἐνθισθέντες P[pc]: ἐνηθισθέντες Bekk **24** τε om. Bekk συντακτέντες A **25** ὀχημάτων O γὰρ om. V **26** κατὰ: καὶ κατὰ V χρυσέαις χερσαίαις Bekk χρυσείαις O **27** ἐκτρέχουσι: καὶ τρέχουσι Q Bekk **28** γε: τε O ἐς τὸ βάραθρον V βάραθρα A καὶ πανώλειαν om. VAQN **31** συνηγμένοι O ἐκκεχυμένοι R: διακεχυμένοι Bekk **33** παραδόντες πυρὶ Bekk **34** ἐκεῖθεν om. V **35** δρουγγαρίων VA λήγοντα V **38** μηδενὸς ὄντος τοῦ ἐπαρήξαντος, μᾶλλον δὲ καὶ καταπροδόντος τοῦ Πετραλήφα Ἰωάννου καὶ τῶν ἐκεῖσε παρατυχόντων Ἰγγλίνων post κεκρατηκότες add. Q **39** τῶν om. Q **40** ἐπεχώρει R: ἐπεχείρου F διακρατεῖν VDF περιφοιβῶντα A **41** οἱ alt. om. P[ac] L[ac] O ὑπήκοον R **42** ἐπιθαρροῦντι Q ἐπισέσειστο VK

22 ἐπίσημοι PLO Sc Bekk **27** τεῖχος: τῶν πυλῶν ἐπιτείχισμα PLO Bekk **33** μικρὸν suppl. P, ubi ἔτι — μικρὸν i. r. 8 litt.: om. LO **42** ἐπιθαρρύνοντι: ἐπιπλήττοντι PLO Bekk

Καὶ ἵνα τῷ λόγῳ προβιβάσω τὸ λεῖπον, κέκλικεν ἡ ἡμέρα καὶ ἡ νὺξ προύκοπτε, καὶ τῶν μὲν ἀστυπόλων ἕκαστος ἐνεπόνει τῇ μεταθέσει καὶ καταχώσει τῶν οὐσιῶν, ἦσαν δ' οἷς ᾑρέτιστο καὶ ἡ ἐκ τῆς πόλεως ἄπαρσις, καὶ ὡς ἑκάστοις προυχώρει σώζεσθαι ἠπείγοντο.

Ἰδὼν τοίνυν ὁ Δούκας ὡς οὐδὲν ὠφελεῖ, καὶ δεδιὼς ἅμα μὴ συλληφθείη καὶ ὡς ὄψον ἢ ἐπιτράγημα ταῖς γνάθοις τῶν Λατίνων προκείσεται, εἴσεισιν ἀρχεῖον τὸ μέγιστον. καὶ δὴ τὴν βασίλισσαν Εὐφροσύνην τὴν τοῦ βασιλέως Ἀλεξίου γυναῖκα καὶ τὰς ταύτης θυγατέρας λεμβαδίῳ ἐνθέμενος, ὧν ἔρωτι μιᾶς προκατείληπτο πολυομίλητος ἐκ πρώτης τριχὸς καὶ ῥυηφενὴς εἰς κοίτας δεικνύμενος καὶ δύο κουριδίους ἀλόχους παρὰ δίκην ἀποπεμψάμενος, τῆς πόλεως ἔξεισι, βασιλεύσας μῆνας δύο καὶ ἡμέρας ἓξ πρὸς ταῖς δέκα.

Τοῦ δὲ βασιλέως οὕτω μεταναστεύσαντος νεανιῶν ξυνωρὶς | νηφαλίων τε καὶ ἀρίστων τῇ κατὰ πόλεμον δεξιότητι, ὁ Δούκας οὗτοι καὶ ὁ Λάσκαρις, ἀμφοῖν δ' ἡ κλῆσις ὁμώνυμος τῷ ἀρχηγῷ τῆς πίστεως βασιλεῖ, ὡς περὶ νηὸς χειμαζομένης διαφέρονται τῆς ἀρχῆς, τύχης βράβευμα καὶ φορᾶς ἀλογίστου πέττευμα τὸ μέγιστον ὁμοῦ καὶ περίπυστον χρῆμα τὴν τῶν Ῥωμαίων βασιλείαν ὁρῶντες προκείμενον. εἱστήκεισαν οὖν ἀμφήριστοι τὸν Μέγαν εἰσιόντες Νεών, ἁμιλλώμενοί τε ἀλλήλοις καὶ παραβαλλόμενοι, μηδὲν δὲ πλέον ἢ ἔλαττον ἔχοντες, ἀλλὰ τῆς ἴσης ῥοπῆς ἀξιούμενοι, ὅτι μηδ' ἦν ὁ ἀπελέγχων ἢ ἐπικρίνων ἑκάτερον.

---

53 ἔξεισι: nocte 12—13 mens. Apr. a. 1204

---

47 ἰδὼν — ὠφελεῖ: cf. Mat. 27, 24 **51—52** ἐκ πρώτης τριχός: videtur prov. **57** τῷ — πίστεως: cf. Hb. 12, 2 **58—60** τύχης — προκείμενον: cf. Nic. Or. 131, 4—6

V = a, Q, RMDF = b, PLO

43 λοιπὸν Bekk **45** καὶ om. L **50** τὴν — γυναῖκα om. VQN **52** ῥοηφενῆς O ἐς V κοριδιούς O **54** καὶ om. V ταῖς: τοῖς Q **55** Τοῦ: praem. tit. Τοῦ αὐτοῦ Χωνειάτου· τόμος ὀκτωκαιδέκατος V: Ἀπόδρασις τοῦ Μουρτζούφλου ἀπὸ τῆς πόλεως D: Βασιλείας σύγχυσις F: τοῦ αὐτοῦ Χωνειάτου τόμος ιη' φιλονεικία τοῦ Δούκα καὶ τοῦ Λάσκαρι περὶ τῆς βασιλείας B δέ: δὲ δὴ DF νηφαλέων V **56** ὁ Μαῦρος post Δούκας add. Q οὗτος MK **57—58** ἀμφοῖν—βασιλεῖ: καὶ ἀμφότεροι Θεόδωροι καλούμενοι B: Κωνσταντῖνος δ' ἦν ἀμφοτέροις ἡ κλῆσις Sc **58** Κωνσταντίνῳ post βασιλεῖ add. O **59** φορᾶς: φθορᾶς O **61** ἀμφήριστοι om. L μέγιστον ἐπιόντες V ναόν VDN: om. O **62** ἔχοντα O **63** ἐλέγχων Bekk

62 δὲ om. Q b **63** ἢ: ἢ καὶ Q b PLO Bekk

50—51 καὶ τὴν ταύτης (αὐτῆς Sc) θυγατέρα Εὐδοκίαν λεμβαδίῳ ἐνθέμενος, ἧς τῷ ἔρωτι προκατείληπτο (ἧς — προκατείληπτο ante λεμβαδίῳ Sc) PLO Sc Bekk **62** μηδὲν δέ: καὶ μηδὲν PLO Bekk

Ἐκ δὲ κλήρου τὸ πρωτεῖον εἰληφὼς ὁ Λάσκαρις τὰ μὲν τῆς βασιλείας οὐ προσίεται σύμβολα, συνεξιὼν δὲ τῷ πατριάρχῃ κατὰ τὸ Μίλιον οὐκ ἀνίει παραινῶν τοῖς συνιοῦσι καί σφας ὑποθωπεύων εἰς ἀντιμάχησιν. ἀλλὰ καὶ τοὺς σείοντας ἐξ ὤμων τὰ ἀρεϊκὰ σιδήρια ἐς τὸν προκείμενον ἀγῶνα πέμπων ἐπώτρυνε, μὴ χρῆναι λέγων Ῥωμαίων ἔλαττον ἐκείνους τὸ ἀπολωλέναι δεδιέναι, εἰ πρὸς γένος ἕτερον τὰ Ῥωμαίων μεταρρέψουσι πράγματα· οὐ γὰρ μισθοφορήσουσιν ἔτι ἁδρῶς, οὐδὲ γέρα περιώνυμα τῆς βασιλέων φυλακῆς ἀπολήψονται, ἀλλ᾽ ἐν αἴσῃ καρὸς τετάξονται. καὶ ὁ μὲν πρὸς τούτοις ἦν· ὡς δ᾽ οὔτε τοῦ λεὼ τις τῶν φωνῶν ἐπεστρέφετο, καὶ αὐτὸ δὲ τὸ πελεκυφόρον ἐπὶ μισθῷ τὴν σύναρσιν ἐπηγγέλλετο, ἐμπορίας καιρὸν ὑπούλως καὶ ἐπικλόπως τὴν ἀκμὴν τοῦ κινδύνου τι|θέμενον, ἤδη δὲ καὶ κατάφρακτοι Λατινικαὶ προυφαίνοντο φάλαγγες, ἐκεῖθεν μεθίσταται καὶ τὸ σωθῆναι φυγῇ διατίθησιν.

Οἱ δὲ πολέμιοι μηδένα παρὰ δόξαν ὁρῶντες ἰθυμαχοῦντα ἢ ἀντεγχειροῦντα καὶ ὁπλιζόμενον, ἀλλ᾽ εὔοδα τὰ ἐν ποσίν, εὔκολα τὰ ἐν χερσί, τὰ ἐν στενωποῖς εὐδιάβατα, τὰ ἐν τριόδοις ἀπρόσκοπα, ἀπὸ πολέμων ἀσφάλειαν, ἀπὸ πολεμίων ὠφέλειαν, τύχης τινὸς εὐμενοῦς προαγούσης καὶ συλλαμβανούσης πάντας σφίσι προσυπαντᾶν μετὰ σταυρικῶν σημείων καὶ σεπτῶν ἐκτύπων Χριστοῦ, ὡς ἐν πανηγύρεσιν εἴθισται καὶ πομπαῖς, οὐ πρὸς τὴν ὄψιν τῶν ὁρωμένων τὴν τῆς ψυχῆς μεταμορφοῦσι κατάστασιν, οὐδὲ μέχρι χειλέων ὑπεμειδίασαν, οὐδὲ ἡ ἄελπτος ἐκείνη θέα τὸ στυγνὸν καὶ μανιῶδες βλέμμα καὶ ὅρμημα ἐς εἰκόνα μετέχρωσεν ἱλαρότητος, ἀλλ᾽ ἐπρονόμευον ἀδεῶς, ἀλλ᾽ ἐσκύλευον ἀναιδῶς, ἐκ τῶν

---

77 μεθίσταται: die 13 mens. Apr. a. 1204 primo mane

---

73 ἐν — καρός: cf. Hom. I 378

V = a, Q, RMDF = b, PLO

66 προσίετο Bekk **67** μείλιον Q[ac] R οὐκ ἀνίει: οὐκ ἂν εἴη M ἀνήει codd. ὑποθωπεύων: ἐπιρρωννύων L[pc] **68** σίδηρα V: σιδήρεα RN **69** Ῥωμαίων λέγων DF **71** μεταρρέψουσι QN: μεταρρεύσουσι V: μεταπέσῃ Sc οὐ: οὐδὲ Bekk **72** βασιλέως Q D[ac] F **73** καρὸς τετάξ.: καρατετάξονται O **73—74** ὡς δ᾽ οὔ τις τοῦ λεώ V **74** τοῦ: τῶ Q φωνῶν: φρενῶν V **75** ἐπικλόπως: ἐπὶ κόλπον Q **77** προυφαίνοιντο O **79** πολέμιοι om. R παρὰ δόξαν μηδένα R ἀντιχειροῦντα V **80** εὐόδωτα V **81** ἀπρόσκοπτα F **82** ἀσφάλεια D[ac] F ἀπὸ — ὠφέλειαν om. RM ἀφέλειαν V: ὠφέλεια D[ac] F προαγούσης εὐμενοῦς Bekk **84** ἐν: ἐς R **86** οὐδὲ — ὑπεμειδίασαν om. V: suppl. Q[mg] ἐπεμειδίασαν Bekk ἄελπτος: ἄμεμπτος O εἰς Q Bekk **88** ἀλλ᾽ ἐσκ. ἀναιδῶς om. Bekk

70 ἀπολωλέναι cum V Q scr. N: διολωλέναι b PLO Bekk **71** μεταρρέψουσι: ἀνακυμβαλισθήσεται RD[pc] Bekk: -θέντα MD[ac] F **87** ὅρμημα καὶ βλέμμα Q b PLO Bekk

71 ἀνακυμβαλισθήσονται PLO εἰσέτι PLO Bekk **79—80** σφισι post ἀντεγχειροῦντα add. PLO Bekk **88** ἀλλ᾽ alt.: καὶ PLO ὀχημάτων πρώτως ἀρξάμενοι, οὐ τὰ τῶν πολλῶν μόνον χρήματα, ἀλλ' ἤδη καὶ τὰ τῷ θεῷ ἀνακείμενα, ξιφηφόροι πάντες, οἱ δὲ καὶ σκεπαστηρίοις ὅπλοις τοὺς πρὸς σάλπιγγα ἐγειρομένους ἵππους ἑαυτῶν περιφράττοντες.

Τί δ' ἂν πρῶτον, τί δ' ἔπειτα, τί δ' ὑστάτιον καταλέξαιμι τῶν τηνικαῦτα τολμωμένων παρὰ τῶν παλαμναίων ἐκείνων ἀνδρῶν; ὢ μοι τῆς ἀτίμου τῶν προσκυνητῶν εἰκόνων κατεδαφίσεως καὶ τῆς τῶν λειψάνων τῶν ὑπὲρ Χριστοῦ παθόντων κατὰ τόπων ἐναγῶν ἀκοντίσεως. | τὸ δὲ φρικῶδες καὶ ἀκουόμενον, ἦν ὁρᾶν τὸ θεῖον αἷμα καὶ σῶμα Χριστοῦ κατὰ γῆς χεόμενον καὶ ῥιπτόμενον. οἱ δὲ τὰ τιμαλφῆ δοχεῖα τούτων διαρπάζοντες τὰ μὲν διέθραυον καὶ τοὺς ἐγκειμένους κόσμους ἐνεκολπίζοντο, τὰ δὲ εἰς σίτων κανᾶ καὶ οἴνων κεράσματα ταῖς ἑαυτῶν τραπέζαις παρέφερον, οἱ τοῦ Ἀντιχρίστου πρόδρομοι καὶ τῶν προσδοκωμένων πανασεβῶν πράξεων ἐκείνου πρωτουργοὶ καὶ προάγγελοι. ἀτεχνῶς τοίνυν ὑπὸ τοῦδε τοῦ γένους ὡς πάλαι ποτὲ καὶ τότε ἀπημφιάζετο Χριστὸς καὶ ὑβρίζετο, καὶ μερισμοὶ καὶ κλῆροι τῶν αὐτοῦ ἱματίων ἐγίνοντο, καὶ μόνον οὐ λογχευόμενος τὴν πλευρὰν θεορρύτου ῥύακας αἵματος εἰς γῆν καὶ πάλιν ἀπέσταζε.

Τὰ δ' ἐπὶ Νεὼ τοῦ Μεγίστου ἠσεβημένα οὐδ' ἀκοαῖς εἰσιν εὐπαράδεκτα. ἡ μὲν θυωρὸς τράπεζα, τὸ ἐκ πασῶν τιμίων ὑλῶν σύνθεμα συντετηγμένων πυρὶ καὶ περιχωρησασῶν ἀλλήλαις εἰς ἑνὸς ποικιλοχρόου κάλλους ὑπερβολήν, ἐξαισίου τῷ ὄντι καὶ ἀξιαγάστου παρ' ἔθνεσιν ἅπασι, κατετεμαχίσθη καὶ διεμερίσθη τοῖς σκυλευταῖς, ὥσπερ καὶ πλοῦτος ἅπας ὁ ἱερός, ὁ τοσοῦτος τὸ πλῆθος καὶ τὴν ἀγλαΐαν ἀπέραντος. δεῆσαν δ' ἐκκομισθῆναι καθά τινα σῦλα τὰ παναγῆ σκεύη καὶ ἔπιπλα, τὰ τὴν χάριν καὶ τὴν τέχνην ἄμαχα καὶ τὴν ὕλην σπάνια, ἀλλὰ δὴ καὶ τὸν δοκίμιον ἄργυρον, ὃς τὸν τοῦ βήματος θριγκὸν καὶ τὸν οἷον ἐκπλῆξαι ἄμβωνα καὶ | τὰς πύλας περιήμπισχε καὶ εἰς παμπόλλους ἄλλους

9—12 ἀτεχνῶς — ἀπέσταζε: cf. Joh. 19, 1—4. 23—24. 34

V = a, Q, RMDF = b, PLO

89 πρώτως om. V: πρώτων R μόνων V **90** τῷ om. O οἱ δὲ om. O **93** ὑστάτον P^{pc} καταλέξοιμι QRMDF **1** εἰκόνων suppl. Q^s καί: ἢ PL^{ac} O: ὢ Bekk **2** κατ' ἐναγῶν ἀκοντίσεως τόπων Bekk ἐναγῶ συνκοκτίσεως O **6** τὰ — κεράσματα: εἰς σίτων κανῶν καὶ οἴνων κέρασμα O σῖτα D^{ac} F **7—8** οἱ — προάγγελοι om. V: προτάγγελοι D **8** προσδοκωμένων om. Q ἐκείνου πράξεων Q **10** ὁ Χριστὸς D **11** καὶ post πλευρὰν add. D **12** ἀπέσταξε Bekk **13** οὐδὲ Bekk **14** θυρωρὸς RMF^{ac} τιμίων om. Q **15** ἀλλήλαις suppl. Q^s ποικιλόχροον V **17** κατετεμμαχίσθη (κατεμμ — M) codd. **18** ὁ pr. om. O **18—23** δεῆσαν δ' ἐκκομισθῆναι τὰ σύλα ἡμίονοι etc. V **19** δὲ κομισθῆναι D^{ac} F σκῦλα DF Bekk **21** θριγγὸν codd. **22** ἄλλους om. O

20—21 τὸ δόκιμον ἀργύριον, ὃ PLO Bekk

κόσμους περιετέτηκτο, χρυσῷ περιτρεχόμενος ἅπας, ἡμίονοί τε καὶ ὑποζύγια σεσαγμένα μέχρι τῶν ἀδύτων εἰσήγοντο τοῦ νεώ, ὧν ἔνια διωλισθηκότα μηδ' ἐπὶ ποδῶν στῆναι δυνάμενα διὰ τὴν τῶν ἐπιπέδων λίθων στιλπνότητα μαχαίραις ἐξεκεντήθησαν, ὡς ἐκ τῆς τῶν χολάδων κόπρου καὶ τοῦ προχυθέντος αἵματος τὸ θεῖον μολυνθῆναι δάπεδον. ἀλλὰ καὶ γυναικάριον σεσωρευμένον ἁμαρτίαις, Ἐριννύων ζάκορον, δαιμόνων πρόσπολον, ἀρρήτων τε γοητειῶν καὶ ἐπιρρήτων ἐπῳδῶν ἐργαστήριον, καταστρηνιᾶσαν Χριστοῦ, ἐπὶ τοῦ συνθρόνου καθῖσαν κεκλασμένον ἀφῆκε μέλος καὶ πολλάκις περιδινηθὲν εἰς ὄρχησιν τὼ πόδε παρενεσάλευσε.

Καὶ οὐ ταῦτα μὲν ἠνομεῖτο οὕτως, ἄλλα δ' οὔ, ἢ ἐκεῖνα μὲν ἐπὶ πλέον, εἰς δ' ἔλαττον ἕτερα, ἀλλ' ὁμοθυμαδὸν πάντα παρὰ πάντων ἀνωσιουργεῖτο τὰ παναθέμιτα. πάνυ δ' ἂν ἐφείσαντο γυναικῶν εὐλαβῶν καὶ κορίων ἐπιγάμων ἢ τῶν θεῷ ἀνακειμένων καὶ παρθενεύειν ἑλομένων οἱ κατὰ τῶν θείων οὕτω λυττήσαντες; ἐπὶ πᾶσιν ἐργῶδες ἦν καὶ δυσμήχανον τὸ μειλίξασθαι λιταῖς ἢ ὁπωσοῦν εὔνουν θέσθαι τὸ βάρβαρον, οὕτω μὲν εὐπαρόξυντον ὄν, οὕτω δ' ἐρευξίχολον | ἀκριβῶς καὶ πρὸς πᾶσαν ἀκοὴν ἀθέλητον. πάντα δ' ἐκρίνετο θυμοῦ ὑπεκκαύματα καὶ ἄνοιαν ὠφλίσκανε καὶ γέλων. καὶ ὡς τὴν γλῶτταν ἀταμίευτος ἐπεπλήττετο, ἐν πολλοῖς δὲ καὶ τὸ παραξιφίδιον εἶχεν ἐπ' αὐτὸν σπώμενον ὁ καὶ μικρὸν ἀντειπὼν ἢ πρὸς τὰ θυμήρη σφίσιν ἀναδυόμενος.

Ὅθεν ἦν εἰς πόνον ἅπασα κεφαλή, ἐν στενωποῖς θρῆνοι καὶ οὐαὶ καὶ κλαυθμοί, ἐν τριόδοις ὀδυρμοί, ἐν ναοῖς ὀλοφυρμοί, ἀνδρῶν οἰμωγαί, γυναικῶν ὀλολυγαί, ἑλκυσμοί, ἀνδραποδισμοί, διασπασμοὶ καὶ βιασμοὶ σωμάτων συναφῶν πρότερον. οἱ τῷ γένει σεμνοὶ γυμνοὶ περιήεσαν, οἱ τῷ γήρᾳ γεραροὶ γοεροί, οἱ πλούσιοι ἀνούσιοι. οὕτως ἐν πλατείαις,

---

30 καταστρηνιᾶσαν Χριστοῦ: cf. 1 Ti. 5, 11 **44** ἦν — κεφαλή: cf. Is. 1, 5

V = a, Q, RMDF = b, PLO

23 περιετέτυκτο QDF: περιετέτμητο O **25** ὠλισθηκότα V **27** κοπρίας V **28** γύναιον V **30** καταστρηνιᾶσαν Χριστοῦ om. V θρόνου QRM (γυνὴ . . .) καθίσασα B **32** παρενεσάλευε Bekk **33** οὐ pr. om. Q ἄλλα δ' οὔ om. M **34** παρὰ πᾶσιν V ἀνωσιούργητο O **35** καὶ om. F **36** ἐπὶ ἀγάμων R τῶν om. LO τῶν τῷ Q Pir **38** εὔνουν: καὶ δύσνουν O εὔνουν θέσθαι om. L **39** δὲ ρευξίχολον R: ἀερευξίχολον M **45** τριόδοις: τοῖς ὅσοις R **46** ὀλολυγμοί VQ **47** γυμνοὶ om. V: ἀτίμως B Bekk

30 καθῖσαν: ἱζῆσαν Q b PLO Bekk **39** καὶ om. b PLOB Bekk

23 περιτρεχόμενος ἅπας: περιτρεχόμενον PLO **28** γυναικάριόν τι PLO Bekk **36** τῷ θεῷ PpcLO Bekk **38** ἐλεεινολογίαις ὑπαγαγέσθαι post ἢ add. PLO Bekk(: οὐδ' ἐλεεινολογίαις πραῢναι Sc) et καὶ post ὁπωσοῦν add. PO Bekk, non vero L, qui (καὶ) εὔνουν θέσθαι om. **46** καὶ: τε καὶ PLO Bekk

οὕτως ἐν γωνίαις, οὕτως ἐν τεμένεσιν, οὕτως ἐν καταδύσεσιν· οὐδὲ γὰρ ἦν τις τόπος ἀνεξερεύνητος ἢ ἀσυλίαν τοῖς προσρυομένοις διδούς.

Χριστὲ βασιλεῦ τῆς τότε θλίψεως καὶ συνοχῆς τῶν ἀνθρώπων. ὁ δ' ἦχος ὁ θαλάττιος, ὁ δὲ τοῦ ἡλίου σκοτασμὸς καὶ ἡ ζόφωσις, ἡ δὲ τῆς σελήνης εἰς αἷμα μεταστροφή, οἱ δὲ τῶν ἀστέρων ἔξεδροι, ὅπῃ καὶ ὅπως οὐ τὰ τελευταῖα ταῦτα κακὰ προεσήμαναν; καίτοι τὸ βδέλυγμα τῆς ἐρημώσεως τεθεάκαμεν ἑστὼς ἐν τόπῳ ἁγίῳ καὶ πορνικὰ στρογγυλίζον λογάρια καὶ τἆλλα, κἂν μὴ ἐπίπαν, ἀλλ' ἐκ τοῦ δήπουθεν μετα-| βάντα πρὸς τὸ ἀντίστροφον, ὅσα παρὰ Χριστωνύμοις σεμνὰ καὶ τὸν τῆς πίστεως λόγον ἐξευγενίζοντα.

Τοιαῦθ', ὡς ἐκ πολλῶν βραχέα δοῦναι τῇ ἱστορίᾳ, οἱ ἐξ ἑσπέρας στρατοὶ κατὰ τῆς Χριστοῦ κληρονομίας παρηνομήκασιν, ἐπ' οὐδενὶ τῶν ὅλων τὸ φιλάνθρωπον ἐνδειξάμενοι, ἀλλὰ πάντας ἀποξενώσαντες χρημάτων καὶ κτημάτων, οἰκημάτων τε καὶ ἐσθημάτων, καὶ μηδενὸς τῶν πάντων μεταδόντες τοῖς ἔχουσι. ταῦτα ὁ χαλκοῦς αὐχήν, ἡ ἀλαζὼν φρήν, ἡ ὀρθὴ ὀφρύς, ἡ ἀεὶ ξυριῶσα καὶ νεανισκευομένη παρειά, ἡ φιλαίματος δεξιά, ἡ ἀκροχολῶσα ῥίν, ὁ μετέωρος ὀφθαλμός, ἡ ἄπληστος γνάθος, ἡ ἄστοργος γνώμη, ἡ τορὴ καὶ τροχαλὴ λαλιὰ καὶ μόνον οὐκ ἐπορχουμένη τοῖς χείλεσι, μᾶλλον δὲ οἱ παρ' ἑαυτοῖς ἐπιστήμονες καὶ σοφοί, οἱ εὔορκοι καὶ φιλαλήθεις καὶ μισοπόνηροι καὶ τῶν Γραϊκῶν ἡμῶν εὐσεβέστεροί τε καὶ δικαιότεροι καὶ τῶν Χριστοῦ διαταγμάτων φύλακες ἀκριβέστεροι, τὸ δὲ πλέον, οἱ τὸν σταυρὸν ἐπ' ὤμων ἀράμενοι καὶ πολλάκις κατὰ τούτου καὶ τῶν θείων λογίων ἐπομοσάμενοι τὰς μὲν τῶν Χριστωνύμων χώρας παρελθεῖν ἀναιμωτί, μὴ προσνεύσαντες ἀριστερά, μηδ' ἐκκλίναντες δεξιά, κατὰ δὲ Σαρακηνῶν ὁπλίσαι τὰς χεῖρας καὶ τὰ ξίφη πορ| φυρῶσαι τοῖς αἵμασιν, οἱ τὴν Ἱερουσαλὴμ ἐξεπόρθησαν, μηδ' ἀνδρίσασθαι γυναιξὶν ἢ καθ' ὁμιλίαν αὐταῖς συνελθεῖν ἐφ' ὅσον ἂν χρόνον τὸν σταυρὸν ἐπωμάδιον φέρωσιν ὡς ἡγνισμένοι θεῷ καὶ τὴν αὐτοῦ πορείαν στελλόμενοι.

51—54 τῆς — προεσήμαναν: cf. Mat. 24, 29; Mar. 13, 24 sq.; Luc. 21, 25; Apoc. 6,12 sq. **54—55** τὸ — ἁγίῳ: cf. Mat. 24, 15 **63** ὁ χαλκοῦς αὐχήν etc.: cf. Nic. Or. 128, 10—11

V = a, Q, RMDF = b, PLO

51 τῆς συνοχῆς O Bekk **52** θαλάσσιος VQ **54** προεσήμηναν PL^{pc} Bekk: προσεσήμαναν Q **55** ἐν τόπω ἑστῶς ἁγίω V (ἑστὸς ἐν τόπῳ ἁγίῳ Mat. 24, 15) **57** ἀγχίστροφον V **60** τῆς τοῦ Χριστοῦ VO **62** οἰκημάτων om. R **63** μεταδιδόντες V χαλκὸς O **64—65** ἡ tert. — δεξιά om. M **69** τῶν τοῦ Χριστοῦ L **69—70** καὶ alt. — ἀκριβέστεροι om. M **72** μηδὲ Q **72—73** προσνεύσαντας... ἐκκλίναντας (-ία-V) VQ **73** μηδὲ κλίναντες O ἐπικλίναντες DF **76** ἂν om. V

54 ταῦτα: τάδε b PLO Bekk

50 διδούς: παρεχόμενος, ἀλλὰ πάντα πανταχοῦ πάντων κακῶν ἔμπλεα ἦν PLO Sc (qui hoc loco Nicetae valedicit et ad Acropolitae textum transit) Bekk **56** δῆθεν PLO Bekk **65** ἀκρόχολος PLO Bekk

Ὄντως λογοποιοὶ ἐξεφάνθησαν καὶ τοῦ θείου τάφου διφῶντες ἐκδίκησιν κατὰ Χριστοῦ προδήλως ἐλύττησαν καὶ μετὰ σταυροῦ τὴν τοῦ σταυροῦ κατάλυσιν ἠνομήκασιν, ὃν ἐπινώτιον ἔφερον, τοῦτον πρὸ ποδῶν τιθέναι μὴ φρίττοντες διὰ χρυσίον βραχὺ καὶ ἀργύριον. καὶ μαργαρίτας ἐγκολπιζόμενοι τὸν πολύτιμον μαργαρίτην Χριστὸν ἠθετήκασι, τοῖς ἐναγεστάτοις τῶν ζώων τὸν παναγέστατον διασπείραντες. οἱ δ' ἐξ Ἰσμαὴλ οὐχ οὕτως, ὅτι μὴ καὶ πάνυ φιλανθρώπως καὶ προσηνῶς τοῖς ἐκ τοῦ γένους αὐτῶν προσηνέχθησαν τῆς Σιὼν κατισχύσαντες. οὔτε γὰρ γυναιξὶ Λατινίσιν ἐπεχρεμέτισαν, οὔτε τὸ Χριστοῦ κενήριον πολυάνδριον πεσόντων ἔδειξαν, οὐδὲ κάθοδον ἐς ᾅδου τὴν πρὸς τὸν ζωηφόρον τάφον εἴσοδον, οὐδὲ θάνατον τὴν ζωήν, οὐδὲ πτῶσιν τὴν ἀνάστασιν, ἁπαξάπασι δ' ἀνέντες τὴν ἔξοδον χρυσίνοις ἀριθμῷ κατ' ἄνδρα βραχέσιν ἀφώριζον τὰ ζωάγρια, τὰ λοιπὰ τοῖς κεκτημένοις παρέντες, κἂν ψάμμῳ ἦσαν παρόμοια. καὶ τοιῶσδε μὲν τὸ χριστομάχον τοῖς ἀλλοπίστοις Λατίνοις ἐχρήσατο, μὴ ξίφος, μὴ πῦρ, μὴ λιμόν, μὴ διωγμόν, μὴ γυμνότητα, μὴ | συντρίμματα, μὴ πιέσματα μεγαλοψύχως σφίσιν ἐπενεγκόν· ἡμῖν δ' ἐκείνως τὸ φιλόχριστον καὶ ὁμόδοξον προσενήνεκται, ὡς ἐπιτρέχοντες εἴπομεν, μηδὲν ἐπεγκαλεῖν ἀδίκημα ἔχοντες.

Ὦ πόλις, πόλις, πόλεων πασῶν ὀφθαλμέ, ἄκουσμα παγκόσμιον, θέαμα ὑπερκόσμιον, ἐκκλησιῶν γαλουχέ, πίστεως ἀρχηγέ, ὀρθοδοξίας ποδηγέ, λόγων μέλημα, καλοῦ παντὸς ἐνδιαίτημα. ὢ ἡ ἐκ χειρὸς Κυρίου τὸ τοῦ θυμοῦ πιοῦσα ποτήριον, ὢ ἡ γενομένη πυρὸς μερὶς πολλῷ δραστικωτέρου τοῦ καταιβασίου πάλαι πυρὸς Πενταπόλεως. „τί μαρτυρήσω σοι; τίνι ὁμοιώσω σε; ὅτι ἐμεγαλύνθη ποτήριον συντριβῆς σου," Ἱερεμίας φησὶν ὁ φιλόδακρυς τὴν πάλαι Σιὼν κοπτόμενος. τίνες κακοποιοὶ δυνάμεις ᾐτήσαντό σε καὶ ἔλαβον εἰς σινίασιν; τίνες ἀλάστορες φθονεροὶ καὶ ἀμείλικτοι κῶμόν σοι ἐπεκώμασαν ἄγριον; ἢ γοῦν ἀνάρσιοι καὶ μανιώδεις ἐρασταὶ παστάδα σοι μὲν οὐκ ἐπλέξαντο,

82—83 τὸν — διασπείραντες: alludit ad Mat. 13, 45 et 7, 6 **84** οἱ δ' ἐξ Ἰσμαήλ: cf. p. 417, 54 **1** ὦ πόλις etc.: cf. Nic. Or. 128, 14 sqq.; 146, 25 sqq.; 160, 6 sqq. **3—4** ἡ — ποτήριον: cf. Is. 51, 17 **5** δραστικωτέρου — πυρός: cf. p. 167, 54 τοῦ — πενταπόλεως: cf. Sap. 10, 6 et Gen. 19, 24 sq. **6—7** τί — σου: cf. Lam. 2, 13 **8** τίνες — σινίασιν: cf. Luc. 22, 31

V = a, Q, RMDF = b, PLO

78 ἐξεφάνησαν Q διψῶντες O **80** τοῦ om. V **82** τὸν: περὶ τὸν L^pc ἠθετήκασι: ἠνομήκασι L **85** τὴν Σιὼν R **86** τὸ τοῦ Χριστοῦ κήριον R **91** ψάμμῳ: ἄμμων V μὲν: μέντοι M **93** γυμνώματα F **94** ἐπενεγκόντες RL: ἐπενεκτόν O ἐκείνως (ἐκείνοις R): ἐναντίως L^pc προσενενηνεκται V **95** μηδὲ Bekk μηδὲν — ἔχοντες om. V **1** πόλις alt. om. O **5** καταβασίου O **6** παρωμοιώσω V **7** ἔφη Q **8** συνίασιν Q^ac? M^ac Bekk: σινίασιν coni. iam Grabler i. l. **10** μὲν om. Q ἐπελέξαντο O

10 σοι om. b PLO Bekk

9 δαίμονες post ἀμείλικτοι add. PLO Bekk **10** ἐρασταί: Τελχῖνες PLO Bekk οὐδ' ἀνῆψάν σοι δᾷδα γαμήλιον, ἀφανιστηρίους δ' ἀνέκαυσαν ἄνθρακας;

Ὢ ἡ πολύγονος καὶ βύσσον καὶ πορφύραν ἠμφιεσμένη βασίλειον, πιναρὰ δ' ἀρτίως καὶ αὐχμηρὰ καὶ πολλῶν κακῶν κληροῦχος καὶ τέκνων τῶν γνησίων χατίζουσα. ὢ ἡ πρώην ὑψίθρονος καὶ βιβῶσα μακρὰ καὶ μετέωρα, μεγαλο|πρεπὴς τὸ εἶδος, ἀξιοπρεπεστέρα τὸ μέγεθος, νυνὶ δὲ κατερραγμένη καὶ διερρηγμένη τοὺς χλιδῶντας χιτῶνας καὶ τὰ κομψὰ καὶ ἀρχικὰ κρήδεμνα καὶ τὸ ὄμμα ἀπεσβεσμένη τὸ χαροπὸν καὶ γρηῒ καμινοῖ ἴση ἐκ τοῦ κατησβολῶσθαι πυρὶ καὶ ῥυτίσι χαλαραῖς ἠϋλακισμένη τὴν στιλπνὴν καὶ τερπνὴν ὄψιν πρότερον. ἐῶ γὰρ λέγειν τοὺς πρὸς λύραν ἐντείνοντάς τε καὶ ψάλλοντας τὰ σὰ δυσπραγήματα καὶ κωμῳδίαν τιθεμένους τὴν σὴν τραγῳδίαν ἐν τῷ τὸν οἶνον προσίεσθαι καὶ βίου τέχνην ποιουμένους τὴν γελοιώδη τῶν κακῶν σου ἀφήγησιν, τοὺς κονδυλισμούς τε καὶ πτερνισμούς, ἔτι δὲ τὰς ἀθετήσεις καὶ τὰ ὑπώπια, ἅ σοι καθ' ὥραν πᾶσαν προστρίβονται, παρεζηλωμένῃ θεόθεν ἐπὶ μὴ ἐχέφροσιν ἔθνεσιν, ἢ οὐδ' ἔθνεσιν ἀληθῶς, ἀλλ' ἀμυδροῖς καὶ σποραδικοῖς γένεσιν, ὧν τὰ πλείω εἰ μὴ ἐγέννησας, ἀλλ' ὕψωσάς τε καὶ στέατος πυροῦ μετέδωκας.

„Τίς σώσει σε; ἢ τίς παρακαλέσει σε; τίς φείσεται ἐπὶ σοί; ἢ τίς σκυθρωπάσει ἐπὶ σοί; ἢ τίς ἐπανακάμψει ἐρωτῆσαι τὰ εἰς εἰρήνην σοι;" Ἱερεμίου καὶ τάδε τοῦ πολυθρήνου τὰ ῥήματα. τίς τὴν προτέραν στολὴν ἐπενδύσει σε; πότε θεόθεν ἐνωτίσῃ· „ἐξεγείρου, ἐξεγείρου, ἀνάστηθι ἡ πιοῦσα τὸ ποτήριον τοῦ θυμοῦ μου καὶ τὸ κόνδυ τῆς πτώ-

---

14—15 βιβῶσα μακρά: cf. Hom. λ 539 **18** γρηῒ — ἴση: cf. Hom. σ 27 **24—25** παρεζηλωμένῃ — ἔθνεσιν: cf. Deut. 32, 21 **27** στέατος — μετέδωκας: cf. Ps. 80, 17 **28** τίς — σε (alt.): cf. Lam. 2, 13 **28—29** τίς (tert.) — σοι (alt.): cf. Ier. 15, 5 **29** ἐρωτῆσαι — εἰρήνην: cf. Luc. 14, 32; Ps. 121, 6; al. **31—32** ἐξεγείρου — πτώσεως: cf. Is. 51, 17

V = a, Q, RMDF = b, PLO

11 δάδα codd. γαμήλιον δάδα R ἐκέκαυσαν O **12** βασίλειον: βασιλίς O **15** καὶ post μετέωρα add. V ἀξιοπρεπεστέρα: μεγαλοπρεπεστέρα F **16** κατηρραγμένη V τοὺς χλιδῶντας χιτῶνας: τὰ χλιδῶντα V: τοὺς χλιδῶντας χλιδῶνας QDF: τοὺς χλιδῶντας χλιδῶντας R: τοὺς χιτῶνας χλιδῶνας O **17** καὶ alt. om. V τὸ pr. om. P Bekk **18** καὶ — πυρὶ om. M κατασβ. O **19—23** ἐῶ — ἀφήγησιν: ἐποίησαν οἱ Λατῖνοι μέλη διήγησιν ἔχοντα τῶν συμβάντων κακῶν τῇ πόλει Q[mg] **19** ἠϋλακίσθαι V **20** ἐκτείνοντας V[ac] **22** καί: ἢ καὶ VQ **24** πᾶσαν om. V **25—26** ἀμυδρῶς καὶ σποραδικῶς O **28—29** ἢ alt. — σοι pr. om. QL **29** ἐπαναγκάσει O ἐρωτήσων V **30** ὡς ante Ἱερ. add. O πολυθρηνήτου VO Bekk **31** ἐξεγείρου utrumque om. VQ ἐξεγείρου alt. — τὸ hab. i. r. 15 litt. P **32** ἀνάστα VQ: om. O ἡ om. L **32—42** καὶ — σε om. VQ

25 εἰπεῖν post ἀληθῶς add. PLO Bekk **30** τίς: εἴτε μὴν PLO Bekk σεως. ἔνδυσαι τὴν ἰσχύν σου, ἔνδυσαι τὴν δόξαν σου. ἐκτίναξαι τὸν χοῦν καὶ ἀνάστηθι. ἔκδυσαι τὸν δε|σμὸν τοῦ τραχήλου σου· πλάτυνον τὸν τόπον τῆς σκηνῆς σου καὶ τῶν αὐλαιῶν σου. μὴ φοβοῦ, ὅτι κατῃσχύνθης, μηδὲ ἐντραπῇς, ὅτι ὠνειδίσθης καὶ ἐκρότησαν ἐπὶ σοὶ χεῖρας πάντες οἱ παραπορευόμενοι ὁδόν, ἐσύρισαν καὶ ἐκίνησαν κεφαλὰς αὐτῶν καὶ εἶπον „αὕτη ἐστὶν ἡ πόλις, στέφανος δόξης καὶ εὐφροσύνη πάσης τῆς γῆς" καὶ „πῶς ἐκάθισε χήρα ἡ πεπληθυσμένη λαῶν καὶ ἡ ἄρχουσα ἐν χώραις ἐγεννήθη εἰς φόρους;" εἶπε γὰρ ὁ θεός σου „χρόνον μικρὸν κατέλιπόν σε, καὶ μετ' ἐλέους μεγάλου οἰκτειρήσω σε. ἐν θυμῷ μικρῷ ἀπέστρεψα τὸ πρόσωπόν μου, καὶ ἐν ἐλέῳ αἰωνίῳ ἐλεήσω σε." ἢ γοῦν ᾄσεις Δαυιτικῶς πρὸς θεὸν „κατὰ τὸ πλῆθος τῶν ὀδυνῶν μου ἐν τῇ καρδίᾳ μου αἱ παρακλήσεις σου εὔφραναν τὴν ψυχήν μου."

Τίς ἐπιστήσεταί σοι Μωσῆς καινουργὸς ἢ ἐπανάγων ἐποφθήσεται Ζοροβάβελ; πότε δ' ἐσεῖταί σοι ἐκ τῶν τεσσάρων ἀνέμων ἐπισυναγαγεῖν τὰ τέκνα σου, ἐν οἷς διεσπάρημεν, ὃν τρόπον αἱ φιλότεκνοι ὄρνιθες ὑπὸ τὰς ἑαυτῶν ἀθροίζουσι πτέρυγας τὰ οἰκεῖα νεόττια. ὡς νῦν γε οὐδ' ἐνώπιοι ἐνωπίῳ σοι ἐποφθαλμίσαι καθαρῶς ἔχομεν, οὐδ' ἐμφύναι περιχαρῶς ὡς μητρί, καὶ ἀκριβῶς ἐπισπεῖσαί σοι δάκρυον, ὅσον ὀφθαλμὸς βούλεται ἢ δύναται, ἀλλ' εὐλαβῶς ὡς στρουθοί σε περιιπτάμενοι, ὧν συνείληπται ἡ τροφός, ἡ δὲ καλιὰ διεσκέδασται, ἐλεεινόν τι καὶ γοῶδες ἀναβαλλόμεθα, | πόρρω που τῶν σῶν φατνωμάτων ἐκτοπισθέντες, πεινῶντες καὶ διψῶντες, αὐχμῶντες καὶ ῥιγῶντες, καὶ πρὸς φθεῖραν πολλάκις κειρόμενοι καὶ τὰς ψυχὰς ἐν κακοῖς τηκόμενοι, ὁδόν τε μηκέτι κατοικεσίας εὑρίσκοντες πόλεως, ἀλλὰ πολύπλαγκτοι φερόμενοι ὡς ὄρνιθες οἱ ἀβέβαιοι καὶ τῶν ἀστέρων οἱ πλάνητες. ἢ καὶ οὕτως

---

33 ἔνδυσαι — σου (alt.): cf. Is. 52, 1—2 **33—34** ἐκτίναξαι — σου: cf. Is. 52, 2 **34—35** πλάτυνον — σου (alt.) cf. Is. 54, 2 **35—36** μὴ — ὠνειδίσθης: cf. Is. 54, 4 **36—39** ἐκρότησαν — γῆς: cf. Lam. 2, 15 **39—40** πῶς — φόρους: cf. Lam. 1, 1 **40—42** εἶπε — σε: cf. Is. 54, 7—8 **43—44** κατὰ — μου: cf. Ps. 93, 19 **45—46** τίς — Ζοροβάβελ: cf. Nic. Or. 128, 26; al. **46—47** πότε — διεσπάρημεν: cf. Zach. 2, 10 et Ier. 25, 16 **47—48** ὃν — νεόττια: cf. Mat. 23, 37 **56—57** πολύπλαγκτοι — πλάνητες: cf. p. 267, 46

V = a, Q, RMDF = b, PLO

33 ἔνδυσαι pr. — σοῦ pr. om. D ἐκτίναξον M **34** σου alt. om. L **36** μηδ' O **37** πορευόμενοι R τὴν ὁδὸν M κεφαλὴν R **38** αὐτῶν P Bekk αὕτη: εἰ αὕτη DF ὁ στεφ. . . . ἡ εὐφρ. Bekk **39** ἡ pr. om. DF **42** μικρῷ: μακρῷ O σοι O **43** Δαυικῶς V: Δαυιτικὰ R **43—44** ἐν — μου om. O **45** Μωϋσῆς VQ Bekk: μαθῆς O **46** τῶν om. PLO συναγαγεῖν Bekk **49** οὐδ' ἐνωπίως σοι Bekk σοι: σου FO ἐποφθαλμῆσαι Bekk ἐχόμενος R ἐμφῆναι F Bekk **50** καὶ om. Q ἐπισπᾶσαι R **51** δύναται ἢ βούλεται O **52** ἡ pr.: ἡ μὲν V[pc] **55** φθεῖραν PLO: φθεῖρα rel.: φθειρῶν Bekk **57** οἱ pr. om. L οἱ ἀβέβαιοι om. R τῶν om. R

53 ἀναβαλλόμεθα: περιτρύζομεν PLO Bekk

εἰπεῖν, ἑνούμεθά σοι διῃρημένως καὶ συμπλεκόμεθά σοι κεχωρισμένως κατὰ τοὺς ψυχῇ συναπτομένους καὶ διισταμένους σώματι καὶ προσπάσχομεν ἀτεχνῶς ὃ καὶ ἔνια τῶν ζώων πρὸς τὰ παγιδευόμενα ἐκ σφῶν ὑπὸ θηρευτῶν καὶ ἐγκλειόμενα διαφανέσιν ὑελίνοις ἄγγεσιν. ἐκεῖνά τε γὰρ τῷ τοῦ σκεύους εἰλικρινεῖ καὶ στιλπνῷ τὴν τοῦ συννόμου ζώου θέαν ἐνοπτριζόμενα συμμῖξαι καὶ ἐν χρῷ γενέσθαι ὅλως ἀδυνατεῖ καὶ διὰ τοῦτο μάτην περὶ τὸ ἄγγος ἀδημονοῦντα στρέφεται, τῷ ἐξηλλαγμένῳ τῆς ὄψεως ὡς ἀπεναντίῳ τῆς πρώην ἕξεως ἐκθαμβούμενα· καὶ ἡμεῖς ἐπ' ἴσης σοι τὰς μὲν ὄψεις προσβάλλειν καὶ ἐγγύτερον ἰέναι ἔχομεν, τοῦ δὲ περιχυθῆναί σοι γνησίως καὶ προσπλακῆναι θαρραλέως ὡς πρότερον παντάπασιν ἐστερήμεθα, ὅσα καὶ σώματι στερεῷ καὶ πολλῷ στεγανωτέρῳ ὑέλου τῷ βαρβαρικῷ συντάγματι διειργόμενοι.

„Ἵνα τί ἔπαισας ἡμᾶς, Κύριε, καὶ οὐκ ἔστιν ἡμῖν ἴασις; ἔγνωμεν, Κύριε, ἁμαρτίας ἡμῶν, ἀδικίας πατέρων | ἡμῶν. κόπασον διὰ τὸ ἔλεός σου, μὴ ἀπολέσῃς θρόνον δόξης σου. παίδευσον ἡμᾶς, Κύριε, ὅπως μὴ ἀποστῇ ἡ ψυχὴ ἡμῶν ἀπὸ σοῦ, πλὴν ἐν κρίσει καὶ μὴ ἐν θυμῷ, ἵνα μὴ ὀλιγοστοὺς ποιήσῃς ἡμᾶς. ἔκχεον τὸν θυμόν σου ἐπὶ τὰ ἔθνη τὰ μὴ εἰδότα σε καὶ ἐπὶ γενεάς, αἳ τὸ ὄνομά σου οὐκ ἐπεκαλέσαντο. πατὴρ ἡμῶν σὺ εἶ, Κύριε· ἡμεῖς πηλός, καὶ σὺ πλάστης ἡμῶν, ἔργον τῶν χειρῶν σου πάντες ἡμεῖς. ἐπίβλεψον, καὶ ἴδε τοὺς ὀνειδισμοὺς ἡμῶν. ἡ κληρονομία ἡμῶν μετεστράφη εἰς ἀλλοτρίους, οἱ οἶκοι ἡμῶν εἰς ξένους. ἐπίστρεψον ἡμᾶς πρὸς σέ, καὶ ἐπιστραφησόμεθα. ἀνακαίνισον ἡμέρας ἡμῶν καθὼς ἔμπροσθεν." χρηστέον γάρ μοι ἐπικαίρως καὶ ἐφ' ὁμοίοις τοῖς συναντήμασι τοῖς γραφικοῖς τοῖσδε ῥήμασιν.

'Αλλ' ἤδη μοι καὶ τὸ λέγειν αὐτὸ ἐπιλέλοιπεν, ὅσα καὶ σῶμα συμφυὲς ψυχῇ καὶ ὁμόστολον τῇ τοῦ λόγου σοι τροφῷ συναπιόν τε καὶ συνθανόν. κωφοῖς τοίνυν δάκρυσι καὶ στεναγμοῖς ἀλαλήτοις τὰ πολλὰ τῶν

59—65 προσπάσχομεν — ἐκθαμβούμενα: cf. Nic. Or. 168, 16—25 **70** ἵνα — ἴασις: cf. Iob. 5, 18 **70—72** ἔγνωμεν — σου (alt.): cf. Ier. 14, 20—21 **72—75** παίδευσον — ἐπεκαλέσαντο: cf. Ier. 10, 24—25 **75—77** πατὴρ — ἡμεῖς: cf. Is. 64, 7 **77—78** ἐπίβλεψον — ξένους: cf. Lam. 5, 1—2 **79—80** ἐπίστρεψον — ἔμπροσθεν: cf. Lam. 5, 21 **84** κωφοῖς . . . δάκρυσι: cf. p. 182, 46

V = a, Q, RMDF = b, PLO

58 διῃρημένως — σοι om. R **59** σώμασι V **60** ἐξ αὐτῶν V **61** ὑπὸ: παρὰ V **63** ἐνοπτριζόμενα θέαν V **64** μάτην om. V **66** τὰς μὲν ὄψεις σοι V προσβαλεῖν DF **68** στερεῷ: γηραιῷ R **70—81** ἵνα — ῥήμασιν om. V **71—72** τὸ σὸν ἔλεος Q: τοῦ ἐλέους σου Bekk **72** συναπολέσῃς L **74** ὀλιγωστοὺς codd. exc. L Κύριε post ἡμᾶς add. O **75** γενεάν, ἥ . . . ἐπεκαλέσατο O **78** ἐστράφη O **79** ἡμᾶς post ἀνακαίνισον add. R **81** τοῖσδε: τούτοις DF **82** μοι om. P^{ac} F^{ac} **83** συναπιόντες Q **84** ἀλαλήτοις: ἀλλήλοις P

83 τῇ τοῦ λόγου (σοι add. P^{s} Bekk) τροφῷ πόλει b PLO Bekk

75 Κύριε post σου add. PLO Bekk

θρηνημάτων ἀφοσιωτέον σοι καὶ τοῦ περαιτέρω ἀφεκτέον τῆς ἱστορίας εἱρμοῦ. τίς γὰρ ἀνάσχοιτ' ἂν ἐπὶ γῆς ἀλλοτριωθείσης ἤδη τοῦ λόγου καὶ βαρβαρωθείσης τέλεον τὰ Μουσῶν ἐπιδείκνυσθαι κρούματα; οὐκ ἂν ᾄσαίμην τὰ βαρβάρων αὐτός, οὐδ' ἐσοίμην παραπέμπων τοῖς ἔπειτα πράξεις πολεμικάς, ἐν αἷς μὴ νικῶσιν Ἕλληνες. εἰ γὰρ ὁ Κῷος Ἱπποκράτης πολλοῖς μεταπεμπόμενος χρήμασι | πρὸς τοῦ τότε τῶν Περσῶν βασιλεύοντος, ὡς ἂν τὰς ὑπ' ἐκεῖνον ἐπισκέψαιτο πόλεις κακῶς πασχούσας νοσηλείᾳ σώματος, οὐδ' ἄκροις ὠσὶ τὰς ὑπερόγκους ὑποσχέσεις ἠνέσχετο δέξασθαι, ἔρρειν καὶ οἰμώζειν τοὺς βαρβάρους ἀφείς, πῶς ἂν ἔγωγε εἴην τὸ βέλτιστον χρῆμα, τὴν ἱστορίαν, καὶ κάλλιστον εὕρημα τῶν Ἑλλήνων βαρβαρικαῖς καθ' Ἑλλήνων πράξεσι χαριζόμενος.

Ἀλλ' οὗτοι μὲν κατὰ τὸν ἐμπρήσαντα τὸν ἐν Ἐφέσῳ ναὸν τῆς Ἀρτέμιδος οἰχέσθωσαν ἄϊστοί τε καὶ ἄπυστοι, μηδὲ προσρήματος γοῦν τινος ὑφ' ἡμῶν ἀξιούμενοι, ἕως οὗ παρέλθῃ ἡ ἀνομία κἀπὶ τοῖς δούλοις αὐτοῦ τὸ θεῖον παρακληθήσεται. οὐ γάρ ἐστιν, οὐκ ἔστιν ὁ θεὸς ἡμῶν εἰς τέλος ἐπιληθόμενος ἢ συνέχων ἐν τῇ ὀργῇ αὐτοῦ τοὺς οἰκτιρμοὺς αὐτοῦ, μηδὲ προστιθεὶς τοῦ εὐδοκῆσαι ἔτι, ἀλλὰ πατάσσων ἰᾶται καὶ θανατῶν ἐπιστρέφων ζωοποιεῖ. ἂν ὀδόντας θηρίων ἐπαποστελεῖ μετὰ θυμοῦ συρόντων ἐπὶ τῆς γῆς, ἀλλὰ καὶ τὰς μύλας τῶν λεόντων συνθλᾷ καὶ τὴν κεφαλὴν συντρίβει τοῦ δράκοντος. ἂν ὡς κάλαμον κατεάξῃ, ἀλλὰ

86—87 τίς — κρούματα: cf. Ps. 136, 4 **89** εἰ γάρ etc.: cf. Ἱπποκράτους γένος καὶ βίος κατὰ Σωρανόν p. 453, 94 sqq. Westermann (Vit. Scr. gr. min.) **92** ἄκροις ὠσί: cf. p. 192, 39 **2—3** κατὰ — Ἀρτέμιδος: cf. Strab. 14, 1, 22 (p. 640); Nic. Or. 74, 7 **3** ἄιστοι ... ἄπυστοι: cf. Hom. α 242 **4** ἕως — ἀνομία: cf. Ps. 56, 2 **4—5** κἀπὶ — παρακληθήσεται: cf. Ps. 89, 13 **5—6** οὐ — ἐπιληθόμενος: cf. Ps. 9, 19; 73, 19 **6—7** συνέχων — αὐτοῦ: cf. Ps. 76, 10 **7** μηδὲ — ἔτι: cf. Ps. 76, 8 **7—8** πατάσσων — ζωοποιεῖ: cf. Deut. 32, 39 **8—9** ἂν — γῆς: cf. Deut. 32, 24 **9—10** τὰς — δράκοντος: cf. Ps. 57, 7, Ps. 73, 13—14 et Gen. 3, 15

V = a, Q, RMDF = b, PLO

87 κρούματα: κρίματα R: κράματα MF: om. D **89** ἐς ἔπειτα O **91** ἐπισκέψεται R: ἐπεσκέψετο M **93** ἠνέξατο Bekk **94** εἴην ἐγὼ Bekk καὶ κάλλιστον τὴν ἱστορίαν M **2** Ἐφέσῳ: μέσω RM **4** τινὸς suppl. P[s] παρέλθοι RM Bekk **5** οὐ: οὐδὲ V **6** ἐπιλησθησόμενος R ἐν om. M **7** μὴ post τοῦ add. V **8** ἐπαποστελῇ P Bekk **9** τοῦ θυμοῦ Bekk **10** ἀλλὰ om. V[ac] Bekk

85 σοι om. b PLO **7** μηδὲ: καὶ μὴ b

90 τῶν om. PLO Bekk **10** κατεάξῃ: διαθλᾷ PLO Bekk

καὶ τοῖς θηρίοις τοῦ καλάμου ἐπιτιμᾷ. ἂν οὗτοι ἐν ἅρμασι καὶ οὗτοι ἐν ἵπποις, ἀλλὰ ψευδὴς ἵππος εἰς σωτηρίαν, οὐδὲ ἐν ταῖς κνήμαις τοῦ ἀνδρὸς εὐδοκεῖ. εἰ δείκνυσι τῷ οἰκείῳ λαῷ σκληρὰ καὶ οἶνον κίρνησι κατανύξεως, ἀλλ' ἑτοιμάζει καὶ τράπεζαν ἐξ ἐναντίας τῶν θλιβόντων, καὶ προτείνει ποτήριον εὐφροσύνης μεθύσκον ὡσεὶ κράτιστον. εἰ τοὺς | μαστιγοῦντας ἐκ περάτων ἄγει τῆς γῆς καὶ τῶν ἐν θαλάσσῃ μακρὰν καὶ διὰ προφήτου βοᾷ μεγακήρυκος „γίγαντες ἔρχονται πληρῶσαι τὸν θυμόν μου, χαίροντες ἅμα καὶ παίζοντες· ἡγιασμένοι εἰσί, κἀγὼ ἄγω αὐτούς," ἀλλὰ καὶ τούτοις ἐπεντείνει σφοδροτέρας πληγὰς καὶ τῶν κακῶν μαστίζει τοῖς χείροσι, χάριν εἰδὼς οὐδαμῶς, εἰ χρῆται τούτοις ὀργάνοις εἰς ὄλεθρον πόλεων καὶ κακοῖς ἐπιδημίοις καὶ δημίοις ἀνθρώπων ἀνοικτίρμοσιν, εἴτε μὴν ὡς νοσηλεῖαι καὶ φάρμακα συναίρονταί οἱ ἐν πλείστοις ὡς ψυχῶν ἰατρῷ, οἷς καὶ φύσις τοιάδε τις ἐμφαίνεται τοῖς ἐπιστήσασι πρόδηλος. αἱ μὲν γὰρ ἢ τοῦ κάμνοντος ἀναρρωσθέντος ἐκμαρανθεῖσαι τοῦ δρᾶν ἔληξαν ἢ τῷ πάσχοντι συνδιόλλυνται· τὰ δ' ἀκεσίνοσα φάρμακα τὸ καχεκτοῦν ἰασάμενα ταῖς τῶν ὑλῶν ἀτιμοτέραις συμπρόεισιν ἀχρειούμενα.

Χρῆναι τοίνυν φημὶ μὴ βιβλίον ἀποστασίου πρὸς θεοῦ δεδομένον ἡμῖν ἢ γοῦν τῶν ἀγριελαίων βαρβάρων ἐγκέντρισιν εἰς τὴν καθ' ἡμᾶς καλλιέλαιον τὰ ἐπιόντα οἴεσθαι δεινά, ἀλλὰ παιδείαν μικράν, ὁποίαν ἴσησιν ἐπάγειν θεός, ἀνιεὶς τοῦ ἄγαν μηδ' ἐνδιδοὺς τὰ πάντα τοῖς πειρασταῖς, ἀλλὰ καὶ τῶν πειραζομένων φειδόμενος, καὶ μάλιστα εἰ τὸ

---

11 καὶ — ἐπιτιμᾷ: cf. Ps. 67, 31 **11—12** ἂν — ἵπποις: cf. Ps. 19, 8 **12** ψευδὴς — σωτηρίαν: cf. Ps. 32, 17 **12—13** οὐδὲ — εὐδοκεῖ: cf. Ps. 146, 10 **13—14** εἰ — κατανύξεως: cf. Ps. 59, 5 **15** ποτήριον — κράτιστον: cf. Ps. 22, 5 **16** μαστιγοῦντας — μακράν: cf. Is. 13, 5 et Ps. 64, 6 **17—19** γίγαντες — αὐτούς: cf. Is. 13, 3 **27** συμπρόεισιν ἀχρειούμενα: cf. Nic. Or. 119, 25 **29—30** τῶν — καλλιέλαιον: metaphora ex Rom. 11,23—24 **30** παιδείαν μικράν: cf. Is. 26, 16

V = a, Q, RMDF = b, PLO

15 ὡς Q **16** μαστιγοῦντας VMO τῆς γῆς: τῆς O^{ac}: γῆς O^{pc} **17** μεγαλοκήρυκος DF Bekk ἔρχοντες L **19** ἐπιτείνει Bekk **21** δημοσίοις O **22** οἰκτίρμοσιν F **23** τοιαδήτις V τις om. QRMDF ἐκφαίνεται R **24** ἐπιστήσασι: τὸν νοῦν ἐφεστῶσι LO **25** δρᾶν om. Q **26** κατὰ ante τὸ add. R **29** εἰς τὴν καθ' ἡμᾶς ἐγκέντρισιν V **31** τοῦ: τὰ M τοῦ ἄγαν om. Q

15 εὐφροσύνης om. Q b

15 εὐφροσύνης — κράτιστον: φιλανθρωπίας πλῆρες καὶ ἱλαρότητος PLO Bekk, sed καὶ μεθύσκον ὡς κράτιστον ex a b add. P Bekk **18** καὶ ἄγω PLO Bekk **20** οὐδαμῶς: οὐδεμίαν LO: οὐδαμῶς οὐδεμίαν P, ubi χάριν — οὐδεμίαν i. r. 14 litt., Bekk **22** ἀνοικτίρμοσιν: ἀνελεήμοσιν QPLO Bekk **23** ἐμφαίνεται: ἔνεστι PLO Bekk **24** αἱ: καχεξίαι PLO Bekk **26** ὁτεδήποτε post καχεκτοῦν add. PLO Bekk **29** παντελῆ ante ἐγκέντρισιν add. Q PLO Bekk **32** ἐν μέρει post πειραζομένων add. PLO Bekk μὲν δρῶν, κόρον οὐκ εἰδὸς ἀνοσιουργίας, καὶ αὐτοῦ κατεπαίρεται δι᾿ ἀσέβειαν, παρ᾿ οὗ τὴν ἰσχὺν εἰλήφει τοῦ μαστιγοῦν, ὡς μὲν | Ναβουζαρδὰν ἀρχιμάγειρος τὴν τοῦ θεοῦ πόλιν παραπέμπον πυρὶ καὶ τὰ λειτουργικὰ σκεύη προνομεῦον, ὡς δὲ Βαλτάσαρ τρυφῶν ἐν αὐτοῖς θυσιαστήριά τε καθυβρίζον καὶ τὰ θεῖα μυστήρια ἐξορχούμενον, τὸ δὲ πάσχον ἑαυτοῦ γινόμενον ἐν πρωτολογίαις κατήγορον παρήγορον τὸν παίσαντα θεὸν θερμότερον ἐπικέκληται.

Οὐκοῦν φιλανθρωπίαν ἐκδεχομένους θεοῦ δέον ᾄδειν μετὰ Δαυὶδ „μνήσθητι ἡμῶν, Κύριε, ἐν τῇ εὐδοκίᾳ τοῦ λαοῦ σου· ἐπίσκεψαι ἡμᾶς ἐν τῷ σωτηρίῳ σου τοῦ ἰδεῖν ἐν τῇ χρηστότητι τῶν ἐκλεκτῶν σου, τοῦ εὐφρανθῆναι ἐν τῇ εὐφροσύνῃ τοῦ ἔθνους σου, τοῦ ἐπαινεῖσθαι μετὰ τῆς κληρονομίας σου," εὖ εἰδότας ὡς ἀσεβῶν μὲν ἡ ἐς τέλος παρόρασίς τε καὶ ἡ μαστίγωσις, τῶν δ᾿ ἠλπικότων ἐπὶ Κύριον τῇ παιδείᾳ σύνδρομος ἡ ἐπανάκλησίς τε καὶ ἡ παράκλησις.

34—35 ὡς — ἀρχιμάγειρος: cf. 4 Regn. 25, 8 sqq. **36** ὡς δὲ Βαλτάσσαρ: cf. Dan. 5, 1 sqq. **41—44** μνήσθητι — σου: cf. Ps. 105, 4 sq. **44—46** ἀσεβῶν — παράκλησις: quoad sensum cf. Prov. 15, 29

V = a, Q, RMDF = b, PLO

33 μὲν om. DF δρῶν: ὁρῶν Q **34** εὐσέβειαν O εἰλήφει: ἔσχε Q **35—37** παραπέμπων . . . προνομεύων . . . καθυβρίζων . . . . ἐξορχούμενος Bekk **35** παραπέμπων Q M^ac D^pc: παραπέμπον sscr. m. alt. D **36** προνομεύων M^ac F **37** καθυβρίζων Q καὶ τὰ: τὰ δὲ Bekk **41** ἐπίσκεψον RDF **41—42** ἐπίσκεψον — σου alt. om. M **43** ἐν τῇ εὐφροσύνῃ om. F **44** ὡς τῶν μὲν ἀσεβῶν V εἰς V Bekk παρόρασις: παράδοσις Bekk **45** δὲ O **46** ἡ alt. om. R

44 τὲ om. Q b PLO Bekk **45** ἡ om. Q b PLO Bekk

46 ἡ παράκλησίς τε καὶ ἐπανάκλησις PLO Bekk

ΤΟΥ ΑΥΤΟΥ ΧΩΝΙΑΤΟΥ
ΤΑ ΜΕΤΑ ΤΗΝ ΑΛΩΣΙΝ ΤΗΣ ΚΩΝΣΤΑΝΤΙΝΟΥΠΟΛΕΩΣ
ΣΥΜΒΑΝΤΑ ΤΟΙΣ ΡΩΜΑΙΟΙΣ

Σόλων, ὁ τῶν Ἀθηναίων τὰ κράτιστα, ὑποτυφομένην ὁρῶν τὴν Πεισιστράτειον νεωτέρισιν πολλάκις μὲν διειλέχθη τοῖς Ἀθηναίοις πειρώμενος κατασβέσαι τὴν τυραννίδα, εὖ μάλα εἰδὼς εὐμαρέστερον τὸ τὴν ἀρχὴν συνιστάμενον παῦσαι κακὸν καὶ κωλῦσαι πῆξιν ἄρτι δεχόμενον ἢ γοῦν προβὰν ἤδη καὶ κρατυνθὲν ἐκκόψαι καὶ ἀνελεῖν· οὐδενὸς δ᾽ αὐτῷ προσέχοντος, μηδὲ πείθειν δυνάμενος, μετὰ χεῖρας ὅπλα λαβὼν πρὸς ταῖς εἰσόδοις αὐτὰ κατέθετο, εἴ πως ἐκκαλέσαιτο οὕτω καὶ παροξυνεῖ τοῦ δήμου τινὰς πρὸς | ζῆλον τὸν ὅμοιον. ὡς δ᾽ οὐκ ἐξηρέθιστό τις πρὸς ταῦτα, οὔτε μὴν συνεπωτρύνετό οἱ πρὸς τὴν τοῦ τυράννου καθαίρεσιν, λέγεται εἰπεῖν „ἔγωγε, ὡς εἶχον, τῇ πατρίδι ἐπήμυνα,“ καὶ τὸ λοιπὸν ἡσυχίαν ἄγειν καὶ γράφειν ποιήματα καὶ διατωθάζειν Ἀθη-

---

4 b νομοθέτης et ὁ ἐκ Κόδρου: cf. Plut. Sol. 1 **4—20** ὑποτυφομένην — δουλοσύνην: ex Plut. Sol. 30; cf. Diog. Laert. Vit. Soph. 1, 49 sqq.; Aelian. Var. Hist. 8, 16

VP = a, MDF = b (LO)

1—3 Τοῦ αὐτοῦ Χωνιάτου ex PB, τὰ — Ῥωμαίοις ex V: Τὰ — Ῥωμαίοις (omisso Τοῦ αὐτοῦ Χωνιάτου) V: Τοῦ αὐτοῦ Χωνιάτου τὰ μετὰ τὴν ἅλωσιν συμβάντα τῆς πόλεως (τῇ πόλει Bekk) P Bekk: Τοῦ αὐτοῦ Χωνειάτου εἰς τὰ συμβάντα μετὰ τὴν ἅλωσιν τῆς πόλεως B **5** διειλέχθη: διηνέχθη V: διηλέχθη MF **8** ἤδη post ἐκκόψαι add. Bekk **9** μηδὲ: οὐδὲ M **10** οὕτως cum b scr. P Bekk **14** ἄγειν: ᾄδειν F

1—3 Τοῦ αὐτοῦ λογοθέτου τῶν σεκρέτων καὶ ἐπὶ τῶν κρίσεων Νικήτα (κῦρ Νικήτα M) τοῦ Χωνιάτου (Χωνειάτου suppl. in spat. vac. man. corr. D) ἱστορία τῶν μετὰ τὴν ἅλωσιν συμβάντων τῆς Κωνσταντινουπόλεως b **4** Σόλων ὁ ἐκ Κόδρου καὶ (ἐκ — καὶ om. M) τῶν Ἀθηναίων (νομοθέτης add.M) ὅτιπερ κράτιστα (ἔτι περικράτιστα M) b **10** οὕτως b

1—3 Τόμος δεύτερος L mg O mg **4—585, 57** Σόλων — ἐγώ om. LO ναίους ἐς ἀβουλίαν, ὧν ἔνια μὴ παρασυρέντα τῷ χρόνου ῥεύματι οὑτωσί πως ξυντέθειται·

εἰ δὲ πεπόνθατε λυγρὰ δι' ὑμετέραν κακότητα,
μή τι θεοῖς μῆνιν τούτων ἐμφέρετε·
αὐτοὶ γὰρ ταῦτ' ηὐξήσατ' ἐρύματα δόντες,
καὶ διὰ ταῦτα κακὴν ἔσχετε δουλοσύνην.

Εἰ γοῦν λέγων καὶ πράττων ὁ Σόλων πρὸς πειθήνιον λόγοις ὁμήγυριν ἠλέγχετο μάτην ἀμφότερα μετιών, Σόλων ἐκεῖνος ὁ Κοδρίδης μὲν τὸ γένος, τῷ δὲ τῆς σοφίας περιόντι μικροῦ πᾶσαν τὴν τετράκλιμον διελθών, ὁποῖον ἄν τις τῶν καθ' ἡμᾶς εἰσενηνοχὼς τοῖς κοινοῖς ἐπήρκεσεν ἂν πράγμασιν, ὧν οἱ μὲν βασιλεῖς ἐν ῥᾳθυμίᾳ τραφέντες ἦσαν ἐξ ἀρχῆς καὶ ῥέγκοντες ἥδύτερον Ἐνδυμίωνος καὶ τὰ δεῖπνα πρωϊαίτερον προσιέμενοι καὶ τοσοῦτον τῆς τῶν πραγμάτων εὐκαιρίας | ἐκδιιστάμενοι, οἷα καὶ φαύλως ἐν τοῖς ὅλοις ἡγμένοι, ὡς ἐν χειμῶνι μὲν τὰ ἄνθη ἐπιζητεῖν, ἔαρος δὲ ποθεῖν ὀπωρίζεσθαι, τὸ δὲ πολίτευμα ἐμπορικόν τε καὶ κάπηλον τὸ φρονεῖν καὶ μὴ μόνον οὐχὶ σάλπιγξι τοῦ λέχους ἐξανιστάμενον, ἀλλ' οὐδ' ᾠδαῖς ὀρνίθων διυπνιζόμενον, οἷα καθεῦδον νήγρετον καὶ μὴ ἐγνωκός ποτε πόλεμον.

Τὸ δέ γε συντιθέναι ποιήματα καὶ τῶν διαμαρτόντων καθάπτεσθαι ἦν μὲν καὶ τοῦ μεγαλείου Σόλωνος, ἦν δ', ὡς ἔοικε, καὶ τοῦ τότε δήμου τῶν Ἀθηναίων, κνωμένου τὸ οὖς ταῖς τῶν εἰσηγήσεων χρησίμοις καὶ ἠρέμα ὑπενδιδόντος ταῖς τῶν ἀρίστων ἀνδρῶν παραιφάσεσι. καὶ ἄλλως δὲ τῷ πρὸς ὄνειδος ᾄδειν τιθασσοῖς λόγων μέροψιν ἔνεστί τι καὶ

23—24 τῷ — διελθών: cf. Plut. Sol. 26 sqq. **26** ῥέγκοντες — Ἐνδυμίωνος: cf. Diogen. 4, 40 **28—29** ἐν — ὀπωρίζεσθαι: cf. p. 477, 80 **35** κνωμένου τὸ οὖς: cf. Lucian. Bis accus. 1; 2 Ti. 4, 3

VP = a, MDF = b

15 εἰς F **16** ξυντέθειται V **17** λυγρὰ: δεινὰ Bekk ὑμετέρην Bekk **18** μή τι: μήτε M D^ac F μῆνιν — ἐμφέρετε: τούτων μοῖραν ἐπαμφέρετε Bekk **19** ταῦτ' — ἐρύματα: τούτους ηὐξήσατε ῥύσια Bekk **20** ὑμέων δ' εἷς μὲν ἕκαστος ἀλώπεκος ἴχνεσι βαίνει, / σύμπασι δ' ὑμῖν κοῦφος ἔνεστι νοός· / εἰς γὰρ γλῶσσαν ὁρᾶτε καὶ εἰς ἔπος αἰόλον ἀνδρός, / εἰς ἔργον δ' οὐδὲν γιγνόμενον βλέπετε (ex Diog. Laert., unde etiam rel. vv. ll. desumpsit) post δουλοσύνην add. Bekk **25** ἦσαν om. V **26** Ἐνδημίωνος V: Ἐνδυμίονος P **27** ἐνδιιστάμενοι F **28** οἷα: ὡς V καὶ om. P Bekk **29** ζητεῖν V Bekk **30** οὐ V ἀνιστάμενον P Bekk **31—32** οἷα — νήγρετον: ὡς καὶ τὸ ὅλον καθεῦδον ἡδέως P Bekk **35** ταῖς: τοῖς DF^pc **35—36** καὶ ἠρέμα: ἠρέμα τε P Bekk **37** τὸ PD ὄνειδον V^ac PMF λόγω PMD^pc: λόγοις D^ac

25—27 ὧν οἱ μὲν ἄρχοντες ἐν ῥᾳθυμίᾳ ἐτράφησαν ἐξ ἀρχῆς τὰ δεῖπνα πρωϊαίτερον προσιέμενοι b **31—32** οἷα — νήγρετον om. b **36** πως post ἠρέμα add. b γλυκάζον σὺν τῷ στύφοντι ἐμφαινόμενον· καὶ ἡ μνήμη, ὅσα δὴ καὶ ῥιπὶς τὸ παραμένον ἐν ψυχῇ καὶ ἐνθαπτόμενον ἐμπύρευμα τοῦ καλοῦ κατὰ ζῶσαν ἔτι φλόγα πυρὸς ἀναθάλπουσα, τὴν ἐφ' ὁμοίοις ἐσέπειτα διαμαρτίαν φυλάττεσθαι διανίστησι. τοῖς δ' ἐς ἡμᾶς τῆς Κωνσταντίνου οἰκήτορσιν, εἰπεῖν δὲ καὶ τοῖς ἐκ τῶν ἄλλων ὁρμωμένοις χωρῶν, οἱ ἔλεγχοι μώλωπες ἀκριβῶς. τοῖς δὲ πολλοῖς οὐδ' ὦτα πεφύτευται τετρημένα εἰς νοῦν, οὐδ' ἡ Παφία τῆς ἐλευθερίας ὁποία τίς ἐστιν, ἐς δεῦρο κατείληπται, ὡς οὐδὲ γλυκύτης μέλιτος τοῖς μηδέπω γευσαμένοις μέλιτος.

Ἐπεὶ τοίνυν ἀσύμφωνα τοῖς Σόλωνος τὰ ἡμέτερα, ἄγε τὰ μὲν τῶν ἐλέγχων παρήσομεν βούκεντρα, ἐς οὐδὲν ἕτερον προσληφθησόμε|να ὅτι μὴ τῶν πλείστων ἑτεροζύγησιν (εἰσὶ γάρ, εἰσὶν οἳ χόρτον ἐν τοῖς κέρασιν ἔχουσι), τῆς δ' ἱστορίας καθ' εἱρμὸν ἑξόμεθα. εἰ γὰρ καὶ τὰ τῶν βαρβάρων ᾄδειν ἀπειπάμεθα, ἀλλ' οὖν τοῦ δρασσομένου σοφοὺς ἐν τῇ σοφίᾳ αὐτῶν ἐν πολλοῖς τοὺς ὑψαύχενας σφήλαντος καὶ τὰ πρόσωπα αὐτῶν ἀτιμίας πλήσαντος καὶ παραδόντος εἰς ὄλεθρον βαρβαρωτέροις ἑαυτῶν ἔθνεσι, χρεὼν μηδ' ἡμᾶς τὴν σιωπὴν ἐς τέλος ἑλέσθαι, χρήσασθαι δὲ τῷ λόγῳ πρὸς ἀνθομολόγησιν τῶν τεραστίων θεοῦ, τοῦ „ζῶ ἐγὼ" λέγοντος „εἰς τὸν αἰῶνα, καὶ ἀνταποδώσω δίκην τοῖς ἐχθροῖς μου καὶ τοῖς μισοῦσί με ἐξολόθρευσιν," καὶ αὖ πάλιν πρὸς Ἀβραὰμ „τὸ δὲ ἔθνος, ᾧ δουλεύσουσι, κρινῶ ἐγώ."

Εἶχε μὲν δὴ οὕτω ταῦτα, καὶ ἡ Κωνσταντίνου καλλίπολις, τὸ κοινὸν ἁπάντων ἐθνῶν ἐντρύφημά τε καὶ περιλάλημα, ᾐθάλωται πυρὶ καὶ ἠμαύρωται, ἑάλω τε καὶ τοῦ πλούτου παντὸς κεκένωται, ὅσος τε δημόσιος ἦν καὶ τοῖς λεῴς ἐπῳκείωτο καὶ ὅσος θεῷ ἀφωσίωτο, παρὰ γενῶν ἑσπερίων σποραδικῶν, ἀφαυρῶν τὰ πλεῖστα καὶ ἀνωνύμων, εἰς λη-

---

43—44 οὐδ' — νοῦν: cf. p. 448, 5 **44** Παφία τῆς ἐλευθερίας: cf. p. 73, 15 **48—49** χόρτον — ἔχουσι: cf. Plut. Crass. 7 in fine **50** ἀπειπάμεθα: p. 579, 82 sqq. **50—51** τοῦ — αὐτῶν: cf. 1 Co. 3, 19 **51—52** τὰ — πλήσαντος: Ps. 82, 17 **52—53** παραδόντες — ἔθνεσι: vide p. 615, 11 sqq. **54** πρὸς — θεοῦ: Ps. 9, 2 **54—56** ζῶ — ἐξολόθρευσιν: Deut. 32, 40—41, ἐξολόθρευσιν ex Ps. 108, 13 **56—57** τὸ — ἐγώ: Gen. 15, 14

VP = a, MDF = b, LO (ab 58)

38 τύφοντι M **39** ἐν ψυχῇ: ἐμψυχεῖ DF ἐνθαλπόμενον V **40** ἀναθάλπουσαν P εἰσέπειτα VD **42** εἰπεῖν — χωρῶν om. V **43** οὐδὲ V **45** μηδέποτε V **46** τοῖς: τοῦ F **47** ἐς: πρὸς V **49** τὰ om. P **50** τοὺς σοφοὺς Bekk **52** ἀτιμίαν D **53** ἤθεσι M τὴν om. M εἰς Bekk **57** δουλεύσωσι MF **59** ἐθνῶν om. Bekk ἐξάκουστον post καὶ add. Bekk **62** ἀφαιρῶν O ἀφαυρῶν — ἀνωνύμων om. M ἐς DF

58 δὴ om. LO **60** κεκένωται: ἠλλοτρίωται LO **61** τοῖς λεῴς ἐπῳκείωτο: ὅσος τοῖς ναιέταις (ναέταις L) ᾠκείωτο LO στρικὸν μὲν ἔκπλουν συγκροτηθέντων, ὀργάνῳ δὲ χρησαμένων καὶ προσωπείῳ εὐτυπώτῳ τῆς καθ' ἡμῶν κινήσεως τῷ κρούσασθαι πρύμναν εἰς ἄμυναν Ἰσαακίου τοῦ ἐξ Ἀγγέλων καὶ ὃν ἐκεῖνος | ἐφύτευσεν, ὡς μὴ ὤφελεν, ἐπ' ἀπωλείᾳ τῆς πατρίδος, ὃν καὶ καλῶν κάλλιστον καὶ σφίσιν ἐπέραστον ἀγώγιμον ἐπεφέροντο· ἡ γὰρ ὑπτιότης καὶ οἰκουρότης τῶν τὰ Ῥωμαίων χειριζόντων πράγματα δικαστὰς ἡμῶν καὶ κολαστὰς τοὺς λῃστὰς ἐπεισήνεγκεν.

Ἐπὶ δὲ τοῖς συμβᾶσι πᾶσι τῇ βασιλίδι οὐδὲν σημεῖον ὑψόθεν ἢ καὶ γῆθεν ἐκφανθὲν ἔγνωσται, ὁποῖα ἄττα πολλὰ τοῖς πρότερον ξυνηνέχθησαν συμφορὰς ἀνδρῶν καὶ κακῶν ἐπαγωγὰς κηρεσιφόρους ὑποσημαίνοντα. οὔτε γὰρ ψιάδες οὐρανόθεν ὕσθησαν αἱματόεσσαι, οὔτε θέρος ἔναιμον παρεξήλλακται, οὔτε λίθοι πυρόεντες ἐξ αἰθέρος ἠνέχθησαν, οὔτε τι ἕτερον ὡράθη καινουργηθὲν ὁπωσοῦν, ἀλλ' ἐμβάδι ἀψόφῳ καὶ χερσὶν ἀκροτήτοις πολύπους καὶ πολύχειρ τῇ πόλει καὶ ἡμῖν ἡ δίκη ἐπεισπεσοῦσα δυσπότμους ἐν ἀνθρώποις εἰργάσατο, τιμωρὸς ὀφθεῖσα φιλότιμος.

Καὶ τὴν μὲν ἡμέραν ἐκείνην, καθ' ἣν ἡ πόλις ἑάλωκεν, οἱ σκυλευταὶ ταῖς ὁπῃοῦν οἰκίαις ἐναυλισάμενοι τά τε ἔνδον διήρπαζον καὶ περὶ τῶν ἀφανῶν τοὺς δεσπότας ἀνέκρινον, πληγὰς ἐντείνοντες ἐνίοις, πολλοῖς δὲ καὶ προσηνῶς συγγινόμενοι, ταῖς δ' ἀπειλαῖς ἐπὶ πᾶσι χρώμενοι· ὡς δὲ τὰ μὲν εἶχον, τὰ δ' ἐξέφαινον, τὰ μὲν ὀφθαλμοῖς προκείμενα καὶ πρὸς τῶν ἐχόντων προσαγόμενα, τὰ δ' ὑπὸ σφῶν αὐτῶν ἀναδιφώμενα,

---

79 ἡμέραν ἐκείνην: die 13 mens. Apr. a. 1204

---

73 οὔτε — αἱματόεσσαι: cf. Hom. Π 459 **75** ἐμβάδι ἀψόφῳ: cf. p. 135, 32 **76** πολύπους καὶ πολύχειρ: cf. Soph. El. 479

VP = a, MDF = b, LO

63 συγκρατηθέντων F **64** τῷ: τὸ D^{ac} F **65** Ἰσαακίῳ τῷ Bekk **66** ὤφελον F **71** ὁποῖάττα V **73** ὕσθησαν: ἤχθησαν V

65 Ἀλεξίου post καὶ add. b ἐκεῖνος: οὗτος b **71** ὁποῖα ἄττα om. M: ὁποῖα δῆτα DF

63 μὲν: μέντοι L: μὲν τὸν O **63—64** ὀργάνῳ — κινήσεως: ὀργάνῳ τε καὶ προσωπείῳ τῆς καθ' ἡμῶν κινήσεως χρησαμένων LO **65—67** ὃν ἐκεῖνος ἐπ' ἀπωλείᾳ τῆς πατρίδος ἀπέτεκεν, ὡς μὴ ὤφελεν, ὃν καὶ καλῶν κάλλιστον ἀγώγιμον καί σφισιν αὐτοῖς ἐπέραστον ἐπεφέροντο LO **67** ἡ γὰρ οἰκουρία καὶ τὸ ἀπάλαμνον τῶν LO **68** ἡμῖν LO **70** πᾶσι τούτοις τῇ βασιλίδι τῶν πόλεων οὐδὲν LO **71** ἐγνώρισται, ὁποῖα ἄττα ξυνηνέχθη πρότερον συμφορὰς LO **72** κηρεσιφόρους om. LO διασημ. L: προσημ. O **73—74** οὔτε γὰρ αἱματόεσσαι ψιάδες ἐξ οὐρανοῦ ὑετίσθησαν ὡς πρὶν ἐπὶ Σαρπηδόνι (-ος O), οὔτε θέρος ἔναιμον καθά ποτε παρὰ Ῥωμαίοις ἐξήλλακται LO **75** ἀλλ' ἐν ἀψόφῳ ἐμβάδι LO **76** ἀκροτήτοις: ἡσύχοις LO **79—80** Τὴν μὲν οὖν ἡμέραν ἐκείνην τὴν ἀποφράδα, καθ' ἣν ἡ πόλις ἑάλωκεν, οἱ σκυλευταὶ τῶν ὁπῃοῦν οἰκήσεων ἔνδον ἐναυλισάμενοι διήρπαζον τὰ ἐνόντα καὶ LO **81** ἐνίοις ἐντείνοντες LO **83** ἐξέφερον LO **84** τε καὶ λαμβανόμενα post ἀναδιφώμενα add. LO

καὶ φειδώ τις οὐκ ἦν παρὰ σφίσιν οὐδὲ τῶν ἐνόντων μετάδοσις πρὸς τοὺς ἔχοντας, οὔτε μὴν συμμέθεξις ἑστίας ἢ ἑστιάσεως, ἀλλ' ὑπεροψία καὶ ἀμι|ξία καὶ μεθ' ὕβρεων ἀπαγωγὴ καὶ ἀπόπεμψις, ἔδοξε διὰ ταῦτα τοῖς στρατηγοῦσιν ἀνεικέναι τοῖς βουλομένοις τὴν ἐκ τῆς πόλεως ἄπαρσιν. κατὰ συμμορίας τοίνυν ἀγειρόμενοι ἐξῄεσαν, ῥακίοις ἐσπειραμένοι, ἀπαστίᾳ ἐκτετηγμένοι, τὸν χρῶτα τραπέντες, νεκρώδεις τὰς ὄψεις καὶ ὕφαιμοι τοὺς ὀφθαλμούς, ὡς πλέον αἵμασιν ἤπερ δάκρυσι κλαίοντες. οἱ μὲν γὰρ θρήνων τὰς οὐσίας εἶχον ὑπόθεσιν, οἱ δὲ τὴν τούτων ἀποβολὴν ὡς οὔπω θλῖβον ἐς μὴ λόγον τιθέμενοι ἢ ὡραῖον γάμου κόριον ὠλοφύροντο ἁρπαγὲν παρ' ὅτου καὶ διακορηθὲν ἢ ἀλόχου στέρησιν ἐπωδύροντο, καὶ ἄλλος ἄλλο τι κακὸν ἀνῴμωζε πορευόμενος.

Ἵνα δὲ καὶ τὰ κατ' ἐμὲ συνείρω τῇ ἱστορίᾳ, πολλοὶ τῶν συνήθων εἰς τοὐμὸν συνέδραμον οἴκημα τῆς στυγνῆς ἐκείνης καὶ δυσωνύμου ὄντως ἐπιφαυσάσης ἡμέρας, ὑπόστωον οὖσαν καὶ χαλεπὴν προσπελάσαι καὶ ζοφώδη τὴν εἴσοδον· ὁ γὰρ ἄμαχος τῷ κάλλει καὶ τῷ μεγέθει μέγιστος οἶκος ἡμῶν ἐν τοῖς Σφωρακίου ἱδρυμένος ὑπὸ τοῦ δευτέρου πυρὸς ἠφάνισται. ἦν δὲ καὶ ἄλλως εὐμαρὲς ἐκεῖθεν εἰς τὸν Μέγιστον εἰσδῦναι Ναόν, ἐπειδὴ καὶ τῷ τεμένει συνέκειτο. ἀλλ' ἦν ἀνεξερεύνητον οὐδὲν τοῖς στρατεύμασιν, οὐδὲ τόπος εὐαγὴς καὶ τῇ θέσει παρέχων ἀσφάλειαν ἀσινὲς ἐτήρει τὸ προσρυόμενον, | ἀλλ' ὅπῃ τις ἂν καὶ προσέδραμεν, ἀπεσπᾶτο πρὸς τῶν εἰσιόντων ἐκεῖ πολεμίων καὶ ἔνθα πρὸς βουλῆς ἐκείνοις ἀπήγετο. ταῦθ' ὁρῶντες ἡμεῖς ἀνομούμενα, ὡς ἐκ τῶν παρόντων εἴχομεν, τὸ σύμφορον μέτιμεν.

---

4 μεγέθει μέγιστος: cf. p. 92, 54

VP = a, MDF = b, LO

87 γοῦν post ἔδοξε add. O **93** μήπω V ἐς μὴ λόγον om. MDF **95** ἀπωδύροντο Bekk **1** τῇ ἱστορίᾳ συνείρω V **3** ἐπιφανείσης DF **2—4** ὂν . . . χαλεπὸν . . . ζοφῶδες recte D: οὖσαν . . . χαλεπὴν . . . ζοφώδη rel. Bekk: sic etiam Nicetam ipsum scripsisse puto, quasi οἰκίαν pro οἴκημα posuisset. **5** φωρακίου MO **6** εὐμαρῶς Bekk **7** ἐπεὶ Bekk **8** καὶ: ἐν M **10** ἐπεσπᾶτο O **12** συμφέρον V

94 παρά του b Bekk

85 καὶ φειδώ τις ἦν οὐδαμῶς παρ' αὐτοῖς, οὐδ' ἐκ (οὐδὲ μὴ L) τῶν πάντων ἑνός τινος μετάδοσις LO **86** ἢ καθέδρας post ἑστίας add. LO **87** ἀπαγωγή: ἐμβρίμησις LO **88** στρατηγοῦσιν: στρατηγοῖς τῶν βαρβάρων LO **90** τὸ σῶμα post ἀπαστίᾳ add. LO τὸν χρῶτα τραπέντες om. LO **91** καὶ om. LO **91—92** ὡς αἵμασι πλέον ἢ δακρύοις κοπτόμενοι. οἱ μὲν γὰρ τὰς οὐσίας θρήνων εἶχον ὑπόθεσιν LO **93** ἐς μὴ λόγον: παρ' οὐδὲν LO **94** παρά τινος LO καὶ διακορηθέν om. LO **95** ἀνῴμωζε πορευόμενος: ἀνῴμωζε διωλύγιον LO **1** παρασυνείρω LO καὶ συγγενῶν post συνήθων add. LO **4—6** ὁ γὰρ ἄμαχος τῷ κάλλει καὶ ταῖς οἰκοδομαῖς περιώνυμος οἶκος ἡμῶν, ὃς ἐν τοῖς Σφωρακίου (φωρακίου O) ἵδρυτο, πυρὸς παρανάλωμα (ἀνάλωμα O) γέγονεν LO **6—7** εἰς τὸν τῆς θεοῦ Σοφίας ἐπώνυμον καὶ μέγιστον εἰσδῦναι ναόν LO **7** τῷ τεμένει: τοῖς προνάοις LO **10—11** ἐκεῖθεν ἀπεσπᾶτο (ἐπεσπᾶτο O) μετ' ἀπεχθείας καὶ ἔνθα πρὸς βουλῆς τοῖς ἀπηνέσιν ἐκείνοις ἀπήγετο LO **11—12** ὡς εἴχομεν ἐκ τῶν παρόντων LO

Ἦν οὖν ἐμοί τις συνήθης τε καὶ συνέστιος ἐκ τοῦ τῶν Βενετίκων προελθὼν γένους, κομιδῆς ἀξιούμενος καὶ τῆς ἐς τὸ σῶμα ἀσφαλείας κομιδῇ μετέχων τοῖς οὖσιν ἅμα καὶ γυναικί. οὗτος χρήσιμος ἡμῖν ἐν τοῖς τότε καιροῖς δείκνυται. θωρακισάμενος γὰρ καὶ τὸν ἔμπορον εἰς στρατιώτην μεταμειψάμενος μάλα ἐμβριθῶς ἀπεκρούετο μέχρι τινὸς τοὺς εἰσιόντας τὸ οἴκημα σκυλευτάς, τὸν συνοπλίτην ἐκείνοις ὑποκρινόμενος καὶ προειληφέναι τὴν οἰκίαν σχηματιζόμενος, συμβαρβαρίζων ἅμα σφίσι καὶ τὰ εἰκότα διαλεγόμενος. ὡς δ᾽ οἱ μὲν κατὰ πλῆθος εἰσέρρεον, ὁ δ᾽ ἀντέχειν ἀπείρηκε, καὶ μάλιστα πρὸς τοὺς ἐκ τῶν Φραγγίσκων ἐπεισιόντας μὴ τοῖς ἄλλοις ὄντας παραπλησίους καὶ τὰς γνώμας καὶ τὰ σώματα, μόνον δὲ τὸν οὐρανὸν δεδιέναι κομπάζοντας, μὴ εἴη σφίσιν ἐπιπεσών, μεταχωρεῖν ἐκεῖθεν ἡμῖν ὑποτίθησιν, ἵνα μὴ πρὸς τοῖς βαρβάροις γενόμενοι ἐν μὲν δεσμοῖς οἱ ἄνδρες ἡμεῖς διὰ χρήματα εἴημεν, αἱ δὲ γυναῖκες ἐν ὕβρεσι καὶ ἀσέμνοις ἀπαγωγαῖς.

Τοῦ χρηστοῦ τοίνυν ἐκείνου καὶ πρώην μὲν οἰκότριβός τε καὶ πρόσφυγος, τότε δ᾽ ἀγαθοῦ συνεργάτου | κἀν τοῖς καιρίοις ὑπερασπίζοντος ἐς ἄλλην οἰκίαν ἡγησαμένου, γνωστοὺς ἡμῖν Βενετίκους τρέφουσαν, κατὰ βραχεῖς ἔξιμεν ἐκεῖθεν, ὡς δορίκτητος ἐκείνῳ κλῆρος ἐκ χειρὸς ἑλκόμενοι κατηφεῖς καὶ δυσείμονες καὶ οὕτω παραπεμπόμενοι.

Ἐπεὶ δ᾽ ἐκεῖνο τὸ μέρος τῆς πόλεως εἰς κλῆρον τοῖς Φραγγίσκοις ἐπέλαχε, μετανάσται πάλιν γινόμεθα. ὅτε καὶ τῶν ἐπὶ τῆς θεραπείας ἡμῶν ἄλλων ἄλλῃ διασπαρέντων καὶ πάντων ἀναθρώπως ἡμᾶς παρεικότων ἐπωμάδια φέρειν ἡμεῖς ἠναγκάσμεθα τὰ μήπω τῶν παιδαρίων ποσὶ χρώμενα, στέγειν δὲ ὑπὸ μάλην καὶ ἄρρενα παῖδα ὑπομαστίδιον καὶ χωρεῖν οὕτω διὰ μέσων τῶν ἀγυιῶν.

VP = a, MDF = b, LO

16 δείκνυται: γίνεται Bekk **17** μεταπεμψάμενος F **17—18** τοὺς εἰσιόντας μέχρι τινὸς Bekk **21** πρὸς om. Bekk τῶν om. M Φρανίσκων constanter M: Φραγκίσκων constanter Bekk **22** εἰσειόντας O: εἰσιόντας Bekk **24** ἡμῖν ἐκεῖθεν O ἡμῖν ὑποτίθησιν ἐκεῖθεν D **27** μὲν om. P^ac Bekk **30** ἄπιμεν O δορύκτητος VD^ac Bekk **32** εἰς κλῆρον om. O **37** μέσου Bekk

22 καὶ pr. — σώματα om. b **34—35** παρεικότων ἡμᾶς b

13—14 Ἦν οὖν ἐκ τοῦ (τοῦ om. O) τῶν Βενετίκων τις γένους, τὴν κλῆσιν Δομίνικος, συνήθης ἡμῖν καὶ τῷ τότε συνέστιος πάσης κομιδῆς ἀξιούμενος LO **15** κομιδῇ om. LO τοίνυν post οὗτος add. LO **16** ἔμπορον: οἰνοπώλην LO **18** σκυλευτάς: πατριώτας ἐκείνῳ καὶ λοιποὺς σκυλευτάς, τὸν συνοπλίτην ἐκείνοις (ἐκεῖνος O) καὶ πολέμαρχον ὑποκρινόμενος LO **19** σχηματιζόμενος: ἰσχυριζόμενος LO **22—24** παραπλησίους τὰς γνώμας καὶ πρὸς τὸ ἀνένδοτον (εὐένδοτον L) νεύοντας καὶ (καὶ: ἀλλ᾽ O) ἀτεχνῶς κομπάζοντας μόνον δεδιέναι τὸν οὐρανόν, μήπως εἴη σφίσιν ἐπιπεσὼν ἄλλον δὲ οὐδένα τῶν ἐπιγείων μεταχωρεῖν LO **27** πρόσφυγος: προσηλύτου L: προσολύμου O **28** κἀν: κἀπὶ LO **30** ὥσπερ τις κλῆρος δορίκτητος ἐκ χειρὸς ἐκείνῳ ἑλκόμενοι LO **31** ἐν τῷ τὰ πάντα παρεικέναι post δυσείμονες add. LO **33** μονοχίτωνές τινες καὶ μηδὲν τῶν ὄντων ἐπιφερόμενοι post γινόμεθα add. LO **35—36** ἡμεις οἱ ὁμόλεκτροι τὰ μήπω τῶν τέκνων ποσὶ χρώμενα ἠναγκάσμεθα LO **37** περιδεεῖς post οὕτω add. LO

῾Ημέρας τοίνυν πέντε μετὰ τὴν ἅλωσιν τῇ πόλει προσμείναντες ἀπαίρομεν καὶ ἡμεῖς. ἦν δὲ τότε σάββατον, κατὰ θεῖον οἶμαι καὶ μὴ περίπτωσιν τυχηρὰν ἢ συγκυρίαν οὑτωσί πως συμβὰν ἄλογον, καὶ χειμών, ἐπὶ δὲ καὶ πρὸς ὠδῖσιν ἔτι ἡμῶν ἡ σύζυγος, ὥστε καὶ τὸ τοῦ Χριστοῦ προαγόρευμα, ὅ φησιν ,,εὔξασθε μὴ γενέσθαι τὴν φυγὴν ὑμῶν χειμῶνος ἢ σαββάτου,'' καὶ ,,οὐαὶ ταῖς ἐν γαστρὶ ἐχούσαις ἐν ἐκείναις ταῖς ἡμέραις,'' ὡς εἴπερ ἐφ' ἡμῖν προείρητο, πέρας ἀτεχνῶς εἴληφεν. ὡς δ' ἱκανοὶ συνήθεις καὶ συγγενεῖς καὶ πλῆθος ἕτερον κατὰ θέαν ἡμῶν συνδραμὸν τῆς πορείας εἰχόμεθα, ἐπ' ἴσης ἀγορᾷ μυρμήκων διιόντες τὰς τριόδους, προσυπήντων ἡμῖν οἱ στρατοί, οὐχ ὡπλισμένοι | πρὸς ἀκρίβειαν, μαχαίρας δ' ἐπιμήκεις παρὰ πλευρὸν πλάγιον τοῦ ἵππου ἐξηρτημένοι καὶ παραξιφίδια ταῖς ζώναις ἐνειμένα φέροντες, οἱ μὲν τῶν σκύλων ἔμφορτοι, οἱ δὲ τοὺς παριόντας αἰχμαλώτους ἐξιχνιάζοντες, εἰ λαμπρὰν ἐσθῆτα περίκεινται διερρωγότι περιστελλομένην χιτῶνι ἢ γοῦν ἀργύριον καὶ χρυσίον τῷ κόλπῳ ἐνθάπτουσιν, οἱ δὲ καὶ γυναικῶν ταῖς κάλλει διαφερούσαις πεπηγόσι βλέμμασι μηδὲ ῥᾳδίως ἀποσπωμένοις ἐνατενίζοντες ὡς ἁρπάσοντες αὐτίκα καὶ βιασόμενοι. περὶ ταῖς γυναιξὶ τοίνυν ἡμεῖς δείσαντες τὰς μὲν ὡς ἐν σηκῷ τῷ μέσῳ ἡμῶν ἀπειλήφειμεν, ταῖς δὲ νεάνισιν ἐπεσκήψαμεν ἐντρίψασθαι πηλῷ τὰ πρόσωπα ἀντίρροπα τῶν πρώην κομμώσεων καὶ τὸν πυρσὸν οὕτω κατασβέσαι τῶν παρειῶν, ἵνα μὴ ὡς ἐν νυκτὶ φρυκτωρούμενον πῦρ προκαλῆται τοὺς ὁδευτὰς πρῶτα μὲν θεατάς, ἔπειτα ἐραστάς, ἐκ δὲ τούτου καὶ βιαστάς, ἀνεύθυνον ὁρῶντας τὸ ἴδιον θέλημα ἅμα καὶ χεῖρας ἱκέτιδας αἴροντες εἰς θεὸν καὶ μετὰ συνοχῆς καρδίας τὸ στῆθος τύπτοντες καὶ δακρύοις τὰ ὄμματα τέγγοντες, εἴ πως ἅπαντες καὶ πᾶσαι τοὺς ὠμηστὰς ἐκείνους θῆρας σχοίημεν ἀδιαλώβητοι παρελθεῖν. ἔδει δὲ διὰ τῆς Χρυσείας πύλης ἡμᾶς διελθεῖν.

---

38 ἡμέρας — ἅλωσιν: die 17 mens. Apr. a. 1204

---

39 κατὰ θεῖον: cf. p. 13, 16 **42—44** εὔξασθε — ἡμέραις: cf. Mat. 24, 19—20

VP = a, MDF = b, LO

39—40 κατὰ θείαν... καὶ μὴ τυχηρὰν περίπτωσιν Bekk **41** ἔτι: ἔγκυος V **42** ὅ φησιν εὔξασθαι μὴ γενέσθαι τὴν φυγὴν ἡμῶν Bekk εὔξασθαι PM ἡμῶν DF^{ac} **43** ἢ: μηδὲ D **47** ἡμῖν om. O στρατηγοὶ D **48** πλευρὰν D **49** ἐνιέμενα cum LO scr. P Bekk **52—23** κάλλει ταῖς γυναικῶν διαφερούσαις O **55** τὰς: τὰ D^{ac} F **56** πηλῷ: πολλῷ O **58** προκαλεῖται P L^{ac} **59** δὲ post ἔπειτα add. O: δ' Bekk καὶ ras. L **60** ἅμα om. V χεῖρας αἴροντες ἱκέτιδας πρὸς θεὸν V **62** τέγγοντες D^{pc} Bekk: τέγκοντες rel. ἐκείνους: τουτουσί L^{pc} **63** ἐξελθεῖν PL^{pc} Bekk

59 καὶ om. b **60** χεῖρας ἱκέτιδας εἰς θεὸν αἴροντες b **63** αὕτη γὰρ μονὴ ἀνεῖτο τοῖς ἐξιέναι θέλουσιν post διελθεῖν add. DF, non vero M

39 ἔξιμεν καὶ ἡμεῖς μηδέν τι τῶν πρὸς δίαιταν καὶ στρωμνὴν ἐπαγόμενοι. ἦν δὲ τότε τὸ τοῦ Λαζάρου σάββατον LO **39—40** κατὰ — ἄλογον om. LO **41** ἔτι om. LO **44** προείρηται, πέρας ἐδέξατο LO **49** ἐνιέμενα LO **55** δείσαντες ἡμεῖς LO σηκῷ: ἐρύματι LO

Ὡς δὲ περὶ τὸν νεὼν ἥκομεν Μωκίου τοῦ καλλιμάρτυρος, ὑβριστὴς καὶ ἀνόσιος βάρβαρος ὡς ἀμνάδα λύκος ἐκ μέσων ἡμῶν ἀφαρπάζει κόρην εὐπλόκαμον, τι|νὸς τῶν ἐπὶ τῷ δικάζειν θυγάτριον. πρὸς τὴν οἰκτροτάτην τοίνυν ταυτηνὶ θέαν ἡ μὲν συνοδία πᾶσα διαθροηθέντες ἐξεβοήσαμεν, ὁ δὲ πατὴρ τῆς παιδὸς γήρᾳ καὶ νόσῳ τετρυχωμένος, τότε δὲ καὶ σφαλεὶς κατὰ τέλματος, ὀλοφυρόμενος καὶ τῷ πηλῷ φυρόμενος δόχμιος ἔκειτο, ὡς εἰς συκίνην ἐπικουρίαν ἀφορῶν συχνάκις ἐμέ, καὶ πρὸς ὄνομα δεόμενος συνάρασθαί οἱ τὰ δυνατὰ πρὸς τὴν τῆς παιδὸς ἀπόλυσιν. ἐπιστραφεὶς οὖν αὐτίκα μάλα, ὡς εἶχον, κατ᾽ ἴχνια τοῦ ἅρπαγος ἔβαινον, μετὰ δακρύων τὴν βίαν ἐπιβοώμενος καὶ σχήμασιν ἱλασίμοις εἰς ἀρωγὴν ἐπισπώμενος τοὺς μὴ πάντῃ ἀμαθεῖς τῆς ἡμετέρας φωνῆς ἐκ τοῦ στρατεύματος παριόντας, ἔστι δ᾽ ὧν καὶ χειρὸς ἁπτόμενος. καὶ ἴσχυσά τινας οὕτως ἐς οἶκτον προκαλέσασθαι, ὡς μετιέναι ζητεῖν ἐκεῖνον τὸν ἀναιδῆ καὶ φιλόσαρκον.

Ἡγούμην τοίνυν αὐτός, οἱ δ᾽ ἐφείποντο. ὡς δ᾽ ἐπέστημεν ἔνθα ὁ φιλογύνης κατέλυεν, ὁ μὲν τὴν κόρην εἴσω ἐκπέμψας πρὸς τοῖς πυλῶσιν εἱστήκει, τοὺς ἀντιστησομένους ἀποκρουσόμενος, ἔγωγε δὲ δακτύλῳ αὐτὸν ὑποδείξας „οὗτος" εἶπον „ὁ ἐπὶ μάρτυρι τῷ φωτὶ ἀδικῶν καὶ τῶν εὖ γεγονότων ὑμῶν παραβλεπόμενος τὰ ἐντάλματα. ὑμεῖς μὲν γὰρ γυναιξὶ ταῖς ὑπὸ ζυγὸν καὶ ταῖς ὅλως ἀπειράτοις ἀνδρὸς καί γε ἔτι ταῖς ἀποθριξαμέναις θεῷ μηδὲ | μοιχικοῦ μέχρι βλέμματος, εἰ δυνατόν, συνελθεῖν ἐθεσπίσατε καὶ ὅρκοις τὰ περὶ τούτων φρικώδεσι διειλήφατε· ὁ δὲ ἀποφλαυρίσας τὰς ὑμῶν ἐντολάς, ταῖς παρθενικαῖς ἐπὶ μάρτυσι πολλοῖς ὀνηδὸν ἐπιβρωμώμενος οὐχὶ δέδιε. τοῖς αὐτῶν οὖν ὑμῶν νόμοις καὶ τοῖς ἐν χερσὶν ἡμῖν ἐπαμύνατε, μαλαχθέντες τούτοις τοῖς δάκρυσιν, ἃ καὶ θεὸς προσίεται καὶ ἡμῖν ἡ φύσις ἐς τὸν πρὸς ἀλλήλους οἶκτον βοήθημα μέγιστον τοῖς ὀφθαλμοῖς ἐποχέτευσεν. εἰ δὲ καὶ πατέρες παίδων ὑμεῖς, ναὶ πρὸς τῶν συλλέκτρων καὶ τῶν φίλων ὑμῖν τέκνων

---

71 συκίνην ἐπικουρίαν: cf. Macar. 7, 83

VP = a, MDF = b, LO

66 καὶ om. V ἐν μέσω O **68** τοίνυν ταυτηνὶ: ταύτην ὅθεν D **70** κατὰ: μετὰ M τέλματος P, ubi τ pr. i. r., LO: πέλματος VMDF Bekk τῷ: ras. L **72** δεόμενος om. O **73** ἀποστραφεὶς V **75** ἐς cum LO scr. P **76** ἐκεῖ post στρατεύματος add. L^{pc} **77** καὶ: καὶ μόλις Bekk **79** ἐφέποντο O αὐτὸν δακτύλω P Bekk **83** εὖ: β̃ O ὑμῶν: ἡμῖν M: ἡμῶν V^{ac} M D^{ac} F **83—84** (παρα)βλεπόμενος — ἀπειράτοις om. M **84** ἔτι: ἐπὶ V **88** οὐ M **89** ὑμῶν post χερσὶν add. O ἡμῖν: ὑμῖν PL **90** ἡμῶν M **92** ὑμῖν: ἡμῖν V^{ac}: ὑμῶν MDF^{pc}

66 ἀφηρπάκει b **80** εἰσπέμψας b **81** ἐγὼ b LO Bekk

75 ἐς LO **80** βάρβαρος post κατέλυε (κατέλυσε O) add. LO τοῖς ἱκέταις ὑμῶν χεῖρα ὀρέξατε, ναὶ πρὸς τοῦ τάφου τοῦ θεοδέγμονος καὶ τῶν Χριστοῦ παραιφάσεων, αἳ τοῖς ἀπ᾿ αὐτοῦ καλουμένοις κοινῶς πᾶσιν ὑποτιθέασιν ἐκεῖνα ποιεῖν τοῖς ἀνθρώποις, ἃ καὶ σφίσιν ὑπ᾿ ἐκείνων γίνεσθαι βούλονται.''

Τούτοις τοῖς ῥήμασιν ὡς ἐξ ἐφόδου χρησάμενος τὰ τῶν ἀνδρῶν ἐκείνων φρονήματα διανέστησα. οὐκοῦν ἐνέκειντο τὴν κόρην αἰτούμενοι. ὁ δὲ τὰ μὲν πρῶτα ὑπερεώρα, ἔρωτι καὶ θυμῷ τυραννικωτάτοις δυσὶ πάθεσιν ἐνισχόμενος· ὡς δὲ εἰς ὀργὴν ἐπιφρίσσοντας ἑώρα τοὺς ἄνδρας καὶ προτείνοντας ἐκείνῳ τὴν ἐπὶ σκόλοπος ἀπαιώρησιν ὡς ἀδίκῳ ἅμα καὶ ἀναιδεῖ, τὸ δ᾿ ὅλον οὐκ ἀπὸ χειλέων μόνον, ἀλλὰ καὶ καρδίας τὴν διάλεξιν ἐκείνῳ πεποιημένους, ἐνδίδωσί τε μόγις καὶ τὴν κόρην ἀποδίδω|σι. περιχαρὴς οὖν ἐπὶ τῇ θέᾳ τῆς παιδὸς φανεὶς ὁ πατὴρ καὶ σπείσας θεῷ δάκρυα ἐπὶ τοῖς ἀστεφανώτοις ἐκείνοις καὶ ἀνυμεναίοις νυμφεύμασιν ἀναστὰς αὖθις σὺν ἡμῖν ἐπορεύετο.

Ὡς δὲ τῆς πόλεως ἐξῄειμεν, ἄλλοι μὲν ἄλλως ἀνθωμολογοῦντο θεῷ χαριστήρια καὶ τὰ καθ᾿ αὑτοὺς ἀνωλόλυζον, ἐγὼ δὲ ῥίψας ἐμαυτὸν ὡς εἶχον εἰς τοὔδαφος μόνον οὐκ ἐμεμψιμοίρουν τοῖς τείχεσιν ὡς μόνοις ἀπαθέσι, μηδὲ κατάγουσι δάκρυα, μήτε μὴν εἰς χῶμα κειμένοις, ἀλλ᾿ ὀρθίαν εἰσέτι στάσιν ἔχουσιν. ,,εἰ γὰρ ὧν ἕνεκα ἔκτισθε'' εἶπον ,,ἐς τέλος ἤδη ἐξέλιπον, πυρὶ καὶ πολέμῳ ἠμαυρωμένα, τί ὑμῖν ἔτι καὶ τῷ ἑστάναι; καὶ τίνα περιστελεῖτε μετέπειτα, εἰ μή γε τοῖς πολεμίοις ἀποτενεῖτε τὸν ὄλεθρον ἐν ἡμέρᾳ ὀργῆς, ὅταν ἀναστῇ Κύριος θραῦσαι τοὺς ἡμᾶς οὕτω διαθεμένους, ἐπιβεβηκὼς ἴσως ἐπὶ δυσμῶν κατὰ τὴν Δαυιτικὴν προαγόρευσιν; καὶ σὺ δὲ ὦ πόλις'' ἔφην ,,βασίλεια, πόλις περιοχῆς, πόλις τοῦ βασιλέως τοῦ μεγάλου, σκήνωμα Ὑψίστου, αἴνεσις καὶ ὕμνησις τῶν αὐτοῦ θεραπόντων καὶ προσφιλὲς ξενοδόχημα, καὶ βασιλὶς μὲν τῶν βασιλίδων πόλεων, ᾆσμα δὲ ᾀσμάτων καὶ λαμπρότης λαμπροτήτων καὶ τῶν σπανίων πανταχοῦ θεαμάτων σπανιώτερον ὅραμα,

---

95—1 ποιεῖν — βούλονται: cf. Mat. 7, 12 **19** ἐν ἡμέρᾳ ὀργῆς: Ps. 109, 5; al. ἀναστῇ — θραῦσαι: Is. 2, 10 **20** ἐπιβεβηκὼς . . . ἐπὶ δυσμῶν: Ps. 67, 5 **21** πόλις περιοχῆς: Ps. 30, 22; al. **22** πόλις — μεγάλου: Ps. 47, 3 σκήνωμα Ὑψίστου: Ps. 45, 5

VP = a, MDF = b, LO

93 οἰκέταις M **94** καλουμένοις om. V **1** γενέσθαι Bekk **2** ἐξ: ἐπ᾿ M **3** καὶ post οὐκοῦν add. V **4** τὰ πρῶτα μὲν DL **7** ἀλλὰ om. P **8** μόλις D **16** ἐκτίσθητε Bekk **17** ἔτι: ras. L τῷ: τὸ VM **18** καὶ φυλάξεσθε post περιστελεῖτε add. Bekk ἀποτινεῖτε Bekk **20** οὕτως V **24** δὲ om. M **25** πανταχῇ Bekk σπανιώτατον V

10 ἀστεφανώτοις καὶ ἀνυμεναίοις ἐκείνοις b **11** αὖθις: ἐκεῖθεν b **16** εἰς b Bekk

95 σφίσιν: σφίσιν αὐτοῖς LO **7** καὶ ἐκ καρδίας LO **16** τὴν στάσιν LO

τίς ὁ διασπάσας ἡμᾶς ἀπὸ σοῦ ὡς ἐκ μητρὸς φίλης τέκνα φιλούμε|να; τίνες γενοίμεθα; ποῖ τραποίμεθα; ποίαν παραψυχὴν εὕροιμεν γυμνοί, ὡς ἐκ κοιλίας μητρὸς τῶν σῶν ἐκσπασθέντες κόλπων; πότε σε θεασόμεθα οὐχ ὡς νῦν πεδίον ἀφανισμοῦ καὶ κοιλάδα κλαυθμῶνος καὶ πατουμένην ὑπὸ στρατοπέδων εἴτε μὴν ἐξουθενημένην καὶ ἀπωσμένην, ἀλλ' ἐξαιρουμένην καὶ σῳζομένην καὶ προσκυνουμένην ὑπὸ τῶν ταπεινωσάντων σε καὶ παροξυνάντων σε καὶ γάλα ἐθνῶν θηλάζουσαν καὶ πλοῦτον βασιλέων ὡς πρῴην ἔδουσαν; πότε δὲ καὶ ὡς φύλλα συκῆς καὶ χιτῶνας δερματίνους ἀποβαλούμεθα τὰ ῥικνὰ ταῦτα ῥάκη καὶ μηδὲ τοῦ παντὸς ἐξικνούμενα σώματος, ἃ ἡμῖν περιέθεντο οἱ ἐπίβουλοι ὡς ὄφις ἀλλόφυλοι, τὰ σύνοικα ἡμῖν κακὰ καὶ ἐπίβουλα.

Ἀλλ' ἵλασαι θεόν, ἁγιωτάτη τῶν πόλεων· προβαλοῦ τοὺς νεώς, τὰ τῶν μαρτύρων λειπόμενα, τὰς συμφορὰς αὐτάς, τῶν πειρατηρίων τὸ μέγεθος, ὧν εἰς κόρον μετέσχηκας ἀνδράσιν ἀνοσίοις ἐκδοθεῖσα εἰς πύρωσιν. ἐπικάλεσαι γάρ με, φησίν, ἐν ἡμέρᾳ θλίψεώς σου, καὶ ἐξελοῦμαί σε, καὶ δοξάσεις με.

Ἆρα δὲ προσθήσω καὶ εἰς σέ ποτε ἐπιβλέψαι, παμμέγιστε ναὲ καὶ | θειότατε, οὐρανὲ ἐπίγειε, θρόνε δόξης θεοῦ, Χερουβικὸν ὄχημα, στερέωμα δεύτερον, ἀγγέλλον τὴν τῶν χειρῶν θεοῦ ποίησιν, θέαμα καὶ ἔργον ἑναδικὸν καὶ εὔροιζον πάσης τῆς γῆς ἀγαλλίαμα; καὶ τίς ὁ ἐπαγγελλόμενος, εἰ μὴ μόνος ὁ ἐν οἷς πέπονθε πειραθεὶς τοῖς πειραζομένοις βοηθεῖν ἐπιστάμενος καὶ ῥυόμενος πτωχὸν ἐκ χειρὸς στερεωτέρων αὐτοῦ καὶ πτωχὸν καὶ πένητα ἀπὸ τῶν διαρπαζόντων αὐτὸν καὶ ποιῶν πάντα καὶ μετασκευάζων ἀεὶ πρὸς τὸ βέλτιον."

---

28 b φανέντες — θρύλλημα: cf. Iob 17, 6 et 30, 9 ἀδελφοὶ — στρουθῶν: cf. Iob 30, 29 ψωμιζόμενοι — ποτιζόμενοι: Ier. 9, 14 **29** πεδίον ἀφανισμοῦ: Ioel 2, 3; 4, 19 κοιλάδα κλαυθμῶνος: Ps. 83, 7 **32—33** γάλα — ἔδουσαν: cf. Is. 60, 16 **33** φύλλα — δερματίνους: alludit ad Gen. 3, 7 et 21 **40—41** ἐπικάλεσαι — με: Ps. 49, 15 **43** θρόνε δόξης θεοῦ: Mat. 19, 28; Sap. 9, 10; al. Χερουβικὸν ὄχημα: cf. Ez. 10, 8—14 **43—44** στερέωμα — ποίησιν: cf. Ps. 18, 2 **45** τίς ὁ ἐπαγγελλόμενος: Eccl. 8, 7; 10, 14 **47—48** ῥυόμενος — αὐτόν: Ps. 71, 12

VP = a, MDF = b, LO

27 πῆ V **31** καὶ προσκυνουμένην om. V **33** συκῆς om. O **35** ὄφεις Bekk καὶ βαρύζηλα . . . στιλπνοτέρας καὶ χλιδῶντας . . . περιεκείμεθα (ex b) post ἐπίβουλα add. Bekk **37** τῶν om. L τοὺς: τὰ O **38** καὶ post λειπόμενα add. V **42** δὲ: δέ ποτε V: δὲ καὶ M ποτε om. F με post ἐπιβλέψαι add. O **43** θεοῦ om. O **44** θεοῦ χειρῶν VM **45** εὔρριζον DF: εὔριζον Bekk **47** ἐπιστάμενος: δυνάμενος O στερροτέρων Bekk **49** ἀεὶ: αὐτὰ M

28 κόλπων: σπλάγχνων b καὶ φανέντες παρ' ἔθνεσι κιθάρα καὶ θρύλλημα, ἀδελφοὶ σειρήνων, ἑταῖροι (δὲ add. D[s]) στρουθῶν, καὶ ψωμιζόμενοι μὲν ἀνάγκας, ὕδωρ δὲ χολῆς ποτιζόμενοι post σπλάγχνων (κόλπων) add. b Bekk **36** καὶ ἐπίβουλα: καὶ βαρύζηλα, ἐπενδυσόμεθα δ' αὖθις τοὺς ἐξ ὑφῆς στιλπνοτέρας καὶ (καὶ om. M) περιβλέπτους καὶ χλιδῶντας χιτῶνας, οὓς πρῴην περιεκείμεθα b **46** πειρασθεὶς b Bekk

26 φιλούμενα: φίλτατα LO **35** ὁ ἀρχέκακος ὄφις LO **39** μετέσχηκας: μετέλαβες LO[pc]

Ταῦτ᾽ ἐξ ὑπεράντλου ταῖς ἀχθηδόσι ψυχῆς κενώσαντες πορευόμενοι ἐπορευόμεθα, κλαίοντες καὶ βάλλοντες τοὺς θρήνους ὡς σπέρματα. εἰ δὲ καὶ ἐρχόμενοι ἥξομεν, αἴροντες ἐν ἀγαλλιάσει τὰ τῆς δεξιωτέρας ἀλλοιώσεως δράγματα, δῶρον τοῦτο θεοῦ τοῦ παρακαλοῦντος τοὺς ὀλιγοψύχους καὶ σωτηρίου περιτιθέντος ἱμάτιον καὶ χιτῶνα εὐφροσύνης ἐνδύοντος.

Προῆγε δὲ ἡμῶν ὁ οἰκουμενικὸς ἀρχιποίμην, μὴ πήραν φέρων, μὴ χρυσὸν ἐπὶ τὴν ὀσφύν, ἄραβδος καὶ ἀσάνδαλος καὶ χιτώνιον ἓν περικείμενος, ἐντελὴς εὐαγγελικὸς ἀπόστολος, ἢ μᾶλλον τοῦ Χριστοῦ ἀντίμιμος, παρ᾽ ὅσον ὀναρίῳ πτωχικῷ ἐποχούμενος μεθίστατο τῆς νέας Σιών, οὐ τὸν ἐπ᾽ αὐτῆς ἐσχεδίαζε θρίαμβον.

Τότε δ᾽ οὖν πέρας τῆς ὁδοῦ τὴν Σηλυμβρίαν ἡμεῖς θέμενοι τοῦ λοιποῦ τοῦ πλάνου πεπαύμεθα, ἀνύβριστοι πανοικί, τὸ μέγα τοῦ θεοῦ περὶ ἡμᾶς φιλοτίμημα | καὶ ἀείμνηστον καὶ τέλειον δώρημα, μηδ᾽ ἀρθρέμβολα καὶ σχοινοδέσμους κἀπὶ τῶν κροτάφων ἀστραγάλους ὡς πολλοὶ τῶν καθ᾽ ἡμᾶς δεξάμενοι διὰ χρημάτων ἀπόδοσιν καὶ πρὸς μόνου θεοῦ τρεφόμενοι τοῦ τὴν τροφὴν ἐν εὐκαιρίᾳ πᾶσι βραβεύοντος καὶ τοὺς νεοσσοὺς τῶν κοράκων τοὺς ἐπικαλουμένους αὐτὸν δειπνίζοντος ἐς τὸ ἄφθονον, ἔτι γε μὴν τὰ μήτε νήθοντα, μήτε σπείροντα κρίνα τοῦ ἀγροῦ φιλοτίμως ἐνδύοντος.

Οἱ δ᾽ ἀγκροῖκοι καὶ ἀγελαῖοι ἐπεκερτόμουν μᾶλλον τοῖς ἐκ Βυζαντίου ἡμῖν καὶ τὴν ἐν πτωχείᾳ καὶ γυμνότητι κακουχίαν ἰσοπολιτείαν ἀφρόνως ὠνόμαζον, οὐ τοῖς τῶν πέλας κακοῖς παιδευόμενοι. πολλοὶ δὲ καὶ ἀνομίαν ὑπολαμβάνοντες „εὐλογητὸς Κύριος, ὅτι πεπλουτή-

---

51 βάλλοντες — σπέρματα et **52—53** ἐρχόμενοι — δράγματα: Ps. 125, 6 **53—55** τοῦ — ἐνδύοντος: Is. 35, 4 et 61, 10 **56—58** μὴ — ἀπόστολος: cf. Mat. 10, 10 **58—60** ἢ — θρίαμβον: cf. Joh. 12, 12 sqq. **59—60** νέα Σιών: cf. Nic. Or. 131, 14 **63** τέλειον δώρημα: Iac. 1, 17 **66—67** τοῦ — δειπνίζοντος: cf. Ps. 146, 9 **68—69** τὰ — ἐνδύοντος: cf. Mat. 6, 28 et 26; Luc. 12, 27 et 24 **73** εὐλόγητος — πεπλουτήκαμεν: Zach. 11, 5

VP = a, MDF = b, LO

50 ταῦτα V **51** ὡς: ὥσπερ τινὰ V **52** ἐν ἀγαλλιάσει αἴροντες VDF **53** ἀλλοιώσεως: ἀγαλλιάσεως DF **58** ἐντελής: εὐτελὴς LO καὶ post ἐντελὴς add. M εὐαγγελικῶς V **59** καθ᾽ ὅσον cum LO scr. P Bekk **61** Σηλυβρίαν VMDFLO Bekk **63** παντέλειον M **64** ἀστραγγάλους MDF οἱ πολλοὶ VLO **65** ἀπόδοσιν: ἀπόλαυσιν O^ac **67** νεοττοὺς O καλουμένους D **73** ὅτι: ὅτι καὶ V

69 φιλοτίμως ἐνδύοντος: μεγαλοπρεπῶς ἐπενδύοντος b **70** μᾶλλον om. b

59 καθ᾽ ὅσον LO **70—71** οἱ δ᾽ ἀγροῖκοι καὶ μάλα καπυρὸν ἐπενεγέλων καὶ ἐνεώρων κέρτομον τοῖς ἐκ Βυζαντίου μεθισταμένοις ἡμῖν LO **72** οὐ . . . παιδευόμενοι: δέον . . . σωφρονίζεσθαι LO **73** ὅτι καὶ LO καμεν“ ἔλεγον, ὀλίγου τὰς τῶν συμφυλετῶν οὐσίας ἀποδιδομένας ὠνούμενοι. οὐ γάρ πω βουθοίνας εἰσῳκίσαντο Λατίνους, καὶ εἴδοσαν, ὅπως μὲν τὸν οἶνον ἄκρατον ὁμοῦ καὶ ζωρότερον ὥσπερ καὶ τὸν χόλον ἀκέραστον χέουσιν, ὅπως δὲ Ῥωμαίοις ἐν ὑπερηφανίᾳ καὶ ἐξουδενώσει προσφέρονται.

Καὶ τοιαῦτα μὲν τὰ ἡμέτερα καὶ τῶν οἳ συνεκοινώνουν ἡμῖν σχήματος καὶ τῶν λογικῶν ἐν μεθέξει παιδεύσεων. οἱ δ' ἐκ τῆς φαύλης συμμορίας καὶ ἀγοραῖοι ἐχρηματίζοντο καὶ πάλιν τὰ θεῖα βεβηλοῦντες ὑπὸ Λατίνων ἀποδιδόμενα καὶ ὡς κοινὸν ἀργύριον ἐμπορευόμενοι, ὡς εἴπερ τῶν ναῶν ἀφῃ|ρημένα καὶ τὸ εἶναι τοῦ θεοῦ ἀπεβάλοντο. τὸ δέ γε ἀντίπαλον ἐν ἀσελγείαις ἦν καὶ τρυφαῖς, καὶ τούτων ταῖς ἀσέμνοις μάλιστα καὶ τῶν Ῥωμαϊκῶν ἐν κωμῳδίᾳ ἐθῶν. τῶν γὰρ ἱματίων τὰ πλατύσημα μὴ κατὰ χρείαν, πρὸς δὲ γέλων περιβαλλόμενοι τὰς ἀγυιὰς περιῄεσαν, καὶ τὰς ὀθονοσκεπεῖς ἐπικρανίους καλύπτρας ταῖς κορυφαῖς τῶν ὀχημάτων περιτιθέντες καὶ τὰ κατὰ νώτου κεχυμένα λευκόλινα ταῖς γένυσιν αὐτῶν περιδέοντες ἄλλῃ καὶ ἄλλῃ τῆς πόλεως ἐξιππάζοντο. οἱ δὲ γραφέας δόνακας καὶ δοχεῖα μέλανος φέροντες τόμοις τὴν χεῖρα ἐδίδοσαν, ὡς γραμματέας ἡμᾶς τωθάζοντες. οἱ δὲ πλείους τὰς μὲν ὑπὸ σφῶν βιασθείσας ἐπὶ τῶν ἵππων ἀνεῖχον, τανυπέπλους τινὰς καὶ ἀπηνηκώτους καὶ τὰς τρίχας συνεστραμμένας εἰς ὀπίσθιον ἕνα πλοχμόν, τὰ δὲ γυναικεῖα τυμπάνια καὶ τὰ τῶν οὔλων καὶ λευκῶν τριχῶν ἐπικροτάφια καθέματα τοῖς ἵπποις περιετίθεσαν. ἐκώμαζόν τε καὶ ἠκρατίζοντο πανημέριοι, οἱ μὲν βρωμάτων μαγγανείαις προσκείμενοι, οἱ δὲ καὶ τὴν πάτριον ἐδωδὴν παρατιθέμενοι | ἐπιδείπνιον, ἥτις ἦν νῶτοι βοείων κρεῶν διαχαλώμενοι λέβησι καὶ συῶν τεμάχη ταριχηρὰ κυάμοις ἀλητοῖς συνεψόμενα, ὥσπερ καὶ τὸ ἐκ σκορόδων ἐπέμβαμμά τε καὶ σύνθεμα ἐξ ἄλλων χυμῶν δριμυσσόντων τὴν αἴσθησιν. ἐπεὶ δὲ καὶ τὰ σκῦλα διενείμαντο, οὐκ ἦν τις παρ' ἐκείνοις διαστολὴ ἐπίπλων καὶ σκευῶν βεβήλων τε καὶ ἁγίων. ἀλλ' ἐπ' ἴσης ἅπασιν εἰς τὰς σωματικὰς χρείας ἐκέχρηντο,

---

VP = a, MDF = b, LO

74 ἀποδιδομένας: πωλουμένας D^{mg} **75** ὠνούμενοι: ὠχούμενοι O Λατῖνοι O **76** ἄκρατον οἶνον Bekk **77** χέουσιν: ἔχουσιν V: spat. M: πίνουσιν DF **82** ὡς τὸ κοινὸν F **82—83** ὡς alt. — ἀφῃρημένα suppl. in spat. vac. m. alt. D **83** ναῶν om. O τοῦ om. Bekk ἀπεβάλλοντο O **84** ἀσελγεία L ἀσέμνοις om. VP **86** περιβαλόμενοι L **87** περικρανίους P Bekk **88—89** ταῖς ἱππείαις γένυσιν αὐτῶν Bekk **91—92** ὑπὸ σφῶν: ὑπ' αὐτῶν V **92** καὶ om. M **95** τε om. L^{ac} **1** μαγκανείαις F **2** ἐδωδὴν: τροφὴν V **3** τεμμάχη codd. (ταριχ)ευτὰ P^{ir} **4** συνεψόμενα: συνεχόμενα O

74 φυλετῶν b LO **88—89** ταῖς γένυσιν αὐτῶν: ταῖς ἱππείαις γένυσι b LO

84—85 καὶ — μάλιστα om. LO **92** τανυσιπέπλους (-πέλους L) LO **3** ταριχευτὰ LO **4—5** σύνθεμα ἐκ διαφόρων ἐσκευασμένον χυμῶν LO

καὶ θεοῦ καὶ Θέμιδος κατὰ μηδὲν ἐμπαζόμενοι. τὰ δὲ τοῦ Χριστοῦ καὶ τῶν ἁγίων θεῖα εἰκάσματα εἰς ἕδρας καὶ ποδῶν θρανίδας παρῆγον.

Ὡς δὲ καὶ κλήρους πόλεων καὶ χωρῶν ἤρξαντο βάλλειν, ἦν ἰδέσθαι καὶ θέσθαι διὰ πλείστου ὅτι τοῦ θαύματος ἀνδρῶν τυφομανῶν μὴ ξυμβλητὴν ἀπόνοιαν, εἴτ' οὖν παράνοιαν εἰπεῖν οἰκειότερον. ὡς γὰρ βασιλέων ἤδη βασιλεῖς καθεστῶτες καὶ τὸ περίγειον ἅπαν ἐν χερσὶν ἔχοντες τοῖς μὲν Ῥωμαϊκοῖς σχοινίσμασιν ἀπογραφεῖς ἐπέστησαν, γνῶναι πρότερον τὰς ἐπετείους ἀποφορὰς θέλοντες, εἶθ' οὕτω κατὰ πάλους αὐτὰ μερίσασθαι, τὰς δὲ παρ' ἄλλοις ἔθνεσι καὶ βασιλεῦσι καρπουμένας ἀρχὰς καὶ ἐξουσίας ἐκ τοῦ αὐτίκα διείλοντο. ἥ τε οὖν ἐν πόλεσιν εὐδαίμων καὶ πρὸς τῷ Νείλῳ κειμένη Ἀλεξάνδρεια τῷ κλήρῳ ὑπέκειτο καὶ Λιβύη, καὶ Λιβύης τὰ ἐς Νομάδας καὶ Γάδειρα παρατείνοντα, Πάρθοι τε καὶ Πέρσαι, ἔτι δὲ καὶ Ἴβηρες ἑῷοι καὶ Ἀσσυρία γῆ καὶ Ὑρκάνιος, | καὶ ὅσα οἱ πρὸς ἕω μέγιστοι ποταμοὶ τοῖς ὕδασι διειλήφασιν. ἀλλ' οὐδὲ τὰ πρὸς βορρᾶν νενευκότα κλίματα εἰάθη ἀκλήρωτα, ἀλλὰ κἀκεῖνα οἱ αὐτοὶ διενείμαντο. καὶ ὁ μὲν ὡς ἱπποτρόφους καὶ φόροις περιβριθεῖς ἃς ἐκληρώσατο πόλεις δι' ἐπαίνου ἐτίθετο καὶ τοῦ κλήρου ἑαυτὸν ἐμακάριζεν, ὁ δὲ ὡς κομώσας ἄλλοις ἀγαθοῖς θαυμάζων οὐκ ἔληγεν. οἱ δὲ καὶ περὶ κλήρου πόλεων ἤρισαν καὶ ἀντέδοσαν ἄλλοις ἕτεροι καὶ ἀντέλαβον πόλεις καὶ ὅρια. τινὲς δὲ καὶ μάλα δόξαν ἀσπάσιον τὸ Ἰκόνιον εἰς κλῆρον εἰληφέναι διηγωνίσαντο.

Καὶ πύλας τῆς πόλεως καὶ τέχαμος τῆς ἁλύσεως, ἣ διαταθεῖσα ξυνεῖχε τὸν ναύσταθμον, τοῖς ἐν Συρίᾳ ὁμογενέσι μετὰ πλοίων πεπόμφασι καὶ διαφῆκαν ἀγγέλους ἁπανταχῇ τὴν τῆς πόλεως διατρανώσοντας ἅλωσιν.

---

10 ὡς κτλ.: fine mensis Sept. a. 1204 **30** πεπόμφασι: a. 1205 mense Febr.

---

8 θεοῦ — ἐμπαζόμενοι: videtur prov. **13** βασιλέων ... βασιλεῖς: cf. p. 476, 57

VP = a, MDF = b, LO

8 καὶ pr. om. P Bekk **9** ἐς P **11** ὅτι διὰ πλείστου Bekk **13** καθεστηκότες O **17** τε: γε O **18** τῷ: τῷ τε Bekk **19** καὶ Λιβύη om. O **20** ἔτι: ἐπὶ P Bekk καὶ alt. om. PMDF Bekk: hab. KN **20—21** Ἀσσύριοι καὶ γῆ Ὑρκάνιος M **21** Ὑρκανοὶ Bekk **22** εἰάθη om. M: εἴασαν DF **24** φοροπεριβριθεῖς M ἐκληρώσαντο LO **28** διειληφέναι ἠγωνίσαντο P: εἰληφέναι ἠγωνίσαντο Bekk **29** διατεθεῖσα F συνεῖχε V Bekk **30** μετὰ πλείστων πλοίων P Bekk **31** τὴν τῆς πόλεως om. O

15 εἰσφορὰς ἐθέλοντες b LO **21** ὕδασι: ὁλκοῖς b **24** ἐκεκλήρωτο (ἐκλήρωτο M) b

8 καὶ pr. om. LO **9** μετὰ τὴν τῶν κόσμων ἀφαίρεσιν post παρῆγον add. LO **12** εἴτ' οὖν: ἢ καὶ LO **15** ἐκ (:ras. L) τούτων post ἐπετείους add. LO **20** ἔτι: ἐπὶ LO **25** τὰς αὐτῷ (αὐτῶν O) κληρωθείσας post ἀγαθοῖς add. LO **30** ὁμοφύλοις LO

Δεῆσαν δὲ καὶ βασιλέα χρισθῆναι, εἰς τὸν μέγιστον νεὼν παραγίνονται τῶν ὀπαδῶν τοῦ Χριστοῦ· ἐκεῖσε γὰρ συνερχόμενοι περὶ τῶν πρακτέων σφίσιν ἐβουλεύοντο. καὶ τὰ μὲν πρῶτα κατά τι πάτριον ἔθιμον κρατῆρας τέσσαρας στοιχηδὸν ἐσκέπτοντο διαθέσθαι, ὧν εἷς τὴν ἀναίμακτον θυσίαν στέγειν ἤμελλε, καὶ οὕτως ἐνδοῦναι τοῖς θυηπόλοις ἐφ᾽ ἑκάστῃ κλήσει τῶν εἰς ἀρχὴν ἐπι|λεγέντων αἴρειν ἕνα τῶν σκύφων καὶ προσάγειν αὐτοῖς· ἐκεῖνος δ᾽ ἦν ὁ τῶν λοιπῶν εἰς τὴν ἀρχὴν προκριθησόμενος, ὁ καὶ λαχὼν τὸ ποτήριον τὸ τοῦ θείου σώματος καὶ αἵματος τοῦ Χριστοῦ μέτοχον.

Δόξαν δὲ τῷ Βενετίας δουκὶ τῷ Δανδούλῳ εἰς ψῆφον ἀπολυθῆναι τὴν πρόβλησιν, ἐκλέγονται ψηφηφόροι πέντε μὲν ἐκ τοῦ τῶν Φραγγίσκων καὶ Λαμπάρδων γένους, οἱ παρ᾽ ἐκείνοις ἄριστοι, ἐκ δὲ τῶν Βενετίκων ὁμοίως ἕτεροι πέντε. καὶ τῆς τῶν πλειόνων ψήφου κρατησάσης ὁ τῆς ἀρχῆς ἔπεσε κλῆρος πρὸς Βαλδουῖνον τὸν τῆς Φλάντρας κόμητα, πλήν, ὡς ᾔδετο παρὰ πᾶσι, κατὰ δόλον τε καὶ περίνοιαν τοῦ δουκὸς Βενετίας Δανδούλου.

Πηρὸς γὰρ ὢν οὗτος τὰς ὄψεις καὶ τοῦ κλήρου κατὰ τοῦτο τῶν ἀρξόντων διαγραφεὶς ἠβούλετο χειρίζειν τὴν βασιλείαν τὸν τὸ ἦθός τε ἱλαρώτερον καὶ μὴ τὸ φρονεῖν ἀρχικώτερον, τὸ δ᾽ ἐν μείζονι παρ᾽ ἐκείνῳ μᾶλλον σπουδῇ, καὶ τὴν ἰδίαν χώραν κληρούμενον τῶν τῆς Βενετίας ὅρων διισταμένην κατὰ πολύ, ὡς εἴ ποτε διχονοήσειαν ἀλλήλοις βασιλεὺς καὶ Βενέτικοι, μὴ εἴη ἐκ τοῦ σχεδὸν βασιλεῖ δυνάμεις πλείους οἰκειακὰς μεταπέμπεσθαι ἢ γοῦν εὐμαρῶς εἰσιέναι τὰ Βενετίκων ὅρια καὶ ταῦτα ὁπωσδὴ κατατρέχειν καὶ σίνεσθαι, ἃ δὴ πάντα ᾔδει πρὸς ἰσχύος ἔχοντα δρᾶν τὸν Βονιφάτιον μαρκέσιον ἐκ Λαμπαρδίας τὴν γένεσιν

---

33 παραγίνονται: die 9 mens. Maii a. 1204

VP = a, MDF = b, LO (O usque ad 38 σκύφων)

33 ναὸν D **34** τοῦ: ras. L **36** τέσσαρας om. V **39** εἰς: πρὸς D ἐπικριθησόμενος V **40** τὸ alt. om. V **42** τῷ alt. om. DL **44** Λουμπάρδων M^pc N **49—50** τῶν ἀρξόντων κατὰ τοῦτο VD **51** ἱλαρώτατον Bekk **55** τὰ τῶν Βενετίκων VL **56** ταῦθ᾽ P Bekk ᾔδει om. VM **57—58** Λουμπαρδίας et Λουμπαρδίαν M^pc

35 ἐβουλεύοντο: ἐσκέπτοντο b LO **36** ἐσκέπτοντο: ἐβουλεύοντο b **50** ἠβούλετο: ἤθελε b τε om. b

36 ἐσκέπτοντο: ἐγνώκασι LO **38** ἐφ᾽ ἑκάστῳ τῶν εἰς ἀρχὴν ἐπιλεγέντων ὀνόματι LO **39** — p. 603, **23** καὶ — μεθίστανται et p. 612, **36** — p. 613, **79** ἦν — κρατυνάμενοι (vide ad p. 603, 23) om. O (f. 440, 17) **39** καὶ ἐπιδεικνύναι post αὐτοῖς add. L προκριθησόμενος: ὑπεραρθησόμενος L **40—41** ὁ καὶ τὸ ποτήριον λαχὼν τὸ τοῦ θείου σώματος πλῆρες καὶ μετέχον αἵματος τοῦ Χριστοῦ L **44** γένους: στήματος L δοκοῦντες post ἐκείνοις add. L **48** τοῦτο γέγονε post Δανδούλου add. L **50—51** τὸν τὸ ἦθος ἐξ ἁπάντων ἱλαρώτερον L **52—54** καὶ τὴν ἰδίαν χώραν λαχόντα τῶν ὁρίων Βενετίας διισταμένην ὡς ἐς τὸ ἄμικτον, ἵν᾽ εἴ ποτε διχονοήσειαν ἀλλήλοις Ῥωμαίων βασιλεὺς καὶ Βενέτικοι L **54** ἐς σύναρσιν ἑαυτοῦ post οἰκειακὰς add. **56** ᾔδει: ἠπίστατο L ἕλκοντα· Λαμπαρδίαν δὲ οἰκεῖσθαι παράλιον καὶ ῥᾳδίας εἶναι τὰς ἐκεῖθεν εἰς τὴν Ῥωμαίων ἐκ|πλοίας, καὶ Βενετίᾳ δὲ ἀγχουροῦσαν πολλὰ ἂν κατ' εὐπέτειαν Βενετίκοις κακουργεῖν ἀποτρόπαια. ὑπ' ἐννοιῶν τοίνυν τοιῶνδε μὴ πάντῃ ἀλογίστων κεκινημένος ὁ Δάνδουλος, καὶ τὰ πολλοῖς τῶν ὁρώντων δυστέκμαρτα ταῖς τοῦ νοῦ καταλαμβάνων ὁράσεσιν ὁ πηρὸς ἐκεῖνος τὰς κόρας τοῦ σώματος παρεκρούσατο μὲν τὸν Βονιφάτιον μαρκέσιον, τῶν δὲ Βενετίκων καὶ τῶν Φραγγίσκων εἰς μίαν συνδραμόντων γνώμην τὸν Βαλδουῖνον ἀνθείλετο, εἰδὼς ἐκ τῶν κάτω Γαλλιῶν ὁρμώμενον, Γαλλιῶν δὲ καὶ Βενετίας ἐς τοσοῦτον τοὺς ὅρους ἀφεστάναι, ἐς ὅσον Βενετία Ῥωμαίων ἀποσχοινίζεται, καὶ ἅμα οἱ Βαλδουῖνον ὅλῃ ψυχῇ προσκεχηνότα καὶ ἀσμένως ὡς πατρὶ προσφερόμενον, μήτε μὴν ὑπὸ χρονίας γυμνασίας ἐντακέντα πράγμασιν, ὁποῖον ἠπίστατο τὸν μαρκέσιον· οὐ γάρ πω Βαλδουῖνος τριάκοντα καὶ δύο ἔτη γεγένητο.

Ἦν δὲ καὶ ἄλλως ὁ ἀνὴρ οὗτος εὐλαβὴς τὰ πρὸς θεόν, ὡς ἐλέγετο, καὶ τὴν δίαιταν ἐγκρατής, γυναικὶ δὲ μηδὲ μέχρι βλέμματος προσεσχηκὼς ἐφ' ὅσον χρόνον τῆς οἰκείας γαμετῆς ἀπεφοίτησεν, ἀλλὰ καὶ ⟨πρὸς⟩ τὸν εἰς θεὸν ὑμνητήριον καὶ πρὸς πᾶσαν ἀνάγκην ἀρέμβαστος. τὸ δὲ μέγιστον, δὶς εἶχεν ἑκάστης ἑβδομάδος τὸν ἑσπέρας ἐπεμβοῶντα μηδένα τῶν ἀρχείων ἐντὸς κατευνάζεσθαι μὴ νομίμῳ γυναικὶ πλησιάζοντα. |

Βασιλεύσας τοίνυν ὁ Βαλδουῖνος ἐς μέρη ἔξεισι τὰ ἑσπέρια, οὐχ ὡς αὐτὰ χειρωσόμενος (πάντα γάρ οἱ ἁλώσιμα ᾤετο, ,,πᾷ βῶ καὶ κινήσω

---

79 Balduinus imperator coronatus die 16 mens. Maii a. 1204 ἔξεισι: a. 1204 aestate

---

80—81 πᾷ — δόρατι: cf. Simpl. in Aristot. Phys. 7, 5; Tzetz. Chil. 2, 133; Nic. Or. 135, 30

VP = a, MDF = b, L

58 ἕλκοντα: ἔχοντα MD Bekk **59** Βενετίαν P Bekk ἀγχοροῦσαν P Bekk **61** τοιῶνδε om. P Bekk πάντῃ: πάνυ F **63** κόρας: ὁράσεις M **64** συνελθόντων V **65** ἀνθείλοντο Bekk **66—67** ἀφεστᾶναι τοὺς ὅρους V **67** ἐς om. P^ac L **68** κεχηνότα cum b L scr. P^ac **71** γεγένηται Bekk **72** εὐλαβὴς — ἐλέγετο i. r. 18 litt. P (i. e. ὡς ἐλέγετο om. P^ac) **74—75** ἀλλὰ καὶ εἰς τοὺς ὕμνους ἐσχόλαζε τοῦ θεοῦ καὶ τοὺς ἐν ἀνάγκαις ἐκυβέρνα καὶ ἀκούειν τοὺς πρὸς αὐτὸν ἀντιλέγοντας κατεδέχετο B Bekk **77** τῶν οἰκείων ἀρχείων Bekk **79** Βασιλεία Βαλδουίνου (τοῦ Φλάντρας add. F) ante βασιλεύσας quasi tit. praem. DF εἰς D

68 κεχηνότα b L **72** οὗτος ὁ ἀνὴρ b πρὸς τὸν θεὸν b ὡς ἐλέγετο om. b L **77** εὐνάζεσθαι b

58 δὲ: γὰρ L **59** ἀγχιθυροῦσαν L **60** κατ' εὐπέτειαν ἔχειν Βενετίκοις κακουργεῖν ἀποτρόπαια L **64** συνδεδραμηκότων L **65** γνώμην: ἀπόφασιν L **66** αὐτὸν ante ὁρμώμενον add. L ὅρους: σταθμοὺς L **70** ἠπίστατο: ἐγνώρισε L οὔπω γὰρ L **70—71** δύο πρὸς τριάκοντα L **72** οὑτοσὶ L **73** προσεσχηκώς: ὁμιλήσας L **77** πλησιάζοντα: προσκολλώμενον L **79** βασιλεύσας: ἄρξας L εἰς L **80** οἱ: ἐκεῖνος L τὰν γᾶν τῷ δόρατι" μικροῦ κομπάζων καὶ λίαν ἀγερώχως φθεγγόμενος), ἀλλ' ὡς διὰ φιλίων χώρων παρελευσόμενος καὶ βασιλεὺς 'Ρωμαίων ἀναγορευθησόμενος πρὸς παντός, οὗ χάριν οὐδὲ κομιδῆς οἱασοῦν κατηξιώκει τινὰς τῶν 'Ρωμαίων ἐκ τοῦ στρατιωτικοῦ τε καὶ πολιτικοῦ συντάγματος, ἀλλ' ἁπαξάπαντας ἀπεπέμψατο. τοῦτο δὲ καὶ τοῖς ἄλλοις τοῦ στρατοῦ ἡγεμόσι καὶ κόμησι δέδοκτο· τὴν γὰρ ἀνδρείαν τῶν συννόμων ἀρετῶν ἀφορίζοντες καὶ ταύτην ἑαυτοῖς οἰκειοῦντες ὡς συγγενὲς καὶ σύντροφον ἐπιτήδευμα οὐδὲν τῶν ἄλλων ἐθνῶν εἰς ῎Αρεος ἔργα παρασυμβεβλῆσθαι σφίσιν ἠνείχοντο. ἀλλ' οὐδέ τις τῶν Χαρίτων ἢ τῶν Μουσῶν παρὰ τοῖς βαρβάροις τούτοις ἐπεξενίζετο· καὶ παρὰ τοῦτο οἶμαι καὶ τὴν φύσιν ἦσαν ἀνήμεροι καὶ τὸν χόλον εἶχον τοῦ λόγου προτρέχοντα.

Διελθὼν τοίνυν τὰς Θρᾳκίας πόλεις ὁ Βαλδουῖνος τῇ μὲν 'Ορεστιάδι φρουρὰν ἐγκατέλεξεν, ὁμοίως δὲ καὶ κατὰ τὸ Διδυμότειχον καὶ τὴν ἐκ Φιλίππου παρώνυμον πόλιν διεπράξατο. ὡς δ' εἰς Ξάνθειαν ἵκετο, λόχον οἱ ἐκεῖσε ὑποκαθίσαντες Σεναχηρείμ τινος ἐξηγουμένου τῷ στρατεύματι λάθρᾳ ἐπέθεντο· μικρὸν δέ τι φανέντες ἀπεκρύψαντο, ἐπανιόντες δείλανδροι ὅθεν ἐξῄεσαν | θρασυκάρδιοι. ὁ δὲ ἀμαχεὶ ἐκ τοῦδε προυχώρει πρὸς την Θεσσαλονικέων μητρόπολιν. ἐφείπετο δέ οἱ ὁ Βονιφάτιος μαρκέσιος, τὴν ἐκ Παιόνων Μαρίαν ἐπαγόμενος, 'Ισαακίῳ μὲν τῷ ἐξ 'Αγγέλων ἁρμοσθεῖσαν πρότερον, μετὰ δὲ τὴν ἐκείνου ἐκβίωσιν καὶ τὴν τῆς πόλεως ἅλωσιν συνευνασθεῖσαν αὐτῷ κατὰ νόμους.

'Επεὶ δὲ ὁ μὲν Βαλδουῖνος αὐλίζοιτο κατὰ Μοσυνόπολιν, ὁ δὲ μαρκέσιος πύθοιτο παρὰ πλείστων μηδέ ποτε προθέσθαι τὸν Βαλδουῖνον ὑπεκστῆναί οἱ τῆς λογίμης Θεσσαλονίκης, καθάπερ δὴ καὶ ξυνέθετο, ἀλλὰ κατὰ τοῦτο προϊέναι καὶ συντόνου ἔχεσθαι τῆς πορείας ὡς τὴν

VP = a, MDF = b, L

81 τὴν F ὑπὲρ Εὐκλείδην post ἀγερώχως add. MDFKN Bekk **82** διὰ φιλίων: δι' οἰκείων KN **84** τινὰ V **85** καὶ om. M **86** στρατιωτικοῦ Bekk **88** ῎Αρεως V **89** σφισιν om. M **91** καὶ pr. om. Bekk **93** Θρακώας P Bekk **94** δὲ om. M Διδυμότοιχον constanter V Bekk saepius D (ac) F (ac) **94—95** ἐκ et πόλιν om. V **1** Σεναχερίμ Bekk **3** δ' D **7** τὴν om. M εὐνασθεῖσαν M **8** κατὰ τὴν Μοσ. P Bekk (Μοσυν)ού(πολιν) M pc **10** συνέθετο Bekk

95 διεπεπράχει b L

81 μικροῦ κατ' 'Αρχιμήδην κομπάζων καὶ ἀγερώχως φθεγγόμενος L **82—83** ὡς διὰ φιλίας χώρας διελευσόμενος καὶ βασιλεὺς 'Ρωμαίων ἀναρρηθῆναι παρὰ πάντων τῶν ἐκεῖ βουλόμενος L **83—92** οὗ — προτρέχοντα om. L **93—5** Διελθὼν τοίνυν τὰς Θρᾳκίας πόλεις καὶ κατὰ τὸ δοκοῦν ἐκείνῳ ταύτας καταστησάμενος ἀμαχεὶ προυχώρει πρ. τὴν τῶν Θ. μ. ἐφείπετο δὲ καὶ Βονιφάτιος ὁ μαρκέσιος L **5** Παιόνων: τῶν Οὔννων L **6** καὶ τούτῳ παῖδας ἀποτεκοῦσαν post πρότερον add. L **8—13** 'Επεὶ δ' ὁ μὲν Βαλδ. ηὐλίζετο κ. Μοσ., ὁ δὲ Βον. παρὰ πλείστων ἐπύθετο μὴ ἄν ποτε Βαλδουῖνον προθέσθαι τῆς λογίμης αὐτῷ ὑπεκστῆναι Θεσσαλονίκης, καθὰ ξυνέθετο, ἀλλὰ κατὰ τοῦτο προϊέναι καὶ συντόνου πορείας ἔχεσθαι ὅπως τὴν πόλιν εἰσιὼν ἰδιώσαιτο, αὗος ἦν ἐφ' ἱκανόν, ὥσπερ ὑπὸ κεραυνοῦ βληθείς. οὐκοῦν ὑπ' ἀθυμίας φανεὶς κατακώχιμος παλίμπους φέρεται, Γραϊκῶν ἀπατηλότερον καὶ τὸ ἦθος ἄπιστον καὶ παλίμβολον ὑπὲρ ὄστρακον καὶ κύβον τὸν Βαλδουῖνον ἀποκαλῶν. ἀμέλει τοι καὶ κατειληφὼς τὸ Διδυμότειχον καὶ παντοίως αὐτὸ κρατυνάμενος, ἐπὶ δὲ τὰς Θρᾳκίας πόλεις ἀναστατῶν πλὴν τῆς Ὀρεστιάδος (ταύτην γὰρ ἀντιπαρήρχετο πλεῖστον ὅσον τὸ ἐκ Βαλδουίνου στέγουσαν ὁπλομάχον) φόρους συνέταττε καὶ Ῥωμαίους ξυνήγειρεν, εἴ τι φρικῶδες ἀνθρώποις καὶ θειότατον ὄνομα φέρων διὰ γλώττης, καὶ μαρτυρόμενος ἀπείπασθαι μὲν τὰς μεθ' ὁμοφύλων σπονδὰς καὶ τὴν προτέραν σύμπνοιαν, Ῥωμαίοις δὲ προσχωρῆσαι λαμπρῶς. ταῦτα λέγων καὶ διομνύμενος προσεμη|χανήσατό τι καὶ ἕτερον ποιοῦν τὰ ῥήματα εὐπαράδεκτα· τὸν γὰρ πρωτότοκον υἱέα τῆς συζευχθείσης αὐτῷ Μαρίας (κλῆσις τουτῳὶ Μανουὴλ) βασιλέα Ῥωμαίων ἀνηγορεύκει, ὑπεκστὰς ἐκείνῳ καὶ σχήματος καὶ ὀνόματος καὶ τὸ προσωπεῖον τοῦτο καὶ πρόσχημα κατὰ στίφη τοὺς Ῥωμαίους ἀγήοχε. καὶ τοιούτοις μὲν ἐνεπόνει ὁ μαρκέσιος, μὴ πρὸς ἀλήθειαν ὅλως δρωμένοις, ὡς τὰ μετέπειτα καθυπέφηνε.

Τοῦ δέ γε Βαλδουίνου τῇ Θεσσαλονίκῃ ἐγγίσαντος, ἅπας ἐξερρύησαν ὁ λεὼς καὶ μετ' εὐσήμων βοῶν σφᾶς τε αὐτοὺς καὶ τὴν πόλιν περιχαρῶς ἐνδιδόασιν. ἱκέτευσαν μέντοι μήτ' αὐτὸν Βαλδουῖνον ἐπιβῆναι τῆς πόλεως, μήτε μὴν εἴσω τὸ στράτευμα συγχωρῆσαι παρελθεῖν· δεδιέναι γὰρ μὴ τὰ ἐκείνου παριδὸν ἐντάλματα τὴν πόλιν σκυλεύσειεν, οἷα μηδ' ὑφ' ἕνα ταττόμενον ἡγεμόνα, ἀλλ' ἐκ πολλῶν ἀγηγερμένον φυλαρχιῶν καὶ πλείστοις ὑποκείμενον ἄρχουσιν. ὁ Βαλδουῖνος τοίνυν τοῦτο μὲν ταῖς τῶν αἰτήσεων εὐλόγοις καθυπαχθείς, τοῦτο δὲ βάλλουσαν ἔχων μηδ' ἀγαθὰ διδοῦσαν φαντάζεσθαι τὴν μαρκεσίου μετ' ὀργῆς ὑποχώρησιν, ἐν πολλοῖς δὲ καὶ κεντοῦντα τὴν ἀκοὴν τὰ ὑπ' ἐκείνου γινόμενα, τοῖς Θεσσαλονικεῦσι προσέσχε καὶ γράμμα σφίσιν ἐρυθρόγραφον ἐνεχείρισε, πᾶσι τοῖς ἐθίμοις τῇ πόλει τὸ ἔμπεδον χαριζόμενον.

VP = a, MDF = b, L

15 καταλαβὼν P Bekk **18** στέγουσαν: φέρουσαν KN **19** συνήγειρεν Bekk **20** μαρτυράμενος D **21** πρότερον P Bekk **24** τούτω V **27** ὁ om. P **30** ὁ om. P Bekk **31** ἐκδιδόασιν V **33** παριδὸν: παραγκωνισάμενον P Bekk μηδὲ V **37** μηδ': μὴ Bekk **39** ἐρυθρόβαφον V

14 σκαμβώδη καὶ post ἦθος add. b Bekk **22** ταῦτα: καὶ ταῦτα b **27** σοφίσμασιν post ἐνεπόνει add. b Bekk **30** βοῶν: φωνῶν b

(12—13) πόλιν εἰσιὼν ἰδιώσαιτο, . . . ὑπὸ κεραυνοῦ τοῖς ἀκουσθεῖσι βληθείς L **13** ὑπ': τῆς L **14—15** ὑπὲρ κύβον καὶ ὄστρακον L **16—18** ἐπὶ — ὁπλόμαχον om. L **20** διὰ γλώττης φέρων L **21** τῶν ὁμοφύλων ἐκείνῳ L **22—27** ταῦτα — ἀγήοχε om. L **27—29** καὶ ὁ μὲν ἐν τούτοις ἦν, Ῥωμαίους ἐξομιλῶν καὶ ὑποποιούμενος. Βαλδουίνου δὲ τῇ Θεσσαλονίκῃ ἐγγίσαντος L **30** λαὸς L καὶ pr. om. L **30—31** περιχαρῶς ἐνδιδόασιν: εὐπετῶς ἐνέδοσαν L **32** ἀλλά τινι ἑνὶ τῷ καὶ παρ' αὐτοῖς ἄρξοντι τὴν ἐς τὴν πόλιν ἐπιτρέψαι εἴσοδον post παρελθεῖν add. L **32—40** δεδιέναι — χαριζόμενον om. L

Ἀμέλει καὶ πρὸς ἡμέρας ἐναυλισάμενος ἔξωθεν, καὶ φιλοφρονηθεὶς τὰ εἰκότα ἐπάνεισιν αὖθις εἰς τὸ Βυζάντιον· ἤδη γὰρ καὶ ἀγγελίαν τοῦτ' αὐτὸ ἐπισκήπτουσαν δεξάμενος ἦν πρός | τε τοῦ δουκὸς Βενετίας Δανδούλου καὶ ὅσοι τῶν κομήτων τῇ Κωνσταντινουπόλει παρέμενον. ὡς ἐπανῆκε τοίνυν ὁ Βαλδουῖνος, μετάπεμπτος γίνεται καὶ μαρκέσιος, Ἰοφρέ τινος ἐπιδεδημηκότος αὐτῷ, μέγα παρὰ τοῖς τῶν Λατίνων δυναμένου στρατεύμασι (μαρισκάλδος ἦν τὸ ἀξίωμα ὁ ἀνήρ, δηλοῖ δὲ καθ' Ἕλληνας ἡ φωνὴ τὸν πρωτοστράτορα), καὶ πίστεις δόντος ὡς οὐδέν τι παραγενόμενος πείσεται ἀηδές. ἀπαντήσας καὶ τῷ Βαλδουίνῳ σπεισάμενος ἀφίσταται μὲν τοῦ Διδυμοτείχου, ἐς δὲ Θεσσαλονίκην κάτεισι καὶ παρὰ πάντων ἀμαχεὶ προσδεχθεὶς τὴν πόλιν εἴσεισι, τὸν καιρὸν ἐν τῷ αὐτίκα καθυποδὺς καὶ τὸ τοῦ τρόπου σκαιῶδές τε καὶ στρεβλόχειλον ἐπικρυψάμενος. πλὴν οὐκ ἐπὶ πολὺ τοῖς δεδογμένοις ἐμμείνας, τῇ δὲ γαλῇ παρομοιωθείς, ἣν διήλεγξε τὸ στέαρ παρεισπεσόν, ἐς χρήματα τοὺς Θεσσαλονικεῖς ἐζημίωσεν, εὐθαλεῖς τὰς ὑπάρξεις εἶναι μαθών. εἶτα καὶ τὰς τῶν οἰκήσεων καλλίστας ἐκ τῶν ἐχόντων ἀφελόμενος τοῖς ἐκ τῆς ἱππάδος ἐκείνῳ διαδέδωκεν εἰς ἐνοίκησιν.

Ἐκ δὲ τούτου τὴν σύλλεκτρον Μαρίαν καὶ μοῖραν τῆς στρατιᾶς ἐκεῖσε καταλιπὼν ἔξεισιν αὐτὸς καὶ τὰς πόλεις μέτεισιν, ὅσαι τε περὶ Σέρρας καθυπτιάζουσι καὶ τοῖς ὅροις τῆς Βερροίας προσήνωνται καὶ ὅσαι πρὸς τὰ Τέμπη τὰ Θετταλῶν παρατείνουσι. κρατήσας οὖν τουτωνὶ παρὰ δόξαν ἔγνω καὶ Λαρίσσης αὐτῆς ἐπιβῆναι καὶ δι' Ἑλ-

---

54 γαλῇ . . . τὸ στέαρ: videtur contaminatio duorum prov., Zenob. 2, 93 et 2, 79; cf. Grabler ad loc.

VP = a, MDF = b, L

43 τέ τοῦ: τοῦ τότε MDF **47** ἀρεσκάλδος V: μαρισκάλκος Bekk τἀξίωμα P Bekk **50** εἰς Θ. δὲ D^s: Θ. δὲ M **51** παρεισδεχθεὶς Bekk **52** τρόπου: προσώπου V **61** τὰ alt.: τῶν P

44 παρέμενον D^{pc}: προσέμενον b **47** ἦν τὸ ἀξίωμα: δ' ἦν b, sed τὸ ἀξίωμα suppl. D^s **48—50** καὶ — Διδυμοτείχου: ἀμέλει τοι καὶ πίστεις τοῦ ἀνδρὸς (τοῦ ἀνδρὸς exp. D) δόντος ὡς (ὡς om. M) οὐδέν τι μαρκέσιος ἀφιγμένος (παραγενόμενος D^s) πείσεται ἀηδές, ἀπήντησεν (ἀπαντήσας D^s) ἀσμένως μετ' οὐ πολὺ τῷ (καὶ τῷ D^s) Βαλδουίνῳ σπεισάμενος (σπ. om. M) καὶ τοῦ μὲν Διδυμοτείχου ἀφίσταται ἑκών (ἀφίσταται μὲν τοῦ Δ. ἑκὼν D^{pc}) b **52—53** τὸ τοῦ τρόπου σκαιῶδες καὶ τὸν (καὶ τόν: τε καὶ D^s) στρεβλόχειλον ὑπούλως ἐπικρυψάμενος b **53** ἐμμείνας: ἐνέμεινε MD: ἀνέμεινε F **55** μαθών: ἀκηκοὼς b **57** διέδωκεν MD: δέδωκεν F **59** τε D^s: om. b

41 ἀμέλει: ἀμέλει καὶ δεδρακὼς οὕτω L **42—49** ἤδη — ἀηδές om. L **49—50** καταλλαγῆναι τῷ Βονιφατίῳ ποθῶν μετ' οὐ πολὺν δέ τινα καιρόν, λυθείσης τῆς ἐπ ἀμφοῖν διενέξεως ἀφίσταται μὲν τοῦ Διδ. μαρκέσιος, τὸ δὲ τῆς Θ. ὅριον μετὰ καὶ τῆς πόλεως αὐτῆς εἰς κλῆρον λαχὼν κάτεισιν ἐκεῖσε L **51—57** καὶ — ἐνοίκησιν om. L **58—61** μετὰ δέ τινα καιρὸν τήν τε σύλλεκτρον Μαρίαν καί τινα τοῦ κατ' αὐτὸν στρατεύματος ἀπόμοιραν ἐς φρουρὰν τῇ πόλει παρεὶς ἔξεισιν αὐτὸς τῆς Θεσσαλονίκης καὶ πόλεις μέτεισι τὰς λοιπάς, ὅσαι . . . περὶ τὰ Τέμπη τῶν Θετταλῶν παρατείνουσι L **62** ῥᾳδίως ἅμα καὶ post τουτωνὶ add. L λάδος ἐλάσαι καὶ χειρώσασθαι τὴν τοῦ Πέλοπος, κρίνων ἀεὶ | τὰ εἰλημμένα μικρὰ καὶ τοῖς ἔμπροσθεν προβαίνειν ἐρῶν διὰ τὴν τῶν Ῥωμαίων ἀφέλειαν. συνείποντο δέ οἱ καὶ τῶν Ῥωμαίων τινές, καὶ μάλιστα τῶν εὖ γεγονότων, παλεύοντες τὰς χώρας καὶ τὰς τρίβους διομαλίζοντες, κατὰ μὲν ἀπάτην καὶ δόλον τῷ πρωτοτόκῳ τῆς Μαρίας υἱῷ (τοῦτον γὰρ βασιλικῶς ἐσταλμένον καὶ μετ' εὐφήμων φωνῶν προπεμπόμενον, ὥσπερ οἱ Θρᾷκες πρότερον, οὕτω καὶ Μακεδόνες τῷ τότε καὶ Θεσσαλοὶ καὶ ὅσα ἐς Ἑλλάδα καθήκουσιν ἀσμένως ἐδέχοντο), πρὸς δ' ἀληθῆ πρᾶξιν μαρκεσίῳ καὶ Λατίνοις προοδευταὶ καὶ τῶν πρακτέων εἰσηγηταὶ καὶ τῆς πατρίδος προαγωγοὶ γινόμενοι.

Καὶ μαρκέσιος μὲν ἐθνῶν οὕτω κρατίστων καὶ πόλεων μεγίστων ἐγκρατὴς ἀμαχεὶ διεδείκνυτο καὶ πολλῷ πλειόνων τοῦ παρ' ἐκείνῳ στρατεύματος, εἰ πόλιν καὶ ἄνδρα τῷ ἀριθμῷ τις ὑπέβαλεν· ὁ δέ γε Βαλδουῖνος ἐς τὸ Βυζάντιον ἀφικόμενος ἔγνω μηδ' αὐτὸς ἡσυχῇ καθῆσθαι, μηδ' ἀπόμαχον εἰκῇ τὴν ὑπὸ οἱ τεταγμένην οἰκουρεῖν στρατιάν, ἀλλ' ἐς Ἀσίαν ταύτην διαβιβάσαι καὶ τῶν ἐκεῖ πειράσασθαι πόλεων, ἐξερεθισθεὶς εἰς τόδε τὸ ἔργον πρός τε τῶν Ἑλλησποντίων Λατίνων, ὧν ἡ πόλις Πηγαὶ κατωνόμασται, καὶ τῶν Τρωϊκῶν Ἀρμενίων· οὗτοι γὰρ οὐδὲ βραχύ τι γοῦν καθυφῆκαν τὸν Βαλδουῖνον ἐνάγοντες καὶ τοὺς ἄλλους κόμητας ἐξερεθίζοντες ὡς εἰς προκείμενον ἕρμαιον διαβῆναι τὴν τῶν ἑῴων πόλεων χείρωσιν. |

Περὶ μῆνα τοίνυν τὸν φυλλοχόον ἔξεισιν Ἐρρῆς ὁ τοῦ Βαλδουίνου κασίγνητος καὶ Πέτρος ὁ ἐκ Πράτζης ὁρμώμενος, ἀνὴρ ἡρωϊκὸς τὴν ἰσχύν, καὶ πρὸς τῇ παράλῳ Καλλιπόλει γενόμενοι ἐς ἕω διαπλωΐζονται.

---

84 περί κτλ.: die 11 mens. Nov. a. 1204

VP = a, MDF = b, L

64 τὰ om. V **66** παλλεύοντες codd. **69—70** τῷ τότε: τότε Bekk **70** Θετταλοί Bekk **71** δ' om. Bekk **73** κρατήσας post οὕτω add. DF ἐθνῶν οὕτω μεγίστων καὶ πόλεων κρατίστων Bekk **75** ὑπέβαλλεν VP Bekk **76** εἰς P Bekk **77** ὑπό οἱ: ὑπὸ οἵων V[ac]: ὑφ' ἑαυτῷ V[pc] **81** ἀφῆκαν M **84** ἔξεισιν: τῆς πόλεως ἔξεισιν P D[pc] Bekk **85** Πλάτζης P: (Π)ού(τζης) M[pc]: Πλάντζης Bekk **86** εἰς V διαπλοΐζονται Bekk

67—71 κατὰ — πρᾶξιν om. b **71** μαρκεσίῳ τε καὶ Λατίνοις b **82** ἐξερεθίζοντες D[s]: παροξύνοντες (-αντες F) b

65—72 συνείποντο δέ οἱ καὶ τῶν εὖ γεγονότων Ῥωμαίων συχνοί, παλεύοντεςτὰς πόλεις ἐκείνῳ, προοδευταὶ τῶν Λατίνων καὶ τῶν πρακτέων εἰσηγηταὶ καὶ προαγωγοὶ τῆς πατρίδος γινόμενοι οἱ ἀβέλτεροι L **74** ἀμαχεὶ διεδείκνυτο: ἐν βραχεῖ ἐγεγόνει L **75—83** ὁ — χείρωσιν om. L **84—6** Περὶ δέ γε τὸν φυλλοχόον μῆνα ἔξεισι τῆς Κωνσταντίνου Ἐρρῆς ὁ τοῦ βασιλέως Βαλδουίνου κασίγνητος καὶ Πέτρος ὁ ἐκ Πράτζης ὁρμώμενος, καὶ διαπλωϊσάμενοι ἐς ἕω καὶ ὁ μὲν Ἐρρῆς συμμίξας τοῖς ἐν Τροΐᾳ Ἀρμενίοις καὶ συμμαχίδας ἴλας ἐκεῖθεν ἐπαμησάμενος ἔκειρε τὰς πόλεις καὶ διετίθει κακῶς, ὅσαι μὴ ἐκείνῳ συνέβαινον, κρατήσας δὲ καὶ τῆς Ἴδης τοῦ ὄρους καὶ διὰ τῶν ταύτης στενῶν παρελθὼν εἰς τὸ Ἀτραμύττιον προκεχώρηκεν.

Ὁ δ' ἐκ Πράτζης Πέτρος ἄρας ἐκ τοῦ τῶν Πηγῶν πολίσματος τὴν ἐς τὸ Λοπάδιον στέλλεται. ἀπήντων δὲ αὐτῷ μετὰ πλείστων Ῥωμαϊκῶν δυνάμεων περὶ τὸ λεγόμενον Ποιμανηνὸν οἱ περὶ τὸν Λάσκαριν Θεόδωρον. οἱ δὲ τὴν κατ' αὐτῶν ἐμβολὴν τῶν Λατίνων οὐκ ἐνεγκόντες, οἱ μὲν ἐς φυγὴν ὁρῶσιν, ὁ δὲ Πέτρος ἐς τὸ Λοπάδιον ἄπεισι, μηδένα ἔχων τὸν ἐς χεῖρας ἰόντα, ἀλλ' εὑρίσκων πάντας μετὰ σταυρικῶν σημείων καὶ τῶν θείων λογίων δεξιουμένους αὐτόν, οἳ καὶ κακῶν ἀπαθεῖς διέμειναν. τοῦτο δὲ καὶ ταῖς λοιπαῖς συνέβαινε πόλεσιν, ὅσαι μὴ χωρεῖν διὰ μάχης Λατίνοις ἐγνώκεισαν, εἰ καὶ πονηρὸν ἐς θεραπείαν χρῆμα Λατῖνος, φωνὴ ἀσύμφωνος Ἕλλησι, γνώμη φιλοχρήματος, ὀφθαλμὸς ἀπαιδαγώγητος, γαστὴρ ἀκόρεστος, ὀργίλος καὶ δριμεῖα ψυχή, καὶ χεὶρ διφῶσα τὸ ξίφος διὰ παν|τός.

Πεῖραν δὲ καὶ τῶν ἐν τῇ πόλει τῇ Προύσῃ λαβεῖν οἱ Λατῖνοι θέλοντες καὶ γνῶναι πρὸς οἷς εἰσιν, ἐπεὶ μηδὲ προσεῖχόν σφισι Προυσαῖοι, ἀλλὰ σῖτα παρεσκευακότες διαρκῆ πρὸς πολιορκίαν χρονίαν καὶ τῇ θέσει τοῦ τόπου πιστεύοντες μὴ ἄν ποτε βίᾳ ἁλῶναι, ὅτι καὶ ἐπὶ γηλόφου ᾤκισται Προῦσα καὶ τεῖχος ἐχυρὸν περιβέβληται, ἄραντες ἐκ Λοπαδίου τῇ Προύσῃ προσίασι καὶ τὸ μεσημβρινὸν τεῖχος διειληφότες, καθ' ὃ τὸ

---

90 εἰς — προσκεχώρηκεν: Atramytium captum mense Febr. a. 1205 **91** ἄρας: Petrus iam Kal. Nov. (a. 1204) Hellespontum transgressus erat **92** ἀπήντων: die 6 mens. Dec. a. 1204

VP = a, MDF = b, L

87 ἐν Τροΐα (Τρωΐᾳ Bekk) τοῖς (i. r. 4 litt.) P Bekk **88** ἴλας om. M **90** προσκεχώρηκεν VK **91** Πράτζης: vide lin. 85 τὴν om. MDF **93** Ποιμανινὸν PM Bekk **93—94** Λασκ. κῦριν Θεόδ. D **94** Θεόδωρον om. MKN **95** εἰς MD **1** εἰς Bekk **4** τοῖς Λατίνοις P Bekk χρῆμα εἰς θεραπείαν Bekk εἰς V **8** καὶ om. V διαλαβεῖν F **11** γηλόφω M **12** ὀχυρὸν MD Bekk **13** Προύσῃ: πόλει V

87 ἐν Τροΐα D[pc]: περὶ Τροΐαν b **90** στενωπῶν b **93** τὸν εὐτυχέστατον δεσπότην ante τὸν Λάσκαριν add. b **95** οἱ μὲν suppl. D: om. b **3** διέμειναν D[pc]: διέμενον b

(87—6) ὁ μὲν Ἐρρῆς τοῖς περὶ Τροΐαν συγγενόμενος Ἀρμενίοις καὶ συμμαχίδας ἴλας ἐπαμησάμενος (ἐκεῖθεν add. i. mg.) καὶ τῆς Ἴδης τοῦ ὄρους κρατήσας διὰ τῶν ταύτης στενῶν παρῆλθεν εἰς Ἀτραμύττιον, ὁ δὲ Πέτρος τὸ Ποιμανηνὸν διελθὼν ἐς τὸ περὶ τὸν Ῥυνδακὸν ποταμὸν ἀφικνεῖται φρούριον. Πονηρὸν δὲ εἰς θεραπείαν χρῆμα Λατῖνος, ... Ἕλληνι . . . . γαστὴρ ἄπληστος . . . L **7** ὅθεν εἰ καὶ πράως ἐνιαχοῦ τοῖς ὑπείκουσι Ῥωμαίοις προσεφέροντο, ἀλλ' οὐκ ἦν χρόνιον τὸ καλόν, ἐπίπλαστον δὲ καὶ πρόσκαιρον καὶ πρὸς τὴν ἐκ γνώμης ἐπανιὸν (τάχιον add. supra) σκαιότητα post παντός add. L **9—12** καὶ — περιβέβληται om. L **13** πρὸς μεσημβρίαν L ὅπερ L μὲν ὄρος ὁ Ὄλυμπος ἀναχωρεῖ τι βραχὺ τῆς πόλεως, ὁ δὲ πετρώδης λόφος ὁ τὴν πόλιν διαλαμβάνων μεθίησιν ἐκεῖσε τὴν ὅλην τοῦ χώρου διάζωσιν, ἐνέκειντο τοὺς ἔνδον αἰτούμενοι τῇ πόλει σφᾶς εἰσδέξασθαι, ὡς οὕτω τῶν πρὸς βουλῆς ἐπιτευξομένους, ὅπερ ἀνάγκη μὴ εὑρεῖν ὕστερον, ἡνίκα τὴν μὲν πόλιν ὡς ἐς χείρωσιν αὐτοὶ περιέλθοιεν, τὰ δὲ τείχη ταῖς ἑλεπόλεσι τύπτοιντο. μηδὲν δὲ φρονούντων πρὸς ταῦτα ἐνδόσιμον τῶν ἐντός, ἐνίων δὲ καὶ θαρρησάντων τὴν ἔξοδον καὶ πολλοὺς τῶν ἐπισήμων βαλόντων βέλεσι καὶ καταβαλόντων, αὐτίκα, ὡς οὐχ αἱρετέον ἐδόκει τὸ τεῖχος, καὶ μάλιστα τοῖς ἐξ ἐφόδου προσβάλλουσιν, ἐκεῖθεν μεθίστανται.

Οἱ δὲ Προυσαῖοι πρὸς τὴν τῶν Λατίνων ἄπαρσιν ἔτι μᾶλλον πλησθέντες φρονήματος κατὰ πλείους ἐπέκειντο. τὰ δ' αὐτὰ ἔδρων καὶ οἱ τῶν ὑπερδεξίων ἐλάβοντο, δι' ὧν τὸ πολέμιον | ἵετο. οὐ βραχεῖς δὲ καὶ ἀποστάντες Λατίνων ἴσα τοῖς μὴ δεξαμένοις Λατίνους κατὰ Λατίνων ὡπλίσαντο καὶ πολλοὺς αὐτῶν ἀπέκτειναν. ἦσαν δὲ καὶ οὕτως τὰ Λατίνων αὖθις ἐπικρατέστερα καὶ σφαγαὶ προύβησαν συχναὶ καὶ ἄλλῃ μέν, ἀλλὰ δὴ καὶ κατὰ τὸ πόλισμα τὴν Καισάρειαν.

Ἴσα δὲ τούτοις καὶ ὁ Φιλαδελφεὺς Θεόδωρος προθέμενος διαπράξασθαι διὰ μάχης χωρεῖ τῷ Ἐρρῇ περὶ τὸ Ἀτραμύττιον διατρίβοντι. ἀμέλει καὶ μὴ προσδόκιμος ἐπιὼν τῷ ἀνδρὶ τὰ μὲν πρῶτα πρὸς τὸ πλῆθος ἀποκναῖσαι τοῦτον πεποίηκεν· ὡς δὲ διακινδυνευτέα τῷ Ἐρρῇ ἐδόκει, ἡ ἱππὰς ἐς παράταξιν διατίθεται. ἡ δὲ ὀρθὰ τὰ δόρατα

31 ἴσα etc.: die 19 mens. Mart. a. 1205

VP = a, MDF = b, L

17 ἐπιτευξόμενοι P Bekk 18 εἰς Bekk αὐτοὶ: αὐτῆς M: αὐτὴν DF 20—21 καὶ πολλοὺς καταβαλόντων τοῖς βέλεσι, ὡς etc. V 21 καὶ om. D 24 ἐκπλησθέντες V 28 οὕτω Bekk 30 ἄλλῃ et in app. ἄλλαι? Bekk ἀλλὰ δὴ: ἄλλως V κατὰ om. F^{ac}: περὶ MDF^{s} 31 τὰ ἴσα P Bekk 32 Ἀτραμύτιον codd. exc. V 34 ὃ ἐπήγετο post πλῆθος add. P Bekk ἀποκνῆσαι P Bekk 34—35 ἐδόκει τῷ Ἐρρῇ D

17 ἐπιτεύξοιντο b 30 τῶν γὰρ Ῥωμαίων τινὲς τὸν ἐπὶ τῆς σημαίας ἀνελόντες, ἥτις προηγεῖτο τοῦ Λατίνων στρατεύματος, καὶ ταύτην ἐπὶ γηλόφου στήσαντες καθ' ἑαυτῶν ἐπεσπάσαντο τὰ μεθεπόμενα τάγματα, πρὸς μὲν τὸ ποδηγὸν σημεῖον τραπόμενα, κατὰ δ' ἐκείνων, ὡς ἔγνωσαν Ῥωμαίους ὄντας, τραπόμενα καὶ τάχιστα καὶ ῥᾷστα τούτους τρεψάμενα καὶ κακῶς διαθέμενα post Καισάρειαν add. b 31 τούτοις: τοῖς Προυσαεῦσι b ὁ Μαγκαφᾶς post Θεόδωρος add. b 34 τῶν ἐκείνῳ συνόντων post πλῆθος add. b 35 ἡ Λατινικὴ (Λατινὶς M) ἱππὰς b εἰς b Bekk ἡ δὲ D^{s}: καὶ δὴ b

14 ὁ μὲν Ὄλυμπος τὸ ὄρος L 15 διαλαμβάνων: περιιὼν L 16—23 ἐνέκειντο τὴν πόλιν αἰτούμενοι σφίσιν αὐτοῖς ἐνδοθῆναι. τῶν δ' ἐντὸς μηδὲν φρονούντων ἐνδόσιμον, ἐνίων δὲ καὶ θαρρησάντων τὴν ἔξοδον καί τινας τῶν ἐπισήμων Λατίνων βέλεσι βαλόντων καὶ καταβαλόντων αὐτίκα ἐς θάνατον ἄπρακτοι ἐκεῖθεν μεθίστανται. L Deinde, omissis lin. 24 — p. 604, 53 (ἐπιμελῶς) sq. p. 612, 36—627, 84; inde, omissis p. 627, 85—628, 14, sq. p. 631, 17—636, 65; deinde p. 628, 15—631, 16; 605, 65—608, 50; 604, 53—59; 608, 50—611, 30/35 cum additione; 647, 1 sqq.

ἀνατείνασα τὴν ἀπὸ τῶν Ῥωμαίων ἐγχείρησιν ἐπέμενεν. ἐπεὶ δὲ ῥᾳθύμως εἶχον Ῥωμαῖοι πρὸς τὴν τῆς μάχης πρωτούργησιν, κατὰ μὲν δράκοντα φλογωπὸν ὁλκοῖς λορδούμενοι στρατευμάτων καὶ φολίσιν ἐπιφρίσσοντες ὅπλων καὶ ὡς εἰς χάσμα διανοιγόμενοι στόματος ταῖς ἑκατέρων τῶν κεράτων ἀναπτύξεσι, πρὸς δὲ τὰς ἐπελάσεις ἀτονώτερον ἔχοντες καὶ νωθέστερον, ὡς ἀπὸ ἑνὸς συνθήματος οὗτοι τὰ ξυστὰ ἀπευθύναντες καὶ κατὰ | τὸ σύνηθες ἀλαλάξαντες, αὐτοῦ δὴ τοῦ Ἐρρῆ τῶν ἄλλων προεκθορόντος καὶ διὰ μέσων τῶν τάξεων τὸν ἵππον ἐλάσαντος, διασκεδάζουσι Ῥωμαίους καί σφισιν ἐπικείμενοι φεύγουσι φόνου πάρεργον πλείστους ἔθεντο, οἷα τῶν ἱππέων Ῥωμαίων καὶ πρὸς τὴν πρώτην ἔμπτωσιν τῶν Λατίνων καὶ τὴν τῶν δοράτων ἀγκώνισιν ὅλοις ἀποδράντων ῥυτῆρσι καὶ τὰς πεζικὰς τάξεις παρεικότων εἰς κεράϊσιν τοῖς ἀντιμάχοις καὶ προνομήν.

Καὶ τῇδε μὲν τὰ κατ' Ἀσίαν ἐφέρετο· τὰ δὲ Θετταλὰ Τέμπη εκπεριελθὼν μαρκέσιος ὑφ' ἡγεμόσι Ῥωμαίοις ἦγε διὰ ταχέων ἐν τοῖς μὴ ὀρειαίοις τὴν δύναμιν, ὥστε καὶ ἔλαθε τὰ πεδινὰ τῶν Λαρισσαίων κατέχων τοὺς ταῖς ἄκραις ἐφεστῶτας Ῥωμαίους καὶ τὰς ὑπερβολὰς τηροῦντας ἐπιμελῶς, αἳ τὸν μὲν Πηνειὸν ποταμὸν ἐς τὸ στενότατον πάντῃ ξυνάγουσιν, ὡς καὶ καχλάζειν ἐν πολλοῖς ἐπὶ μέγα τὸ ῥόθιον καὶ τὰς ὄχθας τῇ τῶν κτύπων ἀντιπέμψει συνεπηχεῖν, περὶ δὲ τὰς τῶν ὀρῶν ὑποβάσεις μίαν ἀτραπὸν παρανοίγουσι, συνεπτυγμένην καὶ ταύτην καὶ χαλεπὴν τοῖς βαδίζουσιν, ὥστε πῃ μηδ' ἐπὶ τεσσάρων ἀσπίδων αὐτὴν ἀναπτύσσεσθαι, ὑπὸ πετρῶν λισσάδων καὶ ποταμίου ῥεύματος ἐς τὸ πάντῃ συνιοῦσαν στενόπορον. ἐκ δὲ Λαρίσσης ἄρας προυχώρει τοῖς ἔμπροσθεν, μηδενὸς ἐς χεῖρας αὐτῷ προσιέναι θαρρεῖν

---

49 τὰ δέ etc.: Thessalia atque Graecia intra menses Oct. a. 1204 et Apr. a. 1205 a Latinis subactae sunt

---

47 ὅλοις . . . ῥυτῆρσι: cf. p. 13, 29

VP = a, MDF = b, LO

36 ἐπεὶ: ὡς V **38** λορδούμενοι: συνδούμενοι V **41** ἐκ συνθήματος V: ἀπὸ ξυνθ. P **42** δὴ: δὲ V **43** μέσον M **46** ἀγκώνισιν: ἀκόντισιν D^{mg} **49** περιελθὼν VN **52** ὑφεστῶτας F **56** ὑπερβάσεις V διανοίγουσι V **58** ἀναπτύεσθαι O **60** εἰς F Bekk

36 ἀνατείνασα D^{pc}: τείνασα b ἐπέμενεν D^{s}: ἔμενεν b **37** τῆς μάχης: τοῦ πολέμου b **41** ἀφ' ἑνὸς (ἀφ' ἑνὸς M^{pc}) συνθήματος b **42** κατὰ om. b

53—59 αἳ — στενόπορον post Τέμπεσιν (p. 608, 50) hab. LO **53** αἳ τὸν μὲν: ἃ τὸν LO ὃς νῦν Σαλαβρίας ὠνόμασται post ποταμόν add. LO ἐς τὸ πάντῃ στενότατον LO **54** ἐπὶ μέγα: ἐς ὅτι μέγα LO **55** κτύπων: ψόφων LO **56** παρανοίγουσιν ἄτραπον LO **59** παντελῶς LO (**59—64** ἐκ — ᾤχετο non hab. LO, cf. ad p. 631,16) ἔχοντος. ὀψὲ δὲ καὶ μόλις περὶ τὰς Θερμοπύλας λόχον ὁ Σγουρὸς Λέων ὑποκαθίσας, μηδὲν δέ τι καὶ δράσας γενναῖον, ἀλλὰ καὶ πρὸς μόνην τὴν τῶν ἱππέων Λατίνων ὄψιν ἀλλο|φρονήσας φυγὰς ἐκεῖθεν ἐς τὸν Ἀκροκόρινθον ᾤχετο.

Ὁ δὲ Σγουρὸς οὗτος ἐκ τοῦ Ναυπλίου γεγενημένος χρόνον μέν τινα τῶν ἐκ τοῦ γένους βίᾳ μᾶλλον ἤπερ πειθοῖ κατίσχυε, πατρῷόν τι μέτρον ἀναπληρῶν καὶ χειρίζων οὐχ αἱμάτων καθαρεῦον κληρούχημα· ἀεὶ δὲ τῷ τῶν πραγμάτων ἀνωμάλῳ ἐπιδιδοὺς καὶ τοῖς στασιώδεσι καιροῖς οἰδαινόμενος μέγας ἐκ μικροῦ πρόεισιν, ὡς οἱ χείμαρροι τοῖς ὄμβροις καὶ τοῖς βιαίοις τὰ κύματα πνεύμασι. τὸ γὰρ ἱππόβοτον Ἄργος ὑπονοθεύσας καὶ ἐπὶ τῷδε τὴν Κόρινθον ληϊσάμενος καὶ προϊὼν ἀεὶ τοῖς ληστεύμασιν εἶτα καὶ ταῖς Ἀθήναις αὐταῖς προσήραξε μετὰ πολεμικῶν νεῶν καὶ τὸν Ἰσθμὸν διελθόντος στρατεύματος, ἐλπίσι θαλπόμενος ὡς εὐμαρῶς κρατήσει τῆς ἀκροπόλεως ἢ γοῦν ἑλεπόλεις ἐπιστήσας ὡς ἀπόλεμον θροήσει τὸ ἔνδον ἀπομαχόμενον. ἦν δ' ἀναπεμπάζων φρεσὶ καὶ εἰκαίως διανοούμενος τὰ μὴ πέρας ὅλως δεξόμενα.

Ὁ γὰρ ἀρχιποίμην Ἀθηνῶν Μιχαὴλ (κασίγνητος οὗτος ἐμός, ναὶ ἐμός· ἐγκαλλωπίζομαι γὰρ τῇ ὁμογνιότητι καὶ χαίρω καθ' αἷμα τῷ ἀνδρὶ συναπτόμενος, εἰ καὶ τῆς ἀρετῆς καὶ τοῦ λόγου κατὰ διάμετρον ἐκδιίσταμαι) τὸ οἰκεῖον λάχος ὁρῶν τῶν αὐτοῦ βουλῶν καὶ εὐχῶν ἐξεχόμενον, ἐπεὶ παρεμβαλόντα θεάσαιτο τὸν Σγουρόν, ἔγνω μετιέναι τοῦτον θεοφιλῶς, εἴ πως ἐκεῖθεν ἀποστῆσαι δυνήσεται μηδ' ἄλλως ἀσυνήθως ἔχοντα | πρὸς αὐτόν, ἐς δὲ λόγους ἐληλυθότα πολλάκις. καὶ δὴ ὡς ἐξ

65 Leo Sgurus a. 1198 patrem successerat **70** Ἄργος ὑπονοθεύσας: a. 1202 **71** Κόρινθον ληϊσάμενος: a. 1203 **72** εἶτα: a. 1204 aestate

66—67 πατρῷον — ἀναπληρῶν: cf. Mat. 23, 32 **70** ἱππόβοτον Ἄργος: Hom. B 287; al.

VP = a, MDF = b, LO

61—62 περὶ τὰς Θερμ. ὁ Σγουρὸς Λέων λόχους ὑποκαθίσας V **62** μηδέν τι δράσας M **63** ἱππέων om. D ὄψιν Λατίνων V τὸ Ἀκροκόρινθον D **65** χρόνον μέν τινα om. D^{ac}: χρόνου μὲν F **67** χειρίζον V P^{pc}F **70** ὑπονωθεσὸν M **72** προσήρραξε PLO: προσέρραξε MDF **73** τὸν om. O τοῦ στρατεύματος VMO: τῷ στρατεύματι N ἐλπίδι M **74** στήσας V **80** βουλῶν: βελῶν V **83** ἐξ om. O

65 τοῦ om. b, sed suppl. D^{s} **73** νηῶν b Bekk **75** ἀπόλεμον: ἀπόμαχον b **77** Μιχαὴλ: Μιχαὴλ ὁ Χωνιάτης (-ειάτης D^{pc}) b Bekk

65 — 611,**30** ὁ — προσβάλλουσιν post p. 631,16 hab. LO **65—67** ὁ — ἀναπληρῶν: ἦν δέ τις καὶ τρίτος τοῖς ἑσπερίοις ἀνθαμιλλώμενος ἔθνεσιν, ἐκ τοῦ (τοῦ: ras. L) Ναυπλίου μὲν ὁρμώμενος καὶ χρόνον μέν τινα τῶν ἐκ τοῦ γένους Ναυπλίων βίᾳ μᾶλλον ἤπερ πειθοῖ κατισχύων LO **67** ἀεὶ: ἐσύστερον LO **68** τῷ . . . ἀνωμάλῳ: ταῖς . . . ἀνωμαλίαις LO **69** οἰδαινόμενος — πρόεισιν: μέγας ἐκ μικροῦ φανείς LO **74** εὐμαρῶς: ἀμαχεὶ καὶ εὐμαρῶς LO **75** ἀπομαχόμενον: μαχόμενον LO **82** τὰ πρῶτα post τοῦτον add. LO ὑπερδεξίων τῆς πόλεως τοξεύει παραινέσεων βέλεμνα καὶ τῇ ποιμαντικῇ σφενδόνῃ ἀκροβολίζεται διαφιεὶς θεόπλοκα ῥήματα. ἔστι δ' ὅπῃ καὶ ὡς ἐξ ἑλεπόλεων τῶν πνευματικῶν ἀπειλῶν πειρᾶται κατασείειν τὸ ἐκείνου φρόνημα, μὴ δεῖν λέγων ἀπὸ Χριστοῦ καλούμενον καὶ Ῥωμαίοις συνεξεταζόμενον διὰ μάχης Ῥωμαίοις χωρεῖν, εἰ μὴ πιστοῦται μόνοις χείλεσι τὸν Χριστώνυμον, ὡς ἐσθῆτι καὶ γλώττῃ τὸν Ῥωμαίοις ὁμόφωνον, τῇ δὲ καρδίᾳ πόρρω πλάζοιτο τῶν καλουμένων ἀπὸ Χριστοῦ. τί δὲ καὶ ἔχων Ἀθηναίοις ἐπεγκαλεῖν τῇ Ἀττικῇ ἐπεστράτευσε; τοῖς μὲν γὰρ γείτοσιν Ἀργείοις εἶχεν ἄν τι καὶ ἐπάγειν ὡς ὁμόροις αἰτίαμα, ποιοῦν ἀνεύθυνον ὁπωσδὴ τὴν τῆς ἐκείνων καταδρομήν, ὡς ἄρα καὶ Κορινθίοις προσῆψεν ἔναγχος ἔγκλημα τὰς τοῦ ἀρχιποίμενος Κορίνθου κατ' αὐτοῦ πολλάκις ἐπιβουλάς, ὁπόθεν καὶ τὸ Ναύπλιον στρατιὰν Ῥωμαίων ἐπιδραμοῦσαν ἑώρακε καὶ νῆας ἐς αὐτὸ καταπλευσάσας πολεμικάς· Ἀθηναῖοι δὲ καὶ αὐτός, ὥσπερ τοπικῶς ἀφεστήκασιν, οὕτω καὶ τοῦ ἔχειν πράγματα καὶ κατ' ἀλλήλων χωρεῖν φιλονείκως πλεῖστον διείργονται. τὰ δὲ πρὸς τὸν ἱερέα τῆς πόλεως οὐδὲν ὅτι μὴ τὰ πάντα θεοφιλῆ καὶ πνευματικά, εἴ γε ὁ μὲν πατέρα καὶ ποιμένα τοῦτον ὀνομάζειν οὐκ ἀπηνήνατο καὶ τὰ τῆς αὐτοῦ γλώττης ῥήματα ὅσα καὶ γλυκὺ μελίκηρον ὠρεκτία διὰ | παντὸς δρέπεσθαι, ὁ δὲ παισὶ τοῖς κατὰ πνεῦμα τὸν Σγουρὸν ἐνέγραφε.

Τοιοῖσδε χρώμενος ὅπλοις ἐκεῖθεν παρῃτεῖτο τὸν ἄνδρα μεταχωρεῖν. ὁ δὲ τὸ δύνασθαι βιάζεσθαι πρόφασιν ἀπαρακάλυπτον προβαλλόμενος καὶ τὸν καιρὸν ἐνάγων ὁρᾶν παντὶ τὸ πρὸς ἰσχύος δρᾶν ὑποβάλλοντα ὡς οἷα τῆς τῶν πόλεων πασῶν κορωνίδος τὰ τῶν ὅλων πασχούσης χείριστα, ἔτι δὲ καί τινα νεανίαν ἐκδοθῆναί οἱ πρὸς θάνατον πολὺς

88—90 εἰ — Χριστοῦ: alludit ad. Is. 29, 13; Mat. 15, 8

VP = a, MDF = b, LO

84 ποιμαντικῇ: πνευματικῇ V **85** ἀφιεὶς V **86** πνευματικῶν: πατρικῶν Bekk **89** τὸν pr.: τὸ VPD Bekk τὸν alt. om. V **93** τῆς cum b om. P Bekk ἐκείνων: εἰς ἐκείνους M **95** τὴν (στρατιὰν) L^{ac} **2** ἀφεστήκατε O **3** δὴ post οὕτω add. L^{s} καὶ alt. om. O **4** διείργεσθε O ἀρχιερέα D^{pc} **5** εἰ δὲ V **7** γλυκυμελίκηρον V **9** καὶ τοιοῖσδε P Bekk **10** ἀπαρακάλυπτον: ἀπαραίτητον καὶ ἀπαρακάλυπτον Bekk **12** πασχούσης D^{s}: λαχούσης DF **13** δὲ om. P^{ac}

93 τῆς om. b **4** πλεῖστον: πλεῖστον ὅσον b Bekk **6** οὐκ: οὐδέποτε b Bekk **7** ὠρεκτία: βλίττειν ὠρεκτία καὶ (καὶ om. Bekk) b Bekk **13** δὲ D^{s}: om. b LO

91—7: τί δέ, φησί, καὶ ἔχων .... ἐπεστράτευσας; ... εἶχες ... ἐκείνων χώρας (χώρας om. L^{ac}) καταδρομὴν ... προσήψας ἔγκλημα πρότριτα ... κατὰ σοῦ πολλάκις ὡς διετείνου ἐπιβουλάς ...... φιλονείκως χωρεῖν ...... τὸν ἱερέα ἐμὲ (ἐμέ: ras. L) ...... εἴ γε σὺ μὲν ... ὀνομάζειν ἀπηνήνω οὐδέποτε ... ὠρεκτίας LO **8** τὸν Σγουρὸν om. LO ἐνέκειτο ἐκζητῶν, ὃν ἄλλος μὲν καὶ μὴ αἰτησαμένῳ μετὰ περιχαρείας προύδωκεν ἄν, σπέρμα ἄνομον κρίνων ὡς πολλοῖς παραίτιον ἀπωλείας καὶ πᾶν ὅ τι χείριστον κατὰ τῆς ἑαυτοῦ πατρίδος καὶ χειρὶ καὶ γνώμῃ διαπραξάμενον· ὁ δὲ τὸν λαμπρὸν διώκτην τῆς ἐνεγκούσης καὶ τῆς κατὰ πμεῦμα τιθηνοῦ ἐκκλησίας ὑβριστὴν καὶ ἐπίβουλον καὶ τὴν χεῖρα κατ' αὐτοῦ πολλάκις ὁπλίσαντα τοῖς φιλουμένοις εὐαγγελικῶς ἐγγράφων καὶ περιέπων ὡς πρόσφυγα τὸν Σγουρὸν παρεβλέπετο.

Ὡς δ' οὐκ εἶχε καὶ πείθειν ταῖς σοφαῖς ταύταις ὑποθημοσύναις ἐκεῖνον τὸν θηριώνυμον, μᾶλλον μὲν οὖν καὶ κατ' ἀσπίδα κωφεύουσαν ἑκοντὶ τὰ ὦτα πρὸς ταύτας ἑώρα βύοντα καὶ βέλη παντοδαπὰ τοῖς ἐπὶ τῆς ἀκροπόλεως ἀφιέντα, κατὰ τοῦ ἀνοσίου καὶ αἰτίου τῶν φυομένων κακῶν ἅπαν ἀποτρόπαιον τραπέσθαι θεὸν ἱλασάμενος τῶν τειχῶν ἄνωθεν κἀκεῖνος ἀνθίστησι μηχανήματα καὶ τοῖς τείχεσιν ἐφίστησι τὸ βάλλειν ἐκ | χειρὸς δυνάμενον.

Καὶ τί γὰρ οὐκ ἂν διεπεπράχει τῶν πολεμίων εἰς ἀποσόβησιν ἀνὴρ ἥκων διὰ πάσης σοφίας καὶ παντοίαν μάθησιν λογικὴν ὡς οὐδὲ μίαν ἕτερος ἐπιών, ὅσαι τε θυραῖαι καὶ ὅσαι ἡμέτεραι; εἰ δ' ἠβούλετο, εἶχεν ἂν καὶ πῦρ ὕσειν ἐπ' ἀτασθάλους ἢ σφῆκας ἐπαφεῖναι τῷ στρατοπέδῳ, εἴτε τι ἕτερον ἐκείνοις ὀλέθριον αἰτήσασθαι θεόθεν καὶ λήψεσθαι· οὐδὲ γὰρ ἂν τὸ θεῖον ἐβράδυνεν, εἰ χεῖρες ὑψώθησαν ἐκεῖναι, εἰ χείλη διήρθησαν ἐκεῖνα πρὸς θεοῦ ἐπίκλησιν. ἀπῆγε δ' αὐτὸν τοῦ τοιοῦτόν τι ὅλως διανοήσασθαί τε καὶ διαπράξασθαι ὁ καὶ τοὺς υἱοὺς τῆς βροντῆς ἐπισχὼν τοῦ πῦρ ὑψόθεν κατενεγκεῖν ἐν τῷ εἰπεῖν „οὐκ οἴδατε ποίου ἐστὲ πνεύματος."

17—18 τῆς — ἐκκλησίας: quoad sensum cf. 1 Co. 4, 15 **19** εὐαγγελικῶς: cf. Mat. 5, 44 **22—23** κατ' — βύοντα: cf. Ps. 57, 5 **31** πῦρ ὕσειν: cf. 4 Regn. 1, 9—14; Luc. 9, 54 σφῆκας ἐπαφεῖναι: cf. Exod. 23, 28 **32** αἰτήσασθαι — λήψεσθαι: cf. Joh. 16, 24 **32—33** οὐδὲ — ἐβράδυνεν: cf. Is. 46, 13; al. **35—37** ὁ — πνεύματος: cf. Luc. 9, 54 sq. **35** τοὺς — βροντῆς: cf. Mar. 3, 17

VP = a, MDF = b, LO

14 ἐκζητῶν om. M ἄλλως VM καὶ om. V **15** ἄνομον: ἄδικον καὶ ἄνομον Bekk ἀνόμων V **18** ἐπίβουλόν τε καὶ ὑβριστὴν M τὴν: τὸν V **23** τὰ ὦτα om. M ἑώρα πρὸς ταύτας DF τοῖς: κατὰ τῶν V **27** δυνάμεως VP **28** διαπεπράχει Bekk **29** οὐδεμίαν Bekk **30** θυρῆαι O **31** πῦρ ῥύσειν V: πῦρ οἴσειν L **32** εἴτε: εἰ δὲ F **33** τὸ θεῖον om. M εἰ alt.: καὶ V: ἢ Bekk **34—35** ἀπῆγε δ' αὐτοῦ τοιοῦτον ὅλως διανοήσασθαι V **35** διανοῆσαι Bekk καὶ alt. om. Bekk

16 τῆς 'Αττικῆς post πατρίδος add. b Bekk **19** ὡπλικότα b **21** δ' D[s]: δὲ b **34** ἐπικάλεσιν b **34—35** τοῦ ὅλως διανοήσασθαί τι τοιοῦτον καὶ διαπράξασθαι b LO

14 ἐξ 'Αθηνῶν τὸ γένος ἕλκοντα post ἐκζητῶν add. LO **15** ὡς — ἀπωλείας: ὡς καὶ πολλοῖς τῶν 'Αθηναίων ἀπωλείας φανέντα αἴτιον LO **23** ἑκοντὶ — βύοντα: ἑώρα τὰ ὦτα βύοντα ἑκοντὶ πρὸς τὰ ἐκείνῳ (παρ' ἐκείνου L) ὑποψαλλόμενα LO τοῖς: κατὰ τῶν LO **31** τῷ στρατοπέδῳ: τοῖς πολεμίοις LO **33** ἐπεβράδυνεν LO **36** ἄνωθεν LO

Πρὸς οὖν τοιοῦτον ἀντίμαχον, οὕτω μὲν ἴδριν τῶν τακτικῶν, οὕτω δὲ τὸν λόγον πολύν, οὕτω δὲ τὴν ἀρετὴν ἀπαράμιλλον, ὁ ἀντίπαλος Σγουρὸς ἀπειπών, καὶ γνοὺς ὡς εἰκῇ ταῖς τῆς ἀκροπόλεως ῥαχίαις διακυρίττεται, τὸν θυμὸν ἐκριπίζει κατὰ τῆς πόλεως, ἧς οὐκ ἔσχε χειρώσασθαι τὴν ἀκρόπολιν, καὶ δὴ τοῖς οἰκοπέδοις ἐνίησι πῦρ καὶ προνομεύει τῶν ζώων τὰ εἰς ζεύγλην καὶ δίαιταν ἐπιτήδεια. καὶ μεθ' ἡμέρας ἐκεῖθεν ἀπαναστὰς ταῖς Θήβαις προσβάλλει ταῖς ἑπταπύλοις. καὶ ταύτας ὡς ἐξ ἐφόδου παραστησάμενος ἐπιτείνει πρὸς τὰ πρόσω τὸ πρόθυμον.

Οὐκοῦν Θερμοπύλας διιὼν καὶ τὴν Οἴτην ὑποκαταβὰς εἰς Λάρισσαν ἔξεισι καὶ τῷ βασιλεῖ Ἀλεξίῳ συγγίνεται· (οὗτος γὰρ τῶν τοῦ βορρᾶ πλευρῶν κατασυρεὶς καὶ τῆς ἐν πόλεσιν ἀρχούσης ἐκσφαιρισθεὶς τοῖς | Θετταλοῖς παρέβαλε Τέμπεσιν), ἐπὶ δὲ καὶ τῆς ἐκείνου θυγατρὸς Εὐδοκίας εὐνέτης γίνεται. αὕτη δὲ Στεφάνῳ συναφθεῖσα πρότερον τῷ ἀρχηγοῦντι τῶν Τριβαλλῶν παρὰ μὲν ἐκείνου ἐμβριθῶς ἀποπέμπεται, τὸ δὲ Βυζάντιον κατειληφυῖα εἰς γυναῖκα ἄγεται ὕστερον μετὰ τὴν ἅλωσιν τῆς πόλεως καὶ τὴν ἐκ ταύτης ἀπονόστησιν Ἀλεξίῳ τῷ Δούκᾳ, ὃς ἐπωνομάζετο Μούρτζουφλος καὶ τὰ σκῆπτρα Ῥωμαίων λοῖσθος ἐνεχειρίσατο. πλὴν οὐδ' οὗτος ὁ Δούκας ἕως γήρως καὶ πρεσβείου τῇ Εὐδοκίᾳ συνῴκησεν· ὁ γὰρ ταύτης πατὴρ Ἀλέξιος, οὐκ οἶδ' ὅ τι παθών, σὺν δόλῳ τὸν ἄνδρα συνείληφε καὶ κακῶς ἐς τὰς κόρας διέθετο, πλάνης πλάνητα μισῶν κομιδῇ καὶ φυγὰς βασιλείας τῷ ἀποπεσόντι ταύτης ἀντικαθήμενος.

Μετ' οὐ πολὺν δέ τινα χρόνον τῆς πηρώσεως εἰς χεῖρας ἐμπεσὼν τῶν Λατίνων ὁ Δούκας ἐς τὸ Βυζάντιον ἀνακομίζεται καὶ ὑπὸ δίκην ἀχθεὶς ὡς τὸν ἑαυτοῦ κύριον καὶ βασιλέα συνειληφὼς καὶ τοῦ ζῆν ἐξ-

---

58 συνείληφε: a. 1204 aestate **61** μετ' — χρόνον: fine mens. Nov. a. 1204

VP = a, MDF = b, LO

40 ὡς om. M **41** διακηρύττεται MD εἶχε V **46** πρόθυμον: πρόσωπον V **47** ὑπερκαταβὰς Bekk **48** γὰρ: ἐκ M: γὰρ ἐκ DF **49** παρασυρεὶς F **50** Τέμπεσιν: τέμεσιν O **55** τῶν Ῥωμαίων P Bekk λοίσθιον M **56** ἕως: ἐπὶ V **62** εἰς P Bekk

50 παρενέβαλε b LO **55** ἐπωνόμαστο b **61** χρόνον τῆς πηρώσεως: τοῦ πηρωθῆναι (πληρωθῆναι M) χρόνον b **62** οὑτοσὶ post Δούκας add. b τὸ om. b

45 παραστησάμενος: κακῶς διαθέμενος LO **50** Τέμπεσιν: hic add. ἃ — στενόπορον, cf. p. 604,53—59, et proseq. ἐπὶ δὲ καὶ τῆς τοῦ βασιλέως Ἀλεξίου θυγατρὸς Εὐδοκίας εὐνέτης γίνεται ὁ αὐτός. αὕτη δὲ Στεφάνῳ γαμηθεῖσα πρότερον τῷ τῶν Τριβαλλῶν ἀρχηγῷ παρὰ μὲν ἐκείνου ἐμβριθῶς ἀποπέμπεται ἀδικηθέντος εἰς τὴν εὐνήν, τὸ δὲ LO **54** ἐκ ταύτης: ἐκεῖθεν LO **55** ἐπεκέκλητο LO **56** ἐνεκεχείριστο LO **58** τὸν ἄνδρα μετελθὼν κακῶς εἰς . . . διέθετο LO **60** ἀντικαθήμενος: ἀπεχθανόμενος LO **61** βραχὺς ὁ ἐν μέσῳ καιρός, καὶ εἰς χεῖρας ἐμπεσὼν τῶν Λατίνων ὁ Δούκας οὗτος μετὰ τὴν πήρωσιν ἐς Βυζάντιον ἀνακομίζεται LO αγαγὼν δι' ἀγχόνης ἀπελογήσατο μὲν προδότην τῆς πατρίδος ἐκεῖνον ὀφθῆναι καὶ ἀξίως τὰ εἰκότα παθεῖν, μὴ μόνῳ δέ οἱ ταῦτα διαπραχθῆναι, ἀλλὰ καὶ τοῖς ἄλλοις, ὅσοι κατ' οἰκείωσιν καὶ γένος ἐκείνῳ συνήπτοντο. οἱ δὲ μὴ προσσχόντες οἷς εἴρηκεν, οὔτε μὴν οἷς ἔτι ὤδινεν εἰπεῖν τὰς ἀκοὰς ὁποσονοῦν ὑποσχόντες καταψηφίζονται θάνατον τοῦ ἀνδρὸς καινότροπόν τε καὶ βιαιότατον. εἰς γὰρ τὸν ἐν τῷ Ταύρῳ ἱστάμενον ὑψιτενῆ κίονα τοῦτον ἀνενεγκόντες βάλλουσιν ἐκεῖθεν κάτω· ὁ δὲ ἐπὶ πόδας μέχρι | τινὸς κατιών, εἶτα ἀνατραπεὶς κατωκάρα καὶ μετὰ βραχὺ καταρραγεὶς δόχμιος ἐξέρρηξεν οἰκτρότατα τὴν ψυχήν.

Τῇ γοῦν Εὐδοκίᾳ συναφθεὶς ὁ Σγουρὸς τοῦ μαρκεσίου τῇ Ἑλλάδι προσάγοντος αὐτός, ὡς μικρῷ πρόσθεν εἰρήκειν, τὸ ἐν Θερμοπύλαις ἐτήρει τέναγος καὶ τὸ ἐπικρεμάμενον ταύταις σκιόεν ὄρος καὶ ὑψικόρυμβον καὶ τἄλλ', ὄπισα τὴν Ἑλλάδα δυσπρόσοδον τίθησιν. ἀλλὰ καὶ οὕτω κατὰ πᾶσαν εὐμάρειαν οἱ ἐκεῖσε τῷ μαρκεσίῳ ὑπέκυπτον ἀγεννεῖ καὶ καταβεβλημένῳ φρονήματι καὶ προσχωρεῖν ἀεί πως ἐγνωκότι τοῖς κρείττοσι, καὶ ταῦτα μὴ στρατιὰν ἄγοντι μυριάνθρωπον, μηδὲ συμβαίνουσαν ταῖς γνώμαις, ἀλλ' ἀσύμφωνον ἐν πλείστοις ὡς ἐκ πόλεων ἠλισμένην πολλῶν. ἐλάσας δὲ κἀπὶ τὴν Βοιωτίαν αὐτήν, ὡς οὐδέ τις ἐπανήκων οἴκαδε χρόνιος, ὑπὸ τῶν Καδμείων ἀσμένως προσδέχεται. προϊὼν δὲ κρατεῖ καὶ τῆς Ἀττικῆς καὶ τῇ ἀκροπόλει φρουρὰν ἐγκαθίστησιν. εἶχε δὲ ὁ προεδρεύων ἱερατικῶς τῆς πόλεως, ὥσπερ Σγουρὸν πρότερον, οὕτω καὶ τότε μαρκέσιον ἀποπέμψασθαι· μὴ εἶναι δὲ δοκιμάζων καιρὸν ἀντιστάσεως, οἷα τῆς τῶν πόλεων βασιλίδος ἁλούσης, τῆς δ' ἑσπερίου καὶ ἑῴας ὑπὸ Ῥωμαίους λήξεως τὴν σκιὰν ὑπιούσης

---

74 εἰρήκειν: p. 604, 60—605, 64

VP = a, MDF = b, LO

64 ἐκεῖνον προδότην τῆς πατρίδος Bekk **66** καὶ γένος om. V **69** τῷ om. VKL **70** δ' Bekk **72** διέρρηξεν Bekk **79** μυριάριθμον P Bekk **84** τὸν Σγουρὸν DF **85** καὶ τότε οὕτω D^{ac} F καὶ om. O τότε om. L^{ac} τὸν μαρκέσιον F **86** πόλεων: ὅλων P Bekk: πόλεως O **87** ὑπὸ Ῥωμαίους om. V

65 μὴ μόνῳ δὲ: καὶ μὴ μόνῳ b **81** πολλῶν ἠλισμένην b **84** δὲ: μὲν γὰρ b **87** λήξεως: πάσης λήξεως b

65 μηδ' αὐτῷ μόνῳ ταῦτα διανοηθῆναί τε καὶ πραχθῆναι LO **73** γοῦν: δ' LO **73—74** τοῦ μαρκεσίου . . . προσάγοντος: τῶν Λατίνων . . . προσαγόντων LO **74—75** αὐτὸς — εἰρήκειν om. et proseq. τὸ ἐν Θερμοπύλαις αὐτὸς ἐτήρει τέναγος καὶ τὸ ταύταις ἐπικρεμάμενον σκιόεν ὄρος LO **77** εὐμάρειαν: εὐπέτειαν LO τῷ μαρκεσίῳ: τοῖς Λατίνοις LO **79—81** καὶ — πολλῶν om. LO **81—83** ἐλάσαντες (ἐλασάντων L) δὲ οἱ (τῶν L) ἐξ ἑσπέρας στρατοὶ (στρ. om. L) κἀπὶ (κἀπὶ om. O) τὴν Βοιωτίαν . . . δέχονται. προϊόντες δὲ κρατοῦσι καὶ (καὶ om. L) τῆς Ἀττικῆς καὶ φρουρὰν ἐγκαθιστῶσι τῇ Ἀκροπόλει LO **84** ὁ ἐμὸς λέγω κασίγνητος post πόλεως add. LO **87** καὶ ante τὴν add. L^{pc} O ὑπιούσης: ὑποπτησσούσης LO τοῦ Λατινικοῦ δόρατος, ἀναιμωτὶ τοῦ ἐρύματος ὑπεξίσταται. ἐπὶ πᾶσιν οὐδ᾽ Εὔβοια γενναῖον βλέπει τι καὶ ἐλεύθερον, ἀλλὰ καὶ αὕτη χεῖρα προτείνει καὶ | τοῦ παλιρροθίου πορθμοῦ ταχύτερον μεθαρμόζεται καὶ ὑποστρώννυσι τὴν διαβάθραν εὐροωτέρῳ τοῦ Εὐρίπου στρατεύματι καὶ φρούριον ὁρᾷ δομηθὲν ἐπ᾽ αὐτῷ γε δὴ τῷ πορθμῷ καὶ στρατιὰν ἰζάνουσαν ἔνδοθεν πρὸς τὸ ἀνάρρουν ἀναστοιβάζουσαν δήπου τὰ τῶν Εὐβοέων ἀγχίστροφα διαβούλια καὶ τὸ τῆς γνώμης παλίμβολον ἐπισχήσουσαν.

Ἀλλὰ τί; προφθάνει μου τὸν λόγον τὸ βάρβαρον καὶ τοῦ πτεροῦ τῆς ἱστορίας ταχυπετέστερον φέρεται καὶ οὐδέ πῃ ὡς ἀντίξουν ἐπέχεται. ἡ μὲν γὰρ ἔτι προνομεῦον αὐτὸ τὰς Θήβας καὶ χειρούμενον Ἀθήνας, τῆς δ᾽ Εὐβοίας ἐπιβαῖνον διέξεισι· τὸ δέ, ὡς μὴ πεζαίτερον ὄν, ἀλλὰ πτηνὸν καὶ ἀέριον, ὑπερπτὰν τὴν ἱστορίαν χωρεῖ πρὸς Ἰσθμόν, τροποῦται τὸ πρὸ Ἰσθμοῦ προσεδρεῦον Ῥωμαϊκόν, πρόεισιν εἰς πόλιν πρὸς Ἰσθμῷ κειμένην καὶ πάλαι ἀφνειὸν τὴν Κόρινθον, μεθίσταται πρὸς Ἄργος, περιπαπταίνει τοὺς Λάκωνας, ἐς Ἀχαΐαν ἔνθεν προσβάλλει, ἐκ τοῦδε τὴν Μεθώνην μετέρχεται καὶ ὁρμᾷ πρὸς Πύλον τὴν πατρίδα Νέστορος. οἶμαι δ᾽ ὡς Ἀλφειῷ ἐπιστὰν ἀρύσεται τοῦ ῥείθρου καὶ λούσεται καὶ μνήμην λήψεται παλαιοῦ χαρίεντος διηγήματος· καὶ μαθὸν τὸν ποταμὸν τῷ τῆς Ἀρεθούσης ὑγραινόμενον ἔρωτι, Σικελικῆς πηγῆς καὶ παῖδας Ἰταλῶν ποτιζούσης, δέδια μὴ καὶ αὐτὸ τυραννῆσαν τὸ ὕδωρ γράψῃ καθ᾽ ὑγρῶν καὶ δι᾽ Ἀλφειοῦ τοῖς ἐκ τοῦ γένους ἐκεῖσε διασαφήσειε τὰ καθ᾽ Ἑλλήνων ἀνδραγαθήματα. |

Ἀλλ᾽ ὦ Ἕλλην ποταμὲ Ἀλφειέ, ῥεῦμα ῥέον δι᾽ ἅλμης πότιμον, ξενίζον ἄκουσμα, ἐμπύρευμα ἔρωτος, μὴ δὴ τὰ Ἑλλήνια δυσπραγήματα

---

88 ὑπεξίσταται: a. 1205 vere

90—95 τοῦ — ἐπισχήσουσαν. cf. p. 427, 37 **9—10** πατρίδα Νέστορος: cf. Hom. A 252; al. **11** παλαιοῦ . . . διηγήματος: cf. Paus. 5, 7, 2 (7, 23, 2; 8, 54, 3) **14** γράψῃ καθ᾽ ὑγρῶν: cf. p. 221, 46

VP = a, MDF = b, LO

89 πᾶσι δ᾽ Bekk **91** γρ. ὑποστρωννύουσι D[mg] εὐρροωτέραν τῶ M στρατεύματος V **92** καὶ στρατιὰν: spat. ca. 20 litt. M **93** δήπουθεν Bekk **94** Εὐβοίων F **1** τῶν λόγων Bekk τὸν βάρβαρον F **2** καὶ: καὶ ὡς V πῃ: ποι Bekk **3** ἡ: τὸ M **4** ὡς: καὶ V **5** χωρεῖ: γρ. χαλᾷ D[s] τοῦ Ἰσθμοῦ V **9** ἐκ: ἐκ δὲ V Πύλον: πόλιν MD: πύλην FLO **10** ἀρρύσεται codd. exc. V **11** μνῆμα O παλ. καὶ χαρ. O **14** γράψεις D[pc]: γράψει Bekk διὰ V

93 ἀναστοιβάσουσαν (-ήσουσαν D) b Bekk **2** καὶ — ἐπέχεται om. b **15** διασαφήσεις D[s]: διατρανώσῃ (-σει MD) b

92—95 καὶ pr. — ἐπισχήσουσαν om. LO **4** διέξεισι: διορᾷ L[ac] O: ὁρᾷ L[pc] **8** εἰς LO **10** Ἀλφειῷ: καὶ τῷ Ἀλφειῷ (ἀφν. O) LO τοῖς ἐν Σικελίᾳ βαρβάροις διατρανώσειας, μηδ' ἔκπυστα θείης ὅσα οἱ ἐκ σφῶν ἐπιστρατεύσαντες Ἕλλησι καθ' Ἑλλήνων ἐμεγαλούργησαν, ἵνα μὴ χοροὶ στῶσι καὶ παιᾶνες ᾀσθῶσι καὶ πλείους κατάρωσιν οἱ διάφοροι. βραχύ τι ἐπίμεινον· ἀλλοπρόσαλλος ἡ μάχη, πεττευτὰ τὰ ἀνθρώπινα, καὶ νίκη ἐπαμείβεται ἄνδρας. οὐδ' Ἀλεξάνδρῳ φασὶ τὰ ἐπὶ πᾶσιν ἀπρόσκοπα, οὐδ' ἀδιάπτωτος ἡ τύχη παράπαν τοῦ Καίσαρος. ναὶ πρὸς αὐτῆς τῆς Ἀρεθούσης καὶ τῶν ἀνεπάφων ἅλμης φιλοτήτων καὶ τοῦ ἐρωτόεντος νάματος. ἀλλ' εἶεν.

Ὁ δὲ δὴ Σγουρὸς ἐπὶ τούτοις ἠπορηκὼς καὶ τὸ Ἄργος ὁρῶν ἐχόμενον καὶ τὰς περιοικίδας πόλεις συνειλημμέναις ὡς ἐς ἄντρον λάσιος θὴρ ἢ ὡς ὄφις ἑρπυστὴς ἐς χειὰν συσπειρᾶται τὸν Ἀκροκόρινθον· ὁ δέ ἐστιν ἡ τῆς πάλαι πόλεως Κορίνθου ἀκρόπολις, ἐπ' ἀνάντους ὄρους κειμένη καὶ δυσάλωτος τοῖς προσβάλλουσιν. ἀποκρουσθεὶς τοίνυν τοῦ Ἀκροκορίνθου μαρκέσιος, ἀλλὰ μηδὲ τὴν ἐς τὸ Ναύπλιον πάροδον ῥᾳδίαν θεώμενος διὰ τὴν τῶν ἐρυμάτων ἐχυρότητα καὶ τὴν τῶν ἀπομαχομένων ἰσχυρότητα, χρονοτριβεῖν ἐφ' ἑκατέροις προτίθησιν, ἐς δὲ τὸν Ἀκροκόρινθον καὶ φρούριον ἀντίθετον ἀνίστησιν ᾗ μάλιστα ἐπίμαχος ὁ χῶρος αὐτῷ κατεφαίνετο. |

---

21 ἀλλοπρόσαλλος ἡ μάχη: cf. Hom. E 831 et 889 **21—22** πεττευτὰ τὰ ἀνθρώπινα: cf. p. 179, 47 **22** νίκη — ἄνδρας: cf. Hom. Z 339 **22—23** οὐδ' — ἀπρόσκοπα: cf. Nic. Or. 41, 19 **23** ἡ — Καίσαρος: etiam Caesaris fortuna exemplaris putabatur

---

VP = a, MDF = b, LO

18 μὴ M **20** πλείω D[s] **21** ἐπίμεινον: (ἐπ)ά(μεινον) P[pc]: ἐπάμυνον D[s] **22** ἡ νίκη V Ἀλεξάνδρου V φησὶ F: om. O **24** καὶ om. P Bekk **28** ἢ ὡς: καὶ V ὄφις καὶ ἑρπ. M εἰς Bekk συσπείρεται F ὁ: ἡ F **29** ἡ om. MK ὄρους om. LO **31** εἰς Bekk **33** ὀχυρότητα MDN **34—35** ὁ χῶρος ἐπίμαχος P Bekk **35** αὐτῷ om. P Bekk

18 διατρανώσειας D[s]: διακηρυκεύσῃ (-ειας DF) b μὴ MD[ac] F **22** καὶ νίκη δ' LO **25** ἀλλ' om. LO **26—28** ὁ δὲ δὴ Σγουρός (δοτέον γὰρ τὰ κατὰ τοῦτον τῇ ἱστορίᾳ) καὶ ἔτι ἐπὶ βραχὺ ἠπορηκὼς ἐπὶ πᾶσι τῶν Λατίνων κατειληφότων τὴν Πελοπόννησον καὶ τὸ Ἄργος ὁρῶν ἐχόμενον καὶ τὰς περιοικίδας πόλεις συνειλημμένας, ὡς ἐς ἄντρον λάσιος θὴρ ὁ λεοντώνυμος ἐκεῖνος τὸν Ἀκροκόρινθον εἴσεισιν LO **30—35** ἀποκρουσθεὶς — κατεφαίνετο: ἔτι γε μὴν καὶ ὡς ἐς χειὰν ὄφις συσπειρᾶται τὸ Ναύπλιον· ἀπηνείᾳ δὲ καὶ μιᾷ φονίᾳ χαίρων καὶ τὴν αὐτὸν γειναμένην ὑπέβαλε μαστιγώσεσι, καὶ τὸν πρόεδρον τῆς Κορίνθου Νικόλαον μνήμην λαβὼν διαφορῶν παλαιτέρων καὶ διενέξεων πρῶτα μὲν τοῦ τῶν ὀφθαλμῶν φάους ἀποστερεῖ, εἶτα καὶ κάτω βάλλει κατὰ κρημνῶν καὶ τοῦ ζῆν βιαίως ἐξίστησιν (cf. p. 638, 57—61). ὡς δὲ μετὰ καιρὸν ἐτεθνήκει, ἐγκρατεῖς παρὰ δόξαν Λατῖνοι καὶ τοῦ Ἀκροκορίνθου γίνονται. τῷ τοι καὶ ἡ τούτου σύζυγος φαμένη χαίρειν ταῖς ἐκεῖσε διατριβαῖς ἐς τὴν ἕω διαπλωΐζεται. Καὶ νῦν ἔστιν ὡς ἱστὸς ἐπ' ὄρους καὶ σημαία ἐπὶ βουνοῦ τὸ Ναύπλιον παρά τινος Γαβριήλ, κασιγνήτου τοῦ Σγουροῦ, κατεχόμενον, ὥσπερ καὶ ἡ κοίλη Λακεδαίμων παρὰ Χαμαρέτου τινὸς Λάκωνος (cf. p. 638, 42—43). τὰ δ' ἄλλα πάντα Λατίνοις καὶ τοῖς τούτων θεσμοῖς ὑπείκουσι (ὑπήκουσι O) καθ' ὁρμὴν μίαν καὶ ἀμαχεὶ προσρυέντα. Deinde seq. Ἵνα δὲ μὴ μακροτέρᾳ τῇ ἱστορίᾳ χρώμενοι πολυπλοκωτέρας ἐντεῦθεν τὰς λύπας κτώμεθα κτλ. vide p. 647, 1

Ἦν ἂν οὖν τὰ Ῥωμαίων Ἀσιανά τε καὶ ἑσπέρια ὅρια μηδὲ τελείου ἔτους παριππευκότος τοῖς Λατινικοῖς ἁπαξάπαντα γένεσι δουλοπρεπῶς ὑποκύψαντα (ἤδη γὰρ καὶ ὁ εἰς βασιλέα χρισθεὶς Βαλδουῖνος κατὰ Νικαίας καὶ Προύσης τὸ δόρυ διαγκοινήσασθαι προύθετο), εἰ μή γε ὁ βουλὰς ἐθνῶν ἀθετῶν Κύριος καὶ διασκορπίζων ἔθνη τὰ τοὺς πολέμους ἐθέλοντα ὑπέλαβεν ἡμᾶς εἰς τέλος ἐκλείποντας. ὁ γὰρ δὴ φυγὰς βασιλεὺς τῷ μαρκεσίῳ εἰς ὄψιν ἐλθὼν ἄρτου μετρητοῦ καὶ κοτύλης κεράσματος τὰ τῆς βασιλείας ἀνταλλάττεται σύμβολα καὶ εἰς χῶρον τῇ τύχῃ φερώνυμον (Ἁλμυρὸς δ᾽ ὁ χῶρος κικλήσκεται) τὰς διατριβὰς τελέσων ἐκπέμπεται σὺν Εὐφροσύνῃ τῇ ὁμευνέτιδι.

Οἱ τῷ βασιλεῖ τοίνυν συναποδράντες Ῥωμαῖοι (ἦσαν δὲ τούτων οἱ πλείους ἐπίσημοι τὸ γένος καὶ οὐκ ἄδοξοι τὰ πρὸς πόλεμον καὶ πατρίδας τὰς ἐν Θρᾴκῃ πόλεις αὐχοῦντες) ἤθελον καὶ οὗτοι συνεῖναι τῷ μαρκεσίῳ καὶ τὰ δυνατὰ ὑπουργεῖν· ὁ δὲ μὴ χρείαν φάμενος ἔχειν Ῥωμαίων στρατιωτῶν, οὕτως αὐτοὺς ἀπεπέμψατο. τῷ βασιλεῖ δ᾽ ἔπειτα Βαλδουίνῳ περὶ τοῦ προσδεχθῆναί οἱ προτείνουσι δέησιν. ὡς δ᾽ ἦσαν, ὅ φασι, καὶ πάλιν κενὴν ᾄδοντες, τῷ Ἰωάννῃ προσῄεσαν, ὃς τραφεὶς ἐν τῷ Αἵμῳ καὶ γεννηθεὶς μικροῦ πᾶσαν τὴν ὑπὸ Ῥωμαίους ἑσπέριον ἐπικράτειαν διέφθειρε καὶ ἠφάνισε πολέμοις ἀπολικμῶν, Σκυθικαῖς ἐφόδοις ἐξερημῶν καὶ πολυτρόποις ἐκτρίβων κακώσεσιν. ὁ δὲ τούτους ἀσμένως προσ|δέχεται· ἦν γὰρ τὸ τῶν Λατίνων ἀγέρωχον φρόνημα ὑφορώμενος καὶ τὴν τούτων λόγχην ὡς φλογίνην ῥομφαίαν ὑποβλε-

---

52 προσῄεσαν: initio mens. Febr. a. 1205

39—40 ὁ — Κύριος: cf. Ps. 32, 10 **40—41** διασκορπίζων — ἐθέλοντα: cf. Ps. 67,31 **42—43** ἄρτου —σύμβολα: cf. Nic. Or. 131, 1—3 **52** κενὴν ᾄδοντες: cf. prov.: κενὴν ψάλλεις Macar. 5,12 **57** φλογίνην ῥομφαίαν: Gen. 3, 24

VP = a, MDF = b, L

36 ἂν om. F τὰ: τῶν P Bekk **37** Λατίνοις V ἁπαξάπασι P Bekk **40** ἐθνῶν om. P Bekk **41** θέλοντα Bekk δή: δὴ καὶ M φυγὰς om. V **42** εἰς ὄψιν τῷ μαρκεσίῳ Bekk μετρειτοῦ Bekk **44** δ᾽ om. P Bekk **46** συναποδράσαντες F δὲ: δὲ καὶ V **48** Θράκει F συνεῖναι καὶ οὗτοι P Bekk **55** ἐκθλίβων V **57** ῥομφαίαν om. V

41 φυγὰς βασιλεὺς D^pc^: βασιλεὺς Ἀλέξιος b **43** οὐχ ἑκὼν post βασιλείας add. b **48** αὐχοῦντες: ἔχοντες b **56** καὶ ὑβρίζον post ἀγέρωχον add. b LO

36 sqq. post p. 603, 23 hab. L(O) **36—41** ἦν — ἐκλείποντας: τί τὸ ἐπὶ τούτοις; L **41—45** ὁ βασιλεὺς Ἀλέξιος τῷ μαρκεσίῳ μεθ᾽ ὅρκων εἰς ὄψιν ἐλθὼν οὔτε τοῦ γένους καὶ τῆς Ῥωμαϊκῆς ἀρχῆς, ἧς ἐξέπεσεν, ἀξίως προσδέχεται. μᾶλλον μὲν οὖν καὶ τοὺς πρὸς αὐτὸν ὅρκους τοῦ μαρκεσίου ἀθετήσαντος εἰς Λαμπαρδίαν ὡς εἷς τῶν δορικτήτων ἀπάγεται (cf. 620, 67) L **46—54** οἱ τοίνυν τῷ βασιλεῖ Ἀλεξίῳ συνεπόμενοι Ῥωμαῖοι, ἐπίσημοι τὸ γένος οἱ πλείους ὄντες καὶ οὐκ ἄδοξοι τὰ ἐς πόλεμον, ἐπανίασιν ἐκεῖθεν τῷ μαρκεσίῳ ἀκομιστούμενοι καὶ τῷ Μυσῷ προσρύονται Ἰωάννῃ, ὃς τραφεὶς ἐν τῷ Αἵμῳ καὶ γεννηθεὶς μικροῦ πᾶσαν τὴν ὑπὸ Ῥωμαίους ἑσπέριον ἐπικράτειαν τὴν μὲν ὑφ᾽ ἑαυτὸν ἐποίησε, τὴν δὲ καὶ διέφθειρε etc. L **56** δέχεται L **57** καὶ — ὑποβλεπόμενος om. L πόμενος, ἐπεὶ καὶ περὶ φιλίας στείλας πρέσβεις οὐχ ὡς βασιλεὺς φίλοις, ἀλλ' ὡς ὑπηρέτης δεσπόταις προσδιαλέγεσθαι σφίσιν ἐν τοῖς πρὸς αὐτοὺς ἐπετάττετο γράμμασιν, ἢ μὴν ἀπεκδέχεσθαι σφᾶς κατ' αὐτοῦ τὰ ὅπλα βαστάζοντας καὶ κείροντας κατ' εὐπέτειαν τὴν Μυσίαν, ἣν μὴ δέον καρποῦται τοῖς κυρίοις Ῥωμαίοις ἐπαναστάς, κἀκεῖνον ἐς τὴν προτέραν τύχην ἐπαναλύοντας.

Διαφίησι τοίνυν ἐς τὰς πατρίδας ἐπανιέναι τοὺς ἐπήλυδας αὐτῷ Ῥωμαίους ὁ Ἰωάννης καὶ δρᾶν ὃ δύνανται κακὸν τοὺς Λατίνους μετ' εὐμεθόδων τῶν ἐγχειρήσεων, ἕως τὰ κατ' αὐτοὺς ἐπὶ τὸ κρεῖττον ἐκεῖνος διάθηται. ἐπανεικότες οὖν ἐς τὰ σφέτερα τὰς τῶν Θρᾳκῶν καὶ Μακεδόνων πόλεις διαφιστῶσι, συναιρομένων σφίσι τῶν Βλάχων. πλεῖστοι γοῦν ἐντεῦθεν τῶν τὰς πόλεις διανειμαμένων Λατίνων ἐς αὐτὸ ζημιοῦνται τὸ ζῆν, οἱ δὲ καὶ φυγάδες ἐς Βυζάντιον ἐπανήκουσιν. ἀλλὰ καὶ οἱ ἐν Διδυμοτείχῳ διαχειρίζονται καὶ οἱ ἐν Ὀρεστιάδι μετανάσται γίνονται.

Καὶ τοῦτο τὸ ἔργον ἐλευθεροῖ μὲν τὴν ἕω Λατίνων παρὰ πᾶσαν δόκησιν, ἐπανεικότων εἰς τὸν καθ' ἑσπέραν πόλεμον, ἐκκρούει | δὲ τοῦ ἄγαν καὶ πρὸς βραχὺ μετριόφρονας τίθησι τοὺς κατασχόντας τὴν Ἑλλάδα καὶ τὸ τοῦ Πέλοπος ἔδαφος.

Καὶ ἵνα καθ' εἱρμὸν τῷ λέγειν δοίημεν ὁπόσα ἐνθένδε ξυμβέβηκε, Ῥωμαῖοι μὲν τὴν ἐξ Ἀδριανοῦ τὴν κλῆσιν λαχοῦσαν καί γε τὸ Διδυμότειχον κρατυνάμενοι κατὰ χώραν ἔμενον, οὐ μικρὰν ἀπὸ τῶν Βλάχων σύναρσιν ἔχοντες· ὁ δέ γε Ἰωάννης τὰς οἰκείας τάξεις καὶ τὸ ἐκ Σκυθῶν ἐπίκουρον ἐπαγόμενος, μηδ' ἀριθμῷ σχεδὸν ὑποπῖπτον, λεληθέναι τὰ πολλὰ τοὺς Λατίνους ἐτίθει διὰ σπουδῆς.

VP = a, MDF = b, LO (O ab 79 κατὰ)

61—62 μὴ δέον: μηδὲ V **62** εἰς Bekk **65** κακὸν: κἀκεῖ D **67** διάθοιτο Bekk ἐπανηκότες P Bekk **70** καὶ pr. om. P Bekk cancell. D εἰς M **74** ἐπανηκότων Bekk ἐς DF **75** τίθησι: δείκνυσι V **76** τοῦ om. P Bekk **78** κρατοῦντες P Bekk χώρων O οὐ om. DF

70 οἱ δὲ καὶ φυγάδες ἐς (εἰς M) τὸ Βυζάντιον ἐπανήκουσιν b LO

58—60 ἐπεὶ — γράμμασι: ἐπεὶ καὶ πρέσβεις στείλας περὶ φιλίας καὶ βασιλέα τῶν Βουλγάρων ἑαυτὸν ὀνομάσας ἐπετέτακτο μὴ ὡς βασιλεὺς φίλοις, ἀλλ' ὡς ὑπηρέτης δεσπόταις σφίσιν αὐτοῖς ἐν τοῖς γράμμασι διαλέγεσθαι L **60** σφᾶς: αὐτοὺς L **61** τὴν Μυσίαν κατ' εὐπέτειαν κείροντας L **64—65** διαφίησι τοίνυν ὁ Ἰωάννης τοὺς αὐτῷ προσδραμόντας Ῥωμαίους τὰς Θρᾳκίας πόλεις περιελθεῖν καὶ δρᾶν ὅ τι δύνανται κακὸν τοὺς Λατ. L **65—66** μετ' — ἐγχειρήσεων om. L **67** μετὰ Σκυθικῶν δυνάμεων ἐξιὼν post διάθηται add. L **67—68** ἐπανεικότες — Βλάχων om. L **67—68** τὰς Θρᾳκικὰς πόλεις L **71** μετανάσται γίνονται: μεταναστεύουσι L **73** μὲν om. L **74** ἐς τὸν βόρειον πόλεμον L **74—76** ἐκκρούει — ἔδαφος om. L **77** ὁπόσα: ὁπόσα καὶ δὴ L **78** πόλιν post λαχοῦσαν add. L[s] **79** αὐτὸ post. Διδ. add. L **80—82** ὁ δέ γε Μυσὸς Ἰωάννης τὰς οἰκείας τάξεις καὶ οὐκ ὀλίγον ἐκ Σκυθῶν ἐπίκουρον ἐπαγόμενος ἔξεισι τῶν τοῦ Αἵμου Τεμπῶν, λεληθέναι τὰ πολλὰ τοὺς Λατίνους διὰ πλείστου τιθέμενος LO

Ὡς δ᾽ εἶχε τὴν τῶν Ῥωμαίων ἐνωτισάμενος ἐπανάστασιν ὅ τε βασιλεὺς Βαλδουῖνος καὶ ἡ τῶν ἄλλων ἀρχηγῶν τριττύς (ὁ γὰρ δὴ κόμης τοῦ ἁγίου Παύλου ἀπεγεγόνει θανάτῳ καὶ τέθαπται κατὰ τὴν μονὴν τῶν Μαγγάνων ἐν τῷ τῆς σεβαστῆς τῆς Σκληραίνης μνήματι), ἐκ μὲν τοῦ αὐτίκα στέλλεται στρατιὰ τὰς πόλεις μετελευσομένη τὰς ἀποστάσας. Βιζύη μὲν οὖν καὶ Τζουρουλὸς ἐπανήλθοσαν καὶ ὡς πρώην ὑπέκυπτον· τὴν δὲ πολισθεῖσαν Ἀρκαδίῳ κενωθεῖσαν εὗρον τοῦ ἐν πλούτῳ καὶ δόξῃ λεώ. νυκτὸς δ᾽ ἐπιθεμένων σφίσι Ῥωμαίων, οἷς ἡ πόλις ἥδε πατρὶς καὶ οἳ συνεληλύθασι τούτοις ἐπίκουροι, πρῶτον μὲν ἡσύχασαν ἐν ὅπλοις γενόμενοι καὶ πρὸς φρουρὰν τὰ τείχη διείλοντο· ὑποφαυσάσης δὲ τῆς ἕω Ῥωμαίους κατασκεψάμενοι μήτε πα|ρατάξει, μήτε μὴν μεθόδοις χρωμένους στρατηγικαῖς, ἀλλ᾽ οὐδ᾽ ἐς ἀκρίβειαν ὡπλισμένους, ξυντεταγμένην τὴν δύναμιν ὡς ἐς μάχην ἐξάγειν ἐγνώκεσαν. ὡς δ᾽ ἀπήντων αὐτοῖς Ῥωμαῖοι μετὰ θάρσους τοῖς τείχεσιν ἐπεγχρίπτοντες (ᾤοντο γὰρ δειλίαν τὴν τῶν Λατίνων ἀσφάλειαν), διεκχέονται τῶν πυλῶν καί σφισι συμπλέκονται, καὶ πρὸς μικρὸν ἀντισχόντες Ῥωμαῖοι τρέπονται. καὶ γίνεται τῆς ἡμέρας ἐκείνης ἐλεεινὸν καὶ οἴκτιστον θέαμα· μηδενὸς γὰρ λαβόντες φειδώ, κατὰ δὲ πάντων τῷ ξίφει χρησάμενοι τὴν γῆν ἐπίαναν αἵμασι καὶ τῶν πεσόντων οὐδεὶς ὁσίας τετύχηκε. ταυτὶ μὲν οὖν ἡ προεξιοῦσα δέδρακε στρατιά· οὐδὲ γὰρ περαιτέρω χωρεῖν τεθάρρηκε, Ῥωμαίων μὲν καὶ Βλάχων μετὰ μοίρας Σκυθικῆς περιιόντων, τῶν δ᾽ ἄλλων ἐς τὴν Ἀδριανοῦ συνδραμόντων ὡς εἰς σῶζον κρησφύγετον.

83 ἐνωτισάμενος: die 23 mens. Febr. a. 1205 **85** Hugo, comes S. Pauli, mortuus Kal. Mart. a. 1205

VP = a, MDF = b (usque ad 7/10 App.), LO

84 δή: ras. L **92** οἱ Λατῖνοι post ὅπλοις add. L[s] φρουρὰς V **94** μεθόδῳ χρ. στρατηγικῇ P **95** συντεταγμένην Bekk ὡς: καὶ M **1** θράσους DF **5** οἱ Λατῖνοι post πάντων add. O **7** οὖν om. L **9** συνελθόντων V

83 ὡς δ᾽ εἶχον . . . ἐνωτισάμενοι b **90** ἔξωθεν post Ῥωμαίων add. b **2** ἀσφάλειαν: περίσκεψιν b LO **5** οἱ Λατῖνοι post λαβόντες add. b Bekk **6** χρώμενοι b **7—10** οὐδὲ — κρησφύγετον: ἡ δὲ λοιπὴ ἐς τὴν Ἀδριανοῦ παρὰ πόδας ἰοῦσα ἐκεῖσέ πῃ βάλλει στρατήγιον καὶ ταυτηνὶ πειρᾶται κατὰ κράτος ἑλεῖν. ἀλλ᾽ ἐπεὶ ἀπείρηκα τὰς τῶν οἰκείων συμφορὰς συγγραφόμενος, ἤδη δὲ καὶ τῆς ἐς ἕω μεταβάσεως ἅπας γίνομαι, ἐνταῦθα τοῦ λέγειν σχάσας τοῦ τῶν κακῶν ἰλίγγου πεπαύσομαι et sic des. b (= DF Epit.; quoad M vide descr. huius cod.)

90 εἰσίασι δ᾽ ὅμως καὶ οὕτως αὐτήν post λεώ add. LO σφισι Ῥωμαίων: σφισιν ἀπὸ τῶν ἔξωθεν LO **3** Λατῖνοι post πυλῶν add. LO **7—10** οὐδὲ — κρησφύγετον om. LO

Κατὰ δέ γε μῆνα τὸν Μάρτιον ἔξεισιν ὁ βασιλεὺς Βαλδουῖνος καὶ ὁ Πλέης κόμης Δολόϊκος, ἐπὶ δ᾽ αὐτοῖς ὁ δοὺξ Βενετίας ᾽Ερίκος Δάνδουλος, μετὰ τῶν οἰκείων ἕκαστος τάξεων. ἀμέλει καὶ κατειληφότες τὴν ᾽Αδριανοῦ καὶ βαλόντες ἐκεῖσέ πῃ στρατήγιον ἐς ὅσον μὴ εἶναι βέλους ἐντὸς τῇ ὑστεραίᾳ τὰς δυνάμεις προσῆγον τῷ τείχει καὶ ἵστων τὰς μηχανάς. τῶν δ᾽ ἐντὸς ἀμυνομένων εὐρώστως, οὐδέν τι πλέον ἐφ᾽ ἡμέραις ἐπέραι|νον πλείοσι τοῦ βάλλεσθαι καὶ βάλλειν διὰ τὴν τῶν τειχῶν ἐχυρότητα. οὐκοῦν τὰ βάθρα τῶν τειχῶν ἀνεμόχλευον ἀφανῶς ὑποσαλεύειν τὰ τείχη πειρώμενοι, ἐς ὅτι μήκιστον ὑπονομεύοντες καὶ τὸν χοῦν λεληθότως ἀναφέροντες καὶ ὑπερείσματα ἐκ ξύλων εὐπρήστων ταῖς ὀρυγαῖς ἐφιστῶντες καὶ πολυχειρίᾳ τὸ ἔργον ἀνύοντες. ἦσαν δὲ καὶ ῾Ρωμαῖοι πρὸς ταῦτα διατεχνώμενοι τὰ τῇ πόλει σωτήρια.

᾽Αλλ᾽ οὔπω συχνοὶ παρίππευσαν ἥλιοι, καὶ μοῖραν διαφεὶς ὁ ᾽Ιωάννης Σκυθικοῦ στρατεύματος τοῖς ζώοις τῆς διαίτης καὶ τοῖς ὀχήμασιν ἐντέλλεται προσβαλεῖν, ἃ περὶ τὸ στρατόπεδον τῶν Λατίνων τὰ χλωρὰ τῆς ὕλης ἐδρέποντο, διὰ τοῦδε τοῦ μεθοδεύματος γνῶναι βουλόμενος, ὁποῖα τὰ τῶν πολεμίων εἰσὶ διαβούλια καὶ ὅπως τὰς εἰς πόλεμον ἐκτάξεις τιθέασιν. οἱ δὲ καὶ πρὸς τὴν πρώτην τῶν Σκυθῶν θέαν ἐνθουσιώδους πλησθέντες ὁρμήματος πρὸς τοῖς ἵπποις καὶ τοῖς δόρασι γίνονται. καὶ οἱ μὲν τῆς ἐπὶ Σκύθας κατὰ κράτος εἴχοντο, οἱ δὲ τὰ νῶτα μεταβαλόντες συντόνου δρασμοῦ ἥπτοντο, ἐς τοὐπίσω τὰ βέλη πέμποντες καὶ μηδ᾽ οὕτω τοῦ φεύγειν προτροπάδην ἐπιληθόμενοι· οἱ δὲ ἐπέκειντο καὶ οὕτως διώκοντες, κἂν οὐδὲν ἤνυον πτηνώδεσι καὶ κούφοις διὰ τὴν ὅπλισιν ἀνδράσιν ἐπικείμενοι. καὶ τοιοῦτον μὲν πέρας τὰ τῆς τοθ᾽ ἡμέρας εἰλήφεσαν.

---

11 die 25 mens. Mart. a. 1205, cf. infra p. 617, 80—83 **13** κατειληφότες: die 29 eiusdem mensis **23** διαφείς: die 13 mens. Apr. a. 1205

VP = a, LO

14 πῃ om. V
16 τῶν — εὐρώστως om. O τῶν δ᾽ ἐντὸς suppl. post εὐρώστως L[s] **17** βάλλειν καὶ βάλλεσθαι L[pc] **18** οὐκοῦν: ἀκούω O **23** ὁ om. V **26** ἐτρέποντο O καὶ ante διὰ add. V τοῦδε om. Bekk **27** ἐκτάσεις Bekk **32** ἐπιλαθόμενοι P Bekk **32—33** οὕτω V **34** ἐπικείμενοι: ἐφεπόμενοι P Bekk τοιοῦτο V

11 γε om. LO **13—14** τὴν ᾽Αδριανοῦ κατειληφότες LO **14** ἐκεῖσέ πῃ: ἐκεῖ LO **15—16** τῇ — μηχανάς om. LO **17—18** διὰ τῶν ἐκ τοῦ τείχους ἀκροβολισμῶν τε καὶ μηχανῶν L: δι᾽ ἀκροβολισμῶν O **19** τὰ τείχη: αὐτὰ LO **20** λαθραίως ἐκφέροντες LO **21** ἐφιστῶντες ταῖς ὀρυγαῖς LO **23** ὁ om. LO **27** πολεμίων: Λατίνων LO **29** γίνονται: αὐτίκα γίνονται LO **31** ἥπτοντο δρασμοῦ LO **33** πτηνώδεσι: πτηνοῖς ἄντικρυς LO **34** καὶ πέρας μὲν τοιοῦτον LO

Ἐκ δὲ τούτου Ἰωάννης μὲν τὸ οἰκεῖον στράτευμα | ἔχων αὐλῶσιν ἐνελόχα καὶ φάραγγας ὑπεδύετο καὶ τόποις ἐπῃρμένοις εἰς γήλοφα παρεβύετο, μηδ' εἰ πάρεστιν εἰδέναι σπεύδων τοὺς ἀντιπίπτοντας, ἐκ δὲ τῆς Σκυθίδος φάλαγγος, ἧς ὁ Κοτζᾶς ἡγεμόνευεν, αὖ πάλιν ἐπελαύνειν τῷ στρατοπέδῳ τῶν Λατίνων διαφῆκε συχνοὺς καὶ ταὐτὰ τοῖς πρότερον δρᾶν ἐγκελεύεται κἀκείνης ἔχεσθαι τῆς πορείας ἐπαναστρέφοντας, ἧς καὶ πρότερον εἴχοντο. οἱ δὲ ὡς τοὺς Σκύθας αὖθις θεάσαιντο, πρὸς σπουδὴν καὶ αὐτίκα μάλα καθοπλισάμενοι καὶ ὑπὲρ τὴν ἔναγχος εὐρώστως ἐπέκειντο τὰ δόρατα σείοντες κἀπὶ τὸ μᾶλλον καὶ μᾶλλον τὸν δρόμον ἐπέτεινον. ὡς δὲ τὸ Σκυθικὸν προῆγεν εὐπετῶς, τὰ πολλὰ μηδὲ τοξεῦον ὄπισθεν, ὡς μὲν κούφως ἐσταλμένον, ὡς δὲ καὶ δρομικωτέροις ἵπποις ὀχούμενον, ἔλαθον ἐς πλεῖστον ὅσον οἱ Λατῖνοι ἐξιππασάμενοι καὶ τῶν χωρίων ἁψάμενοι ἀμαθῶς, ἐν οἷς αἱ πάγαι καὶ οἱ λόχοι καὶ τὰ ἔνεδρα διεσκεύαστο.

Ἀμέλει καὶ Σκυθικοῖς ἀκμῆσι περιπεπτωκότες στρατοῖς αὐτοὶ τῇ τῆς ὁδοῦ συντονίᾳ ἐκτονωθέντες καὶ λαμπρῶς ἤδη τῶν ἵππων σφίσιν ἀποκναισάντων ἐν μέσῳ ἀπολαμβάνονται· οἱ γὰρ Σκύθαι ὡς ἐς κύκλωσιν αὐτοὺς περιῄεσαν. οἱ δέ, ὡς ἐν χερσὶν ἦν ὁ ἀγών, τῷ πλήθει τῶν Σκυθῶν βιαζόμενοι ἀνετρέποντο τῶν ἵππων, πολλῶν ἕνα περιιόντων, καὶ δρέπανα καὶ βρόχους ἐδέχοντο κατὰ τῶν αὐχένων οἱ σκληροτράχηλοι καὶ τὸ χρῆμα τῶν ἵππων κατῃκίζετο· ὡς γὰρ μέλαν νέφος καὶ συνεχὲς τῶν Σκυθῶν ἐπεισπεπτωκότων, οὔτε ἵππων ἐξελιγμοῖς χρήσασθαι | εἶχον, οὔτε διαφυγὰς δρᾶν. ἔπεσον οὖν ὁπόσον τοῦ Λατινικοῦ στίφους ἐπίλεκτον καὶ ταῖς τῶν δοράτων ἀγκοινήσεσι περιώνυμον. πίπτει δὲ καὶ ὁ τῆς Πλέης κόμης Δολόϊκος, ὁ δὲ Βαλδουῖνος χειροῦται καὶ ζωγρίας ἐς Μυσίαν ἀπάγεται κἀκεῖθεν ἐς Τέρνοβον κομισθεὶς εἱρκτῇ παραδίδοται καὶ δεσμοὺς ἕως τραχήλου ὑφίσταται. τὸ δ' ἀρχαιότατον

36 ἐκ δὲ τούτου: die 14 mens. Apr. a. 1205

62 δεσμὰ ἕως τραχήλου: Hab. 3, 13

VP = a, LO

37 ἐλόχα V φάλαγγας O ἐς O **38** παρεδύετο Bekk **39** Κετζᾶς O **40** συχνόος V **41** προτέροις V **44** καὶ μᾶλλον om. Bekk **47** εἰς Bekk **50—51** τῆς ὁδοῦ τῇ συντονίᾳ Bekk σφίσι τῶν ἵππων Bekk **52** ἀποκλασάντων O **53** ἦν ὁ ἀγών: ἦσαν O **56** τὸ χρῆμα om. O **59** ταῖς om. O **61** ἐς pr.: εἰς Bekk ἐς alt.: εἰς P Bekk Τέρουβον O **62** δεσμὰ P

36 ἐκ δὲ τούτου τὸ οἰκεῖον ἔχων ὁ Ἰωάννης στράτευμα LO **38** μηδ' εἰ πάρεστιν ἐκεῖσε θέλων εἰδέναι τοὺς ἀντιμάχους LO **41** ἐγκελεύεται δρᾶν LO **42** καὶ πρότερον: ἔναγχος LO **42—44** οἱ δὲ . . . μετὰ σπουδῆς αὐτίκα θωρακισάμενοι εὐρώστως καὶ πάλιν ἐπέκειντο LO **45—46** μηδ'— ὄπισθεν om. LO **46—47** ὡς δὲ καὶ δρομικωτέρων ἵππων ἐπιβαῖνον LO **47** ἐξιππασάμενοι: ἀπομακρυνθέντες τῆς πόλεως LO **50—51** ἀμέλει καὶ Σκυθικοῖς ἀκμῆσι (ἀκμαίοις L) περιπεσόντες ἐξ ἀπροόπτου στρατεύμασιν αὐτοὶ τῇ συντονίᾳ τοῦ δρόμου ἐκτονωθέντες LO **61—62** κἀκεῖθεν ἀπενεχθεὶς ἐς Τέρνοβον (Τέρουβον O) τὴν προφερεστέραν πασῶν τῶν ἐν Μυσίᾳ πόλεων εἱρκτῇ παραδίδοται LO **62** καὶ — ὑφίσταται om. LO καὶ πολυτροπώτατον κακὸν καὶ τῶν ἀπευκταίων πάντων Ῥωμαίοις πρωτουργὸν αἴτιον, ὁ τῆς Βενετίας δοὺξ Δάνδουλος, ὕστατος ἐλαύνων κἀκ τῶν φυγάδων τὴν τοῦ στρατεύματος ἧτταν ἐνωτισάμενος ἐκ τοῦ αὐτίκα μεταστρέψας τὰ χαλινὰ ἐς τὸ στρατόπεδον φέρεται.

Ὡς δὲ καὶ νὺξ ἐπῆλθε (περὶ γὰρ ὀψίαν ὁ πόλεμος γέγονε), φῶτα εἰσενέγκασθαι ταῖς σκηναῖς ἐπισκήπτει καὶ πλείστους αἴρειν πυρσοὺς εἰς ἔμφασιν τοῦ μὴ πᾶσαν ἐκτριβῆναι τὴν στρατιάν, μηδὲ σφᾶς ἀποδειλιᾶσαι τὸν πόλεμον. περὶ δὲ πρώτην φυλακὴν τῆς νυκτὸς ἀναστὰς ἐκεῖθεν ἐς τὴν παράλιον ἵκετο Ῥαιδεστὸν καὶ συμμίξας Ἐρρῇ τῷ τοῦ Βαλδουίνου κασιγνήτῳ ἄρτι ἐξ Ἀτραμυττίου ἐπανήκοντι μετὰ τῶν ἐκ Τροΐας Ἀρμενίων, οἵπερ αὐτῷ συνεστράτευον, ἐς τὸ Βυζάντιον ἐπανέζευξε, διερρηγμένος τὸν στήμονα τῶν ἐντέρων τοῖς πολλοῖς παρασάγγαις, οὓς ἐν τῷ φεύγειν διίππευσε, καὶ διῳδηκὼς ἐπὶ μέγα τὸν κυλινδροφύλακα θύλακον. |

Ῥωμαῖοι δ' ἐπὶ τούτοις, ὅσοι τῇ Κωνσταντίνου προσέμενον, τῷ δέει τοὺς ὀδόντας ἐβάμβαινον, ἔτι προκείμενον ἔχοντες ὀφθαλμοῖς τὸν κατὰ σφῶν ἐκξιφισμὸν τῶν Λατίνων καὶ τὴν διαρπαγὴν τῶν προσόντων, ἃ κατ' οὐδένα δίκαιον λόγον ὑπέστησαν μετὰ τὴν ἐκ τῆς πόλεως ἄπαρσιν Βαλδουίνου, πέμπτην ἄγοντος καὶ εἰκοστὴν τοῦ Μαρτίου μηνὸς τῆς τότε τρεχούσης ὀγδόης ἰνδικτιῶνος τοῦ ἑξακισχιλιοστοῦ ἑπτακοσιοστοῦ τρισκαιδεκάτου ἔτους. ἀλλὰ καὶ ἡμεῖς ἔτι παροικοῦντες τῇ Σηλυμβρίᾳ τὰ τῶν κακῶν ἔσχατα εἰκάζομεν πείσεσθαι, τὴν τῶν Δαονιτῶν ἀναίρεσιν ἐκ γειτόνων οὖσαν μόνον οὐκ ἐπόψιον ἔχοντες καὶ παρὰ πόδας τοὺς σφαγέας θεώμενοι τὴν Σηλυμβρίαν εἰσιόντας ξιφήρεις καὶ τὰς ἡμῶν ἀγκαλίδας καὶ τὰ ῥάκια προνομεύοντας.

Δεκὰς μὲν οὖν ἐπὶ δυάδι τοῦ Ἀπριλλίου μηνὸς ἐνειστήκει τῆς ἑβδόμης ἰνδικτιῶνος τοῦ ἑξακισχιλιοστοῦ ἑπτακοσιοστοῦ δωδεκάτου ἔτους, καὶ ἡ βασιλὶς πόλις πρὸς Λατίνων κεχείρωται· τῇ δὲ πέμπτῃ καὶ δεκάτῃ τοῦ αὐτοῦ μηνὸς τῆς ὀγδόης ἰνδικτιῶνος ὑπὸ Σκυθῶν Λατῖνοι κατηγωνίσθησαν.

---

90 πέμπτῃ καὶ δεκάτῃ: revera decimo quarto, ut ex Villeharduino constat, cf. p. 616, 36

VP = a, LO

67 ὀψίαν: δείλην P Bekk **71** εἰς V Bekk **73** εἰς V **80** ἐκ om. V **82—83** η', ἰνδ. per. symb. et ,ϛψιγ' scr. P **83** ιγ' P: τρίτου καὶ δεκάτος Bekk **84** Σηλυβρίᾳ P^ac Bekk **86** Σηλυβρίαν P^ac **88—89** ζ', etc. uti lin. 82—83 P **90** πεντεκαιδεκάτῃ Bekk **91** cf. 82

67 ὁ πόλεμος γέγονε: συνέστη ὁ πόλεμος LO **69—70** μηδὲ — πόλεμον om. LO **71—72** τοῦ βασιλέως Βαλδουίνου LO **72** ἐπανηκόντι: ἐπιστάντι L: om. O **74** διαρραγεὶς LO **75** διίππευσε: ἀναγκαστῶς διώδευσε LO **77—86** Ῥωμαῖοι — θεώμενοι om. LO **86—87** Τῇ Σηλυμβρίᾳ (Σηλυβρίᾳ L) μέντοι καταλύσαντες ξιφήρεις τὰς ἡμῶν ἀγκαλίδας καὶ τὰ ῥάκια (τῶν παίδων add. L^s) διήρπαζον ἀπειλοῦντες καὶ ἡμῖν θάνατον LO **88—92** δεκὰς — κατηγωνίσθησαν om. LO

Ἀλλὰ τίνα τὰ ἐφεξῆς; ἑτέρα μάστιξ στιλβοῦται Ῥωμαίοις βαρύστονός τις καὶ πολυσύμφορος. ὁ γὰρ Μυσὸς Ἰωάννης, ἐχθρὸς ἅμα καὶ ἐκδικητὴς Ῥωμαίοις δεικνύμενος, ἐκδίδωσι τοῖς Σκύθαις εἰς προνομὴν ὅσαι κωμοπόλεις τῷ Βυζαντίῳ ἐγγίζουσαι φόρους τοῖς Λατίνοις εἰσέφερον. καὶ ἦν ἰδεῖν ἀλλότροπόν τι κακὸν καὶ ἀσύνηθες καὶ πᾶσαν ὑπερπαῖον θεοκίνητον μάστιγα. τὴν γὰρ αὐτὴν γῆν καὶ τὸ αὐτὸ ἔθνος ἐδῄουν γένη διττά, πῇ μὲν | ἑκάτερα, πῇ δὲ θάτερον παρὰ θάτερον ἐπεισπίπτοντα. Σκύθαι τε γὰρ τὰ ἐν ποσὶν ἐπιόντες ἔκειρον καί τινας τῶν κάλλει διαπρεπῶν αἰχμαλώτων μετὰ μαστίγωσιν τοῖς ἑαυτῶν ἐπέθυσαν δαίμοσιν ἀναρτήσαντες, καὶ Λατῖνοι τῇ κατὰ σφῶν ἐπαναστάσει Ῥωμαίων καὶ τῷ πρὸς Σκυθῶν ἡττηθῆναι διαπριόμενοι οὐδὲν ἔλαττον Ῥωμαίους ἐδῄουν. οὐδεὶς τοίνυν τόπος ἦν σώζων τε καὶ λυτρούμενος, ἠπείρου μὲν κακῶν ἀπείρων πληθούσης καὶ τῶν ὀλεθρίων οὔσης ὀλεθριωτέρας, μονοκρότων δὲ σκαφῶν καθ' ἅλα περιπλεόντων ἐκ τοῦ Λατινικοῦ συντάγματος λῃστείᾳ τε καὶ πειρατείᾳ κακῶς τιθέντων τὸ ὁθενοῦν ἀναγόμενον.

Ὁ δέ γε Ἰωάννης ταῖς Θρᾳκίαις μὴ ἐμβραδύνας πόλεσιν ἄπεισιν ἐς Θεσσαλονίκην, πρὸς τὸ δοκοῦν ἐκείνῳ τὰ ἐκεῖσε καταστησόμενος πράγματα καὶ τὰς πόλεις ἀποστήσων τῶν Λατίνων καὶ μεθαρμόσων πρὸς ἑαυτόν. οὐκοῦν ἀφιγμένος εἰς Σέρρας μετὰ τῶν ἐκεῖσε Λατίνων συρρήγνυσι πόλεμον καὶ μεθ' αἱμάτων ῥεύσεις πολλὰς καὶ τούτων νικητὴς ἀναδείκνυται. οἱ γὰρ Λατῖνοι τῷ σφετέρῳ τε ἀκριβεῖ πρὸς τὰς μάχας καὶ τῷ τῆς ἀντεμβολῆς ἑτοίμῳ τὸν Ἰωάννην δεξάμενοι πολλοὺς τῶν ὑπ' αὐτὸν κατέστρωσαν· μετ' οὐ πολὺ δὲ ἡττηθὲν τὸ Λατινικὸν καὶ

---

14 ἄπεισιν: post Pentecosten (29. 5.) a. 1205

9—10 οὐδεὶς — λυτρούμενος: cf. Ps. 7, 3

VP = a, LO

94 (Μυ)σὸς Ἰωάννης — ἐχθρὸς i. r. 6 litt. (= ἅμα om. a. c.?) P **8** καὶ om. O **9—10** σώζων ἦν καὶ λυτρούμενος P Bekk **12** ἐκ τοῦ om. Bekk **14** γε om. Bekk μὴ om. V **14—15** ἐς Θεσσαλονίκην ἵεται Bekk **21** κατέτρωσαν P Bekk δὲ: δὲ καὶ V

93—95 Ἀλλὰ τίνα τὰ ἐπὶ τούτοις; ὁ Μυσὸς Ἰωάννης ἐχθρὸς καὶ ἐκδικητὴς LO **1** φόρους: κέρμα LO **2** καὶ ἦν: ἦν οὖν LO **3** θεοκίνητον: θεήλατον LO **3—5** τὴν — ἐπεισπίπτοντα: τὸ γὰρ αὐτὸ ἔθνος ἐδῄουν ἔθνη διττὰ LO **5—6** τινας τῶν αἰχμαλώτων κάλλει διαπρεπεῖς LO **6** μετὰ μαστίγωσιν om. LO **7** ἀναρτήσαντες om. LO κατὰ σφῶν: κατ' αὐτῶν LO **8** πρὸς: παρὰ LO **9** ἐδῄουν: ἔκτεινον LO **9—13** οὐδεὶς — ἀναγόμενον om. LO **14—619, 43** ὁ — ἐξέλευσιν: Ἐκ δὲ Θρᾴκης ἐς Σέρρας ὁ Ἰωάννης παραγενόμενος καθὼς εἶχε (τοῦ add. L^s: om. O) Βλαχικοῦ στρατοῦ καὶ τῶν Σκυθικῶν δυνάμεων καὶ συμβαλὼν τοῖς ἐκεῖ Λατίνοις κατὰ κράτος αὐτοὺς ἐτροπώσατο πρὸς τὴν πόλιν τὰς Σέρρας τραπόμενον οὐκ ἔφθη συγκλεῖσαι τὰς πύλας καὶ εἴσω τῶν τειχισμῶν συνεισπίπτουσιν οἱ τῶν φευγόντων ὀπίσω φερόμενοι Βλάχοι τε καὶ Ῥωμαῖοι. καὶ οὕτως ἡ πόλις εἴχετο. εἶτα ἡ μὲν ἦν ἐν πυρὶ καὶ τῇ τῶν τειχῶν καθαιρέσει, τὸ δὲ | συλληφθὲν ἐν ἀπαγωγαῖς καὶ δεσμοῖς. τοῦ δὲ Λατινικοῦ στρατεύματος ὁπόσον μὴ κατὰ τὸν πόλεμον ἀπεγένετο, ὃ μὲν ὡς ἑκάστοις προυχώρει σέσωστο, ὃ δὲ τῆς ἄκρας λαβόμενον ἔνδον ἐπέμενε.

Τῇ δ' ὑστεραίᾳ περιελθὼν τὴν ἄκραν ὁ Ἰωάννης τοῖς ἐς αὐτὴν ξυμφυγοῦσι Λατίνοις παραδοῦναί οἱ τὸ χωρίον καὶ σώζεσθαι διακηρυκεύεται. οἱ δὲ οὐδὲν ἐφρόνουν ἐνδόσιμον, τὴν ἀπὸ τοῦ μαρκεσίου καραδοκοῦντες σύναρσιν. καὶ ἐν τούτῳ κλίμακας ὁ Ἰωάννης ηὐτρέπισε καὶ κατὰ λόφον ἀντικείμενον τῇ ἄκρᾳ μεγίστην ἐπιστήσας ἑλέπολιν τὰ τείχη ἔτυπτεν. οἱ δ' ἐπὶ τῆς ἄκρας ὁπόσα τῶν τειχῶν ἀμυντήρια προπετάσαντές τε καὶ προεκτείναντες ἐπέμενον ἀνθιστάμενοι. ἐπεὶ δὲ θεάσαιντο τὸν Ἰωάννην ὡς ἐν περιτειχισμῷ τὴν ἄκραν διειληφότα παντὶ τῷ στρατεύματι καὶ πᾶσαν ἀποκλείσαντα σφίσι πάροδον, ὡς μηδὲ ποσὶ δύνασθαί τινα κλέψαι τὴν εἰς τὸν μαρκέσιον ἄφιξιν, ἐνδοῦναί οἱ τὴν ἄκραν ἤθελον, εἰ σφίσι σπένδοιτο καὶ συγχωροίη τὴν ἔξοδον ἀπαθῶς, ὡς ὅπλων καὶ τῶν ἵππων ἔχουσι. τοῦ δὲ μηδ' ἄκροις ὠσὶ τὰς ἐπὶ ταῖς ξυνθήκαις ταύταις παραδεξαμένου σπονδάς, αἰτοῦνται τὴν ἐς τὰ σφέτερα ἤθη μεθ' ἡγεμόνων ὁδοῦ μέχρι τῶν Παιονικῶν ὁρίων ἀπόπεμψιν. καὶ ὡς προύβησαν ἐπὶ τούτοις ὅρκια, ὁ μὲν εἶχε τὴν ἄκραν, οἱ δ' ἀκίνδυνον τὴν ἐξέλευσιν. |

Ἀλλ' οἷα καὶ τὰ κατὰ τὸν ἡγεμόνα σφῶν τὸν μαρκέσιον; χρεὼν γὰρ μηδὲ ταῦτα παρελθεῖν ἀνιστόρητα. ἔτι τοῖς κατὰ τὴν νῆσον τοῦ Πέλοπος διαπονούμενος πράγμασι καὶ διὰ μάχης χωρῶν τῷ Σγουρῷ, γράμματά οἱ τῆς γυναικὸς χειρίζεται τοὺς Θεσσαλονικεῖς νεωτερίσαι διασαφοῦντα, καὶ αὐτὴν μὲν ἐξωσθεῖσαν τῆς πόλεως εἰς τὴν ἀκρόπολιν ἀναδραμεῖν καὶ συχνὰς ἡμέρας ἤδη πολιορκεῖσθαι, τὴν δὲ πόλιν εἰσιόντα κατέχειν Βλάχον τινά, Ἐτζυϊσμένον τὴν κλῆσιν, φρουροῦντα τὸν Πρόσακον καὶ ὅσα τῶν ἐκεῖθι τῷ Ἰωάννῃ κατήκοα.

---

40 ἄκροις ὠσί: cf. p. 192, 39

VP = a, LO

22 πύλας: Σέρρας Bekk **35** τε om. Bekk **36** ὡς ἐν πυρὶ τειχισμῷ et in appar.: an forte ὡς ἐμψύχῳ τειχισμῷ an ὡσεὶ περιτειχισμῷ Bekk **40** συνθήκαις Bekk **41** εἰς Bekk

(24—25) καὶ τὴν πόλιν ᾐθάλωσε πυρί. (43) καὶ οὕτως εἰς Μυσίαν ὑπέστρεψεν LO **44**—**620,70** ἀλλ' — θεάματος: Ὁ μέντοι μαρκέσιος ἐκ τῆς Ἑλλάδος ἐπανεικὼς καὶ τῆς νήσου τοῦ Πέλοπος καὶ τοὺς Θεσσαλονικεῖς εὑρὼν ἐπαναστάντας τῇ αὐτοῦ ὁμευνέτιδι,

Ὡς οὖν πύθοιτο ταῦτα μαρκέσιος, ἔγνω τὴν ταχίστην ἀρήγειν καὶ τὴν πορείαν ἐπανιὼν ἐπέτεινε. μήπω δὲ τῇ Θεσσαλονίκῃ ἐγγίσας συμβάλλει τοῖς ἀγγέλλουσι τὴν τῶν πολεμίων ἧτταν καὶ ἀποσόβησιν καὶ τὴν ἐσαῦθις ἠρεμίαν τῆς πόλεως. ἀμέλει καὶ τοῖς τοιούτοις ἀκούσμασιν ἐνησθεὶς καὶ φιλενδεικτῶν πρὸς τοὺς οἰκείους μεταστρέψας τὰ ἡνία τῶν Σκοπίων ἰθὺ φέρεται, τὸν Ἰωάννην ἀμύνασθαι θέλων τῶν εἰς αὐτὸν γεγονότων. ἀλλ' οὔπω ἔφθη ἐπιβαλεῖν οἷς ὤδινε πράγμασι, καὶ ἄγγελος ἕτερος ἐφίσταται τὴν τοῦ κόμητος Πλέης ἀναδιδάσκων ἀπώλειαν καὶ τὴν τοῦ βασιλέως Βαλδουίνου κατάσχεσιν. ἣν οὖν ὥδευε πρότερον πάλιν ἀψάμενος τὴν Θεσσαλονίκην εἴσεισι· καὶ γνοὺς ἀληθῆ ὅσα διὰ γραμμάτων πέπυστο πρότερον ἐπικαλαμᾶται τὸ μὴ ἀκριβῶς ἀμηθὲν ἐκ τοῦ ληΐου τῆς πόλεως ἐν τῷ ἀμήτῳ τοῦ πολέμου, ὃς πρὸ τῆς ἐκείνου | συνέστη ἀφίξεως. οὓς μὲν γὰρ τῶν πολιτῶν ζημιώσας ἐς χρήματα γυμνοτέρους ὑπέρου διαφῆκε τῆς πόλεως, οὓς δὲ ἀπέκτεινεν, οὓς δὲ καὶ ἀπεκρέμασεν ἐκ τοῦ λαώδους πλήθους καὶ τοῦ ἱερωμένου θεῷ τάγματος· καὶ τὸν δυσπραγῆ ἐν βασιλεῦσιν Ἀλέξιον καὶ τὴν τούτου σύνευνον Εὐφροσύνην διαποντίους τῷ τῶν Ἀλαμανῶν ἐξέπεμψεν ἄρχοντι. φεῦ φεῦ τοῦ καινοῦ τοῦδε καὶ ἀνηκούστου παρὰ Ῥωμαίοις ἀκούσματος, εἰπεῖν δὲ καὶ ἀθεάτου ἐς δεῦρο θεάματος.

Ταῖς δὲ Σέρραις ἐμβαλεῖν τὸν Ἰωάννην ἐνωτισάμενος, μήπω δὲ καὶ τὸ πέρας τοῦ συστάντος ἐκεῖσε προτέρου πολέμου πυθόμενος, στέλλει τοὺς συναρήξοντας τοῖς ἐν ταῖς Σέρραις ὁμοφύλοις. οἱ δ' ἐν τῷ ἀπιέναι τὰ ξυνενεχθέντα μαθόντες τὸν μὲν πόλεμον οὐδαμῶς διελύσαντο, ὡς ἤδη ἐν τῷ δεινῷ καθεστῶτες, καίπερ εἰδότες γενησόμενον πρὸς πολὺ περιόντα πολέμιον· συρρήξαντες δὲ τοῖς ἐναντίοις κατὰ κράτος ἡττῶνται καὶ τρέπονται, Σκυθῶν αὐτοῖς προσβαλόντων οὕτω συχνῶν κἀκ τῶν ἄλλῃ καὶ ἄλλῃ ἐκπιπτόντων, ὡς ἔστι καὶ τὰ σμήνη θεάσασθαι τῶν σίμβλων προϊόντα τῶν μελισσῶν καὶ τοὺς σφῆκας ἐξιπταμένους τῶν ἐνοδίων χηραμῶν. οὐκοῦν τοιαῖσδε μάχαις διτταῖς τὸ ἧττον ἀπενεγκάμενος ὁ μαρκέσιος αὐτὸς μὲν εἴσω τῆς Θεσσαλονίκης ἐγκλείεται, ὁ δέ γε Ἰωάννης κατὰ πᾶσαν ἄδειαν ἐς Βέρροιαν ἄπεισι καὶ τὰς λοιπὰς πόλεις, ὅσαι μαρκεσίῳ ὑπέκυπτον, ἑαυτῷ προσῳκείωσεν.

---

65 γυμνοτέρους ὑπέρου: cf. Apost. 17, 65

VP = a, LO

63 ληίνου P **64** εἰς Bekk **65** καὶ om. P **72** πρότερον Bekk **77** προσβαλλόντων Bekk **79** σύμβλων P τῶν μελισσῶν om. P Bekk **80** ἐνοδίων: ἰδίων V

(65—66) οὐκ ὀλίγους μὲν (μὲν Ls) ἀπέκτεινεν, ἐνίους δὲ καὶ ἀνεσκολόπισεν, ὧν εἷς ἦν ὁ χαρτοφύλαξ τῆς μητροπόλεως, τοὺς δὲ λοιποὺς ἐς χρήματα ἐζημίωσε, καὶ ταῦτα ὑπέραντλα καὶ τὴν τῶν αἰτουμένων ἰσχὺν ὑπερβαίνοντα LO
71—621,5 ταῖς — ἀνύποιστα om. LO

῾Ως δ᾽ εἶχον οἱ ἐν τῇ πόλει Λατῖνοι καὶ τάσδε τὰς δυσ|πραγίας ἐνωτισάμενοι, περὶ τοῦ ποιητέου σφίσι σκέψιν τιθέασιν, ὁμοῦ γενομένων τοῦ τε ᾿Ερρῆ, ὃς ἦν τοῦ βασιλέως Βαλδουίνου κασίγνητος, καὶ Μαρίνου τοῦ δουκὸς Βενετίας· ὁ γὰρ Δάνδουλος τὸ ζῆν κατέστρεψεν. ἔδοξε τοίνυν ἅπασι χωρεῖν ἐπὶ πόλεμον καὶ τὴν δύναμιν ἄγειν κατὰ τῶν Θρᾳκίων πόλεων, ὁπόσαι Λατίνων ἀπέστησαν, ἕως ἔτι θερμὸς τῶν πολλῶν ὁ ζῆλος καὶ ῾Ρωμαίων ᾿Ιωάννης ἀποδιίσταται, πολέμοις ἐναπειλημμένος ἄλλοις κἀκείνοις τὴν ἅπασαν σχολὴν χαριζόμενος. ἀμέλει καὶ μοῖραν τοῦ κατὰ σφᾶς στρατεύματος προεκπέμψαντες, ἣν ῥοῦταν ὠνόμαζον, πᾶν τὸ πρὸς ἰσχύος ἀνεπεγκλήτως δρᾶν ἐνδεδώκασιν ἐν τῷ τὰς πόλεις ἐπιέναι τὰς ἀποστάσας· ὅθεν καὶ προηγούμενον τόδε τὸ σύνταγμα οὐδὲν τῶν ἀνηκέστων καὶ ἀθεμίτων ἐκπεριίστατο. ἀλλὰ καὶ Βενέτικοι νῆας μακρὰς καθελκύσαντες τὰ ἑῷα πάραλα μέρη ἐλῄστευον πειρατεύοντες, τῷ Πανίῳ τε καὶ τῇ Καλλιουπόλει προσσχόντες ὅσα χείριστα καὶ τῶν Χριστιανικῶν ἐθῶν ἀλλότρια διεπράξαντο. ἦσαν οὖν πολύμορφα τὰ δεινὰ καὶ τοῖς πάσχουσιν αὐτὰ ῾Ρωμαίοις βαρυαλγέστατα καὶ ἀνύποιστα.

᾿Εξιὼν δὲ καὶ αὐτὸς ᾿Ερρῆς, τὴν ᾿Αρκαδιούπολιν ὡς ἀνέμοις μόνοις οἰκήσιμον παραλλάξας, τὴν δὲ εἴσοδον τοῦ ῎Απρω βιασάμενος, ἀνημέρως τοῖς ἐκεῖ προσφέρεται, τὸ ἐνοικοῦν ἐκδοὺς εἰς σφαγήν, ὡς εἰ ποίμνιον ἦν καὶ βουκόλιον, ἀλλ᾽ οὐ Χριστώνυμον τὸ κτεινόμενον, καὶ βίᾳ μᾶλλον ἤπερ πειθοῖ τοῖς Βλάχοις ὑποκύψαν, μηδὲ | προσχωρῆσαν ἑκουσιότητι. πολλοὶ δὲ καὶ σχοινόδετοι κατὰ κώμας καὶ πόλεις περιαγόμενοι ζωγρίαι τὰ λύτρα ἐρανιζόμενοι τοῖς συνειληφόσι κατετίθεσαν. οἱ δ᾽ ἐν ταῖς ἀπαγωγαῖς ταύταις ἢ νοσηλείᾳ σώματος προσπαλαίσαντες ἢ τῷ τῆς ὁδοιπορίας μήκει ἐκτονωθέντες τῆς τραχηλοκάκης ἀνιέμενοι οὔμενουν ὡς ὁμόπιστοι φθινύθειν εἰῶντο καὶ παρακατατίθεσθαι μόρῳ φυσικῷ τὴν ψυχήν, ἀλλ᾽ ἀπεδειροτομοῦντο ξίφεσιν, εἴτε μὴν κατὰ σπλάγχνων βαθεῖαν ἐδέχοντο τὴν πληγήν.

87 Henricus Dandulus mortuus fine mens. Maii a. 1205 **6** ἐξιών: subito post Pentecosten (29. 5.) a. 1205

6—7 ἀνέμοις — οἰκήσιμον: cf. Nic. Or. 29, 2—3

VP = a, LO

86 Βαλδουίνου βασιλέως V **93** ἐκδεδώκασιν Bekk **94—95** τὸ σύνταγμα τόδε V **2** Καλλιπόλει P Bekk **3** Χριστιανῶν Bekk **4** καὶ — ῾Ρωμαίοις om. Bekk **6—7** παραλλάξας ὡς ἀνέμοις μόνοις οἰκήσιμον V **6** μόνον Bekk **8** ἐνδοὺς Bekk **8—9** ἐκδούς, ὡς εἰ ποίμνιον ἦν καὶ βουκόλιον, εἰς σφαγήν, ἀλλ᾽ οὐ V **10** ἤπερ: ἢ P Bekk ὑποκύψαν: ἐνδεδωκὸς V **15** οὐμενοῦν Bekk **15—16** καὶ παρακατετίθεντο μόρω τῶ φυσικῶ, ἀλλ᾽ V

6—623,66 ἐξιὼν — ἐμπιπρώμενα: ᾿Αλλ᾽ οὐδ᾽ ὁ ᾿Ερρῆς ἡσυχίαν ἦγεν. ἀλλὰ καὶ οὗτος τὸν Μυσὸν ἐνωτισθεὶς ᾿Ιωάννην τὸν Αἷμον εἰσιέναι καὶ τοὺς Σκύθας ἐς ἤθη τραπέσθαι τὰ ἑαυτῶν, τῆς Κωνσταντίνου ἔξεισι τὰς Θρᾳκῴας πόλεις ἐσαῦθις καταστησόμενος. ἀμέλει καὶ τὸν ῎Απρων ἐκπορθήσας καὶ τὰ ἐν ποσὶ πάντα κακῶς διαθέμενος

Ὁ δ' Ἐρρῆς τὴν Ὀρεστιάδα καταλαβὼν στρατοπεδεύεται περὶ αὐτήν, χάρακά τε βαλὼν καὶ βαθεῖαν τάφρον ὀρωρυχὼς (ταύτην γὰρ τὴν πόλιν ἀγώνισμα καὶ ἆθλον καὶ συμπέρασμα τῶν πόνων οἱ Λατῖνοι ᾤοντο) μὴ ἂν ἑτέρως ἐκεῖθεν ἀπονοστῆσαι τοῖς ἐν τῇ πόλει διήγγελλεν, εἰ μήτ' αὐτοὶ ξυμβαῖεν ὁμολογίαις ἢ γοῦν νόμῳ πολεμίῳ σφᾶς αὐτὸς παραστήσαιτο. οἱ δὲ καὶ πρὸς μόνην τὴν τῶν συμβάσεων ἐνήχησιν ἀποκναίοντες μὴ Ῥωμαίοις ἐκ τοῦδε καὶ Λατίνοις ἔλεγον εἶναι ὅρκια πιστά, ἐπειδὴ καθάπαξ Λατῖνοι τὰ μὲν ἐς πίστιν ἀβέβαιοι, τοῖς δὲ προσχωροῦσι θηριώδεις, τοῖς δὲ πολέμῳ χειρουμένοις ἀνηλεέστατοι παρὰ Ῥωμαίοις ἐγνώσθησαν.

Ταῦτα πυθόμενος Ἐρρῆς πρὸς ἔργοις γίνεται. δισσαῖς μὲν οὖν τάφροις ὀρυκταῖς περιεζωσμένην τὴν πόλιν εὐρείαις τε καὶ βαθείαις εὕρατο, τοὺς δὲ πύργους τῆς πόλεως | ἐπὶ τῶν ἄκρων δεξαμένους ἐκ δοκάδων πήγματα, ἐς πολὺ τοῦ ἀέρος ἀναβαίνοντα καὶ προκαλύμματα ἔχοντας ἐκ διφθερῶν τε καὶ δέρρεων, ὡς μήτε πυριφλέκτοις βάλλοιντο βέλεσι, καὶ ἐς προβολὴν ἐσόμενα τοῖς ἀπὸ τούτων μάχεσθαι μέλλουσιν. ἀλλὰ καὶ τῶν ξυλίνων ἄνωθεν πύργων ἱστοὶ κατεπάγησαν ἔχοντες οἷα καὶ ὅσα ἐπιχυθέντα ἐξάψαι τε φλόγα καὶ εἰς μέγα προκαλέσασθαι πέφυκεν. ἐνιαχοῦ δὲ καὶ ἐπ' αὐτῶν προυφαίνοντο τεκτονικὰ πολεμιστῶν ἀνδρῶν ἀναπαύματα, ὁποῖα εἰσανίασιν οἱ ἐπὶ τῶν ἰκρίων τὸν βυθὸν διορῶντες καὶ τὰ ἔθνη τῶν νεπόδων ἐπισκοπεύοντες. ἐπί τινων δὲ καὶ λίθους δι' ἁλύσεων ἠρτημένους, ἐπιχαλωμένους διὰ μηχανῶν καὶ αὖ πάλιν ἀναφερομένους καὶ πρὸς τὰς χρείας τῶν καιρῶν μεταγομένους, ἐπὶ δὲ καὶ τέσσαρα πρὸς τοῖς δέκα πετροβόλα ὄργανα ἐπὶ τῶν πύργων ἱστάμενα.

Ἔδοξεν οὖν Ἐρρῇ τε καὶ τῷ στρατεύματι τῆς μὲν ἔξω τάφρου πολέμῳ κρατῆσαι, χωσθείσης δὲ τῆς δευτέρας προσάγειν οὕτω τὰς μηχανὰς τοῖς τείχεσι. πονήρως οὖν ἡ ἐφεξῆς τάφρος μετὰ τὴν τῆς

---

18 sqq.: Adrianopolis obsessa initio mens. Iun. a. 1205

37—38 οἱ — ἐπισκοπεύοντες: cf. Nic. Or. 76, 5—6

VP = a, LO

24 ἀποκναίσαντες Bekk **31** δονάκων P Bekk **32** βάλοιντο V **33** ἐς προβολὴν ἐσόμενα V: εἶεν ἅμα ἐς (εἰς Bekk) προβολὴν (ἐσόμενα add. P^s) P Bekk

(18) τῇ Ὀρεστιάδι ἐφίσταται. (28) εὗρε δὲ τὴν πόλιν ταυτηνὶ παντοίως ἡρμοσμένην εἰς ἀντιμάχησιν· οἵ τε γὰρ πύργοι πήγματα ἐκ δοκῶν προύφαινον καὶ ἐκ δερρέων προκαλύμματα εἶχον (εἶχον om. O), ἀλλὰ καὶ τῶν ξυλίνων ἄνωθεν πύργων ἱστοὶ καταπεπήγεσαν ἔχοντες οἷα καὶ ὅσα ἐπιχυθέντα ἐξάψαι φλόγα καὶ εἰς μέγα προκαλέσασθαι πέφυκεν (πέφυκεν: ἴσχυον O). ἐπί τινων δὲ καὶ λίθοι δι' ἁλύσεων ἤρτηντο ἐπιχαλώμενοι διὰ μηχανῶν καὶ αὖ πάλιν ἀναφερόμενοι καὶ πρὸς τὰς χρείας τῶν καιρῶν μεταγόμενοι· ἐπὶ δὲ καὶ τέσσαρα πρὸς τοῖς δέκα πετροβόλα ὄργανα πρὸ (πρὸς O) τοῖς πύργοις ἱστάμενα. ἀντιπράττων δὲ καὶ αὐτὸς τὰ ὅμοια ξυλίνους ἐτεκτήνατο πύργους καὶ διαβάθρας ἐπ' αὐτοῖς

πρώτης ἅλωσιν ἐχωννύετο καὶ κόρσαι ἀναύχενες καὶ ἄκορσα σώματα τῶν πιπτόντων ἀμφοτέρωθεν ἀπεπλήρουν ἐν πολλοῖς τὴν τῆς τάφρου κένωσιν. ὡς δ' ὀψέ ποτε καὶ μεθ' αἵματα κέχωστο, προσάγουσι τὰς πυργοειδεῖς τοῖς τείχεσι κλίμακας. ἔνθα ἡ μὲν τῇ τάφρῳ ἐνίσχεται καὶ ὑποχαλᾷ τῆς ὀρθότητος τῷ ἔτι μανῷ καὶ διακένῳ καὶ νεοχύτῳ τῆς χώσεως, ἡ δὲ λοιπὴ τῶν τειχῶν ἰθὺ προβᾶσα οὔπω διαβάθραν ἔβαλε, καὶ τοῖς ἐκ τῶν ἱστῶν ᾐωρημένοις ἄνωθεν τῶν πύργων βά| ρεσι τῶν λίθων πιεσθεῖσα καὶ τοῖς ἐκ μηχανῶν ἀφέμασι συντριβεῖσα πρὸς οὐδὲν ἐγένετο χρήσιμος. μάλιστα μὲν οὖν καὶ πολλοὶ τῶν ἀπ' αὐτῆς μαχομένων κακῶς ἔπαθον, ἐν οἷς ἦν καὶ Πέτρος ὁ ἐκ Πράτζης, ὁ κράτιστος ἅμα πάντων καὶ εἰς ἀνδρείαν ὀνομαστότατος, λίθῳ τὸ κρανίον κατεαγείς. καὶ τότε μὲν οὕτως τὰ Λατινικὰ διαπεπτώκασι διαβούλια.

Τῇ δ' ὑστεραίᾳ τοῖς τείχεσιν οἱ πύργοι πάλιν προσάγονται καθ' ἕτερον μέρος τῆς πόλεως καὶ εἰσάνεισί σφας τὸ τοῦ στρατεύματος μαχιμώτατον. ἐν τούτῳ δὲ οἱ τῆς πόλεως ἀπομαχόμενοι ὀλίγου πᾶσαν τὴν μηχανὴν ταῖς βάρεσιν ἰδόντες ἐγγίσασαν καὶ γέφυραν ποιητὴν πρὸς τῶν ἐπ' αὐτῆς τεταγμένων διαγομένην καὶ τῶν τειχῶν ἐπιψαύουσαν, ἀναπετάσαντες τὰς πύλας ἐπεκθέουσι μεθ' ὅπλων καὶ τῶν ὅσα τρέφουσι πῦρ καὶ τὴν φλόγα ἐπὶ μέγα αἴρουσι καὶ μάχη κρατερωτέρα τῶν πρώην συνίσταται. ἄπρακτοι τοίνυν καὶ τότε μεταχωρήσαντες καὶ αὐτὰ εἶχον τὰ μηχανήματα ἐπ' ὄψεσιν αὐτῶν ἐμπιπρώμενα. ἀλλὰ κἀκ τῶν ἔξωθεν στρατεύματα Βλάχων τε καὶ Σκυθῶν περιιόντα τὸν χάρακα οὐκ εἴων ἐς τὴν παρεμβολὴν εἰσάγεσθαι τὰ βιώσιμα.

Ἀμηχανίᾳ τοίνυν ληφθέντες καὶ διατεθέντες ἀθυμότερον, στείλαντες ἐς Βυζάντιον σύναρσιν ᾔτουν ὑφ' ἑτέρας νεαλοῦς δυνάμεως. καὶ ἦσαν οἵ γε ὑπ' ἀνάγκης μᾶλλόν τι ἤπερ κατὰ γνώμην ἐξῄεσαν, ἀφορισμῷ καὶ ἀναθέματι μὴ οὕτω δρῶντες ὑποβαλλό|μενοι πρός τε τοῦ καρδιναρίου Μαρτίνου καὶ Θωμᾶ τοῦ προσεχῶς ἐκ Βενετίας ἀφιγμένου πατριάρχου Κωνσταντινουπόλεως. ἦν δὲ οὗτος ἐσθῆτά τε τὴν πάτριον περικείμενος, συνυφασμένην μικροῦ τῷ σώματι καὶ ῥαφιδουμένην ἑκάστης τὰ εἰς καρποὺς καὶ τὸ στῆθος ἀφιεῖσαν ἄνετον, καὶ τὸ γένειον ξυρόμενος δρώπακος ἀκριβέστερον, ὡς εἶναι τὸ τῶν παρειῶν ἐδάφιον μηδ' ὑποφαιούμενον ὅλως ταῖς πρώταις ἀνατολαῖς τῶν τριχῶν, ἀλλ' ὡς ληϊστὸν παντάπασιν ἄχλοον.

VP = a, LO (LO usque ad 66 ἐμπιπρώμενα)

47 ἀνεπλήρουν P Bekk **48** αἵματος Bekk **51** ἔβαλλε Bekk **55** Πλάτζης P: Πλάντζης Bekk **57** οὕτω Bekk **61** τοῖς βάρεσιν P **64** κραταιοτέρα V: κρατερωτάτη Bekk **71** οἵ γε: οἵδε P Bekk ἤπερ: ἢ V **72** καρδηναρίου Bekk **77** ὑποφαινόμενον V

(61—66) καὶ γέφυραν ποιητὴν τῶν τειχῶν ἐπιψαύουσαν. οὐδὲν δέ τι γενναῖον κατωρθωκώς, ἀλλὰ καὶ πολλοὺς ἐν ταῖς τειχομαχίαις ἀποβαλόμενος (ἀποβαλλόμενος LO,) ἄπρακτος ὑπεχώρησε (cf. p. 624, 82—83) καὶ πρὸς ξυμβάσεις ἀπεῖδεν, ἔπειτα τοῖς πολεμίοις σπεισάμενος LO **66**—p. 626, **75** ἀλλὰ — ἐπίσημοι om. LO

Μήπω δὲ τῆς ξυμμαχίας ἡκούσης καχεξία κατέσχε τὴν στρατιὰν ὑπό τε τῶν καταβεβλημένων ταῖς σκηναῖς νεκρῶν καὶ τοῦ τῶν ἀήθων ἐς βρῶσιν ἅψασθαι τοὺς πλείους ἢ τοὺς ἅπαντας. ἄραντες τοίνυν ἐκεῖθεν νυκτὸς ἀπενόστησαν καὶ τοῖς περὶ τὸ Πάμφυλον χωρίοις ἐναυλισάμενοι τῶν ἀνηνύτων καὶ μακρῶν καμάτων ἑαυτοὺς ἀνεκώχευον. οὐχ οὗτοι δὲ μόνον τοῖς κακοῖς τοῖσδε περιεπάρησαν, ἀλλὰ καὶ οἵτινες αὐτοῖς ξυμμῖξαι καὶ συνελθεῖν ἀπεθάρρησαν ἐξιόντες τῆς πόλεως, Βλαχικοῖς καὶ Σκυθικοῖς ἐγκύρσαντες τάγμασι μικροῦ δεῖν ἅπαντες διεφθάρησαν.

Ὅθεν ἐς συμπήξεις ἄλλων μηχανῶν ἀπιδόντες ἱστοὺς διαρμένων νηῶν ἐκ | τῶν παραλίων ξυνέλεγον πόλεων, καὶ ὅσων δὲ ὑπεσπάνιζον ἐκ τῶν τῆς Προποντίδος ὀρῶν ταυτὶ ἀπέτεμνον, ἐργεπείκτην πεπομφότες ἐκεῖσε τὸν τῆς Πετούνης κόμητα Κόνωνα. ἐπεὶ δὲ εἶχον ἅλις τῶν ἑλεπόλεων, ἐν πολλοῖς αὐτὰς καὶ σιδήροις διαλαβόντες, ὡς εἶεν τοῦ πυρὸς σθεναρώτεραι, πρὸς τοῖς πολέμοις καὶ πάλιν γίνονται

Καὶ δὴ τὴν Ὀρεστιάδα παρεικότες, ὡς ἐξ ὧν ἔπαθον οὐχ ἁλώσιμόν σφισι δόξασαν, ἔγνων τῷ Διδυμοτείχῳ προσβαλεῖν. οὐκοῦν καὶ παρ' αὐτῷ στρατοπεδευσάμενοι πολιορκεῖν ἐς νέωτα τὸ φρούριον διηρρένωντο καὶ τὰ τειχομαχεῖα προσάγειν, ὡς ἂν ἐξέλωσιν, ἡτοιμάζοντο. ἀλλ' οὔπω ἐπὶ τῷ παροξυσμῷ τούτῳ τῶν Λατίνων ἔδυ ὁ ἥλιος, καὶ πληροῦται νεφῶν ὁ ἀὴρ καὶ ῥαγδαίας βροχῆς θεόθεν ἀφορισθείσης ἐν τοῖς ἀνόπιν τοῦ Διδυμοτείχου μέρεσιν ὁ τῷ φρουρίῳ παραρρέων Εὗρος διευρυνθεὶς ὑετῷ καὶ μέγας ἐκ μικροῦ τῷ τότε φανεὶς τὰς πεδιάδας ἐξυδατοῖ καὶ τῷ στρατοπέδῳ τῶν Λατίνων ἐξαπιναίως ἐπικλυσθεὶς ὅπλα παρασύρει καὶ μηχανάς, ἵππους ἀπάγει πολεμιστάς, ἄνδρας διανηχομένους τὸν Ἀχέροντα δείκνυσιν· εἰ δ' οὐκ ἦν εἰσέτι φαυσιβολῶν ἥλιος, ἀλλὰ τὸ δεινὸν νυκτὸς ἐπεγένετο, τὸ πλεῖον ἂν ἀπώλετο τοῦ στρατεύματος. τῷ δ' ἐξαισίῳ τοῦ πράγματος καταπλαγέντες ὁπόσοι τῶν Λατίνων ἐς νοῦν ἔβαπτον, μηδ' αἱμάτων ἄνδρες ἐς τὸ παντελὲς ἐτύγχανον ὄντες, μεταναστεύσειν ἐκεῖθεν εἵλοντο καὶ τοῖς ἄλλοις οὕτω ποιεῖν ὑπέθεντο. | ἀλλὰ καὶ τὸ λοιπὸν τῆς στρατιᾶς εἰς θαῦμα τὸ γεγονὸς θέμενοι ταχέως ἐξῆραν ἐκεῖθεν. καὶ οἱ μὲν σὺν αὐτῷ τῷ Ἐρρῇ τὴν Κωνσταντίνου κατέλαβον, οἱ δὲ τὰς πόλεις φρουρεῖν ἐπετράπησαν, ὁπόσαι χερσαῖαί τε καὶ ἀγχίαλοι Λατίνοις ὑπήκουον.

---

82 ἄραντες: fine mens. Iul. a. 1205 **17** κατέλαβον: ca. Kal. Oct. a. 1205

---

13 αἱμάτων ἄνδρες: Ps. 54, 24; al.

VP = a

82 εἰς Bekk **83** Πάμφιλον Bekk **86** συμμῖξαι P Bekk ξυνελθεῖν P **87** κατὰ τὴν ὁδὸν post Σκυθικοῖς add. Bekk **89** διαρμενίων V: δυαρμένων Bekk **90** συνέλεγον Bekk δὲ om. P Bekk **91** ἀπέτεμον Bekk **2** εἰς Bekk **6** Ἕβρος Bekk **7** τοῦ τότε P Bekk **10** ἐσέτι Bekk **14** μεταναστεύειν Bekk **16** αὐτῷ om. V

Πλὴν οὐδ᾽ οὕτως ἠρέμησαν τὰ δεινά, οὔτε μὴν βελτίω παρὰ τοῦτο Ῥωμαίοις ἐφάνη τὰ πράγματα. ἥ τε γὰρ Λατίνων ὑπεροψία καὶ πρὸς Ῥωμαίους ὑποψία καὶ τὸ τοῦ φρονήματος ἀκαθαίρετον τῆς πρώην προθέσεως εἴχετο καὶ ἃ δρᾶν οὐκ εἶχον τοὺς ἀποστάντας καὶ καθ᾽ ὧν πολλάκις τὰς λόγχας ἠκόνησαν, ταῦτα τοῖς ὑπὸ χεῖρα ἔτι ἐπέφερον καὶ κατ᾽ αὐτῶν τοὺς ὀδόντας ἔβρυχον. καὶ ἡ τῶν πρὸς ἕω Ῥωμαίων περὶ τὸ κακῶς πάσχον ὁμογενὲς ἀνεπίστροφος γνώμη καὶ ἡ παντελὴς παρόρασις καὶ ἐπίλησις οὐκ εὐφόρητα ἔβαλλεν· οὔτε γὰρ χρήμασιν οὔτε στρατεύμασι τῶν δυσμικῶν ἀντελαμβάνοντο πόλεων.

Ἀλλ᾽ οἱ μὲν Λατῖνοι τῆς Ἀσίας ἀναχωρήσαντες τὴν Θρᾴκην ἔκοπτον, μόνην ἀναρριπτοῦσαν τὸν ὑπὲρ ἐλευθερίας Ῥωμαίων κίνδυνον· οἱ δὲ τοῦ ἐκ σφῶν κινδύνου παρὰ δόξαν ἀνεθέντες οὐδενὸς ἦσαν ἀγαθοῦ, οὔτε μὴν σωτήριόν τι καὶ φυλακτήριον ἑαυτοῖς καὶ τοῖς φυλέταις μετήλθοσαν, ἀλλ᾽ εἰς νοῦν ἀδόκιμον παραδοθέντες, ὥστε τὰ μὴ καθήκοντα δρᾶν καὶ μηδαμῶς ἰέναι πρὸς αἴσθησιν, κατὰ | δήμους καὶ φατρίας διέστησαν, πόλεις ἐξέμηναν, κατ᾽ ἀλλήλων ὡπλίσθησαν, τοὺς θεσμοὺς τῆς συγγενείας ἠγνόησαν, καὶ γεγόνασι φυλὴ φυλὴ καὶ Ἰσραὴλ καὶ Ἰούδας, τὸ πάλαι παρὰ τῷ προφήτῃ θρηνούμενον, οἱ μὲν τῷδε συννεύσαντες καὶ ὡς βασιλεῖ σφῶν προσφερόμενοι, οἱ δ᾽ ἐκείνῳ προσρέψαντες, ὡς καὶ τοῖς πολλοῖς κρίνεσθαι εἰς κατάραν καὶ πλησμονὴν καὶ τῆς ὁμογενείας ἀπαλλοτρίωσιν. ὡς δέ ποτε συνέδραμον ἐς φιλίαν, οὐδ᾽ οὕτω μὲν ὡς εἰς μίαν συνηρμόσθησαν γνώμην, οὐδ᾽ ἐς συνασπισμὸν ἀλλήλους παρακροτήσαντες ἐπαρῆξαι ὅλως ταῖς ἑσπερίαις προέθεντο πόλεσιν, ἀλλ᾽ εἰς χειροτονίας βλέψαντες βασιλέων οἱ μὲν κατὰ τὰ ποτώμενα τῶν ζώων συμφορηδὸν συνανίπτανται τῷδε καὶ συναπαίρουσιν, οἱ δὲ καὶ ῥάμνους ἀκανθώδεις ἐς ἀρχὴν προχειρίζονται. καὶ ἦν πολυαρχία πάλιν τὸ γεγονὸς ἐπινεμομένη τὴν ἕω καὶ θηρίον τρικάρηνον ὑπὸ τῶν ἀβελτέρων διαπλεχθέν.

---

45 θηρίον τρικάρηνον: i. e. Manuel Maurozomes, Theodorus Lascaris et David Comnenus

---

32—33 εἰς — δρᾶν: cf. Rom. 1, 28 **32** App. αὐτοὺς — μακρύναντες: cf. Ps. 72, 27 **35—36** γεγόνασι — Ἰούδας: cf. Nic. Or. 134, 5 **42—43** κατὰ — συνανίπτανται: cf. Greg. Naz. Or. 21, 25 (PG 35, 1112 A) **44** οἱ — προχειρίζονται: cf. Iud. 9, 14; Nic. Or. l. c. **45** θηρίον τρικάρηνον: cf. Nic. Or. 111, 15

VP = a

23 ἔτι om. P^{ac} **26** οὐκ ἀφόρητα VP: ἀφόρητα Bekk **26** γὰρ P^{ir} οὔτε alt.: ἢ Bekk **27** δυτικῶν Bekk **30** οἱ δέ: οἱ δὲ ἡμέτεροι στρατηγοὶ Bekk οὐδὲν ἦσαν ἀγαθοῦ P: οὐδὲν ἦσαν οὐδαμοῦ Bekk **32** καὶ αὐτοὺς ἀπὸ θεοῦ μακρύναντες post παραδοθέντες add. Bekk **34** καὶ post διέστησαν add. V **35** ἠγνόησαν: συγχέαντες Bekk καὶ tert. om. Bekk **38** καὶ τοῖς φρονίμοις post τοῖς πολλοῖς add. Bekk **39** εἰς V **41** προέθεντο ταῖς ἑσπερίαις V **44** ῥαδάμνους V εἰς V

Ὁ μὲν γὰρ Μαυροζώμης Μανουὴλ τὸν Καϊχοσρόην ὑποδύς, οὐ πάνυ πρὸ πολλοῦ τῇ σφετέρᾳ θυγατρὶ συναφθέντα καὶ τῆς Ἰκονιαρχίας αὖθις λαβόμενον, ἧς εἶχε πρότερον ἐκπεσών, πάντα ἦν μηχανώμενος, εἴ πως αὐτοῦ συναιρομένου τοῦ βασιλείου τύχῃ ὀνόματος, καὶ τὴν ὅσην ποτίζει Μαίανδρος ἐπιὼν μετὰ Τούρκων ἔφθειρέ τε καὶ ἔκειρεν.

Ὁ | δὲ Λάσκαρις Θεόδωρος, ὡς γένει διαπρεπέστατος καὶ κήδει βασιλείῳ περίδοξος, ἀποκρουσάμενος ἐκεῖνον τὸ ἐξέρυθρον πέδιλον ὑποδύεται καὶ βασιλεὺς Ῥωμαίων ὑφ᾿ ὅλων τῶν ἑῴων ἀναγορεύεται πόλεων.

Ὁ δ᾿ ἐκ Κομνηνῶν Δαυὶδ στρατολογήσας Παφλαγόνας καὶ οἳ τὴν Ποντικὴν οἰκοῦσιν Ἡράκλειαν καὶ μοῖραν μισθωσάμενος Ἰβήρων τῶν πινόντων τοῦ Φάσιδος κώμας καὶ πόλεις ὑπεποιεῖτο καὶ τὸν οἰκεῖον μεγαλύνων κασίγνητον, ᾧ ἡ κλῆσις Ἀλέξιος, πρόδρομος ἐκείνου καὶ προκῆρυξ ἐγίνετο. ὁ δὲ ἔμελλεν ἀεὶ χρονίζων ἐν τοῖς τῆς Τραπεζοῦντος μέρεσι καὶ παροιμιακὸς ἐδείκνυτο Ὕλας, φωνούμενος καὶ μὴ ὀπτανόμενος.

Ἐπεὶ δὲ καὶ τῇ Νικομήδους ὁ Δαυὶδ οὗτος προσεπέλασε διά τινος αὐτῷ στρατηγοῦντος μείρακος, Συναδηνοῦ τὴν ἐπίκλησιν, στράτευμα ξυναγείρας ὁ Λάσκαρις κατ᾿ αὐτοῦ ἔπεισι, διὰ μὲν τῆς τετριμμένης καὶ λείας ἔμφασιν δοὺς πορεύεσθαι, ἐκπεριελθὼν δὲ τραχεῖαν ἄλλην καὶ δύσβατον καὶ προσπεσὼν ἀφώρατος τῷ Συναδηνῷ. ὅθεν καταστρατηγήσας οὕτω τὸν νεανίαν αὐτόν τε συνείληφε καὶ τὸ ἐκείνου στράτευμα διεσκέδασε καὶ τὸν Δαυὶδ μὴ περαιτέρω προϊέναι τῆς Ποντικῆς Ἡρακλείας παρέπεισε.

Μετ᾿ οὐ πολὺ δὲ καὶ τῷ Μαυροζώμῃ συμπλακεὶς φυγάδα δείκνυσι τοῦτον. καὶ τοὺς Τούρκους κατὰ κράτος τρεψάμενος οὓς μὲν διέφθειρεν, οὓς δὲ ἐξώγρησε, καὶ τούτων μάλιστα οἳ τῆς στρατιᾶς προετάττοντο καὶ τὸ γένος ἦσαν ἐπίσημοι. |

---

49 αὖθις λαβόμενον: a. 1205 **55** ἀναγορεύεται: aestate eiusdem anni

---

47 ὁ etc.: cf. Nic. Or. 127, 15—18; 136, 33 sqq. **53** ὁ etc.: cf. Nic. Or. 130 30; 132, 24; 134, 15 sqq. **55—56** βασιλεὺς — πόλεων: cf. Nic. Or. 134, 18 **57** ὁ etc.: cf. Nic. Or. 127, 13—15; 135, 32 sqq. **62** παροιμιακὸς — ὀπτανόμενος: cf. Zenob. 6, 21 **72** μετ᾿ etc.: cf. Nic. Or. 136, 33 sqq.

VP = a

47 Καισχορόην V **50** αὐτοῦ: αὐτῷ Bekk **53** εὐπρεπέστατος Bekk **54** ἐρυθρὸν Bekk **60** ἡ om. V **61** ἐγένετο Bekk τῆς om. V **62** Ὕλλας codd. **64** καὶ om. V Νικομηδεία V **66** συναγείρας Bekk **68** καταστρατηγήσας: καὶ στρατηγήσας P Bekk

Καὶ τῇδε μὲν τὰ πρὸς ἕω ἐφέρετο· ὁ δὲ Μυσὸς Ἰωάννης τῇ Φιλιππουπόλει ἐπιστρατεύσας αἱρεῖ ταύτην πολέμῳ καὶ καθαιρεῖ προνομεύσας καὶ πολλοὺς τῶν ἔνδον ὑποδικάζει τοῖς ξίφεσι, καὶ πάλαι μὲν ἐνσκολιευόμενος τῇ πόλει καὶ τῇ ταύτης ἐφεδρεύων ἁλώσει καὶ βαρυμηνιῶν τοῖς οἰκήτορσιν ὡς μηδ' ὅλως αὐτῷ ὑποκύπτουσιν μηδ' ὡς βασιλεῖ προσέχουσιν, ἀλλ' ὡς αἱμάτων ἄνδρα ἐκτρεπομένοις, καὶ τότε δὲ πρὸς πλείονα θυμὸν ἐκκαυθεὶς ὑπὸ βαρβάρου φρονήματος οἷς τὸν Ἀσπιέτην Ἀλέξιον εἰσῳκίσαντο, κἀκείνῳ μὲν ὡς ἀρχηγῷ ὑπέκειντο σφῶν, αὐτὸν δ' ἐπιόντα μεθ' ὅπλων πολλαχῇ ἀπεκρούσαντο.

Ἦν δ' ἂν ἡ πόλις ἥδε κακῶν ἀθιγής, εἰ καθ' ἑαυτὴν διεξήγετο, τοῦτο μὲν ἠπίως προσφερομένη Λατίνοις, τοῦτο δὲ τὸν Μυσὸν Ἰωάννην οὐκ ἐκτρεπομένη παντάπασι. νῦν δ' ἑπομένη τῇ μητρὶ παῖς, ἐξ ὧν ἀκροσφαλὴς ἐκείνη γέγονε καὶ εὐάλωτος βασιλὶς οὖσα καὶ πασῶν ὑπερκειμένη πόλεων, ἐκ τούτων δὴ καὶ αὕτη χείροσι κακοῖς προσωμίλησε, καθ' ὅσον προνομαῖς ἐκδοθεῖσα καὶ μαχαίρας στόματι ἔτι καὶ προσκαθήρηται καὶ εἰς περιφανὲς ἐρείπιον κατηδάφισται, καθ' ἓν μόνον τοὺς ὀφθαλμοὺς διαχέον τῶν θεωμένων, τὸ ἐκ ποδῶν ἀνηρτῆσθαι τὸν Ἀσπιέτην ἐπ' ἰθυτενοῦς σκόλοπος διατετορημένον τοὺς ἐπισφυρίους τένοντας καὶ κάλως ἐπὶ τούτων δεξάμενον.

Τὰ δ' ἐπὶ τούτοις, οὐκ ἔλαθον τὸν Ἰωάννην οἱ τῷ Ἀσπιέτῃ σύμφρονες καὶ πρὸς ὕψος βασιλείας ἐκεῖνον κουφίσαντες· | ὅθεν ὑφορώμενοι μὴ δίκας δοῖεν ὡς ἀλλοπρόσαλλοι, ἀφίστανται λαμπρῶς. ἀμέλει καὶ ἐκποδὼν χωρισθέντες οἱ μὲν προσίασι Θεοδώρῳ τῷ Λάσκαρι, τῶν ἑῴων κρατοῦντι πόλεων, οἱ δὲ συνδραμόντες ἐς Ὀρεστιάδα, ἄλλοι δ' εἰσιόντες τὸ Διδυμότειχον Λατίνοις σπένδονται. καὶ πέμψαντες ἀγγέλους σφίσι στρατηγὸν ἐξαιτοῦνται τὸν Βρανᾶν Θεόδωρον.

---

77 Philippopolis capta initio aestatis a.1205 **5** πέμψαντες: a. 1206 ante mens. Sept.

---

81 αἱμάτων ἄνδρα: Ps. 5, 7; al. **90** μαχαίρας στόματι: Gen. 34, 26; Sir. 28, 18; al.

VP = a, LO

76 ἐφέροντο V **77** πολέμῳ om. P Bekk **83** προσῳκίσαντο V **86** καὶ post δὲ add. V **87** οὐκ om. V

76—84 καὶ — ἀπεκρούσαντο: Τῇδε μὲν οὖν καὶ ταῦτα ἐφέρετο. ὁ δὲ Μυσὸς Ἰωάννης καὶ πάλαι μὲν ἐνσκολιευόμενος (ἐνσκυλευόμενος O) ἦν τῇ Φιλιππουπόλει καὶ τῇ ταύτης ἁλώσει ἐφήδρευε, καὶ βαρυμηνιῶν ἦν τοῖς οἰκήτορσιν αὐτῆς (αὐτοῖς O) ὡς μηδαμῶς ὑποκύπτουσιν αὐτῷ, μηδ' ὡς βασιλεῖ προσανέχουσι, τότε δὲ πρὸς πλείονα θυμὸν ἐκκαυθεὶς ὑπὸ βαρβάρου φρονήματος οἷς τὸν Ἀσπιέτην Ἀλέξιον εἰσῳκίσαντο καὶ ὡς ἀρχηγῷ ὑπέκειντο τουτωΐ, ἐπιστρατεύει (ταύτῃ add. L^{pc}) καὶ περικάθηται καὶ αἱρεῖ καὶ καθαιρεῖ πόλιν εὐδαίμονα καὶ μεγάλην LO **85 — 628, 14** ἦν — διαφίησι om. et sq. p. 631, 17—636, 65; deinde p. 628, 7—631, 16 LO

Βραχὺ τὸ ἐν μέσῳ, καὶ τὴν Μυσίαν εἰσιὼν Ἰωάννης καὶ τὰ ἐκεῖ πρὸς τὸ εὖ διαθέμενος καὶ κολάσεσι βαρείας καὶ θανάτοις καινοῖς τοὺς ἀποστάντας ὑπενεγκὼν ἔγνω μετ' ὀργιλώδους καὶ φονίου βλέμματος καὶ γνώμης ἀσυμπαθοῦς ἐπιστρατεύειν Ῥωμαίοις, οὐκέτι φάσκων τὰς σφῶν δολοφροσύνας ὑφίστασθαι δύνασθαι καὶ τὸ ἄπιστον ἦθος καὶ τὸ τῆς αὐτῆς ὥρας πολλάκις παλιμπετὲς φρόνημα. τοίνυν ἀναρραγεὶς ἐς ὀργὴν στρατευμάτων Σκυθικῶν μελισσῶνας τοῖς ἐαρινοῖς ἀνθαμίλλους ἄνθεσι διαφίησι.

Τινὰ μὲν οὖν αὐτῶν ὡς οὐδὲ μυρμήκων στρατεύματα τὰς ἱερὰς ἅλως ἀμφιπονούμενα τὴν Ἀδριανοῦ διειλήφασι, τινὰ δὲ προσπελάσαντα τῷ Ῥουσίῳ πρὸς ἀντιμάχησιν ἐπισπῶνται τὸ τῇ πόλει ταύτῃ ἐφεδρεῦον ἐκ Λατίνων ὁπλιτικόν. κράτιστον δὲ ἦν τοῦτο διαφερόντως τῶν ἄλλων καὶ ὑψηλὸν μὲν τὰ σώματα, θαυμαστὸν δὲ ταῖς μελέταις ταῖς κατὰ πόλεμον καὶ παρά τινος Τερῆ στρατηγούμενον, ἀνδρὸς τῶν πάνυ ἐπισήμων καὶ εὐγενῶν. τὸ μὲν οὖν ὁπλισάμενον ᾔει τὴν ταχίστην, ἔνθα ἐξ ὀπτήρων ἐπύθετο τοὺς Σκύθας κατασκηνοῦν· οἱ δὲ τὴν ἐς αὐτοὺς τῶν Λατίνων | φθάσαντες ἔφοδον εἰς τὸν τῷ Ῥουσίῳ περικείμενον τόπον λεληθότως παρεμβάλλουσι, καὶ δὴ ἐπανιοῦσι τοῖς Λατίνοις ὀφθέντες τῷ τε τῆς θέας ἀδοκήτῳ διαθροοῦσι καὶ φαντάζεσθαι τὰ μὴ χρηστὰ τῷ πλήθει διδόασιν. ἀμέλει καὶ συμπλοκῆς καρτερᾶς γενομένης καὶ ταῖς ἀνδραγαθίαις ἐξισουμένων ἑκατέρων, τελευτῶν πολλὰ δράσαντες οἱ Λατῖνοι σχεδὸν ἀπέθανον ἅπαντες.

Τῆς δὲ μάχης ταύτης οὕτω γεγενημένης, ἕτεραι Σκυθῶν ἀποσπάδες

---

14 διαφίησι: ca. diem 15 mens. Ian. a. 1206

---

13 μελισσῶνας — ἄνθεσι: cf. Hom. B 87—89 **15** ἱερὰς ἅλως: cf. Hom. E 499

VP = a, LO

7 ὁ Ἰωάννης Bekk τἀκεῖ P Bekk **11** δύνασθαι om. Bekk **12** εἰς Bekk **16** ἀμφιποτώμενα Bekk **19** μὲν om. P[ac] post δὲ ras. 3 litt. (cf. LO) P **21** ἴει PLO **23** παρακείμενον V Bekk **24** παρεσβάλλουσι P Bekk **27** οἱ om. V **29** ταύτης om. V

7 sqq. post 636, 65 hab. LO **7—14** Οὐ πολὺ δὲ τὸ ἐν μέσῳ, καὶ πάλιν ὁ ἐκ Μυσῶν Ἰωάννης στρατευμάτων Σκυθικῶν μελισσῶνας τοῖς ἐαρινοῖς ἀνθαμίλλους ἄνθεσι κατὰ τῶν ἐν Θρᾴκῃ διαφίησι κωμοπόλεων, ἀναρριπισθεὶς ἐς (εἰς O) ὀργὴν κατὰ τῶν ἐπισήμων αἰχμαλώτων (αἰχμ. ἐπισ. O) Ῥωμαίων, οὓς ἐν δεσμοῖς εἶχε, καὶ πάντας ὑποδικάσας θανάτῳ, σὺν αὐτοῖς δὲ καὶ τὸν βασιλέα Βαλδουῖνον, ὃν καὶ κατὰ φαράγγων ὤσας κυσί τε καὶ οἰωνοῖς παρέδωκε μέλπηθρον (-θρα O). LO **15—16** Τινὰ μὲν οὖν τῶν τοιούτων στρατευμάτων ὡς οὐδὲ ἔθνη μυρμήκων τὰς ἱερὰς ἅλως ἀμφιπονούμενα τῇδε κἀκεῖσε διασκεδασθέντα κακῶς ἐτίθουν τὰ (τὸ L) ἐν ποσί, τινὰ δὲ etc. LO **19** ὑψηλὸν τὰ σώματα, θαυμαστὸν δὲ καὶ LO **20** καὶ om. LO τῶν πάνυ: ἑνὸς τῶν LO **21—22** ἔνθα ἐξ ὀπτήρων ἐπυνθάνετο κατεσκηνηκέναι τοὺς Σκύθας LO **27** τελευταῖον LO **29** γενομένης LO μυριάριθμοί τε καὶ μάχιμοι περὶ τὸν Ἄπρων ἐλάσασαι τοῦτον εὐπετῶς χειροῦνται καὶ τὸ ὅλον αἱροῦσιν αὐτοβοεί· καὶ τὸν μὲν καθεῖλον, τοῦ δ' ἐνόντος πλήθους ὃ μὲν ἀπέκτειναν οἱ Σκύθαι, ὃ δ' ἀπήνεγκαν εἰς λαφυροπώλησιν συνδοῦντες καὶ τὰς χεῖρας ἀποστρέφοντες. πολλοὺς δὲ καὶ πυρὶ παρέδοσαν νικῶντες, οὐ μὴν καὶ ταῖς νίκαις ἀνθρωπίνως χρώμενοι.

Ἐκ δὲ τῆς θερμῆς ταυτησὶ μάχης ἐπὶ τὴν παράλιον τραπόμενοι Ῥαιδεστὸν τὸν μὲν Βρανᾶν Θεόδωρον, ὃς ἡγεμόνευε τῶν ἐς Ὀρεστιάδα στελλομένων Λατίνων, καὶ πρὸ τοῦ ἐπιστῆναί σφας ἐκεῖθι φυγάδα δεδείχασιν ὥσπερ καὶ τὸ συνεπόμενον ἐκείνῳ στράτευμα, τὴν δὲ πόλιν ὁλοσχερῶς καὶ κατὰ κράτος ἑλόντες ἠνδραποδίσαντο. εἶτα καὶ εἰς ἔδαφος βάλλουσιν, ἀθάνατον τὴν πρὸς ἡμᾶς ἔχθραν ὑπὸ Βλάχων ἔχειν δεδιδαγμένοι καὶ πρὸς παῖδας ἀπὸ παίδων παραπέμπειν ἀείμνηστον. τὸ δὲ πρόθυμον μὴ καταψύξαντες, ἀπηντηκότες ἐκεῖθεν ἐς Πέρινθον, ἐκ δὲ ταύτης εἰς τὸ Δαόνιον οὐδε|νὸς εἰς χεῖρας ἰόντος διὰ τὸ τῆς τόλμης παράβολον, καθ' ἡλικίαν αὐτὰς ᾐχμαλώτευσαν καὶ τὰ τείχη κατήρειψαν.

Οὐ μόνα δὲ τὰ πρὸς θάλασσαν οὕτως ἔπραττον ταῖς τῶν Σκυθῶν εὐχειρίαις καὶ γενναιότησι καὶ τῶν ἑπομένων σφίσιν ἐκ τοῦ Βλαχικοῦ συστήματος, οἱ καὶ μᾶλλον τοῖς περιβόλοις τῶν πόλεων ἐπεβούλευον σκαπάνας καὶ πτύα χειριζόμενοι, ἀλλὰ καὶ τὰ τῆς ἅλμης ἀφιστάμενα πάντα τοῖς αὐτοῖς καὶ χείροσι κακοῖς προσεπάλαιον, μηδεμιᾶς ἐλπίδος εἰς σωτηρίαν ὑποκειμένης, ἐπεὶ καὶ οἱ ἀήθως ἐκ δουλείας ἐλευθερίας ηὐμοιρηκότες, τῶν μεγίστων ἀεὶ ἐφιέμενοι οὐδένα μὲν τοῦ δυσπραγήσειν αὖθις λόγον τιθέασιν, ταῖς δὲ παρατυχούσαις τύχαις καὶ νίκαις ὡς ἐπὶ πλεῖστον ἐπεξερχόμενοι τῶν μὲν πρώην τέλεον ἐπιλήθονται, τοῖς δ' ἐνεστῶσι γήθονταί τε καὶ ἐνυβρίζουσι.

Διὰ ταῦτα τοίνυν ἥ τε λαχοῦσα πολιστὴν τὸν Ἀρκάδιον καὶ Μεσήνη ἐπὶ τῇδε καὶ πρὸς αὐτῇ Τζουρουλὸς τὰ τῶν δεινῶν πεπόνθασιν ἔσχατα καὶ ἀγροὶ καὶ κῶμαι καὶ τἆλλ', ὁπόσα ταῖς πόλεσι ταύταις ὑπέκυπτον πρότερον καὶ ὅσα ἐς αὐτὴν τὴν πόλεων πασῶν προεδρεύουσαν παρατείνουσι, ταῖς Σκυθικαῖς χερσὶ καθυπέκυψαν.

Ἐπὶ πᾶσι καὶ οἱ τὸ πόλισμα τὸν Ἀθύραν οἰκοῦντες ὀλέθροις ἀνηκέστοις περιεπάρησαν. τὰ μὲν γὰρ πρῶτα ἐπὶ χρήμασι τοῖς Σκύθαις

VP = a, LO

30 περὶ: πρὸς V **31** τὸ om. Bekk **33** καὶ pr. om. P^{ac} O **35** τραπόμενοι om. P^{ac} **41** ἀείμνηστον παραπέμπειν V **42** εἰς VO Bekk **43** εἰς pr.: ἐς O εἰς alt.: ἐς V Bekk **46** μόνον V θάλατταν V **51** ἐπικειμένης V οἱ om. Bekk **53** αὖθις om. V **53—54** ταῖς δὲ παρατυχούσαις ... τοῖς δ' ἐνεστῶσι: ταῖς δ' ἐνεστώσαις ... τοῖς δ' ἐν χερσὶ O **55** γεγήθασι O **58** τἄλλα Bekk **59** τὴν τῶν πόλεων V

32 λαφυραγώγησιν LO **39—40** εἶτα — βάλλουσιν om. LO **51—52** ἐκ — ηὐμοιρηκότες: ἀπαυχενίσαντες ἑαυτοὺς δουλείας LO **53** ἐσαῦθις LO **54** τὸ πλεῖστον LO **61—62** ὀλέθροις — περιεπάρησαν: ἀνηκέστοις δεινοῖς περιέπεσον LO **62** διά τινων Ῥωμαίων post Σκύθαις add. LO συνέβησαν καὶ ἦσαν οἱ ἐκ Σκυθῶν ἀφιγμένοι τὰ ἐκ χρυσοῦ ἐισέπραττον κόμματα· πρὸς δ' ἑσπέραν ἐνίων ἀπαντησάντων ἐκεῖσε τοῦ Λατινικοῦ συντάγματος, ὃ συνῆν ἐν Ῥαιδεστῷ τῷ Βρανᾷ, κεχαρισμένως σφίσιν, ἀλλ' οὐ προσάντως οἱ ἐν Ἀθύρᾳ προσφέ|ρονται· ᾤοντο γὰρ ὡς συμπαραμενοῦσιν ἐκεῖθι καὶ τὸν κατὰ Σκυθῶν ἀγῶνα ἐπαποδύσονται. ἀλλ' οἱ μὲν περὶ πρώτην φυλακὴν τῆς νυκτὸς ἐκεῖθεν μεθίστανται, λαθεῖν τοὺς Σκύθας καὶ παρελθεῖν σπουδὴν τιθέμενοι, κἂν ἐξέπεσον τῶν κατὰ σκοπόν, Σκυθῶν ἑτέραις μοίραις προελασάσαις ἐγκύρσαντες κατ' αὐτὸ τὸ Ῥήγιον καὶ πάντες ὡς διὰ βραχέος ἐς τὸ ζῆν κινδυνεύσαντες. οἱ δὲ Σκύθαι μετὰ τὴν τῶν Λατίνων ἀπονόστησιν ὑπὸ τῶν τὰ χρήματα συλλεγόντων ὁμογενῶν λάθρᾳ περὶ μέσας νύκτας διὰ τοῦ τείχους ἀνιμηθέντες καὶ τῶν πυλῶν ἐγκρατεῖς γενόμενοι τὰ ξίφη σπασάμενοι σὺν ἀλαλαγῇ φρικαλέᾳ τοῖς πλείστοις ἔτι καταδαρθάνουσιν ἐπεισπίπτουσιν, ὅτε μηδὲ διαδρᾶναι ῥᾴδιον ἦν.

Γίνεται οὖν τῆς νυκτὸς ἐκείνης ἔργον χρῄζον δακρύων κατὰ ποταμοὺς ῥεόντων ἀένναα· οὐ γὰρ μόνον ἄρρενές τε καὶ θήλειαι τοῦτο μὲν ἀνῃρέθησαν, τοῦτο δὲ ἀπήχθησαν δορυάλωτοι, ἀλλ' οὐδὲ τὰ ὑπομαστίδια τῶν παίδων τοῦ κακοῦ ἐφάνη ἀνώτερα, ἀλλ' ἀπεθερίσθη καὶ ταῦτα κατὰ χλόην καὶ ἄνθος εὐμάραντον ὑπὸ τῶν ἐλέῳ ἀναλώτων ἐκείνων ἀνδρῶν καὶ μηδαμῶς εἰδότων ὡς ἀδικεῖ τὴν φύσιν καὶ τὸν θεσμὸν ἀθετεῖ τὸν ἀνθρώπινον ὁ περαιτέρω τῆς νίκης καὶ τοῦ κρατεῖν τῶν ἐναντίων θυμῷ χρώμενος. τὸ δὲ δὴ μείζονος πένθους ἄξιον, προκατειληφότες οἱ ἄσπονδοι τὰς ᾐόνας τοὺς ἐπ' αὐτὰς συνδραμόντας οὓς μὲν διήλαυνον ξίφεσιν, οὓς δὲ ἀπῆγον ὀπίσω, οὓς δὲ κατὰ βυθῶν ἠνάγκαζον φέρεσθαι καὶ τοῖς ὕδασιν ἐναπόλλυσθαι· βραχεῖς δὲ καὶ σκαφῶν λαβόμενοι διεσώθησαν· | ἦσαν δ' οἳ καὶ διαμαρτόντες τῆς ἀναβάθρας εἰς τὰς παρεξειρεσίας ὤλισθον καὶ περιερρύησαν εἰς τὴν θάλασσαν. οὕτω μέγα ἦν τὸ δεινὸν καὶ πολυειδὲς καὶ μικροῦ πανώλεια τῶν ἐκεῖ.

Ἐκ δὲ τούτου κατὰ συναγωγὰς καὶ στρατόπεδα τοῖς ἔμπροσθεν προβαῖνον τὸ βάρβαρον ὡσεὶ καὶ σφοδρά τις λαῖλαψ διεφόρει τὸ πᾶν, ἢ γοῦν ὡσεὶ πῦρ, ὃ διαφλέγει δρυμόν, τὰ ἐν ποσὶν ἐπενέμετο. ἦν δὲ τῶν πάντων οὐδὲν ἀνεξερεύνητόν τε καὶ ἀπρονόμευτον, ἀλλ' ἐκ πλείστων

92—93 ὡσεὶ — δρυμόν: cf. Ps. 82, 15

VP = a, LO

63 τῶν ante Σκυθῶν e corr. L **64** ἐκεῖθεν post ἐνίων add. Bekk **68** ἀφίστανται V **71** καὶ πάντες: ἅπαντες V ὡς: ras. L: om. O **72** τῶν om. O Bekk **75** λαλαγῇ V **76** μηδὲ: μὴ Bekk **77** κατὰ: καὶ V: om. O **82** τὸν om. PL Bekk **86** βυθὸν Bekk **87** ἐναπολλύεσθαι O **89** παρερρύησαν Bekk **93** διαφλέγει: διαφθείρει L δὲ: δὲ καὶ V

63—64 τὰ — κόμματα: τὰ ἐκ συμφώνου εἰσέπραττον LO **67** ἐκεῖθι: σφισι LO **75** πλείστοις: πολλοῖς LO **81—82** ἐλέῳ — μηδαμῶς: μὴ ἐλέῳ ἁλωσίμων ἐκείνων βαρβάρων, μήτε μὴν LO **85** συντρέχοντας LO **88—89** ἦσαν δ' οἳ καὶ διαμαρτόντες τῆς ἐς τὰ σκάφη ἀναβάθρας τῷ βυθῷ παρεδόθησαν. οὕτω LO **90** καὶ πολυειδὲς om. LO καὶ μεγίστων πόλεων ἀσκύλευτοί τε καὶ ἀκαθαίρετοι Βιζύη τε καὶ Σηλυμβρία παρὰ Σκυθῶν ὑπελείφθησαν· μόναι γὰρ αὗται οὐχ ὅπως ἰσχυροῖς διειλημμέναι τείχεσιν, ἀλλὰ καὶ τῇ τῶν τόπων θέσει μάλιστα κρατυνόμεναι τὸν παντελῆ διέδρασαν ὄλεθρον, μηδ' ἄλλως ἀπὸ Λατίνων οὖσαι ἀνεπισκόπητοι.

'Ιταλοὶ μὲν οὖν ἐπὶ τούτοις εἰς ἀγεννὲς καταβληθέντες φρόνημα ὡς εἰς μάνδραν τὴν Κωνσταντίνου ἐνειλοῦντο καὶ τῶν ὅσα τοῖς πολιορκουμένοις χρήσιμα ἐπεμέλοντο, τὰ πρὸς χέρσον τείχη διανειμάμενοι, καὶ 'Ρωμαίοις ἐνέδοσαν ἔνθα σφίσι βουλητὸν ἀπανίστασθαι. τὸ δὲ πολέμιον χρονίσαν ἐν τοῖς μικρὸν ἄποθεν τῆς πόλεως χωρίοις, πολλάκις δὲ καὶ τοῖς τείχεσι προσεγγίσαν ἐν τῷ μάχης ἐξάπτεσθαι, ἔστι δ' ὅτε καὶ διὰ τῆς λεγομένης τοῦ ἁγίου 'Ρωμανοῦ πύλης κατ' ὀλιγίστους ἐπεισιὸν πρὸς ἀνδρείας ἐπίδειξιν, εἰπεῖν δὲ καὶ τύχης, ἥτις ἐν ταῖς τότε πράξεσιν αὐτοῖς συνεφείπετο, καὶ μετὰ φόνον τῶν ἐν | ταῖς πύλαις αὐτίκα μάλα ἐπαναλῦσαν, ἐς τὰ οἴκοι πάλιν πανστρατὶ ἐπανέζευξε, κατὰ μὲν ἀγέλας κτηνῶν τὸ αἰχμάλωτον, κατὰ δὲ τῶν ἄστρων τὴν πολυπλήθειαν τὰ ὑπὸ ζυγὸν καὶ δίαιταν ζῷα ἐληλακός.

Ἔπειτα μετὰ πλείστων καὶ κρατίστων δυνάμεων ἐξιὼν ὁ 'Ιωάννης

---

17 ἐξιών: fine mens. Febr. a. 1206

VP = a, LO

1 Σηλυβρία P^{ac} LO Bekk **3** ὄλεθρον: κίνδυνον V ἀπό: παρὰ V **5** ὡς om. P Bekk **6** ἀνειλοῦντο V: ἐ(νειλοῦντο) P^{ir}: (ἐνειλ)ήθεσαν L^{pc} **10** τῆς μάχης L ἅπτεσθαι O Bekk **11** ὀλίγους V **13** τῶν: τὸν V **14** εἰς Bekk

6 τοῖς πολιορκουμένοις: πρὸς πολιορκίαν LO **10** ἅπτεσθαι LO **11** ἐπεισιόν: ἔνδοθεν παρακύψαν LO **13** τῶν ἐν ταῖς πύλαις: τῶν ταῖς πύλαις ἐφεστώτων LO **16** post ἐληλακός (-χὸς O) proseq. LO: Καὶ τῇδε μὲν ταῦτα ἐφέρετο. τὰ δὲ τῶν (τῶν: ras. L) 'Ρωμαίων ἐπὶ τούτοις οἷα; πάντες ὑπέκυπτον, πάντες ἐδουλοῦντο τοῖς κείρουσιν αὐτοὺς ἔθνεσιν ἄνευ τινῶν τῶν ὑπὸ 'Ρωμαίους μερῶν (μερῶν: δεινῶν ? O^{ac}). ὁ γὰρ Λάσκαρις Θεόδωρος κηδεστὴς ὢν ἐπὶ θυγατρὶ τοῦ ἐξ 'Αγγέλων βασιλεύοντος 'Αλεξίου τὰς πρὸς ἕω περιέθαλπε πόλεις ἐκτρίβων (ἐκτρ.: ὑπαρρενῶν L^{pc}) πρὸς πόλεμον καὶ ὑπ' αὐτῶν βασιλεὺς ἀναγορευόμενος. καὶ (L^{s}: om. O) ἄλλος δέ τις ἐξ ὀσφύος φὺς 'Ιωάννου τοῦ σεβαστοκράτορος, ὅστις θεῖος ἦν πρὸς πατρὸς 'Ισαακίου καὶ 'Αλεξίου τῶν ὁμογνίων αὐτοκρατόρων 'Ρωμαίων, τὰ περὶ Νικόπολιν χειρίζων καὶ τὸν ποταμὸν 'Αχελῷον, οὐδὲ οὗτος ἀγεννῶς ἀντεφέρετο τοῖς Λατίνοις ἀλλὰ καὶ μάλα γενναίως, καταχθεῖσιν εἰς τὸ Δυρράχιον καὶ χωροῦσιν ἐς τὰ πρόσω· πῇ μὲν σπάνει τῶν ἀναγκαίων, πῇ δὲ καὶ ἐνωπίῳ μάχῃ τὴν νίκην λαμπρὰν ἀνεδήσατο καὶ πολλὰς κατηγωνίσατο χιλιάδας, ὅσας ὁ Σαισοῦ ἐπίσκοπος ἐξ 'Ιταλίας στρατολογήσας καὶ τῶν ὅπῃ δὴ Λατινικῶν μερῶν συλλεξάμενος εἰς τὰ τῶν (τῶν: ras. L) 'Ρωμαίων ὅρια διεπλωΐσατο (διεπλ.: παρενέβαλεν L^{pc}). ἦν δέ τις καὶ τρίτος τοῖς ἑσπερίοις ἀνθαμιλλώμενος ἔθνεσιν ἐκ τοῦ (τοῦ: ras. L) Ναυπλίου et seq. p. 605, **65**sqq. **17—635, 7** hab. intra p. 627, 84 (cum add.) et p. 628, 15 LO **17—24** Μικρῷ (μικρὸν O) δὲ ὕστερον παντὸς ἔργου κρεῖττον καὶ προυργιαίτατον τίθησι τὴν Ἀδριανοῦ χειρώσασθαι καὶ καταστρέψασθαι τὸ Διδυμότειχον, κρίνων τάσδε τὰς πόλεις ἆθλον τοῦ πολέμου παντός, καὶ ὡς εἴη ἅμα οὕτως αὐτῷ τῆς Θρᾴκης ἀπαναστῆσαι Ῥωμαίους καὶ θηρίοις ἀνεικέναι μόνοις αὐτὴν εἰς ἐνοίκησιν. περὶ τοίνυν τὸ Διδυμότειχον καταστρατοπεδευσάμενος καὶ τὸ χωρίον ὁρῶν ὑπερδέξιον χαλεπόν τε καὶ ἄπορον αἱρεθῆναι μεταφέρειν τὸν ποταμὸν Εὗρον ἐπεβάλετο, περικλώμενον τῷ φρουρίῳ καὶ διὰ καθόδων τοῖς πολλοῖς ἀγνώστων τοὺς ἔνδον ποτίζοντα. καὶ μηχανὰς περιστήσας τὸ τεῖχος ἔτυπτεν, ἐν οἷσπερ εἴκαζε μὴ πάμπαν εἶναι τοῖς προσβάλλουσιν ἀκατάσειστον, οὔτε μὴν προεκλύοιντο τὰ διαφιέμενα τῶν λίθων βάρη τῷ διαστήματι.

Οἱ δ᾽ ἔνδον τὸν Ἰωάννην ἐκμειλισσόμενοι παραλογάς τινας καὶ φάσεις εὐπρεπεῖς καὶ παρακλήσεις αἱμύλους προσῆγον καὶ πόρρωθεν καὶ ὡς βασιλέα σφῶν ἀνευφήμουν ἐφιστάμενοι ταῖς ἐπάλξεσι καὶ φόροις ὑποκεῖσθαι καθωμολόγουν καὶ πάντα δρᾶν συνετίθεντο προθύμως, ὁπόσα ἂν ἐκεῖνος ἔχῃ διατάττεσθαι, πλὴν τοῦ δέξασθαι αὐτὸν τῷ πολίσματι. ὁ δὲ πρὸς ὀργὴν ἐκφερόμενος καὶ χαλεπαίνων οὐδαμῶς αὐτοὺς | ἐπὶ τούτοις προσίετο, ἀλλ᾽ ὑπεκστῆναί οἱ τοῦ φρουρίου πολὺς ἐγκείμενος, ὡς καὶ μόνον οὕτω σπεισόμενος, κατ᾽ οὐδὲν ἠφίετο τοῦ ἀγῶνος ἐπάλξεις ἀποσύρων τῇ βίᾳ καὶ τῷ ῥοίζῳ καὶ τῷ μεγέθει τῶν ἀφιεμένων χερμάδων καὶ γωνίας πύργων κατασπῶν καὶ καταρρηγνὺς τὰ τούτων θωράκια. οἱ δ᾽ ἐντὸς δρυφάκτους καὶ γέρρα πηξάμενοι καὶ νεόδορα νάκη τοῖς τείχεσι προπετάσαντες, ὡς περιολισθαίνοιεν αὐτοῖς κολπουμένοις ὅσα αἱ μηχαναὶ διηφίεσαν, ἕως μὲν ἀνοχὴν τῷ μαχησμῷ παρεῖχεν ὁ

---

22 Didymotichum obsideri coeptum initio mens. Iun. a. 1206

---

18 παντὸς ἔργου κρεῖττον: cf. p. 5, 94 **21** θηρίοις — ἐνοίκησιν: cf. p. 443, 69

VP = a, LO

18 προυργιαίτερον Bekk **19** καταστρέψαι Bekk **21** ἀπαναστήσειν P Bekk **22** στρατοπεδευσάμενος V **24** Ἕβρον Bekk **33** καὶ post ἔχῃ add. V **36** μόνως V ὑφίετο Vs Bekk **37** τῷ alt. om. O **38** καταγνὺς V **39** καὶ om. Bekk **40** προσπετασάντες O περιολισθαίνειν Bekk **41** μὲν: μὲν οὖν Bekk παρῆγεν L

(22—24) καταστρατοπεδευσάμενος περὶ τὸ Διδυμότειχον καὶ τὸ χωρίον ὁρῶν ὑπερδέξιον χαλεπόν τε καὶ ἄπορον αἱρεθῆναι, τὸν ποταμὸν Εὗρον μεταφέρει, περικλώμενον LO **25** ἔνδον: ἐντὸς LO καὶ: ἔτι δὲ LO **26** οἷς LO **27—28** οὔτε μὴν οἱ διαφιέμενοι λίθοι προεκλύοιντο τῷ διαστήματι LO **31** βασιλέα σφῶν αὐτῶν ἀνηγόρευον LO **33** καὶ post ἔχῃ add. LO ἐντὸς τοῦ πολίσματος LO **34—36** οὐδαμῶς — σπεισόμενος om. LO **37** τῇ βίᾳ: ταῖς μηχαναῖς LO τῷ alt. om. LO **38—39** καὶ pr. — θωράκια: γωνίας κατασπῶν πύργων καὶ τὰ τούτων διαθραύων θωράκια LO **39** ἔνδοθι LO νάκη νεόδορα LO **41** τῇ μάχῃ LO

Ἰωάννης, καὶ οὗτοι σχήμασιν ἱλασίμοις καὶ ῥήμασιν ἐναισίμοις ἐπλάττοντο τὸν ὑποβαίνοντα καὶ ἐτέχναζον· ἡνίκα δ' ἐκεῖνος ἀποβιβάζων τῶν ἵππων τὸ γενναῖον τῆς στρατιᾶς κατὰ τὰ παρερρωγότα μέρη τοῦ τείχους τοῦτο διέταττε πεφραγμένον τοῖς ὅπλοις πάντοθεν ἢ καὶ πρὸς ἐπιβατηρίους ἔβλεπε μηχανὰς καὶ τὸ λοιπὸν ἀντιπαρεξέτεινε στράτευμα πολλαχῇ, τότε καὶ αὐτοὶ τὰ τῶν ὑποπιπτόντων ἀποδυόμενοι προσωπεῖα καὶ τὸν λαμπρὸν πολέμιον παραφαίνοντες ἐν οἷς εἶχον ἠμύνοντο, ἐν τοῖς τείχεσι κειμένην ὁρῶντες τὴν σωτηρίαν καὶ μηδὲν τῆς ἀνάγκης βιαιότερον ἕτερον κρίνοντες, ἀπογνώσει τε καὶ θυμῷ στρατηγούμενοι οὐκ ἐλάσσω ἔδρων ὧν ἔπασχον χειρῶν καὶ τόλμης ἔργα ἐπιδεικνύμενοι.

Ἱκανῶς οὖν ἐπὶ τῇ πολιορκίᾳ ταύτῃ χρονοτριβήσας ὁ βάρβαρος ἐπάνεισιν ἐς Μυσίαν, περισβεσθεὶς μὲν καὶ τὴν ὁρμὴν ἀπορίᾳ ὡς καὶ ὕλης ἐκλειπούσης φλόξ, ἀλλὰ δὴ καὶ περιψοφηθεὶς ὑπὸ φήμης ἑτέρῳ ἐξ ἑτέρου παραδιδούσης καὶ πολλαχῇ δια|τρεχούσης Λατινικὸν στῖφος ἔντροφον πολέμῳ πρὸς ἐπικουρίαν τῶν ἐκεῖθι μέλλειν ἀφίξεσθαι.

Τότε δὲ μαλακῷ θανάτῳ τὸν βίον προήκατο καὶ ὁ πατριάρχης Ἰωάννης ὁ Καματηρός, καταλελυκὼς πλάνης καὶ ἄποικος ἐς τὸ Διδυμότειχον.

Οἱ δ' ἐξ Ἰταλῶν οὐκ ἀηδῶς ἀλλ' ὠσὶν ὀρθίοις δεξάμενοι τὴν ἐς Ὀρεστιάδα καὶ τὸ Διδυμότειχον πρόσκλησιν τῶν Ῥωμαίων, ὡς δῆθεν τὰ κατὰ σφᾶς διομαλίσουσαν πράγματα, ὅτι καὶ πρὸς τῶν πόλεων τῶνδε πρώτως ἀποστασῶν καταρραγῆναι ᾤοντο, ἄραντες ἐκ τῆς Κωνσταντίνου τὴν μὲν πρώτην πρὸς τῷ Ἀθύρᾳ στρατοπεδεύουσι, τῇ δ' ὑστεραίᾳ εἴσω Σηλυμβρίας παρήλθοσαν. ἐκεῖθεν δ' ἡμέρας τινὰς διαγαγόντες, ἐπισιτισάμενοι τὴν Ἀδριανοῦ κατειλήφασι.

---

53 ἐπάνεισιν: ante diem 28 mens. Iun. a. 1206 **57** τότε: die 26 mens. Iun. a. 1206 **63** ἄραντες: ca. diem 10 mens. Iun. a. 1206 **66** κατειλήφασι: die 28 eiusdem mensis

---

60 ὠσὶν ὀρθίοις: cf. p. 88, 36

VP = a, LO

42 αἰνεσίμοις V L^pc O **47** πανταχῇ Bekk **49** ὁρῶντες κειμένην V **52** ἐπὶ om. V **53—54** ὡς ὕλης ἐκλιπούσης V **54** ὑπὸ φήμης om. O **56** μέλλον P Bekk **63** πρώτως ἀπὸ πασῶν ἐλπίδων καταρραγῆναι Bekk **65** Σηλυβρίας P^ac Bekk **66** καὶ post διαγ. add. Bekk

42—45 ἐτέχναζόν τε τὸν ὑποβαίνοντα καὶ ἐπλάττοντο. ἡνίκα δ' ἐκεῖνος ἀπεβίβαζε τῶν ἵππων τὸ γενναῖον τῆς στρατιᾶς καὶ τοῖς παρερρωγόσι μέρεσι τοῦ τείχους αὐτὸ διέταττε LO **46—47** καὶ τὸ λοιπὸν τῆς στρατιᾶς ἀντιπαρεξέτεινε πολλαχῇ LO **48** ἐν οἷς εἶχον: μάλα θαρσαλέως LO **49—50** καὶ τῆς ἀνάγκης κρίνοντες μηδὲν βιαιότερον LO **51** ἐλάττω LO χειρὸς LO **53** ἐπάνεισιν ἐς Μυσίαν: καὶ προσκαρτερήσας ἡμέρας ἑβδομήκοντα ἐς Μυσίαν ἄπρακτος ἐπανέρχεται LO **55** παραδιδομένης LO πολλαχῇ: τῇδε κἀκεῖσε (καὶ ἐκ. L) LO **56** πολέμῳ ἔντροφον LO **57—59** τότε δὲ τὸν βίον ἀπέλιπε μαλθακῷ θανάτῳ (θανάτω μαλακῶ O) ὁ πατριάρχης Ἰωάννης ὁ Καματηρὸς παρῳκηκὼς εἰς τὸ (τὸ om. L) Διδυμότειχον LO **60—66** οἱ — κατειλήφασι om. LO

Τοιαῦτα δ' ἦν τὰ ὑπὸ Σκυθῶν καὶ Βλάχων ἐν ταῖς τότε διαπραχθέντα ἐπιδρομαῖς, ὁποῖα οὗς οὐκ ἤκουσεν, οὔτε ὀφθαλμὸς ἑώρακε πώποτε, οὔτε μὴν ἐπὶ καρδίαν τινὸς ἀναβέβηκε. πόλεις μέγισται πρὶν καὶ περίπυστοι, μυριάνθρωποι κωμοπόλεις, ἀξιοθέατοι ἀγροὶ καὶ λειμῶνες καλλιφύτευτοι, παράδεισοι εὐθαλεῖς ἀειρρύτοις νάμασιν ἀγλαόκαρποι, ὑψόροφοι δόμοι καὶ οἰκήσεις περίβλεπτοι ἐς ὑπερβολὴν πε|φιλοτεχνημέναι καὶ χρώμασι πολυειδέσι διηνθισμέναι, παντοδαπαί τε χάριτες βαλανείων καὶ καρποβριθεῖς ἡμερίδες καὶ λήϊα τῷ σίτῳ ἀκμάζοντα καὶ ἄλλ' ἕτερα μυρία, ὁπόσα φύουσιν ὧραι καὶ τὸν ἥμερον βίον ἀγάλλουσι καὶ τιθέασιν ἐπιτερπὲς καὶ πάσαις χάρισι περιστεφὲς καὶ πολυάρατον τὸ περίγειον, ταῦτα δὴ πάντα ἔρημα ἀνθρώπων ὁρώμενα ἐχίνοις μόνοις καὶ θηρίοις οἰκήσιμα ἦν. εἶπεν ἄν τις ἐπιστὰς ἐκείνοις καὶ πλεῖστα κοψάμενος καὶ δάκρυ χεάμενος καὶ κόνιν πασάμενος καταστροφὴν ὁρᾶν τοῦ παντός, ἢ γοῦν τῶν ὄντων ἑτέραν παραγωγήν, καθ' ἣν ὁ μὲν θεὸς ἀπεφαίνετο χόρτον καὶ βοτάνην καὶ σπεῖρον σπέρμα κατὰ γένος τε καὶ καθ' ὁμοιότητα ἐκ τῶν λαγόνων τῆς γῆς ἀναδίδοσθαι, ὁ δ' ἄνθρωπος οὔπω ἦν ὁ τούτοις χρησόμενος. πόθεν ἂν ἐπλούτησα γλῶτταν εἰς τοσούτων κακῶν διαρκῆ φιλότιμον ἀπαρίθμησιν ἢ φωνῆς μέγεθος διαπεμπούσης τοῖς πόρρωθεν τὰ γραφόμενα;

Ὡς δυστυχὴς ἐγὼ συγγραφεύς, οἵοις κακοῖς ἐταμιευόμην, οἵοις ἐμοῖς τε καὶ τῶν φυλετῶν δυσπραγήμασι τὸν λόγον χαρίζομαι. τίς γὰρ ἂν καὶ σχοίη ὅλως ὑπενεγκεῖν τοιαῦτα θεώμενος τρόπαια πρὸς τῶν πολεμίων ἀνεγειρόμενα; οἱ μὲν γὰρ πάλαι ταῖς μάχαις κρατοῦντες, ἀνθρώπινα φρονοῦντες, οὐδ' ἀθάνατα τὰ μίση τηρεῖν δοκιμάζοντες, διὰ ξύλων καὶ βραχέων λίθων ἀνίστων τὰ τρόπαια, ὅπως ὀλίγον

68—69 ὁποῖα — ἀναβέβηκε: cf. 1 Co. 2, 9 (sensu mutato) **77—78** ἐχίνοις — ἦν: cf. p. 443, 69 **80—83** καθ' — χρησόμενος: cf. Gen. 1, 11

VP = a, LO

70—72 πόλεις . . . περίπυστοι, μυριάνθρωποι, κωμοπόλεις ἀξιοθέατοι, ἀγροὶ καὶ λειμῶνες καλλιφύτευτοι, παράδεισοι etc. P Bekk ὑψίρροφοι V **75** ἄλλα V ἥμερον: ἡμέτερον Bekk **76** καὶ alt. — περιστεφὲς om. V (πολυ)έ(ρα)στ(ον) P[pc] **79** σπασάμενος O **80** μὲν ὁ θεὸς et in appar. immo ὁ μὲν Bekk **83** χρησάμενος P **84** καὶ post διαρκῆ add. Bekk **87** ἐμοῦ V **89** τῆς μάχης P Bekk **90** τὰ om. Bekk **91** τὰ om. L Bekk

67 ἐνιαχοῦ δὲ (δὲ om. O) καὶ παρὰ Λατίνων post Βλάχων add. LO **67—68** ἐν τοῖς (πρὸ μικροῦ καὶ add. L[mg]) τότε διαπεπραγμένα πολέμοις LO **68** πώποτε om. LO **69** πρὶν om. LO **70—72** πολυάνθρωποι κωμοπόλεις, ἀγροὶ καὶ λειμῶνες ἀξιοθέατοι, παράδεισοι εὐθαλεῖς . . . ἀγλαόκαρποι, ὑψηρεφεῖς δόμοι πολυτελεῖς, οἰκήσεις περίβλεπτοι LO **72—74** φιλοτεχνηθεῖσαι καὶ χρώμασι διηνθισμέναι παντοδαποῖς, ἔτι βαλανείων χάριτες etc. LO **76** καὶ alt. — πολυάρατον om. LO **78** θηρσὶν LO **81** τε om. LO **82** ὁμοίωσιν LO **83—89** πόθεν — ἀνεγειρόμενα om. LO **89** γὰρ: οὖν LO ἄνθρωποι post κρατοῦντες add. LO **90** οὐδ' — δοκιμάζοντες: μηδὲ μισοῦντες ἀθάνατα LO χρόνον διαμεμενηκότα παρέρχηται, ὡς μηδὲ φιλίας ὑπο|μνήματα ὄντα, ἀλλ' ἔχθρας καὶ προχύσεως αἱμάτων ἐμπυρεύματα. νυνὶ δὲ πόλεων κατασκαφαὶ καὶ τοῦ παντὸς ἀφανίσεις δείγματα τῆς νίκης πρὸς τῶν βαρβάρων ἐξεύρηται, οἷς θεόθεν εἰς μαστίγωσιν ἐκδεδόμεθα. οὐκ ἀνεχόμενοι δέ, εἰ μὴ καὶ τὸν κολοφῶνα τῶν ἀτοπημάτων προσεπιθήσουσι καὶ προσεπαγάγωσι τὰ παλαμναιότατα, καί γε τῶν Ῥωμαίων τινὰς συγκατέχωσαν ζῶντας τοῖς φυσικῷ μόρῳ ἢ καὶ νόμῳ πολεμίῳ καταστρέψασι τὸ ζῆν ὁμοφύλοις ἐκείνοις, συνεντυμβεύσαντές σφισιν ἱππάρια δρομικά, οἷς ἐπεκάθηντο, καὶ τόξα κερουλκὰ καὶ ἀμφήκη φάσγανα, μὴ ὄντος λυτρουμένου μηδὲ σώζοντος. οὕτω παρὰ βαρβάροις οὐ φειδώ τις καὶ συστολὴ τῶν ἀνομοίων τῇ φύσει πράξεων.

1—2 τὸν κολοφῶνα . . . προσεπαγάγωσιν: cf. Greg. Cypr. 2, 86 **5** τόξα κερουλκά: Eur. Or. 268

VP = a, LO

92 παρέρχεται P μὴ V **92** ὄντα om. V **95** ἐξεύρηνται P Bekk **2** προσεπάγωσι Bekk **3** ἢ post τοῖς add. Bekk

93 προχύσεως — ἐμπυρεύματα: αἱμάτων χύσεως LO **95** θεόθεν om. LO ἐκδεδόμεθα (ἐκδιδόμεθα O) εἰς μαστίγωσιν LO **95—7** οὐκ ἀνεχόμενοι δὲ οἱ ἀνόσιοι, εἰ μὴ καὶ τὸν κολοφῶνα τῶν κακῶν ἐπιθήσουσι καὶ προσεπαγάγωσι τὰ παλαμναιότατα ἄτοπα, καί γε τῶν Ῥωμαίων τινὰς συνετύμβευσαν ζῶντας ὁμοφύλοις ἐκείνων καταστρέψασι τὸ ζῆν ἐν πολέμοις καὶ συγκατέχωσαν ἱππάρια δρομικά, οἷς ἐπεκάθηντο, καὶ τόξα κερουλκὰ καὶ ἀμφήκη φάσγανα. Deinde add. Διὰ ταῦτα τοίνυν τὴν Σηλυμβρίαν (Σηλυβρίαν L) παρεικότες ἡμεῖς τὴν Κωνσταντίνου εἰσέδυμεν, καὶ μῆνας ἓξ ἐν αὐτῇ διατρίψαντες ἐς τὴν ἑῴαν γῆν διαπλωϊζόμεθα, τὴν Λατινικὴν ἅμα καὶ θέαν καὶ κόρυζαν ἐκτρεπόμενοι. ὅθεν καὶ παροικοῦμεν ἐν τῇ κατὰ τὴν λίμνην τὴν Ἀσκανίαν Νικαίᾳ τῆς τῶν Βιθυνῶν ἐπαρχίας προεδρευούσῃ καὶ τῶν ὑπὸ Ῥωμαίους ἁπασῶν ἑῴων πόλεων τὸ πρωτιστεύειν ὑπεζῶσθαι τῇ τῶν τειχῶν ὀχυρότητι κομπαζούσῃ. πλὴν οὐδὲν ἄμεινον τὰ τῆς τοπικῆς ταυτησὶ μεταβάσεως τοῖς καθ' ἡμᾶς εἰσήνεγκαν πράγμασιν, ἀλλ' ἐσμὲν καὶ πάλιν ταῖς λύπαις ὑπέραντλοι καὶ μόνῳ διεξαγόμεθα θεῷ βραχείας τῆς ἐξ ἀνθρώπων εὐμοιροῦντες συνάρσεως (βραχείας — συνάρσεως: μηδὲ τῆς ἐκ βασιλέως ἀμοιροῦντες συνάρσεως O), ἀηδοῦς καὶ ταύτης διὰ τὸ μὴ τοὺς δότας ἱλαροὺς εἶναι, εἰπεῖν δὲ καὶ ἀναρσίους πρὸς τὴν συμβίωσιν (ἀηδοῦς — συμβίωσιν om. O)· καὶ τρεφόμεθα μὲν ἄρτῳ βραχεῖ καὶ μετρητῷ ἐνίοτε οἴνῳ, κατακόρως δὲ τὰς τῶν φυλετῶν καὶ ἡμῶν αὐτῶν συμφορὰς ψωμιζόμεθα καὶ τὸν σκύφον τῶν θλίψεων ἀκέραστον χαρμονῇ προσφερόμεθα· κατὰ γάρ τινα γραμμὴν μηκιζομένην ἐς τὸ ἀπέραντον ὅσα ἀχθεινά, ὅσα δεινά, ὅσα καρδίας ἑλέπολις, ὅσα ψυχῆς δαπάνησις, ὅσα πανώλειά τε καὶ παντελὴς ἐξολόθρευσις τῷ τῶν Ῥωμαίων ἔθνει σαφῶς (σαφῶς: παντελῶς O) ἐπεισέφρησαν. Καὶ ἵνα καθ' εἱρμὸν καὶ πάλιν τὸ λέγειν προβαίνῃ μοι, ὅ τε Μυσὸς Ἰωάννης οὐ καθυφῆκέ τι βραχὺ ἐκτρίβων καὶ ἀναλῶν τὰς Μακεδονικὰς καὶ Θρᾳκικὰς κωμοπόλεις καὶ πεδίον ἀφανισμοῦ ταύτας τιθέμενος. καὶ οἱ (οἱ: ἡ L) ἐκ τοῦ τῶν Λατίνων δὲ στίφους, ὁπόσα μὴ τούτοις ὑπέκυπτον καὶ μόνῳ τῷ νεύματι, μηδὲ κατὰ σκίαν θανάτου τὰ τούτων ὑπεβλέποντο (ὑπεβλ. L[ir]: ὑφωρῶντο O) δολιχόσκια δόρατα, οὐδὲν ἔλαττον τῶν Βλάχων καὶ τῶν Βουλγάρων καὶ τῆς Κομανικῆς στρατιᾶς πολεμικῶς ἐπιόντες ἐκεράϊζον. Ὅθεν καὶ (καὶ: οὐ O) φέρειν μηδαμῶς ὁ Ἰωάννης δυνάμενος, ἀλλ' εἰς ὄλεθρον οἰκεῖον ἐπιγραφόμενος ἀτεχνῶς τὴν μετὰ Λατίνων καθ' ὁμολογίαν (καθ' ὁμολογίαν: ras. L) φιλίωσιν τῆς ἐξ Ἀδριανοῦ τὴν κλῆσιν λαχούσης πόλεως, ἐπιστρατεύει ταύτῃ μετὰ Σκυθῶν μηδ᾽ ὑποπιπτόντων σχεδὸν ἀριθμῷ. περικαθίσας οὖν καὶ βαλὼν στρατήγιον ἔτυπτε τὰ τείχη ταῖς ἑλεπόλεσι, μηδὲ νυκτὸς ἀφιστάμενος τοῦ δρᾶν οὑτωσί. τῶν τοίνυν τειχῶν ἔραζε βαλλομένων τῇ τῶν λίθων ἀντιτυπίᾳ καὶ τῶν ἔνδον ἀπορουμένων πάντοθεν, οὐδὲν ἄλλο τὸ ἐκεῖσε ἦν ἢ παρειῶν δρυμοὶ καὶ τριχῶν τιλμοί, νηστεῖαί τε καὶ κλαυθμοί, καὶ πρὸς θεὸν ἱκέτιδες χεῖρες αἰρόμεναι καὶ τὴν τεκοῦσαν τοῦτον ἁγνὴν θεομήτορα. τῷ τοι καὶ εἰωθὸς τὸ θεῖον ὑπερηφάνοις μὲν ἀντιτάσσεσθαι, ταπεινοῖς δὲ χάριν ἐπισταλάττειν καὶ πόρον ἐν ἀπόροις βραβεύειν τοῖς ἐπικαλουμένοις (ἐπικεκλημένοις O) τὸ ἅγιον αὐτοῦ ὄνομα, οὐδὲ τότε πόρρω ἀπῆν τῶν θεοκλυτήσεων (θεοκλητήσεων O) τουτωνί. ἀλλ᾽ οἱ μὲν πολέμιοι ὡς ἤδη καὶ ἐν χερσὶ τὴν πόλιν ἔχοντες μόνον οὐκ ἐπέθυον τὰ ἐπιβατήρια καὶ ἐπεκρότουν τὰ σκυλευτήρια, οἱ δ᾽ ἔνδον ἄλλος ἐπ᾽ ἄλλῳ καὶ κατὰ συνασπισμὸν πάντες τὰ διερρωγότα τοῦ τείχους ἐφύλαττον, ἔνιοι δὲ καὶ ξύλα κραῦρα καὶ φακιόλους φορυτῶν καὶ ἄλλο εἴ τι πρὸς ἀφὴν πυρὸς ἐπιτήδειον κατὰ σωρείας ἀγηοχότες καὶ ὡσεὶ τεῖχος αὐτὰ διαθέμενοι, τὴν τῶν πολεμίων ἐπέμενον ἔφοδον δᾷδας ἀνημμένας ταῖν χεροῖν ἀνέχοντες ὡς αὐτίκα μάλα τὸ ξύλινον ἐκεῖνο τεῖχος ὑφάψοντες. ὃ καὶ δεδράκασι μετ᾽ οὐ πολὺ τῶν πολεμίων ἐπιβρισάντων ἐπ᾽ (ἐπ᾽ : ras. L) ἐλπίδι τοῦ τὴν πόλιν χειρώσασθαι μὴ προαισθομένων τὸ ἐκ τῶν ξύλων ἀντίφραγμα καὶ τὸ μετ᾽ αὐτὸ πάλιν ἐπινοηθὲν ὡς ἐς διώρυχα βαθεῖαν τῆς γῆς ἀναμόχλευμα. Καὶ ταυτὶ μὲν τὰ τῶν πολιορκουμένων, ὡς μὲν αὐτὰ ἐπ᾽ αὐτῶν σκέψασθαι μεγάλα, μικρὰ δὲ πρὸς τὰ θεόθεν συμπεσόντα μετέπειτα. ἀὴρ γὰρ ὁμιχλώδης ἐκ τῶν τῇ πόλει παραρρεόντων ἀναβὰς ποταμῶν ὡσεὶ καὶ σκότος ψηλαφητὸν τοῦ τῶν πολεμίων στρατεύματος κατεσκέδασε· καὶ οὕτως ἐκεῖθεν ἀπαναστὰν τὴν ἐς ἤθη τὰ οἰκεῖα ἐτράπετο, θεοσημείαν τὸ συμβὰν κεκρικὸς δεδίττουσαν μὲν αὐτό, τοῖς δ᾽ ἔνδον καὶ μάλα λαμπρῶς ἐπαμύνουσαν. Οὐκοῦν καὶ τοῦ μὲν πολιορκεῖν ἐπαύσατο πρὸς καιρὸν ὁ τῷ λόγῳ δοθεὶς ἐν πολλοῖς Ἰωάννης, τοῦ δέ γε τὰς χώρας (χώρας O^s: πόλεις O) ληΐζεσθαι καὶ τιθέναι εἰς προνομὴν οὐδαμῶς ἐπαύσατο (ἀπέσχετο L^{pc}) ἀσφάλειαν ἑαυτοῦ καὶ ἀνόχευσιν (ἀνάχευσιν O) τῆς κατὰ Μυσῶν ἐκστρατεύσεως τῶν Λατίνων τὴν τῶν Ῥωμαίων ἔκτριψιν φανταζόμενος καὶ φοβερὸς ἐντεῦθεν δοκεῖν οἰόμενος καὶ φιλίας μᾶλλον ἤπερ (ἢ L^{ac} O) ἀπεχθείας ἄξιος. Ὁ δ᾽ αὐτὸς οὐ πολλοῦ διαγενομένου καιροῦ καὶ τοῖς τραχεινοῖς τῆς Μοσυνοπόλεως ἐπιστὰς χειρίστως τὰ ἐκεῖ διετίθει. βοηθῆσαι δὲ τοῖς πάσχουσι κακῶς προθεμένου τοῦ Βονιφατίου μαρκεσίου συμπλοκὴ μεταξὺ τούτων γίνεται κρατερά. καὶ τῆς νίκης προσρεψάσης τῷ Ἰωάννῃ πίπτει μαρκέσιος ἐκ τοξεύματος, ἀσπασίως μὲν καὶ πᾶσι Ῥωμαίοις — ἦν γὰρ (μὲν add. O) ὁ ἀνὴρ οὗτος δύστροπος καὶ φιλόχρυσος καὶ πεισματικὸς τὴν γνώμην καὶ δυσμετάθετος καὶ χρῆμα Ῥωμαίοις ἐπιβουλότατον — τοῖς δὲ Θεσσαλονικεῦσι καὶ εὐχῆς ἄξιον τὸ βέλος καὶ θεοχάλκευτον ἀτεχνῶς ἐλελόγιστο καὶ μόνον οὐ τῇ χειρὶ τοῦ Κρείττονος ἀφεθέν. εἰ γὰρ καὶ εἰσέτι ἐπεβίω, οὔτε μὴν αἱ ἡμέραι τούτου ἐκολοβώθησαν, οὐδὲ καπνὸς ἂν ἦν ἐκθρῴσκων τῆς λογίμης τῶν Θεσσαλῶν πόλεως. οὕτω κακὸν ἦν ἀφόρητον καὶ δυσμείλικτον. Καὶ ὁ μὲν οὕτω τὴν ἐς ᾅδου ἐστείλατο ἐπίχαρτον Ῥωμαίοις καὶ πολυάρατον τὴν σφαγὴν δεξάμενος. τὴν δὲ τούτου τοπαρχίαν Μαρίας τῆς ἐκ Παιόνων διαδεξαμένης τῷ λόγῳ τῆς παιδοτοκίας ἀνέπνευσαν αἱ ὑπ᾽ αὐτὴν ταττόμεναι πόλεις τῶν συχνῶν ἐπιφυλλισμάτων καὶ τῶν τοῦ ἔτους πολλάκις καλαμώσεων. Seq. Οὐ πολὺ etc. p. 628, 7 sqq. LO

---

25 ἐπιστρατεύει: a. 1207 initio veris **45** ἀπαναστάν: ca. mens. Maium a. 1207 **53** ἐπιστάς: fine mens. Aug. a. 1207 **55** πίπτει μαρκέσιος: die 4 mens. Sept. a 1207

---

4 παροικοῦμεν: cf. 645, 80 sqq.; Nic. Or. 163, 24—26; 205, 27; 207, 19 **18** πεδίον ἀφανισμοῦ: Ioel 2, 3; 4, 19 **31** ὑπερηφάνους — ἐπισταλάττειν: cf. Prov. 3, 34 **32** ἐπικαλουμένοις — ὄνομα: cf. Ps. 78, 6 **44** σκότος ψηλαφητόν: Exod. 10, 21 **60** αἱ — ἐκολοβώθησαν: cf. Mat. 24, 22; Mar. 13, 20 καπνὸς — ἐκθρῴσκων: cf. Hom. α 58

Ἦσαν δ' ἡμέραι πασχάλιοι τῆς ἐνάτης διιππευούσης ἐπινεμήσεως τοῦ ἑξακισχιλιοστοῦ ἑπτακοσιοστοῦ τεσσαρεσκαιδεκάτου ἔτους, ἡνίκα τὰ οἰκτρὰ ταῦτα καὶ πᾶσαν ἀκοὴν καὶ θέαν δεινὴν ὑπερπαίοντα συνηνέχθησαν. παιάνων τοίνυν καὶ στεναγμάτων ξύμπας ἐπεπλήρωτο χῶρος, ὃν ἐπῆλθε τὸ Σκυθικόν, καὶ θρῆνος καὶ οὐαὶ καὶ κλαυθμὸς τὸν ἦχον ὑπερεφώνει τὸν ἑορτάσιμον. καὶ ὅτε τάφων κένωσις καὶ ᾅδου καθαίρεσις καὶ τὰ ἐκ νεκάδων ἀνεγερτήρια τοῖς εὐσεβοῦσιν ᾔδετο, τότε εἰς κευθμῶνας γῆς καὶ τὰ τοῦ ᾅδου ζοφερὰ καὶ φοβερὰ σκηνώματα κατὰ συνόδους αἱ πόλεις καθίεντο. τὰς δ' ἀπαγωγάς, τὰς δὲ προνομάς, τὴν δ' ἐναπερριμμένην ταῖς τριόδοις ἄωρον ἡλικίαν καὶ τοὺς διαξιφισμοὺς | τῶν προηκόντων χρόνῳ σωμάτων τίς οὕτω πολύδακρυς καὶ πολύθρηνος ἐν ἀνθρώποις ὡς ἀξίως καὶ πενθῆσαι καὶ δεξιώσασθαι δάκρυσι;

Πρὸ δὲ τῆς ἐπιδρομῆς τῆσδε τῆς Σκυθικῆς περὶ τὰ Θρᾳκικὰ πεδία κορωνῶν καὶ κοράκων στρατόπεδα, ἃ μὲν ἀπὸ μερῶν τῶν βορείων, ἃ δ' ἐκ τῶν νοτίων, κατ' ἐξαισίαν τινὰ καὶ μὴ αὐτόματον συνδρομὴν εἰς ἕνα συνεληλυθότα χῶρον ἀλλήλοις συνέρραξαν καὶ κατευμεγεθήσαντες οἱ κόρακες τὰς τῶν ἐκ νότου κολοιῶν ἐτρέψαντο φάλαγγας.

Οὐ μόνον δὲ τὰ Θρᾳκῷα ὁ δαίμων ἀντιπεριέστησεν εἰς τοιαύτην ἀθλιότητα καὶ πειρασμῶν μὲν ἀνερράγη θάλασσα, κακῶν δ' ἀνηκέστων κλυδώνιον ἔζεσε καὶ συμφορῶν ἀνερριπίσθησαν λαίλαπες, ἀλλὰ καὶ τὰ καθ' ἑσπέραν οὐ πρὸς ἔλαττον ἔπασχον. Ἀθήνας μὲν γὰρ καὶ Θήβας καὶ Εὔβοιαν καὶ τὰ περὶ Μεθώνην καὶ Πάτρας σπεῖρα Καμπανῶν καὶ μοῖρα Λατίνων εὐσύνοπτος ὡσεὶ καὶ κτήσεις διενείμαντο πατρῴας, οἱ δὲ σφῶν δεσπόζοντες πρότερον ἐν προπηλακισμῷ καὶ ἀτιμίᾳ ἠνείχοντο σφίσι μᾶλλον καθυποκύπτειν ἢ νυγμόν τινα λαβεῖν ἐς ψυχὴν καὶ ὑπὲρ ἑαυτῶν καὶ τέκνων ἀνδρίσασθαι, μήτ' αὐτόθεν εἰς ἐλεύθερον παροξυνθέντες φρόνημα, μήτ' ὀψέ ποτε νοῦν ἔχειν ἀρξάμενοι. εἰσὶ δ' οἳ καὶ εἰς ὁλοσχερῆ φιλοτιμίαν κατὰ τῆς ἑαυτῶν πατρίδος ὑπεκκαέντες, ἀνδραποδώδεις ἄνθρωποι, τρυφῇ καὶ ταῖς ἄλλαις ἀπονοίαις διεφθαρμένοι, ὀχυρωμάτων καὶ φρουρίων ἀποτόμων λαβόμενοι, οἱ δὲ καὶ πόλεων | εὐτειχίστων ἐπιβάντες, κακοδαίμονας τυραννίδας περιεβάλλοντο, καὶ δέον φιλεχθρεῖν Λατίνοις, οἱ δ' ἀντωφθάλμουν ἀλλήλοις καὶ Λατίνοις, τὸ καινόν, ἐσπένδοντο.

---

8 ἦσαν etc.: festum Paschatis a. 1206 die 2 mens. Apr. celebratum est

---

VP = a

8 ἐννάτης V **9** ͵ϛψιδ' P τετάρτου καὶ δεκάτου Bekk **11** στεναγμῶν ξύμπας πεπλήρωτο V **20** Θράκια V **25—26** οὐ μόνον δὲ τὰ Θρακῶν εἰς τοιαύτην περιέστησεν ὁ δαίμων ἀθλιότητα V **27** καὶ alt. om. Bekk **29** Πάτραν P Bekk Καμπάνων Bekk **30** μοῖρα om. Bekk **31** δεσπόζοντες: σπουδάζοντες V **33** τῶν τέκνων Bekk ἀνδρίσασθαι: ἀγωνίσασθαι P Bekk **38** περιεβάλοντο P Bekk **40** κοινὸν V (ἐσπέν)δοντ(ο) P[ir]

Ὁ μὲν γὰρ Σγουρὸς Λέων Κόρινθον διεῖπε καὶ Ναύπλιον, ὡς καὶ ἔμπροσθεν ἐρρέθη μοι· ὁ δὲ Χαμάρετος Λέων τῆς κοίλης κρατῶν Λακεδαίμονος τύραννος ἦν τῶν Λακώνων. Αἰτωλίαν δὲ καὶ τὰ τῇ Νικοπόλει προσοριζόμενα καὶ ὅσα πρόεισιν ἐς Ἐπίδαμνον ὁ Μιχαὴλ ἰδιώσατο, ὃν ἐκ σπερμάτων σκοτίων ὁ σεβαστοκράτωρ ἐφύτευσεν Ἰωάννης ὁ Δούκας. ὁ δὲ μαρκέσιος Βονιφάτιος τῇ Θεσσαλονίκῃ προσεδρεύων ὑποκειμένην εἶχεν ἑαυτῷ τὴν ἐς Ἁλμυρὸν ἐκτεινομένην ἀγχίαλον πᾶσαν καὶ πεδίων ἤρχετο Λαρισσαίων καὶ μετελάγχανε τῶν φόρων ὁπόσοι ἐξ Ἑλλάδος καὶ τῆς νήσου τοῦ Πέλοπος εἰσεπράττοντο. ἐπὶ δὲ τούτοις καὶ ἄλλος τις τὰ Θετταλίας κατέχων μετέωρα, ἃ νῦν μεγάλη Βλαχία κικλήσκεται, τοπάρχης ἦν τῶν ἐκεῖ.

Εἰς τοσαύτας δὲ τυραννίδας διαιρεθείσης τῆς ἑσπέρας τί μὲν τῶν καλῶν οὐκ ἀπῆν, τί δὲ τῶν κακῶν οὐ παρῆν; χρημάτων ἀφαιρέσεις, τῶν θρεψαμένων ἐκτοπίσεις, σφαγαὶ καὶ φυγαί, καὶ μυρία πρὸς τούτοις ἄλλα δεινά, ὧν τὰ πλείω οἱ ἐκ Ῥωμαίων ἐπετόλμων τύραννοι, μάλιστα δ' ἁπάντων ὁ Σγουρὸς Λέων, ὃς οὐδὲ τῆς γειναμένης εὖ ποιῶν ἐφείσατο, ἀλλὰ καὶ τῷ τῆς μητροπόλεως Κορίνθου ἀρχιποίμενι Νικολάῳ σπεισάμενος καὶ τὰς πρώην διχονοίας διαλυσάμενος καὶ σύσσιτον | οὕτω τὸν ἄνδρα παρειληφὼς τὸ μὲν σῶμα συνέστιος ἦν, τὸ δὲ φρόνημα δυσμενὴς ὁποῖος καὶ πρότερον, ὅθεν τὰς κόρας αἱμάξας εἶτα καὶ κατὰ σκοπέλων ἀφίησι.

Κατὰ δὲ τὴν ἕω Προυσαῖοι μὲν καὶ Νικαεῖς, Λυδοί τε οἱ φιλόμολποι καὶ Σμύρνη καὶ Ἔφεσος καὶ τὰ μεταξὺ τούτων κείμενα ὡς βασιλεῖ προσανεῖχον Θεοδώρῳ τῷ Λάσκαρι. ὁ δὲ καὶ νῆας μακρὰς τεκτηνάμενος τὰς πλείους τῶν νήσων ὑπηγάγετο. σπεισάμενος δὲ καὶ Καϊχοσρόῃ, τῷ τοῦ Ἰκονίου σουλτάνῳ, μέρος ἀπένειμε τῆς ἀρχῆς τῷ κηδεστῇ ἐκείνου Μανουὴλ τῷ Μαυροζώμῃ· τὸ δὲ ἦν ἡ ἐμοῦ τοῦ συγγραφέως Νικήτα πατρὶς αἱ Χῶναι καὶ ἡ ἀγχιτέρμων ταύτῃ Φρυγικὴ Λαοδίκεια καὶ εἰς ὅσα περικλᾶται Μαίανδρος ἀπερυγγάνων ἐς ἅλα τὰ νάματα. Δαυὶδ δὲ καὶ

---

65 σπεισάμενος: a. 1206 ante mens. Mart.

---

42 ἐρρέθη: p. 605, 65 sqq. **42—43** et **56—61**: cf. p. 611, 30/5 LO

VP = a

41—42 ὡς πρόσθεν V **42** Λακεδαίμονος κρατῶν V **45** ὁ Δούκας om. P Bekk **47** ἐκτεινομένην: ὑποκειμένην Bekk **48** ἤρχετο: ἦρχε τῶν V ὁπόσαι Bekk **49** τις om. V **62** τε καὶ Bekk Φιλόμολποι Bekk: Φιλάδελφοι proposuit W. M. Ramsay, The Cities and Bishoprics of Phrygia I, London 1895, p. 23 n. 5; cf. E. Gerland, Geschichte des lateinischen Kaiserreiches von Konstantinopel I, Homburg v. d. Höhe 1905, p. 108 n. 2 **63—64** ὡς — Θεοδώρῳ: Θεοδώρῳ προσανεῖχον Bekk **65** τῷ Καιχοσρόῃ Bekk Καισχορόῃ V **66** τοῦ om. V **67** ἡ om. P Bekk ξυγγραφέως V **69** εἰς V

Ἀλέξιος οἱ ἐξ υἱέως φύντες τοῦ τῶν Ῥωμαίων τυραννήσαντος Ἀνδρονίκου (Μανουὴλ ἐκείνῳ τὸ ὄνομα), ὁ μὲν τὴν κατὰ Πόντον Ἡράκλειαν καὶ Παφλαγόνας διεῖπεν, ὁ δ' Ἀλέξιος Οἰναίου τε καὶ Σινωπέων τῆς πόλεως καὶ Τραπεζοῦντος αὐτῆς τὴν δυναστείαν περιεζώννυτο. τὴν δ' Ἀττάλου διῴκει τις ἕτερος, τὴν κλῆσιν Ἀλδεβραντῖνος, ἐξ Ἰταλῶν μὲν τὴν γένεσιν ἕλκων, ἀκριβῶς δ' ἐντεθραμμένος τοῖς Ῥωμαϊκοῖς ἔθεσι. κἀν τῇ Ῥόδῳ τῇ νήσῳ ἄλλος τις ἐπρωτίστευε.

Καὶ δέον ὡμονοηκότας προβουλεύσασθαί τι καὶ καταπράξασθαι προφυλακτικὸν μὲν τῶν μήπω κακῶς πεπονθότων τῆς πατρίδος μερῶν, ἀνακλητικὸν δὲ τῶν ἡλωκυιῶν πόλεων, οἱ δὲ εἰς δοξομανίαν ἐκτραχηλισθέν|τες καὶ καλεῖσθαι τύραννοι θέλοντες καθ' ἑαυτῶν ὥπλιζον τὰς χεῖρας, βακτηρίαν καὶ νῆψιν, εἴπῃ δ' ἄν τις καὶ πανοπλίαν καὶ τρόπαιον ἐξ ἐφόδου τοῖς τῶν Ῥωμαίων πολεμίοις τὸ διχονοεῖν ἀλλήλοις καὶ διεστάναι βραβεύοντες. ἦν τοίνυν τοῦ βουλομένου παντὸς ἐκ τοῦ τῶν Λατίνων πολυσπεροῦς συντάγματος τὰ γραφικὰ ταῦτα ἐπᾴδειν Ῥωμαίοις ἐπιστρατεύοντος ,,διώξας καταλήψομαι, μεριῶ σκῦλα, ἐμπλήσω ψυχήν μου, ἀνελῶ τῇ μαχαίρᾳ μου, κυριεύσει ἡ χείρ μου.''

Πολλοὶ τοίνυν μέτριον συγκροτήσαντες στόλον καὶ ἱππότας βραχεῖς μισθωσάμενοι Ῥωμαϊκαῖς ἐγκατεκολπίζοντο νήσοις ὡς πάντῃ πάντως ἐρημαζούσαις τοῦ ἐπαρήξοντος. ὅθεν πειραταί τινες Γενουῖται, περιψήματα ἀνδρῶν καὶ ἀμβλώματα, οὐ κατὰ τοῦτο μέν τινος ὑπερφέροντες, κατὰ δ' ἐκεῖνο τὰ δεύτερα φέροντες, ἀλλ' ἁπανταχῇ πονήρως πράττοντες καὶ δυσδαιμόνως, στρογγύλων πέντε νηῶν ὁθενοῦν εὐπορήσαντες καὶ σκάφη τρίκροτα κατηρτικότες πρὸς τοῖς εἴκοσι τέσσαρα ἐς τὴν Κρήτην διαπλωΐζονται· καὶ πλασάμενοι τοὺς ἐμπόρους, εἶτα ἐπιθέμενοι ὡς πολέμιοι, τῆς νήσου ξυμπάσης κατίσχυσαν εὐμαρέστατα.

Τότε καὶ ὁ κρατῶν Ἰκονίου Καϊχοσρόης κατὰ τῆς Ἀτταλείας ἐστράτευσεν, αὐτοβοεὶ τὴν πόλιν ἑλεῖν φανταζόμενος ὡς οὐχ ἱκανὴν οὖσαν ἑαυτὴν διασώσασθαι. τὴν δ' ἐκείνου ἔφοδον προεγνωκότες ὅ τε πολίαρχος Ἀλδεβραντῖνος καὶ οἱ σὺν αὐτῷ τοῖς κοινοῖς ἐπεστάτουν πράγμασι πέμψαντες ἐς Κύπρον συμμαχίαν ἐκεῖθεν εἰλήφασι πεζικοῦ στρα-

---

1 τότε: adhuc vere a. 1206

85—86 διώξας — μου: Exod. 15, 9

VP = a

70 ἐξ om. V υἱέος Bekk τῶν om. P Bekk **72** Παφλαγονίαν V **79** ἀνακτητικὸν Bekk **81** νῆψιν codd. et Bekk: σκῆψιν proposuit Grabler i. l. **82** τῷ διχονοεῖν Bekk **83** τοίνυν: οὖν Bekk **83—84** τῶν Λατίνων: Λατινικοῦ V **87** στόλον: πόλεμον Bekk **88** κατεκολπίζοντο P Bekk **89** Γεννουίται V **92** πέντε: πάντων V ὁθενοῦν om. Bekk **95** πάσης V **1** Ἀτταλείας codd. **5** εἰς Bekk τεύμα|τος, ἐς διακοσίους ἀριθμουμένην Λατίνους. κἀπειδήπερ εἰς χεῖρας ὁ πόλεμος ἐγεγόνει καὶ περιείληφε τὴν πόλιν τὸ Περσικὸν στράτευμα, οἱ ἐκ Λατίνων ἐς φάλαγγα πυκνωθέντες καὶ τοῖς Πέρσαις ἐποφθέντες ἀπρόοπτοι τοῖς Ἀτταλεῦσιν ἐπήμυναν, καὶ οὕτω τῶν βαρβάρων καταστάντων ἐς δέος, ἔκ τε τοῦ σφῶν στρατεύματος πολλοὶ διαφθείρονται καὶ Καϊχοσρόης ἐκεῖθεν μεθίσταται, μὴ πλείους ἡμερῶν τῶν ἑκκαίδεκα περὶ τὴν Ἀττάλου βαλὼν στρατόπεδον.

Ἀλλὰ καὶ Θεόδωρος ὁ Λάσκαρις κατὰ τοῦ ἐν Πόντῳ Δαυὶδ στρατιὰν ἀγείρας τῆς μὲν Πλουσιάδος ἐπέβη καὶ τῆς πρὸς Δαυὶδ φιλίας ἐκείνην ἀπέστησε, τοξότιδα πᾶσαν οὖσαν καὶ μάχιμον· εἷλε δ' ἂν καὶ Ἡράκλειαν καὶ τὸν Δαυὶδ δραπέτην ἐκεῖθεν ἔδειξεν, εἰ μὴ Λατίνων τῇ Νικομήδους παρεμβαλόντων κατ' ἐπικουρίαν Δαυίδ, ἐπεὶ καὶ εἶχε τούτοις Δαυὶδ σπεισάμενος, ἐν ἀμφινοίᾳ κατέστη ὁ Λάσκαρις. εἷλκε μὲν γὰρ αὐτὸν ἐντεῦθεν προθυμία καὶ τόλμα κατὰ Λατίνων, ἐκεῖθεν δ' αὖθις ἀντέσπα τὸ ἐν χερσὶν ἔργον, ὡσεὶ καὶ ἐντὸς Ἡρακλείας οἰόμενον εἶναι καὶ κυριεύειν τῆς πόλεως, καὶ πολλάκις ἑκάτερον καὶ ὡς ἐπὶ τρυτάνης ζυγοῦ καὶ μετὰ συνοχῆς ἕκαστον. ὡς δ' ἐκεκρίκει συμφορώτερον μᾶλλον ἤπερ θρασύτερον ἐπὶ τοὺς ὑπερασπιστὰς ἵεσθαι τοῦ Δαυίδ, ἐπανακάμπτει μὲν εἰς αὐτούς, ἣν ὥδευε παρεικώς· οἱ δὲ τὰ περὶ τούτου πυθόμενοι συστάδην μὲν παρακινδυνεύειν οὐκ ἔγνωσαν, μεθίστανται δὲ νυκτὸς καὶ εἰσίασι τὸ Βυζάντιον.

Ὁ δέ γε Δαυὶδ ὡς οὔκουν ἐβάλετο κατὰ νοῦν, παρὰ δόξαν | τοῦ κινδύνου ῥυσθείς, ὃν ἔγγιον εἶχε προσέρποντα καὶ σχεδὸν οὐδ' ὅσα γόνυ κνήμης ἑαυτοῦ ἀφιστάμενον, ἀπρὶξ μὲν καὶ πάλιν τῆς Ἡρακλείας ἔχεται· τοὺς δ' ἐν Βυζαντίῳ Λατίνους τῆς συμμάχου διαμειβόμενος στρατιᾶς σιτηγῶν πλοίων δεξιοῦται καταγωγαῖς καὶ κρέασιν ὑείοις ταριχηροῖς καὶ παρ' αὐτῶν αἰτεῖται δευτέραν σύναρσιν καὶ λιπαρεῖ ταῖς πρὸς τὸν Λάσκαριν γραφαῖς καὶ σπονδαῖς τοῖς ὑποκειμένοις σφίσι κἀκεῖνον ἐντάττεσθαι καὶ τὴν ὑπ' αὐτὸν πᾶσαν χώραν ταῖς ὑπὸ Λατίνους ἐγκρίνεσθαι. ἀμέλει καὶ ὡς εἶχε ταῦτα καταθεμένους, πύθοιτο δὲ καὶ τὸν Λάσκαριν ἐκ Νικαίας εἰς Προῦσαν μετάραντα, ἐξ Ἡρακλείας πρόεισι καὶ αὐτὸς τῷ συμμαχικῷ γαυριῶν, ὅπερ ἐκ Βυζαντίου προσεχῶς

---

35 ἀμέλει etc.: a. 1206 autumno

---

13 ἀλλὰ καί etc.: cf. Nic. Or. 139, 13 sqq. **28—29** ὅσα — κνήμης: cf. Zenob. 3, 2

VP = a

6 εἰς: ἐς P **8** εἰς P Bekk **10** τε om. V **11** Καισχοροράης V **14** πρὸς τὸν Δαυὶδ V **18** ὁ om. P Bekk **19** τόλμη Bekk **22** ἕκαστον: ἐταλάντευεν Bekk δὲ κεκρίκει V **24** εἰς: πρὺς Bekk **27** ἐβάλλετο Bekk **27—28** τοῦ κινδύνου παρὰ δόξαν V **29** μὲν om. Bekk **31** υἱείοις Bekk **32—33** λιπαρεῖται ἐν ταῖς Bekk **35** καὶ om. Bekk ἐκείνῳ ἀπέσταλτο, γυμνασίαν τε καὶ ἀνάπειραν ἑαυτοῦ κἀκείνων ποιούμενος, τὸν Σαγγάριον διαβὰς ποταμὸν ὑπηκόους κωμοπόλεις τῷ Λάσκαρι ἔκειρε. καὶ μεθ' ἡμέρας μὲν αὐτὸς ἐκεῖθεν μεθίσταται ὁμήρους ἐκ τῆς Πλουσιάδος δεξάμενος, ἐνίοις δὲ καὶ δεσμὰ περιθέμενος διὰ τὸ σφᾶς προσχωρῆσαι τῷ Λάσκαρι· οἱ δ' Ἰταλοὶ περί που τοὺς τριακοσίους ὁρώμενοι παρεσκευάζοντο μὲν καὶ περαιτέρω χωρεῖν κἀκ τῶν κοίλων πρὸς τὰ μετέωρα ἔβαινον, ἐπελθόντος δ' αὐτοῖς ἀπροόπτως περὶ τὰς τῆς Νικομηδείας Τραχείας Ἀνδρονίκου τοῦ Γίδου καὶ γενομένης συμβολῆς, ἡττῶνται μετὰ πλείστας ἀμοιβὰς τοῦ πολέμου, οἱ δὲ καὶ ζωγροῦνται τοῖς περισχοῦσι τὰ ὄρη καὶ ταῖς προλελοχισμέναις ὑπὸ σφῶν περιπεσόντες ἐνέδραις, ὡς μηδὲ πυρφόρον ὑπολελεῖφθαι σχεδὸν τὸν τῷ Δαυὶδ ἀπαγγελοῦντα τουτοῒ τὸ δυσπράγημα.

Ἀλλὰ καὶ Πέτρος ὁ ἐκ Πράτζης, οὗ καὶ πρόσθεν ἐμνήσθημεν | (μεγέθει δὲ οὗτος σώματος θαυμασίῳ ἐκέκαστο καὶ ψυχῆς γενναίῳ περιεβλέπετο παραστήματι), ταῖς Πηγαῖς τῇ πόλει προσδεχθῆναι φιλονεικῶν ἅτε δίκαιον ἐπ' αὐταῖς ἔχειν ἰσχυριζόμενος ὡς οἷα πρώτως ἐκεῖ καταχθείς, ἡνίκα Λατῖνοι τὸν κατὰ τῶν πρὸς αὐγὰς ἡλίου Ῥωμαίων ἐπανείλοντο πόλεμον, καὶ ἄλλοτε μὲν εἰσδῦναι ταύτας ἐκ τοῦ προφανοῦς ἐπειράσατο, ἀποπεμφθεὶς δὲ ὡς τῶν ἔνδοθι φρονούντων φίλα τῷ Λάσκαρι, ἔδοξε μὲν ἀποσχέσθαι ταυτησὶ τῆς προθέσεως, ὁ δ' ἐνεδρεύων ἦν καὶ πάλιν, ὅτι μηδὲ προύπτως εἶχε βιάζεσθαι. τῶν γοῦν Πηγαϊτῶν τινας ὑποκλέψας καὶ διαφθείρας λάθρᾳ καὶ κατὰ βραχεῖς τοὺς οἰκείους ταῖς Πηγαῖς ἐπεισάγει, πολυωρουμένους παρὰ Σθλάβου τινὸς Βαρηνοῦ καὶ τῶν τούτου συνωμοτῶν. πέρας δὲ καὶ αὐτὸς ὁ Πέτρος καιροφυλακήσας τὰς Πηγὰς ὑπεισδέδυκε καὶ νυκτὸς ἐπιθέμενος σὺν οὐδενὶ πόνῳ τοὺς ἐναντίους διώσατο καὶ τῆς ὅλης κεκράτηκε πόλεως.

---

50 ἀλλὰ καί etc.: post diem 5 mens. Nov. a. 1206

---

48 μηδὲ — ὑπολελεῖφθαι: cf. Her. 8, 6, 2 **50** ἐμνήσθημεν: p. 569, 16—20; 601, 85; 623, 55—56

VP = a

40 αὐτὸς μὲν Bekk **42** χωρῆσαι Bekk **45** Νικομήδους V Ἀνδρονίκου om. V γινομένης Bekk **46** ἀμοιβὰς: συμβολὰς V **47** προλελοχημέναις V **49** δυστύχημα Bekk **50** Πλάτζης P: Πλάντζης Bekk **52** ἅτε: ὅτε καὶ P: ἅτε καὶ Bekk **54** τὸν om. P Bekk **56** δ' Bekk **57** καὶ om. Bekk **60** πολιωρουμένους V: (πολ)υωρ(ουμένους) P[lr] Γαβρᾶ pro Σθλάβου proposuit C. Hopf, Geschichte Griechenlands vom Beginn des Mittelalters bis auf die neuere Zeit I (Ersch u. Gruber T 85), Leipzig 1867, p. 178 n. 61; cf. A. Meliarakes, Ἱστορία τοῦ βασιλείου τῆς Νικαίας καὶ τοῦ Δεσποτάτου τῆς Ἠπείρου (1204—1261), Athen 1898, p. 13 n. 3 **61** πέρας — Πέτρος: Πέτρος δὲ καὶ αὐτὸς V **62** ἐπεισδέδυκε P Bekk

Οὑτωσὶ δὲ πραττομένων τούτων οἱ τὴν Ἀδριανοῦ κατειληφότες Λατῖνοι τὰ μὲν πρῶτα περὶ αὐτὴν ἐνηυλίσαντο καὶ ἀγορὰ τῆς πόλεως ἔξω πεποίητο· εἶτα καὶ συναιχμίαν μετὰ Ῥωμαίων ἀποδειξάμενοι τῶν πόλεών τινας περιέρχονται κακῶς παθούσας ὑπὸ Σκυθῶν, καὶ ταύτας, ὡς ὁ καιρὸς ἐδίδου, καταστησάμενοι εἶτα καὶ τῶν τῆς Ῥοδόπης σχοινισμάτων ἅπτονται. μηδένα δὲ πολέμιον ἔχοντες ἐξαπτόμενον, μήτε μὴν ὅλως σφίσιν ὑποφαινόμενον, εἰσίασι τὸ ἔρυμα τὸν Στενίμαχον καὶ μεθιστῶσιν ἐκεῖθεν τοὺς ὁμογενεῖς σφῶν, | ἀποσπάδας ὄντας τῶν τὴν Φιλίππου διεπόντων πρότερον, καὶ οὕτως ἐς Ὀρεστιάδα πάλιν ἐπαναλύουσιν. ἀλλὰ καὶ μοῖραν στρατεύματος Θεοδώρῳ τῷ Βρανᾷ παραδόντες στρατηγεῖν τῶν ἐκεῖ καταλείπουσιν. αὐτοὶ δ᾽ ἐπανίασιν ἐς Βυζάντιον καὶ εἰς βασιλέα χρίουσι τὸν Ἐρρῆν, ὃς ἦν αὐτοκασίγνητος Βαλδουίνου τοῦ πρώτως ἐκ Λατίνων τῆς Κωνσταντίνου κατάρξαντος. ἐνιαυτὸν δ᾽ ἕνα καὶ μῆνας τέσσαρας ἄνευ βασιλέως τὰ κοινὰ χειρίζοντες πράγματα οὐκ ἄλλως κατένευσαν χρῖσμα βασιλείας ὁτῳδὴ τῶν ἐκ γένους χαρίσασθαι, εἰ μὴ πρότερον τὸν τοῦ Βαλδουίνου θάνατον ἠκριβώσαντο.

Ἀκουέτωσαν ταῦτα Ῥωμαῖοι οἱ χρίοντες ἅμα καὶ τὸν διὰ τάχους καθαιρήσοντα τὸν χριόμενον τῷ νῷ συλλαμβάνοντες. εἰκότως οὖν καὶ μητρόλεθροι ἔχιδναι καὶ γένος ἀπολωλεκὸς βουλὴν καὶ τέκνα μωμητὰ καὶ υἱοὶ ἄνομοι οἱ ἐς ἡμᾶς πρὸς ὅπλα ἔχοντες παρὰ πᾶσιν ἀκούουσιν ἔθνεσιν.

Ὁ δὲ τοῦ Βαλδουίνου θάνατος οὕτω συμβέβηκεν. ἐν τῷ Σκυθικῷ συλληφθεὶς πολέμῳ καὶ δεσμοῖς ὑποβληθείς, ὡς ἐρρέθη μοι, συχνὸν ἤδη χρόνον καθείργνυτο ἐς τὸν Τέρνοβον. ἀποστάντος δὲ τοῦ Ἀσπιέτου καὶ τῶν τῆς αὐτῆς ἐκείνῳ ἑταιρείας τε καὶ συντροφίας προσερρυηκότων, Λατίνοις θυμῷ ὑπερζέσας ὁ Ἰωάννης, καὶ τοῦ πάθους ἀεὶ ἐπίτασιν λαμβάνοντος, εἰς μανιώδη σχεδὸν ἐξώκειλε διάθεσιν· ὅθεν τῆς εἱρκτῆς τὸν ἄνδρα ἐξαγαγὼν κελεύει τοὺς μὲν πόδας ἀπὸ γόνατος, τὰς δὲ χεῖρας ἐκ βραχιόνων Τενεδείῳ ἄντικρυς πελέκει ἀποκοπῆναι, εἶτα καὶ κατὰ κεφαλῆς ἐπὶ φάραγγος ὠθησθῆναι. οὐκοῦν καὶ τρεῖς ἐξαρκέσας ἡμέρας, βορὰ προκείμενος ὄρνισιν, ἐλεεινῶς τὸν βίον | κατέστρεψεν.

---

64 κατειληφότες: die 28 mens. Iun. a. 1206, cf. p. 633, 66 **70** εἰσίασι: die 14 mens. Iul. a. 1206 **75** Henricus imperator coronatus die 20 mens. Aug. a. 1206

---

83 γένος — βουλήν: Deut. 32, 28 τέκνα μωμητά: Deut. 32, 5 **84** υἱοὶ ἄνομοι: Is. 1, 4 **93** Τενεδείῳ . . . πελέκει: cf. Diogen. 8, 58

VP = a

66 πεποίηντο cum ν e corr. m. alt. V εἶτα καὶ i. r. 3 litt. P **72** εἰς Bekk **79** τοῦ om. P Bekk **84** πρὸς om. V **87—88** συχνὸν χρόνον ἤδη P **89** καὶ pr. — προσερρυηκότων om. Bekk **93** Τενεδίῳ Bekk **94** ὠθηθῆναι V P[ac]: ὠθησθῆναι P[pc]: ὠθισθῆναι Bekk

Οὐ τοῦτον δὲ μόνον ἀπανθρώπως οὕτω τοῦ ζῆν ἐξήγαγεν, ἀλλὰ καὶ οὓς καθεῖρξε Ῥωμαίους οἰκτρῶς ἀπώλεσε, μὴ φωνὴν μηδ' ἱκεσίαν ἐξ αὐτῶν ὅλως ἀνασχόμενος ἐνωτίσασθαι. ἐν οἷς καὶ τὸν τοῦ δρόμου λογοθέτην Κωνσταντῖνον τὸν Τορνίκην, ὑποδρηστεύσαντα μὲν ἄκοντι τὸ πλέον μετὰ τὴν τῆς πόλεως ἅλωσιν τῷ βασιλεῖ Βαλδουίνῳ καὶ τὸν ἐκ πολέμου διαδράντα κίνδυνον, καθ' ὃν ὑπὸ Σκυθῶν ἐκεῖνος ἑάλωκε, προσρυέντα δ' ἔπειτα τῷ Ἰωάννῃ καὶ παρὰ τούτῳ δυνηθῆναι τὰ μέγιστα φανταζόμενον οἷς πολλάκις παρ' ἐκεῖνον ἀπὸ Ῥωμαίων πρέσβις ἐπιπεφοίτηκε, ξενίαν δ' εὑράμενον τὸ πολλὰς ὑπὸ ξιφῶν κατὰ παντὸς τοῦ σώματος δέξασθαι καὶ μηδ' ὁσίας τυχεῖν μετὰ τὴν ἀναίρεσιν.

Οἱ δέ γε Λατῖνοι καὶ τὰ πάλαι ᾀδόμενα στοιχειώδη τῆς πόλεως φυλακτήρια καὶ κατὰ τεῖχος καὶ τάφρον προσεξευρημένα τοῖς κατ' αὐτῆς ξυντάττουσι φάλαγγας καὶ λόχους καθίζουσι δυσμενέσιν (εἰ δὲ καὶ ἀληθῶς, οὐκ ἔχω λέγειν σαφῶς) καθαιρεῖν ἐγνώκεσαν, καὶ τούτων μάλιστα ὁπόσα κατὰ τοῦ σφῶν ἀνεστηλῶσθαι γένους ἐμάνθανον. ὅθεν μεθ' ἑτέρων ἀνδρεικέλων ἐκ χαλκοῦ πεποιημένων, ἃ τῶν προτέρων κατενήνεκται βάσεων καὶ πυρὶ παρεδόθησαν, οὐδὲ τὴν ἐμπροσθίαν εὐώνυμον χηλὴν τοῦ ἵππου ἀπεριέργαστον εἴασαν, ὃς ἐπὶ λιθίνου λευκοῦ τετραπλεύρου κατὰ τὸν λεγόμενον Ταῦρον χαλκοῦς ἱστάμενος ἡρωϊκόν τινα τὴν ἰσχὺν ἄνδρα καὶ τὸ εἶδος ἀξιοθέατον ἐπὶ τῶν νώτων ὀχεῖ, μηδ' αὐτὸς ἀπέχων τοῦ | ἄγασθαι διὰ τὴν ἐπὶ πᾶσι τῆς τέχνης ἀκρίβειαν, ἀφάλαρος, φριμάσσων καὶ τὸ οὖς ἀνιστῶν ὡς πρὸς σάλπιγγα. τοῦτον οἱ μέν φασιν εἶναι Πήγασον καὶ τὸν ἀναβάτην Βελλεροφόντην, οἱ δὲ τὸν Ἰησοῦν τοῦ Ναυῆ ὁτῳδὴ ἐπικαθήμενον ἵππῳ καὶ δῆλον εἶναι τὸν ἄνδρα τῇ διασκευῇ τοῦ εἰκάσματος πρὸς τὴν ἁρματηλασίαν ἡλίου καὶ τὸν δρόμον τὸν σεληναῖον τὴν δεξιὰν χεῖρα ἐκτείνοντα, ὡς σταῖεν τοῦ πρόσω χωρεῖν, καὶ σφαιρικὸν ἐκ χαλκοῦ σχῆμα τῷ κοίλῳ τῆς λαιᾶς χειρὸς ὑπανέχοντα. ἀναμοχλεύσαντες τοίνυν ῥαιστῆρσι τὸ πέλμα τὸ ἵππειον, ἀνθρωπόμορφον εὑρίσκουσιν ἴνδαλμα ὑποκείμενον, πλειόνως εἰκάζον ἐκ τοῦ τῶν Βουλγάρων τινὰ γένους, ἐς τὸ διαμπερὲς ἐληλαμένον ἥλῳ καὶ μολίβδῳ πάντῃ κατειλημμένον, ἢ γοῦν Λατῖνον διατυποῦν, ὥσπερ δὴ καὶ πάλαι πρὸς τῶν ὅλων διαπεφήμιστο. καὶ

26—27 ὡς — χωρεῖν: cf. Ios. 10, 12

VP = a

6 ἐκ τοῦ πολέμου V **9** ἀποπεφοίτηκε V ξενίας V **16** πρότερον V **17** κατενήνεγκται V[ac] P **18** χηλὴν τὴν εὐώνυμον V **22** ἀκρίβειαν ὁ (φάλαρος) i. r. et mg. (= ἀκρίβειαν om. a. c.) P ὁλοφάλαρος Bekk **23** Βελεροφόντην V **26** τὴν om. V **31** μολύβδῳ Bekk κατειλυμένον V[ac] P **32** καὶ post πάλαι add. V τῶν om. V τὸ μὲν τῇ τῶν ἀργυρογνωμόνων χωνείᾳ καθίεται· Λατῖνοι δ' ἔπραττον ταῦτα οὐκ ἐκ δειλάνδρου παντάπασι γνώμης, ὡς ἀποφανεῖταί τις καταφρονητικῶς ἔχων ἐς αὐτούς, ἀλλὰ μετιόντες πάντα καὶ διατεχνώμενοι, μή πως ἐκπέσωσιν ἧς ἐπέβησαν πόλεως, οὐδὲ τὰ τοιαδὶ τῶν ἀκουσμάτων ἀπεριέργαστα παρατρέχειν ἐδοκίμαζον, οἷα μηδ' εἰκαίως ὑφ' ἁπάντων διαθρυλλούμενα, ἀλλὰ τὸ εἰκαστικὸν τῇ ἐπινοίᾳ συνάπτοντες ἐδικαίουν μὴ ἐᾶν ἀνεξέταστα, πρὸς οὐδεμίαν τῶν πράξεων ἀναπίπτοντες.

Τίς γὰρ οὐκ ἴσησιν ὡς ἧς ἂν ἐπιβαῖεν χώρας καὶ πόλεως, καθάπερ οἰκείας αὐτῆς δραττόμενοι καὶ ἀπρὶξ | ἐχόμενοι πρὸς οὐδὲν ἀποκναίουσι δυσχερές, ὡς οὐκέτ' ὄντων τῶν οἴκοι ἐπιλαθόμενοι; ἀπεναντίας δρῶντες τοῖς ἡμετέροις οἳ τοῖς βουλομένοις καὶ τῶν ἐσχάτων ἐπενδυτῶν ὑπεξίστανται καὶ τὸν χοῦν τῶν ποδῶν αὐτῶν ἀφιστάμενοι τῶν πατρίδων ἀσμένως ἀποτινάσσονται, οὐχ ὡς εὐαγγελικοὶ μαθηταί, ἀλλ' ὡς ἀχρεῖοι καὶ ἀγεννέστατοι μαχηταὶ καὶ γυναικῶν ἐς πόλεμον ἀτολμότεροι καὶ πρὸς τὴν ὄψιν τῶν δυσμενῶν ἀτεχνῶς πάσχοντες ταῦτα δὴ τὰ Ὁμήρεια

„τοῦ μὲν ⟨γάρ τε⟩ κακοῦ τρέπεται χρὼς ἄλλυδις ἄλλῃ,
οὐδέ οἱ ἀτρέμας ἧσθαι ἐρητύετ' ἐν φρεσὶ θυμός,
ἀλλὰ μετοκλάζει καὶ ἐπ' ἀμφοτέρους πόδας ἵζει.
ἐν δὲ τέ οἱ κραδίη μέγα στέρνοισι πατάσσει
Κῆρας ὀϊομένῳ, πάταγος δέ τε γίνετ' ὀδόντων."

Θαυμάσαι δ' ἄν τις τοὺς ἄνδρας τούσδε περιεργασάμενος, εἰ μὴ καὶ ἑαυτοὺς προϊόντος τοῦ χρόνου δίχα πόνου διεξεργάσονται, οὕτω μὲν πρὸς τοὺς ἐναντίους ἀεὶ ἐνδιδόντες καὶ μαλακιζόμενοι, πρὸς δὲ τοὺς ὁμοφύλους ἀναιδεῖς καὶ θρασεῖς καὶ αὐθάδεις ὁρώμενοι, οἵ γε καὶ τοῖς ἐκ τῆς συγκλήτου βουλῆς ἡμῖν τὴν τῆς πόλεως ἐπιγραφόμενοι ἅλωσιν οὔτε τὸν τῆς δίκης δεδίασι παντέφορον ὀφθαλμὸν αὐτοὶ καταπροδόντες κἀκείνην δὴ καὶ ἡμᾶς, οὔτε πρὸς τὴν ὑπερβολὴν τοῦ ψεύδους αἰσχύνονται. τὸ δὲ καὶ δακρύων ἄξιον ὡς ἀνθρώπων ἀναλγήτων πά|θημα καὶ δυστύχημα, οὐ μόνον τὴν ἐπανάκλησιν αὐτῆς ἀπεύχονται ὡς πλείους ὧν εἶχον κτήσεις περιβαλόμενοι, ἀλλὰ καὶ βραδυτῆτα τῷ θεῳ ἐγκα-

---

44—45 οἳ — ὑπεξίστανται: cf. Mat. 5, 40 (sensu mutato) **45—46** τὸν — ἀποτινάσσονται: cf. Mar. 6, 11 **49—53** τοῦ — ὀδόντων: N 279 sqq. **59** παντέφορον ὀφθαλμόν: cf. p. 66, 23

VP = a

33 ἀργυρογνώμων Bekk **35** καταφορικῶς ἔχων πρὸς αὐτοὺς V **37** παρατρέχειν ἐδοκίμαζον: παρέτρεχον V **39** ἐᾶν: ἂν V **43** ἐπιληθόμενοι V **43—44** ἀπεναντίας τοῖς Ῥωμαίοις δρῶντες Bekk **44** ὑπενδυτῶν V **49** γάρ τε om. codd.: add. ex Hom. N 279 Wolf **50** ἧστ' ἐριτύετ' V **55** καὶ om. Bekk **56** μὲν om. Bekk **62—63** ὡς — περιβαλόμενοι om. P Bekk λοῦσιν ὡς μὴ πάλαι καὶ χειρόνως τὰ κατ' αὐτὴν καὶ ἡμᾶς διαθεμένῳ, ἀλλ' ἐς δεῦρο τὸν ὄλεθρον ἀποτείναντι καὶ φειδοῖ καὶ φιλανθρωπίᾳ δικάσαντι. καὶ δέον τοῖς ἡμῶν αὐτῶν κακοῖς ἁρμόζεσθαι πρὸς συμπάθειαν, οὐ πόλιν, οὐχ ἑστίαν, οὐ πορισμὸν τῶν πρὸς τὸ ζῆν ἐχόντων, οὓς ᾔδεσαν πάλαι περιωνύμους πλούτου βαθύτητι καὶ δυναστείας λαμπρότητι, οἱ δὲ ξεναγοῦσι σκώμμασι καὶ περιβάλλουσιν ὡς ἱμᾶσι τοῖς ὀνείδεσιν, οὐδ' ὅλως παρὰ τὴν ἀρχὴν τοῦτο ἐλπίσαντας.

Ἦ γὰρ ἂν οὐδ' ἐπέβημεν ὅλως τῆς ἑῴας γῆς, τὸν μετὰ τοιούτων ἀνθρώπων ἀλεείνοντες πάτον καὶ κατὰ τὸν πάλαι Βελλεροφόντην πεδίον ζητοῦντες Ἠλύσιον ἢ τὸν Ἱερεμίου ἔσχατον σταθμόν. μενοῦν γε οὐδὲ δι' ὄχλου τισὶ γεγόναμεν, πρὸς μόνον εὐελπιστοῦντες τὸν χορηγὸν τοῖς πᾶσι τροφῆς πατέρα θεόν, ὃς πρότερον μὲν δι' Ἐλισσαιὲ παλάθαις καὶ κριθίνοις ἄρτοις βραχέσιν ἑκατὸν εἱστίασεν ἄνδρας, ὕστερον δ' αὐτὸς βραχυτέροις μυριάδας πεινώντων ἐδεξιώσατο καὶ τὰ τοῦ κόρου λείψανα πλείω τῶν ἐδηδομένων συλλέξαι τοῖς συμποσιάρχαις μύσταις παρέσχετο, ἐπὶ θαύματι θαῦμα τετελεκὼς ἐξαισίῳ ἐξαισιώτερον. ὅθεν κατὰ μόνον τὸ σύννομον αὐτοῖς συμφερόμενοι, ἐξ ὅτου τὴν παρ' Ἀσκανίᾳ λίμνῃ τῆς Βιθυνῶν ἐπαρχίας προεδρεύουσαν Νίκαιαν παροικεῖν εἱλόμεθα ὡς αἰχμάλωτοι, καὶ παρὰ τοῖς | αὐτοῖς συνιόντες τεμένεσιν ἀσυναφεῖς τἆλλα καθεωράμεθα.

Ἀλλὰ τί μοι καὶ τῷ τὴν ἱστορίαν παρακινεῖν ταῖς τοιαῖσδε τῶν διηγήσεων καὶ παριστᾶν ἐντεῦθεν ὡς ἀκράτου ποτηρίου καὶ τρυγοφόρου κύλικος τὰ τῶν Ῥωμαίων ἀπαξάπαντα προσδεᾶ; περὶ τὴν νύσσαν τοίνυν τὸ λέγειν αὖθις ἐπαναγέσθω καὶ τῶν προκειμένων ἐχέσθω μοι.

Τῇδε μὲν οὖν καὶ ταῦτα ἐφέρετο. ὁ δέ γε Ἐρρῆς βασιλεύσας ἐπεὶ πύθοιτο παρὰ τῶν εἰς Ὀρεστιάδα καταλειφθέντων ὁμογενῶν Σκυθῶν αὖθις καὶ Βλάχων ἐξιέναι στρατεύματα καὶ τὸ μὲν Διδυμότειχον καθε-

---

90 πύθοιτο: die 22 mens. Aug. a. 1206

---

71 ἐπέβημεν etc.: cf. p. 635, 7 sqq. LO **71—73** τὸν — Ἀλήϊον: cf. Hom. Z 201 sq. **73** τὸν — σταθμόν: Ier. 9, 1 **75—76** ὃς — ἄνδρας: cf. 4 Regn. 4, 42—44 **76—79** ὕστερον — παρέσχετο: cf. Mat. 14, 13—21 **80—82** ἐξ — εἱλόμεθα: cf. p. 635, 4 sqq. LO **85** ἀκράτου ποτηρίου: cf. e. g. Ps. 74, 9

VP = a

64 πάλαι: πάλιν P **70** παρὰ: περὶ P **72** Βελεροφόντην V **73** Ἠλύσιον codd.: sic ipsum Nicetam scripsisse puto (cf. Hom. δ 4, 563): ἀλήϊον (ex Hom. Z 201) Bekk ἢ — σταθμόν suppl. P^mg **75** παλάθοις V **78** τοῖς om. V **81** λίμνην Bekk τῆς — Νίκαιαν: καὶ τῆς τῶν Βιθυνῶν μητροπόλεως προεδρεύουσαν Νίκαιαν P: καὶ τὴν τῶν Βιθυνῶν προεδρεύουσαν Νίκαιαν Bekk **83** καθεωρώμεθα Bekk **84** (παρα)τείνειν i. r. m. alt. V **86** τῶν om. V **87—88** ἐπεισαγέσθω καὶ τῶν προκειμένων ἐχέτω μοι P Bekk **88** περὶ τοῦ ἐκ Φλάντρας Ἐρρῆ ante ὁ praem. V: Βασιλεία Ἐρρῆ τοῦ ἐκ Φιλάντρας P λεῖν, αὐτὴν δὲ τὴν ἐξ Ἀδριανοῦ καλουμένην ὑπονοθεύειν, εἴ πως καὶ ταύτης περιγενήσονται, μὴ πρὸς τὸ πλῆθος δείσας τῶν ἀντιπάλων, μηδ᾽ ἐν νῷ βαλόμενος ὅλως τὰ τῶν προτέρων πολέμων ἀτυχήματα, πάλιν τὴν ἔξοδον ἀπεθάρρησε καὶ τοὺς τῷ Βρανᾷ συνεκδήμους ὁμοφύλους ἐκσῶσαι γλιχόμενος καὶ τὰ τῶν Ῥωμαίων περιθάλψειν ἐγκαταλείμματα, οἳ περὶ τὰς οὐχ ἑκὰς τῆς πόλεως κωμοπόλεις αὖθις συνδεδραμήκασι. περὶ τὴν Ἀδριανοῦ τοίνυν κατηντηκὼς καὶ τοὺς Βλάχους κατωπτευκώς, πρὸς τὴν ὄψιν τῶν Λατίνων ἀποδειλιάσαντας, μήτε σώματα λαβόντων μείζονα τῶν προτέρων μήτε ψυχὰς κτησαμένων ἀλκιμωτέρας, τὸ δὲ σύνηθες θράσος καὶ τὴν ἐν πολέμοις ἕξιν οὐκ ἀπολωλότων οἷς πεπόνθασι, μέχρι Κρηνοῦ καὶ Βερόης ἐλάσας, ἐκ δὲ τούτων τὴν Ἀγαθόπολιν διελθὼν καὶ παρεμβαλὼν ἐς Ἀγχίαλον, καὶ πολλὰ μὲν δράσας ἐξ ὧν καὶ χρή|ματα καὶ σώματα καὶ ζῴων ἀγέλας ἔλαβεν, οὐδὲν δέ τι καθυπομείνας δεινόν, ἀπαθὴς ὑπέστρεψε καὶ τὴν Κωνσταντίνου κατέλαβεν. |

---

11 κατέλαβεν: ca. diem 5 mens. Nov. a. 1206

VP = a

93 περιγενήσεται V^ac **94** ὅλως om. V **95** πάλιν: καὶ πάλιν P Bekk **3** τοίνυν om. V **4** πρὸς: περὶ Bekk **5** μηδὲ Bekk **7** πεποίθασι V Κρινοῦ V Βερόης (coni. iam Grabler i. l.): Βορέης Bekk

ΤΟΥ ΑΥΤΟΥ ΜΑΚΑΡΙΤΟΥ ΚΥΡ ΝΙΚΗΤΑ ΤΟΥ ΧΩΝΕΙΑΤΟΥ ΑΠΟ ΤΗΣ ΑΥΤΟΥ ΙΣΤΟΡΙΑΣ ΤΗΣ ΠΕΡΙ ΚΩΝΣΤΑΝΤΙΝΟΥΠΟΛΕΩΣ

Ἵνα δὲ μὴ μακροτέρᾳ τῇ ἱστορίᾳ χρώμενοι πολυπλοκωτέρας ἐντεῦθεν τὰς λύπας κτώμεθα, ταυτὶ μὲν παρήσομεν, ἐκεῖνα δ' ἐν ἐπιτομῇ τῷ λόγῳ δώσομεν.

Τῆς γὰρ ἡμετέρας βασιλείας ἄρτι διαπεττευθείσης ἐς τοὺς Φραγγίσκους, ὁμοίως δὲ καὶ τῆς ἀρχιερωσύνης κληρωθείσης τοῖς Βενετίκοις, οἷς ἐπίσταται κρίμασιν ὁ τοῦ κοσμικοῦ τοῦδε σκάφους σκευαστὴς καὶ κυβερνήτης Κύριος, ἵκετο ἐκ Βενετίας πατριάρχης Κωνσταντινουπόλεως Θωμᾶς τις | τοὔνομα, τὴν μὲν ἡλικίαν μέσος, τὴν δὲ σωματικὴν πλάσιν λακκευτοῦ συὸς εὐτραφέστερος· ἦν δὲ καὶ λεῖος ξυρῷ τὸ τοῦ προσώπου ἔδαφος, ὡς οἱ λοιποὶ τῶν ἐκ τοῦ γένους ἐκείνῳ, καὶ τὰς ἐνστηθίους παρατετιλμένος τρίχας ἀκριβέστερον δρώπακος, ἀμπεχόμενος δὲ καὶ στολὴν συνυφασμένην μικροῦ τῷ δέρματι καὶ ῥαφιδουμένην ἑκάστης τὰ ἐς καρπούς, δακτύλιόν τε τῇ χειρὶ περιστρέφων, ἐνίοτε δὲ καὶ τὰ ἐκ δέρρεων ἐς δακτύλους διεσχισμένα τῶν χειρῶν φυλακτήρια περικείμενος. ὡρᾶτο δὲ καὶ τὸ περὶ αὐτὸν ὡσιωμένον θεῷ σύστημα καὶ τὴν θυωρὸν ἀμφιπονούμενον τράπεζαν τῆς αὐτῆς ἐχόμενον κεραμείας καὶ τῷ καθηγεμόνι πανείκελον τὰ ἐς στολὴν καὶ δίαιταν καὶ τὸν τοῦ πώγωνος θερισμόν.

Ἐκ πρώτης δ' ὅ φασι γραμμῆς τὸ ἐθνικὸν παραδεικνύντες φιλόχρυσον ἐννοοῦσι πόρον λημματισμοῦ καινόν τε ἅμα καὶ λαθόντα ξύμπαντας, οἳ τὴν βασιλίδα πόλιν ἐσκύλευσαν. τὰς γὰρ τῶν βασιλέων θήκας ἀνοίξαντες, ὁπόσαι ἔνεισι τῷ ἡρῴῳ τῷ περὶ τὸ μέγα τέμενος ἱδρυμένῳ τῶν τοῦ Χριστοῦ μαθητῶν, λωποδυτοῦσι νυκτὸς ἁπάσας καὶ παναθεμίτως ἐγκολπίζονται, εἴ τις χρύσειος κόσμος ἢ μαργάρων σφαίρωμα ἢ λίθος διαυγὴς καὶ πολύτιμος ἀδιάφθορος εἰσέτι ταύταις

---

7 ἵκετο: fine mens. Iul. a. 1204

---

8 τὴν pr. etc.: cf. p. 623, 74 sqq. **19** ἐκ — γραμμῆς: videtur prov.

LOVZ

Tit. ex V Bekk, qui scr. κυρίου et om. τῆς alt. et tert.: Τοῦ Χωνειάτου Z **1—3** ἵνα — δώσομεν sic proseq. post p. 611, 35 LO: non hab. VZ Bekk **4** γὰρ: δ' VZ διαπετευθείσης OZ εἰς V Bekk τοὺς om. V Φραγκίσκους L **5** δὲ om. Bekk **6** ἐπίστανται O σκευαστὴς καὶ: spat. L **7** Κύριος: θεὸς V **8** Θωμάσιος Bekk **9** τῶν προσώπων V **10** ἐκείνου Bekk **11** καὶ om. Bekk **12** ἑκάστω VZ **13, 14** et **17** ἐς: εἰς Bekk **19** δέ, Bekk **23** λωποδυτοῦντι O **24** χρυσίος O?: χρύσεος Bekk **25** καὶ πολύτιμος om. L ἐνέκειτο. εὑρόντες δὲ καὶ τὸν νεκρὸν Ἰουστινιανοῦ τοῦ βασιλέως τοςῖ μακραίωσιν ἀπαραλύμαντον ἔτεσι τὸ μὲν ὁρα|θὲν ἐν θαύματι ἔθεντο, τῶν δὲ νεκροταφίων οὐμενοῦν οὐδ' ὅλως ἀπέσχοντο. ἔστιν οὖν εἰπεῖν ὡς οὔτε τῶν ἔτι ζώντων, οὔτε μὴν τῶν ἀπελθόντων οἱ ἐκ γενῶν τῶν ἑσπερίων ἐφείσαντο, ἀλλ' ἐκ θεοῦ καὶ τῶν αὐτοῦ θεραπόντων ἀρξάμενοι πᾶσαν ἐπὶ πᾶσιν ἀδιαφορίαν τε καὶ ἀσέβειαν ἐπεδείξαντο.

Μετ' οὐ πολὺ δὲ κατασπῶσι καὶ τὸ τοῦ Μεγίστου Νεὼ καταπέτασμα ἐς μυρίας πολλάκις ἀργύρου μνᾶς ἀριθμούμενον, καὶ τούτου εὐροιζοτέρου παντός, καὶ εἰς βάθος χρυσῷ πυκαζόμενον.

Ἐπεὶ δὲ χρημάτων καὶ οὕτως ἐσπάνιζον (οὐδὲ γὰρ φιλοπλουτίας κόρον ὅτε δὴ τὸ βάρβαρον ἴσησι) τοῖς χαλκοῖς ἐποφθαλμίζουσιν ἀνδριᾶσι καὶ παραδιδόασι τούτους πυρί.

Ἥ τε οὖν ἐν τῇ Κωνσταντινείῳ ἀγορᾷ ἱσταμένη πολύχαλκος Ἥρα κέκοπται εἰς στατῆρας καὶ χωνείᾳ παραδίδοται, ἧς ἡ κεφαλὴ μόγις τέτρασι βοῶν ὑποτρόχοις ζεύγμασιν ἐς τὸ μέγα παλάτιον ἀποκεκόμισται.

Καὶ ἐπ' αὐτῇ ὁ Πάρις Ἀλέξανδρος τῆς βάσεως ἀνατέτραπται, συνεστὼς Ἀφροδίτῃ καὶ χειρίζων ταύτῃ τὸ χρύσεον μῆλον τῆς Ἔριδος.

Τὸ δὲ τετράπλευρον χαλκοῦν μηχάνημα μετέωρον ἀναβαῖνον καὶ μικροῦ τοῖς τῶν κιόνων μείζοσιν ἐς ὕψος | ἀνθαμιλλώμενον, ὅσοι πολλαχῇ τῆς πόλεως ἀνεστήκασι, τίς οὐκ ἂν ὀφθαλμὸν ἐκείνῳ ἐπιβαλὼν τῆς ποικιλίας ἐθαύμασεν; ἅπας μουσικὸς ὄρνις τὰ ἐαρινὰ μελῳδῶν ἐκεῖ ἐντετύπωτο· γεηπόνων ἔργα καὶ αὐλοὶ καὶ γαυλοὶ καὶ προβάτων βληχήματα καὶ ἀρνῶν σκιρτήματα ἐξεικόνιστο· ὑφήπλωτο καὶ θαλάττιον πέλαγος καὶ νεπόδων ἀγέλαι καθωρῶντο, οἱ μὲν ζωγρούμενοι, οἱ δὲ τὰ δίκτυα τυραννοῦντες καὶ κατὰ βυθοῦ πάλιν ἀνέτως φερόμενοι· οἱ δ' Ἔρωτες σύνδυο καὶ σύντρεις ἀλλήλοις ἀνθοπλιζόμενοι, γυμνοὶ περιβλημάτων, ἐβάλλοντο μήλοις καὶ ἔβαλλον, γλυκεῖ περιβρασσόμενοι γέλωτι. τοῦ δὲ τοιούτου τετραπλεύρου ἐς ὀξὺ σχῆμα κατὰ πυραμίδα τελευτῶντος ἀπῃώρητο ἄνωθεν γυναικόμορφον εἴκασμα καὶ ταῖς πρώταις τῶν ἀνέμων κινήσεσι περισοβούμενον· ὁπόθεν καὶ Ἀνεμοδούλιον ἐπεκέκλητο.

LOVZ

28 οὔμενουν codd. 32 δὲ: δὴ O ναοῦ V 33 εἰς Bekk εὐροιζότερον O εὐροιζοτέρου: ὀβρυζοτέρου (et in appar. τούτου ὀβρυζοτέρου Lachmannus pro illis codicum τοῦτο εὐροιζότερον vel εὐροϊζότερον) Bekk: εὔροιζος legendum esse statuit A. Heisenberg, Die Palastrevolution des Johannes Komnenos, Würzburg 1907, p. 67 ad Mesariten ibid. p. 35, 12. 34 χρυσοῦ V 39 παραδέδοται L: παραδέδοται Bekk 40 εἰς Bekk 44 δὲ: δέ γε Bekk 45 εἰς Bekk 52 ἀλλήλοις om. VZ 54 μεταπλεύρου V εἰς Bekk πυραμίδας LO 56 καὶ om. O Bekk

Πλὴν ἀλλὰ καὶ τοῦτο τὸ περικαλλέστατον ἔργον τοῖς χοανευταῖς παρέδοσαν, ὥσπερ καὶ τὸν ἐν τῷ Ταύρῳ ἐπὶ τραπεζώδους βάσεως ἔφιππον ἱστάμενον ἄνδρα, τὸν ἡρωϊκὸν τὸ εἶδος καὶ τὸ μέγεθος ἀξιάγαστον. εἶναι δὲ οὗτος ἐλέγετο παρὰ μὲν ἐνίοις Ἰησοῦς ὁ τοῦ Ναυῆ, τεκμαιρομένοις τὸν ἄνδρα τῇ πρὸς ἥλιον ἐκτάσει τῆς χειρὸς ἤδη τῆς πρὸς δύσιν πορείας ἐχόμενον καὶ τὴν κατὰ Γαβαὼν | στάσιν οἱονεὶ ἐπιτάσσοντα, ὡς δ᾽ ἐδόκει τοῖς πλείοσιν, ὁ ἐν τῇ νήσῳ τοῦ Πέλοπος γεννηθεὶς καὶ τραφεὶς Βελλεροφόντης Πηγάσῳ ἐπικαθήμενος· ἦν γὰρ ὁ ἵππος ἀχάλινος, ὁποῖος ὁ Πήγασος παραδίδοται, ἄνετα κροαίνων κατὰ πεδίων καὶ πάντα ἀδοξῶν ἀναβάτην ὡς πτηνὸς ἅμα καὶ πεζὸς φερόμενος. ἀλλὰ καὶ φήμη παλαίφατος καὶ ἐς ἡμᾶς διαβαίνουσα τοῖς τῶν ἁπάντων ἐνέκειτο στόμασιν ἐν τῇ ἐμπροσθίῳ τοῦ ἵππου τοῦδε λαιᾷ χηλῇ ἀνδρείκελον κεύθεσθαι, τισὶ μὲν ἐκ τοῦ τῶν Βενετίκων γένους τινὸς εἶναι παραδιδόμενον, ἄλλοις δ᾽ ἑτέρου τῶν μὴ ἐνσπόνδων Ῥωμαίοις ἐπιζεφυρίων ἐθνῶν ἢ καὶ τῶν Βουλγάρων ἑνός. πολλάκις οὖν ἡ τῆς χηλῆς ἐπεποιήθη ἀσφάλισις ἐς τὸ πάντῃ ἀφώρατον ὧν ἤδετο κρύπτειν ἔνδοθι. κατατεμαχισθέντος δὲ τοῦ ἵππου καὶ σὺν τῷ ἀναβάτῃ παραπεμφθέντος πυρὶ εὕρηται καὶ τὸ τῇ ὁπλῇ τοῦ ἵππου ἐντυμβευόμενον χαλκῆρες ἴνδαλμα καὶ ἦν περικείμενον χλαῖναν, ὁποίαν τῶν θρεμμάτων τὰ ἔρια πλέκουσιν· ὀλίγα δὲ τῶν ἐπ᾽ αὐτῷ πεφασμένων οἱ Λατῖνοι φροντίσαντες πυρὶ καὶ τοῦτο ἐνέβαλον.

Ἀλλ᾽ οὐδὲ τῶν ἐν τῷ ἱππικῷ ἱσταμένων ἀγαλμάτων | καὶ ἀλλοίων θαυμαστῶν ἔργων τὴν καταστροφὴν παρῆκαν οἱ τοῦ καλοῦ ἀνέραστοι οὗτοι βάρβαροι, ἀλλὰ καὶ ταῦτα κεκόφασιν εἰς νόμισμα, ἀνταλλασσόμενοι μικρῶν τὰ μεγάλα καὶ τὰ δαπάναις πονηθέντα μεγίσταις οὐτιδανῶν ἀντιδιδόντες κερμάτων.

Κατήρειπτο οὖν Ἡρακλῆς ὁ τριέσπερος μέγας μεγαλωστὶ κοφίνῳ ἐνιδρυμένος, τῆς λεοντῆς ὑπεστρωμένης ἄνωθεν, δεινὸν ὁρώσης κἂν τῷ χαλκῷ καὶ μικροῦ βρυχηθμὸν ἀφιείσης καὶ διαθροούσης τὸ ἐφιστάμενον ἐκεῖσε τοῦ πλήθους ἀπάλαμνον. ἐκάθητο δὲ μὴ γωρυτὸν ἐξημμένος, μὴ τόξον ταῖν χεροῖν φέρων, μὴ τὸ ῥόπαλον προβαλλόμενος, ἀλλὰ τὴν μὲν

---

58 πλήν etc.: cf. p. 643, 23 sqq. **66** ἀχάλινος — παραδίδοται: cf. Pind. Ol. 13, 64 sqq. **66—68** ἄνετα — φερόμενος: cf. Hom. Z 507 et O 264 **84** Ἡρακλῆς etc.: cf. p. 519, 48 sqq. μέγας μεγαλωστί: Hom. Π 776; al.

LOVZ

58 χωνευταῖς V Bekk **59** παρέδωκαν Bekk **61** δ᾽ L **62** ἥλιον per symb. V **62—63** τὴν . . . πορείαν scr. et ἐχόμενον om. VZ **64** ἐπιτάττοντα V δὲ Bekk **65** Βελερ. V **68** καὶ alt. om. Bekk εἰς Bekk **69** τῶν om. L **72** ἐπιζεφύνιων O καὶ om. VZ **73** ἀσφάλεια L εἰς Bekk **74** ἔνδοθεν O **75** παραπεμφθέντος Z[mg]: παραδοθέντος VZ Bekk ἐν τῇ ὁπλῇ . . . ἐντυμβ. VZ Bekk πάλαι post ἐντυμβ. add. L[s] **77** πεφρασμένων Bekk οἱ om. L **84** οὖν: τοίνυν Bekk **86** διαθροούσαις Z δεξιὰν βάσιν ἐκτείνων ὥσπερ καὶ τὴν αὐτὴν χεῖρα ἐς ὅσον ἐξῆν, τὸν δ' εὐώνυμον πόδα κάμπτων ἐς γόνυ καὶ τὴν λαιὰν χεῖρα ἐπ' ἀγκῶνος ἐρείδων, εἶτα τὸ λεῖπον τῆς χειρὸς ἀνατείνων καὶ τῷ πλατεῖ ταύτης ἀθυμίας πλήρης καθυποκλίνων ἠρέμα τὴν κεφαλὴν καὶ τὰς ἰδίας οὕτω τύχας ἀποκλαιόμενος καὶ δυσχεραίνων τοῖς ἄθλοις, ὅσους αὐτῷ Εὐρυσθεὺς οὐ κατὰ χρείαν, κατὰ δὲ φθόνον μᾶλλον ἠγωνοθέτει, τῷ τῆς τύχης περιόντι φυσώμενος. ἦν δὲ τὸ στέρ|νον εὐρύς, τοὺς ὤμους πλατύς, τὴν τρίχα οὖλος, τὰς πυγὰς πίων, βριαρὸς τοὺς βραχίονας, καὶ εἰς τόσον προήκων μέγεθος, ἐς ὅσον, οἶμαι, καὶ τὸν ἀρχέτυπον Ἡρακλῆν εἴκασεν ἂν ἀναδραμεῖν ὁ Λυσίμαχος ὁ πρῶτον ἅμα καὶ ὕστατον τῶν ἑαυτοῦ χειρῶν πανάριστον φιλοτέχνημα τουτονὶ χαλκουργήσας, καὶ οὕτω μέγιστον ὡς τὴν περιειλοῦσαν τὸν αὐτοῦ ἀντίχειρα μήρινθον ἐς ἀνδρεῖον ζωστῆρα ἐκτείνεσθαι καὶ τὴν κνήμην τοῦ ποδὸς εἰς ἀνδρόμηκες. τοιοῦτον δ' ὄντα τὸν Ἡρακλῆν οὐ παρῆλθον ἀκαθαίρετον οἱ τὴν ἀνδρείαν τῶν συννόμων ἀρετῶν διιστῶντες καὶ ταύτην ἑαυτοῖς οἰκειοῦντες καὶ περὶ πλείστου τιθέμενοι.

Τούτῳ δὲ συγκαθεῖλον καὶ τὸν σεσαγμένον καὶ σὺν ὀγκηθμῷ στελλόμενον ὄνον καὶ τὸν τούτῳ ἐφεπόμενον ὀνηγόν, οὓς ἐν Ἀκτίῳ ἔστησε Καῖσαρ ὁ Αὔγουστος, ὅ ἐστιν ἡ καθ' Ἑλλάδα Νικόπολις, ἡνίκα νυκτὸς ἐξιὼν τὸ τοῦ Ἀντωνίου κατασκέψασθαι στράτευμα ἀνδρὶ ἐνέτυχεν ὄνον ἐλαύνοντι καὶ πυθόμενος, ὅστις εἴη καὶ ἔνθα πορεύεται, ἤκουσεν ὡς καλοῦμαι Νίκων καὶ ὁ ἐμὸς ὄνος Νίκανδρος, ἀφικνοῦμαι δὲ πρὸς τὴν τοῦ Καίσαρος στρατιάν."

Οὐδὲ μὴν τῆς ὑαίνης τε καὶ λυκαίνης τὰς χεῖρας ἀπήγαγον, ἃς Ῥῶμος καὶ Ῥωμύλος ἐθήλασαν· στατήρων | δὲ βραχέων, καὶ τούτων χαλκῶν, τὰ παλαιὰ σεμνώματα τοῦ γένους ἀπέδοσαν καὶ καθῆκαν αὐτὰς ἐς τὸ χωνευτήριον. ἔτι γε μὴν καὶ τὸν ἄνδρα τὸν παλαίοντα λέοντι· καὶ τὸν ἵππον τὸν Νειλῷον, ἐς οὐραῖον ἠκανθωμένον λεπίσι τὰ ὄπισθεν τοῦ σώματος λήγοντα· καὶ τὸν σείοντα τὴν προνομαίαν ἐλέφαντα· τὰς Σφίγγας ἐπὶ τούτοις, τὰς εὐειδεῖς ὡς γυναῖκας τὰ ἔμπροσθεν καὶ φρικτὰς ὡς θηρία τὰ ὄπισθεν, καινοτέρας δὲ ὡς καὶ πεζῇ βαινούσας καὶ κούφως τῷ πτερῷ φερομένας καὶ διαμιλλωμένας τοῖς τῶν ὀρνίθων μεγαλοπτέρυξι· καὶ τὸν ἀχάλινον ἵππον ὀρθιάζοντα τὸ οὖς καὶ φριμάσσοντα,

---

11—16 οὓς — στρατιάν: cf. Plut. Ant. cap. 65

LOV (usque ad 1 οὖλος) Z

89 εἰς Bekk δὲ Bekk **90** εἰς Bekk τὸ γόνυ O Bekk ἀγγῶνος V **91** λοιπὸν Bekk **92** ἀθυμία O **93** τοὺς ἄθλους VZ **94** φθόνον δὲ L **95** τύχης: πύλης O πλατεῖς V **2** προέχων Bekk εἰς Bekk **5** περιελοῦσαν Bekk εἰς Bekk **6** ἐς L **18** Ῥωμῦλος O **19** σεμνώτατα O ἀπέδωκαν O Bekk εἰς L Bekk

γαῦρόν τε καὶ εὐήνιον προποδίζοντα· καὶ τὸ ἀρχαῖον κακόν, τὴν Σκύλλαν, μέχρι μὲν ἰξύος γυναικεῖον εἶδος προφαίνουσαν, καὶ τοῦτο προτενὲς καὶ ὑπερμαζῶν καὶ μεστὸν ἀγριότητος, τὰ δ' ἔκτοτε διεσχισμένον εἰς θῆρας ἐμπηδῶντας τῇ τοῦ Ὀδυσσέως νηῒ καὶ συχνοὺς τῶν ἑταίρων καταβροχθίζοντας.

Ἦν δ' ἐν τῷ ἱππικῷ καὶ χάλκεος ἀετὸς ἀνακείμενος, τοῦ ἐκ Τυάνων Ἀπολλωνίου καινὸν μεθόδευμα καὶ τῆς ἐκείνου γοητείας μεγαλοπρεπὲς μαγγάνευμα. παραβαλὼν γάρ ποτε Βυζαντίοις παρεκλήθη τὰ τῶν ὄφεων κατευνάσαι δήγματα, ὑφ' ὧν ἔπασχον ἐκεῖνοι κακῶς. ἀμέλει καὶ συνερίθοις ταῖς ἀρρητουργίαις χρησάμενος, ὧν ὑφηγηταὶ δαίμονες καὶ ὅσοι τὰ τούτων πρεσβεύουσιν ὄργια, ἐπὶ στήλης ἀνίστη|σιν ἀετόν, ἡδονὴν ἐνστάζον ψυχαῖς ὅραμα καὶ πεῖθον χρονοτριβεῖν τοὺς αὐτοῦ θέας κατατρυφῶντας ὡς τοὺς ὑπέχοντας ἀκοὴν τὰ τῶν Σειρήνων δυσπαρόδευτα μελῳδήματα. διῇρκε μὲν γὰρ ὡς ἐς πτῆσιν τὰς πτέρυγας, ὄφις δὲ τοῖς ποσὶν ὑποκείμενος καὶ λορδούμενος ἐς ὁλκοὺς ἀπεῖργεν αὐτὸν τῆς ἀναφορᾶς, οἷα τοῖς ἄκροις τοῦ σώματος ὡς πρὸς δῆγμα ἐγχρίπτων ταῖς πτέρυξιν. ἤνυε δὲ ὁ ἰοβόλος οὐδέν· ταῖς γὰρ τῶν ὀνύχων ἐμπερονηθεὶς ἀκωκαῖς ἔσβεστο τὴν ὁρμὴν καὶ ὑπνώττειν μᾶλλον ἐδόκει ἢ γοῦν πρὸς καταπάλαισιν τοῦ ὄρνιθος ταῖς ἐκείνου προσφύεσθαι πτέρυξι. καὶ ὁ μὲν ὄφις οὕτω πνέων τὰ λοίσθια καὶ τὸν ἰὸν εἶχεν ἑαυτῷ συνθνήσκοντα· ὁ δ' ἀετὸς γαῦρον ὁρῶν καὶ μόνον ουχὶ κλώζων τὰ ἐπινίκια ὥρμα συνεξᾶραι τὸν ὄφιν καὶ ἅμα οἱ διαέριος φέρεσθαι, τεκμαίρεσθαι τοῦτο διδοὺς τῷ χαροπῷ τοῦ βλέμματος καὶ τῇ νεκρώσει τοῦ ὄφεως, ὃν εἶπέ τις ἂν ἰδὼν ἐπιλελησμένον τῶν ἑλίξεων καὶ τοῦ δάκνειν ἐς ὄλεθρον καὶ τοὺς λοιποὺς Βυζαντίους ὄφεις τῷ καθ' αὑτὸν διασοβεῖν ὑποδείγματι καὶ πείθειν ταῖς χειαῖς συσπειρᾶσθαι καὶ παραβύεσθαι. οὐ μόνον δὲ καθ' ὅσα εἰρήκειμεν ἀξιάγαστον ἦν τουτὶ τὸ ἀέτειον εἴκασμα, ἀλλ' ὅτι καὶ τὰ τῆς ἡμέρας ὡριαῖα τμήματα διὰ τῶν ἐν ταῖς πτέρυξι κεχαραγμένων γραμμῶν, οὐσῶν δυοκαίδεκα, τρανότατα ὑπεδήλου τοῖς τὰς ὄψεις ἐκείνῳ σὺν | λόγῳ προσβάλλουσιν, ἡνίκα μὴ νεφέλαις ἐγνοφοῦτο τὰς ἀκτῖνας ὁ ἥλιος.

---

28 Σκύλλαν etc.: cf. Hom. Od. μ 80 sqq. 245 sqq. **34** παραβαλὼν etc.: cf. Hesych. Mil. 25 FGrH 390 (III B 270, 14—17); Cedren. I p. 346. 431 Bonn.; Tzetz. Chil. 2, 928 sqq.; Nic. Callist. Xanthop. III 11 PG 145, 920 B 1—4 **39—40** τὰ — μελῳδήματα: cf. p. 207, 5

LOZ

28 προφέρουσαν O Bekk **30** συχνὰ Z ἐκείνου post τῶν add. L **31** ἑταίρων: ἑτέρων Z **36** συνέριθος Z **38** ψυχῇ Z τῆς ante αὐτοῦ add. L **39** πάλαι post Σειρήνων add. L[s] **40** διῄρκει Bekk γὰρ: spat. (ras. ?) L: om. Z εἰς Bekk **41** εἰς L Bekk **42** λαβόμενος post σώματος add. L et καὶ post λαβόμενος add. L[s] ἐγχρίπτων πρὸς δῆγμα L **43** ἐγχρίμπτων Z **47** μόνον οὐ Z κλάζων Bekk **48** δι' ἀέρος O Bekk **50** τοῦ: μεθέντα τὸ (i. r. ?) L **51** εἰς Bekk ἑαυτὸν Z **52** χρείαις συνπειρᾶσθαι O συμπειρᾶσθαι Z συ / σπειρᾶσθαι i. mg. et s. L **53** εἰρήκαμεν Bekk

Τί δὲ ἡ λευκώλενος Ἑλένη καλλίσφυρός τε καὶ δολιχόδειρος, ἡ τὸ Πανελλήνιον ἐς Τροίαν ἀθροίσασα καὶ καθελοῦσα Τροίαν, ἐκ δὲ ταύτης προσοκείλασα Νείλῳ κἀκεῖθεν αὖθις ἐς ἤθη τὰ Λακώνων ἐπαναλύσασα χρόνιος; ἆρ᾽ ἐμείλιξε τοὺς δυσμειλίκτους; ἆρ᾽ ἐμάλθαξε τοὺς σιδηρόφρονας; οὐμενοῦν οὐδ᾽ ὅλως τοιοῦτόν τι δεδύνηται ἡ πάντα θεατὴν τῷ κάλλει δουλαγωγήσασα, καίπερ ἐστολισμένη θεατρικῶς καὶ δροσώδης ὁρωμένη κἀν τῷ χαλκῷ καὶ ὑγραινομένη πρὸς ἔρωτα τῷ χιτῶνι, τῷ κρηδέμνῳ, τῇ στεφάνῃ καὶ τῷ πλοχμῷ τῶν τριχῶν· ὁ μὲν γὰρ ἀραχνίων λεπτότερος ἦν, τὸ δὲ δαιδάλεον ἐπανέκειτο, ἡ δὲ διέδει τὸ μέτωπον χρυσοῦ καὶ τιμαλφῶν λίθων ὑποκρινομένη διαύγειαν, ὁ δὲ τὸ τῆς κόμης κεχυμένον καὶ διασοβούμενον πνεύμασιν ὀπισθίῳ δεσμεύματι περιέσφιγγεν ἕως κνημῶν ἐκτεινόμενον. ἦν δὲ καὶ τὰ χείλη καλύκων δίκην ἠρέμα παρανοιγόμενα, ὡς καὶ δοκεῖν ἀφιέναι φωνήν· τὸ δὲ χάριεν μειδίαμα εὐθέως προσυπαντῶν καὶ χαρμονῆς πιμπλῶν τὸν θεώμενον καὶ τὸ τοῦ βλέμματος χαροπὸν καὶ τὰς ἁψῖδας τῶν ὀφρύων καὶ τὴν λοιπὴν εὐφυΐαν τοῦ σώματος οὐκ ἦν, ὁποία ἦν, διαγράψαι λόγῳ καὶ παραστῆσαι τοῖς ἔπειτα.

Ἀλλ᾽ ὦ Τυνδαρὶς Ἑλένη, κάλλος αὐτόθεν καλόν, Ἐρώτων μόσχευμα, Ἀφροδίτης τημελούχημα, πανάριστον φύσεως δώρημα, Τρώων καὶ Ἑλλήνων βρά|βευμα, ποῦ σοι τὸ νηπενθὲς καὶ κακῶν ἁπάντων ἐπίληθες φάρμακον, ὃ Θώνου σοι παράκοιτις ἐχαρίσατο; ποῦ δὲ τὰ ἄμαχα φίλτρα; πῶς οὐκ ἐχρήσω τούτοις ὡς πάλαι καὶ νῦν; ἀλλ᾽ οἶμαί σοι ταῖς Μοίραις πέπρωται τῇ τοῦ πυρὸς ὑποπεσεῖν ἐρωῇ, μηδ᾽ ἐν εἰκόνι παυσαμένην ἀνακάειν τοὺς ὁρῶντας εἰς ἔρωτας· εἶπον δ᾽ ἂν ὡς καὶ ἀντίποινα τοῦ τὴν Τροίαν ᾐθαλῶσθαι πυρὶ ταῖς σαῖς σχετλίως φρυκτευθέντι φιλότησιν οἱ Αἰνειάδαι οὗτοι πυρί ⟨σε⟩ κατέκριναν. ἀλλ᾽ οὐκ ἐᾷ με τὸ χρυσομανὲς τῶν ἀνδρῶν διανοήσασθαί τι τοιοῦτον καὶ φθέγξασθαι, ὑφ᾽ οὗ τὰ σπάνια πανταχοῦ καὶ καλῶν κάλλιστα ἔργα παντελεῖ ἀφανισμῷ παρεπέμφθησαν, εἰπεῖν δὲ καὶ τὸ τὰς ἑαυτῶν γυναῖκας ὀβολῶν μετρίων πολλάκις ἀποδιδόναι καὶ ἀποπέμπεσθαι, καὶ μᾶλλον εἰ προσανέχουσι τηλίᾳ καὶ προστετήκασι πεττοῖς πανημέριοι ἢ καὶ πρὸς ὁρμὴν ἄλογον καὶ μανιώδη, οὐ μὴν ἀνδρείαν ἔμφρονα, κατ᾽ ἀλλήλων ἐνθουσιῶσι καὶ τὴν Ἄρεος σκευὴν περιτίθενται, τῆς νίκης

77—78 τὸ —ἐχαρίσατο: cf. Hom. δ 220 sqq. **80** πυρὸς . . . ἐρωῇ: cf. Nic. Or. 34, 8—9

LOZ

59 παρελλήνιον O εἰς Bekk **60** προσωκείλασα Bekk εἰς Bekk **62** οὔμενουν codd. **63** ἐστολισμένη Bekk **64** ὑγραινομένω Z **66** περιέκειτο O **70** φωνὴν ἀφιέναι δοκεῖν L **71** πίπλων Z **76** τημέλ η μα (sic) L **78** Θῶνός Bekk **81** ἀνακαίειν Bekk **83** σε add. Bekk προτιθέντες ἄθλον πάντα τὰ προσόντα σφίσιν, αὐτὰς τὰς κουριδίους ἀλόχους, ἐξ ὧν πατέρες ἠκηκόεισαν τέκνων, ἔτι δὲ τὸ μέγα χρῆμα καὶ τοῖς ἄλλοις δυσπαραίτητον τὴν ψυχήν, καὶ ἧς ἕνεκα τὰ πάντα περισπουδάζουσιν ἄνθρωποι. ἄλλως τε ποῦ παρ' ἀγραμμάτοις βαρβάροις καὶ τέλεον ἀναλφαβήτοις | ἀνάγνωσις καὶ γνῶσις τῶν ἐπὶ σοὶ ῥαψῳδηθέντων ἐκείνων ἐπῶν

„οὐ νέμεσις Τρῶας καὶ ἐϋκνήμιδας Ἀχαιοὺς
τοιῇδ' ἀμφὶ γυναικὶ πολὺν χρόνον ἄλγεα πάσχειν·
αἰνῶς ἀθανάτῃσι θεαῖς εἰς ὦπα ἔοικεν"·

Δοτέον κἀκεῖνο τῷ λόγῳ. ἀνέκειτο ἐπὶ στήλης νεοειδὲς τὴν ὄψιν γύναιον, αὐτὸ τῆς ἡλικίας ἄγον τὸ χαριέστατον, ἐς τοὐπίσω τὴν κόμην ἀναδούμενον ἐπ' ἀμφότερα τοῦ μετώπου συνεστραμμένην, οὐχ ὑπεραιωρούμενον, ἀλλ' ὡς ἁπτὸν εἴη τοῖς ἐς αὐτὸ τὰς χεῖρας ἐκτείνουσι. τούτου δὴ τοῦ μορφάσματος ἡ δεξιὰ χείρ, μηδενὸς ὑπόντος ἐρείσματος, ἄνδρα ἔφιππον ἀφ' ἑνὸς ἱππείου ποδὸς ἐπὶ παλάμας ἀνεῖχεν ὡς οὐδὲ σκύφον κεράσματος ἕτερος. ἦν δ' ὁ μὲν ἀναβάτης σφριγῶν τὸ σῶμα, φραττόμενος θώρακι, κνημῖσι τὼ πόδε περιστελλόμενος, πνέων ἀτεχνῶς πόλεμον· ὁ δὲ ἵππος ἀνίστη τὸ οὖς ὡς πρὸς σάλπιγγα, ὑψηλὸς τὸν αὐχένα, τὰς ὄψεις δριμὺς καὶ τὸν ἐκ τοῦ θυμοῦ δρόμον προφαίνων τοῖς ὀφθαλμοῖς· οἱ δὲ πόδες ἀνεφέροντο ἀέριοι τὸ πολεμικὸν ἐπιδεικνύντες σάλευμα.

Μετὰ δὲ τὸ εἴκασμα τουτὶ ἄγχιστα τοῦ τῶν τετρώρων ἑῴου καμπτῆρος, ὃς ἐπεκέκλητο τοῦ Ῥουσίου, ἁρ|ματηλάται ἄνδρες ἀνεστήλωντο, τῆς διφρευτικῆς προγράμματα δεξιότητος, μόνον ουχὶ διαπρυσίως τῇ διαθέσει τῶν χειρῶν τοῖς διφρηλάταις παρεγγυώμενοι ὡς χρὴ προσπελῶντας τῇ νύσσῃ μὴ ἐφεῖναι τὰ χαλινά, ἀλλ' ἐγκλίνειν ἀνασειρασμῷ τοὺς ἵππους καὶ συνεχεῖ καὶ σφοδροτέρῳ χρῆσθαι τῷ μύωπι, ὅπως περικλώμενοι τῆς νύσσης ἐχόμενα ἐῶσι τὸν συντρέχοντα ἀντίτεχνον τὴν ἐκ περιόδου ἐλᾶν καὶ ὕστατον ἔρχεσθαι, κἂν ἵππους δρομικωτέρους ἡνιοχῇ καὶ τὴν ἁμιλλητήριον τέχνην ὁρῷτο εὐπαίδευτος.

Ὁ δὲ λόγος καὶ ἄλλο τι προσθήσει τοῖς εἰρημένοις· οὐδὲ γὰρ συγγράψασθαι τὰ πάντα προύθετο. χάριεν τὴν θεαν καὶ τὴν τέχνην μικροῦ τῶν πάντων θαυμασιώτερον βάσις ἦν λιθίνη καὶ ἐπ' αὐτῆς χαλκήλατον ζῷον παρὰ τοσοῦτον οὐκ ἀναμφήριστον βοῦν εἰκονίζον,

91—92 κουριδίους ἀλόχους: Hom. Α 114; al. **2—4** οὐ — ἔοικεν: cf. Hom. Γ 156—158

LOZ

3 πολὺν χρόνον om. O Bekk **4** ἔοικε Z **5** κἀκεῖνο: μοι ἐκεῖνο O Bekk **6** εἰς Bekk **8** εἴη: εἶναι Z **9** ὑπόντος: εἰπόντος Z **11** δὲ L **12** θώρακι: σώματι O **19** προγράμμας Z **20** παρεγγυώμεναι LO **25** ἀπαίδευτος O **26** προσθείη Z παρ᾽ ὅσον βραχύκερκον ἦν μηδὲ βαθεῖαν καθεικὸς φάρυγγα, οἵαν οἱ Αἰγύπτιοι βόες τρέφουσι, μήτε μὴν χηλαῖς ὁπλιζόμενον. συνεῖχε δὲ τοῦτο ταῖς γένυσι καὶ εἰς πνῖγμα συνέθλιβε ζῷον ἕτερον δι᾽ ὅλου τοῦ σώματος λεπίσι θωρακιζόμενον οὕτω τραχείαις, ὡς καὶ ἐν χαλκῷ λυπεῖν τὸν ἁπτόμενον. ᾔδετο δὲ τὸ μὲν βασιλίσκον εἶναι, τὸ δὲ ἀσπίδα τὸ συμμαρπτόμενον τούτου τῷ στόματι· οὐκ ὀλίγοις δὲ τὸ μὲν Νειλῷος βοῦς, τὸ δὲ κροκόδειλος εἶναι εἰκάζετο.

Ἐμοὶ μὲν οὖν οὐ μέλον τοῦ τῶν δοξῶν ἀνομοίου, εἰπεῖν δὲ τὸ καινήν τινα τὴν πάλην ἀμφότε|ρον τίθεσθαι καὶ δρᾶν ἐν μέρει καὶ πάσχειν κακῶς ὑπ᾽ ἀλλήλων ἑκάτερα, ὀλλύναι τε καὶ ὄλλυσθαι, καὶ κρατεῖν ἐν ταὐτῷ καὶ κρατεῖσθαι, καὶ νικᾶν ἄμφω καὶ ὑπ᾽ ἀλλήλων καταπαλαίεσθαι. τὸ μὲν γάρ, ὁ καὶ φημιζόμενος βασιλίσκος, διῳδήκει ἅπαν ἐκ κεφαλῆς ἕως καὶ αὐτοῦ τοῦ τῶν ποδῶν πέλματος καὶ κατιωμένον ὅλον τὸ σῶμα καὶ ὑπὲρ τὸ βατράχειον χρῶμα ἐχλώριζε, τοῦ φαρμάκου διαδραμόντος τὴν τοῦ ζῴου ξύμπασαν διαρτίαν καὶ εἰς θάνατον χρώσαντος. ἐς γόνυ τοίνυν συνίζανε, τὸ ὄμμα ἔσβεστο τῆς ζωτικῆς ἐκμαρανθείσης δυνάμεως· μᾶλλον μὲν οὖν ἐδίδου τοῖς ὁρῶσι δοξάζειν ὡς πάλαι ἂν ἀνατέτραπτο νεκρωθέν, εἰ μὴ τῶν ποδῶν αἱ βάσεις ὑπήρειδον καὶ πρὸς στάσιν ὑπανεῖχον ὄρθιον. ἦν δὲ καὶ θάτερον ὁμοίως, τὸ ταῖς γένυσιν ἐνισχόμενον, βραχὺ μὲν τὸ οὐραῖον ἀσπαῖρον, μέγα δὲ κεχηνὸς τῷ ἀπάγχεσθαι τῇ τῶν γομφίων ξυνοχῇ· καὶ ξυντείνεσθαι μὲν ἐῴκει καὶ ὁρμᾶν πειρᾶσθαι τοῦ τῶν ὀδόντων ἕρκους διεκδῦναι καὶ διεκπεσεῖν τοῦ χάσματος, οὐκ ἴσχυε δέ, ὅτι τὰ μετὰ τοὺς ὤμους εὐθὺς καὶ τῶν ποδῶν τοὺς ἐμπροσθίους καὶ ὅσα τῷ οὐραίῳ συνήπτοντο μέρη τοῦ σώματος ἡ τοῦ στόματος ξυνεῖχε διάστασις καὶ ταῖς γένυσιν ἐνεπείρετο.

Καὶ τὰ μὲν οὕτως ἦσαν ὑπ᾽ ἀλλήλων νεκρούμενα καὶ κοινὴ μὲν ἀμφοῖν ἡ ἅμιλλα, κοινὴ δὲ καὶ ἡ ἄμυνα, ἰσοπαλὴς δὲ ἡ νίκη, σύντροχος δὲ καὶ ὁ θάνατος. ἐμοὶ δ᾽ ἔπεισιν εἰπεῖν ὡς τὸ | φθείρεσθαι παρ᾽ ἀλλήλων καὶ σὺν ἀλλήλοις ἀπάγεσθαι τὴν ἐς θάνατον τὰ τῶν κακῶν κηρεσιφόρα καὶ ἀνθρώποις ὀλέθρια μὴ μόνον ἐν εἰκόσιν εἴη διατυποῦσθαι ἢ καὶ τοῖς ἀλκιμωτέροις τῶν ζῴων τοῦτο ἐπισυμβαίνειν, ἀλλὰ καὶ παρ᾽ ἔθνεσι συχνάκις γίνεσθαι, ὁποῖα τοῖς Ῥωμαίοις ἡμῖν ἐπεστράτευσε, φονῶντα κατ᾽ ἀλλήλων καὶ ὑπ᾽ ἀλλήλων, ὀλλύμενα δυνάμει Χριστοῦ τοῦ δια-

---

51 τοῦ — ἕρκους: Hom. Δ 350; al. **62** τοῦ — θέλοντα: cf. Ps. 67, 31

LOZ

33 καὶ om. Z **38** τὴν om. L **41** καὶ om. Z **42** τέλματος codd. **44** εἰς Bekk **46** μὲν om. L **48** στάσιν om. Z **50** ξυνεκτείνεσθαι Z **51** διεκπαῖσαι L **56** δὲ alt.: δὲ καὶ L **57** τὸ om. Z **62** καὶ ὑπ᾽ ἀλλήλων om. O Bekk τῇ δυνάμει τοῦ Χριστοῦ L σκορπίζοντος ἔθνη τὰ τοὺς πολέμους θέλοντα καὶ μὴ χαίροντος αἵμασιν, ὃς καὶ δίκαιον ἐπ᾽ ἀσπίδα καὶ βασιλίσκον δείκνυσιν ἐπιβαίνοντα καὶ λέοντα καταπατοῦντα καὶ δράκοντα.

---

64 ὅς — δράκοντα: cf. Ps. 90, 13 et Luc. 10, 19; Nic. Or. 127, 29

LOZ

63 θέλοντα om. L^{ac}: ἐθέλοντα L^{s}

INHALT

NICETAE CHONIATAE HISTORIA

CORPUS FONTIUM HISTORIAE BYZANTINAE

CONSILIO SOCIETATIS INTERNATIONALIS STUDIIS BYZANTINIS PROVEHENDIS DESTINATAE EDITUM

VOLUMEN XI/2

SERIES BEROLINENSIS

EDIDERUNT

H.-G. BECK · A. KAMBYLIS · R. KEYDELL

APUD WALTER DE GRUYTER ET SOCIOS
BEROLINI ET NOVI EBORACI MCMLXXV

NICETAE CHONIATAE HISTORIA

RECENSUIT
IOANNES ALOYSIUS VAN DIETEN

PARS ALTERA
INDICES CONTINENS

APUD WALTER DE GRUYTER ET SOCIOS
BEROLINI ET NOVI EBORACI MCMLXXV

Gedruckt mit Unterstützung der Deutschen Forschungsgemeinschaft

CIP-Kurztitelaufnahme der Deutschen Bibliothek

Nicetas ⟨Choniates⟩
[Historia]

Nicetae Choniatae historia / rec. Ioannes Aloysius van Dieten.
ISBN 3-11-004528-1

P. 2. Indices continens.
(Corpus fontium historiae Byzantinae; Vol. 11, 2: Ser. Berolinensis)

Printed in Germany

Satz und Druck: Walter de Gruyter & Co., Berlin 30
Buchbinder: Lüderitz & Bauer, Berlin

INHALT

INDEX NOMINUM

Personae et res, quae a Niceta tacito nomine proprio memorantur, asterisco notantur

INDEX VERBORUM AD RES BYZANTINAS SPECTANTIUM

INDEX GRAECITATIS

Morphologia, Syntaxis, Figurae quaedam, Proverbia et locutiones, Verba memorabilia. Vocabula ἀθησαύριστα (i. e. ea quaeNicetas, quantum scio, solus vel primus habet) asterisco signavi.

INDEX LOCORUM

a) Sacrae Scripturae

b) Aliorum operum